ASIA CAMPUS
SOUTH KOREA
THE UNIVERSITY OF UTAH

유타대학교 아시아캠퍼스

인천송도
아시아캠퍼스
3년

솔트레이크시티
미국캠퍼스

- 어도비, 픽사, 애니메이션, 메리어트 호텔 체인 창업주 등 세계 유명 동문 배출
- 10년 연속 세계 상위 100위권 대학 선정
- 173년 이상의 역사와 전통을 자랑하는 미국 명문 공립대학교
- 미국캠퍼스와 동일한 커리큘럼, 교수진, 학위 수여

학 부 과 정

게임학 BS | 도시계획학 BS | 신문방송학 BA/BS
심리학 BS | 영화영상학 BA | 정보시스템학 BS
회계학 BS | 전기공학 BS | 컴퓨터공학 BS

부 전 공

게임학 Games | 다큐멘터리학 Documentary Studies
리더쉽학 Leadership Studies | 심리학 Psychology
전략적 커뮤니케이션학 Strategic Communication
도시계획학 Urban Ecology

2025 봄학기

온라인 지원 시작	2024. 08. 05
1차 우선 지원 마감	2024. 10. 30
2차 우선 지원 마감	2024. 12. 15
최종 지원 마감	2025. 01. 10

2025 가을학기

온라인 지원 시작	2024. 08. 05
1차 우선 지원 마감	2025. 03. 30
2차 우선 지원 마감	2025. 05. 30
최종 지원 마감	2025. 07. 15

THE UNIVERSITY OF UTAH
유타대학교 아시아캠퍼스

| 입학문의 |

E. asiacampus@utah.edu   T. 032-626-6000

www.kduniv.ac.kr

취업률 전국1위

"꿈을 현실로, 경동대학교에서 만들어요"

205개 4년제 대학 전체 1위 (82.1%, 2019 교육부 정보공시)
졸업생 1,500명 이상 5년 연속 1위 (2019~2023 정보공시)

2025학년도 신입학 수시 원서접수
2024.09.09.(월)~09.13.(금)
입학문의 : 033.738.1288

메트로폴캠퍼스
|경기도 양주|
Metropol Campus

메디컬캠퍼스
|원주문막|
Medical Campus

글로벌캠퍼스
|고성|
Global Campus

취/업/사/관/학/교
경동대학교
KYUNGDONG UNIVERSITY

70년 전 대한민국 최초로 세계화의 물결을 일으켰던 한국외국어대학교

미래의 중심, HUFS가 있다
세계와 우리, HUFS가 잇다

70년을 넘어 100년까지
학생이 성공하는
HUFS의 시대를 열어가겠습니다

Come to HUFS Meet the World

2025학년도 수시모집 원서접수
2024. 09. 10.(화) 10:00 ~ 09. 13.(금) 17:00

 한국외국어대학교
HANKUK UNIVERSITY OF FOREIGN STUDIES

GHENT UNIVERSITY
GLOBAL CAMPUS

겐트대학교
Dare To Think

ACADEMIC RANKING OF WORLD UNIVERSITIES
A
[2022년 기준]

생명공학세계39위
수의학 세계 1위 / 식품과학기술 19위

[입학] T. 032 . 626 . 4114
[문의] W. admissions.ghent.ac.kr

입학안내

학교장점

- 유럽 벨기에 생명공학 세계 최정상 대학
- 100% 영어수업
- 평균 취업률 94.2% (2018~2022년 누적)
- 수시와 정시의 제한 없음
- 이론 50%, 실험실습 50%

전공학과

1. 분자생명공학과 (Molecular Biotechnology, MBT)

2. 식품공학과 (Food Technology, FT)

3. 환경공학과 (Environmental Technology, ET)

2025 대구가톨릭대학교

다솜마을 참인재관

100주년 기념광장

DAEGU CATHOLIC UNIVERSITY

DCU

DCU UNIV

대구·경북 대형사립대학 중
취업률 1위, 10년 연속

110
대구가톨릭대학교
개교 110주년

✓ **초역세권 대학**
대구도시철도 1호선으로 대구가톨릭대까지~!
하양**대구가톨릭대역, 2024년 개통**

✓ **최고 수준의 학생복지**
중앙도서관, 체력증진센터, 푸드스퀘어, 학생원스톱지원센터 등
ALL 리뉴얼, 우수한 교육환경~!

✓ **의료보건 특성화**
대구가톨릭대학교병원 '세계최고병원' 선정
지방대학병원 유일, 앞서가는 대구가톨릭대학교~!

▶입학처 홈페이지 바로가기
입학문의 ☎ 053-850-2580

DCU 대구가톨릭대학교
DAEGU CATHOLIC UNIVERSITY

SEOWON

청주사범대학 전통 그대로

서 원 대 학 교

임용합격 명문대학

2022	2023	2024
125명	131명	104명

+ 교원임용시험 합격자
  5년간(2020-2024) **613명** 배출
+ 전국 사립 사범대학 중 최상위권

주요 모집 학과

37개 학과

교사	경찰	소방	응급구조	아동
상담/심리	복지	항공	조리	뷰티
패션	영상	광고	웹툰	디자인
스포츠	경영	제약	식품	화장품
환경	건축	컴퓨터	소프트웨어	

원서접수
2024.9.9.(월) - 9.13.(금) 21:00
24시간 온라인 접수(마감일 제외)

입학상담
주소 충북 청주시 서원구 무심서로 377-3
전화 (043)299-8803~5(입학관리팀)

서원대학교
SEOWON UNIVERSITY

동양대학교
DONGYANG UNIVERSITY

입학문의
영주 : 054)630-1025~27 / 동두천 : 031)839-9023
http://ipsi.dyu.ac.kr

YouTube

Instagram

따라올 수 없는 최고의 사관학교 시스템
7급 및 9급 공무원 매년 다수 배출
공무원사관학교

공무원

경찰직

소방직

군무원

교정직

公共
기타 공공기관

철도기관사
철도운전면허는 기본

영주
철도건설안전공학과 / 철도운전관제학과
철도운전·전기신호학과 / 철도운전제어학과
철도차량학과 / 철도자율전공학부

동두천
도시철도시스템학과

가장 빠른 철도 공기업 취업
코레일, 메트로 및 광역 교통공사 등
매년 다수 취업
철도사관학교

철도관련운영기관
한국철도기술연구원, 현대로템, 공항철도,
부산김해경전철, 용인경전철, 신분당선,
서울시메트로9호선, 우이신설경전철,
수서고속철도(주)SR 등

KORAIL
한국철도공사

서울교통공사

부산교통공사

DTRO
대구도시철도공사

인천교통공사

鐵道
철도관련운영기관

철도·간호·베어링
특성화

영주캠퍼스
스마트건축공학과 / 스마트기계공학과
철도건설안전공학과 / 철도운전관제학과
철도운전·전기신호학과 / 철도운전제어학과
철도차량학과 / 철도자율전공학부
간호학과 / 디지털콘텐츠학과

2022 혁신지원사업
일반재정지원대학 선정!

교육부 2022~2024

최대 **130억** 지원

문화예술·인문사회·
첨단기술 특성화

동두천캠퍼스
경찰범죄심리학과 / 공공인재학부
군사학과 / 도시철도시스템학과
보건의료복지학과 / 유아교육과 [사범계열]
게임학부 / 디지털트윈소프트웨어학과
스마트안전시스템학부 / 웹툰애니메이션학과
AI빅데이터융합학과 / IT융합경영학과
e스포츠학과 / 공연영상학부
디자인학부 / 생활체육학과

KTX-이음 개통으로
편하게 다니는 대학

영주캠퍼스
청량리역 ↔ 영주역 1시간 40분 도착
청량리역 ↔ 풍기역 1시간 30분 도착
스쿨버스 무료 운행

간호학과

간호대학 승격
간호교육인증평가 2회 연속 5년 인증
(2020.12.11.~2025.12.10.)
2024학년도 17명 증원(전체 102명 모집)

수도권 스쿨버스 운행으로
가까운 대학

동두천캠퍼스
등·하교 스쿨버스 무료 운행
승·하차 지점(탄현역/대화역/정발산역/백석역)

유아교육과

사범계열
국·공립 및 직장어린이집 위주 취업
교원양성기관평가 우수 등급 획득
(2020년 5주기)

스마트기계공학과

지역산업연계형 특성화 혁신지원사업 선정(경북도)
등록금 전액 국비장학금 지급(2021.3.~2025.12.)
지자체-대학 협력기반 지역혁신플랫폼(RIS)
지원사업 선정

수시일정
2024년 9월 9일(월)
~ 9월 13일(금)

정시일정
2024년 12월 31일(화)
~ 2025년 1월 3일(금)

대전의 대표대학
대전대학교의 주요 사업

**대전권 사립대학 中
브랜드평판 1위 대학**
한국기업평판연구소, 2022년 10월 기준

**[교육부] 교육국제화역량 인증제(IEQAS)
학위과정 및 어학연수과정 부문 인증대학 선정**
2024. 03 ~ 2026. 02

**[교육부] 첨단분야 혁신융합대학
(바이오헬스 분야) 사업 선정**
2021. 05 ~ 2027. 02

**[교육부] 3단계 산학연협력
선도대학 육성사업(LINC 3.0) 선정**
2022. 03 ~ 2025. 02

**[교육부] 고교교육 기여대학
지원사업(유형II) 선정**
2022. 03 ~ 2025. 02

**[교육부] 지방대학
활성화 사업 선정**
2023. 06 ~ 2025. 02

**대학혁신지원사업 2차년도
연차평가 및 3개년 종합 평가
최우수대학 선정**
2021. 09

**[교육부] 2023년 대학혁신지원사업
1차년도 연차평가
교육혁신전략부문 A등급 획득**
2023. 09

**지방대학활성화사업
사업계획평가
A등급**
2023. 09

**[교육부] 첨단분야
혁신융합대학(사물인터넷 분야)
사업 선정**
2024. 06 ~ 2028. 02

전국 3개 지역 한방 병원 운영

대전충청**1**등
사립대학

중도일보 여론조사(2021)

한남대학교
Innovation is fun!

ㅎㅎㅎ

학생이
행복한
한남대학교!

☑ 교육부 「대학혁신지원사업」 최우수대학
☑ 2023 창업중심대학 선정(410억원)
☑ 캠퍼스혁신파크 선도사업 선정(502억원)
☑ 글로컬30대학사업 예비지정
☑ 신입생 충원율 3년 평균 99.9%(2022 ~ 2024)

원서접수 기간

수시모집 | 24. 09.09.(월) ~ 09.13.(금)
정시모집 | 24. 12.31.(화) ~ 25. 01.03.(금)

  입학상담 "한남대Talk"
대입전형에 대한 A to Z

지역과함께
세계로 대전환 | 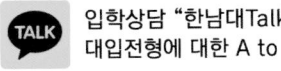 한남대학교
Hannam University

입시홈페이지 : ibsi.hnu.kr
입학관련문의 : 042-629-8282

상지대학교
SANGJI UNIVERSITY

26339 강원특별자치도 원주시 상지대길 83(우산동)
입학팀 TEL | 033-730-0125~6 FAX | 033-730-0128
카카오톡 채널 상지대학교 입학처 Talk 검색

입학처 카카오톡

입학처 홈페이지

2025년 개교 70주년
미래 100년을 향한 상지대학교!

상지대학교

서울 및 수도권 주요지역 통학버스 운행 | 신축 행복기숙사 919명 수용
상지스타트 장학(수시, 정시) | 최초합격자 100만원 | 충원합격자 50만원

모집학과

- **한 의 과 대 학** : 한의예과
- **보 건 의 료 대 학** : 간호학과, 물리치료학과, 보건계열(제약바이오전공, 보건의료경영전공, 식품영양학전공, 언어치료전공), 임상병리학과, 작업치료학과
- **미 래 인 재 대 학** : 경찰법학과, 군사학과, 사회복지학과, 유아교육학과, 문화콘텐츠학과, 미디어영상광고학과
- **경 상 대 학** : 경영학과, 국제경영학과, 호텔항공관광경영학과
- **생 명 환 경 대 학** : 동물자원학과, 스마트팜생명과학과, 조경산림학과
- **공 과 대 학** : 건설환경공학과, 소방공학과, 전기전자공학과, 컴퓨터공학과, 소프트웨어학과
- **예 술 체 육 대 학** : 리빙디자인학과, 산업융합디자인학과, 시각영상디자인학과, 체육학전공, 생활체육학전공(야), 태권도학전공, 만화애니메이션학과
- **FIND칼리지** : 자유전공학부
- **미 래 라 이 프 대 학** : 평생교육융합계열

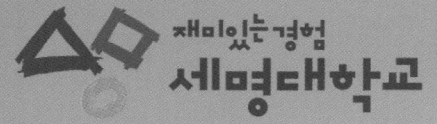

재미있는경험
세명대학교

전국 최초!

세명대학교
등록금
책임환불제

교육의 질로 평가받겠다는 자신감!
교육이 불만족스러우면 환불 받을 권리!
세명대학교가 먼저 시작합니다!

등록금
책임
환불제

등록금 책임환불제란?
세명대학교에 입학 후 선택한 학과 혹은 수업에 불만족 시
(자퇴) 해당학기 등록금 전액을 환불해 주는 제도입니다.
* 해당학기 등록금 전액의 기준은 본인이 그 학기에 납부한
  등록금을 의미하며 본인 수혜의 국가장학금은 본인 부담입니다.

세명대학교는 자신있습니다!

Global Light,
Sang university
Myung

> "
> 빛나는 도전 정신으로
> 자신의 꿈을 향해 나아가는
> 상명인은 이미 새로운 미래를
> 만들어 가고 있습니다.
> "

상명대학교
SANG MYUNG UNIVERSITY

Seoul · Cheonan campus

[2025학년도 수시모집 원서접수]
2024. 9. 9(월)~13(금)

가톨릭관동대학교에서는 내 꿈의 거리가
가. 깝. 다 !

천주교 인천교구가 운영하는 대학

인성과 지성을 겸비한
"진실"한 인재 양성

대학 부속병원기반 보건의료전문인 양성 대학

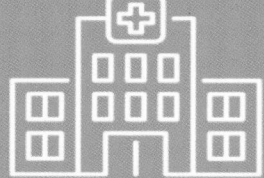

가톨릭관동대학교 부속병원
인천 "국제성모병원"

지역사회와 함께 성장하는 대학

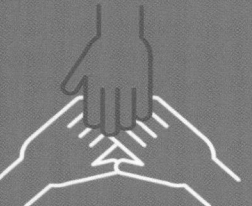

2023년 재정지원사업 현황
연간 약 120억원

강릉 바다를 품은 대학

글로벌 허브 도시 "강릉"
중심에 위치

4차산업혁명 선도 인재 양성 대학

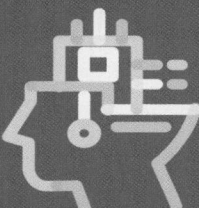

4차 산업 기반의 다양한
연구개발 및 취업지원

교육비부담을 덜어주는 대학

국가장학금 1,2유형 모두 수혜
폭 넓은 교내 장학금
"반값 등록금" 실현 !

가톨릭관동대학교
CATHOLIC KWANDONG UNIVERSITY

입학 상담 문의
☎ 033)649-7000

전주대학교
JEONJU UNIVERSITY

학교를 너머 VISION60

수퍼스타를 키우는 곳, 전주대학교

새로운 경험을 하고 더 큰 꿈을 꾸는 이곳에서 함께,
전주대학교에서 꿈과 기회를 찾을 신입생을 모집합니다.

www.jj.ac.kr

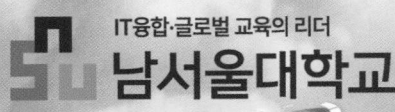
IT융합·글로벌 교육의 리더

홍보영상

홈페이지

시대를 앞서가는 대학

IT 인공지능 · 보건의료복지 분야에서
탁월한 성과를 인정받고 있는

남서울대학교

융복합 특성화 고도화와
혁신적인 교육으로
경쟁력 있는 실무인재를 키워
놀라운 내일을 만들어갑니다.

2025학년도 수시모집
2024. 9. 9.(월) ~ 13.(금)

슈퍼스쿨을 만나 수박책보다 두꺼웠던
출결 서류철과 이별했다. 그리고 슈퍼스쿨 AI를 만났다.
이번 크리스마스에는 학생부를 쓰지 않을 수 있을 것 같다.

☎ 1811-8210

제임스 웹 망원경으로 관찰한 남반지 성운

변곡점에 선 지구사회의 미래

의식과 세계, 미래 교육의 새 지평을 찾아서

눈앞의 미래를 예측하기 힘든 대전환의 시대. 산업문명의 질주와 함께 도래한 지구적 위기가 인류 생존과 실존의 기반을 흔들고 있습니다. 기후와 환경 위기, 바이러스 대유행, 6차 대멸종, 핵 대전 가능성, 불투명한 인공지능의 미래, 양극화와 지구 협력 정치의 실종···. 눈에 보이지 않는 초 미시세계부터 거대 우주에 이르기까지, 세상 모든 현실은 결국 하나로 연결돼 있습니다. 이 평범한 이치 속에서, 지속 가능한 인류의 미래, 미래세대의 미래를 위한 공적 실천의 새 지도를 찾아 나서야 합니다.

경희는 유엔 '세계평화의 날과 해' 제정을 제창한 후 매년 이날을 기념하고 있습니다. 세계평화의 염원을 되새기며, 경희학원 미원 평화학술원, 경희대학교 미래문명원, 경희사이버대학교 미래문명원, 경희대학교의료원 의과학문명원은 새로운 상상과 도전의식으로 전환 문명 시대의 새 활로를 열어갑니다.

유엔은 1981년 총회에서 '세계평화의 날'을 매년 9월 셋째 주 화요일로(2001년부터 9월 21일로 고정), 1986년을 '세계평화의 해'로 제정, 선포했다.

경희대학교

2025학년도 수시모집

접수기간 : 2024.9.10(화) 10:00 ~ 13(금) 18:00   입학정보 : iphak.khu.ac.kr
입학상담 : 1544-2828   원서접수 : www.uwayapply.com

서울호서예술실용전문학교

오늘부터
내 꿈은
너야

Hoseo
Art

2025학년도 신입생 모집 중

20학번 **천종민**
KPLUS 전속

실용음악예술계열	연기예술계열	방송영화제작계열	VFX모션그래픽제작계열
뮤직프로덕션계열	방송·성우연기계열	사진예술계열	스포츠건강관리계열
엔터테인먼트계열	모델연기예술계열	유튜브제작계열	경찰경호계열
실용무용예술계열			

www.koreaart.ac.kr

TALK koreaart1 카카오톡으로 친구등록하고 입학상담 받으세요!   Tel. 02-2063-0700 | Fax. 02-2063-0738

선생님과 학부모가 인정한 최고의 대입 지원 전략서! | 2025

수박먹고 대학간다

이대부속고등학교 진로진학부장
박권우 선생님 지음 **실전편**

2025 대입 지원 전략 : 내 장점을 살리면 대학이 보인다!

- 2025학년도 수시전형의 특징, 무전공(전공자율선택), 전형결과 분석
- 한눈에 보는 성적: 인문, 자연, 의학계열, 초등교육과
- 모집단위순 3년간 합격자 성적
- 의학계열: 전형 분석 및 합격자 성적
- 전국 121개 대학: 주요 전형의 모집단위별 3년간 경쟁률 및 합격자 성적
- 학생부교과: 교과성적 반영방법(진로선택과목 포함), 계열별 합격자 성적
- 학생부종합: 서류 평가요소 및 면접 분석, 계열별 합격자 성적
- 논술: 논술 출제유형, 내신 등급 간 감점 분석, 계열별 합격자 성적

★ 일부 내용이 수정, 변경되거나 오타가 있을 수 있으므로 반드시 각 대학 입학처를 통해 확인해 주시기 바랍니다.

리빙북스
LivingBooks

선생님과 학부모가 인정한 최고의 대입 지원 전략서

수박 먹고 대학 간다

실전편

이대부속고등학교 진로진학부장
박권우 선생님 지음

리빙북스 LivingBooks

"진학 지도는 우리 손으로"

'수박먹고 대학간다'를 집필하면서 다짐하는 내용입니다.

1. 담임 선생님께서 진학 지도 시 학생들을 한 명도 놓치지 않도록 도와준다.
담임 선생님께서 한정된 시간 안에 학생들과 진로진학 상담 시, 교과 성적, 선택과목 이수 현황, 교과 활동과 비교과 활동, 전국연합학력평가 성적 등을 고려하여 효과적으로 상담을 할 수 있도록 다양하고 필요한 정보를 수록한다.

2. 각 대학의 변경사항이나 주요 전형별 특징들은 직접 문의하여 확인하려고 노력한다.
선생님들께서 해당 대학에 대해 궁금해할 만한 내용들을 정리하고, 필요한 경우 직접 문의하려고 노력한다. 수시모집 요강 발표가 5월 말로 한 달이나 늦춰짐에 따라 시간적 여유가 없지만 주어진 환경에서 핵심을 놓치지 않으려고 노력한다.

3. 중하위권 학생들이 지원해야 하는 대학들은 더 많이 공부한다.
상위권 학생들이 지원하는 주요 대학은 다른 자료집이나 설명회에서 충분히 다루고 있지만, 중하위권 대학들은 상대적으로 정보가 부족한 것이 현실이다. 이러한 학생들을 소외되지 않도록 더 많이 공부하여 정보를 제공한다.

4. 대학과 전형에 대해 정확히 알고 설명하려고 노력한다.
잘못된 정보나 선입견 또는 내 능력 이상의 과대 포장된 설명으로 대학이나 선생님들에게 폐를 끼치지 않도록 한다.

5. 수박 책을 통해 학생들을 도울 수 있다는 것을 명심하고 최선을 다한다.
학생들을 도울 수 있는 다양한 방법들이 있다. 정성껏 준비한 좋은 수업이나 학생들의 고민을 들어주고 공감해 주는 진심 어린 상담처럼, 대학 진학으로 고민하고 방황하는 학생들에게 적절한 진로진학 상담을 통해 방향을 잡아주고 조언을 하며 함께 그 길을 가는 것도 충분히 의미 있고 소중한 것이다. 수박 책이 이러한 일에 필요한 도구가 될 수 있도록 정성을 다한다.

6. 수박 책 집필과 강의를 일로 여기지 않고, 소명감으로 한다. 일로 여기는 순간 멈출 때다.
일 년 중 대부분의 시간을 수박책을 집필하는 데 보내온 세월이 십 년이 넘다 보니 체력적, 정신적으로 힘에 부친다. 하지만 경희대학교 평화의 전당에서 전국 교사 연수를 할 때마다 전국 각지에서 4천 명 이상의 진로진학담당교사들이 참석하는 것은 수박 책이 독보적이거나 강의가 탁월해서가 아니다. 오로지 교사로서의 사명감과 맡은 학생들을 한 명도 놓치지 않으려는 선생님들의 열정 때문이다. 이러한 선생님들의 헌신에 누가 되지 않도록 수박 책 집필과 강의 준비에 최선을 다하는 것이 하나님께서 내게 주신 달란트이고 소명이다.

7. 아내에게 정말 감사하고 사랑한다. 아내의 도움과 헌신이 없으면 도저히 할 수 없다.
천 페이지가 넘는 수박 책을 일 년에 두 번씩 집필하는 것은 모든 삶이 이 일에 몰입되기에 아내의 배려와 이해, 그리고 도움이 없이는 불가능하다. 아내는 하나님께서 내게 주신 최고의 선물이다. 물론 아내도 나를 그렇게 생각할 거라도 믿는다.

2025학년도 수시모집은 의대 정원 확대와 무전공(전공자율선택)이 최대 변수입니다. 의대는 정원이 확대되어 전년도 대비 1,497명(48.1%) 증가한 4,610명을 선발하며, 이 중에서 67.6%인 3,118명을 수시모집으로 선발함에 따라 수능 최상위권에 졸업생들이 대거 유입되어 수능 최저 학력 기준 통과 여부가 어느 해보다 영향을 미칠 수 있습니다.

무전공(전공자율선택)은 전국 72개 대학에서 대학 내 모든 전공(보건 의료, 사범대학, 예체능 등 제외)을 자유롭게 선택할 수 있는 유형 1은 14,851명을 선발하고, 계열 또는 단과대학 내 전공을 자율 선택할 수 있는 유형 2는 22,852명을 선발합니다. 무전공으로 선발하는 인원만큼 기존 모집단위의 모집인원을 줄였기 때문에 기존 모집단위 지원시 모집인원 변화를 살펴봐야 합니다. 또한, 학생부종합전형으로 유형 1을 선발하는 모집단위의 경우 교육과정을 충실히 이수하면서 자기주도적으로 진로 탐색과 활동을 하였지만 아직 전공을 구체적으로 정하지 못 한 학생들에게 기회가 될 수 있습니다.

또한, 전년도에 경쟁률이 학생부교과전형의 인문계열이 7.99 대 1에서 6.38 대 1로 20.0% 하락한 반면, 학생부종합전형의 자연계열은 9.78 대 1에서 11.79 대 1로 20.6% 상승하여 학생부교과전형보다는 학생부종합전형을 선호하고, 인문계열보다는 자연계열을 선호하는 흐름이 올 해도 계속될지 가 관건입니다.

반면, 논술전형은 경쟁률이 38.90 대 1에서 41.91 대 1로 7.7% 상승하여 여전히 중위권 학생들에게 인기가 많으며, 올해는 고려대, 상명대, 신한대, 을지대가 논술전형을 신설하여 학생들의 선택의 폭이 넓어졌습니다.

2013년부터 지금까지 전국 진로진학담당교사들에게 경희대학교 평화의 전당에 모여 진학 정보를 공유할 수 있도록 자리를 마련해 주시는 송주빈 입학처장님과 임진택 박사님에게 감사의 마음을 전합니다. 아울러 서울호서전문학교 이운희 학장님과 리빙북스 정창희 대표님, 이재민 실장님, 황성호 부장님께 감사드립니다.

고만철 전 오산고 교장선생님, 임근수 추풍령중학교 교장선생님, 김동춘 이문고 교장선생님, 김형길 남성여고 교장선생님, 권종진 충남교육청 교육연구사님, 광주인성고 이경기 교장선생님을 비롯한 마음의 고향인 유니드림 선생님들과 진학으로 끈끈한 인연을 맺은 장광재 KENTECH(한국에너지공과대학교) 입학센터장님, 설원여고 서점권 선생님, 그리고 항상 응원해 주시는 이대부고 이윤규 교장선생님, 이은학 교감선생님, 조종철 목사님, 김태호 선생님, 조빛나 선생님과 숭덕여고 유성호 선생님, 김경애 선생님께 감사의 마음을 전합니다.

한결같이 저를 도와주고 전심으로 챙겨주는 아내, 아들 정빈, 원빈이와 새벽마다 기도로 후원해 주시는 어머니에게도 사랑의 마음을 전합니다.

학교 안에서 진로진학지도를 우리 손으로 하여, 부자나 가난한 학생, 도시나 시골에 있는 학생, 성적이 우수하거나 부족한 학생 등이 가정, 지역, 성적에 의해 차별받지 않고, 대학 진학이라는 인생의 중대한 갈림길에 있는 학생들에게 모두 교실 안에서 평등한 기회가 주어지는 교육 환경이 만들어지길 기대합니다.

2024년 6월 27일 목요일
박 권 우 이대부속고등학교 진로진학부장

2025학년도 수시모집 조사 대학

지역	대학	조사 대학	대학
서울	40	40	감리교신학대, 강서대, 건국대, 경희대, 고려대, 광운대, 국민대, 덕성여대, 동국대, 동덕여대, 명지대, 삼육대, 상명대, 서강대, 서경대, ＊서울과학기술대, 서울기독대, ＊서울대, ＊서울시립대, 서울여대, 서울한영대, 성공회대, 성균관대, 성신여대, 세종대, 숙명여대, 숭실대, 연세대, 이화여대, 장로회신학대, 중앙대, 총신대, 추계예술대, 한국성서대, 한국외대, ＊한국체육대, 한성대, 한양대, 홍익대 ▮ ＊서울교대
경인	34	34	가천대, 가톨릭대, 강남대, 경기대, 단국대, 대진대, 루터대, 서울신학대, 서울장신대, 성결대, 수원가톨릭대, 수원대, 신한대, 아신대, 아주대, 안양대, 용인대, 을지대, 인천가톨릭대, ＊인천대, 인하대, 중앙승가대, 차의과학대, 칼빈대, 평택대, ＊한경국립대, 한국공학대, 한국항공대, 한세대, 한신대, 한양대(에리카캠), 협성대, 화성의과학대 ▮ ＊경인교대
강원	9	8	가톨릭관동대, ＊강릉원주대, ＊강원대, 경동대, 상지대, 연세대(미래), 한라대, 한림대, ▮ ＊춘천교대
대전	10	6	대전대, 대전신학대, 목원대, 배재대, 우송대, ＊충남대, 침례신학대, 한남대, ＊한밭대 ▮ ＊KAIST
세종	2	1	고려대(세종), 대전가톨릭대
충남	14	8	건양대, ＊공주대, 금강대, 나사렛대, 남서울대, 백석대, 선문대, 순천향대, 중부대, 청운대, 한국기술교육대, 한서대, 호서대 ▮ ＊공주교대
충북	12	8	건국대(글로컬), 극동대, 꽃동네대, 서원대, 세명대, 유원대, 중원대, 청주대, ＊충북대, ＊한국교원대, ＊한국교통대, ▮ ＊청주교대
광주	11	6	광신대, 광주대, 광주여대, 남부대, 송원대, ＊전남대, 조선대, 호남대, 호남신학대 ▮ ＊광주교대 ▮ ＊GIST
전남	10	3	광주가톨릭대, 동신대, 목포가톨릭대, ＊목포대, ＊목포해양대, 세한대, ＊순천대, 영산선학대, 초당대, 한려대 ▮ ＊KENTECH
전북	10	4	＊군산대, 예수대, 예원예술대, 우석대, 원광대, ＊전북대, 전주대, 한일장신대, 호원대 ▮ ＊전주교대
제주	2	1	＊제주대, 제주국제대
대구	5	3	＊경북대, 경북외국어대, 계명대, ▮ ＊대구교대 ▮ DGIST
울산	2	2	울산대 ▮ ＊UNIST
부산	14	2	경성대, 고신대, 동명대, 동서대, 동아대, 동의대, ＊부경대, 부산가톨릭대, ＊부산대, 부산외국어대, 신라대, 영산대, ＊한국해양대 ▮ ＊부산교대
경남	8	2	가야대, 경남대, ＊경상국립대, 부산장신대, 인제대, ＊창원대, 한국국제대 ▮ ＊진주교대
경북	19	4	경운대, 경일대, 경주대, 김천대, ＊금오공과대, 대구가톨릭대, 대구대, 대구예술대, 대구외국어대, 대구한의대, 대신대, 동국대(WISE), 동양대, ＊안동대, 영남대, 영남신학대, 위덕대, 포항공대, 한동대
인천글로벌 캠퍼스(IGC)	4	3	겐트대, 뉴욕주립대, 유타대, 조지메이슨대
계	202	135	

CONTENTS

제3부 모집단위순 합격자 성적
모집단위순 경쟁률 및 합격자 성적

제4부 대학
주요전형 분석 및 3년간 경쟁률·합격자 성적

일반대학

교육대학

이공계특성화대학

송도글로벌대학

전문학교

부록 : 능력사회로 가는 길

서울호서전문학교 / 서울호서예술전문학교

※ 일부 내용이 변경, 오타 등이 있을 수 있습니다.
   반드시 각 대학 최종 수시모집 요강을 통해 확인해
   주시기 바랍니다.
※ 정오표는 인터넷 홈페이지(www.livingbooks.co.kr)
   커뮤니티/정오표 란에 게시됩니다.

선생님과 학부모가 인정한
최고의 대입 지원 전략서

2025

**수박(수시대박)먹고
대학간다 [실전편]**

01 | 2025 수시 살펴보기

수시 흐름 파악하기

※ 2025학년도 대입전형 시행계획. 2023. 04. 27. 한국대학교육협의회

Ⅰ. 주요사항

1. 모집인원

(단위: 명, 2023. 4. 20. 기준)

구분	전형유형	2025학년도(B)		2024학년도(A)		증감(C) (C)=(A)-(B)	
		모집인원	비율	모집인원	비율		
수시	학생부위주(교과)	154,475	45.3%	154,121	44.8%	354	0.5%P
	학생부위주(종합)	78,924	23.1%	79,358	23.0%	-434	0.1%P
	논술위주	11,266	3.3%	11,214	3.3%	52	0.0%P
	실기/실적위주	22,531	6.6%	22,539	6.5%	-8	0.1%P
	기타	4,285	1.3%	4,800	1.4%	-515	-0.1%P
수시 소계		271,481	79.6%	272,032	79.0%	-551	0.6%P
정시	수능위주	63,827	18.7%	66,300	19.3%	-2,473	-0.6%P
	실기/실적위주	5,224	1.5%	5,515	1.6%	-291	-0.1%P
	학생부위주(교과)	174	0.1%	228	0.1%	-54	0.0%P
	학생부위주(종합)	183	0.1%	162	0.0%	21	0.1%P
	기타	45	0.0%	59	0.0%	-14	0.0%P
정시 소계		69,453	20.4%	72,264	21.0%	-2,811	-0.6%P
합계		340,934	100%	344,296	100%	-3,362	

(단위: 명, 2023. 4. 20. 기준)

모집시기	권역	전형유형	2025학년도(A)		2024학년도(B)		증감(C)=(A)-(B)	
			인원(명)	비율	인원(명)	비율	인원(명)	비율
수시	수도권	학생부위주(교과)	27,806	8.2%	27,134	7.9%	+672	+0.3%
		학생부위주(종합)	37,867	11.1%	38,267	11.1%	-400	0.0%
		논술위주	9,778	2.9%	9,473	2.8%	+305	+0.1%
		실기/실적위주	8,241	2.4%	8,020	2.3%	+221	+0.1%
		기타	2,154	0.6%	2,362	0.7%	-208	-0.1%
	수도권 소계		85,846	26.2%	85,256	24.8%	+590	+1.4%
	비수도권	학생부위주(교과)	126,669	37.2%	126,987	36.9%	-318	+0.3%
		학생부위주(종합)	41,057	12.0%	41,091	11.9%	-34	+0.1%
		논술위주	1,488	0.4%	1,741	0.5%	-253	-0.1%
		실기/실적위주	14,290	4.2%	14,519	4.2%	-229	0.0%
		기타	2,131	0.6%	2,438	0.7%	+307	-0.1%
	비수도권 소계		185,635	54.4%	186,776	54.2%	-1,141	+0.2%
수시 소계			271,481	79.6%	272,032	79.0%	-551	+0.6%
정시	수도권	수능위주	43,117	12.6%	43,818	12.7%	-701	-0.1%
		실기/실적위주	2,987	0.9%	3,050	0.9%	-63	0.0%
		학생부위주(교과)	22	0.0%	47	0.0%	-25	0.0%
		학생부위주(종합)	129	0.0%	128	0.0%	+1	0.0%
		기타	25	0.0%	8	0.0%	17	0.0%
	수도권 소계		46,280	13.6%	47,051	13.7%	-771	-0.1%
	비수도권	수능위주	20,710	6.1%	22,482	6.5%	-1,772	-0.4%
		실기/실적위주	2,237	0.7%	2,465	0.7%	-228	0.0%
		학생부위주(교과)	152	0.0%	181	0.0%	-29	0.0%
		학생부위주(종합)	54	0.0%	34	0.0%	+20	0.0%
		기타	20	0.0%	51	0.0%	-31	0.0%
	비수도권 소계		23,173	6.8%	25,213	7.3%	-2,040	-0.5%
정시 소계			69,453	20.4%	72,264	21.0%	-2,811	-0.6%
총 합계			340,934	100.0%	344,296	100.0%	-3,362	0.0%

2. 학교폭력 조치사항 자율 반영

1. 「학교폭력 근절 종합대책」('23.4)에 따라 2025학년도부터 147개교에서 학교폭력 조치사항 대입전형 자율 반영
   - 학생부종합전형 학교폭력 조치사항 반영 대학 112개교
   - 학생부교과전형 학교폭력 조치사항 반영 대학 27개교
     ※ 「학교폭력 근절 종합대책」('23.4)에 따라 2025학년도 대학 자율 실시, 2026학년도 학생부위주, 논술, 실기, 수능전형
       에서 학교폭력 조치사항 필수반영
2. 「학교운동부 폭력근절 및 스포츠 인권보호 체계 개선방안」('21.2)에 따라 2025학년도 대학입학전형시행계획부터 체육특기
   자 특별전형에서 '학교폭력 조치사항' 필수반영
   - 체육특기자 전형 운영대학 88개교

3. 수능 '선택과목 필수 반영' 폐지 대학 증가

1. 문·이과 통합 교육과정의 취지에 따라 수능 선택과목과 관계없이 자연, 공학, 의학계열 모집단위 지원 가능 대학 증가
   - 2024학년도 대학입학전형 시행계획 대비 17개교*에서 수능 미적분·기하(수학 영역), 과학탐구(탐구 영역) 필수 반영 폐지
   * 건국대, 경희대, 광운대, 국민대, 동국대, 서울과기대, 성균관대, 세종대, 숭실대, 아주대, 연세대, 이화여대, 인하대, 중앙대,
     한국항공대, 한양대, 한양대(ERICA)

4. 전형일정

모집 시기	복수지원 허용범위	구분	내용
수시 모집	모든 전형을 대상으로 **최대 6회** (단, 부모가 모두 외국인인 외국인전형은 제한 없음)	원서접수	2024. 09. 09.(월) ~ 13.(금) 중 3일 이상
		전형기간	2024. 09. 14.(토) ~ 12. 12.(목)(90일)
		합격자 발표	2024. 12. 13.(금)까지
		합격자 등록	2024. 12. 16.(월) ~ 18.(수)(3일)
		수시 미등록 충원 합격 통보 마감	2024. 12. 26.(목) (합격자 발표 18시까지) ※ 홈페이지 발표는 14시까지, 14 ~ 18시까지는 개별 통보만 가능함
		수시 미등록 충원 등록 마감	2024. 12. 27.(금) 22시까지

< 복수지원 금지사항 >
• 수시모집 대학(산업대학, 교육대학, 전문대학 포함)의 합격자(최초 합격자 및 충원 합격자)는 정시모집 및 추가모집에 지원할 수 없음

< 합격자 발표 유의사항 >
• 수시모집 합격자(최초 합격자 및 충원 합격자로 통보받은 자(홈페이지 게시 등)는 수험생의 등록의사와 관계 없이 합격자로 처리되며, 정시모집과 추가모집에 지원할 수 없음
• 수시모집 예비 합격 순위를 부여받은 자들은 그 순위를 포기할 수 없음. 즉, 수시 및 정시모집의 지원 사실을 포기할 수 없음

2. 학교폭력 조치사항

■「학교폭력예방 및 대책에 관한 법률 제17조 1항」가해 학생에 대한 조치사항

구분		조치사항
1호	교내 선도	피해 학생에 대한 서면사과
2호		피해 학생 및 신고·고발 학생에 대한 접촉, 협박 및 보복행위(정보통신망을 이용한 행위를 포함한다)의 금지
3호		학교에서의 봉사
4호	외부 기관 연계 선도	사회봉사
5호		학내외 전문가, 교육감이 정한 기관에 의한 특별 교육 이수 또는 심리치료
6호	교내 교육 환경 변화	출석정지
7호		학급교체
8호	교외 교육 환경 변화	전학
9호		퇴학 처분

학교폭력 조치사항은 2025학년도 대입에서는 자율적으로 반영하고,
2026학년도 대입부터는 학생부교과, 학생부종합, 논술, 실기·실적, 수능 등 모든 전형유형에 필수 반영합니다.

2025학년도 대입에서 학교폭력 조치사항은 자율 반영이므로 일부 대학들이 평가에 반영하고 있습니다.
학교폭력 조치사항이 있는 경우에는 학교장추천 전형에서는 지원 자격에서 제한되거나, 정량평가하는 학생부교과전형이나 논술
전형에서는 학교폭력 조치사항의 조치(1호~ 9호)에 따라서 감점을 하기도 하고, 정성평가하는 학생부종합전형에서는 서류평가
에 반영하는 대학들이 있습니다.

■ 반영 내용

적용 범위	대학 수	서울	경인	비수도권
모든 전형	9	건국대, 서울시립대, 한양대 [3]	가톨릭대, 경기대 [2]	경북대, 부산대, DGIST, KAIST [4]
학교장추천 (추천 불가)	7	덕성여대, 숙명여대, 연세대, 이화여대, 중앙대(감점), 한양대 [6]		연세대(미래) [1]
학생부종합	16	광운대, 덕성여대, 서울여대, 성균관대, 숙명여대, 숭실대, 연세대, 이화여대, 중앙대 [9]	인하대, 한국공학대, 한양대(에리카) [3]	고려대(세종), 전북대, 충남대, 한국기술교대 [4]
실기·실적	23	경희대, 광운대, 국민대, 연세대, 이화여대, 중앙대 [6]	명지대, 성결대, 신한대, 안양대, 인하대, 화성의과학대 [6]	경동대, 고려대(세종), 공주대, 상명대(천안), 충남대, 충북대, 한국교통대, 한남대, 한라대, 호서대 홍익대(세종) [11]

Ⅰ. 대학

대학	전형	전형 총점	조치사항								
			1호	2호	3호	4호	5호	6호	7호	8호	9호
가천대	미반영										
가톨릭대	모든 전형	1,000				미반영				100	
감신대	미반영										
강남대	미반영										
강서대	미반영										
강원대	학생부종합	120	없음			공동체역량					
						1	2	3		최저 등급	
	학생부종합 외	1,000	없음			5	10	15		30	
건국대	모든 전형	1,000	없음	20	30	200	300	500			

대학	전형	전형총점	1호	2호	3호	4호	5호	6호	7호	8호	9호
건국대(글로컬)	미반영										
경기대	학생부교과 논술, 실기/실적	100	0.1	0.2	0.3	5	10	20	30	부적격	
	학생부종합	100	정성평가				부적격				
	체육특기자	100	0.1	0.2	0.3	부적격					
경동대	태권도특기자	1,000	감점 또는 불합격								
경북대	모든 전형	500	10				50			150	
경상국립대	미반영										
경희대	실기우수자(체육)	1,000	학교생활기록부에 "학교 폭력 사실"이 기재된 경우, 그 정도에 따라 본교 위원회의 심의를 거쳐 감점 등을 할 수 있습니다.								
고려대	미반영										
고려대(세종)	학생부종합, 실기/실적	1,000	학교폭력 가해 사실이 있는 경우 이를 평가에 반영함								
	체육인재	1,000	학교폭력 가해 사실이 확인되는 경우 선발하지 않음								
공주대	체육특기자	1,000	학교폭력 조치사항이 기록되어 있을 경우 총점 1,000점에서 최소 10점 ~최대 98점 감점								
광운대	학생부종합	1,000	학교폭력 대상자 및 조치사항은 평가위원에게 제공하며 평가에 불이익을 받을 수 있음								
	체육특기자	1,000	5			50			100		
국민대	학생부종합전형 위탁교육(정부)	1,000	정성평가						부적격		
	교과성적우수자, 실기/실적	1,000	2			10		30		부적격	
	체육특기자	1,000	20			50			200		
극동대	미반영										
단국대	미반영										
대진대	미반영										
덕성여대	학생부종합	1,000	감점 여부 심의			50 ~ 100	200	300	결격	결격	결격
동국대	미반영										
동덕여대	미반영										
동양대	미반영										
루터대	미반영										
명지대	체육특기자	1,000	학교폭력(P/F)								
부산대	학생부교과, 논술, 실기/실적	100	30			60			80		
	학생부종합	100	1단계 서류평가 및 2단계 면접평가에서 정성평가								
삼육대	미반영										
상명대	체육특기자		(지원불가) 학교생활기록부에 학교폭력 조치사항 관련 기록이 있는 자								
서강대	미반영										
서경대	미반영										
서울과기대	미반영										
서울기독대	미반영										
서울대	미반영										
서울시립대	미반영										
서울신학대	미반영										
서울여대	학생부종합		학교폭력 가해자에 해당하는 경우 서류 확인 질문을 기반으로 학교폭력 관련 내용 확인								
서울장신대	미반영										
서울한영대	미반영										
선문대	미반영										
성결대	체육특기자	1,000	학교생활기록부에 학교폭력 가해자로 기재된 자는 불합격으로 처리함								
성공회대	미반영										
성균관대	학생부종합	100	학교생활기록부 기재사항 중 학교폭력 관련 내용이 확인 될 경우 우리 대학 입학전형 관련 위원회의 심의 결과에 따라 불이익이 있을 수 있음								
성신여대	미반영										
세종대	미반영										
수원가톨릭대	미반영										
수원대	미반영										

대학	전형	전형총점	조치사항								
			1호	2호	3호	4호	5호	6호	7호	8호	9호
숙명여대	지역균형선발		학교폭력 조치사항이 학교생활기록부에 기재된 자는 고등학교 학교장 추천 불가함								
	학생부종합		학교폭력 조치사항이 학교생활기록부에 기재된 자는 이를 정성평가하여 반영								
순천향대	미반영										
숭실대	학생부종합	100	서류평가시 숭실역량에서 학교폭력 조치사항을 반영하여 평가								
신한대	실적우수자	1,000	학생부 내 "학교폭력 조치사항"이 확인되는 경우 "P/F"로 심의하여 전형에서 제외 함								
아신대	미반영										
아주대	미반영										
안양대	체육특기자 경기실적우수자			0			3		5		1
연세대	추천형	100	학교폭력예방 및 대책에 관한 법률 제 조에 따른 처분을 받은 자는 지원 불가								
	학생부종합, 특기자, 고른기회	100	정성평가								
연세대(미래)	미반영										
용인대	체육특기자	500	0		10	20	30	40	50		100
우송대	미반영										
울산대	미반영										
원광대	미반영										
을지대	미반영										
이화여대	고교추천	1,000	학교생활기록부에 학교 폭력 관련 기재 사항이 있을 경우, 추천 대상에서 제외됨								
	학생부종합 예체능서류, 특기자	1,000	학교생활기록부에 학교 폭력 관련 기재 사항이 있을 경우, 본교 입학관련 위원회의 심의를 통하여 서류평가 총점에서 감점 또는 0점 처리될 수 있음								
인천가톨릭대	미반영										
인천대	미반영										
인하대	학생부종합	1,000	학교생활기록부에 '학교폭력사실'이 기재된 경우 서류평가시 정성적으로 평가함								
	체육특기자	1,000	감점 없음							지원 불가	
장신대	미반영										
전남대	학생부종합	1,000	서류평가 및 면접에서 정성평가 실시								
	학생부교과 실기/실적	1,000	5		10			20			
전북대	학생부종합	1,000	학생부종합전형 각 단계별 평가 시 학교폭력 가해학생 조치사항 반영(정성평가)								
제주대	체육특기자	1,000	5				10				
조선대	미반영										
중앙대	학생부종합	100	0.5		5			7.5		10	20
	학생부교과 체육특기	1,000	5		50			75		100	200
중앙승가대	미반영										
차의과학대	미반영										
총신대	미반영										
추계예술대	미반영										
충남대	학생부종합	300	서류평가 및 면접평가시 정성평가 반영								
	체육특기자	200	4		10			20		40	
충북대	체육특기자	100	1.6		4			8		16	
칼빈대	미반영										
평택대	미반영										
포항공과대	미반영										
한경국립대	미반영										
한국공학대	학생부종합	500	학교폭력 조치사항에 대해 각 평가영역에서 정성평가로 반영								
한국교원대	미반영										
한국교통대	특기자	1,000	10	20	30	40	50	60	70	80	90
한국기술교대	학생부종합	100	학교폭력 조치사항은 정성평가하여 반영								
한국성서대	미반영										
한국외대	미반영										
한국체대	미반영										
한국항공대	미반영										
한남대	체육특기자	1,000	감점 없음			20점			30점		

대학	전형	전형총점	조치사항								
			1호	2호	3호	4호	5호	6호	7호	8호	9호
한동대	미반영										
한라대	체육특기자	500	감점 없음			3		5		20	
한림대	체육특기자		감점 없음			불합격(사정 제외)					
한밭대	미반영										
한서대	미반영										
한성대	미반영										
한세대	미반영										
한신대	미반영										
한양대	학생부교과/학생부종합(추천형)	1,000	학교생활기록부에 학교폭력이력이 있는 자에 대해서 학교장 추천 불가								
한양대	학생부종합, 논술, 실기/실적	1,000	학교생활기록부 기재사항 중 학교 폭력 관련 내용이 확인될 경우 전형관리위원회의 심의 결과에 따라 불이익이 있을 수 있음								
한양대(에리카)	학생부종합	1,000	학교폭력 가해 사실이 기록된 경우, 학생부종합 심의평가위원회에서 관련 내용을 검토하여 평가에 반영								
협성대	미반영										
호남대	미반영										
호서대	체육특기자	1,000								지원 불가	
홍익대	체육특기자	100	학교생활기록부에 기재된 학교폭력 조치사항에 대해 학교폭력예방법 제17조 1항의 사항에 따라 지원자의 학교생활기록부 점수(100점 만점)를 6점에서 최대 100점까지 감점함								
화성의과학대	전공관련우수자	1,000	2	3	4	5	10	12	15	부적격	
.경인교대	미반영										
.공주교대	미반영										
.광주교대	미반영										
.대구교대	미반영										
.부산교대	미반영										
.서울교대	미반영										
.전주교대	미반영										
.진주교대	미반영										
.청주교대	미반영										
.춘천교대	미반영										
DGIST	모든 전형		「학교폭력예방 및 대책에 관한 법률」에 따른 조치사항(제4호~제9호)이 학생부에 기재되어 있는 자는 지원 불가								
GIST	미반영										
KAIST	모든 전형		• 지원서 기재 항목(학교폭력 관련 정보 신설) : 고등학교 재학 중 학교폭력 가해에 대한 조치사항이 있거나 진행 중인 경우 체크하고 그 내용을 기재하시기 바랍니다. (100자 이내) ☐ 없음 ☐ 있음 ( ) • 교사추천서 4번 문항 : 그 외 학교생활 전반에 있어 학교폭력, 범죄 등 KAIST 인재상에 부합하지 않는 행위가 있었습니까? (신설) ☐ 없음 ☐ 있음 ☐ 기타 ( )								
KENTECH	미반영										
UNIST	미반영										

3. 무전공(전공자율선택)

※ 2024 대학혁신 지원사업 및 국립대학 육성사업 기본계획 2024. 01. 30. 교육부

< 일반재정 지원사업 개요 >

구분	대학혁신지원사업	국립대학 육성사업
대상	사립대·국립대 법인 등 117개교	국립대학 37개교
내용	대학교육의 자율적 혁신 및 학생지원 강화	국립대학의 경쟁력·책무성 제고, 자율적 혁신 지원
총 사업비	8,852억 원(+795억 원)	5,722억 원(+1,142억 원)
산식에 따른 지원금(포뮬러) : 성과급(인센티브)-사업관리비 제외	50 : 50 (4,410억 원 : 4,410억 원)	40 : 60 (2,284억 : 3,426억 원)

=> **수도권대(51교)**는 '25학년도 모집단계 혁신성과에 대해 100+ 가점(최대 10점) 부여

1. 모집단계 혁신성과 인정 유형

(유형1) 전공을 정하지 않고 모집(예: 자유전공학부 등) 후, 대학 내 모든 전공(보건의료, 사범계열 등 제외) 자율 선택

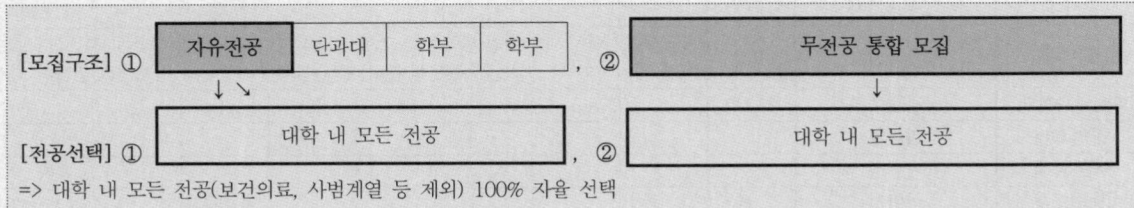

=> 대학 내 모든 전공(보건의료, 사범계열 등 제외) 100% 자율 선택

(유형2) 계열 또는 단과대 단위 모집* 후, 계열 또는 단과대 내 모든 전공 자율선택 또는 학과별 정원의 150% 이상 범위 내 전공 선택

   * 계열·단과대 내 전공·학과를 일부 분리모집하는 경우도 인정

[모집구조] ①	인문계열	자연계열	기타	, ②	공과대학(단과대)	기타
[전공선택] ①	학과(인문) 학과(인문)	학과(자연) 학과(자연)	기타	, ②	학과(단과대 내) 학과(단과대 내)	기타

=> 계열·단과대 내 모든 전공 100% 자율선택 또는 학과 정원의 150% 이상 범위 내 전공선택

2. 모집단계 혁신 성과에 대한 가점표

		유형1 + 유형2					(단위: %, 이상~미만)
		0~5	5~10	10~15	15~20	20~25	25~
유형1	0~5	0	4점	5점	6점	7점	8점
	5~10	-	5점	6점	7점	8점	9점
	10~	-	-	7점	8점	9점	10점

3. 유형별 모집단계 혁신 비율 = 해당 유형 모집인원(정원 내) / 전체 모집인원(정원 내)

4. 모집단계 혁신 성과 인정 관련 모수 산정 범위

전공 유형	모수 포함 여부
정부 정원관리 전공 (보건의료계열, 사범계열)	모수 제외
각 부처 인재양성사업에 따른 전공, 희소특수학과, 첨단학과, 계약학과, 재직자·성인학습자·특수교육대상자 모집인원 등	대학별 자율적으로 전체 모집정원의 10% 범위에서 모수 제외
예체능계열, 종교계열	대학별 자율적 모수 제외 ※ 10% 범위에 미포함

※ 유형1·2의 전공선택 범위에서 포함한 전공은 모수에서도 포함되어야함(모수에서 제외한 전공은 유형1·2의 전공선택 범위에서 제외)

3. 무전공(전공자율선택)

2025학년도 대입에서 가장 큰 변수는 의대 정원 확대와 함께 무전공(전공자율선택) 제도의 도입입니다.

의대 정원 확대와 무전공 제도는 당초 2025학년도 대입 시행계획에는 담겨 있지 않았지만 수시모집 요강 발표 직전에 도입이 확정되어 담겨진 점에서는 동일합니다. 하지만, 의대 정원 확대는 언론에 자주 보도되어 익숙한 반면, 무전공 제도는 더 많은 수험생들에게 영향을 줌에도 불구하고 수시모집 요강이 발표된 후에야 도입 사실이 부각되고 있습니다.

무전공 제도는 전국 72개 대학에서 유형1은 14,951명, 유형2는 22,952명을 선발합니다.

많은 대학에서 선발하면서 최상위권 뿐만 아니라 중위권 수험생들에게 영향을 미치는 점에서 의대 진학을 준비하는 최상위권 수험생들을 중심으로 영향을 주는 의대 정원 확대보다 실질적인 영향은 훨씬 더 큽니다.

특히, 유형1은 전공을 정하지 않고 입학한 후 보건의료, 사범, 첨단학과, 계약학과, 예체능계열 등 일부 학과를 제외하고는 대학 내 모든 전공을 자유롭게 선택할 수 있으므로 아직 진로를 결정하지 않은 학생들에게 적합하며, 유형1을 신설하기 위해 기존 모집단위의 모집인원을 대폭 축소하였기 때문에 경쟁률과 합격자 성적에 큰 영향을 줄 수 있습니다.

I. 대학

: 전국 72개 대학에서 유형1은 14,951명, 유형2는 22,952명 선발

> **<유형 구분>**
> • 유형1: 전공을 정하지 않고 모집(예: 자유전공학부) 후, 대학 내 모든 전공(보건의료, 사범 등 제외) 자율 선택
> • 유형2: 계열 또는 단과대 단위 모집 후, 모집 단위 내 모든 전공 자율 선택 또는 일정 범위 내 선택권 부여

■ 대학

지역	대학	유형① [대학 내 모든 전공(보건의료, 사범 등 제외) 자율 선택] 모집단위	인원	유형② [계열/단과대 모집 후 모집단위 내 전공 자율 선택] 모집단위	인원
서울	건국대	KU자유전공학부	308	공과대학 자유전공학부	195
				문과대학 자유전공학부	49
				사회과학대학 융합전공학부	74
				생명과학대학 자유전공학부	46
				융합과학기술원 자유전공학부	33
				이과대학 자유전공학부	24
	경희대	[서울캠퍼스] 자율전공학부	165		
		[국제캠퍼스] 자율전공학부	241		
	고려대	자유전공학부	95	공과대학	65
		학부대학	36		
	광운대	자율전공학부(인문)	142		
		자율전공학부(자연)	266		
	국민대	미래융합전공	528	건축학부	44
		자유전공	300	경영학부	116
				법학부	77
				자동차융합대학	75
	덕성여대	자유전공학부	259		
	동국대	열린전공학부(인문)	119	경찰사법대학 경찰행정학부	62
		열린전공학부(자연)	110	바이오시스템대학	34
	동덕여대	자율전공학부	93	인문예술융합학부	125
				자연정보융합학부	43
	삼육대	미래융합자유전공학부	148		
		창의융합자유전공학부	87		
	상명대(서울)	자유전공(IT계열)	54	지능·데이터융합학부	45
		자유전공(경영경제계열)	64		
		자유전공(예체능계열)	23		
		자유전공(이공계열)	40		
		자유전공(인문사회계열)	78		

지역	대학	유형① [대학 내 모든 전공(보건의료, 사범 등 제외) 자율 선택]		유형② [계열/단과대 모집 후 모집단위 내 전공 자율 선택]	
		모집단위	인원	모집단위	인원
	상명대(천안)	스포츠융합자유전공학부	78	글로벌지역학부	130
		자유전공(공학계열)	125	디자인학부	169
		자유전공(아트&컬처)	68		
	서강대	AI기반자유전공학부	50	사회과학부	90
		SCIENCE기반자유전공학부	40	인문학부	120
		인문학기반자유전공학부	67	지식융합미디어학부	98
	서경대	자유전공학부	76	미래융합학부1	333
				미래융합학부2	311
	서울과기대	ST자유전공학부	203	자유전공학부(공과대학)	73
				자유전공학부(기술경영융합대학)	14
				자유전공학부(미래융합대학)	72
				자유전공학부(에너지바이오대학)	24
				자유전공학부(인문사회대학)	12
				자유전공학부(정보통신대학)	35
				자유전공학부(창의융합대학)	69
	서울대	학부대학 자유전공학부	124	인문계열	132
		학부대학 광역	36	공과대학 광역	36
				첨단융합학부	218
	서울시립대	자유전공학부(인문)	39		
		자유전공학부(자연)	39		
	서울여대	자유전공학부	138	과학기술융합자유전공	37
				미래산업융합자유전공	30
				사회과학자유전공	44
				심리·인지과학학부	38
				언론영상학부	60
				인문자유전공	33
				정보보호학부	48
	성균관대	자유전공계열	280		
	성신여대	창의융합학부(자유전공)	272	창의융합학부(첨단분야전공)	92
				창의융합학부(예체능전공)	103
	세종대	자유전공학부	223	IT계열	125
				경상호텔관광계열	126
				공과계열	208
				인문사회계열	122
				자연생명계열	126
	숙명여대	자유전공학부	303	첨단공학부	78
	숭실대	자유전공학부(인문)	183		
		자유전공학부(자연)	256		
	연세대			글로벌인재학부	11
				상경계열	70
				생명과학부	20
				언더우드학부	150
				융합과학공학부	81
				융합인문사회과학부	148
	이화여대	스크랜튼학부	41	인공지능데이터사이언스학부	114
		인문계열	174		
		자연계열	149		
	중앙대(서울)			공과대학	31
				사회과학대학	25
				인문대학	36
				자연과학대학	30
				창의ICT공과대학	150
				경영경제대학	52

지역	대학	유형① [대학 내 모든 전공(보건의료, 사범 등 제외) 자율 선택]		유형② [계열/단과대 모집 후 모집단위 내 전공 자율 선택]	
		모집단위	인원	모집단위	인원
	중앙대(안성)		.	생명공학대학	65
	추계예술대			융합예술학부	48
	한국성서대			AI융합학부(인공지능전공, AI휴먼서비스융합전공, 컴퓨터소프트웨어전공)	55
	한국외대(서울)	자유전공학부(서울)	100	사회과학대학	31
				상경대학	26
				영어대학	37
				일본학대학	16
				중국학대학	21
				특수외국어(유럽지역)계열	24
				특수외국어(인도·아세안지역)계열	24
				특수외국어(중동지역)계열	21
				핵심외국어계열	54
	한국외대(글로벌)	자유전공학부(글로벌)	224	AI융합대학	20
				Culture & Technology 융합대학	30
				경상대학	19
				공과계열	67
				국가전략언어계열	52
				인문대학	21
				자연과학대학	48
	한성대	상상력인재학부	175	IT공과대학	250
				IT공과대학(야)	141
				미래융합사회과학대학	112
				미래융합사회과학대학(야)	113
				크리에이티브인문학부	115
				크리에이티브인문학부(야)	67
	한양대(서울)	한양인터칼리지학부	250		
	홍익대(서울)	서울캠퍼스자율전공(인문·예능)	193	자율전공(미술대)	79
		서울캠퍼스자율전공(자연·예능)	267		
	홍익대(세종)	세종캠퍼스자율전공(인문·예능)	175	상경학부	170
		세종캠퍼스자율전공(자연·예능)	176	자율전공(과기대)	51
경인	가천대	자유전공학부(자유전공)	321	AI인문대학	210
				반도체대학	200
				법과대학	150
	가톨릭대	자유전공학부	221	글로벌경영대학	12
				인문사회계열	215
				자연공학계열	154
	강남대	자유전공학부	122	글로벌문화콘텐츠대학	147
		자유전공학부(야간)	26	복지융합대학	116
	경기대(수원)	자유전공학부(수원)	205	경영학부	208
				경제학부	122
				공공안전학부	61
				공공인재학부	80
				글로벌어문학부	121
				바이오융합학부	72
				사회과학대학	82
				소프트웨어경영대학	59
				스마트시티공학부	58
				신소재화학공학부	87
				융합과학대학	25
				인문대학	54
				전자공학부	108

지역	대학	유형① [대학 내 모든 전공(보건의료, 사범 등 제외) 자율 선택]		유형② [계열/단과대 모집 후 모집단위 내 전공 자율 선택]	
		모집단위	인원	모집단위	인원
				창의공과대학	87
				호텔외식경영학부	56
				휴먼서비스학부	49
	경기대(서울)	자유전공학부(서울)	64		
	단국대(죽전)	퇴계혁신칼리지	267	SW융합계열광역	34
				공학계열광역	108
				사회계열광역	148
				인문계열광역	38
	단국대(천안)	율곡혁신칼리지	173	인문사회계열광역	107
				자연공학계열광역	166
	대진대	자율전공학부	65	공학자율학부	185
	루터대	휴먼케어서비스학부	75		
	명지대(용인)	자율전공학부(자연)	149	건축대학	11
				반도체 · ICT대학	150
				스마트시스템공과대학	116
				화학 · 생명과학대학	49
	명지대(서울)	자율전공학부(인문)	297	경영대학	64
				미디어 · 휴먼라이프 대학	30
				사회과학대학	97
				인공지능 · 소프트웨어융합대학	37
				인문대학	92
	서울신학대	자율전공학부	31	IT융합학부	64
	성결대	자율전공학부	100	IT공과대학 자율전공학부	42
				글로벌경영기술대학 자율전공학부	34
				사회과학대학 자율전공학부	37
				신학대학 자율전공학부	15
				인문대학 자율전공학부	22
	신한대			경영대학	190
				사회과학대학(유아교육과 별도)	170
	아주대	자유전공학부(인문)	58	경제정치사회융합학부	104
		자유전공학부(자연)	108	첨단바이오융합대학	75
				프런티어과학학부	109
	안양대	자유전공	92	사회계열자유전공	28
				스포츠계열자유전공	19
				이공계열자유전공	65
				인문계열자유전공	26
	을지대(의정부)	자유전공학부	71	국제학부	54
	을지대(성남)			인문사회계열학부	130
				자연계열학부	172
	인천가톨릭대	자유전공	23		
	인천대	자유전공학부(인문)	87		
		자유전공학부(자연)	129		
	인하대	자유전공융합학부	270	경영융합학부	44
				공학융합학부	131
				사회과학융합학부	41
				영미유럽인문융합학부	60
				인문융합학부	33
				자연과학융합학부	40
				전기전자공학부	189
	차의과학대	미래융합대학	374		
	한경국립대	HK자율전공학부	105	ICT로봇기계공학부	12
				건설환경공학부	15

지역	대학	유형① [대학 내 모든 전공(보건의료, 사범 등 제외) 자율 선택]		유형② [계열/단과대 모집 후 모집단위 내 전공 자율 선택]	
		모집단위	인원	모집단위	인원
				건축융합학부	6
				동물생명융합학부	10
				법경영학부	13
				사회안전시스템공학부	12
				생명공학부	9
				식물자원조경학부	14
				식품생명화학공학부	18
				웰니스산업융합학부	11
				인문융합공공인재학부	11
				전자전기공학부	12
				컴퓨터응용수학부	13
	한국공학대	미래대학(자유전공학부)	131	IT반도체융합대학(IT반도체융합 자율전공)	37
				SW대학(SW 자율전공)	42
				경영학부(경영 자율전공)	21
				디자인공학부	89
				스마트기계융합대학(스마트기계융합 자율전공)	44
				첨단융합대학(첨단융합 자율전공)	36
	한국항공대	자유전공학부	18	AI융합대학	207
		자유전공학부(공학적성)	74	공과대학	187
		자유전공학부(사회적성)	10	항공·경영대학	36
		자유전공학부(이학적성)	47	항공·경영대학(사회적성)	63
				항공·경영대학(이학적성)	40
	한신대	자유전공학부	100	경영·미디어계열	73
				경제통상·국제·공공인재융합계열	88
				신학·인문융합계열	151
				첨단융합계열	48
				휴먼서비스계열	74
	한양대(ERICA)	LIONS자율전공학부(전계열)	223	LIONS자율전공학부(인문사회계열)	95
				LIONS자율전공학부(자연계열)	130
				디자인계열	138
				바이오신약융합학부	73
강원	강릉원주대	자유전공학부	62		
	강원대(춘천)	자유전공학부(인문계열)	39	경영대학 무전공학과	38
		자유전공학부(자연계열)	38	농업생명과학대학 무전공학과	26
	강원대(삼척)	자유전공학부(인문계열)	33	공학대학 무전공학과	60
		자유전공학부(자연계열)	33		
경상	경북대	자율미래인재학부	58	IT 첨단자율학부	69
		자율전공학부	326	IT대학 자율학부	29
				경상대학 자율학부	40
				공과대학 자율학부	40
				공학 첨단자율학부	49
				농업생명과학대학 자율학부	37
				사회과학대학 자율학부	15
				인문대학 자율학부	14
				자연과학대학 자율학부	34
				첨단기술융합대학 자율학부(로봇모빌리티우주공학계열)	160
				첨단기술융합대학 자율학부(의생명공학혁신신약계열)	90
	경상국립대	인문사회자율전공	21	건축공학부	64
		자연과학자율전공	20	기계공학부	77
				메카트로닉스공학부	50

지역	대학	유형① [대학 내 모든 전공(보건의료, 사범 등 제외) 자율 선택]		유형② [계열/단과대 모집 후 모집단위 내 전공 자율 선택]	
		모집단위	인원	모집단위	인원
				법학부	66
				산업시스템공학부	66
				수학물리학부	64
				컴퓨터공학부	102
				항공우주공학부	174
				해양식품생명의학부	53
				회계세무학부	100
	금오공과대	자율전공학부	325		
	부경대	글로벌자율전공학부	19	경영대학자유전공학부	47
		자유전공학부	313	공과대학자유전공학부	196
				수산과학대학자유전공학부	69
				인문사회과학대학자유전공학부	103
				자연과학대학자유전공학부	34
				정보융합대학자유전공학부	86
				환경·해양대학자유전공학부	48
	부산대			첨단융합학부 공학자율전공	57
				첨단융합학부 나노자율전공	58
				첨단융합학부 정보의생명공학자율전공	44
	안동대	자유전공학부	149	건설·환경·건축공학부	78
				바이오생명공학부	186
				사회과학부	171
				사회복지·상담학부	55
				성인학습자학부	30
				인문·문화학부	112
				전기·신소재공학부	48
				전자·기계공학부	110
				컴퓨터·소프트웨어공학부	57
	창원대			사회계열 자율전공학부	31
				인문계열 자율전공학부	25
		사립아너스학부	134	경영계열 자율전공학부	31
				공학계열 자율전공학부	51
				공학융합학부	95
전라	군산대	자율전공학부	188	공간디자인융합기술학부	29
				기계공학부	87
				미디어문화학부	29
				법행정경찰학부	79
				사회복지학부	39
				산업디자인학부	27
				의류학부	29
				첨단과학기술학부	29
				체육학부	39
				컴퓨터소프트웨어특성화대학	203
				회계학부	36
	목포대	글로벌학부	15	건축·토목·환경공학부	80
		자율전공학부	99	경영학부	80
				경제무역학부	41
				국어국문·문예창작학부	35
				글로벌커뮤니케이션학부	48
				기계조선해양공학부	55
				도시계획및조경학부	38
				법·경찰학부	45
				식품·제약공학부	45

지역	대학	유형① [대학 내 모든 전공(보건의료, 사범 등 제외) 자율 선택] 모집단위	인원	유형② [계열/단과대 모집 후 모집단위 내 전공 자율 선택] 모집단위	인원
				원예산림학부	40
				인문콘텐츠학부	75
				컴퓨터학부	90
				행정·언론미디어학부	47
	순천대	자유전공학부	108	공학분야	367
				인문분야	85
				사회과학분야	252
				생명산업과학분야	270
	전남대(광주)	자율전공학부(4년)	50	기계공학부 (에너지기계전공, 정밀기계전공, 지능기계전공)	134
		자율전공학부(1년)	59	전자컴퓨터공학부(전자공학전공, 컴퓨터정보통신공학전공, 시스템반도체공학전공)	201
				신소재공학부(금속재료공학전공, 에너지나노재료전공, 광·전자재료전공)	69
				경영학부(경영학전공, 회계학전공)	200
	전남대(여수)	창의융합학부	56	공학계열	214
				해양수산광역	119
	전북대	본부 융합자율전공학부1(전주캠퍼스)	134		
		본부 융합자율전공학부2(특성화캠퍼스)	26		
제주	제주대	자유전공	78		
충청	공주대	자율전공학부(공주캠퍼스)	58	자율전공학부(산업과학대학)	70
		자율전공학부(산업과학대학)	35	자율전공학부(인문사회과학대학)	59
		자율전공학부(천안공과대학)	87	자율전공학부(자연과학대학)	39
				자율전공학부(천안공과대학)	175
	충남대	자율전공융합학부	147	공학융합학부	105
				농생명융합학부	299
				인문사회융합학부	148
				자연과학융합학부	79
				첨단융합학부	75
	충북대	인문사회자율전공계열	56	경영학자율전공학부	8
		자연과학자율전공계열	169	공학자율전공학부	59
				농업생명환경자율전공학부	10
				바이오헬스학부	70
				사회과학자율전공학부	3
				생활과학자율전공학부	2
				인문학자율전공학부	5
				자연과학자율전공학부	7
				전자정보자율전공학부	61
	한국교통대	자유전공학부	30	공대자유전공학부	19
				사회자유전공학부	6
				생명자유전공학부	4
				융합자유전공학부	20
				인문자유전공학부	5
				철도대학자유전공학부	10
	한밭대	자율전공학부	163	공학건설학부	165
				인문사회경상학부	80
				정보기술학부	79

Ⅱ. (유형1) 선발 대학

- 전형유형 : 수능(7,027명, 47.0%) > 학생부교과(5,124명, 32.3%) > 학생부종합(1,708명, 11.4%) > 논술(1,036명, 6.9%)
- 지역분포 : 수도권은 수능, 비수도권은 학생부교과 중심으로 선발

■ (유형1) 지역

※ 재외국민-명지대(15명), 실기-상명대천안(41명)

지역	합계	학생부교과		학생부종합		논술		실기· 실적/재외국민		수능	
		인원	비율	인원	비율	인원	비율	인원	비율	인원	비율
서울	6,834	1,159	17.0%	770	11.3%	512	7.5%			4,393	64.3%
경인	4,190	1,379	32.9%	572	13.7%	411	9.8%	15(재외)	0.4%	1,813	43.2%
강원	205	145	70.7%	40	19.5%	0				20	9.6%
경상	1,375	912	66.3%	83	6.0%	82	6.0%			298	21.7%
전라	724	573	79.1%	79	10.9%	0				72	10.0%
제주	78	31	39.7%	47	60.2%	0				0	0.0%
충청	1,545	925	59.9%	117	7.6%	31	2.0%	41(실기)	2.5%	431	28.0%
계	14,951	5,124	32.3%	1,708	11.4%	1,036	6.9%	56	0.4%	7,027	47.0%

유형1은 72개 대학에서 14,951명을 선발합니다.
유형1로 입학하게 되면 2학년 진급시 보건의료계열, 사범계열 등 일부 학과를 제외하고는 전공을 자유롭게 선택할 수 있습니다.
그러므로 학생들에게는 대학 입학 후 진로 탐색을 통해 진로를 결정해도 되는 장점이 있습니다.

선호 전형은 수능(47.0%) > 학생부교과(32.3%) > 학생부종합(11.4%) > 논술(6.9%) > 실기실적(0.4%) 순입니다.
선발하는 대학 입장에서 본다면, 정량평가하는 학생부교과, 논술, 수능 전형들은 선발에 무리가 없지만, 정성평가하는 학생부종합
전형은 진로역량을 어떻게 평가해야 하는 지에 대한 고민을 안게 됩니다.
따라서, 무전공제도를 처음 도입하는 대학들은 정량평가하는 전형들을 선호해서 정시모집 수능으로 가장 많은 47%(7,027명)를
선발하고, 그 다음으로 학생부교과전형으로 32.3%(5,124명)을 선발합니다.
학생부종합전형으로 11.4%(1,708명)를 선발하는 대학들의 경우에는 진로역량을 어떻게 평가할 지가 관건입니다.
전공(계열) 관련 교과 이수 노력 또는 교과 성취도를 평가하는 진로역량 대신 건국대는 성장역량, 경희대는 자기주도역량으로 평
가하는 점을 눈여겨 봐야 합니다. 유형1은 전공(계열)로 좁게 이해하는 것이 아니라. 진로를 아직 정하지 못 하였거나 진로가 변
경된 경우, 고교 교육과정에서 자기주도적으로 다양한 활동과 경험을 한 학생들에게 적합할 수 있습니다.

지역별로 수도권은 수능, 비수도권은 학생부교과전형을 선호합니다.
지역별로 가장 선호하는 전형을 차이가 납니다.
수능전형은 서울(64.3%), 경인(43.2%), 학생부교과전형은 강원(70.7%), 경상(66.3%), 전라(79.1%), 충청(59.9%).
학생부종합전형은 제주(60.2%)에서 가장 많이 선발합니다.
따라서, 수도권은 수능, 비수도권은 학생부교과전형 중심으로 선발하는 경향을 보입니다.

■ (유형1) 대학

※ 진한 박스: 모집인원이 100명이 넘음

지역	대학	모집단위	인원	수시모집				정시모집
				학생부교과	학생부종합	논술	실기/재외	수능
서울	건국대	KU자유전공학부	308		179(58.1%)	69(22.4%)		60(19.5%)
	경희대	[서울캠퍼스] 자율전공학부	165	49(29.7%)	23(14.0%)	8(4.8%)		85(51.5%)
		[국제캠퍼스] 자유전공학부	241	187(77.6%)				54(22.4%)
	고려대	자유전공학부	95	18(19.0%)	27(28.4%)	15(15.8%)		35(36.8%)
		학부대학	36		33(91.7%)			3(8.3%)
	광운대	자율전공학부(인문)	142					142(100%)
		자율전공학부(자연)	266					266(100%)
	국민대	미래융합전공	528	100(18.9%)				428(81.1%)
		자유전공	300					300(100%)
	덕성여대	자유전공학부	259	88(34.0%)	95(36.7%)			76(29.3%)

3. 무전공(전공자율선택)

지역	대학	모집단위	인원	수시모집				정시모집
				학생부교과	학생부종합	논술	실기/재외	수능
	동국대	열린전공학부(인문)	119	50(42.0%)				69(58.0%)
		열린전공학부(자연)	110	50(45.5%)				60(54.5%)
	동덕여대	자율전공학부	93					93(100%)
	삼육대	미래융합자유전공학부	148					148(100%)
		창의융합자유전공학부	87					87(100%)
	상명대(서울)	자유전공(IT계열)	54	19(25.2%)		5(9.3%)		30(55.5%)
		자유전공(경영경제계열)	64	24(37.5%)		5(7.8%)		35(54.7%)
		자유전공(예체능계열)	23	12(52.2%)				11(47.8%)
		자유전공(이공계열)	40	14(35.0%)		3(7.5%)		23(57.5%)
		자유전공(인문사회계열)	78	32(41.0%)		6(7.7%)		40(51.3%)
	서강대	AI기반자유전공학부	50	5(10.0%)	10(20.0%)			35(70.0%)
		SCIENCE기반자유전공학부	40	5(12.5%)				35(87.5%)
		인문학기반자유전공학부	67	10(14.9%)	10(14.9%)			47(70.2%)
	서경대	자유전공학부	76	38(50.0%)		22(28.9%)		16(21.1%)
	서울과기대	ST자유전공학부	203			167(82.3%)		36(17.7%)
	서울대	학부대학 광역	36					36(100%)
		학부대학 자유전공학부	124		74(59.7%)			50(40.3%)
	서울시립대	자유전공학부(인문)	39	4(10.3%)	19(48.7%)			16(41.0%)
		자유전공학부(자연)	39	4(10.3%)	19(48.7%)			16(41.0%)
	서울여대	자유전공학부	138			12(87.0%)		126(13.0%)
	성균관대	자유전공계열	280	120(42.9%)	20(7.1%)	30(10.7%)		110(39.3%)
	성신여대	창의융합학부(자유전공)	272	62(22.8%)				210(77.2%)
	세종대	자유전공학부	223					223(100%)
	숙명여대	자유전공학부	303					303(100%)
	숭실대	자유전공학부(인문)	183	20(10.9%)				163(89.1%)
		자유전공학부(자연)	256	27(10.5%)				229(89.5%)
	이화여대	스크랜튼학부	41		23(56.1%)	13(31.7%)		5(12.2%)
		인문계열	174					174(100%)
		자연계열	149					149(100%)
	한국외대(서울)	자유전공학부(서울)	100	20(20.0%)	22(22.0%)	16(16.0%)		42(42.0%)
	한성대	상상력인재학부	175	91(52.0%)				84(48.0%)
	한양대(서울)	한양인터칼리지학부	250	40(16.0%)	100(40.0%)	50(20.0%)		60(24.0%)
	홍익대(서울)	서울캠퍼스자율전공(인문·예능)	193	29(15.0%)	49(25.4%)	38(19.7%)		77(39.9%)
		서울캠퍼스자율전공(자연·예능)	267	41(15.4%)	67(25.1%)	53(19.9%)		106(39.6%)
경인	가천대	자유전공학부(자유전공)	321	321(100%)				
	가톨릭대	자유전공학부	221	17(7.7%)	27(12.2%)			177(80.1%)
	강남대	자유전공학부	122	38(31.1%)	30(24.6%)			54(44.3%)
		자유전공학부(야간)	26	16(61.5%)	10(38.5%)			
	경기대(서울)	자유전공학부(서울)	64			54(83.1%)		10(16.9%)
	경기대(수원)	자유전공학부(수원)	205			185(90.2%)		20(19.8%)
	단국대(죽전)	퇴계혁신칼리지	267					267(100%)
	대진대	자율전공학부	65	42(64.6%)	8(12.3%)			15(23.1%)
	루터대	휴먼케어서비스학부	75	52(69.3%)				23(30.7%)
	명지대(용인)	자율전공학부(자연)	154	52(33.8%)	29(18.8%)		5(재외,3.3%)	68(44.1%)
	명지대(서울)	자율전공학부(인문)	307	90(29.3%)	67(21.8%)		10(재외,3.3%)	140(45.6%)
	서울신학대	자율전공학부	31	24(77.4%)				7(22.6%)
	성결대	자율전공학부	100	80(80.0%)				20(20.0%)
	아주대	자유전공학부(인문)	58	10(17.2%)		10(17.2%)		38(65.6%)
		자유전공학부(자연)	108	5(4.6%)		5(4.6%)		98(90.8%)
	안양대	자유전공	92	75(81.5%)				17(18.5%)
	을지대(의정부)	자유전공학부	71	23(32.4%)		32(45.1%)		16(22.5%)
	인천가톨릭대	자유전공	23	23(100%)				
	인천대	자유전공학부(인문)	87	61(70.1%)				26(29.9%)
		자유전공학부(자연)	129	91(70.5%)				38(29.5%)

지역	대학	모집단위	인원	수시모집				정시모집
				학생부교과	학생부종합	논술	실기/재외	수능
	인하대	자유전공융합학부	270	20(7.4%)				250(92.6%)
	차의과학대	미래융합대학	390	99(25.4%)	171(43.8%)			120(30.8%)
	한경국립대	HK자율전공학부	105	53(50.5%)				52(49.5%)
	한국공학대	미래대학(자유전공학부)	131		80(61.1%)	51(38.9%)		
	한국외대(글로벌)	자유전공학부(글로벌)	224	36(16.1%)	77(34.4%)	28(12.5%)		141(63.0%)
	한국항공대	자유전공학부	18	18(100%)				
		자유전공학부(공학적성)	74	18(24.3%)		18(24.3%)		38(53.4%)
		자유전공학부(사회적성)	10			3(30.0%)		7(70.0%)
		자유전공학부(이학적성)	47	15(31.9%)				46(68.1%)
	한신대	자유전공학부	100	25(25.0%)	25(25.0%)	25(25.0%)		25(25.0%)
	한양대(ERICA)	LIONS자율전공학부(전계열)	223	75(33.6%)	48(21.5%)			100(44.9%)
강원	강릉원주대	자유전공학부	62	41(66.1%)	21(33.9%)			
	강원대(춘천)	자유전공학부(인문계열)	39	25(64.0%)	7(18.0%)			7(18.0%)
		자유전공학부(자연계열)	38	24(63.2%)	7(18.4%)			7(18.4%)
	강원대(삼척)	자유전공학부(인문계열)	33	27(81.8%)	3(9.1%)			3(9.1%)
		자유전공학부(자연계열)	33	28(84.8%)	2(6.1%)			3(9.1%)
경상	경북대	자율미래인재학부	58	48(82.8%)	1(1.7%)			9(15.5%)
		자율전공학부	326	151(46.3%)	49(15.0%)	82(25.2%)		44(13.5%)
	경상국립대	인문사회자율전공	21	21(100%)				
		자연과학자율전공	20	20(100%)				
	금오공과대	자유전공학부	325	251(77.2%)				74(22.8%)
	부경대	글로벌자율전공학부	19	12(63.2%)	4(21.1%)			3(15.7%)
		자유전공학부	313	250(79.9%)				63(20.1%)
	안동대	자유전공학부	149	61(40.9%)	8(5.4%)			80(53.7%)
	창원대	사림아너스학부	134	98(73.1%)	21(15.7%)			15(11.2%)
전라	군산대	자율전공학부	188	181(96.3%)				7(3.7%)
	목포대	글로벌학부	15	15(100%)				
		자율전공학부	99	66(66.7%)	23(23.2%)			10(10.1%)
	순천대	자유전공학부	108	73(67.6%)	35(32.4%)			
	전남대(광주)	자율전공학부(1년)	59	48(81.4%)				11(18.6%)
		자율전공학부(4년)	50	27(54.0%)	10(20.0%)			13(26.0%)
	전남대(여수)	창의융합학부	56	45(80.4%)	11(19.6%)			
	전북대	본부융합자율전공학부1(전주캠퍼스)	134	100(74.6%)				34(25.4%)
		본부융합자율전공학부2(특성화캠퍼스)	26	18(69.2%)				8(30.8%)
제주	제주대	자유전공	78	31(39.7%)	47(60.3%)			
충청	공주대	자율전공학부(공주캠퍼스)	58	58(100%)				
		자율전공학부(산업과학대학)	35	35(100%)				
		자율전공학부(천안공과대학)	87	87(100%)				
	단국대(천안)	율곡혁신칼리지	173					173(100%)
	상명대(천안)	스포츠융합자유전공학부	78		11(14.1%)		41(실기,52.6%)	26(33.3%)
		자유전공(공학계열)	125	75(60.0%)				50(40.0%)
		자유전공(아트&컬처)	68	41(60.3%)				27(29.7%)
	충남대	자율전공융합학부	147	147(100%)				
	충북대	인문사회자율전공계열	56	45(80.4%)				11(19.6%)
		자연과학자율전공계열	169	133(78.7%)				36(21.3%)
	한국교통대	자유전공학부	30	11(36.7%)	17(56.7%)			2(6.6%)
	한밭대	자율전공학부	168	168(100%)				
	홍익대(세종)	세종캠퍼스자율전공(인문·예능)	175	70(40.0%)	52(29.7%)			53(30.3%)
		세종캠퍼스자율전공(자연·예능)	176	55(31.3%)	37(21.0%)	31(17.6%)		53(30.1%)

III. (유형1) 선택 가능 모집단위

유형1로 선발하는 모집단위(예: 자유전공학부)에 지원하는 경우
2학년 진급시 다음과 같은 전공은 선택이 제한될 수 있음을 유의해야 합니다
① 정부에서 정원을 관리하는 전공(보건의료계열, 사범계열),
② 각 부처 인재양성사업에 따른 전공, 희소 특수학과, 첨단학과, 계약학과, 재직자, 성인학습자, 특수교육대상자 모집인원,
③ 예체능계열, 종교계열

유형1을 자유전공학부(인문), 자유전공학부(자연)로 계열별로 구분하여 선발하는 경우
입학 후 계열 제한 없이 전공을 선택할 수 있는 것이 일반겅입니다.
즉, 자유전공학부(인문)으로 합격한 경우 2학년 진급시 자연계열 모집단위를 전공으로 선택할 수 있는 경우가 많습니다.

■ (유형1) 선택 가능 모집단위

※ 참고 : 각 대학 2025학년도 수시모집 요강

지역	대학	모집단위	선택 가능 모집단위
서울	건국대	KU자유전공학부	• 선택 불가 : 1. 수의과대학, 예술디자인대학, 사범대학의 전체 모집단위. 2. 공과대학 : 신산업융합학과, K뷰티산업융합학과(특성화고졸재직자로만 선발)
	경희대	[서울캠퍼스] 자율전공학부	계열에 상관없이 서울캠퍼스 개설 학부(과)에 한해 전공을 선택할 수 있습니다 (단, 의예과·한의예과·치의예과, 약학과, 한약학과, 간호학과, 미래정보디스플레이학부, 예술계열 및 특성화고 등을 졸업한 재직자 선발 모집단위 제외).
		[국제캠퍼스] 자유전공학부	계열에 상관없이 국제캠퍼스 개설 학부(과)에 한해 전공을 선택할 수 있습니다 (단, PostModern음악학과 제외).
	고려대	자유전공학부	선택가능학과(총 43개 학과) : 경영학과, 국어국문학과, 철학과, 한국사학과, 사학과, 사회학과, 한문학과, 영어영문학과, 독어독문학과, 불어불문학과, 중어중문학과, 노어노문학과, 일어일문학과, 서어서문학과, 언어학과, 생명과학부, 생명공학부, 식품공학과, 환경생태공학부, 식품자원경제학과, 정치 외교학과, 경제학과, 통계학과, 행정학과, 수학과, 물리학과, 화학과, 지구환경과학과, 화공생명공학과, 신소재공학과, 건축사회환경공 학부, 기계공학부, 산업경영공학부, 전기전자공학부, 컴퓨터학과, 국제학부, 글로벌한국융합학부, 미디어학부, 바이오의공학부, 바이오 시스템의과학부, 보건환경융합과학부, 보건정책관리학부, 심리학부
		학부대학	
	광운대	자율전공학부(인문)	
		자율전공학부(자연)	
	국민대	미래융합전공	미래융합전공 합격자는 전공자율선택제 입학자로서 본교 내 학부(과) 전공을 자유롭게 선택가능. 단, 일부 학과 제외 ※ 전공자율선택제 선택 불가 학부(과) 전공 : 한국어문학부 글로벌한국어전공, 교육학과, 기업융합법학과, 경영학부 글로벌경영전공, 기업경영학부, 회계세무학과, 음악학부, 공연예술학부(연극전공, 무용전공), KMU Intermational Business School
		자유전공	
	덕성여대	자유전공학부	자유전공학부는 전공 선택의 완전 자율성을 부여하는 학부로서, 유아교육과, 약학과, Art & Design대학, 미래인재대학을 제외한 모든 전공을 자유롭게 선택할 수 있음.
	동국대	**열린전공학부(인문)** **열린전공학부(자연)**	**문과대학, 이과대학, 법과대학, 사회과학대학, 경찰사법대학, 경영대학, 공과대학, 첨단융합대학 내 전체 학(부)과/전공**
	동덕여대	자율전공학부	인문학부(국어국문학전공, 국사학전공, 문예창작전공), 글로벌지역학부(영어전공, 일어일본학전공, 유러피언스티디전공, 중어중국학전공), 사회과학부(문헌정보학전공, 사회족지학전공, 아동학전공), 경영융합학부, 자연과학부(식품영양학전공, 보건관리학전공, 응용화학전공, 화장품학전공), 정보학부(컴퓨터학전공, 정보통계학전공), 문화지식융합학부(커뮤니케이션콘텐츠전공, HCI사이언스전공), 앙트러프러너리얼리더십학부(문황케술경영전공, 글로벌MICR융합전공)
	명지대(서울)	자율전공학부(인문)	
	삼육대	창의융합자유전공학부	
		미래융합자유전공학부	
	상명대(서울)	자유전공(인문사회계열)	
		자유전공(경영경제계열)	
		자유전공(IT계열)	

지역	대학	모집단위	선택 가능 모집단위
		자유전공(이공계열)	
		자유전공(예체능계열)	
	서강대	AI기반자유전공학부 SCIENCE기반자유전공학부 인문학기반자유전공학부	전공 선택 시 제한 없음 (단, 글로벌한국학부, 게페르트국제학부, 인공지능학과, 시스템반도체공학과 선택 불가)
	서경대	자유전공학부	
	서울과기대	ST자유전공학부	
	서울대	학부대학 광역	
		학부대학 자유전공학부	
	서울시립대	**자유전공학부(인문)**	**전공영역의 입학정원 및 성적 제한 없이 희망 학과 선택 가능**
		자유전공학부(자연)	**전공영역의 입학정원 및 성적 제한 없이 희망 학과 선택 가능**
	서울여대	자유전공학부	기독교학과 및 예체능계열 학과(전공)을 제외한 모든 학과(전공)
	성균관대	자유전공계열	모든 학부/학과. 단, 의·약학계열, 사범대학, 예체능계열, 융합과학계열 첨단학과(반도체융합공학과, 양자정보공학과, 에너지학과), 정원외 계약학과(반도체시스템공학과, 지능형소프트웨어학과), 건축학과(5년제) 제외
	성신여대	창의융합학부(자유전공)	간호·사범계열은 제외한 모든 학과(부) 신청 가능
	세종대	자유전공학부	모든 전공 선택이 가능함(단, 예체능대학, 창의소프트학부, 첨단학과, 정원외 계약학과·외국인 및 성인학습자 전담학과는 제외)
	숙명여대	자유전공학부	첨단학과를 포함한 모든 전공(사범계, 약학부, 예체능계 제외)에 대해 전공선택권 부여
	숭실대	**자유전공학부(인문)** **자유전공학부(자연)**	**입학 후 계열 제한 없이 모든 모집단위로 전공 선택 가능** 단, 예체능 계열(스포츠학부, 예술창작학부(영화예술전공)), 재직자 전담학과(금융경제학과, 국제무역학과, 미디어경영학과), 계약학과(정보보호학과)는 전공 선택 불가
	이화여대	스크랜튼학부	인문과학대학, 사회과학대학, 자연과학대학, 공과대학, 경영대학, 신산업융합대학(체육학부 제외), 스크랜튼학부(국제학부, 뇌·인지학부), 인공지능대학의 각 학부/학과 중 선택 가능
	한국외대(서울)	자유전공학부(서울)	사범대학 각 학과(부), AI융합대학 각 학부, Language & Trade학부, KFL학부, 몽골어과를 제외한 서울캠퍼스 전 학과(부)
	한성대	상상력인재학부	2학년 진학시 단과대학/ 학부/ 트랙을 자유롭게 선택
	한양대(서울)	한양인터칼리지학부	희망하는 전공을 선택할 수 있습니다. (의과대학, 간호대학, 사범대학, 예술체육대학, 계약학과 제외)
	홍익대(서울) 홍익대(세종)	**서울캠퍼스자율전공** **(인문·예능)·(자연·예능)** **세종캠퍼스자율전공** **(인문·예능)·(자연·예능)**	**입학할 때의 계열 구분(인문·예능/자연·예능)에 관계없이 캠퍼스 내 인문계열/자연계열/예능계열의 모든 전공 중에서 자유롭게 자신이 원하는 전공을 주전공으로 선택**하거나 해당 전공을 제공하는 학부(과)로 진입하여 학위를 취득할 수 있음 ※ 단, 사범대학, 뮤지컬전공(연기), 실용음악전공(보컬/기악/작곡), 산업스포츠학과 제외
경인	가천대	자유전공학부(자유전공)	• 선택 불가 : 1. 유아교육학과, 간호학과, 치위생학과, 응급구조학과, 방사선학과, 물리치료학과, 약학과 2. 의예과, 한의예과, 미술•디자인학부, 음악학부, 체육학부, 연기예술학과 3. 첨단학과 중 스마트팩토리전공, 스마트보안학과, 스마트시티학과, 바이오로직스학과,금융·빅데이터학부 4. 클라우드공학과, 조기취업형 계약학과
	가톨릭대	자유전공학부	모든 학과(부)의 선택이 가능(2학년 진급 전까지). 단, 신학과, 보건계열(의예과, 약학과, 간호학과), 사범계열(특수교육과), 예체능계열(음악과), 글로벌경영대학은 제외
	강남대	자유전공학부	
		자유전공학부(야간)	
	경기대(서울)	자유전공학부(서울)	• 선택 불가 : 연기학과, 애니메이션학과, 실용음악학과
	경기대(수원)	자유전공학부(수원)	• 선택 불가 : 유아교육과, 입체조형학과, 디자인비즈학부, Fine Art학부, 체육학과, 스포츠과학부, AI컴퓨터공학부,
	단국대(죽전)	퇴계혁신칼리지	전 계열(프리무스국제대학, 사범대학, 음악·예술대학, 건축학전공[5년제], 산업경영학과(야) 제외
	대진대	자율전공학부	• 선택 불가 : 대순종학과, 미술만화게임학부, 시각디자인학과, 산업디자인학과, 연기예술학과, 영화영상학과, 실용음악학과, 스포츠건강과학과, 간호학과, 컴퓨터공학전공, AI빅데이터전공, 스마트융합보안학과, 보건경영학과
	루터대	휴먼케어서비스학부	
	명지대(용인)	자율전공학부(자연)	
	서울신학대	자율전공학부	사회복지학과, 아동보육학과, 글로벌경영학과, 관광경영학과, 중국언어문화콘텐츠학과, 일본어문화콘텐츠학과, 데이터사이언스학과
	성결대	자율전공학부	
	아주대	**자유전공학부(인문)** **자유전공학부(자연)**	**입학 후에는 계열 구분 없음(자유전공학부(자연)으로 입학한 학생도 인문계열 학과 선택 가능, 자유전공학부(인문)으로 입학한 학생도 자연계열 학과 선택 가능)**

지역	대학	모집단위	선택 가능 모집단위
			※ 선택 불가 학과: 의학과, 간호학과, 약학과, 스포츠레저학과, 첨단신소재공학과, 미래모빌리티공학과, 지능형반도체공학과, 융합시스템공학과, 글로벌경영학과, 국방디지털융합학과는 선택 불가
	안양대	자유전공	계열 상관없이 학과 신청(단, 사범계열, 예체능계열, 신학과, 스마트시티공학과 제외)
	을지대(의정부)	자유전공학부	첨단학부(빅데이터인공지능전공), 자연계열학부, 인문사회계열학부에 개설된 전공을 자유롭게 선택 가능
	인천가톨릭대	자유전공	대학 내 모든 전공(보건의료계열-간호학과, 종교계열-신학과 제외) 100% 자율 선택
	인천대	자유전공학부(인문) 자유전공학부(자연)	희망 전공을 계열에 관계 없이 자유롭게 선택하며, 1학년 말 희망 전공으로 배정 (※ 사범대학, 예술체육대학, 스마트물류공학전공 등 일부 학과 제외)
	인하대	자유전공융합학부	공과대학(기계공학과, 항공우주공학과, 조선해양공학과, 산업경영공학과, 화학공학과, 고분자공학과, 신소재공학과, 사회인프라공학과, 환경공학과, 건축학부(건축공학전공), 에너지자원공학과, 전기전자공학부, 반도체시스템공학과, 이차전지융합학과), 자연과학대학(수학과, 통계학과, 물리학과, 화학과, 해양과학과, 식품영양학과), 사회과학대학(행정학과, 정치외교학과, 미디어커뮤니케이션학과, 경제학과, 소비자학과, 아동심리학과, 사회복지학과), 문과대학(한국어문학과, 사학과, 철학과, 중국학과, 일본언어문화학과, 영미유럽인문융합학부, 문화콘텐츠문화경영학과), 소프트웨어융합대학(데이터사이언스학과, 스마트모빌리티공학과, 디자인테크놀로지학과), 바이오시스템융합학부(생명공학과, 생명과학과, 첨단바이오의약학과)
	차의과학대	미래융합대학	학부와 무관하게 위 전공 중 1, 2전공을 선택함(정원 제한 없음). 단, 대학 구조 개편 등으로 전공명은 변경될 수 있으며, 간호학과와 약학과는 제외함
	한경국립대	HK자율전공학부	문예창작미디어콘텐츠홍보전공, 영미언어문화전공, 행정학전공, 법학전공, 경영학전공, 의류산업학전공, 복지상담학전공, 식품영양학전공, 식물생명환경전공, 조경학전공, 동물생명과학전공, 동물응용과학전공, 원예생명학전공, 응용생명공학전공, 토목공학전공, 환경공학전공, 안전공학전공, 지역자원시스템공학전공, 화학공학전공, 식품생명공학전공, 소프트웨어&서비스컴퓨팅전공, 소프트웨어융합전공, 응용수학전공, 정보보안전공, ICT로봇공학전공, 기계공학전공, 전자공학전공, 전기공학전공, 건축학전공(5년제), 건축공학전공
	한국공학대	미래대학(자유전공학부)	모집단위 선택 가능(선택 시 100% 반영) ※ 선택 제한: 반도체시스템전공, 지능형모빌리티전공, 미래에너지시스템전공, 산업융합공학과(야간), 디지털경영학과(야간), 조기취업형계약학과
	한국외대(글로벌)	자유전공학부(글로벌)	우크라이나학과, 한국학과를 제외한 글로벌캠퍼스 전 학과(부)
	한국항공대	자유전공학부	모든 전공 선택 가능 (단, 스마트드론공학과, AI자율주행시스템공학과, 항공운항학과 선택 불가)
		자유전공학부(공학적성) 자유전공학부(사회적성) 자유전공학부(이학적성)	본인의 모집단위 단과대학 내 모든 전공 선택 가능 (단, 스마트드론공학과, AI자율주행시스템공학과, 항공운항학과 선택 불가)
	한신대	자유전공학부	
	한양대(ERICA)	LIONS자율전공학부 (전계열)	공학대학, 소프트웨어융합대학, 첨단융합대학, 글로벌문화통상대학, 커뮤니케이션&컬처대학, 경상대학, 디자인대학
강원	강릉원주대	자유전공학부	2학년부터 공과대학(전자반도체공학부, 신소재·생명화학공학부), 예술체육대학, 치과대학, 보건복지대학(유아교육과, 간호학과)를 제외한 모든 학과 선택 가능(1학년은 강릉캠퍼스, 이후에는 선택한 학과가 소속된 캠퍼스에서 생활함)
	강원대(춘천)	자유전공학부(인문계열)	
		자유전공학부(자연계열)	
	강원대(삼척)	자유전공학부(인문계열)	
		자유전공학부(자연계열)	
경상	경북대	자율전공학부	과대학별 자율학부 및 첨단자율학부에서 선택 가능한 모든 학과(자율미래인재학부 제외)
		자율미래인재학부	식물자원학과, 산림생태보호학과, 축산학과, 동물생명공학과, 말/특수동물학과, 체육학부(건강운동관리전공), 건설방재공학과, 환경안전공학과, 정밀기계공학과, 자동차공학부, 소프트웨어학과, 나노신소재공학과, 에너지화학공학과, 식품외식산업학과, 섬유패션디자인학부(섬유공학전공), 위치정보시스템학과, 스마트플랜트공학과
	경상국립대	인문사회자율전공	
		자연과학자율전공	
	금오공과대	자율전공학부	희망전공 100% 배정 ※ 기계공학부 스마트모빌리티전공, 광시스템공학과, 바이오메디컬공학과, IT융합학과 제외
	부경대	글로벌자율전공학부 자유전공학부	모든 전공을 자유롭게 선택 가능(※ 글로벌자율전공학부: 어학연수 우선선발 등의 혜택), ※ 선택 불가 학과(전공): 인문사회과학대학(유아교육과), 자연과학대학(간호학과), 공과대학(나노융합반도체공학부 내 모든 전공), 수산과학대학(수해양산업교육과), 정보융합대학[스마트헬스케어학부(해양스포츠전공), 조형학부(시각디자인전공, 공업디자인전공), 디지털금융학과, 스마트모빌리티공학과], 미래융합학부 내 모든 전공

지역	대학	모집단위	선택 가능 모집단위
전라	안동대	자유전공학부	학과(전공)을 선택한 이후에도 자유전과제를 통하여 학년 제한없이 학과(전공) 변경이 가능함(단, 사범대학, 간호학부, 스마트모빌리티공학과, 성인학습자학부 제외)
	창원대	사림아너스학부	
	군산대	자유전공학부	간호학부를 제외한 모든 학과(부) 및 전공을 선택할 수 있음
	목포대	글로벌학부	
		자율전공학부	모든 학과(부) 내에서 자유롭게 선택이 가능함 ※ 선택 제외 학과: 간호학과, 건축학과, 예체능계열, 사범대학, 약학과, 미래라이프대학, 글로벌학부
	순천대	자유전공학부	
	전남대(광주)	자율전공학부(4년)	4년 동안 자율전공학부에 소속되며 관심분야에 따라 자기설계전공을 이수하고 추가로 1개 이상의 전공을 복수전공으로 이수해야 함
		자율전공학부(1년)	자율전공학부(1년)에서 2개 학기 이상 수료 후 희망학과(부)를 선택할 수 있으며, 「전남대학교 자율전공학부(1년) 학생 학부(과) 선택지침」에 따라 배정함(단, 간호대학, 사범대학, 수의과대학, 예술대학, 약학대학, 의과대학의 각 학과와 자율전공학부(4년), 여수캠퍼스 소재 학과(부)는 선택에서 제외)
	전남대(여수)	창의융합학부	1학년 수료 후(2개 학기 이상 이수) 2학년 진급 시 광주 및 여수캠퍼스에 소재한 희망학과(부)를 선택할 수 있음(다만, 광주캠퍼스는 17명 이내로 학과(부)를 배정하며, 간호대학, 사범대학, 수의과대학, 약학대학, 예술대학, 의과대학에 소속된 각 학과와 자율전공학부는 선택에서 제외함)
	전북대	본부융합자율전공학부1 (전주캠퍼스)	
		본부융합자율전공학부2 (특성화캠퍼스)	
제주	제주대	자유전공	원하는 모집단위를 선택할 수 있음. ※ 선택 불가 모집단위 : 사범·의과·교육·수의과·간호·예술디자인·미래융합·약학대학, 바이오메디컬정보학과, 데이터사이언스학과, 스포츠과학과, 인공지능학과, (야)행정학과, (야)경영학과
충청	공주대	자율전공학부 (공주캠퍼스)	1. 인문사회과학대학 : 영어영문학과, 중어중문학과, 불어불문학과, 독어독문학과, 사학과, 지리학과, 경제통상학부, 경영학과, 관광경영학과, 관광&영어통역융복합학과, 행정학과, 법학과, 사회복지학과. 2. 자연과학대학 : 데이터정보물리학과, 응용수학과, 화학과, 생명과학과, 지질환경과학과, 대기과학과, 문화재보존과학과, 의류상품학과. 3. 국제학부
		자율전공학부 (천안공과대학)	전기전자제어공학부, 정보통신공학과, 스마트정보기술공학과, 컴퓨터공학과, 소프트웨어학과, 기계자동차공학부, 미래자동차공학과, 도시·교통공학과, 건축학과(5년제), 그린스마트건축공학과, 화학공학부, 신소재공학부, 환경공학과, 산업공학과, 광공학과, 디지털융합금형공학과
		자율전공학부 (산업과학대학)	지역사회개발학과, 부동산학과, 산업유통학과, 식물자원학과, 원예학과, 동물자원학과, 지역건설공학과, 스마트팜공학과, 산림과학과, 조경학과, 식품영양학과, 외식상품학과, 식품공학과, 특수동물학과
	단국대(천안)	율곡혁신칼리지	외국어대학, 공공인재대학(공공정책학과(야), 해병대군사학과 제외), 과학기술대학, 바이오융합대학(코스메디컬소재학과 제외), 심리치료학과, 보건행정학과
	상명대(천안)	자유전공(공학계열)	
		자유전공(아트&컬처)	
		스포츠융합자유전공학부	
	충남대	자율전공융합학부	자연과학대학 중 스포츠학과 및 무용학과, 공과대학 중 건축학과(5), 약학대학, 의과대학, 수의과대학, 간호대학, 사범대학, 예술대학, 국가안보융합학부, 국제학부, 첨단학과(반도체융합학과, 스마트시티건축공학과, 자율운항시스템공학과, 정보통신융합학부, 인공지능학과, 에너지공학과, 생명정보융합학과)를 제외한 모든 학과에지원이 가능함
	충북대	인문사회자율전공계열	
		자연과학자율전공계열	
	한국교통대	자유전공학부	일부 학과(전공)를 제외한 충주캠퍼스 소속 모든 학과(전공) 선택 가능 ※ 제외 학과(전공) : 건축학과(5년제), 음악학과, 스포츠의학과, 스포츠산업학과, 항공서비스학과, 항공운항학과, 유아교육학과, 야간학과, 보건생명대학 및 철도대학 소속 학과 및 전공
	한밭대	자율전공학부	반도체시스템공학과, 인공지능소프트웨어학과, 건축학과(5년제), 산업디자인학과, 시각·영상디자인학과, 야간학과를 제외한 전 모집단위 중 1개 학과 선택 가능

4. 지원 가능 횟수

4. 지원 가능 횟수

※ 대학 지원 방법(「고등교육법 시행령」제42조)

※ 2025 대입전형 기본사항

1. **공통사항**
   1. 대학(산업대학, 교육대학, 전문대학 포함)에 입학하고자 하는 자는 수시모집, 정시모집 및 추가모집에 지원할 수 있음
   6. **원서접수 시, 하나의 전형에서는 하나의 모집단위에만 지원할 수 있음**
      - 대학은 하나의 전형 안에 여러 트랙(다수의 지망 등 하부 단위)으로 묶어서 전형을 운영 할 수 없음
2. **수시모집**
   1. 대학입학전형기본사항에서 제시하고 있는 **'수시모집'에 해당하는 모든 전형을 대상으로 하고, 지원 가능한 횟수는 최대 6회로 제한함**
      - '6회 제한'에는 재외국민과 외국인 특별전형을 포함하여 수시모집에서 시행하는 모든 전형이 해당됨(9월 입학전형 포함)
         - 모집정원의 2% 이내를 정원 외 인원으로 선발하는 재외국민 특별전형과 초·중등 전 교육 과정 이수자, 북한이탈주민 등 '재외 국민과 외국인 특별전형'에 속한 모든 전형이 수시모집 지원횟수의 계수 대상임. 단 부모가 모두 외국인인 외국인 전형은 지원 횟수 제한 없음
   2. 대학(교육대학 포함, 산업대학·**전문대학 제외**)은 수시모집의 모든 전형에서 지원횟수 6회를 초과하여 지원한 학생의 전형에 대해서는 지원자격을 부여할 수 없음
      - 지원횟수는 지원한 대학의 수와 관계없이 수시모집에서 지원한 모든 대학의 전형을 대상으로 하며, 1개의 대학에 복수 지원한 경우 각각 지원횟수로 산정함

1. 변경 대학

대학	학년도	지원 횟수	복수지원 허용범위							

고려대 2024 (5회)

학교추천	학업우수	계열적합	고른기회	재직자	사이버국방	특기자
상기 2개 전형 중 1개 전형만 지원 가능		가능	상기 2개 전형 중 1개 전형만 지원 가능		가능	가능

고려대 2025 (6회)

학교추천	학업우수	계열적합	고른기회	재직자	사이버국방	논술전형	특기자
상기 2개 전형 중 1개 전형만 지원 가능		가능	상기 2개 전형 중 1개 전형만 지원 가능		가능	가능	가능

대학	학년도	지원 횟수	복수지원 허용범위
공주대	2024	4회	학생부종합전형 1회, <u>학생부교과전형 (일반전형) 1회</u>, 학생부교과(지역인재전형) 1회, 실기/실적전형 1회, 최대 4회
공주대	2025	6회	학생부종합전형 中 1개, **학생부교과전형에서 최대 4개**, 실기/실적전형 中 1개 전형 지원 가능하여 수시 최대 6회 지원 가능(동일 전형 중복지원 불가: 단, 교과 I 과 농어촌학생 간에 중복 지원 불가)
제주대	2024	4회	**학생부교과(일반학생 전형) 또는 학생부교과(고른기회 전형)**, 학생부교과(지역인재 전형), 학생부종합 전형, 실기/실적위주 전형에 각각 1회(총 4회) 복수지원 가능
제주대	2025	5회	중복지원 최대 5회: 학생부교과(일반학생) 1회, 학생부교과(지역인재) 1회, 학생부종합(일반학생/지역인재/소프트웨어인재) 1회, **학생부교과/학생부종합(특별전형) 1회**, 실기/실적(일반학생/체육특기자) 1회
한양대	2024	6회	본교 캠퍼스, 전형 간 중복(복수) 지원을 할 수 있습니다.
한양대	2025	6회	본교 캠퍼스, 전형 간 중복(복수) 지원을 할 수 있습니다. • **학생부종합 추천형, 서류형, 면접형 중에서 1개 전형만 지원 가능**
한양대 (에리카)	2024	6회	캠퍼스·전형 간 중복지원이 가능하나 고사 일정이 겹칠 경우 중복 응시는 불가함 • <u>학생부종합 일반전형, SW/ICT인재 전형 간 중복지원 불가</u>
한양대 (에리카)	2025	6회	• 캠퍼스·전형 간 중복지원이 가능하나 고사 일정이 겹칠 경우 중복 응시는 불가 • **학생부종합 서류형, 면접형, 첨단융합인재 전형 간 중복지원 불가**

2. 지원 가능 횟수

■ 전체

지원횟수	1회	2회	3회	4회	5회	6회	합계
대학 수 (%)	21 (17.7%)	9 (7.6%)	3 (2.5%)	8 (7.5%)	5 (5.0%)	73 (59.7%)	119 (100.0%)

■ 지원가능횟수

지원가능 횟수	대학 수	지역	대학 수	대학
1회	21	서울	1	서울대
		경인	5	루터대, 서울장신대, 아신대, 인천가톨릭대, 칼빈대
		비수도권	1	한국교원대
		교대	10	경인교대, 공주교대, 광주교대, 대구교대, 부산교대, 서울교대, 전주교대, 진주교대, 청주교대, 춘천교대
		이공	4	DGIST, GIST, KENTECH, UNIST
2회	9	서울	3	감신대, 추계예술대, 한국체육대
		경인	1	한경국립대
		비수도권	4	제주대, 포항공대, 한국교통대, 호남대
		이공	1	KAIST
3회	3	서울	0	
		경인	0	
		비수도권	3	경상국립대, 극동대, 전북대,
4회	8	서울	0	
		경인	1	인천대
		비수도권	7	경북대, 원광대, 전남대, 충남대, 한국기술교대, 한림대, 한서대
5회	5	서울	3	경희대, 동국대, 서울과학기술대,
		경인	2	신경대, 차의과학대
		비수도권	0	
6회	73	서울	32	가톨릭대, 강서대, 건국대, 고려대, 광운대, 국민대, 덕성여대, 동덕여대, 삼육대, 상명대, 서강대, 서경대, 서울기독대, 서울시립대, 서울여대, 서울한영대, 성공회대, 성균관대, 성신여대, 세종대, 숙명여대, 숭실대, 연세대, 이화여대, 장신대, 중앙대, 총신대, 한국성서대, 한국외대, 한성대, 한양대, 홍익대
		경인	22	가천대, 강남대, 경기대, 단국대, 대진대, 명지대, 서울신학대, 성결대, 수원대, 신한대, 아주대, 안양대, 용인대, 을지대, 인하대, 평택대, 한국공학대, 한국항공대, 한세대, 한신대, 한양대(에리카), 협성대
		비수도권	19	강원대, 건국대(글로컬), 경동대, 고려대(세종), 공주대, 동양대, 부산대, 선문대, 순천향대, 연세대(미래), 우송대, 울산대, 조선대, 충북대, 한남대, 한동대, 한라대, 한밭대, 호서대

5. 전형일정(달력)

■ 원서접수 마감시간

마감시간	수	대학
16:00	2	칼빈대, 한국체육대
17:00	25	가톨릭대, 감리교신학대, 강서대, 건국대, 경기대, 고려대, 광운대, 극동대, 단국대, 동국대, 서경대, 세종대, 수원가톨릭대, 숙명여대, 연세대, 이화여대, 조선대, 한국외국어대 ▌광주교대, 부산교대, 전주교대, 진주교대, 청주교대, 춘천교대 ▌KAIST
18:00	77	가천대, 강남대, 경북대, 경희대, 국민대, 고려대(세종), 공주대, 대진대, 덕성여대, 동덕여대, 명지대, 부산대, 삼육대, 상명대, 서강대, 서울대, 서울과학기술대, 서울기독대, 서울시립대, 서울신학대, 서울여대, 서울한영대, 선문대, 성결대, 성공회대, 성균관대, 성신여대, 수원대, 숭실대, 아신대, 아주대, 안양대, 연세대(미래), 용인대, 울산대, 원광대, 을지대, 인천가톨릭대, 인천대, 인하대, 장신대, 전남대, 전북대, 제주대, 중앙대, 차의과학대, 총신대, 추계예술대, 충남대, 평택대, 포항공과대, 한경국립대, 한국공학대, 한국교원대, 한국교통대, 한국성서대, 한국항공대, 한동대, 한밭대, 한서대, 한성대, 한세대, 한신대, 한양대, 한양대(에리카), 협성대, 호남대, 호서대, 홍익대 ▌경인교대, 공주교대, 대구교대, 서울교대 ▌DGIST, GIST, KENTECH, UNIST
19:00	8	건국대(글로컬), 경상국립대, 순천향대, 우송대, 충북대, 한국기술교육대, 한남대, 화성의과학대
20:00	3	강원대, 동양대, 한림대
24:00	3	경동대, 신한대(23:59), 한라대(23:59)
시간 미발표	2	루터대, 서울장신대

Ⅰ. 전형일정

※ 비대면 녹화 영상 면접: ① (학생부교과) 선문대: 면접전형[간호학과, 물리치료학과, 치위생학과, 응급구조학과]
※ 비대면 영상 온라인 업로드 면접: ① (학생부교과) 경인교대: 학교장추천전형
※ 답변 녹화 동영상: ① (학생부종합) 경인교대: 교직적성전형
※ 현장 녹화 면접: ① (학생부종합) 연세대: 활동우수형(단, 의예과는 대면 면접), 국제형 ② (특기자) 연세대: 국제인재

월	일	구분	지역		대학
9	09	월	마감	서울	17:00	감리교신학대
9	11	수	마감	서울	17:00	고려대
					18:00	서울대
				비수도권	18:00	포항공과대
				이공	17:00	KAIST
			자소서,독서목록마감	이공	17:00	KAIST
9	12	목	마감	서울	16:00	한국체육대
					17:00	건국대, 동국대, 연세대, 이화여대
					18:00	서울시립대
				경인	17:00	수원가톨릭대
				교육	18:00	공주교대
				이공	18:00	UNIST
9	13	금	마감	서울	17:00	강서대, 광운대, 서경대, 세종대, 숙명여대, 한국외국어대
					18:00	경희대, 국민대, 덕성여대, 동덕여대, 명지대, 삼육대, 상명대, 서강대, 서울과학기술대, 서울기독대, 서울여대, 서울한영대, 성공회대, 성균관대, 성신여대, 숭실대, 장신대, 중앙대, 총신대, 추계예술대, 한국성서대, 한성대, 한양대, 홍익대
				경인	16:00	칼빈대
					17:00	가톨릭대, 경기대, 단국대
					18:00	가천대, 강남대, 대진대, 서울신학대, 성결대, 수원대, 아신대, 아주대, 안양대, 용인대, 을지대, 인천가톨릭대, 인천대, 인하대, 차의과학대, 평택대, 한경국립대, 한국공학대, 한국항공대, 한세대, 한신대, 한양대(에리카), 협성대
					19:00	화성의과학대
					23:59	신한대
					–	루터대, 서울장신대, 중앙승가대

월	일		구분	지역		대학
				비수도권	17:00	극동대, 조선대
					18:00	경북대, 고려대(세종), 공주대, 부산대, 선문대, 연세대(미래), 울산대, 원광대, 전남대, 전북대, 제주대, 충남대, 한국교원대, 한국교통대, 한동대, 한밭대, 한서대, 호남대, 호서대
					19:00	건국대(글로컬), 경상국립대, 순천향대, 우송대, 충북대, 한국기술교육대, 한남대
					20:00	강원대, 동양대, 한림대
					24:00	경동대, 한라대(23:59)
				교육	17:00	광주교대, 부산교대, 전주교대, 진주교대, 청주교대, 춘천교대
					18:00	경인교대, 대구교대, 서울교대
				이공	18:00	DGIST, GIST, KENTECH
			자기소개서 마감	이공	18:00	DGIST, GIST, UNIST
			교사/학교장 추천명단 마감	이공	17:00	KAIST: 창의도전(※ 교사추천서 2부)/학교장추천(※ 교사추천서 2부)/일반전형/특기자
					18:00	GIST: 일반전형/학교장추천/특기자
			활동보고서 마감	서울	17:00	이화여대: 예체능서류
9	23	월	교사/학교장 추천명단 마감	이공	18:00	DIGIST(18:00)
9	24	화	학교장추천 명단 마감	경인	※	차의과학대: 지역균형선발 [※ 입학처 홈페이지 별도 공지]
9	25	수	1단계합격	경인		성결대: SKU창의적인재
			학교장추천 명단 마감	서울	17:00	삼육대: 학교장추천
					18:00	건국대: KU지역균형, 경희대: 지역균형, 광운대: 지역균형, 국민대: 교과성적우수자, 덕성여대: 고교추천, 동국대: 학교장추천인재, 동덕여대: 학생부교과우수자, 명지대: 학교장추천, 상명대: 고교추천, 서강대: 지역균형, 서울과학기술대: 고교추천, 서울대: 지역균형, 서울여대: 교과우수자, 성균관대: 학교장추천, 세종대: 지역균형, 숙명여대: 지역균형선발, 숭실대: 학생부우수자, 연세대: 추천형, 중앙대: 한국외국어대: 학교장추천, 한성대: 지역균형, 한양대: 추천형, 홍익대: 학교장추천자
				※		고려대: 학교추천, 서울시립대: 지역균형선발, 이화여대: 고교추천 ※ 입학처 홈페이지 별도 공지
				경인	18:00	가천대: 지역균형, 가톨릭대: 지역균형, 강남대: 지역균형, 경기대: 학교장추천, 단국대: 지역균형선발, 대진대: 학교장추천, 아주대: 고교추천, 안양대: 학교장추천, 인천대: 지역균형, 인하대: 지역균형, 평택대: PTU추천, 한경국립대: 지역균형선발, 한국공학대: 지역균형, 한국항공대: 학교장추천, 한양대(에리카): 지역균형선발
				※		한신대: 학교장추천[※ 입학처 홈페이지 별도 공지]
				비수도권	18:00	경북대: 지역인재-학교장추천
				교육	18:00	경인교대: 학교장추천, 서울교대: 학교장추천
			활동보고서 마감	서울	18:00	홍익대: 미술우수자 (※ 지원자 입력)
			동영상 제출 마감	교육	11:00	※ 9.23(월) 10:00 ~ 9.25(수) 11:00 경인교대: 학교장추천[※비대면 영상 온라인 업로드 면접] / 교직적성[※답변 녹화 동영상]
9	27	금	1단계합격	경인		수원대: 면접위주교과
			학교장추천 명단 마감	서울	18:00	성신여대: 지역균형
			활동보고서 마감	서울	18:00	홍익대: 미술우수자 (※ 교사 입력)
9	28	토	논술	서울		성신여대: 논술우수자[자연계]
9	29	일	논술	서울		성신여대: 논술우수자[인문계]
9	30	월				
10	01	화	면접	서울		한국성서대: 일반학생/교과성적우수자/목회자추천 [~02(수)]
10	02	수	1단계합격	비수도권		호남대: 일반학생A[간호학과, 물리치료학과]
			면접	서울		한국성서대: 일반학생/교과성적우수자/목회자추천
10	03	목	면접	서울		강서대: 일반학생(간호학과)[또는 10.05(토)]
10	04	금	1단계합격	경인		안양대: 아리학생부면접
			면접	서울		강서대: 일반학생(신학과)
10	5	토	면접	서울		강서대: 일반학생(간호학과)
				경인		한신대: 참인재

월	일	구분	지역	대학
		논술	서울	**서울시립대**: 논술전형[자연계열] **홍익대**: 논술전형[~06(일), 서울캠퍼스: 자연계열/캠퍼스자율전공(자연•예능)]
10	6	일	논술	서울	**홍익대**: 논술전형[서울캠퍼스: 인문계열/예술학과/캠퍼스자율전공(인문•예능)]
			경인	**가톨릭대**: 논술전형[10:00 자연공학계열 전 모집단위(공간디자인•소비자학과, 의류학과 제외), 간호학과/15:00 인문사회계열 전 모집단위, 공간디자인•소비자학과, 의류학과]
10	07	월		
10	08	화	1단계합격	비수도권	**순천향대**: 조기취업형계약학과
10	09	수	면접	서울	**강서대**: 일반학생[G2빅데이터경영학과, 상담심리학과]
			비수도권	**호서대**: 면접[항공서비스학과]
10	10	목	1단계합격	경인	**인천가톨릭대**: 학교생활우수자/ICCU미래인재[문화콘텐츠학과] **한양대(에리카)**: 조기취업형계약학과
			면접	비수도권	**한라대**: 일반학생(면접중심)
10	11	금	1단계합격	서울	**명지대**: 교과면접
			면접	서울	**감리교신학대**: 일반전형[14:00], **장로회신학대**: 학생부우수자
			경인	**칼빈대**: 일반학생
			비수도권	**호남대**: 일반학생A
10	12	토	면접	서울	**감리교신학대**: 추천자[14:00], **강서대**: 일반학생[사회복지학과, 식품영양학과]
			경인	**서울신학대**: 일반전형/기독교, **서울장신대**: 일반전형/교역자추천자[10:00], **신한대**: 일반전형[~13(일)], **안양대**: 아리학생부면접, **화성의과학대**: 일반전형(간호학과)
			비수도권	**경동대**: 자기추천제(간호학과), **선문대**: 면접[대면 면접: 글로벌관광학부(항공서비스전공), 신학과, 면접전형(AI소프트웨어학과, 컴퓨터공학부 / 비대면 녹화 영상 면접: 간호학과, 물리치료학과, 치위생학과, 응급구조학과], **순천향대**: 조기취업형계약학과[창의라이프대학]
			논술	서울	**연세대**: 논술전형[09:00~11:00 인문계열/14:00~15:30 자연계열]
10	13	일	면접	경인	**신한대**: 일반전형
10	14	월		
10	15	화	최종합격	경인	**용인대**: 일반학생
			1단계합격	서울	**한국체육대**: 교과성적우수자
				경인	**단국대**: 학생부교과우수자(해병대군사학), **수원가톨릭대**: 일반학생
				비수도권	**순천향대**: 교과면접/SW융합
			면접	비수도권	**전남대**: 조기취업형계약학과[~16(수)]
10	16	수	최종합격	경인	**협성대**: 학생부교과우수자,
			1단계합격	경인	**협성대**: 미래역량우수자/담임목회자추천
			면접	비수도권	**전남대**: 조기취업형계약학과
10	17	목	1단계합격	서울	**삼육대**: SW인재
				비수도권	**우송대**: 면접형/SW잠재능력
			면접	비수도권	**극동대**: 일반전형[전체학과/보건계열 일부학과, 항공운항서비스학과(~18(금)/지역인재1(~18(금)]
10	18	금	1단계합격	경인	**안양대**: 아리학생부종합Ⅰ, **한세대**: 학생부면접우수자
				비수도권	**한동대**: 소프트웨어인재,
			면접	서울	**장로회신학대**: 드림(PUTS인재),
				경인	**아신대**: 일반전형/기독학생,
				비수도권	**극동대**: 일반전형[보건계열 일부학과, 항공운항서비스학과/지역인재1], **우송대**: 교과면접[~19(토) 09:30/13:00]
10	19	토	면접	서울	**총신대**: 교과우수자
				경인	**루터대**: 일반전형, **성결대**: SKU창의적인재, **수원대**: 면접위주교과[~21(월)], **신한대**: 일반전형[~20(일)], **인천가톨릭대**: 학교생활우수자/ICCU미래인재[문화콘텐츠학과]/가톨릭지도자추천[간호학과, 문화콘텐츠학과], **한양대(에리카)**: 조기취업형계약학과[※ 예비대학], **협성대**: 미래역량우수자[인문사회과학대학, 이공대학, 자율전공학부(~20(일))/담임목회자추천[신학과]
				비수도권	**경동대**: 자기추천제(항공서비스학과), **순천향대**: 교과면접[SW융합대학, 의료과학대학, SCH미디어랩스], **순천향대**: SW융합, **우송대**: 교과면접[09:30/13:00]
10	20	일	면접	서울	**삼육대**: SW인재
				경인	**수원대**: 면접위주교과[~21(월)], **신한대**: 일반전형, **협성대**: 미래역량우수자[자율전공학부, 경영대학]
				비수도권	**순천향대**: 교과면접[자연과학대학, 인문사회과학대학, 글로벌경영대학, 공과대학]

월	일	구분	지역	대학
10	21	월	최종합격	이공	KAIST: 창의도전/학교장추천[※ KAIST 등록 프로그램 참여기간: 10.31(목) ~ 11.08(금)]
			1단계합격	서울	**연세대**: 국제인재, **한국외국어대**: 면접형
				비수도권	**연세대(미래)**: 학교생활우수자[개별모집단위]/글로벌인재
			면접	서울	**한국체육대**: 교과성적우수자[특수체육교육과, 14:00
				경인	**수원대**: 면접위주교과
				비수도권	**우송대**: 면접형/SW잠재능력[~28(월)]
10	22	화	최종합격	비수도권	**호남대**: 일반학생A/일반학생B/일반고/지역인재
			1단계합격	서울	**국민대**: 소프트웨어특기자, **성균관대**: 탐구형[사범대학, 스포츠과학], **이화여대**: 고교추천/어학특기자/국제학특기자/예체능서류
				경인	**대진대**: 윈윈대진
			면접	비수도권	**우송대**: 면접형/SW잠재능력[~28(월)]
10	23	수	최종합격	경인	**서울장신대**
			면접	비수도권	**우송대**: 면접형/SW잠재능력[~28(월)]
10	24	목	1단계합격	서울	**삼육대**: 세움인재
				경인	**가천대**: 가천바람개비, **서울신학대**: H+ 인재
				이공	GIST: 일반전형/학교장추천/특기자
			면접	서울	**서울기독대**: 일반전형(※ 글로벌휴먼경영학과 제외)/학교장추천자
				비수도권	**우송대**: 면접형/SW잠재능력[~28(월)]
10	25	금	최종합격	경인	**칼빈대**: 일반학생
				비수도권	**전남대**: 조기취업형계약학과
			1단계합격	서울	**고려대**: 사이버국방/특기자
				경인	**가톨릭대**: 가톨릭지도자추천(신학과), **아주대**: 국방IT우수인재1, **한국항공대**: 미래인재
				비수도권	**고려대(세종)**: 크림슨인재(약학과)/지역인재(약학과)/미래인재/글로벌스포츠인재, **호서대**: 호서인재/AI.SW인재
			면접	비수도권	**동양대**: 면접전형[~26(토): 동두천캠퍼스(경찰범죄심리학과, 공공인재학부, 게임학부, AI빅데이터융합학과, 스마트안전시스템학부, 생활체육과)]/동두천캠퍼스[디자인학부], **우송대**: 면접형/SW잠재능력[~28(월)]
10	26	토	면접	서울	**국민대**: 소프트웨어특기자, **명지대**: 교과면접[인문/자연캠퍼스 모집단위 전체], **성공회대**: 열린인재, **성균관대**: 탐구형[사범대학, 스포츠과학과], **연세대**: 국제인재[※ 현장 녹화 면접], **이화여대**: 고교추천[인문계열: 08:10~13:30 인문과학대학, 사회과학대학/14:10~19:30 경영대학, 신산업융합대학(인문), 사범대학(인문)]/예체능서류[14:10~19:30], **한국외국어대**: 면접형[서울캠퍼스 모집단위 09:00/14:00]
				경인	**가천대**: 가천바람개비[~27(일), 인문계열, 경영학과, AI인문대학, 화공생명베터리공학부, 반도체대학, 인공지능학과, 간호학과], **단국대**: 학생부교과우수자(해병대군사학), **대진대**: 윈윈대진[~27(일)], **서울신학대**: H+ 인재, **안양대**: 아리학생부종합Ⅰ, **한세대**: 학생부면접우수자[~27(일)]
				비수도권	**동양대**: 면접전형[동두천캠퍼스: 경찰범죄심리학과, 공공인재학부, 게임학부, AI빅데이터융합학과, 스마트안전시스템학부, 생활체육과], **연세대(미래)**: 학교생활우수자[개별모집단위]/글로벌인재, **우송대**: 면접형/SW잠재능력[~28(월)], **한동대**: 소프트웨어인재[13:00]
			논술	경인	**을지대**: 논술우수자[~27(일), 인문/자연]
10	27	일	면접	서울	**삼육대**: 세움인재, **이화여대**: 고교추천[자연계열: 08:10~13:30 공과대학, 인공지능대학/14:10~19:30 자연과학대학, 사범대학(자연), 신산업융합대학(자연), 간호대학]/어학특기자[08:10~13:30]/국제학특기자[14:10~19:30], **한국외국어대**: 면접형[글로벌캠퍼스 모집단위 09:00/14:00]
				경인	**가천대**: 가천바람개비[인문계열, 경영학과, AI인문대학, 화공생명베터리공학부, 반도체대학, 인공지능학과, 간호학과], **대진대**: 윈윈대진, **한세대**: 학생부면접우수자
				비수도권	**우송대**: 면접형/SW잠재능력[~28(월)]
			논술	경인	**을지대**: 논술우수자
10	28	월	최종합격	경인	**차의과학대**: 지역균형선발
			1단계합격	경인	**가천대**: 조기취업형계약학과, **차의과학대**: CHA학부교과
				비수도권	**연세대(미래)**: 학교생활우수자[자연융합계열]
			면접	비수도권	**우송대**: 면접형/SW잠재능력
10	29	화	1단계합격	서울	**동덕여대**: 동덕창의리더
				비수도권	**한국기술교육대**: 창의인재(면접형)
			면접	서울	**상명대**: 고고추천[국가안보학과 체력검정]
				비수도권	**한서대**: 학생부교과1/지역인재/한서인재[항공관광학과, ~11.02(토)]

월	일		구분	지역	대학
10	30	수	최종합격	비수도권	**선문대**: 일반학생/지역학생
			1단계합격	서울	**광운대**: 광운참빛인재Ⅰ(면접형)/소프트웨어우수인재
				경인	**협성대**: 협성창의인재
			면접	경인	**가천대**: 조기취업형계약학과[~31(목)]
				비수도권	**한서대**: 학생부교과1/지역인재/한서인재[항공관광학과, ~11.02(토)]
10	31	목	최종합격	경인	**성결대**
				비수도권	**건국대(글로컬)**: 교과우수/지역인재/Cogito자기추천
			1단계합격	비수도권	**건국대(글로컬)**: 지역인재(의예과)
			면접	경인	**가천대**: 조기취업형계약학과, **한양대(에리카)**: 조기취업형계약학과[~11.02(토)]
				비수도권	**한서대**: 학생부교과1/지역인재/한서인재[항공관광학과, ~11.02(토)]/한서인재[공학계열, 자유전공학과]
				이공	**GIST**: 일반전형/학교장추천/특기자[~11.01(금)]
			KIST 등록 프로그램	이공	※ KAIST 등록 프로그램 참여기간 [10.31(목) ~ 11.08(금)] **KAIST**: 창의도전/학교장추천
11	01	금	최종합격	서울	**감리교신학대**,
				경인	**아신대**, **한신대**: 학생부우수자/학교장추천/참인재
				비수도권	**경동대**
			1단계합격	서울	**고려대**: 계열적합
				비수도권	**경북대**: 지역인재/지역인재-학교장추천/SW특별전형/모바일과학인재
			면접	서울	**고려대**: 사이버국방[군면접 평가]
				경인	**가톨릭대**: 잠재능력우수자(신학과)/가톨릭지도자추천(신학과), **차의과학대**: CHA학생부교과[~03(일), 간호대학, 미래융합대학], **한양대(에리카)**: 조기취업형계약학과[~11.02(토)]
				비수도권	**한서대**: 학생부교과1/지역인재/한서인재[항공관광학과, ~11.02(토)]/한서인재[인문사회계열, 영화영상학과, 자연과학계열], **호서대**: 호서인재/AI.SW인재[~02(토)]
				이공	**GIST**: 일반전형/학교장추천/특기자
11	02	토	면접	서울	**고려대**: 특기자(사이버국방학과, 디자인조형학부), **광운대**: 광운참빛인재Ⅰ(면접형)[~03(일)], **동덕여대**: 동덕창의리더[~03(일)]
				경인	**가천대**: 가천바람개비[~03(일), 자연계열, 경영학과, AI인문대학, 화공생명배터리공학부, 반도체대학, 간호학과], **차의과학대**: CHA학생부교과[~03(일), 간호대학, 미래융합대학], **한국항공대**: 미래인재, **한양대(에리카)**: 조기취업형계약학과, **협성대**: 협성창의인재[인문사회과학대학, 이공대학]
				비수도권	**고려대(세종)**: 크림슨인재(약학과)/지역인재(약학과)/미래인재/글로벌스포츠인재, **연세대(미래)**: 학교생활우수자[자연융합계열], **한국기술교육대**: 창의인재(면접형), **한서대**: 학생부교과1/지역인재/한서인재[항공관광학과], **호서대**: 호서인재/AI.SW인재
			논술	서울	**상명대**: 논술전형[인문/자연]
				경인	**단국대**: 논술우수자[인문계열 10:00/15:00]
11	03	일	면접	서울	**광운대**: 광운참빛인재Ⅰ(면접형)/소프트웨어우수인재, **동덕여대**: 동덕창의리더
				경인	**가천대**: 가천바람개비[자연계열, 경영학과, AI인문대학, 화공생명배터리공학부, 반도체대학, 간호학과], **차의과학대**: CHA학생부교과[간호대학, 미래융합대학], **협성대**: 협성창의인재[경영대학]
			논술	서울	**서경대**: 논술우수자[자유전공학부/미래융합대학]
11	04	월	최종합격	서울	**삼육대**: 학교장추천(예체능)/세움인재/SW인재
			1단계합격	이공	**DGIST**: 과학인재
			면접	서울	**고려대**: 사이버국방[~07(목), 군AI면접평가]
11	05	화	최종합격	비수도권	**한라대**: 일반학생(교과중심)/일반학생(면접중심)/지역인재/운곡인재
			면접	서울	**고려대**: 사이버국방[~07(목), 군AI면접평가]/특기자(체육교육과)
11	06	수	최종합격	비수도권	**한동대**: 소프트웨어인재
			1단계합격	서울	**총신대**: 코람데오인재, **한양대**: 면접형
				경인	**가천대**: 지역균형, **강남대**: 서류면접
				비수도권	**한동대**: 일반학생
				이공	**UNIST**: 탐구우수
			면접	서울	**고려대**: 사이버국방[~07(목), 군AI면접평가]
11	07	목	최종합격	서울	**서울한영대**
				경인	**안양대**
				비수도권	**순천향대**: 조기취업형계약학과, **한림대**: 교과우수자/지역인재, **호서대**
			1단계합격	비수도권	**건국대(글로컬)**: Cogito자기추천
				교육	**공주교대**: 교직적성인재/지역인재선발
			면접	서울	**고려대**: 사이버국방[군AI면접평가]

월	일		구분	지역	대학
11	08	금	최종합격	서울	**강서대**: 일반학생/교과우수자, **광운대**: 지역균형/광운참빛인재 I (면접형)/광운참빛인재 II (서류형)/소프트웨어우수인재], **서울기독대**: 일반전형/학교장추천자, **서울여대**: 교과우수자[체육], **성공회대**, **이화여대**: 고교추천/어학특기자/국제학특기자, **추계예술대**: 미래인재, **한성대**: 지역균형/한성인재
				경인	**대진대**: 학교장추천/원인대진, **수원대**: 면접위주교과, **한양대(에리카)**: 조기취업형계약학과
				비수도권	**동양대, 우송대, 조선대**: 서류전형, **한남대**: 일반전형/지역인재교과우수자/한남인재 I (서류)
			1단계합격	서울	**성신여대**: 학교생활우수자/자기주도인재, **세종대**: 세종창의인재(면접형)
				경인	**단국대**: DKU인재(면접형)/SW인재/창업인재, **인천대**: 자기추천, **차의과학대**: CHA학생부종합, **한국공학대**: 창의인재/조기취업형계약학과, **한양대(에리카)**: 면접형
				비수도권	**강원대**: 미래인재 II/지역인재, **전남대**: 고교생활우수자유형 I, **전북대**: 큰사람/SW인재, **제주대**: 일반학생/소프트웨어인재, **조선대**: 면접전형/창업인재, **한남대**: 한남인재 II (서류+면접)/창업인재(서류+면접), **한밭대**: 지역인재(종합)
				교육	**광주교대**: 교직적성우수자/전라남도학교장추천/광주인재/전남인재, **전주교대**: 교지적성우수자/지역인재선발, **청주교대**: 배움나눔인재/지역인재
11	09	토	최종합격	경인	**가천대**: 가천바람개비/조기취업형계약학과
			면접	서울	**고려대**: 계열적합(인문, 사회)
				이공	UNIST: 탐구우수
11	10	일	면접	서울	**고려대**: 계열적합(자연계)
11	11	월	최종합격	경인	**서울신학대, 신한대**: 일반전형/학생부우수자[~12(화)]
			1단계합격	서울	**덕성여대**: 덕성인재 II, **연세대**: 활동우수형
				비수도권	**한국교통대**: 나비인재 I
11	12	화	최종합격	서울	**국민대**: 소프트웨어특기자, **동덕여대**: 동덕창의리더, **장로회신학대**: 학생부우수자/드림(PUTS인재)
				경인	**신한대**: 일반전형/학생부우수자, **한세대**: 학생부교과우수자/학생부면접우수자
			1단계합격	서울	**동국대**: Do Dream/Do Dream(소프트웨어)/불교추천인재, **홍익대**: 미술우수자
				경인	**인하대**: 인하미래인재
11	13	수	최종합격	경인	**인천가톨릭대, 한경국립대**: 일반전형P/지역균형선발/잠재력우수자
				비수도권	**극동대**
			1단계합격	경인	**아주대**: ACE/첨단융합인재, **을지대**: EU자기추천
11	14	목	1단계합격	서울	**숙명여대**: 숙명인재(면접형)/소프트웨어인재[~15(금)]
11	14	목			**대 학 수 학 능 력 시 험**
11	15	금	최종합격	서울	**한국성서대**: 일반학생/교과성적우수자/목회자추천
				경인	**경기대**: 학교장추천, **평택대**: PTU교과/PTU추천/PTU종합
				비수도권	**연세대(미래)**: 학교생활우수자/글로벌인재/강원인재(일반), **원광대**, **한국기술교육대**: 창의인재(서류형)/창의인재(면접형)
			1단계합격	서울	**건국대**: KU자기추천, **명지대**: 명지인재면접/크리스천리더, **서울과학기술대**: 학교생활우수자/창의융합인재, **서울대**: 일반전형, **서울시립대**: 학생부종합 I (면접형), **숙명여대**: 숙명인재(면접형)/소프트웨어인재
				경인	**경기대**: KGU학생부종합/SW우수자, **단국대**: DKU인재(면접형)[의학.약학계열, 문예창작과]
				비수도권	**경상국립대**: 일반전형(사회대, 사범대, 의과대, 수의대, 약학대, 간호대)/지역인재(의과대, 간호대), **원광대**: 학생부종합[의약학계열, 원불교학과]/지역인재 I [의약학계열], **충남대**: 일반전형(사범대학)/지역인재(사범대학)/일반전형(종합)/지역인재(종합)(의예과)/소프트웨어인재, **포항공과대**: 일반전형 I /일반전형 II/지역인재/반도체공학인재 I /반도체공학인재 II, **한국교원대**: 학생부종합우수자
				교육	**대구교대**: 참스승/대구지역인재/경북지역인재, **부산교대**: 초등교직적성자/지역인재, **서울교대**: 학교장추천/교직인성우수자
				이공	KAIST: 일반전형/특기자, KENTECH: 일반전형
			면접	경인	**차의과학대**: CHA학생부종합[~17(일), 간호대학, 미래융합대학]
11	16	토	면접	서울	**덕성여대**: 덕성인재 II [~17(일), 자유전공학부, 유아교육과, AI신약학과], **성신여대**: 자기주도인재[~17(일)], **세종대**: 세종창의인재(면접형)[~17(일), 창의소프트학부(디자인이노베이션전공, 만화애니메이션택전공)], **연세대**: 활동우수형[인문.통합계열/ ※ 현장 녹화 면접], **총신대**: 코람데오인재
				경인	**가천대**: 지역균형[~18(월)], **대진대**: 학생부우수자, **아주대**: 첨단융합인재/국방IT우수인재1, **을지대**: EU자기추천, **인하대**: 인하미래인재[~17(일)], **차의과학대**: CHA학생부종합[~17(일), 간호대학, 미래융합대학]
				비수도권	**경북대**: 지역인재/지역인재-학교장추천/SW특별전형/모바일과학인재, **한동대**: 일반학생[10:00/13:00]
			논술	서울	**건국대**: KU논술우수자[자연 09:20~11:00 / KU자유전공학부 14:00~15:40 / 인문사회(I , II) 17:40~19:20], **경희대**: 논술우수자[~17(일), 서울캠퍼스-09:00 인문.체육계/15:00 의.약학계 // 국제캠퍼스-09:00 인문.체육계/15:00 의.약학계], **고려대**: 논술전형[자연계], **서강대**: 일반전형[자연 13:00~14:40 수학과, 컴퓨터공학과, 기계공학과, 시스템반도체공학과/16:30~18:10 물리학과, 전자공

월	일	구분	지역	대학
				학과, 화공생명공학과, 인공지능학과], **서울여대**: 논술우수자[인문대학, 미래산업융합대학, 사회과학대학, 과학기술융합대학], **성균관대**: 논술우수[08:30 사회과학계열, 글로벌리더학부, 글로벌경제학과/13:00 경영학과, 글로벌경영학과, 인문과학계열], **숙명여대**: 논술우수자[인문계, 의류학과: ~17(일)/자연계(의류학과 제외)], **숭실대**: 논술우수자[10:00~11:40 인문, 경상/15:00~16:40 자연]
			경인	**단국대**: 논술우수자[자연계열 10:00/15:00], **수원대**: 교과논술[자연계열: 혁신공과대학, 지능형SW융합대학, 라이프케어사이언스대학(스포츠과학부 제외)], **한국항공대**: 논술우수자[10:00 공과대학, AI융합대학, 스마트드론공학과, AI자율주행시스템공학과, 자유전공학부(공학적성) / 15:00 항공.경영대학(이학적성, 사회적성), 항공운항학과, 자유전공학부(이학적성), 자유전공학부(사회적성)]
11	17	일	면접	서울	**덕성여대**: 덕성인재Ⅱ[글로벌융합대학(인문.사회), 과학기술대학, 약학과, 가상현실융합학과, 데이터사이언스학과], **성신여대**: 자기주도인재, **세종대**: 세종창의인재(면접형)[인문계열, 자연과학대학, 생명과학대학, 인공지능융합대학(창의소프트학부 제외), 공과대학], **연세대**: 활동우수형[자연계열/ ※ 현장녹화 면접. 단, 의예과는 대면 면접]
			경인	**가천대**: 지역균형[~18(월)], **아주대**: ACE[공과대학, 첨단 ICT융합대학, 소프트웨어융합대학], **인하대**: 인하미래인재, **차의과학대**: CHA학생종합[간호대학, 미래융합대학]
		논술	서울	**경희대**: 논술우수자[서울캠퍼스: ①09:00 자연계, ②15:00 사회계 / 국제캠퍼스: ①09:00 자연계, ②15:00 사회계], **고려대**: 논술전형[인문계], **동국대**: 논술우수자[09:30 자연계열/13:00 인문계열Ⅰ/16:30 인문계열Ⅱ], **서강대**: 일반전형[인문 10:00~11:40 경제학과, 경영학부/14:30~16:10 인문학부, 영문학부, 사회과학부, 지식융합미디어학부], **성균관대**: 논술우수[08:30 공학계열, 소프트웨어학과, 반도체시스템공학과, 약학과/13:00 자연과학계열, 전자전기공학부, 지능형소프트웨어학과, 글로벌바이오메디컬공학과, 반도체융합공학과, 에너지학과, 건설환경공학부/16:00 자유전공계열, 글로벌융합학부, 의예과], **숙명여대**: 논술우수자[인문계, 의류학과]
			경인	**가톨릭대**: 논술전형[10:00 약학과, 의예과], **수원대**: 교과논술[인문계열: 인문사회융합대학, 경영공학대학, 디지털콘텐츠]
			충청	**홍익대**: 논술전형[세종캠퍼스: 자연계열/캠퍼스자율전공(자연•예능)]
11	18	월	1단계합격	서울	**연세대**: 국제형
		면접	경인	**가천대**: 지역균형, **강남대**: 서류면접[~22(금)]
		논술	서울	**삼육대**: 논술우수자[창의융합대학/간호대학/미래융합대학], **서울과학기술대**: 논술전형[~19(화), 자연]
11	19	화	최종합격	서울	**한국체육대**: 교과성적우수자
			비수도권	**부산대**: 학생부종합/지역인재(종합)
		1단계합격	서울	**성균관대**: 탐구형[자유전공계열, 의예과]/과학인재
		면접	경인	**강남대**: 서류면접[~22(금)]
			비수도권	**한국교통대**: 나비인재Ⅰ[~21(목), 항공서비스학과]
			이공	**DGIST**: 과학인재[~20(수)]
		논술	서울	**서울과학기술대**: 논술전형[자연 ※ 지원자 규모에 따라 실시(예정)
11	20	수	최종합격	비수도권	**선문대**: 면접/서류
		1단계합격	서울	**경희대**: 네오르네상스, **국민대**: 국민프런티어
		면접	경인	**강남대**: 서류면접[~22(금)]
			비수도권	**한국교통대**: 나비인재Ⅰ[~21(목), 항공서비스학과]
			이공	**DGIST**: 과학인재
		논술	비수도권	**한국기술교대**: 논술일반[A그룹 10:00 : 기계공학부, 전기.전자통신공학부, 컴퓨터공학부 / B그룹 14:00 : 메카트로닉스공학부, 디자인.건축공학부, 에너지신소재화학공학부, 산업경영학부, 고용서비스정책학과]
11	21	목	최종합격	비수도권	**한서대**: 학생부교과1/학생부교과2/지역인재/한서인재/융합인재
		1단계합격	서울	**중앙대**: CAU탐구형인재
			비수도권	**공주대**: 일반전형
		면접	비수도권	**전북대**: 큰사람/SW인재[09:00 / 14:00], **한국교통대**: 나비인재Ⅰ[항공서비스학과]
			교육	**공주교대**: 지역인재선발
11	22	금	최종합격	서울	**서경대**: 교과우수자①
			경인	**가톨릭대**: 잠재능력우수자(신학과 제외)
			비수도권	**한동대**: 일반학생
		1단계합격	서울	**서울대**: 지역균형
			경인	**가톨릭대**: 잠재능력우수자면접/가톨릭지도자추천(신학과 제외)/학교장추천
		면접	서울	**명지대**: 크리스천리더, **서울대**: 일반전형[전 모집단위(수의과대학, 의과대학, 치의학대학원 치의학과 제외)/사범대학]
			경인	**강남대**: 서류면접, **수원대**: 고교추천[~24(일)]

월	일	구분	지역	대학
			비수도권	**강원대:** 미래인재Ⅱ, **경상국립대:** 일반전형(사회대, 사범대, 의과대, 수의대, 약학대, 간호대)/지역인재(의과대, 간호대), **조선대:** 면접전형[~24(일), 사범대학, 의과대학(의예과, 간호학과), 치과대학, 약학대학/창업인재[경영학부], **한밭대:** 지역인재(종합)
			교육	**공주교대:** 교직적성인재, **전주교대:** 교지적성우수자/지역인재선발, **청주교대:** 배움나눔인재/지역인재
		논술	경인	**경기대:** 논술우수자[자유전공학부: 언어, 사회/수리]
			비수도권	**연세대(미래):** 논술우수자(미래인재)[10:30~12:30/15:00~17:00 자연융합계열, 간호학과]/논술우수자(창의인재)[10:30~12:30/15:00~17:00 자연계열]
11	23	토	면접	서울	**국민대:** 국민프런티어[인문계/예체능계(경영대학 자연계 모집 단위 포함)], **명지대:** 명지인재면접[~24(일), 인문캠퍼스 모집단위 전체], **서울과학기술대:** 학교생활우수자/창의융합인재[08:30/14:00], **서울시립대:** 학생부종합Ⅰ(면접형)[인문계열, 예체능계열], **성신여대:** 학교생활우수자[~24(일)], **숙명여대:** 숙명인재(면접형)/소프트웨어인재[~24(일)], **연세대:** 국제형[※ 현장 녹화 면접], **홍익대:** 미술우수자[세종캠퍼스: 디자인컨버전스학부]
			경인	**가톨릭대:** 지역균형(의예과), **수원대:** 고교추천[~24(일)], **아주대:** ACE[자연과학대학, 간호대학, 경영대학, 인문대학, 사회과학대학], **인천대:** 자기추천, **차의과학대:** CHA학생부교과[약학대학], **한양대(에리카):** 면접형
			비수도권	**강원대:** 지역인재, **건국대(글로컬):** Cogito자기추천[~24(일)], **조선대:** 면접전형[~24(일), 글로벌인문대학, 자연과학·공공보건안전대학, 법사회대학, 의과대학(의예과), **포항공과대:** 일반전형Ⅰ/일반전형Ⅱ/지역인재/반도체공학인재Ⅰ/반도체공학인재Ⅱ[~24(일)], **한남대:** 한남인재Ⅱ(서류+ 면접)/창업인재(서류+ 면접)
			교육	**광주교대:** 교직적성우수자/전라남도학교장추천/광주인재/전남인재, **부산교대:** 초등교직적성자/지역인재, **서울교대:** 학교장추천/교직인성우수자
		논술	서울	**광운대:** 논술우수자[~24(일), 자연계열], **동덕여대:** 논술우수자[인문,사회/자연], **세종대:** 논술우수자[인문계열: 09:00~11:00], **이화여대:** 논술전형[08:30~12:30 인문Ⅰ: 인문과학대학, 사범대학/14:00~18:00 인문Ⅱ: 사회과학대학, 경영대학, 신산업융합대학], **중앙대:** 논술전형[10:00 자연과학(물리학과, 화학과, 생명과학과, 수학과), 공과(사회기반시스템공학부 전체, 에너지시스템공학부, 건축학부, 화학공학부, 기계공학부, 첨단소재공학과), 생명공학(생명자원공학부 전체, 식품공학부 전체, 시스템생명공학과), 소프트웨어(소프트웨어학부, AI학과), 예술공학(예술공학부), 적십자간호(간호학과(자연)/14:00 창의ICT공과(전자전기공학부, 융합공학부), 약학(약학부), 의과(의학부)], **한국외국어대:** 논술전형[10:00 서울캠퍼스: 영어대학, 영어대학(통합모집), 서양어대학, 핵심외국어계열, 특수외국어(유럽지역)계열, 중국학대학, 중국학대학(통합모집), 자유전공학부(서울) / 15:00 서울캠퍼스: 사회과학대학, 사회과학대학(통합모집), 상경대학, 상경대학(통합모집), Language&Diplomacy학부, Language&Trade학부, Social Science&AI융합학부 / 15:00 글로벌캠퍼스: 경상대학, Finance&AI융합학부], **한양대:** 논술전형[상경계열: 09:30 정보시스템학과(상경), 정책학과, 경제금융학부, 경영학부, 파이낸스경영학과, 한양인터칼리지학부(인문) / 인문계열: ①13:30 국어국문학과, 사학과, 철학과, 연극영화학과(영화전공), ②17:00 정치외교학과, 사회학과, 미디어커뮤니케이션학과, 관광학부]
			경인	**신한대:** 논술전형[인문사회계열/자연과학계열, 공학계열]
			비수도권	**경북대:** 논술전형(AAT)[09:00 인문계열/15:00 자연계열Ⅰ/16:00 자연계열Ⅱ], **고려대(세종):** 논술전형[11:00 인문계, 체능계, 자연계/15:00 자연계(약학과)/지역인재(논술)[15:00 약학과], **부산대:** 논술전형/지역인재[09:30 자연계열/15:30 인문사회계열]
11	24	일	면접	서울	**국민대:** 국민프런티어[자연계], **명지대:** 명지인재면접[자연캠퍼스 모집단위 전체], **서울시립대:** 학생부종합Ⅰ(면접형)[자연계열], **성균관대:** 탐구형[자유전공계열], **성신여대:** 학교생활우수자, **숙명여대:** 숙명인재(면접형)/소프트웨어인재, **홍익대:** 미술우수자[세종캠퍼스 오전: 영상.애니메이션학부 / 오후: 게임학부 게임그래픽디자인전공(미술계)]
			경인	**수원대:** 고교추천
			비수도권	**건국대(글로컬):** 지역인재[의예과], **건국대(글로컬):** Cogito자기추천, **조선대:** 면접전형[경상대학, 공과대학, IT융합대학, 체육대학, 자유전공학부], **포항공과대:** 일반전형Ⅰ/일반전형Ⅱ/지역인재/반도체공학인재Ⅰ/반도체공학인재Ⅱ
			논술	서울	**광운대:** 논술우수자[인문계열], **덕성여대:** 논술전형[글로벌융합대학: 인문.사회/유아교육과/과학기술대학] , **세종대:** 논술우수자[자연계열: 09:00~11:00 인공지능융합대학/14:00~16:00 생명과학대학, 자연과학대학, 공과대학], **이화여대:** 논술전형[08:30~12:30 자연Ⅰ: 자연과학대학, 공과대학, 인공지능대학, 신산업융합대학, 간호대학]/14:00~18:00 자연Ⅱ: 약학대학], **중앙대:** 논술전형[10:00 경영경제(경영학부 전체, 경제학부, 응용통계학과, 광고홍보학과, 국제물류학과)/14:00 인문(국어국문학과, 영어영문학과, 유럽문화학부 전체, 아시아문화학부 전체, 철학과, 역사학과), 사회과학(정치국제학과, 공공인재학부, 심리학과, 문헌정보학과, 사회복지학부, 미디어커뮤니케이션학부, 사회학과, 도시계획•부동산학과), 사범(교육학과, 영어교육과), 적십자간호(간호학과(인문)], **한국외국어대:** 논술전형[10:00 서울캠퍼스: 아시아언어문화대학, 특수외국어(인도.아세안지역)계열, 특수외국어(중동지역)계열, 일본학대학, 일본학대학(통합모집), 사범대학 / 10:00 글로벌캠퍼스: 인문대학, 국가전략언어대학, 융합인재대학, Culture&Technology융합대학, 자유전공학부(글로벌) / 15:00 서울캠퍼스: 경영대학, 국제학부, Language&AI융합학부 / 15:00 글로벌캠퍼스: 자연과학대학, 공과대학, 바이오메디컬공학부, AI데이터융합학부, 기후변화융합학부], **한양대:** 논술전형[자연계열: 09:30 건축학부, 건축공학부,

월	일	구분	지역	대학
				건설환경공학과, 도시공학과, 간호학과, 식품영양학과, 한양인터칼리지학부(자연) / 13:30 전기•생체공학부(전기공학), 신소재공학부, 기계공학부, 산업공학과, 수학과, 물리학과, 화학과, 생명과학과, 수학교육과 / 17:00 융합전자공학부, 컴퓨터소프트웨어학부, 화학공학과, 미래자동차공학과, 반도체공학과]
			경인	**가천대:** 논술전형[의예과], **한국공학대:** 논술우수자[10:00 게임공학과, 인공지능학과, IT반도체융합자율전공, 전자공학전공, 임베디드시스템전공, 나노반도체공학전공, 반도체시스템전공, 기계공학과, 신소재공학과, 디자인공학부, 자유전공학부 / 14:30 SW 자율전공, 컴퓨터공학전공, 소프트웨어전공, 스마트기계융합 자율전공, 기계설계전공, 지능형모빌리티전공, 메카트로닉스전공, AI로봇전공, 첨단융합자율전공, 생명화공학과, 전력응용시스템전공, 미래에너지시스템전공, 경영 자율전공, 경영학전공, 데이터사이언스경영전공, IT경영전공]
11	25	월	1단계합격	서울	**숭실대:** SSU미래인재/SW우수자
			비수도권	**연세대(미래):** 학교생활우수자[의예과]
		면접	이공	**KENTECH:** 일반전형
		논술	경인	**가천대:** 논술전형[인문계열, 컴퓨터공학과, 간호학과, 클라우딩공학과, 바이오로직스학과]
11	26	화	최종합격	서울	**고려대:** 계열적합, **상명대:** 고고추천[국가안보학과]/상명인재/논술전형
		면접	비수도권	**원광대:** 지역인재 I [의약학계열], **충남대:** 일반전형(종합)[인문대학, 사회과학대학, 경상대학]/지역인재(종합)[의예과: 09:00/12:30]
		논술	경인	**가천대:** 논술전형[자연계열]
11	27	수	1단계합격	서울	**서울여대:** 바롬인재면접/SW융합인재/기독교지도자
			비수도권	**부산대:** 학생부종합/지역인재
		면접	경인	**한국공학대:** 조기취업형계약학과[~28(목)]
			비수도권	**원광대:** 학생부종합[의약학계열, 원불교학과], **충남대:** 일반전형(종합)[자연과학대학, 약학대학, 의과대학, 간호대학, 수의과대학, 생활과학대학, 생명시스템과학대학]
11	28	목	1단계합격	비수도권	**한림대:** 학교생활우수자/한림SW인재/지역인재(종합)
		면접	경인	**한국공학대:** 조기취업형계약학과
			비수도권	**전남대:** 고교생활우수자유형 I, **충남대:** 일반전형(사범대학)/지역인재(사범대학)[09:00/12:30]/일반전형(종합)[공과대학, 지식융합학부]/소프트웨이인재[09:00/12:30]
			이공	**KAIST:** 일반전형/특기자
11	29	금	최종합격	서울	**동국대:** 학교장추천인재
		면접	서울	**서울대:** 지역균형[전 모집단위(수의과대학, 의과대학 제외)], **숭실대:** SSU미래인재
			비수도권	**공주대:** 일반전형(예술대학), **제주대:** 일반학생/소프트웨어인재, **충남대:** 일반전형(종합)[사범대학(인문.자연계)]
			교육	**대구교대:** 참스승
11	30	토	면접	서울	**건국대:** KU자기추천[이과대학, 공과대학, 사회과학대학, 부동산과학원, 융합과학기술원, 사범대학], **경희대:** 네오르네상스[~12.01(일), 서울캠퍼스: 09:00/14:00 인문계열 / 국제캠퍼스: ①09:00 예술.체육계열, ②14:00 인문계열], **서울대:** 지역균형[수의과대학, 의과대학], **서울대:** 일반전형[수의과대학, 의과대학, 치의학대학원 치의학과], **서울여대:** 바롬인재면접/SW융합인재/기독교지도자, **숭실대:** SW우수자, **중앙대:** CAU탐구형인재[~12.01(일)], **한양대:** 면접형, **홍익대:** 미술우수자[서울캠퍼스 오전: 예술학과, 미술대학자율전공 / 오후: 동양화과, 회화과, 판화과, 조소과]
			경인	**가톨릭대:** 잠재능력우수자면접/가톨릭지도자추천/학교장추천, **경기대:** KGU학생부종합[~12.01(일), 인문대학, 창의공과대학, 예술체육대학, 관광문화대학]/SW우수자, **단국대:** DKU인재(면접형)[의학.약학계열, 문예창작과]/SW인재/창업인재, **한국공학대:** 창의인재
			비수도권	**부산대:** 학생부종합/지역인재, **연세대(미래):** 교과우수자[의예과]/학교생활우수자[의예과]/강원인재(일반)[의예과], **한국교원대:** 학생부종합우수자
			교육	**대구교대:** 대구지역인재, 경북지역인재
		논술	경인	**아주대:** 논술우수자[09:00 공과대학, 자연과학대학, 자유전공학부(자연)/14:00 첨단 ICT 융합대학, 소프트웨어융합대학/19:00 의과대학], **인하대:** 논술우수자[~12.01(일) 인문/자연]
12	01	일	면접	서울	**건국대:** KU자기추천[문과대학, 건축대학, 경영대학, 생명과학대학, 수의과대학, KU자유전공학부], **경희대:** 네오르네상스[서울캠퍼스-09:00자연계열/14:00의학계열 // 국제캠퍼스-09:00/14:00 자연계열], **성균관대:** 탐구형[의예과]/과학인재[1교시(오전): 전자전기공학부, 공학계열, 소프트웨어학과, 반도체시스템공학과, 양자정보공학과/2교시(오후): 지능형소프트웨어학과, 글로벌바이오메디컬공학과, 반도체융합공학과, 에너지학과, 생명과학과, 수학과, 물리학과, 화학과], **중앙대:** CAU탐구형인재, **홍익대:** 미술우수자[서울캠퍼스 오전: 디자인학부 / 오후: 금속조형디자인과, 도예.유리과, 목조형가구학과, 섬유미술.패션디자인과]
			경인	**경기대:** KGU학생부종합[사회과학대학, 소프트웨어경영대학, 융합과학대학], **단국대:** DKU인재(면접형)[죽전캠퍼스]
			교육	**대구교대:** 대구지역인재/경북지역인재

월	일		구분	지역	대학
			논술	경인	**아주대**: 논술우수자[09:00 경영대학, 인문대학, 사회과학대학, 자유전공학부(인문)/14:00 약학대학], **인하대**: 논술우수자, **한신대**: 논술전형[10:00 인문계열 / 14:30 자연계열]
12	02	월	면접	비수도권	**공주대**: 일반전형(사범대학)
12	03	화	1단계합격	경인	**가천대**: 가천의약학
			면접	경인	**수원가톨릭대**: 일반학생
12	04	수	면접	비수도권	**한림대**: 학교생활우수자/한림SW인재
12	05	목	최종합격	서울	**명지대**
			면접	비수도권	**한림대**: 지역인재(종합),
12	06	금	최종합격	서울	**중앙대**: CAU융합형인재/CAU탐구형인재
				경인	**대진대**: 학생부우수자
				이공	**KENTECH**: 일반전형
12	07	토	1단계합격	경인	**아주대**: ACE[의학과, 약학과]
			면접	서울	**동국대**: Do Dream[~08(일)/Do Dream(소프트웨어)
12	08	일	면접	서울	**동국대**: Do Dream
				경인	**을지대**: 지역균형[의예과]/지역의료인재[의예과]
12	09	월	최종합격	이공	**DGIST**: 일반전형/학교장추천/과학인재
			면접	서울	**동국대**: 불교추천인재,
				경인	**가천대**: 가천의약학[한의예과, 약학과], **아주대**: ACE[의학과, 약학과]
12	10	화	최종합격	서울	**삼육대**: 학교장추천/세움인재(약학과)/논술우수자
			면접	경인	**가천대**: 가천의약학[의예과]
12	11	수	최종합격	서울	**한성대**: 교과우수
				경인	**신한대**: 신한국인/논술전형[~13(금)]
				비수도권	**호남대**: 일반고/지역인재[간호학과, 물리치료학과]
12	12	목	최종합격	서울	**상명대**: 학생부교과
				경인	**수원가톨릭대, 신한대**: 신한국인/논술전형[~13(금)], **용인대**: 교과성적우수자, **차의과학대**: CHA학생부교과/CHA학생부종합, **한경국립대**: 일반전형A
				비수도권	**건국대(글로컬)**: 지역인재(의예과)/Cogito자기추천(의예과)/지역인재(종합), **동양대**: 일반전형Ⅰ(간호학과)/지역인재(간호학과), **조선대**: 일반전형/지역인재/면접전형/창업인재, **한국교원대**: 지역인재/학생부종합우수자, **한동대**: 학생부교과/지역인재, **한림대**: 교과우수자[간호학과]/학교생활우수자/한림SW인재/지역인재(종합)
12	13	금	최종합격	서울	**강서대**: 일반학생(간호학과), **건국대, 경희대, 고려대, 광운대**: 논술우수자, **국민대, 덕성여대, 동국대, 동덕여대**: 학생부교과우수자/동덕창의리더(약학과)/논술우수자, **상명대**: 고교추천, **서강대, 서경대, 서울과학기술대, 서울대, 서울시립대, 서울여대, 성균관대, 성신여대, 세종대, 숙명여대, 숭실대, 연세대, 이화여대**: 미래인재/논술전형/예체능서류, **중앙대**: 지역균형/논술전형, **총신대, 한국외국어대, 한양대, 홍익대**
				경인	**가천대, 가톨릭대, 경기대, 단국대, 루터대, 수원대, 신한대**: 신한국인/논술전형, **아주대, 인천가톨릭대, 한국공학대, 한국항공대, 한신대**: 논술전형, **한양대(에리카)**: 지역균형선발/서류형/면접형/첨단융합인재, **협성대**: 미래역량우수자/담임목회자추천/협성창의인재, **화성의과학대**: 일반전형
				비수도권	**강원대, 경북대, 경상국립대, 고려대(세종), 공주대, 부산대**: 학생부교과/지역인재(교과)/지역인재(종합)(간호학과, 약학과, 의예과), **순천향대, 연세대(미래)**: 교과우수자/학교생활우수자[의예과]/강원인재(일반)[의예과]/논술우수자(미래인재)/논술우수자(창의인재), **원광대**: 학생부종합[의약학계열, 원불교학과]/지역인재Ⅰ[의약학계열], **전남대, 전북대, 제주대, 충남대, 충북대, 포항공과대, 한국교통대, 한국기술교육대**: 일반전형/지역인재/논술일반, **한남대**: 한남인재Ⅱ(서류+면접)/창업인재(서류+면접), **한밭대**
				교육	**경인교대, 공주교대, 광주교대, 대구교대, 부산교대, 서울교대, 전주교대, 진주교대, 청주교대, 춘천교대**
				이공	**GIST**: 일반전형/학교장추천/특기자, **KAIST**: 일반전형/특기자, **UNIST**: 일반전형/지역인재/탐구우수

6. 학교장추천전형

■ 학교장추천전형

※ 음영: 신설 전형 / ※ 한양대는 학생부교과(추천형)과 학생부종합(추천형) 2개 전형 있음

지역	유형	수	대학(55)
서울	교과	29	건국대: KU지역균형, 경희대: 지역균형, 고려대: 학교추천, 광운대: 지역균형, 국민대: 교과성적우수자, 덕성여대: 고교추천, 동국대: 학교장추천인재, 동덕여대: 학생부교과우수자, 명지대: 학교장추천, 삼육대: 학교장추천, 상명대: 학교장추천, 서강대: 고교추천, 서울과기대: 고교추천, 서울기독대: 학교장추천자, 서울시립대: 지역균형선발, 서울여대: 교과우수자, 성균관대: 학교장추천, 성신여대: 지역균형, 세종대: 지역균형, 숙명여대: 지역균형선발, 숭실대: 학생부우수자, 연세대: 추천형, 이화여대: 고교추천, 중앙대: 지역균형, 한국외대: 학교장추천, 한성대: 지역균형, 한양대: 추천형, 홍익대: 학교장추천자 / 서울교대: 학교장추천
	종합	2	서울대: 지역균형, 한양대: 추천형
경인	교과	21	가천대: 지역균형, 가톨릭대: 지역균형, 가톨릭대: 학교장추천, 강남대: 지역균형, 경기대: 학교장추천, 단국대: 지역균형선발, 대진대: 학교장추천, 수원대: 고교추천, 아주대: 고교추천, 안양대: 학교장추천, 을지대: 지역균형, 인천대: 지역균형, 인하대: 지역균형, 차의과학대: 지역균형선발, 평택대: PTU추천, 한경국립대: 지역균형선발, 한국공학대: 지역균형, 한국항공대: 학교장추천, 한신대: 학교장추천, 한양대(에리카): 지역균형선발 / 경인교대: 학교장추천
충청	종합	1	KAIST: 학교장추천
경상	종합	1	DGIST: 학교장추천
전라	종합	1	GIST: 학교장추천

I. 추천방법

■ 추천방법

학년도	전형 수	추천 방법		
		인원(명)	비율(%)	추천 인원 제한 없음
2024	52	16(31.3%, 총 176명)	7(13.7%)	29(54.9%)
2025	55	17(31.0%, 총 203명)	4 (7.2%)	34(62.8%)
증감	+3	+1 (0.3%, +27명)	-3 (6.5%)	+5 (7.3%)

■ 학기 제한

구분	대학 수	대학
3개 학기	17	가톨릭대(지역균형), 경기대, 경희대, 광운대, 국민대, 동국대, 명지대, 삼육대, 서울과기대, 성신여대, 숭실대, 인천대, 인하대, 중앙대, 한국항공대, 한양대(에리카), 홍익대
4개 학기	2	상명대, 서강대
5개 학기	11	건국대, 고려대, 덕성여대, 서울시립대, 성균관대, 세종대, 숙명여대, 아주대, 이화여대, 한성대, 한양대
제한 없음	20	가천대, 가톨릭대(학교장추천), 강남대, 단국대, 대진대, 동덕여대, 서울기독대, 서울대, 서울여대, 수원대, 을지대, 차의과학대, 평택대, 한경국립대, 한국공학대, 한신대, / 경인교대, 서울교대, / DGIST, GIST, KAIST

II. 전형

※ 졸업예정자만 지원 가능(10개) : 경희대, 고려대, 서강대, 서울대, 성균관대, 연세대 / 서울교대 / DGIST, GIST, KAIST

대학	전형 유형	전형	모집 인원	전형 방법	수능최저 학력기준
가천대	교과	지역균형	401	1단계)학생부교과100%(7배수) 2단계)학생부교과50%+ 면접50% ※ 고교 추천: 제한 없음	X
가톨릭대	교과	지역균형	332	학생부교과100% ▶의예과: 학생부교과100%+ 인·적성면접(합격/불합격) ※ 고교 추천: 제한 없음	○

대학	전형유형	전형	모집인원	전형 방법	수능최저학력기준
		[국어, 수학, 영어, 사/과탐(1과목)] 중 2개 영역 등급 합 7 이내 ▶ 간호학과: 3개 영역 등급 합 7 이내 ▶ 의예과: [국어, 수학(미적분/기하), 영어, 과탐(2과목 평균, <u>소수점 첫 째자리에서 버림)</u>] 4개 영역 등급 합 5 이내, 한국사 4등급 ▶ 약학과: [국어, 수학(미적분/기하), 영어, 과탐(1과목)] 중 3개 영역 등급 합 5 이내 ※ 의예과: 과탐 과목 선택시 서로 다른 분야의 Ⅰ+Ⅱ 및 Ⅱ+Ⅱ 조합 중 선택(동일 분야 Ⅰ+Ⅱ 응시 불인정)				
	종합	학교장추천(의예과)	25	1단계)서류100%(4배수) 2단계)서류70%+ 면접30% ※ **고교 추천: 제한 없음(단, 의예과는 1명)**	○
		▶ 의예과: [국어, 수학(미적분/기하), 영어, 과탐(2과목 평균, <u>소수점 첫 째 자리에서 버림)</u>] 중 3개 영역 등급 합 4 이내, 한국사 4등급				
강남대	교과	지역균형	202	학생부교과100% ※ **고교 추천: 제한 없음**	X
건국대	교과	KU지역균형	470	학생부교과70%+ 교과정성30% ※ **고교 추천: 제한 없음**	X
경기대	교과	학교장추천	318	학생부100% ※ **고교 추천: 20명**	X
경희대	교과	지역균형	634	학생부70%(교과80%, 출결10%, 봉사10%)+ 교과종합평가30% ※ **고교 추천: 3학년 재학 인원의 5%**	○
고려대		[국어, 수학, 영어, 사/과탐(2과목 평균)] 중 2개 영역 등급 합 5 이내, 한국사 5등급 이내 ▶ 의예과, 치의예과, 한의예과(인문•자연), 약학과: 3개 영역 등급 합 4 이내, 한국사 5등급 이내 ▶ 예술•체육: [국어, 수학, 영어, 사/과탐(2과목 평균)] 중 1개 영역 3등급 이내, 한국사 5등급 이내 ※ 모든 계열에 반영 영역별 필수 응시과목(지정과목) 없음(단, 한국사는 필수 응시)				
	교과	학교추천	652	학생부교과80%+ 서류20% ※ **고교 추천: 12명**	○
		인 [국어, 수학, 영어, <u>사</u>/과탐(2과목 평균)] 중 3개 영역 등급 합 7 이내, 한국사 4등급 이내 자 [국어, 수학, 영어, <u>과탐</u>(2과목 평균)] 중 3개 영역 등급 합 7 이내, 한국사 4등급 이내 ▶ 의과대학: [국어, 수학, 영어, 과탐(2과목 평균)] 중 4개 영역 등급 합 5 이내, 한국사 4등급 이내 ※ 탐구영역 반드시 2개 과목 응시, 서로 다른 2개 분야에 응시하는 경우만 인정				
광운대	교과	지역균형	209	학생부교과100% ※ **고교 추천: 제한 없음**	X
국민대	교과	교과성적우수자	491	학생부교과100% ※ **고교 추천: 제한 없음**	○
단국대		인 [국어, 수학, 영어, 사/과탐(1과목)] 중 2개 영역 등급 합 5 이내 자 [국어, 수학, 영어, 과탐(1과목)] 중 2개 영역 등급 합 6 이내				
	교과	지역균형선발	256	학생부교과100% ※ **고교 추천: 제한 없음**	○
대진대		[국어, 수학, 영어, 사/과탐(1과목)] 중 2개 영역 등급 합 6 이내				
	교과	학교장추천	214	학생부교과100% ※ **고교 추천: 제한 없음**	X
덕성여대	교과	고교추천	141	학생부교과100% ※ **고교 추천: 제한 없음**	X
동국대	교과	학교장추천인재	393	학생부교과70%+ 서류30% ※ **고교 추천: 8명**	X
동덕여대	교과	학생부교과우수자	179	학생부100% ※ **고교 추천: 제한 없음**	○
명지대		[국어, 수학, 영어, 사/과탐(1과목)] 중 2개 영역 등급 합 7 이내 ▶ 약학과: [국어, 수학(미적분/기하), 과탐(1과목)] 3개 영역 등급 합 6 이내				
	교과	학교장추천	291	학생부교과100% ※ **고교 추천: 20명**	X
삼육대	교과	학교장추천	135	학생부교과100% ※ **고교 추천: 제한 없음** ▶생활체육학과: 학생부40%+ 실기60% ▶아트앤디자인학과: 학생부20%+ 실기80%	○(생활체육, 아트앤디자인X)
상명대		[국어, 수학, 영어, 사/과탐(1과목)] 중 2개 영역 등급 합 7 이내 ▶간호학과, 물리치료학과: 2개 영역 등급 합 6 이내 ▶약학과: [국어, 수학(미적분/기하), 영어, 사/과탐(1과목)] 중 3개 영역 등급 합 5 이내 ▶생활체육학과, 아트앤디자인학과: 없음				
	교과	고교추천	349	학생부교과100% ※ **고교 추천: 10명** ▶ 국가안보학과: 학생부80%+ 체력검정20%+ 신체검사(합/불)	○
서강대		[국어, 수학, 영어, 사/과탐(1과목)] 중 2개 영역 등급 합 7 이내 ▶ 국가안보학과: 없음				
	교과	지역균형	178	학생부100% ※ **고교 추천: 20명**	○
서울과기대		[국어, 수학, 영어, 사/과/직탐(1과목)] 중 3개 영역 각 3등급 이내, 한국사 4등급 이내				
	교과	고교추천	487	학생부교과100% ※ **고교 추천: 제한 없음**	○
서울대		[국어, 수학, 영어, 사/과탐(1과목)] 중 2개 영역 등급 합 7 이내				
	종합	지역균형	506	1단계)서류100%(3배수) 2단계)서류70%+ 면접30% ※ **고교 추천: 2명**	○
서울시립대		[국어, 수학, 영어, 탐구(2과목 평균)] 중 3개 영역 등급 합 7 이내				
	교과	지역균형선발	189	학생부교과100% ※ **고교 추천: 10명**	○
		▶ 인문계열: [국어, 수학, 영어, 사/과탐(1과목)] 중 3개 영역 등급 합 7 이내 ▶ 자연계열 I: [국어, <u>수학(미적분/기하)</u>, 영어, 과탐(1과목)] 중 3개 영역 등급 합 7 이내 ▶ 자연계열 II(환경원예학과, 건축학부(건축공학전공), 건축학부(건축학전공), 교통공학과, 조경학과) : [국어, <u>수학</u>, 영어, 과탐(1과목)] 중 3개 영역 등급 합 7 이내				

대학	전형유형	전형	모집인원	전형 방법	수능최저학력기준
서울기독대	교과	학교장추천자	2	학생부70+ 면접30%	X
서울여대	교과	교과우수자	176	학생부교과100% ※ 고교 추천: 제한 없음	○
				[국어, 수학, 영어, 사/과탐(1과목)] 중 2개 영역 등급 합 7 이내	
성균관대	교과	학교장추천	415	학생부100% ※ 고교 추천: 15명	○
				[국어, 수학, 영어, 사/과탐, 사/과탐(제2외/한문을 탐구로 대체 가능)] 5개 과목 중 3개 등급 합 7 이내 ▶ 글로벌리더학, 글로벌경제학, 글로벌경영학, 소프트웨어학, 반도체융합공학, 에너지학: 5개 과목 중 3개 등급 합 6 이내 ※ 탐구영역은 반드시 2개 과목 응시해야 함. ※ 제2외국어/한문을 탐구영역 1개 과목으로 대체 가능	
성신여대	교과	지역균형	395	학생부100% ※ 고교 추천: 제한 없음	○
				[국어, 수학, 영어, 사/과탐(1과목)] 중 2개 영역 등급 합 7 이내	
세종대	교과	지역균형	368	학생부교과100% ※ 고교 추천: 제한 없음	○
				[국어, 수학, 영어, 사/과탐(1과목)] 중 2개 영역 등급 합 6 이내	
수원대	교과	고교추천	100	학생부교과60%+ 면접40% ※ 고교 추천: 제한 없음	○
				[국어, 수학, 영어, 사/과탐(1과목)] 중 1개 영역 4등급 이내	
숙명여대	교과	지역균형선발	248	학생부교과100% ※ 고교 추천: 제한 없음	○
				[국어, 수학, 영어, 사/과탐(1과목)] 중 2개 영역 등급 합 5 이내 ▶ 약학부: 수학 포함 3개 영역 등급 합 5 이내	
숭실대	교과	학생부우수자	473	학생부교과100% ※ 고교 추천: 제한 없음	○
				▶ 인문계열, 경상계열, 융합특성화 자유전공학부: [국어, 수학, 영어, 사/과탐(1과목)] 중 2개 영역 등급 합 5 이내 ▶ 자연계열: [국어, 수학(미적분/기하), 영어, 과탐(1과목)] 중 2개 영역 등급 합 5 이내	
아주대	교과	고교추천	351	학생부교과100% ※ 고교 추천: 제한 없음	○
				[국어, 수학, 영어, 사/과탐(1과목)] 중 2개 영역 등급 합 5 이내	
안양대	교과	학교장추천	56	학생부교과100% ※ 고교 추천: 제한 없음	X
연세대	교과	추천형	511	학생부교과100% ※ 고교 추천: 10명	○
				인 [국어, 수학, 사/과탐(1과목)] 중 2개 과목 등급 합 4 이내(국어, 수학 중 1개 과목 포함), 영어 3등급 이내, 한국사 4등급 이내 자 [국어, 수학(미적분/기하), 과탐(1과목)] 중 2개 과목 등급 합 5 이내(수학 포함), 영어 3등급 이내, 한국사 4등급 이내 ▶ 의예과, 치의예과, 약학과 : [국어, 수학(미적분/기하), 과탐(1과목)] 중 2개 1등급 이내(국어, 수학 중 1개 과목 포함), 영어 3등급 이내, 한국사 4등급 이내 ※ 통합(생활과학대학, 간호대학) 모집단위의 경우 인문 또는 자연계열의 수능최저학력기준 중 하나를 만족하여야 함	
을지대	교과	지역균형	148	학생부교과100% ▶의예과: 학생부교과95%+ 인성면접5% ▶유아교육과: 학생부교과90%+ 인·적성면접10% ※ 고교 추천: 제한 없음	○
				▶ 의예과: [국어, 수학, 영어, 과탐(1과목)] 4개 영역 등급 합 5 이내 ※ 과탐 2과목 응시 필수 ▶ 간호대학: [국어, 수학, 영어, 사/과탐(1과목)] 중 2개 영역 등급 합 8 이내 ▶ 보건과학대학: [국어, 수학, 영어, 사/과탐(1과목)] 중 1개 영역 4등급 이내 ▶ 바이오융합대학: 없음	
이화여대	108	고교추천	417	1단계)학생부교과100%(5배수) 2단계)학생부교과80%+ 면접20% ※ 고교 추천: 20명	X
인천대	교과	지역균형	293	학생부교과100% ※ 고교 추천: 제한 없음	X
인하대	교과	지역균형	648	학생부교과100% ※ 고교 추천: 제한 없음	○
				인 의류디자인학과(일반): [국어, 수학, 영어, 사/과탐(1과목)] 중 2개 영역 등급 합 5 이내 자 [국어, 수학, 영어, 사/과탐(1과목)] 중 2개 영역 등급 합 5 이내 ▶ 의예과: [국어, 수학, 영어, 사/과탐(2과목 평균)] 중 3개 영역 1등급 이내	
중앙대	교과	지역균형	500	학생부100% ※ 고교 추천: 20명	○
				※ 영어영역 1등급과 2등급을 통합하여 1등급으로 간주함 <서울캠퍼스> [국어, 수학, 영어, 사/과탐(1과목)] 중 3개 영역 등급 합 7 이내, 한국사 4등급 이내 ▶ 약학부: [국어, 수학, 영어, 사/과탐(1과목)] 4개 영역 등급 합 5 이내, 한국사 4등급 이내 <다빈치캠퍼스> 없음	
차의과학대	교과	지역균형선발	89	학생부교과100% ※ 고교 추천: 제한 없음	X(약학과○)
				▶ 약학과: [국어, 수학, 사/과탐(2과목 평균, 소수점 이하 절사)] 수학 포함 3개 영역 등급 합 6 이내	
평택대	교과	PTU추천 [신설]	81	학생부교과100%	X
한경국립대	교과	지역균형선발	29	학생부교과100% ※ 고교 추천: 제한 없음	X
한국공학대	교과	지역균형	212	학생부교과100% ※ 고교 추천: 제한 없음	X
한국외대	교과	학교장추천	375	학생부100% ※ 고교 추천: 20명(캠퍼스별 각각 10명 이내)	○
				<서울캠퍼스> [국어, 수학, 영어, 사/과탐(1과목)] 중 2개 영역 등급 합 4 이내, 한국사 4등급 이내 <글로벌캠퍼스> [국어, 수학, 영어, 사/과탐(1과목)] 중 1개 영역 3등급 이내, 한국사 4등급 이내	

1부 ● 2025 수시 살펴보기

대학	전형유형	전형	모집인원	전형 방법	수능최저학력기준
한국항공대	교과	학교장추천	104	학생부교과100% ※ **고교 추천: 제한 없음**	X
한성대	교과	지역균형	208	학생부교과100% ※ **고교 추천: 제한 없음**	X
한신대	교과	학교장추천 [신설]	55	학생부교과100% ※ **고교 추천: 제한 없음**	X
한양대	교과	추천형 [2024] 지역균형발전	333	학생부교과90%+ 교과정성평가10% ※ **고교 추천: 3학년 재적 수의 11%**	○
		[국어, 수학, 영어, 사/과탐(1과목)] 중 3개 영역 등급 합 7 이내 ※ 수능 필수 응시영역: 국어, 수학, 영어, 탐구(2과목)			
한양대	종합	추천형 [신설]	182	학생부종합평가100% ※ **고교 추천: 3학년 재적 수의 11%**	○
		[국어, 수학, 영어, 사/과탐(1과목)] 중 3개 영역 등급 합 7 이내 ▶ 의예과: 3개 영역 등급 합 4 이내 ※ 수능 필수 응시영역: 국어, 수학, 영어, 탐구(2과목)			
한양대 (에리카)	교과	지역균형선발	513	학생부교과100% ※ **고교 추천: 제한 없음**	○
		인 [국어, 수학, 영어, 사/과탐(1과목)] 중 2개 영역 등급 합 7 이내 자 [국어, 수학, 영어, 과탐(1과목)] 중 2개 영역 등급 합 7 이내 ▶ 약학과: 3개 영역 등급 합 5 이내			
홍익대	교과	학교장추천자	308	학생부교과100% ※ **고교 추천: 10명**	○
		▶ 인문계열, 캠퍼스자율전공(인문.예능): [국어, 수학, 영어, 사/과탐(1과목)] 중 3개 영역 등급 합 8 이내, 한국사 4등급 ▶ 자연계열, 캠퍼스자율전공(자연.예능): [국어, 수학(미적분/기하), 영어, 과탐(1과목)] 중 3개 영역 등급 합 8 이내, 한국사 4등급			
경인교대	교과	학교장추천	120	학생부교과70%+ (비대면 영상 업로드)면접30% ※ **고교 추천: 제한 없음**	○
		[국어, 수학, 영어, 사/과탐(1과목)] 4개 영역 등급 합 12 이내			
서울교대	교과	학교장추천	40	1단계)학생부교과100%(2배수) 2단계)학생부교과80%+ 면접20% ※ **고교 추천: 3학년 재적 수의 3%**	○
		[국어, 수학, 영어, 사/과탐(2과목 평균)] 4개 영역 등급 합 10 이내, 한국사 4등급 이내			
DGIST	종합	학교장추천	50	서류100% ※ **고교 추천: 2명**	X
GIST	종합	학교장추천	40	1단계)서류100%(5배수) 2단계)서류60%+ 면접40% ※ **고교 추천: 2명**	X
KAIST	종합	학교장추천	95	서류100% ※ **고교 추천: 2명**	X

Ⅲ. 전형결과

■ 대학

※ (합격자 성적) 동국대 : 2023은 반영교과 전과목, 2024는 반영교과 중 상위 10과목 반영으로 다름

대학	전형	학년도	인문					자연					성적 산출기준	
			모집인원	지원인원	경쟁률	성적①	성적②	충원율	모집인원	지원인원	경쟁률	성적①	성적②	충원율	성적①	성적②
가천대	지역균형	2023	136	3,957	29.10	2.99	3.11	86%	249	6,232	25.03	2.99	3.13	98%	등록70%	등록90%
		2024	135	1,783	13.21	3.17	3.34	103%	230	2,959	12.87	3.17	3.32	78%	등록70%	등록90%
가톨릭대	지역균형★	2023	131	1,445	11.03	2.88	3.06	185%	138	1,409	10.21	2.54	2.67	164%	등록평균	등록최저
		2024	107	904	8.45	2.73	2.85	247%	140	1,084	7.74	2.51	2.74	189%	등록평균	등록최저
	학교장추천★	2023							25	399	16.0	1.18	2.10	96%	등록평균	등록최저
		2024							25	410	16.4	1.19	1.97	76%	등록평균	등록최저
강남대	지역균형	2023	136	979	7.20	3.59	4.22	184%	60	693	11.55	3.55	4.11	188%	최초평균	최종80%
		2024	136	572	4.21	4.11	4.24	179%	72	254	3.53	4.27	4.47	164%	등록50%컷	등록70%컷
건국대	KU지역균형	2023	105	1,068	10.17	1.90	2.01	280%	236	2,222	9.42	1.81	1.92	194%	등록50%컷	등록70%컷
		2024	106	993	9.37	1.95	2.01	306%	236	2,771	11.74	1.73	1.80	225%	등록50%컷	등록70%컷
경기대	학교장추천	2023	169	1,545	9.14	3.00		186%	147	1,528	10.39	3.22		223%	등록평균	
		2024	172	1,534	8.92	2.93	3.01	308%	149	1,684	11.30	2.98	3.08	332%	등록50%컷	등록70%컷
경희대 (서울)	지역균형★	2023	201	2,327	11.58	1.64		283%	99	1,399	14.13	1.48		193%	최종평균	
		2024	203	1,265	6.23	1.67	1.79	246%	112	931	8.31	1.48	1.55	159%	최종평균	등록70%컷
경희대 (국제)	지역균형★	2023	82	572	6.98	2.13		132%	173	2,140	12.37	1.75		207%	최종평균	
		2024	84	497	5.92	2.09	2.14	104%	179	1,512	8.45	1.73	1.81	186%	최종평균	등록70%컷

대학	전형	학년도	인문						자연						성적 산출기준	
			모집인원	지원인원	경쟁률	성적①	성적②	충원율	모집인원	지원인원	경쟁률	성적①	성적②	충원율	성적①	성적②
고려대	학교추천★	2023	438	4,009	9.15	1.62	1.71	120%	432	5,843	13.52	1.53	1.61	152%	등록50%컷	등록70%컷
		2024	335	2,455	7.33	1.49	1.54	107%	344	4,543	13.21	1.41	1.50	147%	등록50%컷	등록70%컷
광운대	지역균형	2023	69	898	13.01	2.12		247%	125	1,155	9.24	2.06		270%	등록평균	
		2024	69	283	4.10	2.94		189%	140	757	5.41	2.23		343%	등록평균	
국민대	교과성적우수자★	2023	158	1,720	10.89	2.18	2.23	164%	251	1,856	7.39	2.14	2.22	186%	등록50%컷	등록70%컷
		2024	183	1,395	7.62	2.20	2.29	193%	310	1,926	6.21	2.17	2.29	180%	등록50%컷	등록70%컷
단국대	지역균형선발★	2023	121	1,161	9.60	2.37		171%	140	1,394	9.96	2.45		183%	등록평균	
		2024	124	753	6.07	2.41	2.89	197%	139	1,141	8.21	2.35	2.59	168%	등록평균	등록최저
대진대	학교장추천	2023	91	1,128	12.40	3.99	4.41	70%	150	1,537	10.25	4.35	4.93	61%	등록평균	등록90%
		2024	93	923	9.92	3.48	3.81	76%	139	1,212	8.72	3.81	4.20	47%	등록평균	등록90%
덕성여대	고교추천	2023	81	1,042	12.86	2.50	2.53	360%	39	387	9.92	2.68	2.79	279%	등록평균	등록70%컷
		2024	85	705	8.29	2.78	2.92	354%	49	341	6.96	2.99	2.62	269%	등록평균	등록70%컷
동국대	학교장추천인재	2023	202	3,798	18.80	2.24	2.64	141%	202	3,675	18.19	2.21	2.66	155%	최종평균	최종최저
		2024	201	2,519	12.53	1.35	1.67	176%	206	3,134	15.21	1.30	1.61	131%	최종평균	최종최저
동덕여대	학생부교과우수자★	2023	340	2,547	7.49	3.02		98%	124	1,205	9.72	2.89		114%	최종평균	
		2024	136	1,180	8.68	2.71		155%	53	593	11.19	2.60		187%	최종평균	
명지대	학교장추천	2023	147	2,013	13.69	2.85	3.24	159%	148	1,893	12.79	3.02	3.35	174%	등록평균	등록최저
		2024	147	1,499	10.20	2.51	2.75	277%	145	1,460	10.07	2.52	2.75	266%	등록평균	등록최저
삼육대	학교장추천★	2023	58	1,359	23.43	3.48		131%	147	2,620	17.80	3.34		103%	최종평균	
		2024	51	506	9.92	3.29		139%	100	1,163	11.63	3.00		130%	최종평균	
상명대	고교추천★	2023	206	1,577	7.65	2.76	3.01	186%	161	1,205	7.48	2.75	2.94	184%	등록평균	등록최저
		2024	196	942	4.81	2.73	2.93	180%	153	933	6.10	2.65	2.76	190%	등록50%컷	등록70%컷
서강대	지역균형★	2023	105	951	9.06	1.60	1.64	356%	73	733	10.04	1.62	1.68	253%	등록50%컷	등록70%컷
		2024	106	627	5.92	1.80	2.01	330%	72	812	11.28	1.51	1.56	221%	등록50%컷	등록70%컷
서울과기대	고교추천★	2023	47	464	9.87	2.26	2.33	185%	369	2,977	8.07	2.16	2.18	149%	등록평균	등록70%컷
		2024	46	257	5.59	2.27	2.29	231%	398	2,153	5.41	2.03	2.09	141%	등록평균	등록70%컷
서울대	지역균형★	2023	234	1,010	4.32	1.22	1.30	10%	328	1,199	3.66	1.25	1.33	17%	등록50%컷	등록70%컷
		2024	204	716	3.51	1.21	1.28	10%	302	1,797	5.95	1.27	1.32	24%	등록50%컷	등록70%컷
서울시립대	지역균형선발★	2023	91	1,567	17.22	1.91		230%	103	2,093	20.32	1.87		137%	등록평균	
		2024	114	977	8.57	2.05		218%	114	1,211	10.62	1.87		105%	등록평균	
서울여대	교과우수자★	2023	115	1,845	16.04	2.31	2.59	227%	66	1,144	17.33	2.43	2.78	144%	최종평균	최종최저
		2024	113	628	5.56	3.11		202%	63	460	7.30	2.76		154%	최종평균	
성균관대	학교장추천★	2023	202	1,793	8.88	1.76	1.88	297%	168	1,990	11.85	1.71	1.79	321%	등록50%컷	등록70%컷
		2024	256	1,961	7.66	1.66	1.76	349%	146	2,174	14.89	1.58	1.62	377%	등록50%컷	등록70%컷
성신여대	지역균형★	2023	148	2,030	13.72	2.35		199%	103	1,025	9.95	2.29		200%	등록평균	
		2024	142	1,020	7.18	2.38	2.66	261%	98	606	6.18	2.26	2.50	170%	등록평균	등록최저
세종대	지역균형★	2023	93	1,310	14.09	2.09	2.16	243%	217	1,742	8.03	2.17	2.25	188%	등록평균	등록70%컷
		2024	99	668	6.75	2.24	2.29	275%	251	1,910	7.61	2.10	2.16	195%	등록평균	등록70%컷
수원대	고교추천★	2023	30	1,181	39.37	3.89		33%	62	1,335	21.53	4.13		42%	최종평균	
		2024	38	792	20.84	3.81		50%	72	1,117	15.51	4.09		46%	최종평균	
숙명여대	지역균형선발★	2023	153	1,176	7.69	1.99	2.05	201%	101	710	7.03	1.95	2.03	139%	등록50%컷	등록70%컷
		2024	157	668	4.26	2.08	2.13	137%	95	535	5.63	1.87	1.94	122%	등록50%컷	등록70%컷
숭실대	학생부우수자★	2023	182	2,970	16.32	2.33	2.36	98%	265	2,687	10.14	2.15	2.16	126%	등록50%컷	등록70%컷
		2024	182	1,333	7.32	2.40	2.44	105%	253	1,536	6.07	2.12	2.14	137%	등록평균	등록70%컷
아주대	고교추천★	2023	84	1,042	12.40	2.70	2.82	85%	157	1,929	12.29	2.40	2.49	87%	등록평균	등록70%컷
		2024	98	833	8.50	2.53	2.56	121%	178	1,636	9.19	2.17	2.16	103%	등록평균	등록70%컷
안양대	학교장추천	2023														
		2024	21	136	6.48	3.48	3.76	105%	26	162	6.23	3.76	4.00	88%	등록평균	등록최저

대학	전형	학년도	인문						자연						성적 산출기준	
			모집인원	지원인원	경쟁률	성적①	성적②	충원율	모집인원	지원인원	경쟁률	성적①	성적②	충원율	성적①	성적②
연세대	추천형★	2023	276	1,397	5.06	1.45	1.53	59%	247	1,618	6.55	1.43	1.48	65%	등록50%컷	등록70%컷
		2024	254	1,436	5.65	1.45	1.54	62%	247	1,631	6.60	1.42	1.46	66%	등록50%컷	등록70%컷
을지대 (성남)	지역균형	2023	25	173	6.92	4.00	4.14	188%	137	1,482	10.82	3.18	3.31	193%	등록평균	등록70%컷
		2024	24	212	8.83	3.72	3.91	142%	121	655	5.41	3.02	3.15	202%	등록평균	등록70%컷
을지대 (의정부)	지역균형★	2023	10	84	8.40	3.76	3.93	250%	25	164	6.56	2.73	2.81	248%	등록평균	등록70%컷
		2024							22	226	10.27	2.54	2.61	332%	등록평균	등록70%컷
이화여대	고교추천	2023	201	1,222	6.08	1.74	1.81	134%	199	982	4.93	1.72	1.81	117%	등록50%컷	등록70%컷
		2024	201	916	4.56	1.75	1.85	160%	199	968	4.86	1.68	1.76	81%	등록50%컷	등록70%컷
인천대	지역균형	2023	113	1,263	11.18	2.79	2.93	316%	174	1,775	10.20	2.68	2.79	245%	등록평균	등록70%컷
		2024	113	778	6.88	3.04	3.12	294%	176	952	5.41	2.91	3.12	243%	등록평균	등록70%컷
인하대	지역균형★	2023	159	1,697	10.67	2.64	2.84	142%	242	2,767	11.43	2.32	2.48	148%	등록평균	등록최저
		2024	225	1,667	7.41	2.61	2.92	188%	379	2,151	5.68	2.44	2.95	111%	등록평균	등록최저
중앙대	지역균형★	2023	228	2,030	8.90	1.75	1.80	255%	277	2,824	10.19	1.94	1.99	189%	등록50%컷	등록70%컷
		2024	212	1,279	6.03	1.78	1.88	243%	292	2,503	8.57	1.79	1.86	154%	등록50%컷	등록70%컷
차의과학대	지역균형선발	2023							56	574	10.25	2.23	2.33	184%	등록50%컷	등록70%컷
		2024							86	333	3.87	2.46	2.78	186%	등록50%컷	등록70%컷
한경국립대	지역균형선발	2023														
		2024	4	21	5.25				23	96	4.17					
한국공학대	지역균형	2023														
		2024	19	88	4.63	3.47		163%	169	867	5.13	3.26		154%	등록평균	
한국외대 (서울)	학교장추천	2023	198	2,156	10.88			148%								
		2024	201	1,452	7.22			112%	5	89	17.80			60%		
한국외대 (글로벌)	학교장추천	2023	109	663	6.08			106%	64	383	5.98			145%		
		2024	113	707	6.26			112%	63	388	6.16			116%		
한국항공대	학교장추천	2023														
		2024	17	116	6.82	2.53	2.70	71%	71	382	5.38	2.69	2.77	120%	등록평균	등록최저
한성대	지역균형	2023	122	1,343	11.01	3.22	3.29	194%	118	1,262	10.69	3.00	3.13	190%	등록50%컷	등록70%컷
		2024	85	519	6.11	3.10	3.25	187%	104	380	3.65	3.13	3.28	129%	등록50%컷	등록70%컷
한양대	(교과) 추천형	2023	146	1,193	8.17	1.41		356%	190	1,547	8.14	1.33		252%	등록평균	
		2024	154	1,002	6.51	1.47		332%	184	1,080	5.87	1.30		246%	등록평균	
한양대 (에리카)	지역균형선발	2023	96	906	9.44	2.80		145%	217	2,312	10.65	2.50		116%	등록평균	
		2024	124	629	5.07	2.87	2.96	116%	294	1,684	5.73	2.54	2.61	147%	등록평균	등록70%컷
홍익대	학교장추천자	2023	119	1,673	14.06	2.03	2.01	154%	171	1,970	11.52	1.90	1.95	114%	등록50%컷	등록70%컷
		2024	132	1,346	10.19	2.01	2.04	267%	181	1,407	7.77	1.91	1.96	116%	등록50%컷	등록70%컷
경인교대	학교장추천	2023	70	361	5.16	1.46	1.55	300%							등록50%컷	등록70%컷
		2024	240	738	3.08	2.46	2.76	8%							등록50%컷	등록70%컷
서울교대	학교장추천	2023	50	98	1.96	1.59	1.90								등록50%컷	등록70%컷
		2024	40	151	3.78	1.67	1.83								등록50%컷	등록70%컷
DGIST	학교장추천	2023							35	825	23.57					
		2024							35	826	23.60					
GIST	학교장추천	2023							40	560	14.00					
		2024							40	472	11.80					
KAIST	학교장추천	2023							95	734	7.73					
		2024							95	914	9.62					

7. 한눈에 보는 성적(지역)

I. 전국

: 경쟁률) 학생부교과는 15.2%(7.72 -> 6.55) 하락, 학생부종합은 16.9%(9.83 -> 11.89) 상승
: 합격자 성적) 학생부교과는 3.86 -> 3.91로 약간 하락, 학생부종합은 3.80 -> 3.71로 약간 상승

1) 경쟁률

학생부교과전형은 15.2%(7.72 -> 6.55) 하락하였습니다.

특히, 인문계열이 20.2%(7.99 - > 6.38)나 하락하여 인문계열이 학생부교과전형의 하락을 주도했음을 알 수 있습니다.

학생부종합전형은 16.9%(9.83 -> 11.49) 상승하여 학생부교과전형의 하락만큼 학생부종합전형의 경쟁률이 상승했음을 엿볼 수 있습니다. 특히, 자연계열이 20.6%(9.78 -> 11.79) 상승하여 학생부교과전형의 인문계열이 20.2% 감소한 만큼 상승하여, 학생부종합전형 자연계열의 수시모집의 경쟁률 상승을 주도하고 있음을 알 수 있습니다.

학생부교과전형의 경쟁률 하락과 학생부종합전형전형의 경쟁률 상승 분위기는 올해도 이어갈 가능성이 높습니다.

2) 합격자 성적

학생부교과전형은 경쟁률이 20.2%나 하락하였지만, 합격자 성적은 3.86 -> 3.91로 유지되어 영향을 적게 받았습니다.
이는 학생부교과전형의 특성상 전년도 전형결과를 토대로 합격 가능한 성적대 위주로 지원하고, 합격 가능성이 낮은 학생들은 수능최저학력기준이 없는 학생부종합전형으로 지원하는 경향을 보인 것으로 판단할 수 있습니다.

학생부종합전형은 계열별로 차이가 납니다. 인문계열의 경우 합격자 성적이 3.73 -> 3.72로 비슷한 수준을 유지한 반면, 자연계열은 경쟁률이 20.6%나 상승한 결과 합격자 성적도 4.07 -> 3.70로 0.37등급이나 상승하여 학생부종합전형 자연계열을 선호하는 분위기를 반영하고 있습니다.

■ (전형결과) 전국

※ 경쟁률이 전년도 대비 15%P 이상 상승/하락한 경우 박스 표시함.

지역	전형유형	학년도	구분	전체				인문				자연			
				모집인원	경쟁률	합격자평균	충원율	모집인원	경쟁률	합격자평균	충원율	모집인원	경쟁률	합격자평균	충원율
전국	교과	2023	인원	60,752 (100%)	7.72	3.86	168%	25,209 (41.5%)	7.99	3.96	175%	35,543 (58.5%)	7.51	3.78	160%
		2024	인원	64,093 (100%)	6.55	3.91	155%	26,231 (40.9%)	6.38	3.99	161%	37,862 (59.1%)	6.67	3.83	149%
			증감	+3,341 (5.5%)	-1.17 (15.2%)	+0.05 (1.3%)	-13% (7.7%)	+1,022 (4.1%)	-1.61 (20.2%)	+0.03 (0.8%)	-14% (8.0%)	+2,319 (6.5%)	-0.84 (11.2%)	+0.05 (1.3%)	-11% (6.9%)
	종합	2023	인원	47,470 (100%)	9.83	3.80	86%	21,890 (46.1%)	9.90	3.73	85%	25,580 (53.9%)	9.78	4.07	86%
		2024	인원	51,189 (100%)	11.49	3.71	88%	23,373 (43.6%)	10.62	3.72	91%	28,816 (56.4%)	11.79	3.70	85%
			증감	+3,719 (7.8%)	+1.66 (16.9%)	-0.09 (2.4%)	+2% (2.3%)	+1,483 (6.8%)	+0.72 (7.3%)	-0.01 (0.3%)	+6% (7.1%)	+3,141 (12.3%)	+2.01 (20.6%)	-0.37 (9.1%)	-1% (1.2%)
	논술	2023	인원	11,007 (100%)	38.90	4.17	30%	4,397 (39.9%)	39.69	4.37	24%	6,610 60.1(%)	38.36	4.10	36%
		2024	인원	11,214 (100%)	41.91	4.18	27%	4,449 (39.7%)	43.35	4.30	22%	6,765 (60.3%)	40.97	4.06	32%
			증감	+207 (1.9%)	+3.01 (7.7%)	+0.01 (0.2%)	-3% (10.0%)	-52 (1.2%)	+3.66 (9.2%)	-0.07 (1.6%)	-2% (8.3%)	+155 (2.3%)	+2.61 (6.8%)	-0.04 (1.0%)	-4% (11.1%)

Ⅱ. 지역

주요 15개 대학을 포함한 지역별 경쟁률 및 합격자 성적도 전국 흐름과 비슷한 경향을 보이고 있습니다.

1) 경쟁률

학생부교과전형은 하락한 반면, 학생부종합전형은 상승하는 흐름을 보이고 있습니다.

학생부교과전형은 인문계열의 경쟁률 하락이 두드러집니다. 특히, 강원은 30.9%(6.51 -> 4.50), 15개 대학은 30.6%(10.14 -> 7.04), 경상은 28.8%(8.47 -> 6.03), 서울은 28.0%(10.33 -> 7.44) 하락하여 주요 대학을 중심으로 서울 뿐만 아니라 강원과 경상지역에서의 인문계열 경쟁률 하락이 컸습니다.

학생부종합전형은 자연계열의 경쟁률이 크게 상승하였습니다. 강원은 무려 40.0%(5.40 -> 7.56)나 상승하여 예년 수준을 회복하였고, 경인은 33.0%(9.79 -> 13.02), 서울은 31.4%(12.00 -> 15.77), 경상은 25.2%(8.49 -> 10.63) 상승하여 수도권과 강원, 경상을 중심으로 학생부종합전형의 자연계열이 경쟁률을 주도하고 있음을 알 수 있습니다.

2) 합격자 성적

학생부교과전형은 경쟁률이 하락한 영향이 합격자 성적에는 지역마다 차이가 있습니다.
15개 대학은 0.11등급(1.78 -> 1.67), 서울도 0.10등급(2.67 -> 2.57), 경인도 0.15등급(3.70 -> 3.55) 각각 상승한 반면, 경상은 0.27등급(3.37->3.64), 0.05등급(4.34->4.39), 충청은 0.14등급(3.91 -> 4.05) 각각 하락하였습니다.
즉, 학생부교과전형의 경쟁률이 하락한 결과 비수도권 지역은 합격자 성적도 하락한 반면, 수도권 지역은 합격자 성적이 약간 상승하여 수도권 대학의 실질 경쟁이 치열함을 알 수 있습니다.

학생부종합전형은 경쟁률은 상승하였지만 합격자 성적은 비슷한 수준을 유지하였습니다.
수도권 지역은 15개 대학은 0.03등급(2.47 -> 2.50), 서울은 0.02등급(2.84 -> 2.86), 경인은 0.20등급(3.79 -> 3.99) 각각 약간씩 하락하였지만 비슷한 수준을 유지하였습니다.
비수도권 지역은 경상은 0.47등급(3.37 -> 3.60), 전라는 0.42등급(3.44 -> 4.15) 각각 하락하여 하락의 폭이 큰 반면, 강원은 0.04(4.82->4.78), 충청은 0.09등급(4.26->4.18)정도씩 소폭 상승하여 지역마다 다른 양상을 보였습니다.

■ (전형결과) 지역

※ 경쟁률이 전년도 대비 15%P 이상 상승/하락한 경우 박스 표시함.

※ 15개 대학: 건국대, 경희대, 고려대, 동국대, 서강대, 서울대, 서울시립대, 성균관대, 숙명여대, 숭실대, 연세대, 이화여대, 중앙대, 한국외대, 한양대

지역	전형유형	학년도	구분	전체				인문				자연			
				모집인원	경쟁률	합격자평균	충원율	모집인원	경쟁률	합격자평균	충원율	모집인원	경쟁률	합격자평균	충원율
15개 대학	교과	2023	인원	5,320 (100%)	10.52	1.78	196%	2,728 (51.3%)	10.14	1.80	211%	2,592 (48.7%)	10.93	1.75	180%
		2024	인원	5,187 (100%)	8.25	1.69	185%	2,682 (51.7%)	7.04	1.76	206%	2,505 (48.3%)	9.55	1.62	164%
		증감		-133 (2.5%)	-2.00 (19.0%)	-0.09 (5.1%)	-11% (5.6%)	-46 (1.7%)	-3.10 (30.6%)	-0.04 (2.2%)	-5% (2.4%)	-87 (3.4%)	-1.38 (12.6%)	-0.13 (7.4%)	-16% (8.9%)
	종합	2023	인원	12,605 (100%)	13.60	2.47	111%	6,547 (51.9%)	12.98	2.66	103%	6,058 (48.1%)	14.26	2.28	119%
		2024	인원	13,007 (100%)	15.32	2.50	108%	6,585 (50.6%)	13.87	2.64	101%	6,422 (49.4%)	16.81	2.36	114%
		증감		+402 (3.2%)	+1.72 (12.5%)	+0.03 (1.2%)	+3% (2.7%)	+38 (0.6%)	+0.89 (6.9%)	-0.06 (2.3%)	-2% (1.9%)	+364 (6.0%)	+2.55 (17.5%)	+0.08 (3.5%)	-5% (4.2%)
	논술	2023	인원	3,800 (100%)	61.20	3.04	29%	1,843 (48.5%)	59.40	2.99	26%	1,957 (51.5%)	62.90	3.09	31%
		2024	인원	3,812 (100%)	65.94	3.57	22%	1,865 (48.9%)	63.47	3.64	16%	1,947 (51.1%)	68.30	3.49	27%
		증감		+12 (0.3%)	+4.74 (7.7%)	+0.53 (17.4%)	-7% (24.1%)	+22 (1.2%)	+4.07 (6.9%)	+0.65 (21.7%)	-10% (38.5%)	-10 (0.5%)	+5.40 (8.6%)	+0.40 (12.9%)	-4% (12.9%)

지역	전형유형	학년도	구분	전체 모집인원	경쟁률	합격자평균	충원율	인문 모집인원	경쟁률	합격자평균	충원율	자연 모집인원	경쟁률	합격자평균	충원율
서울	교과	2023	인원	10,796 (100%)	10.45	2.67	180%	5,539 (51.3%)	10.33	2.72	186%	5,257 (48.7%)	10.55	2.42	173%
		2024	인원	10,489 (100%)	8.15	2.51	176%	5,250 (50.1%)	7.44	2.65	180%	5,239 (49.9%)	8.86	2.37	171%
			증감	-307 (2.8%)	-2.30 (22.0%)	-0.16 (6.0%)	-4% (2.2%)	-289 (5.2%)	-2.89 (28.0%)	-0.07 (2.6%)	+%6 (3.2%)	-18 (0.3%)	-1.69 (16.0%)	-0.05 (2.1%)	-2% (1.2%)
	종합	2023	인원	18,721 (100%)	12.82	2.84	96%	9,469	13.07	2.94	91%	9,252	12.00	2.74	101%
		2024	인원	19,231 (100%)	14.98	2.86	99%	9,438 (49.1%)	14.17	2.96	97%	9,793 (50.9%)	15.77	2.76	101%
			증감	+510 (2.7%)	+2.16 (16.8%)	+0.02 (0.7%)	+3% (3.1%)	-31 (0.3%)	+1.10 (8.6%)	+0.02 (0.7%)	+6% (6.6%)	+541 (5.8%)	+3.77 (31.4%)	+0.02 (0.7%)	0% (0.0%)
경인	교과	2023	인원	12,026 (100%)	9.29	3.70	158%	5,612 (46.7%)	8.89	3.76	157%	6,414 (53.3%)	9.64	3.53	159%
		2024	인원	12,495 (100%)	8.11	3.55	152%	5,746 (46.0%)	7.55	3.67	154%	6,749 (54.0%)	8.59	3.42	149%
			증감	+469 (3.9%)	-1.18 (12.7%)	-0.15 (4.1%)	-6% (3.8%)	+134 (2.4%)	-1.34 (15.1%)	-0.09 (2.4%)	-3% (1.9%)	+335 (5.2%)	-1.05 (10.9%)	-0.11 (3.1%)	-10% (6.3%)
	종합	2023	인원	9,923 (100%)	9.77	3.79	80%	4,521 (45.6%)	9.75	4.12	79%	5,402 (54.4%)	9.79	3.77	81%
		2024	인원	9,809 (100%)	12.88	3.99	82%	4,272 (43.6%)	12.70	4.12	81%	5,537 (56.4%)	13.02	3.85	82%
			증감	-114 (1.1%)	+3.11 (31.8%)	+0.20 (5.3%)	+2% (2.5%)	-249 (5.5%)	+2.25 (23.1%)	0 (0.0%)	+2% (2.5%)	+135 (2.5%)	+3.23 (33.0%)	+0.08 (2.1%)	+1% (1.2%)
강원	교과	2023	인원	4,881 (100%)	6.22	4.82	169%	1,833 (37.6%)	6.51	4.91	186%	3,048 (62.4%)	6.05	4.59	151%
		2024	인원	6,056 (100%)	4.69	4.78	149%	2,395 (39.5%)	4.50	4.91	158%	3,661 (60.5%)	4.82	4.65	139%
			증감	+1,175 (24.1%)	-1.53 (24.6%)	-0.04 (0.8%)	-20 (11.8%)	+562 (30.7%)	-2.01 (30.9%)	0 (0.0%)	-28 (15.1%)	+613 (20.1%)	-1.23 (20.3%)	+0.06 (1.3%)	-12 (7.9%)
	종합	2023	인원	2,158 (100%)	5.14	4.26	66%	994 (46.1%)	4.73	4.18	90%	1,164 (53.9%)	5.40	4.52	41%
		2024	인원	2,611 (100%)	6.65	4.69	84%	1,230 (47.1%)	5.62	4.81	96%	1,381 (52.9%)	7.56	4.56	71%
			증감	+453 (21.0%)	+1.51 (29.2%)	+0.43 (10.1%)	+18% (27.3%)	+236 (23.7%)	+0.87 (18.4%)	+0.63 (15.1%)	+6% (6.7%)	+217 (18.6%)	+2.16 (40.0%)	+0.04 (0.9%)	+30% (73.1%)
경상	교과	2023	인원	6,962 (100%)	7.51	3.37	123%	2,371 (34.1%)	8.47	3.53	142%	4,591 (65.9%)	7.02	3.24	103%
		2024	인원	7,531 (100%)	5.93	3.60	108%	2,461 (32.7%)	6.03	3.71	111%	5,070 (67.3%)	5.87	3.48	104%
			증감	+569 (8.2%)	-1.58 (21.0%)	+0.23 (6.8%)	-15% (12.2%)	+90 (3.8%)	-2.44 (28.8%)	+0.18 (5.1%)	-31% (21.8%)	+479 (10.4%)	-1.15 (16.4%)	+0.24 (7.4%)	+1% (1.0%)
	종합	2023	인원	4,957 (100%)	8.00	3.23	77%	1,965 (39.6%)	7.26	3.26	80%	2,992 (60.4%)	8.49	3.89	84%
		2024	인원	5,287 (100%)	9.89	3.70	65%	1,945 (31.3%)	8.62	3.64	76%	3,342 (68.7%)	10.63	3.76	54%
			증감	-330 (6.7%)	+1.89 (23.6%)	+0.47 (14.6%)	-12% (15.6%)	-20 (1.0%)	+1.36 (18.7%)	+0.38 (11.7%)	-4% (5.0%)	+350 (11.7%)	+2.14 (25.2%)	-0.13 (3.3%)	-30% (35.7%)
전라	교과	2023	인원	8,435 (100%)	5.94	4.34	178%	3,260 (38.6%)	5.84	4.56	191%	5,175 (61.4%)	5.99	4.37	165%
		2024	인원	8,638 (100%)	5.55	4.50	178%	3,254 (37.7%)	4.92	4.55	185%	5,384 (62.3%)	5.94	4.45	170%

2025 수시 살펴보기

지역	전형유형	학년도	구분	전체				인문				자연			
				모집인원	경쟁률	합격자평균	충원율	모집인원	경쟁률	합격자평균	충원율	모집인원	경쟁률	합격자평균	충원율
			증감	+203 (2.4%)	-0.39 (6.6%)	+0.16 (3.7%)	0% (0.0%)	-6 (0.2%)	-0.92 (15.4%)	-0.01 (0.2%)	-6% (3.1%)	+209 (4.0%)	-0.05 (0.8%)	+0.08 (1.8%)	+5% (3.0%)
	종합	2023	인원	3,208 (100%)	6.87	3.44	69%	1,348 (42.0%)	6.32	3.20	71%	1,860 (58.0%)	7.27	4.19	66%
		2024	인원	4,672 (100%)	6.79	4.15	72%	1,734 (37.1%)	5.47	3.85	79%	2,938 (62.9%)	7.56	4.45	64%
			증감	+1,464 (45.6%)	-0.08 (1.2%)	+0.42 (12.2%)	+3% (4.3%)	+386 (28.6%)	-0.85 (13.4%)	+0.65 (20.3%)	+8% (11.3%)	+1,078 (58.0%)	+0.29 (4.0%)	+0.26 (6.2%)	-2% (3.0%)
제주	교과	2023	인원	916 (100%)	6.07	4.22	94%	390 (42.6%)	5.99	4.03	100%	526 (57.4%)	6.13	4.42	88%
		2024	인원	918 (100%)	5.31	4.33	85%	392 (42.7%)	4.84	4.22	92%	526 (57.3%)	5.67	4.43	78%
			증감	+2 (0.2%)	-0.76 (12.5%)	+0.11 (2.6%)	-9% (9.6%)	+2 (0.5%)	-1.15 (19.2%)	+0.19 (4.7%)	-8% (8.0%)	0 (0.0%)	-0.46 (7.5%)	+0.01 (0.2%)	-10% (11.4%)
	종합	2023	인원	196 (100%)	7.08	4.73	53%	90 (45.9%)	6.82	4.28	67%	106 (54.1%)	7.29	4.81	39%
		2024	인원	198 (100%)	7.81	4.40	33%	90 (45.5%)	7.40	4.09	42%	108 (54.5%)	8.15	4.71	23%
			증감	+2 (1.0%)	+0.73 (10.3%)	-0.33 (7.0%)	-20% (37.7%)	0 (0.0%)	+0.58 (8.5%)	-0.19 (4.4%)	-25% (37.3%)	+2 (1.9%)	+0.86 (11.8%)	-0.10 (2.1%)	-16% (41.0%)
충청	교과	2023	인원	16,736 (100%)	6.33	3.91	188%	6,204 (37.1%)	6.61	4.18	202%	10,532 (62.9%)	6.16	3.86	174%
		2024	인원	17,893 (100%)	5.95	4.24	152%	6,660 (37.2%)	6.14	4.20	162%	11,235 (62.8%)	5.84	4.01	142%
			증감	+1,157 (6.9%)	-0.38 (6.0%)	-0.03 (0.7%)	-36% (19.1%)	+456 (7.4%)	-0.47 (7.1%)	+0.02 (0.5%)	-40% (19.8%)	+703 (6.7%)	-0.32 (5.2%)	+0.15 (3.9%)	-32% (18.4%)
	종합	2023	인원	8,307 (100%)	6.69	4.27	93%	3,503 (42.2%)	6.68	4.15	93%	4,804 (57.8%)	6.70	4.57	93%
		2024	인원	9,295 (100%)	7.55	4.18	98%	3,578 (38.5%)	7.23	4.18	104%	5,717 (61.5%)	7.74	4.30	92%
			증감	+988 (11.9%)	+0.86 (12.9%)	-0.09 (2.1%)	+5% (5.1%)	+75 (2.1%)	+0.55 (8.2%)	+0.03 (0.7%)	+11% (11.8%)	+913 (19.0%)	+1.04 (15.5%)	-0.27 (5.9%)	-1% (1.1%)

8. 한눈에 보는 성적(인문)

Ⅰ. 수도권

■ 수도권　※ 등급 산출기준: 최종(등록) 합격자 평균 / ※ 학생부교과전형과 논술전형은 대학마다 반영교과목 및 반영방법이 다름에 유의

계열 평균 등급	학생부교과	학생부종합	논술
1.0			
1.1			
1.2		서울대: 지역균형(1.21, 204명)	
1.3	동국대: 학교장추천인재(1.35, 201명)		
1.4	연세대: 추천형(1.45, 254명) 한양대: 추천형(1.47. 154명) 고려대: 학교추천(1.49, 335명)		
1.5			
1.6	성균관대: 학교장추천(1.66, 256명) 경희대(서울): 지역균형(1.67, 203명) 서울교대: 학교장추천(1.67, 40명)		
1.7	이화여대: 고교추천(1.75, 201명) 중앙대: 지역균형(1.78, 212명)	서울교대: 교직인성우수자(1.75, 100명)	
1.8	서강대: 지역균형(1.80, 106명) 서경대: 교과우수자②(1.81, 79명)	경인교대: 교직적성(1.88, 78명)	
1.9	건국대: KU지역균형(1.95, 106명)	연세대: 활동우수형(1.90, 300명) 서울대: 일반전형(1.94, 597명)	
2.0	홍익대(서울): 학교장추천자(2.01, 132명) 서울시립대: 지역균형선발(2.05, 114명) 숙명여대: 지역균형선발(2.08, 157명) 경희대(국제): 지역균형(2.09, 84명)		
2.1			
2.2	국민대: 교과성적우수자(2.20, 183명) 세종대: 지역균형(2.24, 99명) 서울과기대: 고교추천(2.27, 46명) 용인대: 일반학생(2.27, 87명)		
2.3	성신여대: 지역균형(2.38, 142명)	고려대: 학업우수(2.35, 483명)	
2.4	숭실대: 학생부우수자(2.40, 182명) 단국대(죽전): 지역균형선발(2.41, 124명) 명지대: 교과면접(2.46, 143명) 경인교대: 학교장추천(2.46, 240명) 한국항공대: 교과성적우수자(2.47, 20명)	경희대(서울): 네오르네상스(2.45, 383명) 연세대: 국제형(국내고)(2.45, 127명)	
2.5	명지대: 학교장추천(2.51, 147명) 아주대: 고교추천(2.53, 98명) 한국항공대: 학교장추천(2.53, 17명) 성공회대: 교과성적(2.54, 117명) 덕성여대: 학생부100%(2.56, 83명) 한국체대: 교과성적우수자(2.59, 62명)	고려대: 계열적합(2.52, 296명) 서강대: 일반전형(2.54, 328명) 성균관대: 융합형(2.55, 181명) 한양대: 면접형(2.57, 23명)	
2.6	인하대: 지역균형(2.61, 225명) 신한대: 학생부우수자(2.63, 67명) 한성대: 교과우수(2.67, 138명)	이화여대: 미래인재(2.60, 563명) 건국대: KU자기추천(2.69, 334명)	
2.7	동덕여대: 학생부교과우수자(2.71, 136명) 가톨릭대: 지역균형(2.73, 107명) 용인대 교과성적우수자(2.75, 64명) 경기대: 교과성적우수자(2.77, 124명) 덕성여대: 고교추천(2.78, 85명) 가천대: 학생부우수자(2.79, 160명)	중앙대: CAU융합형인재(2.71, 276명) 서울시립대: 학생부종합Ⅱ(서류)(2.73, 80명)	
2.8	서경대: 교과우수자①(2.83, 31명) 한양대(에리카): 지역균형선발(2.87, 124명)	동국대: Do Dream(2.82, 271명) 홍익대(서울): 학교생활우수자(2.83, 191명) 한국외대(서울): 서류형(2.84, 232명)	

계열 평균 등급	학생부교과	학생부종합	논술
		국민대: 학교생활우수자(2.87, 156명) 중앙대: CAU탐구형인재(2.87, 165명) 세종대: 세종창의인재(면접형)(2.89, 64명)	
2.9	경기대: 학교장추천(2.93, 172명) 광운대: 지역균형(2.94, 69명)	한양대: 서류형(2.91, 397명) 성균관대: 탐구형(2.92, 243명) 국민대: 국민프런티어(2.94, 248명) 단국대(죽전): DKU인재(서류)(2.94, 111명)	동국대: 논술우수자(2.95, 150명) 서경대: 논술우수자(2.98, 59명)
3.0	인천대: 교과성적우수자자(3.00, 202명)/ 지역균형(3.04, 113명)	숙명여대: 숙명인재(면접형)(3.01, 광운대: 광운대: 광운참빛인재Ⅰ(면접)(3.05, 116명)/ 광운참빛인재Ⅱ(서류)(3.06, 58명) 성신여대: 학교생활우수자(3.05, 90명) 숭실대: SSU미래인재(3.08, 282명)	
3.1	대진대: 학교장추천(3.10, 77명) 한성대: 지역균형(3.10, 85명) 서울여대: 교과우수자(3.11, 113명) 감신대: 일반전형(3.12, 82명) 가천대: 지역균형(3.17, 135명)	한국외대(서울): 면접형(3.10, 227명) 덕성여대: 덕성인재Ⅱ(3.11, 82명) 아주대: ACE(3.12, 173명)/ 첨단융합인재(3.14, 20명) 덕성여대: 덕성인재Ⅰ(3.17, 56명)	
3.2	신한대: 일반전형(3.26, 223명) 삼육대: 학교장추천(3.29, 51명)	한국항공대: 미래인재(3.20, 19명) 성신여대: 자기주도인재(3.25, 218명) 동국대: 불교추천인재(3.27, 81명) 서울과기대: 학교생활우수자(3.27, 84명) 인하대: 인하미래인재(3.28, 359명) 단국대(죽전): DKU인재(면접)(3.29, 56명)	
3.3	안양대: 아리학생부교과(3.35, 194명) 한신대: 학생부우수자(3.35, 174명) 한국공학대: 교과우수자(3.37, 24명)	서울시립대: 학생부종합Ⅰ(면접)(3.30, 180명) 서울여대: 바롬인재서류(3.38, 147명)	
3.4	한국공학대: 지역균형(3.47, 19명) 대진대: 학생부우수자(3.48, 93명) 안양대: 학교장추천(3.48, 21명)	단국대(죽전): 창업인재(3.43, 8명) 인천대: 자기추천(3.44, 292명) 한성대: 한성인재(3.44, 168명)	
3.5	수원대: 교과우수(3.51, 80명)/ 면접위주교과(3.52, 70명)		
3.6	감신대:추천자(3.62, 25명)	경기대: KGU학생부종합(3.60, 419명) 명지대: 크리스천리더(3.60, 24명)/ 명지인재서류(3.65, 129명) 서울여대: 바롬인재면접(3.69, 126명) 한양대(에리카): 서류형(3.69, 215명)	세종대: 논술우수자(3.68, 73명)
3.7	을지대(성남): 지역균형(3.72, 24명) 서울신학대: 교과성적(3.76, 71명)		숭실대: 논술우수자(3.77, 120명)
3.8	수원대: 고교추천(3.81, 38명) 총신대: 교과우수자(3.84, 45명) 루터대: 일반학생(3.89, 38명)	명지대: 명지인재면접(3.80, 126명) 가천대: 가천바람개비(3.84, 188명) 경희대(국제): 네오르네상스(3.88, 236명)	성신여대: 논술우수자(3.88, 84명)
3.9	강서대: 교과우수자(3.91, 71명) 인천가톨릭대: ICU미래인재(3.92, 12명) 협성대: 학생부교과우수자(3.94, 201명)	가톨릭대: 잠재능력우수자서류(3.92, 120명) 한국외대(글로벌): 서류형(3.92, 187명) 삼육대: 세움인재(3.96, 84명) 안양대: 아리학생부종합Ⅰ(3.97, 59명) 장신대: 드림(PUTS인재)(3.98, 30명)	
4.0	장신대: 학생부우수자(4.00, 25명) 한경국립대(평택): 일반전형P(4.06, 30명)	가톨릭대: 잠재능력우수자면접(4.02, 155명) 총신대: 코람데오인재(4.08, 119명)	가톨릭대: 논술전형(4.05, 71명)
4.1	강남대: 지역균형(4.11, 136명) 한세대: 학생부교과우수자(4.17, 122명)	한국외대(글로벌): 면접형(4.10, 170명)	숙명여대: 논술우수자(4.19, 143명)
4.2	안양대: 아리학생부면접(4.23, 73명) 서울신학대: 일반전형(4.24, 64명)	서울여대: 기독교지도자(4.20, 23명) 을지대(성남): EU미래인재(4.22, 21명)/ EU자기추천(4.25, 32명) 신한대: 신한국인(4.24, 48명) 가톨릭대: 가톨릭지도자추천(4.29, 42명) 한경국립대(안성): 잠재력우수자(4.29, 43명)	광운대: 논술우수자(4.27, 67명)
4.3	강서대: 일반전형(4.32, 77명)	강남대: 서류면접(4.32, 181명)/ 학생부(4.38, 189명)	경기대: 논술우수자(4.39, 167명)

계열 평균 등급	학생부교과	학생부종합	논술
4.4		성공회대: 열린인재(4.40, 123명) 한국공학대: 창의인재(4.40, 19명)	가천대: 논술전형(4.40, 328명) 아주대: 논술우수자(4.45, 31명) 단국대(죽전): 논술우수자(4.46, 134명)
4.5	한경국립대(안성): 일반전형(4.51, 83명) 한세대: 학생부면접우수자(4.55, 83명) 화성의과학대: 일반전형(4.57, 109명) 한국성서대: 교과성적우수자(4.58, 35명)		인하대: 논술우수자(4.53, 166명)
4.6			수원대: 교과논술(4.67, 145명) 한신대: 논술전형(4.68, 76명)
4.7	한국성서대: 일반학생(4.75, 46명) 성결대: 교과성적우수자(4.78, 499명)		
4.8	인천가톨릭대:가톨릭지도자추천(4.81, 6명) 협성대: 미래역량우수자(4.81, 127명)		
4.9			서울여대: 논술우수자(4.93, 92명)
5.0			한국공학대: 논술우수자(5.00, 30명)
5.1	서울신학대: 기독교(5.15, 45명)	대진대: 원원대진(5.16, 164명)	덕성여대: 논술전형(5.17, 60명)
5.2	성결대: SKU창의적인재(5.29, 136명)		
5.3	평택대: PTU교과(5.34, 249명) 한국성서대: 목회자추천(5.36, 35명)	아신대: 기독학생(5.30, 12명) 협성대: 협성창의인재(5.34, 96명)	
5.4		서울신학대: H+인재(5.43, 87명) 한신대: 참인재(5.43, 259명)	
5.5			
5.6	협성대: 담임목회자추천(5.69, 20명)	평택대: PTU종합(5.61, 60명)	
5.7			
5.8			
5.9	서울한영대: 일반학생(5.95, 145명)		
6.0			
6.1			
6.2		아신대: 일반학생(6.20, 31명)	
6.3			
6.4			
6.5			
6.6			
6.7			
6.8			
6.9	칼빈대: 일반학생(6.92, 37명)		

II. 비수도권

■ 비수도권
※ 등급 산출기준: 최종(등록) 합격자 평균 / ※ 학생부교과전형과 논술전형은 대학마다 반영교과목 및 반영방법이 다름

계열 평균 등급	학생부교과	학생부종합	논술
1.0			
1.1			
1.2			
1.3			
1.4			
1.5			
1.6			
1.7			
1.8			
1.9			

계열 평균 등급	학생부교과	학생부종합	논술
2.0			
2.1			
2.2		부산교대: 지역인재(2.22, 119명) 공주교대: 교직적성인재(2.24, 80명)	
2.3		대구교대: 경북지역인재(2.31, 150명) 부산교대: 초등교직적성자(2.36, 74명) 광주교대: 전라남도학교장추천(2.39, 80명)	
2.4		광주교대: 교직적성우수자(2.44, 46명)	
2.5		한국교원대: 학생부종합우수자(2.50, 202명) 춘천교대: 강원교육인재(2.50, 70명) 공주교대: 지역인재선발(2.55, 120명)	
2.6		대구교대: 참스승(2.68, 42명) 전주교대: 교직적성우수자(2.68, 26명)	
2.7	경북대: 지역인재(2.72, 94명)	청주교대: 지역인재(2.70, 100명)	
2.8		광주교대: 전남인재(2.82, 40명)/ 광주인재(2.86, 40명)	
2.9	부산대: 지역인재(2.91, 98명) 경북대: 교과우수자(2.97, 355명)	진주교대: 지역인재(2.91, 123명) 부산대: 학생부종합(2.98, 169명)	
3.0	부산대: 학생부교과(3.01,.396명) 충남대: 일반전형(3.09, 372명)		
3.1	한국교원대: 지역인재(3.13, 9명) 전남대(광주): 일반전형(3.15, 267명)		
3.2	전남대(광주): 지역인재(3.27, 232명) 호남대: 지역인재(3.27, 46명)	전주교대: 지역인재선발(3.23, 71명) 춘천교대: 교직적.인성인재(3.27, 96명)	
3.3		전남대(광주):고교생활우수자 I (3.31, 222명) 한동대: 일반학생(3.35, 209명) 충북대학생부종합 I (3.37, 146명)	
3.4	충북대: 학생부교과(3.40, 297명) 충남대: 지역인재(3.41, 161명)		
3.5	홍익대(세종): 교과우수자(3.55, 170명) 건국대(글로컬): 지역인재(3.56, 24명) 전북대: 일반전형(3.57, 387명)	충남대: 일반전형(3.55, 172명)/ 서류전형(3.58, 103명)	
3.6	고려대(세종): 일반전형(3.61, 77명) 충북대: 지역인재(3.65, 168명) 순천향대: 교과면접(3.66, 90명) 동양대: 일반전형 I (3.68, 153명) 전북대: 지역인재1유형(3.68, 151명)	청주교대: 배움나눔인재(3.61, 50명) 부산대: 지역인재(3.64, 10명) 진주교대: 21세기형교직적성자(3.65, 50명) 강원대(춘천): 미래인재 II (3.69, 109명)	
3.7	원광대: 일반전형(3.71, 522명) 경상국립대: 지역인재(3.76, 12명) 한국기술교대: 지역인재(3.77, 21명)	홍익대(세종): 학교생활우수자(3.72, 125명)	
3.8	강원대(춘천): 일반전형(3.80, 269명) 한림대: 교과우수자(3.80, 275명) 단국대(천안): 학생부교과우수자(3.82, 228명) 한동대: 학생부교과(3.82, 136명) 공주대: 교과 I 전형(3.83, 375명) 순천향대: 지역인재(3.84, 94명)/ 교과우수자(3.87, 261명)	전북대: 큰사람(3.80, 186명) 경북대: 지역인재(3.85, 38명) 충북대: 학생부종합 II (3.86, 91명)	
3.9	동양대: 면접전형(3.90, 31명) 건국대(글로컬): 교과우수(3.91, 164명) 한밭대: 학생부교과(일반)(3.97, 231명)	단국대(천안): DKU인재(면접)(3.91, 15명) 강원대(춘천): 미래인재 I (3.96, 163명) 공주대: 일반전형(3.98, 333명) 경북대: 일반학생(3.99, 308명)	
4.0	경상국립대: 일반전형(4.02, 685명) 한국교통대: 일반전형(4.03, 229명) 한국기술교대: 일반전형(4.04, 45명) 제주대: 지역인재(4.05, 191명)	한국기술교대: 창의인재(서류형)(4.04, 29명) 제주대: 일반학생(4.09, 89명)	
4.1	한동대: 지역인재(4.11, 60명)		
4.2	우송대: 교과중심(4.25, 325명)		경북대: 논술전형(AAT)(4.22, 152명)

계열 평균 등급	학생부교과	학생부종합	논술
	한국교통대: 지역인재(4.28, 26명) 한림대: 지역인재(4.29, 119명)		
4.3	상명대(천안): 학생부교과(4.30, 139명) 연세대(미래): 교과우수자(4.35, 246명) 한서대: 학생부교과2(4.37, 57명)/ 학생부교과1(4.38, 112명)	연세대(미래): 학교생활우수자(4.31, 171명) 단국대(천안): DKU인재(서류)(4.35, 155명)	부산대: 논술전형(4.33, 131명)
4.4	제주대: 일반학생(4.40, 201명) 우송대: 면접(4.41, 351명)	경상국립대: 일반전형(4.42, 221명) 원광대: 지역인재Ⅰ(호남)(4.44, 27명)	
4.5	극동대: 일반전형(4.50, 143명)/ 교과우수자(4.51, 185명) 경동대: 일반학생(4.59, 506명)	상명대(천안): 상명인재(4.50, 92명) 순천향대: 일반학생(4.51, 143명) 한국교통대: 나비인재Ⅰ(4.57, 87명) 건국대(글로컬): Cogito자기추천 (4.58, 244명)	
4.6	공주대: 지역인재(4.64, 65명) 한서대: 한서인재(4.65, 165명) 울산대: 일반교과(4.66, 432명)	원광대: 지역인재Ⅰ(전북)(4.61, 56명) 한국교통대: 나비인재Ⅱ(4.63, 56명) 경상국립대: 지역인재(4.69, 111명)	
4.7	한라대: 지역인재(4.76, 36명) 한남대: 지역인재교과우수자(4.78, 268명)	한밭대: 학생부종합(일반)(4.71, 64명) 한림대: 학교생활우수자(4.75, 287명) 원광대: 학생부종합(4.79, 247명)	
4.8	우송대: 지역인재(4.80, 52명) 강원대(도계): 일반전형(4.83, 39명) 한서대: 지역인재(4.87, 42명) 선문대: 일반학생(4.89, 486명) 호서대: 학생부(4.89, 374명)		
4.9	우송대: 우송인재(4.99, 56명)		
5.0	동양대: 지역인재(5.00, 9명) 선문대: 지역학생(5.04, 91명)	한남대: 한남인재Ⅱ(서류+ 면접) (5.00, 139명) 강원대(도계): 미래인재Ⅱ(5.04, 7명) 우송대: 서류형(5.09, 82명)	
5.1	조선대: 일반전형(5.12, 608명)		
5.2	한라대: 일반학생(교과중심)(5.26, 121명) 한남대: 일반전형(5.28, 639명)	우송대: 면접형(5.23, 108명) 조선대: 면접(5.25, 173명) 한밭대: 지역인재(종합)(5.26, 45명)	
5.3	전남대(여수): 일반전형(5.33, 82명)	조선대: 서류(5.34, 440명)	한국기술교대: 논술전형(5.39, 25명)
5.4	상지대: 교과일반(5.40, 338명) 전남대(여수): 지역인재(5.40, 21명)	상지대: 종합일반(5.43, 119명)	
5.5	강원대(도계): 지역인재(5.59, 19명)	한남대: 한남인재Ⅰ(서류)(5.50, 222명) 한라대: 운곡인재(5.51, 62명) 강원대(도계): 미래인재Ⅰ(5.55, 13명) 울산대: 지역인재(5.59, 117명)	
5.6	한라대: 일반학생(면접중심)(5.61, 131명) 상지대: 강원인재(5.62, 43명) 조선대: 지역인재(5.67, 257명)	상지대: 강원인재(5.68, 37명)	
5.7		호서대: 호서인재(5.72, 305명)	
5.8		선문대: 서류(5.82, 106명) 전남대(여수):고교생활우수자Ⅱ(5.88, 76명)	
5.9		연세대(미래): 글로벌인재(5.93, 51명)	
6.0		울산대: 잠재역량(6.02, 174명)	
6.1	호남대: 일반고(6.15, 255명)		
6.2			
6.3	호남대: 일반학생A(6.30, 426명)		
6.4			
6.5			
6.6			
6.7			
6.8			
6.9	강원대(삼척): 지역인재(6.98, 18명)	강원대(삼척): 미래인재Ⅰ(6.92, 25명)	

I. 수도권

■ 수도권   ※ 등급 산출기준: 최종(등록) 합격자 평균 / ※ 학생부교과전형과 논술전형은 대학마다 반영교과목 및 반영방법이 다름에 유의

계열 평균 등급	학생부교과	학생부종합	논술
1.0			
1.1			
1.2		서울대: 지역균형(1.27, 302명)	
1.3	동국대: 학교장추천인재(1.30, 184명) 한양대: 추천형(1.30, 184명)		
1.4	고려대: 학교추천(1.41, 344명) 연세대: 추천형(1.42, 247명) 경희대(서울): 지역균형(1.48, 112명)		
1.5	서강대: 지역균형(1.51, 72명) 성균관대: 학교장추천(1.58, 146명)	가톨릭대: 학교장추천(1.58, 49명)	
1.6	이화여대: 고교추천(1.68, 199명)	연세대: 활동우수형(1.67, 327명)	
1.7	건국대: KU지역균형(1.73, 236명) 경희대(국제): 지역균형(1.73, 179명) 중앙대: 지역균형(1.79, 292명)	연세대: 국제형(국내고)(1.72, 51명)	
1.8	서울시립대: 지역균형선발(1.87, 114명) 숙명여대: 지역균형선발(1.87, 95명)	고려대: 학업우수(1.88, 523명)	
1.9	홍익대(서울): 학교장추천자(1.91, 181명)	한양대: 면접형(1.92, 3명) 이화여대: 미래인재(1.94, 382명)	
2.0	서울과기대: 고교추천(2.03, 398명)	한국외대(서울): 서류형(201, 8명)	
2.1	서경대: 교과우수자②(2.10, 133명) 세종대: 지역균형(2.10, 251명) 숭실대: 학생부우수자(2.12, 253명) 덕성여대: 학생부100%(2.16, 82명) 국민대: 교과성적우수자(2.17, 310명) 아주대: 고교추천(2.17, 178명)	성균관대: 융합형(2.10, 245명) 서강대: 일반전형(2.11, 230명) 경희대(서울): 네오르네상스(2.19, 187명) 덕성여대: 덕성인재 I (2.19, 40명)	
2.2	광운대: 지역균형(2.23, 140명) 성신여대: 지역균형(2.26, 98명)	서울대: 일반전형(2.26, 895명) 숙명여대: 숙명인재(면접형)(2.29, 113명)	
2.3	단국대(죽전): 지역균형선발(2.35, 139명) 한국항공대: 교과성적우수자(2.37, 109명) 용인대: 일반학생(2.38, 99명)	건국대: KU자기추천(2.31, 496명) 중앙대: CAU융합형인재(2.32, 237명) 홍익대(서울): 학교생활우수자(2.235, 273명)	
2.4	인천가톨릭대: 학교생활우수자(2.41, 20명) 인하대: 지역균형(2.44, 379명) 차의과학대: 지역균형선발(2.46, 86명)	성균관대: 탐구형(2.40, 219명) 동국대: Do Dream(2.45, 245명)/ 　　　　Do Dream(소프트웨어)(2.47, 64명) 경희대(국제): 네오르네상스(2.47, 286명)	
2.5	신한대: 학생부우수자(2.50, 110명) 가천대: 학생부우수자(2.50, 351명) 가톨릭대: 지역균형(2.51, 140명) 명지대: 학교장추천(2.52, 145명) 을지대(의정부): 지역균형(2.54, 22명) 한양대(에리카): 지역균형선발(2.54, 294명)	고려대: 계열적합(2.50, 336명) 중앙대: CAU탐구형인재(2.51, 259명) 숙명여대: 소프트웨어인재(2.53, 70명) 한국외대(서울): 면접형(2.53, 8명) 아주대: ACE(2.58, 413명)	
2.6	동덕여대: 학생부교과우수자(2.60, 53명) 한국항공대: 학교장추천(2.69, 71명)	한양대: 서류형(2.63, 466명) 동국대: 불교추천인재(2.66, 27명) 가천대: 가천의약학(2.67, 42명)	
2.7	서울여대:교과우수자(2.76, 63명) 차의과학대: CHA학생부교과(2.76, 60명) 명지대: 교과면접(2.77, 143명) 한성대: 교과우수(2.79, 159명)	성신여대: 학교생활우수자(2.70, 117명) 숭실대: SSU미래인재(2.70, 344명) 서울시립대: 학생부종합 I (면접)(2.72, 188명) 국민대: 학교생활우수자(2.76, 247명) 세종대: 세종창의인재(서류형)(2.79, 103명) 아주대: 첨단융합인재(2.79, 72명)	동국대: 논술우수자(2.79, 154명)

계열 평균 등급	학생부교과	학생부종합	논술
2.8	용인대: 교과성적우수자(2.85, 55명)	국민대: 국민프런티어(2.82, 242명) 광운대: 광운참빛인재II(서류)(2.84, 119명) 인하대: 인하미래인재(2.86, 614명) 세종대: 세종창의인재(면접형)(2.87, 286명) 광운대: 광운참빛인재I(면접)(2.89, 242명) 단국대(죽전): DKU인재(서류)(2.89, 114명)	
2.9	인천가톨릭대: 가톨릭지도자추천(2.90, 2명) 인천대: 지역균형(2.91, 176명)/ 　　　　교과성적우수자(2.93, 266명) 화성의과학대: 일반전형(2.97, 102명) 경기대: 학교장추천(2.98, 149명) 덕성여대: 고교추천(2.99, 49명)	을지대(의정부): EU미래인재(2.90, 9명) 한국항공대: 미래인재(2.92, 126명) 단국대(죽전): SW인재(2.96, 50명)	
3.0	삼육대: 학교장추천(3.00, 100명) 을지대(성남): 지역균형(3.02, 121명) 경기대: 교과성적우수자(3.09, 179명) 성공회대: 교과성적(3.09, 69명)	서울과기대: 창의융합인재(3.03, 67) 성신여대: 자기주도인재(3.06, 184명)	서경대: 논술우수자(3.06, 108명)
3.1	한성대: 지역균형(3.13, 104명) 서경대: 교과우수자①(3.14, 47명) 가천대: 지역균형(3.17, 230명)	단국대(죽전): DKU인재(면접)(3.14, 52명) 서울과기대: 학교생활우수자(3.15, 324명) 숭실대: SW우수자(3.17, 21명)	
3.2	대진대: 학교장추천(3.25, 107명) 한국공학대: 지역균형(3.26, 169명)	서울여대: 바롬인재서류(3.20) 광운대: 소프트웨어우수인재(3.21, 35명) 한양대(에리카): 서류형(3.26, 301명)	
3.3	한국공학대: 교과우수자(3.34, 223명)	인천대: 자기추천(3.39, 391명)	숭실대: 논술우수자(3.34, 147명)
3.4	강서대: 일반전형(3.44, 58명)	한국외대(글로벌): 서류형(3.40, 89명) 명지대: 명지인재서류(3.41, 122명) 서울여대: 바롬인재면접(3.43, 40명)	
3.5	신한대: 일반전형(3.59, 339명)	덕성여대: 덕성인재II(3.51, 60명) 을지대(성남): EU미래인재(3.52, 86명) 삼육대: 세움인재(3.58, 115명)	
3.6	한국성서대: 교과성적우수자(3.60, 15명) 한신대: 학생부우수자(3.61, 72명) 수원대: 교과우수(3.68, 155명)	가톨릭대: 가톨릭지도자추천(3.65, 13명) 경기대: KGU학생부종합(3.65, 303명) 가톨릭대: 잠재능력우수자서류(3.68, 139명)	
3.7	수원대: 면접위주교과(3.74, 140명) 안양대: 학교장추천(3.76, 26명)	경기대: SW우수자(3.70, 15명) 한국외대(글로벌): 면접형(3.70, 79명) 명지대: 명지인재면접(3.72, 210명) 가천대: 가천바람개비(3.74, 320명) 을지대(성남): EU자기추천(3.79, 85명)	가톨릭대: 논술전형(3.74, 107명) 성신여대: 논술우수자(3.78, 78명)
3.8	대진대: 학생부우수자(3.81, 139명) 안양대: 아리학생부교과(3.81, 220명) 한세대: 학생부교과우수자(3.82, 48명) 협성대: 학생부교과우수자(3.82, 89명) 한경국립대(평택): 일반전형P(3.83, 42명) 서울신학대: 교과성적(3.89, 12명)	가톨릭대: 잠재능력우수자면접(3.81, 100명)	
3.9	강서대: 교과성적우수자(3.98, 7명)	단국대(죽전): 창업인재(3.95, 7명) 명지대: 크리스천리더(3.97, 28명)	세종대: 논술우수자(3.90, 267명) 숙명여대: 논술우수자(3.90, 74명) 서울시립대: 논술전형(3.91, 75명) 아주대: 논술우수자(3.91, 127명)
4.0	성결대: 교과성적우수자(4.04, 156명) 한국성서대: 목회자추천(4.07, 10명) 수원대: 고교추천(4.09, 72명)	한성대: 한성인재(4.01, 89명) 한국외대(글로벌): SW인재(4.08, 29명)	서울과기대: 논술전형(4.00, 189명)
4.1	한국성서대: 일반학생(4.16, 35명)	서울여대: SW융합인재(4.10, 29명) 한국공학대: 창의인재(4.12, 184명) 안양대: 아리학생부종합II(4.15, 112명)	광운대: 논술우수자(4.11, 130명)
4.2	강남대: 지역균형(4.27, 72명)		인하대: 논술우수자(4.21, 293명)
4.3	서울신학대: 일반전형(4.36, 12명) 한세대: 학생부면접우수자(4.39, 38명)	신한대: 신한국인(4.38, 67명)	가천대: 논술전형(4.33, 636명)
4.4		삼육대: SW인재(4.42, 30명) 아주대: 국방IT우수인재(4.42, 23명)	서울여대: 논술우수자(4.44, 28명) 단국대(죽전): 논술우수자(4.46, 176명)

계열 평균 등급	학생부교과	학생부종합	논술
4.5	안양대: 아리학생부면접(4.51, 98명)	성균관대: 과학인재(4.52, 145명)	
4.6		한국공학대: 조기취업형계약학과 (4.63, 118명)	덕성여대: 논술전형(4.64, 40명) 수원대: 교과논술(4.69, 305명) 한국공학대: 논술우수자(4.69, 265명)
4.7	협성대: 미래역량우수자(4.77, 56명)	강남대: 학생부(4.73, 70명)	
4.8	한경국립대(안성): 일반전형(4.82, 44명)	한경국립대(안성): 잠재력우수자(4.89, 240명)	
4.9		성공회대: 열린인재(4.95, 73명)	
5.0			한신대: 논술전형(5.07, 92명)
5.1		강남대: 서류면접(5.10, 90명)	
5.2		협성대: 협성창의인재(5.25, 46명)	
5.3		서울신학대: H+ 인재(5.39, 8명)	
5.4			
5.5	평택대: PTU교과(5.59, 239명)	대진대: 윈윈대진(5.56, 186명)	
5.6			
5.7	성결대: SKU창의적인재(5.76, 89명)	평택대: PTU종합(5.70, 22명) 한신대: 참인재(5.71, 39명)	
5.8			
5.9			
6.0			
6.1			
6.2			
6.3			
6.4			
6.5			
6.6			
6.7			
6.8	칼빈대: 일반학생(6.80, 16명)		
6.9			

Ⅱ. 비수도권

■ 비수도권

※ 등급 산출기준: 최종(등록) 합격자 평균 / ※ 학생부교과전형과 논술전형은 대학마다 반영교과목 및 반영방법이 다름

계열 평균 등급	학생부교과	학생부종합	논술
1.0			
1.1	을지대(대전): 지역균형(1.18, 5명)		
1.2			
1.3	을지대(대전): 지역의료인재(1.37, 19명)		
1.4		단국대(천안): DKU인재(면접)(1.48, 43명)	
1.5			
1.6	전북대: 지역인재2유형(1.69, 109명)		
1.7		순천향대: 지역인재(1.72, 12명)	
1.8		경북대: 지역인재-학교장추천(1.83, 3명)	
1.9			
2.0			
2.1			
2.2			
2.3			
2.4		한림대: 지역인재(2.48, 16명)	

계열 평균 등급	학생부교과	학생부종합	논술
2.5	경북대: 지역인재(2.55, 258명)	한국교원대: 학생부종합우수자(2.53, 112명)	
2.6			
2.7			
2.8		경북대: 모바일과학인재(2.84, 5명)	
2.9	충남대: 일반전형(2.90, 745명) 부산대: 학생부교과(2.98, 565명) 전남대(광주): 지역인재(2.98, 588명) 부산대: 지역인재(2.99, 300명)	원광대: 지역인재Ⅰ(호남)(2.91, 77명)	
3.0	충남대: 지역인재(3.05, 347명) 전남대(광주): 일반전형(3.07, 514명)	부산대: 지역인재(3.05, 145명) 을지대(대전): EU자기추천(3.05, 11명)	
3.1	단국대(천안): 학생부교과우수자(3.19, 369명)	전남대(광주): 고교생활우수자Ⅰ(3.18, 480명) 충남대: 서류전형(3.18, 188명)	부산대: 지역인재(3.16, 30명)
3.2	연세대(미래): 교과우수자(3.21, 181명) 건국대(글로컬): 지역인재(3.27, 56명)	충남대: 소프트웨어인재(3.20, 4명)/ 일반전형(3.23, 339명) 충북대: 학생부종합Ⅰ(3.20, 290명)	
3.3	충북대: 지역인재(3.32, 234명) 한국교원대: 지역인재(3.33, 7명) 경북대: 교과우수자(3.39, 1,187명)	상지대: 강원인재(3.31, 24명) 경북대: 지역인재(3.34, 261명)	
3.4	동양대: 일반전형Ⅰ(3.45, 403명) 충북대: 학생부교과(3.49, 594명)	충북대: SW우수인재(3.46, 30명) 연세대(미래): 학교생활우수자(3.48, 128명)	
3.5	경상국립대: 지역인재(3.54, 121명) 고려대(세종): 일반전형(3.56, 76명)	원광대: 지역인재Ⅰ(전북)(3.56, 171명)	
3.6	강원대(춘천): 일반전형(3.62, 520명) 한서대: 학생부교과1(3.65, 234명) 동양대: 면접전형(3.67, 85명)	충북대: 학생부종합Ⅱ(3.67, 225명) 단국대(천안): DKU인재(서류)(3.68, 215명)	
3.7	순천향대: 교과우수자(3.73, 505명) 전북대: 지역인재1유형(3.73, 309명) 강원대(춘천): 지역인재(3.78, 323명) 한국교통대: 일반전형(3.78, 659명)	경북대: 일반학생(3.70, 593명) 한동대: 소프트웨어인재(3.74, 10명) 경동대: 자기추천제(3.79, 44명)	
3.8	한림대: 교과우수자(3.84, 237명) 동양대: 지역인재(3.86, 38명)	전북대: 큰사람(3.82, 293명) 한서대: 융합인재(3.82, 83명)	
3.9	건국대(글로컬): 교과우수(3.91, 232명) 한국기술교대: 일반전형(3.97, 212명)	한국기술교대: 창의인재(서류형) (3.97, 145명)	
4.0	순천향대: 교과면접(4.05, 130명) 한국기술교대: 지역인재(4.05, 79명) 순천향대: 지역인재(4.08, 172명) 한국교통대: 지역인재(4.08, 73명) 홍익대(세종): 교과우수자(4.09, 184명)		경북대: 논술전형(AAT)(4.01, 354명) 부산대: 논술전형(4.02, 219명)
4.1	한서대: 학생부교과2(4.10, 102명) 울산대: 일반교과(4.11, 759명) 한밭대: 지역인재(교과)(4.11, 65명) 한서대: 지역인재(4.11, 80명) 한림대: 지역인재(4.14, 99명) 원광대: 일반전형(4.17, 638명) 선문대: 지역학생(4.18, 130명)	강원대(춘천): 미래인재Ⅰ(4.11, 314명)/ 미래인재Ⅱ(4.13, 195명) 경북대: SW특별전형(4.11, 10명) 홍익대(세종): 학교생활우수자(4.13, 106명)	
4.2	경상국립대: 일반전형(4.28, 1,354명)		
4.3	상명대(천안): 학생부교과(4.30, 247명) 한서대: 한서인재(4.36, 254명) 극동대: 지역인재1(4.38, 30명) 경동대: 지역인재(4.39, 109명)		
4.4	상지대: 강원인재(4.40, 46명) 제주대: 지역인재(4.40, 218명) 극동대: 교과우수자(4.42, 154명) 한라대: 지역인재(4.45, 51명) 제주대: 일반학생(4.46, 308명) 한밭대: 학생부교과(일반)(4.49, 768명)	건국대(글로컬): Cogito자기추천(4.40, 295명) 상지대: 종합일반(4.43, 70명) 한국교통대: 나비인재Ⅱ(4.44, 130명) 순천향대: 일반학생(4.45, 207명) 한국교통대: 나비인재Ⅰ(4.45, 244명) 경상국립대: 나비인재(4.49, 205명)	

계열 평균 등급	학생부교과	학생부종합	논술
4.5	공주대: 교과 I 전형(4.50, 990명) 강원도(도계): 일반전형(4.52, 135명) 경동대: 일반학생(4.54, 853명) 상지대: 교과일반(4.54, 396명) 선문대: 면접(4.55, 61명)		
4.6	우송대: 면접(4.62, 371명)	공주대: 일반전형(4.61, 521명) 상명대(천안): 상명인재(4.61, 85명) 제주대: 일반학생(4.62, 99명) 한림대: 학교생활우수자(4.64, 264명) 경상국립대: 일반전형(4.69, 508명)	
4.7	조선대: 일반전형(4.74, 704명) 호서대: 학생부(4.76, 717명)	제주대: 소프트웨어인재(4.79, 9명)	
4.8	우송대: 우송인재(4.83, 57명) 한라대: 일반학생(교과중심)(4.87, 204명)	원광대: 학생부종합(4.89, 420명)	
4.9	한남대: 지역인재교과우수자(4.93, 200명)	조선대: 면접(4.90, 229명) 한밭대: 학생부종합(일반)(4.96, 181명)/ 지역인재(종합)(4.98, 99명) 울산대: 지역인재(4.98, 257명) 한남대: 한남인재II(서류+면접)(4.98, 105명)	
5.0	극동대: 일반전형(5.02, 181명) 우송대: 지역인재(5.07, 181명) 조선대: 지역인재(5.08, 461명) 공주대: 지역인재(5.09, 185명)	강원대(도계): 미래인재II(5.02, 33명) 선문대: 서류(5.04, 170명) 한라대: 운곡인재(5.09, 74명)	
5.1	한남대: 일반전형(5.16, 455명)		
5.2	호서대: 지역인재(5.21, 215명) 강원대(도계): 지역인재(5.22, 55명)	한밭대: 학생부종합(학·석사)(5.27, 120명) 울산대: 잠재역량(5.29, 344명) 한림대: 한림SW인재(5.29, 25명)	
5.3	호남대: 지역인재(5.30, 50명)	강원대(도계): 미래인재 I (5.37, 70명)	한국기술교대: 논술전형(5.30, 145명)
5.4	전남대(여수): 지역인재(5.48, 74명)	호서대: AI·SW인재(5.46, 10명)	
5.5		우송대: 서류형(5.56, 65명) 순천향대: SW융합(5.57, 12명)/ 조기취업계약학과(5.58, 130명) 호서대: 호서인재(5.58, 461명)	
5.6	전남대(여수): 일반전형(5.69, 280명)	우송대: 면접형(5.62, 48명) 전남대(여수): 고교생활우수자II(5.68, 237명)	
5.7		조선대: 서류(5.73, 475명) 한남대: 한남인재 I (서류)(5.74, 149명)	
5.8	한라대: 일반학생(면접중심)(5.80, 75명)		
5.9			
6.0	호남대: 일반고(6.08, 342명)		
6.1	호남대: 일반학생A(6.10, 351명) 강원대(삼척): 지역인재(6.14, 323명)	우송대: SW잠재능력(6.12, 15명)	
6.2		강원대(삼척): 미래인재 I (6.26, 45명)	
6.3			
6.4		강원대(삼척): 학.석사통합(6.41, 30명)	
6.5			
6.6			
6.7			
6.8			
6.9	강원대(삼척): 지역인재(6.91, 54명)		

10. 한눈에 보는 성적(의학계열)

I. 의학계열

※ 기준: 최종(등록) 합격자 평균 /※ 학생부교과전형은 대학마다 반영교과목 및 반영방법이 다름

등록자 평균	학생부교과	학생부종합	논술
1.0	[의] 가천대: 학생부우수자(1.00) [의] 가톨릭대: 지역균형(1.00) [의] 건양대: 일반학생(면접)(1.00) [약] 덕성여대: 학생부100%(1.00) [한] 동신대: 기초생활및차상위(1.00) [의] 순천향대:교과우수자(1.00) [의] 연세대: 추천형(1.00) [의] 전남대: 농어촌학생(1.00) [의] 경희대: 지역균형(1.01) [한] 경희대: 지역균형(인문)(1.03) [의] 제주대: 일반학생(1.03) [수] 건국대: KU지역균형(1.04) [의] 인제대: 의예.약학(1.04) [의] 충북대: 학생부교과(1.04) [약] 인제대: 농어촌학생(1.05) [치] 전북대: 일반학생(1.05) [의] 경상국립대: 지역인재(1.06) [의] 고려대: 학교추천(1.06) [의] 부산대: 지역인재(1.06) [의] 순천향대: 지역인재(1.06) [약] 연세대: 추천형(1.06) [치] 강릉원주대: 기회균형(1.07) [의] 건양대: 지역인재(면접)(1.07) [의] 인제대: 지역인재 I (1.07) [의] 충남대: 일반전형(1.07) [의] 강원대: 일반전형(1.08) [한] 대전대: 교과중점(1.08) [한] 상지대: 교과강원인재(1.08) [약] 가톨릭대:지역균형(1.09) [의] 경북대: 지역인재(1.09) [의] 인하대: 지역균형(1.09) [치] 연세대: 추천형(1.09) [의] 조선대: 일반전형(1.09) [수] 충북대: 학생부교과(1.09)	[의] 고려대: 고른기회(1.04) [의] 서울대: 지역균형(1.04) [약] 충북대: 학생부종합 I (제약학)(1.04) [약] 충북대: 학생부종합 I (1.05) [수] 서울대: 지역균형(1.06) [약] 서울대: 기회균형(사회통합)(1.07) [의] 순천향대: 지역인재(1.07) [의] 원광대: 지역인재1(호남)(1.08) [의] 충남대: 농어촌학생(1.08) [의] 순천향대: 일반학생(1.09)	
1.1	[약] 숙명여대: 지역균형선발(1.10) [한] 우석대: 일반학생(교과중심)(1.10) [치] 전남대: 일반전형(1.11) [한] 대구한의대: 기회균형(자연)(1.12) [의] 전남대: 지역인재(1.12) [약] 전남대: 일반전형(1.12) [약] 중앙대: 지역균형(1.12) [약] 한양대(에리카): 지역균형선발(1.12) [의] 가톨릭관동대: 교과일반(1.13) [의] 건양대: 일반학생(최저)(1.13) [의] 경상국립대: 일반전형(1.13) [의] 동아대: 지역인재교과(1.13) [수] 충북대: 지역인재(1.13) [약] 인제대: 지역인재II(1.14) [의] 전남대: 지역균형(1.14) [의] 충북대: 지역인재(1.14) [치] 경희대:지 역균형(1.16) [한] 대구한의대: 기회균형(인문)(1.16) [약] 경상국립대: 지역인재(1.17)	[의] 이화여대: 미래인재(자연)(1.10) [의] 연세대: 활동우수형(1.12) [의] 인하대: 인하미래인재(1.12) [의] 충남대: 일반전형(1.12) [수] 충북대: 학생부종합 I (1.12) [약] 서울대: 지역균형(1.13) [약] 울산대: 지역인재(1.13) [의] 울산대: 잠재역량(1.14) [의] 원광대: 학생부종합(1.14) [의] 고려대: 학업우수(1.15) [의] 인하대: 농어촌(1.15) [한] 한림대: 농어촌학생(1.15) [의] 성균관대: 탐구형(1.16) [의] 부산대: 지역인재(1.18) [의] 서울대: 일반전형(1.18) [의] 원광대: 지역인재1(전북)(1.18) [의] 충남대: 저소득층학생(1.18) [의] 가톨릭대: 학교장추천(1.19) [의] 순천향대: 농어촌학생(1.19)	

등록자 평균	학생부교과	학생부종합	논술
	[의] 대구가톨릭대: 교과전형(1.17) [한] 상지대: 교과일반(1.17) [약] 제주대: 일반학생(1.17) [치] 조선대: 일반전형(1.17) [의] 강원대: 지역인재(1.18) [약] 강원대: 일반전형(1.18) [의] 건양대: 지역인재(최저)(1.18) [의] 을지대: 지역균형(1.18) [의] 제주대: 지역인재(1.18) [한] 동의대: 일반고교과(1.19)/ 　　　　지역인재교과(1.19) [의] 영남대: 기회균형II(의약)(1.19)		
1.2	[약] 가천대: 학생부우수자(1.20) [의] 건국대(글로컬): 농어촌학생(1.20) [의] 동국대(WISE): 교과전형(1.20)/ 　　　　기회균형I(지역인재)(1.20)/ 　　　　지역인재(교과)(1.20)/ 　　　　불교추천인재(1.20) [약] 동덕여대: 학생부교과우수자(1.20) [약] 인제대: 의예.약학(1.20) [약] 동국대: 학교장추천인재(1.22) [의] 영남대: 농어촌학생(1.22) [약] 영남대: 농어촌학생(1.22) [한] 우석대: 농어촌학생(1.22) [약] 충북대: 지역인재(약학)(1.22) [수] 강원대: 일반전형(1.23) [의] 계명대: 일반전형(1.23) [한] 동신대: 일반전형(1.23) [한] 대구한의대: 지역인재(인문)(1.24) [약] 삼육대: 학교장추천(1.24) [치] 전남대: 지역인재(1.24) [약] 전남대: 지역인재(1.24) [의] 전북대: 일반학생(1.24) [약] 전북대: 일반학생(1.24) [의] 제주대: 고른기회(1.24) [의] 고신대: 지역인재(1.25) [한] 대전대: 지역인재I(1.25) [의] 영남대: 일반학생(1.25) [수] 전북대: 일반학생(1.25) [의] 조선대: 지역인재(1.25) [한] 대전대: 교과면접(1.26) [약] 목포대: 교과일반(1.26) [의] 전북대: 지역인재1(호남)(1.26) [치] 조선대: 지역인재(1.26) [의] 고신대: 일반고(1.27)/농어촌(1.27) [의] 연세대(미래): 교과우수자(1.27) [약] 경북대: 교과우수자(1.28) [약] 경성대: 일반계고교과(1.28) [의] 대구가톨릭대: 지역교과(1.28) [약] 차의과학대: 지역균형선발(1.28) [약] 충북대: 지역인재(제약학)(1.28) [치] 전북대: 지역인재1(호남)(1.29) [약] 조선대: 일반전형(1.29)	[의] 순천향대: 기초차상위(1.20) [한] 경희대: 네오르네상스(인문)(1.22) [의] 중앙대: CAU융합형인재(1.22) [의] 경상국립대: 지역인재(1.24) [의] 단국대(천안): DKU인재(면접형)(1.25) [약] 이화여대: 미래인재(인문)(1.26) [의] 조선대: 면접전형(1.26) [의] 연세대(미래): 사회통합(1.27) [치] 전남대: 고교생활우수자I(1.28)	
1.3	[약] 계명대: 일반전형(약학)(1.30) [약] 경성대: 지역인재(1.30) [한] 동국대(WISE): 교과전형(1.30) [약] 인제대: 지역인재1(1.30) [약] 경성대: 농어촌학생(1.31) [수] 전남대: 일반전형(1.31)/ 　　　　지역인재(1.31)	[약] 강원대: 미래인재II(1.30) [의] 건국대(글로컬): Cogito자기추천(1.30) [치] 원광대: 학생부종합(자연)(1.30) [치] 조선대: 면접전형(1.30) [치] 강릉원주대: 해람인재(1.31) [의] 경희대: 네오르네상스(1.31) [치] 연세대: 활동우수형(1.31)	

등록자 평균	학생부교과	학생부종합	논술
	[약] 충남대: 일반전형(1.31) [한] 세명대: 지역인재(일반)(1.35) [한] 동신대: 지역학생(1.38) [수] 경상국립대: 일반전형(1.32) [의] 인제대: 기초생활수급자(1.32) [약] 전북대: 지역인재1(호남)(1.32) [수] 경상국립대: 지역인재(1.33) [약] 목포대: 지역인재일반(1.33) [수] 제주대: 일반학생(1.33) [수] 충남대: 일반전형(1.33)/ 지역인재(1.33) [의] 건양대: 농어촌학생(1.34) [의] 영남대: 의학창의인재(1.34) [한] 대구한의대: 일반전형(자연)(1.35) [수] 강원대: 미래인재Ⅰ(1.36) [약] 영남대: 일반학생(1.36) [약] 우석대: 특수교육대상자(1.36) [치] 전북대: 지역인재2(전북)(1.36) [약] 차의과학대: CHA학생부교과(1.36) [약] 충남대: 지역인재(1.36) [약] 강원대: 지역인재(1.37)/ 저소득-지역인재(1.37) [의] 을지대: 지역의료인재(1.37) [치] 강릉원주대: 지역교과(1.39) [약] 경상국립대: 일반전형(1.39) [약] 대구가톨릭대: 농어촌학생(1.39) [약] 조선대: 지역인재(1.39)	[의] 전남대: 고교생활우수자Ⅰ(1.32) [의] 전북대: 큰사람(1.32) [한] 대구한의대: 지역인재(자연)(1.33) [의] 연세대(미래): 농어촌학생(1.33) [치] 원광대: 지역인재Ⅰ(호남)(자연)(1.33) [치] 서울대: 일반전형(1.35) [한] 원광대: 지역인재(호남)(인문)(1.35)/ 학생부종합(인문)(1.35) [수] 충북대: 학생부종합Ⅱ(1.35) [의] 충남대: 서류전형(1.36) [한] 원광대: 지역인재(전북)(인문)(1.37) [치] 전북대: 큰사람(1.37) [약] 동국대: Do Dream(1.38) [약] 원광대: 학생부종합(1.38) [의] 가톨릭관동대: 가톨릭지도자추천(1.39) [치] 강릉원주대: 지역인재(1.39) [한] 경희대: 네오르네상스(자연)(1.39) [의] 계명대: 지역전형(1.39)	
1.4	[의] 건국대(글로컬): 지역인재(1.40) [한] 동국대(WISE): 지역인재(교과)(1.40) [한] 세명대: 농어촌학생(1.40) [약] 우석대: 농어촌학생(1.40) [치] 경북대: 교과우수자(1.42) [수] 경북대: 교과우수자(1.42) [약] 대구가톨릭대: 교과전형(1.42) [약] 부산대: 지역인재(1.42) [한] 상지대: 농어촌학생(1.42) [약] 영남대: 지역인재(1.43) [의] 충남대: 지역인재(1.43) [치] 경북대: 지역인재(1.44) [의] 전북대: 지역인재2(전북)(1.44) [의] 가톨릭관동대: 기회균형(1.45) [수] 강원대: 지역인재(1.45) [한] 경희대: 지역균형(자연)(1.45) [약] 계명대: 지역전형(약학)(1.46) [의] 영남대: 지역인재(1.46) [약] 우석대: 기회균형(1.48) [약] 전남대: 기초생활/차상위/한부모(1.48) [약] 충북대: 학생부교과(제약학)(1.48) [약] 영남대: 기회균형Ⅱ(의약)(1.49)	[약] 덕성여대: 덕성인재Ⅱ(1.40) [의] 동국대(WISE): 참사랑(1.40) [한] 세명대: SMU의료인재(1.40) [약] 전남대: 고교생활우수자Ⅰ(1.40) [치] 단국대(천안): DKU인재(면접형)(1.41) [의] 연세대(미래): 학교생활우수자(1.41) [의] 한림대: 학교생활우수자(1.41) [약] 이화여대: 미래인재(자연)(약학)(1.42) [한] 원광대: 지역인재(호남)(자연)(1.42) [약] 충남대: 농어촌학생(1.42) [의] 한양대: 서류형(1.42) [약] 경상국립대: 지역인재(1.44) [약] 부산대: 지역인재(1.44) [한] 동의대: 학교생활우수자(1.45) [한] 상지대: 종합강원인재(1.45) [약] 원광대: 지역인재Ⅱ(1.47) [의] 대구가톨릭대: 지역종합(1.48) [치] 원광대: 지역인재Ⅰ(전북)(자연)(1.48) [약] 경상국립대: 일반전형(1.49) [의] 계명대: 일반전형(1.49)	[약] 동국대: 논술우수자(1.43)
1.5	[수] 경북대: 지역인재(1.50) [의] 대구가톨릭대: 농어촌학생(1.50) [약] 우석대: 지역인재(1.50) [한] 부산대: 지역인재(1.50) [약] 충북대: 학생부교과(약학)(1.50) [의] 가톨릭관동대: 기초생활및차상위(1.51) [약] 경희대: 지역균형(1.52) [수] 전북대: 지역인재1(호남)(1.52) [약] 인제대: 기초생활수급자(1.53) [약] 순천대: 지역인재(1.54) [의] 가톨릭관동대: 농어촌학생(1.55)	[의] 동국대(WISE): 지역인재(종합)(1.50) [수] 서울대: 일반전형(1.50) [약] 중앙대: CAU탐구형인재(1.50) [약] 충남대: 일반전형(1.50) [약] 서울대: 일반전형(1.52) [약] 원광대: 학생부종합(자연)(1.52) [수] 전남대: 고교생활우수자Ⅰ(1.52) [수] 경상국립대: 지역인재(1.53) [수] 충남대: 농어촌학생(1.53) [약] 충북대: 학생부종합Ⅱ(제약학)(1.53) [약] 목포대: 지역인재(1.54)	

등록자 평균	학생부교과	학생부종합	논술
	[수] 전북대: 지역인재2(전북)(1.55) [약] 제주대: 지역인재(1.55)	[약] 충남대: 서류전형(1.54) [수] 충남대: 서류전형(1.55) [약] 조선대: 면접전형(1.56) [약] 충북대: 학생부종합Ⅱ(약학)(1.56) [의] 경북대: 지역인재(1.57) [약] 삼육대: 세움인재(1.57) [수] 경상국립대: 일반전형(1.58) [한] 대구한의대: 일반전형(자연)(1.58)	
1.6	[의] 계명대: 지역전형(1.60) [수] 제주대: 지역인재(1.64) [약] 대구가톨릭대: 지역교과(1.66) [한] 대구한의대: 지역인재(자연)(1.66) [한] 우석대: 기회균형(1.67) [한] 대전대: 지역인재Ⅱ(1.69)	[약] 순천대: 농어촌학생(1.60) [약] 원광대: 지역인재Ⅰ(전북)(1.60) [약] 대구가톨릭대: 지역종합(1.62) [수] 충남대: 일반전형(1.62) [한] 대구한의대: 지역인재(인문)(1.66) [약] 아주대: ACE(1.66) [의] 아주대: ACE(1.68) [약] 가톨릭대: 기회균형Ⅱ(1.69) [수] 전북대: 큰사람(1.69)	
1.7	[약] 영남대: 약학고른기회(1.72) [약] 강원대: 저소득층(1.79)	[한] 동국대(WISE): 참사랑(1.70) [의] 연세대(미래): 기초생활(연세한마음) 　　　(1.70) [한] 대구한의대: 농어촌학생(자연)(1.72) [수] 제주대: 일반학생(1.72) [의] 중앙대: CAU탐구형인재(1.74) [약] 덕성여대: 기초생활수급자(1.75) [의] 강원대: 미래인재Ⅱ(1.76) [한] 대전대: 혜화인재(1.77) [의] 고려대: 계열적합(1.78) [약] 단국대(천안): DKU인재(면접형) 　　　(1.78) [약] 중앙대: CAU융합형인재(1.78)	
1.8	[약] 전남대: 지역균형(1.85) [약] 대구가톨릭대: 지역기회균형(1.88)	[한] 동국대(WISE): 지역인재(종합)(1.80) [의] 충북대: 학생부종합Ⅱ(1.82) [치] 경북대: 지역인재-학교장추천(1.83) [약] 숙명여대: 숙명인재(면접형)(1.85) [치] 경북대: 지역인재(1.86) [한] 대구한의대: 일반전형(인문)(1.87) [의] 단국대(천안): 농어촌학생(1.88) [치] 경북대: 일반학생(1.89)	
1.9	[한] 대구한의대: 일반전형(인문)(1.94) [한] 우석대: 지역인재(기회균형)(1.96)	[의] 가천대: 가천의약학(1.90) [약] 성균관대: 탐구형(1.90) [치] 단국대(천안): 농어촌학생(1.93) [의] 경북대: 일반학생(1.96) [수] 충남대: 저소득층학생(1.96) [한] 대구한의대: 기초수급및차상위(자연) 　　　(1.97)	
2.0	[한] 동국대(WISE): 　　기회균형(지역인재)(2.00)	[약] 가톨릭대: 학교장추천(2.00) [의] 동아대: 지역인재종합(2.00) [약] 전북대: 기회균형선발(2.00) [약] 충남대: 저소득층학생(2.09)	
2.1		[수] 건국대: KU자기추천(2.13) [약] 경북대: 농어촌학생(2.13) [치] 경희대: 네오르네상스(2.14) [의] 울산대: 지역인재(기초차상위)(2.15) [약] 경희대: 네오르네상스(2.16)	
2.2		[수] 경북대: 일반학생(2.22) [약] 순천대: 기초생활등(2.29)	
2.3			
2.4		[약] 경북대: 지역인재(2.43) [의] 한림대: 지역인재(2.48)	

10. 한눈에 보는 성적(의학계열)

등록자 평균	학생부교과	학생부종합	논술
2.5			[의] 아주대: 논술(2.55)
2.6		[의] 연세대(미래): 강원인재(한마음)(2.62) [약] 가천대: 가천의약학(2.65)	
2.7			[의] 인하대: 논술우수자(2.79)
2.8	[의] 대구가톨릭대: 지역기회균형(2.84)		
2.9			
3.0			[약] 가톨릭대: 논술전형(3.08)
3.1		[한] 상지대: 종합강원인재균형(3.17)	[약] 부산대: 지역인재(3.11)
3.2			[의] 부산대: 지역인재(3.21) [의] 가톨릭대: 논술전형(3.27)
3.3		[약] 경북대: 일반학생(3.36)	
3.4		[한] 가천대: 가천의약학(3.47)	
3.5	[수] 전남대: 사회배려대상자(3.51)		

Ⅰ. 초등교육과

등록자 평균 등급	학생부교과	학생부종합	논술
1.0			
1.1			
1.2	**이화여대**: 고교추천(1.24)		
1.3			
1.4	**경인교대**: 학교장추천(1.46)	**이화여대**: 미래인재(1.40) **한국교원대**: 학생부종합우수자(1.40)	
1.5	**서울교대**: 학교장추천(1.59)	**서울교대**: 교직인성우수자(1.56)	
1.6			
1.7			
1.8		**경인교대**: 교직적성(1.80) **공주교대**: 교직적성인재(1.83) **부산교대**: 지역인재(1.88) **대구교대**: 지역인재(1.89) **청주교대**: 배움나눔인재(1.89)	
1.9		**전주교대**: 지역인재선발(1.94) **부산교대**: 초등교직적성성자(1.96)	
2.0	**제주대**: 일반학생(초등)(2.07)	**대구교대**: 참스승(2.03) **광주교대**: 교직적성우수자(2.05) **전주교대**: 교직적성우수자(2.09)	
2.1		**공주교대**: 지역인재선발(2.10) **청주교대**: 지역인재(2.15)	
2.2		**광주교대**: 전남인재(2.20) **춘천교대**: 교직적·인성인재(2.23) **춘천교대**: 강원교육인재(2.27) **진주교대**: 지역인재(2.29)	
2.3		**진주교대**: 21세기형교직적성자(2.30) **광주교대**: 전라남도학교장추천(2.33)	
2.4		**광주교대**: 광주인재(2.40) **제주대**: 일반학생(초등)(2.43)	
2.5			
2.6	**제주대**: 지역인재(초등)(2.60)		

12. 입학생 고교유형

※ 대학 알리미(2024.06.30.)

Ⅰ. 대학

1. 일반고

일반고 입학비율이 낮은 순 : 서울대(51.7%) > 연세대(53.5%) > 성균관대(54.2%) > 한양대(54.3%) > 고려대(59.7%)

■ (대학) 입학생 중 일반고 비율

※ 순위: 입학생 대비 선발 비율이 낮은 순

순위	2024			2023			2022		
	비율	대학교	인원	비율	대학교	인원	비율	대학교	인원
1	51.7%	서울대	1,936	49.1%	서울대	1,724명	47.3%	서울대	1,666명
2	53.5%	연세대	2,333	53.3%	연세대	2,247명	52.1%	한양대	1,919명
3	54.2%	성균관대	2,369	53.9%	성균관대	2,247명	52.7%	연세대	2,157명
4	54.3%	한양대	2,027	54.8%	한양대	2,054명	57.3%	성균관대	2,376명
5	59.7%	고려대	3,006	61.6%	고려대	2,812명	58.7%	고려대	2,671명
6	60.5%	서강대	1,165	62.0%	서강대	1,167명	59.9%	중앙대	2,434명
7	61.9%	중앙대	2,536	62.6%	중앙대	2,596명	60.2%	서강대	1,099명
8	65.1%	이화여대	2,361	63.7%	경희대	3,665명	61.6%	경희대	3,564명
9	65.1%	경희대	3,766	64.8%	이화여대	2,299명	62.4%	이화여대	2,177명
10	68.1%	한국외대	2,675	65.9%	한국외대	2,554명	66.0%	한국외대	2,521명
11	73.1%	서울시립대	1,387	70.4%	서울시립대	1,312명	69.9%	건국대	2,430명
12	73.5%	건국대	2,623	70.6%	건국대	2,455명	70.2%	서울시립대	1,306명

2. 고교유형

■ 대학

※ 고교유형에서 '외국고'를 제외하였기 때문에 총 입학생 수와 고교유형의 합이 차이가 날 수 있음

대학	입학년도	총 입학생	일반고		특목고				자율고				영재학교		검정고시	
					과학고		외고/국제고		사립		공립					
			인원	비율	인원	비율	인원	비율	인원	비율	인원	비율	인원	비율	인원	비율
건국대	2022	3,477	2,430	69.9%	22	0.6%	97	2.8%	355	10.2%	180	5.2%	7	0.2%	33	0.9%
	2023	3,476	2,455	70.6%	38	1.1%	111	3.2%	311	9.0%	162	4.7%	9	0.3%	31	0.9%
	2024	3,571	2,623	73.5%	25	0.7%	106	3.0%	247	6.9%	86	2.4%	8	0.2%	51	1.4%
경희대	2022	5,789	3,564	61.6%	33	0.6%	298	5.1%	485	8.4%	288	5.0%	25	0.4%	79	1.4%
	2023	5,752	3,665	63.7%	49	0.9%	323	5.6%	395	6.9%	234	4.1%	12	0.2%	93	1.6%
	2024	5,787	3,766	65.1%	42	0.7%	311	5.4%	408	7.1%	132	2.3%	25	0.4%	97	1.7%
고려대	2022	4,547	2,671	58.7%	86	1.9%	363	8.0%	720	15.8%	255	5.6%	45	1.0%	41	0.9%
	2023	4,569	2,812	61.6%	89	2.0%	408	8.9%	633	13.9%	197	4.3%	50	1.1%	61	1.3%
	2024	5,037	3,006	59.7%	96	1.9%	412	8.2%	685	13.6%	130	2.6%	39	0.8%	69	1.4%
서강대	2022	1,826	1,099	60.2%	24	1.3%	161	8.8%	245	13.4%	94	5.1%	7	0.4%	26	1.4%
	2023	1,882	1,167	62.0%	28	1.5%	175	9.3%	216	11.5%	77	4.1%	13	0.7%	28	1.5%
	2024	1,925	1,165	60.5%	22	1.1%	217	11.3%	214	11.2%	51	2.7%	10	0.5%	32	2.2%
서울대	2022	3,519	1,666	47.3%	145	4.1%	325	9.2%	572	16.3%	144	4.1%	333	9.5%	40	1.1%
	2023	3,511	1,724	49.1%	113	3.2%	316	9.0%	604	17.2%	105	3.0%	335	9.5%	28	0.8%
	2024	3,746	1,936	51.7%	140	3.7%	328	8.8%	559	14.9%	103	2.8%	363	9.7%	37	1.0%
서울시립대	2022	1,861	1,306	70.2%	29	1.6%	119	6.4%	166	8.9%	116	6.2%	0	0.0%	34	1.8%
	2023	1,863	1,312	70.4%	33	1.8%	140	7.5%	126	6.8%	101	5.4%	2	0.1%	50	2.7%
	2024	1,898	1,387	73.1%	30	1.6%	147	7.7%	125	6.6%	67	3.5%	0	0.0%	41	2.2%
성균관대	2022	4,150	2,376	57.3%	42	1.0%	372	9.0%	479	11.5%	192	4.6%	17	0.4%	41	1.0%
	2023	4,169	2,247	53.9%	69	1.7%	422	10.1%	588	14.1%	191	4.6%	18	0.4%	34	0.8%
	2024	4,373	2,369	54.2%	175	4.0%	330	7.6%	537	12.3%	199	4.6%	21	0.5%	74	1.7%
연세대	2022	4,094	2,157	52.7%	81	2.0%	307	7.5%	591	14.4%	171	4.2%	134	3.3%	61	1.5%
	2023	4,214	2,247	53.3%	86	2.0%	302	7.2%	586	13.1%	143	3.4%	113	2.7%	66	1.6%
	2024	4,358	2,333	53.5%	76	1.7%	343	7.9%	596	13.7%	80	1.8%	111	2.6%	73	1.9%

대학	입학년도	총입학생	일반고		특목고				자율고				영재학교		검정고시	
					과학고		외고/국제고		사립		공립					
			인원	비율	인원	비율	인원	비율	인원	비율	인원	비율	인원	비율	인원	비율
이화여대	2022	3,488	2,177	62.4%	31	0.9%	345	9.9%	222	6.4%	148	4.2%	8	0.2%	59	1.7%
	2023	3,546	2,299	64.8%	24	0.7%	329	9.3%	169	4.8%	137	3.9%	4	0.1%	49	1.4%
	2024	3,629	2,361	65.1%	18	0.5%	334	9.2%	171	4.7%	82	2.3%	4	0.1%	80	2.2%
중앙대	2022	4,066	2,434	59.9%	67	1.6%	277	6.8%	415	10.2%	189	4.6%	16	0.4%	46	1.1%
	2023	4,146	2,596	62.6%	26	0.6%	243	5.9%	411	9.9%	162	3.9%	22	0.5%	44	1.1%
	2024	4,098	2,536	61.9%	32	0.8%	252	6.4%	398	9.7%	155	3.8%	23	0.6%	61	1.5%
한국외대	2022	3,821	2,521	66.0%	2	0.1%	509	13.3%	289	7.6%	181	4.7%	0	0.0%	64	1.7%
	2023	3,875	2,554	65.9%	6	0.2%	562	14.5%	247	6.4%	131	3.4%	0	0.0%	67	1.7%
	2024	3,931	2,675	68.1%	5	0.1%	508	12.9%	246	6.3%	152	3.9%	0	0.0%	85	2.2%
한양대	2022	3,680	1,919	52.1%	78	2.1%	175	4.8%	511	13.9%	147	4.0%	55	1.5%	37	1.0%
	2023	3,749	2,054	54.8%	44	1.2%	153	4.1%	508	13.6%	113	3.0%	44	1.2%	54	1.4%
	2024	3,733	2,027	54.3%	55	1.5%	234	6.3%	485	13.0%	84	2.3%	45	1.2%	55	1.5%

II. 이공계특성화대학

1. 일반고

: 일반고 입학비율이 낮은 순 : KAIST(20.2%) > GIST(29.2%) > KENTECH(44.8%) > UNIST(58.3%) > DGIST(64.9%)

■ (이공계특성화대학) 입학생 중 일반고 비율

※ 순위: 입학생 대비 선발 비율이 낮은 순

순위	2024			2023			2022		
	비율	과기원	인원	비율	과기원	인원	비율	과기원	인원
1	20.2%	KAIST	159	19.4%	KAIST	163명	20.1%	KAIST	157명
2	29.2%	GIST	68	38.8%	GIST	83명	36.7%	GIST	80명
3	44.8%	KENTECH	47	41.3%	KENTECH	45명	43.0%	KENTECH	46명
4	58.3%	UNIST	281	46.4%	UNIST	206명	57.2%	DGIST	127명
5	64.9%	DGIST	133	71.4%	DGIST	152명	62.9%	UNIST	281명

2. 고교유형

■ 이공계특성화대학

※ 고교유형에서 '외국고'를 제외하였기 때문에 총 입학생 수와 고교유형의 합이 차이가 날 수 있음

대학	입학년도	총입학생	일반고		특목고				자율고				영재학교		검정고시	
					과학고		외고/국제고		사립		공립					
			인원	비율	인원	비율	인원	비율	인원	비율	인원	비율	인원	비율	인원	비율
DGIST	2022	222	127	57.2%	45	20.3%	0	0.0%	25	11.3%	20	9.0%	4	1.8%	1	1.5%
	2023	213	152	71.4%	33	15.5%	0	0.0%	14	6.6%	5	2.4%	8	3.8%	0	0.0%
	2024	205	133	64.9%	19	9.3%	-	-	28	13.7%	14	6.8%	4	2.0%	3	1.5%
GIST	2022	218	80	36.7%	89	40.8%	1	0.5%	20	9.2%	9	4.1%	16	7.3%	2	0.9%
	2023	214	83	38.8%	78	36.5%	1	0.5%	31	14.5%	4	1.9%	15	7.0%	0	0.0%
	2024	233	68	29.2%	98	42.1%	1	0.4%	42	18.0%	8	3.4%	10	4.3%	1	0.4%
KAIST	2022	782	157	20.1%	397	50.8%	0	0.0%	44	5.6%	12	1.5%	149	19.1%	1	0.1%
	2023	840	163	19.4%	406	48.3%	1	0.1%	59	7.0%	13	1.6%	177	21.1%	2	0.2%
	2024	786	159	20.2%	412	52.4%	-	-	47	6.0%	6	0.8%	152	19.3%	1	0.1%
KENTECH	2022	107	46	43.0%	40	37.4%	0	0.0%	9	8.4%	6	5.6%	5	4.7%	0	0.0%
	2023	109	45	41.3%	16	14.7%	0	0.0%	28	25.7%	4	3.7%	13	11.9%	0	0.0%
	2024	105	47	44.8%	23	21.9%	-	-	21	20.0%	2	1.9%	10	9.5%	1	1.0%
UNIST	2022	447	281	62.9%	78	17.4%	17	3.8%	35	7.8%	25	5.6%	8	1.8%	0	0.0%
	2023	444	206	46.4%	140	31.5%	24	5.4%	33	7.4%	12	2.7%	19	4.3%	0	0.0%
	2024	482	281	58.3%	105	21.8%	12	2.5%	39	8.1%	18	3.7%	13	2.7%	4	0.8%

02 전형유형 분석

전형유형별 특징 및 합격자 성적

1. 학생부교과전형

학생부교과전형은 학교생활기록부의 교과성적을 중심으로 정량평가 하는 전형입니다.

- 2025학년도 대입 모집인원(340,934명) 중에서 **가장 많은 45.3%(154,475명)를** 학생부교과전형으로 선발합니다.
- 지역적으로 수도권 대학은 20%, 비수도권 대학은 60% 정도를 선발하므로, **비수도권 대학에서 선호하는 전형입니다.**
- 교과성적을 점수화하여 선발하므로 고교유형으로는 **일반고** 학생들에게 적합합니다.
- 교과성적 중 석차등급이 제공되지 않는 **진로선택과목도** 성취도를 점수화하여 반영하는 대학이 점차 늘고 있습니다.
- 비교과영역은 출결상황, 봉사활동 시간이 반영되지만 영향력이 매우 작습니다.
- 최근 지원 모집단위 관련 교과목 이수 여부와 상관 없이 교과성적으로만 선발하는 단점을 보완하고자 모집단위와 관련 선택과목 이수 여부 및 이수단위 등을 평가하는 **교과종합평가(교과정성평가 등)를** 도입하는 대학들이 늘고 있습니다.
- 전년도 대입에서 수능저저가 없는 학생부종합전형으로 몰린 결과, 상대적으로 **수능최저가 있는** 학생부교과전형은 경쟁률이 7.72 대 1 -> 6.55 대 1로 15.2%나 하락하였습니다. 올 해도 이러한 현상이 지속될 지가 관건입니다.
- 학생부교과전형에서 수능최저학력기준을 적용하는 대학들의 경우, 의대 정원 확대 영향으로 최상위권 졸업생들의 유입으로 **수능최저학력기준 통과 여부가 중요한 변수가 될 것으로 예상**됩니다.

1. 전년도 전형결과 : 모집인원은 증가. 그러나 경쟁률과 합격자 성적은 하락(특히 인문계열)
1) 모집인원 : 60,752명 -> 64,093명으로 5.5%(3,341명) 증가하였음
2) 경쟁률 : 7.72 대 1 -> 6.55 대 1로 15.2% 하락함. 특히, 인문계열은 7.99 대 1 -> 6.38 대 1로 20.2%나 하락
   - 인문계열에서 특히 주요 15개 대학과 서울소재 대학의 경쟁률 하락 현상이 두드러짐
   . 15개 대학은 10.14 대 1 -> 7.04 대 1로 30.6% 하락, 서울소재 대학도 10.14 대 1 -> 7.04 대 1로 28.0% 하락
3) 합격자 성적 : 경쟁률은 하락하였지만, 합격자 성적은 3.86 -> 3.91로 약간 하락함
   - 경쟁률은 수능최저가 있는 전형들의 하락 폭이 상대적으로 더 큼. 이는 수능 난이도와 관련됨
   => 전년도에 경쟁률이 학생부교과전형은 7.72 대 1 -> 6.55 대 1로 15.2% 하락한 반면, 학생부종합전형은 9.83 대 1 -> 11.49 대 1로 16.9% 상승한 것은 수능최저가 없는 학생부종합전형에 대한 선호도가 높아지고 있음.

2. 무전공 유형1 : 가장 많은 5,124명(32.3%) 선발
- 올 해 도입된 무전공 유형1의 전체 모집인원(14,951명) 중 학생부교과전형으로 가장 많은 32.3%(5,124명) 선발.
- 무전공 유형1은 2학년 진급 시 일부 학과를 제외하고 대학 내 모든 전공을 자유롭게 선택할 수 있기 때문에 진로를 결정하지 못 한 학생들에게 적합하며, 합격자 성적은 중상위권 모집단위 수준으로 형성될 가능성이 있음.

3. 전형방법 : 학생부100%(63%) > 학생부+ 면접(30%) > 학생부+ 정성평가(7%)
- 면접을 실시하지 않는 '학생부100%'가 63%로 가장 많은 비율을 차지함. 이는 충원율이 높은 학생부교과전형의 특징상 면접을 응시한 학생들이 충격합격을 많이 하기 때문에 면접에 대한 실익이 줄어들고 있기 때문.
- 면접을 실시하는 '학생부+ 면접'으로 선발하는 대학은 30% 정도 차지함.
- 최근 학생부+ 정성평가로 선발하는 대학들이 증가하고 있음. 이는 학생부교과전형에서도 지원 모집단위와 관련된 선택과목의 이수 여부 및 이수단위를 평가에 반영하여 대학 입학 후 학업 능력을 담보하기 위함.

4. (전형요소) ① 학생부 : 교과100%(75%) > 교과+ 비교과(25%)
- 학생부를 교과만 반영하는 대학이 75%로 가장 많으며, 교과 외에 비교과도 반영하는 대학은 25% 정도.
- 교과의 경우 석차등급이 제공되는 공통 및 일반선택과목이 중심을 이루며, 석차등급이 제공되지 않는 진로선택과목도 성취도를 통해 점수화하여 반영하는 대학들이 늘어나고 있음.
   1) 교과: ⓐ 공통 및 일반선택과목(석차등급 제공)
      : 6개 교과(국어, 영어, 수학, 사회, 과학, 한국사)를 중심으로 반영
      ⓑ 진로선택과목(석차등급 미제공) : 약 69%가 반영.
      : 반영방법은 성취도(91%) > 성취비율(9%) 순
      : 반영교과목은 전과목(46%) > 3과목(41%) > 2과목(11%) 순. 전과목을 반영하는 경우 변별력 생김
   2) 비교과: 25%만 반영.
      : 반영하는 경우에도 출결 상황, 봉사활동 시간만 반영하며 지원자 대부분 만점

5. (전형요소) ② 면접 : 지원 동기와 전공에 대한 관심 등. 수능 이전 실시(74%)
  – 면접 질문은 지원 동기, 전공에 대한 관심, 장래 희망 등. 제출서류 기반 면접인 학생부종합전형과는 다름
  – 실시시기: 수능 이전은 약 74%, 수능 이후는 약 26%로 수능 이전이 압도적임
  – 결시율: 수능 이전은 거의 없는 반면, 수능 이후는 결시율이 20%~30% 정도 생김

6. (전형요소) ③ 교과종합평가(교과정성평가) : 지원 모집단위 관련 선택과목 이수 단위 및 이수 노력 확인
  – 반영대학(9): 건국대, 경북대, 경희대, 고려대, 공주대(신설), 동국대, 부산대, 성균관대, 한양대(신설)
  – 명칭: 서류평가(경북대, 고려대, 동국대), 교과정성평가(건국대, 공주대, 한양대), 교과종합평가(경희대),
    정성평가(성균관대), 학업역량평가(부산대) 등 대학마다 다양함
  – 일반선택 및 진로선택과목의 이수 여부 및 이수 단위, 세부능력 및 특기사항 등 주로 교과학습발달상황을 중심으로 평
    가하지만 대학마다 범위가 다름.
  – 지원 모집단위와 관련된 교과목을 충실히 이수하였는 지를 살피고자 함
  – 영향력은 10% ~ 20% 정도. 지원 모집단위와 관련된 일반선택 및 진로선택을 충실히 이수하였으면 부담 적음

7. 수능최저학력기준: 적용(51%) > 미적용(49%)
  – 수능최저학력기준을 적용하는 대학은 51%, 미적용하는 대학은 49%로 거의 비슷함.
  – 지역별 수능최저학력기준 적용 현황 : 서울(58%) > 비수도권(55%) > 경인(39%) 순.
  – 서울 소재 대학의 경우 학생부교과전형 지원시 수능최저학력기준 통과 여부가 가장 중요함.

■ 학생부교과

※ 음영: 신설 전형

지역	대학 수	대학(108)
서울	39	감신대: 일반전형, 추천자, 강서대: 일반학생, 교과우수자, 건국대: KU지역균형, 경희대: 지역균형, 고려대: 학교추천, 광운대: 지역균형, 국민대: 교과성적우수자, 덕성여대: 학생부100%, 고교추천, 동국대: 학교장추천인재, 동덕여대: 학생부교과우수자, 명지대: 학교장추천, 교과면접, 삼육대: 학교장추천, 상명대: 고교추천, 서강대: 지역균형, 서경대: 교과우수자①, 교과우수자②, 서울과기대: 고교추천, 서울기독대: 일반전형, 학교장추천자, 서울시립대: 지역균형선발, 서울여대: 교과우수자, 서울한영대: 일반전형, 성공회대: 교과성적, 성균관대: 학교장추천, 성신여대: 지역균형, 세종대: 지역균형, 숙명여대: 지역균형선발, 숭실대: 학생부우수자, 연세대: 추천형, 이화여대: 고교추천, 장신대: 학생부우수자, 중앙대: 지역균형, 총신대: 교과우수자, 추계예술대: 미래인재, 한국성서대: 일반학생, 교과성적우수자, 목회자추천, 한국외대: 학교장추천, 한국체대: 교과성적우수자, 한성대: 교과우수, 지역균형, 한양대: 추천형, 홍익대: 학교장추천자 / 서울교대: 학교장추천
경인	33	가천대: 학생부우수자, 지역균형, 가톨릭대: 지역균형, 강남대: 지역균형, 경기대: 교과성적우수자, 학교장추천, 단국대: 지역균형선발, 대진대: 학생부우수자, 학교장추천, 루터대: 일반전형, 서울신학대: 일반전형, 기독교, 교과성적, 서울장신대: 일반전형, 담임목사추천자, 성결대: 교과성적우수자 SKU창의적인재, 수원가톨릭대: 일반학생, 수원대: 면접위주교과, 고교추천, 교과우수, 신한대: 일반전형, 학생부우수자, 아신대: 일반학생, 기독학생, 아주대: 고교추천, 안양대: 아리학생부교과, 학교장추천, 아리학생부면접, 용인대: 자율전공, 일반학생, 교과성적우수자, 을지대: 지역균형, 지역의료인재, 인천가톨릭대: 학교생활우수자, ICCU미래인재, 가톨릭지도자추천, 인천대: 교과성적우수자, 지역균형, 인하대: 지역균형, 차의과학대: CHA학생부교과, 지역균형선발, 칼빈대: 일반학생, 평택대: PTU추천, PTU교과, 한경국립대: 일반전형, 일반전형P, 지역균형선발, 한국공학대: 교과우수자, 지역균형, 한국항공대: 교과성적우수자, 학교장추천, 한세대: 학생부면접우수자, 학생부교과우수자, 한신대: 학교장추천, 학생부우수자, 한양대(에리카): 지역균형선발, 협성대: 학생부교과우수자, 미래역량우수자, 담임목회자추천, 화성의과학대: 일반전형 / 경인교대: 학교장추천
충청	19	건국대(글로컬): 교과우수, 지역인재, 고려대(세종): 일반전형, 공주대: 교과Ⅱ, 자율전공, 교과Ⅰ, 지역인재, 극동대: 일반전형, 교과우수자, 지역인재1, 단국대(천안): 학생부교과우수자, 상명대(천안): 학생부교과, 선문대: 일반학생, 지역학생, 면접전형, 순천향대: 교과우수자, 교과면접, 메타버스, 우송대: 교과중심, 지역인재, 우송인재, 교과면접, 충남대: 일반전형, 지역인재, 충북대: 학생부교과, 지역인재, 한국교원대: 지역인재, 한국교통대: 일반전형, 지역인재, 한국기술교대: 지역인재, 일반전형, 한남대: 일반전형, 지역인재교과우수자, 한밭대: 학생부교과(일반), 지역인재(일반), 한서대: 학생부교과1, 학생부교과2, 한서인재, 지역인재, 호서대: 면접, 학생부, 지역인재, 홍익대(세종): 교과우수자
강원	5	강원대: 일반전형, 지역인재, 경동대: 일반학생, 지역인재, 자기추천제, 연세대(미래): 교과우수자, 한라대: 일반학생(교과중심), 지역인재, 일반학생(면접중심), 한림대: 교과우수자, 지역인재
경상	6	경북대: 교과우수자, 지역인재, 경상국립대: 일반전형, 지역인재, 동양대: 일반전형, 면접전형, 지역인재, 부산대: 학생부교과, 지역인재, 울산대: 지역교과, 일반교과, 한동대: 학생부교과, 지역인재.
전라	5	원광대: 지역인재교과, 일반전형, 전남대: 일반전형, 지역인재, 전북대: 일반학생, 지역인재1유형, 지역인재2유형, 조선대: 일반전형, 지역인재, 호남대: 일반학생B, 일반학생A, 일반고, 지역인재
제주	1	제주대: 일반학생, 지역인재

Ⅰ. 전년도 전형결과

1. 지역

※ 조사대학: 수박책에 수록된 120여 개 대학
※ 15개 대학: 건국대, <u>경희대</u>, 고려대, 동국대, 서강대, 서울대, <u>서울시립대</u>, 성균관대, 숙명여대, 숭실대, 연세대, 이화여대, 중앙대, 한국외대, 한양대

지역	학년도	구분	전체				인문				자연			
			모집인원	경쟁률	합격자 평균	충원율	모집인원	경쟁률	합격자 평균	충원율	모집인원	경쟁률	합격자 평균	충원율
전국	2023	인원	60,752 (100%)	7.72	3.86	168%	25,209 (41.5%)	7.99	3.96	175%	35,543 (58.5%)	7.51	3.78	160%
	2024	인원	64,093 (100%)	6.55	3.91	155%	26,231 (40.9%)	6.38	3.99	161%	37,862 (59.1%)	6.67	3.83	149%
		증감	+3,341 (5.5%)	-1.17 (15.2%)	+0.05 (1.3%)	-13% (7.7%)	+1,022 (4.1%)	-1.61 (20.2%)	+0.03 (0.8%)	-14% (8.0%)	+2,319 (6.5%)	-0.84 (11.2%)	+0.05 (1.3%)	-11% (6.9%)
15개 대학	2023	인원	5,320 (100%)	10.52	1.78	196%	2,728 (51.3%)	10.14	1.80	211%	2,592 (48.7%)	10.93	1.75	180%
	2024	인원	5,187 (100%)	8.25	1.69	185%	2,682 (51.7%)	7.04	1.76	206%	2,505 (48.3%)	9.55	1.62	164%
		증감	-133 (2.5%)	-2.00 (19.0%)	-0.09 (5.1%)	-11% (5.6%)	-46 (1.7%)	-3.10 (30.6%)	-0.04 (2.2%)	-5% (2.4%)	-87 (3.4%)	-1.38 (12.6%)	-0.13 (7.4%)	-16% (8.9%)
서울	2023	인원	10,796 (100%)	10.45	2.67	180%	5,539 (51.3%)	10.33	2.72	186%	5,257 (48.7%)	10.55	2.42	173%
	2024	인원	10,489 (100%)	8.15	2.51	176%	5,250 (50.1%)	7.44	2.65	180%	5,239 (49.9%)	8.86	2.37	171%
		증감	-307 (2.8%)	-2.30 (22.0%)	-0.16 (6.0%)	-4% (2.2%)	-289 (5.2%)	-2.89 (28.0%)	-0.07 (2.6%)	-%6 (3.2%)	-18 (0.3%)	-1.69 (16.0%)	-0.05 (2.1%)	-2% (1.2%)
경인	2023	인원	12,026 (100%)	9.29	3.70	158%	5,612 (46.7%)	8.89	3.76	157%	6,414 (53.3%)	9.64	3.53	159%
	2024	인원	12,495 (100%)	8.11	3.55	152%	5,746 (46.0%)	7.55	3.67	154%	6,749 (54.0%)	8.59	3.42	149%
		증감	+469 (3.9%)	-1.18 (12.7%)	-0.15 (4.1%)	-6% (3.8%)	+134 (2.4%)	-1.34 (15.1%)	-0.09 (2.4%)	-3% (1.9%)	+335 (5.2%)	-1.05 (10.9%)	-0.11 (3.1%)	-10% (6.3%)
강원	2023	인원	4,881 (100%)	6.22	4.82	169%	1,833 (37.6%)	6.51	4.91	186%	3,048 (62.4%)	6.05	4.59	151%
	2024	인원	6,056 (100%)	4.69	4.78	149%	2,395 (39.5%)	4.50	4.91	158%	3,661 (60.5%)	4.82	4.65	139%
		증감	+1,175 (24.1%)	-1.53 (24.6%)	-0.04 (0.8%)	-20 (11.8%)	+562 (30.7%)	-2.01 (30.9%)	0 (0.0%)	-28 (15.1%)	+613 (20.1%)	-1.23 (20.3%)	+0.06 (1.3%)	-12 (7.9%)
경상	2023	인원	6,962 (100%)	7.51	3.37	123%	2,371 (34.1%)	8.47	3.53	142%	4,591 (65.9%)	7.02	3.24	103%
	2024	인원	7,531 (100%)	5.93	3.60	108%	2,461 (32.7%)	6.03	3.71	111%	5,070 (67.3%)	5.87	3.48	104%
		증감	+569 (8.2%)	-1.58 (21.0%)	+0.23 (6.8%)	-15% (12.2%)	+90 (3.8%)	-2.44 (28.8%)	+0.18 (5.1%)	-31% (21.8%)	+479 (10.4%)	-1.15 (16.4%)	+0.24 (7.4%)	+1% (1.0%)
전라	2023	인원	8,435 (100%)	5.94	4.34	178%	3,260 (38.6%)	5.84	4.56	191%	5,175 (61.4%)	5.99	4.37	165%
	2024	인원	8,638 (100%)	5.55	4.50	178%	3,254 (37.7%)	4.92	4.55	185%	5,384 (62.3%)	5.94	4.45	170%
		증감	+203 (2.4%)	-0.39 (6.6%)	+0.16 (3.7%)	0% (0.0%)	-6 (0.2%)	-0.92 (15.4%)	-0.01 (0.2%)	-6% (3.1%)	+209 (4.0%)	-0.05 (0.8%)	+0.08 (1.8%)	+5% (3.0%)
제주	2023	인원	916 (100%)	6.07	4.22	94%	390 (42.6%)	5.99	4.03	100%	526 (57.4%)	6.13	4.42	88%
	2024	인원	918 (100%)	5.31	4.33	85%	392 (42.7%)	4.84	4.22	92%	526 (57.3%)	5.67	4.43	78%
		증감	+2 (0.2%)	-0.76 (12.5%)	+0.11 (2.6%)	-9% (9.6%)	+2 (0.5%)	-1.15 (19.2%)	+0.19 (4.7%)	-8% (8.0%)	0 (0.0%)	-0.46 (7.5%)	+0.01 (0.2%)	-10% (11.4%)

지역	학년도	구분	전체				인문				자연			
			모집인원	경쟁률	합격자 평균	충원율	모집인원	경쟁률	합격자 평균	충원율	모집인원	경쟁률	합격자 평균	충원율
충청	2023	인원	16,736 (100%)	6.33	3.91	188%	6,204 (37.1%)	6.61	4.18	202%	10,532 (62.9%)	6.16	3.86	174%
	2024	인원	17,893 (100%)	5.95	4.11	152%	6,660 (37.2%)	6.14	4.20	162%	11,235 (62.8%)	5.84	4.01	142%
		증감	+1,157 (6.9%)	-0.38 (6.0%)	+0.20 (5.1%)	-36% (19.1%)	+456 (7.4%)	-0.47 (7.1%)	+0.02 (0.5%)	-40% (19.8%)	+703 (6.7%)	-0.32 (5.2%)	+0.15 (3.9%)	-32% (18.4%)

2. 인문계열

■ 수도권

※ 밑줄 : 수능최저학력기준 있는 전형(일부 학과(예: 의학계열)만 수능최저학력기준이 있는 전형은 제외)
※ 등급 산출기준: 최종(등록) 합격자 평균 / ※ 학생부교과전형과 논술전형은 대학마다 반영교과목 및 반영방법이 다름에 유의

계열 평균 등급	대학
1.0	
1.1	
1.2	
1.3	동국대: 학교장추천인재(1.35, 201명) ※ (학생부) 국, 영, 수, 사, 한국사교과중 상위 10과목
1.4	연세대: 추천형(1.45, 254명) 　※ [변경] ① 면접 폐지: 1단계)학생부교과100%(5배수) 2단계)1단계70%+ 면접30% -> 학생부교과100% 　　　　② 수능최저 도입 : 미적용 -> 영어 3등급이고, [국,수.탐(1)] 2과목 등급 합 4, 한국사 4등급 한양대: 추천형(1.47. 154명) 　※ [변경] ① 전형방법: 학생부교과100% -> 학생부교과90%+ 교과정성평가10% 　　　　② 수능최저 도입: 미적용 -> [국,수,영,탐(1)] 3개 등급 합 7 고려대: 학교추천(1.49, 335명)
1.5	
1.6	성균관대: 학교장추천(1.66, 256명), 경희대(서울): 지역균형(1.67, 203명), 서울교대: 학교장추천(1.67, 40명) ※ [변경] 수능최저: 4개 등급 합 9 -> 10
1.7	이화여대: 고교추천(1.75, 201명) 　※ [변경] 전형방법: 학생부교과80%+ 면접20% -> 1단계)학생부교과100%(5배수) 2단계)1단계80%+ 면접20% 중앙대: 지역균형(1.78, 212명)
1.8	서강대: 지역균형(1.80, 106명), 서경대: 교과우수자②(1.81, 79명) ※ (학생부) 국, 영, 수, 사/과/한교과별 3과목(총 12과목)
1.9	건국대: KU지역균형(1.95, 106명)
2.0	홍익대(서울): 학교장추천자(2.01, 132명), 서울시립대: 지역균형선발(2.05, 114명), 숙명여대: 지역균형선발(2.08, 157명) 경희대(국제): 지역균형(2.09, 84명)
2.1	
2.2	국민대: 교과성적우수자(2.20, 183명), 세종대: 지역균형(2.24, 99명), 서울과기대: 고교추천(2.27, 46명) 용인대: 일반학생(2.27, 87명) ※ (학생부) 국, 영, 수, 사, 과교과별 학년별 4과목(총 12과목)
2.3	성신여대: 지역균형(2.38, 142명)
2.4	숭실대: 학생부우수자(2.40, 182명) ※ [변경] (수능최저) 2개 등급 합 4 -> 5 단국대(죽전): 지역균형선발(2.41, 124명), 명지대: 교과면접(2.46, 143명), 경인교대: 학교장추천(2.46, 240명) ※ [변경] 수능최저: 4개 등급 합 11 -> 12 한국항공대: 교과성적우수자(2.47, 20명)
2.5	명지대: 학교장추천(2.51, 147명), 아주대: 고교추천(2.53, 98명), 한국항공대: 학교장추천(2.53, 17명), 성공회대: 교과성적(2.54, 117명)　※ (학생부) 국/수, 영, 사/과교과별 3과목(총 9과목) 덕성여대: 학생부100%(2.56, 83명) ※ (학생부) 국, 영, 수, 사/과교과중 상위 3개 교과의 각 4과목(총 12과목) 한국체대: 교과성적우수자(2.59, 62명)
2.6	인하대: 지역균형(2.61, 225명), 신한대: 학생부우수자(2.63, 67명) ※ (학생부) 국, 영, 수, 사, 과, 한국사교과 중 10과목 한성대: 교과우수(2.67, 138명) ※ (학생부) 국, 영, 수, 사(한국사 포함)교과 중 12과목
2.7	동덕여대: 학생부교과우수자(2.71, 136명), 가톨릭대: 지역균형(2.73, 107명) 용인대 교과성적우수자(2.75, 64명) ※ (학생부) 국, 영, 수, 사, 과교과별 학년별 4과목(총 12과목)

계열 평균 등급	대학
	경기대: 교과성적우수자(2.77, 124명), **덕성여대**: 고교추천(2.78, 85명) ※ (학생부) 국, 영, 수, 사/과교과에 속한 전 과목 **가천대**: 학생부우수자(2.79, 160명) ※ [변경] (학부) 진로선택과목: 전과목 반영 -> 미반영
2.8	**서경대**: 교과우수자①(2.83, 31명) ※ (학생부) 국25%, 영25%, 수25%, 사 과 한25%에 속한 전 과목 **한양대(에리카)**: 지역균형선발(2.87, 124명)
2.9	**경기대**: 학교장추천(2.93, 172명), **광운대**: 지역균형(2.94, 69명)
3.0	**인천대**: 교과성적우수자자(3.00, 202명)/지역균형(3.04, 113명)
3.1	**대진대**: 학교장추천(3.10, 77명), **한성대**: 지역균형(3.10, 85명), **서울여대**: 교과우수자(3.11, 113명) ※ [변경] (학부) 국, 영, 수, 사/과별 3과목(총12과목) -> 국, 영, 수, 사, 과교과 전 과목 **감신대**: 일반전형(3.12, 82명), **가천대**: 지역균형(3.17, 135명) ※[변경](학부) 공통/일반선택: 반영, 진로선택: 미반영->공통/일반선택: 미반영, 진로선택: 반영
3.2	**신한대**: 일반전형(3.26, 223명), **삼육대**: 학교장추천(3.29, 51명)
3.3	**안양대**: 아리학생부교과(3.35, 194명), **한신대**: 학생부우수자(3.35, 174명) ※ (학생부) 국/수/영 중 6과목, 사/과 중 3과목(총 9과목) **한국공학대**: 교과우수자(3.37, 24명)
3.4	**한국공학대**: 지역균형(3.47, 19명), **대진대**: 학생부우수자(3.48, 93명), **안양대**: 학교장추천(3.48, 21명)
3.5	**수원대**: 교과우수(3.51, 80명)/면접위주교과(3.52, 70명)
3.6	**감신대**:추천자(3.62, 25명)
3.7	**을지대(성남)**: 지역균형(3.72, 24명), **서울신학대**: 교과성적(3.76, 71명)
3.8	**수원대**: 고교추천(3.81, 38명), **총신대**: 교과우수자(3.84, 45명) ※ (학생부) 국, 영, 수, 사, 과교과별 학기별 1과목 **루터대**: 일반학생(3.89, 38명)
3.9	**강서대**: 교과우수자(3.91, 71명), **인천가톨릭대**: ICU미래인재(3.92, 12명), **협성대**: 학생부교과우수자(3.94, 201명)
4.0	**장신대**: 학생부우수자(4.00, 25명), **한경국립대(평택)**: 일반전형P(4.06, 30명)
4.1	**강남대**: 지역균형(4.11, 136명), **한세대**: 학생부교과우수자(4.17, 122명)
4.2	**안양대**: 아리학생부면접(4.23, 73명), **서울신학대**: 일반전형(4.24, 64명)
4.3	**강서대**: 일반전형(4.32, 77명)
4.4	
4.5	**한경국립대(안성)**: 일반전형(4.51, 83명), **한세대**: 학생부면접우수자(4.55, 83명), **화성의과학대**: 일반전형(4.57, 109명), **한국성서대**: 교과성적우수자(4.58, 35명)
4.6	
4.7	**한국성서대**: 일반학생(4.75, 46명), **성결대**: 교과성적우수자(4.78, 499명)
4.8	**인천가톨릭대**:가톨릭지도자추천(4.81, 6명), **협성대**: 미래역량우수자(4.81, 127명)
4.9	
5.0	
5.1	**서울신학대**: 기독교(5.15, 45명)
5.2	**성결대**: SKU창의적인재(5.29, 136명)
5.3	**평택대**: PTU교과(5.34, 249명), **한국성서대**: 목회자추천(5.36, 35명)
5.4	
5.5	
5.6	**협성대**: 담임목회자추천(5.69, 20명)
5.7	
5.8	
5.9	**서울한영대**: 일반학생(5.95, 145명)
6.0	
6.1	
6.2	
6.3	
6.4	
6.5	
6.6	
6.7	
6.8	
6.9	**칼빈대**: 일반학생(6.92, 37명)

■ 비수도권

※ 밑줄 : 수능최저학력기준 있는 전형(일부 학과(예: 의학계열)만 수능최저학력기준이 있는 전형은 제외)

※ 등급 산출기준: 최종(등록) 합격자 평균 / ※ 학생부교과전형과 논술전형은 대학마다 반영교과목 및 반영방법이 다름

계열 평균 등급	대학
1.0	
1.1	
1.2	
1.3	
1.4	
1.5	
1.6	
1.7	
1.8	
1.9	
2.0	
2.1	
2.2	
2.3	
2.4	
2.5	
2.6	
2.7	**경북대**: 지역인재(2.72, 94명)
2.8	
2.9	**부산대**: 지역인재(2.91, 98명), **경북대**: 교과우수자(2.97, 355명)
3.0	**부산대**: 학생부교과(3.01,.396명), **충남대**: 일반전형(3.09, 372명)
3.1	**한국교원대**: 지역인재(3.13, 9명), **전남대(광주)**: 일반전형(3.15, 267명)
3.2	**전남대(광주)**: 지역인재(3.27, 232명), **호남대**: 지역인재(3.27, 46명)
3.3	
3.4	**충북대**: 학생부교과(3.40, 297명), **충남대**: 지역인재(3.41, 161명)
3.5	**홍익대(세종)**: 교과우수자(3.55, 170명), **건국대(글로컬)**: 지역인재(3.56, 24명), **전북대**: 일반전형(3.57, 387명),
3.6	**고려대(세종)**: 일반전형(3.61, 77명), **충북대**: 지역인재(3.65, 168명), **강원대(춘천)**: 지역인재(3.78, 168명), **순천향대**: 교과면접(3.66, 90명), **동양대**: 일반전형 I(3.68, 153명), **전북대**: 지역인재1유형(3.68, 151명)
3.7	**원광대**: 일반전형(3.71, 522명), **경상국립대**: 지역인재(3.76, 12명), **한국기술교대**: 지역인재(3.77, 21명)
3.8	**강원대(춘천)**: 일반전형(3.80, 269명), **한림대**: 교과우수자(3.80, 275명), **단국대(천안)**: 학생부교과우수자(3.82, 228명), **한동대**: 학생부교과(3.82, 136명), **공주대**: 교과 I(3.83, 375명), **순천향대**: 지역인재(3.84, 94명)/ 교과우수자(3.87, 261명)
3.9	**동양대**: 면접전형(3.90, 31명), **건국대(글로컬)**: 교과우수(3.91, 164명), **한밭대**: 학생부교과(일반)3.97, 231명)
4.0	**경상국립대**: 일반전형(4.02, 685명) **한국교통대**: 일반전형(4.03, 229명), **한국기술교대**: 일반전형(4.04, 45명), **제주대**: 지역인재(4.05, 191명)
4.1	**한동대**: 지역인재(4.11, 60명)
4.2	**우송대**: 교과중심(4.25, 325명), **한국교통대**: 지역인재(4.28, 26명), **한림대**: 지역인재(4.29, 119명)
4.3	**상명대(천안)**: 학생부교과(4.30, 139명), **연세대(미래)**: 교과우수자(4.35, 246명), **한서대**: 학생부교과2(4.37, 57명)/학생부교과1(4.38, 112명)
4.4	**제주대**: 일반학생(4.40, 201명), **우송대**: 면접(4.41, 351명)
4.5	**극동대**: 일반전형(4.50, 143명)/교과우수자(4.51, 185명), **경동대**: 일반학생(4.59, 506명)
4.6	**공주대**: 지역인재(4.64, 65명), **한서대**: 한서인재(4.65, 165명), **울산대**: 일반교과(4.66, 432명)
4.7	**한라대**: 지역인재(4.76, 36명), **한남대**: 지역인재교과우수자(4.78, 268명)
4.8	**우송대**: 지역인재(4.80, 52명), **강원대(도계)**: 일반전형(4.83, 39명), **한서대**: 지역인재(4.87, 42명), **선문대**: 일반학생(4.89, 486명), **호서대**: 학생부(4.89, 374명)
4.9	**우송대**: 우송인재(4.99, 56명)
5.0	**동양대**: 지역인재(5.00, 9명), **선문대**: 지역학생(5.04, 91명)
5.1	**조선대**: 일반전형(5.12, 608명)
5.2	**한라대**: 일반학생(교과중심)(5.26, 121명), **한남대**: 일반전형(5.28, 639명)
5.3	**전남대(여수)**: 일반전형(5.33, 82명)
5.4	**상지대**: 교과일반(5.40, 338명), **전남대(여수)**: 지역인재(5.40, 21명)
5.5	**강원대(도계)**: 지역인재(5.59, 19명)
5.6	**한라대**: 일반학생(면접중심)(5.61, 131명), **상지대**: 강원인재(5.62, 43명), **조선대**: 지역인재(5.67, 257명)

계열 평균 등급	대학
5.7	
5.8	
5.9	
6.0	
6.1	**호남대**: 일반고(6.15, 255명)
6.2	
6.3	**호남대**: 일반학생A(6.30, 426명)
6.4	
6.5	
6.6	
6.7	
6.8	
6.9	**강원대(삼척)**: 지역인재(6.98, 18명)

3. 자연계열

■ 수도권

※ 밑줄 : 수능최저학력기준 있는 전형(일부 학과(예: 의학계열)만 수능최저학력기준이 있는 전형은 제외)
※ 등급 산출기준: 최종(등록) 합격자 평균 / ※ 학생부교과전형과 논술전형은 대학마다 반영교과목 및 반영방법이 다름에 유의

계열 평균 등급	대학
1.0	
1.1	
1.2	

1.3	**동국대**: 학교장추천인재(1.30, 184명) ※ (학생부) 국, 영, 수, 과, 한국사교과중 상위 10과목
	한양대: 추천형(1.30, 184명)
	   ※ [변경] ① 전형방법: 학생부교과100% -> 학생부교과90%+ 교과정성평가10%
	        ② 수능최저 도입: 미적용 -> [국,수,영,탐(1)] 3개 등급 합 7

1.4	**고려대**: 학교추천(1.41, 344명),
	연세대: 추천형(1.42, 247명)
	   ※ [변경] ① 면접 폐지: 1단계)학생부교과100%(5배수) 2단계)1단계70%+ 면접30% -> 학생부교과100%
	        ② 수능최저 도입 : 미적용 -> 영어 3등급이고, [국,수.탐(1)] 2과목 등급 합 5, 한국사 4등급
	경희대(서울): 지역균형(1.48, 112명)

1.5	**서강대**: 지역균형(1.51, 72명), **성균관대**: 학교장추천(1.58, 146명)
1.6	**이화여대**: 고교추천(1.68, 199명) ※ [변경] 전형방법: 학생부교과80%+ 면접20% -> 1단계)학생부교과100%(5배수) 2단계)1단계80%+ 면접20%
1.7	**건국대**: KU지역균형(1.73, 236명), **경희대(국제)**: 지역균형(1.73, 179명), **중앙대**: 지역균형(1.79, 292명)
1.8	**서울시립대**: 지역균형선발(1.87, 114명), **숙명여대**: 지역균형선발(1.87, 95명),
1.9	**홍익대(서울)**: 학교장추천자(1.91, 181명)
2.0	**서울과기대**: 고교추천(2.03, 398명)
2.1	**서경대**: 교과우수자②(2.10, 133명) ※ (학생부) 국, 영, 수, 사/과/한교과별 3과목(총 12과목) **세종대**: 지역균형(2.10, 251명), **숭실대**: 학생부우수자(2.12, 253명), **덕성여대**: 학생부100%(2.16, 82명) ※ (학생부) 국, 영, 수, 사/과교과중 상위 3개 교과의 각 4과목(총 12과목) **국민대**: 교과성적우수자(2.17, 310명), **아주대**: 고교추천(2.17, 178명)
2.2	**광운대**: 지역균형(2.23, 140명), **성신여대**: 지역균형(2.26, 98명)
2.3	**단국대(죽전)**: 지역균형선발(2.35, 139명), **한국항공대**: 교과성적우수자(2.37, 109명), **용인대**: 일반학생(2.38, 99명) ※ (학생부) 국, 영, 수, 사, 과교과별 학년별 4과목(총 12과목)
2.4	**인천가톨릭대**: 학교생활우수자(2.41, 20명) ※ (학생부) 국, 영, 수, 사, 과교과 중 학년별 8과목(총 24과목) **인하대**: 지역균형(2.44, 379명), **차의과학대**: 지역균형선발(2.46, 86명)
2.5	**신한대**: 학생부우수자(2.50, 110명) ※ (학생부) 국, 영, 수, 사, 과, 한국사교과 중 10과목 **가천대**: 학생부우수자(2.50, 351명) ※ [변경] (학생부) 진로선택과목: 전과목 반영 -> 미반영 **가톨릭대**: 지역균형(2.51, 140명), **명지대**: 학교장추천(2.52, 145명), **을지대(의정부)**: 지역균형(2.54, 22명), **한양대(에리카)**: 지역균형선발(2.54, 294명)
2.6	**동덕여대**: 학생부교과우수자(2.60, 53명), **한국항공대**: 학교장추천(2.69, 71명)

계열 평균 등급	대학
2.7	**서울여대**:교과우수자(2.76, 63명) ※ [변경] (학생부) 국, 영, 수, 사/과별 3과목(총12과목) -> 국, 영, 수, 사, 과교과 전 과목 **차의과학대**: CHA학생부교과(2.76, 60명), **명지대**: 교과면접(2.77, 143명), **한성대**: 교과우수(2.79, 159명) ※ (학생부) 국, 영, 수, 사(한국사 포함)교과 중 12과목
2.8	**용인대**: 교과성적우수자(2.85, 55명) ※ (학생부) 국25%, 영25%, 수25%, 사 과 한25%에 속한 전 과목
2.9	**인천가톨릭대**: 가톨릭지도자추천(2.90, 2명), **인천대**: 교과성적우수자(2.93, 266명)/지역균형(2.91, 176명), **화성의과학대**: 일반전형(2.97, 102명), **경기대**: 학교장추천(2.98, 149명), **덕성여대**: 고교추천(2.99, 49명) ※ (학생부) 국, 영, 수, 사/과교과에 속한 전 과목
3.0	**삼육대**: 학교장추천(3.00, 100명), **을지대(성남)**: 지역균형(3.02, 121명), **경기대**: 교과성적우수자(3.09, 179명), **성공회대**: 교과성적(3.09, 69명) ※ (학생부) 국/수, 영, 사/과교과별 3과목(총 9과목)
3.1	**한성대**: 지역균형(3.13, 104명), **서경대**: 교과우수자①(3.14, 47명)※ (학생부) 국25%, 영25%, 수25%, 사 과 한25%에 속한 전 과목 **가천대**: 지역균형(3.17, 230명)※[변경](학생부) 공통/일반선택: 반영, 진로선택: 미반영->공통/일반선택: 미반영, 진로선택: 반영
3.2	**대진대**: 학교장추천(3.25, 107명), **한국공학대**: 지역균형(3.26, 169명)
3.3	**한국공학대**: 교과우수자(3.34, 223명)
3.4	**강서대**: 일반전형(3.44, 58명)
3.5	**신한대**: 일반전형(3.59, 339명)
3.6	**한국성서대**: 교과성적우수자(3.60, 15명), **한신대**: 학생부우수자(3.61, 72명) ※(학생부) 국/수/영 중 6과목, 사/과 중 3과목(총 9과목) **수원대**: 교과우수(3.68, 155명)
3.7	**수원대**: 면접위주교과(3.74, 140명), **안양대**: 학교장추천(3.76, 26명)
3.8	**대진대**: 학생부우수자(3.81, 139명), **안양대**: 아리학생부교과(3.81, 220명), **한세대**: 학생부교과우수자(3.82, 48명), **협성대**: 학생부교과우수자(3.82, 89명), **한경국립대(평택)**: 일반전형P(3.83, 42명), **서울신학대**: 교과성적(3.89, 12명)
3.9	**강서대**: 교과성적우수자(3.98, 7명)
4.0	**성결대**: 교과성적우수자(4.04, 156명), **한국성서대**: 목회자추천(4.07, 10명), **수원대**: 고교추천(4.09, 72명)
4.1	**한국성서대**: 일반학생(4.16, 35명)
4.2	**강남대**: 지역균형(4.27, 72명)
4.3	**서울신학대**: 일반전형(4.36, 12명), **한세대**: 학생부면접우수자(4.39, 38명)
4.4	
4.5	**안양대**: 아리학생부면접(4.51, 98명)
4.6	
4.7	**협성대**: 미래역량우수자(4.77, 56명)
4.8	**한경국립대(안성)**: 일반전형(4.82, 44명)
4.9	
5.0	
5.1	
5.2	
5.3	
5.4	
5.5	**평택대**: PTU교과(5.59, 239명)
5.6	
5.7	**성결대**: SKU창의적인재(5.76, 89명)
5.8	
5.9	
6.0	
6.1	
6.2	
6.3	
6.4	
6.5	
6.6	
6.7	
6.8	**칼빈대**: 일반학생(6.80, 16명)
6.9	

■ 비수도권

※ 밑줄 : 수능최저학력기준 있는 전형(일부 학과(예: 의학계열)만 수능최저학력기준이 있는 전형은 제외)

※ 등급 산출기준: 최종(등록) 합격자 평균 / ※ 학생부교과전형과 논술전형은 대학마다 반영교과목 및 반영방법이 다름

계열 평균 등급	대학
1.0	
1.1	<u>을지대(대전)</u>: 지역균형(1.18, 5명)
1.2	
1.3	<u>을지대(대전)</u>: 지역의료인재(1.37, 19명)
1.4	
1.5	
1.6	<u>전북대</u>: 지역인재2유형(1.69, 109명)
1.7	
1.8	
1.9	
2.0	
2.1	
2.2	
2.3	
2.4	
2.5	**경북대**: 지역인재(2.55, 258명)
2.6	
2.7	
2.8	
2.9	**충남대**: 일반전형(2.90, 745명), **부산대**: 학생부교과(2.98, 565명), **전남대(광주)**: 지역인재(2.98, 588명), **부산대**: 지역인재(2.99, 300명)
3.0	**충남대**: 지역인재(3.05, 347명), **전남대(광주)**: 일반전형(3.07, 514명)
3.1	**단국대(천안)**: 학생부교과우수자(3.19, 369명)
3.2	**연세대(미래)**: 교과우수자(3.21, 181명), **건국대(글로컬)**: 지역인재(3.27, 56명)
3.3	**충북대**: 지역인재(3.32, 234명), **한국교원대**: 지역인재(3.33, 7명), **경북대**: 교과우수자(3.39, 1,187명)
3.4	**동양대**: 일반전형 I (3.45, 403명), **충북대**: 학생부교과(3.49, 594명)
3.5	**경상국립대**: 지역인재(3.54, 121명), **고려대(세종)**: 일반전형(3.56, 76명)
3.6	**강원대(춘천)**: 일반전형(3.62, 520명), **한서대**: 학생부교과1(3.65, 234명), **동양대**: 면접전형(3.67, 85명)
3.7	**순천향대**: 교과우수자(3.73, 505명), **전북대**: 지역인재1유형(3.73, 309명), **강원대(춘천)**: 지역인재(3.78, 323명), **한국교통대**: 일반전형(3.78, 659명)
3.8	**한림대**: 교과우수자(3.84, 237명), **동양대**: 지역인재(3.86, 38명)
3.9	<u>건국대(글로컬)</u>: 교과우수(3.91, 232명), **한국기술교대**: 일반전형(3.97, 212명)
4.0	**순천향대**: 교과면접(4.05, 130명), **한국기술교대**: 지역인재(4.05, 79명), **순천향대**: 지역인재(4.08, 172명), **한국교통대**: 지역인재(4.08, 73명), <u>홍익대(세종)</u>: 교과우수자(4.09, 184명)
4.1	**한서대**: 학생부교과2(4.10, 102명), <u>울산대</u>: 일반교과(4.11, 759명), **한밭대**: 지역인재(교과)(4.11, 65명), **한서대**: 지역인재(4.11, 80명), **한림대**: 지역인재(4.14, 99명), **원광대**: 일반전형(4.17, 638명), **선문대**: 지역학생(4.18, 130명)
4.2	**경상국립대**: 일반전형(4.28, 1,354명)
4.3	**상명대(천안)**: 학생부교과(4.30, 247명), **한서대**: 한서인재(4.36, 254명), **극동대**: 지역인재1(4.38, 30명), **경동대**: 지역인재(4.39, 109명)
4.4	**상지대**: 강원인재(4.40, 46명), **제주대**: 지역인재(4.40, 218명), **극동대**: 교과우수자(4.42, 154명), **한라대**: 지역인재(4.45, 51명), **제주대**: 일반학생(4.46, 308명), **한밭대**: 학생부교과(일반)(4.49, 768명)
4.5	**공주대**: 교과 I (4.50, 990명), **강원도(도계)**: 일반전형(4.52, 135명), **경동대**: 일반학생(4.54, 853명), **상지대**: 교과일반(4.54, 396명), **선문대**: 면접(4.55, 61명)
4.6	**우송대**: 면접(4.62, 371명)
4.7	<u>조선대</u>: 일반전형(4.74, 704명), **호서대**: 학생부(4.76, 717명)
4.8	**우송대**: 우송인재(4.83, 57명), **한라대**: 일반학생(교과중심)(4.87, 204명)
4.9	**한남대**: 지역인재교과우수자(4.93, 200명)
5.0	**극동대**: 일반전형(5.02, 181명), **우송대**: 지역인재(5.07, 181명), **조선대**: 지역인재(5.08, 461명), <u>공주대</u>: 지역인재(5.09, 185명)
5.1	**한남대**: 일반전형(5.16, 455명)
5.2	**호서대**: 지역인재(5.21, 215명), **강원대(도계)**: 지역인재(5.22, 55명)
5.3	**호남대**: 지역인재(5.30, 50명)
5.4	**전남대(여수)**: 지역인재(5.48, 74명)

계열 평균 등급	대학
5.5	
5.6	**전남대(여수):** 일반전형(5.69, 280명)
5.7	
5.8	**한라대:** 일반학생(면접중심)(5.80, 75명)
5.9	
6.0	**호남대:** 일반고(6.08, 342명)
6.1	**호남대:** 일반학생A(6.10, 351명), **강원대(삼척):** 지역인재(6.14, 323명)
6.2	
6.3	
6.4	
6.5	
6.6	
6.7	
6.8	
6.9	**강원대(삼척):** 지역인재(6.91, 54명)

4. 대학

※ '★' : 수능최저학력기준 있는 전형(일부 학과(예:의학계열)만 수능최저학력기준이 있는 전형은 제외)
※ 성적 산출기준 약어 :
　① 최초/최종, 등록 : 최초/최종 합격자, 등록자,　② 평균 : 합격자 점수를 더 한 후 합격 인원으로 나눈 점수
　③ 50%(컷) : 100 명 중 50등 점수(소수점은 버림, 예:7명의 3등 점수)
　④ 70%(컷) : 100 명 중 70등 점수(소수점은 버림, 예:7명의 4등 점수)
　⑤ 충원율: 모집인원 대비 미등록으로 인한 충원 합격자의 비율. 예) 모집인원 100명이고 충원합격이 30명이면, 충원율은 30%

지역	대학	전형	학년도	인문					자연					성적 산출기준	
				모집 인원	경쟁률	성적 ①	성적 ②	충원율	모집 인원	경쟁률	성적 ①	성적 ②	충원율	성적 ①	성적 ②
서울	감신대	일반전형	2023	82	0.89	4.97	5.52							등록50%컷	등록70%컷
			2024	82	1.39	3.12	3.63	10%						등록50%컷	등록70%컷
		추천자	2023												
			2024	25	1.24	3.62	4.12	4%						등록50%컷	등록70%컷
	강서대	교과우수자	2023	71	14.13	3.92	4.44	331%	7	21.14	3.59	4.08	386%	등록평균	등록최저
			2024	71	7.39	3.91	4.36	297%	7	8.71	3.98	4.64	529%	등록평균	등록최저
		일반전형	2023	83	7.46	4.89	5.60	193%	53	17.09	3.98	4.53	151%	등록평균	등록최저
			2024	77	11.99	4.32	4.72	131%	58	17.16	3.44	4.31	159%	등록평균	등록최저
	건국대	KU지역균형	2023	105	10.17	1.90	2.01	280%	236	9.42	1.81	1.92	194%	등록50%컷	등록70%컷
			2024	106	9.37	1.95	2.01	306%	236	11.74	1.73	1.80	225%	등록50%컷	등록70%컷
	경희대(서울)	지역균형★	2023	201	11.58	1.64		283%	99	14.13	1.48		193%	최종평균	
			2024	203	6.23	1.67	1.79	246%	112	8.31	1.48	1.55	159%	최종평균	등록70%컷
	경희대(국제)	지역균형★	2023	82	6.98	2.13		132%	173	12.37	1.75		207%	최종평균	
			2024	84	5.92	2.09	2.14	104%	179	8.45	1.73	1.81	186%	최종평균	등록70%컷
	고려대	학교추천★	2023	438	9.15	1.62	1.71	120%	432	13.52	1.53	1.61	152%	등록50%컷	등록70%컷
			2024	335	7.33	1.49	1.54	107%	344	13.21	1.41	1.50	147%	등록50%컷	등록70%컷
	광운대	지역균형	2023	69	13.01	2.12		247%	125	9.24	2.06		270%	등록평균	
			2024	69	4.10	2.94		189%	140	5.41	2.23		343%	등록평균	
	국민대	교과성적우수자★	2023	158	10.89	2.18	2.23	164%	251	7.39	2.14	2.22	186%	등록50%컷	등록70%컷
			2024	183	7.62	2.20	2.29	193%	310	6.21	2.17	2.29	180%	등록50%컷	등록70%컷
	덕성여대	고교추천	2023	81	12.86	2.50	2.53	360%	39	9.92	2.68	2.79	279%	등록평균	등록70%컷
			2024	85	8.29	2.78	2.92	354%	49	6.96	2.99	2.62	269%	등록평균	등록70%컷
		학생부100%★	2023	93	6.92	2.32	2.34	174%	62	7.84	1.69	1.75	110%	등록평균	등록70%컷
			2024	83	5.92	2.56	2.52	170%	82	7.87	2.16	2.21	91%	등록평균	등록70%컷
	동국대	학교장추천인재	2023	202	18.80	2.24	2.64	141%	202	18.19	2.21	2.66	155%	최종평균	최종최저
			2024	201	12.53	1.35	1.67	176%	206	15.21	1.30	1.61	131%	최종평균	최종최저
	동덕여대	학생부교과우수자★	2023	340	7.49	3.02		98%	124	9.72	2.89		114%	최종평균	
			2024	136	8.68	2.71		155%	53	11.19	2.60		187%	최종평균	

지역	대학	전형	학년도	인문					자연					성적 산출기준	
				모집인원	경쟁률	성적①	성적②	충원율	모집인원	경쟁률	성적①	성적②	충원율	성적①	성적②
	명지대	교과면접	2023	143	8.20	2.76		34%	136	7.55	3.26		46%	등록평균	
			2024	143	15.35	2.46	2.57	22%	143	14.45	2.77	2.90	41%	등록평균	등록70%컷
		학교장추천	2023	147	13.69	2.85	3.24	159%	148	12.79	3.02	3.35	174%	등록평균	등록최저
			2024	147	10.20	2.51	2.75	277%	145	10.07	2.52	2.75	266%	등록평균	등록최저
	삼육대	학교장추천★	2023	58	23.43	3.48		131%	147	17.80	3.34		103%	최종평균	
			2024	51	9.92	3.29		139%	100	11.63	3.00		130%	최종평균	
	상명대	고교추천★	2023	206	7.65	2.76	3.01	186%	161	7.48	2.75	2.94	184%	등록평균	등록최저
			2024	196	4.81	2.73	2.93	180%	153	6.10	2.65	2.76	190%		등록70%컷
	서강대	지역균형★	2023	105	9.06	1.60	1.64	356%	73	10.04	1.62	1.68	253%	등록50%컷	등록70%컷
			2024	106	5.92	1.80	2.01	330%	72	11.28	1.51	1.56	221%	등록50%컷	등록70%컷
	서경대	교과우수자①	2023	100	11.04	3.20	3.30	125%	131	5.21	3.51	3.69	110%	최종50%컷	최종70%컷
			2024	31	14.10	2.83	3.00	197%	47	15.06	3.14	3.23	164%	최종50%컷	최종70%컷
		교과우수자②★	2023												
			2024	79	18.48	1.81	1.92	49%	133	14.91	2.10	2.20	44%	최종50%컷	최종70%컷
	서울과기대	고교추천★	2023	47	9.87	2.26	2.33	185%	369	8.07	2.16	2.18	149%	등록평균	등록70%컷
			2024	46	5.59	2.27	2.29	231%	398	5.41	2.03	2.09	141%	등록평균	등록70%컷
	서울기독대	일반전형	2023	40	1.35	6.00	7.20	63%						등록50%컷	등록70%컷
			2024	47	1.34										
		학교장추천자	2023	2	1.00										
			2024	2	1.00										
	서울시립대	지역균형선발★	2023	91	17.22	1.91		230%	103	2,093	20.32	1.87	137%		등록평균
			2024	114	8.57	2.05		218%	114	1,211	10.62	1.87	105%		등록평균
	서울여대	교과우수자★	2023	115	16.04	2.31	2.59	227%	66	17.33	2.43	2.78	144%	최종평균	최종최저
			2024	113	5.56	3.11		202%	63	7.30	2.76		154%	최종평균	
	성균관대	학교장추천★	2023	202	8.88	1.76	1.88	297%	168	11.85	1.71	1.79	321%	등록50%컷	등록70%컷
			2024	256	7.66	1.66	1.76	349%	146	14.89	1.58	1.62	377%	등록50%컷	등록70%컷
	성신여대	지역균형★	2023	148	13.72	2.35		199%	103	9.95	2.29		200%	등록평균	
			2024	142	7.18	2.38	2.66	261%	98	6.18	2.26	2.50	170%	등록평균	등록최저
	세종대	지역균형★	2023	93	14.09	2.09	2.16	243%	217	8.03	2.17	2.25	188%	등록평균	등록70%컷
			2024	99	6.75	2.24	2.29	275%	251	7.61	2.10	2.16	195%	등록평균	등록70%컷
	숙명여대	지역균형선발★	2023	153	7.69	1.99	2.05	201%	101	7.03	1.95	2.03	139%	등록50%컷	등록70%컷
			2024	157	4.26	2.08	2.13	137%	95	5.63	1.87	1.94	122%	등록50%컷	등록70%컷
	숭실대	학생부우수자★	2023	182	16.32	2.33	2.36	98%	265	10.14	2.15	2.16	126%	등록50%컷	등록70%컷
			2024	182	7.32	2.40	2.44	105%	253	6.07	2.12	2.14	137%	등록평균	등록70%컷
	연세대	추천형	2023	276	5.06	1.45	1.53	59%	247	6.55	1.43	1.48	65%	등록50%컷	등록70%컷
			2024	254	5.65	1.45	1.54	62%	247	6.60	1.42	1.46	66%	등록50%컷	등록70%컷
	이화여대	고교추천	2023	201	6.08	1.74	1.81	134%	199	4.93	1.72	1.81	117%	등록50%컷	등록70%컷
			2024	201	4.56	1.75	1.85	160%	199	4.86	1.68	1.76	81%	등록50%컷	등록70%컷
	장신대	학생부우수자	2023	21	2.00	4.25	4.48	57%						등록50%컷	등록70%컷
			2024	25	3.72	4.00	4.58	84%						등록50%컷	등록70%컷
	중앙대	지역균형★	2023	228	8.90	1.75	1.80	255%	277	10.19	1.94	1.99	189%	등록50%컷	등록70%컷
			2024	212	6.03	1.78	1.88	243%	292	8.57	1.79	1.86	154%	등록50%컷	등록70%컷
	총신대	교과우수자	2023	48	4.88	3.27	3.77	121%						최종평균	최종최저
			2024	45	4.49	3.84	4.38	102%						최종평균	최종최저
	추계예술대	미래인재	2023												
			2024	18	10.17			94%							
	한국성서대	교과성적우수자	2023	35	3.31	4.60	5.86		13	20.54	3.66	4.14		최종평균	최종최저
			2024	35	4.37	4.58	5.28		15	11.07	3.60	4.14		최종평균	최종최저
		목회자추천	2023												
			2024	35	3.00	5.36	6.22	123%	10	16.20	4.07	4.71	80%	최종평균	최종최저
		일반학생	2023	50	6.36	4.56	5.53		35	15.71	4.25	5.13		최종평균	최종최저
			2024	46	5.93	4.75	5.90		35	16.49	4.16	4.97		최종평균	최종최저
	한국외대(서울)	학교장추천★	2023	198	10.88	295.6 환산점수	294.9 환산점수	148%						등록50%컷 환산점수	등록70%컷 환산점수

지역	대학	전형	학년도	인문					자연					성적 산출기준	
				모집인원	경쟁률	성적①	성적②	충원율	모집인원	경쟁률	성적①	성적②	충원율	성적①	성적②
	한국체육대		2024	201	7.22	197.1 환산점수	196.7 환산점수	112%	5	17.80	198.7	198.6	60%	등록50%컷 환산점수	등록70%컷 환산점수
		교과성적우수자★	2023	62	9.19	2.90	3.23							등록평균	등록최저
			2024	62	10.77	2.59	2.93							등록평균	등록최저
	한성대	교과우수★	2023	152	12.26	2.87	2.94	107%	146	14.89	2.74	2.79	101%	등록50%컷	등록70%컷
			2024	138	8.38	2.67	2.77	114%	159	6.69	2.79	2.87	112%	등록50%컷	등록70%컷
		지역균형	2023	122	11.01	3.22	3.29	194%	118	10.69	3.00	3.13	190%	등록50%컷	등록70%컷
			2024	85	6.11	3.10	3.25	187%	104	3.65	3.13	3.28	129%	등록50%컷	등록70%컷
	한양대	추천형	2023	146	8.17	1.41		356%	190	8.14	1.33		252%	등록평균	
			2024	154	6.51	1.47		332%	184	5.87	1.30		246%	등록평균	
	홍익대	학교장추천자★	2023	119	14.06	2.03	2.01	154%	171	11.52	1.90	1.95	114%	등록50%컷	등록70%컷
			2024	132	10.19	2.01	2.04	267%	181	7.77	1.91	1.96	116%	등록50%컷	등록70%컷
경인	가천대	지역균형	2023	136	29.10	2.99	3.11	86%	249	25.03	2.99	3.13	98%	등록70%	등록90%
			2024	135	13.21	3.17	3.34	103%	230	12.87	3.17	3.32	78%	등록70%	등록90%
		학생부우수자★	2023	174	12.77	2.78	2.94	207%	295	10.78	2.69	2.87	186%	등록70%	등록90%
			2024	160	15.13	2.79	2.87	227%	351	13.85	2.50	2.61	201%	등록70%	등록90%
	가톨릭대	지역균형★	2023	131	11.03	2.88	3.06	185%	138	10.21	2.54	2.67	164%	등록평균	등록최저
			2024	107	8.45	2.73	2.85	247%	140	7.74	2.51	2.74	189%	등록평균	등록최저
	강남대	지역균형	2023	136	7.20	3.59	4.22	184%	60	11.55	3.55	4.11	188%	최초평균	최종80%
			2024	136	4.21	4.11	4.24	179%	72	3.53	4.27	4.47	164%	등록50%컷	등록70%컷
	경기대	교과성적우수자★	2023	129	11.62	2.75		170%	172	8.87	3.29		171%	등록평균	
			2024	124	13.23	2.77	2.87	211%	179	15.96	3.09	3.26	191%	등록50%컷	등록70%컷
		학교장추천	2023	169	9.14	3.00		186%	147	10.39	3.22		223%	등록평균	
			2024	172	8.92	2.93	3.01	308%	149	11.30	2.98	3.08	332%	등록50%컷	등록70%컷
	단국대	지역균형선발★	2023	121	9.60	2.37		171%	140	9.96	2.45		183%	등록평균	
			2024	124	6.07	2.41	2.89	197%	139	8.21	2.35	2.59	168%	등록평균	등록최저
	대진대	학교장추천	2023	67	12.73	3.54	3.84	227%	117	8.67	4.06	4.45	201%	등록평균	등록90%
			2024	77	6.21	3.10	3.47	240%	107	6.77	3.25	3.57	129%	등록평균	등록90%
		학생부우수자	2023	91	12.40	3.99	4.41	70%	150	10.25	4.35	4.93	61%	등록평균	등록90%
			2024	93	9.92	3.48	3.81	76%	139	8.72	3.81	4.20	47%	등록평균	등록90%
	루터대	일반학생	2023	64	2.05	4.45	4.58	45%						등록50%컷	등록70%컷
			2024	38	2.37	3.89	5.11	134%						등록50%컷	등록70%컷
	서울신학대	교과성적	2023	68	5.01	3.41	3.79	221%	11	8.27	3.50	3.70	282%	등록평균	등록70%컷
			2024	71	6.30	3.76	3.74	255%	12	5.42	3.89	4.03	258%	등록평균	등록70%컷
		기독교	2023	36	3.00	5.20	5.35	153%						등록평균	등록70%컷
			2024	45	2.87	5.15	5.56	102%						등록평균	등록70%컷
		일반전형	2023	63	4.52	4.07	4.19	103%	9	5.22	4.60	4.90	189%	등록평균	등록70%컷
			2024	64	4.69	4.24	4.29	109%	12	6.83	4.36	4.39	100%	등록평균	등록70%컷
	서울장신대	교역자추천자	2023	8	0.88	5.38	6.09							등록50%컷	등록70%컷
			2024	6	0.83										
		일반전형	2023	24	1.25	6.50	8.00							등록50%컷	등록70%컷
			2024	20	1.65										
	서울한영대	일반학생	2023	113	5.36	5.56	6.00	345%						등록50%컷	등록70%컷
			2024	145	3.59	5.95	7.44	252%						등록평균	등록최저
	성결대	SKU창의적인재	2023	158	8.71	5.44		56%	92	6.13	5.88		47%	최종70%	
			2024	136	10.43	5.29		63%	89	7.60	5.76		43%	등록70%컷	
		교과성적우수자	2023	454	7.03	4.76		187%	179	8.99	4.24		166%	최종70%	
			2024	499	5.62	4.78		188%	156	7.35	4.04		149%	등록70%컷	
	성공회대	교과성적	2023	131	5.27	2.54	3.37	129%	53	5.11	2.83	2.89	113%	최종평균	최종최저
			2024	117	4.76	2.54	3.08	131%	69	3.97	3.09	3.61	87%	최종평균	최종최저
	수원대	고교추천★	2023	30	39.37	3.89		33%	62	21.53	4.13		42%	최종평균	
			2024	38	20.84	3.81		50%	72	15.51	4.09		46%	최종평균	
		교과우수★	2023	96	12.86	3.55		175%	182	9.31	3.96		161%	최종평균	
			2024	80	13.90	3.51		178%	155	19.57	3.68		161%	최종평균	

지역	대학	전형	학년도	인문					자연					성적 산출기준	
				모집인원	경쟁률	성적①	성적②	충원율	모집인원	경쟁률	성적①	성적②	충원율	성적①	성적②
		면접위주교과	2023	77	14.92	3.49		108%	150	13.53	3.66		100%	등록50%컷	
			2024	70	13.00	3.52	3.65	91%	140	11.26	3.74	4.09	103%	등록50%컷	등록70%컷
	신한대	일반전형	2023	223	10.48	3.66		92%	283	11.74	4.02		98%	최종평균	
			2024	223	8.89	3.26		62%	339	10.97	3.59		79%	최종평균	
		학생부우수자	2023	53	15.19	3.07		198%	67	17.13	3.30		196%	최종평균	
			2024	67	8.66	2.63		210%	110	12.46	2.50		202%	최종평균	
	아주대	고교추천★	2023	84	12.40	2.70	2.82	85%	157	12.29	2.40	2.49	87%	등록평균	등록70%컷
			2024	98	8.50	2.53	2.56	121%	178	9.19	2.17	2.16	103%	등록평균	등록70%컷
	안양대	아리학생부교과	2023	176	9.01	3.96	4.66	296%	215	7.69	4.36	5.00	231%	등록평균	등록최저
			2024	194	10.23	3.35	3.79	251%	220	9.82	3.81	4.40	187%	등록평균	등록최저
		아리학생부면접	2023	115	8.98	4.64	5.27	125%	138	7.17	4.83	5.43	97%	등록평균	등록최저
			2024	73	11.96	4.23	4.65	122%	98	8.56	4.51	4.99	96%	등록평균	등록최저
		학교장추천	2023												
			2024	21	6.48	3.48	3.76	105%	26	6.23	3.76	4.00	88%	등록평균	등록최저
	용인대	교과성적우수자★	2023	64	6.36	2.80	2.91	100%	52	7.31	2.88	2.97	131%	등록50%컷	등록70%컷
			2024	64	6.97	2.75	2.87	61%	55	5.76	2.85	3.02	85%	등록50%컷	등록70%컷
		일반학생	2023	99	6.72	2.38	2.57	145%	103	6.29	2.78	3.04	188%	등록50%컷	등록70%컷
			2024	87	9.00	2.27	2.43	211%	99	11.91	2.38	2.55	196%	등록50%컷	등록70%컷
	을지대(성남)	지역균형★	2023	25	6.92	4.00	4.14	188%	137	10.82	3.18	3.31	193%	등록평균	등록70%컷
			2024	24	8.83	3.72	3.91	142%	121	5.41	3.02	3.15	202%	등록평균	등록70%컷
	을지대(의정부)	지역균형★	2023	10	8.40	3.76	3.93	250%	25	6.56	2.73	2.81	248%	등록평균	등록70%컷
			2024						22	10.27	2.54	2.61	332%	등록평균	등록70%컷
	인천가톨릭대	ICCU미래인재	2023	12	5.75	3.61		67%						최종평균	
			2024	12	4.25	3.92		158%						최종평균	
		가톨릭지도자추천	2023	6	5.33	4.38		33%	2	14.50	2.48		5%	최종평균	
			2024	6	2.67	4.81		0%	2	7.00	2.90		0%	최종평균	
		학교생활우수자	2023						20	5.15	5.49		45%	최종평균	
			2024						20	9.80	2.41		75%	최종평균	
	인천대	교과성적우수자★	2023	195	10.51	2.79	2.87	187%	264	8.64	2.90	3.02	142%	등록평균	등록70%컷
			2024	202	8.82	3.00	3.09	169%	266	9.12	2.93	3.03	146%	등록평균	등록70%컷
		지역균형	2023	113	11.18	2.79	2.93	316%	174	10.20	2.68	2.79	245%	등록평균	등록70%컷
			2024	113	6.88	3.04	3.12	294%	176	5.41	2.91	3.12	243%	등록평균	등록70%컷
	인하대	지역균형★	2023	159	10.67	2.64	2.84	142%	242	11.43	2.32	2.48	148%	등록평균	등록최저
			2024	225	7.41	2.61	2.92	188%	379	5.68	2.44	2.95	111%	등록평균	등록최저
	차의과학대	CHA학생부교과	2023						77	9.91	2.57	2.71	83%	등록50%컷	등록70%컷
			2024						60	11.55	2.76	2.88	65%	등록50%컷	등록70%컷
		지역균형선발	2023						56	10.25	2.23	2.33	184%	등록50%컷	등록70%컷
			2024						86	3.87	2.46	2.78	186%	등록50%컷	등록70%컷
	칼빈대	일반학생	2023	40	1.66	5.47	5.67	28%	21	2.90	5.00	6.00	110%	등록50%컷	등록70%컷
			2024	37	2.27	6.92	6.73	30%	16	3.3	6.80	8.57	0%	등록50%컷	등록70%컷
	평택대	PTU교과	2023	219	5.88	5.04	6.21	206%	248	4.55	5.44	6.72	255%	등록평균	등록최저
			2024	249	7.71	5.34	6.43	333%	239	5.48	5.59	6.78	233%	등록평균	등록최저
	한경국립대(안성)	일반전형A★	2023	81	5.58	4.25	5.90	152%	441	5.10	4.72	5.41	160%	등록평균	등록최저
			2024	83	6.70	4.51	5.58	124%	448	4.92	4.82	5.93	113%	등록평균	등록최저
		지역균형선발	2023												
			2024	4	5.25				23	4.17					
	한경국립대(평택)	일반전형P	2023	39	6.92	4.50	5.42	179%	52	6.27	4.20	5.85	177%	등록평균	등록최저
			2024	30	8.30	4.06	4.83	173%	42	9.69	3.83	4.78	157%	등록평균	등록최저
	한국공학대	교과우수자★	2023	31	3.84	4.07		106%	267	7.83	3.86		166%	등록평균	
			2024	24	10.25	3.37		154%	223	8.86	3.34		139%	등록평균	
		지역균형	2023												
			2024	19	4.63	3.47		163%	169	5.13	3.26		154%	등록평균	
	한국항공대	교과성적우수자	2023	43	9.16	2.70	2.80	74%	171	6.16	2.41	2.52	106%	등록평균	등록70%컷
			2024	20	11.00	2.47	2.50	120%	109	6.75	2.37	2.48	81%	등록평균	등록70%컷

지역	대학	전형	학년도	인문					자연					성적 산출기준	
				모집인원	경쟁률	성적①	성적②	충원율	모집인원	경쟁률	성적①	성적②	충원율	성적①	성적②
		학교장추천	2023												
			2024	17	6.82	2.53	2.70	71%	71	5.38	2.69	2.77	120%	등록평균	등록최저
	한세대	학생부교과우수자	2023	134	10.54	4.16	4.68	224%	51	5.76	3.82	4.33	231%	등록평균	등록최저
			2024	122	8.13	4.17	4.73	256%	48	10.98	3.82	4.08	302%	등록평균	등록최저
		학생부면접우수자	2023	96	10.40	4.38	5.23	102%	43	10.66	4.31	5.00	102%	등록평균	등록최저
			2024	83	7.13	4.55	5.47	97%	38	9.95	4.39	5.23	121%	등록평균	등록최저
	한신대	학생부우수자	2023	157	6.34	3.20	3.97	181%	75	3.99	3.54	4.22	173%	최종평균	최종최저
			2024	174	4.99	3.35	4.05	199%	72	5.15	3.61	4.09	215%	최종평균	최종최저
	한양대(에리카)	지역균형선발★	2023	96	9.44	2.80	5.73	145%	217	10.65	2.50	7.31	116%	등록평균	실질경쟁률
			2024	124	5.07	2.87	2.96	116%	294	5.73	2.54	2.61	147%	등록평균	등록70%컷
	협성대	담임목회자추천	2023	37	1.08	5.40	5.97	60%						등록50%컷	등록70%컷
			2024	20	1.20	5.69	5.87	80%						등록50%컷	등록70%컷
		미래역량우수자	2023	134	4.07	4.64	5.11	243%	67	3.90	4.75	5.19	228%	등록50%컷	등록70%컷
			2024	127	6.18	4.81	4.99	222%	56	6.59	4.77	4.88	221%	등록50%컷	등록70%컷
		학생부교과우수자	2023	146	9.51	4.11	4.36	464%	68	11.85	3.90	4.13	485%	등록50%컷	등록70%컷
			2024	201	7.32	3.94	4.24	380%	89	6.04	3.82	3.97	372%	등록50%컷	등록70%컷
	화성의과학대	일반전형	2023	120	2.79	4.67	5.61	45%	79	4.74	3.87	3.28	56%	등록평균	등록70%컷
			2024	109	2.79	4.57	4.05	0%	102	3.97	2.97	3.48	55%	등록50%컷	등록70%컷
강원	강원대(춘천)	일반전형★	2023	317	10.22	3.22	3.46	151%	558	10.77	3.56	3.80	150%	등록평균	등록75%컷
			2024	269	5.85	3.80	4.06	135%	520	7.33	3.62	3.81	137%	등록평균	등록75%컷
		지역인재★	2023	165	6.58	3.29	3.50	114%	341	5.68	3.79	4.02	81%	등록평균	등록75%컷
			2024	168	4.56	3.65	3.89	148%	323	5.29	3.78	3.97	106%	등록평균	등록75%컷
	강원대(삼척)	일반전형	2023	48	4.00	6.31	7.04	294%	213	3.58	5.92	6.63	185%	등록평균	등록75%컷
			2024	67	2.81	5.19	6.10	146%	323	1.95	6.14	6.72	89%	등록평균	등록75%컷
		지역인재	2023	26	2.00	6.55	7.15	100%	116	1.62	6.51	7.01	56%	등록평균	등록75%컷
			2024	18	2.11	6.98	7.74	111%	54	1.96	6.91	7.25	85%	등록평균	등록75%컷
	강원대(도계)	일반전형	2023	40	7.23	4.67	5.11	263%	163	5.75	4.34	4.78	252%	등록평균	등록75%
			2024	39	4.49	4.83	5.49	238%	135	5.03	4.52	5.03	253%	등록평균	등록75%
		지역인재	2023	19	2.68	5.65	5.98	132%	76	2.82	5.20	5.65	105%	등록평균	등록75%컷
			2024	19	3.32	5.59	5.99	205%	55	4.76	5.22	5.55	175%	등록평균	등록75%컷
	경동대	일반학생	2023	505	5.73	4.65	5.27		804	4.77	4.57	5.07		최종평균	최종80%
			2024	506	5.53	4.59	5.37		853	4.32	4.54	5.35		최종평균	최종80%
		지역인재	2023						101	5.52	4.43	4.83		최종평균	최종80%
			2024						109	4.55	4.39	5.10		최종평균	최종80%
	상지대	교과일반	2023												
			2024	338	3.93	5.40		275%	396	4.93	4.54		202%	등록평균	
		강원인재	2023												
			2024	43	3.30	5.62		165%	46	5.43	4.40		180%	등록평균	
	연세대(미래)	교과우수자★	2023	114	6.91	3.83	4.02	110%	91	11.40	2.74	3.02	107%	등록50%컷	등록70%컷
			2024	246	2.95	4.35	4.68	21%	181	6.72	3.21	3.38	64%	등록50%컷	등록70%컷
	한라대	일반학생(교과중심)	2023	189	4.20	5.67	6.45	264%	229	3.01	5.63	6.38	191%	등록평균	등록75%
			2024	121	6.40	5.26	5.51	219%	204	4.28	4.87	5.28	174%	등록50%컷	등록70%컷
		일반학생(면접중심)	2023	24	3.42	6.76	7.20	163%	6	1.17				등록50%	등록70%
			2024	131	1.84	5.61	5.91	66%	75	1.40	5.80	6.02	33%	등록50%	등록70%
		지역인재	2023	17	5.35				22	2.73					
			2024	36	4.61	4.76	4.79	125%	51	2.94	4.45	4.70	102%	등록50%컷	등록70%컷
	한림대	교과우수자★	2023	256	7.37	3.88	4.24	193%	233	7.75	3.97	4.40	185%	등록평균	등록최저
			2024	275	4.01	3.80	4.58	150%	237	4.54	3.84	4.59	158%	등록평균	등록최저
		지역인재	2023	113	4.32	4.45	5.23	89%	95	4.18	4.38	5.20	101%	등록평균	등록최저
			2024	119	5.81	4.29	4.68	204%	99	6.54	4.14	4.65	194%	등록평균	등록최저
경상	경북대	교과우수자★	2023	255	18.79	2.82	2.96	179%	735	10.45	3.30	3.49	102%	등록평균	등록70%
			2024	355	8.94	2.97	3.14	206%	1,187	6.65	3.39	3.62	140%	등록평균	등록70%
		지역인재★	2023	101	12.86	2.60	2.76	96%	202	11.99	2.28	2.42	96%	등록평균	등록70%
			2024	94	7.35	2.72	2.89	129%	258	8.33	2.55	2.66	97%	등록평균	등록70%

지역	대학	전형	학년도	인문					자연					성적 산출기준	
				모집인원	경쟁률	성적①	성적②	충원율	모집인원	경쟁률	성적①	성적②	충원율	성적①	성적②
	경상국립대	일반전형★	2023	710	6.31	3.87	4.20	164%	1,464	5.22	4.29	4.73	164%	등록평균	등록80%
			2024	685	5.96	4.02	4.41	152%	1,354	5.67	4.28	4.68	169%	등록평균	등록80%
		지역인재★	2023	11	7.45	4.76	5.04	9%	111	8.79	2.96	3.15	112%	등록평균	등록80%
			2024	12	5.75	3.76	4.21	92%	121	7.14	3.54	3.59	117%	등록평균	등록80%
	동양대	면접전형	2023	35	3.97	3.80	4.00	383%	211	1.35	3.73	4.30	15%	등록50%컷	등록70%컷
			2024	31	3.58	3.90	4.25	81%	85	2.54	3.67	4.00	38%	등록50%컷	등록70%컷
		일반전형 I	2023	122	3.36	3.73	4.13	234%	347	3.88	3.40	3.95	94%	등록50%컷	등록70%컷
			2024	153	3.16	3.68	3.85	195%	403	2.84	3.45	4.08	128%	등록50%컷	등록70%컷
		지역인재	2023	1	2.00				24	3.13	2.90	2.90	104%	등록50%컷	등록70%컷
			2024	9	1.11	5.00	5.00	56%	38	1.76	3.86	4.32	42%	등록50%컷	등록70%컷
	부산대	학생부교과★	2023	343	14.97	2.77	2.85	111%	439	13.18	2.77	2.84	103%	등록평균	등록70%컷
			2024	396	8.17	3.01	3.07	89%	565	7.68	2.98	2.99	83%	등록평균	등록70%컷
		지역인재★	2023	80	14.56	2.67	2.68	144%	222	13.80	2.77	2.73	106%	등록평균	등록70%컷
			2024	98	9.33	2.91	2.83	130%	300	8.94	2.99	2.67	87%	등록평균	등록70%컷
	울산대	일반교과★	2023	517	6.65	4.75	5.07	91%	836	3.51	4.00	4.30	129%	등록평균	등록80%
			2024	432	2.95	4.66	4.83	121%	759	3.61	4.11	4.32	138%	등록평균	등록70%컷
	한동대	학생부교과★	2023	136	6.80	3.57	3.93	76%						등록평균	등록70%
			2024	136	4.64	3.82	4.00	60%						등록평균	등록70%
		지역인재★	2023	60	3.60		5.04	77%							등록70%
			2024	60	2.92	4.11	4.38	15%						등록50%컷	등록70%컷
전라	원광대	일반전형	2023	581	4.26	4.44	4.85	217%	810	3.37	5.33	5.83	197%	등록50%컷	등록70%컷
			2024	522	3.70	3.71	3.90	218%	638	4.53	4.17	4.31	241%	등록50%컷	등록70%컷
	전남대(광주)	일반전형★	2023	267	8.44	2.93	3.20	148%	479	9.19	2.87	3.00	148%	등록평균	등록70%컷
			2024	267	7.07	3.15	3.34	128%	514	7.71	3.07	3.19	132%	등록평균	등록70%컷
		지역인재★	2023	236	6.24	3.06	3.16	133%	531	7.13	2.89	2.98	134%	등록평균	등록70%컷
			2024	232	7.48	3.27	3.44	171%	588	6.55	2.98	3.04	129%	등록평균	등록70%컷
	전남대(여수)	일반전형★	2023	46	7.24	5.11	5.17	298%	277	4.74	5.35	5.66	238%	등록평균	등록70%컷
			2024	82	3.59	5.33	5.48	161%	280	3.83	5.69	5.77	212%	등록평균	등록70%컷
		지역인재★	2023	16	8.13	4.51	4.68	194%	46	5.09	4.70	4.91	222%	등록평균	등록70%컷
			2024	21	5.71	5.40	4.47	152%	74	3.69	5.48	5.22	161%	등록평균	등록70%컷
	전북대	일반학생★	2023	378	13.40	3.39	3.57	172%	943	8.02	3.74	3.91	132%	등록평균	등록70%컷
			2024	387	6.14	3.57	3.88	156%	964	6.72	3.77	3.99	133%	등록평균	등록70%컷
		지역인재1유형★	2023												
			2024	151	7.27	3.68	3.79	137%	309	6.87	3.73	3.81	79%	등록평균	등록70%컷
		지역인재2유형★	2023						103	9.29	1.72	1.82	37%	등록평균	등록70%컷
			2024						109	7.72	1.69	1.77	35%	등록평균	등록70%컷
	조선대	일반전형★	2023	783	4.07	5.03	5.28	117%	1,024	4.92	4.86	5.15	111%	등록평균	등록70%컷
			2024	608	4.36	5.12	5.29	180%	704	5.50	4.74	4.91	192%	등록평균	등록70%컷
		지역인재	2023	239	2.85	4.91	4.78	115%	244	4.92	4.78	5.01	209%	등록평균	등록70%컷
			2024	257	4.64	5.67	6.11	223%	461	5.18	5.08	5.29	194%	등록평균	등록70%컷
	호남대	일반고	2023	242	5.64	5.67	6.17	392%	346	6.16	6.01	6.31	291%	등록50%	등록70%
			2024	255	4.69	6.15	6.69	349%	342	5.72	6.08	6.50	271%	등록50%	등록70%
		일반학생A	2023	472	2.99	6.54	6.95	122%	372	4.47	5.85	6.38	93%	등록50%	등록70%
			2024	426	3.09	6.30	6.76	86%	351	5.60	6.10	6.40	113%	등록50%	등록70%
		지역인재	2023												
			2024	46	4.37	3.27	5.54	257%	50	5.82	5.30	5.29	314%	등록50%	등록70%
제주	제주대	일반학생★	2023	203	7.15	3.94	4.36	129%	337	6.74	4.42	4.79	112%	등록평균	등록70%컷
			2024	201	5.51	4.40	4.52	117%	308	6.27	4.46	4.72	103%	등록50%컷	등록70%컷
		지역인재★	2023	187	4.73	4.12	4.38	70%	189	5.04	4.41	4.63	63%	등록평균	등록70%컷
			2024	191	4.15	4.05	4.27	66%	218	4.82	4.40	4.77	53%	등록50%컷	등록70%컷
충청	건국대(글로컬)	교과우수	2023	166	8.16	3.65	3.86	288%	232	7.62	3.73	3.89	268%	등록50%	등록70%
			2024	164	8.75	3.91	4.29	268%	232	5.31	3.91	4.13	234%	등록50%	등록70%
		지역인재	2023	24	4.50	4.48	4.68	254%	56	5.13	3.92	4.07	98%	등록50%	등록70%
			2024	24	5.83	3.56	4.34	138%	56	5.38	3.27	4.26	111%	등록50%	등록70%

지역	대학	전형	학년도	인문					자연					성적 산출기준	
				모집인원	경쟁률	성적①	성적②	충원율	모집인원	경쟁률	성적①	성적②	충원율	성적①	성적②
	고려대(세종)	일반전형★	2023	78	6.73	3.41	3.68	92%	91	7.81	3.27	3.36	126%	등록50%컷	등록70%컷
			2024	77	9.16	3.61	3.73	126%	76	6.14	3.56	3.70	54%	등록50%컷	등록70%컷
	공주대	교과Ⅰ★	2023	338	8.04	3.65	3.80	225%	960	5.61	4.28	4.52	161%	등록50%컷	등록70%컷
			2024	375	7.11	3.83	4.07	178%	990	5.27	4.50	4.74	166%	등록50%컷	등록70%컷
		지역인재★	2023	79	7.58	4.15	4.29	143%	182	5.40	4.64	4.83	94%	등록50%컷	등록70%컷
			2024	65	5.63	4.64	4.84	143%	185	4.39	5.09	5.31	101%	등록50%컷	등록70%컷
	극동대	교과우수자	2023	89	2.26	3.75	4.50	83%	200	3.08	3.14	3.50	157%	등록50%컷	등록70%컷
			2024	185	0.74	4.51	5.63	14%	154	1.93	4.42	4.76	92%	등록50%컷	등록70%컷
		일반전형	2023	181	3.70	4.25	4.75	93%	186	2.30	3.50	3.80	46%	등록50%컷	등록70%컷
			2024	143	3.64	4.50	4.94	81%	181	2.25	5.02	5.30	69%	등록50%컷	등록70%컷
		지역인재1	2023						30	1.83					
			2024						30	1.87	4.38	4.63	73%	등록50%컷	등록70%컷
	단국대(천안)	학생부교과우수자★	2023	250	6.98	3.87		128%	440	7.92	3.41		176%	등록평균	
			2024	228	6.09	3.82	4.36	111%	369	7.40	3.19	3.52	150%	등록평균	등록최저
		학생부교과★	2023	142	6.00	4.36	5.05	171%	239	5.73	4.30	4.95	189%	등록평균	등록최저
			2024	139	6.24	4.30	4.83	182%	247	6.06	4.30	4.84	177%	등록평균	등록최저
	선문대	면접	2023	80	2.25				83	3.58	4.85	5.48	14%	등록50%컷	등록70%컷
			2024						61	8.44	4.55	4.78	44%	등록50%컷	등록70%컷
		일반학생	2023	422	4.37	5.60	6.50	260%	507	4.78	5.26	6.17	258%	등록50%컷	등록70%컷
			2024	486	4.29	4.89	5.46	266%	606	3.84	3.56	4.44	182%	등록50%컷	등록70%컷
		지역학생	2023	90	2.84	6.24	6.98	1,221%	143	3.94	5.84	6.58	914%	등록50%컷	등록70%컷
			2024	91	4.08	5.04	5.33	213%	130	4.55	4.18	4.61	183%	등록50%컷	등록70%컷
	순천향대	교과면접	2023	207	4.55	3.83	4.61	66%	338	3.43	4.25	5.03	76%	등록평균	등록최저
			2024	90	8.90	3.66	4.10	112%	130	7.22	4.05	4.39	80%	등록평균	등록최저
		교과우수자★	2023	203	6.15	3.49	4.06	180%	394	7.03	3.60	4.16	179%	등록평균	등록최저
			2024	261	5.90	3.87	4.66	179%	505	5.86	3.73	4.33	178%	등록평균	등록최저
		지역인재	2023						47	6.64	1.76	1.95	87%	등록평균	등록최저
			2024	94	5.07	3.84	4.33	99%	172	4.65	4.08	4.56	89%	등록평균	등록최저
	우송대	교과중심	2023	250	10.12	4.18		333%	308	8.84	4.27		382%	등록평균	
			2024	325	7.61	4.25		377%	379	7.16	4.51		384%	등록평균	
		면접	2023	398	6.18	4.22	4.50	87%	406	6.79	4.42	4.73	103%	등록평균	등록70%컷
			2024	351	5.41	4.41	4.79	91%	371	5.45	4.62	4.85	85%	등록평균	등록70%컷
		우송인재	2023	111	7.32				70	6.09				등록평균	
			2024	56	7.73	4.99		238%	57	5.46	4.83		154%	등록평균	
		지역인재	2023	54	7.41				51	21.33				등록평균	
			2024	52	5.65	4.80		231%	54	6.48	5.07		254%	등록평균	
	을지대(대전)	지역균형★	2023						5	18.40	1.20	1.25	120%	등록평균	등록70%컷
			2024						5	15.40	1.18	1.17	100%	등록평균	등록70%컷
		지역의료인재★	2023						19	12.58	1.33	1.35	111%	등록평균	등록70%컷
			2024						19	9.68	1.37	1.44	105%	등록평균	등록70%컷
	충남대	일반전형★	2023	376	7.97	3.22	3.40	115%	753	8.62	3.15	3.33	113%	등록평균	등록70%
			2024	372	8.55	3.09	3.21	129%	745	8.95	2.90	3.05	127%	등록평균	등록70%
		지역인재★	2023	162	7.12	3.21	3.37	106%	348	7.23	3.22	3.35	88%	등록평균	등록70%
			2024	161	7.02	3.41	3.61	86%	347	7.48	3.05	3.16	75%	등록평균	등록70%
	충북대	학생부교과★	2023	247	12.51	3.28	3.42	205%	464	10.75	3.44	3.54	191%	등록평균	등록70%컷
			2024	297	7.97	3.40	3.53	168%	594	8.05	3.49	3.69	138%	등록평균	등록70%컷
		지역인재★	2023	83	9.04	3.57	3.30	189%	209	7.23	3.46	3.25	156%	등록평균	등록70%컷
			2024	91	8.01	3.64	3.71	205%	234	8.24	3.32	3.27	168%	등록평균	등록70%컷
	한국교원대	지역인재★	2023	9	12.33	3.46			5	8.40	3.59			지원평균	
			2024	9	10.33	3.13			7	6.86	3.33			지원평균	
	한국교통대	일반전형	2023	174	3.66	4.12	5.18	199%	550	4.66	4.34	5.40	206%	등록평균	등록최저
			2024	229	6.51	4.03	4.81	211%	659	5.68	3.78	4.51	159%	등록평균	등록최저
		지역인재	2023												
			2024	26	4.81	4.28	4.43	65%	73	5.47	4.08	4.49	92%	등록평균	등록최저

지역	대학	전형	학년도	인문					자연					성적 산출기준	
				모집인원	경쟁률	성적①	성적②	충원율	모집인원	경쟁률	성적①	성적②	충원율	성적①	성적②
	한국기술교대	일반전형★	2023	29	5.97	3.78	4.51	86%	138	6.02	3.77	4.81	153%	등록평균	등록최저
			2024	45	5.60	4.04	4.92	128%	212	6.85	3.97	4.78	108%	등록평균	등록최저
		지역인재★	2023	24	4.58	3.81	4.58	99%	88	6.88	3.85	4.41	173%	등록평균	등록최저
			2024	21	6.33	3.77	4.41	88%	79	6.23	4.05	4.57	141%	등록평균	등록최저
	한남대	일반전형	2023	578	4.74	4.95	5.45	238%	400	5.54	4.97	5.26	288%	최종평균	최종80%
			2024	639	4.31	5.28	5.75	223%	455	4.97	5.16	5.69	238%	최종평균	최종80%
		지역인재교과우수자	2023	232	4.47	4.47	4.74	204%	179	4.65	4.76	5.03	225%	최종평균	최종80%
			2024	268	3.35	4.78	5.17	158%	200	3.72	4.93	5.25	151%	최종평균	최종80%
	한밭대	지역인재(교과)	2023	21	13.43				62	12.84	4.28	4.54	155%	등록50%컷	등록70%컷
			2024	21	16.67			167%	65	14.38	4.11	4.19	194%	등록50%컷	등록70%컷
		학생부교과(일반)	2023	203	8.40	4.25	4.41	172%	674	5.86	4.58	4.77	135%	등록50%컷	등록70%컷
			2024	231	8.94	3.97	4.43	229%	768	7.04	4.49	4.69	180%	등록50%컷	등록70%컷
	한서대	지역인재	2023	35	6.23	4.71		100%	76	5.39	3.87		158%	등록평균	
			2024	42	5.29	4.87		26%	80	3.21	4.11		90%	등록평균	
		학생부교과1	2023	112	13.45	4.05	4.59	376%	309	10.58	3.57	3.98	199%	등록평균	등록80%
			2024	112	5.39	4.38	4.90	275%	234	4.64	3.65	4.01	189%	등록평균	등록80%
		학생부교과2	2023	62	8.19	4.89	5.06	95%	119	3.41	3.82	4.05	88%	등록평균	등록80%
			2024	57	17.96	4.37	4.50	121%	102	3.11	4.10	4.53	125%	등록평균	등록80%
		한서인재	2023	152	9.41	4.51	5.07	32%	242	2.75	4.31	4.63	39%	등록평균	등록80%
			2024	165	10.91	4.65	5.06	32%	254	2.65	4.36	4.94	42%	등록평균	등록80%
	호서대	지역인재	2023	117	3.97	5.41	6.43	207%	211	3.48	5.12	5.82	140%	등록평균	등록최저
			2024	124	4.16	5.37	6.36	218%	215	3.63	5.21	5.98	171%	등록평균	등록최저
		학생부	2023	382	5.58	4.60	5.47	291%	720	4.93	4.71	5.82	236%	등록평균	등록최저
			2024	374	5.25	4.89	5.88	311%	717	4.74	4.76	5.72	229%	등록평균	등록최저
	홍익대(세종)	교과우수자★	2023	166	5.41	3.29	3.49	127%	174	7.63	3.99	4.13	141%	등록50%컷	등록70%컷
			2024	170	3.80	3.55	3.80	124%	184	4.40	4.09	4.19	130%	등록50%컷	등록70%컷
교대	.경인교대	학교장추천★	2023	70	5.16	1.46	1.55	300%						등록50%컷	등록70%컷
			2024	240	3.08	2.46	2.76	8%						등록50%컷	등록70%컷
	.서울교대	학교장추천★	2023	50	1.96	1.59	1.90							등록50%컷	등록70%컷
			2024	40	3.78	1.67	1.83							등록50%컷	등록70%컷

II. 변경사항

■ 모집인원

학년도	구분	전체	인문	자연
2024	인원	64,093(100%)	26,231(40.9%)	37,862(59.1%)
2025	인원	67,035(100%)	28,998(43.3%)	38,037(56.7%)
	증감	+2,942(4.6%)	+2,767(10.5%)	+175(0.5%)

1. 무전공(유형1)

무전공 유형1은 전공을 정하지 않고 모집 후, 1학년을 마치고 2학년 진급시 대학 내 모든 전공을 자유롭게 선택할 수 있습니다.
단, ⓐ 정부에서 정원을 관리하는 전공(보건의료계열, 사범계열), ⓑ 각 부처 인재양성사업에 따른 전공, 희소 특수학과, 첨단학과, 계약학과, 재직자, 성인학습자, 특수교육대상자 모집인원, ⓒ 예체능계열, 종교계열은 대학에 따라 선택이 제한될 수 있습니다.

■ 전체

전형유형	합계	서울	경인	강원	경상	전라	제주	충청
학생부교과	5.124	1,159	1,379	145	912	573	31	925
		22.7%	27.0%	2.8%	17.8%	11.0%	0.6%	18.1%

■ 대학

번호	지역	대학	모집단위	모집인원	번호	지역	대학	모집단위	모집인원
1	서울	경희대	[서울캠퍼스] 자율전공학부	49	37	경인	차의과학대	미래융합대학	99
2		경희대	[국제캠퍼스] 자유전공학부	187	38		한경국립대	HK자율전공학부	53
3		고려대	자유전공학부	18	39		한국외대(글로벌)	자유전공학부(글로벌)	36
4		국민대	미래융합전공	100	40		한국항공대	자유전공학부	18
5		덕성여대	자유전공학부	88	41		한국항공대	자유전공학부(공학적성)	18
6		동국대	열린전공학부(인문)	50	42		한국항공대	자유전공학부(이학적성)	15
7		동국대	열린전공학부(자연)	50	43		한신대	자유전공학부	25
8		상명대(서울)	자유전공(IT계열)	19	44		한양대(ERICA)	LIONS자율전공학부(전계열)	75
9		상명대(서울)	자유전공(경영경제계열)	24	45	강원	강릉원주대	자유전공학부	41
10		상명대(서울)	자유전공(예체능계열)	12	46		강원대(삼척)	자유전공학부(인문계열)	27
11		상명대(서울)	자유전공(이공계열)	14	47		강원대(삼척)	자유전공학부(자연계열)	28
12		상명대(서울)	자유전공(인문사회계열)	32	48		강원대(춘천)	자유전공학부(인문계열)	25
13		서강대	AI기반자유전공학부	5	49		강원대(춘천)	자유전공학부(자연계열)	24
14		서강대	SCIENCE기반자유전공학부	5	50	경상	경북대	자율미래인재학부	48
15		서강대	인문학기반자유전공학부	10	51		경북대	자율전공학부	151
16		서경대	자유전공학부	38	52		경상국립대	인문사회자율전공	21
17		서울시립대	자유전공학부(인문)	4	53		경상국립대	자연과학자율전공	20
18		서울시립대	자유전공학부(자연)	4	54		금오공과대	자율전공학부	251
19		성균관대	자유전공계열	120	55		부경대	글로벌자유전공학부	12
20		성신여대	창의융합학부(자유전공)	62	56		부경대	자유전공학부	250
21		숭실대	자유전공학부(인문)	20	57		안동대	자유전공학부	61
22		숭실대	자유전공학부(자연)	27	58		창원대	사림아너스학부	98
23		한국외대(서울)	자유전공학부(서울)	20	59	전라	군산대	자율전공학부	181
24		한성대	상상력인재학부	91	60		목포대	글로벌학부	15
25		한양대(서울)	한양인터칼리지학부	40	61		목포대	자유전공학부	66
26		홍익대(서울)	서울캠퍼스자율전공(인문·예능)	29	62		순천대	자유전공학부	73
27		홍익대(서울)	서울캠퍼스자율전공(자연·예능)	41	63		전남대(광주)	자율전공학부(1년)	48
28	경인	가천대	자유전공학부(자유전공)	321	64		전남대(광주)	자율전공학부(4년)	27
29		가톨릭대	자유전공학부	17	65		전남대(여수)	창의융합학부	45
30		강남대	자유전공학부	38	66		전북대	본부융합자율전공학부1(전주캠)	100
31		강남대	자유전공학부(야간)	16	67		전북대	본부융합자율전공학부2(특성화캠)	18
32		대진대	자율전공학부	42	68	제주	제주대	자유전공	31
33		루터대	휴먼케어서비스학부	52	69	충청	공주대	자율전공학부(공주캠퍼스)	58
34		명지대(서울)	자율전공학부(인문)	90	70		공주대	자율전공학부(산업과학대학)	35
35		명지대(용인)	자율전공학부(자연)	52	71		공주대	자율전공학부(천안공과대학)	87
36		서울신학대	자율전공학부	24	72		상명대(천안)	자유전공(공학계열)	75
37		성결대	자율전공학부	80	73		상명대(천안)	자유전공(아트&컬처)	41
38		아주대	자유전공학부(인문)	10	74		충남대	자율전공융합학부	147
39		아주대	자유전공학부(자연)	5	75		충북대	인문사회자율전공계열	45
40		안양대	자유전공	75	76		충북대	자연과학자율전공계열	133
41		을지대(의정부)	자유전공학부	23	77		한국교통대	자유전공학부	11
42		인천가톨릭대	자유전공	23	78		한밭대	자율전공학부	168
43		인천대	자유전공학부(인문)	61	79		홍익대(세종)	세종캠퍼스자율전공(인문·예능)	70
44		인천대	자유전공학부(자연)	91	80		홍익대(세종)	세종캠퍼스자율전공(자연·예능)	55
45		인하대	자유전공융합학부	20					

2. 신설

대학	전형	모집인원	전형 방법	수능최저학력기준
공주대	교과Ⅱ	310	학생부80%+ 교과정성평가20%	X
공주대	자율전공	337	▶자율전공학부: 학생부100%	○
교과Ⅰ 전형 참고				
동양대	일반전형Ⅱ	47	학생부100%(교과60%+ 출결40%)	X
용인대	자율전공	237	학생부100%	X
원광대	지역인재교과	전 32 호 16	▶의예과: 학생부100%	○
▶ 의예과: [국어, 수학, 영어, 과탐(2과목 평균)] 중 수학 포함 3개 영역 등급 합 5 이내 ※ 국어, 수학, 영어, 과탐(2과목) 4개 영역 응시				
울산대	지역교과	622	학생부100% ▶의예과: 1단계)학생부100%(5배수) 2단계)학생부80%+ 면접20%	○
인 ▶ 스마트도시융합대, 경영·공공정책대, 글로벌인문학부: [국어, 수학, 영어, 사/과탐(1과목)] 중 1개 영역 5등급 이내 ▶ 아산아너스칼리지(자유전공학부): [국어, 수학, 영어, 사/과탐(1과목)] 중 2개 영역 6등급 이내 자 ▶ 미래엔지니어링융합대: [국어, 수학, 영어, 사/과탐(1과목)] 중 2개 영역 등급 합 10 이내 ▶ 간호학과: [국어, 수학, 영어, 사/과탐(1과목)] 중 2개 영역 등급 합 7 이내 ※ 아산아너스칼리지, 미래엔지니어링 융합대 건축도시환경학과, 간호학과: 수학(미적분/기하) 선택시 1등급 상향 ▶ 의예과: [국어, 수학(미적분/기하), 영어, 과탐(2과목 평균)] 중 3개 영역 등급 합 4 이내, 한국사 4등급 이내 ※ 과탐영역 소수점 처리방법: 서로 다른 2과목(동일과목 Ⅰ+Ⅱ는 인정하지 않음)의 등급을 평균하며, 소수점 첫째자리에서 반올림				
평택대	PTU추천	76	학생부교과100%	X
한신대	학교장추천	55	학생부교과100% ※ 고교 추천: 제한 없음	X
호남대	일반학생B	109	학생부100%	X(간호,물리치료○)
▶ 간호학과: [국어, 수학, 영어, 탐구(1과목)] 중 2개 영역 평균 5등급 이내 ▶ 물리치료학과: [국어, 수학, 영어, 탐구(1과목)] 중 2개 영역 평균 6등급 이내				
호서대	면접	47	학생부교과60%+ 면접40%	X

3. 폐지

대학	전형	모집인원	전형 방법	수능최저학력기준
고려대(세종)	지역인재	65	학생부교과100%	○
고려대(세종)	농어촌학생	33	학생부교과100%	X(약학○)
삼육대	일반전형	33	▶약학과: 1단계)학생부100%(5배수) 2단계)학생부60%+ 면접40% ▶생활체육학과: 학생부40%+ 실기60% ▶아트앤디자인학과: 학생부20%+ 실기80%	X(약학과○)

4. 주요 변경사항

▍서울

대학	전형	구분		2024	2025
고려대	학교추천	추천인원 변경		3학년 재적 수의 4%	12명
덕성여대	학생부100% 고교추천	(학생부) 진로선택과목 반영과목 변경		반영 3개교과 중 성취도 등급 상위 3과목	국어, 영어, 수학, 사회, 과학교과 중 상위 3과목
광운대	지역균형	학생부	반영교과목	인문: 국어, 영어, 수학, 사회 자연: 국어, 영어, 수학, 과학	국어, 영어, 수학, 사회, 과학
			진로선택과목	상위 3과목 (A : 1등급, B : 2등급, C : 3등급)	반영교과 전 과목 (A : 1등급, B : 2등급, C : 4등급)
동국대	학교장추천인재	서류평가(30%) 반영방법 변경		학교생활기록부 전 영역	학교생활기록부 교과 관련 영역 (교과학습발달상황, 세부능력 및 특기사항, 출결사항, 행동특성 및 종합의견)
명지대	교과면접	(학생부), 환산점수 변경		1등급(100), 2등급(99), 3등급(97), 4등급(94), 5등급(90), 6등급(80), 7등급(60), 8등급(30), 9등급(0)	1등급(100), 2등급(99), 3등급(98), 4등급(94), 5등급(90), 6등급(80), 7등급(60), 8등급(30), 9등급(0)
삼육대	학교장추천	진로선택과목 반영방법 변경		반영교과 전과목. A : 1등급, B : 3등급, C : 5등급	반영교과 3과목. A : 100, B : 96.5, C : 80

대학	전형	구분	2024	2025
서경대	교과우수자①	지원자격 '이수단위' 상향	반영교과 60단위 이상 이수	반영교과 80단위 이상 이수
		학생부 반영교과목 변경	인 국어30%, 영어25%, 수학10%, 사회20%, 한국사15% 전 과목 자 국어10%, 영어25%, 수학30%, 과학20%, 한국사15% 전 과목	국어25%, 영어25%, 수학25%, 사회·과학·한국사25% 전 과목
서울과기대	고교추천	지원자격 추가	–	본교 모집단위 기준 계열별 반영 교과목 90단위 이상 성적 산출이 가능한 자
		학생부 | 진로선택과목	가산점 = A : 5점, B : 3점, C : 1점	성취도별 환산등급 = A : 1등급, B : 3등급, C : 5등급
서울시립대	지역균형선발	(학생부) 진로선택과목: 반영교과목 변경	인 국어, 영어, 수학, 사회교과 중 3과목 자 국어, 영어, 수학, 과학교과 중 3과목	전 과목
서울여대	교과우수자	(학생부) 반영교과목 변경	국어, 영어, 수학, 사회/과학교과별 3과목 (총 12과목)	국어, 영어, 수학, 사회, 과학교과 전 과목 ※ 반영과목은 60단위 이상 이수하여야 함(미달은 지원자격 미부합으로 불합격 처리)
성균관대	학교장추천	추천인원 변경	3학년 재적 수의 10%	15명
		(수능최저) 탐구: 1과목 이상 필수 응시 폐지	인문: 사탐 1과목 이상 필수 응시 자연: 과탐 1과목 이상 필수 응시	–
		(학생부) 정성평가 : 반영범위 확대	정량평가: 공통과목 및 일반선택과목 정성평가: 진로선택과목	정량평가: 공통과목 및 일반선택과목 정성평가: 전체 과목(공통/일반선택/진로선택)
세종대	지역균형	(학생부) 인문: 반영교과 축소	국어, 영어, 수학, 사회, 과학교과	국어, 영어, 수학, 사회교과
		(수능최저) 자연: 반영영역 및 방법 변경	[국어, 수학(미적분/기하), 영어, 과탐] 2개 영역 등급 합 7	[국어, 수학, 영어, 사/과탐] 2개 영역 등급 합 6
숭실대	학생부우수자	수능최저 변경 | 인문/경상계열	[국어, 수학, 영어, 사/과탐] 2개 영역 등급 합 4	[국어, 수학, 영어, 사/과탐] 2개 영역 등급 합 5
		수능최저 변경 | 융합특성화 자유전공학부	[국어, 수학(미적분/기하), 영어, 사/과탐] 2개 영역 등급 합 5	[국어, 수학, 영어, 사/과탐] 2개 영역 등급 합 5
연세대	추천형	면접 폐지	1단계)학생부교과100%(5배수) 2단계)학생부교과70%+ 면접30%	학생부교과100%
		수능최저학력기준 도입	–	인문: [국, 수, 사과(1)] 2개 과목 등급 합 4('국, 수' 중 1개 포함), 영어 3등급, 한국사 4등급 자연: [국, 수(미/기), 과(1)] 2개 과목 등급 합 5('수' 포함), 영어 3등급, 한국사 4등급
이화여대	고교추천	추천인원 확대	3학년 여학생 수의 5%(최대 10명)	20명
		전형방법 변경	학생부교과80%+ 면접20%	1단계)학생부교과100%(5배수) 2단계)학생부교과80%+ 면접20%
		(학생부) 진로선택과목 비율 확대	공통 및 일반선택과목 90% 진로선택과목 10%	공통 및 일반선택과목 80% 진로선택과목 20%
한양대	추천형	전형명칭 변경	지역균형발전	추천형
		전형방법 변경	학생부교과100%	학생부교과90%+ 교과정성평가10%
		수능최저 도입	–	[국어, 수학, 영어, 탐구(1)] 3개 등급 합 7
		(학생부) 진로선택과목	반영교과 중 상위 3과목	–

▌경인

대학	전형	구분	2024	2025
가천대	학생부우수자	(수능최저) 자연계: 수학(미적분/기하) 1등급 상향 폐지	[국어, 수학, 영어, 탐구] 2개 등급 합 6 ※ 수학(미적분/기하): 1등급 상향	[국어, 수학, 영어, 탐구] 2개 등급 합 6
		(학생부)진로선택과목:미반영	성취도 = A : 1등급, B : 2등급, C : 5등급	미반영
	지역균형	(학생부) 공통및일반선택: 미반영	공통및일반선택: 4개교과 전과목 진로선택: 4개교과 전과목	공통및일반선택: 미반영 진로선택: 4개교과 전과목
가톨릭대	지역균형	(학생부) 진로선택과목 반영과목 수 확대	반영교과 중 상위 3과목	반영교과 전 과목
한국공학대	교과우수자 지역균형	(학생부) 진로선택과목	반영교과 내 진로선택과목의 성취도가 'A'인 과목이 있는 경우, 해당 교과 상위 4과목 중 가장 낮은 등급의 과목을 1개 등급 상향하여 적용(최대 2개 교과에 한함.)	반영교과 중 상위 2과목 반영 ※ 성취도별 변환등급 = A : 1등급, B : 2등급, C : 4등급
한신대	학생부우수자	(학생부) 반영교과목 변경	국어/수학교과 중 3과목, 영어교과 3과목, 사회/과학교과 중 3과목 (총 9과목)	국어/수학/영어교과 중 6과목, 사회/과학교과 중 3과목 (총 9과목)

▌충청

대학	전형	구분		2024	2025
선문대	일반학생 지역인재	(학생부) 반영교과목 변경		국어(2), 영어(2), 수학(2), 사회/과학/한국사(2)교과별 상위 2과목(총 8과목)+진로선택과목 중 2과목	국어, 영어, 수학, 사회, 과학, 한국사교과 중 7과목+ 진로선택과목 3과목
순천향대	교과면접	(학생부) 반영교과목 변경		국어, 영어, 수학, 사회(한국사 포함), 과학 중 상위 15과목 (진로선택과목: 미반영)	국어, 영어, 수학, 사회(한국사 포함), 과학 중 상위 3개 교과 전 과목 (진로선택과목: 상위 3과목)
		진로선택과목 환산등급 변경		A : 1등급, B : 2등급, C : 3등급	A : 1등급, B : 3등급, C : 5등급
	지역인재	진로선택과목 환산등급 변경		A : 1등급, B : 2등급, C : 3등급	A : 1등급, B : 3등급, C : 5등급
우송대	교과중심 지역인재 우송인재, 면접	(학생부) 진로선택과목 반영		미반영	국어, 외국어, 수학, 사회, 과학교과 중 3과목 ※ 가산점(총 10점, 기본점수 1점) = A : 3, B : 1.5, C : 0.5
충북대	학생부교과 지역인재	수능최저	탐구 반영과목	2과목 평균	상위 1과목
			사범대학	3개 영역 등급 합 9	3개 영역 등급 합 10
			약학대학	수학 포함 3개 영역 등급 합 5	수학 포함 3개 영역 등급 합 6
		학생부	반영과목	1학년) 국어, 영어, 수학, 사회, 과학교과 2,3학년) 인 국어, 영어, 수학, 사회교과 자 국어, 영어, 수학, 과학교과	국어, 영어, 수학, 사회, 과학교과
한국교통대	일반전형	(학생부) 가산점 변경: 국어, 영어, 수학, 사회, 과학 이수단위 합 100이상인 자		가중치 7% (백분위 환산점수에 가중치 7% 부여 후 최종 점수 환산)	가산점 10% (교과성적 산출 점수에 가산점 10% 부여 후 최종 점수 환산)
		(수능최저) 간호학과만 도입		-	(단, 간호학과: 2개 영역 등급 합 8 이내)
한국기술교대	일반전형	(학생부) 진로선택과목 반영		-	진로선택과목 전 과목 중 상위 2과목의 등급에 따라 교과성적(100점)의 최대 3% 가산
한서대	학생부교과1 지역인재	학생부	반영방법 변경	교과100%	교과90%, 봉사활동시간10%
			진로선택과목	-	상위 2과목 가산점 부여
	학생부교과2	학생부	반영교과목	국어, 영어, 수학교과 중 상위 1교과에 속한 5과목	국어, 영어, 수학교과 중 상위 2교과 각각 5과목씩 총 10과목
			반영방법 변경	교과100%	교과90%, 봉사활동시간10%
			진로선택과목	-	상위 2과목 가산점 부여
	한서인재	(학생부) 진로선택과목 반영		-	상위 2과목 가산점 부여
호서대	학생부 지역인재	학생부	공통 및 일반선택	국어, 영어, 수학, 사회(한국사 포함)/과학교과 중 상위 3개 교과에 속한 전 과목	국어, 영어, 수학, 사회, 과학, 한국사교과 중 상위 12개 과목
			진로선택	상위 2과목 가산점 ※ 가산점 = A : 5, B : 3, C : 1	상위 3과목 환산등급 ※ 환산등급 A=1+(학생이 취득한 성취도 비율/100) B=3+(학생이 취득한 성취도비율/100) C=5+(학생이 취득한 성취도 비율/100)

▌강원

대학	전형	구분	2024	2025
강원대	일반전형 지역인재	(수능최저)의예, 약학, 수의예: 수능 반영과목 변경	국어, 수학(미적분/기하), 영어, 과탐	국어, 수학, 영어, 과탐
		(학생부) 반영비율 변경	공통및일반선택(100%): 1,000점 진로선택(가산점): 15점	공통및일반선택(90%): 900점 진로선택(10%): 100점
		(학생부) 진로선택과목: 반영과목 및 반영방법 변경	반영교과 중 상위 3과목 ※ 가산점 = A : 15점, B : 9점, C : 3점	반영교과 전 과목 A : 1등급, B : 2등급, C : 4등급
연세대 (미래)	교과우수자	(학생부) 교과성적산출지표	Z점수	석차등급
한라대	일반학생 (교과중심), (면접중심), 지역인재	(학생부) 진로선택과목 반영 가능	국어, 수학, 영어, 사회(역사/도덕, 한국사 포함), 과학 교과 중 우수 10과목	국어, 수학, 영어, 사회(역사/도덕, 한국사 포함), 과학 교과 중 우수 10과목 ※ 진로선택과목 포함 가능(최대 5과목) ※ 성취도 = A : 1등급, B : 3등급, C : 5등급
한림대	교과우수자 지역인재	(학생부) 진로선택과목 가산점 변경	A : 10, B : 8, C : 6	A : 10, B : 8, C : 4

▌경상

대학	전형	구분		2024	2025
경북대	교과우수자 지역인재	수능최저 변경	IT대학	2개 등급 합 5	<u>수학 포함</u> 2개 등급 합 5
			자율전공부	2개 등급 합 <u>6</u>	2개 등급 합 <u>5</u>
			공과대학	2개 등급 합 6	<u>수학 포함</u> 2개 등급 합 6
			의예과	과탐: 2과목 평균(소수점 절사)	과탐: 2과목 평균(소수점 반올림)
경상 국립대	일반전형 지역인재	수능최저 변경		3개 등급 합 14	2개 등급 합 10
				3개 등급 합 13	2개 등급 합 10/9
				3개 등급 합 12	2개 등급 합 9
				3개 등급 합 10	2개 등급 합 8
				3개 등급 합 9	2개 등급 합 7/6(또는 3개 등급 합 12)
				(수의대/약대) 과탐 : 1과목 반영	(수의대/약대) 과탐 : 2과목 평균, 소수점 절사
부산대	학생부교과 지역인재	학업역량평가: 반영교과목 확대		인문 : 국어, 영어, 수학, 사회, 한국사 자연 : 국어, 영어, 수학, 과학, 한국사	국어, 영어, 수학, 사회, 과학
울산대	일반교과	명칭 변경		학생부교과	일반교과

▌전라

대학	전형	구분		2024	2025
조선대	일반전형	수능최저	치의예과	3개 영역 등급 합 5	수학 포함 3개 영역 등급 합 5
			약학과	3개 영역 등급 합 6	수학 포함 3개 영역 등급 합 6
		학생부	출결 미반영	교과90%, 출결10%	교과100%
			진로선택과목	가산점(10점)	공통 및 일반선택(40점), 진로선택(10점)
	지역인재	수능최저	치의예과	3개 영역 등급 합 6	수학 포함 3개 영역 등급 합 5
			약학과	3개 영역 등급 합 7	수학 포함 3개 영역 등급 합 6
		학생부	출결 미반영	교과90%, 출결10%	교과100%
			진로선택과목	가산점(10점)	공통 및 일반선택(40점), 진로선택(10점)
호남대	일반학생	명칭변경		일반학생	일반학생A
		1단계 선발배수 변경	간호학과	5배수	3배수
			물리치료	7배수	5배수
	일반고, 지역인재	(수능최저) 반영영역 변경		국어, 수학, 영어	국어, 수학, 영어, <u>탐구(1과목)</u>

▌제주

대학	전형	구분	2024	2025
제주대	일반학생 지역인재	(수능최저) 회계학과	<u>수학 포함</u> 2개 등급 합 9	2개 등급 합 9
		(수능최저) 공과대학	수학 포함 2개 등급 합 10 ※수학(확률과통계) 응시자: 1등급 하향 적용	2개 등급 합 10

▌교육대학

대학	전형	구분	2024	2025
경인 교대	학교장추천	전형방법 변경	1단계)학생부교과100%(2.5배수) 2단계)학생부교과70%+ 면접30%	학생부교과70%+ 면접30%
		수능최저 완화	4개 영역 등급 합 <u>11</u>	4개 영역 등급 합 <u>12</u>
서울 교대	학교장추천	수능최저 변경	4개 영역 등급 합 <u>9</u>, 한국사 4등급	4개 영역 등급 합 <u>10</u>, 한국사 4등급

III. 전형일정

▌(학생부교과) 면접고사

구분	대학 수	대학
수능 이전	35 (74%)	감리교신학대, 강서대, 경동대, 극동대, 단국대, 동양대, 루터대, 명지대, 상명대, 서울기독대, 서울신학대, 서울장신대, 선문대, 성결대, 수원대, 순천향대, 신한대, 아신대, 안양대, 우송대, 이화여대, 인천가톨릭대, 장로회신학대, 차의과학대, 총신대, 칼빈대, 한국성서대, 한라대, 한서대, 한세대, 호남대, 호서대, 화성의과학대, 협성대 ▌경인교대
수능 이후	12 (26%)	가천대, 가톨릭대, 건국대(글로컬), 대진대, 수원가톨릭대, 수원대, 연세대(미래), 울산대, 을지대, 차의과학대, 충남대 ▌서울교대

1. 면접고사일

※ 비대면 녹화 영상 면접: ① (학생부교과) 선문대: 면접전형[간호학과, 물리치료학과, 치위생학과, 응급구조학과]
※ 비대면 영상 온라인 업로드 면접: ① (학생부교과) 경인교대: 학교장추천전형

	날짜		대학
9	23	월	경인교대: 학교장추천[※ 비대면 영상 온라인 업로드 면접: 9.23(월) 10:00 ~ 9.25(수) 11:00]
10	01	화	한국성서대: 일반학생/교과성적우수자/목회자추천[~02(수)]
10	02	수	한국성서대: 일반학생/교과성적우수자/목회자추천
10	03	목	강서대: 일반학생[간호학과 ~05(토)]
10	04	금	강서대: 일반학생[신학과]
10	05	토	강서대: 일반학생[간호학과]
10	06	일	
10	07	월	
10	08	화	
10	09	수	강서대: 일반학생[G2빅데이터경영학과, 상담심리학과], 호서대: 면접[항공서비스학과]
10	10	목	한라대: 일반학생(면접중심)
10	11	금	감리교신학대: 일반전형/추천자[14:00], 장로회신학대: 학생부우수자, 칼빈대: 일반학생, 호남대: 일반학생A
10	12	토	강서대: 일반학생[사회복지학과, 식품영양학과], 경동대: 자기추천제[간호학과], 서울신학대: 일반전형/기독교, 서울장신대: 일반전형/교역자추천자[10:00], 선문대: 면접[※ 대면 면접: 글로벌관광학부(항공서비스전공), 신학과, 면접전형(AI소프트웨어학과, 컴퓨터공학부) ※ 비대면 녹화 영상 면접: 간호학과, 물리치료학과, 치위생학과, 응급구조학과], 신한대: 일반전형[~13(일)], 안양대: 아리학생부면접, 화성의과학대: 일반전형[간호학과]
10	13	일	신한대: 일반전형
10	14	월	
10	15	화	
10	16	수	
10	17	목	극동대: 일반전형[전체학과(보건계열 일부학과, 항공운항서비스학과 제외)]/~18(금): 보건계열 일부학과, 항공운항서비스학과]/지역인재[~18(금)]
10	18	금	극동대: 일반전형[보건계열 일부학과, 항공운항서비스학과]/지역인재, 아신대: 일반전형/기독학생, 우송대: 교과면접[~19(토), 09:30/13:00]
10	19	토	경동대: 자기추천제[항공서비스학과], 루터대: 일반전형, 성결대: SKU창의적인재, 수원대: 면접위주교과[~21(월)], 순천향대: 교과면접[SW융합대학, 의료과학대학, SCH미디어랩스], 신한대: 일반전형[~20(일)], 우송대: 교과면접[09:30/13:00], 인천가톨릭대: 학교생활우수자/ICCU미래인재[문화콘텐츠학과]/가톨릭지도자추천[간호학과, 문화콘텐츠학과], 총신대: 교과우수자, 협성대: 미래역량우수자[인문사회과학대학, 이공대학, 자율전공학부(~20(일)]/담임목회자추천[신학과]
10	20	일	수원대: 면접위주교과[~21(월)], 순천향대: 교과면접[자연과학대학, 인문사회과학대학, 글로벌경영대학, 공과대학], 신한대: 일반전형, 협성대: 미래역량우수자[자율전공학부, 경영대학]
10	21	월	수원대: 면접위주교과, 한국체육대: 교과성적우수자[특수교육체육과 14:00]
10	22	화	
10	23	수	
10	24	목	서울기독대: 일반전형[※ 글로벌휴먼경영학과 제외]/학교장추천자
10	25	금	동양대: 면접전형[~26(토): 동두천캠퍼스(경찰범죄심리학과, 공공인재학부, 게임학부, AI빅데이터융합학과, 스마트안전시스템학부, 생활체육과)]/동두천캠퍼스[디자인학부]
10	26	토	단국대: 학생부교과우수자[해병대군사학], 동양대: 면접전형[동두천캠퍼스: 경찰범죄심리학과, 공공인재학부, 게임학부, AI빅데이터융합학과, 스마트안전시스템학부, 생활체육과], 명지대: 교과면접[인문/자연캠퍼스 모집단위 전체], 이화여대: 고교추천

날짜			대학
			[08:10~13:30 인문과학대학, 사회과학대학] / 14:10~19:30 경영대학, 신산업융합대학(인문), 사범대학(인문)], 한세대: 학생부면접우수자[~27(일)]
10	27	일	이화여대: 고교추천[08:10~13:30 공과대학, 인공지능대학 / 14:10~19:30 자연과학대학, 사범대학(자연), 신산업융합대학(자연), 간호대학], 한세대: 학생부면접우수자
10	28	월	
10	29	화	상명대: 고교추천[국가안보학과 체력검정], 한서대: 학생부교과Ⅰ/지역인재/한서인재[항공관광학과 ~11.02(토)]
10	30	수	한서대: 학생부교과Ⅰ/지역인재/한서인재[항공관광학과 ~11.02(토)]
10	31	목	한서대: 학생부교과Ⅰ/지역인재/한서인재[항공관광학과 ~11.02(토)]/한서인재[공학계열, 자유전공학과]
11	01	금	차의과학대: CHA학생부교과[~03(일) 간호대학, 미래융합대학], 한서대: 학생부교과Ⅰ/지역인재/한서인재[항공관광학과 ~11.02(토)]/한서인재[인문사회계열, 영화영상학과, 자연과학계열]
11	02	토	차의과학대: CHA학생부교과[~03(일) 간호대학, 미래융합대학], 한서대: 학생부교과Ⅰ/지역인재/한서인재[항공관광학과]
11	03	일	차의과학대: CHA학생부교과[간호대학, 미래융합대학]
11	04	월	
11	05	화	
11	06	수	
11	07	목	
11	08	금	
11	09	토	
11	10	일	
11	11	월	
11	12	화	
11	13	수	
11	14	목	대 학 수 학 능 력 시 험
11	15	금	
11	16	토	가천대: 지역균형[~18(월)], 대진대: 학생부우수자[※ 지원인원에 따라 일부학과는 17(일) 면접 실시], 울산대: 지역교과[의예과]
11	17	일	가천대: 지역균형[~18(월)]
11	18	월	가천대: 지역균형
11	19	화	
11	20	수	
11	21	목	
11	22	금	수원대: 고교추천[~24(일)]
11	23	토	가톨릭대: 지역균형[의예과], 수원대: 고교추천[~24(일)], 차의과학대: CHA학생부교과[약학대학], ▌ 서울교대: 학교장추천
11	24	일	건국대(글로컬): 지역인재[의예과], 수원대: 고교추천
11	25	월	
11	26	화	
11	27	수	
11	28	목	충남대: 일반전형/지역인재[09:00/12:30 사범대학]
11	29	금	
11	30	토	연세대(미래): 교과우수자[의예과]
12	01	일	
12	02	월	
12	03	화	수원가톨릭대: 일반학생
12	04	수	
12	05	목	
12	06	금	
12	07	토	
12	08	일	을지대: 지역균형/지역의료인재[의예과]

Ⅳ. 전형

▌서울

대학	전형	모집인원	전형 방법	수능최저학력기준
감신대	일반전형	82	학생부80%+ 면접20%	X
감신대	추천자	25	학생부80%+ 면접20%	X
강서대	일반학생	135	학생부80%+ 면접20%	X(간호학○)
▶ 간호학과: [국어, 수학, 영어, 사/과탐(1과목)] 중 2개 영역 등급 합 7 이내				
강서대	교과우수자	78	학생부100%	X
건국대	KU지역균형	470	학생부교과70%+ 교과정성30% ※ 고교 추천: 제한 없음	X
경희대	지역균형	634	학생부70%(교과80%,출결10%,봉사10%)+ 교과종합평가30% ※ 고교 추천: 3학년 재학 인원의 5%	○
[국어, 수학, 영어, 사/과탐(2과목 평균)] 중 2개 영역 등급 합 5 이내, 한국사 5등급 이내 ▶ 의예과, 치의예과, 한의예과(인문·자연), 약학과: 3개 영역 등급 합 4 이내, 한국사 5등급 이내 ▶ 예술·체육: [국어, 수학, 영어, 사/과탐(2과목 평균)] 중 1개 영역 3등급 이내, 한국사 5등급 이내 ※ 모든 계열에 반영 영역별 필수 응시과목(지정과목) 없음(단, 한국사는 필수 응시)				
고려대	학교추천	652	학생부교과80%+ 서류20% ※ 고교 추천: 12명	○
인 [국어, 수학, 영어, 사/과탐(2과목 평균)] 중 3개 영역 등급 합 7 이내, 한국사 4등급 이내 자 [국어, 수학, 영어, 과탐(2과목 평균)] 중 3개 영역 등급 합 7 이내, 한국사 4등급 이내 ▶ 의과대학: [국어, 수학, 영어, 과탐(2과목 평균)] 4개 영역 등급 합 5 이내, 한국사 4등급 이내 ※ 탐구영역: 반드시 2과목 응시, 서로 다른 2개 분야에 응시하는 경우만 인정(예: '물리학Ⅰ+ 생명과학Ⅰ' 인정, '화학Ⅰ+ 화학Ⅱ' 불인정)				
광운대	지역균형	209	학생부교과100% ※ 고교 추천: 제한 없음	X
국민대	교과성적우수자	491	학생부교과100% ※ 고교 추천: 제한 없음	○
인 [국어, 수학, 영어, 사/과탐(1과목)] 중 2개 영역 등급 합 5 이내 자 [국어, 수학, 영어, 과탐(1과목)] 중 2개 영역 등급 합 6 이내				
덕성여대	학생부100%	99	학생부교과100%	○
[국어, 수학, 영어, 사/과탐(1과목)] 중 2개 영역 등급 합 7 이내 ▶ 약학과: [국어, 수학(미적분/기하), 영어, 과탐(1과목)] 중 수학 포함 3개 영역 등급 합 6 이내				
덕성여대	고교추천	141	학생부교과100% ※ 고교 추천: 제한 없음	X
동국대	학교장추천인재	393	학생부교과70%+ 서류30% ※ 고교 추천: 8명	X
동덕여대	학생부교과우수자	179	학생부100% ※ 고교 추천: 제한 없음	○
[국어, 수학, 영어, 사/과탐(1과목)] 중 2개 영역 등급 합 7 이내 ▶ 약학과: [국어, 수학(미적분/기하), 과탐(1과목)] 3개 영역 등급 합 6 이내				
명지대	학교장추천	292	학생부교과100% ※ 고교 추천: 추후 수시요강 확인(2024: 20명)	X
명지대	교과면접	286	1단계)학생부교과100%(5배수) 2단계)학생부교과70%+ 면접30%	X
삼육대	학교장추천	135	학생부교과100% ※ 고교 추천: 제한 없음 ▶생활체육학과: 학생부40%+ 실기60% ▶아트앤디자인학과: 학생부20%+ 실기80%	○(생활체육, 아트앤디자인X)
[국어, 수학, 영어, 사/과탐(1과목)] 중 2개 영역 등급 합 7 이내 ▶간호학과, 물리치료학과: 2개 영역 등급 합 6 이내 ▶약학과: [국어, 수학(미적분/기하), 영어, 사/과탐(1과목)] 중 3개 영역 등급 합 5 이내 ▶생활체육학과, 아트앤디자인학과: 없음				
상명대	고교추천	서349	학생부교과100% ※ 고교 추천: 10명 ▶ 국가안보학과: 학생부80%+ 체력검정20%+ 신체검사(합/불)	○
[국어, 수학, 영어, 사/과탐(1과목)] 중 2개 영역 등급 합 7 이내 ▶ 국가안보학과: 없음				
서강대	지역균형	178	학생부100% ※ 고교 추천: 20명	○
[국어, 수학, 영어, 사/과/직탐(1과목)] 중 3개 영역 각 3등급 이내, 한국사 4등급 이내				
서경대	교과우수자① [2024] 교과우수자	162	학생부교과100%	X
서경대	교과우수자② [2024] 일반학생	162	학생부교과100%	○
[국어, 영어, 수학, 탐구(1과목)] 중 2개 영역 등급 합 8 이내				
서경대	교과우수자	185	학생부교과100%	X

대학	전형	모집 인원	전형 방법	수능최저 학력기준
서울과기대	고교추천	487	학생부교과100% ※ 고교 추천: 제한 없음	○
[국어, 수학, 영어, 사/과탐(1과목)] 중 2개 영역 등급 합 7 이내				
서울기독대	일반전형	48	학생부80+ 면접20% ▶글로벌휴먼경영: 학생부100%	X
서울기독대	학교장추천자	2	학생부70+ 면접30%	X
서울시립대	지역균형선발	189	학생부교과100% ※ 고교 추천: 10명	○
▶ 인문계열, 자유전공학부(인문): [국어, 수학, 영어, 사/과탐(1과목)] 중 3개 영역 등급 합 7 이내 ▶ 자연계열Ⅰ: [국어, 수학(미적분/기하), 영어, 과탐(1과목)] 중 3개 영역 등급 합 7 이내 ▶ 자연계열Ⅱ(환경원예학과, 건축학부(건축공학전공), 건축학부(건축학전공), 교통공학과, 조경학과, 자유전공학부(자연)) 　: [국어, 수학, 영어, 과탐(1과목)] 중 3개 영역 등급 합 7 이내 ※ 반드시 해당 계열 조건에 알맞은 응시유형에 응시하여야 함(한국사 미응시 시 불합격 처리)				
서울여대	교과우수자	176	학생부교과100% ※ 고교 추천: 제한 없음	○
[국어, 수학, 영어, 사/과탐(1과목)] 중 2개 영역 등급 합 7 이내				
서울한영대	일반전형	144	학생부100%	X
성공회대	교과성적	186	학생부100%	X
성균관대	학교장추천	415	학생부100% ※ 고교 추천: 15명	○
[국어, 수학, 영어, 사/과탐, 사/과탐(제2외/한문을 탐구로 대체 가능)] 5개 과목 중 3개 등급 합 7 이내 ▶ 자유전공계열, 글로벌리더학부, 글로벌경제학과, 글로벌경영학과, 소프트웨어학과, 반도체융합공학과, 에너지학과: 5개 과목 중 3개 등급 합 6 ※ 탐구영역은 반드시 2개 과목 응시해야 함. 제2외국어/한문을 탐구영역 1개 과목으로 대체 가능				
성신여대	지역균형	395	학생부100% ※ 고교 추천: 제한 없음	○
[국어, 수학, 영어, 사/과탐(1과목)] 중 2개 영역 등급 합 7 이내				
세종대	지역균형	368	학생부교과100% ※ 고교 추천: 제한 없음	○
[국어, 수학, 영어, 사/과탐(1과목)] 중 2개 영역 등급 합 6 이내 ▶자유전공학부: 2개 등급 합 5 이내				
숙명여대	지역균형선발	248	학생부교과100% ※ 고교 추천: 제한 없음	○
[국어, 수학, 영어, 사/과탐(1과목)] 중 2개 영역 등급 합 5 이내 ▶ 약학부: 수학 포함 3개 영역 등급 합 5 이내				
숭실대	학생부우수자	473	학생부교과100% ※ 고교 추천: 제한 없음	○
▶ 인문계열, 경상계열, 자유전공학부(인문): [국어, 수학, 영어, 사/과탐(1과목)] 중 2개 영역 등급 합 5 이내 ▶ 자연계열, 자율전공학부(자연): [국어, 수학(미적분/기하), 영어, 과탐(1과목)] 중 2개 영역 등급 합 5 이내				
연세대	추천형	511	학생부교과100% ※ 고교 추천: 10명	○
인 [국어, 수학, 사/과탐(1과목)] 중 2개 과목 등급 합 4 이내(국어, 수학 중 1개 과목 포함), 영어 3등급 이내, 한국사 4등급 이내 자 [국어, 수학(미적분/기하), 과탐(1과목)] 중 2개 과목 등급 합 5 이내(수학 포함), 영어 3등급 이내, 한국사 4등급 이내 　▶ 의예과, 치의예과, 약학과 　: [국어, 수학(미적분/기하), 과탐(1과목)] 중 2개 1등급 이내(국어, 수학 중 1개 과목 포함), 영어 3등급 이내, 한국사 4등급 이내 　▶ 생활과학대학, 간호대학: 인문 또는 자연계열의 수능최저학력기준 중 하나를 만족하여야 함				
이화여대	고교추천	417	1단계)학생부교과100%(5배수) 2단계)학생부교과80%+ 면접20% ※ 고교 추천: 20명	X
장신대	학생부우수자	25	학생부80%+ 면접20%	X
중앙	지역균형	500	학생부100% ※ 고교 추천: 20명	○
※ 영어영역 1등급과 2등급을 통합하여 1등급으로 간주함 <서울캠퍼스> [국어, 수학, 영어, 사/과탐(1과목)] 중 3개 영역 등급 합 7 이내, 한국사 4등급 이내 　▶ 약학부: [국어, 수학, 영어, 사/과탐(1과목)] 4개 영역 등급 합 5 이내, 한국사 4등급 이내 <다빈치캠퍼스> 없음				
총신대	교과우수자	45	학생부80%+ 면접20%	X
추계예술대	미래인재	18	▶융합예술학부: 학생부교과100%	X
한국성서대	일반학생	86	학생부70%+ 면접30%	X(간호학○)
▶ 간호학과: [국어, 수학, 영어, 사/과탐(1과목)] 중 2개 영역 등급 합이 6 이내				
한국성서대	교과성적우수자	51	학생부80%+ 면접20%	X
한국성서대	목회자추천	47	학생부60%+ 면접40%	X
한국외대	학교장추천	375	학생부100% ※ 고교 추천: 20명(캠퍼스별 각각 10명 이내)	○
<서울캠퍼스> [국어, 수학, 영어, 사/과탐(1과목)] 중 2개 영역 등급 합 4 이내, 한국사 4등급 이내 <글로벌캠퍼스> [국어, 수학, 영어, 사/과탐(1과목)] 중 1개 영역 3등급 이내, 한국사 4등급 이내 ※ 대학수학능력시험 영역 중 일부 영역만 응시하여 대학수학능력시험 최저학력기준을 충족하여도 인정합니다.				

대학	전형	모집 인원	전형 방법	수능최저 학력기준
한국체대	교과성적우수자	62	▶사회체육학과: 1단계)학생부100%(5배수) 2단계)학생부60%+ 실기40% ▶운동건강관리학과: 1단계)학생부100%(3배수) 2단계)1단계70%+ 실기30% ▶특수체육교육과 : 1단계)학생부100%(5배수) 2단계)학생부60%+ 실기30%+ 교직적성10% ▶스포츠산업학과: 1단계)학생부100%(5배수) 2단계)학생부70%+ 실기30% ▶스포츠청소년지도학과, 노인체육복지학과 : 1단계)학생부100%(5배수) 2단계)학생부80%+ 실기20%	○

▶스포츠청소년지도학과, 스포츠산업학과, 노인체육복지학과: [국어, 수학, 영어, 사/과/직탐(1과목)] 중 3개 영역 4등급 이내
▶사회체육학과, 운동건강관리학과, 특수체육교육과: [국어, 수학, 영어, 사/과/직탐(1과목)] 중 2개 영역 등급 합 7 이내

| 한성대 | 교과우수 | 297 | 학생부교과100% | ○ |

[국어, 수학, 영어, 사/과탐(1과목, 제2외국어/한문을 탐구로 대체 가능)] 중 2개 영역 등급 합 7 이내 ※ 야간: 2개 영역 등급 합 8 이내

| 한성대 | 지역균형 | 208 | 학생부교과100% ※ 고교 추천: 제한 없음 | X |
| 한양대 | 추천형
[2024] 지역균형발전 | 333 | 학생부교과90%+ 교과정성평가10% ※ 고교 추천: 3학년 재적 수의 11% | ○ |

[국어, 수학, 영어, 사/과탐(1과목)] 중 3개 영역 등급 합 7 이내
※ 수능 필수 응시영역: 국어, 수학, 영어, 탐구(2과목)

| 홍익대 | 학교장추천자 | 308 | 학생부교과100% ※ 고교 추천: 10명 | ○ |

▶ 인문계열, 캠퍼스자율전공(인문.예능), 예술학과: [국어, 수학, 영어, 사/과탐(1과목)] 중 3개 영역 등급 합 8 이내, 한국사 4등급
▶ 자연계열, 캠퍼스자율전공(자연.예능): [국어, 수학(미적분/기하), 영어, 과탐(1과목)] 중 3개 영역 등급 합 8 이내, 한국사 4등급

▌경인

대학	전형	모집 인원	전형 방법	수능최저 학력기준
가천대	학생부우수자	502	학생부100%	○

[국어, 수학, 영어, 사/과탐(1과목)] 중 2개 영역의 등급 합 6 이내
▶ 바이오로직스학과: [국어, 수학, 영어, 사/과탐(1과목)] 중 2개 영역 등급 합 5 이내
▶ 클라우드공학과: [국어, 수학(미적분/기하), 영어, 과탐(2과목 평균, 소수점 이하는 절사)] 중 2개 영역 등급 합 4 이내
▶ 의예과: [국어, 수학(미적분/기하), 영어, 과탐(2과목 평균, 소수점 이하는 절사)] 중 3개 영역 1등급 이내
▶ 한의예과: [국어, 수학(미적분/기하), 영어, 과탐(2과목 모두 1등급)] 중 2개 영역 1등급 이내
▶ 약학과: [국어, 수학(미적분/기하), 영어, 과탐(2과목 평균, 소수점 이하는 절사)] 중 3개 영역 등급 합 5 이내

| 가천대 | 지역균형 | 374 | 1단계)학생부교과100%(7배수) 2단계)학생부교과50%+ 면접50%
※ 고교 추천: 제한 없음 | X |
| 가톨릭대 | 지역균형 | 332 | 학생부교과100% ▶의예과: 학생부교과100%+ 인·적성면접(합격/불합격)
※ 고교 추천: 제한 없음 | ○ |

[국어, 수학, 영어, 사/과탐(1과목)] 중 2개 영역 등급 합 7 이내
▶ 간호학과: 3개 영역 등급 합 7 이내
▶ 의예과: [국어, 수학(미적분/기하), 영어, 과탐(2과목 평균, 소수점 첫 째자리에서 버림)] 4개 영역 등급 합 5 이내, 한국사 4등급 이내
▶ 약학과: [국어, 수학(미적분/기하), 영어, 과탐(1과목)] 중 3개 영역 등급 합 5 이내
※ 의예과: 과탐 과목 선택시 서로 다른 분야의 Ⅰ+Ⅱ 및 Ⅱ+Ⅱ 조합 중 선택(동일 분야 Ⅰ+Ⅱ 응시 불인정)
※ 의예과, 약학과, 간호학과는 지정한 4개 영역에 반드시 응시하여야 함

| 강남대 | 지역균형 | 202 | 학생부교과100% ※ 고교 추천: 제한 없음 | X |
| 경기대 | 교과성적우수자 | 290 | 학생부100% | ○ |

[국어, 수학, 영어, 사/과/직탐(1과목)] 중 2개 영역 등급 합 7 이내, 한국사 6등급 이내

| 경기대 | 학교장추천 | 318 | 학생부100% ※ 고교 추천: 20명 | X |
| 단국대 | 지역균형선발 | 256 | 학생부교과100% ※ 고교 추천: 제한 없음 | ○ |

[국어, 수학, 영어, 사/과탐(1과목)] 중 2개 영역 등급 합 6 이내

대진대	학생부우수자	251	학생부교과70%+ 면접30%	X
대진대	학교장추천	214	학생부교과100% ※ 고교 추천: 제한 없음	X
루터대	일반전형	45	학생부100%	X
서울신학대	일반전형	105	학생부60%+ 면접40%	X
서울신학대	기독교	46	학생부60%+ 면접40%	X
서울신학대	교과성적	98	학생부100% ▶신학과, 기독교교육과: 학생부100%+ 면접(합/불)	X
서울장신대	일반전형	33	학생부60%+ 면접40%	X

대학	전형	모집 인원	전형 방법	수능최저 학력기준
서울장신대	담임목사추천자	23	학생부60%+ 면접40%	X
성결대	교과성적우수자	652	학생부교과100%	X
성결대	SKU창의적인재	233	1단계)학생부교과100%(6배수) 2단계)학생부교과40%+ 면접60%	X
수원가톨릭대	일반학생	1	1단계)학생부100%(2배수) 2단계)학생부45%+ 면접5%+ 교리시험50%	○
[국어, 수학, 영어, 사/과탐(1과목), 한국사] 5개 영역 모두 2등급 이내				
수원대	면접위주교과	210	1단계)학생부100%(5배수) 2단계)학생부60%+ 면접40%	X
수원대	고교추천	100	학생부교과60%+ 면접40% ※ 고교 추천: 제한 없음	○
[국어, 수학, 영어, 사/과탐(1과목)] 중 1개 영역 4등급 이내				
수원대	교과우수	210	학생부교과100%	○
[국어, 수학, 영어, 사/과탐(1과목)] 중 2개 영역 등급 합 7 이내 ▶ 간호학과: 2개 영역 등급 합 6 이내				
신한대	일반전형	431	학생부교과60%+ 면접40%	X
신한대	학생부우수자	231	학생부교과100%	X
아신대	일반학생	36	학생부60%+ 면접40%	X
아신대	기독학생	15	학생부60%+ 면접40%	X
아주대	고교추천	351	학생부교과100% ※ 고교 추천: 제한 없음	○
[국어, 수학, 영어, 사/과탐(1과목)] 중 2개 영역 등급 합 5 이내				
안양대	아리학생부교과	465	학생부교과100%	X
안양대	학교장추천	56	학생부교과100% ※ 고교 추천: 제한 없음	X
안양대	아리학생부면접	182	1단계)학생부교과100%(6배수) 2단계)학생부교과60%+ 면접40%	X
용인대	일반학생	181	학생부100%	X
용인대	교과성적우수자	122	학생부100%	○
[국어, 수학, 영어] 3개 영역 중 2개 영역 등급 합 8 이내 ▶ 경찰행정학과: 3개 영역 등급 합 9 이내				
용인대	자율전공 [신설]	237	학생부100%	X
을지대	지역균형	148	학생부교과100% ▶의예과: 학생부교과95%+ 인성면접5% ※ 고교 추천: 제한 없음	○
▶ 의예과: [국어, 수학, 영어, 과탐(1과목)] 4개 영역 등급 합 5 이내 ※ 과탐 2과목 응시 필수 ▶ 간호대학: [국어, 수학, 영어, 사/과탐(1과목)] 중 2개 영역 등급 합 8 이내 ▶ 보건과학대학: [국어, 수학, 영어, 사/과탐(1과목)] 중 1개 영역 4등급 이내				
인천가톨릭대	학교생활우수자	20	1단계)학생부100%(4배수) 2단계)학생부80%+ 면접20%	X
인천가톨릭대	ICCU미래인재	33	1단계)학생부100%(4배수) 2단계)학생부80%+ 면접20%	X
인천가톨릭대	가톨릭지도자추천	8	학생부60%+ 면접40% ▶조형예술학과, 융합디자인학과: 학생부40%+ 실기60%	X
인천대	교과성적우수자	459	학생부교과100%	○
인 디자인학부, 패션산업학과: [국어, 수학, 영어, 사/과탐(1과목)] 중 2개 영역 등급 합 7 이내 ▶ 사범대학(인문): [국어, 수학, 영어, 사/과탐(1과목)] 중 2개 영역 등급 합 6 이내 ▶ 동북아국제통상학부: [국어, 수학, 영어, 사/과탐(1과목)] 중 2개 영역 등급 합 5 이내 자 [국어, 수학, 영어, 과탐(1과목)] 중 '수학, 과탐' 중 1개 포함 2개 영역 등급 합 7 이내 ▶ 사범대학(자연): [국어, 수학, 영어, 과탐(1과목)] 중 '수학, 과탐' 중 1개 포함 2개 영역 등급 합 6 이내 ※ 최저기준을 충족하는 영역에 관계없이 4개 영역 모두 응시하여야 함				
인천대	지역균형	293	학생부교과100% ※ 고교 추천: 제한 없음	X
인하대	지역균형	648	학생부교과100% ※ 고교 추천: 제한 없음	○
인 의류디자인학과(일반), 자유전공융합학부: [국어, 수학, 영어, 사/과탐(1과목)] 중 2개 영역 등급 합 6 이내 자 인공지능공학과, 데이터사이언스학과, 스마트모빌리티공학과: [국어, 수학, 영어, 사/과탐(1과목)] 중 2개 영역 등급 합 5 이내 ▶ 의예과: [국어, 수학, 영어, 사/과탐(2과목 평균)] 중 3개 영역 1등급 이내				
차의과학대	CHA학생부교과	60	1단계)학생부교과100%(4배수) 2단계)1단계70%+ 면접30%	X(약학과○)
▶ 약학과: [국어, 수학, 사/과탐(2과목 평균, 소수점 이하 절사)] 수학 포함 3개 영역 등급 합 6 이내				
차의과학대	지역균형선발	89	학생부교과100% ※ 고교 추천: 제한 없음	X(약학과○)
▶ 약학과: [국어, 수학, 사/과탐(2과목 평균, 소수점 이하 절사)] 수학 포함 3개 영역 등급 합 6 이내				
칼빈대	일반학생	74	학생부55%+ 면접45%	X
평택대	PTU교과	437	학생부교과100%	X
평택대	PTU추천 [신설]	81	학생부교과100%	X

2부 전형유형 분석

대학	전형	모집 인원	전형 방법	수능최저 학력기준
한경국립대	일반전형A	591	학생부100%	○
[국어, 수학, 영어, 사/과탐(1과목)] 중 2개 영역 등급 합 8 이내 ※ 수학(미적분/기하) 응시자: 2등급 감산(HK자율전공학부, 인문융합공공인재학부(문예창작미디어콘텐츠홍보전공, 영미언어문화전공, 행정학전공), 법경영학부(법학전공, 경영학전공) 지원자는 제외)				
한경국립대	일반전형P	71	학생부100%	X
한경국립대	지역균형선발	29	학생부교과100%	X
한국공학대	교과우수자	212	학생부교과100%	○
▶ 공학계열: [국어, 수학, 영어, 사/과탐(1과목)] 중 2개 영역 등급 합 7 이내 ▶ 경영학부: [국어, 수학, 영어, 사/과탐(1과목)] 중 2개 영역 등급 합 8 이내 ※ 2개 영역에 수학이 반영될 경우 미적분/기하 응시자는 1등급 상향				
한국공학대	지역균형	168	학생부교과100% ※ 고교 추천: 제한 없음	X
한국항공대	교과성적우수자	104	학생부교과100%	○
[국어, 수학, 영어, 사/과/직탐(1과목)] 중 2개 영역 등급 합 6 이내				
한국항공대	학교장추천	104	학생부교과100% ※ 고교 추천: 제한 없음	X
한세대	학생부면접우수자	126	1단계)학생부교과100%(7배수) 2단계)학생부교과60%+ 면접40%	X
한세대	학생부교과우수자	175	학생부교과100%	X
한신대	학생부우수자 **[2024] 학생부교과 I**	328	학생부교과100%	X
한신대	학교장추천 **[신설]**	55	학생부교과100% ※ 고교 추천: 제한 없음	X
한양대 (에리카)	지역균형선발	513	학생부교과100% ※ 고교 추천: 제한 없음	○
▶ 인문, 상경, LIONS,자율전공학부(전계열) : [국어, 수학, 영어, 사/과탐(1과목)] 중 2개 영역 등급 합 7 이내 ▶ 자연 : [국어, 수학, 영어, 과탐(1과목)] 중 2개 영역 등급 합 7 이내 ▶ 약학과: 3개 영역 등급 합 5 이내				
협성대	학생부교과우수자	301	학생부100%	X
협성대	미래역량우수자	166	1단계)학생부100%(7배수) 2계)학생부60%+ 면접40%	X
협성대	담임목회자추천	17	1단계)학생부100%(7배수) 2계)학생부60%+ 면접40%	X
화성의과학대	일반전형	210	학생부100% ▶간호학과: 학생부100%+ 면접(합/불)	X(간호○)
▶ 간호학과: [국어, 수학, 영어] 중 2개 영역 등급 합 10 이내				

█ 충청

대학	전형	모집 인원	전형 방법	수능최저 학력기준
건국대 (글로컬)	교과우수 **[2024] 학생부교과**	413	학생부교과100%	X
건국대 (글로컬)	지역인재	113	학생부교과100% ▶ 의예과: 1단계)학생부교과100%(5배수) 2단계)1단계70%+ 면접30%	X(의예○)
▶ 의예과: [국어, 수학(미적분/기하), 영어, 과탐(2과목 평균, 소수점 절사)] 중 3개 영역 등급 합 4 이내, 한국사 4등급 이내				
고려대 (세종)	학생부교과	327	학생부교과100%	○
인, 예 [국어, 수학, 영어, 사/과탐(1과목)] 중 2개 영역 등급 합 6 이내 자 [국어, 수학(미적분/기하), 영어, 과탐(1과목)] 중 2개 영역 등급 합 6 이내 ▶ 빅데이터사이언스학부: [국어, 수학, 영어, 사/과탐(1과목)] 중 2개 영역 등급 합 6 이내 ※ 탐구영역은 별도 지정과목이 없으나, 반드시 2개 과목에 응시하여야 함(직업탐구 인정 불가)				
공주대	교과 I **[2024] 일반전형**	1,024	학생부100% ▶음악교육과, 미술교육과, 체육교육과: 학생부70%+ 실기30%	○
요강 참고				
공주대	자율전공 **[신설]**	337	▶자율전공학부: 학생부100%	○
교과 I 전형 참고				
공주대	지역인재	298	학생부100%	○
일반전형 참고				

대학	전형	모집 인원	전형 방법	수능최저 학력기준
공주대	교과II [신설]	310	학생부80%+ 교과정성평가20%	X
극동대	일반학생	178	학생부60%+ 면접40%	X
극동대	교과우수자	542	학생부100%	X
극동대	지역인재 1	28	학생부60%+ 면접40%	X
단국대	학생부교과우수자	천안 544	학생부교과100% ▶해병대군사학: 1단계)학생부교과100%(4배수) 2단계)1단계90%+ 실기10%+ P/F(인성검사,신체검사,신원조회)	○

[국어, 수학, 영어, 사/과탐(1과목)] 중 2개 영역 등급 합 8 이내
▶ 간호학과: 2개 영역 등급 합 5 이내   ▶ 해병대군사학과: 4개 영역 평균 3등급 대(~3.99) 이내
▶ 공공정책학과(야간): [국어, 수학, 영어] 중 1개 영역 4등급 이내

| 상명대 | 학생부교과 | 천409 | 학생부교과100% | ○ |

[국어, 수학, 영어, 사/과탐(1과목)] 중 2개 영역 등급 합 10 이내
▶ 간호학과: [수학. 영어, 사/과탐(1과목)] 3개 영역 중 2개 영역 등급 합 8 이내

선문대	일반전형	1,104	학생부100% ▶신학과: 학생부70%+ 면접30%	X
선문대	지역학생	229	학생부100%	X
선문대	면접	99	학생부60+ 면접40%	X
순천향대	교과우수자	558	학생부교과100%	○

[국어, 수학, 영어] 3개 영역 중 1개 영역 5등급 이내
▶ 보건행정경영학과, 의료생명공학과, 임상병리학과, 작업치료학과, 의약공학과, 의공학과: 1개 영역 4등급 이내
▶ 간호학과: [국어, 수, 영어, 사/과탐(2과목 평균)] 중 3개 영역 등급 합 10 이내
▶ 의예과 : [국어, 수학, 영어, 사/과탐(2과목 평균)] 4개 영역 등급 합 6 이내
   ※ 의예과 지원자의 수학 영역 선택 과목이 '미적분' 또는 '기하'가 아닌 경우 수학 등급에서 0.5등급 하향 조정 반영함
   ※ 의예과 지원자의 탐구 영역 2개 과목이 모두 '과학탐구'가 아닌 경우 탐구 2개 과목 평균 등급에서 0.5등급 하향 조정 반영함

| 순천향대 | 교과면접 | 220 | 1단계)학생부교과100%(5배수) 2단계)학생부교과60%+ 면접40% | X |
| 순천향대 | 지역인재 | 271 | 학생부교과100% | X(의예,
간호○ |

▶ 간호학과: [국어, 수학, 영어, 사/과탐(1과목)] 중 3개 영역 등급 합 10 이내
▶ 의예과 : [국어, 수학, 영어, 사/과탐(1과목)] 4개 영역 등급 합 6 이내
   ※ 의예과 지원자의 수학 영역 선택 과목이 '미적분' 또는 '기하'가 아닌 경우 수학 등급에서 0.5등급 하향 조정 반영함
   ※ 의예과 지원자의 선택된(최우수 등급) 탐구 1개 과목이 '과학탐구'가 아닌 경우 탐구 1개 과목 등급에서 0.5등급 하향 조정 반영함

우송대	교과중심	718	학생부100%	X
우송대	지역인재	98	학생부100%	X
우송대	우송인재	102	학생부100%	X
우송대	교과면접	715	학생부80%+ 면접20%	X
을지대	지역의료인재	62	▶의예과: 학생부교과95%+ 인성면접5%	○

▶ 의예과: [국어, 수학, 영어, 과탐(1과목)] 4개 영역 등급 합 6 이내 ※ 과탐 2과목 응시 필수

| 충남대 | 일반전형 | 1,207 | 학생부교과100%
▶사범대학:1단계)학생부교과100%(3배수) 2단계)학생부교과50%+ 면접50% | ○ |

※ 탐구영역은 2과목을 반드시 응시하여야 하고 상위 1과목을 반영. 단, 의예과, 수의예과, 약학과는 2과목 평균을 반영
▶ 인문대학, 사회과학대학, 경상대학, 농업생명과학대학(농업경제학과), 자유전공학부, 국제학부
  : [국어, 영어, 사/과탐(1과목)] 3개 영역 등급 합 11 이내
▶ 사범대학(국어교육과, 영어교육과, 교육학과): [국어, 영어, 사/과탐(1과목)] 3개 영역 등급 합 9 이내
▶ 자연과학대학(수학과, 정보통계학과 외 모집단위), 공과대학, 생활과학대학(식품영양학과), 생명시스템과학대학
  : [수학, 영어, 과탐(1과목)] 3개 영역 등급 합 12 이내
▶ 농업생명과학대학(자연계학과), 사범대학(건설공학교육/기계·공학교육/전기·전자·통신공학교육/화학공학교육/기술교육과), 간호대학
  : [수학, 영어, 과탐(1과목)] 3개 영역 등급 합 12 이내 ※ 사탐 응시: 11 이내, ※ 직탐 응시: 10 이내
▶ 생활과학대학(의류학과, 소비자학과): [수학, 영어, 과탐(1과목)] 3개 영역 등급 합 13 이내 ※ 사탐 응시: 12 이내, ※ 직탐 응시: 11 이내
▶ 자연과학대학(수학과, 정보통계학과): [수학(미적분/기하), 영어, 과탐(1과목)] 3개 영역 등급 합 12 이내
▶ 사범대학(수학교육과): [수학(미적분/기하), 영어, 과탐(1과목)] 3개 영역 등급 합 10 이내
▶ 약학대학: [수학(미적분/기하), 영어, 과탐(2과목 평균)] 3개 영역 등급 합 5 이내
▶ 의과대학: [국어, 수학(미적분/기하), 영어, 과탐(2과목 평균)] 중 수학 포함 3개 영역 등급 합 4 이내
▶ 수의과대학: [수학(미적분/기하), 영어, 과탐(2과목 평균)] 3개 영역 등급 합 6 이내

| 충남대 | 지역인재 | 490 | 학생부교과100%
▶사범대학:1단계)학생부교과100%(3배수) 2단계)학생부교과50%+ 면접50% | ○ |

일반전형 참고

대학	전형	모집인원	전형 방법	수능최저학력기준
충북대	학생부교과	907	학생부교과100%	○

계열	단과대학	모집단위	3개 영역 등급 합(탐구: 1과목)	
			학생부교과	지역인재
인문	인문대학, 사회과학대학, 경영대학, 농업생명환경대학(농업경제학과), 생활과학대학	국어, 수학, 영어, 사/과/직탐(1과목)	12	13
	사범대학	국어, 수학, 영어, 사/과/직탐(1과목)	10	–
자연	자연과학대학(수학과, 정보통계학과)	국어, 수학(미적분/기하), 영어, 과탐(1과목)	12(수학 포함)	13(수학 포함)
	자연과학대학(수학과, 정보통계학과 제외), 공과대학, 전자정보대학	국어, 수학, 영어, 과탐(1과목)	12(수학 포함)	13(수학 포함)
	농업생명환경대학, 생활과학대학	국어, 수학, 영어, 사/과탐(1과목)	12	13
	간호학과	국어, 수학, 영어, 사/과탐(1과목)	10	11
	사범대학(수학교육과)	국어, 수학(미적분/기하), 영어, 과탐(1과목)	10(수학 포함)	–
	사범대학(수학교육과 제외)	국어, 수학, 영어, 과탐(1과목)	10(수학 포함)	
	수의예과	국어, 수학(미적분/기하), 영어, 과탐(1과목)	7	8
	약학대학	국어, 수학(미적분/기하), 영어, 과탐(1과목)	6(수학 포함)	7(수학 포함)
	의예과	국어, 수학(미적분/기하), 영어, 과탐(1과목)	4(수학 포함)	5(수학 포함)
공통	본부직할 자율전공학부	국어, 수학, 영어, 사/과/직탐(1과목)	12	13

대학	전형	모집인원	전형 방법	수능최저학력기준
충북대	지역인재	403	학생부100%	○

일반전형 참고

대학	전형	모집인원	전형 방법	수능최저학력기준
한국교원대	지역인재 [2024] 청람지역인재	16	학생부100%	○

[국어, 수학, 영어, 사/과탐(2과목 평균)] 4개 영역 등급 합 12 이내 ※ 독어/불어/중국어교육: 제2외국어및한문을 탐구의 한 과목으로 인정
▶ 수학교육과: ※ 수학(미적분/기하): 1등급 상향, ※ 과탐(2과목): 1등급 상향
▶ 물리/화학/생물/지구과학교육과: ※ 수학(미적분/기하): 1등급 상향, ※ 지원 전공관련 과탐(1과목): 1등급 상향(예: 물리교육: 물리학Ⅰ,Ⅱ)
▶ 기술/컴퓨터/환경교육과: ※ 수학(미적분/기하): 1등급 상향, ※ 과탐(2과목): 1등급 상향
▶ 체육교육과: ※ 수학(미적분/기하): 1등급 상향

대학	전형	모집인원	전형 방법	수능최저학력기준
한국교통대	일반전형	937	학생부교과100% ▶스포츠의학과: 학생부60%+ 실기40%	X(간호학과○)

▶ 간호학과: [국어, 수학, 영어, 사/과탐(1과목)] 2개 영역 등급 합 8 이내

대학	전형	모집인원	전형 방법	수능최저학력기준
한국교통대	지역인재	88	학생부교과100% ▶스포츠의학과: 학생부60%+ 실기40%	X
한국기술교대	일반전형	169	학생부교과100%	○

▶ 공학계열: [국어, 수학, 영어, 사/과/직탐(1과목)] 중 수학 포함 2개 영역 등급 합 8 이내 ※ 디자인공학: 2개 영역 등급 합 8 이내
▶ 사회계열: [국어, 수학, 영어, 사/과/직탐(1과목)] 중 국어 포함 2개 영역 등급 합 8 이내

대학	전형	모집인원	전형 방법	수능최저학력기준
한국기술교대	지역인재	85	학생부교과100%	○

▶ 공학계열: [국어, 수학, 영어, 사/과/직탐(1과목)] 중 2개 영역 등급 합 8 이내
▶ 사회계열: [국어, 수학, 영어, 사/과/직탐(1과목)] 중 국어 포함 2개 영역 등급 합 9 이내

대학	전형	모집인원	전형 방법	수능최저학력기준
한남대	일반전형	1,136	학생부교과100%	X
한남대	지역인재교과우수자	542	학생부교과100%	X
한밭대	학생부교과(일반)	1,016	학생부100%	X
한밭대	지역인재(교과)	141	학생부100%	X
한서대	학생부교과1	576	학생부교과100% ▶항공관광학과: 학생부교과60%+ 면접40%	X
한서대	학생부교과2	235	학생부교과100%	X
한서대	지역인재	100	학생부교과100% ▶항공관광학과: 학생부교과60%+ 면접40%	X
한서대	한서인재	223	학생부교과60%+ 면접40%	X
호서대	학생부	1,231	학생부교과100%	X
호서대	지역인재	325	학생부교과100%	X
호서대	면접 [신설]	47	▶항공서비스학과: 학생부교과60%+ 면접40%	X
홍익대	교과우수자	355	학생부교과100%	○

▶ 인문계열, 캠퍼스자율전공(인문·예능): [국어, 수학, 영어, 사/과탐(1과목)] 중 2개 영역 등급 합 9 이내
▶ 자연계열, 캠퍼스자율전공(자연·예능): [국어, 수학(미적분/기하), 영어, 과탐(1과목)] 중 1개 영역 4등급 이내

■ 강원

대학	전형	모집인원	전형 방법	수능최저학력기준
강원대	일반전형	춘765 삼524	학생부100%	춘천 ○ 삼척 X
요강 참고				
강원대	지역인재	춘516 삼162	학생부100%	춘천 ○ 삼척 X
일반전형 참고				
경동대	일반학생	1,355	학생부100%	X
경동대	지역인재	111	학생부100%	X
경동대	자기추천제	51	학생부70%+ 면접30%	X
연세대 (미래)	교과우수자	425	학생부교과100% ▶ 의예과: 학생부교과80%+ 의학적인성면접20%	○
[국어, 수학, 영어, 사/과탐1, 사/과탐2] 중 2개 영역 등급 합 7 이내 ▶ 간호학과: [국어, 수학, 영어, 사/과탐(1과목)] 중 2개 영역 등급 합 5 이내 ▶ 의예과: [국어, 수학(미적분/기하), 영어, 과탐1, 과탐2] 중 4개 영역 등급 합 5 이내(영어 2등급 이내), 한국사 4등급 이내 ※ 탐구과목은 2개 과목을 각각 반영함, 단, 간호학과는 과탐 2과목 중 상위 1과목 반영 ※ 의예과: 과학탐구 4개 과목(물리학, 화학, 생명과학, 지구과학) 중 과목명이 다른 2개의 과목에 응시해야 함(같은 과목 I, II는 안됨)				
한라대	일반학생(교과중심)	374	학생부100%	X
한라대	일반학생(면접중심)	131	학생부80%+ 면접20%	X
한라대	지역인재	80	학생부100%	X
한림대	교과우수자	524	학생부100%	X(간호학○)
▶ 간호학과: [국어, 수학, 영어, 사/과탐(2과목 평균)] 중 3개 영역 등급 합 10 이내 ※ 수학(미적분/기하) 선택시: 3개 영역 등급 합 12 이내				
한림대	지역인재	219	학생부100%	X

■ 경상

대학	전형	모집인원	전형 방법	수능최저학력기준
경북대	교과우수자	1,403	학생부교과80%+ 서류20%	○
요강 참고				
경북대	지역인재	584	학생부교과100% ▶ 의예과: 학생부교과80%+ 인적성면접20%	○
[교과] 교과우수자전형 참고				
경상국립대	일반전형	1,942	학생부교과100% ▶체육교육과: 학생부교과80%+ 실기20% ▶휴먼헬스케어학: 학생부교과60%+ 실기40%	○(일부학과 제외)
요강 참고				
경상국립대	지역인재	232	학생부교과100%	○(일부학과 제외)
요강 참고				
동양대	일반전형 I	601	학생부100%	X(간호학과○)
▶ 간호학과: [국어, 수학, 영어, 사/과탐(1과목)] 중 1개 영역 5등급 이내				
동양대	일반전형 II [신설]	47	▶철도자율전공학부: 학생부100%(교과60%+ 출결40%)	X
동양대	지역인재	38	학생부100%	X(간호학과○)
▶ 간호학과: [국어, 수학, 영어, 사/과탐(1과목)] 중 1개 영역 5등급 이내				
동양대	면접전형	92	학생부60%+ 면접40%	X
부산대	학생부교과	997	학생부교과80%+ 학업역량평가20%	○
요강 참고				
부산대	지역인재	424	학생부교과80%+ 학업역량평가20%	○
학생부교과전형 참고				
울산대	일반교과 [2024] 학생부교과	664	학생부100%	○
일 ▶ 스마트도시융합대, 경영·공공정책대, 글로벌인문학부: [국어, 수학, 영어, 사/과탐(1과목)] 중 1개 영역 5등급 이내 　▶ 아산아너스칼리지(자유전공학부): [국어, 수학, 영어, 사/과탐(1과목)] 중 2개 영역 6등급 이내 자 ▶ 미래엔지니어링융합대: [국어, 수학, 영어, 사/과탐(1과목)] 중 2개 영역 등급 합 10 이내 　▶ 간호학과: [국어, 수학, 영어, 사/과탐(1과목)] 중 2개 영역 등급 합 7 이내 　※ 아산아너스칼리지, 미래엔지니어링 융합대 건축도시환경학부, 간호학과: 수학(미적분/기하) 선택시 1등급 상향				

대학	전형	모집인원	전형 방법	수능최저학력기준
울산대	지역교과 **[신설]**	622	학생부100% ▶의예과: 1단계)학생부100%(5배수) 2단계)학생부80%+ 면접20%	○

인 ▶ 스마트도시융합대, 경영·공공정책대, 글로벌인문학부: [국어, 수학, 영어, 사/과탐(1과목)] 중 1개 영역 5등급 이내
 ▶ 아산아너스칼리지(자유전공학부): [국어, 수학, 영어, 사/과탐(1과목)] 중 2개 영역 6등급 이내
자 ▶ 미래엔지니어링융합대: [국어, 수학, 영어, 사/과탐(1과목)] 중 2개 영역 등급 합 10 이내
 ▶ 간호학과: [국어, 수학, 영어, 사/과탐(1과목)] 중 2개 영역 등급 합 7 이내
  ※ 아산아너스칼리지, 미래엔지니어링 융합대 건축도시환경학부, 간호학과: 수학(미적분/기하) 선택시 1등급 상향
 ▶ 의예과: [국어, 수학(미적분/기하), 영어, 과탐(2과목 평균)] 중 3개 영역 등급 합 4 이내, 한국사 4등급 이내
  ※ 과탐영역 소수점 처리방법: 서로 다른 2과목(동일과목 Ⅰ+Ⅱ는 인정하지 않음)의 등급을 평균하며, 소수점 첫째자리에서 반올림

| 한동대 | 학생부교과 | 136 | 학생부교과100% | ○ |

[국어, 수학, 영어, 사/과탐(1과목)] 중 2개 영역 등급 합 7 이내 또는 1개 영역 1등급 이내

| 한동대 | 지역인재 | 60 | 학생부교과100% | ○ |

[국어, 수학, 영어, 사/과탐(1과목)] 중 2개 영역 등급 합 7 이내 또는 1개 영역 2등급 이내

▌전라

대학	전형	모집인원	전형 방법	수능최저학력기준
원광대	일반전형	1,173	학생부100%	X
원광대	지역인재교과 **[신설]**	전 32 호 16	▶의예과: 학생부100%	○

▶ 의예과: [국어, 수학, 영어, 과탐(2과목 평균)] 중 수학 포함 3개 영역 등급 합 5 이내 ※ 국어, 수학, 영어, 과탐(2과목) 4개 영역 응시

| 전남대 | 일반전형 | 1,266 | 학생부100% | ○ |

요강 참고

| 전남대 | 지역인재 | 1,036 | 학생부100% | ○ |

일반전형 참고

| 전북대 | 일반학생 | 1,342 | 학생부100% | ○ |

※ 탐구영역은 상위 1과목 반영(단, 의예과는 탐구 2과목의 평균 절사 반영)
※ 수능 최저학력기준을 반영하는 모집단위의 지원자는 "등급 합 반영여부와 관계없이" 모집단위별 수능 전 영역[국어·수학·영어·한국사·탐구(사회·과학 중 2과목)]을 응시하여야 함
인 ▶ 인문계열 전 모집단위(국어교육과, 영어교육과 제외), 본부 융합자율전공학부1(전주캠), 융합자율전공학부2(특성화캠)
  : [국어, 수학, 영어, 사/과탐(1과목)] 중 2개 영역 등급 합 8 이내
 ▶ 국어교육과, 영어교육과, 간호학과: [국어, 수학, 영어, 사/과탐(1과목)] 중 2개 영역 등급 합 6 이내
자 ▶ 공학계열1,2, 농업생명과학계열, 스마트팜학과, 자연과학계열1,2, 본부 국제이공학부
  : [국어, 수학, 영어, 사/과탐(1과목)] 중 수학 포함 2개 영역 등급 합 8 이내 ※ 과탐 1과목 이상 응시자는 1등급 하향 적용
 ▶ 수학교육과 : [국어, 수학(미적분/기하), 영어, 사/과탐(1과목)] 중 수학(3등급 이내) 포함 2개 영역 등급 합 7 이내
 ▶ 과학교육학부 : [국어, 수학, 영어, 과탐(1과목)] 중 '수학, 과학' 2개 영역 등급 합 10 이내
 ▶ 의예과 : [국어, 수학(미적분/기하), 영어, 과탐(2과목 평균. 절사)] 중
  수학 포함 4개 영역 등급 합 5 이내[일반학생] ※ [참고] 수학 포함 4개 등급 합 6 이내[지역인재, 지역인재기회균형/큰사람]
 ▶ 치의예과 : [국어, 수학(미적분/기하), 영어, 과탐(1과목)] 중 수학 포함 3개 영역 등급 합 6 이내
 ▶ 수의예과, 약학과 : [국어, 수학(미적분/기하), 영어, 과탐(1과목)] 중 수학 포함 3개 영역 등급 합 7 이내

| 전북대 | 지역인재1유형(호남권) | 689 | 학생부100% | ○ |

일반학생전형 참고

| 전북대 | 지역인재2유형(전북권) | 127 | 학생부100% | ○ |

일반학생전형 참고

| 조선대 | 일반전형 | 1,487 | 학생부100% | ○(미술체육대학X) |

[국어, 수학, 영어, 사/과탐(1과목)] 중 1개 영역 6등급 이내
▶ 사범대학: [국어, 수학, 영어, 사/과탐(1과목)] 중 2개 영역 등급 합 10 이내
▶ 의예과, 치의예과: [국어, 수학(미적분/기하), 영어, 과탐(1과목)] 중 수학 포함 3개 영역 등급 합 5 이내
▶ 약학과: [국어, 수학(미적분/기하), 영어, 과탐(1과목)] 중 수학 포함 3개 영역 등급 합 6 이내
▶ 간호학과: [국어, 수학, 영어, 사/과탐(1과목)] 중 2개 영역 등급 합 6 이내 ▶ 미술체육대학: 없음
※ 의예과, 치의예과, 약학과: 국어, 수학(미적분/기하 택1), 영어, 탐구(과학 1과목) 응시 필수

| 조선대 | 지역인재 | 872 | 학생부100% | X(의예, 치의예,약학, 간호○) |

1. 학생부교과전형

대학	전형	모집인원	전형 방법	수능최저학력기준
▶ 의예과, 치의예과: [국어, 수학(미적분/기하), 영어, 과탐(1과목)] 중 <u>수학 포함</u> 3개 영역 등급 합 5 이내				
▶ 약학과: [국어, 수학(미적분/기하), 영어, 과탐(1과목)] 중 <u>수학 포함</u> 3개 영역 등급 합 6 이내				
▶ 간호학과: [국어, 수학, 영어, 사/과탐(1과목)] 중 2개 영역 등급 합 6 이내				
※ 의예과, 치의예과, 약학과: 국어, 수학(미적분/기하 택1), 영어, 탐구(과학 1과목) 응시 필수				
호남대	일반학생A [2024] 일반학생	739	학생부60%+ 면접40% ▶간호학과: 1단계)학생부100%(3배수) 2단계)1단계60%+ 면접40% ▶물리치료학과: 1단계)학생부100%(5배수) 2단계)1단계60%+ 면접40%	X
호남대	일반학생B [신설]	109	학생부100%	X(간호, 물리치료○)
▶ 간호학과: [국어, 수학, 영어, 탐구(1과목)] 중 2개 영역 평균 5등급 이내				
▶ 물리치료학과: [국어, 수학, 영어, 탐구(1과목)] 중 2개 영역 평균 6등급 이내				
호남대	일반고	554	학생부100%	X(간호, 물리치료○)
▶ 간호학과: [국어, 수학, 영어, 탐구(1과목)] 중 2개 영역 평균 5등급 이내				
▶ 물리치료학과: [국어, 수학, 영어, 탐구(1과목)] 중 2개 영역 평균 6등급 이내				
호남대	지역인재	123	학생부100%	X(간호, 물리치료○)
▶ 간호학과: [국어, 수학, 영어, 탐구(1과목)] 중 2개 영역 평균 5등급 이내				
▶ 물리치료학과: [국어, 수학, 영어, 탐구(1과목)] 중 2개 영역 평균 6등급 이내				

▌ 제주

대학	전형	모집인원	전형 방법	수능최저학력기준
제주대	일반학생	553	학생부교과100%	○(자유전공, 야간 모집단위X)
※ 탐구영역 2개 과목에 반드시 응시하여야 하며, <u>2개 과목 평균 등급 적용(소수점 이하 절사, 예: 2.5등급 → 2등급)</u>함 　단, 수의대, 약학대, 의과대는 과학탐구 2개 과목을 반드시 응시해야 함				
① ▶ 인문대학, 사회과학대학, 경상대학: [국어, 수학, 영어, 사/과/직탐(2과목 평균, 소수점 절사)] 2개 영역 등급 합 9 이내				
▶ 사범대학(인문): [국어, 수학, 영어, 사/과/직탐(2과목 평균, 소수점 절사)] 3개 영역 등급 합 10 이내				
▶ 초등교육과: [국어, 수학, 영어, 사/과/직탐(2과목 평균, 소수점 절사)] 3개 영역 등급 합 8 이내				
② ▶ 생명자원과학대학, 해양과학대학, 자연과학대학, 공과대학: [국어, 수학, 영어, 사/과/직탐(2과목 평균, 소수점 절사)] 2개 영역 등급 합 10 이내				
▶ 사범대학(과학, 물리, 생물, 컴퓨터), 간호학과: [국어, 수학, 영어, 사/과/직탐(2과목 평균, 소수점 절사)] 3개 영역 등급 합 10 이내				
▶ 사범대학(수학): [국어, 수학(미적분/기하), 영어, 사/과/직탐(2과목 평균, 소수점 절사)] <u>수학 포함</u> 3개 영역 등급 합 10 이내				
▶ 수의예과, 약학과: [국어, 수학(미적분/기하), 영어, 과탐(2과목 평균, 소수점 절사)] <u>수학 포함</u> 3개 영역 등급 합 7 이내				
▶ 의예과: [국어, 수학(미적분/기하), 영어, 과탐(2과목 평균, 소수점 절사)] <u>수학 포함</u> 3개 영역 등급 합 6 이내				
③ ▶ 체육교육과: [국어, 수학, 영어, 사/과/직탐(2과목 평균, 소수점 절사)] 2개 영역 등급 합 8 이내				
▶ 자유전공, 야간 모집단위 : 미적용				
제주대	지역인재	453	학생부교과100% ▶체육교육과, 스포츠과학과: 학생부교과85%+ 실기15%	○ (자유전공X)
일반학생 참고				

▌ 교대

대학	전형	모집인원	전형 방법	수능최저학력기준
경인교대	학교장추천	120	학생부교과70%+ (비대면 영상 업로드)면접30% ※ 고교 추천: 제한 없음	○
[국어, 수학, 영어, 사/과탐(1과목)] 4개 영역 등급 합 12 이내				
서울교대	학교장추천	40	1단계)학생부교과100%(2배수) 2단계)학생부교과80%+ 면접20% ※ 고교 추천: 3학년 재적 수의 3%	○
[국어, 수학, 영어, 사/과탐(2과목 평균)] 4개 영역 등급 합 10 이내, 한국사 4등급 이내				

V. 전형방법

■ 전형방법

구분	면접(X) : 94개(69.7%)		면접(○) : 41개(30.3%)		합계 (중복 허용)
	학생부	학생부+ 정성평가	학생부+ 면접	1단계)학생부 2단계)학생부+ 면접	
대학 수	85	9	27	13	134
비율	63.0%	6.7%	20.7%	9.6%	100%

1. 학생부+정성평가

대학	전형	전형방법(%)	고교추천	수능최저학력기준
건국대	KU지역균형	학생부교과70%+ 교과정성30%	제한 없음	X
경희대	지역균형	학생부70%(교과56%,출결14%)+ 교과종합평가30%	5%	○
동국대	학교장추천인재	학생부교과70%+ 서류30%	8명	X
고려대	학교추천	학생부교과80%+ 서류20%	12명	○
성균관대	교과우수	학생부교과100%(공통및일반선택80%+ 정성평가20%)	15명	○
한양대	추천형	학생부교과90%+ 교과정성평가10%	11%	○
경북대	교과우수자, 지역인재	학생부교과80%+ 서류20%	–	○
공주대	교과II	학생부80%(교과72%, 출결8%)+ 교과정성평가20%	–	X
부산대	학생부교과, 지역인재	학생부교과80%+ 학업역량평가20%	–	○

■ '학생부+ 서류평가' 전형요소 반영방법

1. 학생부 교과(정량평가)

1) 학생부 반영교과목

대학	(정량평가) 학생부 반영교과목	
	(공통및일반선택) 반영교과목	진로선택과목
건국대	국어, 영어, 수학, 사회, 과학, 한국사에 속한 전 과목	–
경희대	인 국어, 영어, 수학, 사회, 한국사교과에 속한 전 과목 자 국어, 영어, 수학, 과학교과에 속한 전 과목	반영교과목 중 상위 3과목
동국대	인 국어, 영어, 수학, 사회, 한국사교과 中 상위 10과목 자 국어, 영어, 수학, 과학, 한국사교과 中 상위 10과목	–
고려대	'원점수, 평균, 표준편차, 석차등급'이 기재된 모든 교과	반영교과목의 성취비율. 성취도A는 1등급, B와 C는 요강 참고
성균관대	원점수, 평균, 표준편차, 등급이 모두 기재된 교과	
한양대	국어, 영어, 수학, 사회, 과학, 한국사교과에 속한 전 과목	–
경북대	국어, 수학, 영어, 사회, 과학, 한국사교과에 속한 전 과목	
공주대	전 과목	반영교과 중 상위 3과목
부산대	국어, 영어, 수학, 사회, 과학, 한국사에 속한 전 과목	

2) 등급 간 점수 차이(전형총점을 1,000점으로 통일)

대학	전형총점	전형총점 (1,000점으로 통일)	교과성적 반영점수	(교과성적 정량평가) 등급 간 점수 차이								
				1등급	2등급	3등급	4등급	5등급	6등급	7등급	8등급	9등급
건국대	1,000	1,000	700(70%)	0	2.1	2.1	2.8	2.8	4.2	126	140	420
경희대	1,000	1,000	700(70%)	0	17.92	31.36	53.76	76.16	89.6	76.16	53.76	49.28
동국대	1,000	1,000	700(70%)	0	0.7	2.8	3.5	6.3	70	210	140	210
고려대	100	1,000	800(80%)	0	16	32	64	128	120	120	160	160
성균관대	100	1,000	800(80%)	0	16	24	80	200	160	160	80	80
한양대	100	1,000	900(90%)	0	36	73	108	153	180	153	108	99
경북대	500	1,000	800(80%)	0	20	20	20	20	20	100	200	400
공주대	1,000	1,000	720(72%)	0	40	40	40	40	40	40	40	40
부산대	100	1,000	800(80%)	0	8	8	8	8	8	40	240	480

2. 정성평가(서류평가)

대학	구분	내용
건국대	교과정성	1) 평가자료: 교과학습발달상황 2) 평가요소: 학업역량(67%), 진로역량(33%), 공동체역량(미반영) => 영향력 20% 정도. 지원학과와 관련된 선택과목 수강 여부가 중요함
경희대	교과종합평가	※ 교과종합평가: 1) 평가자료: 교과학습발달상황의 교과성적과 세부능력및특기사항 2) 평가요소: 학업역량(50%), 진로역량(50%), 공동체역량(미반영) 3) 평가척도(절대평가): 우수(A), 보통(B), 미흡(C) => 교과종합평가 영향력 표 참조 => 영향력은 최초 합격자 27.9%, 최종 합격자는 11.8% => 평가척도가 절대평가 A, B, C 3단계로 평가하면서 대부분의 학생들이 A를 받기 때문에 실제 영향력은 최종 합격자 기준 11.8% 수준임
동국대	서류평가	1) 평가방법: 학생부 교과 관련 영역(교과학습발달상황, 세부능력및특기사항, 출결사항, 행동특성및종합의견) 2) 평가요소: 학업역량(50%), 전공적합성(30%), 인성및사회성(20%) => 영향력 90%. 교과는 상위 10과목만 반영하므로 영향력이 매우 작음. 사실상 면접 없는 학생부종합전형(서류형)
고려대	서류평가	1) 평가방법: 학교생활기록부를 종합평가. 2) 평가요소: 학업역량(미반영), 교과이수 충실도(70%), 공동체역량(30%) => 자연계열은 홈페이지에 공개한 '자연계열 이수 권장과목' 꼭 확인후 지원, 인문계열은 권장과목 없음

성균관대	정성평가	1. 반영점수: 학업수월성 10점 + 학업충실성 10점
		2. 공통 및 일반선택과목:
		  - 과목 이수 및 성적, 세부능력 특기사항 등을 학업수월성 및 학업충실성의 2개 평가영역으로 종합정성평가
		3. 진로선택/전문교과과목:
		  - 과목 이수 및 성적, 세부능력 특기사항 등을 학업수월성 및 학업충실성의 2개 평가영역으로 종합정성평가
		  - 원점수, 과목평균, 성취도별 분포 비율 등을 고려한 포괄적 평가
		=> 정성평가(20%)는 동점자 처리 기준 정도, 정량평가(80%)로 거의 결정됨.
		=> 정성평가 범위가 진로선택에서 공통 및 일반선택까지 확대되었지만 큰 의미 없음.

한양대	교과정성평가	학교생활기록부 '교과학습발달상황' 항목을 정성적으로 평가.
경북대	서류평가	1) 평가자료: 교과학습발달상황('교과세부능력 및 특기사항' 미반영) 2) 평가내용: 교과이수 충실도(교과이수 현황, 진로선택과목 이수와 성취도)를 평가 3) 반영점수: 표 참조 => 교과이수현황은 100단위, 진로선택과목도 20단위 정도면 만점. 작년에 지원자 대부분 만점이었음. 부담 없음
공주대	교과정성평가	1. 평가방법: 학교생활기록부 교과영역 발달상황(세부능력및 특기사항 포함)이 평가 대상 2. 평가내용: 표 참조 3. 배점표: 표 참조 => 교과II전형은 인문 9명, 자연 143명, 경쟁률이 낮은 비인기학과 중심으로 선발.

경희대 교과종합평가 영향력 표

계열	최초합격자 기준				합격자 전체(충원합격 포함) 기준			
	합격	합격→합격	불합격→합격	변동률	합격	합격→합격	불합격→합격	변동률
인문	249	184	65	26.1%	831	773	58	7.0%
자연	246	182	64	26.0%	715	602	113	15.8%
의·약학	45	25	20	44.4%	99	80	19	19.2%
예술·체육	38	26	12	31.6%	71	59	12	16.9%
전체	578	417	161	27.9%	1,716	1,514	202	11.8%

경북대 반영점수 표

교과이수현황	A	A	B	B	A	C	B	C	C
진로선택과목 이수 및 성취도	A	B	A	B	C	A	C	B	C
반영점수	100	100	100	99	90	90	80	80	70

공주대 평가내용 표

평가요소	평가항목	평가내용
교과진로역량	전공(계열) 관련 교과 이수와 성취도	• 전공(계열)과 관련된 과목을 적절하게 선택하여 이수하였는가? • 전공(계열)과 관련된 과목의 석차등급/성취도, 원점수, 평균, 표준편차, 이수단위, 수강자수, 성취도별분포비율, 세부능력 및 특기사항 등을 종합적으로 고려한 성취 수준은 적절한가?

공주대 배점표

구분	A+	Ao	B+	Bo	C+	Co	D+	Do
배점	200	193	186	179	172	165	158	151
등급 감 점수차이	0	7	7	7	7	7	7	7

대학	구분	내용
부산대		=> 수능최저도 없고 내신으로만 선발하다 보니 모집단위나 계열 관련 과목 이수를 한 학생에게 가점을 주기 위함 => 내신 한 등급 정도 영향을 줄 수 있는 정도, 변별력 있음. 어떤 과목을 이수했는 지, 성취도 뿐만 아니라 세특까지 포함해서 평가. 이수과목이 가장 중요함. 그 다음으로 성취도를 봄. 성취도를 참고하기 위해 세특을 확인.
	학업역량평가	1) 평가자료: '교과학습발달상황'(세부능력 및 특기사항 제외), 교육과정 편성표 2) 평가영역 및 평가기준:

평가영역	반영비율	평가요소	평가기준
학업역량	13%	교과 이수 노력	• 반영교과 내 일반선택과목 이수 현황(전문교과Ⅰ 포함) ※ 반영교과 : 국어, 영어, 수학, 사회, 과학
진로역량	7%	학업성취도	• 반영교과 내 진로선택과목 이수 노력 및 성취 결과

=> 전년도의 지원자의 80%가 만점이었음. 올 해는 더 높아질 것. 부담갖지 말 것.
=> 전년도 대비 변경사항
 - 학업역량(교과 이수 노력) : 계열별 지정교과(인문: 국영수사/자연: 국영수과) -> 국영수사과
 - 교과 위계성 : 반영 -> 미반영

Ⅵ. 학생부

1. 반영방법

■ 반영방법

구분	교과 (81개, 75.0%) 교과	교과+ 비교과 (27개, 25.0%)			합계 (중복 허용)
		교과+ 출결	교과+ 봉사	교과+ 출결+ 봉사	
대학 수	82	21	1	4	108
비율	76.0%	19.4%	0.9%	3.7%	100%

■ 대학

※ 밑줄: 학생부 반영방법이 전형마다 다른 대학(수원대, 한서대, 호남대)

교과	비교과		대학수	대학(108)
	출결	봉사활동		
100	–	–	82	가천대, 가톨릭대, 강남대, 강서대, 강원대, 건국대, 건국대(글로컬), 경북대, 경상국립대, 고려대, 고려대(세종), 광운대, 국민대, 단국대, 대진대, 덕성여대, 동국대, 동덕여대, 루터대, 명지대, 부산대, 삼육대, 상명대, 서경대, 서울과기대, 서울시립대, 서울신학대, 서울여대, 서울장신대, 선문대, 성결대, 성공회대, 성균관대, 세종대, <u>수원대(고교추천, 교과우수)</u>, 숙명여대, 순천향대, 숭실대, 신한대, 아신대, 아주대, 안양대, 연세대, 연세대(미래), 용인대, 을지대, 이화여대, 인천가톨릭대, 인천대, 인하대, 장신대, 전남대, 전북대, 제주대, 조선대, 차의과학대, 추계예술대, 충남대, 충북대, 칼빈대, 평택대, 한경국립대, 한국공학대, 한국교통대, 한국기술교대, 한국성서대, 한국외대, 한국항공대, 한남대, 한동대, <u>한서대(한서인재)</u>, 한성대, 한세대, 한신대, 한양대, 한양대(에리카), 협성대, 호서대, 홍익대(서울/세종), 화성의과학대 / 경인교대, 서울교대
93	7	–	1	원광대
90	10	–	15	감신대, 경기대, 경동대, 공주대, 극동대, 동양대, 서강대, 성신여대, 우송대, 울산대, 중앙대, 총신대, 한라대, 한림대, 한밭대,
83	17	–	1	<u>호남대(일반학생)</u>
80	20	–	4	서울기독대, 서울한영대, 한국체대, <u>호남대(일반고, 지역인재)</u>
90	–	10	1	<u>한서대(학생부교과1, 학생부교과2, 지역인재)</u>,
90	5	5	1	한국교원대
80	10	10	3	경희대, 수원가톨릭대, <u>수원대(면접위주교과)</u>

▌ (졸업생) 3학년 2학기 반영 여부

※ 반영->미반영: 서울과기대

지역	반영 (60개, 55.6%)		미반영 (48개, 44.6%)	
서울	감신대, 강서대, 건국대, 경희대, 고려대, 동국대, 동덕여대, 상명대, 서강대, 서울기독대, 서울시립대, 서울한영대, 성균관대, 성신여대, 숙명여대, 숭실대, 연세대, 장신대, 중앙대, 총신대, 추계예술대, 한국성서대, 한국외대, 한국체대	24	광운대, 국민대, 덕성여대, 명지대, 삼육대, 서경대, 서울과기대, 서울여대, 성공회대, 세종대, 이화여대, 한성대, 한양대, 홍익대 / 서울교대	15
경인	강남대, 경기대, 단국대, 루터대, 서울장신대, 수원가톨릭대, 신한대, 아신대, 용인대, 을지대, 인천가톨릭대, 인하대, 칼빈대, 한경국립대, 한국공학대, 한세대, 한신대, 화성의과학대 / 경인교대	19	가천대, 가톨릭대, 대진대, 서울신학대, 성결대, 수원대, 아주대, 안양대, 인천대, 차의과학대, 평택대, 한국항공대, 한양대(에리카), 협성대	14
충청	건국대(글로컬), 고려대(세종), 극동대, 단국대(천안), 상명대(천안), 충남대, 충북대, 한국교원대, 한국교통대, 한국기술교대, 한남대, 한서대, 호서대	13	공주대, 선문대, 순천향대, 우송대, 한밭대, 홍익대(세종)	6
강원	연세대(미래), 한라대	2	강원대, 경동대, 한림대	3
경상	부산대	1	경북대, 경상국립대, 동양대, 울산대, 한동대	5
전라		0	원광대, 전남대, 전북대, 조선대, 호남대	5
제주	제주대	1		0

2. 진로선택과목

▌ 성취도 B에 해당하는 석차등급

등급	수	대학
2등급	17	가천대(지역균형), 가톨릭대, 강원대, 경기대, 광운대, 단국대, 대진대, 동양대, 명지대, 성신여대, 숭실대, 인하대, 평택대, 한국공학대, 한국교원대, 한국외대, 한성대
3등급	11	경동대, 국민대, 삼육대, 서울과기대, 세종대, 숙명여대, 순천향대, 아주대, 한라대, 한밭대, / 경인교대, 서울교대
3.5등급	1	차의과학대
4등급	2	원광대, 화성의과학대
5등급	1	수원가톨릭대,

1) 반영 여부

▌ 진로선택과목

구분	반영	미반영	합계 (중복 허용)
대학 수	77	34	111
비율	69.4%	30.6%	100%

▌ 대학

※ 미반영 -> 반영(4): 우송대, 한국기술교대, 한국항공대, 한서대 / ※ 반영 -> 미반영(2) : 가천대(학생부우수자), 한양대
※ 밑줄(3): 반영, 미반영 중복 대학(가천대, 평택대, 협성대)

지역	반영 (77개. 69.4%)		미반영 (34개. 30.6%)	
서울	강서대, 경희대, 고려대, 광운대, 국민대, 덕성여대, 명지대, 삼육대, 상명대, 서강대, 서울과기대, 서울시립대, 서울여대, 성신여대, 세종대, 숙명여대, 숭실대, 연세대, 이화여대, 장신대, 중앙대, 총신대, 한국외대, 한성대(교과우수: 3과목), 한성대(지역균형: 전과목), 홍익대 / 서울교대	27	감신대, 건국대, 동국대, 동덕여대, 서경대, 서울기독대, 서울한영대, 성공회대, 성균관대, 추계예술대, 한국성서대, 한국체대, 한양대	13
경인	<u>가천대(지역균형)</u>, 가톨릭대, 강남대, 경기대, 단국대, 대진대, 수원가톨릭대, 아주대, 인천가톨릭대, 인하대, 차의과학대, <u>평택대(PTU교과)</u>, 한경국립대, 한국공학대, 한국항공대, 한양대(에리카), <u>협성대(학생부교과우수자)</u>, 화성의과학대 / 경인교대	19	<u>가천대(학생부우수자)</u>, 루터대, 서울신학대, 서울장신대, 성결대, 수원대, 신한대, 아신대, 안양대, 용인대, 을지대, 인천대, 중앙승가대, 칼빈대, <u>평택대(PTU추천)</u>, 한세대, 한신대, <u>협성대(미래역량우수자, 담임목회자추천)</u>,	18

지역	반영 (77개, 69.4%)			미반영 (34개, 30.6%)	
충청	건국대(글로컬), 고려대(세종), 공주대, 선문대, 순천향대, 우송대, 충남대, 충북대, 한국교원대, 한국교통대, 한국기술교대, 한남대, 한밭대, 한서대, 호서대, 홍익대(세종)	16		극동대	1
강원	강원대, 경동대, 연세대(미래), 한라대, 한림대	5			0
경상	경상국립대, 동양대, 울산대, 한동대	4		경북대, 부산대	2
전라	원광대, 전남대, 전북대, 조선대, 호남대	5			0
제주	제주대	1			0
		77			34

2) 반영 방법

■ 반영방법

※ 한성대(성취도) : 지역균형은 3과목, 교과우수는 전과목 반영

구분	성취도 (70개, 90.7%)			성취비율 (7개, 9.3%)	합계
	석차등급	점수	가산점		
대학 수	32	22	16	7	77
비율	42.7%	28.0%	20.0%	9.3%	100%

■ 반영과목수

구분	2과목	3과목	5과목	8과목	전과목	합계
대학 수	8	33	1	1	34	77
비율	10.5%	40.8%	1.3%	1.3%	46.1%	100

■ 대학

※ 가산점 -> 석차등급: 서울과기대 ※ 가산점 -> 점수: 조선대

산출지표 및 반영방법		성취도			성취비율 (7개, 9.3%)
		석차등급 (32개, 42.7%)	점수 (22개, 28.0%)	가산점 (16개, 20.0%)	
2과목	8	한국교원대, (1개)	울산대, 협성대 (2개)	건국대(글로컬), 인천가톨릭대, 한국기술교대, 한남대, 한서대 (5개)	
3과목	33	국민대, 단국대, 대진대, 성신여대, 세종대, 숙명여대, 순천향대, 아주대, 인하대, 차의과학대, 평택대, 한밭대, 한성대(지역균형), (13개)	강남대, 경희대, 공주대, 덕성여대, 삼육대, 상명대, 선문대, 연세대(미래), 전남대, 전북대, 제주대, 조선대, (12개)	경상국립대, 서울여대, 우송대, 한경국립대, 한국항공대, 한동대, 한림대, 호남대 (8개)	
5과목	1	한라대 (1개)			
8과목	1	한국공학대(4개교과별 최대 2과목)(1개)			
전 과목	34	가천대(지역균형), 가톨릭대, 강원대, 경기대, 경동대, 광운대, 동양대, 명지대, 서울과기대, 수원가톨릭대, 숭실대, 원광대, 한국외대, 한성대(교과우수), 화성의과학대 / 경인교대 (16개)	고려대(세종), 서울시립대, 연세대, 이화여대, 중앙대, 총신대, 한양대(에리카) / 서울교대 (8개)	강서대, 홍익대(서울), 홍익대(세종), (3개)	고려대, 서강대, 장신대, 충남대, 충북대, 한국교통대, 호서대 (7개)

3) 반영방법 및 점수

구분	대학수	대학	(반영교과) 과목 수	성취도		
				A	B	C
석차등급	32	가천대(지역균형)	전 과목	1등급	2등급	5등급
		가톨릭대	전 과목	1등급	2등급	3등급
		강원대	전 과목	1등급	2등급	4등급

구분	대학수	대학	(반영교과) 과목 수	성취도		
				A	B	C
		경기대	전 과목	1등급	2등급	4등급
		경동대	전 과목	1등급	3등급	5등급
		광운대	전 과목	1등급	2등급	4등급
		국민대	3과목	1등급	3등급	5등급
		단국대	3과목	1등급	2등급	5등급
		대진대	3과목	1등급	2등급	4등급
		동양대	전 과목	1등급	2등급	3등급
		명지대	전 과목	1등급	2등급	4등급
		서울과기대	전 과목	1등급	3등급	5등급
		성신여대	3과목	1등급	2등급	4등급
		세종대	3과목	1등급	3등급	5등급
		수원가톨릭대	전 과목	1등급	5등급	8등급
		숙명여대	3과목	1등급	3등급	5등급
		순천향대	3과목	1등급	3등급	5등급
		숭실대	전 과목	1등급	2등급	3등급
		아주대	3과목	1등급	3등급	5등급
		원광대	전 과목	1등급	4등급	6등급
		인하대	3과목	1등급	2등급	4등급
		차의과학대	3과목	1.5등급	3.5등급	6등급
		평택대	3과목	1등급	2등급	4등급
		한국공학대	8과목	1등급	2등급	4등급
		한국교원대	2과목	1등급	2등급	4등급
		한국외대	전 과목	1등급	2등급	3등급
		한라대	5과목	1등급	3등급	5등급
		한밭대	3과목	1등급	3등급	5등급
		한성대(지역균형)	3과목	1등급	2등급	4등급
		한성대(교과우수)	전 과목	1등급	2등급	4등급
		화성의과학대	전 과목	1등급	4등급	7등급
		경인교대	전 과목	1등급	3등급	5등급
점수	22	강남대	3과목	100	95	80
		경희대	3과목	100	80	60
		고려대(세종)	전 과목	1,000	980	900
		공주대	3과목	5	3	1
		덕성여대	3과목	100	99	97
		삼육대	3과목	100	96.5	80
		상명대	3과목	100	96	90
		서울시립대	전 과목	100	97	90
		선문대	3과목	9.5	7.5	5.5
		연세대	전 과목	20	15	10
		연세대(미래)	3과목	100	80	50
		울산대	2과목	50	49	48
		이화여대	전 과목	10	8.6	5.0
		전남대	3과목	15	9	3
		전북대	3과목	1.5	1.0	0.5
		제주대	3과목	1,000	970	940
		조선대	3과목	10	8	6
		중앙대	전 과목	10.0	9.43	8.86
		총신대	전과목	72	65	0
		한양대(에리카)	전과목	100	99	98
		협성대	2과목	96	92	85
		서울교대	전 과목	8	6	4
가산점	16	강서대	전 과목	5	4	3
		건국대(글로컬)	2과목	30	20	10
		경상국립대	3과목	0.5	0.3	0.1

구분	대학수	대학	(반영교과) 과목 수	성취도		
				A	B	C
		서울여대	3과목	1	0.9	0.5
		우송대	3과목	3	1.5	0.5
		인천가톨릭대	2과목	1.5	1.0	0.5
		한경국립대	3과목	과목 당 1점 (최대 3점)		
		한국기술교대	2과목	A+A: 3, A+B: 2.8, A+C: 2.6, A: 2.4, B+B: 2.4, B+C: 2.2, B+C: 2, C: 1.9, 과목 미이수 : 1.8		
		한국항공대	3과목	2	1.5	1
		한남대	2과목	• 전체 교과 중, A 분포비율이 40% 미만인 과목에서 A 1개 : 가산점 2점 • 전체 교과 중, A 분포비율이 40% 미만인 과목에서 A 2개 이상 : 가산점 4점		
		한동대	3과목	100	90	80
		한림대	3과목	10	8	4
		한서대	2과목	A+A: 5, A+B : 4, A+C: 3, B+B: 2, B+C: 1, C+C: 0		
		호남대	3과목	3	2	1
		홍익대(서울)	전 과목	10	9	7
		홍익대(세종)	전 과목	10	9	7

성취비율 (7)

고려대 — 전 과목

성취도	변환석차등급
A	1
B	'성취도 A의 비율'에 해당하는 석차등급* + (성취도 A의 비율 + 성취도 B의 비율) / 100
C	' 성취도 A의 비율 +성취도 B의 비율' 에 해당하는 석차등급*+ (성취도 A의 비율 +성취도 B의 비율+ 성취도C 의 비율) / 100

서강대 — 전 과목

1) 환산 성취비율 = 취득 성취비율/2 + 성취도 하단 성취비율 합계
2) **최종점수 = (∑(반영과목 성취비율)) / 2**
3) 최종점수가 100점 이상인 경우 모두 100점으로 처리
※ (예시) 성취도,성취비율 산출 관련 안내 : 비율계산(100점) 산출 예시

비율계산 점수 (만점 100점)		반영과목 개수					
		1과목	2과목	3과목	4과목	5과목	6과목
과목별 환산 성취비율	80점	40	80	100	100	100	100
	70점	35	70	100	100	100	100
	60점	30	60	90	100	100	100
	50점	25	50	75	100	100	100
	40점	20	40	60	80	100	100
	30점	15	30	45	60	75	90

장신대 — 전 과목

성취도	변환석차등급 산출식
A	2 + 성취도 A의 학생비율/100
B	성취도 A의 학생비율에 해당하는 석차등급 + 성취도 B까지의 누적 학생비율/100
C	성취도 B까지의 학생비율에 해당하는 석차등급 + 성취도 C까지의 누적 학생비율/100

충남대 충북대 — 전 과목

성취도	산출식
A	**학생 비율에 관계 없이 1등급**
B	누적비율[[(성취도 B의 학생비율 + 성취도 C의 학생비율)]에 해당하는 석차등급
C	누적비율[[성취도 C의 학생비율)]에 해당하는 석차등급

한국교통대 — 3과목

성취도	산출식
A	1 + A의 비율/100
B	성취도 A의 학생비율 해당 석차등급 + (A+B)의 비율/100
C	성취도 B까지의 누적 해당 석차등급 + (A+B+C)의 비율/100

호서대 — 3과목

※ 성취도별 환산 등급 = A : 1+(학생이 취득한 성취도 비율/100)
　　　　　　　　　　　　B : 3+(학생이 취득한 성취도비율/100)
　　　　　　　　　　　　C : 5+(학생이 취득한 성취도 비율/100)

2. 학생부종합전형

학생부종합전형은 학교생활기록부를 종합적으로 정성평가하는 전형입니다.

- 전체 모집인원(340,934명) 중 23.1%(78,924명)을 선발하며. 수시모집에서 **학생부교과전형과 두 축**을 이룹니다.
- 지역적으로 수도권 대학은 28.7%, 비수도권 대학은 19.8%를 학생부종합전형으로 선발합니다.
- 특히, **주요 15개 대학은 모집인원의 33.6%를 학생부종합전형으로 선발**하므로 수시모집에서 가장 중요한 전형입니다.
- 교과성적을 점수화하여 선발하는 학생부교과전형과는 다르게 일반선택 및 진로선택의 이수 과목 및 이수 단위, 세부능력 및 특기사항, 창의적 체험활동, 행동특성 및 종합의견 등을 종합적으로 평가하므로 **고교 교육과정을 충실히 이수한 학생 들에게 적합한 전형**입니다.
- 최근 서류 평가요소가 학업역량, 진로역량, 공동체역량 3개로로 변경되는 추세에 있습니다.
  특히, 전공적합성을 진로역량으로 명칭을 변경함으로써 진로 관련 교과 이수 노력 및 활동, 진로 탐색 활동과 경험, 자기 주도성 등이 중요시 되고 있습니다.

1. 전년도 전형결과 : 모집인원과 경쟁률은 모두 상승. 합격자 성적은 유지
1) 모집인원 : 47,470명 -> 51,189명으로 7.8%(3,719명) 증가하였음
2) 경쟁률 : 9.83 대 1 -> 11.49 대 1로 16.9% 상승. 특히, 자연계열은 9.78 대 1 -> 11.79 대 1로 20.6%나 상승
   - 자연계열에서 서울과 경인지역 대학의 경쟁률 상승이 두드러짐
     서울은 12.00 대 1 -> 15.77 대 1로 31.4% 상승, 경인은 9.79 대 1 -> 13.02 대 1로 33.0% 상승
3) 합격자 성적 : 경쟁률은 상승하였지만 합격자 성적은 3.80 -> 3.81로 비슷한 수준을 유지함.

2. 무전공 유형1 : 1,708명(11.4%) 선발
- 올 해 도입된 무전공 유형1의 전체 모집인원(14,951명) 중 학생부종합전형으로 11.4%(1,708명)를 선발.
- 무전공 유형1은 전공을 정하지 않고 모집 후, 2학년 진급 시 대학 내 모든 전공을 자유롭게 선택할 수 있는 특성상 진로 역량을 어떻게 평가할 것인가가 관건
- 진로역량을 다른 역량으로 대체한 대학들이 있음.
  1) 건국대: 성장역량(자기주도성, 창의적 문제해결력, 경험의 다양성)
  2) 경희대: 자기주도역량(자기주도 교과 이수 노력, 자기주도 관련 교과 성취도, 자기주도 진로탐색 활동과 경험)

3. 전형방법: 1단계)서류, 2단계)서류+ 면접(64%) > 서류100%(34%) > 서류+ 면접(2%)
- 1단계에서 서류평가로 일정 배수를 선발한 후 2단계에서 면접고사를 실시하는 단계별전형이 64%로 가장 많음.
  1단계 선발배수가 3배수에서 4배수 또는 5배수로 점차 증가하는 경향이 있음, 그 만큼 충원율이 높기 때문.
- 서류100%로 선발하는 대학들은 원서 접수 후 면접을 실시하지 않고 바로 합격자 발표가 나므로 합격하면 정시모집에 지 원할 수 없는 점에 유의

4. (전형요소) ① 서류 : 학교생활기록부를 종합적으로 정성평가.
- 학생부 일부 항목 미반영(자율동아리, 수상, 개인봉사, 독서 등)
- 교과과정을 바탕으로 주도적인 진로설계를 통해 우수한 학업역량과 진로역량을 보여주는 것이 중요.
- 핵심 권장과목과 권장과목 등 모집단위 관련 권장과목을 공개하는 대학들의 경우 이를 준수하여 지원하는 것이 안전

5. (전형요소) ② 면접 : 제출 서류 확인 면접(79.7%), 수능 이후 실시(69%),
- 면접유형: 서류확인면접(79.7%) > 제시문기반+ 서류확인면접(8.9%) > 제시문 기반 면접(7.6%)
- 서류 확인 면접: 약 80%로 대다수를 차지함. 면접 시간은 평균 10분 정도
- 제시문 기반 면접: 7.6%로 적지만 주요 대학들을 중심으로 실시. 기본적인 학업역량이 중요함
  : 서울대 일반전형, 연세대 활동우수형/국제형, 고려대 계열적합, 성균관대 과학인재 등
- 실시 시기: 수능 이전은 약 31%, 수능 이후는 약 69%로 대부분 수능 이후에 실시함
- 면접 역전율: 약 30% 정도, 충원율이 높아지는 추세

■ 학생부종합

※ 음영: 신설 전형

지역	대학수	대학(100)
서울	32	건국대: KU자기추천, 경희대: 네오르네상스, 고려대: 학업우수형, 계열적합형, 사이버국방, 광운대: 광운참빛인재Ⅰ(면접형), 광운참빛인재Ⅱ(서류형), 소프트웨어우수인재, 국민대: 국민프런티어, 학교생활우수자, 덕성여대: 덕성인재Ⅰ, 덕성인재Ⅱ, 동국대: Do Dream, Do Dream(소프트웨어), 불교추천인재, 동덕여대: 동덕창의리더, 명지대: 명지인재서류, 명지인재면접, 크리스천리더, 삼육대: 세움인재, 상명대: 상명인재, 서강대: 일반전형, 서울과학기술대: 학교생활우수자, 첨단인재, 서울대: 지역균형, 일반전형, 서울시립대: 종합Ⅰ(면접형), 종합Ⅱ(서류형), 서울여대: 바롬인재서류, 바롬인재면접, SW융합인재, 성공회대: 열린인재, 성균관대: 융합형, 탐구형, 과학인재, 성신여대: 학교생활우수자, 자기주도인재, 세종대: 세종창의인재(서류형), 세종창의인재(면접형), 숙명여대: 숙명인재Ⅱ(면접형), 소프트웨어인재, 숭실대: SSU미래인재, SW우수자, 연세대: 활동우수형, 국제형, 이화여대: 미래인재, 장신대: 드림(PUTS인재), 중앙대: CAU융합형인재, CAU탐구형인재, 총신대: 코람데오인재, 한국외대: 서류형, 면접형, SW인재, 한성대: 한성인재, 한양대: 추천형, 면접형, 서류형, 홍익대: 학교생활우수자 / 서울교대: 교직인성우수자
경인	22	가천대: 가천바람개비, 가천의약학, 가천AI·SW, 가톨릭대: 잠재능력우수자, 가톨릭지도자추천, 학교장추천, 강남대: 서류면접, 학생부, 경기대: KGU학생부종합, SW우수자, 단국대: DKU인재(서류형), DKU인재(면접형), SW인재, 창업인재, 대진대: 윈윈대진, 서울신학대: H+인재, 신한대: 신한국인, 아주대: ACE, 첨단융합인재, 안양대: 아리학생부종합Ⅰ, 아리학생부종합Ⅱ, 을지대: EU미래인재, EU자기추천, 인천대: 자기추천, 인하대: 인하미래인재, 차의과학대: CHA학생부종합, 평택대: PTU종합, 한경국립대: 잠재력우수자, 한국공학대: 융합인재, 창의인재, 채용조건형 계약학과, 한국항공대: 미래인재, 한신대: 참인재, 한양대(에리카): 첨단융합인재, 면접형, 서류형, 조기취업형 계약학과, 협성대: 협성창의인재 / 경인교대: 교직적성
충청	20	건국대(글로컬): 지역인재, Cogito자기추천, 고려대(세종): 크림슨인재, 지역인재, 공주대: 일반전형, 상명대(천안): 상명인재, 선문대: 서류, 순천향대: 일반학생, 지역인재, SW융합, 조기취업형계약학과, 우송대: 서류형, 면접형, SW잠재능력, 충남대: 지역인재, 일반전형, 서류면접, 소프트웨어인재, 충북대: 학생부종합Ⅰ, 학생부종합Ⅱ, SW우수인재, 한국교원대: 학생부종합우수자, 한국교통대: 나비인재Ⅰ, 나비인재Ⅱ, 한국기술교대: 창의인재(면접형), 창의인재(서류형), 한남대: 한남인재Ⅰ(서류), 한남인재Ⅱ(서류+면접), 창업인재(서류+면접), 한밭대: 학생부종합(일반), 학생부종합(학석사), 지역인재(종합), 한서대: 융합인재, 호서대: 호서인재, AI·SW인재, 홍익대(세종): 학교생활우수자 / 공주교대: 교직적성인재, 지역인재선발, 청주교대: 배움나눔인재, 지역인재 / KAIST: 창의도전, 일반전형, 학교장추천
강원	5	강원대: 미래인재Ⅰ, 미래인재Ⅱ, 학석사통합, 연세대(미래): 학교생활우수자, 활동우수자, 강원인재(일반), 한라대: 운곡인재, 한림대: 학교생활우수자, 한림SW인재, 지역인재 / 춘천교대: 교직적·인성인재, 강원교육인재
경상	11	경북대: 일반학생, 지역인재, 지역인재-학교장추천, SW특별전형, 모바일과학인재, 경상국립대: 일반전형, 지역인재, 부산대: 학생부종합, 지역인재, 울산대: 잠재역량, 지역인재, 포항공대: 일반전형Ⅰ, 일반전형Ⅱ, 반도체공학인재Ⅰ, 반도체공학인재Ⅱ, 지역인재, 한동대: 일반학생, 소프트웨어인재, / 대구교대: 참스승, 대구지역인재, 경북지역인재, 부산교대: 초등교직적성자, 지역인재, 진주교대: 21세기형교직적성자, 지역인재 / DGIST: 일반전형, 학교장추천, 반도체공학, UNIST: 탐구우수, 일반전형, 지역인재
전라	8	원광대: 학생부종합, 지역인재Ⅰ, 전남대: 고교생활우수자유형Ⅰ, 고교생활우수자유형Ⅱ, 조기취업형계약학과, 전북대: 큰사람, SW인재, 조선대: 면접, 서류, 창업인재 / 광주교대: 교직적성우수자, 전라남도학교장추천, 광주인재, 전남인재, 전주교대: 교직적성우수자, 지역인재선발 / GIST: 일반학생, 학교장추천, KENTECH: 일반전형
제주	1	제주대: 지역인재, 일반학생, 소프트웨어인재

Ⅰ. 전년도 전형결과

1. 지역

※ 조사대학: 수박책에 수록된 120여 개 대학
※ 15개 대학: 건국대, 경희대, 고려대, 동국대, 서강대, 서울대, 서울시립대, 성균관대, 숙명여대, 숭실대, 연세대, 이화여대, 중앙대, 한국외대, 한양대

지역	학년도	구분	전체				인문				자연			
			모집인원	경쟁률	합격자평균	충원율	모집인원	경쟁률	합격자평균	충원율	모집인원	경쟁률	합격자평균	충원율
전국	2023	인원	47,470 (100%)	9.83	3.80	86%	21,890 (46.1%)	9.90	3.73	85%	25,580 (53.9%)	9.78	4.07	86%
	2024	인원	51,189 (100%)	11.49	3.71	88%	23,373 (43.6%)	10.62	3.72	91%	28,816 (56.4%)	11.79	3.70	85%

지역	학년도	구분	전체				인문				자연			
			모집인원	경쟁률	합격자평균	충원율	모집인원	경쟁률	합격자평균	충원율	모집인원	경쟁률	합격자평균	충원율
		증감	+3,719 (7.8%)	+1.66 (16.9%)	-0.09 (2.4%)	+2% (2.3%)	+1,483 (6.8%)	+0.72 (7.3%)	-0.01 (0.3%)	+6% (7.1%)	+3,141 (12.3%)	+2.01 (20.6%)	-0.37 (9.1%)	-1% (1.2%)
15개 대학	2023	인원	12,605 (100%)	13.60	2.47	111%	6,547 (51.9%)	12.98	2.66	103%	6,058 (48.1%)	14.26	2.28	119%
	2024	인원	13,007 (100%)	15.32	2.50	108%	6,585 (50.6%)	13.87	2.64	101%	6,422 (49.4%)	16.81	2.36	114%
		증감	+402 (3.2%)	+1.72 (12.5%)	+0.03 (1.2%)	+3% (2.7%)	+38 (0.6%)	+0.89 (6.9%)	-0.06 (2.3%)	-2% (1.9%)	+364 (6.0%)	+2.55 (17.5%)	+0.08 (3.5%)	-5% (4.2%)
서울	2023	인원	18,721 (100%)	12.82	2.84	96%	9,469	13.07	2.94	91%	9,252	12.00	2.74	101%
	2024	인원	19,231 (100%)	14.98	2.86	99%	9,438 (49.1%)	14.17	2.96	97%	9,793 (50.9%)	15.77	2.76	101%
		증감	+510 (2.7%)	+2.16 (16.8%)	+0.02 (0.7%)	+3% (3.1%)	-31 (0.3%)	+1.10 (8.6%)	+0.02 (0.7%)	+6% (6.6%)	+541 (5.8%)	+3.77 (31.4%)	+0.02 (0.7%)	0% (0.0%)
경인	2023	인원	9,923 (100%)	9.77	3.79	80%	4,521 (45.6%)	9.75	4.12	79%	5,402 (54.4%)	9.79	3.77	81%
	2024	인원	9,809 (100%)	12.88	3.99	82%	4,272 (43.6%)	12.70	4.12	81%	5,537 (56.4%)	13.02	3.85	82%
		증감	-114 (1.1%)	+3.11 (31.8%)	+0.20 (5.3%)	+2% (2.5%)	-249 (5.5%)	+2.25 (23.1%)	0 (0.0%)	+2% (2.5%)	+135 (2.5%)	+3.23 (33.0%)	+0.08 (2.1%)	+1% (1.2%)
강원	2023	인원	2,158 (100%)	5.14	4.26	66%	994 (46.1%)	4.73	4.18	90%	1,164 (53.9%)	5.40	4.52	41%
	2024	인원	2,611 (100%)	6.65	4.69	84%	1,230 (47.1%)	5.62	4.81	96%	1,381 (52.9%)	7.56	4.56	71%
		증감	+453 (21.0%)	+1.51 (29.2%)	+0.43 (10.1%)	+18% (27.3%)	+236 (23.7%)	+0.87 (18.4%)	+0.63 (15.1%)	+6% (6.7%)	+217 (18.6%)	+2.16 (40.0%)	+0.04 (0.9%)	+30% (73.1%)
경상	2023	인원	4,957 (100%)	8.00	3.23	77%	1,965 (39.6%)	7.26	3.26	80%	2,992 (60.4%)	8.49	3.89	84%
	2024	인원	5,287 (100%)	9.89	3.70	65%	1,945 (31.3%)	8.62	3.64	76%	3,342 (68.7%)	10.63	3.76	54%
		증감	-330 (6.7%)	+1.89 (23.6%)	+0.47 (14.6%)	-12% (15.6%)	-20 (1.0%)	+1.36 (18.7%)	+0.38 (11.7%)	-4% (5.0%)	+350 (11.7%)	+2.14 (25.2%)	-0.13 (3.3%)	-30% (35.7%)
전라	2023	인원	3,208 (100%)	6.87	3.44	69%	1,348 (42.0%)	6.32	3.20	71%	1,860 (58.0%)	7.27	4.19	66%
	2024	인원	4,672 (100%)	6.79	4.15	72%	1,734 (37.1%)	5.47	3.85	79%	2,938 (62.9%)	7.56	4.45	64%
		증감	+1,464 (45.6%)	-0.08 (1.2%)	+0.42 (12.2%)	+3% (4.3%)	+386 (28.6%)	-0.85 (13.4%)	+0.65 (20.3%)	+8% (11.3%)	+1,078 (58.0%)	+0.29 (4.0%)	+0.26 (6.2%)	-2% (3.0%)
제주	2023	인원	196 (100%)	7.08	4.73	53%	90 (45.9%)	6.82	4.28	67%	106 (54.1%)	7.29	4.81	39%
	2024	인원	198 (100%)	7.81	4.40	33%	90 (45.5%)	7.40	4.09	42%	108 (54.5%)	8.15	4.71	23%
		증감	+2 (1.0%)	+0.73 (10.3%)	-0.33 (7.0%)	-20% (37.7%)	0 (0.0%)	+0.58 (8.5%)	-0.19 (4.4%)	-25% (37.3%)	+2 (1.9%)	+0.86 (11.8%)	-0.10 (2.1%)	-16% (41.0%)
충청	2023	인원	8,307 (100%)	6.69	4.27	93%	3,503 (42.2%)	6.68	4.15	93%	4,804 (57.8%)	6.70	4.57	93%
	2024	인원	9,295 (100%)	7.55	4.24	98%	3,578 (38.5%)	7.23	4.18	104%	5,717 (61.5%)	7.74	4.30	92%
		증감	+988 (11.9%)	+0.86 (12.9%)	-0.03 (0.7%)	+5% (5.1%)	+75 (2.1%)	+0.55 (8.2%)	+0.03 (0.7%)	+11% (11.8%)	+913 (19.0%)	+1.04 (15.5%)	-0.27 (5.9%)	-1% (1.1%)

2. 인문계열

■ 수도권

※ 밑줄 : 수능최저학력기준 있는 전형(일부 학과(예: 의학계열)만 수능최저학력기준이 있는 전형은 제외)

계열 평균 등급	대학
1.0	
1.1	
1.2	<u>서울대</u>: 지역균형(1.21, 204명)
1.3	
1.4	
1.5	
1.6	
1.7	<u>서울교대</u>: 교직인성우수자(1.75, 100명)
1.8	<u>경인교대</u>: 교직적성(1.88, 78명)
1.9	<u>연세대</u>: 활동우수형(1.90, 300명), <u>서울대</u>: 일반전형(1.94, 597명)
2.0	
2.1	
2.2	
2.3	<u>고려대</u>: 학업우수(2.35, 483명)
2.4	경희대(서울): 네오르네상스(2.45, 383명), <u>연세대</u>: 국제형(국내고)(2.45, 127명)
2.5	<u>고려대</u>: 계열적합(2.52, 296명), 서강대: 일반전형(2.54, 328명), 성균관대: 융합형(2.55, 181명), 한양대: 면접형(2.57, 23명)
2.6	이화여대: 미래인재(2.60, 563명), 건국대: KU자기추천(2.69, 334명)
2.7	중앙대: CAU융합형인재(2.71, 276명), <u>서울시립대</u>: 학생부종합II(서류)(2.73, 80명)
2.8	동국대: Do Dream(2.82, 271명), 홍익대(서울): 학교생활우수자(2.83, 191명), 한국외대(서울): 서류형(2.84, 232명), 국민대: 학교생활우수자(2.87, 156명), 중앙대: CAU탐구형인재(2.87, 165명), 세종대: 세종창의인재(면접형)(2.89, 64명)
2.9	한양대: 서류형(2.91, 397명), 성균관대: 탐구형(2.92, 243명), 국민대: 국민프런티어(2.94, 248명), 단국대(죽전): DKU인재(서류)(2.94, 111명)
3.0	숙명여대: 숙명인재(면접형)(3.01, 광운대: 광운대: 광운참빛인재 I (면접)(3.05, 116명)/광운참빛인재II(서류)(3.06, 58명), 성신여대: 학교생활우수자(3.05, 90명), 숭실대: SSU미래인재(3.08, 282명)
3.1	한국외대(서울): 면접형(3.10, 227명), 덕성여대: 덕성인재II(3.11, 82명), 아주대: ACE(3.12, 173명)/ 첨단융합인재(3.14, 20명), 덕성여대: 덕성인재 I (3.17, 56명)
3.2	한국항공대: 미래인재(3.20, 19명), 성신여대: 자기주도인재(3.25, 218명), 동국대: 불교추천인재(3.27, 81명), 서울과기대: 학교생활우수자(3.27, 84명), 인하대: 인하미래인재(3.28, 359명), 단국대(죽전): DKU인재(면접)(3.29, 56명)
3.3	<u>서울시립대</u>: 학생부종합 I (면접)(3.30, 180명), 서울여대: 바롬인재서류(3.38, 147명)
3.4	단국대(죽전): 창업인재(3.43, 8명), 인천대: 자기추천(3.44, 292명), 한성대: 한성인재(3.44, 168명)
3.5	
3.6	경기대: KGU학생부종합(3.60, 419명), 명지대: 크리스천리더(3.60, 24명)/명지인재서류(3.65, 129명), 서울여대: 바롬인재면접(3.69, 126명), 한양대(에리카): 서류형(3.69, 215명)
3.7	
3.8	명지대: 명지인재면접(3.80, 126명), 가천대: 가천바람개비(3.84, 188명), 경희대(국제): 네오르네상스(3.88, 236명)
3.9	가톨릭대: 잠재능력우수자서류(3.92, 120명), 한국외대(글로벌): 서류형(3.92, 187명), 삼육대: 세움인재(3.96, 84명), 안양대: 아리학생부종합 I (3.97, 59명), 장신대: 드림(PUTS인재)(3.98, 30명)
4.0	가톨릭대: 잠재능력우수자면접(4.02, 155명), 총신대: 코람데오인재(4.08, 119명)
4.1	한국외대(글로벌): 면접형(4.10, 170명)
4.2	서울여대: 기독교지도자(4.20, 23명), 을지대(성남): EU미래인재(4.22, 21명)/EU자기추천(4.25, 32명), 신한대: 신한국인(4.24, 48명), 가톨릭대: 가톨릭지도자추천(4.29, 42명), 한경국립대(안성): 잠재력우수자(4.29, 43명)
4.3	강남대: 서류면접(4.32, 181명)/학생부(4.38, 189명)
4.4	성공회대: 열린인재(4.40, 123명), 한국공학대: 창의인재(4.40, 19명)
4.5	
4.6	
4.7	
4.8	
4.9	
5.0	
5.1	대진대: 윈윈대진(5.16, 164명)
5.2	
5.3	아신대: 기독학생(5.30, 12명), 협성대: 협성창의인재(5.34, 96명)

계열 평균 등급	대학
5.4	서울신학대: H+ 인재(5.43, 87명), 한신대: 참인재(5.43, 259명)
5.5	
5.6	평택대: PTU종합(5.61, 60명)
5.7	
5.8	
5.9	
6.0	
6.1	
6.2	아신대: 일반학생(6.20, 31명)
6.3	
6.4	

■ 비수도권

※ 밑줄 : 수능최저학력기준 있는 전형(일부 학과(예: 의학계열)만 수능최저학력기준이 있는 전형은 제외)

계열 평균 등급	대학
1.0	
1.1	
1.2	
1.3	
1.4	
1.5	
1.6	
1.7	
1.8	
1.9	
2.0	
2.1	
2.2	부산교대: 지역인재(2.22, 119명), 공주교대: 교직적성인재(2.24, 80명)
2.3	대구교대: 경북지역인재(2.31, 150명), 부산교대: 초등교직적성자(2.36, 74명), 광주교대: 전라남도학교장추천(2.39, 80명)
2.4	광주교대: 교직적성우수자(2.44, 46명)
2.5	한국교원대: 학생부종합우수자(2.50, 202명), 춘천교대: 강원교육인재(2.50, 70명), 공주교대: 지역인재선발(2.55, 120명)
2.6	대구교대: 참스승(2.68, 42명), 전주교대: 교직적성우수자(2.68, 26명)
2.7	청주교대: 지역인재(2.70, 100명)
2.8	광주교대: 전남인재(2.82, 40명)/광주인재(2.86, 40명)
2.9	진주교대: 지역인재(2.91, 123명), 부산대: 학생부종합(2.98, 169명)
3.0	
3.1	
3.2	전주교대: 지역인재선발(3.23, 71명), 춘천교대: 교직적·인성인재(3.27, 96명)
3.3	전남대(광주): 고교생활우수자Ⅰ(3.31, 222명), 한동대: 일반학생(3.35, 209명), 충북대학생부종합Ⅰ(3.37, 146명)
3.4	
3.5	충남대: 일반전형(3.55, 172명)/서류전형(3.58, 103명)
3.6	청주교대: 배움나눔인재(3.61, 50명), 부산대: 지역인재(3.64, 10명), 진주교대: 21세기형교직적성자(3.65, 50명), 강원대(춘천): 미래인재Ⅱ(3.69, 109명)
3.7	홍익대(세종): 학교생활우수자(3.72, 125명)
3.8	전북대: 큰사람(3.80, 186명), 경북대: 지역인재(3.85, 38명), 충북대: 학생부종합Ⅱ(3.86, 91명)
3.9	단국대(천안): DKU인재(면접)(3.91, 15명), 강원대(춘천): 미래인재Ⅰ(3.96, 163명), 공주대: 일반전형(3.98, 333명), 경북대: 일반학생(3.99, 308명)
4.0	한국기술교대: 창의인재(서류형)(4.04, 29명), 제주대: 일반학생(4.09, 89명)
4.1	
4.2	
4.3	연세대(미래): 학교생활우수자(4.31, 171명), 단국대(천안): DKU인재(서류)(4.35, 155명)
4.4	경상국립대: 일반전형(4.42, 221명), 원광대: 지역인재Ⅰ(호남)(4.44, 27명)
4.5	상명대(천안): 상명인재(4.50, 92명), 순천향대: 일반학생(4.51, 143명), 한국교통대: 나비인재Ⅰ(4.57, 87명), 건국대(글로컬): Cogito자기추천(4.58, 244명)
4.6	원광대: 지역인재Ⅰ(전북)(4.61, 56명), 한국교통대: 나비인재Ⅱ(4.63, 56명), 경상국립대: 지역인재(4.69, 111명)

계열 평균 등급	대학
4.7	**한밭대**: 학생부종합(일반)(4.71, 64명), **한림대**: 학교생활우수자(4.75, 287명), **원광대**: 학생부종합(4.79, 247명)
4.8	
4.9	
5.0	**한남대**: 한남인재II(서류+면접)(5.00, 139명), **강원대(도계)**: 미래인재II(5.04, 7명), **우송대**: 서류형(5.09, 82명)
5.1	
5.2	**우송대**: 면접형(5.23, 108명), **조선대**: 면접(5.25, 173명), **한밭대**: 지역인재(종합)(5.26, 45명)
5.3	**조선대**: 서류(5.34, 440명)
5.4	**상지대**: 종합일반(5.43, 119명)
5.5	**한남대**: 한남인재I(서류)(5.50, 222명), **한라대**: 운곡인재(5.51, 62명), **강원대(도계)**: 미래인재I(5.55, 13명), **울산대**: 지역인재(5.59, 117명)
5.6	**상지대**: 강원인재(5.68, 37명)
5.7	**호서대**: 호서인재(5.72, 305명)
5.8	**선문대**: 서류(5.82, 106명), **전남대(여수)**: 고교생활우수자II(5.88, 76명)
5.9	**연세대(미래)**: 글로벌인재(5.93, 51명)
6.0	**울산대**: 잠재역량(6.02, 174명)
6.1	
6.2	
6.3	
6.4	
6.5	
6.6	
6.7	
6.8	
6.9	**강원대(삼척)**: 미래인재I(6.92, 25명)

3. 자연계열

■ 수도권

※ 밑줄 : 수능최저학력기준 있는 전형(일부 학과(예: 의학계열)만 수능최저학력기준이 있는 전형은 제외)

계열 평균 등급	대학
1.0	
1.1	
1.2	<u>**서울대**: 지역균형(1.27, 302명)</u>
1.3	
1.4	
1.5	<u>**가톨릭대**: 학교장추천(1.58, 49명)</u>
1.6	<u>**연세대**: 활동우수형(1.67, 327명)</u>
1.7	<u>**연세대**: 국제형(국내고)(1.72, 51명)</u>
1.8	<u>**고려대**: 학업우수(1.88, 523명)</u>
1.9	**한양대**: 면접형(1.92, 3명), <u>**이화여대**: 미래인재(1.94, 382명)</u>
2.0	**한국외대(서울)**: 서류형(201, 8명)
2.1	**성균관대**: 융합형(2.10, 245명), **서강대**: 일반전형(2.11, 230명), **경희대(서울)**: 네오르네상스(2.19, 187명), **덕성여대**: 덕성인재I(2.19, 40명)
2.2	**서울대**: 일반전형(2.26, 895명), **숙명여대**: 숙명인재(면접형)(2.29, 113명)
2.3	**건국대**: KU자기추천(2.31, 496명), **중앙대**: CAU융합형인재(2.32, 237명), <u>**홍익대(서울)**: 학교생활우수자(2.235, 273명)</u>
2.4	**성균관대**: 탐구형(2.40, 219명), **동국대**: Do Dream(2.45, 245명)/Do Dream(소프트웨어)(2.47, 64명), **경희대(국제)**: 네오르네상스(2.47, 286명)
2.5	**고려대**: 계열적합(2.50, 336명), **중앙대**: CAU탐구형인재(2.51, 259명), **숙명여대**: 소프트웨어인재(2.53, 70명), **한국외대(서울)**: 면접형(2.53, 8명), **아주대**: ACE(2.58, 413명)
2.6	**한양대**: 서류형(2.63, 466명), **동국대**: 불교추천인재(2.66, 27명), <u>**가천대**: 가천의약학(2.67, 42명)</u>
2.7	**성신여대**: 학교생활우수자(2.70, 117명), **숭실대**: SSU미래인재(2.70, 344명), **서울시립대**: 학생부종합I(면접)(2.72, 188명), **국민대**: 학교생활우수자(2.76, 247명), **세종대**: 세종창의인재(서류형)(2.79, 103명), **아주대**: 첨단융합인재(2.79, 72명)
2.8	**국민대**: 국민프런티어(2.82, 242명), **광운대**: 광운참빛인재II(서류)(2.84, 119명), **인하대**: 인하미래인재(2.86, 614명), **세종대**: 세종창의인재(면접형)(2.87, 286명), **광운대**: 광운참빛인재I(면접)(2.89, 242명), **단국대(죽전)**: DKU인재(서류)(2.89, 114명)

계열 평균 등급	대학
2.9	**을지대(의정부)**: EU미래인재(2.90, 9명), **한국항공대**: 미래인재(2.92, 126명), **단국대(죽전)**: SW인재(2.96, 50명)
3.0	**서울과기대**: 창의융합인재(3.03, 67), **성신여대**: 자기주도인재(3.06, 184명)
3.1	**단국대(죽전)**: DKU인재(면접)(3.14, 52명), **서울과기대**: 학교생활우수자(3.15, 324명), **숭실대**: SW우수자(3.17, 21명)
3.2	**서울여대**: 바롬인재서류(3.20), **광운대**: 소프트웨어우수인재(3.21, 35명), **한양대(에리카)**: 서류형(3.26, 301명)
3.3	**인천대**: 자기추천(3.39, 391명)
3.4	**한국외대(글로벌)**: 서류형(3.40, 89명), **명지대**: 명지인재서류(3.41, 122명), **서울여대**: 바롬인재면접(3.43, 40명)
3.5	**덕성여대**: 덕성인재Ⅱ(3.51, 60명), **을지대(성남)**: EU미래인재(3.52, 86명), **삼육대**: 세움인재(3.58, 115명)
3.6	**가톨릭대**: 가톨릭지도자추천(3.65, 13명), **경기대**: KGU학생부종합(3.65, 303명), **가톨릭대**: 잠재능력우수자서류(3.68, 139명)
3.7	**경기대**: SW우수자(3.70, 15명), **한국외대(글로벌)**: 면접형(3.70, 79명), **명지대**: 명지인재면접(3.72, 210명), **가천대**: 가천바람개비(3.74, 320명), **을지대(성남)**: EU자기추천(3.79, 85명)
3.8	**가톨릭대**: 잠재능력우수자면접(3.81, 100명)
3.9	**단국대(죽전)**: 창업인재(3.95, 7명), **명지대**: 크리스천리더(3.97, 28명)
4.0	**한성대**: 한성인재(4.01, 89명), **한국외대(글로벌)**: SW인재(4.08, 29명)
4.1	**서울여대**: SW융합인재(4.10, 29명), **한국공학대**: 창의인재(4.12, 184명), **안양대**: 아리학생부종합Ⅱ(4.15, 112명)
4.2	
4.3	**신한대**: 신한국인(4.38, 67명)
4.4	**삼육대**: SW인재(4.42, 30명), **아주대**: 국방IT우수인재(4.42, 23명)
4.5	**성균관대**: 과학인재(4.52, 145명)
4.6	**한국공학대**: 조기취업형계약학과(4.63, 118명)
4.7	**강남대**: 학생부(4.73, 70명)
4.8	**한경국립대(안성)**: 잠재력우수자(4.89, 240명)
4.9	**성공회대**: 열린인재(4.95, 73명)
5.0	
5.1	**강남대**: 서류면접(5.10, 90명)
5.2	**협성대**: 협성창의인재(5.25, 46명)
5.3	**서울신학대**: H+인재(5.39, 8명)
5.4	
5.5	**대진대**: 윈윈대진(5.56, 186명)
5.6	
5.7	**평택대**: PTU종합(5.70, 22명), **한신대**: 참인재(5.71, 39명)
5.8	
5.9	

■ 비수도권

※ 밑줄 : 수능최저학력기준 있는 전형(일부 학과(예: 의학계열)만 수능최저학력기준이 있는 전형은 제외)

계열 평균 등급	대학
1.0	
1.1	
1.2	
1.3	
1.4	**단국대(천안)**: DKU인재(면접)(1.48, 43명)
1.5	
1.6	
1.7	**순천향대**: 지역인재(1.72, 12명)
1.8	**경북대**: 지역인재-학교장추천(1.83, 3명)
1.9	
2.0	
2.1	
2.2	
2.3	
2.4	**한림대**: 지역인재(2.48, 16명)
2.5	**한국교원대**: 학생부종합우수자(2.53, 112명)
2.6	
2.7	
2.8	**경북대**: 모바일과학인재(2.84, 5명)

계열 평균 등급	대학
2.9	**원광대**: 지역인재 I (호남)(2.91, 77명)
3.0	**부산대**: 지역인재(3.05, 145명), **을지대(대전)**: EU자기추천(3.05, 11명)
3.1	**전남대(광주)**: 고교생활우수자 I (3.18, 480명), **충남대**: 서류전형(3.18, 188명)
3.2	**충남대**: 소프트웨어인재(3.20, 4명)/일반전형(3.23, 339명), **충북대**: 학생부종합 I (3.20, 290명)
3.3	**상지대**: 강원인재(3.31, 24명), **경북대**: 지역인재(3.34, 261명)
3.4	**충북대**: SW우수인재(3.46, 30명), **연세대(미래)**: 학교생활우수자(3.48, 128명)
3.5	**원광대**: 지역인재 I (전북)(3.56, 171명)
3.6	**충북대**: 학생부종합 II (3.67, 225명), **단국대(천안)**: DKU인재(서류)(3.68, 215명)
3.7	**경북대**: 일반학생(3.70, 593명), **한동대**: 소프트웨어인재(3.74, 10명), **경동대**: 자기추천제(3.79, 44명)
3.8	**전북대**: 큰사람(3.82, 293명), **한서대**: 융합인재(3.82, 83명)
3.9	**한국기술교대**: 창의인재(서류형)(3.97, 145명)
4.0	
4.1	**강원대(춘천)**: 미래인재 I (4.11, 314명)/미래인재 II (4.13, 195명), **경북대**: SW특별전형(4.11, 10명), **홍익대(세종)**: 학교생활우수자(4.13, 106명)
4.2	
4.3	
4.4	**건국대(글로컬)**: Cogito자기추천(4.40, 295명), **상지대**: 종합일반(4.43, 70명), **한국교통대**: 나비인재 II (4.44, 130명), **순천향대**: 일반학생(4.45, 207명), **한국교통대**: 나비인재 I (4.45, 244명), **경상국립대**: 나비인재(4.49, 205명)
4.5	
4.6	**공주대**: 일반전형(4.61, 521명), **상명대(천안)**: 상명인재(4.61, 85명), **제주대**: 일반학생(4.62, 99명), **한림대**: 학교생활우수자(4.64, 264명), **경상국립대**: 일반전형(4.69, 508명)
4.7	**제주대**: 소프트웨어인재(4.79, 9명)
4.8	**원광대**: 학생부종합(4.89, 420명)
4.9	**조선대**: 면접(4.90, 229명), **한밭대**: 학생부종합(일반)(4.96, 181명)/지역인재(종합)(4.98, 99명), **울산대**: 지역인재(4.98, 257명), **한남대**: 한남인재 II (서류+면접)(4.98, 105명)
5.0	**강원대(도계)**: 미래인재 II (5.02, 33명), **선문대**: 서류(5.04, 170명), **한라대**: 운곡인재(5.09, 74명)
5.1	
5.2	**한밭대**: 학생부종합(학.석사)(5.27, 120명), **울산대**: 잠재역량(5.29, 344명), **한림대**: 한림SW인재(5.29, 25명)
5.3	**강원대(도계)**: 미래인재 I (5.37, 70명)
5.4	**호서대**: AI·SW인재(5.46, 10명)
5.5	**우송대**: 서류형(5.56, 65명), **순천향대**: SW융합(5.57, 12명)/조기취업계약학과(5.58, 130명), **호서대**: 호서인재(5.58, 461명)
5.6	**우송대**: 면접형(5.62, 48명), **전남대(여수)**: 고교생활우수자 II (5.68, 237명)
5.7	**조선대**: 서류(5.73, 475명), **한남대**: 한남인재 I (서류)(5.74, 149명)
5.8	
5.9	
6.0	
6.1	**우송대**: SW잠재능력(6.12, 15명)
6.2	**강원대(삼척)**: 미래인재 I (6.26, 45명)
6.3	
6.4	**강원대(삼척)**: 학.석사통합(6.41, 30명)

4. 대학

※ '★': 수능최저학력기준 있는 전형(일부 학과(예:의학계열)만 수능최저학력기준이 있는 전형은 제외)
※ 성적 산출기준 약어 :
  ① 최초/최종, 등록 : 최초/최종 합격자, 등록자, ② 평균 : 합격자 점수를 더 한 후 합격 인원으로 나눈 점수
  ③ 50%(컷) : 100 명 중 50등 점수(소수점은 버림, 예: 7명의 3등 점수)
  ④ 70%(컷) : 100 명 중 70등 점수(소수점은 버림, 예: 7명의 4등 점수)
  ⑤ 충원율: 모집인원 대비 미등록으로 인한 충원 합격자의 비율. 예) 모집인원 100명이고 충원합격이 30명이면, 충원율은 30%

지역	대학	전형	학년도	인문					자연					성적 산출기준	
				모집 인원	경쟁률	성적 ①	성적 ②	충원율	모집 인원	경쟁률	성적 ①	성적 ②	충원율	성적 ①	성적 ②
서울	건국대	KU자기추천	2023	305	16.62	**2.70**	3.12	51%	490	16.64	**2.43**	2.83	45%	등록50%컷	등록70%컷
			2024	334	18.08	**2.69**	2.90	58%	496	24.42	**2.31**	2.52	51%	등록50%컷	등록70%컷
	경희대(서울)	네오르네상스	2023	383	16.72	**2.55**		63%	200	21.72	**2.58**		56%	최종평균	
			2024	383	17.29	**2.45**	2.61	62%	187	26.70	**2.19**	1.96	61%	최종평균	등록70%컷
	경희대(국제)	네오르네상스	2023	233	12.94	**3.09**		52%	284	16.97	**2.40**		57%	최종평균	
			2024	236	13.24	**3.88**	4.49	74%	286	19.53	**2.47**	2.35	62%	최종평균	등록70%컷

지역	대학	전형	학년도	인문					자연					성적 산출기준	
				모집인원	경쟁률	성적①	성적②	충원율	모집인원	경쟁률	성적①	성적②	충원율	성적①	성적②
	고려대	학업우수★	2023	450	13.98	2.45	2.79	52%	465	20.10	1.95	2.13	72%	등록50%컷	등록70%컷
			2024	483	11.59	2.35	2.69	41%	523	18.28	1.88	2.05	64%	등록50%컷	등록70%컷
		계열적합	2023	247	14.96	2.61	2.84	129%	248	15.40	3.04	3.57	260%	등록50%컷	등록70%컷
			2024	296	12.89	2.52	2.75	124%	336	13.26	2.50	2.97	183%	등록50%컷	등록70%컷
	광운대	광운참빛인재II(서류)	2023												
			2024	58	10.67	3.06		101%	119	8.78	2.84		94%	등록평균	
		광운참빛인재I(면접)	2023	174	10.16	3.29		70%	317	8.22	2.98		102%	등록평균	
			2024	116	12.75	3.05		64%	242	9.74	2.89		96%	등록평균	
	국민대	국민프런티어	2023	297	13.47	2.96	3.17	46%	349	8.30	2.91	3.07	64%	등록50%컷	등록70%컷
			2024	248	19.21	2.94	3.07	68%	242	18.11	2.82	2.97	70%	등록50%컷	등록70%컷
		학교생활우수자	2023	147	8.20	2.89	2.98	97%	236	5.76	2.86	3.02	97%	등록50%컷	등록70%컷
			2024	156	10.93	2.87	2.97	119%	247	10.32	2.76	2.88	94%	등록50%컷	등록70%컷
	덕성여대	덕성인재I	2023	60	8.13	3.18	3.40	143%	53	11.77	2.26	2.34	102%	등록평균	등록70%컷
			2024	56	10.77	3.17	3.20	170%	40	16.45	2.19	2.13	118%	등록평균	등록70%컷
		덕성인재II	2023	85	15.08	3.24	3.35	84%	37	9.65	3.40	3.51	81%	등록평균	등록70%컷
			2024	82	18.39	3.11	3.19	102%	60	13.20	3.51	3.66	78%	등록평균	등록70%컷
	동국대	Do Dream	2023	272	20.13	2.84	3.93	62%	212	17.13	2.56	3.30	58%	최종평균	최종최저
			2024	271	23.90	2.82	3.96	82%	245	23.10	2.45	3.03	61%	최종평균	최종최저
		Do Dream(소프트웨어)	2023						87	12.25	2.74	3.66	33%	최종평균	최종최저
			2024						64	16.09	2.47	3.72	39%	최종평균	최종최저
		불교추천인재	2023	81	4.74	3.24	3.57	69%	27	8.55	2.86	3.06	67%	최종평균	최종최저
			2024	81	4.85	3.27	3.87	41%	27	9.44	2.66	2.84	50%	최종평균	최종최저
	동덕여대	동덕창의리더	2023	120	10.55			73%	47	7.81			73%		
			2024	124	13.34				52	13.52					
		동덕창의리더(디자인)	2023	4	14.25										
			2024	4	26.25										
		동덕창의리더(미술)	2023	6	5.83										
			2024	5	13.80										
	명지대	명지인재서류	2023	129	8.26	3.43	3.71	98%	125	7.19	3.66	3.83	137%	등록평균	등록70%컷
			2024	129	14.84	3.65	3.56	99%	122	11.84	3.41	3.48	133%	등록평균	등록70%컷
		명지인재면접	2023	166	11.85	3.85	3.93	43%	206	8.86	3.92	3.75	77%	등록평균	등록70%컷
			2024	166	18.77	3.80	3.71	61%	210	15.56	3.72	3.62	87%	등록평균	등록70%컷
		크리스천리더	2023	24	8.13	3.64	3.67	25%	28	4.54	4.11	4.33	50%	등록평균	등록70%컷
			2024	24	12.46	3.60	3.73	33%	28	10.21	3.97	4.00	54%	등록평균	등록70%컷
	삼육대	세움인재	2023	71	11.17	4.00		87%	107	9.82	3.55		79%	최종평균	
			2024	84	17.79	3.96		86%	115	15.19	3.58		63%	최종평균	
		SW인재	2023												
			2024						30	7.10	4.42		40%	최종평균	
	상명대	상명인재	2023	155	12.58	3.24	3.84	88%	126	12.10	3.26	3.74	88%	등록평균	등록최저
			2024	144	15.33	3.21	3.20	128%	119	16.21	3.02	3.22	107%		등록70%컷
	서강대	일반전형	2023	335	13.09	2.32	2.74	259%	239	16.59	1.81	2.39	312%	등록50%컷	등록70%컷
			2024	328	12.65	2.54	2.91	145%	230	16.09	2.11	2.75	184%	등록50%컷	등록70%컷
	서울과기대	학교생활우수자	2023	75	17.73	3.40		48%	268	18.27	3.17		51%	등록평균	
			2024	84	19.56	3.27	3.44	61%	324	16.50	3.15	3.07	54%	등록평균	등록70%컷
		창의융합인재	2023						60	11.22	3.08		54%	등록평균	
			2024						67	12.40	3.03	2.97	56%	등록평균	등록70%컷
	서울대	지역균형★	2023	234	4.32	1.22	1.30	10%	328	3.66	1.25	1.33	17%	등록50%컷	등록70%컷
			2024	204	3.51	1.21	1.28	10%	302	5.95	1.27	1.32	24%	등록50%컷	등록70%컷
		일반전형	2023	608	8.62	2.12	2.55	0.7%	800	7.74	2.10	2.38	11%	등록50%컷	등록70%컷
			2024	597	10.25	1.94	2.23	1%	895	9.95	2.26	2.59	12%	등록50%컷	등록70%컷
	서울시립대	학생부종합II(서류)	2023	78	16.57	2.57		82%	2	18.00			100%	등록평균	
			2024	80	18.20	2.73		139%						등록평균	
		학생부종합I(면접)	2023	182	16.04	3.33		59%	189	19.77	2.94		54%	등록평균	
			2024	180	21.77	3.30		82%	188	27.39	2.72		44%	등록평균	

지역	대학	전형	학년도	인문					자연					성적 산출기준	
				모집인원	경쟁률	성적①	성적②	충원율	모집인원	경쟁률	성적①	성적②	충원율	성적①	성적②
	서울여대	바롬인재서류	2023	154	15.92	3.26	4.47	134%	102	13.20	3.31	4.18	153%	최종평균	최종최저
			2024	147	12.52	3.38	4.41	112%	99	11.51	3.20	3.93	119%	최종평균	최종최저
		바롬인재면접	2023	124	30.09	3.72	4.97	78%	45	22.02	3.62	5.18	82%	최종평균	최종최저
			2024	126	23.98	3.69	4.71	70%	40	28.75	3.43	4.16	48%	최종평균	최종최저
		SW융합인재	2023						29	11.27	3.95	4.68	72%	최종평균	최종최저
			2024						29	12.03	4.10	5.38	100%	최종평균	최종최저
		기독교지도자	2023	23	6.74	4.10	5.10	57%						최종평균	최종최저
			2024	23	5.83	4.20	5.60	61%						최종평균	최종최저
	성균관대	융합형	2023	196	18.76	2.51	3.05	407%	221	17.54	2.12	2.77	444%	등록50%컷	등록70%컷
			2024	181	22.28	2.55	3.04	424%	245	24.32	2.10	2.53	467%	등록50%컷	등록70%컷
		탐구형	2023	333	11.56	2.88	3.37	283%	297	13.63	2.06	2.78	358%	등록50%컷	등록70%컷
			2024	243	16.49	2.92	3.23	342%	219	21.61	2.40	2.65	322%	등록50%컷	등록70%컷
		과학인재	2023												
			2024						145	10.46	4.52	4.90	375%	등록50%컷	등록70%컷
	성신여대	학교생활우수자	2023	98	7.84	2.69	2.95	99%	117	6.63	2.79	2.95	70%	등록50%컷	등록70%컷
			2024	90	7.56	3.05	3.57	94%	117	8.21	2.70	3.31	84%	등록평균	등록최저
		자기주도인재	2023	249	11.19	3.35	3.61	76%	187	8.14	3.17	3.30	44%	등록50%컷	등록70%컷
			2024	218	13.44	3.25	4.16	80%	184	11.11	3.06	3.64	47%	등록평균	등록최저
	세종대	세종창의인재(서류형)	2023	38	16.16	2.36	2.43	119%	69	13.38	2.64	2.63	146%	등록평균	등록70%컷
			2024	42	13.29	2.55	2.48	156%	103	10.46	2.79	2.65	122%	등록평균	등록70%컷
		세종창의인재(면접형)	2023	70	18.73	2.78	2.97	116%	283	11.78	2.64	2.69	85%	등록평균	등록70%컷
			2024	64	21.92	2.89	2.95	95%	286	10.56	2.87	2.87	71%	등록평균	등록70%컷
	숙명여대	숙명인재(면접형)	2023	248	17.85	2.91	3.35	94%	183	13.37	2.38	2.62	80%	등록50%컷	등록70%컷
			2024	262	13.87	3.01	3.41	95%	113	18.11	2.29	2.48	81%	등록50%컷	등록70%컷
		소프트웨어인재	2023												
			2024						70	7.01	2.53	2.73	66%	등록50%컷	등록70%컷
	숭실대	SSU미래인재	2023	279	12.03	3.04	3.22	49%	339	10.27	2.78	2.97	62%	등록50%컷	등록70%컷
			2024	282	17.94	3.08	3.17	68%	344	17.29	2.70	2.82	79%	등록평균	등록70%컷
		SW우수자	2023						25	10.24					
			2024						21	13.62	3.17		33%	등록평균	
	연세대	활동우수형★	2023	286	8.61	1.99	2.25	74%	263	10.81	1.66	1.80	83%	등록50%컷	등록70%컷
			2024	300	10.67	1.90	2.15	84%	327	12.50	1.67	1.84	67%	등록50%컷	등록70%컷
		국제형(국내고)★	2023	127	8.79	2.71	3.06	25%	51	11.24	1.90	2.04	12%	등록50%컷	등록70%컷
			2024	127	11.74	2.45	2.83	0%	51	19.96	1.72	1.82	0%	등록50%컷	등록70%컷
	이화여대	미래인재★	2023	518	9.53	2.47	2.76	71%	403	12.76	2.01	2.11	59%	등록50%컷	등록70%컷
			2024	563	7.47	2.60	2.75	53%	382	10.39	1.94	2.02	59%	등록50%컷	등록70%컷
	장신대	드림(PUTS인재)	2023	27	1.74			19%							
			2024	30	3.83	3.98	4.65	63%						등록50%컷	등록70%컷
	중앙대	CAU융합형인재	2023	284	17.98	2.73	3.15	73%	242	21.63	2.39	2.79	109%	등록50%컷	등록70%컷
			2024	276	20.57	2.71	3.04	76%	237	26.98	2.32	2.60	84%	등록50%컷	등록70%컷
		CAU탐구형인재	2023	166	17.28	3.06	3.34	82%	242	17.83	2.53	2.76	109%	등록50%컷	등록70%컷
			2024	165	19.26	2.87	3.20	101%	259	20.38	2.51	2.93	159%	등록50%컷	등록70%컷
	총신대	코람데오인재	2023	111	3.59	4.17		50%						최종평균	
			2024	119	4.71	4.08		53%						최종평균	
	한국외대(서울)	서류형	2023	238	9.97	2.93		95%						등록50%컷	
			2024	232	8.94	2.84	3.09	86%	8	15.38	2.01	2.11	50%	등록50%컷	등록70%컷
		면접형	2023	213	12.73	3.36		94%						등록50%컷	
			2024	227	13.61	3.10	3.31	54%	8	21.25	2.53	2.63	25%	등록50%컷	등록70%컷
	한국외대(글로벌)	서류형	2023	191	5.90	3.99		71%	92	5.08	3.39		105%	등록50%컷	
			2024	187	7.93	3.92	4.25	86%	89	7.17	3.40	3.54	91%	등록50%컷	등록70%컷
		면접형	2023	162	9.19	4.53		50%	72	5.99	3.76		58%	등록50%컷	
			2024	170	12.59	4.10	4.57	56%	79	11.27	3.70	3.86	71%	등록50%컷	등록70%컷
		SW인재	2023						34	4.85	3.95		82%	등록50%컷	
			2024						34	7.71	4.08	4.29	50%	등록50%컷	등록70%컷

| 지역 | 대학 | 전형 | 학년도 | 인문 | | | | | 자연 | | | | | 성적 산출기준 | |
				모집인원	경쟁률	성적①	성적②	충원율	모집인원	경쟁률	성적①	성적②	충원율	성적①	성적②
	한성대	한성인재	2023	194	9.76	3.21	3.37	78%	106	7.11	3.56	3.78	80%	등록50%컷	등록70%컷
			2024	168	12.15	3.44	3.58	169%	89	7.87	4.01	4.14	166%	등록50%컷	등록70%컷
	한양대	서류형	2023	391	13.32	2.76		115%	471	17.50	2.38		173%	등록평균	
			2024	397	13.74	2.91		114%	466	17.27	2.63		215%	등록평균	
		면접형	2023	23	18.00	2.54		172%	3	12.67	1.74		167%	등록평균	
			2024	23	23.91	2.57		152%	3	12.33	1.92		233%	등록평균	
	홍익대	학교생활우수자★	2023	217	18.45	2.98	2.89	72%	297	12.13	2.37	2.39	45%	등록50%컷	등록70%컷
			2024	191	19.51	2.83	2.73	88%	273	19.06	2.35	2.42	58%	등록50%컷	등록70%컷
경인	가천대	가천바람개비	2023	225	16.75	3.88	4.32	70%	302	14.73	3.78	4.12	96%	등록70%	등록90%
			2024	188	32.83	3.84		76%	320	26.24	3.74		59%	등록70%	
		가천의약학★	2023						44	38.00	2.34	2.83	32%	등록70%	등록90%
			2024						42	50.88	2.67		26%	등록70%	
	가톨릭대	잠재능력우수자서류	2023												
			2024	120	17.68	3.92	4.90	108%	139	16.77	3.68	5.20	113%	등록평균	등록최저
		잠재능력우수자면접	2023	234	13.15	4.15	5.56	85%	204	14.42	3.80	5.09	81%	등록평균	등록최저
			2024	155	21.38	4.02	5.07	67%	100	27.45	3.81	4.56	68%	등록평균	등록최저
		가톨릭지도자추천	2023	64	4.33	3.95	4.28	19%	42	7.19	3.88	4.11	45%	등록평균	등록최저
			2024	42	6.07	4.29	4.83	29%	13	14.23	3.65	3.93	38%	등록평균	등록최저
		학교장추천★	2023						51	19.80	1.81	3.75	61%	등록평균	등록최저
			2024						49	22.73	1.58	2.50	55%	등록평균	등록최저
	강남대	학생부	2023	180	7.89	3.87	4.66	133%	63	9.29	4.37	5.02	140%	최초평균	최종80%
			2024	189	6.32	4.38	4.61	11%	70	7.41	4.73	4.97	103%	등록50%컷	등록70%컷
		서류면접	2023	205	5.19	4.03	4.50	73%	78	4.44	4.87	5.50	79%	최초평균	최종80%
			2024	181	7.51	4.32	4.50	73%	90	6.52	5.10	5.27	59%	등록50%컷	등록70%컷
	경기대	KGU학생부종합	2023	416	8.79	3.62		73%	294	6.69	3.72		101%	등록평균	
			2024	419	14.76	3.60	3.75	78%	303	12.13	3.65	3.79	81%	등록50%컷	등록70%컷
		SW우수자	2023						15	10.07	3.63		100%	등록평균	
			2024						15	10.27	3.70	3.87	27%	등록50%컷	등록70%컷
	단국대	DKU인재(서류)	2023	170	17.36	3.01		102%	173	9.96	3.07		142%	등록평균	
			2024	111	12.47	2.94	3.49	119%	114	12.20	2.89	3.30	154%	등록평균	등록최저
		DKU인재(면접)	2023												
			2024	56	17.50	3.29	3.70	25%	52	17.27	3.14	3.53	73%	등록평균	등록최저
		SW인재	2023						50	7.88	3.24		54%	등록평균	
			2024						50	9.92	2.96	3.45	62%	등록평균	등록최저
		창업인재	2023	8	8.50	4.09		88%	7	4.14	3.90		14%	등록평균	
			2024	8	14.50	3.43	4.14	25%	7	6.43	3.95	4.48	14%	등록평균	등록최저
	대진대	윈윈대진	2023	166	4.16	5.14	5.67	96%	179	3.34	5.46	6.21	66%	등록평균	등록90%
			2024	164	5.43	5.16	5.67	84%	186	4.88	5.56	6.14	70%	등록평균	등록90%
	서울신학대	H+ 인재	2023	86	4.50	5.20	6.21	94%	8	4.38	5.40	6.40	150%	등록평균	등록최저
			2024	87	3.72	5.43	5.57	83%	8	4.38	5.39	5.56	88%	등록평균	등록70%컷
	성공회대	열린인재	2023	137	5.50	4.54	6.07	42%	59	3.51	4.86	6.27	56%	최종평균	최종최저
			2024	123	6.59	4.40	5.62	54%	73	3.42	4.95	5.96	41%	최종평균	최종최저
	신한대	신한국인	2023	57	9.89	4.81		135%	79	12.52	4.48		113%	최종평균	
			2024	48	17.17	4.24		177%	67	23.94	4.38		118%	최종평균	
	아신대	일반학생	2023	56	0.90	3.03	3.59	13%						등록50%컷	등록70%컷
			2024	31	1.16	6.20	6.90	32%						등록50%컷	등록70%컷
		기독학생	2023	24	0.90	4.00	5.92							등록50%컷	등록70%컷
			2024	12	1.50	5.30	5.30	33%						등록50%컷	등록70%컷
	아주대	ACE	2023	147	9.78	3.49	4.88	59%	413	12.00	2.92	4.31	59%	등록평균	등록최저
			2024	173	14.36	3.12	3.98	51%	413	15.99	2.58	4.03	50%	등록평균	등록최저
		국방IT우수인재	2023						23	5.70	5.30	6.14	35%	등록평균	등록70%컷
			2024						23	10.09	4.42	7.74	61%	등록평균	등록최저
		첨단융합인재	2023						30	12.03	3.70	6.51	63%	등록평균	등록최저
			2024	20	5.75	3.14	4.72	30%	72	11.93	2.79	5.26	56%	등록평균	등록최저

지역	대학	전형	학년도	인문					자연					성적 산출기준	
				모집인원	경쟁률	성적①	성적②	충원율	모집인원	경쟁률	성적①	성적②	충원율	성적①	성적②
경기	안양대	아리학생부종합 I	2023	64	9.08	4.30	5.00	139%	100	7.70	4.66	5.50	107%	등록평균	등록최저
			2024	59	9.24	3.97	4.60	66%						등록평균	등록최저
		아리학생부종합 II	2023												
			2024						112	10.47	4.15	4.87	132%	등록평균	등록최저
	을지대(성남)	EU미래인재	2023	15	6.53	4.23	4.46	147%	76	10.11	3.67	3.82	128%	등록평균	등록70%컷
			2024	21	11.90	4.22	4.06	171%	86	12.52	3.52	3.69	146%	등록평균	등록70%컷
		EU자기추천	2023	26	7.23	4.56	5.08	81%	75	11.45	3.93	3.95	63%	등록평균	등록70%컷
			2024	32	12.66	4.25	4.52	53%	85	15.62	3.79	3.74	72%	등록평균	등록70%컷
	을지대(의정부)	EU미래인재	2023	8	5.38	3.93	3.98	25%	9	9.00	2.85	2.78	33%	등록평균	등록70%컷
			2024						9	11.11	2.90	3.23	167%	등록평균	등록70%컷
		EU자기추천	2023	8	6.00	5.43	5.13	38%	11	12.18	3.02	3.07	64%	등록평균	등록70%컷
			2034						11	15.73	3.05	3.07	127%	등록평균	등록70%컷
	인천대	자기추천	2023	295	11.23	3.57		72%	390	7.67	3.45		75%	등록평균	
			2024	292	12.20	3.44		77%	391	9.58	3.39		62%	등록평균	
	인하대	인하미래인재	2023	360	13.00	3.34	4.51	66%	545	11.67	2.99	4.46	58%	등록평균	등록최저
			2024	359	14.82	3.28	4.51	64%	614	12.70	2.86	3.94	67%	등록평균	등록최저
	차의과학대	CHA학부종합	2023						179	7.17			76%		
			2024						165	5.02			76%		
	평택대	PTU종합	2023	84	4.98	5.72	6.64	55%	34	3.38	5.68	7.00	65%	등록평균	등록최저
			2024	60	7.48	5.61	6.42	182%	22	6.18	5.70	6.50	182%	등록평균	등록최저
	한경국립대(안성)	잠재력우수자	2023	43	8.16	4.60	5.60	109%	230	5.59	4.86	5.89	120%	등록평균	등록최저
			2024	43	10.72	4.29	5.22	128%	240	7.62	4.89	5.82	141%	등록평균	등록최저
	한국공학대	조기취업형계약학과	2023						120	3.41	4.45		27%	등록평균	
			2024						118	4.03	4.63		7%	등록평균	
		창의인재	2023	13	4.38	4.33		69%	117	5.32	4.26		91%	등록평균	
			2024	19	7.21	4.40		53%	184	9.02	4.12		58%	등록평균	
	한국항공대	미래인재	2023	19	8.84	3.40	5.80	21%	124	7.08	2.81	3.74	48%	등록평균	등록최저
			2024	19	12.58	3.20	4.05	32%	126	8.17	2.92	3.86	43%	등록평균	등록최저
	한신대	참인재	2023	236	5.53	5.03	6.24	88%	56	2.91	5.38	6.83	120%	최종평균	최종최저
			2024	259	5.46	5.43	7.31	80%	39	7.05	5.71	7.43	95%	최종평균	최종최저
	한양대(에리카)	서류형	2023	212	25.84	4.08		93%	304	18.29	3.54		96%	등록평균	
			2024	215	22.99	3.69	4.03	101%	301	19.47	3.26	3.31	98%	등록평균	등록70%컷
		조기취업형계약학과	2023						123	4.93					
			2024						114	6.67					
	협성대	협성창의인재	2023	132	4.47	4.89	5.54	210%	52	2.62	5.34	6.07	210%	등록50%컷	등록70%컷
			2024	96	4.75	5.34	5.51	184%	46	5.24	5.25	5.67	191%	등록50%컷	등록70%컷
강원	강원대(춘천)	미래인재 I	2023												
			2024	163	9.13	3.96	4.20	111%	314	8.20	4.11	4.35	107%	등록평균	등록75%컷
		미래인재 II	2023	215	7.19	3.61	3.79	60%	369	7.05	3.98	4.27	65%	등록평균	등록75%컷
			2024	109	11.74	3.69	3.87	77%	195	10.74	4.13	4.35	57%	등록평균	등록75%컷
	강원대(삼척)	미래인재 I	2023												
			2024	25	2.80	6.92	7.04	112%	45	1.87	6.26	6.64	82%	등록평균	등록75%컷
		학·석사통합	2023						30	0.93	5.97	6.17		등록평균	등록75%컷
			2024						30	0.87	6.41	6.94		등록평균	등록75%컷
	강원대(도계)	미래인재 I	2023												
			2024	13	5.46	5.55	5.80	300%	70	5.69	5.37	5.81	126%	등록평균	등록75%컷
		미래인재 II	2023	11	5.45	5.42	5.83	64%	48	8.85	5.21	5.32	35%	등록평균	등록75%컷
			2024	7	3.57	5.04	5.42	29%	33	7.45	5.02	5.35	48%	등록평균	등록75%컷
	경동대	자기추천제	2023						82	3.74	4.36	4.68		최종평균	최종80%
			2024						44	7.57	3.79	4.13		최종평균	최종80%
	상지대	종합일반	2023												
			2024	119	2.79	5.43		165%	70	10.76	4.43		156%	등록평균	
		강원인재	2023												
			2024	37	1.27	5.68		19%	24	7.37	3.31		46%	등록평균	

지역	대학	전형	학년도	인문					자연					성적 산출기준	
				모집인원	경쟁률	성적①	성적②	충원율	모집인원	경쟁률	성적①	성적②	충원율	성적①	성적②
	연세대(미래)	학교생활우수자	2023	112	3.69	4.31	4.74	55%	96	6.48	3.17	3.44	35%	등록50%컷	등록70%컷
			2024	171	4.72	4.31	4.55	43%	128	8.84	3.48	3.63	31%	등록50%컷	등록70%컷
		강원인재(일반)	2023	25	3.32	4.12	4.42	108%	43	6.67	2.07	3.37	37%	등록50%컷	등록70%컷
			2024	20	6.55				49	7.98					
		글로벌인재	2023	65	3.65	4.48	4.74	38%						등록50%컷	등록70%컷
			2024	51	3.24	5.93	6.35	71%							
	한라대	운곡인재	2023	109	3.24	5.44	5.94	169%	154	1.47	5.95	6.57	49%	등록평균	등록75%
			2024	62	2.58	5.51	5.60	95%	74	2.16	5.09	5.12	82%	등록50%컷	등록70%컷
	한림대	지역인재	2023						16	12.50	2.46	4.60	25%	등록평균	등록최저
			2024						16	10.69	2.48	5.03	25%	등록평균	등록최저
		학교생활우수자	2023	283	2.83	5.00	6.31	33%	256	5.07	4.79	6.01	41%	등록평균	등록최저
			2024	287	4.69	4.75	5.56	37%	264	6.96	4.64	5.57	54%	등록평균	등록최저
		한림SW인재	2023						25	1.76	5.14	7.33	40%	등록평균	등록최저
			2024						25	2.76	5.29	6.70	36%	등록평균	등록최저
경상	경북대	일반학생★	2023	259	14.42	3.59	3.80	62%	484	13.74	3.70	3.93	69%	등록평균	등록70%
			2024	308	17.95	3.99	4.30	57%	593	17.10	3.70	3.92	46%	등록평균	등록70%
		지역인재	2023	21	11.95	3.23	3.55	24%	219	9.84	3.22	3.45	37%	등록평균	등록70%
			2024	38	20.34	3.85	4.17	53%	261	16.36	3.34	3.58	46%	등록평균	등록70%
		지역인재-학교장추천	2023												
			2024						3	7.33	1.83	1.95	0%	등록평균	등록70%
		SW특별전형	2023						10	7.50	4.18	4.41	30%	등록평균	등록70%
			2024						10	15.80	4.11	4.04	30%	등록평균	등록70%
		모바일과학인재★	2023						5	14.40	2.31	2.42	0%	등록평균	등록70%
			2024						5	15.20	2.84	2.80	40%	등록평균	등록70%
	경상국립대	일반전형	2023	234	7.42	4.24		103%	494	6.33	4.56		142%	등록평균	
			2024	221	8.54	4.42		109%	508	6.89	4.69		128%	등록평균	
		지역인재	2023	108	6.19	4.44		98%	189	7.15	4.44		107%	등록평균	
			2024	111	9.14	4.69		119%	205	6.31	4.49		99%	등록평균	
	부산대	학생부종합	2023	229	11.85	3.02	3.02	105%	428	9.58	3.09	3.06	74%	등록평균	등록70%컷
			2024	169	13.89	2.98	2.95	62%	281	12.25	3.05	2.90	63%	등록평균	등록70%컷
		지역인재	2023	29	11.45	3.37	3.37	59%	210	12.99	3.23	2.91	50%	등록평균	등록70%컷
			2024	10	8.00	3.64	3.57	10%	145	13.32	3.05	2.76	34%	등록평균	등록70%컷
	울산대	잠재역량	2023	207	2.23	5.75	7.05	21%	363	3.83	5.22	6.24	37%	등록평균	등록최저
			2024	174	2.65	6.02	7.68	32%	344	4.94	5.29	6.94	36%	등록평균	등록최저
		지역인재	2023	101	3.77	5.58	6.50	139%	220	5.66	4.96	5.89	109%	등록평균	등록최저
			2024	117	3.82	5.59	6.40	136%	257	5.46	4.98	5.82	79%	등록평균	등록최저
	포항공과대	일반전형 I	2023						320	6.85			124%		
			2024						220	7.80			101%		
		일반전형 II★	2023												
			2024						80	9.76			53%		
		지역인재	2023												
			2024												
		반도체공학인재 I	2023						20	8.35			110%		
			2024						20	12.55			55%		
		반도체공학인재 II★	2023						20	6.05			65%		
			2024						20	7.90			40%		
	한동대	일반학생	2023	219	3.87	3.31	3.58	49%						등록평균	등록70%
			2024	209	4.20	3.35	3.65	38%						등록평균	등록70%
		소프트웨어인재	2023						10	3.30		3.67	80%		등록70%
			2024						10	2.90	3.74	3.75	10%	등록50%컷	등록70%컷
전라	원광대	학생부종합	2023	255	4.68	4.73	5.14	157%	439	4.91	5.16	5.43	126%	등록50%컷	등록70%컷
			2024	247	4.48	4.79	5.07	199%	420	6.15	4.89	5.15	141%	등록50%컷	등록70%컷
		지역인재 I (전북)	2023	34	4.26	3.18	3.33	53%	140	7.15	2.45	2.61	43%	등록50%컷	등록70%컷
			2024	56	4.04	4.61	4.85	88%	171	7.18	3.56	3.74	60%	등록50%컷	등록70%컷

지역	대학	전형	학년도	인문					자연					성적 산출기준	
				모집인원	경쟁률	성적①	성적②	충원율	모집인원	경쟁률	성적①	성적②	충원율	성적①	성적②
	전남대(광주)	지역인재I(호남)	2023	14	4.86	3.02	3.06	57%	56	8.00	1.84	1.92	64%	등록50%컷	등록70%컷
			2024	27	3.30	4.44	4.52	41%	77	7.42	2.91	3.17	71%	등록50%컷	등록70%컷
	전남대(광주)	고교생활우수자I	2023	222	8.05	3.19	3.35	54%	438	7.79	3.06	3.14	48%	등록평균	등록70%컷
			2024	222	7.84	3.31	3.46	59%	480	7.42	3.18	3.21	50%	등록평균	등록70%컷
	전남대(여수)	고교생활우수자II	2023	100	1.91	5.57	5.91	44%	226	1.61	5.61	5.63	36%	등록평균	등록70%컷
			2024	76	2.25	5.88	5.93	49%	237	1.54	5.68	5.52	38%	등록평균	등록70%컷
		조기취업형계약학과	2023						84	1.54					
			2024						84	1.15	5.40	6.38	6%	등록평균	등록70%컷
	전북대	큰사람	2023	194	11.48	3.79	3.94	62%	298	11.96	3.80	3.94	75%	등록평균	등록70%컷
			2024	186	11.62	3.80	4.01	76%	293	11.77	3.82	3.98	81%	등록평균	등록70%컷
	조선대	서류	2023												
			2024	440	3.80	5.34	5.56	106%	475	3.14	5.73	5.86	82%	등록평균	등록70%컷
		면접	2023	221	7.37	5.14	5.11	61%	298	7.87	4.96	4.95	68%	등록평균	등록70%컷
			2024	173	6.32	5.25	5.33	55%	229	7.07	4.90	5.01	51%	등록평균	등록70%컷
		창업인재	2023												
			2024	4	4.50				2	1.00					
제주	제주대	일반학생	2023	89	6.88	4.28	4.27	33%	97	7.61	4.59	4.89	55%	등록평균	등록70%컷
			2024	89	7.45	4.09	4.20	42%	99	8.51	4.62	4.66	24%	등록50%컷	등록70%컷
		소프트웨어인재	2023	1	2.00			100%	9	3.89	5.02	5.20	22%	등록평균	등록70%컷
			2024	1	3.00				9	4.22	4.79	4.79	22%	등록50%컷	등록70%컷
충청	건국대(글로컬)	Cogito자기추천	2023	244	5.77	4.47	4.64	88%	295	5.82	4.37	4.57	79%	등록50%	등록70%
			2024	244	5.78	4.58	4.80	84%	295	5.81	4.40	4.65	80%	등록50%	등록70%
	고려대(세종)	지역인재	2023	26	3.73				45	3.71					
			2024	27	2.74				38	1.95					
		크림슨인재	2023												
			2024	100	9.64			81%	104	8.33			100%		
	공주대	일반전형	2023	291	10.53	3.86	4.06	85%	432	8.41	4.58	4.81	101%	등록50%컷	등록70%컷
			2024	333	8.50	3.98	4.24	115%	521	8.00	4.61	4.88	129%	등록50%컷	등록70%컷
	단국대(천안)	DKU인재(서류)	2023	166	9.31	4.49		127%	223	12.44	3.49		106%	등록평균	
			2024	155	9.30	4.35	5.15	97%	215	12.76	3.68	4.14	115%	등록평균	등록최저
		DKU인재(면접)	2023												
			2024	15	15.5	3.91	4.96	47%	43	24.09	1.48	1.72	14%	등록평균	등록최저
	상명대(천안)	상명인재	2023	92	11.95	4.85	5.52	90%	85	9.69	4.85	5.59	94%	등록평균	등록최저
			2024	92	13.78	4.50	5.02	71%	85	10.88	4.61	5.16	113%	등록평균	등록최저
	선문대	서류	2023	127	3.06	5.86	6.37	146%	167	3.73	5.73	6.36	100%	등록50%컷	등록70%컷
			2024	106	3.77	5.82	6.61	179%	170	4.53	5.04	5.60	103%	등록50%컷	등록70%컷
	순천향대	일반학생	2023	137	7.93	4.61	5.54	71%	203	7.95	4.60	5.57	87%	최초평균	최초최저
			2024	143	12.49	4.51	5.47	164%	207	12.65	4.45	5.27	149%	최초평균	최초최저
		지역인재	2023	90	4.41	4.77	5.72	74%	140	4.31	5.00	6.03	77%	최초평균	최초최저
			2024						12	19.42	1.72	1.98	50%	최초평균	최초최저
		SW융합	2023						12	4.25	5.36	6.17	50%	최초평균	최초최저
			2024						12	7.08	5.57	6.17	25%	최초평균	최초최저
		조기취업계약학과	2023						130	1.24	5.50	8.17	8%	최초평균	최초최저
			2024						130	1.02	5.58	8.25	5%	최초평균	최초최저
	우송대	서류형	2023	49	12.98	4.60		163%	42	9.88	5.33		164%	등록평균	
			2024	82	8.51	5.09		188%	65	7.26	5.56		222%	등록평균	
		면접형	2023	129	6.46	5.33		97%	69	9.10	5.31		107%	등록평균	
			2024	108	8.58	5.23		112%	48	14.27	5.62		152%	등록평균	
		SW잠재능력	2023						15	2.40					
			2024						15	2.67	6.12		107%	1단계평균	
	을지대(대전)	EU자기추천	2023												
			2024						11	15.73	3.05	3.07	127%	등록평균	등록70%컷
	충남대	일반전형★	2023	168	9.25	3.44	4.22	62%	342	10.90	3.22	3.96	65%	1단계평균	1단계최저
			2024	172	10.53	3.55	3.73	77%	339	11.97	3.23	3.34	67%	등록평균	등록70%

지역	대학	전형	학년도	인문					자연					성적 산출기준	
				모집인원	경쟁률	성적①	성적②	충원율	모집인원	경쟁률	성적①	성적②	충원율	성적①	성적②
		서류전형★	2023												
			2024	103	9.25	3.58	3.71	76%	188	11.38	3.18	3.31	110%	등록평균	등록70%
		소프트웨어인재	2023						4	10.75	4.14	4.74	100%	1단계평균	1단계최저
			2024						4	18.25	3.20	3.28	0%	등록평균	등록70%
	충북대	학생부종합 I	2023	172	10.28	3.42	3.45	190%	332	10.74	3.37	3.54	173%	등록평균	등록70%컷
			2024	146	10.48	3.37	3.49	199%	290	12.07	3.20	3.39	172%	등록평균	등록70%컷
		학생부종합II★	2023	65	9.92	4.06	3.52	82%	144	9.85	3.79	3.00	74%	등록평균	등록70%컷
			2024	91	10.00	3.86	4.02	114%	225	9.56	3.67	3.89	91%	등록평균	등록70%컷
		SW·우수인재	2023						30	7.40	3.96	4.05	113%	등록평균	등록70%컷
			2024						30	8.97	3.46	3.53	117%	등록평균	등록70%컷
	한국교원대	학생부종합우수자★	2023	202	6.02	2.57	3.28	116%	115	4.42	2.44	3.11	44%	등록평균	등록최저
			2024	202	5.63	2.50	3.14	76%	112	4.36	2.53	3.14	46%	등록평균	등록최저
	한국교통대	나비인재 I	2023	135	5.78	4.83	5.68	78%	369	4.48	4.68	5.61	102%	등록평균	등록최저
			2024	87	7.45	4.57	5.37	57%	244	6.02	4.45	5.19	69%	등록평균	등록최저
		나비인재II	2023												
			2024	56	3.88	4.63	5.24	114%	130	4.86	4.44	5.10	85%	등록평균	등록최저
	한국기술교대	창의인재(서류형)	2023	38	4.23	3.83	4.79	120%	174	6.41	3.85	4.61	115%	등록평균	등록최저
			2024	29	6.21	4.04	4.53	109%	145	7.14	3.97	4.70	137%	등록평균	등록최저
	한남대	한남인재 I (서류)	2023	236	4.82	5.36	5.58	143%	161	5.04	5.47	5.62	181%	최종평균	최종80%
			2024	222	4.06	5.50	5.68	117%	149	4.90	5.74	5.86	151%	최종평균	최종80%
		한남인재II(서류+면접)	2023	186	3.64	5.64	5.82	43%	135	4.21	6.01	6.11	76%	최종평균	최종80%
			2024	139	3.42	5.00	5.06	79%	105	4.09	4.98	5.34	68%	최종평균	최종80%
	한밭대	학생부종합(일반)	2023	57	6.47	4.66	4.72	56%	157	5.18	5.13	4.98	93%	등록50%컷	등록70%컷
			2024	64	8.86	4.71	4.73	116%	181	7.67	4.96	5.04	109%	등록50%컷	등록70%컷
		학생부종합(학석사)	2023						120	4.13	5.21	5.18	74%	등록50%컷	등록70%컷
			2024						120	4.34	5.27	5.14	91%	등록50%컷	등록70%컷
		지역인재(종합)	2023	40	9.98	4.61	4.88	43%	86	7.74	4.79	4.91	94%	등록50%컷	등록70%컷
			2024	45	7.27	5.26	5.17	73%	99	6.33	4.98	5.12	91%	등록50%컷	등록70%컷
	한서대	융합인재	2023	31	2.16	4.95		39%	94	4.20	3.84		111%	등록평균	
			2024	24	3.04	3.93		29%	83	5.53	3.82		78%	등록평균	
	호서대	AI·SW인재	2023						10	2.60	5.30	6.36	60%	등록평균	등록최저
			2024						10	2.50	5.46	6.49	40%	등록평균	등록최저
		호서인재	2023	337	3.17	5.42	6.66	60%	503	2.25	5.49	6.44	35%	등록평균	등록최저
			2024	305	3.29	5.72	6.94	75%	461	3.13	5.58	6.59	41%	등록평균	등록최저
	홍익대(세종)	학교생활우수자	2023	126	8.36	3.88	4.15	116%	121	10.74	3.96	4.12	109%	등록50%컷	등록70%컷
			2024	125	7.52	3.72	3.97	105%	106	6.05	4.13	4.30	80%	등록50%컷	등록70%컷
교대	.경인교대	교직적성	2023	245	3.88	1.80	1.96	48%						등록50%컷	등록70%컷
			2024	78	9.71	1.88	2.02	186%						등록50%컷	등록70%컷
	.공주교대	교직적성인재	2023	80	8.16	1.83	2.04	76%						등록50%컷	등록70%컷
			2024	80	9.99	2.24	2.49	149%						등록50%컷	등록70%컷
		지역인재선발	2023	120	3.14	2.10	2.36	92%						등록50%컷	등록70%컷
			2024	120	3.05	2.55	2.80	62%						등록50%컷	등록70%컷
	.광주교대	교직적성우수자	2023	81	7.16	2.05	2.15	259%						등록50%컷	등록70%컷
			2024	46	9.33	2.44	2.74	178%						등록50%컷	등록70%컷
		광주인재	2023	40	2.63	2.40	2.67	28%						등록50%컷	등록70%컷
			2024	40	4.23	2.86	3.10	38%						등록50%컷	등록70%컷
		전남인재	2023	40	3.08	2.20	2.38	45%						등록50%컷	등록70%컷
			2024	40	2.33	2.82	3.03	40%						등록50%컷	등록70%컷
		전라남도학교장추천	2023	50	1.98	2.33	2.53	28%						등록50%컷	등록70%컷
			2024	80	2.14	2.39	2.60	21%						등록50%컷	등록70%컷
	.대구교대	참스승	2023	65	8.28	2.03	2.18	140%						등록50%컷	등록70%컷
			2024	42	12.05	2.68	2.76	176%						등록50%컷	등록70%컷
		경북지역인재	2023	127	3.30	1.89	2.07	35%						등록50%컷	등록70%컷
			2024	150	3.43	2.31	2.62	30%						등록50%컷	등록70%컷

지역	대학	전형	학년도	인문					자연					성적 산출기준	
				모집인원	경쟁률	성적①	성적②	충원율	모집인원	경쟁률	성적①	성적②	충원율	성적①	성적②
	.부산교대	초등교직적성자	2023	74	7.01	1.96	2.09	150%						등록50%컷	등록70%컷
			2024	74	9.50	2.36	2.51	118%						등록50%컷	등록70%컷
		지역인재	2023	119	4.70	1.88	2.13	47%						등록50%컷	등록70%컷
			2024	119	5.71	2.22	2.50	45%						등록50%컷	등록70%컷
	.서울교대	교직인성우수자★	2023	100	3.47	1.56	1.66							등록50%컷	등록70%컷
			2024	100	3.96	1.75	1.91							등록50%컷	등록70%컷
	.전주교대	교직적성우수자★	2023	40	4.95	2.09	2.19							등록50%컷	등록70%컷
			2024	26	6.19	2.68								최종80%컷	
		지역인재선발★	2023	57	3.16	1.94	2.15	5%						등록50%컷	등록70%컷
			2024	71	2.62	3.23								최종80%컷	
	.진주교대	21세기형교직적성자★	2023	50	12.80	2.30	2.30	120%						등록50%컷	등록70%컷
			2024	50	8.98	3.65	4.48	82%						등록50%컷	등록70%컷
		지역인재★	2023	123	3.85	2.29	2.55	48%						등록50%컷	등록70%컷
			2024	123	3.64	2.91	3.23							등록50%컷	등록70%컷
	.청주교대	배움나눔인재	2023	75	8.69	1.89	2.01	84%						등록50%컷	등록70%컷
			2024	50	13.86	3.61	4.18	206%						등록50%컷	등록70%컷
		지역인재	2023	75	3.28	2.15	2.37	67%						등록50%컷	등록70%컷
			2024	100	2.90	2.70	3.01	48%						등록50%컷	등록70%컷
	.춘천교대	교직적·인성인재★	2023	96	10.78	2.29	3.51	193%						등록평균	등록최저
			2024	96	8.16	3.27	5.72	98%						등록평균	등록최저
		강원교육인재★	2023	70	3.60	2.46	4.81							등록평균	등록최저
			2024	70	2.97	2.50	3.73							등록평균	등록최저
이공	DGIST	일반전형	2023						145	12.06					
			2024						130	20.37					
		학교장추천	2023						35	23.57					
			2024						35	23.60					
	GIST	일반전형	2023						115	14.79					
			2024						150	11.51					
		학교장추천	2023						40	14.00					
			2024						40	11.80					
	KAIST	일반전형	2023						630	4.08					
			2024						410	6.62					
		창의도전	2023												
			2024						220	8.29					
		학교장추천	2023						95	7.73					
			2024						95	9.62					
	KENTECH	일반전형	2023						90	12.63					
			2024						90	15.06					
	UNIST	일반전형	2023	25	18.48				280	15.84					
			2024	25	12.28				320	13.41					
		지역인재	2023	5	8.60				60	7.07					
			2024	5	11.20				60	5.90					

Ⅱ. 변경사항

■ 모집인원

학년도	구분	전체	인문	자연
2024	인원	51,189(100%)	23,373(43.6%)	28,816(56.4%)
2025	인원	51,960(100%)	22,847(44.0%)	29,113(56.0%)
	증감	+771(1.5%)	+526(2.3%)	+297(1.0%)

1. 무전공(유형1)

무전공 유형1은 전공을 정하지 않고 모집 후, 1학년을 마치고 2학년 진급시 대학 내 모든 전공을 자유롭게 선택할 수 있습니다.
단, ⓐ 정부에서 정원을 관리하는 전공(보건의료계열, 사범계열), ⓑ 각 부처 인재양성사업에 따른 전공, 희소 특수학과, 첨단학과, 계약학과, 재직자,
성인학습자, 특수교육대상자 모집인원, ⓒ 예체능계열, 종교계열은 대학에 따라 선택이 제한될 수 있습니다.

■ 전체

전형유형	합계	서울	경인	강원	경상	전라	제주	충청
학생부종합	1,708	770	572	40	83	79	47	117
		45.1%	33.5%	2.3%	4.9%	4.6%	2.7%	6.9%

■ 대학

번호	지역	대학	모집단위	모집인원	번호	지역	대학	모집단위	모집인원
1	서울	건국대	KU자유전공학부	179	24	경인	한국공학대	미래대학(자유전공학부)	80
2		경희대	[서울캠퍼스] 자율전공학부	23	25		한국외대(글로벌)	자유전공학부(글로벌)	77
3		고려대	자유전공학부	27	26		한신대	자유전공학부	25
4		고려대	학부대학	33	27		한양대(ERICA)	LIONS자율전공학부(전계열)	48
5		덕성여대	자유전공학부	95	28	강원	강릉원주대	자유전공학부	21
6		서강대	AI기반자유전공학부	10	29		강원대(삼척)	자유전공학부(인문계열)	3
7		서강대	인문학기반자유전공학부	10	30		강원대(삼척)	자유전공학부(자연계열)	2
8		서울대	학부대학 자유전공학부	74	31		강원대(춘천)	자유전공학부(인문계열)	7
9		서울시립대	자유전공학부(인문)	19	32		강원대(춘천)	자유전공학부(자연계열)	7
10		서울시립대	자유전공학부(자연)	19	33	경상	경북대	자율미래인재학부	1
11		성균관대	자유전공계열	20	34		경북대	자율전공학부	49
12		이화여대	스크랜튼학부	23	35		부경대	글로벌자율전공학부	4
13		한국외대(서울)	자유전공학부(서울)	22	36		안동대	자유전공학부	8
14		한양대(서울)	한양인터칼리지학부	100	37		창원대	사림아너스학부	21
15		홍익대(서울)	서울캠퍼스자율전공(인문·예능)	49	38	전라	목포대	자유전공학부	23
16		홍익대(서울)	서울캠퍼스자율전공(자연·예능)	67	39		순천대	자유전공학부	35
17	경인	가톨릭대	자유전공학부	27	40		전남대(광주)	자율전공학부(4년)	10
18		강남대	자유전공학부	30	41		전남대(여수)	창의융합학부	11
19		강남대	자유전공학부(야간)	10	42	제주	제주대	자유전공	47
20		대진대	자율전공학부	8	43	충청	상명대(천안)	스포츠융합자유전공학부	11
21		명지대(서울)	자율전공학부(인문)	67	44		한국교통대	자유전공학부	17
22		명지대(용인)	자율전공학부(자연)	29	45		홍익대(세종)	세종캠퍼스자율전공(인문·예능)	52
23		차의과학대	미래융합대학	171	46		홍익대(세종)	세종캠퍼스자율전공(자연·예능)	37

2. 신설

대학	전형	모집인원	전형 방법	수능최저학력기준
건국대(글로컬)	지역인재	18	서류100%	X(의예○)
	▶ 의예과: [국어, 수학(미적분/기하), 영어, 과탐(2과목 평균, 소수점 절사)] 중 3개 영역 등급 합 4 이내, 한국사 4등급 이내			
제주대	지역인재	14	▶자유전공: 서류100%	X
충남대	지역인재	9	▶ 의예과: 1단계)서류100%(3배수) 2단계)서류67%+ 면접33%	X
한국공학대	융합인재	80	▶자유전공학부: 서류100%	X
한국기술교대	창의인재(면접형)	134	1단계)서류100%(4배수) 2단계)서류60%+ 면접40%	X
한남대	한남인재II(서류+ 면접)[신설]	75	1단계)서류100%(4배수) 2단계)서류70%+ 면접30%	X
한양대	면접형	29	1단계)학생부종합평가100%(5배수) 2단계)1단계80%+ 면접20%	X
한양대	추천형	156	학생부종합평가100% ※ 고교 추천: 3학년 재적 수의 11%	○

대학	전형	모집 인원	전형 방법	수능최저 학력기준
\[국어, 수학, 영어, 사/과탐(1과목)\] 중 3개 영역 등급 합 7 이내 ▶ 의예과: 3개 영역 등급 합 4 이내 ※ 수능 필수 응시영역: 국어, 수학, 영어, 탐구(2과목)				
한양대 (에리카)	면접형	48	▶LIONS자율전공학부: 학생부종합평가100%	X
한양대 (에리카)	첨단융합인재	81	학생부종합평가100%	X
UNIST	탐구우수	30	1단계)서류100%(2배수) 2단계)서류50%+ 면접50%	X

3. 폐지

대학	전형	모집 인원	전형 방법	수능최저 학력기준
가천대	가천AI·SW	40	1단계)서류100%(5배수) 2단계)서류50%+ 면접50%	X
강원대	소프트웨어인재	춘 22	1단계)서류100%(3배수) 2단계)서류60%+ 면접40%	X
강원대	평생학습자	춘 6	1단계)서류100%(3배수) 2단계)서류60%+ 면접40%	X
조선대	소프트웨어	12	1단계)서류100%(5배수) 2단계)서류70%+ 면접30%	X

4. 주요 변경사항

▌서울

대학	전형	구분	2024	2025
고려대	학업우수	면접 폐지	1단계)서류100%(5배수) 2단계)서류70%+면접30%	서류100%
서울 시립대	면접형	2단계) 면접 10% 증가	1단계)서류100%(3배수) 2단계)서류60%+ 면접40%	1단계)서류100%(3배수) 2단계)서류50%+ 면접50%
	서류형	수능최저학력기준 도입		3개 영역 등급 합 7
성균관 대	융합형	전형명칭 변경	계열모집	융합형
		서류 평가요소 반영비율 변경	학업역량50%, 개인역량30%, 잠재역량20%	학업역량40%, 탐구역량40%, 잠재역량20%
	탐구형	전형명칭 변경	학과모집	탐구형
		(의예과) 1단계 선발배수 축소	5배수	4배수
		서류 평가요소 반영비율 변경	학업역량50%, 개인역량30%, 잠재역량20%	학업역량40%, 탐구역량40%, 잠재역량20%
성신 여대	학교생활우수자	전형방법 변경	서류100%	1단계)서류100%(3배수) 2단계)서류70%+ 면접30%
숙명 여대	숙명인재 (면접형)	전형통합	숙명인재(면접형: 인문계열,약학과) + 숙명인재(서류형: 자연계열)	숙명인재(면접형: 인문, 자연 모두 선발)
숭실대	SSU미래인재 SW우수자	2단계) 면접 20% 증가	1단계)서류100%(3배수) 2단계)서류70%+면접30%	1단계)서류100%(3배수) 2단계)서류50%+면접50%
연세대	활동우수형 국제형	면접방식 변경	제시문 기반 학업역량면접	제시문 기반 논리적 사고력 및 의사소통능력 면접 ※ 의예과는 제시문 기반 인·적성 면접
	국제형	(국내고) 수능최저 완화	2개 과목 등급 합 5(국어, 수학 중 1개 포함), 영어 1등급, 한국사 4등급	2개 과목 등급 합 5(국어, 수학 중 1개 포함), 영어 2등급, 한국사 4등급
중앙대	융합형인재	전형방법 변경	1단계)서류100%(3.5배수) 2단계)서류70%+ 면접30%	서류100%
	탐구형인재	전형방법 변경	서류100%	1단계)서류100%(3.5배수/단, 다빈치캠: 2.5배수(시스템생명공학과3.5배수) 2단계)서류70%+ 면접30%

▌경인

대학	전형	구분	2024	2025
가천대	가천바람개비 가천의약학 가천AI·SW	1단계 선발배수	4배수	5배수

▌충청

대학	전형	구분	2024	2025
공주대	일반전형	(일부학과) 면접 폐지	1단계)서류100%(4배수) 2단계)서류70%+ 면접30% ▶공과대학, 산업과학대학: 서류100%	서류100% ▶ 사범대, 예술대: 1단계)서류100%(4배수) 2단계)서류70%+ 면접30%
충남대	일반전형 서류전형	(수능최저) 탐구 반영과목	2과목 평균	상위 1과목 (단, 의예과, 수의예과, 약학과는 2과목 평균)
충북대	학생부종합Ⅱ	수능최저	탐구 반영과목	2과목 평균	상위 1과목
			약학대학	수학 포함 3개 영역 등급 합 6	수학 포함 3개 영역 등급 합 7

▌경상

대학	전형	구분	2024	2025
경북대	일반학생	IT대학	2개 등급 합 6	수학 포함 2개 등급 합 6
		자율전공부	2개 등급 합 7	2개 등급 합 6
		공과대학	2개 등급 합 7	수학 포함 2개 등급 합 7
		의예과	과탐: 2과목 평균(소수점 절사)	과탐: 2과목 평균(소수점 반올림)

경북대 일반학생 구분: 수능최저 변경

▌전라

대학	전형	구분	2024	2025
전남대	고교생활우수자 유형Ⅰ,Ⅱ	서류 평가요소 변경	전공(계열)준비도25%, 학업수행역량25%, 학업외소양25%, 인성역량25%	진로역량, 학업역량, 공동체역량
		면접 평가요소 변경	학업수행역량50%, 인성역량50%	진로·학업역량, 공동체역량
전북대	큰사람	서류 평가요소 변경	학업역량 및 전공적합성40% 성장 및 발전가능성40% 인성 및 사회성20%,	학업역량40% 진로역량40% 공동체역량20%
		면접 평가요소 변경	전공적합성 및 발전가능성70% 인성 및 사회성30%	진로역량 및 발전가능성70% 공동체역량 및 소통능력30%
조선대	면접전형	수능최저	의예과	수학 포함 3개 영역 등급 합 6	수학 포함 3개 영역 등급 합 5
			치의예과	3개 영역 등급 합 6	수학 포함 3개 영역 등급 합 5
			약학과	3개 영역 등급 합 7	수학 포함 3개 영역 등급 합 6

▌교육대학

대학	전형	구분	2024	2025
광주 교대	교직적성우수자	남녀 성비 제한	70%	폐지
대구 교대	참스승	1단계 선발배수 확대	3배수	5배수
	대구지역인재	전형 분리	지역인재(150명)	대구지역인재(80명), 경북지역인재(100명)
	경북지역인재	전형 분리	지역인재(150명)	대구지역인재(80명), 경북지역인재(100명)
서울 교대	교직인성우수자	수능최저 변경	4개 영역 등급 합 9, 한국사 4등급	4개 영역 등급 합 10, 한국사 4등급
	기회균형특별전형	수능최저 변경	4개 영역 등급 합 12, 한국사 4등급	4개 영역 등급 합 13, 한국사 4등급
전주 교대	교직적성우수자	수능최저 변경	4개 영역 등급 합 12	4개 영역 등급 합 15
		1단계 선발배수 확대	2배수 선발	3배수 선발
	지역인재선발	수능최저 변경	4개 영역 등급 합 12	4개 영역 등급 합 15
춘천 교대	강원교육인재	수능최저 완화	4개 영역 등급 합 12, 한국사 4등급	4개 영역 등급 합 14, 한국사 4등급

▌이공계특성화대학

대학	전형	구분	2024	2025
KENTE CH	일반전형 고른기회	면접내용 변경	창의성면접70%+ 학생부기반면접30%	창의성면접100%

III. 전형일정

▌ (학생부종합) 면접고사

구분	대학수	대학
수능 이전	26 (31%)	가천대, 가톨릭대, 고려대, 고려대(세종), 광운대, 대진대, 동덕여대, 삼육대, 서울신학대, 성공회대, 성균관대, 순천향대, 안양대, 연세대(미래), 우송대, 장로회신학대, 한국기술교육대, 한국외국어대, 한국항공대, 한신대, 한양대(에리카), 협성대, 호서대 ▌경인교대 ▌GIST, UNIST
수능 이후	58 (69%)	가톨릭대, 강남대, 강원대, 건국대, 건국대(글로컬), 경기대, 경북대, 경희대, 공주대, 국민대, 단국대, 덕성여대, 동국대, 명지대, 부산대, 서울대, 서울시립대, 서울여대, 성균관대, 성신여대, 세종대, 숙명여대, 숭실대, 아주대, 연세대, 연세대(미래), 울산대, 원광대, 을지대, 인천대, 인하대, 전남대, 전북대, 제주대, 조선대, 중앙대, 차의과학대, 총신대, 충남대, 포항공과대, 한국공학대, 한국교원대, 한국교통대, 한남대, 한림대, 한밭대, 한양대, 한양대(에리카) ▌공주교대, 광주교대, 대구교대, 부산교대, 서울교대, 전주교대, 청주교대 ▌DGIST, KAIST, KENTECH

1. 면접고사일

※ 답변 녹화 동영상: ① (학생부종합) 경인교대: 교직적성전형
※ 현장 녹화 면접: ① (학생부종합) 연세대: 활동우수형(단, 의예과는 대면 면접), 국제형 ② (특기자) 연세대: 국제인재

날짜			대학
9	23	월	경인교대: 교직적성[※ 답변 녹화 동영상: 9.23(월) 10:00 ~ 9.25(수) 11:00]
10	05	토	한신대: 참인재
10	10	목	
10	11	금	
10	12	토	순천향대: 조기취업형계약학과[창의라이프대학]
10	13	일	
10	14	월	
10	15	화	
10	16	수	
10	17	목	
10	18	금	장로회신학대: 드림(PUTS인재)
10	19	토	순천향대: SW융합, 한양대(에리카): 조기취업형 계약학과[※ 예비 대학]
10	20	일	삼육대: SW인재
10	21	월	우송대: 면접형/SW잠재능력[~28(월)]
10	22	화	우송대: 면접형/SW잠재능력[~28(월)]
10	23	수	우송대: 면접형/SW잠재능력[~28(월)]
10	24	목	우송대: 면접형/SW잠재능력[~28(월)]
10	25	금	우송대: 면접형/SW잠재능력[~28(월)]
10	26	토	가천대: 가천바람개비[~27(일), 인문계열, 경영학과, AI인문대학, 화공생명배터리공학부, 반도체대학, 인공지능학과, 간호학과], 대진대: 윈윈대진[~27(일)], 서울신학대: H+인재, 성공회대: 열린인재, 성균관대: 탐구형[교육학과, 한문교육과, 수학교육과, 컴퓨터교육과, 스포츠과학과], 안양대: 아리학생부종합Ⅰ, 연세대(미래): 학교생활우수자[개별 모집단위]/글로벌인재, 우송대: 면접형/SW잠재능력[~28(월)], 한국외국어대: 면접형[서울캠퍼스 모집단위 09:00/14:00]
10	27	일	가천대: 가천바람개비[인문계열, 경영학과, AI인문대학, 화공생명배터리공학부, 반도체대학, 인공지능학과, 간호학과], 대진대: 윈윈대진, 삼육대: 세움인재, 우송대: 면접형/SW잠재능력[~28(월)], 한국외국어대: 면접형[글로벌캠퍼스 모집단위 09:00/14:00]
10	28	월	우송대: 면접형/SW잠재능력
10	29	화	
10	30	수	
10	31	목	한양대(에리카): 조기취업형 계약학과[~11.02(토)] ▌GIST: 일반전형/학교장추천[~11.01(금)], KAIST: 창의도전/학교장추천[※ KAIST 등록 프로그램 참여기간: 10.31(목) ~ 11.08(금)]
11	01	금	가톨릭대: 잠재능력우수자/가톨릭지도자추천[신학과], 고려대: 사이버국방[군 면접평가], 한양대(에리카): 조기취업형 계약학과[~11.02(토)], 호서대: 호서인재/AI·SW인재[~02(토)] ▌GIST: 일반전형/학교장추천[~11.01(금)]

날짜			대학
11	02	토	**가천대**: 바람개비[~03(일) 자연계열, 경영학과, AI인문대학, 화공생명배터리공학부, 반도체대학, 간호학과] **고려대(세종)**: 크림슨인재/지역인재[09:00 약학과], **광운대**: 광운참빛인재 I (면접형)[~11.03(일)], **동덕여대**: 동덕창의리더[~03(일)], **연세대(미래)**: 학교생활우수자[자연융합계열], **한국기술교육대**: 창의인재(면접형), **한국항공대**: 미래인재, **한양대(에리카)**: 조기취업형 계약학과, **협성대**: 협성창의인재[인문사회과학대학, 이공대학], **호서대**: 호서인재/AI·SW인재
11	03	일	**가천대**: 바람개비[자연계열, 경영학과, AI인문대학, 화공생명배터리공학부, 반도체대학, 간호학과], **광운대**: 광운참빛인재 I (면접형), **동덕여대**: 동덕창의리더, **협성대**: 협성창의인재[경영대학]
11	04	월	**고려대**: 사이버국방[~07(목) 군 AI면접평가]
11	05	화	**고려대**: 사이버국방[~07(목) 군 AI면접평가]
11	06	수	**고려대**: 사이버국방[~07(목) 군 AI면접평가]
11	07	목	**고려대**: 사이버국방[군 AI면접평가]
11	08	금	
11	09	토	**고려대**: 계열적합[인문계: 인문, 사회] ▌**UNIST**: 탐구우수
11	10	일	**고려대**: 계열적합[자연계]
11	11	월	
11	12	화	
11	13	수	
11	14	목	대 학 수 학 능 력 시 험
11	15	금	**차의과학대**: CHA학생부종합[~17(일) 간호대학, 미래융합대학]
11	16	토	**경북대**: 지역인재/지역인재-학교장추천/SW특별전형/모바일과학인재, **덕성여대**: 덕성인재 II [자유전공학부, 유아교육과, AI신약학과], **성신여대**: 자기주도인재[~17(일)], **세종대**: 세종창의인재(면접형)[창의소프트학부(디자인이노베이션전공, 만화에니메이션전공)], **아주대**: 첨단융합인재, **연세대**: 활동우수형[인문·통합계열: ※ 현장 녹화 면접], **을지대**: EU자기추천, **인하대**: 인하미래인재[~17(일)], **차의과학대**: CHA학생부종합[~17(일) 간호대학, 미래융합대학], **총신대**: 코람데오인재
11	17	일	**덕성여대**: 덕성인재 II [글로벌융합대학(인문·사회), 과학기술대학, 약학과, 가상현실융합학과, 데이터사이언스학과], **성신여대**: 자기주도인재, **세종대**: 세종창의인재(면접형)[인문계열, 자연과학대학, 생명과학대 학, 인공지능융합대학(창의소프트학부 제외), 공과대학], **아주대**: ACE[공과대학, 첨단 ICT융합대학, 소프트웨어융합대학], **연세대**: 활동우수형[자연계열: ※ 현장 녹화 면접. 단, 의예과는 대면 면접], **인하대**: 인하미래인재, **차의과학대**: CHA학생부종합[간호대학, 미래융합대학]
11	18	월	**강남대**: 서류면접[~22(금)]
11	19	화	**강남대**: 서류면접[~22(금)], **한국교통대**: 나비인재 I [~21(목) 항공서비스학과] ▌**DGIST**: 과학인재[~20(수)]
11	20	수	**강남대**: 서류면접[~22(금)], **한국교통대**: 나비인재 I [~21(목) 항공서비스학과] ▌**DGIST**: 과학인재[~20(수)]
11	21	목	**강남대**: 서류면접[~22(금)], **전북대**: 큰사람/SW인재[09:00/14:00], **한국교통대**: 나비인재 I [항공서비스학과], ▌**공주교대**: 지역인재선발[13:00~]
11	22	금	**강남대**: 서류면접, **강원대**: 미래인재 II, **경상국립대**: 일반전형[사회대, 사범대, 의과대, 수의대, 약학대, 간호대]/지역인재[의과대, 간호대], **명지대**: 크리스천리더, **서울대**: 일반전형[전 모집단위(수의과대학, 의과대학, 치의학대학원 치의학과 제외) / 사범대학], **조선대**: 면접전형[사범대학, 의과대학(의예과, 간호학과), 치과대학, 약학대학]/창업인재[경영학부], **한밭대**: 지역인재(종합) ▌**공주교대**: 교직적성인재[13:00~], **전주교대**: 교직적성우수자/지역인재선발, **청주교대**: 배움·나눔인재/지역인재
11	23	토	**강원대**: 지역인재, **건국대(글로컬)**: Cogito자기추천[소방방재융합학과, 문헌정보학과, 동화한국어문화학과, 영어문화학과, 녹색기술융합학과, 에너지신소재공학과, 식품영양학과, 의예과/~24(일): 경영학과, 경제통상학과, 경찰학과, 유아교육과, 사회복지학과, 신문방송학과, 메카트로닉스공학과, 컴퓨터공학과, 바이오메디컬공학과, 간호학과, 바이오의약학과, 생명공학과, 뷰티화장품학과, KU자유전공학부], **국민대**: 국민프런티어[인문계/예체능계(경영대학 자연계 모집 단위 포함)], **명지대**: 명지인재면접[인문캠퍼스 모집단위 전체], **서울과학기술대**: 학교생활우수자/창의융합인재[08:30/14:00], **서울시립대**: 학생부종합 I (면접형)[인문계열, 예체능계열, **성신여대**: 학교생활우수자[~24(일)], **숙명여대**: 숙명인재(면접형)/소프트웨어인재[~24(일)], **아주대**: ACE[자연과학대학, 간호대학, 경영대학, 인문대학, 사회과학대학], **연세대**: 국제형[※ 현장 녹화 면접], **울산대**: 잠재역량/지역인재[의예과], **인천대**: 자기추천, **조선대**: 면접전형[글로벌인문대학, 자연과학·공공보건안전대학, 법사회대학, 의과대학(의예과)], **포항공과대**: 일반전형 I /일반전형 II /지역인재/반도체공학인재 I /반도체공학인재 II [~24(일)], **한남대**: 한남인재 II (서류+ 면접)/창업인재(서류+ 면접), **한양대(에리카)**: 면접형 ▌**광주교대**: 교직적성우수자/전라남도학교장추천/광주인재/전남인재, **부산교대**: 초등교직적성자/지역인재, **서울교대**: 교직인성우수자
11	24	일	**건국대(글로컬)**: Cogito자기추천[경영학과, 경제통상학과, 경찰학과, 유아교육과, 사회복지학과, 신문방송학과, 메카트로닉스공학과, 컴퓨터공학과, 바이오메디컬공학과, 간호학과, 바이오의약학과, 생명공학과, 뷰티화장품학과, KU자유전공학부], **국민대**: 국민프런티어[자연계], **명지대**: 명지인재면접[자연캠퍼스 모집단위 전체], **서울시립대**: 학생부종합 I (면접형)[자연계열], **성균관대**: 탐구형[자유전공계열], **성신여대**: 학교생활우수자, **숙명여대**: 숙명인재(면접형)/소프트웨어인재, **조선대**: 면접전형[경상대학, 공과대학, IT융합대학, 체육대학, 자유전공학부], **포항공과대**: 일반전형 I /일반전형 II /지역인재/반도체공학인재 I /반도체공학인재 II

날짜			대학
11	25	월	▌KENTECH: 일반전형
11	26	화	**원광대**: 지역인재Ⅰ[의약학계열], **충남대**: 일반전형[인문대학, 사회과학대학, 경상대학]/지역인재[의예과 09:00/12:30]
11	27	수	**원광대**: 학생부종합[의약학계열, 원불교학과], **충남대**: 일반전형[자연과학대학, 약학대학, 의과대학, 간호대학, 수의과대학, 생활과학대학, 생명시스템과학대학], **한국공학대**: 조기취업형 계약학과[~28(목) 중 1일]
11	28	목	**전남대**: 고교생활우수자유형Ⅰ, **충남대**: 일반전형[공과대학, 지식융합학부]/소프트웨어인재[09:00/12:30], **한국공학대**: 조기취업형 계약학과 ▌KAIST: 일반전형
11	29	금	**공주대**: 일반전형[예술대학], **서울대**: 지역균형[전 모집단위(수의과대학, 의과대학 제외)], **숭실대**: SSU미래인재, **제주대**: 일반학생/소프트웨어인재, **충남대**: 일반전형[사범대학(인문.자연계)] ▌대구교대: 참스승
11	30	토	**가톨릭대**: 잠재능력우수자면접/가톨릭지도자추천/학교장추천, **건국대**: KU자기추천[이과대학, 공과대학, 사회과학대학, 부동산과학원, 융합과학기술원, 사범대학], **경기대**: KGU학생종합[~12.01(일), 인문대학, 창의공과대학, 예술체육대학, 관광문화대학]/SW우수자, **경희대**: 네오르네상스[~12.01(일), 서울캠퍼스: 09:00/14:00 인문계열 / 국제캠퍼스: 09:00 예술.체육계열/14:00 인문계열], **단국대**: DKU인재(면접형)[의학.약학계열, 문예창작과]/SW인재/창업인재, **부산대**: 학생부종합/지역인재, 서울대: 지역균형[수의과대학, 의과대학]/일반전형[수의과대학, 의과대학, 치의학대학원 치의학과], **서울여대**: 바롬인재면접/SW융합인재/기독교지도자, **숭실대**: SW우수자, **연세대(미래)**: 학교생활우수자[의예과]/강원인재(일반)[의예과], **울산대**: 잠재역량[의예과], **중앙대**: CAU탐구형인재[~12.01(일)], **한국공학대**: 창의인재, **한국교원대**: 학생부종합우수자, **한양대**: 면접형 ▌대구교대: 대구지역인재/경북지역인재,
12	01	일	**건국대**: KU자기추천[문과대학, 건축대학, 경영대학, 생명과학대학, 수의과대학, KU자유전공학부], **경기대**: KGU학생종합[사회과학대학, 소프트웨어경영대학, 융합과학대학], **경희대**: 네오르네상스[서울캠퍼스: 09:00 자연계열/14:00 의학계열 / 국제캠퍼스 09:00/14:00 자연계열], **단국대**: DKU인재(면접형)죽전캠퍼스, **성균관대**: 탐구형[의예과]/과학인재[(오전): 전자전기공학부, 공학계열, 소프트웨어학과, 반도체시스템공학과, 양자정보공학과, (오후): 지능형소프트웨어학과, 글로벌바이오메디컬공학과, 반도체융합공학과, 에너지학과, 생명과학과, 수학과, 물리학과, 화학과], **중앙대**: CAU탐구형인재
12	02	월	**공주대**: 일반전형[사범대학]
12	03	화	
12	04	수	**한림대**: 학교생활우수자/한림SW인재
12	05	목	**한림대**: 지역인재
12	06	금	
12	07	토	**동국대**: Do Dream[~08(일): 09:00, 13:00, 17:00]/Do Dream(소프트웨어)[09:00, 13:00, 17:00]
12	08	일	**동국대**: Do Dream[09:00, 13:00, 17:00]
12	09	월	**동국대**: 불교추천인재[09:00, 13:00, 17:00], **아주대**: ACE[의과대학, 약학대학]

Ⅳ. 전형

▌서울

대학	전형	모집 인원	전형 방법	수능최저 학력기준
건국대	KU자기추천	813	1단계)서류100%(3배수) 2단계)서류70%+ 면접30%	X
경희대	네오르네상스	1,055	1단계)서류100%(3배수) 2단계)서류70%+ 면접30%	X
고려대	학업우수	856	서류100%	○
인 [국어, 수학, 영어, 사/과탐(1과목)] 4개 영역 등급 합 8 이내, 한국사 4등급 이내 자 [국어, 수학, 영어, 과탐(1과목)] 4개 영역 등급 합 8 이내, 한국사 4등급 이내 　▶ 반도체공학과, 차세대통신학과, 스마트모빌리티학부: [국어, 수학, 영어, 과탐(1과목)] 4개 영역 등급 합 7 이내, 한국사 4등급 이내 　▶ 의과대학: [국어, 수학, 영어, 과탐(2과목 평균)] 4개 영역 등급 합 5 이내, 한국사 4등급 이내 ※ 탐구영역: 반드시 2과목 응시, 서로 다른 2개 분야에 응시하는 경우만 인정(예: '물리학Ⅰ+ 생명과학Ⅰ' 인정, '화학Ⅰ+화학Ⅱ' 불인정)				
고려대	계열적합	527	1단계)서류100%(5배수) 2단계)서류50%+면접50%	X
고려대	사이버국방	5	1단계)서류100%(5배수) 2단계)서류80%+기타20%(군면접, 체력검정 등)	○
[국어, 수학, 영어, 과탐(1과목)] 4개 영역 등급 합 7 이내, 한국사 4등급 이내				
광운대	광운참빛인재Ⅰ(면접형)	362	1단계)서류100%(3배수) 2단계)서류70%+ 면접30%	X
광운대	광운참빛인재Ⅱ(서류형)	179	서류100%	X
광운대	소프트웨어우수인재	35	1단계)서류100%(3배수) 2단계)서류70%+ 면접30%	X

대학	전형	모집인원	전형 방법	수능최저학력기준
국민대	국민프런티어	489	1단계)서류100%(3배수) 2단계)서류70%+ 면접30%	X
국민대	학교생활우수자	369	서류100%	X
덕성여대	덕성인재 I	92	서류100%	X
덕성여대	덕성인재 II	194	1단계)서류100%(4배수/약대:3배수) 2단계)서류60%+ 면접40%	X
동국대	Do Dream	524	1단계)서류100%(4배수/경영학, 전자전기공학부, 정보통신공학: 3.5배수) 2단계)서류70%+면접30%	X
동국대	Do Dream(소프트웨어)	64	1단계)서류100%(2.5배수) 2단계)서류70%+면접30%	X
동국대	불교추천인재	108	1단계)서류100%(3배수/불교학부: 2배수) 2단계)서류70%+면접30%	X
동덕여대	동덕창의리더	183	1단계)서류100%(3배수) 2단계)서류40%+ 면접60%	X(약학과○)

▶ 약학과: [국어, 수학(미적분/기하), 과탐(1과목)] 3개 영역 등급 합 6 이내

대학	전형	모집인원	전형 방법	수능최저학력기준
명지대	명지인재서류	252	서류100%	X
명지대	명지인재면접	377	1단계)서류100%(4배수) 2단계)서류70%+ 면접30%	X
명지대	크리스천리더	52	1단계)서류100%(4배수) 2단계)서류70%+ 면접30%	X
삼육대	세움인재	205	1단계)서류100%(4배수) 2단계)서류60%+ 면접40%	X(약학과○)

▶약학과: [국어, 수학(미적분/기하), 영어, 사/과탐(1과목)] 중 3개 영역 등급 합 5 이내

대학	전형	모집인원	전형 방법	수능최저학력기준
삼육대	SW인재	30	1단계)서류100%(4배수) 2단계)서류60%+ 면접40%	X
상명대	상명인재	서155 천156	인, 자, 애니메이션전공, AR·VR미디어전공, 문화예술경영전공: 서류100% ▶ 예체능: 1단계)서류100%(5배수) 2단계)서류60%+ 면접40%	X
서강대	일반전형	558	서류100%	X
서울과기대	학교생활우수자	439	1단계)서류100%(3배수) 2단계)서류70%+ 면접30%	X
서울과기대	창의융합인재	71	1단계)서류100%(3배수) 2단계)서류70%+ 면접30%	X
서울대	지역균형	506	1단계)서류100%(3배수) 2단계)서류70%+ 면접30% ※ 고교 추천 : 2명 ✢ 사범대학은 면접에서 교직적성·인성면접을 포함함 ✢ 의과대학은 면접에서 의학을 전공하는 데 필요한 자질, 적성과 인성을 평가하며, 상황/제시문 기반 면접과 서류 기반 면접을 복수의 면접실에서 진행함	○

[국어, 수학, 영어, 탐구(2과목 평균)] 중 3개 영역 등급 합 7 이내

대학	전형	모집인원	전형 방법	수능최저학력기준
서울대	일반전형	1,499	1단계)서류100%(2배수) 2단계)서류50%+면접및구술50% ▶사범대학: 1단계)서류100%(2배수) 2단계)서류50%+면접및구술30%+ 교직적성·인성20% ▶디자인과: 1단계)서류100%(2배수) 2단계)면접및구술100% ▶국악과: 1단계)서류50%+ 1단계실기50%(2.5배수) 2단계)1단계서류50%+ 2단계실기40%+ 면접및구술10% ▶피아노과, 관현악과: 1단계)1단계실기100%(2.5배수) 2단계)서류60%+ 2단계실기40% ✢ 체육교육과: 1단계 합격자 중 단체종목 지원자에 한하여 실기평가를 실시하고 그 결과는 면접 및 구술고사에 반영함	X (디자인과, 체육교육과○)

▶ 디자인과: [국어, 수학, 영어, 탐구(2과목 평균)] 중 3개 영역 등급 합 7 이내
▶ 체육교육과: [국어, 수학, 영어, 탐구(2과목 평균)] 중 2개 영역 등급 합 6 이내

대학	전형	모집인원	전형 방법	수능최저학력기준
서울시립대	학생부종합 I (면접형)	380	1단계)서류100%(3배수) 2단계)서류50%+ 면접50%	X
서울시립대	학생부종합 II (서류형)	191	서류100%	○ (경영학부X)

[국어, 수학, 영어, 사/과탐(1과목)] 중 2개 영역 등급 합 5 이내, 한국사 4등급 이내
※ 경영학부: 없음

대학	전형	모집인원	전형 방법	수능최저학력기준
서울여대	바롬인재서류	194	서류100%	X
서울여대	바롬인재면접	207	1단계)서류100%(5배수) 2단계)서류50%+ 면접50%	X
서울여대	SW융합인재	29	1단계)서류100%(5배수) 2단계)서류50%+ 면접50%	X
서울여대	기독교지도자	23	1단계)서류100%(5배수) 2단계)서류50%+ 면접50%	X
성공회대	열린인재	198	서류60%+ 면접40%	X
성균관대	융합형 [2024] 계열모집	326	서류100%	X
성균관대	탐구형 [2024] 학과모집	604	서류100% ▶자유전공계열, 의예과, 교육학과, 한문교육과, 수학교육과, 컴퓨터교육과, 스포츠과학과: 1단계)서류100%(3배수/자유전공계열: 5배수, 의예과: 4배수) 2단계)서류70%+ 면접30%	X

대학	전형	모집 인원	전형 방법	수능최저 학력기준
성균관대	과학인재	150	1단계)서류100%(7배수) 2단계)서류70%+ 면접30%	X
성신여대	학교생활우수자	219	1단계)서류100%(3배수) 2단계)서류70%+ 면접30%	X
성신여대	자기주도인재	355	1단계)서류100%(3배수) 2단계)서류70%+ 면접30%	X
세종대	세종창의인재(면접형)	328	1단계)서류100%(4배수) 2단계)서류70%+면접30% ※ 1단계 선발배수(3배수) : 경영학부, 호텔관광외식경영학부, 생명시스템학부, 컴퓨터공학과, AI로봇학과, 인공 지능데이터사이언스학과, 지능정보융합학과, 창의소프트학부	X
세종대	세종창의인재(서류형)	148	서류100%	X
숙명여대	숙명인재(면접형)	391	1단계)서류100%(3배수) 2단계)서류60%+ 면접40%	X
숙명여대	소프트웨어인재	44	서류100%	X
숭실대	SSU미래인재	627	1단계)서류100%(3배수) 2단계)서류50%+면접50%	X
숭실대	SW우수자	19	1단계)서류100%(3배수) 2단계)서류50%+면접50%	X
연세대	활동우수형	684	1단계)서류100%(인문·통합:3배수/자연:4배수) 2단계)서류60%+ 면접40%	○

인 [국어, 수학, 사/과탐(1과목)] 중 2개 과목 등급 합 4 이내(국어, 수학 중 1개 과목 포함), 영어 3등급 이내, 한국사 4등급 이내
자 [국어, 수학(미적분/기하), 과탐(1과목)] 중 2개 과목 등급 합 5 이내(수학 포함), 영어 3등급 이내, 한국사 4등급 이내
▶ 의예과, 치의예과, 약학과
: [국어, 수학(미적분/기하), 과탐(1과목)] 중 2개 1등급 이내(국어, 수학 중 1개 과목 포함), 영어 3등급 이내, 한국사 4등급 이내
▶ 생활과학대학, 간호대학: 인문 또는 자연계열의 수능최저학력기준 중 하나를 만족하여야 함

대학	전형	모집인원	전형 방법	수능최저
연세대	국제형	256	1단계)서류100%(3배수) 2단계)서류60%+ 면접40%	○(해외고/ 검정고시X)

▶ 국내고: [국어, 수학, 사/과탐(1과목)] 2개 과목 등급 합 5 이내(국어, 수학 중 1개 과목 포함), 영어 2등급 이내, 한국사 4등급 이내

대학	전형	모집인원	전형 방법	수능최저
이화여대	미래인재	1,010	서류100%	○

인 [국어, 수학, 영어, 사/과탐(1과목)] 중 3개 영역 등급 합 6 이내
▶ 미래산업약학전공: 4개 영역 등급 합 6 이내 ▶ 스크랜튼학부: 3개 영역 등급 합 5 이내 ▶ 국제학부: 3개 영역 등급 합 6 이내
자 [국어, 수학, 영어, 사/과탐(1과목)] 중 2개 영역 등급 합 5 이내(수학 포함)
▶ 의예과: 4개 영역 등급 합 5 이내 ▶ 약학전공: 4개 영역 등급 합 6 이내

대학	전형	모집인원	전형 방법	수능최저
장신대	드림(PUTS인재)	30	학생부40%+ 서류30%+ 면접30%	X
중앙대	CAU융합형인재	457	서류100%	X
중앙대	CAU탐구형인재	484	1단계)서류100%(3.5배수, 다빈치캠('시스템생명공학과' 제외): 2.5배수) 2단계)서류70%+ 면접30%	X
총신대	코람데오인재	117	1단계)서류100%(3배수) 2단계)서류70%+ 면접30%	X
한국외대	면접형	488	1단계)서류100%(3배수) 2단계)서류50%+면접50%	X
한국외대	서류형	525	서류100%	X
한국외대	SW인재	34	서류100%	X
한성대	한성인재	257	서류100%	X
한양대	추천형 [신설]	182	학생부종합평가100% ※ 고교 추천: 3학년 재적 수의 11%	○

[국어, 수학, 영어, 사/과탐(1과목)] 중 3개 영역 등급 합 7 이내 ▶ 의예과: 3개 영역 등급 합 4 이내
※ 수능 필수 응시영역: 국어, 수학, 영어, 탐구(2과목)

대학	전형	모집인원	전형 방법	수능최저
한양대	서류형 [2024] 일반전형	684	학생부종합평가100%	X
한양대	면접형 [신설]	29	1단계)학생부종합평가100%(5배수) 2단계)1단계80%+ 면접20%	X
홍익대	학교생활우수자	467	서류100%	○

<서울캠퍼스> ▶ 인문계열, 캠퍼스자율전공(인문·예능), 예술학과: [국어, 수학, 영어, 사/과탐(1과목)] 중 3개 영역 등급 합 8 이내, 한국사 4등급
▶ 자연계열, 캠퍼스자율전공(자연·예능): [국어, 수학(미적분/기하), 영어, 과탐(1과목)] 중 3개 영역 등급 합 8 이내, 한국사 4등급

▌경인

대학	전형	모집 인원	전형 방법	수능최저 학력기준
가천대	가천바람개비	518	1단계)서류100%(4배수) 2단계)서류50%+ 면접50%	X
가천대	가천의약학	52	1단계)서류100%(4배수) 2단계)서류50%+ 면접50%	○

▶ 의예과: [국어, 수학(미적분/기하), 영어, 과탐(2과목 평균, 소수점 이하는 절사)] 중 3개 영역 1등급 이내

대학	전형	모집인원	전형 방법	수능최저학력기준
▶ 한의예과: [국어, 수학(미적분/기하), 영어, 과탐(2과목 평균, <u>소수점 이하는 절사</u>)] 중 2개 영역 1등급 이내 ▶ 약학과: [국어, 수학(미적분/기하), 영어, 과탐(2과목 평균, <u>소수점 이하는 절사</u>)] 중 3개 영역 등급 합 5 이내				
가톨릭대	잠재능력우수자 [2024] 잠재능력우수자서류	369	서류100% ▶신학과: 서류100%+ 교리문답(P/F)	X
가톨릭대	잠재능력우수자면접	43	▶자유전공학부, 인문사회계열, 자연공학계열: 1단계)서류100%(4배수) 2단계)서류70%+ 면접30%	X
가톨릭대	가톨릭지도자추천	52	1단계)서류100%(4배수) 2단계)서류70%+ 면접30%	X
가톨릭대	학교장추천	59	1단계)서류100%(4배수) 2단계)서류70%+ 면접30% ※ 고교 추천: 제한 없음(단, 의예과는 1명)	간호: X 의예,약학: ○
▶ 의예과: [국어, 수학(미적분/기하), 영어, 과탐(2과목 평균, <u>소수점 첫 째 자리에서 버림</u>)] 중 3개 영역 등급 합 4 이내, 한국사 4등급 ▶ 약학과: [국어, 수학(미적분/기하), 영어, 과탐(1과목)] 중 3개 영역 등급 합 5 이내 ※ 의예과, 약학과, 간호학과는 지정한 4개 영역에 반드시 응시하여야 함				
강남대	서류면접	274	1단계)서류100%(3배수) 2단계)서류70%+ 면접30%	X
강남대	학생부	259	서류100%	X
경기대	KGU학생부종합	680	1단계)서류100%(3배수/유아교육과, 디자인비즈학부, Fine Arts학부: 4배수) 2단계)서류70%+ 면접30%	X
경기대	SW우수자	15	1단계)서류100%(4배수) 2단계)서류70%+ 면접30%	X
단국대	DKU인재(서류형)	죽265 천428	서류100%	X
단국대	DKU인재(면접형)	죽108 천 83	1단계)서류100%(3배수) 2단계)서류70%+ 면접30%	X(의예,치의예, 약학○)
▶ 의예과, 치의예과: [국어, 수학(미적분/기하), 영어, 과탐(2과목 평균)] 중 수학 포함 3개 영역 등급 합 5 이내 ▶ 약학과: [국어, 수학(미적분/기하), 영어, 과탐(2과목 평균)] 중 수학 포함 3개 영역 등급 합 6 이내				
단국대	SW인재	죽 64	1단계)서류100%(3배수) 2단계)서류70%+ 면접30%	X
단국대	창업인재	죽 15	1단계)서류100%(3배수) 2단계)서류70%+ 면접30%	X
대진대	윈윈대진	328	1단계)서류100%(3배수) 2단계)서류70%+ 면접30%	X
서울신학대	H+ 인재	98	1단계)서류100%(4배수) 2단계)서류60%+ 면접40%	X
신한대	신한국인	100	서류100%	X
아주대	ACE	560	1단계)서류100%(3배수) 2단계)서류70%+ 면접30% ※ 의학과, 약학과는 수능최저학력기준 충족자를 대상으로 3배수 선발	X (의학,약학○)
▶ 의학과: [국어, 수학, 영어, 사/과탐(2과목 평균)] 4개 영역 등급 합 6 이내 ▶ 약학과: [국어, 수학, 영어, 사/과탐(2과목 평균)] 3개 영역 등급 합 5 이내				
아주대	첨단융합인재	184	1단계)서류100%(3배수) 2단계)서류70%+ 면접30%	X
안양대	아리학생부종합Ⅰ	45	▶ 인문: 1단계)서류100%(6배수) 2단계)서류70%+ 면접30%	X
안양대	아리학생부종합Ⅱ	94	▶ 자연: 서류100%	X
을지대	EU자기추천	119	1단계)서류100%(4배수) 2단계)서류70%+ 면접30%	X
을지대	EU미래인재	104	서류100%	X
인천대	자기추천	692	1단계)서류100%(3배수/사범대학: 4배수) 2단계)서류70%+ 면접30%	X
인하대	인하미래인재	1,020	1단계)서류100%(3.5배수/의예과: 3배수) 2단계)서류70%+ 면접30%	X
차의과학대	CHA학생부종합	162	1단계)서류100%(3배수) 2단계)서류70%+ 면접30%	X
평택대	PTU종합	74	서류100%	X
한경국립대	잠재력우수자	295	서류100%	X
한국공학대	창의인재	205	1단계)서류100%(4배수) 2단계)서류60%+ 면접40%	X
한국공학대	융합인재 [신설]	80	▶자유전공학부: 서류100%	X
한국공학대	조기취업형 계약학과	120	1단계)서류100%(5배수) 2단계)면접100%(합/불)	X
한국항공대	미래인재	141	1단계)서류100%(3배수) 2단계)서류70%+ 면접30%	X
한신대	참인재	268	서류70%+ 면접30%	X
한양대 (에리카)	서류형 [2024] 일반전형	387	학생부종합평가100%	X
한양대 (에리카)	면접형 [신설]	48	▶LIONS자율전공학부 : 1단계)학생부종합평가100%(3배수) 2단계) 1단계70%+ 면접30%	X
한양대 (에리카)	첨단융합인재 [신설]	81	학생부종합평가100%	X
한양대 (에리카)	조기취업형 계약학과	150	1단계)학생부종합평가100%(5배수) 2단계)1단계10%+ 기업체면접90%	X
협성대	협성창의인재	140	1단계)서류100%(3배수) 2단계)서류30%+ 면접70%	X

▌충청

대학	전형	모집인원	전형 방법	수능최저학력기준
건국대 (글로컬)	Cogito자기추천	493	1단계)서류100%(3배수) 2단계)서류70%+ 면접30%	X(의예○)
▶ 의예과: [국어, 수학(미적분/기하), 영어, 과탐(2과목 평균, 소수점 절사)] 중 3개 영역 등급 합 4 이내, 한국사 4등급 이내					
건국대 (글로컬)	지역인재 [신설]	36	서류100%	X(의예○)
▶ 의예과: [국어, 수학(미적분/기하), 영어, 과탐(2과목 평균, 소수점 절사)] 중 3개 영역 등급 합 4 이내, 한국사 4등급 이내					
고려대 (세종)	크림슨인재	437	서류100% ▶약학과: 1단계)서류100%(5배수) 2단계)서류70%+ 면접30%	X(약학○)
▶ 약학과: [국어, 수학(미적분/기하), 영어, 과탐(2과목 평균)] 중 3개 등급 합 5 이내					
고려대 (세종)	지역인재	48	서류100% ▶약학과: 1단계)서류100%(5배수) 2단계)서류70%+ 면접30%	○
▶ 약학과: [국어, 수학(미적분/기하), 영어, 과탐(2과목 평균)] 중 3개 등급 합 5 이내					
공주대	일반전형	865	서류100% ▶ 사범대, 예술대: 1단계)서류100%(4배수) 2단계)서류70%+ 면접30%	X
선문대	서류	319	서류100%	X
순천향대	일반학생	573	서류100%	X
순천향대	지역인재	66	서류100%	X
순천향대	SW융합	12	1단계)서류100%(5배수) 2단계)서류70%+ 면접30%	X
순천향대	조기취업형계약학과	130	1단계)서류100%(5배수) 2단계)서류10%+ 면접90%	X
우송대	서류형	139	서류100%	X
우송대	면접형	160	1단계)서류100%(5배수) 2단계)서류70%+ 면접30%	X
우송대	SW잠재능력	15	1단계)서류100%(5배수) 2단계)서류70%+ 면접30%	X
충남대	일반전형	380	1단계)서류100%(10명 이상: 2배수/10명 미만, 의예과, 수의예과, 약학과: 3배수) 2단계)서류67%+ 면접33%	X(의예,수의예,약학,간호,사범○)
※ 탐구영역은 2과목을 반드시 응시하여야 하고 취득등급의 평균을 반영하며, 과학탐구 반영 모집단위는 반드시 과학탐구 2과목을 응시해야 함 ▶ 사범대학(국어교육과, 영어교육과, 교육학과): [국어, 영어, 사/과/직탐(2과목 평균)] 3개 영역 등급 합 9 이내 ▶ 사범대학(건설공학교육과, 기계·금속공학교육과, 전기·전자·통신공학교육과, 화학공학교육과, 기술교육과), 간호대학 : [국어, 영어, 사/과/직탐(2과목 평균)] 3개 영역 등급 합 12 이내 ※ 사/직탐 2과목 응시: 10, ※ 사/직탐 1과목 및 과탐 1과목 응시: 11 ▶ 사범대학(수학교육과): [수학(미적분/기하), 영어, 과탐(2과목 평균)] 3개 영역 등급 합 10 이내 ▶ 약학대학: [수학(미적분/기하), 영어, 과탐(2과목 평균)] 3개 영역 등급 합 6 이내 ▶ 의과대학: [국어, 수학(미적분/기하), 영어, 과탐(2과목 평균)] 중 수학 포함 3개 영역 등급 합 5 이내 ▶ 수의과대학: [수학(미적분/기하), 영어. 과탐(2과목 평균)] 3개 영역 등급 합 7 이내					
충남대	서류전형	275	서류100%	X(의예,수의예,약학,간호○)
※ 탐구영역은 2과목을 반드시 응시하여야 하고 취득등급의 평균을 반영하며, 과학탐구 반영 모집단위는 반드시 과학탐구 2과목을 응시해야 함 ▶ 간호대학: [국어, 영어, 사/과/직탐(2과목 평균)] 3개 영역 등급 합 12 이내 ※ 사/직탐 2과목 응시: 10, ※ 사/직탐 1과목 및 과탐 1과목 응시: 11 ▶ 사범대학(수학교육과): [수학(미적분/기하), 영어, 과탐(2과목 평균)] 3개 영역 등급 합 10 이내 ▶ 약학대학: [수학(미적분/기하), 영어, 과탐(2과목 평균)] 3개 영역 등급 합 6 이내 ▶ 의과대학: [국어, 수학(미적분/기하), 영어, 과탐(2과목 평균)] 중 수학 포함 3개 영역 등급 합 5 이내 ▶ 수의과대학: [수학(미적분/기하), 영어. 과탐(2과목 평균)] 3개 영역 등급 합 7 이내					
충남대	지역인재 [신설]	25	▶ 의예과: 1단계)서류100%(3배수) 2단계)서류67%+ 면접33%	○
▶ 의과대학: [국어, 수학(미적분/기하), 영어, 과탐(2과목 평균)] 중 수학 포함 3개 영역 등급 합 5 이내					
충남대	소프트웨어인재	4	1단계)서류100%(3배수) 2단계)서류67%+ 면접33%	X
충북대	학생부종합Ⅰ	488	서류100%	X
충북대	학생부종합Ⅱ	395	서류100%	○
国 [국어, 수학, 영어, 사/과/직탐(1과목)] 중 3개 영역 등급 합 13 이내 困 ▶ 자연과학대학(수학과, 정보통계학과 제외), 공과대학, 전자정보대학: [국어, 수학, 영어, 과탐(1과목)] 중 수학 포함 3개 영역 등급 합 13 이내 ▶ 자연과학대학(수학과, 정보통계학과): [국어, 수학(미적분/기하), 영어, 과탐(1과목)] 중 수학 포함 3개 영역 등급 합 13 이내 ▶ 농업생명환경대학, 생활과학대학: [국어, 수학, 영어, 사/과탐(1과목)] 중 3개 영역 등급 합 13 이내 ▶ 간호학과: [국어, 수학, 영어, 사/과탐(1과목)] 중 3개 영역 등급 합 11 이내 ▶ 수의예과: [국어, 수학(미적분/기하), 영어, 과탐(1과목)] 중 3개 영역 등급 합 8 이내 ▶ 약학대학: [국어, 수학(미적분/기하), 영어, 과탐(1과목)] 중 수학 포함 3개 영역 등급 합 7 이내 ▶ 의예과: [국어, 수학(미적분/기하), 영어, 과탐(1과목)] 중 수학 포함 3개 영역 등급 합 5 이내					
충북대	SW우수인재	13	서류100%	X

대학	전형	모집인원	전형 방법	수능최저학력기준
한국교원대	학생부종합우수자	315	1단계)서류100%(3배수) 2단계)서류80%+ 면접20%	○ (초등, 불어X)
※ 초등/불어교육과는 수능최저 미적용 [국어, 수학, 영어, 사/과탐(2과목 평균)] 4개 영역 등급 합 14 이내 ※ 독어/중국어교육: 제2외국어및한문을 탐구의 한 과목으로 인정 ▶ 수학교육과: ※ 수학(미적분/기하): 1등급 상향, ※ 과탐(2과목): 1등급 상향 ▶ 물리/화학/생물/지구과학교육과: ※ 수학(미적분/기하): 1등급 상향, ※ 지원 전공관련 과탐(1과목): 1등급 상향(예: 물리교육과: 물리학Ⅰ,Ⅱ) ▶ 기술/컴퓨터/환경교육과: ※ 수학(미적분/기하): 1등급 상향, ※ 과탐(2과목): 1등급 상향 ▶ 체육교육과: ※ 수학(미적분/기하): 1등급 상향				
한국교통대	나비인재Ⅰ	21	▶항공서비스학과: 1단계)서류100%(7배수) 2단계)서류60%+ 면접40%	X
한국교통대	나비인재Ⅱ	552	서류100%	X
한국기술교대	창의인재(서류형) [2024] 창의인재	100	서류100%	X
한국기술교대	창의인재(면접형) [신설]	134	1단계)서류100%(4배수) 2단계)서류60%+ 면접40%	X
한남대	한남인재Ⅰ(서류) [2024] 한남인재	502	서류100%	X
한남대	한남인재Ⅱ(서류+ 면접) [신설]	75	1단계)서류100%(4배수) 2단계)서류70%+ 면접30%	X
한남대	창업인재(서류+ 면접) [2024] 창업인재	15	1단계)서류100%(4배수) 2단계)서류70%+ 면접30%	X
한밭대	학생부종합(일반)	245	서류100%	X
한밭대	학생부종합(학석사)	92	서류100%	X
한밭대	지역인재(종합)	140	1단계)서류100%(5배수) 2단계)서류70%+ 면접30%	X
한서대	융합인재	30	서류100%	X
호서대	호서인재	577	1단계)서류100%(5배수) 2단계)서류60%+ 면접40%	X
호서대	AI·SW인재	10	1단계)서류100%(5배수) 2단계)서류60%+ 면접40%	X
홍익대	학교생활우수자	236	서류100%	X

▮ 강원

대학	전형	모집인원	전형 방법	수능최저학력기준
강원대	미래인재Ⅰ	춘485 삼194	서류100%	X (간호, 수의○)
▶ 수의예과: [국어, 수학, 영어, 과탐(1과목)] 중 '수학, 과탐' 포함 3개 영역 등급 합 8 ▶ 간호대학: [국어, 수학, 영어, 탐구(1과목)] 중 3개 영역 등급 합 11				
강원대	미래인재Ⅱ	춘320 삼 44	1단계)서류100%(4배수/단, 춘천캠은 모집인원이 6명 이상은 3배수) 2단계)서류60%+ 면접40%	X
강원대	지역인재	춘 20	▶의예과: 1단계)서류100%(3배수) 2단계)서류60%+ 면접40%	○
▶ 의예과: [국어, 수학, 영어, 과탐(1과목)] 중 '수학, 과탐' 포함 3개 영역 등급 합 7				
강원대	학•석사통합	삼 20	서류100%	X
연세대 (미래)	학교생활우수자	308	1단계)서류100%(3.5배수/의예과: 6배수) 2단계)서류70%+ 면접30%	X(의예○)
▶ 의예과: [국어, 수학(미적분/기하), 영어, 과탐1, 과탐2] 중 4개 영역 등급 합 5 이내(영어 2등급 이내), 한국사 4등급 이내 ※ 과학탐구 4개 과목(물리학, 화학, 생명과학, 지구과학) 중 과목명이 다른 2개의 과목에 응시해야 함(같은 과목 I, II는 안됨)				
연세대 (미래)	글로벌인재	51	1단계)서류100%(3.5배수) 2단계)서류70%+ 면접30%	X
연세대 (미래)	강원인재(일반)	80	서류100% ▶ 의예과: 서류80%+ 면접20%	X(의예○)
▶ 의예과: [국어, 수학(미적분/기하), 영어, 과탐1, 과탐2] 중 4개 영역 등급 합 6 이내(영어 2등급 이내), 한국사 4등급 이내 ※ 과학탐구 4개 과목(물리학, 화학, 생명과학, 지구과학) 중 과목명이 다른 2개의 과목에 응시해야 함(같은 과목 I, II는 안됨)				
한라대	운곡인재	134	서류100%	X
한림대	학교생활우수자	556	1단계)서류100%(4배수/의예과: 5배수) 2단계)서류70%+ 면접30%	X(의예과○)
▶의예과: [국어, 수학(미적분/기하), 영어, 과탐(2과목 평균)] 중 3개 영역 등급 합 4 이내 ※ 영어가 포함하여 반영할 경우 영어는 1등급				
한림대	한림SW인재	25	1단계)서류100%(4배수) 2단계)서류70%+ 면접30%	X
한림대	지역인재	19	▶의학과: 1단계)서류100%(5배수) 2단계)서류70%+ 면접30%	○
▶의예과: [국어, 수학(미적분/기하), 영어, 과탐(2과목 평균)] 중 3개 영역 등급 합 4 이내 ※ 영어가 포함하여 반영할 경우 영어는 1등급				

■ 경상

대학	전형	모집인원	전형 방법	수능최저학력기준
경북대	일반학생	894	서류100%	○
			요강 참고	
경북대	지역인재	401	1단계)서류100%(4배수/의예,치의예,약학: 5배수) 2단계)서류70%+ 면접30%	X (의예,치의예, 약학○)
▶ 의예과: [국어, 수학(미적분/기하), 영어, 과탐(2과목 평균, 소수점 반올림)] 중 과탐 포함 3개 영역 등급 합 4 이내				
▶ 치의예과: [국어, 수학(미적분/기하), 영어, 과탐(2과목 평균, 소수점 이하 절사)] 중 과탐 포함 3개 영역 등급 합 4 이내				
▶ 약학과: [국어, 수학(미적분/기하), 영어, 과탐(2과목 평균, 소수점 이하 절사)] 중 과탐 포함 3개 영역 등급 합 5 이내				
경북대	지역인재-학교장추천	3	▶ 치의예과: 1단계)서류100%(4배수) 2단계)서류70%+ 면접30% ※ 고교 추천: 1명	X
경북대	SW특별전형	10	1단계)서류100%(4배수) 2단계)서류70%+ 면접30%	X
경북대	모바일과학인재	5	1단계)서류100%(5배수) 2단계)서류50%+ 면접50%	○
[수학(미적분/기하), 과탐(2과목 평균, 소수점 절사)] 2개 영역 등급 합 3 이내				
경상국립대	일반전형	726	서류100% ▶ 사과대, 사범대, 의대, 약대, 수의대, 간호대 : 1단계)서류100%(3배수, 약대: 5배수) 2단계)서류80%+ 면접20%	X (의예,약학○)
▶ 의예과, 약학과: [국어, 수학(미적분/기하), 영어, 과탐(2과목, 소수점 절사)] 중 수학 포함 3개 영역 등급 합 6 이내				
경상국립대	지역인재	333	서류100% ▶의예과, 간호학과: 1단계)서류100%(3배수) 2단계)서류80%+ 면접20%	X (의예,약학○)
▶ 의예과, 약학과: [국어, 수학(미적분/기하), 영어, 과탐(2과목, 소수점 절사)] 중 수학 포함 3개 영역 등급 합 6 이내				
부산대	학생부종합	568	1단계)서류100%(3배수) 2단계)서류80%+ 면접20%	X
부산대	지역인재	128	1단계)서류100%(3배수/의예: 4배수) 2단계)서류80%+ 면접20%	X(간호학, 의예과,약학부, 치의학과○)

모집단위	최저학력기준
• 간호대학	[국어, 영어, 수학(미적분/기하), 과탐(1)] 중 수학 포함 2개 영역 등급 합 6 이내, 한국사 4등급 이내
• 의예과	[국어, 영어, 수학(미적분/기하), 과탐(2과목 평균)] 중 수학 포함 3개 영역 등급 합 4 이내, 한국사 4등급
• 약학부	[국어, 영어, 수학(미적분/기하), 과탐(1과목)] 중 수학 포함 3개 영역 등급 합 4 이내, 한국사 4등급 이내

대학	전형	모집인원	전형 방법	수능최저학력기준
울산대	잠재역량 [2024] 학생부종합	477	1단계)서류100%(4배수/의예과: 5배수) 2단계)서류50%+ 면접50%	X(의예○)
▶ 의예과: [국어, 수학(미적분/기하), 영어, 과탐(2과목 평균)] 중 3개 영역 등급 합 4 이내, 한국사 4등급 이내				
울산대	지역인재	470	서류100% ▶의예과: 1단계)서류100%(5배수) 2단계)서류50%+ 면접50%	X(의예○)
▶ 의예과: [국어, 수학(미적분/기하), 영어, 과탐(2과목 평균)] 중 3개 영역 등급 합 4 이내, 한국사 4등급 이내				
포항공대	일반전형Ⅰ	220	1단계)서류100%(3배수) 2단계)서류67%+ 면접33%	X
포항공대	일반전형Ⅱ	70	1단계)서류100%(3배수) 2단계)서류67%+ 면접33%	○
'수학(미적분/기하), 과탐(2과목 평균)' 2개 영역 등급의 합 5 이내(각각 3등급 이내)				
포항공대	반도체공학인재Ⅰ	25	1단계)서류100%(3배수) 2단계)서류67%+ 면접33%	X
포항공대	반도체공학인재Ⅱ	15	1단계)서류100%(3배수) 2단계)서류67%+ 면접33%	○
'수학(미적분/기하), 과탐(2과목 평균)' 2개 영역 등급의 합 5 이내(각각 3등급 이내)				
포항공대	지역인재	20	1단계)서류100%(3배수) 2단계)서류67%+ 면접33%	X
한동대	일반학생	212	1단계)서류100%(2.5배수) 2단계)서류70%+면접30%	X
한동대	소프트웨어인재	7	1단계)서류100%(2.5배수) 2단계)서류70%+면접30%	X

■ 전라

대학	전형	모집인원	전형 방법	수능최저학력기준
원광대	학생부종합	717	서류100% ▶원불교학과, 의약학계열: 1단계)서류100%(5배수) 2단계)서류70%+ 면접30%	X(의,치의,한의,약학,한약,간호○)
▶ 치의예과(인문), 한의예과(인문): [국어, 수학, 영어, 사탐(2과목 평균)] 중 수학 포함 3개 영역 등급 합 6 이내				

대학	전형	모집인원	전형 방법	수능최저학력기준
▶ 의예과, 치의예과(자연), 한의예과(자연): [국어, 수학, 영어, 과탐(2과목 평균)] 중 <u>수학 포함</u> 3개 영역 등급 합 6 이내 ▶ 약학과: [국어, 수학, 영어, 과탐(2과목 평균)] 중 <u>수학 포함</u> 3개 영역 등급 합 7 이내 ▶ 한약학과: [국어, 수학, 영어, 사/과탐(2과목 평균)] 중 3개 영역 등급 합 9 이내 ▶ 간호학과: [국어, 수학, 영어, 사/과탐(2과목 평균)] 중 3개 영역 등급 합 12 이내 ※ 치의예과(인문), 한의예과(인문): 국어, 수학, 영어, 사탐(2과목) 4개 영역 응시 ※ 의예과, 치의예과(자연), 한의예과(자연), 약학: 국어, 수학, 영어, 과탐(2과목) 4개 영역 응시 ※ 한약학과, 간호학과: 국어, 수학, 영어, 사/과탐 중 3개 영역 이상 응시				
원광대	지역인재 I	전128호183	서류100% ▶의약학계열: 1단계)서류100%(5배수) 2단계)서류70%+ 면접30%	X(의,치의,한의,약학,한약,간호 ○)
▶ 한의예과(인문): [국어, 수학, 영어, 사탐(1과목)] 중 <u>수학 포함</u> 3개 영역 등급 합 6 이내 ▶ 의예과, 치의예과(자연), 한의예과(자연): [국어, 수학, 영어, 과탐(1과목)] 중 <u>수학 포함</u> 3개 영역 등급 합 6 이내 ▶ 약학과: [국어, 수학, 영어, 과탐(1과목)] 중 <u>수학 포함</u> 3개 영역 등급 합 7 이내 ▶ 한약학과: [국어, 수학, 영어, 사/과탐(1과목)] 중 3개 영역 등급 합 9 이내 ▶ 간호학과: [국어, 수학, 영어, 사/과탐(1과목)] 중 3개 영역 등급 합 12 이내 ※ 치의예과(인문), 한의예과(인문): 국어, 수학, 영어, 사탐(2과목) 4개 영역 응시 ※ 의예과, 치의예과(자연), 한의예과(자연), 약학: 국어, 수학, 영어, 과탐(2과목) 4개 영역 응시 ※ 한약학과, 간호학과: 국어, 수학, 영어, 사/과탐 중 3개 영역 이상 응시				
전남대	고교생활우수자유형 I	712	1단계)서류100%(4배수/의학계열: 6배수) 2단계)서류70%+ 면접30%	X(의예,치의예,약학,수의예○)
▶ 의예과: [국어, 수학(미적분/기하), 영어, 과탐(2과목 평균)] 중 <u>수학 포함</u> 3개 영역 등급 합 5 이내 ▶ 치의학전문대학원 학석사통합과정: [국어, 수학(미적분/기하), 영어, 과탐(1과목)] 중 <u>수학 포함</u> 3개 영역 등급 합 6 이내 ▶ 약학부, 수의예과: [국어, 수학(미적분/기하), 영어, 과탐(1과목)] 중 3개 영역 등급 합 7 이내				
전남대	고교생활우수자유형 II	163	서류100%	X
전남대	조기취업형 계약학과	70	서류60%+ 면접40%	X
전북대	큰사람	504	1단계)서류100%(3배수) 2단계)서류70%+ 면접30%	X(의·치의·수의예,약학,간호○)
▶ 간호학과: [국어, 수학, 영어, 사/과탐(1과목)] 중 2개 영역 등급 합 6 이내 ▶ 의예과: [국어, 수학(미적분/기하), 영어, 과탐(2과목 평균, 소수점 절사)] 4개 영역 등급 합 6 이내 ▶ 치의예과: [국어, 수학(미적분/기하), 영어, 과탐(1과목)] 중 <u>수학 포함</u> 3개 영역 등급 합 6 이내 ▶ 수의예과, 약학과: [국어, 수학(미적분/기하), 영어, 과탐(1과목)] 중 <u>수학 포함</u> 3개 영역 등급 합 7 이내				
전북대	SW인재	5	1단계)서류100%(3배수) 2단계)서류70%+ 면접30%	X
조선대	면접전형	237	1단계)서류100%(5배수) 2단계)서류70%+ 면접30%	X(의예,치의예,약학,○)
▶ 의예과, 치의예과: [국어, 수학(미적분/기하), 영어, 과탐(1과목)] 중 <u>수학 포함</u> 3개 영역 등급 합 5 이내 ▶ 약학과: [국어, 수학(미적분/기하), 영어, 과탐(1과목)] 중 <u>수학 포함</u> 3개 영역 등급 합 6 이내				
조선대	서류전형	1,074	서류100%	X
조선대	창업인재	6	1단계)서류100%(5배수) 2단계)서류70%+ 면접30%	X

▌제주

대학	전형	모집인원	전형 방법	수능최저학력기준
제주대	일반학생	223	1단계)서류100%(3배수) 2단계)서류70%+ 면접30% ▶자유전공: 서류100%	X
제주대	지역인재 [신설]	14	▶자유전공: 서류100%	X
제주대	소프트웨어인재	10	1단계)서류100%(3배수) 2단계)서류70%+ 면접30%	X

▌교육대학

대학	전형	모집인원	전형 방법	수능최저학력기준
경인교대	교직적성	215	서류100% ※ 전형자료로 답변녹화 동영상 활용	X
공주교대	교직적성인재	53	1단계)서류100%(3배수) 2단계)서류50%+ 면접50%	X
공주교대	지역인재선발	123	1단계)서류100%(2배수) 2단계)서류50%+ 면접50%	X
광주교대	교직적성우수자	40	1단계)서류100%(4배수) 2단계)서류70%+ 면접30%	X

대학	전형	모집인원	전형 방법	수능최저학력기준
광주교대	전라남도학교장추천	60	1단계)서류100%(2배수) 2단계)서류70%+ 면접30%	X
광주교대	광주인재	40	1단계)서류100%(2배수) 2단계)서류70%+ 면접30%	X
광주교대	전남인재	40	1단계)서류100%(2배수) 2단계)서류70%+ 면접30%	X
대구교대	참스승	50	1단계)서류100%(5배수) 2단계)서류70%+ 면접30%　▌성비 적용: 70%	X
대구교대	대구지역인재 [2024] 지역인재	80	1단계)서류100%(2배수) 2단계)서류70%+ 면접30%　▌성비 적용: 70%	X
대구교대	경북지역인재 [2024] 지역인재	100	1단계)서류100%(2배수) 2단계)서류70%+ 면접30%　▌성비 적용: 70%	X
부산교대	초등교직적성자	65	1단계)서류100%(3배수) 2단계)서류60%+ 면접40%	X
부산교대	지역인재	125	1단계)서류100%(3배수) 2단계)서류60%+ 면접40%	X
서울교대	교직인성우수자	100	1단계)서류100%(2배수) 2단계)서류50%+면접50%	○
[국어, 수학, 영어, 사/과탐(2과목 평균)] 4개 영역 등급 합 10 이내, 한국사 4등급 이내				
전주교대	교직적성우수자	35	1단계)서류100%(3배수) 2단계)서류60%+ 면접40%	○
[국어, 수학, 영어, 사/과탐(2과목 평균)] 4개 영역 등급 합 15 이내, 한국사 4등급 이내				
전주교대	지역인재선발	101	1단계)서류100%(2배수) 2단계)서류60%+ 면접40%	○
[국어, 수학, 영어, 사/과탐(2과목 평균)] 4개 영역 등급 합 15 이내, 한국사 4등급 이내				
진주교대	21세기형교직적성자	50	1단계)서류100%(2.5배수) 2단계)서류70%+ 면접30%	○
[국어, 수학, 영어, 사/과탐(2과목 평균)] 4개 영역 등급 합 12 이내, 한국사 4등급 이내				
진주교대	지역인재	123	1단계)서류100%(2.5배수) 2단계)서류70%+ 면접30%	○
[국어, 수학, 영어, 사/과탐(2과목 평균)] 4개 영역 등급 합 12 이내, 한국사 4등급 이내				
청주교대	배움·나눔인재	42	1단계)서류100%(4배수) 2단계)서류60%+ 면접40%	X
청주교대	지역인재	112	1단계)서류100%(2배수) 2단계)서류60%+ 면접40%	X
춘천교대	교직적·인성인재	101	서류100%	○
[국어, 수학, 영어, 사/과탐(2과목 평균)] 4개 영역 등급 합 12 이내, 한국사 4등급 이내				
춘천교대	강원교육인재	60	서류100%	○
[국어, 수학, 영어, 사/과탐(2과목 평균)] 4개 영역 등급 합 14 이내, 한국사 4등급 이내				

▌이공계특성화대학

대학	전형	모집인원	전형 방법	수능최저학력기준
DGIST	일반전형	135	서류100%	X
DGIST	학교장추천	50	서류100% ※ 고교 추천: 2명	X
GIST	일반전형	150	1단계)서류100%(6배수) 2단계)서류60%+ 면접40%	X
GIST	학교장추천	40	1단계)서류100%(5배수) 2단계)서류60%+ 면접40% ※ 고교 추천: 2명	X
KAIST	창의도전	220	서류100%	X
KAIST	학교장추천	95	서류100% ※ 고교 추천: 2명	X
KAIST	일반전형	410	1단계)서류100%(2.5배수) 2단계)서류40%+ 면접60%	X
KENTECH	일반전형	90	1단계)서류100%(5배수) 2단계)서류50%+ 창의성면접50%	X
UNIIST	일반전형	330	서류100%	X
UNIIST	지역인재	65	서류100%	X
UNIIST	탐구우수 [신설]	30	1단계)서류100%(2배수) 2단계)서류50%+ 면접50%	X

V. 전형방법

▌전형방법

구분	면접(X)	면접(○)		합계 (중복 허용)
	서류	서류+ 면접	1단계)서류 2단계)서류+ 면접	
대학 수	55	3	104	162
비율	33.9%	1.9%	64.2%	100.0%

1. 서류

지역	전형방법(%) 서류평가	대학 수	대학(55)
서울	100	17	**고려대**: 학업우수, **광운대**: 광운참빛인재Ⅱ(서류형), **국민대**: 학교생활우수자, **덕성여대**: 덕성인재Ⅰ, **명지대**: 명지인재서류, **상명대**: 상명인재, **서강대**: 일반전형, **서울시립대**: 종합Ⅱ(서류형), **서울여대**: 바롬인재서류, **성균관대**: 융합형, 탐구형('의예, 교육학, 한문교육, 수학교육, 컴퓨터교육, 스포츠과학' 제외), **세종대**: 세종창의인재(서류형), **이화여대**: 미래인재, **중앙대**: CAU융합형인재, **한국외대**: 서류형, SW인재, **한성대**: 한성인재, **한양대**: 추천형, 서류형, **홍익대**: 학교생활우수자
경인	100	10	**가톨릭대**: 잠재능력우수자, **강남대**: 학생부, **단국대**: DKU인재(서류형), **신한대**: 신한국인, **안양대**: 아리학생부종합Ⅱ, **을지대**: EU미래인재, **평택대**: PTU종합, **한경국립대**: 잠재력우수자, **한양대(에리카)**: 일반전형 / **경인교대**: 교직적성
충청	100	15	**건국대(글로컬)**: 지역인재, **고려대(세종)**: 크림슨인재/지역인재(약학과 제외), **공주대**: 일반전형('사범대, 예술대' 제외), **선문대**: 서류, **순천향대**: 일반학생, 지역인재, **우송대**: 서류형, **충남대**: 서류전형, **충북대**: 학생부종합Ⅰ, 학생부종합Ⅱ, SW우수인재, **한국교통대**: 나비인재Ⅱ, **한국기술교대**: 창의인재(서류형), **한남대**: 한남인재Ⅰ(서류), **한밭대**: 학생부종합(일반), 학생부종합(학석사), **한서대**: 융합인재, **홍익대(세종)**: 학교생활우수자 / KAIST: 창의도전, 학교장추천
강원	100	4	**강원대**: 미래인재Ⅰ, 학석사통합, **연세대(미래)**: 강원인재(일반: '의예과' 제외), **한라대**: 운곡인재, / **춘천교대**: 교직적·인성인재, 강원교육인재
경상	100	6	**경북대**: 일반학생, **경상국립대**: 일반전형('의대, 약대, 수의대, 간호대, 사범대학, 사회과학대학' 제외), 지역인재(의예과, 간호학과 제외), **울산대**: 지역인재(의예과 제외) / **진주교대**: 21세기형교직적성자, 지역인재 / DGIST: 일반전형, 학교장추천, 반도체공학, UNIST: 일반전형, 지역인재
전라	100	3	**원광대**: 학생부종합/지역인재Ⅰ(의약학계열 제외), **전남대**: 고교생활우수자유형Ⅱ, **조선대**: 서류전형

2. 서류+면접

지역	전형방법(%) 서류평가	면접	대학 수	대학(3)
서울	60	40	1	**성공회대**: 열린인재
경인	70	30	1	**한신대**: 참인재
강원	80	20	1	**연세대(미래)**: 강원인재(일반: 의예과)

3. 1단계)서류, 2단계)서류+면접

지역	전형방법(%) 1단계 서류	2단계 서류	면접	1단계 선발 배수	대학 수	대학(102)
서울 (32)	100	80	20	5배수	1	**한양대**: 면접형,
		70	30	3배수	10	**건국대**: KU자기추천, **경희대**: 네오르네상스, **광운대**: 광운참빛인재Ⅰ(면접형), 소프트웨어우수인재, **국민대**: 국민프런티어, **동국대**: 불교추천인재, **서울과학기술대**: 학교생활우수자, 창의융합인재, **서울대**: 지역균형, **성균관대**: 탐구형(단, 자유전공계열: 5배수, 의예과: 4배수), **성신여대**: 학교생활우수자, 자기주도인재, **총신대**: 코람데오인재
				3.5배수	2	**동국대**: Do Dream(경영학, 전자전기공학부, 정보통신공학) **중앙대**: CAU탐구인재(다빈치캠(시스템생명공학과 제외): 2.5배수)
				4배수	3	**동국대**: Do Dream, **명지대**: 명지인재면접, 크리스챤리더, **세종대**: 세종창의인재(면접형/ 경영학부, 호텔관광외식경영학부, 생명시스템학부, 컴퓨터공학과, 지능기전공학과, 창의소프트학부일부학과: 3배수),
				5배수	1	**성균관대**: 탐구형(의예과)
				7배수	1	**성균관대**: 과학인재
		60	40	3배수	3	**덕성여대**: 덕성인재Ⅱ(약학과), **숙명여대**: 숙명인재(면접형), 소프트웨어인재, **연세대**: 활동우수형(인문), 국제형,
				4배수	3	**덕성여대**: 덕성인재Ⅱ('약학과'는 3배수), **삼육대**: 세움인재,, SW인재, **연세대**: 활동우수형(자연),
		50	50	2배수	3	**서울대**: 일반전형, **한국외대**: 면접형 / **서울교대**: 교직인성우수자
				3배수	2	**서울시립대**: 종합Ⅰ(면접형), **숭실대**: SSU미래인재, SW우수자,
				5배수	2	**고려대**: 계열적합, **서울여대**: 바롬인재면접, SW융합인재, 기독교지도자
		40	60	3배수	1	**동덕여대**: 동덕창의리더

지역	전형방법(%)			1단계 선발 배수	대학 수	대학(102)
	1단계 서류	2단계 서류	면접			
경인 (20)	100	70	30	3배수	8	**강남대**: 서류면접, **단국대(죽전)**: SW인재, 창업인재, **대진대**: 윈윈대진, **아주대**: ACE, 첨단융합인재, **인천대**: 자기추천('사범대학'은 4배수), **인하대**: 인하미래인재(의예과), **차의과학대**: CHA학생부종합, **한국항공대**: 미래인재,
				3.5배수	1	**인하대**: 인하미래인재(의예과 제외)
				4배수	5	**가톨릭대**: 가톨릭지도자추천, 학교장추천, **경기대**: KGU학생부종합, SW우수자, **단국대(죽전)**: DKU인재(면접형), **을지대**: EU자기추천, **인천대**: 자기추천(사범대학)
				6배수	1	**안양대**: 아리학생부종합 I
		60	40	4배수	2	**서울신학대**: H+인재, **한국공학대**: 창의인재,
		50	50	5배수	1	**가천대**: 가천바람개비, 가천의약학, 가천AI·SW
		30	70	4배수	1	**협성대**: 협성창의인재
		10	90	5배수	1	**한양대(에리카)**: 조기취업형 계약학과
충청 (21)	100	80	20	3배수	1	**한국교원대**: 학생부종합우수자
		70	30	3배수	4	**건국대(글로컬)**: Cogito자기추천, **고려대(세종)**: 크림슨인재/지역인재(약학과), **단국대(천안)**: DKU인재(면접형), **한밭대**: 지역인재(종합)
				4배수	3	**공주대**: 일반전형(사범대, 예술대), **선문대**: 면접, **한남대**: 한남인재 II (서류+ 면접), 창업인재(서류+ 면접)
				5배수	4	**순천향대**: SW융합, **우송대**: 면접형, SW잠재능력, **한밭대**: 지역인재(종합), **호서대**: 호서인재, AI·SW인재
		67	33	3배수	1	**충남대**: 일반전형(10명 이상: 2배수/10명 미만, 의예과, 수의예과, 약학과: 3배수), 소프트웨어인재, 지역인재
		60	40	2배수	1	**청주교대**: 지역인재
				4배수	2	**한국기술교대**: 창의인재(면접형) / **청주교대**: 배움·나눔인재
				7배수	1	**한국교통대**: 나비인재 I (항공서비스학과)
		50	50	2배수	1	**공주교대**: 지역인재선발
				3배수	1	**공주교대**: 교직적성인재
		40	60	2.5배수	1	**KAIST**: 일반전형
		10	90	5배수	1	**순천향대**: 조기취업형계약학과,
강원 (5)	100	70	30	3.5배수	1	**연세대(미래)**: 학교생활우수자(의예과는 제외)/글로벌인재
				4배수	1	**한림대**: 학교생활우수자(의예과 제외), 한림SW인재
				5배수	1	**한림대**: 학교생활우수자(의예과), 지역인재
				6배수	1	**연세대(미래)**: 학교생활우수자(의예과)
		60	40	4배수	1	**강원대**: 미래인재 II
경상 (15)	100	80	20	3배수	2	**경상국립대**: 일반전형(의대, 수의대, 간호대, 사범대학, 사회과학대학), 지역인재(의예과, 간호학과), **부산대**: 학생부종합/지역인재(의예과 제외)
				4배수	1	**부산대**: 지역인재(의예과)
				5배수	1	**경상국립대**: 일반전형(약대)
		70	30	2배수	1	**대구교대**: 대구지역인재, 경북지역인재
				2.5배수	2	**한동대**: 일반학생, 소프트웨어인재
				4배수	1	**경북대**: 지역인재(의예,치의예,약학: 5배수), 지역인재-학교장추천, SW특별전형
				5배수	1	**경북대**: 모바일과학인재 / **대구교대**: 참스승
		67	33	3배수	1	**포항공대**: 일반전형 I / 일반전형 II / 반도체공학인재 I / 반도체공학인재 II /지역인재
		60	40	3배수	1	**부산교대**: 초등교직적성자, 지역인재
		50	50	2배수	1	**UNIST**: 탐구우수
				4배수	1	**울산대**: 잠재역량(의예과 제외)
				5배수	2	**경북대**: 모바일과학인재, **울산대**: 잠재역량/지역인재(의예과),
전라 (10)	100	70	30	2배수	1	**광주교대**: 전라남도학교장추천, 광주인재, 전남인재
				3배수	1	**전북대**: 큰사람, SW인재
				4배수	2	**전남대**: 고교생활우수자유형 I (의예, 치의학전문대학원, 약학부, 수의예 제외) / **광주교대**: 교직적성우수자
				5배수	2	**원광대**: 학생부종합/지역인재 I (의약학계열), **조선대**: 면접전형, 창업인재
				6배수	1	**전남대**: 고교생활우수자(의예과, 약학부, 수의예, 치의학전문대학원)
		60	40	2배수	1	**전주교대**: 교직적성우수자, 지역인재선발
				5배수	1	**GIST**: 일반전형/학교장추천
		50	50	5배수	1	**KENTECH**: 일반전형
제주 (1)	100	70	30	3배수	1	**제주대**: 일반학생, 소프트웨어인재

VI. 서류평가

1. 서류 평가요소 변경사항

대학	2024	2025
가톨릭대 잠재능력우수자	학업역량35%, 전공(계열)적합성30%, 인성20%, 발전가능성15%	학업역량35%, 진로역량45%, 공동체역량20%
가톨릭대 학교장추천 가톨릭지도자추천	학업역량35%, 전공(계열)적합성30%, 인성20%, 발전가능성15%	학업역량45%,, 진로역량35%, 공동체역량20%
공주대	전공적합성, 발전가능성, 인성	진로역량, 탐구역량, 공동체역량
덕성여대 덕성인재Ⅰ	자기주도성40%, 기초학습역량15%, 학업성취역량25%, 협업및소통능력20%	자기주도성30%, 기초학습역량20%, 학업성취역량25%, 협업및소통능력15%, 성실성10%
덕성여대 덕성인재Ⅱ	자기주도성20%, 자기성장노력20%, 기초학습역량15%, 학업성취역량20%, 협업및소통능력15%, 성실성10%	자기주도성30%, 기초학습역량20%, 학업성취역량25%, 협업및소통능력15%, 성실성10%
동덕여대	학업역량30%, 진로역량40%, 공동체역량30%	학업역량35%, 진로역량40%, 공동체역량25%
상명대	인성, 전공적합성, 발전가능성	학업역량, 진로역량, 공동체역량
성균관대	학업역량50%, 개인역량30%, 잠재역량20%	학업역량40%, 탐구역량40%, 잠재역량20%
삼육대	학업역량20%, 전공적합성30%, 인성20%, 발전가능성30%	학업역량30%, 진로역량50%, 공동체역량20%
강원대 미래인재Ⅰ	학업역량(30%), 전공적합성(25%), 인성(24%), 발전가능성(21%)	학업역량(40%), 진로역량(30%), 공동체역량(30%)
강원대 미래인재Ⅱ	학업역량(30%), 전공적합성(25%), 인성(24%), 발전가능성(21%)	학업역량(30%), 진로역량(50%), 공동체역량(20%)
명지대 명지인재서류	학업역량30%, 전공적합성30%, 인성20%, 발전가능성20%	학업역량20%, 진로역량50%, 공동체역량30%
명지대 명지인재면접	학업역량20%, 전공적합성30%, 인성20%, 발전가능성30%	학업역량20%, 진로역량50%, 공동체역량30%
삼육대	학업역량20%, 전공적합성30%, 인성20%, 발전가능성30%	학업역량, 진로역량, 공동체역량
선문대	인성40%, 전공적합성35%, 발전가능성25%	인성, 진로탐구, 발전가능성
순천향대	학업역량20%, 전공적합성30%, 인성20%, 발전가능성30%	학업역량, 진로역량, 공동체 역량
신한대	기초학습능력20%, 리더십20%, 지원동기20%, 창의성20%, 기본품성20%	기초학습능력, 인성, 전공적합성
전남대	전공(계열)준비도25%, 학업수행역량25%, 학업외소양25%, 인성역량25%	진로역40%량, 학업역량30%, 공동체역량30%
전북대	학업역량 및 전공적합성40% 성장 및 발전가능성40%, 인성 및 사회성20%,	학업역량40% 진로역량40%, 공동체역량20%
한경국립대	인성40%, 전공적합성30%, 발전가능성30%	인성30%, 학업역량30%, 진로역량40%
한국교통대	전공적합성, 인성, 자기주도성	전공적합성, 사회성, 자기주도성
한국항공대	학업역량40%, 진로역량40%, 공동체역량20%	학업역량30%, 진로역량50%, 공동체역량20%
한남대	전공적합성28.5%, 학업역량38%, 인성28.5%	진로역량40%, 학업역량30%, 공동체역량30%
한밭대 학생부종합(일반)	학업역량19%, 계열적합성27%, 인성27% 발전가능성27%	학업역량30%, 진로역량30%, 공동체역량40%
한밭대 학생부종합(학석사)	학업역량10%, 계열적합성42, 인성30% 발전가능성18%	학업역량18%, 진로역량442%, 공동체역량50%
한밭대 지역인재(종합)	학업역량13%, 계열적합성24%, 인성27%, 발전가능성36%	학업역량24%, 진로역량36%, 공동체역량40%
한양대(에리카)	학업역량30%, 진로역량50%, 공동체역량20%	학업역량50%, 진로역량30%, 공동체역량20%
홍익대	학업역량25%, 전공적합성30%, 인성15%, 발전가능성30%	학업역량40%, 진로역량40%, 공동체역량20%
진주교대	학업수행능력34%, 교육잠재력34%, 태도및자질32%	학업수행역량35%, 자기주도역량20%, 공감 및 소통역량20%, 교직에대한 가치와 태도25%

2. 대학

▌서울

대학	학업역량		전공적합성		인성		발전가능성	
	평가요소	%	평가요소	%	평가요소	%	평가요소	%
건국대 학과(부)별 모집	학업역량	30	**진로역량** • 전공(계열) 관련 교과 이수 노력 • 진로 탐색활동과 경험	**40**	공동체역량	30		
건국대 KU자유전공학부	**학업역량**	20	**성장역량** • 자기주도성 • 창의적 문제해결력 • 경험의 다양성	**50**	**공동체역량**	30		
경희대 일반학과	학업역량	40	**진로역량** • 전공(계열) 관련 교과 이수 노력 • 전공(계열) 관련 교과 성취도 • 진로탐색 활동과 경험	**40**	공동체역량	20		
경희대 자율전공학부	**학업역량**	40	**자기주도역량** • 자기주도 교과 이수 노력 • 자기주도 관련 교과 성취도 • 자기주도 진로 탐색 활동과 경험	**40**	**공동체역량**	20		
고려대 학업우수	학업역량	**50**	자기계발역량	30	공동체역량	20		
고려대 계열적합	학업역량	**40**	자기계발역량	**40**	공동체역량	20		
광운대 광운참빛인재Ⅰ(면접형)	학업역량	25	진로역량	**50**	인성	25		
광운대 광운참빛인재Ⅱ(서류형)	학업역량	35	진로역량	**45**	인성	20		
국민대 국민프런티어	학업능력	15	전공잠재력	25	공동체의식및협동능력	10	자기주도성 발전가능성	**30** 20
국민대 학교생활우수자	학업능력	15	전공잠재력	**35**	공동체의식및협동능력	15	자기주도성 발전가능성	15 20
덕성여대 덕성인재Ⅰ	학업역량 (기초학습역량15, 학업성취역량25)	**40**			덕성역량 (협업및소통능력20)	20	발전역량 (자기주도성40)	**40**
덕성여대 덕성인재Ⅱ	학업역량 (기초학습역량15, 학업성취역량20)	35			덕성역량 (협업및소통능력15, 성실성10)	25	발전역량 (자기주도성20, 자기성장노력20)	**40**
동국대 Do Dream	학업역량	30	전공적합성	**50**	인성 및 사회성	20		
동국대 학교장추천인재	학업역량	**50**	전공적합성	30	인성 및 사회성	20		
동덕여대	학업역량	35	진로역량	**40**	공동체역량	25		
명지대	학업역량	20	진로역량	**50**	공동체역량	30		
삼육대	학업역량	30	진로역량	**50**	공동체역량	20		
상명대	학업역량	35	진로역량	**45**	공동체역량	20		
서강대	학업역량 (성취수준40%, 창의적문제해결력10%)	**50**			공동체역량	20	성장가능성	30
서울과학기술대	학업역량	35	진로역량	**45**	공동체역량	20		
서울대	학업능력				학업외 소양		학업태도	
서울시립대 학생부종합Ⅰ(면접형)	학업역량	35	잠재역량	**40**	사회적역량	25		

2. 학생부종합전형

대학	학업역량		전공적합성		인성		발전가능성	
	평가요소	%	평가요소	%	평가요소	%	평가요소	%
서울시립대 학생부종합Ⅱ(서류형)	학업역량	30	잠재역량	**50**	사회적역량	20		
서울여대 바롬인재서류	학업역량	**40**	진로역량	35	공동체역량	25		
서울여대 바롬인재면접	학업역량	35	전공적합성	**40**	공동체역량	25		
성공회대	학업수행능력	**35**	자기주도성	25	공동체역량 성실성	25 15		
성균관대 융합형, 탐구형	**학업역량**	**40**	**탐구역량**	**40**	잠재역량	20		
성신여대 학교생활우수자	학업역량	**50**	진로역량	30	공동체역량	20		
성신여대 자기주도인재	학업역량	30	진로역량	**50**	공동체역량	20		
세종대 세종창의인재(서류형)	학업역량	**45**	진로역량	25	공동체역량	10	창의융합역량	20
세종대 세종창의인재(면접형)	학업역량	25	진로역량	**45**	공동체역량	10	창의융합역량	20
숙명여대 [2024] 숙명인재(면접형)	탐구역량	35	진로역량	**45**	공동체의식과 협업능력	20		
숙명여대 소프트웨어인재	탐구역량	**45**	진로역량	40	공동체의식과 협업능력	15		
숭실대	학업역량	20	진로역량(활동역량)	50	숭실역량(잠재역량)	30		
연세대	종합평가Ⅰ (학업역량, 진로역량)	**70**			종합평가Ⅱ (공동체역량)	30		
이화여대	학업역량	20~ 40	학교활동의 우수성	**30~** **50**			발전가능성	20~ 40
중앙대 CAU융합형인재	학업역량	**50**	진로역량	30	공동체역량	20		
중앙대 CAU탐구형인재	학업역량	40	진로역량	**50**	공동체역량	20		
총신대	학업역량	**30**	전공적합성	20	인성 및 영성	**30**	발전가능성	20
한국외대 면접형	학업역량	30	진로역량	**50**	공동체역량	20		
한국외대 서류형	학업역량	**50**	진로역량	30	공동체역량	20		
한성대	학업역량	30	진로역량	**40**	공동체역량	30		
한양대	[학업역량(적성)] : 비판적 사고역량	25	[학업역량(적성)] : 창의적 사고역량	25	[인성 및 잠재성] : 소통·협업역량	25	[인성 및 잠재성] : 자기주도역량	25
홍익대	학업역량	**40**	진로역량	**40**	공동체역량	20		

▌경인

대학	학업역량		전공적합성		인성		발전가능성	
	평가요소	%	평가요소	%	평가요소	%	평가요소	%
가천대	학업역량	20	계열(전공)적합성	**40**	인성	**40**		
가톨릭대 잠재능력우수자 잠재능력우수자면접	학업역량	35	진로역량	**45**	공동체역량	20		
가톨릭대 가톨릭지도자추천 학교장추천	학업역량	**45**	진로역량	35	공동체역량	20		
강남대 서류면접			전공적합성	**45**	인성	25	발전가능성	30
강남대 학생부			전공적합성	30	인성	**45**	발전가능성	25

대학	학업역량		전공적합성		인성		발전가능성	
	평가요소	%	평가요소	%	평가요소	%	평가요소	%
경기대 KGU학생부종합	학업성취수준	30	계열적합성	30	공동체의식	20	자기주도성	20
경기대 SW우수자	학업성취수준	25	계열적합성	35	공동체의식	20	자기주도성	20
단국대 DKU인재(서류형)	학업역량	45	진로역량	35	공동체역량	20		
단국대 DKU인재(면접형)	학업역량	35	진로역량	45	공동체역량	20		
대진대	기초학업능력	40	성장잠재력	30	인성	30		
서울신학대	기초학업능력	20	전공적합성	30	인성	20	성장가능성	30
신한대	기초학업능력		전공적합성		인성			
아주대 ACE	학업역량	37	진로역량	35	공동체역량	28		
아주대 첨단융합인재	학업역량	40	진로역량	45	공동체역량	15		
안양대 아리학생부종합Ⅰ(인문) 아리학생부종합Ⅱ(자연)	학업역량	30	진로역량	30	공동체역량	40		
을지대 EU자기추천	학업역량	35	진로역량	35	공동체역량	30		
을지대 EU미래인재	학업역량	40	진로역량	30	공동체역량	30		
인하대	학업능력 학습태도	20 10	진로관심 탐구역량	20 30	공동체역량	20		
차의과학대	학업역량	40	진로역량	40	인성	20		
평택대			전공적합성	40	인성	30	자기주도성	30
한경국립대	학업역량	30	진로역량	40	인성	30		
한국공학대 창의인재	발전가능성	20	전공적합성	60	인성	20		
한국공학대 융합인재	학업역량	30	진로역량	40	공동체역량	30		
한국항공대	학업역량	30	진로역약	50	공동체역량	20		
한신대	학업역량	30	진로역량	30	공동체역량	40		
한양대(에리카) 서류형	학업역량	50	진로역량	30	공동체역량	20		
한양대(에리카) 면접형	학업역량	70			공동체역량	30		
협성대	학업역량	30	전공적합성	30	인성	40		

▌충청

※ 순천향대 반영비율(학업역량30%, 진로역량40%, 공동체역량30%)은 확정이 아니므로 추후 수시요강 통해 확인 바람

대학	학업역량		전공적합성		인성		발전가능성	
	평가요소	%	평가요소	%	평가요소	%	평가요소	%
건국대(글로컬)	학업역량	30	진로탐색역량	30	공동체역량	40		
고려대(세종)	학업역량	30	진로역량	50	공동체역량	20		
공주대	탐구역량		진로역량		공동체역량			
선문대			진로탐구	35	인성	40	발전가능성	25
순천향대	학업역량	40	진로역량	40	공동체역량	20		
우송대	학업역량	33.3	전공적합성	40	인성	26.7		
충남대	학업역량	40	전공적합성	30	인성	10	발전가능성	20
충북대			전문성	58	사회성	25	적극성	17
한국교원대	학업역량		전공적합성		교직적합성 및 잠재력		교직인성	
한국교통대			전공적합성	60	사회성	20	자기주도성	20

대학	학업역량		전공적합성		인성		발전가능성	
	평가요소	%	평가요소	%	평가요소	%	평가요소	%
'자유전공학부' 외			• 전공관심도(20%) • 전공수학능력(20%) • 발전가능성(20%)					
한국교통대 '자유전공학부'			도전정신 • 도전의지(20%) • 전취적자세(20%) • 발전가능성(20%)	60	사회성	20	자기주도성	20
한국기술교대	학업역량	35	전공적합성	35	나우리역량	30		
한남대	학업역량	30	진로역량	40	공동체역량	30		
한밭대 학생부종합(일반)	학업역량	30	진로역량	30	공동체역량	40		
한밭대 학생부종합(학석사)	학업역량	18	진로역량	44	공동체역량	50		
한밭대 지역인재(종합)	학업역량	24	진로역량	36	공동체역량	40		
한서대			전공적합성	50	인성 및 사회성	30	잠재력	20
호서대	학업역량	30	진로역량	40	공동체역량	30		
홍익대(세종)	학업역량	25	전공역량	30	인성	15	발전가능성	30

▍강원

대학	학업역량		전공적합성		인성		발전가능성	
	평가요소	%	평가요소	%	평가요소	%	평가요소	%
강원대 미래인재 I	학업역량	40	진로역량	30	공동체역량	30		
강원대 미래인재 II	학업역량	30	진로역량	50	공동체역량	20		
연세대(미래)	학업역량	40	발전역량	30	공동체역량	30		
한라대	학업역량	30	진로역량	40	공동체역량	30		
한림대	학업성취역량	30	전공(계열)적합성	30	인성	20	발전가능성	20

▍경상

대학	학업역량		전공적합성		인성		발전가능성	
	평가요소	%	평가요소	%	평가요소	%	평가요소	%
경북대 일반전형('의치수' 제외)	학업역량	30	진로역량	50	공동체역량	20		
경북대 일반전형(의치수), 지역인재	학업역량	35	진로역량	45	공동체역량	20		
경상국립대	전공적합성 (학업역량30, 전공연계기 초학업탐구역량20)	50	전공연계진로역량	20	인성	10	발전가능성	20
부산대	학업역량	40	진로역량	40	사회적역량	20		
울산대	학업성취및전공적합성	35			인성	30	잠재역량	35
포항공대	학업능력		잠재력					
한동대	학업역량	50	진로역량	30	공동체역량	20		

▍전라

대학	학업역량		전공적합성		인성		발전가능성	
	평가요소	%	평가요소	%	평가요소	%	평가요소	%
원광대	학교생활충실도	38	전공적합성	32	인성및사회성	30		
전남대	학업역량	30	진로역량	40	공동체역량	30		
전북대	학업역량	40	진로역량	40	공동체역량	20		
조선대	교과활동	40	진로역량	30	비교과활동	30		

▌제주

대학	학업역량		전공적합성		인성		발전가능성	
	평가요소	%	평가요소	%	평가요소	%	평가요소	%
제주대			전공적합성	40	인성, 공동체기여도	30	자기주도성	30

▌교육대학

대학	학업역량		전공적합성		인성		발전가능성	
	평가요소	%	평가요소	%	평가요소	%	평가요소	%
경인교대	학업역량	25	교직적합성	25	공감 및 소통능력 나눔과 배려	20 15	리더십및자기주도성	15
공주교대	지적역량	36	교직역량	32	인성역량	32		
광주교대	학업수행역량	50	교직에 대한 흥미와관심 문제해결역량	18 12	공동체역량 성실성	10 10		
대구교대	창의적 지식활용역량		교직수행역량		개인·사회적역량		교직소양	
부산교대	자기관리역량	25			공동체리더십역량	25	다문화글로벌역량 공감정서조절역량	25 25
서울교대			교직적성		교직인성		교직소양	
전주교대	지성				인성		창의	
진주교대	학업수행역량	35	교직에대한 가치와 태도	25	공감및소통역량	20	자기주도역량	20
청주교대	창의적 탐구역량	33	교직인·적성	33	변화 리더십	33		
춘천교대	학업역량	38	진로역량	28	공동체역량	34		

▌이공계특성화대학

대학	학업역량		전공적합성		인성		발전가능성	
	평가요소	%	평가요소	%	평가요소	%	평가요소	%
DGIST	학업 및 탐구역량				사회적역량			
GIST	학업역량		이공계분야의교과비교 과 경험과 성취수준		내적 성향 리더십 및 협동심		창의성, 잠재력 진학의지	
KAIST	학업성취도				학교생활충실도 및 인성		도전·창의·배려, 발전가능성	
KENTECH	역량평가		지원적합성		가치평가			
UNIST	학업역량		지원계열에 대한 관심		학교생활충실도, 인성			

☞ (이공계 특성화 대학) 제출 서류

구분	전형유형	전형	제출서류			
			학생부	자기소개서	교사추천서	기타
DGIST	종합	일반전형	○	○	–	
	종합	학교장추천	○	○	○	
	특기자	과학인재	○	○	–	• 우수성 입증자료(3건, 건당 8MB)
GIST	종합	일반전형	○	○	○	
	종합	학교장추천	○	○	○	
	특기자	특기자	○	○	○	• 특기 증빙자료 및 목록(5건, 건당 6MB)
KAIST	종합	창의도전	○	○	○ (2부)	• 입학지원서 독서목록(3권) • 자기소개서 증빙자료(3건, 선택 서류)
	종합	학교장추천	○	○	○ (2부)	• 입학지원서 독서목록(3권) • 자기소개서 증빙자료(3건, 선택 서류) • 평가원 6월 모의평가 성적표(선택 서류)
	종합	일반전형	○	○	○	• 입학지원서 독서목록(3권) • 자기소개서 증빙자료(3건, 선택 서류)
	특기자	특기자	○	○	○	• 입학지원서 독서목록(3권) • 특기 입증자료(5건, 건당 8MB)
KENTECH	종합	일반전형	○	–	–	
UNIST	종합	일반전형	○	○	–	
	종합	지역인재	○	○	–	
	종합	탐구우수	○	○	–	• 기타 입증자료(3건, 건당 3매(1,000자))

VII. 면접

※ 답변 녹화 동영상: ① (학생부종합) 경인교대: 교직적성전형
※ 현장 녹화 면접: ① (학생부종합) 연세대: 활동우수형(단, 의예과는 대면 면접), 국제형

1. 일반대학

1) 면접유형

■ 면접유형

구분	서류 확인 면접	제시문 기반 면접	제시문 기반 면접 +서류 확인 면접	발표 면접 +서류 확인 면접	사고력 평가 +서류 확인 면접	합계 (중복 허용)
전형 수	63	6	7	2	1	79
비율(%)	79.7%	7.6%	8.9%	2.5%	1.3%	100%

■ 대학

구분	지역	대학 수	대학
서류 확인 면접 (63)	서울	23	건국대, 경희대, 광운대, 국민대, 덕성여대, 동국대, 동덕여대, 명지대, 삼육대, 서울과기대, 서울대(지역균형), 서울시립대(학생부종합Ⅱ: 면접형), 서울여대, 성공회대, 성균관대(탐구형: 의예, 교육학, 한문교육, 수학교육, 컴퓨터교육, 스포츠과학), 성신여대, 세종대, 숙명여대, 숭실대, 중앙대(CAU탐구형인재), 총신대, 한국외대(면접형), 한양대(면접형)
	경인	17	가천대, 가톨릭대, 강남대, 경기대, 단국대, 대진대, 서울신학대, 아주대, 안양대, 을지대, 인천대, 인하대, 차의과학대, 한국공학대, 한국항공대, 한신대, 협성대
	충청	11	건국대(글로컬), 고려대(세종), 공주대, 선문대, 순천향대, 우송대, 충남대, 한국교통대, 한국기술교대, 한남대, 호서대
	강원	2	강원대, 한림대
	경상	5	경북대, 경상국립대, 부산대, 울산대, 한동대
	전라	4	원광대, 전남대, 전북대, 조선대
	제주	1	제주대
제시문 기반 면접 (6)	서울	4	고려대(계열적합), 서울대(일반전형), 성균관대(과학인재), 연세대(활동우수형, 국제형)
	강원	2	연세대(미래), 한림대(의예과)
제시문 기반 면접 +서류 확인 면접 (7)	서울	2	성균관대(학과모집: 의예과), 총신대
	경인	1	아주대(의학과)
	충청	1	한국교원대
	강원	1	한림대(의예과)
	경상	2	부산대(의예과), 울산대(의예과)
발표면접+서류 확인 면접 (2)	서울	1	세종대(창의소프트학부)
	경인	1	경기대(디자인비즈학부)
사고력 평가+ 서류 확인 면접	경상	1	포항공대

2) 면접시간

면접시간	대학 수	대학
5분	1	연세대(현장 녹화면접: 제시문 준비 8분)
7분	3	고려대(계열적합: 제시문 준비 21분), 단국대, 호서대
9분	1	세종대
10분	52	가천대, 가톨릭대, 강원대, 건국대, 건국대(글로컬), 경북대, 경희대, 공주대, 광운대(광운참빛인재Ⅰ(면접형), 국민대(국민프런티어), 대진대, 덕성여대, 동국대, 동덕여대, 명지대, 부산대, 삼육대, 서울과기대, 서울대(지역균형), 서울시립대, 서울신학대, 서울여대, 선문대, 성공회대, 성균관대(학과모집-교육학, 한문교육, 수학교육, 컴퓨터교육, 스포츠과학/ 과학인재(제시문 준비 15분), 성신여대, 순천향대, 숭실대, 아주대, 안양대, 연세대(미래: 학교생활우수자, 글로벌인재, 강원인재(일반) : 제시문 숙지: 20분), 우송대, 울산대, 원광대, 을지대, 인천대, 인하대, 전북대, 조선대, 중앙대(탐구형인재), 차의과학대, 총신대, 한국공학대, 한국교원대(발표자료 작성:10분), 한국교통대, 한국외대, 한국항공대, 한남대, 한동대, 한신대, 협성대

면접시간	대학 수	대학
12분	1	원광대(의예과, 2개 면접실 각 6분)
15분	9	강남대, 경기대, 경상국립대, 서울대(일반전형, 제시문 준비: 인문 30분, 자연 45분), 숙명여대, 전남대, 제주대, 충남대, 한림대
20분	4	가톨릭대(의예과: 상황 숙지 위한 시간 부여), 부산대(의예과: 제시문 준비 10분, 2개 면접실 각 10분), 아주대(의학과), 한동대(소프트웨어인재)
25분	1	포항공대
30분	2	성균관대(학과모집-의예), 한림대(의예과: 3개 면접실 각 10분)
60분	1	울산대(의예과)

2. 초등교육과

1) 면접유형

※ 면접 미실시(3): 이화여대, 진주교대, 춘천교대

구분	대학 수	대학 및 면접시간
서류 확인 면접	5	공주교대(10분), 광주교대(10분), 대구교대(15분), 제주대(15분), 청주교대(10분)
제시문 기반 면접	2	부산교대(조별면접, 면접위원 3인, 수험생 3인 1조, 25분), 서울교대(10분)
제시문 기반 면접+서류 확인 면접	1	전주교대(제시문 준비 10분, 면접 8분)
제시문 기반 면접+ 개방형 질문	1	한국교원대(발표자료 작성 10분, 면접 10분)
비대면 영상 업로드 면접(P/F)	1	경인교대(2분)

2) 면접시간

면접시간	대학 수	대학
2분	1	경인교대(비대면 영상 업로드 면접)
8분	1	전주교대(제시문 준비 10분)
10분	5	공주교대, 광주교대, 서울교대, 청주교대, 한국교원대(발표자료 작성 10분)
15분	2	대구교대, 제주대
25분	1	부산교대(조별 면접. 면접위원 3인, 수험생 3인 1조)

3. 이공계 특성화 대학

1) 면접유형

※ 면접 미실시(2): DGIST, UNIST

대학	면접 준비시간	면접유형 및 시간
GIST	-	전공수학능력 구술면접+내적역량 구술면접(15분)
KAIST (일반전형)	제시문 준비 60분	학업역량 면접(15분, 수학과학영어 구술면접)+학업외 역량면접(15분, 지원서 기반 질문 및 공통질문 구술면접) ※ 독서이력(입학지원서)과 자기소개서 1번(자신만의 질문(150자)과 질문을 하게 된 이유(800자)을 별도 질문 가능)
KENTECH	면접 준비 25분	창의성 면접(25분)
UNIST (탐구우수)		창의적인 탐구능력 및 수학능력, 진로계획 및 발전가능성, 품행 및 인성 등을 종합적으로 평가

3. 논술전형

논술전형은 논리적 사고력을 평가하는 전형으로 학생부 영향력이 가장 적은 전형입니다.

- 전체 모집인원(340,934명) 중 아주 적은 **3.3% 정도만 선발**하는 전형입니다.
  하지만, 주요 15개 대학은 전체 모집인원의 8.3%를 논술전형으로 선발하므로 **교과성적은 부족하지만 수학능력 우수한 학생들이 선호하는** 전형입니다.

1. 전년도 전형결과 : 모집인원은 비슷하지만, 경쟁률은 상승하였음. 합격자 성적은 유지
1) 모집인원 : 11,007명 -> 11,214명으로 1.9%인 207명 증가하였음
2) 경쟁률 : 38.90 대 1 -> 41.91 대 1로 7.7%인 3.01 상승함.
   - 특히, 주요 15개 대학은 경쟁률이 61.20 대 1 -> 65.94 대 1로 4.74나 상승하였음
3) 합격자 성적 : 경쟁률은 상승하였지만 합격자 성적은 4.17 -> 4.15로 비슷한 수준을 유지함.

2. 무전공 유형1 : 1,036명(6.9%) 선발
- 올 해 도입된 무전공 유형1의 전체 모집인원(14,951명) 중 논술전형으로 6.9%인 1,036명을 선발합니다.
- 무전공 유형1은 전공을 정하지 않고 모집 후, 2학년 진급 시 대학 내 모든 전공을 자유롭게 선택할 수 있는 특성상 진로를 결정하지 않은 학생들에게 논술전형으로 지원하는 것은 좋은 선택이 될 수 있음.

3. 실시대학: 42개 대학
- 전국에서 42개 대학에서 논술전형을 실시함
- 신설(4) : 고려대, 상명대, 신한대, 을지대
- 경기대 : 전년도에는 언어사회논술만 실시하였으나 올 해는 언어사회논술과 수리논술 중 택1로 변경되었고, 모집인원 239명을 자유전공학부(수원), 자유전공학부(서울)로 선발.
- 서경대 : 논술우수자전형을 2025 시행계획에서는 폐지한다고 하였으나, 실제 2025 수시모집 요강에는 그대로 유지하면서 216명을 미래융합학부1(101명), 미래융합학부2(93명), 자유전공학부(22명)로 선발함

4. 전형방법: 학생부+논술(67%) > 논술100%(33%)
- 학생부+논술로 선발하는 대학이 67%인 28개 대학이고, 논술100%로 선발하는 대학은 33%인 14개 대학이 있음
- 논술100%(14개): 가천대, 건국대, 경희대, 고려대, 고려대(세종), 덕성여대, 동덕여대, 성균관대, 연세대, 연세대(미래), 이화여대, 한국기술교대, 한국외대, 한국항공대

5. (전형요소) ① 학생부
- 교과성적 중심으로 반영, 비교과(출결)는 일부 대학만 반영하면서 대부분 만점
- 석차등급이 산출되는 공통 및 일반선택과목: 주요 교과 중심, 대부분 6등급까지는 등급 간 감점 폭이 작음
- 석차등급이 산출되지 않는 진로선택과목: 46%(12개)만 반영, 성취도 A가 만점이므로 부담 적음

6. (전형요소) ② 논술
1) 출제유형: 인문은 언어+통계/수학, 자연은 수학 중심
   - 인문은 언어+통계, 언어+수리 중심이면서 상경계열만 구분하여 통계(수학)을 출제
   - 자연은 대부분 수리논술만 출제.
   - 약술형 논술(국어+수학:. 7개): 가천대, 삼육대, 상명대, 서경대, 신한대, 수원대, 한신대
2) 실시시기: 수능 이전은 20%, 수능 이후는 80%로 수능 이후가 압도적임
   - 수능 이후 실시 대학은 학생부종합전형의 면접고사일과 논술고사일이 겹치는 지 확인해야 함

7. 수능최저학력기준: 적용 58.5%, 미적용 41.5%로 적용하는 대학이 더 많음
- 수능최저학력기준 적용시 4개 영역 등급 합 8 이내 ~ 1개 5등급 이내까지 다양함.
- 학생부교과/학생부종합 전형보다 높기 때문에 통과 여부가 큰 변수, 특히 인문계열
- 수능최저학력기준을 미적용하는 경우 논술고사 영향력이 더욱 커짐

■ 논술전형

지역	대학 수	대학(42)
전국	42	**가천대**: 논술전형, **가톨릭대**: 논술전형, **건국대**: KU논술우수자, **경기대**: 논술우수자, **경북대**: 논술(AAT), **경희대**: 논술우수자, **고려대**: 논술전형, **고려대(세종)**: 논술전형, 지역인재, **광운대**: 논술우수자, **단국대**: 논술우수자, **덕성여대**: 논술전형, **동국대**: 논술우수자, **동덕여대**: 논술우수자, **부산대**: 논술전형, 지역인재, **삼육대**: 논술우수자, **상명대**: 논술전형, **서강대**: 논술전형, **서경대**: 논술우수자, **서울과기대**: 논술전형, **서울시립대**: 논술전형, **서울여대**: 논술우수자, **성균관대**: 논술우수, **성신여대**: 논술우수자, **세종대**: 논술우수자, **수원대**: 교과논술, **숙명여대**: 논술우수자, **숭실대**: 논술우수자, **신한대**: 논술전형, **아주대**: 논술우수자, **연세대**: 논술전형, **연세대(미래)**: 논술우수자(미래인재), 논술우수자(창의인재), **을지대**: 논술우수자, **이화여대**: 논술전형, **인하대**: 논술우수자, **중앙대**: 논술전형, **한국공학대**: 논술우수자, **한국기술교대**: 논술전형. **한국외대**: 논술전형, **한국항공대**: 논술우수자, **한신대**: 논술전형, **한양대**: 논술전형, **홍익대(서울/세종)**: 논술전형

Ⅰ. 전년도 전형결과

1. 지역

※ 조사대학: 수박책에 수록된 120여 개 대학
※ 15개 대학: 건국대, 경희대, 고려대, 동국대, 서강대, 서울대, 서울시립대, 성균관대, 숙명여대, 숭실대, 연세대, 이화여대, 중앙대, 한국외대, 한양대

지역	학년도	구분	전체				인문				자연			
			모집인원	경쟁률	합격자 평균	충원율	모집인원	경쟁률	합격자 평균	충원율	모집인원	경쟁률	합격자 평균	충원율
전국	2023	인원	11,007 (100%)	38.90	4.17	30%	4,397 (39.9%)	39.69	4.37	24%	6,610 60.1(%)	38.36	4.10	36%
	2024	인원	11,214 (100%)	41.91	4.18	27%	4,449 (39.7%)	43.35	4.30	22%	6,765 (60.3%)	40.97	4.06	32%
		증감	+207 (1.9%)	+3.01 (7.7%)	+0.01 (0.2%)	-3% (10.0%)	-52 (1.2%)	+3.66 (9.2%)	-0.07 (1.6%)	-2% (8.3%)	+155 (2.3%)	+2.61 (6.8%)	-0.04 (1.0%)	-4% (11.1%)
15개 대학	2023	인원	3,800 (100%)	61.20	3.04	29%	1,843 (48.5%)	59.40	2.99	26%	1,957 (51.5%)	62.90	3.09	31%
	2024	인원	3,812 (100%)	65.94	3.57	22%	1,865 (48.9%)	63.47	3.64	16%	1,947 (51.1%)	68.30	3.49	27%
		증감	+12 (0.3%)	+4.74 (7.7%)	+0.53 (17.4%)	-7% (24.1%)	+22 (1.2%)	+4.07 (6.9%)	+0.65 (21.7%)	-10% (38.5%)	-10 (0.5%)	+5.40 (8.6%)	+0.40 (12.9%)	-4% (12.9%)

2. 인문계열

※ 밑줄 : 수능최저학력기준 있는 전형(일부 학과(예: 의학계열)만 수능최저학력기준이 있는 전형은 제외)
※ 계열 평균 등급 산출 기준: 최종(등록) 합격자 평균 / ※ 학생부교과전형과 논술전형은 대학마다 반영교과목 및 반영방법이 다름에 유의

계열 평균 등급	대학
2.5	
2.6	
2.7	
2.8	
2.9	**동국대**: 논술우수자(2.95, 150명), **서경대**: 논술우수자(2.98, 59명)
3.0	
3.1	
3.2	
3.3	
3.4	
3.5	
3.6	**세종대**: 논술우수자(3.68, 73명)
3.7	**숭실대**: 논술우수자(3.77, 120명)
3.8	**성신여대**: 논술우수자(3.88, 84명)
3.9	

계열 평균 등급	대학
4.0	**가톨릭대**: 논술전형(4.05, 71명)
4.1	**숙명여대**: 논술우수자(4.19, 143명)
4.2	**광운대**: 논술우수자(4.27, 67명) **경북대**: 논술전형(AAT)(4.22, 152명)
4.3	**경기대**: 논술우수자(4.39, 167명) **부산대**: 논술전형(4.33, 131명)
4.4	**가천대**: 논술전형(4.40, 328명), **아주대**: 논술우수자(4.45, 31명), **단국대(죽전)**: 논술우수자(4.46, 134명)
4.5	**인하대**: 논술우수자(4.53, 166명)
4.6	**수원대**: 교과논술(4.67, 145명), **한신대**: 논술전형(4.68, 76명)
4.7	
4.8	
4.9	**서울여대**: 논술우수자(4.93, 92명)
5.0	**한국공학대**: 논술우수자(5.00, 30명)
5.1	**덕성여대**: 논술전형(5.17, 60명)
5.2	
5.3	**한국기술교대**: 논술전형(5.39, 25명)
5.4	

3. 자연계열

※ 밑줄 : 수능최저학력기준 있는 전형(일부 학과(예: 의학계열)만 수능최저학력기준이 있는 전형은 제외)
※ 계열 평균 등급 산출 기준: 최종(등록) 합격자 평균 / ※ 학생부교과전형과 논술전형은 대학마다 반영교과목 및 반영방법이 다름에

계열 평균 등급	대학
2.5	
2.6	
2.7	**동국대**: 논술우수자(2.79, 154명)
2.8	
2.9	
3.0	**서경대**: 논술우수자(3.06, 108명)
3.1	**부산대**: 지역인재(3.16, 30명)
3.2	
3.3	**숭실대**: 논술우수자(3.34, 147명)
3.4	
3.5	
3.6	
3.7	**가톨릭대**: 논술전형(3.74, 107명), **성신여대**: 논술우수자(3.78, 78명)
3.8	
3.9	**세종대**: 논술우수자(3.90, 267명), **숙명여대**: 논술우수자(3.90, 74명), **서울시립대**: 논술전형(3.91, 75명), **아주대**: 논술우수자(3.91, 127명)
4.0	**서울과기대**: 논술전형(4.00, 189명) **경북대**: 논술전형(AAT)(4.01, 354명), **부산대**: 논술전형(4.02, 219명)
4.1	**광운대**: 논술우수자(4.11, 130명)
4.2	**인하대**: 논술우수자(4.21, 293명)
4.3	**가천대**: 논술전형(4.33, 636명)
4.4	**서울여대**: 논술우수자(4.44, 28명), **단국대(죽전)**: 논술우수자(4.46, 176명)
4.5	
4.6	**덕성여대**: 논술전형(4.64, 40명), **수원대**: 교과논술(4.69, 305명), **한국공학대**: 논술우수자(4.69, 265명)
4.7	
4.8	
4.9	
5.0	**한신대**: 논술전형(5.07, 92명)
5.1	
5.2	
5.3	**한국기술교대**: 논술전형(5.30, 145명)
5.4	

4. 대학

※ '★' : 수능최저학력기준 있는 전형(일부 학과(예:의학계열)만 수능최저학력기준이 있는 전형은 제외)

※ 성적 산출기준 약어 :

① 최초/최종, 등록 : 최초/최종 합격자, 등록자, ② 평균 : 합격자 점수를 더 한 후 합격 인원으로 나눈 점수

③ 50%(컷) : 100 명 중 50등 점수(소수점은 버림, 예: 7명의 3등 점수)

④ 70%(컷) : 100 명 중 70등 점수(소수점은 버림, 예: 7명의 4등 점수)

⑤ 충원율: 모집인원 대비 미등록으로 인한 충원 합격자의 비율. 예) 모집인원 100명이고 충원합격이 30명이면, 충원율은 30%

지역	대학	전형	학년도	인문					자연					성적 산출기준	
				모집인원	경쟁률	성적①	성적②	충원율	모집인원	경쟁률	성적①	성적②	충원율	성적①	성적②
서울	건국대	KU논술우수자★	2023	129	41.74			16%	305	50.91			18%		
			2024	129	57.91			5%	305	51.44			29%		
	경희대(서울)	논술우수자★	2023	145	86.70	3.43		21%	108	100.24	3.26		23%	최종평균	
			2024	143	94.48			24%	108	97.14			23%		
	경희대(국제)	논술우수자★	2023	41	41.95	3.99		47%	193	31.19	3.48		29%	최종평균	
			2024	36	60.67			25%	196	34.30			28%		
	광운대	논술우수자	2023	67	43.13	4.37		26%	120	28.83	4.21		70%	등록평균	
			2024	67	44.91	4.27		29%	130	26.74	4.11		51%	등록평균	
	덕성여대	논술전형★	2023	65	65.89	4.91	5.08	17%	40	30.35	4.84	5.07	60%	등록평균	등록70%컷
			2024	60	61.87	5.17	5.46	27%	40	29.55	4.64	4.96	50%	등록평균	등록70%컷
	동국대	논술우수자★	2023	155	59.40	3.05	4.08	44%	152	51.73	2.88	3.84	32%	최종평균	최종최저
			2024	150	66.58	2.95	4.17	27%	154	37.42	2.79	3.85	31%	최종평균	최종최저
	동덕여대	논술우수자★	2023												
			2024	137	27.70				42	27.98					
	삼육대	논술우수자★	2024												
			2024	45	33.98				89	46.45					
	서강대	일반전형★	2023	111	81.32			14%	64	117.56			57%		
			2024	111	97.92			13%	64	138.03			24%		
	서경대	논술우수자	2023	95	10.06	3.88	4.21	37%	125	9.44	3.99	4.28	26%	최종50%컷	최종70%컷
			2024	59	19.88	2.98	3.13	34%	108	17.69	3.06	3.70	23%	최종50%컷	최종70%컷
	서울과기대	논술전형	2023						190	37.70	4.08	88.5	48%	등록평균	
			2024						189	50.24	4.00	87.7	40%	등록평균	
	서울시립대	논술전형	2023						77	33.96	3.95		27%	등록평균	
			2024						75	34.33	3.91		44%	등록평균	
	서울여대	논술우수자★	2023	92	28.35	4.30	5.25	18%	28	23.00	4.10	5.18	18%	최종평균	최종최저
			2024	92	21.87	4.93		24%	28	20.14	4.44		15%	최종평균	
	성균관대	논술우수★	2023	160	82.91				200	117.13					
			2024	180	82.05				218	111.88					
	성신여대	논술우수자★	2023	93	34.01	4.13		26%	82	13.83	4.16		54%	등록평균	
			2024	84	31.74	3.88	4.55	24%	78	17.72	3.78	4.73	49%	등록평균	등록최저
	세종대	논술우수자★	2023	79	80.22	3.65	3.92	27%	231	42.38	4.06	4.31	56%	등록평균	등록70%컷
			2024	73	70.33	3.68	3.85	30%	267	41.10	3.90	4.18	53%	등록평균	등록70%컷
	숙명여대	논술우수자★	2023	143	43.16			29%	84	29.96			31%		
			2024	143	39.31	4.19		29%	74	42.19	3.90		31%	최종평균	
	숭실대	논술우수자★	2023	121	23.43				148	33.74					
			2024	120	15.62	3.77		10%	147	33.76	3.34		34%	등록평균	
	연세대	논술전형	2023	101	65.26				245	28.13					
			2024	96	76.47				259	29.46					
	이화여대	논술전형★	2023	169	27.99				141	47.26					
			2024	180	35.19				120	70.87					
	중앙대	논술전형★	2023	219	71.36	2.48		35%	268	69.47	2.27		25%	등록50%컷	
			2024	217	75.06				261	93.31					
	한국외대(서울)	논술전형★	2023	309	42.52										
			2024	315	41.31				7	133.14					
	한국외대(글로벌)	논술전형	2023	92	17.71				72	24.78					
			2024	86	24.16				78	32.37					

지역	대학	전형	학년도	인문 모집인원	경쟁률	성적①	성적②	충원율	자연 모집인원	경쟁률	성적①	성적②	충원율	성적 산출기준 성적①	성적②
	한양대	논술전형	2023	81	134.79		85.6	23%	165	94.76		75.5	24%		
			2024	81	139.41		92.0	2%	155	101.55		83.2	14%		
	홍익대	논술전형★	2023	167	38.26				238	17.36					
			2024	162	50.9				231	17.74					
경인	가천대	논술전형★	2023	333	20.89	4.27	4.75	10%	596	55.38	4.19	4.63	26%	등록70%	등록90%
			2024	328	31.05	4.40	5.04	11%	636	37.24	4.33	4.96	21%	등록70%	등록90%
	가톨릭대	논술전형	2023	69	25.20	4.91	5.58	35%	110	69.98	4.60	5.30	22%	등록평균	등록최저
			2024	71	30.39	4.05	5.08	31%	107	83.38	3.74	4.79	39%	등록평균	등록최저
	경기대	논술우수자	2024	167	20.86	4.39	4.66	23%						등록50%컷	등록70%컷
			2023	167	14.98	4.62		23%						등록평균	
	단국대	논술우수자	2023	136	31.88	4.51		16%	179	17.63	4.51	52.88	56%	등록평균	논술평균
			2024	134	35.03	4.46	5.34	7%	176	28.27	4.46	5.76	57%	등록평균	등록최저
	수원대	교과논술	2023	148	11.66	4.64		52%	332	12.23	4.70		61%	최종평균	
			2024	145	14.06	4.67		39%	305	13.70	4.69		50%	최종평균	
	아주대	논술우수자	2023	45	80.22	4.80	5.91	11%	127	84.46	4.18	5.92	52%	등록평균	등록최저
			2024	31	87.58	4.45	5.93	10%	127	86.24	3.91	5.63	29%	등록평균	등록최저
	인하대	논술우수자	2023	163	27.88	4.72	5.95	7%	306	46.47	4.29	5.51	35%	등록평균	등록최저
			2024	166	32.67	4.53	5.54	16%	293	50.93	4.21	5.53	40%	등록평균	등록최저
	한국공학대	논술우수자	2023	30	3.37	5.33		47%	270	9.27	4.91		48%	등록평균	
			2024	30	5.87	5.00		47%	265	8.63	4.69		31%	등록평균	
	한국항공대	논술우수자	2023	41	23.93			24%	165	20.45			28%		
			2024	35	35.37			29%	166	23.11			33%		
	한신대	논술전형	2023												
			2024	76	6.46	4.68	5.73	30%	92	3.72	5.07	6.53	40%	최종평균	최종최저
강원	연세대(미래)	논술우수(미래인재)★	2023	104	8.59										
			2024	91	10.59										
		논술우수(창의인재)★	2023						155	31.94					
			2024						160	31.65					
경상	경북대	논술전형(AAT)★	2023	160	20.50	4.30		16%	317	39.10	3.86		23%	등록평균	
			2024	152	21.52	4.22		17%	354	27.03	4.01		23%	등록평균	
	부산대	논술전형★	2023	146	20.66	4.18	4.07	18%	220	24.25	3.91	3.97	19%	등록평균	등록70%컷
			2024	131	19.76	4.33	4.20	15%	219	16.47	4.02	4.00	18%	등록평균	등록70%컷
		지역인재★	2023						27	83.89	2.60	2.29	11%	등록평균	등록70%컷
			2024						30	65.33	3.16	3.36	0%	등록평균	등록70%컷
충청	고려대(세종)	논술전형★	2023	182	5.94	5.10	240.9	1%	222	18.68	4.73	187.5	18%	등록평균	논술평균
			2024	146	5.55				228	12.75					
		지역인재★	2023						6	62.00					
			2024						6	72.67					
	한국기술교대	논술전형	2023	39	5.33	4.71	5.94	21%	181	7.14	4.79	6.31	37%	등록평균	등록최저
			2024	25	10.48	5.39	7.29	18%	145	13.31	5.30	7.17	29%	등록평균	등록최저
	홍익대(세종)	논술전형★	2023						121	9.18					
			2024						122	8.97					

Ⅱ. 변경사항

■ 모집인원

학년도	구분	전체	인문	자연
2024	인원	11,214(100%)	4,449(39.7%)	6,765(60.3%)
2025	인원	12,078(100%)	4,906(40.6%)	7,172(59.4%)
	증감	+864(7.7%)	+457(10.3%)	-407(6.0%)

1. 무전공(유형1)

무전공 유형1은 전공을 정하지 않고 모집 후, 1학년을 마치고 2학년 진급시 대학 내 모든 전공을 자유롭게 선택할 수 있습니다.
단, ⓐ 정부에서 정원을 관리하는 전공(보건의료계열, 사범계열), ⓑ 각 부처 인재양성사업에 따른 전공, 희소 특수학과, 첨단학과, 계약학과, 재직자, 성인학습자, 특수교육대상자 모집인원, ⓒ 예체능계열, 종교계열은 대학에 따라 선택이 제한될 수 있습니다.

■ 전체

전형유형	합계	서울	경인	강원	경상	전라	제주	충청
논술	1,036	512	411	-	82	-	-	31
		49.4%	39.7%	-	7.9%	-	-	3.0%

■ 대학

번호	지역	대학	모집단위	모집인원	번호	지역	대학	모집단위	모집인원
1	서울	건국대	KU자유전공학부	69	15	경인	홍익대(서울)	서울캠퍼스자율전공(인문·예능)	38
2		경희대	[서울캠퍼스] 자율전공학부	8	16		홍익대(서울)	서울캠퍼스자율전공(자연·예능)	53
3		고려대	자유전공학부	15	17		경기대(서울)	자유전공학부(서울)	54
4		상명대(서울)	자유전공(IT계열)	5	18		경기대(수원)	자유전공학부(수원)	185
5		상명대(서울)	자유전공(경영경제계열)	5	19		아주대	자유전공학부(인문)	10
6		상명대(서울)	자유전공(이공계열)	3	20		아주대	자유전공학부(자연)	5
7		상명대(서울)	자유전공(인문사회계열)	6	21		을지대(의정부)	자유전공학부	32
8		서경대	자유전공학부	22	22		한국공학대	미래대학(자유전공학부)	51
9		서울과기대	ST자유전공학부	167	23		한국외대(글로벌)	자유전공학부(글로벌)	28
10		서울여대	자유전공학부	12	24		한국항공대	자유전공학부(공학적성)	18
11		성균관대	자유전공계열	30	25		한국항공대	자유전공학부(사회적성)	3
12		이화여대	스크랜튼학부	13	26		한신대	자유전공학부	25
13		한국외대(서울)	자유전공학부(서울)	16	27	경상	경북대	자율전공학부	82
14		한양대(서울)	한양인터칼리지학부	50	28	충청	홍익대(세종)	세종캠퍼스자율전공(자연·예능)	31

2. 신설

대학	전형	모집인원	전형 방법	수능최저학력기준
고려대	논술전형	344	논술100%	○
인 [국어, 수학, 영어, 사/과탐(1과목)] 4개 영역 등급 합 8 이내, 한국사 3등급 이내 ▶ 경영대학: [국어, 수학, 영어, 사/과탐(1과목)] 4개 영역 등급 합 5 이내, 한국사 4등급 이내 / 자 [국어, 수학, 영어, 과탐(1과목)] 4개 영역 등급 합 8 이내, 한국사 4등급 이내 ※ 탐구영역 반드시 2개 과목을 응시, 서로 다른 2개 분야에 응시하는 경우만 인정(예: '물리학 I + 생명과학 I' 인정, '화학 I + 화학 II' 불인정)				
상명대	논술전형	85	학생부10%+ 논술90%	X
신한대	논술전형	100	학생부10%+ 논술90%	○
을지대	논술우수자	167	학생부30%+ 논술70%	X
[국어, 수학, 영어, 사/과탐(1과목)] 중 1개 영역 등급 합 5 이내				

III. 전형일정

■ (논술) 논술고사

※ 밑줄(3) : 수능 이전/이후 중복 대학(가톨릭대, 단국대, 홍익대)

구분	대학수	대학
수능 이전	9 (20%)	가톨릭대[인문/자연], 단국대[인문계열], 상명대, 서경대, 성신여대, 서울시립대, 연세대, 을지대, 홍익대[서울캠퍼스]
수능 이후	36 (80%)	가천대, 가톨릭대[약학과, 의예과], 건국대, 경기대, 경희대, 경북대, 고려대, 고려대(세종), 광운대, 단국대[자연계열], 덕성여대, 동국대, 동덕여대, 부산대, 삼육대, 서강대, 서울과학기술대, 서울여대, 성균관대, 세종대, 수원대, 숙명여대, 숭실대, 신한대, 아주대, 연세대(미래), 이화여대, 인하대, 중앙대, 한국공학대, 한국기술교육대, 한국외국어대, 한국항공대, 한신대, 한양대, 홍익대[세종캠퍼스]

1. 논술고사일

날짜			인문	자연
9	28	토		■성신여대: 논술우수자[자연계]
9	29	일	■성신여대: 논술우수자[인문계]	
10	05	토		■서울시립대: 논술전형 ■홍익대: 논술전형[서울캠퍼스: 자연계열/캠퍼스자율전공(자연•예능)]
10	6	일	■가톨릭대: 논술전형[15:00 인문사회계열 전 모집단위, 공간디자인•소비자학과, 의류학과] ■홍익대: 논술전형[서울캠퍼스: 인문계열/예술학과/캠퍼스자율전공(인문•예능)]	■가톨릭대: 논술전형[10:00 자연공학계열 전 모집단위(공간디자인•소비자학과, 의류학과 제외), 간호학과]
10	12	토	■연세대: 논술전형[09:00~11:00 인문계열]	■연세대: 논술전형[14:00~15:30 자연계열]
10	26	토	■을지대: 논술우수자[~27(일), 인문]	■을지대: 논술우수자[~27(일), 자연]
10	27	일	■을지대: 논술우수자[인문]	■을지대: 논술우수자[자연]
11	02	토	■단국대: 논술우수자[인문계열 10:00 국어국문학과, 철학과, 영미인문학과, 경제학과, 무역학과, 경영학부 / 15:00 법학과, 정치외교학과, 행정학과, 도시계획.부동산학부, 미디어커뮤니케이션학부, 상담학과, 한문교육과, 특수교육과] ■상명대: 논술전형[인문]	■상명대: 논술전형[자연]
11	03	일	■서경대: 논술우수자[자유전공학부]	■서경대: 논술우수자[미래융합대학]
11	14	목	대 학 수 학 능 력 시 험	대 학 수 학 능 력 시 험
11	16	토	■건국대: KU논술우수자[17:40~19:20 인문사회(Ⅰ,Ⅱ)] ■경희대: 논술우수자[~17(일), 서울캠퍼스: 09:00 인문.체육계 / 국제캠퍼스: 09:00 인문.체육계] ■서울여대: 논술우수자[인문대학, 미래산업융합대학, 사회과학대학] ■성균관대: 논술우수[08:30 사회과학계열, 글로벌리더학부, 글로벌경제학과 / 13:00 경영학과, 글로벌경영학과, 인문과학계열] ■숙명여대: 논술우수자[~17(일), 인문계, 의류학과] ■숭실대: 논술우수자[10:00~11:40 인문,경상] ■한국항공대: 논술우수자[15:00 항공.경영대학(사회적성), 자유전공학부(사회적성)]	■건국대: KU논술우수자[09:20~11:00 자연 / 14:00~15:40 KU자연전공학부] ■경희대: 논술우수자[~17(일), 서울캠퍼스: 15:00 의.약학계 / 국제캠퍼스: 15:00 의.약학계] ■고려대: 논술전형[자연계] ■단국대: 논술우수자[자연계열 10:00 공학계열광역 / 15:00 전자전기공학과, 융합반도체공학과, 고분자시스템공학부(고분자공학전공, 파이버융합소재공학전공), 토목환경공학과, 기계공학과, 화학공학과, 건축학부[건축학전공(5년제), 건축공학전공], 소프트웨어학과, 컴퓨터공학과, 모바일시스템공학과, 통계데이터사이언스학과, 사이버보안학과, 수학교육과, 과학교육과] ■서강대: 일반전형[자연 13:00~14:40 수학과, 컴퓨터공학과, 기계공학과, 시스템반도체공학과 / 16:30~18:10 물리학과, 전자공학과, 화공생명공학과, 인공지능학과] ■서울여대: 논술우수자[과학기술융합대학] ■수원대: 교과논술[자연계열: 혁신공과대학, 지능형SW융합대학, 라이프케어사이언스대학(스포츠과학부 제외)] ■숙명여대: 논술우수자[자연계(의류학과 제외)] ■숭실대: 논술우수자[15:00~16:40 자연] ■한국항공대: 논술우수자[10:00 공과대학, AI융합대학, 스마트드론공학과, AI자율주행시스템공학과, 자유전공학부(공학적성) / 15:00 항공.경영대학(이학적성), 한공운항학과, 자유전공학부(이학적성)]
11	17	일	■경희대: 논술우수자[서울캠퍼스: 15:00 사회계 / 국제캠퍼스: 15:00 사회계] ■고려대: 논술전형[인문계] ■동국대: 논술우수자[13:00 인문계열Ⅰ: 사회과학대학,경영대학 / 16:30 인문계열Ⅱ: 문과대학, 법과대학, 경찰행정학부(인문), 컴퓨터.AI학부(인문), 교육학과] ■서강대: 일반전형[인문 10:00~11:40 경제학과, 경영학부 / 14:30~16:10 인문학부, 영문학부, 사회과학부, 지식융합미디어학부] ■수원대: 교과논술[인문계열: 인문사회융합대학, 경영공학대학, 디지털콘텐츠] ■숙명여대: 논술우수자[인문계, 의류학과]	■가톨릭대: 논술전형[10:00 약학과, 의예과] ■경희대: 논술우수자[서울캠퍼스: 09:00 자연계 / 국제캠퍼스: 09:00 자연계] ■동국대: 논술우수자[09:30 자연계열: 이과대학, 경찰행정학부(자연), 바이오시스템대학, 공과대학, 컴퓨터.AI학부(자연), 시스템반도체학부, 수학교육과, 약학대학] ■성균관대: 논술우수[08:30 공학계열, 소프트웨어학과, 반도체시스템공학과, 약학과 / 13:00 자연과학계열, 전자전기공학부, 지능형소프트웨어학과, 글로벌바이오메디컬공학과, 반도체융합공학과, 에너지학과, 건설환경공학부 / 16:00 자유전공계열, 글로벌융합학부, 의예과] ■홍익대: 논술전형[세종캠퍼스: 자연계열/캠퍼스자율전공(자연•예능)]
11	18	월	■삼육대: 논술우수자[창의융합대학]	■삼육대: 논술우수자[간호대학/미래융합대학] ■서울과학기술대: 논술전형[~19(화)]

날짜			인문	자연
11	19	화		■**서울과학기술대**: 논술전형[※지원자 규모에 따라 실시(예정)]
11	20	수		■**한국기술교육대**: 논술일반[A그룹 10:00 기계공학부, 전기.전자통신공학부, 컴퓨터공학부 / B그룹 14:00 메카트로닉스공학부, 디자인.건축공학부, 에너지신소재화학공학부, 산업경영학부, 고용서비스정책학과]
11	22	금	■**경기대**: 논술우수자[자유전공학부[언어, 사회] ■**연세대(미래)**: 논술우수자(미래인재)[10:30~12:30 / 15:00~17:00 자연융합계열, 간호학과]	■**경기대**: 논술우수자[자유전공학부[수리] ■**연세대(미래)**: 논술우수자(창의인재)[10:30~12:30 / 15:00~17:00 자연계열]
11	23	토	■**경북대**: 논술전형(AAT) [09:00 인문계열] ■**고려대(세종)**: 논술전형[11:00 인문계, 체능계] ■**동덕여대**: 논술우수자[인문.사회] ■**부산대**: 논술전형/지역인재[15:30 인문사회계열] ■**세종대**: 논술우수자[09:00~11:00 인문계열] ■**신한대**: 논술전형[인문사회계열] ■**이화여대**: 논술전형[08:30~12:30 인문 I (인문과학대학, 사범대학) / 14:00~18:00 인문 II (사회과학대학, 경영대학, 신산업융합대학)] ■**한국외국어대**: 논술전형[서울캠퍼스: 10:00 영어대학, 영어대학(통합모집), 서양어대학, 핵심외국어계열, 특수외국어(유럽지역)계열, 중국학대학, 중국학대학(통합모집), 자유전공학부(서울) / 15:00 사회과학대학, 사회과학대학(통합모집), 상경대학, 상경대학(통합모집), Languag & Diplomacy학부, Language&Trade학부, Social Science & AI융합학부], [글로벌캠퍼스: 15:00 경상대학, Finance & AI융합학부] ■**한양대**: 논술전형[-상경계열: 09:30 정보시스템학과(상경), 정책학과, 경제금융학부, 경영학부, 파이낸스경영학과, 한양인터칼리지학부(인문), -인문계열: 13:30 국어국문학과, 사학과, 철학과, 연극영화학과(영화전공) / 17:00 정치외교학과, 사회학과, 미디어커뮤니케이션학과, 관광학부]	■**경북대**: 논술전형(AAT) [15:00 자연계열 I (의예과, 치의예과, 수의예과 제외)/16:00 자연계열 II (의예과, 치의예과, 수의예과)] ■**고려대(세종)**: 논술전형/지역인재[15:00 약학과] ■**광운대**: 논술우수자[자연계열] ■**동덕여대**: 논술우수자[자연] ■**부산대**: 논술전형/지역인재[09:30 자연계열] ■**신한대**: 논술전형[자연과학계열, 공학계열] ■**중앙대**: 논술전형[10:00 자연과학: 물리학과, 화학과, 생명과학과, 수학과), 공과(사회기반시스템공학부 전체, 에너지시스템공학부, 건축학부, 화학공학과, 기계공학부, 첨단소재공학과), 생명공학(생명자원공학부 전체, 식품공학부 전체, 시스템생명공학과), 소프트웨어(소프트웨어학부, AI학과), 예술공학(예술공학부), 적십자간호(간호학과) 14:00 창의ICT공과(전자전기공학부, 융합공학부), 약학(약학부), 의과(의학부)]
11	24	일	■**가천대**: 논술전형[의예과] ■**광운대**: 논술우수자[인문계열] ■**덕성여대**: 논술전형[글로벌융합대학[인문.사회/유아교육과] ■**중앙대**: 논술전형[10:00 경영경제(경영학부 전체, 경제학부, 응용통계학과, 광고홍보학과, 국제물류학과) / 14:00 인문(국어국문학과, 영어영문학과, 유럽문화학부 전체, 아시아문화학부 전체, 철학과, 역사학과), 사회과학(정치국제학과, 공공인재학부, 심리학과, 문헌정보학과, 사회복지학부, 미디어커뮤니케이션학부, 사회학과, 도시계획•부동산학과), 사범(교육학과, 영어교육과), 적십자간호(간호학과)] ■**한국공학대**: 논술우수자[10:00 자유전공학부] ■**한국외국어대**: 논술전형[서울캠퍼스: 10:00 아시아언어문화대학, 특수외국어(인도.아세안지역)계열, 특수외국어(중동지역)계열, 일본학대학, 일본학대학(통합모집), 사범대학 / 15:00 경영대학, 국제학부], [글로벌캠퍼스: 10:00 인문대학, 국가전략언어대학, 융합인재대학, Culture & Technology융합대학, 자유전공학부(글로벌)]	■**덕성여대**: 논술전형[과학기술대학] ■**세종대**: 논술우수자[자연계열 09:00~11:00 인공지능융합대학 / 14:00~16:00 생명과학대학, 자연과학대학, 공과대학] ■**이화여대**: 논술전형[08:30~12:30 자연 I (자연과학대학, 공과대학, 인공지능대학, 신산업융합대학, 간호대학) / 14:00~18:00 자연 II (약학대학)] ■**한국공학대**: 논술우수자[10:00 게임공학과, 인공지능학과, IT반도체융합 자율전공, 전자공학전공, 임베디드시스템전공, 나노반도체공학전공, 반도체시스템전공, 기계공학과, 신소재공학과, 디자인공학부 / 14:30 SW 자율전공, 컴퓨터공학전공, 소프트웨어전공, 스마트기계융합 자율전공, 기계설계전공, 지능형모빌리티전공, 메카트로닉스전공, AI로봇전공, 첨단융합 자율전공, 생명화학공학과, 전력응용시스템전공, 미래에너지시스템전공, 경영 자율전공, 경영학전공, 데이터사이언스경영전공, IT경영전공] ■**한국외국어대**: 논술전형[서울캠퍼스: 15:00 Language & AI융합학부], [글로벌캠퍼스: 15:00 자연과학대학, 공과대학, 바이오메디컬공학부, AI데이터융합학부, 기후변화융합학부] ■**한양대**: 논술전형[자연계열: 09:30 건축학부, 건축공학부, 건설환경공학과, 도시공학과, 간호학과, 식품영양학과, 한양인터칼리지학부(자연) / 13:30 전기•생체공학부(전기공학), 신소재공학부, 기계공학부, 산업공학과, 수학과, 물리학과, 화학과, 생명과학과, 수학교육과 / 17:00 융합전자공학부, 컴퓨터소프트웨어학부, 화학공학과, 미래자동차공학과, 반도체공학과]
11	25	월	■**가천대**: 논술전형[인문계열]	■**가천대**: 논술전형[컴퓨터공학과, 간호학과, 클라우딩공학과, 바이오로직스학과]

날짜			인문	자연
11	26	화		■**가천대**: 논술전형[자연계열]
11	30	토	■**인하대**: 논술우수자[~12.01(일)]	■**아주대**: 논술우수자[09:00 공과대학, 자연과학대학, 자유전공학부(자연) / 14:00 첨단 ICT 융합대학, 소프트웨어융합대학 / 19:00 의과대학] ■**인하대**: 논술우수자[~12.01(일)]
12	01	일	■**아주대**: 논술우수자[09:00 경영대학, 인문대학, 사회과학대학, 자유전공학부(인문)] ■**인하대**: 논술우수자 ■**한신대**: 논술전형[10:00 인문계열]	■**아주대**: 논술우수자[14:00 약학대학] ■**인하대**: 논술우수자 ■**한신대**: 논술전형[14:30 자연계열]

Ⅳ. 전형

대학	전형	모집인원	전형 방법	수능최저학력기준
가천대	논술전형	930	논술100%	○
			[국어, 수학, 영어, 사/과탐(1과목)] 중 1개 영역 3등급 이내 ▶ 바이오로직스학과: [국어, 수학, 영어, 사/과탐(1과목)] 중 2개 영역 등급 합 5 이내 ▶ 클라우드공학과: [국어, 수학(미적분/기하), 영어, 과탐(2과목 평균, 소수점 절사)] 중 2개 영역 등급 합 4 이내	
가톨릭대	논술전형	178	학생부교과20%+ 논술80%	X(의예, 약학, 간호○)
			▶ 의예과: [국어, 수학(미적분/기하), 영어, 과탐(2과목 평균, 소수점 첫 째 자리에서 버림)] 중 3개 영역 등급 합 4 이내, 한국사 4등급 이내 ▶ 약학과: [국어, 수학(미적분/기하), 영어, 과탐(1과목)] 중 3개 영역 등급 합 5 이내 ▶ 간호학과: [국어, 수학, 영어, 사/과탐(1과목)] 중 3개 영역 등급 합 7 이내 ※ 의예과, 약학과, 간호학과는 지정한 4개 영역에 반드시 응시하여야 함	
건국대	KU논술우수자	314	논술100%	○
			[국어, 수학, 영어, 사/과탐(1과목)] 중 2개 영역 등급 합 5 이내, 한국사 5등급 이내 ▶ 수의예과: 3개 영역 등급 합 4 이내, 한국사 5등급 이내	
경기대	논술우수자	239	학생부교과10%+ 논술90%	X
경북대	논술전형(AAT)	544	학생부교과30%+ 논술70%	○
			요강 참고	
경희대	논술우수자	477	논술100%	○
			[국어, 수학, 영어, 사/과탐(2과목 평균)] 중 2개 영역 등급 합 5 이내, 한국사 5등급 이내 ▶ 의예과, 치의예과, 한의예과(인문•자연), 약학과: 3개 영역 등급 합 4 이내, 한국사 5등급 이내 ▶ 체육: [국어, 수학, 영어, 사/과탐(2과목 평균)] 중 1개 영역 3등급 이내, 한국사 5등급 이내 ※ 모든 계열에 반영 영역별 필수 응시과목(지정과목) 없음(단, 한국사는 필수 응시)	
고려대	논술전형 [신설]	361	논술100%	○
			인 [국어, 수학, 영어, 사/과탐(1과목)] 4개 영역 등급 합 8 이내, 한국사 4등급 이내 ▶ 경영대학: [국어, 수학, 영어, 사/과탐(1과목)] 4개 영역 등급 합 5 이내, 한국사 4등급 이내 자 [국어, 수학, 영어, 과탐(1과목)] 4개 영역 등급 합 8 이내, 한국사 4등급 이내 ※ 탐구영역: 반드시 2과목 응시, 서로 다른 2개 분야에 응시하는 경우만 인정(예: '물리학Ⅰ+ 생명과학Ⅰ' 인정, '화학Ⅰ+ 화학Ⅱ' 불인정)	
고려대 (세종)	논술전형	242	논술100%	○
			인 예 [국어, 수학, 영어, 사/과탐(1과목)] 중 2개 영역 등급 합 6 이내 자 [국어, 수학(미적분/기하), 영어, 과탐(1과목)] 중 2개 영역 등급 합 6 이내 ▶ 빅데이터사이언스학부: [국어, 수학, 영어, 사/과탐(1과목)] 중 2개 영역 등급 합 6 이내 ▶ 약학과: [국어, 수학(미적분/기하), 영어, 과탐(2과목 평균)] 중 3개 등급 합 5 이내 ※ 탐구영역은 별도 지정과목이 없으나, 반드시 2개 과목에 응시하여야 함(직업탐구 인정 불가)	
고려대 (세종)	지역인재	6	▶약학과: 논술100%	○
			▶ 약학과: [국어, 수학(미적분/기하), 영어, 과탐(2과목 평균)] 중 3개 등급 합 5 이내	
광운대	논술우수자	198	학생부30%+ 논술70%	X
단국대	논술우수자	310	학생부교과20%+ 논술80%	X
덕성여대	논술전형	100	논술100%	○
			[국어, 수학, 영어, 사/과탐(1과목)] 중 2개 영역 등급 합 7 이내	

대학	전형	모집인원	전형 방법	수능최저 학력기준
동국대	논술우수자	302	학생부30%+ 논술70%	○
[인] [국어, 수학, 영어, 사/과탐(1과목)] 중 2개 영역 등급 합 5 이내, 한국사 4등급 　▶ AI소프트웨어융합학부(인문): 수학 포함 2개 영역 등급 합 5 이내, 한국사 4등급 　▶ 경찰행정학부(인문): 2개 영역 등급 합 4 이내, 한국사 4등급 [자] [국어, 수학, 영어, 사/과탐(1과목)] 중 수학, 과탐 중 1개 포함 2개 영역 등급 합 5 이내, 한국사 4등급 　▶ AI소프트웨어융합학부(자연): 수학, 과탐 중 1개 포함 2개 영역 등급 합 5 이내, 한국사 4등급 　▶ 경찰행정학부(자연): 2개 영역 등급 합 4 이내, 한국사 4등급 　▶ 약학과: 수학, 과탐 중 1개 포함 3개 영역 등급 합 4 이내, 한국사 4등급				
동덕여대	논술우수자	200	논술100%	○
[국어, 수학, 영어, 사/과탐(1과목)] 중 2개 영역 등급 합 7 이내				
부산대	논술전형	335	학생부30%+ 논술70%	○
요강 참고				
부산대	지역인재	37	학생부30%+ 논술70%	○
요강 참고				
삼육대	논술우수자	127	학생부교과30%+ 논술70%	○
[국어, 수학, 영어, 사/과탐(1과목)] 중 1개 영역 3등급 이내				
상명대	논술전형 [신설]	101	학생부교과10%+ 논술90%	X
서강대	일반전형	173	학생부20%+ 논술80%	○
[국어, 수학, 영어, 사/과/직탐(1과목)] 중 3개 영역 등급 합 7 이내, 한국사 4등급 이내				
서경대	**논술우수자**	**216**	**학생부교과10%+ 논술90%**	**X**
서울과기대	논술전형	187	학생부30%+ 논술70%	X
서울시립대	논술전형	74	학생부교과30%+ 논술70%	X
서울여대	논술우수자	120	학생부교과20%+ 논술80%	○
[국어, 수학, 영어] 3개 영역 중 1개 영역 3등급 이내				
성균관대	논술우수	391	논술100%	○
[국어, 수학, 영어, 사/과탐, 사/과탐(제2외/한문을 탐구로 대체 가능)] 5개 과목 중 3개 등급 합 6 이내 ▶ 자유전공계열, 글로벌리더학부, 글로벌경제학과, 글로벌경영학과, 반도체시스템공학과, 소프트웨어학과, 지능형소프트웨어학과, 글로벌바이오메디컬공학과, 약학과, 반도체융합공학과, 에너지학과: 5개 과목 중 3개 등급 합 5 이내 ▶ 의예과: [국어, 수학, 영어, 사/과탐(2과목 평균)] 중 3개 등급 합 4 이내 ※ 탐구영역은 반드시 2개 과목 응시해야 함. ※ 제2외국어/한문을 탐구영역 1개 과목으로 대체 가능(의예과는 제외)				
성신여대	논술우수자	161	학생부10%+ 논술90%	○
[국어, 수학, 영어, 사/과탐(1과목)] 중 2개 영역 등급 합 7 이내				
세종대	논술우수자	310	학생부교과30%+ 논술70%	○
[국어, 수학, 영어, 사/과탐(1과목)] 중 2개 영역 등급 합 5 이내				
수원대	교과논술	450	학생부교과40%+ 논술60%	X
숙명여대	논술우수자	214	학생부교과10%+ 논술90%	○
[국어, 수학, 영어, 사/과탐(1과목)] 중 2개 영역 등급 합 5 이내 ▶ 약학부: 수학 포함 3개 영역 등급 합 4 이내				
숭실대	논술우수자	253	학생부교과20%+ 논술80%	○
[국어, 수학, 영어, 사/과탐(1과목)] 중 2개 영역 등급 합 5 이내				
신한대	논술전형 [신설]	124	학생부10%+ 논술90%	○
[국어, 수학, 영어, 사/과탐(1과목)] 중 1개 영역 등급 합 5 이내				
아주대	논술우수자	178	학생부교과20%+ 논술80%	X (의학,약학○)
▶ 의학과: [국어, 수학, 영어, 사/과탐(2과목 평균)] 4개 영역 등급 합 6 이내 ▶ 약학과: [국어, 수학, 영어, 사/과탐(2과목 평균)] 3개 영역 등급 합 5 이내				
연세대	논술전형	355	논술100%	X
연세대 (미래)	논술우수자(미래인재)	81	논술100%	○
[국어, 수학, 영어, 사/과탐(1과목)] 중 2개 영역 등급 합 7 이내　▶ 간호학과: 2개 영역 등급 합 5 이내				

대학	전형	모집인원	전형 방법	수능최저학력기준
연세대(미래)	논술우수자(창의인재)	146	논술100%	○
[국어, 수학, 영어, 과탐(1과목)] 중 2개 영역 등급 합 7 이내 ▶ 간호학과: 2개 영역 등급 합 5 이내 ▶ 의예과: [국어, 수학(미적분/기하), 과탐1, 과탐2] 중 3개 영역 1등급 이내, 영어 2등급 이내, 한국사 4등급 이내 ※ 탐구과목은 상위 1과목을 반영함, 단, 의예과는 과학탐구 2개 과목을 각각 반영함 ※ 의예과: 과학탐구 4개 과목(물리학, 화학, 생명과학, 지구과학) 중 과목명이 다른 2개의 과목에 응시해야 함(같은 과목 I, II는 안됨)				
을지대	논술우수자 [신설]	219	학생부30%+ 논술70%	X
이화여대	논술전형	297	논술100%	○
인 [국어, 수학, 영어, 사/과탐(1과목)] 중 3개 영역 등급 합 6 이내 ▶ 스크랜튼학부: 3개 영역 등급 합 5 이내 자 [국어, 수학, 영어, 사/과탐(1과목)] 중 2개 영역 등급 합 5 이내(수학 포함) ▶ 약학전공: 4개 영역 등급 합 6 이내				
인하대	논술우수자	459	학생부30%+ 논술70%	X(의예과○)
▶ 의예과: [국어, 수학, 영어, 사/과탐(2과목 평균)] 중 3개 영역 1등급 이내				
중앙대	논술전형	478	학생부30%+ 논술70%	○

※ 영어영역 1등급과 2등급을 통합하여 1등급으로 간주함
<서울캠퍼스> [국어, 수학, 영어, 사/과탐(1과목)] 중 3개 영역 등급 합 6 이내, 한국사 4등급 이내
    ▶ 약학부: [국어, 수학, 영어, 사/과탐(1과목)] 4개 영역 등급 합 5 이내, 한국사 4등급 이내
    ▶ 의학부: [국어, 수학, 영어, 사/과탐(2과목 평균)] 4개 영역 등급 합 5 이내, 한국사 4등급 이내
<다빈치캠퍼스> 자 [국어, 수학, 영어, 사/과탐(1과목)] 중 2개 영역 등급 합 6 이내, 한국사 4등급 이내				

한국공학대	논술우수자	290	학생부교과20%+ 논술80%	X
한국기술교대	논술전형	173	논술100%	X
한국외대	논술전형	473	논술100%	○
<서울캠퍼스> [국어, 수학, 영어, 사/과탐(1과목)] 중 2개 영역 등급 합 4 이내, 한국사 4등급 이내 ▶ LD학부/LT학부: [국어, 수학, 영어, 사/과탐(1과목)] 2개 영역 등급 합 3 이내, 한국사 4등급 <글로벌캠퍼스> [국어, 수학, 영어, 사/과탐(1과목)] 중 1개 영역 3등급 이내, 한국사 4등급 이내 ※ 대학수학능력시험 영역 중 일부 영역만 응시하여 대학수학능력시험 최저학력기준을 충족하여도 인정합니다.				
한국항공대	논술우수자	195	논술100%	○
[국어, 수학, 영어, 사/과/직탐(1과목)] 중 2개 영역 등급 합 6 이내				
한신대	논술전형	265	학생부교과40%+ 논술60%	X
한양대	논술전형	224	학생부종합평가10%+ 논술90%	X(한양인터칼리지학부○)
[국어, 수학, 영어, 사/과탐(1과목)] 중 3개 영역 등급 합 7 이내 ※ 수능 필수 응시영역: 국어, 수학, 영어, 탐구(2과목)				
홍익대	논술전형	서384 세122	학생부교과10%+ 논술90%	○
<서울캠퍼스> ▶ 인문계열, 캠퍼스자율전공(인문.예능): [국어, 수학, 영어, 사/과탐(1과목)] 중 3개 영역 등급 합 8 이내, 한국사 4등급 ▶ 자연계열, 캠퍼스자율전공(자연.예능): [국어, 수학(미적분/기하), 영어, 과탐(1과목)] 중 3개 영역 등급 합 8 이내, 한국사 4등급 <세종캠퍼스> ▶ 자연계열, 캠퍼스자율전공(자연.예능): [국어, 수학(미적분/기하), 영어, 과탐(1과목)] 중 1개 영역 4등급 이내				

V. 전형방법

■ 전형방법

구분	논술	논술+ 학생부	합계
대학 수	14	28	42
비율	33.3%	66.7%	100%

1. 논술

전형방법(%)		대학 수	대학(14)
논술	학생부		
100	–	14	가천대, 건국대, 경희대, 고려대, 고려대(세종), 덕성여대, 동덕여대, 성균관대, 연세대, 연세대(미래), 이화여대, 한국기술교대, 한국외대, 한국항공대

2. 논술+학생부

전형방법(%)		대학 수	대학(27)
논술	학생부		
90	10	8	경기대, 상명대, 서경대, 성신여대, 숙명여대, 신한대, **한양대(교과 미반영),** 홍익대
80	20	6	가톨릭대, 단국대, 서강대, 서울여대, 아주대, 한국공학대
70	30	12	경북대, 광운대, 동국대, 부산대, 삼육대, 서울과기대, 서울시립대, 세종대, 숭실대, 을지대, 인하대, 중앙대
60	40	2	수원대, 한신대

Ⅵ. 학생부

1. 반영방법

■ (학생부) 반영방법

구분	교과	교과+ 출결	합계 (중복 허용)
대학 수	23	4	27
비율	85.2%	14.8%	100

■ 대학

교과	비교과		대학 수	대학(28)
	출결	봉사		
100			23	가톨릭대, 경기대, 경북대, 광운대, 단국대, 부산대, 삼육대, 상명대, 서경대, 서울과기대, 서울시립대, 서울여대, 세종대, 수원대, 숙명여대, 숭실대, 신한대, 아주대, 을지대, 인하대, 한국공학대, 한신대, 홍익대
90	10		1	성신여대
67	33		2	동국대, 중앙대
50	50		1	서강대

2. 비교과

1) 출결

만점 (기준: 미인정 결석)	대학 수	대학
3일 이내	2	동국대, 서강대
1일 이내	2	성신여대, 중앙대

3. 교과(① 공통 및 일반선택과목)

1) 반영 교과목

■ (학생부) 반영교과목

구분	반영교과에 속한 전 과목 (18개, 66.7%)				반영교과의 상위 일부 과목 (9개, 33.3%)						합계 (중복 허용)
	전교과	6교과	5교과	4교과	20과목	16과목	12과목	10과목	9과목	5과목	
대학수	3	6	3	6	1	1	2	3	1	1	27
비율(%)	11.5%	23.2%	11.5%	23.3%	3.8%	3.8%	3.8%	11.5%	3.8%	3.8%	100%

① 반영 교과에 속한 전 과목

반영교과	반영교과에 속한 전 과목	대학 수	대학(18)
전 교과	전 과목	3	상명대, 서강대, 서울시립대
6교과	국어, 영어, 수학, 사회, 과학, 한국사	5	경북대, 광운대, 부산대, 숙명여대, 을지대,
	인 국어, 영어, 수학, 통합사회, 통합과학, 사회, 한국사교과 자 국어, 영어, 수학, 통합사회, 통합과학, 과학, 한국사교과	1	경기대
5교과	국어, 영어, 수학, 사회, 과학	3	삼육대, 서울여대, 아주대,
4교과	인 국어, 영어, 수학, 사회, 한국사 자 국어, 영어, 수학, 과학	3	서울과기대, 성신여대, 인하대
	인 국어, 영어, 수학, 사회 자 국어, 영어, 수학, 과학	1	세종대
	인 국어30%, 영어30%, 수학20%, 사회20% ▶ 심리치료학과 : 국어30%, 영어30%, 수학30%, 사회/과학10% 자 국어20%, 영어30%, 수학30%, 과학20% ▶ 건축학전공, 간호학과 : 국어30%, 영어30%, 수학30%, 사회/과학10%	1	단국대
	▶ 인문: 국어35%, 영어35%, 수학15%, 사회(한국사)15% ▶ 경상: 국어15%, 영어35%, 수학35%, 사회(한국사)15% ▶ 자연: 국어15%, 영어25%, 수학35%, 과학25%	1	숭실대

② 반영교과의 상위 일부 과목

※ 기준: 졸업 예정자

반영과목 수	대학 수	대학(9)	반영교과목
20과목	1	수원대	인 국어, 영어, 수학, 사회교과별 5과목씩 반영교과 점수가 높은 순으로 30%, 30%, 25% 15% 자 국어, 영어, 수학, 과학교과별 5과목씩 반영교과 점수가 높은 순으로 30%, 30%, 25% 15%
16과목	1	한국공학대	▶공학계열: 국어, 영어, 수학, 과학교과별 상위 4과목 ▶경영학부: 국어, 영어, 수학, 사회/과학(이수단위가 높은 교과 반영)교과별 상위 4과목
12과목	2	홍익대	국어, 영어, 수학, 사회/과학교과별 상위 3과목씩 총 12과목을 학년 구분 없이 반영
		서경대	국어, 영어, 수학, 사회/과학/한국사교과별 상위 3과목(총 12과목)
10과목	3	가톨릭대	국어, 영어, 수학, 한국사, 사회(역사/도덕 포함), 과학교과의 상위 10과목 (단, 의예과, 약학과, 간호학과: 반영교과에 속한 전 과목)
		동국대	국어, 영어, 수학, 사회, 과학, 한국사교과 中 상위 10과목
		신한대	국어, 영어, 수학, 사회, 과학, 한국사교과 중 상위 10과목
9과목	1	한신대	국어/수학/영어교과 중 6과목, 사회/과학교과 중 3과목 (총 9과목)
5과목	1	중앙대	국어, 영어, 수학, 사회, 과학교과 中 상위 5과목

4. 교과(② 진로선택과목)

1) 반영 여부

반영 (12개, 44.5%)	미반영 (15개, 55.5%)
경기대, 광운대, 단국대, 삼육대, 상명대, 성신여대, 세종대, 숙명여대, 숭실대, 아주대, 인하대, 한국공학대	가톨릭대, 경북대, 동국대, 부산대, 서강대, 서경대, 서울과기대, 서울시립대, 서울여대, 수원대, 신한대, 을지대, 중앙대, 한신대, 홍익대

2) 반영방법

■ 반영방법

구분	성취도			합계
	석차등급	점수	가산점	
대학 수	10	2	0	12
비율	83.3%	16.7%	0.0%	100.0%

■ (반영교과 중) 반영과목 수

구분	대학 수	반영교과에 속한 반영과목 수	
		3과목(8개, 66.7%)	전 과목(4개, 33.3%)
석차등급	10	단국대, 성신여대, 세종대, 숙명여대, 아주대, 인하대, 한국공학대,	경기대, 광운대, 숭실대
점수	2	삼육대, 상명대	

3) 반영방법 및 점수

	대학 수	대학	반영교과 중 반영과목수	성취도 환산등급/환산점수		
				A	B	C
등급	10	경기대	전 과목	1등급	2등급	4등급
		광운대	전 과목	1등급	2등급	4등급
		단국대	3과목	1등급	2등급	5등급
		성신여대	3과목	1등급	2등급	4등급
		세종대	3과목	1등급	3등급	5등급
		숙명여대	3과목	1등급	3등급	5등급
		숭실대	전 과목	1등급	2등급	3등급
		아주대	3과목	1등급	3등급	5등급
		인하대	3과목	1등급	2등급	4등급
		한국공학대	2과목	1등급	2등급	4등급
점수	2	삼육대	3과목	100	96.5	80
		상명대	3과목	100	96	90

5. (학생부) 등급 간 점수 차이

※ 학생부 미반영(14): 가천대, 건국대, 경희대, 고려대, 고려대(세종), 덕성여대, 동덕여대, 성균관대, 연세대, 연세대(미래), 이화여대, 한국기술교대, 한국외대, 한국항공대
※ 인문계 미선발(3): 서울과학기술대, 서울시립대, 홍익대(세종) / ※ 자연계 미선발(1) : 경기대

대학	계열	전형 총점	논술	학생부									
				교과	비교과	(교과) 등급 간 감점								
						1등급	2등급	3등급	4등급	5등급	6등급	7등급	8등급	9등급
가천대	인문, 자연	1,000	1,000	학생부 미반영									
가톨릭대	인문, 자연	100	80	20	-	0	0.10	0.10	0.10	0.10	0.10	0.10	14	4.0
건국대	인문, 자연	1,000	1,000	학생부 미반영									
경기대	인문, 자연	100	60	40	-	0	1.4	1.2	1.4	1.4	4.0	10.6	13.4	6.6
경북대	인문, 자연	500	350	150	-	0	5	5	5	5	10	20	50	50
경희대	인문, 사회, 자연	1,000	1,000	학생부 미반영									
고려대	인문, 자연	100	100	학생부 미반영									
고려대(세종)	인문, 자연	500	500	학생부 미반영									
광운대	인문, 자연	1,000	700	300	-	0	6	6	6	6	12	24	30	210
단국대	인문, 자연	1,000	800	200	-	0	2	2	2	2	2	30	60	80
덕성여대	인문, 자연	1,000	1,000	학생부 미반영									
동국대	인문, 자연	1,000	700	200	100	0	0.6	0.8	1.2	2	6	34	20	20
동덕여대	인문, 자연	1,000	1,000	학생부 미반영									
부산대	인문, 자연	100	70	30	-	0	0.3	0.3	0.3	0.3	0.3	1.5	9	18
삼육대	인문, 자연	1,000	700	300	-	0	3	4.5	4.5	9	21	75	180	
상명대	인문, 자연	1,000	100	100	-	0	2	2	2	4	10	20	20	40
서강대	인문, 자연	500	300	100	100	1.0~1.25(0점), 1.25~8.0: 0.25등급마다 0.2점씩 감점								
서경대	인문, 자연	1,000	100	100	-	0	1	1	1	1	1	5	10	20
서울과기대	인문	(인문) 미선발												
	자연	1,000	700	300	-	0	5	5	10	10	10	40	50	170
서울시립대	인문	(인문) 미선발												
	자연	1,000	700	300	-	0	3	3	3	3	21	30	30	210
서울여대	인문, 자연	100	80	20	-	0	1	1	1	1	2	3	3	3

대학	계열	전형 총점	논술	학생부										
				교과	비교과	(교과) 등급 간 감점								
						1등급	2등급	3등급	4등급	5등급	6등급	7등급	8등급	9등급
성균관대	인문, 자연	100	100	학생부 미반영										
성신여대	인문, 자연	100	90	9	1	0	0.09	0.09	0.18	0.09	0.27	0.18	1.8	1.8
세종대	인문, 자연	1,000	700	300	–	0	3	3	9	15	30	30	30	180
수원대	인문, 자연	1,000	600	400	–	0	5	5	5	5	5	50	15	15
숙명여대	인문, 자연	1,000	700	300	–	0	3.3	3.4	3.5	3.6	15	13.5	12	20.7
숭실대	인문, 경상자연	100	80	20	–	0	1	1	1	1	2	4	4	6
신한대	인문, 자연	1,000	900	100	–	0	1	1.5	1.5	1.5	3	3	6.5	14
아주대	인문, 자연	1,000	800	200	–	0	2	2	6	10	10	20	20	130
연세대	인문, 자연	100	100	학생부 미반영										
연세대(미래)	인문, 자연	100	100	학생부 미반영										
을지대	인문, 자연	1,000	700	300	–	0	6	6	6	6	6	60	90	90
이화여대	인문 I·II, 자연	100	100	학생부 미반영										
인하대	인문, 자연	1,000	700	300	–	0	8	2	0	2	0	44	72	72
중앙대	인문, 자연	1,000	700	200	100	0	0.8	0.8	0.8	0.8	0.8	4.0	12.0	80.0
한국공학대	인문, 자연	500	400	100	–	0	1	1	1	1	2	14	20	35
한국기술교대	인문, 자연	100	100	학생부 미반영										
한국외대	인문, 사회, 자연	1,000	1,000	학생부 미반영										
한국항공대	인문, 자연	1,000	1,000	학생부 미반영										
한신대	인문, 자연	1,000	600	400	–	0	4	4	4	4	4	4	56	120
한양대	인문, 상경, 자연	1,000	900		100	학생부(교과) 미반영								
홍익대(서울)	인문, 자연	1,000	900	100	–	0	1	3	3	4	5	25	30	30
홍익대(세종)	인문			(인문) 미선발										
	자연	1,000	900	100	–	0	1	3	3	4	5	25	30	30

VII. 논술

1. 인문

1) 시험시간

※ 인문계 미선발(3): 서울과학기술대, 서울시립대, 홍익대(세종)

시험시간	대학 수	대학
120분	11	경희대, 광운대, 단국대, 세종대, 숭실대, 아주대, 연세대, 연세대(미래), 인하대, 중앙대, 홍익대(서울)
100분	11	건국대, 경기대, 경북대, 동국대, 부산대, 서강대, 성균관대, 성신여대, 숙명여대, 이화여대, 한국기술교대
90분	8	가톨릭대, 고려대(세종), 덕성여대, 동덕여대, 서울여대, 한국외대, 한국항공대, 한양대
80분	8	가천대, 고려대, 삼육대, 서경대, 수원대, 신한대, 한국공학대, 한신대
70분	1	을지대
60분	1	상명대

2) 인문/상경계열 분리 출제 대학

번호	계열 구분	논술 유형	대학 수	대학	모집단위	논술 유형	모집단위
1	인문	언어	4	서강	'아래 학부' 제외	언어	인문계, 영미문화계, 사회과학부, 커뮤니케이션학부
					경제학부, 경영학부	언어+통계	경제학부, 경영학부
				숭실	인문계열	언어	'경상계열' 제외 학과
					경상계열	언어+통계	경제통상대학(경제학과, 글로벌통상학과), 경영대학(경영학부, 회계학과, 벤처중소기업학과)
	상경	언어+통계		이화	인문계열 I	언어	'인문계열 II' 제외 학과
					인문계열 II	언어+통계	사회과학대학(사회과학부, 언론.홍보.영상학부), 경영학부
				한국	인문계	언어	'사회계' 제외 학과

번호	계열구분	논술유형	대학수	대학	모집단위	논술 유형	모집단위
				외대	사회계	언어+통계	[서울] 사회과학대학(정치외교학과, 행정학과, 미디어커뮤니케이션학부), 상경대학(국제통상학과, 경제학부), 경영대학(경영학부), 국제학부, LD학부 LT학부 [글로벌] 경상대학(Global Eusiness&Technology학부, 국제금융학과)
2	인문	언어	3	경희	인문예체능계	언어	'사회계' 제외 학과
					사회계	언어+수리	자율전공학과, 정경대학(정치외교학과, 행정학과, 사회학과, 경제학과, 무역학과, 언론정보학과), 경영대학(경영학부, 회계.세무학), 호텔관광대학(Hospitality경영학부, 관광학부), 한의예과(인문), 간호학(인문)
	상경	언어+수리		중앙	인문사회계열	언어	'경영경제대학' 제외 학과
					경영경제대학	언어+수리	경영학부(글로벌금융), 경영학부, 경제학부, 응용통계학과, 광고홍보학과, 국제물류학과, 산업보안학과
				한양	인문계열	언어	'상경계열' 제외 학과
					상경계열	언어+수리	공과대학(정보시스템학과), 경제금융대학(경제금융학부), 경영대학(경영학부, 파이낸스경영학과)
3	인문	언어+통계	1	건국	인문사회Ⅰ	언어+통계	문과대학, 정치대학, 글로벌융합대학, 지리학과
	상경	통계+수리			인문사회Ⅱ	통계+수리	상경대학(경제학과, 국제무역학과, 응용통계학과) 경영대학(경영학과, 기술경영학과, 부동산학과)

3) 출제 영역

※ 영어 제시문 출제(3): 연세대(인문계열), 이화여대(인문계열Ⅰ), 한국외대(인문계)

구분	수능 최저	대학수	대학
언어	○	15	경희대(인문.예체능계), 고려대(세종), 덕성여대, 동국대, 동덕여대, 부산대, 서강대('경영학부, 경제학부' 제외), 세종대, 숙명여대, 숭실대(인문계열), 연세대(미래), 이화여대(인문계열Ⅰ), 중앙대(인문사회계열), 한국외대(인문계), 홍익대(서울)
	×	3	가톨릭대, 경기대, 한양대(인문계열)
언어+통계	○	11	건국대(인문사회Ⅰ), 경북대, 고려대, 서강대(경영학부, 경제학부), 서울여대, 성균관대, 성신여대, 숭실대(경상계열), 이화여대(인문계열Ⅱ), 한국외대(사회계), 한국항공대
	×	5	광운대, 단국대, 아주대, 인하대, 한국기술교대
통계+수리	○	1	건국대(인문사회Ⅱ)
	×	0	
언어+수리	○	2	경희대(사회계), 중앙대(경영경제계열)
	×	2	연세대, 한양대(상경계열)
수리	○	0	
	×	1	한국공학대
언어+수리 (약술형)	○	3	가천대, 삼육대, 신한대
	×	5	상명대, 서경대, 수원대, 을지대, 한신대

2. 자연

1) 시험시간

구분	대학수	대학
120분	11	경희대, 광운대, 단국대, 서울시립대, 세종대, 숭실대, 아주대, 연세대(미래), 인하대, 중앙대, 홍익대(서울)
100분	12	가톨릭대(의예과), 건국대, 경기대, 경북대, 부산대, 서강대, 서울과기대, 성균관대, 성신여대, 숙명여대, 이화여대, 한국기술교대
90분	10	가톨릭대(의예과 제외), 고려대(세종), 덕성여대, 동국대, 동덕여대, 서울여대, 연세대, 한국외대, 한국항공대, 한양대
80분	8	가천대, 고려대, 삼육대, 서경대, 수원대, 신한대, 한국공학대, 한신대
70분	2	을지대, 홍익대(세종)
60분	1	상명대

2) 출제영역

※ 영어 제시문 출제(1): 울산대(의예과: 과학(의학논술)

출제영역	수능 최저	대학 수	대학
수리	○	21	건국대, 경희대('의예과, 약학과' 제외), 고려대, 고려대(세종), 덕성여대, 동국대, 동덕여대, 부산대, 서강대, 성균관대, 성신여대, 세종대, 숙명여대, 숭실대, 연세대, 연세대(미래: 의예과 제외), 이화여대, 중앙대, 한국외대(글로벌), 한국항공대, 홍익대(서울/세종), **가천대(의예과)**
	×	11	**가톨릭대, 경기대**, 광운대, 단국대, 서울과기대, 서울시립대, 아주대(의학과 제외), 인하대, 한국공학대, 한국기술교대, 한양대
수리+과학	○	4	경북대(수학+ 과목통합형(수학, 자연과학 등), 경희대(의예과/약학과): 수학+ 과학(물리, 화학, 생명과학) 中 택 1 아주대(의학과): 수학+ 과학(생명과학 II), 연세대(미래: 의예과): 수학+ 과학(물리, 화학, 생명과학) 中 택 1
	×	0	
과학	○	1	서울여대(통합과학, 생명과학 I)
	×	0	
국어+ 수리	○	1	경북대(의예과, 치의예과, 수의예과: 수학+ 의학논술)
	×	0	
국어+ 수리 (약술형)	○	3	**가천대(의예과 제외)**, 삼육대, 신한대
	×	5	상명대, 서경대, 수원대, 을지대, 한신대

3) 대학별 출제과목

대학	계열	수학	과학	국어
가천대	자연	수학 I, 수학 II		국어, 독서, 문학, 화법, 작문, 문법
	의예과	**수학 I, 수학 II, 미적분**		
가톨릭대	자연	수학, 수학 I, 수학 II, 미적분		
	의예, 약학	수학, 수학 I, 수학 II, 미적분, 확률과 통계		
건국대	자연	수학, 수학 I, 수학 II, 미적분, 확률과 통계, 기하		
경기대	**자연**	**수학, 수학 I, 수학 II**		
경북대	자연	수학, 수학 I, 수학 II, 미적분		
	의치수의예	수학, 수학 I, 수학 II, 미적분		
경희대	자연	수학, 수학 I, 수학 II, 미적분, 확률과 통계, 기하		
	의예, 약학	수학, 수학 I, 수학 II, 미적분, 확률과 통계, 기하	물리학 I·II, 화학 I·II, 생명과학 I·II	
고려대	자연	수학 I, 수학 II, 미적분, 확률과 통계, 기하		
고려대(세종)	자연	수학, 수학 I, 수학 II, 미적분		
	약학	수학, 수학 I, 수학 II, 미적분, 확률과 통계, 기하		
광운대	자연	수학, 수학 I, 수학 II, 미적분, 확률과 통계		
단국대	자연	수학, 수학 I, 수학 II, 미적분		
덕성여대	자연	수학, 수학 I, 수학 II, 미적분, 확률과 통계		
동국대	자연	수학, 수학 I, 수학 II, 미적분, 확률과 통계, 기하		
동덕여대	자연	수학, 수학 I, 수학 II, 미적분		
부산대	자연	수학, 수학 I, 수학 II, 미적분, 기하		
삼육대	자연	수학 I, 수학 II		화법과 작문, 문학, 독서
상명대	자연	수학 I, 수학 II		
서강대	자연	수학, 수학 I, 수학 II, 미적분, 확률과 통계, 기하		
서경대	자연	수학 I, 수학 II		
서울과기대	자연	수학, 수학 I, 수학 II, 미적분		
서울시립대	자연	수학, 수학 I, 수학 II, 미적분, 확률과 통계, 기하		
서울여대	자연		통합과학, 생명과학 I	
성균관대	**자연**	**수학, 수학 I, 수학 II**		
성신여대	자연	수학, 수학 I, 수학 II, 미적분		
세종대	자연	수학, 수학 I, 수학 II, 미적분		
수원대	자연	수학 I, 수학 II		문학, 독서
숙명여대	자연	수학, 수학 I, 수학 II, 미적분		
숭실대	자연	수학, 수학 I, 수학 II, 미적분		

대학	계열	수학	과학	국어
신한대	자연	수학 I , 수학 II		
아주대	자연	수학, 수학 I , 수학 II , 미적분		
아주대	의학부	수학, 수학 I , 수학 II , 미적분	생명과학 I · II	
연세대	자연	수학, 수학 I , 수학 II , 미적분, 확률과 통계, 기하, 실용 수학, 경제 수학, 수학과제 탐구		
연세대(미래)	자연	수학, 수학 I , 수학 II , 미적분		
연세대(미래)	의예	수학, 수학 I , 수학 II , 미적분, 기하	물리학 I · II , 화학 I · II , 생명과학 I · II	
을지대	자연	수학 I , 수학 II		문학, 독서, 언어와 매체, 비문학
이화여대	자연	수학, 수학 I , 수학 II , 미적분, 확률과 통계, 기하		
인하대	자연	수학, 수학 I , 수학 II , 미적분		
중앙대	자연	수학, 수학 I , 수학 II , 확률과 통계, 미적분, 기하		
한국공학대	자연	수학 I , 수학 II , 확률과 통계, 미적분, 기하		
한국기술교대	자연	수학 I , 수학 II		
한국외대	자연	수학 I , 수학 II		
한국항공대	공학	수학, 수학 I , 수학 II , 미적분		
한국항공대	이학	수학, 수학 I , 수학 II		
한신대	자연	수학 I , 수학 II		문학, 독서
한양대	자연	수학 I , 수학 II , 미적분, 확률과 통계, 기하		
홍익대(서울)	자연	수학 I , 수학 II , 미적분, 확률과 통계, 기하		
홍익대(세종)	자연	수학 I , 수학 II		

4) 수학

출제과목						대학 수	대학
수학	수학 I	수학 II	미적분	기하	확률과 통계		
○	○	○	○	○	○	10	건국대, 경희대, 고려대(세종: 약학과), 동국대, 서울시립대, 연세대, 이화여대, 중앙대, 한양대, 홍익대(서울)
	○	○	○	○	○	3	고려대, 서강대, 한국공학대
○	○	○	○		○	2	가톨릭대(의예과, 약학과), 광운대,
○	○	○	○	○		1	부산대
	○	○	○	○		1	연세대(미래: 의예과)
○	○	○	○			15	가톨릭대(의예과, 약학과 제외), 경북대, 고려대(세종: 약학과 제외), 단국대, 동덕여대, 서울과기대, 성신여대, 세종대, 숙명여대, 숭실대, 아주대, 연세대(미래: 의예과 제외), 아주대, 인하대, 한국항공대(공학)
○	○	○				4	**경기대**, 덕성여대, **성균관대**, 한국항공대(이학)
	○	○	○			1	**가천대(의예과)**
	○	○				10	**가천대(의예과 제외)**, 삼육대, 상명대, 서경대, 수원대, 을지대, 한국기술교대, 한국외대, 한신대, 홍익대(세종)

4. 의학계열 : 의예과

■ (의학계열) 전년도 전형결과

※ 등록자 70% 산출기준

모집단위	학년도	구분	학생부교과					학생부종합					논술				
			모집인원	지원인원	경쟁률	등록자평균	충원율	모집인원	지원인원	경쟁률	등록자평균	충원율	모집인원	지원인원	경쟁률	등록자평균	충원율
의예	2023	인원	931	13,760	14.8	1.24	98.1%	841	16,386	19.3	1.39	68.4%	117	32,130	274.6	2.34	10.3%
	2024	인원	927	10,910	11.7	1.20	110.1%	870	17,318	19.9	1.40	70.1%	116	29,999	258.6	2.96	2.6%
		증감	-4 (0.4%)	-2,850 (20.7%)	-3.1 (20.9%)	-0.04 (0.3%)	+12.0 (12.2%)	+29 (3.4%)	+932 (5.7%)	+0.6 (3.1%)	+0.01 (0.7%)	+1.7 (2.5%)	-1 (0.9%)	-2,131 (6.6%)	-16.0 (5.8%)	+0.62 (26.5%)	-7.7 (74.8%)
치의예	2023	인원	134	3,367	25.1	1.27	118.7%	212	3,531	16.7	1.53	40.6%	26	4,304	165.5	2.60	3.8%
	2024	인원	132	1,583	12.0	1.25	154.5%	194	3,586	18.5	1.56	56.7%	26	3,552	136.6		3.8%
		증감	-2 (1.5%)	-1,784 (53.0%)	-13.1 (52.2%)	-0.02 (1.6%)	+35.8 (30.2%)	-18 (8.5%)	+55 (1.6%)	+1.8 (10.8%)	+0.03 (2.0%)	+16.1 (39.7%)	0 (0.0%)	-752 (17.5%)	-28.9 (17.5%)		0 (0.0%)
한의예	2023	인원	275	5,555	20.2	1.30	97.5%	206	3,924	19.0	1.71	29.1%	21	3,400	161.9	2.85	9.5%
	2024	인원	285	4,860	17.1	1.32	149.1%	201	4,423	22.0	1.64	45.3%	26	3,607	138.7		3.8%
		증감	+10 (3.6%)	-695 (12.5%)	-3.1 (15.3%)	+0.02 (1.5%)	+51.6 (52.9%)	-5 (2.4%)	+499 (12.7%)	+3.0 (15.8%)	-0.07 (4.1%)	+16.2 (55.7%)	+5 (23.8%)	+207 (6.1%)	-23.2 (14.3%)		-5.7 (60.0%)
약학	2023	인원	572	11,896	20.8	1.39	122.9%	450	10,427	23.2	1.70	66.0%	72	15,069	209.3	2.26	17.0%
	2024	인원	594	9,702	16.3	1.44	189.3%	489	11,883	24.3	1.86	60.3%	83	18,644	224.6	3.10	3.6%
		증감	+22 (3.8%)	-2,194 (18.4%)	-4.5 (21.6%)	+0.05 (3.6%)	+66.4 (54.0%)	+39 (8.7%)	+1,456 (14.0%)	+1.1 (4.7%)	+0.16 (9.4%)	-5.7 (8.6%)	+11 (15.3%)	+3,575 (23.7%)	+15.3 (7.3%)	+0.84 (37.2%)	-13.4 (78.8%)
수의예	2023	인원	202	2,891	14.3	1.42	119.3%	107	1,914	17.9	1.54	54.2%	16	4,973	310.8	3.07	6.3%
	2024	인원	211	2,920	13.8	1.46	137.0%	108	2,444	22.6	1.57	37.0%	16	4,034	252.1		
		증감	+9 (4.5%)	+29 (1.0%)	-0.5 (3.5%)	+0.04 (2.8%)	+17.7 (14.8%)	+1 (0.9%)	+530 (27.7%)	+4.7 (26.3%)	+0.03 (1.9%)	-17.2 (31.7%)	0 (0.0%)	-939 (18.9%)	-58.7 (18.9%)		

■ 의예과

지역	대학 수	대학(40)
서울	9	가톨릭대, 경희대, 고려대, 서울대, 성균관대, 연세대, 이화여대, 중앙대, 한양대
경인	4	가천대, 아주대, 인하대, 차의과학대(의학전문대학원)
충청	7	건국대(글로컬), 건양대, 단국대(천안), 순천향대, 을지대(대전), 충남대, 충북대
강원	4	가톨릭관동대, 강원대, 연세대(미래), 한림대
경상	11	경북대, 경상국립대, 계명대, 고신대, 대구가톨릭대, 동국대(WISE), 동아대, 부산대, 영남대, 울산대, 인제대
전라	4	원광대, 전남대, 전북대, 조선대
제주	1	제주대

Ⅰ. 전형결과

1. 전체

■ 전체

학년도	구분	학생부교과					학생부종합					논술				
		모집인원	지원인원	경쟁률	등록자평균	충원율	모집인원	지원인원	경쟁률	등록자평균	충원율	모집인원	지원인원	경쟁률	등록자평균	충원율
2023	인원	931	13,760	14.8	1.24	98.1%	841	16,386	19.3	1.39	68.4%	117	32,130	274.6	2.34	10.3%
2024	인원	927	10,910	11.7	1.20	110.1%	870	17,318	19.9	1.40	70.1%	116	29,999	258.6	2.96	2.6%
	증감	-4 (0.4%)	-2,850 (20.7%)	-3.1 (20.9%)	-0.04 (0.3%)	+12.0 (12.2%)	+29 (3.4%)	+932 (5.7%)	+0.6 (3.1%)	+0.01 (0.7%)	+1.7 (2.5%)	-1 (0.9%)	-2,131 (6.6%)	-16.0 (5.8%)	+0.62 (26.5%)	-7.7 (74.8%)

■ 지역

구분	학년도	학생부교과					학생부종합					논술				
		모집인원	지원인원	경쟁률	등록자평균	충원율	모집인원	지원인원	경쟁률	등록자평균	충원율	모집인원	지원인원	경쟁률	등록자평균	충원율
수도권	2023	86	1,582	18.4	1.05	87.2%	413	9,524	23.1	1.33	85.2%	72	23,192	322.1	2.41	11.1%
	2024	79	1,017	12.9	1.05	82.3%	410	9,371	22.9	1.32	85.4%	76	23,412	308.1	2.87	3.9%
비수도권 (지역인재)	2023	535	5,965	11.1	1.24	88.0%	193	2,177	11.3	1.55	47.7%	17	1,273	74.9	2.45	17.6%
	2024	565	4,853	8.6	1.22	93.8%	220	2,673	12.2	1.51	45.0%	15	964	64.3		
비수도권 ('지역인재' 제외)	2023	310	6,213	20.0	1.29	118.4%	235	4,955	21.1	1.34	55.7%	3	861	287.0	1.25	0.0%
	2024	283	5,040	17.8	1.20	150.5%	240	5,274	22.0	1.38	67.1%	25	5,623	224.9		

2. 한눈에 보는 성적

등록자평균	학생부교과	학생부종합	논술
1.0	가천대: 학생부우수자(1.00) 가톨릭대: 지역균형(1.00) 건양대: 일반학생(면접)(1.00) 순천향대: 교과우수자(1.00) 연세대: 추천형(1.00) 전남대: 농어촌학생(1.00) 경희대: 지역균형(1.01) 제주대: 일반학생(1.03) 인제대: 의예.약학(1.04) 충북대: 학생부교과(1.04) 경상국립대: 지역인재(1.06) 고려대: 학교추천(1.06) 부산대: 지역인재(1.06) 순천향대: 지역인재(1.06) 건양대: 지역인재(면접)(1.07) 인제대: 지역인재Ⅰ(1.07) 충남대: 일반전형(1.07) 강원대: 일반전형(1.08) 경북대: 지역인재(1.09) 인하대: 지역균형(1.09) 조선대: 일반전형(1.09))	고려대: 고른기회(1.04) 서울대: 지역균형(1.04) 충북대: 학생부종합Ⅰ(1.05) 순천향대: 지역인재(1.07) 원광대: 지역인재1(호남)(1.08) 충남대: 농어촌학생(1.08) 순천향대: 일반학생(1.09)	
1.1	전남대: 지역인재(1.12) 가톨릭관동대: 교과일반(1.13) 건양대: 일반학생(최저)(1.13) 경상국립대: 일반전형(1.13) 동아대: 지역인재교과(1.13) 전남대: 지역균형(1.14) 충북대: 지역인재(1.14) 대구가톨릭대: 교과전형(1.17)	이화여대: 미래인재(자연)(1.10) 연세대: 활동우수형(1.12) 인하대: 인하미래인재(1.12) 충남대: 일반전형(1.12) 울산대: 지역인재(1.13) 울산대: 잠재역량(1.14) 원광대: 학생부종합(1.14) 고려대: 학업우수(1.15)	

등록자 평균	학생부교과	학생부종합	논술
	강원대: 지역인재(1.18) 건양대: 지역인재(최저)(1.18) 을지대: 지역균형(1.18) 제주대: 지역인재(1.18) 영남대: 기회균형Ⅱ(의약)(1.19)	인하대: 농어촌(1.15) 한림대: 농어촌학생(1.15) 성균관대: 탐구형(1.16) 부산대: 지역인재(1.18) 서울대: 일반전형(1.18) 원광대: 지역인재1(전북)(1.18) 충남대: 저소득층학생(1.18) 가톨릭대: 학교장추천(1.19) 순천향대: 농어촌학생(1.19)	
1.2	건국대(글로컬): 농어촌학생(1.20) 동국대(WISE): 교과전형(1.20)/ 기회균형Ⅰ(지역인재)(1.20)/ 지역인재(교과)(1.20)/ 불교추천인재(1.20) 영남대: 농어촌학생(1.22) 계명대: 일반전형(1.23) 전북대: 일반학생(1.24) 제주대: 고른기회(1.24) 고신대: 지역인재(1.25) 영남대: 일반학생(1.25) 조선대: 지역인재(1.25) 전북대: 지역인재1(호남)(1.26) 고신대: 일반고(1.27)/농어촌(1.27) 연세대(미래): 교과우수자(1.27) 대구가톨릭대: 지역교과(1.28)	순천향대: 기초차상위(1.20) 중앙대: CAU융합형인재(1.22) 경상국립대: 지역인재(1.24) 단국대(천안): DKU인재(면접형)(1.25) 조선대: 면접전형(1.26) 연세대(미래): 사회통합(1.27)	
1.3	인제대: 기초생활수급자(1.32) 건양대: 농어촌학생(1.34) 영남대: 의학창의인재(1.34) 을지대: 지역의료인재(1.37)	건국대(글로컬): Cogito자기추천(1.30) 경희대: 네오르네상스(1.31) 전남대: 고교생활우수자Ⅰ(1.32) 전북대: 큰사람(1.32) 연세대(미래): 농어촌학생(1.33) 충남대: 서류전형(1.36) 가톨릭관동대: 가톨릭지도자추천(1.39) 계명대: 지역전형(1.39)	
1.4	건국대(글로컬): 지역인재(1.40) 충남대: 지역인재(1.43) 전북대: 지역인재2(전북)(1.44) 가톨릭관동대: 기회균형(1.45) 영남대: 지역인재(1.46)	동국대(WISE): 참사랑(1.40) 연세대(미래): 학교생활우수자(1.41) 한림대: 학교생활우수자(1.41) 한양대: 서류형(1.42) 대구가톨릭대: 지역종합(1.48) 계명대: 일반전형(1.49)	
1.5	대구가톨릭대: 농어촌학생(1.50) 가톨릭관동대: 기초생활및차상위(1.51) 가톨릭관동대: 농어촌학생(1.55)	동국대(WISE): 지역인재(종합)(1.50) 경북대: 지역인재(1.57)	
1.6	계명대: 지역전형(1.60)	아주대: ACE(1.68)	
1.7		연세대(미래): 기초생활(연세한마음)(1.70) 중앙대: CAU탐구형인재(1.74) 강원대: 미래인재Ⅱ(1.76) 고려대: 계열적합(1.78)	
1.8		충북대: 학생부종합Ⅱ(1.82) 단국대(천안): 농어촌학생(1.88)	
1.9		가천대: 가천의약학(1.90) 경북대: 일반학생(1.96)	
2.0		동아대: 지역인재종합(2.00)	
2.1		울산대: 지역인재(기초차상위)(2.15)	
2.2			
2.3			
2.4		한림대: 지역인재(2.48)	
2.5			아주대: 논술(2.55)
2.6		연세대(미래): 강원인재(한마음)(2.62)	
2.7			인하대: 논술우수자(2.79)

등록자 평균	학생부교과	학생부종합	논술
2.8	대구가톨릭대: 지역기회균형(2.84)		
2.9			
3.0			
3.1			
3.2			부산대: 지역인재(3.21) 가톨릭대: 논술전형(3.27)
3.3			
3.4			
3.5			

3. 대학

■ 학생부교과

대학	전형	2025 모집인원	2024 모집인원	2024 경쟁률	2024 등록자평균	2024 등록70%컷	2024 충원번호	2023 모집인원	2023 경쟁률	2023 등록자평균	2023 등록70%컷	2023 충원번호	2022 모집인원	2022 경쟁률	2022 등록자평균	2022 등록70%컷	2022 충원번호
가천대	학생부우수자	15	5	25.6		1.00	3	5	19.0		1.10	3	5	19.4		1.10	
가톨릭관동대	기초생활및차상위	5	2	27.5	1.51		4	2	21.0			2	2	28.0	1.30 최종평균	1.30 최종80%	
가톨릭관동대	기회균형	2	2	32.0	1.45		3	2	23.5			2	2	27.0	1.14 최종평균	1.09 최종80%	
가톨릭관동대	농어촌학생	5	2	17.0	1.55		4	2	15.0			1	2	32.0	1.01 최종평균	1.00 최종80%	
가톨릭관동대	교과일반	20	8	16.9	1.13	1.17	27	9	25.8		1.16	18	9	26.3	1.18 최종평균	1.23 최종80%	
가톨릭대	지역균형	10	10	9.4	1.00	1.00 등록최저	6	10	18.1	1.00	1.00 등록최저	5	10	40.3	1.02	1.04 등록최저	
강원대	일반전형	11	10	13.8	1.08	1.12 등록최저	25	10	17.2	1.07	1.13 등록최저	26	10	22.5	1.09	1.20 등록최저	
강원대	지역인재	23	14	6.0	1.18	1.28 등록최저	17	14	10.3	1.18	1.30 등록최저	8	15	13.1	1.23	1.47	
건국대(글로컬)	지역인재	15	12	8.3		1.4 등록최저	6	12	9.4		1.30	3	12	9.4	1.4	1.4	
건국대(글로컬)	농어촌학생	5	2	14.5		1.2 등록최저		2	11.0		1.30	1	1	18.0	1.1 등록50%		
건양대	지역인재(최저)	50	10	26.2	1.18	1.20	15	10	28.0	1.32	1.36	8	10	17.3	1.43	1.68 등록최저	
건양대	농어촌학생	2	2	21.5	1.34	1.36		2	19.5	1.37	1.50 등록최저	2	2	24.0	1.48	1.67 등록최저	
건양대	일반학생(최저)	13	10	26.2	1.13	1.16	9	10	43.6	1.23	1.27	8	10	29.8	1.43	1.51 등록최저	
건양대	지역인재(면접)	15	10	7.0	1.07	1.09	2	10	7.7	1.13	1.18	3	10	6.6	1.17	1.43 등록최저	
건양대	일반학생(면접)	5	5	14.2	1.00	1.00	1	5	12.4	1.03	1.05	1	5	20.0	1.01	1.05 등록최저	
경북대	지역인재	28	12	8.2	1.09	1.11	13	12	9.1	1.11	1.18	5	10	14.7	1.11	1.12	
경상국립대	지역인재	62	32	6.0	1.06		32	24	10.9	1.09		44	20	18.2	1.12	1.16	
경상국립대	일반전형	16	11	21.1	1.13		27	10	14.7	1.36		17	14	22.9	1.15	1.17	
경희대	지역균형	22	18	8.2	1.01 최종평균	1.00	20	11	27.9	1.0 최종평균		12					
계명대	지역전형	29	28	8.4	1.60	1.85 등록85%	37	24	12.6	1.22	1.30 등록85%	24	19	12.9	1.30	1.41	
계명대	일반전형	13	12	20.8	1.23	1.25 등록85%	23	16	26.5	1.24	1.32 등록85%	9	17	22.2	1.36	1.43 등록85%	

대학	전형	2025 모집인원	2024 모집인원	2024 경쟁률	2024 등록자평균	2024 등록70%컷	2024 충원번호	2023 모집인원	2023 경쟁률	2023 등록자평균	2023 등록70%컷	2023 충원번호	2022 모집인원	2022 경쟁률	2022 등록자평균	2022 등록70%컷	2022 충원번호
고려대	학교추천	18	18	23.4	1.06	1.08	24	30	21.6	1.16	1.18	31	30	22.8	1.16	1.20	
고신대	일반고	30	25	14.8	1.27	1.30	48	25	19.4	1.25	1.26	36	25	14.2	1.33	1.37	
고신대	농어촌	3	3	19.3	1.27	1.30	4	3	12.3								
고신대	지역인재	50	25	14.5	1.25	1.29	29	25	15.5	1.27	1.33	33	25	13.8	1.32	1.35	
대구가톨릭대	지역교과	38	18	7.7	1.28 최종평균	1.37 최종85%	19	19	11.8	1.24 최종평균	1.34 최종90%	19	15	19.3	1.28 최종평균	1.39 최종90%	
대구가톨릭대	지역기회균형	2	1	13.0	2.84 최종평균	2.84 최종85%	1	1	6.0	2.22 최종평균	2.22 최종85%						
대구가톨릭대	교과전형	10	5	18.8	1.17 최종평균	1.20 최종85%	6	5	17.0	1.22 최종평균	1.32 최종85%	2	5	26.6	1.26 최종평균	1.28 최종90%	
대구가톨릭대	농어촌학생	2	2	38.0	1.50 최종평균	1.54 최종85%	2	2	17.0	1.79 최종평균	1.91 최종85%	3	2	37.0	1.17 최종평균	1.28 최종90%	
동국대(WISE)	지역인재(교과)	30	10	24.4	1.2 등록50%	1.2	33	11	15.7	1.4	1.4	14	10	22.6	1.7	1.8	
동국대(WISE)	기회균형 I (지역인재)	3	1	17.0	1.2 등록50%	1.2		1	5.0								
동국대(WISE)	불교추천인재	3	1	24.0	1.1 등록50%	1.1											
동국대(WISE)	교과전형	17	10	21.7	1.2 등록50%	1.2	25	10	32.6	1.2	1.2	17	13	58.7	1.3	1.3	
동아대	지역인재교과	27	18	12.4	1.13	1.15	34	28	12.8	1.20	1.23	39	30	14.7	1.25	1.29	
부산대	지역인재	30	30	6.1	1.06	1.08	21	30	7.6	1.07	1.09	28	30	14.6	1.06	1.09	
순천향대	교과우수자	12	18	11.2	1.00	1.00 등록최저	31	20	12.6	1.00	1.00 등록최저	21	20	14.2	1.00	1.00 등록최저	
순천향대	지역인재	36	31	6.3	1.06	1.14 등록최저	17	31	6.9	1.05	1.17 등록최저	20	21	9.1	1.01	1.04 등록최저	
연세대	추천형	15	18	6.5	1.00 등록50%	1.03	3	22	7.6	1.03	1.04	11	22	10.2	1.00	1.03	
연세대(미래)	교과우수자	16	19	24.0	1.27 등록50%	1.31	7	15	25.0	1.23	1.30	4	15	12.4	1.31	1.38	
영남대	의학창의인재	8	8	26.1	1.34	1.37 등록85%	10	8	15.8	1.42	1.42	3	8	18.3	1.47	1.52	
영남대	농어촌학생	3	3	33.7	1.22		1	2	26.5								
영남대	기회균형 II (의약)	3	2	13.5	1.19			2	9.0								
영남대	일반학생	12	8	37.1	1.25	1.27 등록85%	18	8	45.5	1.31	1.32	12	8	34.3	1.45	1.47	
영남대	지역인재	37	23	13.0	1.46	1.58 등록85%	18	23	15.5		1.43	16	25	13.6	1.57	1.72	
을지대	.지역의료인재	62	19	9.7	1.37	1.44	20	19	12.6	1.33	1.35	21	15	13.7	1.37	1.42	
을지대	기회균형 I	2	2	35.5				2	13.0	2.78		1	2	13.0	2.89		
을지대	지역균형	20	5	15.4	1.18	1.17	5	5	18.4	1.20	1.25	6	10	28.8	1.29	1.37	
을지대	농어촌학생	2	2	30.0				2	23.0	1.50		1	2	31.0	1.40		
인제대	지역인재 I	30	28	5.7	1.07	1.09	15	28	8.1	1.07	1.09	14	28	3.4	1.12	1.19	
인제대	기초생활수급자	4	4	16.8	1.32	1.41	1	2	11.5		1.31						
인제대	의예·약학	27	28	7.0	1.04	1.07	16	28	7.8	1.02	1.06	15	28	3.4	1.06	1.08	
인하대	지역균형	26	9	9.4	1.09	1.15 등록최저	12	8	23.0	1.06	1.10 등록최저	13	10	20.0	1.12	1.15 등록최저	
전남대	농어촌학생	2	2	12.5	1.00			2	17.0	1.04		4					
전남대	지역인재	102	78	4.1	1.12	1.17	45	67	8.8	1.07	1.08	42	38	10.5	1.15	1.18	
전남대	지역균형	4	3	10.7	1.14		1	3	6.7	1.33		1					
전북대	일반학생	24	19	18.5	1.24	1.28	11	29	22.1	1.31	1.36	8	29	30.9	1.38	1.41	
전북대	지역인재2(전북)	56	46	8.1	1.44	1.57	8	43	10.0	1.40	1.51	8	46	10.1	1.51	1.68	
전북대	지역인재1(호남)	14	14	18.2	1.26	1.27	8										

대학	전형	2025 모집인원	2024 모집인원	경쟁률	등록자평균	등록70%컷	충원번호	2023 모집인원	경쟁률	등록자평균	등록70%컷	충원번호	2022 모집인원	경쟁률	등록자평균	등록70%컷	충원번호
제주대	지역인재	19	12	4.4	1.18 등록50%	1.22	4	7	5.6	1.24	1.34	8	6	7.2	1.31	1.35	
제주대	일반학생	14	8	12.8	1.03 등록50%	1.04	12	13	17.8	1.03	1.04	36	13	20.4	1.18	1.19	
제주대	고른기회	2	2	24.5	1.24 등록50%	1.24	2	2	13.5	1.26		3	2	15.5	1.58		
조선대	.지역인재	68	40	6.9	1.25	1.32	71	42	13.4	1.19	1.22	45	27	15.7	1.45	1.44	
조선대	일반전형	16	16	13.7	1.09	1.10	58	18	25.2	1.10	1.13	56	42	12.2	1.28	1.35	
충남대	지역인재	37	20	8.1	1.43	1.25	29	20	10.8	1.14	1.20	27	23	12.2	1.19	1.25	
충남대	일반전형	20	23	10.0	1.07	1.10	49	23	11.9	1.11	1.13	29	23	16.1	1.11	1.14	
충북대	지역인재	32	7	13.0	1.14	1.11	29	7	12.1	1.15		17	7	29.0	1.06		
충북대	학생부교과	16	4	27.3	1.04	1.09	2	4	43.3	1.17		11	5	40.0	1.28		

■ 학생부종합

대학	전형	2025 모집인원	2024 모집인원	경쟁률	등록자평균	등록70%컷	충원번호	2023 모집인원	경쟁률	등록자평균	등록70%컷	충원번호	2022 모집인원	경쟁률	등록자평균	등록70%컷	충원번호
가천대	가천의약학	33	20	49.5		1.90	8	20	40.7		2.21	7	20	36.9		2.0	
가톨릭관동대	가톨릭지도자추천	5	2	16.5	1.39		3	2	16.0			1	2	11.5	1.56 최종평균		
가톨릭대	가톨릭지도자추천	2	2	29.0				2	22.5				2	18.5			
가톨릭대	학교장추천	25	25	16.4	1.19	1.97 등록최저	19	25	16.0	1.18	2.10 등록최저	24	24	17.3	1.18	1.72 등록최저	
강원대	미래인재2	10	9	30.2	1.76	3.14 등록최저		9	19.0	1.75	4.14 등록최저		9	24.1	1.21	1.77 등록최저	
건국대(글로컬)	Cogito자기추천	14	12	28.9	1.3 등록50%	1.5	4	12	27.7		1.50	6	12	23.3	1.2 등록50%	1.6	
경북대	일반학생	31	22	35.5	1.96	2.13	7	22	41.4	1.91	1.74	11	10	40.6	2.11	2.50	
경북대	지역인재	58	39	8.8	1.57	1.63	14	34	8.4	1.47	1.53	3	28	8.6	1.62	1.76	
경상국립대	일반전형	4	2	19.0				3	19.7	1.21			3	11.0	1.56		
경상국립대	지역인재	6	3	20.7	1.24		1	3	15.3			2	3	17.0	1.33		
경희대	네오르네상스	29	33	21.4	1.31 최종평균	1.05	35	40	23.9	1.1 최종평균		27	55	24.5	1.3 최종평균		
계명대	일반전형	5	4	46.3	1.49		2	4	37.8	1.61			4	19.0	1.78		
계명대	지역전형	20	6	26.5	1.39		9	6	27.3	1.87		1	6	29.2	1.80		
고려대	계열적합	15	15	24.9	1.78	1.92	20	15	24.5	1.94	2.01	34	15	24.7	1.79	1.94	
고려대	고른기회	5	5	27.6	1.04	1.05	4										
고려대	학업우수	29	29	30.3	1.15	1.22	42	36	26.6	1.46	1.66	21	36	29.9	1.47	1.65	
단국대(천안)	DKU인재(면접형)	40	15	15.5	1.25	1.39 등록최저	4	15	15.1	1.25		8	15	16.5	1.24		
단국대(천안)	농어촌학생	2	2	14.0	1.88	2.14 등록최저	2	2	10.0	1.98							
대구가톨릭대	지역종합	12	3	41.3	1.48 최종평균	1.56 최종85%	1	2	24.5	2.02 최종평균	2.10 최종85%	1					
동국대(WISE)	지역인재(종합)	15	9	24.9	1.5 등록50%	1.6	3	9	25.0	1.4	1.7	11					
동국대(WISE)	참사랑	10	7	41.9	1.4 등록50%	1.4	3	6	42.3	1.6	1.6	1	7	36.0	1.6	1.6	
동아대	지역인재종합	20	10	22.7	2.00		9										
부산대	지역인재	30	30	8.8	1.18	1.21	8	30	12.9	1.26	1.26	8	30	15.9	1.52	1.48	
서울대	일반전형	49	50	15.6	1.18 등록50%	1.30		53	14.6	1.18	1.28		65	11.74	1.18	1.42	

4. 의학계열 : 의예과

대학	전형	2025	2024					2023					2022				
		모집인원	모집인원	경쟁률	등록자평균	등록70%컷	충원번호	모집인원	경쟁률	등록자평균	등록70%컷	충원번호	모집인원	경쟁률	등록자평균	등록70%컷	충원번호
서울대	지역균형	39	39	8.0	1.04 등록50%	1.11		42	5.3	1.03	1.09		40	6.00	1.05	1.08	
성균관대	탐구형	50	25	24.6	1.16 등록50%	1.21	77	20	25.5	1.18	1.46	78	25	19.4	1.09	1.14	
순천향대	기초차상위	2	2	27.0	1.20	1.71 등록최저	2										
순천향대	농어촌학생	2	2	23.0	1.19	1.71 등록최저											
순천향대	일반학생	12	6	40.8	1.09	1.23 등록최저	1	6	32.2	1.18	1.69 등록최저	5	6	36.0	1.39	3.50 등록최저	
순천향대	지역인재	56	7	15.3	1.07	1.22 등록최저		7	12.6	1.07	1.19 등록최저	2	7	11.7	1.11	1.34 등록최저	
아주대	ACE	40	20	44.2	1.68	1.07	14	20	46.2	1.94	3.50 등록최저	11	20	36.6	2.13	2.39	
연세대	활동우수형	45	42	11.3	1.12 등록50%	1.18	21	42	12.0	1.08	1.12	24	42	14.1	1.18	1.31	
연세대(미래)	강원인재(일반)	27	18	12.2				18	11.0	1.67	4.16	12	14	10.8	1.50	1.64	
연세대(미래)	강원인재(한마음)	3	2	2.0	2.62 등록50%	2.62		2	1.0								
연세대(미래)	기초생활(연세한마음)	1	1	42.0	1.70 등록50%	1.70	1	1	16.0				1	16.0			
연세대(미래)	농어촌학생	3	2	26.5	1.33 등록50%	1.33		1	13.0				1	16.0			
연세대(미래)	사회통합	3	3	47.0	1.27 등록50%	1.34		3	39.7				3	39.7			
연세대(미래)	학교생활우수자	15	15	27.6	1.41 등록50%	1.50	3	18	12.3	1.40	1.47	2	19	14.3	1.33	1.37	
울산대	잠재역량	34	14	20.6	1.14	1.11	9	10	20.3	1.14	1.25	16	14	22.4	1.16	1.40 등록최저	
울산대	지역인재	30	15	12.1	1.13	1.15	3	13	11.5	1.28	1.39	3	4	14.5	1.19	1.68 등록최저	
원광대	지역인재I(전북)	33	33	8.0	1.18 등록50%	1.31	25	33	7.3	1.18	1.33	22	30	8.1	1.18	1.33	
원광대	지역인재I(호남)	18	10	8.2	1.08 등록50%	1.20	16	10	8.0	1.11	1.19	18	10	9.2	1.10	1.19	
원광대	학생부종합	26	26	12.3	1.14 등록50%	1.16	28	26	9.0	1.18	1.22	29	26	13.5	1.13	1.17	
이화여대	미래인재 [자연]	18	13	20.9	1.10 등록50%	1.13	11	13	33.8	1.12	1.18	7	13	20.9	1.2	1.3	
인하대	농어촌	2	2	12.5	1.15	1.16 등록최저	1	2	15.5	1.00	1.00 등록최저	1	2	14.5			
인하대	인하미래인재	42	16	21.0	1.12	1.74 등록최저	9	16	30.3	1.08	1.20 등록최저	3	15	29.6	1.34	2.76 등록최저	
전남대	고교생활우수자I	13	12	13.3	1.32	1.20	11	5	17.6	1.17	1.19		12	17.2	1.26	1.32	
전북대	큰사람	5	5	18.8	1.32	1.39		9	12.1	1.35	1.38	5	9	14.0	1.19	1.28	
조선대	면접전형	10	10	11.5	1.26	1.26	12	10	24.3	1.14	1.04	12					
중앙대	CAU융합형인재	10	11	42.0	1.22 등록50%	1.37	9	11	37.5	1.60	1.63	22	9	39.4	1.83	1.90	
중앙대	CAU탐구형인재	15	11	37.5	1.74 등록50%	1.98	17	11	29.0	1.60	1.84	36	9	32.7	1.62	1.74	
충남대	농어촌학생	2	2	15.5	1.08	1.08	1	2	7.5	1.22 1단계평균	1.60 1단계최저	2	2	16.5			
충남대	서류전형	9	6	14.7	1.36	1.43	8										

2부 전형유형 분석

대학	전형	2025 모집인원	2024 모집인원	2024 경쟁률	2024 등록자평균	2024 등록70%컷	2024 충원번호	2023 모집인원	2023 경쟁률	2023 등록자평균	2023 등록70%컷	2023 충원번호	2022 모집인원	2022 경쟁률	2022 등록자평균	2022 등록70%컷	2022 충원번호
충남대	일반전형	20	19	10.8	1.12	1.13	21	19	12.8	1.13 1단계평균	1.35 1단계최저	6	19	13.6	1.18 1단계평균	1.46 1단계최저	
충남대	저소득층학생	1	1	23.0	1.18 1단계평균	1.33 1단계최저		1	24.0			1	1	15.0			
충북대	학생부종합 I	4	4	32.5	1.05	1.05	8	4	26.8	1.10		3	4	34.3	1.03		
충북대	학생부종합 II	4	4	12.8	1.82	2.01	4	4	17.3	1.18		1	4	25.0	1.28		
한림대	농어촌학생	3	2	15.5	1.15	1.15	2	2	10.5	1.17	1.21	2	2	14.5	1.08	1.09 등록최저	
한림대	지역인재	19	16	10.7	2.48	3.39	4	16	12.5	2.46	3.65	4	15	10.8	2.20	4.48 등록최저	
한림대	학교생활우수자	43	21	21.8	1.41	1.26	22	20	31.2	1.21	1.26	10	23	21.9	1.37	2.49 등록최저	
한양대	서류형	30	39	23.8	1.42	1.41	71	39	24.4	1.48	1.57	57	36	25.4		1.85	

■ 논술

대학	전형	2025 모집인원	2024 모집인원	2024 경쟁률	2024 등록자평균	2024 등록70%컷	2024 충원번호	2023 모집인원	2023 경쟁률	2023 등록자평균	2023 등록70%컷	2023 충원번호	2022 모집인원	2022 경쟁률	2022 등록자평균	2022 등록70%컷	2022 충원번호
가톨릭대	논술전형	19	19	226.7	3.27	5.67 등록최저		19	217.9	2.12	2.64 등록최저	1	20	266.4	1.19	2.43	
경북대	논술전형(AAT)	7	10	174.5				10	260.5	2.75		1	10	273.3	2.35		
경희대	논술우수자	15	15	187.6			2	15	197.5	2.7 최종평균			15	210.7	2.8 최종평균		
부산대	지역인재	22	15	64.3	3.21	3.42		17	74.9	2.67	2.45	3	20	65.3	2.75	3.12	
성균관대	논술우수	10	5	631.4				5	489.2								
아주대	논술	20	10	398.2	2.55	1.66		10	447.6	2.97	5.52 등록최저	3	10	468.5	2.73	2.69	
연세대(미래)	논술우수자 (창의인재)	15	15	258.5				15	279.9				15	329.0			
인하대	논술우수자	12	8	660.8	2.79	4.13 등록최저	1	9	648.3	2.56	3.32 등록최저	4	15	486.5	2.57	4.95 등록최저	
중앙대	논술전형	18	19	203.4				14	238.0	1.70			18	194.4			

II. 모집인원

1. 전체

■ 전체

※ 모집인원: 정원 내·외 모집인원 포함 / ※ 기타(재외국민) : [2024] 21명(0.7%), [2025] 29명(0.6%)은 제외

학년도	구분	모집인원 인원	모집인원 비율	수시모집 학생부교과 인원	학생부교과 비율	학생부종합 인원	학생부종합 비율	논술 인원	논술 비율	계 인원	계 비율	정시모집 수능 인원	수능 비율
2024	전체	3,113	100%	940	30.2%	875	28.1%	116	3.7%	1,952	62.7%	1,161	37.3%
2024	지역인재	1,025	32.9%	574	18.4%	211	6.8%	15	0.5%	800	25.7%	225	7.2%
2025	전체	4,610	100%	1,577	34.2%	1,334	28.9%	178	3.9%	3,118	67.6%	1,492	32.4%
2025	지역인재	1,913	41.5%	1,078	23.4%	449	9.7%	22	0.5%	1,549	33.6%	364	7.9%
증감	전체	+1,497	+48.1%	+637	+67.8%	+459	+52.5%	+62	+53.4%	+1,166	+59.7%	+311	+26.8%
증감	지역인재	+888	+86.6%	+504	+88.4%	+238	+112.8%	+7	+46.7%	+749	+93.7%	+139	+61.8%

2. 대학

■ 대학

※ 모집인원: 정원내+ 정원외(단, 기타(재외국민)은 제외)

지역	대학	학년도	구분	전체 모집인원		수시모집								정시모집	
						학생부교과		학생부종합		논술		계		수능	
				인원	비율	인원	비율	인원	비율	인원	비율	인원	비율	인원	비율
서울	경희대	2024	전체	111	100%	18	16.2%	33	29.7%	15	13.5%	66	59.5%	45	40.5%
		2025	전체	111	100%	22	19.9%	29	26.1%	15	13.5%	66	59.5%	45	40.5%
		증감	전체	0	0.0%	+14	+77.8%	-4	-87.9%	0	0.0%	0	0.0%	0	0.0%
	고려대	2024	전체	111	100%	18	16.2%	49	44.1%			67	60.4%	44	39.6%
		2025	전체	112	100%	18	15.9%	49	43.4%			68	60.7%	44	39.3%
		증감	전체	+1	+1.0%	0	0.0%	0	0.0%			+1	1.5%	0	0.0%
	서울대	2024	전체	140	100%			96	68.6%			96	68.6%	44	31.4%
		2025	전체	137	100%			95	69.3%			95	69.3%	42	30.7%
		증감	전체	-3	-2.1%			-1	-1.0%			-1	-1.0%	-2	-4.4%
	성균관대	2024	전체	40	100%			25	62.5%	5	12.5%	30	75.0%	10	25.0%
		2025	전체	112	100%			50	44.6%	10	8.9%	62	55.4%	50	44.6%
		증감	전체	+72	+180.0%			+25	+100.0%	+5	+100.0%	+32	+106.7%	+40	+400.0%
	연세대	2024	전체	112	100%	18	16.1%	45	40.2%			63	56.3%	49	43.7%
		2025	전체	112	100%	15	13.4%	48	42.9%			63	56.3%	49	43.7%
		증감	전체	0	0.0%	-3	-16.7%	+3	+6.7%			0	0.0%	0	0.0%
	이화여대	2024	전체	76	100%			13	17.1%			13	17.1%	63	82.9%
		2025	전체	76	100%			18	23.7%			18	23.7%	58	76.3%
		증감	전체	0	0.0%			+5	+38.5%			+5	+38.5%	-5	-7.9%
	중앙대	2024	전체	86	100%			22	25.6%	19	22.1%	41	47.7%	45	52.3%
		2025	전체	87	100%			25	28.7%	18	20.7%	45	51.7%	42	48.3%
		증감	전체	+1	+1.2%			+3	+13.6%	-1	-5.3%	+4	+9.8%	-3	-6.7%
	한양대	2024	전체	110	100%			42	38.2%			42	38.2%	68	61.8%
		2025	전체	110	100%			58	52.7%			58	52.7%	52	47.3%
		증감	전체	0	0.0%			+16	+38.1%			+16	+38.1%	-16	+23.5%
경인	가천대	2024	전체	41	100%	6	14.6%	20	48.8%			26	63.4%	15	36.6%
		2025	전체	137	100%	17	12.4%	37	27.0%	40	29.2%	97	70.8%	40	29.2%
		증감	전체	+96	+234.1%	+11	+183.3%	+17	+85.0%	+40	+29.2%	+71	+273.1%	+25	+166.7%
	가톨릭대	2024	전체	93	100%	10	10.8%	27	29.0%	19	20.4%	56	60.2%	37	39.8%
		2025	전체	96	100%	10	10.4%	27	28.1%	19	19.8%	59	61.5%	37	38.5%
		증감	전체	+3	+3.2%	0	0.0%	0	0.0%	0	0.0%	+3	+5.4%	0	0.0%
	아주대	2024	전체	41	100%			20	48.8%	10	24.4%	30	73.2%	11	26.8%
		2025	전체	111	100%			40	35.4%	20	17.7%	60	54.9%	51	45.1%
		증감	전체	+70	+170.7%			+20	+100.0%	+10	+100.0%	+30	+100.0%	+40	+363.6%
	인하대	2024	전체	51	100%	9	17.6%	18	35.3%	8	15.7%	35	68.6%	16	31.4%
		2025	전체	123	100%	26	21.1%	44	35.8%	12	9.8%	79	64.2%	44	35.8%
		증감	전체	+72	+141.2%	+17	+188.9%	+26	+144.4%	+4	+50.0%	+44	+125.7%	+29	+181.3%
강원	가톨릭관동대	2024	전체	53	100%	24	45.3%	10	18.9%			34	64.2%	19	35.8%
			지역	10	18.9%	10	18.9%					10	18.9%		
		2025	전체	115	100%	72	62.6%	5	4.3%			82	71.3%	33	28.7%
			지역	40	34.8%	40	34.8%					40	34.8%		
		증감	전체	+62	+117.0%	+48	+200.0%	-5	-50.0%			+48	+141.2%	+14	+73.7%
			지역	+30	+300.0%	+30	+300.0%					+30	+300.0%		
	강원대	2024	전체	49	100%	25	51.0%	9	18.4%			34	69.4%	15	30.6%
			지역	15	30.6%	15	30.6%					15	30.6%		
		2025	전체	91	100%	36	39.6%	30	33.0%			66	72.5%	25	27.5%
			지역	55	60.4%	25	27.5%	20	22.0%			45	49.5%	10	10.9%
		증감	전체	+42	+85.7%	+11	+44.0%	+21	+233.3%			+32	+94.1%	+10	+66.7%
			지역	+40	+266.7%	+10	+66.7%	+20	+22.0%			+30	+200.0%	+10	+10.9%

지역	대학	학년도	구분	전체 모집인원 인원	비율	수시모집 학생부교과 인원	비율	학생부종합 인원	비율	논술 인원	비율	계 인원	비율	정시모집 수능 인원	비율
	연세대 (미래)	2024	전체	96	100%	19	19.8%	41	42.7%	15	15.6%	75	78.1%	21	21.9%
			지역	20	20.8%			20	20.8%			20	20.8%		
		2025	전체	104	100%	16	15.4%	52	50.0%	15	14.4%	83	79.8%	21	20.2%
			지역	30	28.8%			30	28.8%			30	28.8%		
		증감	전체	+8	+87.3%	-3	-15.8%	+11	-26.8%	0	0.0%	+8	+10.7%	0	0.0%
			지역	+10	+50.0%			+10	+50.0%			+10	+50.0%		
	한림대	2024	전체	78	100%			41	52.6%			41	52.6%	37	47.4%
			지역	18	23.1%			18	23.1%			18	23.1%		
		2025	전체	104	100%			68	65.3%			69	66.3%	35	33.7%
			지역	22	21.2%			22	21.2%			22	21.2%		
		증감	전체	+96	+123.1%			+27	+65.9%			+28	+68.3%	-2	+5.4%
			지역	+4	+22.2%			+4	+22.2%			+4	+22.2%		
경상	경북대	2024	전체	110	100%	17	15.5%	61	55.5%	10	9.1%	88	80.0%	22	20.0%
			지역	54	49.1%	15	13.6%	49	35.5%			54	49.1%		
		2025	전체	157	100%	31	19.7%	91	58.0%	7	4.5%	129	82.2%	28	17.8%
			지역	95	60.5%	31	19.7%	58	36.9%			89	56.7%	6	3.8%
		증감	전체	+47	+42.7%	+14	+82.4%	+30	+49.2%	-3	-30.0%	+41	+46.6%	+6	+27.3%
			지역	+41	+75.9%	+16	+106.7%	+9	+18.4%			+35	+64.8%	+6	+3.8%
	경상 국립대	2024	전체	79	100%	43	54.4%	10	12.7%			53	67.1%	26	32.9%
			지역	54	68.4%	32	40.5%	3	3.8%			35	44.3%	19	24.1%
		2025	전체	142	100%	78	54.5%	18	12.7%			96	67.6%	46	32.4%
			지역	103	72.5%	62	43.6%	6	4.2%			68	47.9%	35	24.6%
		증감	전체	+63	+79.7%	+35	+81.4%	+8	+80.0%			+43	+81.1%	+20	+76.9%
			지역	+49	+90.7%	+30	+93.75%	+3	+100.0%			+33	+94.3%	+16	+84.2%
	계명대	2024	전체	81	100%	42	51.9%	10	12.3%			52	64.2%	29	35.8%
			지역	36	44.4%	30	37.0%	6	7.4%			36	44.4%		
		2025	전체	125	100%	55	44.0%	25	20.0%			80	64.0%	45	36.0%
			지역	72	57.6%	32	25.6%	20	16.0%			52	41.6%	20	16.0%
		증감	전체	+44	+54.3%	+13	+31.0%	+15	+150.0%			+28	+53.8%	+16	+55.2%
			지역	+36	+100.0%	+2	+6.7%	+14	+233.3%			+16	+4.44%	+20	+16.0%
	고신대	2024	전체	79	100%	53	67.1%					53	67.1%	26	32.9%
			지역	38	48.1%	25	31.6%					25	34.6%	13	16.5%
		2025	전체	103	100%	85	82.5%					85	82.5%	18	17.5%
			지역	60	58.3%	52	50.5%					52	50.5%	8	7.8%
		증감	전체	+24	+30.3%	+32	+60.4%					+32	+60.4%	-8	-30.8%
			지역	+22	+157.9%	+27	+108.0%					+27	+108.0%	-5	-38.5%
	대구 가톨릭대	2024	전체	42	100%	26	61.9%	3	7.1%			29	69.0%	13	31.0%
			지역	22	52.4%	19	45.2%	3	7.1%			22	52.4%		
		2025	전체	82	100%	52	63.4%	12	14.6%			64	78.0%	18	22.0%
			지역	52	63.4%	40	48.8%	12	14.6%			52	63.4%		
		증감	전체	+40	+95.2%	+26	+100.0%	+9	+330.0%			+35	+120.7%	+5	+38.5%
			지역	+30	+136.4%	+21	+110.5%	+9	+330.0%			+30	+236.4%		
	동국대 (WISE)	2024	전체	51	100%	24	47.1%	16	31.3%			40	78.4%	11	21.6%
			지역	22	43.1%	11	21.6%	9	17.6%			20	39.2%	2	3.9%
		2025	전체	124	100%	71	57.3%	35	28.2%			108	87.1%	16	12.9%
			지역	76	61.3%	49	39.5%	25	20.2%			74	59.7%	2	1.6%
		증감	전체	+73	+143.1%	+47	+195.8%	+19	+118.8%			+68	+170.0%	+5	+45.5%
			지역	+54	+245.5%	+38	+345.5%	+16	+177.8%			+54	+270.0%	0	0.0%
	동아대	2024	전체	51	100%	18	35.3%	14	27.4%			32	62.7%	19	37.3%
			지역	44	86.3%	18	35.3%	12	23.5%			30	58.8%	14	27.5%
		2025	전체	102	100%	27	26.5%	35	34.3%			62	60.8%	40	39.2%
			지역	70	68.6%	27	26.5%	23	22.5%			50	49.0%	20	19.6%

지역	대학	학년도	구분	전체 모집인원		수시모집								정시모집	
						학생부교과		학생부종합		논술		계		수능	
				인원	비율	인원	비율	인원	비율	인원	비율	인원	비율	인원	비율
		증감	전체	+51	+100.0%	+9	+50.0%	+21	+150.0%			+30	+93.8%	+21	+110.5%
			지역	+26	+59.1%	+9	+50.0%	+11	+91.7%			+20	+66.7%	+6	+42.9%
	부산대	2024	전체	125	100%	30	24.0%	33	26.4%	15	12.0%	78	62.4%	47	37.6%
			지역	100	80.0%	30	24.0%	33	26.4%	15	12.0%	78	62.4%	22	17.6%
		2025	전체	163	100%	47	28.8%	35	21.5%	22	13.5%	104	63.8%	59	36.2%
			지역	113	69.3%	30	18.4%	35	21.5%	22	13.5%	87	53.3%	26	16.0%
		증감	전체	+38	+30.4%	+17	+56.7%	+2	+6.1%	+7	+46.7%	+26	+33.3%	+12	+25.5%
			지역	+13	+13.0%	0	0.0%	+2	+6.1%	+7	+46.7%	+9	+11.5%	+4	+18.2%
	영남대	2024	전체	79	100%	44	55.7%					44	55.7%	35	44.3%
			지역	40	50.6%	25	31.6%					25	31.6%	15	19.0%
		2025	전체	103	100%	63	61.2%					63	61.2%	40	38.8%
			지역	62	60.2%	40	38.8%					40	38.8%	22	21.4%
		증감	전체	+24	+30.4%	+19	+43.2%					+19	+43.2%	+5	+14.3%
			지역	+22	+55.0%	+15	+60.0%					+15	+60.0%	+7	+46.7%
	울산대	2024	전체	40	100%			30	75.0%			30	75.0%	10	25.0%
			지역	16	40.0%			16	40.0%			16	40.0%		
		2025	전체	110	100%	33	30.0%	67	60.9%			100	90.9%	10	9.1%
			지역	66	60.0%	33	30.0%	33	30.0%			66	60.0%		
		증감	전체	+70	+175.0%	+33	+30.0%	+37	+123.3%			+70	+233.3%	0	0.0%
			지역	+50	+31.5%	+33	+30.0%	+17	+106.3%			+50	+312.5%		
	인제대	2024	전체	97	100%	60	61.9%					60	61.9%	37	38.1%
			지역	43	44.4%	28	28.9%					28	28.9%	15	15.5%
		2025	전체	104	100%	64	61.5%					64	61.5%	40	38.5%
			지역	55	52.9%	33	31.7%					33	31.7%	22	21.2%
		증감	전체	+7	+7.2%	+4	+6.7%					+4	+6.7%	+3	+8.1%
			지역	+12	+27.9%	+5	+17.9%					+5	+17.9%	+7	+46.7%
전라	원광대	2024	전체	97	100%			75	77.3%			75	77.3%	22	22.7%
			지역	45	46.4%			45	46.4%			45	46.4%		
		2025	전체	157	100%	48	30.6%	87	55.4%			135	86.0%	22	14.0%
			지역	102	65.0%	48	30.6%	54	34.4%			102	65.0%		
		증감	전체	+60	+61.9%	+48	+30.6%	+12	+15.8%			+60	+78.9%	0	0.0%
			지역	+57	+126.7%	+48	+30.6%	+9	+20.0%			+57	+126.7%		
	전남대	2024	전체	127	100%	83	65.4%	12	9.4%			95	74.8%	32	25.2%
			지역	94	74.0%	81	63.8%					81	63.8%	13	10.2%
		2025	전체	165	100%	108	65.5%	13	7.8%			121	73.3%	44	26.7%
			지역	130	78.8%	106	64.3%					106	64.3%	24	14.5%
		증감	전체	+38	+29.9%	+25	+30.1%	+1	+8.3%			+26	+27.4%	+12	+37.5%
			지역	+36	+38.3%	+25	+30.9%					+25	+30.9%	+11	+84.6%
	전북대	2024	전체	142	100%	79	55.6%	5	3.5%			84	59.2%	58	40.8%
			지역	89	62.7%	60	42.3%					60	42.3%	29	20.4%
		2025	전체	171	100%	98	57.3%	5	2.9%			103	60.2%	68	39.8%
			지역	111	64.9%	74	43.3%					74	43.3%	37	21.6%
		증감	전체	+29	+20.4%	+19	+24.1%	0	0.0%			+19	+22.6%	+10	+17.2%
			지역	+22	+24.7%	+14	+23.3%					+14	+23.3%	+8	+27.6%
	조선대	2024	전체	127	100%	59	46.5%	12	9.4%			71	55.9%	56	44.1%
			지역	75	59.1%	43	33.9%					43	33.9%	32	25.2%
		2025	전체	152	100%	88	57.9%	12	7.9%			100	65.8%	52	34.2%
			지역	100	65.8%	72	47.4%					72	47.4%	28	18.4%
		증감	전체	+25	+19.7%	+29	+49.2%	0	0.0%			+29	+40.8%	-4	-7.1%
			지역	+25	+33.3%	+29	+67.4%					+29	+67.4%	-4	-12.5%

2부 ● 전형유형 분석

지역	대학	학년도	구분	전체 모집인원		수시모집 학생부교과		학생부종합		논술		계		정시모집 수능	
				인원	비율	인원	비율	인원	비율	인원	비율	인원	비율	인원	비율
제주	제주대	2024	전체	42	100%	22	52.4%					22	52.4%	20	47.6%
			지역	20	47.6%	12	28.6%					12	28.6%	8	19.0%
		2025	전체	72	100%	37	51.4%					37	51.4%	35	48.6%
			지역	35	48.6%	21	29.2%					21	29.2%	14	19.4%
		증감	전체	+30	+71.4%	+15	+68.2%					+15	+68.2%	+15	+75.0%
			지역	+15	+75.0%	+9	+75.0%					+9	+75.0%	+6	+75.0%
충청	건국대 (글로컬)	2024	전체	41	100%	15	36.6%	12	29.3%			27	65.9%	14	34.1%
			지역	18	43.9%	13	31.7%					13	31.7%	5	12.2%
		2025	전체	110	100%	23	20.9%	40	36.4%			68	61.8%	42	38.2%
			지역	66	60.0%	18	15.3%	26	2.6%			44	40.0%	22	20.0%
		증감	전체	+69	+168.3%	+8	+53.3%	+39	+325.0%			+41	+151.9%	+28	+200.0%
			지역	+48	+266.7%	+5	+38.5%	+26	+2.6%			+31	+238.5%	+17	+340.0%
	건양대	2024	전체	51	100%	39	76.5%					39	76.5%	12	23.5%
			지역	22	43.1%	22	43.1%					22	43.1%		
		2025	전체	102	100%	88	86.3%					88	86.3%	14	13.7%
			지역	68	66.7%	68	66.7%					68	66.7%		
		증감	전체	+51	+100.0%	+49	+125.6%					+49	+125.6%	+2	+16.7%
			지역	+46	+209.1%	+46	+209.1%					+46	+209.1%		
	단국대 (천안)	2024	전체	42	100%			17	40.5%			17	40.5%	25	59.5%
			지역												
		2025	전체	82	100%			42	51.2%			42	51.2%	40	48.8%
			지역												
		증감	전체	+40	+95.2%			+25	+147.1%			+25	+147.1%	+15	+60.0%
			지역												
	순천향대	2024	전체	93	100%	52	55.9%	13	14.0%			65	69.9%	28	30.1%
			지역	41	44.1%	34	36.6%	7	7.5%			41	44.1%		
		2025	전체	154	100%	48	31.2%	76	49.3%			124	80.5%	30	19.5%
			지역	96	62.3%	36	23.3%	60	39.0%			96	62.3%		
		증감	전체	+61	+65.6%	-4	+7.7%	+63	+484.6%			+59	+90.8%	+2	+7.1%
			지역	+55	+134.1%	+2	+5.9%	+53	+757.1%			+55	+134.1%		
	을지대	2024	전체	44	100%	29	65.9%					29	65.9%	15	34.1%
			지역	25	56.8%	25	56.8%					25	56.8%		
		2025	전체	106	100%	89	84.0%					91	85.8%	15	14.2%
			지역	65	61.3%	65	61.3%					65	61.3%		
		증감	전체	+62	+140.9%	+60	+206.9%					+62	+213.8%	0	0.0%
			지역	+40	+160.0%	+40	+160.0%					+40	+160.0%		
	충남대	2024	전체	113	100%	46	40.7%	28	24.8%			74	65.5%	39	34.5%
			지역	49	43.4%	23	20.4%					23	20.4%	26	23.0%
		2025	전체	158	100%	61	38.6%	57	36.1%			118	74.7%	40	25.3%
			지역	93	58.9%	41	25.9%	25	15.8%			66	41.8%	27	17.1%
		증감	전체	+45	+39.8%	+15	+32.6%	+29	+103.6%			+44	+59.5%	+1	+2.6%
			지역	+44	+89.8%	+18	+78.3%	+25	+15.8%			+43	187.0%	+1	+3.8%
	충북대	2024	전체	49	100%	12	24.5%	9	18.4%			21	42.9%	28	57.1%
			지역	20	40.8%	8	16.3%					8	16.3%	12	24.5%
		2025	전체	126	100%	51	40.5%	9	7.1%			60	47.6%	66	52.4%
			지역	76	60.3%	35	27.8%					35	27.8%	41	32.5%
		증감	전체	+77	+157.1%	+39	+325.0%	0	0.0%			+39	+185.7%	+38	+135.7%
			지역	+56	+280.0%	+27	+337.5%					+27	+337.5%	+29	+241.7%

Ⅲ. 전형

■ 수능최저학력기준/면접(학생부) 유무

전형 유형	구분				대학 수	대학
학생부 교과	수능 최저 학력 기준	○	면접	○	8	**가톨릭대**: 지역균형, **건양대**: 일반학생(최저)/일반학생(면접), **계명대**: 일반전형, **고신대**: 일반고, **대구가톨릭대**: 교과우자자, **연세대(미래)**: 교과우수자, **영남대**: 의학창의인재, **인제대**: 의예·약학·간호
				×	15	**가천대**: 학생부우수자, **가톨릭관동대**: 교과일반, **강원대**: 일반전형, **경상국립대**: 일반전형, **경희대**: 지역균형, **고려대**: 학교추천, **동국대(WISE)**: 교과전형/불교추천인재, **순천향대**: 교과우수자, **영남대**: 일반학생, **인하대**: 지역균형, **전북대**: 일반학생, **제주대**: 일반학생, **조선대**: 일반전형, **충남대**: 일반전형, **충북대**: 학생부교과
		×	면접	○	2	**건양대**: 일반학생(면접), **연세대**: 추천형
				×	0	
학생부 종합	수능 최저 학력 기준	○	면접	○	19	**가천대**: 가천의약학, **가톨릭관동대**: CKU융합/가톨릭지도자추천, **가톨릭대**: 학교장추천, **건국대(글로컬)**: Cogito자기추천, **경상국립대**: 일반전형, **계명대**: 일반전형, **고려대**: 학업우수, **단국대(천안)**: DKU인재(면접형), **서울대**: 지역균형, **아주대**: ACE, **연세대**: 활동우수형, **연세대(미래)**: 학교생활우수자, **울산대**: 학생부종합, **원광대**: 학생부종합, **전남대**: 고교생활우수자(유형Ⅰ), **전북대**: 큰사람, **조선대**: 면접형, **충남대**: 일반전형, **한림대**: 학교생활우수자
				×	4	**경북대**: 일반학생, **이화여대**: 미래인재, **충남대**: 서류전형, **충북대**: 학생부종합Ⅱ
		×	면접	○	8	**가톨릭대**: 가톨릭지도자추천, **강원대**: 미래인재2, **경희대**: 네오르네상스, **고려대**: 계열적합, **서울대**: 일반전형, **성균관대**: 학과모집, **인하대**: 인하미래인재, **중앙대**: CAU융합형인재
				×	4	**순천향대**: 일반학생, **중앙대**: CAU탐구형인재, **충북대**: 학생부종합Ⅰ, **한양대**: 일반전형
논술	수능 최저 학력 기준	○	학생부	○	5	**가톨릭대**: 논술전형, **경북대**: 논술전형(AAT), **아주대**: 논술우수자, **인하대**: 논술우수자, **중앙대**: 논술전형
				×	3	**경희대**: 논술우수자, **성균관대**: 논술우수, **연세대(미래)**: 논술우수자(창의인재)
		×	학생부	○	0	
				×	0	

1. 학생부교과

대학	전형	인원 2025	인원 2024	전형 방법	수능 최저 학력 기준
가천대	농어촌(교과)	2	1	학생부100%	[국, 수(미적분/기하), 영, 과(2. 소수점 절사)] 3개 등급 합 4
가천대	학생부우수자	15	5	학생부100%	[국, 수(미적분/기하), 영, 과(2. 소수점 절사)] 3개 1등급
가톨릭관동대	기초생활및차상위	5	2	학생부교과100%	[국, 수(미적분/기하), 영, 과(2. 소수점 절사)] 3개 등급 합 5
가톨릭관동대	지역기회균형 [신설]	3			[국, 수(미적분/기하), 영, 과(2. 소수점 절사)] 3개 등급 합 5
가톨릭관동대	농어촌학생	5	2	학생부교과100%	[국, 수(미적분/기하), 영, 과(2. 소수점 절사)] 3개 등급 합 5
가톨릭관동대	교과일반	20	8	학생부교과100%	[국, 수(미적분/기하), 영, 과(2. 소수점 절사)] 3개 등급 합 4
가톨릭관동대	지역인재 [신설]	37			[국, 수(미적분/기하), 영, 과(2. 소수점 절사)] 3개 등급 합 5
가톨릭관동대	기회균형	2	2	학생부교과100%	[국, 수(미적분/기하), 영, 과(2. 소수점 절사)] 3개 등급 합 5
가톨릭대	지역균형	10	10	학생부교과100%+ 인·적성면접 (합/불)	[국, 수(미적분/기하), 영, 과(2. 소수점 버림)] 4개 등급 합 5, 한 4등급
강원대	일반전형	11	10	학생부100%	[국, 수, 영, 과(1)] '수, 과' 포함 3개 등급 합 5
강원대	지역인재	23	14	학생부100%	[국, 수, 영, 과(1)] '수, 과' 포함 3개 등급 합 6
강원대	지역인재-저소득	2	1	학생부100%	[국, 수, 영, 과(1)] '수, 과' 포함 3개 등급 합 8
건국대(글로컬)	농어촌학생	5	2	1단계)학생부교과100%(5배수) 2단계)1단계70%+ 면접30%	[국, 수(미적분/기하), 영, 과(2. 소수점 버림)] 3개 등급 합 5, 한 4등급
건국대(글로컬)	지역인재- 기초/차상위	3	1	1단계)학생부교과100%(5배수) 2단계)1단계70%+ 면접30%	[국, 수(미적분/기하), 영, 과(2. 소수점 버림)] 3개 등급 합 5, 한 4등급
건국대(글로컬)	지역인재	15	12	1단계)학생부교과100%(5배수) 2단계)1단계70%+ 면접30%	[국, 수(미적분/기하), 영, 과(2. 소수점 버림)] 3개 등급 합 4, 한 4등급
건양대	지역인재(최저)	50	10	1단계)학생부100%(5배수) 2단계)학생부80%+ 면접20%	[국, 수, 영, 과(2. 소수점 절사)] 3개 등급 합 5

대학	전형	인원 2025	인원 2024	전형 방법	수능 최저 학력 기준
건양대	지역인재(면접)	15	10	1단계)학생부100%(3배수) 2단계)학생부80%+ 면접20%	없음
건양대	농어촌학생	2	2	1단계)학생부100%(5배수) 2단계)학생부80%+ 면접20%	[국, 수, 영, 과(2. 소수점 절사)] 3개 등급 합 5
건양대	일반학생(면접)	5	5	1단계)학생부100%(3배수) 2단계)학생부80%+ 면접20%	없음
건양대	지역인재(기초)	3	2	1단계)학생부100%(5배수) 2단계)학생부80%+ 면접20%	[국, 수, 영, 과(2. 소수점 절사)] 3개 등급 합 5
건양대	일반학생(최저)	13	10	1단계)학생부100%(5배수) 2단계)학생부80%+ 면접20%	[국, 수, 영, 과(2. 소수점 절사)] 3개 등급 합 4
경북대	지역인재	28	12	학생부교과80%+ 서류20%	[국, 수(미적분/기하), 영, 과(2)] 3개 등급 합 4(과탐 포함)
경북대	지역인재-기초생활 수급자등대상자	3	3	학생부교과80%+ 서류20%	[국, 수(미적분/기하), 영, 과(2)] 3개 등급 합 5(과탐 포함)
경상국립대	일반전형	16	11	학생부100%	[국, 수(미적분/기하), 영, 과(2, 소수점 절사)] 수학 포함 3개 등급 합 4
경상국립대	지역인재	62	32	학생부100%	[국, 수(미적분/기하), 영, 과(2, 소수점 절사)] 수학 포함 3개 등급 합 6
경희대	지역균형	22	18	학생부70%+ 교과종합평가30%	[국, 수, 영, 과(2)] 3개 등급 합 4, 한 5등급
계명대	지역전형	29	28	1단계)학생부100%(10배수) 2단계)학생부80%+ 면접20%	[국, 수(미적분/기하), 영, 과(1)] 3개 1등급
계명대	일반전형	13	12	1단계)학생부100%(10배수) 2단계)학생부80%+ 면접20%	[국, 수(미적분/기하), 영, 과(1)] 3개 1등급
계명대	지역기회균형	3	2	1단계)학생부100%(10배수) 2단계)학생부80%+ 면접20%	[국, 수(미적분/기하), 영, 과(1)] 3개 등급 합 5
계명대	면접전형 [신설]	10		1단계)학생부100%(20배수) 2단계)학생부80%+ 면접20%	[국, 수(미적분/기하), 영, 과(1)] 3개 등급 합 4
고려대	학교추천	18	18	학생부교과80%+ 서류20%	[국, 수, 영, 과(2)] 4개 등급 합 5, 한 4등급
고신대	농어촌	3	3	1단계)학생부100%(10배수) 2단계)학생부90%+ 면접10%	[국, 수, 영, 과(1)] 수학 포함 3개 등급 합 5 ※ 수학(확률과통계) 선택자: 수학 포함 3개 등급 합 4
고신대	일반고	30	25	1단계)학생부100%(10배수) 2단계)학생부90%+ 면접10%	[국, 수, 영, 과(1)] 수학 포함 3개 등급 합 4 ※ 수학(확률과통계) 선택자: 수학 포함 3개 등급 합 3
고신대	지역인재기회균형 [신설]	2		1단계)학생부100%(10배수) 2단계)학생부90%+ 면접10%	[국, 수, 영, 과(1)] 수학 포함 3개 등급 합 4 ※ 수학(확률과통계) 선택자: 수학 포함 3개 등급 합 3
고신대	지역인재	50	25	1단계)학생부100%(10배수) 2단계)학생부90%+ 면접10%	[국, 수, 영, 과(1)] 수학 포함 3개 등급 합 4 ※ 수학(확률과통계) 선택자: 수학 포함 3개 등급 합 3
대구가톨릭대	농어촌학생	2	2	학생부교과100%	[국, 수(미적분/기하), 영, 과(2, 소수점 절사)] 3개 등급 합 4
대구가톨릭대	지역기회균형	2	1	1단계)학생부교과100%(7배수) 2단계)1단계80%+ 면접20%	[국, 수(미적분/기하), 영, 과(2, 소수점 절사)] 3개 등급 합 4
대구가톨릭대	교과전형	10	5	1단계)학생부교과100%(7배수) 2단계)1단계80%+ 면접20%	[국, 수(미적분/기하), 영, 과(2, 소수점 절사)] 3개 등급 합 4
대구가톨릭대	지역교과	38	18	학생부교과100%(7배수) 2단계)1단계80%+ 면접20%	[국, 수(미적분/기하), 영, 과(2, 소수점 절사)] 3개 등급 합 4
동국대(WISE)	지역인재(교과)	30	10	학생부100%	[국, 수(미적분/기하), 영, 과(1)] 3개 등급 합 4
동국대(WISE)	기회균형 I (지역인재)	3	1	학생부100%	[국, 수(미적분/기하), 영, 과(1)] 3개 등급 합 4
동국대(WISE)	불교추천인재	3	1	학생부100%	[국, 수(미적분/기하), 영, 과(1)] 3개 등급 합 4
동국대(WISE)	농어촌학생	2	2	학생부100%	[국, 수(미적분/기하), 영, 과(1)] 3개 등급 합 4
동국대(WISE)	교과전형	17	10	학생부100%	[국, 수(미적분/기하), 과(1)] 3개 등급 합 4
동국대(WISE)	지역인재(경북-교과) [신설]	16		학생부100%	[국, 수(미적분/기하), 영, 과(1)] 3개 등급 합 4
동아대	지역인재교과	27	18	학생부교과80%+ 서류20%	[국, 수, 영, 사/과(1)] 4개 등급 합 6
부산대	학생부교과 [신설]	17		학생부교과80%+ 학업역량평가 20%	[국, 수(미적분/기하), 영, 과(2)] 수학 포함 3개 등급 합 4, 한 4등급
부산대	지역인재	30	30	학생부교과80%+ 학업역량평가 20%	[국, 수(미적분/기하), 영, 과(2)] 수학 포함 3개 등급 합 4, 한 4등급

대학	전형	인원 2025	인원 2024	전형 방법	수능 최저 학력 기준
순천향대	지역인재	36	31	학생부교과100%	[국, 수, 영, 사/과(1)] 4개 등급 합 6 ※ 수학(확률과통계), 사탐(1)' 응시자 : 각각 0.5등급 하향 조정
순천향대	교과우수자	12	18	학생부교과100%	[국, 수, 영, 사/과(2)] 4개 등급 합 6 ※ 수학(확률과통계), 사탐(2)' 응시자 : 각각 0.5등급 하향 조정
연세대	추천형	15	18	1단계)학생부교과100%(5배수) 2단계)1단계70%+ 면접30%	[국, 수(미적분/기하), 과(1)] '국, 수' 중 1개 과목 포함 2개 1등급, 영어 3등급, 한국사 4등급
연세대(미래)	교과우수자	16	19	학생부교과80%+ 의학적인성면접20%	[국, 수(미적분/기하), 영, 과1, 과2] 4개 영역 등급 합 5, 영어 2등급, 한 4등급
영남대	지역인재	37	23	학생부100%	[국, 수, 영, 과(1)] 4개 등급 합 5, 한 4등급
영남대	의학창의인재	8	8	1단계)학생부100%(7배수) 2단계)학생부70%+ 면접30%	[국, 수, 영, 과(1)] 4개 등급 합 5, 한 4등급
영남대	농어촌학생	3	3	학생부100%	[국, 수, 영, 과(1)] 3개 등급 합 4, 한 4등급
영남대	일반학생	12	8	학생부100%	[국, 수, 영, 과(1)] 4개 등급 합 5, 한 4등급
영남대	기회균형II(의약)	3	2	학생부100%	[국, 수, 영, 과(1)] 4개 등급 합 5, 한 4등급
울산대	지역교과 [신설]	33		1단계)학생부100%(5배수) 2단계)학생부80%+ 면접20%	[국, 수(미적분/기하), 영, 과(2)] 3개 등급 합 4, 한 4등급
원광대	지역인재(호남) [신설]	16		학생부100%	[국, 수, 영, 과(2)] 수학 포함 3개 등급 합 5
원광대	지역인재(전북) [신설]	32		학생부100%	[국, 수, 영, 과(2)] 수학 포함 3개 등급 합 5
을지대(대전)	기회균형II	3	1	학생부교과95%+ 인성면접5%	[국, 수(미적분/기하), 영, 과(1)] 3개 등급 합 4
을지대(대전)	기회균형I	2	2	학생부교과95%+ 인성면접5%	[국, 수(미적분/기하), 영, 과(1)] 4개 등급 합 6
을지대(대전)	지역의료인재	62	19	학생부교과95%+ 인성면접5%	[국, 수(미적분/기하), 영, 과(1)] 4개 등급 합 6
을지대(대전)	지역균형	20	5	학생부교과95%+ 인성면접5%	[국, 수(미적분/기하), 영, 과(1)] 4개 등급 합 5
을지대(대전)	농어촌학생	2	2	학생부교과95%+ 인성면접5%	[국, 수(미적분/기하), 영, 과(1)] 4개 등급 합 6
인제대	의예·약학	27	28	1단계)학생부100%(5배수) 2단계)학생부80%+ 면접20%	[국, 수(미적분/기하), 영, 과(1)] 4개 각 2등급
인제대	지역인재I	30	28	1단계)학생부100%(5배수) 2단계)학생부80%+ 면접20%	[국, 수(미적분/기하), 영, 과(1)] 4개 각 2등급
인제대	기초생활수급자	4	4	1단계)학생부100%(5배수) 2단계)학생부80%+ 면접20%	[국, 수(미적분/기하), 영, 과(1)] 4개 각 2등급
인제대	지역인재기초생활 [신설]	3		1단계)학생부100%(5배수) 2단계)학생부80%+ 면접20%	[국, 수(미적분/기하), 영, 과(1)] 4개 각 2등급
인하대	지역균형	26	9	학생부교과100%	[국, 수, 영, 사/과(2)] 3개 1등급
전남대	지역균형	4	3	학생부100%	[국, 수(미적분/기하), 영, 과(2)] 수학 포함 3개 등급 합 6
전남대	농어촌학생	2	2	학생부100%	[국, 수(미적분/기하), 영, 과(2)] 수학 포함 3개 등급 합 6
전남대	지역인재	102	78	학생부100%	[국, 수(미적분/기하), 영, 과(2)] 수학 포함 3개 등급 합 5
전북대	지역인재기회균형 (호남권) [신설]	4		학생부100%	[국, 수(미적분/기하), 영, 과(2, 소수점 절사)] 수학 포함 4개 등급 합 6
전북대	지역인재2유형 (전북권)	56	46	학생부100%	[국, 수(미적분/기하), 영, 과(2, 소수점 절사)] 수학 포함 4개 등급 합 6
전북대	일반학생	24	19	학생부100%	[국, 수(미적분/기하), 영, 과(2, 소수점 절사)] 수학 포함 4개 등급 합 5
전북대	지역인재1유형 (호남권)	14	14	학생부100%	[국, 수(미적분/기하), 영, 과(2, 소수점 절사)] 수학 포함 4개 등급 합 6
제주대	고른기회	2	2	학생부100%	[국, 수(미적분/기하), 영, 과(2, 소수점 절사)] 수학 포함 3개 등급 합 7
제주대	지역인재-고른기회 [신설]	2		학생부100%	[국, 수(미적분/기하), 영, 과(2, 소수점 절사)] 수학 포함 3개 등급 합 7
제주대	지역인재	19	12	학생부100%	[국, 수(미적분/기하), 영, 과(2, 소수점 절사)] 수학 포함 3개 등급 합 6
제주대	일반학생	14	8	학생부100%	[국, 수(미적분/기하), 영, 과(2, 소수점 절사)] 수학 포함 3개 등급 합 6
조선대	지역기회균형	4	3	학생부100%	[국, 수(미적분/기하), 영, 과(1)] 수학 포함 3개 등급 합 5

2부 ● 전형유형 분석

대학	전형	인원 2025	인원 2024	전형 방법	수능 최저 학력 기준
조선대	지역인재	68	40	학생부100%	[국, 수(미적분/기하), 영, 과(1)] 수학 포함 3개 등급 합 5
조선대	일반전형	16	16	학생부100%	[국, 수(미적분/기하), 영, 과(1)] 수학 포함 3개 등급 합 5
충남대	지역인재	37	20	학생부100%	[국, 수(미적분/기하), 영, 과(2)] 수학 포함 3개 등급 합 4
충남대	일반전형	20	23	학생부100%	[국, 수(미적분/기하), 영, 과(2)] 수학 포함 3개 등급 합 4
충남대	지역인재-저소득층	4	3	학생부100%	[국, 수(미적분/기하), 영, 과(2)] 수학 포함 3개 등급 합 6
충북대	지역인재	32	7	학생부100%	[국, 수(미적분/기하), 영, 과(1)] 수학 포함 3개 등급 합 5
충북대	지역경제배려대상자	3	1	학생부100%	[국, 수(미적분/기하), 영, 과(1)] 수학 포함 3개 등급 합 6
충북대	학생부교과	16	4	학생부100%	[국, 수(미적분/기하), 영, 과(1)] 수학 포함 3개 등급 합 4

2. 학생부종합

대학	전형	인원 2025	인원 2024	전형 방법	수능 최저 학력 기준
가천대	기회균형 [신설]	2		1단계)서류100%(5배수) 2단계) 서류50%+ 면접50%	[국, 수(미적분/기하), 영, 과(2. 소수점 절사)] 3개 등급 합 4
가천대	농어촌(종합) [신설]	2		1단계)서류100%(5배수) 2단계) 서류50%+ 면접50%	[국, 수(미적분/기하), 영, 과(2. 소수점 절사)] 3개 등급 합 4
가천대	가천의약학	33	20	1단계)서류100%(5배수) 2단계)서류50%+ 면접50%	[국, 수(미적분/기하), 영, 과(2. 소수점 절사)] 3개 1등급
가톨릭관동대	가톨릭지도자추천	5	2	서류100%	[국, 수(미적분/기하), 영, 과(2. 소수점 절사)] 3개 등급 합 5
가톨릭대	학교장추천	25	25	1단계)서류100%(4배수) 2단계)서류70%+ 면접30%	[국, 수(미적분/기하), 영, 과(2. 소수점 버림)] 3개 등급 합 4, 한 4등급
가톨릭대	가톨릭지도자추천	2	2	1단계)서류100%(4배수) 2단계)서류70%+ 면접30%	없음
강원대	지역인재 [신설]	20		1단계)서류100%(3배수) 2단계)서류60%+ 면접40%	[국, 수, 영, 과(1) 중 '수, 과' 포함 3개 등급 합 7
강원대	미래인재2	10	9	1단계)서류100%(3배수) 2단계)서류60%+ 면접40%	없음
건국대(글로컬)	지역인재 [신설]	26		서류100%	[국, 수(미적분/기하), 영, 과(2. 소수점 버림)] 3개 등급 합 4, 한 4등급
건국대(글로컬)	Cogito자기추천	14	12	1단계)서류100%(3배수) 2단계)서류70%+ 면접30%	[국, 수(미적분/기하), 영, 과(2. 소수점 버림)] 3개 등급 합 4, 한 4등급
경북대	농어촌학생[신설]	2		서류100%	[국, 수(미적분/기하), 영, 과(2)] 3개 등급 합 5(과탐 포함)
경북대	일반학생	31	22	서류100%	[국, 수(미적분/기하), 영, 과(2)] 3개 등급 합 4(과탐 포함)
경북대	지역인재	58	39	1단계)서류100%(5배수) 2단계)서류70%+ 면접30%	[국, 수(미적분/기하), 영, 과(2)] 3개 등급 합 4(과탐 포함)
경상국립대	농어촌학생	4	3	1단계)서류100%(3배수) 2단계)서류80%+ 면접20%	[국, 수(미적분/기하), 영, 과(2. 소수점 절사)] 수학 포함 3개 등급 합 6
경상국립대	기초생활수급자	4	2	1단계)서류100%(3배수) 2단계)서류80%+ 면접20%	[국, 수(미적분/기하), 영, 과(2. 소수점 절사)] 수학 포함 3개 등급 합 6
경상국립대	지역인재	6	3	1단계)서류100%(3배수) 2단계)서류80%+ 면접20%	[국, 수(미적분/기하), 영, 과(2. 소수점 절사)] 수학 포함 3개 등급 합 6
경상국립대	일반전형	4	2	1단계)서류100%(3배수) 2단계)서류80%+ 면접20%	[국, 수(미적분/기하), 영, 과(2. 소수점 절사)] 수학 포함 3개 등급 합 6
경희대	네오르네상스	29	33	1단계)서류100%(3배수) 2단계)서류70%+ 면접30%	없음
계명대	지역전형	20	6	1단계)서류100%(7배수) 2단계)서류80%+ 면접20%	[국, 수(미적분/기하), 영, 과(1)] 3개 등급 합 6
계명대	일반전형	5	4	1단계)서류100%(7배수) 2단계)서류80%+ 면접20%	없음
고려대	고른기회	5	5	1단계)서류100%(3배수) 2단계)서류70%+ 면접30%	없음
고려대	학업우수	29	29	1단계)서류100%(5배수) 2단계)서류70%+ 면접30%	[국, 수, 영, 과(2)] 4개 등급 합 5, 한 4등급

대학	전형	인원 2025	인원 2024	전형 방법	수능 최저 학력 기준
고려대	계열적합	15	15	1단계)서류100%(5배수) 2단계)서류50%+ 면접50%	없음
단국대(천안)	DKU인재(면접형)	40	15	1단계)서류100%(3배수) 2단계)서류70%+ 면접30%	[국, 수(미적분/기하), 영, 과(2)] 수학 포함 3개 등급 합 5
단국대(천안)	농어촌학생	2	2	서류100%	없음
대구가톨릭대	지역종합	12	3	1단계)학생부교과100%(7배수) 2단계)1단계80%+ 면접20%	[국, 수(미적분/기하), 영, 과(2, 소수점 절사)] 3개 등급 합 5
동국대(WISE)	참사랑	10	7	1단계)서류100%(5배수) 2단계)서류70%+면접30%	[국, 수(미적분/기하), 영, 과(1)] 3개 등급 합 4
동국대(WISE)	지역인재(경북-종합) [신설]	10		1단계)서류100%(5배수) 2단계)서류70%+면접30%	[국, 수(미적분/기하), 영, 과(1)] 3개 등급 합 6
동국대(WISE)	지역인재(종합)	15	9	1단계)서류100%(5배수) 2단계)서류70%+면접30%	[국, 수(미적분/기하), 영, 과(1)] 3개 등급 합 4
동아대	잠재능력우수자 [신설]	10		1단계)서류100%(10배수) 2단계)서류60%+ 면접40%	[국, 수, 영, 사/과(1)] 4개 등급 합 6
동아대	농어촌학생	2	2	서류100%	[국, 수, 영, 사/과(1)] 3개 등급 합 6
동아대	지역인재-기회균형대상자	3	2	서류100%	[국, 수, 영, 사/과(1)] 3개 등급 합 6
동아대	지역인재종합	20	10	1단계)서류100%(6배수) 2단계)서류60%+ 면접40%	[국, 수, 영, 사/과(1)] 4개 등급 합 6
부산대	지역인재	30	30	학생부종합평가100	[국, 수(미적분/기하), 영, 과(2)] 수학 포함 3개 등급 합 4, 한 4등급
부산대	지역인재-저소득층	5	3	학생부종합평가100	[국, 수(미적분/기하), 영, 과(2)] 수학 포함 3개 등급 합 4, 한 4등급
서울대	기회균형 (사회통합)	7	7	1단계)서류100%(2배수) 2단계)서류70%+ 면접30%	없음
서울대	일반전형	49	50	1단계)서류100%(2배수) 2단계)서류50%+ 면접50%	없음
서울대	지역균형	39	39	1단계)서류100%(3배수) 2단계)서류70%+ 면접30%	[국, 수(미적분/기하), 영, 과(2)] 3개 등급 합 7 ※ 과탐: 서로 다른 분야의 Ⅰ+Ⅱ 및 Ⅱ+Ⅱ
성균관대	탐구형	50	25	1단계)서류100%(5배수) 2단계)서류80%+ 면접20%	없음
순천향대	농어촌학생[신설]	2		서류100%	없음
순천향대	기초차상위[신설]	2		서류100%	없음
순천향대	지역기초차상위	4	3	서류100%	없음
순천향대	일반학생	12	6	서류100%	없음
순천향대	지역인재	56	7	서류100%	없음
아주대	ACE	40	20	1단계)서류100%(3배수) 2단계)서류70%+ 면접30%	[국, 수, 영, 사과(2)] 4개 등급 합 6
연세대	활동우수형	45	42	1단계)서류100%(4배수) 2단계)서류60%+ 면접40%	[국, 수(미적분/기하), 과(1)] '국, 수' 중 1개 과목 포함 2개 1등급, 영어 3등급, 한국사 4등급
연세대	기회균형	3	3	1단계)서류100%(3배수) 2단계)서류60%+ 면접40%	없음
연세대(미래)	강원인재(일반)	27	18	서류80%+ 면접20%	[국, 수(미적분/기하), 영, 과1, 과2] 4개 영역 등급 합 6, 영어 2등급, 한 4등급
연세대(미래)	학교생활우수자	15	15	1단계)서류100%(6배수) 2단계)서류70%+ 면접30%	[국, 수(미적분/기하), 영, 과1, 과2] 4개 영역 등급 합 5, 영어 2등급, 한 4등급
연세대(미래)	농어촌학생	3	2	서류80%+ 면접20%	[국, 수(미적분/기하), 영, 과1, 과2] 4개 영역 등급 합 6, 영어 2등급, 한 4등급
연세대(미래)	강원인재(한마음)	3	2	서류80%+ 면접20%	[국, 수(미적분/기하), 영, 과1, 과2] 4개 영역 등급 합 6, 영어 2등급, 한 4등급
연세대(미래)	사회통합	3	3	서류80%+ 면접20%	[국, 수(미적분/기하), 영, 과1, 과2] 4개 영역 등급 합 5, 영어 2등급, 한 4등급
연세대(미래)	기초생활(연세한마음)	1	1	서류80%+ 면접20%	[국, 수(미적분/기하), 영, 과1, 과2] 4개 영역 등급 합 6, 영어 2등급, 한 4등급

대학	전형	인원 2025	인원 2024	전형 방법	수능 최저 학력 기준
울산대	잠재역량	34	14	1단계)서류100%(5배수) 2단계)서류50%+ 면접50%	[국, 수(미적분/기하), 영, 과(2)] 3개 등급 합 4, 한 4등급
울산대	지역인재	30	15	1단계)서류100%(5배수) 2단계)서류50%+ 면접50%	[국, 수(미적분/기하), 영, 과(2)] 3개 등급 합 4, 한 4등급
울산대	지역인재 (기초차상위)	3	1	1단계)서류100%(5배수) 2단계)서류50%+ 면접50%	[국, 수(미적분/기하), 영, 과(2)] 3개 등급 합 4, 한 4등급
원광대	지역인재 I (호남)	18	10	1단계)서류100%(5배수) 2단계)서류70%+ 면접30%	[국, 수, 영, 과(1)] 수학 포함 3개 등급 합 6
원광대	지역인재 II	3	2	1단계)서류100%(5배수) 2단계)서류70%+ 면접30%	[국, 수, 영, 과(1)] 수학 포함 3개 등급 합 6
원광대	농어촌학생	4	2	1단계)서류100%(5배수) 2단계)서류70%+ 면접30%	없음
원광대	기회균형 II	3	2	1단계)서류100%(5배수) 2단계)서류70%+ 면접30%	없음
원광대	학생부종합	26	26	1단계)서류100%(5배수) 2단계)서류70%+ 면접30%	[국, 수, 영, 과(2)] 수학 포함 3개 등급 합 6
원광대	지역인재 I (전북)	33	33	1단계)서류100%(5배수) 2단계)서류70%+ 면접30%	[국, 수, 영, 과(1)] 수학 포함 3개 등급 합 6
이화여대	미래인재(자연)	18	13	서류100%	[국, 수, 영, 사/과(1)] 4개 등급 합 5
인하대	인하미래인재	42	16	1단계)서류100%(3배수) 2단계)서류70%+ 면접30%	없음
인하대	농어촌	2	2	서류100%	없음
전남대	고교생활우수자 I	13	12	1단계)서류100%(6배수) 2단계)서류70%+ 면접30%	[국, 수(미적분/기하), 영, 과(2)] 수학 포함 3개 등급 합 5
전북대	큰사람	5	5	1단계)서류100%(3배수) 2단계)서류70%+ 면접30%	[국, 수(미적분/기하), 영, 과(2, 소수점 절사)] 수학 포함 4개 등급 합 6
조선대	면접전형	10	10	1단계)서류100%(5배수) 2단계)서류70%+ 면접30%	[국, 수(미적분/기하), 영, 과(1)] 수학 포함 3개 등급 합 5
조선대	농어촌학생	2	2	서류100%	[국, 수(미적분/기하), 영, 과(1)] 수학 포함 3개 등급 합 5
중앙대	CAU융합형인재	10	11	서류100%	없음
중앙대	CAU탐구형인재	15	11	1단계)서류100%(3,5배수) 2단계)서류70%+ 면접30%	없음
충남대	지역인재 [신설]	25		1단계)서류100%(2배수) 2단계)서류67%+ 면접33%	[국, 수(미적분/기하), 영, 과(2)] 수학 포함 3개 등급 합 5
충남대	서류전형	9	6	서류100%	[국, 수(미적분/기하), 영, 과(2)] 수학 포함 3개 등급 합 5
충남대	농어촌학생	2	2	1단계)서류100%(3배수) 2단계)서류67%+ 면접33%	없음
충남대	일반전형	20	19	1단계)서류100%(2배수) 2단계)서류67%+ 면접33%	[국, 수(미적분/기하), 영, 과(2)] 수학 포함 3개 등급 합 5
충남대	저소득층학생	1	1	1단계)서류100%(3배수) 2단계)서류67%+ 면접33%	없음
충북대	농어촌학생	1	1	서류100%	없음
충북대	학생부종합 I	4	4	서류100%	없음
충북대	학생부종합 II	4	4	서류100%	[국, 수(미적분/기하), 영, 과(1)] 수학 포함 3개 등급 합 5
한림대	농어촌학생	3	2	1단계)서류100%(5배수) 2단계)서류70%+ 면접30%	없음
한림대	학교생활우수자	43	21	1단계)서류100%(5배수) 2단계)서류70%+ 면접30%	[국, 수(미적분/기하), 영, 과(2)] 3개 등급 합 4 ※ 영어가 포함될 경우 영어는 1등급
한림대	지역인재	19	16	1단계)서류100%(5배수) 2단계)서류70%+ 면접30%	[국, 수(미적분/기하), 영, 과(2)] 3개 등급 합 4 ※ 영어가 포함될 경우 영어는 1등급
한림대	지역인재- 기초생활	3	2	1단계)서류100%(5배수) 2단계)서류70%+ 면접30%	없음
한양대	추천형[신설]	25		학생부종합평가100%	[국, 수, 영, 사/과(1)] 3개 영역 등급 합 4
한양대	고른기회	3	3	학생부종합평가100%	없음
한양대	서류형	30	39	학생부종합평가100%	없음

3. 논술

대학	전형	인원 2025	인원 2024	전형 방법	수능 최저 학력 기준
가천대	논술 [신설]	40		논술100%	[국, 수(미적분/기하), 영, 과(2. 소수점 절사)] 3개 1등급
가톨릭대	논술전형	19	19	학생부교과20%+ 논술80%	[국, 수(미적분/기하), 영, 과(2. 소수점 버림)] 3개 등급 합 4, 한 4등급
경북대	논술전형(AAT)	7	10	학생부교과30%+ 논술70%	[국, 수(미적분/기하), 영, 과(2)] 3개 등급 합 4(과탐 포함)
경희대	논술우수자	15	15	논술100%	[국, 수, 영, 과(2)] 3개 등급 합 4, 한 5등급
부산대	지역인재	22	15	학생부30%+ 논술70%	[국, 수(미적분/기하), 영, 과(2)] 수학 포함 3개 등급 합 4, 한 4등급
성균관대	논술우수	10	5	논술100%	[국, 수, 영, 사/과(2)] 3개 등급 합 4
아주대	논술우수자	20	10	학생부교과20%+ 논술80%	[국, 수, 영, 사과(2)] 4개 등급 합 6
연세대(미래)	논술우수자 (창의인재)	15	15	논술100%	[국, 수(미적분/기하), 과1, 과2] 3개 과목 1등급, 영어 2등급, 한 4등급
인하대	논술우수자	12	8	학생부30%+논술70%	[국, 수, 영, 사/과(2)] 3개 1등급
중앙대	논술전형	18	19	학생부30%+논술70%	[국, 수, 영, 사/과(2)] 4개 등급 합 5, 한 4등급 ※ 영어영역 1등급과 2등급을 통합하여 1등급으로 간주함

5. 의학계열 : 치의예과

■ 치의예과

지역	대학 수	대학(11)
서울	3	경희대, 연세대, 서울대(치의학전문대학원 학석사통합과정)
충청	1	단국대(천안)
강원	1	강릉원주대
경상	2	경북대, **부산대(미선발)**
전라	4	원광대, 전남대(치의학전문대학원 학석사통합과정), 전북대, 조선대

※ **부산대:** 치의학전문대학원의 치과대학 학제 전환으로 2025학년도부터 치의학전문대학원 학·석사통합과정은 선발하지 않습니다
【2026학년도 예고사항】 치과대학 학제 전환 시점(2028학년도) 2년 전인 2026학년도부터 치과대학 치의예과 80명을 선발합니다

Ⅰ. 전형결과

1. 전체

■ 전체

학년도	구분	학생부교과					학생부종합					논술				
		모집인원	지원인원	경쟁률	등록자평균	충원율	모집인원	지원인원	경쟁률	등록자평균	충원율	모집인원	지원인원	경쟁률	등록자평균	충원율
2023	인원	134	3,367	25.1	1.27	118.7%	212	3,531	16.7	1.53	40.6%	26	4,304	165.5	2.60	3.8%
2024	인원	132	1,583	12.0	1.25	154.5%	194	3,586	18.5	1.56	56.7%	26	3,552	136.6		3.8%
	증감	-2 (1.5%)	-1,784 (53.0%)	-13.1 (52.2%)	-0.02 (1.6%)	+35.8 (30.2%)	-18 (8.5%)	+55 (1.6%)	+1.8 (10.8%)	+0.03 (2.0%)	+16.1 (39.7%)	0 (0.0%)	-752 (17.5%)	-28.9 (17.5%)		0 (0.0%)

■ 지역

구분	학년도	학생부교과					학생부종합					논술				
		모집인원	지원인원	경쟁률	등록자평균	충원율	모집인원	지원인원	경쟁률	등록자평균	충원율	모집인원	지원인원	경쟁률	등록자평균	충원율
수도권	2023	20	255	12.8	1.12	75.0%	68	1,070	15.7	1.51	42.6%	21	2,866	136.5	1.90	4.8%
	2024	23	151	6.6		78.3%	63	1,182	18.8		42.9%	21	2,578	122.8		4.8%
비수도권 (지역인재)	2023	79	1,515	19.2	1.35	108.9%	71	729	10.3	1.65	29.6%					
	2024	78	823	10.6	1.33	126.9%	54	595	11.0	1.69	57.4%					
비수도권 ('지역인재' 제외)	2023	35	1,597	45.6	1.23	165.7%	73	1,732	23.7	1.47	49.3%	5	1,438	287.6	3.30	0.0%
	2024	31	609	19.6	1.16	280.6%	77	1,809	23.5	1.50	67.5%	5	974	194.8		

2. 한눈에 보는 성적

등록자평균	학생부교과	학생부종합	논술
1.0	**전북대:** 일반학생(1.05) **강릉원주대:** 기회균형(1.07) **연세대:** 추천형(1.09)		
1.1	**전남대:** 일반전형(1.11) **경희대:**지 역균형(1.16) **조선대:** 일반전형(1.17)		
1.2	**전남대:** 지역인재(1.24) **조선대:** 지역인재(1.26) **전북대:** 지역인재1(호남)(1.29)	**전남대:** 고교생활우수자Ⅰ(1.28)	
1.3	**전북대:** 지역인재2(전북)(1.36)	**원광대:** 학생부종합(자연)(1.30)	

등록자 평균	학생부교과	학생부종합	논술
	강릉원주대: 지역교과(1.39)	조선대: 면접전형(1.30) 강릉원주대: 해람인재(1.31) 연세대: 활동우수형(1.31) 원광대: 지역인재I(호남)(자연)(1.33) 서울대: 일반전형(1.35) 전북대: 큰사람(1.37) 강릉원주대: 지역인재(1.39)	
1.4	경북대: 교과우수자(1.42) 경북대: 지역인재(1.44)	단국대(천안): DKU인재(면접형)(1.41) 원광대: 지역인재I(전북)(자연)(1.48)	
1.5			
1.6			
1.7			
1.8		경북대: 지역인재-학교장추천(1.83) 경북대: 지역인재(1.86) 경북대: 일반학생(1.89)	
1.9		단국대(천안): 농어촌학생(1.93)	
2.0			
2.1		경희대: 네오르네상스(2.14)	

3. 대학

■ 학생부교과

대학	전형	2025 모집인원	2024 모집인원	경쟁률	등록자 평균	등록 70%컷	충원 번호	2023 모집인원	경쟁률	등록자 평균	등록 70%컷	충원 번호	2022 모집인원	경쟁률	등록자 평균	등록 70%컷	충원 번호
강릉원주대	기회균형	2	2	19.0	1.07	1.09 등록80%컷		2	21.5	1.19	1.31 등록최저	2	2	29.0	1.26	1.37 등록최저	
강릉원주대	지역교과	4	4	14.5	1.39	1.40 등록80%컷	8	2	22.0	1.30	1.37 등록최저	5					
경북대	교과우수자	4	4	41.3	1.42	1.46	24	5	66.4	1.48	1.49	7	5	77.0	1.41	1.47	
경북대	지역인재	11	8	33.0	1.44	1.50	22	11	36.6	1.65	1.69	10	10	35.2	1.73	1.76	
경희대	지역균형	16	13	6.8	1.16 최종평균	1.21	18	8	21.1	1.1 최종평균		8					
연세대	추천형	10	10	6.3	1.09 등록50%	1.11		12	7.2	1.14	1.14	7	12	6.7	1.14	1.15	
전남대	일반전형	5	8	20.4	1.11	1.09	25	5	38.2	1.18	1.19	11	7	35.3	1.38	1.39	
전남대	지역인재	12	12	8.9	1.24	1.27	31	12	11.4	1.23	1.29	9	9	18.3	1.22	1.23	
전북대	일반학생	3	3	20.0	1.05	1.10	2	6	65.7	1.11	1.14	13	6	83.5	1.43	1.45	
전북대	지역인재1(호남)	4	5	10.6	1.29	1.34	4										
전북대	지역인재2(전북)	18	19	6.3	1.36	1.41	8	17	13.0	1.36	1.45	5	18	15.0	1.63	1.78	
조선대	.지역인재	27	25	7.5	1.26	1.34	25	24	21.3	1.19	1.25	35	20	21.4	1.69	1.71	
조선대	일반전형	13	13	17.5	1.17	1.19	36	16	38.8	1.19	1.20	25	28	28.5	1.42	1.46	

■ 학생부종합

대학	전형	2025 모집인원	2024 모집인원	경쟁률	등록자 평균	등록 70%컷	충원 번호	2023 모집인원	경쟁률	등록자 평균	등록 70%컷	충원 번호	2022 모집인원	경쟁률	등록자 평균	등록 70%컷	충원 번호
강릉원주대	지역인재	5	5	15.0	1.39	1.42 등록80%컷	6	6	16.8	1.41	1.61 등록최저	4	6	20.5	1.54	1.67	
강릉원주대	해람인재	12	12	38.5	1.31	1.40 등록80%컷	18	9	49.7	1.66	2.05 등록최저	10	12	42.0	1.87	1.95	
경북대	일반학생	9	9	39.2	1.89	1.95	4	6	48.8	1.89	2.11	6	2	48.6	2.15	2.40	
경북대	지역인재	16	11	17.8	1.86	1.90	2	11	18.2	2.10	2.09	3	10	21.6	2.16	2.30	

2부 ● 전형유형 분석

대학	전형	2025 모집인원	2024 모집인원	2024 경쟁률	2024 등록자평균	2024 등록70%컷	2024 충원번호	2023 모집인원	2023 경쟁률	2023 등록자평균	2023 등록70%컷	2023 충원번호	2022 모집인원	2022 경쟁률	2022 등록자평균	2022 등록70%컷	2022 충원번호
경북대	지역인재-학교장 추천	3	3	7.3	1.83	1.95											
경희대	네오르네상스	21	24	25.4	2.14 최종평균	2.63	10	29	19.0	1.7 최종평균		11	40	13.3	1.7 최종평균		
단국대(천안)	DKU인재(면접형)	20	20	19.0	1.41	1.88 등록최저		20	18.5	1.65		6	20	21.0	1.48		
단국대(천안)	농어촌학생	1	1	12.0	1.93	1.93 등록최저		1	8.0	1.28							
서울대	일반전형	25	25	13.4	1.35 등록50%	1.53	9	25	11.8	1.43	1.54	8	22	9.23	1.70	1.84	
연세대	활동우수형	12	12	17.3	1.31 등록50%	1.49	8	12	16.2	1.40	1.71	10	12	12.0	1.72	2.35	
원광대	지역인재Ⅰ(전북)(자연)	22	22	7.7	1.48 등록50%	1.61	7	22	7.4	1.60	1.68	7	17	8.9	1.57	1.67	
원광대	지역인재Ⅰ(호남)(자연)	10	10	11.8	1.33 등록50%	1.39	15	10	7.2	1.45	1.47	1	7	10.3	1.26	1.29	
원광대	학생부종합 (인문)	2	2	15.5			2	2	7.5				2	10.5			
원광대	학생부종합 (자연)	12	12	17.4	1.30 등록50%	134	13	12	12.8	1.28	1.34	12	17	13.4	1.35	1.44	
전남대	고교생활우수자Ⅰ	4	4	12.8	1.28	1.20	4	4	21.8	1.23	1.26	2	5	19.6	1.43	1.43	
전북대	큰사람	4	4	22.3	1.37	1.42		6	23.0	1.45	1.51		2	25.5			
조선대	면접전형	6	6	20.8	1.30	1.34	9	6	25.7	1.31	1.41						

■ 논술

대학	전형	2025 모집인원	2024 모집인원	2024 경쟁률	2024 등록자평균	2024 등록70%컷	2024 충원번호	2023 모집인원	2023 경쟁률	2023 등록자평균	2023 등록70%컷	2023 충원번호	2022 모집인원	2022 경쟁률	2022 등록자평균	2022 등록70%컷	2022 충원번호
경북대	논술전형(AAT)	3	5	194.8				5	287.6	3.30			5	263.8	3.61		
경희대	논술우수자	11	11	138.9			1	11	169.8	1.9 최종평균		1	11	175.6	3.6 최종평균		
연세대	논술전형	10	10	105.0				10	99.8				10	119.1			

Ⅱ. 모집인원

1. 전체

■ 전체

※ 모집인원: 정원 내외 모집인원 포함

학년도	구분	모집인원 인원	모집인원 비율	수시모집 학생부교과 인원	수시모집 학생부교과 비율	수시모집 학생부종합 인원	수시모집 학생부종합 비율	수시모집 논술 인원	수시모집 논술 비율	수시모집 계 인원	수시모집 계 비율	정시모집 수능 인원	정시모집 수능 비율
2024	전체	642	100%	138	21.5%	209	32.6%	26	4.0%	373	58.1%	269	41.9%
2024	지역인재	200	31.2%	87	13.6%	69	10.7%			156	24.3%	44	6.9%
2025	전체	603	100%	136	22.6%	198	32.8%	24	3.9%	358	59.4%	245	40.6%
2025	지역인재	173	28.7%	82	13.6%	59	9.8%			141	23.4%	32	5.3%
증감	전체	-39	0.0%	-2	+1.1%	-11	+0.2%	-2	-0.1%	-15	+1.3%	-24	-1.3%
증감	지역인재	-27	-2.5%	-5	0.0%	-10	-0.9%			-15	-0.9%	-12	-1.6%

2. 대학

■ 대학

※ 모집인원: 정원 내·외 모집인원 포함

지역	대학	학년도	구분	전체 모집인원		수시모집								정시모집	
						학생부교과		학생부종합		논술		계		수능	
				인원	비율	인원	비율	인원	비율	인원	비율	인원	비율	인원	비율
서울	경희대	2024	전체	82	100%	13	15.8%	24	29.3%	11	13.4%	48	58.5%	34	41.5%
		2025	전체	82	100%	16	19.5%	21	25.6%	11	13.4%	48	58.5%	34	41.5%
	서울대	2024	전체	45	100%			25	55.6%			25	55.6%	20	44.4%
		2025	전체	45	100%			25	55.6%			25	55.6%	20	44.4%
	연세대	2024	전체	62	100%	10	16.1%	14	22.6%	10	16.1%	34	54.8%	28	45.2%
		2025	전체	62	100%	10	16.1%	14	22.6%	10	16.1%	34	54.8%	28	45.2%
강원	강릉원주대	2024	전체	42	100%	6	14.3%	20	47.6%			26	61.9%	16	38.1%
			지역	10	24.4%	4	9.8%	6	14.6%			10	24.4%		
		2025	전체	41	100%	6	14.6%	20	48.8%			26	63.4%	15	36.6%
			지역	10	24.4%	4	9.8%	6	14.6%			10	24.4%		
경상	경북대	2024	전체	60	100%	14	23.3%	23	38.3%	5	8.3%	42	70.0%	18	30.0%
			지역	24	40.0%	10	16.7%	14	23.3%			24	40.0%		
		2025	전체	62	100%	17	27.4%	30	93.8%	3	4.8%	50	80.6%	12	19.4%
			지역	32	51.6%	13	21.0%	19	30.6%			32	51.6%		
	부산대	2024	전체	40	100%	10	25.0%	15	37.5%			25	62.5%	15	37.5%
			지역	35	87.5%	10	25.0%	15	37.5%			25	62.5%	10	25.0%
		2025	전체												
			지역												
전라	원광대	2024	전체	84	100%			52	61.9%			52	61.9%	32	38.1%
			지역	34	40.5%			34	40.5%			34	40.5%		
		2025	전체	84	100%			52	61.9%			52	61.9%	32	38.1%
			지역	34	40.5%			34	40.5%			34	40.5%		
	전남대	2024	전체	35	100%	19	54.3%	4	11.4%			23	65.7%	12	34.3%
			지역	21	60.0%	13	37.1%					13	37.1%	8	22.9%
		2025	전체	35	100%	19	54.3%	4	11.4%			23	65.7%	12	34.3%
			지역	21	60.0%	13	37.1%					13	37.1%	8	22.9%
	전북대	2024	전체	40	100%	26	65.0%	4	10.0%			30	75.0%	10	25.0%
			지역	28	70.0%	23	57.5%					23	57.5%	5	12.5%
		2025	전체	40	100%	26	65.0%	4	10.0%			30	75.0%	10	25.0%
			지역	28	70.0%	23	57.5%					23	57.5%	5	12.5%
	조선대	2024	전체	81	100%	40	49.4%	7	8.6%			47	58.0%	34	42.0%
			지역	48	59.2%	27	33.3%					27	33.3%	21	25.9%
		2025	전체	81	100%	42	51.9%	7	8.6%			49	60.5%	32	39.5%
			지역	48	59.3%	29	35.8%					29	35.8%	19	23.5%
충청	단국대(천안)	2024	전체	71	100%			21	29.6%			21	29.6%	50	70.4%
			지역												
		2025	전체	71	100%			21	29.6%			21	29.6%	50	70.4%
			지역												

Ⅲ. 전형

■ 수능최저학력기준/면접(학생부) 유무

전형 유형	구분				대학 수	대학
학생부 교과	수능 최저 학력 기준	○	면접	○	0	
				×	5	경희대: 지역균형, 경북대: 교과우수자, 전남대: 일반전형, 전북대: 일반학생, 조선대: 일반전형
		×	면접	○	1	연세대: 추천형
				×	0	
학생부 종합	수능 최저 학력 기준	○	면접	○	6	강릉원주대: 해람인재, 단국대: DKU인재(면접형), 연세대: 활동우수형, 원광대: 학생부종합, 전남대: 고교생활우수자(유형Ⅰ), 전북대: 큰사람,
				×	1	경북대: 일반학생
		×	면접	○	2	경희대: 네오르네상스, 서울대: 일반전형
				×	0	
논술	수능 최저 학력 기준	○	학생부	○	1	경북대: 논술전형(AAT)
				×	1	경희대: 논술우수자
		×	학생부	○	0	
				×	1	연세대: 논술전형

1. 학생부교과

대학	전형	인원 2025	인원 2024	전형 방법	수능 최저 학력 기준
강릉원주대	기회균형	2	2	학생부100%	[국, 수, 영, 과(1)] 수학 포함 3개 등급 합 6
강릉원주대	지역교과	4	4	학생부100%	[국, 수, 영, 사과(1)] 수학 포함 3개 등급 합 6
경북대	지역인재	11	8	학생부교과80%+ 서류20%	[국, 수(미적분/기하), 영, 과(2, 소수점 절사)] 3개 등급 합 4(과탐 포함)
경북대	교과우수자	4	4	학생부교과80%+ 서류20%	[국, 수(미적분/기하), 영, 과(2, 소수점 절사)] 3개 등급 합 4(과탐 포함)
경북대	지역인재-기초생활수급자등대상자	2	2	학생부교과80%+ 서류20%	[국, 수(미적분/기하), 영, 과(2, 소수점 절사)] 3개 등급 합 5(과탐 포함)
경희대	지역균형	16	13	학생부70%+ 교과종합평가30%	[국, 수, 영, 과(2)] 3개 등급 합 4, 한 5등급
연세대	추천형	10	10	1단계)학생부교과100%(5배수) 2단계)1단계70%+ 면접30%	[국, 수(미적분/기하), 과(1)] '국, 수' 중 1개 과목 포함 2개 1등급, 영어 3등급, 한국사 4등급
전남대	지역인재	12	12	학생부100%	[국, 수(미적분/기하), 영, 과(1)] 수학 포함 3개 등급 합 6
전남대	사회적배려대상자	1	1	학생부100%	[국, 수(미적분/기하), 영, 과(1)] 수학 포함 3개 등급 합 7
전남대	지역균형	1	1	학생부100%	[국, 수(미적분/기하), 영, 과(1)] 수학 포함 3개 등급 합 7
전남대	일반전형	5	5	학생부100	[국, 수(미적분/기하), 영, 과(1)] 수학 포함 3개 등급 합 5
전북대	지역인재기회균형(호남권) [신설]	1		학생부100%	[국, 수(미적분/기하), 영, 과(1)] 수학 포함 3개 등급 합 6
전북대	일반학생	3	3	학생부100%	[국, 수(미적분/기하), 영, 과(1)] 수학 포함 3개 등급 합 6
전북대	지역인재2유형(전북권)	18	18	학생부100%	[국, 수(미적분/기하), 영, 과(1)] 수학 포함 3개 등급 합 6
전북대	지역인재1유형(호남권)	4	5	학생부100%	[국, 수(미적분/기하), 영, 과(1)] 수학 포함 3개 등급 합 6
조선대	지역기회균형	2	2	학생부100%	[국, 수(미적분/기하), 영, 과(1)] 수학 포함 3개 등급 합 5
조선대	지역인재	27	25	학생부100%	[국, 수(미적분/기하), 영, 과(1)] 수학 포함 3개 등급 합 5
조선대	일반전형	13	13	학생부100%	[국, 수(미적분/기하), 영, 과(1)] 수학 포함 3개 등급 합 5

2. 학생부종합

대학	전형	인원 2025	인원 2024	전형 방법	수능 최저 학력 기준
강릉원주대	농어촌학생	2	2	서류80%+ 면접20%	[국, 수, 영, 과(1)] 수학 포함 3개 등급 합 6
강릉원주대	지역인재-저소득	1	1	서류80%+ 면접20%	[국, 수, 영, 과(1)] 수학 포함 3개 등급 합 6
강릉원주대	해람인재	12	12	서류80%+ 면접20%	[국, 수, 영, 과(1)] 수학 포함 3개 등급 합 6
강릉원주대	지역인재	5	5	서류80%+ 면접20%	[국, 수, 영, 과(1)] 수학 포함 3개 등급 합 6
경북대	일반학생	9	9	서류100%	[국, 수(미적분/기하), 영, 과(2, 소수점 절사)] 3개 등급 합 4(과탐 포함)
경북대	지역인재-학교장추천	3	3	1단계)서류100%(5배수) 2단계)서류70%+ 면접30%	[국, 수(미적분/기하), 영, 과(2, 소수점 절사)] 3개 등급 합 5(과탐 포함)
경북대	지역인재	16	11	1단계)서류100%(5배수) 2단계)서류70%+ 면접30%	[국, 수(미적분/기하), 영, 과(2, 소수점 절사)] 3개 등급 합 4(과탐 포함)
경북대	농어촌학생 [신설]	2		서류1200%	[국, 수(미적분/기하), 영, 과(2, 소수점 절사)] 3개등급 합 5(과탐 포함)
경희대	네오르네상스	21	24	1단계)서류100%(3배수) 2단계)서류70%+ 면접30%	없음
단국대(천안)	DKU인재(면접형)	20	20	1단계)서류100%(3배수) 2단계)서류70%+ 면접30%	[국, 수(미적분/기하), 영, 과(2)] 수학 포함 3개 등급 합 5
단국대(천안)	농어촌학생	1	1	서류100%	없음
서울대	일반전형	25	25	1단계)서류100%(2배수) 2단계)서류50%+ 면접50%	없음
연세대	기회균형	2	2	1단계)서류100%(3배수) 2단계)서류60%+ 면접40%	없음
연세대	활동우수형	12	12	1단계)서류100%(4배수) 2단계)서류60%+ 면접40%	[국, 수(미적분/기하), 과(1)] '국, 수' 중 1개 과목 포함 2개 1등급, 영어 3등급, 한국사 4등급
원광대	지역인재 I (전북)(자연)	22	22	1단계)서류100%(5배수) 2단계)서류70%+ 면접30%	[국, 수, 영, 과(1)] 수학 포함 3개 등급 합 6
원광대	학생부종합(자연)	12	12	1단계)서류100%(5배수) 2단계)서류70%+ 면접30%	[국, 수, 영, 과(2)] 수학 포함 3개 등급 합 6
원광대	지역인재 I (호남)(자연)	10	10	1단계)서류100%(5배수) 2단계)서류70%+ 면접30%	[국, 수, 영, 과(1)] 수학 포함 3개 등급 합 6
원광대	지역인재II(자연)	2	2	1단계)서류100%(5배수) 2단계)서류70%+ 면접30%	[국, 수, 영, 과(1)] 수학 포함 3개 등급 합 6
원광대	농어촌학생 (자연)	2	2	1단계)서류100%(5배수) 2단계)서류70%+ 면접30%	없음
원광대	학생부종합(인문)	2	2	1단계)서류100%(5배수) 2단계)서류70%+ 면접30%	[국, 수, 영, 사(2)] 수학 포함 3개 등급 합 6
원광대	기회균형II(자연)	2	2	1단계)서류100%(5배수) 2단계)서류70%+ 면접30%	없음
전남대	고교생활우수자 I	4	4	1단계)서류100%(6배수) 2단계)서류70%+ 면접30%	[국, 수(미적분/기하), 영, 과(1)] 수학 포함 3개 등급 합 6
전북대	큰사람	4	4	1단계)서류100%(3배수) 2단계)서류70%+ 면접30%	[국, 수(미적분/기하), 영, 과(1)] 수학 포함 3개 등급 합 6
조선대	농어촌학생	1	1	서류100%	[국, 수(미적분/기하), 영, 과(1)] 수학 포함 3개 등급 합 5
조선대	면접전형	6	6	1단계)서류100%(5배수) 2단계)서류70%+ 면접30%	[국, 수(미적분/기하), 영, 과(1)] 수학 포함 3개 등급 합 5

3. 논술

대학	전형	인원 2025	인원 2024	전형 방법	수능 최저 학력 기준
경북대	논술전형(AAT)	3	5	학생부교과30%+ 논술70%	[국, 수(미적분/기하), 영, 과(2, 소수점 절사)] 3개 등급 합 4(과탐 포함)급
경희대	논술우수자	11	11	논술100%	[국, 수, 영, 과(2)] 3개 등급 합 4, 한 5등급
연세대	논술전형	10	10	논술100%	없음

■ 한의예과

지역	대학 수	대학(12)
서울	1	경희대
경인	1	가천대
충청	2	대전대, 세명대
강원	1	상지대
경상	4	대구한의대, 동국대(WISE), 동의대, 부산대(한의학전문대학원 학석사통합과정)
전라	3	동신대, 우석대, 원광대

Ⅰ. 전형결과

1. 전체

■ 전체

학년도	구분	학생부교과					학생부종합					논술				
		모집인원	지원인원	경쟁률	등록자평균	충원율	모집인원	지원인원	경쟁률	등록자평균	충원율	모집인원	지원인원	경쟁률	등록자평균	충원율
2023	인원	275	5,555	20.2	1.30	97.5%	206	3,924	19.0	1.71	29.1%	21	3,400	161.9	2.85	9.5%
2024	인원	285	4,860	17.1	1.32	149.1%	201	4,423	22.0	1.64	45.3%	26	3,607	138.7		3.8%
	증감	+10 (3.6%)	-695 (12.5%)	-3.1 (15.3%)	+0.02 (1.5%)	+51.6 (52.9%)	-5 (2.4%)	+499 (12.7%)	+3.0 (15.8%)	-0.07 (4.1%)	+16.2 (55.7%)	+5 (23.8%)	+207 (6.1%)	-23.2 (14.3%)		-5.7 (60.0%)

■ 지역

구분	학년도	학생부교과					학생부종합					논술				
		모집인원	지원인원	경쟁률	등록자평균	충원율	모집인원	지원인원	경쟁률	등록자평균	충원율	모집인원	지원인원	경쟁률	등록자평균	충원율
수도권	2023	14	230	16.4	1.10	71.4%	43	834	19.4	1.50	4.7%	21	3,400	161.9	2.85	9.5%
	2024	17	312	18.4		76.5%	41	1,006	24.5		12.2%	21	3,375	160.7		4.8%
비수도권 (지역인재)	2023	133	1,990	15.0	1.40	75.2%	84	943	11.2	1.63	21.4%					
	2024	143	1,755	12.3	1.36	140.6%	84	1,073	12.8	1.48	38.1%	5	232	46.4		
비수도권 ('지역인재' 제외)	2023	128	3,335	26.1	1.25	123.4%	79	2,147	27.2	1.81	50.6%					
	2024	125	2,793	22.3	1.28	168.6%	76	2,344	30.8	1.70	71.1%					

2. 한눈에 보는 성적

등록자평균	학생부교과	학생부종합	논술
1.0	**동신대**: 기초생활및차상위(1.00) **경희대**: 지역균형(인문)(1.03) **대전대**: 교과중점(1.08) **상지대**: 교과강원인재(1.08)		
1.1	**우석대**: 일반학생(교과중심)(1.10) **대구한의대**: 기회균형(자연)(1.12) **대구한의대**: 기회균형(인문)(1.16) **상지대**: 교과일반(1.17) **동의대**: 일반고교과(1.19)/지역인재교과(1.19)		

등록자 평균	학생부교과	학생부종합	논술
1.2	우석대: 농어촌학생(1.22) 동신대: 일반전형(1.23) 대구한의대: 지역인재(인문)(1.24) 대전대: 지역인재 I (1.25) 대전대: 교과면접(1.26)	경희대: 네오르네상스(인문)(1.22)	
1.3	동국대(WISE): 교과전형(1.30) 세명대: 지역인재(일반)(1.35) 대구한의대: 일반전형(자연)(1.35)	대구한의대: 지역인재(자연)(1.33) 원광대: 지역인재(호남)(인문)(1.35)/ 학생부종합(인문)(1.35) 원광대: 지역인재(전북)(인문)(1.37) 경희대: 네오르네상스(자연)(1.39)	
1.4	동국대(WISE): 지역인재(교과)(1.40) 세명대: 농어촌학생(1.40) 상지대: 농어촌학생(1.42) 경희대: 지역균형(자연)(1.45)	세명대: SMU의료인재(1.40) 원광대: 지역인재(호남)(자연)(1.42) 동의대: 학교생활우수자(1.45) 상지대: 종합강원인재(1.45)	
1.5	부산대: 지역인재(1.50)	대구한의대: 일반전형(자연)(1.58)	
1.6	대구한의대: 지역인재(자연)(1.66) 우석대: 기회균형(1.67) 대전대: 지역인재 II (1.69)	대구한의대: 지역인재(인문)(1.66)	
1.7		동국대(WISE): 참사랑(1.70) 대구한의대: 농어촌학생(자연)(1.72) 대전대: 혜화인재(1.77)	
1.8		동국대(WISE): 지역인재(종합)(1.80) 대구한의대: 일반전형(인문)(1.87)	
1.9	대구한의대: 일반전형(인문)(1.94) 우석대: 지역인재(기회균형)(1.96)	대구한의대: 기초수급및차상위(자연)(1.97)	
2.0	동국대(WISE): 기회균형(지역인재)(2.00)		
2.1			
2.2			
2.3			
2.4			
2.5			
2.6			
2.7			
2.8			
2.9			
3.0			
3.1		상지대: 종합강원인재균형(3.17)	
3.2			
3.3			
3.4		가천대: 가천의약학(3.47)	

3. 대학

■ 학생부교과

대학	전형	2025 모집 인원	2024 모집 인원	경쟁률	등록자 평균	등록 70%컷	충원 번호	2023 모집 인원	경쟁률	등록자 평균	등록 70%컷	충원 번호	2022 모집 인원	경쟁률	등록자 평균	등록 70%컷	충원 번호
가천대	학생부우수자	5	5	40.6		1.12		3	24.3		1.47	3	3	16.3		1.70	
경희대	지역균형 (자연)	8	8	6.0	1.45 최종평균	1.58	8	8	10.4	1.2 최종평균		5					
경희대	지역균형 (인문)	3	3	14.7	1.03 최종평균	1.04	5	3	24.7	1.0 최종평균		2					

대학	전형	2025 모집인원	2024 모집인원	2024 경쟁률	2024 등록자평균	2024 등록70%컷	2024 충원번호	2023 모집인원	2023 경쟁률	2023 등록자평균	2023 등록70%컷	2023 충원번호	2022 모집인원	2022 경쟁률	2022 등록자평균	2022 등록70%컷	2022 충원번호
대구한의대	.지역인재(인문)	7	6	8.2	1.24	1.55 등록90%	10	6	16.8	1.1	1.2 최종90%	2	6	12.3	2.15	2.24	
대구한의대	.지역인재(자연)	14	12	13.4	1.66	1.91 등록90%	17	12	23.0	1.3	1.4 최종90%	17	11	25.0	1.83	1.90	
대구한의대	기회균형(인문) [2024] 고른기회	3	2	70.5	1.16	1.19 등록90%	8	3	67.7	1.1	1.1 최종90%	12	4	28.5	1.70	1.70	
대구한의대	기회균형(자연) [2024] 고른기회	5	3	77.0	1.12	1.15 등록90%	5	3	84.0	1.3	1.4 최종90%	6	5	37.0	1.66	1.80	
대구한의대	일반전형(인문)	7	4	20.5	1.94	2.34 등록90%	6	3	32.0	1.1	1.1 최종90%	1					
대구한의대	일반전형(자연)	12	12	12.6	1.35	1.46 등록90%	12	10	25.9	1.2	1.2 최종90%	9	12	45.4	1.20	1.30	
대전대	.지역인재Ⅰ	23	23	6.6	1.25	1.32 등록80%	19	20	14.0	1.15	1.24 등록80%	12	5	16.2	1.79		
대전대	.지역인재Ⅱ	2	2	4.5	1.69	1.66 등록80%		2	6.0	1.92	1.91 등록80%	2					
대전대	교과면접	12	15	14.7	1.26	1.29 등록80%	6	13	14.7	1.23	1.27 등록80%	15	21	14.7	1.35		
대전대	교과중점	17	15	11.9	1.08	1.12 등록80%	25	14	12.1	1.10	1.13 등록80%	21	14	21.2	1.04		
동국대(WISE)	교과전형	10	17	18.5	1.3 등록50%	1.3	12	15	27.6	1.4	1.4	14	19	39.8	1.4	1.5	
동국대(WISE)	기회균형Ⅰ(지역인재)	2	2	4.0	2.0 등록50%	2.0		2	4.0								
동국대(WISE)	불교추천인재	3	1	16.0	1.2 등록50%	1.2											
동국대(WISE)	지역인재(교과)	16	14	14.2	1.4 등록50%	1.4	14	15	14.5	1.4	1.6	13	12	16.3	2.2	2.3	
동신대	일반전형	12	12	21.7		1.23	39	12	19.2	1.14	1.19	10	12	32.4	1.11	1.12	
동신대	지역학생	16	16	11.4		1.38	21	15	10.7	1.34	1.42	9	8	26.5	1.24	1.26	
동의대	일반고교과	9	10	29.9	1.19	1.24	35	9	39.8	1.28	1.36	19	10	20.4	1.69	1.88	
동의대	지역인재교과	15	14	15.9	1.19	1.23	20	9	18.7	1.32	1.38	7	10	13.6	1.32	1.42	
부산대	지역인재	14	15	18.9	1.50	1.51	9	15	19.5	1.57	1.64	5	15	21.3	1.63	1.72	
상지대	교과강원인재 [2024]지역인재Ⅰ	3	3	22.0	1.08	1.04	3										
상지대	교과일반 [2024]일반Ⅰ	5	5	37.4	1.17	1.19	11	5	45.4	1.20	1.26	11	5	33.6	1.31	1.39	
상지대	농어촌학생	3	3	26.0	1.42	1.38	1	3	20.0								
세명대	지역인재(일반)	16	18	10.4		1.35 등록80%	16	18	11.0		1.35 등록80%	10	7	14.0		1.40 등록80%	
우석대	기회균형	1	1	29.0	1.67 등록50%	1.67	1	1	28.0				1	11.0			
우석대	농어촌학생	1	1	18.0	1.22 등록50%	1.22		1	21.0				1	18.0			
우석대	일반학생(교과중심)	11	10	25.5	1.10	1.10	48	11	24.0	1.32	1.00	33	8	33.3	1.00	1.00	
우석대	지역인재	12	13	13.2	1.30	1.40	71	12	7.8	1.53	1.00	17	6	17.0	1.00	1.00	
우석대	지역인재(기회균형)	1	1	14.0	1.96 등록50%	1.96		1	9.0				3	7.7	1.00	1.00	

■ 학생부종합

대학	전형	2025 모집인원	2024 모집인원	2024 경쟁률	2024 등록자평균	2024 등록70%컷	2024 충원번호	2023 모집인원	2023 경쟁률	2023 등록자평균	2023 등록70%컷	2023 충원번호	2022 모집인원	2022 경쟁률	2022 등록자평균	2022 등록70%컷	2022 충원번호
가천대	가천의약학	7	10	32.3		3.47		12	21.8		2.32		12	15.7		2.6	
경희대	네오르네상스 (인문)	9	9	36.1	1.22 최종평균	1.27	1	9	25.3	1.6 최종평균			12	17.5	1.5 최종평균		
경희대	네오르네상스 (자연)	22	22	16.3	1.39 최종평균	1.38	4	22	15.6	1.4 최종평균		2	30	11.0	1.7 최종평균		
대구한의대	기초수급및차상위 (자연)	5	5	12.0	1.97	2.12 등록90%	5	5	9.0	2.0		1	5	17.4			
대구한의대	일반전형 (자연)	10	8	43.6	1.58	1.73 등록90%	10	9	42.2	1.9		6	10	36.2	2.03	2.27	
대구한의대	지역인재 (인문)	7	8	7.6	1.66	2.27 등록90%		7	10.0	1.5		3					
대구한의대	일반전형 (인문)	5	4	36.0	1.87	2.30 등록90%	5	5	31.4	2.3		2	8	16.1	2.27	2.30	
대구한의대	농어촌학생 (자연)	5	5	18.2	1.72	2.01 등록90%	2	5	11.4	1.9		3	5	17.6			
대구한의대	지역인재 (자연)	14	16	19.2	1.33	1.43 등록90%	23	14	20.8	1.8		8					
대전대	혜화인재	5	5	37.6	1.77		2	5	45.8	2.60		4	5	45.2	1.56		
동국대(WISE)	참사랑	7	8	33.5	1.7 등록50%	1.7		6	34.3	1.7	1.8	1	6	33.3	1.9	1.9	
동국대(WISE)	지역인재(종합)	23	14	16.8	1.8 등록50%	1.9		14	14.2	1.9	2.0	3					
동의대	학교생활우수자 (면접)	9	9	32.9	1.45		6	8	32.9	1.39	1.43	5	10	29.7	1.32	1.39	
상지대	종합일반 [2024-일반전형	7	7	47.9	1.56	1.64	6	7	36.3	1.80	1.92	3	10	27.0	2.04	2.10	
상지대	종합강원인재균형 [2024]지역인재IV	1	1	3.0	3.17 등록50%	3.17		2	0.5								
상지대	종합강원인재 [2024]지역인재III	7	7	18.4	1.45	1.44	4	10	12.3	1.74	2.08	2	9	7.7	1.56	1.54	
세명대	SMU의료인재 [2024]학생부종합	7	7	40.0		1.40 등록80%	2	10	23.6		1.85 등록80%	4	5	17.8		1.50 등록80%	
원광대	지역인재(전북) (인문)	9	9	5.2	1.37 등록50%	1.52	1	9	4.3	1.49	1.70		8	4.8	1.30	1.44	
원광대	지역인재Ⅰ(전북) (자연)	12	12	12.4	1.70 등록50%	1.80	1	11	10.8	1.84	1.96	1	10	11.9	1.77	1.97	
원광대	학생부종합(자연)	9	9	20.6	1.52 등록50%	1.63	9	10	19.5	1.38	1.45	6	13	17.1	1.66	1.67	
원광대	학생부종합(인문)	4	4	22.3	1.35 등록50%	1.41	4	4	20.5	1.17	1.17	2	5	19.8	1.91	2.21	
원광대	농어촌학생 (자연)	3	3	11.3			3	3	9.3			3	3	8.3			
원광대	지역인재(호남) (자연)	9	9	11.0	1.42 등록50%	1.51	3	9	7.8	1.57	1.59		8	11.4	1.48	1.53	
원광대	지역인재(호남) (인문)	6	6	5.3	1.35 등록50%	1.40		6	4.7	1.21	1.33	1	5	6.0	1.24	1.29	

■ 논술

대학	전형	2025 모집인원	2024 모집인원	2024 경쟁률	2024 등록자평균	2024 등록70%컷	2024 충원번호	2023 모집인원	2023 경쟁률	2023 등록자평균	2023 등록70%컷	2023 충원번호	2022 모집인원	2022 경쟁률	2022 등록자평균	2022 등록70%컷	2022 충원번호
경희대	논술우수자 (자연)	16	16	97.8			1	16	106.4	3.4 최종평균		1	16	118.4	2.6 최종평균		
경희대	논술우수자 (인문)	5	5	362.2				5	339.4	2.3 최종평균		1	5	303.6	3.3 최종평균		
부산대	지역인재	5	5	46.4													

II. 모집인원

1. 전체

■ 대학

※ 모집인원: 정원 내·외 모집인원 포함

학년도	구분	모집인원		수시모집								정시모집	
				학생부교과		학생부종합		논술		계		수능	
		인원	비율	인원	비율	인원	비율	인원	비율	인원	비율	인원	비율
2024	전체	761	100%	298	39.2%	201	26.5%	26	3.4%	525	69.0%	236	31.0%
	지역인재	238	31.3%	143	18.8%	84	11.0%	5	0.7%	232	30.5%	6	0.8%
2025	전체	764	100%	296	38.7%	207	27.1%	26	3.4%	529	69.2%	235	30.8%
	지역인재	252	33.0%	151	19.8%	91	11.9%	5	0.7%	247	32.3%	5	0.7%
증감	전체	+1	0.0%	-2	-0.5%	+6	+0.6%	0	0.0%	+4	+0.2%	-1	-0.2%
	지역인재	+14	+1.7%	+8	+1.0%	+7	+0.9%	0	0.0%	+15	+1.8%	-1	-0.1%

2. 대학

■ 대학

※ 모집인원: 정원 내·외 모집인원 포함

지역	대학	학년도	구분	전체 모집인원		수시모집								정시모집	
						학생부교과		학생부종합		논술		계		수능	
				인원	비율	인원	비율	인원	비율	인원	비율	인원	비율	인원	비율
서울	경희대	2024	전체	109	100%	11	10.1%	31	28.4%	21	19.3%	63	57.8%	46	42.2%
		2025	전체	109	100%	11	10.1%	31	28.4%	21	19.3%	63	57.8%	46	42.2%
경인	가천대	2024	전체	31	100%	6	19.4%	10	32.2%			16	51.6%	15	48.4%
		2025	전체	31	100%	6	19.4%	7	22.6%			13	41.9%	18	58.1%
강원	상지대	2024	전체	63	100%	12	19.1%	15	23.8%			27	42.9%	36	57.1%
			지역	12	19.1%	4	6.3%	8	12.7%			12	19.1%		
		2025	전체	66	100%	15	22.7%	15	22.7%			30	45.5%	36	54.5%
			지역	12	18.2%	4	6.1%	8	12.1%			12	18.2%		
경상	대구한의대	2024	전체	118	100%	52	44.1%	46	39.0%			98	83.1%	20	16.9%
			지역	42	20.3%	18	15.3%	24	20.3%			42	35.6%		
		2025	전체	118	100%	52	44.1%	46	39.0%			98	83.1%	20	16.9%
			지역	46	39.0%	25	21.2%	21	17.8%			46	39.0%		
	동국대(WISE)	2024	전체	75	100%	37	49.3%	22	29.3%			59	78.7%	16	21.3%
			지역	32	42.7%	16	21.3%	14	18.7%			30	40.0%	2	2.7%
		2025	전체	75	100%	34	45.3%	30	40.0%			64	85.3%	11	14.7%
			지역	41	54.7%	18	24.0%	23	30.7%			41	54.7%		
	동의대	2024	전체	50	100%	25	50.0%	9	18.0%			34	68.0%	16	32.0%
			지역	15	30.0%	15	30.0%					15	30.0%		
		2025	전체	50	100%	25	50.0%	9	18.0%			34	68.0%	16	32.0%
			지역	16	32.0%	16	32.0%					16	32.0%		
	부산대	2024	전체	25	100%	15	60.0%			5	20.0%	20	80.0%	5	20.0%
			지역	20	80.0%	15	60.0%			5	20.0%	20	80.0%		
		2025	전체	25	100%	14	56.0%	1	4.0%	5	20.0%	20	80.0%	5	20.0%
			지역	20	80.0%	14	56.0%	1	4.0%	5	20.0%	20	80.0%		
전라	동신대	2024	전체	44	100%	34	77.3%					34	77.3%	10	22.7%
			지역	18	40.9%	18	40.9%					18	40.9%		
		2025	전체	44	100%	34	77.3%					34	77.3%	10	22.7%
			지역	18	40.9%	18	40.9%					18	40.9%		
	우석대	2024	전체	32	100%	26	81.2%					26	81.2%	6	18.8%
			지역	14	43.8%	14	43.8%					14	43.8%		
		2025	전체	32	100%	26	81.2%					26	81.2%	6	18.8%
			지역	13	40.6%	13	40.6%					13	40.6%		

지역	대학	학년도	구분	전체 모집인원		수시모집								정시모집	
						학생부교과		학생부종합		논술		계		수능	
				인원	비율	인원	비율	인원	비율	인원	비율	인원	비율	인원	비율
	원광대	2024	전체	95	100%			56	58.9%			56	58.9%	39	41.1%
			지역	38	40.0%			38	40.0%			38	40.0%		
		2025	전체	95	100%			56	58.9%			56	58.9%	39	41.1%
			지역	38	40.0%			38	40.0%			38	40.0%		
	대전대	2024	전체	75	100%	58	77.3%	5	6.7%			63	84.0%	12	16.0%
			지역	29	38.6%	25	33.3%					25	33.3%	4	5.3%
		2025	전체	75	100%	57	76.0%	5	6.7%			62	82.7%	13	17.3%
			지역	30	40.0%	25	33.3%					25	33.3%	5	6.7%
	세명대	2024	전체	44	100%	22	50.0%	7	15.9%			29	65.9%	15	34.1%
			지역	18	40.9%	18	40.9%					18	40.9%		
		2025	전체	44	100%	22	50.0%	7	15.9%			29	65.9%	15	34.1%
			지역	18	40.9%	18	40.9%					18	40.9%		

III. 전형

■ 수능최저학력기준/면접(학생부) 유무

전형유형	구분			대학수	대학
학생부교과	수능최저학력기준	○	면접 ○	2	대구한의대: 면접전형, 대전대: 교과면접
			면접 ×	9	가천대: 학생부우수자, 경희대: 지역균형, 대구한의대: 일반전형, 대전대: 교과중점, 동국대(WISE): 교과전형/불교추천인재, 동신대: 일반전형, 동의대: 일반고교과, 우석대: 일반학생(교과중심), 상지대: 일반 I
		×	면접 ○	0	
			면접 ×	0	
학생부종합	수능최저학력기준	○	면접 ○	4	가천대: 가천의약학, 대전대: 혜화인재, 동국대(WISE): 참사랑, 원광대: 학생부종합
			면접 ×	3	대구한의대: 일반전형, 상지대: 학생부종합, 세명대: 학생부종합
		×	면접 ○	2	경희대: 네오르네상스, 동의대: 학교생활우수자(면접)
			면접 ×	0	
논술	수능최저학력기준	○	학생부 ○	0	
			학생부 ×	1	경희대: 논술우수자
		×	학생부 ○	0	
			학생부 ×	0	

1. 학생부교과

대학	전형	인원 2025	인원 2024	전형 방법	수능 최저 학력 기준
가천대	농어촌(교과)	1	1	학생부100%	[국, 수(미적분/기하), 영, 과(2. 소수점 절사)] 2개 1등급
가천대	학생부우수자	5	5	학생부100%	[국, 수(미적분/기하), 영, 과(2)] 2개 1등급
경희대	지역균형(자연)	8	8	학생부70%+ 교과종합평가30%	[국, 수, 영, 과(2)] 3개 등급 합 4, 한 5등급
경희대	지역균형(인문)	3	3	학생부70%+ 교과종합평가30%	[국, 수, 영, 과(2)] 3개 등급 합 4, 한 5등급
대구한의대	기회균형(인문)	3	2	학생부100%	[국, 수(확률과통계), 영, 사(1)] 3개 등급 합 5
대구한의대	기회균형(자연)	5	3	학생부100%	[국, 수(미적분/기하), 영, 과(1)] 3개 등급 합 6
대구한의대	지역기회균형(자연) [신설]	3		학생부100%	[국, 수(미적분/기하), 영, 과(1)] 3개 등급 합 6
대구한의대	일반전형(인문)	7	4	학생부교과100%	[국, 수(확률과통계), 영, 사(1)] 3개 등급 합 4
대구한의대	지역인재(인문)	7	6	학생부100%	[국, 수(확률과통계), 영, 사(1)] 3개 등급 합 4
대구한의대	지역기회균형(인문) [신설]	1		학생부100%	[국, 수(확률과통계), 영, 사(1)] 3개 등급 합 5

대학	전형	인원 2025	인원 2024	전형 방법	수능 최저 학력 기준
대구한의대	일반전형(자연)	12	12	학생부교과100%	[국, 수(미적분/기하), 영, 과(1)] 3개 등급 합 5
대구한의대	지역인재(자연)	14	12	학생부100%	[국, 수(미적분/기하), 영, 과(1)] 3개 등급 합 5
대전대	교과중점	17	15	학생부100%	[국, 수, 영, 사/과(2)] 3개 등급 합 5(국어, 수학, 영어 각 4등급 이내)
대전대	교과면접	12	15	1단계)학생부100%(8배수) 2단계)학생부60%+ 면접40%	[국, 수, 영, 사/과(2)] 3개 등급 합 5(국어, 수학, 영어 각 4등급 이내)
대전대	지역인재 I	23	23	학생부100%	[국, 수, 영, 사/과(2)] 3개 등급 합 6(국어, 수학, 영어 각 4등급 이내)
대전대	지역인재 II	2	2	학생부100%	[국, 수, 영, 사/과(2)] 3개 등급 합 6(국어, 수학, 영어 각 4등급 이내)
대전대	농어촌학생	3	3	학생부100%	[국, 수, 영, 사/과(2)] 3개 등급 합 5(국어, 수학, 영어 각 4등급 이내)
동국대(WISE)	불교추천인재	3	1	학생부100%	[국, 수(미적분/기하), 영, 과(1)] 3개 등급 합 5
동국대(WISE)	농어촌학생	3	3	학생부100%	[국, 수(미적분/기하), 영, 과(1)] 3개 등급 합 5
동국대(WISE)	교과전형	10	17	학생부100%	[국, 수(미적분/기하), 과(1)] 3개 등급 합 5
동국대(WISE)	기회균형 I (지역인재)	2	2	학생부100%	[국, 수(미적분/기하), 영, 과(1)] 3개 등급 합 5
동국대(WISE)	지역인재(교과)	16	14	학생부100%	[국, 수(미적분/기하), 영, 과(1)] 3개 등급 합 5
동신대	농어촌학생	2	2	학생부100%	[국, 수, 영, 사과(1)] 3개 등급 합 6
동신대	지역학생-기회균형	2	2	학생부100%	[국, 수, 영, 사과(1)] 3개 등급 합 6
동신대	일반전형	12	12	학생부100%	[국, 수, 영, 사과(1)] 3개 등급 합 5
동신대	기초생활및차상위	2	2	학생부100%	[국, 수, 영, 사과(1)] 3개 등급 합 6
동신대	지역학생	16	16	학생부100%	[국, 수, 영, 사과(1)] 3개 등급 합 5
동의대	일반고교과	9	10	학생부100%	[국, 수, 영, 사과(1)] 3개 등급 합 5
동의대	지역인재교과-저소득층	1	1	학생부100%	[국, 수, 영, 사과(1)] 3개 등급 합 5
동의대	지역인재교과	15	14	학생부100%	[국, 수, 영, 사과(1)] 3개 등급 합 5
부산대	지역인재	14	15	학생부교과80%+ 학업역량평가 20%	[국, 수(미적분/기하), 영, 과(1)] 수학 포함 3개 등급 합 4, 한 4등급
상지대	교과강원인재	3	3	학생부100%	[국, 수, 영, 사과(2, 소수점 버림)] 3개 등급 합 5 ※ '수(미적분/기하), 과' 선택: 6
상지대	교과일반	5	5	학생부100%	[국, 수, 영, 사과(2, 소수점 버림)] 3개 등급 합 4 ※ '수(미적분/기하), 과' 선택: 5
상지대	교과강원인재균형	1	1	학생부100%	[국, 수, 영, 사과(2, 소수점 버림)] 3개 등급 합 5 ※ '수(미적분/기하), 과' 선택: 6
상지대	교육기회균등 [신설]	3		학생부100%	[국, 수, 영, 사과(2, 소수점 버림)] 3개 등급 합 4 ※ '수(미적분/기하), 과' 선택: 5
상지대	농어촌학생	3	3	학생부100%	[국, 수, 영, 사과(2, 소수점 버림)] 3개 등급 합 4 ※ '수(미적분/기하), 과' 선택: 5
세명대	기초/차상위/한부모	2	2	학생부100%	[국, 수, 영] 3개 등급 합 6
세명대	지역인재(일반)	16	18	학생부100%	[국, 수, 영] 3개 등급 합 6
세명대	농어촌학생	2	2	학생부100%	[국, 수, 영] 3개 등급 합 6
세명대	지역인재(기회균형) [신설]	2		학생부100%	[국, 수, 영] 3개 등급 합 6
우석대	기회균형	1	1	학생부100%	[국, 수, 영, 사/과(1)] 수학 포함 3개 등급 합 6 ※ 수학(미적분/기하) 반영: 1개 등급 상향
우석대	지역인재	12	13	학생부100%	[국, 수, 영, 사/과(1)] 수학 포함 3개 등급 합 6 ※ 수학(미적분/기하) 반영: 1개 등급 상향
우석대	일반학생 (교과중심)	11	10	학생부100%	[국, 수, 영, 사/과(2, 소수점 절사)] 수학 포함 3개 등급 합 6 ※ 수학(미적분/기하) 반영: 1개 등급 상향
우석대	지역인재 (기회균형)	1	1	학생부100%	[국, 수, 영, 사/과(1)] 수학 포함 3개 등급 합 6 ※ 수학(미적분/기하) 반영: 1개 등급 상향
우석대	농어촌학생	1	1	학생부100%	[국, 수, 영, 사/과(1)] 수학 포함 3개 등급 합 6 ※ 수학(미적분/기하) 반영: 1개 등급 상향

2. 학생부종합

대학	전형	인원 2025	인원 2024	전형 방법	수능 최저 학력 기준
가천대	가천의약학	7	10	1단계)서류100%(5배수) 2단계)서류50%+ 면접50%	[국, 수(미적분/기하), 영, 과(2)] 2개 1등급
경희대	네오르네상스(자연)	22	22	1단계)서류100%(3배수) 2단계)서류70%+ 면접30%	없음
경희대	네오르네상스(인문)	9	9	1단계)서류100%(3배수) 2단계)서류70%+ 면접30%	없음
대구한의대	지역인재(인문)	7	8	서류100%	[국, 수(확률과통계), 영, 사(1)] 3개 등급 합 4
대구한의대	지역인재(자연)	14	16	서류100%	[국, 수(미적분/기하), 영, 과(1)] 3개 등급 합 5
대구한의대	일반전형(인문)	5	4	서류100%	[국, 수(확률과통계), 영, 사(1)] 3개 등급 합 4
대구한의대	기초수급및차상위 (자연)	5	5	서류100%	[국, 수(미적분/기하), 영, 과(1)] 3개 등급 합 6
대구한의대	일반전형(자연)	10	8	서류100%	[국, 수(미적분/기하), 영, 과(1)] 3개 등급 합 5
대구한의대	농어촌학생(자연)	5	5	서류100%	[국, 수(미적분/기하), 영, 과(1)] 3개 등급 합 6
대전대	혜화인재	5	5	1단계)서류100%(5배수) 2단계)서류70%+ 면접30%	[국, 수, 영, 사/과(2)] 3개 등급 합 6(국어, 수학, 영어 각 4등급 이내)
동국대(WISE)	참사랑	7	8	1단계)서류100%(5배수) 2단계)서류70%+면접30%	[국, 수, 사/과(1)] 3개 등급 합 5
동국대(WISE)	지역인재(종합)	23	14	1단계)서류100%(5배수) 2단계)서류70%+면접30%	[국, 수, 과(1)] 3개 등급 합 4
동의대	학교생활우수자 (면접)	9	9	1단계)서류100%(6배수) 2단계)서류70%+ 면접30%	없음
부산대	지역인재- 저소득층 [신설]	1		학생부종합평가100	[국, 수(미적분/기하), 영, 과(2)] 수학 포함 3개 등급 합 4, 한 4등급
상지대	종합강원인재	7	7	학생부교과40%+ 비교과60%	[국, 수, 영, 사과(2, 소수점 버림)] 3개 등급 합 5 ※ '수(미적분/기하), 과' 선택: 6
상지대	종합강원인재균형	1	1	학생부교과40%+ 비교과60%	[국, 수, 영, 사과(2, 소수점 버림)] 3개 등급 합 5 ※ '수(미적분/기하), 과' 선택: 6
상지대	종합일반	7	7	학생부교과40%+ 비교과60%	[국, 수, 영, 사과(2, 소수점 버림)] 3개 등급 합 4 ※ '수(미적분/기하), 과' 선택: 5
세명대	SMU의료인재	7	7	서류100%	[국, 수, 영] 3개 등급 합 5
원광대	지역인재(호남) (인문)	6	6	1단계)서류100%(5배수) 2단계)서류70%+ 면접30%	[국, 수, 영, 사(1)] 수학 포함 3개 등급 합 6
원광대	학생부종합(자연)	9	9	1단계)서류100%(5배수) 2단계)서류70%+ 면접30%	[국, 수, 영, 과(2)] 수학 포함 3개 등급 합 6
원광대	지역인재Ⅱ(자연)	2	2	1단계)서류100%(5배수) 2단계)서류70%+ 면접30%	[국, 수, 영, 과(1)] 수학 포함 3개 등급 합 6
원광대	기회균형Ⅱ(자연)	2	2	1단계)서류100%(5배수) 2단계)서류70%+ 면접30%	없음
원광대	농어촌학생 (자연)	3	3	1단계)서류100%(5배수) 2단계)서류70%+ 면접30%	없음
원광대	지역인재Ⅰ(전북) (인문)	9	9	1단계)서류100%(5배수) 2단계)서류70%+ 면접30%	[국, 수, 영, 사(1)] 수학 포함 3개 등급 합 6
원광대	학생부종합(인문)	4	4	1단계)서류100%(5배수) 2단계)서류70%+ 면접30%	[국, 수, 영, 사(2)] 수학 포함 3개 등급 합 6
원광대	지역인재Ⅰ(전북) (자연)	12	12	1단계)서류100%(5배수) 2단계)서류70%+ 면접30%	[국, 수, 영, 과(1)] 수학 포함 3개 등급 합 6
원광대	지역인재(호남) (자연)	9	9	1단계)서류100%(5배수) 2단계)서류70%+ 면접30%	[국, 수, 영, 과(1)] 수학 포함 3개 등급 합 6

3. 논술

대학	전형	인원 2025	인원 2024	전형 방법	수능 최저 학력 기준
경희대	논술우수자(자연)	16	16	논술100%	[국, 수, 영, 과(2)] 3개 등급 합 4, 한 5등급
경희대	논술우수자(인문)	5	5	논술100%	[국, 수, 영, 과(2)] 3개 등급 합 4, 한 5등급
부산대	지역인재	5	5	학생부30%+ 논술70%	[국, 수(미적분/기하), 영, 과(1)] 수학 포함 3개 등급 합 4, 한 4등급

■ 약학과

지역	대학 수	대학(37)
서울	11	경희대, 덕성여대, 동국대(일산 바이오메디캠퍼스), 동덕여대, 삼육대, 서울대, 성균관대, 숙명여대, 연세대(송도 국제캠퍼스), 이화여대(약학전공, 미래산업약학전공), 중앙대
경인	5	가천대, 가톨릭대, 아주대, 차의과학대, 한양대(에리카)
충청	4	고려대(세종), 단국대(천안), 충남대, 충북대(약학과, 제약학과)
강원	1	강원대
경상	8	경북대, 경상국립대, 경성대, 계명대, 대구가톨릭대, 부산대, 영남대, 인제대
전라	7	목포대, 순천대, 우석대, 원광대, 전남대, 전북대, 조선대
제주	1	제주대

I. 전형결과

1. 전체

■ 전체

학년도	구분	학생부교과					학생부종합					논술				
		모집인원	지원인원	경쟁률	등록자평균	충원율	모집인원	지원인원	경쟁률	등록자평균	충원율	모집인원	지원인원	경쟁률	등록자평균	충원율
2023	인원	572	11,896	20.8	1.39	122.9%	450	10,427	23.2	1.70	66.0%	72	15,069	209.3	2.26	17.0%
2024	인원	594	9,702	16.3	1.44	189.3%	489	11,883	24.3	1.86	60.3%	83	18,644	224.6	3.10	3.6%
	증감	+22 (3.8%)	-2,194 (18.4%)	-4.5 (21.6%)	+0.05 (3.6%)	+66.4 (54.0%)	+39 (8.7%)	+1,456 (14.0%)	+1.1 (4.7%)	+0.16 (9.4%)	-5.7 (8.6%)	+11 (15.3%)	+3,575 (23.7%)	+15.3 (7.3%)	+0.84 (37.2%)	-13.4 (78.8%)

■ 지역

구분	학년도	학생부교과					학생부종합					논술				
		모집인원	지원인원	경쟁률	등록자평균	충원율	모집인원	지원인원	경쟁률	등록자평균	충원율	모집인원	지원인원	경쟁률	등록자평균	충원율
수도권	2023	99	2,023	20.4	1.19	125.3%	293	7,116	24.3	1.85	78.5%	51	11,091	217.5	2.11	17%
	2024	101	1,440	14.3	1.17	388.1%	291	8,007	27.5	1.70	71.8%	61	15,630	256.2	3.08	4.9%
비수도권 (지역인재)	2023	99	2,023	20.4	1.19	125.3%	293	7,116	24.3	1.85	78.5%	51	11,091	217.5	2.11	17%
	2024	270	3,990	14.8	1.52	147.0%	84	1,537	13.3	2.32	23.8%	16	1,200	75.0	3.11	
비수도권 ('지역인재' 제외)	2023	219	5,608	25.6	1.36	134.7%	102	2,262	22.2	1.52	41.2%	5	2,614	522.8	2.59	0.0%
	2024	223	4,272	18.3	1.46	150.2%	114	2,339	20.5	1.77	57.9%	6	1,814	302.3		

2. 한눈에 보는 성적

등록자평균	학생부교과	학생부종합	논술
1.0	**덕성여대**: 학생부100%(1.00) **인제대**: 농어촌학생(1.05) **연세대**: 추천형(1.06) **가톨릭대**: 지역균형(1.09)	**충북대**: 학생부종합 I (제약학)(1.04) **서울대**: 기회균형(사회통합)(1.07)	
1.1	**숙명여대**: 지역균형선발(1.10) **전남대**: 일반전형(1.12) **중앙대**: 지역균형(1.12) **한양대(에리카)**: 지역균형선발(1.12) **인제대**: 지역인재II(1.14)	**서울대**: 지역균형(1.13)	

등록자 평균	학생부교과	학생부종합	논술
	경상국립대: 지역인재(1.17) 제주대: 일반학생(1.17) 강원대: 일반전형(1.18)		
1.2	가천대: 학생부우수자(1.20) 동덕여대: 학생부교과우수자(1.20) 인제대: 의예.약학(1.20) 동국대: 학교장추천인재(1.22) 영남대: 농어촌학생(1.22) 충북대: 지역인재(약학)(1.22) 삼육대: 학교장추천(1.24) 전남대: 지역인재(1.24) 전북대: 일반학생(1.24) 목포대: 교과일반(1.26) 경북대: 교과우수자(1.28) 경성대: 일반계고교과(1.28) 차의과학대: 지역균형선발(1.28) 충북대: 지역인재(제약학)(1.28) 조선대: 일반전형(1.29)	이화여대: 미래인재(인문)(1.26)	
1.3	계명대: 일반전형(약학)(1.30) 경성대: 지역인재(1.30) 인제대: 지역인재1(1.30) 경성대: 농어촌학생(1.31) 충남대: 일반전형(1.31) 전북대: 지역인재1(호남)(1.32) 목포대: 지역인재일반(1.33) 영남대: 일반학생(1.36) 우석대: 특수교육대상자(1.36) 차의과학대: CHA학생부교과(1.36) 충남대: 지역인재(1.36) 강원대: 지역인재(1.37)/ 　　　　저소득-지역인재(1.37) 경상국립대: 일반전형(1.39) 대구가톨릭대: 농어촌학생(1.39) 조선대: 지역인재(1.39)	강원대: 미래인재II(1.30) 동국대: Do Dream(1.38) 원광대: 학생부종합(1.38)	
1.4	우석대: 농어촌학생(1.40) 대구가톨릭대: 교과전형(1.42) 부산대: 지역인재(1.42) 영남대: 지역인재(1.43) 계명대: 지역전형(약학)(1.46) 우석대: 기회균형(1.48) 전남대: 기초생활/차상위/한부모(1.48) 충북대: 학생부교과(제약학)(1.48) 영남대: 기회균형II(의약)(1.49)	덕성여대: 덕성인재II(1.40) 전남대: 고교생활우수자I(1.40) 이화여대: 미래인재(자연)(약학)(1.42) 충남대: 농어촌학생(1.42) 경상국립대: 지역인재(1.44) 부산대: 지역인재(1.44) 원광대: 지역인재II(1.47) 경상국립대: 일반전형(1.49)	동국대: 논술우수자(1.43)
1.5	우석대: 지역인재(1.50) 충북대: 학생부교과(약학)(1.50) 경희대: 지역균형(1.52) 인제대: 기초생활수급자(1.53) 순천대: 지역인재(1.54) 제주대: 지역인재(1.55)	중앙대: CAU탐구형인재(1.50) 충남대: 일반전형(1.50) 서울대: 일반전형(1.52) 원광대: 학생부종합(자연)(1.52) 충북대: 학생부종합II(제약학)(1.53) 목포대: 지역인재(1.54) 충남대: 서류전형(1.54) 조선대: 면접전형(1.56) 충북대: 학생부종합II(약학)(1.56) 삼육대: 세움인재(1.57))	
1.6	대구가톨릭대: 지역교과(1.66)	순천대: 농어촌학생(1.60) 원광대: 지역인재I(전북)(1.60) 대구가톨릭대: 지역종합(1.62) 아주대: ACE(1.66) 가톨릭대: 기회균형II(1.69)	
1.7	영남대: 약학고른기회(1.72) 강원대: 저소득층(1.79)	덕성여대: 기초생활수급자(1.750) 단국대(천안): DKU인재(면접형)(1.78) 중앙대: CAU융합형인재(1.78)	

등록자 평균	학생부교과	학생부종합	논술
1.8	전남대: 지역균형(1.85) 대구가톨릭대: 지역기회균형(1.88)	숙명여대: 숙명인재(면접형)(1.85)	
1.9		가천대: 가천의약학(1.90) 성균관대: 탐구형(1.90)	
2.0		가톨릭대: 학교장추천(2.00) 전북대: 기회균형선발(2.00) 충남대: 저소득층학생(2.09)	
2.1		경북대: 농어촌학생(2.13) 경희대: 네오르네상스(2.16)	
2.2		순천대: 기초생활등(2.29)	
2.3			
2.4		경북대: 지역인재(2.43)	
2.5			
2.6		가천대: 가천의약학(2.65)	
2.7			
2.8			
2.9			
3.0			가톨릭대: 논술전형(3.08)
3.1			부산대: 지역인재(3.11)
3.2			
3.3		경북대: 일반학생(3.36)	
3.4			
3.5			

3. 대학

■ 학생부교과

대학	전형	2025 모집인원	2024 모집인원	2024 경쟁률	2024 등록자 평균	2024 등록 70%컷	2024 충원 번호	2023 모집인원	2023 경쟁률	2023 등록자 평균	2023 등록 70%컷	2023 충원 번호	2022 모집인원	2022 경쟁률	2022 등록자 평균	2022 등록 70%컷	2022 충원 번호
가천대	학생부우수자	3	3	36.7		1.20	5	3	24.0		1.43		3	19.7		1.50	
가톨릭대	지역균형	4	4	11.3	1.09	1.14 등록최저	7	5	13.8	1.11	1.16 등록최저	12	5	34.8	1.12	1.17 등록최저	
강원대	일반전형	13	15	13.8	1.18	1.21 등록최저	27	15	27.7	1.19	1.27 등록최저	27	15	21.7	1.37	1.57	
강원대	저소득-지역인재	1	1	2.0	1.37	1.37 등록최저		1	4.0								
강원대	저소득층	4	4	13.0	1.79	1.84 등록최저	4	4	12.8	1.26	1.38 등록최저		4	13.0	2.14	2.46 등록최저	
강원대	지역인재	15	10	7.8	1.37	1.50 등록최저	11	10	13.9	1.33	1.43 등록최저	3	11	11.6	1.50	1.82	
경북대	교과우수자	8	10	27.3	1.28	1.30	8	10	19.4	1.43	1.53	19	10	38.8	1.24	1.27	
경상국립대	일반전형	7	7	19.0	1.39		9	8	33.4	1.22		12	6	26.2	1.39	1.53	
경상국립대	지역인재	6	6	12.2	1.17		6	7	16.9	1.18		15	5	30.0	1.24	1.26	
경성대	농어촌학생	4	4	21.8	1.31		3	1	16.0				1	17.0			
경성대	일반계고교과	10	10	29.9	1.28		19	10	34.0	1.42		16	15	33.0		1.69	
경성대	지역인재	18	19	25.6	1.30		23	19	29.5	1.51		32	15	34.6		1.87	
경희대	지역균형	8	7	5.6	1.52 최종평균	1.65	17	4	28.3	1.5 최종평균		11					
계명대	일반전형 [약학]	3	8	25.3	1.30	1.34 등록85%	16	3	23.3	1.40	1.41 등록85%	4	4	32.3	1.46	1.48 등록85%	
계명대	일반전형[혁신신약학] [신설]	8	6	5.4	4.13	4.89 등록85%	16	3	29.0	1.44	1.44 등록85%		4	33.8	1.61	1.63 등록85%	

대학	전형	2025 모집인원	2024 모집인원	2024 경쟁률	2024 등록자평균	2024 등록70%컷	2024 충원번호	2023 모집인원	2023 경쟁률	2023 등록자평균	2023 등록70%컷	2023 충원번호	2022 모집인원	2022 경쟁률	2022 등록자평균	2022 등록70%컷	2022 충원번호
계명대	지역전형 [약학]	8	15	19.3	1.46	1.51 등록85%	23	7	14.4	1.48	1.53 등록85%	11	6	22.2	1.46	1.50 등록85%	
계명대	지역전형[혁신신약학] [신설]	6	5	5.0	4.50	5.74 등록85%	8	8	16.4	1.53	1.58 등록85%	8	6	24.2	1.47	1.66 등록85%	
대구가톨릭대	교과전형 [2024] 교과우수자	14	9	23.1	1.42 최종평균	1.46 최종85%	17	9	28.8	1.34 최종평균	1.40 최종85%	11	5	28.2	1.45 최종평균	1.51 최종90%	
대구가톨릭대	기회균형[2024] 기회균형선발	4	4	12.0				4	18.3	1.95 최종평균	2.00 최종85%	5	4	13.0	2.95 최종평균	3.92 최종90%	
대구가톨릭대	농어촌학생	5	5	14.6	1.39 최종평균	1.43 최종85%	6	5	18.4	1.40 최종평균	1.42 최종85%	4	5	23.0	1.40 최종평균	1.54 최종90%	
대구가톨릭대	지역교과 [2024] 지역교과우수자	19	23	14.2	1.66 최종평균	1.74 최종85%	20	23	19.7	1.51 최종평균	1.64 최종85%	13	20	18.7	1.58 최종평균	1.87 최종90%	
대구가톨릭대	지역기회균형	2	3	10.3	1.88 최종평균	2.00 최종85%	2	3	8.0	2.98 최종평균	3.59 최종85%	5					
덕성여대	학생부100%	25	25	9.8	1.00	1.00	13	15	13.4	1.00	1.00	14	15	35.1	1.00	1.00	
동국대	학교장추천인재	4	4	33.8	1.22 최종평균	1.41 최종최저	200%	3	39.7	1.14	1.00 등록최저	100%	3	57.3	2.40	2.77	
동덕여대	학생부교과우수자	12	12	9.4	1.2	1.2	21	24	14.4	1.2 최종평균	1.33	42	24	19.8	1.3 최종평균		
목포대	교과일반	3	6	17.5	1.26	1.27	8	6	33.3	1.25	1.26	14	3	30.0	1.43	1.48	
목포대	기회균형	2	2	15.0			1	2	23.0	1.14		2					
목포대	지역인재일반	10	9	12.2	1.33	1.36	14	8	24.6	1.34	1.37	30	9	26.3	1.45	1.53 등록최저	
부산대	지역인재	12	10	16.0	1.42	1.47	8	10	23.4	1.44	1.49	8	10	25.2	1.53	1.65	
삼육대	학교장추천	3	3	12.7	1.24	1.26	1	8	17.0	1.09	1.11	8	8	24.1	1.23		
숙명여대	지역균형선발	5	5	6.4	1.10	1.13	5	5	12.2	1.06	1.16	3	3	22.7	1.18		
순천대	지역인재	14	15	12.5	1.54	1.56	30	13	24.8	1.40	1.43	25	9	35.6	1.57	1.61	
연세대	추천형	5	6	7.2	1.06 등록50%	1.18	2	6	9.2	1.12	1.16	2		6.8	1.22	1.30	
영남대	기회균형Ⅱ(의약)	2	2	13.5	1.49			2	11.5								
영남대	농어촌학생	5	5	18.6	1.22	1.23	7	5	18.0		1.43	1	5	18.2	1.71	1.70	
영남대	약학고른기회	5	5	17.6	1.72	2.00 등록85%	7	5	7.0				5	9.8			
영남대	일반학생	16	17	39.3	1.36	1.40 등록85%	31	17	55.8	1.56	1.62	16	17	46.4	1.76	1.85	
영남대	지역인재	16	18	25.2	1.43	1.51 등록85%	11	18	35.1		1.88	6	25	18.4	2.26	2.59	
우석대	기회균형	2	4	13.3	1.48 등록50%	1.57	4	2	13.0				2	12.0			
우석대	농어촌학생	2	4	13.0	1.40 등록85%			2	18.0				2	24.0			
우석대	지역인재	18	19	17.9	1.50	1.60	96	19	6.4	1.72	1.30	24	12	21.2	1.00	1.00	
우석대	특수교육대상자	2	2	14.5	1.36 등록50%	1.36	1	2	11.5				2	15.5			
인제대	기초생활수급자	6	5	7.4	1.53	1.56	2	6	9.8	1.17	1.15	8					
인제대	농어촌학생	3	3	9.3	1.05	1.00	2	3	6.0	1.03	1.00	2	3	12.7	1.09		
인제대	의예·약학	8	8	12.1	1.20	1.23	11	8	19.6	1.22	1.27	8	9	29.1	1.43	1.47	
인제대	지역인재Ⅰ	7	7	11.6	1.30	1.32	2	10	13.3	1.25	1.31	8	9	29.1	1.35	1.44	
인제대	지역인재Ⅱ	5	5	15.6	1.14	1.16	12										
전남대	기초생활/차상위/한부모	5	5	14.2	1.48	1.50	6	5	7.0	1.75	1.97	4	5	17.0	1.37	1.40	
전남대	일반전형	9	9	14.4	1.12	1.15	16	9	14.9	1.20	1.25	19	9	29.4	1.12	1.15	
전남대	지역균형	2	2	10.0	1.85		2	2	5.5	2.14							
전남대	지역인재	25	25	7.4	1.24	1.29	36	25	7.4	1.31	1.36	16	18	20.2	1.24	1.29	

대학	전형	2025 모집인원	2024 모집인원	경쟁률	등록자평균	등록70%컷	충원번호	2023 모집인원	경쟁률	등록자평균	등록70%컷	충원번호	2022 모집인원	경쟁률	등록자평균	등록70%컷	충원번호
전북대	일반학생	4	4	15.0	1.24	1.33	2	4	69.3	1.04	1.08	11	4	26.3	1.59	1.71	
전북대	지역인재1(호남)	14	15	9.0	1.32	1.43	10	14	9.9	1.32	1.36	17	15	14.2	1.45	1.53	
제주대	일반학생	7	10	14.4	1.17	1.24	22	10	21.7	1.25	1.29	18	10	36.9	1.37	1.43	
제주대	지역인재	10	10	4.8	1.55 등록50%	1.54	5	10	4.5	1.69	1.72	6	10	7.0	1.68	1.80	
조선대	.지역인재	24	22	16.0	1.39	1.42	57	24	14.9	1.46	1.49	33	13	23.6	1.61	1.66	
조선대	일반전형	21	21	14.4	1.29	1.31	56	19	17.7	1.29	1.26	32	38	31.6	1.30	1.33	
중앙대	지역균형	10	8	10.0	1.12 등록50%	1.21	8	6	33.7	1.10	1.15	11	5	61.8			
차의과학대	CHA학생부교과	11	12	32.2	1.36	1.38	5	4	30.5	1.52	1.52	2					
차의과학대	지역균형선발	7	6	13.5	1.28	1.27	13	4	49.8	1.20	1.20	4	5	29.0	1.79	1.88	
충남대	일반전형	16	16	25.6	1.31	1.35	19	16	43.8	1.44	1.46	20	17	23.9	1.65	1.72	
충남대	지역인재	7	7	31.1	1.36	1.40	10	7	34.0	1.54	1.65	11	8	19.4	1.79	1.84	
충북대	지역인재 [제약학]	8	5	18.0	1.28	1.30	2	5	8.0	1.32		9	4	17.3	1.24		
충북대	지역인재[약학]	8	5	17.4	1.22	1.25	6	5	6.4	1.54		4	4	17.8	1.05		
충북대	학생부교과 [제약학]	3	3	21.3	1.48		8	3	13.7	1.12		3	4	25.0	1.14		
충북대	학생부교과[약학]	3	3	18.3	1.50		3	3	15.7	1.04		3	4	32.3	1.02		
한양대(에리카)	지역균형선발	5	5	14.0	1.12	1.14	100%	5	50.2	1.13	1.15	240%	5	35.4	1.45		

■ 학생부종합

대학	전형	2025 모집인원	2024 모집인원	경쟁률	등록자평균	등록70%컷	충원번호	2023 모집인원	경쟁률	등록자평균	등록70%컷	충원번호	2022 모집인원	경쟁률	등록자평균	등록70%컷	충원번호
가천대	가천의약학	12	12	68.7		2.65	3	12	49.5		2.50	7	12	35.5		2.5	
가톨릭대	기회균형II	3	3	16.3	1.69	1.76 등록최저		3	9.3	1.56	1.77 등록최저	1	3	12.7	2.07	3.46 등록최저	
가톨릭대	농어촌학생	2	2	15.0			1	2	14.5	1.36	1.44 등록최저	3	2	18.0	1.39	1.61	
가톨릭대	학교장추천	8	8	38.5	2.00	2.98 등록최저	2	10	41.1	1.93	3.51 등록최저	4	13	14.8	2.16	4.13 등록최저	
강원대	미래인재2	9	9	22.1	1.30	1.62 등록최저	1	9	26.4				9	31.3	1.39	2.38	
경북대	농어촌학생	3	3	24.3	2.13	2.27	1	2	18.0			1					
경북대	일반학생		12	16.3	3.36	3.45	5										
경북대	지역인재	18	16	27.3	2.43	2.51	1	15	20.9	2.06	2.23	3	15	15.5	1.96	2.23	
경상국립대	일반전형	3	3	25.0	1.49		2	3	18.3			3	3	31.3	1.39		
경상국립대	지역인재	4	4	15.8	1.44		2	4	19.0	1.26		5	4	29.8	1.28		
경희대	네오르네상스	10	12	43.9	2.16 최종평균	2.21	7	14	28.1	3.0 최종평균		7	20	33.3	1.6 최종평균		
고려대(세종)	크림슨인재	4	3	7.7													
단국대(천안)	DKU인재(면접형)	8	8	41.4	1.78	1.88 등록최저	2	8	50.8	1.84		3	8	33.4	2.03		
단국대(천안)	교육기회배려자	3	3	11.7	2.29	2.29 등록최저		3	6.3				3	7.7	5.65		
대구가톨릭대	지역종합 [2024] 지역종합인재	5	5	43.0	1.62 최종평균	1.69 최종85%	7	5	48.6	1.56 최종평균	1.69 최종85%	6	5	38.6	1.66 최종평균	1.78 최종90%	
덕성여대	기초생활수급자	6	6	12.3	1.75	1.75	3	6	7.2	2.35	2.17	5	6	10.7	1.70	1.84	
덕성여대	덕성인재II [2024]덕성인재I	20	20	20.2	1.40	1.25	13	25	16.3	1.30	1.33	18	25	30.0	1.55	1.31	
동국대	Do Dream	11	9	39.9	1.38 최종평균	1.71 최종최저	33%	9	26.9	1.61	4.00 등록최저	56%	9	38.9	2.66	3.00	

7. 의학계열 : 약학과

대학	전형	2025 모집인원	2024 모집인원	2024 경쟁률	2024 등록자평균	2024 등록70%컷	2024 충원번호	2023 모집인원	2023 경쟁률	2023 등록자평균	2023 등록70%컷	2023 충원번호	2022 모집인원	2022 경쟁률	2022 등록자평균	2022 등록70%컷	2022 충원번호
동덕여대	동덕창의리더	8	8	22.3													
목포대	지역인재	5	4	32.8	1.54		3	3	37.7	1.63			3	20.0	1.97	2.66 등록최저	
부산대	지역인재	12	14	21.0	1.44	1.53		14	21.6	1.81	1.67	2	16	17.1	2.06	1.84	
삼육대	세움인재	4	2	18.5	1.57	1.54		3	24.3	1.63							
서울대	기회균형(사회통합)	3	3	14.0	1.07 등록50%	1.13		3	8.7				2	3.50			
서울대	일반전형	29	29	10.4	1.52 등록50%	1.80	3	29	8.3	1.49	1.56	5	32	6.88	1.62	1.87	
서울대	지역균형	11	11	9.6	1.13 등록50%	1.16	5	8	6.5	1.14	1.19	2	12	5.33	1.12	1.15	
성균관대	이웃사랑	5	5	17.8				5	7.8	3.20	3.67	8	5	9.8	1.28	1.37	
성균관대	탐구형 [2024] 학과모집	30	30	28.3	1.90 등록50%	2.25	70	30	21.5	2.19	2.64	62	30	26.4	1.44	1.85	
숙명여대	숙명인재(면접형)	20	22	33.5	1.85	2.10	14	22	25.8	1.87	2.15	8	15	31.2	1.95		
순천대	기초생활등	2	2	13.0	2.29	2.25	3	2	7.5	2.28	2.17		2	10.5	2.35	2.32	
순천대	농어촌학생	3	3	14.7	1.60	1.59		3	13.3	1.60	1.63		1	14.0	1.64		
아주대	ACE	15	15	58.7	1.66	2.72	6	15	45.3	2.12	4.24 등록최저	6	15	34.7	2.26	2.11	
연세대	활동우수형	7	6	15.8			2	6	12.2	1.43	1.52	3	6	18.7			
원광대	지역인재Ⅰ(전북)	14	12	12.4	1.60 등록50%	1.67	6	11	12.3	1.67	1.74	6	11	18.7	1.45	1.60	
원광대	지역인재Ⅰ(호남)	8	8	14.3				7	15.0	1.44	1.48	9	8	17.6	1.60	1.61	
원광대	지역인재Ⅱ	1	1	9.0	1.47 등록50%	1.52	1	1	4.0								
원광대	학생부종합	12	12	20.2	1.38 등록50%	1.39	11	12	18.5	1.33	1.44	7	14	27.5	1.42	1.46	
이화여대	미래인재(인문) [미래산업약학]	11	10	22.5	1.26 등록50%	1.47	12	10	23.7	1.56	1.92	10	10	21.8	1.9	2.2	
이화여대	미래인재(자연) [약학]	14	16	36.2	1.42 등록50%	1.51		20	38.5	1.51	1.60	7	20	33.4	1.8	1.9	
전남대	고교생활우수자Ⅰ	4	4	17.3	1.40	1.38	6	4	21.0	1.36	1.43		6	30.3	1.47	1.60	
전북대	기회균형선발	3	3	12.7	2.00		2	3	9.7			2	3	12.7			
전북대	큰사람	2	2	20.0				2	22.0				2	25.0			
조선대	면접전형	6	6	27.8	1.56	1.50	6	6	23.0	1.57	1.56	1					
중앙대	CAU융합형인재	18	15	33.3	1.78 등록50%	2.58	15	12	27.5	1.60	1.57	19	10	39.5	1.43	1.74	
중앙대	CAU탐구형인재	18	22	21.3	1.50 등록50%	2.51	23	15	24.9	1.90	1.47	35	15	29.7	1.80	2.37	
충남대	농어촌학생	1	1	12.0	1.42 1단계평균	1.53 1단계최저		1	16.0				1	18.0			
충남대	서류전형	2	2	19.0	1.54	1.58											
충남대	일반전형	5	5	33.2	1.50	1.51	2	5	39.4	1.57 1단계평균	2.09 1단계최저	1	5	22.2	1.87 1단계평균	5.42 1단계최저	
충남대	저소득층학생	4	4	13.3	2.09	1.98	4	4	10.0	2.02 1단계평균	3.20 1단계최저	5	4	11.3			
충북대	학생부종합Ⅰ [제약학]	3	3	20.3	1.04		1	3	18.3	1.16		1	4	47.8	1.07		
충북대	학생부종합Ⅰ [약학]	3	3	28.3	1.22		2	3	23.7	1.16			4	52.0	1.12		
충북대	학생부종합Ⅱ [약학]	3	3	15.3	1.56		1	3	14.3	1.26		4	3	27.7	1.36		
충북대	학생부종합Ⅱ [제약학]	3	3	17.7	1.53		1	3	13.3	1.26		3	3	26.7	1.36		

■ 논술

대학	전형	2025 모집인원	2024 모집인원	2024 경쟁률	2024 등록자평균	2024 등록70%컷	2024 충원번호	2023 모집인원	2023 경쟁률	2023 등록자평균	2023 등록70%컷	2023 충원번호	2022 모집인원	2022 경쟁률	2022 등록자평균	2022 등록70%컷	2022 충원번호
가톨릭대	논술전형	8	8	288.5	3.08	4.39 등록최저	2	5	343.4	2.35	2.86 등록최저						
경희대	논술우수자	7	8	176.5			1	8	205.8	2.2 최종평균			5	38.6	3.3 최종평균		
고려대(세종)	논술전형	5	6	302.3				5	522.8	2.59	211.2 논술평균		10	408.9	2.16	219.5 논술평균	
고려대(세종)	지역인재	6	6	72.7				6	62.0								
동국대	논술우수자	5	5	324.4	1.43 최종평균	1.80 최종최저		6	358.8	2.60	3.20 등록최저	17%	6	583.5	1.33	1.90	
부산대	지역인재	10	10	76.4	3.11	3.29		10	99.2	2.52	2.13		10	74.5	3.80	3.19	
성균관대	논술우수	5	5	580.0				5	457.4				5	666.4			
연세대	논술전형	5	5	105.6				5	99.8				5	147.2			
이화여대	논술전형 (자연)	5	5	489.2													
중앙대	논술전형	26	25	176.6				22	126.8	1.30			20	147.3			

Ⅱ. 모집인원

1. 전체

■ 대학

※ 모집인원: 정원 내외 모집인원 포함

학년도	구분	모집인원 인원	모집인원 비율	수시모집 학생부교과 인원	학생부교과 비율	학생부종합 인원	학생부종합 비율	논술 인원	논술 비율	계 인원	계 비율	정시모집 수능 인원	수능 비율
2024	전체	1,933	100%	584	30.2%	479	24.8%	81	4.2%	1,144	59.2%	789	40.8%
2024	지역인재	419	21.7%	250	12.9%	68	3.5%			328	17.0%	91	4.7%
2025	전체	1,962	100%	578	29.5%	510	26.0%	91	4.7%	1,179	60.1%	783	39.9%
2025	지역인재	451	23.0%	263	13.4%	86	4.4%	16	0.8%	360	18.3%	91	4.7%
증감	전체	+29	0.0%	-6	-0.7%	+31	+1.2%	+10	+0.5%	+35	+0.9%	-6	-0.9%
증감	지역인재	+32	+1.3%	+13	+0.5%	+18	+0.9%	+16	+0.8%	+32	+1.3%	0	0.0%

2. 대학

■ 대학

※ 모집인원: 정원 내외 모집인원 포함

지역	대학	학년도	구분	전체 모집인원 인원	전체 모집인원 비율	수시모집 학생부교과 인원	학생부교과 비율	학생부종합 인원	학생부종합 비율	논술 인원	논술 비율	계 인원	계 비율	정시모집 수능 인원	수능 비율
서울	경희대	2024	전체	45	100%	6	13.3%	12	26.7%	8	17.8%	26	57.8%	19	42.2%
서울	경희대	2025	전체	44	100%	8	18.2%	10	22.7%	7	15.9%	25	56.8%	19	43.2%
서울	덕성여대	2024	전체	86	100%	25	29.1%	26	30.2%			51	59.3%	35	40.7%
서울	덕성여대	2025	전체	86	100%	25	29.1%	26	30.2%			51	59.3%	35	40.7%
서울	동국대	2024	전체	35	100%	4	11.4%	9	25.7%	5	14.3%	18	51.4%	17	48.6%
서울	동국대	2025	전체	35	100%	4	11.4%	11	31.4%	5	14.3%	20	57.1%	15	42.9%
서울	동덕여대	2024	전체	44	100%	12	27.3%	8	18.2%			20	45.5%	24	54.5%
서울	동덕여대	2025	전체	44	100%	12	27.3%	8	18.2%			20	45.5%	24	54.5%
서울	삼육대	2024	전체	37	100%	5	13.5%	10	2.7%			15	40.5%	22	59.5%
서울	삼육대	2025	전체	37	100%	3	8.1%	12	32.4%			15	40.5%	22	59.5%
서울	서울대	2024	전체	73	100%			43	58.9%			43	58.9%	30	4.11%
서울	서울대	2025	전체	73	100%			43	58.9%			43	58.9%	30	4.11%

지역	대학	학년도	구분	전체 모집인원 인원	전체 모집인원 비율	학생부교과 인원	학생부교과 비율	학생부종합 인원	학생부종합 비율	논술 인원	논술 비율	계 인원	계 비율	수능 인원	수능 비율
수도	성균관대	2024	전체	70	100%			35	50.0%	5	7.1%	40	57.1%	30	42.9%
		2025	전체	70	100%			35	50.0%	5	7.1%	40	57.1%	30	42.9%
	숙명여대	2024	전체	86	100%	5	5.8%	22	25.6%			27	31.4%	59	68.6%
		2025	전체	86	100%	5	5.8%	20	23.6%	4	4.7%	29	33.7%	57	66.3%
	연세대	2024	전체	36	100%	6	16.7%	7	19.4%	5	13.9%	18	50.0%	18	50.0%
		2025	전체	35	100%	5	14.3%	8	22.9%	5	14.3%	18	51.4%	17	48.6%
	이화여대	2024	전체	122	100%			27	22.1%	5	4.1%	32	26.2%	90	73.8%
		2025	전체	121	100%			26	21.5%	5	4.1%	31	25.6%	90	74.4%
	중앙대	2024	전체	129	100%	8	6.2%	43	33.3%	25	19.4%	76	58.9%	53	41.1%
		2025	전체	130	100%	10	7.7%	42	32.3%	26	20.0%	78	60.0%	52	40.0%
경인	가천대	2024	전체	34	100%	4	11.8%	15	44.1%			19	55.9%	15	44.1%
		2025	전체	34	100%	4	11.8%	15	44.1%			19	55.9%	15	44.1%
	가톨릭대	2024	전체	35	100%	4	11.4%	13	37.1%	8	22.9%	25	71.4%	10	28.6%
		2025	전체	35	100%	4	11.4%	13	37.1%	8	22.9%	25	71.4%	10	28.6%
	아주대	2024	전체	36	100%			15	41.7%			15	41.7%	21	58.3%
		2025	전체	36	100%			15	41.7%	5	13.9%	20	55.6%	16	44.4%
	차의과학대	2024	전체	35	100%	18	51.4%	5	14.3%			23	65.7%	12	34.3%
		2025	전체	36	100%	18	50.0%	6	16.7%			24	66.7%	12	33.3%
	한양대(에리카)	2024	전체	36	100%	8	22.2%	12	33.3%			20	55.6%	16	44.4%
		2025	전체	33	100%	5	15.2%	12	36.4%			17	51.5%	16	48.5%
강원	강원대	2024	전체	54	100%	30	55.6%	9	16.6%			39	72.2%	15	27.8%
			지역	11	20.4%	11	20.4%					11	20.4%		
		2025	전체	54	100%	33	61.1%	9	16.7%			42	77.8%	12	22.2%
			지역	16	29.6%	16	29.6%					16	29.6%		
경상	경북대	2024	전체	33	100%	11	33.3%	17	51.5%			28	84.8%	5	15.2%
			지역	15	45.5%	1	3.0%	14	42.4%			15	45.5%		
		2025	전체	35	100%	9	25.7%	21	60.0%			30	85.7%	5	14.3%
			지역	19	54.3%	1	2.9%	18	51.4%			19	54.3%		
	경상국립대	2024	전체	36	100%	11	30.6%	13	36.1%			24	66.7%	12	33.3%
			지역	15	41.7%	5	13.0%	4	11.1%			9	25.0%	6	16.7%
		2025	전체	36	100%	13	36.1%	13	36.1%			26	72.2%	10	27.8%
			지역	16	44.5%	6	16.7%	4	11.1%			10	27.8%	6	16.7%
	경성대	2024	전체	58	100%	38	65.5%					38	65.5%	20	34.5%
			지역	20	34.5%	20	34.5%					20	34.5%		
		2025	전체	58	100%	38	65.5%					38	65.5%	20	34.5%
			지역	20	34.5%	20	34.5%					20	34.5%		
	계명대	2024	전체	19	100%	12	63.2%					12	63.2%	7	36.8%
			지역	9	47.4%	9	47.4%					9	47.4%		
		2025	전체	44	100%	18	40.9%	13	29.5%			31	70.5%	13	29.5%
			지역	16	36.4%	9	20.5%	7	15.9%			16	36.4%		
	대구가톨릭대	2024	전체	59	100%	44	74.6%	5	8.5%			49	83.1%	10	16.9%
			지역	26	44.1%	26	44.1%	5				26	44.1%		
		2025	전체	59	100%	44	74.6%	5	8.5%			49	83.1%	10	16.9%
			지역	21	35.6%	21	35.6%	5				21	35.6%		
	부산대	2024	전체	65	100%	10	15.4%	21	32.3%	10	15.4%	41	63.1%	24	36.9%
			지역	48	73.9%	10	15.4%	16	24.6%	10	15.4%	36	55.4%	12	18.5%
		2025	전체	65	100%	12	18.5%	19	29.2%	10	15.4%	41	63.1%	24	36.9%
			지역	48	73.9%	12	18.5%	14	21.5%	10	15.4%	36	55.4%	12	18.5%
	영남대	2024	전체	80	100%	47	58.8%					47	58.8%	33	41.2%
			지역	33	41.3%	18	22.5%					18	22.5%	15	18.8%
		2025	전체	80	100%	44	55.0%	5	6.2%			49	61.2%	31	38.8%
			지역	36	45.0%	16	22.5%	5	6.2%			21	26.2%	15	18.8%

지역	대학	학년도	구분	전체 모집인원		수시모집								정시모집	
						학생부교과		학생부종합		논술		계		수능	
				인원	비율	인원	비율	인원	비율	인원	비율	인원	비율	인원	비율
전라	인제대	2024	전체	38	100%	26	68.4%					26	68.4%	12	31.6%
			지역	16	42.1%	10	26.3%					10	26.3%	6	15.8%
		2025	전체	41	100%	29	70.7%					29	70.7%	12	29.3%
			지역	18	43.9%	12	29.3%					12	29.3%	6	14.6%
	목포대	2024	전체	32	100%	19	59.4%	3	9.4%			22	68.8%	10	31.2%
			지역	12	37.5%	9	28.1%	3	9.4%			12	37.5%		
		2025	전체	34	100%	16	47.1%	5	14.7%			21	61.8%	13	38.2%
			지역	16	47.1%	11	32.4%	5	14.7%			16	47.1%		
	순천대	2024	전체	33	100%	14	42.4%	5	15.2%			19	57.6%	14	42.4%
			지역	14	42.4%	14	42.4%					14	42.4%		
		2025	전체	37	100%	19	51.4%	6	16.2%			25	67.6%	12	32.4%
			지역	20	54.0%	15	40.5%					15	40.5%	5	13.5%
	우석대	2024	전체	50	100%	38	76.0%					38	76.0%	12	24.0%
			지역	20	40.0%	20	40.0%					20	40.0%		
		2025	전체	46	100%	25	54.3%					25	54.3%	21	45.7%
			지역	19	41.3%	19	41.3%					19	41.3%		
	원광대	2024	전체	45	100%			36	80.0%			36	80.0%	9	20.0%
			지역	19	42.2%			19	42.2%			19	42.2%		
		2025	전체	47	100%			40	85.1%			40	85.1%	7	14.9%
			지역	23	48.9%			23	48.9%			23	48.9%		
	전남대	2024	전체	65	100%	41	63.1%	4	6.1%			45	69.2%	20	30.8%
			지역	36	55.3%	27	41.5%					27	41.5%	9	13.8%
		2025	전체	65	100%	41	63.1%	4	6.1%			45	69.2%	20	30.8%
			지역	36	55.3%	27	41.5%					27	41.5%	9	13.8%
	전북대	2024	전체	33	100%	19	57.6%	5	15.1%			24	72.7%	9	27.3%
			지역	15	45.5%	15	45.5%					15	45.5%		
		2025	전체	33	100%	19	57.6%	5	15.1%			24	72.7%	9	27.3%
			지역	15	45.5%	15	45.5%					15	45.5%		
	조선대	2024	전체	81	100%	51	63.0%	6	7.4%			57	70.4%	24	29.6%
			지역	38	46.9%	24	29.6%					24	29.6%	14	17.3%
		2025	전체	79	100%	47	59.5%	10	12.7%			57	72.2%	22	27.8%
			지역	38	481.%	26	32.9%					26	32.9%	12	15.2%
제주	제주대	2024	전체	33	100%	22	66.7%	1	3.0%			23	69.7%	10	30.3%
			지역	10	30.3%	10	30.3%					10	30.3%		
		2025	전체	35	100%	19	54.3%	7	20.0%			26	74.3%	9	25.7%
			지역	10	28.6%	10	28.6%					10	28.6%		
충청	고려대(세종)	2024	전체	36	100%	3	8.3%	15	41.7%	10	27.8%	28	77.8%	8	22.2%
			지역	16	44.4%			7	19.4%	5	13.9%	12	33.3%	4	11.1%
		2025	전체	35	100%			9	25.7%	11	31.4%	20	57.1%	15	42.9%
			지역	16	45.7%			5	14.3%	6	17.1%	11	31.4%	5	14.3%
	단국대(천안)	2024	전체	33	100%			11	33.3%			11	33.3%	22	66.7%
			지역												
		2025	전체	33	100%			11	33.3%			11	33.3%	22	66.7%
			지역												
	충남대	2024	전체	55	100%	25	45.4%	12	21.9%			37	67.3%	18	32.7%
			지역	22	44.0%	9	16.4%					9	16.4%	13	23.6%
		2025	전체	55	100%	25	45.4%	12	21.9%			37	67.3%	18	32.7%
			지역	22	44.0%	9	16.4%					9	16.4%	13	23.6%
	충북대	2024	전체	56	100%	18	32.1%	14	25.0%			32	57.1%	24	42.9%
			지역	24	42.8%	12	21.4%					12	21.4%	12	21.4%
		2025	전체	56	100%	24	42.9%	14	25.0%			38	67.9%	18	32.1%
			지역	26	46.4%	18	32.1%					18	32.1%	8	14.3%

Ⅲ. 전형

■ 수능최저학력기준/면접(학생부) 유무

전형유형	구분				대학수	대학
학생부교과	수능최저학력기준	○	면접	○	6	**계명대**: 일반전형, **대구가톨릭대**: 교과우수자, **삼육대**: 일반전형, **인제대**: 의예약학간호, **차의과학대**: CHA학생부교과, **충북대**: 학생부교과
				×	23	**가천대**: 학생부우수자, **가톨릭대**: 지역균형, **강원대**: 일반전형, **경상국립대**: 일반전형, **경북대**: 교과우수자, **경성대**: 일반계고고과, **경희대**: 지역균형, **덕성여대**: 학생부100%, **동덕여대**: 학생부교과우수자, **목포대**: 교과일반, **숙명여대**: 지역균형선발, **삼육대**: 학교장추천, **영남대**: 일반학생, **우석대**: 일반전형(교과중심), **전남대**: 일반전형, **전북대**: 일반학생, **제주대**: 일반학생, **조선대**: 일반전형, **중앙대**: 지역균형, **차의과학대**: 지역균형선발, **충남대**: 일반전형, **충북대**: 학생부교과, **한양대(에리카)**: 지역균형선발
		×	면접	○	1	**연세대**: 추천형
				×	1	**동국대**: 학교장추천인재
학생부종합	수능최저학력기준	○	면접	○	15	**가천대**: 가천의약학, **가톨릭대**: 학교장추천, **경상국립대**: 일반전형, **고려대(세종)**: 학생부종합, **단국대**: DKU인재(면접형), **동덕여대**: 동덕창의리더, **삼육대**: 세움인재, 재림교회목회자추천, **서울대**: 지역균형, **아주대**: ACE, **연세대**: 활동우수형, **원광대**: 학생부종합, **전남대**: 고교생활우수자(유형Ⅰ), **전북대**: 큰사람, **조선대**: 면접전형, **충남대**: 일반전형
				×	4	**대구가톨릭대**: 종합인재, **이화여대**: 미래인재, **충남대**: 서류전형, **충북대**: 학생부종합Ⅱ
		×	면접	○	6	**강원대**: 미래인재2, **경희대**: 네오르네상스, **동국대**: DoDream, **서울대**: 일반전형, **숙명여대**: 숙명인재(면접형), **중앙대**: CAU융합형인재
				×	5	**덕성여대**: 덕성인재Ⅰ, **성균관대**: 학과모집/이웃사랑, **중앙대**: CAU탐구형인재, **충북대**: 학생부종합Ⅰ, **한양대(에리카)**: 일반전형
논술	수능최저학력기준	○	학생부	○	4	**가톨릭대**: 논술전형, **고려대(세종)**: 논술전형, **동국대**: 논술우수자, **중앙대**: 논술전형
				×	3	**경희대**: 논술우수자, **성균관대**: 논술우수, **이화여대**: 논술전형
		×	학생부	○	0	
				×	1	**연세대**: 논술전형

1. 학생부교과

대학	전형	인원 2025	인원 2024	전형 방법	수능 최저 학력 기준
가천대	농어촌(교과)	1	1	학생부100%	[국, 수(미적분/기하), 영, 과(2. 소수점 절사)] 3개 등급 합 6
가천대	학생부우수자	3	3	학생부100%	[국, 수(미적분/기하), 영, 과(2. 소수점 절사)] 3개 등급 합 5
가톨릭대	지역균형	4	4	학생부교과100%	[국, 수(미적분/기하), 영, 과(1)] 3개 등급 합 5
강원대	지역인재	15	10	학생부100%	[국, 수, 영, 과(1)] '수, 과' 포함 3개 등급 합 8
강원대	지역인재-저소득	1	1	학생부100%	[국, 수, 영, 과(1)] '수, 과' 포함 3개 등급 합 10
강원대	일반전형	13	15	학생부100%	[국, 수, 영, 과(1)] '수, 과' 포함 3개 등급 합 7
강원대	저소득층	4	4	학생부100%	[국, 수, 영, 과(1)] '수, 과' 포함 3개 등급 합 8
경북대	교과우수자	8	10	학생부교과80%+ 서류20%	[국, 수(미적분/기하), 영, 과(2. 소수점 절사)] 3개 등급 합 5(과탐 포함)
경북대	지역인재-기초생활수급자등대상자	1	1	학생부교과80%+ 서류20%	[국, 수(미적분/기하), 영, 과(2. 소수점 절사)] 3개 등급 합 6(과탐 포함)
경상국립대	일반전형	7	6	학생부100%	[국, 수(미적분/기하), 영, 과(2. 소수점 절사)] 수학 포함 3개 등급 합 5
경상국립대	지역인재	6	5	학생부100%	[국, 수(미적분/기하), 영, 과(2. 소수점 절사)] 수학 포함 3개 등급 합 6
경성대	지역인재-저소득	2	1	학생부100%	[국, 수(미적분/기하), 영, 과(1)] 3개 등급 합 7
경성대	지역인재	18	19	학생부100%	[국, 수(미적분/기하), 영, 과(1)] 3개 등급 합 5
경성대	일반계고교과	10	10	학생부100%	[국, 수(미적분/기하), 영, 과(1)] 3개 등급 합 5
경성대	농어촌학생	4	4	학생부100%	[국, 수(미적분/기하), 영, 과(1)] 3개 등급 합 7
경성대	저소득층	4	4	학생부100%	[국, 수(미적분/기하), 영, 과(1)] 3개 등급 합 7
경희대	지역균형	8	6	학생부70%+ 교과종합평가30%	[국, 수, 영, 과(2)] 3개 등급 합 4, 한 5등급

대학	전형	인원 2025	인원 2024	전형 방법	수능 최저 학력 기준
계명대	지역전형	8	8	1단계)학생부100%(10배수) 2단계)학생부80%+ 면접20%	[국, 수(미적분/기하), 영, 과(1)] 3개 등급 합 5
계명대	면접전형	6	1	1단계)학생부100%(20배수) 2단계)학생부80%+ 면접20%	[국, 수(미적분/기하), 영, 과(1)] 3개 등급 합 6
계명대	일반전형	3	3	1단계)학생부100%(10배수) 2단계)학생부80%+ 면접20%	[국, 수(미적분/기하), 영, 과(1)] 3개 등급 합 5
계명대	지역기회균형	1	1	1단계)학생부100%(10배수) 2단계)학생부80%+ 면접20%	[국, 수(미적분/기하), 영, 과(1)] 3개 등급 합 6
대구가톨릭대	지역기회균형	2	3	학생부교과100%	[국, 수(미적분/기하), 영, 과(2, 소수점 절사)] 3개 등급 합 6
대구가톨릭대	지역교과	19	23	1단계)학생부교과100%(7배수) 2단계)1단계80%+ 면접20%	[국, 수(미적분/기하), 영, 과(2, 소수점 절사)] 3개 등급 합 5
대구가톨릭대	기회균형	4	4	학생부교과100%	[국, 수(미적분/기하), 영, 과(2, 소수점 절사)] 수학 포함 3개 등급 합 6
대구가톨릭대	교과전형	14	9	학생부교과100%	[국, 수(미적분/기하), 영, 과(2, 소수점 절사)] 3개 등급 합 5
대구가톨릭대	농어촌학생	5	5	학생부교과100%	[국, 수(미적분/기하), 영, 과(2, 소수점 절사)] 3개 등급 합 6
덕성여대	학생부100%	25	25	학생부교과100%	[국, 수(미적분/기하), 영, 과(1)] 수학 포함 3개 등급 합 6
동국대	학교장추천인재	4	4	학생부교과70%+ 서류30%	없음
동덕여대	학생부교과우수자	12	12	학생부100%	[국, 수(미적분/기하), 과(1)] 3개 등급 합 6
목포대	지역인재- 기초차상위	1	1	학생부100%	[국, 수(미적분/기하), 영, 과(2)] '수, 과' 포함 3개 등급 합 6 ※ 화학 또는 생물 필수 응시
목포대	지역인재일반	10	8	학생부100%	[국, 수(미적분/기하), 영, 과(2)] '수, 과' 포함 3개 등급 합 6 ※ 화학 또는 생물 필수 응시
목포대	교과일반	3	6	학생부100%	[국, 수(미적분/기하), 영, 과(2)] '수, 과' 포함 3개 등급 합 6 ※ 화학 또는 생물 필수 응시
목포대	기회균형	2	2	학생부100%	[국, 수(미적분/기하), 영, 과(2)] '수, 과' 포함 3개 등급 합 6 ※ 화학 또는 생물 필수 응시
부산대	지역인재	12	10	학생부교과80%+ 학업역량평가 20%	[국, 수(미적분/기하), 영, 과(1)] 수학 포함 3개 등급 합 4, 한 4등급
삼육대	학교장추천	3	3	학생부교과100%	[국, 수(미적분/기하), 영, 사/과(1)] 3개 등급 합 5
숙명여대	지역균형선발	5	5	학생부교과100%	[국, 수, 영, 사과(1)] 수학 포함 3개 등급 합 5 ※ 탐구는 반드시 과탐 1과목 포함
순천대	지역기회균형인재	1	1	학생부100%	[국, 수(미적분/기하), 영, 과(2)] '수, 과' 포함 3개 등급 합 8
순천대	교과일반 [신설]	4		학생부100%	[국, 수(미적분/기하), 영, 과(2)] '수, 과' 포함 3개 등급 합 7
순천대	지역인재	14	13	학생부100%	[국, 수(미적분/기하), 영, 과(2)] '수, 과' 포함 3개 등급 합 7
연세대	추천형	5	6	1단계)학생부교과100%(5배수) 2단계)1단계70%+ 면접30%	[국, 수(미적분/기하), 과(1)] '국, 수' 중 1개 과목 포함 2개 1등급, 영어 3등급, 한국사 4등급
영남대	약학고른기회	5	5	학생부100%	[국, 수, 영, 과(1)] 3개 등급 합 7, 한 4등급
영남대	지역인재	16	18	학생부100%	[국, 수, 영, 과(1)] 3개 등급 합 5, 한 4등급
영남대	일반학생	16	17	학생부100%	[국, 수, 영, 과(1)] 3개 등급 합 5, 한 4등급
영남대	기회균형Ⅱ(의약)	2	2	학생부100%	[국, 수, 영, 과(1)] 3개 등급 합 7, 한 4등급
영남대	농어촌학생	5	5	학생부100%	[국, 수, 영, 과(1)] 3개 등급 합 7, 한 4등급
우석대	지역인재	18	19	학생부100%	[국, 수(미적분/기하), 영, 과(1)] 수학 포함 3개 등급 합 6
우석대	농어촌학생	2	4	학생부100%	[국, 수(미적분/기하), 영, 과(1)] 수학 포함 3개 등급 합 6
우석대	특수교육대상자	2	2	학생부100%	[국, 수(미적분/기하), 영, 과(1)] 수학 포함 3개 등급 합 6
우석대	지역인재 (기회균형)	1	1	학생부100%	[국, 수(미적분/기하), 영, 과(1)] 수학 포함 3개 등급 합 6
우석대	기회균형	2	4	학생부100%	[국, 수(미적분/기하), 영, 과(1)] 수학 포함 3개 등급 합 6
인제대	지역인재Ⅱ	5	5	학생부100%	[국, 수(미적분/기하), 영, 과(1)] 4개 등급 합 9
인제대	기초생활수급자	6	5	1단계)학생부100%(5배수) 2단계)학생부80%+ 면접20%	없음
인제대	의예·약학	8	8	1단계)학생부100%(5배수) 2단계)학생부80%+ 면접20%	[국, 수(미적분/기하), 영, 과(1)] 4개 등급 합 9
인제대	농어촌학생	3	3	1단계)학생부100%(5배수) 2단계)학생부80%+ 면접20%	없음

대학	전형	인원 2025	인원 2024	전형 방법	수능 최저 학력 기준
인제대	지역인재 I	7	5	1단계)학생부100%(5배수) 2단계)학생부80%+ 면접20%	[국, 수(미적분/기하), 영, 과(1)] 4개 등급 합 9
전남대	지역인재	25	25	학생부100%	[국, 수(미적분/기하), 영, 과(1)] 3개 등급 합 7
전남대	기초생활/차상위/ 한부모	5	5	학생부100%	[국, 수(미적분/기하), 영, 과(1)] 3개 등급 합 8
전남대	지역균형	2	2	학생부100%	[국, 수(미적분/기하), 영, 과(1)] 3개 등급 합 8
전남대	일반전형	9	9	학생부100	[국, 수(미적분/기하), 영, 과(1)] 3개 등급 합 6
전북대	일반학생	4	4	학생부100%	[국, 수(미적분/기하), 영, 과(1)] 수학 포함 3개 등급 합 7
전북대	지역인재기회균형 (호남권) [신설]	1		학생부100%	[국, 수(미적분/기하), 영, 과(1)] 수학 포함 3개 등급 합 7
전북대	지역인재1유형 (호남권)	14	15	학생부100%	[국, 수(미적분/기하), 영, 과(1)] 수학 포함 3개 등급 합 7
제주대	고른기회	2	2	학생부100%	[국, 수(미적분/기하), 영, 과(2, 소수점 절사)] 수학 포함 3개 등급 합 8
제주대	일반학생	7	10	학생부100%	[국, 수(미적분/기하), 영, 과(2, 소수점 절사)] 수학 포함 3개 등급 합 7
제주대	지역인재	10	10	학생부100%	[국, 수(미적분/기하), 영, 과(2, 소수점 절사)] 수학 포함 3개 등급 합 7
조선대	지역기회균형	2	2	학생부100%	[국, 수(미적분/기하), 영, 과(1)] 수학 포함 3개 등급 합 6
조선대	지역인재	24	22	학생부100%	[국, 수(미적분/기하), 영, 과(1)] 수학 포함 3개 등급 합 6
조선대	일반전형	21	21	학생부100%	[국, 수(미적분/기하), 영, 과(1)] 수학 포함 3개 등급 합 6
중앙대	지역균형	10	8	학생부100%	[국, 수(미적분/기하), 영, 과(1)] 4개 등급 합 5, 한 4등급 ※ 영어영역 1등급과 2등급을 통합하여 1등급으로 간주함
차의과학대	CHA학생부교과	11	12	1단계)학생부교과100%(5배수) 2단계)1단계70%+ 면접30%	[국, 수, 사/과(2, 소수점 절사)] 수학 포함 3개 등급 합 6
차의과학대	지역균형선발	7	6	학생부교과100%	[국, 수, 사/과(2, 소수점 절사)] 수학 포함 3개 등급 합 6
충남대	지역인재- 저소득층	2	2	학생부100%	[수(미적분/기하), 영, 과(2)] 3개 등급 합 7
충남대	일반전형	16	16	학생부100%	[수(미적분/기하), 영, 과(2)] 3개 등급 합 5
충남대	지역인재	7	7	학생부100%	[수(미적분/기하), 영, 과(2)] 3개 등급 합 5
충북대	지역인재 <제약학과>	8	5	학생부100%	[국, 수(미적분/기하), 영, 과(1)] 수학 포함 3개 등급 합 7
충북대	지역경제배려대상 자 <제약학과>	1	1	학생부100%	[국, 수(미적분/기하), 영, 과(1)] 수학 포함 3개 등급 합 8
충북대	지역경제배려대상 자<약학과>	1	1	학생부100%	[국, 수(미적분/기하), 영, 과(1)] 수학 포함 3개 등급 합 8
충북대	학생부교과 <약학과>	3	3	학생부100%	[국, 수(미적분/기하), 영, 과(1)] 수학 포함 3개 등급 합 6
충북대	학생부교과 <제약학과>	3	3	학생부100%	[국, 수(미적분/기하), 영, 과(1)] 수학 포함 3개 등급 합 6
충북대	지역인재 <약학과>	8	5	학생부100%	[국, 수(미적분/기하), 영, 과(1)] 수학 포함 3개 등급 합 7
한양대(에리카)	지역균형선발	5	5	학생부교과100%	[국, 수, 영, 과(1)] 3개 등급 합 5

2. 학생부종합

대학	전형	인원 2025	인원 2024	전형 방법	수능 최저 학력 기준
가천대	가천의약학	12	12	1단계)서류100%(5배수) 2단계)서류50%+ 면접50%	[국, 수(미적분/기하), 영, 과(2. 소수점 절사)] 3개 등급 합 5
가천대	교육기회균형	3	3	1단계)서류100%(5배수) 2단계)서류50%+ 면접50%	[국, 수(미적분/기하), 영, 과(2. 소수점 절사)] 3개 등급 합 5
가톨릭대	농어촌학생	2	2	서류100%	[국, 수(미적분/기하), 영, 과(1)] 3개 등급 합 7
가톨릭대	기회균형II	3	3	서류100%	[국, 수(미적분/기하), 영, 과(1)] 3개 등급 합 7
가톨릭대	학교장추천	8	8	1단계)서류100%(4배수) 2단계)서류70%+ 면접30%	[국, 수(미적분/기하), 영, 과(1)] 3개 등급 합 5

대학	전형	인원 2025	인원 2024	전형 방법	수능 최저 학력 기준
강원대	미래인재2	9	9	1단계)서류100%(3배수) 2단계)서류60%+ 면접40%	없음
경북대	지역인재	18	14	1단계)서류100%(5배수) 2단계)서류70%+ 면접30%	[국, 수(미적분/기하), 영, 과(2, 소수점 절사)] 3개 등급 합 5(과탐 포함)
경북대	농어촌학생	3	3	서류100%	[국, 수(미적분/기하), 영, 과(2, 소수점 절사)] 3개 등급 합 6(과탐 포함)
경상국립대	일반전형	3	3	1단계)서류100%(3배수) 2단계)서류80%+ 면접20%	[국, 수(미적분/기하), 영, 과(2, 소수점 절사)] 수학 포함 3개 등급 합 6
경상국립대	기초생활수급자	3	3	서류100%	[국, 수(미적분/기하), 영, 과(2, 소수점 절사)] 수학 포함 3개 등급 합 6
경상국립대	농어촌학생	3	3	서류100%	[국, 수(미적분/기하), 영, 과(2, 소수점 절사)] 수학 포함 3개 등급 합 6
경상국립대	지역인재	4	4	서류100%	[국, 수(미적분/기하), 영, 과(2, 소수점 절사)] 수학 포함 3개 등급 합 6
경희대	네오르네상스	10	12	1단계)서류100%(3배수) 2단계)서류70%+ 면접30%	없음
계명대	지역전형 [신설]	7		서류100%	[국, 수(미적분/기하), 영, 과(1)] 3개 등급 합 6
고려대(세종)	지역인재- 사회배려자	1	1	1단계)학생부교과100%(5배수) 2단계)1단계70%+ 면접30%	[국, 수(미적분/기하), 영, 과(2)] 3개 등급 합 5
고려대(세종)	크림슨인재	4	3	1단계)서류평가100%(5배수) 2단계)1단계70%+ 면접30%	[국, 수(미적분/기하), 영, 과(2)] 3개 등급 합 5
고려대(세종)	지역인재	4	6	1단계)학생부교과100%(5배수) 2단계)1단계70%+ 면접30%	[국, 수(미적분/기하), 영, 과(2)] 3개 등급 합 5
단국대(천안)	교육기회배려자	3	3	서류100%	[국, 수(미적분/기하), 영, 과(2)] 수학 포함 3개 등급 합 6
단국대(천안)	DKU인재(면접형)	8	8	1단계)서류100%(3배수) 2단계)서류70%+ 면접30%	[국, 수(미적분/기하), 영, 과(2)] 수학 포함 3개 등급 합 6
대구가톨릭대	지역종합	5	5	1단계)학생부교과100%(7배수) 2단계)1단계80%+ 면접20%	[국, 수(미적분/기하), 영, 과(2, 소수점 절사)] 3개 등급 합 6
덕성여대	기초생활수급자	6	6	서류100%	없음
덕성여대	덕성인재Ⅱ	20	20	1단계)서류100%(3배수) 2단계)서류60%+ 면접40%	없음
동국대	Do Dream	11	9	1단계)서류100%(4배수) 2단계)서류70%+면접30%	없음
동덕여대	동덕창의리더	8	8	1단계)서류100%(3배수) 2단계)서류40%+ 면접60%	[국, 수(미적분/기하), 과(1)] 3개 등급 합 6
목포대	지역인재	5	3	1단계)서류100%(6배수) 2단계)서류80%+ 면접20%	[국, 수(미적분/기하), 영, 과(2)] '수, 과' 포함 3개 등급 합 6 ※ 화학 또는 생물 필수 응시
부산대	지역인재-저소득층	2	2	학생부종합평가100	[국, 수(미적분/기하), 영, 과(1)] 수학 포함 3개 등급 합 4, 한 4등급
부산대	지역인재	12	14	학생부종합평가100	[국, 수(미적분/기하), 영, 과(1)] 수학 포함 3개 등급 합 4, 한 4등급
부산대	저소득층	5	5	학생부종합평가100	[국, 수(미적분/기하), 영, 과(1)] 수학 포함 3개 등급 합 4, 한 4등급
삼육대	기회균형Ⅱ	3	3	서류60%+ 면접40%	[국, 수(미적분/기하), 영, 사/과(1)] 3개 등급 합 5
삼육대	특수교육대상자	2	2	서류60%+ 면접40%	[국, 수(미적분/기하), 영, 사/과(1)] 3개 등급 합 5
삼육대	세움인재	4	2	1단계)서류100%(4배수) 2단계)서류60%+ 면접40%	[국, 수(미적분/기하), 영, 사/과(1)] 3개 등급 합 5
삼육대	재림교회목회자추천 /신학특별	3	3	서류60%+ 면접40%	[국, 수(미적분/기하), 영, 사/과(1)] 3개 등급 합 5
서울대	지역균형	11	11	1단계)서류100%(3배수) 2단계)서류70%+ 면접30%	[국, 수(미적분/기하), 영, 과(2)] 3개 등급 합 7 ※ 과탐: 서로 다른 분야의 Ⅰ+Ⅱ 및 Ⅱ+Ⅱ
서울대	기회균형 (사회통합)	3	3	1단계)서류100%(2배수) 2단계)서류70%+ 면접30%	없음
서울대	일반전형	29	29	1단계)서류100%(2배수) 2단계)서류50%+ 면접50%	없음
성균관대	탐구형	30	30	서류100%	없음

대학	전형	인원 2025	인원 2024	전형 방법	수능 최저 학력 기준
성균관대	이웃사랑	5	5	서류100%	없음
숙명여대	숙명인재(면접형)	20	22	1단계)서류100%(3배수) 2단계)서류60%+면접40%	없음
순천대	농어촌학생	3	3	1단계)서류100%(5배수) 2단계)서류70%+ 면접30%	[국, 수(미적분/기하), 영, 과(2)] '수, 과' 포함 3개 등급 합 8
순천대	일반학생 [신설]	1		1단계)서류100%(5배수) 2단계)서류70%+ 면접30%	[국, 수(미적분/기하), 영, 과(2)] '수, 과' 포함 3개 등급 합 7
순천대	기초생활등	2	2	1단계)서류100%(5배수) 2단계)서류70%+ 면접30%	[국, 수(미적분/기하), 영, 과(2)] '수, 과' 포함 3개 등급 합 8
아주대	ACE	15	15	1단계)서류100%(3배수) 2단계)서류70%+ 면접30%	[국, 수, 영, 사과(2)] 3개 등급 합 5
연세대	기회균형	1	1	1단계)서류100%(3배수) 2단계)서류60%+ 면접40%	없음
연세대	활동우수형	7	6	1단계)서류100%(4배수) 2단계)서류60%+ 면접40%	[국, 수(미적분/기하), 과(1)] '국, 수' 중 1개 과목 포함 2개 1등급, 영어 3등급, 한국사 4등급
영남대	잠재능력우수자 (지역) [신설]	5		서류100%	[국, 수, 영, 과(1)] 3개 등급 합 5, 한 4등급
원광대	학생부종합	12	12	1단계)서류100%(5배수) 2단계)서류70%+ 면접30%	[국, 수, 영, 과(2)] 수학 포함 3개 등급 합 7
원광대	농어촌학생	2	2	1단계)서류100%(5배수) 2단계)서류70%+ 면접30%	없음
원광대	기회균형II	3	3	1단계)서류100%(5배수) 2단계)서류70%+ 면접30%	없음
원광대	지역인재I (전북)	14	11	1단계)서류100%(5배수) 2단계)서류70%+ 면접30%	[국, 수, 영, 과(1)] 수학 포함 3개 등급 합 7
원광대	지역인재II	1	1	1단계)서류100%(5배수) 2단계)서류70%+ 면접30%	[국, 수, 영, 과(1)] 수학 포함 3개 등급 합 7
원광대	지역인재I (호남)	8	7	1단계)서류100%(5배수) 2단계)서류70%+ 면접30%	[국, 수, 영, 과(1)] 수학 포함 3개 등급 합 7
이화여대	미래인재(인문) <미래산업약학전공>	11	10	서류100%	[국, 수, 영, 사/과(1)] 4개 등급 합 6
이화여대	고른기회(자연) <약학전공>	1	1	서류100%	[국, 수, 영, 사/과(1)] 수학 포함 2개 등급 합 6
이화여대	미래인재(자연) <약학전공>	14	16	서류100%	[국, 수, 영, 사/과(1)] 4개 등급 합 6
전남대	고교생활우수자I	4	4	1단계)서류100%(6배수) 2단계)서류70%+ 면접30%	[국, 수(미적분/기하), 영, 과(1)] 3개 등급 합 7
전북대	큰사람	2	2	1단계)서류100%(3배수) 2단계)서류70%+ 면접30%	[국, 수(미적분/기하), 영, 과(1)] 수학 포함 3개 등급 합 7
전북대	기회균형선발	3	3	1단계)서류100%(3배수) 2단계)서류70%+ 면접30%	없음
제주대	농어촌학생	3	1	서류100%	없음
제주대	일반학생 [신설]	4		1단계)서류100%(3배수) 2단계)서류70%+ 면접30%	없음
조선대	농어촌학생 [신설]	4		서류100%	[국, 수(미적분/기하), 영, 과(1)] 수학 포함 3개 등급 합 6
조선대	면접전형	6	6	1단계)서류100%(5배수) 2단계)서류70%+ 면접30%	[국, 수(미적분/기하), 영, 과(1)] 수학 포함 3개 등급 합 6
중앙대	CAU탐구형인재	18	22	서류100%	없음
중앙대	기초생활및차상위	6	6	서류100%	없음
중앙대	CAU융합형인재	18	15	1단계)서류100%(3.5배수) 2단계)서류70%+ 면접30%	없음
차의과학대	농어촌학생	3	3	서류100%	[국, 수, 사/과(2, 소수점 절사)] 수학 포함 3개 등급 합 7
차의과학대	기회균등	3	2	서류100%	[국, 수, 사/과(2, 소수점 절사)] 수학 포함 3개 등급 합 7
충남대	농어촌학생	1	1	1단계)서류100%(3배수) 2단계)서류67%+ 면접33%	없음

대학	전형	인원 2025	인원 2024	전형 방법	수능 최저 학력 기준
충남대	일반전형	5	5	1단계)서류100%(2배수) 2단계)서류67%+ 면접33%	[수(미적분/기하), 영, 과(2)] 3개 등급 합 6
충남대	서류전형	2	2	서류100%	[수(미적분/기하), 영, 과(2)] 3개 등급 합 6
충남대	저소득층학생	4	4	1단계)서류100%(3배수) 2단계)서류67%+ 면접33%	없음
충북대	학생부종합II <제약학과>	3	3	서류100%	[국, 수(미적분/기하), 영, 과(1)] 수학 포함 3개 등급 합 7
충북대	학생부종합I <약학과>	3	3	서류100%	없음
충북대	학생부종합I <제약학과>	3	3	서류100%	없음
충북대	학생부종합II <약학과>	3	3	서류100%	[국, 수(미적분/기하), 영, 과(1)] 수학 포함 3개 등급 합 7
충북대	농어촌학생 <약학과>	1	1	서류100%	없음
충북대	농어촌학생 <제약학과>	1	1	서류100%	없음
한양대(에리카)	서류형 [신설]	12		학생부종합평가100%	없음

3. 논술

대학	전형	인원 2025	인원 2024	전형 방법	수능 최저 학력 기준
가톨릭대	논술전형	8	8	학생부교과20%+ 논술80%	[국, 수(미적분/기하), 영, 과(1)] 3개 등급 합 5
경희대	논술우수자	7	8	논술100%	[국, 수, 영, 과(2)] 3개 등급 합 4, 한 5등급
고려대(세종)	지역인재	6	5	논술100%	[국, 수(미적분/기하), 영, 과(2)] 3개 등급 합 5
고려대(세종)	논술전형	5	5	논술100%	[국, 수(미적분/기하), 영, 과(2)] 3개 등급 합 5
동국대	논술우수자	5	5	학생부30%+ 논술70%	[국, 수, 영, 사과(1)] '수학, 과탐' 중 1개 포함 3개 등급 합 4, 한국사 4등급
부산대	지역인재	10	10	학생부30%+ 논술70%	[국, 수(미적분/기하), 영, 과(1)] 수학 포함 3개 등급 합 4, 한 4등급
성균관대	논술우수	5	5	논술100%	[국, 수, 영, 사/과1, 사/과2] 5개 과목 중 3개 등급 합 5
숙명여대	논술우수자 [신설]	4		학생부교과10%+ 논술90%	[국, 수, 영, 사과(1)] 수학 포함 3개 등급 합 5 ※ 탐구는 반드시 과탐 1과목 포함
아주대	논술우수자 [신설]	5		학생부교과20%+ 논술80%	[국, 수, 영, 사과(2)] 3개 등급 합 5
연세대	논술전형	5	5	논술100%	없음
이화여대	논술전형(자연) <약학전공>	5	5	논술100%	[국, 수, 영, 사/과(1)] 4개 등급 합 6
중앙대	논술전형	26	25	학생부40%+논술60%	[국, 수(미적분/기하), 영, 과(1)] 4개 등급 합 5,한 4등급 ※ 영어영역 1등급과 2등급을 통합하여 1등급으로 간주함

8. 의학계열 : 수의예과

■ 수의예과

지역	대학 수	대학(10)
서울	2	건국대, 서울대
충청	2	충남대, 충북대
강원	1	강원대
경상	2	경북대, 경상국립대
전라	2	전남대, 전북대
제주	1	제주대

Ⅰ. 전형결과

1. 전체

■ 전체

학년도	구분	학생부교과					학생부종합					논술				
		모집인원	지원인원	경쟁률	등록자평균	충원율	모집인원	지원인원	경쟁률	등록자평균	충원율	모집인원	지원인원	경쟁률	등록자평균	충원율
2023	인원	202	2,891	14.3	1.42	119.3%	107	1,914	17.9	1.54	54.2%	16	4,973	310.8	3.07	6.3%
2024	인원	211	2,920	13.8	1.46	137.0%	108	2,444	22.6	1.57	37.0%	16	4,034	252.1		
	증감	+9 (4.5%)	+29 (1.0%)	-0.5 (3.5%)	+0.04 (2.8%)	+17.7 (14.8%)	+1 (0.9%)	+530 (27.7%)	+4.7 (26.3%)	+0.03 (1.9%)	-17.2 (31.7%)	0 (0.0%)	-939 (18.9%)	-58.7 (18.9%)		

■ 지역

구분	학년도	학생부교과					학생부종합					논술				
		모집인원	지원인원	경쟁률	등록자평균	충원율	모집인원	지원인원	경쟁률	등록자평균	충원율	모집인원	지원인원	경쟁률	등록자평균	충원율
수도권	2023	5	82	16.4	1.19	100.0%	47	614	13.1	1.60	25.5	6	2,651	441.8		0.0%
	2024	5	82	16.4	1.08	40.0%	43	813	18.9		20.9%	6	2,268	378.0		
비수도권 (지역인재)	2023	92	942	10.2	1.49	78.3%	3	47	15.7		33.3%					
	2024	100	971	9.7	1.39	92.0%	3	49	16.3	1.53						
비수도권 ('지역인재' 제외)	2023	105	1,867	17.8	1.36	156.2%	57	1,253	22.0	1.96	78.9%	10	2,322	232.2	3.07	10%
	2024	106	1,867	17.6	1.52	184.9%	62	1,582	25.5	1.58	50.0%	10	1,766	176.6		

2. 한눈에 보는 성적

등록자평균	학생부교과	학생부종합	논술
1.0	건국대: KU지역균형(1.04) 충북대: 학생부교과(1.09)	서울대: 지역균형(1.06)	
1.1	충북대: 지역인재(1.13)	충북대: 학생부종합Ⅰ(1.12)	
1.2	강원대: 일반전형(1.23) 전북대: 일반학생(1.25)		
1.3	전남대: 일반전형(1.31)/지역인재(1.31) 경상국립대: 일반전형(1.32) 경상국립대: 지역인재(1.33) 제주대: 일반학생(1.33) 충남대: 일반전형(1.33)/지역인재(1.33) 강원대: 미래인재Ⅰ(1.36)	충북대: 학생부종합Ⅱ(1.35)	

등록자 평균	학생부교과	학생부종합	논술
1.4	경북대: 교과우수자(1.42) 강원대: 지역인재(1.45)		
1.5	경북대: 지역인재(1.50) 전북대: 지역인재1(호남)(1.52) 전북대: 지역인재2(전북)(1.55)	서울대: 일반전형(1.50) 전남대: 고교생활우수자 I (1.52) 경상국립대: 지역인재(1.53) 충남대: 농어촌학생(1.53) 충남대: 서류전형(1.55) 경상국립대: 일반전형(1.58)	
1.6	제주대: 지역인재(1.64)	충남대: 일반전형(1.62) 전북대: 큰사람(1.69)	
1.7		제주대: 일반학생(1.72)	
1.8			
1.9		충남대: 저소득층학생(1.96)	
2.0			
2.1		건국대: KU자기추천(2.13)	
2.2		경북대: 일반학생(2.22)	
2.3			
~			
3.4			
3.5	전남대: 사회배려대상자(3.51)		

3. 대학

■ 학생부교과

대학	전형	2025 모집인원	2024 모집인원	2024 경쟁률	2024 등록자 평균	2024 등록 70%컷	2024 충원번호	2023 모집인원	2023 경쟁률	2023 등록자 평균	2023 등록 70%컷	2023 충원번호	2022 모집인원	2022 경쟁률	2022 등록자 평균	2022 등록 70%컷	2022 충원번호
강원대	미래인재1	4	4	28.8	1.36	1.58 등록최저	3										
강원대	일반전형	15	15	19.5	1.23	1.32 등록최저	30	18	20.4	1.37	1.49 등록최저	32	18	16.1	1.46	1.61 등록최저	
강원대	지역인재	10	10	7.8	1.45	1.52 등록최저	12	6	15.7	1.53	1.60 등록최저	1	7	8.4	1.66	2.27	
건국대	KU지역균형	5	5	16.4	1.04 등록50%컷	1.08	2	5	16.4		1.19	5	5	32.6	1.9	2.0 등록최저	
경북대	교과우수자	20	14	19.2	1.42	1.46	24	9	14.8	1.44	1.57	11	9	23.8	1.37	1.41	
경북대	지역인재	18	11	11.1	1.50	1.54	11	12	11.2	1.51	1.59	12	12	10.5	1.55	1.60	
경상국립대	일반전형	13	13	17.6	1.32		30	13	16.7	1.36		25	13	22.2	1.40	1.49	
경상국립대	지역인재	22	22	11.6	1.33		29	22	9.3	1.40		18	22	13.6	1.45	1.53	
전남대	사회배려대상자	2	2	12.0	3.51	3.31	7	2	9.5	1.55		1	2	11.5	1.43		
전남대	일반전형	10	10	15.2	1.31	1.33	26	10	13.6	1.33	1.35	18	10	17.1	1.31	1.40	
전남대	지역인재	14	14	8.1	1.31	1.34	12	14	9.2	1.38	1.44	23	12	12.4	1.40	1.44	
전북대	일반학생	10	10	11.9	1.25	1.29	7	15	19.1	1.20	1.25	29	25	14.1	1.40	1.46	
전북대	지역인재1(호남)	5	5	13.6	1.52	1.56	5										
전북대	지역인재2(전북)	15	15	11.0	1.55	1.60	7	15	9.7	1.62	1.71	11	5	9.2	1.72	1.85	
제주대	일반학생	12	9	27.6	1.33	1.36	29	9	32.0	1.40	1.45	14	9	50.2	1.52	1.53	
제주대	지역인재	9	9	5.6	1.64 등록50%	1.71	2	9	5.0	1.82	1.91	1	8	7.9	1.97	1.98	
충남대	일반전형	19	19	15.0	1.33	1.35	29	19	15.6	1.40	1.47	14	19	18.4	1.54	1.59	
충남대	지역인재	8	8	9.6	1.33	1.41	6	8	16.1	1.48	1.51	2	8	22.0	1.54	1.60	
충북대	지역인재	6	5	8.4	1.13	1.21	8	5	11.6	1.18		4	5	10.6	1.39		
충북대	학생부교과	11	9	12.3	1.09	1.14	8	9	12.6	1.22		19	9	19.4	1.15		

■ 학생부종합

대학	전형	2025 모집인원	2024 모집인원	2024 경쟁률	2024 등록자평균	2024 등록70%컷	2024 충원번호	2023 모집인원	2023 경쟁률	2023 등록자평균	2023 등록70%컷	2023 충원번호	2022 모집인원	2022 경쟁률	2022 등록자평균	2022 등록70%컷	2022 충원번호
건국대	KU자기추천	16	17	27.8	2.13 등록70%컷	3.17	7	16	20.7		2.24	6	13	21.5	2.7	4.6 등록최저	
경북대	일반학생	10	10	37.2	2.22	2.41	4	10	27.4	2.15	2.19	4	9	27.3	1.81	1.87	
경상국립대	일반전형	5	5	22.8	1.58		1	5	25.4	1.21		7	5	28.2	1.55		
경상국립대	지역인재	3	3	16.3	1.53			3	15.7			1	3	20.7	1.37		
서울대	기회균형(사회통합)	2	2	13.5				4	5.8	1.29	1.29		4	3.50	1.54	1.54	
서울대	일반전형	17	19	13.7	1.50 등록50%	1.76	2	17	11.5	1.69	1.98		20	9.30	1.76	1.81	
서울대	지역균형	6	4	8.5	1.06 등록50%	1.06		4	5.0	1.11	1.11	2	7	4.29	1.22	1.23	
전남대	고교생활우수자 I	8	8	28.1	1.52	1.51	7	8	24.8	1.52	1.62	6	8	33.4	1.67	1.62	
전북대	큰사람	5	2	34.5	1.69			2	25.0			3	2	22.5			
제주대	일반학생	2	2	47.5	1.72 등록50%	1.72	1	2	31.0	1.90		3	2	51.0			
충남대	농어촌학생	2	2	18.5	1.53	1.56	1		14.5	1.54 1단계평균	1.97 1단계최저	4		13.5			
충남대	서류전형	5	5	17.2	1.55	1.55	2										
충남대	일반전형	6	6	35.3	1.62	1.64	3	6	33.0	1.71 1단계평균	2.04 1단계최저	4	6	26.0	1.80 1단계평균	2.50 1단계최저	
충남대	저소득층학생	1	1	14.0	1.96 1단계평균	2.08 1단계최저		1	7.0			1	1	11.0			
충북대	학생부종합 I	8	6	20.2	1.12	1.17	3	7	14.4	1.40		8	7	21.6	1.16		
충북대	학생부종합 II	7	5	20.6	1.35	1.38	9	4	20.0	1.42		3	4	21.8	1.34		

■ 논술

대학	전형	2025 모집인원	2024 모집인원	2024 경쟁률	2024 등록자평균	2024 등록70%컷	2024 충원번호	2023 모집인원	2023 경쟁률	2023 등록자평균	2023 등록70%컷	2023 충원번호	2022 모집인원	2022 경쟁률	2022 등록자평균	2022 등록70%컷	2022 충원번호
건국대	논술우수자	6	6	378.0		978 논술점수		6	441.8		955 논술점수		9	249.3		95 논술점수	
경북대	논술전형(AAT)	3	10	176.6				10	232.2	3.07		1	9	238.4	3.19		

II. 모집인원

1. 전체

■ 대학

※ 모집인원: 정원 내외 모집인원 포함

학년도	구분	모집인원 인원	모집인원 비율	수시모집 학생부교과 인원	수시모집 학생부교과 비율	수시모집 학생부종합 인원	수시모집 학생부종합 비율	수시모집 논술 인원	수시모집 논술 비율	수시모집 계 인원	수시모집 계 비율	정시모집 수능 인원	정시모집 수능 비율
2024	전체	526	100%	207	39.4%	112	21.3%	16	3.0%	335	63.7%	191	36.3%
2024	지역인재	107	20.3%	100	19.0%	3	0.6%			103	19.6%	4	0.7%
2025	전체	525	100%	226	43.0%	120	22.9%	9	1.7%	355	67.6%	170	32.4%
2025	지역인재	115	21.9%	108	20.6%	3	0.6%			111	21.1%	4	0.8%
증감	전체	-1	0.0%	+19	+3.6%	+8	+1.6%	-7	-1.3%	+20	+3.9%	-21	-3.9%
증감	지역인재	+8	+1.6%	+8	+1.6%	0	0.0%			+8	+1.5%	0	+0.1%

2. 대학

■ 대학

※ 모집인원: 정원 내외 모집인원 포함

지역	대학	학년도	구분	전체 모집인원		수시모집								정시모집	
						학생부교과		학생부종합		논술		계		수능	
				인원	비율	인원	비율	인원	비율	인원	비율	인원	비율	인원	비율
서울	건국대	2024	전체	77	100%	5	6.5%	18	23.4%	6	7.8%	29	37.7%	48	62.3%
		2025	전체	76	100%	5	6.6%	19	25.0%	6	7.9%	30	39.5%	46	60.5%
	서울대	2024	전체	51	100%			26	51.0%			26	51.0%	25	49.0%
		2025	전체	50	100%			25	50.0%			25	50.0%	25	50.0%
강원	강원대	2024	전체	40	100%	26	65.0%	4	10.0%			30	75.0%	10	25.0%
			지역	11	27.5%	11	27.5%					11	27.5%		
		2025	전체	40	100%	26	65.0%	4	10.0%			30	75.0%	10	25.0%
			지역	11	27.5%	11	27.5%					11	27.5%		
경상	경북대	2024	전체	57	100%	25	43.9%	10	17.5%	10	17.5%	45	78.9%	12	21.1%
			지역	11	19.3%	11	19.3%					11	19.3%		
		2025	전체	57	100%	38	66.7%	10	17.5%	3	5.3%	51	89.5%	6	10.5%
			지역	18	31.6%	18	31.6%					18	31.6%		
	경상국립대	2024	전체	54	100%	35	64.8%	14	25.9%			49	90.7%	5	9.3%
			지역	25	46.3%	22	40.7%	3	5.6%			25	46.3%		
		2025	전체	54	100%	35	64.8%	14	25.9%			49	90.7%	5	9.3%
			지역	25	46.3%	22	40.7%	3	5.6%			25	46.3%		
전라	전남대	2024	전체	51	100%	27	52.9%	8	15.7%			35	68.6%	16	31.4%
			지역	14	27.5%	14	27.5%					14	27.5%		
		2025	전체	51	100%	27	52.9%	8	15.7%			35	68.6%	16	31.4%
			지역	14	27.5%	14	27.5%					14	27.5%		
	전북대	2024	전체	52	100%	30	57.7%	4	7.7%			34	65.4%	18	34.6%
			지역	20	38.5%	20	38.5%					20	38.5%		
		2025	전체	52	100%	30	57.7%	7	35.0%			37	71.2%	15	28.8%
			지역	20	38.5%	20	38.5%					20	38.5%		
제주	제주대	2024	전체	41	100%	18	43.9%	3	7.3%			21	51.2%	20	48.8%
			지역	9	22.0%	9	22.0%					9	22.0%		
		2025	전체	41	100%	21	51.2%	3	7.3%			24	58.5%	17	41.5%
			지역	9	22.0%	9	22.0%					9	22.0%		
충청	충남대	2024	전체	56	100%	27	48.2%	13	23.2%			40	71.4	16	28.6%
			지역	12	21.4%	8	14.3%					8	14.3%	4	7.1%
		2025	전체	57	100%	27	47.4	14	24.6%			41	71.9%	16	28.1%
			지역	12	21.0%	8	14.0%					8	14.0%	4	7.0%
	충북대	2024	전체	47	100%	14	29.8%	12	25.5%			26	55.3%	21	44.7%
			지역	5	10.6%	5	10.6%					5	10.6%		
		2025	전체	47	100%	17	36.2%	16	34.0%			33	70.2%	14	29.8%
			지역	6	12.8%	6	12.8%					6	12.8%		

III. 전형

■ 수능최저학력기준/면접(학생부) 유무

전형 유형	구분				대학 수	대학
학생부 교과	수능 최저 학력 기준	○	면접	○	0	
				×	8	**강원대**: 일반전형, **경북대**: 교과우수자, **경상국립대**: 일반전형, **전남대**: 일반전형, **전북대**: 일반학생, **제주대**: 일반학생, **충남대**: 일반전형, **충북대**: 학생부교과
		×	면접	○	0	
				×	1	**건국대**: KU지역균형

전형 유형	구분				대학 수	대학
학생부 종합	수능 최저 학력 기준	○	면접	○	4	**서울대**: 지역균형, **전남대**: 고교생활우수자(유형Ⅰ), **전북대**: 큰사람, **충남대**: 일반전형
				×	4	**강원대**: 미래인재1, **경북대**: 일반학생, **충남대**: 서류전형, **충북대**: 학생부종합Ⅱ
		×	면접	○	4	**건국대**: KU자기추천, **경상국립대**: 일반전형, **서울대**: 일반전형, **제주대**: 일반학생
				×	1	**충북대**: 학생부종합Ⅰ
논술	수능 최저 학력 기준	○	학생부	○	1	**경북대**: 논술전형(AAT)
				×	1	**건국대**: 논술우수자
		×	학생부	○	0	
				×	0	

1. 학생부교과

대학	전형	인원 2025	인원 2024	전형 방법	수능 최저 학력 기준
강원대	지역인재	10	10	학생부100%	[국, 수, 영, 과(1)] '수, 과' 포함 3개 등급 합 8
강원대	지역인재-저소득	1	1	학생부100%	[국, 수, 영, 과(1)] '수, 과' 포함 3개 등급 합 10
강원대	일반전형	15	15	학생부100%	[국, 수, 영, 과(1)] '수, 과' 포함 3개 등급 합 7
건국대	KU지역균형	5	5	학생부교과70%+ 서류30%	없음
경북대	교과우수자	20	14	학생부교과80%+ 서류20%	[국, 수(미적분/기하), 영, 과(2, 소수점 절사)] 3개 등급 합 5(과 탐 포함)
경북대	지역인재	18	11	학생부교과80%+ 서류20%	[국, 수(미적분/기하), 영, 과(2, 소수점 절사)] 3개 등급 합 5(과 탐 포함)
경상국립대	지역인재	22	22	학생부100%	[국, 수(미적분/기하), 영, 과(2, 소수점 절사)] 수학 포함 3개 등급 합 6
경상국립대	일반전형	13	13	학생부100%	[국, 수(미적분/기하), 영, 과(2, 소수점 절사)] 수학 포함 3개 등급 합 6
전남대	지역인재	14	14	학생부100%	[국, 수(미적분/기하), 영, 과(1)] 3개 등급 합 7
전남대	사회적배려대상자	2	2	학생부100%	[국, 수(미적분/기하), 영, 과(1)] 3개 등급 합 8
전남대	일반전형	10	10	학생부100%	[국, 수(미적분/기하), 영, 과(1)] 3개 등급 합 6
전남대	농어촌학생	1	1	학생부100%	[국, 수(미적분/기하), 영, 과(1)] 3개 등급 합 8
전북대	일반학생	10	10	학생부100%	[국, 수(미적분/기하), 영, 과(1)] 수학 포함 3개 등급 합 7
전북대	지역인재2유형 (전북권)	15	15	학생부100%	[국, 수(미적분/기하), 영, 과(1)] 수학 포함 3개 등급 합 7
전북대	지역인재1유형 (호남권)	5	5	학생부100%	[국, 수(미적분/기하), 영, 과(1)] 수학 포함 3개 등급 합 7
제주대	일반학생	12	9	학생부100%	[국, 수(미적분/기하), 영, 과(2, 소수점 절사)] 수학 포함 3개 등급 합 7
제주대	지역인재	9	9	학생부100%	[국, 수(미적분/기하), 영, 과(2, 소수점 절사)] 수학 포함 3개 등급 합 7
충남대	일반전형	19	19	학생부100%	[수(미적분/기하), 영, 과(2)] 3개 등급 합 6
충남대	지역인재	8	8	학생부100%	[수(미적분/기하), 영, 과(2)] 3개 등급 합 6
충북대	지역인재	6	5	학생부100	[국, 수(미적분/기하), 영, 과(1)] 3개 등급 합 8
충북대	학생부교과	11	9	학생부100	[국, 수(미적분/기하), 영, 과(1)] 3개 등급 합 7

2. 학생부종합

대학	전형	인원 2025	인원 2024	전형 방법	수능 최저 학력 기준
강원대	미래인재1	4	4	학생부100%	[국, 수, 영, 과(1)] '수, 과' 포함 3개 등급 합 8
건국대	사회통합	3	1	학생부교과30%+ 서류70%	없음
건국대	KU자기추천	16	17	1단계)서류100%(3배수) 2단계)서류70%+ 면접30%	없음

대학	전형	인원 2025	인원 2024	전형 방법	수능 최저 학력 기준
경북대	일반학생	10	10	서류100%	[국, 수(미적분/기하), 영, 과(2, 소수점 절사)] 3개 등급 합 5(과탐 포함)
경상국립대	기초생활수급자	2	2	서류100%	없음
경상국립대	농어촌학생	4	4	서류100%	없음
경상국립대	일반전형	5	5	1단계)서류100%(3배수) 2단계)서류80%+ 면접20%	없음
경상국립대	지역인재	3	3	서류100%	없음
서울대	일반전형	17	19	1단계)서류100%(2배수) 2단계)서류50%+면접50%	없음
서울대	지역균형	6	4	1단계)서류100%(3배수) 2단계)서류70%+ 면접30%	[국, 수(미적분/기하), 영, 과(2)] 3개 등급 합 7 ※ 과탐: 서로 다른 분야의 Ⅰ+Ⅱ 및 Ⅱ+Ⅱ
서울대	기회균형 (사회통합)	2	3	1단계)서류100%(2배수) 2단계)서류50%+면접50%	없음
전남대	고교생활우수자Ⅰ	8	8	1단계)서류100%(6배수) 2단계)서류70%+ 면접30%	[국, 수(미적분/기하), 영, 과(1)] 3개 등급 합 7
전북대	큰사람	5	2	1단계)서류100%(3배수) 2단계)서류70%+ 면접30%	[국, 수(미적분/기하), 영, 과(1)] 수학 포함 3개 등급 합 7
전북대	기회균형선발	1	1	1단계)서류100%(3배수) 2단계)서류70%+ 면접30%	없음
전북대	농어촌학생	1	1	1단계)서류100%(3배수) 2단계)서류70%+ 면접30%	없음
제주대	일반학생	2	2	1단계)서류100%(3배수) 2단계)서류70%+ 면접30%	없음
제주대	농어촌학생	1	1	서류100%	없음
충남대	일반전형	6	5	1단계)서류100%(2배수) 2단계)서류67%+ 면접33%	[수(미적분/기하), 영, 과(2)] 3개 등급 합 7
충남대	농어촌학생	2	2	1단계)서류100%(3배수) 2단계)서류67%+ 면접33%	없음
충남대	서류전형	5	5	서류100%	[수(미적분/기하), 영, 과(2)] 3개 등급 합 7
충남대	저소득층학생	1	1	1단계)서류100%(3배수) 2단계)서류67%+ 면접33%	없음
충북대	학생부종합Ⅰ	8	6	서류100%	없음
충북대	농어촌학생	1	1	서류100%	없음
충북대	학생부종합Ⅱ	7	5	서류100%	[국, 수(미적분/기하), 영, 과(1)] 3개 등급 합 8

3. 논술

대학	전형	인원 2025	인원 2024	전형 방법	수능 최저 학력 기준
건국대	KU논술우수자	6	6	논술100%	[국, 수, 영, 과(1)] 3개 등급 합 4, 한 5등급
경북대	논술전형(AAT)	3	10	학생부교과30%+ 논술70%	[국, 수(미적분/기하), 영, 과(2, 소수점 절사)] 3개 등급 합 5(과탐 포함)

9. 초등교육과

■ 초등교육과

지역	대학수	대학(13)
서울	2	서울교대, 이화여대
경인	1	경인교대
충청	3	공주교대, 청주교대, 한국교원대
강원	1	춘천교대
경상	3	대구교대 부산교대, 진주교대
전라	2	광주교대, 전주교대
제주	1	제주대

Ⅰ. 전년도 전형결과

1. 전체

■ 전체

학년도	구분	학생부교과						학생부종합					
		모집인원	지원인원	경쟁률	등록자50%	등록자70%	충원율	모집인원	지원인원	경쟁률	등록자50%	등록자70%	충원율
2023	인원	193	1,638	8.5	1.58	1.67	124%	1,805	11,181	6.2	1.88	2.06	76%
2024	인원	193	1,124	5.8	1.79	1.95	165%	1,813	9,604	5.3	2.02	2.31	78%
	증감	0 (0.0%)	-514 (31.4%)	-2.7 (31.8%)	+0.21 (13.3%)	+0.28 (16.8%)	+41 (33.1%)	+8 (0.4%)	-1,577 (14.1%)	-0.9 (14.5%)	+0.14 (7.4%)	+0.25 (12.1%)	+2 (2.6%)

■ 대학(초등교육과)

대학	전형유형	전형	2025 모집인원	2024 모집인원	지원인원	경쟁률	등록50%	등록70%	충원인원	2023 모집인원	지원인원	경쟁률	등록50%	등록70%	충원인원	2022 모집인원	지원인원	경쟁률	등록50%	등록70%	충원인원
경인교대	교과	학교장추천	120	240	738	3.1	2.46	2.76	19	70	361	5.2	1.46	1.55	210	70	426	6.1	1.36	1.52	170
경인교대	종합	교직적성	215	78	757	9.7	1.88	2.02	145	245	951	3.9	1.80	1.96	118	247	1,279	5.2	1.69	1.83	133
공주교대	종합	교직적성인재	53	80	799	10.0	2.24	2.49	119	80	653	8.2	1.83	2.04	61	80	726	9.1	1.85	2.13	56
공주교대	종합	지역인재선발	123	120	366	3.1	2.55	2.80	74	120	377	3.1	2.10	2.36	110	120	337	2.8	1.93	2.29	120
광주교대	종합	교직적성우수자	40	46	429	9.3	2.44	2.74	82	81	580	7.2	2.05	2.15	210	100	778	7.8	1.68	1.81	174
광주교대	종합	전남교육감추천	60	80	171	2.1	2.39	2.60	17	50	99	2.0	2.33	2.53	14	50	151	3.0	2.03	2.33	8
광주교대	종합	광주인재	40	40	169	4.2	2.86	3.10	15	40	105	2.6	2.40	2.67	11	25	96	3.8	2.04	2.15	4
광주교대	종합	전남인재	40	40	93	2.3	2.82	3.03	16	40	123	3.1	2.20	2.38	18	25	98	3.9	2.19	2.34	7
대구교대	종합	참스승	50	42	506	12.1	2.68	2.76	74	65	538	8.3	2.03	2.18	91	65	528	8.1	1.83	2.00	32
대구교대	종합	대구지역인재	80																		
대구교대	종합	경북지역인재	100	150	515	3.4	2.31	2.62	45	127	419	3.3	1.89	2.07	45	127	477	3.8	1.84	1.96	44
부산교대	종합	초등교직적성자	65	74	703	9.5	2.36	2.51	87	74	519	7.0	1.96	2.09	111	74	633	8.6	1.86	1.97	37
부산교대	종합	지역인재	125	119	680	5.7	2.22	2.50	53	119	559	4.7	1.88	2.13	56	119	531	4.5	1.89	2.20	49
서울교대	교과	학교장추천	40	40	151	3.8	1.67	1.83		50	98	2.0	1.59	1.90		50	300	6.0	1.21	1.26	6
서울교대	종합	교직인성우수자	100	100	396	4.0	1.75	1.91		100	347	3.5	1.56	1.66		100	395	4.0	1.68	1.81	0
전주교대	종합	교직적성우수자	35	26	161	6.2	2.68			40	198	5.0	2.09	2.19		40	292	7.3	1.78	1.87	10
전주교대	종합	지역인재선발	101	71	186	2.6	3.23			57	180	3.2	1.94	2.15	3	57	195	3.4	1.86	1.96	35
진주교대	종합	21세기형교직적성자	50	50	449	9.0	3.65	4.48	41	50	640	12.8	2.30	2.30	60	60	717	12.0	1.94	2.00	83
진주교대	종합	지역인재	123	123	448	3.6	2.91	3.23		123	473	3.9	2.29	2.55	59	113	506	4.5	2.09	2.29	53
청주교대	종합	배움·나눔인재	42	50	693	13.9	3.61	4.18	103	75	652	8.7	1.89	2.01	63	90	1,236	13.7	1.75	1.86	163
청주교대	종합	지역인재	112	100	290	2.9	2.70	3.01	48	75	246	3.3	2.15	2.37	50	60	183	3.1	2.10	2.31	23

대학	전형유형	전형	2025 모집인원	2024						2023						2022					
				모집인원	지원인원	경쟁률	등록50%	등록70%	충원인원	모집인원	지원인원	경쟁률	등록50%	등록70%	충원인원	모집인원	지원인원	경쟁률	등록50%	등록70%	충원인원
춘천교대	종합	교직적·인성인재	101	96	783	8.2	3.27	5.72	94	96	1,035	10.8	2.23	2.43	185	96	979	10.2	2.12	2.37	189
춘천교대	종합	강원교육인재	60	70	208	3.0	2.50	3.73		70	252	3.6	2.27	2.57		72	293	4.1	2.30	2.63	26
이화여대	교과	고교추천	9	9	47	5.2	1.27	1.31	6	9	68	7.6	1.24	1.25	28	9	101	11.2	1.20	1.20	20
이화여대	종합	미래인재	12	12	88	7.3	1.83	2.07	22	12	111	9.3	1.40	1.47	17	12	105	8.8	1.40	1.50	16
제주대	교과	일반학생	30	31	214	6.9	2.32	2.63	24	31	439	14.2	2.07	2.25	66	31	643	20.7	2.18	2.38	24
제주대	교과	지역인재	28	31	86	2.8	3.03	3.13	11	31	115	3.7	2.60	2.82	11	31	156	5.0	1.94	1.98	18
제주대	종합	일반학생	9	11	122	11.1	2.61	2.69	9	11	129	11.7	2.43	2.45	8	10	153	15.3	2.12	2.26	3
한국교원대	교과	지역인재	2	2	28	14.0	2.65			2	43	21.5			3	2	12	6.0			2
한국교원대	종합	학생부종합우수자	62	63	359	5.7	1.57	1.68	62	63	418	6.6	1.40	4.47	117	63	493	7.8	1.37	1.46	100

2. 한눈에 보는 성적

등록자 평균	학생부교과	학생부종합	논술
1.0			
1.1			
1.2	이화여대: 고교추천(1.27)		
1.3			
1.4			
1.5		한국교원대: 학생부종합우수자(1.54)	
1.6	서울교대: 학교장추천(1.67)		
1.7		서울교대: 교직인성우수자(1.75)	
1.8		이화여대: 미래인재(1.83) 경인교대: 교직적성(1.88)	
1.9			
2.0			
2.1			
2.2		부산교대: 지역인재(2.22) 공주교대: 교직적성인재(2.24)	
2.3	제주대: 일반학생(2.32)	대구교대: 경북지역인재(2.31) 부산교대: 초등교직적성자(2.36) 광주교대: 전라남도학교장추천(2.39)	
2.4	경인교대: 학교장추천(2.46)	광주교대: 교직적성우수자(2.44)	
2.5		춘천교대: 강원교육인재(2.50) 공주교대: 지역인재선발(2.55)	
2.6	한국교원대: 지역인재(2.65)	제주대: 일반학생(2.61) 대구교대: 참스승(2.68) 전주교대: 교직적성우수자(2.68)	
2.7		청주교대: 지역인재(2.70)	
2.8		광주교대: 전남인재(2.82) 광주교대: 광주인재(2.86)	
2.9		진주교대: 지역인재(2.91)	
3.0	제주대: 지역인재(3.03)		
3.1			
3.2		전주교대: 지역인재선발(3.23) 춘천교대: 교직적.인성인재(3.27)	
3.3			
3.4			
3.5			
3.6		청주교대: 배움나눔인재(3.61) 진주교대: 21세기형교직적성자(3.65)	

II. 모집인원

■ 전체

※ 모집인원: 정원 내+ 정원 외 모집인원 / ※ 재외국민 : [2024] 서울교대(10명)은 제외함

| 학년도 | 모집인원 | 비율 | 수시모집 | | | | | | 정시모집 | |
| | | | 학생부교과 | | 학생부종합 | | 계 | | 수능 | |
			인원	비율	인원	비율	인원	비율	인원	비율
2024	4,185	100%	353	8.4%	2,061	49.2%	2,414	57.7%	1,761	42.1%
2025	3,970	100%	229	5.8%	2,205	55.5%	2,434	61.3%	1,526	38.4%
증감	-215	-5.1%	-124	-35.1%	+144	+7.0%	+20	+0.8%	-235	-13.3%

■ 대학

※ 모집인원: 정원 내+ 정원 외 모집인원 / ※ 재외국민 : 서울교대(10명)은 제외함

| 대학 | 학년도 | 모집인원 | | 수시모집 | | | | | | 정시모집 | |
| | | | | 학생부교과 | | 학생부종합 | | 계 | | 수능 | |
		인원	비율	인원	비율	인원	비율	인원	비율	인원	비율
경인교대	2024	662	100%	240	36.3%	149	22.5%	389	58.8%	273	41.2%
	2025	605	100%	120	19.8%	281	46.4%	401	66.3%	204	33.7%
	증감	-57	-8.6%	-120	-50.0%	+132	+88.6%	+12	+3.1%	-69	-25.3%
공주교대	2024	383	100%			234	61.1%	234	61.1%	149	38.9%
	2025	360	100%			210	58.3%	210	58.3%	150	41.7%
	증감	-23	-6.0%			-24	-10.3%	-24	-10.3%	+1	+0.7%
광주교대	2024	342	100%			234	68.4%	234	68.4%	108	31.6%
	2025	329	100%			221	67.2%	221	67.2%	108	32.8%
	증감	-13	-3.8%			-13	-5.6%	-13	-5.6%	0	0.0%
대구교대	2024	422	100%			246	58.3%	246	58.3%	176	41.7%
	2025	421	100%			272	64.6%	272	64.6%	149	35.4%
	증감	-1	-0.2%			+26	+10.6%	+26	+10.6%	-27	-15.3%
부산교대	2024	388	100%			232	59.8%	232	59.8%	156	40.2%
	2025	360	100%			222	61.7%	222	61.7%	138	38.3%
	증감	-28	-7.2%			-10	-4.3%	-10	-4.3%	-18	-11.5%
서울교대	2024	397	100%	40	10.1%	145	36.5%	185	46.6%	202	50.9%
	2025	397	100%	40	10.1%	145	36.5%	185	46.6%	202	50.9%
	증감	0	0.0%	0	0.0%	0	0.0%	0	0.0%	0	0.0%
이화여대	2024	39	100%	9	23.1%	14	35.9%	23	59.0%	16	41.0%
	2025	39	100%	9	23.1%	14	35.9%	23	59.0%	16	41.0%
	증감	0	0.0%	0	0.0%	0	0.0%	0	0.0%	0	0.0%
전주교대	2024	308	100%			127	41.2%	127	41.2%	181	58.8%
	2025	291	100%			166	57.0%	166	57.0%	125	43.0%
	증감	-17	-5.5%			+39	+30.7%	+39	+30.7%	-56	-30.9%
제주대	2024	118	100%	62	52.5%	15	12.7%	77	65.2%	41	34.8%
	2025	112	100%	58	51.8%	13	11.6%	71	63.4%	41	36.6%
	증감	-6	-5.1%	-4	-6.5%	-2	-13.3%	-6	-7.8%	0	0.0%
진주교대	2024	348	100%			208	59.8%	208	59.8%	140	40.2%
	2025	350	100%			208	59.4%	208	59.4%	142	40.6%
	증감	+2	+0.6%			0	0.0%	0	0.0%	+2	+1.4%
청주교대	2024	311	100%			187	60.1%	187	60.1%	124	39.9%
	2025	291	100%			189	64.9%	189	64.9%	102	35.1%
	증감	-20	-6.4%			+2	+1.1%	+2	+1.1%	-22	-17.7%
춘천교대	2024	344	100%			194	56.4%	194	56.4%	150	43.6%
	2025	305	100%			189	62.0%	189	62.0%	116	38.0%
	증감	-39	-11.3%			-5	-2.6%	-5	-2.6%	-34	+22.7%
한국교원대	2024	123	100%	2	1.6%	76	61.8%	78	63.4%	45	36.6%
	2025	110	100%	2	1.8%	75	68.2%	77	70.0%	33	30.0%
	증감	-13	-10.6%	0	0.0%	-1	-1.3%	-1	-1.3%	-12	-26.7%

III. 전형

1. 학생부교과

대학	전형	모집인원	전형 방법	수능 최저학력기준
경인교대	학교장추천	240	1단계)학생부교과100%(2.5배수) 2단계)학생부교과70%+ 면접30% ※ 고교 추천: 제한 없음	[국, 수, 영, 사/과(1)] 4개 등급 합 11
서울교대	학교장추천	40	1단계)학생부교과100%(2배수) 2단계)학생부교과80%+ 면접20% ※ 고교 추천: 3학년 재적 수의 3%	[국, 수, 영, 사/과(2)] 4개 등급 합 9, 한 4등급 ※ 수학(미적분/기하), 과탐 선택시: 4개 등급 합 11
이화여대	고교추천	9	학생부교과80%+ 면접20% ※ 고교추천: 재적 여학생 수의 5%(최대 10명)	없음
제주대	일반학생	31	학생부100% ▌(초등교육과) 성비 적용: 70%	[국, 수, 영, 사/과(2, 소수점 절사)] 3개 등급 합 8
	.지역인재	31	학생부100% ▌(초등교육과) 성비 적용: 70%	[국, 수, 영, 사/과(2, 소수점 절사)] 3개 등급 합 8
한국교원대	.청람지역인재	2	학생부100%	[국, 수, 영, 사/과(2)] 4개 등급 합 12

2. 학생부종합

대학	전형	모집인원	전형 방법	수능 최저학력기준
경인교대	교직적성	78	서류100% ※ 전형자료로 답변녹화 동영상 활용	없음
	국가보훈대상자	6	서류100% ※ 전형자료로 답변녹화 동영상 활용	없음
	서해5도학생	3	서류100% ※ 전형자료로 답변녹화 동영상 활용	없음
	농어촌학생	23	서류100% ※ 전형자료로 답변녹화 동영상 활용	없음
	저소득층학생	20	서류100% ※ 전형자료로 답변녹화 동영상 활용	없음
	장애인학생	20	서류100% ※ 전형자료로 답변녹화 동영상 활용	없음
공주교대	교직적성인재	80	1단계)서류100%(3배수) 2단계)서류50%+ 면접50%	없음
	지역인재선발	120	1단계)서류100%(2배수) 2단계)서류50%+ 면접50%	없음
	기회균형선발	5	1단계)서류100%(2배수) 2단계)서류50%+ 면접50%	없음
	국가보훈대상자	5	1단계)서류100%(2배수) 2단계)서류50%+ 면접50%	없음
	장애인등대상자	10	1단계)서류100%(2배수) 2단계)서류50%+ 면접50%	없음
	농어촌학생	14	1단계)서류100%(2배수) 2단계)서류50%+ 면접50%	없음
광주교대	교직적성우수자	46	1단계)서류100%(4배수) 2단계)서류70%+ 면접30% ▌성비 적용: 60%	없음
	전라남도학교장추천	80	1단계)서류100%(2배수) 2단계)서류70%+ 면접30%	없음
	광주인재	40	1단계)서류100%(2배수) 2단계)서류70%+ 면접30%	없음
	전남인재	40	1단계)서류100%(2배수) 2단계)서류70%+ 면접30%	없음
	사회통합	9	1단계)서류100%(3배수) 2단계)서류70%+ 면접30%	없음
	장애인등대상자	10	1단계)서류100%(3배수) 2단계)서류70%+ 면접30%	없음
	기초생활수급자 및 차상위계층	7	1단계)서류100%(3배수) 2단계)서류70%+ 면접30%	없음
	다문화가정	3	1단계)서류100%(3배수) 2단계)서류70%+ 면접30%	없음
	농어촌학생	10	1단계)서류100%(3배수) 2단계)서류70%+ 면접30%	없음
대구교대	참스승	42	1단계)서류100%(3배수) 2단계)서류70%+ 면접30% ▌성비 적용: 70%	없음
	지역인재	150	1단계)서류100%(2배수) 2단계)서류70%+ 면접30% ▌성비 적용: 70%	없음
	기초생활/차상위/한부모가족	14	1단계)서류100%(2배수) 2단계)서류70%+ 면접30%	없음
	국가보훈대상자	8	1단계)서류100%(2배수) 2단계)서류70%+ 면접30%	없음
	농어촌학생	15	1단계)서류100%(2배수) 2단계)서류70%+ 면접30%	없음
	장애인등대상자	14	1단계)서류100%(2배수 2단계)서류70%+ 면접30%	없음
	서해5도	3	1단계)서류100%(2배수) 2단계)서류70%+ 면접30%	없음

대학	전형	모집인원	전형 방법	수능 최저학력기준
부산교대	초등교직적성자	74	1단계)서류100%(3배수) 2단계)서류60%+ 면접40%	없음
	지역인재	119	1단계)서류100%(3배수) 2단계)서류60%+ 면접40%	없음
	농어촌학생	14	1단계)서류100%(3배수) 2단계)서류60%+ 면접40%	없음
	장애인등대상자	12	1단계)서류100%(3배수) 2단계)서류60%+ 면접40%	없음
	저소득층학생	5	1단계)서류100%(3배수) 2단계)서류60%+ 면접40%	없음
	국가보훈대상자	4	1단계)서류100%(3배수) 2단계)서류60%+ 면접40%	없음
	다문화가정	4	1단계)서류100%(3배수) 2단계)서류60%+ 면접40%	없음
서울교대	교직인성우수자	100	1단계)서류100%(2배수) 2단계)서류50%+면접50%	[국, 수, 영, 사/과(2)] 4개 등급 합 9, 한 4등급
	장애인등대상자	11	1단계)서류100%(2배수) 2단계)서류50%+면접50%	[국, 수, 영, 사/과(2)] 4개 등급 합 12, 한 4등급
	농어촌학생	10	1단계)서류100%(2배수) 2단계)서류50%+면접50%	[국, 수, 영, 사/과(2)] 4개 등급 합 12, 한 4등급
	국가보훈대상자	5	1단계)서류100%(2배수) 2단계)서류50%+면접50%	[국, 수, 영, 사/과(2)] 4개 등급 합 9, 한 4등급
	기초생활수급자등	19	1단계)서류100%(2배수) 2단계)서류50%+면접50%	[국, 수, 영, 사/과(2)] 4개 등급 합 12, 한 4등급
전주교대	교직적성우수자	26	1단계)서류100%(2배수) 2단계)서류60%+ 면접40%	[국, 수, 영, 사/과(2)] 4개 등급 합 12, 한 4등급
	지역인재선발	71	1단계)서류100%(2배수) 2단계)서류60%+ 면접40%	[국, 수, 영, 사/과(2)] 4개 등급 합 12, 한 4등급
	장애인등대상자	8	1단계)서류100%(2배수) 2단계)서류60%+ 면접40%	없음
	기회균형선발	4	1단계)서류100%(2배수) 2단계)서류60%+ 면접40%	없음
	농어촌학생	11	1단계)서류100%(2배수) 2단계)서류60%+ 면접40%	없음
	다문화가정자녀	2	1단계)서류100%(2배수) 2단계)서류60%+ 면접40%	없음
	국가보훈대상자	5	1단계)서류100%(2배수) 2단계)서류60%+ 면접40%	없음
진주교대	21세기형교직적성자	50	서류100%	[국, 수, 영, 사/과(2)] 4개 등급 합 12, 한 4등급
	지역인재	123	서류100%	[국, 수, 영, 사/과(2)] 4개 등급 합 12, 한 4등급
	장애인등대상자	12	서류100%	[국, 수, 영, 사/과(2)] 4개 등급 합 14, 한 4등급
	기회균형	5	서류100%	[국, 수, 영, 사/과(2)] 4개 등급 합 14, 한 4등급
	농어촌학생	12	서류100%	[국, 수, 영, 사/과(2)] 4개 등급 합 14, 한 4등급
	다문화(탈북)학생	3	서류100%	[국, 수, 영, 사/과(2)] 4개 등급 합 14, 한 4등급
	국가보훈대상자	3	서류100%	[국, 수, 영, 사/과(2)] 4개 등급 합 14, 한 4등급
청주교대	배움·나눔인재	50	1단계)서류100%(4배수) 2단계)서류60%+ 면접40%	없음
	지역인재	100	1단계)서류100%(2배수) 2단계)서류60%+ 면접40%	없음
	농어촌학생	7	1단계)서류100%(3배수) 2단계)서류60%+ 면접40%	없음
	다문화가정자녀	5	1단계)서류100%(3배수) 2단계)서류60%+ 면접40%	없음
	장애인등대상자	8	1단계)서류100%(3배수) 2단계)서류60%+ 면접40%	없음
	기회균형선발	10	1단계)서류100%(3배수) 2단계)서류60%+ 면접40%	없음
	국가보훈대상자	7	1단계)서류100%(3배수) 2단계)서류60%+ 면접40%	없음
춘천교대	교직적·인성인재	96	서류100%	[국, 수, 영, 사/과(2)] 4개 등급 합 12, 한 4등급
	강원교육인재	70	서류100%	[국, 수, 영, 사/과(2)] 4개 등급 합 12, 한 4등급
	국가보훈대상자	4	서류100%	[국, 수, 영, 사/과(2)] 4개 등급 합 12, 한 4등급
	특수교육대상자	5	서류100%	[국, 수, 영, 사/과(2)] 4개 등급 합 15, 한 4등급
	농어촌학생	8	서류100%	[국, 수, 영, 사/과(2)] 4개 등급 합 12, 한 4등급
	다문화가정의자녀	2	서류100%	[국, 수, 영, 사/과(2)] 4개 등급 합 12, 한 4등급
	기초생활및차상위	9	서류100%	[국, 수, 영, 사/과(2)] 4개 등급 합 12, 한 4등급
이화여대	미래인재	12	서류100%	[국, 수, 영, 사/과(1)] 3개 등급 합 6
	고른기회	2	서류100%	없음
제주대	일반학생	11	1단계)서류100(3배수) 2단계)서류70%+ 면접30%	없음
	농어촌학생	2	서류100%	없음
	특수교육대상자	2	서류100%	없음
한국교원대	학생부종합우수자	63	1단계)서류100%(3배수) 2단계)서류80%+ 면접20%	없음
	국가보훈대상자	1	1단계)서류100%(3배수) 2단계)서류80%+ 면접20%	[국, 수, 영, 사/과(2)] 4개 등급 합 20
	농어촌학생	7	1단계)서류100%(3배수) 2단계)서류80%+ 면접20%	없음
	기초생활및차상위	3	1단계)서류100%(3배수) 2단계)서류80%+ 면접20%	없음
	장애인등대상자	2	1단계)서류100%(3배수) 2단계)서류80%+ 면접20%	[국, 수, 영, 사/과(2)] 4개 등급 합 20

※ (초등교육과) 서류평가 및 면접고사

1. 서류평가요소

대학	학업역량		전공적합성		인성		발전가능성	
	평가요소	%	평가요소	%	평가요소	%	평가요소	%
경인교대	학업역량	25	교직적합성	25	공감및소통능력 나눔과 배려	20 15	리더십및자기주도성	15
공주교대	지적역량	36	교직역량	32	인성역량	32		
광주교대	학업수행역량	50	교직에 대한 흥미와 관심 문해결역량	18 12	공동체역량 성실성	10 10		
대구교대	창의적 지식활용 역량	30	교직수행 역량	30	개인·사회적 역량	30	교직소양	10
부산교대	자기관리역량	25	공감정서조절역량	25	다문화글로벌역량	25	공동체 리더십역량	25
서울교대			교직적성		교직인성			
전주교대			지성		인성		창의	
진주교대	학업성취도 활동 실적	17 17	교직적합성 자기주도성	17 17	자기 및 타인 이해 예비초등교사로서의자질	17 10		
청주교대	창의적탐구역량	33.3	교직인·적성	33.3			변화 리더십	33.3
춘천교대	학업역량	38	진로역량	28	공동체역량	234		
이화여대	학업역량	20~ 40	학교활동의 우수성	30~ 50			발전가능성	20~ 40
제주대			전공적합성	40	인성, 공동체기여도	30	자기주도성	30
한국교원대	학업역량		전공적합성		교직적합성 및 잠재력		교직인성	

2. 면접

※ 면접 미실시(4): 경인교대, 이화여대, 진주교대, 춘천교대

구분	대학 수	대학(9)
서류 확인 면접	6	공주교대, 광주교대, 대구교대, 부산교대, 제주대, 청주교대
제시문 기반 면접	1	서울교대
제시문 기반 면접+서류 확인 면접	2	전주교대, 한국교원대

03 모집단위순 합격자 성적

모집단위순 경쟁률 및 합격자 성적

※ 성적 산출기준 약어 :
① 최초/최종, 등록 : 최초/최종 합격자, 등록자, ② 평균 : 합격자 점수를 더 한 후 합격 인원으로 나눈 점수
③ 50%(컷) : 100 명 중 50등 점수(소수점은 버림, 예: 7명의 3등 점수), ④ 70%(컷) : 100 명 중 70등 점수(소수점은 버림, 예: 7명의 4등 점수)
⑤ 충원율: 모집인원 대비 미등록으로 인한 충원 합격자의 비율. 예) 모집인원 100명이고 충원합격이 30명이면, 충원율은 30%

I. 수도권

※ '*' : 교직 이수 가능

모집단위	대학	전형	2025	2024				2023				2022				성적 산출기준	
			모집인원	모집인원	경쟁률	성적①	성적②	모집인원	경쟁률	성적①	성적②	모집인원	경쟁률	성적①	성적②	성적①	성적②
AI빅데이터융합경영학과(인문)	국민대	교과성적우수자	8	10	5.0	2.30	2.49	8	10.1	1.97	2.07	8	14.4	2.25	2.35	등록50%컷	등록70%컷
AI인문대학	가천대	학생부우수자	30													등록70%	등록90%
Culture & Technology 융합대학	한국외대(글로벌)	학교장추천	3													등록50%컷	등록70%컷
ELLT학과	한국외대(서울)	학교장추천	4	8	4.5	198.3	197.7	8	6.5	297.7	296.3	8	12.9	267.9	267.1	등록50%컷	등록70%컷
Finance & AI융합학부	한국외대(글로벌)	학교장추천	3	7	6.6	193.4	193.0									등록50%컷	등록70%컷
G2빅데이터경영학과	강서대	일반학생	23	23	11.5	3.91	4.48	26	9.3	4.53	5.06	30	4.6	4.89	5.65	등록평균	등록최저
G2빅데이터경영학과	강서대	교과우수자	30	30	5.2	3.81	4.38	30	11.2	3.42	4.21	12	3.6	4.37	5.60	등록평균	등록최저
Global Business & Technology학부	한국외대(글로벌)	학교장추천	4	7	6.7	194.9	194.8	7	5.1	287.1	284.3	7	11.7	261.9	260.8	등록50%컷	등록70%컷
HCI사이언스전공	동덕여대	학생부교과우수자	8	9	7.4	2.70		24	6.8	3.20		24	5.9	3.20		최종평균	
HK자율전공학부	한경국립대(안성)	지역균형선발	3														
HK자율전공학부	한경국립대(안성)	일반전형A	50													등록평균	등록최저
Hospitality경영학과	경희대(서울)	지역균형	13	16	3.8	1.85	1.92	16	7.3	1.70	6.0	23	8.4	1.8	6.5	최종평균	등록70%컷
IT경영전공	한국공학대	교과우수자	4	7	8.3	3.3		9	3.7	3.9		11	15.1	3.4		등록평균	
IT경영전공	한국공학대	지역균형	4	5	4.8	3.4										등록평균	
Language&Diplomacy학부	한국외대(서울)	학교장추천	3	4	5.8	199.7	199.5	4	5.5	298.8	298.0	4	14.3	269.7	269.3	등록50%컷	등록70%컷
Language&Trade학부	한국외대(서울)	학교장추천	3	3	7.7	200.0	199.6	3	5.3	296.2	294.8	3	12.0	269.7	269.3	등록50%컷	등록70%컷
LIONS자율전공학부(인문·사회)	한양대(에리카)	지역균형선발	20													등록평균	등록70%컷
LIONS자율전공학부(전계열)	한양대(에리카)	지역균형선발	75													등록평균	등록70%컷
Social Science&AI융합학부	한국외대(서울)	학교장추천	3	5	9.6	197.5	197.2									등록50%컷	등록70%컷
가족복지학과	상명대(서울)	고교추천	5	8	5.8	2.81	2.96	8	9.8	2.93	3.07	8	9.9	2.92	3.23	등록50%컷	등록70%컷
가족자원경영학과*	숙명여대	지역균형선발	3	3	4.7	2.21	2.27	3	5.3			3	5.3			등록50%컷	등록70%컷
간호학과(인문/자연)*	연세대	추천형	10	10	5.9	1.56	1.63	10	6.6	1.63	1.70	10	5.5	1.62	1.84	등록50%컷	등록70%컷
경상대학	한국외대(글로벌)	학교장추천	3													등록50%컷	등록70%컷
경영·미디어계열	한신대	학교장추천	5														
경영·미디어계열	한신대	학생부우수자	43	27	4.6	2.96	3.88	27	8.4	2.79	3.15					최종평균	최종최저
경영경제대학	중앙대	지역균형	52	54	4.7	1.79	1.83	55	7.2	1.77	1.79					등록50%컷	등록70%컷
경영대학	신한대	학생부우수자	40													최종평균	
경영대학	신한대	일반전형	62													최종평균	
경영대학	고려대	학교추천	52	55	5.1	1.35	1.45	80	7.7	1.49	1.56	80	9.1	1.59	1.70	등록50%컷	등록70%컷
경영융합학부	동덕여대	학생부교과우수자	24													최종평균	
경영인텔리전스학과	아주대	고교추천	9	9	9.1	2.31	2.30	9	8.0	2.74	2.81	9	15.2	2.55	2.74	등록평균	등록70%컷
경영자율전공	한국공학대	교과우수자	11													등록평균	
경영정보학과	명지대	학교장추천	5	5	6.4	2.74	3.18	5	8.2	2.57	2.85	5	9.4	2.06		등록평균	등록최저
경영정보학과	명지대	교과면접	5	5	12.0	2.50	2.86	5	8.2	3.02		5	12.6	2.49	2.69	등록평균	등록70%컷
경영정보학과	동국대	학교장추천인재	7	10	12.6	1.41	1.80	10	19.2	2.47	4.30	10	10.2	2.84	4.75	최종평균	최종최저
경영정보학부(인문)	국민대	교과성적우수자	3	7	6.9	2.02	2.04	7	9.9	2.13	2.14	7	14.7	2.19	2.35	등록50%컷	등록70%컷
경영학	중앙대	지역균형	46	50	5.2	1.73	1.82	50	6.6	1.70	1.74	47	15.7	1.67	1.71	등록50%컷	등록70%컷
경영학과	성결대	SKU창의적인재	15	12	11.5	4.8		14	9.6	4.8		12	7.8	4.6		등록70%	
경영학과	아주대	고교추천	20	16	6.4	2.30	2.27	13	7.8	2.50	2.55	13	24.7	2.57	2.80	등록평균	등록70%컷

모집단위	대학	전형	2025 모집인원	2024 모집인원	경쟁률	성적①	성적②	2023 모집인원	경쟁률	성적①	성적②	2022 모집인원	경쟁률	성적①	성적②	성적 산출기준 성적①	성적②
경영학과	가천대	학생부우수자	18	36	10.9	2.66	2.71	35	12.5	2.60	2.73	40	19.4	2.5	2.8	등록70%	등록90%
경영학과	연세대	추천형	45	47	4.3	1.32	1.44	52	4.4	1.38	1.45	52	4.0	1.37	1.44	등록50%컷	등록70%컷
경영학과	성균관대	학교장추천	10	10	7.0	1.38	1.43	10	14.4	1.31	1.39	25	15.1	1.50	1.52	등록50%컷	등록70%컷
경영학과	성결대	교과성적우수자	28	22	6.0	3.4		24	12.5	3.4		19	6.9	3.8		등록70%컷	
경영학과	건국대	KU지역균형	15	17	9.1	1.85	2.04	17	11.8	1.82	1.88	17	45.8	1.74	1.78	등록50%컷	등록70%컷
경영학과	용인대	교과성적우수자	9	12	5.3	2.90	3.20	12	8.3	2.80	2.80	12	26.1	2.8	2.8	등록50%	등록70%컷
경영학과	삼육대	학교장추천	7	8	11.3	2.93		12	17.83	3.33		13	6.9	3.64		최종평균	
경영학과	가톨릭대	지역균형	8	7	7.4	2.70	2.86	12	9.6	2.70	2.87	11	20.4	2.87	3.01	등록평균	등록최저
경영학과	평택대	PTU교과	17	23	12.1	4.68	6.00	21	6.9	4.53	5.50	15	10.7	4.39	5.90	등록평균	등록최저
경영학과	평택대	PTU추천	1															
경영학과	한세대	학생부면접우수자	12	9	9.0	4.29	4.90	14	11.9	4.11	4.80	21	10.5	4.20	4.90	등록평균	등록최저
경영학과	대진대	학생부우수자	7	6	14.3	3.20	3.66	7	17.1	3.67	4.01	15	8.7	4.12	4.94	등록평균	등록90%
경영학과	대진대	학교장추천	6	5	7.4	2.53	2.80	5	17.2	3.14	3.41	2	5.5	4.25		등록평균	등록90%
경영학과	한세대	학생부교과우수자	22	30	5.8	4.20	5.10	30	9.1	3.75	4.20	16	6.1	3.99	4.70	등록평균	등록최저
경영학과	협성대	미래역량우수자	8	12	7.6	4.30	4.30	12	3.9	4.46	4.89					등록50%컷	등록70%컷
경영학과	협성대	학생부교과우수자	12	18	5.8	3.53	3.93	14	12.3	3.55	3.62	13	8.2	3.59	3.92	등록50%컷	등록70%컷
경영학과	인하대	지역균형	30	35	5.4	2.43	2.66	19	7.4	2.45	2.72	19	9.4	2.38	2.49	등록평균	등록최저
경영학과	용인대	일반학생	14	17	9.8	2.30	2.40	19	5.1	2.20	2.54	19	19.0	2.3	2.3	등록50%	등록70%컷
경영학과	경희대(서울)	지역균형	27	30	5.5	1.65	1.96	28	12.7	1.50	10.8	31	14.3	1.6	12.4	최종평균	등록70%컷
경영학과*	동국대	학교장추천인재	10	20	21.8	1.41	2.40	20	35.4	2.44	4.00	22	24.9	2.63	4.52	최종평균	최종최저
경영학과*	서울여대	교과우수자	12	12	4.3	3.0		12	11.2	2.2	2.7	12	12.9	2.2	2.7	최종평균	최종최저
경영학과*	성신여대	지역균형	15	15	4.9	2.38	2.77	16	14.9	2.16		14	8.4	2.51		등록평균	등록최저
경영학부	세종대	지역균형	3	20	5.7	2.80	3.02	19	12.6	1.97	2.08	7	16.1	1.73	1.73	등록평균	등록70%컷
경영학부	수원대	교과우수	15	15	15.3	3.2		17	13.3	3.3		10	63.0	2.7		최종평균	
경영학부	이화여대	고교추천	18	18	3.9	1.75	1.88	18	6.5	1.71	1.78	18	5.4	1.7	1.8	등록50%컷	등록70%컷
경영학부	인천대	지역균형	9	12	4.4	2.94	3.13	15	10.3	2.39	2.57	15	6.8	2.58	3.01	등록평균	등록70%컷
경영학부	성공회대	교과성적	18	18	4.4	2.68	3.22									최종평균	최종최저
경영학부	한국외대(서울)	학교장추천	11	15	9.7	198.6	198.5	14	13.4	297.6	296.6	14	26.6	268.0	267.7	등록50%컷	등록70%컷
경영학부	수원대	고교추천	8	10	21.5	3.9		5	54.6	3.8		13	17.5	4.1		최종평균	
경영학부	홍익대(서울)	학교장추천자	37	37	7.7	1.91	1.93	36	11.7	1.96	2.00	36	13.9	2.11	2.15	등록50%컷	등록70%컷
경영학부	인천대	교과성적우수자	19	24	6.1	3.30	3.74	24	7.2	2.62	2.74	24	16.1	2.63	2.63	등록평균	등록70%
경영학부	국민대	교과성적우수자	27	16	4.8	2.79	2.99	13	11.1	1.90	1.91	13	20.0	1.99	1.99	등록50%컷	등록70%컷
경영학부	수원대	면접위주교과	10	10	13.6	3.55	3.19	14	15.9	3.3		20	11.2	3.9		등록50%컷	등록70%컷
경영학부	서강대	지역균형	26	33	4.0	1.69	1.80	28	6.8	1.42	1.49	28	11.3	1.29	1.38	등록50%컷	등록70%컷
경영학부	경기대	학교장추천	33	41	6.9	2.89	3.03	39	6.4	3.00		37	11.8	2.84		등록50%컷	등록70%컷
경영학부	한양대(에리카)	지역균형선발	21	24	3.2	3.37	4.18	15	7.3	2.49	2.49	15	9.3	2.49	2.68	등록평균	등록70%컷
경영학부	경기대	교과성적우수자	18	40	11.4	2.63	2.94	38	7.8	2.83		37	16.7	2.65		등록50%컷	등록70%컷
경영학부	상명대(서울)	고교추천	16	30	3.2	2.94	3.59	32	6.8	2.50	2.77	32	20.8	2.63	2.91	등록50%컷	등록70%컷
경영학부*	숭실대	학생부우수자	27	27	6.1	2.21	2.35	27	10.0	1.98	2.45	27	12.2	2.15	2.11	등록평균	등록70%컷
경영학부*	서울시립대	지역균형선발	23	34	8.6	1.93		26	14.6	1.74		26	22.4	1.91		등록평균	
경영학부*	단국대(죽전)	지역균형선발	12	33	4.4	2.48	5.95	31	6.2	2.14		31	15.6	2.16		등록평균	등록최저
경영학부*	숙명여대	지역균형선발	30	29	3.6	2.44	2.69	27	8.0	1.85	1.91	27	12.2	2.10	2.18	등록50%컷	등록70%컷
경영학부*	한양대	추천형	26	32	5.1	1.55		32	11.3	1.29		32	8.3	1.45		등록평균	
경영학전공	광운대	지역균형	15	15	3.3	2.74		15	16.7	1.92		16	6.8	2.40		등록평균	
경영학전공	한경국립대(안성)	일반전형A	19													등록평균	등록최저
경영학전공	한국공학대	교과우수자	5	10	11.7	3.5		13	4.1	4.1		12	10.0	3.3		등록평균	
경영학전공	한국공학대	지역균형	6	9	4.3	3.3										등록평균	
경영학전공(인문)	서울과기대	고교추천	12	12	5.9	2.21	2.26	12	13.9	2.23	2.32	13	9.2	2.47	2.52	등록평균	등록70%컷
경영학전공*	명지대	교과면접	18	10	20.8	2.37	2.61	10	8.8	2.80		10	16.5	2.36	2.44	등록평균	등록70%컷
경영학전공*	명지대	학교장추천	18	18	8.8	2.34	2.65	18	6.2	2.56	3.15	18	9.1	1.87		등록평균	등록최저
경제금융학부	상명대(서울)	고교추천	10	22	5.1	2.70	2.82	23	7.4	2.84	3.04	23	15.7	2.83	3.13	등록50%컷	등록70%컷
경제금융학부*	한양대	추천형	9	12	7.8	1.35		12	9.0	1.41		12	7.2	1.48		등록평균	
경제정치사회융합학부	아주대	고교추천	24													등록평균	등록70%컷

3부 ● 모집단위순 합격자 성적

모집단위	대학	전형	2025 모집인원	2024 모집인원	2024 경쟁률	2024 성적①	2024 성적②	2023 모집인원	2023 경쟁률	2023 성적①	2023 성적②	2022 모집인원	2022 경쟁률	2022 성적①	2022 성적②	성적 산출기준 성적①	성적 산출기준 성적②
경제통상·국제·공공인재융합계열	한신대	학생부우수자	38	28	5.3	3.38	3.79	31	9.9	3.36	3.90					최종평균	최종최저
경제통상·국제·공공인재융합계열	한신대	학교장추천	10														
경제학과	인천대	교과성적우수자	13	16	5.8	2.83	2.84	16	11.1	2.79	2.90	16	20.4	2.87	3.03	등록평균	등록70%컷
경제학과	인천대	지역균형	8	10	5.3	2.69	2.85	10	13.6	2.74	2.87	10	8.0	3.15	3.24	등록평균	등록70%컷
경제학과	서울여대	교과우수자	8	8	5.4	3.0		8	10.5	2.3	2.6	8	13.5	2.4	2.6	최종평균	최종최저
경제학과	가천대	지역균형	1	6	15.3	3.04	3.14	8	36.4	3.26	3.42	8	7.3	3.9		등록70%	등록90%
경제학과	가톨릭대	지역균형	8	6	7.2	2.67	2.81	8	11.9	2.90	3.00	7	14.1	3.19	3.28	등록평균	등록최저
경제학과	인하대	지역균형	13	13	6.2	2.44	2.72	7	8.6	2.68	2.84	7	7.7	2.58	2.59	등록평균	등록최저
경제학과	세종대	지역균형	1	7	6.1	2.49	2.46	7	24.3	2.07	2.15	3	8.0	2.38	2.36	등록평균	등록70%컷
경제학과	건국대	KU지역균형	7	5	12.2	1.82	1.87	5	13.0	2.00	2.00	5	30.0	1.83	1.83	등록50%컷	등록70%컷
경제학과	가천대	학생부우수자	7	6	15.0	2.65	2.83	10	14.6	2.73	2.90	10	16.2	2.8	3.0	등록70%	등록90%
경제학과	경희대(서울)	지역균형	12	13	6.9	1.72	1.82	12	14.8	1.70	12.8	13	10.3	1.7	8.4	최종평균	등록70%컷
경제학과	이화여대	고교추천	14	14	4.1	1.95	1.97	14	7.2	1.92	1.93	14	4.1	1.9	2.1	등록50%컷	등록70%컷
경제학과	서강대	지역균형	16	18	5.3	1.45	1.47	18	7.8	1.53	1.60	18	9.2	1.44	1.52	등록50%컷	등록70%컷
경제학과	성신여대	지역균형	7	7	7.1	2.34	2.48	7	17.9	2.41		8	7.6	2.87		등록평균	등록최저
경제학과*	국민대	교과성적우수자	7	8	6.0	2.01	2.07	7	19.4	2.04	2.11	7	13.3	2.52	2.61	등록50%컷	등록70%컷
경제학과*	숭실대	학생부우수자	15	15	6.7	2.26	2.24	14	10.1	2.38	2.40	14	12.2	2.17	2.31	등록평균	등록70%컷
경제학과*	고려대	학교추천	21	22	6.1	1.44	1.52	28	7.9	1.51	1.62	28	8.1	1.55	1.79	등록50%컷	등록70%컷
경제학과*	동국대	학교장추천인재	8	15	9.1	1.38	1.70	14	12.8	2.20	2.63	14	10.3	2.26	2.84	최종평균	최종최저
경제학과*	단국대(죽전)	지역균형선발	4	8	4.6	2.62	3.22	8	11.9	2.34		8	11.6	2.40		등록평균	등록최저
경제학부	수원대	교과우수	8	10	10.4	3.5		10	16.1	3.2		7	62.0	3.2		최종평균	
경제학부	경기대	교과성적우수자	10	21	11.8	3.16	3.20	36	9.3	3.07		35	13.9	3.08		등록50%컷	등록70%컷
경제학부	수원대	고교추천	4	4	11.5	3.2		4	38.8	3.6		8	16.9	4.4		최종평균	
경제학부	연세대	추천형	29	30	3.9	1.29	1.42	34	3.6	1.29	1.44	34	3.6	1.30	1.42	등록50%컷	등록70%컷
경제학부	수원대	면접위주교과	10	10	12.4	3.85	3.85	10	11.9	3.8		10	10.4	3.7		등록50%컷	등록70%컷
경제학부	한국외대(서울)	학교장추천	5	7	5.1	198.0	197.7	7	11.7	297.8	297.5	7	18.3	267.6	267.1	등록50%컷	등록70%컷
경제학부	한양대(에리카)	지역균형선발	14	18	3.2	3.03	2.96	12	6.5	2.72	2.63	12	7.8	2.68	2.80	등록평균	등록70%컷
경제학부	서울시립대	지역균형선발	9	12	11.1	2.04		11	20.2	1.93		11	21.0	2.08		등록평균	
경제학부	경기대	학교장추천	22	26	6.2	3.24	3.36	37	11.1	3.13		37	10.9	3.33		등록50%컷	등록70%컷
경제학부	홍익대(서울)	학교장추천자	7	7	9.4	2.05	2.02	6	33.3	2.02	2.00	4	15.3	2.87	2.52	등록50%컷	등록70%컷
경제학부*	숙명여대	지역균형선발	16	15	4.1	2.00	2.03	14	5.8	1.97	2.16	14	9.9	2.15	2.20	등록50%컷	등록70%컷
경제학전공	명지대	교과면접	5	5	19.0	2.51	2.08	5	8.6	3.23		5	10.2	2.34	2.44	등록평균	등록70%컷
경제학전공	명지대	학교장추천	6	7	10.4	2.41	2.66	5	6.8	2.73	3.35	7	5.9	1.99		등록평균	등록최저
경찰과학수사학과	화성의과학대	학생부교과	26	26	4.4	4.17	4.17	48	1.7	4.57	4.94	48	2.4	4.20		등록50%컷	등록70%컷
경찰행정학과	한세대	학생부면접우수자	7	6	18.8	2.75	3.80	10	12.4	3.38	4.00	11	17.9	3.10	3.50	등록평균	등록최저
경찰행정학과	한세대	학생부교과우수자	8	9	8.1	3.22	3.60	10	21.2	3.08	3.30	7	5.9	3.87	4.40	등록평균	등록최저
경찰행정학과	용인대	일반학생	15	18	8.2	1.70	1.80	20	7.9	1.40	1.50	20	14.0	1.5	1.6	등록50%컷	등록70%컷
경찰행정학과	용인대	교과성적우수자	8	12	8.4	2.10	2.10	12	6.8	2.00	2.16	12	21.0	1.8	1.8	등록50%컷	등록70%컷
경찰행정학부	동국대	학교장추천인재	6	8	16.4	1.06	1.30	8	23.1	1.71	2.24	8	29.0	1.62	1.97	최종평균	최종최저
고용서비스정책학과	한국기술교대	지역인재	4	4	4.5	3.28	3.76	5	4.8	3.27	3.99	3	9.7	4.02		등록평균	등록최저
고용서비스정책학과	한국기술교대	일반전형	6	10	5.1	3.78	4.85	9	4.2	3.52	4.21	7	9.3	3.17		등록평균	등록최저
공간환경학부	상명대(서울)	고교추천	7	12	6.3	2.88	2.96	13	11.3	2.90	3.13	13	11.9	3.06	3.34	등록50%컷	등록70%컷
공공안전학부	경기대	학교장추천	10	8	8.0	2.11	2.12	9	12.1	2.23		19	15.2	2.34		등록50%컷	등록70%컷
공공안전학부	경기대	교과성적우수자	5	2	22.0	1.92	1.92	3	21.7	2.21		17	16.0	2.15		등록50%컷	등록70%컷
공공인재법학과	대진대	학교장추천	5	5	3.8	3.23	3.71	4	16.0	3.75	3.83	2	5.0	5.02		등록평균	등록90%
공공인재법학과	대진대	학생부우수자	6	8	6.3	3.23	3.57	7	9.1	4.07	4.69	13	6.2	4.95	5.33	등록평균	등록90%
공공인재학부	경기대	교과성적우수자	6	10	12.2	3.11	3.18	7	9.9	2.91		10	27.2	2.81		등록50%컷	등록70%컷
공공인재학부	경기대	학교장추천	12	13	6.9	3.05	3.23	12	6.3	3.02		12	19.9	2.93		등록50%컷	등록70%컷
공공인재학부	중앙대	지역균형	10	15	4.8	1.79	2.29	15	7.5	1.70	1.76	19	14.8	1.70	1.76	등록50%컷	등록70%컷
관광·엔터테인먼트학부	경희대(서울)	지역균형	7	9	5.2	1.74	1.86	9	6.1	1.70	4.4	9	7.9	1.8	6.1	최종평균	등록70%컷
관광개발경영학과	경기대	교과성적우수자	5	7	8.9	1.60	1.83	8	7.0	2.08						등록50%컷	등록70%컷
관광개발경영학과	경기대	학교장추천	10	7	13.3	3.10	3.12	8	4.3	3.22						등록50%컷	등록70%컷

모집단위	대학	전형	2025 모집인원	2024 모집인원	2024 경쟁률	2024 성적①	2024 성적②	2023 모집인원	2023 경쟁률	2023 성적①	2023 성적②	2022 모집인원	2022 경쟁률	2022 성적①	2022 성적②	성적 산출기준 성적①	성적 산출기준 성적②
관광경영학과	한세대	학생부교과우수자	9	10	7.5	4.39	4.80	10	7.0	4.01	4.60	9	6.7	3.94	4.10	등록평균	등록최저
관광경영학과	가천대	지역균형	2	6	10.0	3.37	3.78	6	19.5	2.50	2.65	6	16.0	3.0		등록70%	등록90%
관광경영학과	가천대	학생부우수자	7	6	16.0	2.69	2.78	7	9.9	2.90	2.99	6	15.0	2.6	2.8	등록70%	등록90%
관광경영학과	용인대	일반학생	11	15	7.5	2.50	2.60	17	8.7	2.60	2.76	17	21.3	2.8	2.8	등록50%컷	등록70%컷
관광경영학과	서울신학대	교과성적	5	6	5.8	3.80	3.42	6	6.0	3.3	3.6	5	6.6	3.6	3.8	등록평균	등록70%컷
관광경영학과	서울신학대	일반전형	10	10	4.6	4.04	4.24	10	4.2	4.3	4.6	12	4.6	4.1	4.3	등록평균	등록70%컷
관광경영학과	용인대	교과성적우수자	6	9	5.3	2.80	2.80	9	7.1	2.80	3.02	9	15.7	2.9	3.1	등록50%컷	등록70%컷
관광경영학과	한세대	학생부면접우수자	9	10	8.0	4.74	6.00	10	9.7	4.32	5.10	10	14.6	4.42	5.00	등록평균	등록최저
관광경영학과*	안양대	학교장추천	4	4	6.5	3.50	3.91									등록평균	등록최저
관광경영학과*	안양대	아리학생부교과	9	12	12.7	2.35	3.09	12	8.3	2.88	3.81	10	15.3	2.89	3.29	등록평균	등록최저
관광경영학과*	안양대	아리학생부면접	5	6	9.2	3.40	4.37	10	20.3	2.95	3.45	9	5.2	3.91	5.39	등록평균	등록최저
관광문화콘텐츠학과	경기대	교과성적우수자	3	2	18.0	2.30	2.30	4	9.3	2.90						등록50%컷	등록70%컷
관광문화콘텐츠학과	경기대	학교장추천	5	3	5.0	2.37	2.74	3	4.0	2.75						등록50%컷	등록70%컷
관광학과	성결대	교과성적우수자	11	18	6.0	4.2		20	7.5	4.0		19	4.8	4.2		등록70%컷	
관광학과	성결대	SKU창의적인재	11	11	8.4	5.2		13	6.8	5.6		12	7.0	5.6		등록70%컷	
관광학부*	한양대	추천형	5	5	7.0	1.44		5	11.6	1.48		5	6.8	1.72		등록평균	
광고홍보학과	평택대	PTU추천	3														
광고홍보학과	한양대(에리카)	지역균형선발	12	15	3.3	2.76	2.63	10	7.1	2.30	2.29	10	8.0	2.32	2.57	등록평균	등록70%컷
광고홍보학과	평택대	PTU교과	10	15	13.8	4.52	5.14	13	18.6	4.51	5.10	10	8.6	4.72	6.54	등록평균	등록최저
광고홍보학과	동국대	학교장추천인재	6	8	8.9	1.43	1.70	8	18.5	2.12	2.26	8	17.5	2.26	2.72	최종평균	최종최저
광고홍보전공	국민대	교과성적우수자	6	6	8.2	2.04	2.12	6	10.0	2.07	2.25	7	19.3	2.12	2.15	등록50%컷	등록70%컷
교육공학과	이화여대	고교추천	5	5	4.6	1.56	1.66	5	11.8	1.40	1.66	5	3.2	1.9	2.0	등록50%컷	등록70%컷
교육공학과	한양대	추천형	3	3	9.0	1.41		3	4.3	1.45		3	8.7	1.34		등록평균	
교육학과	동국대	학교장추천인재	4	4	22.3	1.13	1.30	4	37.3	2.05	2.24	4	32.3	2.03	2.41	최종평균	최종최저
교육학과	상명대(서울)	고교추천	8	8	3.4	2.21	2.32	8	4.8	2.44	2.66	8	11.8	2.39	2.61	등록50%컷	등록70%컷
교육학과	이화여대	고교추천	6	6	6.5	1.54	1.77	6	11.8	1.62	1.62	6	5.5	1.8	1.8	등록50%컷	등록70%컷
교육학과	고려대	학교추천	8	8	9.5	1.25	1.31	11	12.9	1.41	1.47	11	12.3	1.55	1.60	등록50%컷	등록70%컷
교육학과	한양대	추천형	3	3	9.7	1.31		3	18.7	1.20		3	14.3	1.48		등록평균	
교육학과	세종대	지역균형	1	6	10.0	2.03	2.03	6	8.0	2.24	2.36	2	6.5	1.99	1.68	등록평균	등록70%컷
교육학과	중앙대	지역균형	6	5	10.4	1.83	1.94	5	9.0	1.65	1.84	5	10.0	1.70	1.79	등록50%컷	등록70%컷
교육학과	인하대	지역균형	5	5	6.2	2.35	2.47	5	11.2	2.38	2.59	5	2.86	2.70		등록평균	등록최저
교육학과	홍익대(서울)	학교장추천자	5	5	12.0	1.79	1.76	4	10.3	2.27	2.06					등록50%컷	등록70%컷
교육학과	성균관대	학교장추천	5	5	10.2	1.36	1.41	5	6.6			5	11.4	1.30	1.35	등록50%컷	등록70%컷
교육학과*	국민대	교과성적우수자	12	6	7.5	2.29	2.29	4	12.8	1.80	1.80	4	13.8	2.24	2.24	등록50%컷	등록70%컷
교육학과*	성신여대	지역균형	4	4	7.0	2.36	2.68	4	9.5	2.01		4	11.8	2.32		등록평균	등록최저
교육학부	숙명여대	지역균형선발	6	6	4.0	2.27	2.27	6	8.7	1.76	1.77	6	6.0	2.30	2.30	등록평균	등록70%컷
교육학부*	연세대	추천형	9	10	5.0	1.32	1.37	10	3.8	1.25	1.34	10	7.0	1.14	1.21	등록50%컷	등록70%컷
국가안보학과	상명대(서울)	고교추천	24	19	5.3	3.86	4.40	19	5.2	3.71	4.33	19	6.1	3.54	3.97	등록50%컷	등록70%컷
국가전략언어계열	한국외대(글로벌)	학교장추천	4													등록50%컷	등록70%컷
국사학과	서울시립대	지역균형선발	3	4	11.0	1.91		3	23.7	2.03		3	17.3	2.34		등록평균	
국사학과*	가톨릭대	지역균형	5	4	6.0	2.77	2.81	5	21.2	2.83	3.03	5	11.8	3.50	3.72	등록평균	등록최저
국사학전공	동덕여대	학생부교과우수자	3	3	7.3	2.80		8	5.9	3.20		8	6.0	2.90		최종평균	
국어교육과	인천대	교과성적우수자	3	3	9.0	2.55	2.50	3	25.0	2.43	2.53	3	31.7	2.80	2.87	등록평균	등록70%컷
국어교육과	이화여대	고교추천	5	5	3.2	1.66	1.66	5	6.8			5	5.4	1.5	1.5	등록50%컷	등록70%컷
국어교육과	고려대	학교추천	8	7	7.9	1.33	1.34	10	10.2	1.36	1.47	10	10.0	1.67	1.70	등록50%컷	등록70%컷
국어교육과	동국대	학교장추천인재	6	6	18.3	1.15	1.50	6	16.7	2.07	2.38	6	21.3	1.84	2.14	최종평균	최종최저
국어교육과	한양대	추천형	3	3	6.7	1.46		3	5.0	1.50		3	11.0	1.14		등록평균	
국어교육과	인하대	지역균형	5	5	7.2	2.38	2.73	5	7.4	2.36	2.54					등록평균	등록최저
국어교육과	홍익대(서울)	학교장추천자	5	5	8.2	2.03	2.09	4	9.0	1.93	1.84					등록50%컷	등록70%컷
국어교육과	상명대(서울)	고교추천	12	11	3.6	2.38	2.35	12	9.8	2.30	2.57	12	7.9	2.55	2.99	등록50%컷	등록70%컷
국어국문·문예창작학부	동국대	학교장추천인재	3	4	14.0	1.00	1.00	4	20.3	2.10	2.36	4	36.5	2.27	2.46	최종평균	최종최저
국어국문학과	아주대	고교추천	3	6	14.3	2.67	2.89	6	39.2	3.04	3.21	6	9.8	3.92	4.34	등록평균	등록70%컷
국어국문학과	경희대(서울)	지역균형	6	7	4.7	1.66	1.83	7	12.4	1.60	11.1	7	9.1	1.8	7.6	최종평균	등록70%컷
국어국문학과	서울시립대	지역균형선발	3	3	7.0	2.01		3	25.0	1.92		3	16.0	2.32		등록평균	

모집단위	대학	전형	2025 모집인원	2024 모집인원	2024 경쟁률	2024 성적①	2024 성적②	2023 모집인원	2023 경쟁률	2023 성적①	2023 성적②	2022 모집인원	2022 경쟁률	2022 성적①	2022 성적②	성적 산출기준 성적①	성적 산출기준 성적②
국어국문학과	건국대	KU지역균형	3	4	5.3	1.77	1.77	4	6.5	1.82	1.82	4	26.8	1.55	1.79	등록50%컷	등록70%컷
국어국문학과	이화여대	고교추천	12	12	4.5	1.88	1.93	12	4.5	1.88	2.03	12	3.8	1.8	1.9	등록50%컷	등록70%컷
국어국문학과	안양대	아리학생부면접	4	5	18.6	3.53	3.72	8	6.1	4.47	4.93	7	4.3	3.68	4.39	등록평균	등록최저
국어국문학과	성결대	교과성적우수자	11	16	6.6	4.0		17	12.8	4.0		16	4.6	4.6		등록70%컷	
국어국문학과	성결대	SKU창의적인재	10	10	7.6	5.6		11	8.3	5.6		10	6.0	6.0		등록70%컷	
국어국문학과	세종대	지역균형	1	5	6.8	2.15	2.26	5	31.8	2.14	2.21	2	6.5	3.04	3.04	등록평균	등록70%컷
국어국문학과	홍익대(서울)	학교장추천자	4	4	17.8	2.21	2.17	3	10.0							등록50%컷	등록70%컷
국어국문학과	경기대	학교장추천	6	4	9.5	3.23	3.23	4	19.5	3.17		4	8.5	3.52		등록50%컷	등록70%컷
국어국문학과	경기대	교과성적우수자	3	2	11.5	3.39	3.39	3	34.3	3.01		4	12.5	3.58		등록50%컷	등록70%컷
국어국문학과	안양대	아리학생부교과	11	14	10.6	3.08	3.45	10	34.1	3.42	3.76	8	6.6	4.30	5.21	등록평균	등록최저
국어국문학과	인천대	교과성적우수자	4	4	26.5	2.82	2.86	4	41.3	3.15	3.29	4	10.0	3.59	3.74	등록평균	등록70%컷
국어국문학과	인천대	지역균형	3	4	17.3	2.84	2.86	4	7.5	3.22	3.40	4	5.8	2.68	3.02	등록평균	등록70%컷
국어국문학과	광운대	지역균형	3	3	3.3	3.37		3	7.0	2.15		4	7.8	2.51		등록평균	
국어국문학과	성균관대	학교장추천	12	12	7.3	1.78	1.80	11	5.4	2.00	2.04	3	7.3			등록50%컷	등록70%컷
국어국문학과*	연세대	추천형	8	8	4.4	1.48	1.54	9	4.4	1.42	1.42	9	3.2	1.41	1.50	등록50%컷	등록70%컷
국어국문학과*	가톨릭대	지역균형	5	4	8.5	2.75	2.91	5	9.4	2.94	3.14	5	11.0	3.11	3.25	등록평균	등록최저
국어국문학과*	숭실대	학생부우수자	5	5	11.8	2.45	2.51	5	13.4	2.37	2.70	5	10.4	2.05	2.06	등록평균	등록70%컷
국어국문학과*	단국대(죽전)	지역균형선발	4	4	13.5	2.16	2.43	5	8.0	2.66		5	11.6	2.38		등록평균	등록최저
국어국문학과*	서울여대	교과우수자	7	7	5.6	2.9		7	9.4	2.3	2.6	7	10.7	2.3	2.7	최종평균	최종최저
국어국문학과*	고려대	학교추천	9	9	11.0	1.49	1.54	13	7.3	1.76	1.84	13	6.8	1.76	1.82	등록50%컷	등록70%컷
국어국문학과*	성신여대	지역균형	5	5	6.6	2.25	2.33	6	9.8	2.40		6	6.5	2.68		등록평균	등록최저
국어국문학과*	한양대	추천형	4	4	9.8	1.47		4	8.8	1.53		4	8.5	1.56		등록평균	
국어국문학전공	동덕여대	학생부교과우수자	4	4	6.5	2.70		12	7.5	2.90		12	13.1	2.90		최종평균	
국어국문학전공*	국민대	교과성적우수자	5	8	7.0	2.14	2.19	9	7.1	2.26	2.30	8	12.3	2.28	2.34	등록50%컷	등록70%컷
국어국문학전공*	명지대	교과면접	5	5	12.4	2.75	3.00	5	6.2	2.72		5	8.0	2.40	2.56	등록평균	등록70%컷
국어국문학전공*	명지대	학교장추천	4	4	7.8	2.71	2.73	4	17.3	2.61	2.96	4	4.3	2.91		등록평균	등록최저
국제개발협력학과	성결대	교과성적우수자	13	20	4.6	4.6		20	6.1	4.2		19	5.1	4.4		등록70%컷	
국제개발협력학부	성결대	SKU창의적인재	11	11	6.2	6.0		13	5.4	6.0		12	4.1	6.2		등록70%컷	
국제경영학과	단국대(죽전)	지역균형선발	5	5	5.8	2.63	2.76									등록평균	등록최저
국제관계학과	서울시립대	지역균형선발	5	5	9.4	1.86		5	15.6	1.91		5	29.4	2.00		등록평균	
국제금융학과	한국외대(글로벌)	학교장추천	3	3	8.3	193.7	193.0	4	4.0	274.0	269.4	3	10.0	262.6	262.0	등록50%컷	등록70%컷
국제도시부동산학과	평택대	PTU추천	1														
국제도시부동산학과	평택대	PTU교과	20	24	5.8	5.93	6.91	25	3.4	5.58	6.80	13	9.6	4.59	6.23	등록평균	등록최저
국제무역학과	건국대	KU지역균형	4	3	8.0	1.81	1.92	3	9.0			3	27.3	1.97	2.03	등록50%컷	등록70%컷
국제무역행정학과	평택대	PTU교과	13	17	6.6	5.66	6.71	15	9.2	4.86	6.00	10	6.3	5.63	7.10	등록평균	등록최저
국제무역행정학과	평택대	PTU추천	1														
국제물류학과	평택대	PTU교과	25	24	6.2	5.42	6.22	24	3.9	5.18	6.30	18	10.1	5.12	6.54	등록평균	등록최저
국제물류학과	평택대	PTU추천	2														
국제법무학과	숭실대	학생부우수자	6	4	12.3	2.40	2.32	4	19.8	2.42	2.42	4	25.3	2.43	2.55	등록평균	등록70%컷
국제사무학과	이화여대	고교추천	7	7	5.3	2.11	2.15	7	5.0	1.76	1.79	7	4.3	1.8	1.8	등록50%컷	등록70%컷
국제지역학부	평택대	PTU교과	46	59	5.8	5.80	6.81	57	4.0	5.78	8.50	42	5.9	5.43	6.91	등록평균	등록최저
국제지역학부	평택대	PTU추천	3														
국제지역학전공*	대진대	학교장추천	5	6	6.2	3.20	3.29	4	10.3	4.11	4.43					등록평균	등록90%
국제지역학전공*	대진대	학생부우수자	4	4	6.8	3.34	4.03	3	17.7	3.73	4.12	8	7.1	4.48	5.07	등록평균	등록90%
국제통상학과	대진대	학교장추천	5	5	6.2	3.03	3.80	4	9.5	3.79	4.28	2	4.5	4.65		등록평균	등록90%
국제통상학과	한국외대(서울)	학교장추천	4	5	7.4	198.2	198.2	5	9.2	296.9	296.2	5	14.0	267.7	267.3	등록50%컷	등록70%컷
국제통상학과	동국대	학교장추천인재	6	9	14.0	1.52	1.80	9	11.8	2.54	2.97	9	13.9	2.26	2.79	최종평균	최종최저
국제통상학과	대진대	학생부우수자	5	5	12.4	3.59	3.88	7	7.6	4.45	4.82	12	5.7	4.56	5.04	등록평균	등록90%
국제통상학과	인하대	지역균형	14	14	6.6	2.50	2.70	12	17.8	2.60	2.77	14	13.0	2.89	3.03	등록평균	등록최저
국제통상학과*	국민대	교과성적우수자	10	10	6.4	2.16	2.21	10	16.5	2.14	2.15	11	19.3	2.38	2.42	등록50%컷	등록70%컷
국제통상학부	광운대	지역균형	6	6	4.0	2.11		6	10.2	2.18		7	19.3	2.15		등록평균	
국제통상학전공*	명지대	학교장추천	4	9	19.1	2.40	2.58	9	10.3	3.13	3.43	9	6.3	2.07		등록평균	등록최저
국제통상학전공*	명지대	교과면접	5	10	12.1	2.44	2.00	10	9.2	2.29		10	14.8	2.45	2.69	등록평균	등록70%컷
국제학과	경희대(국제)	지역균형	5	13	6.2	1.91	2.00	13	4.2	1.90	3.5	9	5.6	1.8	4.9	최종평균	등록70%컷

모집단위	대학	전형	2025 모집인원	2024 모집인원	2024 경쟁률	2024 성적①	2024 성적②	2023 모집인원	2023 경쟁률	2023 성적①	2023 성적②	2022 모집인원	2022 경쟁률	2022 성적①	2022 성적②	성적산출기준 성적①	성적산출기준 성적②
국제학부	가톨릭대	지역균형	10	9	9.3	2.78	2.90	13	7.9	2.81	3.25	13	15.9	2.94	3.13	등록평균	등록최저
국제학부	광운대	지역균형	4	4	3.0	4.28		4	11.3	2.04		4	10.5	2.59		등록평균	
국제학부	한국외대(서울)	학교장추천	3	4	5.8	198.3	198.1	4	10.3	297.4	297.3	4	13.8	266.7	265.5	등록50%컷	등록70%컷
국제학부	세종대	지역균형	2	17	8.6	2.17	2.23	16	11.2	2.17	2.27	7	12.7	1.80	1.78	등록평균	등록70%컷
국제학부	고려대	학교추천	7	5	7.8	1.66	1.86	5	6.6	1.32	1.44	5	11.4	1.77	1.77	등록50%컷	등록70%컷
귀금속보석공예전공	한경국립대(평택)	일반전형P	8	8	7.8	3.53	4.52	10	3.6	4.6	5.2					등록평균	등록최저
그리스·불가리아학과	한국외대(글로벌)	학교장추천	3	4	5.5	186.4	182.9	4	6.5	281.4	280.1	4	5.3	247.3	240.9	등록50%컷	등록70%컷
글로벌MICE융합전공	동덕여대	학생부교과우수자	8	9	6.6			24	5.5	3.10		24	5.1	3.00		최종평균	
글로벌경영기술대학 자율전공학부	성결대	교과성적우수자	34													등록70%컷	
글로벌경영학과	안양대	아리학생부교과	16	19	12.0	2.39	2.73	17	10.9	3.08	3.42	15	15.0	3.24	3.54	등록평균	등록최저
글로벌경영학과	서울신학대	일반전형	8	8	4.6	3.95	4.13	8	3.8	4.2	4.2	7	3.7	4.0	4.4	등록평균	등록70%컷
글로벌경영학과	상명대(서울)	고교추천	14	25	3.2	2.97	2.91	25	7.2	2.69	2.87	25	15.9	2.76	2.99	등록50%컷	등록70%컷
글로벌경영학과	안양대	학교장추천	4	6	7.0	3.63	3.90									등록평균	등록최저
글로벌경영학과	성균관대	학교장추천	10	12	13.3	1.57	1.62	5	10.6	1.73	1.99					등록50%컷	등록70%컷
글로벌경영학과	안양대	아리학생부면접	6	10	14.2	3.30	3.81	16	6.7	3.46	4.05	14	9.4	3.24	3.93	등록평균	등록70%컷
글로벌경영학과	서울신학대	교과성적	9	9	4.3	3.31	3.18	9	5.0	2.9	3.0	9	9.2	2.9	3.2	등록평균	등록70%컷
글로벌경영학과(야)	안양대	아리학생부교과	27	30	8.1	4.04	4.65	30	5.3	5.22	5.89	23	6.1	4.98	5.53	등록평균	등록최저
글로벌경영학과(야)	안양대	아리학생부면접	7	9	5.2	5.08	5.70	13	6.3	5.29	5.71	14	3.3	5.47	6.57	등록평균	등록최저
글로벌경제학과	대진대	학교장추천	5	5	4.0	3.51	3.86	5	9.4	3.49	3.92	2	4.0	4.62		등록평균	등록90%
글로벌경제학과	대진대	학생부우수자	6	5	9.4	3.68	3.97	5	11.6	4.48	4.66	14	6.4	4.90	5.34	등록평균	등록90%
글로벌경제학과	성균관대	학교장추천	10	10	8.5	1.61	1.74	5	10.0	1.60	1.85					등록50%컷	등록70%컷
글로벌금융	중앙대	지역균형	7	7	10.0	1.72	1.75	8	12.9	1.84	1.87	7	13.9	1.96	1.97	등록50%컷	등록70%컷
글로벌리더학부	성균관대	학교장추천	10	10	9.3	1.44	1.57	5	10.2	1.57	1.63					등록50%컷	등록70%컷
글로벌문화콘텐츠대학	강남대	지역균형	20	22	3.6	3.90	4.00	21	6.1	3.11	3.86	25	7.4	3.20	3.93	등록50%컷	등록70%컷
글로벌문화통상학부	한양대(에리카)	지역균형선발	20													등록평균	등록70%컷
글로벌물류학부	성결대	SKU창의적인재	20	20	8.5	5.6		22	6.2	6.2		21	5.7	6.2		등록70%컷	
글로벌물류학부	성결대	교과성적우수자	29	42	6.9	4.2		46	5.5	4.4		44	8.0	4.2		등록70%컷	
글로벌스포츠산업학부	한국외대(글로벌)	학교장추천	4	4	11.8	195.4	195.0	4	9.3	288.8	287.0	3	22.0	233.7	263.0	등록50%컷	등록70%컷
글로벌어문학부	경기대	학교장추천	21	12	9.7	3.26	3.28	13	16.7	3.24		11	10.8	3.31		등록50%컷	등록70%컷
글로벌어문학부	경기대	교과성적우수자	10	13	15.8	3.27	3.32	11	23.9	2.23		12	13.0	3.40		등록50%컷	등록70%컷
글로벌융합대학	덕성여대	고교추천	35	79	8.6	2.60	2.75	77	12.9	2.82	2.96	77	4.4	3.11	3.37		
글로벌융합대학	덕성여대	학생부100%	35	77	5.8	2.35	2.48	86	7.0	2.25	2.41	86	11.3	2.03	2.20	등록평균	등록70%컷
글로벌융합학부	성균관대	학교장추천	10	10	13.9	1.51	1.55	10	10.1	1.65	1.80					등록50%컷	등록70%컷
글로벌자율전공학부	평택대	PTU교과	32	20	4.4											등록평균	등록최저
글로벌커뮤니케이션학부	경희대(국제)	지역균형	2	7	4.6	2.01	1.95	7	12.7	2.00	9.9	7	5.7	2.2	4.9	최종평균	등록70%컷
글로벌테크노경영전공(인문)	서울과기대	고교추천	9	9	5.8	2.15	2.14	8	6.8	2.10	2.14	11	8.3	2.21	2.11	등록평균	등록70%컷
글로벌통상·문화학과	협성대	학생부교과우수자	10	14	5.2	3.93	4.03	10	7.2	3.87	4.20	7	7.8	3.90	3.96	등록50%컷	등록70%컷
글로벌통상·문화학과	협성대	미래역량우수자	6	8	4.5	4.66	4.66	11	4.4	4.68	5.00	14	2.8	4.73	5.15	등록50%컷	등록70%컷
글로벌통상학과*	숭실대	학생부우수자	14	14	6.5	2.35	2.44	14	13.9	2.28	2.47	14	11.9	2.21	2.48	등록평균	등록70%컷
글로벌패션산업학부(야)	한성대	지역균형	7	7	4.7	3.27	3.38	11	5.91	3.41	3.44	11	5.6	3.63	3.65	등록50%컷	등록70%컷
글로벌패션산업학부(야)	한성대	교과우수	13	12	6.8	2.83	2.96	13	8.9	3.12	3.15	14	5.1	3.94	4.10	등록50%컷	등록70%컷
글로벌패션산업학부(주)	한성대	교과우수	6	6	14.5	2.48	2.50	6	25.5	2.48	2.50	8	13.4	3.22	3.26	등록50%컷	등록70%컷
글로벌패션산업학부(주)	한성대	지역균형	2	4	6.0	2.57	2.76	5	15.20	2.76	2.79	5	12.2	3.23	3.27	등록50%컷	등록70%컷
글로벌한국어전공	국민대	교과성적우수자	2	2	9.0	2.47	2.47	2	18.5			2	9.0	2.89	2.89	등록50%컷	등록70%컷
글로벌한국학과	삼육대	학교장추천	5	5	14.8	3.30		7	30.14	3.71		6	5.5	4.69		최종평균	
글로벌한국학부	서강대	지역균형	3	3	6.7	3.02	4.01									등록50%컷	등록70%컷
글로벌휴먼경영학과	서울기독대	학교장추천자	2	2	1.0			2	1.0								
글로벌휴먼경영학과	서울기독대	일반전형	15	10	1.5			9	1.2			16	0.4			등록50%컷	등록70%컷
금융공학과	아주대	고교추천	5	5	14.6	2.15	2.33	5	30.4	2.62	2.92	5	15.0	3.59	3.94	등록평균	
금융보험학과	협성대	학생부교과우수자	10	12	5.6	4.01	4.10	10	7.7	4.45	4.63	9	5.3	4.05	4.03	등록50%컷	등록70%컷
금융보험학과	협성대	미래역량우수자	6	10	4.2	5.11	5.77	10	2.9	5.07	5.55	8	2.9	5.77	5.35	등록50%컷	등록70%컷
금융학부	숭실대	학생부우수자	7	9	6.3	2.44	2.41	9	26.0	2.39	2.35	9	11.9	2.42	2.78	등록평균	등록70%컷
기독교교육과	서울신학대	기독교	16	20	3.1	4.88	5.11	16	2.8	5.2	5.7	16	3.3	4.3	4.4	등록평균	등록70%컷

모집단위	대학	전형	2025 모집인원	2024 모집인원	경쟁률	성적①	성적②	2023 모집인원	경쟁률	성적①	성적②	2022 모집인원	경쟁률	성적①	성적②	성적① 산출기준	성적② 산출기준
기독교교육과	안양대	아리학생부교과	20	20	4.7	4.70	5.45	13	6.4	4.93	5.94	11	4.4	5.68	7.22	등록평균	등록최저
기독교교육과	장신대	학생부우수자	13	13	3.8	3.85	4.30	11	2.0	4.35	4.50	8	2.0	4.15	4.75	등록50%컷	등록70%컷
기독교교육과	서울신학대	교과성적	9	10	2.5	5.16	5.56	7	7.6	3.2	3.6	5	4.6	4.8	4.4	등록평균	등록70%컷
기독교교육과	총신대	교과우수자	2	2	7.0	3.45	3.60	2	17.5	3.35	3.60	3	2.7	4.06	5.50	최종평균	최종최저
기독교교육과	안양대	아리학생부면접	4	4	6.0	5.41	6.07	9	2.3	6.17	7.69	10	2.9	5.32	5.87	등록평균	등록최저
기독교교육과미디어학과	아신대	일반학생	13	10	1.6	5.90	6.70									등록50%컷	등록70%컷
기독교교육상담학과	성결대	교과성적우수자	40	40	4.3	6.0		31	5.4	6.0		30	5.0	6.6		등록70%컷	
기독교상담학과	아신대	일반학생	12	11	1.0	6.00	7.00									등록50%컷	등록70%컷
기독교신학과	서울기독대	일반전형	7	8	0.6			8	0.9			8	0.5			등록50%컷	등록70%컷
기술경영학과	건국대	KU지역균형	4	7	6.3	2.06	2.07	7	7.9	1.93	1.97	7	30.4	1.97	2.00	등록50%컷	등록70%컷
네덜란드어과	한국외대(서울)	학교장추천	3	3	8.0	197.0	196.5	3	8.0	293.5	293.3	3	14.0	264.8	263.9	등록50%컷	등록70%컷
노어과	한국외대(서울)	학교장추천	3	5	10.4	197.1	196.9	5	9.6	294.2	293.2	5	14.2	264.9	263.7	등록50%컷	등록70%컷
노어노문학과*	연세대	추천형	5	5	9.8	1.76	1.76	6	7.2	1.56	1.93	6	3.3	1.65	1.67	등록50%컷	등록70%컷
노어노문학과*	고려대	학교추천	6	6	12.2	1.67	1.73	8	12.0	1.81	1.85	8	9.6	2.01	2.19	등록50%컷	등록70%컷
노인체육복지학과	한국체대	교과성적우수자	7	7	13.1	2.72	3.16	7	9.1	3.43	3.58	7	10.0	3.17	3.51	등록평균	등록최저
데이터과학과	인천대	지역균형	3	4	4.5	3.52	3.75									등록평균	등록70%컷
데이터과학과	인천대	교과성적우수자	3	10	8.0	2.94	3.15									등록평균	등록70%컷
데이터사이언스경영전공	한국공학대	교과우수자	4	7	10.1	3.3		9	3.7	4.2						등록평균	
데이터사이언스경영전공	한국공학대	지역균형	4	5	5.0	3.7										등록평균	
데이터사이언스전공	동덕여대	학생부교과우수자	10	12	12.9	3.00		30	8.3	3.30		30	5.4	3.50		최종평균	
도시계획·부동산학부	단국대(죽전)	지역균형선발	5	9	8.3	2.33	2.50	9	7.1	2.40		9	10.3	2.48		등록평균	등록최저
도시사회학과	서울시립대	지역균형선발	4	4	7.3	2.04		4	16.5	1.89		4	18.3	2.07		등록평균	
도시행정학과	인천대	지역균형	3	4	4.3	2.97	2.95	4	9.8	2.61	2.69	4	9.3	3.13	3.23	등록평균	등록70%컷
도시행정학과	인천대	교과성적우수자	3	4	19.3	2.73	2.74	4	12.3	3.16	3.19	4	25.3	2.90	3.16	등록평균	등록70%컷
도시행정학과	서울시립대	지역균형선발	5	7	5.0	2.23		5	13.2	1.80		5	18.8	1.97		등록평균	
도시행정학과	협성대	미래역량우수자	7	10	4.0	5.24	5.35	10	2.5	4.69	4.97	10	3.0	4.23	4.44	등록50%컷	등록70%컷
도시행정학과	협성대	학생부교과우수자	10	14	18.3	3.93	4.03	11	5.6	4.85	5.38	8	11.0	3.62	3.85	등록50%컷	등록70%컷
독어독문학과	홍익대(서울)	학교장추천자	4	4	17.8	2.06	2.08	3	15.7							등록50%컷	등록70%컷
독어독문학과	인천대	지역균형	4	4	11.2	3.00	3.06	4	8.8	3.18	3.32	4	5.2	3.32	3.36	등록평균	등록70%컷
독어독문학과	한양대	추천형	4	4	5.8	1.49		4	7.5	1.52		4	7.0	1.69		등록평균	
독어독문학과	인천대	교과성적우수자	5	5	14.6	3.11	3.16	5	11.0	3.17	3.31	5	9.6	3.12	3.00	등록평균	등록70%컷
독어독문학과*	연세대	추천형	5	5	8.2	1.34	1.43	6	8.7	1.51	1.59	6	5.3	1.48	1.77	등록50%컷	등록70%컷
독어독문학과*	고려대	학교추천	6	6	9.7	1.61	1.66	8	7.9	1.87	2.05	8	10.8	1.81	1.88	등록50%컷	등록70%컷
독어독문학과*	숭실대	학생부우수자	4	4	10.3	2.63	2.79	4	25.0	2.34	2.76	5	13.0	2.61	2.63	등록50%컷	등록70%컷
독일문화콘텐츠전공	서울여대	교과우수자	4	4	14.3	3.2										최종평균	최종최저
독일어·문학학과*	성신여대	지역균형	3	3	6.0	2.61	2.71	3	11.7	2.48		4	7.0	2.83		등록평균	등록최저
독일어과	한국외대(서울)	학교장추천	9	13	6.6	197.2	196.9	13	8.5	295.9	294.9	13	12.1	265.2	264.4	등록50%컷	등록70%컷
독일어교육전공	한국외대(서울)	학교장추천	3	3	8.7	195.7	195.5	3	15.0	294.2	293.9	3	11.7	263.1	261.8	등록50%컷	등록70%컷
독일언어·문화학과*	숙명여대	지역균형선발	2	2	7.5	2.15	2.15	2	9.5			2	8.5			등록50%컷	등록70%컷
동북아국제통상전공	인천대	교과성적우수자	15	17	4.7	3.04	3.62	17	6.6	2.40	2.53	17	13.1	2.32	2.53	등록평균	등록70%컷
동북아문화산업학부	광운대	지역균형	7	7	5.3	2.88		7	9.9	2.30		7	10.0	2.39		등록평균	
디지털미디어학부	명지대	교과면접	5	5	16.4	2.15	2.91	5	12.0	2.17		5	19.2	2.26	2.38	등록평균	등록70%컷
디지털미디어학부	명지대	학교장추천	5	5	20.2	2.36	2.59	5	6.0	2.79	3.67	5	8.0	1.79		등록평균	등록최저
디지털콘텐츠학부	한국외대(글로벌)	학교장추천	3	9	6.2	191.0	189.4									등록50%컷	등록70%컷
러시아·유라시아학과	국민대	교과성적우수자	4	4	8.8	2.29	2.29	4	9.8	2.42	2.42	4	11.0	2.47	2.62	등록50%컷	등록70%컷
러시아어학과	경희대(국제)	지역균형	2	4	4.5	2.28	2.36	4	9.5	2.10	4.8	3	6.3	2.2	4.3	최종평균	등록70%컷
러시아어언어문화과	안양대	아리학생부교과	10	14	12.8	3.45	3.77	11	5.9	4.48	4.92	8	8.5	3.65	4.22	등록평균	등록최저
러시아어언어문화과	안양대	아리학생부면접	4	4	10.5	4.56	4.56	7	13.0	5.12	5.54	7	3.1	6.66	7.30	등록평균	등록최저
루마니아어학과	한국외대(글로벌)	학교장추천	3	4	5.8	188.6	187.7	4	7.3	276.9	275.1	4	7.3	241.3	235.3	등록50%컷	등록70%컷
르꼬르동블루외식경영전공	숙명여대	지역균형선발	5	6	3.0			6	7.2	2.09	2.12	6	7.5	2.11	2.26	등록50%컷	등록70%컷
말레이·인도네시아어과	한국외대(서울)	학교장추천	3	3	5.0	194.4	193.3	3	7.7	295.8	295.0	3	11.3	265.1	263.4	등록50%컷	등록70%컷
메타버스융합콘텐츠전공	서울여대	교과우수자	4													최종평균	최종최저
몽골어과	한국외대(서울)	학교장추천	3	3	7.0	197.0	197.0	3	13.0	294.6	294.1	3	17.0	263.1	260.8	등록50%컷	등록70%컷
무역학과	경기대	교과성적우수자	5	13	12.5	3.38	3.46									등록50%컷	등록70%컷

모집단위	대학	전형	2025	2024				2023				2022				성적 산출기준	
			모집인원	모집인원	경쟁률	성적①	성적②	모집인원	경쟁률	성적①	성적②	모집인원	경쟁률	성적①	성적②	성적①	성적②
무역학과	경기대	학교장추천	9	15	8.1	3.30	3.32									등록50%컷	등록70%컷
무역학과	경희대(서울)	지역균형	12	13	10.4	1.77	1.93	13	6.5	1.90	4.9	13	10.9	1.6	9.2	최종평균	등록70%컷
무역학과*	단국대(죽전)	지역균형선발	5	8	5.3	2.25	2.48	9	11.4	2.32		9	19.4	2.48		등록평균	등록최저
무역학부	인천대	지역균형	10	13	5.5	2.94	3.03	14	8.6	2.72	2.90	14	6.3	2.96	3.06	등록평균	등록70%컷
무역학부	인천대	교과성적우수자	20	24	6.3	2.85	2.93	27	8.8	2.85	2.93	27	14.3	2.79	2.97	등록평균	등록70%컷
문과대학자유전공학부	건국대	KU지역균형	35													등록50%컷	등록70%컷
문예창작미디어콘텐츠홍보전공	한경국립대(안성)	일반전형A	11													등록평균	등록최저
문예창작전공	동덕여대	학생부교과우수자	4	4	5.3	2.70		5	8.4	2.90		5	5.8	3.10		최종평균	
문예창작학과	협성대	학생부교과우수자	7	12	8.4	3.29	3.46	9	8.4	3.99	4.08	10	6.8	3.38	3.81	등록50%컷	등록70%컷
문예창작학과	협성대	미래역량우수자	5	10	6.2	4.55	4.55	10	5.2	4.49	5.22	16	5.5	4.09	4.39	등록50%컷	등록70%컷
문예콘텐츠창작학과	대진대	학교장추천	4	5	7.8	2.58	2.98	5	7.6	3.64	3.99					등록평균	등록90%
문예콘텐츠창작학과	대진대	학생부우수자	5	5	9.6	2.90	3.26	3	12.0	3.63	4.26	10	6.6	3.96	4.42	등록평균	등록90%
문학문화콘텐츠학과(야)	한성대	교과우수	16	16	10.1	2.94	3.04	18	10.2	3.35	3.42	18	4.7	4.14	4.40	등록50%컷	등록70%컷
문학문화콘텐츠학과(야)	한성대	지역균형	8	8	5.6	3.38	3.46	12	15.75	3.57	3.67	12	3.7	4.25	4.36	등록50%컷	등록70%컷
문학문화콘텐츠학과(주)	한성대	지역균형	10	10	5.0	2.91	3.15	15	16.40	2.78	2.80	15	5.6	3.17	3.41	등록50%컷	등록70%컷
문학문화콘텐츠학과(주)	한성대	교과우수	25	25	6.4	2.40	2.48	25	17.2	2.54	2.57	25	7.6	3.31	3.49	등록50%컷	등록70%컷
문헌정보학과	인천대	교과성적우수자	3	4	15.8	2.74	2.83	4	13.0	2.92	3.02	4	25.5	2.66	2.92	등록평균	등록70%컷
문헌정보학과	경기대	교과성적우수자	2													등록50%컷	등록70%컷
문헌정보학과	경기대	학교장추천	4	2	9.5	2.79	2.79	2	6.5	3.02		2	17.5	2.90		등록50%컷	등록70%컷
문헌정보학과	인천대	지역균형	3	4	10.3	2.71	2.70	4	8.3	2.88	3.11	4	9.5	2.37	2.45	등록평균	등록70%컷
문헌정보학과*	대진대	학교장추천	5	5	3.8	2.90	3.25	4	17.8	2.94	3.29	2	5.5	4.54		등록평균	등록90%
문헌정보학과*	서울여대	교과우수자	5	6	4.0	3.0		6	9.0	2.0	2.2	6	12.0	2.2	2.7	최종평균	최종최저
문헌정보학과*	대진대	학생부우수자	5	6	6.8	3.31	3.47	6	9.2	3.34	3.76	11	6.4	4.09	4.49	등록평균	등록90%
문헌정보학과*	연세대	추천형	5	5	4.8	1.48	1.66	6	5.8	1.34	1.38	6	3.7	1.52	1.69	등록50%컷	등록70%컷
문헌정보학과*	숙명여대	지역균형선발	3	3	5.0	2.27	2.27	3	10.7			3	6.3			등록50%컷	등록70%컷
문헌정보학전공	상명대(서울)	고교추천	4	8	6.4	2.49	2.62	8	8.8	2.74	2.93	9	9.6	2.62	3.24	등록50%컷	등록70%컷
문헌정보학전공	동덕여대	학생부교과우수자	7	6	9.0	2.80		13	6.6	3.00		13	6.0	2.80		최종평균	
문헌정보학전공*	명지대	학교장추천	3	4	15.0	2.29	2.77	4	7.3	3.18	3.37	4	5.8	2.27		등록평균	등록최저
문헌정보학전공*	명지대	교과면접	5	5	12.0	2.52	2.83	5	9.4	2.62		5	7.6	2.49	2.75	등록평균	등록70%컷
문화관광학전공	숙명여대	지역균형선발	5	6	4.7	2.15	2.22	6	15.0	2.03	2.03	6	6.0	2.43	2.57	등록50%컷	등록70%컷
문화예술경영전공	동덕여대	학생부교과우수자	8	9	9.1	2.00		24	4.5	2.70		24	6.0	2.40		최종평균	
문화예술경영학과	성신여대	지역균형	4	4	7.8	2.19	2.40	4	7.8	2.15		4	5.8	2.50		등록평균	등록최저
문화인류학과	한양대(에리카)	지역균형선발	7	7	5.6	2.78	2.85	7	12.3	2.97	3.06	7	8.3	3.12	3.49	등록평균	등록70%컷
문화인류학과	연세대	추천형	4	4	11.0			4	11.5	1.37	1.37	4	4.0	1.49	1.49	등록50%컷	등록70%컷
문화재학과	동국대	학교장추천인재	3	3	10.0	1.20	1.30	3	7.7	2.38	2.49	3	9.7	2.44	2.79	최종평균	최종최저
문화콘텐츠문화경영학과	인하대	지역균형	13	12	6.1	2.59	2.76	9	7.2	2.55	2.77	8	8.6	2.49	2.51	등록평균	등록최저
문화콘텐츠학과	아주대	고교추천	5													등록평균	등록70%컷
문화콘텐츠학과	인천가톨릭대	가톨릭지도자추천	2	2	3.5	5.06		2	5.0	4.38		3	4.3	4.08		최종평균	
문화콘텐츠학과	건국대	KU지역균형	4	4	9.8	2.20	2.20	4	10.3	1.78	1.96	4	28.8	1.70	1.83	등록50%컷	등록70%컷
문화콘텐츠학과	인천가톨릭대	ICCU미래인재	10	12	4.3	3.92		12	5.8	3.61		12	6.5	3.20		최종평균	
문화콘텐츠학과	용인대	일반학생	8	8	18.1	2.10	2.30	10	8.2	2.50	2.76	10	25.6	2.0	2.1	등록50%컷	등록70%컷
문화콘텐츠학과	한양대(에리카)	지역균형선발	7	7	5.0	2.30	2.30	6	9.5	2.32	2.46	6	15.3	2.49	2.46	등록평균	등록70%컷
문화콘텐츠학과	용인대	교과성적우수자	6	10	14.9	2.50	2.60	10	4.1	3.20	3.26	10	13.9	2.3	2.3	등록50%컷	등록70%컷
미디어영상광고학과	한세대	학생부면접우수자	13	14	6.9	3.96	4.60	14	18.7	3.58	4.20	17	9.3	3.72	4.80	등록평균	등록최저
미디어영상광고학과	협성대	미래역량우수자	10	17	11.7	4.33	4.33	18	4.3	4.05	4.58	16	5.1	3.54	3.66	등록50%컷	등록70%컷
미디어영상광고학과	협성대	학생부교과우수자	14	22	8.6	3.26	3.33	16	18.6	3.51	3.78	15	6.3	3.71	3.89	등록50%컷	등록70%컷
미디어영상광고학과	한세대	학생부교과우수자	15	20	6.0	3.56	4.00	22	6.4	3.34	3.80	17	11.7	3.42	3.60	등록평균	등록최저
미디어전공	국민대	교과성적우수자	4	8	8.1	1.95	2.01	8	11.0	2.02	2.13	6	43.8	2.08	2.09	등록50%컷	등록70%컷
미디어커뮤니케이션학과	가천대	학생부우수자	5	7	21.1	2.44	2.46	9	17.4	2.63	2.75	8	18.6	2.5	2.6	등록70%	등록90%
미디어커뮤니케이션학과	세종대	지역균형	1	7	6.6	2.10	2.12	6	20.3	1.89	1.96	2	9.0			등록평균	등록70%컷
미디어커뮤니케이션학과	건국대	KU지역균형	6	6	14.5	1.57	1.78	6	20.8	1.77	1.92	6	30.0	1.94	2.03	등록50%컷	등록70%컷
미디어커뮤니케이션학과	성신여대	지역균형	6	6	5.8	2.17	2.43	7	32.9	2.16		7	6.9	2.89		등록평균	등록최저
미디어커뮤니케이션학과	인하대	지역균형	10	10	6.4	2.40	2.60	6	11.5	2.44	2.58	6	9.5	2.60	2.53	등록평균	등록최저
미디어커뮤니케이션학과	대진대	학교장추천	6	6	11.0	2.78	2.96	5	13.0	3.64	3.74	2	10.5	3.85		등록평균	등록90%

모집단위	대학	전형	2025 모집인원	2024 모집인원	2024 경쟁률	2024 성적①	2024 성적②	2023 모집인원	2023 경쟁률	2023 성적①	2023 성적②	2022 모집인원	2022 경쟁률	2022 성적①	2022 성적②	성적 산출기준 성적①	성적 산출기준 성적②
미디어커뮤니케이션학과	한양대	추천형	5	6	13.0	1.36		6	6.8	1.68		6	12.5	1.28		등록평균	
미디어커뮤니케이션학과	대진대	학생부우수자	7	8	15.5	3.31	3.51	10	16.0	3.83	4.30	19	8.6	4.13	4.50	등록평균	등록90%
미디어커뮤니케이션학과	가천대	지역균형	1	6	18.5	2.42	2.94	6	30.0	2.69	3.03	6	16.7	2.9		등록70%	등록90%
미디어커뮤니케이션학부	광운대	지역균형	8	8	3.4	3.29		8	12.9	1.94		8	26.4	2.15		등록평균	
미디어커뮤니케이션학부	중앙대	지역균형	9	6	7.2	1.59	1.62	7	14.6	1.62	1.63	9	8.8	1.76	1.79	등록50%컷	등록70%컷
미디어커뮤니케이션학부	단국대(죽전)	지역균형선발	4	9	5.9	1.62	2.07	9	6.0	2.13		9	9.9	2.04		등록평균	등록저저
미디어커뮤니케이션학부	한국외대(서울)	학교장추천	4	6	5.8	198.9	198.6	6	15.3	297.9	297.6	6	27.5	266.9	266.1	등록50%컷	등록70%컷
미디어커뮤니케이션학전공	동국대	학교장추천인재	6	9	18.0	1.29	1.60	9	20.8	2.17	2.61	9	26.3	1.83	2.20	최종평균	최종최저
미디어컨텐츠융합학부	성공회대	교과성적	31	31	4.3	2.17	2.78	26	9.0	2.12	3.22	26	3.9	2.76	3.56	최종평균	최종최저
미디어학과	경희대(서울)	지역균형	12	13	6.6	1.53	1.63	13	12.9	1.50	11.0	14	9.0	1.6	7.6	최종평균	등록70%컷
미디어학과	한양대(에리카)	지역균형선발	12	14	5.9	2.69	2.76	9	10.8	2.69	2.84	9	22.9	2.59	2.79	등록평균	등록70%컷
미디어학부	고려대	학교추천	12	12	5.6	1.43	1.44	17	11.8	1.39	1.55	17	7.9	1.68	1.91	등록50%컷	등록70%컷
미디어학부	숙명여대	지역균형선발	6	6	2.7	2.07	2.07	6	9.5	1.84	1.88	5	7.6	1.98	1.98	등록50%컷	등록70%컷
미래디자인학부	화성의과학대	학생부교과	31													등록50%컷	등록70%컷
미래융합사회과학대학(야)	한성대	지역균형	18	18	4.8	3.24	3.41	26	6.81	3.58	3.70	26	4.4	3.88	4.01	등록50%컷	등록70%컷
미래융합사회과학대학(야)	한성대	교과우수	24	24	6.4	3.00	3.14	27	6.4	3.20	3.23	31	5.3	3.70	3.86	등록50%컷	등록70%컷
미래융합사회과학대학(주)	한성대	교과우수	13	20	6.9	2.27	2.29	23	16.4	2.35	2.36	28	12.4	2.94	3.08	등록50%컷	등록70%컷
미래융합사회과학대학(주)	한성대	지역균형	4	10	6.5	2.77	2.77	15	8.80	2.81	2.86	15	7.8	2.83	3.01	등록50%컷	등록70%컷
미래융합전공(인문)	국민대	교과성적우수자	50													등록50%컷	등록70%컷
미래융합학부1	서경대	교과우수자①	75													최종50%컷	최종70%컷
미래융합학부1	서경대	교과우수자②	75													최종50%컷	최종70%컷
미술사·역사학전공	명지대	교과면접	5	5	13.6	2.46	2.00	5	11.6	2.25		5	7.2	2.41	3.00	등록평균	등록70%컷
미술사·역사학전공	명지대	학교장추천	5	4	9.3	2.75	2.84	4	37.0	3.14	3.27	4	3.3	3.63		등록평균	등록최저
법경영학부	한경국립대(안성)	일반전형A	3	42	4.9	4.47	5.91	41	6.2	4.1	4.8	31	13.0	4.0		등록평균	등록최저
법경영학부	한경국립대(안성)	지역균형선발	2	2	4.0												
법과대학	가천대	학생부우수자	22													등록70%	등록90%
법학과	경기대	교과성적우수자	3	2	26.5	3.39	3.39	3	10.0	3.31						등록50%컷	등록70%컷
법학과	경기대	학교장추천	6	5	8.2	2.83	2.84	5	6.8	2.94						등록50%컷	등록70%컷
법학과	가톨릭대	지역균형	5	5	5.4	2.81	3.02	5	8.0	2.69	2.92	5	13.2	2.77	2.81	등록평균	등록최저
법학과	숭실대	학생부우수자	11	11	5.7	2.37	2.57	11	19.4	2.21	2.01	12	13.8	2.50	2.41	등록평균	등록70%컷
법학과	세종대	지역균형	1	7	6.1	2.17	2.26	6	13.8	2.17	2.19	2	10.5	1.85	1.64	등록평균	등록70%컷
법학과*	명지대	학교장추천	6	9	8.1	2.36	2.67	9	23.4	2.58	2.93	9	4.2	2.74		등록평균	등록최저
법학과*	명지대	교과면접	9	10	12.8	2.20	2.00	10	7.2	2.66		10	9.6	2.42	2.50	등록평균	등록70%컷
법학과*	단국대(죽전)	지역균형선발	7	15	4.5	2.35	2.67	15	8.1	2.21		15	10.1	2.38		등록평균	등록최저
법학과*	동국대	학교장추천인재	8	15	9.8	1.24	1.70	17	15.9	2.05	2.33	20	12.6	2.17	2.51	최종평균	최종최저
법학부	성신여대	지역균형	12	12	8.6	2.33	2.42	12	15.3	2.35		14	7.1	2.78		등록평균	등록최저
법학부	인천대	교과성적우수자	11	14	5.9	3.04	3.19	14	7.3	2.81	2.95	14	16.4	2.78	2.95	등록평균	등록70%컷
법학부	인천대	지역균형	7	8	6.1	2.55	2.99	8	6.4	2.97	2.98	8	6.5	2.71	2.93	등록평균	등록70%컷
법학부	숙명여대	지역균형선발	15	15	3.3	2.06	2.32	15	5.2	1.97	2.00	14	8.2	2.08	2.09	등록50%컷	등록70%컷
법학부	홍익대(서울)	학교장추천자	19	19	10.1	1.89	1.97	18	16.7	2.05	2.05	18	12.4	2.24	2.36	등록50%컷	등록70%컷
법학부	광운대	지역균형	12	12	3.9	2.95		12	14.8	2.19		12	7.0	2.65		등록평균	
법학부*	국민대	교과성적우수자	15	22	5.3	2.11	2.16	19	9.8	2.18	2.25	19	21.0	2.23	2.32	등록50%컷	등록70%컷
법학전공	한경국립대(안성)	일반전형A	21													등록평균	등록최저
법행정세무학부	강남대	지역균형	14	26	3.4	3.70	3.90	26	5.7	3.36	3.91	23	7.4	3.14	3.93	등록50%컷	등록70%컷
법행정세무학부(야)	강남대	지역균형	15	30	3.8	4.80	5.00	31	5.4	4.48	4.90	19	2.9	4.59	5.23	등록50%컷	등록70%컷
베트남어과	한국외대(서울)	학교장추천	3	3	5.0	194.8	194.6	3	8.3	295.1	294.9	5	11.8	263.1	262.4	등록50%컷	등록70%컷
벤처중소기업학과	숭실대	학생부우수자	11	11	8.9	2.46	2.58	12	11.8	2.39	2.58	12	12.7	2.13	2.24	등록평균	등록70%컷
보건경영학과	대진대	학교장추천	7	5	12.2	2.55	3.03	5	10.0	3.94	4.17					등록평균	등록90%
보건경영학과	대진대	학생부우수자	5	5	12.0	3.51	3.74	5	9.4	4.37	4.67					등록평균	등록90%
보건관리학과	삼육대	학교장추천	7	7	8.7	3.14		4	26.50	3.58		6	4.8	4.22		최종평균	
보건정책관리학부	고려대	학교추천	12	13	14.4	1.57	1.63	17	15.0	1.78	1.87	17	8.0	1.96	2.05	등록50%컷	등록70%컷
보험계리학과	한양대(에리카)	지역균형선발	7	3	4.3	2.76		3	6.7	3.07		3	6.7	2.85		등록평균	등록70%컷
복지상담학전공	한경국립대(안성)	일반전형A	11													등록평균	등록최저
복지융합대학	강남대	지역균형	12													등록50%컷	등록70%컷

모집단위	대학	전형	2025 모집인원	2024 모집인원	2024 경쟁률	2024 성적①	2024 성적②	2023 모집인원	2023 경쟁률	2023 성적①	2023 성적②	2022 모집인원	2022 경쟁률	2022 성적①	2022 성적②	성적 산출기준 성적①	성적 산출기준 성적②
부동산학과	건국대	KU지역균형	4	5	10.2	2.07	2.12	5	4.6	2.03	2.33	5	29.2	1.87	1.87	등록50%컷	등록70%컷
북한학전공	동국대	학교장추천인재	3	3	9.7	1.43	1.60	3	9.7	2.27	2.53	3	10.7	2.49	2.84	최종평균	최종최저
불교학부*	동국대	학교장추천인재	3	3	8.7	2.58	2.87	3	9.0	3.38	3.81	3	3.0	3.49	4.10	최종평균	최종최저
불어불문학과 *	아주대	고교추천	4	6	11.2	2.75	2.86	5	10.8	3.01	3.20	5	14.4	2.96	3.16	등록평균	등록70%컷
불어불문학과	인천대	지역균형	4	5	9.8	3.16	3.23	5	10.4	2.94	3.17	5	4.8	3.16	3.45	등록평균	등록70%컷
불어불문학과	홍익대(서울)	학교장추천자	4	4	17.0	2.36	2.42	3	13.0							등록50%컷	등록70%컷
불어불문학과	인천대	교과성적우수자	5	5	22.6	3.18	3.24	5	11.4	3.37	3.51	5	12.6	2.86	2.87	등록평균	등록70%컷
불어불문학과*	고려대	학교추천	6	7	12.3	1.63	1.64	9	9.4	1.85	2.03	9	11.2	1.89	2.06	등록50%컷	등록70%컷
불어불문학과*	숭실대	학생부우수자	5	5	13.6	2.52	2.82	5	43.8	2.70	2.24	5	13.0	3.16	3.27	등록평균	등록70%컷
불어불문학과*	연세대	추천형	6	6	11.2	1.47	1.53	6	6.7	1.65	1.90	6	5.5	1.57	1.92	등록50%컷	등록70%컷
뷰티디자인매니지먼트학과(야)	한성대	지역균형	5	5	8.2	3.39	3.78		15.60	3.41	3.55	5	12.0	3.83	4.07	등록50%컷	등록70%컷
뷰티디자인매니지먼트학과(주)	한성대	지역균형	3	3	16.3			3	49.67			3	33.7	3.46	3.46	등록50%컷	등록70%컷
뷰티메디컬디자인학과	안양대	아리학생부면접	5	5	30.0	3.59	3.92		23.0	4.28	4.58	5	13.0	4.03	5.00	등록평균	등록최저
뷰티메디컬디자인학과	안양대	아리학생부교과	8	8	12.0	3.30	3.85	8	12.6	3.19	3.99	8	12.6	3.87	4.53	등록평균	등록최저
빅데이터경영전공	광운대	지역균형	5													등록평균	
빅데이터응용학과	경희대(서울)	지역균형	2	3	14.7	1.52	1.7		13.3	1.70	8.3		11.3	1.7	9.0	최종평균	등록70%컷
사학과	고려대	학교추천	7	7	5.6	1.54	1.63	10	6.1	1.70	1.74	10	6.5	1.61	1.75	등록50%컷	등록70%컷
사학과	한국외대(글로벌)	학교장추천	3	5	3.8	191.2	187.6	5	5.8	286.0	283.9	7	8.0	254.4	250.7	등록50%컷	등록70%컷
사학과	아주대	고교추천	3	6	17.0	2.72	2.85	5	11.0	3.18	3.24	5	11.2	3.19	3.35	등록평균	등록70%컷
사학과	경희대(서울)	지역균형	5	6	4.8	1.77	2.00	6	18.0	1.60	14.7	6	7.2	1.8	5.2	최종평균	등록70%컷
사학과	서울여대	교과우수자	4	4	4.3	4.1		4	11.5	2.3	2.4	4	9.3	2.7	3.0	최종평균	최종최저
사학과	경기대	교과성적우수자	2													등록50%컷	등록70%컷
사학과	경기대	학교장추천	4	3	8.7	2.89	2.94	3	9.3	3.02		3	18.3	2.97		등록50%컷	등록70%컷
사학과	성균관대	학교장추천	12	12	5.1	1.80	1.88	11	5.5	1.78	1.91	3	8.0			등록50%컷	등록70%컷
사학과	건국대	KU지역균형	3	4	7.8	1.92	1.92	4	11.0	1.88	2.04	4	24.0	2.03	2.03	등록50%컷	등록70%컷
사학과	인하대	지역균형	6	6	10.7	2.56	2.78	5	9.0	2.94	3.18	5	14.0	2.92	2.88	등록평균	등록최저
사학과	성신여대	지역균형	4	4	4.8	2.33	2.52	4	8.0	2.45		4	5.8	2.69		등록평균	등록최저
사학과*	동국대	학교장추천인재	4	5	10.8	1.14	1.30	5	20.6	2.10	2.22	5	23.0	2.18	2.31	최종평균	최종최저
사학과*	숭실대	학생부우수자	4	4	6.5	2.42	2.60	4	14.8	2.20	2.20	5	11.6	2.31	2.46	등록평균	등록70%컷
사학과*	한양대	추천형	3	3	6.3	1.62		3	5.3	1.31		3	7.0	1.40		등록평균	
사학과*	단국대(죽전)	지역균형선발	4	4	5.5	2.11	2.30	5	12.2	2.39		5	8.8	2.68		등록평균	등록최저
사학과*	연세대	추천형	8	8	6.3	1.52	1.56	9	7.7	1.40	1.53	9	3.8	1.54	1.98	등록50%컷	등록70%컷
사회계열광역	단국대(죽전)	지역균형선발	70													등록평균	등록최저
사회계열자유전공	안양대	아리학생부면접	7													등록평균	등록최저
사회계열자유전공	안양대	아리학생부교과	16													등록평균	등록최저
사회과학계열	성균관대	학교장추천	17	17	10.9	1.44	1.46	5	21.6	1.44	1.58	40	16.1	1.41	1.51	등록50%컷	등록70%컷
사회과학대학	중앙대	지역균형	25	25	5.1	1.85	1.95	26	8.6	1.78	1.80					등록50%컷	등록70%컷
사회과학대학	한국외대(서울)	학교장추천	3													등록50%컷	등록70%컷
사회과학대학	경기대	교과성적우수자	35													등록50%컷	등록70%컷
사회과학대학	신한대	일반전형	60													최종평균	
사회과학대학	신한대	학생부우수자	40													최종평균	
사회과학대학융합전공학부	건국대	KU지역균형	50													등록50%컷	등록70%컷
사회과학대학자율전공학부	성결대	교과성적우수자	37													등록70%컷	
사회과학부	서강대	지역균형	9	11	7.6	1.38	1.42	11	8.4	1.54	1.58	11	13.5	1.42	1.49	등록50%컷	등록70%컷
사회교육과	인하대	지역균형	5	5	5.6	2.30	2.38	6	15.3	2.17	2.41	6	5.7	2.74	2.82	등록평균	등록최저
사회교육과*	성신여대	지역균형	4	4	3.8	3.51	4.28	4	9.8	1.96		4	7.0			등록평균	등록최저
사회교육전공	이화여대	고교추천	5	5	4.0	1.53	1.61	5	4.6	1.52	1.56	5	5.4	1.3	1.5	등록50%컷	등록70%컷
사회복지과학	성균관대	학교장추천	20	20	6.7	1.86	1.91	18	6.7	1.99	2.15	5	6.6	1.57	1.57	등록50%컷	등록70%컷
사회복지선교학과	아신대	일반학생	11	10	0.9	6.70	7.00									등록50%컷	등록70%컷
사회복지학과	평택대	PTU추천	2														
사회복지학과	총신대	교과우수자	10	10	4.2	3.47	4.10	9	4.9	3.69	4.10	9	3.7	2.95	4.70	최종평균	최종최저
사회복지학과	한국성서대	일반학생	13	15	10.5	4.10	4.97	15	11.3	4.37	4.89	15	7.3	4.45	5.48	최종평균	최종최저
사회복지학과	서울신학대	교과성적	5	6	16.3	2.84	2.67	6	4.8	3.5	3.8	6	12.7	2.7	2.8	등록평균	등록70%컷
사회복지학과	칼빈대	일반학생	13	9	2.0	6.40	6.00	13	1.9	5.0	5.0					등록50%컷	등록70%컷

모집단위	대학	전형	2025 모집인원	2024 모집인원	경쟁률	성적①	성적②	2023 모집인원	경쟁률	성적①	성적②	2022 모집인원	경쟁률	성적①	성적②	성적 산출기준 성적①	성적②
사회복지학과	인하대	지역균형	5	5	4.8	3.06	4.01	4	11.3	2.61	2.86	5	7.4	2.92	2.83	등록평균	등록최저
사회복지학과	대진대	학생부우수자	6	8	14.1	3.39	3.67	8	16.5	3.99	4.61						등록평균	등록90%
사회복지학과	성신여대	지역균형	6	6	4.3	2.35	2.71	6	8.2	2.31		6	8.0	2.55		등록평균	등록최저
사회복지학과	서울신학대	일반전형	12	13	3.9	3.99	4.12	13	4.4	3.5	3.6	12	7.5	3.5	3.7	등록평균	등록70%컷
사회복지학과	평택대	PTU교과	16	22	12.6	4.55	5.68	18	8.8	4.54	5.70	15	10.3	4.59	5.94	등록평균	등록최저
사회복지학과	가천대	지역균형	1	6	11.3	3.23	3.29	6	21.7	3.05	3.12	6	17.2	3.5		등록70%	등록90%
사회복지학과	한국성서대	목회자추천	6	10	5.2	4.60	5.03											
사회복지학과	성결대	교과성적우수자	34	30	6.1	4.0		33	12.8	3.6		31	6.5	4.0		등록70%컷	
사회복지학과	한국성서대	교과성적우수자	8	10	6.4	3.59	4.43	10	5.4	4.09	4.67	10	6.8	3.78	4.81	최종평균	최종최저
사회복지학과	대진대	학교장추천	6	5	6.4	3.23	3.70	5	24.6	3.00	3.50					등록평균	등록90%
사회복지학과	용인대	교과성적우수자	7	11	4.0	2.70	2.80	11	6.7	2.80	3.00	11	26.1	2.9	3.0	등록50%컷	등록70%컷
사회복지학과	성결대	SKU창의적인재	20	17	15.0	4.8		20	6.9	5.6		19	11.4	4.6		등록70%컷	
사회복지학과	서울한영대	일반학생	36	36	4.4	5.64	8.01	28	7.6	4.94	5.36	28	6.8	4.60	4.60	등록평균	등록최저
사회복지학과	용인대	일반학생	15	17	7.8	2.40	2.70	19	5.9	2.75	2.81	19	16.8	2.5	2.6	등록50%컷	등록70%컷
사회복지학과	인천대	지역균형	3	4	7.0	2.96	3.00	4	10.3	2.78	2.81	4	5.8	2.94	3.01	등록평균	등록70%컷
사회복지학과	서울시립대	지역균형선발	5	7	8.3	2.00		4	20.3	1.94		5	19.4	2.23		등록평균	
사회복지학과	동국대	학교장추천인재	3	3	7.3	1.27	1.30	3	16.3	2.02	2.10	3	23.0	2.04	2.24	최종평균	최종최저
사회복지학과	가천대	학생부우수자	6	6	36.5	3.00	3.11	6	10.7	3.15	3.86	6	22.2	2.6	2.6	등록70%	등록90%
사회복지학과	서울장신대	교역자추천자	3													등록50%컷	등록70%컷
사회복지학과	서울여대	교과우수자	7	7	4.9	3.2		7	11.4	2.3	2.5	7	10.3	2.4	3.3	최종평균	최종최저
사회복지학과	가톨릭대	지역균형	7	5	5.6	2.91	3.02	5	12.6	2.64	2.98	5	27.8	2.99	3.33	등록평균	등록최저
사회복지학과	삼육대	학교장추천	3	4	10.0	3.39		5	63.20	3.47		5	6.4	5.16		최종평균	
사회복지학과	연세대	추천형	5	5	4.2	1.71	2.33	5	4.0	1.20	1.28	5	3.6	1.34	1.42	등록50%컷	등록70%컷
사회복지학과	강서대	교과우수자	30	30	9.8	4.02	4.50	30	16.7	4.23	4.62	13	3.8	4.48	5.55	등록평균	등록최저
사회복지학과	서울장신대	일반전형	21	20	1.7	3.00	5.00	24	1.3	6.50	8.00	20	2.9	5.71	6.26	등록50%컷	등록70%컷
사회복지학과	협성대	미래역량우수자	12	16	4.2	4.66	5.13	15	3.3	4.25	4.61	15	5.1	3.75	4.22	등록50%컷	등록70%컷
사회복지학과	강서대	일반학생	25	25	14.5	4.27	4.61	28	6.5	4.53	5.16	32	4.1	4.42	4.84	등록평균	등록최저
사회복지학과	한세대	학생부면접우수자	9	9	6.0	4.39	4.80	9	10.1	3.66	4.30	10	10.1	3.80	4.20	등록평균	등록최저
사회복지학과	인천대	교과성적우수자	3	4	15.5	3.10	3.24	4	9.0	3.07	3.14	4	12.5	2.59	2.61	등록평균	등록70%컷
사회복지학과	한세대	학생부교과우수자	9	9	17.1	4.09	4.30	10	6.1	4.19	4.80	6	9.0	3.68	4.10	등록평균	등록최저
사회복지학과	협성대	학생부교과우수자	14	20	7.2	3.55	3.78	14	8.1	3.87	3.93	14	8.3	3.49	3.66	등록50%컷	등록70%컷
사회복지학과	서울기독대	일반전형	20	20	1.6			20	1.6	6.00	7.20	17	1.2	6.00	3.00	등록50%컷	등록70%컷
사회복지학부	숭실대	학생부우수자	9	9	6.1	2.31	2.32	9	13.1	2.41	2.50	9	12.0	2.42	2.46	등록평균	등록70%컷
사회복지학부(야)	강남대	지역균형	8	9	5.4	4.60	4.80	9	5.9	4.30	5.08	9	3.7	4.25	5.04	등록50%컷	등록70%컷
사회복지학전공	동덕여대	학생부교과우수자	3	3	5.3	2.70		10	5.6	3.00		11	6.5	3.00		최종평균	
사회복지학전공	한경국립대(평택)	일반전형P	7	7	6.3	2.66	3.69	9	15.2	2.3	3.0					등록평균	등록최저
사회심리학과	숙명여대	지역균형선발	2	2	5.0	1.83	1.83	2	5.0			2	11.5			등록50%컷	등록70%컷
사회융합학부	성공회대	교과성적	37	37	4.6	2.63	3.22	54	4.7	2.50	3.44	55	9.0	2.54	3.11	최종평균	최종최저
사회체육학과	한국체대	교과성적우수자	5	5	21.0	3.07	3.28	5	26.8	3.27	3.39	4	15.0	3.73	4.18	등록평균	등록최저
사회학과	성균관대	학교장추천	20	20	6.3	1.57	1.64	18	10.4	1.61	1.75	5	8.4	1.58	1.86	등록50%컷	등록70%컷
사회학과	경희대(서울)	지역균형	8	8	5.8	1.61	1.82	8	16.5	1.60	14.8	8	8.5	1.7	6.9	최종평균	등록70%컷
사회학과	한양대	추천형	4	4	7.8	1.47		4	10.5	1.43		4	10.0	1.55		등록평균	
사회학과	국민대	교과성적우수자	5	6	6.3	2.21	2.30	5	12.0	2.08	2.13	5	16.0	2.35	2.53	등록50%컷	등록70%컷
사회학과	이화여대	고교추천	8	8	3.5	2.05	2.10	8	4.5	1.70	1.71	8	4.0	1.7	1.7	등록50%컷	등록70%컷
사회학과*	고려대	학교추천	12	13	6.1	1.32	1.39	17	6.7	1.46	1.62	17	7.5	1.55	1.65	등록80%컷	등록70%컷
사회학과*	가톨릭대	지역균형	6	6	6.3	2.85	3.09	5	8.8	2.61	2.76	5	22.0	2.96	3.25	등록평균	등록최저
사회학과*	연세대	추천형	6	7	5.0	1.29	1.30	7	3.6	1.27	1.32	7	5.1	1.31	1.35	등록50%컷	등록70%컷
사회학전공	동국대	학교장추천인재	4	5	11.6	1.04	1.10	5	17.6	2.20	2.29	5	24.0	2.08	2.34	최종평균	최종최저
산업경영학부	한국기술교대	지역인재	14	17	6.8	4.26	5.05	19	4.5	4.35	5.16	16	4.6	4.01		등록평균	등록최저
산업경영학부	한국기술교대	일반전형	21	35	5.7	4.29	4.99	20	6.8	4.04	4.82	18	7.9	3.83		등록평균	등록최저
산업디자인학과	신한대	일반전형	6	6	7.0	1.78		6	13.2	2.53						최종평균	
산업심리학과	광운대	지역균형	5	5	4.8	2.82		5	18.0	2.17		5	20.4	2.63		등록평균	
상경대학	한국외대(서울)	학교장추천	3													등록50%컷	등록70%컷
상경학부	강남대	지역균형	20	20	5.0	3.70	3.70	20	8.3	3.06	3.70	20	20.4	3.01	3.68	등록50%컷	등록70%컷

모집단위	대학	전형	2025 모집인원	2024 모집인원	2024 경쟁률	2024 성적①	2024 성적②	2023 모집인원	2023 경쟁률	2023 성적①	2023 성적②	2022 모집인원	2022 경쟁률	2022 성적①	2022 성적②	성적 산출기준 성적①	성적 산출기준 성적②
상경학부(야)	강남대	지역균형	18	11	5.8	4.50	4.60	10	9.4	4.08	5.00	10	2.9	4.43	5.64	등록50%컷	등록70%컷
상담심리학과	강서대	일반학생	17	17	12.5	3.63	4.10	17	9.2	3.92	4.50	14	4.4	4.12	5.10	등록평균	등록최저
상담심리학과	서울장신대	일반전형	12													등록50%컷	등록70%컷
상담심리학과	서울장신대	교역자추천자	3													등록50%컷	등록70%컷
상담심리학과	강서대	교과우자	7	7	7.1	2.90	3.54	7	20.0	2.78	3.36	6	3.3	4.17	5.05	등록평균	등록최저
상담심리학과	서울한영대	일반학생	36	37	4.4	5.71	7.60	32	4.7	5.28	6.13	32	3.6	5.30	5.30	등록평균	등록최저
상담심리학과(야)	서울기독대	일반전형	3	3	1.3											등록50%컷	등록70%컷
상담심리학과*	삼육대	학교장추천	4	5	12.2	3.20		6	19.33	3.60		6	4.3	3.85		최종평균	
상담학과	단국대(죽전)	지역균형선발	3	3	5.7	2.59	2.61	3	9.7	2.21		3	52.0	2.20		등록평균	등록최저
서어서문학과	고려대	학교추천	7	8	9.6	1.58	1.59	10	10.5	1.77	1.80	10	11.9	1.98	2.05	등록50%컷	등록70%컷
서울캠퍼스자율전공(인문.예능)	홍익대(서울)	학교장추천자	29	29	9.7	1.81	1.86	28	13.3	1.83	1.95	29	15.2	2.04	2.15	등록50%컷	등록70%컷
성서학과	한국성서대	목회자추천	15	15	1.4	6.03	7.39										
성서학과	한국성서대	일반학생	18	18	1.6	5.55	7.39	20	1.3	4.65	5.95	20	1.7	5.63	7.78	최종평균	최종최저
성서학과	한국성서대	교과성적우수자	15	15	1.3	5.88	6.61	15	1.1	5.07	5.76	15	1.1	6.00	7.10	최종평균	최종최저
세르비아크로아티어학과	한국외대(글로벌)	학교장추천	3	4	6.8	182.8	182.3	4	5.3	275.4	274.3	4	6.0	248.6	247.1	등록50%컷	등록70%컷
세무학과	서울시립대	지역균형선발	10	11	4.9	2.19		8	9.0	1.60		8	15.5	1.66		등록평균	
세무회계학과	인천대	교과성적우수자	3	5	6.0	2.74	2.88	5	10.4	2.54	2.65	5	13.0	2.73	2.87	등록평균	등록70%컷
세무회계학과	협성대	미래역량우수자	8	8	3.8	4.72	4.72	10	3.6	4.01	4.55	8	3.4	4.23	4.44	등록50%컷	등록70%컷
세무회계학과	인천대	지역균형	3	4	6.3	2.69	2.69	4	6.8	2.59	3.00	4	5.5	2.40	2.63	등록평균	등록70%컷
세무회계학과	협성대	학생부교과우수자	10	14	4.2	4.03	4.86	12	6.4	3.36	3.53	9	8.6	3.19	3.37	등록50%컷	등록70%컷
소비자경제학과	숙명여대	지역균형선발	3	3	5.7	1.89	1.89	6	7.0			3	8.0			등록50%컷	등록70%컷
소비자산업학과*	성신여대	지역균형	6	6	7.0	2.33	2.43	6	10.5	2.48		6	6.8	2.72		등록평균	등록최저
소비자학과	인하대	지역균형	5	5	24.8	2.47	2.59	5	27.8	2.99	3.22	6	9.2	3.20	3.48	등록평균	등록최저
스칸디나비아어과	한국외대(서울)	학교장추천	3	3	9.3	196.9	196.6	3	5.7	292.6	291.9	3	12.0	266.2	265.5	등록50%컷	등록70%컷
스페인어과	한국외대(서울)	학교장추천	9	13	6.8	197.8	197.7	14	8.7	296.7	295.4	14	12.0	266.0	265.3	등록50%컷	등록70%컷
스페인어학과	경희대(국제)	지역균형	2	4	6.8	2.08	2.00	4	6.5	2.30	4.8	4	6.8	2.2	3.3	최종평균	등록70%컷
스포츠산업학과	한국체대	교과성적우수자	10	10	11.6	2.81	3.41	10	9.8	2.93	3.43	10	11.8	3.02	3.42	등록평균	등록최저
스포츠지도학과	칼빈대	일반학생	23	13	2.8	7.29	7.20									등록50%컷	등록70%컷
스포츠청소년지도학과	한국체대	교과성적우수자	11	11	13.0	2.93	3.20	11	8.3	3.08	3.70	11	10.7	2.94	3.23	등록평균	등록최저
식품산업관리학과	동국대	학교장추천인재	3	5	10.2	1.52	1.80	5	9.6	2.46	2.88	5	9.4	2.17	2.88	최종평균	최종최저
식품영양학과(인문/자연)*	연세대	추천형	5	4	17.8	1.50	1.50	4	11.3	1.97	1.97	4	3.8	2.21	2.21	등록50%컷	등록70%컷
식품자원경제학과	고려대	학교추천	9	9	8.3	1.46	1.55	16	9.0	1.74	1.77	12	8.5	1.73	1.82	등록50%컷	등록70%컷
신문방송학과	인천대	지역균형	3	4	7.5	2.89	2.80	4	11.3	2.37	2.51	4	7.3	2.74	2.76	등록평균	등록70%컷
신문방송학과	인천대	교과성적우수자	3	4	10.5	3.03	3.24	4	14.0	2.42	2.51	4	17.3	2.43	2.69	등록평균	등록70%컷
신학·인문융합계열	한신대	학생부우수자	89	73	4.4	3.56	4.27	58	4.8	3.40	4.21					최종평균	최종최저
신학·인문융합계열	한신대	학교장추천	20														
신학과	아신대	기독학생	15	12	1.5	5.30	5.30	24	0.9	4.00	5.92	29	0.8	6.00	6.11	등록50%컷	등록70%컷
신학과	안양대	아리학생부면접	4	4	5.5	6.54	6.75	9	2.4	6.63	8.62	10	2.0	6.97	7.99	등록평균	등록최저
신학과	서울신학대	교과성적	6	10	2.3	4.11	4.00	10	2.6	3.7	4.2	8	2.0	4.2	4.9	등록평균	등록최저
신학과	서울신학대	기독교	30	25	2.7	5.41	6.00	20	3.2	5.2	5.0	18	2.7	5.1	5.6	등록평균	등록최저
신학과	서울장신대	교역자추천자	23	6	0.8			8	0.9	5.38	6.09	4	1.3	5.53	6.77	등록50%컷	등록70%컷
신학과	한세대	학생부교과우수자	11	10	5.9	4.88	6.20	13	1.8	5.95	7.40	9	3.0	5.25	5.80	등록평균	등록최저
신학과	강서대	일반학생	12	12	7.1	5.48	5.67	12	3.1	6.58	7.67	12	2.3	6.40	7.31	등록평균	등록최저
신학과	한세대	학생부면접우수자	12	10	3.1	6.16	7.20	11	3.6	5.83	7.20	14	2.4	5.37	7.30	등록평균	등록최저
신학과	성결대	교과성적우수자	45	45	3.3	6.8										등록70%컷	
신학과	평택대	PTU교과	8	10	2.1	5.85	8.05	11	1.3	5.70	6.00					등록평균	등록최저
신학과	장신대	학생부우수자	12	12	3.7	4.15	4.85	10	2.0	4.15	4.46	8	3.1	3.55	4.35	등록50%컷	등록70%컷
신학과	서울한영대	일반학생	11	11	1.6	5.54	5.90									등록평균	등록최저
신학과	칼빈대	일반학생	21	9	1.7	6.80	6.50	21	1.6	6.4	7.0	8	2.6			등록50%컷	등록70%컷
신학과	총신대	교과우수자	12	12	7.6	2.97	3.88	14	4.2	3.91	5.10	23	3.0	3.63	4.90	최종평균	최종최저
신학과	강서대	교과우수자	4	4	6.0	4.89	5.00	4	6.5	5.25	5.56					등록평균	등록최저
신학과	안양대	아리학생부교과	19	20	9.3	4.54	5.00	18	5.4	5.87	6.96	18	4.9	5.94	7.98	등록평균	등록최저
신학과*	협성대	담임목회자추천	17	20	1.2	5.69	5.87	37	1.1	5.40	5.97	38	1.0	5.46	5.80	등록50%컷	등록70%컷

모집단위	대학	전형	2025	2024				2023				2022				성적 산출기준	
			모집인원	모집인원	경쟁률	성적①	성적②	모집인원	경쟁률	성적①	성적②	모집인원	경쟁률	성적①	성적②	성적①	성적②
신학과*	협성대	학생부교과우수자	24	30	1.2	4.75	5.16	15	1.7	5.06	5.38	22	1.0	5.56	5.89	등록50%컷	등록70%컷
신학과*	연세대	추천형	10	8	7.1	1.68	1.83	9	8.1	1.82	1.88	9	3.1	2.06	2.52	등록50%컷	등록70%컷
신학대학자율전공학부	성결대	교과성적우수자	15													등록70%컷	
신학부	감신대	추천자	25	25	1.2	3.62	4.12										
신학부	감신대	일반전형	82	82	1.4	3.12	3.63	82	0.9	4.97	5.52	110	0.6	3.95	4.26	등록50%	등록70%
실내건축디자인학과(인문)	한양대	추천형	10	11	5.7	1.46		7	4.6	1.48		7	5.3	1.48		등록평균	
실내건축학과(인문/자연)*	연세대	추천형	5	4	6.5	1.47	1.47	4	7.3	1.55	1.55	4	3.5			등록50%컷	등록70%컷
실내디자인학과	신한대	일반전형	9	9	11.9	2.71		9	11.2	3.62						최종평균	
심리·인지과학학부	서울여대	교과우수자	9	7	3.9	2.7		7	18.7	1.8	2.0	7	9.9	2.2	3.3	최종평균	최종최저
심리학과	가천대	지역균형	1	6	13.8	3.01	3.02	6	25.3	2.82	2.96	6	12.0	3.2		등록70%	등록90%
심리학과	이화여대	고교추천	11	11	5.4	1.81	1.92	11	5.3	1.91	1.97	11	3.3	1.6	1.8	등록50%컷	등록70%컷
심리학과	성균관대	학교장추천	12	12	5.1	1.87	2.63	11	5.6	1.62	1.69	3	7.0			등록50%컷	등록70%컷
심리학과	아주대	고교추천	8	9	4.8	2.94	2.64	5	14.2	1.95	1.96	5	13.8	2.39	2.61	등록평균	등록70%컷
심리학과	가천대	학생부우수자	6	6	15.0	2.70	2.71	6	19.3	2.60	2.63	6	15.0	2.6	2.7	등록70%	등록90%
심리학과*	연세대	추천형	6	7	4.4	1.35	1.47	7	4.0	1.32	1.38	7	4.0	1.31	1.42	등록50%컷	등록70%컷
심리학과*	가톨릭대	지역균형	7	7	11.8	2.16	2.30	10	6.5	2.55	2.94	8	19.4	2.14	2.61	등록평균	등록최저
심리학과*	성신여대	지역균형	6	6	6.3	2.05	2.53	6	23.0	2.15		6	6.2	2.90		등록평균	등록최저
심리학부*	고려대	학교추천	7	8	5.6	1.47	1.50	10	10.0	1.57	1.68	11	7.8	1.66	1.88	등록50%컷	등록70%컷
아동·청소년교육상담학과	평택대	PTU추천	1														
아동·청소년교육상담학과	평택대	PTU교과	10	15	8.1	5.13	6.15	15	7.3	4.31	5.20	9	9.2	4.74	5.55	등록평균	등록최저
아동가족학과	경희대(서울)	지역균형	6	6	6.8	1.72	1.81	6	11.5	1.70	9.3	6	9.3	1.8	7.5	최종평	등록70%컷
아동가족학과(인문)*	연세대	추천형	5	4	9.0	1.52	1.52	4	5.0	1.48	1.48	4	3.0	1.60	1.60	등록50%컷	등록70%컷
아동보육학과 *	협성대	학생부교과우수자	9	12	4.9	4.43	4.68	10	13.3	4.11	4.30	12	8.1	4.17	4.44	등록50%컷	등록70%컷
아동보육학과	서울한영대	일반학생	33	32	2.8	6.28	7.84	33	3.8	6.51	6.95	32	3.4	6.30	6.60	등록평균	등록최저
아동보육학과	서울신학대	교과성적	7	11	8.4	4.07	4.33	11	2.6	4.3	4.9	8	5.4	3.4	3.5	등록평균	등록70%컷
아동보육학과	서울신학대	일반전형	11	12	2.3	5.24	5.12	12	3.1	4.2	4.2	12	5.8	4.1	4.3	등록평균	등록70%컷
아동보육학과*	협성대	미래역량우수자	8	10	7.5	5.13	5.55	10	3.7	5.52	6.33					등록50%컷	등록70%컷
아동복지부*	숙명여대	지역균형선발	7	7	5.3	2.03	2.14	7	11.0	2.09	2.13	7	7.7	2.19	2.23	등록50%컷	등록70%컷
아동심리학과	인하대	지역균형	5	5	5.2	2.57	2.66	7	9.8	2.63	2.75	5	5.8	2.96	2.87	등록평균	등록최저
아동청소년학과	성균관대	학교장추천	20	20	5.1	1.77	1.85	18	7.9	1.84	1.88	5	6.4	1.93	1.97	등록50%컷	등록70%컷
아동학과	총신대	교과우수자	2	3	2.7	5.17	5.30	3	4.7	3.27	3.60	3	5.3	4.00	4.20	최종평균	최종최저
아동학과	대진대	학교장추천	5	4	5.8	3.47	3.62	5	14.8	3.42	3.61					등록평균	등록90%
아동학과	대진대	학생부우수자	5	8	10.3	3.70	4.17	7	11.7	4.19	4.62					등록평균	등록90%
아동학과*	서울여대	교과우수자	8	8	4.4	3.2		8	12.1	2.3	2.5	8	10.9	2.4	2.9	최종평균	최종최저
아동학전공	동덕여대	학생부교과우수자	8	9	4.7	3.00		20	7.5	3.00		20	6.4	3.10		최종평균	
아동학전공*	명지대	교과면접	5	5	13.6	2.63	2.25	5	8.2	2.74		5	8.0	2.34	2.50	등록평균	등록70%컷
아동학전공*	명지대	학교장추천	4	4	9.3	2.81	2.93	4	33.0	2.56	2.81	4	4.5	3.09		등록평균	등록최저
아랍어과	한국외대(서울)	학교장추천	4	7	7.1	197.5	197.2	7	7.7	293.2	292.0	5	11.0	266.1	265.6	등록50%컷	등록70%컷
아랍지역학전공*	명지대	교과면접	5	5	13.0	2.79	3.20	5	6.8	2.73		5	7.4	2.44	2.69	등록평균	등록70%컷
아랍지역학전공*	명지대	학교장추천	4	4	7.8	2.80	2.97	4	14.8	3.03	3.17	4	4.3	2.98		등록평균	등록최저
아태물류학부	인하대	지역균형	15	15	4.9	2.33	2.99	10	7.8	2.27	2.49	10	7.1	2.34	2.59	등록평균	등록최저
아프리카학부	한국외대(글로벌)	학교장추천	4	6	6.0	179.7	179.2	6	6.2	272.6	271.2	6	5.3	241.8	228.0	등록50%컷	등록70%컷
언론영상학부	서울여대	교과우수자	10	10	4.6	3.2		10	11.4	1.9	2.2	10	23.3	2.1	2.5	최종평균	최종최저
언론홍보영상학부	연세대	추천형	7	7	4.4	1.30	1.33	8	4.3	1.26	1.30	8	4.6	1.26	1.34	등록50%컷	등록70%컷
언론홍보학과	숭실대	학생부우수자	4	4	6.5	2.35	2.17	4	16.5	2.11	2.11	4	15.8	2.14	2.33	등록평균	등록70%컷
언어인지과학학과	한국외대(글로벌)	학교장추천	3	5	3.4	190.7	183.0	5	5.4	289.4	288.1	7	7.0	255.5	252.1	등록50%컷	등록70%컷
언어학과	고려대	학교추천	4	5	13.2	1.64	1.64	6	7.2	1.93	2.04	6	8.3	1.80	1.91	등록50%컷	등록70%컷
역사·문화콘텐츠학과	대진대	학생부우수자	3	5	6.8	3.51	3.93	5	11.2	3.08	3.80	8	7.0	4.66	5.03	등록평균	등록90%
역사·문화콘텐츠학과	대진대	학교장추천	3	5	6.0	2.90	3.11	4	9.8	3.60	3.89	2	8.5	4.54		등록평균	등록90%
역사교육과	인천대	교과성적우수자	2	2	6.5	3.67	3.27	2	13.0	1.91	1.87	2	13.5	2.31	2.29	등록평균	등록70%컷
역사교육과	고려대	학교추천	5	5	6.4	1.40	1.40	7	11.7	1.30	1.42	7	8.6	1.69	1.71	등록50%컷	등록70%컷
역사교육과	동국대	학교장추천인재	7	7	11.1	1.00	1.00	7	23.7	1.69	2.16	7	27.7	1.95	2.21	최종평균	최종최저
역사교육과	총신대	교과우수자	3	3	2.7	2.90	3.60	5	3.6	2.60	3.00	5	5.0	2.73	3.20	최종평균	최종최저
역사교육과	홍익대(서울)	학교장추천자	4	4	8.3	1.81		3	14.7							등록50%컷	등록70%컷

모집단위	대학	전형	2025 모집인원	2024 모집인원	경쟁률	성적①	성적②	2023 모집인원	경쟁률	성적①	성적②	2022 모집인원	경쟁률	성적①	성적②	성적 산출기준 성적①	성적②
역사교육전공	이화여대	고교추천	5	5	4.0	1.52	1.78	5	6.4	1.56	1.60	5	3.8	1.4	1.7	등록50%컷	등록70%컷
역사문화학과*	숙명여대	지역균형선발	5	5	4.6	1.91	1.94	5	5.6	1.97	2.18	4	8.0	2.12	2.12	등록50%컷	등록70%컷
역사콘텐츠전공	상명대(서울)	고교추천	6	8	4.1	2.71	2.80	9	9.7	2.73	2.96	9	9.7	2.88	3.13	등록50%컷	등록70%컷
역사학과	세종대	지역균형	1	3	6.7	2.16	2.11	3	17.7	2.00	1.96	2	15.5	2.35	2.30	등록평균	등록70%컷
열린전공학부	동국대	학교장추천인재	50													최종평균	최종최저
영문학부	서강대	지역균형	8	10	5.9	1.89	2.06	10	12.9	1.64	1.65	10	8.5	1.61	1.78	등록50%컷	등록70%컷
영미문학·문화학과	한국외대(서울)	학교장추천	4	8	9.9	197.5	197.3	8	7.1	294.4	293.9	8	11.3	267.3	266.2	등록50%컷	등록70%컷
영미언어문화과	안양대	학교장추천	3	3	6.3	3.53	3.61									등록평균	등록최저
영미언어문화과	안양대	아리학생부면접	4	5	13.6	3.86	3.93	8	9.0	4.27	4.66	8	4.8	4.17	5.29	등록평균	등록최저
영미언어문화과	안양대	아리학생부교과	8	11	14.1	2.80	3.12	10	7.9	3.47	4.26	8	8.4	3.44	3.77	등록평균	등록최저
영미언어문화전공	한경국립대(안성)	일반전형A	14													등록평균	등록최저
영미유럽인문융합학부	인하대	지역균형	15	11	4.7	2.58	2.74	7	7.3	2.57	2.77	6	8.5	2.58	2.72	등록평균	등록최저
영미인문학과	단국대(죽전)	지역균형선발	4	4	10.8	2.25	2.46	5	13.4	2.47		5	12.0	2.62		등록평균	등록최저
영상학과	성균관대	학교장추천	5	5	8.0	1.59	1.64	5	11.4	1.62	1.79	5	7.6			등록50%컷	등록70%컷
영어교육과	한국외대(서울)	학교장추천	4	4	6.3	198.8	198.7	4	23.5	297.7	297.7	4	23.8	266.6	265.9	등록50%컷	등록70%컷
영어교육과	인천대	교과성적우수자	3	3	6.0	2.88	2.71	3	8.7	2.14	2.18	3	18.7	2.05	2.10	등록평균	등록최저
영어교육과	상명대(서울)	고교추천	11	10	4.4	2.35	2.72	12	5.5	2.48	2.87	12	7.0	2.40	2.67	등록50%컷	등록70%컷
영어교육과	인하대	지역균형	5	5	6.6	3.07	3.80	5	10.8	2.11	2.22	7	5.0	2.55	2.63	등록평균	등록최저
영어교육과	건국대	KU지역균형	4	4	11.8	1.85	2.04	4	10.0	1.89	1.91	4	19.5	1.31	1.86	등록50%컷	등록70%컷
영어교육과	총신대	교과우수자	3	2	2.5	4.90	5.10	2	4.5	3.05	3.30	2	5.0	3.25	3.50	최종평균	최종최저
영어교육과	고려대	학교추천	9	11	5.0	1.27	1.44	14	8.4	1.44	1.50	14	7.7	1.56	1.74	등록50%컷	등록70%컷
영어교육과	중앙대	지역균형	10	7	5.4	1.72	1.79	7	7.8	1.73	1.78	7	12.4	1.54	1.60	등록50%컷	등록70%컷
영어교육과	홍익대(서울)	학교장추천자	5	5	9.6	2.07	2.13	4	12.0							등록50%컷	등록70%컷
영어교육과	한양대	추천형	4	4	7.3	1.40		3	8.3	1.20		3	8.3	1.58		등록평균	
영어교육과	이화여대	고교추천	5	5	3.2	1.67	1.71	5	5.2	1.53	1.53	5	4.8	1.5	1.6	등록50%컷	등록70%컷
영어대학	한국외대(서울)	학교장추천	3													등록50%컷	등록70%컷
영어산업학과	광운대	지역균형	4	4	7.5	2.91		4	8.5	2.21		4	9.0	2.45		등록평균	
영어영문학과 *	아주대	고교추천	9	10	7.8	2.56	2.50	7	9.3	2.74	2.90	7	13.4	2.97	3.02	등록평균	등록70%컷
영어영문학과	대진대	학생부우수자	4	5	7.2	3.65	3.82	4	20.5	4.12	4.40	9	7.4	5.10	5.79	등록평균	등록90%
영어영문학과	성결대	교과성적우수자	27	20	7.5	4.0		20	7.3	4.0		19	8.1	4.0		등록70%컷	
영어영문학과	서울과기대	고교추천	9	9	6.9	2.35	2.37	9	7.7	2.44	2.52	9	8.8	2.60	2.48	등록평균	등록70%컷
영어영문학과	경희대(서울)	지역균형	3	4	8.8	1.85	1.96	4	20.5	1.60	17.3	4	9.0	1.8	7.5	최종평균	등록70%컷
영어영문학과	서울시립대	지역균형선발	4	5	10.4	2.10		4	47.3	1.94		4	24.3	2.37		등록평균	
영어영문학과	인천대	지역균형	5	7	5.0	3.38	3.31	7	9.0	2.58	2.62	7	6.0	2.88	3.15	등록평균	등록70%컷
영어영문학과	대진대	학교장추천	3	5	3.2	3.42	3.58	2	15.5	2.99	3.31	3	5.7	4.88		등록평균	등록90%
영어영문학과	인천대	교과성적우수자	9	9	6.6	2.96	2.91	9	8.7	2.85	2.88	9	11.4	2.87	2.79	등록평균	등록70%컷
영어영문학과	건국대	KU지역균형	5	5	7.0	1.85	1.90	5	11.2	1.93	2.00	5	25.4	1.85	1.97	등록50%컷	등록70%컷
영어영문학과	홍익대(서울)	학교장추천자	5	5	13.8	2.07	2.05	4	13.0	2.18	2.16					등록50%컷	등록70%컷
영어영문학과	경기대	교과성적우수자	4	3	12.3	3.07	3.44	5	15.8	2.88		9	12.8	3.16		등록50%컷	등록70%컷
영어영문학과	성결대	SKU창의적인재	14	11	7.6	5.8		13	5.9	5.8		12	5.3	5.6		등록70%컷	
영어영문학과	경기대	학교장추천	8	12	5.2	3.04	3.14	12	10.0	3.00		11	10.6	3.27		등록50%컷	등록70%컷
영어영문학과*	삼육대	학교장추천	12	13	8.0	3.31		18	16.61	3.61		17	7.0	4.03		최종평균	
영어영문학과*	연세대	추천형	13	13	5.4	1.38	1.54	14	5.6	1.50	1.50	14	3.9	1.60	1.62	등록50%컷	등록70%컷
영어영문학과*	서울여대	교과우수자	7	7	6.3	3.0		7	11.9	2.2	2.5	7	16.1	2.4	2.7	최종평균	최종최저
영어영문학과*	숭실대	학생부우수자	14	14	7.4	2.27	2.28	14	18.0	2.36	2.37	15	13.3	2.25	2.53	등록평균	등록70%컷
영어영문학과*	한양대	추천형	7	8	4.5	1.63		8	9.0	1.39		8	9.1	1.53		등록평균	
영어영문학과*	성신여대	지역균형	8	8	6.0	2.44	2.70	10	17.0	2.28		10	7.2	2.78		등록평균	등록최저
영어영문학과*	고려대	학교추천	16	17	5.4	1.45	1.48	22	8.4	1.61	1.68	22	9.6	1.83	1.88	등록50%컷	등록70%컷
영어영문학부	이화여대	고교추천	12	12	5.6	1.83	1.86	12	7.5	1.93	2.02	12	3.7	2.0	2.1	등록50%컷	등록70%컷
영어영문학부*	동국대	학교장추천인재	7	13	9.0	1.23	1.50	13	14.6	2.40	2.69	14	12.7	2.27	2.95	최종평균	최종최저
영어영문학부*	국민대	교과성적우수자	7	9	12.1	2.06	2.15	6	8.0	2.29	2.40	6	16.8	2.10	2.21	등록50%컷	등록70%컷
영어영문학부*	가톨릭대	지역균형	11	8	6.5	2.74	2.95	12	11.3	2.91	3.02	12	22.3	3.14	3.36	등록평균	등록최저
영어영문학전공*	숙명여대	지역균형선발	9	7	3.7	2.13	2.22	7	10.1	1.97	1.97	7	9.9	2.22	2.23	등록50%컷	등록70%컷
영어영문학전공*	명지대	학교장추천	6	9	10.4	2.43	2.71	9	9.4	2.84	3.15	9	5.9	2.37		등록평균	등록최저

모집단위	대학	전형	2025 모집인원	2024 모집인원	2024 경쟁률	2024 성적①	2024 성적②	2023 모집인원	2023 경쟁률	2023 성적①	2023 성적②	2022 모집인원	2022 경쟁률	2022 성적①	2022 성적②	성적 산출기준 성적①	성적 산출기준 성적②
영어영문학전공*	명지대	교과면접	9	10	14.1	2.35	2.00	10	7.6	2.75		10	10.5	2.26	2.50	등록평균	등록70%컷
영어전공	동덕여대	학생교과우수자	9	9	6.1	2.80		23	6.3	2.90		23	5.6	2.90		최종평균	
영어통번역학과	한국외대(서울)	학교장추천	4													등록50%컷	등록70%컷
영어학과	한세대	학생부면접우수자	9	10	5.2	4.48	5.30	11	8.6	4.26	4.90	12	6.7	4.43	5.10	등록평균	등록최저
영어학과	한세대	학생부교과우수자	4	4	8.8	3.73	4.00	5	29.0	4.06	4.30	5	3.8	6.20	6.30	등록평균	등록최저
영유아보육학과	한국성서대	목회자추천	6	10	3.2	5.44	6.25										
영유아보육학과	한국성서대	일반학생	15	13	6.6	4.60	5.33	15	81	4.66	5.74	16	8.6	4.53	5.93	최종평균	최종최저
영유아보육학과	한국성서대	교과성적우수자	8	10	6.9	4.26	4.79	10	4.5	4.63	7.16	10	7.0	4.40	4.66	최종평균	최종최저
우크라이나어학과	한국외대(글로벌)	학교장추천	3	3	8.0	185.5	185.4	4	6.3	265.8	264.7	3	3.7	239.4	235.9	등록50%컷	등록70%컷
운동건강관리학과	한국체대	교과성적우수자	10	10	10.5	1.91	1.96	10	7.6	2.38	2.69	10	6.7	2.31	3.03	등록평균	등록최저
유러피언스터디즈학전공	동덕여대	학생부교과우수자	6	10	10.0	3.00		16	8.5	3.20		16	6.4	3.30		최종평균	
유럽문화학과	서강대	지역균형	6	6	8.7	1.62	1.70	6	16.3	1.70	1.72	6	9.5	1.85	1.87	등록50%컷	등록70%컷
유아교육과	성결대	SKU창의적인재	11	11	10.2	4.8		13	20.5	4.0		12	20.8	4.6		등록70%컷	
유아교육과	서울신학대	교과성적	5	7	5.7	3.18	3.22	7	7.3	2.7	3.1	7	9.9	2.9	3.0	등록50%컷	등록70%컷
유아교육과	서울신학대	일반전형	7	7	9.1	3.49	3.41	7	8.3	3.7	3.7	7	9.0	3.5	3.7	등록평균	등록70%컷
유아교육과	경기대	학교장추천	2	2	7.0	2.40	2.40	2	16.0	2.73			14.0	2.96		등록50%컷	등록70%컷
유아교육과	인천대	교과성적우수자	4	4	6.3	4.01	4.89	4	8.8	2.55	2.76	4	18.5	2.45	2.65	등록평균	등록70%컷
유아교육과	신한대	일반전형	19	23	5.6	3.79		17	17.9	3.29		26	21.6	3.77		최종평균	
유아교육과	신한대	학생부우수자	12	6	6.3	2.96		6	19.7	2.61						최종평균	
유아교육과	성결대	교과성적우수자	18	18	12.0	3.6		20	5.6	4.0		19	9.7	3.0		등록70%컷	
유아교육과	이화여대	고교추천	6	6	6.7	1.94	1.96	6	13.0	1.88	2.03	6	3.3	2.2	2.5	등록50%컷	등록70%컷
유아교육과	중앙대	지역균형	6	6	11.5	1.94	1.97	5	16.6	1.96	2.00	5	12.4	2.08	2.11	등록50%컷	등록70%컷
유아교육과	삼육대	학교장추천	5	5	5.0	3.75		6	16.17	3.05		8	5.6	3.71		최종평균	
유아교육과	안양대	아리학생부면접	5	5	12.6	3.42	3.62	9	11.1	3.49	3.86	7	15.4	3.71	3.82	등록평균	등록최저
유아교육과	총신대	교과우수자	12	12	2.5	4.00	5.10	12	3.5	2.99	3.70	15	7.1	2.90	3.60	최종평균	최종최저
유아교육과	안양대	아리학생부교과	9	9	15.1	2.89	3.11	9	9.3	3.21	3.93	8	60.8	2.84	3.28	등록평균	등록최저
유아교육과	안양대	학교장추천	5	5	7.0	3.03	3.54									등록평균	등록최저
유아교육과*	성신여대	지역균형	5	5	14.0	2.35	2.66	5	5.8	3.32		5	7.0	2.18		등록평균	등록최저
유아교육과*	덕성여대	고교추천	6	6	4.2	2.95	3.09	4	12.0	2.17	2.10	4	6.5	2.60	2.65		
유아교육과*	덕성여대	학생부100%	5	6	7.0	2.76	2.55	7	6.0	2.38	2.27	7	16.9	1.59	1.63	등록평균	등록70%컷
유아교육학과*	가천대	학생부우수자	6	6	10.5	2.78	2.81	7	8.3	2.92	2.97	7	16.4	2.5	2.7	등록70%	등록90%
유아교육학과*	가천대	지역균형	6	6	9.2	3.13	3.46	7	29.6	2.73	2.93	7	12.4	3.2		등록70%	등록90%
유아특수보육학전공	한경국립대(평택)	일반전형P	8	8	13.0	4.93	5.42	10	4.5	5.2	7.2					등록평균	등록최저
유통경영학과	협성대	미래역량우수자	6	10	5.0	4.89	5.17	10	4.6	4.51	5.04	8	3.6	4.78	5.04	등록50%컷	등록70%컷
유통경영학과	협성대	학생부교과우수자	9	11	8.0	4.16	4.25	10	7.7	4.29	4.46	7	5.3	3.79	4.20	등록50%컷	등록70%컷
유학동양학과	성균관대	학교장추천	10	10	6.7	1.79	1.85	10	7.5	2.02	2.08	10	6.4	1.85	1.96	등록50%컷	등록70%컷
윤리교육과	인천대	교과성적우수자	2	2	9.5	2.54	2.51	2	12.5	2.62	2.55	2	9.5	2.37	2.77	등록평균	등록70%컷
윤리교육과*	성신여대	지역균형	4	4	4.5	2.54	3.36	4	16.5	1.88		4	5.8	2.43		등록평균	등록최저
융합인재학부	한국외대(글로벌)	학교장추천	9	10	4.5	191.7	191.4	9	5.1	288.0	284.8	10	11.2	262.3	259.7	등록50%컷	등록70%컷
융합일본지역학부	한국외대(서울)	학교장추천	3	7	5.4	197.7	197.5	7	10.3	295.5	295.2	7	11.3	265.1	264.3	등록50%컷	등록70%컷
응용영어통번역학과	경희대(서울)	지역균형	3	4	6.5	1.72	1.80	4	10.8	1.80	9.3	4	9.0	1.8	7.8	최종평균	등록70%컷
응용통계학과	연세대	추천형	7	10	5.1	1.41	1.69	11	3.6	1.32	1.50	11	3.7	1.32	1.33	등록50%컷	등록70%컷
응용통계학과	건국대	KU지역균형	4	5	7.2	1.96	2.00	5	8.2	1.70	1.89	5	29.0	1.81	1.93	등록50%컷	등록70%컷
응용통계학과	가천대	지역균형	2	6	7.0	3.85	4.20	6	21.7	3.05	3.17	6	5.3	3.8		등록70%	등록90%
응용통계학과	가천대	학생부우수자	7	6	11.2	2.79	2.91	6	9.8	2.67	2.69	6	13.7	2.6	2.9	등록70%	등록90%
응용통계학전공	명지대	교과면접	5													등록평균	등록70%컷
응용통계학전공	명지대	학교장추천	3													등록평균	등록최저
의료경영학과	화성의과학대	학생부교과	16	16	2.4	3.94	4.03	18	3.6	6.54	7.17	18	2.2	5.51		등록50%컷	등록70%컷
의료경영학과	을지대(성남)	지역균형	7					11	8.2	3.21	3.43	6	9.8	3.47	3.52	등록평균	등록70%컷
의료사회복지학과	화성의과학대	학생부교과	13	18	1.2	3.83	3.94	20	3.6	4.06	4.17	20	5.1	4.97		등록50%컷	등록70%컷
의료산업경영학과	가천대	학생부우수자	7	6	15.8	2.63	2.84	7	10.4	2.99	3.10	7	13.9	2.7	2.8	등록70%	등록90%
의료산업경영학과	가천대	지역균형	1	6	11.0	3.07	3.22	6	24.2	3.28	3.30	6	7.2	3.8		등록70%	등록90%
의료심리학과	화성의과학대	학생부교과	20	17	1.1	6.33										등록50%컷	등록70%컷
의류산업학과	이화여대	고교추천	11	11	5.8	1.83	1.94	11	6.0	1.97	2.11	11	5.2	2.1	2.2	등록50%컷	등록70%컷

모집단위	대학	전형	2025 모집인원	2024 모집인원	경쟁률	성적①	성적②	2023 모집인원	경쟁률	성적①	성적②	2022 모집인원	경쟁률	성적①	성적②	성적 산출기준 성적①	성적②
의류산업학과*	성신여대	지역균형	7	7	6.1	2.09	2.26	7	6.9	2.39		7	6.4	2.48		등록평균	등록최저
의류산업학전공	한경국립대(안성)	일반전형A	11													등록평균	등록최저
의류학과(인문)*	한양대	추천형	9	10	4.2	1.55		7	5.9	1.47		7	5.1	1.56		등록평균	
의류환경학과(인문/자연)*	연세대	추천형	5	4	6.0	1.38	1.38	4	3.8	1.45	1.45	4	5.3	1.30	1.30	등록50%컷	등록70%컷
의상학과	성균관대	학교장추천	5	5	12.4	1.72	1.81	5	8.6	2.29	2.40	5	7.2	1.55	2.07	등록50%컷	등록70%컷
의상학과	경희대(서울)	지역균형	4	4	8.0	1.74	1.90	4	21.3	1.70	14.8	4	10.8	2.0	8.3	최종평균	등록70%컷
이탈리아어과	한국외대(서울)	학교장추천	3	3	8.7	197.8	197.7	3	15.3	293.8	293.8	3	12.7	262.1	260.6	등록50%컷	등록70%컷
인도어과	한국외대(서울)	학교장추천	3	3	6.0	197.2	197.1	3	13.7	293.4	293.6	3	12.3	262.8	261.0	등록50%컷	등록70%컷
인문계열자유전공	안양대	아리학생부면접	6													등록평균	등록최저
인문계열자유전공	안양대	아리학생부교과	15													등록평균	등록최저
인문과학계열	성균관대	학교장추천	16	17	7.4	1.66	1.70	5	15.8	1.64	1.72	40	10.1	1.7	1.79	등록50%컷	등록70%컷
인문대학	경기대	교과성적우수자	23													등록50%컷	등록70%컷
인문대학	중앙대	지역균형	36	37	7.9	1.83	1.86	36	12.6	1.81	1.86					등록50%컷	등록70%컷
인문대학	한국외대(글로벌)	학교장추천	3													등록50%컷	등록70%컷
인문대학자율전공학부	성결대	교과성적우수자	22													등록70%컷	
인문사회계열	가톨릭대	지역균형	26													등록평균	등록최저
인문사회계열	평택대	PTU추천	31														
인문사회계열전공학부	용인대	자율전공	30														
인문사회계열학부	을지대(성남)	지역균형	20													등록평균	등록70%컷
인문사회융합대학	수원대	면접위주교과	40													등록50%컷	등록70%컷
인문사회융합대학	수원대	고교추천	18													최종평균	
인문사회융합대학	수원대	교과우수	45													최종평균	
인문융합공공인재학부	한경국립대(안성)	일반전형A	2	41	8.8	4.55	5.25	40	4.9	4.4	7.00	28	7.8	3.9		등록평균	등록최저
인문융합공공인재학부	한경국립대(안성)	지역균형선발	2	2	6.5												
인문융합콘텐츠학부	성공회대	교과성적	31	31	5.6	2.67	3.11	51	3.9	3.00	3.44	51	4.0	2.97	3.44	최종평균	최종최저
인문학기반자유전공학부	서강대	지역균형	10													등록50%컷	등록70%컷
인문학부	서강대	지역균형	12	14	7.3	1.62	1.63	14	9.4	1.62	1.66	14	9.9	1.53	1.65	등록50%컷	등록70%컷
일본어문·문화학과*	성신여대	지역균형	6	6	6.8	2.32	2.50	6	12.7	2.47		6	7.3	2.79		등록평균	등록최저
일본어문화콘텐츠학과	서울신학대	교과성적	7	6	9.5	3.31	3.19	6	6.5	3.1	3.5	6	7.8	3.1	3.3	등록평균	등록최저
일본어문화콘텐츠학과	서울신학대	일반전형	6	7	7.4	3.85	3.61	7	4.1	3.9	4.3	7	4.6	3.8	3.9	등록평균	등록최저
일본어학과	경희대(국제)	지역균형	2	5	4.2	2.01	1.96	5	10.4	2.10	7.0	6	4.0	2.4	2.8	최종평균	등록70%컷
일본언어문화학과	인하대	지역균형	9	9	11.9	2.79	2.90	5	7.2	3.11	3.28					등록평균	등록최저
일본언어문화학부	한국외대(서울)	학교장추천	4	5	6.6	196.5	196.3	5	17.2	295.3	294.6	5	9.6	262.4	259.1	등록50%컷	등록70%컷
일본지역문화학과	인천대	교과성적우수자	4	4	10.8	3.15	3.24	4	10.8	3.00	2.97	4	11.3	2.99	3.12	등록평균	등록70%컷
일본지역문화학과	인천대	지역균형	4	4	13.0	2.94	2.98	3	8.4	3.12	3.24	3		3.12	3.33	등록평균	등록70%컷
일본학과	국민대	교과성적우수자	4	4	12.3	2.49	2.70	4	8.8	2.46	2.46	4	14.0	2.47	2.51	등록50%컷	등록70%컷
일본학과	동국대	학교장추천인재	3	4	6.3	1.53	1.90	4	10.0	2.07	2.33	4	14.3	2.49	2.67	최종평균	최종최저
일본학과*	숙명여대	지역균형선발	4	4	6.3	2.03	2.03	4	5.8	2.17	2.17	4	8.0	2.19	2.19	등록50%컷	등록70%컷
일본학대학	한국외대(서울)	학교장추천	3													등록50%컷	등록70%컷
일어교육과	인천대	교과성적우수자	3	3	10.3	2.67	2.59	3	21.7	3.00	3.05	3	13.3	3.45	3.47	등록평균	등록70%컷
일어교육과	건국대	KU지역균형	3	3	6.3			3	7.7			3	21.3	1.93	2.23	등록50%컷	등록70%컷
일어일문학과*	숭실대	학생부우수자	8	7	10.3	2.31	2.20	7	15.0	2.55	2.51	7	12.7	2.26	2.42	등록평균	등록70%컷
일어일문학과*	서울여대	교과우수자	5	5	5.8	3.1		5	27.4	2.4	2.5	5	10.6	2.9	3.5	최종평균	최종최저
일어일문학과*	고려대	학교추천	7	7	5.3	1.66	1.70	9	5.8	1.77	1.85	9	8.0	1.74	1.77	등록50%컷	등록70%컷
일어일문학전공*	명지대	학교장추천	4	5	14.2	2.44	2.80	5	17.4	3.07	3.50	5	5.0	2.80		등록평균	등록최저
일어일문학전공*	명지대	교과면접	5	5	15.4	2.37	2.83	5	10.2	2.74		5	10.4	2.24	2.25	등록평균	등록70%컷
일어일본문화학과	가톨릭대	지역균형	7	5	10.4	2.88	2.98	6	14.3	3.07	3.16	6	12.3	3.31	3.43	등록평균	등록최저
일어일본학전공	동덕여대	학생부교과우수자	6	6	8.3	2.90		15	7.8	3.10		15	5.7	3.20		최종평균	
자유전공	안양대	아리학생부면접	17													등록평균	등록최저
자유전공	인천가톨릭대	ICCU미래인재	23													최종평균	
자유전공	안양대	아리학생부교과	45													등록평균	등록최저
자유전공	안양대	학교장추천	13													등록평균	등록최저
자유전공	가천대	지역균형	321	5	28.8	3.20	3.27	7	48.3	3.23	3.41	6	9.8	3.9		등록70%	등록90%
자유전공(경영경제계열)	상명대(서울)	고교추천	24	8	4.1		2.80	9	9.7	2.73	2.96	9	9.7	2.88	3.13	등록50%컷	등록70%컷

모집단위	대학	전형	2025	2024				2023				2022				성적 산출기준	
			모집인원	모집인원	경쟁률	성적①	성적②	모집인원	경쟁률	성적①	성적②	모집인원	경쟁률	성적①	성적②	성적①	성적②
자유전공(예체능계열)	상명대(서울)	고교추천	12	8	5.8		2.88	8	9.8	2.93	3.07	8	9.9	2.92	3.23	등록50%컷	등록70%컷
자유전공(인문사회계열)	상명대(서울)	고교추천	32	22	5.1		2.78	23	7.4	2.84	3.04	23	15.7	2.83	3.13	등록50%컷	등록70%컷
자유전공계열	성균관대	학교장추천	20													등록50%컷	등록70%컷
자유전공학부	가톨릭대	지역균형	17	7	5.9	2.50	2.68	7	11.1	2.76	2.86	13	15.5	3.00	3.39	등록평균	등록최저
자유전공학부	인천대	교과성적우수자	35													등록평균	등록70%컷
자유전공학부	인천대	지역균형	26													등록평균	등록70%컷
자유전공학부	세종대	지역균형	223													등록평균	등록70%컷
자유전공학부	강남대	지역균형	28													등록50%컷	등록70%컷
자유전공학부	서울시립대	지역균형선발	4	3	17.0	1.86		3	15.0	2.01		5	20.0	2.05		등록평균	
자유전공학부	서경대	교과우수자①	17													최종50%컷	최종70%컷
자유전공학부	고려대	학교추천	18	21	4.3	1.37	1.46	20	6.8	1.34	1.44	20	8.1	1.43	1.54	등록50%컷	등록70%컷
자유전공학부	아주대	고교추천	5													등록평균	등록70%컷
자유전공학부	한세대	학생부교과우수자	16													등록평균	등록최저
자유전공학부	한세대	학생부면접우수자	16													등록평균	등록최저
자유전공학부	숭실대	학생부우수자	20													등록평균	등록70%컷
자유전공학부	한국외대(글로벌)	학교장추천	36	9	6.2	193.0	192.6	8	6.5	284.3	282.4					등록50%컷	등록70%컷
자유전공학부	경희대(국제)	지역균형	187													최종평균	등록70%컷
자유전공학부	한국외대(서울)	학교장추천	20													등록50%컷	등록70%컷
자유전공학부	한신대	학생부우수자	25													최종평균	최종최저
자유전공학부	한국항공대	교과성적우수자	9	6	13.8	2.1	2.1	18	11.7	2.6	2.6	19	4.6	2.8	3.5	등록평균	등록70%컷
자유전공학부	한국항공대	학교장추천	9	5	9.2	2.2										등록평균	등록최저
자유전공학부	을지대(의정부)	지역균형	16													등록평균	등록70%컷
자유전공학부	서경대	교과우수자②	17													최종50%컷	최종70%컷
자유전공학부(야)	강남대	지역균형	16													등록50%컷	등록70%컷
자율전공학부	협성대	미래역량우수자	40													등록50%컷	등록70%컷
자율전공학부	서울신학대	교과성적	12													등록평균	등록70%컷
자율전공학부	성결대	교과성적우수자	80													등록70%컷	
자율전공학부	서울신학대	일반전형	12													등록평균	등록70%컷
자율전공학부	협성대	학생부교과우수자	95													등록50%컷	등록70%컷
자율전공학부	대진대	학교장추천	15													등록평균	등록90%
자율전공학부	대진대	학생부우수자	20													등록평균	등록90%
자율전공학부	경희대(서울)	지역균형	49	12	6.5	1.55	1.79	12	11.3	1.50	9.6	13	10.0	1.6	8.5	최종평균	등록70%컷
자율전공학부(인문)	명지대	학교장추천	60													등록평균	등록최저
재활복지학과	서울한영대	일반학생	28	29	3.3	6.59	7.83	20	5.9	5.51	5.54	20	5.8	6.00	6.00	등록평균	등록최저
재활상담학과	평택대	PTU추천	1														
재활상담학과	평택대	PTU교과	21	20	9.2	5.87	6.58	20	3.7	5.43	7.00	10	6.9	4.58	5.60	등록평균	등록최저
정보사회학과	숭실대	학생부우수자	4	4	6.0	2.12	2.07	4	12.3	2.25	2.25	4	13.8	2.20	2.16	등록평균	등록70%컷
정보시스템학과(상경)	한양대	추천형	5	5	5.4	1.25		5	4.6	1.26		5	5.8	1.29		등록평균	
정책학과	한양대	추천형	9	12	7.8	1.33		12	5.1	1.56		12	8.3	1.23		등록평균	
정치외교학과	단국대(죽전)	지역균형선발	4	4	10.5	2.24	2.31	4	29.0	2.44		4	9.3	3.01		등록평균	등록최저
정치외교학과	인하대	지역균형	10	10	5.5	2.61	2.79	6	10.5	2.67	2.74	6	8.2	2.84	2.83	등록평균	등록최저
정치외교학과	이화여대	고교추천	11	11	3.7	1.79	1.87	11	5.5	1.69	1.84	11	4.6	1.6	1.9	등록50%컷	등록70%컷
정치외교학과	한국외대(서울)	학교장추천	4	5	5.8	198.7	198.6	5	12.2	297.9	297.4	5	16.8	266.7	266.4	등록50%컷	등록70%컷
정치외교학과	숭실대	학생부우수자	4	4	5.3	2.93	2.94	4	11.8	2.20	2.20	4	13.8	2.37	2.29	등록평균	등록70%컷
정치외교학과	성신여대	지역균형	5	5	15.0	2.23	2.32	6	9.3	2.61		6	6.7	2.49		등록평균	등록최저
정치외교학과	인천대	지역균형	3	4	5.0	4.11	3.77	4	11.3	2.77	2.98	4	6.3	3.23	3.28	등록평균	등록70%컷
정치외교학과	인천대	교과성적우수자	3	4	7.3	2.81	2.74	4	9.3	2.77	2.83	4	12.3	2.75	2.76	등록평균	등록70%컷
정치외교학과	건국대	KU지역균형	3	4	14.8	2.12	2.12	4	6.5	2.07	2.23	4	25.5	1.66	1.68	등록50%컷	등록70%컷
정치외교학과	연세대	추천형	14	14	4.2	1.28	1.36	15	3.7	1.22	1.34	15	5.3	1.21	1.36	등록50%컷	등록70%컷
정치외교학과	경희대(서울)	지역균형	5	6	4.8	1.66	2.00	6	9.7	1.50	8.2	6	8.7	1.5	7.5	최종평균	등록70%컷
정치외교학과*	국민대	교과성적우수자	6	7	16.1	2.11	2.20	7	8.4	2.51	2.54	7	14.4	2.10	2.10	등록50%컷	등록70%컷
정치외교학과*	고려대	학교추천	12	13	6.9	1.27	1.35	18	8.4	1.44	1.53	18	8.6	1.40	1.57	등록50%컷	등록70%컷
정치외교학과*	한양대	추천형	4	4	5.5	1.51		4	9.5	1.30		4	10.0	1.43		등록평균	
정치외교학과*	숙명여대	지역균형선발	5	5	3.8	1.89	1.95	5	14.4	1.91	2.00	5	6.6	2.16	2.36	등록50%컷	등록70%컷

모집단위	대학	전형	2025 모집인원	2024 모집인원	2024 경쟁률	2024 성적①	2024 성적②	2023 모집인원	2023 경쟁률	2023 성적①	2023 성적②	2022 모집인원	2022 경쟁률	2022 성적①	2022 성적②	성적산출기준 성적①	성적산출기준 성적②
정치외교학전공	명지대	교과면접	9	10	16.6	2.92	3.16	10	8.8	2.94		10	8.7	2.26	2.63	등록평균	등록70%컷
정치외교학전공	명지대	학교장추천	6	9	6.2	2.61	2.88	10	8.4	2.78	3.12	9	9.6	2.17		등록평균	등록최저
정치외교학전공*	동국대	학교장추천인재	5	6	12.3	1.22	1.40	6	22.5	2.10	2.53	6	20.7	2.29	2.94	최종평균	최종최저
조리&푸드디자인학과	경희대(서울)	지역균형	3	4	3.8	1.66	1.47	5	4.8	2.00	2.2					최종평균	등록70%컷
주거환경학과	경희대(서울)	지역균형	4	4	12.5	1.82	1.78	4	20.5	2.00	14.3	4	10.0	2.2	5.8	최종평균	등록70%컷
중국문화학과	서강대	지역균형	4	4	10.0	1.61	1.61	4	15.3	1.87	1.87	4	14.0	1.71	1.91	등록50%컷	등록70%컷
중국어교육전공	한국외대(서울)	학교장추천	3	3	10.3	195.9	195.8	3	18.3	293.5	293.3	3	9.7	253.5	251.6	등록50%컷	등록70%컷
중국어문문화학과*	성신여대	지역균형	7	7	13.1	2.36	2.51	7	17.9	2.67		7	6.7	3.09		등록평균	등록최저
중국어문전공*	국민대	교과성적우수자	5	7	9.1	2.20	2.27	7	8.6	2.38	2.44	7	14.1	2.42	2.42	등록50%컷	등록70%컷
중국어문화학과	협성대	학생부교과우수자	9	14	5.2	4.66	5.54	8	19.3	4.27	4.43	12	4.8	4.86	5.44	등록50%컷	등록70%컷
중국어문화학과	서울시립대	지역균형선발	3	3	16.3	2.10		3	19.7	2.26		3	19.0	2.36		등록평균	
중국어문화학과	협성대	미래역량우수자	6	8	4.6	5.77	5.77	10	4.4	5.43	5.72	14	2.6	5.77	6.69	등록50%컷	등록70%컷
중국어학과	한세대	학생부교과우수자	6	6	15.2	4.35	4.50	8	18.1	4.58	5.00	3	5.0	6.60	7.40	등록평균	등록최저
중국어학과	한세대	학생부면접우수자	7	7	8.3	5.56	6.40	7	11.4	5.01	6.10	13	6.2	5.12	6.20	등록평균	등록최저
중국어학과	경희대(국제)	지역균형	2	6	3.5	2.15	2.32	6	4.2	2.20	3.0	7	6.1	2.2	3.9	최종평균	등록70%컷
중국언어문화과	안양대	아리학생부면접	4	5	12.6	3.63	4.18	9	8.6	4.45	5.19	7	5.6	4.68	5.65	등록평균	등록최저
중국언어문화과	안양대	학교장추천	3	3	4.7	3.72	3.86									등록평균	등록최저
중국언어문화과	안양대	아리학생부교과	8	11	9.6	3.13	3.56	11	6.5	3.62	4.30	8	22.4	3.55	3.90	등록평균	등록최저
중국언어문화콘텐츠학과	서울신학대	일반전형	7	7	3.3	5.12	5.39	6	5.3	4.7	4.7	8	2.8	5.2	5.6	등록평균	등록70%컷
중국언어문화콘텐츠학과	서울신학대	교과성적	7	6	6.3	4.08	4.10	6	5.7	4.0	4.4	5	12.4	3.8	4.1	등록평균	등록70%컷
중국언어문화학과	가톨릭대	지역균형	7	5	12.0	2.88	2.96	6	20.5	3.22	3.27	6	13.8	3.64	3.73	등록평균	등록최저
중국언어문화학부	한국외대(서울)	학교장추천	4	7	6.7	196.3	196.2	7	7.7	294.4	293.0	7	9.6	265.3	264.4	등록50%컷	등록70%컷
중국외교통상학부	한국외대(서울)	학교장추천	4	6	4.3	194.8	193.0	6	7.3	296.6	295.4	6	14.2	265.9	264.6	등록50%컷	등록70%컷
중국정경전공	국민대	교과성적우수자	3	3	9.0	2.17	2.22	3	7.3			3	14.3	2.28	2.28	등록50%컷	등록70%컷
중국학과	용인대	교과성적우수자	6	10	4.1	3.50	3.70	10	4.7	3.20	3.23	10	7.6	3.2	3.4	등록50%컷	등록70%컷
중국학과	용인대	일반학생	11	12	6.7	2.60	2.80	14	5.0	2.85	3.07	15	10.5	2.9	3.1	등록50%컷	등록70%컷
중국학과	인하대	지역균형	10	9	12.9	2.87	3.03	5	8.4	3.16	3.61	5	8.8	2.90	2.92	등록평균	등록최저
중국학대학	한국외대(서울)	학교장추천	3													등록50%컷	등록70%컷
중국학전공*	대진대	학교장추천	5	6	3.5	3.53	4.08	6	5.3	3.77	4.09	2	4.5	4.63		등록평균	등록90%
중국학전공*	대진대	학생부우수자	4	7	8.6	3.89	4.21	6	5.3	4.80	4.95	13	4.7	4.39	4.87	등록평균	등록90%
중독상담학과	총신대	교과우수자	1	1	4.0			1	13.0	3.30		2	3.5	4.45	4.60	최종평균	최종최저
중앙아시아학과	한국외대(글로벌)	학교장추천	3	4	7.5	185.0	184.8	4	5.5	271.7	264.1	4	9.3	251.5	250.2	등록50%컷	등록70%컷
중어중국학과	인천대	지역균형	5	7	6.0	3.08	3.33	7	9.1	2.98	3.04	7	4.9	3.18	3.46	등록평균	등록70%컷
중어중국학과	인천대	교과성적우수자	9	9	11.3	3.18	3.18	9	10.3	3.10	3.20	9	12.3	3.04	3.24	등록평균	등록70%컷
중어중국학전공	동덕여대	학생부교과우수자	8	8	11.3	2.90		20	8.4	3.30		20	6.6	3.30		최종평균	
중어중문학과	성결대	교과성적우수자	13	20	5.8	4.4		20	8.0	4.4		19	8.7	4.6		등록70%컷	
중어중문학과	이화여대	고교추천	12	12	3.6	2.05	2.11	12	3.3	1.99	2.08	12	4.3	1.9	2.0	등록50%컷	등록70%컷
중어중문학과	성결대	SKU창의적인재	11	11	6.0	6.2		13	4.9	6.2		12	5.8	6.2		등록90%컷	
중어중문학과	건국대	KU지역균형	4	4	5.5	2.12	2.12	4	7.3	2.14	2.15	4	33.0	2.23	2.23	등록70%컷	
중어중문학과*	고려대	학교추천	8	9	8.2	1.58	1.70	12	10.6	1.83	1.86	12	8.3	1.96	2.30	등록70%컷	
중어중문학과*	연세대	추천형	5	6	8.3	1.54	1.64	6	5.7	1.65	1.81	5	5.7	1.70	1.79	등록50%컷	등록70%컷
중어중문학과*	서울여대	교과우수자	4	4	8.0	3.3		4	40.5	2.5	2.6	4	24.3	3.1	3.7	최종평균	최종최저
중어중문학과*	숭실대	학생부우수자	3	3	14.0	2.31	2.17	3	41.3			4	12.5	3.63	3.63	등록평균	등록70%컷
중어중문학과*	한양대	추천형	6	7	7.6	1.45		7	5.0	1.58		7	8.6	1.57		등록평균	
중어중문학과*	동국대	학교장추천인재	5	6	7.2	1.72	3.50	6	10.7	2.40	2.77	6	10.0	2.62	3.52	최종평균	최종최저
중어중문학부*	숙명여대	지역균형선발	9	9	6.9	2.16	2.19	8	5.9	2.21	2.26	8	8.9	2.17	2.18	등록평균	등록70%컷
중어중문학전공*	명지대	학교장추천	5	5	12.2	2.57	2.73	5	28.0	3.15	3.41	5	4.2	3.23		등록평균	등록70%컷
중어중문학전공*	명지대	교과면접	5	5	13.8	2.52	3.21	5	9.0	2.20		5	8.0	2.46	2.75	등록평균	등록70%컷
지리교육과	고려대	학교추천	6	6	11.8	1.48	1.50	9	8.6	1.84	1.86	8	6.1	1.66	1.86	등록50%컷	등록70%컷
지리교육과	동국대	학교장추천인재	7	7	11.3	1.29	1.70	7	14.7	2.06	2.32	7	13.7	2.12	2.68	최종평균	최종최저
지리교육전공	이화여대	고교추천	5	5	3.6	1.75	1.77	5	4.2	1.79	1.79	5	3.4	1.7	1.8	등록50%컷	등록70%컷
지리학과	건국대	KU지역균형	3	3	5.3			3	9.3			3	24.3	1.90	2.06	등록50%컷	등록70%컷
지리학과(인문)	경희대(서울)	지역균형	4	5	6.2	1.65	1.75	5	11.0	1.70	9.6	5	7.4	1.8	6.0	최종평균	등록70%컷
지리학과*	성신여대	지역균형	4	4	6.5	2.06	2.08	4	10.8	2.49		4	7.5	2.74		등록평균	등록최저

3부 모집단위순 합격자 성적

모집단위	대학	전형	2025 모집인원	2024 모집인원	2024 경쟁률	2024 성적①	2024 성적②	2023 모집인원	2023 경쟁률	2023 성적①	2023 성적②	2022 모집인원	2022 경쟁률	2022 성적①	2022 성적②	성적 산출기준 성적①	성적 산출기준 성적②
지식융합미디어학부	서강대	지역균형	10	7	6.4	1.92	2.35	14	7.8	1.51	1.54	15	9.1	1.46	1.52	등록50%컷	등록70%컷
지적재산권전공	상명대(서울)	고교추천	5	6	7.7	2.75	2.84	6	14.8	2.96	3.10	6	10.7	3.15	3.41	등록50%컷	등록70%컷
창의융합학부(예체능전공)	성신여대	지역균형	103													등록평균	등록최저
창의융합학부(자유전공)	성신여대	지역균형	62													등록평균	등록최저
창의인재개발학과	인천대	지역균형	3	4	8.8	2.87	2.94	4	56.8	2.86	2.93	4	5.8	4.26	5.06	등록평균	등록70%컷
창의인재개발학과	인천대	교과성적우수자	3	4	12.5	2.79	2.74	4	22.5	3.03	3.11	4	14.8	3.24	3.46	등록평균	등록70%컷
철학과	성균관대	학교장추천	12	12	6.4	1.78	1.82	11	5.6	1.87	2.03	3	6.3			등록50%컷	등록70%컷
철학과	건국대	KU지역균형	3	4	8.0	2.26	2.26	3	7.7			4	24.8	2.07	2.07	등록50%컷	등록70%컷
철학과	인하대	지역균형	6	6	7.7	2.83	3.15	5	8.6	2.75	2.92	5	8.4	2.93	3.02	등록평균	등록최저
철학과	경희대(서울)	지역균형	3	4	8.0	1.80	1.89	4	18.5	1.80	15.3	4	7.3	1.9	6.8	최종평균	등록70%컷
철학과	단국대(죽전)	지역균형선발	3	3	11.0	2.50	2.66	3	13.0	2.66		3	11.3	2.94		등록평균	등록최저
철학과	한국외대(글로벌)	학교장추천	3	5	5.2	187.5	186.7	3	6.0	279.5	278.1	7	6.3	250.0	247.6	등록50%컷	등록70%컷
철학과*	고려대	학교추천	11	13	8.4	1.50	1.54	9	7.1	1.73	1.82	9	8.4	1.72	1.73	등록50%컷	등록70%컷
철학과*	연세대	추천형	6	6	7.2	1.45	1.51	7	5.9	1.62	1.65	7	3.7	1.34	1.69	등록50%컷	등록70%컷
철학과*	서울시립대	지역균형선발	3		11.3	2.01		3	15.3	2.18		3	17.0	2.02		등록평균	
철학과*	가톨릭대	지역균형	7	4	11.0	2.80	2.86	5	11.4	3.14	3.27	5	13.8	3.36	3.53	등록평균	등록최저
철학과*	동국대	학교장추천인재	2	2	14.0	1.60	1.70	2	19.5	2.46	2.50	2	12.0	2.79	3.19	최종평균	최종최저
철학과*	숭실대	학생부우수자	5	5	6.8	2.37	2.51	5	16.4	2.40	2.48	5	10.4	2.53	2.56	등록평균	등록70%컷
철학과*	한양대	추천형	3	3	4.7	1.66		3	8.0	1.39		3	9.3	1.59		등록평균	
청소년지도학전공*	명지대	학교장추천	3	4	14.0	2.59	2.74	4	74.8	2.99	3.41	4	4.0	4.11		등록평균	등록최저
청소년지도학전공*	명지대	교과면접	5	5	15.8	2.12	2.00	5	12.8	2.66		5	12.0	2.35	2.63	등록평균	등록70%컷
체육교육과	단국대(죽전)	지역균형선발	10													등록평균	등록최저
체코·슬로바키아어학과	한국외대(글로벌)	학교장추천	3	4	8.3	188.2	185.3	4	9.8	278.5	274.7	4	8.3	256.1	250.9	등록50%컷	등록70%컷
초등교육과	이화여대	고교추천	9	9	5.2	1.27	1.31	9	7.6	1.24	1.25	9	11.2	1.2	1.2	등록50%컷	등록70%컷
커뮤니케이션·미디어학부	이화여대	고교추천	15	15	3.9	1.67	1.80	15	4.5	1.71	1.73	15	4.6	1.7	1.7	등록50%컷	등록70%컷
커뮤니케이션콘텐츠전공	동덕여대	학생부교과우수자	8	9	6.4	2.10		24	4.3	2.50		24	6.1	2.40		최종평균	
큐레이터학전공	동덕여대	학생부교과우수자	3	9	7.3	2.20		9	11.1	2.90		9	5.3	3.10		최종평균	
크리에이티브인문학부(야)	한성대	교과우수	15	15	12.3	3.07	3.21	17	6.2	3.32	3.62	19	5.0	3.80	3.93	등록50%컷	등록70%컷
크리에이티브인문학부(야)	한성대	지역균형	10	10	5.8	3.52	3.63	15	6.47	3.66	3.73	15	3.7	3.96	4.01	등록50%컷	등록70%컷
크리에이티브인문학부(주)	한성대	지역균형	10	10	6.7	2.81	2.89	15	8.93	2.97	3.07	15	5.5	2.94	3.10	등록50%컷	등록70%컷
크리에이티브인문학부(주)	한성대	교과우수	17	20	9.6	2.40	2.52	23	14.2	2.58	2.67	27	7.8	3.26	3.33	등록50%컷	등록70%컷
태국어과	한국외대(서울)	학교장추천	3	3	7.7	196.5	196.4	3	11.3	293.5	293.0	3	14.7	260.6	258.4	등록50%컷	등록70%컷
테슬(TESL)전공*	숙명여대	지역균형선발	3	3	5.0	2.03	2.12	3	6.0			3	6.3			등록50%컷	등록70%컷
통계학과	성균관대	학교장추천	12	12	4.8	1.61	1.71	11	8.8	1.59	1.65	3	10.3			등록50%컷	등록70%컷
통계학과*	고려대	학교추천	13	12	12.3	1.58	1.59	15	18.9	1.75	1.78	15	11.1	1.86	2.12	등록50%컷	등록70%컷
통합디자인학과	연세대	추천형	5	4	5.8	1.48	1.48	4	4.8	1.45	1.45	4	3.8	1.41	1.41	등록50%컷	등록70%컷
투어리즘&웰니스학부	한국외대(글로벌)	학교장추천	3	9	5.1	181.7	177.4									등록50%컷	등록70%컷
튀르키예·아제르바이잔학과	한국외대(서울)	학교장추천	3	3	9.7	192.0	187.0	3	7.3	294.2	294.1	3	11.7	263.2	262.9	등록50%컷	등록70%컷
특수교육과	가톨릭대	지역균형	6	5	6.0	2.46	2.53	5	7.2	3.01	3.15					등록평균	등록최저
특수교육과	이화여대	고교추천	9	9	5.6	1.78	1.96	9	3.9	2.05	2.08	9	4.0	1.7	1.8	등록50%컷	등록70%컷
특수교육과	단국대(죽전)	지역균형선발	6	6	4.3	2.75	3.13	6	7.8	2.29		6	6.5	2.49		등록평균	등록최저
특수외국어(유럽지역)계열	한국외대(서울)	학교장추천	3													등록50%컷	등록70%컷
특수외국어(인도·아세안지역)계열	한국외대(서울)	학교장추천	3													등록50%컷	등록70%컷
특수외국어(중동지역)계열	한국외대(서울)	학교장추천	3													등록50%컷	등록70%컷
특수체육교육과*	한국체대	교과성적우수자	19	19	5.6	2.07	2.57	19	5.6	2.31	2.57	19	5.5	2.31	2.59	등록평균	등록최저
파이낸스경영학과	한양대	추천형	5	6	6.5	1.50		6	6.7	1.24		6	8.5	1.29		등록평균	
파이낸스경영학과	인하대	지역균형	7	7	13.0	2.61	2.74	5	23.0	2.74	2.95	5	12.6	3.19	3.19	등록평균	등록최저
패션디자인학과	신한대	일반전형	6	6	24.7	3.30		6	15.7	3.78						최종평균	
패션산업학과	가천대	지역균형	6	5	15.8	3.26	3.43	5	33.2	3.16	3.29	5	12.8	3.6		등록70%	등록90%
패션산업학과	가천대	학생부우수자	6	6	15.0	3.00	3.10	6	23.0	2.70	2.89	6	16.2	3.0	3.1	등록70%	등록90%
패션산업학과	서울여대	교과우수자	4	4	9.5	2.9		4	16.3	2.5	3.1	4	13.5	2.5	3.1	최종평균	최종최저
페르시아어·이란학과	한국외대(서울)	학교장추천	3	3	8.0	194.3	194.2	3	7.3	292.7	292.4	3	14.3	264.0	262.1	등록50%컷	등록70%컷
평생교육학과	숭실대	학생부우수자	2	4	7.8	2.52	2.49	4	41.8	2.19	2.19	4	13.5	2.91	3.28	등록평균	등록70%컷

모집단위	대학	전형	2025 모집인원	2024 모집인원	경쟁률	성적①	성적②	2023 모집인원	경쟁률	성적①	성적②	2022 모집인원	경쟁률	성적①	성적②	성적산출기준 성적①	성적②
포르투갈어과	한국외대(서울)	학교장추천	3	3	7.7	195.4	195.1	3	16.0	295.3	295.1	3	13.3	261.5	260.9	등록50%컷	등록70%컷
폴란드어학과	한국외대(글로벌)	학교장추천	3	4	9.5	189.7	188.7	4	5.0	277.5	272.1	4	6.3	259.3	255.7	등록50%컷	등록70%컷
프랑스문화콘텐츠전공	서울여대	교과우수자	4	4	9.3	3.1										최종평균	최종최저
프랑스어교육전공	한국외대(서울)	학교장추천	3	3	10.3	196.6	196.6	3	17.3	293.1	292.1	3	21.0	260.2	257.1	등록50%컷	등록70%컷
프랑스어문·문화학과*	성신여대	지역균형	4	4	4.5	3.21	4.25	4	12.5	2.34		4	6.8	2.65		등록평균	등록최저
프랑스어문화학과	가톨릭대	지역균형	6	6	12.3	2.93	3.01	5	19.0	3.11	3.27	5	12.6	3.65	3.80	등록평균	등록최저
프랑스어학과	경희대(국제)	지역균형	2	4	10.3	2.36	2.58	4	8.3	2.10	6.5	4	5.3	2.4	3.3	최종평균	등록70%컷
프랑스어학부	한국외대(서울)	학교장추천	6	8	6.4	197.4	197.2	10	8.6	296.8	296.0	10	13.1	265.1	264.1	등록50%컷	등록70%컷
프랑스어언어·문화학과*	숙명여대	지역균형선발	3	3	5.0			3	5.3			3	7.3			등록50%컷	등록70%컷
한국사학과	고려대	학교추천	4	4	7.3	1.45	1.49	6	9.8	1.62	1.73	6	7.7	1.96	2.03	등록50%컷	등록70%컷
한국수어교육전공	한경국립대(평택)	일반전형P	7	7	5.6	5.12	5.67	9	2.9	5.2	6.5					등록평균	등록최저
한국어교육과	한국외대(서울)	학교장추천	3	3	7.7	199.0	198.9	3	12.3	295.9	295.2	3	17.7	266.7	266.1	등록50%컷	등록70%컷
한국어문학과	인하대	지역균형	8	8	9.6	2.74	2.89	5	12.6	2.95	3.02	5	7.6	3.12	3.16	등록평균	등록최저
한국어문학부*	숙명여대	지역균형선발	8	8	4.3	1.97	2.03	8	5.4	2.13	2.18	8	7.8	2.13	2.21	등록50%컷	등록70%컷
한국어학과	경희대(국제)	지역균형	3	3	4.7	1.93	1.96	3	7.3	2.30	5.3	3	6.0	2.4	3.3	최종평균	등록70%컷
한국역사학과*	국민대	교과성적우수자	9	9	5.2	2.33	2.68	9	8.6	2.25	2.28	9	11.4	2.48	2.48	등록50%컷	등록70%컷
한국학과	한국외대(글로벌)	학교장추천	3	3	5.3	189.0	187.8	4	5.3	280.2	275.2	3	6.3	251.9	245.0	등록50%컷	등록70%컷
한문교육과	성균관대	학교장추천	5	5	8.6	1.88	1.88	5	7.6	1.96	2.13	5	12.2	1.69	2.26	등록50%컷	등록70%컷
한문교육과	단국대(죽전)	지역균형선발	4	4	10.5	2.52	2.60	4	23.0	2.78		4	17.3	3.29		등록평균	등록최저
한문교육과*	성신여대	지역균형	4	4	10.8	2.60	2.67	4	18.5	2.62		4	5.8	3.27		등록평균	등록최저
한문학과	성균관대	학교장추천	20	20	6.8	1.92	1.97	18	9.4	2.02	2.09	5	8.0	2.09	2.23	등록50%컷	등록70%컷
한문학과*	고려대	학교추천	4	4	7.5	1.67	1.70	6	12.8	1.79	1.86	6	8.7	2.09	2.25	등록50%컷	등록70%컷
한양인터칼리지학부	한양대	추천형	40													등록평균	
한의예과(인문)	경희대(서울)	지역균형	3	3	14.7	1.03	1.04	3	24.7	1.00	16.0					최종평균	등록70%컷
한일문화콘텐츠전공	상명대(서울)	고교추천	4	7	5.4	2.62	2.71	7	6.9	2.76	2.93	7	9.7	2.66	3.01	등록50%컷	등록70%컷
항공·경영대학	한국항공대	학교장추천	18													등록평균	등록최저
항공·경영대학	한국항공대	교과성적우수자	18													등록평균	등록70%컷
항공관광외국어학부	삼육대	학교장추천	3	4	12.8	3.29						5	5.6	4.73		최종평균	
핵심외국어계열	한국외대(서울)	학교장추천	3													등록50%컷	등록70%컷
행정정보학과	대진대	학교장추천	6	5	5.4	3.63	4.21	4	13.5	3.86	4.08	2	7.0			등록평균	등록90%
행정정보학과	대진대	학생부우수자	6	8	6.6	3.97	4.24	8	12.3	4.14	4.48	13	5.8	4.84	5.40	등록평균	등록90%
행정학과	인천대	교과성적우수자	4	5	8.2	3.31	3.42	5	9.8	2.71	2.85	5	17.4	2.49	2.75	등록평균	등록70%컷
행정학과	인천대	지역균형	4	5	4.2	3.50	3.91	5	9.6	2.52	2.67	5	6.8	2.98	3.12	등록평균	등록70%컷
행정학과	성결대	SKU창의적인재	14	11	9.9	5.2		13	7.2	5.4		12	9.3	5.2		등록70%컷	
행정학과	안양대	아리학생부교과	10	12	11.1	2.64	3.00	12	10.7	3.13	3.50	9	10.3	3.38	3.83	등록평균	등록최저
행정학과	가톨릭대	지역균형	7	5	8.4	2.65	2.72	5	11.6	2.93	3.03	5	27.6	3.01	3.21	등록평균	등록최저
행정학과	광운대	지역균형	5	5	4.6	2.05		5	9.4	2.12		6	8.2	2.27		등록평균	
행정학과	서울과기대	고교추천	16	16	4.5	2.36	2.37	15	9.9	2.27	2.33	16	11.1	2.55	2.58	등록평균	등록70%컷
행정학과	건국대	KU지역균형	5	9	14.6	1.92	2.03	9	11.4	1.89	2.21	9	30.7	1.86	1.90	등록50%컷	등록70%컷
행정학과	서울여대	교과우수자	8	8	5.3	2.9		8	17.3	2.3	2.5	8	17.6	2.5	3.0	최종평균	최종최저
행정학과	경희대(서울)	지역균형	11	12	3.9	1.73	1.96	12	9.8	1.50	8.3	12	9.3	1.6	7.9	최종평균	등록70%컷
행정학과	안양대	아리학생부면접	5	6	11.2	3.54	3.91	6	9.0	3.92	4.08	6	8.4	3.78	4.49	등록평균	등록최저
행정학과	인하대	지역균형	13	13	5.2	2.86	4.24	8	7.5	2.42	2.68	8	8.9	2.45	2.58	등록평균	등록최저
행정학과	아주대	고교추천	10	10	6.7	2.65	2.87	10	8.7	2.64	2.72	10	14.9	2.83	2.95	등록평균	등록70%컷
행정학과	한국외대(서울)	학교장추천	4	5	10.8	198.1	198.0	5	24.4	297.4	296.3	5	17.2	266.7	264.7	등록50%컷	등록70%컷
행정학과	숙명여대	지역균형선발	5	5	4.4	2.19	2.29	5	5.4			5	7.4	1.98	2.04	등록50%컷	등록70%컷
행정학과	연세대	추천형	14	13	5.4	1.36	1.45	15	4.1	1.26	1.39	15	4.1	1.34	1.42	등록50%컷	등록70%컷
행정학과	이화여대	고교추천	10	10	4.7	1.66	1.87	10	5.0	1.78	1.94	10	3.7	1.6	1.8	등록50%컷	등록70%컷
행정학과	세종대	지역균형	1	7	6.7	2.23	2.26	7	12.6	2.12	2.22	2	10.5	2.06	2.06	등록평균	등록70%컷
행정학과(야)	안양대	아리학생부교과	13	14	9.1	4.25	4.49	15	6.1	4.95	5.96	12	7.5	4.89	5.58	등록평균	등록최저
행정학과(야)	안양대	아리학생부면접	4	5	7.4	5.13	5.93	6	6.7	5.86	6.15	8	3.4	5.73	6.89	등록평균	등록최저
행정학과*	서울시립대	지역균형선발	8	13	6.0	2.25		9	13.1	1.65		9	19.9	1.96		등록평균	
행정학과*	국민대	교과성적우수자	9	12	5.4	2.08	2.28	10	9.4	2.10	2.16	10	26.9	2.16	2.16	등록50%컷	등록70%컷
행정학과*	한양대	추천형	5	5	5.2	1.73		5	5.4	1.28		5	8.8	1.28		등록평균	

모집단위	대학	전형	2025 모집인원	2024 모집인원	2024 경쟁률	2024 성적①	2024 성적②	2023 모집인원	2023 경쟁률	2023 성적①	2023 성적②	2022 모집인원	2022 경쟁률	2022 성적①	2022 성적②	성적 산출기준 성적①	성적 산출기준 성적②
행정학과*	단국대(죽전)	지역균형선발	4	5	4.8	3.14	4.06	5	8.4	2.15		5	10.8	2.38		등록평균	등록최저
행정학과*	고려대	학교추천	12	13	4.9	1.44	1.49	17	7.8	1.47	1.58	17	8.1	1.61	1.67	등록50%컷	등록70%컷
행정학부	성결대	교과성적우수자	27	20	5.7	4.0		20	10.7	3.8		19	18.4	4.0		등록70%컷	
행정학부	숭실대	학생부우수자	9	9	5.4	2.47	2.47	9	12.9	2.49	2.03	12	16.2	2.19	2.28	등록평균	등록70%컷
행정학부	상명대(서울)	고교추천	8	15	3.8	2.65	3.07	17	8.0	2.68	2.88	17	28.7	2.79	3.05	등록50%컷	등록70%컷
행정학전공	한경국립대(안성)	일반전형A	14													등록평균	등록최저
행정학전공*	명지대	학교장추천	6	9	8.6	2.33	2.55	10	10.5	2.73	3.28	9	5.1	2.20		등록평균	등록최저
행정학전공*	명지대	교과면접	9	10	25.1	2.49	3.07	10	6.8	3.20		10	8.4	2.38	2.50	등록평균	등록70%컷
행정학전공*	동국대	학교장추천인재	5	6	11.3	1.27	1.50	6	26.7	2.01	2.24	6	18.0	2.33	3.00	최종평균	최종최저
헝가리어학과	한국외대(글로벌)	학교장추천	3	4	7.0	190.8	190.5	4	5.0	276.2	271.1	4	7.8	257.2	252.4	등록50%컷	등록70%컷
호텔관광경영학과	협성대	미래역량우수자	5	8	7.1	4.36	4.55	8	6.9	4.49	4.89	8	5.9	3.54	4.44	등록50%컷	등록70%컷
호텔관광경영학과	협성대	학생부교과우수자	6	8	28.0	3.71	3.95	7	7.6	4.26	4.95	7	10.3	3.08	3.26	등록50%컷	등록70%컷
호텔관광외식경영학부	세종대	지역균형	4	20	5.8	2.09	2.16	18	9.4	2.16	2.23	7	12.6	2.09	2.22	등록평균	등록70%컷
호텔관광학부*	수원대	면접위주교과	10	10	13.2	3.38	3.60	13	12.5	3.1		16	10.7	3.0		등록평균	등록평균
호텔관광학부*	수원대	교과우수	8	10	14.2	3.4		10	10.1	3.5		7	26.6	3.0		최종평균	
호텔관광학부*	수원대	고교추천	4	4	20.3	3.7		5	28.8	4.0		7	11.9	4.0		최종평균	
호텔외식경영학부	경기대	교과성적우수자	4	3	16.7	1.56	1.76	6	15.7	1.87						등록50%컷	등록70%컷
호텔외식경영학부	경기대	학교장추천	9	6	7.8	3.18	3.42	7	7.4	2.72						등록50%컷	등록70%컷
홍보광고학과	숙명여대	지역균형선발	5	5	3.6	1.91	1.91	5	7.8	1.94	1.97	5	10.0	1.96	2.07	등록50%컷	등록70%컷
회계세무학과	경희대(서울)	지역균형	2	10	4.5	1.68	1.74	10	6.3	1.60	4.7	10	9.4	1.6	7.5	최종평균	등록70%컷
회계세무학과	가천대	학생부우수자	7	10	22.1	2.93	2.93	10	9.6	3.07	3.26					등록70%	등록90%
회계학과	가톨릭대	지역균형	10	10	10.8	2.84	2.92	12	8.2	2.98	3.22	11	17.1	2.99	3.26	등록평균	등록최저
회계학과	동국대	학교장추천인재	7	11	8.0	1.41	1.70	11	10.4	2.38	2.67	11	9.3	2.31	2.61	최종평균	최종최저
회계학과*	숭실대	학생부우수자	10	10	5.8	2.42	2.39	10	12.7	2.35	2.28	12	11.3	2.43	2.49	등록평균	등록70%컷
휴먼서비스계열	한신대	학생부우수자	45	28	4.8	3.29	4.41	27	4.7	3.05	3.70					최종평균	최종최저
휴먼서비스계열	한신대	학교장추천	5														
휴먼서비스학부	경기대	교과성적우수자	4	2	40.5	3.25	3.25	3	10.0	3.68						등록50%컷	등록70%컷
휴먼서비스학부	경기대	학교장추천	8	6	46.7	3.22	3.28	6	5.2	3.75						등록50%컷	등록70%컷
휴먼케어서비스학부	루터대	일반전형	45													등록50%컷	등록70%컷

II. 비수도권

※ '*' : 교직 이수 가능

모집단위	대학	전형	2025 모집인원	2024 모집인원	2024 경쟁률	2024 성적①	2024 성적②	2023 모집인원	2023 경쟁률	2023 성적①	2023 성적②	2022 모집인원	2022 경쟁률	2022 성적①	2022 성적②	성적 산출기준 성적①	성적 산출기준 성적②
e스포츠학과	동양대	면접전형	10													등록50%컷	등록70%컷
e스포츠학과	동양대	일반전형Ⅰ	7													등록50%컷	등록70%컷
IT금융경영학과	순천향대	교과면접	6	6	6.2	4.28	4.74	14	2.6	4.32	4.88					등록평균	등록최저
IT금융경영학과	순천향대	교과우수자	17	22	13.3	4.18	4.53	22	3.9	4.49	6.51	21	5.0	3.71	4.16	등록평균	등록최저
IT금융경영학과	순천향대	지역인재	5	5	5.8	3.69	4.33									등록평균	등록최저
IT융합경영학과[동두천]	동양대	일반전형Ⅰ	38	38	5.3	3.80	3.90	28	2.8	3.90	4.50	35	1.9	4.50	5.20	등록50%컷	등록70%컷
KU자유전공학부	건국대(글로컬)	교과우수	106													등록50%	등록70%
KU자유전공학부	건국대(글로컬)	지역인재	33													등록50%	등록70%
K-컬처학부	극동대	교과우수자	10													등록50%컷	등록70%컷
Lyfe조리전공	우송대	면접	20	20	4.5	1.9	2.3	16	5.7	2.5	2.7	16	5.6	2.2	2.6	등록평균	등록70%컷
건강운동관리전공	경북대	교과우수자	10	10	5.6	4.72	5.14									등록평균	등록70%
건축디자인학과	경동대	일반학생	24	24	5.4	4.57	5.27	25	6.4	4.43	4.98	27	8.4	4.79	5.00	최종평균	최종80%
게임디자인학과	공주대	지역인재	3													등록50%컷	등록70%컷
경상계열	전북대	지역인재1유형	73													등록평균	등록70%컷
경상계열	전북대	일반학생	105													등록평균	등록70%컷
경상대학 자율학부	경북대	지역인재	7													등록평균	등록70%
경상대학 자율학부	경북대	교과우수자	11													등록평균	등록70%
경영·금융교육과	공주대	지역인재	3													등록50%컷	등록70%컷

모집단위	대학	전형	2025	2024				2023				2022				성적 산출기준	
			모집인원	모집인원	경쟁률	성적①	성적②	모집인원	경쟁률	성적①	성적②	모집인원	경쟁률	성적①	성적②	성적①	성적②
경영·금융교육과	공주대	교과 I 전형	5	8	4.3	3.43	3.99	7	6.3	3.1	3.2	7	6.7	3.1	3.3	등록50%컷	등록70%컷
경영·회계학부*	강원대(춘천)	지역인재	23	28	4.5	3.31	3.52	27	3.6	3.34	3.66	29	8.7	3.09		등록평균	등록75%컷
경영·회계학부*	강원대(춘천)	일반전형	42	49	4.9	3.49	3.73	52	7.1	3.41	3.65	52	14.1	3.38		등록평균	등록75%컷
경영경제융합학부	울산대	지역교과	87														
경영경제융합학부	울산대	일반교과	91													등록평균	등록80%
경영대학	한림대	지역인재	22	22	5.7	3.56	4.29	22	3.1	4.30	5.14	20	3.6	4.20	5.04	등록평균	등록최저
경영대학	한림대	교과우수자	58	58	3.2	3.74	4.79	56	5.3	3.95	4.34	48	3.5	3.85	4.98	등록평균	등록최저
경영대학(무전공)	강원대(춘천)	일반전형	16													등록평균	등록75%컷
경영대학(무전공)	강원대(춘천)	지역인재	11													등록평균	등록75%컷
경영정보학과	제주대	일반학생	7	5	3.2		5.47	5	6.2	3.48	3.88	5	6.8	4.12	4.35	등록50%컷	등록70%컷
경영정보학과	한남대	지역인재교과우수자	10	8	3.3	5.23	5.72	8	6.1	4.60	5.00	13	8.2	5.44	5.72	최종평균	최종80%
경영정보학과	제주대	지역인재	5	5	2.4	4.16	4.16	5	6.2	3.69	3.98	4	4.8	4.75	4.90	등록50%컷	등록70%컷
경영정보학과	경상국립대	일반전형	15	17	5.4	4.52	4.65	18	6.3	4.12	4.39	18	4.8	3.92	4.35	등록평균	등록80%
경영정보학과	충북대	지역인재	5	5	8.0	3.46	3.59	5	6.2	3.28	3.09	5	11.2	3.15	3.32	등록평균	등록70%컷
경영정보학과	충북대	학생부교과	12	13	6.4	3.43	3.57	9	9.3	3.42	3.45	9	10.6	3.45	3.53	등록평균	등록70%컷
경영정보학과	한남대	일반전형	22	23	2.9	5.92	6.89	25	5.4	5.23	5.66	23	11.3	4.99	5.52	최종평균	최종80%
경영학과	한라대	일반학생(교과중심)	25	20	5.0	5.51	5.58	26	3.5	5.37	6.45					등록50%컷	등록70%컷
경영학과	순천향대	교과면접	5	5	10.4	3.56	3.80	14	4.8	3.69	4.66					등록평균	등록최저
경영학과	부산대	지역인재	15	15	8.7	2.30	2.41	15	11.9	2.38	2.54	15	12.2	2.34	2.56	등록평균	등록70%컷
경영학과	순천향대	지역인재	6	6	6.3	3.05	3.84									등록평균	등록최저
경영학과	부산대	학생부교과	40	40	6.6	2.64	2.68	40	12.8	2.31	2.45	50	13.3	2.36	2.56	등록평균	등록70%컷
경영학과	한라대	지역인재	4	2	4.0	6.82	6.82	2	5.0							등록50%컷	등록70%컷
경영학과	한남대	일반전형	50	49	5.8	4.77	5.26	46	4.3	4.54	5.34	40	7.0	3.83	3.29	최종평균	최종80%
경영학과	경동대	일반학생	29	29	4.8	4.49	5.54	29	5.7	4.25	4.74	27	8.8	4.32	4.50	최종평균	최종80%
경영학과	극동대	교과우수자	30													등록50%컷	등록70%컷
경영학과	건국대(글로컬)	교과우수	24	34	5.2	3.7	3.9	34	6.3	3.6	3.8	34	7.9	3.4	3.6	등록50%	등록70%
경영학과	공주대	교과 I 전형	5	13	8.6	3.69	4.01	11	8.3	3.4	3.8	11	15.5	3.4	3.4	등록50%컷	등록70%컷
경영학과	순천향대	교과우수자	9	13	7.9	3.20	3.59	11	9.3	3.39	3.87	18	6.8	3.10	3.63	등록평균	등록최저
경영학과	한남대	지역인재교과우수자	28	23	3.5	4.67	5.18	22	4.7	3.90	4.57	33	5.3	4.38	4.63	최종평균	최종80%
경영학과	한국교통대	지역인재	2	2	6.5	3.93	4.33									등록평균	등록최저
경영학과	건국대(글로컬)	지역인재	3	3	8.0	2.6	4.3	3	4.7	4.2	4.9	3	5.7	3.5		등록50%	등록70%
경영학과	공주대	지역인재	2	5	5.2	4.17	4.28	6	15.7	3.6	3.7	6	11.5	3.9	4.2	등록50%컷	등록70%컷
경영학과	한국교통대	일반전형	17	16	11.9	3.20	3.75									등록평균	등록최저
경영학과(야)	제주대	일반학생	3	3	4.3		3.04	3	5.3	2.96	2.98	3	4.3	3.23		등록50%컷	등록70%컷
경영학과*	제주대	지역인재	15	16	3.4	3.15	3.96	16	3.9	3.16	3.29	16	5.6	2.96	3.06	등록50%컷	등록70%컷
경영학과*	원광대	일반전형	83	95	3.6	4.65	5.03	103	4.1	5.82	6.55	142	4.0	5.57	6.19	등록50%컷	등록70%컷
경영학과*	상지대	교과일반	36	38	3.3	5.63										등록평균	
경영학과*	제주대	일반학생	6	3	4.3	3.64	3.64	3	10.7	2.69		3	16.0	3.23	3.79	등록50%컷	등록70%컷
경영학과*	상지대	강원인재	4	4	3.0	5.68										등록평균	
경영학부	경북대	교과우수자	38	42	6.0	2.72	2.85	33	18.0	2.29	2.46	25	20.9	2.71	3.01	등록평균	등록70%
경영학부	호서대	학생부	84	79	4.9	4.66	5.61	78	5.3	4.55	5.47	60	4.8	4.39	5.47	등록평균	등록최저
경영학부	충북대	지역인재	12	12	12.3	2.83	3.13	12	7.5	3.34	3.85	12	23.7	2.84	2.90	등록평균	등록70%컷
경영학부	조선대	지역인재	45	30	6.1	4.44	4.98	35	6.5	4.70	4.86	40	6.6	4.85	5.43	등록평균	등록70%컷
경영학부	호서대	지역인재	10	10	4.3	4.97	5.65	10	4.8	4.56	5.53	18	4.4	4.50	5.47	등록평균	등록최저
경영학부	충북대	학생부교과	56	61	8.8	3.02	3.26	60	7.3	3.26	3.54	60	17.3	2.92	3.16	등록평균	등록70%컷
경영학부	조선대	일반전형	135	120	3.4	4.72	5.02	145	3.6	4.43	4.85	138	4.2	4.46	4.86	등록평균	등록70%컷
경영학부	호남대	일반학생A	10	12	3.8	6.00	6.22	13	2.5	6.22	6.69	16	3.1	5.83	6.50	등록50%	등록70%
경영학부	호남대	일반고	21	18	2.3	6.71	6.95	23	3.4	5.43	6.07	21	3.5	6.51	6.75	등록50%	등록70%
경영학부	경북대	지역인재	23	24	5.5	2.92	3.29	24	13.8	2.15	2.23	12	12.1	3.05	3.29	등록평균	등록70%
경영학부*	전남대(광주)	일반전형	70	70	5.9	3.43	3.66	70	5.2	3.09	3.21	52	10.2	2.72	2.89	등록평균	등록70%컷
경영학부*	경상국립대	지역인재	3													등록평균	등록80%
경영학부*	충남대	지역인재	35	35	6.9	2.68	2.82	35	4.5	3.06	3.22	35	9.3	2.60	2.76	등록평균	등록70%
경영학부*	충남대	일반전형	57	78	6.1	2.93	3.11	78	5.9	2.71	2.85	78	10.8	2.60	2.73	등록평균	등록70%
경영학부*	경상국립대	일반전형	45	60	4.3	3.82	4.30	61	4.7	3.43	3.70	60	7.3	3.29	3.60	등록평균	등록80%
경영학부*	전남대(광주)	지역인재	41	41	6.8	3.00	3.28	41	4.7	2.91	3.04	31	10.3	2.55	2.78	등록평균	등록70%컷
경영학자율전공학부	충북대	학생부교과	8													등록평균	등록70%컷

모집단위	대학	전형	2025	2024				2023				2022				성적 산출기준	
			모집인원	모집인원	경쟁률	성적①	성적②	모집인원	경쟁률	성적①	성적②	모집인원	경쟁률	성적①	성적②	성적①	성적②
경영학전공	우송대	교과중심	18	18	7.8	5.3		22	7.6	5.1		20	8.2	4.9		등록평균	
경영학전공	우송대	면접	10	8	2.0	6.0	5.7	14	2.7	5.7	5.7	14	3.1	5.8	6.4	등록평균	등록70%컷
경영학전공	우송대	지역인재	2	2	6.5	5.6		2	4.5			3	5.0	5.2		등록평균	
경영호텔학부	극동대	교과우수자	30													등록50%컷	등록70%컷
경제·정보통계학부	강원대(춘천)	지역인재	11	14	3.4	3.72	3.90	13	6.2	3.75	3.91	13	5.9	3.73		등록평균	등록75%컷
경제·정보통계학부	강원대(춘천)	일반전형	16	19	3.8	3.99	4.30	19	8.9	3.45	3.69	17	10.1	3.72		등록평균	등록75%컷
경제금융학과	원광대	일반전형	18	24	2.3	4.94	5.48	28	2.1	6.02	6.39					등록50%컷	등록70%컷
경제금융학과	순천향대	교과면접	5	5	5.8	4.25	4.50	14	2.6	4.06	5.11					등록평균	등록최저
경제금융학과	순천향대	교과우수자	15	23	3.4	4.39	6.09	18	3.9	3.82	4.17	20	5.6	3.80	4.20	등록평균	등록최저
경제금융학과	순천향대	지역인재	4	4	4.0	4.16	5.05									등록평균	등록최저
경제정책전공	고려대(세종)	일반전형	12	6	6.7	3.45	3.45	6	6.7	3.53	3.53	6	9.2	3.29	3.42	등록50%컷	등록70%컷
경제통상학과	건국대(글로컬)	교과우수	21	28	8.0	3.9	3.9	30	9.2	4.0	4.1	30	7.8	3.8	4.2	등록50%	등록70%
경제통상학과	건국대(글로컬)	지역인재	3	3	5.0	4.8	5.1	3	7.7	5.0	5.1	3	5.0	5.0		등록50%	등록70%
경제통상학부	경북대	지역인재	15	16	6.0	2.75	2.92	18	16.7	2.57	2.68	8	13.1	3.24	3.34	등록평균	등록70%
경제통상학부	공주대	지역인재	4	10	5.7	4.51	4.73	11	7.0	4.2	4.4	11	7.8	4.1	4.2	등록50%컷	등록70%컷
경제통상학부	공주대	교과 I 전형	15	22	8.9	4.46	4.58	21	7.1	4.1	4.4	22	9.6	3.9	3.9	등록50%컷	등록70%컷
경제통상학부	경북대	교과우수자	22	24	7.5	2.76	2.86	19	30.6	2.58	2.80	23	12.8	3.28	3.80	등록평균	등록70%
경제학과	한림대	교과우수자	30	24	4.0	4.21	4.76	29	7.9	4.43	4.79	23	3.2	5.05	6.26	등록평균	등록최저
경제학과	충남대	지역인재	9	9	6.2	3.14	3.21	9	5.6	3.19	3.44	9	8.1	2.93	3.05	등록평균	등록70%
경제학과	제주대	일반학생	8	9	8.4	5.00	4.42	9	6.8	4.74	4.90	9	7.0	4.74	4.87	등록50%컷	등록70%컷
경제학과	조선대	지역인재	19	13	6.8	5.20	5.07	25	4.9	5.62	5.60	30	5.1	5.77	5.82	등록평균	등록70%컷
경제학과	한밭대	학생부교과(일반)	20	39	7.6	3.98	3.89	35	8.6	4.36	4.36	30	9.0	4.44	4.56	등록50%컷	등록70%컷
경제학과	한남대	일반전형	26	25	3.1	5.74	5.97	27	4.3	5.32	5.64	23	4.0	5.28	5.76	최종평균	최종80%
경제학과	조선대	일반전형	60	55	3.9	5.44	5.88	64	3.1	5.45	5.69	67	2.8	5.51	5.69	등록평균	등록70%컷
경제학과	충북대	학생부교과	12	13	7.9	3.04	3.25	9	8.9	3.40	3.40	9	10.4	3.06	3.42	등록평균	등록70%컷
경제학과	한남대	지역인재교과우수자	13	11	2.7	5.68	6.30	11	4.2	5.09	5.22	14	4.5	5.27	5.50	최종평균	최종80%
경제학과	충북대	지역인재	5	5	7.4	3.28	3.42	5	14.4	3.25	3.18	5	9.0	3.70	4.30	등록평균	등록70%컷
경제학과	제주대	지역인재	6	4	10.3	4.71	4.71	4	6.3	4.81	5.35	3	7.7	5.40		등록50%컷	등록70%컷
경제학과	한밭대	지역인재(교과)	3	3	17.3			3	14.3			3	14.7			등록50%컷	등록70%컷
경제학과	한림대	지역인재	5	5	4.6	4.41	4.53	5	2.4	4.24	5.27	6	3.3	4.61	5.05	등록평균	등록최저
경제학과*	충남대	일반전형	16	21	6.6	3.22	3.30	21	6.2	2.97	3.05	21	9.0	2.74	3.02	등록평균	등록70%
경제학부	전남대(광주)	일반전형	29	29	5.3	3.56	3.71	29	10.2	3.32	3.47	17	8.7	3.34	3.45	등록평균	등록70%컷
경제학부	전남대(광주)	지역인재	22	22	6.4	3.42	3.49	22	7.1	3.34	3.49	15	8.2	2.94	3.21	등록평균	등록70%컷
경제학부*	부산대	학생부교과	23	25	5.1	2.89	3.29	20	9.4	2.26	2.38	22	12.7	2.30	2.50	등록평균	등록70%컷
경제학부*	부산대	지역인재	17	17	5.7	3.31	3.27	9	12.6	2.27	2.34	10	12.4	2.51	2.60	등록평균	등록70%컷
경제학부*	경상국립대	지역인재	6													등록평균	등록80%
경제학부*	경상국립대	일반전형	29	34	4.4	4.39	4.62	40	5.5	4.17	4.41	39	4.7	4.17	4.46	등록평균	등록80%
경찰범죄심리학과	동양대	면접전형	3	8	1.5	4.50	4.60	8	3.3	3.70	3.90	40	1.4	4.70	5.10	등록50%컷	등록70%컷
경찰범죄심리학과[동두천]	동양대	일반전형 I	23	23	2.9	3.30	3.90	23	4.8	3.50	3.90					등록50%컷	등록70%컷
경찰법학과	상지대	교과일반	30	30	4.7	5.14										등록평균	
경찰법학과	상지대	강원인재	7	7	2.7	5.70										등록평균	
경찰안전학과	극동대	교과우수자	15					30	0.6							등록50%컷	등록70%컷
경찰학과	경동대	일반학생	34	34	7.0	3.81	4.27	34	5.6	3.97	4.36	36	7.2	3.62	4.13	최종평균	최종80%
경찰학과	건국대(글로컬)	교과우수	9	14	6.9	3.3	4.0	14	11.2	2.9	3.0	14	9.9	3.0	3.1	등록50%	등록70%
경찰학과	건국대(글로컬)	지역인재	2	3	5.7	3.2	3.9	3	4.3	3.4	3.6	3	6.7	2.6		등록50%	등록70%
경찰학과	한남대	지역인재교과우수자	8	8	7.9	3.27	3.59	8	5.5	3.29	3.60	11	6.6	3.49	3.71	최종평균	최종80%
경찰학과	한남대	일반전형	18	17	6.8	4.07	4.44	19	7.8	3.84	3.17	15	10.5	3.48	3.82	최종평균	최종80%
경찰행정·범죄심리학과	동양대	지역인재	1	1	1.0			1	2.0							등록50%컷	등록70%컷
경찰행정학과	한라대	일반학생(면접중심)	27	27	2.2	5.05	5.69					28	5.6	4.38	4.69	등록50%컷	등록70%컷
경찰행정학과	한라대	지역인재	6	6	6.0	4.14	4.17	2	10.5			2	7.0			등록50%컷	등록70%컷
경찰행정학과	조선대	일반전형	16	9	8.2	3.75	3.03	10	10.6	2.72	3.16	12	15.0	2.79	2.86	등록평균	등록70%컷
경찰행정학과	한라대	일반학생(교과중심)	14	14	6.9	4.41	4.60	36	4.3	4.36	4.98	7	4.4			등록50%컷	등록70%컷
경찰행정학과	원광대	일반전형	18	19	6.2	2.02	2.15	19	9.1	2.67	2.76	18	6.3	2.14	2.27	등록50%컷	등록70%컷
경찰행정학과	순천향대	교과우수자	6	8	7.3	2.19	2.55	6	19.3	2.16	2.33	9	15.9	2.14	2.36	등록평균	등록최저
경찰행정학과	순천향대	지역인재	6	6	7.7	2.40	2.58									등록평균	등록최저
경찰행정학과	호남대	일반고	20	21	4.9	6.35	6.72	22	6.0	5.32	5.73	20	8.2	4.95	5.32	등록50%	등록70%

모집단위	대학	전형	2025 모집인원	2024 모집인원	2024 경쟁률	2024 성적①	2024 성적②	2023 모집인원	2023 경쟁률	2023 성적①	2023 성적②	2022 모집인원	2022 경쟁률	2022 성적①	2022 성적②	성적 산출기준 성적①	성적 산출기준 성적②
경찰행정학과	호남대	일반학생A	19	21	3.6	6.48	6.88	28	3.6	6.03	6.36	26	4.7	5.84	6.39	등록50%	등록70%
경찰행정학과	순천향대	교과면접	4	4	11.3	2.35	2.52	10	16.7	2.41	2.72					등록평균	등록최저
고고문화인류학과	전북대	지역인재1유형	1													등록평균	등록70%컷
고고문화인류학과*	전북대	일반학생	11	11	6.3	3.90	4.18	11	7.4	3.93	4.10	11	4.6	3.80	3.94	등록평균	등록70%컷
고고미술사학과	충북대	지역인재	3	3	6.3	3.55		3	7.0	3.78		3	9.7	3.52		등록평균	등록70%컷
고고미술사학과	충북대	학생부교과	4	5	11.0	3.90	4.03	5	8.4	3.96	3.98	5	10.4	3.25	3.52	등록평균	등록70%컷
고고인류학과	경북대	교과우자수	8	8	22.1	3.00	3.03	5	13.4	3.61	3.67	4	10.3	3.40	2.92	등록평균	등록70%
고고학과	충남대	일반전형	5	6	9.3	3.28	3.54	6	10.3	3.41	3.59	6	15.7	3.43	3.58	등록평균	등록70%
고고학과	충남대	지역인재	2	2	6.0			2	9.5			2	10.5	3.71		등록평균	등록70%
고고학과	부산대	학생부교과	6	6	15.3	3.04	2.95	5	26.8	3.47	3.39	7	21.6	3.78	3.88	등록평균	등록70%컷
고전번역전공	조선대	지역인재	12	12	2.3	6.66	7.26									등록평균	등록70%컷
고전번역전공	조선대	일반전형	6	6	3.5			12	2.1	6.56	6.97	15	2.1	7.01	6.75	등록평균	등록70%컷
공간디자인학과	한서대	학생부교과1	2	3	5.0	4.8	4.8									등록평균	등록80%
공공사회·통일외교학부	고려대(세종)	일반전형	14	8	13.0	3.43	4.16	7	5.9	3.02	3.02	7	8.3	3.14	3.33	등록50%컷	등록70%컷
공공안전융합전공	충남대	일반전형	5	6	17.7	2.52	2.79	6	8.0	3.60	4.04	6	37.2	2.70	2.84	등록평균	등록70%
공공안전융합전공	충남대	지역인재	2	2	9.0	2.96	2.97	2	11.5			2	19.0	3.19		등록평균	등록70%
공공인재법무학과	조선대	지역인재	9	9	4.0	5.68	5.90	5	8.6	5.12	5.67	2	6.0	5.64		등록평균	등록70%컷
공공인재법무학과	조선대	일반전형	15	15	3.5	5.36	5.33	22	5.5	5.00	5.21	21	2.7	5.71	5.80	등록평균	등록70%컷
공공인재학부	울산대	지역교과	70													등록평균	등록80%
공공인재학부	울산대	일반교과	80													등록평균	등록80%
공공인재학부[동두천]	동양대	일반전형 I	25	27	4.8	3.30	3.30	38	3.6	3.60	3.60	30	6.4	4.30	4.30	등록50%컷	등록70%컷
공공인재학부[동두천]	동양대	면접전형	15	15	1.7	3.30	3.90	15	1.9	3.90	4.10	40	2.4	5.00	5.40	등록50%컷	등록70%컷
공공정책학과(야)	단국대(천안)	학생부교과우수자	14	14	4.4	5.07	6.12	14	5.5	5.10		14	3.9	5.08		등록평균	등록최저
공공정책학과*	단국대(천안)	학생부교과우수자	9	12	10.3	3.20	3.33	15	7.2	3.60		15	8.5	3.25		등록평균	등록최저
공공정책학부	부산대	학생부교과	5	5	22.4	2.64	2.65	5	8.8	3.39	3.29	5	10.0	2.27	2.35	등록평균	등록70%컷
공공정책학부	부산대	지역인재	4	4	22.3	2.53	2.56	4	12.3	3.21	3.15	4	10.8	2.51	2.53	등록평균	등록70%컷
공공행정학과	한밭대	학생부교과(일반)	5	15	14.2	3.19	3.95	13	12.9	3.76	3.88	13	16.5	3.75	3.86	등록50%컷	등록70%컷
공공행정학과	한밭대	지역인재(교과)	3	3	15.7			3	12.7			3	15.3			등록50%컷	등록70%컷
공항행정학과	한서대	학생부교과1	20	12	2.6	4.0	5.0	12	4.9	3.8	4.3	15	8.4	4.0	4.5	등록평균	등록80%
공항행정학과	한서대	지역인재	8	5	1.2	7.0		5	2.2	5.5		5	1.8	5.4		등록평균	
관광&영어통역응복합학과	공주대	교과 I 전형	11	15	3.9	5.19	5.85	16	8.3	4.0	4.1	15	10.1	4.3	4.4	등록50%컷	등록70%컷
관광&영어통역응복합학과	공주대	지역인재	3	7	4.6	4.47	4.59	7	6.6	4.5	4.5	7	7.7	4.4	4.5	등록50%컷	등록70%컷
관광개발학과	제주대	지역인재	7	7	3.3	5.44	5.44	7	4.7	4.68	4.95	6	5.8	4.93	5.12	등록50%컷	등록70%컷
관광개발학과	제주대	일반학생	6	6	3.7	5.31	5.31	6	6.0	4.55	4.61	6	8.2	4.51	4.69	등록50%컷	등록70%컷
관광경영학과	순천향대	교과면접	5	5	8.4	3.93	4.39	14	4.3	4.06	4.59					등록평균	등록최저
관광경영학과	순천향대	지역인재	6	5	5.4	3.85	4.36									등록평균	등록최저
관광경영학과	강원대(춘천)	지역인재	4	5	4.4	3.98	4.35	4	5.6	3.65	3.77	5	8.6	3.53		등록평균	등록75%컷
관광경영학과	공주대	지역인재	3	5	5.4	4.50	4.88	8	8.1	4.2	4.4	8	8.3	4.1	4.3	등록50%컷	등록70%컷
관광경영학과	호남대	일반고	6	7	1.9		6.61	11	2.4			7	2.6	7.04	7.29	등록50%	등록70%
관광경영학과	강원대(춘천)	일반전형	6	8	12.9	3.74	3.99	8	6.6	3.64	4.06	6	12.2	3.08		등록평균	등록75%컷
관광경영학과	순천향대	교과우수자	13	20	8.6	3.87	4.19	12	7.3	4.30	4.70	15	16.3	3.78	4.14	등록평균	등록최저
관광경영학과	호남대	일반학생A	12	13	3.1	5.17	5.85	11	1.7			16	2.0	6.78	7.29	등록50%	등록70%
관광경영학과	공주대	교과 I 전형	11	15	5.1	4.76	4.99	14	8.4	4.0	4.1	14	11.2	4.1	4.1	등록50%컷	등록70%컷
관광경영학과*	제주대	지역인재	15	16	5.1	5.64	4.70	16	2.6	4.23	4.96	16	4.6	3.53	3.98	등록50%컷	등록70%컷
관광경영학과*	제주대	일반학생	8	5	7.4	4.04	5.28	5	8.8	4.01	4.25	16	13.0	3.88	4.26	등록50%컷	등록70%컷
관광컨벤션학과	부산대	지역인재	4	4	11.3	2.74	2.81	4	11.8	2.82	2.71	4	15.5	2.77	2.70	등록평균	등록70%컷
관광컨벤션학과	부산대	학생부교과	4	4	10.8	2.66	2.53	4	9.0	2.91	2.97	4	12.8	2.59	2.61	등록평균	등록70%컷
관광학과	경북대	교과우수자	19	21	5.2	4.74	5.19	14	6.0	4.90	4.91	14	4.7	5.27	5.54	등록평균	등록70%
광고홍보학과	한림대	교과우수자	10	15	3.8	3.36	4.41	10	9.9	3.38	3.70	5	14.2	3.77	4.18	등록평균	등록최저
광고홍보학과	한림대	지역인재	4	4	3.0	3.38	3.98	4	5.5	3.79	3.98	5	7.3	4.11	4.77	등록평균	등록최저
광고홍보학부	홍익대(세종)	교과우수자	36	37	3.4	3.75	4.12	36	4.9	3.10	3.26	27	5.6	3.12	3.20	등록50%컷	등록70%컷
교육과*	한남대	일반전형	14	14	3.6	4.24	4.71	8	5.8	3.94	4.02	6	6.2	4.04	3.92	최종평균	최종80%
교육과*	한남대	지역인재교과우수자	5	5	3.8	3.62	4.10	4	4.3	3.38	3.90	7	4.1	3.45	3.39	최종평균	최종80%
교육학과	전북대	일반학생	4	4	4.5	3.16	3.19	4	11.0			2		2.91		등록평균	등록70%컷
교육학과	조선대	일반전형	12	10	5.3	4.37	4.46	7	5.6	4.13	4.33	8	5.8	3.83	3.91	등록평균	등록70%컷
교육학과	충남대	지역인재	2	2	7.5			2	6.0			2	8.5			등록평균	등록70%

모집단위	대학	전형	2025 모집인원	2024 모집인원	2024 경쟁률	2024 성적①	2024 성적②	2023 모집인원	2023 경쟁률	2023 성적①	2023 성적②	2022 모집인원	2022 경쟁률	2022 성적①	2022 성적②	성적 산출기준 성적①	성적 산출기준 성적②
교육학과	전남대(광주)	지역인재	5	5	4.8	3.69	4.04	5	6.6	2.62	2.67	3	9.7	2.56		등록평균	등록70%컷
교육학과	충북대	학생부교과	6	6	12.0	3.22	3.09	3	12.0	3.81		3	8.0	2.88		등록평균	등록70%컷
교육학과	전북대	지역인재1유형	3	2	5.5	2.98										등록평균	등록70%컷
교육학과	경상국립대	일반전형	4	5	5.4	4.41	4.99	5	17.0	2.18	2.22	5	11.0	2.96	3.17	등록평균	등록80%
교육학과	충남대	일반전형	5	5	5.2			5	8.4			5	8.4			등록평균	등록70%
교육학과	공주대	교과Ⅰ전형	3	5	14.6	2.97	2.99	3	9.0	3.3	3.4	3	40.3	2.3	2.3	등록50%컷	등록70%컷
교육학과	부산대	학생부교과	3	3	28.0	2.61		3	10.0	3.95		3	8.3	2.40	2.41	등록평균	등록70%컷
교육학과	공주대	지역인재	2													등록50%컷	등록70%컷
교육학과	전남대(광주)	일반전형	3	3	6.0	2.95		3	7.0	2.48		3	12.7	2.60		등록평균	등록70%컷
교육학과	강원대(춘천)	지역인재	3	3	3.7	4.53	4.53	2	8.0	2.82	2.84	3	9.3	3.50		등록평균	등록75%컷
교육학과	강원대(춘천)	일반전형	3	3	5.3	3.78	4.23	4	6.3	3.07	3.23	3	12.0	2.71		등록평균	등록75%컷
교육학과*	원광대	일반전형	10	7	4.4	2.98	3.22	7	5.0	3.14	3.30	7	3.3	2.89	3.02	등록50%컷	등록70%컷
국사학과	충남대	일반전형	4	6	10.3	3.45	3.82	6	25.7	3.22	3.40	6	8.5	3.79	4.08	등록평균	등록70%
국사학과	충남대	지역인재	3	3	5.7	3.65	3.85	3	7.7			3	9.7	3.26		등록평균	등록70%
국어교육과	한국교원대	지역인재	1	1	9.0	3.15		1	11.0	3.36		1	4.0	3.65		지원평균	
국어교육과	경북대	교과우수자	7	12	4.3	3.21	3.79	8	11.8	1.93	2.03	6	10.2	2.36	2.44	등록평균	등록70%
국어교육과	강원대(춘천)	지역인재	4	4	3.5	2.83	3.02	3	8.0	2.80	3.09	4	7.3	2.95		등록평균	등록75%컷
국어교육과	경북대	지역인재	5													등록평균	등록70%
국어교육과	강원대(춘천)	일반전형	7	7	4.3	3.26	3.47	7	10.7	2.48	2.76	6	12.2	2.87		등록평균	등록75%컷
국어교육과	경상국립대	일반전형	13	14	5.4	3.20	3.29	15	8.3	3.01	3.33	14	9.6	3.06	3.43	등록평균	등록80%
국어교육과	공주대	교과Ⅰ전형	7	11	3.9	2.64	3.20	11	7.5	2.4	2.5	11	9.8	2.3	2.3	등록50%컷	등록70%컷
국어교육과	경상국립대	지역인재	5	5	4.4	3.53	3.74	5	5.6							등록평균	등록80%
국어교육과	전남대(광주)	일반전형	5	5	5.2	2.69	2.97	5	9.0	2.54	2.65	4	8.5	2.72	2.36	등록평균	등록70%컷
국어교육과	부산대	학생부교과	10	10	5.9	2.65	2.78	5	24.0	2.21	2.20	8	9.4	2.66	2.84	등록평균	등록70%컷
국어교육과	충남대	지역인재	2	2	6.0			2	7.5			2	8.0			등록평균	등록70%
국어교육과	제주대	일반학생	3	3	3.7		4.90	3	7.7	3.03	3.07	3	9.0	3.06	3.11	등록50%컷	등록70%컷
국어교육과	전북대	일반학생	5	5	4.4	4.31	4.79	5	8.6	2.63	2.67	5	7.0			등록평균	등록70%컷
국어교육과	전남대(광주)	지역인재	8	8	5.4	2.42	2.53	8	4.8	2.52	2.62	4	10.0	2.33	2.15	등록평균	등록70%컷
국어교육과	충북대	학생부교과	12	11	5.5	3.26	3.46	5	16.4	2.71	2.72	9	9.8	3.04	3.10	등록평균	등록70%컷
국어교육과	제주대	지역인재	5	5	3.6	4.51	4.51	5	5.8	2.96	3.12	5	6.6	3.38	3.32	등록50%컷	등록70%컷
국어교육과	전북대	지역인재1유형	4	3	4.0	4.97										등록평균	등록70%컷
국어교육과	조선대	일반전형	20	18	3.9	4.21	4.44	20	6.5	3.81	3.95	16	8.8	3.76	4.12	등록평균	등록70%컷
국어교육과	공주대	지역인재	4													등록50%컷	등록70%컷
국어교육과	충남대	일반전형	5	5	4.2	2.89	2.91	5	10.4			5	10.2	2.76	2.91	등록평균	등록70%
국어교육과*	원광대	일반전형	13	12	3.5	2.68	2.95	12	8.3	3.20	3.44	12	4.4	3.07	3.94	등록50%컷	등록70%컷
국어교육과*	한남대	지역인재교과우수자	5	5	5.0	3.60	4.02	5	4.8	3.51	3.94	8	3.6	3.65	4.26	최종평균	최종80%
국어교육과*	한남대	일반전형	13	13	2.8	4.18	4.81	9	5.6	2.95	3.47	5	6.2	3.45	3.51	최종평균	최종80%
국어국문·창작학과*	한남대	지역인재교과우수자	15	13	3.1	5.07	5.17	11	3.9	4.03	4.37	16	2.8	4.93	5.29	최종평균	최종80%
국어국문·창작학과*	한남대	일반전형	34	33	3.9	5.27	5.77	31	5.0	4.75	5.08	28	5.4	4.93	5.52	최종평균	최종80%
국어국문학과	전북대	지역인재1유형	7	5	5.2	3.75	3.77									등록평균	등록70%컷
국어국문학과	충남대	지역인재	6	6	4.8	4.17	4.61	6	7.3	3.28	3.30	6	7.8	3.33	3.51	등록평균	등록70%
국어국문학과	충북대	지역인재	4	4	5.8	3.36	3.62	3	8.7	3.65		3	8.0	3.49		등록평균	등록70%컷
국어국문학과	충남대	일반전형	9	12	5.8	3.19	3.37	12	6.6	2.99	3.25	12	9.9	3.03	3.21	등록평균	등록70%
국어국문학과	경북대	교과우수자	5	6	17.5	2.76	2.81	9	17.9	3.05	3.24	5	11.4	3.25	3.82	등록평균	등록70%
국어국문학과	충북대	학생부교과	6	7	7.4	3.64	4.02	8	13.9	3.38	3.48	7	8.3	3.72	3.98	등록평균	등록70%컷
국어국문학과*	경상국립대	일반전형	14	14	6.9	3.24	3.67	15	6.4	3.35	3.82	15	4.7	3.40	3.81	등록평균	등록80%
국어국문학과*	전북대	일반학생	11	11	6.2	3.51	3.70	11	25.0	3.64	3.76	11	4.8	4.56	4.96	등록평균	등록70%컷
국어국문학과*	제주대	지역인재	3	3	3.3	3.93	3.93	3	6.3	4.07	4.30	2	7.0	4.50		등록50%컷	등록70%컷
국어국문학과*	제주대	일반학생	11	12	3.2	4.60	4.79	12	5.5	4.21	4.49	12	5.9	4.37	4.68	등록50%컷	등록70%컷
국어국문학과*	부산대	학생부교과	8	9	7.9	2.68	2.78	9	29.1	2.86	2.89	11	8.8	3.50	3.75	등록평균	등록70%컷
국어국문학과*	전남대(광주)	일반전형	10	10	5.9	3.55	3.76	10	8.1	3.10	3.24	8	9.5	3.15	3.26	등록평균	등록70%컷
국어국문학과*	전남대(광주)	지역인재	9	9	5.4	4.16	4.28	9	6.3	3.09	3.21	7	9.0	3.06	3.14	등록평균	등록70%컷
국어국문학전공	조선대	일반전형	19	16	2.6	5.86	6.44	17	5.5	4.74	5.28	23	3.7	5.28	6.08	등록평균	등록70%컷
국어국문학전공	조선대	지역인재	18	12	3.0	5.78	6.32	14	4.4	5.35	5.79	10	4.4	5.79	5.36	등록평균	등록70%컷
국제경영학과	충북대	지역인재	6	6	10.8	3.33	3.45	6	6.5	4.07	3.98	5	11.2	2.96	3.22	등록평균	등록70%컷
국제경영학과	충북대	학생부교과	27	28	6.0	3.42	3.58	20	10.0	3.22	3.34	20	13.0	3.37	3.47	등록평균	등록70%컷

모집단위	대학	전형	2025	2024				2023				2022				성적 산출기준	
			모집인원	모집인원	경쟁률	성적①	성적②	모집인원	경쟁률	성적①	성적②	모집인원	경쟁률	성적①	성적②	성적①	성적②
국제경영학과	상지대	교과일반	31	40	1.8	5.89										등록평균	
국제경영학과	상지대	강원인재	2													등록평균	
국제무역학과	한국교통대	지역인재	1	1	4.0	2.90	2.90									등록평균	등록최저
국제무역학과	한국교통대	일반전형	12	11	4.8	4.41	4.90									등록평균	등록최저
국제무역학과	강원대(춘천)	지역인재	8	9	3.3	4.14	4.36	9	5.0	3.79	3.95	10	9.5	3.73		등록평균	등록75%컷
국제무역학과	강원대(춘천)	일반전형	9	13	5.7	3.95	4.12	13	25.0	3.51	3.69	11	26.9	4.20		등록평균	등록75%컷
국제통상학과	순천향대	지역인재	6	6	4.5	3.88	4.26									등록평균	등록최저
국제통상학과	순천향대	교과우수자	22	30	4.3	3.70	4.29	22	4.1	3.70	4.35	29	6.1	3.72	4.14	등록평균	등록최저
국제통상학과	순천향대	교과면접	7	7	10.0	3.83	4.33	14	3.1	4.55	5.24					등록평균	등록최저
국제통상학과*	경상국립대	지역인재	5	2	5.0			1	14.0			1	5.0	6.01	6.01	등록평균	등록80%
국제통상학과*	경상국립대	일반전형	46	58	3.6	4.47	4.90	58	4.1	4.03	4.27	58	4.2	3.82	4.27	등록평균	등록80%
국제학부	전북대	일반학생	1	1	8.0			1	8.0			1	8.0			등록평균	등록70%컷
국제학부	충남대	일반전형	5	4	7.3	3.02	3.14	8	11.4	3.04	3.20	8	19.0	3.30	3.46	등록평균	등록70%
국제학부	부산대	학생부교과	6	4	7.5	3.64	3.26									등록평균	등록70%컷
국제학부	충남대	지역인재	2	2	6.0	4.30	4.61	3	14.7			3	15.0	3.72	3.77	등록평균	등록70%
군사안보학과	극동대	교과우수자	20									15	3.1	5.13	5.00	등록50%컷	등록70%컷
군사학과	상지대	강원인재	3	2	4.0	5.47										등록평균	
군사학과	경동대	일반학생	26	26	6.0	4.61	5.20	25	3.8	5.50	6.14	27	4.7	5.52	6.67	최종평균	최종80%
군사학과	상지대	교과일반	30	28	4.2	5.26										등록평균	
군사학과[동두천]	동양대	일반전형 I	27													등록50%컷	등록70%컷
글로벌관광학부	선문대	면접	17					5	1.2			7	3.9	5.68		등록50%컷	등록70%컷
글로벌금융경영학부	상명대(천안)	학생부교과	21	28	6.5	4.20	4.75	28	5.9	4.11	4.87	28	9.5	3.91		등록평균	등록최저
글로벌문화산업학과	순천향대	지역인재	3	3	3.0	4.29	4.62									등록평균	등록최저
글로벌문화산업학과	순천향대	교과우수자	8	10	3.4	5.01	6.98	10	9.2	3.42	3.66	7	5.9	3.69	4.58	등록평균	등록최저
글로벌문화산업학과	순천향대	교과면접	4	4	8.8	3.57	4.53	10	3.6	4.00	4.61					등록평균	등록최저
글로벌미디어영상학과	우송대	지역인재	3	3	3.3	5.0		3	5.7			4	4.3	5.7		등록평균	
글로벌미디어영상학과	우송대	면접	6	6	2.8	5.4	5.7	14	2.8	4.8	5.0	14	2.6	5.2	5.7	등록평균	등록70%컷
글로벌미디어영상학과	우송대	우송인재	3	3	3.0	4.9		3	1.7			3	2.3	5.5		등록평균	
글로벌미디어영상학과	우송대	교과중심	15	15	3.7	4.1		6	11.2	4.0		5	15.6	4.6		등록평균	
글로벌비즈니스대학	선문대	지역학생	45	43	3.5	5.63	5.75									등록50%컷	등록70%컷
글로벌비즈니스대학	선문대	일반학생	248	236	3.9	5.50	6.13									등록50%컷	등록70%컷
글로벌비즈니스 커뮤니케이션학과	조선대	지역인재	8	8	5.9	5.69	6.10	7	4.6	5.43	5.79					등록평균	등록70%컷
글로벌비즈니스 커뮤니케이션학과	조선대	일반전형	10	10	5.5	5.67	5.36	18	3.3	5.52	5.88	23	2.5	5.63	5.83	등록평균	등록70%컷
글로벌비즈니스학부	전남대(여수)	일반전형	16	9	3.7	5.15	5.62	9	6.3	4.77	4.88	9	3.7	5.89	5.43	등록평균	등록70%컷
글로벌비즈니스학부	전남대(여수)	지역인재	6	2	2.0							9	3.7	5.69	5.90	등록평균	등록70%컷
글로벌외식창업전공	우송대	면접	16	16	3.6	4.2	4.5	18	3.4	4.1	4.3	20	3.7	4.2	4.6	등록평균	등록70%컷
글로벌외식창업전공	우송대	교과중심	13	13	6.8	4.4		6	7.0	3.7		6	11.2	3.6		등록평균	
글로벌외식창업전공	우송대	지역인재	2	2	5.0	4.4		3	4.3			3	4.0	5.2		등록평균	
글로벌외식창업전공	우송대	우송인재	2	2	8.0	4.8		5	4.8			5	4.4	4.7		등록평균	
글로벌융합비즈니스학과	우송대	교과중심	12	12	5.5	6.3		14	3.1	5.6		14	2.9	4.5		등록평균	
글로벌융합비즈니스학과	우송대	면접	7	6	1.7	5.1	5.2	3	2.3	5.8	5.8	12	1.4	5.2	5.3	등록평균	등록70%컷
글로벌융합비즈니스학과	우송대	지역인재	2	2	3.5	7.0		2	2.5			2	3.5	5.7		등록평균	
글로벌인문학부*	울산대	지역교과	68													등록평균	
글로벌인문학부*	울산대	일반교과	70													등록평균	등록80%
글로벌인재학부	강원대(삼척)	지역인재	16	16	1.9	6.98	7.74	25	2.0	6.35	7.15	27	2.4	6.63		등록평균	등록75%컷
글로벌인재학부	강원대(삼척)	일반전형	60	63	2.6	6.20	7.01	48	4.0	6.31	7.04	43	4.7	5.79		등록평균	등록75%컷
글로벌조리전공	우송대	지역인재	2	2	4.0	3.5		2	8.0			2	9.0	4.2		등록평균	
글로벌조리전공	우송대	면접	23	23	3.6	2.8	3.7	20	8.5	2.6	3.0	21	7.2	3.8	4.4	등록평균	등록70%컷
글로벌조리전공	우송대	우송인재	4	4	10.8	3.7		7	13.0			7	8.7	4.2		등록평균	
글로벌조리전공	우송대	교과중심	5	5	11.0	3.0		5	17.4	2.7		5	20.0	3.1		등록평균	
글로벌지역학부	상명대(천안)	학생부교과	69	81	5.2	4.40	5.07	85	5.5	4.32	4.78	85	9.1	4.29		등록평균	등록최저
글로벌통상학과	호서대	학생부	41	39	5.1	5.33	5.99	43	4.5	5.33	6.17	38	5.7	4.98	5.74	등록평균	등록최저
글로벌통상학과	호서대	지역인재	11	11	3.8	5.62	6.71	11	2.4	6.16	6.91	11	3.5	5.75	6.34	등록평균	등록최저
글로벌학부	고려대(세종)	일반전형	30	18	7.8	3.82	3.91	17	6.6	3.73	4.01	17	17.1	3.49	3.53	등록50%컷	등록70%컷

3부 ●모집단위순 합격자 성적

모집단위	대학	전형	2025 모집인원	2024 모집인원	2024 경쟁률	2024 성적①	2024 성적②	2023 모집인원	2023 경쟁률	2023 성적①	2023 성적②	2022 모집인원	2022 경쟁률	2022 성적①	2022 성적②	성적 산출기준 성적①	성적 산출기준 성적②
글로벌한국어과	단국대(천안)	학부교과우수자	5	5	8.4	3.34	3.49	5	23.4	3.66		5	6.6	4.33		등록평균	등록최저
글로벌호텔매니지먼트학과	우송대	교과중심	17	20	5.6	5.8		10	5.4	6.4		7	7.6	4.9		등록평균	
글로벌호텔매니지먼트학과	우송대	면접	12	10	1.9	5.6	6.0	19	1.5	5.6	6.2	28	1.6	5.0	5.9	등록평균	등록70%컷
글로벌호텔매니지먼트학과	우송대	지역인재	2	2	4.0	4.8		2	3.5			4	3.8	4.4		등록평균	
글로벌호텔매니지먼트학과	우송대	우송인재	2	2	3.5	7.3		2	2.5			6	2.0	4.3		등록평균	
기독교학과	한남대	일반전형	7	7	3.3	6.46	6.46	10	1.7	7.61	7.33	3	5.3	3.87	3.40	최종평균	최종80%
기독교학과	호서대	학생부	7	5	2.6	5.55	6.48	5	3.4			5	2.6	6.05	7.33	등록평균	등록최저
기독교학과	한남대	지역인재교과우수자	4	4	1.5	7.08	6.89	3	1.7			5	1.4	6.11	6.13	최종평균	최종80%
노어노문학과	경북대	교과우수자	3	3	10.3	4.24	4.38	4	16.0	3.08	3.19	4	12.3	3.37	3.46	등록평균	등록70%
노어노문학과*	부산대	학생부교과	9	9	15.0	3.37	3.42	9	22.1	3.42	3.55	10	10.3	3.87	3.92	등록평균	등록70%컷
농업경제학과	충북대	학생부교과	7	6	7.2	3.30	3.69	7	11.4	3.52	3.49	7	9.0	3.60	3.75	등록평균	등록70%컷
농업경제학과	전남대(광주)	지역인재	8	8	5.5	3.06	3.23	8	5.8	2.98	3.17	5	9.0	2.79	2.71	등록평균	등록70%컷
농업경제학과	충북대	지역인재	4	4	6.5	4.20	4.31	3	8.3	3.70		3	8.0	3.34		등록평균	등록70%컷
농업경제학과	전남대(광주)	일반전형	3	3	6.3	4.43		3	5.7	2.42		3	9.0	2.98		등록평균	등록70%컷
농업생명과학계열	전북대	일반학생	141													등록평균	등록70%컷
농업생명과학계열	전북대	지역인재1유형	30													등록평균	등록70%컷
도시·자치융합학과	충남대	지역인재	2	4	6.8	2.96	3.06	4	9.3			4	10.3	3.35	3.54	등록평균	등록70%
도시·자치융합학과	충남대	일반전형	6	8	6.9	3.51	3.81	8	10.5	3.02	3.08	8	12.0	3.33	3.49	등록평균	등록70%
독어교육과	전북대	지역인재1유형	2	2	5.5	3.70										등록평균	등록70%컷
독어교육과	전북대	일반학생	3	3	8.7	3.29		3	6.0	3.69		3	5.7			등록평균	등록70%컷
독어교육전공	경북대	교과우수자	3	3	7.3	2.91	2.94	4	10.0	3.23	3.31	3	9.0			등록평균	등록70%
독어독문학과	공주대	지역인재	2					5	8.8	4.6	4.6	5	6.2	4.5	4.9	등록50%컷	등록70%컷
독어독문학과	공주대	교과Ⅰ전형	3	11	9.5	5.04	5.17	9	7.8	4.7	4.9	9	8.4	4.4	4.6	등록50%컷	등록70%컷
독어독문학과	경북대	교과우수자	8	8	14.1	3.06	3.16	5	30.0	3.27	3.34	6	11.8	4.26	4.24	등록평균	등록70%
독어독문학과*	충남대	지역인재	5	5	9.8	3.54	3.74	5	9.6	3.89	3.96	5	12.8	3.54	3.63	등록평균	등록70%
독어독문학과*	경상국립대	일반전형	15	15	5.5	4.15	4.67	16	4.6	4.38	4.79	16	7.1	4.16	4.40	등록평균	등록80%
독어독문학과*	부산대	학생부교과	6	6	18.2	3.21	3.32	6	23.8	3.47	3.58	16	11.2	3.95	3.89	등록평균	등록70%컷
독어독문학과*	충남대	일반전형	7	11	8.5	3.34	3.47	11	10.2	3.59	3.63	11	13.3	3.39	3.62	등록평균	등록70%
독일어문화학전공	조선대	지역인재	8	9	2.7	7.22	7.22									등록평균	등록70%컷
독일어문화학전공	조선대	일반전형	4	5	5.4	6.45	6.47	16	1.9	6.51	6.80					등록평균	등록70%컷
독일언어문학과	충북대	지역인재	4	4	7.8	3.55	3.58	3	12.0	3.91		3	9.0	3.84		등록평균	등록70%컷
독일언어문학과*	전남대(광주)	일반전형	7	7	10.4	3.53	3.52	7	13.1	3.57	3.66	6	16.8	3.69	3.69	등록평균	등록70%컷
독일언어문학과*	전남대(광주)	지역인재	6	6	8.3	3.77	3.97	6	8.0	3.60	3.65	5	19.8	3.40	3.40	등록평균	등록70%컷
독일언어문화학과	충북대	학생부교과	6	7	9.6	3.36	3.60	8	15.9	3.70	3.70	7	10.1	3.86	4.17	등록평균	등록70%컷
독일학과	전북대	지역인재1유형	6	5	10.2	4.52	4.71									등록평균	등록70%컷
독일학과	제주대	지역인재	5	3	7.3	3.92	5.62	3	4.7	5.99		2	7.5	5.61		등록50%컷	등록70%컷
독일학과*	전북대	일반학생	11	11	6.3	4.34	4.60	11	11.2	3.92	4.11	16	5.1	4.39	4.62	등록평균	등록70%컷
독일학과*	제주대	일반학생	11	11	6.5	5.90	5.40	11	5.6	5.44	5.72	11	6.6	5.08	5.35	등록50%컷	등록70%컷
독일학전공*	단국대(천안)	학생부교과우수자	5	5	5.8	3.76	4.03	6	7.2	3.83		6	5.0	3.93		등록평균	등록최저
동화·한국어문화학과	건국대(글로컬)	교과우수	12	10	6.4	4.1	4.1	10	12.8	3.8	3.8	12	17.3	4.0	4.2	등록50%	등록70%
동화·한국어문화학과	건국대(글로컬)	지역인재	2	2	4.0	4.4	4.7	2	4.0	5.2	5.2	2	4.5	5.1		등록50%	등록70%
디지털금융경영학과	호서대	학생부	30	30	5.8	5.74	6.93									등록평균	등록최저
디지털금융경영학과	호서대	지역인재	8	8	2.8	6.31	7.52									등록평균	등록최저
러시아어전공	조선대	일반전형	5	4	4.0	6.41	5.90	12	1.8							등록평균	등록70%컷
러시아어전공	조선대	지역인재	8	9	2.4	7.44	7.23									등록평균	등록70%컷
러시아언어문화학과	충북대	학생부교과	5	5	13.0	3.74	3.79	5	12.0	4.13	4.17	5	936	3.65	3.87	등록평균	등록70%컷
러시아언어문화학과	충북대	지역인재	3	3	6.3	4.59		3	9.3	3.96		3	9.3	3.55		등록평균	등록70%컷
러시아학과	한림대	교과우수자	9	9	4.9	4.56	4.90	9	6.2	4.52	4.83	8	4.8	4.64	5.27	등록평균	등록최저
러시아학과	한림대	지역인재	4	4	9.5	5.25	5.50	4	2.3	5.92	6.40	4	4.3	4.73	4.86	등록평균	등록최저
러시아학과*	경상국립대	일반전형	13	13	6.3	4.32	4.91	14	5.6	4.85	5.16	11	4.6	4.70	5.14	등록평균	등록80%
러시아학전공*	단국대(천안)	학부교과우수자	6	6	4.8	5.64	7.15	9	6.2	3.84		9	7.9	3.83		등록평균	등록최저
리더십과조직과학전공	충남대	지역인재	2	2	6.5	4.27	4.45	2	14.5			2	11.5	3.94		등록평균	등록70%
리더십과조직과학전공	충남대	일반전형	4	5	7.8	2.99	3.03	5	7.0	3.22	3.43	5	12.0	2.90	3.17	등록평균	등록70%
린튼글로벌스쿨	한남대	일반전형	21	23	2.6	6.87	7.40	18	2.1	6.36	7.54	23	2.0	6.03	6.68	최종평균	최종80%
린튼글로벌스쿨	한남대	지역인재교과우수자	6	7	2.0	6.21	6.73									최종평균	최종80%
만화애니메이션학과	상지대	교과일반	15	25	6.0	4.53										등록평균	

모집단위	대학	전형	2025 모집인원	2024 모집인원	2024 경쟁률	2024 성적①	2024 성적②	2023 모집인원	2023 경쟁률	2023 성적①	2023 성적②	2022 모집인원	2022 경쟁률	2022 성적①	2022 성적②	성적 산출기준 성적①	성적 산출기준 성적②
몽골학전공	단국대(천안)	학생부교과우수자	9	9	9.2	3.94	4.05	9	7.6	4.33		9	4.7	4.47		등록평균	등록최저
무역물류학과	한남대	일반전형	29	28	5.6	5.91	6.33	23	3.4	5.63	6.66	19	7.1	5.23	4.98	최종평균	최종80%
무역물류학과	한남대	지역인재교과우수자	13	11	2.8	5.45	6.03	10	4.1	5.27	5.53	15	4.3	5.63	6.06	최종평균	최종80%
무역학	제주대	지역인재	6	6	5.8	4.72	4.76	6	4.0	4.96	5.31	5	6.4	4.93	5.00	등록50%컷	등록70%컷
무역학과	제주대	일반학생	8	7	6.9	5.13	5.17	7	4.3	4.87	5.41	7	6.4	4.08	4.25	등록50%컷	등록70%컷
무역학과	조선대	일반전형	39	30	4.0	5.47	5.69	42	5.0	5.51	5.81	47	3.2	5.89	6.34	등록평균	등록70%컷
무역학과	조선대	지역인재	13	13	5.6	5.47	6.04	10	7.3	5.93	5.33	15	5.7	5.73	6.52	등록평균	등록70%컷
무역학과*	충남대	지역인재	6	6	8.8	2.92	2.97	6	10.3	3.16	3.20	6	8.0	3.32	3.52	등록평균	등록70%
무역학과*	충남대	일반전형	9	13	16.5	2.90	3.13	13	6.2	3.58	3.78	13	9.0	2.79	2.84	등록평균	등록70%
무역학부	부산대	학생부교과	24	25	5.2	2.72	2.80	23	8.7	2.52	2.60	25	11.7	2.36	2.48	등록평균	등록70%컷
무역학부	부산대	지역인재	16	16	7.3	2.66	2.72	10	13.3	2.55	2.64	10	11.8	2.65	2.77	등록평균	등록70%컷
문헌정보교육과	공주대	지역인재	4													등록50%컷	등록70%컷
문헌정보교육과	공주대	교과I전형	7	11	10.6	2.61	2.67	10	5.4	2.6	3.1	10	9.3	1.7	1.7	등록50%컷	등록70%컷
문헌정보학	건국대(글로컬)	지역인재	2	2	6.0	2.3	3.8	2	3.5	4.1	4.5	2	5.5	3.9		등록50%	등록70%
문헌정보학과	경북대	교과우수자	8	8	7.8	2.45	2.59	8	17.8	2.40	2.67	8	9.3	3.22	3.21	등록평균	등록70%
문헌정보학과	전북대	지역인재1유형	6	6	6.0	2.64	3.62									등록평균	등록70%컷
문헌정보학과	건국대(글로컬)	교과우수	9	10	7.2	3.7	3.7	10	11.6	3.5	3.6	10	9.6	3.6	3.7	등록50%	등록70%
문헌정보학과*	충남대	일반전형	6	8	9.3	2.57	2.59	8	15.9	2.84	2.96	9	9.8	3.11	3.45	등록평균	등록70%
문헌정보학과*	한남대	일반전형	14	16	10.7	3.96	4.33	15	4.5	4.79	5.47	13	6.8	3.79	3.82	최종평균	최종80%
문헌정보학과*	충남대	지역인재	4	4	6.3	2.93	3.02	4	7.0	3.20	3.12	4	8.8	2.68	2.93	등록평균	등록70%
문헌정보학과*	전남대(광주)	지역인재	4	4	9.8	2.83	2.83	4	6.5	3.30	3.32	3	10.7	2.57		등록평균	등록70%컷
문헌정보학과*	전남대(광주)	일반전형	5	5	7.4	2.63	3.40	5	7.2	2.81	2.79	4	13.8	2.58	2.64	등록평균	등록70%컷
문헌정보학과*	한남대	지역인재교과우수자	8	8	3.1	4.48	4.83	6	4.2	3.87	4.02	9	6.4	3.77	4.19	최종평균	최종80%
문헌정보학과*	부산대	학생부교과	15	15	5.6	3.48	3.60	9	10.6	2.62	2.70	9	11.0	2.61	2.71	등록평균	등록70%컷
문헌정보학과*	부산대	지역인재	5	5	8.4	2.87	2.84	5	15.6	2.72	2.66	5	11.2	2.89	2.84	등록평균	등록70%컷
문헌정보학과*	전북대	일반학생	13	14	7.1	3.37	3.69	14	11.5	3.40	3.47	14	5.6	3.40	3.73	등록평균	등록70%컷
문화관광경영학과	한라대	지역인재	3	1	4.0			2	1.0			2	2.0			등록50%컷	등록70%컷
문화관광경영학과	한라대	일반학생(교과중심)	20	14	2.6	6.47	6.55	10	2.8	6.96	7.50	9	2.4			등록50%컷	등록70%컷
문화관광경영학과	전남대(여수)	일반전형	12	10	3.1	6.00	5.82	4	9.0	4.19		4	5.8	5.56	4.91	등록평균	등록70%컷
문화관광경영학과	전남대(여수)	지역인재	4	3	4.0	5.37		6	6.8	4.91	4.91	7	5.4	5.29	5.46	등록평균	등록70%컷
문화영상학부	호서대	학생부	30	24	4.0	4.59	5.86	20	6.9	3.66	4.28	25	9.9	3.81	4.45	등록평균	등록최저
문화영상학부	호서대	지역인재	8	8	7.6	4.44	5.03	10	4.3	4.61	5.80					등록평균	등록최저
문화와사회융합전공	충남대	일반전형	4	5	6.8	2.97	3.03	5	6.2	2.95	3.04	5	13.2	2.93	3.09	등록평균	등록70%
문화와사회융합전공	충남대	지역인재	2	2	7.5	4.00	4.17	2	17.5			2	18.5	3.94		등록평균	등록70%
문화유산융합학부	고려대(세종)	일반전형	10	5	5.6	3.59	3.59	4	6.8			4	10.5	3.32	3.50	등록50%컷	등록70%컷
문화인류고고학과	전남대(광주)	일반전형	4	4	10.0	3.39	3.47	4	7.8	3.50	3.58	4	15.3	3.37	3.30	등록평균	등록70%컷
문화인류고고학과	전남대(광주)	지역인재	5	5	5.8	3.56	3.61	5	5.8	3.10	3.26	3	12.7	3.14		등록평균	등록70%컷
문화인류학과	강원대(춘천)	지역인재	4	4	6.5	4.33	4.44	3	12.0	4.30	4.36	5	5.4	4.53		등록평균	등록75%컷
문화인류학과	강원대(춘천)	일반전형	6	8	8.7	3.39	3.90	9	10.3	3.92	4.13	12	12.2	3.95		등록평균	등록75%컷
문화재보존학과	한서대	학생부교과1	3	3	1.3	5.9	5.9	8	2.3	3.6	3.7	1	1.9	4.3	4.3	등록평균	등록80%
문화창의학부	고려대(세종)	일반전형	12	5	6.0	3.14	3.29	6	9.5	3.13	3.14	6	28.8	2.83	2.91	등록50%컷	등록70%컷
문화콘텐츠학과	상지대	강원인재	3	3	3.7	5.71										등록평균	
문화콘텐츠학과	상지대	교과일반	35	37	2.7	5.56										등록평균	
물류교통학과	전남대(여수)	일반전형	19	22	1.5	5.5	6.02	11	4.5	5.47	5.55	11	3.7	5.51	5.82	등록평균	등록70%컷
물류교통학과	전남대(여수)	지역인재	8	2	2.0							10	2.7	6.45	6.28	등록평균	등록70%컷
미디어광고콘텐츠학과	한라대	지역인재	6	1	10.0	2.41	2.41	2	4.0							등록50%컷	등록70%컷
미디어광고콘텐츠학과	한라대	일반학생(면접중심)	10	10	1.7	5.39	5.75									등록50%컷	등록70%컷
미디어광고콘텐츠학과	한라대	일반학생(교과중심)	17	18	7.7	4.48	4.90	20	5.2	5.44	6.72					등록50%컷	등록70%컷
미디어문예창작학과	한서대	학생부교과1	12	9	6.4	4.5	5.0	7	11.7	4.3	4.7	13	6.9	5.8	6.1	등록평균	등록80%
미디어문예창작학과	한서대	한서인재	3	5	1.4	4.9	4.9	5	1.8	3.8	5.6	12	1.5	5.6	6.4	등록평균	등록80%
미디어스쿨	한림대	지역인재	11	11	3.7	3.79	4.17	11	4.8	3.68	4.41	11	4.6	3.96	4.62	등록평균	등록최저
미디어스쿨	한림대	교과우수자	23	23	3.6	3.56	4.38	23	7.6	3.47	4.02	22	3.6	3.72	4.85	등록평균	등록최저
미디어영상광고학과	상지대	교과일반	45	28	5.7	5.28										등록평균	
미디어영상제작학과	극동대	교과우수자	6	10	3.5	4.63	4.63	12	5.3	4.00	4.00	6	1.7	5.00		등록50%컷	등록70%컷
미디어영상제작학과	극동대	일반전형	10	10	1.8	5.00	6.50	12	4.9	4.00	5.00	19	4.0	6.25	5.63	등록50%컷	등록70%컷
미디어영상학과	한남대	일반전형	21	20	7.2	4.61	5.24	17	9.3	4.06	4.31	13	10.1	4.34	3.90	최종평균	최종80%

모집단위	대학	전형	2025 모집인원	2024 모집인원	2024 경쟁률	2024 성적①	2024 성적②	2023 모집인원	2023 경쟁률	2023 성적①	2023 성적②	2022 모집인원	2022 경쟁률	2022 성적①	2022 성적②	성적 산출기준 성적①	성적 산출기준 성적②
미디어영상학과	한남대	지역인재교과우수자	8	9	6.3	3.31	3.89	6	8.5	4.03	4.40	10	6.2	4.10	4.58	최종평균	최종80%
미디어커뮤니케이션학과	순천향대	교과면접	6	7	14.3	3.17	3.52	14	7.4	3.36	4.30					등록평균	등록최저
미디어커뮤니케이션학과	전남대(광주)	지역인재	3	3	7.7	2.39		7	5.0	2.30	2.43	3	9.3	2.42		등록평균	등록70%컷
미디어커뮤니케이션학과	호남대	일반고	11	11	4.6	5.78	6.93	10	4.3	6.32	6.44	11	2.7	6.41	6.04	등록50%	등록70%
미디어커뮤니케이션학과	부산대	학생부교과	13	13	5.6	3.29	3.69	6	14.0	2.13	2.14	11	14.1	2.30	2.45	등록평균	등록70%컷
미디어커뮤니케이션학과	순천향대	지역인재	8	8	6.0	3.04	3.54									등록평균	등록최저
미디어커뮤니케이션학과	조선대	일반전형	23	21	7.1	4.13	4.16	16	9.1	4.37	4.58	25	3.1	4.59	4.83	등록평균	등록70%컷
미디어커뮤니케이션학과	조선대	지역인재	8	9	7.6	4.06	5.25	5	7.4	4.45	4.26					등록평균	등록70%컷
미디어커뮤니케이션학과	호서대	학생부	12	12	9.1	3.86	4.13	12	11.4	3.82	4.39	13	10.9	3.51	4.30	등록평균	등록최저
미디어커뮤니케이션학과	호서대	지역인재	4	6	7.8	4.04	4.24	6	11.5	4.40	4.62	4	4.0	5.14	5.53	등록평균	등록최저
미디어커뮤니케이션학과	호남대	일반학생A	9	9	3.0	5.15	6.48	10	1.8			9	1.6	5.71	6.39	등록50%	등록70%
미디어커뮤니케이션학과	전남대(광주)	일반전형	4	4	10.3	2.40	2.17	4	7.3	2.53	2.43	4	8.8	2.37	2.51	등록평균	등록70%컷
미디어커뮤니케이션학과	경상국립대	일반전형	12		9.2	3.76	4.12									등록평균	등록80%
미디어커뮤니케이션학과	강원대(춘천)	일반전형	6	7	6.4	3.41	3.63	7	15.1	2.98	3.15	6	39.8	3.40		등록평균	등록75%컷
미디어커뮤니케이션학과	강원대(춘천)	지역인재	4	5	7.2	3.34	3.37	4	6.5	2.98	3.61	6	9.8	3.14		등록평균	등록75%컷
미디어커뮤니케이션학과	경북대	교과우수자	6	6	14.7	2.28	2.39	4	22.3	2.40	2.81	3	22.7			등록평균	등록70%
미디어커뮤니케이션학과	순천향대	교과우수자	11	14	8.0	3.30	3.68	12	8.0	3.07	3.70	14	8.1	2.86	3.43	등록평균	등록최저
법경찰행정학과	호서대	지역인재	16	16	5.1	4.82	5.56	16	3.5	4.80	7.33	15	4.1	4.39	4.74	등록평균	등록최저
법경찰행정학과	호서대	학생부	49	50	4.4	4.44	5.45	51	5.0	4.04	4.72	46	4.6	3.92	4.78	등록평균	등록최저
법학과	순천향대	교과우수자	9	11	4.3	3.24	3.85	11	6.0	3.06	3.57	12	5.7	2.99	3.63	등록평균	등록최저
법학과	순천향대	지역인재	6	6	4.0	3.61	4.31									등록평균	등록최저
법학과	조선대	일반전형	40	34	3.7	4.73	4.40	36	3.3	4.67	4.70	40	3.5	4.60	4.66	등록평균	등록70%컷
법학과	조선대	지역인재	17	14	4.4	4.98	5.16	15	3.7	4.61	4.65	10	6.3	4.48	4.64	등록평균	등록70%컷
법학과	공주대	교과Ⅰ전형	9	13	4.5	4.01	4.30	12	8.5	3.8	3.9	12	9.5	3.5	3.7	등록50%컷	등록70%컷
법학과	한림대	교과우수자	21	19	3.2	4.39	5.88	17	6.9	3.64	4.15	17	3.2	4.13	5.16	등록평균	등록최저
법학과	공주대	지역인재	2	5	4.6	3.98	4.36	6	6.3	4.0	4.0	6	7.0	3.8	3.9	등록50%컷	등록70%컷
법학과	순천향대	교과면접	4	5	17.2	3.27	3.43	10	3.5	4.26	4.88					등록평균	등록최저
법학과	한림대	지역인재	9	9	5.4	4.47	4.95	9	2.9	4.58	6.08	7	5.6	4.04	4.62	등록평균	등록최저
법학부	한남대	일반전형	34	39	2.9	5.49	5.77	34	5.4	5.34	5.84	29	4.0	4.98	5.33	최종평균	최종80%
법학부	한남대	지역인재교과우수자	13	12	2.8	4.78	5.14	12	3.3	4.56	4.98	24	3.6	5.28	5.65	최종평균	최종80%
법학부*	경상국립대	일반전형	29	29	3.5	4.24	4.91	33	6.1	3.18	3.58	31	6.8	3.61	3.90	등록평균	등록80%
베트남학전공	단국대(천안)	학생부교과우수자	6	6	6.2	3.73	3.94	6	6.8	4.04		6	5.5	4.13		등록평균	등록최저
보건의료경영학과	우송대	지역인재	2	3	9.3	5.7		3	7.3			4	8.5	4.9		등록평균	
보건의료경영학과	우송대	교과중심	24	20	11.1	5.2		17	9.7	5.2		18	15.8	4.5		등록평균	
보건의료경영학과	우송대	면접	14	14	2.4	6.0	6.3	17	5.5	5.3	5.5	15	4.2	5.9	6.3	등록평균	등록70%컷
보건의료복지학과[동두천]	동양대	일반전형Ⅰ	30													등록50%컷	등록70%컷
보건행정학과	단국대(천안)	학생부교과우수자	8	12	6.9	3.15	3.44	14	10.4	3.09		14	6.9	3.26		등록평균	등록최저
보건행정학과	경동대	일반학생	25	25	3.6	4.99	6.15	25	3.9	4.93	5.56	32	4.0	5.32	6.19	최종평균	최종80%
복지·보건학부	원광대	일반전형	52	56	3.5	3.93	4.10	66	4.6	4.72	5.14	66	4.8	4.70	5.09	등록50%컷	등록70%컷
부동산학과	공주대	교과Ⅰ전형	5	14	3.1	5.34	6.05	12	5.7	4.6	5.0	12	6.7	4.6	4.7	등록50%컷	등록70%컷
부동산학과	강원대(춘천)	지역인재	6	4	4.0	4.13	5.07	4	5.3	3.89	4.18	5	5.0	3.83		등록평균	등록75%컷
부동산학과	공주대	교과Ⅱ전형	3														
부동산학과	강원대(춘천)	일반전형	15	17	3.8	4.45	5.05	16	7.2	3.29	3.79	16	9.5	3.83		등록평균	등록75%컷
불어불문학과	경북대	지역인재	1									3	12.3			등록평균	등록70%
불어불문학과	공주대	교과Ⅰ전형	7	10	6.2	4.49	4.95	9	7.6	4.7	4.8	9	9.1	4.4	4.5	등록50%컷	등록70%컷
불어불문학과	공주대	지역인재	2	5	5.0	5.56	5.79	5	5.2	4.7	4.7	5	7.0	4.4	4.5	등록50%컷	등록70%컷
불어불문학과	경북대	교과우수자	6	12	12.6	3.12	3.21	11	17.7	2.79	3.10	7	12.7	3.29	3.12	등록평균	등록70%
불어불문학과*	충남대	지역인재	4	4	6.0	3.75	4.22	4	8.8	3.53	3.56	4	12.0	3.54	3.60	등록평균	등록70%
불어불문학과*	부산대	학생부교과	10	10	12.8	3.17	3.36	10	23.6	3.23	3.40	9	10.1	4.07	3.66	등록평균	등록70%
불어불문학과*	경상국립대	일반전형	14	14	8.9	4.67	4.94	9	4.3	5.05	5.41	9	5.4	4.12	4.45	등록평균	등록80%
불어불문학과*	충남대	일반전형	6	9	7.0	3.45	3.69	9	9.6	3.34	3.40	9	12.8	3.50	3.68	등록평균	등록70%
불어불문학과*	전남대(광주)	일반전형	7	7	7.7	3.65	3.70	7	12.7	3.44	3.54	6	18.0	3.59	3.65	등록평균	등록70%컷
불어불문학과*	전남대(광주)	지역인재	6	6	8.5	3.71	3.88	6	9.3	3.45	3.55	5	17.4	3.43	3.41	등록평균	등록70%컷
뷰티디자인경영학과*	우송대	지역인재	3	3	6.0	4.4		3	10.0			3	8.3	4.6		등록평균	
뷰티디자인경영학과*	우송대	우송인재	3	3	6.3	5.1		5	8.4			4	8.5	4.7		등록평균	
뷰티디자인경영학과*	우송대	교과중심	12	12	10.8	3.8		8	16.5	4.2		8	15.9	3.8		등록평균	

모집단위	대학	전형	2025 모집인원	2024 모집인원	경쟁률	성적①	성적②	2023 모집인원	경쟁률	성적①	성적②	2022 모집인원	경쟁률	성적①	성적②	성적산출기준 성적①	성적②
뷰티디자인경영학과*	우송대	면접	21	21	8.4	3.6	4.3	25	11.0	3.8	4.2	26	8.9	4.3	4.9	등록평균	등록70%컷
뷰티디자인학과	한라대	일반학생(교과중심)	3	2	18.5			2	10.0	5.89	6.34	1	12.0			등록50%컷	등록70%컷
뷰티디자인학과	한라대	일반학생(면접중심)	19	24	2.0	5.43	5.90	15	4.3	6.60	6.92	24	2.7	6.28	6.86	등록50%컷	등록70%컷
뷰티디자인학과	한라대	지역인재	3	2	5.0	5.11	5.11	2	5.5			1	5.0			등록50%컷	등록70%컷
사학과	경북대	교과우수자	9	8	12.6	2.76	2.96	10	19.2	2.86	2.95	10	9.4	3.62	3.86	등록평균	등록70%
사학과	한남대	지역인재교과우수자	6	5	2.6	3.81	4.16	4	3.8	3.99	4.15	7	3.0	5.10	5.15	최종평균	최종80%
사학과	공주대	교과I전형	6	12	9.3	3.87	3.94	13	6.1	4.0	4.3	13	10.9	3.7	3.8	등록50%컷	등록70%컷
사학과	한남대	일반전형	13	14	3.2	5.34	5.88	13	4.9	4.35	4.36	11	3.7	4.52	4.59	최종평균	최종80%
사학과	충북대	지역인재	3	3	7.7	3.66		3	8.0	3.88		3	18.3	3.00		등록평균	등록70%컷
사학과	충북대	학생부교과	5	5	15.4	3.32	3.47	5	14.2	3.75	3.64	5	32.6	3.18	3.65	등록평균	등록70%컷
사학과	공주대	지역인재	2													등록50%컷	등록70%컷
사학과*	제주대	일반학생	9	10	4.0	4.5	4.51	12	4.3	4.02	4.29	12	7.9	3.85	4.28	등록50%컷	등록70%컷
사학과*	전북대	일반학생	14	15	7.0	3.79	3.87	15	13.7	3.64	3.91	15	4.5	4.34	4.45	등록평균	등록70%컷
사학과*	충남대	지역인재	5		6.0	4.56	5.19	5	5.8	3.00	3.19	5	8.2	3.07	3.20	등록평균	등록70%
사학과*	제주대	지역인재	6	5	5.8	4.44	4.55	3	3.7	5.42	5.63	2	8.5	3.34		등록50%컷	등록70%컷
사학과*	부산대	학생부교과	8	8	8.8	2.87	2.90	8	11.8	3.00	2.94	8	10.9	2.92	2.85	등록평균	등록70%컷
사학과*	전북대	지역인재1유형	10	7	6.3	3.83	3.92									등록평균	등록70%컷
사학과*	충남대	일반전형	8	11	17.1	3.00	3.31	11	6.7	3.62	4.10	11	9.6	2.93	2.98	등록평균	등록70%
사학과*	전남대(광주)	지역인재	8	8	13.0	3.29	3.44	8	5.4	3.64	3.87	4	10.5	2.94	2.92	등록평균	등록70%컷
사학과*	경상국립대	일반전형	11	11	7.3	3.76	4.18	11	8.2	4.06	4.16	11	12.5	3.87	4.08	등록평균	등록80%
사학과*	전남대(광주)	일반전형	4	4	5.5	2.82	2.62	4	6.8	2.78	3.78	4	10.0	2.80	2.83	등록평균	등록70%컷
사회경영	호남대	지역인재	26													등록50%	등록70%
사회과교육학부	전북대	지역인재1유형	4													등록평균	등록70%컷
사회과교육학부	전북대	일반학생	16	4	4.8	3.01	3.01	4	15.5	2.05		4	7.8	2.88		등록평균	등록70%컷
사회과학계열	전북대	일반학생	64													등록평균	등록70%컷
사회과학계열	전북대	지역인재1유형	42													등록평균	등록70%컷
사회과학대학 자율학부	경북대	교과우수자	5													등록평균	등록70%
사회과학자율 전공학부	충북대	학생부교과	3													등록평균	등록70%컷
사회교육과	제주대	일반학생	3	3	4.0	2.77	2.77	3	9.7	3.19	3.35	3	17.3	2.95		등록50%컷	등록70%컷
사회교육과	충북대	학생부교과	6	6	5.7	2.58	2.75	3	8.3	2.57		3	7.3	2.54		등록평균	등록70%컷
사회교육과	제주대	지역인재	3	2	4.0	2.70	2.70	2	8.0	3.33		2	12.0	2.84		등록50%컷	등록70%컷
사회복지학과	한국교통대	지역인재	2	2	5.5	4.27	4.29									등록평균	등록최저
사회복지학과	한라대	일반학생(면접중심)	8	12	2.0	5.60	5.60					31	3.2	5.52	5.79	등록50%컷	등록70%컷
사회복지학과	강원대(도계)	지역인재	4	5	4.4	5.47	6.66	5	3.2	4.92	5.21	5	7.0	4.01		등록평균	등록75%컷
사회복지학과	한라대	지역인재	6	15	4.4	4.76	5.00	2	7.0			2	3.5			등록50%컷	등록70%컷
사회복지학과	순천향대	지역인재	7	9	4.3	3.56	4.38									등록평균	등록최저
사회복지학과	한서대	한서인재	4	7	0.1	6.0	6.0	9	1.2	5.3	5.3	15	0.9	5.9	5.9	등록평균	등록80%
사회복지학과	한국교통대	일반전형	14	12	12.3	3.38	3.96									등록평균	등록최저
사회복지학과	충남대	일반전형	5	7	23.0	2.83	2.91	7	8.0	3.78	3.93	7	9.3	2.61	2.67	등록평균	등록70%
사회복지학과	공주대	교과I전형	11	13	9.3	4.14	4.20	12	23.8	3.9	3.9	12	8.2	4.3	4.5	등록50%컷	등록70%컷
사회복지학과	호남대	일반고	25	27	4.9	6.21	6.80	26	7.4	6.21	6.82	25	7.0	6.06	6.59	등록50%	등록70%
사회복지학과	강원대(도계)	일반전형	6	6	3.5	5.40	6.67	12	10.5	3.83	4.36	10	8.3	4.40		등록평균	등록75%컷
사회복지학과	우송대	면접	12	19	4.4	4.9	5.0	28	5.5	5.0	5.2	24	4.9	5.1	5.7	등록평균	등록70%컷
사회복지학과	건국대(글로컬)	지역인재	2	2	11.0	2.8	3.4	2	5.5	5.5	5.7	2	7.0	4.1		등록50%	등록70%
사회복지학과	상지대	교과일반	30	34	4.8	5.46										등록평균	
사회복지학과	순천향대	교과면접	5	5	11.8	3.66	3.73	10	5.6	3.75	4.33					등록평균	등록최저
사회복지학과	호남대	일반학생A	16	19	3.4	6.28	6.83	24	2.7	6.31	6.74	20	5.8	5.88	6.52	등록50%	등록70%
사회복지학과	한남대	지역인재교과우수자	7	7	3.9	4.31	4.77	6	6.5	3.55	3.94	7	7.7	3.58	4.39	최종평균	최종80%
사회복지학과	건국대(글로컬)	교과우수	7	13	9.0	4.0	4.1	13	6.2	3.9	4.0	13	11.9	3.3	3.6	등록50%	등록70%
사회복지학과	경동대	일반학생	24	22	15.1	4.07	5.44	22	6.5	5.15	5.82	29	7.7	5.47	6.56	최종평균	최종80%
사회복지학과	우송대	우송인재	2	3	4.0	6.1		3	6.7			3	2.3	6.2		등록평균	
사회복지학과	한서대	지역인재	2	2	2.5	4.8		2	3.0			3	1.0	5.3		등록평균	
사회복지학과	우송대	지역인재	2	3	4.7	5.7		3	9.3			3	11.3	4.7		등록평균	
사회복지학과	순천향대	교과우수자	8	10	4.5	4.35	4.62	8	9.6	3.35	3.63	10	6.4	3.20	3.83	등록평균	등록최저
사회복지학과	한남대	일반전형	20	19	6.0	4.58	4.98	16	7.8	4.36	4.68	11	14.6	3.99	4.09	최종평균	최종80%
사회복지학과	한서대	학생부교과1	12	8	8.1	4.3	5.1	10	9.6	5.3	6.0	17	2.6	5.5	5.8	등록평균	등록80%

모집단위	대학	전형	2025 모집인원	2024 모집인원	경쟁률	성적①	성적②	2023 모집인원	경쟁률	성적①	성적②	2022 모집인원	경쟁률	성적①	성적②	성적 산출기준 성적①	성적②
사회복지학과	단국대(천안)	학생부교과우수자	9	14	4.6	3.53	4.13	18	7.4	3.30		17	7.2	3.48		등록평균	등록최저
사회복지학과	공주대	지역인재	2	5	6.4	4.16	4.26	6	9.5	3.8	4.0	6	7.7	3.6	3.8	등록50%컷	등록70%컷
사회복지학과	우송대	교과중심	28	27	5.6	4.8		19	11.6	4.3		22	17.6	4.2		등록평균	
사회복지학과	상지대	강원인재	5	5	6.0	5.78										등록평균	
사회복지학과	충남대	지역인재	3	3	8.0	3.33	3.41	3	7.3			3	10.7	2.76	2.84	등록평균	등록70%
사회복지학과	극동대	교과우수자	55					14	2.6			6	3.3			등록50%컷	등록70%컷
사회복지학과	부산대	학생부교과	10	12	6.0	3.35	3.44	7	20.6	2.53	2.67	10	10.3	3.04	3.25	등록평균	등록70%컷
사회복지학과	부산대	지역인재	7	5	9.8	2.90	2.96	5	17.2	2.83	2.88	5	11.0	2.91	2.80	등록평균	등록70%컷
사회복지학과	한라대	일반학생(교과중심)	30	16	8.9	4.78	5.69	31	4.1	5.57	6.67	12	5.0			등록50%컷	등록70%컷
사회복지학부	한림대	지역인재	9	9	5.6	3.76	4.47	9	9.7	3.67	4.47	9	4.9	4.74	6.56	등록평균	등록최저
사회복지학부	호서대	지역인재	11	11	4.1	5.43	7.40	11	7.0	4.75	5.25	10	4.3	5.04	5.62	등록평균	등록최저
사회복지학부	경북대	지역인재	4	3	11.7	2.71	2.73	10	22.5	2.83	2.92	6	10.2	3.73	3.51	등록평균	등록70%
사회복지학부	한림대	교과우수자	10	10	5.0	3.03	3.63	10	11.1	3.63	3.87	12	3.5	4.03	4.89	등록평균	등록최저
사회복지학부	경상국립대	일반전형	20	20	4.7	4.04	4.17	25	7.6	3.70	4.01	25	9.7	3.78	4.18	등록평균	등록80%
사회복지학부	호서대	학생부	40	35	6.9	5.14	6.80	35	9.2	4.70	5.27	33	6.5	4.59	5.20	등록평균	등록최저
사회복지학부	경북대	교과우수자	11	13	7.7	2.76	2.89	11	23.6	2.82	2.88	11	9.9	3.57	3.75	등록평균	등록70%
사회자유전공학부	한국교통대	일반전형	6													등록평균	등록최저
사회적경제기업학과	한남대	일반전형	19	14	2.7	6.60	6.88	13	6.9	5.61	6.18	10	5.4	6.12	6.64	최종평균	최종80%
사회적경제기업학과	한남대	지역인재교과우수자	6	7	2.7	5.55	5.95	6	3.0	5.78	5.88	8	3.3	5.28	5.58	최종평균	최종80%
사회학과	한림대	지역인재	4	4	6.8	4.88	5.11	4	3.3	4.89	5.37	4	3.8	4.23	4.35	등록평균	등록최저
사회학과	경북대	지역인재	2									3	9.3			등록평균	등록70%
사회학과	한림대	교과우수자	13	13	3.6	4.21	4.83	13	6.8	4.20	4.49	10	4.0	4.64	5.44	등록평균	등록최저
사회학과	충북대	학생부교과	7	6	7.7	3.32	3.48	7	9.0	3.15	3.55	7	10.1	3.01	3.14	등록평균	등록70%컷
사회학과	강원대(춘천)	지역인재	2	2	5.0	4.46	4.49	4	4.8	3.37	3.79	2	7.5	3.29		등록평균	등록75%컷
사회학과	충북대	지역인재	4	4	6.3	4.18	4.43	3	7.3	3.05		3	11.3	3.22		등록평균	등록70%컷
사회학과	강원대(춘천)	일반전형	6	6	6.8	3.69	3.96	9	6.8	3.59	3.83	7	9.9	3.49		등록평균	등록75%컷
사회학과	경북대	교과우수자	7	12	9.2	2.69	2.80	8	19.4	2.71	2.79	8	10.1	3.14	3.69	등록평균	등록70%
사회학과*	경상국립대	일반전형	13	15	4.4	4.53	4.82	15	8.8	4.06	4.27	15	13.6	4.24	4.42	등록평균	등록80%
사회학과*	제주대	일반학생	10	11	3.7	4.27	4.70	11	4.4	4.03	4.26	11	5.6	3.91	4.13	등록50%컷	등록70%컷
사회학과*	부산대	학생부교과	16	16	9.5	2.78	2.83	11	27.4	2.80	2.88	11	11.6	3.21	3.43	등록평균	등록70%컷
사회학과*	충남대	일반전형	8	11	7.0	3.04	3.26	11	8.2	3.02	3.18	11	25.9	2.85	2.95	등록평균	등록70%
사회학과*	제주대	지역인재	4	4	5.0	2.71	3.12	3	5.3	4.35	4.60	2	7.5	4.34		등록50%컷	등록70%컷
사회학과*	전남대(광주)	지역인재	6	6	5.5	3.61	3.80	6	8.7	2.73	2.85	3	24.0	2.84		등록평균	등록70%
사회학과*	전남대(광주)	일반전형	6	6	8.5	2.86	2.91	6	8.8	3.21	3.21	3	35.3	2.88		등록평균	등록70%
사회학과*	충남대	지역인재	5	5	5.0	3.62	4.01	5	6.6	2.82	2.85	5	10.8	3.15	3.24	등록평균	등록70%
사회학과*	부산대	지역인재	6	6	10.7	2.82	2.85	6	27.7	2.64	2.77	6	12.2	3.13	3.27	등록평균	등록70%
산업디자인학과	한국교통대	일반전형	8	7	8.7	3.25	4.35									등록평균	등록최저
산업디자인학과	한서대	학생부교과1	2	3	3.3	5.4	5.4									등록평균	등록80%
산업디자인학과	한국교통대	지역인재	1	1	5.0	4.96	4.96									등록평균	등록최저
산업심리학과*	호서대	지역인재	9	9	2.7	5.33	6.34	7	2.6	5.29	6.33	7	4.1	4.64	5.57	등록평균	등록최저
산업심리학과*	호서대	학생부	24	23	6.0	4.46	5.10	23	3.9	4.95	6.13	20	4.6	4.40	5.15	등록평균	등록최저
산업유통학과	공주대	교과Ⅰ전형	3	11	3.5	4.73	4.83	10	4.7	5.0	5.1	10	6.3	4.8	4.9	등록50%컷	등록70%컷
산업유통학과	공주대	교과Ⅱ전형	3														
산업응용경제학과	제주대	지역인재	4	3	3.3	4.98	5.48	3	5.3	4.90	4.94	2	4.5	5.50		등록50%컷	등록70%컷
산업응용경제학과	제주대	일반학생	7	7	9.4	5.39	5.17	7	7.4	5.44	5.71	7	4.6	5.30	5.35	등록50%컷	등록70%컷
상경학부	홍익대(세종)	교과우수자	68	65	4.6	4.06	4.23	70	6.3	4.03	4.24	52	7.6	3.87	4.12	등록50%컷	등록70%컷
상담심리학과	호남대	일반학생A	11	13	2.6	6.33	6.50	18	3.2	6.88	7.00	16	3.3	6.54	6.66	등록50%	등록70%
상담심리학과	호남대	일반고	14	15	5.2	5.75	6.46	14	6.1	5.93	6.63	17	5.8	6.53	7.08	등록50%	등록70%
상담심리학과	조선대	일반전형	19	17	6.7	3.77	4.01	18	7.2	3.96	4.22	21	5.8	3.93	4.21	등록평균	등록70%
상담심리학과*	한남대	지역인재교과우수자	7	7	6.7	3.14	3.56	6	7.7	3.53	4.09	6	10.8	3.96	3.99	최종평균	최종80%
상담심리학과*	한남대	일반전형	20	19	6.6	4.28	4.79	14	6.1	4.01	4.78	11	10.0	3.10	3.50	최종평균	최종80%
생활과학계열	전북대	일반학생	40													등록평균	등록70%
생활과학계열	전북대	지역인재1유형	10													등록평균	등록70%
생활과학자율전공학부	충북대	학생부교과	2													등록평균	등록70%컷
세종캠퍼스자율전공(인문.예능)	홍익대(세종)	교과우수자	70	68	3.3	2.83	3.04	60	4.7	2.75	2.98	45	5.5	2.67	2.92	등록50%컷	등록70%컷

모집단위	대학	전형	2025 모집인원	2024 모집인원	2024 경쟁률	2024 성적①	2024 성적②	2023 모집인원	2023 경쟁률	2023 성적①	2023 성적②	2022 모집인원	2022 경쟁률	2022 성적①	2022 성적②	성적 산출기준 성적①	성적 산출기준 성적②
소방방재융합학과	건국대(글로컬)	지역인재	2	2	3.5	4.3	4.4	2	3.0	4.3	4.3	2	12.0	4.0		등록50%	등록70%
소방방재융합학과	건국대(글로컬)	교과우수	7	11	11.4	4.2	4.3	11	8.5	3.7	4.1	11	16.1	3.5	3.8	등록50%	등록70%
소방행정학과	호남대	일반학생A	19	18	3.8	6.25	6.85	23	2.9	7.00	7.20	20	4.7	6.22	6.59	등록50%	등록70%
소방행정학과	원광대	일반전형	24	24	4.7	3.23	3.39	24	7.8	3.48	3.68	18	8.5	3.45	3.76	등록50%컷	등록70%컷
소방행정학과	호남대	일반고	17	18	5.8	7.06	7.45	21	5.6	5.53	6.14	20	5.2	5.97	6.31	등록50%	등록70%
소비자학	충북대	지역인재	3	3	7.3	3.57		3	7.7	3.83		3	9.3	3.08		등록평균	등록70%컷
소비자학과	충북대	학생부교과	5	5	6.0	4.92		5	14.4	3.21	3.24	5	9.0	3.69	3.83	등록평균	등록70%컷
솔브릿지경영학부	우송대	교과중심	10	14	2.9	3.9										등록평균	
솔브릿지경영학부	우송대	지역인재	3	3	3.0	6.0										등록평균	
솔브릿지경영학부	우송대	면접	11	13	2.7	4.2	4.8	25	1.8	4.1	5.0	30	2.6	4.7	5.1	등록평균	등록70%컷
솔브릿지경영학부	우송대	우송인재	3					14	1.9			15	1.7	5.1		등록평균	
스마트유통물류학과	경상국립대	지역인재	4	5	7.4	3.99	4.67	5	8.0	4.76	5.04	5	3.8	5.47	5.59	등록평균	등록80%
스페인·중남미학과*	전북대	일반학생	9	11	6.5	3.84	4.00	10	18.8	3.78	3.84	10	4.9	4.56	5.10	등록평균	등록70%컷
스페인·중남미학과*	전북대	지역인재1유형	8	5	9.6	4.11	4.15									등록평균	등록70%컷
스페인중남미전공	조선대	지역인재	11	12	3.3	6.81	7.27	9	4.1	6.46	6.36					등록평균	등록70%컷
스페인중남미전공	조선대	일반전형	9	9	4.0	6.48	6.78	13	3.9	6.03	6.29					등록평균	등록70%컷
스페인중남미학전공*	단국대(천안)	학생부교과우수자	9	11	5.0	3.27	3.45	13	7.0	3.39			13	8.7	3.66		등록평균	등록최저
스포츠경영학과	단국대(천안)	학생부교과우수자	7	7	25.9	2.59	2.80									등록평균	등록최저
스포츠과학과	부산대	학생부교과	20	20	10.9	3.82	3.92	10	16.7	3.61	3.66	10	11.6	3.66	3.46	등록평균	등록70%컷
스포츠과학과	제주대	지역인재	7													등록50%컷	등록70%컷
스포츠학과	한라대	일반학생(교과중심)	4	4	9.3	5.91	5.91	17	4.1	5.31	5.95					등록50%컷	등록70%컷
스포츠학과	한라대	지역인재	2	2	3.5	5.22	5.22	1	8.0							등록50%컷	등록70%컷
시각디자인학과	한서대	학생부교과1	2	3	7.7	4.0	4.9									등록평균	등록80%
식품자원경제학과	경북대	교과우수자	9	9	5.8	3.25	3.38	4	9.5	2.53	2.58	4	14.5	2.86	2.99	등록평균	등록70%
식품자원경제학과	부산대	학생부교과	6	5	10.4	3.48	3.44	6	12.3	3.48	3.60	7	8.6	3.87	3.44	등록평균	등록70%컷
식품자원경제학과	단국대(천안)	학생부교과우수자	10	21	5.7	3.52	3.77	23	9.4	3.78		23	5.7	4.01		등록평균	등록최저
식품자원경제학과	경상국립대	일반전형	14	15	10.5	3.98	4.49	15	3.1	4.45	5.41	15	5.1	3.50	3.89	등록평균	등록80%
신문방송학과	건국대(글로컬)	지역인재	3	3	4.7	2.6	4.4	3	3.3	3.9	4.0	3	5.7	3.5		등록50%	등록70%
신문방송학과	건국대(글로컬)	교과우수	12	24	9.0	3.7	4.0	24	5.3	3.7	4.7	24	6.4	2.8	3.4	등록50%	등록70%
신학과	선문대	면접	29													등록50%컷	등록70%컷
실내환경디자인학과	부산대	지역인재	2	2	10.0	3.51										등록평균	등록70%컷
실내환경디자인학과*	부산대	학생부교과	5	5	6.8	2.28		5	14.6	2.52	2.55	6	16.5	3.05	3.07	등록평균	등록70%컷
심리학과	충북대	지역인재	4	4	7.3	3.18	3.16	4	10.5	3.00	2.95	4	9.5	2.92	3.34	등록평균	등록70%컷
심리학과	충북대	학생부교과	5	7	11.0	2.53	2.60	7	33.4	2.76	2.83	7	9.9	3.62	4.21	등록평균	등록70%컷
심리학과	경북대	교과우수자	6	7	8.3	2.57	2.79	7	48.6	2.16	2.28	7	10.1	3.34	4.62	등록평균	등록70%
심리학과	경북대	지역인재	2													등록평균	등록70%
심리학과*	전남대(광주)	일반전형	4	4	12.8	1.84	2.68	4	22.8	2.49	2.52	4	19.3	3.14	2.96	등록평균	등록70%컷
심리학과*	전남대(광주)	지역인재	3	3	7.3	2.71		3	15.7	2.82		3	11.3	3.02		등록평균	등록70%컷
심리학과*	부산대	지역인재	8	8	12.4	2.80	2.80	8	12.9	2.87	2.79	5	16.4	2.63	2.44	등록평균	등록70%컷
심리학과*	한림대	교과우수자	9	9	5.8	3.08	3.33	9	7.6	3.03	3.06	9	8.6	2.81	3.41	등록평균	등록최저
심리학과*	부산대	학생부교과	14	14	6.3	3.10	3.38	9	12.8	2.33	2.55	10	19.7	2.50	2.75	등록평균	등록70%컷
심리학과*	경상국립대	일반전형	12	10	6.0	3.81	4.29	10	11.6	2.99	3.38	10	29.6	2.93	3.33	등록평균	등록80%
심리학과*	충남대	일반전형	5	11	6.6	2.44	2.50	11	8.5	2.39	2.54	11	9.2	2.50	2.60	등록평균	등록70%
심리학과*	한림대	지역인재	4	4	7.5	3.79	3.87	4	2.8	4.15	6.00	4	3.3	3.14	3.62	등록평균	등록최저
심리학과*	충남대	지역인재	3	5	5.2	2.87	3.10	5	7.0	2.38	2.54	5	7.8	2.63	2.96	등록평균	등록70%
아동가족학과	경상국립대	일반전형	18	18	14.9	3.36	3.94	21	7.2	4.96	5.20	10	6.0	4.62	4.98	등록평균	등록80%
아동가족학과*	부산대	학생부교과	7	7	6.6	3.82	3.28	7	15.9	3.07	3.08	7	10.1	3.32	3.60	등록평균	등록70%컷
아동복지학	충북대	지역인재	3	3	7.0	3.53		3	9.0	3.59		3	9.3	3.02		등록평균	등록70%컷
아동복지학과	한남대	일반전형	17	16	2.9	5.87	6.69	13	6.7	4.40	3.18	12	8.2	4.53	4.89	최종평균	최종80%
아동복지학과	충북대	학생부교과	5	6	11.0	3.25	3.43	6	28.3	3.45	3.57	5	9.6	4.06	4.28	등록평균	등록70%컷
아동복지학과	한남대	지역인재교과우수자	7	7	6.1	4.95	5.10	6	4.2	4.92	4.80	7	7.3	4.77	4.87	최종평균	최종80%
아랍어전공	조선대	일반전형	4	7	3.9	6.72	6.82	22	2.1	6.87	7.33	20	2.0	7.21	7.50	등록평균	등록70%컷
아랍어전공	조선대	지역인재	14	14	2.2	6.50	7.30									등록평균	등록70%컷
언론정보학과	충남대	일반전형	7	10	6.5	2.49	2.50	10	9.6	2.47	2.55	10	10.6	2.87	3.03	등록평균	등록70%
언론정보학과	충남대	지역인재	5	5	5.2	3.09	3.66	5	7.4	2.56	2.69	5	9.6	2.87	2.96	등록평균	등록70%
언론홍보학과	제주대	지역인재	4	3	5.7	3.10	4.02	3	9.3	4.06	4.11	2	6.0	4.44		등록50%컷	등록70%컷

모집단위	대학	전형	2025 모집인원	2024 모집인원	2024 경쟁률	2024 성적①	2024 성적②	2023 모집인원	2023 경쟁률	2023 성적①	2023 성적②	2022 모집인원	2022 경쟁률	2022 성적①	2022 성적②	성적 산출기준 성적①	성적 산출기준 성적②
언론홍보학과	제주대	일반학생	12	13	3.7	4.53	5.41	13	4.5	3.20	3.61	13	7.6	3.50	3.65	등록50%컷	등록70%컷
언어정보학과	부산대	학생부교과	6	6	13.0	3.17	3.27	6	15.8	3.22	3.24	8	10.9	3.27	3.31	등록평균	등록70%컷
언어치료·청각재활학과	우송대	면접	12	10	2.1	6.0	6.7	18	2.2	5.4	5.8	25	2.7	5.4	5.9	등록평균	등록70%컷
언어치료·청각재활학과	우송대	지역인재	2	2	5.5	5.3		3	5.0			5	3.8	4.9		등록평균	
언어치료·청각재활학과	우송대	교과중심	14	15	5.5	5.1		15	6.3	4.6		13	8.5	4.5		등록평균	
언어학과	충남대	지역인재	3	3	6.0	3.51	3.61	3	7.7			3	9.7	3.35	3.47	등록평균	등록70%
언어학과	충남대	일반전형	5	7	8.4	3.03	3.20	7	7.1	3.57	3.81	7	9.6	3.12	3.36	등록평균	등록70%
역사교육과	한국교원대	지역인재	1	1	9.0	2.91		1	7.0	3.38		1	4.0	3.69		지원평균	
역사교육과	공주대	교과 I 전형	4	6	8.5	2.28	2.35	5	9.4	2.6	2.7	6	9.3	2.0	2.0	등록50%컷	등록70%컷
역사교육과	강원대(춘천)	일반전형	3	4	3.8			7	10.6	2.18	2.40	6	10.7	2.53		등록평균	등록75%컷
역사교육과	경북대	교과우수자	4	5	16.0	2.42	2.64	4	10.0	2.71	3.01	4	8.5	2.06	2.12	등록평균	등록70%
역사교육과	전남대(광주)	지역인재	5	5	4.2	4.16	4.15	5	6.4	2.19	2.34	3	8.3	2.24		등록평균	등록70%컷
역사교육과	강원대(춘천)	지역인재	3	3	3.7	3.87	4.70	2	6.0	2.46	2.47	3	5.3	2.34		등록평균	등록75%컷
역사교육과	경상국립대	일반전형	6	5	7.4	2.90	3.04	5	12.8	2.76	2.97	5	7.0	3.33	2.98	등록평균	등록80%
역사교육과	충북대	학생부교과	6	5	8.2	2.50	2.59	3	16.3	2.68		3	10.0	2.69		등록평균	등록70%컷
역사교육과	부산대	학생부교과	5	5	5.6	2.26	2.41	4	18.3	1.90	2.00	4	8.8	2.49	2.49	등록평균	등록70%컷
역사교육과	전남대(광주)	일반전형	3	3	5.7	2.27		3	10.0	1.89		3	9.3	2.53		등록평균	등록70%컷
역사교육과	공주대	지역인재	2													등록50%컷	등록70%컷
역사교육과*	원광대	일반전형	8	12	3.1	2.02	2.11	13	8.8	2.14	2.36	13	5.4	2.61	2.85	등록50%컷	등록70%컷
역사교육과*	한남대	일반전형	9	9	3.6	3.32	4.65	8	5.1	3.19	3.28	7	9.1	2.87	2.94	최종평균	최종80%
역사교육과*	한남대	지역인재교과우수자	4	4	5.8	2.51	2.69	4	7.5	2.89	3.04	7	4.0	3.57	4.20	최종평균	최종80%
역사문화학과	조선대	지역인재	9	9	3.1	5.11	5.22	10	4.1	5.26	5.00	10	5.4	5.67	5.54	등록평균	등록70%컷
역사문화학과	조선대	일반전형	18	13	4.1	5.24	5.54	17	3.7	5.34	5.54	19	3.1	5.18	5.23	등록평균	등록70%컷
영미학과	순천향대	교과면접	6	6	5.3	4.21	4.67	14	2.1	3.96	5.32					등록평균	등록최저
영미학과	순천향대	지역인재	3	3	5.0	5.02	5.06									등록평균	등록최저
영미학과	순천향대	교과우수자	15	20	6.9	4.01	4.59	17	3.5	4.48	5.28	18	6.2	3.82	4.38	등록평균	등록최저
영상문화학과	강원대(춘천)	지역인재	7	8	11.5	3.56	3.67	7	4.9	4.12	4.38	8	7.3	3.27		등록평균	등록75%컷
영상문화학과	강원대(춘천)	일반전형	13	14	11.5	3.53	3.69	14	5.7	3.87	4.47	13	9.5	3.24		등록평균	등록75%컷
영상제작학과	한라대	지역인재	4	2	4.5	4.36	4.36	1	6.0							등록50%컷	등록70%컷
영상제작학과	한라대	일반학생(교과중심)	20	17	5.5	5.33	5.66	14	5.3	5.24	5.85					등록50%컷	등록70%컷
영어과*	단국대(천안)	학생부교과우수자	9	19	5.9	3.27	3.60	24	5.6	3.48		24	7.2	3.31		등록평균	등록최저
영어교육과	한국교원대	지역인재	1	1	10.0	2.85		1	11.0	3.99		1	5.0	5.11		지원평균	
영어교육과	전남대(광주)	지역인재	9	9	6.8	2.95	3.02	9	7.6	2.58	2.67	4	15.3	2.50		등록평균	등록70%컷
영어교육과	공주대	교과 I 전형	9	15	4.7	2.83	2.89	15	6.5	2.5	2.7	15	7.5	2.3	2.5	등록50%컷	등록70%컷
영어교육과	조선대	일반전형	20	19	3.2	4.61	4.83	16	5.4	3.53	3.71	15	7.5	3.61	3.83	등록평균	등록70%컷
영어교육과	충남대	일반전형	3	3	5.3			3	9.7			3	12.7			등록평균	등록70%
영어교육과	부산대	학생부교과	7	7	6.0	2.68	2.57	8	7.4	2.14	2.17	8	9.5	1.92	1.93	등록평균	등록70%컷
영어교육과	전남대(광주)	일반전형	6	6	6.7	2.48	2.68	6	16.8	2.58	2.61	4	17.8	2.80	2.90	등록평균	등록70%컷
영어교육과	강원대(춘천)	지역인재	4	4	4.3	2.39	2.50	4	7.0	2.79	2.92	4	5.8	3.00		등록평균	등록75%컷
영어교육과	공주대	지역인재	6													등록50%컷	등록70%컷
영어교육과	제주대	일반학생	3	3	6.0	3.01	3.16	3	5.3	3.48	3.55	3	9.7	2.63	2.65	등록50%컷	등록70%컷
영어교육과	경상국립대	일반전형	15	16	4.2	3.71	3.95	16	8.3	3.01	3.09	16	6.8	3.09	3.64	등록평균	등록80%
영어교육과	충남대	지역인재	2	2	5.0			2	8.5			2	5.5			등록평균	등록70%
영어교육과	충북대	학생부교과	12	11	4.5	2.81	2.85	5	17.4	2.25	2.25	5	6.4	3.61		등록평균	등록70%컷
영어교육과	제주대	지역인재	5	5	4.4	3.30	3.36	5	5.0	3.02	3.07	5	7.4	2.71	2.78	등록50%컷	등록70%컷
영어교육과	전북대	일반학생	5	5	4.8	2.94	3.20	5	16.8			5	7.8	3.22		등록평균	등록70%컷
영어교육과	경북대	교과우수자	10	10	5.7	2.77	2.86	8	20.6	2.12	2.24	7	8.0	2.76	3.00	등록평균	등록70%
영어교육과	전북대	지역인재1유형	4	2	4.5	3.27										등록평균	등록70%컷
영어교육과	강원대(춘천)	일반전형	7	7	3.3	4.41	4.69	7	10.0	2.52	2.73	9	11.2	2.99		등록평균	등록75%컷
영어교육과*	한남대	지역인재교과우수자	5	4	3.3	3.56	4.06	4	7.5	3.50	3.50	7	2.7	4.16	4.55	최종평균	최종80%
영어교육과*	원광대	일반전형	13	12	3.8	3.19	3.28	12	5.8	3.66	3.77	12	5.1	3.36	3.64	등록50%컷	등록70%컷
영어교육과*	한남대	일반전형	12	12	2.7	4.40	4.78	9	7.4	3.41	3.93	7	4.6	3.76	4.27	최종평균	최종80%
영어영문학과	한림대	교과우수자	10	10	3.2	3.78	5.84	10	5.2	3.20	4.01	8	3.3	3.74	4.62	등록평균	등록최저
영어영문학과	충남대	지역인재	11	11	5.7	3.16	3.28	11	6.6	3.35	3.57	11	9.8	3.14	3.31	등록평균	등록70%
영어영문학과	한국교통대	일반전형	38	35	3.7	5.07	6.52									등록평균	등록최저
영어영문학과	조선대	지역인재	23	19	3.2	5.81	6.35	14	3.1	5.18	2.19	10	59	4.78	3.92	등록평균	등록70%컷

모집단위	대학	전형	2025 모집인원	2024 모집인원	경쟁률	성적①	성적②	2023 모집인원	경쟁률	성적①	성적②	2022 모집인원	경쟁률	성적①	성적②	성적 산출기준 성적①	성적②
영어영문학과	한밭대	지역인재(교과)	3	3	13.7			3	15.3			3	12.0			등록50%컷	등록70%컷
영어영문학과	건국대(글로컬)	지역인재	2	2	4.0	4.0	4.8	2	4.0	4.5	4.5	2	7.5	4.8		등록50%	등록70%
영어영문학과	공주대	교과I전형	5	10	14.0	4.33	4.44	10	6.5	4.6	4.7	10	8.6	3.6	3.7	등록50%컷	등록70%컷
영어영문학과	건국대(글로컬)	교과우수	11	10	5.9	3.8	4.1	10	8.6	3.8	3.9	12	32.3	3.3	3.4	등록50%	등록70%
영어영문학과	공주대	지역인재	2	5	4.6	4.81	4.85	5	7.2	3.9	4.0	5	8.4	4.1	4.2	등록50%컷	등록70%컷
영어영문학과	한국교통대	지역인재	4	4	4.8	4.56	4.70									등록평균	등록최저
영어영문학과	충남대	일반전형	17	24	6.2	3.51	3.44	24	7.2	3.23	3.38	24	11.0	3.09	3.30	등록평균	등록70%
영어영문학과	한남대	지역인재교과우수자	16	15	2.3	5.26	5.80	10	5.6	4.73	4.72	34	3.4	5.88	6.50	최종평균	최종80%
영어영문학과	경북대	지역인재	12	12	6.8	2.83	2.92	12	9.3	2.58	2.60	4	10.3	2.63	2.75	등록평균	등록70%
영어영문학과	충북대	지역인재	4	4	6.8	3.99	4.49	3	13.7	3.38		3	9.7	3.55		등록평균	등록70%컷
영어영문학과	충북대	학생부교과	5	6	9.2	4.02	4.07	7	46.6	3.09	3.38	7	8.1	4.49	4.53	등록평균	등록70%컷
영어영문학과	한밭대	학생부교과(일반)	17	35	7.4	4.29	4.86	31	8.7	4.42	4.57	26	8.8	4.40	4.69	등록50%컷	등록70%컷
영어영문학과	조선대	일반전형	45	44	2.7	5.62	6.28	50	2.9	5.25	5.48	48	3.0	5.25	5.59	등록평균	등록70%
영어영문학과	한남대	일반전형	29	32	4.3	5.43	5.78	33	5.5	5.54	6.05	38	4.3	5.73	6.42	최종평균	최종80%
영어영문학과	경북대	교과우수자	10	10	8.5	2.71	2.83	11	11.5	2.76	2.91	11	11.6	2.41	2.50	등록평균	등록70%
영어영문학과	한림대	지역인재	6	6	5.8	4.41	4.65	6	3.8	5.04	5.52	6	3.3	4.46	5.80	등록평균	등록최저
영어영문학과*	전북대	일반학생	14	15	5.5	3.67	4.05	15	15.1	3.46	3.63	15	6.3	4.27	4.44	등록평균	등록70%컷
영어영문학과*	호서대	학생부	31	25	4.0	4.80	6.08	25	3.8	4.75	5.69	24	5.2	4.64	5.62	등록평균	등록최저
영어영문학과*	전북대	지역인재1유형	9	6	4.8	3.56	3.55									등록평균	등록70%컷
영어영문학과*	전남대(광주)	일반전형	10	10	9.2	3.17	3.28	10	7.0	3.16	3.40	7	9.3	2.97	2.99	등록평균	등록70%컷
영어영문학과*	제주대	일반학생	4	3	4.3	4.93	4.83	3	6.7	2.76	3.09	3	6.0	4.11	4.26	등록50%컷	등록70%컷
영어영문학과*	전남대(광주)	지역인재	10	10	5.4	3.17	3.23	10	5.5	3.03	3.19	6	9.2	2.96	2.97	등록평균	등록70%컷
영어영문학과*	부산대	학생부교과	10	10	7.1	2.84	2.81	10	20.2	2.62	2.75	15	18.5	2.89	3.09	등록평균	등록70%컷
영어영문학과*	호서대	지역인재	8	9	2.9	5.77	6.72	9	2.7	6.00	8.10	8	3.1	5.03	7.43	등록평균	등록최저
영어영문학과*	제주대	지역인재	10	11	3.2	4.18	4.52	11	4.3	3.78	3.96	11	5.8	4.07	4.27	등록50%컷	등록70%컷
영어영문학전공*	경상국립대	일반전형	15	17	6.7	3.34	3.80	18	4.0	3.72	4.41	18	4.7	3.18	3.54	등록평균	등록80%
영어영문학전공*	경상국립대	지역인재	2													등록평균	등록80%
영어전공	경상국립대	일반전형	19	26	5.4	3.85	4.37	28	7.7	3.73	4.13	28	4.8	4.30	4.76	등록평균	등록80%
영어학전공	전남대(여수)	일반전형	10	10	3.7	5.35	5.79	4	8.8	5.16	5.50	8	6.0	5.44	5.48	등록평균	등록70%컷
영화영상학과	한서대	한서인재	3	7	1.7	5.1	5.1	5	2.2	4.8	5.1	8	2.0	6.0	6.0	등록평균	등록80%
영화영상학과	한서대	학생부교과1	13	9	3.4	4.3	4.4	5	14.8	3.3	4.5	10	8.8	5.3	5.6	등록평균	등록80%
예술문화영상학과	부산대	학생부교과	4	4	8.0	2.74	2.66	4	9.3	1.23	2.98	5	11.4	2.62	2.59	등록평균	등록70%컷
예술학부(미술)	울산대	일반교과	4													등록평균	등록80%
외식·조리경영전공	우송대	지역인재	3	3	7.7	3.7		3	5.3			4	4.8	4.8		등록평균	
외식·조리경영전공	우송대	면접	14	12	4.8	3.6	4.0	11	6.2	3.0	3.2	11	7.6	3.6	4.0	등록평균	등록70%컷
외식·조리경영전공	우송대	교과중심	11	13	7.7	3.5		13	9.6	3.4		12	9.9	3.7		등록평균	
외식·조리경영전공	우송대	우송인재	4	4	7.5	3.7		6	6.7			6	6.0	3.7		등록평균	
외식사업학과	경동대	일반학생	24	24	5.0	4.65	5.38	24	5.0	4.90	5.53	27	5.0	4.65	5.42	최종평균	최종80%
외식조리전공	우송대	교과중심	17	17	15.9	3.0		16	21.0	2.6		15	30.5	2.7		등록평균	
외식조리전공	우송대	면접	37	32	9.4	2.2	2.7	27	11.1	1.8	1.8	27	9.9	2.2	2.6	등록평균	등록70%컷
외식조리전공	우송대	지역인재	5	6	5.5	3.5		6	10.3			7	8.7	3.6		등록평균	
외식조리전공	우송대	우송인재	5	9	11.3	3.6		19	9.8			19	9.3	2.5		등록평균	
유아교육*	건국대(글로컬)	지역인재	2	2	6.5	4.6	4.6	2	4.0	4.7	5.0	2	5.0	3.2		등록50%	등록70%
유아교육과	한국교원대	지역인재	1	1	4.0	4.05		1	11.0	3.72		1	5.0	4.65		지원평균	
유아교육과	호서대	학생부	12	12	7.2	4.15	4.71	12	5.8	3.93	4.50	6	12.8	2.91	3.89	등록평균	등록최저
유아교육과	순천향대	교과면접	4	4	6.5	3.34	3.50	10	7.6	3.41	3.91					등록평균	등록최저
유아교육과	순천향대	교과우수자	10	13	3.4	3.82	5.08	10	6.0	3.12	3.70	17	6.8	2.88	3.43	등록평균	등록최저
유아교육과	경상국립대	일반전형	6	9	4.2			10	8.0	3.71	3.91	11	8.2	3.45	3.69	등록평균	등록80%
유아교육과	호서대	지역인재	9	9	3.0	5.20	6.57	9	4.8	3.95	4.47	9	7.3	3.50	3.94	등록평균	등록최저
유아교육과	순천향대	지역인재	7	7	4.1	3.80	4.13									등록평균	등록최저
유아교육과	전남대(광주)	지역인재	4	4	5.0	3.43	3.22	4	9.5	2.76	2.80	3	14.7	2.69		등록평균	등록70%컷
유아교육과	공주대	교과I전형	8	13	6.7	3.28	3.42	12	6.6	3.2	3.3	12	14.5	2.7	2.8	등록50%컷	등록70%컷
유아교육과	부산대	학생부교과	6	6	6.2			5	9.2	2.45	2.61	6	13.5	2.39	2.55	등록평균	등록70%컷
유아교육과	전남대(광주)	일반전형	3	3	7.0	3.77		3	15.7	2.93		3	17.7	2.93		등록평균	등록70%컷
유아교육과	공주대	지역인재	5													등록50%컷	등록70%컷
유아교육과*	경동대	일반학생	98	98	3.0	4.42	5.31	97	5.4	4.30	4.79	90	8.4	4.09	4.76	최종평균	최종80%

모집단위	대학	전형	2025 모집인원	2024 모집인원	2024 경쟁률	2024 성적①	2024 성적②	2023 모집인원	2023 경쟁률	2023 성적①	2023 성적②	2022 모집인원	2022 경쟁률	2022 성적①	2022 성적②	성적 산출기준 성적①	성적 산출기준 성적②
유아교육과*	건국대(글로컬)	교과우수	9	10	4.5	4.7	6.8	10	8.0	3.6	3.6	10	9.0	2.5	3.2	등록50%	등록70%
유아교육과*	강원대(도계)	일반전형	3	3	3.7	3.20	3.20	4	11.8	3.02	3.23	4	11.0	3.76		등록평균	등록75%컷
유아교육과*	우송대	교과중심	3	3	6.3	3.5		2	12.5	3.5		5	32.2	2.7		등록평균	
유아교육과*	우송대	우송인재	2	2	4.0	4.2		3	11.0			3	11.7	4.4		등록평균	
유아교육과*	강원대(도계)	지역인재	2	2	5.0	4.27	4.27	1	2.0	5.33		2	7.0	4.67		등록평균	등록75%컷
유아교육과*	우송대	지역인재	3	3	4.7	4.3		4	9.0			4	24.0	3.5		등록평균	
유아교육과*	동양대	지역인재	2	2	3.5	5.00	5.00									등록50%컷	등록70%컷
유아교육과*	동양대	일반전형 I	28	29	1.4	4.30	4.30	31	2.5	3.90	4.50					등록50%컷	등록70%컷
유아교육과*	원광대	일반전형	19	18	3.3	3.02	3.30	19	7.4	3.43	3.59	19	7.5	3.24	3.40	등록50%컷	등록70%컷
유아교육과*	우송대	면접	24	24	6.5	4.4	4.7	23	14.5	3.7	3.8	20	13.0	3.9	4.3	등록평균	등록70%컷
유아교육학과*	한국교통대	지역인재	1	1	5.0	1.86	1.86									등록평균	등록최저
유아교육학과*	호남대	일반학생A	23	22	2.6	6.37	6.61	30	3.5	6.22	6.57	22	5.9	5.62	5.72	등록50%	등록70%
유아교육학과*	한국교통대	일반전형	9	13	7.0	3.62	3.89	11	5.1	3.28	4.27	11	10.3	3.28	3.83	등록평균	등록최저
유아교육학과*	상지대	교과일반	23	20	4.6	5.14										등록평균	
유아교육학과*	호남대	일반고	13	14	6.9	6.17	6.54	10	9.3	5.76	6.64	18	4.9	5.50	5.79	등록50%	등록70%
유아교육학과*	상지대	강원인재	3	3	5.7	4.85										등록평균	
윤리교육과	한국교원대	지역인재	1	1	11.0	2.81		1	11.0	3.37		1	3.0	3.36		지원평균	
윤리교육과	강원대(춘천)	지역인재	3	2	4.0	2.69	2.70	2	7.0	2.74	2.74					등록평균	등록75%컷
윤리교육과	경북대	교과우수자	7	7	7.7	2.36	2.50	4	17.0	2.29	2.43	4	12.3	2.41	2.50	등록평균	등록70%
윤리교육과	공주대	교과 I 전형	3	4	6.0	3.28	3.98	4	14.0	2.2	2.3	4	8.0	2.2	2.4	등록50%컷	등록70%컷
윤리교육과	제주대	지역인재	3	3	3.7	3.39	3.39	3	7.3	3.27	3.35	3	8.3	3.50	3.54	등록50%컷	등록70%컷
윤리교육과	전남대(광주)	일반전형	3	3	6.0	2.06		3	8.7	1.95		3	10.7	2.24		등록평균	등록70%컷
윤리교육과	강원대(춘천)	일반전형	4	5	5.6	3.00	3.12	4	14.3	2.09	2.13	6	8.7	2.97		등록평균	등록75%컷
윤리교육과	경상국립대	일반전형	4	4	7.0	3.93		5	13.0	2.78	2.96	5	8.0	3.08	3.39	등록평균	등록80%
윤리교육과	부산대	학생부교과	6	9	6.1	2.81	3.10	8	12.6	2.07	2.18	8	9.5	2.32	2.36	등록평균	등록70%컷
윤리교육과	제주대	일반학생	2	2	3.5	4.54	4.54	2	13.0	2.71		2	11.5	3.40		등록50%컷	등록70%컷
윤리교육과	충북대	학생부교과	6	5	4.6	3.75	4.11	3	17.7	2.11		3	9.0	2.85		등록평균	등록70%컷
윤리교육과	공주대	지역인재	2													등록50%컷	등록70%컷
윤리교육과	전남대(광주)	지역인재	4	4	5.8	1.95	2.07	4	9.5	2.32	2.26	3	7.3	2.55		등록평균	등록70%컷
융합경영학과	한국교통대	일반전형	11	10	5.9	3.82	4.21									등록평균	등록최저
융합경영학과	한밭대	지역인재(교과)	3	3	21.0			3	13.0			2	21.0			등록50%컷	등록70%컷
융합경영학과	한밭대	학생부교과(일반)	34	35	9.7	3.78	3.84	29	9.5	3.49	3.95	26	16.4	3.81	3.86	등록50%컷	등록70%컷
융합경영학과	한국교통대	지역인재	1	1	4.0	4.36	4.36									등록평균	등록최저
융합경영학부	고려대(세종)	일반전형	34	18	8.4	3.50	3.55	19	7.0	3.34	3.98	19	10.9	3.10	3.13	등록50%컷	등록70%컷
융합과학수사학과	한림대	교과우수자	15	15	6.6	3.45	4.09									등록평균	등록최저
융합과학수사학과	한림대	지역인재	6	6	8.7	3.62	3.87									등록평균	등록최저
융합자율전공학부(전주)	전북대	일반학생	50													등록평균	등록70%컷
융합자율전공학부(전주)	전북대	지역인재1유형	50													등록평균	등록70%컷
융합자율전공학부(특성화)	전북대	일반학생	9													등록평균	등록70%컷
융합자율전공학부(특성화)	전북대	지역인재1유형	9													등록평균	등록70%컷
응용영어콘텐츠학과	한남대	지역인재교과우수자	7	6	4.2	6.26	7.05	5	2.6	6.64	6.61					최종평균	최종80%
응용영어콘텐츠학과	한남대	일반전형	19	18	4.1	6.20	6.51	12	2.9	6.12	7.17					최종평균	최종80%
의료상담학과	원광대	일반전형	20	22	4.1	4.00	4.22	22	3.3	5.22	5.53					등록50%컷	등록70%컷
의류학과*	부산대	학생부교과	5	5	9.0	3.74	3.73	5	25.0	2.80	2.84	8	15.8	3.21	3.41	등록평균	등록70%컷
인문대학 자율학부	경북대	교과우수자	6													등록평균	등록70부
인문사회경상학부	한밭대	지역인재(교과)	7													등록50%컷	등록70%컷
인문사회경상학부	한밭대	학생부교과(일반)	69													등록50%컷	등록70%컷
인문사회계열광역	단국대(천안)	학생부교과우수자	50													등록평균	등록최저
인문사회대학	선문대	지역학생	34	31	5.5	5.00	5.25									등록50%컷	등록70%컷
인문사회대학	선문대	일반학생	195	141	5.8	4.75	5.13									등록50%컷	등록70%컷
인문사회자율전공	경상국립대	일반전형	21													등록평균	등록80%
인문사회자율전공계열	충북대	학생부교과	33	35	6.6	3.34	3.58	22	9.4	3.44	3.64	22	11.9	3.38	3.61	등록평균	등록70%컷
인문사회자율전공계열	충북대	지역인재	8	5	6.6	4.26		5	11.4	3.01	3.10	5	27.8	3.46	3.52	등록평균	등록70%컷
인문자유전공학부	한국교통대	일반전형	5													등록평균	등록최저
인문학부	한림대	지역인재	18	18	5.8	4.81	5.26	18	5.6	4.62	5.31	17	3.5	5.13	6.93	등록평균	등록최저
인문학부	강원대(춘천)	일반전형	55	55	6.1	3.85	4.04	80	9.6	3.89	4.06	80	6.3	4.09		등록평균	등록75%컷

모집단위	대학	전형	2025 모집인원	2024 모집인원	경쟁률	성적①	성적②	2023 모집인원	경쟁률	성적①	성적②	2022 모집인원	경쟁률	성적①	성적②	성적 산출기준 성적①	성적②
인문학부	한림대	교과우수자	34	34	3.9	3.94	4.58	34	8.7	4.21	4.67	32	3.0	4.64	6.25	등록평균	등록최저
인문학부*	강원대(춘천)	지역인재	35	36	4.2	4.09	4.44	32	6.4	3.89	4.16	33	5.7	3.97		등록평균	등록75%컷
인문학자율전공학부	충북대	학생부교과	5													등록평균	등록70%컷
인재개발학부	극동대	교과우수자	20	69	0.2	4.38	6.63									등록50%컷	등록70%컷
인재개발학부	극동대	일반전형	9	69	0.4	4.50	4.38									등록50%컷	등록70%컷
일반사회교육과	한국교원대	지역인재	1	1	11.0	3.02		1	9.0	3.19		1	2.0	3.44		지원평균	
일반사회교육과	강원대(춘천)	지역인재	3	3	3.7	4.01	4.01	5	11.0	2.37	2.58	6	3.8	3.41		등록평균	등록75%컷
일반사회교육과	공주대	교과Ⅰ전형	4	5	7.2	2.48	2.51	5	10.6	2.5	2.6	5	9.6	2.3	2.4	등록50%컷	등록70%컷
일반사회교육과	경상국립대	일반전형	9	9	8.1	3.59	4.01	10	7.1	3.04	3.56	10	7.0	2.64	2.77	등록평균	등록80%
일반사회교육과	경북대	교과우수자	7	7	7.1	3.36	3.27	5	14.6	2.06	2.14	5	8.4			등록평균	등록70%
일반사회교육과	공주대	지역인재	2													등록50%컷	등록70%컷
일반사회교육과	부산대	학생부교과	8	8	5.9	3.26	3.45	7	16.4	2.17	2.21	8	8.9	2.67	2.47	등록평균	등록70%컷
일반사회교육과	강원대(춘천)	일반전형	4	3	4.7	4.82	5.36									등록평균	등록75%컷
일본어과	조선대	일반전형	14	14	7.4	5.08	5.51	28	4.7	5.45	5.83	27	3.8	5.48	6.12	등록평균	등록70%컷
일본어과	조선대	지역인재	14	14	6.6	5.46	5.90									등록평균	등록70%컷
일본어과*	한밭대	지역인재(교과)	3	3	17.0			3	14.0			3	13.3			등록50%컷	등록70%컷
일본어과*	한밭대	학생부교과(일반)	17	35	10.5	3.56	4.85	31	7.2	4.64	4.73	27	8.9	4.20	4.63	등록50%컷	등록70%컷
일본어학과	강원대(도계)	일반전형	8	8	8.6	4.95	5.53	7	7.9	5.79	6.36	6	6.2	5.20		등록평균	등록75%컷
일본어학과	강원대(도계)	지역인재	2	2	3.0			3	4.3	5.22	5.58	4	5.5	6.02		등록평균	등록75%컷
일본학과	한림대	지역인재	5	5	7.6	4.53	5.18	5	4.0	4.13	5.12	5	4.4	4.62	5.15	등록평균	등록최저
일본학과	한림대	교과우수자	7	7	5.6	3.43	4.40	7	12.0	3.98	3.98	7	3.1	4.77	5.60	등록평균	등록최저
일본학과	전북대	지역인재1유형	1													등록평균	등록70%컷
일본학과*	전북대	일반학생	14	14	7.4	3.73	4.06	14	18.5	3.81	3.88	14	10.9	4.61	4.62	등록평균	등록70%컷
일본학전공*	단국대(천안)	학생부교과우수자	9	17	7.2	3.57	3.83	20	6.6	3.77		20	6.1	3.83		등록평균	등록최저
일본학전공*	전남대(여수)	일반전형	10	10	3.5	5.55	5.42	4	11.0	4.86		4	5.5	6.07	5.82	등록평균	등록70%컷
일본학전공*	전남대(여수)	지역인재	4	2	3.0	6.46						4	3.5			등록평균	등록70%컷
일어교육과	경상국립대	일반전형	4	5	13.0	4.62	5.13	5	13.4	4.38	4.56	4	10.5	4.22	4.41	등록평균	등록80%
일어교육과*	원광대	일반전형	13	12	6.8	3.54	3.55	10	5.4	4.43	4.59	10	6.7	3.28	3.43	등록50%컷	등록70%컷
일어일문학과	경북대	지역인재	2	2	15.0											등록평균	등록70%
일어일문학과	경북대	교과우수자	7	8	14.0	2.98	3.03	9	12.8	3.05	3.24	7	10.7	2.93	3.02	등록평균	등록70%
일어일문학과*	전남대(광주)	일반전형	7	6	9.8	3.37	3.40	6	23.7	3.16	3.14	6	15.5	3.58	3.77	등록평균	등록70%컷
일어일문학과*	제주대	일반학생	11	12	8.0	4.87	4.97	12	5.0	5.05	5.56	12	7.4	4.37	4.64	등록50%컷	등록70%컷
일어일문학과*	제주대	지역인재	4	3	9.0	3.69	4.66	3	6.7	4.78	4.83	2	6.5	5.19		등록50%컷	등록70%컷
일어일문학과*	충남대	지역인재	3	3	7.7	3.35	3.37	3	9.3			3	8.3	3.20	3.82	등록평균	등록70%
일어일문학과*	전남대(광주)	지역인재	6	5	12.6	3.16	3.21	5	8.6	3.57	3.72	5	14.4	3.50	3.48	등록평균	등록70%컷
일어일문학과*	부산대	학생부교과	8	8	8.0	3.34	2.94	8	18.9	2.91	2.99	10	9.9	3.40	3.16	등록평균	등록70%컷
일어일문학과*	충남대	일반전형	5	7	14.7	2.66	2.70	6	8.7	3.44	3.87	7	12.9	3.00	3.06	등록평균	등록70%
일어일문학전공	한남대	일반전형	11	12	9.3	4.92	5.21	13	5.3	4.86	4.52	11	6.8	4.37	4.68	최종평균	최종80%
일어일문학전공	한남대	지역인재교과우수자	8	7	5.0	4.59	4.71	6	6.2	4.64	5.00	10	5.6	4.84	5.25	최종평균	최종80%
자유전공	제주대	일반학생	22													등록50%컷	등록70%컷
자유전공	제주대	지역인재	9													등록50%컷	등록70%컷
자유전공학부	우송대	교과중심	40	38	6.4	5.3		27	4.6	5.5		27	4.9	5.0		등록평균	
자유전공학부	선문대	지역학생	12													등록50%컷	등록70%컷
자유전공학부	우송대	지역인재	4	2	7.5	5.4		2	5.5			4	4.3	5.0		등록평균	
자유전공학부	호서대	학생부	15													등록평균	등록최저
자유전공학부	조선대	지역인재	18	4	11.0			15	4.2	4.48	2.09	10	7.1	4.74	4.85	등록평균	등록70%컷
자유전공학부	한라대	일반학생(교과중심)	15													등록50%컷	등록70%컷
자유전공학부	조선대	일반전형	30	9	11.9	4.59	4.20	38	2.3	5.70	5.93	21	4.8	4.72	4.16	등록평균	등록70%컷
자유전공학부	우송대	면접	23	23	2.4	5.3	5.7	32	1.9	5.4	5.7	30	2.3	5.2	5.4	등록평균	등록70%컷
자유전공학부	상지대	교과일반	65	25	4.2	5.62										등록평균	
자유전공학부	호남대	일반학생B	109														
자유전공학부	한라대	지역인재	4													등록50%컷	등록70%컷
자유전공학부	선문대	일반학생	66													등록50%컷	등록70%컷
자유전공학부	우송대	우송인재	6	4	6.3	5.0		5	4.0			5	3.2	5.9		등록평균	
자유전공학부	상지대	강원인재	5	15	2.2	6.13										등록평균	
자유전공학부	한남대	지역인재교과우수자	27													최종평균	최종80%

3부 ● 모집단위순 합격자 성적

모집단위	대학	전형	2025 모집인원	2024 모집인원	2024 경쟁률	2024 성적①	2024 성적②	2023 모집인원	2023 경쟁률	2023 성적①	2023 성적②	2022 모집인원	2022 경쟁률	2022 성적①	2022 성적②	성적 산출기준 성적①	성적 산출기준 성적②
자유전공학부(인문)	강원대(춘천)	일반전형	12	14	6.7	3.71	3.95	17	6.8	3.60	3.82	14	9.1	3.48		등록평균	등록75%컷
자유전공학부(인문)	강원대(춘천)	지역인재	11	12	4.6	3.75	3.96	16	6.6	3.76	3.99	14	4.4	3.73		등록평균	등록75%컷
자유전공학부(인문)	강원대(도계)	지역인재	8	10	2.5	7.04	7.04	10	2.0	7.12	7.15	12	3.1	6.24		등록평균	등록75%컷
자유전공학부(인문)	강원대(도계)	일반전형	16	22	3.4	5.75	6.55	17	3.6	6.05	6.50	17	4.9	5.22		등록평균	등록75%컷
자율미래인재학부	경북대	교과우수자	38													등록평균	등록70%
자율미래인재학부	경북대	지역인재	10													등록평균	등록70%
자율융합계열	연세대(미래)	교과우수자	251	246	3.0	4.35	4.68	114	6.9	3.83	4.02	80	4.9	3.68	3.98	등록50%컷	등록70%컷
자율전공	한동대	지역인재	60	60	2.9	4.11	4.38	60	3.6		5.04	60	2.7	4.07	4.48	등록평균	등록70%컷
자율전공	한동대	학생부교과	136	136	4.6	3.82	4.00	136	6.8	3.57	3.93	135	2.8	3.91	4.41	등록평균	등록70%컷
자율전공학부	경북대	교과우수자	80	37	6.1	2.73	2.93					24	29.3	2.55	2.72	등록평균	등록70%
자율전공학부	울산대	일반교과	12													등록평균	등록80%
자율전공학부	원광대	일반전형	120	22	7.0	4.38	4.60	22	2.2	5.46	5.97					등록50%컷	등록70%컷
자율전공학부	경북대	지역인재	61	25	6.4	2.63	2.77	25	9.6	2.62	2.76	15	17.8	2.73	3.18	등록평균	등록70%
자율전공학부	울산대	지역교과	10														
자율전공학부(1년)	전남대(광주)	지역인재	24													등록평균	등록70%컷
자율전공학부(1년)	전남대(광주)	일반전형	24													등록평균	등록70%컷
자율전공학부(4년)	전남대(광주)	지역인재	9	9	15.8	3.14	3.49	9	5.1	3.48	3.78	7	10.3	2.67	2.69	등록평균	등록70%컷
자율전공학부(4년)	전남대(광주)	일반전형	8	8	12.8	3.67	3.88	8	5.8	3.31	3.58	8	9.4	2.84	2.97	등록평균	등록70%컷
자율전공학부(공주캠퍼스)	공주대	자율전공	58														
자율전공학부(인문사회과학대학)	공주대	자율전공	50														
전공자율선택(예체능)	한서대	학생부교과1	20													등록평균	등록80%
전공자율선택(인문사회)	한서대	학생부교과2	40													등록평균	등록80%
전공자율선택(인문사회)	한서대	학생부교과1	20													등록평균	등록80%
정부행정학부	고려대(세종)	일반전형	11	6	22.3	4.08	4.13	6	4.7	3.68	4.39	6	8.0	2.89	2.97	등록50%컷	등록70%컷
정치·언론학과	한남대	지역인재교과우수자	9	7	2.9	5.26	6.15	5	3.8	4.86	5.16	9	2.9	5.25	5.77	최종평균	최종80%
정치·언론학과	한남대	일반전형	18	16	3.3	5.25	5.66	15	5.8	5.25	5.50	13	3.3	5.24	6.25	최종평균	최종80%
정치외교학과	조선대	일반전형	26	23	4.3	5.56	6.13	33	2.9	5.74	6.14	38	2.6	5.72	6.16	등록평균	등록70%컷
정치외교학과	제주대	일반학생	12	13	3.7	4.67	4.88	13	4.9	4.29	4.60	13	6.0	4.60	4.82	등록50%컷	등록70%컷
정치외교학과	충북대	지역인재	4	4	7.5	3.46	3.62	3	6.3	3.83		3	10.7	2.72		등록평균	등록70%컷
정치외교학과	제주대	지역인재	4	3	5.0	4.74	4.84	3	7.3	4.73	4.93	2	5.0	5.67		등록50%컷	등록70%컷
정치외교학과	충북대	학생부교과	8	7	6.4	2.87	2.95	7	8.3	3.11	3.20	7	10.1	3.22	3.30	등록평균	등록70%컷
정치외교학과	조선대	지역인재	10	10	4.0	6.34	6.81									등록평균	등록70%컷
정치외교학과	충남대	지역인재	5	5	13.6	3.07	3.15	5	5.8	3.66	4.24	5	7.2	3.00	3.06	등록평균	등록70%
정치외교학과	충남대	일반전형	8	11	6.8	2.68	2.84	11	8.2	2.82	2.92	11	8.6	2.88	3.33	등록평균	등록70%
정치외교학과	경상국립대	일반전형	10	10	8.6	4.24	4.59	10	4.9	4.38	4.52	15	5.3	3.89	4.14	등록평균	등록80%
정치외교학과	경북대	교과우수자	7	8	9.6	2.49	2.75	6	23.2	2.70	2.81	7	10.0	3.18	3.59	등록평균	등록70%
정치외교학과	강원대(춘천)	일반전형	6	7	5.0	3.56	3.72	8	8.1	3.51	3.73	9	10.3	3.70		등록평균	등록75%컷
정치외교학과	강원대(춘천)	지역인재	4	5	4.2	3.71	3.86	4	16.8	3.92	4.05	4	6.3	4.92		등록평균	등록75%컷
정치외교학과*	전남대(광주)	지역인재	6	6	5.0	3.58	3.89	6	5.0	2.65	2.68	4	9.3	2.77	2.71	등록평균	등록70%컷
정치외교학과*	부산대	학생부교과	13	10	6.8	2.83	2.80	10	11.1	2.55	2.65	11	11.8	2.51	2.54	등록평균	등록70%컷
정치외교학과*	전남대(광주)	일반전형	6	6	6.0	3.41	4.26	6	7.3	2.56	2.79	4	11.3	2.93	2.93	등록평균	등록70%컷
정치외교학과*	부산대	지역인재	6	4	9.3	2.47	2.36	4	15.3	2.67	2.68	4	12.3	2.84	2.84	등록평균	등록70%컷
정치행정학과	한림대	지역인재	6	6	4.5	4.83	5.28	6	4.3	4.00	4.49	4	3.8	4.63	5.27	등록평균	등록최저
정치행정학과	한림대	교과우수자	13	13	3.5	4.45	5.14	13	9.9	4.14	4.63	11	2.5	4.67	5.80	등록평균	등록최저
제과제빵·조리전공	우송대	교과중심	10	8	36.5	2.6		7	45.0	2.6						등록평균	
제과제빵·조리전공	우송대	지역인재	3	3	11.7	2.9		2	23.0							등록평균	
제과제빵·조리전공	우송대	면접	31	26	16.9	2.7	3.0	9	32.3	3.1	3.3					등록평균	등록70%컷
제과제빵·조리전공	우송대	우송인재	6	3	22.3	3.4		3	37.0							등록평균	
중국경제통상학과*	한남대	일반전형	24	22	3.2	6.33	6.57	19	5.6	6.24	7.00	16	3.3	6.67	7.39	최종평균	최종80%
중국경제통상학과*	한남대	지역인재교과우수자	11	9	2.4	6.56	6.83	8	4.6	6.16	6.32	12	3.3	5.92	6.65	최종평균	최종80%
중국어과*	한밭대	학생부교과(일반)	20	40	6.5	4.71	5.05	35	6.3	4.80	4.95	30	6.3	4.72	5.08	등록50%컷	등록70%컷
중국어과*	한밭대	지역인재(교과)	3	3	15.7			3	11.3			3	11.3			등록50%컷	등록70%컷
중국어문화학전공	조선대	지역인재	15	11	3.2	6.22	6.75	12	3.7	6.12	6.43	5	5.8	5.84	6.52	등록평균	등록70%컷
중국어문화학전공	조선대	일반전형	21	24	3.3	6.26	6.36	24	2.3	6.19	6.49	24	3.7	5.82	6.17	등록평균	등록70%컷
중국어학과	한국교통대	지역인재	3	3	3.3	5.47	5.62									등록평균	등록최저

모집단위	대학	전형	2025 모집인원	2024 모집인원	2024 경쟁률	2024 성적①	2024 성적②	2023 모집인원	2023 경쟁률	2023 성적①	2023 성적②	2022 모집인원	2022 경쟁률	2022 성적①	2022 성적②	성적 산출기준 성적①	성적 산출기준 성적②
중국어학과	한국교통대	일반전형	26	24	2.8	5.17	7.37									등록평균	등록최저
중국학과	한림대	지역인재	3	3	6.3	4.76	5.09	3	3.3	5.30	5.60	5	4.8	5.07	5.57	등록평균	등록최저
중국학과	순천향대	지역인재	3	3	5.0	4.60	4.63									등록평균	등록최저
중국학과	순천향대	교과면접	6	6	8.3	4.22	5.08	14	2.3	5.27	6.54					등록평균	등록최저
중국학과	순천향대	교과우수자	11	15	5.6	4.40	5.04	12	4.8	4.42	5.14	13	4.3	4.14	5.18	등록평균	등록최저
중국학과*	호서대	학생부	16	13	3.9	5.84	6.84	17	6.0	5.29	6.33	19	3.3	5.87	7.15	등록평균	등록최저
중국학과*	한림대	교과우수자	12	12	4.2	4.45	5.19	12	5.4	4.47	4.81	12	4.0	4.10	4.90	등록평균	등록최저
중국학과*	호서대	지역인재	13	13	2.5	6.58	7.67	6	1.7	7.78	7.78	5	3.0	5.94	5.94	등록평균	등록최저
중국학전공*	전남대(여수)	지역인재	4	2	3.0							7	2.4	6.10	6.68	등록평균	등록70%컷
중국학전공*	전남대(여수)	일반전형	13	11	2.2	5.76		4	4.5	6.87		4	4.5	6.32		등록평균	등록70%컷
중국학전공*	단국대(천안)	학생부교과우수자	9	21	4.4	3.79	4.45	23	6.4	3.72		24	7.2	3.84		등록평균	등록최저
중동학전공	단국대(천안)	학생부교과우수자	9	9	4.6	4.17	5.15	9	6.8	3.88		9	5.4	4.05		등록평균	등록최저
중등특수교육과*	원광대	일반전형	13	12	4.1	3.63	3.66	14	5.8	4.10	4.57	14	5.6	4.21	4.33	등록50%컷	등록70%컷
중어중문학과	충북대	학생부교과	5	6	7.7	3.71	4.06	7	13.1	3.61	3.62	7	9.1	3.89	4.04	등록평균	등록70%컷
중어중문학과	공주대	교과 I 전형	8	14	5.1	5.12	5.47	13	5.9	4.3	4.3	13	7.9	4.2	4.4	등록50%컷	등록70%컷
중어중문학과	전북대	지역인재1유형	9	6	10.0	4.05	4.15									등록평균	등록70%컷
중어중문학과	충북대	지역인재	4	4	6.5	3.71	3.75	3	10.3	3.88		3	9.7	4.00		등록평균	등록70%컷
중어중문학과	경북대	교과우수자	5	5	13.0	2.96	3.01	4	13.0	3.33	3.32	3	9.7			등록평균	등록70%
중어중문학과	공주대	지역인재	3	6	4.8	4.84	5.33	7	5.4	4.6	4.7	7	6.6	4.5	4.6	등록50%컷	등록70%
중어중문학과*	충남대	일반전형	9	12	8.7	3.29	3.46	12	11.3	3.46	3.62	12	15.9	3.57	3.75	등록평균	등록70%
중어중문학과*	경상국립대	일반전형	16	19	4.6	4.71	5.17	20	5.9	5.09	5.10	18	3.8	4.68	5.25	등록평균	등록80%
중어중문학과*	충남대	지역인재	5	5	7.2	3.34	3.41	5	7.6	3.62	3.68	5	12.4	3.49	3.56	등록평균	등록70%
중어중문학과*	제주대	지역인재	9	10	4.8	5.33	5.15	10	4.3	5.03	5.40	10	7.8	4.48	4.93	등록50%컷	등록70%컷
중어중문학과*	전남대(광주)	지역인재	8	8	6.8	3.65	3.85	8	8.9	3.30	3.30	6	13.3	3.43	3.48	등록평균	등록70%컷
중어중문학과*	부산대	학생부교과	11	11	9.7	3.07	3.01	9	14.3	3.12	3.25	11	12.3	2.96	3.03	등록평균	등록70%컷
중어중문학과*	전남대(광주)	일반전형	10	10	7.0	3.49	3.89	10	11.7	3.39	3.51	7	12.6	3.60	3.66	등록평균	등록70%컷
중어중문학과*	제주대	일반학생	5	4	9.8	4.50	4.50	4	6.5	5.68	5.93	4	14.3	3.28	3.51	등록50%컷	등록70%컷
중어중문학과*	전북대	일반학생	12	13	6.2	4.22	4.32	13	9.5	4.03	4.14	13	6.9	4.16	3.91	등록평균	등록70%컷
지리교육과	한국교원대	지역인재	1	1	11.0	3.63		1	8.0	3.64		1	3.0	4.08		지원평균	
지리교육과	경상국립대	일반전형	7	8	6.4	3.7	3.96	6	6.2			6	8.2	2.74	2.86	등록평균	등록80%
지리교육과	전남대(광주)	지역인재	3	3	13.0	3.62		3	4.7	4.17		3	11.7	2.54		등록평균	등록70%컷
지리교육과	제주대	일반학생	3	3	6.7	3.39	4.31	3	18.3	3.25		3	16.3	4.10	4.37	등록50%컷	등록70%컷
지리교육과	강원대(춘천)	일반전형	8	8	6.1	3.47	3.74	9	6.7	3.11	3.37	9	10.9	3.00		등록평균	등록75%컷
지리교육과	충북대	학생부교과	6	6	10.5	4.24	4.71	2	8.5	3.95		2	15.0	2.61		등록평균	등록70%컷
지리교육과	공주대	지역인재	2													등록50%컷	등록70%컷
지리교육과	강원대(춘천)	지역인재	4	4	4.0	2.94	3.18	3	5.0	3.02	3.09	3	5.0	2.97		등록평균	등록75%컷
지리교육과	경북대	교과우수자	4	4	9.3	2.44	2.58	2	13.0							등록평균	등록70%
지리교육과	제주대	지역인재	3	3	4.7	3.25	3.40	2	7.5	3.35		2	8.5	3.44		등록50%컷	등록80%컷
지리교육과	공주대	교과 I 전형	5	8	9.8	3.36	3.53	6	7.5	3.1	3.2	6	11.8	2.5	2.6	등록50%컷	등록70%컷
지리교육과	전남대(광주)	일반전형	6	6	9.5	2.92	2.97	6	5.8	3.10	2.91	3	12.7	2.28		등록평균	등록70%컷
지리교육과	부산대	학생부교과	6	6	8.5	2.47	2.62	5	11.2	2.56	2.59	6	9.0	2.43	2.65	등록평균	등록70%컷
지리학과	전남대(광주)	일반전형	5	5	13.4	3.43	3.69	5	6.4	3.32	3.87	4	11.0	2.98	2.59	등록평균	등록70%컷
지리학과	공주대	지역인재	2					5	5.2	4.2	4.3	5	7.8	4.1	4.3	등록50%컷	등록70%컷
지리학과	전남대(광주)	지역인재	4	4	17.0	3.66	3.57	4	5.5	3.73	3.90	3	10.0	3.13		등록평균	등록70%컷
지리학과	공주대	교과 I 전형	8	14	4.9	4.29	4.35	9	6.9	4.2	4.3	9	12.6	3.9	4.0	등록50%컷	등록70%컷
지리학과	경북대	교과우수자	8	8	11.9	3.07	3.18	8	47.5	2.91	3.08	7	10.3	4.21	5.24	등록평균	등록70%
지역사회개발학과	공주대	교과 I 전형	4	9	7.7	5.44	5.50	12	3.3	5.5	5.8	12	5.6	4.6	4.6	등록50%컷	등록70%컷
지역사회개발학과	공주대	교과 II 전형	3													등록50%컷	등록70%컷
창의문화융합계열	원광대	일반전형	75													등록50%컷	등록70%컷
창의융합대학	충남대	일반전형	147													등록평균	등록70%
창의융합학부	전남대(여수)	일반전형	34	10	10.2	3.99	4.20	10	9.4	4.46	4.73					등록평균	등록70%컷
창의융합학부	전남대(여수)	지역인재	11	10	8.8	4.37	4.47	10	8.9	4.10	4.46					등록평균	등록70%컷
철도경영·물류학과	한국교통대	일반전형	12	19	8.2	2.66	2.94	17	4.7	2.86	3.69	17	8.8	2.61	2.95	등록평균	등록최저
철도경영학과	우송대	지역인재	3	3	3.7	4.4		4	4.8			5	9.8	3.2		등록평균	
철도경영학과	우송대	면접	27	28	2.1	4.3	4.7	35	4.1	3.9	4.2	40	3.7	4.4	4.9	등록평균	등록70%컷
철도경영학과	우송대	교과중심	38	36	3.9	4.0		27	4.8	3.6		21	11.4	3.1		등록평균	

모집단위	대학	전형	2025 모집인원	2024 모집인원	2024 경쟁률	2024 성적①	2024 성적②	2023 모집인원	2023 경쟁률	2023 성적①	2023 성적②	2022 모집인원	2022 경쟁률	2022 성적①	2022 성적②	성적 산출기준 성적①	성적 산출기준 성적②
철도경영학과	우송대	우송인재	3	4	3.8	5.2		5	6.6			5	5.4	4.6		등록평균	
철학과	충북대	지역인재	3	3	7.7	3.86		3	9.0	3.72		3	8.3	3.65		등록평균	등록70%컷
철학과	충북대	학생부교과	5	5	9.2	3.76	3.82	5	11.0	3.77	3.75	5	12.4	3.59	3.70	등록평균	등록70%컷
철학과	경북대	교과우수자	6	6	18.0	2.80	2.93	7	13.1	3.29	3.38	8	10.1	3.39	3.58	등록평균	등록70%
철학과	전북대	지역인재1유형	7	5	15.2	4.07	4.18									등록평균	등록70%컷
철학과	제주대	지역인재	4	3	3.7			3	6.0	4.31	5.43	2	9.0	5.07		등록50%컷	등록70%컷
철학과*	전남대(광주)	일반전형	8	8	6.5	3.32	3.20	8	10.8	3.33	3.46	6	15.2	3.45	3.53	등록평균	등록70%컷
철학과*	전북대	일반학생	10	11	12.4	3.96	4.09	11	8.4	4.17	4.38	16	4.7	4.27	4.02	등록평균	등록70%컷
철학과*	전남대(광주)	지역인재	5	5	8.0	3.46	3.56	5	7.8	3.51	3.62	4	13.8	3.44	3.43	등록평균	등록70%컷
철학과*	충남대	지역인재	5	5	7.8	3.19	3.29	5	7.6	3.35	3.45	5	9.2	3.41	3.51	등록평균	등록70%
철학과*	부산대	학생부교과	6	6	10.7	3.04	3.08	5	17.8	3.19	3.23	7	14.9	3.36	3.55	등록평균	등록70%컷
철학과*	경상국립대	일반전형	11	11	4.9	4.15	4.59	12	4.4	3.44	4.04	12	5.3	3.94	4.39	등록평균	등록80%
철학과*	제주대	일반학생	7	7	4.9	4.80	5.39	7	5.1	5.07	5.37	7	8.9	4.65	4.88	등록50%컷	등록70%컷
철학과*	충남대	일반전형	7	10	16.3	3.13	3.31	10	7.4	3.78	4.08	9	9.9	3.24	3.43	등록평균	등록70%
철학전공	조선대	일반전형	7	7	5.7			13	3.8	6.62	6.86	11	2.6	6.53	6.98	등록평균	등록70%컷
철학전공	조선대	지역인재	8	8	3.4	6.08	6.76									등록평균	등록70%컷
청소년교육상담학과*	순천향대	지역인재	7	7	5.7	3.24	4.13									등록평균	등록최저
청소년교육상담학과*	순천향대	교과우수자	6	10	6.7	3.16	3.72	6	5.2	3.03	3.65	10	8.2	2.40	3.00	등록평균	등록최저
청소년교육상담학과*	순천향대	교과면접	5	5	8.8	3.38	3.54	8	6.4	3.44	4.48					등록평균	등록최저
청소년문화·상담학과*	호서대	학생부	13	11	4.6	4.71	6.60	11	12.6	3.81	4.53	15	5.9	4.48	5.52	등록평균	등록최저
청소년문화상담학과*	호서대	지역인재	4	9	5.0	5.35	6.40	9	2.8	5.93	6.77	5	6.0	4.59	4.72	등록평균	등록최저
체육학전공	경북대	교과우수자	4	2	5.0											등록평균	등록70%
초등교육과	한국교원대	지역인재	2	2	14.0	2.65		2	21.5	3.05		2	6.0	3.71		지원평균	
초등교육부	제주대	일반학생	30	31	6.9	2.32	2.63	31	14.2	2.09	2.25	31	20.7	2.21	2.41	등록50%컷	등록70%컷
초등교육부	제주대	지역인재	28	31	2.8	3.03	3.13	31	3.7	2.55	2.82	31	5.0	2.30	2.48	등록50%컷	등록70%컷
커뮤니케이션디자인학과	한국교통대	지역인재	1	1	6.0											등록평균	등록최저
커뮤니케이션디자인학과	한국교통대	일반전형	7	7	9.3	4.29	4.52									등록평균	등록최저
특수교육과	부산대	학생부교과	6	6	6.0	2.68	2.62	5	15.0	2.85	2.91	6	7.5	3.05	3.38	등록평균	등록70%컷
특수교육과	공주대	교과Ⅰ전형	15	25	2.8	2.61	2.67	24	5.4	2.8	2.9	24	7.3	2.7	2.8	등록50%컷	등록70%컷
특수교육과	순천향대	교과우수자	7	11	2.9	3.80	4.78	7	6.6	3.22	3.65	13	9.4	3.11	3.61	등록평균	등록최저
특수교육과	순천향대	지역인재	3	3	3.7	4.23	4.62									등록평균	등록최저
특수교육과	조선대	일반전형	15	15	4.0	5.23	5.79	15	4.3	4.04	4.22	14	6.3	3.71	3.78	등록평균	등록70%컷
특수교육과	공주대	지역인재	10													등록50%컷	등록70%컷
특수교육과	순천향대	교과면접	4	3	5.3	4.04	4.70	8	4.0	3.53	4.32					등록평균	등록최저
특수교육학부	전남대(광주)	일반전형	11	11	4.6	3.61	3.45	11	8.9	2.81	2.91	7	7.4	3.35	3.09	등록평균	등록70%컷
특수교육학부	전남대(광주)	지역인재	12	12	4.6	3.33	3.50	12	4.5	3.04	3.24	7	7.4	2.73	2.85	등록평균	등록70%컷
패션디자인학과	한남대	일반전형	17	16	6.4	4.34	4.48	14	5.3	4.59	7.74					최종평균	최종80%
패션디자인학과	한남대	지역인재교과우수자	6	6	4.7	3.56	3.84	7	5.3	4.02	4.24					최종평균	최종80%
포르투갈브라질학전공	단국대(천안)	학생부교과우수자	5	5	4.8	3.77	3.89	6	8.3	3.92		6	7.7	4.17		등록평균	등록최저
표준·지식학과	고려대(세종)	일반전형	6	4	13.0	4.34	4.34	3	5.0							등록50%컷	등록70%컷
프랑스·아프리카학과*	전북대	일반학생	11	13	7.5	4.23	4.28	13	11.9	4.14	4.26	19	5.8	4.46	4.43	등록평균	등록70%컷
프랑스·아프리카학과	전북대	지역인재1유형	6	6	8.2	3.97	3.98									등록평균	등록70%컷
프랑스어문학전공	한남대	일반전형	12	12	5.0	6.14	6.76	11	3.4	5.99	6.87	10	3.4	5.17	5.70	최종평균	최종80%
프랑스어문학전공	한남대	지역인재교과우수자	6	6	2.8	4.82	4.82	5	4.0	6.18	6.52	8	2.0	6.98	7.03	최종평균	최종80%
프랑스언어문화학과	충북대	학생부교과	5	6	10.8	3.97	4.19	7	14.3	3.53	3.70	7	9.9	4.02	4.27	등록평균	등록70%컷
프랑스언어문화학과	충북대	지역인재	4	4	8.8	3.50	3.51	3	13.0	3.96		3	7.7	4.33		등록평균	등록70%컷
프랑스학전공*	단국대(천안)	학생부교과우수자	5	5	6.6	3.68	3.78	6	10.3	3.86		6	4.7	4.11		등록평균	등록최저
한국문화콘텐츠학과	순천향대	교과면접	4	4	6.0	3.78	4.18	7	3.9	3.69	4.11					등록평균	등록최저
한국문화콘텐츠학과	순천향대	교과우수자	6	9	3.4	4.73	5.44	5	5.2	3.20	3.50	7	23.4	3.06	3.56	등록평균	등록최저
한국문화콘텐츠학과	순천향대	지역인재	4	4	3.0	4.19	4.45									등록평균	등록최저
한국어문학과	한국교통대	지역인재	1	1	3.0	4.43	4.43									등록평균	등록최저
한국어문학과	한국교통대	일반전형	12	13	4.0	4.73	5.80									등록평균	등록최저
한국어학과	극동대	교과우수자	10													등록50%컷	등록70%컷
한국언어문화전공	상명대(천안)	학생부교과	9	13	9.7	4.30	4.67	11	4.9	4.64	5.51	11	6.8	4.20		등록평균	등록최저
한국언어문화학과	호서대	지역인재	4	5	3.8	5.93	6.81	4	2.5	6.30	7.57	4	5.0	5.24	6.06	등록평균	등록최저
한국언어문화학과	호서대	학생부	20	16	6.1	5.19	5.80	15	3.9	5.30	6.17	15	3.9	4.81	5.98	등록평균	등록최저

모집단위	대학	전형	2025 모집인원	2024 모집인원	경쟁률	성적①	성적②	2023 모집인원	경쟁률	성적①	성적②	2022 모집인원	경쟁률	성적①	성적②	성적 산출기준 성적①	성적②
한문교육과	공주대	교과I전형	9	11	4.1	3.02	3.12	11	9.8	2.8	2.8	11	6.8	3.2	3.3	등록50%컷	등록70%컷
한문교육과	강원대(춘천)	지역인재	3	3	3.3	3.11	3.18	2	9.5	3.54	3.64	4	3.0	4.52		등록평균	등록75%컷
한문교육과	공주대	지역인재	4													등록50%컷	등록70%컷
한문교육과*	원광대	일반전형	13	12	5.0	3.56	3.63	10	4.1	4.50	5.18	10	4.0	3.76	4.07	등록50%컷	등록70%컷
한문학과	경북대	교과우수자	10	10	17.9	3.17	3.25	4	15.5	3.56	3.58	6	10.7	3.54	3.73	등록평균	등록70%
한문학과	부산대	지역인재	4	4	10.5	3.46	3.44									등록평균	등록70%컷
한문학과*	충남대	지역인재	2	2	6.0			2	12.0			2	13.0	3.94		등록평균	등록70%
한문학과*	충남대	일반전형	4	6	8.8	4.17	4.23	6	11.0	3.69	3.79	6	13.7	3.63	3.74	등록평균	등록70%
한문학과*	경상국립대	지역인재	2													등록평균	등록80%
한문학과*	부산대	학생부교과	6	6	9.7	4.00	4.04	6	15.8	3.35	3.32	6	15.3	3.29	3.34	등록평균	등록70%컷
한문학과*	경상국립대	일반전형	13	15	4.7	4.58	5.16	15	4.3	4.86	5.17	15	4.7	4.39	5.04	등록평균	등록80%
한식·조리과학전공	우송대	우송인재	4	4	10.8	4.2		9	8.4			7	5.0	4.4		등록평균	
한식·조리과학전공	우송대	지역인재	3	3	5.3	4.3		3	6.3			3	3.7	4.3		등록평균	
한식·조리과학전공	우송대	면접	23	18	6.4	4.3	4.8	16	7.8	3.5	3.8	17	3.9	4.2	4.6	등록평균	등록70%컷
한식·조리과학전공	우송대	교과중심	7	12	6.8	3.8		7	16.4	3.5		9	7.2	3.7		등록평균	
항공관광학과(승무원양성)	한서대	한서인재	30	35	44.1	4.1	5.0	26	46.7	3.8	4.3	26	49.7	4.1	4.6	등록평균	등록80%
항공관광학과(승무원양성)	한서대	학생부교과1	30					13	65.9	3.8	4.7	20	55.8	4.5	5.3	등록평균	등록80%
항공관광학과(승무원양성)	한서대	지역인재	10	10	16.4	3.5		8	18.9	3.0		8	21.6	3.4		등록평균	등록80%
항공교통물류학과	한서대	학생부교과1	15	15	6.1	2.4	2.9	14	6.8	1.8	2.2	14	6.2	1.9	2.3	등록평균	등록80%
항공서비스학과	호남대	일반학생A	23	26	3.2	6.56	7.04	28	3.8	6.65	6.69	25	4.0	5.92	6.54	등록50%	등록70%
항공서비스학과	호남대	일반고	3	2	4.0		6.30	5	6.2			8	1.9	7.08	7.04	등록50%	등록70%
항공서비스학과	경동대	자기추천제	7													최종평균	최종80%
항공서비스학과	호서대	면접	47														
항공서비스학과	경동대	일반학생	17	24	4.0	5.07	5.97	25	7.2	4.82	5.41	27	6.7	5.17	6.53	최종평균	최종80%
항공안전관리학과	극동대	교과우수자	11					15	1.4	3.50	5.00	15	0.6	6.00		등록50%컷	등록70%컷
항공외국어학과	한서대	학생부교과1	35	15	9.1	3.8	4.0									등록평균	등록80%
항공운항서비스학과	극동대	일반전형	18	39	11.6	4.75	5.13	48	8.9	3.50	4.00	58	12.7	4.38	3.75	등록50%컷	등록70%컷
해병대군사학과	단국대(천안)	학생부교과우수자	남26 여4	남26 여4	남1.7 여2.8	남5.00 여5.05	남6.66 여6.20	남26 여4	남1.8 여4.0	남4.99 여3.94		30	3.9	남4.57 여3.38		등록평균	등록최저
해양경찰학과	한서대	한서인재	3	11	1.6	5.1	5.3	11	1.6	5.6	6.0	10	2.1	5.0	5.3	등록평균	등록80%
해양경찰학과	한서대	학생부교과2	3	3	4.0	4.8	4.8	3	2.7	5.6	5.6					등록평균	등록80%
해양경찰학과	한서대	지역인재	1	3	1.0			3	3.0	6.0		4	2.5	6.0		등록평균	
해양경찰학과	한서대	학생부교과1	10	7	6.0	4.4	5.4	7	7.6	4.3	5.1	10	5.2	4.8	4.9	등록평균	등록80%
해양수산경영학과	경상국립대	일반전형	21	20	2.3	5.36	5.89	20	4.4	5.47	5.81	21	2.9	5.70	6.44	등록평균	등록80%
행정·심리학부	강원대(춘천)	일반전형	14	16	4.8	4.08	4.15	17	8.2	3.02	3.29	14	19.3	3.20		등록평균	등록75%컷
행정·심리학부	강원대(춘천)	지역인재	11	10	3.6	3.67	4.39	9	5.6	2.98	3.33	9	7.7	2.90		등록평균	등록75%컷
행정공공기관학과	원광대	일반전형	30	43	2.9	4.04	4.25	51	2.7	5.01	5.42	50	3.9	4.83	5.05	등록50%컷	등록70%컷
행정복지부	조선대	일반전형	25	22	5.3	4.28	4.47	27	5.0	4.23	4.29	34	4.7	4.04	4.17	등록평균	등록70%컷
행정복지부	조선대	지역인재	14	9	7.9	4.04	4.41	10	8.1	4.41	4.32	15	10.7	4.14	4.36	등록평균	등록70%컷
행정정보융합학과	한국교통대	일반전형	17	15	4.4	4.37	4.78									등록평균	등록최저
행정정보융합학과	한국교통대	지역인재	1	1	3.0	6.17	6.17									등록평균	등록최저
행정학과	경동대	일반학생	29	29	4.3	4.48	5.20	28	5.3	4.59	5.01	27	6.6	4.34	4.97	최종평균	최종80%
행정학과	순천향대	지역인재	6	6	4.0	3.97	4.74									등록평균	등록최저
행정학과	순천향대	교과면접	4	5	6.4	3.65	3.82	10	2.8	3.47	4.24					등록평균	등록최저
행정학과	한남대	지역인재교과우수자	17	16	3.4	4.60	5.03	15	4.0	4.59	5.00	23	3.6	4.90	5.02	최종평균	최종80%
행정학과	충북대	학생부교과	9	8	8.4	2.93	3.26	7	10.3	3.02	3.12	7	24.3	2.65	2.84	등록평균	등록70%컷
행정학과	한남대	일반전형	27	26	4.5	5.45	5.82	24	5.0	4.94	5.38	20	5.2	4.65	4.99	최종평균	최종80%
행정학과	공주대	교과I전형	9	14	10.9	4.05	4.25	12	6.8	4.2	4.3	12	10.3	3.3	3.5	등록50%컷	등록70%컷
행정학과	한국교통대	지역인재	3	3	7.7	3.20	3.27									등록평균	등록최저
행정학과	부산대	지역인재	5	5	7.4	2.89	2.94	5	12.6	2.39	2.38	7	12.6	2.51	2.54	등록평균	등록70%컷
행정학과	충북대	지역인재	4	4	6.8	3.49	3.92	4	7.5	2.93	2.92	4	15.5	2.66	2.73	등록평균	등록70%컷
행정학과	공주대	지역인재	3	6	10.5	4.15	4.26	8	6.5	3.5	4.2	8	8.3	3.7	3.7	등록50%컷	등록70%컷
행정학과	한국교통대	일반전형	27	23	8.7	3.73	4.21									등록평균	등록최저
행정학과	순천향대	교과우수자	9	13	3.4	4.02	5.02	9	6.8	3.14	3.69	13	8.5	3.22	3.80	등록평균	등록최저
행정학과(야)	제주대	일반학생	4	4	3.5	5.24	5.24	4	2.5	4.63	5.59	4	3.8	4.22	4.42	등록50%컷	등록70%컷
행정학과*	제주대	지역인재	17	18	2.7	3.57	3.71	18	4.6	3.37	3.62	18	5.4	3.69	3.97	등록50%컷	등록70%컷

3부 · 모집단위순 합격자 성적

모집단위	대학	전형	2025 모집인원	2024 모집인원	경쟁률	성적①	성적②	2023 모집인원	경쟁률	성적①	성적②	2022 모집인원	경쟁률	성적①	성적②	성적 산출기준 성적①	성적②
행정학과*	부산대	학생부교과	12	12	6.7	2.31	2.36	12	11.0	2.24	2.40	12	20.3	2.29	2.36	등록평균	등록70%컷
행정학과*	제주대	일반학생	10	7	5.0	3.77	4.27	7	4.1	3.47	3.92	7	10.7	3.21	3.39	등록50%컷	등록70%컷
행정학과*	경상국립대	지역인재	2													등록평균	등록80%
행정학과*	전남대(광주)	일반전형	10	10	7.2	3.16	3.56	10	5.6	2.60	2.80	9	11.3	2.29	2.42	등록평균	등록70%컷
행정학과*	경상국립대	일반전형	14	18	5.9	3.84	4.02	18	7.6	3.65	4.00	18	4.9	3.45	3.86	등록평균	등록80%
행정학과*	전남대(광주)	지역인재	14	14	9.7	2.72	2.93	14	4.5	2.88	3.42	8	9.5	2.34	2.26	등록평균	등록70%컷
행정학부	경북대	지역인재	11	12	13.1	2.45	2.69	12	7.4	2.86	3.35	7	12.1	2.33	2.38	등록평균	등록70%
행정학부	경북대	교과우수자	9	10	6.3	2.69	3.04	12	10.1	2.26	2.43	12	15.1	2.40	2.55	등록평균	등록70%
행정학부*	충남대	지역인재	8	8	11.3	2.93	3.21	8	5.0	3.24	4.02	8	8.8	2.32	2.44	등록평균	등록70%
행정학부*	충남대	일반전형	14	19	10.8	3.08	3.28	19	6.0	3.09	3.11	19	11.2	2.49	2.59	등록평균	등록70%
호텔경영학과	극동대	교과우수자	36	106	0.8											등록50%컷	등록70%컷
호텔관광경영학과	우송대	지역인재	2	2	5.5	5.3		2	9.0			4	9.3	4.6		등록평균	
호텔관광경영학과	경동대	일반학생	20	20	13.4	4.61	5.10	21	4.3	5.65	6.35	28	5.1	5.89	7.00	최종평균	최종80%
호텔관광경영학과	우송대	우송인재	2	2	5.5	6.1		4	3.8			4	4.0	6.1		등록평균	
호텔관광경영학과	우송대	면접	22	22	3.6	5.6	6.0	24	3.6	5.2	5.8	22	4.5	5.2	5.9	등록평균	등록70%컷
호텔관광경영학과	우송대	교과중심	29	27	7.0	5.3		17	10.7	4.8		15	15.7	4.8		등록평균	
호텔외식조리학과	극동대	교과우수자	21					18	3.4			7	5.6			등록50%컷	등록70%컷
호텔조리학과	경동대	일반학생	39	39	6.5	4.44	5.38	38	8.1	4.06	4.49	36	11.0	4.30	4.89	최종평균	최종80%
호텔카지노관광학과	한서대	한서인재	5	21	1.3	5.3	6.3	22	1.4	4.8	5.7	20	2.7	5.0	5.6	등록평균	등록80%
호텔카지노관광학과	한서대	학생부교과1	15	5	8.8	4.8	6.0	5	8.0	4.6	5.0	5	11.0	4.0	4.8	등록평균	등록80%
호텔컨벤션학과	호남대	일반고	7	7	4.0		7.41	9	4.4			11	2.8	5.77	4.68	등록50%	등록70%
호텔컨벤션학과	호남대	일반학생A	20	20	2.4	7.42	7.63	23	2.5	7.13	7.39	26	2.5	6.52	7.32	등록50%	등록70%
호텔항공경영학과	한남대	지역인재교과우수자	12	11	2.6	4.56	4.93	9	3.7	4.34	4.63	12	4.0	4.86	4.96	최종평균	최종80%
호텔항공경영학과	한남대	일반전형	27	24	4.6	5.51	5.98	21	6.1	5.07	5.41	16	6.0	4.71	5.32	최종평균	최종80%
호텔항공관광경영학과	상지대	교과일반	33	33	3.2	5.86										등록평균	
호텔항공외식경영학과	한라대	지역인재	4	5	3.2	5.26	5.26	2	4.5			1	2.0			등록50%컷	등록70%컷
호텔항공외식경영학과	한라대	일반학생(교과중심)	23	16	5.8	5.16	5.16	16	6.2	6.40	7.27	6	1.3			등록50%컷	등록70%컷
호텔항공외식경영학과	한라대	일반학생(면접중심)	5	16	1.1	7.44	7.56	9	2.0	6.91	7.47	12	2.6	5.99	5.99	등록50%컷	등록70%컷
회계세무학과	한밭대	지역인재(교과)	3	3	16.3			3	13.3			3	15.7			등록50%컷	등록70%컷
회계세무학과	한밭대	학생부교과(일반)	17	32	10.3	4.29	4.60	29	8.6	4.30	4.41	26	11.4	4.12	4.38	등록50%컷	등록70%컷
회계세무학과	원광대	일반전형	23	30	2.3	4.21	4.38	32	2.3	4.80	5.75					등록50%컷	등록70%컷
회계세무학부*	경상국립대	일반전형	50	55	3.5	4.36	4.85	61	4.0	3.96	4.24	61	4.4	3.87	4.24	등록평균	등록80%
회계학과	순천향대	교과면접	4	4	5.5	3.34	4.77	12	2.1	3.79	4.79					등록평균	등록최저
회계학과	한남대	지역인재교과우수자	20	18	1.7	5.10	5.62	18	3.7	4.36	4.98	28	3.1	4.79	5.33	최종평균	최종80%
회계학과	한남대	일반전형	50	49	3.0	5.09	6.04	48	2.5	4.93	5.95	40	4.1	4.46	4.60	최종평균	최종80%
회계학과	순천향대	지역인재	3	3	4.0	4.61	4.89									등록평균	등록최저
회계학과	제주대	일반학생	7	4	5.3		3.44	4	7.5	4.05	4.26	4	7.3	4.38	4.50	등록50%컷	등록70%컷
회계학과	순천향대	교과우수자	7	9	3.3	4.22	5.75	5	5.0	3.44	4.06	8	4.6	3.12	3.60	등록평균	등록최저
회계학과	제주대	지역인재	16	17	3.0	4.57	4.59	17	3.4	4.09	4.40	17	4.6	4.09	4.54	등록50%컷	등록70%컷

2. (인문) 학생부종합전형

※ 성적 산출기준 약어 :
① 최초/최종, 등록 : 최초/최종 합격자, 등록자, ② 평균 : 합격자 점수를 더 한 후 합격 인원으로 나눈 점수
③ 50%(컷) : 100 명 중 50등 점수(소수점은 버림, 예: 7명의 3등 점수), ④ 70%(컷) : 100 명 중 70등 점수(소수점은 버림, 예: 7명의 4등 점수)
⑤ 충원율 : 모집인원 대비 미등록으로 인한 충원 합격자의 비율. 예) 모집인원 100명이고 충원합격이 30명이면, 충원율은 30%

I. 수도권

※ '*' : 교직 이수 가능

모집단위	대학	전형	2025 모집인원	2024 모집인원	2024 경쟁률	2024 성적①	2024 성적②	2023 모집인원	2023 경쟁률	2023 성적①	2023 성적②	2022 모집인원	2022 경쟁률	2022 성적①	2022 성적②	성적 산출기준 성적①	성적 산출기준 성적②
AI빅데이터융합경영학과(인문)	국민대	국민프런티어	7	7	15.0	2.95	3.09	12	9.4	2.78	2.92	12	8.3	3.02	3.06	등록50%컷	등록70%컷
AI빅데이터융합경영학과(인문)	국민대	학교생활우수자	3	3	9.3	3.14	3.14	2	6.0			3	6.3			등록50%컷	등록70%컷
AI인문대학	가천대	가천바람개비	30													등록70%	등록90%
Culture & Technology 융합대학	한국외대(글로벌)	서류형	7													등록50%컷	등록70%컷
Culture & Technology 융합대학	한국외대(글로벌)	면접형	7													등록50%컷	등록70%컷
ELLT학과	한국외대(서울)	서류형	7	9	8.8	2.80	2.86	9	10.7	3.3		11	6.6	3.5		등록50%컷	등록70%컷
ELLT학과	한국외대(서울)	면접형	6	9	8.3	2.58	2.60	9	9.1	2.3		7	10.8	3.1		등록50%컷	등록70%컷
Finance&AI융합학부	한국외대(글로벌)	서류형	6	8	7.4	3.80	4.32									등록50%컷	등록70%컷
Finance&AI융합학부	한국외대(글로벌)	면접형	7	9	8.1	4.04	4.30									등록50%컷	등록70%컷
Global Business & Technology학부	한국외대(글로벌)	서류형	10	11	7.3	3.17	3.40	11	5.4	3.6		15	6.0	3.2		등록50%컷	등록70%컷
Global Business & Technology학부	한국외대(글로벌)	면접형	9	14	12.1	3.61	3.95	12	9.4	4.1		5	8.8	4.1		등록50%컷	등록70%컷
HCI사이언스전공	동덕여대	동덕창의리더	4	4	10.0												
Hospitality경영학과	경희대(서울)	네오르네상스	28	35	11.9	2.72	2.71	44	10.1	3.10		60	6.3	3.4		최종평균	등록70%컷
IT경영전공	한국공학대	창의인재	4	5	7.0	4.4		4	5.3	4.1		8	4.0	4.0		등록평균	
IT경영학	한신대	참인재	4	3	6.3	5.19	6.10	7	4.9	4.85	5.28	7	6.7	4.78	5.83	최종평균	최종최저
KU자유전공학부	건국대	KU자기추천	179													등록50%컷	등록70%컷
Language & Trade학부	한국외대(서울)	서류형	2	2	7.0	2.52	2.63	2	6.5	1.8		2	8.5	2.1		등록50%컷	등록70%컷
Language & Trade학부	한국외대(서울)	면접형	2	3	10.0	2.24	2.56	3	8.7	2.9		3	9.0	2.5		등록50%컷	등록70%컷
Language&Diplomacy학부	한국외대(서울)	면접형	4	4	13.8	2.45	2.75	4	10.0	3.0		3	12.3	2.3		등록50%컷	등록70%컷
Language&Diplomacy학부	한국외대(서울)	서류형	3	3	7.3	2.23	2.29	3	7.3	2.0		4	11.0	1.6		등록50%컷	등록70%컷
LIONS자율전공학부(인문사회)	한양대(에리카)	서류형	68													등록평균	등록70%컷
LIONS자율전공학부(전계열)	한양대(에리카)	면접형	48														
Social Science&AI융합학부	한국외대(서울)	면접형	8	8	16.6	2.91	3.40									등록50%컷	등록70%컷
Social Science&AI융합학부	한국외대(서울)	서류형	8	8	11.0	2.06	2.26									등록50%컷	등록70%컷
가족복지학과	상명대(서울)	상명인재	3	7	13.6	3.17	3.17	8	17.8	3.24	3.55	8	11.5	3.59	4.74	등록50%컷	등록70%컷
가족자원경영학과*	숙명여대	숙명인재(면접형)	5	5	14.6	3.06	4.40	5	13.0	2.64	3.45	2	11.5			등록50%컷	등록70%컷
간호학과(인문)	중앙대	CAU탐구형인재	15	10	15.9	2.48	2.55	13	11.9	3.67	3.76	9	14.3	4.13	4.50	등록50%컷	등록70%컷
간호학과(인문/자연)*	연세대	활동우수형	24	24	7.6	1.74	1.93	24	4.9	1.92	2.08	24	6.0	1.85	1.94	등록50%컷	등록70%컷
간호학부(인문)	이화여대	미래인재	5	5	6.4	2.06	2.10	5	10.0	1.73	1.97	5	10.4	2.0	2.0	등록50%컷	등록70%컷
게페르트국제학부	서강대	일반전형	5	5	17.0	3.34	3.64									등록50%컷	등록70%컷
경상대학	한국외대(글로벌)	서류형	4													등록50%컷	등록70%컷
경상대학	한국외대(글로벌)	면접형	4													등록50%컷	등록70%컷
경영대학	서울대	지역균형	26	26	2.4	1.12	1.18	30	3.1	1.15	1.21	27	2.56	1.14	1.20	등록50%컷	등록70%컷
경영대학	서울대	일반전형	47	47	7.0	1.68	1.95	47	5.9	1.77	2.03	50	5.56	1.76	2.15	등록50%컷	등록70%컷
경영대학	고려대	계열적합	46	51	9.8	2.16	2.43	41	13.0	2.24	2.46	41	14.0	2.60	2.77	등록50%컷	등록70%컷
경영대학	신한대	신한국인	20													최종평균	
경영대학	고려대	논술전형	16														
경영대학	고려대	학업우수	72	79	9.3	2.15	2.38	84	12.7	2.11	2.55	84	16.1	2.32	2.63	등록50%컷	등록70%컷

모집단위	대학	전형	2025 모집인원	2024 모집인원	2024 경쟁률	2024 성적①	2024 성적②	2023 모집인원	2023 경쟁률	2023 성적①	2023 성적②	2022 모집인원	2022 경쟁률	2022 성적①	2022 성적②	성적 산출기준 성적①	성적 산출기준 성적②
경영융합학부	동덕여대	동덕창의리더	16														
경영인텔리전스학과	아주대	ACE	15	15	15.5	3.33	5.04	15	7.1	4.03	5.81	10	7.0	3.54		등록평균	등록최저
경영정보학과	동국대	불교추천인재	2	2	11.0	3.29	3.57	2	7.5	3.29	3.47	2	6.0	3.56	4.31	최종평균	최종최저
경영정보학과	명지대	명지인재면접	6	6	18.2	3.46	3.74	6	12.5	3.56	3.44	6	17.5	3.65	3.93	등록평균	등록70%컷
경영정보학과	명지대	명지인재서류	6	5	11.8	3.18	3.73	5	7.4	3.16	3.29	5	11.8	3.19	3.33	등록평균	등록70%컷
경영정보학과	동국대	Do Dream	12	12	35.4	3.22	4.54	13	17.4	4.35	5.36	10	11.8	3.77	5.47	최종평균	최종최저
경영정보학부(인문)	국민대	학교생활우수자	7	7	11.0	2.96	2.97	5	6.4	2.83	2.88	6	8.0	2.39	2.47	등록50%컷	등록70%컷
경영정보학부(인문)	국민대	국민프런티어	5	5	13.6	2.96	3.09	7	13.0	2.64	2.74	7	11.0	3.16	3.18	등록50%컷	등록70%컷
경영학	중앙대	CAU어울림	2	2	31.5												
경영학	중앙대	CAU탐구형인재	24	30	17.9	2.69	3.26	30	18.7	2.97	3.25	36	13.5	3.31	3.74	등록50%컷	등록70%컷
경영학	중앙대	CAU융합형인재	22	20	31.0	2.05	2.19	22	27.6	2.39	3.32	33	18.3	2.08	2.46	등록50%컷	등록70%컷
경영학	한신대	참인재	4	4	7.0	4.92	6.25	7	7.7	4.07	4.42	7	8.0	4.18	4.89	최종평균	최종최저
경영학과	아주대	ACE	25	25	15.2	4.15	5.89	20	11.3	3.25	6.46	22	7.6	2.98		등록평균	등록최저
경영학과	가천대	가천바람개비	30	50	25.5	3.88		55	15.0	3.78	4.20	53	16.8	3.4		등록70%	등록90%
경영학과	가톨릭대	잠재능력우수자	13	8	20.4	3.23	3.94										
경영학과	평택대	PTU종합	8	6	9.3	5.08	5.40	10	5.5	5.38	6.10	4	4.0	5.25	6.10	등록평균	등록최저
경영학과	협성대	협성창의인재	10	10	2.7	4.89	5.77	14	5.2	4.40	4.89	20	2.9	5.33	6.09	등록50%컷	등록70%컷
경영학과	삼육대	세움인재	16	13	21.8	3.79		12	18.8	3.83		8	11.4	4.33		최종평균	
경영학과	연세대	활동우수형	47	49	8.3	1.79	1.92	44	9.3	1.64	1.94	44	10.5	1.91	2.36	등록50%컷	등록70%컷
경영학과	인하대	인하미래인재	40	40	18.3	3.07	6.22	37	17.2	3.33	5.05	35	12.9	3.51	5.73	등록평균	등록최저
경영학과	건국대	KU자기추천	47	45	19.5	2.22	2.31	40	22.9	2.55	3.00	40	25.1	2.55	3.21	등록50%컷	등록70%컷
경영학과	경희대(서울)	네오르네상스	51	51	16.8	2.10	2.07	51	18.8	2.30		54	21.0	2.2		최종평균	등록70%컷
경영학과	가톨릭대	가톨릭지도자추천	3	3	8.0	4.33	5.72	3	7.3	3.59	4.01	3	15.7	3.36	3.61	등록평균	등록최저
경영학과	대진대	윈윈대진	12	15	6.7	5.00	5.47	15	5.5	5.15	5.59	10	6.1	4.86	5.37	등록평균	등록90%
경영학과*	서울여대	바롬인재면접	14	12	23.3	3.3	4.1	12	24.7	3.6	5.6	10	19.7	3.2	3.8	최종평균	최종최저
경영학과*	동국대	불교추천인재	3	3	6.3	2.83	3.97	3	10.0	2.49	2.69	3	14.7	2.59	2.63	최종평균	최종최저
경영학과*	서울여대	바롬인재서류	13	15	8.5	2.9	3.3	15	16.7	3.1	3.5	18	11.8	3.4	6.9	최종평균	최종최저
경영학과*	성신여대	자기주도인재	18	15	15.3	2.87	3.65	16	18.0	2.96	3.16	22	9.8	3.17	5.14	등록평균	등록최저
경영학과*	동국대	Do Dream	25	25	29.2	3.03	5.35	25	27.6	2.63	5.12	21	23.3	3.27	5.21	최종평균	최종최저
경영학과*	성신여대	학교생활우수자	18	15	6.6	3.23	5.17	18	8.3	2.74	2.86	15	6.8	3.03	3.49	등록평균	등록최저
경영학부	명지대	크리스천리더	4	5	9.4	3.63	3.99	5	6.0	3.27	2.95	5	15.8	3.28	3.49	등록평균	등록70%컷
경영학부	한국외대(서울)	면접형	15	16	12.9	2.17	2.31	15	14.2	2.3		10	16.7	2.4		등록50%컷	등록70%컷
경영학부	세종대	세종창의인재 (면접형)	13	14	17.1	2.63	2.50	14	22.9	2.52	2.53	28	12.3	2.63	2.73	등록평균	등록70%컷
경영학부	경기대	KGU학생부종합	56	57	19	3.34	3.51	58	8.2	3.48		58	9.1	3.52		등록50%컷	등록70%컷
경영학부	성공회대	열린인재	22	22	5.0	4.53	5.86									최종평균	최종최저
경영학부	세종대	세종창의인재 (서류형)	8	8	11.0	2.31	2.52	8	19.0	1.95	2.08					등록평균	등록70%컷
경영학부	한국외대(서울)	서류형	15	10	11.6	2.01	2.13	10	16.6	2.0		15	14.2	2.1		등록50%컷	등록70%컷
경영학부	국민대	국민프런티어	43	20	20.5	2.79	2.92	29	14.5	2.46	2.61	31	13.6	2.42	2.73	등록50%컷	등록70%컷
경영학부	인천대	자기추천	24	24	24.3	3.55		29	9.8	4.37		29	8.1	3.32		등록평균	
경영학부	상명대(서울)	상명인재	11	13	17.0	3.15	3.15	14	14.6	3.27	3.59	15	16.1	3.12	3.62	등록50%컷	등록70%컷
경영학부	한양대(에리카)	서류형	22	39	15.7	3.53	3.40	38	25.9	3.56	3.65	38	18.8	4.56	4.98	등록평균	등록70%컷
경영학부	이화여대	미래인재	46	46	6.3	2.28	2.39	48	10.9	2.24	2.39	48	10.8	2.4	3.6	등록50%컷	등록70%컷
경영학부	홍익대(서울)	학교생활우수자	58	58	13.3	2.60	2.72	62	15.0	2.53	2.60	62	12.7	2.64	2.85	등록50%컷	등록70%컷
경영학부	국민대	학교생활우수자	15	7	18.4	2.30	2.47	4	15.5	2.72	2.72	5	9.2	2.62	2.94	등록50%컷	등록70%컷
경영학부	서강대	일반전형	84	85	11.1	2.94	3.47	93	11.2	2.17	3.01	95	10.0	2.13	3.09	등록50%컷	등록70%컷
경영학부	성균관대	융합형	53	70	13.8	2.34	3.04	40	16.9	2.69	3.28	50	15.3	1.64	2.44	등록50%컷	등록70%컷
경영학부*	한양대	추천형	18														
경영학부*	단국대(죽전)	DKU인재(면접)	11	11	19.0	2.95	4.03									등록평균	등록최저
경영학부*	단국대(죽전)	DKU인재(서류)	17	26	10.7	2.69	3.23	34	15.3	2.67		30	22.6	2.73		등록평균	등록최저
경영학부*	숭실대	SSU미래인재	30	30	27.3	2.78	2.87	30	19.3	2.90	3.03	30	12.6	2.91	3.13	등록평균	등록70%컷
경영학부*	서울시립대	학생부종합II(서류형)	78	71	17.3	2.93		69	15.8	2.77						등록평균	
경영학부*	단국대(죽전)	창업인재	8	8	14.5	3.43	4.14	8	8.5	4.09		8	12.8	2.95		등록평균	등록최저
경영학부*	한양대	서류형	60	85	8.3	2.31		84	9.9	2.07		84	9.9	1.84		등록평균	
경영학부*	숙명여대	숙명인재(면접형)	24	25	13.0	2.44	2.57	24	22.7	2.45	2.73	11	19.4	4.28	4.43	등록50%컷	등록70%컷

모집단위	대학	전형	2025 모집인원	2024 모집인원	2024 경쟁률	2024 성적①	2024 성적②	2023 모집인원	2023 경쟁률	2023 성적①	2023 성적②	2022 모집인원	2022 경쟁률	2022 성적①	2022 성적②	성적 산출기준 성적①	성적 산출기준 성적②
경영학전공	서울과기대	학교생활우수자	12	12	30.7	3.93	4.36	11	22.8	3.91		11	10.8	3.82		등록평균	등록70%컷
경영학전공	광운대	광운참빛인재Ⅱ(서류형)	13	13	11.2	3.24											
경영학전공	광운대	광운참빛인재Ⅰ(면접형)	25	25	13.8	2.93		38	10.1	3.19		38	10.3	3.37		등록평균	
경영학전공	한국공학대	창의인재	6	9	8.1	4.4		5	4.0	4.4		7	3.7	4.2		등록평균	
경영학전공	한경국립대(안성)	잠재력우수자	10													등록평균	등록최저
경영학전공*	명지대	명지인재서류	32	12	14.2	2.92	3.02	12	8.8	3.09	3.61	12	16.9	2.77	2.90	등록평균	등록70%컷
경영학전공*	명지대	명지인재면접	28	14	18.6	3.06	2.82	14	10.6	3.27	2.59	14	17.9	3.11	3.23	등록평균	등록70%컷
경제금융학	한신대	참인재	18													최종평균	최종최저
경제금융학부	상명대(서울)	상명인재	8	11	14.6	3.46	3.46	14	10.6	3.57	3.98	15	11.7	3.55	4.25	등록50%컷	등록70%컷
경제금융학부*	한양대	서류형	19	33	9.9	2.61		33	11.1	2.65		33	9.6	2.52		등록평균	
경제금융학부*	한양대	추천형	8														
경제정치사회융합학부	아주대	ACE	36													등록평균	등록최저
경제학과	이화여대	미래인재	22	22	5.6	2.36	2.41	22	8.1	2.39	2.43	22	6.5	2.5	2.9	등록50%컷	등록70%컷
경제학과	서울여대	바롬인재면접	8	6	13.8	3.6	4.0	6	21.3	3.5	5.0	5	9.4	4.0	6.4	최종평균	최종최저
경제학과	가톨릭대	가톨릭지도자추천	2	2	9.0	4.58	4.81	3	5.3	4.19	4.65	3	5.0	3.77	4.03	등록평균	등록최저
경제학과	세종대	세종창의인재(서류형)	3	2	10.5	2.24	2.24	2	12.5	2.62	2.35					등록평균	등록70%컷
경제학과	인하대	인하미래인재	20	20	8.3	2.84	4.42	21	7.7	3.01	4.06	22	6.8	3.12	4.06	등록평균	등록최저
경제학과	서강대	일반전형	50	50	9.3	2.42	3.21	57	8.9	2.27	2.95	56	8.0	2.20	3.21	등록50%컷	등록70%컷
경제학과	인천대	자기추천	19	19	8.8	3.47		19	7.0	3.59		19	5.3	3.52		등록평균	
경제학과	세종대	세종창의인재(면접형)	4	5	16.6	2.87	2.90	5	16.2	2.78	2.96	7	8.6	2.81	2.91	등록평균	등록70%컷
경제학과	성신여대	학교생활우수자	8	6	5.5	3.09	4.95	7	5.6	2.91	2.92	6	6.2	2.89	3.10	등록평균	등록최저
경제학과	가천대	가천바람개비	10	8	27.1	4.03		19	11.3	3.96	4.36	11	12.3	3.7		등록70%	등록90%
경제학과	성신여대	자기주도인재	12	11	10.8	3.38	6.01	13	6.3	3.19	3.25	12	6.3	3.39	3.81	등록평균	등록70%컷
경제학과	서울여대	바롬인재서류	5	7	9.7	3.2	3.6	7	11.7	3.2	4.7	8	8.3	3.8	6.4	최종평균	최종최저
경제학과	가톨릭대	잠재능력우수자	8	8	13.6	3.43	3.63										
경제학과	건국대	KU자기추천	22	24	13.3	2.42	2.48	20	13.3	2.41	2.67	21	13.2	2.52	2.80	등록50%컷	등록70%컷
경제학과	경희대(서울)	네오르네상스	20	20	16.5	2.15	2.07	20	17.7	2.60		21	13.9	2.9		최종평균	등록70%컷
경제학과*	국민대	국민프런티어	11	11	12.7	2.70	2.82	13	7.2	2.63	2.88	13	5.5	2.58	2.61	등록50%컷	등록70%컷
경제학과*	동국대	Do Dream	17	17	17.2	2.91	6.00	16	18.1	2.63	3.42	13	10.3	3.64	6.08	최종평균	최종최저
경제학과*	숭실대	SSU미래인재	18	18	13.7	2.72	2.91	18	9.5	2.89	2.98	18	5.3	3.14	3.23	등록평균	등록70%컷
경제학과*	단국대(죽전)	DKU인재(서류)	6	7	11.0	2.78	3.11	12	16.7	2.81		15	12.9	3.13		등록평균	등록최저
경제학과*	고려대	논술전형	13														
경제학과*	고려대	계열적합	15	20	10.0	2.45	2.67	15	13.0	2.67	2.80	15	14.1	2.45	2.96	등록50%컷	등록70%컷
경제학과*	단국대(죽전)	DKU인재(면접)	4	4	12.8	3.23	3.55									등록평균	등록최저
경제학과*	고려대	학업우수	25	33	10.0	1.86	2.25	29	14.3	2.14	2.66	29	15.6	2.60	2.92	등록50%컷	등록70%컷
경제학과*	동국대	불교추천인재	4	4	5.3	2.62	2.78	4	5.0	2.57	2.79	4	4.8	3.07	3.50	최종평균	최종최저
경제학과*	국민대	학교생활우수자	14	14	8.9	2.68	2.71	14	7.7	2.63	2.66	14	5.3	2.80	2.97	등록50%컷	등록70%컷
경제학부	경기대	KGU학생부종합	42	42	10.5	3.77	3.93	58	6.1	3.84		58	8.7	3.95		등록50%컷	등록70%컷
경제학부	서울시립대	학생부종합Ⅱ(서류형)	5													등록평균	
경제학부	서울시립대	학생부종합Ⅰ(면접형)	27	25	22.9	3.80		28	14.4	3.48		26	10.5	3.63		등록평균	
경제학부	한국외대(서울)	서류형	7	9	7.8	2.12	2.15	9	9.0	2.0		11	9.2	1.9		등록50%컷	등록70%컷
경제학부	홍익대(서울)	학교생할우수자	9	9	19.2	2.43	2.43	11	16.8	2.72	2.80	12	9.6	2.83	2.91	등록50%컷	등록70%컷
경제학부	한국외대(서울)	면접형	8	10	13.0	2.28	2.32	10	12.6	2.7		8	11.3	2.9		등록50%컷	등록70%컷
경제학부	서울대	일반전형	60	60	5.6	1.97	2.32	64	4.6	1.87	2.25	64	4.02	1.78	2.19	등록50%컷	등록70%컷
경제학부	중앙대	CAU어울림	2	2	26.5												
경제학부	연세대	활동우수형	33	32	7.5	1.73	2.15	28	7.9	1.40	1.89	28	9.3	1.60	1.75	등록50%컷	등록70%컷
경제학부	서울대	지역균형	7	12	2.3	1.09	1.18	20	3.3	1.12	1.17	40	2.38	1.22	1.27	등록50%컷	등록70%컷
경제학부	중앙대	CAU탐구형인재	10	12	14.5	2.24	2.53	12	14.3	2.50	2.71	23	7.6	3.50	3.69	등록50%컷	등록70%컷
경제학부	중앙대	CAU융합형인재	17	11	19.4	2.02	2.15	12	15.3	2.06	2.36	20	11.0	2.10	2.20	등록50%컷	등록70%컷
경제학부	한양대(에리카)	서류형	11	22	15.6	3.73	3.54	22	15.3	4.09	4.12	22	11.0	4.04	4.17	등록평균	등록70%컷
경제학부*	숙명여대	숙명인재(면접형)	7	12	9.2	2.53	2.87	12	12.4	2.63	2.69	12	8.5	2.75	2.92	등록50%컷	등록70%컷
경제학전공	명지대	명지인재면접	6	14	14.4	3.38	3.24	14	9.1	3.86	3.60	14	11.6	3.66	3.65	등록평균	등록70%컷

3부 ● 모집단위순 합격자 성적

모집단위	대학	전형	2025 모집인원	2024 모집인원	2024 경쟁률	2024 성적①	2024 성적②	2023 모집인원	2023 경쟁률	2023 성적①	2023 성적②	2022 모집인원	2022 경쟁률	2022 성적①	2022 성적②	성적 산출기준 성적①	성적 산출기준 성적②
경제학전공	명지대	명지인재서류	11	5	14.0	3.30	3.49	5	7.8	3.66	3.20	6	12.2	3.49	3.19	등록평균	등록70%컷
경찰행정학부	동국대	불교추천인재	2	2	9.5	2.29	2.48	2	9.0	2.23	2.43	2	8.0	1.81	2.28	최종평균	최종최저
경찰행정학부	동국대	Do Dream	8	8	22.6	2.18	2.60	8	13.9	1.86	2.43	8	19.8	1.66	1.94	최종평균	최종최저
고고미술사학과	서울대	일반전형	9	9	11.1	2.51	2.94	9	7.0	2.35	2.96	9	5.56	2.12	2.37	등록50%컷	등록70%컷
고용서비스정책학과	한국기술교대	창의인재(면접형)	7														
고용서비스정책학과	한국기술교대	창의인재(서류형)	4	7	4.7	3.88	4.12	12	3.3	3.54	4.45	7	8.7	3.69		등록평균	등록최저
공간환경학부	상명대(서울)	상명인재	6	10	11.2	3.34	3.47	11	11.2	3.46	3.60	12	9.6	3.34	4.16	등록50%컷	등록70%컷
공공안전학부	경기대	KGU학생부종합	24	25	12.6	2.72	2.96	24	13.8	2.69		58	7.6	2.95		등록50%컷	등록70%컷
공공인재법학과	대진대	윈윈대진	12	12	3.5	5.19	5.45	12	2.8	5.44	5.95	11	4.3	4.78	5.68	등록평균	등록90%
공공인재비데이터융합학	한신대	참인재	6	16	3.1	5.05	6.77	9	2.6	5.39	6.46	9	2.8	4.52	5.33	최종평균	최종최저
공공인재학부	경기대	KGU학생부종합	24	26	10.9	3.50	3.58	26	5.7	3.60		26	8.7	3.39		등록50%컷	등록70%컷
공공인재학부	중앙대	CAU탐구형인재	10	10	25.6	3.06	3.45	10	23.6	3.19	3.52	10	22.8	2.71	3.17	등록50%컷	등록70%컷
공공인재학부	중앙대	CAU어울림	2														
공공인재학부	중앙대	CAU융합형인재	9	8	35.4	1.84	1.89	8	36.9	2.57	3.31	10	28.6	2.43	3.32	등록50%컷	등록70%컷
관광·엔터테인먼트학부	경희대(서울)	네오르네상스	21	21	14.7	3.67	4.29	28	11.0	3.00		30	5.8	3.2		최종평균	등록70%컷
관광개발경영학과	경기대	KGU학생부종합	20	21	14.1	3.67	3.93	21	7.6	3.75						등록50%컷	등록70%컷
관광경영학과	가천대	가천바람개비	8	8	60.1	4.29		8	15.4	4.67	6.50	8	24.1	3.3		등록70%	등록90%
관광경영학과	서울신학대	H+인재	8	8	3.0	5.43	5.60	8	3.8	5.3	6.5	7	3.1	5.2	6.4	등록평균	등록최저
관광경영학과*	안양대	아리학부종합I	7	10	8.0	3.09	3.95	10	7.3	3.58	5.10	10	7.9	3.68	4.25	등록평균	등록최저
관광문화콘텐츠학과	경기대	KGU학생부종합	10	10	27.2	3.74	3.81	9	8.8	4.06						등록50%컷	등록70%컷
관광학부	한양대	추천형	4														
관광학부*	한양대	서류형	5	10	12.1	3.15		9	10.3	2.38		9	12.9	2.30		등록평균	
광고홍보학과	한양대(에리카)	서류형	10	13	26.1	2.94	2.99	13	38.9	3.15	3.30	13	40.9	3.93	4.22	등록평균	등록70%컷
광고홍보학과	동국대	Do Dream	10	10	25.0	2.62	4.14	10	31.4	2.48	3.45	10	19.6	3.21	5.12	최종평균	최종최저
광고홍보학과	중앙대	CAU융합형인재	8	7	16.4	1.85	1.92	6	18.8	1.82	2.04	8	18.0	2.21	2.67	등록50%컷	등록70%컷
광고홍보학과	중앙대	CAU탐구형인재	8	7	14.1	2.55	2.91	6	12.2	2.14	2.47	11	15.0	2.15	2.26	등록50%컷	등록70%컷
광고홍보학과	동국대	불교추천인재	2	2	10.5	3.04	3.08	2	5.5	2.94	3.45	2	7.5	2.40	2.47	최종평균	최종최저
광고홍보학과	평택대	PTU종합	7	8	11.3	5.37	6.05	10	7.9	4.95	5.40	8	5.6	4.84	5.70	등록평균	등록최저
광고홍보학전공	국민대	국민프런티어	10	7	32.1	2.72	2.72	7	51.9	2.53	2.77	6	34.2	4.58	4.81	등록50%컷	등록70%컷
교육공학과	건국대	KU자기추천	12	12	28.1	2.32	2.59	11	23.8	2.37	2.56	11	23.7	2.17	2.38	등록50%컷	등록70%컷
교육공학과	한양대	면접형	6	6	33.2	2.92		6	20.5	3.46		6	22.3	1.65		등록평균	
교육공학과	이화여대	미래인재	7	5	10.8	1.87	1.99	5	12.6	2.09	2.10	5	9.2	2.0	2.5	등록50%컷	등록70%컷
교육학과	세종대	세종창의인재(면접형)	2	3	19.7	2.36	2.24	3	21.0	2.57	2.62	6	11.3	2.48	2.60	등록평균	등록70%컷
교육학과	홍익대(서울)	학교생활우수자	6	5	31.2	2.44	2.47	7	24.1	2.64	2.66	10	14.2	2.40	2.54	등록50%컷	등록70%컷
교육학과	한양대	면접형	6	6	31.2	2.14		6	26.5	2.40		6	26.3	1.96		등록평균	
교육학과	고려대	학업우수	10	12	12.7	2.06	2.58	12	16.3	1.99	2.20	12	14.8	2.33	2.79	등록50%컷	등록70%컷
교육학과	세종대	세종창의인재(서류형)	2	2	10.0	2.70	2.33	2	14.5	2.13	2.11					등록평균	등록70%컷
교육학과	고려대	논술전형	4														
교육학과	서울대	일반전형	11	11	12.7	1.38	1.49	12	9.8	1.41	1.42	12	6.50	1.53	1.53	등록50%컷	등록70%컷
교육학과	성신여대	자기주도인재	10	10	12.6	2.62	2.85	10	14.2	2.58	2.77	10	9.2	2.69	2.79	등록평균	등록최저
교육학과	이화여대	미래인재	7	7	8.4	2.07	2.08	7	12.0	1.92	1.93	7	9.9	1.8	2.0	등록50%컷	등록70%컷
교육학과	고려대	계열적합	6	6	15.8	2.06	2.49	5	20.2	1.89	2.03	5	15.6	2.02	2.40	등록50%컷	등록70%컷
교육학과	중앙대	CAU융합형인재	8	8	38.6	1.85	3.40	8	44.9	1.97	2.05	8	26.5	3.09	3.80	등록50%컷	등록70%컷
교육학과	인하대	인하미래인재	7	7	14.7	2.56	2.86	9	8.8	2.60	3.14	11	8.7	2.26	2.53	등록평균	등록최저
교육학과	상명대(서울)	상명인재	3	7	24.9	2.70	2.80	8	16.5	3.13	5.49	8	19.9	2.86	3.14	등록50%컷	등록70%컷
교육학과	동국대	Do Dream	6	6	42.3	2.19	2.73	6	41.7	2.59	3.38	6	20.3	2.82	4.53	최종평균	최종최저
교육학과*	강남대	학생부	8	8	5.3	3.60	3.90	8	6.3	3.41	3.85	8	5.0	3.65	3.87	등록50%컷	등록70%컷
교육학과*	국민대	국민프런티어	7	7	27.4	2.57	2.58	9	21.6	2.42	2.70	9	14.1	2.38	2.41	등록50%컷	등록70%컷
교육학과*	강남대	서류면접	10	10	5.8	4.30	4.30	10	5.6	3.79	4.17	10	8.8	4.03	4.30	등록50%컷	등록70%컷
교육학과*	국민대	학교생활우수자	2	8	14.6	2.28	2.45	8	12.4	2.32	2.45	8	6.0	2.32	2.67	등록50%컷	등록70%컷
교육학과과	성균관대	탐구형	15	15	23.2	2.16	2.79	15	17.2	2.17	2.72	15	11.2	2.49	3.06	등록50%컷	등록70%컷
교육학부	숙명여대	숙명인재(면접형)	9	9	17.2	2.21	2.76	9	30.6	2.26	2.61	4	27.8	2.27	2.27	등록50%컷	등록70%컷
교육학부	연세대	활동우수형	12	9	112	1.50	1.67	9	10.1	1.52	1.58	9	9.9			등록50%컷	등록70%컷
국가전략언어계열	한국외대(글로벌)	서류형	14													등록50%컷	등록70%컷

모집단위	대학	전형	2025 모집인원	2024 모집인원	2024 경쟁률	2024 성적①	2024 성적②	2023 모집인원	2023 경쟁률	2023 성적①	2023 성적②	2022 모집인원	2022 경쟁률	2022 성적①	2022 성적②	성적 산출기준 성적①	성적 산출기준 성적②
국가전략언어계열	한국외대(글로벌)	면접형	13													등록50%컷	등록70%컷
국사학과	서울시립대	학생부종합I(면접형)	10	8	20.5	2.59		8	16.6	2.61		8	14.4	2.77		등록평균	
국사학과*	가톨릭대	잠재능력우수자	10	5	14.8	4.02	4.59										
국사학-도시역사경관학전공	서울시립대	학생부종합I(면접형)	2	2	14.0	2.52		2	7.5			2	11.0	2.74		등록평균	
국사학전공	동덕여대	동덕창의리더	5	5	11.6			6	9.7			6	9.2				
국어교육과	이화여대	미래인재	8	8	6.0	1.95	1.96	8	11.6	1.80	1.81	8	9.5	2.0	2.0	등록50%컷	등록70%컷
국어교육과	동국대	Do Dream	8	8	15.9	2.53	4.25	8	17.1	2.22	2.51	8	20.4	2.40	3.32	최종평균	최종최저
국어교육과	서울대	지역균형	5	5	3.4	1.03	1.18	5	10.6	1.04	1.04	5	4.40	1.34	1.47	등록50%컷	등록70%컷
국어교육과	인천대	자기추천	6	6	12.5	2.66		6	15.2	2.91		6	7.2	3.03		등록평균	
국어교육과	고려대	논술전형	5														
국어교육과	서울대	일반전형	9	9	12.3	1.44	1.51	10	5.9	2.06	2.29	10	6.20	1.48	1.77	등록50%컷	등록70%컷
국어교육과	상명대(서울)	상명인재	5	11	11.6	2.74	2.74	12	7.0	2.90	3.37	12	7.0	2.76	3.02	등록50%컷	등록70%컷
국어교육과	한양대	면접형	8	5	15.6	3.06		5	13.6	2.21		5	22.2	1.48		등록평균	
국어교육과	홍익대(서울)	학교생할우수자	6	5	20.2	2.49	2.47	7	20.4	2.46	2.41	10	8.0	2.41	3.00	등록50%컷	등록70%컷
국어교육과	인하대	인하미래인재	8	8	13.9	2.44	2.74	8	12.0	2.86	3.28	12	7.4	2.59	3.13	등록평균	등록최저
국어교육과	고려대	계열적합	6	7	12.1	1.67	1.96	6	12.0	2.51	2.63	5	10.8	1.89	2.38	등록50%컷	등록70%컷
국어교육과	고려대	학업우수	9	10	9.8	2.19	2.84	9	12.3	2.20	2.28	9	15.4	1.65	1.96	등록50%컷	등록70%컷
국어국문·문예창작학부	동국대	Do Dream	7	7	35.4	2.49	3.17	7	30.3	2.86	4.03	6	33.2	2.82	3.39	최종평균	최종최저
국어국문학과	아주대	ACE	10	10	8.1	3.14	3.44	10	7.4	3.23	3.94	11	5.0	3.27		등록평균	등록최저
국어국문학과	세종대	세종창의인재(서류형)	2	2	7.5	2.86	2.67	2	10.5	2.40	2.20					등록평균	등록70%컷
국어국문학과	중앙대	CAU융합형인재	6	6	13.8	2.05	2.20	6	15.2	2.03	2.04	10	9.3	2.30	2.76	등록50%컷	등록70%컷
국어국문학과	서강대	일반전형	10	10	14.1	2.63	3.20	10	17.2	1.83	3.19	10	12.3	3.25	3.76	등록50%컷	등록70%컷
국어국문학과	경기대	KGU학생부종합	12	15	11.1	3.56	3.63	15	8.5	3.53		14	6.2	3.66		등록50%컷	등록70%컷
국어국문학과	안양대	아리학생부종합I	4	5	7.4	3.83	4.18	6	5.7	4.11	4.72	8	6.3	4.10	4.60	등록평균	등록최저
국어국문학과	광운대	광운참빛인재II(서류형)	3	3	11.3	2.95											
국어국문학과	경희대(서울)	네오르네상스	20	20	17.0	2.69	2.69	20	12.9	3.20		21	13.3	2.5		최종평균	등록70%컷
국어국문학과	건국대	KU자기추천	15	15	17.1	2.44	2.57	14	16.8	2.79	3.10	14	15.2	2.68	3.87	등록50%컷	등록70%컷
국어국문학과	인천대	자기추천	10	10	9.7	3.60		10	9.2	3.54		10	5.9	3.64		등록평균	
국어국문학과	서울대	일반전형	9	9	12.1	1.75	2.35	9	11.1	2.29	2.66	9	9.33	2.20	2.56	등록50%컷	등록70%컷
국어국문학과	홍익대(서울)	학교생활우수자	5	5	20.4	2.44	2.27	6	20.0	2.70	2.82	8	9.5	2.84	2.92	등록50%컷	등록70%컷
국어국문학과	이화여대	미래인재	35	35	6.5	2.47	2.55	35	6.3	2.77	3.34	35	5.8	2.3	2.5	등록50%컷	등록70%컷
국어국문학과	광운대	광운참빛인재I(면접형)	6	6	16.7	3.40		10	6.1	3.61		9	7.4	3.17		등록평균	
국어국문학과	서울시립대	학생부종합I(면접형)	11	9	16.1	3.16		9	16.2	2.91		8	10.8	3.41		등록평균	
국어국문학과	세종대	세종창의인재(면접형)	2	3	16.3	3.01	2.95	3	9.7	3.00	3.36	8	8.1	2.51	2.58	등록평균	등록70%컷
국어국문학과	중앙대	CAU탐구형인재	7	6	18.2	3.69	3.94	6	23.5	2.68	2.89	7	12.0	4.33	5.06	등록50%컷	등록70%컷
국어국문학과*	숭실대	SSU미래인재	7	7	18.6	2.65	2.61	7	13.6	2.73	2.93	7	12.6	2.81	3.13	등록50%컷	등록70%컷
국어국문학과*	고려대	논술전형	4														
국어국문학과*	서울여대	바롬인재면접	8	7	16.7	3.5	4.1	7	20.8	3.4	3.9	6	10.0	3.6	4.7	최종평균	최종최저
국어국문학과*	가톨릭대	잠재능력우수자	9	5	13.4	3.55	4.08										
국어국문학과*	한양대	서류형	7	7	13.6	3.14		7	15.6	2.87		7	16.9	2.07		등록평균	
국어국문학과*	성신여대	학교생활우수자	4	3	5.0	2.93	3.00	3	7.3			5	7.2	3.11	3.14	등록평균	등록최저
국어국문학과*	성신여대	자기주도인재	7	7	14.4	3.94	5.52	10	9.6	2.86	3.11	10	7.4	2.88	3.02	등록평균	등록최저
국어국문학과*	서울여대	바롬인재서류	7	8	7.1	3.2	3.8	8	12.1	3.1	3.5	9	7.2	3.4	4.2	최종평균	최종최저
국어국문학과*	연세대	활동우수형	11	8	8.5	2.80	2.83	7	9.0	1.66	1.81	7	13.0	1.64	1.69	등록50%컷	등록70%컷
국어국문학과*	고려대	계열적합	7	9	12.4	2.96	3.02	6	15.7	2.88	3.08	6	15.0	3.07	3.16	등록50%컷	등록70%컷
국어국문학과*	고려대	학업우수	11	13	11.9	2.93	3.25	12	10.8	2.35	3.26	12	15.6	2.10	2.26	등록50%컷	등록70%컷
국어국문학과*	단국대(죽전)	DKU인재(서류)	4	6	7.7	2.88	3.01	10	9.0	2.50		11	8.8	2.57		등록평균	등록최저
국어국문학과*	단국대(죽전)	DKU인재(면접)	3	3	9.0	2.77	3.00									등록평균	등록최저
국어국문학전공	동덕여대	동덕창의리더	8	8	11.9			9	10.1			9	8.9				
국어국문학전공*	국민대	국민프런티어	8	8	15.3	2.80	2.88	8	8.5	2.79	2.84	8	7.0	2.52	2.70	등록50%컷	등록70%컷
국어국문학전공*	국민대	학교생활우수자	5	5	8.8	2.72	2.80	5	6.2	2.52	2.63	6		2.39	2.58	등록50%컷	등록70%컷
국어국문학전공*	명지대	명지인재서류	3	5	9.4	3.22	3.92	5	7.8	2.98	3.26	5	9.6	3.00	3.41	등록평균	등록70%컷

모집단위	대학	전형	2025 모집인원	2024 모집인원	2024 경쟁률	2024 성적①	2024 성적②	2023 모집인원	2023 경쟁률	2023 성적①	2023 성적②	2022 모집인원	2022 경쟁률	2022 성적①	2022 성적②	성적 산출기준 성적①	성적 산출기준 성적②
국어국문학전공*	명지대	명지인재면접	6	6	16.5	3.31	3.22	6	15.3	3.37	3.60	6	9.2	3.65	5.06	등록평균	등록70%컷
국제경영학과	단국대(죽전)	DKU인재(서류)	3	3	38.3	3.12	3.87	5	12.2	4.45		5	13.4	2.81		등록평균	등록최저
국제관계학	한신대	참인재	16	16	3.4	5.73	8.28	9	2.8	5.30	6.38	9	2.2	4.99	5.69	최종평균	최종최저
국제관계학과	서울시립대	학생부종합II(서류형)	6	6	22.3	3.01		6	23.7	2.37						등록평균	
국제관계학과	서울시립대	학생부종합I(면접형)	14	14	24.4	2.92		14	32.1	2.44		16	24.6	3.63		등록평균	
국제관계학-빅데이터분석학전공	서울시립대	학생부종합I(면접형)	4	4	19.5	3.21		4	9.8	4.34		4	11.8	2.89		등록평균	
국제금융학과	한국외대(글로벌)	서류형	3	5	9.6	4.12	4.98	6	5.3	4.6		6	6.2	2.4		등록50%컷	등록70%컷
국제금융학과	한국외대(글로벌)	면접형	3	5	8.0	4.33	4.45	5	8.0	3.3		3	8.7	2.8		등록50%컷	등록70%컷
국제무역학과	건국대	KU자기추천	14	11	14.2	2.59	2.79	10	11.5	2.63	2.70	10	14.6	2.33	2.56	등록50%컷	등록70%컷
국제무역행정학과	평택대	PTU종합	6	6	4.5	6.06	7.04	8	3.3	6.31	7.60	4	1.8	6.50	6.50	등록평균	등록최저
국제물류학과	중앙대	CAU탐구형인재	8	6	18.2	3.65	3.87	6	11.8	3.73	3.92	11	9.8	2.38	3.38	등록50%컷	등록70%컷
국제물류학과	중앙대	CAU융합형인재	6	5	14.6	2.04	2.20	5	14.0	1.96	2.52	8	13.6	2.22	3.23	등록50%컷	등록70%컷
국제법무학과	숭실대	SSU미래인재	7	7	13.4	3.30	3.14	7	12.3	2.64	2.67	7	6.7	3.31	3.39	등록50%컷	등록70%컷
국제사무학과	이화여대	미래인재	7	7	13.4	3.79	3.90	7	13.3	3.44	3.73	7	9.6	2.6	3.7	등록50%컷	등록70%컷
국제지역학부	평택대	PTU종합	10	12	5.5	5.66	6.48	15	2.4	6.54	7.40	9	2.0	6.00	6.60	등록평균	등록최저
국제지역학전공*	대진대	윈윈대진	10	10	3.7	5.24	5.76	9	3.4	4.80	5.35	8	6.9	4.48	4.83	등록평균	등록90%
국제통상학과	대진대	윈윈대진	10	10	6.0	5.45	5.83	13	3.2	5.67	6.28	10	5.5	5.34	5.77	등록평균	등록90%
국제통상학과	동국대	불교추천인재	2	2	11.5	4.09	4.64	2	9.5	3.73	4.92	2	7.0	3.09	3.31	최종평균	최종최저
국제통상학과	동국대	Do Dream	12	12	23.4	3.70	4.74	12	15.3	3.02	4.83	10	16.0	2.80	4.09	최종평균	최종최저
국제통상학과	한국외대(서울)	서류형	5	5	8.4	2.26	2.28	5	10.4	1.9		6	10.0	2.6		등록50%컷	등록70%컷
국제통상학과	한국외대(서울)	면접형	5	6	13.0	2.60	2.64	6	13.2	2.6		5	13.4	3.0		등록50%컷	등록70%컷
국제통상학과	인하대	인하미래인재	22	23	12.2	3.19	4.38	20	10.9	3.51	6.00	17	7.2	3.45	6.29	등록평균	등록최저
국제통상학과*	국민대	학교생활우수자	5	10	15.4	2.71	2.74	10	6.6	3.00	3.44	10	5.6	2.60	2.80	등록50%컷	등록70%컷
국제통상학과*	국민대	국민프런티어	10	10	15.9	2.85	2.94	10	9.6	2.78	3.03	10	11.5	2.71	2.84	등록50%컷	등록70%컷
국제통상학과*	명지대	명지인재서류	4	8	13.3	3.56	3.48	8	8.0	3.55	4.04	8	10.1	2.97	3.07	등록평균	등록70%컷
국제통상학부	광운대	광운참빛인재 I (면접형)	11	11	12.6	3.05		16	11.8	3.48		16	10.2	3.76		등록평균	
국제통상학부	광운대	광운참빛인재II (서류형)	5	5	10.8	2.76											
국제통상학전공*	명지대	명지인재면접	6	14	22.3	3.86	3.61	14	15.8	4.01	5.76	14	9.3	4.15	4.64	등록평균	등록70%컷
국제학과	경희대(국제)	네오르네상스	45	46	14.6	3.68	4.18	45	15.8	3.50		49	12.5	3.5		최종평균	등록70%컷
국제학부	고려대	논술전형	5														
국제학부	광운대	광운참빛인재 I (면접형)	6	6	16.2	3.26		9	11.6	3.71		9	9.0	3.63		등록평균	
국제학부	고려대	계열적합	10	16	17.0	2.50	2.77	20	19.6	2.63	2.88	21	17.5	2.83	3.16	등록50%컷	등록70%컷
국제학부	광운대	광운참빛인재II (서류형)	3	3	11.3	2.98											
국제학부	한국외대(서울)	서류형	6	6	11.7	2.11	2.23	8	12.4	2.6		10	15.4	2.2		등록50%컷	등록70%컷
국제학부	한국외대(서울)	면접형	6	7	13.7	2.14	2.30	5	16.2	2.4		3	18.3	2.3		등록50%컷	등록70%컷
국제학부	이화여대	미래인재	11													등록50%컷	등록70%컷
국제학부	가톨릭대	잠재능력우수자	13	9	17.9	4.72	6.05										
국제학부	가톨릭대	가톨릭지도자추천	3	3	9.3	5.62	6.59	4	7.8	3.60	3.75	4	6.0	4.59	5.26	등록평균	등록최저
국제학부	세종대	세종창의인재 (서류형)	8	9	11.7	2.90	2.58	8	14.0	2.48	2.68					등록평균	등록70%컷
국제학부	한양대	서류형	27	38	13.0	3.19		38	16.5	2.83		40	13.8	3.37		등록평균	
국제학부	세종대	세종창의인재 (면접형)	12	12	23.9	3.59	3.40	14	15.4	3.29	3.62	23	10.0	2.67	2.80	등록평균	등록70%컷
국제학부	고려대	학업우수	10	17	14.8	2.61	2.77	20	16.3	2.89	3.06	20	18.5	2.89	3.25	등록50%컷	등록70%컷
국제학부(국제학)	한양대	추천형	9														
그리스·불가리아학과	한국외대(글로벌)	면접형	3	5	12.6	5.37	6.05	6	7.8	5.2		3	9.3	5.7		등록50%컷	등록70%컷
그리스·불가리아학과	한국외대(글로벌)	서류형	4	7	9.4	5.57	5.79	8	4.9	4.8		10	6.2	3.7		등록50%컷	등록70%컷
글로벌Hospitality·관광학과	경희대(서울)	네오르네상스	15	15	13.7	3.36	3.89									최종평균	등록70%컷
글로벌MICE융합전공	동덕여대	동덕창의리더	4	4	12.3												
글로벌경영학과	성균관대	탐구형	33	47	14.6	3.05	3.26	58	10.3	2.06	2.89	57	8.5	2.95	3.36	등록50%컷	등록70%컷
글로벌경영학과	서울신학대	H+인재	5	8	2.6	5.40	5.19	8	3.5	5.1	5.9	8	4.3	5.0	5.7	등록평균	등록최저
글로벌경영학과	단국대(죽전)	DKU인재(면접)	2	2	28.5	4.83	5.45									등록평균	등록최저

모집단위	대학	전형	2025 모집인원	2024 모집인원	2024 경쟁률	2024 성적①	2024 성적②	2023 모집인원	2023 경쟁률	2023 성적①	2023 성적②	2022 모집인원	2022 경쟁률	2022 성적①	2022 성적②	성적 산출기준 성적①	성적 산출기준 성적②
글로벌경영학과	상명대(서울)	상명인재	10	14	20.8	3.66	3.66	14	14.5	3.67	5.23	15	13.8	3.48	3.91	등록50%컷	등록70%컷
글로벌경영학과	안양대	아리학생부종합 I	7	12	12.3	3.78	4.37	14	6.6	4.20	4.96	12	10.3	3.73	4.35	등록평균	등록최저
글로벌경제학과	성균관대	탐구형	35	40	10.8	3.13	3.26	45	8.2	2.92	3.12	50	7.1	2.65	3.30	등록50%컷	등록70%컷
글로벌경제학과	대진대	윈윈대진	12	15	6.7	5.41	5.85	15	3.5	5.37	5.68	10	4.1	5.33	5.77	등록평균	등록90%
글로벌금융	중앙대	CAU융합형인재	9	5	24.0	3.62	3.65	5	15.2	2.37	3.87	6	12.5	2.46	3.26	등록50%컷	등록70%컷
글로벌리더학부	성균관대	탐구형	20	25	20.3	2.32	2.93	32	15.1	2.23	2.83	36	13.7	1.78	2.45	등록50%컷	등록70%컷
글로벌문화콘텐츠대학	강남대	서류면접	28	30	10.2	4.70	4.80	45	3.1	4.50	5.19	34	6.7	4.06	4.36	등록50%컷	등록70%컷
글로벌문화콘텐츠대학	강남대	학생부	20	25	7.5	4.40	4.70	23	6.8	3.86	4.71	23	9.5	3.87	4.34	등록50%컷	등록70%컷
글로벌문화통상학부	한양대(에리카)	서류형	40													등록평균	등록70%컷
글로벌비즈니스학	건국대	KU자기추천		16	23.4	4.05	4.42	16	15.1	3.39	4.26	14	20.4	3.71	4.32	등록50%컷	등록70%컷
글로벌비즈니스학	한신대	참인재	4	4	5.3	5.73	7.32	7	5.4	4.93	5.83	7	4.9	4.90	6.13	최종평균	최종최저
글로벌스포츠산업학부	한국외대(글로벌)	서류형	7	12	8.0	2.72	3.17	7	12.0	2.2		9	17.4	2.5		등록50%컷	등록70%컷
글로벌스포츠산업학부	한국외대(글로벌)	면접형	10	14	18.9	3.53	3.65	6	32.7	3.3		3	32.3	4.1		등록50%컷	등록70%컷
글로벌어문학부	경기대	KGU학생부종합	55	55	17.9	4.37	4.75	53	9.0	4.56		55	6.9	4.53		등록50%컷	등록70%컷
글로벌융합대학	덕성여대	덕성인재 I	46	56	10.8	3.17	3.20	57	7.9	3.31	3.40	40	8.2	3.21	3.34		
글로벌융합대학	덕성여대	덕성인재 II	64	77	18.5	3.40	3.53	80	15.0	3.53	3.71	80	11.4	3.69	3.73	등록평균	등록70%컷
글로벌융합학부	성균관대	융합형	14	20	28.0	2.49	2.77									등록50%컷	등록70%컷
글로벌인재학부	연세대	국제형(해외고/검정고시)	11	10	8.6			10	5.9			10	10.3				
글로벌커뮤니케이션학부	경희대(국제)	네오르네상스	14	15	15.9	3.85	4.39	15	12.0	4.10		17	10.8	3.7		최종평균	등록70%컷
글로벌테크노경영전공(인문)	서울과기대	학교생활우수자	9	9	12.3	3.75	3.21	7	13.4	2.61		9	8.3	3.17		등록평균	등록70%컷
글로벌통상·문화학과	협성대	협성창의인재	6	6	2.7	5.69	5.69	8	3.0	4.78	5.80					등록50%컷	등록70%컷
글로벌통상학과*	숭실대	SSU미래인재	23	23	11.4	3.07	2.93	23	8.1	2.67	2.84	20	6.5	2.85	3.17	등록평균	등록70%컷
글로벌패션산업학부(야)	한성대	한성인재	12	12	11.7	3.61	3.91	13	7.1	3.69	3.90	13	5.2	3.91	4.13	등록50%컷	등록70%컷
글로벌패션산업학부(주)	한성대	한성인재	18	22	12.9	3.30	3.48	25	10.2	2.78	3.04	25	10.0	3.17	3.38	등록50%컷	등록70%컷
글로벌한국어전공	국민대	학교생활우수자	1	1	10.0	2.77	2.77	1	10.0			1	6.0			등록50%컷	등록70%컷
글로벌한국융합학부	고려대	계열적합	5	5	18.4	2.89	2.97	5	15.0	3.08	3.22	5	16.4	3.11	3.28	등록50%컷	등록70%컷
글로벌한국학과	삼육대	세움인재	5	7	16.0	4.00		6	5.5	4.30		5	9.4	3.85		최종평균	
글로벌한국학부	서강대	일반전형	6	9	10.6	3.02	3.43	12	11.7	1.71	1.83	12	13.6	2.54	2.96	등록50%컷	등록70%컷
글로벌협력전공	숙명여대	숙명인재(면접형)	12	12	18.2	4.22	4.29	12	22.5	3.36	3.61	11	15.3	3.94	4.09	등록50%컷	등록70%컷
금융공학과	아주대	첨단융합인재	17	20	5.8	3.14	4.72									등록50%컷	등록70%컷
금융보험학과	협성대	협성창의인재	6	6	3.0	5.55	5.55	8	2.0	5.78	6.33	10	1.6	6.44	7.25	등록50%컷	등록70%컷
금융학부	숭실대	SW우수자	2														
금융학부	숭실대	SSU미래인재	14	14	11.1	3.12	3.03	14	6.4	2.81	3.01	14	5.6	3.32	3.47	등록평균	등록70%컷
기독교교육과	총신대	코람데오인재	13	13	7.3	4.42		13	3.8	4.89		11	4.0	3.72		최종평균	
기독교교육과	장신대	드림(PUTS인재)	16	16	3.9	4.00	4.90	15	1.5			12	2.1	4.05	4.75	등록50%컷	등록70%컷
기독교교육과	서울신학대	H+ 인재	11	12	2.6	5.71	6.03	12	2.6	5.4	6.5	12	2.6	5.9	6.6	등록평균	등록최저
기독교학과	서울여대	기독교지도자	23	23	5.8	4.2	5.6	23	6.7	4.1	5.1	23	4.7	4.2	6.2	최종평균	최종최저
기독교학과	이화여대	미래인재	12	12	5.0	2.99	2.99	11	7.5	3.11	3.46	11	6.2	3.4	3.7	등록50%컷	등록70%컷
기독교학과	숭실대	SSU미래인재	24	25	9.2	4.08	4.31	25	6.1	3.88	4.34	25	5.3	3.98	4.47	등록평균	등록70%컷
기술경영학과	건국대	KU자기추천	10	8	13.5	2.79	2.95	7	9.4	2.26	2.39	5	14.7	2.48	2.59	등록50%컷	등록70%컷
네덜란드어과	한국외대(서울)	서류형	3	6	9.0	3.77	4.31	7	9.3	3.9		8	9.5	4.0		등록50%컷	등록70%컷
네덜란드어과	한국외대(서울)	면접형	3	4	17.3	2.90	3.23	4	16.5	4.5		3	10.7	4.9		등록50%컷	등록70%컷
노어과	한국외대(서울)	면접형	4	7	12.0	3.43	3.59	6	15.8	3.8		4	11.0	4.2		등록50%컷	등록70%컷
노어과	한국외대(서울)	서류형	5	7	7.7	3.65	3.74	9	7.7	3.3		11	7.9	3.0		등록50%컷	등록70%컷
노어노문학과	서울대	일반전형	9	9	8.2	1.96	2.56	9	6.8	1.76	2.56	9	6.78	2.35	2.48	등록50%컷	등록70%컷
노어노문학과*	연세대	활동우수형	6	5	9.6	1.86	1.86	5	7.6	2.46	2.66	5	7.8			등록50%컷	등록70%컷
노어노문학과*	고려대	논술전형	3														
노어노문학과*	고려대	계열적합	4	5	15.2	2.22	2.76	3	12.6	3.39	3.44	5	10.8	2.89	3.32	등록50%컷	등록70%컷
노어노문학과*	고려대	학업우수	7	9	15.6	2.76	3.25	8	12.4	3.56	3.63	8	14.4	2.82	3.62	등록50%컷	등록70%컷
농경제사회학부	서울대	일반전형	15	15	11.5	2.57	2.98	14	12.0	2.38	2.45	19	6.95	2.78	3.27	등록50%컷	등록70%컷
데이터과학과	인천대	자기추천	6													등록평균	
데이터사이언스경영전공	한국공학대	창의인재	4	5	5.8	4.4		4	4.0	4.5						등록평균	
데이터사이언스전공	동덕여대	동덕창의리더	5	5	8.0												
도시계획·부동산학과	중앙대	CAU융합형인재	8	8	22.0	3.26	3.77	8	12.4	3.33	3.90	10	7.4	2.35	3.74	등록50%컷	등록70%컷
도시계획·부동산학과	중앙대	CAU탐구형인재	6	7	19.3	2.55	3.31	7	12.6	4.09	4.17	9	8.4	3.22	3.40	등록50%컷	등록70%컷

모집단위	대학	전형	2025 모집인원	2024 모집인원	2024 경쟁률	2024 성적①	2024 성적②	2023 모집인원	2023 경쟁률	2023 성적①	2023 성적②	2022 모집인원	2022 경쟁률	2022 성적①	2022 성적②	성적 산출기준 성적①	성적 산출기준 성적②
도시계획·부동산학부	단국대(죽전)	DKU인재(서류)	5	6	12.2	2.71	3.26	9	12.7	2.95		10	18.1	2.89		등록평균	등록최저
도시계획·부동산학부	단국대(죽전)	DKU인재(면접)	3	3	18.3	3.06	3.30									등록평균	등록최저
도시사회학과	서울시립대	학생부종합II(서류형)	3	3	30.3	2.25		3	20.7								
도시사회학과	서울시립대	학생부종합I(면접형)	10	10	22.5	2.82		7	17.6	2.74		10	11.5	2.46		등록평균	
도시사회학-국제도시개발학전공	서울시립대	학생부종합I(면접형)	3	3	15.0	3.99		3	10.7			3	12.7	3.80		등록평균	
도시행정학과	협성대	협성창의인재	8	8	3.8	6.02	6.02	10	2.0	5.78	7.00	14	2.6	5.81	6.27	등록50%컷	등록70%컷
도시행정학과	인천대	자기추천	10	10	9.5	3.53		10	10.0	3.83		10	6.8	3.91		등록평균	
도시행정학과	서울시립대	학생부종합I(면접형)	11	11	25.6	3.62		11	10.0	3.87		11	8.6	2.92		등록평균	
독어교육과	서울대	지역균형	4	4	4.5	1.30	1.30	5	4.8	1.39	1.45	5	1.40	1.59	1.60	등록50%컷	등록70%컷
독어교육과	서울대	일반전형	10	10	6.8	2.41	2.43	10	5.6	2.12	2.38	10	3.80	2.31	2.44	등록50%컷	등록70%컷
독어독문학과	성균관대	탐구형	12	12	10.8	3.14	3.25	11	12.5	3.12	3.39	9	9.8	3.35	3.73	등록50%컷	등록70%컷
독어독문학과	이화여대	미래인재	14	14	7.3	3.67	4.15	14	8.4	4.18	4.28	13	7.9	3.8	4.3	등록50%컷	등록70%컷
독어독문학과	홍익대(서울)	학교생활우수자	6	6	19.0	4.11	4.30	7	23.1	4.05	3.82	9	9.0	4.16	4.44	등록50%컷	등록70%컷
독어독문학과	서울대	일반전형	9	9	7.3	2.16	2.49	9	5.6	2.15	2.39	9	6.11	2.19	2.51	등록50%컷	등록70%컷
독어독문학과	인천대	자기추천	11	11	8.2	5.29		11	8.1	4.29		11	5.4	4.37		등록평균	
독어독문학과*	고려대	계열적합	4	5	16.0	2.80	2.97	5	14.2	3.08	3.24	5	13.4	2.93	3.23	등록50%컷	등록70%컷
독어독문학과*	고려대	학업우수	7	9	13.8	2.92	3.27	8	13.4	3.41	3.43	8	15.9	2.53	3.44	등록50%컷	등록70%컷
독어독문학과*	고려대	논술전형	3														
독어독문학과*	한양대	서류형	13	13	10.4	4.09		14	10.0	3.10		14	8.9	3.26		등록평균	
독어독문학과*	숭실대	SSU미래인재	9	9	13.9	3.84	3.76	9	12.6	3.76	4.05	9	9.9	4.74	4.82	등록평균	등록70%컷
독어독문학과*	연세대	활동우수형	6	5	9.2			5	9.0			5	6.0			등록50%컷	등록70%컷
독일문화콘텐츠전공	서울여대	바롬인재면접	7	7	14.0	3.9	5.5	4	15.5	4.1	4.7	4	7.0	4.1	4.8	최종평균	최종최저
독일문화콘텐츠전공	서울여대	바롬인재서류	4	7	10.0	4.8	6.3	7	9.6	3.6	5.0	7	8.3	4.4	6.4	최종평균	최종최저
독일어·문화학과*	성신여대	학교생활우수자	4	3	7.7	4.87	5.18	3	4.7			3	7.0			등록평균	등록최저
독일어·문화학과*	성신여대	자기주도인재	7	7	9.6	4.47	5.33	8	8.1	4.35	4.62	7	9.9	4.14	4.25	등록평균	등록최저
독일어과	한국외대(서울)	서류형	8	8	8.3	4.55	4.67	9	9.3	3.2		11	7.6	3.5		등록50%컷	등록70%컷
독일어과	한국외대(서울)	면접형	7	11	9.5	3.59	4.06	10	10.7	3.4		8	13.3	3.2		등록50%컷	등록70%컷
독일어교육전공	한국외대(서울)	면접형	3	3	14.7	4.09	4.17	3	11.7	4.5		3	7.7	4.6		등록50%컷	등록70%컷
독일어교육전공	한국외대(서울)	서류형	2	2	7.5	4.12	4.21	2	10.5	3.8		2	8.0	3.9		등록50%컷	등록70%컷
독일어문학전공	중앙대	CAU탐구형인재	16									9	11.0	3.88	4.00	등록50%컷	등록70%컷
독일어문화학	한신대	참인재	12	12	2.3	5.89	7.59	7	2.3	5.75	7.30	7	1.7	5.32	6.75	최종평균	최종최저
독일언어·문화학과*	숙명여대	숙명인재(면접형)	9	9	10.4	3.39	3.81	9	12.3	3.63	4.59	3	15.0			등록50%컷	등록70%컷
동북아국제통상학부	인천대	자기추천	12	12	6.5	3.57		12	7.6	3.18		12	5.6	3.17		등록평균	
동북아문화산업학부	광운대	광운참빛인재II(서류형)	5	5	11.8	3.51											
동북아문화산업학부	광운대	광운참빛인재I(면접형)	11	11	13.2	2.92		16	11.5	3.60		17	8.4	3.61		등록평균	
동아시아통상학	한신대	참인재	15	15	2.5	6.35	8.25	9	2.1	5.97	8.05	9	3.7	4.96	5.96	최종평균	최종최저
디자인계열	한양대(에리카)	서류형	18													등록평균	등록70%컷
디자인학과	강남대	서류면접	3													등록50%컷	등록70%컷
디지털미디어학부	명지대	명지인재면접	6	6	22.8	3.57	4.07	6	22.2	2.87	2.99	6	28.2	3.02	3.15	등록평균	등록70%컷
디지털미디어학부	명지대	명지인재서류	6	5	12.8	2.84	2.83	5	8.2	2.80	2.97	5	25.4	2.55	2.70	등록평균	등록70%컷
디지털영상문화콘텐츠학	한신대	참인재	4	4	22.8	5.06	7.24	6	12.7	4.36	5.24	6	12.0	3.99	4.89	최종평균	최종최저
디지털콘텐츠학부	한국외대(글로벌)	면접형	6	13	15.2	3.77	4.94									등록50%컷	등록70%컷
디지털콘텐츠학부	한국외대(글로벌)	서류형	6	13	8.9	3.16	3.50									등록50%컷	등록70%컷
러시아·유라시아학과	국민대	국민프런티어	6	6	15.7	3.24	3.56	7	14.1	3.35	3.44	7	12.9	4.36	4.69	등록50%컷	등록70%컷
러시아·유라시아학과	국민대	학교생활우수자	6	6	26.3	4.01	4.34	6	14.0	5.03	5.16	6	5.0	5.00	5.47	등록50%컷	등록70%컷
러시아어문학과	성균관대	탐구형	12	12	11.9	3.16	3.16	11	7.9	3.46	3.66	9	8.8	2.62	3.17	등록50%컷	등록70%컷
러시아어문학전공	중앙대	CAU탐구형인재	15									9	8.9	3.76	3.89	등록50%컷	등록70%컷
러시아어학과	경희대(국제)	네오르네상스	10	11	9.7	4.48	5.37	11	8.6	4.20		11	7.6	4.1		최종평균	등록70%컷
러시아언어문화과	안양대	아리학생부종합I	4	4	7.8	4.92	5.23	6	5.8	5.57	6.59	8	3.4	5.31	6.20	등록평균	등록최저
루마니아어학과	한국외대(글로벌)	면접형	4	5	14.2	4.40	5.29	6	7.7	5.2		3	10.3	4.8		등록50%컷	등록70%컷
루마니아어학과	한국외대(글로벌)	서류형	5	7	9.6	4.70	5.23	8	5.3	5.0		9	5.9	4.4		등록50%컷	등록70%컷
르꼬르동블루외식경영전공	숙명여대	숙명인재(면접형)	8	8	15.6	3.59	3.86	7	15.9	3.12	3.19	4	19.0	3.22	3.22	등록50%컷	등록70%컷
말레이·인도네시아어과	한국외대(서울)	서류형	4	6	9.3	2.34	2.54	6	7.3	3.1		8	6.5	2.8		등록50%컷	등록70%컷

모집단위	대학	전형	2025 모집인원	2024 모집인원	2024 경쟁률	2024 성적①	2024 성적②	2023 모집인원	2023 경쟁률	2023 성적①	2023 성적②	2022 모집인원	2022 경쟁률	2022 성적①	2022 성적②	성적 산출기준 성적①	성적 산출기준 성적②
말레이·인도네시아어과	한국외대(서울)	면접형	3	4	11.3	3.94	4.33	4	11.0	3.5		3	9.0	3.4		등록50%컷	등록70%컷
메타버스융합콘텐츠전공	서울여대	바롬인재서류	4	5	16.0	3.8	7.0									최종평균	최종최저
메타버스융합콘텐츠전공	서울여대	바롬인재면접	4	5	27.2	3.7	4.4									최종평균	최종최저
몽골어과	한국외대(서울)	면접형	3	3	16.0	4.06	4.18	3	12.0	4.7		2	9.0	4.5		등록50%컷	등록70%컷
몽골어과	한국외대(서울)	서류형	5	5	6.2	2.58	3.14	5	7.4	3.0		6	6.5	3.6		등록50%컷	등록70%컷
무역학과	경희대(서울)	네오르네상스	16	16	19.2	3.09	3.23	16	17.0	3.30		17	13.1	3.8		최종평균	등록70%컷
무역학과	경기대	KGU학생부종합	13	15	9.7	3.70	3.74									등록50%컷	등록70%컷
무역학과*	단국대(죽전)	DKU인재(면접)	4	4	14.8	3.48	4.40									등록평균	등록최저
무역학과*	단국대(죽전)	DKU인재(서류)	7	7	12.6	2.97	3.31	12	33.3	3.07		15	15.0	4.16		등록평균	등록최저
무역학부	인천대	자기추천	24	24	9.5	3.61		26	8.9	3.82		26	6.4	3.84		등록평균	
문예창작미디어콘텐츠흥보전공	한경국립대(안성)	잠재력우수자	6													등록평균	등록최저
문예창작전공	동덕여대	동덕창의리더	5		26.0			6	18.5			6	13.8				
문예창작학	한신대	참인재	6	6	26.3	5.20	8.22	11	11.5	4.52	6.62	11	9.0	4.45	5.16	최종평균	최종최저
문예창작학과	협성대	협성창의인재	10	6	8.2	4.55	4.55	8	6.4	4.20	4.89					등록50%컷	등록70%컷
문예창작학과	서울과기대	학교생활우수자	19	19	16.9	3.30	3.59	15	24.0	3.44		17	13.9	3.76		등록50%컷	등록70%컷
문예콘텐츠창작학과	대진대	윈원대진	10	10	5.9	5.23	5.84	10	7.9	4.53	5.15	10	7.3	4.90	5.59	등록평균	등록90%
문학문화콘텐츠학과(야)	한성대	한성인재	6	6	10.8	4.12	4.32									등록50%컷	등록70%컷
문학문화콘텐츠학과(주)	한성대	한성인재	5	5	24.8	3.53	3.64									등록50%컷	등록70%컷
문헌정보학과	이화여대	미래인재	11	11	5.0	2.23	2.31	11	7.3	2.24	2.45	11	6.2	2.5	2.6	등록50%컷	등록70%컷
문헌정보학과	인천대	자기추천	10	10	12.8	3.85		10	16.4	3.57		10	6.3	4.05		등록평균	
문헌정보학과	중앙대	CAU융합형인재	9	6	19.5	1.87	1.92	6	12.8	2.52	2.85	8	8.0	2.32	2.40	등록50%컷	등록70%컷
문헌정보학과	경기대	KGU학생부종합	10	11	18.2	3.73	3.93	11	11.1	3.80		12	10.8	3.68		등록50%컷	등록70%컷
문헌정보학과*	연세대	활동우수형	6	5	10.6	1.65	1.78	5	7.0	1.65	2.22	5	8.2	1.86	1.90	등록50%컷	등록70%컷
문헌정보학과*	대진대	윈원대진	10	10	6.0	4.58	5.27	10	3.1	5.11	5.64	10	4.7	4.14	4.55	등록평균	등록90%
문헌정보학과*	서울여대	바롬인재서류	4	5	9.6	2.9	3.1	5	17.8	3.0	3.7	5	10.8	3.3	5.0	최종평균	최종최저
문헌정보학과*	숙명여대	숙명인재(면접형)	5	5	12.0	2.47	2.55	5	13.4	2.18	2.55	2	17.0			등록50%컷	등록70%컷
문헌정보학과*	서울여대	바롬인재면접	5	4	27.0	3.4	3.7	4	28.0	3.9	6.4	4	16.5	3.8	4.1	최종평균	최종최저
문헌정보학전공	동덕여대	동덕창의리더	6	6	15.5			7	11.9			7	12.0				
문헌정보학전공	상명대(서울)	상명인재	4	8	12.3	2.87	3.01	8	7.4	3.15	3.65	8	11.5	2.73	3.05	등록50%컷	등록70%컷
문헌정보학전공*	명지대	명지인재면접	6	6	13.5	3.41	3.69	6	11.0	3.55	3.40	6	12.2	3.24	3.75	등록평균	등록70%컷
문헌정보학전공*	명지대	명지인재서류	3	5	10.4	3.33	4.23	5	7.0	2.91	2.93	5	14.6	2.88	3.09	등록평균	등록70%컷
문화관광학전공	숙명여대	숙명인재(면접형)	9	8	16.8	4.58	4.61	7	14.7	3.68	4.03	4	17.3	2.77	2.77	등록50%컷	등록70%컷
문화예술경영전공	동덕여대	동덕창의리더	4	4	23.3												
문화예술경영학과	성신여대	학교생활우수자	4	3	12.7	2.37	2.59	3	6.3			4	9.0			등록평균	등록최저
문화예술경영학과	성신여대	자기주도인재	7	7	13.0	2.83	3.43	7	10.7			7	15.6	2.75	2.88	등록평균	등록최저
문화유산학과	동국대	불교추천인재	2	2	3.5	2.43	3.02	2	10.5	2.66	2.73	2	10.5	2.67	3.05	최종평균	최종최저
문화유산학과	동국대	Do Dream	3	3	22.7	2.58	2.68	3	14.3	3.03	4.56					최종평균	최종최저
문화유산학과(승려)	동국대	불교추천인재	5	5	0.2	3.96	3.96	5	0.4	5.66	5.66	5	0.0			최종평균	최종최저
문화인류학과	연세대	활동우수형	4	3	11.7			2	12.5			2	11.0			등록50%컷	등록70%컷
문화인류학과	한양대(에리카)	서류형	5	11	25.1	3.91	3.60	11	21.4	4.31	4.79	11	17.2	4.65	5.15	등록평균	등록70%컷
문화콘텐츠문화경영학과	인하대	인하미래인재	20	19	14.6	3.23	6.39	19	14.4	2.96	4.07	19	18.2	2.87	4.71	등록평균	등록최저
문화콘텐츠학과	한양대(에리카)	서류형	5	12	26.9	3.46	3.49	14	45.7	3.55	3.27	14	71.0	4.01	4.48	등록평균	등록70%컷
문화콘텐츠학과	아주대	ACE	9	14	25.4	2.64	3.25	14	15.3	3.33	5.25	14	28.8	2.99		등록평균	등록최저
문화콘텐츠학과	건국대	KU자기추천	13	13	23.7	2.48	2.52	12	28.6	2.48	2.62	12	41.1	2.66	2.80	등록50%컷	등록70%컷
미디어&엔터테인먼트학과	서강대	일반전형	14	14	9.6	1.63	1.92	12	11.6	1.62	1.75	12	14.4	1.54	1.75	등록50%컷	등록70%컷
미디어·휴먼라이프학부	명지대	크리스천리더	4	5	8.4	3.36	3.30	5	5.2	3.45	3.48	8	15.6	3.28	3.43	등록평균	등록70%컷
미디어영상광고학과	협성대	협성창의인재	12	12	9.7	5.11	5.11	20	8.5	4.24	5.11	20	8.9	4.91	5.89	등록50%컷	등록70%컷
미디어영상광고홍보학	한신대	참인재	7	7	25.4	4.78	6.26	9	27.7	4.22	5.00	9	14.9	4.24	6.76	최종평균	최종최저
미디어전공	국민대	국민프런티어	8	9	22.7	2.27	2.46	9	17.3	2.43	2.53	7	17.9	2.11	2.13	등록50%컷	등록70%컷
미디어전공	국민대	학교생활우수자	2	2	18.5	2.58	2.58	2	10.5			6	10.7	2.45	2.48	등록50%컷	등록70%컷
미디어커뮤니케이션학과	가천대	가천바람개비	8	11	64.6	3.69		12	34.2	3.56	3.85	12	37.3	3.2		등록70%	등록90%
미디어커뮤니케이션학과	건국대	KU자기추천	13	13	31.7	2.07	2.39	12	30.9	2.48	2.65	12	42.8	2.32	2.41	등록50%컷	등록70%컷
미디어커뮤니케이션학과	세종대	세종창의인재(서류형)	2	4	12.8	2.30	2.41	3	19.0	2.18	2.20					등록평균	등록70%컷
미디어커뮤니케이션학과	성신여대	학교생활우수자	5	4	9.3	2.80	2.97	4	9.5	2.02	2.89	6	12.5	2.41	2.67	등록평균	등록최저
미디어커뮤니케이션학과	성신여대	자기주도인재	12	11	15.8	3.12	5.84	13	16.5	2.73	2.77	12	22.5	2.66	2.69	등록평균	등록최저

모집단위	대학	전형	2025 모집인원	2024 모집인원	2024 경쟁률	2024 성적①	2024 성적②	2023 모집인원	2023 경쟁률	2023 성적①	2023 성적②	2022 모집인원	2022 경쟁률	2022 성적①	2022 성적②	성적 산출기준 성적①	성적 산출기준 성적②
미디어커뮤니케이션학과	세종대	세종창의인재(면접형)	4	5	20.8	2.49	2.43	7	23.6	2.26	2.33	14	25.3	2.21	2.25	등록평균	등록70%컷
미디어커뮤니케이션학과	대진대	윈원대진	12	12	8.8	4.52	4.81	15	5.0	4.61	5.02	12	8.7	4.30	4.84	등록평균	등록90%
미디어커뮤니케이션학과	한양대	서류형	9	13	20.5	2.90		12	25.8	2.64		12	24.6	1.89		등록평균	
미디어커뮤니케이션학과	한양대	추천형	4														
미디어커뮤니케이션학과	인하대	인하미래인재	15	15	18.9	2.76	4.33	15	14.8	2.73	4.38	16	16.3	2.64	3.36	등록평균	등록최저
미디어커뮤니케이션학부	단국대(죽전)	DKU인재(면접)	3	3	36.7	2.65	2.75									등록평균	등록최저
미디어커뮤니케이션학부	광운대	광운참빛인재 I (면접형)	14	14	17.6	2.64		21	16.2	2.85		21	21.0	3.09		등록평균	
미디어커뮤니케이션학부	단국대(죽전)	DKU인재(서류)	5	7	25.0	2.56	2.84	10	33.1	2.77		12	35.2	2.71		등록평균	등록최저
미디어커뮤니케이션학부	중앙대	CAU탐구형인재	5	5	35.6	1.99	2.00	6	25.7	3.32	3.50	9	21.0	2.46	2.64	등록50%컷	등록70%컷
미디어커뮤니케이션학부	광운대	광운참빛인재II (서류형)	7	7	13.6	2.82										등록평균	
미디어커뮤니케이션학부	한국외대(서울)	서류형	7	8	10.5	2.05	2.07	9	14.8	1.8		12	18.2	2.4		등록50%컷	등록70%컷
미디어커뮤니케이션학부	중앙대	CAU융합형인재	7	5	46.2	1.89	2.13	6	47.5	3.25	3.70	8	26.1	2.73	3.61	등록50%컷	등록70%컷
미디어커뮤니케이션학부	한국외대(서울)	면접형	7	9	19.1	2.25	2.31	9	14.4	2.4		6	22.2	2.0		등록50%컷	등록70%컷
미디어커뮤니케이션학전공	동국대	Do Dream	10	10	35.3	2.21	2.43	10	21.7	2.48	4.46	9	21.3	2.14	2.51	최종평균	최종최저
미디어커뮤니케이션학전공	동국대	불교추천인재	2	2	10.0	2.59	2.67	2	9.5	2.81	2.91	2	9.0	2.76	2.86	최종평균	최종최저
미디어컨텐츠융합학부	성공회대	열린인재	33	33	9.0	4.11	5.39	26	8.0	4.29	5.21	26	6.7	4.07	4.86	최종평균	최종최저
미디어학과	경희대(서울)	네오르네상스	25	25	17.8	2.27	2.08	25	22.7	2.10		26	21.3	2.6		최종평균	등록70%컷
미디어학과	한양대(에리카)	서류형	10	16	28.5	3.57	3.65	16	31.8	3.63	3.96	16	30.6	4.09	5.09	등록평균	등록70%컷
미디어학부	고려대	학업우수	14	18	7.8	2.49	2.60	17	14.1	1.82	1.91	17	17.7	2.07	2.35	등록50%컷	등록70%컷
미디어학부	고려대	논술전형	6														
미디어학부	숙명여대	숙명인재(면접형)	8	8	22.5	2.15	2.27	7	27.9	2.36	2.80	3	38.7			등록50%컷	등록70%컷
미디어학부	고려대	계열적합	9	11	15.4	2.27	2.33	8	19.9	2.08	2.27	8	21.0	2.60	2.71	등록50%컷	등록70%컷
미래산업약학전공	이화여대	미래인재	11	10	22.5	1.26	1.47	10	23.7	1.56	1.92	10	21.8	1.9	2.2	등록50%컷	등록70%컷
미래융합사회과학대학(야)	한성대	한성인재	26	26	8.5	4.09	4.28	30	5.4	3.97	4.01	30	3.6	4.10	4.29	등록50%컷	등록70%컷
미래융합사회과학대학(주)	한성대	한성인재	40	45	9.0	3.59	3.66	53	8.5	3.28	3.41	53	5.4	3.49	3.63	등록50%컷	등록70%컷
미술사·역사학전공	명지대	명지인재서류	5	3	12.7	4.07	3.44	3	7.3	3.85	3.79	3	8.3	2.92	3.30	등록평균	등록70%컷
미술사·역사학전공	명지대	명지인재면접	6	4	18.5	3.85	4.24	4	8.8	4.28	4.73	4	8.3	3.49	3.84	등록평균	등록70%컷
미학과	서울대	일반전형	9	9	12.0	2.07	2.43	9	9.6	2.09	2.35	9	10.00	1.91	2.14	등록50%컷	등록70%컷
법경영학부	한경국립대(안성)	잠재력우수자	2	21	10.8	4.27	5.55	21	8.8	4.7	5.6	20	8.5	4.6		등록평균	등록최저
법과대학	가천대	가천바람개비	26													등록70%	등록90%
법학과	가톨릭대	잠재능력우수자	9	4	19.3	4.32	5.51										
법학과	세종대	세종창의인재(서류형)	2	3	10.7	2.36	2.53	2	13.0	2.43	2.41					등록평균	등록70%컷
법학과	경기대	KGU학생부종합	12	16	19.1	3.40	3.59	16	6.0	3.91						등록50%컷	등록70%컷
법학과	숭실대	SSU미래인재	16	13	21.3	2.59	2.68	13	14.4	2.85	2.96	13	8.9	3.04	3.18	등록평균	등록70%컷
법학과	세종대	세종창의인재(면접형)	2	3	14.7	2.94	2.96	4	13.0	2.44	2.30					등록평균	등록70%컷
법학과*	단국대(죽전)	DKU인재(서류)	8	14	9.1	2.52	2.65	20	13.2	2.84		20	15.9	2.85		등록평균	등록최저
법학과*	명지대	명지인재면접	14	14	13.7	3.70	3.10	14	7.3	3.49	3.31	14	9.9	3.18	3.37	등록평균	등록70%컷
법학과*	명지대	명지인재서류	10	8	14.8	3.41	3.25	8	7.3	3.34	3.32	8	11.0	3.06	3.18	등록평균	등록70%컷
법학과*	단국대(죽전)	DKU인재(면접)	6	6	17.0	2.87	3.26									등록평균	등록최저
법학과*	동국대	Do Dream	19	20	21.8	2.34	4.14	19	16.0	2.61	4.66	20	10.7	2.60	3.05	최종평균	최종최저
법학과*	동국대	불교추천인재	3	3	7.3	3.43	5.34	3	6.0	2.58	2.68	3	8.3	2.51	2.69	최종평균	최종최저
법학부	성신여대	학교생활우수자	20	20	7.3	2.84	3.22	22	9.7	2.94	3.30	14	5.4	3.76	4.32	등록평균	등록최저
법학부	인천대	자기추천	17	17	6.9	3.24		17	6.7	3.39		17	5.2	3.29		등록평균	
법학부	성신여대	자기주도인재	20	15	16.1	3.02	3.52	16	11.9	3.09	4.79	25	5.9	3.27	3.50	등록평균	등록최저
법학부	홍익대(서울)	학교생할우수자	28	29	15.1	2.83	2.65	31	16.2	2.79	2.75	30	10.2	2.80	3.20	등록50%컷	등록70%컷
법학부	숙명여대	숙명인재(면접형)	20	20	13.8	2.47	3.03	18	16.3	2.55	3.15	10	17.9	2.84	3.00	등록50%컷	등록70%컷
법학부	광운대	광운참빛인재 I (면접형)	19	19	7.4	3.07		29	6.2	2.95		29	7.3	3.21		등록평균	
법학부	광운대	광운참빛인재II (서류형)	10	10	8.3	2.87											
법학부*	국민대	학교생활우수자	16	16	8.1	2.47	2.58	16	6.7	2.57	2.65	16	4.7	2.55	2.72	등록50%컷	등록70%컷
법학부*	국민대	국민프런티어	22	22	11.8	2.82	2.86	29	7.3	2.82	2.89	27	7.2	2.74	2.93	등록50%컷	등록70%컷

모집단위	대학	전형	2025 모집인원	2024 모집인원	2024 경쟁률	2024 성적①	2024 성적②	2023 모집인원	2023 경쟁률	2023 성적①	2023 성적②	2022 모집인원	2022 경쟁률	2022 성적①	2022 성적②	성적 산출기준 성적①	성적 산출기준 성적②
법학전공	한경국립대(안성)	잠재력우수자	11													등록평균	등록최저
법행정세무학부	강남대	학생부	10	28	5.7	4.20	4.30	28	6.0	4.03	4.60	25	6.5	3.70	4.54	등록50%컷	등록70%컷
법행정세무학부	강남대	서류면접	25	30	5.5	4.60	4.80	30	3.2	4.59	4.94	33	3.2	4.30	4.85	등록50%컷	등록70%컷
법행정세무학부(야)	강남대	학생부	20	30	5.6	5.40	5.50	30	4.8	5.22	5.95	25	3.3	5.17	6.04	등록50%컷	등록70%컷
베트남어과	한국외대(서울)	면접형	3	4	15.5	3.66	3.77	4	9.0	4.5		3	10.0	4.3		등록50%컷	등록70%컷
베트남어과	한국외대(서울)	서류형	4	6	6.8	3.94	3.99	6	6.3	3.5		5	6.2	2.6		등록50%컷	등록70%컷
벤처중소기업학과	숭실대	SSU미래인재	11	11	16.3	3.09	3.01	11	8.7	2.80	2.98	11	7.6	2.97	3.06	등록평균	등록70%컷
보건경영학과	대진대	윈윈대진	7	8	6.1	5.38	5.89	8	3.5	5.43	6.25					등록평균	등록90%
보건관리학과	삼육대	세움인재	6	6	13.5	3.80		6	5.3	3.97		4	7.3	3.99		최종평균	
보건정책관리학부	고려대	계열적합	9	11	17.9	2.82	2.89	9	16.8	2.98	3.19	9	15.8	3.19	3.34	등록50%컷	등록70%컷
보건정책관리학부	고려대	학업우수	15	18	19.8	2.10	2.38	16	17.4	2.63	3.26	16	19.0	2.47	2.99	등록50%컷	등록70%컷
보건정책관리학부	고려대	논술전형	6														
보험계리학과	한양대(에리카)	서류형	2	6	22.3	4.08	3.84	6	11.0	4.72	5.82	6	7.0	4.33	5.04	등록평균	등록70%컷
복지상담학전공	한경국립대(안성)	잠재력우수자	6													등록평균	등록최저
복지융합대학	강남대	서류면접	30													등록50%컷	등록70%컷
복지융합대학	강남대	학생부	17													등록50%컷	등록70%컷
부동산학과	건국대	KU자기추천	13	13	19.0	2.88	3.14	11	8.6	3.15	5.17	11	11.2	3.07	3.21	등록50%컷	등록70%컷
북한학전공	동국대	Do Dream	7	7	19.0	3.48	4.20	7	12.4	2.98	4.06	7	10.7	3.13	4.77	최종평균	최종최저
불교학부(승려)	동국대	불교추천인재	20	20	0.8	5.22	8.30	20	0.8	6.23	6.23	20	0.7	7.02	7.25	최종평균	최종최저
불교학부*	동국대	불교추천인재	20	20	5.8	3.73	4.80	20	6.1	3.54	4.83	20	4.9	3.78	5.16	최종평균	최종최저
불어교육과	서울대	일반전형	9	9	7.2	2.09	2.43	10	6.2	2.35	2.89	10	4.00	2.62	3.05	등록50%컷	등록70%컷
불어교육과	서울대	지역균형	5	5	2.4	1.32	1.32	5	3.4	1.32	1.38	5	1.60	1.49	1.58	등록50%컷	등록70%컷
불어불문학과	이화여대	미래인재	21	21	6.6	3.81	4.05	21	8.7	3.84	4.23	20	7.7	3.6	4.3	등록50%컷	등록70%컷
불어불문학과	서울대	일반전형	9	9	8.1	1.55	1.85	9	6.7	1.93	2.71	9	5.11	2.40	2.95	등록50%컷	등록70%컷
불어불문학과	인천대	자기추천	11	11	17.9	4.24		11	11.5	5.61		11	6.2	5.44		등록평균	
불어불문학과	홍익대(서울)	학교생활우수자	5	6	18.3	3.84	3.31	7	26.9	3.28	2.70	10	9.5	4.67	5.37	등록50%컷	등록70%컷
불어불문학과*	고려대	논술전형	4														
불어불문학과*	고려대	계열적합	5	6	12.8	2.38	2.46	5	12.0	2.77	2.87	5	16.4	2.87	3.12	등록50%컷	등록70%컷
불어불문학과*	아주대	ACE	13	13	7.9	4.02	5.63	10	5.2	3.98	6.09	10	6.1	3.80		등록평균	등록최저
불어불문학과*	숭실대	SSU미래인재	9	8	25.8	4.19	4.79	8	12.8	5.09	5.14	8	6.9	3.91	5.22	등록평균	등록70%컷
불어불문학과*	고려대	학업우수	7	9	11.1	2.63	2.94	8	13.8	2.62	2.94	8	14.5	2.95	3.15	등록50%컷	등록70%컷
불어불문학과*	연세대	활동우수형	7	6	9.0	2.64	2.64	5	8.6	2.34	2.34	5	10.8	2.09	2.97	등록50%컷	등록70%컷
뷰티디자인매니지먼트학과(야)	한성대	한성인재	3	3	32.3	2.63	2.65	3	20.7			3	13.7	3.00	3.00	등록50%컷	등록70%컷
뷰티디자인매니지먼트학과(주)	한성대	한성인재	5	5	63.4	1.94	1.97	5	68.0	1.76	1.89	5	45.0	1.71	1.75	등록50%컷	등록70%컷
빅데이터경영전공	광운대	광운참빛인재Ⅱ(서류형)	5														
빅데이터경영전공	광운대	광운참빛인재Ⅰ(면접형)	11													등록평균	
빅데이터응용학과	경희대(서울)	네오르네상스	6	10	14.6	2.19	2.27	10	15.9	2.20		10	18.4	2.3		최종평균	등록70%컷
사학과	이화여대	미래인재	16	16	6.1	2.40	2.58	16	8.5	2.44	2.78	16	9.3	2.5	2.8	등록50%컷	등록70%컷
사학과	인하대	인하미래인재	9	9	14.6	3.02	3.45	11	9.6	3.03	3.99	10	11.8	2.95	3.46	등록평균	등록최저
사학과	서강대	일반전형	10	10	21.2	2.89	3.49	10	17.1	3.35	3.68	10	13.8	3.20	3.26	등록50%컷	등록70%컷
사학부	고려대	논술전형	5														
사학과	고려대	학업우수	8	11	10.6	2.36	2.80	10	12.5	2.13	2.30	10	16.9	2.10	2.41	등록50%컷	등록70%컷
사학과	아주대	ACE	14	14	8.6	3.03	3.38	10	11.5	3.09	3.54	10	6.3	3.36		등록평균	등록최저
사학과	고려대	계열적합	5	7	11.9	2.94	3.24	5	16.0	2.25	2.69	5	17.8	2.83	2.83	등록50%컷	등록70%컷
사학과	건국대	KU자기추천	14	14	19.4	2.36	2.44	13	17.9	2.51	2.68	13	28.1	2.48	2.80	등록50%컷	등록70%컷
사학과	성신여대	자기주도인재	6	6	9.8	2.81	3.14	6	12.2	2.89	3.02	7	11.6	2.96	4.92	등록평균	등록최저
사학과	한국외대(글로벌)	서류형	4	8	5.0	3.36	3.50	8	5.8	3.0		12	5.8	3.2		등록50%컷	등록70%컷
사학과	서울여대	바롬인재서류	4	5	11.2	3.4	4.2	5	11.6	3.3	6.1	5	13.2	3.4	7.0	최종평균	최종최저
사학과	경기대	KGU학생부종합	10	12	14.8	3.42	3.52	12	10.5	3.43		12	11.7	3.52		등록50%컷	등록70%컷
사학과	한국외대(글로벌)	면접형	4	7	14.3	3.67	3.78	8	10.6	3.8		3	10.0	3.9		등록50%컷	등록70%컷
사학과	성신여대	학교생활우수자	4	3	8.0	2.86	2.99	3	6.3			3	6.7			등록평균	등록최저
사학과	경희대(서울)	네오르네상스	14	14	20.5	3.04	4.00	14	15.0	3.50		14	19.3	2.2		최종평균	등록70%컷
사학과	서울여대	바롬인재면접	5	4	29.0	3.5	4.0	4	26.8	4.3	6.2	4	11.5	4.1	7.0	최종평균	최종최저
사학과*	단국대(죽전)	DKU인재(면접)	3	3	10.7	3.93	4.72									등록평균	등록최저

모집단위	대학	전형	2025 모집인원	2024 모집인원	2024 경쟁률	2024 성적①	2024 성적②	2023 모집인원	2023 경쟁률	2023 성적①	2023 성적②	2022 모집인원	2022 경쟁률	2022 성적①	2022 성적②	성적 산출기준 성적①	성적 산출기준 성적②
사학과*	숭실대	SSU미래인재	8	8	27.0	2.80	2.56	8	12.3	2.88	3.16	8	11.3	2.53	2.67	등록평균	등록70%컷
사학과*	동국대	Do Dream	7	7	23.6	2.13	2.35	7	33.4	2.34	2.74	7	25.6	3.21	4.61	최종평균	최종최저
사학과*	단국대(죽전)	DKU인재(서류)	4	6	9.8	4.37	6.76	10	13.7	2.64		11	21.8	2.78		등록평균	등록최저
사학과*	연세대	활동우수형	9	8	14.9	2.64	3.22	7	10.6	2.79	3.00	7	11.4	2.51	2.71	등록50%컷	등록70%컷
사학과*	한양대	서류형	6	6	15.5	2.84		6	19.0	2.79		6	25.3	2.76		등록평균	
사회계열광역	단국대(죽전)	DKU인재(서류)	41													등록평균	등록최저
사회과학	명지대	크리스천리더	4	2	6.5	3.42	3.58	2	5.5	3.55	3.98	2	7.5	3.78	3.78	등록평균	등록70%컷
사회과학계열	성균관대	융합형	40	50	28.4	2.16	2.87	84	20.7	1.88	2.57	55	19.7	2.18	2.83	등록50%컷	등록70%컷
사회과학대학	한국외대(서울)	면접형	4													등록50%컷	등록70%컷
사회과학대학	신한대	신한국인	15													최종평균	
사회과학대학	한국외대(서울)	서류형	6													등록50%컷	등록70%컷
사회교육과	서울대	일반전형	6	6	12.0	1.93	2.46	5	9.8	1.48	1.95	6	10.00	1.91	2.59	등록50%컷	등록70%컷
사회교육과	서울대	지역균형	5	5	4.4	1.12	1.13	5	3.8	1.15	1.18	6	7.50	1.16	1.16	등록50%컷	등록70%컷
사회교육과	인하대	인하미래인재	7	7	20.6	2.82	3.42	6	10.5	3.24	4.47	6	7.5	2.42	2.63	등록평균	등록최저
사회교육과	성신여대	자기주도인재	10	10	10.5	2.51	2.77	10	8.8			10	5.8	2.92	3.00	등록평균	등록최저
사회교육전공	이화여대	미래인재	6	6	5.5	2.46	2.57	6	8.0	1.69	1.92	6	9.2	1.8	1.8	등록50%컷	등록70%컷
사회복지학	한신대	참인재	5	5	18.8	5.23	7.85	8	11.5	4.55	5.73	8	13.3	4.46	5.22	최종평균	최종최저
사회복지학과	총신대	코람데오인재	14	14	5.6	4.16		13	3.9	4.24		14	4.3	3.74		최종평균	
사회복지학과	서울시립대	학생부종합II(서류형)	3													등록평균	
사회복지학과	평택대	PTU종합	10	9	9.2	5.00	5.58	12	7.4	5.10	6.10	6	7.0	4.56	6.30	등록평균	등록최저
사회복지학과	서울여대	바롬인재면접	8	6	26.8	3.6	6.6	6	50.5	3.5	4.2	5	24.0	4.3	5.7	최종평균	최종최저
사회복지학과	서울대	지역균형	6	6	3.0	1.32	1.39	7	4.4	1.20	1.29	7	4.14	1.31	1.33	등록50%컷	등록70%컷
사회복지학과	가톨릭대	가톨릭지도자추천	2	2	12.0	3.26	3.53	3	11.3	3.83	4.24	4	5.6	4.18	4.57	등록평균	등록최저
사회복지학과	협성대	협성창의인재	10	12	5.5	5.13	5.13	20	4.0	4.75	5.44	20	6.4	5.26	6.28	등록50%컷	등록70%컷
사회복지학과	서울시립대	학생부종합I(면접형)	11	11	40.6	3.91		10	24.2	4.65		10	25.8	3.68		등록평균	
사회복지학과	서울대	일반전형	6	7	14.6	1.53	2.01	7	12.6	1.97	2.23	7	16.14	2.05	2.34	등록50%컷	등록70%컷
사회복지학과	서울신학대	H+인재	15	16	4.6	4.78	4.91	16	6.0	4.8	5.9	14	5.6	4.6	5.8	등록평균	등록최저
사회복지학과	삼육대	세움인재	12	12	20.0	4.01		9	9.9	4.00		6	16.7	3.75		최종평균	
사회복지학과	인천대	자기추천	10	10	24.0	3.40		10	28.0	3.85		10	12.5	4.10		등록평균	
사회복지학과	성신여대	자기주도인재	9	8	14.6	3.04	3.58	9	9.8	2.93	2.95	9	11.2	2.81	2.90	등록평균	등록최저
사회복지학과	연세대	활동우수형	7	5	11.4			4	7.0			4	13.3	1.36	1.36	등록50%컷	등록70%컷
사회복지학과	가천대	가천바람개비	7	9	33.6	4.20		10	23.5	3.78	3.89	10	31.9	3.5		등록70%	등록90%
사회복지학과	성신여대	학교생활우수자	5	3	10.3	2.57	2.79	3	9.0			4	10.5	2.65	3.34	등록평균	등록최저
사회복지학과	인하대	인하미래인재	8	7	16.7	2.86	3.38	9	41.3	2.71	2.96	12	16.1	4.09	6.67	등록평균	등록최저
사회복지학과	동국대	불교추천인재	2	2	9.0	2.52	2.55	2	5.0	2.62	2.71	2	14.0	2.66	2.67	최종평균	최종최저
사회복지학과	동국대	Do Dream	5	5	21.2	2.92	4.45	5	22.8	2.33	2.66	5	19.8	2.66	4.18	최종평균	최종최저
사회복지학과	이화여대	미래인재	11	11	6.7	2.35	2.54	11	10.7	2.22	2.34	11	8.6	2.4	3.2	등록50%컷	등록70%컷
사회복지학과	가톨릭대	잠재능력우수자	9	6	18.2	3.10	3.34										
사회복지학과	서울여대	바롬인재서류	6	8	11.4	3.0	3.5	8	16.9	3.1	4.1	9	12.9	3.2	4.8	최종평균	최종최저
사회복지학부	중앙대	CAU탐구형인재	9	7	21.9	3.27	3.62	7	21.3	2.43	3.79	11	14.6	3.83	4.13	등록50%컷	등록70%컷
사회복지학부	중앙대	CAU융합형인재	6	7	16.0	4.30	4.46	7	20.3	2.00	2.10	10	14.6	2.14	2.57	등록50%컷	등록70%컷
사회복지학부	숭실대	SSU미래인재	11	11	21.7	2.67	2.80	11	16.3	2.84	2.94	11	14.4	2.94	3.02	등록평균	등록70%컷
사회복지학부(야)	강남대	학생부	17	17	6.0	5.10	5.30	17	5.4	5.01	5.47	17	6.0	4.68	5.73	등록50%컷	등록70%컷
사회복지학전공	대진대	윈윈대진	10	10	10.7	4.86	5.34	8	8.4	4.82	5.85					등록평균	등록90%
사회복지학전공	동덕여대	동덕창의리더	6	6	17.3			7	14.1			7	14.3				
사회심리학과	숙명여대	숙명인재(면접형)	6	6	19.8	2.21	2.31	5	29.0	2.16	2.29	2	39.0			등록50%컷	등록70%컷
사회융합학부	성공회대	열린인재	34	34	7.0	4.40	5.65	56	6.8	4.53	6.17	56	5.4	4.46	6.09	최종평균	최종최저
사회학	한신대	참인재	13	13	3.3	5.21	7.16	8	3.9	4.65	5.56	8	2.9	4.47	6.79	최종평균	최종최저
사회학과	중앙대	CAU어울림	2	2	38.0												
사회학과	중앙대	CAU융합형인재	10	6	21.3	1.88	3.22	6	21.7	1.87	1.98	9	17.7	1.96	2.29	등록50%컷	등록70%컷
사회학과	국민대	국민프런티어	7	7	23.0	2.59	2.60	10	12.5	2.78	2.84	10	14.4	2.65	2.73	등록50%컷	등록70%컷
사회학과	서강대	일반전형	11	11	16.2	1.67	1.98	11	16.6	1.83	1.96	11	23.6	1.53	1.71	등록50%컷	등록70%컷
사회학과	국민대	학교생활우수자	9	9	10.8	2.65	2.73	8	7.8	2.58	2.70	8	6.3	2.21	2.86	등록50%컷	등록70%컷
사회학과	서울대	지역균형	6	6	4.3	1.03	1.07	7	6.0	1.19	1.27	7	5.14	1.19	1.29	등록50%컷	등록70%컷
사회학과	경희대(서울)	네오르네상스	8	8	20.5	1.97	2.04	8	17.3	2.00		8	29.5	1.9		최종평균	등록70%컷
사회학과	이화여대	미래인재	10	10	6.3	2.04	2.11	10	9.0	1.98	2.19	10	11.1	1.9	2.2	등록50%컷	등록70%컷

모집단위	대학	전형	2025 모집인원	2024 모집인원	2024 경쟁률	2024 성적①	2024 성적②	2023 모집인원	2023 경쟁률	2023 성적①	2023 성적②	2022 모집인원	2022 경쟁률	2022 성적①	2022 성적②	성적 산출기준 성적①	성적 산출기준 성적②
사회학과	서울대	일반전형	10	10	17.3	1.75	2.17	10	14.3	1.95	2.27	10	12.0	1.78	2.06	등록50%컷	등록70%컷
사회학과	한양대	서류형	8	8	24.0	2.73		8	17.5	3.21		8	21.8	1.68		등록평균	
사회학과*	고려대	논술전형	6														
사회학과*	고려대	계열적합	9	11	13.0	2.44	2.76	5	20.4	2.39	2.59	5	21.8	2.52	2.73	등록50%컷	등록70%컷
사회학과*	가톨릭대	잠재능력우수자	9	6	16.7	3.48	4.31										
사회학과*	고려대	학업우수	15	18	14.9	1.92	2.25	20	15.2	2.36	2.89	20	18.1	2.33	2.78	등록50%컷	등록70%컷
사회학과*	연세대	활동우수형	8	7	11.6	1.58	1.75	6	14.0			6	16.2	1.63	1.67	등록50%컷	등록70%컷
사회학전공	동국대	Do Dream	8	8	24.9	2.55	2.76	8	17.1	2.45	3.26	8	18.0	2.38	2.82	최종평균	최종최저
산업경영학부	한국기술교대	창의인재(서류형)	14	22	6.7	4.19	4.94	26	4.7	4.12	5.13	21	4.8	4.02		등록평균	등록최저
산업경영학부	한국기술교대	창의인재(면접형)	19														
산업보안학과(인문)	중앙대	CAU탐구형인재	5	6	17.2	3.90	4.38	5	8.2	4.45	4.67	5	9.4	3.67	3.89	등록50%컷	등록70%컷
산업보안학과(인문)	중앙대	CAU융합형인재	5	4	15.8	2.96	3.74									등록50%컷	등록70%컷
산업심리학과	광운대	광운참빛인재Ⅰ(면접형)	8	8	11.1	3.16		11	10.6	3.01		12	6.7	3.48		등록평균	
산업심리학과	광운대	광운참빛인재Ⅱ(서류형)	4	4	11.0	2.69											
상경대학	한국외대(서울)	면접형	3													등록50%컷	등록70%컷
상경대학	한국외대(서울)	서류형	5													등록50%컷	등록70%컷
상경학부	강남대	서류면접	30	30	9.2	4.40	4.60	30	6.9	4.29	4.62	31	7.2	4.05	4.62	등록50%컷	등록70%컷
상경학부	강남대	학생부	30	22	5.7	4.30	4.50	22	9.5	3.78	4.19	22	13.6	3.68	4.24	등록50%컷	등록70%컷
상경학부(야)	강남대	학생부	20	10	6.4	5.00	5.10	10	6.8	4.66	5.45	10	5.9	4.84	5.58	등록50%컷	등록70%컷
상담심리학과*	삼육대	세움인재	11	11	13.9	3.85		10	10.3	3.63		8	11.9	3.74		최종평균	
상담학과	단국대(죽전)	DKU인재(서류)	3	3	18.0	2.90	3.13	5	21.2	3.17		6	55.3	2.84		등록평균	등록최저
상담학과	단국대(죽전)	DKU인재(면접)	2	2	24.5	3.27	3.54									등록평균	등록최저
서어서문학과	서울대	일반전형	9	9	8.6	2.24	2.46	9	6.6	2.22	2.59	9	5.56	2.44	2.44	등록50%컷	등록70%컷
서어서문학과	고려대	학업우수	9	11	12.4	2.56	3.08	6	14.8	3.06	3.28	9	14.0			등록50%컷	등록70%컷
서어서문학과	고려대	논술전형	5														
서어서문학과	고려대	계열적합	6	8	10.6	2.75	2.90	10	9.6	2.81	3.09	7	11.9	2.74	2.94	등록50%컷	등록70%컷
서울캠퍼스자율전공(인문.예능)	홍익대(서울)	학교생활우수자	49	48	24.1	2.51	2.58	49	21.0	2.77	2.68	47	14.7	2.61	2.83	등록50%컷	등록70%컷
세르비아크로아티아어학과	한국외대(글로벌)	면접형	4	5	13.0	4.15	4.91	6	8.8	5.7		3	12.0	4.1		등록50%컷	등록70%컷
세르비아크로아티아어학과	한국외대(글로벌)	서류형	5	7	8.9	5.43	5.47	8	6.1	4.7		9	5.8	4.7		등록50%컷	등록70%컷
세무학과	서울시립대	학생부종합Ⅰ(면접형)	7	19	11.6	2.83		20	6.3	3.19		20	6.1	2.76		등록평균	
세무학과	서울시립대	학생부종합Ⅱ(서류형)	10													등록평균	
세무회계학과	협성대	협성창의인재	6	8	3.9	5.77	5.77	8	2.9	5.02	6.17	10	3.6	5.49	6.72	등록50%컷	등록70%컷
세무회계학과	인천대	자기추천	10	10	7.1	3.43		10	6.1	3.52		10	4.9	3.03		등록평균	
소비자경제학과	숙명여대	숙명인재(면접형)	6	6	16.3	2.66	3.94	6	23.0	2.55	2.71	3	12.7			등록50%컷	등록70%컷
소비자산업학과	성신여대	자기주도인재	8	8	16.5	3.04	3.37	9	10.7	3.20	3.22	9	7.9	3.42	3.42	등록평균	등록최저
소비자산업학과	성신여대	학교생활우수자	5	3	8.3	3.09	3.33	3	8.0			5	6.0	2.83	2.88	등록평균	등록최저
소비자학과	인하대	인하미래인재	7	7	13.3	3.22	3.75	9	16.3	3.26	3.99	8	6.9	3.92	6.24	등록평균	등록최저
소비자학과	이화여대	미래인재	11	10	6.8	2.31	2.56	10	9.6	2.36	2.42	10	8.1	2.5	2.6	등록50%컷	등록70%컷
소비자학전공	서울대	일반전형	8	7	17.1	1.76	1.77	7	15.9	2.52	2.58	8	13.13	2.43	2.54	등록50%컷	등록70%컷
소비자학전공	서울대	지역균형	6	6	5.8	1.29	1.35	7	8.7	1.19	1.29	6	6.83	1.41	1.62	등록50%컷	등록70%컷
스마트물류공학전공	인천대	자기추천	3													등록평균	
스칸디나비아어과	한국외대(서울)	서류형	3	6	8.2	2.98	3.57	7	9.1	2.9		8	6.4	3.3		등록50%컷	등록70%컷
스칸디나비아어과	한국외대(서울)	면접형	3	4	16.8	2.90	3.17	4	13.5	4.4		3	10.7	4.3		등록50%컷	등록70%컷
스크랜튼학부	이화여대	미래인재	28	25	12.0	2.32	2.42	20	17.8	2.21	2.49	16	10.6	2.7	3.1	등록50%컷	등록70%컷
스페인어과	한국외대(서울)	면접형	7	11	13.2	3.22	3.84	10	14.0	3.6		8	14.6	4.3		등록50%컷	등록70%컷
스페인어과	한국외대(서울)	서류형	8	8	9.0	2.49	2.65	9	9.6	2.9		11	9.1	3.2		등록50%컷	등록70%컷
스페인어학과	경희대(국제)	네오르네상스	11	12	11.8	3.42	3.31	12	8.1	4.10		14	5.6	3.7		최종평균	등록70%컷
스포츠과학과	인하대	인하미래인재	18	18	24.6	3.08	4.03	19	19.7	3.33	4.85	20	17.2	3.26	5.14	등록평균	등록최저
스포츠매니지먼트전공	한양대	서류형	7	8	28.0	2.38		8	17.6	2.88		8	30.6	1.77		등록평균	
스포츠사이언스전공	한양대	서류형	6	7	22.0	2.04		7	18.4	2.64		7	27.6	1.77		등록평균	
식품산업관리학과	동국대	Do Dream	8	8	29.9	3.33	5.77	8	10.1	4.39	6.98	8	8.3	3.27	5.26	최종평균	최종최저
식품영양학과(인문/자연)*	연세대	활동우수형	9	10	15.6	1.60	1.86	12	8.3	1.90	1.92	12	7.3	1.93	2.84	등록50%컷	등록70%컷
식품자원경제학과	고려대	학업우수	10	13	18.4	2.18	2.55	12	16.2	2.72	3.03	13	18.2	2.60	2.91	등록50%컷	등록70%컷

모집단위	대학	전형	2025 모집인원	2024 모집인원	2024 경쟁률	2024 성적①	2024 성적②	2023 모집인원	2023 경쟁률	2023 성적①	2023 성적②	2022 모집인원	2022 경쟁률	2022 성적①	2022 성적②	성적 산출기준 성적①	성적 산출기준 성적②
식품자원경제학과	고려대	계열적합	6	8	15.3	2.48	2.67	3	21.3			6	19.2	2.99	3.16	등록50%컷	등록70%컷
식품자원경제학과	고려대	논술전형	5														
신문방송학과	인천대	자기추천	10	10	21.7	3.18		10	18.4	3.08		10	13.8	3.06		등록평균	
신문방송학과	서강대	일반전형	18	18	8.9	1.68	1.99	12	10.5	1.61	1.65	12	12.1	1.60	1.73	등록50%컷	등록70%컷
신학	한신대	참인재	20	20	1.4	6.08	8.27	43	1.1	6.17	8.29	45	0.7	6.07	7.38	최종평균	최종최저
신학과	장신대	드림(PUTS인재)	14	14	3.7	3.95	4.40	12	2.0			12	2.3	4.25	4.60	등록50%컷	등록70%컷
신학과	서울신학대	H+인재	6	12	1.8	6.22	6.35	10	1.5	5.6	7.1	12	1.8	5.8	8.1	등록평균	등록최저
신학과	총신대	코람데오인재	34	34	4.8	4.72		32	3.1	4.78		22	4.9	4.26		최종평균	
신학과	가톨릭대	잠재능력우수자	32														
신학과*	연세대	활동우수형	12	8	14.6	2.45	3.75	8	8.3	2.56	3.34	8	8.3	2.61	2.71	등록50%컷	등록70%컷
신학과*	가톨릭대	가톨릭지도자추천	15	15	1.3			20	0.8			18	0.4			등록평균	등록최저
실내건축디자인학과(인문)	한양대	서류형	13	16	17.1	3.03		14	9.4	3.11		15	12.3	2.37		등록평균	
실내건축학과(인문/자연)*	연세대	활동우수형	9	8	15.8	1.93	2.02	10	7.8	2.31	3.44	10	5.5	2.68	2.87	등록50%컷	등록70%컷
심리.아동학	한신대	참인재	6	6	17.7	4.98	7.71	9	11.1	4.28	5.71	9	9.4	4.17	4.94	최종평균	최종최저
심리·인지과학학부	서울여대	바롬인재서류	4	4	15.8	2.3	2.7	4	20.8	2.7	3.2	4	10.3	3.0	4.9	최종평균	최종최저
심리·인지과학학부	서울여대	바롬인재면접	6	4	24.8	3.3	4.3	4	36.8	3.1	3.3					최종평균	최종최저
심리학과	가천대	가천바람개비	7	8	69.0	3.46		10	22.9	4.17	5.05	10	24.8	3.2		등록70%	등록90%
심리학과	중앙대	CAU탐구형인재	6	7	29.0	3.77	3.83	7	29.3	2.80	3.10	11	15.9	2.32	3.48	등록50%컷	등록70%컷
심리학과	서강대	일반전형	11	11	15.6	1.60	1.74	11	13.2	1.78	2.71	11	13.8	1.67	1.81	등록50%컷	등록70%컷
심리학과	중앙대	CAU융합형인재	7	6	32.3	1.92	1.97	6	30.8	2.06	2.17	10	25.2	2.02	2.14	등록50%컷	등록70%컷
심리학과	아주대	ACE	14	16	17.4	2.41	2.88	10	15.0	2.78	3.72	11	15.1	2.62		등록평균	등록최저
심리학과	서울대	일반전형	8	8	12.5	2.09	2.28	8	10.3	2.21	2.36	8	9.63	1.84	1.95	등록50%컷	등록70%컷
심리학과	서울대	지역균형	6	6	2.5	1.27	1.30	7	3.9	1.09	1.31	7	2.57	1.26	1.27	등록50%컷	등록70%컷
심리학과	이화여대	미래인재	12	12	7.3	2.15	2.18	12	9.3	2.03	2.22	12	8.1	2.2	2.2	등록50%컷	등록70%컷
심리학과*	가톨릭대	잠재능력우수자	12	7	21.4	2.73	3.02										
심리학과*	성신여대	학교생활우수자	4	3	8.3	2.32	2.50	3	8.0			4	9.3	2.67	2.68	등록평균	등록최저
심리학과*	가톨릭대	가톨릭지도자추천	3	3	7.7	3.18	3.37	3	7.0	3.59	3.79	4	5.0	3.40	3.66	등록평균	등록최저
심리학과*	연세대	활동우수형	8	6	14.5	1.66	1.66	6	11.2	2.20	2.20	6	11.2			등록50%컷	등록70%컷
심리학과*	성신여대	자기주도인재	8	8	18.1	3.65	5.53	10	18.7	2.81	2.87	10	12.8	3.20	3.55	등록평균	등록최저
심리학부*	고려대	학업우수	8	11	13.2	2.13	2.65	8	19.3	2.17	2.85	9	18.1	2.62	2.87	등록평균	등록최저
심리학부*	고려대	계열적합	5	7	16.7	1.85	2.23	8	14.1	1.87	2.97	10	12.5	2.18	2.67	등록50%컷	등록70%컷
심리학부*	고려대	논술전형	4														
아동청소년교육상담학과	평택대	PTU종합	8	8	8.1	5.62	7.35	12	6.9	5.37	6.30	7	7.0	5.37	6.30	등록평균	등록최저
아동·가족학과*	연세대	활동우수형	10	11	9.0	2.10	2.71	11	5.6	1.79	1.84	11	7.1	1.78	2.14	등록50%컷	등록70%컷
아동가족학과	경희대(서울)	네오르네상스	6	6	22.7	2.15	2.28	6	20.8	2.60		6	21.8	3.1		최종평균	등록70%컷
아동가족학전공	서울대	지역균형	5	5	2.6	1.15	1.15	6	4.3	1.10	1.25	6	4.83	1.14	1.33	등록50%컷	등록70%컷
아동가족학전공	서울대	일반전형	10	10	14.3	1.72	1.91	10	9.3	2.26	2.71	10	7.50	2.29	2.74	등록50%컷	등록70%컷
아동보육학	서울신학대	H+인재	11	11	2.9	5.88	6.16	11	4.1	5.3	6.1	11	3.5	5.8	6.6	등록평균	등록최저
아동보육학과*	협성대	협성창의인재	8	10	2.2	4.72	5.46	12	4.8	4.69	4.55	18	3.8	5.46	5.67	등록평균	등록최저
아동복지학부*	숙명여대	숙명인재(면접형)	8	8	17.5	2.74	4.03	7	18.6	2.56	3.17	4	25.0			등록50%컷	등록70%컷
아동심리교육전공	대진대	윈윈대진	8	8	7.3	4.79	5.55	7	5.4	4.90	5.26					등록평균	등록90%
아동심리학과	인하대	인하미래인재	8	7	16.0	3.17	3.52	9	14.3	3.08	3.54	10	12.5	2.91	3.28	등록평균	등록최저
아동학과	총신대	코람데오인재	6	8	4.1	3.99		8	4.8	4.58		8	4.1	4.59		최종평균	
아동학과*	서울여대	바롬인재면접	8	8	28.5	3.8	5.8	8	29.6	3.6	6.1	10	18.1	3.8	5.5	최종평균	최종최저
아동학과*	서울여대	바롬인재서류	12	12	10.8	3.1	3.6	12	15.2	3.2	3.9	10	14.8	3.4	6.9	최종평균	최종최저
아동학전공	동덕여대	동덕창의리더	7	7	17.0			8	12.4			8	13.4				
아동학전공*	명지대	명지인재서류	3	5	16.6	3.34	3.13	5	8.2	3.55	3.26	5	10.2	2.94	3.14	등록평균	등록70%컷
아동학전공*	명지대	명지인재면접	6	6	27.2	3.57	3.21	6	12.3	3.89	4.33	6	14.2	3.51	3.66	등록평균	등록70%컷
아랍어과	한국외대(서울)	면접형	3	6	16.5	3.71	3.98	6	7.0	4.6		4	10.5	3.1		등록50%컷	등록70%컷
아랍어과	한국외대(서울)	서류형	3	6	8.3	2.57	2.67	6	7.5	3.3		10	5.0	3.0		등록50%컷	등록70%컷
아랍지역학전공*	명지대	명지인재면접	6	6	13.0	4.71	4.55	6	10.0	4.20	3.70	6	8.3	4.62	5.43	등록평균	등록70%컷
아랍지역학전공*	명지대	명지인재서류	3	5	9.8	3.95	3.78	5	6.2	3.82	5.23	5	7.2	4.02	3.69	등록평균	등록70%컷
아시아언어문명학부	서울대	일반전형	9	9	11.1	1.82	1.96	9	8.9	2.06	2.12	9	8.44	2.21	2.32	등록50%컷	등록70%컷
아시아학전공	연세대	국제형(국내고)	20	20	10.6	2.97	3.23	20	9.2	2.88	3.17	20	6.8	3.38	3.43	등록50%컷	등록70%컷
아태물류학부(인문)	인하대	인하미래인재	22	24	7.6	3.21	5.61	18	7.3	3.06	4.45	17	5.9	3.21	4.22	등록평균	등록최저
아트&테크놀로지학과	서강대	일반전형	14	14	23.3	2.71	2.98	12	22.8	2.73	3.06	12	21.6	2.48	3.13	등록50%컷	등록70%컷

모집단위	대학	전형	2025 모집인원	2024 모집인원	2024 경쟁률	2024 성적①	2024 성적②	2023 모집인원	2023 경쟁률	2023 성적①	2023 성적②	2022 모집인원	2022 경쟁률	2022 성적①	2022 성적②	성적산출기준 성적①	성적산출기준 성적②
아프리카학부	한국외대(글로벌)	면접형	5	8	11.1	4.30	4.70	9	8.6	4.8		5	6.6	5.7		등록50%컷	등록70%컷
아프리카학부	한국외대(글로벌)	서류형	6	8	7.3	4.77	5.91	8	4.6	4.7		11	4.5	3.7		등록50%컷	등록70%컷
앙트러프러너십전공	동덕여대	동덕창의리더	15														
앙트러프러너십전공	숙명여대	숙명인재(면접형)	9	9	15.8	4.25	4.45	9	13.0	3.85	4.43	8	11.6	3.21	3.41	등록50%컷	등록70%컷
언더우드학부(인문사회)	연세대	국제형(해외고/검정고시)	30	30	4.3			30	3.9			30	4.3				
언론영상학부	서울여대	바롬인재면접	14	11	32.7	3.3	4.2	11	47.2	3.4	4.3	8	23.1	3.7	6.2	최종평균	최종최저
언론영상학부	서울여대	바롬인재서류	9	12	9.6	2.9	3.4	12	19.7	2.8	3.3	15	24.9	3.1	5.4	최종평균	최종최저
언론정보학과	서울대	일반전형	13	13	9.5	1.62	1.87	14	7.7	1.73	1.86	14	9.00	1.65	1.93	등록50%컷	등록70%컷
언론홍보영상학부	연세대	활동우수형	8	8	8.1	1.60	1.62	7	10.3	1.49	1.49	7	14.7	1.32	1.37	등록50%컷	등록70%컷
언론홍보학과	숭실대	SSU미래인재	6	6	35.2	2.34	2.37	6	39.5	2.64	2.66	6	19.0	2.83	2.91	등록평균	등록70%컷
언어인지과학과	한국외대(글로벌)	서류형	4	8	7.3	3.26	3.43	8	4.8	3.0		12	5.6	3.9		등록50%컷	등록70%컷
언어인지과학과	한국외대(글로벌)	면접형	4	7	9.7	3.56	4.84	8	4.6	4.1		3	9.0	3.6		등록50%컷	등록70%컷
언어학과	서울대	일반전형	9	9	10.0	1.85	2.03	9	7.6	1.92	2.26	9	8.67	1.87	2.28	등록50%컷	등록70%컷
언어학과	고려대	논술전형	4														
언어학과	고려대	계열적합	3	5	12.8	2.82	3.18	4	12.8	3.23	3.29	4	13.8	2.22	2.53	등록50%컷	등록70%컷
언어학과	고려대	학업우수	6	7	11.9	2.10	2.69		15.7			6	16.3	3.19	3.24	등록50%컷	등록70%컷
역사·문화콘텐츠학과	대진대	원원대진	10	10	4.6	5.24	5.75	10	3.9	5.15	5.49	10	6.6	4.64	5.16	등록평균	등록90%
역사교육과	서울대	지역균형	5	5	3.0	1.13	1.31	6	3.8	1.10	1.31		2.17	1.08	1.13	등록50%컷	등록70%컷
역사교육과	홍익대(서울)	학교생활우수자	4	3	24.0	2.15	2.13		24.0	2.27	2.18	8	16.4	2.22	2.33	등록50%컷	등록70%컷
역사교육과	고려대	계열적합	4	6	14.2	2.49	2.66	4	11.8	3.01	3.45	4	11.8	2.19	2.53	등록50%컷	등록70%컷
역사교육과	인천대	자기추천	5	5	11.6	2.53		5	15.6	2.20		5	9.4	2.57		등록평균	
역사교육과	서울대	일반전형	6	6	9.8	1.62	2.70		7.5	1.62	3.00		5.17	1.67	1.71	등록50%컷	등록70%컷
역사교육과	고려대	논술전형	3														
역사교육과	총신대	코람데오인재	15	15	3.3	3.39		12	3.9	3.41		12	4.2	3.23		최종평균	
역사교육과	고려대	학업우수	6	7	9.0	2.12	2.36	7	10.1	1.98	2.16	7	13.4			등록50%컷	등록70%컷
역사교육과	동국대	Do Dream	9	9	18.4	2.28	3.03	9	17.0	2.14	2.58	9	17.7	2.21	2.72	최종평균	최종최저
역사교육전공	이화여대	미래인재	6	6	5.3	2.15	2.18	6	7.8	1.91	1.91	6	6.5	2.1	2.1	등록50%컷	등록70%컷
역사문화학과*	숙명여대	숙명인재(면접형)	6	6	14.2	2.50	2.54	5	17.2	2.18	2.97	2	18.5			등록50%컷	등록70%컷
역사콘텐츠전공	상명대(서울)	상명인재	5	9	10.9	3.02	3.19	9	12.1	3.14	3.38	9	13.4	3.21	3.62	등록평균	등록70%컷
역사학과	중앙대	CAU융합형인재	12									9	12.0	2.14	2.26	등록50%컷	등록70%컷
역사학과	세종대	세종창의인재(면접형)	2	2	14.5	2.82	2.57	2	17.5	2.77	2.77	6	12.0	2.76	2.82	등록평균	등록70%컷
역사학과	세종대	세종창의인재(서류형)	1	2	9.0	2.83	2.59	2	12.5	2.27	2.03					등록평균	등록70%컷
역사학부	서울대	일반전형	9	9	14.7	2.68	2.99	9	12.9	2.38	2.73	9	6.44	2.63	2.85	등록50%컷	등록70%컷
역사학부	서울대	지역균형	9	9	2.3	1.35	1.46	9	3.1	1.41	1.49					등록50%컷	등록70%컷
연극영화학과(영화)*	한양대	서류형	7	7	17.6	2.75		7	19.6	2.73		7	13.6	2.48		등록평균	
영문학부	서강대	일반전형	28	29	9.9	2.38	2.59	30	11.1	2.11	2.59	29	10.9	2.21	2.56	등록50%컷	등록70%컷
영미문학·문화학과	한국외대(서울)	면접형	6	9	18.0	2.94	3.90	9	16.8	3.8		7	15.1	3.9		등록50%컷	등록70%컷
영미문학·문화학과	한국외대(서울)	서류형	7	9	9.0	2.34	2.43	9	10.8	2.5		11	11.6	2.8		등록50%컷	등록70%컷
영미문화학	한신대	참인재	8	16	3.4	5.53	6.82	9	4.2	5.25	6.95	9	2.7	4.98	7.42	최종평균	최종최저
영미언어문화과	안양대	아리학생부종합I	4	5	7.2	4.20	4.56	6	6.0	4.37	4.65	8	4.8	4.38	4.90	등록평균	등록최저
영미언어문화전공	한경국립대(안성)	잠재력우수자	8													등록평균	등록최저
영미유럽인문융합학부	인하대	인하미래인재	27	18	13.4	4.42	6.85	17	9.7	3.85	6.20	17	8.9	3.56	4.87	등록평균	등록최저
영미인문학과	단국대(죽전)	DKU인재(서류)	4	4	11.5	2.80	2.95	7	28.4	2.68		8	10.5	4.08		등록평균	등록최저
영미인문학과	단국대(죽전)	DKU인재(면접)	2	2	17.0	3.07	3.27									등록평균	등록최저
영상학과	성균관대	탐구형	12	12	21.2	3.39	3.65	10	15.6	2.46	3.64	12	18.4	2.07	2.54	등록평균	
영어교육과	서울대	지역균형	4	4	3.3	1.02	1.02	5	4.2	1.14	1.22	5	5.80	1.10	1.11	등록50%컷	등록70%컷
영어교육과	서울대	일반전형	12	12	8.7	1.78	1.83	10	6.9	2.09	2.30	12	5.42	1.94	1.99	등록50%컷	등록70%컷
영어교육과	상명대(서울)	상명인재	5	10	9.1	3.91	2.91	12	8.1	2.84	3.27	12	6.8	2.82	3.60	등록50%컷	등록70%컷
영어교육과	인천대	자기추천	6	6	11.7	2.96		6	14.8	3.31		6	8.0	3.25		등록평균	
영어교육과	고려대	학업우수	11	16	9.5	2.19	2.79	14	12.0	2.08	2.36	14	12.7	2.48	3.36	등록50%컷	등록70%컷
영어교육과	고려대	계열적합	7	10	9.6	2.57	2.84	8	11.3	2.60	2.78	8	11.4	2.49	2.70	등록50%컷	등록70%컷
영어교육과	총신대	코람데오인재	10	10	3.9	3.60		8	3.4	3.37		11	3.9	3.63		최종평균	
영어교육과	중앙대	CAU융합형인재	10	11	12.7	1.94	2.02	11	10.6	2.00	2.10	9	7.9	2.00	2.15	등록50%컷	등록70%컷

모집단위	대학	전형	2025	2024				2023				2022				성적 산출기준	
			모집인원	모집인원	경쟁률	성적①	성적②	모집인원	경쟁률	성적①	성적②	모집인원	경쟁률	성적①	성적②	성적①	성적②
영어교육과	이화여대	미래인재	12	12	5.3	2.41	2.48	7	7.3	2.11	2.42	7	8.6	1.8	1.8	등록50%컷	등록70%컷
영어교육과	홍익대(서울)	학교생활우수자	6	5	21.6	2.09	1.95	7	14.4	2.71	2.48	10	7.9	2.45	2.46	등록50%컷	등록70%컷
영어교육과	한양대	면접형	6	6	14.3	2.14		6	10.7	2.08		7	11.4	1.75		등록평균	
영어교육과	고려대	논술전형	6														
영어교육과	한국외대(서울)	서류형	6	6	10.8	1.94	1.96	6	11.7	2.4		6	15.0	1.8		등록50%컷	등록70%컷
영어교육과	인하대	인하미래인재	7	7	13.7	2.50	2.72	9	16.9	2.96	4.33	9	11.6	3.50	5.25	등록평균	등록최저
영어교육과	건국대	KU자기추천	8	8	11.4	2.15	2.19	7	11.6	2.14	2.18	7	12.3	2.07	2.17	등록50%컷	등록70%컷
영어교육과	한국외대(서울)	면접형	3	3	12.0	2.27	2.36	3	19.3	2.2		3	12.7	2.7		등록50%컷	등록70%컷
영어대학	한국외대(서울)	서류형	7													등록50%컷	등록70%컷
영어대학	한국외대(서울)	면접형	6													등록50%컷	등록70%컷
영어산업학과	광운대	광운참빛인재II(서류형)	3	3	9.0	4.01											
영어산업학과	광운대	광운참빛인재I(면접형)	7	7	14.6	3.07		10	13.1	3.37		10	10.0	4.11		등록평균	
영어영문학과	건국대	KU자기추천	29	29	18.2	3.53	4.19	28	15.2	3.18	4.50	28	16.4	2.90	4.31	등록50%컷	등록70%컷
영어영문학과	홍익대(서울)	학교생활우수자	6	7	33.7	3.81	3.13	9	20.8	4.42	4.88	12	12.2	2.53	2.86	등록50%컷	등록70%컷
영어영문학과	서울시립대	학생부종합I(면접형)	18	13	21.5	3.63		13	18.0	3.60		13	17.3	3.68		등록평균	
영어영문학과	삼육대	세움인재	15	14	9.9	4.29		9	7.7	4.16		10	6.2	4.12		최종평균	
영어영문학과	중앙대	CAU어울림	2	2	31.5												
영어영문학과	대진대	윈원대진	5	10	2.9	5.54	5.90	8	3.6	5.10	5.46	10	4.3	4.92	5.58	등록평균	등록90%
영어영문학과	서울대	일반전형	9	9	12.6	2.24	2.29	9	12.0	2.18	2.54	9	8.89	2.61	2.78	등록50%컷	등록70%컷
영어영문학과	경기대	KGU학생부종합	13	15	12.7	3.67	3.76	15	9.1	3.86		15	8.4	3.73		등록50%컷	등록70%컷
영어영문학과	경희대(서울)	네오르네상스	11	11	18.6	2.52	2.13	11	18.8	2.90		12	22.2	2.7		최종평균	등록70%컷
영어영문학과	중앙대	CAU탐구형인재	25	18	17.6	3.32	3.71	18	14.4	3.50	3.87	29	9.0	3.58	3.77	등록50%컷	등록70%컷
영어영문학과	중앙대	CAU융합형인재	10	10	16.5	3.32	3.53	10	11.5	3.40	3.64	20	8.7	2.05	2.15	등록50%컷	등록70%컷
영어영문학과	인천대	자기추천	16	16	9.6	3.51		16	8.9	3.56		16	6.7	3.84		등록평균	
영어영문학과	서울과기대	학교생활우수자	10	10	10.7	4.16	5.05	8	11.0	3.58		8	7.1	3.64		등록평균	등록70%컷
영어영문학과*	성신여대	학교생활우수자	6	5	6.4	2.76	2.88	7	5.1	2.78	2.84	8	8.3	2.67	2.82	등록평균	등록최저
영어영문학과*	성신여대	자기주도인재	11	10	22.1	4.02	5.10	16	13.0	4.42	4.64	15	13.7	4.52	4.60	등록평균	등록최저
영어영문학과*	아주대	ACE	25	25	15.1	3.30	5.12	18	7.6	4.38	6.32	18	6.1	3.79		등록평균	등록최저
영어영문학과*	연세대	활동우수형	16	12	8.4	1.56	1.78	12	6.8	1.72	1.81	12	9.8	1.64	1.94	등록50%컷	등록70%컷
영어영문학과*	숭실대	SSU미래인재	21	21	18.0	2.88	2.96	21	10.1	3.02	3.42	21	10.5	2.97	3.39	등록평균	등록70%컷
영어영문학과*	고려대	학업우수	20	25	9.3	2.53	2.82	23	11.0	2.54	2.88	23	14.5	2.53	2.55	등록50%컷	등록70%컷
영어영문학과*	고려대	계열적합	12	15	11.3	2.37	3.05	12	15.0	2.46	2.65	12	13.2	3.07	3.25	등록50%컷	등록70%컷
영어영문학과*	서울여대	바롬인재면접	8	7	25.1	4.3	6.2	7	34.1	4.0	5.7	6	14.5	4.1	7.0	최종평균	최종최저
영어영문학과*	서울여대	바롬인재서류	7	8	16.8	3.9	6.2	8	14.0	3.8	6.3	9	16.8	3.5	5.4	최종평균	최종최저
영어영문학과*	고려대	논술전형	9														
영어영문학과*	한양대	서류형	11	13	14.6	3.20		13	14.7	2.94		13	13.5	3.05		등록평균	
영어영문학과*	한양대	추천형	5														
영어영문학부	이화여대	미래인재	51	50	7.2	3.66	4.03	36	7.9	3.45	3.89	34	7.6	2.3	2.7	등록50%컷	등록70%컷
영어영문학부*	국민대	학교생활우수자	13	11	7.6	2.75	2.86	11	7.4	2.61	2.72	12	4.9	2.66	2.88	등록50%컷	등록70%컷
영어영문학부*	동국대	불교추천인재	3	3	5.3	4.05	4.97	3	5.7	2.93	3.09	3	6.3	2.67	2.94	최종평균	최종최저
영어영문학부*	가톨릭대	잠재능력우수자	12	9	12.2	4.21	5.57										
영어영문학부*	국민대	국민프런티어	13	13	18.2	2.85	2.93	17	10.5	3.13	3.38	17	7.8	2.80	3.09	등록50%컷	등록70%컷
영어영문학부*	동국대	Do Dream	15	15	23.9	3.51	4.68	16	20.6	3.24	4.66	15	16.2	3.27	5.44	최종평균	최종최저
영어영문학부*	가톨릭대	가톨릭지도자추천	3	2	8.0	4.07	4.38	4	4.3	3.90	4.23	4	4.0	3.71	4.11	등록평균	등록최저
영어영문학전공*	숙명여대	숙명인재(면접형)	20	22	10.1	2.66	3.38	20	15.8	2.64	3.07	9	18.3	3.74	4.21	등록50%컷	등록70%컷
영어영문학전공*	명지대	명지인재서류	10	8	11.9	4.24	2.67	8	8.0	3.60	3.16	8	11.9	3.21	3.11	등록평균	등록70%컷
영어영문학전공*	명지대	명지인재면접	14	14	17.0	4.43	3.64	14	9.4	4.19	3.70	14	11.2	3.54	3.31	등록평균	등록70%컷
영어전공	동덕여대	동덕창의리더	10	10	10.0			12	9.3			12	9.7				
영어통번역학과	한국외대(서울)	면접형	6													등록50%컷	등록70%컷
영어통번역학과	한국외대(서울)	서류형	6													등록50%컷	등록70%컷
예술학과	홍익대(서울)	학교생활우수자	5	5	38.0	3.08	3.05	8	17.8	3.43	2.79	8	14.4	2.79	3.06	등록50%컷	등록70%컷
우크라이나어학과	한국외대(글로벌)	서류형	3	2	9.0	4.40	4.41	3	10.0	4.9		3	7.0	4.8		등록50%컷	등록70%컷
우크라이나어학과	한국외대(글로벌)	면접형	3	3	15.0	4.83	4.84	3	6.7	5.1		2	9.0	4.5		등록50%컷	등록70%컷
운동건강학부	인천대	자기추천	4	4	25.3	3.43										등록평균	

모집단위	대학	전형	2025 모집인원	2024 모집인원	2024 경쟁률	2024 성적①	2024 성적②	2023 모집인원	2023 경쟁률	2023 성적①	2023 성적②	2022 모집인원	2022 경쟁률	2022 성적①	2022 성적②	성적 산출기준 성적①	성적 산출기준 성적②
유러피언스터디즈학전공	동덕여대	동덕창의리더	10	10	12.8			12	7.8			12	8.3				
유럽문화과	서강대	일반전형	20	20	14.7	2.86	3.33	21	16.9	3.12	3.30	25	14.3	3.29	3.62	등록50%컷	등록70%컷
유아교육과	안양대	아리학생부종합Ⅰ	8	8	13.4	3.70	4.34	8	25.5	3.88	4.35	8	24.4	3.87	4.82	등록평균	
유아교육과	인천대	자기추천	8	8	11.8	3.13		8	21.3	2.92		8	16.8	3.14		등록평균	
유아교육과	이화여대	미래인재	6	6	5.8	2.36	2.61	6	9.8	2.26	2.28	6	6.3	2.3	2.5	등록50%컷	등록70%컷
유아교육과	중앙대	CAU융합형인재	12	12	10.3	2.66	2.76	12	10.5	2.15	2.26	10	9.6	2.38	2.92	등록50%컷	등록70%컷
유아교육과	삼육대	세움인재	7	7	21.3	3.60		7	9.6	3.64		6	15.2	3.16		최종평균	
유아교육과	성신여대	자기주도인재	13	13	11.9	2.92	3.37	13	8.5			13	13.5	2.43	2.74	등록평균	등록최저
유아교육과	신한대	신한국인	12	14	11.5	4.56		14	10.7	4.11		8	13.4	4.04		최종평균	
유아교육과	총신대	코람데오인재	20	20	3.4	3.90		20	3.6	3.29		15	4.8	3.38		최종평균	
유아교육과	서울신학대	H+ 인재	10	8	7.4	4.73	4.91	8	10.6	4.1	4.6	8	8.5	4.1	4.7	등록평균	등록최저
유아교육과	경기대	KGU학생부종합	7	7	23.4	3.33	3.59	7	10.1	3.32		7	15.9	2.83		등록50%컷	등록70%컷
유아교육과*	덕성여대	덕성인재Ⅰ						3	13.0	3.04		2	11.5	2.71	2.24	등록평균	등록70%컷
유아교육과*	덕성여대	덕성인재Ⅱ	6	5	17.0	2.82	2.84	5	16.6	2.95	2.98	6	19.5	2.78	2.79	등록평균	등록70%컷
유아교육과*	강남대	서류면접	20	20	7.7	4.00	4.20	20	11.3	3.57	4.01	20	11.6	3.60	4.09	등록50%컷	등록70%컷
유아교육과*	강남대	학생부	10	10	7.7	3.70	4.20	10	13.5	2.89	3.84	10	14.5	3.07	3.83	등록50%컷	등록70%컷
유아교육학과*	가천대	가천바람개비	8	10	35.9	3.65		10	26.8	3.59	4.10	10	30.9	3.4		등록70%	등록90%
유통경영학과	협성대	협성창의인재	6	6	4.2	5.77	6.00	8	3.1	4.99	5.33	10	2.7	6.03	6.90	등록평균	등록최저
유학동양학과	성균관대	탐구형	20	20	20.8	3.05	3.17	18	15.2	3.48	3.63	20	9.5	3.26	3.60	등록50%컷	등록70%컷
윤리교육과	서울대	지역균형	3	3	6.3			3	6.0			3	8.00			등록50%컷	등록70%컷
윤리교육과	성신여대	자기주도인재	10	10	8.5	2.46	2.95	10	6.8			10	7.8	2.66	2.79	등록평균	등록최저
윤리교육과	인천대	자기추천	5	5	10.8	2.24		5	10.2	2.49		5	10.8	2.49		등록평균	
윤리교육과	서울대	일반전형	9	9	12.2	1.53	1.68	8	12.6	1.73	1.85	6	6.40	2.44	2.77	등록50%컷	등록70%컷
융합인문사회과학부(HASS)	연세대	국제형(국내고)	100	107	12.0	1.93	2.43	107	8.7	2.54	2.94	107	8.3	3.05	3.30	등록50%컷	등록70%컷
융합인문사회과학부(HASS)	연세대	국제형(해외고/검정고시)	30	30	4.3			30	4.7			30	6.2				
융합인재학과	건국대	KU자기추천		9	14.3	2.19	2.24	7	14.9	2.04	2.07	8	20.8	2.32	2.33	등록50%컷	등록70%컷
융합인재학부	한국외대(글로벌)	서류형	18	16	6.6	3.81	4.41	20	5.3	3.4		26	7.4	3.2		등록50%컷	등록70%컷
융합인재학부	한국외대(글로벌)	면접형	15	18	8.5	3.42	3.69	17	7.5	3.5		11	14.6	3.5		등록50%컷	등록70%컷
융합일본지역학부	한국외대(서울)	면접형	3	4	11.8	3.50	3.85	4	14.8	2.8		3	15.7	3.0		등록50%컷	등록70%컷
융합일본지역학부	한국외대(서울)	서류형	4	6	11.0	4.00	4.01	6	10.2	3.2		7	8.7	3.1		등록50%컷	등록70%컷
융합콘텐츠학과	이화여대	미래인재	13	13	12.5	3.43	3.78	13	14.1	2.42	4.00	13	13.1	2.3	4.1	등록50%컷	등록70%컷
응용영어통번역학과	경희대(서울)	네오르네상스	12	12	14.2	3.39	3.56	12	14.2	3.60		13	11.0	3.0		최종평균	등록70%컷
응용통계학과	가천대	가천바람개비	7	7	13.3	3.71		7	6.3	3.88	4.05	7	6.9	3.4		등록70%	등록90%
응용통계학과	건국대	KU자기추천	12	14	11.1	2.42	2.5	13	10.2	2.30	2.37	13	13.6	2.28	2.80	등록50%컷	등록70%컷
응용통계학과	연세대	활동우수형	11	10	18.4	2.06	2.65	9	10.7	2.24	2.89	9	14.1	2.10	2.18	등록50%컷	등록70%컷
응용통계학과	중앙대	CAU융합형인재	6					5	15.0	1.91	2.10	5	18.4	2.03	2.04	등록50%컷	등록70%컷
응용통계학전공	명지대	명지인재면접	6													등록평균	등록70%컷
응용통계학전공	명지대	명지인재서류	3													등록평균	등록70%컷
의료경영학과	을지대(성남)	EU자기추천	4					4	10.8	4.21	4.32	4	10.5	4.37	4.58	등록평균	등록70%컷
의료경영학과	을지대(성남)	EU미래인재	4					4	9.0	4.11	4.39	4	6.3	4.03	3.69	등록평균	등록70%컷
의료산업경영학과	가천대	가천바람개비		6	23.0	3.76		7	11.3	4.23	4.40	7	7.1	3.6		등록70%	등록90%
의류산업학과	이화여대	미래인재	16	16	9.5	2.55	2.95	16	8.7	2.79	3.97	16	8.1	2.6	2.9	등록50%컷	등록70%컷
의류산업학전공	한경국립대(안성)	잠재력우수자	6													등록평균	등록최저
의류학과	서울대	지역균형	8	9	2.4	1.48	1.60	10	2.3	1.51	1.58	10	1.70			등록50%컷	등록70%컷
의류학과	서울대	일반전형	12	12	9.1	2.02	2.48	12	7.4	1.81	2.04	12	6.50	2.70	3.08	등록50%컷	등록70%컷
의류학과(인문)*	한양대	서류형	12	15	23.0	2.80		13	15.1	3.22		12	11.3	2.66		등록평균	
의류환경학과(인문/자연)*	연세대	활동우수형	10	10	9.4	1.87	2.00	12	6.7	1.91	1.99	12	7.8	2.15	2.18	등록50%컷	등록70%컷
의상학과	경희대(서울)	네오르네상스	10	10	22.3	2.31	2.83	10	23.5	2.10		11	20.0	2.6		최종평균	등록70%컷
의상학과	성균관대	탐구형	16	16	17.1	2.58	3.30	13	10.8	2.90	3.81	15	11.9	2.01	2.20	등록50%컷	등록70%컷
이탈리아어과	한국외대(서울)	서류형	3	6	7.5	2.61	3.28	7	10.0	3.2		8	6.6	3.6		등록50%컷	등록70%컷
이탈리아어과	한국외대(서울)	면접형	3	4	11.5	2.92	3.24	4	12.8	3.0		3	9.3	2.9		등록50%컷	등록70%컷
인도어과	한국외대(서울)	면접형	3	4	11.8	2.61	2.78	4	8.8	4.5		3	10.7	3.0		등록50%컷	등록70%컷
인도어과	한국외대(서울)	서류형	4	6	7.0	4.41	4.64	6	8.5	3.4		7	5.3	4.6		등록50%컷	등록70%컷
인도학과	서울대	일반전형	12	13	13.3	1.98	2.40	13	9.3	1.96	2.62	13	8.23	2.06	2.13	등록50%컷	등록70%컷
인문계열	서울대	지역균형	28	27	4.8	1.20	1.31	27	3.6	1.32	1.42	55	2.82	1.25	1.29	등록50%컷	등록70%컷

3부 모집단위순 합격자 성적

모집단위	대학	전형	2025	2024				2023				2022				성적 산출기준	
			모집인원	모집인원	경쟁률	성적①	성적②	모집인원	경쟁률	성적①	성적②	모집인원	경쟁률	성적①	성적②	성적①	성적②
인문계열광역	단국대(죽전)	DKU인재(서류)	30													등록평균	등록최저
인문과학계열	성균관대	융합형	34	41	26.6	3.19	3.47	72	17.5	2.96	3.31	40	21.3	2.05	2.89	등록50%컷	등록70%컷
인문대학	한국외대(글로벌)	면접형	6													등록50%컷	등록70%컷
인문대학	한국외대(글로벌)	서류형	5													등록50%컷	등록70%컷
인문사회계열	가톨릭대	잠재능력우수자면접	16													등록평균	등록최저
인문사회계열학부	을지대(성남)	EU미래인재	17													등록평균	등록70%컷
인문사회계열학부	을지대(성남)	EU자기추천	25													등록평균	등록70%컷
인문융합공공인재학부	한경국립대(안성)	잠재력우수자	3	22	10.6	4.31	4.89	22	7.6	4.5	5.6	16	8.8	4.2		등록평균	등록최저
인문융합콘텐츠학부	성공회대	열린인재	36	34	4.9	4.57	5.56	55	3.0	4.79	6.83	55	3.3	4.57	5.61	최종평균	최종최저
인문학기반자유전공학부	서강대	일반전형	10													등록50%컷	등록70%컷
인문학부	명지대	크리스천리더	4	4	10.5	3.73	3.72	4	4.3	3.52	3.34	4	11.5	3.23	3.37	등록평균	등록70%컷
일본어문문화학과*	성신여대	학교생활우수자	5	3	8.3	3.28	3.75	3	8.0			5	7.2	3.47	4.33	등록평균	등록최저
일본어문문화학과*	성신여대	자기주도인재	11	11	12.7	3.57	5.18	13	10.2	3.87	4.11	12	7.2	4.33	5.01	등록평균	등록최저
일본어문학전공	중앙대	CAU탐구형인재	10									10	14.3	4.18	4.34	등록50%컷	등록70%컷
일본어문화콘텐츠학과	서울신학대	H+인재	6	7	6.4	4.92	4.90	7	6.1	4.9	5.4	7	5.3	4.8	5.7	등록평균	등록최저
일본어학과	경희대(국제)	네오르네상스	11	13	13.5	4.38	5.11	13	14.9	4.20		15	9.7	4.4		최종평균	등록70%컷
일본언어문화학과	인하대	인하미래인재	13	13	13.7	3.70	5.52	13	12.5	3.70	5.09	13	10.5	4.04	5.80	등록평균	등록최저
일본언어문화학부	한국외대(서울)	면접형	4	6	13.5	2.85	3.16	6	17.3	2.8		4	17.0	3.2		등록50%컷	등록70%컷
일본언어문화학부	한국외대(서울)	서류형	5	7	11.9	3.04	3.67	8	10.5	3.5		10	9.8	2.5		등록50%컷	등록70%컷
일본지역문화학과	인천대	자기추천	11	11	10.7	3.44		11	9.6	3.55		11	7.6	3.63		등록평균	
일본학	한신대	참인재	6	14	5.3	5.41	8.48	9	7.8	4.67	5.39	9	8.0	5.14	6.19	최종평균	최종최저
일본학과	동국대	Do Dream	7	7	21.6	3.83	4.90	7	25.9	3.81	4.63	7	11.6	4.07	4.66	최종평균	최종최저
일본학과	국민대	학교생활우수자	4	4	12.8	2.94	3.06	4	16.0	3.06	3.06	4	6.0	3.98	6.73	등록50%컷	등록70%컷
일본학과	국민대	국민프런티어	6	6	13.3	2.85	3.06	7	15.4	2.81	2.98	8	8.3	3.18	5.18	등록50%컷	등록70%컷
일본학과*	숙명여대	숙명인재(면접형)	16	16	11.3	4.27	4.57	15	12.5	4.03	4.41	6	17.8	4.40	4.44	등록50%컷	등록70%컷
일본학대학	한국외대(서울)	면접형	3													등록50%컷	등록70%컷
일본학대학	한국외대(서울)	서류형	3													등록50%컷	등록70%컷
일어교육과	건국대	KU자기추천	16	16	13.1	4.10	4.43	15	10.5	4.35	4.85	15	9.3	3.90	4.00	등록50%컷	등록70%컷
일어교육과	인천대	자기추천	6	6	7.5	3.44		6	12.8	3.59		6	4.8	4.31		등록평균	
일어일문학과*	고려대	학업우수	8	10	11.2	2.88	2.97	10	12.4	2.85	3.38	10	12.8			등록50%컷	등록70%컷
일어일문학과*	고려대	논술전형	3														
일어일문학과*	서울여대	바롬인재면접	8	7	25.7	3.5	4.0	7	23.6	4.3	6.8	5	17.0	4.3	6.3	최종평균	최종최저
일어일문학과*	서울여대	바롬인재서류	7	8	18.6	3.9	6.7	8	16.6	3.9	7.1	9	13.6	4.2	7.0	최종평균	최종최저
일어일문학과*	고려대	계열적합	5	6	14.0	2.37	2.64	5	16.0	2.82	2.96	5	15.4	2.46	2.95	등록50%컷	등록70%컷
일어일문학과*	숭실대	SSU미래인재	9	8	22.9	4.47	5.06	8	16.6	3.50	3.87	8	11.9	3.36	5.04	등록평균	등록70%컷
일어일문학전공*	명지대	명지인재서류	5	5	20.6	5.38	4.01	5	17.6	3.83	3.98	5	20.0	4.16	4.29	등록평균	등록70%컷
일어일문학전공*	명지대	명지인재면접	6	6	35.3	4.80	5.68	6	27.3	4.86	4.90	6	25.2	4.78	5.43	등록평균	등록70%컷
일어일본문화학과*	가톨릭대	가톨릭지도자추천	2	2	8.5	5.49	6.14	3	4.0	4.80	5.96					등록평균	등록최저
일어일본문화학과*	가톨릭대	잠재능력우수자	9	6	30.8	6.21	7.38										
일어일본학전공	동덕여대	동덕창의리더	8	8	14.4			9	10.1			9	8.1				
자유전공계열	성균관대	탐구형	114													등록50%컷	등록70%컷
자유전공학부	한신대	참인재	25													최종평균	최종최저
자유전공학부	한국외대(서울)	서류형	12													등록50%컷	등록70%컷
자유전공학부	가톨릭대	잠재능력우수자	16	7	37.9	3.54	5.73										
자유전공학부	강남대	학생부	27													등록50%컷	등록70%컷
자유전공학부	고려대	논술전형	15														
자유전공학부	가톨릭대	잠재능력우수자면접	11					9	23.0	4.26	5.26	15	9.9	4.16	5.50	등록평균	등록최저
자유전공학부	고려대	학업우수	22	33	9.0	2.12	2.40	22	13.3	1.73	2.23	22	17.6	2.27	2.56	등록50%컷	등록70%컷
자유전공학부	서울대	일반전형	48	48	8.9	2.21	2.79	50	8.2	2.08	2.46	61	8.48	1.99	2.22	등록50%컷	등록70%컷
자유전공학부	서울시립대	학생부종합II(서류형)	9														
자유전공학부	서울시립대	학생부종합I(면접형)	5													등록평균	
자유전공학부	한국외대(글로벌)	면접형	22	13	12.9	4.24	4.34	13	11.2	3.9						등록50%컷	등록70%컷
자유전공학부	한국외대(서울)	면접형	10													등록50%컷	등록70%컷
자유전공학부	한국외대(글로벌)	서류형	28	22	7.2	3.16	3.31	22	7.6	3.4		9	17.4	2.5		등록50%컷	등록70%컷
자유전공학부	서울대	지역균형	20	20	4.2	1.24	1.28	24	4.8	1.11	1.17	25	4.48	1.21	1.30	등록50%컷	등록70%컷
자유전공학부(야)	강남대	학생부	8													등록50%컷	등록70%컷

모집단위	대학	전형	2025 모집인원	2024 모집인원	2024 경쟁률	2024 성적①	2024 성적②	2023 모집인원	2023 경쟁률	2023 성적①	2023 성적②	2022 모집인원	2022 경쟁률	2022 성적①	2022 성적②	성적 산출기준 성적①	성적 산출기준 성적②
자율전공학부	대진대	윈윈대진	8													등록평균	등록90%
자율전공학부	경희대(서울)	네오르네상스	18	18	15.9	2.65	2.29	18	16.8	2.10		19	14.9	2.5		최종평균	등록70%컷
자율전공학부(인문)	명지대	명지인재서류	62													등록평균	등록70%컷
자율전공학부(인문)	명지대	크리스천리더	5													등록평균	등록70%컷
재활상담학	한신대	참인재	5	13	4.9	5.60	7.16	8	4.9	5.05	5.97	8	4.8	4.99	5.89	최종평균	최종최저
정보사회학과	숭실대	SSU미래인재	6	6	18.5	2.42	2.48	6	12.2	2.67	2.69	6	7.5	2.52	2.84	등록평균	등록70%컷
정보시스템학과(상경)	한양대	서류형	6	9	17.9	3.41		9	11.3	3.28		9	12.0	2.43		등록평균	
정책학과	한양대	서류형	24	32	12.3	2.69		32	11.5	2.58		32	13.0	1.64		등록평균	
정책학과	한양대	추천형	10														
정치국제학과	중앙대	CAU탐구형인재	9									11	21.0	3.25	3.38	등록50%컷	등록70%컷
정치외교학과	한국외대(서울)	면접형	6	6	15.7	2.15	2.21	6	17.8	2.2		5	20.4	2.1		등록50%컷	등록70%컷
정치외교학과	서강대	일반전형	11	11	12.0	1.60	1.80	11	21.1	1.77	1.84	11	19.8	2.71	2.82	등록50%컷	등록70%컷
정치외교학과	숭실대	SSU미래인재	7	7	28.9	2.92	3.02	7	16.1	3.01	3.13	7	11.4	2.70	2.82	등록평균	등록70%컷
정치외교학과	단국대(죽전)	DKU인재(서류)	3	3	11.0	2.59	2.98	5	20.6	3.13		7	17.0	3.25		등록평균	등록최저
정치외교학과	한국외대(서울)	서류형	4	4	9.0	2.17	2.22	4	11.5	1.9		5	11.6	1.8		등록50%컷	등록70%컷
정치외교학과	경희대(서울)	네오르네상스	14	14	21.2	2.01	1.96	14	25.8	2.50		15	25.1	2.5		최종평균	등록70%컷
정치외교학과	인천대	자기추천	10	10	12.7	3.36		10	17.1	3.85		10	8.3	4.26		등록평균	
정치외교학과	성신여대	학교생활우수자	4	3	8.0	3.18	3.35	3	7.0			4	7.0	2.51	2.55	등록평균	등록최저
정치외교학과	건국대	KU자기추천	9	10	27.8	2.40	2.43	10	22.0	2.41	3.05	9	31.3	2.10	2.46	등록50%컷	등록70%컷
정치외교학과	성신여대	자기주도인재	7	7	12.9	2.97	3.26	9	11.9	3.25	3.26	8	9.8	3.78	4.70	등록평균	등록최저
정치외교학과	인하대	인하미래인재	14	14	16.7	4.23	5.83	13	10.9	3.55	5.16	12	15.4	3.03	3.67	등록평균	등록최저
정치외교학과	연세대	활동우수형	16	15	9.1	1.66	1.90	13	12.7	1.21	1.46	13	12.2	1.56	1.59	등록50%컷	등록70%컷
정치외교학과	단국대(죽전)	DKU인재(면접)	2	2	16.0	3.11	3.19									등록평균	등록최저
정치외교학과	이화여대	미래인재	12	12	6.5	2.21	2.41	12	13.3	1.94	2.03	12	9.7	2.2	2.4	등록50%컷	등록70%컷
정치외교학과*	국민대	국민프런티어	9	9	11.6	2.54	2.56	14	8.4	2.62	2.64	14	9.5	2.53	2.57	등록50%컷	등록70%컷
정치외교학과*	고려대	계열적합	9	11	13.6	2.39	2.48	7	21.3	2.10	2.22	7	20.0	2.37	2.69	등록50%컷	등록70%컷
정치외교학과*	고려대	학업우수	15	18	9.4	1.83	1.91	17	17.3	1.75	2.01	17	17.9	2.30	2.34	등록50%컷	등록70%컷
정치외교학과*	고려대	논술전형	6														
정치외교학과*	국민대	학교생활우수자	10	10	8.1	2.53	2.66	8	5.1	2.60	2.62	8	6.3	2.43	2.55	등록50%컷	등록70%컷
정치외교학과*	숙명여대	숙명인재(면접형)	8	8	12.0	2.53	2.68	8	20.9	2.35	2.38	3	16.3			등록50%컷	등록70%컷
정치외교학과*	한양대	서류형	8	9	11.7	2.53		9	15.9	2.06		9	18.3	1.66		등록평균	
정치외교학부	서울대	지역균형	17	17	3.4	1.12	1.13	18	4.0	1.23	1.31	23	3.04	1.18	1.24	등록50%컷	등록70%컷
정치외교학부	서울대	일반전형	25	25	12.0	1.71	1.82	26	11.5	1.78	2.05	26	8.81	1.92	2.17	등록50%컷	등록70%컷
정치외교학전공	명지대	명지인재서류	10	8	8.5	3.73	2.95	8	5.4	3.13	3.26	8	8.0	3.08	3.11	등록평균	등록70%컷
정치외교학전공	명지대	명지인재면접	14	14	15.9	3.60	3.16	14	7.6	4.10	3.84	14	8.9	3.18	3.26	등록평균	등록70%컷
정치외교학전공*	동국대	Do Dream	8	8	19.4	3.17	4.78	8	26.5	2.46	2.67	8	19.3	2.75	4.47	최종평균	최종최저
정치외교학전공*	동국대	불교추천인재	2	2	6.0	3.02	3.30	2	6.5	2.63	2.77	2	7.5	2.55	2.80	최종평균	최종최저
조리&푸드디자인학과	경희대(서울)	네오르네상스	22	15	12.9	1.80	1.94	14	14.2	1.80						최종평균	등록70%컷
종교학과	서울대	일반전형	9	9	11.7	2.60	2.79	9	6.2	2.25	2.58	9	8.67	1.65	1.81	등록50%컷	등록70%컷
종교학과	서강대	일반전형	8	8	19.9	3.19	3.50	9	14.8	3.52	3.80	3	11.8	2.58	4.00	등록50%컷	등록70%컷
주거환경학과	경희대(서울)	네오르네상스	3	3	19.0	3.21	4.81	3	17.0	2.90		4	14.5	2.6		최종평균	등록70%컷
중국문화과	서강대	일반전형	14	13	9.8	3.05	3.39	15	11.9	2.40	2.88	16	10.4	3.38	3.56	등록50%컷	등록70%컷
중국어교육전공	한국외대(서울)	서류형	2	2	11.0	3.94	4.03	2	12.5	4.4		2	15.5	3.8		등록50%컷	등록70%컷
중국어교육전공	한국외대(서울)	면접형	3	3	13.0	4.06	4.19	3	19.7	4.2		3	10.3	4.8		등록50%컷	등록70%컷
중국어문화학과*	성신여대	자기주도인재	11	12	13.1	3.62	4.40	13	12.9	4.25	4.74	12	12.0	4.91	5.06	등록평균	등록최저
중국어문화학과*	성신여대	학교생활우수자	5	3	8.3	3.61	4.98	3	7.3			5	6.8	3.27	5.06	등록평균	등록최저
중국어문전공*	국민대	국민프런티어	9	9	18.7	4.28	4.29	9	15.3	4.53	4.58	9	6.9	5.40	5.91	등록50%컷	등록70%컷
중국어문전공*	국민대	학교생활우수자	7	7	11.6	4.11	4.34	7	13.6	3.96	4.20	7	4.6	5.45	5.63	등록50%컷	등록70%컷
중국어문학전공	중앙대	CAU탐구형인재	16									16	10.7	4.41	4.68	등록50%컷	등록70%컷
중국어문화콘텐츠학	한신대	참인재	8	15	2.4	5.67	7.03	12	3.5	5.22	6.60	6	2.5	5.34	7.15	최종평균	최종최저
중국어문화학과	협성대	협성창의인재	6	6	3.7	5.66	5.66	8	2.1	5.68	5.89					등록50%컷	등록70%컷
중국어문화학과	서울시립대	학생부종합I(면접형)	10	10	13.8	3.79		8	13.6	3.68		8	11.4	3.51		등록평균	
중국어학과	경희대(국제)	네오르네상스	14	14	11.9	3.95	4.84	14	16.4	3.90		16	9.7	4.2		최종평균	등록70%컷
중국언어문화과	안양대	아리학생부종합I	4	5	7.2	4.36	5.12	5	7.0	4.49	5.00	8	5.8	4.99	5.92	등록평균	등록최저
중국언어문화콘텐츠학과	서울신학대	H+ 인재	4	5	3.4	5.79	6.05	6	2.3	6.3	7.9	7	2.4	5.9	6.7	등록평균	등록최저
중국언어문화학과*	가톨릭대	가톨릭지도자추천	2	2	6.0	4.71	5.24	3	3.0	4.25	4.76					등록평균	등록최저

모집단위	대학	전형	2025 모집인원	2024 모집인원	경쟁률	성적①	성적②	2023 모집인원	경쟁률	성적①	성적②	2022 모집인원	경쟁률	성적①	성적②	성적 산출기준 성적①	성적②
중국언어문화학과*	가톨릭대	잠재능력우수자	9	6	15.3	4.76	6.00										
중국언어문화학부	한국외대(서울)	면접형	5	7	15.1	4.07	4.18	7	12.1	3.5		5	14.6	2.8		등록50%컷	등록70%컷
중국언어문화학부	한국외대(서울)	서류형	7	9	10.4	3.34	3.58	9	9.6	3.8		11	10.2	2.7		등록50%컷	등록70%컷
중국외교통상학부	한국외대(서울)	서류형	6	8	8.6	2.51	2.64	9	8.9	2.8		11	9.0	2.8		등록50%컷	등록70%컷
중국외교통상학부	한국외대(서울)	면접형	5	7	16.3	4.41	4.46	7	11.9	3.7		5	14.8	2.5		등록50%컷	등록70%컷
중국정경전공	국민대	학교생활우수자	3	3	9.7	4.52	4.52	3	6.0			5	5.2	3.36	3.43	등록50%컷	등록70%컷
중국정경전공	국민대	국민프런티어	8	8	15.3	2.74	3.67	10	7.7	3.65	4.89	10	7.8	2.99	3.31	등록50%컷	등록70%컷
중국학과	인하대	인하미래인재	15	16	10.6	4.83	6.07	15	6.7	4.02	6.05	15	7.6	3.34	4.11	등록평균	등록최저
중국학대학	한국외대(서울)	서류형	3													등록50%컷	등록70%컷
중국학대학	한국외대(서울)	면접형	3													등록50%컷	등록70%컷
중국학전공*	대진대	윈윈대진	10	12	3.3	5.57	6.57	14	1.9	5.56	6.26	10	4.5	4.72	5.32	등록평균	등록90%
중독상담학과	총신대	코람데오인재	5	5	6.8	4.44		5	3.2	4.78		3	2.3	3.47		최종평균	
중등특수교육과*	강남대	서류면접	10	10	4.6	4.00	4.20	10	3.6	3.48	4.12	10	4.8	3.33	3.88	등록50%컷	등록70%컷
중등특수교육과*	강남대	학생부	4	4	4.5	4.10	4.30	4	8.8	2.74		4	6.5	2.77	4.25	등록50%컷	등록70%컷
중앙아시아학과	한국외대(글로벌)	서류형	4	7	12.4	3.81	4.03	8	6.4	4.7		10	6.1	3.9		등록50%컷	등록70%컷
중앙아시아학과	한국외대(글로벌)	면접형	3	5	21.2	4.84	4.94	6	12.5	5.6		3	7.0	6.1		등록50%컷	등록70%컷
중어중국학과	인천대	자기추천	16	16	10.6	4.28		16	11.1	4.40		16	7.6	4.94		등록평균	
중어중국학전공	동덕여대	동덕창의리더	8	8	12.0			10	9.0			10	8.6				
중어중문학과	건국대	KU자기추천	13	13	11.0	2.97	3.60	12	12.8	2.94	3.20	12	19.0	3.70	4.05	등록50%컷	등록70%컷
중어중문학과	이화여대	미래인재	36	36	5.9	4.21	4.48	29	9.3	3.92	4.15	28	6.6	4.5	4.7	등록50%컷	등록70%컷
중어중문학과	서울대	일반전형	9	9	8.8	1.76	1.82	9	7.3	1.81	2.49	9	7.33	1.82	2.00	등록50%컷	등록70%컷
중어중문학과*	고려대	학업우수	10	13	11.9	2.93	3.15	11	14.8	3.39	3.47	11	15.2	3.16	3.57	등록50%컷	등록70%컷
중어중문학과*	연세대	활동우수형	7	5	9.8	1.91	2.20	5	7.0	2.06	2.15	5	10.2			등록50%컷	등록70%컷
중어중문학과*	고려대	계열적합	6	8	12.3	2.26	2.37	6	16.2	2.38	2.46	6	19.5	2.65	2.92	등록50%컷	등록70%컷
중어중문학과*	동국대	Do Dream	7	7	21.0	3.58	4.60	7	24.0	3.82	4.36	7	23.1	3.91	4.91	최종평균	최종최저
중어중문학과*	고려대	논술전형	6														
중어중문학과*	서울여대	바롬인재서류	4	6	12.8	4.1	6.2	6	14.8	4.2	5.3	7	15.3	4.3	6.6	최종평균	최종최저
중어중문학과*	숭실대	SSU미래인재	6	6	12.8	3.48	3.58	6	12.7	3.11	3.23	6	4.2	2.95	4.14	등록평균	등록70%컷
중어중문학과*	동국대	불교추천인재	2	2	6.5	4.72	4.86	2	5.5	3.91	4.75	2	11.0	2.74	2.79	최종평균	최종최저
중어중문학과*	서울여대	바롬인재면접	6	4	24.3	4.0	5.2	4	31.3	4.3	5.8	4	20.8	4.6	6.3	최종평균	최종최저
중어중문학과*	한양대	서류형	13	14	11.0	3.52		14	12.7	2.86		14	12.5	3.54		등록평균	
중어중문학부*	숙명여대	숙명인재(면접형)	15	14	13.4	3.91	4.48	14	14.2	4.39	4.61	7	19.4	2.59	4.28	등록50%컷	등록70%컷
중어중문학전공*	명지대	명지인재서류	6	5	27.6	5.30	6.65	5	16.4	4.77	6.50	5	14.4	4.31	4.22	등록평균	등록70%컷
중어중문학전공*	명지대	명지인재면접	6	6	23.3	5.22	3.63	6	22.2	4.68	3.84	6	17.2	5.28	6.54	등록평균	등록70%컷
지리교육과	서울대	지역균형	5	5	3.8	1.20	1.30	6	3.8	1.33	1.33	6	1.50	1.33	1.61	등록50%컷	등록70%컷
지리교육과	동국대	Do Dream	8	8	15.8	2.47	3.13	8	9.6	2.67	3.03	8	10.4	2.51	2.85	최종평균	최종최저
지리교육과	서울대	일반전형	6	6	10.2	1.69	1.81	6	8.3	1.74	1.83	6	6.00	2.75	2.95	등록50%컷	등록70%컷
지리교육과	고려대	학업우수	7	9	10.8	2.82	2.97	8	12.4	2.23	2.59	8	13.6			등록50%컷	등록70%컷
지리교육과	고려대	계열적합	4	5	13.8	2.12	2.39	4	12.5	2.61	3.05	4	10.8	2.31	2.87	등록50%컷	등록70%컷
지리교육과	고려대	논술전형	3														
지리교육전공	이화여대	미래인재	6	6	5.5	2.22	2.47	6	7.3	2.28	2.49	6	5.7	2.7	2.9	등록50%컷	등록70%컷
지리학과	서울대	일반전형	9	9	10.9	2.39	2.50	9	8.0	2.20	2.38	9	6.56	1.95	1.96	등록50%컷	등록70%컷
지리학과	서울대	지역균형	6	6	2.2	1.26	1.42	7	3.4	1.20	1.24	7	2.14	1.45	1.48	등록50%컷	등록70%컷
지리학과	건국대	KU자기추천	15	20	11.8	2.96	3.25	19	7.5	2.74	3.13	19	11.0	2.80	2.93	등록50%컷	등록70%컷
지리학과(인문)	경희대(서울)	네오르네상스	5	5	18.8	1.94	1.97	5	15.6	2.20		5	18.4	2.4		최종평균	등록70%컷
지리학과*	성신여대	자기주도인재	7	7	8.7	3.05	3.49	9	5.3	3.18	3.20	9	6.4	3.38	3.40	등록평균	등록최저
지리학과*	성신여대	학교생활우수자	4	3	5.7	2.72	2.78	3	6.3			4	5.5	2.89	2.93	등록평균	등록최저
지적재산권전공	상명대(서울)	상명인재	2	7	9.4	3.49	3.54	7	8.0	3.18	3.49	7	7.3	3.21	3.34	등록50%컷	등록70%컷
창의인재개발학과	인천대	자기추천	10	10	10.3	3.31		10	12.1	3.52		10	5.6	4.03		등록평균	
철학	한신대	참인재	12	12	2.9	5.57	7.51	7	4.4	5.35	7.13	7	1.9	5.53	7.05	최종평균	최종최저
철학과	인하대	인하미래인재	8	8	10.4	3.11	3.34	9	14.7	3.29	3.97	9	5.8	4.06	7.04	등록평균	등록최저
철학과	단국대(죽전)	DKU인재(면접)	2	2	16.0	3.08	3.20									등록평균	등록최저
철학과	경희대(서울)	네오르네상스	10	10	22.5	2.61	2.53	10	17.5	2.50		10	13.9	2.7		최종평균	등록70%컷
철학과	서울대	일반전형	9	9	20.8	1.89	2.13	9	15.3	2.31	2.86	9	13.67	2.41	2.52	등록50%컷	등록70%컷

모집단위	대학	전형	2025 모집인원	2024 모집인원	2024 경쟁률	2024 성적①	2024 성적②	2023 모집인원	2023 경쟁률	2023 성적①	2023 성적②	2022 모집인원	2022 경쟁률	2022 성적①	2022 성적②	성적 산출기준 성적①	성적 산출기준 성적②
철학과	이화여대	미래인재	16	16	7.3	2.51	2.63	16	9.8	2.35	2.60	16	6.3	2.8	4.0	등록50%컷	등록70%컷
철학과	단국대(죽전)	DKU인재(서류)	2	2	10.5	2.88	3.10	4	22.0	3.36		4	8.8	4.04		등록평균	등록최저
철학과	한국외대(글로벌)	면접형	4	7	8.7	3.98	4.07	8	5.1	3.8		3	6.3	3.2		등록50%컷	등록70%컷
철학과	한국외대(글로벌)	서류형	4	8	4.9	3.69	3.77	8	4.1	3.4		12	5.8	3.5		등록50%컷	등록70%컷
철학과	서강대	일반전형	10	10	24.3	3.58	3.73	10	26.8	3.36	3.67	10	11.8	3.88	4.39	등록50%컷	등록70%컷
철학과	중앙대	CAU융합형인재	12	10	25.6	3.88	4.65	10	10.7	3.88	4.53	9	8.8	2.00	2.09	등록50%컷	등록70%컷
철학과	건국대	KU자기추천	15	17	18.9	2.85	3.00	16	14.5	3.04	3.67	16	11.6	3.52	3.93	등록50%컷	등록70%컷
철학과*	가톨릭대	잠재능력우수자	7	5	12.2	3.57	4.35										
철학과*	고려대	계열적합	3	4	23.3	2.56	2.80	4	22.3	2.86	3.09	5	16.6	3.01	3.01	등록50%컷	등록70%컷
철학과*	고려대	학업우수	5	6	22.5	1.95	1.96	10	17.9	2.15	2.73	9	17.3	2.27	3.02	등록50%컷	등록70%컷
철학과*	한양대	서류형	4	4	16.8	2.44			24.0	3.00		4	24.8	2.97		등록평균	
철학과*	서울시립대	학생부종합I(면접)	9	9	25.8	4.22		9	18.9	3.45		8	9.6	3.87		등록평균	
철학과*	연세대	활동우수형	7	6	26.7	1.77	2.16	6	11.0	3.30	3.38	6	14.5			등록50%컷	등록70%컷
철학과*	숭실대	SSU미래인재	16	15	13.6	2.94	3.20	12	10.2	3.06	3.23	12	5.9	3.17	3.32	등록평균	등록70%컷
철학과*	고려대	논술전형	4														
철학과*	동국대	Do Dream	5	5	20.6	2.48	2.76	5	16.2	2.55	2.69	5	13.2	2.63	3.07	최종평균	최종최저
철학-동아시아문화학전공	서울시립대	학생부종합I(면접형)	2	2	11.5	3.64		2	9.5			2	9.5	2.54		등록평균	
청소년지도전공*	명지대	명지인재서류	3	5	13.4	3.34	3.51	5	9.0	2.94	2.97	5	16.0	3.36	3.62	등록평균	등록70%컷
청소년지도전공*	명지대	명지인재면접	6	6	30.8	3.63	3.52	6	15.0	3.80	4.68	6	25.8	3.49	3.45	등록평균	등록70%컷
체육학과	삼육대	세움인재	2													최종평균	
체코·슬로바키아어학과	한국외대(글로벌)	서류형	5	7	8.9	5.12	5.41	8	5.6	4.6		9	5.6	4.2		등록50%컷	등록70%컷
체코·슬로바키아어학과	한국외대(글로벌)	면접형	4	5	13.6	4.08	5.27	6	9.2	5.6		3	9.7	5.2		등록50%컷	등록70%컷
초등교육과	이화여대	미래인재	12	12	7.3	1.83	2.07	12	9.3	1.40	1.47	12	8.8	1.4	1.5	등록50%컷	등록70%컷
초등특수교육과*	강남대	학생부	4	4	5.8	4.50	5.00	4	8.0	3.08		4	11.0	2.58		등록50%컷	등록70%컷
초등특수교육과*	강남대	서류면접	10	10	4.3	4.10	4.50	10	3.3	3.31	4.07	10	4.9	3.20	3.59	등록50%컷	등록70%컷
커뮤니케이션·미디어학부	이화여대	미래인재	35	35	5.3	2.17	2.28	35	8.3	2.15	2.23	35	7.7	2.2	2.4	등록50%컷	등록70%컷
커뮤니케이션콘텐츠전공	동덕여대	동덕창의리더	4	4	20.3												
크리에이티브인문학부(야)	한성대	한성인재	9	9	10.1	4.12	4.21	18	5.8	3.73	3.93	18	4.6	3.94	4.04	등록50%컷	등록70%컷
크리에이티브인문학부(주)	한성대	한성인재	35	35	8.4	3.50	3.68	47	9.1	3.28	3.40	47	4.9	3.56	3.66	등록50%컷	등록70%컷
태국어과	한국외대(서울)	면접형	3	4	13.5	2.73	2.81	4	7.0	4.1		3	10.0	3.0		등록50%컷	등록70%컷
태국어과	한국외대(서울)	서류형	4	6	7.7	2.77	3.07	6	6.7	3.6		8	6.5	3.4		등록50%컷	등록70%컷
테슬(TESL)전공*	숙명여대	숙명인재(면접형)	10	10	12.8	2.57	2.97	10	11.2	4.20	4.56	4	12.8	3.75	3.75	등록50%컷	등록70%컷
통계학과*	고려대	학업우수	15	18	14.2	2.20	2.74	16	15.0	2.63	3.01	16	19.4	2.56	3.07	등록50%컷	등록70%컷
통계학과*	고려대	계열적합	10	12	10.1	2.78	3.07	8	12.8	2.88	2.99	8	14.5	2.75	3.01	등록50%컷	등록70%컷
통계학과*	고려대	논술전형	7														
통합디자인학과	연세대	활동우수형	10	11	13.5	1.91	1.99	11	9.7	1.71	1.87	11	7.6	2.39	2.62	등록50%컷	등록70%컷
투어리즘&웰니스학부	한국외대(글로벌)	면접형	6	13	11.4	3.82	4.79									등록50%컷	등록70%컷
투어리즘&웰니스학부	한국외대(글로벌)	서류형	6	13	7.9	3.83	4.24									등록50%컷	등록70%컷
튀르키예·아제르바이잔학과	한국외대(서울)	서류형	4	6	6.0	3.25	3.76	6	7.8	2.6		7	6.0	3.2		등록50%컷	등록70%컷
튀르키예·아제르바이잔학과	한국외대(서울)	면접형	3	4	11.0	2.78	2.81	4	10.3	3.4		3	12.3	3.4		등록50%컷	등록70%컷
특수교육과	가톨릭대	학교장추천	10													등록평균	등록최저
특수교육과	단국대(죽전)	DKU인재(서류)	7	7	10.3	2.94	3.78	10	10.5	2.60		10	14.9	2.44		등록평균	등록최저
특수교육과	이화여대	미래인재	9	9	9.9	2.62	2.95	9	8.4	2.60	3.11	9	5.2	2.9	3.1	등록50%컷	등록70%컷
특수교육과	가톨릭대	잠재능력우수자		5	10.2	3.76	5.64										
특수교육과	가톨릭대	가톨릭지도자추천	2	2	8.5	4.15	5.01					3	5.7	3.49	3.64	등록평균	등록최저
특수교육과	단국대(죽전)	DKU인재(면접)	3	3	17.0	3.10	3.33									등록평균	등록최저
특수외국어(유럽지역)계열	한국외대(서울)	면접형	4													등록50%컷	등록70%컷
특수외국어(유럽지역)계열	한국외대(서울)	서류형	4													등록50%컷	등록70%컷
특수외국어(인도·아세안지역)계열	한국외대(서울)	서류형	5													등록50%컷	등록70%컷
특수외국어(인도·아세안지역)계열	한국외대(서울)	면접형	4													등록50%컷	등록70%컷
특수외국어(중동지역)계열	한국외대(서울)	면접형	3													등록50%컷	등록70%컷
특수외국어(중동지역)계열	한국외대(서울)	서류형	4													등록50%컷	등록70%컷
파이낸스경영학과	한양대	서류형	9	15	8.9	2.72		15	8.5	2.45		15	11.6	2.10		등록평균	

모집단위	대학	전형	2025 모집인원	2024 모집인원	2024 경쟁률	2024 성적①	2024 성적②	2023 모집인원	2023 경쟁률	2023 성적①	2023 성적②	2022 모집인원	2022 경쟁률	2022 성적①	2022 성적②	성적 산출기준 성적①	성적 산출기준 성적②
파이낸스경영학과	인하대	인하미래인재	11	11	12.1	3.38	3.77	11	7.4	3.80	6.32	11	7.6	3.50	4.40	등록평균	등록최저
파이낸스경영학과	한양대	추천형	5														
패션산업학과	가천대	가천바람개비	7	6	55.9	4.24		6	26.3	4.09	4.16	6	35.7	3.7		등록70%	등록90%
패션산업학과	서울여대	바롬인재서류	4	7	19.6	3.1	3.5	7	23.3	3.3	4.1	8	19.3	3.4	7.2	최종평균	최종최저
패션산업학과	서울여대	바롬인재면접	7	4	29.0	3.7	3.9	4	28.3	3.5	4.0	3	23.3	4.4	7.4	최종평균	최종최저
페르시아·이란학과	한국외대(서울)	서류형	4	6	8.7	2.42	3.65	6	7.5	3.1		5	5.8	3.5		등록50%컷	등록70%컷
페르시아어·이란학과	한국외대(서울)	면접형	3	4	15.5	4.30	4.45	4	9.8	4.0		3	12.3	3.6		등록50%컷	등록70%컷
평생교육학과	숭실대	SSU미래인재	11	9	21.7	3.09	3.09	9	8.0	2.64	2.86	9	6.6	3.01	3.18	등록평균	등록70%컷
포르투갈어과	한국외대(서울)	서류형	3	6	9.0	2.74	3.41	7	9.9	4.0		8	6.9	4.1		등록50%컷	등록70%컷
포르투갈어과	한국외대(서울)	면접형	3	4	10.3	3.23	3.68	4	9.3	3.2		3	8.7	2.5		등록50%컷	등록70%컷
폴란드어학과	한국외대(글로벌)	면접형	4	5	14.8	3.26	3.84	6	6.2	5.3		3	7.7	4.1		등록50%컷	등록70%컷
폴란드어학과	한국외대(글로벌)	서류형	5	7	9.1	2.86	2.91	8	4.8	4.0		9	5.6	3.9		등록50%컷	등록70%컷
프랑스문화콘텐츠전공	서울여대	바롬인재면접	5	4	17.8	5.2	5.9	4	15.3	4.1	6.0	4	9.8	3.9	4.7	최종평균	최종최저
프랑스문화콘텐츠전공	서울여대	바롬인재서류	4	5	15.6	4.1	5.3	5	10.8	4.2	6.8	4	13.6	4.1	6.2	최종평균	최종최저
프랑스교육전공	한국외대(서울)	서류형	2	2	8.0	3.67	4.00	2	6.5	3.9		2	8.0	2.4		등록50%컷	등록70%컷
프랑스교육전공	한국외대(서울)	면접형	3	3	11.3	4.52	4.60	3	9.7	4.0		2	13.3	2.0		등록50%컷	등록70%컷
프랑스어문문화학과*	성신여대	자기주도인재	6	5	16.8	4.12	4.74	7	11.1	4.54	5.25	7	11.9	3.91	4.27	등록평균	등록최저
프랑스어문문화학과*	성신여대	학교생활우수자	4	3	5.3	3.64	4.92	3	7.7			3	6.3			등록평균	등록최저
프랑스어문학과	성균관대	탐구형	12	12	13.0	3.07	3.21	11	9.4	3.46	3.73	9	12.4	2.50	2.75	등록50%컷	등록70%컷
프랑스어문학전공	중앙대	CAU탐구형인재	17									9	10.0	3.96	4.21	등록50%컷	등록70%컷
프랑스어문학전공	중앙대	CAU어울림	2														
프랑스어문화학과	가톨릭대	잠재능력우수자	8	10	17.5	4.67	6.70										
프랑스어학과	경희대(국제)	네오르네상스	11	12	11.5	3.55	4.04	12	11.8	3.90		14	7.7	4.2		최종평균	등록70%컷
프랑스어학부	한국외대(서울)	면접형	6	9	14.2	3.48	3.67	9	13.7	3.6		7	12.9	3.0		등록50%컷	등록70%컷
프랑스어학부	한국외대(서울)	서류형	7	8	8.4	2.65	2.86	9	11.3	2.9		11	8.2	3.5		등록50%컷	등록70%컷
프랑스언어·문화학과*	숙명여대	숙명인재(면접형)	10	10	12.5	4.06	4.34	10	15.3	3.88	4.45	3	20.0			등록50%컷	등록70%컷
한국사학	한신대	참인재	6	6	9.8	5.17	7.05	10	5.5	4.64	6.05	11	6.0	4.37	5.33	최종평균	최종최저
한국사학과	고려대	학업우수	5	6	11.3	2.43	2.68	5	14.0	2.72	2.84	5	16.8			등록50%컷	등록70%컷
한국사학과	고려대	계열적합	3	4	10.8	3.87	3.91	3	12.3			3	15.0			등록50%컷	등록70%컷
한국사학과	고려대	논술전형	2														
한국어교육과	한국외대(서울)	서류형	2	2	12.5	2.10	2.14	2	11.5	2.3		2	17.5	2.0		등록50%컷	등록70%컷
한국어교육과	한국외대(서울)	면접형	3	3	12.0	2.29	2.34	3	12.3	2.0		3	9.3	2.0		등록50%컷	등록70%컷
한국어문학	한신대	참인재	5	13	3.1	5.07	6.13	8	2.6	4.80	5.66	8	3.8	4.54	5.87	최종평균	최종최저
한국어문학과	인하대	인하미래인재	12	12	9.1	3.47	5.31	10	7.9	3.36	3.87	9	6.6	3.20	3.69	등록평균	등록최저
한국어문학부*	숙명여대	숙명인재(면접형)	12	12	13.1	2.77	2.94	11	20.1	2.85	3.27	6	13.0	3.65	4.10	등록50%컷	등록70%컷
한국어학과	경희대(국제)	네오르네상스	7	7	10.7	3.75	4.67	7	8.1	3.90		9	5.6	3.5		최종평균	등록70%컷
한국역사학과*	국민대	국민프런티어	10	10	13.9	2.59	2.73	11	10.7	2.73	2.83	12	10.1	2.73	2.81	등록50%컷	등록70%컷
한국역사학과*	국민대	학교생활우수자	9	11	7.6	2.72	2.75	11	6.3	2.66	2.74	11	5.1	2.57	2.98	등록50%컷	등록70%컷
한국학과	한국외대(글로벌)	면접형	4	4	11.5	3.57	3.97	3	7.3	4.4		2	7.0	4.4		등록50%컷	등록70%컷
한국학과	한국외대(글로벌)	서류형	4	4	7.0	3.56	3.70	5	5.6	3.5		6	5.7	3.5		등록50%컷	등록70%컷
한문교육	성균관대	탐구형	15	15	16.6	3.09	3.51	15	12.9	3.45	3.69	15	6.3	3.33	4.00	등록50%컷	등록70%컷
한문교육과	성신여대	자기주도인재	10	10	6.4	3.69	5.43	10	4.6			10	4.2	3.84	4.10	등록평균	등록최저
한문교육과	단국대(죽전)	DKU인재(면접)	3	3	13.3	3.66	3.79									등록평균	등록최저
한문교육과	단국대(죽전)	DKU인재(서류)	5	5	9.2	3.02	3.16	8	7.8	3.50		8	10.5	2.98		등록평균	등록최저
한문학과*	고려대	논술전형	2														
한문학과*	고려대	학업우수	5	6	15.5	2.31	2.74	5	16.0			5	18.6			등록50%컷	등록70%컷
한문학과*	고려대	계열적합	3	4	14.3	3.06	3.21	3	17.7			3	16.0			등록50%컷	등록70%컷
한양인터칼리지학부(인문)	한양대	서류형	10													등록평균	
한양인터칼리지학부(인문)	한양대	추천형	10														
한의예과(인문)	경희대(서울)	네오르네상스	9	9	36.1	1.22	1.27	9	25.3	1.60		12	17.5	1.5		최종평균	등록70%컷
한일문화콘텐츠전공	상명대(서울)	상명인재	3	7	15.6	2.98	3.16	7	13.1	3.25	3.57	7	21.4	3.32	3.89	등록50%컷	등록70%컷
항공·경영대학(사회적성)	한국항공대	미래인재	19													등록평균	등록최저
항공관광외국어학부	삼육대	세움인재	15	14	24.1	4.36		12	14.6	4.47		10	12.5	4.42		최종평균	
핵심외국어계열	한국외대(서울)	서류형	10													등록50%컷	등록70%컷
핵심외국어계열	한국외대(서울)	면접형	7													등록50%컷	등록70%컷
행정정보학과	대진대	윈윈대진	12	12	3.5	5.39	5.84	12	3.1	5.45	5.81	11	3.2	5.29	5.70	등록평균	등록90%

모집단위	대학	전형	2025 모집인원	2024 모집인원	2024 경쟁률	2024 성적①	2024 성적②	2023 모집인원	2023 경쟁률	2023 성적①	2023 성적②	2022 모집인원	2022 경쟁률	2022 성적①	2022 성적②	산출기준 성적①	산출기준 성적②
행정학과	인천대	자기추천	11	11	7.6	3.21		11	8.4	3.26		11	6.0	3.36		등록평균	
행정학과	이화여대	미래인재	12	12	6.1	2.05	2.16	12	9.5	2.05	2.07	12	9.3	2.1	2.2	등록50%컷	등록70%컷
행정학과	세종대	세종창의인재(서류형)	2	3	9.7	2.63	2.46	2	14.5	2.06	1.88					등록평균	등록70%컷
행정학과	광운대	광운참빛인재II(서류형)	5	5	8.6	2.81											
행정학과	광운대	광운참빛인재I(면접형)	9	9	8.4	3.03		14	5.8	3.12		14	7.6	3.06		등록평균	
행정학과	경희대(서울)	네오르네상스	14	14	24.6	2.07	2.08	14	22.6	3.10		15	23.6	2.9		최종평균	등록70%컷
행정학과	서울여대	바롬인재면접	7	5	14.8	3.3	3.5	5	21.0	3.2	3.9	4	9.5	3.4	5.3	최종평균	최종최저
행정학과	서울과기대	학교생활우수자	13	13	14.3	2.86	2.83	11	10.5	3.95		12	9.4	3.43		등록평균	등록70%컷
행정학과	인하대	인하미래인재	20	20	12.4	3.26	5.44	19	11.0	2.91	4.12	18	17.6	3.20	4.52	등록평균	등록최저
행정학과	아주대	ACE	10	10	12.6	2.65	2.95	10	7.5	3.31	4.08	11	6.3	3.28		등록평균	등록최저
행정학과	가톨릭대	잠재능력우수자	7	4	11.3	3.59	4.11										
행정학과	세종대	세종창의인재(면접형)	3	3	11.3	2.46	2.38	4	13.0	2.43	2.58	7	11.9	2.58	2.62	등록평균	등록70%컷
행정학과	안양대	아리학생부종합I	7	10	7.1	3.87	5.02	10	7.7	4.19	4.65	9	4.0	4.40	5.07	등록평균	등록최저
행정학과	한국외대(서울)	면접형	6	6	14.2	2.17	2.21	6	12.2	2.3		5	18.0	2.3		등록50%컷	등록70%컷
행정학과	연세대	활동우수형	16	14	13.6	1.67	1.67	13	8.8	2.08	2.34	13	10.9	1.52	1.97	등록50%컷	등록70%컷
행정학과	건국대	KU자기추천	14	14	20.1	2.35	2.55	12	23.3	2.46	2.76	12	27.0	2.88	3.17	등록50%컷	등록70%컷
행정학과	숙명여대	숙명인재(면접형)	5	5	13.6	2.42	2.56	4	21.8	2.00	2.94	2	19.0			등록50%컷	등록70%컷
행정학과	한국외대(서울)	서류형	4	4	10.8	2.23	2.27	4	14.3	2.1		5	16.0	2.0		등록50%컷	등록70%컷
행정학과	서울여대	바롬인재서류	4	6	8.8	3.0	3.4	6	10.5	3.1	3.4	7	8.3	3.2	3.7	최종평균	최종최저
행정학과*	국민대	국민프런티어	13	13	12.0	2.52	2.58	17	5.2	2.61	2.69	17	8.6	2.54	2.72	등록50%컷	등록70%컷
행정학과*	고려대	학업우수	14	18	11.3	2.31	2.72	17	13.1	2.38	2.85	17	16.7	2.43	2.67	등록50%컷	등록70%컷
행정학과*	서울시립대	학생부종합II(서류형)	6													등록평균	
행정학과*	단국대(죽전)	DKU인재(면접)	3	3	13.3	3.60	4.39									등록평균	등록최저
행정학과*	단국대(죽전)	DKU인재(서류)	5	5	14.8	3.24	4.72	9	19.2	3.01		8	15.9	3.23		등록평균	등록최저
행정학과*	서울시립대	학생부종합I(면접형)	24	22	17.2	2.66		26	13.3	2.71		24	10.4	2.60		등록평균	
행정학과*	한양대	서류형	12	10	10.9	2.85		10	9.6	1.98		10	12.2	1.64		등록평균	
행정학과*	국민대	학교생활우수자	13	13	7.9	2.56	2.64	13	5.3	2.57	2.61	13	5.5	2.11	2.33	등록50%컷	등록70%컷
행정학과*	고려대	논술전형	6														
행정학과*	고려대	계열적합	9	11	13.7	2.16	2.37	8	13.3	2.41	2.50	8	14.6	2.51	2.84	등록50%컷	등록70%컷
행정학부	숭실대	SSU미래인재	8	8	21.6	2.59	2.73	8	9.9	2.85	2.98	8	909	2.79	3.04	등록평균	등록70%컷
행정학부	상명대(서울)	상명인재	7	11	11.1	3.28	3.28	12	8.6	3.32	3.70	12	13.7	3.18	3.71	등록50%컷	등록70%컷
행정학전공	한경국립대(안성)	잠재력우수자	8													등록평균	등록최저
행정학전공*	명지대	명지인재서류	10	8	16.0	3.91	3.29	8	8.3	3.54	3.58	8	12.8	2.90	3.04	등록평균	등록70%컷
행정학전공*	동국대	Do Dream	6	6	19.5	2.64	3.92	6	19.8	2.35	2.67	6	17.3	2.48	2.74	최종평균	최종최저
행정학전공*	동국대	불교추천인재	2	2	6.0	2.45	2.57	2	5.5	2.56	2.82	2	6.0	2.56	2.69	최종평균	최종최저
행정학전공*	명지대	명지인재면접	14	14	14.5	3.71	4.66	14	7.7	3.53	5.01	14	11.5	3.32	3.48	등록평균	등록70%컷
헝가리어학과	한국외대(글로벌)	서류형	5	7	9.7	4.12	4.32	8	6.1	4.4		9	5.2	4.4		등록가%컷	등록70%컷
헝가리어학과	한국외대(글로벌)	면접형	4	5	12.2	5.42	5.46	6	8.3	4.9		3	9.3	5.5		등록가%컷	등록70%컷
호텔관광경영학과	협성대	협성창의인재	6	6	5.7	5.24	5.35	8	4.3	4.33	5.05	10	4.3	5.17	5.95	등록50%컷	등록70%컷
호텔관광외식경영학부	세종대	세종창의인재(면접형)	13	14	33.9	3.71	5.15	14	21.2	3.70	4.58	25	13.3	2.89	3.01	등록평균	등록70%컷
호텔관광외식경영학부	세종대	세종창의인재(서류형)	8	7	25.6	2.37	2.43	7	19.7	3.04	4.32					등록평균	등록70%컷
호텔외식경영학부	경기대	KGU학생부종합	14	19	17.2	3.28	3.42	18	18.0	2.99						등록50%컷	등록70%컷
홍보광고학과	숙명여대	숙명인재(면접형)	11	9	15.2	2.58	3.13	9	20.6	2.25	2.97	5	18.2	2.64	2.76	등록50%컷	등록70%컷
회계세무학과	경희대(서울)	네오르네상스	10	12	13.4	2.17	2.13	12	11.8	2.30		13	8.9	2.6		최종평균	등록70%컷
회계세무학과	가천대	가천바람개비	10													등록70%	등록90%
회계학과	가톨릭대	잠재능력우수자	14	10	12.7	3.59	4.25										
회계학과	동국대	Do Dream	13	13	15.4	3.04	4.92	14	8.2	2.75	5.54	13	6.6	2.63	2.96	최종평균	최종최저
회계학과	동국대	불교추천인재	3	3	5.3	2.66	2.75	3	4.0	3.02	3.38	2	5.3	3.15	3.47	최종평균	최종최저
회계학과*	숭실대	SSU미래인재	12	12	12.2	2.84	2.93	12	9.7	2.77	3.06	12	9.00	3.00	3.19	등록평균	등록70%컷
회계학학	가톨릭대	가톨릭지도자추천	2	2	5.5	4.31	4.59	3	3.7	3.76	3.83	3	3.3	4.02	5.15	등록평균	등록최저
휴먼서비스학부	경기대	KGU학생부종합	18	19	12.8	3.69	3.74	18	7.6	3.52						등록50%컷	등록70%컷

II. 비수도권

모집단위	대학	전형	2025 모집인원	2024 모집인원	경쟁률	성적①	성적②	2023 모집인원	경쟁률	성적①	성적②	2022 모집인원	경쟁률	성적①	성적②	성적 산출기준 성적①	성적②
IT금융경영학과	순천향대	일반학생	16	12	6.9	4.97	5.99	6	5.8	4.88	5.44	13	4.5	4.93	6.20	최초평균	최초최저
KU자유전공학부	건국대(글로컬)	Cogito자기추천	56													등록50%	등록70%
Lyfe조리전공	우송대	면접형	8	8	9.5	3.8		6	8.8	4.6		6	7.8	4.0		등록평균	
경상계열	전북대	큰사람	43													등록평균	등록70%컷
경상대학 자율학부	경북대	일반학생	7													등록평균	등록70%
경영·금융교육과	공주대	일반전형	8	8	5.0	1.88	2.04	8	4.1	1.86	2.03	8	4.6	2.7	2.9	등록50%컷	등록70%컷
경영·회계학부*	강원대(춘천)	미래인재I	37	36	7.8	3.79	4.20									등록평균	등록75%컷
경영·회계학부*	강원대(춘천)	미래인재II	17	17	12.2	3.93	4.15	45	6.2	3.94	4.16	45	7.9	3.59		등록평균	등록75%컷
경영경제융합학부	울산대	지역인재	60													등록평균	등록최저
경영경제융합학부	울산대	잠재역량	50													등록평균	등록최저
경영대학	한림대	학교생활우수자	50	50	4.3	4.70	5.74	52	2.7	4.86	6.41	62	2.4	4.66	6.33	등록평균	등록최저
경영정보학	제주대	소프트웨어인재	1	1	3.0			1	2.0			1	4.0			등록50%컷	등록70%컷
경영정보학과	한남대	창업인재(서류+면접)	2	3	1.3			5	2.2			5	1.8				
경영정보학과	충북대	학생부종합I	7	6	9.5	3.53	3.67	8	9.5	3.58	3.64	8	8.3	3.50	3.45	등록평균	등록70%
경영정보학과	한남대	한남인재I(서류)	8	5	2.8	5.95	6.12	4	6.8	5.79	5.78	3	20.	6.78	6.70	최종평균	최종80%
경영정보학과	경상국립대	일반전형	8	10	8.4	4.13		10	6.4	4.22		10	8.8	4.03	4.21	등록평균	등록70%
경영정보학과	경상국립대	지역인재	4	5	6.6	4.41		5	6.0	4.18		5	8.6	4.05	3.92	등록평균	등록70%
경영정보학과	충북대	학생부종합II	5	5	8.0	3.79	3.89	3	11.0	3.88		3	8.0	3.97		등록평균	등록70%컷
경영정보학과	제주대	일반학생	3	3	6.3	4.38	5.70	3	6.7	5.32	5.34	3	6.0	5.12		등록50%컷	등록70%컷
경영학과	한남대	창업인재(서류+면접)	3	3	2.3			3	2.7			3	2.3				
경영학과	부산대	학생부종합	20	20	17.2	2.10	2.16	30	12.4	2.47	2.52	30	15.9	2.27	2.21	등록평균	등록70%
경영학과	상지대	종합일반	10	12	1.8	6.42										등록평균	
경영학과	상지대	강원인재	3	4	1.0											등록평균	
경영학과	공주대	일반전형	14	10	15.1	4.21	4.28	9	17.3	4.09	4.24	9	14.0	3.6	3.9	등록50%컷	등록70%컷
경영학과	한라대	운곡인재	7	6	1.7	6.82	6.82	4	2.3	1.34	1.34					등록50%컷	등록70%컷
경영학과	한국교통대	나비인재II	9	4	5.0	4.11	5.14									등록평균	등록최저
경영학과	한남대	한남인재I(서류)	34	22	4.1	5.40	5.67	23	5.4	5.03	5.65	17	3.5	5.21	5.38	최종평균	최종80%
경영학과	건국대(글로컬)	Cogito자기추천	28	34	6.2	4.8	4.9	34	5.9	4.8	4.9	36	6.9	4.5	4.8	등록50%	등록70%
경영학과	순천향대	일반학생	12	9	15.8	4.32	4.99	7	10.6	4.42	5.58	9	9.6	4.14	4.96	최초평균	최초최저
경영학과(야)	제주대	일반학생	2	2	2.5	4.56	4.56	2	5.0	2.58		2	3.0	3.11		등록50%컷	등록70%컷
경영학과*	원광대	지역인재I(호남)	4	3	2.0											등록50%컷	등록70%컷
경영학과*	원광대	학생부종합	20	10	5.1	5.46	5.93	19	3.4	6.35	6.69	20	3.4	5.02	6.32	등록50%컷	등록70%컷
경영학과*	제주대	일반학생	4	4	7.8	3.67	3.67	4	5.3	4.30	4.35	4	8.0	3.92	4.28	등록50%컷	등록70%컷
경영학부	충북대	학생부종합II	10	10	8.5	3.27	3.32	6	12.5	3.19	3.32	6	11.2	3.39	3.48	등록평균	등록70%컷
경영학부	충북대	학생부종합I	13	12	11.6	3.30	3.37	16	9.9	3.16	3.35	16	13.1	2.94	3.06	등록평균	등록70%컷
경영학부	경북대	일반학생	27	28	19.4	3.52	4.01	22	18.3	2.98	3.13	20	12.1	3.04	3.38	등록평균	등록70%
경영학부	경북대	지역인재	9	11	21.2	3.12	3.14	11	14.1	3.03	3.48	10	9.8	3.09	2.93	등록평균	등록70%
경영학부	조선대	면접	6	10	12.1	4.46	4.85	14	10.4	4.93	5.24	10	13.0	4.88	5.21	등록평균	등록70%
경영학부	조선대	서류	50	50	2.9	5.04	5.11									등록평균	등록70%
경영학부	호서대	호서인재	37	44	2.3	6.00	8.11	43	1.4	5.67	7.69	36	3.1	5.17	6.44	등록평균	등록최저
경영학부*	경상국립대	지역인재	5	5	5.8	4.01		5	7.6	3.05		5	7.8	3.46	3.57	등록평균	등록70%
경영학부*	충남대	일반전형	23	32	9.0	3.17	3.27	32	7.8			32	10.7			등록평균	등록70%
경영학부*	경상국립대	일반전형	14	14	7.6	3.44		15	10.2	3.46		15	9.1	3.52	3.60	등록평균	등록70%
경영학부*	충남대	서류전형	24	24	8.2	3.07	3.29									등록평균	등록70%
경영학부*	전남대(광주)	고교생활우수자I	28	28	6.3	2.98	3.24	28	8.0	2.80	3.01	40	6.6	2.81	2.98	등록평균	등록70%
경제·정보통계학부	강원대(춘천)	미래인재I	15	14	8.0	4.32	4.67									등록평균	등록75%컷
경제·정보통계학부	강원대(춘천)	미래인재II	7	6	13.0	4.41	4.67	20	5.1	4.27	4.69	19	5.9	3.83		등록평균	등록75%컷
경제금융학과	순천향대	일반학생	13	6	7.3	4.51	5.44	6	5.0	4.95	5.97	8	3.3	4.87	6.31	최초평균	최초최저
경제금융학과	원광대	학생부종합	5	10	2.9	5.92	6.06	8	2.3	6.62	6.80					등록50%컷	등록70%컷
경제정책학전공	고려대(세종)	지역인재	2	3	2.0			2	4.0			2	6.5				
경제정책학전공	고려대(세종)	크림슨인재	16	10	6.3	3.78											
경제통상학과	건국대(글로컬)	Cogito자기추천	28	36	4.7	5.2	5.4	36	4.4	5.1	5.3	38	4.5	4.9	5.2	등록50%	등록70%

모집단위	대학	전형	2025 모집인원	2024 모집인원	2024 경쟁률	2024 성적①	2024 성적②	2023 모집인원	2023 경쟁률	2023 성적①	2023 성적②	2022 모집인원	2022 경쟁률	2022 성적①	2022 성적②	성적 산출기준 성적①	성적 산출기준 성적②
경제통상학부	공주대	일반전형	19	19	6.7	4.74	4.90	14	9.6	4.38	4.55	14	8.9	4.4	4.6	등록50%컷	등록70%컷
경제통상학부	경북대	지역인재	9	10	22.4	3.73	3.82	10	9.6	3.42	3.61	8	6.8	2.98	3.16	등록평균	등록70%
경제통상학부	경북대	일반학생	22	24	19.1	3.86	4.00	20	14.2	3.40	3.64	20	9.4	3.41	3.56	등록평균	등록70%
경제학과	조선대	서류	43	40	2.2	6.13	6.04										
경제학과	한밭대	지역인재(종합)	7	7	7.7	5.27	4.73	6	13.2	4.47	4.77	6	4.3	5.44	5.37	등록50%컷	등록70%컷
경제학과	충북대	학생부종합II	5	5	11.4	3.81	3.87	3	11.0	3.95		3	7.3	4.13		등록평균	등록70%컷
경제학과	조선대	면접	6	9	5.0	5.72	5.94	14	6.4	5.78	5.47	5	9.2	4.70	5.73	등록평균	등록70%컷
경제학과	한밭대	학생부종합(일반)	10	10	11.6	5.20	4.87	9	6.7	4.23	5.12	9	4.2	4.55	4.82	등록50%컷	등록70%컷
경제학과	한남대	한남인재I(서류)	15	10	2.4	5.82	6.04	8	4.3	5.68	6.00	8	1.8	5.95	5.78	최종평균	최종80%
경제학과	한림대	학교생활우수자	15	20	3.5	5.30	6.41	15	2.1	5.51	6.82	10	2.8	4.99	5.81	등록평균	등록최저
경제학과	제주대	일반학생	3	3	9.0	3.49	4.15	3	5.3	5.30	5.35	3	5.7			등록50%컷	등록70%컷
경제학과	충북대	학생부종합I	6	6	10.8	2.91	3.11	8	7.3	3.65	3.62	8	8.1	3.13	3.22	등록평균	등록70%컷
경제학과*	충남대	일반전형	7	10	8.9	3.10	3.46	10	8.8			10	7.0			등록평균	등록70%
경제학과*	충남대	서류전형	6	6	8.7	3.20	3.25									등록평균	등록70%
경제학부	전남대(광주)	고교생활우수자I	20	20	7.8	3.38	3.52	20	8.5	3.38	3.56	20	5.3	3.38	3.36	등록평균	등록70%컷
경제학부*	경상국립대	일반전형	7	7	11.0	4.09		9	5.8			9	5.3	3.90	4.11	등록평균	등록70%
경제학부*	경상국립대	지역인재	5	5	9.0	4.28		6	4.2	4.37		6	4.5	4.00	4.24	등록평균	등록70%
경제학부*	부산대	학생부종합	9	7	13.9	2.50	2.51	20	9.1	2.64	2.65	20	11.5	2.60	2.70	등록평균	등록70%컷
경찰법학과	상지대	종합일반	7	7	3.4	5.49										등록평균	
경찰법학과	상지대	강원인재	3	3	0.7											등록평균	
경찰학과	건국대(글로컬)	Cogito자기추천	20	22	11.3	3.6	3.7	22	9.6	3.6	3.6	20	10.8	3.3	3.4	등록50%	등록70%
경찰학과	한남대	한남인재I(서류)	5	5	11.8	4.15	4.23									최종평균	최종80%
경찰학과	한남대	한남인재II(서류+면접)	7	7	11.0	4.29	4.47	10	8.0	4.21	4.78	7	10.6	4.01	4.38	최종평균	최종80%
경찰행정학과	순천향대	일반학생	9	8	31.0	3.21	4.14	7	20.7	3.20	3.70	9	23.3	3.00	3.69	최초평균	최초최저
경찰행정학과	원광대	지역인재I(호남)	18	4	5.3	3.56	3.56	4	6.8	2.90	2.90	4	8.5			등록50%컷	등록70%컷
경찰행정학과	조선대	서류	15	15	9.5	3.74	3.80										
경찰행정학과	조선대	면접	6	6	10.7	4.07	4.24	5	19.8	3.51	3.77	5	17.4	3.53	3.84	등록평균	등록70%컷
경찰행정학과	한라대	운곡인재	10	10	3.1	4.84	5.06	8	8.4	5.23	5.71	7	5.3			등록50%컷	등록70%컷
경찰행정학과	원광대	학생부종합	10	10	10.2	3.66	3.79	10	13.3	3.06	3.40	10	8.1	3.05	3.07	등록50%컷	등록70%컷
고고문화인류학과	전북대	큰사람	4	4	12.3	4.18	4.22	4	6.5	4.20	4.12	4	9.5	3.85	3.82	등록평균	등록70%컷
고고미술사학과	충북대	학생부종합II	4	4	11.5	3.93	4.06	3	10.3	4.60		3	8.0	4.49		등록평균	등록70%컷
고고미술사학과	충북대	학생부종합I	4	4	8.8	4.12	4.18	5	8.8	3.67	3.74	5	9.6	3.90	4.05	등록평균	등록70%컷
고고인류학과	경북대	일반학생	4	4	15.0	4.76	4.68	5	7.0	4.07	3.88	5	7.8	3.48	3.58	등록평균	등록70%
고고학과	충남대	서류전형	2	2	8.0	3.85	3.86									등록평균	등록70%
고고학과	충남대	일반전형	1	2	7.0	3.41	3.52	2	10.5			2	7.0			등록평균	등록70%
고고학과	부산대	학생부종합	8	8	12.0	3.66	3.39	6	8.0	3.53	3.90	8	11.4	3.08	3.08	등록평균	등록70%컷
공공사회·통일외교학부	고려대(세종)	지역인재	2	3	2.3			3	2.3			3	5.0				
공공사회·통일외교학부	고려대(세종)	크림슨인재	19	11	6.9	3.91											
공공안전학전공	충남대	서류전형	1	1	16.0											등록평균	등록70%
공공안전학전공	충남대	일반전형	2	3	18.0	2.76	2.84	3	8.7			3	11.0			등록평균	등록70%
공공인재법무학과	조선대	서류	14	8	2.8	5.89	6.26										
공공인재학부	울산대	잠재역량	50													등록평균	등록최저
공공인재학부	울산대	지역인재	52													등록평균	등록최저
공공정책학과(야)	단국대(천안)	DKU인재(서류)	9	10	4.6	5.78	6.49	9	3.9	5.30		9	3.2	5.20		등록평균	등록최저
공공정책학과*	단국대(천안)	DKU인재(서류)	9	10	12.0	3.70	3.89	10	10.5	4.00		10	12.1	3.88		등록평균	등록최저
공공정책학부	부산대	학생부종합	6	6	18.0	2.25	2.18	6	11.2	2.51	2.47	6	24.3	2.20	2.27	등록평균	등록70%컷
공공행정학과	한밭대	학생부종합(일반)	7	7	11.0	4.23	4.49	6	11.8	4.64	4.14	6	6.3	4.34	4.58	등록50%컷	등록70%컷
공공행정학과	한밭대	지역인재(종합)	6	6	9.2	4.50	4.46	5	11.8	3.92	4.24	4	5.5	4.27	4.34	등록50%컷	등록70%컷
관광&영어통역융복합학과	공주대	일반전형	11	11	4.0	4.86	5.29	7	6.4	4.37	4.63	7	9.9	4.7	4.7	등록50%컷	등록70%컷
관광개발학과	제주대	일반학생	3	3	5.7	4.74	5.19	3	4.3	4.98	5.05	3	7.0	4.68	4.89	등록50%컷	등록70%컷
관광경영학과	공주대	일반전형	11	11	7.0	4.46	4.47	8	10.4	4.36	4.41	8	13.1	3.2	3.6	등록50%컷	등록70%컷
관광경영학과	강원대(춘천)	미래인재II	4	3	12.7	3.39	3.64	9	9.4	4.11	4.33	9	14.2	3.76		등록평균	등록75%컷
관광경영학과	강원대(춘천)	미래인재I	7	7	11.4	4.12	4.35									등록평균	등록75%컷
관광경영학과	순천향대	일반학생	12	7	9.7	4.99	6.15	9	5.0	4.80	5.53	11	5.7	4.71	5.88	최초평균	최초최저
관광경영학과*	제주대	일반학생	4	4	5.8	4.29	4.29	4	8.8	4.38	4.48	4	8.5	4.55	4.93	등록50%컷	등록70%컷

모집단위	대학	전형	2025 모집인원	2024 모집인원	2024 경쟁률	2024 성적①	2024 성적②	2023 모집인원	2023 경쟁률	2023 성적①	2023 성적②	2022 모집인원	2022 경쟁률	2022 성적①	2022 성적②	성적 산출기준 성적①	성적 산출기준 성적②
관광컨벤션학과	부산대	학생부종합	6	6	11.8	3.28	2.90	6	11.3	2.83	2.88	6	15.8	3.08	2.81	등록평균	등록70%컷
광고홍보학과	한림대	학교생활우수자	20	15	5.3	4.25	4.88	20	4.3	4.38	5.26	10	4.7	4.36	5.71	등록평균	등록최저
광고홍보학부	홍익대(세종)	학교생할우수자	25	24	10.4	3.71	3.82	27	10.2	3.59	3.73	22	10.6	3.48	3.74	등록50%컷	등록70%컷
교육과*	한남대	한남인재I(서류)	4	4	5.3	4.37	4.20	5	4.2	4.27	4.50	4	5.3	4.09	4.11	최종평균	최종80%
교육과*	한남대	한남인재II(서류+면접)	5	5	5.2	4.48	4.70	6	2.7	4.76	4.49	5	5.6	4.28	4.31	최종평균	최종80%
교육학	한국교원대	학생부종합우수자	7	7	6.6	2.15	2.41	7	9.1	2.24	2.36	7	5.3	2.15	3.27	등록평균	등록최저
교육학과	강원대(춘천)	미래인재II	3	3	9.3	3.13	3.41	3	8.3	2.64	2.77	3	8.7	2.76		등록평균	등록75%컷
교육학과	충남대	일반전형	2	2	12.5			2	10.0			2	15.5			등록평균	등록70%
교육학과	경북대	일반학생	8	8	23.1	3.72	3.62	7	27.9	3.01	3.34	7	14.1	3.36	3.48	등록평균	등록70%
교육학과	전북대	큰사람	3	3	11.0	3.28		3	14.0			3	12.7			등록평균	등록70%컷
교육학과	충북대	학생부종합I	6	5	10.4	2.74	2.99	5	11.8	2.74	2.79	5	13.0	2.45	2.91	등록평균	등록70%컷
교육학과	경상국립대	일반전형	3	3	13.3	3.09		4	15.8	3.01		4	8.8	3.48	3.25	등록평균	등록70%
교육학과	부산대	학생부종합	6	6	18.3	2.19		6	10.3	2.40	2.57	6	16.3	2.20	2.29	등록평균	등록70%컷
교육학과	경상국립대	지역인재	2	2	13.0			2	10.5			1	11.0	2.80		등록평균	등록70%
교육학과	조선대	면접	4	5	6.8	4.61	4.54	4	5.8	4.62	4.35	5	7.8	3.94	4.40	등록평균	등록70%컷
교육학과	공주대	일반전형	9	9	13.2	2.82	3.02	8	14.8	2.81	2.86	8	34.6	2.7	3.0	등록50%컷	등록70%컷
교육학과	전남대(광주)	고교생활우수자I	3	3	11.7	3.12		3	18.3	2.95		3	12.3	3.35		등록평균	등록70%컷
교육학과	조선대	서류	6	5	4.0	4.27	4.59									등록평균	등록70%컷
교육학과*	원광대	학생부종합	8	8	2.6	4.45	4.50	8	3.1	3.62	6.64	8	2.8	3.88	3.92	등록50%컷	등록70%컷
국사학과	충남대	일반전형	2	2	8.0	3.74	3.76	2	9.5			2	11.5			등록평균	등록70%
국사학과	충남대	서류전형	2	2	6.5	3.95	3.97									등록평균	등록70%
국어교육과	한국교원대	학생부종합우수자	22	22	5.6	2.13	2.54	23	5.1	2.08	2.68	22	5.9	2.07	2.72	등록평균	등록최저
국어교육과	조선대	면접	4	5	5.4	4.39	4.37	5	10.0	4.35	4.33	5	6.6	4.52	4.83	등록평균	등록70%컷
국어교육과	충북대	학생부종합I	8	7	11.1	2.66	2.64	7	8.4	2.87	2.89	7	10.9	2.68	2.85	등록평균	등록70%컷
국어교육과	조선대	서류	11	10	3.1	4.22	4.10									등록평균	등록70%컷
국어교육과	전북대	큰사람	4	4	9.3	3.29		4	12.3	2.88	2.82	3	7.7			등록평균	등록70%컷
국어교육과	부산대	학생부종합	6	6	11.5	2.51	2.45	9	11.4	2.22	2.24	4	13.0	2.27	2.15	등록평균	등록70%컷
국어교육과	경북대	지역인재	2													등록평균	등록70%
국어교육과	전남대(광주)	고교생활우수자I	4	4	6.0	3.00	2.83	4	10.0	2.31	2.34	8	8.1	2.43	2.52	등록평균	등록70%컷
국어교육과	제주대	일반학생	4	4	4.8	3.21	3.21	4	4.8	3.16	3.47	3	8.0			등록50%컷	등록70%컷
국어교육과	공주대	일반전형	16	16	8.1	2.85	3.05	16	8.7	2.72	2.95	16	8.7	2.7	3.1	등록50%컷	등록70%컷
국어교육과	충남대	일반전형	1	1	8.0			1	9.0			1	11.0			등록평균	등록70%
국어교육과	강원대(춘천)	미래인재II	9	9	7.9	3.16	3.35	10	6.1	3.14	3.28	10	6.4	3.03		등록평균	등록75%컷
국어교육과	경북대	일반학생	7	9	14.3	3.32	3.64	7	18.1	2.65	2.65	6	13.8	2.94	3.02	등록평균	등록70%
국어교육과*	한남대	한남인재II(서류+면접)	4	4	4.3	4.71	4.63	5	2.8	4.78	4.00	4	3.0	3.75	3.51	최종평균	최종80%
국어교육과*	한남대	한남인재I(서류)	4	4	4.8	3.94	4.06	6	4.7	3.95	3.70	3	4.0	3.97	3.73	최종평균	최종80%
국어교육과*	원광대	학생부종합	10	10	3.7	4.34	4.48	10	3.7	4.09	4.32	10	3.1	3.78	3.97	등록50%컷	등록70%컷
국어국문·창작학과*	한남대	한남인재I(서류)	17	12	5.1	5.31	5.71	13	4.0	5.38	5.42	9	2.3	5.55	5.63	최종평균	최종80%
국어국문학과	경북대	일반학생	7	14	10.4	3.89	4.03	5	13.4	3.58	3.50	5	11.6	3.43	3.61	등록평균	등록70%
국어국문학과	충북대	학생부종합II	4	4	13.5	3.88		3	13.7	4.06		3	7.3	4.43		등록평균	등록70%컷
국어국문학과	경북대	지역인재	5													등록평균	등록70%
국어국문학과	충북대	학생부종합I	5	5	10.0	3.61	3.71	6	9.7	3.83	3.93	6	9.2	3.27	3.64	등록평균	등록70%컷
국어국문학과	충남대	서류전형	4	4	10.5	3.38	3.69									등록평균	등록70%
국어국문학과	충남대	일반전형	4	6	12.7	3.31	3.53	6	11.5			6	6.2			등록평균	등록70%
국어국문학과*	전북대	큰사람	3	3	13.3	4.06		3	21.0			3	13.7			등록평균	등록70%컷
국어국문학과*	경상국립대	지역인재	8	8	5.0	4.73		8	6.3	4.65		8	3.9	4.74	4.90	등록평균	등록70%
국어국문학과*	경상국립대	일반전형	15	15	6.3	4.42		15	6.1	4.36		15	5.5	4.98	4.48	등록평균	등록70%
국어국문학과*	전남대(광주)	고교생활우수자I	8	8	7.3	3.76	3.86	8	12.3	3.34	3.56	12	5.0	3.50	3.89	등록평균	등록70%컷
국어국문학과*	부산대	학생부종합	4	3	16.0	2.74		3	18.7	3.14		3	18.7	2.99	2.62	등록평균	등록70%컷
국어국문학과*	제주대	일반학생	3	3	5.7	4.56	4.69	3	6.7	4.34	4.36	3	8.0	4.82	4.90	등록50%컷	등록70%컷
국어국문학전공	조선대	서류	16	10	2.4	6.14	6.47									등록평균	등록70%컷
국제경영학과	충북대	학생부종합II	7	7	9.0	3.57	3.70	5	10.4	3.69	3.72	5	10.0	3.63	3.71	등록평균	등록70%컷
국제경영학과	상지대	종합일반	5													등록평균	
국제경영학과	충북대	학생부종합I	8	7	10.6	3.55	3.61	9	11.6	3.51	3.64	9	10.4	3.52	3.61	등록평균	등록70%컷

모집단위	대학	전형	2025 모집인원	2024 모집인원	2024 경쟁률	2024 성적①	2024 성적②	2023 모집인원	2023 경쟁률	2023 성적①	2023 성적②	2022 모집인원	2022 경쟁률	2022 성적①	2022 성적②	성적 산출기준 성적①	성적 산출기준 성적②
국제무역학과	한국교통대	나비인재II	6	6	3.3	4.63	5.51									등록평균	등록최저
국제무역학과	강원대(춘천)	미래인재I	12	11	8.4	3.94	4.22									등록평균	등록75%컷
국제무역학과	강원대(춘천)	미래인재II	5	5	10.6	4.11	4.24	14	5.0	4.38	4.67	14	8.7	3.74		등록평균	등록75%컷
국제통상학과	순천향대	일반학생	21	10	8.1	4.98	5.90	12	4.9	5.08	6.09	13	4.2	4.91	6.38	최초평균	최초최저
국제통상학과*	경상국립대	일반전형	10	10	8.1	4.04		12	6.3	4.23		12	7.4	4.03	4.25	등록평균	등록70%
국제통상학과*	경상국립대	지역인재	5	5	7.0	4.31		5	5.8	4.51		5	6.6	4.07	4.16	등록평균	등록70%
국제학부	충남대	서류전형	2	2	9.5	3.65	3.74									등록평균	등록70%
국제학부	부산대	학생부종합	8	5	18.6	2.66	2.78	9	26.3	3.08	3.15	9	13.2	3.69	4.46	등록평균	등록70%컷
국제학부	전북대	큰사람	18	18	7.0	4.21	4.29	18	6.2	4.07	4.29	18	9.5	3.88	4.32	등록평균	등록70%컷
국토안보학전공	충남대	서류전형	3	3	6.3	4.76	5.12									등록평균	등록70%
글로벌금융경영학부	상명대(천안)	상명인재	10	10	16.3	4.51	5.10	10	15.4	4.71	5.48	10	8.1	5.22		등록평균	등록최저
글로벌문화산업학과	순천향대	일반학생	6	6	8.8	4.44	5.01	3	5.3	4.77	5.19	6	4.7	4.62	5.80	최초평균	최초최저
글로벌미디어영상학과	우송대	서류형	3	3	4.3	6.2										등록평균	
글로벌비즈니스대학	선문대	서류	63	42	3.0	6.00	6.98									등록50%컷	등록70%컷
글로벌비즈니스 커뮤니케이션학과	조선대	면접	6	6	5.3	6.21	6.27	5	8.6	6.29	5.87	5	4.2	6.00	6.40	등록평균	등록70%컷
글로벌비즈니스 커뮤니케이션학과	조선대	서류	5	5	6.0	5.17	5.60									등록평균	등록70%컷
글로벌비즈니스학부	전남대(여수)	고교생활우수자II	6	18	1.2	5.72	6.35	18	1.0	5.46						등록평균	등록70%컷
글로벌엘리트학부	연세대(미래)	글로벌인재	5	5	4.6			5	3.2			5	3.0			등록50%컷	등록70%컷
글로벌외식창업전공	우송대	면접형	3	3	6.3	6.4		4	5.0	5.4		6	5.3	5.8		등록평균	
글로벌외식창업전공	우송대	서류형	4	4	8.8	4.2		4	7.5	4.2						등록평균	
글로벌인문학부*	울산대	지역인재	47													등록평균	등록최저
글로벌인문학부*	울산대	잠재역량	50													등록평균	등록최저
글로벌인재학부	강원대(삼척)	미래인재I	15	12	1.6	6.92	7.04									등록평균	등록75%컷
글로벌조리전공	우송대	면접형	9	9	6.6	4.3		10	8.4	4.0		10	7.1	4.8		등록평균	
글로벌조리전공	우송대	서류형	5	5	9.0	3.3		3	17.7	3.0		2	22.5	4.9		등록평균	
글로벌지역학부	상명대(천안)	상명인재	10	12	12.8	4.36	5.00	12	9.6	4.64	5.37	12	15.2	4.71		등록평균	등록최저
글로벌통상학과	호서대	호서인재	20	26	1.3	6.40	7.27	29	1.0	6.40	7.88	23	1.7	5.97	7.12	등록평균	등록최저
글로벌학부	고려대(세종)	크림슨인재	39	20	6.8	4.11										등록평균	등록70%
글로벌학부	한림대	학교생활우수자	4	4	3.0	4.68	4.82	4	1.8	5.24	5.64	4	2.0	5.15	5.15	등록평균	등록최저
글로벌학부	고려대(세종)	지역인재	5	4	2.5			4	3.3			4	5.0			등록평균	등록70%
글로벌한국어과	단국대(천안)	DKU인재(서류)	4	4	9.3	4.29	4.89	4	10.0	4.20		5	16.8	4.05		등록평균	등록최저
글로벌호텔매니지먼트학과	우송대	서류형	4	3	3.3	7.0		3	3.7	6.6						등록평균	
글로벌호텔매니지먼트학과	우송대	면접형	3	3	3.3	6.4		5	1.6	6.6		5	1.8	5.9		등록평균	
기독교학과	한남대	한남인재I(서류)	5	3	3.0	7.18	7.47	5	2.2	6.81	8.22	5	2.0	5.24	6.29	최종평균	최종80%
기독교학과	호서대	호서인재	9	10	1.5	6.98	6.98	10	0.8	6.09	6.60	8	2.0	5.73	7.02	등록평균	등록최저
노어노문학과	경북대	지역인재	3									3	8.0	4.10	4.04	등록평균	등록70%
노어노문학과	부산대	학생부종합	4													등록평균	등록70%컷
노어노문학과	경북대	일반학생	14	14	14.4	5.24	5.72	13	9.2	4.99	5.41	8	15.3	4.33	4.34	등록평균	등록70%
농업경제학과	전남대(광주)	고교생활우수자I	8	9	5.9	3.79	3.90	9	4.7	3.42	3.43	9	5.8	3.22	3.34	등록평균	등록70%컷
농업경제학과	충북대	학생부종합II	4	4	11.5	3.99	4.11	3	6.0	4.47		3	6.3	3.97		등록평균	등록70%컷
농업경제학과	충북대	학생부종합I	5	5	10.2	4.12	4.34	6	8.0	3.95	3.76	6	8.7	3.70	3.85	등록평균	등록70%컷
농업생명과학계열	전북대	큰사람	77													등록평균	등록70%컷
도시·자치융합학과	충남대	서류전형	2	2	9.5	3.43	3.50									등록평균	등록70%
도시·자치융합학과	충남대	일반전형	4	4	9.5	3.36	3.52	4	5.5			4	10.5			등록평균	등록70%
독어교육과	한국교원대	학생부종합우수자	7	7	4.7	3.95	4.88	7	4.1	3.62	5.32	7	4.3	3.41	3.92	등록평균	등록최저
독어교육과	전북대	큰사람	1	1	8.0			1	10.0			1	6.0			등록평균	등록70%컷
독어교육전공	경북대	지역인재	3	3	9.3	4.33	4.86									등록평균	등록70%
독어독문학과	공주대	일반전형	12	12	4.6	5.34	5.59	7	5.6	5.68	5.78	7	5.1	5.5	5.6	등록50%컷	등록70%컷
독어독문학과	경북대	일반학생	7	7	11.7	4.33	4.71	5	11.6	4.12	4.33	6	9.5	4.27	4.19	등록평균	등록70%
독어독문학과*	충남대	서류전형	3	3	8.0	4.42	4.65									등록평균	등록70%
독어독문학과*	경상국립대	지역인재	4	4	3.8	5.70		4	5.3	5.06		4	5.0	5.49	5.39	등록평균	등록70%
독어독문학과*	부산대	학생부종합	10	10	13.5	3.36	3.48	10	10.0	4.10	4.28					등록평균	등록70%컷
독어독문학과*	충남대	일반전형	4	6	11.3	5.17	5.70	6	6.3			6	7.2			등록평균	등록70%
독어독문학과*	경상국립대	일반전형	5	5	5.2	5.26		5	4.2	5.05		5	5.2	4.25	4.87	등록평균	등록70%

모집단위	대학	전형	2025 모집인원	2024 모집인원	경쟁률	성적①	성적②	2023 모집인원	경쟁률	성적①	성적②	2022 모집인원	경쟁률	성적①	성적②	성적 산출기준 성적①	성적②
독일어문화학전공	조선대	서류	9	5	2.0												
독일언어문학과	충북대	학생부종합I	5	5	9.0	4.01	3.92	6	8.0	4.37	4.36	6	8.3	4.37	4.37	등록평균	등록70%컷
독일언어문학과	충북대	학생부종합II	4	4	8.0	4.72	5.08	3	5.7	5.69		3	6.0	3.92		등록평균	등록70%컷
독일언어문학과*	전남대(광주)	고교생활우수자I	10	10	8.2	4.20	4.35	10	8.2	4.20	4.20	12	6.8	4.17	4.20	등록평균	등록70%컷
독일학과*	전북대	큰사람	3	3	14.0	4.91		3	9.0			3	7.7			등록평균	등록70%컷
독일학과*	제주대	일반학생	2	2	9.5			2	4.0	6.06		2	6.0	5.22		등록50%컷	등록70%컷
독일학전공*	단국대(천안)	DKU인재(서류)	5	5	9.6	5.14	6.92	6	5.8	4.63		6	13.7	4.58		등록평균	등록최저
동아시아국제학부	연세대(미래)	글로벌인재	46	46	3.1	5.93	6.35	46	2.4	5.21	5.48	46	2.8	5.48	6.12	등록50%컷	등록70%컷
동화·한국어문화학과	건국대(글로컬)	Cogito자기추천	14	24	3.5	5.2	5.4	24	3.8	5.0	5.2	22	3.8	4.9	5.0	등록50%	등록70%
디자인융합계열	원광대	학생부종합	18													등록50%컷	등록70%컷
디지털금융경영학과	호서대	호서인재	16	16	1.3	6.74	7.88									등록평균	등록최저
러시아어전공	조선대	서류	7	4	2.3												
러시아언어문화학과	충북대	학생부종합II	4	4	7.0	4.37	4.54	3	6.7	4.49		3	5.3	4.65		등록평균	등록70%컷
러시아언어문화학과	충북대	학생부종합I	4	4	16.5	3.76	3.98	5	10.6	4.73	4.84	5	10.0	4.41	5.09	등록평균	등록70%컷
러시아학과	한림대	학교생활우수자	10	10	3.9	6.21	6.69	10	1.8	6.04	7.47	10	2.1	6.07	6.72	등록평균	등록최저
러시아학과*	경상국립대	지역인재	4	5	4.4	5.34		5	5.0	5.30		5	5.8	5.31	5.47	등록평균	등록70%
러시아학과*	경상국립대	일반전형	5	5	5.4	5.53		5	7.2			7	6.7	5.72	5.72	등록평균	등록70%
러시아학전공*	단국대(천안)	DKU인재(서류)	7	7	9.1	4.45	4.94	8	6.9	4.53		8	10.0	4.35		등록평균	등록최저
리더십과조직과학전공	충남대	서류전형	2	2	9.0											등록평균	등록70%
리더십과조직과학전공	충남대	일반전형	1	2	13.0			2	8.5			2	7.0			등록평균	등록70%
리빙디자인학과	상지대	종합일반	8	6	2.5	4.86										등록평균	
리빙디자인학과	상지대	강원인재	1	2	1.5											등록평균	
린튼글로벌스쿨	한남대	한남인재I(서류)	6	7	1.9	6.75	6.79	5	1.6	6.54	6.84	6	1.2	5.62	5.69	최종평균	최종80%
몽골학전공	단국대(천안)	DKU인재(서류)	7	7	7.6	4.55	5.06	8	5.8	4.50		8	4.5	5.14		등록평균	등록최저
무역물류학과	한남대	창업인재(서류+면접)	2	2	1.0			2	2.5			2	1.5				
무역물류학과	한남대	한남인재I(서류)	12	7	3.1	6.26	6.63	8	3.0	5.80	6.68	6	1.7	6.32	6.53	최종평균	최종80%
무역학과	조선대	서류	33	30	1.7	6.52	6.05										
무역학과	제주대	일반학생	3	3	5.7	5.74	5.86	3	3.7	4.90	5.18	3	7.3	4.71	4.76	등록50%컷	등록70%컷
무역학과	조선대	면접	6	9	4.7	5.48	5.68	14	5.9	5.72	5.80	5	12.4	5.63	5.60	등록평균	등록70%컷
무역학과*	충남대	일반전형	6	8	10.1	3.42	3.57	8	11.9			8	7.4			등록평균	등록70%
무역학과*	충남대	서류전형	5	5	10.4	3.39	3.60									등록평균	등록70%
무역학부	부산대	학생부종합	9	7	12.7	2.83	2.95	15	8.3	2.76	2.81	15	12.1	2.86	2.73	등록평균	등록70%컷
문예창작학과	조선대	서류	6	7	4.9	4.48	4.51									등록평균	등록70%컷
문예창작학과	조선대	면접	4	6	4.3	4.96	5.05	5	12.2	4.28	2.49	15	7.2	5.08	5.61	등록평균	등록70%컷
문헌정보교육과	공주대	일반전형	11	11	10.6	2.83	3.03	10	11.8	2.86	3.07	10	10.1	2.5	2.8	등록50%컷	등록70%컷
문헌정보학과	건국대(글로컬)	Cogito자기추천	14	21	5.7	4.2	4.4	21	6.0	4.3	4.4	21	4.4	4.1	4.3	등록50%	등록70%
문헌정보학과	경북대	일반학생	9	9	13.7	3.33	3.76	6	13.8	3.23	3.31	4	10.8	3.07	3.40	등록평균	등록70%
문헌정보학과*	충남대	서류전형	2	2	10.0	2.92	2.99									등록평균	등록70%
문헌정보학과*	충남대	일반전형	3	4	9.8	3.48	3.58	4	10.0			4	13.5			등록평균	등록70%
문헌정보학과*	전남대(광주)	고교생활우수자I	6	6	5.8	3.40	3.54	6	7.0	2.69	2.90	8	7.6	3.01	3.18	등록평균	등록70%컷
문헌정보학과*	전북대	큰사람	3	3	15.3	3.55		3	20.0			3	20.0			등록평균	등록70%컷
문헌정보학과*	한남대	한남인재II(서류+면접)	7	7	2.1	5.21	5.43	6	5.3	4.52	4.73	4	8.3	4.74	4.82	최종평균	최종80%
문헌정보학과*	한남대	한남인재I(서류)	12	8	5.3	4.75	5.03	7	10.7	4.11	4.14	4	8.8	4.80	4.77	최종평균	최종80%
문화관광경영학과	한라대	운곡인재	6	12	1.3	5.13	5.13	17	1.3	7.48	7.64	10	2.3			등록50%컷	등록70%컷
문화관광경영학과	전남대(여수)	고교생활우수자II	4	8	2.1	6.08	6.60	8	2.4	5.78	5.92	4	4.5	5.48	5.26	등록평균	등록70%컷
문화영상학부	호서대	호서인재	22	26	4.0	5.00	7.03	26	4.9	4.98	6.38	25	4.5	4.81	6.45	등록평균	등록최저
문화와사회융합전공	충남대	서류전형	2	2	12.0											등록평균	등록70%
문화와사회융합전공	충남대	일반전형	1	2	15.0			2	8.0			2	8.5			등록평균	등록70%
문화유산융합학부	고려대(세종)	크림슨인재	13	9	7.2	3.40											
문화유산융합학부	고려대(세종)	지역인재	1	2	2.5			2	4.0			2	4.5				
문화인류고고학과	전남대(광주)	고교생활우수자I	7	8	6.8	4.02	4.15	8	5.4	3.82	3.88	8	5.4	3.65	3.76	등록평균	등록70%컷
문화인류학과	강원대(춘천)	미래인재I	7	5	7.4	4.50	4.86									등록평균	등록75%컷
문화창의학부	고려대(세종)	크림슨인재	16	8	18.1	3.15											
문화창의학부	고려대(세종)	지역인재	2	2	2.0			2	4.0			2	7.0				

모집단위	대학	전형	2025 모집인원	2024 모집인원	2024 경쟁률	2024 성적①	2024 성적②	2023 모집인원	2023 경쟁률	2023 성적①	2023 성적②	2022 모집인원	2022 경쟁률	2022 성적①	2022 성적②	성적 산출기준 성적①	성적 산출기준 성적②
문화콘텐츠학과	상지대	종합일반	7	6	3.2	4.79										등록평균	
물류교통학과	전남대(여수)	고교생활우수자II	4	8	1.1	6.60		18	0.7	5.87	6.93					등록평균	등록70%컷
미디어광고콘텐츠학과	한라대	운곡인재	6	6	3.2	4.73	4.73	16	2.4	6.17	6.88					등록50%컷	등록70%컷
미디어스쿨	한림대	학교생활우수자	30	30	6.0	4.54	5.49	30	3.1	4.58	5.86	28	4.0	4.11	5.07	등록평균	등록최저
미디어영상광고학과	상지대	종합일반	5	12	3.1	5.45										등록평균	
미디어영상학과	한남대	한남인재I(서류)	7	9	10.4	4.92	5.04	7	7.0	4.78	5.53	4	7.5	4.26	4.43	최종평균	최종80%
미디어영상학과	한남대	한남인재II(서류+면접)	5	5	6.0	4.90	5.20	9	5.8	4.64	4.43	6	10.5	4.18	4.48	최종평균	최종80%
미디어영상학과	한남대	창업인재(서류+면접)	3														
미디어커뮤니케이션학과	전남대(광주)	고교생활우수자I	4	4	25.0	2.87	2.55	4	9.8	3.31	3.45	4	10.3	2.69	2.83	등록평균	등록70%컷
미디어커뮤니케이션학과	강원대(춘천)	미래인재I	6	5	19.2	3.17	3.33									등록평균	등록75%컷
미디어커뮤니케이션학과	경상국립대	일반전형	6	6	25.2	4.08										등록평균	등록70%
미디어커뮤니케이션학과	강원대(춘천)	미래인재II	3	2	22.0	3.73	3.76	7	17.9	3.49	3.93	6	24.7	3.53		등록평균	등록75%컷
미디어커뮤니케이션학과	조선대	면접	6	6	11.7	4.80	5.08	10	7.8	4.64	4.91	10	8.0	4.35	4.53	등록평균	등록70%컷
미디어커뮤니케이션학과	조선대	서류	10	10	7.6	4.75	4.93									등록평균	등록70%컷
미디어커뮤니케이션학과	호서대	호서인재	7	7	8.6	4.53	5.09	7	9.0	4.42	4.84	7	12.3	4.41	4.99	등록평균	등록최저
미디어커뮤니케이션학과	경북대	일반학생	8	10	48.4	3.63	3.94	8	29.6	3.68	3.78	4	22.3	3.44	3.39	등록평균	등록70%
미디어커뮤니케이션학과	순천향대	일반학생	16	14	15.8	4.05	4.45	12	13.7	4.19	4.64	14	9.2	4.16	5.04	최초평균	최초최저
법경찰행정학과	호서대	호서인재	27	26	4.6	4.97	6.10	28	4.1	4.75	5.81	27	6.5	4.70	5.70	등록평균	등록최저
법학과	순천향대	일반학생	9	8	11.0	4.01	4.62	7	5.7	4.20	5.35	7	7.1	4.07	4.80	최초평균	최초최저
법학과	한림대	학교생활우수자	13	15	4.3	4.76	6.68	19	1.8	5.05	6.69	21	1.8	4.85	5.55	등록평균	등록최저
법학과	공주대	일반전형	9	9	8.8	3.78	4.01	9	8.9	3.88	4.08	9	10.9	3.9	4.1	등록50%컷	등록70%컷
법학과	조선대	서류	22	20	2.4	5.10	4.89									등록평균	등록70%컷
법학과	조선대	면접	10	12	4.1	5.22	4.92	14	5.4	4.95	5.36	19	5.7	4.98	5.04	등록평균	등록70%컷
법학과*	경상국립대	지역인재	6	6	6.8	3.98		4	6.0	4.17		2	5.5	4.00		등록평균	등록70%
법학부	한남대	한남인재I(서류)	19	15	2.1	6.10	6.30	17	2.9	5.71	6.08	13	1.3	5.78	6.73	최종평균	최종80%
법학부*	경상국립대	일반전형	8	10	7.6	3.92		10	6.9	4.17		10	8.2	3.84	3.99	등록평균	등록70%
베트남학전공	단국대(천안)	DKU인재(서류)	5	5	15.2	4.60	6.29	6	5.3	5.78		6	5.2	4.58		등록평균	등록최저
보건행정학과	단국대(천안)	DKU인재(서류)	9	9	8.1	3.77	4.29	7	12.1	3.45		8	10.6	3.43		등록평균	등록최저
복지·보건학부	원광대	학생부종합	16	20	3.6	5.18	5.70	22	3.8	5.40	5.76	20	5.3	4.64	4.80	등록50%컷	등록70%컷
복지·보건학부	원광대	지역인재I(호남)	4	4	1.8	6.58	6.58									등록50%컷	등록70%컷
부동산학과	공주대	일반전형	4	4	6.5	5.79	5.84	4	7.5	5.36	5.57	4	8.0	5.9	6.0	등록50%컷	등록70%컷
불어교육과	한국교원대	학생부종합우수자	7	7	9.0	3.22	3.90	7	7.6	4.53	6.27	7	7.1	4.33	4.91	등록평균	등록최저
불어불문학과	공주대	일반전형	8	8	4.3	5.00	5.30	7	5.4	5.00	5.27	7	5.7	4.5	4.7	등록50%컷	등록70%컷
불어불문학과	경북대	일반학생	7	6	12.0	5.01	5.60	6	7.7	3.85	4.16	3	10.3	3.39	3.40	등록평균	등록70%
불어불문학과	부산대	지역인재	3					3	11.3	2.69						등록평균	등록70%컷
불어불문학과	경북대	지역인재	1													등록평균	등록70%
불어불문학과*	충남대	서류전형	3	3	6.7	4.34	4.55									등록평균	등록70%
불어불문학과*	경상국립대	지역인재	5	5	3.8	5.38		5	4.4	5.03		5	5.8	5.14	5.12	등록평균	등록70%
불어불문학과*	충남대	일반전형	3	4	9.0	4.53	4.80	4	6.5			4	7.0			등록평균	등록70%
불어불문학과*	전남대(광주)	고교생활우수자I	10	10	7.8	3.83	3.97	10	7.8	4.06	4.11	12	6.1	4.05	4.17	등록평균	등록70%컷
불어불문학과*	경상국립대	일반전형	5	6	4.5	5.78		6	4.5	4.23		6	5.3	4.19	4.43	등록평균	등록70%
뷰티디자인경영학*	우송대	서류형	6	6	6.5	4.9		3	9.3	5.9		3	7.3	5.5		등록평균	
뷰티디자인경영학과	우송대	면접형	5	5	8.2	6.3		6	8.2	5.9		6	7.2	6.1		등록평균	
뷰티디자인학과	한라대	운곡인재	3	2	4.0	5.63	5.63	5	6.8	4.78	5.19	3	3.7			등록50%컷	등록70%컷
빅데이터응용학과	한남대	한남인재I(서류)	7	3	2.7	6.25	5.99	7	2.4	6.37	6.66	6	1.5	6.17	5.68	최종평균	최종80%
사학과	공주대	일반전형	8	8	12.4	4.15	4.38	7	14.0	4.11	4.19	7	13.4	4.0	4.1	등록50%컷	등록70%컷
사학과	경북대	일반학생	10	18	11.2	3.77	3.77	13	13.3	3.70	3.86	9	8.2	3.73	3.59	등록평균	등록70%
사학과	경북대	지역인재	7									4	6.5	3.87	4.44	등록평균	등록70%
사학과	한남대	한남인재I(서류)	9	5	9.2	5.14	5.19	8	5.5	5.28	6.03	5	5.4	5.57	4.93	최종평균	최종80%
사학과	충북대	학생부종합I	4	4	11.3	3.87	3.93	5	11.0	3.46	3.53	5	14.6	3.27	3.45	등록평균	등록70%컷
사학과	충북대	학생부종합II	4	4	13.5	3.78	4.05	3	18.0	4.10		3	16.3	3.92		등록평균	등록70%컷
사학과*	제주대	일반학생	2	2	10.0	4.59	4.59	2	9.5	4.49		2	13.5	3.83	4.22	등록50%컷	등록70%컷
사학과*	경상국립대	일반전형	7	7	8.0	4.32		7	7.1	4.05		7	9.4	3.82	3.95	등록평균	등록70%
사학과*	충남대	일반전형	3	5	16.4	3.49	3.63	5	14.4			5	21.0			등록평균	등록70%

모집단위	대학	전형	2025 모집인원	2024 모집인원	2024 경쟁률	2024 성적①	2024 성적②	2023 모집인원	2023 경쟁률	2023 성적①	2023 성적②	2022 모집인원	2022 경쟁률	2022 성적①	2022 성적②	성적산출기준 성적①	성적산출기준 성적②
사학과*	부산대	학생부종합	9	8	10.1	2.86	3.16	8	10.6	2.81	2.78	8	13.5	2.79	2.77	등록평균	등록70%컷
사학과*	전북대	큰사람	4	4	16.0	3.68		4	12.0	3.85	3.93	4	17.5	3.53	3.62	등록평균	등록70%컷
사학과*	충남대	서류전형	2	2	12.5	3.40	3.44									등록평균	등록70%
사학과*	전남대(광주)	고교생활우수자 I	8	8	8.6	3.37	3.46	8	7.0	3.40	3.68	12	6.6	3.14	3.50	등록평균	등록70%컷
사학과*	경상국립대	지역인재	3	3	7.7	4.04		3	7.7			3	6.7	4.00		등록평균	등록70%
사회과교육학부	전북대	큰사람	15	2	7.5			2	19.5			2	7.5			등록평균	등록70%컷
사회과학계열	전북대	큰사람	43													등록평균	등록70%컷
사회과학대학 자율학부	경북대	일반학생	4													등록평균	등록70%
사회교육과	충북대	학생부종합 I	6	5	10.0	2.69	2.72	5	12.2	2.69	2.65	5	8.8	2.65	2.61	등록평균	등록70%컷
사회교육과	제주대	일반학생	3	3	5.7	3.56	3.72	3	9.3	3.05	3.18	2	13.5	3.14		등록50%컷	등록70%컷
사회복지학과	단국대(천안)	DKU인재(서류)	8	10	13.6	3.56	3.83	9	26.0	3.69		9	21.1	4.13		등록평균	등록최저
사회복지학과	공주대	일반전형	9	9	10.9	3.78	4.26	9	17.1	3.61	3.78	9	19.9	3.8	4.0	등록50%컷	등록70%컷
사회복지학과	우송대	면접형	2	5	4.6	6.5		5	4.4	6.7		4	4.0	6.3		등록평균	
사회복지학과	부산대	학생부종합	5					5	15.4	2.51	2.28	5	14.2	2.60	2.65	등록평균	등록70%컷
사회복지학과	우송대	서류형	4	3	5.0	6.4		3	9.0	5.8		2	8.0	6.0		등록평균	
사회복지학과	강원대(도계)	미래인재 I	6	7	5.1	5.25	5.58									등록평균	등록75%컷
사회복지학과	한라대	운곡인재	13	15	3.1	5.53	6.00	28	3.3	6.05	6.81	14	2.9			등록50%컷	등록70%컷
사회복지학과	한남대	한남인재II(서류+면접)	5	5	6.0	5.34	5.40	6	8.7	5.23	5.12	6	9.2	4.87	5.56	최종평균	최종80%
사회복지학과	한서대	융합인재	2	3	0.7			3	2.7	5.7		10	1.1			등록평균	
사회복지학과	상지대	종합일반	8	11	4.4	5.59										등록평균	
사회복지학과	강원대(도계)	미래인재II	7	5	3.2	5.82	6.56	5	6.2	5.51	6.13	5	11.8	4.90		등록평균	등록75%컷
사회복지학과	충남대	서류전형	2	2	19.0	3.65	3.75									등록평균	등록70%
사회복지학과	충남대	일반전형	3	4	14.3	3.41	3.50	4	15.3			4	13.8			등록평균	등록70%
사회복지학과	상지대	강원인재	4	3	4.3											등록평균	
사회복지학과	건국대(글로컬)	Cogito자기추천	22	23	4.6	4.7	4.9	23	5.4	4.5	4.6	23	5.8	4.4	4.6	등록50%	등록70%
사회복지학과	순천향대	일반학생	12	10	21.4	4.57	5.74	12	10.7	4.68	5.85	11	11.9	4.57	5.99	최초평균	최초최저
사회복지학과	한남대	한남인재 I(서류)	9	7	10.6	4.99	5.12	7	14.7	5.17	5.69	5	8.8	5.12	5.36	최종평균	최종80%
사회복지학과	한국교통대	나비인재II	7	3	9.7	3.99	4.40									등록평균	등록최저
사회복지학부	호서대	호서인재	20	25	3.0	5.70	6.73	25	2.5	5.46	6.47	20	5.9	5.17	5.62	등록평균	등록최저
사회복지학부	경북대	일반학생	10	11	25.5	3.77	3.98	11	26.1	3.56	4.01	9	11.3	3.81	4.52	등록평균	등록70%
사회복지학부	경북대	지역인재	8	7	25.0	4.11	4.84									등록평균	등록70%
사회복지학부	한림대	학교생활우수자	29	30	4.9	4.62	5.65	30	3.3	4.68	5.68	28	4.5	4.53	5.87	등록평균	등록최저
사회복지학부	경상국립대	지역인재	6	6	9.8	4.42		7	11.7	4.03		7	6.1	3.96	3.86	등록평균	등록70%
사회복지학부	경상국립대	일반전형	12	12	11.0	4.24		16	8.9	4.00		16	8.9	4.01	4.04	등록평균	등록70%
사회적경제기업학과	한남대	창업인재(서류+면접)	2	3	1.7			5	1.8			5	1.6				
사회적경제기업학과	한남대	한남인재 I(서류)	5	4	1.8	5.78	6.30	4	3.3	6.09	6.42	5	2.0	5.68	5.94	최종평균	최종80%
사회학과	충북대	학생부종합II	4	4	11.3	3.63	3.78	3	7.3	4.16		3	7.3	3.26		등록평균	등록70%컷
사회학과	경북대	일반학생	9	5	23.8	3.33	3.42	5	17.0	3.20	3.14					등록평균	등록70%
사회학과	한림대	학교생활우수자	10	10	4.5	4.97	5.79	10	2.3	5.11	5.91	12	2.3	4.57	5.97	등록평균	등록최저
사회학과	강원대(춘천)	미래인재II	3	4	10.8	4.20	4.55	4	8.5	3.86	3.96	8	9.0	3.47		등록평균	등록75%컷
사회학과	강원대(춘천)	미래인재 I	6		7.4	4.10	4.18									등록평균	등록75%컷
사회학과	충북대	학생부종합 I	5	5	9.4	3.26	3.45	6	9.8	3.23	3.31	6	10.8	3.23	3.26	등록평균	등록70%컷
사회학과*	경상국립대	일반전형	8	6	8.2	4.40		6	4.8	4.47		6	9.2	3.97	3.77	등록평균	등록70%
사회학과*	전남대(광주)	고교생활우수자 I	4	4	6.8	3.23		4	7.5	3.18	3.16	8	9.3	3.22	3.26	등록평균	등록70%컷
사회학과*	경상국립대	지역인재	2	2	6.0			2	3.5			2	8.5	3.20		등록평균	등록70%
사회학과*	충남대	서류전형	2	2	8.5	2.71	2.78									등록평균	등록70%
사회학과*	충남대	일반전형	5	7	9.4	3.10	3.25	5	11.2			5	10.0			등록평균	등록70%
사회학과*	제주대	일반학생	3	3	9.0	4.63	4.70	3	10.3	4.66	4.83	3	14.7	5.17	5.38	등록50%컷	등록70%컷
산업디자인학과	한국교통대	나비인재II	6	2	5.5	4.59	5.09									등록평균	등록최저
산업심리학과*	호서대	호서인재	14	15	1.9	5.70	7.45	17	1.4	5.08	7.13	15	2.6	4.71	5.29	등록평균	등록최저
산업유통학과	공주대	일반전형	4	5	5.2	5.56	5.91	5	4.0	4.87	4.98	5	5.0	5.0	5.2	등록50%컷	등록70%컷
산업융합디자인학과	상지대	종합일반	8	8	1.6	4.66										등록평균	
산업융합디자인학과	상지대	강원인재	2	2	1.0											등록평균	
산업응용경제학과	제주대	일반학생	2	2	8.0	4.39	4.39	2	3.5			2	6.5	4.50		등록50%컷	등록70%컷

모집단위	대학	전형	2025 모집인원	2024 모집인원	2024 경쟁률	2024 성적①	2024 성적②	2023 모집인원	2023 경쟁률	2023 성적①	2023 성적②	2022 모집인원	2022 경쟁률	2022 성적①	2022 성적②	성적 산출기준 성적①	성적 산출기준 성적②
상경학부	홍익대(세종)	학교생할우수자	48	49	5.8	4.57	4.82	53	7.6	4.79	4.94	43	3.9	4.84	5.23	등록50%컷	등록70%컷
상담심리학과	조선대	면접	6	6	11.0	4.45	4.28	8	9.4	4.35	4.58	5	16.8	4.20	3.86	등록평균	등록70%컷
상담심리학과	조선대	서류	10	7	6.7	4.37	4.67									등록평균	등록70%컷
상담심리학과*	한남대	한남인재II (서류+ 면접)	4	4	6.5	5.12	5.01	6	10.5	4.69	4.73	5	7.6	4.92	4.86	최종평균	최종80%
상담심리학과*	한남대	한남인재I(서류)	10	8	6.1	4.27	4.46	7	11.3	4.24	4.47	5	7.4	4.29	4.22	최종평균	최종80%
생활과학계열	전북대	큰사람	13													등록평균	등록70%컷
서양화전공	조선대	서류	2														
세종캠퍼스자율전공 (인문.예능)	홍익대(세종)	학교생할우수자	52	52	7.8	2.88	3.28	46	8.2	3.27	3.77	38	6.6	3.40	3.67	등록50%컷	등록70%컷
소방방재융합학과	건국대(글로컬)	Cogito자기추천	14	17	6.2	4.4	4.7	17	6.1	4.6	4.8	17	8.9	4.2	4.5	등록50%	등록70%
소방행정학과	원광대	학생부종합	10	10	6.5	4.77	4.80	10	9.0	4.70	4.74	10	6.5	4.60	5.05	등록평균	등록70%컷
소방행정학과	원광대	지역인재I(호남)	14	4	3.8	5.01	5.35	4	3.3	4.95	4.95	4	5.3	4.96	4.96	등록평균	등록70%컷
소비자학과	충북대	학생부종합I	4	4	7.8	3.58	3.78	5	11.0	3.38	3.47	5	8.0	3.72	3.91	등록평균	등록70%컷
소비자학과	충북대	학생부종합II	4	4	7.8	3.54	3.70	3	8.3	4.09		3	9.7	3.75		등록평균	등록70%컷
솔브릿지경영학부	우송대	서류형	13	13	2.3	6.6		10	3.0	5.3		10	4.3	5.5		등록평균	
솔브릿지경영학부	우송대	면접형	22	26	1.9	6.5		30	1.5	6.3		25	3.0	5.8		등록평균	
스마트유통물류학과	경상국립대	일반전형	3	3	10.3	4.95										등록평균	등록70%
스페인·중남미학과*	전북대	큰사람	4	4	23.8	4.67	4.75	4	12.3	4.89	5.29	4	15.3	4.47	4.54	등록평균	등록70%컷
스페인중남미전공	조선대	서류	11	5	2.8	5.88	6.14										
스페인중남미학전공*	단국대(천안)	DKU인재(서류)	9	12	9.7	4.29	5.02	10	7.1	4.63		10	7.9	4.10		등록평균	등록최저
스포츠과학부	원광대	지역인재I(호남)	1													등록50%컷	등록70%컷
스포츠학과	한라대	운곡인재	2	1	3.0			4	3.3	6.44	6.90					등록50%컷	등록70%컷
시각영상디자인학과	상지대	종합일반	8	8	2.5	4.55										등록평균	
시각영상디자인학과	상지대	강원인재	2	2	1.0											등록평균	
식품자원경제학과	부산대	학생부종합	3	3	9.3	3.40		3	11.7	3.73		5	10.8	4.03	3.92	등록평균	등록70%컷
식품자원경제학과	경북대	일반학생	7	7	13.3	3.81	4.11	5	7.2	3.40	3.75	5	8.8	2.98	3.03	등록평균	등록70%
식품자원경제학과	경상국립대	지역인재	3	3	7.0	4.69		3	4.3			3	4.7	4.77		등록평균	등록70%
식품자원경제학과	부산대	지역인재	4	4	7.3	4.05	3.84	4	10.3	3.48	3.09					등록평균	등록70%컷
식품자원경제학과	단국대(천안)	DKU인재(서류)	9	14	11.5	4.22	4.76	14	7.4	5.04		14	5.1	4.42		등록평균	등록최저
식품자원경제학과	경상국립대	일반전형	8	8	8.1	4.86		8	3.8	4.80		8	6.4	4.19	4.27	등록평균	등록70%
신문방송학과	건국대(글로컬)	Cogito자기추천	24	22	8.4	4.2	4.8	22	7.2	4.1	4.3	20	8.9	4.0	4.1	등록50%	등록70%
실내환경디자인학과*	부산대	학생부종합	6	6	12.8	3.03	3.30	7	11.3	3.31	3.42	7	13.9	3.30	3.35	등록평균	등록70%컷
심리학과	경북대	지역인재	2									3	9.7	3.04	2.73	등록평균	등록70%
심리학과	충북대	학생부종합I	5	5	20.2	3.01	3.04	6	18.2	3.25	3.32	6	20.8	2.91	2.86	등록평균	등록70%컷
심리학과	충북대	학생부종합II	4	4	22.0	3.15	3.20	3	10.3	3.30		3	12.3	2.98		등록평균	등록70%컷
심리학과	경북대	일반학생	7	9	34.4	3.72	4.13	7	23.4	3.24	3.47	5	15.4	2.91	3.07	등록평균	등록70%
심리학과*	전남대(광주)	고교생활우수자I	7	8	9.6	3.08	3.16	8	9.5	2.88	3.11	8	7.5	3.03	3.15	등록평균	등록70%컷
심리학과*	한림대	학교생활우수자	13	13	5.8	3.71	4.20	13	4.9	3.60	4.30	12	5.2	3.70	4.22	등록평균	등록최저
심리학과*	충남대	일반전형	12	7	17.0	2.77	2.89	5	18.8			5	22.0			등록평균	등록70%
심리학과*	경상국립대	일반전형	7	10	10.3	3.61		10	10.5	3.41		10	10.5	3.19	3.44	등록평균	등록70%
아동가족학과	경상국립대	일반전형	3	3	11.7			3	9.7			14	5.0	4.62	4.97	등록평균	등록70%
아동가족학과	경상국립대	지역인재	3	3	10.3	5.69		3	11.0			3	5.3	4.79		등록평균	등록70%
아동가족학과	부산대	학생부종합	5	5	13.6	3.34	3.24									등록평균	등록70%컷
아동복지학과	충북대	학생부종합II	4	4	11.8	3.64	3.76	3	12.0	3.96		3	10.0	3.82		등록평균	등록70%컷
아동복지학과	한남대	한남인재II (서류+ 면접)	4	4	2.3	6.24	6.35	5	5.6	5.26	5.17	5	5.6	5.66	5.91	최종평균	최종80%
아동복지학과	한남대	한남인재I(서류)	7	6	3.0	5.85	6.09	7	6.9	4.81	5.04	5	5.0	5.30	5.62	최종평균	최종80%
아동복지학과	충북대	학생부종합I	4	4	16.8	3.50	3.60	5	18.0	3.55	3.57	5	16.4	3.51	3.64	등록평균	등록70%컷
아랍어전공	조선대	서류	10	10	1.7	7.21	7.26										
언론정보학과	충남대	서류전형	3	3	16.3	2.95	3.26									등록평균	등록70%
언론정보학과	충남대	일반전형	4	4	16.5	3.20	3.32	4	18.0			4	17.8			등록평균	등록70%
언론홍보학과	제주대	일반학생	3	3	9.0	4.09	4.82	3	11.3	4.30	4.33	3	12.0	3.68	4.28	등록50%컷	등록70%컷
언어정보학과	부산대	학생부종합	5	4	9.0	2.76	2.72	4	10.3	2.78	2.57	4	13.3	3.36	2.90	등록평균	등록70%컷
언어치료·청각재활학과	우송대	서류형	2	2	2.0	5.3										등록평균	
언어학과	충남대	서류전형	2	2	6.0	4.14	4.22									등록평균	등록70%

모집단위	대학	전형	2025 모집인원	2024 모집인원	2024 경쟁률	2024 성적①	2024 성적②	2023 모집인원	2023 경쟁률	2023 성적①	2023 성적②	2022 모집인원	2022 경쟁률	2022 성적①	2022 성적②	성적 산출기준 성적①	성적 산출기준 성적②
언어학과	충남대	일반전형	2	3	6.7	4.30	4.33	3	5.7			3	9.3			등록평균	등록70%
역사교육과	한국교원대	학생부종합우수자	12	12	6.7	1.77	2.08	12	9.8	1.80	2.34	12	4.4	2.06	2.94	등록평균	등록최저
역사교육과	부산대	학생부종합	5	5	10.2	2.30	2.29	4	14.0	2.15	2.04	4	14.8	1.91	1.94	등록평균	등록70%컷
역사교육과	전남대(광주)	고교생활우수자I	4	4	8.0	2.61	2.6	4	13.3	2.34	2.33	3	12.0	2.50		등록평균	등록70%컷
역사교육과	경북대	일반학생	8	8	21.3	3.04	3.19	6	13.5	2.84	3.02	4	17.3	2.29	2.47	등록평균	등록70%
역사교육과	충북대	학생부종합I	6	6	9.8	2.56	2.64	6	13.2	2.25	2.34	6	12.3	2.38	2.30	등록평균	등록70%컷
역사교육과	공주대	일반전형	10	10	10.2	2.39	2.47	10	17.1	2.30	2.57	10	17.4	2.6	2.7	등록50%컷	등록70%컷
역사교육과	강원대(춘천)	미래인재II	4	3	12.0	2.40	2.41									등록평균	등록75%컷
역사교육과*	원광대	학생부종합	15	10	7.1	3.49	3.63	10	6.0	3.63	3.79					등록50%컷	등록70%컷
역사교육과*	한남대	한남인재II(서류+ 면접)	5	5	4.0	4.18	4.29	6	7.2	3.70	3.97	6	6.3	3.90	2.78	최종평균	최종80%
역사교육과*	한남대	한남인재I(서류)	8	6	5.8	3.75	3.97	7	7.6	3.29	3.36	5	8.2	3.23	3.70	최종평균	최종80%
역사문화학과	조선대	서류	20	10	2.9	5.31	5.54										
영미학과	순천향대	일반학생	12	7	7.0	5.10	7.52	7	3.6	5.22	6.50	11	2.7	5.16	5.88	최초평균	최초최저
영상문화학과	강원대(춘천)	미래인재I	8	6	24.3	4.29	4.46									등록평균	등록75%컷
영상문화학과	강원대(춘천)	미래인재II	4	4	32.0	4.62	4.84	8	11.5	4.28	4.47	6	18.3	3.54		등록평균	등록75%컷
영상제작학과	한라대	운곡인재	8	6	3.3	5.71	5.71	14	3.3	5.25	6.02					등록50%컷	등록70%컷
영어과*	단국대(천안)	DKU인재(서류)	8	13	9.0	3.70	4.38	12	6.5	3.90		12	8.3	3.52		등록평균	등록최저
영어교육과	한국교원대	학생부종합우수자	16	16	6.3	2.29	2.78	16	4.2	2.34	3.58	16	5.1	2.02	2.60	등록평균	등록최저
영어교육과	공주대	일반전형	16	16	9.1	3.59	4.74	16	12.1	3.01	3.23	16	11.1	3.5	4.2	등록50%컷	등록70%컷
영어교육과	전북대	큰사람	4	4	9.8	3.09	2.99	4	10.5			4	8.0	2.43	2.52	등록평균	등록70%컷
영어교육과	충북대	학생부종합I	8	7	7.9	3.04	3.24	7	8.6	2.57	2.51	7	8.0	2.39	2.96	등록평균	등록70%컷
영어교육과	부산대	학생부종합	8	7	8.6	2.66	2.80	5	8.8	2.44	2.43	5	12.2	2.03	1.84	등록평균	등록70%컷
영어교육과	제주대	일반학생	4	4	5.5	3.93	3.93	4	4.5	3.02	3.07	2	14.5	2.88		등록50%컷	등록70%컷
영어교육과	강원대(춘천)	미래인재II	5	6	6.0	3.58	3.75	6	6.3	3.01	3.18	8	5.9	3.02		등록평균	등록75%컷
영어교육과	경북대	일반학생	11	11	11.7	3.07	3.25	7	13.9	2.59	2.81	5	9.2	2.66	2.85	등록평균	등록70%
영어교육과	조선대	면접	4	5	5.6	4.35	4.06	5	9.0	4.16	4.20	5	6.2	3.98	4.66	등록평균	등록70%컷
영어교육과	경상국립대	일반전형	2	2	12.5			3	10.7			3	10.0	2.79		등록평균	등록70%
영어교육과	충남대	일반전형	3	3	9.0	2.80	2.87	3	10.0			3	8.0			등록평균	등록70%
영어교육과	전남대(광주)	고교생활우수자I	3	3	8.3	2.41		3	11.0	2.57		8	9.0	2.53	2.65	등록평균	등록70%컷
영어교육과	조선대	서류	11	10	3.8	3.95	3.96										
영어교육과*	한남대	한남인재II(서류+ 면접)	4	4	4.0	5.43	5.25	6	4.0	4.31	4.61	6	3.3	4.35	5.07	최종평균	최종80%
영어교육과*	원광대	학생부종합	10	10	3.6	4.28	4.43	10	2.5	4.84	5.20					등록50%컷	등록70%컷
영어교육과*	한남대	한남인재I(서류)	5	6	3.3	4.74	4.93	7	6.1	3.98	4.42	5	5.2	4.21	4.64	최종평균	최종80%
영어영문학과	한국교통대	나비인재II	17	5	2.2	6.01	7.13									등록평균	등록최저
영어영문학과	충북대	학생부종합I	5	5	12.0	3.72	3.82	6	9.5	4.03	3.87	6	9.0	3.40	3.41	등록평균	등록70%컷
영어영문학과	한밭대	지역인재(종합)	7	7	5.3	5.62	5.53	6	10.3	4.28	4.73	6	2.7	5.02	6.34	등록50%컷	등록70%컷
영어영문학과	건국대(글로컬)	Cogito자기추천	14	24	3.8	5.2	5.4	24	4.7	4.7	5.2	22	4.2	5.0	5.1	등록50%	등록70%
영어영문학과	충남대	일반전형	9	13	6.8	3.45	3.66	13	6.2			13	7.9			등록평균	등록70%
영어영문학과	경북대	일반학생	12	11	15.0	4.11	4.50	10	15.3	3.29	3.66	9	10.3	3.84	4.23	등록평균	등록70%
영어영문학과	공주대	일반전형	16	16	5.4	5.11	5.66	13	8.1	4.60	5.00	13	6.2	5.1	5.4	등록50%컷	등록70%컷
영어영문학과	한림대	학교생활우수자	10	10	4.2	4.67	5.77	10	2.2	5.01	7.07	12	2.3	4.17	5.20	등록평균	등록최저
영어영문학과	한남대	한남인재I(서류)	17	15	1.6	6.30	6.78	14	1.9	5.31	5.87	11	1.1	5.73	5.86	최종평균	최종80%
영어영문학과	조선대	서류	16	10	2.5	5.79	5.35										
영어영문학과	충남대	서류전형	8	8	6.9	3.65	3.70									등록평균	등록70%
영어영문학과	충북대	학생부종합II	4	4	10.8	3.57	3.64	3	7.3	4.18		3	8.0	3.46		등록평균	등록70%컷
영어영문학과	한밭대	학생부종합(일반)	11	11	5.6	4.91	5.23	10	4.7	4.71	4.78	10	2.5	4.71	4.80	등록50%컷	등록70%컷
영어영문학과*	전북대	큰사람	7	7	8.0	3.86	3.98	7	11.7	3.89	3.82	7	8.4	3.93	3.89	등록평균	등록70%컷
영어영문학과*	호서대	호서인재	7	13	1.3	6.33	7.74	20	1.0	5.43	6.63	13	2.2	5.73	6.83	등록평균	등록최저
영어영문학과*	부산대	학생부종합	7	7	10.1	2.94	2.85	7	12.1	2.54	2.54	5	16.6	2.63	2.60	등록평균	등록70%컷
영어영문학과*	전남대(광주)	고교생활우수자I	6	6	5.5	3.35	3.51	6	8.8	3.16	3.19	12	5.5	3.28	3.39	등록평균	등록70%컷
영어영문학과*	제주대	일반학생	2	2	8.5	4.57	4.57	2	8.5	4.67		2	10.0	4.10		등록50%컷	등록70%컷
영어영문학전공*	경상국립대	일반전형	9	10	4.5	4.45		10	6.0	4.04		10	5.5	3.92	3.87	등록평균	등록70%
영어영문학전공*	경상국립대	지역인재	8	8	3.6	4.73		8	5.6	3.94		8	4.5	4.11	4.09	등록평균	등록70%
영어전공	경상국립대	일반전형	4													등록평균	등록70%

모집단위	대학	전형	2025 모집인원	2024 모집인원	2024 경쟁률	2024 성적①	2024 성적②	2023 모집인원	2023 경쟁률	2023 성적①	2023 성적②	2022 모집인원	2022 경쟁률	2022 성적①	2022 성적②	성적 산출기준 성적①	성적 산출기준 성적②
영어전공	경상국립대	지역인재	2	2	3.0											등록평균	등록70%
영어학전공	전남대(여수)	고교생활우수자II	8	9	1.0			14	1.8	6.11	5.98	5	2.4	5.67		등록평균	등록70%컷
예술문화영상학과	부산대	학생부종합	4	4	23.5	2.68	2.70	4	12.8	3.36	3.09	4	21.3	3.04	3.02	등록평균	등록70%컷
외식·조리경영전공	우송대	면접형	3	3	12.3	3.3		2	8.0	5.0		2	8.5	4.3		등록평균	
외식·조리경영전공	우송대	서류형	4	4	10.8	3.8		3	12.0	4.3		3	11.7	5.3		등록평균	
외식조리전공	우송대	면접형	26	17	12.8	3.3		23	9.3	3.3		23	9.4	3.9		등록평균	
외식조리전공	우송대	서류형	6	15	9.9	3.1		5	29.0	1.9		5	25.8	4.4		등록평균	
원불교학과*	원광대	학생부종합	13	11	0.6	4.35	4.35	11	1.0	5.47	6.33	11	0.7	4.87	5.40	등록50%컷	등록70%컷
유아교육과	한국교원대	학생부종합우수자	12	12	3.5	2.73	3.52	12	3.8	2.58	2.96	12	7.3	2.27	2.50	등록평균	등록최저
유아교육과	강원대(도계)	미래인재 I	4	4	5.3	5.85	6.01									등록평균	등록75%컷
유아교육과	강원대(도계)	미래인재 II	2	2	4.5	4.25	4.28	4	6.0	5.33	5.53	3	13.7	4.54		등록평균	등록75%컷
유아교육과	호서대	호서인재	13	13	5.6	4.71	5.54	13	9.5	4.11	5.11	15	11.9	4.17	5.30	등록평균	등록최저
유아교육과	순천향대	일반학생	10	6	14.2	4.16	5.01	6	10.5	3.91	4.86	6	13.2	3.78	4.32	최초평균	최초최저
유아교육과	경상국립대	지역인재	2	2	6.5			2	11.0			1	10.0	3.17		등록평균	등록70%
유아교육과	공주대	일반전형	16	16	9.3	3.42	3.64	16	14.0	2.99	3.20	16	14.4	2.8	3.2	등록50%컷	등록70%컷
유아교육과	경상국립대	일반전형	3	3	10.0	3.47		3	8.0			3	14.7	2.52		등록평균	등록70%
유아교육과	전남대(광주)	고교생활우수자 I	3	3	7.0	3.33		3	15.7	2.66		3	19.7	2.93		등록평균	등록70%컷
유아교육과*	우송대	서류형	4	3	13.3	5.4		2	17.5	5.9		3	11.0	5.4		등록평균	
유아교육과*	건국대(글로컬)	Cogito자기추천	22	21	4.4	4.3	4.4	21	6.0	4.0	4.1	21	6.5	4.0	4.1	등록50%	등록70%
유아교육과*	원광대	학생부종합	10	10	8.9	4.09	4.45	10	11.6	4.01	4.70	10	8.9	4.18	4.24	등록50%컷	등록70%컷
유아교육과*	우송대	면접형	6	7	10.0	5.7		8	9.8	5.6		7	12.1	5.0		등록평균	
유아교육학과	상지대	종합일반	12	12	4.8	5.36										등록평균	
유아교육학과*	한국교통대	나비인재II	12	5	5.4	4.68	5.34									등록평균	등록최저
유아특수교육학과*	한국교통대	나비인재II	12	6	2.3	3.88	5.55									등록평균	등록최저
윤리교육과	한국교원대	학생부종합우수자	13	13	5.0	2.11	2.51	12	7.4	1.99	2.14	12	5.2	2.07	2.45	등록평균	등록최저
윤리교육과	강원대(춘천)	미래인재II	4	4	9.3	2.93	3.18	4	9.5	2.82	2.84	4	11.8	2.92		등록평균	등록75%컷
윤리교육과	제주대	일반학생	5	5	7.8	3.15	2.99	5	5.8	3.70	3.75	4	7.8	3.23	3.29	등록50%컷	등록70%컷
윤리교육과	경상국립대	지역인재	2	2	7.0			3	5.7			3	10.0	2.66		등록평균	등록70%
윤리교육과	경북대	일반학생	5	5	17.4	2.62	2.75	3	15.7	2.86	2.90	4	10.8	3.00	2.73	등록평균	등록70%
윤리교육과	전남대(광주)	고교생활우수자 I	4	4	8.5	2.85	2.77	4	7.8	2.54	2.47	3	11.7	2.79		등록평균	등록70%컷
윤리교육과	공주대	일반전형	10	10	15.4	2.98	3.11	10	10.9	2.89	3.23	10	11.8	2.9	3.2	등록50%컷	등록70%컷
윤리교육과	경상국립대	일반전형	3	3	15.0	2.95		3	15.0			3	15.7	3.31		등록평균	등록70%
윤리교육과	충북대	학생부종합 I	6	6	8.2	2.54	2.68	6	9.5	2.51	2.54	6	11.0	2.37	2.35	등록평균	등록70%컷
윤리교육과	부산대	학생부종합	3													등록평균	등록70%컷
융합경영학과	한국교통대	나비인재II	6	6	3.5	4.61	5.65									등록평균	등록최저
융합경영학과	한밭대	지역인재(종합)	3	3	12.3			3	15.7			4	8.3			등록50%컷	등록70%컷
융합경영학과	한밭대	학생부종합(일반)	7	7	14.7	3.55	3.88	6	13.2	4.39	4.15	6	8.3	4.04	4.33	등록50%컷	등록70%컷
융합경영학부	고려대(세종)	크림슨인재	46	20	9.2	3.72											
융합경영학부	고려대(세종)	지역인재	3	6	2.2			6	4.5			6	6.2				
융합과학수사학과	한림대	학교생활우수자	10	10	6.6	4.00	4.42									등록평균	등록최저
응용영어콘텐츠학과	한남대	한남인재 I(서류)	2					6	1.7	6.77	5.34					최종평균	최종80%
의료상담학과	원광대	지역인재 I(호남)	4													등록50%컷	등록70%컷
의료상담학과	원광대	학생부종합	6	8	2.6	5.06	5.42	6	5.5	5.01	5.17					등록50%컷	등록70%컷
의류학과	부산대	지역인재	8	6	8.5	3.23	3.29	6	11.2	3.32	3.43					등록평균	등록70%컷
의류학과*	부산대	학생부종합	8	10	13.5	3.60	3.62	10	9.8	3.81	4.01	7	13.1	3.07	3.17	등록평균	등록70%컷
인문대학 자율학부	경북대	일반학생	6													등록평균	등록70%
인문사회계열광역	단국대(천안)	DKU인재(서류)	51													등록평균	등록최저
인문사회대학	선문대	서류	48	48	4.2	5.63	6.23									등록50%컷	등록70%컷
인문학부	강원대(춘천)	미래인재 I	51	53	8.2	4.23	4.43									등록평균	등록75%컷
인문학부	강원대(춘천)	미래인재II	25	25	12.4	4.20	4.46	52	4.9	4.39	4.58	50	5.8	3.81		등록평균	등록75%컷
인문학부	한림대	학교생활우수자	30	30	2.9	4.91	5.69	30	2.3	5.13	5.87	33	2.6	4.85	6.38	등록평균	등록최저
일반사회교육과	한국교원대	학생부종합우수자	12	11	4.9	2.29	2.90	11	4.2	2.07	2.41	11	4.5	1.96	2.27	등록평균	등록최저
일반사회교육과	공주대	일반전형	12	12	8.2	2.78	2.91	10	9.4	2.46	2.58	10	9.8	2.4	2.5	등록50%컷	등록70%컷
일반사회교육과	경북대	일반학생	5	5	20.2	3.15	3.25	3	12.3	3.12	3.27	2	10.0			등록평균	등록70%
일반사회교육과	강원대(춘천)	미래인재II	4	4	8.5	2.97	3.12	4	9.8	2.75	3.03	4	6.8	3.02		등록평균	등록75%컷
일본어과	조선대	서류	10	10	4.3	5.90	6.34										

모집단위	대학	전형	2025 모집인원	2024 모집인원	2024 경쟁률	2024 성적①	2024 성적②	2023 모집인원	2023 경쟁률	2023 성적①	2023 성적②	2022 모집인원	2022 경쟁률	2022 성적①	2022 성적②	성적 산출기준 성적①	성적 산출기준 성적②
일본어과*	한밭대	학생부종합(일반)	11	11	9.0	4.82	5.51	10	4.9	5.87	5.05	9	3.3	5.00	4.96	등록50%컷	등록70%컷
일본어과*	한밭대	지역인재(종합)	7	7	6.7	5.36	5.49	6	9.0	4.86	4.98	6	3.3	5.04	5.33	등록50%컷	등록70%컷
일본어학과	강원대(도계)	미래인재 I	2	2	7.0											등록평균	등록75%컷
일본학과	한림대	학교생활우수자	12	12	7.5	4.84	5.73	12	2.9	5.50	7.66	12	3.0	4.97	5.84	등록평균	등록최저
일본학과*	전북대	큰사람	4	4	22.3	4.58	4.70	4	20.8	4.49	4.61	4	18.3	4.93	4.93	등록평균	등록70%컷
일본학전공*	단국대(천안)	DKU인재(서류)	8	15	9.3	4.25	5.17	13	6.9	3.93		14	10.9	3.79		등록평균	등록최저
일본학전공*	전남대(여수)	고교생활우수자II	5	8	1.8	5.81		12	1.7	5.49	5.55	6	2.3	5.77		등록평균	등록70%컷
일어교육과	경상국립대	지역인재	2	2	12.5			2	9.5			2	6.0	7.30		등록평균	등록70%
일어교육과	경상국립대	일반전형	5	5	10.8	5.08		5	9.0	4.20		6	9.5	4.42	4.13	등록평균	등록70%
일어교육과*	원광대	학생부종합	10	10	4.1	4.49	4.66	11	4.0	4.41	4.79	10	4.8	4.65	5.06	등록50%컷	등록70%컷
일어일문학과	경북대	일반학생	6	8	24.1	4.50	4.89	7	14.3	4.33	5.16	4	14.8	4.37	4.93	등록평균	등록70%
일어일문학과	경북대	지역인재	1									3	8.7	4.82	5.72	등록평균	등록70%
일어일문학과*	제주대	일반학생	2	2	10.0	6.01	6.01		8.5	4.89		2	12.5	4.53		등록50%컷	등록70%컷
일어일문학과*	부산대	학생부종합	8	6	16.0	3.52	3.30	6	12.8	3.84	3.55	4	32.0	2.87	2.70	등록평균	등록70%
일어일문학과*	전남대(광주)	고교생활우수자 I	10	12	7.3	3.93	4.01	12	7.6	3.89	4.03	12	7.2	3.75	3.97	등록평균	등록70%
일어일문학과*	충남대	일반전형	3	4	14.3	3.75	4.03	4	16.8			4	21.8			등록평균	등록70%
일어일문학과*	충남대	서류전형	2	2	14.0	3.08	3.12									등록평균	등록70%
일어일문학전공	한남대	한남인재 I(서류)	8	5	7.4	5.48	5.62	7	6.7	5.74	5.08	4	3.8	5.57	5.63	최종평균	최종80%
자유전공	제주대	지역인재	14														
자유전공	제주대	일반학생	33													등록50%컷	등록70%컷
자유전공학부	한라대	운곡인재	4													등록50%컷	등록70%컷
자유전공학부	조선대	서류	32	30	4.8	5.33	5.69										
자유전공학부	상지대	종합일반	10	25	1.7	5.92										등록평균	
자유전공학부	조선대	면접	4	6	6.7	5.06	5.11	6	5.8	5.00	4.82	5	7.8	4.82	5.04	등록평균	등록70%컷
자유전공학부	선문대	서류	16													등록50%컷	등록70%컷
자유전공학부	상지대	강원인재	5	15	0.9											등록평균	
자유전공학부	한남대	한남인재 I(서류)	25													최종평균	최종80%
자유전공학부(인문)	강원대(춘천)	미래인재 I	4	5	10.2	3.72	3.81									등록평균	등록75%컷
자율융합계열	연세대(미래)	강원인재(일반)	20	20	6.6			25	3.3	4.12	4.42	25	3.2	4.16	4.31	등록50%컷	등록70%컷
자율융합계열	연세대(미래)	학교생활우수자	155	149	4.5	4.55	4.85	112	3.7	4.31	4.74	110	4.4	4.18	4.37	등록50%컷	등록70%컷
자율전공	한동대	일반학생	212	209	4.2	3.35	3.65	219	3.9	3.31	3.58	240	3.3	3.14	3.45	등록평균	등록70%컷
자율전공학부	원광대	학생부종합	80	8	5.5	5.31	5.31	6	2.2	5.02	5.96					등록50%컷	등록70%컷
자율전공학부	울산대	잠재역량	15													등록평균	등록최저
자율전공학부	경북대	일반학생	34													등록평균	등록70%
자율전공학부	울산대	지역인재	10													등록평균	등록최저
자율전공학부(4년)	전남대(광주)	고교생활우수자 I	10	10	9.0	3.06	3.26	10	5.2	3.32	3.31	12	7.0	2.95	3.13	등록평균	등록70%컷
정부행정학부	고려대(세종)	크림슨인재	15	10	11.3	3.69											
정부행정학부	고려대(세종)	지역인재	1	3	4.7			3	3.7			3	5.7				
정치·언론학과	한남대	한남인재 I(서류)	7	5	2.4	5.37	5.52	7	4.3	5.53	6.03	5	2.0	5.66	5.64	최종평균	최종80%
정치외교학과	충북대	학생부종합 I	5	5	8.4	3.93	4.02	6	11.2	3.26	3.33	6	9.5	3.45	3.72	등록평균	등록70%컷
정치외교학과	조선대	서류	12	10	2.2	5.70	5.48										
정치외교학과	경상국립대	일반전형	12	12	5.0	4.48		12	5.1	4.23		7	5.4	4.45	4.88	등록평균	등록70%
정치외교학과	경상국립대	지역인재	2	3	6.0			3	4.3			3	6.0	3.93		등록평균	등록70%
정치외교학과	충북대	학생부종합II	4	4	7.8	3.80	4.06	3	8.3	3.51		3	7.3	3.42		등록평균	등록70%컷
정치외교학과	경북대	일반학생	7	8	17.6	3.85	4.14	6	16.2	2.67	2.80	4	12.3	2.87	3.29	등록평균	등록70%
정치외교학과	제주대	일반학생	3	3	9.3	4.09	4.32	3	7.7			3	10.3	5.01		등록50%컷	등록70%컷
정치외교학과	조선대	면접	4	6	4.3	6.13	5.45	5	4.4	5.33	5.80	5	7.2	4.93	5.35	등록평균	등록70%컷
정치외교학과	충남대	서류전형	2	2	8.5	3.42	3.52									등록평균	등록70%
정치외교학과	강원대(춘천)	미래인재 I	5	4	8.0	4.01	4.26									등록평균	등록75%컷
정치외교학과	충남대	일반전형	3	4	16.0	2.91	3.07	4	9.8			4	9.8			등록평균	등록70%
정치외교학과	강원대(춘천)	미래인재II	3	2	11.0	3.67	3.70	4	18.3	3.97	4.03	4	12.3	4.70		등록평균	등록75%컷
정치외교학과*	전남대(광주)	고교생활우수자 I	8	8	6.3	3.12	3.24	8	6.1	3.13	3.30	12	5.3	3.13	3.23	등록평균	등록70%컷
정치행정학과	한림대	학교생활우수자	8	8	4.1	4.53	5.10	8	3.3	4.77	6.23	8	3.1	5.02	6.09	등록평균	등록최저
제과제빵·조리전공	우송대	서류형	9	8	22.4	2.6		4	39.8	2.1						등록평균	
제과제빵·조리전공	우송대	면접형	20	11	21.2	3.7		4	34.0	3.8						등록평균	
중국경제통상학과*	한남대	한남인재 I(서류)	10	6	2.3	7.09	7.16	7	2.6	6.92	6.73	5	1.2	6.65	6.47	최종평균	최종80%

모집단위	대학	전형	2025 모집인원	2024 모집인원	2024 경쟁률	2024 성적①	2024 성적②	2023 모집인원	2023 경쟁률	2023 성적①	2023 성적②	2022 모집인원	2022 경쟁률	2022 성적①	2022 성적②	성적산출기준 성적①	성적산출기준 성적②
중국어과*	한밭대	학생부종합(일반)	10	10	5.3	6.06	5.36	9	3.6	3.82	5.61	9	3.8	5.23	5.53	등록50%컷	등록70%컷
중국어과*	한밭대	지역인재(종합)	7	7	4.4	5.56	5.66	6	5.8	5.28	5.58	6	3.7	5.01	4.54	등록50%컷	등록70%컷
중국어교육과	한국교원대	학생부종합우수자	7	7	4.9	3.43	5.56	7	3.1	3.72	5.10	7	5.3	2.97	3.85	등록평균	등록최저
중국어문화학전공	조선대	서류	10	10	2.9	6.46	7.37											
중국어학과	한국교통대	나비인재II	12	4	1.8	5.70	6.17									등록평균	등록최저
중국학과	한림대	학교생활우수자	15	15	3.3	5.58	6.75	15	1.7	5.56	7.75	13	2.2	5.31	7.58	등록평균	등록최저
중국학과	순천향대	일반학생	11	8	7.4	5.66	7.22	7	3.4	6.08	8.15	10	3.3	5.19	6.89	최초평균	최초최저
중국학과	호서대	호서인재	10	15	1.1	6.11	6.76	20	0.9	6.14	6.93	14	1.6	5.93	6.71	등록평균	등록최저
중국학전공*	전남대(여수)	고교생활우수자II	5	10	0.8	6.32		15	0.9			4	2.0			등록평균	등록70%컷
중국학전공*	단국대(천안)	DKU인재(서류)	8	17	6.4	4.34	5.69	15	8.3	4.32		16	9.4	4.27		등록평균	등록최저
중동학전공	단국대(천안)	DKU인재(서류)	7	7	6.6	4.73	6.41	8	5.0	4.77		8	5.5	4.09		등록평균	등록최저
중등특수교육과*	원광대	학생부종합	10	10	2.1	5.40	5.43	11	3.1	4.67	4.90	10	2.9	4.91	5.09	등록50%컷	등록70%컷
중어중문학과	경북대	일반학생	8	8	16.9	4.91	5.50	4	19.8	4.57	4.80	4	12.0	4.45	4.85	등록50%컷	등록70%
중어중문학과	공주대	일반전형	15	15	3.9	5.22	5.78	11	5.1	4.74	4.84	11	7.6	4.6	5.0	등록50%컷	등록70%컷
중어중문학과	충북대	학생부종합I	5	5	6.8	4.30	4.39	6	8.2	3.87	4.01	6	8.3	3.97	4.10	등록평균	등록70%컷
중어중문학과	충북대	학생부종합II	4	4	5.0	5.24	5.77	3	5.7	4.07		3	5.3	3.82		등록평균	등록70%컷
중어중문학과*	충남대	서류전형	4	4	7.5	3.96	3.95									등록평균	등록70%
중어중문학과*	경상국립대	일반전형	6	5	6.2	5.21		5	7.8	4.73		4	7.8	5.31	5.27	등록평균	등록70%
중어중문학과*	전남대(광주)	고교생활우수자I	8	8	8.3	3.86	4.01	8	9.1	3.65	4.13	12	5.9	4.08	4.22	등록평균	등록70%컷
중어중문학과*	전북대	큰사람	7	7	9.7	5.09	5.08	7	7.0	4.18	4.50	7	13.3	3.93	4.44	등록평균	등록70%컷
중어중문학과*	제주대	일반학생	2	2	8.0			2	5.0	5.37		2	9.5	4.81		등록50%컷	등록70%컷
중어중문학과*	경상국립대	지역인재	5	5	5.6	5.17		5	5.0	5.04		5	4.8	5.36	5.24	등록평균	등록70%
중어중문학과*	부산대	학생부종합	5	5	20.6	3.95	3.78	7	17.7	4.09	4.58	7	25.6	4.15	4.14	등록평균	등록70%컷
중어중문학과*	충남대	일반전형	4	6	10.0	4.30	4.47	6	8.8			6	11.3			등록평균	등록70%
지리교육과	한국교원대	학생부종합우수자	13	13	4.7	2.65	3.17	13	5.2	2.34	2.95	13	4.5	2.47	2.97	등록평균	등록최저
지리교육과	경북대	일반학생	8	9	17.7	3.49	3.71	8	12.4	3.70	4.12	8	9.0	3.13	3.02	등록평균	등록70%컷
지리교육과	충북대	학생부종합I	5	5	9.4	2.51	2.76	5	7.2	2.69	2.46	5	10.0	2.67	2.75	등록평균	등록70%컷
지리교육과	경상국립대	일반전형	3	3	12.7			5	6.2	3.21		5	9.0	2.86	2.93	등록평균	등록70%
지리교육과	제주대	일반학생	3	3	8.7	2.80	2.86	3	7.7	3.41	3.51	2	11.5	3.03		등록50%컷	등록70%컷
지리교육과	공주대	일반전형	10	10	8.4	3.23	3.47	10	6.1	2.96	3.17	10	12.0	2.7	2.8	등록50%컷	등록70%컷
지리교육과	전남대(광주)	고교생활우수자I	4	4	7.3	2.71	2.99	4	5.8	2.94	3.09	6	7.7	2.59	2.59	등록평균	등록70%컷
지리학과	공주대	일반전형	7	7	9.1	4.48	4.59	7	8.3	4.54	5.03	7	7.0	4.2	4.7	등록50%컷	등록70%컷
지리학과	전남대(광주)	고교생활우수자I	6	6	7.5	3.47	3.72	6	6.2	3.51	3.47	9	8.4	3.47	3.48	등록평균	등록70%컷
지리학과	경북대	일반학생	9	9	14.1	3.60	3.91	8	10.0	3.89	4.10	5	9.0	3.43	3.66	등록평균	등록70%
지역사회개발학과	공주대	일반전형	3	3	5.7	5.11	5.37	3	5.0	5.64	5.75	3	5.7	5.7	5.8	등록50%컷	등록70%컷
창의문화융합계열	원광대	학생부종합	32													등록50%컷	등록70%컷
창의융합학부	전남대(여수)	고교생활우수자II	11	15	6.2	4.74	4.85	15	5.5	4.72	5.16					등록평균	등록70%컷
철도경영·물류학과	한국교통대	나비인재II	13	4	5.5	3.14	3.38									등록평균	등록최저
철도경영학과	우송대	서류형	3	3	4.3	7.0		2	9.0	4.5		2	9.0	6.0		등록평균	
철도경영학과	우송대	면접형	3	3	5.3	6.0		4	4.3	5.9		4	4.5	5.8		등록평균	
철학과	충북대	학생부종합I	4	4	11.5	3.38		5	12.4	4.11	4.06	5	8.8	4.12	4.71	등록평균	등록70%컷
철학과	충북대	학생부종합II	4	4	10.0	4.12	4.35	3	6.3	4.55		3	6.0	4.17		등록평균	등록70%컷
철학과	경북대	일반학생	5	5	16.8	4.36	5.05	4	8.8	3.96	4.15	3	12.7	3.49	3.67	등록평균	등록70%
철학과*	전남대(광주)	고교생활우수자I	7	8	13.9	3.55	3.71	8	7.3	3.86	4.19	10	5.9	3.76	3.93	등록평균	등록70%컷
철학과*	전북대	큰사람	4	4	14.5	4.23		4	8.3	4.22	4.28	4	9.0	4.03	4.07	등록평균	등록70%컷
철학과*	경상국립대	일반전형	5	6	8.2	5.08		6	7.7	5.24		6	5.8	5.01	5.20	등록평균	등록70%
철학과*	제주대	일반학생	3	3	5.0	5.90	4.82	3	6.7	5.13	5.23	3	9.7	3.33	3.58	등록50%컷	등록70%컷
철학과*	충남대	서류전형	3	3	9.7	3.45	3.62									등록평균	등록70%
철학과*	경상국립대	지역인재	4	4	4.0	5.00		4	4.5	4.60		4	5.0	4.71	4.32	등록평균	등록70%
철학과*	충남대	일반전형	3	3	10.6	3.85	4.22	5	5.8			5	7.2			등록평균	등록70%
철학과*	부산대	학생부종합	6	6	14.8	3.01	3.11	7	7.4	3.23	3.24	4	15.8	2.83	2.74	등록평균	등록70%컷
철학전공	조선대	서류	5	5	2.4	6.93	7.60										
청소년교육상담학과*	순천향대	일반학생	10	10	13.9	4.33	5.24	12	9.9	4.17	5.17	13	6.9	4.18	5.35	최초평균	최초최저
청소년문화상담학과*	호서대	호서인재	12	9	4.8	5.69	6.98	9	6.8	5.06	6.34	9	10.7	5.03	6.21	등록평균	등록최저
체육학전공	상지대	종합일반	10													등록평균	

3부 모집단위순 합격자 성적

모집단위	대학	전형	2025 모집인원	2024 모집인원	2024 경쟁률	2024 성적①	2024 성적②	2023 모집인원	2023 경쟁률	2023 성적①	2023 성적②	2022 모집인원	2022 경쟁률	2022 성적①	2022 성적②	성적산출기준 ①	성적산출기준 ②
초등교육과	한국교원대	학생부종합우수자	62	63	5.7	1.54	2.05	63	6.6	1.37	1.74	63	7.8	1.35	1.78	등록평균	등록최저
초등교육학부	제주대	일반학생	9	11	11.1	2.61	2.69	11	11.7	2.39	2.45	10	15.3	2.15	2.26	등록50%컷	등록70%컷
치의예과(인문)	원광대	학생부종합	2	2	15.5			2	7.5			2	10.5			등록50%컷	등록70%컷
커뮤니케이션디자인학과	한국교통대	나비인재II	7	2	4.0	4.35	4.41									등록평균	등록최저
특수교육과	부산대	학생부종합	5	5	12.4	2.69	2.69	5	9.2	3.15	3.00	5	8.8	2.53	2.54	등록평균	등록70%컷
특수교육과	조선대	서류	11	10	3.9	4.76	4.99									등록평균	등록70%컷
특수교육과	공주대	일반전형	20	20	5.7	3.37	3.67	16	8.8	3.20	3.30	16	10.8	3.1	3.3	등록50%컷	등록70%컷
특수교육과	조선대	면접	4	5	3.8	4.29	4.79	5	9.4	4.14	3.95	5	7.8	4.10	3.81	등록평균	등록70%컷
특수교육과	순천향대	일반학생	8	4	12.0	4.40	5.85	6	6.0	4.57	5.93	6	9.6	4.10	5.02	최초평균	최초최저
특수교육과	한국교원대	학생부종합우수자	7	7	4.4	2.38	2.83	7	4.6	2.56	2.75	7	6.1	2.35	2.60	등록평균	등록최저
특수교육학부	전남대(광주)	고교생활우수자I	10	10	5.9	3.41	3.47	10	6.4	3.17	3.13	12	7.3	3.10	3.25	등록평균	등록70%컷
패션디자인학과	한남대	한남인재I(서류)	8	6	8.8	4.63	4.75	7	6.0	5.14	5.56					최종평균	최종80%
패션디자인학과	한남대	창업인재(서류+면접)	3														
포르투갈브라질학전공	단국대(천안)	DKU인재(서류)	5	5	9.0	4.21	4.85	6	6.2	5.27		6	6.3	4.75		등록평균	등록최저
표준·지식학과	고려대(세종)	크림슨인재	8	5	7.2	4.13											
프랑스아프리카학과*	전북대	큰사람	6	6	16.0	4.69	5.09	6	9.8	4.87	4.80	6	13.8	4.75	4.79	등록평균	등록70%컷
프랑스어문학전공	한남대	한남인재I(서류)	6	4	3.5	6.26	5.99	4	2.3	6.63	6.70	4	1.8	7.15	6.82	최종평균	최종80%
프랑스언어문화학과	충북대	학생부종합II	4	4	6.5	3.96	3.99	3	7.3	4.24		3	5.7	4.71		등록평균	등록70%컷
프랑스언어문화학과	충북대	학생부종합I	5	5	8.0	3.82	3.92	6	8.5	4.38	4.41	6	11.3	4.22	4.40	등록평균	등록70%컷
프랑스학전공*	단국대(천안)	DKU인재(서류)	5	5	11.0	4.44	4.64	6	7.7	4.86		6	7.0	4.66		등록평균	등록최저
한국문화콘텐츠학과	순천향대	일반학생	8	6	9.8	4.49	5.32	7	4.7	4.41	5.00	8	8.0	4.28	4.76	최초평균	최초최저
한국어문학과	한국교통대	나비인재II	6	1	2.0	5.91	5.91									등록평균	등록최저
한국언어문화전공	상명대(천안)	상명인재	4	6	12.5	4.62	4.96	6	4.5	5.20	5.72	6	7.2	4.41		등록평균	등록최저
한국언어문화학과	호서대	호서인재	4	8	1.8	5.78	7.21	16	0.9	6.72	7.93	9	1.9	6.32	8.18	등록평균	등록최저
한국화전공	조선대	서류	1														
한문교육과	강원대(춘천)	미래인재II	4	3	6.0	4.50	4.93	3	5.7	3.37	3.47	3	5.0	3.77		등록평균	등록75%컷
한문교육과	공주대	일반전형	8	8	8.3	3.42	3.59	8	4.6	4.23	4.68	8	6.3	3.3	3.4	등록50%컷	등록70%컷
한문교육과*	원광대	학생부종합	10	10	1.9	5.25	6.47	11	2.1	4.79	4.90	10	1.6	5.55	5.80	등록50%컷	등록70%컷
한문학과	경북대	일반학생	5	5	12.4	4.61	4.93	5	8.0	4.96	5.11	4	9.0	4.14	4.12	등록평균	등록70%
한문학과*	충남대	서류전형	2	2	7.0	4.19	4.29									등록평균	등록70%
한문학과*	경상국립대	일반전형	4	5	4.8	5.48		5	4.2	5.59		5	4.6	5.67	5.50	등록평균	등록70%
한문학과*	충남대	일반전형	3	4	6.5	4.82	5.28	4	8.0			4	6.8			등록평균	등록70%
한문학과*	부산대	학생부종합	5	4	9.3	4.57	3.60	4	9.3	3.89	3.74	4	15.0	3.09	3.07	등록평균	등록70%컷
한문학과*	경상국립대	지역인재	5	5	4.2	5.52		5	4.2	5.32		5	4.4	5.23	5.01	등록평균	등록70%
한식·조리과학전공	우송대	면접형	7	5	12.2	5.4		8	8.0	5.2		8	6.0	5.3		등록평균	
한식·조리과학전공	우송대	서류형	4	6	11.3	5.0		4	11.3	4.3		3	10.0	4.8		등록평균	
한의예과(인문)	원광대	지역인재I(전북)	9	9	5.2	1.37	1.52	9	4.3	1.49	1.70	8	7.8	1.30	1.44	등록50%컷	등록70%컷
한의예과(인문)	원광대	학생부종합	4	4	22.3	1.35	1.41	4	20.5	1.17	1.17	5	19.8	1.91	2.21	등록50%컷	등록70%컷
한의예과(인문)	원광대	지역인재I(호남)	6	6	5.3	1.35	1.40	6	4.7	1.21	1.33	5	6.0	1.24	1.29	등록50%컷	등록70%컷
항공서비스학과	호서대	호서인재	5	52	5.5	5.14	7.28	52	6.1	4.96	7.10	47	7.2	4.74	6.61	등록평균	등록최저
항공서비스학과	한국교통대	나비인재I	21	21	19.4	3.39	5.45	20	17.2	4.15	5.15	19	22.4	4.15	5.33	등록평균	등록최저
해양경찰학과	한서대	융합인재	2	4	1.3			4	2.5	6.1		3	3.0			등록평균	
해양수산경영학과	경상국립대	일반전형	5	4	2.5	6.23		5	4.4	5.56		5	5.0	6.39		등록평균	등록70%
행정·심리학부	강원대(춘천)	미래인재II	7	7	11.4	3.38	3.46	13	7.2	3.51	3.65	12	10.5	3.34		등록평균	등록75%컷
행정·심리학부	강원대(춘천)	미래인재I	12	12	7.7	3.37	3.58									등록평균	등록75%컷
행정공공기관학과	원광대	학생부종합	10	20	2.6	5.38	5.86	22	2.8	5.85	6.40	20	2.6	5.93	6.28	등록50%컷	등록70%컷
행정복지학부	조선대	서류	22	20	5.5	4.72	5.08										
행정복지학부	조선대	면접	10	12	6.4	4.72	4.19	8	12.6	4.96	5.14	10	8.8	4.86	4.64	등록평균	등록70%컷
행정정보학융합학과	한국교통대	나비인재II	5	2	4.0	4.88	5.06									등록평균	등록최저
행정학과	순천향대	일반학생	8	6	11.7	4.22	4.63	7	4.7	4.52	5.40	9	4.4	4.14	4.99	최초평균	최초최저
행정학과	한국교통대	나비인재II	5	4	4.3	4.30	4.59									등록평균	등록최저
행정학과	충북대	학생부종합II	4	4	8.5	3.37	3.43	3	17.3	2.97		3	10.0	3.77		등록평균	등록70%컷
행정학과	충북대	학생부종합I	5	5	9.0	2.94	3.31	6	9.5	3.17	3.29	6	10.3	2.66	2.51	등록평균	등록70%컷
행정학과	공주대	일반전형	9	9	9.1	4.20	4.29	9	10.9	3.86	4.17	9	9.0	4.2	4.3	등록50%컷	등록70%컷
행정학과	한남대	한남인재I(서류)	15	11	3.0	5.83	6.18	12	4.3	5.52	5.11	8	2.5	5.80	6.36	최종평균	최종80%

모집단위	대학	전형	2025 모집인원	2024 모집인원	2024 경쟁률	2024 성적①	2024 성적②	2023 모집인원	2023 경쟁률	2023 성적①	2023 성적②	2022 모집인원	2022 경쟁률	2022 성적①	2022 성적②	성적 산출기준 성적①	성적 산출기준 성적②
행정학과(야)	제주대	일반학생	2	2	3.0	1.36	1.36	2	2.5			2	3.0	4.61		등록50%컷	등록70%컷
행정학과*	경상국립대	일반전형	6	6	7.5	3.82		6	5.8	3.77		6	8.7	3.53	3.63	등록평균	등록70%컷
행정학과*	전남대(광주)	고교생활우수자I	6	6	5.8	2.99	3.10	6	8.2	2.74	2.80	12	5.2	2.71	2.52	등록평균	등록70%컷
행정학과*	제주대	일반학생	4	4	9.3	4.02	4.02	4	4.3	4.39	4.72	4	8.8	3.33	3.58	등록50%컷	등록70%컷
행정학과*	경상국립대	지역인재	3	3	5.0			3	5.3			3	12.3	3.33		등록평균	등록70%
행정학부	경북대	지역인재	4	4	20.8	3.09	3.23									등록평균	등록70%
행정학부	경북대	일반학생	14	16	15.0	3.52	3.94	14	9.9	2.85	3.05	6	17.8	2.80	3.03	등록평균	등록70%
행정학부*	충남대	일반전형	10	13	9.5	2.84	2.96	13	5.5			13	10.2			등록평균	등록70%
행정학부*	충남대	서류전형	5	5	12.8	2.78	3.00									등록평균	등록70%
호텔관광경영학과	우송대	서류형	3	4	4.0	5.6		3	6.3	6.0		3	8.3	6.0		등록평균	
호텔관광경영학과	우송대	면접형	2	3	5.0	5.6		7	2.4	4.9		7	3.3	6.2		등록평균	
호텔항공경영학과	한남대	한남인재I(서류)	17	13	2.7	6.08	6.58	11	3.3	5.58	6.05	9	3.8	5.20	5.25	최종평균	최종80%
호텔항공관광경영학과	상지대	종합일반	5	5	3.2	6.65										등록평균	
호텔항공외식경영학과	한라대	운곡인재	7	4	1.8	5.71	5.71	11	2.6	6.23	6.93	7	1.6			등록50%컷	등록70%컷
회계세무학과	원광대	학생부종합	5	5	3.0	4.23	5.61	6	3.0	5.00	5.03					등록50%컷	등록70%컷
회계세무학부*	경상국립대	지역인재	6	6	5.0	3.08		6	4.8	3.38		6	5.0	2.85	1.94	등록평균	등록70%
회계세무학부*	경상국립대	일반전형	13	8	6.1	3.31		12	7.3	3.71		12	6.9	3.59	4.35	등록평균	등록70%
회계학과	제주대	일반학생	4	4	3.5	3.98	3.98	4	3.0	4.00	4.16	4	5.5	3.81	4.25	등록50%컷	등록70%컷
회계학과	한남대	한남인재I(서류)	14	10	1.8	5.78	5.95	6	2.5	4.07	4.38	4	1.5	5.31	4.16	최종평균	최종80%
회계학과	한밭대	학생부종합(일반)	8	8	7.3	4.19	3.75	7	4.4	4.98	4.20	7	4.6	3.24	3.73	등록50%컷	등록70%컷
회계학과	한밭대	지역인재(종합)	4	4	5.8			4	7.5	4.86	4.98	3	4.3			등록50%컷	등록70%컷
회계학과	순천향대	일반학생	6	6	5.8	4.70	5.19	3	4.3	4.87	5.37	5	4.0	4.32	5.54	최초평균	최초최저

3부 ● 모집단위순 합격자 성적

3. (인문) 논술전형

※ '*' : 교직 이수 가능

모집단위	대학	전형	2025 모집인원	2024 모집인원	2024 경쟁률	2024 성적①	2024 성적②	2023 모집인원	2023 경쟁률	2023 성적①	2023 성적②	2022 모집인원	2022 경쟁률	2022 성적①	2022 성적②	성적 산출기준 성적①	성적 산출기준 성적②
AI인문대학	가천대	논술전형	71													등록70%	등록90%
ELLT학과	한국외대(서울)	논술전형	11	12	30.8			12	37.3			12	40.0				
Finance&AI융합학부	한국외대(글로벌)	논술전형	3	5	28.0												
Global Business & Technology학부	한국외대(글로벌)	논술전형	6	7	29.9			8	24.4			7	34.3				
HCI사이언스전공	동덕여대	논술우수자	8	7	19.4												
Hospitality경영학과	경희대(서울)	논술우수자	7	7	55.7		22.3	7	59.3	3.40	27.3	9	47.7	3.7	20.3	최종평균	실질경쟁률
IT경영전공	한국공학대	논술우수자	4	9	6.2	5.2		9	5.9	5.0		10	8.5	4.8		등록평균	
IT경영학	한신대	논술전형	7	8	6.4	4.78	6.00									최종평균	최종최저
KU자유전공학부	건국대	KU논술우수자	69														논술평균
Language&Diplomacy학부	한국외대(서울)	논술전형	7	8	57.9			8	75.0			8	75.1				
Language&Trade학부	한국외대(서울)	논술전형	6	6	49.0			6	66.8			6	66.8				
Social Science&AI융합학부	한국외대(서울)	논술전형	7	7	47.7												
가족복지학과	상명대(서울)	논술전형	3														
가족자원경영학과*	숙명여대	논술우수자	3	3	37.0	3.69		3	40.7			3	30.3	3.77		최종평균	
간호학과(인문)	성신여대	논술우수자	5	5	47.4	3.45	4.53	5	64.2	4.61		6	63.0	3.78		등록평균	등록최저
간호학과(인문)	중앙대	논술전형	13	11	80.1			13	66.5	2.5		15	56.1	2.7	76.4	등록50%컷	논술평균
간호학과(인문)*	연세대(미래)	논술우수자(미래인재)	6	7	39.7			7	35.0			7	38.0				논술평균
경상대학 자율학부	경북대	논술전형(AAT)	5													등록평균	
경영대학	신한대	논술전형	25														
경영융합학부	동덕여대	논술우수자	28														
경영자율전공	한국공학대	논술우수자	10													등록평균	
경영정보학과	동국대	논술우수자	10	10	62.5	3.12	4.40	10	58.8	3.04	3.80	13	41.9	3.12	4.50	최종평균	최종최저
경영학	중앙대	논술전형	54	55	62.2			57	58.6	2.3		72	49.4	2.6	80.1	등록50%컷	논술평균
경영학	한신대	논술전형	8	8	9.1	4.51	5.35									최종평균	최종최저
경영학과	아주대	논술우수자	16	16	93.3	4.35	5.76	16	90.3	4.49	5.86	16	78.9	4.65		등록평균	등록최저
경영학과	연세대	논술전형	15	21	87.1			22	75.9			22	106.0				
경영학과	인하대	논술전형	19	28	41.7	4.59	6.25	25	34.4	4.85	8.07	27	31.5	4.49	6.02	등록평균	등록최저
경영학과	가톨릭대	논술전형	6	6	35.5	3.70	4.34	4	27.5	4.70	5.18	5	43.2	4.47	5.62	등록평균	등록최저
경영학과	건국대	KU논술우수자	16	30	40.1		840	30	32.9		902	30	42.4		83		논술평균
경영학과	성균관대	논술우수	30	35	84.0			25	85.4			25	65.8				
경영학과	경희대(서울)	논술우수자	22	22	104.8		47.2	23	77.5	3.30	36.0	24	83.8	3.3	44.7	최종평균	실질경쟁률
경영학과	부산대	논술전형	25	25	34.4	3.67	3.93	35	23.8	3.89	4.17	35	19.9	3.95	3.96	등록평균	등록70%컷
경영학과	가천대	논술전형	50	78	31.9	4.65	5.33	75	23.9	4.19	4.70	82	23.2	3.8		등록70%	등록90%
경영학과	삼육대	논술우수자	9	10	51.4												
경영학과	성신여대	논술우수자	6	6	40.7	3.11	3.24	7	37.4	3.98		10	42.4	4.62		등록평균	등록최저
경영학과*	동국대	논술우수자	18	18	73.8	3.06	4.50	18	63.4	3.20	4.20	20	55.1	2.78	4.80	최종평균	최종최저
경영학과*	서울여대	논술우수자	6	6	23.3	4.1		6	29.8	4.9	5.7	6	24.7	4.2	5.0	최종평균	최종최저
경영학부	서강대	일반전형	38	38	100.5			36	80.6			36	85.6				
경영학부	이화여대	논술전형	19	19	37.7			19	29.2			20	33.9				
경영학부	수원대	교과논술	30	30	17.6	4.4		37	13.6	4.5		37	10.3	4.5		최종평균	
경영학부	경북대	논술전형(AAT)	18	24	23.2	4.00		27	25.3	3.81		25	12.4	4.24		등록평균	
경영학부	한국외대(서울)	논술전형	31	32	68.2			33	64.7			33	61.2				
경영학부	상명대(서울)	논술전형	5														

3. (인문) 논술전형

모집단위	대학	전형	2025 모집인원	2024 모집인원	2024 경쟁률	2024 성적①	2024 성적②	2023 모집인원	2023 경쟁률	2023 성적①	2023 성적②	2022 모집인원	2022 경쟁률	2022 성적①	2022 성적②	성적 산출기준 성적①	성적 산출기준 성적②
경영학부	세종대	논술우수자	15	16	82.1	3.75	4.21	18	84.6	3.88	4.25	20	40.6	3.91	4.32	등록평균	등록70%컷
경영학부	홍익대(서울)	논술전형	48	49	51.2			49	40.3			49	37.5			등록50%컷	등록70%컷
경영학부*	숭실대	논술우수자	16	16	15.4	3.60		16	21.6			16	36.8			등록50%컷	
경영학부*	한양대	논술전형	12	18	83.8		92.6	18	77.2		74.0	18	76.9	4.10		등록평균	
경영학부*	숙명여대	논술우수자	10	11	43.5	4.61		11	47.0			11	44.2	4.07		최종평균	
경영학부*	단국대(죽전)	논술우수자	28	34	34.2	4.34	5.68	31	32.6	4.60	75.3	32	30.3	4.43	81.2	등록평균	등록최저
경영학전공	광운대	논술우수자	15	15	52.7	4.04		15	55.7	4.18		15	52.8	4.64		등록평균	
경영학전공	한국공학대	논술우수자	5	12	6.3	4.9		12	6.3	5.4		11	8.8	5.1		등록평균	
경제금융학	한신대	논술전형	8													최종평균	최종최저
경제금융학부	상명대(서울)	논술전형	4														
경제금융학부*	한양대	논술전형	9	11	66.9		93.1	11	69.8		81.4	11	59.3	4.19		등록평균	
경제정치사회융합학부	아주대	논술우수자	5													등록평균	등록최저
경제통계학부	고려대(세종)	논술전형	7	12	5.3			16	5.5	5.02	242.8	16	5.2	5.30	204.6	등록평균	논술평균
경제통상학부	경북대	논술전형(AAT)	18	22	17.8	4.07		22	19.4	4.46		22	9.6	4.55		등록평균	
경제학과	건국대	KU논술우수자	8	16	33.0		856	16	20.4		908	16	30.4		84	논술평균	
경제학과	가천대	논술전형	15	11	35.4	4.41	5.26	25	17.0	4.56	5.33	28	17.7	3.6		등록70%	등록90%
경제학과	가톨릭대	논술전형	4	4	29.8	4.48	5.62	4	26.3	4.52	4.76	5	34.4	4.46	5.36	등록평균	등록최저
경제학과	세종대	논술우수자	5	5	62.6	4.22	4.58	7	75.4	3.88	4.44	6	32.2	4.30	4.66	등록평균	등록70%컷
경제학과	서강대	일반전형	21	21	94.9			21	75.5			21	76.8				
경제학과	서울여대	논술우수자	5	5	22.0	4.6		5	25.6	5.1	6.5	5	22.2	3.7	4.8	최종평균	최종최저
경제학과	인하대	논술우수자	11	11	30.8	4.43	5.53	11	25.3	4.69	6.71	10	23.7	4.78	5.57	등록평균	등록최저
경제학과	이화여대	논술전형	10	10	30.7			10	24.6			10	27.0				
경제학과	성신여대	논술우수자	4	4	33.3	3.69	4.45	5	30.0	4.24		6	33.3	3.88		등록평균	등록최저
경제학과	경희대(서울)	논술우수자	7	7	64.9		30.1	8	57.1	3.40	26.3	9	59.9	3.0	30.6	최종평균	실질경쟁률
경제학과*	숭실대	논술우수자	6	6	13.0	3.25		7	14.9			7	23.7			등록50%컷	
경제학과*	단국대(죽전)	논술우수자	8	10	28.8	4.62	6.41	10	27.9	4.63	80.6	11	25.8	4.49	82.5	등록평균	등록최저
경제학부	홍익대(서울)	논술전형	8	8	47.3			9	34.7			8	33.1			등록50%컷	등록70%컷
경제학부	연세대	논술전형	10	13	71.9			14	58.9			14	82.3				
경제학부	중앙대	논술전형	11	11	55.8			11	52.1	2.1		30	36.1	2.7	83.0	등록50%컷	논술평균
경제학부	수원대	교과논술	15	15	13.7	4.5		15	10.9	4.9		15	9.0	4.8		최종평균	
경제학부	한국외대(서울)	논술전형	14	16	46.1			16	49.6			16	45.2				
경제학부*	숙명여대	논술우수자	4	4	34.8	3.33		5	38.8			7	40.3	4.31		최종평균	
경찰행정학부(인문)	동국대	논술우수자	15	15	53.5	2.96	4.70	15	44.1	2.65	4.60	15	40.0	3.16	5.30	최종평균	최종최저
고고인류학과	경북대	논술전형(AAT)	4	4	20.8	4.34		4	17.8	4.17		5	17.6	4.08		등록평균	
고고학과	부산대	논술전형	3	3	12.3	4.71		3	13.7	5.02						등록평균	등록70%컷
고용서비스정책학과	한국기술교대	논술전형	5	5	9.2	4.91	6.35	10	5.6	4.55	5.80	9	5.6	4.46		등록평균	등록최저
공간환경학부	상명대(서울)	논술전형	3														
공공사회·통일외교학부	고려대(세종)	논술전형	8	17	4.6			19	4.6	5.55	238.5					등록평균	논술평균
공공인재빅데이터융합학	한신대	논술전형	10													최종평균	최종최저
공공인재학부	중앙대	논술전형	11	15	96.2			15	98.6	2.4		8	56.8	2.8	78.4	등록50%컷	논술평균
관광·엔터테인먼트학부	경희대(서울)	논술우수자	6	6	53.8		23.8	6	48.8	3.50	24.0	6	46.8	2.9	16.7	최종평균	실질경쟁률
관광경영학과	가천대	논술전형	11	11	32.7	4.21	4.41	11	20.6	4.52	5.16	12	19.3	3.9		등록70%	등록90%
관광학부*	한양대	논술전형	4	4	207.0		94.3	4	224.0		94.6	4	169.5	5.25		등록평균	
광고홍보학과	동국대	논술우수자	6	6	76.3	3.35	4.90	6	66.2	2.93	3.90	6	55.2	3.70	5.80	최종평균	최종최저
광고홍보학과	중앙대	논술전형	6	6	58.7			6	60.2	2.1		10	38.7	2.8	79.9	등록50%컷	논술평균
교육공학과	이화여대	논술전형	3	5	42.2			5	38.4			5	38.4				
교육학과	동국대	논술우수자	5	5	62.8	2.50	3.10	5	56.2	3.03	3.90	5	50.0	2.63	3.10	최종평균	최종최저
교육학과	세종대	논술우수자	2	4	62.5	3.43	3.60	4	75.8	3.53	3.64	5	32.6	4.29	4.43	등록평균	등록70%컷
교육학과	홍익대(서울)	논술전형	5	5	42.6			6	32.7			5	28.4			등록50%컷	등록70%컷
교육학과	상명대(서울)	논술전형	3														
교육학과	중앙대	논술전형	6	5	72.6			4	64.0	1.6		8	41.0	2.6	82.5	등록50%컷	논술평균
교육학부	숙명여대	논술우수자	8	8	37.3	4.56		8	43.9			8	33.8	3.87		최종평균	
교육학부*	연세대	논술전형	4	4	75.3			5	60.2			5	77.2				
국사학과*	가톨릭대	논술전형	3	4	26.8	3.67	4.63	3	19.7	5.47	6.40					등록평균	등록최저
국사학전공	동덕여대	논술우수자	4	4	24.3												
국어교육과	인하대	논술우수자	5	5	25.0	3.94	4.69	4	26.0	4.14	5.21	5	21.6	4.13	4.60	등록평균	등록최저
국어교육과	홍익대(서울)	논술전형	5	5	40.4			6	31.2			5	28.0			등록50%컷	등록70%컷

모집단위	대학	전형	2025 모집인원	2024 모집인원	경쟁률	성적①	성적②	2023 모집인원	경쟁률	성적①	성적②	2022 모집인원	경쟁률	성적①	성적②	성적①	성적②
국어교육과	상명대(서울)	논술전형	3														
국어교육과	부산대	논술전형	3	3	16.0	3.72		3	26.0	3.05		6	20.3	3.37	3.33	등록평균	등록70%컷
국어국문·문예창작학부	동국대	논술우수자	6	6	68.7	2.90	4.30	6	59.5	2.64	4.60	6	56.3	2.72	3.90	최종평균	최종최저
국어국문학과	아주대	논술우수자	5	5	78.4	4.28	6.04	5	70.2	4.68	5.69	5	56.6	4.33		등록평균	등록최저
국어국문학과	중앙대	논술전형	6	6	73.0			6	70.3	1.6		8	46.1	2.5	84.4	등록50%컷	논술평균
국어국문학과	건국대	KU논술우수자	5	6	72.7		956	6	53.0		933	6	62.0		93		논술평균
국어국문학과	홍익대(서울)	논술전형	4	4	46.8			5	32.0			4	31.8			등록50%컷	등록70%컷
국어국문학과	경북대	논술전형(AAT)	5	5	21.8	4.05		6	17.0	4.51		6	19.2	4.98		등록평균	
국어국문학과	이화여대	논술전형	10	10	37.0			10	33.0			10	33.0				
국어국문학과	세종대	논술우수자	2	3	59.0	3.29	3.41	3	71.0	3.24	3.55	6	31.8	4.09	4.32	등록평균	등록70%컷
국어국문학과	경희대(서울)	논술우수자	7	7	116.0		45.3	7	113.4	3.20	48.0	7	118.9	3.6	53.6	최종평균	실질경쟁률
국어국문학과	광운대	논술우수자	4	4	38.8	4.46		3	33.3	4.61		3	33.7	4.67		등록평균	
국어국문학과*	성신여대	논술우수자	4	4	24.5	3.72	4.17	5	31.6	3.56		4	28.8	4.14		등록평균	등록최저
국어국문학과*	부산대	논술전형	5	5	15.6	3.93	3.66	5	18.8	4.06	3.92	5	15.2	3.91	3.75	등록평균	등록70%컷
국어국문학과*	한양대	논술전형	4	4	197.3		89.9	4	180.8		89.4	4	152.3	5.03		등록평균	
국어국문학과*	단국대(죽전)	논술우수자	7	7	30.6	4.75	5.54	8	32.5	4.33	74.0	8	29.1	4.15	73.6	등록평균	등록최저
국어국문학과*	연세대	논술전형	4	4	67.0			4	62.5			4	72.0				
국어국문학과*	숭실대	논술우수자	4	4	12.8	3.31		4	25.8			5	367.8			등록50%컷	
국어국문학과*	가톨릭대	논술전형	4	4	28.0	3.26	3.57	3	23.3	4.78	5.79	5	32.8	5.09	6.33	등록평균	등록최저
국어국문학과*	서울여대	논술우수자	6	6	19.7	4.9		6	25.8	4.1	5.2	6	23.0	3.7	4.3	최종평균	최종최저
국어국문학전공	동덕여대	논술우수자	7	6	25.5												
국제금융학과	한국외대(글로벌)	논술전형	3	3	29.7			3	18.7			3	28.7				
국제무역학과	건국대	KU논술우수자	7	7	33.3		791	7	25.1		902	7	36.3		81		논술평균
국제물류학과	중앙대	논술전형	6	5	51.4			5	51.0	3.2		10	34.4	2.7	81.2	등록50%컷	논술평균
국제법무학과	숭실대	논술우수자	2	4	18.8	3.47		4	29.5			5	38.4			등록50%컷	
국제사무학과	이화여대	논술전형	5	5	25.6			5	19.8			5	24.2				
국제통상학과	동국대	논술우수자	12	12	67.2	2.67	3.80	12	58.0	3.45	4.80	14	43.0	3.25	4.70	최종평균	최종최저
국제통상학과	인하대	논술우수자	9	12	31.9	4.04	5.41	13	25.9	4.72	5.94	14	27.6	4.72	5.54	등록평균	등록최저
국제통상학과	한국외대(서울)	논술전형	8	13	46.0			13	47.8			13	46.9				
국제통상학부	광운대	논술우수자	6	6	42.0	3.87		6	41.2	4.53		6	43.3	4.54		등록평균	
국제학부	광운대	논술우수자	4	4	38.5	4.37		4	38.8	4.30		3	38.0	5.20		등록평균	
국제학부	가톨릭대	논술전형	6	5	32.4	3.87	5.35	4	25.0	5.46	6.28	5	44.0	4.71	5.23	등록평균	등록최저
국제학부	한국외대(서울)	논술전형	3	3	63.0			3	48.0			3	42.3				
국제학부	세종대	논술우수자	13	15	70.9	3.90	4.15	15	84.3	3.69	4.08	23	39.4	4.11	4.48	등록평균	등록70%컷
그리스·불가리아학과	한국외대(글로벌)	논술전형	2	2	16.0			2	10.5			2	20.5				
글로벌MICE융합전공	동덕여대	논술우수자	8	7	31.3												
글로벌경영학과	상명대(서울)	논술전형	4														
글로벌경영학과	성균관대	논술우수	15	15	73.2			15	77.1			15	67.7				
글로벌경제학과	성균관대	논술우수	15	15	64.0			15	64.3			15	54.5				
글로벌금융	중앙대	논술전형	6	6	58.7			6	53.8	1.6		7	34.7	2.3	76.3	등록50%컷	논술평균
글로벌금융학과(인문)	인하대	논술우수자	6	6	27.8	4.53	5.06	7	25.9	3.99	4.60	6	22.2	5.11	6.16	등록평균	등록최저
글로벌리더학부	성균관대	논술우수	15	17	67.2			15	70.8			15	53.0				
글로벌비즈니스학	한신대	논술전형	8	8	7.0	4.59	5.38									최종평균	최종최저
글로벌스포츠산업학부	한국외대(글로벌)	논술전형	2	4	33.5			2	36.0			2	42.0				
글로벌융합대학	덕성여대	논술전형	55	55	64.5	4.91	5.49	60	68.3	5.22	5.91	60	56.5	4.21	4.64	등록평균	등록70%컷
글로벌융합학부	성균관대	논술우수	8	10	74.4												
글로벌커뮤니케이션학부	경희대(국제)	논술우수자	4	4	58.0		18.5	4	41.0	3.30	17.3	4	50.3	3.4	23.8	최종평균	실질경쟁률
글로벌통상학과*	숭실대	논술우수자	10	10	12.7	3.63		10	16.4			10	24.3			등록50%컷	
글로벌학부	고려대(세종)	논술전형	16	26	5.4			38	4.4	5.17	216.8					등록평균	논술평균
글로벌한국학과	삼육대	논술우수자	6	6	30.0												
금융·빅데이터학부	가천대	논술전형	26													등록70%	등록90%
금융학부	숭실대	논술우수자	3	3	10.0	2.70		3	12.0			4	15.8			등록50%컷	
기독교학과	이화여대	논술전형	6	6	25.0			6	22.8			7	16.1				
기술경영학과	건국대	KU논술우수자	4	4	33.0		876	4	19.5		864	4	28.3		82		논술평균
네덜란드어과	한국외대(서울)	논술전형	4	4	27.2			6	26.8			6	32.5				
노어과	한국외대(서울)	논술전형	6	8	27.1			8	33.6			8	30.6				
노어노문학과	경북대	논술전형(AAT)	3	3	17.7	4.43		2	17.5			3	17.3	4.21		등록평균	

모집단위	대학	전형	2025 모집인원	2024 모집인원	경쟁률	성적①	성적②	2023 모집인원	경쟁률	성적①	성적②	2022 모집인원	경쟁률	성적①	성적②	성적 산출기준 성적①	성적②
노어노문학과*	부산대	논술전형	6	6	14.2	4.86	4.93	6	18.0	5.20	5.32	6	12.3	5.02	4.48	등록평균	등록70%컷
노어노문학과*	연세대	논술전형	4	3	72.3			3	60.3			3	68.3				
데이터사이언스경영전공	한국공학대	논술우수자	4	9	4.9	4.9		9	7.0	5.6						등록평균	
데이터사이언스전공	동덕여대	논술우수자	11	9	22.3												
도시계획부동산학부	단국대(죽전)	논술우수자	7	8	38.9	4.56	5.25	8	36.3	4.43	76.0	11	31.7	4.43	73.1	등록평균	등록최저
도시계획부동산학과	중앙대	논술전형	6	5	84.8			5	84.2	2.3		10	51.1	2.6	78.9	등록50%컷	논술평균
독어독문학과	홍익대(서울)	논술전형	4	5	51.2			5	35.2			5	31.2			등록50%컷	등록70%컷
독어독문학과	이화여대	논술전형	5	5	30.4			5	27.8			5	26.0				
독어독문학과	경북대	논술전형(AAT)	4	4	21.5	4.66		4	19.8	4.03		4	16.8	4.05		등록평균	
독어독문학과*	연세대	논술전형	4	3	79.0			3	58.3			3	66.7				
독어독문학과*	숭실대	논술우수자	3	3	15.0	4.79		3	20.0			3	27.3			등록50%컷	
독어독문학과*	부산대	논술전형	4	4	16.3	4.80	4.56	4	17.5	4.95	3.82	4	12.8	5.51	5.39	등록평균	등록70%컷
독일문화콘텐츠전공	서울여대	논술우수자	5	5	21.8	5.4		5	25.8	4.7	6.0	5	23.2	4.3	5.4	최종평균	최종최저
독일어·문·문화학과*	성신여대	논술우수자	3	3	23.3	3.64	3.82	3	28.0	4.73		3	27.7	4.84		등록평균	등록최저
독일어과	한국외대(서울)	논술전형	11	13	31.5			14	36.0			14	36.3				
독일어교육전공	한국외대(서울)	논술전형	2	2	34.5			2	39.5			2	19.5				
독일어문학전공	중앙대	논술전형	8	4	68.3			4	76.8	2.7		5	37.0	3.7	77.4	등록50%컷	논술평균
독일언어·문화학과*	숙명여대	논술우수자	3	3	33.0	3.44		3	40.0			3	24.0	4.44		최종평균	
동북아문화산업학부	광운대	논술우수자	6	6	39.7	3.99		6	39.5	4.47		6	41.3	4.78		등록평균	
디지털영상문화콘텐츠학	한신대	논술전형	4	4	6.8	3.82	4.38									최종평균	최종최저
디지털콘텐츠학부	한국외대(글로벌)	논술전형	5	6	24.3												
러시아어문학전공	중앙대	논술전형	8	4	72.8			4	83.3	2.5		5	34.4	1.7	82.5	등록50%컷	논술평균
러시아어학과	경희대(국제)	논술우수자	4	4	49.5		16.8	4	33.3	4.30	10.5	4	42.3	3.7	15.5	최종평균	실질경쟁률
루마니아어학과	한국외대(글로벌)	논술전형	2	2	22.0			2	14.5			2	11.0				
르꼬르동블루외식경영전공	숙명여대	논술우수자	5	4	41.8	4.90		5	38.8			5	30.2	3.55		최종평균	
말레이·인도네시아어과	한국외대(서울)	논술전형	3	6	35.3			6	25.5			6	26.2				
몽골어과	한국외대(서울)	논술전형	2	2	31.5			2	29.5			2	21.5				
무역학과	경희대(서울)	논술우수자	7	7	63.3		26.0	7	55.9	3.70	22.7	8	53.1	3.5	23.6	최종평균	실질경쟁률
무역학과*	단국대(죽전)	논술우수자	6	7	31.3	4.31	6.05	7	27.0	4.52	79.6	8	26.9	4.62	79.4	등록평균	등록최저
문과대학자유전공학부	건국대	KU논술우수자	14														논술평균
문예창작전공	동덕여대	논술우수자	4	4	24.8												
문예창작학	한신대	논술전형	10	10	4.6	5.16	6.19									최종평균	최종최저
문헌정보학과	이화여대	논술전형	6	6	25.3			6	20.5			7	22.3				
문헌정보학과	중앙대	논술전형	6	4	77.5			4	75.8	2.4		7	41.0	2.1	79.2	등록50%컷	논술평균
문헌정보학과	경북대	논술전형(AAT)	4	4	21.0	4.38		4	16.3	4.12		3	14.3	3.46		등록평균	
문헌정보학과*	서울여대	논술우수자	5	5	22.6	4.6		5	29.0	3.8	4.4	5	22.0	4.0	4.9	최종평균	최종최저
문헌정보학과*	연세대	논술전형	4	4	72.7			4	57.0			3	93.0				
문헌정보학과*	숙명여대	논술우수자	4	4	39.3	4.43		4	38.5			4	30.0	4.06		최종평균	
문헌정보학전공	상명대(서울)	논술전형	3														
문헌정보학전공	동덕여대	논술우수자	5	5	24.4												
문화관광학전공	숙명여대	논술우수자	4	4	39.0	4.44		4	40.8			5	31.0	3.94		최종평균	
문화예술경영전공	동덕여대	논술우수자	8	7	30.7												
문화예술경영학과	성신여대	논술우수자	3	3	28.3	3.68	3.86	4	32.8	4.15		4	36.3	4.53		등록평균	등록최저
문화유산융합학부	고려대(세종)	논술전형	6	10	3.7			12	4.4	5.11	238.5	12	4.6	5.13	187.0	등록평균	논술평균
문화창의학부	고려대(세종)	논술전형	7	14	6.4			13	9.8	5.06	237.7					등록평균	논술평균
문화콘텐츠문화경영학과	인하대	논술우수자	10	11	34.7	4.82	6.02	11	31.5	4.68	5.84	12	28.9	4.21	5.41	등록평균	등록최저
문화콘텐츠학과	건국대	KU논술우수자	4	3	97.7			3	63.3			3	88.3		93		논술평균
미디어영상광고홍보학	한신대	논술전형	10	10	9.9	4.18	5.97									최종평균	최종최저
미디어커뮤니케이션학과	경북대	논술전형(AAT)	4	5	36.0	4.18		5	29.2	4.33		3	33.3	4.65		등록평균	
미디어커뮤니케이션학과	세종대	논술우수자	3	4	90.3	3.48	3.48	4	98.3	4.03	4.09	7	46.4	4.01	4.69	등록평균	등록70%컷
미디어커뮤니케이션학과	건국대	KU논술우수자	6	6	122.3		948	6	86.5		931	6	115.0		93		논술평균
미디어커뮤니케이션학과	성신여대	논술우수자	4	4	39.0	3.40	3.65	5	35.8	3.62		5	40.4	4.65		등록평균	등록최저
미디어커뮤니케이션학과	한양대	논술전형	5	5	283.0		91.0	5	281.2		94.1	5	239.4	6.00		등록평균	
미디어커뮤니케이션학과	가천대	논술전형	12	13	32.7	4.29	5.11	14	30.5	4.00	4.69	14	33.4	3.3		등록70%	등록90%
미디어커뮤니케이션학과	인하대	논술우수자	8	8	45.3	4.52	5.29	8	34.8	4.07	4.67	12	30.7	4.39	4.90	등록평균	등록최저
미디어커뮤니케이션학부	광운대	논술우수자	8	8	51.3	4.62		8	48.9	4.03		8	54.3	4.89		등록평균	
미디어커뮤니케이션학부	단국대(죽전)	논술우수자	11	11	48.6	4.20	5.25	11	43.5	4.34	83.9	11	42.7	4.59	78.4	등록평균	등록최저

모집단위	대학	전형	2025 모집인원	2024 모집인원	2024 경쟁률	2024 성적①	2024 성적②	2023 모집인원	2023 경쟁률	2023 성적①	2023 성적②	2022 모집인원	2022 경쟁률	2022 성적①	2022 성적②	성적 산출기준 성적①	성적 산출기준 성적②
미디어커뮤니케이션학부	중앙대	논술전형	10	9	129.2			9	107.2	2.2		5	125.8	2.8	82.7	등록50%컷	논술평균
미디어커뮤니케이션학부	한국외대(서울)	논술전형	10	10	58.3			10	66.2			10	69.0				
미디어커뮤니케이션학전공	동국대	논술우수자	5	5	77.2	2.18	3.20	5	64.0	2.95	3.60	6	56.8	2.92	3.40	최종평균	최종최저
미디어학과	경희대(서울)	논술우수자	7	7	67.1		25.1	7	85.1	3.80	36.7	7	90.7	3.3	44.0	최종평균	실질경쟁률
미디어학부	숙명여대	논술우수자	11	11	43.3	4.44		11	45.8			11	44.6	3.82		최종평균	
미래융합학부1	서경대	논술우수자	101													최종50%컷	최종70%컷
법과대학	가천대	논술전형	44													등록70%	등록90%
법학과	세종대	논술우수자	5	4	68.3	3.48	3.48	4	73.5	3.07	3.63	12	30.8	4.06	4.34	등록평균	등록70%컷
법학과	가톨릭대	논술전형	4	4	31.8	4.72	5.25	4	26.5	5.33	6.83	4	31.3	4.61	5.35	등록평균	등록최저
법학과	숭실대	논술우수자	4	7	19.9	4.16		7	33.6			7	45.3			등록50%컷	
법학과*	동국대	논술우수자	15	15	75.0	3.24	5.50	15	70.3	3.30	4.80	24	56.8	2.73	3.80	최종평균	최종최저
법학과*	단국대(죽전)	논술우수자	14	16	42.1	3.94	5.52	16	30.3	4.75	75.6	18	26.8	4.41	80.6	등록평균	등록최저
법학부	홍익대(서울)	논술전형	24	24	51.9			25	37.6			24	33.4			등록50%컷	등록70%컷
법학부	숙명여대	논술우수자	13	13	44.3	3.94		13	46.0			13	44.2	4.11		최종평균	
법학부	광운대	논술우수자	11	11	43.4	4.56		11	39.8	4.52		12	41.3	4.82		등록평균	
법학부	성신여대	논술우수자	8	8	35.4	3.81	5.22	11	39.4	4.32		10	38.7	4.01		등록평균	등록최저
베트남어과	한국외대(서울)	논술전형	3	6	36.3			6	26.3			6	25.5				
벤처중소기업학과	숭실대	논술우수자	7	7	9.7	4.16		7	14.0			8	16.5			등록50%컷	
보건관리학과	삼육대	논술우수자	3	3	27.3												
부동산학과	건국대	KU논술우수자	5	8	26.9		844	8	19.8		914	8	29.3		84		논술평균
불어불문학과	홍익대(서울)	논술전형	4	5	47.6			5	30.8			5	32.0			등록50%컷	등록70%컷
불어불문학과	이화여대	논술전형	8	8	32.8			8	32.3			8	31.4				
불어불문학과	경북대	논술전형(AAT)	3	3	20.7	4.11										등록평균	
불어불문학과*	부산대	논술전형	5	5	14.8	4.21	4.34	5	16.6	4.38	4.30	8	14.0	4.25	4.23	등록평균	등록70%컷
불어불문학과*	연세대	논술전형	4	3	69.3			3	57.3			3	78.7				
불어불문학과*	숭실대	논술우수자	4	4	16.0	3.85		4	24.3			5	31.2			등록50%컷	
빅데이터경영전공	광운대	논술우수자	5													등록평균	
빅데이터응용학과	경희대(서울)	논술우수자	4	4	71.3		28.8	4	51.3	4.00	25.5	4	55.8	2.9	27.0	최종평균	실질경쟁률
사학과	이화여대	논술전형	10	10	35.0			10	31.8			10	32.0				
사학과	경북대	논술전형(AAT)	3	3	19.7	4.23		5	18.0	4.97		5	21.2	3.71		등록평균	
사학과	인하대	논술우수자	5	5	27.0	4.74	5.97	5	22.4	4.64	5.58	5	21.8	4.20	5.41	등록평균	등록최저
사학과	서울여대	논술우수자	4	4	19.3	4.9		4	24.0	5.0	5.9	4	20.3	4.5	5.4	최종평균	최종최저
사학과	건국대	KU논술우수자	3	4	70.8		944	4	50.5		913	4	59.3		92		논술평균
사학과	성신여대	논술우수자	3	3	26.0	3.72	5.01	3	27.7	3.66		3	24.3	4.49		등록평균	등록최저
사학과	경희대(서울)	논술우수자	4	4	104.0		39.8	4	90.5	3.50	36.0	4	97.8	3.8	42.0	최종평균	실질경쟁률
사학과	한국외대(글로벌)	논술전형	3		21.3			5	15.6			3	18.3				
사학과*	숭실대	논술우수자	3	3	15.7	3.80		3	25.0			3	36.3			등록50%컷	
사학과*	연세대	논술전형	4	4	70.5			4	54.0			4	75.5				
사학과*	단국대(죽전)	논술우수자	7	7	30.6	4.71	5.43	8	31.8	4.80	73.4	8	28.6	4.10	72.3	등록평균	등록최저
사학과*	한양대	논술전형	4	4	197.3		91.4	4	180.0		92.8	4	154.5	3.87		등록평균	
사학과*	부산대	논술전형	2	3	14.0	5.39		3	17.7	3.94		3	16.0	4.23	3.95	등록평균	등록70%컷
사학과*	동국대	논술우수자	4	4	64.3	3.07	4.30	4	57.5	4.20	4.40	4	45.8	2.73	3.60	최종평균	최종최저
사회과학계열	성균관대	논술우수	45	48	90.2			50	90.0			40	89.3				
사회과학대학 자율학부	경북대	논술전형(AAT)	3													등록평균	
사회과학대학	한국외대(서울)	논술전형	4														
사회과학대학	신한대	논술전형	25														
사회과학대학융합전공학부	건국대	KU논술우수자	25														논술평균
사회과학부	서강대	일반전형	14	14	99.5			14	91.3			14	94.3				
사회교육과	인하대	논술우수자	5	5	28.6	4.33	4.67	4	29.3	4.41	5.48	5	25.0	4.29	5.48	등록평균	등록최저
사회복지학	한신대	논술전형	8	8	5.1	4.85	5.59									최종평균	최종최저
사회복지학과	성신여대	논술우수자	5	5	31.8	3.98	4.48	5	31.2	4.13		5	29.2	3.88		등록평균	등록최저
사회복지학과	가천대	논술전형	12	11	29.2	4.13	4.73	10	18.3	4.59	4.84	10	18.2	3.4		등록70%	등록90%
사회복지학과	서울여대	논술우수자	5	5	20.0	4.7		5	24.8	4.3	4.8	5	23.0	4.0	5.7	최종평균	최종최저
사회복지학과	인하대	논술우수자	4	5	27.0	4.87	6.23	3	25.0	5.51	6.49					등록평균	등록최저
사회복지학과	삼육대	논술우수자	4	4	31.0												
사회복지학과	가톨릭대	논술전형	4	4	27.8	4.47	5.25	4	22.5	5.12	5.79					등록평균	등록최저
사회복지학과	이화여대	논술전형	6	6	25.0			6	19.5			6	21.2				

모집단위	대학	전형	2025 모집인원	2024 모집인원	경쟁률	성적①	성적②	2023 모집인원	경쟁률	성적①	성적②	2022 모집인원	경쟁률	성적①	성적②	성적 산출기준 성적①	성적②
사회복지학부	경북대	논술전형(AAT)	4	5	21.6	4.71		8	18.6	4.38		8	17.8	4.28		등록평균	
사회복지학부	중앙대	논술전형	6	6	74.5			6	75.5	2.5		12	39.7	2.5	77.6	등록50%컷	논술평균
사회복지학부	숭실대	논술우수자	4	4	15.0	4.09		4	24.0			6	36.5			등록50%컷	
사회복지학전공	동덕여대	논술우수자	6	5	26.2												
사회심리학과	숙명여대	논술우수자	3	3	54.7	4.76		3	49.7			3	44.47	4.67		최종평균	
사회학과	경북대	논술전형(AAT)	3	4	21.5	3.65		4	20.0	4.64		3	17.3	4.34		등록평균	
사회학과	이화여대	논술전형	4	4	25.3			4	21.3			4	23.5				
사회학과	중앙대	논술전형	7	7	93.0			7	86.6	2.3		10	51.8	2.1	79.2	등록50%컷	논술평균
사회학과	경희대(서울)	논술우수자	4	4	44.5		19.3	4	67.8	3.20	35.5	4	63.0	3.6	34.8	최종평균	실질경쟁률
사회학과	한양대	논술전형	4	4	237.5		95.1	4	252.5		97.5	4	188.3	6.15		등록평균	
사회학과*	가톨릭대	논술전형	6	4	30.5	4.12	4.90	4	24.5	5.27	5.80	5	35.0	4.76	5.39	등록평균	등록최저
사회학과*	연세대	논술전형	5	3	75.0			3	59.7			3	79.3				
산업경영학부	한국기술교대	논술전형	21	20	10.8	5.86	8.22	29	5.2	4.86	6.07	29	3.7	5.17		등록평균	등록최저
산업심리학과	광운대	논술우수자	4	4	40.8	3.66		5	37.8	4.45		4	42.5	4.35		등록평균	
상경대학	한국외대(서울)	논술전형	3														
상담심리학과*	삼육대	논술우수자	5	5	30.0												
상담학과	단국대(죽전)	논술우수자	5	5	37.6	4.54	5.50	5	32.2	4.55	75.3	5	29.4	4.49	73.3	등록평균	등록최저
서울캠퍼스자율전공 (인문,예능)	홍익대(서울)	논술전형	38	38	56.5			39	43.9			38	43.5			등록50%컷	등록70%컷
세르비아크로아티아어학과	한국외대(글로벌)	논술전형	2	2	17.5			2	10.0			2	14.5				
소비자경제학과	숙명여대	논술우수자	3	3	37.3	4.14		3	40.3			3	35.7	3.70		최종평균	
소비자산업학과*	성신여대	논술우수자	5	5	29.0	4.10	4.49	5	29.6	3.94		4	30.0	4.88		등록평균	등록최저
소비자학과	이화여대	논술전형	7	8	29.3			8	24.0			8	28.0				
스칸디나비아과	한국외대(서울)	논술전형	4	6	30.2			6	29.8			6	26.5				
스크랜튼학부	이화여대	논술전형	13	15	67.5			20	61.1			24	44.1				
스페인어과	한국외대(서울)	논술전형	11	13	35.3			13	35.4			13	37.2				
스페인어학과	경희대(국제)	논술우수자	3	3	15.3		14.0	3	40.3	3.60	17.3	3	38.3	4.3	16.0	최종평균	실질경쟁률
심리.아동학	한신대	논술전형	10	10	5.4	5.05	6.32									최종평균	최종최저
심리·인지과학학부	서울여대	논술우수자	5	3	22.0	5.3		3	26.3	4.0	4.9	3	23.3	3.5	4.4	최종평균	최종최저
심리학과	경북대	논술전형(AAT)	2	3	27.0	4.18		3	27.0	3.49		3	22.3	3.88		등록평균	
심리학과	가천대	논술전형	10	10	39.8	3.94	5.00	10	26.0	4.04	4.48	11	25.8	3.5		등록70%	등록90%
심리학과	이화여대	논술전형	6	6	32.0			6	26.3			6	25.7				
심리학과	중앙대	논술전형	7	8	101.5			8	94.6	2.5		11	60.9	2.3	78.6	등록50%컷	논술평균
심리학과*	성신여대	논술우수자	5	5	33.4	4.25	5.73	5	35.6	4.67		5	31.0	3.89		등록평균	등록최저
심리학과*	연세대	논술전형	4	3	88.7			3	75.3			3	93.0				
심리학과*	가톨릭대	논술전형	4	6	37.8	3.54	4.53	4	37.8	4.37	4.73	5	46.2	5.00	5.76	등록평균	등록최저
아동가족학과	경희대(서울)	논술우수자	4	4	90.0		29.5	4	91.3	3.30	37.8	4	87.3	3.7	35.5	최종평균	실질경쟁률
아동복지학부*	숙명여대	논술우수자	9	9	35.9	4.20		9	42.4			9	33.6	3.51		최종평균	
아동학과*	서울여대	논술우수자	6	6	21.5	4.9		6	27.3	4.6	6.2	6	22.3	4.2	5.9	최종평균	최종최저
아동학전공	동덕여대	논술우수자	10	8	26.0												
아랍어과	한국외대(서울)	논술전형	6	9	37.7			9	25.0			9	26.9				
아태물류학부(인문)	인하대	논술우수자	10	11	29.6	4.70	6.64	15	27.8	4.62	5.61	16	25.4	4.69	6.45	등록평균	등록최저
아프리카학부	한국외대(글로벌)	논술전형	6	5	21.4			6	12.8			5	15.6				
앙트러프러너십전공	동덕여대	논술우수자	5														
언론영상학부	서울여대	논술우수자	5	5	27.6	5.4		5	34.8	3.8	4.9	5	32.8	4.1	5.1	최종평균	최종최저
언론홍보영상학부	연세대	논술전형	5	4	79.3			4	71.5			4	99.0				
언론홍보학과	숭실대	논술우수자	4	4	20.8	3.48		4	37.3			4	65.5			등록50%컷	
언어인지과학과	한국외대(글로벌)	논술전형	3	3	25.5			3	15.8			3	20.7				
언어정보학과	부산대	논술전형	5	6	14.3	4.61	4.51	6	18.8	4.09	4.35	6	13.8	4.19	3.39	등록평균	등록70%컷
역사교육과	부산대	논술전형	3	3	15.3	4.35		3	20.0	3.79		3	18.0	2.88	3.00	등록평균	등록70%컷
역사교육과	홍익대(서울)	논술전형	4	4	40.3			5	33.0			4	30.0			등록50%컷	등록70%컷
역사문화학과*	숙명여대	논술우수자	5	5	34.6	3.75		5	46.6			5	30.0	3.55		최종평균	
역사콘텐츠전공	상명대(서울)	논술전형	3														
역사학과	세종대	논술우수자	1	2	58.0	3.55	3.06	2	76.0	3.68	3.38	3	32.3	4.05	3.66	등록평균	등록70%컷
역사학과	중앙대	논술전형	6	5	71.0			5	69.0	2.4		6	44.0	2.6	77.7	등록50%컷	논술평균
연극영화학과(영화)*	한양대	논술전형	4	4	206.0		90.6	4	185.8		88.8	4	149.5	5.26		등록평균	
영문학부	서강대	일반전형	10	10	92.4			10	78.7			10	81.5				

모집단위	대학	전형	2025	2024				2023				2022				성적 산출기준	
			모집인원	모집인원	경쟁률	성적①	성적②	모집인원	경쟁률	성적①	성적②	모집인원	경쟁률	성적①	성적②	성적①	성적②
영미문학·문화학과	한국외대(서울)	논술전형	11	12	29.9			12	36.8			12	37.8				
영미문학학	한신대	논술전형	8													최종평균	최종최저
영미유럽인문융합학부	인하대	논술우수자	14	9	28.2	4.92	5.67	10	27.7	4.71	6.33	11	23.5	4.33	6.52	등록평균	등록최저
영미인문학과	단국대(죽전)	논술우수자	4	4	27.0	4.78	5.20	5	31.0	4.25	76.4	5	31.2	5.07	70.4	등록평균	등록최저
영어교육과	상명대(서울)	논술전형	3														
영어교육과	홍익대(서울)	논술전형	5	5	43.8			6	29.7			5	30.2			등록50%컷	등록70%컷
영어교육과	한국외대(서울)	논술전형	4	4	48.8			4	41.8			4	36.5				
영어교육과	중앙대	논술전형	7	7	74.6			7	67.1	2.4		8	34.5	2.4	83.1	등록50%컷	논술평균
영어교육과	부산대	논술전형	3		14.3	3.54		4	18.0	3.57	2.63	4	15.3	3.08	2.47	등록평균	등록70%컷
영어대학	한국외대(서울)	논술전형	6														
영어산업학과	광운대	논술우수자	4	4	38.0	4.82		4	31.0	4.41		5	35.4	4.50		등록평균	
영어영문학과	중앙대	논술전형	9	10	81.1			10	81.1	2.3		17	48.1	2.3	78.6	등록50%컷	논술평균
영어영문학과	홍익대(서울)	논술전형	6	6	48.5			7	34.0			6	30.0			등록50%컷	등록70%컷
영어영문학과	경북대	논술전형(AAT)	6	10	18.2	4.14		10	16.7	4.10		10	21.8	4.44		등록평균	
영어영문학과	경희대(서울)	논술우수자	5	5	111.8		50.8	5	97.6	3.10	46.6	5	103.8	3.6	52.6	최종평균	실질경쟁률
영어영문학과	건국대	KU논술우수자	3	6	77.2		949	6	56.5		908	5	62.2		90		논술평균
영어영문학과*	숭실대	논술우수자	8	8	19.1	3.54		8	30.3			8	40.1			등록50%컷	
영어영문학과*	성신여대	논술우수자	4	4	25.5	3.92	4.63	5	30.8	4.00		6	32.7	4.07		등록평균	등록최저
영어영문학과*	서울여대	논술우수자	6	6	22.7	4.8		6	26.3	4.0	4.5	6	22.3	3.9	5.0	최종평균	최종최저
영어영문학과*	부산대	논술전형	8	8	16.5	3.99	3.96	8	19.8	3.95	3.91	8	16.8	3.90	4.19	등록평균	등록70%컷
영어영문학과*	연세대	논술전형	5	5	72.8			7	63.1			7	77.7				
영어영문학부	이화여대	논술전형	9	10	37.8			10	41.3			10	38.4				
영어영문학부*	동국대	논술우수자	10	10	69.5	3.09	4.30	10	62.7	3.43	4.00	10	50.0	3.11	4.10	최종평균	최종최저
영어영문학부*	가톨릭대	논술전형	5	5	29.2	4.32	4.92	4	27.0	4.58	5.35	5	31.4	4.44	5.30	등록평균	등록최저
영어영문학부*	삼육대	논술우수자	6	7	31.1												
영어영문학전공*	숙명여대	논술우수자	11	11	38.5	4.46		11	44.4			11	33.9	4.20		최종평균	
영어전공	동덕여대	논술우수자	13	11	26.0												
영어통번역학과	한국외대(서울)	논술전형	9														
예술문화영상학과	부산대	논술전형	5		21.0	4.05	4.30	5	22.4	4.46	4.68	5	15.6	4.69	3.94	등록평균	등록70%컷
우크라이나어학과	한국외대(글로벌)	논술전형	2	2	20.0			2	9.0			2	13.0				
유러피언스터디즈학전공	동덕여대	논술우수자	8	8	28.9												
유아교육과	부산대	논술전형	5	5	11.4	4.83	4.31	5	15.2	4.19	3.61	5	13.8	3.55	3.49	등록평균	등록70%컷
유아교육과	삼육대	논술우수자	5	5	24.6												
유아교육과*	덕성여대	논술전형	5	5	33.4	5.43	5.43	5	37.6	4.60	4.24	5	42.2	3.67	3.94	등록평균	등록70%컷
유아교육학과*	가천대	논술전형	15	15	24.3	4.87	5.60	14	17.1	4.22	4.55	14	18.7	3.6		등록70%	등록90%
융합경영학부	고려대(세종)	논술전형	20	37	6.3			45	7.1	5.13	230.1					등록평균	논술평균
융합인재학부	한국외대(글로벌)	논술전형	9	9	23.3			14	20.0			10	27.2				
융합일본지역학부	한국외대(서울)	논술전형	5		42.0			5	31.2			5	28.0				
응용영어통번역학과	경희대(서울)	논술우수자	5	5	110.6		53.4	5	101.8	3.30	47.0	5	103.4	3.0	52.6	최종평균	실질경쟁률
응용통계학과	연세대	논술전형	2	5	66.2			5	57.0			5	75.8				
응용통계학과	가천대	논술전형	11	13	31.5	4.50	4.70	13	17.0	4.13	4.44	14	16.3	3.8		등록70%	등록90%
응용통계학과	건국대	KU논술우수자	4	4	34.0		848	4	27.0		890	4	33.0		83		논술평균
응용통계학과	중앙대	논술전형	6	5	56.4			4	64.3	2.4		10	34.7	3.0	78.3	등록50%컷	논술평균
의료경영학과	을지대(성남)	논술우수자	11														
의료산업경영학과	가천대	논술전형	12	13	29.1	4.65	5.02	13	17.4	4.38	4.71	13	17.9	3.2		등록70%	등록90%
의류산업학과	이화여대	논술전형	8	8	28.5			8	24.8			8	26.5				
의상학과	경희대(서울)	논술우수자	4	4	111.5		37.8	4	105.3	3.90	43.0	4	92.5	3.3	32.8	최종평균	실질경쟁률
이탈리아어과	한국외대(서울)	논술전형	4	6	31.0			6	32.8			6	31.0				
인도어과	한국외대(서울)	논술전형	3	6	34.5			6	23.8			6	21.7				
인문과학계열	성균관대	논술우수	35	40	88.9			40	86.3			40	63.0				
인문대학 자율학부	경북대	논술전형(AAT)	2													등록평균	
인문사회계열	가톨릭대	논술전형	6	5	31.2	3.75	5.27	6	27.2	3.94	4.77					등록평균	등록최저
인문사회계열학부	을지대(성남)	논술우수자	35														
인문사회융합대학	수원대	교과논술	75													최종평균	
인문학부	서강대	일반전형	16	16	93.8			16	81.7			16	81.8				
일반사회교육과	부산대	논술전형	3	3	17.7	4.08		3	23.7	4.22		3	20.0	4.81	4.57	등록평균	등록70%컷
일본어문·문화학과*	성신여대	논술우수자	5	5	31.4	4.69	5.81	5	31.6	3.75		5	30.6	4.14		등록평균	등록최저

모집단위	대학	전형	2025 모집인원	2024 모집인원	2024 경쟁률	2024 성적①	2024 성적②	2023 모집인원	2023 경쟁률	2023 성적①	2023 성적②	2022 모집인원	2022 경쟁률	2022 성적①	2022 성적②	성적 산출기준 성적①	성적 산출기준 성적②
일본어문학전공	중앙대	논술전형	6	4	67.8			4	71.5	3.9		5	33.4	3.1	76.6	등록50%컷	논술평균
일본어학과	경희대(국제)	논술우수자	3	3	47.7		14.3	3	37.0	4.10	14.3	3	32.0	3.7	11.3	최종평균	실질경쟁률
일본언어문화학과	인하대	논술우수자	8	8	30.6	4.50	5.47	8	25.5	5.23	6.62	11	22.0	4.97	5.94	등록평균	등록최저
일본언어문화학부	한국외대(서울)	논술전형	7	9	52.6			9	35.9			9	33.6				
일본학	한신대	논술전형	8													최종평균	최종최저
일본학과	동국대	논술우수자	5	5	63.0	2.85	3.80	5	62.4	2.48	2.70	5	47.0	3.75	4.80	최종평균	최종최저
일본학과*	숙명여대	논술우수자	3	3	35.3	3.84		3	37.0			3	28.3	3.87		최종평균	
일본학대학	한국외대(서울)	논술전형	3														
일어일문학과	경북대	논술전형(AAT)	3	3	26.0	4.60		4	16.3	5.17		4	15.5	3.76		등록평균	
일어일문학과*	부산대	논술전형	6	8	16.4	4.42	4.08	8	19.0	4.26	4.47	8	13.6	4.64	4.23	등록평균	등록70%컷
일어일문학과*	숭실대	논술우수자	3	5	17.4	3.34		5	24.6			5	29.8			등록50%컷	
일어일문학과*	서울여대	논술우수자	5	5	19.6	4.9		5	25.6	4.0	5.4	5	19.8	4.3	5.1	최종평균	최종최저
일어일본문화학과*	가톨릭대	논술전형	4	4	29.8	4.48	5.92	4	24.5	5.11	5.57	5	30.0	4.93	5.19	등록평균	등록최저
일어일본학전공	동덕여대	논술우수자	8	7	24.0												
자유전공(경영경제계열)	상명대(서울)	논술전형	5														
자유전공(인문사회계열)	상명대(서울)	논술전형	6														
자유전공계열	성균관대	논술우수	30														
자유전공학부	한신대	논술전형	25													최종평균	최종최저
자유전공학부	을지대(의정부)	논술우수자	32														
자유전공학부	한국외대(서울)	논술전형	16														
자유전공학부	아주대	논술우수자	5													등록평균	등록최저
자유전공학부	한국공학대	논술우수자	51													등록평균	
자유전공학부	한국외대(글로벌)	논술전형	28	11	26.9			11	19.3								
자유전공학부	서경대	논술우수자	22													최종50%컷	최종70%컷
자유전공학부(사회적성)	한국항공대	논술우수자	3	11	34.8			18	22.4		60.1	14	22.4		76.8	논술평균	
자유전공학부(서울)	경기대	논술우수자	39													등록50%컷	등록70%컷
자유전공학부(수원)	경기대	논술우수자	95													등록50%컷	등록70%컷
자율융합계열	연세대(미래)	논술우수자(미래인재)	75	84	8.2			97	6.7			97	6.9			논술평균	
자율전공학부	경희대(서울)	논술우수자	8	8	88.6		34.9	8	84.6	3.40	40.5	9	89.6	3.4	45.3	최종평균	실질경쟁률
자율전공학부	서울여대	논술우수자	12	6	25.8	4.6		12	36.5	4.2	5.2	12	33.3	4.2	6.0	최종평균	최종최저
자율전공학부	경북대	논술전형(AAT)	82	30	21.5	3.88		30	19.5	4.12		31	27.2	3.98		등록평균	
재활상담학	한신대	논술전형	8													최종평균	최종최저
정보사회학과	숭실대	논술우수자	4	4	17.3	3.49		4	26.8			5	43.2			등록50%컷	
정보시스템학과(상경)	한양대	논술전형	4	4	69.5		91.4	4	73.8			4	70.8	3.35		등록평균	
정부행정학부	고려대(세종)	논술전형	6	12	4.7			16	6.1	4.77	246.4	16	6.3	4.53	199.9	등록평균	논술평균
정책학과	한양대	논술전형	4	4	70.5		91.4	4	61.5		69.3	6	51.7	4.01		등록평균	
정치국제학과	중앙대	논술전형	6	6	101.2			6	99.7	2.9		9	58.1	2.6	78.6	등록50%컷	논술평균
정치외교학과	인하대	논술우수자	7	8	30.3	4.52	5.35	9	25.0	4.51	5.57	10	22.4	4.30	5.62	등록평균	등록최저
정치외교학과	연세대	논술전형	6	6	75.7			6	73.8			6	83.2				
정치외교학과	숭실대	논술우수자	5	5	18.8	4.03		5	26.6			6	39.2			등록50%컷	
정치외교학과	성신여대	논술우수자	3	3	28.3	3.97	4.24	3	28.0	4.23		4	30.0	4.13		등록평균	등록최저
정치외교학과	단국대(죽전)	논술우수자	5	5	37.6	4.24	4.81	6	34.3	4.48	77.6	6	31.8	5.05	72.3	등록평균	등록최저
정치외교학과	이화여대	논술전형	6	6	30.5			6	23.3			6	22.8				
정치외교학과	한국외대(서울)	논술전형	7	12	48.2			12	59.3			12	52.9				
정치외교학과	경희대(서울)	논술우수자	4	4	59.5		22.3	4	71.3	3.00	29.3	4	70.0	3.2	34.0	최종평균	실질경쟁률
정치외교학과	경북대	논술전형(AAT)	3	3	28.7	3.39		3	20.7	4.38		3	16.7	4.71		등록평균	
정치외교학과	건국대	KU논술우수자	4	4	83.5		927	4	58.8		914	4	61.0		92	논술평균	
정치외교학과*	숙명여대	논술우수자	3	3	36.3	4.16		3	39.7			3	30.3	4.82		최종평균	
정치외교학과*	한양대	논술전형	4	4	274.5		91.8	4	273.5		89.5	4	217.5	4.78		등록평균	
정치외교학전공*	동국대	논술우수자	6	6	66.0	2.47	3.50	6	56.0	2.78	3.90	6	36.7	2.78	3.20	최종평균	최종최저
조리&푸드디자인학과	경희대(서울)	논술우수자	2	2	40.0		10.0	2	38.0	4.00	10.0					최종평균	실질경쟁률
주거환경학과	경희대(서울)	논술우수자	4	4	110.0		44.0	4	92.8	3.50	36.8	4	89.5	3.7	41.8	최종평균	실질경쟁률
중국어교육전공	한국외대(서울)	논술전형	2	2	31.0			2	35.0			2	20.5				
중국어문·문화학과*	성신여대	논술우수자	5	5	28.8	4.27	4.78	5	27.2	4.72		5	30.8	4.60		등록평균	등록최저
중국어문학전공	중앙대	논술전형	6	4	66.6			4	65.0	2.8		5	31.2	3.6	77.8	등록50%컷	논술평균
중국어문화콘텐츠학	한신대	논술전형	7													최종평균	최종최저

3부 ● 모집단위순 합격자 성적

모집단위	대학	전형	2025 모집인원	2024 모집인원	2024 경쟁률	2024 성적①	2024 성적②	2023 모집인원	2023 경쟁률	2023 성적①	2023 성적②	2022 모집인원	2022 경쟁률	2022 성적①	2022 성적②	성적 산출기준 성적①	성적 산출기준 성적②
중국어학과	경희대(국제)	논술우수자	4	4	53.5		16.0	4	40.0	3.40	10.5	4	37.8	3.3	13.8	최종평균	실질경쟁률
중국언어문화학과*	가톨릭대	논술전형	4	4	29.3	3.74	4.60	4	22.8	5.29	5.89	5	31.8	5.03	5.09	등록평균	등록최저
중국언어문화학부	한국외대(서울)	논술전형	7	11	27.3			11	30.1			9	31.8				
중국외교통상학부	한국외대(서울)	논술전형	7	9	28.6			9	31.6			9	33.3				
중국학과	인하대	논술우수자	7	7	29.0	4.11	5.53	7	23.0	5.29	6.16	6	21.8	5.64	6.58	등록평균	등록최저
중국학대학	한국외대(서울)	논술전형	4														
중앙아시아학과	한국외대(글로벌)	논술전형	2	2	17.0			2	14.5			2	13.0				
중어중국학전공	동덕여대	논술우수자	10	9	27.3												
중어중문학과	건국대	KU논술우수자	5	5	76.8		926	5	55.2		906	5	57.8		87		논술평균
중어중문학과	이화여대	논술전형	8	8	30.3			8	30.6			8	27.9				
중어중문학과	경북대	논술전형(AAT)	3	3	20.3	5.24		4	16.8	4.89		6	18.3	3.93		등록평균	
중어중문학과*	연세대	논술전형	4	3	69.0			3	56.3			3	79.7				
중어중문학과*	숭실대	논술우수자	4	4	15.3	3.88		4	20.3			4	30.0			등록50%컷	
중어중문학과*	부산대	논술전형	5	5	14.2	4.76	4.64	5	15.6	3.89		5	13.6	5.17	5.60	등록평균	등록70%컷
중어중문학과*	동국대	논술우수자	5	5	63.0	3.60	4.40	5	63.4	3.75	4.90	5	49.6	2.93	4.50	최종평균	최종최저
중어중문학과*	서울여대	논술우수자	5	5	19.0	5.3		5	22.2	4.1	4.7	5	21.8	4.4	5.9	최종평균	최종최저
중어중문학부*	숙명여대	논술우수자	12	13	39.5	4.36		12	42.8			12	34.3	3.92		최종평균	
지리교육과	부산대	논술전형	5	5	13.6	3.60	3.31	5	17.0	4.27	3.85	5	14.6	4.45	4.40	등록평균	등록70%컷
지리학과	건국대	KU논술우수자	3	3	72.7			3	49.0			3	56.7		88		논술평균
지리학과	경북대	논술전형(AAT)	4	4	21.8	4.44		4	19.8	4.38		4	12.5			등록평균	
지리학과(인문)	경희대(서울)	논술우수자	3	3	61.7		30.7	3	43.3	4.10	18.0	3	31.7	3.7	14.7	최종평균	실질경쟁률
지리학과*	성신여대	논술우수자	4	4	26.0	3.89	4.77	4	26.5	3.83		4	27.3	4.57		등록평균	등록최저
지식융합미디어학부	서강대	일반전형	10	12	103.3			14	88.0			14	95.7				
지적재산권전공	상명대(서울)	논술전형	2														
철학과	단국대(죽전)	논술우수자	3	3	27.7	4.36	4.36	3	26.0	4.21	79.8	3	26.0	5.21	81.0	등록평균	등록최저
철학과	인하대	논술우수자	5	5	29.6	4.78	5.65	5	21.2	5.71	7.54	5	23.0	4.88	5.89	등록평균	등록최저
철학과	이화여대	논술전형	9	9	32.6			9	29.8			9	29.9				
철학과	중앙대	논술전형	6	5	79.4			5	67.0	3.5		6	41.7	2.6	78.3	등록50%컷	논술평균
철학과	경희대(서울)	논술우수자	7	7	113.9		44.7	7	110.6	3.40	44.1	7	106.4	3.8	51.0	최종평균	실질경쟁률
철학과	경북대	논술전형(AAT)	5	5	19.6	4.18		3	15.3	4.70		4	15.5	4.56		등록평균	
철학과	건국대	KU논술우수자	3	5	70.4		966	5	52.0		929	4	55.8		92		논술평균
철학과	한국외대(글로벌)	논술전형	3	4	22.0			5	14.6			3	19.3				
철학과*	연세대	논술전형	4	3	82.3			3	68.7			3	74.7				
철학과*	동국대	논술우수자	5	5	63.6	2.88	4.60	5	56.2	3.02	4.30	5	41.6	2.70	2.70	최종평균	최종최저
철학과*	한양대	논술전형	3	3	205.3		93.3	3	173.7		93.0	3	143.0	3.69		등록평균	
철학과*	가톨릭대	논술전형	4	4	26.5	4.73	5.68	3	20.0	4.89	5.10	5	33.4	4.98	6.25	등록평균	등록최저
철학과*	숭실대	논술우수자	3	7	15.3	3.96		7	27.1			7	36.3			등록50%컷	
철학과*	부산대	논술전형	5	5	14.0	4.69	3.88	5	17.2	3.82	3.68	6	12.7	4.06	3.62	등록평균	등록70%컷
체코·슬로바키아어학과	한국외대(글로벌)	논술전형	2	2	18.5			2	16.0			2	14.5				
커뮤니케이션미디어학부	이화여대	논술전형	8	8	36.9			8	29.1			8	31.3				
커뮤니케이션콘텐츠전공	동덕여대	논술우수자	8	7	32.9												
컴퓨터·AI학부(인문)	동국대	논술우수자	4	4	71.8	2.70	3.00	4	66.3	2.25	3.20	5	49.8	2.78	4.90	최종평균	최종최저
큐레이터학전공	동덕여대	논술우수자	4	4	22.8												
태국어과	한국외대(서울)	논술전형	3	6	36.3			6	30.2			6	25.2				
투어리즘&웰니스학부	한국외대(글로벌)	논술전형	5	6	22.0												
튀르키예·아제르바이잔학과	한국외대(서울)	논술전형	3	6	39.8			6	28.2			6	24.7				
특수교육과	단국대(죽전)	논술우수자	6	6	24.0	5.16	5.45	6	22.7	4.21	76.1	6	20.5	3.97	70.2	등록평균	등록최저
특수외국어(유럽지역)계열	한국외대(서울)	논술전형	3														
특수외국어(인도·아세안지역)계열	한국외대(서울)	논술전형	3														
특수외국어(중동지역)계열	한국외대(서울)	논술전형	3														
파이낸스경영학과	한양대	논술전형	4	5	76.0		90.8	5	73.4		73.8	5	63.8	4.10		등록평균	
패션산업학과	서울여대	논술우수자	5	5	21.0	5.5		5	30.8	3.7	4.4	5	26.4	4.4	5.3	최종평균	최종최저
패션산업학과	가천대	논술전형	7	8	38.4	3.98	4.96	8	23.4	4.16	4.36	8	22.3	3.6		등록70%	등록90%
페르시아어·이란학과	한국외대(서울)	논술전형	3	6	32.2			6	26.7			8	24.8				
평생교육학과	숭실대	논술우수자	4	4	13.3	4.46		4	18.0			4	27.5			등록50%컷	
포르투갈어과	한국외대(서울)	논술전형	4	6	25.5			6	33.8			6	30.7				

3. (인문) 논술전형

모집단위	대학	전형	2025 모집인원	2024 모집인원	2024 경쟁률	2024 성적①	2024 성적②	2023 모집인원	2023 경쟁률	2023 성적①	2023 성적②	2022 모집인원	2022 경쟁률	2022 성적①	2022 성적②	성적 산출기준 성적①	성적 산출기준 성적②
폴란드어학과	한국외대(글로벌)	논술전형	2	2	19.5			2	15.0			2	11.0				
표준·지식학과	고려대(세종)	논술전형	6	5	4.8			7	4.4	4.99	261.3					등록평균	논술평균
프랑스문화콘텐츠전공	서울여대	논술우수자	4	4	18.0	5.4		4	28.5	4.1	4.9	4	23.5	4.2	5.0	최종평균	최종최저
프랑스어교육전공	한국외대(서울)	논술전형	2	2	31.5			2	34.0			2	49.0				
프랑스어문·문화학과*	성신여대	논술우수자	3	3	27.7	4.29	4.46	3	28.0	4.51		3	26.7	5.32		등록평균	등록최저
프랑스어문학전공	중앙대	논술전형	8	4	72.0			4	62.0	3.0		6	39.5	2.8	80.7	등록50%컷	논술평균
프랑스어학과	경희대(국제)	논술우수자	3	3	48.7		14.7	3	42.0	4.10	13.3	3	42.3	4.0	16.0	최종평균	실질경쟁률
프랑스어학부	한국외대(서울)	논술전형	10	12	30.7			11	34.1			11	37.3				
프랑스언어·문화학과*	숙명여대	논술우수자	4	4	33.5	3.98		4	39.8			4	30.5	4.25		최종평균	
한국사학	한신대	논술전형	10	10	4.4	5.21	6.41									최종평균	최종최저
한국어교육과	한국외대(서울)	논술전형	2	2	44.0			2	47.5			2	21.5				
한국어문학	한신대	논술전형	8													최종평균	최종최저
한국어문학과	인하대	논술우수자	6	6	28.0	4.31	4.82	6	25.2	4.57	5.07	6	22.2	4.51	5.71	등록평균	등록최저
한국어문학부*	숙명여대	논술우수자	12	12	36.2	4.72		11	43.7			11	33.2	3.83		최종평균	
한국어학과	경희대(국제)	논술우수자	2	2	49.0		17.0	2	42.5	3.40	9.0	2	36.6	3.8	14.5	최종평균	실질경쟁률
한국학과	한국외대(글로벌)	논술전형	2	2	17.5			2	18.0			2	12.5				
한문교육과	단국대(죽전)	논술우수자	4	4	25.5	4.11	4.27	4	25.5	4.62	85.1	4	23.5	5.25	68.5	등록평균	등록최저
한문학과*	부산대	논술전형	4	5	11.4	5.00	4.78	5	15.4	4.74		5	12.2	4.60	4.59	등록평균	등록70%컷
한양인터칼리지학부(인문)	한양대	논술전형	15													등록평균	
한의예과(인문)	경희대(서울)	논술우수자	5	5	362.2		62.2	5	339.4	2.30	68.4	5	303.6	3.3	57.2	최종평균	실질경쟁률
한일문화콘텐츠전공	상명대(서울)	논술전형	3														
항공·경영대학(사회적성)	한국항공대	논술우수자	21														논술평균
항공관광외국어학부	삼육대	논술우수자	5	5	27.6												
핵심외국어계열	한국외대(서울)	논술전형	12														
행정학과	건국대	KU논술우수자	6	7	84.3		931	7	60.4		898	7	69.6		92		논술평균
행정학과	이화여대	논술전형	6	6	25.5			6	21.3			6	23.7				
행정학과	세종대	논술우수자	4	4	64.0	4.06	4.03	4	77.5	3.74	3.83	5	33.2	4.14	4.62	등록평균	등록70%컷
행정학과	연세대	논술전형	6	6	72.7			6	66.0			6	79.7				
행정학과	인하대	논술우수자	10	11	31.5	4.30	5.29	12	25.8	4.69	5.59	14	24.2	4.51	5.26	등록평균	등록최저
행정학과	광운대	논술우수자	5	5	43.6	4.32		5	34.6	4.23		5	36.4	4.70		등록평균	
행정학과	한국외대(서울)	논술전형	7	12	43.8			12	58.0			12	52.3				
행정학과	숙명여대	논술우수자	5	5	36.6	3.97		5	38.4			5	37.8	4.01		최종평균	
행정학과	서울여대	논술우수자	5	5	22.4	4.8		5	26.8	4.7	5.6	5	21.6	3.8	5.3	최종평균	최종최저
행정학과	가톨릭대	논술전형	4	4	27.5	3.99	5.54	4	25.3	4.46	5.67	4	31.0	4.82	6.75	등록평균	등록최저
행정학과	경희대(서울)	논술우수자	7	7	65.0		24.7	7	72.6	3.40	35.9	7	75.0	3.3	38.9	최종평균	실질경쟁률
행정학과*	단국대(죽전)	논술우수자	6	7	37.4	4.26	5.32	8	31.4	4.97	81.7	8	30.4	4.44	73.8	등록평균	등록최저
행정학부	숭실대	논술우수자	6	6	19.5	3.55		6	28.8			6	40.5			등록50%컷	
행정학부	상명대(서울)	논술전형	4														
행정학부	경북대	논술전형(AAT)	5	5	19.2	3.80		5	18.2	3.59		5	20.6	4.00		등록평균	
행정학전공*	동국대	논술우수자	6	6	62.3	3.03	3.90	6	55.0	3.10	4.10	6	37.0	3.43	5.20	최종평균	최종최저
헝가리어학과	한국외대(글로벌)	논술전형	2	2	22.0			2	20.5			2	12.5				
호텔관광외식경영학부	세종대	논술우수자	15	16	63.2	3.59	4.46	18	75.4	3.80	4.27	20	31.6	4.06	4.98	등록평균	등록70%컷
호텔관광학부*	수원대	교과논술	15	15	14.1	4.6		11	11.8	4.6		10	9.1	4.5		최종평균	
홍보광고학과	숙명여대	논술우수자	7	7	41.1	4.07		7	43.7			7	44.4	4.12		최종평균	
회계세무학과	경희대(서울)	논술우수자	6	6	73.2		30.5	6	56.5	3.20	24.3	7	53.1	3.7	27.0	최종평균	실질경쟁률
회계세무학과	가천대	논술전형	16	13	31.9	4.61	5.00	13	17.2	4.47	5.21					등록70%	등록90%
회계학과	동국대	논술우수자	13	13	59.5	3.48	4.80	13	57.7	3.10	4.70	15	38.9	2.52	3.80	최종평균	최종최저
회계학과	가톨릭대	논술전형	4	4	26.0	3.94	5.97	4	25.3	4.86	5.94	5	30.6	4.84	6.44	등록평균	등록최저
회계학과*	숭실대	논술우수자	2	2	10.0	4.32		2	16.5			2	19.0			등록50%컷	

※ 성적 산출기준 약어 :
　① 최초/최종, 등록 : 최초/최종 합격자, 등록자, ② 평균 : 합격자 점수를 더 한 후 합격 인원으로 나눈 점수
　③ 50%(컷) : 100 명 중 50등 점수(소수점은 버림, 예: 7명의 3등 점수), ④ 70%(컷) : 100 명 중 70등 점수(소수점은 버림, 예: 7명의 4등 점수)
　⑤ 충원율: 모집인원 대비 미등록으로 인한 충원 합격자의 비율. 예) 모집인원 100명이고 충원합격이 30명이면, 충원율은 30%

I. 수도권

※ '＊' : 교직 이수 가능

모집단위	대학	전형	2025 모집인원	2024 모집인원	2024 경쟁률	2024 성적①	2024 성적②	2023 모집인원	2023 경쟁률	2023 성적①	2023 성적②	2022 모집인원	2022 경쟁률	2022 성적①	2022 성적②	성적 산출기준 성적①	성적 산출기준 성적②
AI기반자유전공학부	서강대	지역균형	5													등록50%컷	등록70%컷
AI데이터융합학부	한국외대(글로벌)	학교장추천	3	7	5.3	185.2	181.7									등록50%컷	등록70%컷
AI로봇전공	광운대	지역균형	8	8	5.8	2.33		8	6.6	2.38		8	12.4	2.06		등록평균	
AI로봇전공	한국공학대	지역균형	3	5	5.0	3.6										등록평균	
AI로봇전공	한국공학대	교과우수자	3	7	7.4	3.8		7	8.6	4.0		8	3.5	4.0		등록평균	
AI로봇학과	세종대	지역균형	32	32	5.7	2.28	2.31									등록평균	등록70%컷
AI반도체융합전공	한경국립대(평택)	일반전형P	14	15	6.3	3.82	5.67	20	7.4	4.1	7.2					등록평균	등록최저
AI빅데이터융합경영학과(자연)	국민대	교과성적우수자	5	10	4.4	2.05	2.11	7	6.0	2.06	2.25	7	9.0	2.26	2.33	등록50%컷	등록70%컷
AI빅데이터전공	대진대	학생부우수자	6	7	8.1	3.57	3.80	8	19.0	3.91	4.79	10	5.3	5.19	6.25	등록평균	등록90%
AI빅데이터전공	대진대	학교장추천	6	5	7.0	2.91	3.14	5	8.4	3.96	4.16					등록평균	등록90%
AI신약학과	덕성여대	학생부100%	7													등록평균	등록70%컷
AI신약학과	덕성여대	덕성인재II	18													등록평균	등록70%컷
AI융합대학	한국외대(글로벌)	학교장추천	3													등록50%컷	등록70%컷
AI융합대학	한국항공대	학교장추천	27													등록평균	등록최저
AI융합대학	한국항공대	교과성적우수자	27													등록평균	등록70%컷
AI융합전자공학과	세종대	지역균형	3	23	7.4	2.14	2.21	22	6.7	2.22	2.33	12	7.6	1.81	1.87	등록평균	등록70%컷
AI융합학과	안양대	아리학생부면접	4	4	11.5	3.80	4.08	5	10.8	4.47	4.72	7	4.6	4.65	5.07	등록평균	등록최저
AI융합학과	안양대	아리학생부교과	5	6	8.3	2.84	3.17	8	22.6	3.40	3.67	8	13.6	4.18	4.40	등록평균	등록최저
AI융합학부	한국성서대	교과성적우수자	15	10	7.0	3.64	4.31	8	7.8	4.27	4.71	8	9.1	4.47	4.98	최종평균	최종최저
AI융합학부	용인대	교과성적우수자	14	15	5.8	3.20	3.20	11	6.0	3.30	3.30	11	30.5	3.1	3.2	등록50%컷	등록70%컷
AI융합학부	용인대	일반학생	28	35	14.4	2.80	2.80	27	4.2	3.40	3.82	27	19.9	2.7	2.8	등록50%컷	등록70%컷
AI융합학부	성신여대	지역균형	6	21	6.3	2.39	2.57	26	10.2	2.49		26	6.6	2.78		등록평균	등록최저
AI융합학부	숭실대	학생부우수자	7	7	5.3	1.90	1.99	7	8.7	2.03	2.02	9	17.8	1.97	1.90	등록평균	등록70%컷
AI융합학부	한국성서대	목회자추천	15	5	6.0	4.41	4.79									최종평균	최종최저
AI융합학부	한국성서대	일반학생	20	15	11.9	4.38	4.97	15	9.5	4.53	5.29	15	8.1	4.37	5.55	최종평균	최종최저
AI자율주행시스템공학과	한국항공대	학교장추천	5	4	4.8	2.8										등록평균	등록최저
AI자율주행시스템공학과	한국항공대	교과성적우수자	5	6	5.8	2.6	2.7	10	5.7	2.7	2.7	10	6.0	2.6	2.8	등록평균	등록70%컷
AI컴퓨터공학부	경기대	학교장추천	34	28	8.9	2.97	3.01	28	8.1	3.03		27	13.1	3.08		등록50%컷	등록70%컷
AI컴퓨터공학부	경기대	교과성적우수자	18	34	15.2	3.07	3.14	30	7.2	3.25		31	19.1	2.85		등록50%컷	등록70%컷
AI학과	중앙대	지역균형	5	5	16.4	1.59	1.60	5	11.0	1.84	1.86	5	27.2	1.58	1.58	등록50%컷	등록70%컷
ICT로봇공학전공	한경국립대(안성)	일반전형A	27													등록평균	등록최저
ICT로봇기계공학부	한경국립대(안성)	지역균형선발	2	2	5.0												
ICT로봇기계공학부	한경국립대(안성)	일반전형A	4	41	6.1	4.52	4.94	40	4.8	4.7	5.5	31	8.9	4.4		등록평균	등록최저
ICT환경융합학과	평택대	PTU교과	33	38	3.9	6.13	7.96	38	4.6	5.78	6.80	27	3.6	5.90	7.19	등록평균	등록최저
ICT환경융합학과	평택대	PTU추천	1														
ITM전공	서울과기대	고교추천	9	8	5.0	1.77	1.77	8	6.0	1.98	2.01	9	7.4	2.07	2.23	등록평균	등록70%컷
IT공과대학자율전공학부	성결대	교과성적우수자	42													등록70%컷	
IT공학계열	평택대	PTU추천	28														
IT기계공학과	대진대	학교장추천	4													등록평균	등록90%
IT기계공학과	대진대	학생부우수자	5													등록평균	등록90%
IT반도체융합자율전공	한국공학대	교과우수자	19													등록평균	
IT융합공학전공	연세대	추천형	5	4	7.8	1.53	1.53									등록50%컷	등록70%컷

모집단위	대학	전형	2025 모집인원	2024 모집인원	경쟁률	성적①	성적②	2023 모집인원	경쟁률	성적①	성적②	2022 모집인원	경쟁률	성적①	성적②	성적 산출기준 성적①	성적②
IT융합전공*	숭실대	학생부우수자	20	20	6.0	1.98	1.98	20	9.2	2.17	2.22	18	15.3	1.92	2.17	등록평균	등록70%컷
K-뷰티학과	신한대	학생부우수자	8	7	11.3	2.75										최종평균	
K-뷰티학과	신한대	일반전형	13	10	22.9	3.46		10	20.1	3.97		12	17.6	4.41		최종평균	
Language&AI융합학부	한국외대(서울)	학교장추천	3	5	17.8	198.7	198.6									등록50%컷	등록70%컷
MSDE학과	서울과기대	고교추천	9	9	4.8	1.76	1.83	8	6.5	1.90	1.93	8	19.3	1.99	2.03	등록평균	등록70%컷
Science기반자유전공학부	서강대	지역균형	5													등록50%컷	등록70%컷
SW자율전공	한국공학대	교과우수자	22													등록평균	
가상현실융합학과	덕성여대	학생부100%	7	12	6.1	2.81	2.77									등록평균	등록70%컷
가상현실융합학과	덕성여대	덕성인재II	18	15	7.5	3.76	3.78									등록평균	등록70%컷
가정교육과	고려대	학교추천	7	6	19.5	1.61	1.67	10	12.1	1.88	1.93	8	13.9	1.98	1.99	등록50%컷	등록70%컷
가정교육과	동국대	학교장추천인재	7	7	22.6	1.71	2.10	7	11.1	2.86	4.18	7	9.0	2.56	3.33	최종평균	최종최저
간호대학	차의과학대	CHA학생부교과	10	12	5.9	3.03	3.15	10	33.6	2.00	2.19	10	6.4	2.85	3.32	등록50%컷	등록70%컷
간호대학	차의과학대	지역균형선발	22	20	3.9	2.45	3.00	16	7.6	2.08	2.20	7	8.7	2.18	2.21	등록50%컷	등록70%컷
간호대학*	고려대	학교추천	10	10	26.5	1.48	1.51	18	13.6	1.81	1.86	18	12.9	1.72	1.87	등록50%컷	등록70%컷
간호학과	을지대(의정부)	지역균형	12	18	10.2	2.43	2.49	20	6.5	2.46	2.60	15	12.5	2.25	2.33	등록평균	등록70%컷
간호학과	한국성서대	교과성적우수자	5	5	19.2	3.56	3.98	5	41.0	3.04	3.58	5	37.4	3.69	3.92	최종평균	최종최저
간호학과	한국성서대	목회자추천	5	5	26.4	3.72	4.62									최종평균	
간호학과	인천가톨릭대	학교생활우수자	20	20	9.8	2.41		20	5.2	2.49		18	9.7	2.11		최종평균	
간호학과	수원대	면접위주교과	10	10	10.8	2.60	2.90	5	15.6	2.4		8	19.4	2.3		등록50%컷	등록70%컷
간호학과	인천가톨릭대	가톨릭지도자추천	2	2	7.0	2.90		2	14.5	2.48		2	15.0	3.20		최종평균	
간호학과	대진대	학생부우수자	17	19	15.3	2.29	2.76	27	16.4	2.53	2.95	19	5.6	2.91	3.64	등록평균	등록90%
간호학과	한국성서대	일반학생	20	20	19.9	3.94	4.98	20	20.4	3.97	4.97	20	16.8	3.96	4.89	최종평균	최종최저
간호학과	을지대(성남)	지역균형	11	14	6.0	2.28	2.32	16	10.9	2.10	2.20	10	19.4	2.23	2.30	등록평균	등록70%컷
간호학과	대진대	학교장추천	2	2	13.0	1.61	1.63	7	7.3	2.09	2.48	2	8.0	1.99		등록평균	등록90%
간호학과	수원대	교과우수	5	5	17.8	2.8		7	19.4	2.6						최종평균	
간호학과	수원대	고교추천	4	4	16.8	2.5		2	47.5	2.9		7	23.1	3.4		최종평균	
간호학과	강서대	일반학생	41	41	19.0	3.19	3.79	36	20.3	3.39	4.00	25	13.8	3.79	4.43	등록평균	등록최저
간호학과(자연)	중앙대	지역균형	27	27	7.0	1.64	1.66	17	6.9	1.67	1.73	15	10.2	1.65	1.78	등록50%컷	등록70%컷
간호학과(자연)	인하대	지역균형	17	17	3.6	2.34	4.15	10	10.0	1.99	2.15	8	12.4	2.06	2.12	등록평균	등록최저
간호학과(자연)	경희대(서울)	지역균형	14	7	7.9	1.56	1.67	7	6.3	1.50	4.1	7	16.0	1.4	10.6	최종평균	등록70%컷
간호학과(자연)*	가톨릭대	지역균형	14	14	10.0	1.75	1.82	14	15.6	1.76	1.91	14	15.7	1.91	2.18	등록평균	등록최저
간호학과(자연)*	가천대	학생부우수자	33	42	7.4	1.90	2.00	39	7.3	1.87	2.07	35	12.6	1.7	1.9	등록70%	등록90%
간호학과(자연)*	성신여대	지역균형	13	7	6.1	1.75	1.85	7	8.6	1.88		7	11.4	1.81		등록평균	등록최저
간호학과*	삼육대	학교장추천	6	6	7.0	2.08		8	30.00	2.10		9	6.2	2.89		최종평균	
간호학과*	가천대	지역균형	15	20	13.6	2.22	2.32	23	31.7	2.24	2.45	20	12.7	2.7		등록70%	등록90%
간호학과*	아주대	고교추천	7	7	14.7	1.55	1.56	7	18.9	1.93	1.98	10	13.3	1.99	2.21	등록평균	등록70%컷
간호학과[동두천]	신한대	학생부우수자	10	10	12.8	1.22		10	18.6	1.70						최종평균	
간호학과[동두천]	신한대	일반전형	18	29	18.5	2.34		24	17.6	2.74		35	21.1	2.75		최종평균	
간호학부	이화여대	고교추천	18	18	4.3	1.50	1.63	18	3.8	1.57	1.66	18	3.9	1.6	1.6	등록50%컷	등록70%컷
건설시스템공학과	아주대	고교추천	7	7	10.4	2.52	2.59	5	8.0	2.87	2.94	9	12.4	2.90	2.91	등록평균	등록70%컷
건설시스템공학과	서울과기대	고교추천	27	27	6.6	2.39	2.45	27	10.5	2.50	2.53	28	8.7	2.72	2.80	등록평균	등록70%컷
건설시스템공학부	국민대	교과성적우수자	14	15	9.6	2.32	2.36	15	10.3	2.45	2.54	16	10.5	2.56	2.59	등록50%컷	등록70%컷
건설환경공학과	동국대	학교장추천인재	8	10	19.0	1.29	1.80	10	16.6	2.72	3.30	10	8.8	3.01	3.61	최종평균	최종최저
건설환경공학과	세종대	지역균형	1	9	11.0	2.12	2.16	9	10.6	2.41	2.45	4	6.5	2.31	2.37	등록평균	등록70%컷
건설환경공학부	한경국립대(안성)	일반전형A	4	42	5.3	4.69	5.43	41	5.6	5.0	5.8	32	6.9	4.9		등록평균	등록최저
건설환경공학부	한경국립대(안성)	지역균형선발	2	2	4.5											등록평균	등록70%컷
건설환경공학전공	명지대	교과면접	5										70			등록평균	등록70%컷
건설환경공학전공	인천대	교과성적우수자	10	13	8.9	3.03	3.15									등록평균	등록70%컷
건설환경공학전공	인천대	지역균형	6	7	5.4	3.00	2.96									등록평균	등록70%컷
건설환경공학전공	명지대	학교장추천	5													등록평균	등록최저
건설환경에너지공학부	수원대	교과우수	13	15	15.3	4.0		17	8.7	4.2		8	40.0	3.5		최종평균	
건설환경에너지공학부	수원대	면접위주교과	10	10	10.8	4.35	4.45	15	10.1	4.1		20	7.2	4.0		등록50%컷	등록70%컷
건설환경에너지공학부	수원대	고교추천	8	8	10.1	4.3		5	13.0	3.7		7	11.0	4.1		최종평균	
건축공학과	경희대(국제)	지역균형	4	8	5.5	1.98	2.00	8	10.8	1.90	6.8	6	9.2	2.1	5.5	최종평균	등록70%컷
건축공학과	연세대	추천형	12	12	7.4	1.55	1.59	14	4.9	1.62	1.71	14	3.9	1.54	1.63	등록50%컷	등록70%컷
건축공학과	대진대	학교장추천	6	15	4.1	2.83	3.37	10	13.3	3.59	4.18	3	5.0	5.35		등록평균	등록90%

모집단위	대학	전형	2025 모집인원	2024 모집인원	경쟁률	성적①	성적②	2023 모집인원	경쟁률	성적①	성적②	2022 모집인원	경쟁률	성적①	성적②	성적 산출기준 성적①	성적②
건축공학과	세종대	지역균형	1	7	7.3	2.36	2.43	8	7.9	2.24	2.38	3	8.0	2.19	2.17	등록평균	등록70%컷
건축공학과	광운대	지역균형	4	4	14.0	2.24		4	4.8	2.82		4	6.8	2.08		등록평균	
건축공학과*	대진대	학생부우수자	8	15	6.5	3.86	4.35	15	7.8	4.10	4.82	15	5.4	4.87	5.62	등록평균	등록90%
건축공학부	동국대	학교장추천인재	8	10	11.8	1.43	1.80	11	9.9	2.19	2.86	11	10.6	2.28	2.92	최종평균	최종최저
건축공학전공	서울과기대	고교추천	19	19	4.2	2.35	2.42	17	8.5	2.37	2.44	18	7.0	2.66	2.75	등록평균	등록최저
건축공학전공	한국기술교대	일반전형	11	13	4.9	4.61	6.05	9	8.8	3.80	4.18	8	6.4	3.96		등록평균	등록최저
건축공학전공(4년제)	한경국립대(안성)	일반전형A	8	11	4.9	4.29	4.71	9	6.1	4.3	4.5	7	11.3	4.1		등록평균	등록최저
건축공학전공(4년제)	한경국립대(안성)	지역균형선발	1	1	5.0											등록평균	등록최저
건축공학전공*	단국대(죽전)	지역균형선발	5	7	6.6	2.66	2.87	7	9.9	2.56		7	11.0	2.89		등록평균	등록최저
건축공학전공*	서울시립대	지역균형선발	5	5	9.2	1.94		5	18.2	1.99		5	10.6	2.13		등록평균	
건축도시부동산학부	수원대	면접위주교과	10	10	13.9	4.10	4.40	13	11.0	4.2		15	8.8	4.5		등록50%컷	등록70%컷
건축도시부동산학부	수원대	교과우수	10	15	14.8	3.9		15	6.3	4.3		8	25.6	3.2		최종평균	
건축도시부동산학부	수원대	고교추천	5	7	23.6	4.6		7	15.3	4.6		10	7.6	4.4		최종평균	
건축도시시스템공학과	이화여대	고교추천	7	7	6.7	1.79	1.80	7	3.6	1.80	1.82	7	3.1	1.8	1.9	등록50%컷	등록70%컷
건축사회환경공학부	고려대	학교추천	15	16	17.5	1.63	1.65	20	12.4	1.83	1.87	20	14.4	1.77	1.83	등록50%컷	등록70%컷
건축융합부	한경국립대(안성)	일반전형A	6													등록평균	등록최저
건축학·건축공학전공	숭실대	학생부우수자	16	16	7.6	2.18	2.09	16	12.7	2.24	2.40	17	18.6	2.44	2.36	등록평균	등록70%컷
건축학과	고려대	학교추천	6	7	9.9	1.45	1.56	9	12.6	1.44	1.67	9	13.8	1.78	1.86	등록50%컷	등록70%컷
건축학과	세종대	지역균형	1	7	7.9	2.00	2.04	7	11.9	2.22	2.29	3	9.0	2.13	1.84	등록평균	등록70%컷
건축학과	아주대	고교추천	11	11	13.9	2.41	2.36	9	16.9	2.78	2.86	9	13.1	3.12	3.26	등록평균	등록70%컷
건축학과(5년제)	광운대	지역균형	4	4	6.3	2.29		4	11.5	1.94		4	6.3	2.34		등록평균	
건축학과(5년제)	경기대	교과성적우수자	2	3	27.7	1.52	2.96	4	15.3	3.31		7	17.0	3.04		등록50%컷	등록70%컷
건축학과(5년제)	삼육대	학교장추천	7	7	12.4	3.35		9	23.22	3.73		9	5.0	4.82		최종평균	
건축학과(5년제)	성균관대	학교장추천	18	16	14.9	1.74	1.76	10	17.0	1.96	2.01	5	10.2	2.02	2.12	등록50%컷	등록70%컷
건축학과(5년제)	경기대	학교장추천	5	7	12.0	2.83	2.93	7	11.6	3.06		7	13.4	3.14		등록50%컷	등록70%컷
건축학과(5년제)	경희대(국제)	지역균형	2	5	5.6	1.89	2.04	5	15.6	1.80	11.2	9	9.6	1.9	6.8	최종평균	등록70%컷
건축학과(자연)	이화여대	고교추천	6	6	3.0	1.53	1.89									등록50%컷	등록70%컷
건축학부	건국대	KU지역균형	8	12	12.9	2.11	2.24	12	8.5	2.11	2.30	12	18.8	2.04	2.07	등록50%컷	등록70%컷
건축학부	가천대	지역균형	1	10	18.3	3.42	3.45	10	50.7	3.36	3.52	7	10.0	4.3		등록70%	등록90%
건축학부	가천대	학생부우수자	13	14	13.9	2.77	2.79	17	9.2	2.84	3.12	12	16.8	2.7	2.8	등록70%	등록90%
건축학부	인하대	지역균형	16	16	6.9	2.69	2.94	10	20.0	2.59	2.72	10	8.1	2.83	2.96	등록평균	등록최저
건축학부	국민대	교과성적우수자	17	17	4.8	1.92	1.98	14	7.1	2.16	2.19	15	8.7	2.09	2.15	등록50%컷	등록70%컷
건축학전공	명지대	교과면접	5	8	18.0	2.63	3.03	8	7.3	2.89		5	13.8	2.18	2.19	등록평균	등록70%컷
건축학전공	명지대	학교장추천	4	6	9.0	2.09	2.23	6	11.8	2.69	3.26	8	8.3	2.43		등록평균	등록최저
건축학전공(5년)	한경국립대(안성)	지역균형선발	1	1	5.0											등록평균	등록최저
건축학전공(5년)	한경국립대(안성)	일반전형A	9	15	5.3	3.66	4.63	15	7.6	3.7	4.1	4	16.8	3.7		등록평균	등록최저
건축학전공(5년제)	단국대(죽전)	지역균형선발	7	7	14.4	2.29	2.39	7	7.4	2.73		7	10.1	2.43		등록평균	등록최저
건축학전공(자연)	서울과기대	고교추천	13	13	5.2	2.23	2.42	9	15.8	2.09	2.13	10	8.8	2.44	2.54	등록평균	등록70%컷
건축학전공*	서울시립대	지역균형선발	4	4	13.3	2.12		4	43.3	1.88		5	11.0	2.46		등록평균	
게임공학과	한국공학대	교과우수자	10	20	7.1	3.0		23	10.3	3.5		19	4.9	3.8		등록평균	
게임공학과	한국공학대	지역균형	13	14	5.1	3.0										등록평균	
게임전공	상명대(서울)	고교추천	7	8	6.6	2.91	2.87	9	7.8	3.02	3.29	9	9.0	2.84	3.10	등록50%컷	등록70%컷
게임컨텐츠학과(강화)	안양대	아리학생부교과	11	12	10.2	4.86	6.03	14	12.4	5.65	6.21	8	7.3	6.14	6.91	등록평균	등록최저
게임컨텐츠학과(강화)	안양대	아리학생부면접	4	4	5.0	5.74	6.58					7	3.4	4.66	6.80	등록평균	등록최저
고분자공학과	인하대	지역균형	9	9	4.0	2.31	2.56	6	9.7	2.23	2.42	6	8.0	2.47	2.53	등록평균	등록최저
고분자공학전공	단국대(죽전)	지역균형선발	6	12	7.2	2.25	2.38	12	8.7	2.48		12	15.6	2.58		등록평균	등록최저
공간디자인·소비자학과	가톨릭대	지역균형	5		6.2	3.17	3.45	5	7.6	2.87	3.02	5	13.0	2.92	3.24	등록평균	등록최저
공간디자인전공	명지대	교과면접	5	5	12.6	2.45	2.75	5	8.0	2.48		5	13.6	2.41	2.38	등록평균	등록70%컷
공간디자인전공	명지대	학교장추천	2	2	6.5	3.55	3.72	2	6.5	2.52	2.56	3	6.7	2.25		등록평균	등록최저
공간정보공학과	서울시립대	지역균형선발	3	4	15.5	1.93		4	24.0	2.05		4	11.3	2.24		등록평균	
공간정보공학과(자연)	인하대	지역균형	7	7	8.0	2.66	2.83	6	12.0	2.70	2.85	5	8.4	2.77	2.89	등록평균	등록최저
공과계열	한국외대(글로벌)	학교장추천	4													등록50%컷	등록70%컷
공과대학	중앙대	지역균형	31	31	12.4	1.57	1.60	33	15.4	1.70	1.73					등록50%컷	등록70%컷
공과대학	한국항공대	교과성적우수자	25													등록평균	등록70%컷
공과대학	한국항공대	학교장추천	25													등록평균	등록최저
공과대학자유전공학부	건국대	KU지역균형	100													등록50%컷	등록70%컷

모집단위	대학	전형	2025 모집인원	2024 모집인원	경쟁률	성적①	성적②	2023 모집인원	경쟁률	성적①	성적②	2022 모집인원	경쟁률	성적①	성적②	성적 산출기준 성적①	성적②
공학계열	한국기술교대	지역인재	67													등록평균	등록최저
공학계열	성균관대	학교장추천	38	40	13.3	1.54	1.56	70	13.7	1.58	1.65	70	17.3	1.61	1.68	등록50%컷	등록70%컷
공학자율학부	대진대	학생부우수자	48													등록평균	등록90%
공학자율학부	대진대	학교장추천	40													등록평균	등록90%
과학교육과	이화여대	고교추천	16	16	3.4	1.63	1.74	16	4.1	1.53	1.71	16	3.1	1.6	1.8	등록50%컷	등록70%컷
과학교육과	단국대(죽전)	지역균형선발	7	7	3.7	2.44	3.41	7	5.1	2.21		7	6.6	2.13		등록평균	등록최저
과학기술대학	덕성여대	고교추천	12	43	7.1	2.46	2.62	39	9.9	2.68	2.79	39	5.2	2.98	3.16	등록평균	등록70%컷
과학기술대학	덕성여대	학생부100%	13	33	7.9	2.18	2.37	47	6.1	2.37	2.50	47	16.1	2.09	2.18	등록평균	등록70%컷
교통공학과	서울시립대	지역균형선발	3	3	8.3	2.15		3	16.0	1.69		3	9.7	2.14		등록평균	
교통시스템공학과	아주대	고교추천	7	7	10.6	2.38	2.38	5	12.4	2.77	2.90	5	12.6	3.15	3.38	등록평균	등록70%컷
글로벌미디어학부	숭실대	학생부우수자	14	14	4.4	2.26	2.49	14	8.9	2.14	2.23	15	14.1	2.10	2.21	등록평균	등록70%컷
글로벌테크노경영전공(자연)	서울과기대	고교추천	3	3	12.0	2.23	2.25	3	5.0	2.81						등록평균	등록70%컷
기계.자동차공학과	서울과기대	고교추천	40	40	5.0	2.18	2.25	40	6.4	2.33	2.37	41	8.1	2.43	2.49	등록평균	등록70%컷
기계·로봇·자동차공학부	건국대	KU지역균형	16													등록50%컷	등록70%컷
기계공학과	신한대	학생부우수자	6	5	9.2	3.50		5	11.2	3.47						최종평균	
기계공학과	한국공학대	지역균형	13	16	4.5	3.2										등록평균	
기계공학과	경희대(국제)	지역균형	2	20	7.3	1.76	1.88	20	8.1	1.80	6.4	23	9.5	1.7	7.4	최종평균	등록70%컷
기계공학과	서강대	지역균형	8	9	10.4	1.54	1.57	10	9.2	1.65	1.69	9	14.4	1.51	1.57	등록50%컷	등록70%컷
기계공학과	아주대	고교추천	23	14	11.1	2.11	2.09	11	14.4	2.39	2.51	12	13.9	2.53	2.90	등록평균	등록70%컷
기계공학과	한국공학대	교과우수자	10	21	7.8	3.4		24	14.1	3.8		26	4.3	4.1		등록평균	
기계공학과	세종대	지역균형	1	10	20.6	2.20	2.25	11	8.5	2.47	2.53	8	6.8	2.09	2.09	등록평균	등록70%컷
기계공학과	인천대	지역균형	12	15	10.7	2.80	2.94	15	7.6	2.95	3.13	15	4.4	3.06	3.28	등록평균	등록70%컷
기계공학과	인천대	교과성적우수자	20	26	15.2	2.93	3.20	26	6.0	3.18	3.36	26	9.9	2.67	2.94	등록평균	등록70%컷
기계공학과	신한대	일반전형	10	20	6.6	3.80		20	6.5	4.33						최종평균	
기계공학과	인하대	지역균형	32	35	5.4	2.40	2.69	19	11.7	2.29	2.48	19	16.2	2.30	2.43	등록평균	등록최저
기계공학과*	단국대(죽전)	지역균형선발	8	10	14.3	2.31	2.38	10	9.8	2.61		10	19.8	2.63		등록평균	등록최저
기계공학부	한국기술교대	일반전형	30	40	9.5	4.05	4.84	26	4.9	4.15	5.59	23	7.9	3.33		등록평균	등록최저
기계공학부	고려대	학교추천	21	23	11.4	1.45	1.49	30	9.0	1.61	1.68	30	11.5	1.58	1.68	등록50%컷	등록70%컷
기계공학부	연세대	추천형	21	19	5.9	1.55	1.56	23	4.4	1.46	1.54	23	3.9	1.38	1.45	등록50%컷	등록70%컷
기계공학부	가천대	학생부우수자	26	12	45.3	2.89	3.00	11	7.6	3.74	4.68	11	13.0	2.5	2.7	등록70%	등록90%
기계공학부	숭실대	학생부우수자	18	18	8.0	2.22	2.30	18	8.3	2.55	2.23	19	15.0	2.33	2.09	등록평균	등록70%컷
기계공학부	중앙대	지역균형	20	20	9.9	1.65	1.67	18	10.6	1.68	1.72	18	18.2	1.68	1.73	등록50%컷	등록70%컷
기계공학부*	국민대	교과성적우수자	30	39	9.4	2.24	2.29	23	7.4	2.38	2.45	24	12.3	2.33	2.38	등록50%컷	등록70%컷
기계공학전공	한경국립대(안성)	일반전형A	14													등록평균	등록최저
기계금속재료전공	국민대	교과성적우수자	13	12	7.6	2.10	2.12	10	7.6	2.39	2.44	10	8.4	2.36	2.45	등록50%컷	등록70%컷
기계로봇에너지공학과	동국대	학교장추천인재	11	16	12.0	1.38	1.70	10	10.0	2.64	3.20	10	17.0	2.32	2.56	최종평균	최종최저
기계설계전공	한국공학대	지역균형	8	10	6.4	3.5										등록평균	
기계설계전공	한국공학대	교과우수자	5	13	11.2	3.6		14	17.9	4.2		19	4.0	4.6		등록평균	
기계시스템공학과	경기대	교과성적우수자	5	12	25.7	3.35	3.38	14	6.7	3.50		14	14.8	3.08		등록50%컷	등록70%컷
기계시스템공학과	경기대	학교장추천	9	10	13.1	3.10	3.14	10	18.5	3.27		10	11.1	3.38		등록평균	등록70%컷
기계시스템공학부	명지대	교과면접	9							70						등록평균	등록70%컷
기계시스템공학부	명지대	학교장추천	8													등록평균	등록최저
기계시스템디자인공학과	서울과기대	고교추천	44	44	5.8	2.21	2.28	44	6.9	2.34	2.42	46	9.0	2.51	2.45	등록평균	등록70%컷
기계시스템학부	숙명여대	지역균형선발	6	6	10.8	2.28	2.28	6	5.8	2.32	2.56	6	8.7	2.21	2.23	등록50%컷	등록70%컷
기계정보공학과	서울시립대	지역균형선발	5	6	10.2	1.79		5	16.4	1.76		5	15.0	1.90		등록평균	
기후변화융합학부	한국외대(글로벌)	학교장추천	4	7	6.0	185.4	185.0									등록50%컷	등록70%컷
기후에너지시스템공학과	이화여대	고교추천	8	8	8.1	1.80	1.91	4	4.3	1.84	2.02	8	3.4	1.7	1.8	등록50%컷	등록70%컷
나노바이오공학전공	인천대	교과성적우수자	5	6	7.5	2.95	3.06									등록평균	등록70%컷
나노바이오공학전공	인천대	지역균형	3	4	4.5	2.52	2.58									등록평균	등록70%컷
나노반도체공학과	한국공학대	지역균형	8	11	4.6	3.1										등록평균	
나노반도체공학과	한국공학대	교과우수자	5	14	7.8	3.1		19	4.6	3.7		22	4.1	3.4		등록평균	
나노소재전공	국민대	교과성적우수자	4	10	4.9	2.08	2.11	8	6.1	2.10	2.15	8	8.9	2.07	2.22	등록50%컷	등록70%컷
나노신소재공학과	세종대	지역균형	1	13	6.6	1.85	1.97	13	8.9	2.05	2.16	5	7.2	1.89	1.93	등록평균	등록70%컷
나노전자물리학과*	국민대	교과성적우수자	5	11	9.0	2.19	2.25	9	8.2	2.41	2.54	9	8.2	2.43	2.48	등록50%컷	등록70%컷
대기과학과	연세대	추천형	5	4	6.0	1.65	1.65	5	10.2	1.63	1.65	5	3.0	1.26	1.36	등록50%컷	등록70%컷
데이터경영산업공학과*	대진대	학교장추천	5	6	16.7	3.58	3.73	6	6.8	5.23	5.80	2	4.0	5.23		등록평균	등록90%

모집단위	대학	전형	2025 모집인원	2024 모집인원	2024 경쟁률	2024 성적①	2024 성적②	2023 모집인원	2023 경쟁률	2023 성적①	2023 성적②	2022 모집인원	2022 경쟁률	2022 성적①	2022 성적②	성적 산출기준 성적①	성적 산출기준 성적②
데이터경영산업공학과*	대진대	학생부우수자	5	6	10.7	4.30	4.68	6	9.8	5.30	5.57	12	3.4	5.67	6.37	등록평균	등록90%
데이터과학과	고려대	학교추천	7	6	7.7	1.43	1.75	7	8.1	1.42	1.50	7	11.4	1.37	1.55	등록50%컷	등록70%컷
데이터과학부	수원대	교과우수	13	15	13.4	3.8		15	10.3	3.8		8	28.6	3.5		최종평균	
데이터과학부	수원대	면접위주교과	10	10	8.8	3.95	4.10	14	13.1	3.9		15	5.7	4.1		등록50%컷	등록70%컷
데이터과학부	수원대	고교추천	6	8	13.1	4.4		5	21.2	4.3		10	7.7	4.6		최종평균	
데이터사이언스전공	명지대	교과면접	5	5	17.4	2.74	2.70	5	6.8	3.11		5	8.4	2.28	2.50	등록평균	등록70%컷
데이터사이언스전공	숙명여대	지역균형선발	5	5	6.8	2.03	2.07	5	6.8	2.18	2.18	4	8.3	2.05	2.05	등록50%컷	등록70%컷
데이터사이언스전공	명지대	학교장추천	3	4	13.3	2.38	2.44	4	7.0	3.00	3.23	4	5.0	2.06		등록평균	등록최저
데이터사이언스학과	서울여대	교과우수자	4	4	14.0	2.9		4	37.5	2.9	3.6	4	27.3	2.9	3.6	최종평균	최종최저
데이터사이언스학과	서울신학대	교과성적	6	12	5.4	3.89	4.03	11	8.3	3.5	3.7	8	18.0	3.5	3.7	등록평균	등록70%컷
데이터사이언스학과	덕성여대	학생부100%	7	12	5.6	2.64	2.70									등록평균	등록70%컷
데이터사이언스학과	인하대	지역균형	10	10	9.6	2.43	2.57	5	25.4	2.54	2.66	6	8.7	2.98	2.99	등록평균	등록최저
데이터사이언스학과	서울신학대	일반전형	8	12	6.8	4.36	4.39	9	5.2	4.6	4.9	8	9.3	4.2	4.7	등록평균	등록70%컷
데이터사이언스학과	가톨릭대	지역균형	8	5	10.0	2.76	2.88	5	15.2	2.96	3.07	5	14.0	3.26	3.39	등록평균	등록최저
데이터사이언스학과	덕성여대	덕성인재II	18	15	7.5	3.56	3.81									등록평균	등록70%컷
데이터정보학과	평택대	PTU교과	26	31	4.0	5.60	6.87	31	5.2	5.45	7.20	21	3.9	5.64	7.17	등록평균	등록최저
데이터정보학과	평택대	PTU추천	1														
데이터클라우드공학과	삼육대	학교장추천	5	5	9.4	3.55										최종평균	
도시건축학부	인천대	교과성적우수자	14	18	7.6	2.98	3.19	18	7.1	2.98	3.12	18	8.3	2.91	2.92	등록평균	등록70%컷
도시건축학부	인천대	지역균형	9	11	4.4	2.93	3.10	11	7.8	2.82	2.94	11	4.6	3.03	3.23	등록평균	등록70%컷
도시계획·조경학부	가천대	학생부우수자	10	10	14.1	2.76	2.94	10	9.9	3.02	3.22	7	11.3	2.7	3.0	등록70%	등록90%
도시계획·조경학부	가천대	지역균형	1	7	17.3	3.44	3.63	8	22.6	3.65	3.73	7	7.9	3.9		등록70%	등록90%
도시공학과	연세대	추천형	5	6	7.2	1.62	1.66	7	4.4	1.79	1.81	7	3.3	1.47	1.62	등록50%컷	등록70%컷
도시공학과	인천대	지역균형	4	5	4.0	3.02	3.02	5	5.6	2.84	2.95	5	6.0	2.87	2.88	등록평균	등록70%컷
도시공학과	인천대	교과성적우수자	3	5	27.6	3.13	3.12	5	6.2	3.57	3.69	5	11.4	2.75	2.89	등록평균	등록70%컷
도시공학과	서울시립대	지역균형선발	3	3	10.7	1.83		3	16.0	1.98		3	11.7	1.96		등록평균	
도시디자인정보공학과	성결대	교과성적우수자	12	7	7.2	4.0		17	19.9	4.2		16	5.0	5.2		등록70%컷	
도시디자인정보공학과	성결대	SKU창의적인재	11	11	8.5	5.6		11	5.2	6.0		11	7.1	5.6		등록70%컷	
도시정보공학과	안양대	아리학생부면접	5	5	10.8	4.14	4.83	7	9.9	4.50	4.91	9	4.4	4.70	5.20	등록평균	등록최저
도시정보공학과	안양대	아리학생부교과	15	17	12.3	3.43	3.76	14	8.1	4.15	4.50	9	12.8	3.86	4.19	등록평균	등록최저
도시정보공학과(야)	안양대	아리학생부교과	14	14	6.1	5.03	5.43	14	8.2	5.47	5.95	12	4.9	5.85	7.30	등록평균	등록최저
도시정보공학과(야)	안양대	아리학생부면접	6	10	3.9	5.39	6.07	10	3.3	6.21	6.58	8	3.3	6.24	6.90	등록평균	등록최저
동물생명과학전공	한경국립대(안성)	일반전형A	16													등록평균	등록최저
동물생명융합학부	한경국립대(안성)	일반전형A	2	33	4.0	4.98	6.39	33	5.2	4.7	5.4	24	7.3	4.5		등록평균	등록최저
동물생명융합학부	한경국립대(안성)	지역균형선발	1	1	3.0											등록평균	등록최저
동물응용과학전공	한경국립대(안성)	일반전형A	15													등록평균	등록최저
동물자원·식품과학·유통학부	건국대	KU지역균형	9													등록50%컷	등록70%컷
동물자원과학과	삼육대	학교장추천	4	4	10.0	3.05		5	29.80	3.46		5	5.4	5.01		최종평균	
디스플레이융합공학과	연세대	추천형	5	5	8.0	1.68	1.75									등록50%컷	등록70%컷
디자인공학부	한국공학대	교과우수자	12													등록평균	
디자인공학부	한국공학대	지역균형	14													등록평균	
디자인공학전공	한국기술교대	일반전형	11	13	8.2	4.34	4.70	9	7.2	4.51	5.57	8	4.9	4.06		등록평균	등록최저
디자인전공(무실기)	한경국립대(안성)	지역균형선발	1	1	5.0												
디지털미디어디자인과	안양대	아리학생부면접	4	5	14.0	3.22	3.67	8	9.5	3.65	4.00	8	7.5	3.47	4.06	등록평균	등록최저
디지털미디어디자인과	안양대	학교장추천	3	3	5.3	3.66	4.00									등록평균	등록최저
디지털미디어디자인학과	안양대	아리학생부교과	6	8	13.5	2.45	2.73	7	10.9	2.91	3.68	7	13.3	3.01	3.56	등록평균	등록최저
디지털미디어학과	서울여대	교과우수자	6	6	5.3	2.9		6	9.5	2.4	2.8	6	21.7	2.4	2.8	최종평균	최종최저
디지털미디어학과	아주대	고교추천	18	18	13.7	2.36	2.45	16	12.4	2.75	2.99	12	11.6	3.16	3.41	등록평균	등록70%컷
디지털콘텐츠디자인학	명지대	학교장추천	5	5	10.8	2.43	2.69	5	5.4	2.72	3.32	5	9.0	2.06		등록평균	등록최저
메카트로닉스공학부	한국기술교대	일반전형	25	40	5.8	4.08	4.93	26	6.4	3.62	4.22	23	9.7	3.45		등록평균	등록최저
메카트로닉스전공	한국공학대	교과우수자	6	14	6.4	3.6		17	6.1	3.9		16	4.1	3.6		등록평균	
메카트로닉스전공	한국공학대	지역균형	10	11	5.1	3.2										등록평균	
문화유산학과	용인대	교과성적우수자	5	8	2.6	3.00	3.60	8	11.8	3.05	3.19	8	13.0	3.5	3.7	등록50%컷	등록70%컷
문화유산학과	용인대	일반학생	9	11	6.6	2.60	2.70	13	5.0	2.85	3.07	13	9.9	2.9	2.9	등록50%컷	등록70%컷
물리천문학과	세종대	지역균형	1	7	5.7	2.06	2.18	8	10.8	2.14	2.27	4	5.5	2.48	2.67	등록평균	등록70%컷
물리치료학과	용인대	일반학생	10	10	25.6	1.50	1.80	12	7.5	1.90	2.16	12	11.5	1.3	1.4	등록50%컷	등록70%컷

모집단위	대학	전형	2025 모집인원	2024 모집인원	2024 경쟁률	2024 성적①	2024 성적②	2023 모집인원	2023 경쟁률	2023 성적①	2023 성적②	2022 모집인원	2022 경쟁률	2022 성적①	2022 성적②	성적 산출기준 성적①	성적 산출기준 성적②
물리치료학과	을지대(성남)	지역균형	7	10	6.1	2.55	2.70	12	15.8	2.38	2.52	7	19.7	2.80	2.86	등록평균	등록70%컷
물리치료학과	가천대	학생부우수자	6	5	12.4	1.79	2.01	5	16.6	1.21	1.44	4	30.3	1.9	2.1	등록70%	등록90%
물리치료학과	가천대	지역균형	6	5	12.8	2.25	2.27	5	22.2	2.29	2.39	6	19.2	2.5		등록70%	등록90%
물리치료학과	삼육대	학교장추천	6	7	9.3	2.47		8	11.00	2.57		9	7.2	2.70		최종평균	
물리치료학과	용인대	교과성적우수자	7	7	11.1	1.90	2.00	7	9.3	1.90	1.90	7	23.7	1.9	1.9	등록50%컷	등록70%컷
물리학과	인하대	지역균형	8	8	6.8	2.78	3.00	5	12.4	2.70	2.94	5	6.6	2.79	2.99	등록평균	등록최저
물리학과	서강대	지역균형	5	6	9.7	1.51	1.56	6	8.8	1.79	1.81	6	14.7	1.62	1.66	등록50%컷	등록70%컷
물리학과	서울시립대	지역균형선발	3	4	12.5	1.97		3	10.3	2.08		3	10.7	1.89		등록평균	
물리학과	경희대(서울)	지역균형	3	4	10.0	1.62	1.71	4	9.0	1.70	7.5	4	9.0	1.7	7.0	최종평균	등록70%컷
물리학과	가천대	지역균형	2	6	11.3	3.69	3.79	6	14.2	3.76	3.91	6	4.7	3.8		등록70%	등록90%
물리학과	인천대	교과성적우수자	7	9	7.3	3.12	3.04	9	6.6	3.14	3.32	9	9.0	3.04	3.37	등록평균	등록70%컷
물리학과	인천대	지역균형	6	7	5.6	3.35	3.63	7	7.4	3.15	3.19	7	3.9	2.98	3.03	등록평균	등록70%컷
물리학과	건국대	KU지역균형	4	7	8.7	2.00	2.00	7	6.4	1.96	2.04	7	15.6	2.04	2.10	등록50%컷	등록70%컷
물리학과	성균관대	학교장추천	7	7	13.1	1.61	1.65	10	5.8	1.91	1.99	7	11.3			등록70%컷	등록70%컷
물리학과	가톨릭대	지역균형	8	6	8.7	3.06	3.19	5	11.4	3.28	3.34	6	9.8	3.45	3.56	등록평균	등록최저
물리학과*	숭실대	학생부우수자	3	3	7.0	2.68	2.10	5	7.8	2.17	2.44	6	11.2	1.83	2.30	등록평균	등록70%컷
물리학과*	연세대	추천형	5	5	5.6	1.41	1.44	6	7.0	1.29	1.40	6	4.8	1.57	1.60	등록50%컷	등록70%컷
물리학과*	동국대	학교장추천인재	3	5	10.0	1.60	1.90	10	12.5	2.21	2.78	10	8.0	2.48	2.72	최종평균	최종최저
물리학과*	고려대	학교추천	8	8	11.5	1.47	1.48	10	9.5	1.55	1.69	10	11.8	1.62	1.68	등록50%컷	등록70%컷
미디어기술콘텐츠학과	가톨릭대	지역균형	7	5	7.4	2.45	2.76	5	13.0	2.81	2.85	5	31.4	3.10	3.24	등록평균	등록최저
미디어디자인학과	평택대	PTU교과	30	37	6.8	5.03	6.45									등록평균	등록최저
미디어디자인학과	평택대	PTU추천	1														
미디어소프트웨어학과	성결대	SKU창의적인재	20	20	7.0	5.8		21	8.3	5.6		20	5.9	6.0		등록70%컷	
미디어소프트웨어학과	성결대	교과성적우수자	24	36	7.4	4.0		42	6.6	4.2		40	7.2	4.0		등록70%컷	
미래모빌리티공학과	아주대	고교추천	22	5	7.6	2.22	2.51	3	14.0	2.39	2.48					등록평균	등록70%컷
미래모빌리티학과	국민대	교과성적우수자	8	8	4.8	2.18	2.23	5	6.0	2.08	2.21	5	9.4	2.41	2.43	등록50%컷	등록70%컷
미래스포츠융합학과	신한대	일반전형	20	30	13.1	4.63		20	4.3	5.43						최종평균	
미래스포츠융합학과	신한대	학생부우수자	10													최종평균	
미래에너지시스템전공	한국공학대	교과우수자	4													등록평균	
미래에너지시스템전공	한국공학대	지역균형	5													등록평균	
미래에너지융합학과	서울과기대	고교추천	7	7	6.0	1.90	1.94	7	6.7	2.12	2.14	7	10.3	2.11	2.24	등록평균	등록70%컷
미래융합대학	차의과학대	CHA학생부교과	39	36	6.6	3.88	4.12	63	4.8	4.19	4.43					등록50%컷	등록70%컷
미래융합대학	차의과학대	지역균형선발	60	60	2.9	3.69	4.07	36	7.0	3.41	3.58					등록50%컷	등록70%컷
미래융합전공(자연)	국민대	교과성적우수자	50													등록50%컷	등록70%컷
미래융합학부	성공회대	교과성적	19	19	4.5	3.43	3.89									최종평균	최종최저
미래융합학부2	서경대	교과우수자①	70													최종50%컷	최종70%컷
미래융합학부2	서경대	교과우수자②	70													최종50%컷	최종70%컷
미래자동차공학과	신한대	일반전형	13	20	5.9	3.82		20	6.0	4.32		37	7.2	4.60		최종평균	
미래자동차공학과	신한대	학생부우수자	10	5	13.6	3.18		5	9.6	4.03						최종평균	
미래정보디스플레이학부	경희대(서울)	지역균형	7	7	11.1	1.62	1.68	7	6.6	1.70	4.9	7	16.7	1.5	13.6	최종평균	등록70%컷
바이오나노학과	가천대	지역균형	1	6	11.8	2.81	3.08	6	22.0	2.83	3.17	6	7.2	3.1		등록70%	등록90%
바이오나노학과	가천대	학생부우수자	7	7	7.6	2.38	2.61	7	7.9	2.45	2.46	7	10.9	2.2	2.3	등록70%	등록90%
바이오-로봇시스템공학과	인천대	교과성적우수자	5	7	10.6	2.93	2.96	7	11.0	3.16	3.18	7	9.1	2.92	3.13	등록평균	등록70%컷
바이오-로봇시스템공학과	인천대	지역균형	5	6	4.7	2.96	3.03	6	11.7	2.84	2.83	6	4.5	3.16	3.28	등록평균	등록70%컷
바이오로직스학과	가천대	학생부우수자	16	20	9.2	2.41	2.64									등록70%	등록90%
바이오메디컬공학부	한국외대(글로벌)	학교장추천	3	6	7.7	194.2	193.5	4	4.0	287.5	285.0	3	10.0	265.9	264.2	등록50%컷	등록70%컷
바이오메디컬소프트웨어학과	가톨릭대	지역균형	5	5	4.2	2.42	2.47	5	8.4	2.56	2.85					등록평균	등록최저
바이오메디컬화학공학과	가톨릭대	지역균형	9	8	5.5	2.27	2.46	12	7.2	2.39	2.54	9	10.9	2.54	2.74	등록평균	등록최저
바이오발효융합학과	국민대	교과성적우수자	5	8	5.1	1.82	1.84	7	5.9	1.95	1.95	7	8.9	1.88	1.97	등록50%컷	등록70%컷
바이오생명공학과	용인대	교과성적우수자	5	7	4.1	2.50	2.60	7	5.3	2.70	2.85	7	8.7	2.7	2.9	등록50%컷	등록70%컷
바이오생명공학과	용인대	일반학생	9	11	8.3	2.10	2.40	13	5.1	2.60	3.00	13	15.3	2.6	2.7	등록50%컷	등록70%컷
바이오생명공학과*	성신여대	지역균형	3	6	3.8	2.29	2.59	6	7.8	2.02		6	8.0	2.18		등록평균	등록최저
바이오시스템대학	동국대	학교장추천인재	9													최종평균	최종최저
바이오시스템의과학부	고려대	학교추천	10	11	11.1	1.27	1.30	15	13.5	1.39	1.45	15	11.7	1.46	1.52	등록50%컷	등록70%컷
바이오식품공학과	성신여대	지역균형	3	4	7.3	2.26	2.34	4	24.3	2.21		4	6.0	2.87		등록평균	등록최저
바이오식품외식산업학과	신한대	학생부우수자	5	5	12.4	2.80										최종평균	

모집단위	대학	전형	2025 모집인원	2024 모집인원	경쟁률	성적①	성적②	2023 모집인원	경쟁률	성적①	성적②	2022 모집인원	경쟁률	성적①	성적②	성적① 산출기준	성적② 산출기준
바이오식품외식산업학과	신한대	일반전형	8	8	14.3	3.40		8	18.0	4.44		10	6.5	5.07		최종평균	
바이오신약의과학부	성신여대	지역균형	3	4	5.5	1.91	2.01	4	14.8	1.89		4	17.8	2.37		등록평균	등록최저
바이오융합공학과	삼육대	학교장추천	4	6	11.8	3.21		7	29.43	3.58		5	4.6	4.88		최종평균	
바이오융합학부	경기대	학교장추천	12	10	12.5	2.64	2.70	10	9.7	2.88		11	10.6	2.91		등록50%컷	등록70%컷
바이오융합학부	경기대	교과성적우수자	7	17	10.9	2.93	2.97	14	8.4	2.83		13	12.2	2.82		등록50%컷	등록70%컷
바이오의공학부	고려대	학교추천	12	12	12.8	1.35	1.46	15	18.8	1.47	1.52	15	13.8	1.50	1.69	등록50%컷	등록70%컷
바이오의약전공	국민대	교과성적우수자	7	7	3.9	2.37	2.70	6	9.8	1.59	1.65	6	10.3	1.86	1.87	등록50%컷	등록70%컷
바이오헬스융합학과	서울여대	교과우수자	5	4	5.3	2.9		5	19.4	2.1	2.2					최종평균	최종최저
바이오헬스융합학부	성신여대	지역균형	3	8	7.1	2.28	2.46	8	6.9	2.40		8	6.0	2.48		등록평균	등록최저
바이오화학산업학부	수원대	면접위주교과	10	10	11.4	3.75	4.00	10	11.3	3.8		10	5.9	4.0		등록50%컷	등록70%컷
바이오화학산업학부	수원대	고교추천	4	4	12.3	4.0		6	16.8	3.9		7	8.4	3.8		최종평균	
바이오화학산업학부	수원대	교과우수	8	10	26.0	3.6		10	6.1	4.5		7	23.3	2.8		최종평균	
바이오환경과학과	동국대	학교장추천인재	7	8	23.6	1.24	1.70	8	24.1	2.41	2.74	8	16.4	2.38	2.74	최종평균	최종최저
반도체공학과	수원대	교과우수	5	5	13.4	3.5		9	14.3	3.6		7	54.4	3.6		최종평균	
반도체공학과	수원대	고교추천	3	3	11.7	3.9		2	15.0	4.8						최종평균	
반도체공학과	수원대	면접위주교과	10	10	9.3	3.85	4.50	8	12.6	4.2		8	7.1	4.4		등록50%컷	등록70%컷
반도체공학부	명지대	교과면접	5	5	9.6	2.96	2.70	5	7.8	3.23			70			등록평균	등록70%컷
반도체공학부	명지대	학교장추천	3	5	6.4	2.24	2.58	5	11.0	2.85	3.22					등록평균	등록최저
반도체공학전공	한국외대(글로벌)	학교장추천	3	7	5.9	190.3	188.8									등록50%컷	등록70%컷
반도체대학	가천대	학생부우수자	31	26	11.5	2.70	2.76									등록70%	등록90%
반도체물리학과	가천대	학생부우수자	6	6	13.7	2.87	3.24	6	14.0	3.04	3.04	6	12.5	3.0	3.3	등록70%	등록90%
반도체시스템공학과	세종대	지역균형	2	10	7.6	2.02	2.08	9	7.1	2.24	2.29					등록평균	등록70%컷
반도체시스템공학과	인하대	지역균형	11	8	5.1	2.69	3.24									등록평균	등록최저
반도체시스템공학부	광운대	지역균형	7	7	5.1	2.07										등록평균	
반도체시스템전공	한국공학대	지역균형	5													등록평균	
반도체시스템전공	한국공학대	교과우수자	4													등록평균	
반도체융합공학과	대진대	학생부우수자	5													등록평균	등록90%
반도체융합공학과	대진대	학교장추천	5													등록평균	등록90%
반도체융합공학과	성균관대	학교장추천	6	6	12.5	1.69	1.80									등록50%컷	등록70%컷
방사선학과	가천대	지역균형	6	5	20.4	2.78	2.90	5	21.0	3.06	3.08	6	12.2	3.1		등록70%	등록90%
방사선학과	가천대	학생부우수자	6	5	20.2	2.00	2.03	5	20.2	2.36	2.63	4	33.0	2.3	2.3	등록70%	등록90%
방사선학과	을지대(성남)	지역균형	6	10	6.5	2.53	2.59	11	12.6	2.65	2.79	6	16.8	2.87	2.94	등록평균	등록70%컷
방사선학과	신한대	일반전형	12	20	19.4	2.70		15	21.5	3.23		23	29.0	3.31		최종평균	
방사선학과	신한대	학생부우수자	7	9	15.9	1.43										최종평균	
보건관리학전공	동덕여대	학생부교과우수자	6	6	13.0	2.80		14	9.1	3.20		14	5.3	3.2		최종평균	
보건환경안전학과	용인대	일반학생	15	15	6.3	2.60	2.80	17	5.8	2.90	3.08	17	10.2	2.8	3.1	등록50%컷	등록70%컷
보건환경안전학과	용인대	교과성적우수자	7	10	3.7	3.20	3.30	10	6.6	3.05	3.10	10	8.6	3.5	3.5	등록50%컷	등록70%컷
보건환경융합과학부	고려대	학교추천	18	19	16.0	1.43	1.52	30	17.3	1.58	1.63	25	15.5	1.71	1.74	등록50%컷	등록70%컷
부동산건설학부	강남대	지역균형	15	20	3.6	4.30	4.40	20	6.2	3.68	4.25	20	5.1	3.64	4.54	등록50%컷	등록70%컷
분자의생명전공	인천대	교과성적우수자	3	5	7.6	2.54	2.70									등록평균	등록70%컷
분자의생명전공	인천대	지역균형	3	4	4.0	2.40	2.50									등록평균	등록70%컷
빅데이터인공지능전공	을지대(성남)	지역균형	7													등록평균	등록70%컷
사이버드론봇사학과	신한대	일반전형	23	23	4.0	4.92										최종평균	
사이버보안학과	단국대(죽전)	지역균형선발	4	4	8.8	2.49	2.58	4	18.0	2.55		4	10.5	2.86		등록평균	등록최저
사이버보안학과	아주대	고교추천	8	5	7.4	2.32	2.13	5	9.2	2.33	2.34	5	11.2	2.44	2.67	등록평균	등록70%컷
사이버보안학과	이화여대	고교추천	8	5	5.6	1.97	1.99	8	4.5	1.73	1.77	8	3.3	1.8	1.9	등록50%컷	등록70%컷
사회기반시스템공학과	경희대(국제)	지역균형	4	8	9.4	1.94	2.00	8	8.9	2.00	6.8	6	10.2	2.0	7.0	최종평균	등록70%컷
사회안전시스템공학부	한경국립대(안성)	일반전형A	2	40	4.1	5.32	6.75	39	6.3	5.1	5.6	31	7.0	5.2		등록평균	등록최저
사회안전시스템공학부	한경국립대(안성)	지역균형선발	2	2	4.0												
사회에너지시스템공학과	경기대	교과성적우수자	7	16	21.6	3.30	3.41	16	8.9	3.66						등록50%컷	등록70%컷
사회에너지시스템공학과	경기대	학교장추천	15	19	14.9	3.12	3.26	19	6.7	3.53						등록50%컷	등록70%컷
사회인프라공학과	인하대	지역균형	13	13	7.2	2.69	2.93	9	10.9	2.67	2.84	12	7.7	2.75	2.84	등록평균	등록최저
사회환경공학부	건국대	KU지역균형	10	25	11.6	1.96	2.00	25	7.3	2.08	2.17	24	25.1	2.07	2.10	등록50%컷	등록70%컷
사회환경시스템공학부	연세대	추천형	13	12	10.2	1.53	1.62	14	7.9	1.56	1.58	14	4.7	1.60	1.71	등록50%컷	등록70%컷
산림환경시스템학과	국민대	교과성적우수자	6	8	6.3	2.23	2.24	7	9.6	2.19	2.25	7	14.3	2.36	2.48	등록50%컷	등록70%컷
산업·정보시스템공학과	숭실대	학생부우수자	20	19	5.9	2.18	2.24	19	17.1	2.23	2.30	21	13.0	2.27	2.45	등록평균	등록70%컷

모집단위	대학	전형	2025 모집인원	2024 모집인원	2024 경쟁률	2024 성적①	2024 성적②	2023 모집인원	2023 경쟁률	2023 성적①	2023 성적②	2022 모집인원	2022 경쟁률	2022 성적①	2022 성적②	성적산출기준 성적①	성적산출기준 성적②
산업경영공학과	인하대	지역균형	10	10	4.3	2.52	2.77	6	10.0	2.46	2.53	6	10.5	2.52	2.59	등록평균	등록최저
산업경영공학과	명지대	학교장추천	6	8	7.4	2.54	2.74	7	18.7	3.15	3.38	8	3.8	3.51		등록평균	등록최저
산업경영공학과	인천대	지역균형	8	9	4.7	2.74	2.78	9	7.9	2.86	2.86	9	5.3	2.94	2.87	등록평균	등록70%컷
산업경영공학과	명지대	교과면접	5	9	10.3	2.79	3.20	8	5.3	3.28		10	8.5	2.94	3.13	등록평균	등록70%컷
산업경영공학과	경기대	학교장추천	15	16	13.8	3.18	3.26	16	9.2	3.53		10	10.4	3.62		등록50%컷	등록70%컷
산업경영공학과	경기대	교과성적우수자	7	15	16.7	3.31	3.36	16	7.8	3.51		14	15.1	3.34		등록50%컷	등록70%컷
산업경영공학과	인천대	교과성적우수자	13	16	6.8	3.13	3.24	16	7.8	2.99	3.07	16	9.3	2.85	3.13	등록평균	등록70%컷
산업경영공학과	성결대	교과성적우수자	25	31	7.6	4.2		35	5.1	4.6		33	5.1	4.4		등록70%컷	
산업경영공학과	성결대	SKU창의적인재	20	18	5.1	6.2		18	5.1	6.0		17	6.8	6.2		등록70%컷	
산업경영공학과	한국외대(글로벌)	학교장추천	3	3	6.7	186.6	185.7	6	5.3	271.6	270.9	3	9.0	251.6	251.1	등록50%컷	등록70%컷
산업경영공학과	경희대(국제)	지역균형	4	8	8.8	1.77	1.88	8	10.3	1.80	8.5	10	9.1	1.9	6.8	최종평균	등록70%컷
산업경영공학부	고려대	학교추천	8	9	21.0	1.37	1.50	12	18.3	1.69	1.82	12	11.0	1.79	1.93	등록50%컷	등록70%컷
산업공학과	아주대	고교추천	20	16	8.9	2.17	2.24	14	18.2	2.53	2.58	14	12.6	3.06	3.35	등록평균	등록70%컷
산업공학과	건국대	KU지역균형	3	5	9.4	1.64	1.92	9	9.8	1.96	2.00	6	19.8	2.04	2.07	등록50%컷	등록70%컷
산업공학과	연세대	추천형	5	6	8.2	1.39	1.41	7	7.3	1.68	1.70	7	6.0	1.27	1.39	등록50%컷	등록70%컷
산업및기계공학부	수원대	교과우수	13	15	35.3	4.1		20	6.6	5.1		8	17.8	3.1		최종평균	
산업및기계공학부	수원대	고교추천	5	5	16.4	4.2		6	16.0	4.6		10	6.6	4.5		최종평균	
산업및기계공학부	수원대	면접위주교과	10	10	13.6	3.59	4.15	13	13.0	4.0		20	5.9	5.1		등록50%컷	등록70%컷
산업시스템공학과	동국대	학교장추천인재	8	13	9.4	1.38	1.60	13	8.4	2.33	2.69	13	7.5	2.35	2.84	최종평균	최종최저
산업정보시스템전공	서울과기대	고교추천	19	13	5.1	2.04	2.10	13	7.3	2.25	2.28	15	7.4	2.40	2.25	등록평균	등록70%컷
생명공학과	가톨릭대	지역균형	7	7	6.6	2.09	2.21	7	6.1	2.35	2.57	7	12.8	2.21	2.46	등록평균	등록최저
생명공학과	인하대	지역균형	8	9	4.9	2.23	2.98	6	13.7	1.79	1.96	9	22.2	2.03	2.00	등록평균	등록최저
생명공학과	연세대	추천형	9	9	5.9	1.41	1.42	10	6.6	1.40	1.46	10	5.1	1.31	1.41	등록50%컷	등록70%컷
생명공학과	한국외대(글로벌)	학교장추천	3	4	5.3	194.6	193.0	6	6.8	290.1	289.1	4	10.0	259.5	259.2	등록50%컷	등록70%컷
생명공학대학[다빈치]	중앙대	지역균형	65	65	3.6	2.52	2.63	66	5.5	2.60	2.82					등록50%컷	등록다빈컷
생명공학부	고려대	학교추천	17	18	10.2	1.27	1.33	23	9.6	1.35	1.45	23	12.9	1.37	1.43	등록50%컷	등록70%컷
생명공학부	한경국립대(안성)	지역균형선발	1	1	5.0												
생명공학부	한경국립대(안성)	일반전형A	2	33	3.2	4.45	6.97	31	4.3	3.9	4.5	21	9.4	3.9		등록평균	등록최저
생명공학전공	인천대	지역균형	3	4	3.8	2.35	3.17									등록평균	등록70%컷
생명공학전공	상명대(서울)	고교추천	7	9	5.6	2.24	2.37	12	8.5	2.48	2.64	12	38.3	2.44	2.60	등록50%컷	등록70%컷
생명공학전공	인천대	교과성적우수자	6	7	7.0	3.13	3.66									등록평균	등록70%컷
생명과학과	가천대	학생부우수자	7	6	11.3	2.29	2.30	6	24.3	2.33	2.44	6	8.8	2.6	2.9	등록70%	등록90%
생명과학과	가천대	지역균형	2	6	12.7	2.59	2.72	6	30.3	2.70	2.94	6	6.8	3.1		등록70%	등록90%
생명과학과	인하대	지역균형	5	6	7.2	2.01	2.09	5	12.6	2.21	2.32	7	8.0	2.24	2.45	등록평균	등록최저
생명과학과	서강대	지역균형	5	6	12.3	1.39	1.40	6	14.8	1.44	1.51	6	16.7	1.55	1.63	등록50%컷	등록70%컷
생명과학과	서울시립대	지역균형선발	4	5	9.4	1.79		4	15.5	1.69		4	18.3	1.71		등록평균	
생명과학과	이화여대	고교추천	13													등록50%컷	등록70%컷
생명과학과	성균관대	학교장추천	7	7	15.6	1.48	1.50	10	8.4	1.63	1.76	3	13.0			등록50%컷	등록70%컷
생명과학과*	동국대	학교장추천인재	7	8	14.5	1.26	1.60	8	32.3	1.89	2.39	9	25.8	2.17	2.50	최종평균	최종최저
생명과학대학자유전공학부	건국대	KU지역균형	34													등록50%컷	등록70%컷
생명과학부*	고려대	학교추천	15	16	13.8	1.35	1.38	21	14.3	1.48	1.55	21	10.6	1.63	1.68	등록50%컷	등록70%컷
생명과학전공	인천대	교과성적우수자	4	5	7.0	2.65	2.76									등록평균	등록70%컷
생명과학전공	인천대	지역균형	3	4	4.0	3.80	4.64									등록평균	등록70%컷
생명과학특성학과	건국대	KU지역균형	3	10	12.5	1.64	1.70	10	15.7	1.61	1.69	10	17.9	1.82	1.86	등록50%컷	등록70%컷
생명시스템학부	세종대	지역균형	2	22	4.1	1.84	1.91	21	6.9	1.82	1.90	9	10.1	1.79	1.92	등록평균	등록70%컷
생명시스템학부*	숙명여대	지역균형선발	7	7	4.0	1.64	1.65	6	9.2	1.74	1.78	6	8.8	1.82	2.02	등록50%컷	등록70%컷
생명화학공학과	한국공학대	지역균형	10	11	5.6	2.6										등록평균	
생명화학공학과	한국공학대	교과우수자	5	14	8.9	2.8		19	8.9	3.2		19	4.3	3.3		등록평균	
생명환경공학과	서울여대	교과우수자	5	5	6.2	2.5										최종평균	최종최저
생물공학과	건국대	KU지역균형	4	4	16.3	1.75	1.75	4	23.3	1.68	1.89	4	19.5	2.00	2.00	등록50%컷	등록70%컷
생물학과	경희대(서울)	지역균형	10	11	6.5	1.52	1.61	11	16.6	1.40	12.5	11	12.6	1.6	9.5	최종평균	등록70%컷
생체의공학과	경희대(국제)	지역균형	2	5	10.2	1.69	1.67	5	8.8	1.60	6.8	9	10.4	1.6	8.4	최종평균	등록70%컷
생화학과*	연세대	추천형	4	4	6.0	1.35	1.35	4	13.5	1.33	1.33	4	8.3			등록50%컷	등록70%컷
서비스디자인공학과	성신여대	지역균형	3	8	7.8	2.44	2.64	8	7.5	2.56		8	7.3	2.76		등록평균	등록최저
소비자학과	인천대	지역균형	4	5	5.2	3.20	3.28	5	13.2	2.79	2.87	5	6.4	3.29	3.32	등록평균	등록70%컷
소비자학과	인천대	교과성적우수자	4	6	8.2	2.91	3.01	6	14.2	2.93	3.01	6	11.8	2.99	3.24	등록평균	등록70%컷

모집단위	대학	전형	2025 모집인원	2024 모집인원	2024 경쟁률	2024 성적①	2024 성적②	2023 모집인원	2023 경쟁률	2023 성적①	2023 성적②	2022 모집인원	2022 경쟁률	2022 성적①	2022 성적②	성적 산출기준 성적①	성적 산출기준 성적②
소프트웨어&서비스컴퓨팅전공	한경국립대(안성)	일반전형A	16													등록평균	등록최저
소프트웨어경영대학	경기대	교과성적우수자	24													등록50%컷	등록70%컷
소프트웨어과	안양대	아리학생부교과	8	10	14.1	2.82	3.02	10	7.1	3.57	4.02	9	13.7	3.30	3.64	등록평균	등록최저
소프트웨어융합전공	한경국립대(안성)	일반전형A	12													등록평균	등록최저
소프트웨어융합학과	신한대	일반전형	13	15	10.2	3.27		20	11.4	3.52		56	7.8	4.29		최종평균	
소프트웨어융합학과	서울여대	교과우수자	4	4	6.8	2.7		4	10.3	2.4	2.7	4	12.3	2.4	2.7	최종평균	최종최저
소프트웨어융합학과	경희대(국제)	지역균형	2	9	6.2	1.66	1.77	7	8.1	1.70	6.3	9	11.3	1.6	9.1	최종평균	등록70%컷
소프트웨어융합학과	신한대	학생부우수자	5	6	10.2	1.98		5	23.4	2.80						최종평균	
소프트웨어융합학부	성공회대	교과성적	50	50	3.8	2.75	3.33	53	5.1	2.83	2.89	53	3.2	2.93	4.00	최종평균	최종최저
소프트웨어전공	한국공학대	지역균형	8	10	4.5	3.5										등록평균	
소프트웨어전공	한국공학대	교과우수자	4	12	6.8	3.0		15	8.7	3.3		17	5.1	3.4		등록평균	
소프트웨어학과	아주대	고교추천	11	11	5.0	2.13	2.09	11	7.9	2.00	2.03	11	18.4	2.06	2.22	등록평균	등록70%컷
소프트웨어학과	안양대	아리학생부면접	5	6	13.8	3.77	3.95	10	7.9	4.08	4.80	8	6.4	3.80	5.00	등록평균	등록최저
소프트웨어학과	성균관대	학교장추천	10	10	12.2	1.52	1.55	10	16.1	1.47	1.61	10	22.2	1.51	1.53	등록50%컷	등록70%컷
소프트웨어학과	안양대	학교장추천	3	4	6.5	3.83	3.90									등록평균	등록최저
소프트웨어학과*	단국대(죽전)	지역균형선발	8	12	6.4	2.19	2.43	12	5.8	2.32		12	12.8	2.16		등록평균	등록70%컷
소프트웨어학부	숭실대	학생부우수자	13	13	4.8	1.97	2.02	13	7.2	1.85	1.81	14	13.4	1.89	1.75	등록평균	등록70%컷
소프트웨어학부	국민대	교과성적우수자	11	24	8.5	2.02	2.06	23	5.9	2.17	2.30	23	11.9	2.03	2.09	등록50%컷	등록70%컷
소프트웨어학부	광운대	지역균형	9	9	3.3	2.20		9	6.6	1.70		10	12.7	1.82		등록평균	
소프트웨어학부	중앙대	지역균형	15	15	10.1	1.49	1.58	15	11.3	1.55	1.59					등록50%컷	등록70%컷
수의예과	건국대	KU지역균형	5	5	16.4	1.04	1.08	5	16.0	1.09	1.19	5	32.6	1.11	1.11	등록평균	등록70%컷
수학.핀테크전공*	성신여대	지역균형	3	6	7.2	2.43	2.53	6	9.0	2.46		6	7.3	2.76		등록평균	등록최저
수학과	아주대	고교추천	3	6	12.7	2.35	2.27	6	11.0	2.91	2.97	6	9.0	2.95	3.29	등록평균	등록70%컷
수학과	인천대	교과성적우수자	4	6	7.3	2.99	3.04	6	14.0	2.78	2.85	6	7.7	2.93	3.39	등록평균	등록70%컷
수학과	인하대	지역균형	7	7	11.3	2.65	2.77	5	16.2	2.70	2.94	5	7.0	2.93	2.94	등록평균	등록최저
수학과	서강대	지역균형	5	6	9.5	1.61	1.67	6	8.3	1.69	1.77	6	13.3	1.53	1.55	등록50%컷	등록70%컷
수학과	한국외대(글로벌)	학교장추천	3	3	5.3	193.7	192.0	4	3.8	284.5	281.6	3	7.3	244.1	252.6	등록50%컷	등록70%컷
수학과	인천대	지역균형	4	5	4.6	2.92	2.97	5	8.0	2.83	2.85	5	4.0	2.81	3.08	등록평균	등록70%컷
수학과	서울여대	교과우수자	4	4	15.0	3.0		4	21.5	2.7	3.0	4	7.5	3.0	3.9	최종평균	최종최저
수학과	광운대	지역균형	5	5	4.4	2.04		5	15.8	2.17		6	3.8	2.74		등록평균	
수학과	경기대	교과성적우수자	2	2	15.0	2.97	2.97	2	28.5	3.41		3	12.3	3.70		등록50%컷	등록70%컷
수학과	이화여대	고교추천	10	10	4.7	1.85	1.86	10	4.0	1.92	1.96	10	3.8	1.9	2.0	등록50%컷	등록70%컷
수학과	성균관대	학교장추천	7	7	19.4	1.55	1.61	10	5.9	1.95	2.04	3	9.3			등록50%컷	등록70%컷
수학과	경희대(서울)	지역균형	6	7	7.4	1.58	1.63	7	16.0	1.60	13.6	7	12.7	1.7	9.7	최종평균	등록70%컷
수학과	건국대	KU지역균형	3	5	19.2	2.07	2.12	6	9.8	2.00	2.11	6	21.2	1.96	2.06	등록50%컷	등록70%컷
수학과	서울시립대	지역균형선발	5	7	12.4	1.89		5	13.6	2.00		5	10.0	2.05		등록평균	
수학과*	연세대	추천형	5	6	6.2	1.46	1.48	7	4.6	1.47	1.51	7	6.7	1.42	1.45	등록50%컷	등록70%컷
수학과*	동국대	학교장추천인재	4	5	13.2	1.30	1.50	5	22.6	2.13	2.63	5	13.6	2.77	3.38	최종평균	최종최저
수학과*	가톨릭대	지역균형	8	6	4.7	3.02	3.59	7	7.8	2.91	3.06	6	9.0	3.07	3.32	등록평균	등록최저
수학과*	고려대	학교추천	8	8	14.8	1.41	1.49	10	10.9	1.54	1.70	10	10.8	1.65	1.68	등록50%컷	등록70%컷
수학과*	숙명여대	지역균형선발	4	4	3.8			4	6.3	2.06	2.06	4	6.8	2.44	2.44	등록50%컷	등록70%컷
수학과*	숭실대	학생부우수자	8	8	6.6	2.17	2.20	8	8.9	2.32	2.37	8	11.3	1.96	2.29	등록평균	등록70%컷
수학교육과	건국대	KU지역균형	5	5	12.4	1.78	1.81	5	9.0	1.79	2.00	4	22.0	1.48	1.48	등록50%컷	등록70%컷
수학교육과	이화여대	고교추천	6	6	3.3	1.66	1.69	6	5.7	1.62	1.88	6	5.5	1.7	1.8	등록50%컷	등록70%컷
수학교육과	동국대	학교장추천인재	4	4	11.5	1.03	1.10	4	35.8	1.96	2.18	4	27.8	2.23	2.50	최종평균	최종최저
수학교육과	상명대(서울)	고교추천	9	9	3.7	2.29	2.52	9	5.0	2.42	2.58	9	15.1	2.16	2.45	등록50%컷	등록70%컷
수학교육과	고려대	학교추천	6	6	5.3	1.32	1.59	6	7.3	1.25	1.30	8	11.6	1.30	1.38	등록50%컷	등록70%컷
수학교육과	인하대	지역균형	5	5	5.2	2.26	2.38	5	13.4	2.27	2.34	5	13.0	2.39	2.52	등록평균	등록최저
수학교육과	단국대(죽전)	지역균형선발	4	4	5.3	1.99	2.34	4	15.3	1.99		4	6.0	2.31		등록평균	등록최저
수학교육과	성균관대	학교장추천	5	5	8.0	1.32	1.44	5	6.6	1.50	1.55	5	12.6	1.39	1.58	등록50%컷	등록70%컷
수학교육과	인천대	교과성적우수자	3	3	6.3	3.23		3	9.3	2.38	2.42	3	27.0	2.09	2.21	등록평균	등록70%컷
수학통계학과	세종대	지역균형	1	7	8.4	2.10	2.09	7	8.0	2.24	2.29	3	8.3	1.66	1.62	등록평균	등록70%컷
스마트ICT융합공학과	서울과기대	고교추천	14	14	8.1	2.03	2.07	12	6.3	2.22	2.30					등록평균	등록70%컷
스마트건설·환경공학과	대진대	학생부우수자	12					21	7.0	5.07	5.66	28	3.6	5.66	6.70	등록평균	등록90%
스마트건설·환경공학과	대진대	학교장추천	10					20	4.4	4.51	5.21	4	5.5	4.89		등록평균	등록90%
스마트기계융합자율전공	한국공학대	교과우수자	22													등록평균	

모집단위	대학	전형	2025 모집인원	2024 모집인원	2024 경쟁률	2024 성적①	2024 성적②	2023 모집인원	2023 경쟁률	2023 성적①	2023 성적②	2022 모집인원	2022 경쟁률	2022 성적①	2022 성적②	성적 산출기준 성적①	성적 산출기준 성적②
스마트드론공학과	한국항공대	학교장추천	6	5	6.2	2.7										등록평균	등록최저
스마트드론공학과	한국항공대	교과성적우수자	6	8	8.6	2.7	2.8	13	4.5	2.8	3.0	12	5.9	2.5	2.6	등록평균	등록70%컷
스마트모빌리티공학과	인하대	지역균형	7	7	11.6	2.55	2.60	5	21.4	2.68	2.76	5	6.8	2.93	2.98	등록평균	등록최저
스마트모빌리티공학전공	명지대	학교장추천	4													등록평균	등록최저
스마트모빌리티공학전공	명지대	교과면접	5										70			등록평균	등록70%컷
스마트모빌리티전공	대진대	학교장추천	12	8	6.3	3.91	4.29	7	4.3	4.60	4.99	2	6.0	4.20		등록평균	등록90%
스마트모빌리티전공	대진대	학생부우수자	10	7	6.9	3.99	4.24	7	6.1	4.80	5.20	20	5.9	4.95	5.37	등록평균	등록90%
스마트모빌리티학과	평택대	PTU추천	1														
스마트모빌리티학과	평택대	PTU교과	21	30	6.7	5.70	6.66	33	5.1	5.65	6.30	22	11.1	5.21	6.85	등록평균	등록최저
스마트보안학과	가천대	학생부우수자	8	6	14.0	2.88	2.99	7	8.6	2.97	3.03	7	15.0	2.6	2.7	등록70%	등록90%
스마트보안학부	고려대	학교추천	8	5	11.0	1.48	1.51	7	15.7	1.58	1.64	7	13.7	1.74	1.76	등록50%컷	등록70%컷
스마트생명산업융합학과	세종대	지역균형	4	4	3.5	2.00	2.14	3	6.3	2.03	2.04	2	7.0	2.26	2.25	등록평균	등록70%컷
스마트시티공학과	안양대	아리학생부교과	23	23	2.9	6.00	8.34	22	2.9	6.47	7.72	21	3.3	5.87	6.84	등록평균	등록최저
스마트시티공학부	경기대	교과성적우수자	5	12	18.5	3.25	3.28	12	12.8	3.46		22	13.6	3.33		등록50%컷	등록70%컷
스마트시티공학부	경기대	학교장추천	9	12	13.3	3.17	3.23	11	10.7	3.49		20	10.6	3.42		등록50%컷	등록70%컷
스마트시티공학전공	안양대	아리학생부면접	4	4	1.8	4.77	5.86	10	2.1	5.56	5.98	10	2.1	6.74	7.74	등록평균	등록최저
스마트시티학과	가천대	지역균형	7	5	17.4	3.54	3.86	5	17.6	3.69	3.76	5	7.2	3.6		등록70%	등록90%
스마트시티학과	가천대	학생부우수자	7	6	14.0	2.71	2.80	8	10.6	2.94	3.23	7	13.3	2.8	3.1	등록70%	등록90%
스마트융합보안학과	대진대	학교장추천	8	5	7.6	3.00	3.29	5	6.0	4.22	4.54					등록평균	등록90%
스마트융합보안학과	대진대	학생부우수자	10	7	11.9	3.89	4.39	7	6.4	5.09	5.93					등록평균	등록90%
스마트콘텐츠학과	평택대	PTU교과	30	41	3.3	5.90	7.06									등록평균	등록최저
스마트콘텐츠학과	평택대	PTU추천	1														
스마트팜과학과	경희대(국제)	지역균형	8	5	12.4	1.60	1.74	5	9.4	1.90	6.2	5	9.0	1.7	6.2	최종평균	등록70%컷
스마트팩토리전공	가천대	학생부우수자	9	7	14.0	2.95	2.99	7	12.6	2.88	2.94	7	13.9	3.0	3.1	등록70%	등록90%
스포츠의학과	신한대	학생부우수자	8	8	13.1	2.14		5	13.4	3.55						최종평균	
스포츠의학과	신한대	일반전형	21	21	8.4	3.57		19	7.8	4.06						최종평균	
시스템반도체공학과	서강대	지역균형	3	3	10.0			3	12.7							등록50%컷	등록70%컷
시스템반도체공학과	연세대	추천형	20	20	6.9	1.43	1.47									등록50%컷	등록70%컷
시스템반도체학과	가천대	학생부우수자	9					7	12.3	2.72	2.84	7	11.9	2.7	2.9	등록70%	등록90%
시스템반도체학부	동국대	학교장추천인재	6	5	10.8	1.44	1.50									최종평균	최종최저
시스템생명공학과	건국대	KU지역균형	3	8	9.5	1.64	1.67	8	12.1	1.57	1.68	8	29.6	1.71	1.76	등록50%컷	등록70%컷
시스템생명과학전공	명지대	학교장추천	6	6	11.8	2.24	2.32	6	37.7	2.94	3.00	7	3.6	3.81		등록평균	등록최저
시스템생명과학전공	명지대	교과면접	5	5	19.8	2.64	2.57	5	7.6	3.30		5	8.4	2.31	2.56	등록평균	등록70%컷
시스템생물학과*	연세대	추천형	5	5	9.0	1.50	1.51	5	13.5	1.45	1.46	6	4.7	1.87	2.04	등록50%컷	등록70%컷
식량자원과학과	건국대	KU지역균형	3	4	20.3	1.84	1.84	4	13.8	2.00	2.13	4	17.3	2.04	2.04	등록50%컷	등록70%컷
식물생명환경전공	한경국립대(안성)	일반전형A	27													등록평균	등록최저
식물자원조경학부	한경국립대(안성)	지역균형선발	2	2	4.5												
식물자원조경학부	한경국립대(안성)	일반전형A	3	47	4.0	4.90	5.40	46	5.4	4.8	5.4	39	6.4	4.9		등록평균	등록최저
식품공학과	고려대	학교추천	7	8	15.0	1.48	1.54	10	18.6	1.57	1.61	10	10.4	1.76	1.87	등록50%컷	등록70%컷
식품공학과	서울여대	교과우수자	7	6	7.3	2.5										최종평균	최종최저
식품생명공학과	이화여대	고교추천	9	9	8.2	1.53	1.67	9	4.8	1.79	1.82	9	6.9	1.6	1.7	등록50%컷	등록70%컷
식품생명공학과	경희대(국제)	지역균형	9	5	12.2	1.58	1.63	5	20.0	1.70	15.4	4	10.8	1.8	8.0	최종평균	등록70%컷
식품생명공학과	서울과기대	고교추천	14	11	7.9	1.85	1.90	11	11.8	2.08	2.09	12	6.0	2.38	2.16	등록평균	등록70%컷
식품생명공학과	가천대	지역균형	1	5	16.2	2.88	2.88	5	46.4	2.92	3.13	5	10.4	3.7		등록70%	등록90%
식품생명공학과	가천대	학생부우수자	7	7	10.0	2.56	2.62	7	11.6	2.49	2.63	7	13.3	2.5	2.5	등록70%	등록90%
식품생명공학과*	동국대	학교장추천인재	7	11	19.6	1.00	1.80	11	24.5	2.28	2.79	11	15.9	2.40	3.00	최종평균	최종최저
식품생명공학전공	한경국립대(안성)	일반전형A	31													등록평균	등록최저
식품생명화학공학부	한경국립대(안성)	지역균형선발	2	2	4.0												
식품생명화학공학부	한경국립대(안성)	일반전형A	7	45	6.1	4.19	4.70	45	4.2	4.5	5.7	31	6.8	4.1		등록평균	등록최저
식품영양학과	신한대	일반전형	9	9	13.3	2.83		8	16.5	3.68						최종평균	
식품영양학과	신한대	학생부우수자	5	5	8.8	2.44										최종평균	
식품영양학과	이화여대	고교추천	11	11	6.6	1.70	1.73	11	5.2	1.85	1.89	11	3.7	1.8	1.9	등록50%컷	등록70%컷
식품영양학과	경희대(서울)	지역균형	3	4	7.5	1.73	1.80	4	9.3	1.70	6.5	4	10.3	1.8	7.3	최종평균	등록70%컷
식품영양학과	인하대	지역균형	9	9	7.0	2.49	2.63	6	12.7	2.66	2.77	5	7.8	2.70	2.77	등록평균	등록최저
식품영양학과	서울여대	교과우수자	7	7	5.7	2.9										최종평균	최종최저
식품영양학과	강서대	교과우수자	7	7	8.7	3.98	4.64	7	21.1	3.59	4.08	6	17.3	4.58	5.00	등록평균	등록최저

모집단위	대학	전형	2025	2024				2023				2022				성적 산출기준	
			모집인원	모집인원	경쟁률	성적①	성적②	모집인원	경쟁률	성적①	성적②	모집인원	경쟁률	성적①	성적②	성적①	성적②
식품영양학과	강서대	일반학생	17	17	12.8	3.69	4.82	17	10.3	4.56	5.06	14	5.8	5.01	5.53	등록평균	등록최저
식품영양학과*	안양대	아리학생부면접	4	5	10.8	3.34	3.80	8	16.0	3.31	4.02	9	6.7	3.85	5.26	등록평균	등록최저
식품영양학과*	안양대	아리학생부교과	7	11	8.6	2.29	2.68	11	8.5	3.10	3.67	9	27.8	3.26	3.63	등록평균	등록최저
식품영양학과*	대진대	학생부우수자	5	6	12.2	3.19	3.45	6	16.3	3.92	4.23	12	6.7	4.63	5.26	등록평균	등록90%
식품영양학과*	수원대	면접위주교과	10	10	9.6	3.80	4.04	6	13.7	2.6		10	11.1	3.6		등록50%컷	등록70%컷
식품영양학과*	국민대	교과성적우수자	3	7	5.3	1.85	1.86	5	7.4	2.00	2.19	5	10.0	2.21	2.39	등록50%컷	등록70%컷
식품영양학과*	수원대	고교추천	3	3	19.0	3.8		3	37.3	3.9		10	8.9	4.5		최종평균	
식품영양학과*	대진대	학교장추천	4	5	5.4	3.40	3.79	4	24.3	3.34	3.49	2	8.0	5.13		등록평균	등록90%
식품영양학과*	안양대	학교장추천	3	4	6.0	2.93	3.32									등록평균	등록최저
식품영양학과*	가천대	지역균형	1	6	10.8	3.30	3.53	6	24.0	2.97	2.98	6	11.2	3.5		등록70%	등록90%
식품영양학과*	가톨릭대	지역균형	6	5	6.8	2.59	2.66	5	6.2	2.73	2.81	5	10.4	2.83	2.99	등록평균	등록최저
식품영양학과*	삼육대	학교장추천	7	8	18.1	3.36		8	20.13	4.06		10	4.6	4.70		최종평균	
식품영양학과*	가천대	학생부우수자	6	7	9.9	2.74	2.82	7	11.4	2.63	2.84	7	17.9	2.7	2.8	등록70%	등록90%
식품영양학과*	수원대	교과우수	5	5	14.4	3.6		9	9.6	3.6						최종평균	
식품영양학과*	숙명여대	지역균형선발	7	7	6.7	1.79	1.84	7	6.6	2.03	2.10	7	12.9	2.18	2.21	등록50%컷	등록70%컷
식품영양학전공	상명대(서울)	고교추천	5	10	6.3	2.63	2.69	7	12.3	2.73	2.94	7	11.1	2.98	3.13	등록50%컷	등록70%컷
식품영양학전공	한경국립대(안성)	일반전형A	11													등록평균	등록최저
식품영양학전공	동덕여대	학생부교과우수자	8	8	13.5	2.90		17	9.7	3.20		17	5.9	3.3		최종평균	
식품영양학전공*	명지대	교과면접	5	4	9.3	2.27	2.24	4	8.0	2.52		5	8.4	2.43	2.63	등록평균	등록70%컷
식품영양학전공*	명지대	학교장추천	4	4	6.8	2.36	2.59	4	9.5	2.93	3.21	5	4.4	2.50		등록평균	등록최저
식품조리학부	용인대	교과성적우수자	6	8	8.1	3.30	3.40	9	5.8	3.30	3.50	9	6.9	3.4	3.4	등록50%컷	등록70%컷
식품조리학부	용인대	일반학생	16	17	9.5	2.70	2.80	21	10.3	3.00	3.10	17	14.2	2.8	3.2	등록50%컷	등록70%컷
신소재공학과	가천대	지역균형	1	5	12.8	3.16	3.32	5	28.2	2.92	3.38	5	7.2	3.4		등록70%	등록90%
신소재공학과	가천대	학생부우수자	7	7	11.6	2.65	2.70	7	10.1	2.54	2.70	7	11.0	2.4	2.6	등록70%	등록90%
신소재공학과	한국공학대	지역균형	10	12	5.8	3.1										등록평균	
신소재공학과	인하대	지역균형	19	18	3.9	2.40	3.81	13	8.2	2.05	2.22	12	10.3	2.13	2.15	등록평균	등록최저
신소재공학과	한국공학대	교과우수자	5	14	13.6	3.0		19	5.0	4.0		19	4.2	3.3		등록평균	
신소재공학과	서울과기대	고교추천	18	18	3.9	1.86	1.92	18	7.2	1.91	1.94	21	15.2	2.07	2.17	등록평균	등록70%컷
신소재공학과	숭실대	학생부우수자	18	18	4.4	2.57	2.49	18	7.4	1.98	2.08	18	11.4	2.08	1.95	등록평균	등록70%컷
신소재공학과	인천대	지역균형	4	5	3.4	3.57	3.86	5	10.2	2.31	2.37	5	15.2	2.67	2.86	등록평균	등록70%컷
신소재공학과	인천대	교과성적우수자	4	6	8.7	2.69	2.74	6	9.5	2.56	2.87	6	45.5	2.56	2.58	등록평균	등록70%컷
신소재공학과*	서울시립대	지역균형선발	5	5	7.2	2.04		5	16.8	1.67		5	16.6	1.80		등록평균	
신소재공학부	고려대	학교추천	22	30	7.9	1.42	1.48	29	10.1	1.52	1.58	29	12.0	1.57	1.66	등록50%컷	등록70%컷
신소재공학부	연세대	추천형	17	16	6.4	1.37	1.41	19	6.5	1.48	1.53	19	4.1	1.53	1.64	등록50%컷	등록70%컷
신소재공학전공	명지대	학교장추천	6	6	7.0	2.54	2.78	7	22.9	2.87	3.04	6	4.3	3.27		등록평균	등록최저
신소재공학전공	명지대	교과면접	5	5	15.0	2.78	2.80	5	6.4	3.48		5	6.0	2.53	2.75	등록평균	등록70%컷
신소재물리전공	숙명여대	지역균형선발	5	5	6.0	1.87	1.87	5	6.8	2.18	2.18	5	6.4	2.35	2.40	등록50%컷	등록70%컷
신소재화학공학부	경기대	학교장추천	14	20	8.3	2.80	2.86	20	10.2	3.00		30	11.3	3.23		등록50%컷	등록70%컷
신소재화학공학부	경기대	교과성적우수자	8	20	12.8	3.09	3.13	22	7.3	3.16		33	13.9	2.98		등록50%컷	등록70%컷
실내건축전공	숭실대	학생부우수자	4	4	8.3	2.35	2.43	7	12.3	2.38	2.41	8	32.3	2.14	2.40	등록50%컷	등록70%컷
아동가족복지학과*	수원대	교과우수	5	5	21.0	4.1		11	9.3	4.0						최종평균	
아동가족복지학과*	수원대	고교추천	3	3	19.0	4.2		2	29.5	4.3		10	11.4	4.6		최종평균	
아동가족복지학과*	수원대	면접위주교과	10	10	12.2	3.95	4.08	5	19.6	3.6		10	12.8	4.3		등록50%컷	등록70%컷
아동학과*	가톨릭대	지역균형	7	5	9.0	2.89	2.97	5	6.8	3.15	3.49	5	12.0	3.01	3.22	등록평균	등록최저
안경광학과	을지대(성남)	지역균형	3	8	4.3	4.26	4.77	9	10.3	3.52	3.68	5	12.0	3.86	4.07	등록평균	등록70%컷
안경광학과	신한대	학생부우수자	8	8	7.9	3.49										최종평균	
안경광학과	신한대	일반전형	10	10	10.7	4.01		10	12.4	4.36		14	7.1	4.51		최종평균	
안경광학과	서울과기대	고교추천	12	12	8.8	2.49	2.52	11	5.6	2.67	2.69	11	6.0	2.66	1.95	등록평균	등록70%컷
안전공학과	인천대	지역균형	4	5	5.0	2.76	2.92	5	7.0	2.79	2.93	5	5.8	2.60	3.04	등록평균	등록70%컷
안전공학과	인천대	교과성적우수자	4	6	13.8	3.10	3.24	6	7.2	3.24	3.41	6	7.8	2.73	2.75	등록평균	등록70%컷
안전공학과	서울과기대	고교추천	15	15	4.9	2.22	2.27	15	8.0	2.31	2.41	15	6.8	2.47	2.62	등록평균	등록70%컷
안전공학전공	한경국립대(안성)	일반전형A	27													등록평균	등록최저
애완동물학과	칼빈대	일반학생	17	16	3.3	6.80	8.57	21	2.9	5.0	6.0	28	1.1			등록50%컷	등록70%컷
약학과	경희대(서울)	지역균형	6	7	5.6	1.52	1.65	7	7.1	1.50	5.7	7	10.9	1.5	8.0	최종평균	등록70%컷
약학과	가천대	학생부우수자	3	3	36.7	1.20	1.21									등록70%	등록90%
약학과	연세대	추천형	5	6	7.2	1.06	1.18	6	9.2	1.12	1.16	6	6.8	1.22	1.30	등록50%컷	등록70%컷

모집단위	대학	전형	2025 모집인원	2024 모집인원	2024 경쟁률	2024 성적①	2024 성적②	2023 모집인원	2023 경쟁률	2023 성적①	2023 성적②	2022 모집인원	2022 경쟁률	2022 성적①	2022 성적②	성적 산출기준 성적①	성적 산출기준 성적②
약학과	동국대	학교장추천인재	4	4	33.8	1.00	1.00	3	39.7	1.14	1.27	3	57.3	1.11	1.17	최종평균	최종최저
약학과	가톨릭대	지역균형	4	4	11.3	1.09	1.14	5	13.8	1.11	1.16	5	34.8	1.12	1.17	등록평균	등록최저
약학과	덕성여대	학생부100%	25	25	9.8	1.00	1.00	15	13.4	1.00	1.00	15	35.1	1.00	1.00	등록평균	등록70%컷
약학과	덕성여대	덕성인재II	20													등록평균	등록70%컷
약학과	삼육대	학교장추천	3	3	12.7	1.24		8	17.00	1.09		8	24.1	1.23		최종평균	
약학과	경희대(서울)	지역균형	8	6	13.7	1.16	1.24	4	28.3	1.20	13.8					최종평균	등록70%컷
약학과	동덕여대	학생부교과우수자	12	12	9.4	1.20		24	14.4	1.20		24	19.8	1.3		최종평균	
약학대학	차의과학대	지역균형선발	7	6	13.5	1.24	1.27	4	49.8	1.20	1.20	5	29.0	1.79	1.88	등록50%컷	등록70%컷
약학대학	차의과학대	CHA학생부교과	11	12	32.2	1.37	1.38	4	30.5	1.52	1.52					등록50%컷	등록70%컷
약학부	숙명여대	지역균형선발	5	5	6.4	1.07	1.13	5	12.2	1.06	1.16	3	22.7			등록50%컷	등록70%컷
약학부	중앙대	지역균형	10	8	10.0	1.12	1.21	6	33.7	1.13	1.15	5	61.8	1.33	1.39	등록50%컷	등록70%컷
양자원자력공학과	세종대	지역균형	1	4	5.8	2.10	2.29	3	9.3	2.18	2.15	2	5.5	2.69	2.58	등록평균	등록70%컷
에너지공학과	신한대	학생부우수자	10	5	20.8	2.96		5	13.2	4.12						최종평균	
에너지공학과	신한대	일반전형	15	20	6.7	4.36		20	9.9	4.68		23	6.2	5.70		최종평균	
에너지공학부*	대진대	학생부우수자	8					18	5.5	4.75	5.55	32	3.3	5.38	6.54	등록평균	등록90%
에너지공학부*	대진대	학교장추천	8					20	6.5	4.34	4.69	3	3.3	5.78		등록평균	등록90%
에너지신소재공학과	동국대	학교장추천인재	5	7	23.0	1.17	1.50	7	20.7	2.15	2.53	7	20.3	2.26	2.49	최종평균	최종최저
에너지신소재공학전공	한국기술교대	일반전형	10	13	6.6	3.71	4.31									등록평균	등록최저
에너지자원공학과	인하대	지역균형	5	5	8.8	2.37	2.43	5	10.0	2.52	2.63	5	11.6	2.48	2.46	등록평균	등록최저
에너지학과	성균관대	학교장추천	6	6	13.7	1.86	1.89									등록50%컷	등록70%컷
에너지화학공학과	인천대	지역균형	5	6	4.7	2.90	3.26	4	38.0	2.09	2.34	4	5.3	3.18	3.76	등록평균	등록70%컷
에너지화학공학과	인천대	교과성적우수자	5	7	7.7	2.71	3.13	5	7.2	2.57	2.71	5	10.6	2.51	2.50	등록평균	등록70%컷
에너지환경공학과	가톨릭대	지역균형	7	6	7.7	2.63	2.73	6	10.7	2.80	2.88	5	22.8	2.97	3.04	등록평균	등록최저
열린전공학부	동국대	학교장추천인재	50													최종평균	최종최저
예술공학부[다빈치]	중앙대	지역균형	18	18	5.1	3.08	3.19	15	11.7	3.25	3.31	18	3.1	3.94	4.57	등록50%컷	등록70%컷
우주과학과	경희대(국제)	지역균형	2	6	8.5	1.85	2.05	6	12.7	1.80	9.5	6	7.2	2.0	4.8	최종평균	등록70%컷
우주항공공학전공	세종대	지역균형	1	8	5.3	2.30	2.27	8	9.1	2.29	2.37					등록평균	등록70%컷
운동재활학과	가천대	지역균형	5	5	12.2	3.45	3.76	5	33.2	2.63	2.90	6	10.7	3.8		등록70%	등록90%
운동재활학과	가천대	학생부우수자	5	5	16.8	2.75	2.86	5	10.8	2.86	3.12	4	13.0	2.8	2.8	등록70%	등록90%
원예생명공학전공	한경국립대(안성)	일반전형A	19													등록평균	등록최저
원예생명조경학과*	서울여대	교과우수자	7	7	10.0	2.7		7	10.7	2.5	2.8	7	9.0	2.5	3.0	최종평균	최종최저
원자력공학과	경희대(국제)	지역균형	2	5	6.6	1.80	1.88	5	11.4	1.90	8.2	5	9.8	1.9	7.0	최종평균	등록70%컷
웰니스산업융합학부	한경국립대(안성)	지역균형선발	2	2	5.0												
웰니스산업융합학부	한경국립대(안성)	일반전형A	2	42	5.4	4.98	6.03	42	4.4	4.8	5.9	32	5.7	4.6		등록평균	등록최저
유전생명공학과	경희대(국제)	지역균형	9	8	7.1	1.51	1.61	8	21.5	1.40	18.3	13	13.7	1.6	11.0	최종평균	등록70%컷
융합공학부	중앙대	지역균형	36									19	18.5	1.58	1.68	등록50%컷	등록70%컷
융합과학기술원자유전공학부	건국대	KU지역균형	25													등록50%컷	등록70%컷
융합과학대학	경기대	교과성적우수자	10													등록50%컷	등록70%컷
융합바이오·신소재공학과	경희대(국제)	지역균형	13													최종평균	등록70%컷
융합바이오헬스전공	서울시립대	지역균형선발	1													등록평균	
융합반도체공학과	단국대(죽전)	지역균형선발	6	12	6.3	2.44	2.75	12	8.6	2.48						등록평균	등록최저
융합보안공학과	성신여대	지역균형	4	12	4.3	2.40	2.57	12	7.0	2.42		10	6.6	2.66		등록평균	등록최저
융합생명공학과	건국대	KU지역균형	3	7	9.6	1.44	1.52	7	17.4	1.50	1.52	7	30.0	1.61	1.69	등록50%컷	등록70%컷
융합소프트웨어학과	평택대	PTU추천	1														
융합소프트웨어학과	평택대	PTU교과	23	31	7.3	4.95	5.85	31	6.8	4.64	6.00	20	5.8	5.01	6.61	등록평균	등록70%컷
융합에너지공학과	고려대	학교추천	5	5	9.4	1.44	1.66	7	10.7	1.59	1.62	7	12.1	1.64	1.66	등록50%컷	등록70%컷
융합에너지학전공	명지대	교과면접	5						70							등록평균	등록70%컷
융합에너지학전공	명지대	학교장추천	2													등록평균	등록최저
융합응용화학과	서울시립대	지역균형선발	2	3	14.3	1.77		4	25.5	1.84		4	15.0	2.02		등록평균	
응급구조학과	을지대(성남)	지역균형	2	5	7.8	2.95	2.99	6	6.8	2.90	3.30	4	16.8	2.90	2.80	등록70%컷	등록70%컷
응용물리학과	경희대(국제)	지역균형	3	5	5.8	1.85	1.92	5	15.8	1.90	11.2	4	8.5	2.0	7.0	최종평균	등록70%컷
응용생명공학전공	한경국립대(안성)	일반전형A	11													등록평균	등록최저
응용소프트웨어전공	명지대	교과면접	5	5	13.6	2.22	2.00	5	11.0	2.82		5	10.6	2.33	2.56	등록평균	등록70%컷
응용소프트웨어전공	명지대	학교장추천	3	4	6.5	2.30	2.38	4	5.5	2.46	2.64	4	7.0	1.92		등록평균	등록최저
응용수학과	경희대(국제)	지역균형	3	5	10.2	1.78	1.81	5	11.2	1.90	9.0	7	10.0	1.9	7.6	최종평균	등록70%컷
응용수학전공	한경국립대(안성)	일반전형A	12													등록평균	등록최저

모집단위	대학	전형	2025 모집인원	2024 모집인원	2024 경쟁률	2024 성적①	2024 성적②	2023 모집인원	2023 경쟁률	2023 성적①	2023 성적②	2022 모집인원	2022 경쟁률	2022 성적①	2022 성적②	성적 산출기준 성적①	성적 산출기준 성적②
응용화학과	경희대(국제)	지역균형	4	7	7.1	1.72	1.75	7	26.3	1.60	22.1	8	8.1	1.9	6.0	최종평균	등록70%컷
응용화학과	아주대	고교추천	6	10	7.1	1.89	1.89	10	20.2	1.98	2.05	10	13.3	2.37	2.59	등록평균	등록70%컷
응용화학전공	동덕여대	학생부교과우수자	7	8	11.6	2.70		15	8.1	3.10		15	4.5	3.1		최종평균	
의공학과	가천대	지역균형	1	5	8.8	3.03	3.10	7	19.0	3.05	3.11	7	7.6	3.6		등록70%	등록90%
의공학과	가천대	학생부우수자	6	6	12.8	2.46	2.55	8	7.5	2.85	2.92	6	17.2	2.5	2.7	등록70%	등록90%
의과대학	고려대	학교추천	18	18	23.4	1.06	1.08	30	21.6	1.16	1.18	30	22.8	1.16	1.20	등록50%컷	등록70%컷
의료재활공학전공	한경국립대(평택)	일반전형P	10	10	16.4	4.81	5.04	10	3.6	5.1	6.4					등록평균	등록최저
의류학과	수원대	고교추천	3	3	14.0	4.2		2	18.5	3.9		7	11.7	4.0		최종평균	
의류학과	수원대	교과우수	5	5	24.0	3.4		7	12.3	3.8						최종평균	
의류학과	수원대	면접위주교과	10	10	10.9	2.80	3.69	5	20.2	3.1		8	18.8	3.7		등록50%컷	등록70%컷
의류학과	가톨릭대	지역균형	5	5	5.0	3.02	3.20	5	11.0	2.78	2.89	5	13.2	3.13	3.38	등록평균	등록최저
의류학과*	숙명여대	지역균형선발	6	6	6.0	2.33	2.35	6	9.7	2.09	2.18	6	6.8	2.25	2.49	등록50%컷	등록70%컷
의류학전공	상명대(서울)	고교추천	5	6	5.1	2.67	2.89	7	14.3	2.54	2.65	7	8.4	2.98	3.34	등록50%컷	등록70%컷
의생명공학과	동국대	학교장추천인재	5	6	16.3	1.35	1.00	6	30.7	1.96	2.18	6	35.2	1.91	2.06	최종평균	최종최저
의생명과학과	대진대	학생부우수자	6	4	10.3	3.16	3.43	4	13.0	3.85	4.44	7	8.1	4.78	5.38	등록평균	등록90%
의생명과학과*	가톨릭대	지역균형	5	5	5.0	2.79	3.94	5	6.6	1.82	1.94	5	13.7	2.06	2.16	등록평균	등록최저
의생명과학전공	대진대	학교장추천	6	4	13.3	3.01	3.16	4	7.3	4.38	4.50					등록평균	등록90%
의생명시스템학부	숭실대	학생부우수자	9	9	4.7	1.71	1.88	9	12.2	1.85	1.82	10	15.7	1.94	1.80	등록평균	등록70%컷
의예과	가톨릭대	지역균형	10	10	9.4	1.00	1.00	10	18.1	1.00	1.00	10	40.3	1.02	1.04	등록평균	등록최저
의예과	가천대	학생부우수자	15	5	25.6	1.00	1.00									등록70%	등록90%
의예과	경희대(서울)	지역균형	22	18	8.2	1.01	1.00	11	27.9	1.00	18.8					최종평균	등록70%컷
의예과	인하대	지역균형	26	9	9.4	1.09	1.15	8	23.0	1.06	1.10	10	20.0	1.12	1.15	등록평균	등록최저
의예과	연세대	추천형	15	18	6.5	1.00	1.03	22	7.6	1.03	1.04	22	10.2	1.00	1.03	등록50%컷	등록70%컷
이공계열자유전공	안양대	아리학생부면접	14													등록평균	등록최저
이공계열자유전공	안양대	아리학생부교과	32													등록평균	등록최저
이공계열자유전공	안양대	학교장추천	5													등록평균	등록최저
이과대학자유전공학부	건국대	KU지역균형	13													등록50%컷	등록70%컷
이차전지융합학과	인하대	지역균형	5													등록평균	등록최저
인공지능공학과	인하대	지역균형	11	9	6.1	2.38	2.50	4	17.0	2.38	2.49	8	7.5	2.49	2.57	등록평균	등록최저
인공지능공학부	숙명여대	지역균형선발	10	10	4.9	2.13	2.39	10	9.5	1.97	2.06	9	8.3	2.11	2.40	등록50%컷	등록70%컷
인공지능데이터사이언스학과	세종대	지역균형	24	24	6.0	2.09	2.17									등록평균	등록70%컷
인공지능데이터사이언스학부	이화여대	고교추천	9													등록50%컷	등록70%컷
인공지능융합공학부	강남대	지역균형	12	26	3.6	4.30	4.60	20	17.4	3.59	4.05	24	3.6	3.88	5.03	등록50%컷	등록70%컷
인공지능융합학부	삼육대	학교장추천	13	14	8.5	3.27		32	11.09	3.69		22	4.8	4.06		최종평균	
인공지능응용학과	서울과기대	고교추천	28	33	3.7	2.07	2.19	13	5.2	1.92	1.96	13	8.6	1.85	1.95	등록70%컷	등록70%컷
인공지능전공	명지대	학교장추천	3													등록평균	등록최저
인공지능전공	명지대	교과면접	5										70			등록평균	등록70%컷
인공지능학과	서강대	지역균형	3	3	8.7	1.61	1.68	3	10.7							등록50%컷	등록70%컷
인공지능학과	가톨릭대	지역균형	8	5	7.2	2.49	2.73	5	9.2	2.91	3.04	5	15.6	3.04	3.23	등록평균	등록최저
인공지능학과	고려대	학교추천	16													등록50%컷	등록70%컷
인공지능학과	한국공학대	교과우수자	4	8	14.9	3.3		8	7.3	4.1						등록평균	
인공지능학과	서울시립대	지역균형선발	2	2	22.5	1.83		2	34.0	2.02		2	14.5	2.17		등록평균	
인공지능학과	한국공학대	지역균형	4	5	6.8	3.2										등록평균	
인공지능학과	가천대	학생부우수자	20	16	10.5	2.83	2.86	15	9.0	2.67	2.83	12	16.0	2.5	2.7	등록70%	등록90%
인공지능학과	경희대(국제)	지역균형	2	5	11.4	1.70	1.78	5	16.2	1.80	13.0	5	9.4	1.8	7.2	최종평균	등록70%컷
인공지능학부	국민대	교과성적우수자	8	13	5.9	2.16	2.26	11	12.8	2.14	2.22	11	9.3	2.45	2.50	등록50%컷	등록70%컷
인문계 소계	칼빈대	일반학생	17	16	3.3	6.80	8.57	21	2.9	5.00	6.00	28	1.10			등록50%컷	등록70%컷
임베디드시스템공학과	인천대	교과성적우수자	4	6	9.0	2.90	2.98	6	15.0	2.98	3.02	6	9.7	3.14	3.44	등록평균	등록70%컷
임베디드시스템공학과	인천대	지역균형	4	5	5.6	2.93	3.10	5	16.8	2.58	2.78	5	4.6	3.10	3.57	등록평균	등록70%컷
임베디드시스템전공	한국공학대	지역균형	9	10	4.8	3.4										등록평균	
임베디드시스템전공	한국공학대	교과우수자	5	13	8.4	3.5		15	5.3	4.1		15	6.2	3.4		등록평균	
임산생명공학과	국민대	교과성적우수자	7	10	4.1	3.81	4.65	7	7.0	2.03	2.03	7	10.9	2.12	2.18	등록50%컷	등록70%컷
임상병리학과	을지대(의정부)	지역균형	2	4	10.8	2.65	2.72	5	6.8	3.00	3.02	5	11.0	2.69	2.81	등록평균	등록70%컷
임상병리학과	신한대	학생부우수자	8	10	11.7	1.84		5	31.8	3.67						최종평균	
임상병리학과	신한대	일반전형	13	19	14.5	2.79		22	20.2	3.27		44	16.0	3.63		최종평균	
임상병리학과	을지대(성남)	지역균형	9	12	5.8	2.71	2.78	13	8.8	2.73	2.76	8	15.6	2.64	2.91	등록평균	등록70%컷

모집단위	대학	전형	2025 모집인원	2024 모집인원	2024 경쟁률	2024 성적①	2024 성적②	2023 모집인원	2023 경쟁률	2023 성적①	2023 성적②	2022 모집인원	2022 경쟁률	2022 성적①	2022 성적②	성적 산출기준 성적①	성적 산출기준 성적②
자동차IT융합학과	국민대	교과성적우수자		10	5.3	1.86	1.90	10	4.9	1.98	2.04	10	8.7	2.08	2.12	등록50%컷	등록70%컷
자동차융합대학	국민대	교과성적우수자	26	19	5.0	2.08	2.15	19	5.2	2.18	2.26	20	9.8	2.27	2.34	등록50%컷	등록70%컷
자연계열전공학부	용인대	자율전공	25														
자연계열학부	을지대(성남)	지역균형	23													등록평균	등록70%컷
자연공학계열	가톨릭대	지역균형	16													등록평균	등록최저
자연과학계열	성균관대	학교장추천	16	20	17.3	1.50	1.52	23	12.4	1.59	1.63	40	15.6	1.57	1.60	등록50%컷	등록70%컷
자연과학대학	한국외대(글로벌)	학교장추천	4													등록50%컷	등록70%컷
자연과학대학	중앙대	지역균형	30	30	17.2	1.57	1.60	30	11.6	1.75	1.76					등록50%컷	등록70%컷
자유전공(IT계열)	상명대(서울)	고교추천	19													등록50%컷	등록70%컷
자유전공(이공계열)	상명대(서울)	고교추천	14													등록50%컷	등록70%컷
자유전공학부	아주대	고교추천	10													등록평균	등록70%컷
자유전공학부	덕성여대	덕성인재II	30													등록평균	등록70%컷
자유전공학부	서울시립대	지역균형선발	4													등록평균	
자유전공학부	한국항공대	학교장추천	9	7	5.4	2.8	2.8									등록평균	등록최저
자유전공학부	인천대	교과성적우수자	53					10	10.7	2.62	2.70	10	9.2	2.75	2.91	등록평균	등록70%컷
자유전공학부	숭실대	학생부우수자	27	9	5.1	2.05	2.08	16	14.7	2.24	2.09	27	12.8	2.32	2.30	등록평균	등록70%컷
자유전공학부	인천대	지역균형	38													등록평균	등록70%컷
자유전공학부	덕성여대	고교추천	88													등록평균	등록70%컷
자유전공학부	한국항공대	교과성적우수자	9													등록평균	등록70%컷
자유전공학부(창의융합대학)	서울과기대	고교추천	25													등록평균	등록70%컷
자율전공학부(자연)	명지대	학교장추천	22													등록평균	등록최저
재료공학과	건국대	KU지역균형	5													등록50%컷	등록70%컷
전기·전자·통신공학부	한국기술교대	일반전형	23	40	6.2	3.97	5.13	26	7.9	3.68	4.27	23	8.1	3.40		등록평균	등록최저
전기공학과	가천대	학생부우수자	8	9	15.0	2.72	2.80	10	7.9	2.87	3.08	8	22.9	2.6	2.7	등록70%	등록90%
전기공학과	인천대	교과성적우수자	12	16	7.9	2.87	2.85	16	5.4	2.94	3.07	16	8.3	2.64	2.81	등록평균	등록70%컷
전기공학과	가천대	지역균형	1	7	17.1	3.25	3.33	7	15.6	3.61	3.66	6	7.2	3.5		등록70%	등록90%
전기공학과	인천대	지역균형	8	10	4.9	2.99	3.16	10	7.5	2.63	2.68	10	4.2	2.90	2.79	등록평균	등록70%컷
전기공학과	광운대	지역균형	9	9	6.4	1.95		9	6.6	2.06		9	5.3	2.13		등록평균	
전기공학부*	숭실대	학생부우수자	23	23	5.6	2.16	2.33	23	8.2	2.37	2.17	23	16.4	2.31	2.12	등록평균	등록70%컷
전기공학전공	한경국립대(안성)	일반전형A	11													등록평균	등록최저
전기공학전공	상명대(서울)	고교추천	5	9	6.0	2.68	2.68	10	6.1	2.82	3.01	10	12.2	2.86	3.03	등록50%컷	등록70%컷
전기전자공학부	건국대	KU지역균형	11	29	11.1	1.80	1.89	29	7.5	1.82	1.92	27	32.3	1.82	1.85	등록50%컷	등록70%컷
전기전자공학부	수원대	고교추천	6	8	16.9	4.4		6	21.5	4.4		10	9.3	4.4		최종평균	
전기전자공학부	고려대	학교추천	34	35	7.5	1.30	1.37	32	11.3	1.35	1.44	32	16.0	1.51	1.60	등록50%컷	등록70%컷
전기전자공학부	명지대	교과면접	18										70			등록평균	등록70%컷
전기전자공학부	연세대	추천형	31	29	5.2	1.41	1.45	36	5.4	1.35	1.49	36	4.6	1.41	1.55	등록50%컷	등록70%컷
전기전자공학부	수원대	교과우수	13	15	11.3	3.8		16	10.9	3.5		7	40.0	3.2		최종평균	
전기전자공학부	명지대	학교장추천	13													등록평균	등록최저
전기전자공학부	수원대	면접위주교과	10	10	9.0	4.05	4.45	14	13.4	3.7		20	5.5	4.5		등록50%컷	등록70%컷
전기전자공학부	인하대	지역균형	53													등록평균	등록최저
전기정보공학과	서울과기대	고교추천	33	33	5.0	2.01	2.07	33	5.4	2.15	2.23	32	7.0	2.18	2.23	등록평균	등록70%컷
전력응용시스템전공	한국공학대	지역균형	9	11	6.3	3.3										등록평균	
전력응용시스템전공	한국공학대	교과우수자	5	15	12.4	3.6		20	4.3	4.3		23	5.0	3.3		등록평균	
전자공학과	아주대	고교추천	30	30	5.6	1.94	1.99	25	9.3	2.06	2.14	27	13.8	2.28	2.42	등록평균	등록70%컷
전자공학과	광운대	지역균형	17	17	3.8	1.84		17	9.4	1.74		18	5.3	2.01		등록평균	
전자공학과	경희대(국제)	지역균형	2	19	8.7	1.64	1.78	22	9.1	1.60	7.2	25	13.6	1.6	10.2	최종평균	등록70%컷
전자공학과	신한대	학생부우수자	5	5	7.8	2.88		5	11.4	2.73						최종평균	
전자공학과	서울과기대	고교추천	20	20	4.8	1.84	1.92	20	6.9	1.95	1.99	34	8.2	2.11	2.06	등록평균	등록70%컷
전자공학과	신한대	일반전형	11	20	6.7	3.65		20	5.1	4.23						최종평균	
전자공학과	서강대	지역균형	10	11	9.6	1.36	1.39	11	9.6	1.53	1.54	11	19.5	1.49	1.52	등록50%컷	등록70%컷
전자공학부	인천대	지역균형	11	14	3.9	2.79	3.08	14	14.8	2.45	2.60	14	5.4	2.89	3.26	등록평균	등록70%컷
전자공학부	경기대	교과성적우수자	9	27	10.6	3.41	3.67	27	8.7	3.00		15	22.7	3.06		등록50%컷	등록70%컷
전자공학부	경기대	학교장추천	18	16	8.2	2.99	3.12	16	10.1	3.08		13	14.6	3.12		등록50%컷	등록70%컷
전자공학부	인천대	교과성적우수자	19	24	6.6	2.79	2.94	24	8.6	2.72	2.85	24	10.0	2.76	2.73	등록평균	등록70%컷
전자공학전공	한국공학대	교과우수자	10	20	5.8	3.4		23	6.1	3.5		21	5.5	3.4		등록평균	
전자공학전공	한국외대(글로벌)	학교장추천	3	3	6.0	184.6	183.6	6	7.7	280.6	279.7	3	13.0	253.4	252.6	등록50%컷	등록70%컷

모집단위	대학	전형	2025 모집인원	2024 모집인원	2024 경쟁률	2024 성적①	2024 성적②	2023 모집인원	2023 경쟁률	2023 성적①	2023 성적②	2022 모집인원	2022 경쟁률	2022 성적①	2022 성적②	성적 산출기준 성적①	성적 산출기준 성적②
전자공학전공	한경국립대(안성)	일반전형A	21													등록평균	등록최저
전자공학전공	한국공학대	지역균형	12	14	4.1	3.1										등록평균	
전자공학전공*	숭실대	학생부우수자	19	19	5.0	2.04	2.09	19	10.1	2.02	2.11	18	19.2	2.18	2.13	등록평균	등록70%컷
전자물리학과	한국외대(글로벌)	학교장추천	3	3	9.3	181.5	181.3	4	4.5	262.7	257.0	3	8.0	247.5	243.4	등록50%컷	등록70%컷
전자바이오물리학과	광운대	지역균형	6	6	5.5	2.58		6	10.2	2.00		6	5.8	2.45		등록평균	
전자반도체공학부	강남대	지역균형	12													등록50%컷	등록70%컷
전자융합공학과	광운대	지역균형	8	8	5.9	2.55		8	7.1	1.95		9	5.7	2.06		등록평균	
전자재료공학과	광운대	지역균형	9	9	4.8	2.14		9	5.9	2.11		9	6.1	2.04		등록평균	
전자전기공학과*	단국대(죽전)	지역균형선발	8	17	6.2	2.32	2.60	17	9.8	2.40		29	10.3	2.57		등록평균	등록최저
전자전기공학부	성균관대	학교장추천	10	10	24.7	1.46	1.46	5	11.2	1.65	1.85	25	13.8	1.62	1.69	등록50%컷	등록70%컷
전자전기공학부	한경국립대(안성)	일반전형A	5	36	7.0	4.38	4.79	40	4.6	4.6	5.3	30	9.5	4.0		등록평균	등록최저
전자전기공학부	한경국립대(안성)	지역균형선발	2	2	5.5											등록평균	등록최저
전자전기공학부	동국대	학교장추천인재	13	27	10.9	1.21	1.70	29	12.6	2.24	2.81	30	13.8	2.21	2.62	최종평균	최종최저
전자전기공학부	중앙대	지역균형	20									34	20.8	1.60	1.64	등록50%컷	등록70%컷
전자전기공학전공	이화여대	고교추천	16	9	5.8	1.68	1.76	16	4.6	1.85	1.99	16	3.4	1.8	2.1	등록50%컷	등록70%컷
전자전기컴퓨터공학부	서울시립대	지역균형선발	18	17	8.9	1.69		18	21.3	1.66		18	20.3	1.82		등록평균	
전자통신공학과	광운대	지역균형	10	10	5.1	2.22		10	15.4	2.13		10	5.4	2.45		등록평균	
전자화학재료전공	국민대	교과성적우수자	13	12	4.8	2.01	2.05	10	6.6	2.05	2.09	10	9.6	2.06	2.08	등록50%컷	등록70%컷
전통건축전공	명지대	교과면접	5	5	40.8	3.23	3.29	5	5.0	4.45		4	7.8	2.23	2.00	등록평균	등록70%컷
전통건축전공	명지대	학교장추천	2	2	9.5	3.02	3.04	2	5.5	3.57	3.65	2	5.5	2.63		등록평균	등록최저
정밀화학과	서울과기대	고교추천	11	11	5.6	1.84	1.86	12	11.1	1.99	2.01	11	7.2	2.10	2.71	등록평균	등록70%컷
정보보안암호수학과	국민대	교과성적우수자	4	9	7.6	2.15	2.22	8	7.6	2.27	2.32	8	8.1	2.32	2.40	등록50%컷	등록70%컷
정보보안전공	한경국립대(평택)	일반전형P	5	8	6.6	3.69	4.32	10	6.9	3.4	4.8					등록평균	등록최저
정보보호학과	세종대	지역균형	1	5	5.4	2.33	2.46	4	17.3	1.97	2.01	2	7.5	2.49	1.99	등록평균	등록70%컷
정보융합학부	광운대	지역균형	9	9	4.2	2.90		9	10.3	1.91		9	8.3	2.23		등록평균	
정보전기전자공학과	안양대	아리학생부면접	7	9	8.6	4.54	4.83	17	10.9	4.11	4.63	20	4.6	4.56	5.45	등록평균	등록최저
정보전기전자공학과	안양대	아리학생부교과	26	30	17.8	3.23	3.47	30	6.3	3.94	4.92	20	14.9	3.44	3.74	등록평균	등록최저
정보전기전자공학과	안양대	학교장추천	4	8	6.9	3.68	3.91									등록평균	등록최저
정보전기전자공학과(야)	안양대	아리학생부면접	6	8	4.3	4.80	5.72	10	3.4	5.91	6.71	7	4.3	5.88	6.44	등록평균	등록최저
정보전기전자공학과(야)	안양대	아리학생부교과	14	14	5.8	4.63	4.92	14	5.7	5.09	5.77	12	4.2	5.15	5.69	등록평균	등록최저
정보전자신소재공학과	경희대(국제)	지역균형	4	8	8.3	1.66	1.77	8	9.4	1.70	8.0	11	9.5	1.7	7.8	최종평균	등록70%컷
정보제어·지능시스템전공	광운대	지역균형	3	6	6.8	2.14										등록평균	
정보통계.보험수리학과	숭실대	학생부우수자	7	7	10.6	2.15	2.10	7	24.9	2.33	2.37	7	9.1	2.92	2.70	등록평균	등록70%컷
정보통계학전공	동덕여대	학생부교과우수자	8	9	12.5	3.10		18	8.6	3.40		18	5.2	3.4		최종평균	
정보통신공학과	인천대	교과성적우수자	15	19	8.5	2.97	3.04	19	7.5	3.00	3.13	19	11.2	2.85	2.98	등록평균	등록70%컷
정보통신공학과	성결대	교과성적우수자	24	36	8.0	4.2		42	10.3	4.4		40	4.4	4.8		등록70%컷	
정보통신공학과	명지대	교과면접	9	8	11.9	2.74	3.50	8	6.0	3.26		10	9.5	2.80	2.94	등록평균	등록70%컷
정보통신공학과	한국외대(글로벌)	학교장추천	3	3	6.3	189.4	187.3	6	8.5	278.6	274.8	3	10.3	244.7	243.4	등록50%컷	등록70%컷
정보통신공학과	동국대	학교장추천인재	7	11	8.2	1.55	2.00	9	10.9	2.28	2.47	8	9.1	2.54	2.85	최종평균	최종최저
정보통신공학과	인천대	지역균형	9	11	6.3	2.72	2.82	11	6.4	2.86	2.96	11	5.9	2.53	2.79	등록평균	등록70%컷
정보통신공학과	성결대	SKU창의적인재	20	20	5.8	6.0		21	5.3	5.6		20	5.7	5.6		등록70%컷	
정보통신공학전공	명지대	학교장추천	9	12	11.4	2.62	2.85	13	8.8	3.21	3.87	13	5.6	2.30		등록평균	등록최저
정보통신전자공학부	가톨릭대	지역균형	11	9	14.1	2.74	2.86	12	8.2	3.03	3.16	10	27.0	2.97	3.22	등록평균	등록최저
정보통신학과	평택대	PTU교과	23	31	7.3	5.80	6.64	31	5.1	5.80	7.30	20	4.2	5.96	7.50	등록평균	등록최저
정보통신학과	평택대	PTU추천	1														
정보통신학부	수원대	교과우수	13	15	21.9	3.9		17	7.7	4.4		8	24.9	3.2		최종평균	
정보통신학부	수원대	고교추천	5	5	13.2	4.1		5	16.2	4.4		10	7.1	4.4		최종평균	
정보통신학부	수원대	면접위주교과	10	10	14.4	4.30	4.35	14	16.0	4.4		15	6.4	3.7		등록50%컷	등록70%컷
제품공간디자인전공	한경국립대(평택)	일반전형P	9	9	10.7	3.01	4.09	12	6.1	4.2	5.0					등록평균	등록최저
조경학과*	서울시립대	지역균형선발	3	4	14.0	1.99		3	16.7	2.17		3	8.3	2.31		등록평균	
조경학전공	한경국립대(안성)	일반전형A	17													등록평균	등록최저
조선해양공학과	인하대	지역균형	12	12	9.4	2.80	2.99	8	8.1	2.82	3.00	8	7.8	2.61	2.63	등록평균	등록최저
지구시스템과학과*	연세대	추천형	5	5	10.8	1.40	1.46	6	5.7	1.63	1.65	6	3.5	1.68	1.75	등록50%컷	등록70%컷
지구자원시스템공학과	세종대	지역균형	1	6	18.3	2.03	2.20	6	7.3	2.43	2.70	3	6.0	1.83	1.94	등록평균	등록70%컷
지구환경과학과*	고려대	학교추천	4	6	17.8	1.67	1.70	8	22.6	1.76	1.81	8	12.3	1.84	1.94	등록50%컷	등록70%컷
지능전자공학전공	국민대	교과성적우수자	10	12	4.6	2.14	2.20	9	10.8	2.27	2.29	8	10.5	2.37	2.44	등록50%컷	등록70%컷

모집단위	대학	전형	2025 모집인원	2024 모집인원	2024 경쟁률	2024 성적①	2024 성적②	2023 모집인원	2023 경쟁률	2023 성적①	2023 성적②	2022 모집인원	2022 경쟁률	2022 성적①	2022 성적②	성적산출기준 성적①	성적산출기준 성적②
지능정보보호학부	서울여대	교과우수자	7	7	4.1	2.6		7	16.0	2.5	3.1	8	23.8	2.5	3.1	최종평균	최종최저
지능정보융합학과	세종대	지역균형	21					21	6.2	2.28	2.33	6	6.3	2.06	2.14	등록평균	등록70%컷
지능형ICT융합전공	국민대	교과성적우수자	22	22	4.1	2.20	2.27	17	7.0	2.17	2.26	14	11.0	2.18	2.33	등록50%컷	등록70%컷
지능형드론융합전공	세종대	지역균형	12	12	4.7	2.45	2.49									등록평균	등록70%컷
지능형모빌리티전공	한국공학대	교과우수자	5	7	15.3	3.8		8	7.9	4.5						등록평균	
지능형모빌리티전공	한국공학대	지역균형	5	4	6.5	3.7										등록평균	
지능형반도체공학과	아주대	고교추천	5	5	5.0	2.05	1.96	5	9.8	2.23	2.31					등록평균	등록70%컷
지능형반도체공학과	서울과기대	고교추천	20	7	4.1	1.87	1.92	7	14.0	1.93	2.03	7	7.3	2.28	2.33	등록평균	등록70%컷
지능형반도체공학전공	이화여대	고교추천	7	7	5.1	1.84	1.91									등록50%컷	등록70%컷
지능형반도체융합전자전공*	국민대	교과성적우수자	22	27	4.4	2.06	2.57	21	6.7	2.06	2.12	23	10.7	2.21	2.26	등록50%컷	등록70%컷
지능형반도체전공	연세대	추천형	6	10	5.6	1.62	1.71									등록50%컷	등록70%컷
지능형반도체학과	평택대	PTU교과	33													등록평균	등록최저
지능형전자시스템전공	숙명여대	지역균형선발	7	7	6.0	2.13	2.21	7	5.6	2.11	2.19	6	10.3	2.30	2.32	등록평균	등록70%컷
지리학과(자연)	경희대(서울)	지역균형	3	4	8.5	1.81	1.86	4	4.8	2.00	3.5	4	9.0	1.9	6.3	최종평균	등록70%컷
지역자원시스템공학전공	한경국립대(안성)	일반전형A	11													등록평균	등록최저
창의공과대학	경기대	교과성적우수자	39													등록50%컷	등록70%컷
창의융합학부(첨단분야전공)	성신여대	지역균형	41													등록평균	등록최저
천문우주학과	연세대	추천형	5	4	7.0	1.52	1.52	5	4.8	1.49	1.65	5	4.0	1.45	1.53	등록50%컷	등록70%컷
첨단바이오융공학부	건국대	KU지역균형	5													등록50%컷	등록70%컷
첨단바이오융합대학	아주대	고교추천	15													등록평균	등록70%컷
첨단소재공학과	신한대	학생부우수자	10	5	13.8	2.82		5	13.6	3.95						최종평균	
첨단소재공학과	신한대	일반전형	15	20	10.2	4.32		20	6.5	5.00		26	4.5	5.46		최종평균	
첨단소재공학과[다빈치]	중앙대	지역균형	6	5	6.0	2.26	2.44	5	9.6	2.99	3.01	5	8.2	3.17	3.35	등록50%컷	등록70%컷
첨단신소재공학과	아주대	고교추천	15	6	10.7	2.01	1.97	6	10.3	2.29	2.34	5	14.2	2.42	2.51	등록평균	등록70%컷
첨단융합자율전공	한국공학대	교과우수자	18													등록평균	
첨단컴퓨팅학부	연세대	추천형	25	11	4.5	1.28	1.31	13	6.4	1.14	1.22	13	7.2	1.23	1.35	등록50%컷	등록70%컷
청정신소재공학과	성신여대	지역균형	3	6	7.0	2.30	2.38	6	8.0	2.44		6	10.2	2.64		등록평균	등록최저
치기공학과	신한대	일반전형	25	30	6.2	3.56		15	14.1	3.70		38	9.6	4.23		최종평균	
치기공학과	신한대	학생부우수자	18	10	10.3	2.44		10	18.0	3.17						최종평균	
치위생학과	을지대(성남)	지역균형	3	8	6.8	2.91	3.07	9	7.6	3.01	3.11	5	16.2	3.00	3.05	등록평균	등록70%컷
치위생학과	가천대	지역균형	5	5	7.8	3.25	3.30	5	20.6	2.94	3.06	6	14.7	3.4		등록70%	등록90%
치위생학과	가천대	학생부우수자	5	5	12.2	2.54	2.63	5	11.0	2.68	2.82	4	45.5	2.3	2.5	등록70%	등록90%
치위생학과	신한대	일반전형	10	15	15.7	3.15		12	15.4	3.41		14	31.0	3.51		최종평균	
치위생학과	신한대	학생부우수자	6	7	20.0	2.18		7	20.6	3.13						최종평균	
치의예과	경희대(서울)	지역균형	16	13	6.8	1.16	1.21	8	21.1	1.10	11.3					최종평균	등록70%컷
치의예과	연세대	추천형	10	10	6.3	1.09	1.11	12	7.2	1.14	1.14	12	6.7	1.14	1.15	등록50%컷	등록70%컷
컴퓨터·AI학부	동국대	학교장추천인재	9	25	14.8	1.18	1.60	27	18.6	2.19	2.78	11	11.6	2.40	2.77	최종평균	최종최저
컴퓨터공학과	세종대	지역균형	2	18	13.4	1.92	2.00	20	5.8	2.20	2.45	6	8.2	1.80	1.79	등록평균	등록최저
컴퓨터공학과	단국대(죽전)	지역균형선발	6	6	7.0	2.16	2.36	6	11.3	2.27		6	15.2	2.44		등록평균	등록최저
컴퓨터공학과	안양대	아리학생부면접	5	9	10.9	3.46	3.71	10	9.6	3.90	4.31	9	7.6	3.93	4.47	등록평균	등록최저
컴퓨터공학과	경희대(국제)	지역균형	2	14	4.9	1.59	1.70	11	9.6	1.50	7.5	10	14.2	1.5	11.1	최종평균	등록70%컷
컴퓨터공학과	서울과기대	고교추천	15	15	4.7	1.84	1.93	15	10.7	1.87	2.00	15	9.7	1.94	2.00	등록평균	등록70%컷
컴퓨터공학과	인하대	지역균형	38	38	3.7	2.40	3.75	20	8.5	2.03	2.28	18	12.5	2.08	2.18	등록평균	등록최저
컴퓨터공학과	가천대	학생부우수자	20	18	11.9	2.53	2.58	15	14.0	2.59	2.77	15	18.3	2.4	2.7	등록70%	등록90%
컴퓨터공학과	서강대	지역균형	10	11	9.7	1.67	1.83	11	10.6	1.50	1.53	11	18.4	1.50	1.56	등록50%컷	등록70%컷
컴퓨터공학과	성결대	SKU창의적인재	20	20	11.8	5.2		21	6.1	6.2		20	8.1	5.0		등록70%컷	
컴퓨터공학과	안양대	아리학생부교과	9	10	13.1	2.37	2.75	10	7.9	3.19	3.65	8	24.0	2.72	3.28	등록평균	등록최저
컴퓨터공학과	성결대	교과성적우수자	23	36	6.6	3.8		43	8.9	3.8		40	6.1	4.0		등록70%컷	
컴퓨터공학과	이화여대	고교추천	14	12	3.0	1.63	1.71	12	5.1	1.69	1.71	12	3.5	1.8	1.8	등록50%컷	등록70%컷
컴퓨터공학과*	명지대	교과면접	9	8	10.9	2.49	3.27	8	7.5	2.63		10	11.0	2.38	2.44	등록평균	등록70%컷
컴퓨터공학과*	성신여대	지역균형	3	6	4.0	2.57	3.88	6	9.5	2.35		6	6.7	2.52		등록평균	등록최저
컴퓨터공학과·AI융합학과	서울신학대	교과성적	20	12	5.4	3.89	4.03	11	8.3	3.5	3.7	8	18.0	3.5	3.7	등록평균	등록70%컷
컴퓨터공학과·AI융합학과	서울신학대	일반전형	24	12	6.8	4.36	4.39	9	5.2	4.6	4.9	8	9.3	4.2	4.7	등록평균	등록70%컷
컴퓨터공학부	한국기술교대	일반전형	23	40	6.2	3.64	4.17	26	4.6	3.51	4.45	23	6.6	3.02		등록평균	등록최저
컴퓨터공학부	강남대	지역균형	12	26	3.4	4.20	4.40	20	11.1	3.39	4.04	24	5.7	3.09	4.31	등록50%컷	등록70%컷
컴퓨터공학부	삼육대	학교장추천	8	8	17.0	3.29		20	23.95	3.79		20	4.7	4.54		최종평균	

모집단위	대학	전형	2025	2024				2023				2022				성적 산출기준	
			모집인원	모집인원	경쟁률	성적①	성적②	모집인원	경쟁률	성적①	성적②	모집인원	경쟁률	성적①	성적②	성적①	성적②
컴퓨터공학부	인천대	지역균형	11	14	4.9	2.61	2.96	14	9.6	2.38	2.60	14	6.4	2.55	2.76	등록평균	등록70%컷
컴퓨터공학부	건국대	KU지역균형	10	21	8.1	1.64	1.75	21	8.5	1.69	1.76	21	38.2	1.75	1.77	등록50%컷	등록70%컷
컴퓨터공학부	한국외대(글로벌)	학교장추천	5	6	5.8	188.8	188.1	5	8.4	290.1	287.0	4	13.0	260.3	257.8	등록50%컷	등록70%컷
컴퓨터공학부	인천대	교과성적우수자	18	24	6.6	2.65	2.74	24	8.3	2.66	2.74	24	13.5	2.45	2.59	등록평균	등록70%컷
컴퓨터공학전공	한국공학대	지역균형	8	10	3.9	3.3										등록평균	
컴퓨터공학전공	한국공학대	교과우수자	5	12	7.3	2.9		15	8.0	3.2		17	6.2	3.1		등록평균	
컴퓨터공학전공*	대진대	학생부우수자	8	7	10.1	3.33	3.71	7	13.4	3.55	4.08	10	13.4	3.94	4.32	등록평균	등록90%
컴퓨터공학전공*	대진대	학교장추천	7	8	7.8	2.55	2.99	10	19.0	3.18	3.58	3	8.3	4.40		등록평균	등록90%
컴퓨터공학전공*	명지대	학교장추천	10	13	19.1	2.39	2.61	13	6.6	3.22	4.00	13	7.6	1.89		등록평균	등록최저
컴퓨터과학부	서울시립대	지역균형선발	6	9	7.8	1.78		7	13.6	1.72		7	21.7	1.67		등록평균	
컴퓨터과학전공	상명대(서울)	고교추천	21	32	4.0	2.59	2.98	34	6.9	2.75	2.93	34	8.6	2.76	3.01	등록50%컷	등록70%컷
컴퓨터과학전공*	숙명여대	지역균형선발	9	9	4.2	1.92	2.18	9	6.1	2.00	2.00	9	8.4	2.11	2.24	등록50%컷	등록70%컷
컴퓨터교육과	성균관대	학교장추천	5	5	12.0	1.67	1.68	5	9.2	1.82	1.89	5	9.8	1.69	1.79	등록50%컷	등록70%컷
컴퓨터응용수학부	한경국립대(안성)	일반전형A	3	38	3.4	4.72	7.46	37	6.0	4.0	4.4	26	13.2	4.1		등록평균	등록최저
컴퓨터응용수학부	한경국립대(안성)	지역균형선발	2	2	2.0												
컴퓨터정보공학부	가톨릭대	지역균형	10	8	6.8	2.77	3.14	12	8.7	2.87	3.02	10	16.5	2.88	3.02	등록평균	등록최저
컴퓨터정보공학부	광운대	지역균형	8	8	3.8	2.61		9	6.7	1.94		9	11.9	2.01		등록평균	
컴퓨터학과	고려대	학교추천	20	21	10.9	1.27	1.32	25	9.7	1.38	1.49	25	13.5	1.33	1.44	등록50%컷	등록70%컷
컴퓨터학부	수원대	교과우수	13	15	18.5	3.5		14	11.5	3.7		8	61.0	2.8		최종평균	
컴퓨터학부	수원대	고교추천	5	5	20.4	4.4		5	38.2	4.0		10	15.6	4.4		최종평균	
컴퓨터학부	수원대	면접위주교과	10	10	13.2	3.69	3.94	14	15.7	3.5		15	9.9	4.2		등록50%컷	등록70%컷
컴퓨터학부*	숭실대	학생부우수자	15	15	7.7	1.80	1.88	15	7.5	1.99	1.99	16	16.1	1.77	1.66	등록70%컷	
컴퓨터학전공	동덕여대	학생부교과우수자	6	6	8.3	2.80		21	8.7	3.10		21	5.1	3.2		최종평균	
콘텐츠소프트웨어학과	세종대	지역균형	14													등록평균	등록70%컷
클라우드공학과	가천대	학생부우수자	7	7	27.9	2.06	2.33									등록70%	등록90%
토목공학과*	서울시립대	지역균형선발	5	5	8.4	2.50		5	20.0	1.85		5	10.2	2.28		등록평균	
토목공학전공	한경국립대(안성)	일반전형A	25													등록평균	등록최저
토목환경공학과	가천대	학생부우수자	7	7	19.9	3.02	3.04	7	12.4	3.13	3.26	7	18.7	3.0	3.1	등록70%	등록90%
토목환경공학과	가천대	지역균형	1	5	12.8	3.40	3.44	5	26.0	3.54	3.55	5	9.2	4.0		등록70%	등록90%
토목환경공학과*	단국대(죽전)	지역균형선발	8	12	17.6	2.49	2.62	12	12.3	2.85		12	8.8	2.94		등록평균	등록최저
통계데이터사이언스학과	단국대(죽전)	지역균형선발	5	5	7.8	2.37	2.48	5	10.2	2.54		5	13.6	2.60		등록평균	등록최저
통계데이터사이언스학과	안양대	아리학생부교과	8	10	17.3	3.65	3.79	10	5.9	3.94	4.77	9	9.3	3.53	3.88	등록평균	등록최저
통계데이터사이언스학과	안양대	아리학생부면접	5	8	10.1	4.05	4.60	8	5.4	4.59	5.40	7	8.4	4.61	4.82	등록평균	등록최저
통계데이터사이언스학과(야)	안양대	아리학생부교과	14	15	6.6	4.66	5.26	14	4.0	5.69	6.29	12	5.3	5.37	5.74	등록평균	등록최저
통계데이터사이언스학과(야)	안양대	아리학생부면접	5	8	4.8	5.69	6.30	10	2.7	6.22	7.67	8	3.0	5.98	6.78	등록평균	등록최저
통계학·빅데이터사이언스전공*	성신여대	지역균형	3	5	9.2	2.22	2.38	5	12.2	2.51		5	12.4	2.85		등록평균	등록최저
통계학과	이화여대	고교추천	11	11	5.1	1.86	1.95	11	4.6	1.85	1.99	11	3.5	1.8	1.8	등록50%컷	등록70%컷
통계학과	인하대	지역균형	6	6	6.3	2.99	3.23					5	6.4	3.32	2.96	등록평균	등록최저
통계학과	서울시립대	지역균형선발	3	5	14.8	1.80		4	25.3	1.92		4	12.3	2.10		등록평균	
통계학과	숙명여대	지역균형선발	5	6	6.2	1.91	1.96	6	5.2	1.94	2.23	6	8.5	2.16	2.20	등록50%컷	등록70%컷
통계학과	한국외대(글로벌)	학교장추천	3	3	4.3	188.2	187.9	4	4.0	290.3	287.3	3	10.0	260.2	256.8	등록50%컷	등록70%컷
통계학과*	동국대	학교장추천인재	4	6	12.8	1.28	1.70	6	14.5	2.47	2.91	6	10.3	2.58	3.10	최종평균	최종최저
파이버융합소재공학전공*	단국대(죽전)	지역균형선발	6	8	6.9	2.53	2.61	9	7.6	2.53		9	12.3	2.55		등록평균	등록최저
패션산업학과	인천대	교과성적우수자	4	6	10.8	2.94	2.92	6	16.2	2.90	3.11	6	14.7	3.02	3.32	등록평균	등록70%컷
패션산업학과	인천대	지역균형	4	5	4.0	3.20	3.56	5	8.0	2.71	2.80	5	9.2	2.93	3.14	등록평균	등록70%컷
프런티어과학학부	아주대	고교추천	18													등록평균	등록70%컷
핀테크,빅데이터.스마트생산전공	상명대(서울)	고교추천	13	15	8.7	3.00	3.06	15	5.9	3.14	3.37	15	11.5	2.86	3.13	등록50%컷	등록70%컷
한약학과	경희대(서울)	지역균형	5	5	9.4	1.51	1.50	6	10.0	1.60	7.5	6	8.8	1.7	6.2	최종평균	등록70%컷
한의예과	가천대	학생부우수자	5	5	40.6	1.12	1.13									등록70%	등록90%
한의예과(자연)	경희대(서울)	지역균형	8	8	6.0	1.45	1.58	8	10.4	1.20	4.1					최종평균	등록70%컷
항공우주·모빌리티공학과	건국대	KU지역균형	5													등록50%컷	등록70%컷
항공우주공학과	인하대	지역균형	12	12	7.8	2.48	2.67	8	9.5	2.34	2.60	8	11.8	2.34	2.41	등록평균	등록최저
항공운항학과	한국항공대	교과성적우수자	5	7	9.3	1.5	1.5	11	7.8	1.7	1.8	12	5.3	1.7	2.0	등록평균	등록70%컷
항공운항학과	한국항공대	학교장추천	5	5	10.6	1.8	1.9									등록평균	등록최저

모집단위	대학	전형	2025 모집인원	2024 모집인원	2024 경쟁률	2024 성적①	2024 성적②	2023 모집인원	2023 경쟁률	2023 성적①	2023 성적②	2022 모집인원	2022 경쟁률	2022 성적①	2022 성적②	성적① 산출기준	성적② 산출기준
해양과학과	인하대	지역균형	7	7	4.6	2.56	2.76	5	8.8	2.62	2.73	5	9.6	2.64	2.66	등록평균	등록최저
해양바이오공학과(강화)*	안양대	아리학생부면접	4	4	2.0	6.75	6.75	8	1.8	6.70	7.58	10	2.1	5.78	7.42	등록평균	등록최저
해양바이오공학과(강화)*	안양대	아리학생부교과	11	12	2.8	5.83	7.63	12	4.0	6.08	7.16	11	4.8	6.36	7.17	등록평균	등록최저
해양학과	인천대	교과성적우수자	4	5	14.6	3.11	3.18	5	30.0	3.20	3.24	7	7.8	3.48	4.00	등록평균	등록70%컷
해양학과	인천대	지역균형	3	4	12.5	2.85	2.92	4	13.5	3.18	3.24	4	4.0	3.63	3.47	등록평균	등록70%컷
화공생명공학과	고려대	학교추천	14	21	8.6	1.33	1.40	19	12.2	1.38	1.44	19	14.1	1.41	1.52	등록50%컷	등록70%컷
화공생명공학과	서울과기대	고교추천	16	16	4.8	1.69	1.73	15	13.1	1.73	1.77	15	9.1	1.93	2.05	등록평균	등록70%컷
화공생명공학과	서강대	지역균형	10	11	16.5	1.40	1.43	11	9.4	1.68	1.84	11	23.6	1.39	1.40	등록50%컷	등록70%컷
화공생명공학부	숙명여대	지역균형선발	8	8	4.1	1.60	1.60	8	7.5	1.77	1.77	8	9.3	1.94	1.96	등록50%컷	등록70%컷
화공생명공학부	연세대	추천형	14	14	6.6	1.35	1.39	16	6.2	1.42	1.50	16	4.6	1.43	1.52	등록50%컷	등록70%컷
화공생명배터리공학부	가천대	학생부우수자	30													등록70%	등록90%
화공생물공학과	동국대	학교장추천인재	9	12	22.8	1.13	1.70	12	31.3	1.92	2.03	12	30.8	2.12	2.43	최종평균	최종최저
화공신소재공학과	이화여대	고교추천	12	12	3.8	1.54	1.58	14	5.1	1.61	1.62	14	4.7	1.7	1.7	등록50%컷	등록70%컷
화공신소재전공	상명대(서울)	고교추천	7	11	7.1	2.54	2.53	12	8.9	2.60	2.78	12	9.7	2.67	2.97	등록50%컷	등록70%컷
화장품발명디자인과	안양대	아리학생부면접	4	4	21.0	4.34	4.43	8	6.4	4.88	5.36	9	4.3	4.03	4.91	등록평균	등록최저
화장품발명디자인과	안양대	학교장추천	3	3	7.0	4.39	4.46									등록평균	등록최저
화장품발명디자인학과	안양대	아리학생부교과	9	14	8.6	3.51	3.82	11	15.1	3.76	4.15	8	7.0	4.50	4.94	등록평균	등록최저
화장품학전공	동덕여대	학생부교과우수자	5	5	10.2	2.70		15	7.2	3.00		15	5.6	2.9		최종평균	
화학·나노과학과	이화여대	고교추천	13													등록50%컷	등록70%컷
화학·에너지융합학부*	성신여대	지역균형	3	5	6.0	2.14	2.27	5	15.8	2.12		5	7.0	2.68		등록평균	등록최저
화학공학신소재공학부	수원대	교과우수	13	15	24.1	3.4		15	6.6	4.4		7	38.0	2.8		최종평균	
화학공학신소재공학부	수원대	고교추천	6	8	15.1	4.3		6	21.0	4.1		10	9.0	4.1		최종평균	
화학공학신소재공학부	수원대	면접위주교과	10	10	9.7	3.60	4.20	14	15.5	3.8		18	5.6	4.5		등록50%컷	등록70%컷
화학공학과	경희대(국제)	지역균형	2	9	4.7	1.55	1.58	9	11.6	1.50	9.1	14	14.7	1.5	11.6	최종평균	등록70%컷
화학공학과	인하대	지역균형	21	21	3.7	2.47	5.08	14	8.1	1.92	2.03	14	9.1	1.97	2.02	등록평균	등록최저
화학공학과	아주대	고교추천	5									5	11.0	2.20	2.27	등록평균	등록70%컷
화학공학과	광운대	지역균형	9	9	4.1	2.26		8	10.5	1.74		8	5.0	2.02		등록평균	
화학공학과	중앙대	지역균형	10	10	11.3	1.46	1.49	10	11.8	1.54	1.57	6	33.7	1.50	1.50	등록50%컷	등록70%컷
화학공학과*	단국대(죽전)	지역균형선발	10	16	4.8	2.30	2.59	16	14.3	2.20		16	8.1	2.55		등록평균	등록최저
화학공학과*	서울시립대	지역균형선발	5	9	9.4	1.66		6	17.5	1.68		6	28.7	1.73		등록평균	
화학공학과*	숭실대	학생부우수자	25	25	6.2	1.95	1.82	25	6.0	1.90	2.12	21	13.2	1.91	1.84	등록평균	등록70%컷
화학공학부	건국대	KU지역균형	6	23	10.4	1.69	1.78	23	9.2	1.65	1.82	23	26.9	1.76	1.79	등록50%컷	등록70%컷
화학공학전공	한경국립대(안성)	일반전형A	25													등록평균	등록최저
화학공학전공	명지대	교과면접	5	5	9.2	2.59	3.03	4	6.8	2.88		5	6.0	2.53	2.69	등록평균	등록70%컷
화학공학전공	한경국립대(안성)	지역균형선발	-1														
화학공학전공*	명지대	학교장추천	6	6	8.3	2.20	2.38	7	11.9	2.74	3.08	6	4.0	2.68		등록평균	등록최저
화학과	서강대	지역균형	5	6	13.2	1.46	1.48	6	9.2	1.71	1.72	6	16.5	1.43	1.59	등록50%컷	등록70%컷
화학과	건국대	KU지역균형	3	4	24.8	1.64	1.64	4	15.3	1.73	2.08	4	21.0	1.76	1.90	등록50%컷	등록70%컷
화학과	경기대	교과성적우수자	2	4	10.5	3.53	3.53	3	19.7	2.79		4	12.3	3.48		등록50%컷	등록70%컷
화학과	경기대	학교장추천	5	3	9.0	2.67	3.02	3	18.0	3.08		3	10.0	3.54		등록50%컷	등록70%컷
화학과	서울여대	교과우수자	5	5	5.2	2.7										최종평균	최종최저
화학과	인천대	교과성적우수자	7	9	7.9	2.71	2.75	9	6.9	2.84	2.92	9	7.3	2.65	3.00	등록평균	등록70%컷
화학과	성균관대	학교장추천	7	7	13.7	1.57	1.59	10	8.1	1.70	1.73	8	8.3			등록50%컷	등록70%컷
화학과	인하대	지역균형	10	10	4.6	2.49	2.93	7	9.9	2.26	2.51	6	15.5	2.39	2.52	등록평균	등록최저
화학과	광운대	지역균형	6	6	7.8	1.88		6	15.8	2.08		6	5.0	2.53		등록평균	
화학과	경희대(서울)	지역균형	8	11	10.9	1.52	1.56	11	12.8	1.50	8.4	12	11.8	1.6	9.8	최종평균	등록70%컷
화학과	세종대	지역균형	1	7	4.0	1.97	1.92	6	9.0	1.86	1.94	3	6.0			등록평균	등록70%컷
화학과	인천대	지역균형	6	7	4.9	2.58	2.68	7	9.3	2.64	2.69	7	4.6	3.09	3.11	등록평균	등록70%컷
화학과	가천대	지역균형	2	6	8.8	3.33	3.44	6	18.2	2.76	2.85	6	6.3	3.1		등록70%	등록90%
화학과	가천대	학생부우수자	7	6	9.3	3.22	3.50	6	13.7	2.54	2.54	6	11.0	2.6	2.8	등록70%	등록90%
화학과	한국외대(글로벌)	학교장추천	3	4	8.5	189.1	188.9	6	4.2	276.8	267.2	4	8.5	266.3	262.9	등록50%컷	등록70%컷
화학과*	가톨릭대	지역균형	7	6	5.5	2.46	2.53	5	5.8	2.78	2.86	6	7.2	2.70	2.90	등록평균	등록최저
화학과*	숭실대	학생부우수자	6	6	6.0	2.02	2.13	6	9.5	2.01	1.95	7	22.4	1.90	2.00	등록평균	등록70%컷
화학과*	고려대	학교추천	7	8	18.6	1.43	1.53	12	16.2	1.59	1.63	12	9.1	1.61	1.77	등록50%컷	등록70%컷
화학과*	연세대	추천형	7	7	5.7	1.45	1.46	9	6.8	1.47	1.52	9	4.4	1.51	1.60	등록50%컷	등록70%컷
화학과*	동국대	학교장추천인재	4	6	20.2	1.30	1.50	6	22.8	2.24	2.49	6	20.3	2.18	2.50	최종평균	최종최저

모집단위	대학	전형	2025 모집인원	2024 모집인원	경쟁률	성적①	성적②	2023 모집인원	경쟁률	성적①	성적②	2022 모집인원	경쟁률	성적①	성적②	성적산출기준 성적①	성적②
화학과*	숙명여대	지역균형선발	5	5	3.8	1.68	1.68	5	6.2	1.71	1.90	5	7.8	1.99	2.03	등록50%컷	등록70%컷
화학나노학전공	명지대	학교장추천	2													등록평균	등록최저
화학나노학전공	명지대	교과면접	5										70			등록평균	등록70%컷
화학생명공학전공	한국기술교대	일반전형	9	13	6.9	3.39	4.13									등록평균	등록최저
화학생명과학과	삼육대	학교장추천	12	13	13.9	2.98		19	15.32	3.72		19	3.8	4.49		최종평균	
화학에너지공학전공	상명대(서울)	고교추천	7	11	4.7	2.65	2.73	12	5.0	2.47	2.69	12	9.3	2.60	2.73	등록50%컷	등록70%컷
환경공학과	이화여대	고교추천	8	8	6.5	1.68	1.70	8	7.6	1.73	1.78	8	5.1	1.9	1.9	등록50%컷	등록70%컷
환경공학과	인하대	지역균형	9	9	4.8	2.40	2.66	6	7.5	2.41	2.53	6	9.7	2.31	2.39	등록평균	등록최저
환경공학과	광운대	지역균형	4	4	9.8	1.91		4	6.0	2.25		4	7.3	1.94		등록평균	
환경공학과	서울과기대	고교추천	10	10	8.0	2.06	2.07	11	9.6	2.19	2.21	6	18.8	2.20	2.17	등록평균	등록70%컷
환경공학부	서울시립대	지역균형선발	8	10	11.0	1.81		9	27.3	1.80		9	12.2	2.03		등록평균	
환경공학전공	인천대	교과성적우수자	5	6	9.5	3.05	3.07									등록평균	등록70%컷
환경공학전공	한경국립대(안성)	일반전형A	25													등록평균	등록최저
환경공학전공	인천대	지역균형	3	4	4.5	2.93	3.05									등록평균	등록70%컷
환경디자인원예학과*	삼육대	학교장추천	14	15	9.5	3.46		19	13.79	4.06		19	3.9	4.66		최종평균	
환경보건·산림조경학부	건국대	KU지역균형	5													등록50%컷	등록70%컷
환경생태공학부	고려대	학교추천	11	12	23.3	1.59	1.60	15	17.4	1.72	1.75	15	10.9	1.67	1.82	등록50%컷	등록70%컷
환경시스템공학전공	명지대	학교장추천	6													등록평균	등록최저
환경시스템공학전공	명지대	교과면접	5										70			등록평균	등록70%컷
환경안전공학과	아주대	고교추천	5	5	6.2	2.18	2.14	4	6.8	2.37	2.46	5	15.4	2.50	2.64	등록70%컷	
환경에너지공학과	안양대	학교장추천	3	4	5.0	4.09	4.43									등록평균	등록최저
환경에너지공학과	안양대	아리학생부교과	9	14	7.8	3.32	3.63	14	6.4	3.36	3.80	10	12.6	3.63	3.92	등록평균	등록최저
환경에너지공학과	안양대	아리학생부면접	5	5	9.2	4.29	4.67	9	8.8	4.34	4.73	10	5.3	4.69	5.04	등록평균	등록최저
환경원예학과*	서울시립대	지역균형선발	3	4	8.8	2.05		4	15.0	1.96		4	10.0	2.15		등록평균	
환경융합학과	세종대	지역균형	1	7	7.7	1.97	1.98	7	9.3	2.10	2.20	3	6.0	2.36	2.25	등록평균	등록70%컷
환경학과	한국외대(글로벌)	학교장추천	3	4	4.5	188.2	187.3	6	7.3	282.1	281.4	4	10.5	250.8	248.8	등록50%컷	등록70%컷
환경학과및환경공학과	경희대(국제)	지역균형	2	5	15.0	1.73	1.70	5	21.0	1.70	17.2	9	7.3	1.9	5.6	최종평균	등록70%컷
휴먼기계바이오공학과	이화여대	고교추천	14	16	4.1	1.68	1.69	20	4.6	1.65	1.70	20	4.8	1.7	1.8	등록50%컷	등록70%컷
휴먼지능정보공학전공	상명대(서울)	고교추천	22	26	8.3	2.93	3.00	26	8.1	3.01	3.25	26	9.2	3.09	3.29	등록50%컷	등록70%컷

II. 비수도권

※ '*' : 교직 이수 가능

모집단위	대학	전형	2025 모집인원	2024 모집인원	경쟁률	성적①	성적②	2023 모집인원	경쟁률	성적①	성적②	2022 모집인원	경쟁률	성적①	성적②	성적산출기준 성적①	성적②
AI·SW계열	한신대	학교장추천	10														
AI·SW학	한신대	학생부우수자	54	49	5.4	3.45	3.91	53	4.0	3.41	4.24					최종평균	최종최저
AI·데이터공학부	한국교통대	일반전형	5	25	5.5	3.04	3.44	22	6.1	3.59	3.90	24	5.5	3.38	3.92	등록평균	등록최저
AI·빅데이터공학과	순천향대	지역인재	4	4	4.3	4.82	5.27									등록평균	등록최저
AI·빅데이터공학과	순천향대	교과면접	4	4	10.5	4.10	4.75	12	2.3	4.88	5.63					등록평균	등록최저
AI·빅데이터학과	순천향대	교과우수자	9	12	6.8	3.93	4.33	9	4.9	3.86	4.45	12	3.7	3.76	4.60	등록평균	등록최저
AI·빅데이터학과	우송대	교과중심	23	20	4.7	5.4		18	4.8	5.6		18	8.6	5.2		등록평균	
AI·빅데이터학과	우송대	면접	12	13	1.9	6.0	6.2	17	1.4	5.5	5.8	16	2.3	5.9	6.0	등록평균	등록70%컷
AI·빅데이터학과	우송대	지역인재	3	2	4.0	5.6		2	3.0			2	7.0	5.3		등록평균	
AI로보틱스학과	한서대	학생부교과1	24													등록평균	등록80%
AI모빌리티공학과	상명대(천안)	학생부교과	10													등록평균	등록최저
AI모빌리티학과	한서대	학생부교과1	20													등록평균	등록80%
AI모빌리티학과	한서대	학생부교과2	5													등록평균	등록80%
AI모빌리티학과	한서대	한서인재	5													등록평균	등록80%
AI반도체학부	연세대(미래)	교과우수자	17	17	3.9	3.92	3.96									등록50%컷	등록70%컷
AI보건정보관리학	연세대(미래)	교과우수자	9	9	3.7	4.68	4.70									등록50%컷	등록70%컷
AI빅데이터융합학과[동두천]	동양대	면접전형	5	5	3.6	3.30	3.60	5	3.2	3.40		10	2.1	4.80	4.80	등록50%컷	등록70%컷
AI빅데이터융합학과[동두천]	동양대	일반전형I	45	45	3.0	3.30	3.50	30	6.7	3.50	3.70	40	3.2	4.70	5.10	등록50%컷	등록70%컷
AI시스템반도체학	한신대	학생부우수자	10	8	5.3	3.87	4.35									최종평균	최종최저
AI융합	호남대	지역인재	16													등록50%	등록70%

모집단위	대학	전형	2025	2024				2023				2022				성적 산출기준	
			모집인원	모집인원	경쟁률	성적①	성적②	모집인원	경쟁률	성적①	성적②	모집인원	경쟁률	성적①	성적②	성적①	성적②
AI융합학과	한남대	일반전형	29	28	4.0	5.42	5.69	23	3.7	5.54	6.09	21	5.8	5.18	5.49	최종평균	최종80%
AI융합학과	강원대(춘천)	지역인재	7	5	3.2	3.97	4.17	4	12.8	3.66	3.74	5	5.4	4.17		등록평균	등록75%컷
AI융합학과	강원대(춘천)	일반전형	10	9	5.7	3.63	3.79	10	27.5	3.63	3.78	10	8.4	4.12		등록평균	등록75%컷
AI융합학과	한남대	지역인재교과우수자	13	10	3.5	5.59	6.03	9	3.9	4.99	5.66	15	3.4	5.16	5.62	최종평균	최종80%
AI응용학과(야)	한성대	교과우수	15	15	6.0	3.34	3.35	3	15.3			3	4.7	4.53	4.53	등록50%컷	등록70%컷
AI응용학과(주)	한성대	교과우수	25	25	8.8	2.59	2.66	5	31.0	2.82	2.87	5	7.2	3.83	3.88	등록50%컷	등록70%컷
AI정보공학과	경상국립대	일반전형	17	22	12.6	3.18	3.82	23	1.9	5.86	6.37	23	2.4	6.12	6.83	등록평균	등록80%
AI정보보안학과	한라대	일반학생(면접중심)	3	5	0.8	5.56	5.56									등록50%컷	등록70%컷
AI정보보안학과	한라대	일반학생(교과중심)	17	11	3.1	4.91	5.00	19	1.5	5.54	6.28					등록50%컷	등록70%컷
AI정보보안학과	한라대	지역인재	3	4	2.3	3.20	3.20	2	1.5							등록50%컷	등록70%컷
AI컴퓨터공학과	극동대	교과우수자	20					10	4.0			5	1.4			등록50%컷	등록70%컷
ICT융합학부	울산대	지역인재	47														
ICT융합학부	한양대(에리카)	지역균형선발	10	17	5.0	2.58	2.66	15	11.4	2.55	2.76	15	8.5	2.70	3.00	등록평균	등록70%컷
ICT융합학부	울산대	일반교과	46	39	3.3	3.55	3.90	42	4.4	3.13	3.40	45	7.6	3.18	3.50	등록평균	등록80%
ICT융합학부(AI융합)	울산대	일반교과	19	25	4.0	3.80	3.90	26	4.2	3.78	4.09	28	7.4	3.76	4.30	등록평균	등록80%
ICT융합학부(AI융합)	울산대	지역인재	8														
IT공과대학(야)	한성대	교과우수	20	19	7.6	3.04	3.06	23	11.7	3.12	3.14	40	6.7	4.01	4.14	등록50%컷	등록70%컷
IT공과대학(야)	한성대	지역균형	22	22	3.4	3.38	3.57	33	9.12	3.33	3.51	33	4.2	3.98	4.13	등록50%컷	등록70%컷
IT공과대학(주)	한성대	교과우수	44	61	5.9	2.52	2.65	71	15.8	2.46	2.56	90	8.8	3.30	3.44	등록50%컷	등록70%컷
IT공과대학(주)	한성대	지역균형	41	41	4.0	2.79	2.95	61	12.08	2.86	2.91	61	5.7	3.18	3.45	등록50%컷	등록70%컷
IT대학 자율학부	경북대	교과우수자	6													등록평균	등록70%
IT대학 자율학부	경북대	지역인재	4													등록평균	등록70%
IT소프트웨어학과	한라대	일반학생(면접중심)	7	9	1.1	6.36	6.36									등록50%컷	등록70%컷
IT소프트웨어학과	한라대	일반학생(교과중심)	19	13	6.6	5.42	5.42	19	2.6	6.47	7.29					등록50%컷	등록70%컷
IT소프트웨어학과	한라대	지역인재	6	4	3.0	4.48	4.48	1	3.0							등록50%컷	등록70%컷
IT응용공학과	부산대	학생부교과	5	5	8.8	3.10	3.12	5	12.0	3.20		5	14.2	3.13	3.05	등록평균	등록70%컷
IT응용공학과	부산대	지역인재	5	4	6.3	3.16		5	9.6	2.76	2.68	5	13.4	2.85	2.84	등록평균	등록70%컷
IT첨단자율학부	경북대	지역인재	11													등록평균	등록70%
IT첨단자율학부	경북대	교과우수자	14													등록평균	등록70%
IT학부	한세대	학생부교과우수자	46													등록평균	등록최저
IT학부	한세대	학생부면접우수자	20													등록평균	등록최저
LIONS자율전공학부(자연)	한양대(에리카)	지역균형선발	55													등록평균	등록70%컷
가정교육과	전남대(광주)	지역인재	5	5	8.2	3.08	3.14	5	4.8	3.32	3.44	3	8.7	2.81		등록평균	등록70%컷
가정교육과	강원대(춘천)	일반전형	4	4	6.8	3.07	3.18	4	22.0	3.43	3.66	5	7.4	4.23		등록평균	등록75%컷
가정교육과	한국교원대	지역인재	1	1	6.0	4.25										지원평균	
가정교육과	강원대(춘천)	지역인재	2	2	3.5	3.54	3.63	2	10.5	3.11	3.16	2	4.5	3.93		등록평균	등록75%컷
가정교육과	전남대(광주)	일반전형	3	3	10.0	2.96		3	5.7	3.76		3	9.0	2.75		등록평균	등록70%컷
가정교육과	경북대	교과우수자	5	5	7.4	3.62	3.80					5	8.2			등록평균	등록70%
가정교육과*	원광대	일반전형	10	10	6.2	3.00	3.08	10	5.8	3.70	4.65	10	6.6	3.94	3.95	등록50%컷	등록70%컷
가족아동복지학과*	원광대	일반전형	13	17	6.1	4.71	4.80	19	4.7	5.60	6.11	20	4.4	4.88	5.10	등록50%컷	등록70%컷
간호학과	한남대	지역인재교과우수자	16	5	9.4	2.46	2.88	5	7.6	2.71	2.89	7	8.3	3.04	3.20	최종평균	최종80%
간호학과	화성의과학대	학생부교과	30	30	10.6	2.72	2.78	31	9.5	2.96	3.28	30	6.8	3.65		등록50%컷	등록70%컷
간호학과	상명대(천안)	학생부교과	24	26	6.3	2.72	3.26	26	5.3	2.88	3.28	26	9.3	2.77		등록평균	등록최저
간호학과	선문대	면접	15	15	15.7	3.38	3.50	5	11.2	4.14	4.45	9	26.0	3.65		등록50%컷	등록70%컷
간호학과	경동대	일반학생	271	251	4.5	3.34	3.82	221	5.2	3.31	3.66	234	8.1	3.16	3.58	최종평균	최종80%
간호학과	선문대	지역학생	26	26	6.8	2.88	3.13	22	8.0	3.70	4.17	17	4.4	3.61		등록50%컷	등록70%컷
간호학과	선문대	일반학생	24	25	11.8	2.56	2.84	26	5.7	3.14	3.44	17	8.3	2.38		등록50%컷	등록70%컷
간호학과	우송대	지역인재	3	3	12.3	2.5		3	15.0			3	15.3	2.5		등록평균	
간호학과	경북대	교과우수자	15	16	5.8	2.08	2.22	16	8.3	1.89	2.04	10	12.2	1.89	2.00	등록평균	등록70%
간호학과	한서대	학생부교과1	15	12	7.1	2.5	2.9	12	43.3	2.3	2.6	16	5.1	3.8	4.0	등록평균	등록80%
간호학과	우송대	면접	33	33	15.0	2.5	2.8	29	25.7	2.3	2.5	33	13.1	2.8	3.0	등록평균	등록70%컷
간호학과	건국대(글로컬)	지역인재	20	23	4.0	1.5	2.6	23	3.3	2.2	2.5	13	3.7	2.0	2.2	등록50%	등록70%
간호학과	충북대	지역인재	14	14	6.1	2.31	2.46	14	6.9	2.56	2.69	16	15.4	2.38	2.52	등록평균	등록70%컷
간호학과	공주대	지역인재	18	18	4.9	3.12	3.23	18	5.6	3.0	3.1	20	9.4	3.0	3.0	등록50%컷	등록70%컷
간호학과	조선대	지역인재	13	13	15.3	2.79	2.86	20	18.6	2.78	2.94					등록평균	등록70%컷
간호학과	경북대	지역인재	25	25	4.5	1.99	2.06	18	7.1	1.86	2.06	28	8.2	1.98	2.10	등록평균	등록70%

모집단위	대학	전형	2025 모집인원	2024 모집인원	2024 경쟁률	2024 성적①	2024 성적②	2023 모집인원	2023 경쟁률	2023 성적①	2023 성적②	2022 모집인원	2022 경쟁률	2022 성적①	2022 성적②	성적 산출기준 성적①	성적 산출기준 성적②
간호학과	극동대	지역인재2	2														
간호학과	우송대	우송인재	2	2	12.5	2.2		5	19.0							등록평균	
간호학과	극동대	지역인재1	28	30	1.9	4.38	4.63	30	1.8								
간호학과	극동대	일반전형	28	21	4.5	4.38	4.38	26	4.0	2.50	2.50	56	7.3	2.88	2.75	등록50%컷	등록70%컷
간호학과	호남대	지역인재	25	8	4.3	4.80	4.88									등록50%	등록70%
간호학과	건국대(글로컬)	교과우수	18	21	5.4	2.0	2.4	21	5.9	2.0	2.1	23	7.9	1.9	2.0	등록50%	등록70%
간호학과	경상국립대	지역인재	25	17	8.5	2.73	2.92	17	9.9	2.57	2.74	5	9.6	2.98	3.04	등록평균	등록80%
간호학과	우송대	교과중심	4	4	30.5	2.2		5	14.0	2.5		7	31.0	1.9		등록평균	
간호학과	강원대(도계)	일반전형	12	8	7.3	2.41	2.71	14	6.4	2.50	2.79	17	7.0	1.88		등록평균	등록75%컷
간호학과	강원대(도계)	지역인재	9	9	5.3	3.00	3.27	10	3.9	3.14	3.55	10	6.2	2.71		등록평균	등록75%컷
간호학과	극동대	교과우수자	10	20	3.1	3.25	4.13	13	6.7	2.00	2.00	13	6.9	2.75	2.50	등록50%컷	등록70%컷
간호학과	순천향대	지역인재	11	16	6.7	2.40	2.66	16	6.1	2.46	2.72	10	7.5	1.88	2.20	등록50%컷	등록최저
간호학과	경동대	지역인재	57	53	3.7	3.47	3.89	53	4.7	3.39	3.71	20	11.3	3.32	3.52	최종평균	최종80%
간호학과	한남대	일반전형	8	13	29.1	3.40	3.52	10	6.1	3.77	4.22	9	8.6	2.76	2.83	최종평균	최종80%
간호학과	조선대	일반전형	13	13	17.2	2.87	2.82	8	25.4	2.74	2.89	33	15.1	2.90	3.04	등록평균	등록70%컷
간호학과	경동대	자기추천제	44	44	7.6	3.79	4.13	66	4.1	3.66	3.91	66	7.5	3.53	3.99	최종평균	최종80%
간호학과	공주대	교과 I 전형	23	22	6.5	3.12	3.22	21	6.8	2.9	3.0	20	10.9	2.8	2.9	등록50%컷	등록70%컷
간호학과	한세대	학생부면접우수자	12	12	12.8	3.01	3.40	12	16.9	3.02	3.20	17	16.7	3.08	3.30	등록평균	등록최저
간호학과	동양대	일반전형 I	85	85	3.8	3.10	3.30	70	7.4	3.00	3.00	60	11.5	3.50	3.50	등록50%컷	등록70%컷
간호학과	한세대	학생부교과우수자	15	18	7.1	2.84	3.00	20	4.7	2.79	3.10	12	7.7	2.55	2.80	등록평균	등록최저
간호학과	충북대	학생부교과	13	13	11.7	3.06	3.00	13	16.1	2.44	2.55	13	25.5	2.51	2.66	등록평균	등록70%컷
간호학과	호남대	일반고	77	75	6.8	4.07	4.20	71	8.4	4.04	4.14	76	6.8	3.90	4.19	등록50%	등록70%
간호학과	동양대	지역인재	13	13	3.7	3.30	3.50	12	5.3	2.90	2.90	4	5.8	3.90	3.90	등록50%	등록70%
간호학과(자연)*	강원대(춘천)	지역인재	11	11	7.4	2.56	2.64	6	9.2	2.64	2.75	9	9.4	2.62		등록평균	등록75%컷
간호학과(자연)*	한양대	추천형	4	4	3.8	1.46		4	7.8	1.15		5	6.2	1.34		등록평균	
간호학과(자연)*	연세대(미래)	교과우수자	10	10	7.8	2.20	2.27	7	9.7	2.37	2.43	7	10.0	1.90	2.06	등록50%컷	등록70%컷
간호학과(자연)*	강원대(춘천)	일반전형	25	25	6.7	2.96	3.15	17	8.9	2.55	2.74	17	9.8	2.49		등록평균	등록75%컷
간호학과*	제주대	지역인재	22	22	6.1	4.06	4.42	20	7.4	3.37	3.45	22	10.4	3.45	3.89	등록50%컷	등록70%컷
간호학과*	단국대(천안)	학생부교과우수자	47	47	7.0	2.35	2.56	51	6.8	2.45		59	6.9	2.38		등록평균	등록최저
간호학과*	한국교통대	지역인재	8	8	11.5	2.73	2.84									등록평균	등록최저
간호학과*	한국교통대	일반전형	18	18	16.9	2.31	2.79	18	5.3	2.92	4.15	23	7.1	2.12	2.71	등록평균	등록최저
간호학과*	울산대	지역인재	10														
간호학과*	전북대	일반학생	10	10	16.2	2.60	2.71	19	12.6	2.53	2.62	19	10.0	2.60	2.63	등록평균	등록70%컷
간호학과*	충남대	지역인재	18	18	6.2	2.06	2.17	18	4.7	2.21	2.38	20	8.7	2.07	2.15	등록평균	등록70%
간호학과*	부산대	학생부교과	10	11	7.4	2.02	2.12	5	9.0	1.95	2.13	5	17.0	1.90	1.89	등록평균	등록70%컷
간호학과*	전북대	지역인재1유형	7	9	8.7	2.50	2.56									등록평균	등록70%컷
간호학과*	순천향대	교과우수자	10	18	10.7	2.07	2.29	20	8.8	2.09	2.42	14	25.4	1.85	2.00	등록평균	등록최저
간호학과*	전북대	지역인재2유형	38	30	6.4	2.42	2.50	28	5.8	2.48	2.61	30	8.5	2.40	2.55	등록평균	등록70%컷
간호학과*	전남대(광주)	지역인재	19	19	5.5	2.03	2.33	19	8.5	1.87	1.97	19	10.2	2.02	2.11	등록평균	등록70%컷
간호학과*	울산대	일반교과	20	20	6.5	1.95	2.11	19	8.1	1.93	2.06	50	7.0	1.95	2.15	등록평균	등록80%
간호학과*	충남대	일반전형	22	22	7.0	2.11	2.26	22	7.6	2.21	2.27	22	10.0	2.05	2.24	등록평균	등록70%
간호학과*	상지대	교과일반	36	35	14.7	3.18										등록평균	
간호학과*	제주대	일반학생	16	13	10.1	3.12	3.29	13	11.1	3.08	3.37	13	27.9	2.96	3.20	등록50%컷	등록70%컷
간호학과*	한림대	교과우수자	13	13	10.4	2.47	2.68	13	31.9	2.47	2.68	10	5.6	2.97	3.66	등록평균	등록최저
간호학과*	전남대(광주)	일반전형	15	15	8.4	2.19	2.28	15	13.8	2.01	2.09	15	10.2	2.27	2.33	등록평균	등록70%컷
간호학과*	부산대	지역인재	12	12	6.8	1.94	1.95	10	11.0	1.87	1.96	10	23.0	1.84	1.93	등록평균	등록70%컷
간호학과*	상지대	강원인재	7	8	5.1	3.71										등록평균	
간호학과*	한림대	지역인재	18	18	8.9	2.07	2.49	18	4.7	2.65	3.37	18	5.4	2.34	3.23	등록평균	등록최저
간호학과*	한서대	한서인재	15	17	5.2	3.6	3.9	17	6.2	3.0	3.5	23	5.4	3.0	3.3	등록평균	등록80%
간호학과*	호서대	학생부	11	10	7.6	2.43	3.09	8	14.9	2.02	2.35	15	6.7	2.22	3.07	등록평균	등록최저
간호학과*	경상국립대	일반전형	32	35	15.2	2.75	3.10	35	6.4	2.88	3.28	47	14.0	2.34	2.55	등록평균	등록80%
간호학과*	호남대	일반학생A	75	73	9.8	4.60	4.69	75	7.8	4.41	4.61	80	1.0	4.21	4.38	등록50%	등록70%
간호학과*	호서대	지역인재	15	12	4.7	2.86	3.09	11	5.6	2.69	3.09	8	14.8	2.36	2.81	등록평균	등록최저
간호학과*	한서대	학생부교과2	10	3	5.0	4.2	4.2	3	14.3	2.2	2.2					등록평균	등록80%
간호학과*	한서대	지역인재	20	20	3.9	3.5		20	8.4	3.2		12	3.8	3.6		등록평균	
건강보건대학	선문대	일반학생	97	93	3.7	5.00	5.63									등록50%컷	등록70%컷

모집단위	대학	전형	2025 모집인원	2024 모집인원	2024 경쟁률	2024 성적①	2024 성적②	2023 모집인원	2023 경쟁률	2023 성적①	2023 성적②	2022 모집인원	2022 경쟁률	2022 성적①	2022 성적②	성적 산출기준 성적①	성적 산출기준 성적②
건강보건대학	선문대	지역학생	17	20	2.8	5.13	5.75									등록50%컷	등록70%컷
건설공학교육과	충남대	일반전형	6	6	5.3	3.77	3.97	6	7.5			6	5.0	4.15	4.28	등록평균	등록70%
건설공학교육과	충남대	지역인재	3	3	4.3			3	7.7			3	6.7	4.09	4.17	등록평균	등록70%
건설방재공학과	경북대	교과우수자	20	31	2.9	5.67	6.17	19	2.7	5.36	5.56	38	2.2	5.55	5.76	등록평균	등록70%
건설방재공학부	경북대	지역인재	5									9	1.6			등록평균	등록70%
건설시스템공학과	경상국립대	일반전형	15	16	4.6	4.98	5.32	30	4.3	5.09	5.41	30	3.0	5.25	5.69	등록평균	등록80%
건설시스템공학과	상명대(천안)	학생부교과	11	15	6.3	4.64	5.08	14	9.6	4.69	5.19	14	5.9	4.61		등록평균	등록최저
건설시스템공학과	경동대	일반학생	24	24	4.5	5.37	6.23	24	5.2	5.29	5.85	27	3.8	5.23	6.62	최종평균	최종80%
건설융합학부	강원대(삼척)	일반전형	40	44	2.3	5.73	6.62	26	4.0	5.65	6.26	28	4.9	5.66		등록평균	등록75%컷
건설융합학부	강원대(삼척)	지역인재	8	9	2.0	6.90	6.93	18	2.3	5.74	6.63	17	3.3	5.55		등록평균	등록75%컷
건설환경공학과	상지대	교과일반	32	40	1.9	6.54										등록평균	
건설환경공학과	상지대	강원인재	3													등록평균	
건설환경공학과	한밭대	학생부교과(일반)	38	72	6.7	5.08	5.27	65	8.0	4.94	5.06	53	4.8	5.25	5.39	등록50%컷	등록70%컷
건설환경공학과	한양대	추천형	6	7	6.7	1.42		7	10.0	1.38		7	6.1	1.48		등록평균	
건설환경공학과	한양대(에리카)	지역균형선발	9	12	5.5	2.74	2.84	8	12.0	2.79	2.86	8	7.4	3.07	3.20	등록평균	등록70%컷
건설환경공학과	원광대	일반전형	26	29	2.4	5.03	5.28	41	1.9	5.92	6.25	46	3.0	5.94	6.24	등록50%컷	등록70%컷
건설환경공학과	한밭대	지역인재(교과)	5	5	23.8	4.24	4.34	5	21.2	4.33	4.88	5	10.2	5.08	5.11	등록50%컷	등록70%컷
건설환경공학과	홍익대(서울)	학교장추천자	8	8	21.1	2.04	2.09	7	23.1	2.18	2.27	4	17.3	2.42	2.37	등록50%컷	등록70%컷
건설환경도시교통공학부	한국교통대	지역인재	6	6	3.7	4.21	5.63									등록평균	등록최저
건설환경도시교통공학부	한국교통대	일반전형	79	58	4.6	4.31	5.11	44	4.8	4.78	5.57	46	5.5	4.37	5.12	등록평균	등록최저
건축도시설계전공	전남대(광주)	일반전형	10	10	6.5	3.04	3.21	10	5.2	3.23	3.33	4	8.3	2.93	3.03	등록평균	등록70%컷
건축·도시환경학부	울산대	지역인재	48														
건축·도시환경학부	울산대	일반교과	52													등록평균	등록80%
건축·토목·환경공학부	강원대(춘천)	지역인재	20	19	3.1	4.57	5.01	17	6.4	4.14	4.39	20	3.4	4.48		등록평균	등록75%컷
건축·토목·환경공학부	강원대(춘천)	일반전형	32	34	6.4	4.06	4.33	34	10.7	4.01	4.24	35	6.7	4.37		등록평균	등록75%컷
건축공학	협성대	미래역량우수자	8	10	7.1	4.61	4.78	12	3.0	5.07	5.40	14	7.2	4.20	4.58	등록50%컷	등록70%컷
건축공학	협성대	협성창의인재	8	8	4.1	5.44	6.00	8	2.1	5.64	5.80					등록50%컷	등록70%컷
건축공학과	경동대	일반학생	24	24	5.9	4.69	5.33	25	7.1	4.83	5.51	27	7.4	5.05	5.92	최종평균	최종80%
건축공학과	부산대	지역인재	4	4	8.3	3.26	2.89									등록평균	등록70%컷
건축공학과	한국교통대	일반전형	21	20	3.8	3.93	4.77									등록평균	등록최저
건축공학과	한국교통대	지역인재	3	3	3.0	3.85	5.20									등록평균	등록최저
건축공학과	제주대	지역인재	4	4	6.0	4.60	4.90	3	7.3	4.87	5.11	2	6.0	5.11		등록50%컷	등록70%컷
건축공학과	협성대	학생부교과우수자	10	15	5.7	3.84	4.01	12	8.9	3.93	4.05	13	6.9	3.42	3.44	등록50%컷	등록70%컷
건축공학과	충북대	학생부교과	10	12	10.7	3.70	3.96	9	28.8	3.79	3.99	9	10.6	4.03	4.39	등록평균	등록70%컷
건축공학과	조선대	지역인재	5	5	9.8	3.48	3.60									등록평균	등록70%컷
건축공학과	충북대	지역인재	4	4	5.3	3.69		4	7.5	3.63	3.64	4	10.8	3.46	3.46	등록평균	등록70%컷
건축공학과	조선대	일반전형	26	21	4.4	4.62	4.75	24	5.6	4.48	4.76	30	4.3	4.65	4.81	등록평균	등록70%컷
건축공학과	한밭대	학생부교과(일반)	28	30	7.8	4.22	4.28	25	6.5	4.47	4.57	20	6.8	4.43	4.77	등록50%컷	등록70%컷
건축공학과	한밭대	지역인재(교과)	3	3	10.3			3	14.3			3	10.0			등록50%컷	등록70%컷
건축공학과	원광대	일반전형	30	33	3.3	4.74	4.90	38	3.0	5.17	5.54	38	3.9	5.37	5.93	등록50%컷	등록70%컷
건축공학과*	제주대	일반학생	6	6	5.3	4.75	4.77	6	7.2	4.59	4.95	6	8.2	4.49	5.23	등록50%컷	등록70%컷
건축공학부	경상국립대	일반전형	32	32	4.9	3.37	3.91	31	7.2	3.54	4.00	31	4.2	4.21	4.53	등록평균	등록80%
건축공학부	한양대	추천형	5	5	5.4	1.39		5	9.0	1.39		5	7.2	1.57		등록평균	
건축공학부	홍익대(세종)	교과우수자	16	17	3.5	3.89	3.85	16	9.5	3.39	3.58	16	13.5	3.82	3.93	등록50%컷	등록70%컷
건축공학부	경상국립대	지역인재	10	10	4.9	3.85	4.17	10	8.8	4.06	4.31	10	4.0	4.83	5.32	등록평균	등록80%
건축공학전공	우송대	면접	9	11	2.4	5.2	5.3	13	3.4	5.0	5.3	13	2.9	6.0	6.4	등록평균	등록70%컷
건축공학전공	경북대	교과우수자	4	8	27.5	2.79	2.92	7	24.7	3.23	3.34	7	10.7	3.28	3.75	등록평균	등록70%
건축공학전공	부산대	학생부교과	7	7	9.7	2.63	2.57	7	16.9	2.77	2.88	9	15.7	2.98	2.92	등록평균	등록70%컷
건축공학전공	한양대(에리카)	지역균형선발	8	9	4.3	3.28	3.47	7	8.3	2.79	2.68					등록평균	등록70%컷
건축공학전공	전남대(광주)	일반전형	10	10	5.6	3.74	4.03	10	5.2	3.29	3.36	4	8.8	3.12	3.02	등록평균	등록70%컷
건축공학전공	우송대	우송인재	2	3	6.0	6.4		3	2.7			3	2.0	5.4		등록평균	
건축공학전공	한남대	일반전형	13	11	4.7	5.25	5.68	12	8.2	4.63	5.07	10	8.3	5.02	5.33	최종평균	최종80%
건축공학전공	한남대	지역인재교과우수자	8	6	7.0	4.40	4.86	4	8.3	5.21	5.48	7	4.9	5.57	5.95	최종평균	최종80%
건축공학전공	경북대	지역인재	4									5	8.4	3.97	4.42	등록평균	등록70%
건축공학전공	우송대	교과중심	25	20	6.6	5.6		13	9.2	5.3		13	10.4	5.3		등록평균	
건축디자인학과	전남대(여수)	일반전형	13	8	4.6	4.15	4.57	7	11.7	3.72	3.74	8	6.8	4.77	4.90	등록평균	등록70%컷

모집단위	대학	전형	2025 모집인원	2024 모집인원	2024 경쟁률	2024 성적①	2024 성적②	2023 모집인원	2023 경쟁률	2023 성적①	2023 성적②	2022 모집인원	2022 경쟁률	2022 성적①	2022 성적②	성적 산출기준 성적①	성적 산출기준 성적②
건축디자인학과	전남대(여수)	지역인재	4	6	8.7	4.34	4.66	6	6.3	4.59	5.03	9	8.8	4.70	4.59	등록평균	등록70%컷
건축토목공학부	호서대	학생부	39	36	3.7	5.03	6.02	36	5.6	5.21	5.89	34	3.9	5.09	6.11	등록평균	등록최저
건축토목공학부	호서대	지역인재	10	10	2.7	5.79	7.36	10	3.1	5.79	6.43	10	2.4	5.35	6.99	등록평균	등록최저
건축학과	충북대	학생부교과	5	7	11.9	3.13	3.36	7	11.6	3.33	3.30	7	13.7	3.17	3.34	등록평균	등록70%컷
건축학과	한라대	일반학생(교과중심)	23	17	6.9	4.82	5.33	22	4.4	5.54	6.42	9	2.5			등록50%컷	등록70%컷
건축학과	호서대	지역인재	6	6	5.0	4.12	4.57	6	6.8	4.16	4.73	6	4.3	4.61	5.47	등록평균	등록최저
건축학과	경상국립대	일반전형	28	34	6.1	4.00	4.18	36	6.0	3.75	4.09	35	4.9	3.64	3.97	등록평균	등록80%
건축학과	한라대	지역인재	4	5	2.4	4.56	4.56	2	3.0			2	3.0			등록50%컷	등록70%컷
건축학과	부산대	지역인재	5	5	9.8	3.36											등록평균	등록70%컷
건축학과	충북대	지역인재	4	4	8.0	3.13	3.35	4	6.3	3.39	3.19	4	12.5	3.06	3.34	등록평균	등록70%컷
건축학과	호서대	학생부	21	21	5.3	3.69	4.44	21	8.7	3.61	4.24	19	6.0	3.68	4.72	등록평균	등록최저
건축학과	경상국립대	지역인재	2														등록평균	등록80%
건축학과(5년)	한남대	지역인재교과우수자	5	6	6.7	3.86	4.05	5	5.2	4.25	3.79	6	8.3	4.25	3.42	최종평균	최종80%
건축학과(5년)	한남대	일반전형	12	13	8.8	4.26	4.65	12	6.2	4.30	4.92	9	12.8	4.11	4.18	최종평균	최종80%
건축학과(5년제)	강원대(춘천)	일반전형	4	5	7.0	3.78	3.98	5	19.6	2.88	2.93	4	15.3	3.04		등록평균	등록75%컷
건축학과(5년제)	한국교통대	일반전형	9	11	13.6	2.99	3.43										등록평균	등록최저
건축학과(5년제)	충남대	지역인재	5	5	7.0	3.03	3.03	5	8.0	2.95	2.98	5	9.8	2.99	3.13	등록평균	등록70%
건축학과(5년제)	한국교통대	지역인재	1	1	9.0	3.50	3.50										등록평균	등록최저
건축학과(5년제)	제주대	일반학생	2	2	13.5			2	23.0	3.22		2	10.0	5.38		등록50%컷	등록70%컷
건축학과(5년제)	공주대	지역인재	2														등록50%컷	등록70%컷
건축학과(5년제)	강원대(춘천)	지역인재	4	4	7.3	3.18	3.31	4	9.5	3.43	3.60	5	10.4	3.38		등록평균	등록75%컷
건축학과(5년제)	공주대	교과Ⅰ전형	3	16	6.5	3.91	4.07	14	7.9	3.7	3.8	19	7.4	3.6	3.6	등록50%컷	등록70%컷
건축학과(5년제)	순천향대	교과우수자	7	10	5.8	3.84	4.84	6	7.8	3.06	3.58	12	7.4	2.99	3.65	등록평균	등록최저
건축학과(5년제)	순천향대	교과면접	4	4	8.8	3.54	3.74	10	5.7	3.54	4.10					등록평균	등록최저
건축학과(5년제)	조선대	일반전형	24	23	6.4	3.82	4.04	15	9.9	3.85	4.17	23	7.5	4.11	4.25	등록70%컷	
건축학과(5년제)	제주대	지역인재	6	6	9.0	3.04	3.92	6	6.7	3.81	3.99	6	7.0	3.64	3.86	등록50%컷	등록70%컷
건축학과(5년제)	한밭대	지역인재(교과)	3	3	18.3			3	11.0			3	16.0			등록50%컷	등록70%컷
건축학과(5년제)	충남대	일반전형	10	10	13.3	2.68	2.76	10	8.7	3.01	3.22	10	17.3	2.95	3.09	등록평균	등록70%
건축학과(5년제)	한밭대	학생부교과(일반)	8	8	32.0	3.37	3.59	6	17.0	3.99	4.33	4	20.0	3.59	3.60	등록50%컷	등록70%컷
건축학과(5년제)	원광대	일반전형	12	12	6.3	3.45	3.55	15	7.3	4.12	4.42	15	8.9	3.62	4.09	등록50%컷	등록70%컷
건축학과(5년제)	순천향대	지역인재	6	7	3.6	4.19	4.68										등록평균	등록최저
건축학부	호남대	일반학생A	16	17	3.9	5.50	6.55	15	3.2	6.53	7.21	15	4.4	5.23	5.50	등록50%	등록70%
건축학부	전남대(광주)	일반전형	6	6	6.7	3.18	3.32	6	12.2	2.82	2.92	5	16.6	3.13	3.00	등록평균	등록70%컷
건축학부	전남대(광주)	지역인재	6	6	7.0	3.09	3.18	6	7.8	2.68	2.82	6	16.3	2.68	2.68	등록평균	등록70%컷
건축학부	한양대	추천형	5	6	7.0	1.30		6	7.5	1.43		6	8.7	1.35		등록평균	
건축학부	호남대	일반고	21	20	2.9	6.67	7.13	17	2.7	6.28	6.71	17	6.2	6.36	6.39	등록50%	등록70%
건축학전공	경북대	지역인재	4									5	10.0	2.90	2.97	등록평균	등록70%
건축학전공	경북대	교과우수자	4	8	8.9	2.83	2.95	8	14.6	2.43	2.58	7	16.3	2.78	2.83	등록평균	등록70%
건축학전공	부산대	학생부교과	8	8	9.3	3.06	3.02	8	18.9	2.43	2.46	8	20.0	2.82	2.98	등록평균	등록70%컷
건축학전공	한양대(에리카)	지역균형선발	8	10	7.6	2.65	2.69	7	9.0	2.81	2.82					등록평균	등록70%컷
건축학전공(5년제)	홍익대(서울)	학교장추천자	7	7	7.7	1.78	1.74	6	10.0	1.71	1.74	4	18.0	1.69	1.67	등록50%컷	등록70%컷
게임멀티미디어전공	우송대	지역인재	3	3	3.0	6.5		3	7.3			3	5.7	4.3		등록평균	
게임멀티미디어전공	우송대	우송인재	4	4	2.3	5.4		4	4.3			6	4.0	4.9		등록평균	
게임멀티미디어전공	우송대	교과중심	21	17	6.8	4.5		10	11.3	4.1		10	13.7	3.6		등록평균	
게임멀티미디어전공	우송대	면접	16	18	3.3	4.5	4.8	15	6.3	4.6	4.8	11	5.2	4.6	4.9	등록평균	등록70%컷
게임소프트웨어전공(공학계)	홍익대(세종)	교과우수자	10	11	4.6	3.51	3.71	10	7.9	3.59	3.66	10	7.8	3.65	3.70	등록50%컷	등록70%컷
게임소프트웨어학과	호서대	학생부	35	36	4.2	4.15	4.90	26	5.9	4.02	4.93	26	5.6	3.97	4.82	등록평균	등록최저
게임소프트웨어학과	호서대	지역인재	8	6	3.8	4.21	5.03	6	3.2	4.60	5.21	9	3.9	4.05	5.05	등록평균	등록최저
게임콘텐츠공학과	원광대	일반전형	23	21	7.2	4.25	4.45	28	3.3	5.62	6.00	37	2.3	5.67	5.92	등록50%컷	등록70%컷
게임학부[동두천]	동양대	면접전형	20	10	11.2	2.80	3.00	22	5.3	4.10	4.30	32	2.47	5.40	5.40	등록50%컷	등록70%컷
게임학부[동두천]	동양대	일반전형Ⅰ	20	24	5.9	2.80	3.00	12	14.8	2.60	3.00	16	10.4	3.80	4.30	등록50%컷	등록70%컷
경영공학과	상명대(천안)	학생부교과	11	15	5.3	4.64	5.11	14	6.6	4.55	4.96	14	6.3	4.47		등록평균	등록최저
경영공학과	단국대(천안)	학생부교과우수자	8	12	6.6	3.37	3.64	17	8.2	3.71		18	5.7	3.83		등록평균	등록최저
고분자공학과	부산대	학생부교과	11	12	5.6	2.53	2.66	10	10.1	2.34	2.49	10	19.3	2.34	2.42	등록평균	등록70%컷
고분자공학과	경북대	교과우수자	8	15	11.3	2.72	2.81	13	28.8	2.83	2.91	10	8.7	3.77	4.08	등록평균	등록70%
고분자공학전공	경상국립대	일반전형	21	22	3.7	4.62	4.78	22	4.9	4.58	4.82	23	4.8	4.21	4.55	등록평균	등록80%

모집단위	대학	전형	2025 모집인원	2024 모집인원	2024 경쟁률	2024 성적①	2024 성적②	2023 모집인원	2023 경쟁률	2023 성적①	2023 성적②	2022 모집인원	2022 경쟁률	2022 성적①	2022 성적②	성적 산출기준 성적①	성적 산출기준 성적②
고분자융합소재공학부	전남대(광주)	지역인재	10	10	7.5	3.35	3.41	10	5.2	3.03	3.08	7	9.9	3.03	2.92	등록평균	등록70%컷
고분자융합소재공학부	전남대(광주)	일반전형	10	10	22.4	3.21	3.36	10	5.2	3.73	4.16	8	9.0	2.99	2.98	등록평균	등록70%컷
곤충생명과학과	경북대	교과우수자	20	23	2.5	5.29	5.79	10	4.0	5.51	5.64	15	2.4	5.09	5.36	등록평균	등록70%
공과대학 자율학부	경북대	지역인재	5													등록평균	등록70%
공과대학 자율학부	경북대	교과우수자	9													등록평균	등록70%
공과대학	선문대	일반학생	166	178	2.9	5.63	6.13									등록50%컷	등록70%컷
공과대학	선문대	지역학생	30	29	3.1	5.13	5.88									등록50%컷	등록70%컷
공대자유전공학부	한국교통대	일반전형	19													등록평균	등록최저
공업화학과	충북대	지역인재	4	4	8.5	3.09	3.12	4	5.0	3.84	3.45	4	7.8	3.32	3.43	등록평균	등록70%컷
공업화학과	충북대	학생부교과	7	10	8.8	3.22	3.30	7	6.6	4.02	3.55	7	11.1	3.18	3.25	등록평균	등록70%컷
공학 첨단자율학부	경북대	지역인재	7													등록평균	등록70%
공학 첨단자율학부	경북대	교과우수자	11													등록평균	등록70%
공학건설학부	한밭대	학생부교과(일반)	140													등록50%컷	등록70%컷
공학건설학부	한밭대	지역인재(교과)	21													등록50%컷	등록70%컷
공학계열	전남대(여수)	지역인재	43													등록평균	등록70%컷
공학계열	전남대(여수)	일반전형	128													등록평균	등록70%컷
공학계열1	전북대	지역인재1유형	187													등록평균	등록70%컷
공학계열1	전북대	일반학생	314													등록평균	등록70%컷
공학계열2	전북대	지역인재1유형	72													등록평균	등록70%컷
공학계열2	전북대	일반학생	193													등록평균	등록70%컷
공학대학(무전공)	강원대(삼척)	지역인재	8													등록평균	등록75%컷
공학대학(무전공)	강원대(삼척)	일반전형	32													등록평균	등록75%컷
공학자율전공	부산대	학생부교과	15													등록평균	등록70%컷
공학자율전공	부산대	지역인재	9													등록평균	등록70%컷
공학자율전공학부	충북대	학생부교과	20													등록평균	등록70%컷
공학자율전공학부	충북대	지역인재	8													등록평균	등록70%컷
과학교육학부	강원대(춘천)	일반전형	9	9	3.8	3.90	4.30	9	9.1	2.63	2.96	8	11.1	2.87		등록평균	등록75%컷
과학교육학부	전북대	일반학생	16													등록평균	등록70%컷
과학교육학부	강원대(춘천)	지역인재	8	8	3.4	3.02	3.24	4	8.8	2.89	3.15	4	4.5	2.85		등록평균	등록75%컷
과학교육학부	전북대	지역인재1유형	5													등록평균	등록70%컷
과학기술대학자율전공	홍익대(세종)	교과우수자	15	15	6.8	4.17	4.33	15	14.3	4.40	4.40	15	11.3	4.74	4.83	등록50%컷	등록70%컷
과학기술학부	극동대	교과우수자	13	38	0.8	4.50	4.50									등록50%컷	등록70%컷
과학기술학부	극동대	일반전형	7	16	0.4											등록50%컷	등록70%컷
광공학과	공주대	교과Ⅱ전형	3													등록50%컷	등록70%컷
광공학과	공주대	교과Ⅰ전형	8	14	3.8	5.31	5.72	19	5.9	5.5	5.6	19	4.2	5.4	5.8	등록50%컷	등록70%컷
광기술공학과	조선대	지역인재	19	19	3.6	7.38	8.09	10	2.9	6.59	6.54					등록평균	등록70%컷
광기술공학과	조선대	일반전형	5	5	5.0			25	2.1	6.94	7.06	36	2.0	6.45	6.91	등록평균	등록70%컷
광메카트로닉스공학과	부산대	지역인재	4	3	11.7	3.08		3	23.0	2.89		3	18.0	3.18	3.23	등록평균	등록70%컷
광메카트로닉스공학과	부산대	학생부교과	4	5	9.4	2.92	2.96	5	12.8	2.59	2.88	7	14.7	2.87	3.02	등록평균	등록70%컷
교통·물류공학과	한양대(에리카)	지역균형선발	8	8	5.0	2.93	2.90	6	10.7	2.80	2.89	6	7.3	2.96	3.12	등록평균	등록70%컷
국방기술학과	원광대	일반전형	22	22	3.1	4.38	4.60	22	3.2	5.70	5.74					등록50%컷	등록70%컷
국제이공학부	전북대	일반학생	2	2	4.5	5.62		2	4.5			2	4.5			등록평균	등록70%컷
국제학부	공주대	지역인재	2													등록50%컷	등록70%컷
국제학부	공주대	교과Ⅰ전형	5	7	4.7	5.61	6.55	14	6.7	4.1	4.2	14	17.0	4.1	4.2	등록50%컷	등록70%컷
그린스마트건축공학과	공주대	교과Ⅰ전형	12	19	6.8	4.75	4.90	19	5.6	4.7	5.0	16	5.6	4.6	4.7	등록50%컷	등록70%컷
그린스마트건축공학과	공주대	지역인재	6	5	3.6	5.44	5.60	3	11.0	4.6	4.6	3	5.7	5.3	5.7	등록50%컷	등록70%컷
그린스마트시티학과	상명대(천안)	학생부교과	17	18	5.1	4.36	5.03	15	5.1	4.33	4.89	15	7.3	4.24		등록평균	등록최저
그린에너지공학과	강원대(삼척)	지역인재	18													등록평균	등록75%컷
그린에너지공학과	강원대(삼척)	일반전형	73													등록평균	등록75%컷
그린화학공학과	상명대(천안)	학생부교과	13	22	3.9	4.66	6.09	21	4.9	4.08	4.57	21	6.1	3.96		등록평균	등록최저
글로벌소프트웨어융합전공	경북대	교과우수자	16	17	5.2	2.65	2.62	7	21.4	2.17	2.32	10	13.1	2.44	2.56	등록평균	등록70%
글로벌소프트웨어융합전공	경북대	지역인재	9	10	5.6	2.72	2.89	10	8.5	2.12	2.21	6	18.7	2.08	2.04	등록평균	등록70%
글로벌철도학과	우송대	면접	8	6	2.8	6.0	5.7	17	1.8	5.4	5.5	17	1.8	5.7	6.0	등록평균	등록70%컷
글로벌철도학과	우송대	우송인재	2	2	3.5	4.5		3	2.0			3	2.0	7.1		등록평균	
글로벌철도학과	우송대	교과중심	10	10	3.5	5.1		7	4.1	4.4		6	4.7	4.7		등록평균	
금속재료공학과	경북대	지역인재	8	9	10.6	3.00	3.09									등록평균	등록70%

모집단위	대학	전형	2025 모집인원	2024 모집인원	2024 경쟁률	2024 성적①	2024 성적②	2023 모집인원	2023 경쟁률	2023 성적①	2023 성적②	2022 모집인원	2022 경쟁률	2022 성적①	2022 성적②	성적산출기준 성적①	성적산출기준 성적②
금속재료공학과	경북대	교과우수자	9	7	8.6	3.15	3.28									등록평균	등록70%
금속재료공학전공	경상국립대	일반전형	21	22	4.6	5.18	5.53	22	5.4	4.82	5.07	23	5.7	4.69	5.13	등록평균	등록80%
기계시스템디자인공학과	홍익대(서울)	학교장추천자	22	22	10.1	1.90	1.95	21	7.7	2.11	2.14	21	10.5	2.06	2.12	등록50%컷	등록70%컷
기계공학과	조선대	일반전형	112	100	3.5	5.66	6.09	136	2.3	5.53	5.82	112	3.3	5.22	5.44	등록평균	등록70%컷
기계공학과	한국교통대	지역인재	3	3	3.3	4.63	4.95									등록평균	등록최저
기계공학과	조선대	지역인재	42	30	4.4	5.49	5.25	25	3.6	5.00	5.45	40	4.6	4.96	5.18	등록평균	등록70%컷
기계공학과	한남대	일반전형	32	32	5.5	5.42	6.25	29	4.8	5.61	5.54	26	6.9	4.94	5.35	최종평균	최종80%
기계공학과	강원대(삼척)	지역인재	8													등록평균	등록75%컷
기계공학과	강원대(삼척)	일반전형	58													등록평균	등록75%컷
기계공학과	한남대	지역인재교과우수자	19	17	3.5	5.23	5.45	16	5.1	5.06	5.49	23	3.4	5.46	6.00	최종평균	최종80%
기계공학과	호서대	지역인재	7	7	4.4	5.99	6.95									등록평균	등록최저
기계공학과	호서대	학생부	32	27	6.4	5.27	5.91									등록평균	등록최저
기계공학과	한양대(에리카)	지역균형선발	27	31	7.2	2.58	2.61	24	10.0	2.69	2.81	24	10.1	2.68	2.86	등록평균	등록70%컷
기계공학과	한국교통대	일반전형	54	28	5.6	3.99	4.48									등록평균	등록최저
기계공학과*	한밭대	학생부교과(일반)	47	84	7.1	4.39	4.77	76	4.3	4.70	5.26	62	6.0	4.19	4.75	등록50%컷	등록70%컷
기계공학과*	순천향대	지역인재	5	5	4.8	4.96	5.31									등록평균	등록최저
기계공학과*	순천향대	교과면접	5	5	10.0	4.00	4.26	14	2.6	4.63	5.80					등록평균	등록최저
기계공학과*	순천향대	교과우수자	12	18	5.6	4.22	5.05	8	7.8	3.87	4.44	18	7.4	3.72	4.37	등록평균	등록최저
기계공학과*	한밭대	지역인재(교과)	5	5	15.8	4.38	4.38	5	11.4	4.16	4.28	5	9.8	4.67	4.68	등록50%컷	등록70%컷
기계공학교육과	충남대	지역인재	4	4	4.5	3.74	3.78	4	5.3	4.25	4.38	4	4.3	4.01		등록평균	등록70%
기계공학교육과	충남대	일반전형	10	10	4.0	3.82	3.99	10	4.1	3.61	4.01	10	4.3	3.62	3.79	등록평균	등록70%
기계공학부	한양대	추천형	17	21	5.5	1.26		21	6.6	1.29		21	8.3	1.33		등록평균	
기계공학부	경상국립대	일반전형	5	5	11.2	4.26	3.78	5	15.6	3.61	3.77	5	17.6	3.81	4.01	등록평균	등록80%
기계공학부	원광대	일반전형	33	31	3.1	4.76	4.85	21	3.2	4.92	5.35	27	4.0	4.85	5.25	등록50%컷	등록70%컷
기계공학부	경북대	지역인재	15	15	6.8	2.48	2.60	14	8.1	2.69	2.80	7	9.1	2.51	2.55	등록평균	등록70%
기계공학부	전남대(광주)	지역인재	45	45	5.6	2.98	3.15	28	4.8	2.95	3.12	11	15.5	2.59	2.69	등록평균	등록70%컷
기계공학부	경북대	교과우수자	23	24	10.1	2.41	2.51	24	12.8	2.55	2.64	22	15.5	2.74	2.88	등록평균	등록70%
기계공학부	충북대	지역인재	8	8	8.6	3.16	3.24	8	4.6	3.57	3.50	8	12.6	2.91	3.08	등록평균	등록70%컷
기계공학부	전남대(광주)	일반전형	30	30	6.1	3.05	3.22	19	5.3	2.92	3.09	11	17.5	2.64	2.74	등록평균	등록70%컷
기계공학부	충남대	지역인재	16	16	5.7	2.90	3.00	16	4.2	3.18	3.30	16	7.6	2.78	2.97	등록평균	등록70%
기계공학부	충북대	학생부교과	19	27	8.7	3.33	3.55	20	8.8	3.46	3.62	20	10.2	3.30	3.35	등록평균	등록70%컷
기계공학부	충남대	일반전형	26	36	7.4	2.83	2.99	36	6.2	3.00	3.10	36	7.9	2.96	3.06	등록평균	등록70%
기계공학부*	부산대	지역인재	30	40	6.7	2.33	2.47	15	12.4	2.27	2.29	25	13.4	2.22	2.41	등록평균	등록70%컷
기계공학부*	부산대	학생부교과	68	65	5.1	2.95	3.11	60	7.5	2.17	2.28	70	12.6	2.13	2.26	등록평균	등록70%컷
기계시스템공학과	경상국립대	일반전형	20	21	3.0	5.79	6.42	23	2.2	5.79	6.29	23	2.2	6.00	6.18	등록평균	등록80%
기계시스템공학과	제주대	일반학생	19	20	3.6	5.76	6.19	21	3.6	5.76	5.78	21	4.3	5.56	5.89	등록50%컷	등록70%컷
기계시스템공학과	제주대	지역인재	8	7	3.1	5.26	5.41	6	2.8	5.76	5.75	4	4.5	5.31	5.87	등록50%컷	등록70%컷
기계융합공학과	경상국립대	일반전형	17	17	4.7	4.57	5.17	17	4.5	4.36	4.79	12	3.7	4.46	4.76	등록평균	등록80%
기계의용·메카트로닉스공학과	강원대(춘천)	지역인재	17	17	4.4	3.99	4.3.1	16	3.5	4.20	4.51	20	3.8	4.01		등록평균	등록75%컷
기계의용·메카트로닉스공학과	강원대(춘천)	일반전형	25	25	6.4	4.04	4.19	25	10.6	4.07	4.26	37	8.4	4.35		등록평균	등록75%컷
기계자동차공학과	한라대	지역인재	7	9	2.0	5.03	5.03	5	3.4			5	1.8			등록50%컷	등록70%컷
기계자동차공학과	한라대	일반학생(면접중심)	7	10	1.7	6.11	6.25									등록50%컷	등록70%컷
기계자동차공학과	한라대	일반학생(교과중심)	29	36	2.5	4.58	5.17	64	2.1	5.16	6.22	23	2.5			등록50%컷	등록70%컷
기계자동차공학부	공주대	교과Ⅰ전형	40	74	4.4	5.30	5.54	75	4.2	5.1	5.5	75	4.9	4.8	5.1	등록50%컷	등록70%컷
기계자동차공학부	공주대	교과Ⅱ전형	8														
기계정보공학과	홍익대(세종)	교과우수자	14	14	7.5	4.23	4.29	14	8.1	4.48	4.58	15	8.4	4.44	4.65	등록50%컷	등록70%컷
기관시스템공학과	전남대(여수)	일반전형	14	11	1.8			10	3.5	6.16	6.15	11	2.6	6.12	6.24	등록평균	등록70%컷
기관시스템공학과	전남대(여수)	지역인재	3									8	1.5	6.03		등록평균	등록70%컷
기술가정교육과	공주대	교과Ⅰ전형	4	6	4.7	2.42	3.03	5	6.0	2.4	2.5	5	10.6	2.2	2.3	등록50%컷	등록70%컷
기술가정교육과	공주대	지역인재	2													등록50%컷	등록70%컷
기술교육과	충남대	일반전형	10	10	3.9	2.18	2.36	10	6.2	2.29	2.46	10	10.5	2.41	2.52	등록평균	등록70%
기술교육과	충남대	지역인재	4	4	3.0			4	4.3			4	7.0	2.45	2.59	등록평균	등록70%
나노메카트로닉스공학과	부산대	학생부교과	8	10	8.2	2.77	2.94	5	13.4	2.47	2.56	8	14.6	2.79	2.80	등록평균	등록70%컷
나노반도체공학과	울산대	일반교과	18	26	4.8	4.31	4.60									등록평균	등록80%
나노반도체공학과	울산대	지역인재	9														
나노소재공학부	경북대	교과우수자	21	33	2.3	6.04	6.78	37	2.7	5.35	5.73	37	2.4	5.23	5.46	등록평균	등록70%

모집단위	대학	전형	2025 모집인원	2024 모집인원	2024 경쟁률	2024 성적①	2024 성적②	2023 모집인원	2023 경쟁률	2023 성적①	2023 성적②	2022 모집인원	2022 경쟁률	2022 성적①	2022 성적②	성적 산출기준 성적①	성적 산출기준 성적②
나노신소재공학과	경북대	지역인재	6													등록평균	등록70%
나노신소재학과	홍익대(세종)	교과우수자	13	13	4.5	3.92	4.11	14	6.4	4.07	4.24	13	9.2	4.12	4.24	등록50%컷	등록70%컷
나노에너지공학과	부산대	학생부교과	5	5	12.4	2.92	2.83	5	20.2	3.07	3.04	12	20.3	3.14	3.30	등록평균	등록70%컷
나노에너지공학과	부산대	지역인재	4	5	13.6	3.04	2.99									등록평균	등록70%컷
나노자율전공	부산대	학생부교과	10													등록평균	등록70%컷
나노자율전공	부산대	지역인재	10													등록평균	등록70%컷
나노화학공학과*	순천향대	교과면접	5	5	7.4	3.95	4.48	14	1.9	4.62	5.56					등록평균	등록최저
나노화학공학과*	순천향대	지역인재	4	4	3.3	4.20	4.29									등록평균	등록최저
나노화학공학과*	순천향대	교과우수자	11	19	3.1	4.08	5.72	10	5.7	3.17	3.84	19	6.6	3.39	3.89	등록평균	등록최저
나노화학소재공학과	한국교통대	지역인재	3	3	4.3	5.52	5.59									등록평균	등록최저
나노화학소재공학과	한국교통대	일반전형	27	28	3.3	4.61	5.27									등록평균	등록최저
녹색기술융합학과	건국대(글로컬)	지역인재	2	2	6.0	4.4	5.3	2	3.5	5.6	6.0	2	4.0	4.0		등록50%	등록70%
녹색기술융합학과	건국대(글로컬)	교과우수	18	21	6.7	4.6	4.7	21	8.2	4.4	4.5	21	5.9	4.5	4.6	등록50%	등록70%
녹지조경학전공	단국대(천안)	학생부교과우수자	9	17	8.2	3.85	4.30	20	9.1	3.96		19	9.1	4.08		등록평균	등록최저
농생명·바이오계열	원광대	일반전형	77													등록50%컷	등록70%컷
농생명융합학부	충남대	일반전형	270													등록평균	등록70%
농생명화학과	전남대(광주)	지역인재	5	5	5.6	2.54	2.39	5	5.4	3.19	3.27	4	9.3	3.18	3.07	등록평균	등록70%컷
농생명화학과	전남대(광주)	일반전형	5	5	6.6	3.09	3.17	5	11.2	3.28	3.37	5	10.0	3.46	3.52	등록평균	등록70%컷
농업생명과학대학 자율학부	경북대	지역인재	6													등록평균	등록70%
농업생명과학대학 자율학부	경북대	교과우수자	14													등록평균	등록70%
농업생명과학대학(무전공)	강원대(춘천)	지역인재	8													등록평균	등록75%컷
농업생명과학대학(무전공)	강원대(춘천)	일반전형	13													등록평균	등록75%컷
농업생명환경자율전공학부	충북대	학생부교과	10													등록평균	등록70%컷
농업토목공학과	경북대	교과우수자	9	15	5.5	3.89	3.99	14	11.6	2.96	3.06	6	21.2	3.33	3.57	등록평균	등록70%
농업토목공학부	경북대	지역인재	5									5	18.2	3.41	3.57	등록평균	등록70%
농학과*	경상국립대	일반전형	12	12	3.9	3.79	4.36	13	3.2	3.74	4.04	13	8.0	3.61	3.96	등록평균	등록80%
대기과학과	공주대	교과Ⅰ전형	8	15	3.7	4.05	4.24	14	6.9	3.8	3.9	14	7.9	3.8	4.1	등록50%컷	등록70%컷
대기과학과	공주대	지역인재	1													등록50%컷	등록70%컷
대기환경과학과	부산대	지역인재	7													등록평균	등록70%컷
대기환경과학과*	부산대	학생부교과	5	14	11.6	3.23	3.39	4	17.5	3.01	3.08	7	15.9	2.81	2.86	등록평균	등록70%컷
데이터계산과학전공*	고려대(세종)	일반전형	7	4	4.0			4	7.3	3.28	3.28	4	8.0	3.17	3.69	등록50%컷	등록70%컷
데이터사이언스학과	제주대	일반학생	8	8	5.4	5.09	4.99	11	4.0	5.07	5.34	11	4.1	5.09	5.35	등록50%컷	등록70%컷
데이터사이언스학과	제주대	지역인재	12	12	6.9	5.23	5.24	10	2.5	6.00	6.29	4	3.5	3.86	3.98	등록50%컷	등록70%컷
데이터사이언스학과	화성의과학대	학생부교과	16	17	0.5			28	1.3			28	2.4	4.58		등록50%컷	등록70%컷
데이터사이언스학부	한림대	교과우수자	20	22	4.4	4.52	5.00	22	6.9	4.46	4.98	22	2.6	5.03	5.95	등록평균	등록최저
데이터사이언스학부	연세대(미래)	교과우수자	13	13	10.1	4.31	4.59	8	5.6	3.92	4.75	8	4.8	3.65	3.69	등록50%컷	등록70%컷
데이터사이언스학부	한양대	추천형	5	10	6.2	1.22		10	9.9	1.21		10	12.1	1.28		등록평균	
데이터사이언스학부	한림대	지역인재	9	10	7.4	4.83	5.25	10	3.4	5.23	5.79	9	4.0	5.24	6.74	등록평균	등록최저
데이터정보물리학	공주대	교과Ⅱ전형	1													등록50%컷	등록70%컷
데이터정보물리학	공주대	교과Ⅰ전형	11	15	6.6	5.01	5.16	14	5.9	4.6	5.4	16	6.6	5.0	5.2	등록50%컷	등록70%컷
데이터정보물리학과	공주대	지역인재	3	6	7.0	5.37	5.53	8	5.6	5.5	6.0	8	5.4	5.2	5.3	등록50%컷	등록70%컷
도시·교통공학과	공주대	교과Ⅰ전형	7	13	4.2	5.27	5.46	13	4.0	5.1	5.2	13	6.0	4.6	4.8	등록50%컷	등록70%컷
도시·교통공학과	공주대	교과Ⅱ전형	3													등록50%컷	등록70%컷
도시공학	협성대	미래역량우수자	6	8	5.4	5.04	5.24	12	3.2	5.19	5.55	14	4.8	4.73	4.83	등록50%컷	등록70%컷
도시공학	협성대	협성창의인재	6	6	3.7	5.80	5.80	8	2.5	5.73	7.50					등록50%컷	등록70%컷
도시공학과	충북대	학생부교과	8	11	7.2	4.05	4.26	9	8.6	3.80	3.89	9	20.8	3.54	3.72	등록평균	등록70%컷
도시공학과	한밭대	지역인재(교과)	3	3	163			3	12.0			3	9.3			등록50%컷	등록70%컷
도시공학과	충북대	지역인재	5	5	5.4	3.52	3.55	5	6.2	3.82	3.73	5	16.8	3.57	3.63	등록평균	등록70%컷
도시공학과	한양대	추천형	5	5	5.0	1.44		5	6.8	1.37		5	9.2	1.50		등록평균	
도시공학과	원광대	일반전형	16	21	1.8	5.36	4.54	28	2.3	6.25	6.49	30	2.6	6.67	6.84	등록50%컷	등록70%컷
도시공학과	협성대	학생부교과우수자	10	15	6.0	4.15	4.31	10	7.8	4.34	4.61	13	6.5	3.95	4.22	등록50%컷	등록70%컷
도시공학과	경상국립대	일반전형	15	17	4.1	3.95	4.65	18	4.2	3.59	4.08	18	5.7	3.69	3.95	등록평균	등록80%
도시공학과	홍익대(서울)	학교장추천자	8	8	7.9	2.00	2.02	7	9.6	2.09	2.11	4	18.8	2.19	2.17	등록50%컷	등록70%컷
도시공학과	한밭대	학생부교과(일반)	17	35	8.5	4.19	5.19	31	4.9	5.05	5.14	27	4.7	4.59	4.86	등록50%컷	등록70%컷
도시공학전공	부산대	학생부교과	7	8	8.8	3.22	3.14	7	24.7	2.94	2.98	9	14.7	3.23	3.30	등록평균	등록70%컷
도시인프라공학과	한라대	지역인재	2	4	1.5	5.37	5.37	2	2.5			1	2.0			등록50%컷	등록70%컷

모집단위	대학	전형	2025 모집인원	2024 모집인원	2024 경쟁률	2024 성적①	2024 성적②	2023 모집인원	2023 경쟁률	2023 성적①	2023 성적②	2022 모집인원	2022 경쟁률	2022 성적①	2022 성적②	성적 산출기준 성적①	성적 산출기준 성적②
도시인프라공학과	한라대	일반학생(교과중심)	18	16	2.4	5.52	6.38	16	3.2	6.31	6.65	7	2.0			등록50%컷	등록70%컷
도시철도시스템학과[동두천]	동양대	일반전형 I	26	24	6.4	2.90	3.20									등록50%컷	등록70%컷
동물보건복지학과	호서대	지역인재	10	10	5.1	4.49	5.16	7	7.3	3.87	4.58	7	6.7	4.18	4.67	등록평균	등록최저
동물보건복지학과	호서대	학생부	20	20	6.6	3.93	4.91	20	10.4	3.49	3.98	18	9.9	3.11	4.05	등록평균	등록최저
동물보건학과	원광대	일반전형	30	23	7.7	3.54	3.61	22	6.2	4.34	4.54					등록50%컷	등록70%컷
동물산업융합학과	강원대(춘천)	일반전형	8	9	23.8	4.26	4.47	9	26.1	4.66	4.96	10	12.6	5.24		등록평균	등록75%컷
동물산업융합학과	강원대(춘천)	지역인재	6	6	17.7	4.61	4.77	4	11.8	5.41	5.54	5	8.4	5.50		등록평균	등록75%컷
동물생명공학과	경북대	교과우수자	16	19	4.8	4.43	5.02	12	5.4	4.72	4.99	13	3.3	5.07	5.39	등록평균	등록70%
동물생명공학전공*	단국대(천안)	학생부교과우수자	9	18	7.8	3.26	3.53	19	7.5	4.25		20	6.7	3.79		등록평균	등록최저
동물생명융합학부 *	경상국립대	일반전형	32	40	4.6	3.87	4.68	42	4.9	4.30	4.79	41	3.3	4.48	5.14	등록평균	등록80%
동물생명융합학부	경상국립대	지역인재	1													등록평균	등록80%
동물생명자원과학과*	부산대	학생부교과	7	6	11.5	4.53	4.52	6	17.5	4.25	4.22	6	21.8	4.05	4.45	등록평균	등록70%컷
동물생명자원과학과*	부산대	지역인재	6	5	8.2	4.19		6	8.7	4.19	3.88	6	8.8	4.05	4.02	등록평균	등록70%컷
동물응용과학과	강원대(춘천)	지역인재	6	6	7.3	4.38	4.42	6	5.0	4.90	5.08	7	5.3	4.76		등록평균	등록75%컷
동물응용과학과	강원대(춘천)	일반전형	10	11	10.9	4.02	4.13	12	15.0	4.39	4.51	11	7.6	4.66		등록평균	등록75%컷
동물의료관리학과	우송대	지역인재	2	2	9.5	4.9										등록평균	
동물의료관리학과	우송대	면접	10	10	6.4	4.4	4.8									등록평균	등록70%컷
동물의료관리학과	우송대	교과중심	8	8	13.5	4.4										등록평균	
동물의료관리학과	우송대	우송인재	2	2	8.0	4.9										등록평균	
동물자원과학과*	강원대(춘천)	지역인재	6	6	6.2	4.65	5.02	7	3.6	4.27	4.72	8	5.1	4.47		등록평균	등록75%컷
동물자원과학과*	강원대(춘천)	일반전형	11	12	7.7	3.78	4.52	12	12.3	3.79	4.21	11	9.1	4.52		등록평균	등록75%컷
동물자원학과	공주대	지역인재	2													등록50%컷	등록70%컷
동물자원학과	공주대	교과 I 전형	8	20	10.4	4.97	5.19	20	5.7	4.7	5.5	20	6.2	4.2	4.4	등록50%컷	등록70%컷
동물자원학과	상지대	강원인재	5	4	3.8											등록평균	
동물자원학과	상지대	교과일반	30	27	5.2	5.75										등록평균	
동물자원학부*	전남대(광주)	지역인재	15	15	8.0	3.51	3.53	15	8.9	3.47	3.60	9	11.6	3.43	3.59	등록평균	등록70%컷
동물자원학부*	전남대(광주)	일반전형	12	10	10.0	3.45	3.58	10	18.5	3.07	3.61	10	10.8	3.66	3.89	등록평균	등록70%컷
디스플레이신소재공학과	순천향대	교과우수자	14	21	3.5	4.16	5.18	17	6.0	3.92	4.17	21	5.7	3.92	4.50	등록평균	등록최저
디스플레이신소재공학과	순천향대	교과면접	5	5	4.4	4.22	4.56	14	2.1	4.53	5.52					등록평균	등록최저
디스플레이신소재공학과	순천향대	지역인재	4	4	3.3	4.25	5.38									등록평균	등록최저
디자인앤테크놀로지전공	부산대	학생부교과	6	6	8.0	2.46	2.58	6	8.2	2.69	2.74	6	9.8	2.58	2.49	등록평균	등록70%컷
디자인융합학부*	울산대	지역인재	15														
디자인융합학부*	울산대	일반교과	22													등록평균	등록80%
디자인컨버전스학과	공주대	교과 I 전형	16	26	4.7	4.44	4.68	26	4.4	4.5	4.7	26	4.6	4.2	4.4	등록50%컷	등록70%컷
디자인컨버전스학과	공주대	교과II전형	10														
디지털밀리터리학과	강원대(춘천)	지역인재	4	4	4.0	4.82	4.95	5	5.0	4.45	4.88					등록평균	등록75%컷
디지털밀리터리학과	강원대(춘천)	일반전형	6	6	5.7	4.44	4.54	8	7.4	4.23	4.68					등록평균	등록75%컷
디지털융합금형공학과	공주대	교과 I 전형	6	15	2.3	7.03	7.56	12	3.8	5.2	5.3	12	3.9	5.1	5.5	등록50%컷	등록70%컷
디지털융합금형공학과	공주대	교과II전형	3														
디지털트윈소프트웨어학과 [동두천]	동양대	일반전형 I	20													등록50%컷	등록70%컷
디지털헬스케어공학과	고려대(세종)	일반전형	5													등록50%컷	등록70%컷
디지털헬스케어학부	연세대(미래)	교과우수자	15	15	3.7	3.99	4.56	8	10.0	3.71	3.93	6	5.2	3.95	4.24	등록50%컷	등록70%컷
로봇공학과	한양대(에리카)	지역균형선발	8	13	4.6	2.84	2.93	9	6.9	2.56	2.95	9	8.4	2.52	2.70	등록평균	등록70%컷
로봇드론공학과	호남대	일반고	10	14	2.4											등록50%	등록70%
로봇드론공학과	호남대	일반학생A	8	12	2.8	4.65	5.33									등록50%	등록70%
말/특수동물학과	경북대	교과우수자	18	22	6.9	4.09	4.40	13	8.5	4.08	4.27	17	4.5	4.50	4.79	등록평균	등록70%
멀티미디어공학과	한남대	일반전형	23	20	2.9	5.10	5.76	17	8.8	4.35	5.15	15	4.1	5.11	5.79	최종평균	최종80%
멀티미디어공학과	한남대	지역인재교과우수자	11	8	3.3	5.52	5.34	7	5.3	4.37	4.62	9	3.3	4.87	5.43	최종평균	최종80%
멀티미디어전공	전남대(여수)	일반전형	15	15	3.1	5.05	5.19	16	7.3	4.47	5.01	13	6.5	4.94	5.16	등록평균	등록70%컷
메카트로닉스공학과	충남대	일반전형	8	11	8.0	2.86	3.05	11	6.0	3.14	3.39	11	8.0	2.97	3.12	등록평균	등록70%
메카트로닉스공학과	건국대(글로컬)	지역인재	3	3	4.3	4.3	5.1	3	2.3	5.2	5.2	3	6.0			등록50%	등록70%
메카트로닉스공학과	충남대	지역인재	5	5	10.0	3.11	3.15	5	5.0	3.61	3.64	5	8.0	2.95	2.97	등록평균	등록70%
메카트로닉스공학과	건국대(글로컬)	교과우수	24	32	5.3	4.4	4.5	32	7.9	4.3	4.4	32	6.5	4.3	4.5	등록50%	등록70%
메카트로닉스공학부	경상국립대	지역인재	5	5	3.6	4.61	5.12	5	3.6	4.48	5.41	5	3.4	4.14	5.30	등록평균	등록80%
메카트로닉스공학부	경상국립대	일반전형	20	27	5.4	4.25	4.73	36	5.0	4.83	5.27	35	2.9	5.27	5.86	등록평균	등록80%

모집단위	대학	전형	2025 모집인원	2024 모집인원	2024 경쟁률	2024 성적①	2024 성적②	2023 모집인원	2023 경쟁률	2023 성적①	2023 성적②	2022 모집인원	2022 경쟁률	2022 성적①	2022 성적②	성적 산출기준 성적①	성적 산출기준 성적②
메타버스&게임학과	순천향대	교과우수자	10	15	9.5	4.30	4.70	16	5.9	4.26	5.25					등록평균	등록최저
메타버스&게임학과	순천향대	지역인재	4	4	6.0	4.01	4.22									등록평균	등록최저
메타버스&게임학과	순천향대	교과면접	4	4	7.3	4.64	4.82	6	7.2	3.87	4.97					등록평균	등록최저
모바일융합공학과	한밭대	학생부교과(일반)	14	26	5.4	5.42	4.87	23	4.9	4.91	5.03	23	5.3	4.81	4.87	등록50%컷	등록70%컷
모바일융합공학과	한밭대	지역인재(교과)	3	3	12.0			3	9.7			3	10.0			등록50%컷	등록70%컷
모빌리티SW전공	조선대	일반전형	7	24	3.7	6.15	6.40	28	3.0	6.17	6.46	32	2.2	6.06	6.36	등록평균	등록70%컷
모빌리티SW전공	조선대	지역인재	17	10	5.2	5.20	6.06	10	5.8	5.51	5.46	10	5.7	5.37	5.65	등록평균	등록70%컷
목재·종이과학과	충북대	학생부교과	7	5	24.0	4.40	4.55	5	22.2	4.76	4.86	5	12.0	4.69	4.87	등록평균	등록70%컷
목재·종이과학과	충북대	지역인재	3	3	10.3	4.03		3	16.3	4.18		3	9.0	4.56		등록평균	등록70%컷
목재·종이과학부	강원대(춘천)	지역인재	8	8	6.6	4.77	4.94	12	12.8	4.50	4.63	15	5.1	5.50		등록평균	등록75%컷
목재·종이과학부	강원대(춘천)	일반전형	11	13	8.4	4.48	4.67	13	13.9	4.55	4.72	15	7.2	4.92		등록평균	등록75%컷
무인항공기학과	한서대	한서인재	6	13	2.7	3.8	4.8	13	3.5	4.1	4.6	17	3.5	3.8	4.5	등록평균	등록80%
무인항공기학과	한서대	학생부교과2	10	5	3.2	2.6	3.0	5	5.0	2.8	3.2					등록평균	등록80%
무인항공기학과	한서대	학생부교과1	14	13	3.2	3.0	3.5	11	7.8	3.0	3.1	12	7.3	3.3	3.6	등록평균	등록80%
무인항공기학과	한서대	지역인재	3	5	1.2	4.6		5	4.8	3.2		4	2.8	4.8		등록평균	
문화재보존과학과	공주대	지역인재	2													등록50%컷	등록70%컷
문화재보존과학과	공주대	교과Ⅰ전형	2	5	5.0	4.18	4.20	4	8.8	3.8	3.9	4	13.3	3.7	3.7	등록50%컷	등록70%컷
문화콘텐츠학부	전남대(여수)	일반전형	6	12	5.3	5.33	5.41	8	10.0	4.50	4.88	4	11.8	5.69	5.69	등록평균	등록70%컷
문화콘텐츠학부	전남대(여수)	지역인재	12	5	3.2	6.01	6.12					8	6.9	5.26	5.47	등록평균	등록70%컷
물류시스템학과	우송대	면접	15	13	1.6	5.5	6.0	19	1.6	5.6	6.3	14	2.3	5.4	5.9	등록평균	등록70%컷
물류시스템학과	우송대	교과중심	23	22	4.1	5.8		16	5.1	5.2		20	5.1	4.8		등록평균	
물류시스템학과	우송대	지역인재	2	3	3.0	5.8		3	4.0			4	4.3	5.6		등록평균	
물리교육과	한국교원대	지역인재	1	1	4.0	3.71		1	7.0	4.13		1	3.0	3.74		지원평균	
물리교육과	전남대(광주)	지역인재	5	5	4.2	3.72	3.71	5	3.8	2.77	2.90	3	8.0	2.78		등록평균	등록70%컷
물리교육과	공주대	교과Ⅰ전형	2	6	6.0	3.65	3.68	5	5.2	3.3	3.8	5	6.0	2.9	3.1	등록50%컷	등록70%컷
물리교육과	부산대	학생부교과	8													등록평균	등록70%컷
물리교육과	충북대	학생부교과	6	6	2.7	4.13		3	5.7			3	5.7	2.76	2.61	등록평균	등록70%컷
물리교육과	전남대(광주)	일반전형	6	6	4.7	3.50	3.59	6	5.3	3.34	3.43	3	8.7	3.19		등록평균	등록70%컷
물리교육과	조선대	지역인재	6	6	1.7			5	1.6							등록평균	등록70%컷
물리교육과	공주대	지역인재	2													등록50%컷	등록70%컷
물리교육과	경북대	교과우수자	5	6	6.8	3.65	3.99	5	14.8	3.07	3.28	6	6.3	3.94	3.57	등록평균	등록70%
물리교육과	조선대	일반전형	5	4	2.0			7	3.1			10	3.0	4.63	4.81	등록평균	등록70%컷
물리교육전공	제주대	지역인재	3	2	2.5			2	3.5			2	4.5			등록50%컷	등록70%컷
물리교육전공	제주대	일반학생	2	2	3.0			4	4.0			4	3.0			등록50%컷	등록70%컷
물리치료학과	상지대	강원인재	2	2	9.5	3.06										등록평균	
물리치료학과	한서대	한서인재	10	12	5.3	3.4	3.8	10	4.4	3.5	3.6	11	5.1	3.1	3.3	등록평균	등록80%
물리치료학과	호서대	지역인재	5	5	6.6	3.03	3.39	5	6.4	3.03	3.81	6	8.7	2.69	3.42	등록평균	등록최저
물리치료학과	호남대	지역인재	4	3	11.0		5.35									등록50%	등록70%
물리치료학과	호남대	일반고	16	17	12.5	4.79	4.92	18	9.4	4.72	4.79	18	11.3	4.37	4.79	등록50%	등록70%
물리치료학과	강원대(도계)	일반전형	4	4	9.0	2.58	2.94	9	9.0	2.30	2.59	9	14.6	2.12		등록75%컷	
물리치료학과	단국대(천안)	학생부교과우수자	12	12	8.5	2.32	2.67	14	10.0	2.22		15	12.3	2.44		등록평균	등록최저
물리치료학과	우송대	교과중심	8	8	32.4	2.5		8	14.1	2.9		8	25.5	2.4		등록평균	
물리치료학과	우송대	지역인재	3	3	15.0	3.1		3	9.3			3	17.3	3.0		등록평균	
물리치료학과	경동대	일반학생	67	67	6.8	3.35	3.71	65	7.2	3.40	3.72	61	12.2	3.24	3.60	최종평균	최종80%
물리치료학과	선문대	지역학생	4	4	18.3	2.88	3.00	4	6.3	3.90	4.63	5	8.4	2.90		등록50%컷	등록70%컷
물리치료학과	한서대	지역인재	4	5	5.0	3.3		5	6.2	3.5		5	4.6	3.9		등록평균	
물리치료학과	우송대	면접	18	18	17.1	2.8	2.9	18	21.1	2.8	3.0	20	11.6	3.0	3.1	등록평균	등록70%컷
물리치료학과	선문대	일반학생	7	7	19.7	2.14	2.42	18	9.0	2.58	3.40	15	12.3	5.56		등록50%컷	등록70%컷
물리치료학과	상지대	교과일반	10	10	8.6	2.40										등록평균	
물리치료학과	한서대	학생부교과1	14	10	5.6	2.8	3.1	10	8.1	2.3	2.6	9	5.8	2.8	2.9	등록평균	등록80%
물리치료학과	한서대	학생부교과2	8	2	5.5	2.0	2.0	4	6.0	2.8	3.0					등록평균	등록80%
물리치료학과	우송대	우송인재	3	3	12.7	3.2		4	15.3			2	13.5	3.5		등록평균	
물리치료학과	선문대	면접	14	14	9.8	4.00	4.13	4	18.0	4.21	4.41	9	19.6	4.34		등록50%컷	등록70%컷
물리치료학과	한국교통대	일반전형	19	19	10.8	2.79	3.15	16	6.6	2.71	3.69	14	9.5	2.58	3.24	등록평균	등록최저
물리치료학과	호남대	일반학생A	18	18	15.3	5.15	5.27	20	12.5	4.96	5.31	20	11.1	4.59	4.92	등록50%	등록70%
물리치료학과	한국교통대	지역인재	2	2	17.5	3.42	3.56									등록평균	등록최저

모집단위	대학	전형	2025 모집인원	2024 모집인원	2024 경쟁률	2024 성적①	2024 성적②	2023 모집인원	2023 경쟁률	2023 성적①	2023 성적②	2022 모집인원	2022 경쟁률	2022 성적①	2022 성적②	성적 산출기준 성적①	성적 산출기준 성적②
물리치료학과	경동대	지역인재	7	7	6.7	3.33	3.75	7	9.1	3.42	3.74	7	11.9	3.26	3.70	최종평균	최종80%
물리치료학과	강원대(도계)	지역인재	4	4	4.8	3.51	3.77	5	5.0	2.82	3.35	5	8.4	2.61		등록평균	등록75%컷
물리치료학과	연세대(미래)	교과우수자	10	10	7.3	2.60	2.66	6	10.8	2.45	2.48	6	11.2	2.10	2.12	등록50%컷	등록70%컷
물리치료학과	호서대	학생부	7	7	10.4	2.95	3.90	7	15.7	2.56	2.98	17	6.5	2.59	3.24	등록평균	등록최저
물리학과	제주대	지역인재	3	3	4.0	6.32	6.32	3	1.7			2	5.5	5.66	3	등록50%컷	등록70%컷
물리학과	충북대	지역인재	4	4	17.3	4.34	4.50	4	6.0	5.21	5.31	4	7.3	3.81	3.92	등록평균	등록70%컷
물리학과	경북대	교과우수자	8	10	9.6	3.20	3.53	8	17.6	3.01	3.20	10	9.0	3.72	3.93	등록평균	등록70%
물리학과	충북대	학생부교과	11	11	9.9	4.18	4.32	9	21.6	4.15	4.34	9	7.4	4.90	5.30	등록평균	등록70%컷
물리학과	부산대	지역인재	4	4	7.8	3.43										등록평균	등록70%컷
물리학과	제주대	일반학생	7	7	5.4	5.83	7.15	7	2.3	6.20	7.15	7	4.0	5.65	5.89	등록50%컷	등록70%컷
물리학과*	부산대	학생부교과	12	12	8.8	3.42	3.56	8	25.3	3.14	3.19	12	10.8	3.43	3.65	등록평균	등록70%컷
물리학과*	전남대(광주)	지역인재	10	10	7.7	3.74	3.82	10	8.0	3.69	3.72	6	9.8	3.59	3.68	등록평균	등록70%컷
물리학과*	충남대	일반전형	15	21	10.8	3.59	3.87	21	9.2	3.99	4.20	21	11.9	3.86	4.12	등록평균	등록70%
물리학과*	전남대(광주)	일반전형	10	8	7.0	3.69	3.62	8	14.3	3.54	3.67	7	9.3	3.76	3.96	등록평균	등록70%컷
물리학과*	한양대	추천형	4	4	9.5	1.37		4	6.0	1.52		4	9.5	1.35		등록평균	
물리학과*	충남대	지역인재	9	9	6.6	3.77	3.86	9	6.3	4.09	4.16	9	8.1	3.75	3.98	등록평균	등록70%
물리학과*	단국대(천안)	학생부교과우수자	10	11	10.6	3.95	4.12	16	9.1	4.27		16	4.7	4.40		등록평균	등록최저
미디어디자인·영상전공*	우송대	면접	19	22	4.9	4.5	4.8	26	4.4	4.6	4.8	23	4.5	4.7	5.1	등록평균	등록70%컷
미디어디자인·영상전공*	우송대	교과중심	29	26	6.9	4.9		17	10.5	4.0		20	9.4	4.1		등록평균	
미디어디자인·영상전공*	우송대	우송인재	4	3	5.7	5.3		6	3.7			5	2.2	5.2		등록평균	
미디어디자인·영상전공*	우송대	지역인재	3	4	3.8	5.2		3	4.7			3	6.7	4.7		등록평균	
미래모빌리티공학과	한라대	일반학생(교과중심)	10	18	3.3	4.63	5.03	20	1.8	5.55	6.45					등록50%컷	등록70%컷
미래모빌리티공학과	한라대	일반학생(면접중심)	13	5	1.8	4.88	5.10	6	1.2							등록50%컷	등록70%컷
미래모빌리티공학과	한라대	지역인재	3	4	2.5	3.91	4.02	3	3.3							등록50%컷	등록70%컷
미래모빌리티공학부	울산대	일반교과	82													등록평균	등록80%
미래모빌리티공학부	울산대	지역인재	75													등록평균	등록80%
미래모빌리티학과	전남대(광주)	지역인재	15	15	4.9	3.73	4.00	10	12.1	3.13	3.29	6	20.0	3.38	3.51	등록평균	등록70%컷
미래모빌리티학과	전남대(광주)	일반전형	13	13	5.2	3.69	3.96	8	11.4	3.24	3.26	8	19.4	3.32	3.48	등록평균	등록70%컷
미래모빌리티학과	호남대	일반고	13	23	1.7	6.36	6.36	30	2.4	6.93	7.43	37	2.8	7.07	7.39	등록50%	등록70%
미래모빌리티학과	호남대	일반학생A	20	14	2.0	5.26	5.95	26	1.5	5.38	5.81	28	1.9	6.86	7.43	등록50%	등록70%
미래모빌리티학과	고려대(세종)	일반전형	8	6	4.5	3.61	3.95	4	16.5	3.35	3.35	4	13.3	3.64	3.71	등록50%컷	등록70%컷
미래모빌리티학과(주)	한성대	지역균형	25	25	3.1	3.44	3.51									등록50%컷	등록70%컷
미래융합스쿨	한림대	교과우수자	12	12	5.2	3.74	4.20	12	7.3	4.37	4.64	12	3.3	4.32	5.71	등록평균	등록최저
미래융합스쿨	한림대	지역인재	4	4	5.8	4.47	4.54	4	8.3	4.36	4.78	4	4.5	5.34	6.24	등록평균	등록최저
미래자동차공학과	호서대	학생부	32	27	6.9	5.60	6.45									등록평균	등록최저
미래자동차공학과	한양대	추천형	4	5	5.2	1.38		5	7.2	1.33		5	10.6	1.33		등록평균	
미래자동차공학과	공주대	교과Ⅰ전형	10	18	5.2	5.36	5.45	18	3.8	5.2	5.7	18	10.0	4.9	5.0	등록50%컷	등록70%컷
미래자동차공학과	공주대	교과Ⅱ전형	3														
미래자동차공학과	호서대	지역인재	7	7	3.9	5.73	6.38									등록평균	등록최저
미래자동차공학과	경상국립대	일반전형	20	21	5.2	4.13	4.87	29	4.5	4.82	5.12	30	3.2	4.75	5.20	등록평균	등록80%
미래자동차공학과	경상국립대	지역인재	2	2	5.5			2	4.5			1	4.0	5.65	5.65	등록평균	등록80%
미생물·분자생명과학과	충남대	지역인재	3	3	5.3	2.96	3.15	3	4.0			3	5.7	2.63	2.64	등록평균	등록70%
미생물·분자생명과학과	충남대	일반전형	9	13	5.9	2.28	2.41	13	4.4	2.64	2.75	13	5.5	2.48	2.57	등록평균	등록70%
미생물학과	충북대	지역인재	4	4	9.0	3.27	3.56	4	5.3	3.70	3.38	4	8.3	2.83	2.98	등록평균	등록70%컷
미생물학과	충북대	학생부교과	10	10	6.0	3.03	3.17	7	7.3	3.39	3.41	7	8.0	3.22	3.52	등록평균	등록70%컷
미생물학과*	부산대	학생부교과	10	11	9.0	2.79	2.87	5	15.6	2.80	2.74	10	17.1	2.90	2.98	등록평균	등록70%컷
미생물학과*	부산대	지역인재	8	5	10.2	3.00	2.97	8	14.5	2.77	2.83	4	15.3	2.68	2.64	등록평균	등록70%컷
미생물학전공	단국대(천안)	학생부교과우수자	9	15	6.3	3.29	3.45	19	7.0	3.55		19	4.8	3.74		등록평균	등록최저
바이오기능성소재학과*	강원대(도계)	일반전형	8	8	1.6	6.80	7.19	7	2.0	6.70	7.01	7	5.4	5.38		등록평균	등록75%컷
바이오기능성소재학과*	강원대(도계)	지역인재	3	3	0.7	6.12	6.12	2	1.5	6.23	6.23	4	2.0	6.12		등록평균	등록75%컷
바이오나노공학전공	한양대(에리카)	지역균형선발	7	8	3.8	2.85	3.01	6	11.3	2.04	2.12	6	23.3	2.24	2.36	등록평균	등록70%컷
바이오메디칼학과	한림대	교과우수자	13	10	4.3	3.80	4.73	13	6.0	3.72	4.07	10	3.7	3.74	4.51	등록평균	등록최저
바이오메디칼학과	한림대	지역인재	4	5	6.4	4.34	5.19	5	5.4	4.10	4.82	5	3.8	5.38	6.03	등록평균	등록최저
바이오메디컬공학과	건국대(글로컬)	지역인재	3	3	6.0	2.9	4.3	3	5.0	5.3	5.3	3	7.7	5.1		등록50%	등록70%
바이오메디컬공학과	건국대(글로컬)	교과우수	29	35	3.9	4.3	4.5	35	6.6	4.1	4.2	35	7.2	4.2	4.3	등록50%	등록70%
바이오메디컬정보학과	제주대	지역인재	7	7	3.6	5.05	5.85	7	5.3	4.98	5.21	7	4.9	5.28	5.51	등록50%컷	등록70%컷

모집단위	대학	전형	2025 모집인원	2024 모집인원	경쟁률	성적①	성적②	2023 모집인원	경쟁률	성적①	성적②	2022 모집인원	경쟁률	성적①	성적②	성적 산출기준 성적①	성적②
바이오메디컬정보학과	제주대	일반학생	8	8	3.1	4.66	5.98	8	4.3	4.43	4.78	8	4.5	5.02	5.40	등록50%컷	등록70%컷
바이오메디컬헬스학부*	울산대	지역인재	35														
바이오메디컬헬스학부*	울산대	일반교과	36													등록평균	등록80%
바이오산업기계공학과	부산대	학생부교과	5	5	7.2	4.18		5	11.4	3.44	3.53	5	10.2	3.50	3.60	등록평균	등록70%컷
바이오산업기계공학과	부산대	지역인재	5	4	8.3	3.84	3.58	5	15.4	3.72	3.74	5	9.4	4.18	4.31	등록평균	등록70%컷
바이오섬유소재학과	경북대	교과우수자	14	16	12.3	3.11	3.23	7	8.7	3.26	3.51	6	14.0	2.89	2.96	등록평균	등록70%
바이오소재과학과	부산대	학생부교과	8	9	5.6	3.47	3.53	6	14.2	3.39	3.36	6	10.2	3.68	3.78	등록평균	등록70%컷
바이오소재과학과	부산대	지역인재	3	3	7.3	3.93		3	9.0	3.38		3	9.7	3.35	3.37	등록평균	등록70%컷
바이오시스템공학과	충북대	학생부교과	6	6	6.0	3.72	3.59	7	12.0	3.37	3.57	7	25.9	3.67	3.88	등록평균	등록70%컷
바이오시스템공학과	충북대	지역인재	4	4	8.3	3.53		3	9.0	4.08		3	13.7	3.84		등록평균	등록70%컷
바이오신약융합학부	한양대(에리카)	지역균형선발	25													등록평균	등록70%컷
바이오에너지공학과	전남대(광주)	지역인재	4	4	6.8	3.32	3.10	4	6.5	3.24		4	10.8	3.43	3.36	등록평균	등록70%컷
바이오에너지공학과	전남대(광주)	일반전형	11	12	5.8	3.74	4.21	12	7.9	3.27	3.29	9	11.4	3.24	3.26	등록평균	등록70%컷
바이오의약전공	순천향대	교과우수자	10													등록평균	등록최저
바이오의약전공	순천향대	지역인재	4													등록평균	등록최저
바이오의약학과	건국대(글로컬)	교과우수	14	20	7.3	3.9	4.0	20	5.7	3.8	4.0	20	8.9	3.6	3.7	등록50%	등록70%
바이오의약학과	건국대(글로컬)	지역인재	2	2	9.5	3.1	3.8	2	4.0	5.0	5.3	2	100	3.6		등록50%	등록70%
바이오제약공학과	한남대	일반전형	16	14	4.5	5.45	5.69	15	9.3	5.05	5.45	15	4.3	5.66	5.90	최종평균	최종80%
바이오제약공학과	한남대	지역인재교과우수자	16	14	3.1	4.89	5.30	7	5.4	4.89	5.11	10	4.2	5.40	5.77	최종평균	최종80%
바이오헬스케어학과	화성의과학대	학생부교과	18	29	0.7												등록50%컷	등록70%컷
바이오헬스학부	충북대	지역인재	9	9	6.4	3.56	3.54									등록평균	등록70%컷
바이오헬스학부	충북대	학생부교과	30	30	4.9	3.97	4.45									등록평균	등록70%컷
바이오화학공학과	홍익대(세종)	교과우수자	13	14	3.1	4.09	3.79	13	7.2	3.34	3.68	13	9.2	3.39	3.69	등록50%컷	등록70%컷
바이오환경에너지학과	부산대	학생부교과	9	9	8.0	3.79	3.75	7	23.0	3.67	3.76	7	10.6	4.27	4.25	등록평균	등록70%컷
바이오환경에너지학과	부산대	지역인재	7	7	6.0	4.32	4.23	7	11.7	3.72	3.67	7	11.0	3.80	3.92	등록평균	등록70%컷
반도체·디스플레이공학전공	한양대(에리카)	지역균형선발	8	8	5.9	2.54	2.63	6	8.5	2.71	2.80	6	8.3	2.71	2.69	등록평균	등록70%컷
반도체·디스플레이스쿨	한림대	지역인재	8	8	5.4	4.42	4.95	5	3.8	4.04	4.95	5	3.2	5.20	6.02	등록평균	등록최저
반도체·디스플레이스쿨	한림대	교과우수자	26	26	7.0	4.10	4.78	20	4.4	5.02	5.86	14	3.0	3.46	5.39	등록평균	등록최저
반도체공학과	경상국립대	일반전형	17	17	4.9	2.67	3.11	17	10.3	2.76	2.95	19	7.0	3.40	3.89	등록평균	등록80%
반도체공학과	한양대	추천형	6	6	4.7	1.33		5	8.8	1.04						등록평균	
반도체공학과	호서대	학생부	30	27	6.1	4.60	5.19	20	4.6	4.85	6.13					등록평균	등록최저
반도체공학과	호서대	지역인재	10	10	4.2	5.10	5.99	10	2.3	5.76	6.72					등록평균	등록최저
반도체공학부	충북대	지역인재	7	9	7.1	4.01	3.93									등록평균	등록70%컷
반도체공학부	충북대	학생부교과	6	42	4.9	3.75	3.85									등록평균	등록70%컷
반도체공학전공	부산대	학생부교과	8	8	7.0	2.45	2.75									등록평균	등록70%컷
반도체공학전공	부산대	지역인재	5	5	8.8	2.90	2.94									등록평균	등록70%컷
반도체물리학과*	강원대(춘천)	지역인재	3	2	10.0	5.11	5.49	2	6.0	5.61	5.97	5	2.8	5.82		등록평균	등록75%컷
반도체물리학과*	강원대(춘천)	일반전형	4	4	7.5	3.84	4.20	5	15.4	4.26	4.49	7	6.9	4.74		등록평균	등록75%컷
반도체물리학부	고려대(세종)	일반전형	11	5	9.6	3.12	3.26	6	9.0	3.74	3.80	6	13.5	3.38	3.54	등록50%컷	등록70%컷
반도체시스템공학과	한밭대	지역인재(교과)	3	3	11.3												등록50%컷	등록70%컷
반도체시스템공학과	한밭대	학생부교과(일반)	16	16	5.8	4.64	4.94									등록50%컷	등록70%컷
반도체신소재공학과	한국교통대	지역인재	3	3	5.0	5.56	5.63									등록평균	등록최저
반도체신소재공학과	한국교통대	일반전형	32	25	4.5	4.09	4.95									등록평균	등록최저
반도체융합학과	충남대	일반전형	16													등록평균	등록70%
반도체융합학과	충남대	지역인재	9													등록평균	등록70%
반도체협약학과	극동대	교과우수자	10													등록50%컷	등록70%컷
반도체화학과	조선대	일반전형	6	6	4.5			14	2.2	6.17	7.10	21	1.8	6.07	5.68	등록평균	등록70%컷
반도체화학과	조선대	지역인재	23	28	1.6	5.61	6.09	12	1.9	6.31	6.88	10	2.3	5.63	5.88	등록평균	등록70%컷
반려동물산업학과	호남대	일반학생A	13	14	4.1	6.83	7.25									등록50%	등록70%
반려동물산업학과	원광대	일반전형	22	12	10.3	3.33	3.38	20	7.9	4.53	4.66	32	6.8	4.15	4.45	등록50%컷	등록70%컷
반려동물산업학과	호남대	일반고	14	13	4.3	7.31	7.50									등록50%	등록70%
방사선학과	한서대	학생부교과1	14	10	9.0	3.0	3.3	11	9.1	3.2	3.3	13	8.5	3.4	3.4	등록평균	등록80%
방사선학과	한서대	지역인재	4	4	3.5	4.4		3	13.3	3.5		3	3.0	5.3		등록평균	
방사선학과	연세대(미래)	교과우수자	10	11	5.4	2.52	2.61	5	10.4	2.28	2.66	5	9.0	2.61	2.65	등록50%컷	등록70%컷
방사선학과	강원대(도계)	일반전형	4	4	9.5	2.62	2.77	10	10.6	2.90	3.00	10	10.7	3.29		등록평균	등록75%컷
방사선학과	한서대	한서인재	10	10	5.7	3.9	4.1	10	7.1	3.7	4.1	12	7.0	4.1	4.4	등록평균	등록80%

3부 ● 모집단위순 합격자 성적

모집단위	대학	전형	2025 모집인원	2024 모집인원	2024 경쟁률	2024 성적①	2024 성적②	2023 모집인원	2023 경쟁률	2023 성적①	2023 성적②	2022 모집인원	2022 경쟁률	2022 성적①	2022 성적②	성적 산출기준 성적①	성적 산출기준 성적②
방사선학과	한서대	학생부교과2	8	5	4.2	2.8	2.8	5	5.8	2.8	3.0					등록평균	등록80%
방사선학과	극동대	일반전형	10	20	5.5	3.63	4.13	13	6.6	3.50	4.00	24	5.9	3.75	3.75	등록50%컷	등록70%컷
방사선학과	극동대	교과우수자	13	7	9.6	3.38	4.00	15	5.9	2.50	3.00	6	9.3	3.25	2.25	등록50%컷	등록70%컷
방사선학과	강원대(도계)	지역인재	4	4	8.3	3.47	3.82	4	5.3	3.90	4.28	4	9.5	3.63		등록평균	등록75%컷
배터리소재화학공학과	한양대(에리카)	지역균형선발	8	25	4.1	2.29	2.39	18	6.3	2.30	2.35	18	6.7	2.39	2.64	등록평균	등록70%컷
배터리융합공학과	강원대(춘천)	지역인재	8	8	2.8	4.07	4.30	8	3.6	4.08	4.25					등록평균	등록75%컷
배터리융합공학과	강원대(춘천)	일반전형	12	12	6.3	3.79	3.92	15	7.9	3.94	4.20					등록평균	등록75%컷
보건계열	상지대	교과일반	70	60	3.3	5.32										등록평균	
보건계열	상지대	강원인재	10	10	3.2	6.29										등록평균	
보건과학	호남대	지역인재	13													등록50%	등록70%
보건관리학과	협성대	협성창의인재	8	8	3.4	5.06	5.69	8	2.0	5.22	5.41					등록50%컷	등록70%컷
보건관리학과	협성대	미래역량우수자	6	8	8.4	4.78	4.91	15	4.4	4.57	5.00	14	3.2	4.28	4.80	등록50%컷	등록70%컷
보건관리학과	협성대	학생부교과우수자	10	15	6.9	4.18	4.35	10	26.0	3.84	4.10	18	6.4	4.06	3.89	등록50%컷	등록70%컷
보건행정경영학과	순천향대	교과우수자	10	16	4.5	3.93	4.33	7	10.9	3.09	3.23	18	13.9	3.07	3.41	등록평균	등록최저
보건행정경영학과	순천향대	교과면접	5	4	7.0	3.72	3.96	14	5.4	3.50	3.93					등록평균	등록최저
보건행정경영학과	순천향대	지역인재	4	5	4.0	3.23	3.79									등록평균	등록최저
보건행정학과	공주대	지역인재	8	4	4.5	4.05	4.15	7	4.7	3.7	3.7	7	8.7	3.6	3.7	등록50%컷	등록70%컷
보건행정학과	공주대	교과II전형	2														
보건행정학과	공주대	교과I전형	11	17	9.2	4.07	4.24	13	5.9	3.9	4.4	13	12.2	3.5	3.6	등록50%컷	등록70%컷
분자생명공학과	전남대(광주)	지역인재	6	6	6.2	2.73	2.89	6	11.7	2.94	3.01	2	23.5	3.34		등록평균	등록70%컷
분자생명공학과	전남대(광주)	일반전형	9	11	5.4	3.10	3.18	8	10.8	2.89	2.99	7	41.0	3.14	3.24	등록평균	등록70%컷
분자생명과학과	강원대(춘천)	지역인재	4	4	4.8	3.61	3.66	6	6.8	3.80	3.98	7	3.6	4.44		등록평균	등록75%컷
분자생명과학과	강원대(춘천)	일반전형	7	7	4.0	3.41	3.57	9	5.1	3.56	3.81	8	5.6	3.40		등록평균	등록75%컷
분자생물학과*	부산대	지역인재	5	5	8.0	3.43	3.61	5	16.2	2.60	2.64	5	12.8	2.99	2.95	등록평균	등록70%컷
분자생물학과*	부산대	학생부교과	13	16	6.2	2.85	3.01	8	12.8	2.62	2.59	8	13.0	2.68	2.65	등록평균	등록70%컷
분자의약전공	한양대(에리카)	지역균형선발	10	12	4.3	1.82	1.85	9	7.6	1.99	2.09	9	12.0	2.13	2.19	등록평균	등록70%컷
뷰티디자인학부*	원광대	일반전형	30	32	5.5	4.38	4.48	36	3.9	5.92	6.53	36	4.1	5.87	6.51	등록50%컷	등록70%컷
뷰티화장품학과	건국대(글로컬)	지역인재	2	2	3.5	1.7	4.6	2	7.5	1.5	1.5	2	7.5	4.6		등록50%	등록70%
뷰티화장품학과	극동대	교과우수자	15													등록50%컷	등록70%컷
뷰티화장품학과	건국대(글로컬)	교과우수	7	12	7.0	3.6	3.7	12	8.6	3.5	3.7	12	10.2	3.7	3.9	등록50%	등록70%
빅데이터AI학과	호서대	지역인재	9	9	3.2	5.83	6.40	9	3.3	5.54	6.57	9	3.1	5.41	6.17	등록평균	등록최저
빅데이터AI학부	호서대	학생부	52	47	3.5	5.29	6.80	44	3.6	5.10	6.02	40	4.4	4.79	5.70	등록평균	등록최저
빅데이터사이언스학부	고려대(세종)	일반전형	11	9	5.0	3.89	3.89	6	5.7	3.35	3.47	6	14.2	3.01	3.11	등록50%컷	등록70%컷
빅데이터융합학과	전남대(광주)	일반전형	12	8	7.3	3.44	3.28	8	5.9	3.40	3.38	8	12.3	2.90	2.87	등록평균	등록70%컷
빅데이터융합학과	전남대(광주)	지역인재	11	8	5.5	3.04	3.06	8	6.5	3.06	3.15	6	14.3	2.88	3.12	등록평균	등록70%컷
빅데이터응용학과	한남대	지역인재교과우수자	10	11	2.2	5.80	6.30	8	2.3	5.05	5.11	9	4.3	4.94	5.31	최종평균	최종80%
빅데이터응용학과	한남대	일반전형	23	22	2.8	6.35	6.80	17	3.7	5.39	6.22	11	4.0	5.16	5.70	최종평균	최종80%
사물인터넷학과	순천향대	지역인재	4	5	4.2	5.24	5.35									등록평균	등록최저
사물인터넷학과	순천향대	교과우수자	11	15	11.1	4.41	4.75	13	4.0	5.05	5.93	15	3.8	4.13	4.81	등록평균	등록최저
사물인터넷학과	순천향대	교과면접	5		5.4	4.73	4.96	12	2.6	4.86	5.25					등록평균	등록최저
사회기반시스템공학과	부산대	학생부교과	16	17	7.1	3.21	3.30	10	24.8	2.97	3.11	12	19.9	3.26	3.40	등록평균	등록70%컷
사회기반시스템공학과	부산대	지역인재	10	10	8.3	3.20	3.20	5	18.6	3.01	3.06	8	23.0	2.98	3.00	등록평균	등록70%컷
산림과학·조경학부	경북대	지역인재	7	7	10.1	3.09	3.13	7	19.6	2.70	3.06					등록평균	등록70%
산림과학·조경학부	경북대	교과우수자	18	20	5.7	3.53	3.56	12	11.3	2.77	3.02	23	11.0	3.03	3.24	등록평균	등록70%
산림과학과	공주대	교과I전형	7	21	5.0	5.34	5.83	21	4.4	5.4	5.7	21	5.5	4.9	5.0	등록50%컷	등록70%컷
산림과학과	공주대	교과II전형	3														
산림과학부	강원대(춘천)	일반전형	26	27	4.1	3.94	3.95	27	8.0	3.55	3.85	24	8.0	3.91		등록평균	등록75%컷
산림과학부	강원대(춘천)	지역인재	17	19	2.8	3.83	4.16	23	3.7	3.83	4.14	22	4.2	3.94		등록평균	등록75%컷
산림생태보호학과	경북대	교과우수자	19	21	4.7	5.10	5.57	16	3.1	5.03	5.53					등록평균	등록70%
산림자원학과	전남대(광주)	지역인재	6	6	7.5	3.55	3.73	6	7.5	2.98	3.17	4	11.5	3.27	3.24	등록평균	등록70%컷
산림자원학과	전남대(광주)	일반전형	7	7	8.4	2.86	3.10	7	7.1	3.17	3.48	4	11.3	3.07	3.00	등록평균	등록70%컷
산림학과	충북대	지역인재	4	4	6.5	3.95		3	7.3	3.90		3	9.0	3.94		등록평균	등록70%컷
산림학과	충북대	학생부교과	6	6	11.2	4.21		7	14.9	4.08	4.11	7	13.0	3.96	4.16	등록평균	등록70%컷
산업·데이터공학과	홍익대(서울)	학교장추천자	11	11	10.2	1.90	1.95	10	13.9	2.02	2.04	10	10.3	2.18	2.26	등록50%컷	등록70%컷
산업경영공학과	한국교통대	지역인재	2	2	4.5	4.61	5.60									등록평균	등록최저
산업경영공학과	한양대(에리카)	지역균형선발	7	9	5.1	2.66	2.67	7	12.9	2.69	2.78	7	7.4	2.95	2.80	등록평균	등록70%컷

모집단위	대학	전형	2025 모집인원	2024 모집인원	2024 경쟁률	2024 성적①	2024 성적②	2023 모집인원	2023 경쟁률	2023 성적①	2023 성적②	2022 모집인원	2022 경쟁률	2022 성적①	2022 성적②	성적 산출기준 성적①	성적 산출기준 성적②
산업경영공학과	한밭대	지역인재(교과)	3	3	12.7			3	9.7			3	12.0			등록50%컷	등록70%컷
산업경영공학과	한국교통대	일반전형	25	23	3.1	4.29	5.12									등록평균	등록최저
산업경영공학과	한남대	지역인재교과우수자	7	7	3.1	6.47	6.67	6	5.5	5.56	5.65	11	3.9	6.09	6.39	최종평균	최종80%
산업경영공학과	한남대	일반전형	23	24	3.8	6.54	6.87	20	4.0	6.04	6.58	17	4.5	5.51	5.98	최종평균	최종80%
산업경영공학과*	한밭대	학생부교과(일반)	9	29	6.5	4.70	4.74	23	4.5	4.41	5.05	19	9.4	4.28	4.45	등록50%컷	등록70%컷
산업공학과	조선대	일반전형	7	6	4.2	6.01	7.02	19	2.1	6.06	6.06	27	2.0	6.08	5.90	등록평균	등록70%컷
산업공학과	조선대	지역인재	15	14	3.1	6.11	6.24									등록평균	등록70%컷
산업공학과	부산대	학생부교과	9	8	5.8	2.35	2.42	8	13.8	2.51	2.52	13	12.9	2.61	2.74	등록평균	등록70%컷
산업공학과	전남대(광주)	일반전형	12	12	8.6	3.09	3.26	12	5.3	3.45	3.52	7	9.4	3.00	3.03	등록평균	등록70%컷
산업공학과	한양대	추천형	5	5	5.8	1.39		5	6.0	1.34		5	7.4	1.33		등록평균	
산업공학과	전남대(광주)	지역인재	11	11	5.9	3.17	3.36	11	6.1	3.04	3.23	7	13.0	3.07	3.22	등록평균	등록70%컷
산업기술융합공학과(야)	전남대(여수)	일반전형	1	1	7.0											등록평균	등록70%컷
산업보안조사학과	극동대	교과우수자	12													등록50%컷	등록70%컷
산업시스템공학과	공주대	교과Ⅰ전형	10	21	3.4	5.38	5.75	20	3.5	4.9	5.1	20	4.6	4.7	4.9	등록50%컷	등록70%컷
산업시스템공학과	공주대	교과Ⅱ전형	3														
산업시스템공학부	경상국립대	일반전형	36	40	4.9	4.55	4.86	40	3.7	4.22	5.04	40	7.4	4.13	4.40	등록평균	등록80%
산업시스템공학부	경상국립대	지역인재	3													등록평균	등록80%
상상력인재학부(주)	한성대	지역균형	43	16	4.0	2.91	3.07	24	9.33	2.80	2.96	24	5.6	3.05	3.27	등록50%컷	등록70%컷
상상력인재학부(주)	한성대	교과우수	48	29	6.6	2.51	2.65	34	13.4	2.62	2.68	34	7.6	3.33	3.45	등록50%컷	등록70%컷
생명건강공학과	강원대(춘천)	일반전형	7	7	6.0	3.89	4.13	9	5.3	3.86	4.17	9	7.7	3.72		등록평균	등록75%컷
생명건강공학과	강원대(춘천)	지역인재	4	4	3.5	4.70	5.05	6	5.8	3.64	3.83	7	6.4	4.30		등록평균	등록75%컷
생명공학과	호서대	지역인재	6	6	3.2	6.12	6.84									등록평균	등록최저
생명공학과	건국대(글로컬)	지역인재	3	2	6.0	4.2	4.2	2	6.0	4.5	4.5	2	5.5	5.8		등록50%	등록70%
생명공학과	건국대(글로컬)	교과우수	15	20	4.6	3.6	3.8	20	6.6	3.7	3.9	20	10.3	3.7	3.9	등록50%	등록70%
생명공학과	호서대	학생부	28	21	4.6	4.71	5.27									등록평균	등록최저
생명공학과	한양대	추천형	3	3	7.3	1.21		3	8.7	1.36		3	16.7	1.09		등록평균	
생명공학부	경북대	교과우수자	20	22	5.9	2.07	2.19	22	12.5	2.07	2.25	26	8.5	2.55	2.90	등록평균	등록70%
생명공학부*	제주대	지역인재	11	9	3.9	4.65	4.62	4	4.3	4.60	4.76	2	7.5	2.45		등록50%컷	등록70%컷
생명공학부*	제주대	일반학생	19	20	3.8	4.70	5.27	25	3.2	4.60	5.18	25	4.4	4.57	4.94	등록50%컷	등록70%컷
생명과학	협성대	협성창의인재	8	8	4.0	5.66	5.66	8	3.1	4.67	5.49					등록50%컷	등록70%컷
생명과학	협성대	미래역량우수자	7	10	6.2	5.11	5.11	12	3.0	4.87	5.66					등록50%컷	등록70%컷
생명과학과	공주대	교과Ⅰ전형	5	10	7.8	3.70	4.31	10	8.4	3.9	3.9	9	12.6	3.8	3.8	등록50%컷	등록70%컷
생명과학과	한림대	교과우수자	12	14	4.4	4.06	4.85	14	9.8	4.07	4.56	11	3.6	4.84	6.13	등록평균	등록최저
생명과학과	공주대	지역인재	3	4	8.5	4.02	4.12	4	5.5	4.2	4.2	4	8.0	3.7	3.9	등록50%컷	등록70%컷
생명과학과	조선대	일반전형	21	21	3.3	5.18	5.44	16	5.1	5.23	5.59	16	2.8	5.44	6.05	등록평균	등록70%컷
생명과학과	한림대	지역인재	3	4	10.8	4.70	4.85	4	3.8	5.8	6.30	4	5.3	4.54	4.82	등록평균	등록최저
생명과학과	조선대	지역인재	15	13	2.0	5.49	5.77	10	3.5	5.24	5.08	10	4.7	4.53	4.82	등록평균	등록70%컷
생명과학과*	한양대	추천형	6	6	4.5	1.21		6	6.2	1.25		6	8.3	1.18		등록평균	
생명과학과*	부산대	지역인재	5	5	7.6	2.41	2.52	5	10.2	2.47	2.54	5	12.0	2.25	2.05	등록평균	등록70%컷
생명과학과*	부산대	학생부교과	15	16	5.0	2.09	2.14	10	9.8	2.15	2.23	12	10.9	2.25	2.50	등록평균	등록70%컷
생명과학과*	강원대(춘천)	일반전형	6	6	4.3	3.13	3.45	6	6.0	3.05	3.23	6	6.0	3.13		등록평균	등록75%컷
생명과학과*	순천향대	지역인재	6	6	2.8	4.43	5.46									등록평균	등록최저
생명과학과*	순천향대	교과우수자	15	19	3.5	3.84	4.82	17	9.2	3.43	3.78	32	4.2	3.65	4.44	등록평균	등록최저
생명과학과*	순천향대	교과면접	5	6	6.3	3.93	4.35	10	5.2	3.98	4.80					등록평균	등록최저
생명과학과*	강원대(춘천)	지역인재	5	4	3.3	3.22	3.40	4	4.3	3.60	3.69	6	5.3	3.32		등록평균	등록75%컷
생명과학기술학부	전남대(광주)	일반전형	12	13	4.9	3.51	3.95	13	5.3	2.52	2.62	8	7.5	2.66	2.76	등록평균	등록70%컷
생명과학기술학부	전남대(광주)	지역인재	11	12	5.7	2.73	2.79	12	4.3	3.13	3.33	7	8.4	2.47	2.68	등록평균	등록70%컷
생명과학부*	경상국립대	일반전형	39	44	3.2	3.97	4.73	45	4.5	3.32	3.80	45	4.3	3.49	4.02	등록평균	등록80%
생명과학부*	경상국립대	지역인재	4													등록평균	등록80%
생명과학전공*	단국대(천안)	학생부교과우수자	9	24	6.5	2.85	3.22	30	7.6	3.35		32	5.4	3.61		등록평균	등록최저
생명시스템과학과*	한남대	지역인재교과우수자	18	17	2.1	5.54	5.89	16	2.1	5.30	5.72	25	3.0	5.50	5.81	최종평균	최종80%
생명시스템과학과*	한남대	일반전형	34	34	2.9	5.54	5.95	33	4.1	5.61	5.81	28	3.3	5.48	6.06	최종평균	최종80%
생명자유전공학부	한국교통대	일반전형	4													등록평균	등록최저
생명정보공학과	고려대(세종)	일반전형	12	5	4.4	5.22	5.22	5	10.6	2.38	2.48	5	27.0	2.90	3.09	등록50%컷	등록70%컷
생명정보융합학과	충남대	지역인재	4	4	4.3	3.26	3.51	4	8.5	2.75	2.80	4	7.5	3.15	3.29	등록평균	등록70%
생명정보융합학과	충남대	일반전형	5	8	6.8	2.49	2.74	8	6.0	2.95	3.12	8	6.6	2.82	3.14	등록평균	등록70%

3부 ● 모집단위순 합격자 성적

모집단위	대학	전형	2025 모집인원	2024 모집인원	2024 경쟁률	2024 성적①	2024 성적②	2023 모집인원	2023 경쟁률	2023 성적①	2023 성적②	2022 모집인원	2022 경쟁률	2022 성적①	2022 성적②	성적 산출기준 성적①	성적 산출기준 성적②
생명화학공학과	조선대	일반전형	15	10	5.0	4.79	5.33	75	2.0	5.55	5.97	72	2.0	5.33	5.68	등록평균	등록70%컷
생명화학공학과	조선대	지역인재	32	22	3.0	5.17	4.80	10	3.0	4.83	4.89					등록평균	등록70%컷
생명환경화학과	부산대	지역인재	5	4	5.0	3.97		4	7.8	3.52	3.66	4	8.0	3.53	3.57	등록평균	등록70%컷
생명환경화학과	부산대	학생부교과	6	4	5.5	3.72	3.17	4	10.8	3.30	3.28	6	14.3	3.59	3.58	등록평균	등록70%컷
생물공학과*	전남대(광주)	지역인재	4	4	6.3	3.02	2.68	4	7.8	2.30	2.31	4	9.3	2.49	2.62	등록평균	등록70%컷
생물공학과*	전남대(광주)	일반전형	6	6	13.5	2.64	2.81	5	5.6	3.07	3.64	5	9.4	2.07	2.23	등록평균	등록70%컷
생물과학과*	충남대	지역인재	6	7	5.3	2.51	2.68	7	5.1	2.96	2.99	7	6.6	2.78	2.83	등록평균	등록70%
생물과학과*	충남대	일반전형	10	14	6.7	2.50	2.70	16	4.5	2.82	3.03	15	5.9	2.63	2.72	등록평균	등록70%
생물교육과	한국교원대	지역인재	1	1	8.0	2.23		1	6.0	3.28		1	3.0	2.23		지원평균	
생물교육과	전남대(광주)	지역인재	4	4	4.8	2.47	2.47	4	5.3	2.55	3.09	3	9.0	2.17		등록평균	등록70%컷
생물교육과	전남대(광주)	일반전형	6	6	4.5	4.67		6	6.3	2.41	2.41	3	9.3	2.61		등록평균	등록70%컷
생물교육과	공주대	지역인재	2													등록50%컷	등록70%컷
생물교육과	경상국립대	일반전형	10	10	4.5			11	6.5	3.37	3.74	11	8.2	3.45	3.63	등록평균	등록80%
생물교육과	부산대	학생부교과	8	8	4.5	2.66	2.49	7	7.0	2.24	2.16	7	15.0	2.23	2.36	등록평균	등록70%컷
생물교육과	조선대	일반전형	11	10	2.7	5.36	5.68	7	6.3	3.43	3.50	10	3.8	3.83	3.76	등록평균	등록70%컷
생물교육과	공주대	교과Ⅰ전형	4	6	3.5	2.23	2.23	5	11.8	2.2	2.4	5	7.2	3.0	3.1	등록50%컷	등록70%컷
생물교육과	충북대	학생부교과	6	5	8.6	2.82		3	5.3	5.39		3	8.0	2.43		등록평균	등록70%컷
생물교육과	경북대	교과우수자	7	7	4.7	2.49	2.45	6	14.0	2.19	2.27	7	9.1	2.90	3.03	등록평균	등록70%
생물교육전공	제주대	지역인재	2	2	3.5			2	10.5	3.55		2	8.5	3.66		등록50%컷	등록70%컷
생물교육전공	제주대	일반학생	2	2	3.0			2	8.0	3.57		2	8.5			등록50%컷	등록70%컷
생물산업기계공학과*	경상국립대	일반전형	11	13	4.1	5.08	5.25	12	3.2	5.04	5.36	12	5.2	4.89	4.96	등록평균	등록80%
생물의소재공학과	강원대(춘천)	일반전형	6	7	6.0	3.93	4.07	9	5.7	4.03	4.29	8	6.0	4.03		등록평균	등록75%컷
생물의소재공학과	강원대(춘천)	지역인재	4	4	3.0	3.61	3.70	4	3.0	3.99	4.07	5	3.6	4.24		등록평균	등록75%컷
생물자원과학부	강원대(춘천)	지역인재	9	8	13.0	4.21	4.57	13	2.9	5.28	5.78	13	4.6	4.46		등록평균	등록75%컷
생물자원과학부	강원대(춘천)	일반전형	9	12	6.2	4.06	4.31	12	7.0	3.97	4.15	11	6.9	4.44		등록평균	등록75%컷
생물학과	경북대	지역인재	6									4	10.3	3.07	3.50	등록평균	등록70%
생물학과	경북대	교과우수자	8	9	7.9	2.31	2.44	10	21.0	2.60	2.79	9	9.1	3.68	3.09	등록평균	등록70%
생물학과	제주대	지역인재	5	4	4.3	6.10	6.10	3	3.3	5.20	5.60	2	5.5			등록50%컷	등록70%컷
생물학과	충북대	학생부교과	10	10	10.7	3.16	3.21	9	6.9	3.69	3.49	9	8.2	2.92	3.12	등록평균	등록70%컷
생물학과	충북대	지역인재	4	4	6.5	3.33	3.70	4	5.5	3.18	3.13	4	8.8	2.98	3.15	등록평균	등록70%컷
생물학과*	제주대	일반학생	9	9	6.2	5.48	5.85	10	6.4	5.40	5.81	10	4.1	5.82	6.23	등록50%컷	등록70%컷
생물학과*	전남대(광주)	지역인재	7	4	10.3	3.43	3.34	4	4.5	3.72		4	8.0	2.96		등록평균	등록70%컷
생물학과*	전남대(광주)	일반전형	6	6	6.8	3.07	3.24	6	11.3	2.78	3.08	4	7.5	3.47	3.32	등록평균	등록70%컷
생태조경디자인학과	강원대(춘천)	일반전형	7	7	5.3	3.53	3.70	7	7.9	3.53	3.87	6	12.7	3.73		등록평균	등록75%컷
생태조경디자인학과	강원대(춘천)	지역인재	4	4	2.8	4.18	4.28	4	5.3	3.90	3.96	5	5.6	4.15		등록평균	등록75%컷
생화학과	충북대	지역인재	4	4	5.0	3.49		4	8.5	3.07	3.01	4	9.3	3.47		등록평균	등록70%컷
생화학과	충북대	학생부교과	7	7	4.6	3.73	4.10	7	7.0	2.96	2.99	7	7.7	3.16	3.39	등록평균	등록70%컷
생화학과	충남대	일반전형	7	10	4.9	2.37	2.50	10	7.8	2.62	2.79	10	5.9	2.83	3.09	등록평균	등록70%
생화학과	충남대	지역인재	5	5	4.6	2.54	2.69	5	4.2	2.68	2.78	5	7.0	2.59	2.72	등록평균	등록70%
생활복지학과*	전남대(광주)	지역인재	9	9	5.6	3.23	3.27	9	6.3	2.95	3.13	5	9.2	2.83	3.10	등록평균	등록70%컷
생활복지학과*	전남대(광주)	일반전형	7	5	16.2	2.98	2.81	5	7.0	3.44	3.70	5	8.6	3.04	2.77	등록평균	등록70%컷
생활환경복지학부*	제주대	일반학생	10	11	6.2	3.95	4.50	11	4.7	4.41	4.69	11	5.9	4.01	4.47	등록50%컷	등록70%컷
생활환경복지학부*	제주대	지역인재	4	3	7.7	4.43	4.85	3	5.3	3.78	4.10	2	7.0	4.05		등록50%컷	등록70%컷
서울캠퍼스자율전공(자연.예능)	홍익대(서울)	학교장추천자	41	41	7.5	1.83	1.88	40	14.1	1.87	1.92	41	8.8	2.14	2.21	등록50%컷	등록70%컷
석유화학소재공학과	전남대(여수)	일반전형	23	12	2.6	5.80		11	3.6	4.65	5.18	11	4.1	5.00	5.28	등록평균	등록70%컷
석유화학소재공학과	전남대(여수)	지역인재	8	3	2.7	5.38						9	2.1	5.24	5.28	등록평균	등록70%컷
선박해양공학과	조선대	일반전형	8	6	3.0											등록평균	등록70%컷
선박해양공학전공	조선대	지역인재	16	14	1.9	7.50	7.79									등록평균	등록70%컷
설비공학과	한밭대	지역인재(교과)	3	3	12.7			3	13.7			3	10.0			등록50%컷	등록70%컷
설비공학과	한밭대	학생부교과(일반)	16	35	5.1	5.11	5.67	31	5.0	4.98	4.93	27	4.8	4.84	5.07	등록50%컷	등록70%컷
섬유공학전공	경북대	교과우수자	19	21	2.3	5.48	6.22	12	3.8	4.45	5.12	12	2.5	5.98	5.99	등록평균	등록70%
섬유시스템공학과	경북대	지역인재	6									4	12.3	3.28	3.55	등록평균	등록70%
섬유시스템공학과	경북대	교과우수자	7	12	11.0	3.02	3.05	8	18.4	3.07	3.30	5	18.4	3.51	3.81	등록평균	등록70%
세라믹공학전공	경상국립대	일반전형	19	22	3.3	4.61	4.90	22	4.2	4.83	4.87	23	5.6	4.72	4.97	등록평균	등록80%

모집단위	대학	전형	2025 모집인원	2024 모집인원	2024 경쟁률	2024 성적①	2024 성적②	2023 모집인원	2023 경쟁률	2023 성적①	2023 성적②	2022 모집인원	2022 경쟁률	2022 성적①	2022 성적②	성적 산출기준 성적①	성적 산출기준 성적②
세종캠퍼스자율전공 (자연.예능)	홍익대(세종)	교과우수자	55	54	3.4	3.98	4.26	46	5.9	3.96	4.26	46	6.2	4.14	4.40	등록50%컷	등록70%컷
소방·안전학부	우송대	우송인재	3	3	3.0	5.5		4	3.5			4	5.3	5.0		등록평균	
소방·안전학부	우송대	교과중심	29	29	5.5	5.0		25	8.4	4.3		25	9.9	4.1		등록평균	
소방·안전학부	우송대	지역인재	3	3	9.0	5.2		3	5.0			4	6.0	4.1		등록평균	
소방·안전학부	우송대	면접	25	25	2.9	5.0	5.3	28	4.6	4.1	4.7	25	4.6	4.7	5.1	등록평균	등록70%컷
소방공학과	상지대	강원인재	2	5	2.2	6.89										등록평균	
소방공학과	상지대	교과일반	33	26	4.1	5.42										등록평균	
소방방재학과	호서대	지역인재	7	7	4.4	5.17	5.69	7	5.1	4.60	4.90					등록평균	등록최저
소방방재학과	호서대	학생부	31	27	6.6	4.41	5.07	28	6.8	4.39	5.07					등록평균	등록최저
소방방재학부	강원대(도계)	지역인재	9	10	4.0	5.19	5.72	18	2.3	5.42	6.12	20	3.8	4.49		등록평균	등록75%컷
소방방재학부	강원대(도계)	일반전형	42	39	3.8	5.27	6.04	32	4.9	4.73	5.06	30	5.8	4.21		등록평균	등록75%컷
소방안전학과	한라대	일반학생(교과중심)	27	24	4.6	4.72	5.81	22	4.7	5.21	6.10	10	3.5			등록50%컷	등록70%컷
소방안전학과	한라대	일반학생(면접중심)	6	14	1.6	6.36	6.36					24	3.7	5.78	5.90	등록50%컷	등록70%컷
소방안전학과	한라대	지역인재	5	5	3.6	4.42	5.77	2	3.0			2	5.0			등록50%컷	등록70%컷
소방재난관리학과	조선대	일반전형	18	10	6.4	4.45	4.57	12	8.5	4.18	4.33	15	8.4	4.44	4.41	등록평균	등록70%컷
소비자학과	충남대	지역인재	4	4	6.0	3.57	3.81	4	5.8			4	7.5	3.33	3.37	등록평균	등록70%
소비자학과	충남대	일반전형	6	8	6.0			8	5.9	3.50	3.54	8	7.8	3.58	3.56	등록평균	등록70%
소프트웨어공학과	협성대	협성창의인재	8	8	9.4	4.58	4.78	10	2.7	5.69	6.66					등록50%컷	등록70%컷
소프트웨어공학과	협성대	미래역량우수자	6	10	6.0	4.66	4.66	8	4.8	4.61	4.89	16	4.0	4.37	4.47	등록50%컷	등록70%컷
소프트웨어공학과	협성대	학생부교과우수자	12	16	5.6	3.95	4.11	12	8.4	3.65	3.98	11	9.7	3.59	3.66	등록50%컷	등록70%컷
소프트웨어공학과	경상국립대	일반전형	5	5	5.6	5.03		5	9.2	2.25	2.54	5	9.2	2.63	2.72	등록평균	등록80%
소프트웨어융합학과	홍익대(세종)	교과우수자	19	20	3.6	4.02	4.27	19	6.3	3.86	3.93	19	7.0	3.85	4.02	등록50%컷	등록70%컷
소프트웨어학과	경동대	일반학생	59	59	4.1	4.89	5.72	59	4.8	5.00	5.54	54	5.0	5.03	6.10	최종평균	최종80%
소프트웨어학과	상지대	강원인재	5													등록평균	
소프트웨어학과	경북대	교과우수자	6	22	6.3	4.20	4.59	27	4.1	4.73	5.10	14	5.8	3.80	4.31	등록평균	등록70%
소프트웨어학과	상지대	교과일반	35													등록평균	
소프트웨어학과	경북대	지역인재	5									3	5.3			등록평균	등록70%
소프트웨어학과	상명대(천안)	학생부교과	12	19	5.4	3.95	4.46	19	5.9	4.04	4.43	19	12.1	3.69		등록평균	등록최저
소프트웨어학과	극동대	교과우수자	10													등록50%컷	등록70%컷
소프트웨어학과	공주대	교과Ⅰ전형	16	24	5.3	4.15	4.25	24	6.2	4.1	4.3	25	6.8	3.9	4.0	등록50%컷	등록70%컷
소프트웨어학과	공주대	지역인재	3	10	3.8	4.24	4.43	8	10.6	4.3	4.3	8	6.3	4.4	4.6	등록50%컷	등록70%컷
소프트웨어학부	연세대(미래)	교과우수자	43	43	2.9	4.25	4.74	21	7.3	3.65	3.70	21	6.2	3.66	3.78	등록평균	등록70%컷
소프트웨어학부	한림대	교과우수자	58	58	2.8	3.61	4.83	58	5.7	3.60	4.11	58	2.7	3.89	5.23	등록평균	등록최저
소프트웨어학부	충북대	학생부교과	20	38	4.2	3.11	3.25	28	7.5	2.99	3.24	30	9.3	3.03	3.14	등록평균	등록70%컷
소프트웨어학부	한림대	지역인재	17	17	4.4	3.91	4.51	17	4.6	4.16	5.32	17	3.4	4.85	6.42	등록평균	등록최저
소프트웨어학부	충북대	지역인재	9	9	5.1	2.85	3.18	8	5.1	3.11	3.18	8	8.6	2.80	3.03	등록평균	등록70%컷
수리데이터사이언스학과	한양대(에리카)	지역균형선발	6	7	25.4	2.59	2.59	5	46.8	2.94	3.20	5	4.2	4.49	4.42	등록평균	등록70%컷
수산생명의학과	제주대	일반학생	12	13	4.5		4.02	13	6.4	3.83	3.94	13	10.4	3.80	4.08	등록50%컷	등록70%컷
수산생명의학과	전남대(여수)	지역인재	4	5	4.4	4.15	4.24	4	4.8	3.70	3.79	3	7.3	3.72		등록평균	등록70%컷
수산생명의학과	한서대	한서인재	4	6	1.3	5.9	6.4	5	1.8	5.6	5.8	6	1.5	5.1	5.1	등록평균	등록80%
수산생명의학과	전남대(여수)	일반전형	12	14	6.7	3.82	4.40	17	5.7	3.97	4.18	14	9.7	3.45	3.78	등록평균	등록70%컷
수산생명의학과	한서대	학생부교과1	10	8	3.8	6.1	6.3	5	4.8	3.7	3.8	11	2.2	5.8	5.8	등록평균	등록80%
수산생명의학과	한서대	지역인재	2													등록평균	
수산생명의학과	공주대	교과Ⅰ전형	11	13	7.5	5.45	5.94	18	4.2	6.3	6.5	18	3.7	5.9	6.2	등록50%컷	등록70%컷
수산생명의학과	제주대	지역인재	4	3	3.7	4.19	4.23	3	3.0	4.05	4.18	2	5.5	4.62		등록50%컷	등록70%컷
수소안전학과	극동대	교과우수자	10													등록50%컷	등록70%컷
수의예과	전북대	지역인재1유형	5	5	13.6	1.52	1.56									등록평균	등록70%컷
수의예과	강원대(춘천)	지역인재	10	10	11.8	1.45	1.49	6	15.7	1.53	1.58	7	8.4	1.66		등록평균	등록75%컷
수의예과	경상국립대	지역인재	22	22	11.6	1.33	1.39	22	9.3	1.40	1.47	22	13.6	1.45	1.53	등록평균	등록80%
수의예과	충남대	지역인재	8	8	9.6	1.33	1.41	8	16.1	1.48	1.51	8	22.0	1.54	1.60	등록평균	등록70%
수의예과	충북대	지역인재	6	5	8.4	1.13	1.21	5	11.6	1.18	1.19	5	10.6	1.39	1.41	등록평균	등록70%컷
수의예과	전남대(광주)	지역인재	14	14	8.1	1.31	1.34	14	9.2	1.38	1.44	12	12.4	1.40	1.44	등록평균	등록70%컷
수의예과	제주대	지역인재	9	9	5.6	1.64	1.71	9	5.0	1.82	1.91	8	7.9	1.97	1.98	등록50%컷	등록70%컷
수의예과	전남대(광주)	일반전형	10	10	15.2	1.31	1.33	10	13.6	1.33	1.35	10	17.1	1.34	1.40	등록평균	등록70%컷
수의예과	경북대	교과우수자	20	14	19.2	1.42	1.46	9	14.8	1.44	1.57	9	23.8	1.37	1.41	등록평균	등록70%

모집단위	대학	전형	2025 모집인원	2024 모집인원	경쟁률	성적①	성적②	2023 모집인원	경쟁률	성적①	성적②	2022 모집인원	경쟁률	성적①	성적②	성적 산출기준 성적①	성적②
수의예과	전북대	지역인재2유형	15	15	11.0	1.55	1.60	15	9.7	1.62	1.71	5	9.2	1.72	1.85	등록평균	등록70%컷
수의예과	경북대	지역인재	18	11	11.1	1.50	1.54	12	11.2	1.51	1.59	12	10.5	1.55	1.60	등록평균	등록70%
수의예과	충남대	일반전형	19	19	15.0	1.33	1.35	19	15.6	1.40	1.47	19	18.4	1.54	1.59	등록평균	등록70%
수의예과	강원대(춘천)	일반전형	15	15	19.5	1.23	1.28	18	20.4	1.37	1.44	18	16.1	1.46		등록평균	등록75%컷
수의예과	전북대	일반학생	10	10	11.9	1.25	1.29	15	19.1	1.20	1.25	25	14.1	1.40	1.46	등록평균	등록70%
수의예과	충북대	학생부교과	11	9	12.3	1.09	1.14	9	12.6	1.22	1.23	9	19.4	1.15	1.19	등록평균	등록70%
수의예과	제주대	일반학생	12	9	27.6	1.33	1.36	9	32.0	1.40	1.45	9	50.2	1.52	1.53	등록50%컷	등록70%컷
수의예과	경상국립대	일반전형	13	13	17.6	1.32	1.35	13	16.7	1.36	1.43	13	22.2	1.40	1.49	등록평균	등록80%
수학과	부산대	지역인재	4	4	6.8	3.80										등록평균	등록70%컷
수학과	제주대	일반학생	10	11	5.7	6.86	6.80	11	3.9	6.28	6.80	11	3.1	6.05	6.67	등록50%컷	등록70%컷
수학과	경북대	교과우수자	4	6	15.3	2.39	2.54	5	7.4	3.27	3.23	4	9.5	2.40	2.67	등록평균	등록70%
수학과	충남대	일반전형	22	29	5.5	3.61	3.80	29	7.2	3.73	3.92	29	6.7	3.70	4.00	등록평균	등록70%
수학과	충남대	지역인재	13	13	5.5	3.66	3.96	13	6.3	3.58	3.94	13	7.0	3.81	4.04	등록평균	등록70%
수학과	한남대	지역인재교과우수자	7	7	1.9	5.78	6.50	10	1.6	5.89	6.94	16	1.8	5.58	5.71	최종평균	최종80%
수학과	충북대	학생부교과	9	8	8.9	3.71	4.05	7	7.7	4.09	3.99	7	13.1	3.48	3.77	등록평균	등록70%컷
수학과	충북대	지역인재	4	4	11.5	3.70	4.02	4	4.5	4.98	5.08	4	9.5	3.22	3.27	등록평균	등록70%컷
수학과	제주대	지역인재	4	3	5.7	6.36	6.33	3	5.7	5.70		2	5.0	6.74		등록50%컷	등록70%컷
수학과	경북대	지역인재	3													등록평균	등록70%
수학과*	단국대(천안)	학생부교과우수자	9	15	5.6	3.72	4.27	20	6.5	3.79		20	5.2	3.89		등록평균	등록최저
수학과*	전남대(광주)	지역인재	7	6	5.3	3.50	3.70	6	6.2	3.40	3.35	6	7.8	3.38	3.48	등록평균	등록70%컷
수학과*	한양대	추천형	5	5	7.2	1.41		5	16.4	1.36		5	14.2	1.56		등록평균	
수학과*	부산대	학생부교과	10	10	5.1	2.68	2.80	9	7.0	2.52	2.63	11	12.1	2.64	2.65	등록평균	등록70%컷
수학과*	전남대(광주)	일반전형	7	6	6.2	3.05	3.28	6	12.7	3.43	3.47	6	9.8	3.49	3.72	등록평균	등록70%컷
수학과*	강원대(춘천)	지역인재	4	4	4.5	3.67	3.84	4	2.8	4.47	4.64	5	4.8	3.07		등록평균	등록75%컷
수학과*	강원대(춘천)	일반전형	7	7	6.3	3.85	4.00	8	14.5	3.98	4.22	6	5.3	4.79		등록평균	등록75%컷
수학과*	한남대	일반전형	27	30	1.8	6.42	7.13	28	1.8	5.52	5.86	22	2.7	5.54	5.91	최종평균	최종80%
수학교육과	한국교원대	지역인재	1	1	9.0	3.02		1	10.0	3.19		1	3.0	4.69		지원평균	
수학교육과	제주대	일반학생	2	2	5.0	2.82	2.82	2	6.0	3.26		2	8.5	3.10		등록50%컷	등록70%컷
수학교육과	충남대	지역인재	2	2	6.5			2	8.0			2	7.0			등록평균	등록70%
수학교육과	전남대(광주)	일반전형	8	8	4.1	2.52	2.41	8	8.8	2.22	2.40	4	13.8	2.55	2.54	등록평균	등록70%컷
수학교육과	공주대	지역인재	4													등록50%컷	등록70%컷
수학교육과	전북대	일반학생	7	6	3.8	3.91	4.22	7	10.3	2.54	2.68	7	7.0	2.88		등록평균	등록70%컷
수학교육과	제주대	지역인재	6	6	3.2	3.23	3.23	6	4.2	3.24	3.44	6	5.7	3.06	3.33	등록50%컷	등록70%컷
수학교육과	부산대	학생부교과	6	6	10.8	1.99	1.98	6	7.3	2.39	2.43	8	13.4	1.95	1.94	등록평균	등록70%컷
수학교육과	경북대	교과우수자	9	9	3.8	2.90	3.58	7	10.9	1.96	2.03	6	15.0	2.16	2.22	등록평균	등록70%
수학교육과	경상국립대	일반전형	20	20	3.7	3.32	3.60	20	8.1	3.00	3.19	25	6.4	3.38	3.73	등록평균	등록80%
수학교육과	조선대	일반전형	12	12	4.9	3.97	4.14	14	4.3	4.05	4.26	15	7.9	3.72	4.23	등록평균	등록70%컷
수학교육과	강원대(춘천)	지역인재	6	5	2.4	2.69	2.81	4	6.0	2.34	2.67	5	4.8	2.74		등록평균	등록75%컷
수학교육과	한양대	추천형	3	3	6.7	1.13		3	6.3	1.38		3	9.7	1.31		등록평균	
수학교육과	충북대	학생부교과	12	11	3.1	3.30		5	7.6	2.34	2.20	5	8.4	2.22	2.36	등록평균	등록70%컷
수학교육과	공주대	교과Ⅰ전형	7	11	6.1	2.86	3.02	11	7.8	2.6	2.7	11	10.5	2.3	2.5	등록50%컷	등록70%컷
수학교육과	강원대(춘천)	일반전형	7	7	5.0	3.04	3.15	7	9.3	2.63	2.85	7	10.6	2.84		등록평균	등록75%컷
수학교육과	전남대(광주)	지역인재	4	4	4.5	2.65		4	6.3	2.28	2.46	4	13.5	2.25		등록평균	등록70%컷
수학교육과	전북대	지역인재1유형	4	4	6.0	3.17	3.30									등록평균	등록70%컷
수학교육과	충남대	일반전형	6	6	5.7	2.27	2.31	6	7.3			6	7.2	2.60	2.68	등록평균	등록70%
수학교육과	홍익대(서울)	학교장추천자	5	5	5.0	2.00	2.09	4	9.3	1.75	1.79					등록50%컷	등록70%컷
수학교육과*	한남대	지역인재교과우수자	4	4	4.3	3.30	3.40	2	6.0	2.84	2.84	3	4.0	4.26	4.17	최종평균	최종80%
수학교육과*	한남대	일반전형	9	8	5.9	3.55	3.75	13	3.5	3.92	4.38	7	10.3	3.00	3.41	최종평균	최종80%
수학교육과*	원광대	일반전형	10	8	6.0	2.81	3.12	8	4.8	4.04	4.60	8	7.0	2.64	2.93	등록50%컷	등록70%컷
수학물리학부*	경상국립대	일반전형	23													등록평균	등록80%
스마트건축공학과	동양대	일반전형Ⅰ	29	29	0.8			29	1.0	3.10	3.80	33	2.0	4.70	5.20	등록50%컷	등록70%컷
스마트건축공학과	동양대	지역인재	1	1	0.0			1	1.0							등록50%컷	등록70%컷
스마트기계공과	동양대	지역인재	10	10	0.8	5.40	5.70	5	0.2							등록50%컷	등록70%컷
스마트기계공학과	동양대	일반전형Ⅰ	20	19	1.9	3.50	5.80	44	0.8			25	2.2	5.10	5.40	등록50%컷	등록70%컷
스마트농산업학과	경상국립대	일반전형	18	19	5.4	3.78	4.42	25	5.6	4.00	4.68	25	5.2	4.35	4.79	등록평균	등록80%
스마트도시학부	고려대(세종)	일반전형	8	5	3.6	4.10	4.10	5	6.6	3.29	3.29	5	10.6	3.36	3.43	등록50%컷	등록70%컷

모집단위	대학	전형	2025 모집인원	2024 모집인원	2024 경쟁률	2024 성적①	2024 성적②	2023 모집인원	2023 경쟁률	2023 성적①	2023 성적②	2022 모집인원	2022 경쟁률	2022 성적①	2022 성적②	성적 산출기준 성적①	성적 산출기준 성적②
스마트산업공학과	강원대(춘천)	일반전형	7													등록평균	등록75%컷
스마트산업공학과	강원대(춘천)	지역인재	5													등록평균	등록75%컷
스마트생명과학과	상지대	교과일반	32	40	1.9	5.31										등록평균	
스마트생명과학과	상지대	강원인재	3	3	2.3	4.67										등록평균	
스마트생물산업기계공학과	경북대	지역인재	7													등록평균	등록70%
스마트생물산업기계공학과	경북대	교과우수자	11	21	5.8	3.37	3.55									등록평균	등록70%
스마트수산자원관리학과	전남대(여수)	일반전형	19	13	1.8	6.21	6.36	11	3.2	6.21	6.31	11	3.5	5.97	6.27	등록평균	등록70%컷
스마트수산자원관리학과	전남대(여수)	지역인재	11	8	2.1	6.73		6	4.5	5.47	5.93	9	2.1	6.93	6.30	등록평균	등록70%컷
스마트수산자원학과	공주대	교과Ⅱ전형	7													등록평균	
스마트시티건축공학과	충남대	지역인재	7	8	8.0	3.18	3.25	8	6.0	3.68	3.89	6	7.0	3.41	3.47	등록평균	등록70%
스마트시티건축공학과	충남대	일반전형	13	19	6.9	3.27	3.37	20	9.4	3.31	3.50	14	7.5	3.62	3.75	등록평균	등록70%
스마트안전시스템학부[동두천]	동양대	일반전형Ⅰ	40	45	2.6	3.70	4.30	36	2.6	3.90	4.50	18	6.11	4.60	4.90	등록50%컷	등록70%컷
스마트안전시스템학부[동두천]	동양대	면접전형	5	10	2.1	4.50	5.00	10	2.0	3.70		33	1.2	5.10	5.40	등록50%	등록70%
스마트에너지기계공학과	경상국립대	일반전형	31	22	2.7	6.51	6.87	22	2.2	6.36	6.69	30	2.1	6.01	6.88	등록평균	등록80%
스마트유통물류학과	경상국립대	일반전형	20	20	15.9	3.56	3.94	25	8.0	5.02	5.37	25	4.5	4.85	5.28	등록평균	등록80%
스마트인프라공학과	공주대	교과Ⅰ전형	21	24	3.4	5.11	5.32	23	4.3	4.8	5.3	23	4.6	5.2	5.4	등록50%컷	등록70%컷
스마트인프라공학과	공주대	교과Ⅱ전형	13													등록50%컷	등록70%컷
스마트자동차학과	순천향대	교과우수자	12	17	9.4	4.56	5.09	12	4.4	4.66	6.33	15	8.1	4.08	4.50	등록평균	등록최저
스마트자동차학과	순천향대	지역인재	4	4	5.0	5.02	5.17									등록평균	등록최저
스마트자동차학과	순천향대	교과면접	5	5	4.6	4.84	5.36	14	2.9	4.64	4.94					등록평균	등록최저
스마트정보기술공학과	공주대	교과Ⅰ전형	8	13	5.4	4.91	5.13	14	8.7	4.9	5.0	13	6.0	5.2	5.3	등록50%컷	등록70%컷
스마트정보기술공학과	공주대	지역인재	2	6	3.5	5.01	5.25	5	6.4	5.1	5.2	5	4.4	5.1	5.4	등록50%컷	등록70%컷
스마트정보통신공학과	상명대(천안)	학생부교과	20	34	6.2	4.57	5.09	34	4.6	4.71	5.36	34	6.2	4.36		등록평균	등록최저
스마트팜공학과	공주대	교과Ⅰ전형	7	18	5.1	5.19	5.34	17	5.5	4.9	5.1	18	10.1	4.4	4.7	등록50%컷	등록70%컷
스마트팜공학과	공주대	지역인재	2													등록50%컷	등록70%컷
스마트팜융합바이오시스템공학과	강원대(춘천)	지역인재	3													등록평균	등록75%컷
스마트팜융합바이오시스템공학과	강원대(춘천)	일반전형	5													등록평균	등록75%컷
스마트팜학과	전북대	일반학생	14	14	5.6	3.81	3.93	14	7.4	3.76	3.96	14	17.1	3.71	3.96	등록평균	등록70%컷
스마트팜학과	전북대	지역인재1유형	3	3	7.3	4.22										등록평균	등록70%컷
스마트플랜트공학과	경북대	교과우수자	21	25	3.2	6.06	6.24	8	2.3	6.11	6.38					등록평균	등록70%
스포츠건강재활학과	우송대	지역인재	3	3	11.3	4.5		2	8.5			4	9.3	3.9		등록평균	
스포츠건강재활학과	우송대	교과중심	14	14	8.4	3.9		10	15.2	3.7		14	11.6	3.3		등록평균	
스포츠건강재활학과	우송대	우송인재	4	4	10.5	4.4		9	4.7			8	5.9	5.3		등록평균	
스포츠건강재활학과	우송대	면접	38	38	5.6	4.5	4.8	39	7.4	4.4	4.8	34	4.9	4.9	5.4	등록평균	등록70%컷
시스템반도체공학과	상명대(천안)	학생부교과	14	23	4.9	4.48	4.88	21	7.6	4.29	4.68	21	6.5	4.34		등록평균	등록최저
시스템제어공학과	호서대	학생부	29	30	3.2	5.90	6.92	27	3.1	5.87	7.82	21	3.2	5.16	6.29	등록평균	등록최저
시스템제어공학과	호서대	지역인재	4	7	1.9	6.28	7.37	7	1.3	5.74	7.37	4	2.3	5.20	5.84	등록평균	등록최저
식량생명공학전공*	단국대(천안)	학생부교과우수자	9	16	7.4	3.31	3.67	19	5.9	3.81		19	9.1	3.69		등록평균	등록최저
식물생명과학과*	부산대	지역인재	5	4	8.3	4.77		4	11.8	4.05	4.07	4	8.0	4.72	4.84	등록평균	등록70%컷
식물생명과학과*	부산대	학생부교과	5	5	23.2	4.60	4.71	6	9.8	4.81	5.02	4	10.3	3.37	3.43	등록평균	등록70%컷
식물식품공학과	상명대(천안)	학생부교과	10	16	6.3	3.95	4.24	15	6.0	4.10	4.54	15	7.5	4.14		등록평균	등록최저
식물의학과	경북대	지역인재	6	6	11.2	3.16	3.27	2	12.0							등록평균	등록70%
식물의학과	경북대	교과우수자	8	9	7.6	2.99	3.25	5	11.4	3.07	3.37					등록평균	등록70%
식물의학과	충북대	학생부교과	8	7	7.4	3.72	4.03	7	10.7	3.86	3.88	7	9.9	3.88	3.95	등록평균	등록70%컷
식물의학과	경상국립대	일반전형	10	10	8.9	4.13	4.40	10	3.2	4.30	5.93	10	4.6	3.16	3.39	등록평균	등록80%
식물의학과	충북대	지역인재	4	4	6.5	3.54	3.79	4	9.0	3.44	3.06	4	9.5	3.91		등록평균	등록70%컷
식물자원학과	경북대	교과우수자	19	22	4.7	5.23	5.58	17	2.4	5.55	5.82					등록평균	등록70%
식물자원학과	공주대	교과Ⅱ전형	3														
식물자원학과	충북대	학생부교과	6	7	13.6	3.31	3.54	7	7.1	4.33	4.27	7	10.4	3.22	3.44	등록평균	등록70%컷
식물자원학과	공주대	교과Ⅰ전형	8	17	4.3	5.06	5.47	19	4.1	5.0	5.2	19	4.4	4.6	5.0	등록50%컷	등록70%컷
식물자원학과	충북대	지역인재	4	4	8.0	3.93		4	6.5	3.58	3.68	4	7.8	3.64	3.85	등록평균	등록70%컷
식물자원환경전공	제주대	일반학생	6	5	4.4			9	4.2	5.09	5.34	9	4.2	5.40	5.44	등록50%컷	등록70%컷

모집단위	대학	전형	2025 모집인원	2024 모집인원	2024 경쟁률	2024 성적①	2024 성적②	2023 모집인원	2023 경쟁률	2023 성적①	2023 성적②	2022 모집인원	2022 경쟁률	2022 성적①	2022 성적②	성적 산출기준 성적①	성적 산출기준 성적②
식물자원환경전공	제주대	지역인재	6	6	4.5			2	5.5	4.29		1	6.0			등록50%컷	등록70%컷
식품공학과	호서대	지역인재	7	7	3.9	4.87	5.55	7	2.9	5.07	5.43	6	4.5	4.71	5.41	등록평균	등록최저
식품공학과	호서대	학생부	20	17	3.6	4.27	5.24	17	5.5	4.16	4.78	18	5.2	4.54	5.18	등록평균	등록최저
식품공학과	공주대	교과Ⅰ전형	6	13	4.8	4.56	4.64	15	4.8	4.3	4.6	15	5.2	4.2	4.3	등록50%컷	등록70%컷
식품공학과	공주대	교과Ⅱ전형	3														
식품공학과	전남대(광주)	지역인재	5	5	6.8	2.54	2.39	5	6.0	2.85	3.05	3	10.0	2.72		등록평균	등록70%컷
식품공학과	부산대	학생부교과	5	5	14.2	3.66	3.56	5	29.8	3.71	3.76	5	8.0	5.06	4.27	등록평균	등록70%컷
식품공학과*	부산대	지역인재	5	4	8.3	3.91	3.65	5	13.8	3.60	3.50	5	7.8	4.22	3.96	등록평균	등록70%컷
식품공학과*	단국대(천안)	학생부교과우수자	9	20	7.7	3.23	3.54	25	7.0	3.51		25	6.2	3.66		등록평균	등록최저
식품공학과*	전남대(광주)	일반전형	7	8	6.4	2.64	2.77	8	7.0	2.65	2.83	7	12.0	2.92	2.91	등록평균	등록70%컷
식품공학부	경북대	교과우수자	27	30	5.8	2.64	2.78	20	15.0	2.72	2.87	10	10.4	2.88	3.17	등록평균	등록70%
식품공학부	경북대	지역인재	9	10	6.6	2.70	2.85	10	14.2	2.50	2.58	4	13.3	2.64	2.85	등록평균	등록70%
식품공학부*	경상국립대	일반전형	29	28	3.4	3.64	4.26	29	4.6	3.16	3.84	29	6.0	3.71	4.07	등록평균	등록80%
식품공학부*	경상국립대	지역인재	3	3	5.0	3.95		3	8.0			3	5.0	4.81	4.95	등록평균	등록80%
식품생명공학과	충북대	학생부교과	7	7	6.6	2.80	2.86	7	10.9	3.09	3.14	7	12.6	3.00	3.21	등록평균	등록70%컷
식품생명공학과	강원대(춘천)	일반전형	6													등록평균	등록75%컷
식품생명공학과	제주대	지역인재	5	4	4.3	5.26	5.26	3	3.3	5.30		2	6.0	4.95		등록50%컷	등록70%컷
식품생명공학과	고려대(세종)	일반전형	12	5	13.6	3.61	3.61	6	5.7	3.64	3.99	6	32.3	2.80	2.90	등록50%컷	등록70%컷
식품생명공학과	충북대	지역인재	4	4	6.3	3.02	3.22	4	10.3	3.04	3.10	4	9.0	3.59	3.60	등록평균	등록70%컷
식품생명공학과	강원대(춘천)	지역인재	4													등록평균	등록75%컷
식품생명공학과	제주대	일반학생	8	8	4.8	5.03	4.96	9	4.4	5.55	5.63	9	5.6	5.12	5.46	등록50%컷	등록70%컷
식품생명학부	한국교통대	일반전형	35	32	5.2	4.18	5.25	26	4.7	4.49	5.52	31	5.1	4.34	5.34	등록평균	등록최저
식품생명학부	한국교통대	지역인재	4	4	6.5	4.01	4.79									등록평균	등록최저
식품영양과학부*	전남대(광주)	지역인재	9	8	6.1	3.18	3.22	8	10.9	2.87	3.23	8	12.0	3.20	3.25	등록평균	등록70%컷
식품영양과학부*	전남대(광주)	일반전형	8	8	6.8	3.40	4.21	8	16.4	3.03	3.12	8	12.4	3.40	3.47	등록평균	등록70%컷
식품영양학과	공주대	지역인재	2													등록50%컷	등록70%컷
식품영양학과	건국대(글로컬)	지역인재	2	2	4.5	5.3	6.0	2	7.5	3.7	4.0	2	4.5	5.7		등록50%	등록70%
식품영양학과	경북대	교과우수자	9	9	6.6	2.90	3.04	9	11.4	2.94	3.07	9	10.2	3.04	3.39	등록50%	등록70%
식품영양학과	호남대	일반학생A	8	9	3.2	6.80	6.91	13	2.2	5.26	6.84	15	3.1	6.39	6.77	등록50%	등록70%
식품영양학과	건국대(글로컬)	교과우수	16	16	5.4	4.1	4.3	16	12.4	3.8	4.0	20	9.9	4.1	4.4	등록50%	등록70%
식품영양학과	조선대	일반전형	28	24	5.7	4.19	4.45	16	9.8	3.97	4.24	20	9.5	4.13	4.39	등록70%컷	
식품영양학과	충북대	학생부교과	5	6	10.2	3.64	3.83	6	47.2	3.16	3.55	5	8.6	4.93	5.40	등록평균	등록70%컷
식품영양학과	공주대	교과Ⅰ전형	8	18	4.0	4.60	4.87	17	7.9	4.5	4.6	18	8.3	4.5	4.6	등록50%컷	등록70%컷
식품영양학과	충북대	지역인재	3	3	10.3	3.53		3	10.3	3.85		3	8.0	3.11		등록평균	등록70%컷
식품영양학과	호남대	일반고	10	11	7.3	6.54	6.57	12	6.4	6.64	6.70	14	4.6	6.63	6.93	등록50%	등록70%
식품영양학과(자연)*	한양대	추천형	8	9	4.2	1.30		9	5.9	1.35		9	5.0	1.40		등록평균	
식품영양학과(자연)*	부산대	학생부교과	12	12	10.3	2.65	2.75	12	13.2	2.60	2.89	12	8.3	2.65	2.63	등록평균	등록70%컷
식품영양학과*	단국대(천안)	학생부교과우수자	8	15	6.1	3.32	3.66	21	6.2	3.50		21	5.1	3.48		등록평균	등록최저
식품영양학과*	경상국립대	지역인재	7	3	5.7	3.38		3	5.7			3	6.0	4.12	4.28	등록평균	등록80%
식품영양학과*	호서대	학생부	22	19	5.2	4.46	5.32	19	4.5	4.14	4.74	17	5.2	3.86	4.46	등록평균	등록최저
식품영양학과*	호서대	지역인재	5	5	3.6	4.54	5.07	5	11.0	4.35	4.57	5	4.6	5.34	6.60	등록평균	등록최저
식품영양학과*	한남대	일반전형	24	22	4.7	4.52	4.98	18	8.1	4.54	4.32	15	13.1	4.69	5.13	최종평균	최종80%
식품영양학과*	순천향대	지역인재	5		5.8	3.59	4.19									등록평균	등록최저
식품영양학과*	순천향대	교과우수자	10	13	4.3	3.34	3.80	11	9.0	3.34	3.73	13	6.7	3.43	4.08	등록평균	등록최저
식품영양학과*	충남대	지역인재	6	6	10.0	3.22	3.31	6	6.2	3.93	4.26	6	7.2	3.58	3.60	등록평균	등록70%
식품영양학과*	한남대	지역인재교과우수자	10	8	4.1	4.42	4.62	8	5.1	4.38	4.83	12	6.7	4.45	5.00	최종평균	최종80%
식품영양학과*	강원대(도계)	지역인재	3	3	3.0	6.41	6.87	4	1.5			4	4.5	3.14		등록평균	등록75%컷
식품영양학과*	한림대	교과우수자	13	17	4.7	3.43	4.40	17	6.4	3.98	4.28	14	5.2	3.72	4.89	등록평균	등록최저
식품영양학과*	원광대	일반전형	19	21	5.0	3.74	3.91	21	9.3	4.49	4.74	22	7.8	4.93	5.31	등록50%컷	등록70%컷
식품영양학과*	한림대	지역인재	4	5	7.4	3.28	4.02	5	3.6	4.41	5.02	5	6.6	4.21	4.64	등록평균	등록최저
식품영양학과*	경상국립대	일반전형	20	27	5.0	2.62	3.20	38	5.7	3.06	3.51	39	3.6	3.29	3.97	등록평균	등록80%
식품영양학과*	순천향대	교과면접	5	5	10.0	3.62	4.02	14	4.7	3.98	4.73					등록평균	등록최저
식품영양학과*	강원대(도계)	일반전형	9	11	6.0	5.10	6.00	9	5.2	5.31	6.33	9	7.1	3.90		등록평균	등록75%컷
식품영양학과*	충남대	일반전형	9	12	8.6	3.18	3.30	12	12.1	3.37	3.63	12	6.8	3.72	3.95	등록평균	등록70%
식품영양학과*	제주대	지역인재	4	3	5.7	3.10	3.56	3	11.3	4.41	4.68	2	11.5	4.84		등록50%컷	등록70%컷
식품영양학과*	제주대	일반학생	11	12	3.8	3.81	4.10	12	6.9	4.13	4.38	12	10.9	3.77	4.52	등록50%컷	등록70%컷

모집단위	대학	전형	2025 모집인원	2024 모집인원	2024 경쟁률	2024 성적①	2024 성적②	2023 모집인원	2023 경쟁률	2023 성적①	2023 성적②	2022 모집인원	2022 경쟁률	2022 성적①	2022 성적②	성적 산출기준 성적①	성적 산출기준 성적②
식품외식산업학과	경북대	교과우수자	33	47	4.8	5.27	5.68	25	5.6	5.82	6.21	27	3.7	5.58	5.96	등록평균	등록70%
식품외식산업학과	경북대	지역인재	4									6	3.7	5.72	5.75	등록평균	등록70%
신소재화공시스템공학부	홍익대(서울)	학교장추천자	19	19	7.1	1.70	1.72	18	12.9	1.75	1.80	18	8.3	1.99	2.04	등록50%컷	등록70%컷
신소재·반도체공학전공	한양대(에리카)	지역균형선발	15													등록평균	등록70%컷
신소재·반도체융합학부	울산대	일반교과	25													등록평균	등록80%
신소재·반도체융합학부	울산대	지역인재	32														
신소재공학과	조선대	일반전형	23	23	4.5	5.68	6.17	40	2.6	5.91	6.29	49	2.4	5.54	5.63	등록평균	등록70%컷
신소재공학과	한밭대	지역인재(교과)	5	5	17.4	4.29	4.04	5	11.8	4.46	4.60	5	11.4	3.91	4.35	등록50%컷	등록70%컷
신소재공학과	조선대	지역인재	35	35	4.6	5.99	6.21	12	5.4	5.36	5.99	10	7.0	5.58	5.49	등록평균	등록70%컷
신소재공학과	충북대	지역인재	4	4	6.3	3.47		4	5.8	3.59	2.66	4	11.3	2.84	2.91	등록평균	등록70%컷
신소재공학과	한남대	지역인재교과우수자	7	7	3.4	5.84	5.96	9	4.7	5.31	5.30	11	4.6	5.64	6.03	최종평균	최종80%
신소재공학과	한밭대	학생부교과(일반)	63	91	5.2	4.57	4.61	82	4.9	5.01	4.45	69	5.0	4.66	4.83	등록50%컷	등록70%컷
신소재공학과	충남대	지역인재	12	12	6.8	2.72	2.79	12	4.7	2.93	3.01	12	7.5	2.72	2.78	등록평균	등록70%
신소재공학과	경북대	교과우수자	4	9	12.9	2.38	2.48	10	34.6	2.64	2.70	12	9.0	3.29	3.48	등록평균	등록70%
신소재공학과	충남대	일반전형	19	26	10.7	2.65	2.71	26	5.5	3.09	3.25	26	9.9	2.74	2.87	등록평균	등록70%
신소재공학과	충북대	학생부교과	4	9	6.7	3.36	3.52	9	13.9	2.90	2.99	9	26.0	3.15	3.30	등록평균	등록70%컷
신소재공학과	한남대	일반전형	19	20	4.4	5.69	6.22	17	6.8	5.63	6.00	14	5.0	5.68	6.25	최종평균	최종80%
신소재공학과*	단국대(천안)	학생부교과우수자	8	21	8.1	2.97	3.22	23	12.2	3.38		23	6.5	3.60		등록평균	등록최저
신소재공학부	경북대	지역인재	7	6	10.7	2.22	2.38	10	27.7	2.49	2.58	9	9.2	3.25	3.41	등록평균	등록70%
신소재공학부	공주대	교과Ⅱ전형	4														
신소재공학부	한양대	추천형	8	10	6.6	1.19		10	6.9	1.25		10	7.3	1.20		등록평균	
신소재공학부	전남대(광주)	지역인재	20	27	5.0	2.87	2.91	27	5.6	2.85	2.99	14	9.3	2.72	2.96	등록평균	등록70%컷
신소재공학부	공주대	교과Ⅰ전형	20	39	4.7	4.53	4.66	39	6.5	4.6	4.7	38	6.1	4.6	4.8	등록50%컷	등록70%컷
신소재공학부	전남대(광주)	일반전형	10	11	6.7	2.87	2.90	11	6.6	2.85	3.00	11	8.6	2.98	2.91	등록평균	등록70%컷
신소재화학공학과	한서대	학생부교과1	24	13	1.6	5.1	5.1	14	3.1	3.8	4.5	16	3.9	5.0	5.6	등록평균	등록80%
신소재화학공학과	한서대	지역인재	4	4	0.5			3	1.0	5.6		3	1.0			등록평균	
신소재화학과*	고려대(세종)	일반전형	9	5	4.4	2.75	2.75	5	6.6			5	9.4	3.04	3.18	등록50%컷	등록70%컷
실내건축학전공	홍익대(서울)	학교장추천자	3	3	8.3	2.20	2.22	3	12.3							등록50%컷	등록70%컷
심리치료학과	단국대(천안)	학생부교과우수자	8	11	7.2	3.05	3.28	13	5.7	3.39		13	7.5	3.11		등록평균	등록최저
아동학과	경북대	교과우수자	10	15	5.3	3.11	3.28	13	8.5	2.93	3.04	8	9.3	2.85	2.99	등록평균	등록70%
아동학부	경북대	지역인재	4									5	11.2	2.71	2.92	등록평균	등록70%
안경광학과	강원대(도계)	일반전형	17	17	2.4	5.21	5.95	11	6.0	5.37	5.53	9	7.0	5.17		등록평균	등록75%컷
안경광학과	경동대	일반학생	4	18	4.0	5.41	6.67	18	4.6	5.28	6.06	24	3.5	5.74	6.88	최종평균	최종80%
안경광학과	극동대	교과우수자	15													등록50%컷	등록70%컷
안경광학과	경동대	지역인재	1	2	6.0	4.97	5.68	2	11.5	5.17	5.63	3	8.0	5.83	6.34	최종평균	최종80%
안경광학과	강원대(도계)	지역인재	3	3	2.7	6.54	6.77	4	2.8	7.33	7.33	5	5.4	6.02		등록평균	등록75%컷
안전공학과	한국교통대	지역인재	2	2	2.0	4.76	4.76									등록평균	등록최저
안전공학과	충북대	지역인재	4	4	7.0	3.23	3.58	4	6.3	4.06	3.88	4	9.3	3.57	3.53	등록평균	등록70%컷
안전공학과	한국교통대	일반전형	24	22	3.7	3.95	4.77									등록평균	등록최저
안전공학과	호서대	지역인재	3	7	3.1	5.62	6.53	7	1.6	6.47	6.64					등록평균	등록최저
안전공학과	충북대	학생부교과	7	10	5.7	3.73	4.01	7	9.3	3.52	3.62	7	15.4	3.65	3.72	등록평균	등록70%컷
안전공학과	호서대	학생부	40	27	5.1	5.66	6.48	28	2.5	5.72	7.78					등록평균	등록최저
안전보건학과	원광대	일반전형	21	24	2.6	4.78	4.98	22	2.5	4.82	5.70					등록50%컷	등록70%컷
약학과	강원대(춘천)	일반전형	13	15	13.8	1.18	1.20	15	27.7	1.19	1.23	15	21.7	1.37		등록평균	등록75%컷
약학과	조선대	일반전형	21	21	14.4	1.29	1.31	19	17.7	1.29	1.26	38	31.6	1.30	1.33	등록평균	등록70%컷
약학과	경상국립대	일반전형	7	7	19.0	1.39	1.43	8	33.4	1.22	1.22	6	26.2	1.39	1.53	등록평균	등록80%
약학과	경상국립대	지역인재	6	6	12.2	1.17	1.16	7	16.9	1.18	1.25	5	30.0	1.24	1.26	등록평균	등록80%
약학과	한양대(에리카)	지역균형선발	5	5	14.0	1.12	1.14	5	50.2	1.13	1.15	5	35.4	1.45	1.60	등록평균	등록70%컷
약학과	경북대	교과우수자	8	10	27.3	1.28	1.30	10	19.4	1.43	1.53	10	38.8	1.24	1.27	등록평균	등록70%
약학과	충북대	지역인재	8	5	17.4	1.22	1.25	5	6.4	1.54	1.29	4	17.8	1.05	1.07	등록평균	등록70%컷
약학과	충북대	학생부교과	3	3	18.3	1.50		3	15.7	1.04		4	32.3	1.02	1.04	등록평균	등록70%컷
약학과	충남대	지역인재	7	7	31.1	1.36	1.40	7	34.0	1.54	1.65	8	19.4	1.79	1.84	등록평균	등록70%
약학과	제주대	지역인재	10	10	4.8	1.55	1.54	10	4.5	1.69	1.72	10	7.0	1.68	1.80	등록50%컷	등록70%컷
약학과	제주대	일반학생	7	10	14.4	1.17	1.24	10	21.7	1.25	1.29	10	36.9	1.37	1.43	등록50%컷	등록70%컷
약학과	강원대(춘천)	지역인재	15	10	7.8	1.37	1.46	10	13.9	1.33	1.41	11	11.6	1.50		등록평균	등록75%컷
약학과	전북대	지역인재1유형	14	15	9.0	1.32	1.43									등록평균	등록70%컷

모집단위	대학	전형	2025 모집인원	2024 모집인원	2024 경쟁률	2024 성적①	2024 성적②	2023 모집인원	2023 경쟁률	2023 성적①	2023 성적②	2022 모집인원	2022 경쟁률	2022 성적①	2022 성적②	성적 산출기준 성적①	성적 산출기준 성적②
약학과	전북대	일반학생	4	4	15.0	1.24	1.33	4	69.3	1.04	1.08	4	26.3	1.59	1.71	등록평균	등록70%컷
약학과	조선대	지역인재	24	22	16.0	1.39	1.42	24	14.9	1.46	1.49	13	23.6	1.61	1.66	등록평균	등록70%컷
약학과	충남대	일반전형	16	16	25.6	1.31	1.35	16	43.8	1.44	1.46	17	23.9	1.65	1.72	등록평균	등록70%
약학부	전남대(광주)	지역인재	25	25	7.4	1.24	1.29	25	7.4	1.31	1.36	18	20.2	1.24	1.29	등록평균	등록70%컷
약학부	부산대	지역인재	12	10	16.0	1.42	1.47	10	23.4	1.44	1.49	10	25.2	1.53	1.65	등록평균	등록70%컷
약학부	전남대(광주)	일반전형	9	9	14.4	1.12	1.15	9	14.9	1.20	1.25	13	29.4	1.12	1.15	등록평균	등록70%컷
언어청각학부	한림대	교과우수자	19	22	4.0	3.37	4.06	22	6.1	3.63	4.27	22	3.6	4.31	5.40	등록평균	등록최저
언어청각학부	한림대	지역인재	8	9	4.9	3.69	4.33	9	3.2	4.53	5.12	7	3.1	4.81	5.66	등록평균	등록최저
언어치료학과	조선대	일반전형	16	11	5.7	4.68	4.80	10	10.2	4.16	4.65	15	3.8	5.03	5.20	등록평균	등록70%컷
에너지공학과	충남대	일반전형	10													등록평균	등록70%
에너지공학과	순천향대	지역인재	2	2	3.5	5.14	5.38									등록평균	등록최저
에너지공학과	순천향대	교과면접	5	5	5.2	4.65	4.95	14	1.9	5.02	5.68					등록평균	등록최저
에너지공학과	한양대	추천형	4	4	11.3	1.23		3	10.7	1.39		3	6.0	1.54		등록평균	
에너지공학과	경상국립대	지역인재	2	2	4.0			2	3.0			2	4.5	3.99	3.99	등록평균	등록80%
에너지공학과	충남대	지역인재	6													등록평균	등록70%
에너지공학과	순천향대	교과우수자	12	16	6.1	4.36	4.68	9	6.6	4.57	5.23	17	3.4	4.36	5.29	등록평균	등록최저
에너지공학과	단국대(천안)	학생부교과우수자	10	25	8.5	3.41	3.61	31	6.8	3.66		31	8.9	3.60		등록평균	등록최저
에너지공학과	경상국립대	일반전형	14	14	3.8	4.42	4.88	22	3.7	4.74	4.98	22	4.8	4.80	5.33	등록평균	등록80%
에너지공학부	경북대	교과우수자	18	26	10.6	2.61	2.72	6	17.5	2.64	2.90	4	9.5	3.05	3.35	등록평균	등록70%
에너지바이오학과	한양대(에리카)	지역균형선발	8	12	3.8	2.22	2.27	9	8.0	2.27	2.27	9	18.8	2.41	2.54	등록평균	등록70%컷
에너지신소재공학과	건국대(글로컬)	교과우수	17	20	4.1	4.6	5.2	20	6.2	3.9	4.1	20	5.7	4.1	4.4	등록50%	등록70%
에너지신소재공학과	건국대(글로컬)	지역인재	2	2	3.5	3.6	4.6	2	3.5	4.7	4.7	2	4.5	5.0		등록50%	등록70%
에너지자원공학과	전남대(광주)	일반전형	8	8	6.1	3.19	3.27	8	13.0	3.15	3.27	5	9.2	3.53	3.37	등록평균	등록70%컷
에너지자원공학과	강원대(춘천)	일반전형	8													등록평균	등록75%컷
에너지자원공학과	강원대(춘천)	지역인재	6													등록평균	등록75%컷
에너지자원공학과	전남대(광주)	지역인재	7	7	5.6	3.14	3.12	7	6.7	3.17	3.19	4	10.0	3.09	3.09	등록평균	등록70%컷
에너지화학공학과	경북대	지역인재	6													등록평균	등록70%
에너지화학공학과	경북대	교과우수자	20	32	2.1	6.01	6.96									등록평균	등록70%
에너지화학공학부	울산대	일반교과	33													등록평균	등록80%
에너지화학공학부	울산대	지역인재	30														
에너지환경공학과	순천향대	교과면접	4	4	10.0	4.23	4.55	14	2.1	4.99	6.46					등록평균	등록최저
에너지환경공학과	순천향대	지역인재	4	4	3.3	4.81	5.16									등록평균	등록최저
에너지환경공학과	순천향대	교과우수자	10	15	4.0	4.72	7.03	10	5.3	3.69	4.26	17	4.0	3.73	4.33	등록평균	등록최저
외식상품학과	공주대	교과Ⅰ전형	3	9	3.6	5.03	5.40	9	6.0	4.4	4.7	12	9.1	4.8	4.9	등록50%컷	등록70%컷
외식상품학과	공주대	교과Ⅱ전형	3														
외식조리영양학과*	우송대	지역인재	2	3	4.3	4.5		3	5.0			3	5.7	4.3		등록평균	
외식조리영양학과*	우송대	우송인재	4	4	4.0	5.0		6	6.2			6	3.2	5.5		등록평균	
외식조리영양학과*	우송대	면접	10	21	2.7	4.4	4.5	21	5.5	3.4	3.7	20	2.7	4.8	5.4	등록평균	등록70%컷
외식조리영양학과*	우송대	교과중심	19	24	6.0	4.3		23	7.7	4.5		22	8.4	4.3		등록평균	
외식조리학과	호남대	일반학생A	26	31	4.4	6.32	6.89	29	4.1	6.10	6.66	26	6.0	5.32	5.90	등록50%	등록70%
외식조리학과	호남대	일반고	30	25	5.2	6.93	7.14	26	5.8	6.18	6.96	28	4.5	6.54	7.07	등록50%	등록70%
용접접합과학공학과	조선대	일반전형	5	5	2.8	6.26	6.49	10	3.0	5.80	6.26	21	2.6	6.41	6.67	등록평균	등록70%컷
용접접합과학공학과	조선대	지역인재	10	12	2.1	7.35	8.01	9	2.6	6.61	6.37					등록평균	
원예·농업자원경제학부	강원대(춘천)	지역인재	10	12	5.4	4.34	4.46	17	3.7	4.45	4.66	17	7.0	4.12		등록평균	등록75%컷
원예·농업자원경제학부	강원대(춘천)	일반전형	13	16	5.9	4.29	4.44	17	6.7	3.87	4.31	12	8.5	3.92		등록평균	등록75%컷
원예과학과	경북대	지역인재	5													등록평균	등록70%
원예과학과	충북대	지역인재	4	4	11.0	4.05	4.21	4	10.8	4.07	4.13	4	9.0	4.18	4.72	등록평균	등록70%컷
원예과학과	경북대	교과우수자	5	13	5.9	3.24	3.43	7	11.3	2.86	3.22	4	22.8	3.12	3.48	등록평균	등록70%
원예과학과	충북대	학생부교과	8	7	19.3	4.50	4.54	7	7.1	4.82	4.79	7	10.0	3.32	3.75	등록평균	등록70%컷
원예과학부*	경상국립대	지역인재	7	4	3.5	6.06	6.23	4	3.3	3.61	3.42	4	4.8	4.22	4.75	등록평균	등록80%
원예과학부*	경상국립대	일반전형	40	37	4.1	4.00	4.73	38	3.7	4.12	4.65	37	6.6	4.14	4.57	등록평균	등록80%
원예생명공학과*	전남대(광주)	지역인재	5	5	25.6	3.14	3.12	5	5.8	3.76	4.14	4	10.5	2.85		등록평균	등록70%컷
원예생명공학과*	전남대(광주)	일반전형	4	4	9.0	4.02	3.90	4	8.3	2.63	2.59	4	11.5	3.15	3.12	등록평균	등록70%컷
원예생명과학과	부산대	학생부교과	6	6	11.0	4.79	5.01	7	17.6	4.06	4.24	8	9.3	4.70	4.93	등록평균	등록70%컷
원예생명과학과	부산대	지역인재	3	3	8.7	4.86		4	12.8	4.37	3.95	4	10.8	4.86	4.92	등록평균	등록70%컷
원예학과	공주대	교과Ⅰ전형	7	17	6.2	5.24	5.94	21	6.1	5.3	5.7	21	5.5	5.3	5.5	등록50%컷	등록70%컷

모집단위	대학	전형	2025 모집인원	2024 모집인원	경쟁률	성적①	성적②	2023 모집인원	경쟁률	성적①	성적②	2022 모집인원	경쟁률	성적①	성적②	성적 산출기준 성적①	성적②
원예학과	공주대	교과II전형	3														
원예환경전공	제주대	일반학생	9	9	4.6			9	3.9	4.05	4.54	9	6.7	4.22	4.42	등록50%컷	등록70%컷
원예환경전공	제주대	지역인재	2	2	3.5			2	5.5	3.23		1	10.0			등록50%컷	등록70%컷
원자력공학과	제주대	일반학생	6													등록50%컷	등록70%컷
원자력공학과	조선대	일반전형	5	5	4.2			19	2.3	6.61	6.70	19	2.3	6.27	6.81	등록평균	등록70%컷
원자력공학과	한양대	추천형	5	5	7.8	1.28		5	7.0	1.41		5	7.4	1.44		등록평균	
원자력공학과	제주대	지역인재	6													등록50%컷	등록70%컷
원자력공학과	조선대	지역인재	20	20	2.3	7.13	7.79	10	4.0	5.42	5.66	10	4.4	6.64	7.18	등록평균	등록70%컷
위치정보시스템학과	경북대	교과우수자	21	25	2.2	6.45	7.21	10	3.1	5.11	5.40					등록평균	등록70%
유기나노공학과	한양대	추천형	4	4	8.5	1.32		4	6.5	1.45		4	7.0	1.22		등록평균	
유기소재시스템공학과*	부산대	학생부교과	12	12	7.8	2.65	2.63	10	19.0	2.60	2.63	13	12.4	2.67	2.86	등록평균	등록70%컷
유기재료공학과	충남대	일반전형	19	27	6.4	2.95	3.06	27	5.0	3.26	3.34	27	7.4	3.02	3.16	등록평균	등록70%
유기재료공학과	충남대	지역인재	13	13	5.8	3.01	3.09	13	6.2	3.10	3.16	13	6.4	3.20	3.36	등록평균	등록70%
융합바이오시스템기계공학과	전남대(광주)	지역인재	8	7	8.6	3.34	3.37	4	10.5	3.48	3.60	3	12.0	3.51		등록평균	등록70%컷
융합바이오시스템기계공학과	전남대(광주)	일반전형	11	11	6.3	3.68	3.79	8	13.1	3.32	3.34	8	11.6	3.57	3.64	등록평균	등록70%컷
융합보안학과(주)	한성대	교과우수	16	10	5.6	2.72	2.82	10	13.3	2.67	2.70					등록50%컷	등록70%컷
융합수리과학부	조선대	일반전형	7	4	4.8			6	3.3	6.69	7.46	3	2.0	7.46		등록평균	등록70%컷
융합수리과학부	조선대	지역인재	13	13	1.6	7.17	6.45	7	2.6	7.26	7.84	10	2.0	5.89	6.33	등록평균	등록70%컷
융합자유전공학부	한국교통대	일반전형	20													등록평균	등록최저
융합전자공학부	한양대	추천형	13	18	4.6	1.23		18	5.8	1.22		17	6.1	1.18		등록평균	
응급구조학과	강원대(도계)	일반전형	5	6	11.2	4.10	4.39	9	14.7	3.46	4.20	9	7.4	3.74		등록평균	등록75%컷
응급구조학과	우송대	교과중심	16	16	11.4	4.1		15	17.3	3.5		14	12.4	3.7		등록평균	
응급구조학과	선문대	지역학생	3	3	6.3	3.50	4.25	3	6.3	4.50	4.55	3	5.7	4.54		등록50%컷	등록70%컷
응급구조학과	경동대	일반학생	26	35	5.3	4.21	4.84	34	5.3	4.25	4.63	33	7.6	4.01	4.48	최종평균	최종80%
응급구조학과	경동대	지역인재	3	4	5.5	4.16	4.74	4	6.0	4.05	4.38	4	9.5	4.25	4.67	최종평균	최종80%
응급구조학과	한국교통대	일반전형	18	17	14.5	3.46	3.91	14	7.9	3.86	4.19	15	7.5	3.35	4.00	등록평균	등록최저
응급구조학과	한국교통대	지역인재	2	2	8.0	3.25	4.00									등록평균	등록최저
응급구조학과	강원대(도계)	지역인재	3	3	9.3	4.25	4.57	4	3.3	5.22	5.84	4	5.5	3.09		등록평균	등록75%컷
응급구조학과	우송대	우송인재	2	2	16.5	4.3		2	8.5							등록평균	
응급구조학과	우송대	지역인재	3	3	8.7	4.4		3	9.7			4	8.0	4.2		등록평균	
응급구조학과	선문대	면접	18	20	4.0	4.63	4.88	10	6.1			13	12.9	4.73		등록50%컷	등록70%컷
응급구조학과	공주대	지역인재	4													등록50%컷	등록70%컷
응급구조학과	우송대	면접	19	19	10.8	3.7	3.8	19	9.7	3.7	4.0	20	10.8	3.8	4.0	등록평균	등록70%컷
응급구조학과	원광대	일반전형	10	12	16.8	3.30	3.46									등록50%컷	등록70%컷
응급구조학과	호남대	일반학생A	25	27	6.4	6.07	6.23	33	3.9	6.28	6.88	28	8.0	5.52	5.74	등록50%	등록70%
응급구조학과	호남대	일반고	27	24	4.5	5.76	6.13	15	11.0	5.15	5.30	19	7.7	5.53	5.72	등록50%	등록70%
응급구조학과	공주대	교과I전형	8	12	7.4	3.73	4.03	13	9.7	3.6	3.7	13	10.9	3.4	3.5	등록50%컷	등록70%컷
응급구조학과	선문대	일반학생	9	9	7.8			10	19.2	3.38	3.62	10	10.9	4.27		등록50%컷	등록70%컷
응용생명과학부	경북대	지역인재	7	4	8.0	3.32	3.51									등록평균	등록70%
응용생명과학부	경북대	교과우수자	18	21	4.8	3.30	3.69	6	10.3	2.32	2.60	10	14.3	2.34	2.46	등록평균	등록70%
응용생물학과*	전남대(광주)	지역인재	6	6	13.7	3.35	3.36	6	6.2	3.66	3.73	4	10.8	3.32	3.02	등록평균	등록70%컷
응용생물학과*	전남대(광주)	일반전형	6	5	6.4	3.53	3.67	4	6.5	3.17	3.24	4	10.0	3.48	3.33	등록평균	등록70%컷
응용수학과	공주대	교과II전형	2														
응용수학과	공주대	지역인재	2	4	4.5	5.06	5.29	7	3.6	5.0	5.1	7	3.9	4.5	4.8	등록50%컷	등록70%컷
응용수학과	공주대	교과I전형	9	17	4.1	5.12	5.30	15	4.4	4.8	5.0	15	4.7	4.1	4.2	등록50%컷	등록70%컷
응용식물학과	전남대(광주)	지역인재	4	4	13.3	3.02	3.14	4	5.5	3.68	3.71	4	12.5	3.10	3.12	등록평균	등록70%컷
응용식물학과	전남대(광주)	일반전형	5	5	6.6	2.90	3.71	5	8.4	2.35	2.47	5	11.8	3.15	3.10	등록평균	등록70%컷
응용화학공학과	충남대	일반전형	19	27	7.9	2.36	2.52	27	4.7	2.70	2.85	27	8.2	2.23	2.37	등록평균	등록70%
응용화학공학과	충남대	지역인재	12	12	8.4	2.51	2.63	12	4.2	2.94	3.53	12	5.8	2.11	2.27	등록평균	등록70%
응용화학과	경북대	교과우수자	11	16	5.2	2.37	2.50	9	10.1	2.30	2.51	9	10.3	2.22	2.27	등록평균	등록70%
의공학과	순천향대	교과우수자	6	11	6.6	3.87	4.20	5	3.4	4.20	4.51	9	5.4	3.73	4.31	등록평균	등록최저
의공학과	순천향대	지역인재	2	2	3.5	4.68	4.72									등록평균	등록최저
의공학과	순천향대	교과면접	4	4	9.3	4.56	4.88	9	2.0	4.76	6.44					등록평균	등록최저
의공학부	전남대(여수)	지역인재	4									6	2.5	6.12		등록평균	등록70%컷
의공학부	전남대(여수)	일반전형	29									8	3.4	5.58	5.74	등록평균	등록70%컷
의료IT공학과	순천향대	지역인재	3	3	3.3	4.20	4.31									등록평균	등록최저

모집단위	대학	전형	2025 모집인원	2024 모집인원	2024 경쟁률	2024 성적①	2024 성적②	2023 모집인원	2023 경쟁률	2023 성적①	2023 성적②	2022 모집인원	2022 경쟁률	2022 성적①	2022 성적②	성적산출기준 성적①	성적산출기준 성적②
의료IT공학과	순천향대	교과면접	5	5	6.0	4.30	4.59	12	2.4	4.47	5.27					등록평균	등록최저
의료IT공학과	순천향대	교과우수자	12	19	3.8	3.97	4.45	17	3.8	3.96	4.76	19	4.8	3.69	4.18	등록평균	등록최저
의료생명공학과	순천향대	지역인재	4	4	3.3	2.97	3.73									등록평균	등록최저
의료생명공학과	순천향대	교과면접	5	4	4.5	3.32	3.64	14	2.4	3.40	4.16					등록평균	등록최저
의료생명공학과	순천향대	교과우수자	11	16	4.8	3.22	3.50	7	8.3	3.30	3.86	16	9.7	2.95	3.41	등록평균	등록최저
의료재활학과	한서대	학생부교과2	5	6	4.3	6.0	6.6	6	0.8	6.0	6.0					등록평균	등록80%
의료재활학과	한서대	학생부교과1	15	13	3.2	5.1	6.1	7	1.9	4.7	4.7	13	2.9	5.3	5.3	등록평균	등록80%
의료정보과학과	공주대	지역인재	7	5	3.6	4.95	5.39	6	6.0	4.4	4.5	6	6.0	4.3	4.4	등록50%컷	등록70%컷
의료정보과학과	공주대	교과I전형	8	13	6.1	4.63	4.77	11	6.2	4.2	4.6	11	8.2	4.0	4.1	등록50%컷	등록70%컷
의료정보과학과	공주대	교과II전형	3													등록50%컷	등록70%컷
의류상품학과	공주대	교과I전형	2	8	6.3	3.97	4.01	7	8.9	4.0	4.0	7	10.6	3.9	4.1	등록50%컷	등록70%컷
의류상품학과	공주대	지역인재	2													등록50%컷	등록70%컷
의류학과	충북대	학생부교과	5	5	18.6	3.76	3.92	5	14.4	4.26	4.22	5	17.0	3.94	3.74	등록평균	등록70%컷
의류학과	충남대	지역인재	5	5	18.4	3.67	3.80	5	5.8	4.68	5.14	5	10.2	3.47	3.52	등록평균	등록70%
의류학과	충남대	일반전형	8	11	16.1	3.46	3.52	11	7.2	4.37	4.31	11	9.1	3.67	3.70	등록평균	등록70%
의류학과	경북대	교과우수자	9	8	17.9	3.31	3.49	8	11.8	3.35	3.66	9	9.9			등록평균	등록70%
의류학과	충북대	지역인재	3	3	10.7	3.75		3	9.3	3.84		3	15.3	3.89		등록평균	등록70%컷
의류학과*	전남대(광주)	일반전형	8	8	5.6	3.00	3.37	8	6.9	2.81	3.23	5	12.6	3.24	3.23	등록평균	등록70%컷
의류학과*	전남대(광주)	지역인재	9	9	6.1	3.21	3.35	9	7.0	3.36	3.36	5	12.8	3.43	3.40	등록평균	등록70%컷
의류학과*	경상국립대	일반전형	10	11	6.8	2.97	3.12	12	9.2	3.02	3.56	10	10.7	3.75	4.15	등록평균	등록80%
의생명과학과	조선대	지역인재	13	11	3.3	4.99	5.09	10	3.3	4.58	4.88					등록평균	등록70%컷
의생명과학과	화성의과학대	학생부교과	25	26	2.2	3.22	4.17	20	2.3	4.78		20	1.3	5.60		등록50%컷	등록70%컷
의생명과학과	조선대	일반전형	23	23	3.1	4.49	4.75	16	5.0	4.42	4.69	26	2.5	4.86	4.91	등록평균	등록70%컷
의생명과학과	협성대	학생부교과우수자	10	15	4.7	3.33	3.44	12	11.7	3.83	4.03	20	5.1	3.92	4.39	등록50%컷	등록70%
의생명시스템학전공	단국대(천안)	학생부교과우수자	9	13	3.8	2.75	3.96	17	9.6	2.66		17	5.8	3.17		등록평균	등록최저
의생명융합공학부	부산대	지역인재	16	15	5.8	2.55	2.69	9	8.1	2.44	2.51	9	17.4	2.27	2.34	등록평균	등록70%컷
의생명융합공학부	부산대	학생부교과	25	25	4.4	2.47	2.46	14	9.3	2.14	2.23	14	15.8	2.34	2.41	등록평균	등록70%컷
의생명융합학부	강원대(춘천)	일반전형	14	15	4.5	3.26	3.37	17	5.7	3.48	3.64	16	7.6	3.47		등록평균	등록75%컷
의생명융합학부	강원대(춘천)	지역인재	10	10	2.8	3.84	3.80	12	2.9	3.24	3.57	13	4.8	3.24		등록평균	등록75%컷
의약공학과	순천향대	교과우수자	9	11	4.8	3.01	3.33	10	4.8	3.25	3.68	13	4.7	3.01	3.40	등록평균	등록최저
의약공학과	순천향대	지역인재	5	5	4.2	3.03	3.53									등록평균	등록최저
의약공학과	순천향대	교과면접	4	4	9.8	3.36	3.46	12	2.8	4.08	4.94					등록평균	등록최저
의예과	원광대	지역인재교과(호남)	16														
의예과	조선대	일반전형	16	16	13.7	1.09	1.10	18	25.2	4.10	4.13	42	12.2	1.28	1.35	등록평균	등록70%컷
의예과	부산대	학생부교과	17									15	23.5	1.05	1.06	등록평균	등록70%컷
의예과	순천향대	지역인재	36	31	6.3	1.06	1.14	31	6.9	1.05	1.17	21	9.1	1.01	1.04	등록평균	등록최저
의예과	강원대(춘천)	지역인재	23	14	6.0	1.18	1.23	14	10.3	1.18	1.26	15	13.1	1.23		등록평균	등록75%컷
의예과	순천향대	교과우수자	12	18	11.2	1.00	1.00	20	12.6	1.00	1.00	20	14.2	1.00	1.00	등록평균	등록최저
의예과	경북대	지역인재	28	12	8.2	1.09	1.11	12	9.1	1.11	1.18	10	14.7	1.11	1.12	등록평균	등록70%
의예과	조선대	지역인재	68	40	6.9	1.25	1.32	42	13.4	1.19	1.22	27	15.7	1.45	1.44	등록평균	등록70%컷
의예과	연세대(미래)	교과우수자	16	19	24.0	1.27	1.31	15	25.0	1.23	1.30	15	12.4	1.31	1.38	등록50%컷	등록70%컷
의예과	울산대	지역인재	33														
의예과	원광대	지역인재교과(전북)	32														
의예과	부산대	지역인재	30	30	6.1	1.06	1.08	30	7.6	1.07	1.09	30	14.6	1.06	1.09	등록평균	등록70%컷
의예과	을지대(대전)	지역의료인재	62	19	9.7	1.37	1.44	19	12.6	1.33	1.35	15	13.7	1.37	1.42	등록평균	등록70%컷
의예과	전남대(광주)	지역인재	102	78	4.1	1.12	1.17	67	8.8	1.07	1.10	38	10.5	1.15	1.18	등록평균	등록70%컷
의예과	건국대(글로컬)	지역인재	15	12	8.3	1.2	1.4	12	9.4	1.3	1.3	12	9.4	1.4	1.4	등록50%	등록70%
의예과	전북대	지역인재2유형	56	46	8.1	1.44	1.57	43	10.0	1.40	1.51	46	10.1	1.51	1.68	등록평균	등록70%
의예과	경상국립대	일반전형	16	11	21.1	1.13	1.15	10	14.7	1.19	1.24	14	22.9	1.15	1.17	등록평균	등록80%
의예과	전북대	지역인재1유형	14	14	18.2	1.26	1.27									등록평균	등록70%컷
의예과	전북대	일반학생	24	19	18.5	1.24	1.28	29	22.1	1.31	1.36	29	30.9	1.38	1.41	등록평균	등록70%컷
의예과	경상국립대	지역인재	62	32	6.0	1.06	1.09	24	10.9	1.09	1.12	20	18.2	1.12	1.16	등록평균	등록80%
의예과	제주대	일반학생	14	8	12.8	1.03	1.04	13	17.8	1.03	1.04	13	20.4	1.18	1.19	등록50%컷	등록70%컷
의예과	제주대	지역인재	19	12	4.4	1.18	1.22	7	5.6	1.24	1.34	6	7.2	1.31	1.35	등록50%컷	등록70%컷
의예과	강원대(춘천)	일반전형	11	10	13.8	1.08	1.10	10	17.2	1.07	1.10	10	22.5	1.09		등록평균	등록75%컷
의예과	을지대(대전)	지역균형	20	5	15.4	1.18	1.17	5	18.4	1.20	1.25					등록평균	등록70%컷

모집단위	대학	전형	2025 모집인원	2024 모집인원	2024 경쟁률	2024 성적①	2024 성적②	2023 모집인원	2023 경쟁률	2023 성적①	2023 성적②	2022 모집인원	2022 경쟁률	2022 성적①	2022 성적②	성적 산출기준 성적①	성적 산출기준 성적②
의예과	충남대	지역인재	37	20	8.1	1.43	1.25	20	10.8	1.14	1.20	23	12.2	1.19	1.25	등록평균	등록70%
의예과	충북대	학생부교과	16	4	27.3	1.04	1.09	4	43.3	1.17	1.15	5	40.0	1.28	1.34	등록평균	등록70%컷
의예과	충남대	일반전형	20	23	10.0	1.07	1.10	23	11.9	1.11	1.13	23	16.1	1.11	1.14	등록평균	등록70%
의예과	충북대	지역인재	32	7	13.0	1.14	1.22	7	12.1	1.15	1.12	7	29.0	1.06	1.06	등록평균	등록70%컷
인공지능공학과	조선대	일반전형	29	20	5.4	4.87	4.44	35	3.3	5.17	5.49	35	3.0	5.11	5.43	등록평균	등록70%컷
인공지능사이버보안학과	고려대(세종)	일반전형	13	8	4.1	3.25	3.88	4	8.3	2.96	2.96	4	60.8	2.86	2.88	등록50%컷	등록70%컷
인공지능소프트웨어학과	한밭대	학생부교과(일반)	26	26	9.5	3.92	3.94	23	7.6	4.40	4.38	23	6.9	4.15	4.43	등록50%컷	등록70%컷
인공지능소프트웨어학과	한밭대	지역인재(교과)	3	3	10.3			3	13.3			3	11.3			등록50%컷	등록70%컷
인공지능융합학부	한림대	지역인재	10	10	6.3	4.48	5.16	10	2.8	4.64	6.17	9	4.4	4.36	5.16	등록평균	등록최저
인공지능융합학부	한림대	교과우수자	20	20	3.2	4.20	5.24	20	6.4	3.93	4.33	37	4.0	4.38	5.32	등록평균	등록최저
인공지능전공	부산대	지역인재	6	6	6.3	2.89	2.61	6	13.5	2.35	2.30					등록평균	등록70%컷
인공지능전공	부산대	학생부교과	12	15	6.0	2.43	2.52	9	10.1	2.30	2.31					등록평균	등록70%컷
인공지능전공	경북대	교과우수자	12	10	5.8	2.68	2.67	10	8.6	2.50	2.56					등록평균	등록70%
인공지능전공	경북대	지역인재	12	10	16.3	2.64	2.75	6	7.0	3.05	3.41					등록평균	등록70%
인공지능컴퓨팅전공	경북대	교과우수자	7	6	7.7	2.38	2.54	4	12.5	2.55	2.67					등록평균	등록70%
인공지능컴퓨팅전공	경북대	지역인재	6	3	12.3	2.54	2.69	4	7.0	2.93	3.16					등록평균	등록70%
인공지능학과	충남대	일반전형	10	14	6.1	2.72	2.83	14	7.1	2.82	2.98	12	9.4	2.78	2.95	등록평균	등록70%
인공지능학과	제주대	지역인재	6	6	6.5			6	6.3	4.63	4.82	6	5.3	5.41	5.59	등록50%컷	등록70%컷
인공지능학과	한양대(에리카)	지역균형선발	12	20	4.9	2.48	2.59	8	8.0	2.53	2.66	8	10.8	2.47	2.77	등록평균	등록70%컷
인공지능학과	충남대	지역인재	6	6	7.7	2.55	2.59	6	11.3	2.98	3.03	6	9.3	3.06	3.24	등록평균	등록70%
인공지능학과	제주대	일반학생	7	7	3.9			7	4.9	4.26	4.25	7	3.9	4.69	4.73	등록50%컷	등록70%컷
인공지능학부	공주대	교과Ⅰ전형	15	17	3.1	4.68	4.77	20	3.8	4.4	4.5	21	6.3	4.1	4.2	등록50%컷	등록70%컷
인공지능학부	전남대(광주)	지역인재	30	33	4.3	3.25	3.87	26	5.4	2.68	2.85	14	13.3	2.70	2.81	등록평균	등록70%컷
인공지능학부	전남대(광주)	일반전형	27	30	4.4	3.20	4.04	20	6.6	2.75	2.86	20	11.6	2.74	2.96	등록평균	등록70%컷
인공지능학부	공주대	교과Ⅱ전형	10														
인테리어재료공학과	경상국립대	일반전형	17	18	3.9	4.62	5.03	20	4.2	4.67	5.15	20	3.3	4.96	5.58	등록평균	등록80%
임산공학과	전남대(광주)	지역인재	6	6	9.0	3.59	3.73	6	12.8	3.51	3.53	4	17.3	3.63	3.64	등록평균	등록70%컷
임산공학과	전남대(광주)	일반전형	6	6	10.7	3.61	3.66	6	14.5	3.55	3.63	4	12.3	3.75	3.71	등록평균	등록70%컷
임상병리학	호남대	지역인재	3	3	5.7		6.20									등록50%	등록70%
임상병리학	호남대	일반고	16	14	9.2	4.96	5.12	13	11.1	5.21	5.48	13	13.0	5.45	5.65	등록50%	등록70%
임상병리학과	연세대(미래)	교과우수자	12	12	5.0	2.17	2.29	10	8.7	2.16	2.35	9	7.4	2.27	2.39	등록50%컷	등록70%컷
임상병리학과	호서대	지역인재	5	5	4.6	4.08	4.47	5	3.6	3.56	3.85	4	4.5	3.47	3.87	등록평균	등록최저
임상병리학과	상지대	교과일반	12	10	10.6	3.57										등록평균	
임상병리학과	순천향대	교과면접	5	4	11.5	2.41	2.54	10	10.6	2.41	2.89					등록평균	등록최저
임상병리학과	단국대(천안)	학생부교과우수자	12	12	7.7	2.68	2.90	14	13.1	2.66		14	8.4	2.91		등록평균	등록최저
임상병리학과	극동대	일반전형	16	16	3.0	4.75	5.00	14	3.6	4.00	4.00	28	3.7	4.38	4.13	등록50%컷	등록70%컷
임상병리학과	순천향대	지역인재	5	5	5.6	2.45	2.59									등록평균	등록최저
임상병리학과	호서대	학생부	16	12	7.1	3.59	4.21	12	9.8	3.34	3.68	17	6.4	3.27	3.73	등록평균	등록최저
임상병리학과	극동대	교과우수자	16	15	3.7	3.63	4.00	18	7.6	3.00	3.50	7	7.3	4.75	3.63	등록50%컷	등록70%컷
임상병리학과	순천향대	교과우수자	8	14	6.4	2.03	2.38	10	13.5	2.08	2.41	15	10.1	2.23	2.70	등록평균	등록최저
임상병리학과	경동대	지역인재	6		5.2	4.12	4.58	6	6.8	4.10	4.33	6	11.8	4.38	4.48	최종평균	최종80%
임상병리학과	경동대	일반학생	55	55	4.3	4.03	4.62	53	4.8	4.02	4.38	50	6.6	4.40	4.49	최종평균	최종80%
임상병리학과	상지대	강원인재	3	2	10.0	4.00										등록평균	
임상병리학과	호남대	일반학생A	14	11	6.9	5.96	6.35	12	7.0	5.54	6.42	12	8.7	5.53	6.14	등록50%	등록70%
자동차공학과	한국교통대	지역인재	3	3	4.3	5.07	5.20									등록평균	등록최저
자동차공학과	한국교통대	일반전형	26	24	4.7	4.10	4.96									등록평균	등록최저
자동차공학부	경북대	교과우수자	30	49	3.2	5.82	6.37	26	4.2	5.41	5.78	23	4.1	5.24	5.40	등록평균	등록70%
자동차공학부	경북대	지역인재	9									7	2.1			등록평균	등록70%
자연과학계열1	전북대	일반학생	70													등록평균	등록70%컷
자연과학계열1	전북대	지역인재1유형	27													등록평균	등록70%컷
자연과학계열2	전북대	지역인재1유형	24													등록평균	등록70%컷
자연과학계열2	전북대	일반학생	71													등록평균	등록70%컷
자연과학대학 자율학부	경북대	지역인재	5	22	6.6	2.33	2.44	10	14.6	2.37	2.45	6	9.8	2.60	2.64	등록평균	등록70%
자연과학대학 자율학부	경북대	교과우수자	7	27	6.2	2.42	2.52					11	8.1	3.10	3.42	등록평균	등록70%
자연과학대학	한림대	교과우수자	19													등록평균	등록최저
자연과학대학	한림대	지역인재	9													등록평균	등록최저

3부 ● 모집단위순 합격자 성적

모집단위	대학	전형	2025 모집인원	2024 모집인원	경쟁률	성적①	성적②	2023 모집인원	경쟁률	성적①	성적②	2022 모집인원	경쟁률	성적①	성적②	성적①	성적②
자연과학자율전공	경상국립대	일반전형	20													등록평균	등록80%
자연과학자율전공계열	충북대	지역인재	25													등록평균	등록70%컷
자연과학자율전공계열	충북대	학생부교과	102													등록평균	등록70%컷
자연과학자율전공학부	충북대	학생부교과	7													등록평균	등록70%컷
자원환경공학과	한양대	추천형	3	3	6.3	1.46		3	10.7	1.50		3	6.0	1.30		등록평균	
자유전공(공학계열)	상명대(천안)	학생부교과	75													등록평균	등록최저
자유전공학부(자연)	강원대(도계)	일반전형	16	19	3.9	6.16	6.81	35	3.1	6.29	6.89	38	2.5	6.55		등록평균	등록75%컷
자유전공학부(자연)	강원대(춘천)	지역인재	11	7	3.6	3.83	4.04	11	4.6	3.88	3.99	14	3.5	3.92		등록평균	등록75%컷
자유전공학부(자연)	강원대(춘천)	일반전형	11	7	8.3	3.77	3.88	14	11.9	3.80	4.13	15	6.3	4.28		등록평균	등록75%컷
자유전공학부(자연)	강원대(도계)	지역인재	10	6	3.0	7.30	7.71	14	1.6	7.12	7.81	20	2.0	6.76		등록평균	등록75%컷
자유전공학부[충주]	한국교통대	일반전형	17													등록평균	등록최저
자율운항시스템공학과	충남대	지역인재	8	10	6.9	3.36	3.45	10	7.8	3.67	3.81	5	7.6	3.70	3.78	등록평균	등록70%
자율운항시스템공학과	충남대	일반전형	14	20	6.1	3.46	3.60	20	9.8	3.41	3.53	10	7.6	3.74	3.77	등록평균	등록70%
자율전공학부	한밭대	지역인재(교과)	20													등록50%컷	등록70%컷
자율전공학부	한밭대	학생부교과(일반)	138													등록50%컷	등록70%컷
자율전공학부(공과대학)	공주대	지역인재	87													등록50%컷	등록70%컷
자율전공학부(공과대학)	공주대	자율전공	136														
자율전공학부(산업과학대학)	공주대	지역인재	35													등록50%컷	등록70%컷
자율전공학부(산업과학대학)	공주대	자율전공	60														
자율전공학부(자연과학대학)	공주대	자율전공	33														
작업치료학과	상지대	강원인재	4	2	9.5	4.25										등록평균	
작업치료학과	경동대	지역인재	7	7	4.7	5.13	6.13	7	7.4	5.08	5.59	7	8.6	5.11	6.31	최종평균	최종80%
작업치료학과	강원대(도계)	지역인재	5	5	5.0	6.53	7.16	6	3.2	5.93	6.59	5	7.8	4.63		등록평균	등록75%컷
작업치료학과	우송대	우송인재	2	2	5.5	5.0		2	9.0			2	5.5	6.1		등록평균	
작업치료학과	한서대	학생부교과2	8	5	4.2	4.2	5.2	6	2.0	5.0	5.0					등록평균	등록80%
작업치료학과	연세대(미래)	교과우수자	9	10	3.5	3.18	3.40	6	9.2	3.01	3.27	6	5.7	3.21	3.60	등록50%컷	등록70%컷
작업치료학과	호남대	지역인재	2	3	3.7		7.40									등록50%	등록70%
작업치료학과	한서대	한서인재	10	10	1.3	5.4	5.4	10	1.9	5.5	5.7	11	2.1	5.4	6.5	등록평균	등록80%
작업치료학과	조선대	일반전형	22	17	9.5	4.84	4.85	15	6.5	4.76	5.17	20	7.4	4.67	4.67	등록평균	등록70%컷
작업치료학과	원광대	일반전형	13	13	10.5	3.53	3.70									등록50%컷	등록70%컷
작업치료학과	극동대	일반전형	8	21	0.6	5.88	5.88	10	2.4			35	1.8	5.00	4.88	등록50%컷	등록70%컷
작업치료학과	한서대	학생부교과1	14	10	6.7	4.5	5.0	10	8.5	4.6	4.7	12	9.3	4.6	4.9	등록평균	등록80%
작업치료학과	우송대	교과중심	17	17	10.1	4.4		13	14.9	4.3		12	37.3	4.0		등록평균	
작업치료학과	상지대	교과일반	24	21	7.0	4.26										등록평균	
작업치료학과	한서대	지역인재	4	4	1.8			4	3.5			5	2.0	5.1		등록평균	
작업치료학과	극동대	교과우수자	38	21	1.4			34	2.5	4.00	4.00	10	3.9	5.25	4.63	등록50%컷	등록70%컷
작업치료학과	호남대	일반학생A	21	30	2.3	7.00	7.22	23	2.3	7.18	7.30	25	3.6	6.58	6.88	등록50%	등록70%
작업치료학과	호남대	일반고	22	22	6.0	6.76	7.08	30	5.1	6.65	7.12	27	5.7	6.65	6.96	등록50%	등록70%
작업치료학과	강원대(도계)	일반전형	5	11	6.3	5.63	6.45	16	4.6	4.33	4.51	10	11.5	4.14		등록평균	등록75%컷
작업치료학과	순천향대	지역인재	5	5	6.4	3.58	4.14									등록평균	등록최저
작업치료학과	우송대	지역인재	2	2	3.5	4.9		2	8.5			3	14.7	3.9		등록평균	
작업치료학과	우송대	면접	12	12	8.3	4.2	4.3	15	9.0	4.6	4.8	14	7.2	4.6	4.9	등록평균	등록70%컷
작업치료학과	순천향대	교과면접	5	4	12.8	3.69	3.89	12	6.2	3.71	4.40					등록평균	등록최저
작업치료학과	순천향대	교과우수자	9	15	10.6	3.68	3.98	10	7.7	3.82	4.31	15	12.9	3.08	3.40	등록평균	등록최저
재료공학부	부산대	지역인재	8	8	7.8	2.31	2.31	8	17.3	2.35	2.37	8	16.0	2.44	2.55	등록평균	등록70%컷
재료공학부*	부산대	학생부교과	18	15	5.8	2.84	2.91	15	11.0	2.23	2.32	18	11.7	2.46	2.55	등록평균	등록70%컷
재활상담치료학과	극동대	교과우수자	15													등록50%컷	등록70%컷
전공자율선택(공학)	한서대	학생부교과1	40													등록평균	등록80%
전공자율선택(공학)	한서대	학생부교과2	40													등록평균	등록80%
전공자율선택(자연과학)	한서대	학생부교과2	25													등록평균	등록80%
전공자율선택(자연과학)	한서대	학생부교과1	15													등록평균	등록80%
전기·전자통신공학교육과	충남대	지역인재	4	4	3.8			4	3.8	3.33	3.51	4	3.5	3.64	3.54	등록평균	등록70%
전기·전자통신공학교육과	충남대	일반전형	10	10	3.5	3.33	3.53	10	4.0	3.43	3.81	10	4.6	3.17	3.43	등록평균	등록70%
전기공학과	충남대	지역인재	7	7	6.1	2.67	2.72	7	4.1	2.75	2.95	7	7.0	2.56	2.66	등록평균	등록70%
전기공학과	강원대(삼척)	일반전형	22	45	1.7	5.67	6.42	27	3.4	5.70	6.41	24	4.0	5.59		등록평균	등록75%컷
전기공학과	강원대(삼척)	지역인재	3	6	2.5	6.88	7.53	16	1.9	4.97	6.06	17	2.7	4.55		등록평균	등록75%컷

모집단위	대학	전형	2025 모집인원	2024 모집인원	2024 경쟁률	2024 성적①	2024 성적②	2023 모집인원	2023 경쟁률	2023 성적①	2023 성적②	2022 모집인원	2022 경쟁률	2022 성적①	2022 성적②	성적 산출기준 성적①	성적 산출기준 성적②
전기공학과	전남대(광주)	일반전형	8	8	6.1	1.67	1.81	8	6.5	1.59	1.67	6	10.8	1.64	1.60	등록평균	등록70%컷
전기공학과	전남대(광주)	지역인재	10	10	12.9	1.67	1.72	10	5.8	1.94	1.99	10	11.5	1.66	1.68	등록평균	등록70%컷
전기공학과	호남대	일반학생A	13	14	4.2	5.56	6.28	28	1.7	6.52	6.71	28	2.8	6.20	6.44	등록50%	등록70%
전기공학과	원광대	일반전형	40	43	3.6	4.46	4.63	55	3.2	5.72	6.35	63	3.4	5.07	5.64	등록50%컷	등록70%컷
전기공학과	한국교통대	지역인재	2	2	6.0	4.22	4.44									등록평균	등록최저
전기공학과	호서대	학생부	37	32	6.3	4.86	5.71	34	4.1	5.04	7.47	31	4.5	4.41	5.39	등록평균	등록최저
전기공학과	경북대	교과우수자	10	11	5.4	2.87	3.23	12	17.1	2.36	2.38	11	8.7	2.67	2.83	등록평균	등록70%
전기공학과	충남대	일반전형	12	16	10.6	2.59	2.80	16	5.8	3.01	3.01	16	9.5	2.41	2.51	등록평균	등록70%
전기공학과	조선대	지역인재	3	3	17.0			10	14.0	4.28	4.70	10	8.9	4.48	4.28	등록평균	등록70%컷
전기공학과	경상국립대	일반전형	23	27	9.8	4.04	4.46	28	6.6	4.26	4.69	28	5.5	3.38	3.81	등록평균	등록80%
전기공학과	제주대	일반학생	8	12	3.3	5.18	5.24	12	3.3	4.89	5.21	12	4.9	4.84	5.09	등록50%컷	등록70%컷
전기공학과	조선대	일반전형	41	22	8.7	3.57	3.78	38	6.6	3.61	3.91	42	7.4	3.71	3.92	등록평균	등록70%컷
전기공학과	경북대	지역인재	11	12	4.9	3.04	3.01	10	7.3	2.54	2.69	7	11.4	2.36	2.45	등록평균	등록70%
전기공학과	제주대	지역인재	6	12	3.4	4.84	5.31	12	4.1	5.01	5.36	12	3.8	5.23	5.72	등록50%컷	등록70%컷
전기공학과	호서대	지역인재	10	10	2.7	5.04	6.31	10	3.4	4.89	5.34	10	4.4	4.83	5.63	등록평균	등록최저
전기공학과	한국교통대	일반전형	36	20	9.3	3.17	4.17	17	4.0	4.32	5.69	15	5.9	2.96	3.72	등록평균	등록최저
전기공학과	호남대	일반고	19	23	3.5	6.83	7.04	29	3.6	6.75	6.77	33	3.2	6.22	6.47	등록50%	등록70%
전기공학과*	한밭대	지역인재(교과)	3	3	15.3			3	12.0			3	13.3			등록50%컷	등록70%컷
전기공학과*	순천향대	지역인재	5	5	4.8	3.28	4.12									등록평균	등록최저
전기공학과*	한밭대	학생부교과(일반)	22	43	7.8	4.38	4.50	39	6.5	4.49	4.74	33	9.9	4.32	4.54	등록50%컷	등록70%컷
전기공학과*	순천향대	교과면접	5	5	5.6	3.91	4.26	8	3.1	4.65	4.92					등록평균	등록최저
전기공학과*	순천향대	교과우수자	16	24	7.1	3.80	4.27	28	4.7	4.21	4.93	35	5.1	3.79	4.30	등록평균	등록최저
전기공학부	충북대	학생부교과	21	28	6.3	3.33	3.53	20	5.8	3.35	3.59	20	8.8	2.87	2.99	등록평균	등록70%컷
전기공학부	충북대	지역인재	7	6	4.8	3.39	3.56	5	5.2	2.87	2.86	5	8.0	3.02	3.28	등록평균	등록70%컷
전기공학전공	한양대	추천형	5	6	4.7	1.30		6	12.7	1.24		6	12.0	1.40		등록평균	
전기공학전공	부산대	지역인재	11	5	6.0	2.23	2.26	5	17.0	2.22	2.21	4	21.5	2.36	2.32	등록평균	등록70%컷
전기공학전공	부산대	학생부교과	17	14	6.0	2.07	2.14	11	12.3	2.18	2.22	14	22.9	2.22	2.30	등록평균	등록70%컷
전기전자공학과	상지대	강원인재	2	2	2.0											등록평균	
전기전자공학과	한라대	일반학생(면접중심)	5	4	1.5	6.50	6.50									등록50%컷	등록70%컷
전기전자공학과	한남대	지역인재교과우수자	10	9	5.3	4.36	4.97	8	7.0	4.73	4.91	14	6.1	4.92	5.35	최종평균	최종80%
전기전자공학과	상지대	교과일반	41	41	2.1	5.34										등록평균	
전기전자공학과	한남대	일반전형	25	23	5.7	4.41	5.37	23	7.0	4.85	4.79	20	6.1	4.29	5.14	최종평균	최종80%
전기전자공학과	강원대(춘천)	지역인재	11	13	4.7	3.41	3.75	12	3.3	3.45	3.89	13	4.7	3.08		등록평균	등록75%컷
전기전자공학과	한라대	일반학생(교과중심)	16	16	5.4	4.54	5.00	17	4.8	5.65	6.39					등록50%컷	등록70%컷
전기전자공학과	한라대	지역인재	5	5	3.4	5.14	5.14	2	2.0							등록50%컷	등록70%컷
전기전자공학과	강원대(춘천)	일반전형	20	22	4.6	3.83	4.27	30	8.1	3.25	3.56	32	10.2	3.60		등록평균	등록75%컷
전기전자융합학부	울산대	지역인재	45													등록평균	
전기전자융합학부	울산대	일반교과	54													등록평균	등록80%
전기전자제어공학부	공주대	교과II전형	9														
전기전자제어공학부	공주대	교과I전형	71	111	4.9	5.09	5.33	88	4.3	4.5	4.8	86	5.5	4.3	4.5	등록50%컷	등록70%컷
전자기계융합공학과	고려대(세종)	일반전형	15	5	5.8	2.88	2.88	8	6.6	3.19	3.38	8	13.5	3.19	3.31	등록50%컷	등록70%컷
전자·AI시스템공학과	강원대(삼척)	일반전형	75													등록평균	등록75%컷
전자·AI시스템공학과	강원대(삼척)	지역인재	25													등록평균	등록75%컷
전자·전기공학부	홍익대(서울)	학교장추천자	30	30	5.9	1.79	1.84	29	10.2	1.78	1.85	29	8.5	2.00	2.07	등록50%컷	등록70%컷
전자공학과	원광대	일반전형	26	28	2.4	4.96	5.15	40	2.0	5.64	6.44	53	1.5	5.76	5.92	등록50%컷	등록70%컷
전자공학과	조선대	일반전형	68	38	4.0	4.87	4.91	41	3.1	5.02	5.24	47	2.6	4.87	5.16	등록평균	등록70%컷
전자공학과	호서대	지역인재	8	10	2.7	5.72	6.59									등록평균	등록최저
전자공학과	제주대	지역인재	9	10	2.6	5.03	5.24	10	3.4	4.98	5.19	10	4.4	4.81	5.28	등록50%컷	등록70%컷
전자공학과	충남대	지역인재	8	8	5.1	2.38	2.59	8	5.8	2.25	2.39	7	7.8	2.42	2.52	등록평균	등록70%
전자공학과	충남대	일반전형	13	18	7.9	2.28	2.48	18	8.3	2.43	2.51	18	7.4	2.44	2.61	등록평균	등록70%
전자공학과	조선대	지역인재	38	10	7.7	4.50	4.73	15	3.5	5.43	5.68	20	5.0	4.88	5.00	등록평균	등록70%컷
전자공학과	충북대	학생부교과	13	18	5.1	3.20	3.31	30	8.4	2.80	3.00	30	9.9	2.97	3.14	등록평균	등록70%컷
전자공학과	한밭대	지역인재(교과)	6	5	13.6	3.66	4.05	5	11.2	4.24	4.57	5	10.8	4.00	4.02	등록50%컷	등록70%컷
전자공학과	호서대	학생부	40	38	4.5	5.16	5.80									등록평균	등록최저
전자공학과	강원대(춘천)	일반전형	10	12	6.1	3.51	3.74	14	16.7	3.67	3.83	12	7.5	4.15		등록평균	등록75%컷
전자공학과	제주대	일반학생	6	3	3.7	4.79	4.79	3	4.3	4.84	4.86	3	5.3	5.13		등록50%컷	등록70%컷

모집단위	대학	전형	2025 모집 인원	2024 모집 인원	경쟁 률	성적 ①	성적 ②	2023 모집 인원	경쟁 률	성적 ①	성적 ②	2022 모집 인원	경쟁 률	성적 ①	성적 ②	성적 산출기준 성적 ①	성적 ②
전자공학과	강원대(춘천)	지역인재	6	6	5.0	4.07	4.12	5	3.4	3.84	4.04	6	5.5	3.43		등록평균	등록75%컷
전자공학과	충북대	지역인재	5	5	6.8	2.59	2.85	8	5.3	2.95	3.03	8	9.0	2.76	2.84	등록평균	등록70%컷
전자공학과	한밭대	학생부교과(일반)	56	93	5.3	4.50	4.90	86	4.3	4.73	4.83	72	5.9	4.38	4.49	등록50%컷	등록70%컷
전자공학과	순천향대	교과면접	5	5	4.8	4.30	4.75	14	2.9	4.53	4.92					등록평균	등록최저
전자공학과	순천향대	지역인재	4	4	4.0	4.27	4.69									등록평균	등록최저
전자공학과	한국교통대	지역인재	9	9	3.8	3.92	4.78									등록평균	등록최저
전자공학과	상명대(천안)	학생부교과	12	19	10.6	4.40	4.79	20	6.1	4.64	5.85	19	12.1	4.21		등록평균	등록최저
전자공학과	순천향대	교과우수자	14	22	5.4	3.83	4.28	16	7.7	3.77	4.28	26	7.5	3.81	4.38	등록평균	등록최저
전자공학과	한국교통대	일반전형	86	80	4.8	4.18	4.90	67	4.1	4.75	5.85	62	3.8	4.03	5.45	등록평균	등록최저
전자공학부	한양대(에리카)	지역균형선발	31	40	3.4	2.81	2.94	30	6.5	2.36	2.48	30	7.2	2.40	2.43	등록평균	등록70%컷
전자공학부	경북대	지역인재	35	45	4.2	2.13	2.26	36	5.6	2.01	2.12	26	9.4	1.96	2.04	등록평균	등록70%
전자공학부	경북대	교과우수자	54	80	4.2	2.27	2.37	48	7.7	1.90	2.01	50	8.4	2.03	2.18	등록평균	등록70%
전자공학부*	경상국립대	일반전형	52	63	4.5	4.30	4.72	28	9.5	3.73	3.86	28	6.0	3.64	4.10	등록평균	등록80%
전자공학부*	경상국립대	지역인재	4	4	4.8	5.01	5.43									등록평균	등록80%
전자공학전공	부산대	지역인재	5	10	6.9	1.86	1.87	8	15.4	1.73	1.79	8	16.9	2.08	2.10	등록평균	등록70%컷
전자공학전공*	부산대	학생부교과	13	15	6.1	1.91	1.94	17	9.2	1.85	1.94	18	14.5	1.93	1.96	등록평균	등록70%컷
전자및정보공학과	고려대(세종)	일반전형	26	8	7.6	3.60	3.66	14	7.4	3.61	3.84	14	9.5	3.25	3.30	등록50%컷	등록70%컷
전자상거래전공	전남대(여수)	일반전형	15	15	3.0	6.89	7.30	16	4.2	6.58	6.95	13	2.6	6.62	6.88	등록평균	등록70%컷
전자재료공학과	호서대	학생부	21	23	3.1	6.52	7.50	13	2.3	6.12	8.00	10	7.9	4.93	5.49	등록평균	등록최저
전자재료공학과	호서대	지역인재	8	8	2.0	6.88	7.92	4	1.5	5.85	6.55	3	2.0	5.70	6.20	등록평균	등록최저
전자전기융합공학과	홍익대(세종)	교과우수자	16	15	3.7	4.23	4.37	17	5.9	3.96	4.02	17	8.9	4.08	4.18	등록50%컷	등록70%컷
전자정보공학과*	순천향대	교과우수자	12	20	4.7	4.51	4.78	16	8.8	4.41	4.65	24	4.3	4.30	4.94	등록평균	등록최저
전자정보공학과*	순천향대	교과면접	5	5	4.0	4.45	4.74	12	2.8	4.68	5.45					등록평균	등록최저
전자정보공학과*	순천향대	지역인재	4	4	3.8	4.79	5.22									등록평균	등록최저
전자정보자율전공학부	충북대	지역인재	9													등록평균	등록70%컷
전자정보자율전공학부	충북대	학생부교과	20													등록평균	등록70%컷
전자컴퓨터공학부	전남대(광주)	일반전형	51	52	8.9	2.63	2.94									등록평균	등록70%컷
전자컴퓨터공학부	전남대(광주)	지역인재	46	46	6.2	2.76	3.07									등록평균	등록70%컷
정밀기계공학과	경북대	교과우수자	24	34	3.0	5.73	6.18	18	2.7	5.68	6.12	24	2.3	5.24	5.34	등록평균	등록70%
정밀기계공학과	경북대	지역인재	7									5	1.8			등록평균	등록70%
정보·컴퓨터교육과	경북대	교과우수자	4													등록평균	등록70%
정보기술학부	한밭대	지역인재(교과)	7													등록50%컷	등록70%컷
정보기술학부	한밭대	학생부교과(일반)	68													등록50%컷	등록70%컷
정보보안공학과	상명대(천안)	학생부교과	12	19	4.6	4.49	4.84	19	4.4	4.31	5.19	19	6.5	4.04		등록평균	등록최저
정보보안전공	조선대	일반전형	13	8	5.6	4.61	4.80	19	3.6	5.32	5.60	17	3.3	5.35	5.43	등록평균	등록70%컷
정보보호학과	순천향대	교과면접	5	5	4.8	4.67	5.16	12	2.7	3.75	4.70					등록평균	등록최저
정보보호학과	순천향대	교과우수자	14	20	3.5	3.87	4.70	13	4.5	3.50	4.41	22	6.6	3.34	4.00	등록평균	등록최저
정보보호학과	순천향대	지역인재	4	4	2.5	4.28	4.53									등록평균	등록최저
정보의생명공학자율전공	부산대	학생부교과	9													등록평균	등록70%컷
정보의생명공학자율전공	부산대	지역인재	6													등록평균	등록70%컷
정보통계학과	충남대	지역인재	5	5	5.4	3.08	3.09	5	6.2	3.16	3.19	5	9.2	3.11	3.25	등록평균	등록70%
정보통계학과	경상국립대	일반전형	9	9	4.1	4.58	4.61	10	10.5	3.76	4.17	10	4.1	4.41	4.87	등록평균	등록80%
정보통계학과	충남대	일반전형	10	11	7.6	2.80	2.92	11	5.2	3.38	3.51	11	7.6	2.92	3.08	등록평균	등록70%
정보통계학과	충북대	학생부교과	8	8	4.5	4.00		7	6.7	3.11	3.40	7	7.3	3.42	3.45	등록평균	등록70%
정보통계학과	충북대	지역인재	4	4	5.0	3.24		4	4.5	3.58	3.49	4	8.3	3.44	3.44	등록평균	등록70%
정보통신공학과	한밭대	학생부교과(일반)	14	25	5.6	4.31	4.36	22	4.5	4.08	4.87	22	6.3	4.20	4.54	등록50%컷	등록70%컷
정보통신공학과	한밭대	지역인재(교과)	4	3	10.3			3	8.7			3	11.3			등록50%컷	등록70%컷
정보통신공학과	공주대	지역인재	2	4	8.5	4.95	5.21	5	6.4	5.5	6.2	5	6.2	5.0	5.2	등록50%컷	등록70%컷
정보통신공학과	한남대	일반전형	30	30	4.5	5.66	5.98	21	5.4	6.00	6.39	20	4.5	5.53	6.19	최종평균	최종80%
정보통신공학과	공주대	교과Ⅰ전형	9	17	4.5	5.19	5.50	15	5.1	4.6	4.7	15	7.5	4.4	4.4	등록50%컷	등록70%컷
정보통신공학과	한남대	지역인재교과우수자	14	14	2.9	5.60	5.95	16	3.8	5.42	5.60	16	3.3	5.39	6.02	최종평균	최종80%
정보통신공학과*	순천향대	교과면접	5	5	4.6	4.46	4.81	12	2.6	4.74	5.64					등록평균	등록최저
정보통신공학과*	순천향대	교과우수자	14	20	4.1	4.16	4.87	17	7.1	4.26	4.71	20	14.4	4.25	4.53	등록평균	등록최저
정보통신공학과*	순천향대	지역인재	4	4	3.3	4.97	5.87									등록평균	등록최저
정보통신공학부	충북대	학생부교과	29	41	4.8	4.13	4.12	30	8.3	3.48	3.61	30	9.2	3.49	3.58	등록평균	등록70%컷
정보통신공학부	충북대	지역인재	14	12	8.1	3.68	3.88	9	5.4	4.13	4.27	9	8.3	3.24	3.32	등록평균	등록70%컷

모집단위	대학	전형	2025 모집인원	2024 모집인원	2024 경쟁률	2024 성적①	2024 성적②	2023 모집인원	2023 경쟁률	2023 성적①	2023 성적②	2022 모집인원	2022 경쟁률	2022 성적①	2022 성적②	성적 산출기준 성적①	성적 산출기준 성적②
정보통신공학부	호서대	지역인재	8	8	3.1	6.94	8.07	10	1.7	6.23	7.50	10	2.0	5.63	6.47	등록평균	등록최저
정보통신공학부	호서대	학생부	45	40	3.9	6.10	7.87	34	2.6	5.74	7.57	31	4.7	5.11	5.73	등록평균	등록최저
정보통신공학전공	조선대	일반전형	36	31	3.0	6.20	6.62	44	2.3	5.90	6.15	45	2.2	5.72	6.05	등록평균	등록70%컷
정보통신공학전공	조선대	지역인재	8	8	4.9	5.72	6.04	10	3.9	5.52	5.52	5	11.0	5.08	6.22	등록평균	등록70%컷
정보통신융합학부	충남대	일반전형	23	20	5.5	3.02	3.15	20	6.6	3.17	3.25	20	7.2	3.13	3.22	등록평균	등록70%
정보통신융합학부	충남대	지역인재	14	9	6.3	3.15	3.23	9	4.6	3.40	3.54	9	6.9	3.07	3.16	등록평균	등록70%
제약공학과	경상국립대	일반전형	15	19	8.0	3.50	3.98	24	7.1	3.57	4.17	24	4.9	3.96	4.26	등록평균	등록80%
제약공학과	단국대(천안)	학생부교과우수자	8	14	5.1	2.68	2.91	14	9.3	2.63		14	8.0	3.11		등록평균	등록최저
제약공학과	호서대	지역인재	7	7	4.9	5.18	5.56	6	2.7	5.44	6.11	6	5.0	4.19	4.51	등록평균	등록최저
제약공학과	호서대	학생부	28	29	4.1	4.43	4.96	29	5.0	4.65	5.47	19	4.2	4.35	5.34	등록평균	등록최저
제약학과	충북대	지역인재	8	5	18.0	1.28	1.30	5	8.0	1.32	1.31	4	17.3	1.24	1.31	등록평균	등록70%컷
제약학과	충북대	학생부교과	3	3	21.3	1.48		3	13.7	1.12		4	25.0	1.14	1.14	등록평균	등록70%컷
제어로봇공학과	경상국립대	일반전형	21	22	6.3	4.85	5.23	24	5.1	4.88	5.42	24	4.2	4.68	5.09	등록평균	등록80%
조경산림학과	상지대	교과일반	33	39	1.8	5.25										등록평균	
조경학과	공주대	교과Ⅱ전형	3														
조경학과	경상국립대	일반전형	24	13	5.2	4.01	4.22	15	4.0	4.34	4.45	15	6.1	3.61	4.40	등록평균	등록80%
조경학과	공주대	교과Ⅰ전형	6	17	4.6	5.50	5.58	15	5.5	5.5	5.6	15	6.3	4.8	5.0	등록50%컷	등록70%컷
조경학과*	전남대(광주)	지역인재	4	4	6.3	4.02	3.27	4	8.5	3.13	3.17	4	10.8	3.32	3.28	등록평균	등록70%컷
조경학과*	부산대	지역인재	7	5	17.2	4.88	4.63	6	14.3	4.68	4.56	6	8.0	4.77	4.79	등록평균	등록70%컷
조경학과*	부산대	학생부교과	11	11	19.1	4.80	4.95	10	13.2	4.49	4.91	11	8.6	4.41	4.58	등록평균	등록70%컷
조경학과*	전남대(광주)	일반전형	5	5	6.6	3.63	3.78	5	8.0	2.89	3.04	4	10.8	3.12	2.78	등록평균	등록70%컷
조선해양공학과	전남대(여수)	일반전형	12	12	2.2	7.25		11	2.6	5.82		12	2.9	5.60	5.46	등록평균	등록70%컷
조선해양공학과	전남대(여수)	지역인재	5									8	1.8	6.72		등록평균	등록70%컷
조선해양공학과	부산대	지역인재	10	10	12.5	3.27	3.45	9	18.2	3.03	3.13	9	18.3	3.16	3.21	등록평균	등록70%컷
조선해양공학과	홍익대(세종)	교과우수자	10	11	7.5	4.81	4.89	10	9.6	4.87	4.95	10	6.9	5.12	5.16	등록50%컷	등록70%컷
조선해양공학과	경상국립대	일반전형	22	21	2.6	6.21	6.63	21	2.6	6.09	6.66	22	2.2	6.45	6.40	등록평균	등록80%
조선해양공학과*	부산대	학생부교과	16	16	13.3	3.24	3.30	12	14.2	3.19	3.33	19	14.8	3.21	3.27	등록평균	등록70%컷
주거환경학과	충북대	지역인재	3	3	6.3	6.16		3	7.3	3.66		3	10.7	3.68		등록평균	등록70%컷
주거환경학과	충북대	학생부교과	5	5	11.0	3.37	3.37	5	7.4	4.14	3.99	5	9.0	3.50	3.83	등록평균	등록70%컷
지구과학교육과	한국교원대	지역인재	1	1	7.0	3.14		1	10.0	3.86		1	3.0	5.32		지원평균	
지구과학교육과	전남대(광주)	일반전형	6	4	4.7	3.39	3.10	6	11.5	2.59	2.63	3	10.0	2.95		등록평균	등록70%컷
지구과학교육과	경북대	교과우수자	7	7	10.6	2.63	2.70	4	41.0	2.88	3.02	6	13.0	3.83	4.11	등록평균	등록70%
지구과학교육과	조선대	일반전형	10	10	5.0	4.35	4.37	7	10.7	3.65	3.90	10	4.3	4.33	4.79	등록평균	등록70%컷
지구과학교육과	공주대	교과Ⅰ전형	4	6	6.2	2.60	2.80	5	8.6	2.5	2.7	5	10.8	2.5	2.5	등록50%컷	등록70%컷
지구과학교육과	전남대(광주)	지역인재	4	3	6.7	3.00		3	5.0	3.21		3	8.3	2.54		등록평균	등록70%컷
지구과학교육과	공주대	지역인재	2													등록50%컷	등록70%컷
지구과학교육과	충북대	학생부교과	6	5	8.0	4.18		3	11.7	3.55		3	9.3	3.12		등록평균	등록70%컷
지구과학교육과	부산대	학생부교과	8	8	5.6	2.90	2.69	8	12.8	2.51	2.62	5	24.4	2.46	2.56	등록평균	등록70%컷
지구시스템과학부	경북대	교과우수자	16	18	27.0	2.86	3.11	13	13.1	3.37	3.45	16	7.9	3.07	2.95	등록평균	등록70%
지구해양과학과	제주대	일반학생	9	9	5.8	5.49	5.25	9	4.1	5.09	5.84	9	5.6	5.60	6.02	등록50%컷	등록70%컷
지구해양과학과	제주대	지역인재	4	3	5.3	5.41	6.93	3	7.0	5.60	5.64	2	6.0	6.70		등록50%컷	등록70%컷
지구환경과학과	충북대	학생부교과	7	6	9.5	3.56	3.61	7	19.7	3.96	3.94	7	11.0	4.24	4.42	등록평균	등록70%컷
지구환경과학과	충북대	지역인재	4	4	7.0	3.45	3.56	3	10.7	3.90		3	20.0	3.85		등록평균	등록70%컷
지구환경과학부	전남대(광주)	일반전형	16	16	7.6	3.51	3.67	16	17.1	3.48	3.52	5	10.6	3.88	3.85	등록평균	등록70%컷
지구환경과학부	전남대(광주)	지역인재	15	15	7.7	3.49	3.50	15	8.8	3.55	3.63	6	14.5	3.37	3.54	등록평균	등록70%컷
지능로봇공학과	호서대	학생부	23	20	2.8	5.79	7.40	20	2.3	5.77	6.58	17	3.5	5.69	7.74	등록평균	등록최저
지능로봇공학과	충북대	학생부교과	9	9	4.4	4.00	4.40	9	6.8	3.31	3.49	9	8.7	3.36	3.50	등록평균	등록70%컷
지능로봇공학과	충북대	지역인재	5	5	6.6	3.36	3.43	3	8.2	3.35	3.38	5	9.0	3.49	3.72	등록평균	등록70%컷
지능로봇학과	호서대	지역인재	4	4	2.0			4	1.3	6.25	6.25	6	1.7			등록평균	등록최저
지능미디어공학과	한밭대	지역인재(교과)	3	3	10.3			3	9.0			3	10.3			등록50%컷	등록70%컷
지능미디어공학과	한밭대	학생부교과(일반)	14	26	5.2	4.36	5.00	23	5.2	5.11	4.97	23	5.1	4.80	4.82	등록50%컷	등록70%컷
지능정보양자공학전공	한양대(에리카)	지역균형선발	20	8	8.6	2.69	2.80	6	12.7	2.84	3.13	6	5.3	3.04	3.30	등록평균	등록70%컷
지능형모빌리티공학과	공주대	교과Ⅱ전형	6														
지능형모빌리티공학과	공주대	교과Ⅰ전형	11	17	4.4	5.38	5.67	18	5.1	5.4	5.5	18	5.5	5.2	5.4	등록50%컷	등록70%컷
지능형반도체공학과	고려대(세종)	일반전형	16	4	4.5	3.07	3.39	4	5.8	3.52	3.52	4	9.3	2.97	3.04	등록50%컷	등록70%컷
지역·바이오시스템공학과	전남대(광주)	지역인재	5	5	7.0	3.68	3.90	5	7.8	3.31	3.37	3	16.3	3.14		등록평균	등록70%컷

3부 ● 모집단위순 합격자 성적

모집단위	대학	전형	2025 모집인원	2024 모집인원	2024 경쟁률	2024 성적①	2024 성적②	2023 모집인원	2023 경쟁률	2023 성적①	2023 성적②	2022 모집인원	2022 경쟁률	2022 성적①	2022 성적②	성적 산출기준 성적①	성적 산출기준 성적②
지역·바이오시스템공학과	전남대(광주)	일반전형	5	7	8.3	3.48	3.49	7	12.9	3.43	3.50	7	15.3	3.56	3.60	등록평균	등록70%컷
지역건설공학과	충북대	학생부교과	6	6	14.5	4.77	4.94	7	10.0	4.42	4.56	7	12.0	3.94	4.25	등록평균	등록70%컷
지역건설공학과	공주대	교과Ⅱ전형	9														
지역건설공학과	충북대	지역인재	4	4	9.5	3.86	3.94	3	6.7	4.24		3	17.3	3.83		등록평균	등록70%컷
지역건설공학과*	강원대(춘천)	일반전형	6	7	16.7	4.15	4.36	7	7.4	4.72	4.88	6	12.7	4.43		등록평균	등록75%컷
지역건설공학과*	강원대(춘천)	지역인재	3	5	5.0	4.31	4.32	5	4.4	4.39	4.56	6	3.7	4.75		등록평균	등록75%컷
지역시스템공학과*	경상국립대	일반전형	11	12	4.3	4.46	4.83	12	3.1	4.73	4.86	12	6.2	4.50	4.63	등록평균	등록80%
지질·지구물리학부	강원대(춘천)	지역인재	7	7	5.0	4.32	4.65	9	3.6	4.46	4.95	9	3.7	4.61		등록평균	등록75%컷
지질·지구물리학부	강원대(춘천)	일반전형	12	12	5.8	4.51	4.58	15	7.7	4.21	4.64	17	6.0	4.80		등록평균	등록75%컷
지질과학과	경상국립대	일반전형	12	12	4.4	4.78	4.94	13	7.7	4.67	5.04	15	4.0	5.79	5.88	등록평균	등록80%
지질환경과학과	공주대	교과Ⅰ전형	11	18	6.1	4.69	4.73	13	8.5	4.8	4.9	13	5.0	4.4	5.0	등록50%컷	등록70%컷
지질환경과학과	부산대	지역인재	4													등록평균	등록70%컷
지질환경과학과	공주대	교과Ⅱ전형	3														
지질환경과학과*	충남대	일반전형	9	16	12.1	3.34	3.50	16	11.3	3.98	4.11	16	7.8	3.91	4.11	등록평균	등록70%
지질환경과학과*	부산대	학생부교과	8	10	18.3	3.42	3.50	5	29.2	3.37	3.38	10	15.3	3.62	3.68	등록평균	등록70%컷
지질환경과학과*	충남대	지역인재	7	7	9.6	3.60	3.76	7	6.4	4.05	4.29	7	7.9	3.63	3.67	등록평균	등록70%
창의융합학과	한밭대	학생부교과(일반)	1	6	5.5	5.53	5.85	5	6.4	4.11	4.68	5	6.0	3.22	4.50	등록50%컷	등록70%컷
창의융합학과	한밭대	지역인재(교과)	1	3	10.0			3	9.0			3	10.0			등록50%컷	등록70%컷
천문우주과학과	충남대	지역인재	5	5	7.6	3.62	3.78	5	7.2	3.98	3.91	5	6.6	3.90	4.20	등록평균	등록70%
천문우주과학과	충남대	일반전형	8	11	11.9	3.03	3.30	11	6.9	3.77	4.06	11	10.9	3.05	3.42	등록평균	등록70%
천문우주학과	충북대	학생부교과	7	6	10.3	4.08	4.22	7	12.9	3.55	3.31	7	13.7	4.02	4.33	등록평균	등록70%컷
천문우주학과	충북대	지역인재	4	4	5.5	3.74	3.88	3	5.3			3	9.3	3.67		등록평균	등록70%컷
철도건설시스템전공	우송대	교과중심	26	25	4.1	5.6		21	5.1	4.9		19	8.2	4.5		등록평균	
철도건설시스템전공	우송대	면접	14	15	1.6	5.0	5.5	17	2.3	4.9	5.2	18	3.3	5.0	5.4	등록평균	등록70%컷
철도건설시스템전공	우송대	우송인재	3	3	2.3	5.3		3	2.7			2	3.5	5.2		등록평균	
철도건설시스템전공	우송대	지역인재	2	2	4.5	5.4		2	4.5			3	10.0	4.5		등록평균	
철도건설안전공학과	동양대	일반전형Ⅰ	24	39	0.6	2.90	4.80	41	0.7	4.30	5.70	38	1.4	4.60	4.90	등록50%컷	등록70%컷
철도소프트웨어전공	우송대	우송인재	2	2	2.5	4.2		2	3.0			2	3.5	5.7		등록평균	
철도소프트웨어전공	우송대	교과중심	18	17	3.7	4.7		15	4.8	4.6		15	7.9	4.0		등록평균	
철도소프트웨어전공	우송대	지역인재	2	2	4.0	6.4		2	4.0			2	7.0	4.4		등록평균	
철도소프트웨어전공	우송대	면접	14	15	1.5	5.1	5.2	15	2.4	4.8	5.0	15	2.9	4.7	5.3	등록평균	등록70%컷
철도시스템공학부	원광대	일반전형	23	21	5.1	3.64	3.79									등록50%컷	등록70%컷
철도운전·전기신호학과	동양대	지역인재	1	3	0.7	3.10	3.10									등록50%컷	등록70%컷
철도운전·전기신호학과	동양대	일반전형Ⅰ	13	16	1.7	4.20	4.30	31	2.0							등록50%컷	등록70%컷
철도운전관제학과	동양대	지역인재	2	3	0.3											등록50%컷	등록70%컷
철도운전관제학과	동양대	일반전형Ⅰ	16	17	1.8	3.10	3.40	31	2.0			31	1.9	4.20	4.50	등록50%컷	등록70%컷
철도운전시스템공학과	한국교통대	일반전형	7	12	16.5	1.91	2.09									등록평균	등록최저
철도운전시스템학과	한라대	지역인재	7	4	6.3	3.62	4.69									등록50%컷	등록70%컷
철도운전시스템학과	한라대	일반학생(교과중심)	27	25	6.0	4.64	4.92									등록50%컷	등록70%컷
철도운전제어학과	동양대	일반전형Ⅰ	30	33	3.3	2.90	3.40	23	6.1							등록50%컷	등록70%컷
철도운전제어학과	동양대	지역인재	2	6	1.0	2.50	4.30	6	1.8							등록50%컷	등록70%컷
철도인프라공학과	한국교통대	일반전형	8	12	6.3	2.94	3.52									등록평균	등록최저
철도자율전공학부	동양대	일반전형Ⅱ	47														
철도전기시스템전공	우송대	교과중심	32	29	4.2	4.3		26	7.3	4.3		25	4.8	4.2		등록평균	
철도전기시스템전공	우송대	우송인재	3	3	5.0	5.3		3	4.7			4	3.5	4.9		등록평균	
철도전기시스템전공	우송대	지역인재	2	2	5.5	4.8		2	6.0			4	5.3	4.3		등록평균	
철도전기시스템전공	우송대	면접	25	29	2.1	5.0	5.2	30	2.5	4.6	5.0	28	3.0	4.5	4.9	등록평균	등록70%컷
철도전기정보공학과	한국교통대	일반전형	7	12	6.1	2.41	2.86									등록평균	등록최저
철도차량시스템공학과	한국교통대	일반전형	7	12	7.5	2.32	3.02									등록평균	등록최저
철도차량시스템학과	우송대	우송인재	4	4	4.8	4.3		4	9.5			5	6.2	3.8		등록평균	
철도차량시스템학과	우송대	지역인재	3	3	8.0	4.6		3	4.0			3	10.7	3.3		등록평균	
철도차량시스템학과	우송대	면접	30	30	2.9	3.7	4.0	30	5.8	3.1	3.5	37	4.1	3.6	4.0	등록평균	등록70%컷
철도차량시스템학과	우송대	교과중심	30	30	9.1	3.7		30	5.1	3.8		22	13.3	2.7		등록평균	
철도차량학과	동양대	일반전형Ⅰ	21													등록50%컷	등록70%컷
철도차량학과	동양대	지역인재	1													등록50%컷	등록70%컷
첨단기술융합대학 자율학부1	경북대	교과우수자	32													등록평균	등록70%

모집단위	대학	전형	2025 모집인원	2024 모집인원	경쟁률	성적①	성적②	2023 모집인원	경쟁률	성적①	성적②	2022 모집인원	경쟁률	성적①	성적②	성적 산출기준 성적①	성적②
첨단기술융합대학 자율학부1	경북대	지역인재	32													등록평균	등록70%
첨단기술융합대학 자율학부2	경북대	지역인재	18													등록평균	등록70%
첨단기술융합대학 자율학부2	경북대	교과우수자	18													등록평균	등록70%
첨단에너지공학과	조선대	지역인재	24	10	2.4	6.12	6.62									등록평균	등록70%
첨단에너지공학과	조선대	일반전형	10	24	2.8	6.78	6.05	35	2.1	6.18	6.38	35	3.0	6.30	6.37	등록평균	등록70%
첨단융합계열	한신대	학교장추천	5														
첨단융합계열	한신대	학생부우수자	24	15	4.3	3.51	4.00	22	3.9	3.67	4.19					최종평균	최종최저
첨단융합신약학과	고려대(세종)	일반전형	5													등록50%컷	등록70%컷
축산과학부*	경상국립대	지역인재	5	5	4.2	4.43	4.81	5	3.8	5.29	5.45	5	3.0	4.83	5.23	등록평균	등록80%
축산과학부*	경상국립대	일반전형	22	20	5.4	4.68	5.25	20	7.9	4.96	5.26	19	3.3	4.89	6.22	등록평균	등록80%
축산학과	충북대	지역인재	4	4	15.0	4.15	4.24	4	10.8	4.94	5.07	4	7.8	4.23	4.34	등록평균	등록70%컷
축산학과	충북대	학생부교과	10	9	13.0	4.73	4.79	9	17.7	4.60	4.68	9	9.2	4.77	5.04	등록평균	등록70%컷
축산학과	경북대	교과우수자	9	16	6.7	5.06	5.22	16	3.2	5.13	5.48	13	3.4			등록평균	등록70%
축산학과	경북대	지역인재	4													등록평균	등록70%
치기공학과	경동대	지역인재	6	6	4.7	4.99	6.36	6	6.0	5.33	5.76	7	5.1	5.68	6.71	최종평균	최종80%
치기공학과	경동대	일반학생	53	53	2.8	4.85	5.92	53	2.8	5.07	5.62	56	3.3	5.47	6.76	최종평균	최종80%
치기공학과	호남대	일반고	19	15	2.2	6.39	6.48									등록50%	등록70%
치기공학과	호남대	일반학생A	9	13	1.5	7.60	7.60									등록50%	등록70%
치기공학과	호남대	지역인재	2	2	2.0		2.67									등록50%	등록70%
치위생학과	한서대	지역인재	4	3	11.0	4.1		3	12.3	4.6		4	4.0	4.8		등록평균	
치위생학과	경북대	교과우수자	16	15	7.0	3.64	3.99	10	11.2	3.43	3.71	13	21.7	3.77	3.90	등록평균	등록70%
치위생학과	한서대	한서인재	8	9	5.0	4.5	4.8	9	2.4	4.7	4.8	13	5.3	4.1	4.5	등록평균	등록80%
치위생학과	한서대	학생부교과1	16	10	5.7	4.0	4.4	10	15.8	3.6	3.7	12	5.7	3.8	4.6	등록평균	등록80%
치위생학과	단국대(천안)	학생부교과우수자	12	12	7.3	2.92	3.20	14	7.4	3.07		15	6.3	3.10		등록평균	등록최저
치위생학과	한서대	학생부교과2	8	7	7.6	4.0	4.4	7	6.6	3.8	4.2					등록평균	등록80%
치위생학과	강원대(도계)	일반전형	5	8	8.6	3.82	4.06	11	5.6	3.89	4.64	10	17.8	3.27		등록평균	등록75%컷
치위생학과	선문대	면접	6	4	11.3	4.50	4.88	4	7.0	4.66	5.79	9	12.6	4.38		등록50%컷	등록70%컷
치위생학과	경동대	일반학생	133	133	3.6	4.68	5.62	121	3.4	4.57	5.09	112	6.1	4.30	4.90	최종평균	최종80%
치위생학과	경동대	지역인재	24	24	5.4	4.93	5.64	16	4.2	4.87	5.47	16	8.3	4.48	4.74	최종평균	최종80%
치위생학과	강원대(도계)	지역인재	5	5	6.4	5.10	5.24	5	2.4	4.91	5.40	5	12.0	4.00		등록평균	등록75%컷
치위생학과	연세대(미래)	교과우수자	10	12	3.9	3.38	3.42	5	11.2	2.60	3.28	6	7.3	3.05	3.14	등록50%컷	등록70%컷
치위생학과	호남대	일반고	20	12	13.4	5.67	6.24	12	12.0	4.96	5.25	20	8.4	5.31	5.48	등록50%	등록70%
치위생학과	선문대	일반학생	15	16	14.4	3.50	3.50	17	12.9	3.97	4.93	15	10.8	3.89		등록50%컷	등록70%컷
치위생학과	호남대	일반학생A	20	26	4.5	6.16	6.75	30	3.9	6.48	6.67	22	8.2	5.26	5.59	등록50%	등록70%
치위생학과	호남대	지역인재	4	4	6.0		5.22									등록50%	등록70%
치위생학과	선문대	지역학생	4	4	10.3	3.50	3.75	4	7.8	4.15	5.08	5	7.4	4.16		등록50%컷	등록70%컷
치의예과	조선대	지역인재	27	25	7.5	1.26	1.34	24	21.3	1.19	1.25	20	21.4	1.69	1.71	등록평균	등록70%컷
치의예과	경북대	지역인재	11	8	33.0	1.44	1.50	11	36.6	1.65	1.69	10	35.2	1.73	1.76	등록평균	등록70%
치의예과	전북대	지역인재2유형	18	18	6.3	1.36	1.41	17	13.0	1.36	1.45	18	15.0	1.63	1.78	등록평균	등록70%컷
치의예과	전북대	일반학생	3	3	20.0	1.10		6	65.7	1.11	1.14	6	83.5	1.43	1.45	등록평균	등록70%컷
치의예과	조선대	일반전형	13	13	17.5	1.17	1.19	16	38.8	1.19	1.20	28	28.5	1.42	1.46	등록평균	등록70%컷
치의예과	경북대	교과우수자	4	4	41.3	1.24	1.27	5	66.4	1.48	1.49	5	77.0	1.41	1.47	등록평균	등록70%
치의예과	전북대	지역인재1유형	4	5	10.6	1.29	1.34									등록평균	등록70%컷
치의학전문대학원 학석사통합과정	전남대(광주)	일반전형	5	5	20.4	1.11	1.09	5	38.2	1.18	1.19	7	35.3	1.38	1.39	등록평균	등록70%컷
치의학전문대학원 학석사통합과정	전남대(광주)	지역인재	12	12	8.9	1.24	1.27	12	11.4	1.23	1.29	9	18.3	1.22	1.23	등록평균	등록70%컷
친환경에너지공학과	극동대	교과우수자	10					18	0.2			10	0.3			등록50%컷	등록70%컷
컴퓨터·소프트웨어전공	우송대	우송인재	3	3	2.3	4.7		2	3.5			2	2.5	6.4		등록평균	
컴퓨터·소프트웨어전공	우송대	교과중심	19	19	5.0	4.8		14	22.2	4.6		15	7.9	5.5		등록평균	
컴퓨터·소프트웨어전공	우송대	지역인재	3	3	4.0	4.5		3	6.7			3	5.3	5.1		등록평균	
컴퓨터·소프트웨어전공	우송대	면접	10	10	2.9	5.2	5.3	15	4.3	5.6	6.0	11	3.2	5.7	6.1	등록평균	등록70%컷
컴퓨터공학과	충북대	학생부교과	6	7	8.7	2.91	3.11	7	9.9	2.95	2.93	7	13.9	2.73	2.76	등록평균	등록70%컷
컴퓨터공학과	호남대	일반고	19	16	4.1		6.92	21	5.1	6.53	6.87	21	5.3	6.41	6.56	등록50%	등록70%
컴퓨터공학과	한국교통대	일반전형	39	36	5.2	3.23	4.12									등록평균	등록최저
컴퓨터공학과	한라대	지역인재	4	4	4.5	4.78	4.78	1	3.0							등록50%컷	등록70%컷

모집단위	대학	전형	2025 모집인원	2024 모집인원	2024 경쟁률	2024 성적①	2024 성적②	2023 모집인원	2023 경쟁률	2023 성적①	2023 성적②	2022 모집인원	2022 경쟁률	2022 성적①	2022 성적②	성적 산출기준 성적①	성적 산출기준 성적②
컴퓨터공학과	경동대	일반학생	72	72	3.4	4.73	5.85	69	5.0	4.60	5.06	66	6.6	4.73	5.51	최종평균	최종80%
컴퓨터공학과	한라대	일반학생(교과중심)	17	16	5.1	5.05	5.27	19	4.7	5.07	5.58					등록50%컷	등록70%컷
컴퓨터공학과	건국대(글로컬)	지역인재	3	3	4.7	3.8	5.0	3	4.3	4.1	4.5	3	4.3	4.1		등록50%	등록70%
컴퓨터공학과	호남대	일반학생A	17	22	2.9	6.81	6.86	17	2.9	6.78	7.00	17	2.8	5.88	6.64	등록50%	등록70%
컴퓨터공학과	한라대	일반학생(면접중심)	5	11	1.0	5.59	6.36									등록50%컷	등록70%컷
컴퓨터공학과	공주대	교과Ⅰ전형	19	30	8.6	4.02	4.26	24	5.9	4.3	4.6	24	10.3	3.7	3.7	등록50%컷	등록70%컷
컴퓨터공학과	제주대	지역인재	5	5	5.6			5	6.8	2.91	3.50	5	13.2	3.17	3.69	등록50%컷	등록70%컷
컴퓨터공학과	홍익대(서울)	학교장추천자	22	27	4.4	1.92	2.03	26	8.3	1.75	1.79	26	9.7	1.90	1.94	등록50%컷	등록70%컷
컴퓨터공학과	공주대	지역인재	3	7	4.4	4.26	4.48	8	10.1	3.8	3.8	8	7.9	4.0	4.0	등록50%컷	등록70%컷
컴퓨터공학과	건국대(글로컬)	교과우수	28	35	5.2	4.0	4.2	35	9.1	3.8	4.0	35	11.6	3.8	3.9	등록50%	등록70%
컴퓨터공학과	한밭대	지역인재(교과)	3	3	18.7			3	17.3			3	12.7			등록50%컷	등록70%컷
컴퓨터공학과	강원대(춘천)	일반전형	40	39	4.1	4.23	4.83	37	10.5	2.93	3.27	43	11.5	3.53		등록평균	등록75%컷
컴퓨터공학과	한남대	지역인재교과우수자	11	11	3.7	4.33	4.49	9	6.2	3.83	4.31	15	6.4	4.39	4.94	최종평균	최종80%
컴퓨터공학과	한국교통대	지역인재	4	4	4.0	4.09	4.27									등록평균	등록최저
컴퓨터공학과	제주대	일반학생	5	3	6.3			3	7.3	3.13	3.13	3	16.3	3.03		등록50%컷	등록70%컷
컴퓨터공학과	강원대(춘천)	지역인재	18	16	4.7	3.22	3.34	13	10.9	3.28	3.49	16	5.8	3.64		등록평균	등록75%컷
컴퓨터공학과	협성대	협성창의인재	8	8	6.5	4.94	6.11	10	3.1	5.06	5.57					등록50%컷	등록70%컷
컴퓨터공학과	충북대	지역인재	4	4	11.5	2.77	2.84	4	5.5	3.66	3.19	4	11.3	2.51	2.87	등록평균	등록70%컷
컴퓨터공학과	한밭대	학생부교과(일반)	23	43	10.0	4.16	3.83	39	10.7	3.80	3.84	35	9.7	3.63	4.03	등록50%컷	등록70%컷
컴퓨터공학과	협성대	학생부교과우수자	10	13	7.6	3.46	3.58	12	10.0	3.81	3.98	13	8.2	3.48	3.70	등록50%컷	등록70%컷
컴퓨터공학과	협성대	미래역량우수자	6	10	6.6	4.44	4.55	8	5.9	4.18	4.66	16	3.8	4.44	4.73	등록50%컷	등록70%컷
컴퓨터공학과	한남대	일반전형	22	21	5.2	3.79	4.67	20	6.7	4.02	4.65	17	9.5	3.90	4.51	최종평균	최종80%
컴퓨터공학과*	순천향대	교과면접	5	5	11.6	3.90	4.20	14	3.7	4.19	5.02					등록평균	등록최저
컴퓨터공학과*	순천향대	교과우수자	15	22	3.9	3.72	4.79	19	7.5	3.14	3.57	23	7.4	3.38	3.94	등록평균	등록최저
컴퓨터공학과*	순천향대	지역인재	5	5	3.4	4.11	4.53									등록평균	등록최저
컴퓨터공학과*	상지대	강원인재	4	5	3.2	5.63										등록평균	
컴퓨터공학과*	상지대	교과일반	34	42	3.9	5.52										등록평균	
컴퓨터공학부	경상국립대	일반전형	36	36	10.9	3.81	3.99									등록평균	등록80%
컴퓨터공학부	호서대	학생부	82	62	3.3	4.82	6.64	53	6.0	4.05	4.68	48	4.7	4.28	5.14	등록평균	등록최저
컴퓨터공학부	호서대	지역인재	19	19	3.9	5.22	6.20	18	3.4	4.96	6.34	18	4.6	4.49	5.04	등록평균	등록최저
컴퓨터공학전공	부산대	학생부교과	15	18	6.2	2.09	2.06	11	15.1	2.00	2.00					등록평균	등록70%컷
컴퓨터공학전공	우송대	면접	13	13	2.1	5.2	5.8	23	2.0	5.0	5.2	20	3.0	5.1	5.3	등록평균	등록70%컷
컴퓨터공학전공	조선대	일반전형	47	35	5.4	4.19	3.77	57	5.2	4.09	4.18	63	4.8	4.15	4.30	등록평균	등록70%컷
컴퓨터공학전공	부산대	지역인재	7	7	8.7	2.24	2.24	7	18.4	2.02	2.00					등록평균	등록70%컷
컴퓨터공학전공	우송대	지역인재	3	3	5.3	5.8		3	4.3			3	7.0	4.5		등록평균	
컴퓨터공학전공	조선대	지역인재	20	7	13.4	3.49	3.60	10	12.3	4.43	4.75	10	11.5	4.54	4.92	등록평균	등록70%컷
컴퓨터공학전공	우송대	교과중심	24	24	6.4	4.9		22	4.9	4.6		24	8.4	4.3		등록평균	
컴퓨터공학전공	우송대	우송인재	3	3	2.3	4.8		4	1.8			3	2.7	5.3		등록평균	
컴퓨터교육과	제주대	지역인재	2	2	4.0			2	4.5			2	6.0	4.23		등록50%컷	등록70%컷
컴퓨터교육과	공주대	지역인재	3													등록50%컷	등록70%컷
컴퓨터교육과	제주대	일반학생	4	4	4.5	1.40	3.32	4	6.0	4.12	4.25	4	6.0	3.86	3.92	등록50%컷	등록70%컷
컴퓨터교육과	공주대	교과Ⅰ전형	6	9	4.7	2.85	2.96	8	7.9	2.4	2.7	8	6.6	2.8	3.0	등록50%컷	등록70%컷
컴퓨터소프트웨공학학과*	순천향대	교과우수자	14	20	3.8	3.66	4.31	17	6.5	3.32	3.92	23	7.4	3.33	3.88	등록평균	등록최저
컴퓨터소프트웨어공학과	원광대	일반전형	61	68	3.5	4.45	4.63	87	3.3	5.54	6.10	87	3.3	5.07	5.52	등록50%컷	등록70%컷
컴퓨터소프트웨어공학과*	순천향대	지역인재	6	6	2.8	4.98	6.81									등록평균	등록최저
컴퓨터소프트웨어공학과*	순천향대	교과면접	5	5	9.2	3.47	3.82	12	4.3	4.07	5.19					등록평균	등록최저
컴퓨터소프트웨어학과	한국교통대	일반전형	16	16	4.5	3.47	4.12									등록평균	등록최저
컴퓨터소프트웨어학과	한국교통대	지역인재	2	2	5.0	3.75	4.03									등록평균	등록최저
컴퓨터소프트웨어학부	한양대	추천형	13	17	4.8	1.23		17	5.9	1.19		16	6.8	1.18		등록평균	
컴퓨터융합소프트웨어학과	고려대(세종)	일반전형	16	5	5.6	3.30	3.30	7	9.6	2.96	2.96	7	20.9	2.98	3.04	등록50%컷	등록70%컷
컴퓨터융합학부*	충남대	지역인재	14	15	4.9	3.12	3.40	16	5.1	2.42	2.53	16	9.4	2.55	2.62	등록평균	등록70%
컴퓨터융합학부*	충남대	일반전형	26	37	7.8	2.39	2.50	42	7.6	2.61	2.74	36	12.5	2.56	2.71	등록평균	등록70%
컴퓨터통계학과	조선대	지역인재	10	9	3.0	6.02	6.36					7	3.3	5.36	5.41	등록평균	등록70%컷
컴퓨터통계학과	조선대	일반전형	17	19	2.8	5.84	6.15	22	2.3	5.82	6.14	14	3.0	5.28	5.56	등록평균	등록70%컷
컴퓨터학부	경북대	교과우수자	8	11	5.0	2.51	2.46	7	14.7	2.21	2.27	10	15.9	2.38	2.45	등록평균	등록70%
컴퓨터학부	한양대(에리카)	지역균형선발	15	31	3.8	2.45	2.52	25	8.1	2.33	2.49	25	17.4	2.46	2.40	등록평균	등록70%컷

모집단위	대학	전형	2025 모집인원	2024 모집인원	2024 경쟁률	2024 성적①	2024 성적②	2023 모집인원	2023 경쟁률	2023 성적①	2023 성적②	2022 모집인원	2022 경쟁률	2022 성적①	2022 성적②	성적 산출기준 성적①	성적 산출기준 성적②
컴퓨터학부	경북대	지역인재	6	7	5.7	3.18	3.23	6	8.5	2.00	2.08	6	18.0	2.12	2.15	등록평균	등록70%
코스메디컬소재학과	단국대(천안)	학생부교과우수자	4	4	9.0	3.85	4.01									등록평균	등록최저
탄소중립학과	순천향대	교과우수자	10													등록평균	등록최저
탄소중립학과	순천향대	지역인재	4													등록평균	등록최저
토목공학과	충남대	일반전형	11	18	6.5	3.34	3.59	18	7.1	3.29	3.48	18	8.1	3.35	3.48	등록평균	등록70%
토목공학과	조선대	일반전형	32	27	6.9	5.13	5.44	32	3.2	5.37	5.93	33	4.5	4.80	5.05	등록평균	등록70%컷
토목공학과	충남대	지역인재	7	8	5.9	3.19	3.33	8	4.9	3.52	3.67	8	8.1	3.28	3.41	등록평균	등록70%
토목공학과	조선대	지역인재	7	7	9.6	4.87	5.57	5	9.6	5.23	6.17					등록평균	등록70%컷
토목공학과	경상국립대	지역인재	2													등록평균	등록80%
토목공학과	전남대(광주)	일반전형	7	6	14.0	3.31	3.25	6	8.7	3.34	3.70	6	16.2	2.93	3.17	등록평균	등록70%컷
토목공학과	제주대	지역인재	4	3	5.3	3.55	4.69	3	9.3	4.55	5.46	2	5.0	6.20		등록50%컷	등록70%컷
토목공학과	제주대	일반학생	12	13	5.8	5.40	5.40	13	5.9	5.17	5.68	13	4.4	5.02	5.60	등록50%컷	등록70%컷
토목공학과	경북대	교과우수자	8	8	10.9	2.87	2.92	8	12.5	2.87	2.97	8	11.6	2.90	2.94	등록평균	등록70%
토목공학과	경상국립대	일반전형	17	24	6.1	3.30	3.99	20	5.2	3.29	3.84	25	6.6	3.52	4.06	등록평균	등록80%
토목공학과	전남대(광주)	지역인재	8	7	8.6	3.39	3.34	7	11.4	3.26	3.33	4	15.8	3.41	3.37	등록평균	등록70%컷
토목공학과	경북대	지역인재	10	11	12.6	2.91	3.01	12	17.5	3.15	3.25	7	8.6	3.54	3.63	등록평균	등록70%
토목공학부	충북대	지역인재	10	10	10.6	3.88	4.13	10	5.6	4.18	4.37	10	10.0	3.56	3.68	등록평균	등록70%컷
토목공학부	충북대	학생부교과	34	46	9.5	4.17	4.40	45	7.4	4.21	4.41	45	9.6	3.75	3.89	등록평균	등록70%컷
토목환경공학과	호남대	일반학생A	12	13	2.5	7.29	7.67	15	2.2	4.29	5.24	15	2.5	5.62	5.86	등록50%	등록70%
토목환경공학과	호남대	일반고	6	5	5.0		7.23	7	4.4			12	3.1	6.40	6.39	등록50%	등록70%
토목환경공학전공	한남대	일반전형	22	21	5.4	5.63	6.21	19	6.7	5.71	6.03	18	5.9	5.63	6.20	최종평균	최종80%
토목환경공학전공	한남대	지역인재교과우수자	10	8	4.1	5.37	5.85	8	4.9	5.24	5.60	13	4.5	5.74	6.01	최종평균	최종80%
통계학과	부산대	지역인재	5	4	8.8	2.65	2.59									등록평균	등록70%컷
통계학과	부산대	학생부교과	7	6	7.3	2.44	2.55	6	18.2	2.58	2.67	11	8.7	2.78	2.83	등록평균	등록70%컷
통계학과	경북대	교과우수자	7	10	10.5	2.72	2.84	10	25.3	2.80	2.91	5	8.6	3.83	4.13	등록평균	등록70%
통계학과	경북대	지역인재	7													등록평균	등록70%
통계학과	전남대(광주)	일반전형	4	5	5.6	3.36	3.23	6	5.8	2.89	2.97	4	8.8	2.90	2.99	등록평균	등록70%컷
통계학과	전남대(광주)	지역인재	4	5	6.0	3.06	3.01	6	4.8	3.22	3.33	4	9.0	2.50	2.66	등록평균	등록70%컷
통신공학과	제주대	지역인재	9	9	3.6	5.70	6.21	9	3.4	5.60	6.02	9	4.7	5.89	6.09	등록50%컷	등록70%컷
통신공학과	제주대	일반학생	6	5	4.8	6.03	6.22	9	4.0	6.52	6.66	5	5.8	6.05	6.33	등록50%컷	등록70%컷
특수동물학과	공주대	교과Ⅰ전형	2	9	10.3	3.54	3.58	9	12.4	3.2	3.5	9	11.8	3.0	3.3	등록50%컷	등록70%컷
특수동물학과	공주대	지역인재	2													등록50%컷	등록70%컷
특용식물학과	충북대	지역인재	3	3	8.3	4.01		3	15.7	4.00		3	9.7	4.46		등록평균	등록70%컷
특용식물학과	충북대	학생부교과	6	5	9.2	4.01	4.11	5	13.6	4.18	4.14	5	16.0	4.28	4.19	등록평균	등록70%컷
특화산업융합대학	선문대	일반학생	260	278	2.7	2.50	6.13									등록50%컷	등록70%컷
특화산업융합대학	선문대	지역학생	47	44	3.1	6.25	6.50									등록50%컷	등록70%컷
패션의류학과*	제주대	지역인재	4	4	6.3	5.01	5.01	4	6.5	3.81	4.64	3	6.3	5.08	5.11	등록50%컷	등록70%컷
패션의류학과*	제주대	일반학생	9	6	5.5	5.15	6.00	6	6.9	3.71	4.28	6	7.5	4.36	4.65	등록50%컷	등록70%컷
한의예과	상지대	교과일반	5	5	37.4	1.17										등록평균	
한의예과	상지대	강원인재	3	3	22.0	1.08										등록평균	
한의학전문대학원 (학석사통합과정)	부산대	지역인재	14	15	18.9	1.50	1.51	15	19.5	1.57	1.64	15	21.3	1.63	1.72	등록평균	등록70%컷
항공·기계설계학과	한국교통대	일반전형	17	28	5.2	4.18	4.82									등록평균	등록최저
항공·기계설계학과	한국교통대	지역인재	3	3	3.3	3.67	4.57									등록평균	등록최저
항공AI소프트웨어학과	한서대	학생부교과2	8													등록평균	등록80%
항공AI소프트웨어학과	한서대	한서인재	6													등록평균	등록80%
항공AI소프트웨어학과	한서대	학생부교과1	18													등록평균	등록80%
항공AI소프트웨어학과	한서대	지역인재	4													등록평균	
항공교통물류학과	한서대	학생부교과2	10	3	21.0	1.8	2.4	6	4.7	3.4	3.8					등록평균	등록80%
항공교통물류학과	한서대	지역인재	6	4	4.5	2.3		4	5.0	3.0		4	4.5	2.9		등록평균	
항공교통물류학과	한서대	한서인재	10	22	3.9	3.0	3.6	20	2.7	3.0	3.2	18	3.4	2.4	2.6	등록평균	등록80%
항공기계공학과	한서대	한서인재	6	12	2.3	3.5	4.8									등록평균	등록80%
항공기계공학과	한서대	학생부교과2	8	2	4.0											등록평균	등록80%
항공기계공학과	한서대	학생부교과1	16	8	5.4	2.9	3.0									등록평균	등록80%
항공기계공학과	한서대	지역인재	3	4	1.5	4.8										등록평균	
항공모빌리티학과	극동대	교과우수자	24	22	0.1			23	0.4			12	0.4			등록50%컷	등록70%컷

모집단위	대학	전형	2025 모집인원	2024 모집인원	2024 경쟁률	2024 성적①	2024 성적②	2023 모집인원	2023 경쟁률	2023 성적①	2023 성적②	2022 모집인원	2022 경쟁률	2022 성적①	2022 성적②	성적 산출기준 성적①	성적 산출기준 성적②
항공모빌리티학과	극동대	일반전형	24	20	0.2	7.00	7.00	21	0.2			18	0.5			등록50%컷	등록70%컷
항공보안학과	한서대	한서인재	6	7	2.4	5.1	5.8	6	4.7	5.0	5.0	8	2.9	5.3	5.3	등록평균	등록80%
항공보안학과	한서대	학생부교과1	17	8	8.6	4.0	4.3	8	7.5	4.2	4.5	9	5.2	3.5	4.4	등록평균	등록80%
항공산업공학과	한서대	지역인재	3													등록평균	
항공산업공학과	한서대	학생부교과1	10	10	5.3	3.9	4.4	8	5.1	3.7	4.5	9	4.4	4.0	4.2	등록평균	등록80%
항공산업공학과	한서대	학생부교과2	6	3	3.7	4.4	5.8	3	3.3	3.6	3.6					등록평균	등록80%
항공산업공학과	한서대	한서인재	5	9	1.8	5.0	5.4	7	1.4	4.6	5.8	12	1.3	4.9	5.2	등록평균	등록80%
항공우주공학과	충남대	일반전형	10	13	8.9	2.98	3.07	13	9.8	3.23	3.40	13	12.8	3.16	3.33	등록평균	등록70%
항공우주공학과	충남대	지역인재	6	6	5.7	3.20	3.30	6	7.0	3.30	3.45	6	10.2	3.17	3.30	등록평균	등록70%
항공우주공학과	부산대	지역인재	4	4	7.3	2.66	2.65									등록평균	등록70%컷
항공우주공학과	조선대	일반전형	9	7	2.4	6.48	6.52									등록평균	등록70%컷
항공우주공학과*	부산대	학생부교과	15	14	6.5	3.12	2.90	13	13.3	2.55	2.58	13	14.6	2.62	2.72	등록평균	등록70%컷
항공우주공학부	경상국립대	지역인재	27													등록평균	등록80%
항공우주공학부	경상국립대	일반전형	40	41	4.3	3.16	3.69	51	4.1	5.53	5.91	50	2.5	5.44	6.21	등록평균	등록80%
항공우주공학전공	조선대	지역인재	23	19	1.7	6.79	6.88									등록평균	등록70%컷
항공운항과	한서대	학생부교과2	10													등록평균	등록80%
항공운항학과	한서대	한서인재	12	31	5.0	1.9	2.1	31	3.9	1.6	1.8	27	6.6	1.4	1.6	등록평균	등록80%
항공운항학과	한서대	학생부교과1	10	7	8.3	1.7	2.1	7	10.1	1.2	1.2	12	7.9	1.2	1.4	등록평균	등록80%
항공운항학과	극동대	교과우수자	8	17	1.9	4.88	5.25	11	4.1	3.00	3.50	10	1.8	5.75	5.25	등록50%컷	등록70%컷
항공운항학과	극동대	일반전형	22	14	2.6	4.88	4.63	29	2.2	4.00	4.50	29	2.1	4.50	4.13	등록50%컷	등록70%컷
항공운항학과(조종사양성)	한서대	지역인재	4	7	6.4	1.6		7	3.3	2.5		4	4.0	1.9		등록평균	
항공전자공학과	한서대	학생부교과2	9	5	4.0	3.6	3.8	5	4.6	3.4	3.4					등록평균	등록80%
항공전자공학과	한서대	지역인재	4	4	1.8	3.9		4	4.0	4.6		4	1.3	4.8		등록평균	
항공전자공학과	한서대	한서인재	8	11	2.2	3.6	4.0	11	2.3	3.6	3.8	11	2.9	3.5	3.7	등록평균	등록80%
항공전자공학과	한서대	학생부교과1	10	11	3.5	3.4	3.6	11	5.1	2.7	3.3	10	7.1	3.4	3.4	등록평균	등록80%
항공정비학과	한서대	한서인재	6	10	4.5	2.9	3.5									등록평균	등록80%
항공정비학과	한서대	학생부교과1	16	7	10.9	2.5	2.6									등록평균	등록80%
항공정비학과	극동대	교과우수자	10					24	3.8	3.00	4.00					등록50%컷	등록70%컷
항공정비학과	극동대	일반전형	24	42	2.0	4.75	6.00	30	2.1	3.50	4.00					등록50%컷	등록70%컷
항공정비학과	한서대	지역인재	3	3	4.3	4.9										등록평균	
항공정비학과	한서대	학생부교과2	8	1	13.0											등록평균	등록80%
항공학부	극동대	교과우수자	3	14	1.4	6.88	6.88	15	0.9			10	1.1			등록50%컷	등록70%컷
항공학부	극동대	일반전형	2	11	1.3	4.88	5.38	14	0.3			20	1.0		2.75	등록50%컷	등록70%컷
항노화신소재과학과	경상국립대	지역인재	1	1	5.0			1	4.0							등록평균	등록80%
항노화신소재과학과	경상국립대	일반전형	16	18	4.8	4.53	4.75	23	4.6	4.66	5.08	24	3.4	5.01	5.45	등록평균	등록80%
해양경찰시스템학과	경상국립대	일반전형	22	25	7.2	4.57	5.01	25	3.0	4.92	6.18	20	6.7	3.59	4.18	등록평균	등록80%
해양산업경찰학과	제주대	지역인재	5	4	4.5	3.55	5.35	3	4.7	3.64	3.92	2	8.0	3.38		등록50%컷	등록70%컷
해양산업경찰학과*	제주대	일반학생	10	10	7.0	4.04	4.34	11	4.1	4.40	4.54	11	8.3	3.59	3.79	등록50%컷	등록70%컷
해양생명과학과	제주대	지역인재	3	3	7.0	3.35	5.07	3	6.7	6.13	6.21	2	5.5	5.87		등록50%컷	등록70%컷
해양생명과학과	경상국립대	일반전형	21	21	3.2	5.82	6.55	21	2.5	6.32	7.00	22	4.0	6.00	6.76	등록평균	등록80%
해양생명과학과*	제주대	일반학생	8	8	6.9	4.31	4.42	8	5.8	5.19	5.38	8	7.1	5.09	5.10	등록50%컷	등록70%컷
해양수산광역	전남대(여수)	일반전형	61													등록평균	등록70%컷
해양수산광역	전남대(여수)	지역인재	22													등록평균	등록70%컷
해양시스템공학과	제주대	지역인재	5	4	6.0	5.73	5.73	3	3.3	6.05	6.20	2	6.0			등록50%컷	등록70%컷
해양시스템공학과*	제주대	일반학생	8	8	6.9	5.90	5.91	9	4.2	6.35	6.50	9	6.2	5.53	5.87	등록50%컷	등록70%컷
해양식품생명의학부	경상국립대	일반전형	39													등록평균	등록80%
해양융합공학과	한양대(에리카)	지역균형선발	8	9	11.4	2.66	2.74	7	10.6	2.93	3.05	7	6.0	3.08	3.06	등록평균	등록70%컷
해양토목공학과	경상국립대	일반전형	20	19	3.7	6.97	7.11	19	2.1	7.48	7.38	22	2.8	6.19	6.52	등록평균	등록80%
해양학과*	부산대	학생부교과	9	10	8.1	3.57	3.35	5	20.0	3.03	2.90	12	13.7	3.37	3.53	등록평균	등록70%컷
해양환경공학과	경상국립대	일반전형	22	22	2.3	6.55	7.37	23	2.0	5.12	5.81	21	2.6	5.80	5.91	등록평균	등록80%
해양환경과학과*	충남대	일반전형	7	10	16.1	3.60	3.71	10	20.2	4.01	4.12	10	6.2	4.09	4.40	등록평균	등록70%
해양환경과학과*	충남대	지역인재	5	5	7.2	4.17	4.33	5	9.4	3.47	3.69	5	9.6	3.67	3.81	등록평균	등록70%
해킹보안학과	극동대	교과우수자	15					19	0.9	4.50	4.50	10	0.7			등록50%컷	등록70%컷
헬리콥터조종학과	한서대	지역인재	3	3	2.7	2.8		3	3.3	3.1		3	2.7	3.1		등록평균	
헬리콥터조종학과	극동대	교과우수자	11													등록50%컷	등록70%컷
헬리콥터조종학과	한서대	학생부교과2	6					3	5.3	1.2	1.6					등록평균	등록80%

모집단위	대학	전형	2025 모집인원	2024 모집인원	경쟁률	성적①	성적②	2023 모집인원	경쟁률	성적①	성적②	2022 모집인원	경쟁률	성적①	성적②	성적 산출기준 성적①	성적②
헬리콥터조종학과	한서대	학생부교과1	10	8	5.0	2.4	3.0	8	7.5	2.0	2.3	8	3.6	2.5	2.7	등록평균	등록80%
헬리콥터조종학과	한서대	한서인재	8	10	2.3	3.0	6.4	7	2.9	2.5	2.7	10	3.5	2.1	2.4	등록평균	등록80%
헬스케어융합전공	순천향대	지역인재	3													등록평균	등록최저
헬스케어융합전공	순천향대	교과우수자	9													등록평균	등록최저
화공·생물공학부	강원대(춘천)	일반전형	18	19	8.1	4.11	4.20	20	4.1	4.00	4.43	19	5.8	2.83		등록평균	등록75%컷
화공·생물공학부	강원대(춘천)	지역인재	12	11	3.3	3.46	3.53	9	3.9	3.15	3.32	11	3.7	3.47		등록평균	등록75%컷
화공그린에너지학과*	제주대	지역인재	5	4	2.8	4.77	4.77	3	3.3	5.23	5.57	2	3.5	5.13		등록50%컷	등록70%컷
화공그린에너지학과*	제주대	일반학생	7	7	4.7	5.52	5.59	8	4.0	5.87	6.24	8	3.9	5.60	6.36	등록50%컷	등록70%컷
화공생명공학과	부산대	학생부교과	9	11	6.2	2.79	3.25	9	10.3	1.48	1.52	13	15.6	1.61	1.69	등록평균	등록70%컷
화공생명공학전공	부산대	지역인재	5	5	6.6	1.89	1.87									등록평균	등록70%컷
화공생물공학과	한국교통대	지역인재	3	3	4.3	4.33	5.12									등록평균	등록최저
화공생물공학과	한국교통대	일반전형	28	29	3.3	4.54	5.58									등록평균	등록최저
화장품과학과	호서대	지역인재	6	7	4.9	4.82	5.46									등록평균	등록최저
화장품과학과	호서대	학생부	23	21	6.4	4.39	4.98									등록평균	등록최저
화학코스메틱스학과	제주대	지역인재	7	6	4.2	4.98	5.20	3	2.0	5.62		2	7.5	3.84		등록50%컷	등록70%컷
화학코스메틱스학과	제주대	일반학생	7	7	3.1	5.07	5.07	10	3.9	3.97	4.32	10	5.6	4.88	5.15	등록50%컷	등록70%컷
화학·생화학부	강원대(춘천)	지역인재	12	11	5.2	3.98	4.30	13	2.6	4.54	4.95	13	3.8	3.82		등록평균	등록75%컷
화학·생화학부	강원대(춘천)	일반전형	16	17	4.4	3.64	3.86	22	7.9	3.78	4.10	21	4.6	4.28		등록평균	등록75%컷
화학공학과	충북대	학생부교과	4	9	9.0	2.40	2.51	9	6.1	2.96	2.88	9	11.4	2.28	2.49	등록평균	등록70%컷
화학공학과	한남대	지역인재교과우수자	11	8	2.9	6.11	6.58	10	5.7	5.21	5.59	11	3.3	6.22	7.42	최종평균	최종80%
화학공학과	경북대	지역인재	4					5	9.2	1.99	2.13					등록평균	등록70%
화학공학과	충북대	지역인재	4	4	5.8	2.80	3.07	4	7.3	2.40	2.42	4	9.0	2.81	2.87	등록평균	등록70%컷
화학공학과	한양대	추천형	5	6	9.5	1.12		6	25.5	1.21		6	6.7	1.75		등록평균	
화학공학과	경북대	교과우수자	8	10	8.3	1.71	1.75	9	10.3	2.00	2.07	8	19.0	2.01	2.08	등록평균	등록70%
화학공학과	원광대	일반전형	20	18	2.7	4.51	4.67	27	1.6	4.71	5.76	37	1.5	5.53	5.81	등록50%컷	등록70%컷
화학공학과	한남대	일반전형	22	21	3.4	5.77	6.19	14	4.9	5.30	5.63	14	4.0	5.27	5.67	최종평균	최종80%
화학공학과	호서대	지역인재	10	10	1.9	5.05	6.02	6	3.3	5.09	5.61	8	3.4	4.71	6.05	등록평균	등록최저
화학공학과	경상국립대	일반전형	20	21	7.1	3.84	4.16	20	5.7	4.19	4.54	20	6.1	3.33	3.60	등록평균	등록80%
화학공학과	호서대	학생부	23	23	4.4	4.85	5.97	26	4.4	4.79	6.17	22	3.9	4.21	6.23	등록평균	등록최저
화학공학교육과	충남대	일반전형	4	4	3.8			4	5.5			4	5.3	3.83	4.03	등록평균	등록70%
화학공학교육과	충남대	지역인재	2	2	4.0			2	5.0			2	4.5			등록평균	등록70%
화학공학부	공주대	교과I전형	17	39	4.8	4.40	4.64	36	6.2	4.4	4.6	35	5.0	4.1	4.6	등록50%컷	등록70%컷
화학공학부	공주대	교과II전형	17														
화학공학부*	전남대(광주)	지역인재	30	15	11.6	2.28	2.42	20	4.1	2.99	3.46	20	8.3	2.09	2.18	등록평균	등록70%컷
화학공학부*	전남대(광주)	일반전형	30	30	5.3	2.39	2.54	35	4.3	2.40	2.47	15	8.1	2.14	2.31	등록평균	등록70%컷
화학과	경북대	교과우수자	7	9	6.2	2.61	2.60	7	11.6	2.44	2.70	7	14.1	2.81	2.95	등록평균	등록70%
화학과	공주대	교과II전형	3														
화학과	충북대	지역인재	5	5	5.6	2.97	3.13	5	5.8	3.08	3.08	5	7.8	3.23	3.32	등록평균	등록70%컷
화학과	공주대	교과I전형	14	20	4.9	4.38	4.69	15	7.9	4.4	4.7	16	4.3	4.4	4.9	등록50%컷	등록70%컷
화학과	한림대	지역인재	2	5	5.6	4.54	4.89	4	2.0	4.92	5.96	4	2.3	4.98	5.76	등록평균	등록최저
화학과	충북대	학생부교과	14	13	4.4	3.93	4.49	9	8.9	3.14	3.32	9	8.8	3.23	3.42	등록평균	등록70%컷
화학과	한림대	교과우수자	10	10	3.5	4.41	5.73	9	4.9	3.85	4.24	8	2.8	4.22	4.85	등록평균	등록최저
화학과*	충남대	지역인재	11	11	5.6	3.10	3.19	11	4.1	3.43	3.54	11	5.7	2.88	3.12	등록평균	등록70%
화학과*	전남대(광주)	지역인재	10	10	5.3	3.32	3.49	10	4.4	3.06	3.33	6	7.5	2.88	2.99	등록평균	등록70%컷
화학과*	부산대	지역인재	5	5	13.2	2.84	2.84	5	9.2	2.82	2.84	5	9.8	2.57	2.53	등록평균	등록70%컷
화학과*	단국대(천안)	학생부교과우수자	8	18	5.1	3.39	3.71	24	6.1	3.57		24	4.3	3.62		등록평균	등록최저
화학과*	부산대	학생부교과	18	20	5.4	2.39	2.40	11	6.9	2.41	2.52	11	9.7	2.28	2.40	등록평균	등록70%컷
화학과*	전남대(광주)	일반전형	10	10	6.4	3.01	3.21	10	5.9	3.21	3.49	6	7.8	3.11	3.15	등록평균	등록70%컷
화학과*	충남대	일반전형	16	23	4.4	3.06	3.15	23	6.7	2.88	2.98	23	6.0	3.01	3.21	등록평균	등록70%
화학과*	한남대	일반전형	19	27	1.7	6.49	7.42	26	2.2	5.21	4.13	23	3.1	5.37	5.86	최종평균	최종80%
화학과*	순천향대	교과우수자	8	9	4.7	3.64	4.17	9	6.9	3.47	4.46	14	3.4	3.48	5.00	등록평균	등록최저
화학과*	경상국립대	일반전형	21	21	5.0	4.20	4.41	22	6.6	4.13	4.60	15	2.7	4.77	5.74	등록평균	등록80%
화학과*	순천향대	교과면접	3	4	3.3	4.12	4.73	9	2.8	3.78	4.46					등록평균	등록최저
화학과*	순천향대	지역인재	3	4	2.8	4.99	5.63									등록평균	등록최저
화학과*	한남대	지역인재교과우수자	18	12	1.5	6.21	6.46	12	1.8	5.86	5.77	20	2.4	5.64	6.38	최종평균	최종80%
화학과*	한양대	추천형	6	7	4.4	1.25		7	6.9	1.25		7	6.6	1.24		등록평균	

모집단위	대학	전형	2025 모집인원	2024 모집인원	2024 경쟁률	2024 성적①	2024 성적②	2023 모집인원	2023 경쟁률	2023 성적①	2023 성적②	2022 모집인원	2022 경쟁률	2022 성적①	2022 성적②	성적 산출기준 성적①	성적 산출기준 성적②
화학교육과	한국교원대	지역인재	1	1	7.0	3.21		1	9.0	3.49		1	3.0	5.32		지원평균	
화학교육과	전남대(광주)	지역인재	3	3	6.3	3.31		3	4.7	3.69		3	8.3	2.57		등록평균	등록70%컷
화학교육과	경북대	교과우수자	5	6	6.0	2.82	2.91	5	12.8	2.69	2.96	6	8.7	2.98	3.21	등록평균	등록70%
화학교육과	부산대	학생부교과	7	5	7.4	2.52	2.58	5	8.4	2.83	2.78	5	10.4	2.52	2.32	등록평균	등록70%컷
화학교육과	공주대	교과Ⅰ전형	3	5	3.0	3.29	3.43	4	7.3	2.2	2.3	4	7.0	2.4	2.6	등록50%컷	등록70%컷
화학교육과	조선대	지역인재	6	6	2.3	5.07	5.36	5	2.6	4.54	4.81					등록평균	등록70%컷
화학교육과	조선대	일반전형	4	4	2.8			7	4.6	4.12	4.46	11	3.6	3.82	4.23	등록평균	등록70%컷
화학교육과	경상국립대	일반전형	7	8	2.6			9	5.4			10	5.8	4.09	4.41	등록평균	등록80%
화학교육과	공주대	지역인재	2													등록50%컷	등록70%컷
화학교육과	충북대	학생부교과	6	5	3.4	4.00		5	4.8	2.79	2.79	5	5.6	2.60		등록평균	등록70%컷
화학교육과	전남대(광주)	일반전형	5	5	14.4	2.97	2.96	5	4.6	3.78	4.39	3	9.3	2.66		등록평균	등록70%컷
화학생명공학과	한밭대	학생부교과(일반)	49	80	8.1	3.95	4.11	75	6.0	4.67	4.93	64	10.1	4.23	4.34	등록50%컷	등록70%컷
화학생명공학과*	한밭대	지역인재(교과)	6	6	12.7	3.99	4.13	6	16.5	4.20	4.38	5	13.2	4.61	4.74	등록50%컷	등록70%컷
환경·토목·건축학과	한서대	지역인재	4													등록평균	
환경·토목·건축학과	한서대	학생부교과1	23													등록평균	등록80%
환경공학과	경상국립대	일반전형	17	23	4.7	4.73	5.15	30	5.7	4.82	5.34	29	2.6	5.13	5.86	등록평균	등록80%
환경공학과	충북대	지역인재	4	4	6.8	3.35	3.39	4	5.8	3.05	2.91	4	8.0	3.20	3.44	등록평균	등록70%컷
환경공학과	공주대	교과Ⅰ전형	8	22	5.3	4.58	4.73	22	4.6	4.6	4.7	22	5.9	4.4	4.5	등록50%컷	등록70%컷
환경공학과	제주대	일반학생	10	11	4.0	5.60	5.68	12	3.9	5.39	5.54	12	7.9	5.11	5.47	등록50%컷	등록70%컷
환경공학과	경북대	교과우수자	5	8	7.4	2.51	2.65	8	16.0	2.63	2.74	5	11.6	3.08	3.24	등록평균	등록70%
환경공학과	공주대	교과Ⅱ전형	3													등록평균	등록70%
환경공학과	조선대	지역인재	14	9	5.0	5.24	5.57	10	3.9	6.57	6.77	10	5.5	5.06	5.04	등록평균	등록70%컷
환경공학과	부산대	학생부교과	11	11	6.4	2.54	2.71	7	9.4	2.64	2.78	11	14.0	2.43	2.54	등록평균	등록70%컷
환경공학과	제주대	지역인재	5	4	4.3	4.88	4.88	3	3.7	5.39	5.54	2	7.5	5.05		등록50%컷	등록70%컷
환경공학과	호서대	지역인재	6	6	2.3	6.65	7.61	6	3.2	5.11	5.86	6	1.5	5.97	6.65	등록평균	등록최저
환경공학과	호서대	학생부	20	18	4.1	5.60	7.45	19	4.6	5.46	6.97	17	4.2	5.05	7.23	등록평균	등록최저
환경공학과	충남대	지역인재	5	5	13.0	2.84	3.03	5	4.4	4.02	4.14	5	9.2	2.95	3.04	등록평균	등록70%
환경공학과	충북대	학생부교과	6	9	18.0	3.56	3.68	7	7.1	4.47	4.16	7	9.7	3.33	3.40	등록평균	등록70%컷
환경공학과	충남대	일반전형	9	12	8.8	2.85	3.00	12	7.9	3.11	3.28	12	14.1	2.93	3.14	등록평균	등록70%
환경공학과	경북대	지역인재	5									4	10.0	3.02	2.89	등록평균	등록70%
환경공학과	조선대	일반전형	14	19	4.1	5.83	6.39	31	2.4	5.54	6.11	28	2.7	5.46	5.58	등록평균	등록70%컷
환경교육과	공주대	지역인재	4													등록50%컷	등록70%컷
환경교육과	공주대	교과Ⅰ전형	6	10	4.1	3.05	3.23	9	5.9	3.0	3.1	9	6.0	3.1	3.1	등록50%컷	등록70%컷
환경교육과	한국교원대	지역인재	1	1	7.0	3.78										지원평균	
환경보건학과*	순천향대	교과우수자	13	20	5.6	4.02	4.33	15	6.6	4.19	4.66	14	14.9	3.99	4.44	등록평균	등록최저
환경보건학과*	순천향대	교과면접	5	5	7.0	4.39	4.66	14	2.5	4.63	5.19					등록평균	등록최저
환경보건학과*	순천향대	지역인재	5	6	3.7	4.46	4.79									등록평균	등록최저
환경산림과학부*	경상국립대	지역인재	3	3	4.7	4.94		3	5.0			3	3.3	4.37	4.60	등록평균	등록80%
환경산림과학부*	경상국립대	일반전형	35	38	4.7	4.25	4.88	37	4.2	3.72	4.15	36	4.6	3.92	4.35	등록평균	등록80%
환경생명공학과	한림대	지역인재	3	4	6.3	4.99	5.65	4	5.8	3.70	4.82	4	3.0	5.35	5.99	등록평균	등록최저
환경생명공학과	한림대	교과우수자	11	13	5.4	4.36	4.58	13	8.3	4.51	4.75	10	3.0	4.68	5.88	등록평균	등록최저
환경생명자원계열	전북대	일반학생	31													등록평균	등록70%컷
환경생명자원계열	전북대	지역인재1유형	22													등록평균	등록70%컷
환경생명화학과	충북대	지역인재	4	4	6.3	3.26	3.36	4	8.0	3.73	3.65	4	11.3	3.56	3.70	등록평균	등록70%컷
환경생명화학과	경상국립대	일반전형	10	10	4.9	4.47	4.67	10	6.2	4.25	4.52	10	4.1	4.24	4.91	등록평균	등록80%
환경생명화학과	충북대	학생부교과	6	7	7.7	3.78	3.77	7	7.3	3.62	3.46	7	11.9	3.55	3.57	등록평균	등록70%컷
환경시스템공학과	고려대(세종)	일반전형	11	5	9.4	3.85	4.18	5	6.2			5	16.6	3.16	3.19	등록50%컷	등록70%컷
환경안전공학과	경북대	교과우수자	21	30	2.7	6.14	6.60	18	2.0	5.79	5.43					등록평균	등록70%
환경안전공학과	경북대	지역인재	5													등록평균	등록70%
환경에너지공학과	전남대(광주)	지역인재	6	6	6.5	3.84	4.19	6	5.5	2.72	2.62	4	9.8	2.85	2.81	등록평균	등록70%컷
환경에너지공학과	전남대(광주)	일반전형	10	10	6.2	3.10	3.25	10	5.0	2.85	3.11	6	10.5	2.76	2.83	등록평균	등록70%컷
환경원예학전공	단국대(천안)	학생부교과우수자	9	17	14.2	3.74	4.03	19	10.3	4.25		19	7.1	4.27		등록평균	등록최저
환경융합학부	강원대(춘천)	지역인재	7	9	5.7	4.20	4.45	18	3.4	4.59	4.94	18	3.8	4.70		등록평균	등록75%컷
환경융합학부	강원대(춘천)	일반전형	16	18	12.0	3.95	4.17	16	6.0	4.42	4.63	15	7.6	4.10		등록평균	등록75%컷
환경재료과학과	경상국립대	일반전형	11	13	7.9	4.83	5.08	13	3.9	5.35	5.71	13	9.2	4.65	4.93	등록평균	등록80%
휴먼지능로봇공학과	상명대(천안)	학생부교과	13	21	8.1	4.68	5.21	21	5.0	4.92	6.42	21	6.1	4.40		등록평균	등록최저

5. (자연) 학생부종합전형

※ 성적 산출기준 약어 :
① 최초/최종, 등록 : 최초/최종 합격자, 등록자, ② 평균 : 합격자 점수를 더 한 후 합격 인원으로 나눈 점수
③ 50%(컷) : 100 명 중 50등 점수(소수점은 버림, 예: 7명의 3등 점수), ④ 70%(컷) : 100 명 중 70등 점수(소수점은 버림, 예: 7명의 4등 점수)
⑤ 충원율: 모집인원 대비 미등록으로 인한 충원 합격자의 비율. 예) 모집인원 100명이고 충원합격이 30명이면, 충원율은 30%

I. 수도권

※ '*' : 교직 이수 가능

모집단위	대학	전형	2025 모집인원	2024 모집인원	2024 경쟁률	2024 성적①	2024 성적②	2023 모집인원	2023 경쟁률	2023 성적①	2023 성적②	2022 모집인원	2022 경쟁률	2022 성적①	2022 성적②	성적산출기준 성적①	성적산출기준 성적②
AI·SW학	한신대	참인재	35	23	8.9	5.56	7.28	42	3.1	5.26	7.63					최종평균	최종최저
AI기반자유전공학부	서강대	일반전형	10													등록50%컷	등록70%컷
AI데이터융합학부	한국외대(글로벌)	서류형	6	8	7.4	3.61	3.99									등록50%컷	등록70%컷
AI데이터융합학부	한국외대(글로벌)	면접형	7	9	10.6	3.96	4.04									등록50%컷	등록70%컷
AI로봇전공	광운대	광운참빛인재I(면접형)	16	16	8.9	2.98		21	9.1	3.24		21	7.3	3.54		등록평균	
AI로봇전공	광운대	소프트웨어우수인재	5	5	7.6	2.79										등록평균	
AI로봇전공	한국공학대	창의인재	4	5	8.6	4.4		3	8.7	4.7		3	5.7	4.9		등록평균	
AI로봇전공	광운대	광운참빛인재II(서류형)	8	8	6.9	2.84										등록평균	
AI로봇학과	세종대	세종창의인재(서류형)	14	12	7.8	2.78	2.56									등록평균	등록70%컷
AI로봇학과	세종대	세종창의인재(면접형)	24	24	7.9	2.97	3.02									등록평균	등록70%컷
AI빅데이터융합경영학과(자연)	국민대	국민프런티어	6	6	14.7	2.49	2.75	8	7.0	3.02	3.05	8	7.1	2.95	3.10	등록50%컷	등록70%컷
AI빅데이터융합경영학과(자연)	국민대	학교생활우수자	2	2	8.5	3.31	3.31	1	11.0			2	6.0			등록50%컷	등록70%컷
AI빅데이터전공	대진대	윈윈대진	14	14	3.9	5.17	5.63	14	3.3	5.19	5.78	12	3.6	5.29	5.71	등록평균	등록90%
AI소프트웨어학과	한국공학대	조기취업형계약학과	40	40	5.5	4.8		40	4.1	4.8						등록평균	
AI시스템반도체학	한신대	참인재	6	4	6.0	5.72	6.71									최종평균	최종최저
AI융합대학	한국항공대	미래인재	43													등록평균	등록최저
AI융합대학	한국외대(글로벌)	서류형	4													등록50%컷	등록70%컷
AI융합대학	한국외대(글로벌)	면접형	4													등록50%컷	등록70%컷
AI융합전자공학과	세종대	세종창의인재(면접형)	5	14	7.7	2.78	2.86	11	10.7	2.53	2.76	25	6.0	2.88	3.06	등록평균	등록70%컷
AI융합전자공학과	세종대	세종창의인재(서류형)	3	6	7.5	2.68	2.85	9	14.0	2.24	2.38					등록평균	등록70%컷
AI융합학과	안양대	아리학생부종합II	4	5	7.8	3.96	4.50										
AI융합학부	성신여대	학교생활우수자	10	14	5.7	3.06	4.46	14	5.1	2.94	3.09	15	4.5	3.40	3.55	등록평균	등록최저
AI융합학부	숭실대	SSU미래인재	10	10	18.1	2.50	2.79	10	18.3	2.31	2.64	10	16.1	2.96	3.00	등록평균	등록70%컷
AI융합학부	성신여대	자기주도인재	10	16	11.0	3.45	3.88	16	7.1	3.70	3.85	16	4.6	3.68	4.09	등록평균	등록최저
AI융합학부	숭실대	SW우수자	5	5	13.0	2.94		5	11.2			5	5.8			등록평균	
AI응용학과(야)	한성대	한성인재	5	5	8.4	4.57	4.73									등록50%컷	등록70%컷
AI응용학과(주)	한성대	한성인재	5	5	8.6	3.71	3.74									등록50%컷	등록70%컷
AI자율주행시스템공학과	한국항공대	미래인재	7	8	7.0	3.2	4.1	8	5.8	3.2	3.9	8	5.8	2.8	3.1	등록평균	등록최저
AI컴퓨터공학부	경기대	KGU학생부종합	52	20	16.9	3.52	3.70	20	9.8	3.64		20	14.1	3.54		등록50%컷	등록70%컷
AI컴퓨터공학부	경기대	SW우수자	15													등록50%컷	등록70%컷
AI학과	중앙대	CAU탐구형인재	10	10	23.0	1.88	2.04	12	26.8	1.96	1.99	7	18.4	4.82	5.28	등록50%컷	등록70%컷
ICT로봇공학전공	한경국립대(안성)	잠재력우수자	12													등록평균	등록최저
ICT로봇기계공학부	한경국립대(안성)	잠재력우수자	2	21	6.4	5.11	5.78	21	4.0	5.1	6.2	23	5.7	4.6		등록평균	등록최저
ICT융합학부(자연)	한양대(에리카)	서류형	5	12	21.3	3.53	3.45	14	25.3	3.59	3.73	14	17.6	3.90	4.11	등록평균	등록70%컷
ITM전공	서울과기대	학교생활우수자	9	8	9.3	3.01	2.69	7	8.9	2.90		7	6.7	2.73		등록평균	등록70%컷
IT공과대학(야)	한성대	한성인재	34	25	7.2	4.10	4.30	36	5.4	3.87	4.05	36	4.0	4.13	4.32	등록50%컷	등록70%컷
IT공과대학(주)	한성대	한성인재	50	54	8.1	3.66	3.77	70	8.0	3.25	3.51	70	6.1	3.60	3.74	등록50%컷	등록70%컷
IT기계공학과	대진대	윈윈대진	8													등록평균	등록90%

모집단위	대학	전형	2025 모집인원	2024 모집인원	2024 경쟁률	2024 성적①	2024 성적②	2023 모집인원	2023 경쟁률	2023 성적①	2023 성적②	2022 모집인원	2022 경쟁률	2022 성적①	2022 성적②	성적 산출기준 성적①	성적 산출기준 성적②
IT융합공학전공	연세대	활동우수형	5	7	15.6	1.64	1.87	15	7.6			15	9.9	1.92	2.15	등록50%컷	등록70%컷
IT융합디자인공학과	한국공학대	조기취업형계약학과	25	25	2.4	4.6		25	2.0	3.7		20	3.5	4.5		등록평균	
IT융합전공*	숭실대	SSU미래인재	18	18	17.3	3.07	3.18	18	10.7	2.99	3.20	15	7.1	3.14	3.28	등록평균	등록70%컷
Language&AI융합학부	한국외대(서울)	면접형	8	8	21.3	2.53	2.63									등록50%컷	등록70%컷
Language&AI융합학부	한국외대(서울)	서류형	8	8	15.4	2.01	2.11									등록50%컷	등록70%컷
Language&AI융합학부	한국외대(서울)	논술전형	7	7	133.1												
LIONS자율전공학부(자연)	한양대(에리카)	서류형	68													등록평균	등록70%컷
MSDE학과	서울과기대	학교생활우수자	8	8	7.9	3.34	2.89	7	7.0	2.30		6	8.5	3.17		등록평균	등록70%컷
SW융합계열광역	단국대(죽전)	SW 인재	34													등록평균	등록최저
가정교육과	고려대	계열적합	4	3	15.3			2	11.0			4	11.3	2.72	2.89	등록50%컷	등록70%컷
가정교육과	고려대	학업우수	7	9	20.6	2.15	2.44	8	19.1	2.45	2.50	8	17.0	2.64	2.79	등록50%컷	등록70%컷
가정교육과	고려대	논술전형	2														
가정교육과	동국대	Do Dream	8	8	14.0	2.66	3.22	8	7.0	2.84	3.63	8	6.4	2.77	3.16	최종평균	최종최저
간호대학	서울대	지역균형	10	10	8.2	1.52	1.56	13	3.3	1.50	1.67	12	4.67	1.52	1.65	등록50%컷	등록70%컷
간호대학	서울대	일반전형	27	27	9.8	1.98	2.50	27	6.6	2.01	2.15	32	5.56	1.87	2.24	등록50%컷	등록70%컷
간호대학	고려대	논술전형	5														
간호대학	차의과학대	CHA학생부종합	31	31	11.5			24	15.8			24	9.5	2.85	5.44	등록50%컷	등록70%컷
간호대학	고려대	학업우수	12	15	13.9	2.13	2.22	13	16.5	2.02	2.18	13	15.6	2.15	2.41	등록50%컷	등록70%컷
간호대학	고려대	계열적합	7	9	13.4	1.88	1.99	3	14.3			3	13.3			등록50%컷	등록70%컷
간호학과	을지대(의정부)	EU미래인재	6	6	11.3	2.90	3.23	6	9.8	2.56	2.78	7	11.9	2.60	2.56	등록평균	등록70%컷
간호학과	을지대(의정부)	EU자기추천	7	7	17.4	2.77	2.95	7	13.0	2.72	2.88	7	18.3	2.75	2.80	등록평균	등록70%컷
간호학과	대진대	윈윈대진	30	28	7.8	3.42	3.76	15	7.9	3.29	3.59	28	9.9	3.15	3.47	등록평균	등록90%
간호학과	을지대(성남)	EU자기추천	8	8	22.3	2.70	2.68	8	13.1	2.80	2.62	8	21.0	2.62	2.63	등록평균	등록70%컷
간호학과	을지대(성남)	EU미래인재	8	8	17.4	2.56	2.79	8	12.1	2.63	2.91	8	12.3	2.62	2.68	등록평균	등록70%컷
간호학과(자연)	경희대(서울)	네오르네상스	18	9	19.3	2.17	2.12	9	21.1	1.70		11	23.9	1.9		최종평균	등록70%컷
간호학과(자연)	중앙대	CAU융합형인재	23	16	23.6	1.84	1.94	17	12.9	1.95	2.17	16	23.3	1.81	1.94	등록50%컷	등록70%컷
간호학과(자연)	중앙대	CAU어울림	2	2	48.0											등록50%컷	등록70%컷
간호학과(자연)	중앙대	CAU탐구형인재	10	16	17.0	2.13	2.58	17	10.9	2.13	2.18	9	18.3	2.21	2.41	등록50%컷	등록70%컷
간호학과(자연)*	한양대	서류형	13	13	19.2	2.20		12	10.3	2.83		11	17.3	1.46		등록평균	
간호학과*	아주대	ACE	25	25	20.4	2.02	2.41	25	14.7	2.29	2.59	22	18.1	2.29		등록평균	등록최저
간호학과*	삼육대	세움인재	12	12	16.2	2.67		8	21.1	2.69		8	15.0	2.85		최종평균	
간호학과*	가톨릭대	학교장추천	16	16	24.8	1.55	2.56	16	12.6	2.32	5.64	14	17.9	1.97	2.13	등록평균	등록최저
간호학과*	가천대	가천바람개비	38	45	26.5	2.82		43	16.8	2.82	3.26	41	16.6	2.6		등록70%	등록90%
간호학과*	성신여대	학교생활우수자	17	17	10.1	2.21	3.86	17	7.6	2.19	2.30	16	7.8	2.36	2.47	등록평균	등록최저
간호학과*	성신여대	자기주도인재	16	16	16.6	2.28	2.50	16	12.0	2.60	2.64	15	18.9	2.49	2.52	등록평균	등록최저
간호학과[동두천]	신한대	신한국인	12	16	29.4	4.87		17	16.9	3.81		15	17.3	3.50		최종평균	
간호학부(자연)	이화여대	미래인재	18	18	10.8	1.84	1.89	18	13.2	2.00	2.05	18	8.9	2.2	2.3	등록50%컷	등록70%컷
건설시스템공학과	아주대	ACE	13	13	13.2	2.97	3.41	10	9.5	3.57	4.45	10	7.8	3.71		등록평균	등록최저
건설시스템공학과	서울과기대	학교생활우수자	28	24	8.9	3.45	3.41	21	9.2	3.31		22	8.0	3.26		등록평균	등록70%컷
건설시스템공학부	국민대	국민프런티어	15	15	13.2	3.23	3.31	15	5.6	3.04	3.40	15	5.5	3.03	3.24	등록50%컷	등록70%컷
건설시스템공학부	국민대	학교생활우수자	14	14	13.4	3.18	3.31	15	6.6	3.48	3.74	15	4.0	3.57	4.29	등록50%컷	등록70%컷
건설환경공학과	홍익대(서울)	학교생활우수자	11	10	22.4	2.76	2.87	13	16.0	2.96	2.95	14	5.9	3.02	3.05	등록50%컷	등록70%컷
건설환경공학과	동국대	불교추천인재	2	2	7.5	2.59	2.70	2	7.5	3.11	3.16	2	8.0	3.45	3.55	최종평균	최종최저
건설환경공학과	세종대	세종창의인재(서류형)	3	4	10.8	2.63	2.64	4	9.5	3.04	3.26					등록평균	등록70%컷
건설환경공학과	세종대	세종창의인재(면접형)	6	6	10.5	2.92	3.14	6	11.8	2.89	2.95	8	6.8	3.15	3.08	등록평균	등록70%컷
건설환경공학과	동국대	Do Dream	12	12	21.7	2.77	3.20	12	16.0	2.99	4.00	12	8.6	3.48	4.76	최종평균	최종최저
건설환경공학과	한양대	서류형	11	13	12.8	3.89		13	14.5	2.42		13	14.3	2.20		등록평균	
건설환경공학과	한양대(에리카)	서류형	5	12	36.4	4.03	3.69	13	20.4	4.63	5.37	13	13.3	4.19	4.04	등록평균	등록70%컷
건설환경공학부	성균관대	탐구형	35	25	13.6	2.14	2.50	25	10.8	2.13	2.76	25	9.0	2.19	2.42	등록50%컷	등록70%컷
건설환경공학부	서울대	지역균형	8	8	4.3	1.47	1.48	10	2.6	1.34	1.52	9	1.78	1.59	1.60	등록50%컷	등록70%컷
건설환경공학부	한경국립대(안성)	잠재력우수자	2	20	6.7	5.21	5.97	20	4.3	5.3	6.6	22	4.5	5.1		등록평균	등록최저
건설환경공학부	서울대	일반전형	26	26	8.5	2.38	3.72	26	6.9	2.11	2.81	29	4.97	2.95	3.19	등록50%컷	등록70%컷
건설환경공학전공	인천대	자기추천	15	15	7.8	4.10										등록평균	
건설환경공학전공	명지대	명지인재서류	6													등록평균	등록70%컷
건설환경공학전공	명지대	명지인재면접	14													등록평균	등록70%컷

모집단위	대학	전형	2025 모집인원	2024 모집인원	경쟁률	성적①	성적②	2023 모집인원	경쟁률	성적①	성적②	2022 모집인원	경쟁률	성적①	성적②	성적① 산출기준	성적② 산출기준
건설환경플랜트공학	중앙대	CAU탐구형인재	8	9	14.7	2.67	3.82	8	15.4	2.47	2.57	10	12.6	2.47	2.69	등록50%컷	등록70%컷
건설환경플랜트공학	중앙대	CAU융합형인재	11	9	18.9	2.93	4.84	8	16.5	1.94	2.02	12	8.9	2.67	2.85	등록50%컷	등록70%컷
건축공학과	세종대	세종창의인재(서류형)	2	2	7.0	3.86	3.61	2	9.5	2.57	2.53					등록평균	등록70%컷
건축공학과	연세대	활동우수형	14	13	10.4	2.20	2.57	11	7.5	2.10	2.36	11	9.7	1.83	1.95	등록50%컷	등록70%컷
건축공학과	경희대(국제)	네오르네상스	11	11	13.6	3.43	2.94	11	9.1	3.00		12	8.1	2.7		최종평균	등록70%컷
건축공학과	광운대	광운참빛인재Ⅱ(서류형)	3	3	12.3	3.02											
건축공학과	광운대	광운참빛인재Ⅰ(면접형)	7	7	14.3	2.89		10	10.8	3.24		10	15.7	3.37		등록평균	
건축공학과	대진대	윈윈대진	8	13	6.2	5.22	6.16	15	3.2	5.55	6.39	15	4.2	5.02	5.43	등록평균	등록90%
건축공학과	세종대	세종창의인재(면접형)	4	6	8.7	3.14	3.11	5	9.2	2.87	3.03	8	5.9	2.97	3.06	등록평균	등록70%컷
건축공학부	한양대	서류형	9	11	10.8	3.03		11	9.6	2.59		10	11.5	1.79		등록평균	
건축공학부	동국대	불교추천인재	2	2	7.5	2.79	2.85	2	9.0	3.06	3.28	2	7.0	3.48	3.91	최종평균	최종최저
건축공학부	동국대	Do Dream	16	16	13.4	2.90	6.45	16	11.9	2.79	3.55	15	9.2	2.96	3.39	최종평균	최종최저
건축공학전공	한국기술교대	창의인재(면접형)	7														
건축공학전공	한양대(에리카)	서류형	5	10	17.3	3.49	3.69	10	17.4	3.65	3.77					등록평균	등록70%컷
건축공학전공	한국기술교대	창의인재(서류형)	5	10	9.0	4.24	4.87	12	10.6	4.29	5.19		7.0	4.61		등록평균	등록최저
건축공학전공	서울과기대	학교생활우수자	17	17	7.9	3.29	3.24	15	9.6	2.94		14	8.9	3.06		등록평균	등록70%컷
건축공학전공(4년)	한경국립대(안성)	잠재력우수자	3	3	12.0	5.15	5.36	3	7.3	5.1	5.9	3	10.0	4.2		등록평균	등록최저
건축공학전공*	단국대(죽전)	DKU인재(면접)	5	5	14.2	3.55	4.14									등록평균	등록최저
건축공학전공*	서울시립대	학생부종합Ⅰ(면접형)	7	8	17.9	3.85		8	8.6	4.16		8	10.4	2.52		등록평균	
건축공학전공*	단국대(죽전)	DKU인재(서류)	8	12	11.7	3.18	3.58	17	12.2	3.48		12	9.3	3.69		등록평균	등록최저
건축공학전공*	서울시립대	학생부종합Ⅱ(서류형)	2													등록평균	
건축도시시스템공학과(자연)	이화여대	미래인재	14	11	9.8	2.40	2.54		8.6	2.35	2.74	7	4.7	2.5	3.0	등록50%컷	등록70%컷
건축사회환경공학부	고려대	논술전형	9														
건축사회환경공학부	고려대	학업우수	15	22	17.0	2.11	2.38	21	21.0	2.07	2.17	21	19.2	2.17	2.62	등록50%컷	등록70%컷
건축사회환경공학부	고려대	계열적합	11	15	11.9	2.75	3.16	11	14.0	3.62	3.77	11	15.0	3.86	4.10	등록50%컷	등록70%컷
건축학·건축공학전공	숭실대	SSU미래인재	18	18	19.6	2.95	3.14	18	11.2	2.79	3.05	18	11.6	2.96	3.28	등록평균	등록70%컷
건축학과	고려대	계열적합	5	6	13.3	3.37	3.42	5	15.0	3.08	3.74	5	12.6	4.09	4.13	등록50%컷	등록70%컷
건축학과	세종대	세종창의인재(서류형)	2	2	12.0	2.62	2.57	3	11.0	2.72	2.50					등록평균	등록70%컷
건축학과	서울대	일반전형	25	25	6.7	2.30	3.26	25	5.9	1.89	2.27	28	4.86	2.40	3.19	등록50%컷	등록70%컷
건축학과	서울대	지역균형	8	8	2.8	1.45	1.52	11	2.5	1.33	1.38	11	2.09	1.36	1.42	등록50%컷	등록70%컷
건축학과	아주대	ACE	23	23	10.7	2.96	4.08	20	9.8	3.08	3.66	22	8.1	3.17		등록평균	등록최저
건축학과	고려대	학업우수	8	11	13.7	2.05	2.29	9	19.6	1.99	2.25	9	17.3	2.21	2.44	등록50%컷	등록70%컷
건축학과	고려대	논술전형	4														
건축학과	세종대	세종창의인재(면접형)	5	5	12.2	2.76	2.83	5	14.6	2.62	2.64	8	9.9	2.83	2.93	등록평균	등록70%컷
건축학과(5년제)	삼육대	세움인재	10	10	24.1	3.75		10	12.7	4.10		8	9.1	3.99		최종평균	
건축학과(5년제)	경희대(국제)	네오르네상스	8	8	15.4	2.13	2.20	8	19.1	2.20		9	13.0	3.1		최종평균	등록70%컷
건축학과(5년제)	성균관대	탐구형	24	25	12.4	2.74	3.17	27	7.6	2.17	3.60	21	8.5	2.23	2.36	등록50%컷	등록70%컷
건축학과(5년제)	광운대	광운참빛인재Ⅰ(면접형)	6	6	16.0	2.95		9	22.9	2.86		10	17.6	3.58		등록평균	
건축학과(5년제)	경기대	KGU학생부종합	14	14	18.4	3.36	3.45	14	11.4	3.49		14	16.7	3.53		등록50%컷	등록70%컷
건축학과(5년제)	광운대	광운참빛인재Ⅱ(서류형)	3	3	12.0	3.17											
건축학과(자연)	이화여대	미래인재	11	7	9.4	2.25	2.41	12	7.8	2.42	2.47	10	5.5	2.5	2.7	등록50%컷	등록70%컷
건축학부	중앙대	CAU어울림	2	2	40.5												
건축학부	중앙대	CAU탐구형인재	15	15	14.8	3.14	4.14	13	13.9	2.70	3.17					등록50%컷	등록70%컷
건축학부	중앙대	CAU융합형인재	14	15	15.7	2.00	2.07	13	17.0	2.13	2.20					등록50%컷	등록70%컷
건축학부	한양대	서류형	10	11	16.8	2.99		11	13.7	2.45		11	18.0	1.85		등록평균	
건축학부	건국대	KU자기추천	19	20	20.9	2.78	2.97	19	16.8	2.85	3.19	20	17.7	2.92	3.04	등록50%컷	등록70%컷
건축학부	가천대	가천바람개비	11	11	37.1	3.83		17	15.1	3.75	4.06	15	16.5	3.5		등록70%	등록90%
건축학부	국민대	학교생활우수자	9	11	9.6	2.57	2.78	11	7.2	2.36	2.41	11	6.6	2.41	2.54	등록50%컷	등록70%컷
건축학부	명지대	크리스천리더	2	2	16.0	4.04	4.35	2	9.5	3.63	4.01	2	9.0	3.97	4.72	등록평균	등록70%컷
건축학부	국민대	국민프런티어	13	13	21.2	2.55	2.68	18	13.9	2.86	2.99	18	15.0	2.75	3.06	등록50%컷	등록70%컷

모집단위	대학	전형	2025 모집인원	2024 모집인원	2024 경쟁률	2024 성적①	2024 성적②	2023 모집인원	2023 경쟁률	2023 성적①	2023 성적②	2022 모집인원	2022 경쟁률	2022 성적①	2022 성적②	성적 산출기준 성적①	성적 산출기준 성적②
건축학전공	한양대(에리카)	서류형	5	10	43.5	3.08	3.08	11	29.8	3.94	4.33					등록평균	등록70%컷
건축학전공	서울과기대	학교생활우수자	13	13	22.2	2.66	2.73	8	25.4	3.15		7	32.4	3.17		등록평균	등록70%컷
건축학전공	명지대	명지인재면접	6	9	22.4	3.27	3.24	9	11.8	3.54	3.51	14	13.0	3.34	3.59	등록평균	등록70%컷
건축학전공	명지대	명지인재서류	11	6	13.7	2.83	3.04	6	9.7	3.15	3.46	6	15.0	2.98	3.15	등록평균	등록70%컷
건축학전공(5년)	한경국립대(안성)	잠재력우수자	4	3	17.7	4.14	4.33	3	16.0	3.9	4.3	5	12.6	3.8		등록평균	등록70%컷
건축학전공(5년제)	홍익대(서울)	학교생활우수자	11	10	12.1	2.01	2.30	12	16.6	1.89	1.91	14	12.7	1.98	2.15	등록50%컷	등록70%컷
건축학전공(5년제)	단국대(죽전)	DKU인재(서류)	9	9	17.4	2.73	3.06	13	14.4	3.33		12	18.3	2.98		등록평균	등록최저
건축학전공(5년제)	단국대(죽전)	DKU인재(면접)	4	4	26.8	3.50	3.98									등록평균	등록최저
건축학전공*	서울시립대	학생부종합II(서류형)	5													등록평균	
건축학전공*	서울시립대	학생부종합I(면접형)	11	16	16.6	2.81		14	11.7	2.47		12	18.6	2.12		등록평균	
게임·영상학과	가천대	조기취업형계약학과	30	38	15.0			60	7.1			66	4.4	4.9			
게임공학과	한국공학대	창의인재	10	15	14.3	3.4		10	7.3	4.0		16	6.1	3.5		등록평균	
게임전공	상명대(서울)	상명인재	8	23.4	3.29	3.43		9	16.7	3.36	3.98	9	18.7	3.32	4.06	등록50%컷	등록70%컷
경영정보학부	국민대	학교생활우수자	2	2	7.0	3.02	3.02									등록50%컷	등록70%컷
경영정보학부(자연)	국민대	국민프런티어	5	5	14.8	3.50	4.17	7	7.1	3.20	3.30	7	5.9	3.28	3.47	등록50%컷	등록70%컷
고분자공학전공	단국대(죽전)	DKU인재(서류)	11	13	11.5	2.93	3.19	19	7.3	3.13		14	9.0	2.84		등록평균	등록최저
고분자공학전공	단국대(죽전)	DKU인재(면접)	5	5	16.6	2.98	3.19									등록평균	등록최저
공간디자인·소비자학과	가톨릭대	잠재능력우수자	9	5	20.8	4.02	4.43										
공간디자인학과	명지대	명지인재서류	2													등록평균	등록70%컷
공간디자인학과	명지대	명지인재면접	6	6	21.3	3.58	3.16	6	11.7	3.86	3.51	6	34.0	3.57	3.72	등록평균	등록70%컷
공간정보공학과	서울시립대	학생부종합II(서류형)	2													등록평균	
공간정보공학과	서울시립대	학생부종합I(면접형)	6	6	23.7	2.69		5	15.2	4.40		5	8.6	4.57		등록평균	
공과계열	한국외대(글로벌)	면접형	15													등록50%컷	등록70%컷
공과계열	한국외대(글로벌)	서류형	16													등록50%컷	등록70%컷
공과대학	고려대	학업우수	33													등록50%컷	등록70%컷
공과대학	한국항공대	미래인재	43													등록평균	등록최저
공학계열	성균관대	과학인재	20	20	11.5	4.77	4.98									등록50%컷	등록70%컷
공학계열	성균관대	융합형	100	150	22.2	1.89	2.04	150	14.1	2.23	2.92	140	14.3	1.86	2.08	등록50%컷	등록70%컷
공학자율학부	대진대	윈윈대진	15													등록평균	등록90%
과학교육과	단국대(죽전)	DKU인재(서류)	5	5	11.8	2.18	2.62	8	16.9	2.68		8	10.9	2.61		등록평균	등록최저
과학교육과	이화여대	미래인재	25	24	6.5	2.10	2.26	16	9.4	2.04	2.08	16	7.6	2.1	2.2	등록50%컷	등록70%컷
과학교육과	단국대(죽전)	DKU인재(면접)	3	3	17.3	2.67	2.80									등록평균	등록최저
과학기술대학	덕성여대	덕성인재 I	20	20	12.8	2.97	3.02	28	7.7	3.22	3.35	20	10.6	3.17	3.35	등록평균	등록70%컷
과학기술대학	덕성여대	덕성인재II	20	30	18.9	3.21	3.40	37	9.7	3.40	3.51	37	12.1	3.40	3.55	등록평균	등록70%컷
교통·물류공학과	한양대(에리카)	서류형	5	8	17.6	4.26	4.03	8	11.3	4.33	4.55	8	10.5	4.16	4.11	등록평균	등록70%컷
교통공학과	서울시립대	학생부종합II(서류형)	2					2	18.0							등록평균	
교통공학과	서울시립대	학생부종합I(면접형)	5	3	12.7	3.09		4	8.8	2.51		5	7.0	2.85		등록평균	
교통시스템공학과	아주대	ACE	13	13	9.9	3.20	4.44	10	5.2	3.58	4.68	10	4.3	3.46		등록평균	등록최저
글로벌미디어학부	숭실대	SW우수	4	4	11.5	3.38		4	6.8			4	3.5			등록평균	
글로벌미디어학부	숭실대	SSU미래인재	22	22	17.3	2.82	2.96	22	7.6	3.17	3.37	23	6.5	3.13	3.33	등록평균	등록70%컷
글로벌바이오메디컬공학과	성균관대	탐구형	11	10	52.3	2.35	2.44	30	16.7	3.35	3.95	30	16.0	1.65	1.97	등록50%컷	등록70%컷
글로벌바이오메디컬공학과	성균관대	과학인재	20	20	11.8	4.51	4.80									등록50%컷	등록70%컷
글로벌테크노경영전공(자연)	서울과기대	학교생활우수자	3	3	12.7	3.39	3.29	3	10.3	3.91						등록평균	등록70%컷
금융·빅데이터학부	가천대	가천바람개비	15													등록70%	등록90%
금융공학	한신대	참인재	6	6	4.2	5.91	8.18	7	2.4	5.35	6.13	7	2.3	5.55	6.72	최종평균	최종최저
기계·시스템디자인공학과	홍익대(서울)	학교생활우수자	34	34	8.6	2.41	2.53	37	7.5	2.49	2.51	37	6.1	2.48	2.61	등록50%컷	등록70%컷
기계·로봇·자동차공학부	건국대	KU자기추천	7													등록50%컷	등록70%컷
기계·자동차공학과	서울과기대	학교생활우수자	42	35	10.1	3.22	3.17	31	10.8	3.13		30	9.5	3.23		등록평균	등록70%컷
기계공학과	세종대	세종창의인재(면접형)	6	8	7.5	2.95	3.01	8	8.9	2.74	2.69	17	7.4	2.86	2.96	등록평균	등록70%컷
기계공학과	한국공학대	창의인재	10	14	7.4	4.2		11	4.8	4.3		9	4.6	4.0		등록평균	
기계공학과	인천대	자기추천	31	31	9.1	3.71		32	6.5	3.72		32	4.2	3.51		등록평균	
기계공학과	세종대	세종창의인재(서류형)	5	5	7.0	3.04	3.35	5	11.0	2.36	2.48					등록평균	등록70%컷
기계공학과	아주대	ACE	42	42	9.6	2.88	6.02	34	6.7	3.11	4.48	35	6.4	3.23		등록평균	등록최저
기계공학과	서강대	일반전형	27	27	12.7	1.76	1.88	28	15.4	1.99	2.13	28	13.8	2.54	3.21	등록50%컷	등록70%컷
기계공학과	한양대(에리카)	서류형	14	31	13.9	3.46	3.58	34	10.3	3.63	3.82	34	14.6	3.16	3.37	등록평균	등록70%컷

모집단위	대학	전형	2025 모집인원	2024 모집인원	2024 경쟁률	2024 성적①	2024 성적②	2023 모집인원	2023 경쟁률	2023 성적①	2023 성적②	2022 모집인원	2022 경쟁률	2022 성적①	2022 성적②	성적 산출기준 성적①	성적 산출기준 성적②
기계공학과	숭실대	SSU미래인재	22	22	13.1	2.87	2.93	22	8.3	2.98	3.18	22	7.2	3.19	3.32	등록평균	등록70%컷
기계공학과	경희대(국제)	네오르네상스	21	25	19.6	4.06	4.29	25	11.2	3.10		28	15.2	2.1		최종평균	등록70%컷
기계공학과*	단국대(죽전)	DKU인재(서류)	9	8	14.6	3.13	3.27	14	10.1	3.42		14	10.6	3.06		등록평균	등록최저
기계공학과*	단국대(죽전)	DKU인재(면접)	4	4	18.8	3.24	3.64									등록평균	등록최저
기계공학부	한양대	서류형	29	40	10.6	2.98		40	12.5	1.91		40	13.6	1.83		등록평균	
기계공학부	한양대	추천형	11														
기계공학부	고려대	학업우수	22	33	11.9	2.03	2.17	30	12.1	1.96	2.15	30	16.0	1.85	1.95	등록50%컷	등록70%컷
기계공학부	고려대	계열적합	16	22	11.2	2.44	3.17	15	12.1	2.30	2.43	15	17.6			등록50%컷	등록70%컷
기계공학부	한국기술교대	창의인재(면접형)	20														
기계공학부	중앙대	CAU융합형인재	10	12	35.0	1.82	1.85	12	22.2	2.71	3.20	17	18.0	1.92	2.01	등록50%컷	등록70%컷
기계공학부	한국기술교대	창의인재(서류형)	15	27	6.2	4.01	4.66	32	5.8	3.93	4.58	23	5.6	3.95		등록평균	등록최저
기계공학부	서울대	일반전형	54	54	6.3			49	4.4	2.14	2.69	55	4.65	2.43	2.69	등록50%컷	등록70%컷
기계공학부	서울대	지역균형	16	16	3.7	1.26	1.31	21	2.6	1.28	1.35	24	2.33	1.29	1.37	등록50%컷	등록70%컷
기계공학부	가천대	가천바람개비	28	16	26.4	4.16		15	12.1	4.02	4.81	12	16.2	3.5		등록70%	등록90%
기계공학부	고려대	논술전형	15														
기계공학부	연세대	활동우수형	22	21	11.9	1.82	1.97	18	10.0	1.78	1.92	18	12.3	1.88	2.10	등록50%컷	등록70%컷
기계공학부	중앙대	CAU탐구형인재	18	16	18.8	2.11	2.31	15	16.3	2.38	2.82	19	12.5	2.09	4.00	등록50%컷	등록70%컷
기계공학부*	국민대	학교생활우수자	30	35	9.0	3.00	3.36	35	4.3	3.34	3.46	36	3.5	3.31	3.54	등록50%컷	등록70%컷
기계공학부*	국민대	국민프런티어	37	33	14.8	2.99	3.15	49	5.4	3.36	3.54	50	5.1	2.99	3.12	등록50%컷	등록70%컷
기계공학전공	한경국립대(안성)	잠재력우수자	6													등록평균	등록최저
기계금속재료전공	국민대	학교생활우수자	9	15	9.0	2.96	3.00	15	4.3	3.27	3.40	15	4.3	3.10	3.59	등록50%컷	등록70%컷
기계금속재료전공	국민대	국민프런티어	12	12	12.4	3.08	3.14	15	4.7	3.03	3.18	15	4.4	2.77	2.84	등록50%컷	등록70%컷
기계로봇에너지공학과	동국대	Do Dream	26	26	15.4	2.49	3.03	11	17.1	2.64	3.20	11	11.7	2.77	3.85	최종평균	최종최저
기계로봇에너지공학과	동국대	불교추천인재	2	2	9.5	2.72	2.87	2	6.5	3.24	3.58	2	3.0	2.78	2.80	최종평균	최종최저
기계설계전공	한국공학대	창의인재	7	10	6.7	4.5		7	5.7	4.3		5	4.6	4.8		등록평균	
기계시스템공학부	명지대	명지인재서류	9													등록평균	등록70%컷
기계시스템공학부	경기대	KGU학생부종합	24	24	14.9	3.83	3.92	24	7.5	4.02		24	6.1	3.65		등록50%컷	등록70%컷
기계시스템공학부	명지대	명지인재면접	14													등록평균	등록70%컷
기계시스템디자인공학과	서울과기대	학교생활우수자	47	38	8.7	3.18	3.05	32	8.2	3.11		33	7.9	3.08		등록50%컷	등록70%컷
기계시스템학부	숙명여대	숙명인재(면접형)	14	13	10.7	2.79	2.83	12	7.5	2.84	3.52	5	6.4	2.85	2.97	등록50%컷	등록70%컷
기계정보공학과	서울시립대	학생부종합I(면접형)	8	10	39.9	3.76		9	29.2	4.47		9	27.7	3.18		등록평균	
기계정보공학과	서울시립대	학생부종합II(서류형)	3													등록평균	
기후변화융합학부	한국외대(글로벌)	서류형	8	8	8.9	3.85	3.89									등록50%컷	등록70%컷
기후변화융합학부	한국외대(글로벌)	면접형	8	9	13.3	3.62	3.65									등록50%컷	등록70%컷
기후에너지시스템공학과(자연)	이화여대	미래인재	17	10	14.1	2.05	2.15	10	13.8	2.10	2.31	7	8.0	2.4	2.5	등록50%컷	등록70%컷
나노바이오공학전공	인천대	자기추천	8	8	10.9	2.92										등록평균	
나노반도체공학과	한국공학대	창의인재	7	15	5.7	4.0		8	3.1	4.3		7	4.9	3.9		등록평균	
나노소재전공	국민대	학교생활우수자	10	10	9.6	2.50	2.56	8	6.5	2.51	2.53	8	4.6	2.82	2.93	등록50%컷	등록70%컷
나노소재전공	국민대	국민프런티어	8	8	18.4	2.68	2.76	13	8.7	2.68	2.80	12	7.8	2.56	2.70	등록50%컷	등록70%컷
나노신소재공학과	세종대	세종창의인재(서류형)	6	6	13.7	2.58	2.56	5	12.6	2.81	2.95					등록평균	등록70%컷
나노신소재공학과	세종대	세종창의인재(면접형)	6	9	10.6	2.92	2.88	10	11.8	2.52	2.57	9	7.9	2.74	2.82	등록평균	등록70%컷
나노전자물리학과*	국민대	국민프런티어	8	8	11.9	2.93	3.04	11	4.6	3.06	3.24	11	3.9	3.07	3.24	등록50%컷	등록70%컷
나노전자물리학과*	국민대	학교생활우수자	9	9	9.4	2.80	2.85	9	4.1	3.42	3.56	9	4.4	3.30	3.72	등록50%컷	등록70%컷
농경제사회학부	서울대	지역균형	11	11	4.1	1.39	1.42	13	5.9	1.40	1.43	10	2.60	1.43	1.58	등록50%컷	등록70%컷
뇌.인지과학부	이화여대	미래인재	10	11	9.7	1.71	1.77	10	15.1	1.95	1.97	10	6.7	2.3	2.5	등록50%컷	등록70%컷
대기과학과	연세대	활동우수형	5	5	14.4	1.68	1.91	4	7.3	1.88	1.88	4	10.8	1.88	1.88	등록50%컷	등록70%컷
데이터경영산업공학과*	대진대	윈윈대진	5	8	3.0	6.28	6.81	9	2.9	5.80	6.44	8	2.6	6.11	6.45	등록평균	등록90%
데이터과학과	고려대	논술전형	3														
데이터과학과	고려대	학업우수	8	8	14.4	1.85	1.94	4	16.0			4	19.3	1.64	1.74	등록50%컷	등록70%컷
데이터과학과	고려대	계열적합	6	7	14.9	2.24	2.34	7	13.0	2.51	3.33	7	17.7	2.43	2.82	등록50%컷	등록70%컷
데이터사이언스전공	숙명여대	소프트웨어인재	11	11	7.2	2.63	2.66									등록50%컷	등록70%컷
데이터사이언스전공	명지대	명지인재서류	3	4	12.5	3.41	3.60	4	9.8	3.62	3.88	4	8.0	3.69	3.74	등록평균	등록70%컷
데이터사이언스전공	명지대	명지인재면접	6	6	15.2	3.58	3.28	6	11.5	3.81	3.96	6	9.2	3.69	4.43	등록평균	등록70%컷
데이터사이언스학과	가톨릭대	잠재능력우수자	9	8	11.9	3.69	4.59										
데이터사이언스학과	서울여대	SW융합인재	7	7	10.3	4.3	6.4	7	9.7	3.7	4.2	4	5.0	3.7	4.3	최종평균	최종최저

모집단위	대학	전형	2025 모집인원	2024 모집인원	2024 경쟁률	2024 성적①	2024 성적②	2023 모집인원	2023 경쟁률	2023 성적①	2023 성적②	2022 모집인원	2022 경쟁률	2022 성적①	2022 성적②	성적 산출기준 성적①	성적 산출기준 성적②
데이터사이언스학과	서울여대	바롬인재서류	9	9	9.7	3.5	4.1	9	12.3	3.5	4.2	12	4.4	4.1	6.2	최종평균	최종최저
데이터사이언스학부	한양대	추천형	5														
데이터사이언스학부	한양대	서류형	8	40	15.0	2.35		40	13.1	2.31		41	14.1	2.28		등록평균	
데이터클라우드공학과	삼육대	세움인재	7	7	11.3	4.58										최종평균	
도시건축학부	인천대	자기추천	23	23	9.4	3.46		23	6.8	3.52		23	7.2	3.34		등록평균	
도시계획·조경학부	가천대	가천바람개비	7	7	21.3	3.87		10	13.1	3.67	3.74	9	10.7	3.8		등록70%	등록90%
도시공학과	인천대	자기추천	13	13	11.9	3.95		13	6.4	4.10		13	6.5	3.64		등록평균	
도시공학과	한양대	서류형	8	10	14.7	3.77		10	12.0	2.76		10	12.2	2.10		등록평균	
도시공학과	연세대	활동우수형	6	6	12.7	1.70	2.25	5	7.8	1.79	2.37	5	8.8	1.63	1.69	등록50%컷	등록70%컷
도시공학과	서울시립대	학생종합I(면접형)	8	10	13.9	2.39		12	10.7	2.10		12	7.3	2.47		등록평균	
도시공학과	홍익대(서울)	학교생활우수자	11	10	12.1	2.62	2.78	12	14.4	2.41	2.35	14	6.8	2.86	3.11	등록50%컷	등록70%컷
도시공학과	서울시립대	학생부종합II(서류형)	4													등록평균	
도시공학-국제도시개발학전공	서울시립대	학생부종합I(면접형)	2	2	12.5	3.45		2	9.0			2	7.0	2.49		등록평균	
도시공학-도시부동산기획경영학전공	서울시립대	학생부종합I(면접형)	2	2	12.5	2.31		2	8.0			2	8.5	2.61		등록평균	
도시시스템공학	중앙대	CAU융합형인재	9	5	21.2	1.92	2.01	9	15.8	2.11	2.34	7	13.3	2.57	2.59	등록50%컷	등록70%컷
도시정보공학과	안양대	아리학생종합II	10	10	7.5	4.54	4.86	10	4.3	4.84	5.32	10	6.0	5.22	5.93	등록평균	등록최저
동물생명공학[다빈치]	중앙대	CAU탐구형인재	10	10	18.1	3.41	3.60	9	11.9	3.22	3.75	10	7.0	4.17	4.29	등록50%컷	등록70%컷
동물생명공학[다빈치]	중앙대	CAU융합형인재	9	11	11.5	2.85	3.30	10	9.9	2.54	2.79	15	10.6	2.96	3.05	등록50%컷	등록70%컷
동물생명과학전공	한경국립대(안성)	잠재력우수자	9													등록평균	등록최저
동물생명융합학부	한경국립대(안성)	잠재력우수자	2	18	8.2	4.89	5.57	18	7.5	4.9	5.7	18	8.1	5.1		등록평균	등록최저
동물응용과학전공	한경국립대(안성)	잠재력우수자	9													등록평균	등록최저
동물자원·식품과학·유통학부	건국대	KU자기추천	30													등록50%컷	등록70%컷
동물자원과학과	삼육대	세움인재	6	6	15.5	3.70		6	7.0	3.62		5	8.8	3.52		최종평균	
디스플레이융합공학과	연세대	활동우수형	14	14	10.5	2.24	2.48	20	5.6							등록50%컷	등록70%컷
디자인공학부	한국공학대	창의인재	12													등록평균	
디자인공학전공	한국기술교대	창의인재(면접형)	7														
디자인공학전공	한국기술교대	창의인재(서류형)	5	10	6.4	4.47	4.92	12	6.8	4.06	4.50	9	5.7	4.54		등록평균	등록최저
디자인이노베이션전공	세종대	세종창의인재(면접형)	48	48	8.0	2.71	2.97	48	7.5	2.64	2.85	48	7.0	2.70	2.95	등록평균	등록70%컷
디자인전공(무실기)	한경국립대(안성)	잠재력우수자	14	14	13.9	4.01	5.56	15	8.4	4.2	5.2	14	8.8	4.2		등록평균	등록최저
디지털미디어디자인과	안양대	아리학생부종합II	6	8	13.5	3.63	4.92	8	17.0	3.71	4.39	5	18.4	4.40	5.28	등록평균	등록최저
디지털미디어학과	아주대	ACE	42	44	11.5	3.08	7.46	40	6.4	3.42	5.62	38	7.6	3.23		등록평균	등록최저
디지털미디어학과	서울여대	SW융합인재	8	8	14.0	4.5	6.4	8	12.8	4.5	5.0	6	6.3	4.1	5.8	최종평균	최종최저
디지털미디어학과	서울여대	바롬인재서류	15	15	12.2	3.7	4.3	15	11.3	3.5	5.0	17	8.4	3.9	5.6	최종평균	최종최저
디지털콘텐츠디자인학과	명지대	명지인재서류	3	4	23.3	3.01	2.97	5	9.6	3.34	2.88	5	20.0	2.95	3.03	등록평균	등록70%컷
디지털콘텐츠디자인학과	명지대	명지인재면접	6	6	50.8	3.96	3.38	6	34.8	4.53	3.78	6	21.7	4.15	4.62	등록평균	등록70%컷
로봇공학과	한양대(에리카)	서류형	5	22	12.0	3.55	3.83	22	11.4	3.70	3.87	22	13.5	3.62	4.00	등록평균	등록70%컷
만화애니메이션텍전공	세종대	세종창의인재(면접형)	47	48	9.3	2.64	3.04	48	9.5	2.30	2.61	48	7.4	2.59	2.89	등록평균	등록70%컷
메카트로닉스공학부	한국기술교대	창의인재(서류형)	15	27	6.7	4.13	4.60	32	5.2	4.01	5.05	23	4.8	3.99		등록평균	등록최저
메카트로닉스공학부	한국기술교대	창의인재(면접형)	20														
메카트로닉스전공	한국공학대	창의인재	9	12	9.3	4.3		8	4.8	4.6		6	5.5	3.9		등록평균	
모바일시스템공학과	단국대(죽전)	SW 인재	7	9	9.7	3.22	3.72	7	7.1	3.31		7	8.9	3.12		등록평균	등록최저
물리교육과	서울대	지역균형	3	3	3.7			4	1.8	1.17	1.17	3	4.33			등록50%컷	등록70%컷
물리교육과	서울대	일반전형	7	7	10.9	2.09	2.43	7	6.6	2.52	2.67	7	7.00	1.95	2.84	등록50%컷	등록70%컷
물리천문학과	세종대	세종창의인재(면접형)	7	9	13.3	2.80	2.82	8	14.1	2.70	2.63	12	7.4	3.29	2.90	등록평균	등록70%컷
물리천문학과	세종대	세종창의인재(서류형)	6	9	9.4	2.90	2.65	5	10.2	2.79	2.76					등록평균	등록70%컷
물리치료학과	을지대(성남)	EU자기추천	7	7	30.9	3.10	3.25	7	28.1	3.33	3.24	7	24.9	3.33	3.44	등록평균	등록70%컷
물리치료학과	을지대(성남)	EU미래인재	7	7	19.7	3.20	2.96	7	17.7	3.14	3.10	7	14.3	2.92	3.50	등록평균	등록70%컷
물리치료학과	삼육대	세움인재	8	8	22.6	2.79		8	12.3	3.13		5	13.8	3.00		최종평균	
물리치료학과	가천대	가천바람개비	6	6	57.2	2.9		7	35.1	3.39	3.43	7	37.3	3.2		등록70%	등록90%
물리학과	성균관대	과학인재	5	5	11.4	3.50	4.13									등록50%컷	등록70%컷
물리학과	중앙대	CAU어울림	2	2	26.0												

모집단위	대학	전형	2025 모집인원	2024 모집인원	경쟁률	성적①	성적②	2023 모집인원	경쟁률	성적①	성적②	2022 모집인원	경쟁률	성적①	성적②	성적 산출기준 성적①	성적②
물리학과	서울시립대	학생부종합II(서류형)	2													등록평균	
물리학과	서강대	일반전형	14	15	13.7	2.11	4.43	16	9.9	2.02	2.22	16	12.5	1.90	1.92	등록50%컷	등록70%컷
물리학과	건국대	KU자기추천	13	12	20.9	2.31	2.33	12	14.5	2.42	2.86	13	11.4	2.40	2.43	등록50%컷	등록70%컷
물리학과	동국대	Do Dream	7	5	20.4	2.30	2.54	15	9.7	2.72	3.13	15	7.3	2.62	3.18	최종평균	최종최저
물리학과	경희대(서울)	네오르네상스	13	13	27.5	2.75	2.22	13	15.5	4.30		13	13.2	2.7		최종평균	등록70%컷
물리학과	가톨릭대	잠재능력우수자	7	6	8.2	3.46	3.66										
물리학과	이화여대	미래인재	15	17	7.8	2.28	2.33	15	7.7	2.41	2.76	16	3.2	3.1	3.5	등록50%컷	등록70%컷
물리학과	중앙대	CAU탐구형인재	12	8	20.1	2.19	2.34	8	12.1	3.08	3.39	9	11.0	2.58	3.24	등록50%컷	등록70%컷
물리학과	인천대	자기추천	14	14	8.4	3.77		14	7.7	4.16		14	2.9	4.56		등록평균	
물리학과	서울시립대	학생부종합I(면접형)	5	5	24.0	2.12		6	16.7	2.56		5	12.2	2.66		등록평균	
물리학과*	고려대	논술전형	5														
물리학과*	연세대	활동우수형	6	6	12.7	1.49	1.57	5	10.6	1.65	1.65	5	16.8	1.49	1.49	등록50%컷	등록70%컷
물리학과*	숭실대	SSU미래인재	19	19	9.5	3.01	3.18	18	5.9	2.98	3.22	18	4.2	3.28	3.44	등록평균	등록70%컷
물리학과*	고려대	계열적합	6	7	15.7	2.53	2.71	5	18.4			5	19.2	2.83	3.23	등록50%컷	등록70%컷
물리학과*	한양대	서류형	10	10	24.1	3.39		10	18.8	3.50		10	17.8	3.01		등록평균	
물리학과*	고려대	학업우수	10	11	19.0	2.08	2.51	10	17.1	2.20	2.23	10	21.9	1.77	1.90	등록50%컷	등록70%컷
물리학-나노반도체물리학	서울시립대	학생부종합I(면접형)	2	2	15.0	3.47		2	8.5			2	12.5	2.29		등록평균	
물리학전공	서울대	지역균형	8	8	2.5	1.22	1.24	8	3.5	1.16	1.16	9	3.33	1.30	1.35	등록50%컷	등록70%컷
물리학전공	서울대	일반전형	20	20	8.0			20	6.8	2.43	2.43	24	5.75	2.19	2.81	등록50%컷	등록70%컷
미디어기술콘텐츠학과	가톨릭대	잠재능력우수자	11	6	22.2	4.12	5.29										
미디어기술콘텐츠학과	가톨릭대	가톨릭지도자추천	2	2	10.0	3.60	3.79	3	10.3	3.89	4.67	3	9.0	4.21	4.87	등록평균	등록최저
미래모빌리티공학과	아주대	첨단융합인재	42	15	11.4	3.06	5.52									등록평균	등록최저
미래모빌리티학과	국민대	국민프런티어	6	6	9.8	2.92	2.99	8	8.9	2.86	2.91	5	5.6	3.30	3.68	등록50%컷	등록70%컷
미래모빌리티학과	국민대	학교생활우수자	6	6	9.2	3.00	3.06	5	5.8	2.90	3.46	5	5.0	2.89	3.73	등록50%컷	등록70%컷
미래에너지시스템전공	한국공학대	창의인재	5													등록평균	
미래에너지융합학과	서울과기대	창의융합인재	7	14	11.4	3.19	3.02	15	11.1	2.91		15	10.9	2.76		등록평균	등록70%컷
미래융합대학	차의과대	CHA학생부종합	131	134	3.5			145	3.6							등록50%컷	등록70%컷
미래융합학부	성공회대	열린인재	21	21	3.4	5.26	6.17									최종평균	최종최저
미래자동차공학과	한양대	서류형	8	12	12.0	2.92		12	9.1	2.53		11	15.6	1.59		등록평균	
미래자동차학과	가천대	조기취업형계약학과	40	40	5.0			37	3.4			30	3.6	4.8			
미래정보디스플레이학부	경희대(서울)	네오르네상스	34	14	19.4	2.48	1.99	14	13.0	3.10		16	8.7	2.9		최종평균	등록70%컷
바이오나노공학전공	한양대(에리카)	첨단융합인재	8														
바이오나노학과	가천대	가천바람개비	6	6	32.0	3.42		6	15.8	3.49	3.55	6	21.2	3.3		등록70%	등록90%
바이오-로봇시스템공학과	인천대	자기추천	13	13	12.5	3.48		13	6.8	4.11		13	4.2	3.55		등록평균	
바이오로직스학과	가천대	가천바람개비	16	15	18.7	2.75										등록70%	등록90%
바이오메디컬공학부	한국외대(글로벌)	면접형	5	8	16.4	3.34	3.74	5	5.6	3.9		3	7.0	2.9		등록50%컷	등록70%컷
바이오메디컬공학부	한국외대(글로벌)	서류형	6	8	9.1	3.04	3.05	6	6.0	3.5		6	7.0	2.3		등록50%컷	등록70%컷
바이오메디컬공학전공	한양대	추천형	4														
바이오메디컬공학전공	한양대	서류형	8	12	28.1	2.19		12	33.9	2.11		11	27.3	2.13		등록평균	
바이오메디컬소프트웨어학과	가톨릭대	잠재능력우수자	7	7	11.7	3.52	4.07										
바이오메디컬화학공학과	가톨릭대	가톨릭지도자추천	3	3	13.3	2.89	3.02	3	6.0	3.29	3.58	3	8.3	3.11	3.35	등록평균	등록최저
바이오메디컬화학공학과	가톨릭대	잠재능력우수자	13	10	18.9	3.12	5.76										
바이오발효융합학과	국민대	학교생활우수자	8	8	21.1	2.17	2.23	8	11.6	2.54	2.56	8	5.4	2.64	2.80	등록50%컷	등록70%컷
바이오발효융합학과	국민대	국민프런티어	8	8	43.0	2.52	2.69	11	22.4	2.61	2.90	11	13.6	2.53	2.61	등록50%컷	등록70%컷
바이오생명공학과*	성신여대	자기주도인재	9	12	12.3	2.54	2.83	12	13.2	2.65	2.79	11	9.4	2.68	2.71	등록평균	등록최저
바이오생명공학과*	성신여대	학교생활우수자	8	12	12.2	2.33	2.47	6	9.5	2.25	2.52	6	6.3	2.53	2.75	등록평균	등록최저
바이오시스템·소재학부	서울대	지역균형	7	7	7.0	1.37	1.38	9	3.8	1.34	1.48	7	4.71	1.28	1.37	등록50%컷	등록70%컷
바이오시스템·소재학부	서울대	일반전형	13	13	16.0	2.06	3.61	13	15.1	2.16	2.53	16	7.06	2.38	2.90	등록50%컷	등록70%컷
바이오시스템의과학부	고려대	학업우수	13	16	24.1	1.70	1.81	16	26.4	1.90	2.00	16	25.1	1.84	1.92	등록50%컷	등록70%컷
바이오시스템의과학부	고려대	논술전형	6														
바이오시스템의과학부	고려대	계열적합	8	11	13.1	2.07	3.26	7	16.6	2.59	3.16	7	14.9	2.46	2.58	등록50%컷	등록70%컷
바이오식품공학과	성신여대	자기주도인재	6	10	13.4	2.78	3.12	10	7.8	2.93	3.01	10	8.0	2.89	2.97	등록평균	등록최저
바이오식품공학과	성신여대	학교생활우수자	4	5	9.4	2.77	3.05	5	10.8			5	6.2	3.24	3.45	등록평균	등록최저
바이오신약융합학부	한양대(에리카)	첨단융합인재	20														
바이오신약의과학부	성신여대	자기주도인재	11	15	11.1	2.74	3.21	15	9.4	2.69	2.78	15	10.1	2.74	2.79	등록평균	등록최저
바이오신약의과학부	성신여대	학교생활우수자	7	8	10.4	2.38	2.82	8	7.1	2.67	2.72	8	7.6	2.51	2.57	등록평균	등록최저
바이오융합공학과	삼육대	세움인재	8	6	22.0	3.55		6	6.2	3.95		6	6.5	3.62		최종평균	

모집단위	대학	전형	2025 모집인원	2024 모집인원	2024 경쟁률	2024 성적①	2024 성적②	2023 모집인원	2023 경쟁률	2023 성적①	2023 성적②	2022 모집인원	2022 경쟁률	2022 성적①	2022 성적②	성적 산출기준 성적①	성적 산출기준 성적②
바이오융합학부	경기대	KGU학생부종합	28	30	16.9	3.29	3.44	30	10.8	3.39		30	10.4	3.32		등록50%컷	등록70%컷
바이오의공학부	고려대	학업우수	17	18	28.7	1.59	1.81	16	32.3	2.04	2.34	16	25.1	2.25	2.33	등록50%컷	등록70%컷
바이오의공학부	고려대	논술전형	7														
바이오의공학부	고려대	계열적합	10	13	12.2	2.17	2.59	7	20.7	2.60	2.96	7	15.9	3.64	3.89	등록50%컷	등록70%컷
바이오의료기기학과	가천대	조기취업형계약학과	40	40	4.9			40	2.5			40	2.6	4.7			
바이오의약전공	국민대	국민프런티어	7	7	21.4	2.14	2.17	11	10.2	2.18	2.28	11	9.3	2.17	2.20	등록50%컷	등록70%컷
바이오의약전공	국민대	학교생활우수자	8	8	11.1	2.07	2.37	6	6.7	2.01	2.12	6	6.2	2.19	2.22	등록50%컷	등록70%컷
바이오헬스융합학과	서울여대	바롬인재면접	8	6	43.7	3.4	3.9	7	28.0	3.7	5.7					최종평균	최종최저
바이오헬스융합학과	서울여대	바롬인재서류	5	7	16.1	3.0	4.0	7	19.0	3.1	3.7					최종평균	최종최저
바이오헬스융합학부	성신여대	학교생활우수자	9	9	8.7	2.71	3.14	9	6.2	2.89	3.01	8	5.8	3.19	3.26	등록평균	등록최저
바이오헬스융합학부	성신여대	자기주도인재	11	14	12.5	3.14	3.70	14	6.6	2.98	3.11	16	5.8	3.23	3.27	등록평균	등록최저
바이오환경과학과	동국대	Do Dream	10	10	55.8	2.55	3.16	10	32.4	3.00	5.62	9	22.6	2.88	3.22	최종평균	최종최저
바이오환경과학과	동국대	불교추천인재	2	2	16.0	2.20	2.43	2	9.0	2.72	2.75	2	7.0	2.88	2.92	최종평균	최종최저
반도체·ICT학부	명지대	크리스천리더	7													등록평균	등록70%컷
반도체·디스플레이공학전공	한양대(에리카)	첨단융합인재	10														
반도체·디스플레이학과	가천대	조기취업형계약학과	100	40	5.3			45	2.2			35	4.0	4.2			
반도체공학과	명지대	명지인재서류	3	5	10.4	3.51	3.41	5	6.0	3.79	4.23					등록평균	등록70%컷
반도체공학과	고려대	계열적합	10	10	13.5	3.37	3.85	10	13.8	4.07	4.23	15	13.0	4.09	4.38	등록50%컷	등록70%컷
반도체공학과	고려대	학업우수	10	10	13.5	1.97	2.13	10	10.5	1.73	1.89	10	16.7	1.71	1.88	등록50%컷	등록70%컷
반도체공학과	경희대(국제)	네오르네상스	5	6	18.3	2.34	2.12									최종평균	등록70%컷
반도체공학과	한양대	서류형	22	26	10.8	2.09		19	13.4	2.17						등록평균	
반도체공학부	명지대	명지인재면접	6	6	9.7	3.77	3.79	6	5.5	4.01	3.92					등록평균	등록70%컷
반도체공학전공	한국외대(글로벌)	서류형	6	9	6.9	3.61	3.69									등록50%컷	등록70%컷
반도체공학전공	한국외대(글로벌)	면접형	7	10	9.3	3.84	3.97									등록50%컷	등록70%컷
반도체대학	가천대	가천바람개비	32	31	14.2	3.69										등록70%	등록90%
반도체물리학과	가천대	가천바람개비	7	7	14.1	4.18		10	7.1	3.97	4.97	10	5.3	4.1		등록70%	등록90%
반도체설계학과	가천대	조기취업형계약학과	50	33	5.5			29	3.2								
반도체시스템공학과	세종대	세종창의인재(서류형)	3	2	9.5	2.64	2.57	4	12.0	2.67	2.80					등록평균	등록70%컷
반도체시스템공학과	성균관대	과학인재	30	30	8.0	4.42	4.66									등록50%컷	등록70%컷
반도체시스템공학과	성균관대	탐구형	10	10	32.1	3.59	4.06	30	13.4	1.69	2.78	28	17.2	1.66	2.07	등록50%컷	등록70%컷
반도체시스템공학과	세종대	세종창의인재(면접형)	6	7	7.7	2.74	2.76	5	9.8	2.69	2.88					등록평균	등록70%컷
반도체시스템공학부	광운대	광운참빛인재I(면접형)	13	13	6.5	2.89										등록평균	
반도체시스템공학부	광운대	광운참빛인재II(서류형)	7	7	7.1	2.76										등록평균	
반도체시스템전공	한국공학대	창의인재	5													등록평균	
반도체융합공학과	성균관대	탐구형	15	10	20.8	2.47	2.73									등록50%컷	등록70%컷
반도체융합공학과	대진대	원원대진	8													등록평균	등록90%
반도체융합공학과	성균관대	과학인재	10	15	12.3	5.35	5.49									등록50%컷	등록70%컷
방사선학과	가천대	가천바람개비	6	6	38.7	3.78		7	27.9	3.61	3.84	7	24.3	4.1		등록70%	등록90%
방사선학과	신한대	신한국인	7	10	29.7	4.73		14	14.4	4.49		8	13.6	4.02		최종평균	
방사선학과	을지대(성남)	EU자기추천	8	8	24.6	3.70	4.44	8	12.8	3.52	4.09	8	15.4	3.60	3.37	등록평균	등록70%컷
방사선학과	을지대(성남)	EU미래인재	8	8	15.8	3.28	3.21	8	8.0	3.36	3.23	8	9.1	3.32	3.42	등록평균	등록70%컷
배터리소재화학공학과	한양대(에리카)	서류형	5	27	12.9	3.12	3.02	25	11.8	3.08	3.16	25	16.3	2.83	2.99	등록평균	등록70%컷
보건관리학전공	동덕여대	동덕창의리더	6	7	16.6			8	8.0			8	6.9				
보건환경융합과학부	고려대	학업우수	22	28	27.4	1.85	1.98	17	27.2	1.90	2.15	26	24.0	2.02	2.20	등록50%컷	등록70%컷
보건환경융합과학부	고려대	계열적합	13	17	14.4	2.47	2.82	16	19.3	2.90	4.00	12	14.5	4.61	4.76	등록50%컷	등록70%컷
보건환경융합과학부	고려대	논술전형	11														
부동산건설학부	강남대	학생부	18	23	7.6	5.10	5.30	23	7.6	4.64	5.47	23	6.4	4.42	5.17	등록50%컷	등록70%컷
부동산건설학부	강남대	서류면접	25	30	5.4	5.40	5.60	30	3.3	5.16	5.64	30	3.7	4.83	5.52	등록50%컷	등록70%컷
분자의생명전공	인천대	자기추천	9	9	14.8	2.74										등록평균	
분자의약전공	한양대(에리카)	첨단융합인재	12														
뷰티산업학과	성신여대	자기주도인재	6	10	25.6	3.32	4.09	10	19.7	3.39	3.71	10	19.6	3.43	3.56	등록평균	등록최저
뷰티산업학과	성신여대	학교생활우수자	4	6	13.3	1.89	2.84	6	16.0	1.62	2.32	6	14.0	2.94	3.21	등록평균	등록최저
빅데이터융합학	한신대	참인재	6	6	3.7	5.65	7.55	7	2.1	5.52	6.73	7	2.9	5.43	7.51	최종평균	최종최저

모집단위	대학	전형	2025	2024				2023				2022				성적 산출기준	
			모집인원	모집인원	경쟁률	성적①	성적②	모집인원	경쟁률	성적①	성적②	모집인원	경쟁률	성적①	성적②	성적①	성적②
빅데이터인공지능전공	을지대(성남)	EU미래인재	4													등록평균	등록70%컷
빅데이터인공지능전공	을지대(성남)	EU자기추천	4													등록평균	등록70%컷
사이버국방학과	고려대	사이버국방	5	5	8.4			5	6.2								
사이버보안학과	이화여대	미래인재	13	13	5.9	2.22	2.37	13	7.6	2.13	2.27	10	4.9	2.7	2.8	등록50%컷	등록70%컷
사이버보안학과	단국대(죽전)	SW 인재	8	8	10.9	3.00	3.27	8	7.3	3.41		8	10.8	3.28		등록평균	등록최저
사이버보안학과	아주대	ACE	15	15	9.1	2.66	3.39	15	6.1	2.89	3.32	15	5.1	2.83		등록평균	등록최저
사회기반시스템공학과	경희대(국제)	네오르네상스	11	11	14.4	2.48	2.66	11	9.8	2.60		12	7.8	2.6		최종평균	등록70%컷
사회안전시스템공학부	한경국립대(안성)	잠재력우수자	2	20	4.4	5.39	6.37	20	4.0	5.4	6.3	20	4.4	5.4		등록평균	등록최저
사회에너지시스템공학과	경기대	KGU학생부종합	28	33	10.4	3.74	3.85	33	3.7	3.92						등록50%컷	등록70%컷
사회환경공학부	건국대	KU자기추천	35	45	20.9	2.64	2.92	48	12.2	3.04	3.72	47	13.0	2.97	3.36	등록50%컷	등록70%컷
사회환경시스템공학부	연세대	활동우수형	14	13	14.5	1.93	1.99	11	8.6	2.05	2.66	11	11.4	1.88	2.02	등록50%컷	등록70%컷
산림과학부	서울대	일반전형	19	19	10.2	2.79		19	7.2	1.90	2.08	24	5.25	2.00	2.70	등록50%컷	등록70%컷
산림과학부	서울대	지역균형	5	5	4.8	1.33	1.33	7	2.9	1.31	1.43	7	2.29	1.56	1.62	등록50%컷	등록70%컷
산림환경시스템학과	국민대	국민프런티어	7	7	25.0	2.72	2.76	9	10.4	2.80	2.86	9	7.4	2.71	2.75	등록50%컷	등록70%컷
산림환경시스템학과	국민대	학교생활우수자	8	8	17.1	2.62	2.81	9	7.0	3.05	3.15	9	4.5	2.71	3.13	등록50%컷	등록70%컷
산업·데이터공학과	홍익대(서울)	학교생활우수자	16	16	14.8	2.46	2.49	18	11.2	2.46	2.58	18	6.6	2.59	2.63	등록50%컷	등록70%컷
산업·정보시스템공학과	숭실대	SSU미래인재	28	25	12.2	2.93	3.06	25	6.1	3.01	3.12	25	6.2	3.07	3.30	등록평균	등록70%컷
산업경영공학과	한국외대(글로벌)	서류형	6	6	6.8	3.64	3.66	6	6.0	3.6		8	6.0	3.3		등록50%컷	등록70%컷
산업경영공학과	명지대	명지인재서류	7	6	13.5	3.88	4.01	5	8.2	4.30	4.42	6	6.0	3.86	4.21	등록평균	등록70%컷
산업경영공학과	경희대(국제)	네오르네상스	11	11	16.8	3.04	2.27	11	11.8	3.40		11	12.1	2.2		최종평균	등록70%컷
산업경영공학과	명지대	명지인재면접	14	12	11.3	4.11	3.30	12	7.0	4.22	4.12	14	6.9	3.90	3.92	최종평균	등록70%컷
산업경영공학과	인천대	자기추천	17	17	7.2	3.55		17	6.5	3.67		17	3.8	3.91		등록평균	
산업경영공학과	한국외대(글로벌)	면접형	5	6	10.2	3.68	4.06	7	5.3	4.1		3	7.3	3.5		등록50%컷	등록70%컷
산업경영공학과	경기대	KGU학생부종합	36	35	10.0	3.82	3.94	35	4.2	4.17		24	4.5	3.67		등록50%컷	등록70%컷
산업경영공학과	한양대(에리카)	서류형	5	7	16.3	3.12	3.12	7	16.6	3.66	3.91	7	11.9	4.12	4.00	등록50%컷	등록70%컷
산업경영공학부	고려대	학업우수	7	13	16.4	1.76	1.91	12	14.3	1.97	2.16	12	18.8	1.78	1.84	등록50%컷	등록70%컷
산업경영공학부	고려대	논술전형	7														
산업경영공학부	고려대	계열적합	6	8	14.4	2.11	2.23	6	13.5	3.95	4.20	6	16.7	2.52	3.03	등록50%컷	등록70%컷
산업공학과	아주대	ACE	23	23	10.3	2.97	4.93	20	5.5	3.15	4.81	21	4.3	3.00		등록평균	등록최저
산업공학과	한양대	서류형	7	11	14.3	2.52		11	11.6	2.29		11	13.0	1.68		등록평균	
산업공학과	건국대	KU자기추천	7	8	17.6	2.00	2.12	7	14.3	2.23	2.36	7	14.3	2.32	2.41	등록50%컷	등록70%컷
산업공학과	서울대	일반전형	12	12	9.3			12	7.9	1.43	1.43	12	8.75	1.71	1.71	등록50%컷	등록70%컷
산업공학과	연세대	활동우수형	7	6	11.0	1.64	1.72	6	8.7	1.27	1.40	6	11.7	1.60	1.61	등록50%컷	등록70%컷
산업공학과	서울대	지역균형	4	4	6.8	1.42	1.42	5	6.2	1.17	1.42	7	2.00	1.29	1.42	등록50%컷	등록70%컷
산업보안학과(자연)	중앙대	CAU융합형인재	7													등록50%컷	등록70%컷
산업시스템공학과	동국대	불교추천인재	2	2	8.5	3.40	3.69	2	5.0	3.11	3.38	2	6.5	3.24	3.31	최종평균	최종최저
산업시스템공학과	동국대	Do Dream	12	14	15.1	2.55	3.36	15	9.2	2.69	3.29	15	7.9	3.02	3.51	최종평균	최종최저
산업정보시스템전공	서울과기대	학교생활우수자	19	13	13.2	4.05	4.58	11	14.8	3.35		10	13.5	3.72		등록평균	등록70%컷
생명공학과	한양대	서류형	9	6	30.7	2.12		6	38.0	1.76		6	42.2	1.47		등록평균	
생명공학과	한국외대(글로벌)	면접형	4	6	17.8	3.27	3.54	7	9.9	3.3		3	11.7	3.1		등록50%컷	등록70%컷
생명공학과	가톨릭대	잠재능력우수자	11	9	23.0	3.61	6.70										
생명공학과	연세대	활동우수형	10	9	21.3	1.43	1.59	8	25.1	1.56	1.61	8	24.1	1.87	2.14	등록50%컷	등록70%컷
생명공학과	한국외대(글로벌)	서류형	5	6	7.7	3.01	3.18	7	5.9	2.6		8	7.9	2.5		등록50%컷	등록70%컷
생명공학부	고려대	학업우수	23	26	19.0	1.62	1.67	30	22.6	1.81	2.03	30	20.2	1.81	2.15	등록50%컷	등록70%컷
생명공학부	고려대	논술전형	10														
생명공학부	한경국립대(안성)	잠재력우수자	2	16	7.9	4.49	5.10	16	6.1	4.7	5.5	16	8.8	4.3		등록평균	등록최저
생명공학부	고려대	계열적합	13	17	11.6	2.14	2.42	6	17.8			6	18.5			등록50%컷	등록70%컷
생명공학전공	인천대	자기추천	10	10	11.7	2.78										등록평균	
생명공학전공	상명대(서울)	상명인재	10		23.0	2.97	3.19	10	22.7	2.83	3.24	10	17.8	2.93	3.78	등록50%컷	등록70%컷
생명과학과	중앙대	CAU탐구형인재	11	6	58.3	1.87	1.94	6	51.7	2.27	2.34	9	34.0	2.88	3.76	등록50%컷	등록70%컷
생명과학과	가천대	가천바람개비	6	6	58.7	3.74		8	34.9	3.65	3.75	8	14.5	3.5		등록70%	등록90%
생명과학과	성균관대	과학인재	5	5	13.6	5.02	5.28									등록70%컷	
생명과학과	서울시립대	학생부종합II(서류형)	2													등록평균	
생명과학과	서울시립대	학생부종합I(면접형)	8	9	56.0	2.90		8	35.3	3.59		8	48.0	1.82		등록평균	
생명과학과	서강대	일반전형	21	20	21.7	2.31	2.87	23	23.5	1.63	1.74	22	23.5	1.83	2.07	등록50%컷	등록70%컷
생명과학과*	한양대	서류형	12	13	37.1	2.00		13	44.8	2.39		12	38.8	2.34		등록평균	
생명과학과*	동국대	Do Dream	10	10	41.2	2.29	2.41	10	27.8	2.32	2.79	9	21.4	2.29	2.79	최종평균	최종최저

3부 모집단위순 합격자 성적

모집단위	대학	전형	2025 모집인원	2024 모집인원	2024 경쟁률	2024 성적①	2024 성적②	2023 모집인원	2023 경쟁률	2023 성적①	2023 성적②	2022 모집인원	2022 경쟁률	2022 성적①	2022 성적②	성적산출기준 성적①	성적산출기준 성적②
생명과학부	서울대	지역균형	7	7	11.9	1.31	1.36	10	5.5	1.32	1.34	13	4.54	1.22	1.30	등록50%컷	등록70%컷
생명과학부	서울대	일반전형	27	27	12.8	2.95		27	10.1	2.28	2.50	27	8.26	1.87	2.26	등록50%컷	등록70%컷
생명과학부*	고려대	학업우수	19	23	21.3	1.67	1.74	22	21.4	1.94	2.07	22	20.1	1.87	2.14	등록50%컷	등록70%컷
생명과학부*	고려대	논술전형	10														
생명과학부*	고려대	계열적합	11	15	10.5	2.14	2.34	11	20.7	2.41	2.91	11	17.4	3.74	3.98	등록50%컷	등록70%컷
생명과학전공	이화여대	미래인재	31	29	7.8	1.71	1.77	28	15.3	1.76	1.80	26	12.1	1.9	2.0	등록50%컷	등록70%컷
생명과학전공	인천대	자기추천	9	9	15.0	3.00										등록평균	
생명과학특성학과	건국대	KU자기추천	11	11	34.2	2.42	2.57	9	21.4	2.29	2.52	8	26.8	2.23	2.25	등록50%컷	등록70%컷
생명시스템학부	세종대	세종창의인재(서류형)	12	12	16.7	2.94	2.30	12	20.6	2.60	2.12					등록평균	등록70%컷
생명시스템학부	세종대	세종창의인재(면접형)	14	16	23.4	2.48	2.41	16	22.4	2.17	2.23	32	12.7	2.37	2.47	등록평균	등록70%컷
생명시스템학부*	숙명여대	숙명인재(면접형)	13	13	20.1	2.27	2.43	10	36.2	1.87	2.16	5	38.4	2.41	2.68	등록50%컷	등록70%컷
생명화학공학과	한국공학대	창의인재	10	14	13.2	3.5		8	5.6	4.1		6	5.5	3.2		등록평균	
생명환경공학과	서울여대	바롬인재서류	4	6	23.7	2.9	3.5									최종평균	최종최저
생명환경공학과	서울여대	바롬인재면접	8	6	41.3	3.2	4.8									최종평균	최종최저
생물공학과	건국대	KU자기추천	13	7	19.9	1.84	1.85	6	13.5	1.96	2.12	6	18.2	1.96	1.96	등록50%컷	등록70%컷
생물교육과	서울대	지역균형	5	5	4.8			5	2.8	1.12	1.34	3	2.33			등록50%컷	등록70%컷
생물교육과	서울대	일반전형	7	7	15.7	2.12	2.18	7	8.9	2.63	3.90	7	4.57	1.84	2.45	등록50%컷	등록70%컷
생물학과	경희대(서울)	네오르네상스	13	13	55.7	2.26	1.82	13	51.7	3.30		14	39.6	2.7		최종평균	등록70%컷
생체의공학과	경희대(국제)	네오르네상스	3	9	18.0	1.96	1.99	9	21.2	1.90		11	25.4	2.2		최종평균	등록70%컷
생화학과*	연세대	활동우수형	5	5	16.8	1.54	1.57	4	12.5	1.40	1.66	4	17.8			등록평균	등록70%컷
서비스디자인공학과	성신여대	학교생활우수자	7	7	9.0	3.00	3.25	7	4.9	3.48	3.52	8	5.5	3.02	3.18	등록평균	등록최저
서비스디자인공학과	성신여대	자기주도인재	9	15	8.2	3.51	4.82	15	7.9	3.61	3.89	13	5.1	4.47	6.26	등록평균	등록최저
서울캠퍼스자율전공(자연.예능)	홍익대(서울)	학교생할우수자	67	66	14.0	2.18	2.29	67	15.0	2.21	2.31	65	8.6	2.43	2.51	등록50%컷	등록70%컷
소비자학과	인천대	자기추천	13	13	8.2	3.41		13	7.5	3.39		13	6.1	3.38		등록평균	
소프트웨어&서비스컴퓨팅전공	한경국립대(안성)	잠재력우수자	5													등록평균	등록최저
소프트웨어과	안양대	아리학생부종합II	8	12	10.8	3.87	4.33	12	7.6	4.23	5.24	12	10.2	4.57	4.93	등록평균	등록최저
소프트웨어융합전공	한경국립대(안성)	잠재력우수자	5													등록평균	등록최저
소프트웨어융합학과	서울여대	바롬인재서류	9	9	9.2	3.3	3.8	9	10.8	3.2	3.9	6	5.3	3.5	4.7	최종평균	최종최저
소프트웨어융합학과	신한대	신한국인	7	8	23.5	4.12		10	11.6	4.99		10	6.8	5.31		최종평균	
소프트웨어융합학과	서울여대	SW융합인재	6	6	11.2	3.7	4.2	6	13.3	3.4	4.4	9	7.1	3.7	4.4	최종평균	최종최저
소프트웨어융합학과	경희대(국제)	네오르네상스	5	16	17.3	2.53	2.19	16	17.4	1.90		18	14.7	2.3		최종평균	등록70%컷
소프트웨어융합학부	성공회대	열린인재	52	52	3.4	4.64	5.74	59	3.5	4.86	6.27	59	3.4	4.80	6.10	최종평균	최종최저
소프트웨어전공	한국공학대	창의인재	8	10	13.2	4.1		6	7.7	3.9		6	7.7	3.5		등록평균	
소프트웨어학과	성균관대	과학인재	10	10	9.3	4.59	4.92									등록50%컷	등록70%컷
소프트웨어학과	아주대	첨단융합인재	30	30	15.3	3.00	6.04	30	12.0	3.70	6.51	30	12.1	3.49		등록평균	등록최저
소프트웨어학과	아주대	ACE	16	20	18.2	2.41	4.12	20	11.0	3.07	6.39	20	7.9	2.78		등록평균	등록최저
소프트웨어학과	성균관대	탐구형	28	25	22.0	1.96	2.28	35	14.7	1.89	2.46	30	17.0	1.61	1.79	등록50%컷	등록70%컷
소프트웨어학과*	단국대(죽전)	SW 인재	7	18	10.2	2.76	3.12	18	8.8	2.90		18	10.1	2.92		등록50%컷	등록최저
소프트웨어학부	국민대	학교생활우수자	4	7	16.3	2.57	2.65	7	13.4	2.77	2.82	7	7.3	3.09	3.28	등록50%컷	등록70%컷
소프트웨어학부	숭실대	SW우수자	4	8	15.0	3.14		8	13.0			8	6.5			등록평균	
소프트웨어학부	중앙대	CAU융합형인재	12	13	44.9	1.75	1.81	15	36.3	1.91	2.01					등록50%컷	등록70%컷
소프트웨어학부	숭실대	SSU미래인재	20	16	16.0	2.30	2.31	16	13.3	2.28	2.34	17	12.2	2.57	2.67	등록50%컷	등록70%컷
소프트웨어학부	국민대	국민프런티어	20	20	24.6	2.84	2.97	25	14.2	2.91	3.15	25	13.4	2.69	3.05	등록50%컷	등록70%컷
소프트웨어학부	광운대	소프트웨어우인재	10	10	12.9	3.30		10	14.8	3.45		10	15.0	3.65		등록평균	
소프트웨어학부	광운대	광운참빛인재II(서류형)	8	8	10.3	3.04											
소프트웨어학부	중앙대	CAU어울림	2	2	51.0												
소프트웨어학부	광운대	광운참빛인재 I(면접형)	15	15	10.3	2.46		23	10.7	2.58		24	8.8	2.99		등록평균	
소프트웨어학부	중앙대	CAU탐구형인재	20	20	23.4	2.15	2.30	22	19.8	2.06	2.12					등록50%컷	등록70%컷
수리과학부	서울대	지역균형	7	7	4.0	1.19	1.26	7	3.0	1.23	1.27	9	2.78	1.21	1.29	등록50%컷	등록70%컷
수리과학부	서울대	일반전형	16	16	8.1			16	7.4			18	5.33	3.10	3.10	등록50%컷	등록70%컷
수리데이터사이언스학과	한양대(에리카)	서류형	4	6	23.8	3.37	3.41	6	16.5	4.11	3.78	6	9.0	3.85	3.55	등록평균	등록70%컷
수의예과	서울대	일반전형	17	19	13.7	1.50	1.76	17	11.5	1.69	1.98	20	9.30	1.76	1.81	등록50%컷	등록70%컷

모집단위	대학	전형	2025 모집인원	2024 모집인원	2024 경쟁률	2024 성적①	2024 성적②	2023 모집인원	2023 경쟁률	2023 성적①	2023 성적②	2022 모집인원	2022 경쟁률	2022 성적①	2022 성적②	성적 산출기준 성적①	성적 산출기준 성적②
수의예과	서울대	지역균형	6	4	8.5	1.48	1.60	4	5.0	1.11	1.11	7	4.29	1.22	1.23	등록50%컷	등록70%컷
수의예과	건국대	KU자기추천	16	17	27.8	2.13	3.17	16	20.0	1.77	2.24	13	21.5	0.00	1.33	등록50%컷	등록70%컷
수학·핀테크전공*	성신여대	자기주도인재	10	15	6.3	3.36	3.74	16	3.8	3.63	3.73	15	4.5	3.35	3.61	등록평균	등록최저
수학·핀테크전공*	성신여대	학교생활우수자	8	9	6.0	3.09	3.55	9	3.8	3.29	3.47	10	3.7	3.08	3.20	등록평균	등록최저
수학과	아주대	ACE	10	10	13.3	2.83	3.43	10	4.6	3.52	4.97	11	4.4	2.65		등록평균	등록최저
수학과	서강대	일반전형	16	17	11.5	1.84	2.15	18	11.6	1.77	1.83	17	13.4	1.88	2.17	등록50%컷	등록70%컷
수학과	건국대	KU자기추천	5	7	25.7	2.27	2.42	10	12.7	2.58	2.59	10	18.7	2.55	2.61	등록50%컷	등록70%컷
수학과	중앙대	CAU탐구형인재	12	6	19.7	2.49	2.98	6	16.3	2.17	2.24	12	112.7	3.31	3.57	등록50%컷	등록70%컷
수학과	한국외대(글로벌)	서류형	4	6	7.7	3.31	3.44	7	3.7	4.0		7	5.1	3.6		등록50%컷	등록70%컷
수학과	광운대	광운참빛인재II (서류형)	4	4	9.5	2.71											
수학과	서울시립대	학생부종합I(면접형)	5	5	23.4	2.35			4	14.0	2.49		6	16.0	2.25	등록평균	
수학과	서울시립대	학생부종합II(서류형)	2													등록평균	
수학과	서울여대	바롬인재면접	8	4	12.3	3.6	3.9		9.8	3.7	4.7	4	5.5	3.4	4.4	최종평균	최종최저
수학과	광운대	광운참빛인재I (면접형)	9	9	6.7	3.12		14	6.6	2.80		13	5.7	3.26		등록평균	
수학과	인천대	자기추천	13	13	6.2	3.79		13	4.6	3.35		13	3.8	3.12		등록평균	
수학과	경기대	KGU학생부종합	10	12	9.3	3.76	3.82	12	3.3	3.91		13	5.9	3.37		등록50%컷	등록70%컷
수학과	이화여대	미래인재	15	15	6.9	2.08	2.17	15	7.2	2.28	2.45	16	4.3	2.5	2.8	등록50%컷	등록70%컷
수학과	성균관대	과학인재	5	5	10.2	3.78	4.62									등록50%컷	등록70%컷
수학과	서울여대	바롬인재서류	4	8	7.4	3.3	4.0	8	83.0	3.5	3.9	8	5.4	3.6	5.4	최종평균	최종최저
수학과	경희대(서울)	네오르네상스	8	8	21.5	2.51	1.98	8	17.5	2.30		8	22.8	2.3		최종평균	등록70%컷
수학과	한국외대(글로벌)	면접형	3	5	6.6	3.88	4.01		4.4	3.5		3	3.7	3.5		등록50%컷	등록70%컷
수학과*	한양대	서류형	8	8	16.8	2.21		8	19.8	2.08		8	20.6	2.94		등록평균	
수학과*	고려대	계열적합	6	7	12.7	3.83	4.04	5	15.0	3.74	4.09	5	18.6			등록50%컷	등록70%컷
수학과*	숭실대	SSU미래인재	11	11	14.0	2.61	2.78	11	9.1	2.73	2.79	11	6.5	2.91	2.99	등록평균	등록70%컷
수학과*	가톨릭대	잠재능력우수자	7	6	9.0	3.56	3.95									등록평균	
수학과*	고려대	학업우수	10	11	16.6	1.88	2.19	10	13.1	1.89	2.11	10	18.1	2.16	2.40	등록50%컷	등록70%컷
수학과*	동국대	Do Dream	9	10	17.3	3.02	3.62	9	10.4	2.79	3.34	7	12.1	2.61	2.83	최종평균	최종최저
수학과*	연세대	활동우수형	7	6	14.2	1.84	2.14	6	11.3	1.49	1.60	6	17.8	1.38	1.62	등록50%컷	등록70%컷
수학과*	고려대	논술전형	5														
수학과*	숙명여대	숙명인재(면접형)	8	8	6.6	2.39	2.48	8	6.8	2.45	2.48	3	11.0			등록50%컷	등록70%컷
수학교육과	고려대	계열적합	4	6	8.5	1.79	2.94	5	9.8	1.65	1.73	5	10.0	1.65	1.76	등록50%컷	등록70%컷
수학교육과	건국대	KU자기추천	6	6	18.3	2.38	2.39	7	12.3	2.22	2.27	9	21.1	1.93	2.12	등록50%컷	등록70%컷
수학교육과	홍익대(서울)	학교생활우수자	7	5	13.4	1.92	1.91	7	15.1	2.11	2.09	10	11.4	2.01	2.14	등록50%컷	등록70%컷
수학교육과	동국대	Do Dream	6	6	23.3	2.48	2.76	6	17.3	2.66	2.97	6	15.8	2.50	3.14	최종평균	최종최저
수학교육과	이화여대	미래인재	6	6	5.5	2.10	2.11	6	11.2	2.02	2.03	6	6.0	2.0	2.3	등록50%컷	등록70%컷
수학교육과	서울대	일반전형	11	11	9.6	2.21	3.80	11	7.5	1.84	1.93	12	7.25	2.12	2.52	등록50%컷	등록70%컷
수학교육과	상명대(서울)	상명인재	9	11.7	2.68	2.79		9	8.4	2.94	3.39	9	8.8	2.59	2.95	등록50%컷	등록70%컷
수학교육과	성균관대	탐구형	15	15	11.1	2.02	2.11	15	8.5	1.89	2.35	15	6.6	1.82	2.03	등록50%컷	등록70%컷
수학교육과	고려대	논술전형	4														
수학교육과	인천대	자기추천	7	7	7.0	2.83		7	8.4	2.48		7	7.4	2.57		등록평균	
수학교육과	단국대(죽전)	DKU인재(면접)	3	3	10.7	2.59	2.76									등록평균	등록최저
수학교육과	서울대	지역균형	4	4	4.5	1.22	1.22	4	6.0	1.12	1.12	5	5.80	1.22	1.33	등록50%컷	등록70%컷
수학교육과	고려대	학업우수	7	9	9.6	1.63	2.33	9	13.9	1.52	1.74	9	18.5	1.75	1.85	등록50%컷	등록70%컷
수학교육과	단국대(죽전)	DKU인재(서류)	6	6	7.5	2.40	2.61	9	7.4	2.38		8	12.0	2.13		등록평균	등록최저
수학교육과	한양대	면접형	3	3	12.3	1.92		3	12.7	1.74		3	14.3	1.30		등록평균	
수학통계학과	세종대	세종창의인재 (면접형)	4	5	9.8	2.67	2.78	5	12.8	2.52	2.64	10	9.1	2.80	2.83	등록평균	등록70%컷
수학통계학과	세종대	세종창의인재 (서류형)	2	3	8.0	2.49	2.31	3	10.3	2.43	2.41					등록평균	등록70%컷
스마트ICT융합공학과	서울과기대	학교생활우수자	13	13	28.5	3.31	3.37	8	17.8	3.51						등록평균	등록70%컷
스마트건설·환경공학과	대진대	윈원대진	10					15	2.6	6.40	7.01	30	2.1	5.87	7.08	등록평균	등록90%
스마트그린소재공학과	한국공학대	조기취업형계약학과	25	23	3.5	4.6		25	2.8	5.0		20	2.9	4.6		등록평균	
스마트드론공학과	한국항공대	미래인재	9	9	10.8	3.4	4.4	10	7.3	3.2	4.4	8	8.5	3.0	3.6	등록평균	등록최저
스마트모빌리티공학전공	명지대	명지인재서류	5													등록평균	등록70%컷
스마트모빌리티공학전공	명지대	명지인재면접	6													등록평균	등록70%컷

모집단위	대학	전형	2025 모집인원	2024 모집인원	2024 경쟁률	2024 성적①	2024 성적②	2023 모집인원	2023 경쟁률	2023 성적①	2023 성적②	2022 모집인원	2022 경쟁률	2022 성적①	2022 성적②	성적산출기준 성적①	성적산출기준 성적②
스마트모빌리티전공	대진대	원원대진	12	12	3.8	6.05	6.70	10	2.6	6.12	6.89	10	4.8	5.74	6.14	등록평균	등록90%
스마트모빌리티학부	고려대	계열적합	20	20	10.7	3.81	4.03	15	10.1	3.62	4.01					등록50%컷	등록70%컷
스마트모빌리티학부	고려대	학업우수	10	10	13.6	2.16	2.29	15	12.7	1.93	2.20					등록50%컷	등록70%컷
스마트보안학과	가천대	가천바람개비	8	6	43.2	3.91		5	21.0	4.30	5.33	5	8.4	4.0		등록70%	등록90%
스마트보안학부	고려대	학업우수	10	7	12.6	2.06	2.17	7	15.0	1.91	2.08	7	20.7	1.85	2.06	등록50%컷	등록70%컷
스마트보안학부	고려대	계열적합	6	6	14.5	2.44	2.72	4	14.5	3.99	4.04	4	16.5	4.30	4.46	등록50%컷	등록70%컷
스마트보안학부	고려대	논술전형	5														
스마트생명산업융합학과	세종대	세종창의인재(면접형)	2	2	20.5	3.25	2.69	2	17.5	2.67	2.53	6	8.3	2.94	2.59	등록평균	등록70%컷
스마트생명산업융합학과	세종대	세종창의인재(서류형)	2	2	12.0	2.25	2.20	2	14.5	2.55	2.52					등록평균	등록70%컷
스마트시스템공과	명지대	크리스천리더	7													등록평균	등록70%컷
스마트시스템과학과	서울대	지역균형	4													등록50%컷	등록70%컷
스마트시스템과학과	서울대	일반전형	10													등록50%컷	등록70%컷
스마트시티공학과	안양대	아리학생부종합II	5	5	2.6	4.91	5.81										
스마트시티공학부	경기대	KGU학생부종합	24	24	11.0	3.92	4.02	24	7.3	3.84		42	6.4	3.92		등록50%컷	등록70%컷
스마트시티학과	가천대	가천바람개비	7	6	28.7	3.93		6	7.8	4.38	4.38	5	8.8	3.2		등록70%	등록90%
스마트융합공학부	한양대(에리카)	조기취업형계약학과	150	114	6.7			123	4.9			138	4.3			등록평균	
스마트융합보안학과	대진대	원원대진	10	7	3.9	5.83	6.22	8	2.9	5.62	6.50					등록평균	등록90%
스마트전자공학과	한국공학대	조기취업형계약학과	30	30	3.8	4.5		30	4.1	4.3		50	5.0	4.1		등록평균	
스마트팜과학과	경희대(국제)	네오르네상스	24	15	17.4	2.12	2.22	15	17.1	2.10		17	12.4	2.6		최종평균	등록70%컷
스마트팩토리전공	가천대	가천바람개비	7	6	20.8	4.06		5	10.6	4.09	4.84	5	7.6	3.9		등록70%	등록90%
스포츠과학전공	한경국립대(안성)	잠재력우수자	2													등록평균	등록최저
시스템반도체공학과	연세대	활동우수형	38	38	7.1	1.86	2.17	40	8.3			40	13.6	1.38	1.56	등록50%컷	등록70%컷
시스템반도체공학과	서강대	일반전형	14	14	17.3	2.74	4.24	14	17.5	1.60	2.86					등록50%컷	등록70%컷
시스템반도체학과	가천대	가천바람개비	7					5	10.0	4.06	4.13	5	8.8	3.9		등록70%	등록90%
시스템반도체학부	동국대	불교추천인재	2	2	7.0	2.50	2.51									최종평균	최종최저
시스템반도체학부	동국대	Do Dream	15	9	15.7	2.53	2.85									최종평균	최종최저
시스템생명공학과	건국대	KU자기추천	8	13	53.1	2.41	2.46	13	33.4	3.25	5.67	12	28.3	2.22	2.89	등록50%컷	등록70%컷
시스템생명공학과[다빈치]	중앙대	CAU탐구형인재	10	9	12.9	3.28	3.83	7	15.6	2.91	3.08	9	13.1	3.40	4.49	등록50%컷	등록70%컷
시스템생명공학과[다빈치]	중앙대	CAU융합형인재	6	7	19.7	2.93	3.55	7	14.0	2.40	2.60	9	12.6	2.42	2.48	등록50%컷	등록70%컷
시스템생명과학전공	명지대	명지인재서류	8	5	11.0	2.75	2.77	5	7.8	3.11	3.00	6	17.5	2.91	3.10	등록평균	등록70%컷
시스템생명과학전공	명지대	명지인재면접	6	12	17.8	3.22	2.90	12	10.6	3.39	3.22	14	19.9	3.24	3.33	등록평균	등록70%컷
시스템생물학과*	연세대	활동우수형	5	5	27.6	1.44	1.44	4	23.3	1.74	1.74	4	23.8			등록50%컷	등록70%컷
식량자원과학과	건국대	KU자기추천	10	18	17.1	2.32	2.35	17	12.6	2.41	2.56	17	12.9	2.55	2.76	등록50%컷	등록70%컷
식물생명공학[다빈치]	중앙대	CAU탐구형인재	6									8	6.4	5.51	6.71	등록50%컷	등록70%컷
식물생명공학[다빈치]	중앙대	CAU융합형인재	7	14	17.6	3.51	4.24	14	11.1	3.55	5.53	12	9.9	3.45	3.81	등록50%컷	등록70%컷
식물생명환경전공	한경국립대(안성)	잠재력우수자	13													등록평균	등록최저
식물생산과학부	서울대	지역균형	6	6	6.0	1.34	1.40	9	3.1	1.32	1.48	9	3.22	1.30	1.32	등록50%컷	등록70%컷
식물생산과학부	서울대	일반전형	24	24	13.3	3.24	4.07	24	8.5	2.08	2.74	29	6.41	1.77	2.12	등록50%컷	등록70%컷
식물자원조경학부	한경국립대(안성)	잠재력우수자	2	24	5.9	4.81	6.49	24	4.4	4.7	6.2	23	6.6	4.7		등록평균	등록최저
식품·동물생명공학부	서울대	지역균형	6	6	7.0	1.22	1.31	8	7.4	1.19	1.34	6	5.33	1.38	1.66	등록50%컷	등록70%컷
식품·동물생명공학부	서울대	일반전형	16	16	15.6	1.66	1.91	16	10.4	2.21	2.37	20	6.70	1.87	2.32	등록50%컷	등록70%컷
식품공학[다빈치]	중앙대	CAU융합형인재	14	12	11.6	3.11	3.46	10	7.5	3.20	3.43	10	9.3	3.11	3.21	등록50%컷	등록70%컷
식품공학[다빈치]	중앙대	CAU탐구형인재	10	12	11.5	4.11	5.43	9	9.8	3.39	3.84	10	5.0	3.59	4.01	등록50%컷	등록70%컷
식품공학과	고려대	논술전형	5														
식품공학과	고려대	계열적합	5	7	18.6	2.17	4.02	5	18.4	4.00	4.54	5	12.4	4.09	4.34	등록50%컷	등록70%컷
식품공학과	서울여대	바롬인재서류	6	8	10.5	2.9	3.4									최종평균	최종최저
식품공학과	고려대	학업우수	10	11	27.9	2.02	2.14	10	32.9	2.19	2.35	10	19.4	2.56	2.74	등록50%컷	등록70%컷
식품공학과	서울여대	바롬인재면접	8	7	21.7	3.2	3.4	13	13.9	3.7	4.4	10	7.5	3.5	4.1	최종평균	최종최저
식품생명공학과	경희대(국제)	네오르네상스	17	9	21.7	1.92	1.90	9	19.3	2.00		10	17.2	2.2		최종평균	등록70%컷
식품생명공학과	서울과기대	학교생활우수자	14	11	33.0	2.60	2.45	9	230	2.70		9	20.9	2.51		등록평균	등록70%컷
식품생명공학과	가천대	가천바람개비	6	6	38.7	3.80		6	18.7	3.49	3.79	6	17.2	3.1		등록70%	등록90%
식품생명공학과	이화여대	미래인재	11	11	10.6	1.77	1.93	10	15.5	1.83	1.93	10	7.7	2.4	2.4	등록50%컷	등록70%컷
식품생명공학과*	동국대	Do Dream	12	11	38.3	2.47	2.86	11	21.8	2.49	3.16	11	18.1	2.70	3.49	최종평균	최종최저
식품생명공학과*	동국대	불교추천인재	2	2	18.5	2.35	2.41	2	16.5	3.01	3.32	2	6.0	3.28	3.53	최종평균	최종최저
식품생명공학전공	한경국립대(안성)	잠재력우수자	15													등록평균	등록최저

모집단위	대학	전형	2025 모집인원	2024 모집인원	2024 경쟁률	2024 성적①	2024 성적②	2023 모집인원	2023 경쟁률	2023 성적①	2023 성적②	2022 모집인원	2022 경쟁률	2022 성적①	2022 성적②	성적 산출기준 성적①	성적 산출기준 성적②
식품생명화학공학부	한경국립대(안성)	잠재력우수자	2	23	7.4	5.09	6.12	23	5.8	4.8	5.6	23	6.4	4.5		등록평균	등록최저
식품영양[다빈치]	중앙대	CAU융합형인재	10	12	10.3	3.65	3.71	14	6.8	3.66	3.84	10	9.5	3.69	3.74	등록50%컷	등록70%컷
식품영양학과	서울여대	바롬인재서류	6	8	9.4	2.9	3.3									최종평균	최종최저
식품영양학과	서울대	일반전형	12	12	11.6	1.89	1.92	14	6.7	1.77	1.83	14	4.07	1.93	2.00	등록50%컷	등록70%컷
식품영양학과	신한대	신한국인	5	5	21.4	4.07		5	11.0	4.51		8	8.8	4.31		최종평균	
식품영양학과	서울여대	바롬인재면접	8	6	22.7	3.4	3.8	13	13.9	3.7	4.4	10	7.5	3.5	4.1	최종평균	최종최저
식품영양학과	경희대(서울)	네오르네상스	9	9	22.3	2.19	1.99	9	15.2	2.30		10	9.6	2.3		최종평균	등록70%컷
식품영양학과	이화여대	미래인재	16	16	10.8	1.97	2.02	16	10.5	2.12	2.20	16	7.1	2.3	2.5	등록50%컷	등록70%컷
식품영양학과	서울대	지역균형	4	4	6.8	1.41	1.41	4	3.0	1.44	1.44	6	2.17	1.54	1.69	등록50%컷	등록70%컷
식품영양학과*	가톨릭대	잠재능력우수자	9	7	12.3	4.14	6.73										
식품영양학과*	숙명여대	숙명인재(면접형)	8	8	18.1	2.27	2.70	7	19.9	2.31	2.45	4	22.3	3.58	3.58	등록50%컷	등록70%컷
식품영양학과*	국민대	학교생활우수자	10	10	17.8	2.74	2.86	9	8.3	2.96	3.20	9	4.4	2.98	2.99	등록50%컷	등록70%컷
식품영양학과*	가천대	가천바람개비	6	6	32.0	3.89		6	20.7	3.71	3.86	6	18.7	3.5		등록70%	등록90%
식품영양학과*	삼육대	세움인재	11	11	13.6	4.04		10	6.5	3.83		7	7.1	3.60		최종평균	
식품영양학과*	대진대	윈원대진	10	10	8.9	4.51	5.17	10	4.9	5.39	6.21	10	5.9	4.73	5.09	등록평균	등록90%
식품영양학과*	국민대	국민프런티어	7	7	31.4	2.81	2.82	10	13.2	2.97	3.05	9	9.0	2.72	3.08	등록50%컷	등록70%컷
식품영양학과*	안양대	아리학생부종합II	9	11	16.8	4.06	4.60	11	13.6	4.30	5.63	10	13.9	4.74	5.64	등록평균	등록최저
식품영양학과*	한양대	서류형	11	13	24.1	3.18		17	16.0	2.69		17	13.9	1.91		등록평균	
식품영양학전공	상명대(서울)	상명인재	7		21.3	2.36	3.03	8	11.5	3.10	4.03	8	10.0	2.44	3.99	등록50%컷	등록70%컷
식품영양학전공	동덕여대	동덕창의리더	6	6	16.3			7	11.7			7	10.0				
식품영양학전공	한경국립대(안성)	잠재력우수자	6													등록평균	등록최저
식품영양학전공*	명지대	명지인재서류	3	5	16.8	3.59	3.76	5	6.8	3.76	4.07	5	11.6	3.49	3.70	등록평균	등록70%컷
식품영양학전공*	명지대	명지인재면접	6	6	30.7	3.95	4.41	6	10.2	4.10	4.22	6	12.8	3.76	3.78	등록평균	등록70%컷
신소재화공시스템공학부	홍익대(서울)	학교생활우수자	30	29	19.8	2.45	2.23	32	14.7	2.51	2.45	32	12.3	2.28	2.39	등록50%컷	등록70%컷
신소재·반도체공학전공	한양대(에리카)	첨단융합인재	14														
신소재공학과	서울과기대	학교생활우수자	17	17	16.6	2.60	2.74	14	18.5	2.89		16	12.3	2.84		등록평균	등록70%컷
신소재공학과	한국공학대	창의인재	10	14	5.4	3.9		8	4.1	3.9		5	5.0	3.9		등록평균	
신소재공학과	경희대(국제)	네오르네상스	11	11	16.3	1.94	2.05	11	13.7	2.00		12	13.7	2.2		최종평균	등록70%컷
신소재공학과	인천대	자기추천	13	13	11.2	3.18		13	9.2	3.31		13	6.7	3.35		등록평균	
신소재공학과	가천대	가천바람개비	6	6	15.5	3.25		6	11.3	2.95	2.95	6	15.5	3.1		등록70%	등록90%
신소재공학과	숭실대	SSU미래인재	23	23	18.7	2.84	2.93	23	9.8	2.78	3.09	23	6.7	2.89	2.92	등록평균	등록70%컷
신소재공학과*	서울시립대	학생부종합II(서류형)	8													등록평균	
신소재공학부	고려대	논술전형	13														
신소재공학부	연세대	활동우수형	18	17	13.1	1.64	1.72	15	9.1	1.87	1.92	15	14.4	1.84	1.94	등록50%컷	등록70%컷
신소재공학부	고려대	학업우수	19	35	16.4	1.90	1.97	31	13.7	2.11	2.39	29	20.0	1.77	1.92	등록50%컷	등록70%컷
신소재공학부	고려대	계열적합	17	16	12.8	1.94	2.36	14	15.5	2.66	3.59	16	14.3	3.78	3.86	등록50%컷	등록70%컷
신소재공학부	한양대	추천형	5														
신소재공학부	한양대	서류형	14	23	19.3	2.47		23	15.5	2.68		23	14.0	2.23		등록평균	
신소재공학전공	명지대	명지인재서류	7	5	8.8	3.30	3.75	5	6.2	3.34	3.32	6	9.0	3.50	3.67	등록평균	등록70%컷
신소재공학전공	명지대	명지인재면접	6	12	13.8	3.85	3.83	12	5.6	3.85	3.83	14	10.6	3.36	3.49	등록평균	등록70%컷
신소재물리전공*	숙명여대	숙명인재(면접형)	13					13	7.5	2.36	2.56	8	5.1	3.25	3.62	등록50%컷	등록70%컷
실내건축전공	숭실대	SSU미래인재	12	12	17.3	2.98	3.11	12	10.6	3.15	3.32	12	11.2	3.25	3.55	등록평균	등록70%컷
실내건축전공	홍익대(서울)	학교생활우수자	5	5	10.4	2.52	2.54	5	11.8	2.41	2.32	8	7.3	2.62	2.64	등록50%컷	등록70%컷
아동학과*	가톨릭대	잠재능력우수자	7	5	16.2	3.55	3.84										
안경광학과	을지대(성남)	EU자기추천	4	4	14.8	5.02	3.78	4	6.8	4.52	5.25		7.3	4.27	4.78	등록평균	등록70%컷
안경광학과	을지대(성남)	EU미래인재	4	4	10.3	4.47	4.62	4	7.3	4.12	4.20		5.8	4.57	4.67	등록평균	등록70%컷
안경광학과	서울과기대	학교생활우수자	11	11	8.6	3.34	3.50	9	8.6	3.57		9	5.3	3.66		등록평균	등록70%컷
안전공학과	서울과기대	학교생활우수자	14	14	10.6	3.41	3.49	12	10.2	3.64		11	6.5	3.67		등록평균	등록70%컷
안전공학과	인천대	자기추천	13	13	6.8	3.75		13	5.0	3.57		13	3.2	3.68		등록평균	
안전공학전공	한경국립대(안성)	잠재력우수자	12													등록평균	등록최저
약과학과	경희대(서울)	네오르네상스	9	9	29.9	1.88	1.75	9	21.1	2.70		8	24.6	2.5		최종평균	등록70%컷
약학계열	서울대	일반전형	29	29	10.4	1.52	1.80	29	8.3	1.49	1.56	32	6.88	1.62	1.87	등록50%컷	등록70%컷
약학계열	서울대	지역균형	11	11	9.6	1.13	1.16	9	6.5	1.14	1.19	12	5.33	1.12	1.15	등록50%컷	등록70%컷
약학과	성균관대	탐구형	30	30	28.3	1.90	2.25	30	21.5	2.19	2.64	30	26.4	1.44	1.85	등록50%컷	등록70%컷
약학과	연세대	활동우수형	7	6	15.8			6	12.2	1.43	1.52	6	18.7			등록50%컷	등록70%컷
약학과	한양대(에리카)	서류형	12	12	57.8	2.37	3.08	9	70.6	2.28	2.95	9	62.1	2.67	3.09	등록평균	등록70%컷
약학과	가톨릭대	학교장추천	8	8	38.5	2.00	2.98	10	41.1	1.93	3.51	13	14.8	2.16	4.13	등록평균	등록최저

모집단위	대학	전형	2025 모집인원	2024 모집인원	2024 경쟁률	2024 성적①	2024 성적②	2023 모집인원	2023 경쟁률	2023 성적①	2023 성적②	2022 모집인원	2022 경쟁률	2022 성적①	2022 성적②	성적 산출기준 성적①	성적 산출기준 성적②
약학과	아주대	ACE	15	15	58.7	1.66	2.72	15	45.3	2.12	4.24	15	34.7	2.26		등록평균	등록최저
약학과	동덕여대	동덕창의리더	8	8	22.3												
약학과	동국대	Do Dream	11	9	40.0	1.38	1.71	9	26.9	1.61	4.00	9	38.9	1.40	1.77	최종평균	최종최저
약학과	경희대(서울)	네오르네상스	10	12	43.9	2.16	2.21	14	28.1	3.00		20	33.3	1.6		최종평균	등록70%컷
약학과	삼육대	세움인재	4	2	18.5	1.67		3	24.3	1.62						최종평균	
약학과	가천대	가천의약학	12	12	68.7	2.65		12	49.5	2.50	3.43	12	35.5	2.5		등록70%	등록90%
약학부	중앙대	CAU탐구형인재	18	22	21.3	1.50	2.51	15	24.9	1.20	1.47	15	29.7	1.80	2.37	등록50%컷	등록70%컷
약학부	숙명여대	숙명인재(면접형)	20	22	33.5	1.67	2.10	22	25.8	1.87	2.15	15	31.2	1.57	2.15	등록50%컷	등록70%컷
약학전공	이화여대	미래인재	14	16	36.2	1.42	1.51	20	38.5	1.51	1.60	20	33.4	1.8	1.9	등록50%컷	등록70%컷
양자원자력공학과	세종대	세종창의인재(서류형)	1	2	9.0	2.48	2.47	2	9.0	2.55	2.52					등록평균	등록70%컷
양자원자력공학과	세종대	세종창의인재(면접형)	2	2	10.5	2.61	2.30	2	9.0	2.80	2.80	7	4.6	3.07	3.25	등록평균	등록70%컷
양자정보공학과	성균관대	탐구형	13													등록50%컷	등록70%컷
양자정보공학과	성균관대	과학인재	5													등록50%컷	등록70%컷
언더우드학부(생명과학공학)	연세대	국제형(해외고/검정고시)	5	6	5.8			6	4.5			5	4.4				
에너지공학과	한양대	서류형	10	8	17.8	2.18		8	17.5	2.10		7	31.4	1.52		등록평균	
에너지공학부	대진대	윈원대진	10					15	2.3	5.97	6.56	30	2.0	5.78	6.62	등록평균	등록90%
에너지바이오공학과	한양대(에리카)	서류형	5	12	29.3	2.95	3.10	12	18.1	3.71	3.79	12	19.6	3.04	3.08	등록평균	등록70%컷
에너지시스템공학부	중앙대	CAU융합형인재	6	8	30.6	1.99	2.04	8	26.1	1.93	2.13	12	14.7	2.14	2.31	등록50%컷	등록70%컷
에너지시스템공학부	중앙대	CAU탐구형인재	10	8	25.0	1.91	2.29	8	18.4			14	10.0	3.58	4.91	등록50%컷	등록70%컷
에너지신소재공학과	동국대	Do Dream	9	9	25.1	2.45	2.68	9	17.8	2.45	2.71	9	20.4	2.35	2.78	최종평균	최종최저
에너지신소재공학전공	한국기술교대	창의인재(면접형)	7														
에너지신소재공학전공	한국기술교대	창의인재(서류형)	6	8	8.9	3.50	3.77									등록평균	등록최저
에너지자원공학과	서울대	일반전형	15	15	9.1	2.68	3.24	15	6.9	2.32	2.36	17	5.47	2.15	2.37	등록50%컷	등록70%컷
에너지자원공학과	서울대	지역균형	5	5	3.8	1.08	1.17	6	2.5	1.30	1.35	8	2.88	1.29	1.38	등록50%컷	등록70%컷
에너지학과	성균관대	과학인재	10	5	10.8	4.98	5.22									등록50%컷	등록70%컷
에너지학과	성균관대	탐구형	15	18	18.2	2.19	2.32									등록50%컷	등록70%컷
에너지화학공학과	인천대	자기추천	13	13	8.3	2.97		10	7.4	3.10		10	10.9	2.87		등록평균	
에너지환경공학과	가톨릭대	잠재능력우수자	9	8	16.3	4.13	7.53										
예술공학부[다빈치]	중앙대	CAU융합형인재	23	20	8.2	3.64	3.95	23	4.4	3.77	4.41	19	5.1	3.78	4.05	등록50%컷	등록70%컷
예술공학부[다빈치]	중앙대	CAU탐구형인재	18	23	10.5	3.86	4.26	21	6.1	4.57	5.04	15	5.9	4.68	4.88	등록50%컷	등록70%컷
우주과학과	경희대(국제)	네오르네상스	12	12	15.9	2.06	2.19	12	13.4	2.40		14	7.6	2.7		최종평균	등록70%컷
우주항공공학전공	세종대	세종창의인재(서류형)	3	3	13.3	3.04	3.08	3	11.7	3.22	2.98					등록평균	등록70%컷
우주항공공학전공	세종대	세종창의인재(면접형)	4	6	9.7	2.89	2.74	2	13.7	2.42	2.46					등록평균	등록70%컷
운동재활학과	가천대	가천바람개비	6	6	80.5	4.00		7	24.0	4.93	5.05	7	23.0	4.1		등록70%	등록90%
원예생명공학전공	한경국립대(안성)	잠재력우수자	8													등록평균	등록최저
원예생명조경학과*	서울여대	바롬인재면접	8	6	33.3	3.9	5.7	6	24.8	4.1	6.9	5	17.0	4.0	4.5	최종평균	최종최저
원예생명조경학과*	서울여대	바롬인재서류	7	9	8.9	3.3	4.1	9	12.2	3.1	3.8	10	10.0	3.5	4.3	최종평균	최종최저
원자력공학과	한양대	서류형	9	8	11.6	3.40		8	8.8	2.40		8	10.6	1.89		등록평균	
원자력공학과	경희대(국제)	네오르네상스	9	9	13.9	2.66	2.54	9	8.8	2.80		9	8.0	2.6		최종평균	등록70%컷
원자핵공학과	서울대	일반전형	15	15	11.0	3.18	3.48	15	6.5	2.81	3.11	17	5.41	2.35	3.14	등록50%컷	등록70%컷
원자핵공학과	서울대	지역균형	9	9	4.7	1.43	1.45	11	2.3	1.34	1.44	11	1.91	1.37	1.41	등록50%컷	등록70%컷
웰니스산업융합학부	한경국립대(안성)	잠재력우수자	3	20	11.9	4.11	5.25	20	6.7	4.4	7.6	20	8.9	4.2		등록평균	등록최저
유기나노공학과	한양대	서류형	8	7	18.3	2.86		7	15.6	2.21		7	20.6	1.92		등록평균	
유전생명공학과	경희대(국제)	네오르네상스	23	13	32.5	2.49	1.95	13	32.9	2.00		15	40.9	2.1		최종평균	등록70%컷
융합공학부	중앙대	CAU융합형인재	6	9	61.8	1.98	2.11	9	37.7	3.02	4.72	12	33.4	1.91	2.08	등록50%컷	등록70%컷
융합공학부	중앙대	CAU탐구형인재	12	8	32.6	2.20	2.35	8	27.5	2.16	2.24	19	13.2	2.63	4.11	등록50%컷	등록70%컷
융합과학공학부(ISE)	연세대	국제형(국내고)	40	51	20.0	1.72	1.82	51	11.2	1.90	2.04	51	8.0	2.03	2.36	등록50%컷	등록70%컷
융합과학공학부(ISE)	연세대	국제형(해외고/검정고시)	20	20	5.5			20	5.2			20	5.2				
융합바이오·신소재공학과	경희대(국제)	네오르네상스	25													최종평균	등록70%컷
융합바이오헬스전공	서울시립대	학생부종합I(면접형)	2													등록평균	
융합반도체공학과	단국대(죽전)	DKU인재(서류)	9	10	12.4	2.99	3.70	15	8.9	3.27						등록평균	등록최저

모집단위	대학	전형	2025 모집인원	2024 모집인원	2024 경쟁률	2024 성적①	2024 성적②	2023 모집인원	2023 경쟁률	2023 성적①	2023 성적②	2022 모집인원	2022 경쟁률	2022 성적①	2022 성적②	성적 산출기준 성적①	성적 산출기준 성적②
융합반도체공학과	단국대(죽전)	창업인재	3	3	6.3	3.79	4.62	3	5.0	3.56						등록평균	등록최저
융합반도체공학과	단국대(죽전)	DKU인재(면접)	5	5	13.8	3.46	4.26									등록평균	등록최저
융합보건학과	이화여대	미래인재	15	15	8.4	1.84	1.89	14	9.9	1.87	1.88	13	6.7	2.2	2.2	등록50%컷	등록70%컷
융합보안공학과	성신여대	자기주도인재	7	11	6.5	3.55	3.99	11	5.6	3.62	3.70	15	3.8	3.89	4.28	등록평균	등록최저
융합보안공학과	성신여대	학교생활우수자	7	10	5.6	3.11	4.03	10	4.1	3.24	3.51	13	4.6	3.38	3.55	등록평균	등록최저
융합보안학과(주)	한성대	한성인재	4													등록50%컷	등록70%컷
융합생명공학과	건국대	KU자기추천	8	15	33.4	1.87	1.93	15	20.2	2.11	2.33	15	30.8	2.04	2.13	등록50%컷	등록70%컷
융합에너지공학과	고려대	학업우수	6	7	16.6	2.21	2.26	6	17.2	2.07	2.14	7	22.4	1.90	2.02	등록50%컷	등록70%컷
융합에너지공학과	고려대	계열적합	4	6	12.2	3.00	3.42	5	13.0	3.14	3.73	4	19.5	2.64	3.10	등록50%컷	등록70%컷
융합에너지공학과	고려대	논술전형	3														
융합에너지시스템공학부	경기대	KGU학생부종합	28	30	10.7	3.50	3.65	30	6.8	3.49		45	5.1	3.52		등록50%컷	등록70%컷
융합에너지학전공	명지대	명지인재면접	6													등록평균	등록70%컷
융합에너지학전공	명지대	명지인재서류	2													등록평균	등록70%컷
융합응용화학과	서울시립대	학생부종합I(면접형)	6	7	60.6	3.39		6	28.0	4.76		6	21.5	2.81		등록평균	
융합응용화학과	서울시립대	학생부종합II(서류형)	2													등록평균	
융합전자공학부	한양대	추천형	8														
융합전자공학부	한양대	서류형	21	41	14.0	2.30		41	17.1	2.01		41	18.1	2.96		등록평균	
응급구조학과	을지대(성남)	EU미래인재	5	4	16.3	3.04	3.68	4	10.0	3.60	3.74	4	12.3	3.50	3.64	등록평균	등록70%컷
응급구조학과	을지대(성남)	EU자기추천	5	4	29.5	3.49	3.92	4	13.8	3.83	4.23	4	21.3	3.27	3.41	등록평균	등록70%컷
응급구조학과	가천대	가천바람개비	4	4	66.8	5.10		4	39.0	4.30	4.69	4	57.8	3.9		등록70%	등록90%
응용물리학과	경희대(국제)	네오르네상스	7	7	12.4	2.34	1.99	7	7.9	2.30		7	8.1	2.3		최종평균	등록70%컷
응용생명공학전공	한경국립대(안성)	잠재력우수자	8													등록평균	등록최저
응용생물화학부	서울대	일반전형	15	15	14.1	2.76	3.00	15	15.8	1.53	1.80	19	10.21	2.24	3.02	등록50%컷	등록70%컷
응용생물화학부	서울대	지역균형	9	9	11.4	1.19	1.19	11	2.6	1.42	1.48	9	4.78	1.23	1.25	등록50%컷	등록70%컷
응용소프트웨어전공	명지대	명지인재면접	6	6	15.5	3.45	3.45	6	9.3	3.44	3.36	6	11.2	3.24	3.35	등록평균	등록70%컷
응용소프트웨어전공	명지대	명지인재서류	3	4	13.5	3.00	3.17	6	8.3	3.31	3.48	4	9.5	3.16	3.13	등록평균	등록70%컷
응용수학과	경희대(국제)	네오르네상스	7	7	13.0	2.32	2.17	7	7.7	2.30		7	11.3	2.3		최종평균	등록70%컷
응용수학전공	한경국립대(안성)	잠재력우수자	5													등록평균	등록최저
응용화학과	아주대	첨단융합인재	17													등록평균	등록최저
응용화학과	경희대(국제)	네오르네상스	10	10	32.2	2.01	2.12	10	19.7	2.40		12	13.3	2.4		최종평균	등록70%컷
응용화학전공	동덕여대	동덕창리리더	5	6	14.5			7	9.0			7	11.4				
의공학과	가천대	가천바람개비	6	6	15.5	3.33		7	9.6	3.37	3.58	7	12.4	3.3		등록70%	등록90%
의과대학	고려대	계열적합	15	15	24.9	1.78	1.92	15	24.5	1.94	2.01	15	24.7	1.79	1.94	등록50%컷	등록70%컷
의과대학	고려대	학업우수	29	29	30.3	1.15	1.22	36	26.6	1.46	1.66	36	29.9	1.47	1.65	등록50%컷	등록70%컷
의류산업학과*	성신여대	자기주도인재	11	10	16.6	2.93	3.26	12	11.3	3.12	3.30	12	9.3	2.99	3.13	등록평균	등록최저
의류산업학과*	성신여대	학교생활우수자	5	4	10.8	2.70	2.96	7	8.5	2.76	2.90	5	9.0	3.39	3.53	등록평균	등록최저
의류학과	가톨릭대	잠재능력우수자	9	5	24.6	3.95	6.24										
의류학과*	숙명여대	숙명인재(면접형)	7	6	13.7	2.19	2.21	5	19.4	2.27	2.28	2	27.5			등록50%컷	등록70%컷
의류학전공	상명대(서울)	상명인재	7	21.9	3.36	3.38		7	13.6	3.15	3.49	7	21.9	2.95	3.46	등록50%컷	등록70%컷
의생명공학과	동국대	Do Dream	9	9	44.7	2.02	2.40	9	48.4	2.32	2.66	8	35.3	2.67	5.60	최종평균	최종최저
의생명과학과	대진대	윈윈대진	15	8	4.9	4.86	5.36	8	2.8	4.96	5.38	8	4.6	4.40	4.95	등록평균	등록90%
의생명과학과*	가톨릭대	잠재능력우수자	9	8	30.5	3.55	6.45										
의생명시스템학부	숭실대	SSU미래인재	13	13	58.6	2.28	2.38	13	35.9	2.51	3.00	15	20.3	2.65	2.74	등록평균	등록70%컷
의예과	성균관대	탐구형	50	25	24.6	1.16	1.21	20	25.5	1.18	1.46	25	19.4	1.09	1.14	등록50%컷	등록70%컷
의예과	가천대	가천의약학	33	20	49.5	1.90		20	40.7	2.21	2.66	20	36.9	2.0		등록70%	등록90%
의예과	연세대	활동우수형	45	42	11.3	1.12	1.18	42	12.0	1.08	1.12	42	14.1	1.18	1.31	등록50%컷	등록70%컷
의예과	가톨릭대	가톨릭지도자추천	2	2	29.0			2	22.5			2	18.5			등록평균	등록최저
의예과	서울대	지역균형	39	39	8.0	1.04	1.11	42	5.3	1.03	1.09	40	6.00	1.05	1.08	등록50%컷	등록70%컷
의예과	가톨릭대	학교장추천	25	25	16.4	1.19	1.97	25	16.0	1.18	2.10	24	17.3	1.18	1.72	등록평균	등록최저
의예과	서울대	일반전형	49	50	15.6	1.18	1.30	53	14.6	1.18	1.28	65	11.74	1.18	1.42	등록50%컷	등록70%컷
의예과	한양대	서류형	30	39	23.8	1.42		39	24.4	1.48		36	25.4	1.68		등록평균	
의예과	한양대	추천형	25														
의예과	이화여대	미래인재	18	13	20.9	1.10	1.13	13	33.8	1.12	1.18	13	30.9	1.2	1.3	등록50%컷	등록70%컷
의예과	경희대(서울)	네오르네상스	29	33	21.4	1.31	1.05	40	23.9	1.10		55	24.5	1.3		최종평균	등록70%컷
의학과	아주대	ACE	40	20	44.2	1.68	2.49	20	46.2	1.94	3.50	20	36.6	2.13		등록평균	등록최저
의학부	중앙대	CAU탐구형인재	15	11	37.5	1.74	1.98	11	29.0	1.34	1.84	9	32.7	1.62	1.74	등록50%컷	등록70%컷
의학부	중앙대	CAU융합형인재	10	11	42.0	1.22	1.37	11	37.5	1.27	1.63	9	39.4	1.83	1.90	등록50%컷	등록70%컷

3부 • 모집단위순 합격자 성적

모집단위	대학	전형	2025 모집인원	2024 모집인원	2024 경쟁률	2024 성적①	2024 성적②	2023 모집인원	2023 경쟁률	2023 성적①	2023 성적②	2022 모집인원	2022 경쟁률	2022 성적①	2022 성적②	성적 산출기준 성적①	성적 산출기준 성적②
인공지능·소프트웨어융합	명지대	크리스천리더	5	2	11.0	4.20	4.09	2	7.0	3.65	3.37	2	8.0	3.83	4.12	등록평균	등록70%컷
인공지능공학부	숙명여대	소프트웨어인재	18	18	8.2	2.61	2.66									등록50%컷	등록70%컷
인공지능데이터사이언스학과	세종대	세종창의인재(면접형)	17	17	11.0	2.88	2.82									등록평균	등록70%컷
인공지능데이터사이언스학과	세종대	세종창의인재(서류형)	8	8	8.5	3.24	2.74									등록평균	등록70%컷
인공지능데이터사이언스학부	이화여대	미래인재	25													등록50%컷	등록70%컷
인공지능융합공학부	강남대	학생부	16	23	6.7	4.50	4.70	20	11.2	4.36	4.82	20	5.6	4.32	5.19	등록50%컷	등록70%컷
인공지능융합공학부	강남대	서류면접	28	30	7.3	5.10	5.30	24	5.2	4.81	5.72	20	4.2	4.73	5.62	등록50%컷	등록70%컷
인공지능융합학부	삼육대	SW인재	18	18	6.8	4.44										등록평균	등록70%컷
인공지능융합학부	삼육대	세움인재	14	14	11.8	3.85		15	6.1	4.04		16	7.8	3.97		최종평균	
인공지능응용학과	서울과기대	창의융합인재	20	39	13.9	2.98	2.93	30	12.9	3.32		30	12.8	3.52		등록평균	등록70%컷
인공지능전공	명지대	명지인재서류	3													등록평균	등록70%컷
인공지능전공	명지대	명지인재면접	6													등록평균	등록70%컷
인공지능학과	고려대	논술전형	9														
인공지능학과	고려대	학업우수	21													등록50%컷	등록70%컷
인공지능학과	경희대(국제)	네오르네상스	4	14	18.4	1.87	1.94	14	16.1	2.30		14	14.4	2.3		최종평균	등록70%컷
인공지능학과	고려대	계열적합	13													등록50%컷	등록70%컷
인공지능학과	서울시립대	학생부종합II(서류형)	2													등록평균	
인공지능학과	가톨릭대	잠재능력우수자	10	8	11.6	3.36	3.79										
인공지능학과	한국공학대	창의인재	4	5	14.4	4.1		4	8.8	4.3						등록평균	
인공지능학과	한양대(에리카)	서류형	5	18	14.2	3.08	3.00	14	22.6	2.97	3.20	14	22.9	3.61	3.77	등록평균	등록70%컷
인공지능학과	가천대	가천바람개비	21													등록70%	등록90%
인공지능학과	서울시립대	학생부종합I(면접형)	6	4	29.0	3.04		4	21.5	2.18		4	19.5	2.11		등록평균	
인공지능학과	서강대	일반전형	12	12	14.0	1.90	2.07	12	17.6	1.83	1.96					등록50%컷	등록70%컷
인공지능학부	국민대	학교생활우수자	2	3	13.0	3.49	3.49	3	19.7			3	6.0			등록50%컷	등록70%컷
인공지능학부	국민대	국민프런티어	11	11	35.1	3.10	3.32	13	17.8	3.30	3.63	13	9.9	3.16	3.43	등록50%컷	등록70%컷
임베디드시스템공학과	인천대	자기추천	13	13	11.6	3.49		13	8.8	3.71		13	8.2	3.85		등록평균	
임베디드시스템전공	한국공학대	창의인재	7	10	9.0	4.3		7	3.9	4.7		5	5.4	3.7		등록평균	
임산생명공학과	국민대	학교생활우수자	7	7	11.6	2.50	2.69	7	5.6	2.50	2.53	7	5.0	2.57	2.99	등록50%컷	등록70%컷
임산생명공학과	국민대	국민프런티어	7	7	31.0	2.65	2.75	10	9.3	2.80	2.97	10	6.7	2.64	2.69	등록50%컷	등록70%컷
임상병리학과	을지대(성남)	EU미래인재	7	7	12.3	2.90	2.93	7	12.3	3.14	2.97	7	7.6	3.33	3.55	등록평균	등록70%컷
임상병리학과	을지대(성남)	EU자기추천	7	7	18.7	3.26	3.45	7	12.3	3.37	3.47	7	12.6	3.26	3.27	등록평균	등록70%컷
임상병리학과	신한대	신한국인	8	10	22.9	4.45		10	13.6	4.27		10	17.3	4.03		최종평균	
임상병리학과	을지대(의정부)	EU자기추천	4	4	12.8	3.33	3.19	4	10.8	3.31	3.25	4	10.8	3.21	3.71	등록평균	등록70%컷
임상병리학과	을지대(의정부)	EU미래인재	3	3	10.7			3	7.3	3.13		4	8.0	3.28	3.26	등록평균	등록70%컷
자동차융합대학	국민대	학교생활우수자	26	18	6.2	2.79	2.99	18	3.6	2.82	2.97	18	3.1	2.86	3.26	등록50%컷	등록70%컷
자동차융합대학	국민대	국민프런티어	16	10	9.9	2.62	2.98	18	3.8	2.84	3.19	19	5.1	2.59	2.63	등록50%컷	등록70%컷
자연계열학부	을지대(성남)	EU자기추천	26													등록평균	등록70%컷
자연계열학부	을지대(성남)	EU미래인재	27													등록평균	등록70%컷
자연공학계열	가톨릭대	잠재능력우수자면접	16														
자연공학계열광역	단국대(죽전)	DKU인재(서류)	85													등록평균	등록최저
자연과학계열	성균관대	융합형	45	50	39.7	2.17	2.75	71	24.8	2.01	2.62	45	24.7	1.60	1.83	등록50%컷	등록70%컷
자연과학대학	한국외대(글로벌)	면접형	11													등록50%컷	등록70%컷
자연과학대학	한국외대(글로벌)	서류형	11													등록50%컷	등록70%컷
자원환경공학과	한양대	서류형	10	7	23.7	3.44		7	13.0	2.47		7	14.9	1.68		등록평균	
자유전공학부	서울시립대	학생부종합II(서류형)	9													등록평균	
자유전공학부	덕성여대	덕성인재I	26													등록평균	
자유전공학부	한국공학대	융합인재	80														
자유전공학부	서울시립대	학생부종합I(면접형)	5													등록평균	
자유전공학부(창의융합대학)	서울과기대	창의융합인재	25													등록평균	등록70%컷
자율전공학부(자연)	명지대	크리스천리더	5													등록평균	등록70%컷
자율전공학부(자연)	명지대	명지인재서류	24													등록평균	등록70%컷
재료공학과	건국대	KU자기추천	15													등록50%컷	등록70%컷
재료공학부	서울대	일반전형	37	38	6.4			37	5.3	2.18	2.51	42	4.74	2.13	2.72	등록50%컷	등록70%컷
재료공학부	서울대	지역균형	15	15	3.7	1.26	1.29	20	2.6	1.18	1.28	20	2.65	1.28	1.36	등록50%컷	등록70%컷
전가전자통신공학부	한국기술교대	창의인재(면접형)	20														

모집단위	대학	전형	2025 모집인원	2024 모집인원	2024 경쟁률	2024 성적①	2024 성적②	2023 모집인원	2023 경쟁률	2023 성적①	2023 성적②	2022 모집인원	2022 경쟁률	2022 성적①	2022 성적②	산출기준 성적①	산출기준 성적②
전가전자통신공학부	한국기술교대	창의인재(서류형)	15	27	5.9	3.83	4.45	32	5.4	3.62	4.33	23	5.6	3.56		등록평균	등록최저
전기·정보공학부	서울대	지역균형	11	11	4.7	1.11	1.16	19	4.7	1.13	1.20	33	3.42	1.27	1.33	등록50%컷	등록70%컷
전기·정보공학부	서울대	일반전형	80	80	6.3	3.25		80	5.1	2.19	2.46	80	5.51	1.96	2.36	등록50%컷	등록70%컷
전기공학과	인천대	자기추천	21	21	7.0	3.47		21	6.1	3.66		21	3.6	3.67		등록평균	
전기공학과	광운대	광운참빛인재I(면접형)	15	15	6.5	2.81		22	4.0	3.14		22	4.6	3.02		등록평균	
전기공학과	가천대	가천바람개비	9	10	16.0	4.24		11	7.9	3.98	4.45	10	6.6	3.7		등록70%	등록90%
전기공학과	광운대	광운참빛인재II(서류형)	7	7	7.1	2.85										등록평균	
전기공학부*	숭실대	SSU미래인재	25	25	11.2	3.09	3.17	25	5.4	3.02	3.24	25	5.3	3.15	3.39	등록평균	등록70%컷
전기공학전공	한양대	서류형	13	18	12.0	2.76		18	10.0	2.66		17	13.7	1.70		등록평균	
전기공학전공	한양대	추천형	5														
전기공학전공	한경국립대(안성)	잠재력우수자	9													등록평균	등록최저
전기공학전공	상명대(서울)	상명인재	8		13.1	3.17	3.37	9	8.1	3.60	3.96	9	10.8	3.36	3.61	등록50%컷	등록70%컷
전기전자공학부	연세대	활동우수형	36	33	10.0	1.55	1.67	28	9.2	1.68	1.75	28	11.4	1.51	1.70	등록50%컷	등록70%컷
전기전자공학부	고려대	계열적합	28	35	10.1	1.91	2.62	15	15.4			15	17.7			등록50%컷	등록70%컷
전기전자공학부	명지대	명지인재서류	25													등록평균	등록70%컷
전기전자공학부	명지대	명지인재면접	21													등록평균	등록70%컷
전기전자공학부	건국대	KU자기추천	31	40	20.2	2.13	2.25	42	14.3	2.30	2.48	40	20.2	2.17	2.32	등록50%컷	등록70%컷
전기전자공학부	고려대	학업우수	43	60	12.9	1.76	1.95	47	16.3	1.82	2.09	47	18.0	1.91	2.06	등록50%컷	등록70%컷
전기전자공학부	고려대	논술전형	13														
전기정보공학과	서울과기대	학교생활우수자	31	31	8.7	2.93	2.83	24	10.8	2.78		22	9.6	2.83		등록평균	등록70%컷
전력응용시스템전공	한국공학대	창의인재	7	15	5.3	4.2		8	3.3	4.1		10	4.1	3.8		등록평균	
전자전기공학부	홍익대(서울)	학교생활우수자	48	47	9.6	2.27	2.27	50	8.7	2.34	2.49	49	6.7	2.30	2.49	등록50%컷	등록70%컷
전자공학과	아주대	ACE	32	30	7.5	2.38	3.79	27	6.7	2.39	2.80	40	6.4	2.54		등록평균	등록최저
전자공학과	광운대	광운참빛인재I(면접형)	29	29	6.0	2.74		43	5.7	2.71		42	6.4	3.04		등록평균	
전자공학과	광운대	광운참빛인재II(서류형)	14	14	6.4	2.41											
전자공학과	서울과기대	학교생활우수자	19	19	15.0	2.72	2.71	14	16.3	3.12		25	14.3	2.86		등록평균	등록70%컷
전자공학과	서강대	일반전형	30	34	12.3	1.69	1.81	35	14.1	1.70	1.78	35	15.7	1.87	2.13	등록50%컷	등록70%컷
전자공학과	경희대(국제)	네오르네상스	11	24	17.7	2.24	2.12	28	13.9	2.40		28	15.6	2.2		최종평균	등록70%컷
전자공학부	인천대	자기추천	28	28	6.4	3.31		29	6.6	3.32		29	4.1	3.62		등록50%컷	등록70%컷
전자공학부	경기대	KGU학생부종합	36	38	9.3	3.74	3.94	38	5.3	3.79		26	7.0	3.80		등록50%컷	등록70%컷
전자공학부	한양대(에리카)	서류형	26	55	11.1	3.36	3.36	55	10.7	3.50	3.73	55	12.6	3.40	3.60	등록평균	등록70%컷
전자공학전공	한경국립대(안성)	잠재력우수자	18													등록평균	등록최저
전자공학전공	한국공학대	창의인재	10	14	8.7	3.9		10	3.8	4.5		8	7.4	3.5		등록평균	
전자공학전공	한국외대(글로벌)	면접형	5	6	9.5	4.13	4.22	7	5.1	4.6		3	6.3	3.4		등록50%컷	등록70%컷
전자공학전공	한국외대(글로벌)	서류형	5	6	4.7	3.66	3.81	6	5.5	3.1		8	7.5	3.2		등록50%컷	등록70%컷
전자공학전공*	숭실대	SSU미래인재	19	19	13.7	2.63	2.70	19	8.5	2.73	2.87	15	7.8	2.65	3.15	등록평균	등록70%컷
전자물리학과	한국외대(글로벌)	면접형	3	5	9.2	4.00	4.12	5	5.6	4.2		3	5.0	4.0		등록50%컷	등록70%컷
전자물리학과	한국외대(글로벌)	서류형	4	6	4.8	3.82	3.91	7	6.0	3.9				4.4		등록50%컷	등록70%컷
전자바이오물리학과	광운대	광운참빛인재I(면접형)	10	10	7.9	3.34		15	5.3	3.17		15	4.9	3.41		등록평균	
전자바이오물리학과	광운대	광운참빛인재II(서류형)	5	5	7.8	2.89											
전자반도체공학부	강남대	학생부	15													등록50%컷	등록70%컷
전자반도체공학부	강남대	서류면접	27					24	5.2	4.81	5.72	20	4.2	4.73	5.62	등록50%컷	등록70%컷
전자융합공학과	광운대	광운참빛인재II(서류형)	7	7	6.9	2.88											
전자융합공학과	광운대	광운참빛인재I(면접형)	15	14	7.2	2.90		22	7.5	3.03		21	5.4	3.43		등록평균	
전자재료공학과	광운대	광운참빛인재I(면접형)	15	15	6.5	2.82		23	4.0	2.89		22	5.8	2.86		등록평균	
전자재료공학과	광운대	광운참빛인재II(서류형)	8	8	7.5	2.80											
전자전기공학과	단국대(죽전)	창업인재	4	4	6.5	4.11	4.34	4	3.5	4.23						등록평균	등록최저
전자전기공학과*	단국대(죽전)	DKU인재(서류)	12	14	13.1	2.93	3.44	21	11.5	3.13		22	16.8	3.19		등록평균	등록최저

모집단위	대학	전형	2025 모집인원	2024 모집인원	2024 경쟁률	2024 성적①	2024 성적②	2023 모집인원	2023 경쟁률	2023 성적①	2023 성적②	2022 모집인원	2022 경쟁률	2022 성적①	2022 성적②	성적산출기준 성적①	성적산출기준 성적②
전자전기공학과*	단국대(죽전)	DKU인재(면접)	6	6	16.3	3.33	3.91									등록평균	등록최저
전자전기공학부	성균관대	융합형	40	45	14.3	2.24	2.80									등록50%컷	등록70%컷
전자전기공학부	성균관대	과학인재	10	10	9.9	4.70	5.03									등록50%컷	등록70%컷
전자전기공학부	동국대	불교추천인재	4	4	4.5	2.87	3.17	4	5.3	2.32	2.53	4	4.8	2.53	2.80	최종평균	최종최저
전자전기공학부	한경국립대(안성)	잠재력우수자	2	32	4.6	4.92	6.00	21	5.1	4.8	5.6	23	6.1	4.6		등록평균	등록최저
전자전기공학부	중앙대	CAU탐구형인재	15	20	20.5	2.61	3.27	20	16.4	2.32	2.59	40	11.8	3.03	3.66	등록50%컷	등록70%컷
전자전기공학부	동국대	Do Dream	29	29	13.4	2.28	2.59	30	9.7	2.42	2.84	25	11.2	2.48	2.91	최종평균	최종최저
전자전기공학부	중앙대	CAU융합형인재	9	12	32.3	1.80	1.94	15	28.9	1.85	1.88	31	19.7	1.92	2.00	등록50%컷	등록70%컷
전자전기공학전공	이화여대	미래인재	24	12	6.5	1.97	2.03	22	6.1	2.12	2.17	20	5.8	2.3	2.4	등록50%컷	등록70%컷
전자전기컴퓨터공학부	서울시립대	학생부종합II(서류형)	5													등록평균	
전자전기컴퓨터공학부	서울시립대	학생부종합I(면접형)	24	15	35.8	2.35		15	31.1	2.29		15	23.0	2.65		등록평균	
전자통신공학과	광운대	광운참빛인재I(면접형)	17	17	5.7	2.92		25	5.6	3.01		25	4.7	3.19		등록평균	
전자통신공학과	광운대	광운참빛인재II(서류형)	9	8	6.6	2.86										등록평균	
전자화학재료전공	국민대	학교생활우수자	9	15	11.7	2.57	2.64	15	5.2	2.72	2.95	15	3.6	2.62	2.91	등록50%컷	등록70%컷
전자화학재료전공	국민대	국민프런티어	12	12	16.2	2.47	2.61	15	7.9	2.82	2.89	15	7.4	2.63	2.75	등록50%컷	등록70%컷
전통건축전공	명지대	명지인재면접	6	5	20.6	3.78	3.82	5	10.2	3.82	3.40	6	11.5	3.80	3.93	등록평균	등록70%컷
전통건축전공	명지대	명지인재서류	2	3	14.3	3.71	4.04	3	8.3	3.91	3.96	3	10.7	3.61	3.81	등록평균	등록70%컷
정밀화학과	서울과기대	학교생활우수자	11	11	26.1	2.76	2.85	9	27.2	3.26		8	13.1	3.10		등록평균	등록70%컷
정보보안암호수학과	국민대	국민프런티어	4	8	12.0	2.77	2.93	12	5.8	2.85	3.00	12	4.5	2.90	3.07	등록50%컷	등록70%컷
정보보안암호수학과	국민대	학교생활우수자	18	13	7.2	2.73	2.88	10	4.0	2.84	2.98	10	3.5	2.83	2.96	등록50%컷	등록70%컷
정보보호학과	숭실대	SSU미래인재	8	8	19.3	2.41	2.67									등록평균	등록70%컷
정보보호학과	숭실대	정보보호특기자	4	4	3.8												
정보보호학과	세종대	세종창의인재(서류형)	2	2	11.5	3.75	2.55									등록평균	등록70%컷
정보보호학과	세종대	세종창의인재(면접형)	3	4	11.5	2.53	2.61	7	12.1	2.64	2.68	10	6.2	2.56	2.98	등록평균	등록70%컷
정보융합학부	광운대	광운참빛인재II(서류형)	8	8	12.9	3.02										등록평균	
정보융합학부	광운대	광운참빛인재I(면접형)	15	15	18.9	3.12		22	12.1	3.43		22	7.6	3.57		등록평균	
정보융합학부	광운대	소프트웨어우수인재	10	10	15.6	3.59		10	15.8	3.91		10	9.9	4.26		등록평균	
정보전기전자공학전공	안양대	아리학생부종합II	15	20	10.3	4.18	4.85	20	5.6	5.04	6.09	20	4.5	5.00	6.19	등록평균	등록최저
정보제어·지능시스템전공	광운대	광운참빛인재I(면접형)	6	14	8.5	3.14										등록평균	
정보제어·지능시스템전공	광운대	광운참빛인재II(서류형)	3	7	7.4	3.30										등록평균	
정보통계·보험수리학과	숭실대	SSU미래인재	15	15	9.5	2.79	2.98	13	5.8	2.85	3.02	13	4.3	2.80	3.11	등록평균	등록70%컷
정보통계학전공	동덕여대	동덕창의리더	7	8	7.3			9	5.8			9	5.1				
정보통신공학과	한국외대(글로벌)	면접형	3					2	6.0	4.3						등록50%컷	등록70%컷
정보통신공학과	동국대	Do Dream	20	20	16.2	2.55	3.12									최종평균	최종최저
정보통신공학과	인천대	자기추천	21	21	7.7	3.36		21	7.9	3.41		21	6.1	3.63		등록평균	
정보통신공학과	한국외대(글로벌)	SW인재	10	10	7.9	4.48	4.61	10	6.0	4.1		10	5.9	4.3		등록50%컷	등록70%컷
정보통신공학전공	명지대	명지인재면접	14	12	13.2	3.65	3.20	12	7.8	3.93	3.94	14	9.6	3.89	4.04	등록평균	등록70%컷
정보통신공학전공	동국대	불교추천인재	2	2	6.5	2.89	2.94	2	5.0	2.85	2.93	2	7.0	3.00	3.06	최종평균	최종최저
정보통신공학전공	명지대	명지인재서류	16	10	12.8	3.72	3.55	12	6.4	3.90	4.10	12	8.1	3.52	3.89	등록평균	등록70%컷
정보통신전자공학부	가톨릭대	잠재능력우수자	14	12	10.6	3.52	4.01									등록평균	
정보통신전자공학부	가톨릭대	가톨릭지도자추천	3	3	10.7	4.20	4.94	4	6.0	4.23	4.52	5	4.8	4.51	5.64	등록평균	등록최저
조경·지역시스템공학부	서울대	일반전형	14	14	11.9	1.85	1.96	14	7.1	2.07	2.44	17	5.76	2.01	2.91	등록50%컷	등록70%컷
조경·지역시스템공학부	서울대	지역균형	5	5	3.8	1.36	1.37	7	2.3	1.52	1.54	7	1.71	1.50	1.56	등록50%컷	등록70%컷
조경학과*	서울시립대	학생부종합I(면접형)	15	9	18.8	2.52		12	7.7	3.38		9	9.2	2.38		등록평균	
조경학전공	한경국립대(안성)	잠재력우수자	11													등록평균	등록최저
조경-환경생태도시학	서울시립대	학생부종합I(면접형)	2	2	25.5	2.44		2	14.5			2	21.0	4.42		등록평균	
조선해양공학과	서울대	지역균형	6	6	3.5	1.54	1.65	8	1.5	1.35	1.58	8	1.50	1.44	1.49	등록50%컷	등록70%컷
조선해양공학과	서울대	일반전형	22	22	10.0	3.33	3.87	22	7.5	2.96	3.54	25	4.60	3.40	3.88	등록50%컷	등록70%컷
지구과학교육과	서울대	일반전형	9	9	9.2	1.78	1.83	10	5.5	2.22	2.94	10	4.30	1.96	2.06	등록50%컷	등록70%컷
지구과학교육과	서울대	지역균형	3	3	4.3			3	1.7			3	3.00			등록50%컷	등록70%컷

모집단위	대학	전형	2025 모집인원	2024 모집인원	2024 경쟁률	2024 성적①	2024 성적②	2023 모집인원	2023 경쟁률	2023 성적①	2023 성적②	2022 모집인원	2022 경쟁률	2022 성적①	2022 성적②	성적 산출기준 성적①	성적 산출기준 성적②
지구시스템과학과*	연세대	활동우수형	5	5	11.6	2.00	2.41	5	7.6	2.02	2.15	5	8.4	2.01	2.01	등록50%컷	등록70%컷
지구자원시스템공학과	세종대	세종창의인재(서류형)	2	3	14.7	2.88	2.78	3	10.7	3.09	3.11					등록평균	등록70%컷
지구자원시스템공학과	세종대	세종창의인재(면접형)	4	5	17.0	3.90	3.41	5	12.2	3.43	2.83	8	6.5	2.90	3.12	등록평균	등록70%컷
지구환경과학과*	고려대	논술전형	4															
지구환경과학과*	고려대	계열적합	5	5	19.0	1.90	3.57	4	12.0	3.69	5.07	4	15.8	1.66	1.77	등록50%컷	등록70%컷
지구환경과학과*	고려대	학업우수	6	8	23.5	1.97	2.08	7	28.0	2.09	2.25	7	15.7	2.61	2.86	등록50%컷	등록70%컷
지구환경과학부	서울대	일반전형	19	18	10.8	2.13	2.52	19	8.2	2.12	2.52	25	5.84	2.57	3.64	등록50%컷	등록70%컷
지구환경과학부	서울대	지역균형	5		3.4	1.18	1.39	5	4.4	1.14	1.18	6	2.00	1.48	1.54	등록50%컷	등록70%컷
지능전자공학전공	국민대	국민프런티어	7	7	10.7	2.88	3.08	12	4.7	2.98	3.14	12	4.5	2.75	2.89	등록50%컷	등록70%컷
지능전자공학전공	국민대	학교생활우수자	5	6	8.0	2.90	2.96	6	5.0	3.02	3.10	6	4.2	2.67	2.83	등록50%컷	등록70%컷
지능정보보호학과	서울여대	SW융합인재	8	8	12.3	3.9	4.5	8	9.6	4.2	5.1	10	4.5	4.0	4.8	최종평균	최종최저
지능정보보호학과	서울여대	바롬인재서류	12	10	11.5	3.6	5.4	10	11.8	3.8	5.2	10	4.4	4.2	6.5	최종평균	최종최저
지능정보양자공학전공	한양대(에리카)	첨단융합인재	17														
지능정보융합학과	세종대	세종창의인재(서류형)	10													등록평균	등록70%컷
지능정보융합학과	세종대	세종창의인재(면접형)	17					24	9.1	2.90	3.00	43	5.3	3.08	3.20	등록평균	등록70%컷
지능형ICT융합전공	국민대	국민프런티어	13	13	12.2	3.09	3.17	24	5.8	3.03	3.16	24	5.3	3.01	3.11	등록50%컷	등록70%컷
지능형ICT융합전공	국민대	학교생활우수자	12	12	8.4	2.72	2.85	12	4.4	3.06	3.23	13	4.3	2.72	3.19	등록50%컷	등록70%컷
지능형드론융합전공	세종대	세종창의인재(서류형)	4	4	7.5	3.51	3.35									등록평균	등록70%컷
지능형드론융합전공	세종대	세종창의인재(면접형)	10	10	7.0	3.16	3.53									등록평균	등록70%컷
지능형모빌리티전공	한국공학대	창의인재	5	5	9.0	4.7		3	3.7	5.0						등록평균	
지능형반도체공학	서울과기대	창의융합인재	19	14	9.4	2.91	2.95	15	8.0	3.00		15	8.1	2.89		등록평균	등록70%컷
지능형반도체공학과	아주대	첨단융합인재	10	10	8.3	2.45	3.56									등록평균	등록최저
지능형반도체공학전공	이화여대	미래인재	9	8	7.5	2.20	2.26									등록50%컷	등록70%컷
지능형반도체융합전자전공*	국민대	학교생활우수자	17	17	7.9	2.73	2.86	17	3.8	2.57	2.85	17	4.2	2.83	2.86	등록50%컷	등록70%컷
지능형반도체융합전자전공*	국민대	국민프런티어	13	13	11.1	3.00	3.06	24	5.4	3.00	3.08	24	4.6	2.82	3.13	등록50%컷	등록70%컷
지능형반도체전공	연세대	활동우수형	8	20	14.2	1.60	1.69	24	8.2	1.71	1.79	15	14.7	1.57	1.71	등록50%컷	등록70%컷
지능형소프트웨어학과	성균관대	탐구형	10	10	27.4	2.75	2.81									등록50%컷	등록70%컷
지능형소프트웨어학과	성균관대	과학인재	15	15	10.0	4.25	4.83									등록50%컷	등록70%컷
지능형전자시스템전공	숙명여대	숙명인재(면접형)	13					13	6.6	2.50	2.60	4	7.0	3.30	3.30	등록50%컷	등록70%컷
지리학과(자연)	경희대(서울)	네오르네상스	4	4	17.3	2.12	2.08	4	8.3	3.00		5	7.2	2.7		최종평균	등록70%컷
지역자원시스템공학전공	한경국립대(안성)	잠재력우수자	8													등록평균	등록최저
차세대통신학과	고려대	학업우수	10	10	15.0	2.46	2.54	9	15.3	2.21	2.55					등록50%컷	등록70%컷
차세대통신학과	고려대	계열적합	10	10	10.3	3.29	3.64	9	13.2	2.68	3.31					등록50%컷	등록70%컷
천문우주학과	연세대	활동우수형	5	5	14.6	1.72	1.78	4	12.8	1.89	1.89	4	15.0			등록50%컷	등록70%컷
천문학전공	서울대	일반전형	6	6	10.0	1.59	1.81	6	8.0			6	10.00	2.15	2.15	등록50%컷	등록70%컷
첨단바이오공학부	건국대	KU자기추천	14													등록50%컷	등록70%컷
첨단바이오융합대학	아주대	첨단융합인재	32													등록평균	등록최저
첨단소재공학과[다빈치]	중앙대	CAU탐구형인재	5	5	16.0	4.07	4.57	6	12.0	4.64	5.01	7	7.9	4.88	5.68	등록50%컷	등록70%컷
첨단소재공학과[다빈치]	중앙대	CAU융합형인재	5	5	20.8	3.16	3.34	5	16.2	3.73	5.03	8	9.0	5.23	5.62	등록50%컷	등록70%컷
첨단신소재공학과	아주대	첨단융합인재	36	17	8.7	2.65	5.92									등록평균	등록최저
첨단융합학부	서울대	지역균형	30	30	6.9	1.24	1.29									등록50%컷	등록70%컷
첨단융합학부	서울대	일반전형	98	98	11.0	3.02										등록50%컷	등록70%컷
첨단컴퓨팅학부	연세대	활동우수형	35	11	13.9	1.33	1.36	10	13.6	1.55	1.56	10	19.5	1.44	1.52	등록50%컷	등록70%컷
청정신소재공학과	성신여대	학교생활우수자	4	4	6.3	2.90	3.17	4	5.5	2.95	3.03	5	5.8	3.25	3.27	등록평균	등록최저
청정신소재공학과	성신여대	자기주도인재	5	10	10.7	2.72	3.07	10	7.8	3.01	3.09	9	6.6	3.07	3.19	등록평균	등록최저
치기공학과	신한대	신한국인	7	10	13.2	3.75		15	7.1	5.02		8	5.3	5.16		최종평균	
치위생학과	을지대(성남)	EU미래인재	4	4	18.5	3.94	4.44	4	13.3	3.84	3.72	4	9.8	3.48	3.91	등록평균	등록70%컷
치위생학과	가천대	가천바람개비	6	6	19.3	3.50		7	10.7	3.52	3.72	7	11.7	3.4		등록70%	등록90%
치위생학과	신한대	신한국인	7	8	22.5	4.64		8	10.8	4.27		8	8.6	3.84		최종평균	
치위생학과	을지대(성남)	EU자기추천	10	4	15.3	4.16	3.60	4	12.8	3.70	3.26	4	16.0	3.89	3.43	등록평균	등록70%컷
치의예과	연세대	활동우수형	12	12	17.3	1.31	1.49	12	16.2	1.40	1.71	12	12.0	1.72	2.35	등록50%컷	등록70%컷

3부 · 모집단위순 합격자 성적

모집단위	대학	전형	2025 모집인원	2024 모집인원	2024 경쟁률	2024 성적①	2024 성적②	2023 모집인원	2023 경쟁률	2023 성적①	2023 성적②	2022 모집인원	2022 경쟁률	2022 성적①	2022 성적②	성적 산출기준 성적①	성적 산출기준 성적②
치의예과	경희대(서울)	네오르네상스	21	24	25.4	2.14	2.63	29	19.0	1.70		40	13.3	1.7		최종평균	등록70%컷
치의학과	서울대	일반전형	25	25	13.4	1.35	1.53	25	11.8	1.43	1.54	22	9.23	1.70	1.84	등록50%컷	등록70%컷
컴퓨터·AI학부	동국대	DoDream(소프트웨어)	64	64	16.1	2.47	3.72	64	13.7	2.50	3.55					최종평균	최종최저
컴퓨터·AI학부	동국대	불교추천인재	3	3	9.0	2.52	2.85	3	8.7	2.58	2.76					최종평균	최종최저
컴퓨터공학과	세종대	세종창의인재(서류형)	6	6	9.2	2.31	2.29									등록평균	등록70%컷
컴퓨터공학과	세종대	세종창의인재(면접형)	12	17	8.8	2.99	3.23	23	10.9	2.31	2.37	40	7.2	2.52	2.67	등록평균	등록70%컷
컴퓨터공학과	안양대	아리학생부종합II	10	12	10.1	3.66	4.44	12	8.5	4.27	4.80	12	14.6	4.33	5.35	등록평균	등록최저
컴퓨터공학과	경희대(국제)	네오르네상스	7	21	21.1	2.86	2.14	21	15.4	2.70		27	13.4	2.1		최종평균	등록70%컷
컴퓨터공학과	서강대	일반전형	29	34	11.7	1.72	1.80	36	15.3	1.70	1.74	34	19.1	2.06	2.52	등록50%컷	등록70%컷
컴퓨터공학과	서울과기대	학교생활우수자	14	14	39.4	3.08	2.64	13	39.0	3.38		12	14.8	3.46		등록평균	등록70%컷
컴퓨터공학과	홍익대(서울)	학교생활우수자	34	41	10.8	2.28	2.43	44	10.8	2.27	2.35	44	8.2	2.32	2.49	등록50%컷	등록70%컷
컴퓨터공학과	가천대	가천바람개비	21	22	23.5	3.57		20	15.0	3.62	3.79	18	11.4	3.3		등록70%	등록90%
컴퓨터공학과	단국대(죽전)	SW 인재	4	10	9.2	2.84	3.74	10	8.7	2.89		10	10.1	2.93		등록평균	등록최저
컴퓨터공학과(자연)	이화여대	미래인재	28	17	6.1	1.91	1.96	16	6.9	1.98	2.02	13	7.4	2.1	2.2	등록50%컷	등록70%컷
컴퓨터공학과*	성신여대	학교생활우수자	4	4	5.0	2.74	3.31	4	5.8	2.74	2.77	5	4.6	3.14	3.34	등록평균	등록최저
컴퓨터공학과*	성신여대	자기주도인재	5	10	6.2	3.06	3.79	10	6.2	3.20	3.23	9	4.1	3.42	3.45	등록평균	등록최저
컴퓨터공학과·AI융합학과	서울신학대	H+ 인재	10	8	4.4	5.39	5.56	8	4.4	5.4	6.4	8	3.1	5.7	6.8	등록평균	등록최저
컴퓨터공학부	인천대	자기추천	29	29	12.5	2.92		29	11.1	3.29		29	8.9	3.24		등록평균	
컴퓨터공학부	강남대	서류면접	28	30	6.9	4.80	4.90	24	5.1	4.65	5.14	20	8.6	4.26	5.03	등록50%컷	등록70%컷
컴퓨터공학부	한국기술교대	창의인재(면접형)	20														
컴퓨터공학부	서울대	지역균형	6	6	6.8	1.07	1.10	9	6.3	1.12	1.16	22	4.00	1.11	1.22	등록50%컷	등록70%컷
컴퓨터공학부	강남대	학생부	15	24	7.9	4.60	4.90	20	9.4	4.12	4.76	20	10.0	3.84	4.45	등록50%컷	등록70%컷
컴퓨터공학부	서울대	일반전형	28	28	7.4			28	8.9	1.51	1.63	28	7.04	1.66	1.98	등록50%컷	등록70%컷
컴퓨터공학부	한국기술교대	창의인재(서류형)	15	27	8.0	3.87	4.58	32	7.5	3.46	4.34	23	7.0	3.54		등록평균	등록최저
컴퓨터공학부	건국대	KU자기추천	31	38	31.5	2.08	2.27	37	23.8	2.50	2.79	38	24.2	2.48	2.71	등록50%컷	등록70%컷
컴퓨터공학부	삼육대	세움인재	8	8	14.1	4.16		12	13.3	3.72		10	8.4	4.35		최종평균	
컴퓨터공학부	삼육대	SW인재	12	12	7.5	4.40											
컴퓨터공학부	한국외대(글로벌)	면접형	7					2	6.0	3.2						등록50%컷	등록70%컷
컴퓨터공학전공	한국공학대	창의인재	8	10	11.8	3.9		7	11.0	4.0		8	8.8	3.9		등록평균	
컴퓨터공학전공*	명지대	명지인재서류	18	10	13.6	3.28	3.24	10	7.2	3.51	3.64	12	15.9	3.14	3.38	등록평균	등록70%컷
컴퓨터공학전공*	대진대	윈윈대진	15	15	6.1	4.88	5.41	15	4.9	4.39	5.37	12	11.5	4.28	4.85	등록평균	등록90%
컴퓨터공학전공*	명지대	명지인재면접	14	12	16.1	3.62	3.60	12	12.7	3.71	3.56	14	18.2	3.60	3.59	등록평균	등록70%컷
컴퓨터과학부	서울시립대	학생부종합II(서류형)	3													등록평균	
컴퓨터과학부	서울시립대	학생부종합I(면접형)	12	11	34.2	2.21		11	28.3	2.66		11	33.6	2.45		등록평균	
컴퓨터과학전공	상명대(서울)	상명인재	13		11.4	2.81	3.11	14	12.6	3.11	3.31	15	12.3	3.26	3.85	등록50%컷	등록70%컷
컴퓨터과학전공	숙명여대	소프트웨어인재	15	15	6.7	2.41	2.85									등록50%컷	등록70%컷
컴퓨터교육과	성균관대	탐구형	15	16	15.5	3.54	3.86	15	10.2	2.21	3.73	15	7.6	2.07	2.22	등록50%컷	등록70%컷
컴퓨터소프트웨어학부	한양대	서류형	25	36	15.4	2.25		36	23.1	1.76		35	21.1	2.89		등록평균	
컴퓨터소프트웨어학부	한양대	추천형	11														
컴퓨터응용수학부	한경국립대(안성)	잠재력우수자	3	18	10.6	4.62	5.86	18	5.5	4.9	6.3	22	6.0	4.5		등록평균	등록최저
컴퓨터정보공학부	광운대	광운참빛인재II(서류형)	7	7	9.4	2.67										등록평균	
컴퓨터정보공학부	가톨릭대	가톨릭지도자추천	3	3	11.7	3.89	3.96	4	7.8	3.53	4.00	5	8.4	4.47	4.98	등록평균	등록최저
컴퓨터정보공학부	광운대	소프트웨어우수인재	10	10	10.4	3.17		10	9.3	3.63		10	8.4	3.55		등록평균	
컴퓨터정보공학부	광운대	광운참빛인재I(면접형)	15	15	11.4	2.58		21	8.1	2.82		22	6.5	2.90		등록평균	
컴퓨터정보공학부	가톨릭대	잠재능력우수자	14	12	17.8	3.73	6.87										
컴퓨터학·전자시스템공학부	한국외대(글로벌)	SW인재	24	24	7.6	3.67	3.96	24	4.4	3.8		24	5.7	3.3		등록50%컷	등록70%컷
컴퓨터학과	고려대	계열적합	15	20	15.5	3.19	3.36	26	12.5	2.36	3.72	14	21.0			등록50%컷	등록70%컷
컴퓨터학과	고려대	학업우수	25	31	11.9	1.67	1.73	14	29.9	1.54	1.63	26	25.9	1.63	1.75	등록50%컷	등록70%컷
컴퓨터학과	고려대	논술전형	11														
컴퓨터학부	숭실대	SW우수자	4	4	13.8	3.20		8	8.6			8	5.5			등록평균	
컴퓨터학부	한양대(에리카)	서류형	7	16	24.4	3.11	3.24	20	25.4	3.36	3.32	20	30.2	3.34	3.47	등록평균	등록70%컷
컴퓨터학부*	숭실대	SSU미래인재	17	17	16.9	2.24	2.33	15	11.9	2.36	2.51	16	10.7	2.44	2.54	등록평균	등록70%컷

모집단위	대학	전형	2025 모집인원	2024 모집인원	2024 경쟁률	2024 성적①	2024 성적②	2023 모집인원	2023 경쟁률	2023 성적①	2023 성적②	2022 모집인원	2022 경쟁률	2022 성적①	2022 성적②	성적 산출기준 성적①	성적 산출기준 성적②
컴퓨터학전공	동덕여대	동덕창의리더	14	14	6.6			16	6.6			16	5.3				
콘텐츠소프트웨어학과	세종대	세종창의인재(면접형)	8													등록평균	등록70%컷
콘텐츠소프트웨어학과	세종대	세종창의인재(서류형)	8													등록평균	등록70%컷
클라우드공학과	가천대	가천바람개비	7	7	21.7	2.64										등록70%	등록90%
토목공학과*	서울시립대	학생부종합I(면접형)	7	7	13.3	2.66		7	12.7	2.44		7	8.7	4.43		등록평균	
토목공학과*	서울시립대	학생부종합II(서류형)	2													등록평균	
토목공학전공	한경국립대(안성)	잠재력우수자	16													등록평균	등록최저
토목환경공학과	가천대	가천바람개비	6	6	23.2	3.95		6	11.5	4.03	4.08	6	13.7	3.7		등록70%	등록90%
토목환경공학과*	단국대(죽전)	DKU인재(서류)	15	15	8.3	3.31	3.61	23	7.9	3.23		18	8.9	3.24		등록평균	등록최저
토목환경공학과*	단국대(죽전)	DKU인재(면접)	7	7	14.0	3.31	3.76									등록평균	등록최저
통계데이터사이언스학과	안양대	아리학생부종합II	9	10	9.0	4.15	5.11	10	3.8	5.43	6.21	9	5.1	4.55	5.14	등록평균	등록최저
통계데이터사이언스학과	단국대(죽전)	SW 인재	4	7	9.4	3.00	3.39	7	5.9	3.67		7	7.4	2.86		등록평균	등록최저
통계학·빅데이터사이언스전공*	성신여대	학교생활우수자	7	7	6.8	3.01	3.43	8	4.5	3.20	3.28	9	3.7	3.34	3.52	등록평균	등록최저
통계학·빅데이터사이언스전공*	성신여대	자기주도인재	9	15	6.2	3.36	3.74	16	3.9	3.29	3.50	16	3.9	3.38	3.52	등록평균	등록최저
통계학과	숙명여대	숙명인재(면접형)	12	11	6.9	2.30	2.38	10	6.4	2.38	2.53	5	8.0	2.62	2.65	등록50%컷	등록70%컷
통계학과	서울대	일반전형	13	12	8.1	2.87		12	5.9	2.15	2.15	16	6.44	2.24	2.26	등록50%컷	등록70%컷
통계학과	이화여대	미래인재	18	18	6.7	2.22	2.26	18	7.5	2.04	2.13	18	4.3	2.3	2.8	등록50%컷	등록70%컷
통계학과	서울시립대	학생부종합II(서류형)	3													등록평균	
통계학과	서울시립대	학생부종합I(면접형)	9	9	20.3	2.45		12	10.0	3.02		9	11.2	2.27		등록평균	
통계학과	서울대	지역균형	6	7	3.7	1.26	1.26	7	2.3	1.21	1.31	9	1.56	1.17	1.34	등록50%컷	등록70%컷
통계학과	한국외대(글로벌)	서류형	4	6	5.5	3.34	3.58	7	3.7	3.4		5	7.0	3.5		등록50%컷	등록70%컷
통계학과	한국외대(글로벌)	면접형	3	5	6.4	3.54	3.69	5	4.4	3.4		5	5.3	3.6		등록50%컷	등록70%컷
통계학과*	동국대	Do Dream	9	9	16.6	2.68	3.26	9	10.6	2.83	3.36	7	8.6	3.08	3.88	최종평균	최종최저
통계학과*	동국대	불교추천인재	2	2	8.5	2.95	3.17	2	5.5	3.11	3.13	2	5.0	3.09	3.31	최종평균	최종최저
파이버융합소재공학전공*	단국대(죽전)	DKU인재(면접)	3	3	14.0	3.08	3.34									등록평균	등록최저
파이버융합소재공학전공*	단국대(죽전)	DKU인재(서류)	7	7	7.9	2.93	3.29	10	6.3	2.77		7	7.9	2.94		등록평균	등록최저
패션산업학과	인천대	자기추천	13	13	16.3	3.87		13	14.2	3.60		13	19.0	3.55		등록평균	등록최저
프런티어과학학부	아주대	ACE	50													등록평균	등록최저
핀테크.빅데이터.스마트생산전공	상명대(서울)	상명인재	10		11.9	3.28	3.44	8	7.6	3.60	3.94	8	8.9	3.26	3.83	등록50%컷	등록70%컷
한약학과	경희대(서울)	네오르네상스	9	9	23.1	1.64	1.72	8	14.6	1.90		8	9.4	2.3		최종평균	등록70%컷
한양인터칼리지학부(자연)	한양대	서류형	45													등록평균	
한양인터칼리지학부(자연)	한양대	추천형	30														
한의예과	가천대	가천의약학	7	10	32.3	3.47		12	21.8	2.32	2.39	12	15.7	2.6		등록70%	등록90%
한의예과(자연)	경희대(서울)	네오르네상스	22	22	16.3	1.39	1.38	22	15.6	1.40		30	11.0	1.7		최종평균	등록70%컷
항공·경영대학(이학적성)	한국항공대	미래인재	10													등록평균	등록최저
항공우주·모빌리티공학과	건국대	KU자기추천	9													등록50%컷	등록70%컷
항공우주공학과	서울대	일반전형	18	18	8.9			18	5.1	2.85	2.85	18	5.94	2.16	2.27	등록50%컷	등록70%컷
항공우주공학과	서울대	지역균형	4	4	4.5	1.07	1.07	7	1.4	1.22	1.27	8	2.38	1.16	1.20	등록50%컷	등록70%컷
항공운항학과	한국항공대	미래인재	10	10	14.5	2.0	2.4	8	9.8	1.8	2.3	8	11.9	1.7	1.9	등록평균	등록최저
해양바이오공학과*	안양대	아리학생부종합II	4	4	0.8												
해양융합공학과	한양대(에리카)	서류형	5	9	13.3	3.25	3.53	9	10.4	3.49	3.77	8	8.7	3.70	3.78	등록평균	등록70%컷
해양학과	인천대	자기추천	10	10	9.3	3.54		10	7.0	3.48		10	5.9	3.57		등록평균	
화공생명공학과	고려대	학업우수	16	23	17.2	1.63	1.68	20	20.5	1.93	2.05	16	24.4	1.96	2.08	등록50%컷	등록70%컷
화공생명공학과	서울과기대	학교생활우수자	13	12	58.0	3.45	3.13	12	84.4	3.62		13	45.4	4.10		등록평균	등록70%컷
화공생명공학과	고려대	계열적합	5	6	12.3	2.13	2.38	5	17.2			9	15.3			등록50%컷	등록70%컷
화공생명공학과	서강대	일반전형	30	36	22.0	1.79	2.16	34	20.8	1.77	2.79	34	22.2	1.78	2.33	등록50%컷	등록70%컷
화공생명공학과	고려대	논술전형	13														
화공생명공학부	연세대	활동우수형	16	14	14.1	1.57	1.74	13	10.0	1.56	1.62	13	14.9	1.72	1.73	등록50%컷	등록70%컷
화공생명공학부	숙명여대	숙명인재(면접형)	15	15	17.3	2.28	2.33	15	14.9	2.18	2.39	6	31.0	2.43	3.40	등록50%컷	등록70%컷
화공생명배터리공학부	가천대	가천바람개비	36													등록70%	등록90%
화공생물공학과	동국대	불교추천인재	2	2	15.5	2.19	2.50	2	22.5	2.34	2.59	2	9.5	2.89	3.20	최종평균	최종최저
화공생물공학과	동국대	Do Dream	14	14	29.9	2.08	2.48	14	21.1	2.15	2.37	14	17.4	2.23	3.00	최종평균	최종최저
화공신소재공학과	이화여대	미래인재	25	21	7.6	1.87	1.96	18	9.4	1.88	1.93	16	8.6	2.0	2.1	등록50%컷	등록70%컷
화공신소재전공	상명대(서울)	상명인재	8		13.4	2.94	3.04	10	9.5	3.09	3.37	10	10.0	3.11	3.53	등록50%컷	등록70%컷

3부 ● 모집단위순 합격자 성적

모집단위	대학	전형	2025 모집인원	2024 모집인원	2024 경쟁률	2024 성적①	2024 성적②	2023 모집인원	2023 경쟁률	2023 성적①	2023 성적②	2022 모집인원	2022 경쟁률	2022 성적①	2022 성적②	성적 산출기준 성적①	성적 산출기준 성적②
화장품발명디자인과	안양대	아리학생부종합II	5	5	18.8	4.64	5.27	7	6.1	5.23	6.11	8	6.4	4.99	6.12	등록평균	등록최저
화장품학전공	동덕여대	동덕창의리더	3	3	24.7												
화학·나노과학전공	이화여대	미래인재	31	29	9.9	1.76	1.85	28	11.0	1.95	2.10	26	7.8	2.1	2.3	등록50%컷	등록70%컷
화학·생명과학학부	명지대	크리스천리더	5	6	9.0	3.45	2.87	6	3.5	3.89	3.78	6	8.7	3.54	3.85	등록평균	등록70%컷
화학·에너지융합학부*	성신여대	학교생활우수자	9	10	7.6	2.58	2.97	10	6.6	2.77	2.81	11	5.0	3.01	3.48	등록평균	등록최저
화학·에너지융합학부*	성신여대	자기주도인재	10	15	11.5	3.00	4.41	16	6.6	3.01	3.15	16	5.8	2.95	3.19	등록평균	등록최저
화학공학과	단국대(죽전)	DKU인재(면접)	7	7	24.4	2.86	3.06									등록평균	등록최저
화학공학과	단국대(죽전)	DKU인재(서류)	15	15	15.8	3.09	3.95	24	9.5	3.00		17	16.2	2.57		등록평균	등록최저
화학공학과	한양대	서류형	7	14	17.4	2.05		14	20.1	1.82		14	18.2	1.53		등록평균	
화학공학과	중앙대	CAU융합형인재	5	7	38.1	1.81	1.86	7	36.0	1.89	1.93	11	34.4	1.79	1.87	등록50%컷	등록70%컷
화학공학과	아주대	ACE	17	20	13.0	2.34	3.14	20	13.6	2.71	3.34	15	9.0	3.05		등록평균	등록최저
화학공학과	광운대	광운참빛인재 I (면접형)	15	15	11.0	2.59		22	6.1	2.76		22	7.1	2.61		등록평균	
화학공학과	중앙대	CAU탐구형인재	10	9	21.9	1.91	2.06	8	23.0	2.03	2.12	13	21.3	1.92	2.03	등록50%컷	등록70%컷
화학공학과	광운대	광운참빛인재II (서류형)	7	7	11.4	2.36											
화학공학과	경희대(국제)	네오르네상스	11	14	22.9	2.35	1.89	14	22.3	2.10		17	22.7	2.2		최종평균	등록70%컷
화학공학과	한양대	추천형	5														
화학공학과*	서울시립대	학생부종합I(면접형)	14	14	29.2	2.57		15	33.2	2.09		15	21.9	2.98		등록평균	
화학공학과*	서울시립대	학생부종합II(서류형)	5													등록평균	
화학공학과*	숭실대	SSU미래인재	24	24	13.7	2.56	2.66	24	8.3	2.51	2.56	20	9.1	2.56	2.63	등록평균	등록70%컷
화학공학부	건국대	KU자기추천	16	43	18.8	2.10	2.19	40	16.0	2.00	2.27	40	20.6	2.14	2.23	등록50%컷	등록70%컷
화학공학전공	한경국립대(안성)	잠재력우수자	6													등록평균	등록최저
화학공학전공*	명지대	명지인재면접	6	12	13.3	3.43	3.33	12	5.8	3.73	3.47	14	9.6	3.35	3.43	등록평균	등록70%컷
화학공학전공*	명지대	명지인재서류	8	5	9.8	3.16	3.47	5	5.8	3.26	3.03	6	8.7	2.99	3.07	등록평균	등록70%컷
화학과	서강대	일반전형	21	21	24.1	3.28	4.09	23	18.3	2.09	4.85	23	16.4	2.07	2.60	등록50%컷	등록70%컷
화학과	한국외대(글로벌)	서류형	5	6	5.7	3.12	3.43	7	4.3	3.0		8	6.3	2.9		등록50%컷	등록70%컷
화학과	서울여대	바롬인재면접	8	5	20.6	3.3	3.6									최종평균	최종최저
화학과	한국외대(글로벌)	면접형	4	5	9.8	3.55	3.67	7	6.3	3.4		3	7.3	3.5		등록50%컷	등록70%컷
화학과	성균관대	과학인재	5	5	11.2	4.39	4.82									등록50%컷	등록70%컷
화학과	광운대	광운참빛인재 I (면접형)	11	11	15.6	2.76		16	14.8	3.02		16	8.4	3.26		등록평균	
화학과	서울여대	바롬인재서류	4	7	10.7	3.1	3.7									최종평균	최종최저
화학과	광운대	광운참빛인재II (서류형)	5	5	11.8	2.58											
화학과	세종대	세종창의인재 (면접형)	5	5	23.2	2.83	2.37	5	15.8	2.61	3.05	11	8.8	2.70	2.62	등록평균	등록70%컷
화학과	경희대(서울)	네오르네상스	8	8	43.1	3.64	2.43	8	29.3	4.30		8	31.4	2.4		최종평균	등록70%컷
화학과	세종대	세종창의인재 (서류형)	3	4	9.8	1.98	2.05	4	14.3	2.25	2.32					등록평균	등록70%컷
화학과	가천대	가천바람개비	7	7	29.0	3.86		10	11.5	3.78	3.94	10	9.3	3.2		등록70%	등록90%
화학과	인천대	자기추천	14	14	8.6	3.08		14	6.4	3.20		14	5.9	3.14		등록평균	
화학과	중앙대	CAU탐구형인재	8	5	31.8	2.33	2.43	5	32.6	2.16	2.17	8	20.6	5.17	5.37	등록50%컷	등록70%컷
화학과	경기대	KGU학생부종합	12	13	11.1	3.38	3.55	13	5.3	3.46		13	4.5	3.26		등록50%컷	등록70%컷
화학과	건국대	KU자기추천	8	10	35.0	1.92	2.00	11	23.4	2.19	2.76	11	21.6	2.14	2.25	등록50%컷	등록70%컷
화학과*	고려대	논술전형	5														
화학과*	한양대	서류형	13	13	27.7	2.74		13	22.5	2.90		13	18.3	2.65		등록평균	
화학과*	숭실대	SSU미래인재	14	14	23.6	2.39	2.43	14	11.5	2.67	2.85	14	7.8	2.57	2.81	등록평균	등록70%컷
화학과*	숙명여대	숙명인재(면접형)	10	10	16.3	1.91	2.19	9	13.7	2.06	2.53	4	23.0	2.55	2.55	등록50%컷	등록70%컷
화학과*	동국대	Do Dream	9	9	33.4	2.47	2.82	9	18.0	2.38	2.83	8	16.4	2.46	2.83	최종평균	최종최저
화학과*	가톨릭대	잠재능력우수자	8	6	11.0	3.51	4.24										
화학과*	고려대	계열적합	5	7	15.0	2.41	2.75	9	14.4	3.30	3.92	5	15.0			등록50%컷	등록70%컷
화학과*	고려대	학업우수	9	12	19.2	1.65	1.79	9	24.9	1.96	2.02	8	20.5	2.10	2.39	등록50%컷	등록70%컷
화학과*	연세대	활동우수형	10	8	13.1	1.69	1.80	7	10.1	1.72	1.77	7	12.7	1.74	1.76	등록50%컷	등록70%컷
화학교육과	서울대	지역균형	6	6	5.0	1.27	1.27	6	2.5	1.19	1.31	3	1.67			등록50%컷	등록70%컷
화학교육과	서울대	일반전형	7	7	11.7	1.99	2.16	7	7.3	2.94	2.95	7	6.43	2.29	2.39	등록50%컷	등록70%컷
화학나노학전공	명지대	명지인재면접	6													등록평균	등록70%컷

모집단위	대학	전형	2025 모집인원	2024 모집인원	경쟁률	성적①	성적②	2023 모집인원	경쟁률	성적①	성적②	2022 모집인원	경쟁률	성적①	성적②	성적 산출기준 성적①	성적②
화학나노학전공	명지대	명지인재서류	3													등록평균	등록70%컷
화학부	서울대	일반전형	20	20	9.5			20	5.7	2.45	2.53	21	6.29	2.14	2.62	등록50%컷	등록70%컷
화학부	서울대	지역균형	7	7	5.1	1.24	1.24	8	3.1	1.20	1.22	9	2.00	1.25	1.26	등록50%컷	등록70%컷
화학생명공학전공	한국기술교대	창의인재(면접형)	7														
화학생명공학전공	한국기술교대	창의인재(서류형)	6	9	9.8	3.69	5.72									등록평균	등록최저
화학생명과학과	삼육대	세움인재	15	15	11.9	3.50		12	6.3	3.73		10	5.5	2.80		최종평균	
화학생물공학부	서울대	일반전형	41	41	7.1	1.88	2.51	45	4.8	1.96	2.27	45	5.11	2.10	2.30	등록50%컷	등록70%컷
화학생물공학부	서울대	지역균형	12	12	4.2	1.12	1.22	12	2.7	1.16	1.23	17	3.29	1.16	1.17	등록50%컷	등록70%컷
화학에너지공학전공	상명대(서울)	상명인재	10	15.7	3.14	3.37		10	8.3	3.23	3.70	10	13.7	3.03	3.57	등록50%컷	등록70%컷
환경공학과	서울과기대	학교생활우수자	12	12	27.8	3.16	2.58	9	44.0	2.83		4	25.8	3.72		등록평균	등록70%컷
환경공학과	광운대	광운참빛인재I(면접형)	6	6	27.2	2.96		9	16.1	3.02		9	14.0	2.92		등록평균	
환경공학과	광운대	광운참빛인재II(서류형)	3	3	16.0	2.96											
환경공학부*	서울시립대	학생부종합II(서류형)	5													등록평균	
환경공학부*	서울시립대	학생부종합I(면접형)	14	16	21.7	2.09		14	17.2	2.10		14	16.9	2.11		등록평균	
환경공학전공	인천대	자기추천	8	8	12.4	3.65										등록평균	
환경공학전공	한경국립대(안성)	잠재력우수자	9													등록평균	등록최저
환경공학전공(자연)	이화여대	미래인재	19	13	11.8	1.84	1.89	10	12.7	1.98	2.03	7	9.9	2.2	2.3	등록50%컷	등록70%컷
환경디자인원예학과*	삼육대	세움인재	13	13	9.2	4.31		14	5.6	3.98		10	5.3	4.21		최종평균	
환경보건·산림조경학부	건국대	KU자기추천	18													등록50%컷	등록70%컷
환경생태공학부	고려대	계열적합	8	10	15.0	2.84	3.20	5	16.4	3.14	3.56	8	15.0	3.11	3.72	등록50%컷	등록70%컷
환경생태공학부	고려대	논술전형	7														
환경생태공학부	고려대	학업우수	13	17	26.6	1.91	2.22	19	20.3	1.97	2.37	16	18.5	2.06	2.11	등록50%컷	등록70%컷
환경시스템공학전공	명지대	명지인재면접	14													등록평균	등록70%컷
환경시스템공학전공	명지대	명지인재서류	8													등록평균	등록70%컷
환경안전공학과	아주대	ACE	13	13	13.2	3.07	7.45	10	7.0	3.11	6.80	10	9.7	2.57		등록평균	등록최저
환경에너지공학과	안양대	아리학생부종합II	9	10	11.0	4.00	4.86	10	5.7	4.92	5.73	10	6.9	4.80	5.51	등록평균	등록최저
환경원예학과*	서울시립대	학생부종합II(서류형)	3													등록평균	
환경원예학과*	서울시립대	학생부종합I(면접형)	9	9	33.3	2.24		9	29.3	2.90		10	17.7	3.65		등록평균	
환경융합공학과	세종대	세종창의인재(면접형)	5	5	19.0	2.62	2.62	6	14.7	2.55	2.62	9	15.2	2.60	2.63	등록평균	등록70%컷
환경융합공학과	세종대	세종창의인재(서류형)	3	4	11.8	2.47	2.56	3	13.7	2.27	2.39					등록평균	등록70%컷
환경학과	한국외대(글로벌)	면접형	4	5	13.2	3.55	3.58	7	7.3	3.5		3	14.7	3.2		등록50%컷	등록70%컷
환경학과	한국외대(글로벌)	서류형	5	6	10.2	3.23	3.26	7	4.4	3.6		8	10.6	3.0		등록50%컷	등록70%컷
환경학및환경공학과	경희대(국제)	네오르네상스	9	9	26.4	2.23	2.30	9	25.1	2.20		10	19.2	2.5		최종평균	등록70%컷
휴먼기계바이오공학과(자연)	이화여대	미래인재	29	15	12.7	1.76	1.88	30	10.2	2.02	2.14	26	7.3	2.2	2.3	등록50%컷	등록70%컷
휴먼지능정보공학전공	상명대(서울)	상명인재	14	10.4	3.26	3.27		15	10.9	3.45	3.88	15	7.3	3.64	4.44	등록50%컷	등록70%컷

II. 비수도권

※ '*' : 교직 이수 가능

모집단위	대학	전형	2025 모집인원	2024 모집인원	경쟁률	성적①	성적②	2023 모집인원	경쟁률	성적①	성적②	2022 모집인원	경쟁률	성적①	성적②	성적 산출기준 성적①	성적②
AI·데이터공학부	한국교통대	나비인재II	26	4	5.3	4.12	4.40									등록평균	등록최저
AI·빅데이터공학과	순천향대	일반학생	8	6	11.5	4.73	5.29	6	3.5	5.11	6.29	8	4.5	4.36	5.97	최초평균	최초최저
AI·빅데이터공학과	순천향대	SW융합	2	2	5.0	6.16	6.68	2	3.0	5.47	6.27						
AI·빅데이터학과	우송대	SW잠재능력	2	2	2.5	7.1		2	1.5	6.1		2	2.0	6.0		1단계평균	
AI모빌리티공학과	상명대(천안)	상명인재	5													등록평균	등록최저
AI반도체학부	연세대(미래)	강원인재(일반)	3	3	3.3											등록50%컷	등록70%컷
AI반도체학부	연세대(미래)	학교생활우수자	10	10	4.5	4.28	4.42									등록50%컷	등록70%컷
AI보건정보관리학	연세대(미래)	학교생활우수자	5	5	4.0	4.00	4.36									등록50%컷	등록70%컷
AI보건정보관리학	연세대(미래)	강원인재(일반)	3	3	3.7											등록50%컷	등록70%컷
AI융합학과	한남대	한남인재I(서류)	15	9	3.0	6.12	6.38	10	3.2	6.09	6.04	9	2.0	5.84	6.25	최종평균	최종80%
AI융합학과	강원대(춘천)	미래인재I	5	6	18.7	4.11	4.28									등록평균	등록75%컷

모집단위	대학	전형	2025 모집인원	2024 모집인원	2024 경쟁률	2024 성적①	2024 성적②	2023 모집인원	2023 경쟁률	2023 성적①	2023 성적②	2022 모집인원	2022 경쟁률	2022 성적①	2022 성적②	성적 산출기준 성적①	성적 산출기준 성적②
AI융합학과	강원대(춘천)	미래인재Ⅱ	3	2	16.5	3.20	3.26	5	13.8	4.31	4.55	7	8.1	3.95		등록평균	등록75%컷
AI정보공학과	경상국립대	일반전형	6	6	9.5	5.10		6	2.5			6	4.5	6.04	6.06	등록평균	등록70%
AI정보보안학과	한라대	운곡인재	3	6	1.5	4.84	4.84	7	1.3	6.65	7.06					등록50%컷	등록70%컷
ICT융합학부	울산대	지역인재	38	16	4.4	4.87	6.57	17	3.9	4.63	5.31	9	6.9	4.32	4.96	등록평균	등록최저
ICT융합학부(AI융합)	울산대	지역인재	12	12	6.0	5.30	6.64	13	2.4	5.14	6.66	7	4.7	4.74	5.10	등록평균	등록최저
IT대학 자율학부	경북대	일반학생	7													등록평균	등록70%
IT소프트웨어학과	한라대	운곡인재	6	8	2.0	4.81	4.81	16	1.5	6.11	6.93					등록50%컷	등록70%컷
IT융합학부(AI융합)	울산대	지역인재	8	10	5.9	5.02	5.36	8	4.1	4.40	5.34	6	8.5	4.27	4.88	등록평균	등록최저
IT융합학부(IT융합)	울산대	지역인재	32	11	5.7	4.23	5.06	10	6.4	4.02	4.49	5	10.8	4.13	4.42	등록평균	등록최저
IT응용공학과	부산대	학생부종합	5	6	9.2	3.43	3.47	6	8.2	3.62		6	16.2	3.46	3.46	등록평균	등록70%컷
IT응용공학과	부산대	지역인재	4													등록평균	등록70%컷
IT첨단자율학부	경북대	일반학생	13													등록평균	등록70%
가정교육과	한국교원대	학생부종합우수자	12	12	4.5	2.66	2.96	13	3.9	2.81	3.33	13	4.7	2.62	3.01	등록평균	등록최저
가정교육과	전남대(광주)	고교생활우수자Ⅰ	4	4	5.5	3.70	3.50	4	6.5	3.04	3.03	4	5.8	3.04	3.07	등록70%컷	등록70%컷
가정교육과	경북대	지역인재	3	3	9.3	4.68	5.12									등록평균	등록70%
가정교육과	경북대	일반학생	5	5	9.8	3.62	4.05	12	4.5	3.82	3.98	4	6.3			등록평균	등록70%
가정교육과*	원광대	학생부종합	13	12	2.3	4.42	5.00	14	3.1	4.13	4.37	14	2.9	4.81	4.93	등록50%컷	등록70%컷
가족아동복지학과*	원광대	학생부종합	10	10	2.8	5.95	6.35	11	4.7	5.64	5.94	9	5.3	6.01	6.06	등록50%컷	등록70%컷
간호학*	울산대	지역인재	17	27	8.3	2.51	3.30	27	11.1	2.63	5.63	4	11.0	2.58	2.83	등록평균	등록최저
간호학*	울산대	잠재역량	18	19	11.4	2.89	3.61	19	11.7	2.80	3.45	14	12.5	3.00	6.36	등록평균	등록최저
간호학과	충북대	학생부종합Ⅰ	7	7	16.1	2.48	2.53	9	13.8	2.35	2.39	9	16.4	2.35	2.35	등록평균	등록70%컷
간호학과	충북대	학생부종합Ⅱ	7	7	12.4	2.85	3.08	5	21.8	2.64	2.77	5	15.2	2.88	2.86	등록평균	등록70%컷
간호학과	공주대	일반전형	16	16	21.6	3.50	3.67	16	26.6	3.18	3.58	16	26.6	3.4	3.5	등록50%컷	등록70%컷
간호학과	상명대(천안)	상명인재	10	10	18.2	3.23	3.63	10	24.8	3.14	3.54	10	34.1	3.42		등록평균	등록최저
간호학과	경북대	일반학생	10	10	50.3	3.05	3.26	10	15.1	2.93	3.14	8	18.8	2.34	2.35	등록평균	등록70%
간호학과	한국교통대	나비인재Ⅱ	24	7	9.3	3.08	3.56									등록평균	등록최저
간호학과	한남대	한남인재Ⅰ(서류)	9	9	16.4	3.67	3.76	9	13.3	3.79	4.00	11	5.6	3.55	3.95	최종평균	최종80%
간호학과	건국대(글로컬)	Cogito자기추천	25	22	6.8	3.0	3.1	22	8.6	2.5	2.6	22	14.8	2.4	2.5	등록50%	등록70%
간호학과	조선대	서류	10	10	16.4	2.94	3.11										
간호학과	조선대	면접	5	5	24.0	2.85	3.15	10	21.4	2.73	2.72	10	26.4	2.69	2.71	등록평균	등록70%컷
간호학과	부산대	지역인재	10	10	12.4	2.27	2.46	12	9.5	2.19	2.24	14	12.7	2.09	2.32	등록평균	등록70%컷
간호학과	선문대	서류	12	12	17.5	3.64	4.19	12	10.8	3.50	4.10					등록50%컷	등록70%컷
간호학과	한서대	융합인재	4	9	8.0	3.5		9	8.6	3.5		11	4.7	3.5		등록평균	
간호학과	경북대	지역인재	22	22	16.6	2.83	3.01	15	11.3	2.69	2.88	5	15.4	2.48	2.79	등록평균	등록70%
간호학과	건국대(글로컬)	지역인재	10														
간호학과	우송대	면접형	10	12	29.8	4.0		12	16.1	4.5		13	15.6	3.8		등록평균	
간호학과	강원대(도계)	미래인재Ⅰ	15	14	6.4	3.89	4.08									등록평균	등록75%컷
간호학과	우송대	서류형	4	2	24.5	4.1		2	27.0	4.2		2	14.5	4.3		등록평균	
간호학과	강원대(도계)	미래인재Ⅱ	8	8	9.4	4.32	4.61	7	14.0	3.47	3.58	6	24.7	3.54		등록평균	등록75%컷
간호학과(자연)	인하대	인하미래인재	28	25	16.0	2.37	2.80	21	27.8	2.37	2.71	21	13.5	2.72	4.70	등록평균	등록최저
간호학과(자연)*	연세대(미래)	강원인재(일반)	7	7	7.7			7	3.0	2.47	2.58	8	5.1	2.31	2.35	등록50%	등록70%
간호학과*	원광대	지역인재Ⅱ(호남)	3														
간호학과*	원광대	지역인재Ⅰ(전북)	38	38	6.6	3.21	3.46	40	2.9	3.12	3.33	40	7.3	2.97	3.12	등록50%컷	등록70%컷
간호학과*	원광대	학생부종합	46	41	7.1	3.42	3.53	32	7.0	3.14	3.28	35	8.0	3.10	3.19	등록50%컷	등록70%컷
간호학과*	원광대	지역인재Ⅰ(호남)	16	16	5.1	3.26	3.32	15	7.0	3.04	3.17	15	7.7	3.06	3.13	등록50%컷	등록70%컷
간호학과*	호서대	호서인재	30	26	13.1	3.62	4.41	22	7.4	3.66	4.53	14	22.2	3.22	3.85	등록평균	등록최저
간호학과*	제주대	일반학생	7	7	23.6	3.21	3.14	7	20.1	3.68	3.75	6	24.5	3.39	3.47	등록50%컷	등록70%컷
간호학과*	충남대	일반전형	13	13	11.2	2.59	2.66	13	13.1			13	14.6			등록평균	등록70%
간호학과*	경상국립대	일반전형	18	23	11.3	2.70		23	12.3	2.79		25	14.5	2.83	3.00	등록평균	등록70%
간호학과*	충남대	서류전형	8	8	8.1	2.65	2.79		.							등록평균	등록70%
간호학과*	순천향대	지역인재	10	5	25.2	2.37	2.74	5	16.6	2.86	3.98	7	15.7	2.54	3.31	최초평균	최초최저
간호학과*	강원대(춘천)	미래인재Ⅰ	11	9	12.7	2.86	2.91									등록평균	등록75%컷
간호학과*	순천향대	일반학생	12	5	43.6	2.49	2.65	6	31.5	2.80	3.46	5	33.8	2.82	4.03	최초평균	최초최저
간호학과*	강원대(춘천)	미래인재Ⅱ	7	9	20.7	2.83	3.02	8	19.6	2.87	2.92	6	23.2	2.83		등록평균	등록75%컷
간호학과*	단국대(천안)	DKU인재(서류)	14	14	16.1	2.31	2.61	10	10.6	2.49		10	21.6	1.97		등록평균	등록최저
간호학과*	전북대	큰사람	7	5	28.6	2.81	2.82	5	27.2	2.81	2.86	5	25.6	2.75	2.93	등록평균	등록70%컷

모집단위	대학	전형	2025	2024				2023				2022				성적 산출기준	
			모집인원	모집인원	경쟁률	성적①	성적②	모집인원	경쟁률	성적①	성적②	모집인원	경쟁률	성적①	성적②	성적①	성적②
간호학과*	한림대	학교생활우수자	29	29	21.6	2.82	3.41	29	8.4	2.85	4.35	27	11.0	2.64	3.08	등록평균	등록최저
간호학과*	전남대(광주)	고교생활우수자Ⅰ	20	20	7.4	2.28	2.32	20	9.8	2.24	2.33	20	10.6	2.26	2.43	등록평균	등록70%컷
간호학과*	연세대(미래)	학교생활우수자	7	7	10.7	2.28	2.45	7	6.6	2.55	2.64	7	10.4	2.29	2.38	등록50%컷	등록70%컷
간호학과*	경상국립대	지역인재	10	10	9.3	2.95		10	13.9	2.39		10	11.2	2.86	2.97	등록평균	등록70%
간호학과*	한남대	한남인재Ⅱ(서류+면접)	7	11	10.3	3.85	3.97	11	12.6	3.84	3.44	12	9.8	3.82	4.04	최종평균	최종80%
건강보건대학	선문대	서류	24	24	3.0	6.13	6.39									등록50%컷	등록70%컷
건설공학교육과	충남대	일반전형	3	3	5.3			3	9.7			3	5.3			등록평균	등록70%
건설시스템공학과	상명대(천안)	상명인재	4	6	7.8	4.27	5.13	6	6.7	5.07	5.33	6	5.3	5.05		등록평균	등록최저
건설시스템공학과	경상국립대	일반전형	10	10	3.9	5.65										등록평균	등록70%
건설시스템공학과	경상국립대	지역인재	2	2	5.0											등록평균	등록70%
건설융합학부	강원대(삼척)	미래인재Ⅰ	8	10	2.2	6.30	6.61									등록평균	등록75%컷
건설환경공학과	한밭대	학생부종합(학석사)	26	26	4.8	5.80	4.25	26	4.1	5.29	5.38	26	3.1	5.29	5.77	등록50%컷	등록70%컷
건설환경공학과	원광대	학생부종합	8	10	2.1	6.17	6.23	10	1.6	5.48	6.00	12	2.6	6.21	6.57	등록50%컷	등록70%컷
건설환경공학과	한밭대	지역인재(종합)	7	7	6.3	5.40	5.56	6	6.0	4.88	5.08	6	5.0	4.53	5.01	등록50%컷	등록70%컷
건설환경공학과	한밭대	학생부종합(일반)	11	11	6.9	5.97	5.32	10	4.9	4.86	5.28	10	6.0	4.75	4.65	등록50%컷	등록70%컷
건설환경도시교통공학부	한국교통대	나비인재Ⅱ	27	8	3.8	4.49	5.59									등록평균	등록최저
건축·도시환경학부	울산대	지역인재	40													등록평균	등록최저
건축·도시환경학부	울산대	지역인재	42													등록평균	등록최저
건축·토목·환경공학부	강원대(춘천)	미래인재Ⅰ	16	15	9.1	4.11	4.55									등록평균	등록75%컷
건축·토목·환경공학부	강원대(춘천)	미래인재Ⅱ	8	8	11.9	4.79	5.07	17	6.9	4.09	4.35	15	8.5	4.04		등록평균	등록75%컷
건축공학과	부산대	학생부종합	6	6	12.3	2.88	2.92	6	14.3	3.16	3.10	10	10.7	3.18	3.25	등록평균	등록70%컷
건축공학과	조선대	면접	10	12	6.8	5.25	4.55	12	11.3	4.98	5.51	10	13.4	4.94	4.99	등록평균	등록70%컷
건축공학과	한밭대	지역인재(종합)	4	4	6.8	4.70	4.31	4	9.5	5.18	4.69	4	5.8	4.75	5.89	등록50%컷	등록70%컷
건축공학과	원광대	학생부종합	13	13	3.3	6.14	6.54	16	1.9	6.07	6.27	15	2.4	6.17	6.28	등록50%컷	등록70%컷
건축공학과	한국교통대	나비인재Ⅱ	16	4	2.8	4.93	5.73									등록평균	등록최저
건축공학과	한밭대	학생부종합(일반)	8	8	9.6	4.73	5.12	7	4.3	5.15	4.77	7	4.9	3.89	4.64	등록50%컷	등록70%컷
건축공학과	조선대	서류	11	9	6.1	5.29	5.28										
건축공학과	충북대	학생부종합Ⅱ	5	5	10.0	3.78	3.94	3	11.7	4.38		3	13.3	4.10		등록평균	등록70%컷
건축공학과	충북대	학생부종합Ⅰ	7	6	12.7	3.59	3.61	8	10.8	3.77	3.82	8	14.6	3.80	3.80	등록평균	등록70%컷
건축공학과*	제주대	일반학생	2	2	9.5			2	8.0	5.09		2	11.0	4.69		등록50%컷	등록70%컷
건축공학부	경상국립대	지역인재	5	5	6.8	4.27		5	7.4	4.34		5	7.4	4.35	4.24	등록평균	등록70%
건축공학부	홍익대(세종)	학교생활우수자	9	8	8.6	3.44	3.63	12	15.3	3.53	3.57	14	6.4	4.41	4.51	등록50%컷	등록70%컷
건축공학부	경상국립대	일반전형	9	8	8.6	4.43		9	5.6	4.37		9	7.4	3.67	4.00	등록평균	등록70%
건축공학전공	우송대	서류형	3	3	4.7	7.1		3	4.0	6.7		3	3.7	6.5		등록평균	
건축공학전공	경북대	지역인재	4													등록평균	등록70%
건축공학전공	한남대	한남인재Ⅰ(서류)	6	5	4.6	5.58	5.70	6	3.7	5.67	5.74	4	4.3	5.38	5.66	최종평균	최종80%
건축공학전공	경북대	일반학생	7	11	21.7	3.96	4.58	11	8.4	3.86	3.89	7	10.7	2.90	2.83	등록평균	등록70%
건축디자인학과	전남대(여수)	고교생활우수자Ⅱ	4	8	4.5	5.24	5.35	8	3.8	4.91	5.16					등록평균	등록70%컷
건축토목공학부	호서대	호서인재	19	25	1.1	6.56	7.95	29	4.3	6.06	7.57	19	2.0	5.76	7.07	등록평균	등록최저
건축학과	한라대	운곡인재	8	9	2.4	5.62	5.62	21	1.4	5.36	6.21	11	1.7			등록50%컷	등록70%컷
건축학과	경상국립대	일반전형	3	3	14.3	4.07		3	11.7			3	13.7	3.78		등록평균	등록70%
건축학과	충북대	학생부종합Ⅱ	4	4	16.3	3.56	3.64	3	18.7	3.52		3	13.0	4.06		등록평균	등록70%컷
건축학과	충북대	학생부종합Ⅰ	6	5	17.6	3.17	3.28	6	16.5	3.44	3.49	6	15.5	3.40	3.58	등록평균	등록70%컷
건축학과	호서대	호서인재	12	12	7.3	4.83	5.69	12	4.5	5.15	5.63	11	7.3	4.43	5.63	등록평균	등록최저
건축학과	부산대	학생부종합	9	6	23.0	2.67	2.80	6	20.2	3.05	3.24	6	19.3	2.85	2.94	등록평균	등록70%컷
건축학과	경상국립대	지역인재	3	3	15.0	3.80		3	13.3			3	13.7	3.81	4.11	등록평균	등록70%
건축학과(5년)	원광대	지역인재Ⅰ(호남)	8	4	2.5	5.41	5.41									등록50%컷	등록70%컷
건축학과(5년)	한남대	한남인재Ⅰ(서류)	5	5	6.4	5.31	5.39	8	6.3	4.42	4.43	5	8.2	4.72	4.99	최종평균	최종80%
건축학과(5년)	한남대	한남인재Ⅱ(서류+면접)	4	4	6.5	4.94	5.07	5	8.2	5.30	5.47	4	7.8	5.26	5.16	최종평균	최종80%
건축학과(5년제)	한밭대	학생부종합(일반)	6	6	17.3	4.35	4.38	5	9.4	4.55	3.92	7	6.9	3.92	3.80	등록50%컷	등록70%컷
건축학과(5년제)	조선대	면접	6	6	11.8	4.56	4.16	5	23.2	4.40	4.27	5	17.2	4.38	4.62	등록평균	등록70%컷
건축학과(5년제)	강원대(춘천)	미래인재Ⅱ	3	2	15.5	3.76	3.78	5	14.4	3.46	3.52	6	19.3	3.68		등록평균	등록75%컷
건축학과(5년제)	강원대(춘천)	미래인재Ⅰ	5	5	12.8	3.29	3.47									등록평균	등록75%컷
건축학과(5년제)	한국교통대	나비인재Ⅱ	13	3	8.0	4.28	4.42									등록평균	등록최저

모집단위	대학	전형	2025 모집인원	2024 모집인원	2024 경쟁률	2024 성적①	2024 성적②	2023 모집인원	2023 경쟁률	2023 성적①	2023 성적②	2022 모집인원	2022 경쟁률	2022 성적①	2022 성적②	성적 산출기준 성적①	성적 산출기준 성적②
건축학과(5년제)	공주대	일반전형	10	10	14.0	4.07	4.12	8	15.6	4.08	4.11	7	16.9	4.2	4.3	등록50%컷	등록70%컷
건축학과(5년제)	원광대	학생부종합	10	10	4.6	5.13	5.24	16	4.4	4.98	5.15	16	3.8	5.36	5.44	등록50%컷	등록70%컷
건축학과(5년제)	제주대	일반학생	2	2	15.0	4.17	4.17	2	17.0			2	12.0	4.49		등록50%컷	등록70%컷
건축학과(5년제)	한밭대	지역인재(종합)	4	4	13.5	3.69	4.54	4	7.5	3.91	4.13	4	7.0	3.80	3.86	등록50%컷	등록70%컷
건축학과(5년제)	충남대	일반전형	4	4	22.3	2.82	2.92	4	17.0			4	19.8			등록평균	등록70%
건축학과(5년제)	순천향대	일반학생	13	9	16.1	4.22	4.81	10	8.2	4.30	5.40	9	14.8	4.28	4.98	최초평균	최초최저
건축학과(5년제)	충남대	서류전형	2	2	19.0	2.88	2.97									등록평균	등록70%
건축학부	인하대	인하미래인재	24	24	14.8	3.00	3.51	22	12.1	2.97	4.61	22	11.1	2.97	3.86	등록평균	등록최저
건축학부	전남대(광주)	고교생활우수자 I	6	6	15.5	3.11	3.30	6	16.8	3.02	3.07	12	12.3	3.20	3.33	등록평균	등록70%컷
건축학전공	경북대	지역인재	4													등록평균	등록70%
건축학전공	경북대	일반학생	6	10	31.6	3.80	4.02	10	18.5	3.67	3.85	7	15.0	3.43	3.66	등록평균	등록70%
게임멀티미디어전공	우송대	서류형	2	4	3.8	6.3						2	6.5	5.6		등록평균	
게임멀티미디어전공	우송대	SW잠재능력	3	3	3.3	5.5		3	2.7	6.4		3	3.0	6.0		1단계평균	
게임소프트웨어전공(공학계)	홍익대(세종)	학교생활우수자	6	5	13.0	3.76	3.90	7	19.4	3.70	3.70	8	6.4	4.32	4.36	등록50%컷	등록70%컷
게임소프트웨어학과	호서대	호서인재	31	32	2.9	5.11	6.18	23	3.7	4.95	6.65	13	5.2	4.93	5.50	등록평균	등록최저
게임콘텐츠공학과	원광대	학생부종합	10	10	4.4	5.54	5.72	8	1.9	6.17	6.24	10	1.8	5.74	5.90	등록50%컷	등록70%컷
경영공학과	단국대(천안)	DKU인재(서류)	8	9	9.8	4.21	4.33	9	5.3	4.40		9	7.2	3.88		등록평균	등록최저
경영공학과	상명대(천안)	상명인재	4	6	11.8	4.97	5.36	6	3.3	5.38	7.34	6	4.8	4.60		등록평균	등록최저
고분자공학과	부산대	학생부종합	8	5	9.6	2.46	2.06	10	7.1	2.56	2.69	10	12.7	2.27	2.42	등록평균	등록70%컷
고분자공학과	경북대	지역인재	7													등록평균	등록70%
고분자공학과	경북대	일반학생	6	8	16.5	3.68	3.86	8	11.0	3.44	3.52	8	8.4	3.28	3.39	등록평균	등록70%
고분자공학과	인하대	인하미래인재	15	15	11.4	3.10	5.56	12	9.5	3.04	4.67	12	7.7	2.90	3.86	등록평균	등록최저
고분자공학과	부산대	지역인재	4													등록평균	등록70%컷
고분자공학전공	경상국립대	일반전형	8	8	5.3	4.51		8	4.1	4.51		8	5.6	3.79	3.83	등록평균	등록70%
고분자융합소재공학부	전남대(광주)	고교생활우수자 I	8	8	6.9	3.34	3.40	8	5.3	3.21	3.28	8	5.6	3.27	3.26	등록평균	등록70%컷
공간정보공학과	인하대	인하미래인재	12	13	17.6	3.27	3.82	12	10.3	4.12	6.58	9	6.4	3.82	5.35	등록평균	등록최저
공과대학 자율학부	경북대	일반학생	6													등록평균	등록70%
공과대학 자율학부	경북대	지역인재	3													등록평균	등록70%
공과대학	선문대	서류	42	46	2.4	5.97	7.03									등록50%컷	등록70%컷
공업화학과	충북대	학생부종합 II	4	4	8.0	3.69	3.80	3	7.3	3.53		3	5.7	3.82		등록평균	등록70%컷
공업화학과	충북대	학생부종합 I	6	5	7.6	3.28	3.41	6	6.5	3.32	3.55	6	7.2	3.18	3.17	등록평균	등록70%컷
공학 첨단자율학부	경북대	일반학생	7													등록평균	등록70%
공학 첨단자율학부	경북대	지역인재	4													등록평균	등록70%
공학계열	전남대(여수)	고교생활우수자II	43													등록평균	등록70%컷
공학계열1	전북대	큰사람	104													등록평균	등록70%컷
공학계열2	전북대	큰사람	20													등록평균	등록70%컷
공학대학(무전공)	강원대(삼척)	미래인재 I	7													등록평균	등록75%컷
공학자율전공학부	충북대	학생부종합 I	10													등록평균	등록70%컷
공학자율전공학부	충북대	학생부종합II	7													등록평균	등록70%컷
과학교육학부	전북대	큰사람	21													등록평균	등록70%컷
과학교육학부	강원대(춘천)	미래인재II	15	15	5.1	2.99	3.27	16	4.8	3.13	3.42	16	6.9	2.89		등록평균	등록75%컷
과학기술대학자율전공	홍익대(세종)	학교생활우수자	9	10	5.9	4.32	4.50	10	10.6	4.29	4.38	12	4.6	5.15	5.33	등록50%컷	등록70%컷
광공학과	공주대	일반전형	7	7	3.7	5.88	6.10	4	5.5	5.29	5.45	4	4.8	5.4	6.1	등록50%컷	등록70%컷
광기술공학과	조선대	서류	26	20	1.8	7.08	7.56										
광메카트로닉스공학과	부산대	학생부종합	4	6	8.0	3.85	3.29	10	5.6	3.15	3.21	7	11.9	2.97	3.08	등록평균	등록70%컷
광메카트로닉스공학과	부산대	지역인재	5	10	9.0	4.12	3.45	6	7.8	3.68	3.17	7	14.9	3.33	2.78	등록평균	등록70%컷
국방기술학과	원광대	학생부종합	8	8	3.6	5.03	5.08	6	4.3	4.69	4.85					등록50%컷	등록70%컷
국제이공학부	전북대	큰사람	8	8	6.1	4.73	4.82	8	5.8	4.57	4.48	8	5.6	4.53	4.87	등록평균	등록70%컷
국제학부	공주대	일반전형	12	18	3.8	5.15	5.34	8	4.1	5.06	5.14	8	7.6	4.4	4.6	등록50%컷	등록70%컷
그린스마트건축공학과	공주대	일반전형	1	4	11.0	4.95	5.01	4	9.3	4.70	4.84	8	9.4	4.4	4.5	등록50%컷	등록70%컷
그린스마트시티학과	상명대(천안)	상명인재	6	6	10.7	5.09	5.69	6	7.3	5.07	5.60	6	10.0	4.76		등록평균	등록최저
그린에너지공학과	강원대(삼척)	미래인재 I	16													등록평균	등록75%컷
그린화학공학과	상명대(천안)	상명인재	5	7	10.1	4.34	4.91	7	9.1	4.77	5.37	7	7.4	4.57		등록평균	등록최저
글로벌소프트웨어융합전공	경북대	일반학생	17	20	16.1	3.32	3.40	17	15.1	2.85	3.04	13	12.3	3.16	3.20	등록평균	등록70%
글로벌소프트웨어융합전공	경북대	지역인재	9	10	19.4	3.51	3.58	11	8.4	3.18	3.32	6	7.3	3.26	3.08	등록평균	등록70%
글로벌소프트웨어융합전공	경북대	SW특별전형	4	4	16.0	3.68	3.73	4	8.0	3.97	3.94	4	9.5			등록평균	등록70%

모집단위	대학	전형	2025 모집인원	2024 모집인원	2024 경쟁률	2024 성적①	2024 성적②	2023 모집인원	2023 경쟁률	2023 성적①	2023 성적②	2022 모집인원	2022 경쟁률	2022 성적①	2022 성적②	성적 산출기준 성적①	성적 산출기준 성적②
금속재료공학과	경북대	일반학생	10	6	13.7	4.41	4.36									등록평균	등록70%
금속재료공학전공	경상국립대	일반전형	8	8	5.0	4.34		8	4.1	4.99		8	5.5	4.54	4.63	등록평균	등록70%
기계공학과	조선대	면접	6	12	6.3	5.25	5.25	10	5.7	5.23	6.07	10	8.6	4.68	4.62	등록평균	등록70%컷
기계공학과	한남대	한남인재I(서류)	8	7	3.3	6.38	6.52	8	5.0	5.83	6.10	5	3.0	5.49	5.98	최종평균	최종80%
기계공학과	조선대	서류	56	50	2.0	6.07	6.00									등록50%컷	등록70%컷
기계공학과	한밭대	학생부종합(학석사)	20	20	4.1	5.34	5.39	20	3.6	5.11	5.07	20	4.0	4.93	4.63	등록50%컷	등록70%컷
기계공학과	강원대(삼척)	미래인재I	8													등록평균	등록75%컷
기계공학과	인하대	인하미래인재	40	40	11.1	2.94	4.41	35	7.0	2.97	6.30	33	8.1	2.45	3.13	등록평균	등록최저
기계공학과	호서대	호서인재	12	18	1.5	5.93	7.17									등록평균	등록최저
기계공학과	한국교통대	나비인재II	10	4	4.3	4.47	5.57									등록평균	등록최저
기계공학과*	한밭대	지역인재(종합)	6	6	5.2	4.95	5.10	5	8.6	4.18	4.18	5	4.2	4.79	5.66	등록50%컷	등록70%컷
기계공학과*	한밭대	학생부종합(일반)	19	19	6.0	5.27	5.37	17	5.2	4.77	4.97	17	4.0	4.87	5.38	등록50%컷	등록70%컷
기계공학과*	순천향대	일반학생	10	5	14.2	4.96	6.10	8	5.3	5.02	6.34	6	5.8	4.51	6.63	최초평균	최초최저
기계공학교육과	충남대	일반전형	4	4	4.8	4.63	4.67	4	5.3			4	4.3			등록평균	등록70%
기계공학부	경북대	지역인재	10	10	26.1	4.21	4.50	10	10.6	4.12	4.44	8	7.1	3.42	3.75	등록평균	등록70%
기계공학부	경상국립대	일반전형	44	48	6.2	4.24		51	4.2	4.37		50	6.5	3.98	4.17	등록평균	등록70%
기계공학부	충북대	학생부종합I	8	7	13.9	3.54	3.61	9	13.2	3.50	3.50	9	13.7	3.33	3.48	등록평균	등록70%컷
기계공학부	전남대(광주)	교과생활우수자I	26	26	4.9	3.24	3.36	16	5.9	3.10	3.17	20	6.4	3.07	3.17	등록평균	등록70%컷
기계공학부	경북대	일반학생	22	24	16.3	3.99	4.37	21	17.6	3.42	3.73	22	8.7	3.62	3.88	등록평균	등록70%
기계공학부	원광대	학생부종합	16	17	2.1	5.69	6.08	6	2.7	5.53	5.63	10	2.6	5.94	6.03	등록50%컷	등록70%컷
기계공학부	충북대	학생부종합II	7	7	8.1	4.18	4.49	5	12.8	3.64	3.67	5	10.2	3.99	4.02	등록평균	등록70%컷
기계공학부	충남대	일반전형	12	16	6.9	3.31	3.63	16	7.4			16	6.8			등록평균	등록70%
기계공학부	충남대	서류전형	10	10	8.4	3.38	3.56									등록평균	등록70%
기계공학부*	부산대	학생부종합	25					35	6.9	2.47	2.53	35	9.9	2.36	2.43	등록평균	등록70%컷
기계공학부*	부산대	지역인재	10	15	18.9	3.51	2.57	10	22.5	3.83	5.71	10	13.7	4.44	6.58	등록평균	등록70%컷
기계시스템공학과	경상국립대	일반전형	4	4	3.5			5	2.6			5	7.0	5.94	6.16	등록평균	등록70%
기계시스템공학과*	제주대	일반학생	4	4	5.0	5.32	5.32	4	4.3	5.22	5.28	4	7.8	5.09		등록50%컷	등록70%컷
기계융합공학과	경상국립대	일반전형	5	6	4.5	5.64		8	4.0	5.01		11	3.7	4.98	5.02	등록평균	등록70%
기계융합공학과	경상국립대	지역인재	2	2	4.5			2	6.5			1	5.0			등록평균	등록70%
기계응용설계공학과	전남대(여수)	조기취업형계약학과	20	30	0.8	5.59	6.73	30	1.0			30	2.7			등록평균	등록70%컷
기계의용·메카트로닉스공학과	강원대(춘천)	미래인재I	18	18	6.3	4.55	4.69									등록평균	등록75%컷
기계의용·메카트로닉스공학과	강원대(춘천)	미래인재II	8	8	8.5	4.31	4.51	20	4.6	4.32	4.53	28	5.1	3.81		등록평균	등록75%컷
기계자동차공학과	한라대	운곡인재	7	12	1.8	6.02	6.30	18	1.3	6.23	7.08	25	1.3			등록50%컷	등록70%컷
기계자동차공학부	공주대	일반전형	30	30	6.5	4.97	5.29	15	7.7	4.56	4.91	15	9.3	4.7	4.9	등록50%컷	등록70%컷
기계정보공학과	홍익대(세종)	학교생활우수자	8	9	6.6	4.51	4.79	10	10.8	4.49	4.32	12	2.8	5.52	5.65	등록50%컷	등록70%컷
기관시스템공학과	전남대(여수)	교과생활우수자II	3	10	0.5			10	1.0	6.61	6.62					등록평균	등록70%
기술가정교육과	공주대	일반전형	6	6	6.8	3.50	3.62	6	6.7	3.13	3.21	6	8.5	2.5	2.7	등록평균	등록70%컷
기술교육과	한국교원대	학생부종합우수자	13	13	3.7	2.75	4.15	13	2.9	2.74	3.41	13	4.1	2.27	2.72	등록평균	등록최저
기술교육과	충남대	일반전형	4	4	4.8	3.62	3.50	4	8.0			4	9.0			등록평균	등록70%
나노메카트로닉스공학과	부산대	학생부종합	8	3	9.7	3.04		8	7.6	3.27	3.33	6	15.3	3.18	3.17	등록평균	등록70%컷
나노반도체공학과	울산대	지역인재	12	12	3.3	6.09	8.08									등록평균	등록최저
나노반도체학과	울산대	지역인재	8	10	4.1	5.62	6.24	6	4.5	6.25	7.09	5	1.2	6.78	6.85	등록평균	등록최저
나노신소재학과	홍익대(세종)	학교생활우수자	8	7	6.6	4.31	4.18	10	9.0	4.40	4.59	11	3.3	4.92	5.72	등록50%컷	등록70%컷
나노에너지공학과	부산대	학생부종합	7	7	8.7	3.22	3.17	9	6.0	3.04	3.01	9	12.1	3.16	3.16	등록평균	등록70%컷
나노자율전공	부산대	학생부종합	13													등록평균	등록70%컷
나노화공학과*	순천향대	일반학생	10	5	9.8	4.22	4.99	7	5.0	4.80	5.15	7	3.9	4.60	6.28	최초평균	최초최저
나노화학소재공학과	한국교통대	나비인재II	14	6	2.0	4.70	5.34									등록평균	등록최저
녹색기술융합학과	건국대(글로컬)	Cogito자기추천	14	21	4.7	5.2	5.5	21	4.3	5.3	5.5	21	4.8	5.4	5.6	등록50%	등록70%
녹지조경학전공	단국대(천안)	DKU인재(서류)	8	9	6.1	4.38	4.75	7	6.1	3.61		7	11.6	3.19		등록평균	등록최저
농생명·바이오계열	원광대	학생부종합	34													등록50%컷	등록70%컷
농생명화학과	전남대(광주)	교과생활우수자I	7	8	8.9	3.53	3.68	8	6.1	3.68	3.83	8	5.8	3.40	3.48	등록평균	등록70%컷
농업생명과학대학 자율학부	경북대	일반학생	5													등록평균	등록70%
농업생명과학대학 자율학부	경북대	지역인재	3													등록평균	등록70%
농업토목공학과	경북대	일반학생	3	4	12.8	4.23	4.58	6	13.8	4.15	4.30	4	9.8	4.35	4.69	등록평균	등록70%
농학과*	경상국립대	일반전형	4	4	8.3	4.77		4	9.5	4.4		4	9.3	4.79		등록평균	등록70%
농학과*	경상국립대	지역인재	3	3	5.0	4.47		3	4.7			3	6.7	3.78		등록평균	등록70%

모집단위	대학	전형	2025 모집인원	2024 모집인원	2024 경쟁률	2024 성적①	2024 성적②	2023 모집인원	2023 경쟁률	2023 성적①	2023 성적②	2022 모집인원	2022 경쟁률	2022 성적①	2022 성적②	성적 산출기준 성적①	성적 산출기준 성적②
단일계열(무학과)	포항공대	반도체공학인재 I	25	20	12.6			20	8.35								
단일계열(무학과)	포항공대	지역인재	20									20					
단일계열(무학과)	포항공대	일반전형 II	70	80	9.8												
단일계열(무학과)	포항공대	반도체공학인재 II	15	20	7.9			20	6.05								
단일계열(무학과)	포항공대	일반전형 I	220	220	7.8			320	6.9			320	7.1				
대기과학과	공주대	일반전형	12	14	7.1	4.38	4.69	14	4.1	4.82	4.93	14	4.6	4.2	4.4	등록50%컷	등록70%컷
대기환경과학과	부산대	지역인재	7	7	12.7	3.02	3.04	11	9.0	3.09	2.98	8	11.0	3.01	3.19	등록평균	등록70%컷
대기환경과학과*	부산대	학생부종합	4					10	9.9	3.13	3.44	10	14.2	2.97	3.09	등록평균	등록70%컷
데이터계산과학전공*	고려대(세종)	크림슨인재	9	6	5.0	1.13											
데이터계산과학전공*	고려대(세종)	지역인재	1	2	1.0			2	2.0			2	3.5				
데이터사이언스학과	제주대	소프트웨어인재	4	4	3.8	4.79	4.79	4	2.0	6.00	6.20	4	3.3	5.19	5.25	등록50%컷	등록70%컷
데이터사이언스학과	제주대	일반학생	3	3	5.7	4.82	4.62	3	3.7	5.20	5.53	3	4.7	5.15	5.31	등록50%컷	등록70%컷
데이터사이언스학과	인하대	인하미래인재	15	16	10.7	3.05	3.92	15	9.2	3.09	3.55	18	7.5	3.04	3.76	등록평균	등록최저
데이터사이언스학부	한림대	학교생활우수자	12	14	3.2	5.32	6.24	14	1.9	5.86	7.19	16	1.8	5.71	7.28	등록평균	등록최저
데이터사이언스학부	연세대(미래)	학교생활우수자	11	11	4.3	4.57	4.70	8	3.6	4.41	4.45	8	4.3	4.56	4.64	등록50%컷	등록70%컷
데이터정보물리학	공주대	일반전형	11	13	5.2	5.70	5.81	8	3.8	5.74	6.26	6	5.5	5.0	5.1	등록50%컷	등록70%컷
데이터정보학과	평택대	PTU종합	6	4	5.8	5.72	6.77	8	2.6	6.12	8.40	5	2.2	5.93	6.00	등록평균	등록최저
도시·교통공학과	공주대	일반전형	7	7	5.7	5.34	5.71	4	4.8	5.60	5.79	4	5.8	4.9	5.2	등록50%컷	등록70%컷
도시공학과	부산대	지역인재	7					4	9.5	3.13	2.85					등록평균	등록70%컷
도시공학과	충북대	학생부종합 II	5	5	6.4	4.05	4.08	3	6.0	4.10		3	9.0	4.32		등록평균	등록70%컷
도시공학과	경상국립대	지역인재	5	5	5.0	4.88		5	5.4	4.60		5	5.8	4.54	4.43	등록평균	등록70%
도시공학과	원광대	학생부종합	8	8	2.4	6.25	6.68	10	2.1	6.06	6.68	10	2.4	6.60	7.08	등록50%컷	등록70%컷
도시공학과	한밭대	학생부종합(일반)	11	11	6.5	6.49	6.02	10	3.8	5.26	5.32	10	3.5	4.97	4.93	등록50%컷	등록70%컷
도시공학과	충북대	학생부종합 I	7	6	9.5	3.55	3.70	8	6.9	3.96	3.86	8	9.6	3.74	3.76	등록평균	등록70%컷
도시공학과	한밭대	지역인재(종합)	7	7	6.3	6.07	5.19	6	4.7	5.78	5.52	6	4.7	4.60	4.76	등록50%컷	등록70%컷
도시공학과	경상국립대	일반전형	7	8	5.0	4.56		8	5.9	4.34		8	6.5	4.55	4.52	등록평균	등록70%
도시공학전공	부산대	학생부종합	7	5	11.4	3.04	2.87	10	9.3	3.04	3.16	10	14.0	3.33	3.38	등록평균	등록70%컷
도시인프라공학과	한라대	운곡인재	5	3	2.0	4.03	4.03	18	0.8	5.96	6.31	8	1.4			등록50%컷	등록70%컷
동물보건복지학과	호서대	호서인재	23	24	4.7	4.73	6.00	13	7.0	4.48	5.29	10	14.6	3.86	4.22	등록평균	등록최저
동물보건학과	원광대	지역인재 I(호남)	13	6	1.7	5.61	5.82									등록50%컷	등록70%컷
동물보건학과	원광대	학생부종합	15	18	5.1	5.64	5.87	6	9.0	5.06	5.82					등록50%컷	등록70%컷
동물산업융합학과	강원대(춘천)	미래인재 II	4	3	16.3	5.54	5.98	11	7.9	5.17	5.57	12	7.3	4.50		등록평균	등록75%컷
동물산업융합학과	강원대(춘천)	미래인재 I	7	8	15.1	4.82	5.05									등록평균	등록75%컷
동물생명공학전공*	단국대(천안)	DKU인재(서류)	8	9	16.4	3.71	4.53	7	11.6	3.93		7	15.6	3.59		등록평균	등록최저
동물생명융합학부*	경상국립대	일반전형	11	10	6.6	4.99		7	6.3	4.49		7	6.3	4.52	4.55	등록평균	등록70%
동물생명융합학부*	경상국립대	지역인재	5	5	5.0	5.12		5	4.2	4.96		5	6.0	4.57	4.52	등록평균	등록70%
동물생명자원과학과*	부산대	학생부종합	8	7	9.6	3.80	3.96	7	7.0	4.06	3.95	5	9.8	4.38	4.20	등록평균	등록70%컷
동물응용과학과	강원대(춘천)	미래인재 II	4	4	8.5	5.40	5.95	11	5.8	4.59	4.84	10	7.3	4.25		등록평균	등록75%컷
동물응용과학과	강원대(춘천)	미래인재 I	9	8	8.8	4.80	4.93									등록평균	등록75%컷
동물의료관리학과	우송대	면접형	4	4	5.5	5.4										등록평균	
동물의료관리학과	우송대	서류형	4	7	7.5	4.8										등록평균	
동물자원과학과*	강원대(춘천)	미래인재 II	5	4	10.0	4.71	5.12	11	5.6	4.31	5.07	10	7.5	3.39		등록평균	등록75%컷
동물자원과학과*	강원대(춘천)	미래인재 I	10	10	10.4	4.02	4.50									등록평균	등록75%컷
동물자원학과	상지대	종합일반	5	8	3.8	5.92										등록평균	
동물자원학과	공주대	일반전형	7	7	11.1	4.82	5.34	7	8.9	4.94	5.04	7	11.6	4.7	4.8	등록50%컷	등록70%컷
동물자원학부*	전남대(광주)	고교생활우수자 I	10	12	7.3	3.61	3.80	12	7.3	3.52	3.77	12	6.5	3.65	3.60	등록평균	등록70%컷
디스플레이신소재공학과	순천향대	일반학생	11	7	4.9	5.39	6.70	6	3.2	5.08	6.70	8	4.0	4.79	5.90	최초평균	최초최저
디자인융합학부*	울산대	지역인재	9													등록평균	등록최저
디자인융합학부*	울산대	지역인재	23													등록평균	등록최저
디자인컨버전스학과	공주대	일반전형	10	10	9.7	4.67	4.78	6	7.7	4.68	5.01	6	7.7	4.8	4.8	등록50%컷	등록70%컷
디자인테크놀로지학과	인하대	인하미래인재	20	20	8.7	3.39	6.48	15	15.7	3.06	3.57	15	10.7	3.45	6.17	등록평균	등록최저
디지털밀리터리학과	강원대(춘천)	미래인재 I	4	4	5.5	4.93	5.17									등록평균	등록75%컷
디지털밀리터리학과	강원대(춘천)	미래인재 II	2	2	8.0	3.56	3.79									등록평균	등록75%컷
디지털융합금형공학과	공주대	일반전형	4	4	4.3	6.10	6.14	4	3.3	5.96	6.15	4	5.0	5.3	5.5	등록50%컷	등록70%컷
디지털헬스케어공학과	고려대(세종)	크림슨인재	7														
디지털헬스케어학부	연세대(미래)	학교생활우수자	14	14	5.1	4.63	4.78	9	4.1	4.26	5.11	6	5.0	3.98	4.22	등록50%컷	등록70%컷

모집단위	대학	전형	2025 모집인원	2024 모집인원	2024 경쟁률	2024 성적①	2024 성적②	2023 모집인원	2023 경쟁률	2023 성적①	2023 성적②	2022 모집인원	2022 경쟁률	2022 성적①	2022 성적②	성적 산출기준 성적①	성적 산출기준 성적②
디지털헬스케어학부	연세대(미래)	강원인재(일반)	3	3	3.7			3	3.0			3	2.0			등록50%컷	등록70%컷
로봇공학과	호서대	호서인재	10	13	1.0	6.38	6.73	13	0.8	5.78	6.32	10	1.5	5.20	5.20	등록평균	등록최저
멀티미디어공학과	한남대	한남인재I(서류)	8	7	2.7	5.87	5.74	6	4.7	5.66	5.38	4	4.3	5.31	5.22	최종평균	최종80%
메카트로닉스공학과	충남대	서류전형	4	4	11.8	3.55	3.59									등록평균	등록70%
메카트로닉스공학과	건국대(글로컬)	Cogito자기추천	28	35	3.3	5.3	5.5	35	4.3	5.2	5.3	35	3.2	5.1	5.2	등록50%	등록70%
메카트로닉스공학과	충남대	일반전형	4	6	11.2	3.34	3.35	6	7.3			6	11.3			등록평균	등록70%
메카트로닉스공학부	경상국립대	일반전형	10	3	5.7	5.18										등록평균	등록70%
메카트로닉스공학부	경상국립대	지역인재	3	3	5.3	4.49										등록평균	등록70%
메타버스&게임학과	순천향대	SW융합	2	2	4.5	6.16	6.98	2	5.0	5.60	5.90						
메타버스&게임학과	순천향대	일반학생	10	6	11.5	5.05	6.97	6	8.2	4.95	5.68					최초평균	최초최저
모바일공학전공	경북대	모바일과학인재	5	5	15.2	2.84	2.80	5	14.4	2.31	2.42	5	21.8			등록평균	등록70%
모바일융합공학과	한밭대	지역인재(종합)	3	3	6.0			3	6.3			3	4.3			등록50%컷	등록70%컷
모바일융합공학과	한밭대	학생부종합(일반)	5	5	8.4	4.89	5.00	4	7.8	5.08	5.65	4	3.8	4.82	5.81	등록50%컷	등록70%컷
모빌리티SW전공	조선대	서류	10	15	1.4	6.55	6.81									등록평균	등록70%컷
모빌리티SW전공	조선대	면접	4	6	4.3	5.64	5.83	10	4.7	5.82	5.39	5	5.6	5.48	5.53	등록평균	등록70%컷
목재·종이과학과	충북대	학생부종합I	4	4	16.8	4.40	4.46	5	7.4	4.71	4.72	5	7.6	4.12	4.71	등록평균	등록70%컷
목재·종이과학과	충북대	학생부종합II	4	4	7.8	4.84	5.07	3	7.0	4.88		3	6.3	5.18		등록평균	등록70%컷
목재·종이과학부	강원대(춘천)	미래인재II	5	4	10.8	5.96	6.12	8	7.1	5.45	5.75	8	5.6	4.97		등록평균	등록75%컷
목재·종이과학부	강원대(춘천)	미래인재I	11	8	8.8	5.07	5.07									등록평균	등록75%컷
무인항공기학과	한서대	융합인재	2	8	2.0	4.5		5	7.2	3.1		11	5.9	3.8		등록평균	
문화재보존과학과	공주대	일반전형	9	12	4.5	4.44	4.59	12	4.5	4.00	4.67	12	4.8	4.5	4.7	등록50%컷	등록70%컷
문화콘텐츠학부	전남대(여수)	고교생활우수자II	10	11	2.8	5.40	5.76	11	5.6	5.60	5.78	4	6.0	5.69	5.17	등록평균	등록70%컷
물리교육과	한국교원대	학생부종합우수자	11	11	3.9	2.81	3.39	12	2.6	2.60	3.58	12	4.5	2.07	2.50	등록평균	등록최저
물리교육과	경북대	지역인재	3	3	6.7	3.65	3.74									등록평균	등록70%
물리교육과	조선대	서류	10	5	1.6												
물리교육과	전남대(광주)	고교생활우수자I	4	4	4.8	3.34	3.19	4	7.3	3.26	3.35	6	4.5	3.62	3.53	등록평균	등록70%컷
물리교육과	경북대	일반학생	5	5	9.6	3.97	4.35	7	6.6	3.79	3.98	5	5.6	3.35	3.61	등록평균	등록70%
물리교육과	충북대	학생부종합I	6	5	6.2	3.69	3.70	5	6.6	3.40	3.46	5	4.0	3.49	4.21	등록평균	등록70%컷
물리교육과	공주대	일반전형	14	10	4.5	3.15	3.67	10	3.9	3.13	3.31	10	4.8	2.8	3.1	등록50%컷	등록70%컷
물리교육과	경상국립대	일반전형	12	9	4.0	4.46		9	3.1	4.59		9	3.6	3.56	3.86	등록평균	등록70%
물리교육전공	제주대	일반학생	5	5	2.0			3	3.7	4.24	4.32	2	4.5	4.56		등록50%컷	등록70%컷
물리치료학과	상지대	강원인재	2	2	9.5	4.03										등록평균	
물리치료학과	단국대(천안)	DKU인재(서류)	10	10	20.6	2.90	3.10	8	18.3	2.73		9	26.3	2.93		등록평균	등록최저
물리치료학과	강원대(도계)	미래인재I	8	7	8.6	4.35	4.83									등록평균	등록75%컷
물리치료학과	상지대	종합일반	11	11	14.5	3.19										등록평균	
물리치료학과	우송대	서류형	6	5	15.4	4.0		3	25.3	4.1		3	16.0	4.7		등록평균	
물리치료학과	호서대	호서인재	15	15	9.1	3.85	4.64	15	7.7	3.92	4.58	4	19.5	3.77	4.39	등록평균	등록최저
물리치료학과	한서대	융합인재	2	6	10.2	3.4		6	3.3	4.1		5	4.8	3.3		등록평균	
물리치료학과	강원대(도계)	미래인재II	6	6	8.2	4.14	4.62	6	14.2	3.48	3.72	4	28.6	3.80		등록평균	등록75%컷
물리치료학과	연세대(미래)	강원인재(일반)	3	3	5.0			3	5.0			3	4.0			등록50%컷	등록70%컷
물리치료학과	우송대	면접형	6	7	19.0	4.5		8	18.5	4.2		8	19.4	4.5		등록평균	
물리치료학과	한국교통대	나비인재II	8	4	12.8	3.26	3.31									등록평균	등록최저
물리치료학과	선문대	서류	8	8	16.4	4.19	4.24	8	16.3	4.00	4.52					등록50%컷	등록70%컷
물리치료학과	연세대(미래)	학교생활우수자	6	6	12.7	2.78	2.82	6	9.3	2.49	2.80	6	14.0	2.42	2.47	등록50%컷	등록70%컷
물리학과	제주대	일반학생	2	2	5.5	6.45	6.45	2	3.5			2	5.0	5.91		등록50%컷	등록70%컷
물리학과	충북대	학생부종합I	7	6	10.2	3.81	3.88	8	10.3	4.20	4.38	6	6.4	4.41	4.90	등록평균	등록70%컷
물리학과	경북대	일반학생	11	11	13.7	4.00	4.12	9	9.0	4.21	4.40	6	8.2	3.93	4.37	등록평균	등록70%
물리학과	충북대	학생부종합II	5	5	8.4	4.64	4.91	3	8.7	4.90		3	7.3	4.75		등록평균	등록70%컷
물리학과	경북대	지역인재	14	12	11.2	3.92	4.35	10	5.4	3.89	4.15	5	5.1	3.92	4.14	등록평균	등록70%
물리학과	인하대	인하미래인재	13	13	10.6	3.16	3.96	11	10.4	3.31	3.96	10	5.2	3.61	5.53	등록평균	등록최저
물리학과*	충남대	서류전형	6	6	9.2	3.48	4.05									등록평균	등록70%
물리학과*	부산대	학생부종합	12	12	10.8	2.82	2.93	12	7.4	3.21	3.33	12	7.0	3.20	3.51	등록평균	등록70%컷
물리학과*	충남대	일반전형	8	11	8.9	3.50	3.71	11	9.1			11	8.6			등록평균	등록70%
물리학과*	단국대(천안)	DKU인재(서류)	7	7	9.1	4.93	5.27	7	7.1	4.96		7	6.9	4.38		등록평균	등록최저
물리학과*	전남대(광주)	고교생활우수자I	10	12	6.9	4.05	4.12	12	8.5	3.87	3.94	5	5.5	4.08	4.22	등록평균	등록70%컷
미디어디자인·영상전공*	우송대	SW잠재능력	2	2	3.5	5.9		2	4.0	6.5		2	1.0	6.9		1단계평균	

모집단위	대학	전형	2025 모집인원	2024 모집인원	경쟁률	성적①	성적②	2023 모집인원	경쟁률	성적①	성적②	2022 모집인원	경쟁률	성적①	성적②	성적 산출기준 성적①	성적②
미디어디자인·영상전공*	우송대	서류형	2	2	6.5	5.4						2	8.5	5.5		등록평균	
미래모빌리티공학과	한라대	운곡인재	7	5	2.0	5.58	5.60	5	1.8	5.28	6.46					등록50%컷	등록70%컷
미래모빌리티공학부	울산대	지역인재	40													등록평균	등록최저
미래모빌리티공학부	울산대	지역인재	50													등록평균	등록최저
미래모빌리티학과	고려대(세종)	크림슨인재	11	8	5.5	3.77											
미래모빌리티학과	고려대(세종)	지역인재	2	2	1.0			2	3.5			2	6.5				
미래모빌리티학과	전남대(광주)	고교생활우수자 I	12	12	5.5	3.56	3.70	8	9.3	3.35	3.66	8	7.0	3.51	3.77	등록평균	등록70%컷
미래융합스쿨	한림대	학교생활우수자	16	16	3.6	5.11	6.01	16	2.3	5.40	6.56	16	2.2	5.17	6.94	등록평균	등록최저
미래자동차공학과	경상국립대	일반전형	3	3	5.0	6.17										등록평균	등록70%
미래자동차공학과	경상국립대	지역인재	3	3	5.0	5.70										등록평균	등록70%
미래자동차공학과	호서대	호서인재	15	20	1.3	6.25	7.35									등록평균	등록최저
미래자동차공학과	공주대	일반전형	6	6	7.7	5.29	5.75	3	6.0	5.33	5.40	3	10.0	4.7	4.9	등록50%컷	등록70%컷
미생물·분자생명과학과	충남대	일반전형	3	2	17.5	3.04	3.07	2	10.5			3	9.0			등록평균	등록70%
미생물학과	충북대	학생부종합 I	6	5	9.6	2.99	3.01	6	19.2	3.34	3.28	6	6.5	3.93	4.33	등록평균	등록70%컷
미생물학과	충북대	학생부종합 II	4	4	9.8	3.53	3.54	3	8.0	3.61		3	6.7	3.32		등록평균	등록70%컷
미생물학과*	부산대	학생부종합	8	10	20.8	2.56	2.52	5	11.2	2.87	2.72	6	20.3	2.61	2.64	등록평균	등록70%컷
미생물학전공	단국대(천안)	DKU인재(서류)	7	7	12.6	3.68	3.94	7	10.4	3.89		7	9.3	3.83		등록평균	등록최저
바이오기능성소재학과*	강원대(도계)	미래인재 I	3	2	2.0	6.21	6.27									등록평균	등록75%컷
바이오메디칼학과	한림대	학교생활우수자	13	23	4.5	4.93	5.88	20	2.3	5.11	7.30	23	2.5	4.66	5.56	등록평균	등록최저
바이오메디컬공학과	건국대(글로컬)	Cogito자기추천	28	37	3.9	5.2	5.5	37	3.8	5.1	5.3	37	3.4	5.1	5.4	등록50%	등록70%
바이오메디컬정보학과	제주대	일반학생	4	4	6.3	4.87	4.87	4	4.5	5.35	5.77	4	6.0	5.33	5.51	등록50%컷	등록70%컷
바이오메디컬헬스학부*	울산대	·지역인재	25													등록평균	등록최저
바이오메디컬헬스학부*	울산대	지역인재	27													등록평균	등록최저
바이오산업기계공학과	부산대	학생부종합	7	7	8.3	3.73	3.91	7	9.4	4.06	4.14	7	9.4	4.45	4.54	등록평균	등록70%컷
바이오섬유소재학과	경북대	일반학생	4	5	18.6	4.23	4.31	11	9.5	3.96	4.45	8	8.6	3.73	4.22	등록평균	등록70%
바이오소재과학과	부산대	학생부종합	5	4	12.8	3.52		7	6.1	3.93	4.09	7	7.7	3.54	3.58	등록평균	등록70%컷
바이오시스템공학과	충북대	학생부종합 I	5	5	13.2	3.41	3.43	6	14.5	3.80	3.89	6	12.0	4.04	4.30	등록평균	등록70%컷
바이오시스템공학과	충북대	학생부종합 II	4	4	8.8	4.20	4.40	3	11.7	4.34		3	7.3	4.99		등록평균	등록70%컷
바이오에너지공학과	전남대(광주)	고교생활우수자 I	5	4	7.0	3.44	3.37	4	6.3	3.49	3.57	5	6.0	3.41	3.48	등록평균	등록70%컷
바이오의약전공	순천향대	일반학생	16													최초평균	최초최저
바이오의약학과	건국대(글로컬)	Cogito자기추천	26	32	4.2	4.6	4.8	32	3.7	4.5	4.7	31	3.8	4.6	4.7	등록50%	등록70%
바이오제약공학과	한남대	한남인재 I(서류)	6	4	2.0	5.45	5.38	7	2.9	5.43	5.43	7	1.7	5.43	5.68	최종평균	최종80%
바이오헬스학부	충북대	학생부종합 I	8	8	15.0	3.53	3.60									등록평균	등록70%컷
바이오헬스학부	충북대	학생부종합 II	7	7	9.7	3.38	3.53									등록평균	등록70%컷
바이오화학공학과	홍익대(세종)	학교생활우수자	8	7	5.1	3.54	3.51	9	10.0	3.29	3.47	11	6.1	4.20	4.40	등록50%컷	등록70%컷
바이오환경에너지학과	부산대	학생부종합	4	3	9.3	3.65		5	5.0	4.26		5	13.4	3.87	3.76	등록평균	등록70%컷
반도체·디스플레이스쿨	한림대	학교생활우수자	15	15	3.1	5.50	6.39	15	1.4	6.00	7.52	21	1.3	5.13	6.12	등록평균	등록최저
반도체공학과	경상국립대	지역인재	5	5	7.0	3.90		5	8.0	4.22		5	6.6	4.27		등록평균	등록70%
반도체공학과	경상국립대	일반전형	5	5	6.2	4.40		6	6.7	4.18		6	6.5	4.14	4.04	등록평균	등록70%
반도체공학과	호서대	호서인재	12	12	1.6	5.59	6.22	10	1.6	5.41	6.07					등록평균	등록최저
반도체공학부	충북대	학생부종합 II	9	9	6.7	3.40	3.63									등록평균	등록70%컷
반도체공학부	충북대	학생부종합 I	10	10	8.8	3.31	3.56									등록평균	등록70%컷
반도체공학전공	부산대	학생부종합	5	5	11.4	2.73	2.78									등록평균	등록70%컷
반도체물리학과*	강원대(춘천)	미래인재 I	4	4	9.0	4.34	4.51									등록평균	등록75%컷
반도체물리학과*	강원대(춘천)	미래인재 II	2	2	9.0	3.60	3.94	3	5.3	4.31	4.69	3	8.0			등록평균	등록75%컷
반도체물리학부	고려대(세종)	지역인재	1	3	1.7			3	2.3			3	3.7				
반도체물리학부	고려대(세종)	크림슨인재	14	7	6.1	3.78											
반도체시스템공학과	인하대	인하미래인재	23	13	9.8	2.95	3.50									등록평균	등록최저
반도체시스템공학과	한밭대	지역인재(종합)	3	3	5.0											등록50%컷	등록70%컷
반도체시스템공학과	한밭대	학생부종합(일반)	5	5	7.6	4.54	4.99									등록50%컷	등록70%컷
반도체신소재공학과	한국교통대	나비인재 II	7	6	2.8	5.14	5.84									등록평균	등록최저
반도체융합학과	충남대	서류전형	6													등록평균	등록70%
반도체융합학과	충남대	일반전형	7													등록평균	등록70%
반려동물산업학과	원광대	학생부종합	6	10	9.4	5.11	5.60	6	9.7	5.34	5.59	15	6.3	4.69	4.93	등록50%컷	등록70%컷
방사선학과	연세대(미래)	학교생활우수자	6	6	13.0	3.35	3.47	5	7.2	3.19	3.41	5	11.4	3.27	3.36	등록50%컷	등록70%컷
방사선학과	강원대(도계)	미래인재 I	9	5	13.6	4.17	4.42									등록평균	등록75%컷

모집단위	대학	전형	2025 모집인원	2024 모집인원	2024 경쟁률	2024 성적①	2024 성적②	2023 모집인원	2023 경쟁률	2023 성적①	2023 성적②	2022 모집인원	2022 경쟁률	2022 성적①	2022 성적②	성적 산출기준 성적①	성적 산출기준 성적②
방사선학과	연세대(미래)	강원인재(일반)	3	3	6.0			3	3.0			3	4.3			등록50%컷	등록70%컷
방사선학과	강원대(도계)	미래인재Ⅱ	5	5	12.6	4.68	5.02	5	12.0	4.89	5.41	5	18.4	4.10		등록평균	등록75%컷
방사선학과	한서대	융합인재	2	6	7.0	3.5		6	3.8	4.3		6	2.8	4.1		등록평균	
배터리융합공학과	강원대(춘천)	미래인재Ⅱ	4	4	5.5	4.46	4.60	8	4.6	4.28	4.46					등록평균	등록75%컷
배터리융합공학과	강원대(춘천)	미래인재Ⅰ	8	8	5.4	4.39	4.65									등록평균	등록75%컷
보건계열	상지대	종합일반	10	15	1.9	5.37										등록평균	
보건행정경영학과	순천향대	일반학생	10	5	11.4	4.00	4.74	6	7.7	4.18	4.73	5	9.6	4.23	4.64	최초평균	최초최저
보건행정학과	공주대	일반전형	12	12	6.8	4.67	4.89	11	5.9	4.48	4.52	11	9.1	4.2	4.4	등록50%컷	등록70%컷
분자생명공학과	전남대(광주)	고교생활우수자Ⅰ	5	4	6.5	3.25	3.19	4	10.8	3.13	3.17	6	13.7	3.34	3.36	등록평균	등록70%컷
분자생명과학과	강원대(춘천)	미래인재Ⅱ	3	3	7.0	3.88	3.88	5	5.4	3.96	4.24	5	5.4	3.49		등록평균	등록75%컷
분자생명과학과	강원대(춘천)	미래인재Ⅰ	5	5	6.8	3.97	4.09									등록평균	등록75%컷
분자생물학과*	부산대	학생부종합	7	5	17.8	1.92	1.91	5	15.2	2.60	2.57	5	22.2	2.67	2.82	등록평균	등록70%컷
뷰티디자인학부*	원광대	학생부종합	7	8	6.8	6.19	6.74	10	3.6	5.54	6.13	10	3.5	6.25	6.36	등록50%컷	등록70%컷
뷰티화장품학과	건국대(글로컬)	Cogito자기추천	20	22	7.9	4.6	4.7	22	6.2	4.4	4.7	22	6.2	4.4	4.6	등록50%	등록70%
빅데이터AI학과	호서대	호서인재	18	28	1.3	6.60	7.99	27	1.3	6.00	7.15	22	2.1	5.91	7.41	등록평균	등록최저
빅데이터사이언스학부	고려대(세종)	크림슨인재	14	10	5.7	4.00											
빅데이터사이언스학부	고려대(세종)	지역인재	1	3	2.0			2	1.5			2	5.0				
빅데이터융합학과	전남대(광주)	고교생활우수자Ⅰ	12	8	5.3	3.42	3.49	8	5.9	3.28	3.40	8	6.8	3.38	3.42	등록평균	등록70%컷
사물인터넷학과	순천향대	SW융합	2	2	7.5	5.29	5.55	2	2.0	5.45	6.41						
사물인터넷학과	순천향대	일반학생	10	6	8.3	5.50	6.09	6	2.5	6.10	7.63	8	2.5	4.63	5.79	최초평균	최초최저
사회기반시스템공학과	부산대	학생부종합	10	10	9.0	3.36	3.83	17	8.3	3.31	3.44	17	12.8	3.32	3.47	등록평균	등록70%컷
사회인프라공학과	인하대	인하미래인재	23	23	11.3	3.45	5.44	22	8.4	3.61	5.36	24	7.6	3.53	5.26	등록평균	등록최저
산림과학·조경학부	경북대	일반학생	14	17	14.9	3.98	4.27	12	10.3	3.84	3.95	12	10.1	3.75	3.60	등록평균	등록70%
산림과학·조경학부	경북대	지역인재	6	7	26.1	4.08	4.32	6	11.7	3.89	4.14	8	7.1	3.92	4.38	등록평균	등록70%
산림과학과	공주대	일반전형	9	9	5.0	5.54	5.82	7	5.7	5.37	5.56	7	6.9	4.8	5.0	등록50%컷	등록70%컷
산림과학부	강원대(춘천)	미래인재Ⅱ	7	6	7.2	4.21	4.65	19	6.5	3.63	4.21	17	7.2	4.35		등록평균	등록75%컷
산림과학부	강원대(춘천)	미래인재Ⅰ	18	17	5.5	3.67	3.98									등록평균	등록75%컷
산림자원학과	전남대(광주)	고교생활우수자Ⅰ	6	7	10.6	3.60	3.51	7	7.3	3.80	4.00	9	5.8	3.87	3.88	등록평균	등록70%컷
산림학과	충북대	학생부종합Ⅱ	4	4	7.3	4.23	4.59	3	8.0	4.39		3	6.3	4.66		등록평균	등록70%컷
산림학과	충북대	학생부종합Ⅰ	5	5	11.2	3.00	3.10	6	10.7	3.45	3.76	6	19.2	3.70	3.87	등록평균	등록70%컷
산업경영공학과	인하대	인하미래인재	15	15	8.9	3.13	4.51	14	6.2	3.08	4.32	14	6.6	2.80	3.31	등록평균	등록최저
산업경영공학과	한밭대	학생부종합(학석사)	18	18	4.3	5.25	5.94	18	4.9	5.94	5.38	18	3.0	5.70	6.70	등록50%컷	등록70%컷
산업경영공학과	한밭대	학생부종합(일반)	7	7	8.0	4.76	4.93	6	5.3	6.04	5.37	5	4.0	4.84	5.58	등록50%컷	등록70%컷
산업경영공학과	한국교통대	나비인재Ⅱ	14	8	2.5	5.97	6.84									등록평균	등록최저
산업경영공학과	한밭대	지역인재(종합)	4	4	5.8	5.76	6.68	4	7.5	4.81	5.47	4	4.5	5.89	5.24	등록50%컷	등록70%컷
산업경영공학과	한남대	한남인재Ⅰ(서류)	8	6	3.0	6.57	6.63	7	3.6	6.34	6.68	5	1.8	6.04	5.92	최종평균	최종80%
산업공학과	부산대	학생부종합	8	8	9.9	2.52	2.55	8	6.6	2.84	2.76	3	12.0	2.56	2.45	등록평균	등록70%컷
산업공학과	전남대(광주)	고교생활우수자Ⅰ	11	11	7.3	3.33	3.36	11	5.9	3.56	3.76	12	7.8	3.33	3.51	등록평균	등록70%컷
산업공학과	조선대	서류	14	16	1.5	6.39	6.57										
산업시스템공학과	공주대	일반전형	7	7	5.4	5.47	5.61	4	4.3	5.32	5.63	4	5.0	5.2	5.3	등록50%컷	등록70%컷
산업시스템공학부	경상국립대	일반전형	7	7	6.0	4.91		8	5.3	4.98		8	6.0	4.77	4.72	등록평균	등록70%
산업시스템공학부	경상국립대	지역인재	3	3	5.3	4.87		3	9.0			3	6.0	5.02		등록평균	등록70%
생명건강공학과	강원대(춘천)	미래인재Ⅱ	3	3	5.7	4.31	4.45	5	5.2	3.85	3.99	5	5.0	3.92		등록평균	등록75%컷
생명건강공학과	강원대(춘천)	미래인재Ⅰ	6	6	5.2	3.99	4.26									등록평균	등록75%컷
생명공학과	호서대	호서인재	5	12	1.7	5.62	6.31									등록평균	등록최저
생명공학과	인하대	인하미래인재	14	14	23.8	2.42	3.99	11	23.9	2.41	2.89	10	16.2	2.29	3.33	등록평균	등록최저
생명공학과	건국대(글로컬)	Cogito자기추천	26	33	3.6	4.5	5.1	33	3.8	4.5	4.8	32	3.9	4.5	4.6	등록50%	등록70%
생명공학부	경북대	일반학생	22	25	23.2	3.19	3.31	24	18.0	3.11	3.25	22	12.8	2.89	2.98	등록평균	등록70%
생명공학부	경북대	지역인재	18	20	24.6	3.09	3.37	13	13.6	3.39	3.82	10	10.0	2.60	2.69	등록평균	등록70%
생명공학부*	제주대	일반학생	5	5	7.2	5.11	4.62	5	6.2	4.79	4.80	5	7.8	4.20	4.62	등록50%컷	등록70%컷
생명공학전공	한국교통대	나비인재Ⅱ	7	3	2.7	4.77	5.05									등록평균	등록최저
생명과학과	공주대	일반전형	17	16	9.7	4.62	4.85	16	7.9	4.52	4.65	17	7.2	4.4	4.6	등록50%컷	등록70%컷
생명과학과	조선대	서류	10	5	2.8	6.05	6.42										
생명과학과	인하대	인하미래인재	11	11	41.9	2.65	2.88	11	32.4	2.98	4.53	11	19.8	2.79	4.79	등록평균	등록최저
생명과학과*	강원대(춘천)	미래인재Ⅰ	4	5	5.6	3.38	3.39									등록평균	등록75%컷
생명과학과*	순천향대	일반학생	14	9	13.7	4.18	4.78	10	6.3	4.85	5.55	14	4.6	4.57	6.06	최초평균	최초최저

모집단위	대학	전형	2025 모집인원	2024 모집인원	2024 경쟁률	2024 성적①	2024 성적②	2023 모집인원	2023 경쟁률	2023 성적①	2023 성적②	2022 모집인원	2022 경쟁률	2022 성적①	2022 성적②	성적① 산출기준	성적② 산출기준
생명과학과*	부산대	학생부종합	10	5	22.0	3.63	1.86	10	14.6	2.39	2.54					등록평균	등록70%컷
생명과학과*	강원대(춘천)	미래인재II	3	3	5.7	3.98	4.04	6	6.8	3.80	3.98	7	6.4	3.54		등록평균	등록75%컷
생명과학과*	한림대	학교생활우수자	11	15	3.5	5.01	5.47	15	2.2	5.02	5.85	18	1.9	5.03	6.51	등록평균	등록최저
생명과학기술학부*	전남대(광주)	고교생활우수자 I	10	8	5.8	2.76	2.77	8	7.4	2.82	2.86	12	5.8	2.95	3.15	등록평균	등록70%컷
생명과학부*	경상국립대	지역인재	7	10	6.4	4.05		10	5.9	3.96		10	5.7	4.48	4.38	등록평균	등록70%
생명과학부*	경상국립대	일반전형	11	10	8.40	4.00		12	7.0	4.25		12	5.7	4.04	4.39	등록평균	등록70%
생명과학전공*	단국대(천안)	DKU인재(서류)	9	12	15.8	3.12	3.50	12	10.1	3.89		13	11.9	3.43		등록평균	등록최저
생명시스템과학과*	한남대	한남인재I(서류)	19	15	1.4	6.29	6.64	14	2.0	5.84	6.50	10	1.6	6.02	5.46	최종평균	최종80%
생명정보공학과	고려대(세종)	지역인재	2	3	3.3			3	5.3			3	5.0				
생명정보공학과	고려대(세종)	크림슨인재	16	7	9.1	3.66											
생명정보융합학과	충남대	일반전형	3	4	9.3	2.84	2.94	4	13.5			4	9.5			등록평균	등록70%
생명정보융합학과	충남대	서류전형	3	3	7.7	2.75	2.79									등록평균	등록70%
생명화학공학과	조선대	서류	21	30	1.9	5.83	6.07										
생명환경화학과	부산대	지역인재	3	3	8.3	5.38		3	9.3	3.93						등록평균	등록70%
생명환경화학과	부산대	학생부종합	5	7	12.9	4.66	4.28	8	5.3	4.37	4.59	10	8.0	3.66	3.87	등록평균	등록70%
생물공학과*	전남대(광주)	고교생활우수자 I	9	9	5.4	2.67	2.75	8	7.0	2.65	2.78	8	6.8	2.60	2.59	등록평균	등록70%
생물과학과*	충남대	일반전형	5	7	19.9	2.74	2.81	7	11.1			7	8.0			등록평균	등록70%
생물과학과*	충남대	서류전형	4	4	15.3	2.81	2.88									등록평균	등록70%
생물교육과	한국교원대	학생부종합우수자	11	11	4.7	2.25	2.83	11	6.7	1.99	2.19	11	5.6	2.10	2.46	등록평균	등록최저
생물교육과	공주대	일반전형	10	10	9.5	2.77	3.01	10	8.0	2.82	3.29	10	7.3	2.4	2.7	등록50%컷	등록70%컷
생물교육과	전남대(광주)	고교생활우수자 I	3	3	5.7	2.99		3	8.0	2.98		6	6.0	2.66	2.78	등록평균	등록70%
생물교육과	조선대	면접	4	5	3.8	4.04	4.30	4	4.8			5	5.8	3.59	3.47	등록평균	등록70%
생물교육과	충북대	학생부종합 I	6	6	9.7	2.79	2.97	6	10.7	2.74	2.73	6	5.8	2.98	2.77	등록평균	등록70%
생물교육과	조선대	서류	6	5	2.6												
생물교육과	경북대	일반학생	5	4	20.5	4.07	4.46	8	9.9	3.03	3.04	6	8.2	2.83	2.84	등록평균	등록70%
생물교육과	부산대	학생부종합	5	5	7.4	2.33	2.29	5	11.2	2.44	2.36	5	11.4	2.33	2.56	등록평균	등록70%
생물교육과	경북대	지역인재	3	3	14.0	2.69	2.88									등록평균	등록70%
생물교육전공	제주대	일반학생	5	5	3.6			5	5.0	3.07	3.64	3	10.3	3.64	3.89	등록50%컷	등록70%컷
생물산업기계공학과*	경상국립대	일반전형	5	5	4.8	5.82		6	4.7	5.24		6	4.7	5.38	5.38	등록평균	등록70%
생물산업기계공학과*	경상국립대	지역인재	6	6	5.2	5.54		6	3.8	5.65		6	5.2	5.29	5.55	등록평균	등록70%
생물의소재공학과	강원대(춘천)	미래인재II	3	2	5.5	4.84	4.96									등록평균	등록75%컷
생물의소재공학과	강원대(춘천)	미래인재I	5	4	5.5	4.42	4.50									등록평균	등록75%컷
생물자원과학부	강원대(춘천)	미래인재I	10	10	9.1	4.41	4.63									등록평균	등록75%컷
생물자원과학부	강원대(춘천)	미래인재II	4	4	10.5	4.88	5.12	10	4.8	4.78	4.93	10	8.4	4.13		등록평균	등록75%컷
생물학과	충북대	학생부종합II	5	5	8.8	3.39	3.40	3	7.3	3.55		3	10.3	3.15		등록평균	등록70%컷
생물학과	충북대	학생부종합 I	7	6	10.5	2.89	3.09	8	8.1	3.28	3.19	8	8.4	2.83	2.97	등록평균	등록70%컷
생물학과	경북대	일반학생	10	13	18.5	3.57	3.42	13	11.2	3.20	3.43	9	8.8	3.00	3.16	등록평균	등록70%
생물학과*	제주대	일반학생	2	2	6.5	2.23	2.23	2	8.5			2	8.5			등록50%컷	등록70%컷
생물학과*	전남대(광주)	고교생활우수자 I	8	8	8.6	3.20	3.40	8	6.3	3.51	3.52	10	5.8	2.99	3.04	등록평균	등록70%
생태조경디자인학과	강원대(춘천)	미래인재I	4	5	7.6	4.27	4.71									등록평균	등록75%컷
생태조경디자인학과	강원대(춘천)	미래인재II	3	2	8.0	4.84	4.87	6	7.2	3.62	4.52	5	9.6	3.99		등록평균	등록75%컷
생화학과	충남대	서류전형	3	3	8.7	2.97	3.13									등록평균	등록70%
생화학과	충북대	학생부종합 I	6	5	7.6	3.10	3.31	6	11.8	2.86	2.92	6	6.5	3.35	3.53	등록평균	등록70%컷
생화학과	충남대	일반전형	3	4	11.8	2.75	2.95	4	15.5			4	7.0			등록평균	등록70%
생화학과	충북대	학생부종합II	4	4	6.5	3.34	3.62	3	9.7	3.77		3	9.0	3.56		등록평균	등록70%컷
생활복지학과*	전남대(광주)	고교생활우수자 I	10	12	6.3	3.65	3.72	12	7.3	3.22	3.33	12	6.4	3.27	3.26	등록평균	등록70%
생활환경복지학부*	제주대	일반학생	3	3	12.0	4.18	4.18	3	8.3	4.69	5.04	3	13.0	3.99	4.38	등록50%컷	등록70%컷
석유화학소재공학과	전남대(여수)	고교생활우수자II	8	24	0.8	6.05	5.98	24	0.7	5.97	5.37	7	3.3	5.57	5.37	등록평균	등록70%컷
선박해양공학전공	조선대	서류	10	10	1.6	6.83	6.75										
설비공학과	한밭대	학생부종합(일반)	11	11	6.4	5.46	5.44	10	4.6	5.69	5.80	9	3.1	5.42	5.45	등록50%컷	등록70%컷
설비공학과	한밭대	지역인재(종합)	7	7	6.4	5.31	5.76	6	5.8	5.56	5.92	6	3.3	5.37	5.55	등록50%컷	등록70%컷
섬유시스템공학과	경북대	일반학생	4	5	12.4	4.29	4.77	4	10.0	3.95	4.10	4	9.0	3.74	4.25	등록평균	등록70%
세라믹공학전공	경상국립대	지역인재	2													등록평균	등록70%
세라믹공학전공	경상국립대	일반전형	8	8	4.5	4.81		8	4.8	4.71		8	6.3	4.81	4.84	등록평균	등록70%
세종캠퍼스자율전공 (자연.예능)	홍익대(세종)	학교생활우수자	37	36	4.9	3.44	4.05	31	10.7	3.37	3.66	38	3.7	4.94	5.22	등록50%컷	등록70%컷

모집단위	대학	전형	2025 모집인원	2024 모집인원	2024 경쟁률	2024 성적①	2024 성적②	2023 모집인원	2023 경쟁률	2023 성적①	2023 성적②	2022 모집인원	2022 경쟁률	2022 성적①	2022 성적②	성적 산출기준 성적①	성적 산출기준 성적②
소방·안전학부	우송대	면접형	4	4	4.0	6.3		7	4.6	6.2		6	4.5	6.0		등록평균	
소방·안전학부	우송대	서류형	6	6	4.3	6.1		3	6.3	5.7		3	6.0	5.8		등록평균	
소방방재학과	호서대	호서인재	15	21	3.5	5.27	6.38	19	2.7	5.34	6.11					등록평균	등록최저
소방방재학부	강원대(도계)	미래인재I	12	10	5.5	5.53	5.95									등록평균	등록75%컷
소방안전학과	한라대	운곡인재	8	5	2.8	3.89	3.89	22	2.1	6.33	7.00	10	2.5			등록50%컷	등록70%컷
소방재난관리학과	조선대	서류	10	10	4.8	5.01	4.47										
소방재난관리학과	조선대	면접	6	6	6.3	5.33	5.13	4	12.0	5.05	4.42					등록평균	등록70%
소방학과	상지대	종합일반	5	8	2.0	5.94										등록평균	
소비자학과	충남대	서류전형	2	2	7.5	3.60	3.61									등록평균	등록70%
소비자학과	충남대	일반전형	3	4	11.8	3.65	3.68	4	9.5			4	7.8			등록평균	등록70%
소프트웨어	한동대	소프트웨어인재	7	10	2.9	3.74	3.75	10	3.3		3.67	10	2.5			등록50%컷	등록70%컷
소프트웨어공학과	경상국립대	일반전형	12	12	6.3	4.47		47	5.6	3.81		47	3.8	4.08	4.14	등록평균	등록70%
소프트웨어공학과	경상국립대	지역인재	1	1	6.0			3	6.7			3	6.7	3.25		등록평균	등록70%
소프트웨어융합학과	홍익대(세종)	학교생활우수자	11	10	6.3	4.29	4.33	13	8.9	3.67	4.00	16	5.9	4.27	4.62	등록50%컷	등록70%컷
소프트웨어학과	공주대	일반전형	9	9	16.1	4.44	4.66	7	15.1	4.78	5.02	7	11.4	4.3	4.7	등록50%컷	등록70%컷
소프트웨어학과	상명대(천안)	상명인재	5	7	16.7	4.78	5.59	7	13.9	4.73	5.36	7	20.7	4.51		등록평균	등록최저
소프트웨어학과	충북대	학생부종합I	11	10	8.9	3.38	3.53	11	11.3	3.13	3.22	11	11.6	3.23	3.43	등록평균	등록70%컷
소프트웨어학과	충북대	학생부종합II	9	9	8.4	3.30	3.39	4	11.3	3.39		4	13.8	3.43	3.38	등록평균	등록70%컷
소프트웨어학과	충북대	SW우수인재	5	10	9.1	3.35	3.45	10	9.6	3.44	3.49	10	11.6	3.64	3.85	등록평균	등록70%컷
소프트웨어학과	경북대	일반학생	5	6	11.8	6.14	6.37									등록평균	등록70%
소프트웨어학부	연세대(미래)	강원인재(일반)	5	3	4.3			3	3.7			3	3.3			등록50%컷	등록70%컷
소프트웨어학부	한림대	한림SW인재	25	25	2.8	5.29	6.70	25	1.8	5.14	7.33	25	2.3	4.77	6.57	등록평균	등록최저
소프트웨어학부	한림대	학교생활우수자	36	36	3.3	4.88	5.98	36	2.2	4.99	6.45	25	2.4	4.77	6.21	등록평균	등록최저
소프트웨어학부	연세대(미래)	학교생활우수자	32	32	4.5	4.39	4.58	21	4.0	4.06	4.41	21	4.7	3.96	4.24	등록50%컷	등록70%컷
수산생명의학과	공주대	일반전형	5	5	8.6	5.71	6.44	5	5.2	5.85	6.08	5	3.8	6.1	6.4	등록50%컷	등록70%컷
수산생명의학과	전남대(여수)	고교생활우수자II	5	8	8.0	4.09	4.15	4	7.8	3.81	4.50					등록평균	등록70%
수산생명의학과	제주대	일반학생	3	3	8.7	4.82	4.82	3	6.3	4.69	4.87	3	13.3	4.16	4.26	등록50%컷	등록70%컷
수의예과	경상국립대	지역인재	3	3	16.3	1.53		3	15.7			3	20.7	1.37		등록평균	등록70%
수의예과	경북대	일반학생	10	10	37.2	2.22	2.41	10	27.4	2.15	2.19	9	27.3	1.81	1.87	등록평균	등록70%
수의예과	충남대	일반전형	6	6	35.3	1.62	1.64	6	33.0			6	26.0			등록평균	등록70%
수의예과	충북대	학생부종합I	8	6	20.2	1.12	1.17	7	14.4	1.40	1.40	7	21.6	1.16	1.18	등록평균	등록70%컷
수의예과	충북대	학생부종합II	7	5	20.6	1.35	1.38	4	20.0	1.42	1.36	4	21.8	1.34	1.33	등록평균	등록70%컷
수의예과	충남대	서류전형	5	5	17.2	1.55	1.55									등록평균	등록70%
수의예과	제주대	일반학생	2	2	47.5	1.72	1.72	2	31.0	1.90		2	51.0	1.41		등록50%컷	등록70%컷
수의예과	강원대(춘천)	미래인재I	4	4	28.8	1.56	1.69									등록평균	등록75%컷
수의예과	전남대(광주)	고교생활우수자I	8	8	28.1	1.52	1.51	8	24.8	1.52	1.62	8	33.4	1.67	1.62	등록평균	등록70%
수의예과	경상국립대	일반전형	5	5	22.8	1.58		5	25.4	1.21		5	28.2	1.55	1.52	등록평균	등록70%
수의예과	전북대	큰사람	5	2	34.5	1.69		2	25.0			2	22.5			등록평균	등록70%
수학과	인하대	인하미래인재	11	11	14.6	3.07	3.30	12	9.8	3.81	6.90	10	7.4	3.23	4.00	등록평균	등록최저
수학과	한남대	한남인재I(서류)	5	3	2.7	7.55	6.87	4	2.8	6.23	6.05	2	0.8	6.75	6.75	최종평균	최종80%
수학과	경북대	일반학생	5	7	14.1	4.20	4.32	7	8.3	3.42	3.75	7	8.0	3.27	3.13	등록평균	등록70%
수학과	충남대	서류전형	5	5	6.6	3.34	3.52									등록평균	등록70%
수학과	충북대	학생부종합I	6	5	11.6	3.97	4.07	6	7.0	4.01	4.26	6	9.2	3.76	3.61	등록평균	등록70%컷
수학과	충북대	학생부종합II	4	4	6.5	4.86	5.19	3	6.3	3.79		3	8.0	3.96		등록평균	등록70%컷
수학과	제주대	일반학생	3	3	5.3	4.90	4.49	3	5.0	5.33	5.75	3	4.0	5.74	6.21	등록50%컷	등록70%컷
수학과	경북대	지역인재	2													등록평균	등록70%
수학과	충남대	일반전형	9	13	5.2	3.64	3.86	13	5.9			13	6.5			등록평균	등록70%
수학과*	단국대(천안)	DKU인재(서류)	8	12	6.6	3.85	4.26	10	3.9	4.24		7	6.0	3.80		등록평균	등록최저
수학과*	부산대	학생부종합	5	5	15.8	3.25	2.72	10	7.5	2.85	2.92	7	16.0	2.82	2.78	등록평균	등록70%
수학과*	전남대(광주)	고교생활우수자I	10	12	5.4	4.15	4.19	12	5.7	3.71	3.92	12	4.6	3.60	3.73	등록평균	등록70%
수학과*	강원대(춘천)	미래인재I	4	5	8.0	3.98	4.23									등록평균	등록75%컷
수학과*	강원대(춘천)	미래인재II	3	2	7.5	3.65	3.73	6	3.7	4.57	5.01	6	6.3	3.68		등록평균	등록75%컷
수학교육과	한국교원대	학생부종합우수자	16	16	4.9	2.13	2.49	16	6.7	1.95	2.74	16	9.4	1.86	2.75	등록평균	등록최저
수학교육과	경북대	일반학생	5	5	25.2	2.59	2.69	5	25.6	2.62	3.02	4	12.3	3.16	3.33	등록평균	등록70%
수학교육과	조선대	면접	4	5	3.8	4.62	4.75	5	9.0	4.32	4.37	6	5.3	4.54	5.30	등록평균	등록70%
수학교육과	전북대	큰사람	2	2	10.0	3.27		2	17.5			2	17.5			등록평균	등록70%컷

모집단위	대학	전형	2025 모집인원	2024 모집인원	2024 경쟁률	2024 성적①	2024 성적②	2023 모집인원	2023 경쟁률	2023 성적①	2023 성적②	2022 모집인원	2022 경쟁률	2022 성적①	2022 성적②	성적산출기준 성적①	성적산출기준 성적②
수학교육과	충남대	일반전형	1	1	12.0			1	12.0			1	12.0			등록평균	등록70%
수학교육과	충북대	학생부종합 I	8	7	11.0	3.00	3.29	7	9.9	2.92	2.81	7	9.4	2.61	2.70	등록평균	등록70%컷
수학교육과	제주대	일반학생	4	4	4.3	3.37	3.46	4	6.5	3.17	3.43	3	4.7	3.33	3.85	등록50%컷	등록70%컷
수학교육과	부산대	학생부종합	10	8	9.6	2.06	2.19	7	10.9	2.26	2.22	6	11.3	2.19	2.17	등록평균	등록70%컷
수학교육과	경상국립대	일반전형	5	5	16.8	3.14		5	12.2	3.51						등록평균	등록70%
수학교육과	조선대	서류	11	10	2.6	4.66	4.60										
수학교육과	인하대	인하미래인재	7	7	16.1	2.46	2.82	6	16.2	2.91	4.12	6	10.3	2.65	4.03	등록평균	등록최저
수학교육과	강원대(춘천)	미래인재 II	9	8	7.5	3.08	3.20	8	5.6	3.21	3.46	8	6.9	2.67		등록평균	등록75%컷
수학교육과	전남대(광주)	고교생활우수자 I	4	4	7.5	2.67	2.71	4	9.8	2.68	2.70	8	7.5	2.49	2.51	등록평균	등록70%컷
수학교육과	공주대	일반전형	16	16	8.0	3.12	3.20	16	10.6	2.83	2.99	16	13.0	2.8	3.0	등록50%컷	등록70%컷
수학교육과*	한남대	한남인재 II (서류+면접)	3	3	3.7	4.46	4.93					3	4.7			최종평균	최종80%
수학교육과*	원광대	학생부종합	13	13	2.1	4.97	5.11	16	2.9	4.18	4.44	15	2.4	4.59	4.85	등록50%컷	등록70%컷
수학교육과*	한남대	한남인재 I(서류)	3	3	4.3	4.38	4.73	5	8.2	3.99	4.47	6	3.2	4.56	4.17	최종평균	최종80%
수학물리학부	경상국립대	지역인재	19													등록평균	등록70%
수학물리학부*	경상국립대	일반전형	12													등록평균	등록70%
스마트ICT융합공학과	전남대(여수)	조기취업형계약과	25	30	1.2	5.42	5.89	30	1.6			30	3.0			등록평균	등록70%컷
스마트농산업학과	경상국립대	일반전형	4	3	8.3											등록평균	등록70%
스마트도시학부	고려대(세종)	지역인재	1	3	1.0			3	1.7			3	3.0				
스마트도시학부	고려대(세종)	크림슨인재	11	6	7.2	4.05											
스마트모빌리티공학과	인하대	인하미래인재	12	14	12.4	2.99	3.52	11	11.0	3.38	4.24	15	10.1	3.21	4.56	등록평균	등록최저
스마트모빌리티공학과	순천향대	조기취업계약과	40	40	1.4	5.50	8.40	40	1.8	5.43	8.51	40	2.1	5.27	7.66		
스마트모빌리티학과	평택대	PTU종합	7	8	5.0	5.98	6.62	10	2.6	5.75	6.30	5	3.2	5.80	6.90	등록평균	등록최저
스마트산업공학과	강원대(춘천)	미래인재 II	3													등록평균	등록75%컷
스마트산업공학과	강원대(춘천)	미래인재 I	5													등록평균	등록75%컷
스마트생물산업기계공학과	경북대	일반학생	4	5	14.8	4.51	4.62									등록평균	등록70%
스마트수산자원관리학과	전남대(여수)	고교생활우수자 II	9	17	0.5			18	0.9	5.52	5.66	7	3.1	5.95	6.58	등록평균	등록70%컷
스마트시티건축공학과	충남대	서류전형	5	5	10.8	3.36	3.54									등록평균	등록70%
스마트시티건축공학과	충남대	일반전형	7	8	8.9	3.55	3.58	9	10.0			6	8.2			등록평균	등록70%
스마트인프라공학과	공주대	일반전형	10	10	5.1	5.53	5.66	8	4.1	5.50	5.84	8	5.6	5.0	5.4	등록50%컷	등록70%컷
스마트자동차학과	순천향대	일반학생	10	7	6.1	5.29	6.17	7	5.4	5.18	5.75	9	5.8	5.23	6.43	최초평균	최초최저
스마트전기제어공학과	전남대(여수)	조기취업형계약과	25	24	1.5	5.18	6.52	24	2.1			24	3.2			등록평균	등록70%컷
스마트정보기술공학과	공주대	일반전형	8	8	5.5	4.62	5.24	6	7.3	5.31	5.35	6	6.5	4.8	4.9	등록50%컷	등록70%컷
스마트정보통신공학과	상명대(천안)	상명인재	7	10	7.0	4.94	5.32	10	4.1	5.07	6.19	10	6.9	4.48		등록평균	등록최저
스마트팜공학과	공주대	일반전형	6	6	7.2	5.08	5.43	4	12.5	5.25	5.37	4	13.5	3.9	4.2	등록50%컷	등록70%컷
스마트팜융합바이오시스템공학과	강원대(춘천)	미래인재 II	3													등록평균	등록75%컷
스마트팜융합바이오시스템공학과	강원대(춘천)	미래인재 I	5													등록평균	등록75%컷
스마트팜학과	전북대	큰사람	3	3	14.0	3.49		3	17.3			3	22.7			등록평균	등록70%컷
스마트팩토리공학과	순천향대	조기취업계약과	50	50	1.0	5.35	7.62	50	1.3	5.25	8.12	50	1.6	5.00	8.00		
스포츠건강재활학과	우송대	서류형	3	3	11.0	5.6		3	8.7	5.7		3	5.7	5.9		등록평균	
스포츠건강재활학과	우송대	면접형	3	7	6.1	6.8		7	4.9	6.2		7	6.0	6.0		등록평균	
스포츠과학과	순천향대	일반학생	6	7	12.1	4.24	5.39	5	11.8	4.10	5.09	5	13.2	4.50	5.66	최초평균	최초최저
스포츠의학과	순천향대	일반학생	4	4	12.8	3.44	4.11	2	8.5	3.70	4.45	2	16.0	3.95	4.48	최초평균	최초최저
시스템반도체공학과	상명대(천안)	상명인재	4	6	8.0	4.91	5.14	6	10.2	5.14	5.59	6	5.2	5.22		등록평균	등록최저
시스템제어공학과	호서대	호서인재	2	5	1.2	6.13	6.13	12	0.8	6.42	6.90	13	1.1	6.07	7.82	등록평균	등록최저
식물생명과학과*	부산대	학생부종합	9	9	9.9	3.84	3.80	9	6.0	4.31	4.20	9	6.7	4.22	4.20	등록평균	등록70%컷
식물식품공학과	상명대(천안)	상명인재	9	6	16.3	4.40	4.88	6	14.3	4.84	5.47	6	9.2	5.15		등록평균	등록최저
식물의학과	충북대	학생부종합 I	5	5	8.2	3.64	3.74	6	7.3	3.75	3.97	6	6.8	3.85	3.96	등록평균	등록70%컷
식물의학과	경북대	일반학생	5	6	18.8	4.14	4.40	4	7.5	3.78	4.34					등록평균	등록70%
식물의학과	충북대	학생부종합 II	4	4	7.0	4.07	4.10	3	6.0	4.22		3	5.3	4.52		등록평균	등록70%컷
식물의학과	경상국립대	일반전형	5	7	6.6	4.18		5	6.2	4.38		5	6.2	4.37	4.19	등록평균	등록70%
식물의학과	경상국립대	지역인재	4	3	6.0	5.23		5	6.0	4.44		5	5.6	5.19	5.28	등록평균	등록70%
식물자원학과	충북대	학생부종합 II	4	4	6.3	3.58	3.75	3	7.7	3.92		3	6.3	4.66		등록평균	등록70%컷
식물자원학과	공주대	일반전형	9	9	5.2	5.00	5.63	7	4.7	5.55	5.95	7	6.0	4.8	5.0	등록50%컷	등록70%컷

모집단위	대학	전형	2025 모집인원	2024 모집인원	2024 경쟁률	2024 성적①	2024 성적②	2023 모집인원	2023 경쟁률	2023 성적①	2023 성적②	2022 모집인원	2022 경쟁률	2022 성적①	2022 성적②	성적 산출기준 성적①	성적 산출기준 성적②
식물자원학과	충북대	학생부종합 I	5	5	12.6	3.61	3.74	6	11.3	3.68	3.58	6	7.3	3.84	3.86	등록평균	등록70%컷
식물자원환경전공	제주대	일반학생	2	2	4.0			2	5.0			2	7.5	3.16		등록50%컷	등록70%컷
식품공학과	공주대	일반전형	5	6	9.5	4.81	4.97	5	8.4	5.09	5.13	5	11.4	4.6	4.7	등록50%컷	등록70%컷
식품공학과	호서대	호서인재	10	16	2.3	5.26	6.23	16	2.1	5.31	6.44	11	2.6	5.17	6.32	등록평균	등록최저
식품공학과	전남대(광주)	고교생활우수자 I	6	6	8.5	3.07	3.23		5.3	3.14	3.17	6	8.3	2.79	2.69	등록평균	등록70%컷
식품공학과*	단국대(천안)	DKU인재(서류)	9	10	11.2	3.63	3.94	9	11.0	3.73		9	9.0	3.72		등록평균	등록최저
식품공학과*	부산대	학생부종합	6	5	19.8	4.15	4.17	5	6.6	4.61	4.23	5	9.2	3.53	3.54	등록평균	등록70%컷
식품공학부	경북대	일반학생	16	16	15.3	3.65	4.06	10	10.9	3.43	3.59	10	9.7	3.25	3.37	등록평균	등록70%
식품공학부	경북대	지역인재	10	10	16.3	3.47	3.82	10	7.0	3.59	3.85	6	7.7	3.23	3.45	등록평균	등록70%
식품공학부*	경상국립대	지역인재	6	6	6.8	4.37		6	6.7	4.31		6	6.8	4.48	4.41	등록평균	등록70%
식품공학전공	한국교통대	나비인재 II	9	4	4.0	3.60	5.31									등록평균	등록최저
식품생명공학과	고려대(세종)	지역인재	2	3	3.3			3	2.7			3	4.0				
식품생명공학과	충북대	학생부종합 II	4	4	13.8	3.21	3.47	3	9.3	3.58		3	6.7	3.56		등록평균	등록70%컷
식품생명공학과	강원대(춘천)	미래인재 II	4													등록평균	등록75%컷
식품생명공학과	강원대(춘천)	미래인재 I	6													등록평균	등록75%컷
식품생명공학과	충북대	학생부종합 I	5	5	15.0	2.84	2.90	6	9.2	3.62	3.77	6	11.2	2.62	2.79	등록평균	등록70%컷
식품생명공학과	제주대	일반학생	2	2	9.0	5.50	5.50	2	6.0			2	7.0	5.83		등록50%컷	등록70%컷
식품생명공학과	고려대(세종)	크림슨인재	17	7	15.9	3.38											
식품영양과학부*	전남대(광주)	고교생활우수자 I	19	19	6.2	3.56	3.71	19	6.4	3.54	3.72	12	6.8	3.70	3.87	등록평균	등록70%컷
식품영양학과	충북대	학생부종합 II	4	4	8.8	3.64	3.84	3	7.0	3.86		3	10.0	3.43		등록평균	등록70%컷
식품영양학과	조선대	면접	6	6	12.0	4.83	5.32	10	5.6	5.15	4.83	5	10.4	4.71	4.63	등록평균	등록70%컷
식품영양학과	충북대	학생부종합 I	4	4	22.0	3.57	3.74	5	14.2	4.03	4.00	5	14.2	3.61	3.87	등록평균	등록70%컷
식품영양학과	건국대(글로컬)	Cogito자기추천	14	23	6.0	5.0	5.2	23	5.2	5.2	5.4	32	3.2	5.1	5.4	등록50%	등록70%
식품영양학과	조선대	서류	10	10	6.8	4.92	5.03										
식품영양학과	원광대	지역인재 I(호남)	4													등록50%컷	등록70%컷
식품영양학과	인하대	인하미래인재	14	14	16.9	3.64	5.27	11	15.8	3.15	3.82	13	10.8	3.04	4.84	등록평균	등록최저
식품영양학과	공주대	일반학생	6	6	12.2	4.53	4.63	5	11.0	5.31	5.49	5	14.6	4.7	5.3	등록50%컷	등록70%컷
식품영양학과	경북대	일반학생	6	6	11.3	4.09	4.34	9	8.8	3.40	3.29	5	8.2	3.72	3.46	등록평균	등록70%
식품영양학과(자연)*	부산대	학생부종합	11	11	8.3	3.06	3.08	11	9.0	2.92	2.98	11	7.6	3.15	3.24	등록평균	등록70%컷
식품영양학과*	강원대(도계)	미래인재 I	9	6	3.5	6.05	6.98									등록평균	등록75%컷
식품영양학과*	순천향대	일반학생	12	11	12.4	4.56	5.59	7	7.9	4.67	5.71	11	9.7	4.39	6.87	최초평균	최초최저
식품영양학과*	경상국립대	일반전형	7	6	18.0	4.10		7	12.0	4.84		7	7.6	4.74	4.69	등록평균	등록70%
식품영양학과*	단국대(천안)	DKU인재(서류)	8	9	19.0	4.16	4.89	10	7.6	4.16		10	11.3	3.51		등록평균	등록최저
식품영양학과*	경상국립대	지역인재	7	5	9.2	4.15		7	6.6	4.54		7	8.1	4.76	4.51	등록평균	등록70%
식품영양학과*	원광대	학생부종합	10	10	6.0	5.80	6.07	10	5.0	5.39	5.97	7	5.4	4.80	4.94	등록50%컷	등록70%컷
식품영양학과*	충남대	일반전형	3	5	17.6	3.88	3.99	5	15.0			5	13.0			등록평균	등록70%
식품영양학과*	제주대	일반학생	2	2	6.5	3.98	3.98	2	8.5	3.15		2	13.0	3.93		등록50%컷	등록70%컷
식품영양학과*	충남대	서류전형	3	3	15.7	3.55	3.75									등록평균	등록70%
식품영양학과*	호서대	호서인재	10	14	3.0	5.24	6.54	14	2.8	4.77	6.33	10	5.1	4.93	5.64	등록평균	등록최저
식품영양학과*	한림대	학교생활우수자	13	16	4.2	4.85	6.04	16	2.9	4.57	5.20	19	2.3	4.66	5.85	등록평균	등록최저
식품영양학과*	한남대	한남인재 I(서류)	11	7	7.9	5.16	5.28	9	5.8	5.43	6.36	6	3.2	5.99	6.28	최종평균	최종80%
식품영양학전공	한국교통대	나비인재 II	7	2	4.0	5.07	5.44									등록평균	등록최저
신소재·반도체융합학부	울산대	지역인재	13													등록평균	등록최저
신소재·반도체융합학부	울산대	지역인재	19													등록평균	등록최저
신소재공학과	인하대	인하미래인재	32	32	10.3	2.68	4.16	29	8.0	2.69	5.63	29	7.5	2.44	3.83	등록평균	등록최저
신소재공학과	충남대	일반전형	9	12	7.8	2.96	3.18	12	8.5			12	10.6			등록평균	등록70%
신소재공학과	한밭대	학생부종합(일반)	22	22	6.0	4.70	5.25	20	3.0	5.30	5.20	19	3.2	4.42	4.80	등록50%컷	등록70%컷
신소재공학과	한밭대	지역인재(종합)	8	8	5.4	4.92	5.23	7	6.0	4.57	5.05	8	3.8	4.39	5.48	등록50%컷	등록70%컷
신소재공학과	충북대	학생부종합 II	5	5	9.8	3.22	3.34	3	9.0	3.58		3	11.7	3.51		등록평균	등록70%컷
신소재공학과	조선대	서류	26	20	2.6	6.03	6.24										
신소재공학과	충북대	학생부종합 I	7	6	9.3	3.13	3.15	9	9.3	3.26	3.29	8	10.1	3.15	3.33	등록평균	등록70%컷
신소재공학과	충남대	서류전형	8	8	8.0	3.07	3.28									등록평균	등록70%
신소재공학과	한남대	한남인재 I(서류)	7	6	2.8	6.48	6.59	6	3.5	5.93	6.26	5	1.8	6.19	6.70	최종평균	최종80%
신소재공학과	경북대	일반학생	5	5	18.6	3.10	3.25	11	13.1	2.97	2.97	13	8.4	2.98	3.15	등록평균	등록70%
신소재공학과*	단국대(천안)	DKU인재(서류)	8	10	9.7	3.64	3.86	8	7.6	3.86		8	12.6	3.46		등록평균	등록최저
신소재공학부	공주대	일반전형	23	23	4.6	5.03	5.20	14	5.9	4.56	4.79	14	6.9	4.9	5.1	등록50%컷	등록70%컷

모집단위	대학	전형	2025 모집인원	2024 모집인원	2024 경쟁률	2024 성적①	2024 성적②	2023 모집인원	2023 경쟁률	2023 성적①	2023 성적②	2022 모집인원	2022 경쟁률	2022 성적①	2022 성적②	성적 산출기준 성적①	성적 산출기준 성적②
신소재공학부	전남대(광주)	고교생활우수자I	20	12	6.2	3.11	3.07	12	5.3	3.01	3.15	12	5.5	2.94	3.00	등록평균	등록70%컷
신소재공학부	경북대	지역인재	7					5	10.0	3.70	3.97					등록평균	등록70%
신소재화학과*	고려대(세종)	지역인재	1	3	2.3			3	3.0			3	4.3				
신소재화학과*	고려대(세종)	크림슨인재	12	6	7.5	3.59											
심리치료학과	단국대(천안)	DKU인재(서류)	9	10	12.3	3.31	3.60	8	12.5	3.61		9	12.2	3.46		등록평균	등록최저
아동학부	경북대	지역인재	4													등록평균	등록70%
아동학부	경북대	일반학생	9	14	9.2	4.01	4.32	10	7.6	3.53	3.67	11	7.6	3.21	3.41	등록평균	등록70%
안경광학과	강원대(도계)	미래인재I	4	3	1.7	6.80	6.80									등록평균	등록75%컷
안전공학과	충북대	학생부종합II	4	4	9.0	4.30	4.45	3	6.3	4.37		3	7.3	4.29		등록평균	등록70%컷
안전공학과	충북대	학생부종합I	6	5	9.6	3.67	3.80	6	10.0	4.00	4.11	6	7.2	3.92	3.91	등록평균	등록70%컷
안전공학과	한국교통대	나비인재II	14	6	2.7	4.22	5.11									등록평균	등록최저
안전보건학과	호서대	호서인재	6	14	1.0	6.10	7.17	19	0.8	5.70	7.41					등록평균	등록최저
안전보건학과	원광대	학생부종합	6	6	3.2	5.30	5.30	6	3.0	5.46	5.69					등록50%컷	등록70%컷
약학과	충북대	학생부종합I	3	3	28.3	1.22		3	23.7	1.16		4	52.0	1.12	1.14	등록평균	등록70%컷
약학과	원광대	지역인재II(호남)	1														
약학과	경북대	지역인재	18	16	27.3	2.43	2.51	15	20.9	2.06	2.23	15	15.5	1.96	2.23	등록평균	등록70%
약학과	경상국립대	지역인재	4	4	15.8	1.44		4	19.0	1.26		4	29.8	1.28	1.14	등록평균	등록70%
약학과	충북대	학생부종합II	3	3	15.3	1.56		3	14.3	1.26		3	27.7	1.36		등록평균	등록70%컷
약학과	원광대	지역인재I(호남)	8	8	14.3	1.47	1.52	7	15.0	1.44	1.48	5	17.6	1.60	1.61	등록50%컷	등록70%컷
약학과	고려대(세종)	크림슨인재	4	5	24.2	1.64											
약학과	원광대	지역인재I(전북)	14	12	12.4	1.60	1.67	11	12.3	1.67	1.74	11	18.7	1.45	1.60	등록50%컷	등록70%컷
약학과	경상국립대	일반전형	3	3	25.0	1.49		3	18.3			3	31.3	1.39		등록평균	등록70%
약학과	고려대(세종)	지역인재	4					4	9.0			5	26.4				
약학과	충남대	일반전형	5	5	33.2	1.50	1.51	5	39.4			5	22.2			등록평균	등록70%
약학과	전북대	큰사람	2	2	20.0			2	22.0			2	25.0			등록평균	등록70%컷
약학과	강원대(춘천)	미래인재II	9	9	22.1	1.31	1.35	9	26.4	1.26	1.33	9	31.3	1.39		등록평균	등록75%컷
약학과	원광대	학생부종합	12	12	20.2	1.38	1.39	12	18.5			14	27.5	1.42	1.46	등록50%컷	등록70%컷
약학과	제주대	일반학생	4													등록50%컷	등록70%컷
약학과	조선대	면접	6	6	27.8	1.56	1.50	6	23.0	1.57	1.56					등록평균	등록70%컷
약학과	충남대	서류전형	2	2	19.0	1.54	1.58									등록평균	등록70%
약학과	단국대(천안)	DKU인재(면접)	8	8	21.7	1.78	1.88										
약학부	중앙대	CAU융합형인재	18	15	33.3	1.78	2.58	12	27.5	1.50	1.57	10	39.5	1.43	1.74	등록50%컷	등록70%컷
약학부	부산대	지역인재	12	14	21.0	1.51	1.53	14	21.6	1.81	1.67	16	17.1	2.06	1.84	등록평균	등록70%컷
약학부	전남대(광주)	고교생활우수자I	4	4	17.3	1.40	1.38	4	21.0	1.36	1.43	6	30.3	1.47	1.60	등록평균	등록70%컷
언어청각학부	한림대	학교생활우수자	10	15	3.3	4.74	5.67	15	2.3	5.11	6.11	17	2.1	4.62	5.68	등록평균	등록최저
언어치료학과	조선대	면접	6	6	7.2	5.28	5.78	5	5.6	5.72	5.85	5	6.6	4.42	3.86	등록평균	등록70%컷
언어치료학과	조선대	서류	7	5	8.0	5.01	4.76										
에너지공학과	경상국립대	일반전형	3	3	4.3	5.83										등록평균	등록70%
에너지공학과	충남대	서류전형	4													등록평균	등록70%
에너지공학과	단국대(천안)	DKU인재(서류)	10	12	6.8	3.89	4.09	12	7.6	3.79		12	10.3	3.87		등록평균	등록최저
에너지공학과	순천향대	일반학생	8	5	5.8	5.44	6.35	6	2.5	5.64	6.63	6	2.3	4.99	5.97	최초평균	최초최저
에너지공학과	충남대	일반전형	4													등록평균	등록70%
에너지공학과	경상국립대	지역인재	3	3	4.7	5.51										등록평균	등록70%
에너지공학부	경북대	일반학생	16	25	10.8	3.53	3.81	6	12.7	3.23	3.45	3	11.7			등록평균	등록70%
에너지신소재공학과	건국대(글로컬)	Cogito자기추천	14	21	3.7	4.9	5.3	21	3.5	5.1	5.3	21	3.9	5.1	5.2	등록50%	등록70%
에너지자원공학과	강원대(춘천)	미래인재I	6													등록평균	등록75%컷
에너지자원공학과	인하대	인하미래인재	8	8	9.6	2.69	3.35	8	7.9	2.65	2.94	8	8.9	2.48	2.91	등록평균	등록최저
에너지자원공학과	강원대(춘천)	미래인재II	3													등록평균	등록75%컷
에너지자원공학과	전남대(광주)	고교생활우수자I	6	6	6.0	3.57	3.66		5.5	3.35	3.34	12	5.5	3.24	3.25	등록평균	등록70%컷
에너지화학공학부	울산대	지역인재	24													등록평균	등록최저
에너지화학공학부	울산대	지역인재	25													등록평균	등록최저
에너지환경공학과	순천향대	일반학생	8	6	8.7	4.50	5.01	6	4.5	4.82	5.51	6	5.7	4.72	5.40	최초평균	최초최저
외식상품학과	공주대	일반학생	6	9	5.0	5.06	5.67	4	7.5	3.69	4.00	3	9.3	4.5	4.6	등록50%컷	등록70%컷
외식조리영양학과	우송대	면접형	3	3	6.3	5.9		4	4.5	4.9		4	5.5	5.1		등록평균	
외식조리영양학과*	우송대	서류형	4	5	4.6	4.4		3	9.3	4.3		3	7.3	5.4		등록평균	
용접·접합과학공학과	조선대	서류	8	10	1.5	7.08	6.62										

모집단위	대학	전형	2025 모집인원	2024 모집인원	2024 경쟁률	2024 성적①	2024 성적②	2023 모집인원	2023 경쟁률	2023 성적①	2023 성적②	2022 모집인원	2022 경쟁률	2022 성적①	2022 성적②	성적 산출기준 성적①	성적 산출기준 성적②
원예·농업자원경제학부	강원대(춘천)	미래인재 I	15	13	7.1	5.20	6.09									등록평균	등록75%컷
원예·농업자원경제학부	강원대(춘천)	미래인재 II	7	7	8.3	5.10	5.02	16	5.2	4.45	4.62	17	7.6	4.27		등록평균	등록75%컷
원예과학과	충북대	학생부종합 II	4	4	5.8	4.99		3	5.0	3.86		3	6.7	3.91		등록평균	등록70%컷
원예과학과	충북대	학생부종합 I	5	5	14.6	3.82	3.69	6	13.0	4.00	4.01	6	7.3	4.03	4.21	등록평균	등록70%컷
원예생명공학과	전남대(광주)	고교생활우수자 I	5	5	10.4	3.29	3.26	5	8.8	3.14	3.48	5	9.2	3.60	3.63	등록평균	등록70%컷
원예생명공학과	부산대	지역인재	4	3	8.7	4.30		3	13.0	6.26						등록평균	등록70%컷
원예생명공학과	부산대	학생부종합	4	3	11.0	4.05		3	8.3	4.62		5	6.0	4.74	4.68	등록평균	등록70%컷
원예학과	공주대	일반전형	10	10	7.7	5.02	5.75	7	8.1	5.49	5.55	7	8.0	4.5	5.0	등록50%컷	등록70%컷
원예환경전공	제주대	일반학생	2	2	5.0			2	4.0	5.20		2	10.0	4.49		등록50%컷	등록70%컷
원자력공학과	조선대	서류	16	10	1.4	6.66	7.10									등록평균	등록70%컷
원자력공학과	제주대	일반학생	2													등록50%컷	등록70%컷
유기소재시스템공학과*	부산대	학생부종합	13	10	10.7	3.08	2.73	12	10.3	2.71	2.78	5	10.6	2.94	2.96	등록평균	등록70%컷
유기재료공학과	충남대	서류전형	8	8	7.9	3.44	3.49									등록평균	등록70%
유기재료공학과	충남대	일반전형	9	12	6.5	3.24	3.40	12	7.5			12	6.7			등록평균	등록70%
융합바이오공학과	순천향대	조기취업계약학과	40	40	0.7	5.89	8.72	40	0.6	5.82	7.87	40	1.2	4.80	6.65		
융합바이오시스템기계공학과	전남대(광주)	고교생활우수자 I	6	7	8.3	3.72	3.66	2	10.5	3.80		2	7.5	3.71		등록평균	등록70%컷
융합소프트웨어학과	평택대	PTU종합	6	6	5.0	4.91	5.94	2	4.9	4.71	6.30	5	4.6	4.88	5.70	등록평균	등록최저
융합수리과학부	조선대	서류	5	5	1.6											등록평균	등록70%컷
응급구조학과	선문대	서류	7	5	11.8	4.58	4.85	5	7.2	5.12	5.29					등록50%컷	등록70%컷
응급구조학과	강원대(도계)	미래인재 II	5	4	7.8	5.91	6.32	6	9.7	4.82	5.56	5	20.2	5.03		등록평균	등록75%컷
응급구조학과	한국교통대	나비인재 II	10	4	9.3	4.46	5.12									등록평균	등록최저
응급구조학과	공주대	일반전형	10	10	13.7	4.05	4.27	9	20.3	4.03	4.17	9	23.4	4.2	4.4	등록50%컷	등록70%컷
응급구조학과	우송대	면접형	4	4	11.0	5.3		6	10.0	5.4		6	11.8	5.3		등록평균	
응급구조학과	우송대	서류형	5	5	10.0	4.9		3	20.3	5.0		3	11.7	5.4		등록평균	
응급구조학과	원광대	지역인재 I (호남)	10													등록50%컷	등록70%컷
응급구조학과	원광대	학생부종합	15	15	8.8	4.80	5.06									등록50%컷	등록70%컷
응급구조학과	강원대(도계)	미래인재 I	10	8	6.4	5.20	5.92									등록평균	등록75%컷
응용생명과학부	경북대	일반학생	10	11	17.6	3.76	3.82	6	15.7	3.20	3.55	10	12.3	3.10	3.30	등록평균	등록70%
응용생명과학부	경북대	지역인재	5	7	19.1	3.47	3.68	3	10.7	3.13	3.16	7	8.1	3.64	3.26	등록평균	등록70%
응용생물학과	전남대(광주)	고교생활우수자 I	6	8	9.0	3.62	3.70	2	10.1	3.69	3.81	2	6.3	3.95	3.61	등록평균	등록70%컷
응용수학과	공주대	일반전형	12	12	3.3	5.06	5.81	7	3.0	5.43	6.21	7	5.7	4.9	5.1	등록50%컷	등록70%컷
응용식물학과	전남대(광주)	고교생활우수자 I	8	8	8.4	3.80	3.86	8	6.5	3.75	3.89	9	7.1	3.51	3.66	등록평균	등록70%컷
응용화학공학과	충남대	일반전형	9	12	8.2	2.75	2.92	12	7.2			12	7.3			등록평균	등록70%
응용화학공학과	충남대	서류전형	8	8	7.5	2.43	2.56									등록평균	등록70%
응용화학과	경북대	일반학생	10	10	14.8	3.19	3.41	5	11.4	2.87	3.00	8	9.8	2.84	3.17	등록평균	등록70%
응용화학과	경북대	지역인재	5					4	12.8	3.62	3.69	5	6.8	3.37	3.70	등록평균	등록70%
의공학과	순천향대	일반학생	7	4	10.5	4.83	5.46	6	3.5	5.43	7.02	7	3.0	4.87	6.43	최초평균	최초최저
의공학부	전남대(여수)	고교생활우수자 II	9													등록평균	등록70%컷
의료IT공학과	순천향대	일반학생	10	4	7.0	4.89	5.12	4	3.0	5.05	6.48	4	4.8	4.57	5.07	최초평균	최초최저
의료IT공학과	순천향대	SW융합	2	2	8.0	4.95	5.98	2	2.0	5.54	7.02					최초평균	최초최저
의료생명공학과	순천향대	일반학생	9	6	12.7	4.28	4.74	7	4.1	4.32	5.39	7	7.4	3.85	5.07	최초평균	최초최저
의료정보학과	공주대	일반전형	6	6	4.7	5.05	5.17	6	5.3	4.80	4.89	6	7.3	4.7	4.9	등록50%컷	등록70%컷
의류상품학과	공주대	일반전형	11	11	10.6	4.51	4.59	9	13.9	4.56	4.77	9	8.2	4.7	4.7	등록50%컷	등록70%컷
의류학과	경북대	일반학생	5	5	27.6	3.98	4.51	5	13.0	4.45	4.72	5	8.2	4.00	4.25	등록평균	등록70%
의류학과	충북대	학생부종합 I	4	4	15.3	3.61	3.73	3	19.3	3.59	3.50	5	18.4	3.88	4.27	등록평균	등록70%컷
의류학과	충남대	일반전형	4	6	20.8	3.67	3.72	6	10.3			6	10.8			등록평균	등록70%
의류학과	충남대	서류전형	4	4	19.5	3.34	3.33									등록평균	등록70%
의류학과	충북대	학생부종합 II	4	4	10.5	4.10	4.21	3	10.3	4.66		9	9.0	4.48		등록평균	등록70%컷
의류학과*	경상국립대	일반전형	10	10	13.6	4.76		8	12.4	5.22		8	6.9	4.88	5.16	등록평균	등록70%
의류학과*	전남대(광주)	고교생활우수자 I	10	10	7.4	3.40	3.44	10	8.8	3.73	3.70	12	6.4	3.85	3.85	등록평균	등록70%
의류학과*	경상국립대	지역인재	7	8	6.5	4.76		8	8.8	4.80		8	5.6	5.09	4.98	등록평균	등록70%
의생명과학과	조선대	서류	10	10	3.8	4.90	5.08									등록평균	등록70%컷
의생명시스템학전공	단국대(천안)	DKU인재(서류)	7	7	7.3	2.85	3.34	8	7.1	2.87		8	9.3	2.89		등록평균	등록최저
의생명융합공학부	부산대	학생부종합	11					20	11.8	2.26	2.36	20	12.5	2.62	2.75	등록평균	등록70%컷
의생명융합공학부	부산대	지역인재	10	12	20.1	3.88	5.90	10	13.3	4.25	6.20	10	14.5	3.12	2.57	등록평균	등록70%컷
의생명융합학부	강원대(춘천)	미래인재 II	5	4	8.3	4.03	4.28	13	4.6	3.83	4.00	12	6.8	3.35		등록평균	등록75%컷

모집단위	대학	전형	2025 모집인원	2024 모집인원	경쟁률	성적①	성적②	2023 모집인원	경쟁률	성적①	성적②	2022 모집인원	경쟁률	성적①	성적②	성적 산출기준 성적①	성적②
의생명융합학부	강원대(춘천)	미래인재Ⅰ	12	12	6.6	3.65	3.78									등록평균	등록75%컷
의약공학과	순천향대	일반학생	9	8	9.3	4.14	4.68	6	5.2	3.93	4.53	7	7.9	4.47	5.59	최초평균	최초최저
의예과	단국대(천안)	DKU인재(면접)	40	15	19.0	1.25	1.39										
의예과	원광대	학생부종합	26	26	12.3	1.14	1.16	26	9.0	1.18	1.22	26	13.5	1.13	1.17	등록50%컷	등록70%컷
의예과	부산대	지역인재	30	30	8.8	1.27	1.21	30	12.9	1.26	1.26	30	15.9	1.52	1.48	등록평균	등록70%컷
의예과	경북대	일반학생	31	22	35.5	1.96	2.13	22	41.4	1.91	2.19	10	40.6	2.11	2.50	등록평균	등록70%
의예과	연세대(미래)	강원인재(일반)	27	18	12.2			18	11.0	1.67	4.16	14	10.8	1.50	1.64	등록50%컷	등록70%컷
의예과	전북대	큰사람	5	5	18.8	1.32	1.39	9	12.1	1.35	1.38	9	14.0	1.19	1.28	등록평균	등록70%컷
의예과	순천향대	일반학생	12	6	40.8	1.09	1.23	6	32.2	1.18	1.69	6	36.0	1.39	3.50	최초평균	최초최저
의예과	충북대	학생부종합Ⅰ	4	4	32.5	1.05	1.05	4	26.8	1.10	1.08	4	34.3	1.03	1.07	등록평균	등록70%컷
의예과	강원대(춘천)	지역인재	20														
의예과	경북대	지역인재	58	39	8.8	1.57	1.63	34	8.4	1.47	1.53	28	8.6	1.62	1.76	등록평균	등록70%
의예과	경상국립대	지역인재	6	3	20.7	1.24		3	15.3			3	17.0	1.33		등록평균	등록70%
의예과	충북대	학생부종합Ⅱ	4	4	12.8	1.82	2.01	4	17.3	1.18	1.19	4	25.0	1.28	1.33	등록평균	등록70%컷
의예과	강원대(춘천)	미래인재Ⅱ	10	9	30.2	1.83	2.50	9	19.0	1.75	1.51	9	24.1	1.21		등록평균	등록75%컷
의예과	인하대	인하미래인재	42	16	21.0	1.12	1.74	16	30.3	1.08	1.20	15	29.6	1.34	2.76	등록평균	등록최저
의예과	조선대	면접	10	10	11.5	1.26	1.26	10	24.3	1.14	1.04					등록평균	등록70%컷
의예과	경상국립대	일반전형	4	2	19.0			3	19.7			3	11.0	1.56		등록평균	등록70%
의예과	원광대	지역인재Ⅰ(전북)	33	33	8.0	1.18	1.31	33	7.3	1.18	1.33	30	8.1	1.18	1.33	등록50%컷	등록70%컷
의예과	울산대	지역인재	30	15	12.1	1.13	1.44	13	11.5	1.28	1.87	4	14.5	1.19	1.68	등록평균	등록최저
의예과	건국대(글로컬)	Cogito자기추천	14	12	28.9	1.3	1.5	12	27.7	1.3	1.5	12	23.3	1.2	1.6	등록50%	등록70%
의예과	울산대	잠재역량	34	14	20.6	1.14	1.53	14	20.3	1.14	1.29	14	22.4	1.16	1.40	등록평균	등록최저
의예과	연세대(미래)	학교생활우수자	15	15	27.6	1.41	1.50	18	12.3	1.40	1.47	19	14.3	1.33	1.37	등록50%컷	등록70%컷
의예과	충남대	서류전형	9	6	14.7	1.36	1.43									등록평균	등록70%
의예과	충남대	일반전형	20	19	10.8	1.12	1.13	19	12.8			19	13.6			등록평균	등록70%
의예과	원광대	지역인재Ⅰ(호남)	18	10	8.2	1.08	1.20	10	8.0	1.11	1.19	10	9.2	1.10	1.19	등록50%컷	등록70%컷
의예과	순천향대	지역인재	56	7	15.3	1.07	1.22	7	12.6	1.07	1.19	7	11.7	1.11	1.34	최초평균	최초최저
의예과	건국대(글로컬)	지역인재	26														
의예과	원광대	지역인재Ⅱ(호남)	3														
의예과	전남대(광주)	고교생활우수자Ⅰ	13	12	13.3	1.32	1.20	5	17.6	1.17	1.19	12	17.2	1.26	1.32	등록평균	등록70%컷
의예과	충남대	지역인재	25														
의학과	한림대	지역인재	19	16	10.7	2.48	5.03	16	12.5	2.46	4.40	15	10.8	2.20	4.48	등록평균	등록최저
의학과	한림대	학교생활우수자	43	21	21.8	1.41	2.72	20	31.2	1.21	1.48	23	21.9	1.37	2.49	등록평균	등록최저
이차전지융합학과	인하대	인하미래인재	13													등록평균	등록최저
인공지능공학과	인하대	인하미래인재	22	17	11.4	2.59	2.92	20	13.8	2.77	3.51	20	7.6	3.08	4.70	등록평균	등록최저
인공지능공학과	조선대	서류	21	15	2.5	5.52	5.90										
인공지능사이버보안학과	고려대(세종)	크림슨인재	18	8	6.3	3.94											
인공지능사이버보안학과	고려대(세종)	지역인재	2	2	1.5			2	4.0			2	6.0				
인공지능소프트웨어학과	한밭대	지역인재(종합)	3	3	8.0			3	8.7			3	5.7			등록50%컷	등록70%컷
인공지능소프트웨어학과	한밭대	학생부종합(일반)	5	5	13.2	4.65	4.63	4	9.3	4.19	4.44	4	5.5	3.20	4.87	등록50%컷	등록70%컷
인공지능융합학부	한림대	학교생활우수자	37	37	3.2	5.19	6.11	37	1.7	5.66	7.48	22	2.6	5.34	7.19	등록평균	등록최저
인공지능전공	부산대	학생부종합	8	6	21.0	3.22	2.49	9	15.3	2.42	2.56					등록평균	등록70%컷
인공지능전공	경북대	일반학생	12	10	17.7	3.58	3.84	8	8.9	3.26	3.52					등록평균	등록70%
인공지능전공	경북대	지역인재	5	5	26.4	3.91	4.14	5	8.0	4.21	4.86					등록평균	등록70%
인공지능전공	제주대	소프트웨어인재	1	1	3.0			1	4.0			1	3.0			등록50%컷	등록70%컷
인공지능컴퓨팅전공	경북대	일반학생	8	7	27.3	2.99	3.08	5	10.2	3.42	3.49					등록평균	등록70%
인공지능컴퓨팅전공	경북대	SW특별전형	2	2	12.5			2	7.0							등록평균	등록70%
인공지능컴퓨팅전공	경북대	지역인재	5	4	21.3	4.45	5.03	4	7.8	3.01	3.13					등록평균	등록70%
인공지능학과	충남대	일반전형	4	6	23.0	3.14	3.24	6	19.2			6	12.0			등록평균	등록70%
인공지능학과	충남대	서류전형	4	4	18.3	3.12	3.16									등록평균	등록70%
인공지능학과	충남대	소프트웨어인재	1	1	11.0			1	5.0			2	10.5			등록평균	등록70%
인공지능학과	제주대	일반학생	2	2	5.5			2	5.0	3.56		2	6.0	4.39		등록50%컷	등록70%컷
인공지능학부	전남대(광주)	고교생활우수자Ⅰ	36	31	4.9	3.08	3.18	26	5.4	3.10	3.17	26	7.7	3.07	3.17	등록평균	등록70%컷
인공지능학부	공주대	일반전형	8	10	8.1	4.46	4.63	9	4.9	5.00	5.02	9	6.2	4.1	4.3	등록50%컷	등록70%컷
인테리어재료공학과	경상국립대	지역인재	2	2	5.0											등록평균	등록70%
인테리어재료공학과	경상국립대	일반전형	6	5	6.4	5.21		7	5.4	5.66		7	4.1	5.40	5.28	등록평균	등록70%

모집단위	대학	전형	2025 모집인원	2024 모집인원	경쟁률	성적①	성적②	2023 모집인원	경쟁률	성적①	성적②	2022 모집인원	경쟁률	성적①	성적②	성적 산출기준 성적①	성적②
임산공학과	전남대(광주)	고교생활우수자 I	6	6	9.3	4.04	3.98	6	8.2	4.07	4.06	8	6.8	3.83	3.91	등록평균	등록70%컷
임상병리학과	호서대	호서인재	14	11	6.6	3.90	4.48	11	6.2	4.11	4.43	8	10.4	4.20	4.71	등록평균	등록최저
임상병리학과	상지대	강원인재	3	2	6.0	4.45										등록평균	
임상병리학과	상지대	종합일반	12	14	10.9	3.89										등록평균	
임상병리학과	순천향대	일반학생	11	7	36.0	2.97	3.69	7	19.4	3.61	4.21	7	18.3	3.60	4.35	최초평균	최초최저
임상병리학과	연세대(미래)	강원인재(일반)	3	3	5.7			3	5.7			3	4.7			등록50%컷	등록70%컷
임상병리학과	연세대(미래)	학교생활우수자	10	10	8.7	2.57	2.64	10	6.3	2.63	2.86	9	12.2	2.52	2.76	등록50%컷	등록70%컷
임상병리학과	단국대(천안)	DKU인재(서류)	10	10	36.7	3.72	4.79	8	30.9	3.96		9	29.8	3.48		등록평균	등록최저
자동차공학과	한국교통대	나비인재II	10	4	3.5	4.57	5.30									등록평균	등록최저
자연공학계열광역	단국대(천안)	DKU인재(서류)	64													등록평균	등록최저
자연과학계열1	전북대	큰사람	24													등록평균	등록70%컷
자연과학계열2	전북대	큰사람	17													등록평균	등록70%컷
자연과학대학 자율학부	경북대	일반학생	5													등록평균	등록70%
자연과학대학 자율학부	경북대	지역인재	8													등록평균	등록70%
자연과학대학	한림대	학교생활우수자	18													등록평균	등록최저
자유전공학부(자연)	강원대(춘천)	미래인재 I	4	3	8.0	4.23	4.50									등록평균	등록75%컷
자유전공학부[충주]	한국교통대	나비인재II	11	5	4.2	5.03	5.51									등록평균	등록최저
자율운항시스템공학과	충남대	일반전형	6	9	8.9	3.75	3.92	9	6.7			4	8.3			등록평균	등록70%
자율운항시스템공학과	충남대	서류전형	5	5	9.4	3.63	3.77									등록평균	등록70%
작업치료학과	강원대(도계)	미래인재 I	15	9	3.2	5.69	6.18									등록평균	등록75%컷
작업치료학과	조선대	서류	10	10	7.9	5.24	5.44									등록평균	
작업치료학과	순천향대	일반학생	10	6	10.5	4.34	4.73	6	7.2	3.93	4.53	6	13.8	4.03	4.69	최초평균	최초최저
작업치료학과	연세대(미래)	학교생활우수자	6	6	6.8	3.58	3.87	6	4.0	3.45	3.65	6	6.5	3.16	3.45	등록50%컷	등록70%컷
작업치료학과	우송대	면접형	2	2	8.5	6.0		4	5.0	5.8		4	4.3	5.7		등록평균	
작업치료학과	강원대(도계)	미래인재II	6	6	2.5	5.84	6.05	5	9.0	5.27	5.57	5	9.0	6.07		등록평균	등록75%컷
작업치료학과	한서대	융합인재	2	6	1.0	5.6		6	1.3	4.6		5	2.6	5.3		등록평균	
작업치료학과	연세대(미래)	강원인재(일반)	3	3	7.7			3	2.3			3	2.7			등록50%컷	등록70%컷
작업치료학과	원광대	학생부종합	20	20	3.9	5.79	5.96	29	3.3	5.33	5.71	24	5.6	5.39	5.55	등록50%컷	등록70%컷
작업치료학과	원광대	지역인재 I(호남)	14									5	2.6	5.54	5.69	등록50%컷	등록70%컷
작업치료학과	조선대	면접	6	6	10.0	5.78	5.26	15	4.9	5.48	5.75	10	7.2	5.09	5.24	등록평균	등록70%컷
작업치료학과	우송대	서류형	4	4	7.5	5.3		2	11.0	5.6		2	7.0	6.1		등록평균	
작업치료학과	상지대	종합일반	7	7	4.6	5.17										등록평균	
재료공학부*	부산대	학생부종합	12	10	9.5	2.46	2.61	10	12.3	2.43	2.62	10	12.8	2.67	2.90	등록평균	등록70%컷
전기·전자통신공학교육과	충남대	일반전형	4	4	4.8	3.81	3.88	4	5.3			4	6.5			등록평균	등록70%
전기공학과	강원대(삼척)	미래인재 I	4	6	1.7	5.61	6.50									등록평균	등록75%컷
전기공학과	경상국립대	일반전형	6	6	11.7	4.21		6	10.5	4.04		6	7.5	4.04	3.90	등록평균	등록70%
전기공학과	조선대	면접	6	6	11.0	4.14	3.80	10	10.2	4.34	4.80	10	10.0	4.28	4.26	등록평균	등록70%컷
전기공학과	경상국립대	지역인재	3	3	6.7	4.13		3	8.0	4.18		3	7.0	4.18		등록평균	등록70%
전기공학과	한국교통대	나비인재II	9	3	4.3	4.87	5.69									등록평균	등록최저
전기공학과	충남대	서류전형	4	4	10.0	2.95	3.01									등록평균	등록70%
전기공학과	호서대	호서인재	17	23	1.4	6.16	7.33	25	1.1	6.01	6.99	17	2.9	5.49	6.74	등록평균	등록최저
전기공학과	원광대	학생부종합	15	15	1.7	5.42	5.65	25	2.1	5.10	5.37	17	2.9	5.42	5.78	등록50%컷	등록70%컷
전기공학과	원광대	지역인재 I(호남)	8	3	1.7											등록50%컷	등록70%컷
전기공학과	충남대	일반전형	5	7	8.6	3.09	3.25	7	9.3			7	15.3			등록평균	등록70%
전기공학과	전남대(광주)	고교생활우수자 I	10	10	6.8	2.02	2.02	10	6.7	1.97	1.98	12	6.2	2.02	2.12	등록평균	등록70%컷
전기공학과	제주대	일반학생	2	4	5.8	5.62	5.62	4	3.5	5.36	5.93	4	7.5	3.83	4.53	등록50%컷	등록70%컷
전기공학과	조선대	서류	25	25	5.8	4.14	4.27									등록평균	
전기공학과	경북대	일반학생	7	8	14.4	3.13	3.44	5	18.4	3.31	3.45	8	9.3	3.30	3.53	등록평균	등록70%
전기공학과*	한밭대	지역인재(종합)	8	8	4.8	5.40	5.29	7	10.9	5.39	4.91	8	3.4	5.99	6.61	등록50%컷	등록70%컷
전기공학과*	한밭대	학생부종합(일반)	11	11	6.1	5.07	5.15	10	5.5	4.59	4.85	11	3.8	4.65	5.49	등록50%컷	등록70%컷
전기공학과*	순천향대	일반학생	13	8	8.5	4.95	5.83	6	4.3	5.08	6.60	9	6.1	4.63	5.96	최초평균	최초최저
전기공학부	충북대	학생부종합 I	7	7	14.9	3.60	3.83	9	7.9	3.88	3.86	9	9.0	3.12	3.19	등록평균	등록70%컷
전기공학부	충북대	학생부종합II	7	6	10.7	3.87	3.97	3	9.3	4.00		3	7.3	3.87		등록평균	등록70%컷
전기공학전공	부산대	학생부종합	6	10	9.8	2.43	2.43	10	9.6	2.40	2.57	10	19.7	2.32	2.43	등록평균	등록70%컷
전기전자공학과	강원대(춘천)	미래인재II	10	11	7.7	4.19	4.40	18	5.3	3.69	3.85	18	6.7	3.88		등록평균	등록75%컷

3부 ● 모집단위순 합격자 성적

모집단위	대학	전형	2025 모집인원	2024 모집인원	2024 경쟁률	2024 성적①	2024 성적②	2023 모집인원	2023 경쟁률	2023 성적①	2023 성적②	2022 모집인원	2022 경쟁률	2022 성적①	2022 성적②	성적 산출기준 성적①	성적 산출기준 성적②
전기전자공학과	한남대	한남인재II (서류+면접)	5	5	3.8	6.20	6.75	6	5.2	5.90	5.59	5	5.0	5.79	5.65	최종평균	최종80%
전기전자공학과	강원대(춘천)	미래인재I	16	18	5.7	4.29	4.60									등록평균	등록75%컷
전기전자공학과	한라대	운곡인재	8	9	1.6	5.31	5.31	16	1.7	5.82	6.14					등록50%컷	등록70%컷
전기전자공학과	한남대	한남인재I(서류)	6	7	4.7	5.95	6.33	8	4.5	4.86	5.44	5	4.2	5.16	4.79	최종평균	최종80%
전기전자공학부	인하대	인하미래인재	71													등록평균	등록최저
전기전자융합학부	울산대	지역인재	32													등록평균	등록최저
전기전자융합학부	울산대	지역인재	35													등록평균	등록최저
전기전자제어공학부	공주대	일반전형	16	16	9.5	4.37	4.55	16	8.9	4.46	4.67	16	11.3	4.3	4.4	등록50%컷	등록70%컷
전자기계융합공학과	고려대(세종)	크림슨인재	20	5	6.4	4.02											
전자기계융합공학과	고려대(세종)	지역인재	2	3	2.0			3	3.7			3	4.0				
전자전기융합공학과	홍익대(세종)	학교생활우수자	9	9	5.0	4.58	5.00	12	7.6	3.87	4.43	14	2.4	4.87	5.10	등록50%컷	등록70%컷
전자·AI시스템공학과	강원대(삼척)	미래인재I	20													등록평균	등록75%컷
전자·AI시스템공학과	강원대(삼척)	학·석사통합	20	30	0.9	6.41	6.94	30	0.9	5.97	6.17					등록평균	등록75%컷
전자공학과	충북대	학생부종합II	5	5	6.4	3.27	3.35	5	8.2	3.41	3.34	5	8.2	3.21	3.40	등록평균	등록70%컷
전자공학과	충남대	일반전형	6	8	10.3	2.68	2.68	8	10.0			8	9.0			등록평균	등록70%
전자공학과	한밭대	학생부종합(일반)	22	22	6.1	4.50	4.61	20	4.2	5.63	4.73	20	3.5	4.68	4.91	등록50%컷	등록70%컷
전자공학과	순천향대	일반학생	11	5	9.4	4.86	5.34	6	5.0	5.12	5.71	5	5.4	4.44	5.41	최초평균	최초최저
전자공학과	한밭대	지역인재(종합)	11	11	4.3	4.43	4.86	10	7.0	4.74	4.85	10	3.2	4.85	5.43	등록50%컷	등록70%컷
전자공학과	원광대	학생부종합	8	14	1.9	5.58	5.88	16	2.1	5.69	6.05	12	2.3	6.11	6.28	등록50%컷	등록70%컷
전자공학과	충남대	서류전형	5	5	11.6	3.10	3.42									등록평균	등록70%
전자공학과	제주대	일반학생	2	2	7.0	4.73	4.73	2	5.5	4.85		2	6.5			등록50%컷	등록70%
전자공학과	강원대(춘천)	미래인재II	4	4	7.3	4.00	4.21	8	5.3	4.08	4.27	8	6.8	3.98		등록평균	등록75%컷
전자공학과	충북대	학생부종합I	5	5	10.2	2.91	3.06	11	7.6	3.22	3.59	11	8.8	2.97	3.23	등록평균	등록70%컷
전자공학과	조선대	서류	47	20	2.6	5.74	5.49										
전자공학과	호서대	호서인재	8	8	1.9	6.48	8.00	20	1.0	6.42	6.97	35	1.0	6.08	7.89	등록평균	등록최저
전자공학과	강원대(춘천)	미래인재I	7	8	5.6	4.13	4.35									등록평균	등록75%컷
전자공학과	조선대	면접	6	12	3.8	5.22	5.38	14	3.3	5.35	5.34	10	6.2	5.10	5.25	등록평균	등록70%컷
전자공학과	상명대(천안)	상명인재	5	7	8.0	4.78	5.16	7	4.7	4.98	5.28	7	6.0	4.50		등록평균	등록최저
전자공학과	한국교통대	나비인재II	30	9	3.3	5.11	6.18									등록평균	등록최저
전자공학부	경북대	일반학생	50	60	8.7	3.13	3.41	36	10.0	2.60	2.71	40	10.4	2.81	3.02	등록평균	등록70%
전자공학부	경북대	지역인재	30	35	10.8	3.10	3.38	27	6.9	3.17	3.40	15	7.5	2.79	3.33	등록평균	등록70%
전자공학부*	경상국립대	지역인재	2	2	6.5			1	5.0			1	7.0	3.70		등록평균	등록70%
전자공학부*	경상국립대	일반전형	15	6	7.7	4.08		6	6.5	3.82		6	8.0	3.53	3.59	등록평균	등록70%
전자공학전공*	부산대	학생부종합	10	8	11.4	2.69	2.10	14	12.2	2.20	2.27	15	13.3	2.25	2.39	등록평균	등록70%컷
전자및정보공학과	고려대(세종)	지역인재	4	4	1.8			5	2.6			5	3.8				
전자및정보공학과	고려대(세종)	크림슨인재	34	10	5.7	4.02											
전자재료공학과	호서대	호서인재	7	7	1.1	5.93	5.93	7	0.9	5.40	5.48	7	1.6	6.16	6.65	등록평균	등록최저
전자정보공학과*	순천향대	일반학생	9	5	6.0	5.13	6.29	6	5.8	5.23	6.19	6	5.3	5.53	6.32	최초평균	최초최저
전자정보자율전공학부	충북대	학생부종합II	7													등록평균	등록70%컷
전자정보자율전공학부	충북대	학생부종합I	11													등록평균	등록70%컷
전자컴퓨터공학부	전남대(광주)	고교생활우수자I	42	42	5.7	2.94	3.14									등록평균	등록70%컷
정보·컴퓨터교육과	경북대	일반학생	4													등록평균	등록70%
정보보안공학과	상명대(천안)	상명인재	5	7	6.1	4.83	5.54	7	5.6	4.82	5.13	7	7.9	4.33		등록평균	등록최저
정보보안전공	조선대	서류	13	11	2.6	5.59	5.78										
정보보안전공	조선대	면접	4	6	3.2	5.82	5.63	5	5.8	5.41	4.96	5	7.0	4.94	5.76	등록평균	등록70%컷
정보보호학과	순천향대	일반학생	14	8	8.0	4.74	5.69	8	4.6	4.65	5.60	7	8.0	4.64	6.16	최초평균	최초최저
정보보호학과	순천향대	SW융합	2	2	6.5	5.78	6.09	2	5.5	4.97	6.20						
정보의생명공학자율전공	부산대	학생부종합	7														
정보통계학과	충남대	일반전형	3	5	10.4	3.82	4.02	5	7.4			5	7.8			등록평균	등록70%
정보통계학과	경상국립대	지역인재	5	5	3.6	4.78		5	5.6	4.86		4	3.5	5.01	5.08	등록평균	등록70%
정보통계학과	충북대	학생부종합II	4	4	6.0	3.97	4.02	3	10.7	3.98		3	6.0	4.69		등록평균	등록70%컷
정보통계학과	충남대	서류전형	1	2	9.0	3.07	3.07									등록평균	등록70%
정보통계학과	충북대	학생부종합I	6	5	7.4	3.46	3.56	6	6.8	3.87	3.96	6	10.7	3.38	3.57	등록평균	등록70%컷
정보통계학과	경상국립대	일반전형	11	12	3.9	4.84		12	3.9	4.67		12	4.3	4.42	4.70	등록평균	등록70%
정보통신공학과	한밭대	학생부종합(일반)	4	4	7.8	4.73	5.01	4	5.0	5.72	5.07	4	4.0			등록50%컷	등록70%컷

모집단위	대학	전형	2025 모집인원	2024 모집인원	2024 경쟁률	2024 성적①	2024 성적②	2023 모집인원	2023 경쟁률	2023 성적①	2023 성적②	2022 모집인원	2022 경쟁률	2022 성적①	2022 성적②	성적 산출기준 성적①	성적 산출기준 성적②
정보통신공학과	공주대	일반전형	8	8	6.0	4.80	5.01	6	7.7	5.06	5.15	6	9.3	4.9	4.9	등록50%컷	등록70%컷
정보통신공학과	한남대	한남인재I(서류)	6	4	3.3	6.10	6.42	5	3.4	5.61	5.55	6	3.5	5.94	5.92	최종평균	최종80%
정보통신공학과	한밭대	지역인재(종합)	4	4	6.0	4.88	4.74	3	5.7			3	4.0			등록50%컷	등록70%컷
정보통신공학과*	순천향대	일반학생	10	6	6.3	5.19	6.58	6	4.0	5.21	5.98	12	5.8	5.19	5.90	최초평균	최초최저
정보통신공학부	충북대	학생부종합I	13	11	8.0	3.60	3.88	11	8.7	3.76	3.88	11	10.2	3.53	3.68	등록평균	등록70%컷
정보통신공학부	충북대	학생부종합II	12	10	8.4	3.84	3.88	4	9.8	3.96	3.80	4	11.8	3.83	3.84	등록평균	등록70%컷
정보통신공학부	호서대	호서인재	8	16	1.0	6.56	8.66	28	0.86	6.56	7.97	20	1.4	6.07	6.97	등록평균	등록최저
정보통신공학부	충북대	SW우수인재	4	12	8.9	3.81	3.91	12	6.3	4.34	4.50	12	8.0	4.13	4.28	등록평균	등록70%컷
정보통신공학전공	조선대	서류	24	22	1.6	6.56	7.13										
정보통신공학전공	조선대	면접	4	6	3.3	6.63	6.97	5	4.2	6.07	6.61	5	6.6	4.92	5.03	등록평균	등록70%컷
정보통신융합학부	충남대	일반전형	12	11	9.6	3.69	3.81	11	7.3			11	6.9			등록평균	등록70%
정보통신융합학부	충남대	서류전형	10	7	10.9	3.67	3.79									등록평균	등록70%
정보통신학과	평택대	PTU종합	6	5	6.6	6.18	6.66	8	3.6	6.12	7.00	5	2.2	5.93	6.30	등록평균	등록최저
제약공학과	경상국립대	일반전형	5	3	8.3	4.09										등록평균	등록70%
제약공학과	단국대(천안)	DKU인재(서류)	9	13	7.1	3.18	3.54	8	6.5	3.34		8	9.6	2.96		등록평균	등록최저
제약공학과	호서대	호서인재	5	5	2.4	6.05	6.63	5	2.8	5.42	5.74	11	2.6	5.03	5.83	등록평균	등록최저
제약학과	충북대	학생부종합II	3	3	17.7	1.53		3	13.3	1.26		3	26.7	1.36		등록평균	등록70%컷
제약학과	충북대	학생부종합I	3	3	20.3	1.04		3	18.3	1.16		4	47.8	1.07	1.05	등록평균	등록70%컷
제어로봇공학과	경상국립대	일반전형	5	5	12.4	4.90		5	4.4	5.25		5	6.0	4.37	4.54	등록평균	등록70%
제어로봇공학과	경상국립대	지역인재	3	3	7.3	4.70		3	5.7			2	6.5	4.56		등록평균	등록70%
조경학과	경상국립대	일반전형	2	12	4.8	5.42		13	6.5	4.78		13	4.9	5.25	5.49	등록평균	등록70%
조경학과	공주대	일반전형	6	6	5.8	4.50	5.13	6	6.2	3.54	4.34	6	9.0	4.8	5.2	등록50%컷	등록70%컷
조경학과	경상국립대	지역인재	2	2	6.0			2	4.5			2	6.5	4.09		등록평균	등록70%
조경학과*	부산대	학생부종합	7	7	16.4	4.50	4.81	9	7.1	4.70	4.85	9	6.8	4.45	4.39	등록평균	등록70%컷
조경학과*	전남대(광주)	고교생활우수자I	8	8	8.0	3.79	3.88	8	8.0	3.50	3.72	9	5.6	3.54	3.87	등록평균	등록70%컷
조선해양공학과	인하대	인하미래인재	19	19	6.8	3.91	5.37	18	7.5	3.58	5.26	16	4.8	3.71	6.28	등록평균	등록최저
조선해양공학과	전남대(여수)	고교생활우수자II	5	11	0.4			11	1.0	6.53						등록평균	등록70%컷
조선해양공학과	경상국립대	일반전형	6	6	3.7	5.84		6	2.3			5	4.8	5.66	5.68	등록평균	등록70%
조선해양공학과	홍익대(세종)	학교생활우수자	6	5	4.6	5.07	5.08	7	6.9	4.98	5.08	8	1.9			등록50%컷	등록70%컷
조선해양공학과*	부산대	학생부종합	10	10	13.0	3.12	3.24	10	8.0	3.45	3.58	10	11.3	3.39	3.44	등록평균	등록70%컷
주거환경학과	충북대	학생부종합I	4	4	13.3	3.53	3.75	3	10.2	3.83	3.81	5	10.2	4.01	4.13	등록평균	등록70%컷
주거환경학과	충북대	학생부종합II	4	4	12.5	4.02	4.07	3	5.0	6.31		3	8.0	3.85		등록평균	등록70%컷
지구과학교육과	한국교원대	학생부종합우수자	12	12	6.2	2.48	3.27	12	4.3	2.43	3.69	12	5.7	1.94	2.30	등록평균	등록최저
지구과학교육과	경북대	지역인재	4	3	15.3	3.48	3.69									등록평균	등록70%
지구과학교육과	경북대	일반학생	4	4	24.0	4.66	4.34	8	15.1	3.29	3.75	6	8.0	3.93	4.40	등록평균	등록70%
지구과학교육과	충북대	학생부종합I	6	6	8.7	2.74	2.82	6	8.0	2.90	2.94	6	7.7	2.60	2.69	등록평균	등록70%컷
지구과학교육과	공주대	일반전형	10	10	8.8	2.99	3.24	10	10.3	2.99	3.17	10	9.1	2.7	3.2	등록50%컷	등록70%컷
지구과학교육과	조선대	서류	6	5	2.6												
지구과학교육과	전남대(광주)	고교생활우수자I	5	6	5.0	3.28	3.38	6	7.5	2.80	2.76	6	6.8	3.04	3.05	등록평균	등록70%컷
지구과학교육과	조선대	면접	4	5	2.6	4.88	4.81	4	9.5	3.67	3.27	5	9.2	4.10	4.72	등록평균	등록70%컷
지구시스템과학부	경북대	일반학생	24	24	14.8	3.82	4.04	20	9.3	3.79	4.12	23	6.3	3.81	3.85	등록평균	등록70%
지구시스템과학부	경북대	지역인재	16	16	15.6	4.25	4.61	17	4.5	3.96	4.45	6	5.7	3.23	3.27	등록평균	등록70%
지구해양과학과	제주대	일반학생	2	2	4.5	5.24	5.24	2	3.5	4.44		2	6.5	4.84		등록50%컷	등록70%컷
지구환경과학과	충북대	학생부종합II	4	4	14.5	4.51	4.85	3	7.0	4.78		3	8.3	4.10		등록평균	등록70%컷
지구환경과학과	충북대	학생부종합I	5	5	14.8	3.71	3.80	6	17.0	3.99	4.27	6	8.2	4.15	4.46	등록평균	등록70%컷
지구환경과학부*	전남대(광주)	고교생활우수자I	10	10	10.4	3.91	3.95	10	8.4	4.05	3.98	10	7.1	3.67	3.88	등록평균	등록70%컷
지능로봇공학과	충북대	학생부종합II	5	5	7.6	3.82	3.93	3	9.0	3.73		3	9.7	3.86		등록평균	등록70%컷
지능로봇공학과	충북대	학생부종합I	6	6	10.5	3.39	3.67	6	9.4	3.77	3.81	8	12.0	3.36	3.62	등록평균	등록70%컷
지능미디어공학과	한밭대	학생부종합(일반)	5	5	6.8	5.17	4.81	4	4.0	5.70	5.12	4	3.8	4.53	4.84	등록50%컷	등록70%컷
지능미디어공학과	한밭대	지역인재(종합)	3	3	5.3			3	4.3			3	3.3			등록50%컷	등록70%컷
지능형모빌리티공학과	공주대	일반전형	5	5	5.2	5.47	5.62	6	6.6	4.74	5.11	5	6.6	4.9	5.1	등록50%컷	등록70%컷
지능형반도체공학과	고려대(세종)	크림슨인재	21	5	5.8	3.99											
지능형반도체공학과	고려대(세종)	지역인재	3	1	1.0			1	4.0			1	4.0				
지역·바이오시스템공학과	전남대(광주)	고교생활우수자I	4	2	7.0	4.17		2	11.0			7	6.4	3.72	3.87	등록평균	등록70%컷
지역건설공학과	공주대	일반전형	6	6	5.2	5.19	5.72	4	6.8	6.01	6.08	4	7.5	5.3	5.7	등록50%컷	등록70%컷
지역건설공학과	충북대	학생부종합II	4	4	8.5	4.70	4.79	3	6.7	4.81		3	7.3	4.39		등록평균	등록70%컷

모집단위	대학	전형	2025 모집인원	2024 모집인원	2024 경쟁률	2024 성적①	2024 성적②	2023 모집인원	2023 경쟁률	2023 성적①	2023 성적②	2022 모집인원	2022 경쟁률	2022 성적①	2022 성적②	성적산출기준 성적①	성적산출기준 성적②
지역건설공학과	충북대	학생부종합I	5	5	9.0	3.95	4.00	6	7.7	3.87	4.30	6	13.5	4.13	4.18	등록평균	등록70%컷
지역건설공학과*	강원대(춘천)	미래인재I	6	5	12.2	4.98	5.11									등록평균	등록75%컷
지역건설공학과*	강원대(춘천)	미래인재II	3	3	10.3	4.87	5.28	8	5.1	4.99	5.13	7	7.1	4.73		등록평균	등록75%컷
지역시스템공학과*	경상국립대	지역인재	5	6	4.7	5.46		6	4.0	5.36		6	6.0	4.85	4.91	등록평균	등록70%
지역시스템공학과*	경상국립대	일반전형	5	5	5.4	5.12		6	4.5	5.13		8	6.0	4.99	5.02	등록평균	등록70%
지질·지구물리학부	강원대(춘천)	미래인재II	3	4	10.3	4.89	5.08	7	4.3	5.47	6.52	7	6.3	4.10		등록평균	등록75%컷
지질·지구물리학부	강원대(춘천)	미래인재I	7	8	10.4	4.48	4.85									등록평균	등록75%컷
지질과학과	경상국립대	일반전형	9	10	4.4	5.57		10	4.0	5.41		6	4.3	4.92	5.36	등록평균	등록70%
지질과학과	경상국립대	지역인재	3	3	4.0	6.14		3	3.0			3	4.7	4.97		등록평균	등록70%
지질환경과학과	공주대	일반전형	6	7	6.4	5.00	5.23	7	5.6	5.18	5.45	7	3.9	5.5	5.6	등록50%컷	등록70%컷
지질환경과학과*	충남대	일반전형	5	7	11.0	3.93	4.02	7	9.0			7	7.0			등록평균	등록70%
지질환경과학과*	충남대	서류전형	4	4	12.3	3.59	4.04									등록평균	등록70%
지질환경과학과*	부산대	학생부종합	5					5	9.4	3.50	3.72	5	16.0	3.24	3.44	등록평균	등록70%컷
창의융합학과	한밭대	학생부종합(학석사)	28	28	4.4	5.46	5.59	28	4.2	5.34	5.34	28	3.1	5.13	5.42	등록50%컷	등록70%컷
천문우주과학과	충남대	일반전형	4	5	18.0	3.43	3.59	5	11.0			5	130			등록평균	등록70%
천문우주과학과	충남대	서류전형	2	2	16.0	4.57	4.83									등록평균	등록70%
천문우주학과	충북대	학생부종합I	5	5	10.8	3.39	3.54	6	13.0	3.23	3.44	6	11.5	3.78	4.37	등록평균	등록70%컷
천문우주학과	충북대	학생부종합II	4	4	14.5	3.82	3.90	3	6.67	4.36		3	10.7	3.87		등록평균	등록70%컷
철도건설시스템전공	우송대	서류형	4	4	3.8	6.4		4	4.8	6.3		2	5.5	6.3		등록평균	
철도대학자유전공학부	한국교통대	나비인재II	10													등록평균	등록최저
철도소프트웨어전공	우송대	서류형	2	2	5.0	6.9		4	3.8	5.9		2	6.0	5.3		등록평균	
철도소프트웨어전공	우송대	SW잠재능력	2	2	3.0	5.2		2	1.5			2	2.5	6.1		1단계평균	
철도시스템공학부	원광대	학생부종합	8	8	3.6	4.71	5.22									등록50%컷	등록70%컷
철도운전시스템공학과	한국교통대	나비인재II	17	3	10.3	3.40	4.14									등록평균	등록최저
철도운전시스템학과	한라대	운곡인재	7	5	4.4	5.88	5.88									등록50%컷	등록70%컷
철도인프라공학과	한국교통대	나비인재II	14	3	4.7	4.91	5.28									등록평균	등록최저
철도전기시스템전공	우송대	서류형	5	5	4.6	5.8		2	8.0	5.0		2	7.0	5.4		등록평균	
철도전기시스템학과	우송대	면접형	2	2	5.5	6.2		4	4.3	5.6		4	2.5	5.9		등록평균	
철도전기정보공학과	한국교통대	나비인재II	13	3	4.3	4.12	4.42									등록평균	등록최저
철도차량시스템공학과	한국교통대	나비인재II	15	3	6.0	3.69	4.47									등록평균	등록최저
철도차량시스템학과	우송대	서류형	6	6	8.0	4.9		3	10.0	4.9		3	13.7	4.6		등록평균	
철도차량시스템학과	우송대	면접형	3	3	7.3	5.8		6	7.5	4.6		6	8.2	4.9		등록평균	
첨단기술융합대학 자율학부1	경북대	일반학생	24													등록평균	등록70%
첨단기술융합대학 자율학부1	경북대	지역인재	14													등록평균	등록70%
첨단기술융합대학 자율학부2	경북대	지역인재	8													등록평균	등록70%
첨단기술융합대학 자율학부2	경북대	일반학생	14													등록평균	등록70%
첨단바이오의약학과	인하대	인하미래인재	11													등록평균	등록최저
첨단에너지공학과	조선대	서류	16	10	1.8	7.02	6.77										
첨단융합신약학과	고려대(세종)	크림슨인재	7														
축산과학부*	경상국립대	일반전형	10	12	5.3	5.59		15	5.0	4.81		15	6.2	4.99	5.29	등록평균	등록70%
축산과학부*	경상국립대	지역인재	9	10	3.7	5.91		10	4.5	5.04		10	3.9	5.40	5.59	등록평균	등록70%
축산학과	충북대	학생부종합II	5	5	8.6	4.85	5.13	3	8.0	4.94		3	4.7	4.75		등록평균	등록70%컷
축산학과	충북대	학생부종합I	6	6	10.0	2.81	3.18	8	11.4	3.80	3.92	8	6.5	4.13	4.63	등록평균	등록70%컷
치위생학과	연세대(미래)	학교생활우수자	9	6	6.7	3.91	3.92	6	4.3	3.29	3.62	6	9.7	3.00	3.13	등록50%컷	등록70%컷
치위생학과	한서대	융합인재	2	6	4.3	4.8		6	4.7	4.6		6	4.0	4.8		등록평균	
치위생학과	단국대(천안)	DKU인재(서류)	10	10	12.8	3.82	5.06	8	12.0	3.26		9	14.2	3.42		등록평균	등록최저
치위생학과	선문대	서류	6	8	7.8	5.06	5.46	8	8.4	4.55	5.10					등록50%컷	등록70%컷
치위생학과	강원대(도계)	미래인재II	5	4	3.3	5.23	5.49	4	5.0	4.61	4.79	5	7.8	4.23		등록평균	등록75%컷
치위생학과	강원대(도계)	미래인재I	9	6	2.7	5.80	6.71									등록평균	등록75%컷
치위생학과	경북대	일반학생	6	4	26.5	4.75	5.05	5	9.2	4.47	4.67					등록평균	등록70%
치의예과	전북대	큰사람	4	4	22.3	1.37	1.42	6	23.0	1.45	1.51	2	25.5			등록평균	등록70%
치의예과	경북대	지역인재	16	11	17.8	1.86	1.90	11	18.2	2.10	2.09	10	21.6	2.16	2.30	등록평균	등록70%
치의예과	경북대	일반학생	9	9	39.2	1.89	1.95	6	48.8	1.89	2.11	5	48.6	2.15	2.40	등록평균	등록70%
치의예과	단국대(천안)	DKU인재(면접)	20	20	41.4	1.41	1.88									등록평균	
치의예과	조선대	면접	6	6	20.8	1.30	1.34	6	25.7	1.31	1.41					등록평균	등록70%컷
치의예과	경북대	지역인재-학교장추천	3	3	7.3	1.83	1.95										

모집단위	대학	전형	2025 모집인원	2024 모집인원	2024 경쟁률	2024 성적①	2024 성적②	2023 모집인원	2023 경쟁률	2023 성적①	2023 성적②	2022 모집인원	2022 경쟁률	2022 성적①	2022 성적②	성적 산출기준 성적①	성적 산출기준 성적②
치의예과(자연)	원광대	지역인재I(전북)	22	22	7.7	1.48	1.61	22	7.4	1.60	1.68	17	8.9	1.57	1.67	등록50%컷	등록70%컷
치의예과(자연)	원광대	학생부종합	12	12	17.4	1.30	1.34	12	12.8	1.28	1.34	17	13.4	1.35	1.44	등록50%컷	등록70%컷
치의예과(자연)	원광대	지역인재I(호남)	10	10	11.8	1.33	1.39	10	7.2	1.45	1.47	7	10.3	1.26	1.29	등록50%컷	등록70%컷
치의예과(자연)	원광대	지역인재II(호남)	2															
치의학전문대학원학석사통합과정	전남대(광주)	고교생활우수자I	4	4	12.8	1.28	1.20	4	21.8	1.23	1.26	5	19.6	1.43	1.43	등록평균	등록70%컷
컴퓨터·소프트웨어전공	우송대	SW잠재능력	3	3	1.7	7.1		3	3.7	6.3		3	1.3	7.3		1단계평균	
컴퓨터·소프트웨어전공	우송대	서류형	2	2	3.0	6.1		3	7.7	5.9		2	5.5	6.4		등록평균	
컴퓨터공학과	건국대(글로컬)	Cogito자기추천	28	37	5.9	4.8	5.0	37	6.6	5.0	5.2	37	6.5	4.8	5.0	등록50%	등록70%
컴퓨터공학과	충북대	학생부종합II	4	4	10.5	3.03	3.12	3	10.3	3.45	3.39	3	13.3	3.46		등록평균	등록70%컷
컴퓨터공학과	충북대	학생부종합I	5	5	11.0	3.00	3.19	6	10.2	3.14	3.02	6	11.7	3.07	3.06	등록평균	등록70%컷
컴퓨터공학과	강원대(춘천)	미래인재I	18	20	9.1	3.16	3.53									등록평균	등록75%컷
컴퓨터공학과	조선대	서류	44	30	4.4	4.60	4.80										
컴퓨터공학과	한국교통대	나비인재II	17	5	6.2	4.45	4.56									등록평균	등록최저
컴퓨터공학과	제주대	일반학생	2	2	11.5			2	10.5	4.36		2	14.5	4.07		등록50%컷	등록70%컷
컴퓨터공학과	강원대(춘천)	미래인재II	17	12	10.3	3.93	4.23	22	10.1	3.61	3.85	22	9.3	3.85		등록평균	등록75%컷
컴퓨터공학과	한라대	운곡인재	9	6	2.8	4.90	4.90	16	1.8	6.15	6.77					등록50%컷	등록70%컷
컴퓨터공학과	한남대	한남인재I(서류)	16	14	5.8	5.33	5.66	14	8.2	5.21	5.14	10	5.1	5.25	5.78	최종평균	최종80%
컴퓨터공학과	한남대	한남인재II(서류+면접)	6	6	4.0	5.53	6.12	7	7.1	5.16	5.32	7	5.1	5.53	5.36	최종평균	최종80%
컴퓨터공학과	인하대	인하미래인재	40	40	10.5	2.65	5.25	34	10.0	2.52	3.75	33	8.2	2.58	3.23	등록평균	등록최저
컴퓨터공학과	공주대	일반전형	7	7	15.7	4.25	4.47	7	16.7	3.76	3.80	7	18.0	4.1	4.2	등록50%컷	등록70%컷
컴퓨터공학과	한밭대	학생부종합(일반)	10	10	14.5	4.29	4.44	9	11.0	4.38	4.38	9	7.1	3.47	4.22	등록50%컷	등록70%컷
컴퓨터공학과	한밭대	지역인재(종합)	7	7	10.1	4.20	4.17	6	12.5	3.95	4.54	6	6.2	3.81	4.11	등록50%컷	등록70%컷
컴퓨터공학과	충북대	SW우수인재	4	4	9.0	3.26	3.31	4	7.5	3.61		4	10.3	3.43	3.43	등록평균	등록70%컷
컴퓨터공학과*	순천향대	일반학생	15	9	10.2	4.54	6.21	7	10.0	4.32	5.51	10	6.8	4.37	5.32	최초평균	최초최저
컴퓨터공학부	경상국립대	일반전형	21	23	7.8	4.25										등록평균	등록70%
컴퓨터공학부	경상국립대	지역인재	14	14	7.5	3.83										등록평균	등록70%
컴퓨터공학부	호서대	AI·SW인재	10	10	2.5	5.46	6.49	10	2.6	5.30	6.36	10	3.2	5.49	6.16	등록평균	등록최저
컴퓨터공학부	호서대	호서인재	27	50	2.2	5.45	6.49	50	2.0	5.66	7.82	32	4.0	5.00	5.73	등록평균	등록최저
컴퓨터공학전공	제주대	소프트웨어인재	3	3	6.0			3	6.7	4.04	4.19	3	7.0	4.37	4.42	등록50%컷	등록70%컷
컴퓨터공학전공	부산대	학생부종합	9	7	19.9	2.27	2.14	10	23.3	2.68	2.25					등록평균	등록70%컷
컴퓨터공학전공	조선대	면접	10	12	6.6	4.75	4.72	10	13.1	4.47	4.78	10	13.9	4.60	4.75	등록평균	등록70%컷
컴퓨터공학전공	우송대	서류형	3	3	3.3	6.4		4	3.5	5.3		2	7.5	5.8		등록평균	
컴퓨터공학전공	우송대	SW잠재능력	3	3	2.3	5.9		3	1.0	6.8		3	2.0	6.3		1단계평균	
컴퓨터교육과	한국교원대	학생부종합우수자	13	13	3.9	2.72	3.49	14	3.0	2.61	3.21	14	4.0	2.55	2.91	등록평균	등록최저
컴퓨터교육과	제주대	소프트웨어인재	1	1	2.0			1	3.0			1	6.0			등록50%컷	등록70%컷
컴퓨터교육과	공주대	일반전형	6	6	8.2	3.39	3.62	6	7.0	3.43	3.68	6	7.3	3.3	3.6	등록50%컷	등록70%컷
컴퓨터교육과	제주대	일반학생	3	3	4.3	3.90	4.66	3	6.3	4.35	4.60	2	7.0	4.20		등록50%컷	등록70%컷
컴퓨터소프트웨어공학과	원광대	지역인재I(호남)	4	4	1.8	4.69	6.38									등록50%컷	등록70%컷
컴퓨터소프트웨어공학과	원광대	학생부종합	18	18	2.8	5.89	5.96	20	2.3	5.79	6.19	20	3.0	5.23	5.76	등록50%컷	등록70%컷
컴퓨터소프트웨어공학과*	순천향대	일반학생	13	8	9.9	4.35	5.94	7	13.3	4.30	4.92	11	6.5	4.86	6.93	최초평균	최초최저
컴퓨터소프트웨어공학과*	순천향대	SW융합	2	2	11.0	5.08	5.74	2	8.0	5.10	5.20						
컴퓨터소프트웨어학과	한국교통대	나비인재II	7	2	5.5	4.56	4.56									등록평균	등록최저
컴퓨터융합소프트웨어학과	고려대(세종)	지역인재	3	3	2.3			3	4.3			3	7.0				
컴퓨터융합소프트웨어학과	고려대(세종)	크림슨인재	21	8	9.3	4.00											
컴퓨터융합학부	충남대	소프트웨어인재	3	3	20.7	3.20	3.28	3	12.7	4.14	4.74	3	13.0			등록평균	등록70%
컴퓨터융합학부*	충남대	서류전형	11	10	12.6	2.99	3.22									등록평균	등록70%
컴퓨터융합학부*	충남대	일반전형	11	14	12.4	2.71	2.98	16	15.0			15	15.7			등록평균	등록70%
컴퓨터통계학과	조선대	서류	12	5	2.2	6.35	6.12										
컴퓨터학부	경북대	지역인재	6									7	8.6	2.78	3.05	등록평균	등록70%
컴퓨터학부	경북대	SW특별전형	4	4	17.3	4.53	4.34	4	7.3	4.38	4.87	6	9.0			등록평균	등록70%
컴퓨터학부	경북대	일반학생	12	13	15.4	3.13	3.48	11	11.3	2.73	2.87	13	12.2	2.66	2.67	등록평균	등록70%
코스메디컬소재학과	단국대(천안)	DKU인재(서류)	6	6	9.5	3.94	4.74									등록평균	등록최저
탄소중립학과	순천향대	일반학생	16													최초평균	최초최저
토목공학과	경북대	일반학생	9	10	12.3	4.14	4.52	5	15.0	3.75	3.74	4	10.0	4.01	4.25	등록평균	등록70%

모집단위	대학	전형	2025 모집인원	2024 모집인원	2024 경쟁률	2024 성적①	2024 성적②	2023 모집인원	2023 경쟁률	2023 성적①	2023 성적②	2022 모집인원	2022 경쟁률	2022 성적①	2022 성적②	성적 산출기준 성적①	성적 산출기준 성적②
토목공학과	경상국립대	일반전형	10	10	6.4	4.81		10	5.1	4.40		10	7.9	4.15	4.12	등록평균	등록70%
토목공학과	조선대	서류	11	9	5.8	5.30	6.24										
토목공학과	경상국립대	지역인재	5	5	5.0	4.69		5	6.0	4.26		5	6.8	4.39	4.49	등록평균	등록70%
토목공학과	조선대	면접	10	12	5.5	5.72	6.83	10	7.1	5.39	5.84	10	9.1	5.10	5.24	등록평균	등록70%컷
토목공학과	제주대	일반학생	2	2	6.0	5.78	5.78	2	7.0	5.59		2	6.0	4.44		등록50%컷	등록70%컷
토목공학과	전남대(광주)	고교생활우수자I	10	12	8.9	3.48	3.59	12	6.5	3.61	3.75	12	7.3	3.44	3.60	등록평균	등록70%컷
토목공학과	충남대	일반전형	4	6	13.5	3.48	3.61	6	7.0			6	9.2			등록평균	등록70%
토목공학과	충남대	서류전형	2	4	11.5	3.27	3.39									등록평균	등록70%
토목공학부	충북대	학생부종합I	11	10	13.3	3.81	3.88	14	7.6	4.11	4.06	14	7.1	3.88	4.00	등록평균	등록70%컷
토목공학부	충북대	학생부종합II	9	9	8.4	4.21	4.25	5	6.4	4.39	4.50	5	10.0	4.34	4.27	등록평균	등록70%컷
토목환경공학전공	한남대	한남인재I(서류)	9	7	3.9	6.66	6.83	8	3.0	5.95	4.78	5	3.0	6.44	6.42	최종평균	최종80%
통계학과	인하대	인하미래인재	9	10	9.9	3.04	3.91	10	6.5	3.37	4.55	10	6.4	3.01	3.63	등록평균	등록최저
통계학과	전남대(광주)	고교생활우수자I	5	3	5.3	3.19		4	5.5	3.31	3.44	10	5.4	3.25	3.45	등록평균	등록70%컷
통계학과	경북대	일반학생	6	12	10.1	3.77	3.83	7	8.9	3.54	3.76	5	8.0	3.06	3.14	등록평균	등록70%
통신공학과	제주대	일반학생	2	2	6.0	5.26	5.26	2	4.0	5.79		2	7.0	5.97		등록50%컷	등록70%컷
특수동물학과	공주대	일반전형	9	12	18.0	3.68	3.75	12	15.3	3.60	3.75	12	17.4	3.4	3.8	등록50%컷	등록70%컷
특수식물학과	충북대	학생부종합II	4	4	8.5	4.60	4.76	3	5.0	4.67		3	8.3	4.12		등록평균	등록70%컷
특수식물학과	충북대	학생부종합I	4	4	11.8	3.59	3.62	5	13.4	4.28	4.24	5	7.4	4.45	4.82	등록평균	등록70%컷
특화산업융합대학	선문대	서류	66	67	1.9	5.68	7.06									등록50%컷	등록70%컷
패션의류학과*	제주대	일반학생	3	3	10.0	4.81	4.85	3	9.3	5.64	6.03	3	6.7	5.29	5.50	등록50%컷	등록70%컷
한약학과	원광대	지역인재II(호남)	1														
한약학과	원광대	지역인재I(호남)	10	5	7.8	1.88	1.96	5	3.2	2.45	2.61	5	4.6	2.78	2.78	등록50%컷	등록70%컷
한약학과	원광대	학생부종합	17	17	10.8	1.97	2.43	16	7.1			17	6.6	2.31	2.55	등록50%컷	등록70%컷
한의예과	상지대	강원인재	7	7	18.4	1.45										등록평균	
한의예과	상지대	종합일반	7	7	47.9	1.56										등록평균	
한의예과(자연)	원광대	지역인재I(호남)	9	9	11.0	1.42	1.51	9	7.8	1.57	1.59	8	11.4	1.48	1.53	등록50%컷	등록70%컷
한의예과(자연)	원광대	학생부종합	9	9	20.6	1.52	1.63	10	19.5	1.38	1.45	13	17.1	1.66	1.67	등록50%컷	등록70%컷
한의예과(자연)	원광대	지역인재II(호남)	2														
한의예과(자연)	원광대	지역인재I(전북)	12	12	12.4	1.70	1.80	11	10.8	1.84	1.96	10	11.9	1.77	1.97	등록50%컷	등록70%컷
항공·기계설계학과	한국교통대	나비인재II	28	4	3.3	5.05	5.86									등록평균	등록최저
항공교통물류학과	한서대	융합인재	2	6	8.2	3.0		6	4.7	3.0		11	5.3	2.6		등록평균	
항공기계공학과	한서대	융합인재	2	4	4.8	2.9										등록평균	
항공우주공학과	충남대	서류전형	4	4	10.8	3.68	3.72									등록평균	등록70%
항공우주공학과	인하대	인하미래인재	19	19	15.7	2.63	3.67	17	9.1	2.95	4.98	14	17.1	2.50	2.69	등록평균	등록최저
항공우주공학과	충남대	일반전형	4	6	15.2	3.28	3.40	6	13.2			6	9.3			등록평균	등록70%
항공우주공학과*	부산대	학생부종합	8	8	14.6	2.44	2.50	8	9.1	2.80	2.79	6	17.0	2.55	2.59	등록평균	등록70%컷
항공우주공학부	경상국립대	일반전형	40	38	6.5	3.94										등록평균	등록70%
항공우주공학부	경상국립대	지역인재	25	5	7.4	3.54										등록평균	등록70%
항공우주공학전공	조선대	서류	10	10	1.5	6.25	6.41										
항공운항학과	한서대	융합인재	2	5	25.6	1.8		5	15.0	2.2						등록평균	
항공운항학과	한국교통대	나비인재II	24	7	7.7	2.90	3.86									등록평균	등록최저
항공전자공학과	한서대	융합인재	2	5	3.8	3.9		5	3.4	3.8		7	3.4	3.4		등록평균	
항공정비학과	한서대	융합인재	2	4	8.3	2.8										등록평균	
항노화신소재과학과	경상국립대	일반전형	5	3	4.7	5.62										등록평균	등록70%
해양경찰시스템학과	경상국립대	일반전형	5	12	4.8	5.58		12	4.7	4.99		6	9.8	4.70	4.75	등록평균	등록70%
해양과학과	인하대	인하미래인재	11	11	11.6	3.10	3.45	9	10.4	3.08	4.55	8	6.8	3.17	3.60	등록평균	등록최저
해양산업경찰학과*	제주대	일반학생	2	2	14.5			2	10.0	5.11		2	13.5	4.24		등록50%컷	등록70%컷
해양생명과학과	경상국립대	일반전형	6	5	3.4	6.21		6	3.2			5	4.6	5.41	5.26	등록평균	등록70%
해양생명과학과*	제주대	일반학생	3	3	4.7	4.88	6.04	3	9.0	4.54	4.58	3	6.3	5.36	5.45	등록50%컷	등록70%컷
해양수산광역	전남대(여수)	고교생활우수자II	24													등록평균	등록70%컷
해양시스템공학과*	제주대	일반학생	2	2	6.0	5.94	5.94	2	5.0	5.04		2	6.5			등록50%컷	등록70%컷
해양식품생명의학부	경상국립대	일반전형	11													등록평균	등록70%
해양토목공학과	경상국립대	일반전형	6	6	2.3	5.45		6	3.0	6.23		4	5.5	6.19		등록평균	등록70%
해양학과*	부산대	지역인재	7	7	11.4	2.57	2.54	7	6.4	3.32	3.32	5	12.6	3.33	3.21	등록평균	등록70%
해양환경학과	경상국립대	일반전형	5	6	2.5			5	2.2			6	4.3	5.26	5.27	등록평균	등록70%
해양환경과학과*	충남대	서류전형	3	3	11.3	3.46	3.53									등록평균	등록70%

모집단위	대학	전형	2025 모집인원	2024 모집인원	2024 경쟁률	2024 성적①	2024 성적②	2023 모집인원	2023 경쟁률	2023 성적①	2023 성적②	2022 모집인원	2022 경쟁률	2022 성적①	2022 성적②	성적 산출기준 성적①	성적 산출기준 성적②
해양환경과학과*	충남대	일반전형	4	5	11.4	3.67	3.58	5	9.2			5	9.8			등록평균	등록70%
헬리콥터조종학과	한서대	융합인재	2	5	3.4	3.3		5	3.2	2.8						등록평균	
헬스케어융합전공	순천향대	일반학생	13													최초평균	최초최저
화공·생물공학부	강원대(춘천)	미래인재Ⅱ	5	5	6.6	4.12	4.21	14	3.9	3.30	3.54	13	5.5	3.42		등록평균	등록75%컷
화공·생물공학부	강원대(춘천)	미래인재Ⅰ	12	12	4.8	3.60	3.87									등록평균	등록75%컷
화공그린에너지학과*	제주대	일반학생	2	2	6.5			2	3.5	5.52		2	4.5	5.05		등록50%컷	등록70%컷
화공생명공학전공	부산대	학생부종합	7	5	15.8	2.12	2.22	7	18.3	1.89	1.87	6	30.2	1.99	1.96	등록평균	등록70%컷
화공·생물공학과	한국교통대	나비인재Ⅱ	15	6	2.7	5.05	6.33									등록평균	등록최저
화장품과학과	호서대	호서인재	8	12	2.8	5.61	7.03									등록평균	등록최저
화학·코스메틱스학과	제주대	일반학생	2	2	6.0			2	4.5	4.34		2	4.5	5.04		등록50%컷	등록70%컷
화학·생화학부	강원대(춘천)	미래인재Ⅱ	7	7	8.3	4.32	4.46	17	4.4	4.14	4.57	16	4.8	4.04		등록평균	등록75%컷
화학·생화학부	강원대(춘천)	미래인재Ⅰ	16	16	5.6	3.75	3.87									등록평균	등록75%컷
화학공학과	충북대	학생부종합Ⅰ	7	6	7.2	3.69	2.73	8	9.3	2.94	3.04	8	8.3	2.95	2.99	등록평균	등록70%컷
화학공학과	경북대	지역인재	3					3	12.0	3.17	3.66	5	8.2	2.31	2.39	등록평균	등록70%
화학공학과	원광대	학생부종합	6	8	2.3	5.12	6.21	8	2.0	6.51	6.60	12	1.3	7.10	7.13	등록50%컷	등록70%컷
화학공학과	인하대	인하미래인재	33	34	9.2	2.36	2.96	33	11.0	2.40	3.96	33	9.8	2.54	4.66	등록평균	등록최저
화학공학과	호서대	호서인재	8	10	1.5	5.36	6.36	16	1.2	5.41	6.38	12	1.3	5.04	5.51	등록평균	등록최저
화학공학과	경상국립대	일반전형	6	6	11.0	3.60		6	7.8	4.14		6	7.3	3.44	3.58	등록평균	등록70%
화학공학과	충북대	학생부종합Ⅱ	5	5	6.8	2.93	3.02	3	9.7	3.02		3	13.0	2.87		등록평균	등록70%컷
화학공학과	경상국립대	지역인재	3	3	8.0	3.26		3	8.7			3	5.0	4.04		등록평균	등록70%
화학공학과	경북대	일반학생	8	16	15.9	2.89	2.96	6	21.5	2.69	2.84	8	15.3	2.72	2.81	등록평균	등록70%
화학공학과	한남대	한남인재Ⅰ(서류)	9	6	2.5	5.57	5.40	5	3.2	6.38	7.85	5	2.6	5.66	5.21	최종평균	최종-80%
화학공학교육과	충남대	일반전형	2	2	5.0	4.01	4.14	2	5.5			2	5.5			등록평균	등록70%
화학공학부	공주대	일반전형	10	12	7.4	4.40	4.62	12	5.5	4.06	4.67	12	7.2	3.8	4.1	등록50%컷	등록70%컷
화학공학부*	전남대(광주)	고교생활우수자Ⅰ	20	15	5.5	2.75	2.88	21	5.0	2.54	2.64	25	4.9	2.55	2.63	등록평균	등록70%컷
화학과	조선대	서류	10	8	1.5	6.78	6.55										
화학과	충북대	학생부종합Ⅰ	7	6	7.2	3.17	3.33	8	6.9	3.12	3.20	8	8.6	3.08	3.02	등록평균	등록70%컷
화학과	한림대	학교생활우수자	8	14	2.5	5.38	6.85	10	1.4	5.28	6.50	11	3.3	4.37	5.13	등록평균	등록최저
화학과	경북대	지역인재	5	5	17.6	2.93	3.19	5	6.6	2.89	2.60	5	7.0	2.79	2.60	등록평균	등록70%
화학과	충북대	학생부종합Ⅱ	5	5	10.2	3.57	3.72	3	10.3	3.88		3	8.0	3.93		등록평균	등록70%컷
화학과	경북대	일반학생	9	10	13.9	3.62	4.08	8	10.8	2.97	3.20	6	9.2	3.21	3.46	등록평균	등록70%
화학과	인하대	인하미래인재	16	16	16.1	2.60	3.17	15	7.9	3.12	4.94	14	12.1	2.42	2.92	등록평균	등록최저
화학과	공주대	일반전형	7	7	5.6	4.90	5.06	7	5.3	4.27	4.86	7	6.6	4.0	4.5	등록50%컷	등록70%컷
화학과*	한남대	한남인재Ⅰ(서류)	9	5	2.4	5.59	5.89	6	2.2	6.11	4.59	3	1.3	5.79	5.79	최종평균	최종-80%
화학과*	경상국립대	일반전형	12	12	5.5	4.91		12	3.3	5.41		15	4.0	4.01	4.21	등록평균	등록70%
화학과*	경상국립대	지역인재	5	5	2.8	5.29		5	4.4	4.68		3	4.3	4.00		등록평균	등록70%
화학과*	충남대	서류전형	7	7	7.7	2.96	3.15									등록평균	등록70%
화학과*	충남대	일반전형	9	12	7.9	3.01	3.15	12	6.8			12	6.7			등록평균	등록70%
화학과*	부산대	학생부종합	7	5	15.4	2.26	2.12	14	7.1	2.68	2.47	12	9.8	2.33	2.34	등록평균	등록70%컷
화학과*	순천향대	일반학생	7	7	7.0	5.06	5.82	4	4.8	4.88	6.16	9	3.9	4.32	5.54	최초평균	최초최저
화학과*	단국대(천안)	DKU인재(서류)	8	9	9.2	3.48	3.93	9	7.2	3.70		9	8.6	3.55		등록평균	등록최저
화학과*	전남대(광주)	고교생활우수자Ⅰ	10	10	6.1	3.49	3.60	10	6.7	3.22	3.36	12	5.1	3.21	3.24	등록평균	등록70%컷
화학교육과	한국교원대	학생부종합우수자	12	12	3.6	2.17	2.47	11	6.1	2.12	2.53	11	5.9	2.18	2.78	등록평균	등록최저
화학교육과	전남대(광주)	고교생활우수자Ⅰ	5	4	7.0	2.87		4	6.5	2.78	3.03	5	5.2	3.42	3.20	등록평균	등록70%컷
화학교육과	경북대	일반학생	4	5	10.6	3.31	3.27	7	10.0	2.93	3.19	6	6.8	3.40	3.60	등록평균	등록70%
화학교육과	부산대	학생부종합	5	4	8.5	2.31	2.30	3	11.7	2.77		2	10.0	2.83	2.28	등록평균	등록70%컷
화학교육과	경북대	지역인재	5	5	8.6	3.61	3.89									등록평균	등록70%
화학교육과	조선대	서류	10	5	1.4	4.49	4.76										
화학교육과	충북대	학생부종합Ⅰ	6	6	7.3	2.94	3.20	6	5.5	3.43	3.54	6	6.0	2.52	2.56	등록평균	등록70%컷
화학교육과	공주대	일반전형	10	10	3.4	3.03	3.43	10	4.6	2.65	2.84	10	6.3	2.4	2.5	등록50%컷	등록70%컷
화학생명공학과*	한밭대	지역인재(종합)	6	6	6.0	4.55	4.48	5	11.8	3.93	4.14	5	5.4	4.91	4.74	등록50%컷	등록70%컷
화학생명공학과*	한밭대	학생부종합(일반)	19	19	7.0	4.82	5.16	17	4.9	5.10	4.80	17	4.2	4.05	4.37	등록50%컷	등록70%컷
환경공학과	공주대	일반전형	9	9	9.8	4.65	4.72	6	9.2	5.34	5.59	6	9.5	4.5	4.8	등록50%컷	등록70%컷
환경공학과	충남대	일반전형	4	6	13.5	3.18	3.26	6	8.3			6	8.8			등록평균	등록70%
환경공학과	호서대	호서인재	7	12	1.0	6.10	7.81	13	1.0	6.51	7.14	10	1.9	5.42	5.60	등록평균	등록최저
환경공학과	인하대	인하미래인재	14	14	19.6	2.66	2.83	11	13.2	3.10	4.86	13	14.2	2.65	3.27	등록평균	등록최저

3부 • 모집단위순 합격자 성적

모집단위	대학	전형	2025 모집인원	2024 모집인원	2024 경쟁률	2024 성적①	2024 성적②	2023 모집인원	2023 경쟁률	2023 성적①	2023 성적②	2022 모집인원	2022 경쟁률	2022 성적①	2022 성적②	성적 산출기준 성적①	성적 산출기준 성적②
환경공학과	충북대	학생부종합II	4	4	10.3	3.70	3.82	3	7.0	3.62		3	10.0	3.46		등록평균	등록70%컷
환경공학과	충남대	서류전형	4	4	11.3	3.13	3.18									등록평균	등록70%
환경공학과	경상국립대	지역인재	2	2	5.5											등록평균	등록70%
환경공학과	충북대	학생부종합I	6	5	11.6	3.42	3.47	6	12.5	3.32	3.40	6	10.5	3.26	3.44	등록평균	등록70%컷
환경공학과	조선대	서류	20	20	1.7	6.00	6.54										
환경공학과	경북대	일반학생	5	10	18.7	3.93	4.30	7	24.3	3.24	3.41	7	15.1	3.85	3.89	등록평균	등록70%
환경공학과	제주대	일반학생	2	2	6.0	4.73	4.73	2	5.5	4.35		2	6.0	4.59		등록50%컷	등록70%컷
환경공학과	경상국립대	일반전형	8	3	4.3											등록평균	등록70%
환경공학전공	부산대	학생부종합	15	10	12.9	2.93	2.93	14	8.0	2.84	2.70	12	11.4	2.55	2.69	등록평균	등록70%컷
환경교육과	한국교원대	학생부종합우수자	12	12	3.7	2.78	3.18	13	3.6	2.73	3.27	13	3.8	2.54	2.87	등록평균	등록최저
환경교육과	공주대	일반전형	6	6	6.3	3.73	3.85	6	9.7	3.80	3.90	6	6.0	4.1	4.5	등록50%컷	등록70%컷
환경보건학과*	순천향대	일반학생	13	7	12.9	4.89	5.61	7	6.0	5.59	7.73	13	4.1	5.34	6.45	최초평균	최초최저
환경산림과학부*	경상국립대	일반전형	9	6	8.0	4.40		6	8.8	4.34		6	7.7	4.16	4.14	등록평균	등록70%
환경산림과학부*	경상국립대	지역인재	5	5	5.2	5.66		5	5.6	4.41		5	6.0	3.82	4.05	등록평균	등록70%
환경생명공학과	한림대	학교생활우수자	11	13	4.7	5.12	5.58	13	2.5	5.15	6.18	14	2.1	5.17	6.47	등록평균	등록최저
환경생명자원계열	전북대	큰사람	12													등록평균	등록70%컷
환경생명화학과	경상국립대	일반전형	6	6	5.0	5.11		10	6.3	4.61		10	4.6	5.33	5.18	등록평균	등록70%
환경생명화학과	충북대	학생부종합II	4	4	11.5	3.69		3	9.7	3.79		3	7.0	3.85		등록평균	등록70%컷
환경생명화학과	경상국립대	지역인재	3	3	3.3			2	4.5			2	7.5	4.48		등록평균	등록70%
환경생명화학과	충북대	학부종합I	5	5	20.8	3.31	3.54	6	8.8	3.76	4.21	6	8.0	3.50	3.79	등록평균	등록70%컷
환경시스템공학과	고려대(세종)	크림슨인재	14	6	11.0	3.36											
환경시스템공학과	고려대(세종)	지역인재	1	3	1.7			3	4.0			3	3.3				
환경에너지공학과	전남대(광주)	고교활동우수자I	10	10	6.0	3.06	3.10	10	6.9	2.90	3.05	12	7.3	3.14	3.25	등록평균	등록70%컷
환경원예학전공	단국대(천안)	DKU인재(서류)	9	10	8.9	4.31	4.97	8	8.1	4.13		8	12.1	3.80		등록평균	등록최저
환경융합학부	강원대(춘천)	미래인재I	12	12	7.2	4.43	4.74									등록평균	등록75%컷
환경융합학부	강원대(춘천)	미래인재II	8	8	8.5	4.72	5.04	15	5.6	4.35	4.59	15	5.5	4.40		등록평균	등록75%컷
환경재료과학과	경상국립대	일반전형	6	6	5.5	5.50		6	4.5	5.27		7	7.9	5.12	5.06	등록평균	등록70%
환경재료과학과	경상국립대	지역인재	5	5	4.4	5.49		5	4.6	5.16		5	5.2	5.23	4.89	등록평균	등록70%
휴먼지능로봇공학과	상명대(천안)	상명인재	5	7	8.3	4.82	5.55	7	7.3	5.17	6.84	7	7.6	5.09		등록평균	등록최저

6. (자연) 논술전형

※ 성적 산출기준 약어 :
① 최초/최종, 등록 : 최초/최종 합격자, 등록자, ② 평균 : 합격자 점수를 더 한 후 합격 인원으로 나눈 점수
③ 50%(컷) : 100 명 중 50등 점수(소수점은 버림, 예: 7명의 3등 점수), ④ 70%(컷) : 100 명 중 70등 점수(소수점은 버림, 예: 7명의 4등 점수)
⑤ 충원율: 모집인원 대비 미등록으로 인한 충원 합격자의 비율. 예) 모집인원 100명이고 충원합격이 30명이면, 충원율은 30%

※ '＊': 교직 이수 가능

모집단위	대학	전형	2025 모집인원	2024 모집인원	2024 경쟁률	2024 성적①	2024 성적②	2023 모집인원	2023 경쟁률	2023 성적①	2023 성적②	2022 모집인원	2022 경쟁률	2022 성적①	2022 성적②	성적①	성적②
AI·SW계열	한신대	논술전형	80	64	3.8	4.87	7.00									최종평균	최종최저
AI데이터융합학부	한국외대(글로벌)	논술전형	3	5	36.6												
AI로봇전공	광운대	논술우수자	7	7	25.3	4.36		8	23.1	4.62		8	17.8	4.98		등록평균	
AI로봇전공	한국공학대	논술우수자	4	7	6.6	4.4		8	6.5	4.6		8	7.9	4.9		등록평균	
AI로봇학과	세종대	논술우수자	34	34	38.8	3.89	4.28									등록평균	등록70%컷
AI반도체학부	연세대(미래)	논술우수자(창의인재)	7	7	8.4											논술평균	
AI보건정보관리학	연세대(미래)	논술우수자(창의인재)	5	5	4.6											논술평균	
AI시스템반도체학	한신대	논술전형	8	8	3.9	4.88	5.70									최종평균	최종최저
AI융합대학	한국항공대	논술우수자	49													논술평균	
AI융합전자공학과	세종대	논술우수자	16	26	45.3	3.95	4.14	26	45.0	3.78	3.97	23	31.7	4.07	4.49	등록평균	등록70%컷
AI융합학부	숭실대	논술우수자	6	6	33.3	3.35		6	28.7			7	37.0			등록50%컷	
AI융합학부	성신여대	논술우수자	13	14	18.3	3.95	4.87	16	14.5	4.31		16	13.7	4.44		등록평균	등록최저
AI자율주행시스템공학과	한국항공대	논술우수자	9	9	18.8			9	16.4		59.9	10	18.7		62.9		논술평균
AI학과	중앙대	논술전형	7	5	100.8			5	70.6	2.6		8	71.0	2.2	76.0	등록50%컷	논술평균
IT 첨단자율학부	경북대	논술전형(AAT)	10													등록평균	
ITM전공	서울과기대	논술전형	1	3	48.3	3.67		5	27.0	4.26		3	23.3	3.64		등록평균	
IT대학 자율학부	경북대	논술전형(AAT)	5													등록평균	
IT반도체융합자율전공	한국공학대	논술우수자	18													등록평균	
IT융합공학전공	연세대	논술전형	5	4	26.5												
IT융합전공*	숭실대	논술우수자	12	12	34.8	3.46		12	31.0			12	42.1			등록50%컷	
MSDE학과	서울과기대	논술전형	2	5	48.0	3.78		5	27.8	4.12		6	29.3	3.58		등록평균	
ST자유전공학부	서울과기대	논술전형	167													등록평균	
SW자율전공	한국공학대	논술우수자	20													등록평균	
간호학과	을지대(성남)	논술우수자	12														
간호학과	수원대	교과논술	15	15	69.6	3.7		15	65.6	3.4		15	59.7	3.6		최종평균	
간호학과	경북대	논술전형(AAT)	10	10	37.5	3.28		13	41.8	3.06		13	53.8	3.60		등록평균	
간호학과	을지대(의정부)	논술우수자	15														
간호학과	신한대	논술전형	17														
간호학과(자연)	인하대	논술우수자	19	12	53.4	4.17	6.50	12	46.3	4.38	6.98	15	42.5	4.06	5.08	등록평균	등록최저
간호학과(자연)	경희대(서울)	논술우수자	8	4	81.5		30.0	4	76.8	3.50	27.0	4	69.0	2.8	23.3	최종평균	실질경쟁률
간호학과(자연)*	성신여대	논술우수자	6	6	38.2	3.12	4.36	6	33.2	3.73		7	32.3	4.00		등록평균	등록최저
간호학과(자연)*	한양대	논술전형	5	5	65.2		78.2	5	57.6		68.9	5	61.4	3.54		등록평균	
간호학과(자연)*	가톨릭대	논술전형	18	18	35.2	3.50	7.52	18	29.3	3.86	5.34	20	47.9	3.84	5.71	등록평균	등록최저
간호학과*	가천대	논술전형	83	83	46.4	3.88	4.60	80	38.2	3.34	4.21	81	43.2	2.7		등록70%	등록90%
간호학과*	연세대(미래)	논술우수자(창의인재)	7	7	30.0			7	27.0			7	24.0			논술평균	
간호학과*	부산대	논술전형	8	8	25.3	3.37	3.26	8	38.5	3.40	3.17	8	47.4	3.98	3.87	등록평균	등록70%컷
간호학과*	삼육대	논술우수자	8	8	124.0												
간호학부	이화여대	논술전형	4	4	69.3			4	59.3			4	54.8				
간호학(자연)	중앙대	논술전형	13	13	60.8			16	38.3	2.4		18	39.3	2.6	68.2	등록50%컷	논술평균
건설시스템공학과	서울과기대	논술전형	1	16	41.1	4.09		16	29.4	3.83		17	20.9	4.33		등록평균	
건설환경공학과	세종대	논술우수자	9	9	35.6	3.96	4.23	9	36.1	4.62	4.83	9	25.7	4.35	4.58	등록평균	등록70%컷
건설환경공학과	홍익대(서울)	논술전형	9	9	15.0			10	13.2			9	14.7			등록50%컷	등록70%컷
건설환경공학과	동국대	논술우수자	7	7	24.1	3.17	4.00	7	31.9	3.15	4.30	7	28.1	2.80	3.30	최종평균	최종최저
건설환경공학과	한양대	논술전형	4	5	74.2		91.5	5	62.0		79.3	5	54.4	3.79		등록평균	

모집단위	대학	전형	2025 모집인원	2024 모집인원	2024 경쟁률	2024 성적①	2024 성적②	2023 모집인원	2023 경쟁률	2023 성적①	2023 성적②	2022 모집인원	2022 경쟁률	2022 성적①	2022 성적②	성적 산출기준 성적①	성적 산출기준 성적②
건설환경공학부	성균관대	논술우수	25	25	54.2			20	49.5			15	30.9				
건설환경에너지공학부	수원대	교과논술	30	30	9.4	5.1		40	8.0	4.8		40	5.8	5.1		최종평균	
건설환경플랜트공학	중앙대	논술전형	9	9	81.1			8	52.5	1.9		17	34.5	2.8	72.8	등록50%컷	논술평균
건축공학과	광운대	논술우수자	4	4	27.0	4.51		4	27.5	4.26		4	22.5	4.43		등록평균	
건축공학과	경희대(국제)	논술우수자	8	8	27.5		9.1	8	21.1	3.60	8.1	8	22.5	4.0	8.9	최종평균	실질경쟁률
건축공학과	부산대	논술전형	4	4	18.3	4.31	3.36	4	23.8	4.50	4.38	4	18.3	4.39	4.20	등록평균	등록70%컷
건축공학과	세종대	논술우수자	7	8	41.1	3.60	3.89	7	39.4	4.39	5.45	8	25.5	4.56	5.09	등록평균	등록70%컷
건축공학과	연세대	논술전형	15	15	17.8			16	17.3			16	20.4				
건축공학부	한양대	논술전형	4	4	74.5		82.5	5	63.6		72.5	5	57.2	3.26		등록평균	
건축공학부	동국대	논술우수자	5	5	33.4	3.16	3.70	5	37.2	3.20	5.80	7	37.0	3.37	5.00	최종평균	최종최저
건축공학부	홍익대(세종)	논술전형	12	12	11.3			12	11.2							등록50%컷	등록70%컷
건축공학전공	단국대(죽전)	논술우수자	3	9	23.0	4.67	5.79	9	16.2	4.31	58.3	11	11.7	4.78	45.9	등록평균	등록최저
건축공학전공	한국기술교대	논술전형	11	9	14.0	5.38	7.73	11	6.7	5.21	6.46	11	4.9	5.34		등록평균	등록최저
건축공학전공	경북대	논술전형(AAT)	8	10	14.4	4.39		9	16.0	4.56		10	16.5	4.30		등록평균	
건축공학전공	서울과기대	논술전형	1	9	40.1	4.33		9	26.9	4.60		11	20.8	4.34		등록평균	
건축공학전공*	서울시립대	논술전형	5	5	29.2	4.58		5	25.6	3.66		5	38.2	4.18		등록평균	
건축도시부동산학부	수원대	교과논술	25	25	8.9	4.8		22	8.1	4.9		22	6.1	4.8		최종평균	
건축도시시스템공학과	이화여대	논술전형	4	4	51.8			4	35.0			4	24.8				
건축학·건축공학전공	숭실대	논술우수자	7	7	38.6	3.30		7	42.1			7	33.6			등록50%컷	
건축학과	세종대	논술우수자	8	8	55.0	4.02	4.25	8	48.8	4.17	4.92	7	34.4	4.08	4.06	등록평균	등록70%컷
건축학과	아주대	논술우수자	12	13	58.9	4.05	5.29	13	47.0	4.77	6.85	13	45.0	4.78		등록평균	등록최저
건축학과(5년)	이화여대	논술전형	6	6	45.8			6	38.0			7	28.4				
건축학과(5년제)	광운대	논술우수자	4	4	36.0	4.45		4	29.0	4.73		3	27.0	3.94		등록평균	
건축학과(5년제)	삼육대	논술우수자	6	6	37.3												
건축학과(5년제:자연)	경희대(국제)	논술우수자	7	4	44.0		16.5	4	40.8	3.80	14.5	4	39.0	3.8	18.3	최종평균	실질경쟁률
건축학부	가천대	논술전형	33	30	370	4.74	5.17	26	27.9	4.30	4.72	26	25.5	3.6		등록70%	등록90%
건축학부	건국대	KU논술우수자	8	13	56.4		799	13	49.5		742	13	39.5		83		논술평균
건축학부	인하대	논술우수자	12	12	35.3	4.48	6.78	13	29.4	4.54	5.85	13	27.7	4.35	5.44	등록평균	등록최저
건축학부	중앙대	논술전형	11	10	84.5			10	65.4	2.2						등록50%컷	논술평균
건축학부(자연)	한양대	논술전형	4	5	103.4		83.8	5	88.4		88.9	5	70.0	3.20		등록평균	
건축학전공	서울과기대	논술전형	1	5	58.8	5.25		5	41.2	3.79		5	36.0	3.92		등록평균	
건축학전공	경북대	논술전형(AAT)	9	11	18.0	4.62		10	20.8	4.23		10	18.7	4.46		등록평균	
건축학전공(5년제)	단국대(죽전)	논술우수자	10	10	27.3	4.65	5.74	10	15.8	4.65	55.8	10	15.2	3.98	53.6	등록평균	등록최저
건축학전공(5년제)	홍익대(서울)	논술전형	9	9	34.6			10	29.2			9	36.0			등록50%컷	등록70%컷
게임공학과	한국공학대	논술우수자	10	21	9.5	4.4		23	10.2	4.8		17	11.4	4.8		등록평균	
게임소프트웨어전공(공학계)	홍익대(세종)	논술전형	7	7	9.7			7	8.9							등록50%컷	등록70%컷
게임전공	상명대(서울)	논술전형	3														
경찰행정학부(자연)	동국대	논술우수자	5	5	24.4	2.24	2.80	5	31.4	3.05	3.50	5	35.6	3.05	4.10	최종평균	최종최저
고분자공학과	부산대	논술전형	7	10	15.1	4.15	4.63	10	19.3	3.80	4.03	10	17.1	3.70	4.02	등록평균	등록70%컷
고분자공학과	인하대	논술우수자	6	7	27.4	3.88	4.70	4	19.0	4.74	5.98	9	20.0	4.33	5.38	등록평균	등록최저
고분자공학과	경북대	논술전형(AAT)	6	6	14.7	4.08		6	15.5	4.48		6	16.5	3.72		등록평균	
고분자공학전공	단국대(죽전)	논술우수자	3	8	26.5	4.42	5.88	9	14.7	4.45	53.9	11	12.2	5.19	48.0	등록평균	등록최저
공간디자인·소비자학과	가톨릭대	논술전형	4	4	31.0	5.47	6.72	3	27.7	4.68	6.28	4	35.8	4.48	4.98	등록평균	등록최저
공간정보공학과	서울시립대	논술전형	4	4	29.8	4.66		4	25.8	3.38		4	37.5	3.51		등록평균	
공간정보공학과(자연)	인하대	논술우수자	7	7	25.0	4.49	5.93	7	19.3	4.55	4.93	7	19.7	4.68	5.70	등록평균	등록최저
공과대학 자율학부	경북대	논술전형(AAT)	8													등록평균	
공과대학	한국항공대	논술우수자	45														논술평균
공과대학자유전공학부	건국대	KU논술우수자	35														논술평균
공학 첨단자율학부	경북대	논술전형(AAT)	8													등록평균	
공학계열	성균관대	논술우수	53	71	93.6			80	95.6			80	64.0				
공학계열광역	단국대(죽전)	논술우수자	108													등록평균	등록최저
공학자율전공	부산대	논술전형	10													등록평균	등록70%컷
과학교육과	단국대(죽전)	논술우수자	4	4	19.8	4.52	5.05	4	16.8	4.62	38.3	4	9.5	5.08	51.6	등록평균	등록최저
과학기술대학	덕성여대	논술전형	40	40	29.6	4.64	4.96	40	30.4	4.84	5.07	40	26.8	3.78	4.08	등록평균	등록70%컷
과학기술대학자율전공	홍익대(세종)	논술전형	11	10	8.8			10	9.0							등록50%컷	등록70%컷
교통공학과	서울시립대	논술전형	3	3	30.0	3.10		3	23.0	3.16		3	29.7	5.16		등록평균	

6. (자연) 논술전형

모집단위	대학	전형	2025	2024				2023				2022				성적 산출기준	
			모집인원	모집인원	경쟁률	성적①	성적②	모집인원	경쟁률	성적①	성적②	모집인원	경쟁률	성적①	성적②	성적①	성적②
글로벌미디어학부	숭실대	논술우수자	8	8	30.8	3.49		8	26.8			8	30.4			등록50%컷	
글로벌바이오메디컬공학과	성균관대	논술우수	10	10	104.5			10	104.2			10	110.0				
글로벌소프트웨어융합전공	경북대	논술전형(AAT)	11	12	15.2	3.66		10	27.3	4.12		10	25.3	3.33		등록평균	
금속재료공학과	경북대	논술전형(AAT)	10	9	11.1	4.42										등록평균	
기계시스템디자인공학과	홍익대(서울)	논술전형	29	29	15.3			29	15.5			29	16.2			등록50%컷	등록70%컷
기계.자동차공학과	서울과기대	논술전형	1	26	41.3	4.19		26	30.9	4.33		27	24.4	4.22		등록평균	
기계·로봇·자동차공학부	건국대	KU논술우수자	7														논술평균
기계공학과	인하대	논술우수자	20	27	35.6	4.27	5.89	28	29.0	3.94	5.23	31	28.6	4.21	6.13	등록평균	등록최저
기계공학과	세종대	논술우수자	11	12	39.3	3.53	3.84	12	38.3	4.03	4.22	21	32.3	3.88	4.03	등록평균	등록70%컷
기계공학과	서강대	일반전형	10	10	142.1			10	89.3			10	111.9				
기계공학과	아주대	논술우수자	5	9	61.9	4.36	5.18	9	49.3	4.38	7.76	20	46.0	4.35		등록평균	등록최저
기계공학과	한국공학대	논술우수자	10	23	8.5	4.9		24	9.2	4.9		27	11.0	4.5		등록평균	
기계공학과	경희대(국제)	논술우수자	30	30	32.9		13.3	30	28.4	3.50	12.2	32	34.9	3.5	17.0	최종평균	실질경쟁률
기계공학과	신한대	논술전형	7														
기계공학과	숭실대	논술우수자	12	12	31.1	3.43		12	35.4			13	31.5			등록50%컷	
기계공학과*	단국대(죽전)	논술우수자	4	14	31.9	4.89	6.48	15	17.7	4.51	40.4	15	12.6	4.68	39.7	등록평균	등록최저
기계공학부	한국기술교대	논술전형	30	27	11.8	5.43	6.87	34	6.3	4.97	6.47	34	5.2	4.92		등록평균	등록최저
기계공학부	가천대	논술전형	51	21	35.5	4.33	4.53	20	24.5	4.12	4.43	20	24.9	3.4		등록70%	등록90%
기계공학부	한양대	논술전형	9	15	113.7		85.5	15	105.7		67.1	15	94.5	3.84		등록평균	
기계공학부	경북대	논술전형(AAT)	18	20	16.3	4.45		20	17.9	3.77		20	19.5	3.68		등록평균	
기계공학부	중앙대	논술전형	17	23	95.4			23	65.7	2.0		21	53.2	2.6	78.5	등록50%컷	논술평균
기계공학부	연세대	논술전형	23	23	22.6			25	19.7			25	24.5				
기계공학부*	부산대	논술전형	45	40	18.3	4.06	4.60	40	25.8	3.78	3.99	40	26.5	3.54	3.71	등록평균	등록70%컷
기계로봇에너지공학과	동국대	논술우수자	12	12	26.3	2.64	4.10	7	35.1	2.86	3.70	7	31.1	2.80	4.00	최종평균	최종최저
기계설계전공	한국공학대	논술우수자	8	15	6.1	5.0		14	7.1	5.1		17	8.5	5.2		등록평균	
기계시스템디자인공학과	서울과기대	논술전형	1	28	42.3	3.90		28	32.5	4.27		30	25.0	4.34		등록평균	
기계시스템학부	숙명여대	논술우수자	6	7	42.9	3.76		8	27.5			8	28.3	4.08		최종평균	
기계정보공학과	홍익대(세종)	논술전형	10	10	8.4			10	7.8							등록50%컷	등록70%컷
기계정보공학과	서울시립대	논술전형	3	3	36.0	4.00		3	38.7	3.88		3	48.0	4.92		등록평균	
기후변화융합학부	한국외대(글로벌)	논술전형	5	5	31.0												
기후에너지시스템공학과	이화여대	논술전형	4	4	44.5			4	37.3			4	25.5				
나노메카트로닉스공학과	부산대	논술전형	5	5	17.2	3.60	3.92	5	14.8	4.65	4.70	6	18.3	3.60	3.42	등록평균	등록70%컷
나노반도체공학과	한국공학대	논술우수자	7	20	8.7	4.9		21	8.4	5.0		18	9.3	4.7		등록평균	
나노신소재공학과	세종대	논술우수자	14	14	46.2	3.39	3.76	14	44.9	3.71	3.97	15	37.0	4.10	4.36	등록평균	등록70%컷
나노신소재공학과	홍익대(세종)	논술전형	10	10	8.3			10	8.4							등록50%컷	등록70%컷
나노자율전공	부산대	논술전형	7													등록평균	등록70%컷
대기과학과	연세대	논술전형	6	6	25.7			6	21.0			6	23.5				
대기환경과학과*	부산대	논술전형	7	5	11.6	5.34		5	15.8	3.82	3.88					등록평균	등록70%컷
데이터계산과학전공*	고려대(세종)	논술전형	6	8	3.5			8	4.9	4.59	181.0	8	6.3	4.76	96.6	등록평균	논술평균*
데이터과학부	수원대	교과논술	30	30	9.7	4.7		32	8.4	4.8		32	6.1	4.6		최종평균	
데이터사이언스전공	숙명여대	논술우수자	4	4	38.5	3.68		4	28.8			4	28.3	3.43		최종평균	
데이터사이언스학과	연세대(미래)	논술우수자(창의인재)	6	6	5.7			5	4.2			5	3.6				논술평균
데이터사이언스학과	인하대	논술우수자	7	7	33.0	3.98	5.28	8	23.4	4.64	6.04					등록평균	등록최저
데이터사이언스학과	가톨릭대	논술전형	3	3	25.3	4.36	5.53	4	18.0	4.63	5.03	6	19.7	4.96	6.08	등록평균	등록최저
데이터클라우드공학과	삼육대	논술우수자	6	6	37.2												
도시계획·조경학부	가천대	논술전형	21	20	27.8	5.03	5.31	20	19.1	4.42	4.74	20	16.4	3.5		등록70%	등록90%
도시공학과	한양대	논술전형	4	4	75.8		75.9	4	62.8		80.3	4	61.3	4.96		등록평균	
도시공학과	홍익대(서울)	논술전형	9	9	15.9			10	14.5			9	15.1			등록50%컷	등록70%컷
도시공학과	연세대	논술전형	7	7	27.3			7	24.0			7	25.4				
도시시스템공학	중앙대	논술전형	6	5	80.4			5	59.8	2.4		7	33.3	2.7	71.3	등록50%컷	논술평균
동물생명공학[다빈치]	중앙대	논술전형	6	6	10.8			7	9.6	3.2		15	5.5	3.9	45.9	등록50%컷	논술평균
동물자원·식품과학·유통학부	건국대	KU논술우수자	10														논술평균
동물자원과학과	삼육대	논술우수자	4	4	26.3												
디스플레이융합공학과	연세대	논술전형	4	4	23.0												
디자인공학부	한국공학대	논술우수자	12													등록평균	
디자인공학전공	한국기술교대	논술전형	11	9	11.9	5.77	6.58	11	5.9	5.26	6.09	11	4.6	5.00		등록평균	등록최저

모집단위	대학	전형	2025 모집인원	2024 모집인원	2024 경쟁률	2024 성적①	2024 성적②	2023 모집인원	2023 경쟁률	2023 성적①	2023 성적②	2022 모집인원	2022 경쟁률	2022 성적①	2022 성적②	성적 산출기준 성적①	성적 산출기준 성적②
디지털헬스케어공학과	고려대(세종)	논술전형	5													등록평균	논술평균
디지털헬스케어학부	연세대(미래)	논술우수자(창의인재)	7	8	4.3			8	2.5			8	3.1				논술평균
메카트로닉스공학부	한국기술교대	논술전형	27	27	11.9	5.44	7.87	34	6.2	4.73	6.46	34	5.2	4.77		등록평균	등록최저
메카트로닉스전공	한국공학대	논술우수자	8	18	6.0	4.9		18	8.2	4.8		18	8.4	4.6		등록평균	
모바일공학전공	경북대	논술전형(AAT)	15	15	36.4	3.08		15	33.8	3.88		15	54.3	3.20		등록평균	
모바일시스템공학과	단국대(죽전)	논술우수자	3	3	26.0	5.33	5.65	3	15.7	4.86	57.5	3	11.7	4.34	49.7	등록평균	등록최저
물리천문학과	세종대	논술우수자	6	7	34.1	3.56	3.85	7	35.3	4.80	5.01	9	18.1	4.13	4.42	등록평균	등록70%컷
물리치료학과	을지대(성남)	논술우수자	12														
물리치료학과	가천대	논술전형	8	10	70.8	3.78	4.62	10	46.4	3.97	4.09	10	51.9	3.5		등록70%	등록90%
물리치료학과	연세대(미래)	논술우수자(창의인재)	6	7	18.9			7	8.0			7	10.6				논술평균
물리치료학과	삼육대	논술우수자	5	5	99.0												
물리학과	건국대	KU논술우수자	11	23	32.7		804	23	31.4		750	23	16.5		79		논술평균
물리학과	인하대	논술우수자	6	6	24.0	4.39	4.96	7	18.0	5.28	7.11	7	15.9	4.41	5.79	등록평균	등록최저
물리학과	서울시립대	논술전형	4	4	27.5	3.69		4	21.8	4.59		4	27.5	3.95		등록평균	
물리학과	가톨릭대	논술전형	3	3	21.3	3.66	3.78	3	12.3	4.97	5.75	4	16.3	5.11	5.68	등록평균	등록최저
물리학과	경북대	논술전형(AAT)	10	10	7.7	4.89		9	14.3	4.78		11	9.8	4.61		등록평균	
물리학과	경희대(서울)	논술우수자	7	7	52.4		18.3	7	36.4	3.30	14.6	8	35.0	3.8	15.4	최종평균	실질경쟁률
물리학과	동국대	논술우수자	3	3	19.7	2.87	3.40	7	30.7	3.48	4.60	7	25.3	3.59	6.20	최종평균	최종최저
물리학과	서강대	일반전형	6	6	97.7			6	70.0			6	71.0				
물리학과	이화여대	논술전형	6	5	45.0			5	33.2			5	20.2				
물리학과	중앙대	논술전형	6	5	75.0			5	54.6	2.0		10	28.5	2.6	68.4	등록50%컷	논술평균
물리학과*	숭실대	논술우수자	4	5	21.6	3.50		6	21.7			6	22.7			등록50%컷	
물리학과*	연세대	논술전형	7	7	23.0			7	21.3			7	21.1				
물리학과*	한양대	논술전형	5	5	71.6		88.4	5	58.6		82.8	5	53.2	3.22		등록평균	
미디어기술콘텐츠학과	가톨릭대	논술전형	3	3	27.0	4.04	5.08	4	20.3	4.47	5.60	6	20.0	5.17	6.69	등록평균	등록최저
미래모빌리티공학과	아주대	논술우수자	14	3	60.7			3	41.0	4.37	5.17					등록평균	등록최저
미래모빌리티학과	고려대(세종)	논술전형	7	12	4.3			9	6.0	5.28	165.0	9	6.2	5.25	62.6	등록평균	논술평균
미래에너지시스템전공	한국공학대	논술우수자	5													등록평균	
미래융합학부2	서경대	논술우수자	93													최종50%컷	최종70%컷
미래자동차공학과	한양대	논술전형	5	5	93.8		77.7	5	82.2		73.0	5	83.8	2.52		등록평균	
미래정보디스플레이학부	경희대(서울)	논술우수자	6	6	83.7		35.5	6	68.7	3.80	28.0	6	78.7	4.1	40.7	최종평균	실질경쟁률
바이오나노학과	가천대	논술전형	13	13	30.9	4.70	5.73	14	23.6	4.08	5.06	15	19.9	3.7		등록70%	등록90%
바이오로직스학과	가천대	논술전형	28	25	27.2	4.44	5.45									등록70%	등록90%
바이오메디컬공학부	한국외대(글로벌)	논술전형	4	5	36.6			4	25.8			4	27.0				
바이오메디컬소프트웨어학과	가톨릭대	논술전형	3	3	26.7	3.85	4.68	4	17.5	5.07	5.45					등록평균	등록최저
바이오메디컬화학공학과	가톨릭대	논술전형	4	4	24.8	3.54	4.68	3	15.7	4.92	5.74	6	23.5	4.80	6.00	등록평균	등록최저
바이오생명공학과*	성신여대	논술우수자	5	5	18.4	3.87	5.42	5	14.4	4.12		6	14.0	3.95		등록평균	등록최저
바이오식품공학과	성신여대	논술우수자	4	4	17.3	3.72	4.10	5	10.0	4.05		4	10.8	4.21		등록평균	등록최저
바이오신약의과학부	성신여대	논술우수자	4	4	16.8	4.06	4.51	5	17.8	3.82		6	16.0	4.66		등록평균	등록최저
바이오융합공학과	삼육대	논술우수자	5	6	33.0												
바이오헬스융합학과	서울여대	논술우수자	4	4	20.5	4.2										최종평균	최종최저
바이오헬스융합학부*	성신여대	논술우수자	4	4	14.3	3.68	4.04	5	13.0	4.48		8	8.8	4.72		등록평균	등록최저
바이오화학공학과	홍익대(세종)	논술전형	9	10	9.7			9	8.4							등록50%컷	등록70%컷
바이오화학산업학부	수원대	교과논술	15	15	10.5	4.5		16	9.0	4.6		16	6.6	4.6		최종평균	
바이오환경과학과	동국대	논술우수자	4	4	22.5	2.73	3.70	4	32.8	2.87	3.30	5	27.0	3.22	4.40	최종평균	최종최저
반도체공학과	경희대(국제)	논술우수자	6	8	35.8		14.0									최종평균	실질경쟁률
반도체공학과	수원대	교과논술	15	15	9.7	4.8		15	7.9	4.9		15	5.7	5.0		최종평균	
반도체공학과	한양대	논술전형	4													등록평균	
반도체공학전공	부산대	논술전형	5	5	20.6	3.80										등록평균	등록70%컷
반도체공학전공	한국외대(글로벌)	논술전형	4	5	35.8												
반도체대학	가천대	논술전형	61	51	39.4	4.63	5.27									등록70%	등록90%
반도체물리학과	가천대	논술전형	12	12	27.0	4.43	5.55	13	16.2	4.53	4.69	13	14.2	3.9		등록70%	등록90%
반도체물리학부	고려대(세종)	논술전형	9	16	4.1			16	6.00	5.11	160.6					등록평균	논술평균
반도체시스템공학과	세종대	논술우수자	9	9	39.1	4.42	4.65	9	38.2	3.93	4.34					등록평균	등록70%컷
반도체시스템공학과	성균관대	논술우수	10	10	140.7			10	163.9			12	131.9				
반도체시스템공학과	인하대	논술우수자	14	6	36.3	4.03	4.47									등록평균	등록최저

모집단위	대학	전형	2025 모집인원	2024 모집인원	2024 경쟁률	2024 성적①	2024 성적②	2023 모집인원	2023 경쟁률	2023 성적①	2023 성적②	2022 모집인원	2022 경쟁률	2022 성적①	2022 성적②	성적 산출기준 성적①	성적 산출기준 성적②
반도체시스템공학부	광운대	논술우수자	6	6	24.0	3.77										등록평균	
반도체시스템전공	한국공학대	논술우수자	4													등록평균	
반도체융합공학과	성균관대	논술우수	5	5	73.8												
방사선학과	연세대(미래)	논술우수자(창의인재)	6	7	12.1			7	5.9			7	5.9			논술평균	
방사선학과	신한대	논술전형	12														
방사선학과	을지대(성남)	논술우수자	10														
방사선학과	가천대	논술전형	8	10	42.7	4.58	5.08	10	31.6	3.55	3.86	10	27.4	3.4		등록70%	등록90%
보건관리학전공	동덕여대	논술우수자	7	6	28.5												
빅데이터사이언스학부	고려대(세종)	논술전형	9	12	4.8			17	4.7	4.42	155.0	17	5.2	5.19	90.6	등록평균	논술평균
빅데이터인공지능전공	을지대(성남)	논술우수자	11														
사이버보안학과	단국대(죽전)	논술우수자	4	4	25.8	3.93	4.82	4	15.3	4.25	50.0	5	12.6	5.12	55.1	등록평균	등록최저
사이버보안학과	이화여대	논술전형	4	4	51.8			4	47.3			4	36.5				
사회기반시스템공학과	부산대	논술전형	7	7	10.7	3.96	3.73	7	21.7	4.32	4.17	7	18.3	4.88	4.73	등록평균	등록70%컷
사회기반시스템공학과	경희대(국제)	논술우수자	9	9	28.6		8.6	9	20.4	3.80	7.6	9	27.4	4.1	10.8	최종평균	실질경쟁률
사회인프라공학과	인하대	논술우수자	10	10	27.2	5.04	5.93	10	20.1	4.39	5.30	5	17.2	4.30	5.37	등록평균	등록최저
사회환경공학부	건국대	KU논술우수자	10	20	40.2		866	20	30.8		779	20	28.8		88		논술평균
사회환경시스템공학부	연세대	논술전형	15	15	19.6			16	17.8			16	21.4				
산업·데이터공학과	홍익대(서울)	논술전형	14	14	16.4			14	15.9			14	16.3			등록50%컷	등록70%컷
산업·정보시스템공학과	숭실대	논술우수자	8	10	33.6	3.22		10	36.2			10	30.0			등록50%컷	
산업경영공학과	경희대(국제)	논술우수자	8	8	26.4		9.8	9	22.8	3.50	11.4	8	29.0	3.3	14.3	최종평균	실질경쟁률
산업경영공학과	한국외대(글로벌)	논술전형	5	6	34.2			6	23.8			6	23.0				
산업경영공학과	인하대	논술우수자	7	9	25.4	4.34	5.16	9	19.7	3.90	4.74	10	21.7	4.10	4.62	등록평균	등록최저
산업공학과	연세대	논술전형	8	8	24.3			8	22.6			8	24.8				
산업공학과	부산대	논술전형	12	12	14.2	4.32	4.26	11	17.0	4.15	4.05	10	17.0	3.93	4.12	등록평균	등록70%컷
산업공학과	건국대	KU논술우수자	3	3	44.7			3	38.7			3	37.0		89		논술평균
산업공학과	한양대	논술전형	5	5	90.6		90.0	5	79.2		87.3	5	79.4	4.06		등록평균	
산업및기계공학부	수원대	교과논술	30	30	9.2	5.1		30	7.7	4.8		30	5.7	4.8		최종평균	
산업시스템공학과	동국대	논술우수자	6	7	28.6	2.74	3.70	7	35.3	2.61	3.60	7	33.1	3.65	4.40	최종평균	최종최저
산업정보시스템전공	서울과기대	논술전형	1	5	42.8	3.73		5	33.0	3.81		8	26.5	4.94		등록평균	
생명공학과	연세대	논술전형	11	11	30.0			11	26.3			11	28.3				
생명공학과	인하대	논술우수자	6	6	62.7	3.82	4.81	8	43.8	4.98	5.95	9	33.9	4.38	5.14	등록평균	등록최저
생명공학과	한국외대(글로벌)	논술전형	6	6	37.2			6	24.3			6	23.7				
생명공학과	가톨릭대	논술전형	3	3	26.0	3.47	5.12	3	17.7	4.43	5.50	5	22.0	4.74	6.47	등록평균	등록최저
생명공학전공	상명대(서울)	논술전형	3														
생명과학과	서울시립대	논술전형	4	4	38.8	4.76		4	34.0	4.35		4	42.0	3.14		등록평균	
생명과학과	가천대	논술전형	13	13	39.3	3.93	4.53	13	26.4	4.45	4.86	14	23.6	3.3		등록70%	등록90%
생명과학과	중앙대	논술전형	6	6	102.0			6	92.8	2.2		11	54.3	2.6	66.6	등록50%컷	논술평균
생명과학과	인하대	논술우수자	5													등록평균	등록최저
생명과학과*	한양대	논술전형	5	5	75.2		76.4	5	68.6		74.3	5	53.8	5.52		등록평균	
생명과학과*	동국대	논술우수자	4	4	22.8	2.73	4.10	4	33.8	3.80	4.80	5	29.6	3.18	4.40	최종평균	최종최저
생명과학대학자유전공학부	건국대	KU논술우수자	12														논술평균
생명과학전공	이화여대	논술전형	11														
생명과학특성학과	건국대	KU논술우수자	4	7	39.0		849	10	33.6		718	10	35.0		76		논술평균
생명시스템학부	세종대	논술우수자	18	18	53.7	3.64	3.90	17	50.4	3.69	3.67	17	39.9	3.95	4.08	등록평균	등록70%컷
생명시스템학부*	숙명여대	논술우수자	5	5	46.0	3.78		5	36.2			5	33.0	4.07		최종평균	
생명정보공학과	고려대(세종)	논술전형	10	13	6.0			14	8.2	4.60	200.0	14	8.4	5.05	93.2	등록평균	논술평균
생명화학공학과	한국공학대	논술우수자	9	18	11.4	4.4		18	10.1	5.0		17	12.8	4.4		등록평균	
생명환경공학과	서울여대	논술우수자	4	4	26.5	4.7										최종평균	최종최저
생물공학과	건국대	KU논술우수자	7	7	43.7		874	7	35.6		751	7	39.4		87		논술평균
생물학과	경희대(서울)	논술우수자	7	7	58.9		22.7	7	53.1	3.40	23.7	7	49.1	3.8	23.4	최종평균	실질경쟁률
생체의공학과	경희대(국제)	논술우수자	4	4	30.0		11.0	4	31.8	5.20	13.5	4	34.3	3.9	16.8	최종평균	실질경쟁률
생화학과*	연세대	논술전형	4	5	24.0			6	22.0			6	26.3				
서비스디자인공학과	성신여대	논술우수자	5	5	15.4	4.10	5.32	5	11.4	4.04		6	9.7	4.64		등록평균	등록최저
서울캠퍼스자율전공 (자연.예능)	홍익대(서울)	논술전형	53	53	18.9			54	18.2			53	18.6			등록50%컷	등록70%컷
섬유시스템공학과	경북대	논술전형(AAT)	10	10	13.8	4.68		8	17.0	4.43		5	17.4	4.56		등록평균	

모집단위	대학	전형	2025 모집인원	2024 모집인원	2024 경쟁률	2024 성적①	2024 성적②	2023 모집인원	2023 경쟁률	2023 성적①	2023 성적②	2022 모집인원	2022 경쟁률	2022 성적①	2022 성적②	성적 산출기준 성적①	성적 산출기준 성적②
세종캠퍼스자율전공(자연.예능)	홍익대(세종)	논술전형	31	31	8.0			31	8.4							등록50%컷	등록70%컷
소프트웨어융합학과	신한대	논술전형	9														
소프트웨어융합학과	홍익대(세종)	논술전형	14	13	10.6			13	12.8							등록50%컷	등록70%컷
소프트웨어융합학과	경희대(국제)	논술우수자	5	5	38.0		15.4	5	44.2	3.00	18.0	5	52.4	2.9	24.6	최종평균	실질경쟁률
소프트웨어전공	한국공학대	논술우수자	8	16	11.0	4.4		15	14.7	4.5		16	14.9	4.8		등록평균	
소프트웨어학과	성균관대	논술우수	10	10	122.9			10	150.9			10	142.6				
소프트웨어학과	아주대	논술우수자	10	10	83.5	3.82	4.73	10	89.0	4.24	5.39	10	82.5	4.37		등록평균	등록최저
소프트웨어학과*	단국대(죽전)	논술우수자	8	19	31.4	4.40	6.15	19	20.4	4.58	62.7	19	15.7	4.21	55.6	등록평균	등록최저
소프트웨어학부	숭실대	논술우수자	11	11	39.0	2.83		11	35.7			11	50.9			등록50%컷	
소프트웨어학부	연세대(미래)	논술우수자(창의인재)	20	24	7.2			24	4.7			24	4.1				논술평균
소프트웨어학부	중앙대	논술전형	17	20	111.3			20	99.4	2.1		13	109.5	2.3	80.8	등록50%컷	논술평균
소프트웨어학부	광운대	논술우수자	9	9	34.0	3.66		9	38.1	4.14		9	32.3	3.97		등록평균	
수리금융학	한신대	논술전형	10	10	2.9	5.45	6.81									최종평균	최종최저
수의예과	경북대	논술전형(AAT)	3	10	176.6	3.23		10	232.2	3.07		9	238.4	3.19		등록평균	
수의예과	건국대	KU논술우수자	6	6	378.0		978	6	425.8		955	9	249.3		95		논술평균
수학·핀테크전공	성신여대	논술우수자	5	5	13.	3.86	4.30	5	7.8	4.47		6	8.3	3.50		등록평균	등록최저
수학과	아주대	논술우수자	16	16	30.3	4.45	6.48	16	25.8	4.44	6.40	16	27.3	4.27		등록평균	등록최저
수학과	한국외대(글로벌)	논술전형	4	5	21.8			5	16.4			5	14.4				
수학과	건국대	KU논술우수자	8	9	30.0		886	5	38.4		835	5	31.4		92		논술평균
수학과	중앙대	논술전형	6	5	79.4			5	50.0	1.6		9	36.3	2.3	74.5	등록50%컷	논술평균
수학과	경희대(서울)	논술우수자	7	7	49.1		19.4	7	42.3	3.50	17.6	7	55.6	3.7	30.0	최종평균	실질경쟁률
수학과	서강대	일반전형	6	6	111.7			6	91.8			6	97.5				
수학과	광운대	논술우수자	5	5	18.8	4.71		5	19.6	3.96		5	17.4	4.52		등록평균	
수학과	이화여대	논술전형	5	5	38.0			5	31.6			5	23.2				
수학과	인하대	논술우수자	6	6	24.3	4.44	5.80	8	18.5	4.19	5.49	9	17.0	4.18	5.75	등록평균	등록최저
수학과	경북대	논술전형(AAT)	10	12	8.0	4.46		12	9.3	4.12		12	9.7	4.54		등록평균	
수학과	서울시립대	논술전형	7	7	29.6	3.40		9	23.3	4.44		9	31.1	3.41		등록평균	
수학과*	한양대	논술전형	8	8	79.1		93.1	8	65.9		64.4	8	58.4	4.39		등록평균	
수학과*	부산대	논술전형	5	5	9.8	4.11		5	15.0	3.42	3.54	9	14.1	3.62	3.42	등록평균	등록70%컷
수학과*	숭실대	논술우수자	5	5	22.4	3.59		5	23.2			5	28.2			등록50%컷	
수학과*	동국대	논술우수자	4	4	19.3	3.03	4.60	4	24.0	2.13	2.80	6	23.3	3.22	4.80	최종평균	최종최저
수학과*	연세대	논술전형	7	7	33.7			8	27.1			8	32.9				
수학과*	숙명여대	논술우수자	5	5	31.4	3.43		5	20.6			5	20.0	3.41		최종평균	
수학과*	가톨릭대	논술전형	3	5	22.7	3.81	4.24	3	15.0	5.20	6.21	4	17.5	4.31	4.93	등록평균	등록최저
수학교육과	홍익대(서울)	논술전형	5	5	15.6			6	16.7			5	22.4			등록50%컷	등록70%컷
수학교육과	한양대	논술전형	3	3	60.7		80.4	3	68.0		71.8	3	66.0	4.21		등록평균	
수학교육과	단국대(죽전)	논술우수자	9	9	16.9	4.30	5.82	9	13.4	3.94	63.4	9	13.6	4.06	61.3	등록평균	등록최저
수학교육과	인하대	논술우수자	5	5	23.6	4.72	5.98	5	27.0	3.75	5.10	5	22.4	4.24	5.16	등록평균	등록최저
수학교육과	부산대	논술전형	4	3	15.3	3.30		3	33.0	3.01		3	36.0	3.22	3.20	등록평균	등록70%컷
수학교육과	동국대	논술우수자	5	5	15.6	3.02	4.70	5	28.6	2.38	3.10	5	32.6	2.68	4.20	최종평균	최종최저
수학교육과	상명대(서울)	논술전형	3														
수학교육과	건국대	KU논술우수자	6	6	30.3		854	6	44.7		822	6	35.7		88		논술평균
수학교육과	경북대	논술전형(AAT)	6	6	10.5	3.74		6	22.5	2.94		4	27.8	4.36		등록평균	
수학통계학과	세종대	논술우수자	9	10	30.9	3.38	3.43	8	32.3	4.03	4.39	6	25.7	3.31	2.99	등록평균	등록70%컷
스마트ICT융합공학과	서울과기대	논술전형	1	6	57.3	4.05		7	46.4	4.43						등록평균	
스마트기계융합자율전공	한국공학대	논술우수자	22													등록평균	
스마트도시학부	고려대(세종)	논술전형	7	15	3.1			12	5.3	5.07	165.0	12	4.9	4.79	73.1	등록평균	논술평균
스마트드론공학과	한국항공대	논술우수자	12	12	18.8			12	17.5		66.1	9	17.0		63.1		논술평균
스마트모빌리티공학과	인하대	논술우수자	6	6	27.5	4.57	6.25	5	19.6	4.54	5.80					등록평균	등록최저
스마트보안학과	가천대	논술전형	17	13	33.4	4.49	5.00	14	24.4	4.12	4.65	15	21.7	3.7		등록70%	등록90%
스마트생명산업융합학과	세종대	논술우수자	3	3	39.0	4.99	5.13	3	31.7	4.49	4.57	3	21.7	4.80	5.22	등록평균	등록70%컷
스마트시티학과	가천대	논술전형	13	12	30.6	4.22	4.66	13	21.3	4.58	5.00	15	18.7	3.9		등록70%	등록90%
스마트팜과학과	경희대(국제)	논술우수자	4	4	23.3		8.0	4	23.0	3.40	8.8	4	25.8	4.0	6.5	최종평균	실질경쟁률
스마트팩토리전공	가천대	논술전형	16	12	28.8	4.89	5.73	14	20.9	4.08	4.35	15	17.9	3.9		등록70%	등록90%
시스테반도체학부	동국대	논술우수자	5	4	23.5	2.60	3.30									최종평균	최종최저

6. (자연) 논술전형

모집단위	대학	전형	2025 모집인원	2024 모집인원	2024 경쟁률	2024 성적①	2024 성적②	2023 모집인원	2023 경쟁률	2023 성적①	2023 성적②	2022 모집인원	2022 경쟁률	2022 성적①	2022 성적②	성적 산출기준 성적①	성적 산출기준 성적②
시스템반도체공학과	연세대	논술전형	12	12	22.5												
시스템반도체공학과	서강대	일반전형	3	3	198.0			3	155.7								
시스템반도체학과	가천대	논술전형	16					14	26.6	4.48	5.14	15	18.9	3.9		등록70%	등록90%
시스템생명공학과	건국대	KU논술우수자	3	9	47.2		823	9	35.8		756	9	38.9		85		논술평균
시스템생명공학과[다빈치]	중앙대	논술전형	6	6	20.0			8	14.8	2.2		15	11.0	3.1	54.3	등록50%컷	논술평균
시스템생물학과*	연세대	논술전형	5	6	23.5			6	23.0			6	26.3				
식량자원과학과	건국대	KU논술우수자	3	3	35.0			3	29.7			3	21.0		73		논술평균
식물생명공학[다빈치]	중앙대	논술전형	6	6	11.0			6	9.0	2.8		13	5.6	3.5	44.0	등록50%컷	논술평균
식품공학[다빈치]	중앙대	논술전형	7	7	12.1			10	9.6	3.2		22	6.1	3.4	45.3	등록50%컷	논술평균
식품공학과	서울여대	논술우수자	4	4	17.3	4.5										최종평균	최종최저
식품생명공학과	고려대(세종)	논술전형	10	15	4.8			15	6.5	4.36	187.5	15	7.1	5.55	99.2	등록평균	논술평균
식품생명공학과	이화여대	논술전형	4	4	48.8			4	39.0			4	29.8				
식품생명공학과	가천대	논술전형	13	14	34.3	4.19	4.55	14	23.7	4.27	4.73	15	19.3	3.4		등록70%	등록90%
식품생명공학과	서울과기대	논술전형	1	5	67.8	3.36		5	37.2	4.35		6	27.7	3.72		등록평균	
식품생명공학과	경희대(국제)	논술우수자	6	6	29.0		11.2	6	25.7	3.00	10.7	6	32.8	4.0	14.0	최종평균	실질경쟁률
식품생명공학과*	동국대	논술우수자	5	5	21.0	2.92	3.60	5	34.8	2.74	3.90	5	26.6	2.90	3.60	최종평균	최종최저
식품영양[다빈치]	중앙대	논술전형	6	6	10.5			7	9.0	2.6		8	5.3	4.2	50.6	등록50%컷	논술평균
식품영양학과	이화여대	논술전형	6	6	48.2			6	36.2			6	25.2				
식품영양학과	경희대(서울)	논술우수자	6	6	46.7		19.2	6	43.5	3.80	15.8	6	43.2	3.6	22.3	최종평균	실질경쟁률
식품영양학과	서울여대	논술우수자	4	4	17.8	4.9										최종평균	최종최저
식품영양학과	인하대	논술우수자	6	6	28.5	4.90	5.90	6	19.3	4.53	5.72	5	16.2	4.41	5.62	등록평균	등록최저
식품영양학과*	가톨릭대	논술전형	3	3	28.3	3.40	4.00	6	15.3	4.58	5.04	4	19.3	5.02	6.19	등록평균	등록최저
식품영양학과*	가천대	논술전형	13	13	29.9	4.21	4.73	13	21.4	4.34	5.09	13	17.1	3.8		등록70%	등록90%
식품영양학과*	삼육대	논술우수자	7	7	29.4												
식품영양학과*	한양대	논술전형	4	5	58.8		78.5	7	52.3		77.9	8	45.0	4.96		등록평균	
식품영양학과*	숙명여대	논술우수자	6	6	39.3	4.08		6	28.7			6	28.0	4.07		최종평균	
식품영양학과*	수원대	교과논술	10	10	17.2	4.6		11	11.5	4.9		10	9.6	4.6		최종평균	
식품영양학전공	상명대(서울)	논술전형	3														
식품영양학전공	동덕여대	논술우수자	8	7	27.7												
신소재화공시스템공학부	홍익대(서울)	논술전형	25	25	17.1			26	16.6			25	17.4			등록50%컷	등록70%컷
신소재공학과	서울과기대	논술전형	1	11	53.4	4.08		11	41.1	3.93		13	33.9	4.00		등록평균	
신소재공학과	가천대	논술전형	13	13	36.5	4.03	4.82	14	29.0	4.09	4.26	15	23.3	3.8		등록70%	등록90%
신소재공학과	한국공학대	논술우수자	9	18	8.6	4.7		18	7.9	5.0		17	11.2	4.7		등록평균	
신소재공학과	인하대	논술우수자	14	16	35.1	3.91	4.98	19	28.1	4.01	5.79	22	26.6	4.02	5.45	등록평균	등록최저
신소재공학과	경북대	논술전형(AAT)	8	7	21.4	4.21		16	19.4	4.12		16	21.0	3.77		등록평균	
신소재공학과	숭실대	논술전형	12	12	35.8	3.05		12	38.4			12	30.8			등록50%컷	
신소재공학과*	서울시립대	논술전형	3	3	38.0	5.10		3	48.7	3.17		3	67.7	3.67		등록평균	
신소재공학부	연세대	논술전형	19	19	26.6			21	24.8			21	29.5				
신소재공학부	한양대	논술전형	7	9	121.4		85.6	9	117.7		66.5	9	88.9	3.79		등록평균	
신소재물리전공	숙명여대	논술우수자	3	3	37.7	4.38		3	21.7							최종평균	
신소재화학과*	고려대(세종)	논술전형	7	12	5.7			12	8.9	5.23	207.9	12	7.3	5.18	79.4	등록평균	논술평균
실내건축학전공	홍익대(서울)	논술전형	4	4	16.0			4	15.3			4	17.8			등록50%컷	등록70%컷
아동가족복지학과*	수원대	교과논술	10	10	10.0	5.0		11	9.2	4.9		10	7.8	5.0		최종평균	
아동학과*	가톨릭대	논술전형	4	4	26.8	4.25	5.47	3	19.3	4.87	5.26	4	31.8	4.63	5.40	등록평균	등록최저
안경광학과	을지대(성남)	논술우수자	8														
안경광학과	서울과기대	논술전형	1	5	36.8	4.86		5	26.8	4.61		7	16.0	4.05		등록평균	
안전공학과	서울과기대	논술전형	1	8	36.3	4.00		8	29.5	4.15		9	18.3	4.41		등록평균	
약과학과	경희대(서울)	논술우수자	5	5	38.4		17.2	5	31.2	3.20	16.6	5	38.6	3.5	21.6	최종평균	실질경쟁률
약학과	성균관대	논술우수	5	5	580.0			5	457.4			5	666.4				
약학과	동국대	논술우수자	5	5	324.4	1.43	1.80	6	358.8	2.60	3.20	6	583.5	1.33	1.90	최종평균	최종최저
약학과	가톨릭대	논술전형	8	8	288.5	3.08	4.39	5	343.4	2.35	2.86					등록평균	등록최저
약학과	경희대(서울)	논술우수자	7	8	176.5		34.4	8	205.8	2.20	48.8	8	431.6	3.3	266.9	최종평균	실질경쟁률
약학과	아주대	논술우수자	5													등록평균	등록최저
약학과	고려대(세종)	논술전형	5	6	302.3			5	522.8	2.59	211.2	10	408.9	2.16	219.5	등록평균	논술평균
약학과	연세대	논술전형	5	5	105.6			5	99.8			5	147.2				
약학과	고려대(세종)	지역인재	6	6	72.7			6	62.0								

모집단위	대학	전형	2025 모집인원	2024 모집인원	2024 경쟁률	2024 성적①	2024 성적②	2023 모집인원	2023 경쟁률	2023 성적①	2023 성적②	2022 모집인원	2022 경쟁률	2022 성적①	2022 성적②	성적산출기준 성적①	성적산출기준 성적②
약학부	중앙대	논술전형	26	25	176.6			22	126.8	1.3		20	147.3	1.8	68.8	등록50%컷	논술평균
약학부	숙명여대	논술우수자	4													최종평균	
약학부	부산대	지역인재	10	10	76.4	3.11	3.29	10	99.2	2.52	2.13	10	74.5	3.80	3.19	등록평균	등록70%컷
약학전공	이화여대	논술전형	5	5	489.2												
양자원자력공학과	세종대	논술우수자	2	3	24.0	3.77	3.67	3	32.0	3.78	3.42	4	22.3	4.63	4.65	등록평균	등록70%컷
에너지공학부	경북대	논술전형(AAT)	12	12	14.9	3.97		5	16.0	3.79		5	16.6	4.00		등록평균	
에너지시스템공학부	중앙대	논술전형	9	10	91.7			10	66.3	2.0		18	45.6	2.5	71.6	등록50%컷	논술평균
에너지신소재공학과	동국대	논술우수자	6	6	25.0	3.00	4.40	6	39.0	2.93	3.70	6	37.7	3.66	5.50	최종평균	최종최저
에너지신소재공학전공	한국기술교대	논술전형	9	9	13.0	5.16	6.48									등록평균	등록최저
에너지자원공학과	인하대	논술우수자	5	5	24.6	4.00	5.09	5	19.2	4.55	5.85	5	21.6	4.66	6.04	등록평균	등록최저
에너지학과	성균관대	논술우수	5	7	68.0												
에너지환경공학과	가톨릭대	논술전형	3	3	24.7	3.16	3.95	3	16.7	4.40	5.24	5	20.4	5.00	5.79	등록평균	등록최저
예술공학부[다빈치]	중앙대	논술전형	10	13	10.8			18	7.8	3.4		25	4.6	3.8	48.6	등록50%컷	논술평균
우주과학과	경희대(국제)	논술우수자	4	4	35.0		16.8	4	33.3	3.40	12.3	4	21.3	3.3	6.8	최종평균	실질경쟁률
우주항공공학전공	세종대	논술우수자	8	8	28.1	4.66	5.01	8	36.1	3.39	3.63					등록평균	등록70%컷
운동재활학과	가천대	논술전형	10	10	29.7	4.48	5.28	10	22.9	4.80	5.04	10	17.2	4.3		등록70%	등록90%
원예생명조경학과*	서울대	논술우수자	6	6	19.2	4.6		6	18.3	4.4	5.8	6	14.5	4.2	5.2	최종평균	최종최저
원자력공학과	경희대(국제)	논술우수자	8	8	22.5		7.9	8	20.0	3.20	8.1	8	22.5	3.8	8.6	최종평균	실질경쟁률
유전생명공학과	경희대(국제)	논술우수자	8	8	34.3		12.4	8	34.3	2.90	15.0	9	43.3	3.8	21.4	최종평균	실질경쟁률
융합공학부	중앙대	논술전형	8	10	97.8			10	68.5	2.1		17	53.9	2.6	73.0	등록50%컷	논술평균
융합과학기술원자유전공학부	건국대	KU논술우수자	8														논술평균
융합바이오·신소재공학과	경희대(국제)	논술우수자	8													최종평균	실질경쟁률
융합반도체공학과	단국대(죽전)	논술우수자	4	17	30.8	4.27	5.91	17	19.2	4.87	44.4					등록평균	등록최저
융합보건학과	이화여대	논술전형	7	7	46.3			7	37.4			8	27.4				
융합보안공학과	성신여대	논술우수자	11	11	14.2	4.36	5.49	11	12.2	4.31		6	11.2	4.03		등록평균	등록최저
융합생명공학과	건국대	KU논술우수자	3	9	45.6		834	9	35.8		733	9	41.1		84		논술평균
융합전자공학부	한양대	논술전형	9	17	126.4		80.6	17	129.5		78.8	17	111.3	4.11		등록평균	
융합콘텐츠학과	이화여대	논술전형	6	6	47.7			6	37.0			6	27.0				
응급구조학과	가천대	논술전형	6	6	28.0	4.17	4.23	6	22.7	3.45	3.56	6	26.2	3.7		등록70%	등록90%
응급구조학과	을지대(성남)	논술우수자	7														
응용물리학과	경희대(국제)	논술우수자	4	4	26.0		10.0	4	20.5	3.60	6.8	4	16.3	4.6	6.8	최종평균	실질경쟁률
응용수학과	경희대(국제)	논술우수자	4	4	19.5		8.5	4	20.3	2.90	8.3	4	23.0	2.9	11.5	최종평균	실질경쟁률
응용통계학	한신대	논술전형	10	10	4.0	5.06	6.61									최종평균	최종최저
응용화학과	경희대(국제)	논술우수자	5	5	24.0		9.8	5	24.6	4.10	8.6	5	18.8	4.1	9.6	최종평균	실질경쟁률
응용화학과	경북대	논술전형(AAT)	4	4	11.3	4.11		5	18.8	3.40		5	15.8	4.23		등록평균	
응용화학전공	동덕여대	논술우수자	5	5	29.0												
의공학과	가천대	논술전형	13	12	27.2	4.79	5.46	13	19.9	4.06	4.18	12	20.7	3.6		등록70%	등록90%
의류산업학과*	성신여대	논술우수자	5	5	27.2	4.16	5.17	5	31.6	3.86		5	28.4	4.39		등록평균	등록최저
의류학과	수원대	교과논술	5	5	17.4	4.6		10	10.3	5.0		10	6.7	5.2		최종평균	
의류학과	가톨릭대	논술전형	4	4	29.0	3.80	4.90	3	28.0	5.62	5.62	4	36.5	5.41	6.64	등록평균	등록최저
의류학과*	숙명여대	논술우수자	3	4	45.8	3.95		4	49.0			4	40.8	5.09		최종평균	
의류학전공	상명대(서울)	논술전형	3														
의생명공학과	동국대	논술우수자	4	4	24.8	3.08	3.70	4	42.0	2.55	3.20	5	37.6	2.70	4.60	최종평균	최종최저
의생명과학과*	가톨릭대	논술전형	3	3	29.7	2.76	3.11	4	17.0	4.48	5.39	5	23.6	4.80	6.10	등록평균	등록최저
의생명시스템학부	숭실대	논술우수자	5	5	40.2	3.59		5	44.8			5	54.4			등록50%컷	
의예과	인하대	논술우수자	12	8	660.8	2.79	4.13	9	648.3	2.56	3.32	12	486.5	2.57	4.95	등록평균	등록최저
의예과	연세대(미래)	논술우수자(창의인재)	15	15	258.5			15	279.9			15	329.0				논술평균
의예과	부산대	지역인재	22	15	64.3	3.21	3.42	17	74.9	2.67	2.45	20	65.3	2.75	3.12	등록평균	등록70%컷
의예과	성균관대	논술우수	10	5	631.6			5	489.2								
의예과	가천대	논술전형	40													등록70%	등록90%
의예과	경희대(서울)	논술우수자	15	15	187.6		73.3	15	197.5	2.70	86.6	15	210.7	2.8	96.9	최종평균	실질경쟁률
의예과	가톨릭대	논술전형	19	19	226.7	3.27	5.67	19	217.9	2.12	2.64	20	266.4	2.43	3.47	등록평균	등록최저
의예과	경북대	논술전형(AAT)	7	10	174.5	2.23		10	260.5	2.75		10	273.3	2.35		등록평균	
의학과	아주대	논술우수자	20	10	398.2	2.55	6.24	10	447.6	2.97	5.52	10	468.5	2.73		등록평균	등록최저
의학부	중앙대	논술전형	18	19	203.4			14	238.0	1.7		18	194.4	1.3	84.5	등록50%컷	논술평균
이과대학자유전공학부	건국대	KU논술우수자	11														논술평균

6. (자연) 논술전형

모집단위	대학	전형	2025 모집인원	2024 모집인원	2024 경쟁률	2024 성적①	2024 성적②	2023 모집인원	2023 경쟁률	2023 성적①	2023 성적②	2022 모집인원	2022 경쟁률	2022 성적①	2022 성적②	성적 산출기준 성적①	성적 산출기준 성적②
이차전지융합학과	인하대	논술우수자	6													등록평균	등록최저
인공지능공학과	인하대	논술우수자	13	7	32.0	3.89	4.84	5	25.2	3.95	4.64					등록평균	등록최저
인공지능공학부	숙명여대	논술우수자	7	7	45.1	3.56		8	29.4			8	31.0	4.04		최종평균	
인공지능데이터사이언스학과	세종대	논술우수자	25	25	39.6	4.06	4.49									등록평균	등록70%컷
인공지능데이터사이언스학부	이화여대	논술전형	4														
인공지능사이버보안학과	고려대(세종)	논술전형	11	14	4.7			11	6.9	4.94	218.2	11	7.2	5.02	128.9	등록평균	논술평균
인공지능융합학부	삼육대	논술우수자	13	13	39.7												
인공지능전공	경북대	논술전형(AAT)	10	8	12.4	4.51		10	16.5	4.15						등록평균	
인공지능전공	부산대	논술전형	10	12	13.6	4.06	4.25	12	21.3	3.43	3.65					등록평균	등록70%컷
인공지능컴퓨팅전공	경북대	논술전형(AAT)	7	5	152	4.22		5	20.6	3.72						등록평균	
인공지능학과	가톨릭대	논술전형	3	3	26.3	3.20	3.83	5	22.6	4.92	5.71	7	22.0	4.82	5.76	등록평균	등록최저
인공지능학과	서강대	일반전형	3	3	131.3			3	122.7								
인공지능학과	가천대	논술전형	40	35	35.4	4.48	5.21	37	27.1	4.21	5.05	35	26.7	3.5		등록70%	등록90%
인공지능학과	한국공학대	논술우수자	4	10	10.1	4.4		9	8.4	4.9						등록평균	
인공지능학과	경희대(국제)	논술우수자	4	4	44.8		19.3	4	39.8	3.20	15.8	4	48.3	3.9	22.5	최종평균	실질경쟁률
임베디드시스템전공	한국공학대	논술우수자	8	15	6.7	4.7		15	7.9	5.0		14	9.3	5.1		등록평균	
임상병리학과	을지대(의정부)	논술우수자	11														
임상병리학과	을지대(성남)	논술우수자	12														
임상병리학과	연세대(미래)	논술우수자(창의인재)	6	7	12.7			7	9.3			7	10.3				논술평균
임상병리학과	신한대	논술전형	12														
자연계열학부	을지대(성남)	논술우수자	35														
자연공학계열	가톨릭대	논술전형	5													등록평균	등록최저
자연과학계열	성균관대	논술우수	30	30	86.1			30	112.0			35	62.8				
자연과학대학 자율학부	경북대	논술전형(AAT)	4	25	13.7	3.96		13	17.9	3.81		10	25.2	3.65		등록평균	
자유전공(IT계열)	상명대(서울)	논술전형	5														
자유전공(이공계열)	상명대(서울)	논술전형	3														
자유전공학부	아주대	논술우수자	10													등록평균	등록최저
자유전공학부(공학적성)	한국항공대	논술우수자	18	23	20.4												논술평균
자유전공학부(수원)	경기대	논술우수자	15														
자유전공학부(수원)	경기대	논술우수자	90														
자유전공학부(이학적성)	한국항공대	논술우수자	15														논술평균
자율융합계열	연세대(미래)	논술우수자(창의인재)	50	55	5.4			63	3.4			63	3.0				논술평균
작업치료학과	연세대(미래)	논술우수자(창의인재)	6	6	4.3			6	2.8			6	3.2				논술평균
재료공학과	건국대	KU논술우수자	5														논술평균
재료공학부*	부산대	논술전형	10	15	16.2	3.61	3.82	15	23.5	3.83	4.10	15	18.3	3.98	4.48	등록평균	등록70%컷
전가전자통신공학부	한국기술교대	논술전형	25	27	12.9	5.27	7.29	34	7.2	4.51	5.83	34	5.8	4.46		등록평균	등록최저
전기공학과	경북대	논술전형(AAT)	13	14	11.1	4.09		14	15.1	4.05		14	16.3	3.84		등록평균	
전기공학과	광운대	논술우수자	8	8	21.8	4.41		8	22.9	4.54		8	18.8	3.77		등록평균	
전기공학과	가천대	논술전형	20	22	33.2	4.58	5.51	20	23.0	4.12	4.73	21	20.7	3.4		등록70%	등록90%
전기공학부*	숭실대	논술우수자	12	12	32.7	3.31		12	34.6			12	29.3			등록50%컷	
전기공학전공	한양대	논술전형	5	7	95.1		86.7	7	87.3		68.1	7	77.3	3.48		등록평균	
전기공학전공	부산대	논술전형	6	8	17.5	3.86	4.08	10	22.8	4.11	3.99	10	25.1	3.83	3.96	등록평균	등록70%컷
전기공학전공	상명대(서울)	논술전형	3														
전기전자공학부	건국대	KU논술우수자	11	31	57.3		940	31	64.6		859	31	34.3		90		논술평균
전기전자공학부	연세대	논술전형	35	35	27.5			39	26.4			39	30.6				
전기전자공학부	수원대	교과논술	30	30	11.7	4.6		36	10.9	4.9		38	7.1	4.9		최종평균	
전기전자공학부	인하대	논술우수자	34													등록평균	등록최저
전기정보공학과	서울과기대	논술전형	1	17	54.2	3.70		17	38.6	3.84		21	32.0	4.27		등록평균	
전력응용시스템전공	한국공학대	논술우수자	7	20	8.0	4.8		20	7.4	5.0		18	8.5	4.7		등록평균	
전자기계융합공학과	고려대(세종)	논술전형	12	24	4.8			18	6.2	4.91	163.6	18	7.4	4.64	93.2	등록평균	논술평균
전자전기공학부	홍익대(서울)	논술전형	39	39	16.9			40	16.6			39	17.7			등록50%컷	등록70%컷
전자전기융합공학과	홍익대(세종)	논술전형	11	12	8.6			12	9.4							등록50%컷	등록70%컷
전자공학과	아주대	논술우수자	37	42	63.8	3.85	6.46	42	61.5	3.94	6.30	47	48.6	4.27		등록평균	등록최저
전자공학과	신한대	논술전형	9														
전자공학과	경희대(국제)	논술우수자	30	33	44.6		19.7	38	39.8	3.50	16.7	40	50.5	3.8	25.4	최종평균	실질경쟁률
전자공학과	광운대	논술우수자	16	16	35.1	3.98		16	38.5	4.24		16	31.4	4.17		등록평균	

모집단위	대학	전형	2025 모집인원	2024 모집인원	경쟁률	성적①	성적②	2023 모집인원	경쟁률	성적①	성적②	2022 모집인원	경쟁률	성적①	성적②	성적 산출기준 성적①	성적②
전자공학과	서강대	일반전형	12	12	137.0			12	129.3			12	140.8				
전자공학과	서울과기대	논술전형	1	12	59.4	3.85		12	44.3	3.85		22	37.1	4.21		등록평균	
전자공학부	경북대	논술전형(AAT)	50	62	14.1	3.83		54	20.0	3.59		60	20.3	3.66		등록평균	
전자공학전공	부산대	논술전형	8	6	24.5	3.06	3.19	8	44.8	4.06	3.89	12	31.8	4.15	4.28	등록평균	등록70%컷
전자공학전공	한국공학대	논술우수자	10	22	8.6	4.6		23	10.0	4.8		24	11.3	4.7		등록평균	
전자공학전공	한국외대(글로벌)	논술전형	5	6	34.0			6	25.8			6	27.7				
전자공학전공*	숭실대	논술우수자	12	12	32.8	3.53		12	31.4			12	38.5			등록50%컷	
전자물리학과	한국외대(글로벌)	논술전형	4	5	24.2			5	18.0			5	16.6				
전자및정보공학과	고려대(세종)	논술전형	21	36	4.9			33	7.6	4.84	166.4	33	8.4	4.89	84.3	등록평균	논술평균
전자바이오물리학과	광운대	논술우수자	5	5	19.2	3.33		6	21.0	4.67		6	15.7	4.26		등록평균	
전자융합공학과	광운대	논술우수자	8	8	22.9	4.07		8	24.5	4.26		8	18.1	4.46		등록평균	
전자재료공학과	광운대	논술우수자	9	9	22.7	3.87		9	26.4	4.08		9	20.0	4.31		등록평균	
전자전기공학과*	단국대(죽전)	논술우수자	5	22	33.6	4.49	6.06	22	20.1	4.71	48.9	39	13.8	4.55	44.8	등록평균	등록최저
전자전기공학부	중앙대	논술전형	18	25	107.7			25	82.7	2.2		45	65.5	2.5	76.4	등록50%컷	논술평균
전자전기공학부	성균관대	논술우수	30	35	74.1			30	83.5			25	65.6				
전자전기공학부	동국대	논술우수자	24	25	32.4	3.03	4.20	26	43.3	3.16	4.70	32	47.8	2.94	4.90	최종평균	최종최저
전자전기공학전공	이화여대	논술전형	7	4	52.5			8	47.8			10	36.3				
전자전기컴퓨터공학부	서울시립대	논술전형	18	19	40.0	3.65		19	43.2	4.06		19	60.1	3.77		등록평균	
전자통신공학과	광운대	논술우수자	9	9	23.9	4.36		9	27.3	4.07		9	19.3	4.41		등록평균	
정밀화학과	서울과기대	논술전형	1	5	43.6	3.73		5	31.4	3.66		7	21.9	3.84		등록평균	
정보보호학과	세종대	논술우수자	5	5	37.2	4.25	4.23	5	38.2	3.85	4.34	6	30.5	4.58	4.54	등록평균	등록70%컷
정보융합학부	광운대	논술우수자	8	8	26.6	4.12		8	27.9	4.29		9	22.3	4.25		등록평균	
정보의생명공학자율전공	부산대	논술전형	7													등록평균	등록70%컷
정보전자신소재공학과	경희대(국제)	논술우수자	9	9	32.8		12.8	9	30.3	3.40	14.1	9	31.1	3.8	15.2	최종평균	실질경쟁률
정보제어·지능시스템전공	광운대	논술우수자	3	7	24.6	4.27										등록평균	
정보통계·보험수리학과	숭실대	논술우수자	4	4	23.3	3.98		4	27.0			4	23.3			등록50%컷	
정보통계학전공	동덕여대	논술우수자	7	7	26.0												
정보통신공학과	한국외대(글로벌)	논술전형	3	3	30.7			3	25.0			3	22.0				
정보통신공학전공	동국대	논술우수자	13	13	27.0	2.73	3.90	13	38.4	2.48	3.20	14	38.8	2.99	4.50	최종평균	최종최저
정보통신전자공학부	가톨릭대	논술전형	3	3	31.0	2.98	3.58	4	21.3	6.15	6.72	6	25.2	5.41	7.27	등록평균	등록최저
정보통신학부	수원대	교과논술	30	30	10.1	4.8		32	8.8	5.0		32	6.2	4.7		최종평균	
조선해양공학과	홍익대(세종)	논술전형	7	7	7.0			7	7.0							등록50%컷	등록70%컷
조선해양공학과	인하대	논술우수자	10	10	27.0	4.60	5.68	10	18.5	4.42	6.11	11	20.3	4.23	5.68	등록평균	등록최저
조선해양공학과*	부산대	논술전형	5	5	12.0	4.56	3.87	5	14.4	4.58	4.71	5	15.2	4.38	4.27	등록평균	등록70%컷
지구과학교육과	부산대	논술전형	3	3	12.3	3.90		2	19.5	3.32		5	17.8	3.93	3.62	등록평균	등록70%컷
지구시스템과학과*	연세대	논술전형	6	6	26.2			7	21.1			7	27.3				
지구시스템과학부	경북대	논술전형(AAT)	5	5	16.4	4.47		5	17.6	3.78		5	22.8	4.46		등록평균	
지구자원시스템공학과	세종대	논술우수자	7	7	37.0	3.74	4.18	7	34.4	4.39	4.64	8	23.0	4.26	4.60	등록평균	등록70%컷
지능정보융합학과	세종대	논술우수자	23					25	41.0	4.08	4.65	30	31.6	4.11	4.66	등록평균	등록70%컷
지능형드론융합전공	세종대	논술우수자	13	13	31.8	3.77	4.01									등록평균	등록70%컷
지능형모빌리티전공	한국공학대	논술우수자	7	8	6.5	5.1		8	6.6	5.0						등록평균	
지능형반도체공학과	아주대	논술우수자	5	5	55.6	4.11	4.99	5	45.0	4.54	4.88					등록평균	등록최저
지능형반도체공학과	고려대(세종)	논술전형	13	8	4.8			7	6.3	5.30	212.5	7	6.6	4.65	82.8	등록평균	논술평균
지능형반도체공학전공	이화여대	논술전형	3	4	50.0												
지능형반도체전공	연세대	논술전형	5	9	25.3												
지능형소프트웨어학과	성균관대	논술우수	5	5	111.6												
지능형전자시스템전공	숙명여대	논술우수자	6	6	40.5	3.91		6	25.2			6	28.8	4.35		최종평균	
지리학과(자연)	경희대(서울)	논술우수자	4	4	42.0		12.3	4	33.3	4.00	14.0	4	35.5	4.5	17.5	최종평균	실질경쟁률
지질환경과학과*	부산대	논술전형	8	9	10.6	4.64	4.43	9	12.8	4.62	4.58					등록평균	등록70%컷
천문우주학과	연세대	논술전형	6	6	30.2			6	23.8			6	26.5				
첨단기술융합대학 자율학부1	경북대	논술전형(AAT)	16													등록평균	
첨단기술융합대학 자율학부2	경북대	논술전형(AAT)	9													등록평균	
첨단바이오공학부	건국대	KU논술우수자	5														논술평균
첨단소재공학과[다빈치]	중앙대	논술전형	7	8	16.6			7	14.4	3.3		7	9.1	3.1	53.3	등록50%컷	논술평균
첨단신소재공학과	아주대	논술우수자	8	7	61.7	4.13	5.59	7	50.7	3.70	4.66	6	49.5	3.50		등록평균	등록최저
첨단융합신약학과	고려대(세종)	논술전형	5													등록평균	논술평균

모집단위	대학	전형	2025 모집인원	2024 모집인원	2024 경쟁률	2024 성적①	2024 성적②	2023 모집인원	2023 경쟁률	2023 성적①	2023 성적②	2022 모집인원	2022 경쟁률	2022 성적①	2022 성적②	성적 산출기준 성적①	성적 산출기준 성적②
첨단융합자율전공	한국공학대	논술우수자	18													등록평균	
첨단컴퓨팅학부	연세대	논술전형	22	13	29.1			14	41.6			14	44.4				
청정신소재공학과	성신여대	논술우수자	5	5	16.0	3.63	5.45	5	11.0	4.67		5	10.2	5.25		등록평균	등록최저
치위생학과	을지대(성남)	논술우수자	8														
치위생학과	연세대(미래)	논술우수자(창의인재)	5	6	4.5			6	3.2			6	3.8				논술평균
치위생학과	신한대	논술전형	8														
치위생학과	가천대	논술전형	9	9	28.6	4.51	5.12	10	24.4	4.20	4.34	10	21.6	4.0		등록70%	등록90%
치의예과	경북대	논술전형(AAT)	3	5	194.8	2.45		5	287.6	3.30		5	263.8	3.61		등록평균	
치의예과	경희대(서울)	논술우수자	11	11	138.9		46.9	11	169.8	1.90	61.5	11	175.6	3.6	59.5	최종평균	실질경쟁률
치의예과	연세대	논술전형	10	10	105.0			10	99.8			10	119.1				
컴퓨터·AI학부(자연)	동국대	논술우수자	20	21	37.8	3.07	5.00	22	55.3	2.79	4.70	5	34.6	2.42	3.50	최종평균	최종최저
컴퓨터공학과	홍익대(서울)	논술전형	29	35	17.3			35	18.7			35	21.0			등록50%컷	등록70%컷
컴퓨터공학과	서강대	일반전형	12	12	144.9			12	147.5			12	176.8				
컴퓨터공학과	인하대	논술우수자	25	25	44.2	3.67	6.46	25	44.8	4.25	6.22	27	39.3	4.14	5.47	등록평균	등록최저
컴퓨터공학과	이화여대	논술전형	6	8	61.5			8	64.0			10	46.7				
컴퓨터공학과	경희대(국제)	논술우수자	9	9	54.7		21.8	9	54.6	3.80	20.2	10	72.2	4.1	35.7	최종평균	실질경쟁률
컴퓨터공학과	서울과기대	논술전형	1	9	94.3	3.39		9	89.8	3.79		10	71.7	3.69		등록평균	
컴퓨터공학과	가천대	논술전형	40	35	48.3	4.15	5.00	40	39.3	4.27	4.84	40	36.6	3.3		등록70%	등록90%
컴퓨터공학과	단국대(죽전)	논술우수자	6	11	32.2	3.87	5.27	11	24.5	4.40	52.3	11	19.2	4.45	51.4	등록평균	등록최저
컴퓨터공학과	세종대	논술우수자	21	24	49.1	3.78	4.06	24	57.5	3.96	4.07	26	45.9	3.96	4.21	등록평균	등록70%컷
컴퓨터공학과*	성신여대	논술우수자	3	3	17.7	3.23	3.83	3	12.0	4.10		4	12.8	4.24		등록평균	등록최저
컴퓨터공학부	한국외대(글로벌)	논술전형	7	10	40.8			11	36.0			10	37.3				
컴퓨터공학부	건국대	KU논술우수자	8	24	61.6		943	24	74.7		894	24	76.0		94		논술평균
컴퓨터공학부	삼육대	논술우수자	8	9	44.9												
컴퓨터공학부	한국기술교대	논술전형	25	27	16.6	5.02	7.38	34	9.8	4.60	6.81	34	7.1	4.56		등록평균	등록최저
컴퓨터공학전공	부산대	논술전형	12	14	18.5	3.58	3.70	14	36.7	3.20	3.60					등록평균	등록70%컷
컴퓨터공학전공	한국공학대	논술우수자	8	16	13.1	4.6		15	16.7	4.8		17	17.7	4.3		등록평균	
컴퓨터과학부	서울시립대	논술전형	8	8	36.6	3.91		8	41.5	4.02		8	55.9	3.88		등록평균	
컴퓨터과학전공	숙명여대	논술우수자	6	6	42.0	3.49		6	35.0			6	32.0	3.86		최종평균	
컴퓨터과학전공	상명대(서울)	논술전형	5														
컴퓨터소프트웨어학부	한양대	논술전형	10	16	156.1		81.7	16	177.9		85.5	16	148.6	3.79		등록평균	
컴퓨터융합소프트웨어학과	고려대(세종)	논술전형	13	23	7.6			18	11.9	4.86	236.4	18	13.0	4.48	109.1	등록평균	논술평균
컴퓨터정보공학부	가톨릭대	논술전형	4	4	33.0	3.45	4.64	4	30.3	4.93	5.33	6	33.8	4.54	5.28	등록평균	등록최저
컴퓨터정보공학부	광운대	논술우수자	8	8	32.4	4.02		8	38.4	3.87		8	31.5	4.15		등록평균	
컴퓨터학부	경북대	논술전형(AAT)	10	10	13.7	4.34		10	27.5	3.36		15	33.1	4.08		등록평균	
컴퓨터학부	수원대	교과논술	30	30	14.1	4.7		30	16.8	4.3		32	13.2	4.6		최종평균	
컴퓨터학부*	숭실대	논술우수자	10	10	46.5	3.12		10	38.9			10	53.2			등록50%컷	
컴퓨터학전공	동덕여대	논술우수자	14	13	28.2												
콘텐츠소프트웨어학과	세종대	논술우수자	15					25	41.0	4.08	4.65	30	31.6	4.11	4.66	등록평균	등록70%컷
클라우드공학과	가천대	논술전형	7	7	135.0	3.04	3.41									등록70%	등록90%
토목공학과	경북대	논술전형(AAT)	10	11	13.2	4.43		12	20.4	4.36		12	18.3	4.78		등록평균	
토목공학과*	서울시립대	논술전형	5	5	27.4	4.18		5	31.0	4.57		5	31.2	4.20		등록평균	
토목환경공학과	가천대	논술전형	13	13	29.1	4.73	5.27	14	20.9	4.40	4.91	14	16.0	4.1		등록70%	등록90%
토목환경공학과*	단국대(죽전)	논술우수자	4	13	25.2	4.42	5.27	14	14.2	4.65	50.3	16	11.4	4.73	53.2	등록평균	등록최저
통계데이터사이언스학과	단국대(죽전)	논술우수자	6	6	29.0	4.28	6.32	6	18.3	4.40	46.6	6	14.0	3.86	35.0	등록평균	등록최저
통계학·빅데이터사이언스전공*	성신여대	논술우수자	6	6	15.8	3.93	5.22	6	9.8	4.13		6	10.7	4.22		등록평균	등록최저
통계학과	경북대	논술전형(AAT)	7	8	10.0	4.26		8	14.9	3.70		8	14.5	4.01		등록평균	
통계학과	인하대	논술우수자	5	5	22.6	4.35	6.31	5	18.0	4.24	4.63	5	19.8	4.83	6.60	등록평균	등록최저
통계학과	숙명여대	논술우수자	4	4	37.0	3.65		4	25.3			4	22.5	3.74		최종평균	
통계학과	부산대	논술전형	10	10	10.5	4.65	5.19	10	14.6	3.69	3.79	10	14.4	3.46	3.90	등록평균	등록70%컷
통계학과	한국외대(글로벌)	논술전형	4	5	28.2			5	19.2			5	18.6				
통계학과	이화여대	논술전형	6	6	46.0			6	39.5			6	28.2				
통계학과*	동국대	논술우수자	4	4	19.5	2.83	4.30	4	27.5	2.50	2.80	6	24.3	1.97	3.10	최종평균	최종최저
파이버융합소재공학전공*	단국대(죽전)	논술우수자	3	8	23.4	4.72	6.46	8	13.1	4.27	59.4	8	12.3	4.48	44.5	등록평균	등록최저
핀테크,빅데이터.스마트생산전공*	상명대(서울)	논술전형	3														

3부 · 모집단위순 합격자 성적

모집단위	대학	전형	2025 모집인원	2024 모집인원	2024 경쟁률	2024 성적①	2024 성적②	2023 모집인원	2023 경쟁률	2023 성적①	2023 성적②	2022 모집인원	2022 경쟁률	2022 성적①	2022 성적②	성적 산출기준 성적①	성적 산출기준 성적②
한약학과	경희대(서울)	논술우수자	6	6	40.8		17.5	6	31.8	3.60	13.8	6	32.8	4.2	15.8	최종평균	실질경쟁률
한양인터칼리지학부(자연)	한양대	논술전형	35													등록평균	
한의예과(자연)	경희대(서울)	논술우수자	16	16	97.8		22.9	16	106.4	3.40	27.6	16	118.4	2.6	31.0	최종평균	실질경쟁률
한의학전문대학원(학석사통합과정)	부산대	지역인재	5	5	46.4											등록평균	등록70%컷
항공·경영대학(이학적성)	한국항공대	논술우수자	13														등록최저
항공우주·모빌리티공학과	건국대	KU논술우수자	5														논술평균
항공우주공학과	인하대	논술우수자	9	10	34.3	4.48	6.14	11	26.7	4.09	5.24	13	23.6	4.15	5.27	등록평균	등록최저
항공우주공학과*	부산대	논술전형	2	5	21.0	3.92	3.99	3	30.0	4.58		6	20.3	4.39	4.53	등록평균	등록70%컷
항공운항학과	한국항공대	논술우수자	10	12	45.7			10	39.1		80.6	9	56.0		95.1		논술평균
해양과학과	인하대	논술우수자	5	5	21.0	4.01	5.05	5	24.6	4.33	4.88	5	16.0	4.45	5.19	등록평균	등록최저
해양학과*	부산대	논술전형	5	5	11.4			5	11.2	4.89						등록평균	등록70%컷
화공생명공학과	서강대	일반전형	12	12	148.8			12	125.3			12	149.6				
화공생명공학과	서울과기대	논술전형	1	9	70.2	3.96		9	53.1	3.79		10	44.0	3.54		등록평균	
화공생명공학부	숙명여대	논술우수자	8	8	56.6	4.29		9	34.9			9	38.3	3.56		최종평균	
화공생명공학부	연세대	논술전형	17	17	22.1			18	20.0			18	23.3				
화공생명공학전공	부산대	논술전형	5	5	35.6	3.23	3.20	10	42.6	3.28	3.37	10	29.9	3.83	4.01	등록평균	등록70%컷
화공생명배터리공학부	가천대	논술전형	58													등록70%	등록90%
화공생물공학과	동국대	논술우수자	7	7	29.6	2.86	4.60	7	41.7	3.22	4.00	7	42.7	2.92	4.90	최종평균	최종최저
화공신소재전공	상명대(서울)	논술전형	3														
화장품학전공	동덕여대	논술우수자	4	4	29.0												
화학·나노과학전공	이화여대	논술전형	11														
화학·에너지융합학부*	성신여대	논술우수자	6	6	14.0	3.64	4.58	6	9.5	3.91		6	11.8	3.91		등록평균	등록최저
화학공학신소재공학부	수원대	교과논술	30	30	10.8	4.6		32	9.8	4.6		35	6.6	4.6		최종평균	
화학공학과	중앙대	논술전형	10	10	101.7			12	83.6	2.0		10	88.1	2.8	80.5	등록50%컷	논술평균
화학공학과	광운대	논술우수자	7	7	26.9	3.76		8	27.8	3.39		8	24.5	4.16		등록평균	
화학공학과	경희대(국제)	논술우수자	10	10	36.3		13.6	10	36.9	2.80	16.1	12	34.4	3.3	16.3	최종평균	실질경쟁률
화학공학과	한양대	논술전형	4	6	113.5		79.9	6	102.8		64.7	6	93.5	3.79		등록평균	
화학공학과	아주대	논술우수자	5	12	63.2	3.86	5.68	12	50.6	4.49	6.22	10	56.3	3.88		등록평균	등록최저
화학공학과	인하대	논술우수자	15	17	34.5	4.09	5.90	20	27.4	3.89	5.21	24	26.3	3.87	5.06	등록평균	등록최저
화학공학과	경북대	논술전형(AAT)	5	5	25.8	4.20		5	32.2	4.18		5	28.6	4.17		등록평균	
화학공학과*	단국대(죽전)	논술우수자	5	19	27.6	4.15	5.56	19	16.7	4.69	63.9	19	12.6	4.69	51.1	등록평균	등록최저
화학공학과*	숭실대	논술우수자	12	12	33.1	3.08		12	36.4			12	31.6			등록50%컷	
화학공학부	건국대	KU논술우수자	6	37	44.3		925	38	43.7		840	41	44.3		91		논술평균
화학과	인하대	논술우수자	8	8	22.5	4.02	4.81	8	19.8	4.04	4.22	8	15.9	4.40	5.36	등록평균	등록최저
화학과	경북대	논술전형(AAT)	6	6	14.7	3.75		6	14.5	4.21		6	12.9	3.93		등록평균	
화학과	광운대	논술우수자	6	6	21.8	4.16		6	22.2	4.01		6	15.0	4.45		등록평균	
화학과	중앙대	논술전형	6	5	82.4			5	58.6	1.6		8	39.1	2.0	72.0	등록50%컷	논술평균
화학과	건국대	KU논술우수자	4	6	40.0		808	6	32.0		707	5	27.8		80		논술평균
화학과	가천대	논술전형	12	12	33.6	4.07	4.80	13	20.6	4.64	5.12	13	16.7	3.5		등록70%	등록90%
화학과	한국외대(글로벌)	논술전형	6	6	24.3			6	19.3			6	16.2				
화학과	경희대(서울)	논술우수자	6	6	56.2		24.8	6	43.8	3.30	19.8	6	47.3	3.5	20.7	최종평균	실질경쟁률
화학과	서울여대	논술우수자	4	3	18.3	4.3										최종평균	최종최저
화학과	세종대	논술우수자	5	6	35.8	3.57	4.58	6	34.7	4.07	4.08	6	26.7	4.74	5.10	등록평균	등록70%컷
화학과*	연세대	논술전형	7	9	21.1			9	17.6			9	20.0				
화학과*	숙명여대	논술전형	5	5	37.8	3.98		5	22.4			5	25.2	4.01		최종평균	
화학과*	부산대	논술전형	8	8	11.4	4.26	4.17	8	16.6	3.79	3.63	9	13.7	4.37	4.53	등록평균	등록70%컷
화학과*	한양대	논술전형	5	5	72.0		89.8	5	52.8		77.1	5	51.2	3.92		등록평균	
화학과*	숭실대	논술우수자	4	4	24.8	3.01		4	25.8			5	26.6			등록50%컷	
화학과*	가톨릭대	논술전형	3	3	22.3	4.27	4.73	3	16.0	5.13	5.40	4	18.0	4.92	6.06	등록평균	등록최저
화학과*	동국대	논술우수자	4	4	21.0	2.73	3.30	4	28.3	3.13	3.80	4	24.4	3.37	4.00	최종평균	최종최저
화학생명공학전공	한국기술교대	논술전형	9	10	14.4	4.91	7.12									등록평균	등록최저
화학생명과학과	삼육대	논술우수자	13	13	35.4												
화학신소재공학과	이화여대	논술전형	6	6	61.7			6	49.0			8	40.6				
화학에너지공학전공	상명대(서울)	논술전형	3														
환경공학과	서울과기대	논술전형	1	5	49.0	4.17		5	36.4	4.10		3	21.7	4.14		등록평균	

모집단위	대학	전형	2025 모집인원	2024 모집인원	2024 경쟁률	2024 성적①	2024 성적②	2023 모집인원	2023 경쟁률	2023 성적①	2023 성적②	2022 모집인원	2022 경쟁률	2022 성적①	2022 성적②	성적 산출기준 성적①	성적 산출기준 성적②
환경공학과	광운대	논술우수자	4	4	26.8	4.09		4	29.5	4.18		4	20.0	6.05		등록평균	
환경공학과	경북대	논술전형(AAT)	5	6	12.2	3.92		6	22.8	4.26		6	19.8	4.22		등록평균	
환경공학과	인하대	논술우수자	6	6	25.5	4.17	5.78	7	19.4	4.74	5.67	7	19.0	4.30	5.74	등록평균	등록최저
환경공학과	이화여대	논술전형	4	4	49.3			4	36.0			4	24.8				
환경공학부*	서울시립대	논술전형	10	10	33.7	3.66		10	31.3	4.11		10	42.2	3.99		등록평균	
환경디자인원예학과*	삼육대	논술우수자	9	9	25.3												
환경보건·산림조경학부	건국대	KU논술우수자	3														논술평균
환경시스템공학과	고려대(세종)	논술전형	9	14	3.9			15	6.5	4.85	182.8	15	6.0	4.86	83.4	등록평균	논술평균
환경융합공학과	세종대	논술우수자	7	8	40.4	3.58	3.72	7	35.1	4.15	3.98	8	26.9	4.14	4.64	등록평균	등록70%컷
환경학과	한국외대(글로벌)	논술전형	6	6	29.3			6	22.2			6	20.8				
환경학및환경공학과	경희대(국제)	논술우수자	4	4	25.5		9.5	4	17.5	3.70	5.5	4	24.0	3.1	14.5	최종평균	실질경쟁률
휴먼기계바이오공학과(자연)	이화여대	논술전형	6	6	51.2			12	47.67			14	38.7				
휴먼지능정보공학전공	상명대(서울)	논술전형	5														

선생님과 학부모가 인정한
최고의 대입 지원 전략서

2025

수박(수시대박)먹고
대학간다 [실전편]

04 | 대 학

주요전형 분석 및
3년간 경쟁률·합격자 성적

1. 가천대학교

(글로벌)경기도 성남시 수정구 성남대로 1342 (Tel: 1577.0067, 032.820.4091~3)
(메디컬)인천광역시 연수구 연수동 함박뫼로 191 (Tel: 1577.0067, 032.820.4091~3)

Ⅰ. 한 눈에 보는 전형

모집 시기	전형 유형	전형	모집 인원	전형 방법	수능최저 학력기준
수시	교과	학생부우수자	502	학생부100%	○
수시	교과	지역균형	401	1단계)학생부교과100%(7배수) 2단계)학생부교과50%+ 면접50% ※ 고교 추천: 제한 없음	X
수시	교과	농어촌(교과)	94	학생부교과100%	X(의예,한의 예,약학○)
수시	종합	가천바람개비	518	1단계)서류100%(5배수) 2단계)서류50%+ 면접50%	X
수시	종합	가천의약학	52	1단계)서류100%(5배수) 2단계)서류50%+ 면접50%	○
수시	종합	기회균형	91	1단계)서류100%(5배수) 2단계)서류50%+ 면접50%	X
수시	종합	농어촌(종합)	66	1단계)서류100%(5배수) 2단계)서류50%+ 면접50%	X
수시	종합	특성화고교	58	1단계)서류100%(5배수) 2단계)서류50%+ 면접50%	X
수시	종합	교육기회균형	3	1단계)서류100%(5배수) 2단계)서류50%+ 면접50%	X(약학:○)
수시	종합	특성화고졸재직자	180	서류100%	X
수시	논술	논술전형	1,012	논술100%	○
수시	실기/실적	조기취업형계약학과	260	1단계)서류100%(5배수) 2단계)서류50%+ 면접50%	X
수시	실기/실적	실기우수자	243	학생부교과30%+ 실기70% ▶연기예술학(연기): 1단계)실기100%(10배수) 2단계)학생부교과30%+ 실기70%	X

(수시모집) 지원 가능 횟수	본교 수시모집 내의 전형은 복수지원이 가능합니다.(예시, 논술 전형과 가천바람개비 전형 간 복수지원 가능)

■ 무전공(전공자율선택)

유형① [대학 내 모든 전공(보건의료, 사범 등 제외) 자율 선택]		유형② [계열/단과대 모집 후 모집단위 내 전공 자율 선택]	
모집단위	인원	모집단위	인원
자유전공학부(자유·전공)	321	AI인문대학	210
		반도체대학	200
		법과대학	150

■ 자유전공 전공결정:

전공 배정학과	제한 학과
인문계열, 자연계열 학과	1. 유아교육학과, 간호학과, 치위생학과, 응급구조학과, 방사선학과, 물리치료학과, 약학과 2. 의예과, 한의예과, 미술·디자인학부, 음악학부, 체육학부, 연기예술학과 3. 첨단학과 중 스마트팩토리전공, 스마트보안학과, 스마트시티학과, 바이오로직스학과,금융·빅데이터학부 4. 클라우드공학과, 조기취업형 계약학과

■ 모집단위가 단과대학인 대학(AI인문대학, 법과대학, 반도체대학)으로 입학한 재학생들이 학과 선택 시, 해당 단과대학내 각 학과의 운영 정원은 '전공선택 기준정원'의 150%를 초과할 수 없습니다.

■ 전형결과

※ 성적 산출기준: (수시) 교과 석차등급, (정시) 수능 백분위

모집시기	전형유형	전형	학년도	모집인원	지원인원	경쟁률	등록자 70%	등록자 90%	충원율
수시	교과	학생부우수자	2024	511	7,281	14.25	2.65	2.74	239%
수시	교과	지역균형	2024	365	4,742	12.99	3.17	3.33	55%
수시	종합	가천바람개비	2024	508	14,570	28.68	3.79		68%
수시	종합	가천의약학	2024	42	2,137	50.88	2.67		26%
수시	논술	논술전형	2024	964	33,868	35.13	4.37	5.00	16%
수시	실기/실적	조기취업형계약학과	2024	191	1,038	5.43			

■ (주요전형) 전형일정

유형	전형	원서접수 마감	대학별 고사(면접/논술)	1단계 합격자	최종 합격자
교과	학생부우수자	9.13(금) 18:00			12.13(금)
교과	지역균형	9.13(금) 18:00 학교장추천: 9.25(수) 18:00	11.16(토)~18(월)	11.06(수)	12.13(금)
종합	가천바람개비	9.13(금) 18:00	- 10.26(토)~27(일): 인문계열, 경영학과, AI인문대학, 화공생명배터리공학부, 반도체대학, 인공지능학과, 간호학과 - 11.02(토)~03(일) 자연계열, 경영학과, AI인문대학, 화공생명배터리공학부, 반도체대학, 간호학과	10.24(목)	11.09(토)
종합	가천의약학	9.13(금) 18:00	- 12.09(월): 한의예과, 약학과 - 12.10(화): 의예과	12.03(화)	12.13(금)
논술	논술전형	9.13(금) 18:00	- 11.24(일): 의예과 - 11.25(월): 인문계열, 컴퓨터공학과, 간호학과, 클라우딩공학과, 바이오로직스학과 - 11.26(화): 자연계열		12.13(금)
실기/실적	조기취업형계약학과	9.13(금) 18:00	10.30(수)~31(목)	10.28(월)	11.09(토)

II. (수시모집) 주요 전형

■ (학생부교과) 학생부우수자

전형	모집인원	전형 방법	수능최저학력기준
학생부우수자	502	학생부100%	○

1. **지원자격**: 고교 졸업(예정)자 및 법령에 따라 이와 같은 수준 이상의 학력이 있다고 인정된 사람
2. **수능최저학력기준**:

> [국어, 수학, 영어, 사/과탐(1과목)] 중 2개 영역의 등급 합 6 이내
> ▶ 바이오로직스학과: [국어, 수학, 영어, 사/과탐(1과목)] 중 2개 영역 등급 합 5 이내
> ▶ 클라우드공학과: [국어, 수학(미적분/기하), 영어, 과탐(2과목 평균, <u>소수점 이하는 절사</u>)] 중 2개 영역 등급 합 4 이내
> ▶ 의예과: [국어, 수학(미적분/기하), 영어, 과탐(2과목 평균, <u>소수점 이하는 절사</u>)] 중 3개 영역 1등급 이내
> ▶ 한의예과: [국어, 수학(미적분/기하), 영어, 과탐(2과목 모두 1등급)] 중 2개 영역 1등급 이내
> ▶ 약학과: [국어, 수학(미적분/기하), 영어, 과탐(2과목 평균, <u>소수점 이하는 절사</u>)] 중 3개 영역 등급 합 5 이내

◎ 전형요소
● 학생부(1,000점)

반영요소 반영비율	반영교과목		교과성적 산출지표	학년별 반영비율
	구분	반영방법		
교과 100%	공통 및 일반선택	우수한 4개 학기 순 40% : 30% : 20% : 10% (단, 의예, 한의예, 약학은 전 학년/ 전 과목) ⑪ 국어, 영어, 수학, 사회교과에 속한 전 과목 ⑫ 금융수학과: 국어, 영어, 수학, 과학교과에 속한 전 과목 ▶ 의예과, 한의예과, 약학과: 국어, 영어, 수학, 사회/과학교과에 속한 전 과목 ※ 반영 학기: (교과/비교과) 졸업예정자 및 졸업자 모두 3학년 1학기까지	석차등급	학년 구분 없음
	진로선택	미반영		

◎ 전형결과
■ 전체

학년도	전체						인문						자연					
	모집인원	지원인원	경쟁률	등록70%	등록90%	충원율	모집인원	지원인원	경쟁률	등록70%	등록90%	충원율	모집인원	지원인원	경쟁률	등록70%	등록90%	충원율
2022	412	6,554	15.91	2.61	2.79	254%	157	2,721	17.33	2.65	2.83	273%	255	3,833	15.03	2.57	2.74	235%
2023	469	5,401	11.52	2.74	2.91	197%	174	2,222	12.77	2.78	2.94	207%	295	3,179	10.78	2.69	2.87	186%
2024	511	7,281	14.25	2.65	2.74	239%	160	2,421	15.13	2.79	2.87	227%	351	4,860	13.85	2.50	2.61	201%
2025	502						134						368					

■ 변경사항 & 핵심포인트

[2025]

변경사항	2024	2025
모집인원	511명	502명(-9명)
(수능최저) 자연계: 수학(미/기) 1등급 상향 폐지	[국어, 수학, 영어, 탐구] 2개 등급 합 6 ※ 수학(미적분/기하): 1등급 상향	[국어, 수학, 영어, 탐구] 2개 등급 합 6
(학생부) 진로선택과목 미반영	성취도 = A : 1등급, B : 2등급, C : 5등급	미반영

- 학생부: 진로선택과목 반영->미반영으로 변경됨.
  - 반면, 지역균형은 공통 및 일반선택과목을 반영->미반영으로 변경하여 진로선택과목으로만 선발함
- 수능최저: 자연계열의 '수학(미적분/기하) 응시자는 1등급 상향을 폐지함
- 수능최저학력기준: 2개 영역 등급 합 6을 지원자의 대부분이 통과하여 합격선이 지역균형보다 높게 형성됨.
- 학생부: 성적이 우수한 4개 학기만 반영하므로 성적이 가장 안 좋은 1개 학기는 제외되는 특징이 있음.
  - 또한, 4개 학기를 각각 40% : 30% : 20% : 10%씩 반영하므로 학기별로 성적이 균등한 학생보다는 성적이 향상되는 학생이 유리
- ➡ 합격자 성적분포: 인문계열은 2등급 초반 ~ 3등급 초반, 자연계열은 1등급 초반 ~ 3등급 초반.
  - 수능최저 충족률 : 인문
- 2023부터 학생부 반영교과목에 속한 20과목 -> 전과목으로 변경되었음. 2023, 2024 결과를 참고하기 바람.

■ 모집단위   '*' 표시 : 교직 이수 가능

계열	모집단위	2025	2024						2023						2022					
		모집인원	모집인원	지원인원	경쟁률	등록70%	등록90%	충원번호	모집인원	지원인원	경쟁률	등록70%	등록90%	충원번호	모집인원	지원인원	경쟁률	등록70%	등록90%	충원번호
인문	AI인문대학	30																		
인문	법과대학	22																		
인문	미디어커뮤니케이션학과	5	7	148	21.1	2.44	2.46	16	8	139	17.4	2.63	2.75	27	8	149	18.6	2.5	2.6	30
인문	의료산업경영학과	7	6	95	15.8	2.63	2.84	15	7	73	10.4	2.99	3.10	9	7	97	13.9	2.7	2.8	22
인문	경제학과	7	6	90	15.0	2.65	2.83	14	10	146	14.6	2.73	2.90	25	10	162	16.2	2.8	3.0	19
인문	경영학과	18	36	392	10.9	2.66	2.71	95	35	436	12.5	2.60	2.73	75	40	774	19.4	2.5	2.8	107
인문	관광경영학과	7	6	96	16.0	2.69	2.78	12	7	69	9.9	2.90	2.99	10	6	90	15.0	2.6	2.8	13
인문	심리학과	6	6	90	15.0	2.70	2.71	20	6	116	19.3	2.60	2.63	16	6	90	15.0	2.6	2.7	25
인문	유아교육학과*	6	6	63	10.5	2.78	2.81	14	7	58	8.3	2.92	2.97	14	7	115	16.4	2.5	2.7	12
인문	응용통계학과	7	6	67	11.2	2.79	2.91	6	6	59	9.8	2.67	2.69	8	6	82	13.7	2.6	2.9	12
인문	회계세무학과	7	10	221	22.1	2.93	2.93	19	10	96	9.6	3.07	3.26	16						
인문	사회복지학과	6	6	219	36.5	3.00	3.11	8	6	64	10.7	3.15	3.86	23	6	133	22.2	2.6	2.6	15
인문	패션산업학과	6	6	90	15.0	3.00	3.10	11	6	138	23.0	2.70	2.89	4	6	97	16.2	3.0	3.1	17
자연	금융·빅데이터학부	16																		
자연	화공생명배터리공학부	30																		
자연	시스템반도체학과	9							7	86	12.3	2.72	2.84	22	7	83	11.9	2.7	2.9	6
자연	의예과	15	5	128	25.6	1.00	1.00	3												
자연	한의예과	5	5	203	40.6	1.12	1.13													
자연	약학과	3	3	110	36.7	1.20	1.21	5												
자연	물리치료학과	6	5	62	12.4	1.79	2.01	3	5	83	16.6	1.21	1.44			4	121	30.3	1.9	2.1	7
자연	간호학과(자연)*	33	42	310	7.4	1.90	2.00	84	39	285	7.3	1.87	2.07	64	35	442	12.6	1.7	1.9	92
자연	방사선학과	6	5	101	20.2	2.00	2.03	2	5	101	20.2	2.36	2.63	11	4	132	33.0	2.3	2.3	2
자연	클라우드공학과	7	7	195	27.9	2.06	2.33	10												
자연	생명과학과	7	6	68	11.3	2.29	2.30	16	6	146	24.3	2.33	2.44	10	6	53	8.8	2.6	2.9	10
자연	바이오나노학과	7	7	53	7.6	2.38	2.61	8	7	55	7.9	2.45	2.46	7	7	76	10.9	2.2	2.3	5
자연	바이오로직스학과	16	20	183	9.2	2.41	2.64	30												
자연	의공학과	6	6	77	12.8	2.46	2.55	2	8	60	7.5	2.85	2.92	14	6	103	17.2	2.5	2.7	10
자연	컴퓨터공학과	20	18	215	11.9	2.53	2.58	41	15	210	14.0	2.59	2.77	35	15	275	18.3	2.4	2.7	50

계열	모집단위	2025 모집인원	2024 모집인원	2024 지원인원	2024 경쟁률	2024 등록70%	2024 등록90%	2024 충원번호	2023 모집인원	2023 지원인원	2023 경쟁률	2023 등록70%	2023 등록90%	2023 충원번호	2022 모집인원	2022 지원인원	2022 경쟁률	2022 등록70%	2022 등록90%	2022 충원번호
자연	치위생학과	5	5	61	12.2	2.54	2.63	2	5	55	11.0	2.68	2.82	5	4	182	45.5	2.3	2.5	3
자연	식품생명공학과	7	7	70	10.0	2.56	2.62	15	7	81	11.6	2.49	2.63	15	7	93	13.3	2.5	2.5	15
자연	신소재공학과	7	7	81	11.6	2.65	2.70	20	7	71	10.1	2.54	2.70	12	7	77	11.0	2.4	2.6	11
자연	**반도체대학**	31	26	300	11.5	2.70	2.76	77												
자연	스마트시티학과	7	6	84	14.0	2.71	2.80	6	8	85	10.6	2.94	3.23	20	7	93	13.3	2.8	3.1	6
자연	전기공학과	8	9	135	15.0	2.72	2.80	27	10	79	7.9	2.87	3.08	18	8	183	22.9	2.6	2.7	14
자연	식품영양학과*	6	7	69	9.9	2.74	2.82	18	7	80	11.4	2.63	2.84	11	7	125	17.9	2.7	2.8	19
자연	운동재활학과	5	5	84	16.8	2.75	2.86	7	5	54	10.8	2.86	3.12	5	4	52	13.0	2.8	2.8	5
자연	도시계획·조경학부	10	10	141	14.1	2.76	2.94	12	10	99	9.9	3.02	3.22	22	7	79	11.3	2.7	3.0	28
자연	건축학부	13	14	194	13.9	2.77	2.79	26	17	156	9.2	2.84	3.12	20	12	201	16.8	2.7	2.8	36
자연	**인공지능학과**	20	16	168	10.5	2.83	2.86	44	15	135	9.0	2.67	2.83	26	12	192	16.0	2.5	2.7	27
자연	반도체물리학과	6	6	82	13.7	2.87	3.24	12	6	84	14.0	3.04	3.04	14	6	75	12.5	3.0	3.3	19
자연	스마트보안학과	8	6	84	14.0	2.88	2.99	7	7	60	8.6	2.97	3.03	16	7	105	15.0	2.6	2.7	4
자연	**기계공학부**	26	12	543	45.3	2.89	3.00	39	11	83	7.6	3.74	4.68	33	11	143	13.0	2.5	2.7	28
자연	스마트팩토리전공	9	7	98	14.0	2.95	2.99	13	7	88	12.6	2.88	2.94	8	7	97	13.9	3.0	3.1	8
자연	토목환경공학과	7	7	139	19.9	3.02	3.04	11	7	87	12.4	3.13	3.26	17	7	131	18.7	3.0	3.1	18
자연	화학과	7	6	56	9.3	3.22	3.50	15	6	82	13.7	2.54	2.54	9	6	66	11.0	2.6	2.8	17

■ (학생부교과) 지역균형

전형	모집인원	전형 방법	수능최저학력기준
지역균형	401	1단계)학생부교과100%(7배수) 2단계)학생부교과50%+ 면접50%	X

1. **지원자격:** 고교 졸업(예정)자 또는 법령에 따라 이와 같은 수준 이상의 학력이 있다고 인정되고, 해당 고등학교장의 추천을 받은 사람
2. **제출서류:** 학교생활기록부, 고등학교장 추천 명단

◎ 전형요소
● 학생부(500점)

반영요소 반영비율	구분	반영교과목 반영방법	교과성적 산출지표	학년별 반영비율
교과 100%	공통 및 일반선택	미반영	성취도	학년 구분 없음
	진로선택	인 국어, 영어, 수학, 사회교과에 속한 전 과목 자 국어, 영어, 수학, 과학교과에 속한 전 과목 ▶ 자유전공: 국어, 영어, 수학, 사회/과학교과에 속한 전 과목 ※ 성취도별 변환 석차등급 = A : 1등급, B : 2등급, C : 5등급		

구분		1등급	2등급	3등급	4등급	5등급	6등급	7등급	8등급	9등급
점수	100점	100	99.5	99	98.5	98	97.5	85	60	30
등급 간 점수 차이	100점	0	0.5	0.5	0.5	0.5	0.5	12.5	25	30
	500점	0	2.5	2.5	2.5	2.5	2.5	62.5	125	150

● 면접(500점)
 1. 평가방법:
   ① 면접유형: 대면평가 / 일반면접 / 3명 이상의 면접 평가위원이 진행
   ② 면접시간: 10분 내외
 2. 평가영역:

평가요소	비율	평가내용
의사소통능력	20%	① 지원자의 면접 태도 및 역량 평가
전공적합성	30%	② 서류의 진실성 평가
인성	30%	③ 10분 내외 평가
발전가능성	20%	

☞ 보충설명
• 면접방법은 학생부종합전형의 면접과 같음. 단, 학생부교과전형이므로 활동보다는 교과, 전공적합성 중심으로 질문. 진학의지가 중요함.

■ [전형 비교] 학생부우수자와 지역균형

구분		학생부우수자	지역균형
전형유형		학생부교과	학생부교과
전형방법		학생부100%	1단계)학생부교과100%(7배수) 2단계)1단계50%+ 면접50%
모집인원		502명	401명
고교추천		X	○(추천 인원 제한 없음)
수능최저학력기준		○	X
학생부	공통 및 일반선택	우수한 4개 학기 순 40% : 30% : 20% : 10% (단, 의예, 한의예, 약학은 전 학년/ 전 과목) 인 국어, 영어, 수학, 사회교과에 속한 전 과목 자 국어, 영어, 수학, 과학교과에 속한 전 과목	미반영
	진로선택	미반영	인 국어, 영어, 수학, 사회교과에 속한 전 과목 자 국어, 영어, 수학, 과학교과에 속한 전 과목

- 공통점: 학생부교과전형으로 선발함
- 차이점: 학생부반영방법, 고교추천, 면접고사, 수능최저에서 차이가 남
  - 학생부: 공통 및 일반선택과목(석차등급 반영)은 학생부우수자는 반영하는 반면, 지역균형은 석차등급을 반영하지 않음.
           진로선택과목(성취도)을 학생부우수자는 반영하지 않은 반면, 지역균형은 성취도만 반영하여 선발하는 점에서 가장 차이가 남
  - 고교추천: 학생부우수자는 없는 반면, 지역균형은 추천받아야 하지만 인원의 제한이 없으므로 큰 차이는 없음.
  - 면접고사: 학생부우수자는 없는 반면, 지역균형은 있음.
  - 수능최저학력기준: 학생부우수자는 2개 영역 등급 합 6이 있는 반면, 지역균형은 없음.
- 전형결과:

전형유형	전형	학년도	모집인원	지원인원	경쟁률	등록자 70%	등록자 90%	충원율
학생부교과	학생부우수자	2024	511	7,281	14.25	2.65	2.74	239%
학생부교과	지역균형	2024	365	4,742	12.99	3.17	3.33	55%

- 지역균형의 전형결과는 4개 교과 전과목의 석차등급과 성취도까지 반영된 결과이므로 올 해 성취도만 반영하는 것과 다름에 유의

◎ 전형결과
■ 전체

학년도	전체					인문					자연				
	모집 인원	지원 인원	경쟁 률	등록 70%	등록 90%	충원 율	모집 인원	지원 인원	경쟁 률	등록 70%	등록 90%	충원 율	모집 인원	지원 인원	경쟁 률	등록 70%	등록 90%	충원 율
2022	356	3,486	9.79	3.41		66%	132	1,418	10.74	3.50		69%	224	2,068	9.23	3.32		63%
2023	385	10,189	26.46	2.99	3.12	92%	136	3,957	29.10	2.99	3.11	86%	249	6,232	25.03	2.99	3.13	98%
2024	365	4,742	12.99	3.17	3.33	55%	135	1,783	13.21	3.17	3.34	103%	230	2,959	12.87	3.17	3.32	78%
2025	401						342						59					

■ 변경사항 & 핵심포인트
[2025]

변경사항	2024	2025
모집인원	365명	401명(+36명)
(학생부) 공통및일반선택: 미반영	공통및일반선택: 4개교과 전과목 진로선택: 4개교과 전과목	공통및일반선택: 미반영 진로선택: 4개교과 전과목

- 전형방법: 1단계에서 7배수를 선발한 후 2단계에서 면접50%를 반영하므로, 면접이 강한 학생에게 유리한 대표적인 전형.
  - 내신이 다소 부족하더라도 면접이 강한 학생은 1단계에서 7배수 안에 들 가능성이 있으면 적극적으로 지원하기 바람.
- 학생부: 석차등급이 산출되는 공통 및 일반선택과목이 반영→미반영으로 변경되어 전국에서 성취도만으로 선발하는 유일한 전형
  성취도의 변환석차등급은 A는 1등급, B는 2등급, C는 5등급으로 A가 많이 나오는 고교가 유리해짐
- 전년도 지역균형 합격자 성적과 비슷한 수준 보다 약간 낮음 3등급 중후반까지 1단계 통과자가 나올 수 있음. 모두 A에 B는 1개 정도까지
➡ 합격자 성적분포: 인문계열은 2등급 중반 ~ 3등급 중반, 자연계열은 2등급 초반 ~ 3등급 후반. 면접이 강한 학생에게 적합.

■ 모집단위
'*' 표시 : 교직 이수 가능

계열	모집단위	2025 모집 인원	2024						2023						2022					
			모집 인원	지원 인원	경쟁 률	등록 70%	등록 90%	충원 번호	모집 인원	지원 인원	경쟁 률	등록 70%	등록 90%	충원 번호	모집 인원	지원 인원	경쟁 률	등록 70%	등록 90%	충원 번호
인문	미디어커뮤니케이션학과	1	6	111	18.5	2.42	2.94	2	6	180	30.0	2.69	3.03	5	6	100	16.7	2.9		5
인문	심리학과	1	6	83	13.8	3.01	3.02	4	6	152	25.3	2.82	2.96	4	6	72	12.0	3.2		3
인문	경제학과	1	6	92	15.3	3.04	3.14	15	8	291	36.4	3.26	3.42	6	8	58	7.3	3.9		10

계열	모집단위	2025 모집인원	2024 모집인원	지원인원	경쟁률	등록70%	등록90%	충원번호	2023 모집인원	지원인원	경쟁률	등록70%	등록90%	충원번호	2022 모집인원	지원인원	경쟁률	등록70%	등록90%	충원번호
인문	의료산업경영학과	1	6	66	11.0	3.07	3.22	3	6	145	24.2	3.28	3.30	2	6	43	7.2	3.8		2
인문	유아교육학과*	6	6	55	9.2	3.13	3.46	3	7	207	29.6	2.73	2.93	9	7	87	12.4	3.2		5
인문	자유전공	321	5	144	28.8	3.20	3.27	2	7	338	48.3	3.23	3.41	13	6	59	9.8	3.9		6
인문	사회복지학과	1	6	68	11.3	3.23	3.29		6	183	21.7	3.05	3.12	5	6	103	17.2	3.5		3
인문	패션산업학과	6	5	79	15.8	3.26	3.43	5	5	166	33.2	3.16	3.29	4	5	64	12.8	3.6		3
인문	관광경영학과	2	6	60	10.0	3.37	3.78	4	6	117	19.5	2.50	2.65	5	6	96	16.0	3.0		5
인문	응용통계학과	2	6	42	7.0	3.85	4.20		6	130	21.7	3.05	3.17	4	6	32	5.3	3.8		4
자연	간호학과*	15	20	272	13.6	2.22	2.32	19	23	730	31.7	2.24	2.45	34	20	253	12.7	2.7		7
자연	물리치료학과	6	5	64	12.8	2.25	2.27	3	5	111	22.2	2.29	2.39	2	6	115	19.2	2.5		
자연	생명과학과	2	6	76	12.7	2.59	2.72	2	6	182	30.3	2.70	2.94	9	6	41	6.8	3.1		4
자연	방사선학과	6	5	102	20.4	2.78	2.90	2	5	105	21.0	3.06	3.08	3	6	73	12.2	3.1		1
자연	바이오나노학과	1	6	71	11.8	2.81	3.08	7	6	132	22.0	2.83	3.17	4	6	43	7.2	3.1		4
자연	식품생명공학과	1	5	81	16.2	2.88	2.88	3	5	232	46.4	2.92	3.13	4	5	52	10.4	3.7		2
자연	의공학과	1	5	44	8.8	3.03	3.10	1	7	133	19.0	3.05	3.11	2	7	53	7.6	3.6		8
자연	신소재공학과	1	5	64	12.8	3.16	3.32	9	5	141	28.2	2.92	3.38	5	5	36	7.2	3.4		5
자연	전기공학과	1	7	120	17.1	3.25	3.33	10	7	109	15.6	3.61	3.66	13	6	43	7.2	3.5		6
자연	치위생학과	5	5	39	7.8	3.25	3.30	1	5	103	20.6	2.94	3.06	1	6	88	14.7	3.4		2
자연	식품영양학과*	1	6	65	10.8	3.30	3.53	2	6	144	24.0	2.97	2.98	9	6	67	11.2	3.5		4
자연	화학과	2	6	53	8.8	3.33	3.44	2	6	109	18.2	2.76	2.85	10	6	38	6.3	3.1		6
자연	토목환경공학과	1	5	64	12.8	3.40	3.44	2	6	130	26.0	3.54	3.55	1	5	46	9.2	4.0		3
자연	건축학부	1	10	183	18.3	3.42	3.45	9	10	507	50.7	3.36	3.52	15	7	70	10.0	4.3		7
자연	도시계획·조경학부	1	7	121	17.3	3.44	3.63	4	8	181	22.6	3.65	3.73	1	7	55	7.9	3.9		4
자연	운동재활학과	5	5	61	12.2	3.45	3.76	1	5	166	33.2	2.63	2.90	7	6	64	10.7	3.8		1
자연	스마트시티학과	7	5	87	17.4	3.54	3.86	1	5	88	17.6	3.69	3.76	7	5	36	7.2	3.6		3
자연	물리학과	2	6	68	11.3	3.69	3.79	5	6	85	14.2	3.76	3.91	6	6	28	4.7	3.8		3

■ (학생부종합) 가천바람개비

전형	모집인원	전형 방법	수능최저학력기준
가천바람개비	518	1단계)서류100%(5배수) 2단계)서류50%+ 면접50%	X

1. **지원자격**: 고교 졸업(예정)자 및 법령에 따라 이와 같은 수준 이상의 학력이 있다고 인정된 사람
2. **제출서류**: 학교생활기록부

◎ 전형요소
● 서류
　1. **평가방법**: 학교생활기록부 전 영역에 걸쳐 평가기준에 따라 종합적 정성평가
　2. **평가요소**:

※ '평가방향'과 '세부 평가내용' 출처: 어디가

평가요소	반영비율	평가요소 의미	세부 평가내용	평가방향
인성	40%	• 공동체의 과제에 대한 학생의 자세 • 규칙과 규정에 대한 태도 • 공동체 구성원과 함께 성장하려는 자세	• 규칙과 규정을 준수하기 위해 노력하는가? • 공동과제 수행에 적극적으로 참여하고 협업하며 책임감 있는 모습을 보이는가? • 본인이 노력하여 얻은 경험과 지식을 타인과 공유하는 등 함께 성장하려 했는가?	• 공동의 목표를 달성하기 위해 노력한 부분을 평가 • 공동체가 정한 규칙과 규정을 준수하기 위해 노력한 것을 평가
계열(전공) 적합성	40%	• 모집단위나 지원한 계열에 대한 관심 • 지원계열이나 전공 이해를 위해 노력한 부분을 평가	• 전공, 지원 계열에 대한 관심을 바탕으로 지식 습득을 위한 노력을 했는가? • 진로 목표와 관련하여 교과를 탐구하고 체험하는 등 노력을 했는가?	• 모집단위 또는 계열에 적합한 교과와 비교과 활동을 수행하였는지 파악 • 모집단위 또는 계열을 이해하기 위해 노력한 과정을 검토
학업역량	20%	• 학업활동 의지와 태도 • 과제 수행과정에서 나타나는 탐구역량 • 교과 성적, 학업성취도, 성취를 위한 과정	• 수업활동 등에서 학업을 대하는 태도는 어떠한가? • 교과학업 의지가 있는가? • 교과 관련 과제를 수행하는 과정에서 어떤 노력을 하는가?	• 학업성취도만으로 평가하지 않으며, 과제 수행 모습과 학업 의지 노력을 평가 • 원점수, 평균, 표준편차, 단위수, 이수자 수 등을 파악하여 검토

☞ 보충설명

- 계열(전공)적합성(40%) = 인성(40%) > 학업역량(20%) 순으로 반영. 계열(전공)적합성(40%)과 인성(40%)이 중요함
- 계열(전공)적합성은 지원학과와 관련성이 중요하게 평가. 전공에 들어오기 위해서 어떤 활동을 했는가? 활동이 지원학과 연관이되는가?
- 인성(40%)은 출결도 중요하게 평가. 팀워크나 그룹 활동을 중요하게 평가, 혼자 열심히 하는 것이 아니라 함께 하는 것이 중요함.
  즉, 공동체의식이 함양되어 있는가? 리더십을 보였는가? 협업능력을 드러냈는가?
- 학업역량(20%)은 내신 등급은 참고사항으로만 활용하는 것이 타 대학과 다름. 수업시간에 배운 내용을 확장시켜 나간 사례가 중요.
  즉, 학업수행능력을 보였는가가 중요

● 면접

1. 평가방법:
   ① 면접유형: 대면평가 / 일반면접 / 3명 이상의 면접 평가위원이 진행 / 블라인드 면접
   ② 면접시간: 10분 내외
   ③ 면접내용: 학교생활기록부에 대한 질문과 기타 질문
   ④ 평가: 전체 답변 내용을 정성적 평가 기준에 따라 종합 평가
   ※ 지원자가 제출한 학교생활기록부에 기재된 내용을 바탕으로 질문을 통해 평가되오니 학교생활기록부의 내용을 정확히 숙지하고 면접에
   임해주시기 바랍니다.

2. 평가요소: ※ '평가항목'과 '면접문항(예시)' 출처: 어디가

평가요소	반영비율	평가항목	면접문항(예시)
인성	40%	공동체역량 나눔과 배려 성실성	• ~학년 ~학기 ○○○에서 실시한 봉사활동에서 본인의 역할과 활동 과정 등을 구체적으로 말하고 그 활동을 통해 배운 점이나 느낀 점이 있다면 말해 보세요. • 학교생활기록부에 보면 생명윤리에 관심이 많은 데 의사에게 윤리성이 중요한 이유를 말해 보세요.
계열(전공) 적합성	40%	계열(전공)이해역량 계열(전공)관련경험 융합적사고능력	• ~학년 ~학기에 실시했던 실험활동의 과정을 구체적으로 말하고 그 활동이 지원 전공과 관련하여 어떤 의미를 가지는 지 말해 보세요. • ~학년~학기에 ○○교과를 공부하면서 특별히 관심이 있었던 주제, 개념, 단원에 대해 말해 보세요.
의사소통역량	20%	의사소통능력 대화핵심파악 서류일치도	• 면접 태도와 면접위원의 질문을 정확히 이해하고 자신의 생각을 명확하게 전달하는 것을 평가하는 항목으로 모든 면접 문항에서 확인함

☞ 보충설명

- 면접 영향력 높음. 면접 역전률은 50% 정도로 매우 높음. 면접으로 당락 결정됨. 학과별로 편차가 있음. 면접에서 인성을 많이 봄.
- 학생부가 비슷해져 면접 비중이 높아지고 있음

◎ 전형결과

■ 전체

학년도	전체						인문						자연					
	모집 인원	지원 인원	경쟁 률	등록 70%	등록 90%	충원 율	모집 인원	지원 인원	경쟁 률	등록 70%	등록 90%	충원 율	모집 인원	지원 인원	경쟁 률	등록 70%	등록 90%	충원 율
2022	472	8,016	16.98	3.55		115%	199	4,008	20.14	3.56		115%	273	4,008	14.68	3.54		115%
2023	527	8,216	15.59	3.83	4.22	83%	225	3,769	16.75	3.88	4.32	70%	302	4,447	14.73	3.78	4.12	96%
2024	508	14,570	28.68	3.79		68%	188	6,172	32.83	3.84		76%	320	8,398	26.24	3.74		59%
2025	518						164						354					

■ 변경사항 & 핵심포인트

[2025]

변경사항	2024	2025
모집인원	508명	518명(+10명)
1단계 선발배수	4배수	5배수

- 1단계 선발배수: 4배수->5배수로 증가하여 면접으로 역전할 수 있는 기회가 많아짐.
- ▣ 합격자 성적분포: 인문계열은 3등급 초반 ~ 3등급 후반, 자연계열은 3등급 초반 ~ 3등급 초반.

■ 모집단위   '*' 표시 : 교직 이수 가능

계열	모집단위	2025	2024						2023					2022				
		모집 인원	모집 인원	지원 인원	경쟁 률	등록 70%	등록 90%	충원 번호	모집 인원	지원 인원	경쟁 률	등록 70%	충원 번호	모집 인원	지원 인원	경쟁 률	등록 70%	등록 90%	충원 번호
인문	AI인문대학	30																	
인문	회계세무학과	10																	
인문	법과대학	26																	
인문	심리학과	7	8	552	69.0	3.46		5	10	229	22.9	4.17	5.05	6	10	248	24.8	3.2		9
인문	유아교육학과*	8	10	359	35.9	3.65		9	10	268	26.8	3.59	4.10	11	10	309	30.9	3.4		16

계열	모집단위	2025 모집인원	2024 모집인원	2024 지원인원	2024 경쟁률	2024 등록70%	2024 등록90%	2024 충원번호	2023 모집인원	2023 지원인원	2023 경쟁률	2023 등록70%	2023	2023 충원번호	2022 모집인원	2022 지원인원	2022 경쟁률	2022 등록70%	2022 등록90%	2022 충원번호
인문	미디어커뮤니케이션학과	8	11	711	64.6	3.69		10	12	410	34.2	3.56	3.85	7	12	448	37.3	3.2		8
인문	응용통계학과	7	7	93	13.3	3.71		9	7	44	6.3	3.88	4.05	6	7	48	6.9	3.4		8
인문	의료산업경영학과	6	6	138	23.0	3.76		3	7	54	11.3	4.23	4.40	1	7	50	7.1	3.6		2
인문	경영학과	30	50	1,274	25.5	3.88		30	55	827	15.0	3.78	4.20	23	53	891	16.8	3.4		59
인문	경제학과	10	8	217	27.1	4.03		9	19	214	11.3	3.96	4.36	17	11	135	12.3	3.7		14
인문	사회복지학과	7	9	302	33.6	4.20		7	10	235	23.5	3.78	3.89	11	10	319	31.9	3.5		11
인문	패션산업학과	7	6	335	55.9	4.24		1	6	158	26.3	4.09	4.16	3	6	214	35.7	3.7		6
인문	관광경영학과	8	8	481	60.1	4.29		14	8	123	15.4	4.67	6.50	9	8	193	24.1	3.3		6
자연	**금융·빅데이터학부**	15																		
자연	**시스템반도체학과**	7							5	50	10.0	4.06	4.13	4	5	44	8.8	3.9		3
자연	**화공생명배터리공학부**	36																		
자연	**인공지능학과**	21																		
자연	클라우드공학과	7	7	152	21.7	2.64		5												
자연	바이오로직스학과	16	15	280	18.7	2.75		15												
자연	간호학과*	38	45	1,194	26.5	2.82		20	43	723	16.8	2.82	3.26	27	41	681	16.6	2.6		26
자연	물리치료학과	6	6	343	57.2	2.9		1	7	246	35.1	3.39	3.43	2	7	261	37.3	3.2		2
자연	신소재공학과	6	6	93	15.5	3.25		2	6	68	11.3	2.95	2.95	5	6	93	15.5	3.1		15
자연	의공학과	6	6	93	15.5	3.33		3	7	67	9.6	3.37	3.58	8	7	87	12.4	3.3		7
자연	바이오나노학과	6	6	192	32.0	3.42			6	95	15.8	3.49	3.55	8	6	127	21.2	3.3		1
자연	치위생학과	6	6	116	19.3	3.50		1	7	75	10.7	3.52	3.72	1	7	82	11.7	3.4		1
자연	컴퓨터공학과	21	22	516	23.5	3.57		17	20	300	15.0	3.62	3.79	12	18	205	11.4	3.3		22
자연	반도체대학	32	31	441	14.2	3.69		19												
자연	생명과학과	6	6	352	58.7	3.74		3	8	279	34.9	3.65	3.75	10	8	116	14.5	3.5		4
자연	방사선학과	6	6	232	38.7	3.78		2	7	195	27.9	3.61	3.84		7	170	24.3	4.1		3
자연	식품생명공학과	6	6	232	38.7	3.80		5	6	112	18.7	3.49	3.79	9	6	103	17.2	3.1		5
자연	건축학부	11	11	408	37.1	3.83		9	17	256	15.1	3.75	4.06	26	15	248	16.5	3.5		26
자연	화학과	7	7	203	29.0	3.86		3	10	115	11.5	3.78	3.94	12	10	93	9.3	3.2		13
자연	도시계획·조경학부	7	7	149	21.3	3.87		7	10	131	13.1	3.67	3.74	19	9	96	10.7	3.8		14
자연	식품영양학과*	6	6	192	32.0	3.89		4	6	124	20.7	3.71	3.86	3	6	112	18.7	3.5		19
자연	스마트보안학과	8	6	259	43.2	3.91		4	5	105	21.0	4.30	5.33	5	5	42	8.4	4.0		10
자연	스마트시티학과	7	6	172	28.7	3.93		4	6	47	7.8	4.38	4.38	5	5	44	8.8	3.2		1
자연	토목환경공학과	6	6	139	23.2	3.95		7	6	69	11.5	4.03	4.08	12	6	82	13.7	3.7		19
자연	운동재활학과	6	6	483	80.5	4.00		4	7	168	24.0	4.93	5.05	5	7	161	23.0	4.1		2
자연	스마트팩토리전공	7	6	125	20.8	4.06		4	5	53	10.6	4.09	4.84	5	5	38	7.6	3.9		4
자연	기계공학부	28	16	423	26.4	4.16		6	15	181	12.1	4.02	4.81	27	12	194	16.2	3.5		16
자연	반도체물리학과	7	7	99	14.1	4.18		5	10	71	7.1	3.97	4.97	11	10	53	5.3	4.1		15
자연	전기공학과	9	10	160	16.0	4.24		8	11	87	7.9	3.98	4.45	12	10	66	6.6	3.7		16
자연	응급구조학과	4	4	267	66.8	5.10			4	156	39.0	4.30	4.69		4	231	57.8	3.9		

■ (학생부종합) 가천의약학

전형	모집인원	전형 방법	수능최저학력기준
가천의약학	52	1단계)서류100%(5배수) 2단계)서류50%+ 면접50%	○

1. **지원자격**: 고교 졸업(예정)자 및 법령에 따라 이와 같은 수준 이상의 학력이 있다고 인정된 사람
2. **제출서류**: 학교생활기록부
3. **수능최저학력기준**:

> ▶ 의예과: [국어, 수학(미적분/기하), 영어, 과탐(2과목 평균, 소수점 이하는 절사)] 중 3개 영역 1등급 이내
> ▶ 한의예과: [국어, 수학(미적분/기하), 영어, 과탐(2과목 모두 1등급)] 중 2개 영역 1등급 이내
> ▶ 약학과: [국어, 수학(미적분/기하), 영어, 과탐(2과목 평균, 소수점 이하는 절사)] 중 3개 영역 등급 합 5 이내

◎ **전형요소**
● **서류 및 면접**: 가천바람개비전형 참고

■ 전체

학년도	전체						인문						자연					
	모집 인원	지원 인원	경쟁 률	등록 70%	등록 90%	충원 율	모집 인원	지원 인원	경쟁 률				모집 인원	지원 인원	경쟁 률	등록 70%	등록 90%	충원 율
2022	44	1,352	30.72	2.37		27%							44	1,352	30.73	2.37		27%
2023	44	1,670	38.00	2.34	2.83	32%							44	1,670	38.00	2.34	2.83	32%
2024	42	2,137	50.88	2.67		26%							42	2,137	50.88	2.67		26%
2025	52												52					

■ 변경사항 & 핵심포인트

[2025]

변경사항	2024	2025
모집인원	42명	52명(+10명)
1단계 선발배수	4배수	5배수

- 1단계 선발배수: 4배수->5배수로 증가하여 면접으로 역전할 수 있는 기회가 많아짐
- 의예과: 국가 지정 연구중심대학(가천대, 서울대, 연세대). 감염병 등 기초의학 연구 교수님들이 평가에 들어오심
- 한의예과: 한의대에 대한 열정을 가진 학생을 선발하고자 함. 편입으로 양학으로 가는 학생들이 많아서 한의학에 대한 열정이 매우 중요함.
- ➡ 합격자 성적분포: 자연계열은 1등급 초반 ~ 3등급 중반.
- 합격자 중에서 등급이 낮은 특목고생이 포함되어 합격선이 낮아 보임. 합격자의 대부분은 일반고임

■ 모집단위   '*' 표시 : 교직 이수 가능

계열	모집단위	2025	2024						2023						2022					
		모집 인원	모집 인원	지원 인원	경쟁 률	등록 70%	등록 90%	충원 번호	모집 인원	지원 인원	경쟁 률	등록 70%	등록 90%	충원 번호	모집 인원	지원 인원	경쟁 률	등록 70%	등록 90%	충원 번호
자연	의예과	33	20	990	49.5	1.90		8	20	814	40.7	2.21	2.66	7	20	738	36.9	2.0		6
자연	약학과	12	12	824	68.7	2.65		3	12	594	49.5	2.50	3.43	7	12	426	35.5	2.5		6
자연	한의예과	7	10	323	32.3	3.47			12	262	21.8	2.32	2.39		12	188	15.7	2.6		

■ (논술) 논술전형

전형	모집인원	전형 방법	수능최저학력기준
논술전형	1,012	논술100%	○

1. **지원자격**: 고교 졸업(예정)자 및 법령에 따라 이와 같은 수준 이상의 학력이 있다고 인정된 사람
2. **수능최저학력기준**:

[국어, 수학, 영어, 사/과탐(1과목)] 중 1개 영역 3등급 이내
▶ 바이오로직스학과: [국어, 수학, 영어, 사/과탐(1과목)] 중 2개 영역 등급 합 5 이내
▶ 클라우드공학과: [국어, 수학(미적분/기하), 영어, 과탐(2과목 평균, 소수점 이하는 절사)] 중 2개 영역 등급 합 4 이내
▶ 의예과: [국어, 수학(미적분/기하), 영어, 과탐(2과목 평균, 소수점 이하는 절사)] 중 3개 영역 1등급 이내

◎ 전형요소
● 논술(1,000점: 기본점수 850점):
  1. **특징**: 가천대학교 논술고사는 본교에 지원한 수험생들이 고등학교 교육과정의 내용과 수준을 충실히 이수하여, 대학교육에 필요한 수학능력을 갖췄는지 평가합니다. 그러므로 평소 학교 교육과 대학수학능력시험을 충실하게 준비한 학생이라면 별도의 준비가 없어도 가천대학교 논술전형을 준비할 수 있음.
  2. **출제방향**: 학생들의 수험준비 부담완화를 위해 EBS 수능연계 교재를 중심으로 고등학교 정기고사 서술·논술형 문항 난이도로 출제할 예정
  3. **준비방법**: 사교육의 도움을 받기보다는 학교 수업과 정기고사의 서술·논술형을 충실하게 준비하는 것이 좋으며, EBS연계 교재를 꼼꼼하게 공부한다면 좋은 성과를 얻을 수 있음.
  4. **평가방법**:

계열	문항 수		배점	총점	답안지 형식	고사시간
	국어	수학				
인문	9	6	각 문항 10점	150점+850점(기본점수)	노트 형식의 답안지 작성	80분
자연(의예과 제외)	6	9				
의예과	–	8	문항별 배점 상이			

5. 출제범위 및 평가기준:

계열	구분	출제범위	평가기준
인문계열 자연계열	국어	1학년 국어, 문학, 독서, 화법, 작문, 문법 영역	• 문항에서 요구하는 조건에 충실한 답변 • 제시문의 핵심 내용을 정확하게 표현한 답변
	수학	수학 I , 수학 II	• 문제에 필요한 개념과 원리에 대한 정확한 서술 • 정확한 용어, 기호를 사용한 표현
의예과	수학	수학 I , 수학 II , 미적분	• 문제에 필요한 개념과 원리에 대한 정확한 서술 • 정확한 용어, 기호를 사용한 표현 • 수학적 사고력을 고려하여 평가

☞ 보충설명

• 전국연합학력평가 국어와 수학영역이 3~4등급 수준의 학생들이 지원하고 합격할 수 있는 수준으로 출제
• 국어와 수학에서 총 15문제가 출제되며, 단답형 주관식 논술로 이해,
  – 국어는 단답형, 수학은 다섯 줄 정도, 부분 점수 있음.
  – 자연계열은 수학 출제범위가 공통과목인 수학 I , 수학 II 에서만 출제되로 확률과 통계, 미적분, 기하는 출제되지 않으므로 교차지원 가능
• 국어는 5등급도 문제를 풀 수는 있지만, 수학은 5등급인 학생은 문제를 풀어도 서술하는 부분이 약하면 합격이 쉽지 않음
• 논술고사 총 15문항 중 12문항(100점 만점 중 80점 수준)을 맞추면 합격할 수 있음

◎ 전형결과

■ 전체

학년도	전체						인문						자연					
	모집 인원	지원 인원	경쟁 률	등록 70%	등록 90%	충원 율	모집 인원	지원 인원	경쟁 률	등록 70%	등록 90%	충원 율	모집 인원	지원 인원	경쟁 률	등록 70%	등록 90%	충원 율
2022	919	22,050	23.99	3.66		22%	332	6,731	20.27	3.67		14%	587	15,319	26.10	3.64		30%
2023	929	23,346	25.13	4.23	4.69	18%	333	6,955	20.89	4.27	4.75	10%	596	16,391	55.38	4.19	4.63	26%
2024	964	33,868	35.13	4.37	5.00	16%	328	10,185	31.05	4.40	5.04	11%	636	23,683	37.24	4.33	4.96	21%
2025	1,012						286						726					

■ 변경사항 & 핵심포인트

[2025]

변경사항	2024	2025
모집인원	964명	1,012명(+48명)
전형방법 변경	학생부20%+ 논술80%	논술100%
의예과 선발	미선발	선발(40명, 수능최저: 3개 1등급)

• 전형방법: 학생부교과20%+ 논술80%->논술100%로 변경되면서 학생부를 미반영함. 학생부 부담이 사라져서 논술로 당락 결정.
• 의예과: 40명 선발. 수능최저는 3개 1등급, 수학 8문항 출제
• 수능최저학력기준: 1개 영역 3등급이 높지 않아서 지원자 대부분이 충족함. 영어로 충족하는 학생들이 많음.
• 논술은 모의수능 4등급 정도면 지원 가능함.
  – 다만, 모의수능 수학 5등급 정도 학생들은 풀이 과정을 상세히 기술하는 부분이 약한 경우 합격이 쉽지 않음.
➡ 합격자 성적분포: 인문계열은 등급 반 ~ 등급 반, 자연계열은 등급 반 ~ 등급 반.

■ 모집단위

'*'표시 : 교직 이수 가능

계열	모집단위	2025	2024						2023						2022					
		모집 인원	모집 인원	지원 인원	경쟁 률	등록 70%	등록 90%	충원 번호	모집 인원	지원 인원	경쟁 률	등록 70%	등록 90%	충원 번호	모집 인원	지원 인원	경쟁 률	등록 70%	등록 90%	충원 번호
인문	AI인문대학	71																		
인문	법과대학	44																		
인문	심리학과	10	10	398	39.8	3.94	5.00		10	260	26.0	4.04	4.48		11	284	25.8	3.5		
인문	패션산업학과	7	8	307	38.4	3.98	4.96	2	8	187	23.4	4.16	4.36		8	178	22.3	3.6		1
인문	사회복지학과	12	11	321	29.2	4.13	4.73		10	183	18.3	4.59	4.84	1	10	182	18.2	3.4		3
인문	관광경영학과	11	11	360	32.7	4.21	4.41		11	226	20.6	4.52	5.16		12	231	19.3	3.9		5
인문	미디어커뮤니케이션학과	12	13	688	32.7	4.29	5.11	5	14	427	30.5	4.00	4.69		14	467	33.4	3.3		1
인문	경제학과	15	11	389	35.4	4.41	5.26		25	424	17.0	4.56	5.33	3	28	496	17.7	3.6		2
인문	응용통계학과	11	13	410	31.5	4.50	4.70	2	13	221	17.0	4.13	4.44	2	14	228	16.3	3.8		2
인문	회계세무학과	16	13	415	31.9	4.61	5.00	4	13	223	17.2	4.47	5.21	3						
인문	경영학과	50	78	2,488	31.9	4.65	5.33	12	75	1,791	23.9	4.19	4.70	7	82	1,898	23.2	3.8		14
인문	의료산업경영학과	12	13	378	29.1	4.65	5.02	1	13	226	17.4	4.38	4.71		13	233	17.9	3.2		1
인문	유아교육학과*	15	15	365	24.3	4.87	5.60	1	14	239	17.1	4.22	4.55	2	14	262	18.7	3.6		1
인문	금융·빅데이터학부	26																		
자연	시스템반도체전공	16							14	372	26.6	4.48	5.14	4	15	284	18.9	3.9		1

계열	모집단위	2025 모집인원	2024 모집인원	2024 지원인원	2024 경쟁률	2024 등록70%	2024 등록90%	2024 충원번호	2023 모집인원	2023 지원인원	2023 경쟁률	2023 등록70%	2023 등록90%	2023 충원번호	2022 모집인원	2022 지원인원	2022 경쟁률	2022 등록70%	2022 등록90%	2022 충원번호
자연	의예과	40																		
자연	화공생명배터리공학부	58																		
자연	클라우드공학과	7	7	945	135.0	3.04	3.41	1												
자연	물리치료학과	8	10	708	70.8	3.78	4.62	1	10	464	46.4	3.97	4.09		10	519	51.9	3.5		
자연	간호학과*	83	83	3,848	46.4	3.88	4.60	10	80	3,054	38.2	3.34	4.21	8	81	3,497	43.2	2.7		11
자연	생명과학과	13	13	511	39.3	3.93	4.53	2	13	343	26.4	4.45	4.86	6	14	331	23.6	3.3		2
자연	신소재공학과	13	13	474	36.5	4.03	4.82	3	14	406	29.0	4.09	4.26	3	15	350	23.3	3.8		3
자연	화학과	12	12	403	33.6	4.07	4.80	4	13	268	20.6	4.64	5.12	3	13	217	16.7	3.5		6
자연	컴퓨터공학과	40	35	1,691	48.3	4.15	5.00	7	40	1,572	39.3	4.27	4.84	20	40	1,464	36.6	3.3		12
자연	응급구조학과	6	6	168	28.0	4.17	4.23		6	136	22.7	3.45	3.56	2	6	157	26.2	3.7		
자연	식품생명공학과	13	14	480	34.3	4.19	4.55	5	14	332	23.7	4.27	4.73	4	15	289	19.3	3.4		3
자연	식품영양학과*	13	13	388	29.9	4.21	4.73	3	13	278	21.4	4.34	5.09	6	13	222	17.1	3.8		6
자연	스마트시티학과	13	12	367	30.6	4.22	4.66	1	13	277	21.3	4.58	5.00	3	15	281	18.7	3.9		5
자연	기계공학부	51	21	746	35.5	4.33	4.53	3	20	489	24.5	4.12	4.43	9	20	497	24.9	3.4		7
자연	반도체물리학과	12	12	324	27.0	4.43	5.55	10	13	211	16.2	4.53	4.69	5	13	185	14.2	3.9		6
자연	바이오로직스학과	28	25	681	27.2	4.44	5.45	5												
자연	운동재활학과	10	10	297	29.7	4.48	5.28	1	10	229	22.9	4.80	5.04	1	10	172	17.2	4.3		
자연	인공지능학과	40	35	1,238	35.4	4.48	5.21	4	37	1,003	27.1	4.21	5.05	6	35	936	26.7	3.5		18
자연	스마트보안학과	17	13	434	33.4	4.49	5.00	3	14	342	24.4	4.12	4.65	2	15	326	21.7	3.7		3
자연	치위생학과	9	9	257	28.6	4.51	5.12	1	10	244	24.4	4.20	4.34		10	216	21.6	4.0		3
자연	전기공학과	20	22	730	33.2	4.58	5.51	12	20	460	23.0	4.12	4.73	8	21	435	20.7	3.4		8
자연	방사선학과	8	10	427	42.7	4.58	5.08	2	10	316	31.6	3.55	3.86	2	10	274	27.4	3.4		2
자연	반도체대학	61	51	2,008	39.4	4.63	5.27	10												
자연	바이오나노학과	13	13	401	30.9	4.70	5.73	2	14	331	23.6	4.08	5.06	3	15	298	19.9	3.7		11
자연	토목환경공학과	13	13	378	29.1	4.73	5.27	2	14	292	20.9	4.40	4.91	7	14	224	16.0	4.1		3
자연	건축학부	33	30	1,110	370	4.74	5.17	7	26	726	27.9	4.30	4.72	7	26	664	25.5	3.6		6
자연	의공학과	13	12	326	27.2	4.79	5.46	5	13	258	19.9	4.06	4.18	3	12	248	20.7	3.6		6
자연	스마트팩토리전공	16	12	346	28.8	4.89	5.73		14	292	20.9	4.08	4.35	2	15	268	17.9	3.9		6
자연	도시계획·조경학부	21	20	555	27.8	5.03	5.31	4	20	381	19.1	4.42	4.74	3	20	327	16.4	3.5		4

■ (실기/실적) 조기취업형 계약학과

전형	모집인원	전형 방법	수능최저학력기준
조기취업형계약학과	260	1단계)서류100%(5배수) 2단계)서류50%+ 면접50%	X

1. **지원자격**: 국내 고등학교 졸업(예정)자 ※ 검정고시 출신자 등 학교생활기록부가 없는 자는 지원할 수 없습니다.
2. **제출서류**: 학교생활기록부, 기타 제출서류(자격증 및 교내·외 수상실적 증빙자료 등)
3. **수능최저학력기준**: 없음

◎ 전형요소
● 서류: 가천바람개비전형 참고
● 면접:
  1. **유형**: 일반면접(학교 및 기업체 관계자 면접)
  2. **내용**: 학교생활기록부와 제출서류에 대한 질문과 기타질문
  3. **평가**: 전체 답변 내용을 평가기준에 따라 종합평가

◎ 전형결과
■ 모집단위

'*' 표시 : 교직 이수 가능

계열	모집단위	2024 모집인원	2023 모집인원	2023 지원인원	2023 경쟁률			2022 모집인원	2022 지원인원	2022 경쟁률	2022 등록70%		2022 충원번호	2021 모집인원	2021 지원인원	2021 경쟁률	2021 등록70%		2021 충원번호
자연	게임·영상학과	30	38	570	15.0			60	425	7.1				66	287	4.4	4.9		1
자연	바이오의료기기학과	40	40	194	4.9			40	99	2.5				40	104	2.6	4.7		1
자연	미래자동차학과	40	40	201	5.0			37	124	3.4				30	108	3.6	4.8		1
자연	반도체·디스플레이학과	100	40	213	5.3			45	101	2.2				35	139	4.0	4.2		2
자연	반도체설계학과	50	33	182	5.5			29	92	3.2									

2. 가톨릭관동대학교   강원특별자치도 강릉시 범일로 579번길 24 (Tel: 033. 649-7000)

Ⅰ. 한 눈에 보는 전형

모집 시기	전형 유형	전형	모집 인원	전형 방법	수능최저 학력기준
수시	교과	**일반전형**	799	• 학생부 교과 100%	X (의학/간호 O)
수시	교과	**지역인재전형**	277	• 학생부 교과 100%	X (의학/간호 O)
수시	교과	**지역기회균형전형**	6	• 학생부 교과 100%	X (의학/간호 O)
수시	교과	**기회균형전형**	44	• 학생부 교과 100%	X (의학/간호 O)
수시	교과	**운동선수출신전형**	10	• 학생부 교과 100% (교과 98.54% + 출결 1.46%)	X
수시	교과	농어촌학생전형(정원외)	52	• 학생부 교과 100%	X (의학/간호 O)
수시	교과	기초생활및차상위전형(정원외)	37	• 학생부 교과 100%	X (의학/간호 O)
수시	종합	**일반전형**	58	• 서류 100%	X (간호 O)
수시	종합	**지역인재전형**	8	• 서류 100%	X
수시	종합	**가톨릭지도자추천전형**	40	• 서류 100%	X (의학/간호 O)
수시	종합	성인학습자전형	130	• 서류 100%	X
수시	종합	재직자전형	30	• 서류 100%	X
수시	종합	외국인전형	30	• 서류 100%	X
수시	종합	선취업후진학자전형(정원외)	10	• 서류 100%	X
수시	종합	만학도전형(정원외)	20	• 서류 100%	X
수시	종합	채용조건형계약학과전형(정원외)	30	• 서류 100%	X
수시	실기/실적	**실기전형**	100	• 체육교육과: 교과 47.62% + 실기 52.38% • 스포츠레저학전공, 스포츠재활의학전공: 교과 48% + 실기52%	X
수시	실기/실적	**체육특기자전형**	40	• 축구/축구외: 실적 93.24% + 교과 6.29% + 출결 0.47%	X
수시	실기/실적	농어촌학생전형(정원외)	2	• 체육교육과: 교과 47.62% + 실기 52.38%	X
수시	실기/실적	기초생활및차상위전형(정원외)	2	• 체육교육과: 교과 47.62% + 실기 52.38%	X

(수시모집) 지원 가능 횟수	수시모집 지원 6회 이내에서 본교 수시모집 전형 간 복수지원 가능함(단, 1개 학부(과/전공)만 지원 가능)

■ (주요전형) 전형일정

유형	전형	원서접수 마감	대학별 고사(실기고사)	최종 합격자 발표
공통	모든 전형	2024. 9. 13.(금) 23:30	• 스포츠레저학전공: 24. 10. 14.(월) • 스포츠재활의학전공: 24. 10. 15.(화) • 체육교육과: 24. 10. 16.(수)	**24. 10. 31.(목)** ※의학과(의예과), 간호학과는 순위발표로 최종합격자발표는 12. 11.(수)

■ 무전공(자율전공학부)

※ 1학년 2학기 또는 2학년 진입시 트리니티융합대학 내 희망전공 또는 자기설계 교육과정 선택 가능		
모집단위	**인원**	**모집 전형**
자율전공학부	254	• 학생부교과(일반, 지역인재, 기회균형) • 학생부종합(가톨릭지도자추천, 재직자, 외국인)

■ 주요 변경사항

변경사항	2024	2025

의학과(의예과) 증원	• 의학과(의예과) 49명
	  - 지역인재 10명(20%)
		• 의학과(의예과) 100명 (▲51명)
		  - 지역인재 40명(40%)

학생부종합 면접 폐지	• 학생부종합(일반전형, 가톨릭지도자추천전형)
	  : [단계별 전형] 서류 + 면접
		• 학생부종합(일반전형, 가톨릭지도자추천전형)
		  : [일괄전형] 서류 100%

변경사항	2024	2025

실기고사 폐지
(실용음악전공, CG디자인전공)
	• 실용음악전공, CG디자인전공 (실기전형)
	  : 실기 + 교과
		• 실용음악전공, CG디자인전공
		  : 학생부 교과 100%으로 모집

실기고사 종목 변경
(스포츠레저학전공,
스포츠재활의학전공)
	• 스포츠레저학전공
	  - 제자리멀리뛰기, 10m왕복달리기, 사이드스텝
	• 스포츠건강관리학전공
	  - 제자리멀리뛰기, 10m왕복달리기, 윗몸일으키기
		• 스포츠레저학전공
		  - 제자리멀리뛰기, 10m왕복달리기, 윗몸일으키기
		• 스포츠재활의학전공
		  - 제자리멀리뛰기, 10m왕복달리기, 메디신볼던지기

모집단위명 변경	• 호텔경영학전공 • 바이오메디컬전공 • 스포츠건강관리학전공	• 호텔관광경영학전공 • 의생명과학전공 • 스포츠재활의학전공
전형명칭 변경	• 학생부교과 (강원인재전형) • 학생부종합 (CKU종합전형)	• 학생부교과 (지역인재전형) • 학생부종합 (일반전형)
전형신설	–	• 학생부교과 (지역기회균형) • 학생부종합 (지역인재전형) • 학생부종합 (재직자전형) • 학생부종합 (외국인전형)

II. (수시모집) 주요 전형

■ (학생부교과) 일반전형

전형	모집인원	전형 방법	수능최저학력기준
일반전형	799	• 학생부 교과 100%	X (의학과(의예과)/간호학과 O)

1. **지원자격:** 고등학교 졸업(예정)자 및 법령에 따라 동등 학력이 있다고 인정되는 사람
2. **제출서류:** 학교생활기록부, (해당자)검정고시 합격증명서/성적증명서

■ (학생부교과) 지역인재전형

전형	모집인원	전형 방법	수능최저학력기준
일반전형	277	• 학생부 교과 100%	X (의학과(의예과)/간호학과 O)

1. **지원자격:** 강원특별자치도 소재 고등학교에서 입학부터 졸업까지의 모든 교육과정을 이수하고 졸업(예정)한 사람
2. **제출서류:** 학교생활기록부

■ (학생부교과) 운동선수출신전형

전형	모집인원	전형 방법	수능최저학력기준
일반전형	10	• 학생부 교과 100% (교과 98.54% + 출결 1.46%)	X

1. **지원자격:** 고등학교 졸업(예정)자 및 법령에 의하여 동등 학력이 있다고 인정되는 사람으로서 아래 지원자격 중 하나에 해당하는 사람
   - 고등부(19세 이하부), 대학부, 일반부 선수 또는 중학교 졸업 이후의 프로선수로 대한체육회, 대한체육회 회원종목단체(정회원, 준회원 인정), 종목별 프로협회(연맹), 교육부가 주최하는 전국 규모의 전문스포츠대회 및 동호인생활체육대회(학교스포츠클럽대회)에 출전한 경력이 있는 자
   - 고등부(19세 이하부), 대학부, 일반부 선수로 시·도 체육회, 시·도 체육회 회원종목단체(정회원, 준회원 인정), 시·도 교육청이 주최하는 시·도 규모의 전문스포츠대회 및 동호인생활체육대회(학교스포츠클럽대회)에 출전한 경력이 있는 자
   - 고등부(19세 이하부), 대학부 선수로 대한체육회 정회원종목단체 또는 시·도 체육회 정회원종목단체가 주최하는 권역별(주말)리그대회에 출전한 경력이 있는 자
   ※ 시·도의 범위: 법령에 의한 특별시, 광역시, 특별자치시, 특별자치도를 말함
2. **제출서류:** 학교생활기록부, 경기(선수)실적증명서 또는 대회참가확인서, (해당자) 검정고시 합격증명서/성적증명서

◎ 전형요소
● 학생부(1,000점)

반영요소 반영비율	반영교과목 반영방법					교과성적 산출지표	학년별 반영비율
교과100%	• 교과성적 반영방법					석차등급 이수단위	학년 구분 없음 (3학년 1학기까지 반영)

교과성적 반영방법

모집단위	반영방법
의학과(의예과), 간호학과	반영교과 중 석차등급이 있는 전 과목 반영(진로선택과목 포함)
전 모집단위 [의학과(의예과), 간호학과 제외]	반영교과 중 학년별 석차등급이 우수한 2과목씩 반영(진로선택과목 포함)

※ 진로선택과목의 반영 개수의 제한 없음

• 계열별 반영교과

계열	반영교과
의학	국어, 수학, 영어, 과학
자연과학, 공학	
인문사회, 예체능	국어, 수학, 영어, 사회*
광역	국어, 수학, 영어, (사회*와 과학 중 우수 1교과)

*한국사, 역사, 도덕 포함
※ 진로선택과목이 성취도로 나오는 경우, A=1등급, B=2등급, C=4등급으로 변환하여 반영

• 출결 반영방법(운동선수출신전형, 체육특기자전형)

결석일수		없음	1~2일	3~4일	5~6일	7일이상
반영점수	운동선수출신전형	100점	99점	98점	97점	96점
	체육특기자전형	20점	19점	18점	17점	16점

◎ 전형결과
■ 전체　　　　　　　　　　　　　　　　　　　　　　　　　　　　　　　　　　　※ 의학과(의예과) 제외

(학생부교과)	일반전형					지역인재전형				
학년도	모집인원	지원인원	경쟁률	50%	70%	모집인원	지원인원	경쟁률	50%	70%
2022	688	2,366	3.44	5.38	6.00	267	758	2.84	5.14	6.10
2023	699	2,035	2.91	4.70	5.53	222	548	2.47	4.8	5.68
2024	660	1,327	2.01	5.02	5.87	269	536	1.99	4.96	5.94

☞ 변경사항 & 성적분포

• 의학과(의예과)를 제외한 전형 결과표 (의학과(의예과)는 아래의 모집단위별 입시결과 참조)
• 2022→2023/2024학년도 성적 차이는 학생부 교과 및 진로선택과목 반영 방법에 따른 편차로, 2023학년도부터 진로선택과목을 포함한, 학년별 상위 2개 과목을 반영 (진로선택과목 A=1등급, B=2등급, C=4등급). 이에 따른 산출방식의 변화로 인해 전반적인 성적대 상승

■ 모집단위별(학생부 교과)　　　　　　　　　　　　　　　　　　　　　　　　　'*' 표시 : 교직 이수 가능

	모집단위	일반전형							지역인재전형						
		2025	2024						2025	2024					
		모집 인원	모집 인원	지원 인원	경쟁률	등록 50%컷	등록 70%컷	충원 인원	모집 인원	모집 인원	지원 인원	경쟁률	등록 50%컷	등록 70%컷	충원 인원
의학	의학과(의예과)	20	8	135	16.9	1.15	1.17	27	37	10	119	11.9	1.27	1.31	21
자연	간호학과 *	34	33	130	3.9	3.09	3.78	24	23	28	75	2.7	3.36	3.46	18
자연	임상병리학과	18	18	90	5.0	4.30	4.66	70	5	7	47	6.7	3.67	3.74	5
자연	치위생학과	18	19	114	6.0	4.34	4.70	64	6	7	69	9.9	4.53	4.83	34
인문	국어교육과	16	16	49	3.1	4.17	4.61	33	4	4	11	2.8	3.89	4.29	1
인문	지리교육과	15	15	48	3.2	4.67	5.14	33	4	4	14	3.5	4.98	5.21	4
인문	영어교육과	20	19	50	2.6	5.64	6.25	31	4	4	9	2.3	4.17	4.99	5
인문	역사교육과	15	13	35	2.7	4.61	5.82	22	5	5	15	3.0	4.46	4.91	7
자연	수학교육과	17	18	33	1.8	3.95	4.12	15	6	4	7	1.8	5.02	–	3
자연	컴퓨터교육과	18	18	43	2.4	4.59	5.11	25	4	4	9	2.3	5.11	–	5
광역	자율전공학부	120	166	173	1.0	6.38	6.64	7	50	56	58	1.0	5.98	6.75	2
인문	경영학전공 *	30	24	36	1.5	5.73	6.29	12	10	10	16	1.6	6.20	6.64	6
인문	행정학전공 *	23	21	18	0.9	5.28	6.94	0	5	5	4	0.8	–	–	0
인문	경찰학부	90	67	127	1.9	5.53	6.30	60	30	30	56	1.9	5.77	6.35	25
인문	사회복지학전공	20	21	64	3.0	5.31	5.99	42	10	10	30	3.0	5.90	6.22	19
인문	광고홍보학전공	25	18	25	1.4	6.02	6.10	7	5	5	10	1.4	6.05	–	3

| 모집단위 | | 일반전형 | | | | | | | 지역인재전형 | | | | | | |
| | | 2025 | 2024 | | | | | | 2025 | 2024 | | | | | |
		모집인원	모집인원	지원인원	경쟁률	등록50%컷	등록70%컷	충원인원	모집인원	모집인원	지원인원	경쟁률	등록50%컷	등록70%컷	충원인원
인문	호텔관광경영학전공 *	25	15	29	1.9	5.62	–	14	5	5	7	1.4	–	–	2
인문	조리외식경영학전공 *	30	20	61	3.1	5.98	6.94	41	10	10	31	3.1	6.56	6.84	20
인문	의료경영학전공	25	21	15	0.7	6.64	–	0	5	12	13	1.1	6.68	–	1
인문	항공교통물류전공	25	16	14	0.9	7.16	–	0	5	6	2	0.3	–	–	0
인문	콘텐츠제작전공	25	16	27	1.7	5.33	5.74	11	5	8	10	1.3	5.39	–	2
자연	의생명과학전공	25	15	9	0.6	–	–	0	5	7	4	0.6	–	–	0
공학	건축공학전공 *	15	13	18	1.4	5.20	–	5	5	8	5	0.6	6.80	–	0
공학	건축학전공(5년제)	25	12	39	3.3	5.05	5.74	27	5	8	11	1.4	5.86	5.95	3
공학	디지털헬스케어전공	15	16	7	0.4	7.44	–	0	5	6	3	0.5	–	–	0
공학	항공운항전공	25	미선발						5	3	3	1.0	–	–	0
공학	항공정비학전공	25	18	49	2.7	6.63	7.33	31	5	5	9	1.8	5.01	–	4
예체능	실용음악전공 *	15	2	6	3.0	–	–	4	5	미선발					
예체능	CG디자인전공	25	10	18	1.8	5.38	5.98	8	5	6	8	1.3	5.00	6.20	2

☞ 수능최저학력기준 충족 비율 (학생부 교과)

• 수능최저학력기준은 의학과(의예과), 간호학과만 적용

| 모집단위 | 일반전형 | | 지역인재전형 | |
	2025 기준	2024 충족비율(%)	2025 기준	2024 충족비율(%)
의학과(의예과)	상위 3개 영역 등급의 합 4이내	32.6	상위 3개 영역 등급의 합 5이내	36.1
간호학과	상위 3개 영역 등급의 합 13이내	45.4	상위 3개 영역 등급의 합 13이내	61.3

• 반영영역
 – 의학과(의예과): 국어, 영어, 수학(미적분, 기하 중 택1), 탐구(과학)
 – 간호학과: 국어, 영어, 수학(확률과통계, 미적분, 기하 중 택1), 탐구(사회·과학)
※ 탐구영역 2개 과목 평균등급 반영(소수점 이하 버림)
※ 간호학과의 탐구(사회·과학)은 사회 2과목, 과학 2과목, 사회와 과학 1과목씩도 인정

■ (학생부종합) 일반전형

전형	모집인원	전형 방법	수능최저학력기준
일반전형	58	• 학생부 서류 100%	X (간호학과 O)

1. 지원자격: 고등학교 졸업(예정)자 및 법령에 따라 동등 학력이 있다고 인정되는 사람
2. 제출서류: 학교생활기록부, (해당자)검정고시 합격증명서/성적증명서/학생부 대체 서식

■ (학생부종합) 지역인재전형   ※ 신설 전형

전형	모집인원	전형 방법	수능최저학력기준
지역인재전형	8	• 학생부 서류 100%	X

1. 지원자격: 강원특별자치도 소재 고등학교에서 입학부터 졸업까지의 모든 교육과정을 이수하고 졸업(예정)한 사람
2. 제출서류: 학교생활기록부

■ (학생부종합) 가톨릭지도자추천전형

전형	모집인원	전형 방법	수능최저학력기준
가톨릭지도자추천전형	40	• 학생부 서류 100%	X (의학과(의예과)/간호학과 O)

1. 지원자격: 고등학교 졸업(예정)자 및 법령에 따라 동등 학력이 있다고 인정되는 사람으로서 아래 지원자격 중 하나에 해당하는 사람
 – 가톨릭 사제 또는 현직 수도회 장상(총원장, 관구장, 수도원장)의 추천을 받은 자
 – 가톨릭계 고등학교 교장의 추천을 받은 자(지원자 종교 무관)
 – 가톨릭교회법이 인정하는 성직자 또는 수도자로서 소속 장상의 추천을 받은 자
2. 제출서류: 학교생활기록부, 추천서, (해당자)검정고시 합격증명서/성적증명서/학생부 대체 서식

◎ 전형요소
● 서류(1,000점)
 1. 평가방법: 입학사정관 2인 이상 평가항목 기준에 따라 정성적으로 종합평가

2. 평가요소:

평가항목	반영비율 학생부(배점)	평가 항목	학교생활기록부 주요 평가영역
학업역량	30% (300)	• 학업성취도 • 학업태도 및 학업의지	• 교과학습발달상황 • 세부능력 및 특기사항
진로역량	30% (300)	• 전공(계열)관련 교과 이수 노력 • 전공(계열)관련 교과 성취도 • 진로탐색 활동과 경험	• 교과학습발달상황 • 세부능력 및 특기사항 • 창의적체험활동
공동체역량	30% (300)	• 협업과 소통능력 • 나눔과 배려 • 성실성과 규칙준수 • 리더십	• 창의적체험활동 • 출결상황 • 세부능력 및 특기사항 • 행동특성 및 종합의견
종합평가	10% (100)	• 이타성 • 발전가능성 • 자기주도성	• 행동특성 및 종합의견

☞ 보충설명
• 학생부 종합 전형 간소화를 위하여 2025학년도부터 면접 미시행

◎ 전형결과
■ 전체   ※ 의학과(의예과) 제외

(학생부종합)	일반전형					가톨릭지도자추천전형				
학년도	모집인원	지원인원	경쟁률	50%	70%	모집인원	지원인원	경쟁률	50%	70%
2022	214	465	2.17	5.53	6.17	31	30	0.97	5.34	5.95
2023	188	291	1.55	4.98	6.05	38	48	1.26	3.89	4.61
2024	125	297	2.38	4.51	5.35	23	28	1.22	4.14	5.17

☞ 보충설명 & 변경사항
• 의학과(의예과)를 제외한 전형 결과표 (2025학년도 의학과(의예과)는 학생부 종합에서 가톨릭지도자추천전형만 선발)
• 학생부 종합 전형 간소화

변경사항	2024	2025
단계별 평가 폐지	면접 시행 (1단계 서류100% / 2단계 서류+ 면접)	면접 미시행 (서류 100%)

■ 모집단위별(학생부 종합)   '*'표시 : 교직 이수 가능

계열	모집단위	일반전형							가톨릭지도자추천전형						
		2025	2024						2025	2024					
		모집인원	모집인원	지원인원	경쟁률	등록50%컷	등록70%컷	충원인원	모집인원	모집인원	지원인원	경쟁률	등록50%컷	등록70%컷	충원인원
의학	의학과(의예과)	미선발	8	146	18.3	1.29	1.35	3	5	2	33	16.5	1.39	–	3
자연	간호학과 *	8	8	74	9.3	2.96	3.17	5	4	2	10	5.0	3.38	–	0
자연	임상병리학과	5	4	35	8.8	3.98	4.15	2	2	미선발					
자연	치위생학과	7	4	31	7.8	4.95	5.14	2	2	미선발					
인문	국어교육과	3	3	6	2.0	4.48	4.58	3	2	1	1	1.0	–	–	0
인문	지리교육과	5	4	17	4.3	4.38	4.82	6	2	1	1	1.0	4.63	–	0
인문	영어교육과	3	3	4	1.3	5.08	–	0	2	1	0	0.0	–	–	0
인문	역사교육과	4	4	25	6.3	3.75	4.01	4	2	1	3	3.0	–	–	2
자연	수학교육과	4	4	4	1.0	5.04	6.56	0	2	1	0	0.0	–	–	0
자연	컴퓨터교육과	4	4	12	3.0	4.67	5.27	7	2	1	0	0.0	–	–	0
예체능	체육교육과								2	1	3	3.0	3.64	–	0
광역	자율전공학부								10	5	5	1.0	5.52	–	0
인문	경찰학부	5	10	13	1.3	6.06	6.31	0							
인문	사회복지학전공	5	6	10	1.7	5.95	6.16	3	3	3	2	0.7	–	–	0
공학	항공정비학전공	5	10	7	0.7	4.90	6.55	0							

☞ 보충설명
• 의학과(의예과)는 2025학년도 학생부 종합에서 일반전형으로 모집하지 않고, 가톨릭지도자추천전형만 선발
• 2025학년도 학생부 종합의 지역인재전형 신설

☞ 수능최저학력기준 충족 비율 (학생부 종합)

• 수능최저학력기준은 의학과(의예과), 간호학과만 적용

모집단위	일반전형		가톨릭지도자추천전형	
	2025 기준	2024 충족비율(%)	2025 기준	2024 충족비율(%)
의학과(의예과)	선발하지 않음	53.8	상위 3개 영역 등급의 합 5이내	41.7
간호학과	상위 3개 영역 등급의 합 13이내	79.2	상위 3개 영역 등급의 합 13이내	77.8

• 반영영역
 – 의학과(의예과): 국어, 영어, 수학(미적분, 기하 중 택1), 탐구(과학)
 – 간호학과: 국어, 영어, 수학(확률과통계, 미적분, 기하 중 택1), 탐구(사회·과학)
※ 탐구영역 2개 과목 평균등급 반영(소수점 이하 버림)
※ 간호학과의 탐구(사회·과학)은 사회 2과목, 과학 2과목, 사회와 과학 1과목씩도 인정

3. 가톨릭대학교

(성심캠퍼스) 경기도 부천시 원미구 지봉로 43　(Tel: 02. 2164-4587, 4528, 4596)
(성의캠퍼스) 서울특별시 서초구 반포대로 222　(Tel: 02. 3147-8126~8)
(성신캠퍼스) 서울특별시 종로구 창경궁로 296-12　(Tel: 02. 740-9704~5)

I. 한 눈에 보는 전형

모집시기	전형유형	전형	모집인원	전형 방법	수능최저학력기준
수시	교과	지역균형	332	학생부교과100% ▶의예과: 학생부교과100%+ 인·적성면접(P/F) ※ 고교 추천: 제한 없음	○
수시	교과	농어촌학생	66	학생부교과100% ▶신학과: 학생부교과100%+ 교리문답(P/F)	X(약학○)
수시	교과	특성화고교졸업자	25	학생부교과100%	X
수시	교과	특성화고등을졸업한재직자	106	학생부100%	X
수시	종합	잠재능력우수자 [2024] 잠재능력우수자서류	369	서류100% ▶신학과: 서류100%+ 교리문답(P/F)	X
수시	종합	잠재능력우수자면접	43	▶자유전공학부, 인문사회계열, 자연공학계열: 1단계)서류100%(4배수) 2단계)서류70%+ 면접30%	X
수시	종합	가톨릭지도자추천	52	1단계)서류100%(4배수) 2단계)서류70%+ 면접30%	X
수시	종합	학교장추천	59	1단계)서류100%(4배수) 2단계)서류70%+ 면접30% ※ 고교 추천: 제한 없음(단, 의예과는 1명)	간호: X 의예,약학: ○
수시	종합	기회균형 I	96	서류100%	X
수시	종합	기회균형 II	3	서류100%	○
수시	종합	장애인등대상자	10	1단계)서류100%(3배수) 2단계)서류70%+ 면접30%	X
수시	논술	논술전형	178	학생부교과20%+ 논술80%	X(의예, 약학, 간호○)
수시	재외	재외국민	2	▶의예과: 1단계)서류100%(3~5배수) 2단계)서류70%+ 면접30% ▶간호학과: 필답고사100%(국어100점,영어100점)	X

(수시모집) 지원 가능 횟수	본교 수시모집에서 전형 간 복수지원이 가능합니다. ※ 학생부종합전형 내 단계별전형인 학생부종합(잠재능력우수자면접전형), 학생부종합(가톨릭지도자추천전형), 학생부종합(학교장추천전형), 학생부종합(장애인등대상자전형) 간 복수지원이 불가 ※ 의예과는 학생부교과(지역균형전형), 학생부종합(가톨릭지도자추천전형), 학생부종합(학교장추천전형) 간 복수지원이 불가 ※ 학생부교과(특성화고등을졸업한재직자전형) 정원내·정원외 별도 선발하며 전형 간 복수지원이 가능.

■ 무전공(전공자율선택)

유형① [대학 내 모든 전공(보건의료, 사범 등 제외) 자율 선택]		유형② [계열/단과대 모집 후 모집단위 내 전공 자율 선택]	
모집단위	인원	모집단위	인원
자유전공학부	221	글로벌경영대학	12
		인문사회계열	215
		자연공학계열	154

■ **인문사회계열과 자연공학계열**로 모집된 학생은 계열내 모든 학과 선택 가능(계열간 교차선택 포함)
　단, 본교 학칙상 학과(부) 모집인원 규모에 따라 150%~200% 범위 내에서 선택 가능(2학년 진급 전까지)
■ **자유전공학부** 입학 시, 모든 학과(부)의 선택이 가능(2학년 진급 전까지)
　단, 신학과, 보건계열(의예과, 약학과, 간호학과), 사범계열(특수교육과), 예체능계열(음악과), 글로벌경영대학은 제외

■ 학교폭력 조치사항

※ 학교생활기록부 작성일 기준 학교폭력 가해학생 조치사항을 받은 경우 감점 처리함(수시모집 모든 전형 반영)

전형	전형총점	감점								
		1호	2호	3호	4호	5호	6호	7호	8호	9호
모든 전형	1,000	미반영							100	

■ 전형결과

※ 성적 산출기준: (수시) 교과 석차등급, (정시) 수능 백분위

모집시기	전형유형	전형	학년도	모집인원	지원인원	경쟁률	등록자 평균	등록자 최저	충원율
수시	교과	지역균형	2024	247	1,988	8.05	2.62	2.80	218%
수시	종합	잠재능력우수자	2024	259	4,452	17.19	3.80	5.05	111%

모집시기	전형유형	전형	학년도	모집인원	지원인원	경쟁률	등록자 평균	등록자 최저	충원율
수시	종합	잠재능력우수자면접	2024	255	6,234	24.45	3.92	4.82	68%
수시	종합	가톨릭지도자추천	2024	55	440	8.00	3.97	4.38	34%
수시	종합	학교장추천	2024	49	1,114	22.73	1.58	2.50	55%
수시	논술	논술전형	2024	178	11,080	62.25	3.90	4.99	35%

■ (주요전형) 전형일정

유형	전형	원서접수 마감	대학별 고사(면접/논술)	1단계 합격자	최종 합격자
교과	지역균형	9.13(금) 17:00 학교장추천: 9.25(수) 18:00	▶의예과: 11.23(토)		12.13(금)
종합	잠재능력우수자	9.13(금) 17:00	▶신학과: 11.01(금)		11.22(금) ▶신학과: 12.13(금)
종합	잠재능력우수자면접	9.13(금) 17:00	11.30(토)	11.22(금)	12.13(금)
종합	가톨릭지도자추천	9.13(금) 17:00	11.30(토) ▶신학과: 11.01(금)	11.22(금) ▶신학과: 10.25(금)	12.13(금)
종합	학교장추천	9.13(금) 17:00 학교장추천: 9.25(수) 18:00	11.30(토)	11.22(금)	12.13(금)
논술	논술전형	9.13(금) 17:00	-10.06(일) 10:00/15:00 -11.17(일) 10:00		12.13(금)

> ▶ 10.06(일) 10:00 자연공학계열 전 모집단위(공간디자인•소비자학과, 의류학과 제외), 간호학과
>   15:00 인문사회계열 전 모집단위, 공간디자인•소비자학과, 의류학과
> ▶ 11.17(일) 10:00 약학과, 의예과

Ⅱ. (수시모집) 주요 전형

■ (학생부교과) 지역균형

전형	모집인원	전형 방법	수능최저학력기준
지역균형	332	학생부교과100% ▶의예과: 학생부교과100%+ 인·적성면접(P/F)	○

1. **지원자격**: 2017년 2월 이후 국내 고등학교 졸업(예정)자 중 3학년 1학기까지 3개 학기 이상의 본교 지정교과목 <과목, 학기 또는 학년 (계열)별>
   성적이 있는 자로 출신 고등학교의 추천을 받은 자 ※ 고교별 추천 인원: 제한 없음
   ※ 학교생활기록부 계열별 반영 교과 중 각 교과영역에 해당하는 세부 과목이 없는 경우 지원할 수 없음
   ※ 특성화고(종합고의 보통과 제외), 산업수요맞춤형고등학교(마이스터고), 방송통신고, 특수학교, 각종학교, 외국인학교, 산업체부설고등학교,
      비인가 대안학교, 고등학교 학력 인정 평생교육시설 출신자는 지원할 수 없음
   ※ 학교생활기록부 작성일 기준 학교폭력 가해학생 조치 제8호(전학), 제9호(퇴학처분)을 받은 경우 감점 처리함
2. **제출서류**: 학교생활기록부, 추천자 명단
3. **수능최저학력기준**:

> [국어, 수학, 영어, 사/과탐(1과목)] 중 2개 영역 등급 합 7 이내
> ▶ 간호학과: 3개 영역 등급 합 7 이내
> ▶ 의예과: [국어, 수학(미적분/기하), 영어, 과탐(2과목 평균, 소수점 첫 째자리에서 버림)] 4개 영역 등급 합 5 이내, 한국사 4등급 이내
> ▶ 약학과: [국어, 수학(미적분/기하), 영어, 과탐(1과목)] 중 3개 영역 등급 합 5 이내
> ※ 의예과: 과탐 과목 선택시 서로 다른 분야의 Ⅰ+Ⅱ 및 Ⅱ+Ⅱ 조합 중 선택(동일 분야 Ⅰ+Ⅱ 응시 불인정)
> ※ 의예과, 약학과, 간호학과는 지정한 4개 영역에 반드시 응시하여야 함

◎ 전형요소
● 학생부(1,000점)

반영요소 반영비율	반영교과목			교과성적 산출지표	학년별 반영비율
	구분	반영방법			
교과 100%	공통 및 일반선택	국어, 영어, 수학, 한국사, 사회(역사/도덕 포함), 과학교과에 속한 전 과목 ※ 반영 학기: (졸업예정자/졸업자) 3학년 1학기까지 반영		석차등급	학년 구분 없음
	진로선택	반영교과 전 과목의 성취도 환산점수 ※ 성취도 환산점수 = A : 1등급, B : 2등급, C : 3등급		성취도	

● 인·적성 면접(P/F)-의예과
  1. **면접방법**: 인적성면접. 합격/불합격으로만 활용

☞ **보충설명**

• 의예과 인적성면접은 합/불로만 활용하며 학생부종합전형의 면접과 같음. 인적성면접은 2분 동안 제시문 읽고, 7분 동안 답변으로 진행.
• 면접 실시 방은 학생부종합은 두 방에서 실시하는 반면, 학생부교과인 지역균형은 서류확인이 없으므로 한 방에서 실시함. 정시도 마찬가지

◎ **전형결과**
■ **전체**

학년도	전체						인문						자연					
	모집인원	지원인원	경쟁률	등록평균	등록최저	충원율	모집인원	지원인원	경쟁률	등록평균	등록최저	충원율	모집인원	지원인원	경쟁률	등록평균	등록최저	충원율
2022	267	4,680	17.53	2.89	3.09	174%	127	2,197	17.30	3.09	3.30	161%	140	2,483	17.74	2.69	2.87	186%
2023	269	2,854	10.61	2.71	2.87	175%	131	1,445	11.03	2.88	3.06	185%	138	1,409	10.21	2.54	2.67	164%
2024	247	1,988	8.05	2.62	2.80	218%	107	904	8.45	2.73	2.85	247%	140	1,084	7.74	2.51	2.74	189%
2025	332						165						167					

■ [계열별] 실질 경쟁률(지원자 중 수능최저학력기준 통과 인원 대비 총합격자(미등록자 포함) 비율)

계열	학년도	모집인원	지원인원	경쟁률	수능최저 충족율	실질 경쟁률
인문	2022	127	2,197	17.30		3.74
	2023	131	1,445	11.03	74.74%	3.36
	2024	107	904	8.45	81.24%	2.09
자연	2022	140	2,483	17.74		4.77
	2023	138	1,409	10.21	71.40%	2.77
	2024	140	1,084	7.74	70.23%	1.80

■ **수능최저 충족율**

계열	계열 평균	모집단위
인문	81.24%	국어국문학과 97.1%, 철학과 88.6%, **국사학과 75.0%**, 영어영문학부 84.6%, 중국언어문화학과 78.3%, 일어일본문화학과 73.1%, 프랑스어문화학과 87.8%, **사회복지학과 78.6%**, 심리학과 84.5%, 사회학과 68.4%, 특수교육과 76.7%, 경영학과 73.1%, 회계학과 80.6%, 국제학부 82.1%, 법학과 81.5%, 경제학과 83.7%, 행정학과 88.1%, 자유전공학과(인문) 80.5%
자연	70.23%	화학과 75.8%, 수학과 71.4%, **물리학과 63.5%**, 공간디자인·소비자학과 67.7%, 의류학과 60.0%, 아동학과 71.1%, 식품영양학과 76.5%, **의생명과학과 68.0%**, 컴퓨터정보공학부 74.1%, 미디어기술콘텐츠학과 81.1%, 정보통신전자공학부 83.5%, 생명공학과 78.3%, 에너지환경공학과 80.4%, 바이오메디컬화학공학과 81.8%, 인공지능학과 80.6%, 데이터사이언스학과 78.0%, 바이오메디컬소프트웨어학과 90.5%, **자유전공학과(자연·생활) 61.8%**, 자유전공학과(공학) 73.0%, **약학과 33.3%, 의예과 48.9%, 간호학과 45.7%**

■ **실질 경쟁률**(지원자 중 수능최저학력기준 통과 인원 대비 총합격자(미등록자 포함) 비율)

계열	계열 평균	모집단위
인문	2.09:1	국어국문학과 2.06, 철학과 3.90, 국사학과 1.64, **영어영문학부 1.42**, 중국언어문화학과 3.36, 일어일본문화학과 1.90, 프랑스어문화학과 2.71, **사회복지학과 1.57**, 심리학과 2.61, 사회학과 2.00, 특수교육과 2.30, **경영학과 1.31**, 회계학과 2.12, 국제학부 1.68, **법학과 1.22**, **경제학과 1.57**, 행정학과 2.18, 자유전공학과(인문) 2.06
자연	1.80:1	화학과 2.08, **수학과 1.18**, 물리학과 1.83, **공간디자인·소비자학과 1.11**, 의류학과 1.36, 아동학과 2.29, 식품영양학과 1.44, 의생명과학과 1.42, **컴퓨터정보공학부 1.21**, 미디어기술콘텐츠학과 1.67, 정보통신전자공학부 2.86, 생명공학과 2.25, 에너지환경공학과 1.68, 바이오메디컬화학공학과 1.38, 인공지능학과 2.42, 데이터사이언스학과 2.17, 바이오메디컬소프트웨어학과 1.90, 자유전공학과(자연·생활) 1.91, **자유전공학과(공학) 1.35**, **약학과 1.36**, 의예과 2.88, 간호학과 1.88

■ **변경사항 & 핵심포인트**

[2025]

변경사항	2024	2025
모집인원	247명	332명(+85명)
학교폭력 조치사항 반영	-	※ 학생부 작성일 기준 학교폭력 가해학생 조치 제8호(전학), 제9호(퇴학처분)을 받은 경우 감점처리함
(학생부) 진로선택과목 반영과목 수 확대	반영교과 중 상위 3과목	반영교과 전 과목
(수능최저) 의예과: 과목 선택 방법 제한	-	서로 다른 분야의 Ⅰ+Ⅱ 및 Ⅱ+Ⅱ 조합 중 선택(동일 분야 Ⅰ+Ⅱ 응시 불인정)

• 학교폭력 조치사항: 제8호(전학), 제9호(전학)은 감점 처리함
• 수능최저, 의예과: 서로 다른 분야의 Ⅰ+Ⅱ, Ⅱ+Ⅱ 조합만 지원 가능. 동일 분야 Ⅰ+Ⅱ 응시 불인정함
• 진로선택과목이 3과목 -> 전 과목으로 변경됨에 따라 합격자성적이 0.2등급 정도 상슬할 수 있음

➡ 합격자 성적분포: 인문계열은 2등급 중반 ~ 2등급 후반, 자연계열은 2등급 중반 ~ 2등급 후반.

※ 수능최저 충족율은 인문은 81.24%, 자연은 70.23%,

※ 수능최저를 통과하고 미등록 충원 포함 총 합격자 수인 실질 경쟁률은 인문은 2.09 대 1, 자연은 1.80 대 1로 수능 최저 통과 여부가 중요함.
　자연계열이 실질 경쟁률이 더 낮음

※ 2024에 진로선택과목 상위 3과목이 반영됨에 따라 경쟁률이 10.61 -> 8.65로 하락하였음에도 합격자 성적은 2.71 ->2.62로 약간 상승함

※ 진로선택과목을 반영하면 약 0.2등급 올라감. 지원자 대부분 A이거나, 약간 B가 있는 상황이라서 큰 영향 없음.

[2024]

변경사항	2023	2024
(학생부) 진로선택과목	미반영	반영교과 중 상위 3과목의 성취도 환산점수 ※ 성취도 : A=1등급, B=2등급, C=3등급

■ 모집단위　　　　　　　　　　　　　　　　　　　　　　　　　　　'*'표시 : 교직 이수 가능

계열	모집단위	2025 모집인원	2024						2023						2022					
			모집인원	지원인원	경쟁률	등록평균	등록최저	충원번호	모집인원	지원인원	경쟁률	등록평균	등록최저	충원번호	모집인원	지원인원	경쟁률	등록평균	등록최저	충원번호
인문	인문사회계열	26																		
인문	심리학과*	7	6	71	11.8	2.16	2.30	17	10	65	6.5	2.55	2.94	16	8	155	19.4	2.14	2.61	18
인문	특수교육과	6	5	30	6.0	2.46	2.53	5	5	36	7.2	3.01	3.15	13						
인문	자유전공학부	17	7	41	5.9	2.50	2.68	9	7	78	11.1	2.76	2.86	7	13	201	15.5	3.00	3.39	21
인문	행정학과	7	5	42	8.4	2.65	2.72	12	5	58	11.6	2.93	3.03	9	5	138	27.6	3.01	3.21	7
인문	경제학과	8	6	43	7.2	2.67	2.81	17	8	95	11.9	2.90	3.00	12	7	99	14.1	3.19	3.28	12
인문	경영학과	8	7	52	7.4	2.70	2.86	22	12	115	9.6	2.70	2.87	27	11	224	20.4	2.87	3.01	15
인문	영어영문학부*	11	8	52	6.5	2.74	2.95	23	12	136	11.3	2.91	3.02	20	12	268	22.3	3.14	3.36	15
인문	국어국문학과*	5	4	34	8.5	2.75	2.91	12	5	47	9.4	2.94	3.14	12	5	55	11.0	3.11	3.25	11
인문	국사학과*	5	4	24	6.0	2.77	2.81	7	5	106	21.2	2.83	3.03	4	5	59	11.8	3.50	3.72	10
인문	국제학부	10	9	84	9.3	2.78	2.90	32	13	103	7.9	2.81	3.25	23	13	206	15.9	2.94	3.13	22
인문	철학과*	7	4	44	11.0	2.80	2.86	6	5	57	11.4	3.14	3.27	13	5	69	13.8	3.36	3.53	5
인문	법학과	5	5	27	5.4	2.81	3.02	13	5	40	8.0	2.69	2.92	9	5	66	13.2	2.77	2.81	6
인문	회계학과	10	10	108	10.8	2.84	2.92	31	12	98	8.2	2.98	3.22	23	11	188	17.1	2.99	3.26	8
인문	사회학과*	6	6	38	6.3	2.85	3.09	7	5	44	8.8	2.61	2.76	9	5	110	22.0	2.96	3.25	9
인문	일어일본문화학과	7	5	52	10.4	2.88	2.98	15	6	86	14.3	3.07	3.16	9	6	74	12.3	3.31	3.43	11
인문	중국언어문화학과	7	5	60	12.0	2.88	2.96	9	6	123	20.5	3.22	3.27	14	6	83	13.8	3.64	3.73	5
인문	사회복지학과	7	5	28	5.6	2.91	3.02	9	5	63	12.6	2.64	2.98	14	5	139	27.8	2.99	3.33	14
인문	프랑스어문화학과	6	6	74	12.3	2.93	3.01	18	5	95	19.0	3.11	3.27	11	5	63	12.6	3.65	3.80	9
자연	자연공학계열	16																		
자연	의예과	10	10	94	9.4	1.00	1.00	6	10	181	18.1	1.00	1.00	5	10	403	40.3	1.02	1.04	18
자연	약학과	4	4	45	11.3	1.09	1.14	7	5	69	13.8	1.11	1.16	12	5	174	34.8	1.12	1.17	11
자연	간호학과(자연)*	14	14	140	10.0	1.75	1.82	20	14	219	15.6	1.76	1.91	24	14	220	15.7	1.91	2.18	22
자연	생명공학과	7	7	46	6.6	2.09	2.21	9	7	43	6.1	2.35	2.57	10	6	77	12.8	2.21	2.46	9
자연	바이오메디컬화공학과	9	8	44	5.5	2.27	2.46	18	12	86	7.2	2.39	2.54	24	9	98	10.9	2.54	2.74	19
자연	바이오메디컬소프트웨어학과	5	5	21	4.2	2.42	2.47	5	5	42	8.4	2.56	2.85							
자연	미디어기술콘텐츠학과	7	5	37	7.4	2.45	2.76	13	5	65	13.0	2.81	2.85	9	5	157	31.4	3.10	3.24	4
자연	화학과*	7	6	33	5.5	2.46	2.53	6	5	29	5.8	2.78	2.86	7	6	43	7.2	2.70	2.90	8
자연	인공지능학과	8	5	36	7.2	2.49	2.73	7	5	46	9.2	2.91	3.04	5	5	78	15.6	3.04	3.23	10
자연	식품영양학과*	6	5	34	6.8	2.59	2.66	13	5	31	6.2	2.73	2.81	6	5	52	10.4	2.83	2.99	8
자연	에너지환경공학과	7	6	46	7.7	2.63	2.73	16	6	64	10.7	2.80	2.88	12	5	114	22.8	2.97	3.04	7
자연	정보통신전자공학부	11	9	127	14.1	2.74	2.86	28	12	98	8.2	3.03	3.16	28	10	270	27.0	2.97	3.22	18
자연	데이터사이언스학과	8	5	50	10.0	2.76	2.88	13	5	76	15.2	2.96	3.07	6	5	70	14.0	3.26	3.39	6
자연	컴퓨터정보공학부	10	8	54	6.8	2.77	3.14	25	12	104	8.7	2.87	3.02	35	10	165	16.5	2.88	3.02	34
자연	의생명과학과*	5	5	25	5.0	2.79	3.94	7	5	33	6.6	1.82	1.94	3	6	82	13.7	2.06	2.16	8
자연	아동학과*	7	5	45	9.0	2.89	2.97	9	5	34	6.8	3.15	3.49	12	5	60	12.0	3.01	3.22	4
자연	의류학과	5	5	25	5.0	3.02	3.20	5	5	55	11.0	2.78	2.89	5	5	66	13.2	3.13	3.38	9
자연	수학과*	8	6	28	4.7	3.02	3.59	11	5	39	7.8	2.91	3.06	6	6	54	9.0	3.07	3.32	20
자연	물리학과	8	6	52	8.7	3.06	3.19	12	5	57	11.4	3.28	3.34	9	6	59	9.8	3.45	3.56	16
자연	공간디자인·소비자학과	5	5	31	6.2	3.17	3.45	14	5	38	7.6	2.87	3.02	9	5	65	13.0	2.92	3.24	7

■ (학생부종합) 잠재능력우수자

전형	모집인원	전형 방법	수능최저학력기준
잠재능력우수자	369	서류100% ▶신학과: 서류100%+ 교리문답(P/F)	X

1. **지원자격:** 고등학교 졸업(예정)자 또는 관련 법령에 의하여 고등학교 졸업 이상의 학력이 있다고 인정된 자.
2. **제출서류:** 학교생활기록부
※ 학교생활기록부 작성일 기준 학교폭력 가해학생 조치 제8호(전학), 제9호(퇴학처분)을 받은 경우 감점 처리함

◎ 전형요소
● 서류(100점)
　1. **평가방법:** 지원자 1인당 2인의 입학사정관이 학교생활기록부를 종합하여 평가기준에 따라 정성평가
　　　- 1차 서류평가자의 점수가 일정 점수 이상 차이가 나는 경우 재평가 실시 ※ 블라인드 서류평가 실시
　2. **평가요소:**

평가요소	반영비율		평가항목	주요 평가 관점
	잠재능력우수자, 잠재능력우수자 면접	가톨릭지도자 추천, 학교장추천		
학업역량 대학 교육을 충실히 이수하는데 필요한 수학 능력	35%	45%	• 학업성취도 • 학업태도 • 탐구력활동	- 전체적인 교과 성취 수준 및 성적 추이 - 교과 지식 획득을 위한 자기주도적 학습의지 - 수업내용을 이해하려는 태도와 열정 - 탐구활동을 통한 지식확장 노력 및 성과
진로역량 자신의 진로와 전공(계열)에 관한 탐색 노력과 준비 정도	45%	35%	• 전공(계열) 관련 교과 이수 노력 • 전공(계열) 관련 교과 성취도 • 진로 탐색 활동과 경험	- 전공(계열) 관련 과목 선택 이수 정도 - 전공(계열) 관련 과목 추가 이수 노력 - 전공(계열) 관련 교과 성취 수준 및 성적 추이 - 진로 관련 교과/비교과 활동 및 진로탐색 역량
공동체역량 공동체 일원으로서 갖추어야 할 바람직한 사고와 행동	20%	20%	• 협업과 소통능력 • 나눔과 배려 • 성실성과 규칙준수 • 리더십	- 구성원 간 의사소통능력 및 협력 경험 - 나눔을 통한 공동체 기여 정도 - 규칙 및 기본 의무 준수 정도 - 학교 활동 속에 나타난 주도적 태도와 경험

※ 하나의 평가요소에서 충분히 반영된 내용은 다른 평가요소에서 중복 평가하지 않음

　☞ 보충설명
• 서류평가요소: 진로역량(35%), 전공(계열)적합성(30%), 인성(20%), 발전가능성(15%) -> 진로역량(45%), 학업역량(35%), 공동체역량(20%) 순으로 변경됨에 따라 진로역량의 비중이 더욱 커짐.

◎ 전형결과
■ 전체

학년도	전체						인문						자연					
	모집인원	지원인원	경쟁률	등록평균	등록최저	충원율	모집인원	지원인원	경쟁률	등록평균	등록최저	충원율	모집인원	지원인원	경쟁률	등록평균	등록최저	충원율
2022																		
2023																		
2024	259	4,452	17.19	3.80	5.05	111%	120	2,121	17.68	3.92	4.90	108%	139	2,331	16.77	3.68	5.20	113%
2025	369						206						163					

■ 변경사항 & 핵심포인트
[2025]

변경사항	2024	2025
모집인원	259명	369명(+110명)
전형명칭 변경	잠재능력우수자서류	잠재능력우수자
학교폭력 조치사항 반영	-	학교생활기록부 작성일 기준 학교폭력 가해학생 조치 제8호(전학), 제9호(퇴학처분)을 받은 경우 감점처리
서류평가요소 변경	학업역량35%, 전공(계열)적합성30%, 인성20%, 발전가능성15%	학업역량35%, 진로역량45%, 공동체역량20%

• 모집인원: 259명->369명으로 110명 증가. 잠재능력우수자면접이 255명-> 43명으로 대폭 줄어든 결과임
• 학교폭력 조치사항: 제8호(전학), 제9호(전학)은 감점 처리함

- 서류평가요소: 학업역량35%, 전공(계열)적합성30%, 인성20%, 발전가능성15%->학업역량35%, 진로역량45%, 공동체역량20%로 변경함.
  - 학업역량35%는 그대로 유지된 반면, 전공(계열)적합성30%은 발전가능성15%을 합친 후 진로역량45%로 변경하고,
  - 인성20%은 공동체역량20%으로 용어만 변경함
  ➡ 합격자 성적분포: 인문계열은 3등급 중반 ~ 4등급 후반, 자연계열은 3등급 초반 ~ 5등급 초반.

■ 모집단위

'*' 표시 : 교직 이수 가능

계열	모집단위	2025 모집인원	2024 모집인원	2024 지원인원	2024 경쟁률	2024 등록평균	2024 등록최저	2024 충원번호	2023 모집인원	2023 지원인원	2023 경쟁률	2023 등록평균	2023 등록최저	2023 충원번호	2022 모집인원	2022 지원인원	2022 경쟁률	2022 등록평균	2022 등록최저	2022 충원번호
인문	신학과	32																		
인문	심리학과*	12	7	150	21.4	2.73	3.02	8												
인문	사회복지학과	9	6	109	18.2	3.10	3.34	11												
인문	경영학과	13	8	163	20.4	3.23	3.94	9												
인문	경제학과	8	8	109	13.6	3.43	3.63	8												
인문	사회학과*	9	6	100	16.7	3.48	4.31	4												
인문	자유전공학부	16	7	265	37.9	3.54	5.73	5												
인문	국어국문학과*	9	5	67	13.4	3.55	4.08	5												
인문	철학과*	7	5	61	12.2	3.57	4.35	5												
인문	회계학과	14	10	127	12.7	3.59	4.25	7												
인문	행정학과	7	4	45	11.3	3.59	4.11	4												
인문	국사학과*	10	5	74	14.8	4.02	4.59	12												
인문	영어영문학부*	12	9	110	12.2	4.21	5.57	10												
인문	법학과	9	4	77	19.3	4.32	5.51	2												
인문	프랑스어문화학과	8	10	175	17.5	4.67	6.70	10												
인문	국제학부	13	9	161	17.9	4.72	6.05	7												
인문	중국언어문화학과*	9	6	92	15.3	4.76	6.00	7												
인문	일어일본문화학과*	9	6	185	30.8	6.21	7.38	6												
자연	바이오메디컬화공학과	13	10	189	18.9	3.12	5.76	10												
자연	인공지능학과	10	8	93	11.6	3.36	3.79	14												
자연	물리학과	7	6	49	8.2	3.46	3.66	3												
자연	화학과*	8	6	66	11.0	3.51	4.24	8												
자연	정보통신전자공학부	14	12	127	10.6	3.52	4.01	26												
자연	바이오메디컬소프트웨어학과	7	7	82	11.7	3.52	4.07	7												
자연	의생명과학과*	9	8	244	30.5	3.55	6.45	5												
자연	아동학과*	7	5	81	16.2	3.55	3.84	11												
자연	수학과*	7	6	54	9.0	3.56	3.95	6												
자연	생명공학과	11	9	207	23.0	3.61	6.70	10												
자연	데이터사이언스학과	9	8	95	11.9	3.69	4.59	12												
자연	컴퓨터정보공학부	14	12	213	17.8	3.73	6.87	18												
자연	의류학과	9	5	123	24.6	3.95	6.24	1												
자연	공간디자인·소비자학과	9	5	104	20.8	4.02	4.43	4												
자연	미디어기술콘텐츠학과	11	6	133	22.2	4.12	5.29	6												
자연	에너지환경공학과	9	8	130	16.3	4.13	7.53	1												
자연	식품영양학과*	9	7	86	12.3	4.14	6.73	8												

■ (학생부종합) 잠재능력우수자면접

전형	모집인원	전형 방법	수능최저학력기준
잠재능력우수자면접	43	▶자유전공학부, 인문사회계열, 자연공학계열: 1단계)서류100%(4배수) 2단계)서류70%+ 면접30%	X

1. **지원자격**: 국내 고등학교 졸업(예정)자 또는 관련 법령에 의하여 고등학교 졸업 이상의 학력이 있다고 인정된 자.
2. **제출서류**: 학교생활기록부

◎ 전형요소
● 서류(100점): 잠재능력우수자전형 참고
● 면접(30점)
   1. **평가방법**: 지원자 제출서류를 기반으로 10분 내외 개별면접, 평가자(2인 이상) 대 지원자(1인)
      ※ 단, 의예과는 인·적성면접을 포함하여 개인별 20분 내외 면접 평가, 상황 숙지를 위한 시간은 별도로 부여할 수 있음
      ※ 블라인드(지원자 성명, 수험번호, 출신고교명 등 블라인드 처리) 면접 시행

2. 평가항목 및 평가요소:

평가요소	반영비율	평가항목	주요 평가 관점
학업역량	30%	- 학업을 수행하고 학습해 나가려는 의지와 노력 - 탐구활동을 통한 지식확장 노력 및 성과 - 지원전공(계열) 관련한 학업역량 및 태도	- 학교생활기록부 작성 내용에 대한 개별 확인 면접 - 질문에 대한 정확한 이해를 바탕으로 서류 내용의 진실성 및 가치, 의사소통 및 전달능력 등을 평가
진로역량	50%	- 지원전공(계열)에 대한 관심과 열정 - 진로 관련 교과/비교과 활동 및 진로탐색 역량 - 답변의 논리성 및 독창성	
공동체역량	20%	- 대인관계능력- 협업 및 의사소통능력 - 공동체적 가치관 및 나눔과 배려 실천	

☞ 보충설명

• 진로역량(50%) > 학업역량(30%) > 공동체역량(20%) 순으로 반영. 진로역량이 면접에서도 가장 중요함.
• 면접 역전율은 20%~70%까지 다양함, 특히, 작년에 자연계열은 역전율이 더 높아서 3배수까지 가기도 했음. 수업 내용을 주로 물어기 때문임.

◎ 전형결과
■ 전체

학년도	전체						인문						자연					
	모집 인원	지원 인원	경쟁 률	등록 평균	등록 최저	충원 율	모집 인원	지원 인원	경쟁 률	등록 평균	등록 최저	충원 율	모집 인원	지원 인원	경쟁 률	등록 평균	등록 최저	충원 율
2022	430	5,541	12.89	3.78	5.11	106%	231	2,889	12.51	3.85	5.21	117%	199	2,652	13.33	3.71	5.00	95%
2023	438	6,018	13.74	3.98	5.33	83%	234	3,077	13.15	4.15	5.56	85%	204	2,941	14.42	3.80	5.09	81%
2024	255	6,234	24.45	3.92	4.82	68%	155	3,314	21.38	4.02	5.07	67%	100	2,920	27.45	3.81	4.56	68%
2025	43						27						16					

■ 변경사항 & 핵심포인트
[2025]

변경사항	2024	2025
모집인원	255명	43명(-212명)
모집단위 변경	255명 (학과 모집)	43명 (자유전공학부, 인문사회계열, 자연공학계열)

- 모집인원: 255명 -> 32명으로 212명이나 줄이면서 자유전공학부(11명), 인문사회계열(16명), 자연공학계열(16명) 선발
▶ 합격자 성적분포: 인문계열은 3등급 후반 ~ 5등급 초반, 자연계열은 3등급 중반 ~ 4등급 후반
※ 기존 자유전공학부 3개 학과 결과를 보면, 진로가 결정되지 않았거나, 진로가 변경되었거나 또는 다양한 진로에 관심을 가진 학생들이 지원함.
※ 자유전공학부의 서류평가 기준은 동일하지만 진로역량 속에서 자기주도성이 보인 학생들, 진로가 변경되었어도 자기주도성이 있는 학생들을 선발하고자 함. 교수사정관은 제외하고 전임사정관들이 평가하려고 함.

■ 모집단위

'*' 표시 : 교직 이수 가능

계열	모집단위	2024	2023						2022						2021					
		모집 인원	모집 인원	지원 인원	경쟁 률	등록 평균	등록 최저	충원 번호	모집 인원	지원 인원	경쟁 률	등록 평균	등록 최저	충원 번호	모집 인원	지원 인원	경쟁 률	등록 평균	등록 최저	충원 번호
인문	자유전공학부	11																		
인문	인문사회계열	16																		
자연	자연공학계열	16																		

■ (학생부종합) 가톨릭지도자추천

전형	모집인원	전형 방법	수능최저학력기준
가톨릭지도자추천	52	1단계)서류100%(4배수) 2단계)서류70%+ 면접30%	X

1. 지원자격:

모집단위	지원자격
전 모집단위, (신학과 제외)	국내 정규고등학교에서 전 교육과정을 이수한 졸업(예정)자로서 아래의 ①항 또는 ②항에 해당되는 자 ① 가톨릭 사제 또는 현직 수도회 장상(총원장, 관구장, 지부장), 소속 가톨릭계 고등학교장의 추천을 받은 자 (지원자의 종교나 신앙과는 무관함) ② 교회법에서 인정하는 첫 서원자 이상의 수도자(수사, 수녀) 중 소속 수도회 장상의 추천을 받은 자 (※ 단, 한 수도회에서 다수의 지원자를 추천 가능하나 모집단위별로는 1명만 추천 가능하며, 수도자는 의예과에 지원 불가함)

모집단위	지원자격
신학과	요강 참고

2. 제출서류: 학교생활기록부, 추천인 확인서

※ 학교생활기록부 작성일 기준 학교폭력 가해학생 조치 제8호(전학), 제9호(퇴학처분)을 받은 경우 감점 처리함

◎ 전형요소
- 서류(70점): 잠재능력우수자전형 참고
- 면접(30점): 잠재능력우수자면접전형 참고

◎ 전형결과
■ 전체

학년도	전체						인문						자연					
	모집인원	지원인원	경쟁률	등록평균	등록최저	충원율	모집인원	지원인원	경쟁률	등록평균	등록최저	충원율	모집인원	지원인원	경쟁률	등록평균	등록최저	충원율
2022	96	539	5.61	3.89	4.43	49%	54	242	4.48	3.82	4.30	46%	42	297	7.07	3.96	4.55	52%
2023	106	579	5.46	3.92	4.20	32%	64	277	4.33	3.95	4.28	19%	42	302	7.19	3.88	4.11	45%
2024	55	440	8.00	3.97	4.38	34%	42	255	6.07	4.29	4.83	29%	13	185	14.23	3.65	3.93	38%
2025	52						39						13					

■ 변경사항 & 핵심포인트

[2025]

변경사항	2024	2025
모집인원	55명	52명(-3명)
학교폭력 조치사항 반영	-	학교생활기록부 작성일 기준 학교폭력 가해학생 조치 제8호(전학), 제9호(퇴학처분)을 받은 경우 감점처리
서류 평가요소 변경	학업역량35%, 전공(계열)적합성30%, 인성20%, 발전가능성15%	학업역량45%,, 진로역량35%, 공동체역량20%
면접 평가요소 변경	발전가능성30%, 전공(계열)적합성50%, 인성20%	학업역량30%, 진로역량50%, 공동체역량20%

- 학교폭력 조치사항: 제8호(전학), 제9호(전학)은 감점 처리함
- 서류평가요소: 학업역량35%, 전공(계열)적합성30%, 인성20%, 발전가능성15%->학업역량45%, 진로역량35%, 공동체역량20%로 변경함.
  - 학업역량35%는 45%로 10% 증가한 반면, 전공(계열)적합성30%은 진로역량35%로 용어를 변경하면서 5% 증가하였고,
  - 인성20%은 공동체역량20%으로 용어만 변경하였고, 발전가능성15%는 폐지함
- 면접 평가요소 변경: 발전가능성30%, 전공(계열)적합성50%, 인성20%->학업역량30%, 진로역량50%, 공동체역량20%로 발전가능성 대신 학업역량이 추가됨
- ➡ 합격자 성적분포: 인문계열은 4등급 초반 ~ 4등급 후반, 자연계열은 3등급 초반 ~ 3등급 후반.

■ 모집단위

'*'표시 : 교직 이수 가능

계열	모집단위	2025	2024						2023						2022					
		모집인원	모집인원	지원인원	경쟁률	등록평균	등록최저	충원번호	모집인원	지원인원	경쟁률	등록평균	등록최저	충원번호	모집인원	지원인원	경쟁률	등록평균	등록최저	충원번호
인문	신학과*	15	15	20	1.3				20	16	0.8				18	7	0.4			
인문	심리학과*	3	3	23	7.7	3.18	3.37	3	3	21	7.0	3.59	3.79		4	20	5.0	3.40	3.66	1
인문	사회복지학과	2	2	24	12.0	3.26	3.53		3	34	11.3	3.83	4.24		4	23	5.6	4.18	4.57	1
인문	영어영문학부*	3	3	24	8.0	4.07	4.38	2	4	17	4.3	3.90	4.23		4	16	4.0	3.71	4.11	1
인문	특수교육과	2	2	17	8.5	4.15	5.01								3	17	5.7	3.49	3.64	6
인문	회계학	2	2	11	5.5	4.31	4.59		3	11	3.7	3.76	3.83	1	3	10	3.3	4.02	5.15	1
인문	경영학과	3	3	24	8.0	4.33	5.72		3	22	7.3	3.59	4.01	1	3	47	15.7	3.36	3.61	5
인문	경제학과	2	2	18	9.0	4.58	4.81	1	3	16	5.3	4.19	4.65	1	3	15	5.0	3.77	4.03	3
인문	중국언어문화학과*	2	2	12	6.0	4.71	5.24	1	3	9	3.0	4.25	4.76	1						
인문	일어일본문화학과*	2	2	17	8.5	5.49	6.14	1	3	12	4.0	4.80	5.96	2						
인문	국제학부	3	3	28	9.3	5.62	6.59	1	4	31	7.8	3.60	3.75	1	4	24	6.0	4.59	5.26	4
자연	의예과	2	2	58	29.0				2	45	22.5				2	37	18.5			
자연	바이오메디컬화학공학과	3	3	40	13.3	2.89	3.02	1	3	18	6.0	3.29	3.58		3	25	8.3	3.11	3.35	1
자연	미디어기술콘텐츠학과	2	2	20	10.0	3.60	3.79	2	3	31	10.3	3.89	4.67	1	3	27	9.0	4.21	4.87	
자연	컴퓨터정보공학부	3	3	35	11.7	3.89	3.96	2	4	31	7.8	3.53	4.00	3	5	42	8.4	4.47	4.98	6
자연	정보통신전자공학부	3	3	32	10.7	4.20	4.94		4	24	6.0	4.23	4.52	1	5	24	4.8	4.51	5.64	1

■ (학생부종합) 학교장추천

전형	모집인원	전형 방법	수능최저학력기준
학교장추천	59	1단계)서류100%(4배수) 2단계)서류70%+ 면접30%	간호: X, 의예, 약학: ○

1. **지원자격:** 국내 고등학교 졸업예정자로서 출신 고등학교장의 추천을 받은 자
   ※ 고교별 추천인원 : ① 의예과: 1명　② 약학과, 간호학과, 특수교육과: 제한 없음
2. **제출서류:** 학교생활기록부, 추천자 명단
3. **수능최저학력기준:** 간호학과는 미적용

> ▶ 의예과: [국어, 수학(미적분/기하), 영어, 과탐(2과목 평균, 소수점 첫 째 자리에서 버림)] 중 3개 영역 등급 합 4 이내, 한국사 4등급 이내
> ▶ 약학과: [국어, 수학(미적분/기하), 영어, 과탐(1과목)] 중 3개 영역 등급 합 5 이내
> ※ 의예과, 약학과, 간호학과는 지정한 4개 영역에 반드시 응시하여야 함

※ 학교생활기록부 작성일 기준 학교폭력 가해학생 조치 제8호(전학), 제9호(퇴학처분)을 받은 경우 감점 처리함

◎ **전형요소**
● **서류 및 면접:** 잠재능력우수자전형 참고

◎ **전형결과**
■ **전체**

학년도	전체						인문					자연					
	모집인원	지원인원	경쟁률	등록평균	등록최저	충원율	모집인원	지원인원	경쟁률			모집인원	지원인원	경쟁률	등록평균	등록최저	충원율
2022	75	867	11.56	1.77	2.66	80%	24	8	0.33			51	859	16.84	1.77	2.66	80%
2023	51	1,011	19.80	1.81	3.75	61%						51	1,011	19.80	1.81	3.75	61%
2024	49	1,114	22.73	1.58	2.50	55%						49	1,114	22.73	1.58	2.50	55%
2025	59						10					49					

■ **변경사항 & 핵심포인트**
[2025]

변경사항	2024	2025
모집인원	49명	59명(+ 10명)
학교폭력 조치사항 반영	-	학교생활기록부 작성일 기준 학교폭력 가해학생 조치 제8호(전학), 제9호(퇴학처분)을 받은 경우 감점처리
서류 평가요소 변경	학업역량35%, 전공(계열)적합성30%, 인성20%, 발전가능성15%	학업역량45%, 진로역량35%, 공동체역량20%
면접 평가요소 변경	발전가능성30%, 전공(계열)적합성50%, 인성20%	학업역량30%, 진로역량50%, 공동체역량20%

- 학교폭력 조치사항: 제8호(전학), 제9호(전학)은 감점 처리함
- 서류평가요소: 학업역량35%, 전공(계열)적합성30%, 인성20%, 발전가능성15%->학업역량45%, 진로역량35%, 공동체역량20%로 변경함.
  - 학업역량35%는 45%로 10% 증가한 반면, 전공(계열)적합성30%은 진로역량35%로 용어를 변경하면서 5% 증가하였고,
  - 인성20%은 공동체역량20%으로 용어만 변경하였고, 발전가능성15%는 폐지함
- 면접 평가요소 변경: 발전가능성30%, 전공(계열)적합성50%, 인성20%->학업역량30%, 진로역량50%, 공동체역량20%로 발전가능성 대신 학업역량이 추가됨
- 수능최저학력기준은 의예과와 약학과는 있는 반면, 간호학과는 없음.
- ➡ **합격자 성적분포:** 자연계열은 1등급 중반 ~ 2등급 중반.

■ **모집단위**
'*' 표시 : 교직 이수 가능

계열	모집단위	2025	2024							2023						2022					
		모집인원	모집인원	지원인원	경쟁률	등록평균	등록최저	충원번호	모집인원	지원인원	경쟁률	등록평균	등록최저	충원번호	모집인원	지원인원	경쟁률	등록평균	등록최저	충원번호	
인문	특수교육과	10																			
자연	의예과	25	25	410	16.4	1.19	1.97	19	25	399	16.0	1.18	2.10	24	24	416	17.3	1.18	1.72	20	
자연	간호학과*	16	16	396	24.8	1.55	2.56	6	16	201	12.6	2.32	5.64	3	14	251	17.9	1.97	2.13	13	
자연	약학과	8	8	308	38.5	2.00	2.98	2	10	411	41.1	1.93	3.51	4	13	192	14.8	2.16	4.13	8	

■ (논술) 논술전형

전형	모집인원	전형 방법	수능최저학력기준
논술전형	178	학생부교과20%+ 논술80%	X(의예, 약학, 간호○)

1. **지원자격**: 고교 졸업(예정)자 또는 관계 법령에 의하여 고등학교 졸업자와 동등의 학력이 있다고 인정된 자
2. **수능최저학력기준**: 없음. 단, 의예과, 약학과, 간호학과는 있음

> ▶ 의예과: [국어, 수학(미적분/기하), 영어, 과탐(2과목 평균, 소수점 첫 째 자리에서 버림)] 중 3개 영역 등급 합 4 이내, 한국사 4등급 이내
> ▶ 약학과: [국어, 수학(미적분/기하), 영어, 과탐(1과목)] 중 3개 영역 등급 합 5 이내
> ▶ 간호학과: [국어, 수학, 영어, 사/과탐(1과목)] 중 3개 영역 등급 합 7 이내
> ※ 의예과, 약학과, 간호학과는 지정한 4개 영역에 반드시 응시하여야 함

※ 학교생활기록부 작성일 기준 학교폭력 가해학생 조치 제8호(전학), 제9호(퇴학처분)을 받은 경우 감점 처리함

◎ 전형요소
● 학생부(20점)

반영요소 반영비율	반영교과목		교과성적 산출지표	학년별 반영비율
	구분	반영방법		
교과 100%	공통 및 일반선택	국어, 영어, 수학, 한국사, 사회(역사/도덕 포함), 과학교과의 상위 10과목 (단, 의예과, 약학과,. 간호학과: 반영교과에 속한 전 과목) ※ 반영 학기: (졸업예정자/졸업자) 3학년 1학기까지 반영	석차등급	학년 구분 없음
	진로선택	미반영		

구분		1등급	2등급	3등급	4등급	5등급	6등급	7등급	8등급	9등급
점수	100점	100	99.5	99.0	98.5	98.0	97.5	97.0	90.0	70.0
등급 간 점수 차이	100점	0	0.5	0.5	0.5	0.5	0.5	0.5	7.0	20.0
	20점	0	0.10	0.10	0.10	0.10	0.10	0.10	1.4	4.0

● 논술(80점)

구분	시간	문항수	유형	출제범위(2024 논술가이드북)	출제 경향
인문사회계열 전 모집단위 공간디자인·소비자학과 의류학과	90분	3문항	언어논술 (지문·자료 제시형)	2015 개정 교육과정 내 국어과, 사회과, 도덕과 공통과목 및 일반선택과목 반영	• 고교 교육과정의 내용과 수준에 맞는 문제 출제 • 제시문에 대한 이해도와 문제해결 력 등을 측정
자연공학계열 전 모집단위 (공간디자인·소비자학과, 의류학과 제외), 간호학과	90분	3문항	수리논술	2015 개정 교육과정 내 수학, 수학Ⅰ, 수학Ⅱ, 미적분 반영	• 고교 교육과정의 범위와 수준에 맞는 문제 출제 • 고교 교육과정 범위 내의 수리적 혹은 과학적 원리를 제시하는 제 시문을 활용하여 문제를 올바르 게 분석하고 해결하는지를 평가
약학과	90분	3문항	수리논술	2015 개정 교육과정 내 수학, 수학Ⅰ, 수학Ⅱ, 미적분,	
의예과	100분	4문항	수리논술	확률과 통계 반영	

◎ 전형결과
■ 전체

학년도	전체						인문						자연					
	모집인원	지원인원	경쟁률	등록평균	등록최저	충원율	모집인원	지원인원	경쟁률	등록평균	등록최저	충원율	모집인원	지원인원	경쟁률	등록평균	등록최저	충원율
2022	183	10,416	56.92	4.74	5.76	24%	63	2,213	35.13	4.78	5.70	22%	120	8,203	68.36	4.69	5.81	26%
2023	179	9,437	52.72	4.76	5.44	29%	69	1,739	25.20	4.91	5.58	35%	110	7,698	69.98	4.60	5.30	22%
2024	178	11,080	62.25	3.90	4.99	35%	71	2,158	30.39	4.05	5.08	31%	107	8,922	83.38	3.74	4.79	39%
2025	178						72						106					

■ 변경사항 & 핵심포인트
[2025]

변경사항	2024	2025
모집인원	178명	178명
학교폭력 조치사항 반영	-	학교생활기록부 작성일 기준 학교폭력 가해학생 조치 제8호(전학), 제9호(퇴학처분)을 받은 경우 감점처

변경사항	2024	2025
전형방법 변경	학생부30%+ 논술70%	학생부20%+ 논술80%
(학생부) 등급간 점수차이	학생부교과(30점) : 1-2등급(0.15), 2-3등급(0.15), 3-4등급(0.15), 4-5등급(0.15), 5-6등급(0.15), 6-7등급(0.15), 7-8등급(2.1), 8-9등급(6.0),	학생부교과(20점) : 1-2등급(0.10), 2-3등급(0.10), 3-4등급(0.10), 4-5등급(0.10), 5-6등급(0.10), 6-7등급(0.10), 7-8등급(1.4), 8-9등급(4.0),

- 학교폭력 조치사항: 제8호(전학), 제9호(전학)은 감점 처리함
- 전형방법: 학생부30%+ 논술70%->학생부20%+ 논술80%로 논술10% 증가함. 논술 영향력이 더욱 확대됨
- 학생부: 전년도부터 반영교과에 속한 전 과목->상위 10과목(의예, 약학, 간호는 제외)으로 크게 축소됨에 따라 학생부 영향력이 약화.
  - 등급 간 감점: 1등급~7등급까지 등급 간 감점이 0.5점씩으로 매우 작아서 실질적으로 학생부 영향력이 매우 약함
- 논술고사:
  - 인문계열은 언어논술, 자연계열은 수리논술임
  - 자연계열 수학 출제범위: 수학, 수학Ⅰ, 수학Ⅱ(단, 의예과, 약학과는 미적분, 확률과 통계 포함)
- ➡ 합격자 성적분포: 인문계열은 4등급 초반 ~ 5등급 후반, 자연계열은 2등급 중반 ~ 5등급 후반
- ※ 학생부 영향력이 크게 약화되어 내신 부담이 더욱 줄어듦. 내신 7등급까지는 논술로 당락 결정됨.
- ※ 의학계열을 제외한 일반학과는 논술고사가 수능시험 이전에 실시하므로 경쟁률이 20 대 1 정도.

■ 모집단위

'*' 표시 : 교직 이수 가능

계열	모집단위	2025 모집 인원	2024 모집 인원	지원 인원	경쟁 률	등록 평균	등록 최저	충원 번호	2023 모집 인원	지원 인원	경쟁 률	등록 평균	등록 최저	충원 번호	2022 모집 인원	지원 인원	경쟁 률	등록 평균	등록 최저	충원 번호
인문	국어국문학과*	4	4	112	28.0	3.26	3.57	2	3	70	23.3	4.78	5.79		5	164	32.8	5.09	6.33	2
인문	심리학과*	4	6	227	37.8	3.54	4.53		4	151	37.8	4.37	4.73	1	5	231	46.2	5.00	5.76	2
인문	국사학과*	3	4	107	26.8	3.67	4.63		3	59	19.7	5.47	6.40		5					
인문	경영학과	6	6	213	35.5	3.70	4.34	1	4	110	27.5	4.70	5.18	1	5	216	43.2	4.47	5.62	
인문	중국언어문화학과*	4	4	117	29.3	3.74	4.60		4	91	22.8	5.29	5.89	2	5	159	31.8	5.03	5.09	
인문	인문사회계열	6	5	156	31.2	3.75	5.27	1	6	163	27.2	3.94	4.77	2						
인문	국제학부	6	5	162	32.4	3.87	5.35	2	4	100	25.0	5.46	6.28		5	220	44.0	4.71	5.23	1
인문	회계학과	4	4	104	26.0	3.94	5.97	2	4	101	25.3	4.86	5.94	3	5	153	30.6	4.84	6.44	3
인문	행정학과	4	4	110	27.5	3.99	5.54	3	4	101	25.3	4.46	5.67		4	124	31.0	4.82	6.75	1
인문	사회학과*	6	4	122	30.5	4.12	4.90	1	4	98	24.5	5.27	5.80	5	5	175	35.0	4.76	5.39	1
인문	영어영문학부*	5	5	146	29.2	4.32	4.92	3	4	108	27.0	4.58	5.35	2	5	157	31.4	4.44	5.30	1
인문	사회복지학과	4	4	111	27.8	4.47	5.25		4	90	22.5	5.12	5.79	1						
인문	일어일본문화학과*	4	4	119	29.8	4.48	5.92	2	4	98	24.5	5.11	5.57	2	5	150	30.0	4.93	5.19	2
인문	경제학과	4	4	119	29.8	4.48	5.62	2	4	105	26.3	4.52	4.76	1	5	172	34.4	4.46	5.36	
인문	법학과	4	4	127	31.8	4.72	5.25		4	106	26.5	5.33	6.83		4	125	31.3	4.61	5.35	
인문	철학과*	4	4	106	26.5	4.73	5.68	2	3	60	20.0	4.89	5.10	2	5	167	33.4	4.98	6.25	
자연	**자연공학계열**	5																		
자연	의생명과학과*	3	3	89	29.7	2.76	3.11	3	4	68	17.0	4.48	5.39		5	118	23.6	4.80	6.10	
자연	정보통신전자공학부	3	3	93	31.0	2.98	3.58	1	4	85	21.3	6.15	6.72	1	6	151	25.2	5.41	7.27	2
자연	약학과	8	8	2,308	288.5	3.08	4.39	2	5	1,717	343.4	2.35	2.86							
자연	에너지환경공학과	3	3	74	24.7	3.16	3.95	3	3	50	16.7	4.40	5.24	1	5	102	20.4	5.00	5.79	1
자연	인공지능학과	3	3	79	26.3	3.20	3.83	5	5	113	22.6	4.92	5.71		7	154	22.0	4.82	5.76	7
자연	의예과	19	19	4,308	226.7	3.27	5.67		19	4,140	217.9	2.12	2.64	1	20	5,328	266.4	2.43	3.47	1
자연	식품영양학과*	3	3	85	28.3	3.40	4.00	1	3	46	15.3	4.58	5.04	2	4	77	19.3	5.02	6.19	
자연	컴퓨터정보공학부	4	4	132	33.0	3.45	4.64	8	4	121	30.3	4.93	5.33	1	6	203	33.8	4.54	5.28	
자연	생명공학과	3	3	78	26.0	3.47	5.12		3	53	17.7	4.43	5.50	1	5	110	22.0	4.74	6.47	
자연	간호학과(자연)*	18	18	633	35.2	3.50	7.52	1	18	528	29.3	3.86	5.34	1	20	958	47.9	3.84	5.71	5
자연	바이오메디컬화학공학과	4	4	99	24.8	3.54	4.68	3	3	47	15.7	4.92	5.74	2	6	141	23.5	4.80	6.00	
자연	물리학과	3	3	64	21.3	3.66	3.78	2	3	37	12.3	4.97	5.75		4	65	16.3	5.11	5.68	1
자연	의류학과	4	4	116	29.0	3.80	4.90	1	3	84	28.0	5.62	5.62	1	4	146	36.5	5.41	6.64	
자연	수학과*	3	3	68	22.7	3.81	4.24		3	45	15.0	5.20	6.21	2	4	70	17.5	4.31	4.93	2
자연	바이오메디컬소프트웨어학과	3	3	80	26.7	3.85	4.68	2	4	70	17.5	5.07	5.45							
자연	미디어기술콘텐츠학과	3	3	81	27.0	4.04	5.08		4	81	20.3	4.47	5.60	1	6	120	20.0	5.17	6.69	3
자연	아동학과*	4	4	107	26.8	4.25	5.47	2	3	58	19.3	4.87	5.26	1	4	127	31.8	4.63	5.40	
자연	화학과*	3	3	67	22.3	4.27	4.73		3	48	16.0	5.13	5.40	2	4	72	18.0	4.92	6.06	2
자연	데이터사이언스학과	3	3	76	25.3	4.36	5.53	1	4	72	18.0	4.63	5.03		6	118	19.7	4.96	6.08	1
자연	공간디자인·소비자학과	4	4	124	31.0	5.47	6.72	1	3	83	27.7	4.68	6.28		4	143	35.8	4.48	4.98	

4. 감리교신학대학교

서울특별시 서대문구 독립문로 56 (Tel. 02. 361-9208)

Ⅰ. 한 눈에 보는 전형

모집 시기	전형 유형	전형	모집 인원	전형 방법	수능최저 학력기준
수시	교과	일반전형	82	학생부80%+ 면접20%	X
수시	교과	추천자	25	학생부80%+ 면접20%	X
수시	교과	사회적배려대상자	10	학생부80%+ 면접20%	X
수시	교과	농어촌학생	4	학생부80%+ 면접20%	X
수시	교과	기초생활수급자및차상위계층	4	학생부80%+ 면접20%	X
수시	교과	특수교육대상자	15	학생부80%+ 면접20%	X
수시	교과	검정고시출신자	15	면접20%+ 검정고시성적80%	X
수시	재외	재외국민과 외국인(2%)	3	면접100%	X

※ 신학부로 모집 후 2학년 진급 시, 신학전공, 기독교교육학전공, 종교철학전공, 기독교심리상담학 전공'으로 배정

(수시모집) 지원 가능 횟수	본교의 수시모집 일반학생 특별전형과 기타 특별전형 간 복수지원이 가능함. (단, 전형일이 다르므로 지원가능, 전형일 확인 바람).

■ 전형결과

※ 성적 산출기준: (수시) 교과 석차등급, (정시) 수능 백분위

모집시기	전형유형	전형	학년도	모집인원	지원인원	경쟁률	등록자 50%	등록자 70%	충원율
수시	교과	일반전형	2024	82	114	1.39	3.12	3.63	10%
수시	교과	추천자	2024	25	31	1.24	3.62	4.12	4%

■ (주요전형) 전형일정

유형	전형	원서접수 마감	대학별 고사(면접/논술)	1단계 합격자	최종 합격자
교과	일반전형	9.09(월) 17:00	10.11(금) 14:00		11.01(금)
교과	추천자	9.09(월) 17:00	10.12(토) 14:00		11.01(금)

Ⅱ. (수시모집) 주요 전형

■ (학생부교과) 일반전형

전형	모집인원	전형 방법	수능최저학력기준
일반전형	82	학생부80%+ 면접20%	X

1. **지원자격:** 2025년 2월 고교 졸업예정자 및 졸업자 ※ 공통: 기독교 세례를 받은 자
   ※ 학생부 없는 자 지원 불가
   ※ 1) 2025학년도 학부제(신학부)로 모집한 학생은 1학년(1, 2학기)을 이수한 후 총장의 승인을 얻어 이수할 전공(신학 전공, 기독교교육학
   전공, 종교철학 전공)을 결정하되, 이에 관한 사항은 총장이 별도로 정한다.
   2) 특별전형 복수지원 가능(전형일 확인 후 지원할 것)
   3) 고등학교 이수계열과 관계없이 지원할 수 있음

◎ 전형요소

※ 신학부로 모집 후 2학년 진급 시 신학 전공, 기독교교육학 전공, 종교철학 전공으로 배정

● 학생부(800점)

반영요소 반영비율	반영교과목			교과성적 산출지표	학년별 반영비율
	구분	반영방법			
교과 90%	공통 및 일반선택	1학년: 국어, 영어, 사회교과별 각 1과목 2,3학년: 국어, 영어, 사회/과학교과별 학년별 각 1과목(총 9과목)		석차등급	1/3: 1/3: 1/3
	진로선택	미반영			
비교과 10%	※ 만점: ① 출결(10%): 미인정 결석 0일 이내				

반영요소 반영비율	구분	반영교과목 반영방법								교과성적 산출지표	학년별 반영비율

구분	1등급	2등급	3등급	4등급	5등급	6등급	7등급	8등급	9등급
점수(720점)	720	675	630	585	540	495	450	405	360
등급 간 점수 차이	0	45	45	45	45	45	45	45	45

● 면접(200점)
　1. **면접방법**: 자기소개 1~2분 / 2인의 교수가 영성, 인성 등의 질문을 통하여 지원자를 평가하는 면접
　2. **면접기준**: ① 대학 지원 동기 ② 의사표현력 ③ 인성과 적성 ④ 교회활동경력 ⑤ 태도

☞ **보충설명**
• 면접은 자기소개를 1~2분 한 후 학교생활, 교회생활 등을 질문함
• 면접 변별력 20%, 3~4개 질문, 5분 이내. 자기 소신이 뚜렷한 학생들, 신앙적인 부분

◎ **전형결과**
■ **전체**

학년도	전체						인문						자연				
	모집 인원	지원 인원	경쟁 률	등록 50%	등록 70%	충원 율	모집 인원	지원 인원	경쟁 률	등록 50%	등록 70%	충원 율	모집 인원	지원 인원	경쟁 률		
2022	110	67	0.61	3.95	4.26	37%	110	67	0.61	3.95	4.26	37%					
2023	82	73	0.89	4.97	5.52		82	73	0.89	4.97	5.52						
2024	82	114	1.39	3.12	3.63	10%	82	114	1.39	3.12	3.63	10%					
2025	82						82										

■ **변경사항 & 핵심포인트**
[2025]

변경사항		2024	2025
모집인원		82명	82명
학생부	학년반영비율	학년 구별 없이 100%	1학년:100%, 2학년:100%, 3학년:100%
	반영교과목	학년 구분 없이 상위 8과목	1학년: 국어, 영어, 사회교과별 각 1과목 2,3학년: 국어, 영어, 사회/과학교과별 학년별 각 1과목(총 9과목)

• 학생부: 학년별 반영비율이 학년별 구별 없이 100%-> 학년별 1/3씩 반영으로 예전으로 돌아갔으며, 반영교과목도 학년 구별 없이 상위 8과목에서 국어, 영어, 사회(2,3학년은 국어, 영어, 사회/과학)교과 별 학년별 1과목씩 총 9과목 반영으로 변경됨
➡ **합격자 성적분포**: 인문계열은 3등급 초반 ~ 3등급 후반
■ **모집단위**　　　　　　　　　　　　　　　　　　　　'＊' 표시 : 교직 이수 가능

계열	모집단위	2025	2024						2023						2022					
		모집 인원	모집 인원	지원 인원	경쟁 률	등록 50%	등록 70%	충원 번호	모집 인원	지원 인원	경쟁 률	등록 50%	등록 70%	충원 번호	모집 인원	지원 인원	경쟁 률	등록 50%	등록 70%	충원 번호
인문	신학부	82	82	114	1.4	**3.12**	3.63	8	82	73	0.9	4.97	5.52		110	67	0.6	3.95	4.26	41

■ (학생부교과) 추천자

전형	모집인원	전형 방법	수능최저학력기준
추천자	25	학생부80%+ 면접20%	X

1. **지원자격**: 2025년 2월 고교 졸업예정자 및 2020년 2월 이후 졸업자 ※ 공통: 기독교 세례를 받은 자
　※ 학생부 없는 자 지원 불가
　※ 1) 2025학년도 학부제(신학부)로 모집한 학생은 1학년(1, 2학기)을 이수한 후 총장의 승인을 얻어 이수할 전공(신학 전공, 기독교교육학 전공, 종교철학 전공)을 결정하되, 이에 관한 사항은 총장이 별도로 정한다.
　　2) 특별전형 복수지원 가능(전형일 확인 후 지원할 것)
　　3) 고등학교 이수계열과 관계없이 지원할 수 있음
　※ 전형별 세부사항 :
　　① 담임목회자 : 출석교회의 담임목사 또는 교육부 담당 교역자의 추천을 받은 자
　　② 교목추천자 : 출신고교 교목의 추천을 받은 자
　　③ 교사추천자 : 출신고교 교사의 추천을 받은 자

◎ 전형요소
※ 신학부로 모집 후 2학년 진급 시 신학 전공, 기독교교육학 전공, 종교철학 전공으로 배정
● 학생부 및 면접: 일반전형 참고

◎ 전형결과
■ 전체

학년도	전체						인문						자연				
	모집인원	지원인원	경쟁률	등록50%	등록70%	충원율	모집인원	지원인원	경쟁률	등록50%	등록70%	충원율	모집인원	지원인원	경쟁률		
2022																	
2023																	
2024	25	31	1.24	3.62	4.12	4%											
2025	25						25										

■ 변경사항 & 핵심포인트
[2025]

변경사항		2024	2025
모집인원		25명	25명
학생부	학년반영비율	학년 구별 없이 100%	1학년:100%, 2학년:100%, 3학년:100%
	반영교과목	학년 구분 없이 상위 8과목	1학년: 국어, 영어, 사회교과별 각 1과목 2,3학년: 국어, 영어, 사회/과학교과별 학년별 각 1과목(총 9과목)

• 학생부: 학년별 반영비율이 학년별 구별 없이 100%-> 학년별 1/3씩 반영으로 예전으로 돌아갔으며, 반영교과목도 학년 구별 없이 상위 8과목에서 국어, 영어, 사회(2,3학년은 국어, 영어, 사회/과학)교과 별 학년별 1과목씩 총 9과목 반영으로 변경됨
➡ 합격자 성적분포: 인문계열은 등급 반 ~ 등급 반, 자연계열은 등급 반 ~ 등급 반.

[2024]

변경사항	2023	2024
(학생부) 봉사활동 폐지	교과90%, 출결5%, 봉사활동5%	교과90%, 출결10%
(학생부) 반영교과목 변경	1학년) 국어, 영어, 사회교과별 학년별 1과목 2, 3학년) 국어, 영어, 사회/과학교과별 학년별 1과목 (총 9과목)	학년 구분 없이 상위 8과목

■ 모집단위
'*' 표시 : 교직 이수 가능

계열	모집단위	2025	2024						2023						2022					
		모집인원	모집인원	지원인원	경쟁률	등록50%	등록70%	충원번호	모집인원	지원인원	경쟁률	등록50%	등록70%	충원번호	모집인원	지원인원	경쟁률	등록50%	등록70%	충원번호
인문	신학부	25	25	31	1.24	3.62	4.12	4%												

5. 강남대학교

경기도 용인시 기흥구 강남로 40 (Tel: 031. 280-3851~6)

I. 한 눈에 보는 전형

모집 시기	전형 유형	전형	모집 인원	전형 방법	수능최저 학력기준
수시	교과	지역균형	202	학생부교과100% ※ 고교 추천: 제한 없음	X
수시	교과	농어촌학생	93	학생부교과100%	X
수시	교과	특성화고교졸업자	22	학생부교과100%	X
수시	종합	서류면접	274	1단계)서류100%(3배수) 2단계)서류70%+ 면접30%	X
수시	종합	학생부	259	서류100%	X
수시	종합	국가보훈대상자	23	서류100%	X
수시	종합	만학도	22	서류100%	X
수시	종합	기초생활및차상위한부모	58	서류100%	X
수시	종합	장애인등대상자	20	1단계)서류100%(3배수) 2단계)서류70%+ 면접30%	X
수시	실기/실적	실기전형	101	▶음악학과: 실기100% ▶유니버설아트디자인학과: 학생부40%+ 실기60% ▶스포츠복지학과: 학생부30%+ 실기70%	X

(수시모집) 지원 가능 횟수	수시모집 지원 6회 이내에서 본교 수시모집 전형 간 복수지원 가능함(단, 1개 학부(과)만 지원 가능)

■ 무전공(전공자율선택)

유형① [대학 내 모든 전공(보건의료, 사범 등 제외) 자율 선택]		유형② [계열/단과대 모집 후 모집단위 내 전공 자율 선택]	
모집단위	인원	모집단위	인원
자유전공학부	122	글로벌문화콘텐츠대학	147
자유전공학부(야간)	26	복지융합대학	116

■ 모집단위 신설 · 변경

구분	2024	2025
변경	사회복지학부, 실버산업학과	복지융합대학
	글로벌경영학부	상경학부
	정경학부	법행정세무학부
	글로벌문화학부	글로벌문화콘텐츠대학
	ICT융합공학부	컴퓨터공학부
	유니버설아트디자인학과	디자인학과
	스포츠복지학과	체육학과

■ 전형결과

※ 성적 산출기준: (수시) 교과 석차등급, (정시) 수능 백분위

모집시기	전형유형	전형	학년도	모집인원	지원인원	경쟁률	등록자 50%컷	등록자 70%컷	충원율
수시	교과	지역균형	2024	208	826	3.97	4.19	4.26	172%
수시	종합	서류면접	2024	271	1,947	7.18	4.71	4.89	66%
수시	종합	학생부	2024	259	1,714	6.62	4.56	4.79	57%

■ (주요전형) 전형일정

유형	전형	원서접수 마감	대학별 고사(면접/논술)	1단계 합격자	최종 합격자
교과	지역균형	9.13(금) 18:00 학교장추천: 9.25(수) 18:00			12.13(금)
종합	서류면접	9.13(금) 18:00	11.18(월)~22(금)	11.06(수)	12.13(금)
종합	학생부	9.13(금) 18:00			12.13(금)

II. (수시모집) 주요 전형

■ (학생부교과) 지역균형

전형	모집인원	전형 방법	수능최저학력기준
지역균형	202	학생부교과100%	X

1. **지원자격**: 국내 고등학교 졸업자(2025년 2월 졸업예정자 포함)로 소속 고등학교장의 추천을 받은 자
   ※ 단, 특성화고등학교[일반고 및 종합고의 특성화(전문계) 과정 이수자, 대안교육 특성화고 포함], 마이스터고, 예술고, 체육고, 특수학교, 방송통신고, 대안학교(각종학교), 고등학교 학력인정 평생교육시설출신자, 일반고등학교의 대안교육위탁학생 및 직업교육위탁학생은 지원불가
   ※ 지원한 계열에 해당하는 반영교과 중 각 교과별로 해당하는 세부과목이 없는 경우는 지원할 수 없음
   ※ 지역균형전형 지원 시 출신 고등학교와 반드시 사전협의 후 원서접수 요망
2. **제출서류**: 학교생활기록부, 학교장추천 명단

◎ 전형요소
● 학생부(1,000점)

반영요소 반영비율	구분	반영교과목 / 반영방법		교과성적 산출지표	학년별 반영비율
교과100%	공통 및 일반선택 90%	인 국어, 영어, 수학, 사회(역사/도덕 포함)교과에 속한 전 과목 자 국어, 영어, 수학, 과학교과에 속한 전 과목		석차등급	학년 구분 없음
	진로선택 10%	반영교과목 중 성취도 상위 3과목 ※ 성취도별 환산점수 = A : 100, B : 95, C : 80		성취도	

학년도	구분		1등급	2등급	3등급	4등급	5등급	6등급	7등급	8등급	9등급
2024 2025	점수	100점	100	95	90	85	80	75	55	30	0
	등급 간 점수 차이	100점	0	5	5	5	5	5	20	25	30
		1,000점	0	50	50	50	50	50	200	250	300

◎ 전형결과
■ 전체

학년도	전체						인문						자연					
	모집 인원	지원 인원	경쟁 률	등록 50%컷	등록 70%컷	충원 율	모집 인원	지원 인원	경쟁 률	등록 50%컷	등록 70%컷	충원 율	모집 인원	지원 인원	경쟁 률	등록 50%컷	등록 70%컷	충원 율
2022	196	1,477	7.54	3.56	4.52	190%	128	1,153	9.01	3.58	4.40	170%	68	324	4.76	3.54	4.63	209%
2023	196	1,672	8.53	3.57	4.17	186%	136	979	7.20	3.59	4.22	184%	60	693	11.55	3.55	4.11	188%
2024	208	826	3.97	4.19	4.26	172%	136	572	4.21	4.11	4.24	179%	72	254	3.53	4.27	4.47	164%
2025	202						151						51					

■ 변경사항 & 핵심포인트

[2025]

변경사항	2024	2025
모집인원	208명	202명(-6명)

• 성취도A(100점)는 1등급 환산점수이고, 성취도B(95점)는 2등급 환산점수이고, 성취도C(80점)은 5등급 환산점수
▶ **합격자 성적분포**: 인문계열은 3등급 후반 ~ 4등급 중반, 자연계열은 3등급 후반 ~ 4등급 중반.
전년도에 학생부 진로선택과목이 미반영->상위 3과목 반영으로 변경되었음에도 경쟁률이 8.53->3.97로 크게 하락되어 합격자 성적도 하락
전년도에 경쟁률과 합격선이 지나치게 낮아진 반등으로 올 해는 경쟁률과 합격선이 상승할 수있음

[2024]

변경사항	2023	2024
전형명칭 변경	학교장추천	지역균형
(학생부) 진로선택과목 반영	-	반영교과목 중 성취도 상위 3과목 ※ 환산점수 = A : 100, B : 95, C : 80

■ 모집단위

'*' 표시 : 교직 이수 가능

계열	모집단위	2025	2024							2023						2022					
		모집 인원	모집 인원	지원 인원	경쟁 률	등록 50%컷	등록 57%컷	충원 번호		모집 인원	지원 인원	경쟁 률	최초 평균	최종 80%	충원 번호	모집 인원	지원 인원	경쟁 률	최초 평균	최종 80%	충원 번호
인문	자유전공학부	28																			
인문	자유전공학부(야)	16																			

계열	모집단위	2025	2024						2023						2022					
		모집 인원	모집 인원	지원 인원	경쟁 률	등록 50%컷	등록 57%컷	충원 번호	모집 인원	지원 인원	경쟁 률	최초 평균	최종 80%	충원 번호	모집 인원	지원 인원	경쟁 률	최초 평균	최종 80%	충원 번호
인문	복지융합대학	12																		
인문	법행정세무학부	14	26	88	3.4	3.70	3.90	37	26	148	5.7	3.36	3.91	44	23	171	7.4	3.14	3.93	43
인문	상경학부	20	20	100	5.0	3.70	3.70	54	20	165	8.3	3.06	3.70	63	20	407	20.4	3.01	3.68	41
인문	글로벌문화콘텐츠대학	20	22	79	3.6	3.90	4.00	49	21	128	6.1	3.11	3.86	45	25	185	7.4	3.20	3.93	59
인문	상경학부(야)	18	11	64	5.8	4.50	4.60	8	10	94	9.4	4.08	5.00	23	10	29	2.9	4.43	5.64	10
인문	사회복지학부(야)	8	9	49	5.4	4.60	4.80	15	9	53	5.9	4.30	5.08	13	9	33	3.7	4.25	5.04	12
인문	법행정세무학부(야)	15	30	115	3.8	4.80	5.00	49	31	166	5.4	4.48	4.90	22	19	55	2.9	4.59	5.23	15
자연	전자반도체공학부	12																		
자연	컴퓨터공학부	12	26	89	3.4	4.20	4.40	49	20	222	11.1	3.39	4.04	60	24	137	5.7	3.09	4.31	64
자연	부동산건설학부	15	20	71	3.6	4.30	4.40	28	20	124	6.2	3.68	4.25	32	20	101	5.1	3.64	4.54	41
자연	인공지능융합공학부	12	26	94	3.6	4.30	4.60	41	20	347	17.4	3.59	4.05	21	24	86	3.6	3.88	5.03	37

■ (학생부종합) 서류면접

전형	모집인원	전형 방법	수능최저학력기준
서류면접	274	1단계)서류100%(3배수) 2단계)서류70%+ 면접30%	X

1. **지원자격**: 고교 졸업(예정)자 또는 관련 법령에 의하여 동등 이상의 학력이 있다고 인정된 자로서 자신의 잠재역량을 적극적으로 계발한 자
2. **제출서류**: 학교생활기록부

◎ 전형요소
● 서류(1,000점: 최저점 0점)
 1. **평가방법**: 다수의 입학사정관이 제출서류를 바탕으로 학교생활을 중심으로 정성평가
 2. 평가요소:

평가항목	반영비율		평가요소	평가 내용	학교생활기록부 주요 평가영역
	서류면접	학생부			
인성역량 학교교육을 통해 성장, 발현되는 개인적 품성 및 사회성	25%	45%	성실성	– 학교의 규칙과 원칙을 지키려는 태도 – 자신의 역할에 책임감을 갖고 끈기 있게 임하는 자세	• 출결상황, • 창의적체험활동상황 • 세부능력 및 특기사항 • 행동특성 및 종합의견
			공동체의식	– 공동의 목표를 이루기 위해 소통하고 협력하는 모습 – 다른 사람을 이해하고 배려하는 자세 – 리더십을 발휘한 경험	
학업역량 대학에서 학업을 수행 할 수 있는 기초학업능력과 전공에 대한 관심 및 노력	45%	30%	기초학업 능력	– 고교 교육과정 내 학업에 기울인 노력과 성취수준 – 대학 진학 후 학업을 충실히 수행하고 대학 생활에 적응할 수 있는 기초 수학 능력	• 창의적체험활동상황 • 교과학습발달상황 • 세부능력 및 특기사항 • 행동특성 및 종합의견
			학업태도 및 의지	– 수업에 적극적으로 참여하는 태도 – 학업 활동을 계획하고 추진해 나가는 실천 의지	
진로역량 목표를 이루어가는 과정에서 드러나는 성장 가능성 및 잠재력	30%	25%	진로탐색 노력	– 자신의 진로와 전공(계열)에 관한 탐색 노력과 경험 – 자기 개발을 위해 다양한 활동에 도전하고 참여한 경험	• 창의적체험활동상황 • 세부능력 및 특기사항 • 행동특성 및 종합의견
			자기주도성	– 교내 활동을 스스로 계획하고 추진해 나가는 모습 – 주어진 문제나 상황에 대해 다양한 관점에서 생각하고 실행해 본 경험 – 실패 혹은 새로운 시도에 대한 긍정적 마음가짐	

☞ 보충설명
• 학업역량(45%) > 진로역량(30%) > 인성역량(25%) 순으로 반영비율이 높음. 학업역량(45%)이 가장 중요함.
• 진로역량을 넓게 해석함. 학교 교육과정 상에서 필요한 역량을 봄. 계열 적합성으로 봄.
• 서류평가시 주어진 환경이나 기회를 어떻게 활용했는가가 중요, 자기주도성, 비교과영역 창체 뿐만 아니라 수업 장면인 세특이 중요함

● 면접(300점: 최저점 0점)
 1. **면접형식**: ① 면접내용: 학교생활기록부를 바탕으로 고등학교 재학 기간 전반에 대한 확인 면접
      ② 면접방식: 면접관(3인) 대 지원자(1인) ※ 블라인드 면접 실시
 2. **면접시간**: 15분 이내
 3. 평가요소:

평가요소	반영비율	평가내용
전공적합성	30%	모집단위 지원동기 및 앞으로의 계획을 확인. 지원자의 전공에 대한 탐구역량과 학습 및 활동을 통한 모집단위에서 의 발전가능성을 평가

평가요소	반영비율	평가내용
인성적 자질	20%	정직과 도덕적 예민성 및 판단력, 열린 마음과 배려, 공동체 의식을 평가
종합적 사고력 및 의사소통능력	20%	질문에 대한 이해와 분석을 통한 타당한 대답, 종합적인 사고능력을 바탕으로 한 의사소통능력을 평가
전형의 적합성	30%	지원자에 대한 종합평가

☞ 보충설명
• 면접 역전률은 약 30% 정도

◎ 전형결과
■ 전체

학년도	전체						인문						자연					
	모집인원	지원인원	경쟁률	등록50%컷	등록70%컷	충원율	모집인원	지원인원	경쟁률	등록50%컷	등록70%컷	충원율	모집인원	지원인원	경쟁률	등록50%컷	등록70%컷	충원율
2022	290	1,851	6.38	4.33	4.94	81%	220	1,485	6.75	4.04	4.48	74%	70	366	5.23	4.61	5.39	87%
2023	283	1,411	4.99	4.45	5.00	76%	205	1,065	5.19	4.03	4.50	73%	78	346	4.44	4.87	5.50	79%
2024	271	1,947	7.18	4.71	4.89	66%	181	1,360	7.51	4.32	4.50	73%	90	587	6.52	5.10	5.27	59%
2025	274						166						108					

■ 변경사항 & 핵심포인트
[2025]

변경사항	2024	2025
모집인원	271명	274명(+3명)
서류 평가요소 변경	인성, 전공적합성, 발전가능성	인성역량, 학업역량, 진로역량

➡ 합격자 성적분포: 인문계열은 3등급 후반 ~ 4등급 후반, 자연계열은 4등급 중반 ~ 5등급 중반.

■ 모집단위
'*'표시 : 교직 이수 가능

계열	모집단위	2025	2024						2023						2022					
		모집인원	모집인원	지원인원	경쟁률	등록50%컷	등록57%컷	충원번호	모집인원	지원인원	경쟁률	최초평균	최종80%	충원번호	모집인원	지원인원	경쟁률	최초평균	최종80%	충원번호
인문	복지융합대학	30																		
인문	디자인학과	3																		
인문	유아교육과*	20	20	154	7.7	4.00	4.20	12	20	226	11.3	3.57	4.01	21	20	231	11.6	3.60	4.09	10
인문	중등특수교육과*	10	10	46	4.6	4.00	4.20	9	10	36	3.6	3.48	4.12	7	10	48	4.8	3.33	3.88	8
인문	초등특수교육과*	10	10	43	4.3	4.10	4.50	10	10	33	3.3	3.31	4.07	13	10	49	4.9	3.20	3.59	7
인문	교육학과*	10	10	58	5.8	4.30	4.30	12	10	56	5.6	3.79	4.17	14	10	88	8.8	4.03	4.30	6
인문	상경학부	30	30	277	9.2	4.40	4.60	23	30	208	6.9	4.29	4.62	16	31	223	7.2	4.05	4.62	29
인문	법행정세무학부	25	30	164	5.5	4.60	4.80	14	30	95	3.2	4.59	4.94	14	33	104	3.2	4.30	4.85	20
인문	글로벌문화콘텐츠대학	28	30	306	10.2	4.70	4.80	21	45	139	3.1	4.50	5.19	35	34	226	6.7	4.06	4.36	25
자연	전자반도체공학부	27							24	124	5.2	4.81	5.72	22	20	84	4.2	4.73	5.62	15
자연	컴퓨터공학부	28	30	206	6.9	4.80	4.90	23	24	122	5.1	4.65	5.14	26	20	172	8.6	4.26	5.03	30
자연	인공지능융합학부	28	30	218	7.3	5.10	5.30	12	24	124	5.2	4.81	5.72	22	20	84	4.2	4.73	5.62	15
자연	부동산건설학부	25	30	163	5.4	5.40	5.60	18	30	100	3.3	5.16	5.64	14	30	110	3.7	4.83	5.52	16

■ (학생부종합) 학생부

전형	모집인원	전형 방법	수능최저학력기준
학생부	259	서류100%	X

1. **지원자격**: 국내 소재 고등학교 졸업(예정)자로서 3학년 1학기까지 국내 고등학교 학교생활기록부 교과 성적이 <u>4개 학기 이상</u> 있으며 <u>학교생활을 충실히 한 자</u>
2. **제출서류**: 학교생활기록부

◎ 전형요소
● 서류: 서류면접전형 참고

■ [전형 비교] 서류면접과 학생부

구분	서류면접	학생부
전형유형	학생부종합	학생부종합
추천학생 유형	진로탐색을 통해 자신의 관심분야에 지속적으로 관심을 가지고 탐구한 학생	기초학업역량을 갖추고 교내 활동에 자발적이고 성실하게 참여한 학생
전형방법	1단계)서류100%(3배수) 2단계)서류70%+ 면접30%	서류100%
모집인원	274명	259명
수능최저학력기준	X	X
서류평가	학업역량45%, 인성역량25%, 진로역량30%	학업역량30%, 인성역량45%, 진로역량30%

• 공통점: 모두 수능최저학력기준이 없음.
• 차이점
  – 면접고사: 서류면접은 있는 반면, 학생부는 없음. 서류면접이 면접으로 역전할 기회가 있으므로 합격자 성적이 더 낮음.
  – 서류평가: 서류면접은 진로역량45%, 학생부는 인성역량45%이 중요함.
• 학생부는 인성역량(45%)이 중요한 데 서류면접보다 합격자 성적이 더 높은 이유?
  – 인성역량은 지원자가 대부분 좋은 평가를 받아서 변별력은 거의 없음. 따라서 그 다음 평가요소인 학업역량에서 변별력 생김.
• 전형결과:

전형유형	전형	학년도	모집인원	지원인원	경쟁률	등록자 50%컷	등록자 70%컷	충원율
학생부종합	서류면접	2024	271	1,947	7.18	**4.71**	4.89	66%
학생부종합	학생부	2024	259	1,714	6.62	**4.56**	4.79	57%

◎ 전형결과
■ 전체

학년도	전체					인문					자연				
	모집인원	지원인원	경쟁률	등록50%컷	등록70%컷	충원율	모집인원	지원인원	경쟁률	등록50%컷	등록70%컷	충원율	모집인원	지원인원	경쟁률	등록50%컷	등록70%컷	충원율
2022	243	2,044	8.41	4.01	4.81	134%	180	1,586	8.81	3.83	4.67	143%	63	458	7.27	4.19	4.94	125%
2023	243	2,006	8.26	4.12	4.84	137%	180	1,421	7.89	3.87	4.66	133%	63	585	9.29	4.37	5.02	140%
2024	259	1,714	6.62	4.56	4.79	57%	189	1,195	6.32	4.38	4.61	11%	70	519	7.41	4.73	4.97	103%
2025	259						195						64					

■ 변경사항 & 핵심포인트

[2025]

변경사항	2024	2025
모집인원	259명	259명

• 인성역량과 학업역량이 우수하고 면접이 약한 학생. 충원율이 134%로 81%인 서류면접보다 높은 점을 고려하여 지원.
➡ 합격자 성적분포: 인문계열은 4등급 초반 ~ 5등급 초반, 자연계열은 4등급 초반 ~ 5등급 초반.

■ 모집단위

'*'표시 : 교직 이수 가능

계열	모집단위	2025	2024						2023						2022					
		모집인원	모집인원	지원인원	경쟁률	등록50%컷	등록57%컷	충원번호	모집인원	지원인원	경쟁률	최초평균	최종80%	충원번호	모집인원	지원인원	경쟁률	최초평균	최종80%	충원번호
인문	자유전공학부	27																		
인문	자유전공학부(야)	8																		
인문	복지융합대학	17																		
인문	교육학과*	8	8	42	5.3	3.60	3.90	12	8	50	6.3	3.41	3.85	10	8	40	5.0	3.65	3.87	2
인문	유아교육과*	10	10	77	7.7	3.70	4.20	27	10	135	13.5	2.89	3.84	33	10	145	14.5	3.07	3.83	17
인문	중등특수교육과*	4	4	18	4.5	4.10	4.30	5	4	35	8.8	2.74		13	4	26	6.5	2.77	4.25	13
인문	*법행정세무학부*	10	28	160	5.7	4.20	4.30	18	28	168	6.0	4.03	4.60	27	25	162	6.5	3.70	4.54	34
인문	상경학부	30	22	126	5.7	4.30	4.50	23	22	209	9.5	3.78	4.19	22	22	300	13.6	3.68	4.24	33
인문	*글로벌문화콘텐츠대학*	20	25	187	7.5	4.40	4.70	28	23	156	6.8	3.86	4.71	38	23	218	9.5	3.87	4.34	42
인문	초등특수교육과*	4	4	23	5.8	4.50	5.00	14	4	32	8.0	3.08		11	4	44	11.0	2.58		16
인문	상경학부(야)	20	10	64	6.4	5.00	5.10	7	10	68	6.8	4.66	5.45	10	10	59	5.9	4.84	5.58	12
인문	사회복지학부(야)	17	17	102	6.0	5.10	5.30	19	17	92	5.4	5.01	5.47	11	17	102	6.0	4.68	5.73	25
인문	*법행정세무학부(야)*	20	30	167	5.6	5.40	5.50	19	30	144	4.8	5.22	5.95	23	25	83	3.3	5.17	6.04	21
자연	전자반도체공학부	15																		
자연	*인공지능융합공학부*	16	23	154	6.7	4.50	4.70	19	20	223	11.2	4.36	4.82	32	20	112	5.6	4.32	5.19	31
자연	*컴퓨터공학부*	15	24	190	7.9	4.60	4.90	32	20	187	9.4	4.12	4.76	27	20	200	10.0	3.84	4.45	24
자연	*부동산건설학부*	18	23	175	7.6	5.10	5.30	21	23	175	7.6	4.64	5.47	29	23	146	6.4	4.42	5.17	24

6. 강서대학교

서울특별시 강서구 까치산로 24길 47 (Tel: 02. 2600-2446~8)

I. 한 눈에 보는 전형

모집시기	전형유형	전형	모집인원	전형 방법	수능최저학력기준
수시	교과	일반학생	135	학생부80%+ 면접20%	X(간호○)
수시	교과	교과우수자	78	학생부100%	X
수시	교과	사회통합	11	학생부80%+ 면접20%	X(간호○)
수시	교과	농어촌학생	5	학생부100% ▶간호학과: 학생부7%+ 면접30%	X(간호○)
수시	교과	기회균등할당제	10	학생부100% ▶간호학과: 학생부7%+ 면접30%	X(간호○)
수시	교과	특수교육대상자	2	학생부70%+ 면접30%	X
수시	실기/실적	일반학생	23	학생부20%+ 실기80%	X
수시	실기/실적	사회통합	2	학생부20%+ 실기80%	X
수시	실기/실적	기회균등할당제	2	면접30%+ 실기70%	X

(수시모집) 지원 가능 횟수	전형유형이 다른 모집단위로는 지원할 수 있음.

■ 전형결과

※ 성적 산출기준: (수시) 교과 석차등급, (정시) 수능 백분위

모집시기	전형유형	전형	학년도	모집인원	지원인원	경쟁률	등록자 평균	등록자 최저	충원율
수시	교과	일반학생	2024	135	1,918	14.21	**3.88**	4.52	145%
수시	교과	교과우수자	2024	78	586	7.51	**3.95**	4.50	413%

■ (주요전형) 전형일정

유형	전형	원서접수 마감	대학별 고사(면접/논술)	1단계 합격자	최종 합격자
교과	일반학생	9.13(금) 17:00	-10.03(목) 또는 10.05(토) 간호학과 -10.04(금) 신학과 -10.09(수) G2빅데이터경영학과, 상담심리학과 -10.12(토) 사회복지학과, 식품영양학과		11.08(금) ▶간호학: 12.13(금)
교과	교과우수자	9.13(금) 17:00			11.08(금)

II. (수시모집) 주요 전형

■ (학생부교과) 일반학생

전형	모집인원	전형 방법	수능최저학력기준
일반학생	135	학생부80%+ 면접20%	X(간호학과○)

1. **지원자격**: 고등학교 졸업(예정)자 또는 법령에 의하여 동등 학력이 있다고 인정된 자
2. **수능최저학력기준**: 없음. 단, 간호학과는 있음

> ▶ 간호학과: [국어, 수학, 영어, 사/과탐(1과목)] 중 2개 영역 등급 합 8 이내

◎ 전형요소
● 학생부(800점)

반영요소 반영비율	반영교과목		교과성적 산출지표	학년별 반영비율
	구분	반영방법		
교과100%	공통 및 일반선택	국어/수학, 영어, 사회(한국사포함)/과학교과 전 과목 ▶ 식품영양학과: 수학, 영어, 사회(한국사포함)/과학교과 전 과목 ▶ 간호학과: : 국어, 수학, 영어, 사회(한국사포함)/과학교과 전 과목	석차등급	100
	진로선택	※ 성취도별 환산점수 = A : 5, B : 4, C : 3		

구분		1등급	2등급	3등급	4등급	5등급	6등급	7등급	8등급	9등급
점수	1,000점	1.000	980	960	940	920	900	800	700	600
등급 간 점수 차이	1,000점	0	20	20	20	20	20	100	100	100
	800점	0	16	16	16	16	16	160	160	160

● 면접(200점)

모집단위	평가내용	면접방법	시험시간
인문계열 자연계열	본교 인재상 부합정도 및 지원한 전공 관심도, 이해도, 인성, 가치관, 학업성취가능성 등을 평가	면접위원을 선정하여 면접기준표에 의거 구술시험을 통한 면접 (면접위원 3인, 수험생 5인)	10~15분
간호학과	본교 인재상 부합정도 및 지원한 전공 관심도, 이해도, 인성, 가치관, 학업성취가능성 등을 평가	면접위원을 선정하여 면접기준표에 의거 구술시험을 통한 면접 (면접위원 2인, 수험생 1인)	5분 내외

☞ 보충설명
• 면접은 지원동기, 전공과 관련된 사회적 이슈 등 간단한 질문

◎ 전형결과
■ 전체

학년도	전체						인문						자연					
	모집 인원	지원 인원	경쟁 률	등록 평균	등록 최저	충원 율	모집 인원	지원 인원	경쟁 률	등록 평균	등록 최저	충원 율	모집 인원	지원 인원	경쟁 률	등록 평균	등록 최저	충원 율
2022	127	784	6.17	4.68	5.36	132%	88	359	4.08	4.96	5.73	158%	39	425	10.90	4.40	4.98	106%
2023	136	1,525	11.21	4.44	5.07	172%	83	619	7.46	4.89	5.60	193%	53	906	17.09	3.98	4.53	151%
2024	135	1,918	14.21	3.88	4.52	145%	77	923	11.99	4.32	4.72	131%	58	995	17.16	3.44	4.31	159%
2025	135						77						58					

■ 변경사항 & 핵심포인트

[2025]

변경사항	2024	2025
모집인원	135명	135명
학생부 석차등급 환산점수 변경	1등급(1,000), 2등급(970), 3등급(950), 4등급(900), 5등급(800), 6등급(600), 7등급(400), 8등급(200), 9등급(0),	1등급(1,000), 2등급(980), 3등급(960), 4등급(940), 5등급(920), 6등급(900), 7등급(800), 8등급(700), 9등급(600),

• 학생부 석차등급 간 점수 폭을 줄여서 내신 부담 줄어듬에 따라 상대적으로 면접 영향력 커짐
➡ 합격자 성적분포: 인문계열은 4등급 초반 ~ 4등급 후반, 자연계열은 3등급 초반 ~ 4등급 중반.

[2024]

변경사항	2023	2024
(학생부) 학년별 반영비율 변경	1학년30% : 2학년30% : 3학년40%	학년 구별 없이 100%
(간호학과) 수능최저 변경	[국어, 수학, 영어, 사/과탐(1과목)] 중 2개 영역 등급 합 7	[국어, 수학, 영어, 사/과탐(1과목)] 중 2개 영역 등급 합 8

■ 모집단위

'*' 표시 : 교직 이수 가능

계열	모집단위	2025	2024						2023						2022					
		모집 인원	모집 인원	지원 인원	경쟁 률	등록 평균	등록 최저	충원 번호	모집 인원	지원 인원	경쟁 률	등록 평균	등록 최저	충원 번호	모집 인원	지원 인원	경쟁 률	등록 평균	등록 최저	충원 번호
인문	상담심리학과	17	17	212	12.5	3.63	4.10	20	17	157	9.2	3.92	4.50	33	14	62	4.4	4.12	5.10	21
인문	G2빅데이터경영학과	23	23	264	11.5	3.91	4.48	26	26	242	9.3	4.53	5.06	46	30	138	4.6	4.89	5.65	62
인문	사회복지학과	25	25	362	14.5	4.27	4.61	40	28	183	6.5	4.53	5.16	54	32	131	4.1	4.42	4.84	44
인문	신학과	12	12	85	7.1	5.48	5.67	15	12	37	3.1	6.58	7.67	27	12	28	2.3	6.40	7.31	12

계열	모집단위	2025 모집인원	2024 모집인원	지원인원	경쟁률	등록평균	등록최저	충원번호	2023 모집인원	지원인원	경쟁률	등록평균	등록최저	충원번호	2022 모집인원	지원인원	경쟁률	등록평균	등록최저	충원번호
자연	간호학과	41	41	778	19.0	3.19	3.79	47	36	731	20.3	3.39	4.00	44	25	344	13.8	3.79	4.43	10
자연	식품영양학과	17	17	217	12.8	3.69	4.82	45	17	175	10.3	4.56	5.06	36	14	81	5.8	5.01	5.53	31

■ (학생부교과) 교과우수자

전형	모집인원	전형 방법	수능최저학력기준
교과우수자	78	학생부100%	X

1. **지원자격**: 고등학교 졸업(예정)자 또는 법령에 의하여 동등 학력이 있다고 인정된 자
   ※ 학교생활기록부가 없거나 학교생활기록부 교과영역 반영점수를 산출할 수 없는 자 지원 불가

◎ 전형요소
● 학생부(800점): 일반전형 참고

◎ 전형결과
■ 전체

학년도	전체 모집인원	지원인원	경쟁률	등록평균	등록최저	충원율	인문 모집인원	지원인원	경쟁률	등록평균	등록최저	충원율	자연 모집인원	지원인원	경쟁률	등록평균	등록최저	충원율
2022	37	216	5.84	4.46	5.20	497%	31	112	3.61	4.34	5.40	210%	6	104	17.33	4.58	5.00	783%
2023	78	1,151	14.76	3.76	4.26	359%	71	1,003	14.13	3.92	4.44	331%	7	148	21.14	3.59	4.08	386%
2024	78	586	7.51	3.95	4.50	413%	71	525	7.39	3.91	4.36	297%	7	61	8.71	3.98	4.64	529%
2025	78						71						7					

■ 변경사항 & 핵심포인트
[2025]

변경사항	2024	2025
모집인원	78명	78명

➡ 합격자 성적분포: 인문계열은 3등급 중반 ~ 4등급 중반, 자연계열은 3등급 중반 ~ 4등급 후반.

[2024]

변경사항	2023	2024
(학생부) 학년별 반영비율 변경	1학년30% : 2학년30% : 3학년40%	학년 구별 없이 100%

■ 모집단위

'*' 표시 : 교직 이수 가능

계열	모집단위	2025 모집인원	2024 모집인원	지원인원	경쟁률	등록평균	등록최저	충원번호	2023 모집인원	지원인원	경쟁률	등록평균	등록최저	충원번호	2022 모집인원	지원인원	경쟁률	등록평균	등록최저	충원번호
인문	상담심리학과	7	7	50	7.1	2.90	3.54	19	7	140	20.0	2.78	3.36	21	6	20	3.3	4.17	5.05	10
인문	G2빅데이터경영학과	30	30	156	5.2	3.81	4.38	71	30	337	11.2	3.42	4.21	68	12	43	3.6	4.37	5.60	21
인문	사회복지학과	30	30	295	9.8	4.02	4.50	118	30	500	16.7	4.23	4.62	143	13	49	3.8	4.48	5.55	34
인문	신학과	4	4	24	6.0	4.89	5.00	3	4	26	6.5	5.25	5.56	3						
자연	식품영양학과	7	7	61	8.7	3.98	4.64	37	7	148	21.1	3.59	4.08	27	6	104	17.3	4.58	5.00	47

7. 강원대학교

(춘천캠퍼스) 강원도 춘천시 강원대학길 1 (Tel: 학생부교과 033. 250-6041~5
학생부종합 033. 250-7979)
(삼척캠퍼스) 강원도 삼척시 중앙로 346 (Tel: 033. 570-6555)

Ⅰ. 한 눈에 보는 전형

모집시기	전형유형	전형	모집인원	전형 방법	수능최저학력기준
수시	교과	일반전형	춘765 삼524	학생부교과100%	춘천 ○ 삼척 X
수시	교과	지역인재	춘516 삼162	학생부교과100%	춘천 ○ 삼척 X
수시	교과	저소득-지역인재	춘 6 삼 2	▶의예, 수의예, 약학, 간호: 학생부교과100%	○
수시	교과	사회배려자	춘 78 삼 53	학생부교과90%+ 정성평가10%	X
수시	교과	실기우수자	춘 12	▶스포츠과학과, 체육교육과: 학생부교과60%+ 실기40%	X
수시	교과	평생학습자	춘 6	▶스포츠과학과, 체육교육과: 학생부교과70%+ 실기30%	X
수시	교과	농어촌학생	춘127 삼 52	학생부교과90%+ 정성평가10%	X
수시	교과	저소득	춘 4	▶약학과: 학생부교과100%	X (약학○)
수시	교과	특성화고교졸업자	춘 44 삼 19	학생부교과100%	X
수시	교과	특수교육대상자	춘 30 삼 6	학생부교과70%+ 실기30%	X (사범○)
수시	교과	재직자	춘 16	학생부교과100%	X
수시	종합	미래인재 Ⅰ	춘485 삼194	서류100%	X (간호, 수의○)
수시	종합	기회균형	춘110 삼 62	서류100%	X
수시	종합	미래인재Ⅱ	춘320 삼 44	1단계)서류100%(4배수/단, 춘천캠은 모집인원이 6명 이상은 3배수) 2단계)서류60%+ 면접40%	X
수시	종합	지역인재 [신설]	춘 20	▶의예과: 1단계)서류100%(3배수) 2단계)서류60%+ 면접40%	○
수시	종합	평생학습자(춘 6)	춘 6	1단계)서류100%(3배수) 2단계)서류60%+ 면접40%	X
수시	종합	학•석사통합	삼 20	서류100%	X
수시	실기/실적	실기우수자	춘102 삼114	학생부교과30%+ 실기70% ▶(삼척)멀티디자인학과, 생활조형디자인학과, 연극영화학과: 학생부20+ 실기80	X (사범○)
수시	실기/실적	체육특기자	춘 11 삼 6	▶개인종목: 학생부30%+ 실적70% ▶단체종목: 학생부30%+ 실기40%+ 실적30%	X

(수시모집) 지원 가능 횟수	가. 전체 전형 중 지원자격 충족여부에 따라 최대 6회 전형 복수지원 가능 ※ 학생부교과(평생학습자전형) 학생부교과(특수교육대상자전형) 면접일은 10. 26.(토)이며, 다른 캠퍼스 또는 타 대학과 일정이 겹칠 수 있으므로 반드시 면접일정을 확인 후 지원 ※ 동일한 모집단위도 전형을 다르게 하면 지원 가능 (예) 의예과-교과(일반), 의예과-교과(지역인재) ※ 전형별 1개씩만 지원 가능하지만 캠퍼스가 다른 경우에는 동일 전형 지원 가능 (예) 교과(일반)-춘천캠퍼스, 교과(일반)-삼척(도계포함)캠퍼스

■ 무전공(전공자율선택)

유형① [대학 내 모든 전공(보건의료, 사범 등 제외) 자율 선택]		유형② [계열/단과대 모집 후 모집단위 내 전공 자율 선택]	
모집단위	인원	모집단위	인원
[춘천] 자유전공학부(인문계열)	39	[춘천] 경영대학 무전공학과	38
[춘천] 자유전공학부(자연계열)	38	[춘천] 농업생명과학대학 무전공학과	26
[삼척] 자유전공학부(인문계열)	33	[삼척] 공학대학 무전공학과	60
[삼척] 자유전공학부(자연계열)	33		

■ 학교폭력 조치사항

전형	전형 총점	감점								
		1호	2호	3호	4호	5호	6호	7호	8호	9호
학생부종합	120	없음			공동체역량					
					1	2	3		최저 등급	
학생부종합 외	1,000	없음			5	10	15		30	

■ 전형결과

※ 성적 산출기준: (수시) 교과 석차등급, (정시) 수능 백분위

■ 춘천캠퍼스

모집시기	전형유형	전형	학년도	모집인원	지원인원	경쟁률	등록자 평균	등록자 75%	충원율
수시	교과	일반전형	2024	789	5,382	6.82	3.71	3.94	136%
수시	교과	지역인재	2024	491	2,475	5.04	3.72	3.93	127%
수시	종합	미래인재 I	2024	477	4,063	8.52	4.04	4.28	109%
수시	종합	미래인재 II	2024	304	3,375	11.10	3.91	4.11	67%

■ 삼척캠퍼스

모집시기	전형유형	전형	학년도	모집인원	지원인원	경쟁률	등록자 평균	등록자 75%	충원율
수시	교과	일반전형	2024	390	817	2.09	5.67	6.41	118%
수시	교과	지역인재	2024	72	144	2.00	6.95	7.50	98%
수시	종합	미래인재 I	2024	70	154	2.20	6.59	6.84	97%
수시	종합	학•석사통합	2024	30	26	0.87	6.41	6.94	

■ 도계캠퍼스

모집시기	전형유형	전형	학년도	모집인원	지원인원	경쟁률	등록자 평균	등록자 75%	충원율
수시	교과	일반전형	2024	174	854	4.91	4.68	5.26	246%
수시	교과	지역인재	2024	74	325	4.39	5.41	5.77	190%
수시	종합	미래인재 I	2024	83	469	5.65	5.46	5.81	213%
수시	종합	미래인재 II	2024	40	271	6.78	5.03	5.39	3.85

■ (주요전형) 전형일정

유형	전형	원서접수 마감	대학별 고사(면접/논술)	1단계 합격자	최종 합격자
교과	일반전형	9.13(금) 20:00			12.13(금)
교과	지역인재	9.13(금) 20:00			12.13(금)
종합	미래인재 I	9.13(금) 20:00			12.13(금)
종합	미래인재 II	9.13(금) 20:00	11.22(금)	11.08(금)	12.13(금)
종합	지역인재	9.13(금) 20:00	11.23(토)	11.08(금)	12.13(금)
종합	학•석사통합	9.13(금) 20:00			12.13(금)

II. (수시모집) 주요 전형

■ (학생부교과) 일반전형

전형	모집인원	전형 방법	수능최저학력기준
일반전형	춘천 765 삼척 524	학생부100%	춘천 ○ 삼척 X

1. **지원자격**: 고등학교 졸업(예정)자 또는 관계 법령에 의하여 이와 동등한 학력이 있다고 인정된 자
2. **수능최저학력기준** [춘천캠퍼스] 있음, [삼척캠퍼스] 없음
   ○ (춘천캠퍼스) 공통사항: 국어, 영어, 수학, 사/과/직탐(1과목) 영역 중 <u>3개 영역의 등급 합이 지정 등급 이내 충족</u>

계열	단과대학(모집단위)	3개 등급 합(탐구: 1과목)		필수 반영영역	
		일반전형	지역인재	수학	과탐
인문	사범대학(인문사회계열)	10	11	×	×
	경영대학, 사회과학대학, 인문대학, 문화예술·공과대학(영상문화학과), 자유전공학부(인문계열)	13	14	×	×

계열	단과대학(모집단위)	3개 등급 합(탐구: 1과목)		필수 반영영역	
		일반전형	지역인재	수학	과탐
자연	의예과	5	6	○	○
	수의예과, 약학과	7	8	○	○
	간호대학	10	11	×	×
	사범대학(가정교육과)	11	12	×	×
	사범대학(과학교육학부)	11	12	×	○
	사범대학(수학교육과)	11	12	○ (미적분/기하)	×
	농업생명과학대학, 동물생명과학대학, 산림환경과학대학	14	15	×	×
	의생명과학대학, 자연과학대학, 자유전공학부(자연계열)	14	15	×	○
	문화예술·공과대학(공학계열), IT대학	14	15	○	○

◎ 전형요소
● 학생부(1,000점 : 최저점 280점)

반영요소 반영비율	반영교과목			교과성적 산출지표	학년별 반영비율
	구분	반영방법			
교과100%	공통 및 일반선택 90%	국어, 영어, 수학, 사회, 과학, 한국사교과에 속한 전 과목 ▶ 무용학과, 스포츠과학과, 체육교육과: 국어, 영어, 체육교과에 속한 전 과목 ▶ 미술학과, 음악학과: 국어, 영어, 사회, 한국사교과에 속한 전 과목 ※ 반영 학기: (교과) 졸업예정자 및 졸업자 모두 3학년 1학기까지		석차등급	학년 구분 없음
	진로선택 10%	반영교과에 속한 전 과목 ※ 환산등급 = A : 1등급, B : 2등급, C : 4등급		성취도	

◎ 전형결과
■ 전체

춘천 학년도	전체						인문						자연					
	모집인원	지원인원	경쟁률	등록평균	등록75%	충원율	모집인원	지원인원	경쟁률	등록평균	등록75%	충원율	모집인원	지원인원	경쟁률	등록평균	등록75%	충원율
2022	844	8,413	9.97	3.56		124%	304	3,493	11.49	3.36		118%	540	4,920	9.11	3.76		130%
2023	875	9,249	10.57	3.39	3.62	151%	317	3,239	10.22	3.22	3.46	151%	558	6,010	10.77	3.56	3.80	150%
2024	789	5,382	6.82	3.71	3.94	136%	269	1,573	5.85	3.80	4.06	135%	520	3,809	7.33	3.62	3.81	137%
2025	765						258						507					

삼척 학년도	전체						인문						자연					
	모집인원	지원인원	경쟁률	등록평균	등록75%	충원율	모집인원	지원인원	경쟁률	등록평균	등록75%	충원율	모집인원	지원인원	경쟁률	등록평균	등록75%	충원율
2022	255	1,162	4.56	4.96		270%	44	228	5.18	3.97		295%	211	934	4.43	5.95		244%
2023	261	955	3.66	6.12	6.84	240%	48	192	4.00	6.31	7.04	294%	213	763	3.58	5.92	6.63	185%
2024	390	817	2.09	5.67	6.41	118%	67	188	2.81	5.19	6.10	146%	323	629	1.95	6.14	6.72	89%
2025	364						64						300					

도계 학년도	전체						인문						자연					
	모집인원	지원인원	경쟁률	등록평균	등록75%	충원율	모집인원	지원인원	경쟁률	등록평균	등록75%	충원율	모집인원	지원인원	경쟁률	등록평균	등록75%	충원율
2022	195	1,398	7.17	4.31		273%	37	248	6.70	4.64		343%	158	1,150	7.28	3.97		203%
2023	203	1,226	6.04	4.51	4.95	258%	40	289	7.23	4.67	5.11	263%	163	937	5.75	4.34	4.78	252%
2024	174	854	4.91	4.68	5.26	246%	39	175	4.49	4.83	5.49	238%	135	679	5.03	4.52	5.03	253%
2025	160						33						127					

■ [춘천캠퍼스] 실질 경쟁률(충원율 반영)

계열	모집인원	지원인원	경쟁률	수능최저 충족율	(수능최저 충족율 반영) 경쟁률	충원율	(충원율 반영) 실질 경쟁률
인문	269	1,573	5.85	51.21%	3.00	238%	0.89
자연	520	3,809	7.33	57.65%	4.23	253%	1.20

■ [춘천캠퍼스] 수능최저학력기준 충족률

계열	계열 평균	모집단위
인문	51.21%	경영·회계학부 60.9%, 경제·정보통계학부 62.5%, 관광경영학과 41.7%, 국제무역학과 63.5%, 영상문화학과 61.5%, 교육학과 43.8%, 국어교육과 60.0%, 역사교육과 13.3%, 영어교육과 43.5%, 윤리교육과 42.9%, 일반사회교육과 21.4%, 지리교육과 49.0%, 한문교육과 60.0%, 문화인류학과 50.0%, 미디어커뮤니케이션학과 55.5%, 부동산학과 52.3%, 사회학과 53.7%, 정치외교학과 57.1%, 행정·심리학부 57.9%, 인문학부 61.1%, 자유전공학부(인문) 63.8%
자연	57.65%	간호학과 37.5%, 바이오산업공학부 65.1%, 생물자원과학부 62.2%, 원예·농업자원경제학부 62.1%, 지역건설공학과 52.1%, 환경융합공학부 58.3%, 동물산업융합학과 45.8%, 동물응용과학과 53.3%, 동물자원과학과 56.5%, 건축학과(5년제) 48.6%, 건축·토목·환경공학부 54.3%, 기계의용메카트로닉스공학과 68.9%, 배터리융합공학과 65.3%, 에너지자원·산업공학부 52.0%, 화공·생물공학부 68.4%, 가정교육과 51.9%, 과학교육학부 52.9%, 수학교육과 74.3%, 목재·종이과학부 64.5%, 산림과학부 64.5%, 생태조경디자인학과 73.0%, 수의예과 46.8%, 의예과 41.3%, 약학과 43.5%, 분자생명과학과 71.4%, 생명건강공학과 64.3%, 생물의소재공학과 61.9%, 의생명융합학부 77.6%, 반도체물리학과 46.7%, 생명과학과 53.8%, 수학과 56.8%, 지질·지구물리학부 57.1%, 화학·생화학부 63.5%, 디지털밀리터리학과 38.2%, 전기전자공학과 65.3%, 전자공학과 64.4%, 컴퓨터공학과 47.2%, AI융합학과 68.6%, 자유전공학부(자연) 48.3%

■ 변경사항 & 핵심포인트

[2025]

변경사항	2024	2025
모집인원	[춘천] 788명, [삼척/도계] 564명	[춘천] 765명(-23명), [삼척/도계] 524명(-40명)
(수능최저)의예, 약학, 수의예: 수능 반영과목 변경	국어, 수학(미적분/기하), 영어, 과탐	국어, 수학, 영어, 과탐
(학생부) 반영비율 변경	공통및일반선택(100%): 1,000점 진로선택(가산점): 15점	공통및일반선택(90%): 900점 진로선택(10%): 100점
(학생부) 진로선택과목: 반영과목 및 반영방법 변경	반영교과 중 상위 3과목 ※ 가산점 = A : 15점, B : 9점, C : 3점	반영교과 전 과목 A : 1등급, B : 2등급, C : 4등급

• (수능최저) 의예과, 약학과, 수의예과: 수학(확률과통계) 불인정->인정으로 변경
• (학생부) 공통 및 일반선택과목과 진로선택과목 반영비율이: 100% : 가산점-> 90% : 10%로 변경됨.
- 또한, 진로선택과목이 반영과목 수도 상위 3과목-> 전과목으로 변경되어 변별력이 커짐
▣ 합격자 성적분포: [춘천] 인문계열은 3등급 후반 ~ 4등급 중반, 자연계열은 3등급 중반 ~ 4등급 초반.
- [춘천] 경쟁률이 인문은 10.22 -> 4.85, 자연은 10.77 -> 7.33로 크게 하락함에 따라 합격자 성적도 인문은 3.22 -> 3.80, 자연은 3.56 -> 3.62로 하락하였음. 인문계열의 하락 폭이 더 큼
- 실질경쟁률은 인문 3.00 대 1, 자연은 4.23 대 1 수준임

[2024]

변경사항	2023	2024
(수능최저) 의예과	[국,수(미적분/기하),영.과(1)] '수, 과' 포함 3개 등급 합 5(영어 2등급 포함)	[국,수(미적분/기하),영.과(1)] '수, 과' 포함 3개 등급 합 5
(수능최저) 수의예과, 약학과	[국,수(미적분/기하),영.과(1)] '수, 과' 포함 3개 등급 합 7(영어 2등급 포함)	[국,수(미적분/기하),영.과(1)] '수, 과' 포함 3개 등급 합 7
(수능최저) 간호대학	[국,수,영.과(1)] '과' 포함 3개 등급 합 10	[국,수,영.탐(1)] 3개 등급 합 10

■ 모집단위

'*' 표시 : 교직 이수 가능

춘천 계열	모집단위	2025 모집인원	2024 모집인원	2024 지원인원	2024 경쟁률	2024 등록평균	2024 등록75%	2024 충원번호	2023 모집인원	2023 지원인원	2023 경쟁률	2023 등록평균	2023 등록75%	2023 충원번호	2022 모집인원	2022 지원인원	2022 경쟁률	2022 등록평균	2022 등록75%	2022 충원번호
인문	경영대학(무전공)	16																		
인문	역사교육과	3	4	15	3.8				7	74	10.6	2.18	2.40	7	6	64	10.7	2.53		5
인문	윤리교육과	4	5	28	5.6	3.00	3.12	3	4	57	14.3	2.09	2.13	2	6	52	8.7	2.97		19
인문	국어교육과	7	7	30	4.3	3.26	3.47	10	7	75	10.7	2.48	2.76	5	6	73	12.2	2.87		11
인문	문화인류학과	6	6	52	8.7	3.39	3.90	9	9	93	10.3	3.92	4.13	19	12	146	12.2	3.95		7
인문	미디어커뮤니케이션학과	6	7	45	6.4	3.41	3.63	11	7	106	15.1	2.98	3.15	14	6	239	39.8	3.40		11
인문	지리교육과	8	8	49	6.1	3.47	3.74	14	9	60	6.7	3.11	3.37	17	9	98	10.9	3.00		9
인문	경영·회계학부*	42	49	238	4.9	3.49	3.73	74	52	370	7.1	3.41	3.65	93	52	735	14.1	3.38		57
인문	영상문화학과	13	14	161	11.5	3.53	3.69	22	14	80	5.7	3.87	4.47	18	13	123	9.5	3.24		18
인문	정치외교학과	6	7	35	5.0	3.56	3.72	5	8	65	8.1	3.51	3.73	14	9	93	10.3	3.70		15
인문	사회학과	6	6	41	6.8	3.69	3.96	8	9	61	6.8	3.59	3.83	19	7	69	9.9	3.49		13
인문	자유전공학부(인문)	12	14	94	6.7	3.71	3.95	33	17	116	6.8	3.60	3.82	20	14	127	9.1	3.48		27
인문	관광경영학과	6	8	103	12.9	3.74	3.99	11	8	53	6.6	3.64	4.06	11	6	73	12.2	3.08		5
인문	교육학과	3	3	16	5.3	3.78	4.23	3	4	25	6.3	3.07	3.23	2	3	36	12.0	2.71		2
인문	인문학부	55	55	337	6.1	3.85	4.04	76	80	767	9.6	3.89	4.06	122	80	503	6.3	4.09		87

춘천계열	모집단위	2025 모집인원	2024 모집인원	지원인원	경쟁률	등록평균	등록75%	충원번호	2023 모집인원	지원인원	경쟁률	등록평균	등록75%	충원번호	2022 모집인원	지원인원	경쟁률	등록평균	등록75%	충원번호
인문	*국제무역학과*	9	13	74	5.7	3.95	4.12	23	13	325	25.0	3.51	3.69	21	11	296	26.9	4.20		13
인문	경제·정보통계학부	16	19	72	3.8	3.99	4.30	18	19	169	8.9	3.45	3.69	17	17	172	10.1	3.72		19
인문	행정·심리학부	14	16	76	4.8	4.08	4.15	25	17	139	8.2	3.02	3.29	37	14	270	19.3	3.20		16
인문	영어교육과	7	7	23	3.3	4.41	4.69	3	7	70	10.0	2.52	2.73	10	9	101	11.2	2.99		13
인문	부동산학과	15	17	65	3.8	4.45	5.05	14	16	115	7.2	3.29	3.79	11	16	152	9.5	3.83		8
인문	일반사회교육과	4	3	14	4.7	4.82	5.36													
자연	농업생명과학대학(무전공)	13																		
자연	에너지자원공학과	8																		
자연	스마트팜융합바이오시스템공학과	5																		
자연	식품생명공학과	6																		
자연	스마트산업공학과	7																		
자연	의예과	11	10	138	13.8	1.08	1.10	25	10	172	17.2	1.07	1.10	26	10	225	22.5	1.09		35
자연	약학과	13	15	207	13.8	1.18	1.20	27	15	416	27.7	1.19	1.23	27	15	326	21.7	1.37		20
자연	수의예과	15	15	293	19.5	1.23	1.28	27	18	367	20.4	1.37	1.44	32	18	290	16.1	1.46		36
자연	간호학과(자연)*	25	25	168	6.7	2.96	3.15	28	17	152	8.9	2.55	2.74	15	17	167	9.8	2.49		14
자연	수학교육과	7	7	35	5.0	3.04	3.15	17	7	65	9.3	2.63	2.85	18	7	74	10.6	2.84		12
자연	가정교육과	4	4	27	6.8	3.07	3.18		4	88	22.0	3.43	3.66	9	5	37	7.4	4.23		7
자연	생명과학과*	6	6	26	4.3	3.13	3.45	1	6	36	6.0	3.05	3.23	9	6	36	6.0	3.13		7
자연	의생명융합학부	14	15	67	4.5	3.26	3.37	21	17	97	5.7	3.48	3.64	31	16	122	7.6	3.47		22
자연	분자생명과학과	7	7	28	4.0	3.41	3.57	4	9	46	5.1	3.56	3.81	12	8	45	5.6	3.40		12
자연	전자공학과	10	12	73	6.1	3.51	3.74	28	14	234	16.7	3.67	3.83	20	12	90	7.5	4.15		25
자연	생태조경디자인학과	7	7	37	5.3	3.53	3.70	6	7	55	7.9	3.53	3.87	12	6	76	12.7	3.73		6
자연	AI융합학과	10	9	51	5.7	3.63	3.79	19	10	275	27.5	3.63	3.78	14	10	84	8.4	4.12		10
자연	화학·생화학부	16	17	74	4.4	3.64	3.86	14	22	173	7.9	3.78	4.10	40	21	97	4.6	4.28		15
자연	*자유전공학부(자연)*	11	7	58	8.3	3.77	3.88	10	14	166	11.9	3.80	4.13	26	15	94	6.3	4.28		20
자연	동물자원과학과*	11	12	92	7.7	3.78	4.52	24	12	148	12.3	3.79	4.21	14	11	100	9.1	4.52		23
자연	건축학과(5년제)	4	5	35	7.0	3.78	3.98	6	5	98	19.6	2.88	2.93	9	4	61	15.3	3.04		5
자연	배터리융합공학과	12	12	75	6.3	3.79	3.92	14	15	119	7.9	3.94	4.20	16						
자연	전기전자공학과	20	22	101	4.6	3.83	4.27	37	30	244	8.1	3.25	3.56	51	32	325	10.2	3.60		43
자연	반도체물리학과*	4	4	30	7.5	3.84	4.20	4	5	77	15.4	4.26	4.49	5	7	48	6.9	4.74		11
자연	수학과*	7	7	44	6.3	3.85	4.00	8	8	116	14.5	3.98	4.22	19	6	32	5.3	4.79		11
자연	생명건강공학과	7	7	42	6.0	3.89	4.13	15	9	48	5.3	3.86	4.17	21	9	69	7.7	3.72		7
자연	과학교육학부	9	9	34	3.8	3.90	4.30	5	9	82	9.1	2.63	2.96	15	8	89	11.1	2.87		13
자연	생물의소재공학과	6	7	42	6.0	3.93	4.07	12	9	51	5.7	4.03	4.29	11	8	48	6.0	4.03		10
자연	산림과학부	26	27	110	4.1	3.94	3.95	34	27	216	8.0	3.55	3.85	23	24	193	8.0	3.91		33
자연	환경융합학부	16	18	216	12.0	3.95	4.17	18	16	96	6.0	4.42	4.63	25	15	114	7.6	4.10		13
자연	동물응용과학과	10	11	120	10.9	4.02	4.13	13	12	180	15.0	4.39	4.51	13	11	83	7.6	4.66		8
자연	기계의용·메카트로닉스공학과	25	25	161	6.4	4.04	4.19	54	25	266	10.6	4.07	4.26	39	37	309	8.4	4.35		52
자연	*생물자원과학부*	9	12	74	6.2	4.06	4.31	24	12	84	7.0	3.97	4.15	9	11	76	6.9	4.44		18
자연	건축·토목·환경공학부	32	34	219	6.4	4.06	4.33	48	34	365	10.7	4.01	4.24	53	35	234	6.7	4.37		36
자연	화공·생물공학부	18	19	153	8.1	4.11	4.20	13	20	81	4.1	4.00	4.43	20	19	111	5.8	2.83		21
자연	지역건설공학과*	6	7	117	16.7	4.15	4.36	4	7	52	7.4	4.72	4.88	8	6	76	12.7	4.43		3
자연	컴퓨터공학과	40	39	159	4.1	4.23	4.83	32	37	390	10.5	2.93	3.27	64	43	495	11.5	3.53		75
자연	동물산업융합학과	8	9	214	23.8	4.26	4.47	6	9	235	26.1	4.66	4.96	9	10	126	12.6	5.24		10
자연	원예·농업자원경제학부	13	16	95	5.9	4.29	4.44	34	17	114	6.7	3.87	4.31	20	12	102	8.5	3.92		16
자연	디지털밀리터리학과	6	6	34	5.7	4.44	4.54	1	8	59	7.4	4.23	4.68	12						
자연	목재·종이과학부	11	13	109	8.4	4.48	4.67	18	13	181	13.9	4.55	4.72	15	15	108	7.2	4.92		7
자연	지질·지구물리학부	12	12	70	5.8	4.51	4.58	21	15	115	7.7	4.21	4.64	21	17	102	6.0	4.80		13

삼척계열	모집단위	2025 모집인원	2024 모집인원	지원인원	경쟁률	등록평균	등록75%	충원번호	2023 모집인원	지원인원	경쟁률	등록평균	등록75%	충원번호	2022 모집인원	지원인원	경쟁률	등록평균	등록75%	충원번호
예체	휴먼스포츠학과	4	4	27	6.8	4.17	5.19	5							1	24	24.0	2.14		
인문	글로벌인재학부	60	63	161	2.6	6.20	7.01	93	48	192	4.0	6.31	7.04	141	43	204	4.7	5.79		130
자연	공학대학(무전공)	32																		
자연	기계공학과	58																		

삼척계열	모집단위	2025 모집인원	2024 모집인원	지원인원	경쟁률	등록평균	등록75%	충원번호	2023 모집인원	지원인원	경쟁률	등록평균	등록75%	충원번호	2022 모집인원	지원인원	경쟁률	등록평균	등록75%	충원번호
자연	그린에너지공학과	73																		
자연	전자AI시스템공학과	75																		
자연	*전기공학과*	*22*	*45*	78	1.7	5.67	6.42	30	27	92	3.4	5.70	6.41	46	24	95	4.0	5.59		64
자연	건설융합학부	40	44	99	2.3	5.73	6.62	51	26	104	4.0	5.65	6.26	51	28	138	4.9	5.66		76

도계계열	모집단위	2025 모집인원	2024 모집인원	지원인원	경쟁률	등록평균	등록75%	충원번호	2023 모집인원	지원인원	경쟁률	등록평균	등록75%	충원번호	2022 모집인원	지원인원	경쟁률	등록평균	등록75%	충원번호
예체	연극영화학과	3																		
인문	유아교육과*	3	3	11	3.7	3.20	3.20	7	4	47	11.8	3.02	3.23	5	4	44	11.0	3.76		20
인문	일본어학과	8	8	69	8.6	4.95	5.53	25	7	55	7.9	5.79	6.36	41	6	37	6.2	5.20		14
인문	사회복지학과	6	6	21	3.5	5.40	6.67	15	12	126	10.5	3.83	4.36	21	10	83	8.3	4.40		46
인문	자유전공학부(인문)	16	22	74	3.4	5.75	6.55	46	17	61	3.6	6.05	6.50	38	17	84	4.9	5.22		47
자연	간호학과	12	8	58	7.3	2.41	2.71	26	14	90	6.4	2.50	2.79	34	17	119	7.0	1.88		14
자연	물리치료학과	4	4	36	9.0	2.58	2.94	8	9	81	9.0	2.30	2.59	14	9	131	14.6	2.12		13
자연	방사선학과	4	4	38	9.5	2.62	2.77	7	10	106	10.6	2.90	3.00	22	10	107	10.7	3.29		21
자연	치위생학과	5	5	69	8.6	3.82	4.06	12	11	61	5.6	3.89	4.64	33	10	178	17.8	3.27		33
자연	응급구조학과	5	6	67	11.2	4.10	4.39	35	9	132	14.7	3.46	4.20	54	9	67	7.4	3.74		29
자연	식품영양학과*	9	11	66	6.0	5.10	6.00	41	9	47	5.2	5.31	6.33	35	9	64	7.1	3.90		29
자연	안경광학과	17	17	41	2.4	5.21	5.95	23	11	66	6.0	5.37	5.53	36	9	63	7.0	5.17		22
자연	소방방재학부	42	39	148	3.8	5.27	6.04	90	32	156	4.9	4.73	5.06	66	30	173	5.8	4.21		63
자연	작업치료학과	5	11	69	6.3	5.63	6.45	51	16	74	4.6	4.33	4.51	36	10	115	11.5	4.14		26
자연	자유전공학부(자연)	16	19	74	3.9	6.16	6.81	44	35	110	3.1	6.29	6.89	75	38	95	2.5	6.55		52
자연	바이오기능성소재학과*	8	8	13	1.6	6.80	7.19	5	7	14	2.0	6.70	7.01	6	7	38	5.4	5.38		19

■ (학생부교과) 지역인재

전형	모집인원	전형 방법	수능최저학력기준
지역인재	춘천 516 삼척 162	학생부100%	춘천 ○ 삼척 X

1. **지원자격**: 고등학교 졸업(예정)자로서 학생이 입학일부터 졸업일까지 강원지역 고등학교에서 전 교육과정을 이수한 자
   ※ 최종합격한 자는 고등학교 졸업(예정)일까지 강원지역 고교에 재학해야 함(사실 확인 후, 미충족 시 합격이 취소될 수 있음)
2. **수능최저학력기준**: 일반전형 참고

◎ 전형요소
● 학생부: 일반전형 참고

◎ 전형결과
■ 전체

춘천 학년도	전체 모집인원	지원인원	경쟁률	등록평균	등록75%	충원율	인문 모집인원	지원인원	경쟁률	등록평균	등록75%	충원율	자연 모집인원	지원인원	경쟁률	등록평균	등록75%	충원율
2022	547	3,184	5.82	3.66		105%	176	1,170	6.65	3.49		110%	371	2,014	5.43	3.82		99%
2023	506	3,022	5.97	3.54	3.76	98%	165	1,085	6.58	3.29	3.50	114%	341	1,937	5.68	3.79	4.02	81%
2024	491	2,475	5.04	3.72	3.93	127%	168	766	4.56	3.65	3.89	148%	323	1,709	5.29	3.78	3.97	106%
2025	516						168						348					

삼척 학년도	전체 모집인원	지원인원	경쟁률	등록평균	등록75%	충원율	인문 모집인원	지원인원	경쟁률	등록평균	등록75%	충원율	자연 모집인원	지원인원	경쟁률	등록평균	등록75%	충원율
2022	153	371	2.42	5.64		127%	28	72	2.57	5.19		136%	125	299	2.39	6.09		118%
2023	142	240	1.69	6.53	7.08	78%	26	52	2.00	6.55	7.15	100%	116	188	1.62	6.51	7.01	56%
2024	72	144	2.00	6.95	7.50	98%	18	38	2.11	6.98	7.74	111%	54	106	1.96	6.91	7.25	85%
2025	88						18						70					

도계 학년도	전체						인문						자연					
	모집인원	지원인원	경쟁률	등록평균	등록75%	충원율	모집인원	지원인원	경쟁률	등록평균	등록75%	충원율	모집인원	지원인원	경쟁률	등록평균	등록75%	충원율
2022	109	539	4.94	4.77		160%	23	108	4.70	5.24		226%	86	431	5.01	4.29		94%
2023	95	265	2.79	5.43	5.82	119%	19	51	2.68	5.65	5.98	132%	76	214	2.82	5.20	5.65	105%
2024	74	325	4.39	5.41	5.77	190%	19	63	3.32	5.59	5.99	205%	55	262	4.76	5.22	5.55	175%
2025	74						16						58					

■ [춘천캠퍼스] 실질 경쟁률(충원율 반영)

계열	모집인원	지원인원	경쟁률	수능최저 충족율	(수능최저 충족율 반영) 경쟁률	충원율	(충원율 반영) 실질 경쟁률
인문	168	766	4.56	68.32%	3.12	205%	1.03
자연	323	1,709	5.29	68.16%	3.61	175%	1.31

■ [춘천캠퍼스] 수능최저학력기준 충족률

계열	계열 평균	모집단위
인문	68.32%	경영·회계학부 84.0%, 경제·정보통계학부 68.8%, 관광경영학과 77.3%, 국제무역학과 83.3%, 영상문화학과 54.3%, 교육학과 54.5%, 국어교육과 78.6%, 역사교육과 63.6%, 영어교육과 58.8%, 윤리교육과 100.0%, 일반사회교육과 54.5%, 지리교육과 81.3%, 한문교육과 50.0%, 문화인류학과 61.5%, 미디어커뮤니케이션학과 72.2%, 부동산학과 43.8%, 사회학과 50.0%, 정치외교학과 71.4%, 행정·심리학부 80.6%, 인문학부 73.5%, 자유전공학부(인문) 72.7%
자연	68.16%	간호학과 70.4%, 바이오산업공학부 64.5%, 생물자원과학부 50.0%, 원예·농업자원경제학부 81.5%, 지역건설공학과 76.0%, 환경융합학부 78.4%, 동물산업융합학과 51.9%, 동물응용과학과 70.5%, 동물자원과학과 45.9%, 건축학과(5년제) 96.6%, 건축·토목·환경공학부 60.3%, 기계의용메카트로닉스공학과 71.6%, 배터리융합공학과 77.3%, 에너지자원·산업공학부 53.1%, 화공·생물공학부 80.6%, 가정교육과 42.9%, 과학교육학부 70.4%, 수학교육과 83.3%, 목재·종이과학과 54.7%, 산림학부 83.3%, 생태조경디자인학과 63.6%, 수의예과 59.3%, 의예과 53.6%, 약학과 57.7%, 분자생명과학과 89.5%, 생명건강공학과 71.4%, 생물의소재공학과 75.0%, 의생명융합학부 85.7%, 반도체물리학과 20.0%, 생명과학과 84.6%, 수학과 77.8%, 지질·지구물리학부 57.1%, 화학·생화학부 68.4%, 디지털밀리터리학과 43.8%, 전기전자공학과 86.9%, 전자공학과 80.0%, 컴퓨터공학과 84.0%, AI융합학과 68.8%, 자유전공학부(자연) 68.0%

■ 변경사항 & 핵심포인트

[2025]

변경사항	2024	2025
모집인원	[춘천] 490명, [삼척/도계] 146명	[춘천] 516명(+26명), [삼척/도계] 162명(+18명)
(학생부) 반영비율 변경	공통및일반선택(100%): 1,000점 진로선택(가산점): 15점	공통및일반선택(90%): 900점 진로선택(10%): 100점
(학생부) 진로선택과목: 반영과목 및 반영방법 변경	반영교과 중 상위 3과목 ※ 가산점 = A : 15점, B : 9점, C : 3점	반영교과 전 과목 A : 1등급, B : 2등급, C : 4등급

• (수능최저) 의예과, 약학과, 수의예과: 수학(확률과통계) 불인정->인정으로 변경
• (학생부) 공통 및 일반선택과목과 진로선택과목 반영비율이: 100% : 가산점-> 90% : 10%로 변경됨.
 - 또한, 진로선택과목이 반영과목 수도 상위 3과목-> 전과목으로 변경되어 변별력이 커짐
☑ 합격자 성적분포: [춘천] 인문계열은 3등급 중반 ~ 4등급 초반, 자연계열은 3등급 중반 ~ 4등급 초반.

■ 모집단위
'*'표시 : 교직 이수 가능

춘천 계열	모집단위	2025 모집인원	2024 모집인원	지원인원	경쟁률	등록평균	등록75%	충원번호	2023 모집인원	지원인원	경쟁률	등록평균	등록75%	충원번호	2022 모집인원	지원인원	경쟁률	등록평균	등록75%	충원번호
인문	경영대학(무전공)	11																		
인문	영어교육과	4	4	17	4.3	2.39	2.50	2	4	28	7.0	2.79	2.92	11	4	23	5.8	3.00		7
인문	윤리교육과	3	2	8	4.0	2.69	2.70	2	2	14	7.0	2.74	2.74	2						
인문	국어교육과	4	4	14	3.5	2.83	3.02	5	3	24	8.0	2.80	3.09	10	4	29	7.3	2.95		7
인문	지리교육과	4	4	16	4.0	2.94	3.18	4	3	15	5.0	3.02	3.09	3	3	15	5.0	2.97		3
인문	한문교육과	3	3	10	3.3	3.11	3.18	2	2	19	9.5	3.54	3.64		4	12	3.0	4.52		
인문	*경영·회계학부**	*23*	*28*	125	4.5	3.31	3.52	52	27	97	3.6	3.34	3.66	19	29	253	8.7	3.09		39
인문	미디어커뮤니케이션학과	4	5	36	7.2	3.34	3.37	12	4	26	6.5	2.98	3.61	9	5	49	9.8	3.14		9
인문	영상문화학과	7	8	92	11.5	3.56	3.67	10	7	34	4.9	4.12	4.38	5	8	58	7.3	3.27		8
인문	행정·심리학부	11	10	36	3.6	3.67	4.39	16	9	50	5.6	2.98	3.33	18	9	69	7.7	2.90		14
인문	정치외교학과	4	5	21	4.2	3.71	3.86	8	4	67	16.8	3.92	4.05	7	4	25	6.3	4.92		11
인문	경제·정보통계학부	11	14	48	3.4	3.72	3.90	16	13	80	6.2	3.75	3.91	15	13	76	5.9	3.73		13
인문	자유전공학부(인문)	11	12	55	4.6	3.75	3.96	24	16	106	6.6	3.76	3.99	19	14	62	4.4	3.73		12
인문	역사교육과	3	3	11	3.7	3.87	4.70	4	2	12	6.0	2.46	2.47	1	3	16	5.3	2.34		1

춘천계열	모집단위	2025 모집인원	2024 모집인원	지원인원	경쟁률	등록평균	등록75%	충원번호	2023 모집인원	지원인원	경쟁률	등록평균	등록75%	충원번호	2022 모집인원	지원인원	경쟁률	등록평균	등록75%	충원번호
인문	관광경영학과	4	5	22	4.4	3.98	4.35	9	4	23	5.8	3.65	3.77	6	5	43	8.6	3.53		2
인문	일반사회교육과	3	3	11	3.7	4.01	4.01	3	5	55	11.0	2.37	2.58	4	6	23	3.8	3.41		6
인문	인문학부*	35	36	151	4.2	4.09	4.44	51	32	205	6.4	3.89	4.16	45	33	187	5.7	3.97		39
인문	부동산학과	6	4	16	4.0	4.13	5.07	2	4	21	5.3	3.89	4.18	3	5	25	5.0	3.83		5
인문	국제무역학과	8	9	30	3.3	4.14	4.36	13	9	45	5.0	3.79	3.95	4	10	95	9.5	3.73		4
인문	문화인류학과	4	4	26	6.5	4.33	4.44	9	3	36	12.0	4.30	4.36	4	5	27	5.4	4.53		4
인문	사회학과	2	2	10	5.0	4.46	4.49	2	4	19	4.8	3.37	3.79		2	15	7.5	3.29		
인문	교육학과	3	3	11	3.7	4.53	4.53	2	2	16	8.0	2.82	2.84	1	3	28	9.3	3.50		4
자연	농업생명과학대학(무전공)	8																		
자연	스마트산업공학과	5																		
자연	스마트팜융합바이오시스템공학과	3																		
자연	식품생명공학과	4																		
자연	에너지자원공학과	6																		
자연	의예과	23	14	84	6.0	1.18	1.23	17	14	144	10.3	1.18	1.26	8	15	197	13.1	1.23		18
자연	약학과	15	10	78	7.8	1.37	1.46	11	10	139	13.9	1.33	1.41	3	11	128	11.6	1.50		6
자연	수의예과	10	10	118	11.8	1.45	1.49	12	6	94	15.7	1.53	1.58	1	7	59	8.4	1.66		2
자연	간호학과(자연)*	11	11	81	7.4	2.56	2.64	20	6	55	9.2	2.64	2.75	13	9	85	9.4	2.62		10
자연	수학교육과	6	5	12	2.4	2.69	2.81	3	4	24	6.0	2.34	2.67	3	5	24	4.8	2.74		8
자연	과학교육학부	8	8	27	3.4	3.02	3.24	7	4	35	8.8	2.89	3.15	10	4	18	4.5	2.85		5
자연	건축학과(5년제)	4	4	29	7.3	3.18	3.31	6	4	38	9.5	3.43	3.60	6	5	52	10.4	3.38		18
자연	생명과학과*	5	4	13	3.3	3.22	3.40	2	4	17	4.3	3.60	3.69	5	6	32	5.3	3.32		7
자연	컴퓨터공학과	18	16	75	4.7	3.22	3.34	23	13	142	10.9	3.28	3.49	31	16	93	5.8	3.64		30
자연	전기전자공학과	11	13	61	4.7	3.41	3.75	22	12	39	3.3	3.45	3.89	11	13	61	4.7	3.08		20
자연	화공·생물공학부	12	11	36	3.3	3.46	3.53	12	9	35	3.9	3.15	3.32	13	11	41	3.7	3.47		23
자연	가정교육과	2	2	7	3.5	3.54	3.63		2	21	10.5	3.11	3.16	2	2	9	4.5	3.93		
자연	생물의소재공학과	4	4	12	3.0	3.61	3.70	5	4	12	3.0	3.99	4.07		5	18	3.6	4.24		2
자연	분자생명과학과	4	4	19	4.8	3.61	3.66	4	5	34	6.8	3.80	3.98	3	7	25	3.6	4.44		9
자연	수학과*	4	4	18	4.5	3.67	3.84	2	4	11	2.8	4.47	4.64	1	5	24	4.8	3.07		5
자연	산림과학부	17	19	54	2.8	3.83	4.16	14	23	85	3.7	3.83	4.14	10	22	92	4.2	3.94		10
자연	자유전공학부(자연)	11	7	25	3.6	3.83	4.04	8	11	50	4.6	3.88	3.99	10	14	49	3.5	3.92		13
자연	의생명융합학부	10	10	28	2.8	3.84	3.80	13	12	35	2.9	3.24	3.57	15	13	62	4.8	3.24		12
자연	AI융합학과	7	5	16	3.2	3.97	4.17	6	4	51	12.8	3.66	3.74	6	5	27	5.4	4.17		3
자연	화학·생화학부	12	11	57	5.2	3.98	4.30	13	13	34	2.6	4.54	4.95	10	13	49	3.8	3.82		15
자연	기계융용·메가트로닉스공학과	17	17	74	4.4	3.99	4.3.1	11	16	56	3.5	4.20	4.51	13	20	75	3.8	4.01		30
자연	배터리융합공학과	8	8	22	2.8	4.07	4.30	8	8	29	3.6	4.08	4.25	2						
자연	전자공학과	6	6	30	5.0	4.07	4.12	16	5	17	3.4	3.84	4.04	6	6	33	5.5	3.43		8
자연	생태조경디자인학과	4	4	11	2.8	4.18	4.28	3	4	21	5.3	3.90	3.96	3	5	28	5.6	4.15		5
자연	환경융합학부	7	9	51	5.7	4.20	4.45	10	18	62	3.4	4.59	4.94	15	18	68	3.8	4.70		10
자연	생물자원과학부	9	8	104	13.0	4.21	4.57	6	13	37	2.9	5.28	5.78	4	13	60	4.6	4.46		13
자연	지역건설공학과*	3	5	25	5.0	4.31	4.32	1	5	22	4.4	4.39	4.56	3	6	22	3.7	4.75		2
자연	지질·지구물리학부	7	7	35	5.0	4.32	4.65	7	9	32	3.6	4.46	4.95	5	9	33	3.7	4.61		8
자연	원예·농업자원경제학부	10	12	65	5.4	4.34	4.46	14	17	62	3.7	4.45	4.66	10	17	119	7.0	4.12		17
자연	동물응용과학과	6	6	44	7.3	4.38	4.42	7	6	30	5.0	4.90	5.08	3	7	37	5.3	4.76		5
자연	건축·토목·환경공학부	20	19	58	3.1	4.57	5.01	16	17	108	6.4	4.14	4.39	17	20	67	3.4	4.48		12
자연	동물산업융합학과	6	6	106	17.7	4.61	4.77	3	4	47	11.8	5.41	5.54	2	5	42	8.4	5.50		3
자연	동물자원과학과*	6	6	37	6.2	4.65	5.02	6	7	25	3.6	4.27	4.72	4	8	41	5.1	4.47		4
자연	생명건강공학과	4	4	14	3.5	4.70	5.05	6	6	35	5.8	3.64	3.83	7	7	45	6.4	4.30		8
자연	목재·종이과학부	8	8	53	6.6	4.77	4.94	7	12	154	12.8	4.50	4.63	4	15	76	5.1	5.50		5
자연	디지털밀리터리학과	4	4	16	4.0	4.82	4.95	2	5	25	5.0	4.45	4.88	4						
자연	반도체물리학과*	3	2	20	10.0	5.11	5.49	1	2	12	6.0	5.61	5.97	1	5	14	2.8	5.82		1

삼척계열	모집단위	2025 모집인원	2024 모집인원	지원인원	경쟁률	등록평균	등록75%	충원번호	2023 모집인원	지원인원	경쟁률	등록평균	등록75%	충원번호	2022 모집인원	지원인원	경쟁률	등록평균	등록75%	충원번호
예체	레저스포츠학과	2	2	8	4.0			6	1	2	2.0	6.75		1	1	7	7.0	3.75		
인문	글로벌인재학부	16	16	30	1.9	6.98	7.74	14	25	50	2.0	6.35	7.15	25	27	65	2.4	6.63		38
자연	공학대학(무전공)	8																		
자연	기계공학과	8																		

삼척 계열	모집단위	2025 모집 인원	2024 모집 인원	지원 인원	경쟁 률	등록 평균	등록 75%	충원 번호	2023 모집 인원	지원 인원	경쟁 률	등록 평균	등록 75%	충원 번호	2022 모집 인원	지원 인원	경쟁 률	등록 평균	등록 75%	충원 번호
자연	그린에너지공학과	18																		
자연	전자·AI시스템공학과	25																		
자연	*전기공학과*	*3*	6	15	2.5	6.88	7.53	5	16	31	1.9	4.97	6.06	14	17	45	2.7	4.55		24
자연	건설융합학부	8	9	18	2.0	6.90	6.93	9	18	41	2.3	5.74	6.63	23	17	56	3.3	5.55		31

도계 계열	모집단위	2025 모집 인원	2024 모집 인원	지원 인원	경쟁 률	등록 평균	등록 75%	충원 번호	2023 모집 인원	지원 인원	경쟁 률	등록 평균	등록 75%	충원 번호	2022 모집 인원	지원 인원	경쟁 률	등록 평균	등록 75%	충원 번호
인문	일본어학과	2	2	6	3.0			3	3	13	4.3	5.22	5.58	8	4	22	5.5	6.02		11
인문	유아교육과*	2	2	10	5.0	4.27	4.27	7	1	2	2.0	5.33		1	2	14	7.0	4.67		7
인문	사회복지학과	4	5	22	4.4	5.47	6.66	14	5	16	3.2	4.92	5.21	7	5	35	7.0	4.01		14
인문	자유전공학부(인문)	8	10	25	2.5	7.04	7.04	15	10	20	2.0	7.12	7.15	9	12	37	3.1	6.24		20
자연	간호학과	9	9	48	5.3	3.00	3.27	6	10	39	3.9	3.14	3.55	9	10	62	6.2	2.71		10
자연	방사선학과	4	4	33	8.3	3.47	3.82	13	4	21	5.3	3.90	4.28	6	4	38	9.5	3.63		4
자연	물리치료학과	4	4	19	4.8	3.51	3.77	6	5	25	5.0	2.82	3.35	7	5	42	8.4	2.61		5
자연	응급구조학과	3	3	28	9.3	4.25	4.57	9	4	13	3.3	5.22	5.84	5	4	22	5.5	3.09		2
자연	치위생학과	5	5	32	6.4	5.10	5.24	17	5	12	2.4	4.91	5.40	7	5	60	12.0	4.00		5
자연	소방방재학부	9	10	40	4.0	5.19	5.72	4	18	42	2.3	5.42	6.12	16	20	75	3.8	4.49		10
자연	바이오기능성소재학과*	3	3	2	0.7	6.12	6.12		2	3	1.5	6.23	6.23	1	4	8	2.0	6.12		4
자연	식품영양학과*	3	3	9	3.0	6.41	6.87	6	4	6	1.5			1	4	18	4.5	3.14		4
자연	작업치료학과	5	5	25	5.0	6.53	7.16	18	6	19	3.2	5.93	6.59	13	5	39	7.8	4.63		5
자연	안경광학과	3	3	8	2.7	6.54	6.77	5	4	11	2.8	7.33	7.33	6	5	27	5.4	6.02		18
자연	*자유전공학부(자연)*	10	6	18	3.0	7.30	7.71	12	14	23	1.6	7.12	7.81	9	20	40	2.0	6.76		14

■ (학생부종합) 미래인재Ⅰ

전형	모집인원	전형 방법	수능최저학력기준
미래인재Ⅰ	춘천 485 삼척 194	서류100%	X (간호, 수의○)

1. **지원자격**: 국내 고등학교 졸업(예정)자 중 국내 고등학교에서 <u>3학기 이상 교육과정을 이수한 자</u>
2. **제출서류**: 학교생활기록부
3. **수능최저학력기준**: [춘천캠퍼스] X(단, 간호대학, 수의예과는 ○), [삼척캠퍼스] X

> ▶ 수의예과: [국어, 수학, 영어, 과탐(1과목)] 중 '수학, 과탐' 포함 3개 영역 등급 합 8
> ▶ 간호대학: [국어, 수학, 영어, 탐구(1과목)] 중 3개 영역 등급 합 11

◎ 전형요소

● 서류(120점: 최저점 10점)

　　1. **평가방법**: 입학사정관 2인이 제출된 전형 자료를 대상으로 평가기준별로 종합적·정성적으로 평가하고, 평가위원 간 일정 점수 이상 차이가
　　　　날 경우 조정평가 실시(블라인드 평가)

　　2. **평가요소**:

평가요소	미래인재Ⅰ, 기회균형, 학석사통합 (학교생활 우수자형)	미래인재Ⅱ (전공·계열 적합성 우수자형)
학업역량	40%	30%
진로역량	30%	50%
공동체역량	30%	20%

　　3. **평가등급 및 배점**: 7등급(A+, A0, B+, B0, C+, C, D)

평가요소	미래인재Ⅰ, 기회균형, 학석사통합 (학교생활 우수자형)							미래인재Ⅱ (전공·계열 적합성 우수자형)						
	A+	A0	B+	B0	C+	C	D	A+	A0	B+	B0	C+	C	D
학업역량	48	41	35	30	35	13	4	36	31	26	22	19	10	3
진로역량	36	31	26	22	19	10	3	48	41	35	30	35	13	4
공동체역량	36	31	26	22	19	10	3	36	31	26	22	19	10	3
합계	120	103	87	74	73	33	10	120	103	87	74	73	33	10

4. 평가요소 및 평가항목

평가요소	평가항목 및 세부내용	
학업역량 대학 교육을 충실히 이수하는데 필요한 수학 능력	학업성취도	고교 교육과정에서 이수한 교과의 성취수준이나 학업의 발전 정도
	학업태도	학업을 수행하고 학습해 나가려는 의지와 노력
	탐구력	지적 호기심을 바탕으로 사물과 현상에 대해 탐구하고, 문제를 해결하려는 노력
진로역량 자신의 진로와 전공(계열)에 관한 탐색노력과 준비 정도	전공(계열)관련 교육과 이수 노력	고교 교육과정에서 전공(계열)에 필요한 과목을 선택하여 이수한 정도
	전공(계열)관련 교과 성취도	고교 교육과정에서 전공(계열)에 필요한 과목을 수강하고 취득한 학업성취 수준
	진로 탐색 활동과 경험	자신의 진로를 탐색하는 과정에서 이루어진 활동이나 경험 및 노력의 정도
공동체역량 공동체의 일원으로서 갖춰야 할 바람직한 사고와 행동	협업과 소통능력	공동체의 목표를 달성하기 위해 주도적으로 협력하며, 구성원들과 합리적인 의사소통을 할 수 있는 능력
	나눔과 배려	상대방을 존중하고 이해하며 원만한 관계를 형성하며, 타인을 위하여 기꺼이 나누어 주고자 하는 태도와 행동
	성실성과 규칙준수	책임감을 바탕으로 자신의 의무를 다하고, 공동체의 기본 윤리와 원칙을 준수하는 태도

☞ **보충설명**
- 학업역량(40%) > 진로역량(30%) = 공동체역량(30%) 순으로 반영 비율이 높음.
- 학업역량(40%) 반영 비율이 가장 크지만 학업역량 중 전공 관련 교과도 중요하므로 학업역량과 진로역량이 변별력 있음
- 학생부종합전형 가이드북 '모집단위별 인재상, 전공 관련 교과 및 활동'이 중요

◎ **전형결과**
■ **전체**

춘천 학년도	전체						인문						자연					
	모집 인원	지원 인원	경쟁 률	등록 평균	등록 75%	충원 율	모집 인원	지원 인원	경쟁 률	등록 평균	등록 75%	충원 율	모집 인원	지원 인원	경쟁 률	등록 평균	등록 75%	충원 율
2022																		
2023																		
2024	477	4,063	8.52	4.04	4.28	109%	163	1,489	9.13	3.96	4.20	111%	314	2,574	8.20	4.11	4.35	107%
2025	485						170						315					

삼척 학년도	전체						인문						자연					
	모집 인원	지원 인원	경쟁 률	등록 평균	등록 75%	충원 율	모집 인원	지원 인원	경쟁 률	등록 평균	등록 75%	충원 율	모집 인원	지원 인원	경쟁 률	등록 평균	등록 75%	충원 율
2022																		
2023																		
2024	70	154	2.20	6.59	6.84	97%	25	70	2.80	6.92	7.04	112%	45	84	1.87	6.26	6.64	82%
2025	88						25						63					

도계 학년도	전체						인문						자연					
	모집 인원	지원 인원	경쟁 률	등록 평균	등록 75%	충원 율	모집 인원	지원 인원	경쟁 률	등록 평균	등록 75%	충원 율	모집 인원	지원 인원	경쟁 률	등록 평균	등록 75%	충원 율
2022																		
2023																		
2024	83	469	5.65	5.46	5.81	213%	13	71	5.46	5.55	5.80	300%	70	398	5.69	5.37	5.81	126%
2025	106						12						94					

■ **변경사항 & 핵심포인트**
[2025]

변경사항	2024	2025
모집인원	[춘천] 477명, [삼척/도계] 153명	[춘천] 485명(+18명), [삼척/도계] 194명(+41명)
(수능최저) 수의대: 수능 반영과목 변경	국어, 수학(미적분/기하), 영어, 과탐	국어, 수학, 영어, 과탐
서류 평가요소 변경	학업역량(30%), 전공적합성(25%), 인성(24%), 발전가능성(21%)	학업역량(40%), 진로역량(30%), 공동체역량(30%)

- (수의대) 수능최저: 수학(확률과 통계)가 미인정->인정으로 변경됨.
- 서류 평가요소: 평가요소가 학업역량(30%), 전공적합성(25%), 인성(24%), 발전가능성(21%)->학업역량(40%), 진로역량(30%), 공동체역량(30%)으로 변경되면서 학업역량(40%) 비중이 가장 큼. 미래인재Ⅰ은 학교생활우수자형이므로 학업역량 비중이 가장 큼.

➡ **합격자 성적분포**: 인문계열은 3등급 후반 ~ 4등급 초반, 자연계열은 4등급 초반 ~ 4등급 중반.

■ 모집단위　　　　　　　　　　　　　　　　　　　　　'*' 표시 : 교직 이수 가능

춘천계열	모집단위	2025 모집인원	2024 모집인원	지원인원	경쟁률	등록평균	등록75%	충원번호	2023 모집인원	지원인원	경쟁률			2022 모집인원	지원인원	경쟁률		
인문	미디어커뮤니케이션학과	6	5	96	19.2	3.17	3.33	2										
인문	행정·심리학부	12	12	92	7.7	3.37	3.58	15										
인문	자유전공학부(인문)	4	5	51	10.2	3.72	3.81	8										
인문	경영·회계학부*	37	36	280	7.8	3.79	4.20	30										
인문	국제무역학과	12	11	92	8.4	3.94	4.22	8										
인문	정치외교학과	5	4	32	8.0	4.01	4.26	8										
인문	사회학과	6	5	37	7.4	4.10	4.18	3										
인문	관광경영학과	7	7	80	11.4	4.12	4.35	7										
인문	인문학부	51	53	434	8.2	4.23	4.43	65										
인문	영상문화학과	8	6	146	24.3	4.29	4.46	9										
인문	경제·정보통계학부	15	14	112	8.0	4.32	4.67	21										
인문	문화인류학과	7	5	37	7.4	4.50	4.86	5										
자연	**스마트산업공학과**	5																
자연	**에너지자원공학과**	6																
자연	**스마트팜융합바이오시스템공학과**	5																
자연	**식품생명공학과**	6																
자연	수의예과	4	4	115	28.8	1.56	1.69	3										
자연	간호학과*	11	9	114	12.7	2.86	2.91	4										
자연	컴퓨터공학과	18	20	181	9.1	3.16	3.53	17										
자연	건축학과(5년제)	5	5	64	12.8	3.29	3.47	4										
자연	생명과학과*	4	5	28	5.6	3.38	3.39	4										
자연	화공·생물공학부	12	12	58	4.8	3.60	3.87	13										
자연	의생명융합학부	12	12	79	6.6	3.65	3.78	13										
자연	산림과학부	18	17	93	5.5	3.67	3.98	16										
자연	화학·생화학부	16	16	90	5.6	3.75	3.87	8										
자연	분자생명과학과	5	5	34	6.8	3.97	4.09	13										
자연	수학과*	4	5	40	8.0	3.98	4.23	6										
자연	생명건강공학과	6	6	31	5.2	3.99	4.26	5										
자연	동물자원과학과*	10	10	104	10.4	4.02	4.50	23										
자연	건축·토목·환경공학부	16	15	136	9.1	4.11	4.55	13										
자연	AI융합학과	5	6	112	18.7	4.11	4.28	7										
자연	전자공학과	7	8	45	5.6	4.13	4.35	9										
자연	자유전공학부(자연)	4	3	24	8.0	4.23	4.50	3										
자연	생태조경디자인학과	4	5	38	7.6	4.27	4.71	9										
자연	전기전자공학과	16	18	103	5.7	4.29	4.60	15										
자연	반도체물리학과*	4	4	36	9.0	4.34	4.51	7										
자연	배터리융합공학과	8	8	43	5.4	4.39	4.65	6										
자연	생물자원과학부	10	10	91	9.1	4.41	4.63	10										
자연	생물의소재공학과	5	4	22	5.5	4.42	4.50	3										
자연	환경융합학부	12	12	86	7.2	4.43	4.74	18										
자연	지질·지구물리학부	7	8	83	10.4	4.48	4.85	5										
자연	기계의용·메카트로닉스공학과	18	18	114	6.3	4.55	4.69	22										
자연	동물응용과학과	9	8	70	8.8	4.80	4.93	8										
자연	동물산업융합학과	7	8	121	15.1	4.82	5.05	10										
자연	디지털밀리터리학과	4	4	22	5.5	4.93	5.17	5										
자연	지역건설공학과*	6	5	61	12.2	4.98	5.11	5										
자연	**목재·종이과학부**	11	8	70	8.8	5.07	5.07	4										
자연	원예·농업자원경제학부	15	13	92	7.1	5.20	6.09	22										

삼척계열	모집단위	2025 모집인원	2024 모집인원	지원인원	경쟁률	등록평균	등록75%	충원번호	2023 모집인원	지원인원	경쟁률			2022 모집인원	지원인원	경쟁률		
예체	휴먼스포츠학과	6	5	26	5.2	6.05	6.88	4										
인문	글로벌인재학부	15	12	19	1.6	6.92	7.04	7										
예체	생활조형디자인학과	4	4	10	2.5	7.09	7.09	6										

삼척 계열	모집단위	2025	2024						2023				2022			
		모집 인원	모집 인원	지원 인원	경쟁 률	등록 평균	등록 75%	충원 번호	모집 인원	지원 인원	경쟁 률		모집 인원	지원 인원	경쟁 률	
자연	공학대학(무전공)	7														
자연	기계공학과	8														
자연	그린에너지공학과	16														
자연	전자·AI시스템공학과	20														
자연	전기공학과	4	6	10	1.7	5.61	6.50	3								
자연	건설융합학부	8	10	22	2.2	6.30	6.61	11								

도계 계열	모집단위	2025	2024						2023				2022			
		모집 인원	모집 인원	지원 인원	경쟁 률	등록 평균	등록 75%	충원 번호	모집 인원	지원 인원	경쟁 률		모집 인원	지원 인원	경쟁 률	
인문	일본어학과	2	2	14	7.0			12								
인문	사회복지학과	6	7	36	5.1	5.25	5.58	16								
인문	유아교육과	4	4	21	5.3	5.85	6.01	11								
자연	간호학과	15	14	89	6.4	3.89	4.08	11								
자연	방사선학과	9	5	68	13.6	4.17	4.42	10								
자연	물리치료학과	8	7	60	8.6	4.35	4.83	6								
자연	응급구조학과	10	8	51	6.4	5.20	5.92	17								
자연	소방방재학부	12	10	55	5.5	5.53	5.95	7								
자연	작업치료학과	15	9	29	3.2	5.69	6.18	10								
자연	치위생학과	9	6	16	2.7	5.80	6.71	10								
자연	식품영양학과*	9	6	21	3.5	6.05	6.98	15								
자연	바이오기능성소재학과*	3	2	4	2.0	6.21	6.27									
자연	안경광학과	4	3	5	1.7	6.80	6.80	2								

■ (학생부종합) 미래인재Ⅱ

전형	모집인원	전형 방법	수능최저학력기준
미래인재Ⅱ	춘천 320 삼척 44	1단계)서류100%(4배수/단, 춘천캠은 모집인원이 6명 이상은 3배수) 2단계)서류60%+ 면접40%	X

1. **지원자격**: 국내 고등학교 졸업(예정)자 중 국내 고등학교에서 <u>3학기 이상 교육과정을 이수한 자</u>
2. **제출서류**: 학교생활기록부

◎ 전형요소
● 서류(120점 : 최저점 10점): 미래인재Ⅰ 참고
● 면접(80점 : 최저점 6점)
  1. **면접방법**: 수험생 1인 대 면접위원(입학사정관) 2인 이상 개별면접(블라인드 면접)
  2. **면접형식**: 서류 확인 면접(학생이 제출한 학교생활기록부 내용 중심)
  3. **면접시간**: 수험생 1인당 10분 내외
  4. **평가요소 및 평가등급**:

평가요소	반영비율	평가등급 및 배점						
		A+	A0	B+	B0	C+	C	D
학업역량	30%	24	20	17	15	13	10	2
진로역량	50%	40	34	29	25	21	16	3
공동체역량	20%	16	14	12	10	9	6	1
합계	100%	80	68	58	50	43	32	6

☞ 보충설명
- 면접은 10분, 사실 확인과 함께 왜 이 학과에 지원했는가에 대한 답변 준비가 중요.
- 면접 30% 정도 역전. 학생부에 기재된 내용도 답변하지 못하는 학생들이 많음

◎ 전형결과

■ 전체

춘천 학년도	전체						인문						자연					
	모집 인원	지원 인원	경쟁 률	등록 평균	등록 75%	충원 율	모집 인원	지원 인원	경쟁 률	등록 평균	등록 75%	충원 율	모집 인원	지원 인원	경쟁 률	등록 평균	등록 75%	충원 율
2022	574	4,954	8.63	3.59		46%	212	1,968	9.28	3.46		45%	362	2,986	8.25	3.72		47%
2023	584	4,149	7.10	3.80	4.03	63%	215	1,545	7.19	3.61	3.79	60%	369	2,604	7.05	3.98	4.27	65%
2024	304	3,375	11.10	3.91	4.11	67%	109	1,280	11.74	3.69	3.87	77%	195	2,095	10.74	4.13	4.35	57%
2025	320						111						209					

도계 학년도	전체						인문						자연					
	모집 인원	지원 인원	경쟁 률	등록 평균	등록 75%	충원 율	모집 인원	지원 인원	경쟁 률	등록 평균	등록 75%	충원 율	모집 인원	지원 인원	경쟁 률	등록 평균	등록 75%	충원 율
2022	56	813	14.52	4.84		53%	10	111	11.10	4.97		60%	46	702	15.26	4.70		46%
2023	59	485	8.22	5.32	5.58	50%	11	60	5.45	5.42	5.83	64%	48	425	8.85	5.21	5.32	35%
2024	40	271	6.78	5.03	5.39	3.85	7	25	3.57	5.04	5.42	29%	33	246	7.45	5.02	5.35	48%
2025	44						9						35					

■ 변경사항 & 핵심포인트

[2025]

변경사항	2024	2025
모집인원	[춘천] 304명, [삼척/도계] 40명	[춘천] 320명(+16명), [삼척/도계] 44명(+4명)
서류 평가요소 변경	학업역량(30%), 전공적합성(25%), 인성(24%), 발전가능성(21%)	학업역량(30%), 진로역량(50%), 공동체역량(20%)
면접 평가요소 변경	학업역량(50%), 잠재역량(20%), 인성(30%)	학업역량(30%), 진로역량(50%), 공동체역량(20%)

▷ 합격자 성적분포: [춘천] 인문계열은 3등급 중반 ~ 3등급 후반, 자연계열은 4등급 초반 ~ 4등급 중반.

[2024]

변경사항	2023	2024
전형명칭 변경	미래인재	미래인재Ⅱ
2단계) 면접10% 증가	1단계)서류100%(3배수) 2단계)서류70%+ 면접30%	1단계)서류100%(3배수) 2단계)서류60%+ 면접40%

■ 모집단위   '*'표시 : 교직 이수 가능

춘천 계열	모집단위	2025	2024						2023						2022					
		모집 인원	모집 인원	지원 인원	경쟁 률	등록 평균	등록 75%	충원 번호	모집 인원	지원 인원	경쟁 률	등록 평균	등록 75%	충원 번호	모집 인원	지원 인원	경쟁 률	등록 평균	등록 75%	충원 번호
인문	역사교육과	4	3	36	12.0	2.40	2.41													
인문	윤리교육과	4	4	37	9.3	2.93	3.18	7	4	38	9.5	2.82	2.84	2	4	47	11.8	2.92		3
인문	일반사회교육과	4	4	34	8.5	2.97	3.12	6	4	39	9.8	2.75	3.03	2	4	27	6.8	3.02		1
인문	교육학과	3	3	28	9.3	3.13	3.41	4	3	25	8.3	2.64	2.77	2	3	26	8.7	2.76		1
인문	국어교육과	9	9	71	7.9	3.16	3.35	16	10	61	6.1	3.14	3.28	10	10	64	6.4	3.03		7
인문	행정·심리학부	7	7	80	11.4	3.38	3.46	6	13	93	7.2	3.51	3.65	10	12	126	10.5	3.34		6
인문	관광경영학과	4	3	38	12.7	3.39	3.64	2	9	85	9.4	4.11	4.33	7	9	128	14.2	3.76		4
인문	영어교육과	5	6	36	6.0	3.58	3.75	10	6	38	6.3	3.01	3.18	1	8	47	5.9	3.02		6
인문	정치외교학과	3	2	22	11.0	3.67	3.70	1	4	73	18.3	3.97	4.03	7	4	49	12.3	4.70		2
인문	미디어커뮤니케이션학과	3	2	44	22.0	3.73	3.76		7	125	17.9	3.49	3.93	7	6	148	24.7	3.53		2
인문	경영·회계학부*	17	17	207	12.2	3.93	4.15	14	45	277	6.2	3.94	4.16	30	45	356	7.9	3.59		21
인문	국제무역학과	5	5	53	10.6	4.11	4.24	3	14	70	5.0	4.38	4.67	7	14	122	8.7	3.74		8
인문	인문학부	25	25	311	12.4	4.20	4.46	10	52	257	4.9	4.39	4.58	25	50	291	5.8	3.81		21
인문	사회학과	3	4	43	10.8	4.20	4.55	1	4	34	8.5	3.86	3.96	3	8	72	9.0	3.47		4
인문	경제·정보통계학부	7	6	78	13.0	4.41	4.67	2	20	102	5.1	4.27	4.69	11	19	112	5.9	3.83		5
인문	한문교육과	4	3	18	6.0	4.50	4.93	2	3	17	5.7	3.37	3.47		3	15	5.0	3.77		1
인문	영상문화학과	4	4	128	32.0	4.62	4.84		8	92	11.5	4.28	4.47	3	6	110	18.3	3.54		1
자연	**스마트산업공학과**	3																		
자연	**에너지자원공학과**	3																		

춘천계열	모집단위	2025 모집인원	2024 모집인원	지원인원	경쟁률	등록평균	등록75%	충원번호	2023 모집인원	지원인원	경쟁률	등록평균	등록75%	충원번호	2022 모집인원	지원인원	경쟁률	등록평균	등록75%	충원번호
자연	스마트팜융합바이오시스템공학과	3																		
자연	식품생명공학과	4																		
자연	약학과	9	9	199	22.1	1.31	1.35	1	9	238	26.4	1.26	1.33	7	9	282	31.3	1.39		4
자연	의예과	10	9	272	30.2	1.83	2.50		9	171	19.0	1.75	1.51	7	9	217	24.1	1.21		1
자연	간호학과*	7	9	186	20.7	2.83	3.02	4	8	157	19.6	2.87	2.92	12	6	139	23.2	2.83		4
자연	과학교육학부	15	15	77	5.1	2.99	3.27	16	16	76	4.8	3.13	3.42	24	16	111	6.9	2.89		10
자연	수학교육과	9	8	60	7.5	3.08	3.20	12	8	45	5.6	3.21	3.46	5	8	51	6.9	2.67		4
자연	AI융합학과	3	2	33	16.5	3.20	3.26		5	69	13.8	4.31	4.55	1	7	57	8.1	3.95		3
자연	디지털밀리터리학과	2	2	16	8.0	3.56	3.79	1												
자연	반도체물리학과*	2	2	18	9.0	3.60	3.94	2	3	16	5.3	4.31	4.69		3	24	8.0			
자연	수학과*	3	2	15	7.5	3.65	3.73	1	6	22	3.7	4.57	5.01	4	6	38	6.3	3.68		5
자연	건축학과(5년제)	3	2	31	15.5	3.76	3.78	5	5	72	14.4	3.46	3.52	4	6	116	19.3	3.68		4
자연	분자생명과학과	3	3	21	7.0	3.88	3.88	1	5	27	5.4	3.96	4.24	1	5	27	5.4	3.49		
자연	컴퓨터공학과	17	12	123	10.3	3.93	4.23	9	22	223	10.1	3.61	3.85	13	22	205	9.3	3.85		7
자연	생명과학과*	3	3	17	5.7	3.98	4.04		6	41	6.8	3.80	3.98	5	7	45	6.4	3.54		4
자연	전자공학과	4	4	29	7.3	4.00	4.21	1	8	42	5.3	4.08	4.27	2	8	54	6.8	3.98		5
자연	의생명융합학부	5	4	33	8.3	4.03	4.28	1	13	60	4.6	3.83	4.00	7	12	82	6.8	3.35		5
자연	화공·생물공학부	5	5	33	6.6	4.12	4.21	5	14	55	3.9	3.30	3.54	7	13	71	5.5	3.42		6
자연	전기전자공학과	10	11	85	7.7	4.19	4.40	6	18	95	5.3	3.69	3.85	16	18	120	6.7	3.88		9
자연	산림과학부	7	6	43	7.2	4.21	4.65	2	19	123	6.5	3.63	4.21	6	17	123	7.2	4.35		5
자연	기계의용·메카트로닉스공학과	8	8	68	8.5	4.31	4.51	3	20	92	4.6	4.32	4.53	13	28	143	5.1	3.81		14
자연	생명건강공학과	3	3	17	5.7	4.31	4.45	1	5	26	5.2	3.85	3.99		5	25	5.0	3.92		3
자연	화학·생화학부	7	7	58	8.3	4.32	4.46	2	17	75	4.4	4.14	4.57	14	16	77	4.8	4.04		7
자연	배터리융합공학과	4	4	22	5.5	4.46	4.60	2	8	37	4.6	4.28	4.46	2						
자연	동물자원과학과*	5	4	40	10.0	4.71	5.12	6	11	62	5.6	4.31	5.07	3	10	75	7.5	3.39		6
자연	환경융합학부	8	8	68	8.5	4.72	5.04	5	15	84	5.6	4.35	4.59	12	15	83	5.5	4.40		9
자연	건축·토목·환경공학부	8	8	95	11.9	4.79	5.07	4	17	117	6.9	4.09	4.35	15	15	128	8.5	4.04		12
자연	생태조경디자인학과	3	2	16	8.0	4.84	4.87	2	6	43	7.2	3.62	4.52	5	5	48	9.6	3.99		1
자연	생물의소재공학과	3	2	11	5.5	4.84	4.96	1												
자연	지역건설공학과*	3	3	31	10.3	4.87	5.28	2	8	41	5.1	4.99	5.13	3	7	50	7.1	4.73		7
자연	생물자원과학부	4	4	42	10.5	4.88	5.12	2	10	48	4.8	4.78	4.93	12	10	84	8.4	4.13		5
자연	지질·지구물리학부	3	4	41	10.3	4.89	5.08	1	7	30	4.3	5.47	6.52	4	7	44	6.3	4.10		4
자연	원예·농업자원경제학부	7	7	58	8.3	5.10	5.02	1	16	83	5.2	4.45	4.62	9	17	129	7.6	4.27		6
자연	동물응용과학과	4	4	34	8.5	5.40	5.95	2	11	64	5.8	4.59	4.84	6	10	73	7.3	4.25		4
자연	동물산업융합학과	4	3	49	16.3	5.54	5.98	1	11	87	7.9	5.17	5.57	2	12	87	7.3	4.50		1
자연	목재·종이과학부	5	4	43	10.8	5.96	6.12		8	57	7.1	5.45	5.75	4	8	45	5.6	4.97		3

도계계열	모집단위	2025 모집인원	2024 모집인원	지원인원	경쟁률	등록평균	등록75%	충원번호	2023 모집인원	지원인원	경쟁률	등록평균	등록75%	충원번호	2022 모집인원	지원인원	경쟁률	등록평균	등록75%	충원번호
인문	유아교육과	2	2	9	4.5	4.25	4.28		4	24	6.0	5.33	5.53	1	3	41	13.7	4.54		3
인문	사회복지학과	7	5	16	3.2	5.82	6.56	2	5	31	6.2	5.51	6.13	6	5	59	11.8	4.90		3
자연	물리치료학과	6	6	49	8.2	4.14	4.62	2	6	85	14.2	3.48	3.72	1	5	143	28.6	3.80		3
자연	간호학과	8	8	75	9.4	4.32	4.61	4	7	98	14.0	3.47	3.58	1	6	148	24.7	3.54		1
자연	방사선학과	5	5	63	12.6	4.68	5.02	2	5	60	12.0	4.89	5.41	4	5	92	18.4	4.10		2
자연	치위생학과	5	4	13	3.3	5.23	5.49		4	20	5.0	4.61	4.79	2	5	39	7.8	4.23		
자연	작업치료학과	6	6	15	2.5	5.84	6.05	3	5	45	9.0	5.27	5.57	2	5	45	9.0	6.07		3
자연	응급구조학과	5	4	31	7.8	5.91	6.32	5	6	58	9.7	4.82	5.56	2	5	101	20.2	5.03		5

■ (학생부종합) 지역인재

전형	모집인원	전형 방법	수능최저학력기준
지역인재 [신설]	춘천 20	▶의예과: 1단계)서류100%(3배수) 2단계)서류60%+ 면접40%	○

1. **지원자격**: 국내 고등학교 졸업(예정)자로서 입학일부터 졸업(예정)일까지 강원지역 고등학교에서 전 교육과정을 이수한 자
   ※ 최종합격한 자는 고등학교 졸업(예정)일까지 강원지역 고교에 재학해야 함(사실 확인 후, 미충족 시 합격이 취소될 수 있음)

2. **제출서류**: 학교생활기록부

3. **수능최저학력기준**:

> ▶ 의예과: [국어, 수학, 영어, 과탐(1과목)] 중 '수학, 과탐' 포함 3개 영역 등급 합 7

◎ **전형요소**
● **서류(120점 : 최저점 10점)**: 미래인재 I 참고
● **면접(80점 : 최저점 6점)**
  1. **면접방법**: 수험생 1인 대 면접위원(입학사정관) 2인 이상 개별면접(블라인드 면접)
  2. **면접형식**: 대면 의학 인·적성(MMI)면접
  3. **면접시간**: 수험생 1인당 30분 내외(면접실별 제시문 확인 2분, 면접 8분)
  4. **평가요소 및 평가등급**:

평가요소	반영비율	최고점 ~ 최저점	평가 내용
전공적합성	40%	32 ~ 4	전공 관련 적성 등
발전역량	30%	24 ~ 1	**발전가능성, 문제해결능력 등**
인성	30%	24 ~ 1	공동체에 대한 이해, 타인을 위한 배려 등
계	100%	80 ~ 6	

  ※ 면접평가의 출제범위는 2025학년도 대학수학능력시험 출제범위를 적용함
  ※ 평가 결과에 기반하여 면접 성적이 부족한 경우 모집인원에 관계없이 사정대상에서 제외할 수 있음
  5. **면접방법**

면접대기실	▶	(1) 면접실	▶	(2) 면접실	▶	(3) 면접실
· 가번호 확인 · 가번호 순으로 착석 · 본인 확인 · 면접장소로 이동		· 수험생1명: 면접위원2명 · 2분간 제시문 확인 · 8분간 질의 답변 · (2) 면접실 이동		· 수험생1명: 면접위원2명 · 2분간 제시문 확인 · 8분간 질의 답변 · (3) 면접실 이동		· 수험생1명: 면접위원2명 · 2분간 제시문 확인 · 8분간 질의 답변 · 면접 종료 후 귀가

◎ **전형결과**
■ **전체**

춘천 학년도	전체						인문						자연					
	모집 인원	지원 인원	경쟁 률	등록 평균	등록 75%	충원 율	모집 인원	지원 인원	경쟁 률	등록 평균	등록 75%	충원 율	모집 인원	지원 인원	경쟁 률	등록 평균	등록 75%	충원 율
2022																		
2023																		
2024																		
2025	20												20					

■ **모집단위**
'*' 표시 : 교직 이수 가능

춘천 계열	모집단위	2025	2024							2023						2022					
		모집 인원	모집 인원	지원 인원	경쟁 률	등록 평균	등록 75%	충원 번호	모집 인원	지원 인원	경쟁 률	등록 평균	등록 75%	충원 번호	모집 인원	지원 인원	경쟁 률	등록 평균	등록 75%	충원 번호
자연	의예과	20																		

■ (학생부종합) 학·석사통합

전형	모집인원	전형 방법	수능최저학력기준
학·석사통합	삼척 20	서류100%	X

1. **지원자격**: 국내 고등학교 졸업(예정)자 중 국내 고등학교에서 3학기 이상 교육과정을 이수한 자
2. **제출서류**: 학교생활기록부

◎ **전형요소**
● **서류 및 면접**: 미래인재 I / II 전형 참고

◎ **전형결과**
■ **모집단위**
'*' 표시 : 교직 이수 가능

삼척 계열	모집단위	2025	2024					2023					2022					
		모집 인원	모집 인원	지원 인원	경쟁 률	등록 평균	등록 75%	모집 인원	지원 인원	경쟁 률	등록 평균	등록 75%	모집 인원	지원 인원	경쟁 률			
자연	전자·AI시스템공학과	20	30	26	0.9	6.41	6.94	30	28	0.9	5.97	6.17						

8. 건국대학교   서울특별시 광진구 능동로 120 (Tel: 02. 450-0007)

Ⅰ. 한 눈에 보는 전형

모집 시기	전형 유형	전형	모집 인원	전형 방법	수능최저 학력기준
수시	교과	KU지역균형	470	학생부교과70%+ 교과정성30% ※ 고교 추천: 제한 없음	X
수시	종합	KU자기추천	813	1단계)서류100%(3배수) 2단계)서류70%+ 면접30%	X
수시	종합	특수교육대상자	20	1단계)서류100%(3배수) 2단계)서류70%+ 면접30%	X
수시	종합	사회통합	87	학생부교과30%+ 서류70%	X
수시	종합	특성화고교졸업자	22	학생부교과30%+ 서류70%	X
수시	종합	특성화고졸재직자	130	학생부교과30%+ 서류70%	X
수시	논술	KU논술우수자	395	논술100%	○
수시	실기/실적	KU연기우수자	25	1단계)학생부교과100%(25배수) 2단계)실기100%	X
수시	실기/실적	KU체육특기자	13	1단계)경기실적100%(6배수) 2단계)1단계50%+ 면접30%+ 학생부20%	X

(수시모집) 지원 가능 횟수	수시모집 지원 6회 이내의 범위에서 본교 수시모집 전형간 복수지원 가능. ※ 면접평가 일정이 중복되는 경우, 전형별로 모집단위는 1개만 선택 가능

■ 무전공(전공자율선택)

유형① [대학 내 모든 전공(보건의료, 사범 등 제외) 자율 선택]		유형② [계열/단과대 모집 후 모집단위 내 전공 자율 선택]	
모집단위	인원	모집단위	인원
KU자유전공학부	308	공과대학 자유전공학부	195
		문과대학 자유전공학부	49
		사회과학대학 융합전공학부	74
		생명과학대학 자유전공학부	46
		융합과학기술원 자유전공학부	33
		이과대학 자유전공학부	24

■ KU자유전공학부(무전공) 선택 불가 모집단위
1. 수의과대학, 예술디자인대학, 사범대학의 전체 모집단위
2. 공과대학 : 신산업융합학과, K뷰티산업융합학과(특성화고졸재직자전형으로만 선발)

■ 단과대 자유전공학부 선택 불가 모집단위
– 문과대학자유전공학부 : 미디어커뮤니케이션학과, 문화콘텐츠학과 / 사회과학대학자유전공학부 : 경제학과
– 생명과학대학자유전공학부 : 식량자원과학과 / 공과대학 : 신산업융합학과, K뷰티산업융합학과(특성화고졸재직자전형으로만 선발)

■ 모집단위 신설 · 변경

구분	2024	2025
변경	미래에너지공학과	화공학부
	화학공학부	재료공학과
	화장품공학과	생물공학과
통합	기계항공공학부 + 스마트운행제공학과	기계· 로봇 자동차공학부
	컴퓨터공학부 + 스마트ICT융합공학과	컴퓨터공학부
	줄기세포재생공학과 + 의생명공학과	팀단바이오공학부
	동물자원과학과 + 축산식품생명공학과 + 식품유통공학과	동물자원· 식품과학· 유통학부
	환경보건과학과 + 산림조경학과	환경보건· 산림조경학부
폐지	융합인재학과	–
	글로벌비즈니스학과	–

■ 학교폭력 조치사항

전형	전형 총점	감점								
		1호	2호	3호	4호	5호	6호	7호	8호	9호
모든 전형	1,000	없음	20점	30점	200점	300점	500점			

■ 전형결과

※ 성적 산출기준: (수시) 교과 석차등급, (정시) 수능 백분위

모집시기	전형유형	전형	학년도	모집인원	지원인원	경쟁률	등록자 50%컷	등록자 70%컷	논술점수 평균	충원율
수시	교과	KU지역균형	2024	342	3,764	11.01	1.84	1.91		266%
수시	종합	KU자기추천	2024	830	18,149	21.87	2.50	2.71		55%
수시	논술	KU논술우수자	2024	434	23,160	53.36			875	17%

■ (주요전형) 전형일정

유형	전형	원서접수 마감	대학별 고사(면접/논술)	1단계 합격자	최종 합격자
교과	KU지역균형	9.12(목) 17:00 학교장추천: 9.25(수) 18:00			12.13(금)
종합	KU자기추천	9.12(목) 17:00	-11.30(토) 이과대학, 공과대학, 사회과학대학, 부동산과학원, 융합과학기술원, 사범대학 -12.01(일) 문과대학, 건축대학, 경영대학, 생명과학대학, 수의과대학, KU자유전공학부	11.15(금)	12.13(금)
논술	KU논술우수자	9.12(목) 17:00	11.16(토)		12.13(금)

▶ 11.16(토): 자연 09:20~11:00 / KU자유전공학부 14:00~15:40 / 인문사회(Ⅰ,Ⅱ) 17:40~19:20

Ⅱ. (수시모집) 주요 전형

■ (학생부교과) KU지역균형

전형	모집인원	전형 방법	수능최저학력기준
KU지역균형	470	학생부교과70%+ 교과정성30%	X

1. **지원자격**: 국내 고등학교 졸업(예정)자로서 5학기 이상의 교육과정을 이수하고, 고등학교장의 추천을 받은 자(고교별 추천인원 제한 없음)
   - 지원불가: 특성화고, 마이스터고, 전문계과정(일반고, 종합고), 영재학교, 예술고, 체육고, 학력인정 평생교육시설, 미인가 대안학교, 방송통신고, 고등기술학교, 각종학교 졸업예정자 / 학생부 교과목별 석차등급을 산출할 수 없는 자
2. **제출서류**: 학교생활기록부, 학교장 추천 명단

◎ 전형요소
● 학생부(700점: 최저점 0점)

반영요소 반영비율	반영교과목		교과성적 산출지표	학년별 반영비율
	구분	반영방법		
교과100%	공통및일반선택	국어, 영어, 수학, 사회, 과학, 한국사에 속한 전 과목	석차등급	학년 구분 없음
	진로선택	진로선택과목은 정량적으로 반영하지 않고 '정성평가'로만 반영		

구분		1등급	2등급	3등급	4등급	5등급	6등급	7등급	8등급	9등급
점수	10점	10	9.97	9.94	9.9	9.86	9.8	8	6	0
등급 간 점수 차이	10점	0	0.03	0.03	0.04	0.04	0.06	1.8	2	6
	700점	0	2.1	2.1	2.8	2.8	4.2	126	140	420

● 교과정성(300점: 최저점 0점)
1. **평가자료**: 학교생활기록부 '교과학습발달상황' 항목만 학생부(교과정성) 평가에 반영
2. **평가요소 및 평가항목**

평가요소	반영점수	평가항목	
		반영	미반영
학업역량	200점	• 학업성취도 • 학업태도	• 탐구력
진로역량	100점	• 전공(계열) 관련 교과 이수 노력 • 전공(계열) 관련 교과 성취도	• 진로 탐색 활동과 경험
공동체역량	–	–	• 협업과 소통능력　• 나눔과 배려, • 성실성과 규칙준수 • 리더십

3. **평가기준 및 평가등급**: KU자기추천전형 참고

☞ 보충설명

- 교과정성평가는 교과학습발달상황 항목만 반영하는 점에서 학생부의 모든 항목을 평가하는 학생부종합전형인 KU자기추천과 구별됨.
- 학업역량과 진로역량은 반영하는 반면 공동체역량은 반영하지 않음.
- 학업역량과 진로역량 중에서도 학업역량의 '탐구력'과 진로역량의 '진로 탐색 활동과 경험'은 반영하지 않음
  - 참고로 학업역량의 탐구력은 건국대 지역균형은 반영하지 않는 반면, 경희대 지역균형은 반영하는 점에서 두 대학의 차이가 드러남.
- 따라서, 정상적으로 교과 수업을 충실히 이수한 학생들이라면 부담이 적음

■ [전형 비교] 건국대 KU지역균형, 경희대 지역균형, 동국대 학교장추천인재

구분	건국대 KU지역균형	경희대 지역균형	동국대 학교장추천인재
전형유형	학생부교과	학생부교과	학생부교과
전형방법	학생부교과70%+ 교과정성30%	학생부70%(교과80%,출결10%,봉사10%)+ 교과종합평가30%	학생부교과70%+ 서류30%
고교추천	○(제한 없음)	○(3학년 재적 인원의 5%)	○(8명)
수능최저	X	2개 영역 등급 합 5, 한국사 5등급	X
학생부 반영교과목	국, 영, 수, 사, 과, 한국사 전 과목	인 국, 영, 수, 사, 한국사 전 과목 자 국, 영, 수, 과에 전 과목	인 국, 영, 수, 사, 한 中 상위 10과목 자 국, 영, 수, 과, 한 中 상위 10과목
서류평가 자료	학교생활기록부의 '교과학습발달상황'	학교생활기록부의 '교과학습발달상황'의 교과성적과 세부능력 및 특기사항	학교생활기록부 교과 관련 영역(교과학습발달상황, 세부능력및특기사항, 출결상황, 행동특성및종합의견)

서류평가 요소	• 학업역량(67%):
	  - 학업성취도, 학업태도, 탐구력(미반영)
	• 진로역량(33%)
	  - 전공(계열) 관련 교과 이수 노력
	  - 전공(계열) 관련 교과 성취도
	• 공동체역량(미반영)
		• 학업역량(50%):
		  - 학업성취도, 학업태도, 탐구력
		• 진로역량(50%):
		  - 전공(계열) 관련 교과 이수 노력
		  - 전공(계열) 관련 교과 성취도
		• 공동체역량(미반영)
		
		※ 자율전공학부/자유전공학부:
		• 학업역량(100%):
		  : 학업성취도30%,학업태도40%,탐구력30%
		• 진로역량(미반영),
		• 공동체역량(미반영)
			• 학업역량(50%):
			  - 기초학업역량, 학습의 주도성
			• 전공적합성(30%):
			  - 전공수학역량
			  - 전공관심도 및 진로탐색노력
			• 인성및사회성(20%)
			  - 역할의 주도성, 협업소통능력

서류평가 척도	7등급(A+, A, B+, B, C+, C, D)	[절대평가] 3등급(우수(A), 보통(B), 미흡(C))	5등급(S, A, B, C, D)
서류 영향력	20%	11.8%	90%

(학생부 교과) 등급 간 점수 차이	학년도	구분		1등급	2등급	3등급	4등급	5등급	6등급	7등급	8등급	9등급
	건국대	점수	10점	10	9.97	9.94	9.9	9.86	9.8	8	6	0
		등급 간 점수 차이	10점	0	0.03	0.03	0.04	0.04	0.06	1.8	2	6
			700점	0	2.1	2.1	2.8	2.8	4.2	126	140	420
	경희대	점수	100점	100	96	89	77	60	40	23	11	0
		등급 간 점수 차이	100점	0	4	7	12	17	20	17	12	11
			448점	0	17.92	31.36	53.76	76.16	89.6	76.16	53.76	49.28
	동국대	점수	10점	10	9.99	9.95	9.9	9.0	8.0	5.0	3.0	0
		등급 간 점수 차이	10점	0	0.01	0.04	0.05	0.9	1.0	3.0	2.0	3.0
			700점	0	0.7	2.8	3.5	6.3	70	210	140	210

- 학생부 반영교과목: 반영교과 중 건국대와 경희대는 전과목 반영, 동국대는 10과목만 반영하므로 동국대가 학생부 영향력이 매우 작음.
- 학생부 교과 1~2등급 간 점수 차이: 경희대(17.92점) > 건국대(2.1점) > 동국대(0.7점) 순. 동국대가 가장 영향력 작음
- 수능최저학력기준: 건국대와 동국대는 없는 반면, 경희대는 적용(2개 영역 등급 합 5)
- 서류평가 자료: 건국대와 경희대는 교과학습발달상황만 평가, 동국대는 교과 관련 영역(교과학습발달상황, 세부능력및특기사항, 출결상황, 행동특성 및 종합의견)을 평가하므로 동국대는 출결, 행특도 평가에 반영함에서 두 대학가 차이가 남.
- 서류 평가 요소: ① 공동체역량: 건국대와 경희대는 반영하지 않는 반면, 동국대는 인성및사회성으로 반영함.
  ② 탐구력(학업역량): 건국대와 동국대는 반영하지 않는 반면, 경희대는 반영하는 차이점이 있음
- 서류평가 척도: 건국대는 7등급, 경희대는 3등급, 동국대는 5등급이므로 건국대 > 동국대 > 경희대 순으로 변별력 있음.
- 전형결과:

전형유형	전형	학년도	모집인원	지원인원	경쟁률	등록자 50%컷	등록자 70%컷	충원율
학생부교과	건국대 KU지역균형	2024	342	3,764	11.01	1.84	1.91	266%
학생부교과	경희대(서울) 지역균형	2024	315	1,487	4.72	1.58	1.67	203%
학생부교과	경희대(국제) 지역균형	2024	263	1,232	4.68	1.91	1.98	145%
학생부교과	동국대 학교장추천인재	2024	407	5,653	13.89	1.33	1.64	154%

◎ 전형결과

■ 전체

학년도	전체						인문						자연					
	모집인원	지원인원	경쟁률	등록 50%컷	등록 70%컷	충원율	모집인원	지원인원	경쟁률	등록 50%컷	등록 70%컷	충원율	모집인원	지원인원	경쟁률	등록 50%컷	등록 70%컷	충원율
2022	340	9,051	26.62	1.84	1.91	316%	106	3,269	30.84	1.86	1.96	412%	234	5,782	24.71	1.82	1.86	220%
2023	341	3,290	9.65	1.86	1.97	237%	105	1,068	10.17	1.90	2.01	280%	236	2,222	9.42	1.81	1.92	194%
2024	342	3,764	11.01	1.84	1.91	266%	106	993	9.37	1.95	2.01	306%	236	2,771	11.74	1.73	1.80	225%
2025	470						169						301					

■ 변경사항 & 핵심포인트

[2025]

변경사항	2024	2025
모집인원	342명	470명(+128명)
지원자격: 지원불가 추가	–	각종학교
학교폭력 조치사항 반영	–	모든 전형에 학교폭력 조치사항 기재항목에 따른 감점표로 총점에서 감점

- 서류 평가요소는 학업역량(67%)과 진로역량(33%)을 반영하며, 공동체역량은 반영하지 않는 점이 학생부종합의 자기추천과 다름.
- 진로역량은 진로(지원학과)와 관련된 선택과목을 이수했는 지를 평가에 반영할 수 있기 때문에 학생부교과전형에서 교과성적을 기계적으로 정량평가할 때의 부족한 부분을 보완할 수 있어 변별력 있음.
- ▶ 합격자 성적분포: 인문계열은 1등급 후반 ~ 2등급 초반, 자연계열은 1등급 후반 ~ 2등급 초반.
  - 서류30% 반영하므로 학생부교과전형만 준비한 학생보다는 학생부종합전형을 준비한 학생들에 더 적합.
  - 서류평가시 학업역량과 특히 진로역량이 준비가 잘 된 학생이 유리함. 공동체역량은 반영하지 않음에 유의.
  - 신설 모집단위로 인해 기존 모집단위의 모집인원이 줄어든 학과가 많음. 특히 자연계
- ※ 최근 3년간 전형결과 중 2022는 학생부100%(수능최저 적용)로 선발하였기 때문에 현재와 다름에 유의할 것
- 전년도에서 학생부교과(70%)만으로는 1배수 안에 들었는데 서류(30%)로 뒤집힌 비율은 약 20%로 매우 높았음. 공과대학 지원 과학 물리선택안했다든가 수학교과성취가 떨어진다. 생명과학 생명1, 생명2는 기본적으로 이수. 계열 관련된 이수 공대는 미적분 기하 물리1 이수, 화학학과는 화학1,2

■ 모집단위

'*'표시 : 교직 이수 가능

계열	모집단위	2025 모집인원	2024						2023						2022					
			모집인원	지원인원	경쟁률	등록 50%컷	등록 70%컷	충원번호	모집인원	지원인원	경쟁률	등록 50%컷	등록 70%컷	충원번호	모집인원	지원인원	경쟁률	등록 50%컷	등록 70%컷	충원번호
인문	문과대학자유전공학부	35																		
인문	사회과학대학융합전공학부	50																		
인문	일어교육과	3	3	19	6.3				3	23	7.7				3	64	21.3	1.93	2.23	10
인문	지리학과	3	3	16	5.3				3	28	9.3				3	73	24.3	1.90	2.06	5
인문	미디어커뮤니케이션학과	6	6	87	14.5	1.57	1.78	33	6	125	20.8	1.77	1.92	34	6	180	30.0	1.94	2.03	31
인문	국어국문학과	3	4	21	5.3	1.77	1.77	8	4	26	6.5	1.82	1.82	9	4	107	26.8	1.55	1.79	13
인문	국제무역학과	4	3	24	8.0	1.81	1.92	5	3	27	9.0				3	82	27.3	1.97	2.03	12
인문	경제학과	7	5	61	12.2	1.82	1.87	18	5	65	13.0	2.00	2.00	23	5	150	30.0	1.83	1.83	22
인문	영어교육과	4	4	47	11.8	1.85	2.04	15	4	40	10.0	1.89	1.91	30	4	78	19.5	1.31	1.86	22
인문	영어영문학과	5	5	35	7.0	1.85	1.90	16	5	56	11.2	1.93	2.00	6	5	127	25.4	1.85	1.97	19
인문	경영학과	15	17	154	9.1	1.85	2.04	87	17	200	11.8	1.82	1.88	66	17	778	45.8	1.74	1.78	99
인문	사학과	3	4	31	7.8	1.92	1.92	10	4	44	11.0	1.88	2.04	16	4	96	24.0	2.03	2.03	16
인문	*행정학과*	*5*	*9*	131	14.6	1.92	2.03	44	9	103	11.4	1.89	2.21	29	9	276	30.7	1.86	1.90	38
인문	응용통계학과	4	5	36	7.2	1.96	2.00	16	5	41	8.2	1.70	1.89	14	5	145	29.0	1.81	1.93	21
인문	*기술경영학과*	*4*	*7*	44	6.3	2.06	2.07	15	7	55	7.9	1.93	1.97	13	7	213	30.4	1.97	2.00	20
인문	부동산학과	4	5	51	10.2	2.07	2.12	6	5	23	4.6	2.03	2.33	4	5	146	29.2	1.87	1.87	17
인문	정치외교학과	3	4	59	14.8	2.12	2.12	14	4	26	6.5	2.07	2.23	13	4	102	25.5	1.66	1.68	24
인문	중어중문학과	4	4	22	5.5	2.12	2.12	8	4	29	7.3	2.14	2.15	5	4	132	33.0	2.23	2.23	13
인문	문화콘텐츠학과	4	4	39	9.8	2.20	2.20	12	4	41	10.3	1.78	1.96	14	4	115	28.8	1.70	1.83	7
인문	철학과	3	4	32	8.0	2.26	2.26	1	3	23	7.7				4	99	24.8	2.07	2.07	11
자연	동물자원·식품과학·유통학부	9																		
자연	공과대학자유전공학부	100																		
자연	융합과학기술원자유전공학부	25																		
자연	이과대학자유전공학부	13																		
자연	생명과학대학자유전공학부	34																		
자연	환경보건·산림조경학부	5																		
자연	기계·로봇·자동차공학부	16																		
자연	재료공학과	5																		

계열	모집단위	2025 모집인원	2024 모집인원	2024 지원인원	2024 경쟁률	2024 등록 50%컷	2024 등록 70%컷	2024 충원번호	2023 모집인원	2023 지원인원	2023 경쟁률	2023 등록 50%컷	2023 등록 70%컷	2023 충원번호	2022 모집인원	2022 지원인원	2022 경쟁률	2022 등록 50%컷	2022 등록 70%컷	2022 충원번호
자연	항공우주·모빌리티공학과	5																		
자연	첨단바이오공학부	5																		
자연	수의예과	5	5	82	16.4	1.04	1.08	2	5	80	16.0	1.09	1.19	5	5	163	32.6	1.11	1.11	18
자연	융합생명공학과	3	7	67	9.6	1.44	1.52	18	7	122	17.4	1.50	1.52	16	7	210	30.0	1.61	1.69	21
자연	화학과	3	4	99	24.8	1.64	1.64	8	4	61	15.3	1.73	2.08	12	4	84	21.0	1.76	1.90	10
자연	컴퓨터공학부	10	21	169	8.1	1.64	1.75	76	21	179	8.5	1.69	1.76	55	21	803	38.2	1.75	1.77	56
자연	산업공학과	3	5	47	9.4	1.64	1.92	7	5	49	9.8	1.96	2.00	9	6	119	19.8	2.04	2.07	8
자연	생명과학특성학과	3	10	125	12.5	1.64	1.70	24	10	157	15.7	1.61	1.69	14	10	179	17.9	1.82	1.86	13
자연	시스템생명공학과	3	8	76	9.5	1.64	1.67	24	8	97	12.1	1.57	1.68	15	8	237	29.6	1.71	1.76	8
자연	화학공학부	6	23	239	10.4	1.69	1.78	69	23	211	9.2	1.65	1.82	35	23	618	26.9	1.76	1.79	66
자연	생물공학과	4	4	65	16.3	1.75	1.75	9	4	93	23.3	1.68	1.89	2	4	78	19.5	2.00	2.00	10
자연	수학교육과	5	5	62	12.4	1.78	1.81	12	4	36	9.0	1.79	2.00	5	4	88	22.0	1.48	1.48	9
자연	전기전자공학부	11	29	323	11.1	1.80	1.89	80	29	216	7.5	1.82	1.92	70	27	871	32.3	1.82	1.85	80
자연	식량자원과학과	3	4	81	20.3	1.84	1.84	8	4	55	13.8	2.00	2.13	8	4	69	17.3	2.04	2.04	4
자연	사회환경공학부	10	25	290	11.6	1.96	2.00	36	25	183	7.3	2.08	2.17	33	24	603	25.1	2.07	2.10	47
자연	물리학과	4	7	61	8.7	2.00	2.00	22	7	45	6.4	1.96	2.04	16	7	109	15.6	2.04	2.10	17
자연	수학과	3	5	96	19.2	2.07	2.12	10	6	59	9.8	2.00	2.11	15	6	127	21.2	1.96	2.06	21
자연	건축학부	8	12	155	12.9	2.11	2.24	28	12	102	8.5	2.11	2.30	29	12	225	18.8	2.04	2.07	31

■ (학생부종합) KU자기추천

전형	모집인원	전형 방법	수능최저학력기준
KU자기추천	813	1단계)서류100%(3배수) 2단계)서류70%+ 면접30%	X

1. **지원자격**: 국내·외 고등학교 졸업(예정)자 또는 법령에 의하여 이와 동등 이상의 학력이 있다고 인정된 자로서 교내 활동에 자발적으로 참여하고, 해당 전공에 관심과 소질이 있어 스스로를 추천할 수 있는 자
2. **제출서류**: 학교생활기록부 / ※ 국외 고교 출신자: 학력증명 서류 안내 참고

◎ 전형요소
● 서류(1,000점)
　1. **평가방법**
　　(1) 대상: 학생부교과(KU지역균형) 및 학생부종합전형 전체
　　(2) 제출서류: 학교생활기록부
　　(3) 평가방법
　　　- KU종합평가시스템을 활용하여 전형자료를 평가지표에 따라 정성평가
　　　- 입학사정관 2인이 종합적으로 정성평가하고, 일정 점수 이상 차이가 나는 경우 원평가자를 제외한 입학사정관 2인이 재평가 진행
　　(4) 평가기준

학과(부) 모집			KU자유전공학부(무전공 모집단위)		
평가요소	배점	평가항목	평가요소	배점	평가항목
학업역량	300점	• 학업성취도 • 학업태도 • 탐구력	학업역량	200점	• 학업성취도 • 학업태도 • 탐구력
진로역량	400점	• 전공(계열)관련 교과 이수 노력 • 전공(계열)관련 교과 성취도 • 진로탐색 활동과 경험	성장역량	500점	• 자기주도성 • 창의적 문제해결력 • 경험의 다양성
공동체역량	300점	• 협업과 소통능력 • 나눔과 배려 • 성실성과 규칙준수 • 리더십	공동체역량	300점	• 협업과 소통능력 • 나눔과 배려 • 성실성과 규칙준수 • 리더십

　　　- 학교생활기록부의 내용을 바탕으로 정성적·종합적으로 평가하여 점수를 부여함
　　　- 활동의 결과보다는 준비 과정 및 노력, 활동 이후의 변화 등을 중심으로 평가함
　　(5) 평가등급: 7등급

A+	A	B+	B	C+	C	D
(매우 우수)	<-----		(보통)	------>		(매우 미흡)

2. 평가요소

평가요소	평가항목	정의
학업역량 대학 교육을 충실히 이수하는데 필요한 수학능력	학업성취도	• 고교 교육과정에서 이수한 교과의 성취수준이나 학업 발전의 정도 - 대학 수학에 필요한 기본 교과목(예: 국어, 수학, 영어, 사회, 과학, 한국사 등)의 교과성적은 적절한가? 그 외 교과목의 교과성적은 어느 정도인가? 유난히 소홀한 과목이 있는가? - 학기별/학년별 성적의 추이는 어떠한가?
	학업태도	• 학업을 수행하고 학습해 나가려는 의지와 노력 - 새로운 지식을 획득하기 위해 자기주도적으로 노력하고 있는가? - 교과 수업에 적극적으로 참여해 수업 내용을 이해하려는 태도와 열정이 있는가?
	탐구력	• 지적 호기심을 바탕으로 사물과 현상에 대해 탐구하고, 문제를 해결하려는 노력 - 교내 활동에서 학문에 대한 열의와 지적 관심이 드러나고 있는가? - 교과와 각종 탐구활동에서 구체적인 성과를 보이고 있는가?
진로역량 자신의 진로와 전공(계열)에 관한 탐색 노력과 정도	전공(계열) 관련 교과 이수 노력	• 고교 교육과정에서 전공(계열)에 필요한 과목을 선택하여 이수한 정도 - 전공(계열)과 관련된 과목을 적절하게 선택하고, 이수한 과목은 얼마나 되는가? - 전공(계열)과 관련된 과목을 이수하기 위하여 추가적인 노력을 하였는가? (예: 공동 교육과정, 온라인수업, 소인수과목 등) - 선택과목(일반/진로)은 교과목 학습단계(위계)에 따라 이수하였는가?
	전공(계열) 관련 교과 성취도	• 고교 교육과정에서 전공(계열)에 필요한 과목을 수강하고 취득한 학업성취 수준 - 전공(계열)과 관련된 과목의 성취 수준은 적절한가? - 전공(계열)과 관련된 동일 교과 내 일반선택과목 대비 진로선택과목의 성취수준은 어떠한가?
	진로 탐색 활동과 경험	• 자신의 진로를 탐색하는 과정에서 이루어진 활동이나 경험 및 노력 정도 - 자신의 관심 분야나 흥미와 관련한 다양한 활동에 참여하여 노력한 경험이 있는가? - 교과 활동이나 창의적 체험활동에서 전공(계열)에 대한 관심을 가지고 탐색한 경험이 있는가?
성장역량 현재의 상황이나 수준보다 질적으로 더 높은 단계로 향상 시킬 수 있는 능력	자기주도성	• 스스로 목표를 설정하고 적절한 전략을 선택하여 계획을 수립하고 실행하는 성향 - 학교생활에서 주도적으로 계획을 수립하고 이를 실행한 경험이 있는가? - 설정한 목표를 이루기 위하여 자신을 돌아보고 개선하려는 의지가 있는가?
	창의적 문제해결력	• 창조적이고 논리적인 사고로 문제를 해결하는 능력 - 학교생활에서 창의적인 발상을 통해 일을 진행한 경험이 있는가? - 학교생활에서 나타나는 문제점을 적극적으로 해결하기 위해 노력하였는가?
	경험의 다양성	• 학교교육의 다양한 영역에서 직접 겪거나 활동하면서 얻은 성장 과정 및 결과 - 학교생활을 통해 다양한 교과목을 활용하여 융합적 소양을 쌓으려고 노력하였는가? - 자율, 동아리, 진로활동 등 교내활동을 통해 다양한 경험을 쌓았는가?
공동체역량 공동체의 일원으로서 갖춰야 할 바람직한 사고와 행동	협업과 소통능력	• 공동체의 목표를 달성하기 위해 협력하며, 구성원들과 합리적인 의사소통을 할 수 있는 능력 - 구성원들과 협력을 통하여 공동의 과제를 수행하고 완성한 경험이 있는가? - 타인의 의견에 공감하고 수용하는 태도를 보이며, 자신의 정보와 생각을 잘 전달하는가?
	나눔과 배려	• 상대방을 존중하고 이해하여 원만한 관계를 형성하며, 타인을 위하여 기꺼이 나누어 주고자 하는 태도와 행동 - 학교생활 속에서 나눔을 실천하고 생활화한 경험이 있는가? - 타인을 위하여 양보하거나 배려를 실천한 구체적 경험이 있는가?
	성실성과 규칙준수	• 책임감을 바탕으로 자신의 의무를 다하고, 공동체의 기본 윤리와 원칙을 준수하는 태도 - 교내 활동에서 자신이 맡은 역할에 최선을 다하려고 노력한 경험이 있는가? - 자신이 속한 공동체가 정한 규칙과 규정을 준수하고 있는가?
	리더십	• 공동체의 목표 달성을 위해 구성원들의 상호작용을 이끌어가는 능력 - 공동체의 목표를 달성하기 위해 계획하고 실행을 주도한 경험이 있는가? - 구성원들의 인정과 신뢰를 바탕으로 참여를 이끌어내고 조율한 경험이 있는가?

☞ **보충설명**

• 진로역량(40%) > 학업역량(30%) = 인성(30%) 순으로 반영. 진로역량(탐구역량)이 가장 중요함
  - 신설된 KU자유전공학부는 학업역량20%, 성장역량50%, 공동체역량30%로 선발. 진로역량40%->성장역량50%을 평가하면서 가장 중요함
• 학업역량(30%)은 학업성취도와 학업태도는 수업시간에 보이는 반면, 탐구력은 수업시간을 확장하여 창체와 연결
  - 학업역량은 대학수학 기본교과와 소홀한 과목은 없는가? 소홀한 과목이 있으면 긍정적이기 어렵다
• 진로역량(40%)은 전공적합성이라는 용어를 학과로 초점을 맞춰서 오해가 생겨 진로역량으로 변경함. 진로가 변경되는 것은 당연함.
  - 진로가 3년 내내 동일하지 않아도 긍정적으로 봄 단, 수의예과는 3년 내내 동일하기를 원함
  - 진로역량은 교육과정이다. 물리학과를 지원하면 물리학 1,2를 들었는가? 등 지원하고자 하는 계열과 관련 교과목 성취를 들여다 봄
• 성장역량(50%)는 무전공인 KU자유전공학부에서 평가하므로 전공(계열) 관련 교과 이수 노력 및 교과 성취도, 진로 탐색 활동과 경험를 평가하지 않고 자기주도성, 창의적 문제해결력, 경험의 다양성을 평가.
• 공동체역량(30%)은 다른 친구들과 함께 협업을 할 수 있는 역량을 보고자 함.
  - 성실성과 규칙준수에서 미인정 결석, 학교폭력을 봄. 나머지 3개항목(협업과소통능력, 나눔과배려, 리더십)은 하나만 있어도 됨.
• 학종에서 중요하게 보는 것이 자기주도성임. 자기주도성은 모든 영역에 걸쳐져 있고 KU자유전공학부에서 더욱 강조됨.

● **면접(300점)**
  1. **평가방법**: 제출서류에 기초한 개별면접, 인성을 중심으로 학교생활 충실성 종합평가

2. **면접내용**: 서류 진위여부 확인 및 인성평가 ※ 면접 질문 예시는 입학처 홈페이지에서 학생부종합전형 가이드북 참고
3. **면접형식**: - 면접평가자(2인) 대(對) 지원자(1인) / 개인당 10분 내외
   - 블라인드 면접: 이름, 수험번호, 고교명 블라인드 처리, 면접 시 고교를 나타낼 수 있는 교복 등 착용 금지
4. **평가요소별 평가항목**:

학과(부) 모집			KU자유전공학부(무전공 모집단위)		
평가요소	배점	평가항목	평가요소	배점	평가항목
학업역량	300	• 탐구력	학업역량	200점	• 탐구력
진로역량	400	• 전공(계열) 관련 교과 이수 노력 • 진로 탐색 활동과 경험	**성장역량**	**500점**	• **자기주도성** • **창의적 문제해결력** • **경험의 다양성**
공동체역량	300	• 협업과 소통능력 • 나눔과 배려	공동체역량	300점	• 협업과 소통능력 • 나눔과 배려

5. **평가등급: 5등급**

A+	A	B	C	D
(매우 우수)		<------ (보통) ------>		(매우 미흡)

☞ **보충설명**

• 면접 역전률: 20%~30% 정도. 면접평가는 7등급이 아니라 5등급으로 평가함.

=> KU자유전공학부:
- 성장역량50%는 과거의 4개 평가요소의 발전가능성을 올 해 성장역량으로 가져옴.
- 학업역량 비율을 30%->20%로 10% 줄이고 성장역량을 50%로 늘림으로써, 진로가 변경되었지만 주도적으로 다양한 활동에 참여하건, 특정 주제를 깊이 있게 탐구하거나, 다양한 경험을 통해 여러 분야에 관심을 가진 학생들 등 기존의 진로역량 보다는 더 범위를 넓혀서 평가

◎ **전형결과**

■ **전체**

학년도	전체						인문						자연					
	모집 인원	지원 인원	경쟁 률	등록 50%컷	등록 70%컷	충원 율	모집 인원	지원 인원	경쟁 률	등록 50%컷	등록 70%컷	충원 율	모집 인원	지원 인원	경쟁 률	등록 50%컷	등록 70%컷	충원 율
2022	790	15,019	19.01	2.54	2.82	67%	304	6,042	19.88	2.74	3.10	71%	486	8,977	18.47	2.33	2.54	63%
2023	795	13,222	16.63	2.57	2.98	48%	305	5,069	16.62	2.70	3.12	51%	490	8,153	16.64	2.43	2.83	45%
2024	830	18,149	21.87	2.50	2.71	55%	334	6,038	18.08	2.69	2.90	58%	496	12,111	24.42	2.31	2.52	51%
2025	813						483						330					

■ **변경사항 & 핵심포인트**

[2025]

변경사항	2024	2025
모집인원	830명	813명(-17명)
학교폭력 조치사항 반영	-	모든 전형에 학교폭력 조치사항 기재항목에 따른 감점표로 총점에서 감점

▶ **합격자 성적분포**: 인문계열은 2등급 중반 ~ 2등급 후반, 자연계열은 2등급 초반 ~ 2등급 중반.
- 경쟁률이 16.63 -> 21.87로 상승함에 따라 인문계열, 자연계열 모두 합격선이 상승하였음.

■ **모집단위**   '*' 표시 : 교직 이수 가능

계열	모집단위	2025	2024						2023						2022					
		모집 인원	모집 인원	지원 인원	경쟁 률	등록 50%컷	등록 70%컷	충원 번호	모집 인원	지원 인원	경쟁 률	등록 50%컷	등록 70%컷	충원 번호	모집 인원	지원 인원	경쟁 률	등록 50%컷	등록 70%컷	충원 번호
인문	KU자유전공학부	179																		
인문	미디어커뮤니케이션학과	13	13	412	31.7	2.07	2.39	10	12	371	30.9	2.48	2.65	9	12	514	42.8	2.32	2.41	5
인문	영어교육과	8	8	91	11.4	2.15	2.19	2	7	81	11.6	2.14	2.18	7	7	86	12.3	2.07	2.17	7
인문	경영학과	47	45	876	19.5	2.22	2.31	35	40	917	22.9	2.55	3.00	12	40	1,005	25.1	2.55	3.21	38
인문	교육공학과	12	12	337	28.1	2.32	2.59	10	11	262	23.8	2.37	2.56	11	11	261	23.7	2.17	2.38	3
인문	행정학과	14	14	282	20.1	2.35	2.55	9	12	279	23.3	2.46	2.76	3	12	324	27.0	2.88	3.17	1
인문	사학과	14	14	272	19.4	2.36	2.44	8	13	232	17.9	2.51	2.68	6	13	365	28.1	2.48	2.80	6
인문	정치외교학과	9	10	278	27.8	2.40	2.43	9	10	220	22.0	2.41	3.05	6	9	282	31.3	2.10	2.46	12
인문	응용통계학과	12	14	155	11.1	2.42	2.5	10	13	132	10.2	2.30	2.37	8	13	177	13.6	2.28	2.80	12
인문	경제학과	22	24	319	13.3	2.42	2.48	12	20	266	13.3	2.41	2.67	14	21	278	13.2	2.52	2.80	22
인문	국어국문학과	15	15	257	17.1	2.44	2.57	12	14	235	16.8	2.79	3.10	7	14	213	15.2	2.68	3.87	4
인문	문화콘텐츠학과	13	13	308	23.7	2.48	2.52	4	12	343	28.6	2.48	2.62	4	12	493	41.1	2.66	2.80	5
인문	**국제무역학과**	14	11	156	14.2	2.59	2.79	1	10	115	11.5	2.63	2.70	5	10	146	14.6	2.33	2.56	7

계열	모집단위	2025 모집인원	2024 모집인원	2024 지원인원	2024 경쟁률	2024 등록50%컷	2024 등록70%컷	2024 충원번호	2023 모집인원	2023 지원인원	2023 경쟁률	2023 등록50%컷	2023 등록70%컷	2023 충원번호	2022 모집인원	2022 지원인원	2022 경쟁률	2022 등록50%컷	2022 등록70%컷	2022 충원번호
인문	기술경영학과	10	8	108	13.5	2.79	2.95	2	7	66	9.4	2.26	2.39	1	7	103	14.7	2.48	2.59	2
인문	철학과	15	17	321	18.9	2.85	3.00	8	16	232	14.5	3.04	3.67	5	16	186	11.6	3.52	3.93	12
인문	부동산학과	13	13	247	19.0	2.88	3.14	3	11	94	8.6	3.15	5.17	6	11	123	11.2	3.07	3.21	7
인문	지리학과	15	20	235	11.8	2.96	3.25	8	19	143	7.5	2.74	3.13	5	19	208	11.0	2.80	2.93	11
인문	중어중문학과	13	13	143	11.0	2.97	3.60	9	12	153	12.8	2.94	3.20	17	12	228	19.0	3.70	4.05	16
인문	영어영문학과	29	29	529	18.2	3.53	4.19	27	28	425	15.2	3.18	4.50	18	28	459	16.4	2.90	4.31	30
인문	일어교육과	16	16	209	13.1	4.10	4.43	7	15	157	10.5	4.35	4.85	3	15	140	9.3	3.90	4.00	10
자연	재료공학과	15																		
자연	환경보건·산림조경학부	18																		
자연	동물자원·식품과학·유통학부	30																		
자연	첨단바이오공학부	14																		
자연	항공우주·모빌리티공학과	9																		
자연	기계·로봇·자동차공학부	7																		
자연	생물공학과	13	7	139	19.9	1.84	1.85	7	6	81	13.5	1.96	2.12		6	109	18.2	1.96	1.96	4
자연	융합생명공학과	8	15	501	33.4	1.87	1.93	6	15	303	20.2	2.11	2.33	11	15	462	30.8	2.04	2.13	6
자연	화학과	8	10	350	35.0	1.92	2.00	12	11	257	23.4	2.19	2.76	4	11	237	21.6	2.14	2.25	11
자연	산업공학과	7	8	141	17.6	2.00	2.12	5	7	100	14.3	2.23	2.36	6	7	100	14.3	2.32	2.41	6
자연	컴퓨터공학부	31	38	1,195	31.5	2.08	2.27	24	37	881	23.8	2.50	2.79	20	38	921	24.2	2.48	2.71	32
자연	화학공학부	16	43	808	18.8	2.10	2.19	35	40	641	16.0	2.00	2.27	36	40	823	20.6	2.14	2.23	28
자연	전기전자공학부	31	40	808	20.2	2.13	2.25	32	42	602	14.3	2.30	2.48	31	40	808	20.2	2.17	2.32	30
자연	수의예과	16	17	473	27.8	2.13	3.17	7	16	320	20.0	1.77	2.24	6	13	279	21.5	0.00	1.33	6
자연	수학과	5	7	180	25.7	2.27	2.42	4	10	127	12.7	2.58	2.59	9	10	187	18.7	2.55	2.61	10
자연	물리학과	13	12	251	20.9	2.31	2.33	16	12	174	14.5	2.42	2.86	13	13	148	11.4	2.40	2.43	13
자연	식량자원과학과	10	18	307	17.1	2.32	2.35	7	17	214	12.6	2.41	2.56	3	17	219	12.9	2.55	2.76	7
자연	수학교육과	6	6	110	18.3	2.38	2.39	4	7	86	12.3	2.22	2.27	7	7	148	21.1	1.93	2.12	9
자연	시스템생명공학과	8	13	690	53.1	2.41	2.46	5	13	434	33.4	3.25	5.67	2	12	339	28.3	2.22	2.89	2
자연	생명과학특성학과	11	11	376	34.2	2.42	2.57	3	9	193	21.4	2.29	2.52	5	8	214	26.8	2.23	2.25	6
자연	사회환경공학부	35	45	942	20.9	2.64	2.92	23	48	586	12.2	3.04	3.72	17	47	612	13.0	2.97	3.36	25
자연	건축학부	19	20	417	20.9	2.78	2.97	10	19	320	16.8	2.85	3.19	5	20	354	17.7	2.92	3.04	21

■ (논술) KU논술우수자

전형	모집인원	전형 방법	수능최저학력기준
KU논술우수자	395	논술100%	○

1. **지원자격**: 국내·외 고등학교 졸업(예정)자 또는 법령에 의하여 이와 동등 이상의 학력이 있다고 인정된 자
2. **수능최저학력기준**:

> [국어, 수학, 영어, 사/과탐(1과목)] 중 2개 영역 등급 합 5 이내, 한국사 5등급 이내
> ▶ 수의예과: 3개 영역 등급 합 4 이내, 한국사 5등급 이내
> ※ 수능최저학력기준의 모든 반영 영역에 응시하여야 함(사/과탐은 2과목 응시)

◎ 전형요소
● 논술(1,000점)
　1. 출제방법:

구분	인문사회Ⅰ		인문사회Ⅱ				자연			
고사시간	100분		100분				100분			
문항수	2문항		4문항				4문항			
문항배점	1번	2번	1번	2-1번	2-2번	2-3번	1번	2-1번	2-2번	2-3번
	40%	60%	40%	15%	20번	25%	난이도에 따라 차등하여 배점			
글자수	401~600자	801~1,000자	401~600자	–			–			
출제범위	국어, 사회		국어, 사회	수학, 사회			수학			
	인문, 사회, 문학 분야의 다양한 지문		(1번) 인문, 사회, 문학 분야의 다양한 지문 (2번) 수학 : 수학, 수학Ⅰ, 수학Ⅱ, 확률과통계				수학, 수학Ⅰ, 수학Ⅱ, 확률과통계, 미적분, 기하			

2. 평가방법:

계열	출제형식
인문사회Ⅰ	- 도표 자료가 포함한 인문, 사회, 문학 분야의 다양한 지문을 바탕으로 종합적인 사고를 측정할 수 있도록 지문 제시형으로 출제 - 사고의 최종적 결과물 외에 사고 과정까지 평가할 수 있도록 출제 - 이해력, 분석력, 논증력, 창의력, 표현력 등을 평가
인문사회Ⅱ	- 지문 제시형과 수리 논증형을 복합한 형태로 출제 - 사고의 최종적 결과물 외에 사고 과정까지 평가할 수 있도록 출제 - 인문, 사회분야 지문을 바탕으로 이해력과 논증력, 표현력을 평가 - 수리적 분석을 요하는 자료를 통해 논리적 사고력과 문제해결 능력을 평가
자연계	- 고교 교육과정에서 습득한 수리, 과학 등 자연계 관련 지문을 제시하고 이를 근거로 하여 출제한다. - 다양한 내용의 지문을 바탕으로 통합적 이해력, 논증력, 표현력, 추론능력을 평가한다. - 사고 및 추론의 최종적인 결과뿐만 아니라 추론 과정까지 평가한다.

◎ 전형결과
■ 전체

학년도	전체					인문					자연				
	모집 인원	지원 인원	경쟁 률	논술 평균	충원 율	모집 인원	지원 인원	경쟁 률	논술 평균	충원 율	모집 인원	지원 인원	경쟁 률	논술 평균	충원 율
2022	435	19,764	45.43	86	27%	127	6,529	51.41	88	26%	308	13,235	42.97	84	27%
2023	434	20,913	48.19	839	17%	129	5,384	41.74	907	16%	305	15,529	50.91	770	18%
2024	434	23,160	53.36	875	17%	129	7,470	57.91	903	5%	305	15,690	51.44	847	29%
2025	395					193					202				

■ [계열별] 실질 경쟁률(지원자 중 수능최저 충족인원)

계열	학년도	모집인원	지원인원	경쟁률	수능최저 충족율	실질 경쟁률
인문	2022	127	6,529	51.41	44.77%	23.02
	2023	129	5,384	41.74	66.64%	27.82
	2024	129	7,470	57.91	57.08%	33.06
자연	2022	308	13,235	42.97	44.41%	19.08
	2023	305	15,529	50.91	68.75%	35.00
	2024	305	15,690	51.44	62.35%	32.07

■ [학과별] 수능최저학력기준 충족률

계열	계열 평균	모집단위
인문	57.08%	국어국문학과 57.4%, 영어영문학과 59.4%, 중어중문학과 60.6%, **철학과 52.2%**, 사학과 53.1%, **미디어커뮤니케이션학과 53.7%**, 정치외교학과 60.0%, 경제학과 61.9%, 행정학과 56.3%, 국제무역학과 59.1%, **응용통계학과 53.2%**, 융합인재학과 61.5%, **글로벌비즈니스학과 52.8%**, 경영학과 63.9%, **기술경영학과 50.0%**, 부동산학과 58.1%
자연	62.35%	수학과 64.5%, 물리학과 59.3%, 화학과 70.4%, **건축학부 57.1%**, **사회환경공학부 59.5%**, 기계항공공학부 65.2%, 전기전자공학부 70.3%, 화학공학부 66.9%, 컴퓨터공학부 66.1%, **생물공학과 57.2%**, 미래에너지공학과 74.7%, 스마트운행체공학과 64.4%, 스마트ICT융합공학과 75.0%, **화장품공학과 58.0%**, 의생명공학과 64.4%, 시스템생명공학과 60.8%, 융합생명공학과 69.6%, 생명과학특성학과 63.5%, **동물자원과학과 57.3%**, 축산식품생명공학과 56.6%, **환경보건과학과 56.3%**, 산림조경학과 45.7%, 수의예과 53.4%, 수학교육과 60.2%

■ 변경사항 & 핵심포인트
[2025]

변경사항	2024	2025
모집인원	434명	395명(+61명)
(수능최저) 자연계열:	국어, <u>수학(미적분/기하)</u>, 영어, <u>과탐</u>	국어, <u>수학</u>, 영어, <u>사/과탐</u>
학교폭력 조치사항 반영	-	전형 총점에 반영

• 수능최저: 자연계열도 수학(확률과 통계), 사탐 응시자도 지원 가능으로 변경됨
• 학생부: 미반영이고, 논술100%로 선발하므로 내신이 약하고 논술이 강한 학생들에게 아주 유리함.
• 논술고사: 인문은 언어+통계, 상경은 통계+수리, 자연은 수학만 출제
  - 논술고사 자연계열 수학 출제범위: 수학, 수학Ⅰ, 수학Ⅱ, 미적분, 확률과 통계. ※ 기하는 미출제
• 논술100%로 선발하고 수능최저가 있기 때문에 합격자 중 재수생 비율이 70% 정도로 높음
• 논술전형 합격자 수능 수학 실제 등급은 대부분 1~3등급이고, 수능최저학력기준을 국어, 영어로 많이 충족함
▶ **합격자 성적분포**: 인문계열/자연계열 모두 학생부 미반영으로 논술로 당락 결정

■ 모집단위

계열	모집단위	2025 모집인원	2024 모집인원	2024 지원인원	2024 경쟁률	2024 논술평균	2024 충원번호	2023 모집인원	2023 지원인원	2023 경쟁률	2023 논술평균	2023 충원번호	2022 모집인원	2022 지원인원	2022 경쟁률	2022 논술평균	2022 충원율
인문	문과대학자유전공학부	14															
인문	KU자유전공학부	69															
인문	사회과학대학융합전공학부	25															
인문	지리학과	3	3	218	72.7			3	147	49.0			3	170	56.7	88	
인문	문화콘텐츠학과	3	3	293	97.7			3	190	63.3			3	265	88.3	93	
인문	철학과	3	5	352	70.4	966		5	260	52.0	929	1	4	223	55.8	92	
인문	국어국문학과	5	6	436	72.7	956		6	318	53.0	933	1	6	372	62.0	93	
인문	영어영문학과	3	6	463	77.2	949		6	339	56.5	908	2	5	311	62.2	90	
인문	미디어커뮤니케이션학과	6	6	734	122.3	948		6	519	86.5	931		6	690	115.0	93	
인문	사학과	3	4	283	70.8	944	1	4	202	50.5	913	1	4	237	59.3	92	
인문	행정학과	6	7	590	84.3	931	1	7	423	60.4	898	1	7	487	69.6	92	
인문	정치외교학과	4	4	334	83.5	927	1	4	235	58.8	914		4	244	61.0	92	
인문	중어중문학과	5	5	384	76.8	926		5	276	55.2	906		5	289	57.8	87	
인문	기술경영학과	4	4	132	33.0	876		4	78	19.5	864	2	4	113	28.3	82	
인문	*경제학과*	8	16	528	33.0	856	1	16	326	20.4	908	4	16	486	30.4	84	
인문	응용통계학과	4	4	136	34.0	848		4	108	27.0	890		4	132	33.0	83	
인문	*부동산학과*	5	8	215	26.9	844		8	158	19.8	914	1	8	234	29.3	84	
인문	*경영학과*	16	30	1,203	40.1	840		30	989	32.9	902	4	30	1,271	42.4	83	
인문	국제무역학과	7	7	233	33.3	791	1	7	176	25.1	902	1	7	254	36.3	81	
자연	*항공우주·모빌리티공학과*	5															
자연	*이과대학자유전공학부*	11															
자연	*재료공학과*	5															
자연	*환경보건·산림조경학부*	3															
자연	*기계·로봇·자동차공학부*	7															
자연	*동물자원·식품과학·유통학부*	10															
자연	*생명과학대학자유전공학부*	12															
자연	*첨단바이오공학부*	5															
자연	*융합과학기술원자유전공학부*	8															
자연	*공과대학자유전공학부*	35															
자연	산업공학과	3	3	134	44.7			3	116	38.7			3	111	37.0	89	
자연	식량자원과학과	3	3	105	35.0			3	89	29.7			3	63	21.0	73	67%
자연	수의예과	6	6	2,268	378.0	978		6	2,555	425.8	955		9	2,244	249.3	95	11%
자연	*컴퓨터공학부*	8	24	1,478	61.6	943	4	24	1,792	74.7	894	8	24	1,824	76.0	94	33%
자연	*전기전자공학부*	11	31	1,777	57.3	940	7	31	2,002	64.6	859	9	31	1,063	34.3	90	32%
자연	*화학공학부*	6	37	1,638	44.3	925	7	38	1,661	43.7	840	7	41	1,815	44.3	91	32%
자연	수학과	8	9	270	30.0	886	6	5	192	38.4	835		5	157	31.4	92	20%
자연	생물공학과	7	7	306	43.7	874		7	249	35.6	751	2	7	276	39.4	87	14%
자연	*사회환경공학부*	10	20	803	40.2	866	4	20	616	30.8	779		20	575	28.8	88	
자연	수학교육과	6	6	182	30.3	854	1	6	268	44.7	822	1	6	214	35.7	88	50%
자연	*생명과학특성학과*	4	7	273	39.0	849		10	336	33.6	718	2	10	350	35.0	76	10%
자연	*융합생명공학과*	3	9	410	45.6	834	2	9	322	35.8	733		9	370	41.1	84	22%
자연	*시스템생명공학과*	3	9	425	47.2	823		9	322	35.8	756		9	350	38.9	85	
자연	*화학과*	4	6	240	40.0	808	2	6	192	32.0	707	1	5	139	27.8	80	60%
자연	*물리학과*	11	23	751	32.7	804	16	23	721	31.4	750	13	23	379	16.5	79	13%
자연	*건축학부*	8	13	733	56.4	799	11	13	644	49.5	742	1	13	513	39.5	83	31%

I. 한 눈에 보는 전형

모집시기	전형유형	전형	모집인원	전형 방법	수능최저학력기준
수시	교과	교과우수	413	학생부교과100%	X
수시	교과	지역인재	113	학생부교과100% ▶의예과: 1단계)학생부교과100%(5배수) 2단계)1단계70%+ 면접30%	X(의예○)
수시	교과	지역인재-기초생활및차상위	5	▶간호학과: 학생부교과100% ▶의예과: 1단계)학생부교과100%(5배수) 2단계)1단계70%+ 면접30%	X(의예○)
수시	교과	국가보훈대상자	13	학생부교과100%	X
수시	교과	사회기여및배려자	11	학생부교과100%	X
수시	교과	특성화고교졸업자	22	학생부교과100%	X
수시	교과	농어촌학생	34	학생부교과100% ▶의예과: 1단계)학생부교과100%(5배수) 2단계)1단계70%+ 면접30%	X(의예○)
수시	교과	기초생활및차상위	33	학생부교과100%	X
수시	교과	특성화고졸재직자	38	학생부교과100%	X
수시	교과	만학도	38	학생부교과100%	X
수시	교과	특수교육대상자	3	학생부교과60%+ 면접40%	X
수시	종합	Cogito자기추천	493	1단계)서류100%(3배수) 2단계)서류70%+ 면접30%	X(의예○)
수시	종합	지역인재 [신설]	36	서류100%	간호X 의예○
수시	실기/실적	실기우수자	247	▶디자인대학: 실기100% ▶스포츠건강학과, 골프산업학과: 학생부교과20%+ 경기실적80%	X
수시	실기/실적	체육특기자	15	▶스포츠건강학과, 골프산업학과 1단계)실적100%(6배수) 2단계)실적60%+ 면접20%+ 학생부20%	X

(수시모집) 지원 가능 횟수	1) 수시모집 지원 6회 이내의 범위에서 본교 수시모집 전형 간 복수지원이 가능하며 서울캠퍼스의 전형에도 해당됩니다. 2) 전형별로 모집단위는 1개만 지원할 수 있으며, 고사 일정이 중복되는 경우에는 하나의 고사만 선택하여 응시가 가능합니다.

- **KU자유전공학부 및 디자인조형자유전공학부**는 2학년에 전공선택 예정
  - **KU자유전공학부:** 모든 전공(단, 디자인대학, 유아교육과, 간호학과, 의예과, 첨단산업융합학과, 라이프설계융합학과 제외)
  - **디자인조형자유전공학부:** 디자인대학 내 모든 전공

■ 전형결과

※ 성적 산출기준: (수시) 교과 석차등급, (정시) 수능 백분위

모집시기	전형유형	전형	학년도	모집인원	지원인원	경쟁률	등록자 50%	등록자 70%	충원율
수시	교과	교과우수	2024	396	2,668	6.74	3.91	4.21	251%
수시	교과	지역인재	2024	80	441	5.51	3.42	4.30	125%
수시	종합	Cogito자기추천	2024	539	3,124	5.80	4.49	4.83	82%

■ (주요전형) 전형일정

유형	전형	원서접수 마감	대학별 고사(면접/논술)	1단계 합격자	최종 합격자
교과	교과우수	9.13(금) 19:00			10.31(목)
교과	지역인재	9.13(금) 19:00	▶의예과: 11.24(일)	▶의예과: 10.31(목)	10.31(목)
종합	Cogito자기추천	9.13(금) 19:00	11.23(토)~24(일)	11.07(목)	▶의예과: 12.12(목)
	▶ 11.23(토) 소방방재융합학과, 문헌정보학과, 동화한국어문화학과, 영어문화학과, 녹색기술융합학과, 에너지신소재공학과, 식품영양학과, 의예과 ▶ 11.23(토)~24(일) 경영학과, 경제통상학과, 경찰학과, 유아교육과, 사회복지학과, 신문방송학과, 메카트로닉스공학과, 컴퓨터공학과, 　바이오메디컬공학과, 간호학과, 바이오의약학과, 생명공학과, 뷰티화장품학과, KU자유전공학부				
종합	지역인재	9.13(금) 19:00			12.12(목)

Ⅱ. (수시모집) 주요 전형

■ (학생부교과) 교과우수

전형	모집인원	전형 방법	수능최저학력기준
교과우수	413	학생부교과100%	X

1. **지원자격**: 국내 고등학교 졸업(예정)자 또는 법령에 의하여 이와 동등 이상의 학력이 있다고 인정된 자
※ 외국고, 마이스터고, 비인가 대안학교 및 「평생교육법」 제31조에 따른 학교형태의 평생교육시설 출신자 지원 불가

◎ 전형요소
● 학생부(1,000점)

반영요소 반영비율	반영교과목		교과성적 산출지표	학년별 반영비율
	구분	반영방법		
교과100%	공통 및 일반선택	인 국어, 영어, 수학, 사회(역사/도덕 포함), 한국사교과에 속한 전 과목 자 국어, 영어, 수학, 과학, 한국사교과에 속한 전 과목 ▶ KU자유전공학부: 국어, 영어, 수학, 사회(역사/도덕 포함), 과학, 한국사교과에 속한 전 과목 ※ **공통과목 40%+ 일반선택과목 60%** ※ 공통과목과 일반선택 반영과목의 이수단위가 60단위 이하일 경우 : 공통·일반선택 과목 점수 X {0.96 − (60단위에 미달하는 단위 수 X 0.002)} + 진로선택 반영과목 가산점 ※ KU자유전공학부의 기준 이수단위는 80단위	석차등급	학년 구분 없음
	진로선택	진로선택과목 중 성취도가 높은 2개 과목, 가산점(3%) 부여 ▶ 가산점 = A : 30, B : 20, C : 10 ※ 학생부교과 만점(1,000점)의 3%이내 가산점 적용하며, 가산점 부여 후 점수가 만점 초과 시 만점으로 반영	성취도	

◎ 전형결과
■ 전체

학년도	전체						인문						자연					
	모집 인원	지원 인원	경쟁 률	등록 50%	등록 70%	충원 율	모집 인원	지원 인원	경쟁 률	등록 50%	등록 70%	충원 율	모집 인원	지원 인원	경쟁 률	등록 50%	등록 70%	충원 율
2022	408	3,891	9.54	3.56	3.79	286%	170	1,907	11.22	3.32	3.62	306%	238	1,984	8.34	3.79	3.96	266%
2023	398	3,123	7.85	3.69	3.88	278%	166	1,355	8.16	3.65	3.86	288%	232	1,768	7.62	3.73	3.89	268%
2024	396	2,668	6.74	3.91	4.21	251%	164	1,435	8.75	3.91	4.29	268%	232	1,233	5.31	3.91	4.13	234%
2025	413						227						186					

■ 변경사항 & 핵심포인트

[2025]

변경사항	2024	2025
모집인원	396명	413명(+17명)
명칭 변경	학생부교과	교과우수

➡ **합격자 성적분포**: 인문계열은 3등급 후반 ~ 4등급 초반, 자연계열은 3등급 후반 ~ 4등급 초반.

■ 모집단위

'*'표시 : 교직 이수 가능

계열	모집단위	2025	2024						2023						2022					
		모집 인원	모집 인원	지원 인원	경쟁 률	등록 50%	등록 70%	충원 번호	모집 인원	지원 인원	경쟁 률	등록 50%	등록 70%	충원 번호	모집 인원	지원 인원	경쟁 률	등록 50%	등록 70%	충원 번호
인문	KU자유전공학부	106																		
인문	*경찰학과*	9	14	97	6.9	3.3	4.0	52	14	157	11.2	2.9	3.0	34	14	139	9.9	3.0	3.1	40
인문	*경영학과*	24	34	175	5.2	3.7	3.9	80	34	213	6.3	3.6	3.8	68	34	269	7.9	3.4	3.6	104
인문	*신문방송학과*	12	24	456	9.0	3.7	4.0	72	24	126	5.3	3.7	4.7	79	24	153	6.4	2.8	3.4	55
인문	문헌정보학과	9	10	72	7.2	3.7	3.7	22	10	116	11.6	3.5	3.6	40	10	96	9.6	3.6	3.7	44
인문	영어영문학과	11	10	59	5.9	3.8	4.1	31	10	86	8.6	3.8	3.9	20	12	387	32.3	3.3	3.4	26
인문	*경제통상학과*	21	28	225	8.0	3.9	3.9	57	30	275	9.2	4.0	4.1	119	30	234	7.8	3.8	4.2	90
인문	*사회복지학과*	7	13	117	9.0	4.0	4.1	41	13	81	6.2	3.9	4.0	41	13	154	11.9	3.3	3.6	53
인문	동화·한국어문화학과	12	10	64	6.4	4.1	4.1	24	10	128	12.8	3.8	3.8	31	12	208	17.3	4.0	4.2	34

계열	모집단위	2025 모집인원	2024 모집인원	2024 지원인원	2024 경쟁률	2024 등록50%	2024 등록70%	2024 충원번호	2023 모집인원	2023 지원인원	2023 경쟁률	2023 등록50%	2023 등록70%	2023 충원번호	2022 모집인원	2022 지원인원	2022 경쟁률	2022 등록50%	2022 등록70%	2022 충원번호
인문	소방방재융합학과	7	11	125	11.4	4.2	4.3	27	11	93	8.5	3.7	4.1	30	11	177	16.1	3.5	3.8	22
인문	유아교육과*	9	10	45	4.5	4.7	6.8	34	10	80	8.0	3.6	3.6	16	10	90	9.0	2.5	3.2	53
자연	간호학과	18	21	114	5.4	2.0	2.4	38	21	124	5.9	2.0	2.1	46	23	181	7.9	1.9	2.0	46
자연	생명공학과	15	20	92	4.6	3.6	3.8	28	20	132	6.6	3.7	3.9	60	20	205	10.3	3.7	3.9	56
자연	뷰티화장품학과	7	12	84	7.0	3.6	3.7	13	12	103	8.6	3.5	3.7	18	12	122	10.2	3.7	3.9	18
자연	바이오의약학과	14	20	145	7.3	3.9	4.0	63	20	114	5.7	3.8	4.0	59	20	177	8.9	3.6	3.7	48
자연	컴퓨터공학과	28	35	182	5.2	4.0	4.2	101	35	317	9.1	3.8	4.0	131	35	406	11.6	3.8	3.9	111
자연	식품영양학과	16	16	87	5.4	4.1	4.3	28	16	198	12.4	3.8	4.0	44	20	198	9.9	4.1	4.4	54
자연	바이오메디컬공학과	29	35	137	3.9	4.3	4.5	68	35	231	6.6	4.1	4.2	68	35	252	7.2	4.2	4.3	85
자연	메카트로닉스공학과	24	32	169	5.3	4.4	4.5	102	32	254	7.9	4.3	4.4	108	32	207	6.5	4.3	4.5	93
자연	에너지신소재공학과	17	20	82	4.1	4.6	5.2	34	20	123	6.2	3.9	4.1	33	20	113	5.7	4.1	4.4	70
자연	녹색기술융합학과	18	21	141	6.7	4.6	4.7	67	21	172	8.2	4.4	4.5	54	21	123	5.9	4.5	4.6	52

■ (학생부교과) 지역인재

전형	모집인원	전형 방법	수능최저학력기준
지역인재	113	학생부교과100% ▶ 의예과: 1단계)학생부교과100%(5배수) 2단계)1단계70%+ 면접30%	X(의예○)

1. **지원자격**: <u>충청북도, 충청남도, 대전광역시, 세종특별자치시 소재 고등학교에 입학하여 전(全) 교육과정을 이수한 졸업(예정)자</u>
2. **수능최저학력기준**: 없음. 단, 의예과는 적용

> ▶ 의예과: [국어, 수학(미적분/기하), 영어, 과탐(2과목 평균, 소수점 절사)] 중 3개 영역 등급 합 4 이내, 한국사 4등급 이내

3. **지역인재특별전형 입학생 장학금**
   - 대상: 지역인재, 지역인재-기초생활 및 차상위이전형 입학생 전원
   - 지급기간: 1년간(2학기)
   - 지 급 액: 학기당 1,000,000원 지급(생활비성). 단, 직전 학기 12학점 이상을 취득하고 평점 3.5 이상일 경우에만 지급.

◎ 전형요소
● 학생부(1,000점): 교과우수전형 참고
● 면접(300점): 의예과:
  1. **면접방법**: 다면인적성면접(MMI). 상황면접, 경험면접 형식의 문항을 출제. 1개 면접실에서 20분 동안 진행 예정
  2. **평가영역**:

평가영역	평가항목	반영비율	평가방법
협력적 소통 영역	인성	35%	• 다면인적성면접(MMI)
융합적탐구영역/창의적혁신영역	지식탐구영역, 창의력	40%	• 상황면접, 경험면접 형식의 문항을 출제
글로컬 리더 영역	리더십	25%	

◎ 전형결과
■ 전체

학년도	전체 모집인원	전체 지원인원	전체 경쟁률	전체 등록50%	전체 등록70%	전체 충원율	인문 모집인원	인문 지원인원	인문 경쟁률	인문 등록50%	인문 등록70%	인문 충원율	자연 모집인원	자연 지원인원	자연 경쟁률	자연 등록50%	자연 등록70%	자연 충원율
2022	70	439	6.27	4.05		98%	24	152	6.33	3.97		104%	46	287	6.24	4.13	1.80	91%
2023	80	395	4.94	4.20	4.38	176%	24	108	4.50	4.48	4.68	254%	56	287	5.13	3.92	4.07	98%
2024	80	441	5.51	3.42	4.30	125%	24	140	5.83	3.56	4.34	138%	56	301	5.38	3.27	4.26	111%
2025	113						56						57					

■ 변경사항 & 핵심포인트
[2025]

변경사항	2024	2025
모집인원	80명	113명(+33명)

- 모집인원이 80명->113명으로 33명이 증가된 것은 신설된 KU자유전공학부에서 33명을 선발하기 때문.

➡ **합격자 성적분포:** 인문계열은 3등급 중반 ~ 4등급 초반, 자연계열은 3등급 초반 ~ 4등급 초반.
- 전년도에 경쟁률 상승으로 인해 합격선도 많이 상승하였음

[2024]

변경사항	2023	2024
(의예과) 1단계 선발배수 확대	3배수 선발	5배수 선발

■ 모집단위

'*' 표시 : 교직 이수 가능

계열	모집단위	2025 모집인원	2024 모집인원	지원인원	경쟁률	등록50%	등록70%	충원번호	2023 모집인원	지원인원	경쟁률	등록50%	등록70%	충원번호	2022 모집인원	지원인원	경쟁률	등록50%	등록70%	충원번호
인문	KU자유전공학부	33																		
인문	문헌정보학	2	2	12	6.0	2.3	3.8		2	7	3.5	4.1	4.5	4	2	11	5.5	3.9		
인문	경영학과	3	3	24	8.0	2.6	4.3	7	3	14	4.7	4.2	4.9	11	3	17	5.7	3.5		2
인문	신문방송학과	3	3	14	4.7	2.6	4.4	5	3	10	3.3	3.9	4.0	3	3	17	5.7	3.5		3
인문	사회복지학과	2	2	22	11.0	2.8	3.4	1	2	11	5.5	5.5	5.7	8	2	14	7.0	4.1		4
인문	경찰학과	2	2	17	5.7	3.2	3.9	4	3	13	4.3	3.4	3.6	8	3	20	6.7	2.6		3
인문	영어영문학과	2	2	8	4.0	4.0	4.8	3	2	8	4.0	4.5	4.5	4	2	15	7.5	4.8		5
인문	소방방재융합학과	2	2	7	3.5	4.3	4.4		2	6	3.0	4.3	4.3	1	2	24	12.0	4.0		1
인문	동화·한국어문화학과	2	2	8	4.0	4.4	4.7	1	2	8	4.0	5.2	5.2	5	2	9	4.5	5.1		2
인문	유아교육*	2	2	13	6.5	4.6	4.6	2	2	8	4.0	4.7	5.0	3	2	10	5.0	3.2		
인문	경제통상학과	3	3	15	5.0	4.8	5.1	10	3	23	7.7	5.0	5.1	14	3	15	5.0	5.0		5
자연	의예과	15	12	99	8.3	1.2	1.4	6	12	113	9.4	1.3	1.3	3	12	113	9.4	1.4	1.4	7
자연	간호학과	20	23	91	4.0	1.5	2.6	27	23	75	3.3	2.2	2.5	20	13	48	3.7	2.0	2.2	8
자연	뷰티화장품학과	2	2	7	3.5	1.7	4.6		2	15	7.5	1.5	1.5		2	15	7.5	4.6		1
자연	바이오메디컬공학과	3	3	18	6.0	2.9	4.3	2	3	15	5.0	5.3	5.3	6	3	23	7.7	5.1		1
자연	바이오의약학과	2	2	19	9.5	3.1	3.8	2	2	8	4.0	5.0	5.3	5	2	20	10.0	3.6		1
자연	에너지신소재공학과	2	2	7	3.5	3.6	4.6	2	2	7	3.5	4.7	4.7		2	9	4.5	5.0		2
자연	컴퓨터공학과	3	3	14	4.7	3.8	5.0	5	3	13	4.3	4.1	4.5	7	3	13	4.3	4.1		7
자연	생명공학과	3	3	12	6.0	4.2	4.2	5	3	12	6.0	4.5	4.5	2	2	11	5.5	5.8		9
자연	메카트로닉스공학과	3	3	13	4.3	4.3	5.1	5	3	7	2.3	5.2	5.2	4	3	18	6.0			5
자연	녹색기술융합학과	2	2	12	6.0	4.4	5.3	1	2	7	3.5	5.6	6.0	5	2	8	4.0	4.0		
자연	식품영양학과	2	2	9	4.5	5.3	6.0	7	2	15	7.5	3.7	4.0		2	9	4.5	5.7		1

■ (학생부종합) Cogito자기추천

전형	모집인원	전형 방법	수능최저학력기준
Cogito자기추천	493	1단계)서류100%(3배수) 2단계)서류70%+ 면접30%	X(의예○)

1. **지원자격 :**
   - 국내 고등학교 졸업(예정)자 또는 법령에 의하여 이와 동등 이상의 학력이 있다고 인정된 자.
   - 고등학교 교육과정을 이수하는 과정에서 교과활동과 비교과활동 중 지원 모집단위와 관련된 영역에 꿈과 끼를 가지고 노력하여 성취도가 높다고 자기 자신을 추천할 수 있는 자
2. **제출서류:** 학교생활기록부
3. **수능최저학력기준 :** 없음. 단, 의예과는 적용

> ▶ 의예과: [국어, 수학(미적분/기하), 영어, 과탐(2과목 평균, 소수점 절사)] 중 3개 영역 등급 합 4 이내, 한국사 4등급 이내

◎ 전형요소
● 서류(1,000점 : 최저점 220점)
  1. **평가방법:** 지원자의 제출서류를 바탕으로 인성역량, 지식탐구역량, 정보활용역량, 글로컬역량 등을 정성적으로 종합평가
  2. **평가항목**

평가영역	평가항목	반영비율	주요 평가내용
융합적탐구영역	학업역량	30%	• 학업성취도 • 학업태도와 탐구력
창의적혁신영역	진로탐색역량	30%	• 전공(계열) 관련 교과 이수 노력 • 전공(계열) 관련 교과 성취도 • 진로 탐색 활동과 경험
협력적소통/글로컬리더영역	공동체역량	40%	• 협업과 소통능력 • 나눔과 배려 • 성실성과 규칙준수 • 리더십

  ※ 평가역영별 주요 평가 자료 이외에도 학교생활기록부의 모든 내용이 평가 자료로 활용됨

3. 세부 평가내용

평가항목	주요 평가내용	주요 평가자료
학업역량	학업성취도	• 고교 교육과정에서 이수한 교과의 성취수준이나 학업 발전의 정도 - 대학 수학에 필요한 기본 교과목(예: 국어, 수학, 영어, 사회, 과학, 한국사 등)의교과 성적은 적절한가? 그 외 교과목의 교과 성적은 어느 정도인가? 유난히소홀한 과목이 있는가? - 학기별/학년별 성적의 추이는 어떠한가?
	학업태도와 탐구력	• 학업을 수행하고 학습해 나가려는 의지와 노력 - 새로운 지식을 획득하기 위해 자기주도적으로 노력하고 있는가? - 교과 수업에 적극적으로 참여해 수업 내용을 이해하려는 태도와 열정이 있는가? • 지적 호기심을 바탕으로 사물과 현상에 대해 탐구하고, 문제를 해결하려는 노력 - 교내활동에서 학문에 대한 열의와 지적 관심이 드러나고 있는가? - 교과와 각종 탐구활동에서 구체적인 성과를 보이고 있는가?
진로탐색 역량	전공(계열) 관련 교과 이수 노력	• 고교 교육과정에서 전공(계열)에 필요한 과목을 선택하여 이수한 정도 - 전공(계열)과 관련된 과목을 적절하게 선택하고, 이수한 과목은 얼마나 되는가? - 전공(계열)과 관련된 과목을 이수하기 위하여 추가적인 노력을 하였는가?(예: 공동교육과정, 온라인수업, 소인 수과목 등) - 선택 과목(일반/진로)은 교과목 학습단계(위계)에 따라 이수하였는가?
	전공(계열) 관련 교과 성취도	• 고교 교육과정에서 전공(계열)에 필요한 과목을 수강하고 취득한 학업성취 수준 - 전공(계열)과 관련된 과목의 성취 수준은 적절한가? - 전공(계열)과 관련된 동일 교과 내 일반선택 과목 대비 진로선택 과목의 성취수준은 어떠한가?
	진로 탐색 활동과 경험	• 자신의 진로를 탐색하는 과정에서 이루어진 활동이나 경험 및 노력 정도 - 자신의 관심 분야나 흥미와 관련한 다양한 활동에 참여하여 노력한 경험이 있는가? - 교과활동이나 창의적 체험활동에서 전공(계열)에 대한 관심을 가지고 탐색한 경험이 있는가?
공동체 역량	협업과 소통능력 /나눔과 배려	• 공동체의 목표를 달성하기 위해 협력하며, 구성원들과 협력적인 의사소통을 할 수 있는 능력 - 구성원들과 협력을 통하여 공동의 과제를 수행하고 완성한 경험이 있는가? - 타인의 의견에 공감하고 수용하는 태도를 보이며, 자신의 정보와 생각을 잘 전달하는가? • 상대방을 존중하고 이해하여 원만한 관계를 형성하며, 타인을 위하여 기꺼이 나누어 주고자 하는 태도와 행동 - 학교생활 속에서 나눔을 실천하고 생활화한 경험이 있는가? - 타인을 위하여 양보하거나 배려를 실천한 구체적 경험이 있는가?
	성실성과규칙준수 /리더십	• 책임감을 바탕으로 자신의 의무를 다하고, 공동체의 기본 윤리와 원칙을 준수하는 태도 - 교내활동에서 자신이 맡은 역할에 최선을 다하려고 노력한 경험이 있는가? - 자신이 속한 공동체가 정한 규칙과 규정을 준수하고 있는가? • 공동체의 목표 달성을 위해 구성원들의 상호작용을 이끌어가는 능력 - 공동체의 목표를 달성하기 위해 계획하고 실행을 주도한 경험이 있는가? - 구성원들의 인정과 신뢰를 바탕으로 참여를 이끌어내고 조율한 경험이 있는가?

※ KU자유전공학부는 모집단위 특성에 따라 '창의적 혁신영역 - 진로탐색역량' 평가 시 전공(계열) 관련 교과 이수현황 및 성취도에 대한
  평가를 실시하지 않으며, '진로 탐색 활동과 경험'을 중심으로 평가함
※ 평가영역별 주요 평가 자료 이외에도 학교생활기록부의 모든 내용이 평가자료로 활용되는 종합평가임

4. 평가항목별 등급척도: S, A+, A-, B+, B-, C+, C-, D, E, F

☞ **보충설명**
• 공동체역량(40%) > 학업역량(30%) = 진로역량(30%) 순으로 공동체역량(40%) 반영비율이 가장 높음
• 공동체역량(40%)은 성적이 낮더라도 학교에 와서 정말로 열정을 가지고 노력을 하는 학생들. 성실성, 책임감을 갖는 학생들을 선호함
• 학업여량(30%)은 성과가 두드러지지 않더라도 노력하고자 하는 것이 보이면 좋은 평가
• 진로역량(30%)은 전공과 관련된 교과목들을 높게 평가함. 성취도 세특 사항. 전공적합성은 학과모집이므로 학과로 봄
• 전공교수님이 서류/면접평가에 한 명씩 참여하심
• 지원학과에 맞춰 활동하였는 지와 학생부와 일치 여부를 중심으로 평가함
• 고교 활동이나 스펙은 거의 비슷비슷함. 따라서 좀 더 전공과 관련된 활동을 하는 것이 좋은 평가.
  예를 들면, 기자라 꿈이라면 동아리활동에 참여하고, 그 과정에 변하고 성장한 점 등 그 과정을 학생부에 넣는 것이 중요.
• 간호학과는 기본적으로 수학능력이 있어야 하고, 전공을 많이 보며 등급 자체가 몰려 있으며, 실제 면접에서는 인성을 많이 봄.

● **면접(300점 : 최저점 66점)**
  1. **평가방법:** 제출서류에 기초하여 활동의 진위 여부 확인. 내용 적합성, 인성, 전공적합성, 발전가능성 확인
     - 학교생활기록부 기반의 개별 확인면접 / 서류내용의 활동 과정과 결과 확인
  2. **면접시간:** 10분
  3. **평가항목:**

평가영역	평가항목	반영비율	주요 평가내용
협력적소통영역	인성	30%	• 가치관 및 태도(인재상 적합도) • 의사소통능력(공감능력 및 표현력)
융합적탐구영역	학업역량	20%	• 학업태도와 학업의지
창의적혁신영역	전공(진로)탐색역량	20%	• 전공(진로)에 대한 관심과 전공 관련 활동 • 다양한 경험을 활용한 문제해결력
글로컬리더영역	발전가능성	30%	• 논리적 사고력(논리력, 사고력) • 공동체 의식 및 지역시민의식

4. 평가등급: S=100, A=87, B=74, C=61, D=48, E=35, F=22

5. (의예과)

  1) 평가방법: 제출서류에 기초하여 활동의 진위 여부 확인, 서류내용의 활동 과정과 결과 확인

   – 다면인적성면접(MMI)을 시행, 상황면접, 경험면접형식의 문항을 출제

   ※ 의예과는 서류기반 확인면접 및 전공 학습역량 및 인·적성 면접 (별도 출제된 문제에 대한 면접)

  2) 평가영역 및 평가방법:

평가영역	평가항목	반영비율	평가방법
협력적소통영역	인성	35%	• 전공 학습역량 및 인·적성 면접 (별도 출제된 문제에 대한 면접)
융합적탐구영역 창의적혁신영역	지식탐구능력 창의력	40%	
글로컬리더영역	리더십	25%	

☞ **보충설명**

• 면접 역전률은 약 40%로 매우 높음.

• 확인 면접을 동기, 과정, 성취 결과, 결과에 대한 본인의 느낌(향후 계획 포함)등 심층적으로 실시

◎ **전형결과**

■ **전체**

학년도	전체						인문						자연					
	모집 인원	지원 인원	경쟁 률	등록 50%	등록 70%	충원 율	모집 인원	지원 인원	경쟁 률	등록 50%	등록 70%	충원 율	모집 인원	지원 인원	경쟁 률	등록 50%	등록 70%	충원 율
2022	542	3,246	5.99	4.34	4.52	85%	240	1,501	6.25	4.33	4.51	83%	302	1,745	5.78	4.34	4.53	87%
2023	539	3,126	5.80	4.42	4.61	84%	244	1,408	5.77	4.47	4.64	88%	295	1,718	5.82	4.37	4.57	79%
2024	539	3,124	5.80	4.49	4.83	82%	244	1,410	5.78	4.58	4.80	84%	295	1,714	5.81	4.40	4.65	80%
2025	493						256						237					

■ **변경사항 & 핵심포인트**

[2025]

변경사항	2024	2025
모집인원	539명	493명(-46명)

➡ **합격자 성적분포**: 인문계열은 4등급 중반 ~ 4등급 후반, 자연계열은 4등급 중반 ~ 4등급 후반.

[2024]

변경사항	2023	2024
서류평가요소 및 반영비율 변경	지식탐구역량30%, 정보활용역량20%, 인성역량20%, 글로컬역량20%	학업역량30%, 진로역량30%, 공동체역량40%

■ **모집단위**   '*'표시 : 교직 이수 가능

계열	모집단위	2025	2024						2023						2022					
		모집 인원	모집 인원	지원 인원	경쟁 률	등록 50%	등록 70%	충원 번호	모집 인원	지원 인원	경쟁 률	등록 50%	등록 70%	충원 번호	모집 인원	지원 인원	경쟁 률	등록 50%	등록 70%	충원 번호
인문	KU자유전공학부	56																		
인문	경찰학과	20	22	249	11.3	3.6	3.7	24	22	210	9.6	3.6	3.6	14	20	216	10.8	3.3	3.4	27
인문	*문헌정보학과*	*14*	*21*	120	5.7	4.2	4.4	21	21	125	6.0	4.3	4.4	19	21	93	4.4	4.1	4.3	12
인문	신문방송학과	24	22	185	8.4	4.2	4.8	19	22	159	7.2	4.1	4.3	21	20	177	8.9	4.0	4.1	12
인문	유아교육과*	22	21	93	4.4	4.3	4.4	18	21	126	6.0	4.0	4.1	18	21	137	6.5	4.0	4.1	27
인문	소방방재융합학과	14	17	105	6.2	4.4	4.7	9	17	104	6.1	4.6	4.8	5	17	151	8.9	4.2	4.5	8
인문	사회복지학과	22	23	106	4.6	4.7	4.9	25	23	123	5.4	4.5	4.6	22	23	133	5.8	4.4	4.6	18
인문	경영학과	28	34	209	6.2	4.8	4.9	25	34	202	5.9	4.8	4.9	35	36	247	6.9	4.5	4.8	40
인문	*동화·한국어문화학과*	*14*	*24*	83	3.5	5.2	5.4	23	24	90	3.8	5.0	5.2	23	22	83	3.8	4.9	5.0	8
인문	*영어영문학과*	*14*	*24*	92	3.8	5.2	5.4	22	24	112	4.7	4.7	5.2	28	22	92	4.2	5.0	5.1	18
인문	경제통상학과	28	36	168	4.7	5.2	5.4	19	36	157	4.4	5.1	5.3	30	38	172	4.5	4.9	5.2	28
자연	의예과	14	12	347	28.9	1.3	1.5	4	12	332	27.7	1.3	1.5	6	12	280	23.3	1.2	1.6	2
자연	간호학과	25	22	149	6.8	3.0	3.1	7	22	188	8.6	2.5	2.6	8	22	325	14.8	2.4	2.5	20
자연	생명공학과	26	33	117	3.6	4.5	5.1	30	33	125	3.8	4.5	4.8	37	32	125	3.9	4.5	4.6	33
자연	바이오의약학과	26	32	135	4.2	4.6	4.8	24	32	119	3.7	4.5	4.7	21	31	117	3.8	4.6	4.7	21
자연	뷰티화장품학과	20	22	174	7.9	4.6	4.7	18	22	136	6.2	4.4	4.7	13	22	137	6.2	4.4	4.6	9
자연	컴퓨터공학과	28	37	217	5.9	4.8	5.0	32	37	243	6.6	5.0	5.2	34	37	240	6.5	4.8	5.0	44
자연	에너지신소재공학과	14	21	77	3.7	4.9	5.3	20	21	73	3.5	5.1	5.3	15	21	81	3.9	5.1	5.2	21

계열	모집단위	2025 모집인원	2024 모집인원	지원인원	경쟁률	등록 50%	등록 70%	충원번호	2023 모집인원	지원인원	경쟁률	등록 50%	등록 70%	충원번호	2022 모집인원	지원인원	경쟁률	등록 50%	등록 70%	충원번호
자연	식품영양학과	14	23	138	6.0	5.0	5.2	19	23	119	5.2	5.2	5.4	16	32	102	3.2	5.1	5.4	20
자연	바이오메디컬공학과	28	37	145	3.9	5.2	5.5	29	37	141	3.8	5.1	5.3	24	37	126	3.4	5.1	5.4	29
자연	녹색기술융합학과	14	21	98	4.7	5.2	5.5	18	21	90	4.3	5.3	5.5	17	21	100	4.8	5.4	5.6	24
자연	메카트로닉스공학과	28	35	117	3.3	5.3	5.5	35	35	152	4.3	5.2	5.3	41	35	112	3.2	5.1	5.2	39

■ (학생부종합) 지역인재

전형	모집인원	전형 방법	수능최저학력기준
지역인재 [신설]	36	서류100%	간호X 의예○

1. **지원자격**: 충청북도, 충청남도, 대전광역시, 세종특별자치시 소재 고등학교에 입학하여 전(全) 교육과정을 이수한 졸업(예정)자
2. **수능최저학력기준**: 간호학과는 미적용. 의예과는 적용

> ▶ 의예과: [국어, 수학(미적분/기하), 영어, 과탐(2과목 평균, 소수점 절사)] 중 3개 영역 등급 합 4 이내, 한국사 4등급 이내

◎ 전형요소
※ 신설 전형, 서류100%로 선발, 수능최저학력기준 미적용(단, 의예과는 적용)
● 서류평가: Cogito자기추천전형 참고

◎ 전형결과
■ 전체

학년도	전체 모집인원	지원인원	경쟁률	등록 50%	등록 70%	충원율	인문 모집인원	지원인원	경쟁률	등록 50%	등록 70%	충원율	자연 모집인원	지원인원	경쟁률	등록 50%	등록 70%	충원율
2025	36												36					

■ 모집단위

'*'표시 : 교직 이수 가능

계열	모집단위	2025 모집인원	2024 모집인원	지원인원	경쟁률			2023 모집인원	지원인원	경쟁률			2022 모집인원	지원인원	경쟁률		
자연	간호학과	10															
자연	의예과	26															

10. 경기대학교

(수원캠퍼스) 경기도 수원시 영통구 광교산로 154-42 (Tel: 031. 249-9997~9)
(서울캠퍼스) 서울특별시 서대문구 경기대로 9길 24 (Tel: 031. 249-9997~9)

Ⅰ. 한 눈에 보는 전형

모집시기	전형유형	전형	모집인원	전형 방법	수능최저학력기준
수시	교과	교과성적우수자	290	학생부100%	○
수시	교과	학교장추천	318	학생부100% ※ 고교 추천: 20명	X
수시	교과	농어촌학생	88	학생부100%	X
수시	교과	기초생활수급자등선발	43	학생부100%	X
수시	종합	KGU학생부종합	680	1단계)서류100%(3배수/유아교육과, 디자인비즈학부, Fine Arts학부: 4배수) 2단계)서류70%+ 면접30%	X
수시	종합	SW우수자	15	1단계)서류100%(3배수) 2단계)서류70%+ 면접30%	X
수시	종합	특수교육대상자	4	1단계)서류100%(3배수) 2단계)서류70%+ 면접30%	X
수시	종합	기회균형선발	203	서류100%	X
수시	종합	사회배려대상자	34	서류100%	X
수시	논술	논술우수자	239	학생부교과10%+ 논술90%	X
수시	실기/실적	예체능우수자	165	학생부30%+ 실기70% ▶ 연기학과: 1단계)실기100%(7배수) 2단계)학생부30%+ 실기70% ▶스포츠과학부: 학생부교과40%+ 실기60%	X
수시	실기/실적	체육특기자	32	경기실적60%+ 학생부30%=면접10%	X
수시	실기/실적	특성화고졸업자	4	학생부30%+ 실기70%	X
수시	실기/실적	특성화고SW특기자	5	학생부30%+ 실기70%	X

(수시모집) 지원 가능 횟수	본교 지원 시 각 전형별로 복수 지원(하나의 전형에 하나의 모집단위에만 지원할 수 있음)이 가능하나, 학생부종합전형 상호 간에는 복수 지원을 할 수 없음

- **자유전공학부(수원, 서울) 및 단과대학(통합)**
  - 모집단위로 입학한 자는 아래 모집단위(학부(과) 및 전공)를 선택할 수 없음
  - 유아교육과, 입체조형학과, 디자인비즈학부, Fine Art학부, 체육학과, 스포츠과학부, AI컴퓨터공학부, 연기학과, 애니메이션학과, 실용음악학과
- **자유전공학부(수원, 서울)으로 선발된 학생은**
  - 2학년 진급 시 수원 및 서울캠퍼스에 개설된 학과(학부, 전공)중에서 자유롭게 선택하며, 전공 선택 후에도 변경 가능함
  - 주전공 외에 다전공(복수전공, 융합전공, 부전공)을 이수하여야 함 (단, 창의공과대학 및 소프트웨어경영대학 산업경영공학과는 제외)
- **단과대학(통합)으로 선발된 학생은 2학년 진급 시 각 단과대학에 개설된 학과(학부, 전공)를 자유롭게 선택할 수 있음**
- **학부 모집단위 글로벌어문학부, 디자인비즈학부, Fine Arts학부, 스포츠과학부, 공공안전학부, 휴먼서비스학부, 공공인재학부, 경제학부, 바이오융**
합학부, 신소재화학공학부, 스마트시티공학부, 호텔외식경영학부로 선발된 학생은 2학년 진급 시 학부 모집단위에 개설된 전공을 자유롭게 선택할
수 있음

■ 무전공(전공자율선택)

유형① [대학 내 모든 전공(보건의료, 사범 등 제외) 자율 선택]		유형② [계열/단과대 모집 후 모집단위 내 전공 자율 선택]	
모집단위	인원	모집단위	인원
[수원] 자유전공학부(수원)	205	[수원] 경영학부	208
		[수원] 경제학부	122
		[수원] 공공안전학부	61
		[수원] 공공인재학부	80
		[수원] 글로벌어문학부	121
		[수원] 바이오융합학부	72
		[수원] 사회과학대학	82
		[수원] 소프트웨어경영대학	59
		[수원] 스마트시티공학부	58
		[수원] 신소재화학공학부	87
		[수원] 융합과학대학	25
		[수원] 인문대학	54
		[수원] 전자공학부	108

유형① [대학 내 모든 전공(보건의료, 사범 등 제외) 자율 선택]		유형② [계열/단과대 모집 후 모집단위 내 전공 자율 선택]	
모집단위	인원	모집단위	인원
		[수원] 창의공과대학	87
		[수원] 호텔외식경영학부	56
		[수원] 휴먼서비스학부	49
[서울] 자유전공학부(서울)	64		

■ 학교폭력 조치사항

모든 전형(실기/실적위주, 학생부종합, 학생부교과, 논술위주)에 학교폭력 조치사항 적용

전형	전형 총점	감점								
		1호	2호	3호	4호	5호	6호	7호	8호	9호
학생부교과 논술, 실기/실적	100	0.1	0.2	0.3	5	10	20	30	부적격	
학생부종합	100	정성평가			부적격					
체육특기자	100	0.1	0.2	0.3	부적격					

■ 전형결과

※ 성적 산출기준: (수시) 교과 석차등급, (정시) 수능 백분위

모집시기	전형유형	전형	학년도	모집인원	지원인원	경쟁률	등록자 50%컷	등록자 70%컷	충원율
수시	교과	교과성적우수자	2024	303	4,498	14.84	2.93	3.07	201%
수시	교과	학교장추천	2024	321	3,218	10.02	2.96	3.05	320%
수시	종합	KGU학생부종합	2024	722	9,860	13.66	3.63	3.77	80%
수시	종합	SW우수자	2024	15	154	10.27	3.70	3.87	27%
수시	논술	논술우수자	2024	167	3,483	20.86	4.39	4.66	23%

■ (주요전형) 전형일정

유형	전형	원서접수 마감	대학별 고사(면접/논술)	1단계 합격자	최종 합격자
교과	교과성적우수자	9.13(금) 17:00			12.13(금)
교과	학교장추천	9.13(금) 17:00 학교장추천: 9.25(수) 18:00			11.15(금)
종합	KGU학생부종합	9.13(금) 17:00	-11.30(토) 인문대학, 창의공과대학, 예술체육대학, 관광문화대학 -12.01(일) 사회과학대학, 소프트웨어경영대학, 융합과학대학	11.15(금)	12.13(금)
종합	SW우수자	9.13(금) 17:00	11.30(토)	11.15(금)	12.13(금)
논술	논술우수자	9.13(금) 17:00	11.22(금) 자유전공학부[언어, 사회/수리]		12.13(금)

Ⅱ. (수시모집) 주요 전형

■ (학생부교과) 교과성적우수자

전형	모집인원	전형 방법	수능최저학력기준
교과성적우수자	290	학생부100%	○

1. **지원자격**: 국내 고등학교 졸업(예정)자로 통산 3학기 이상의 교과 성적을 산출 할 수 있는 자. – 고등학교 졸업학력 검정고시 합격자
   ※ 지원 불가 대상 :· 방송통신고등학교, 대안학교(각종학교) 및 산업수요 맞춤형 고등학교(마이스터고) 졸업(예정)자 · 고등학교 학력인정 평생교육시설 출신자, 일반고등학교의 대안교육 위탁 학생 · 국외고 출신자
2. **수능최저학력기준**:

   [국어, 수학, 영어, 사/과/직탐(1과목)] 중 2개 영역 등급 합 7 이내, 한국사 6등급 이내

※ 학교폭력 가해자는 대학입학전형관리위원회의 심의를 거쳐 감점 또는 선발을 제한할 수 있음

◎ 전형요소
● 학생부(100점)

반영요소 반영비율	반영교과목		교과성적 산출지표	학년별 반영비율
	구분	반영방법		
교과 90%	공통 및 일반선택	▶ 인문대학, 예술체육대학, 사회과학대학, 관광문화대학 : 국어, 영어, 수학, 통합사회, 통합과학, 한국사, 사회교과에 속한 전 과목 ▶ 소프트웨어경영대학, 융합과학대학, 창의공과대학 : 국어, 영어, 수학, 통합사회, 통합과학, 한국사, 과학교과에 속한 전 과목	석차등급	학년 구분 없음
	진로선택	진로선택과목별 석차등급 환산기준 = A : 1등급, B : 2등급, C : 4등급 ※ 과목 수 제한 없음.	성취도	
비교과 10%	※ 만점: ① 출결(10%): 미인정 결석 4일 이내			

◎ 전형결과
■ 전체

학년도	전체						인문						자연					
	모집 인원	지원 인원	경쟁 률	등록 50%컷	등록 70%컷	충원 율	모집 인원	지원 인원	경쟁 률	등록 50%컷	등록 70%컷	충원 율	모집 인원	지원 인원	경쟁 률	등록 50%컷	등록 70%컷	충원 율
2022	325	5,076	15.62			256%	159	2,445	15.38			243%	166	2,631	15.85			268%
2023	301	3,025	10.05			171%	129	1,499	11.62			170%	172	1,526	8.87			171%
2024	303	4,498	14.84	2.93	3.07	201%	124	1,641	13.23	2.77	2.87	211%	179	2,857	15.96	3.09	3.26	191%
2025	290						145						145					

■ 변경사항 & 핵심포인트

[2025]

변경사항	2024	2025
모집인원	303명	290명(-13명)
(수능최저) 자연: 탐구영역	과탐	사/과탐
학교폭력 조치사항	–	학교폭력 가해자는 대학입학전형관리위원회의 심의를 거쳐 감점 또는 선발을 제한할 수 있음

• (수능최저) 자연계열: 탐구영역에서 사탐을 불인정->인정으로 변경함.
• 학교폭력조치사항: 학교폭력 가해자는 대학입학전형관리위원회의 심의를 거쳐 감점 또는 선발을 제한할 수 있음
➡ 합격자 성적분포: 인문계열은 2등급 중반 ~ 2등급 후반, 자연계열은 2등급 후반 ~ 3등급 초반.

[2024]

변경사항	2023	2024
(학생부) 진로선택과목 반영	–	진로선택과목별 석차등급 환산기준 : A=1등급, B=2등급, C=4등급

■ 모집단위

'*'표시 : 교직 이수 가능

계열	모집단위	2025	2024						2023						2022					
		모집 인원	모집 인원	지원 인원	경쟁 률	등록 50%컷	등록 70%컷	충원 번호	모집 인원	지원 인원	경쟁 률	등록 평균	등록 70%컷	충원 번호	모집 인원	지원 인원	경쟁 률	등록 평균	등록 70%컷	충원 번호
인문	인문대학	23																		
인문	사회과학대학	35																		
인문	문헌정보학과	2																		
인문	사학과	2																		
인문	호텔외식경영학부	4	3	50	16.7	1.88	1.76	6	6	94	15.7	1.87		10						
인문	관광개발경영학과	5	7	62	8.9	1.95	1.83		8	56	7.0	2.08		6						
인문	공공안전학부	5	2	44	22.0	2.16	1.92	3	3	65	21.7	2.21		6	17	272	16.0	2.15		37
인문	경영학부	*18*	*40*	455	11.4	2.55	2.94	87	38	297	7.8	2.83		59	37	616	16.7	2.65		114
인문	관광문화콘텐츠학과	3	2	36	18.0	2.65	2.30	5	4	37	9.3	2.90		4						
예체	미디어영상학과	3	4	63	15.8	2.93	2.85	7	2	43	21.5	2.36			3	81	27.0	2.65		13
인문	경제학부	*10*	*21*	247	11.8	2.94	3.20	42	36	333	9.3	3.07		80	35	488	13.9	3.08		82
인문	공공인재학부	*6*	*10*	122	12.2	3.12	3.18	27	7	69	9.9	2.91		10	10	272	27.2	2.81		18
인문	글로벌어문학부	*10*	*13*	205	15.8	3.18	3.32	33	11	263	23.9	2.23		30	12	156	13.0	3.40		30
인문	휴먼서비스학부	4	2	81	40.5	3.25	3.25	4	3	30	10.0	3.68		1						
인문	무역학과	*5*	*13*	163	12.5	3.28	3.46	24												
인문	영어영문학과	4	3	37	12.3	3.33	3.44	4	5	79	15.8	2.88		5	9	115	12.8	3.16		33
인문	법학과	3	2	53	26.5	3.39	3.39	11	3	30	10.0	3.31		4						
인문	국어국문학과	3	2	23	11.5	3.39	3.39	7	3	103	34.3	3.01		4	4	50	12.5	3.58		11

계열	모집단위	2025 모집인원	2024 모집인원	2024 지원인원	2024 경쟁률	2024 등록 50%컷	2024 등록 70%컷	2024 충원번호	2023 모집인원	2023 지원인원	2023 경쟁률	2023 등록평균	2023 등록 70%컷	2023 충원번호	2022 모집인원	2022 지원인원	2022 경쟁률	2022 등록평균	2022 등록 70%컷	2022 충원번호
자연	소프트웨어경영대학	24																		
자연	창의공과대학	39																		
자연	융합과학대학	10																		
자연	건축학과(5년제)	2	3	83	27.7	2.55	2.96	13	4	61	15.3	3.31		9	7	119	17.0	3.04		21
자연	바이오융합학부	7	17	186	10.9	2.88	2.97	25	14	117	8.4	2.83		30	13	158	12.2	2.82		33
자연	AI컴퓨터공학부	18	34	516	15.2	3.02	3.14	63	30	217	7.2	3.25		44	31	591	19.1	2.85		70
자연	신소재화학공학부	8	20	255	12.8	3.04	3.13	45	22	161	7.3	3.16		41	33	458	13.9	2.98		80
자연	수학과	2	2	30	15.0	3.11	2.97	4	2	57	28.5	3.41		7	3	37	12.3	3.70		16
자연	기계시스템공학과	5	12	308	25.7	3.21	3.38	22	14	94	6.7	3.50		26	14	207	14.8	3.08		41
자연	사회에너지시스템공학과	7	16	345	21.6	3.23	3.41	25	16	143	8.9	3.66		12						
자연	스마트시티공학부	5	12	222	18.5	3.23	3.28	22	12	154	12.8	3.46		25	22	300	13.6	3.33		51
자연	산업경영공학과	7	15	251	16.7	3.32	3.36	26	16	125	7.8	3.51		28	14	211	15.1	3.34		34
자연	전자공학부	9	27	287	10.6	3.43	3.67	65	27	236	8.7	3.00		49	15	340	22.7	3.06		58
자연	화학과	2	4	42	10.5	3.61	3.53	14	3	59	19.7	2.79		4	4	49	12.3	3.48		12

■ (학생부교과) 학교장추천

전형	모집인원	전형 방법	수능최저학력기준
학교장추천	318	학생부100%	X

1. **지원자격**: 2024년 이후 국내 고등학교 졸업(예정)자로 통산 3학기 이상의 교과 성적을 산출할 수 있는 자로서 소속 고등학교의 추천을 받은 자 (고교별 추천인원 20명 이내) ※ 학교장추천전형 지원 시 재학중(또는 졸업한) 고등학교에 반드시 사전협의 후 원서접수 하여야 합니다.
   ※ 지원 불가 대상 : 특성화고등학교(일반고 및 종합고의 특성화(전문계)과정 이수자, 대안교육 특성화고 포함) 졸업(예정)자 · 방송통신고등학교, 대안학교(각종학교) 및 산업수요 맞춤형 고등학교(마이스터고) 졸업(예정)자 · 고등학교 학력인정 평생교육시설 출신자, 일반고등학교의 대안교육 위탁 학생 · 예술(체육)고등학교(일반고의 예체능계 과정 이수자 포함) 졸업(예정)자 · 고등학교 졸업 학력 검정고시 및 국외고 출신자
2. **제출서류**: 학교생활기록부, 추천자 명단
   ※ 학교폭력 가해자는 대학입학전형관리위원회의 심의를 거쳐 감점 또는 선발을 제한할 수 있음

◎ 전형요소
● 학생부(100점)

반영요소 반영비율	반영교과목 구분	반영교과목 반영방법	교과성적 산출지표	학년별 반영비율
교과 90%	공통 및 일반선택	전 교과목	석차등급	학년 구분 없음
	진로선택	진로선택과목별 석차등급 환산기준 = A : 1등급, B : 2등급, C : 4등급 ※ 과목 수 제한 없음.		
비교과 10%	※ 만점: ① 출결(10%): 미인정 결석 4일 이내			

◎ 전형결과
■ 전체

학년도	전체 모집인원	전체 지원인원	전체 경쟁률	전체 등록 50%컷	전체 등록 70%컷	전체 충원율	인문 모집인원	인문 지원인원	인문 경쟁률	인문 등록 50%컷	인문 등록 70%컷	인문 충원율	자연 모집인원	자연 지원인원	자연 경쟁률	자연 등록 50%컷	자연 등록 70%컷	자연 충원율
2022	316	3,810	12.06			188%	175	2,158	12.33			187%	141	1,652	11.72			189%
2023	316	3,073	9.72			205%	169	1,545	9.14			186%	147	1,528	10.39			223%
2024	321	3,218	10.02	2.96	3.05	320%	172	1,534	8.92	2.93	3.01	308%	149	1,684	11.30	2.98	3.08	332%
2025	318						179						139					

■ 변경사항 & 핵심포인트
[2025]

변경사항	2024	2025
모집인원	321명	318명(-3)
학교폭력 조치사항	-	학교폭력 가해자는 대학입학전형관리위원회의 심의를 거쳐 감점 또는 선발을 제한할 수 있음

- 학교폭력조치사항: 학교폭력 가해자는 대학입학전형관리위원회의 심의를 거쳐 감점 또는 선발을 제한할 수 있음
- ➡ 합격자 성적분포: 인문계열은 2등급 후반 ~ 3등급 초반, 자연계열은 2등급 후반 ~ 3등급 초반.

[2024]

변경사항	2023	2024
수능최저 폐지	2개 영역 등급 합 7	-
(특성화고) 지원자격 변경	특성화고 지원 가능	특성화고 지원 불가
(학생부) 진로선택과목 반영	-	진로선택과목별 석차등급 환산기준 : A=1등급, B=2등급, C=3등급

■ 모집단위

'*' 표시 : 교직 이수 가능

계열	모집단위	2025 모집인원	2024 모집인원	2024 지원인원	2024 경쟁률	2024 등록 50%컷	2024 등록 70%컷	2024 충원번호	2023 모집인원	2023 지원인원	2023 경쟁률	2023 등록평균	2023 등록최저	2023 충원번호	2022 모집인원	2022 지원인원	2022 경쟁률	2022 등록평균	2022 등록최저	2022 충원번호
인문	공공안전학부	10	8	64	8.0	2.11	2.12	25	9	109	12.1	2.23		15	19	288	15.2	2.34		51
인문	유아교육과	2	2	14	7.0	2.62	2.40	4	2	32	16.0	2.73		3	2	28	14.0	2.96		2
예체	미디어영상학과	6	3	38	12.7	2.65	2.69	5	3	22	7.3	2.75		7	3	78	26.0	2.35		3
인문	관광문화콘텐츠학과	5	3	15	5.0	2.66	2.74	2	3	12	4.0	2.75								
인문	*경영학부*	*33*	*41*	284	6.9	2.89	3.03	142	39	250	6.4	3.00		79	37	438	11.8	2.84		52
인문	법학과	6	5	41	8.2	2.90	2.84	18	5	34	6.8	2.94		2						
인문	문헌정보학과	4	2	19	9.5	2.99	2.79	7	2	13	6.5	3.02		2		35	17.5	2.90		7
인문	관광개발경영학과	10	7	93	13.3	3.02	3.12	14	8	34	4.3	3.22		7						
인문	공공인재학부	12	13	90	6.9	3.07	3.23	40	12	76	6.3	3.02		23	12	239	19.9	2.93		27
인문	*영어영문학과*	*8*	*12*	62	5.2	3.07	3.14	40	12	120	10.0	3.00		27	11	117	10.6	3.27		43
인문	글로벌어문학부	21	12	116	9.7	3.13	3.28	40	13	217	16.7	3.24		35	13	140	10.8	3.31		27
인문	휴먼서비스학부	8	6	280	46.7	3.16	3.28	26	6	31	5.2	3.75		14						
인문	국어국문학과	6	4	38	9.5	3.17	3.23	18	4	78	19.5	3.17		8	4	34	8.5	3.52		9
인문	경제학부	22	26	162	6.2	3.21	3.36	57	37	412	11.1	3.13		70	37	402	10.9	3.33		66
인문	사학과	4	3	26	8.7	3.22	2.94	20	3	25	9.3	3.02		8	3	55	18.3	2.97		17
인문	호텔외식경영학부	9	6	47	7.8	3.25	3.42	19	7	52	7.4	2.72		8						
인문	*무역학과*	*9*	*15*	122	8.1	3.27	3.32	40												
예체	Fine Arts학부	4	4	23	5.8	3.48	3.27	9	4	28	7.0	3.37		7	8	64	8.0	3.43		9
자연	바이오융합학부	12	10	125	12.5	2.65	2.70	36	10	97	9.7	2.88		27	11	116	10.6	2.91		19
자연	*신소재화학공학부*	*14*	*20*	166	8.3	2.76	2.86	37	20	204	10.2	3.00		32	30	339	11.3	3.23		50
자연	*AI컴퓨터공학부*	*34*	*28*	250	8.9	2.90	3.01	103	28	228	8.1	3.03		67	27	353	13.1	3.08		45
자연	*건축학과(5년제)*	*5*	*7*	84	12.0	2.90	2.93	23	7	81	11.6	3.06		12	7	94	13.4	3.14		21
자연	화학과	5	3	27	9.0	2.92	3.02	12	3	54	18.0	3.08		8	3	30	10.0	3.54		9
자연	전자공학부	18	16	131	8.2	3.02	3.12	67	16	161	10.1	3.08		23	13	190	14.6	3.12		29
자연	기계시스템공학과	9	10	131	13.1	3.13	3.14	40	10	185	18.5	3.27		42	10	111	11.1	3.38		31
자연	*스마트시티공학부*	*9*	*12*	160	13.3	3.14	3.23	31	11	118	10.7	3.49		27	20	212	10.6	3.42		19
자연	*사회에너지시스템공학과*	*15*	*19*	283	14.9	3.15	3.26	61	19	127	6.7	3.53		34						
자연	산업경영공학과	15	16	221	13.8	3.16	3.26	44	16	147	9.2	3.53		34	10	104	10.4	3.62		14
자연	수학과	3	3	36	12.0	3.45	3.34	24	3	68	22.7	3.41		11	3	27	9.0	3.85		13

■ (학생부종합) KGU학생부종합

전형	모집인원	전형 방법	수능최저학력기준
KGU학생부종합	680	1단계)서류100%(3배수/유아교육과, 디자인비즈학부, Fine Arts학부: 4배수) 2단계)서류70%+ 면접30%	X

1. **지원자격**: 국내 고등학교 졸업(예정)자
2. **제출서류**: 학교생활기록부
※ 학교폭력 가해자는 대학입학전형관리위원회의 심의를 거쳐 감점 또는 선발을 제한할 수 있음

◎ 전형요소
● 서류(100점)
  1. **평가방법**: 학교생활기록부를 근거로 우리대학 핵심역량 부합도를 종합평가합니다.
  2. **평가요소**: 학생부종합전형의 성실성, 공동체의식, 학업역량, 전공적합성, 자기주도성의 총 5가지 항목으로 평가합니다.
    1) **평가자료**: 학교생활기록부
    2) **평가방법**: 입학사정관 2~3인이 학생의 교과성적 뿐 아니라 적성, 재능, 잠재력 등 다양한 역량을 종합적으로 고려하여 정성평가
    3) **평가내용**: 인성, 전공적합성, 발전가능성을 종합적으로 평가

4) 평가척도: (2024)

S	A	B	C	D	E
매우 우수 <--> 매우 미흡					

5) 평가항목 및 반영 비율: (2024)

평가요소	평가항목 및 비율		평가내용	세부내용
	KGU학생부종합	SW우수자		
학업탐구역량	학업성취수준 (30%)	학업성취수준 (25%)	대학에서 교육을 이수하는데 필요한 수학 능력	◦ 학업 성취도 ◦ 학업태도 ◦ 창의적 문제해결 ◦ 학업탐구력
	계열적합성 (30%)	계열적합성 (35%)	계열 적성 및 관심과 노력 준비 정도	◦ 계열 관심도 ◦ 계열(전공) 관련 이수 노력 ◦ 계열탐색 노력
자기계발역량	자기주도성 (20%)	자기주도성 (20%)	주도적 학교생활 참여 과정을 통한 성장 가능성	◦ 경험의 다양성 ◦ 자기주도적 노력
공동체역량	공동체의식 (20%)	공동체의식 (20%)	공동체의 목표를 달성하기 위한 노력 과정	◦ 나눔과 배려 ◦ 소통 ◦ 협업

6) 평가항목별 세부평가 체크리스트:

평가요소	평가항목		세부내용
학업탐구역량	학업성취수준	학업성취도	◦ 전반적인 교과별 성취기준에 따른 학생의 성취수준이 우수한가? ◦ 대학에서 수학하기 위한 기초적인 학업능력을 갖추고 있
		학업 탐구 과정 (융합적 사고)	◦ 교과수업 활동에 적극적으로 참여하고 수업 내용을 이해하기 위해 다양하게 학습하고 있는가? ◦ 배운 지식을 확장하기 위해 다양한 자료(도서, 논문, 보도 자료 등)를 수집하여 활용한 경험이 있는가? ◦ 교과 학습활동에서 탐구 과정을 통해 지식의 폭을 확장하려고 노력했는가? ◦ 학업과 관련된 다른 사람들의 의견이나 관점에 대해 깊이 생각하고 이해하려고 노력하는가? ◦ 교과 학습에서 지식과 정보, 데이터를 활용하여 문제를 해결한 경험이 있는가? ◦ 여러 가지 지식과 정보를 융합하여 자신만의 사고를 할 수 있는가?
		학업적 성장 과정	◦ 특정 교과에 치우치지 않는 균형 있는 학습 성과가 보이는가? ◦ 성취도 평가 시 교과 유형(공통/일반/진로 선택)에 따른 원점수, 평균 점수 등을 고려하여 우수하다고 판단하는가?
	계열적합성	계열 관련 이수 노력	◦ 재학 중인 학교의 교육과정 속에서 전공(계열)과 관련된 교과를 충분히 이수하고 있는가? ◦ 자기 적성과 진로를 탐색하고 그에 따른 과목을 이수하기 위해 어떠한 노력을 기울였는가? ◦ 주어진 환경 내에서 희망 전공과 관련된 과목을 이수하고자 노력하였는가?
		계열 관련 탐구 과정 (계열 관심도, 계열 관련 이수 노력, 계열 관련 소양)	◦ 자신의 경험과 지원 계열(전공)의 연관성을 확인할 수 있는가? ◦ 전공(계열) 관련 활동에 참여한 적이 있는가? ◦ 교과 및 비교과 활동에서 계열(전공)과 관련된 탐색 과정이 구체적인가? ◦ 자신의 관심 분야나 흥미와 관련하여 다양한 활동에 참여하고 노력한 경험이 있는가? ◦ 교과 활동이나 창의적 활동에서 희망 전공과 관련된 활동을 자기 주도적으로 탐색하였는가? ◦ 고교 교육과정의 전공(계열)에 필요한 과목을 이해하고 탐색하여 이수한 경험이 있는가? ◦ 계열(전공)관련 소양을 기르기 위해 노력하였는가? ◦ 교내의 다양한 프로그램에 참여하며 진로를 탐색한 경험을 충분히 가지고 있는가? ◦ 스스로 관심을 가지고 탐구(참여)한 주제나 활동이 있는가? ◦ 비교과 영역을 통해 사회 전반에 폭넓은 관심을 보였는가? ◦ 다양한 가치를 포용하고 존중하는 노력과 행동을 보이는가?
자기계발역량	자기주도성	자기주도적 노력	◦ 학교생활 전반에 능동적이고 성실하게 참여했는가? ◦ 발표, 토론, 과제 등에 자기주도적이며 적극적으로 참여하는가? ◦ 목표 지향적이고 다양한 영역에서 자신을 계발하기 위한 소양을 쌓았는가? ◦ 목표 의식을 가지고 지속해 노력한 경험이 있는가? ◦ 자신의 관심, 적성, 흥미에 따라 자기 주도적으로 탐색한 경험이 있는
		능동적 참여	◦ 스스로 목표를 설정하고 자기 주도적으로 노력하였는가? ◦ 자신의 관심 분야를 위해 능동적으로 활동에 참여 하였는가?
공동체역량	공동체의식	나눔과 배려	◦ 배려와 공감을 기반으로 공동체의 과제를 수행하고 성취한 경험이 있는가? ◦ 모둠활동, 단체활동 등에서 나눔을 실천한 구체적인 경험이 관찰되는가? ◦ 상대방에 대한 이해와 존중을 바탕으로 나눔을 실천하고 배려하거나 양보한 경험이 있는가? ◦ 공동체 안에서 타인이 하기 꺼려하는 일을 솔선수범하여 이행한 경험 및 사례가 있는가?
		협력적 소통	◦ 공동체 구성원과의 소통과정에서 협력적으로 소통이 이루어질 수 있도록 노력한 과정이 관찰되는가? ◦ 구성원들과 협력을 통해 공동의 과제를 수행하고 결과물을 만들어낸 경험이 있는가?
		책임감	◦ 공동체 생활 속에서 자신이 맡은 일에 대해 책임감을 느끼고 수행하는 자세가 내면화되어 있는가?
		리더십	◦ 구성원들에게 비전을 제시하거나 노력과 성과에 칭찬과 격려 등을 함으로써 공동체의 사기를 진작시키는 능력을 지니고 있는가? ◦ 학교나 학급의 행사나 프로젝트에서 조직과 팀원을 직접 구성하여 팀을 이끌어 본 경험이 있는가?

※ 학교생활기록부 확인 영역은 평가항목에 대한 주요사항을 작성한 내용으로 해당 확인 영역만을 평가에 반영하는 것은 아님

☞ 보충설명
- 학업탐구역량60%(학업성취수준30%, 계열적합성30%) > 자기계발역량20% = 공동체역량20% 순으로 반영함.
- 학업성취수준(30%)은 지원자 풀이 몰려있기 때문에 계열적합성(30%)에서 변별력이 생김.
- 특별하게 타 대학과 다르다는 것은 없고, 전공적합성을 많이 보고 있음. 인성도 보려고 노력함.
- 내신이 다양한 학생들이 지원하므로, 수업에 대한 참여가 충실하기를 원함. 버리는 과목이 있는 친구보다는 모두 참여한 학생을 선호함.
- 전공적합성은 학부모집이므로 계열적합성으로 봄

● 면접(30점)-일반학과
  1. 평가자료: 학교생활기록부
  2. 평가방법: 면접위원 2~3인의 제출서류기반 사실 확인 면접
  3. 반영비율: 30% [발전가능성 15%, 인성(공동체의식) 10%, 의사소통능력 5%]
  4. 평가척도:

A	B	C	D	E
매우 우수 <---> 매우 미흡				

5. 평가방법

평가요소	반영비율	평가내용	면접평가 세부내용
잠재역량	15%	모집단위 인재상에 부합하며 학업수학 가능성 확인	◦ 지원전공(계열)과 관련하여 수업 중에 발표한 주제와 내용 ◦ 과제활동에서의 자료조사방법과 과제를 완성하는데 활용한 참고문헌
사회역량	10%	건전한 인격과 협력을 토대로 공동체 구성원으로서의 역할 수행	◦ 학생이 참여한 과학탐구대회 준비과정에서 본인이 맡은 역할 ◦ 동아리 행사준비에서 본인의 제안에 친구들이 그렇게 생각한 이유
소통역량	5%	질문 의도를 제대로 이해하고 사용하는 어휘와 답변하는 태도	◦ 면접 시 질문의도에 맞는 답변 여부 ◦ 질문에 대한 바른 태도와 성의

6. 평가방법-디자인비즈학부(아이디어 스케치):

아이디어스케치작성 → 입실 → 작성자료 발표 → 질의응답 → 퇴실

평가요소	반영비율	평가내용	면접평가 세부내용
잠재역량	15%	◦모집단위 인재상에 부합하며 학업수학 가능성 확인 ◦아이디어 전개과정의 논리적, 체계적인 사고력 ◦아이디어 문항의 주제와 창의적으로 연계	◦지원자가 이야기한 아이디어의 장단점 ◦설명한 아이디어의 예상 소비자와 선정이유 ◦해당 소재를 주제로 선정한 이유 ◦지원전공(계열)과 관련하여 수업 중에 발표한 주제와 내용 ◦과제활동에서의 자료조사방법과 과제를 완성하는데 활용한 참고문헌
사회역량	10%	건전한 인격과 협력을 토대로 공동체 구성원으로서의 역할 수행	◦학생이 참여한 과학탐구대회 준비과정에서 본인이 맡은 역할 ◦동아리 행사준비에서 본인의 제안에 친구들이 그렇게 생각한 이유
소통역량	5%	질문 의도를 제대로 이해하고 사용하는 어휘와 답변하는 태도	◦면접 시 질문의도에 맞는 답변 여부 ◦질문에 대한 바른 태도와 성의

☞ 보충설명
- 평가요소 변경: 발전가능성->잠재역량, 인성->사회역량, 의사소통능력->소통역량
- 면접 역전률? 30%, 학생부 내에서의 활동을 질문, 얼마나 노력했는지를 질문, 서류평가 중간에 면접평가 질문을 메모해 둠. 특징을 물어봄

◎ 전형결과
■ 전체

학년도	전체						인문						자연					
	모집인원	지원인원	경쟁률	등록50%컷	등록70%컷	충원율	모집인원	지원인원	경쟁률	등록50%컷	등록70%컷	충원율	모집인원	지원인원	경쟁률	등록50%컷	등록70%컷	충원율
2022	705	5,803	8.23			105%	432	3,691	8.54			83%	273	2,112	7.74			127%
2023	710	5,626	7.92			87%	416	3,658	8.79			73%	294	1,968	6.69			101%
2024	722	9,860	13.66	3.63	3.77	80%	419	6,186	14.76	3.60	3.75	78%	303	3,674	12.13	3.65	3.79	81%
2025	680						388						292					

■ 변경사항 & 핵심포인트

[2025]

변경사항	2024	2025
모집인원	722명	680명(-42)
1단계 선발배수 확대	3배수	3배수. 단, 유아교육과, 디자인비즈학부, Fine Arts학부: 4배수
학교폭력 조치사항	-	학교폭력 가해자는 대학입학전형관리위원회의 심의를 거쳐 감점 또는 선발을 제한할 수 있음

- 1단계 선발배수: 3배수->4배수로 확대되어 면접으로 역전 가능성 많아짐
- 학교폭력조치사항: 학교폭력 가해자는 대학입학전형관리위원회의 심의를 거쳐 감점 또는 선발을 제한할 수 있음

➡ 합격자 성적분포: 인문계열은 3등급 중반 ~ 3등급 후반, 자연계열은 3등급 중반 ~ 3등급 후반.

[2024]

변경사항	2023	2024
자기소개서 폐지	자기소개서 제출	자기소개서 미제출

■ 모집단위

'*' 표시 : 교직 이수 가능

계열	모집단위	2025 모집인원	2024 모집인원	2024 지원인원	2024 경쟁률	2024 등록 50%컷	2024 등록 70%컷	2024 충원번호	2023 모집인원	2023 지원인원	2023 경쟁률	2023 등록평균	2023 등록최저	2023 충원번호	2022 모집인원	2022 지원인원	2022 경쟁률	2022 등록평균	2022 등록최저	2022 충원번호
인문	공공안전학부	24	25	316	12.6	2.76	2.96	18	24	330	13.8	2.69		12	58	441	7.6	2.95		33
인문	**호텔외식경영학부**	*14*	*19*	327	17.2	3.24	3.42	15	18	324	18.0	2.99		11						
인문	유아교육과	7	7	164	23.4	3.30	3.59	5	7	71	10.1	3.32		4	7	111	15.9	2.83		7
예체	미디어영상학과	12	15	446	29.7	3.33	3.47	10	15	230	15.3	3.43		11	13	249	19.2	3.23		10
인문	경영학부	56	57	792	19	3.37	3.51	33	58	475	8.2	3.48		44	58	530	9.1	3.52		47
인문	**법학과**	*12*	*16*	306	19.1	3.43	3.59	15	16	96	6.0	3.91		16						
인문	공공인재학부	24	26	283	10.9	3.48	3.58	18	26	149	5.7	3.60		23	26	227	8.7	3.39		26
인문	사학과	10	12	177	14.8	3.53	3.52	8	12	126	10.5	3.43		9	12	140	11.7	3.52		22
인문	국어국문학과	12	15	167	11.1	3.63	3.63	11	15	128	8.5	3.53		13	14	87	6.2	3.66		16
인문	무역학과	13	15	146	9.7	3.66	3.74	14												
인문	관광문화콘텐츠학과	10	10	272	27.2	3.67	3.81	3	9	79	8.8	4.06		5						
인문	휴먼서비스학부	18	19	243	12.8	3.68	3.74	17	18	137	7.6	3.52		13						
인문	영어영문학과	13	15	191	12.7	3.70	3.76	17	15	137	9.1	3.86		10	15	126	8.4	3.73		15
인문	문헌정보학과	10	11	200	18.2	3.71	3.93	14	11	122	11.1	3.80		10	12	130	10.8	3.68		9
인문	관광개발경영학과	20	21	296	14.1	3.72	3.93	11	21	160	7.6	3.75		10						
인문	경제학부	42	42	439	10.5	3.76	3.93	35	58	355	6.1	3.84		56	58	279	8.7	3.95		74
예체	디자인비즈학부	24	27	337	12.5	3.86	3.94	26	28	226	8.1	3.73		23	28	206	7.4	3.74		17
예체	Fine Arts학부	12	12	100	8.3	4.40	4.40	5	12	36	3.0	4.41		4						
인문	글로벌어문학부	55	55	984	17.9	4.73	4.75	53	53	477	9.0	4.56		30	55	378	6.9	4.53		45
자연	바이오융합학부	28	30	507	16.9	3.25	3.44	21	30	324	10.8	3.39		27	30	313	10.4	3.32		30
자연	건축학과(5년제)	14	14	257	18.4	3.40	3.45	9	14	160	11.4	3.49		14	14	234	16.7	3.53		27
자연	화학과	12	13	144	11.1	3.40	3.55	12	13	69	5.3	3.46		9	13	123	4.5	3.26		18
자연	융합에너지시스템공학부	28	30	320	10.7	3.48	3.65	15	30	205	6.8	3.49		26	45	228	5.1	3.52		40
자연	**AI컴퓨터공학부**	**52**	20	338	16.9	3.53	3.70	9	20	195	9.8	3.64		18	20	281	14.1	3.54		29
자연	수학과	10	12	111	9.3	3.71	3.82	10	12	40	3.3	3.91		17	13	76	5.9	3.37		17
자연	사회에너지시스템공학과	28	33	342	10.4	3.72	3.85	16	33	121	3.7	3.92		31						
자연	전자공학부	36	38	354	9.3	3.76	3.94	44	38	200	5.3	3.79		35	26	182	7.0	3.80		38
자연	기계시스템공학부	24	24	357	14.9	3.78	3.92	25	24	181	7.5	4.02		37	24	145	6.1	3.65		40
자연	산업경영공학과	36	35	350	10.0	3.85	3.94	32	35	147	4.2	4.17		36	24	109	4.5	3.67		34
자연	스마트시티공학부	24	24	264	11.0	3.97	4.02	28	24	174	7.3	3.84		30	42	270	6.4	3.92		51

■ (학생부종합) SW우수자

전형	모집인원	전형 방법	수능최저학력기준
SW우수자	15	1단계)서류100%(4배수) 2단계)서류70%+ 면접30%	X

1. **지원자격**: 국내 고등학교 졸업(예정)자
2. **제출서류**: 학교생활기록부 ※ 학교폭력 가해자는 대학입학전형관리위원회의 심의를 거쳐 감점 또는 선발을 제한할 수 있음

◎ 전형요소
● 서류 및 면접: KGU학생부종합전형 참고

◎ 전형결과
■ 모집단위

'*' 표시 : 교직 이수 가능

계열	모집단위	2025	2024						2023				2022			
		모집인원	모집인원	지원인원	경쟁률				모집인원	지원인원	경쟁률		모집인원	지원인원	경쟁률	
자연	AI컴퓨터공학부	15														

■ (논술) 논술우수자

전형	모집인원	전형 방법	수능최저학력기준
논술우수자	239	학생부교과10%+ 논술90%	X

1. **지원자격**: 고등학교 졸업(예정)자 또는 법령에 의하여 고등학교 졸업 학력과 동등 이상의 학력이 있다고 인정되는 자
   ※ 학교폭력 가해자는 대학입학전형관리위원회의 심의를 거쳐 감점 또는 선발을 제한할 수 있음

◎ 전형요소
● 학생부(10점)

반영요소 반영비율	반영교과목		교과성적 산출지표	학년별 반영비율
	구분	반영방법		
교과100%	공통 및 일반선택	▶ 자유전공학부(수원, 서울) : 국어, 영어, 수학, 통합사회, 통합과학, 한국사, 사회, 과학교과에 속한 전 과목	석차등급	학년 구분 없음
	진로선택	진로선택과목별 석차등급 환산기준 = A : 1등급, B : 2등급, C : 4등급 ※ 과목 수 제한 없음.		

구분	1등급	2등급	3등급	4등급	5등급	6등급	7등급	8등급	9등급
점수(40점)	40	39.2	38	36.4	34.4	32	24	8	0
등급 간 점수 차이	0	0.8	1.2	1.6	2.0	2.4	8	16	8

● 논술(90점)
  1. 출제방향:
     가) 교과서에 나온 제시문이나 주제를 최대한 활용하여 고등학교 교과과정을 이수한 학생이라면 누구나 쓸 수 있는 문항을 출제
     나) 수험생의 학업성취도 즉, 각 교과의 지식을 더 깊고 더 넓게 배웠는가를 평가할 수 있는 문항을 출제
     다) 지나치게 추상적이고 막연한 논제나 가벼운 말잔치에 그칠 수 있는 논제는 지양함
  2. 평가내용:

유형	출제분야 및 범위	출제문항	답안 길이	시험시간	배점
언어· 사회논술	언어, 인문, 사회 관련 분야의 다양한 제시문(출제 교과 범위: 국어, 사회, 한국사 일반과목)	언어, 사회 각 1문항	언어 : 450±50자 사회 : 700±50자	100분	90점
수리논술	수리 관련 분야의 다양한 제시문(출제 교과 범위: 수학, 수학 I, 수학 II)	2문항(각 문항별 소문항 있을 수 있음)	제한 없음(답안 규격이 정해진 자유 양식)		

  3. 출제경향

유형	출제분야 및 범위
공통	• 교과서에 나온 제시문이나 주제(개념 등)를 최대한 활용하여 고등학교 교과과정을 정상적으로 이수한 학생이라면 누구나 쓸 수 있는 문제를 출제· • 수험생의 학업성취도 즉, 각 교과의 지식을 더 깊고 더 넓게 배웠는가를 평가할 수 있는 문항을 출제 • 기타 자세한 고사 안내사항, 답안 작성 유의사항 등은 논술고사일 전 입학처 홈페이지 공개
언어· 사회	• 동서양 고문, 교과서 외의 명저, 학술논문 등의 지문은 인용하지 않음 • 고등학생이 감당하기 어려운 제시문은 배제하며, 제시문이 교과서 범위를 벗어나지 않도록 함 • 지나치게 추상적이고 막연한 논제나 가벼운 말잔치에 그칠 수 있는 논제는 지양 • 주어진 통계자료를 해석, 응용 평가하여 논제를 해결하는 문항을 출제할 수 있음
수리	• 고교 수학 교과의 기본개념, 원리를 바탕으로 추론, 서술하는 능력을 평가 • 고교과정을 이수한 수험생에게 적합하고 대입 시험으로서의 변별력을 갖춘 문제를 출제

◎ 전형결과
■ 전체

학년도	전체						인문						자연					
	모집인원	지원인원	경쟁률	등록50%컷	등록70%컷	충원율	모집인원	지원인원	경쟁률	등록50%컷	등록70%컷	충원율	모집인원	지원인원	경쟁률	등록50%컷	등록70%컷	충원율
2022	169	3,062	18.12			25%	169	3,062	18.12			25%						
2023	167	2,502	14.98			23%	167	2,502	14.98			23%						
2024	167	3,483	20.86	4.39	4.66	23%	167	3,483	20.86	4.39	4.66	23%						
2025	239						134						105					

■ 변경사항 & 핵심포인트

[2025]

변경사항	2024	2025
모집인원	167명	239명(+72명)
학교폭력 조치사항	-	학교폭력 가해자는 대학입학전형관리위원회의 심의를 거쳐 감점 또는 선발을 제한할 수 있음
논술 반영비율 증가	학생부교과40%+ 논술60%	학생부교과10%+ 논술90%
자연계열 선발	인문계만 선발	인문, 자연 모두 선발
논술유형 선택 가능	언어사회논술	언어사회논술, 수리논술 중 택1

• 학교폭력조치사항: 학교폭력 가해자는 대학입학전형관리위원회의 심의를 거쳐 감점 또는 선발을 제한할 수 있음
➡ 합격자 성적분포: 인문계열은 4등급 초반 ~ 4등급 후반.

■ 모집단위
'*' 표시 : 교직 이수 가능

계열	모집단위	2025	2024						2023						2022					
		모집인원	모집인원	지원인원	경쟁률	등록50%컷	등록70%컷	충원번호	모집인원	지원인원	경쟁률	등록평균	등록70%컷	충원번호	모집인원	지원인원	경쟁률	등록평균	등록70%컷	충원번호
인문	자유전공학부(수원)	95																		
인문	자유전공학부(서울)	39																		
자연	자유전공학부(수원)	90																		
자연	자유전공학부(수원)	15																		

11. 경동대학교

(메트로폴캠퍼스) 경기도 양주시 경동대학로 27 (TEL. 033. 738-1287~8)
(메디컬캠퍼스) 강원도 원주시 문막읍 견훤로 815 (TEL. 033. 738-1287~8)
(글로벌캠퍼스) 강원도 고성군 토성면 봉포 4길 46 (TEL. 033. 738-1287~8)

I. 한 눈에 보는 전형

모집시기	전형유형	전형	모집인원	전형 방법	수능최저학력기준
수시	교과	일반학생	1,355	학생부100%	X
수시	교과	지역인재	111	학생부100%	X
수시	교과	자기추천제	51	학생부70%+ 면접30%	X
수시	교과	농어촌학생	39	학생부100%	X
수시	교과	특성화고교졸업자	15	학생부100%	X
수시	교과	기초생활수급자및차상위계층	31	학생부100%	X
수시	실기/실적	태권도특기자	8	학생부30%+ 실기70%	X

(수시모집) 지원 가능 횟수	전형이 다른 경우 복수 지원이 가능합니다.

■ 모집단위 신설 · 변경

구분	2024	2025
명칭변경	공공복지정보관리학과 토목공학과	보건행정학과 건설시스템공학과

■ 학교폭력 조치사항

전형	전형총점	감점								
		1호	2호	3호	4호	5호	6호	7호	8호	9호
태권도특기자	1,000	감점 또는 불합격								

■ 전형결과

※ 성적 산출기준: (수시) 교과 석차등급, (정시) 수능 등급

모집시기	전형유형	전형	학년도	모집인원	지원인원	경쟁률	최종합격자 평균	최종합격자 80%	충원율
수시	교과	일반학생	2024	1,359	6,485	4.77	4.57	5.36	
수시	교과	지역인재	2024	109	496	4.55	4.39	5.10	
수시	교과	자기추천제	2024	44	333	7.57	3.79	4.13	

■ (주요전형) 전형일정

유형	전형	원서접수 마감	대학별 고사(면접/논술)	1단계 합격자	최종 합격자
교과	일반학생	9.13(금) 24:00			11.01(금)
교과	지역인재	9.13(금) 24:00			11.01(금)
교과	자기추천제	9.13(금) 24:00	▶간호학과: 10.12(토) ▶항공서비스학과 10.19(토)		11.01(금)

II. (수시모집) 주요 전형

■ (학생부교과) 일반학생

전형	모집인원	전형 방법	수능최저학력기준
일반학생	1,355	학생부100%	X

1. **지원자격**: 2025년 2월 고등학교 졸업예정자 또는 졸업자, 기타 법령에 의하여 고등학교 졸업자와 동등한 학력이 있다고 인정되는 자

◎ 전형요소
● 학생부(1,000점)

반영요소 반영비율	반영교과목		교과성적 산출지표	학년별 반영비율
	구분	반영방법		
교과 90%	공통 및 일반선택	전 과목 ※ 반영 학기: (교과) 졸업예정자 및 졸업자 모두 3학년 1학기까지 ※ 이수단위: 미반영	석차등급	학년 구분 없음
	진로선택	전 과목. ※ 성취도별 등급 = A : 1등급, B : 3등급, C : 5등급	성취도	
비교과 10%	※ 만점: ① 출결(10%): 미인정 결석 5일 이내			

◎ 전형결과
■ 전체

학년도	전체						인문						자연				
	모집 인원	지원 인원	경쟁 률	최종 평균	최종 80%		모집 인원	지원 인원	경쟁 률	최종 평균	최종 80%		모집 인원	지원 인원	경쟁 률	최종 평균	최종 80%
2022	1,320	9,215	6.98	4.70	5.49		520	3,743	7.20	4.78	5.52		800	5,472	6.84	4.62	5.45
2023	1,309	6,727	5.14	4.61	5.17		505	2,892	5.73	4.65	5.27		804	3,835	4.77	4.57	5.07
2024	1,359	6,485	4.77	4.57	5.36		506	2,799	5.53	4.59	5.37		853	3,686	4.32	4.54	5.35
2025	1,355						503						852				

■ 변경사항 & 핵심포인트
[2025]

변경사항	2024	2025
모집인원	1,359명	1,355명(-4명)

➡ **합격자 성적분포**: 인문계열은 4등급 중반 ~ 5등급 중반, 자연계열은 4등급 중반 ~ 5등급 중반.

■ 모집단위

'*'표시 : 교직 이수 가능

계열	모집단위	2025	2024						2023						2022				
		모집 인원	모집 인원	지원 인원	경쟁 률	최종 평균	최종 80%		모집 인원	지원 인원	경쟁 률	최종 평균	최종 80%		모집 인원	지원 인원	경쟁 률	최종 평균	최종 80%
인문	경찰학과	34	34	238	7.0	**3.81**	4.27		34	191	5.6	3.97	4.36		36	258	7.2	3.62	4.13
인문	사회복지학과	24	22	332	15.1	**4.07**	5.44		22	143	6.5	5.15	5.82		29	223	7.7	5.47	6.56
예체	디자인학과	24	24	148	6.2	**4.15**	5.24		25	216	8.4	4.05	4.56		27	251	9.3	4.56	4.93
인문	유아교육과*	98	98	295	3.0	**4.42**	5.31		97	526	5.4	4.30	4.79		90	759	8.4	4.09	4.76
인문	호텔조리학과	39	39	252	6.5	**4.44**	5.38		38	306	8.1	4.06	4.49		36	396	11.0	4.30	4.89
인문	행정학과	29	29	126	4.3	**4.48**	5.20		28	149	5.3	4.59	5.01		27	178	6.6	4.34	4.97
인문	경영학과	29	29	140	4.8	**4.49**	5.54		29	164	5.7	4.25	4.74		27	238	8.8	4.32	4.50
인문	건축디자인학과	24	24	129	5.4	**4.57**	5.27		25	159	6.4	4.43	4.98		27	227	8.4	4.79	5.00
예체	스포츠마케팅학과	49	49	185	3.8	**4.61**	5.57		48	217	4.5	4.36	4.77		45	200	4.4	4.60	4.78
인문	호텔관광경영학과	20	20	268	13.4	**4.61**	5.10		21	91	4.3	5.65	6.35		28	143	5.1	5.89	7.00
인문	군사학과	26	26	157	6.0	**4.61**	5.20		25	95	3.8	5.50	6.14		27	126	4.7	5.52	6.67
인문	외식사업학과	24	24	119	5.0	**4.65**	5.38		24	120	5.0	4.90	5.53		27	136	5.0	4.65	5.42
예체	체육학과	41	37	217	5.9	**4.74**	5.27		36	224	6.2	5.06	5.52		33	296	9.0	4.85	6.02
인문	보건행정학과	25	25	90	3.6	**4.99**	6.15		25	97	3.9	4.93	5.56		32	127	4.0	5.32	6.19
인문	항공서비스학과	17	24	97	4.0	**5.07**	5.97		25	181	7.2	4.82	5.41		27	181	6.7	5.17	6.53
자연	**간호학과**	271	251	1,127	4.5	**3.34**	3.82		221	1,140	5.2	3.31	3.66		234	1,883	8.1	3.16	3.58
자연	물리치료학과	67	67	456	6.8	**3.35**	3.71		65	470	7.2	3.40	3.72		61	744	12.2	3.24	3.60
자연	임상병리학과	55	55	238	4.3	**4.03**	4.62		53	255	4.8	4.02	4.38		50	330	6.6	4.40	4.49
자연	*응급구조학과*	*26*	*35*	187	5.3	**4.21**	4.84		34	179	5.3	4.25	4.63		33	249	7.6	4.01	4.48
자연	치위생학과	133	133	477	3.6	**4.68**	5.62		121	407	3.4	4.57	5.09		112	687	6.1	4.30	4.90
자연	건축공학과	24	24	141	5.9	**4.69**	5.33		25	178	7.1	4.83	5.51		27	200	7.4	5.05	5.92
자연	컴퓨터공학과	72	72	244	3.4	**4.73**	5.85		69	346	5.0	4.60	5.06		66	437	6.6	4.73	5.51
자연	치기공학과	53	53	147	2.8	**4.85**	5.92		53	150	2.8	5.07	5.62		56	187	3.3	5.47	6.76
자연	소프트웨어학과	59	59	242	4.1	**4.89**	5.72		59	285	4.8	5.00	5.54		54	271	5.0	5.03	6.10
자연	작업치료학과	64	62	246	4.0	**4.97**	5.84		62	219	3.5	5.18	5.77		56	297	5.3	5.13	6.51
자연	건설시스템공학과	24	24	109	4.5	**5.37**	6.23		24	124	5.2	5.29	5.85		27	102	3.8	5.23	6.62
자연	*안경광학과*	*4*	*18*	72	4.0	**5.41**	6.67		18	82	4.6	5.28	6.06		24	85	3.5	5.74	6.88

■ (학생부교과) 지역인재

전형	모집인원	전형 방법	수능최저학력기준
지역인재	111	학생부100%	X

1. **지원자격:** 강원권 내에 소재하는 고등학교에 입학하여 졸업(예정)한 사람

◎ **전형요소**
● **학생부:** 일반학생전형 참고

◎ **전형결과**
■ 전체

학년도	전체					인문					자연				
	모집인원	지원인원	경쟁률	최종평균	최종80%	모집인원	지원인원	경쟁률			모집인원	지원인원	경쟁률	최종평균	최종80%
2022	70	669	9.56	4.54	5.06						70	669	9.56	4.54	5.06
2023	101	558	5.52	4.43	4.83						101	558	5.52	4.43	4.83
2024	109	496	4.55	4.39	5.10						109	496	4.55	4.39	5.10
2025	111										111				

■ 변경사항 & 핵심포인트

[2025]

변경사항	2024	2025
모집인원	109명	111명(+2명)

➡ **합격자 성적분포:** 인문계열은 등급 반 ~ 등급 반, 자연계열은 등급 반 ~ 등급 반.

■ 모집단위

'*' 표시 : 교직 이수 가능

계열	모집단위	2025	2024					2023					2022				
		모집인원	모집인원	지원인원	경쟁률	최종평균	최종80%	모집인원	지원인원	경쟁률	최종평균	최종80%	모집인원	지원인원	경쟁률	최종평균	최종80%
자연	물리치료학과	7	7	47	6.7	**3.33**	3.75	7	64	9.1	3.42	3.74	7	83	11.9	3.26	3.70
자연	간호학과	57	53	194	3.7	**3.47**	3.89	53	251	4.7	3.39	3.71	20	225	11.3	3.32	3.52
자연	임상병리학과	6	6	31	5.2	**4.12**	4.58	6	41	6.8	4.10	4.33	6	71	11.8	4.38	4.48
자연	응급구조학과	3	4	22	5.5	**4.16**	4.74	4	24	6.0	4.05	4.38	4	38	9.5	4.25	4.67
자연	치위생학과	24	24	129	5.4	**4.93**	5.64	16	67	4.2	4.87	5.47	16	132	8.3	4.48	4.74
자연	안경광학과	1	2	12	6.0	**4.97**	5.68	2	23	11.5	5.17	5.63	3	24	8.0	5.83	6.34
자연	치기공학과	6	6	28	4.7	**4.99**	6.36	6	36	6.0	5.33	5.76	7	36	5.1	5.68	6.71
자연	작업치료학과	7	7	33	4.7	**5.13**	6.13	7	52	7.4	5.08	5.59	7	60	8.6	5.11	6.31

■ (학생부교과) 자기추천제

전형	모집인원	전형 방법	수능최저학력기준
자기추천제	51	학생부70%+ 면접30%	X

1. **지원자격:** 2025년 2월 고등학교 졸업예정자 또는 졸업자, 기타 법령에 의하여 고등학교 졸업자와 동등한 학력이 있다고 인정되는 사람으로서 지원하고자 하는 학과에 재능과 열정이 있다고 본인이 스스로 판단하는 사람

◎ **전형요소**
● **학생부(700점)**

반영요소 반영비율	반영교과목		교과성적 산출지표	학년별 반영비율
	구분	반영방법		
교과 86% (600점)	공통 및 일반선택	전 과목 ※ 반영 학기: (교과) 졸업예정자 및 졸업자 모두 3학년 1학기까지 ※ 이수단위: 미반영	석차등급	학년 구분 없음
	진로선택	전 과목. ※ 성취도별 등급 = A : 1등급, B : 3등급, C : 5등급	성취도	
비교과 14% (100점)	※ 만점: ① 출결(14%): 미인정 결석 5일 이내			

구분	1등급	2등급	3등급	4등급	5등급	6등급	7등급	8등급	9등급
점수(600점)	600	593	586	579	572	565	558	551	544
등급 간 점수 차이	0	7	7	7	7	7	7	7	7

● 면접(300점)
   1. **면접방법** : 구술면접
   2. **채점방식** : 각 영역별 채점위원 3인의 평균 점수를 반영
   3. **반영방법** : 채점 결과를 9등급으로 분류하여 반영
   4. **평가영역** : ① 인성 및 가치관, ② 창의력, 논리력, 표현력, ③ 전공 학문에 대한 관심 및 적성, ④ 수업수행능력 및 포부

◎ 전형결과
■ 전체

학년도	전체						인문						자연				
	모집 인원	지원 인원	경쟁 률	최종 평균	최종 80%		모집 인원	지원 인원	경쟁 률				모집 인원	지원 인원	경쟁 률	최종 평균	최종 80%
2022	82	549	6.70	4.17	4.79								82	549	6.70	4.17	4.79
2023	82	307	3.74	4.36	4.68								82	307	3.74	4.36	4.68
2024	44	333	7.57	3.79	4.13								44	333	7.57	3.79	4.13
2025	51						7						44				

■ 변경사항 & 핵심포인트

[2025]

변경사항	2024	2025
모집인원	44명	51명(+7명)

➡ **합격자 성적분포**: 인문계열은 등급 반 ~ 등급 반, 자연계열은 등급 반 ~ 등급 반.

[2024]
• 모집인원: 82명->44명으로 38명 감소, 인문계열은 미선발, 자연계열에서만 38명 감소함

■ 모집단위   '*' 표시 : 교직 이수 가능

계열	모집단위	2025	2024						2023					2022				
		모집 인원	모집 인원	지원 인원	경쟁 률	최종 평균	최종 80%		모집 인원	지원 인원	경쟁 률	최종 평균	최종 80%	모집 인원	지원 인원	경쟁 률	최종 평균	최종 80%
인문	항공서비스학과	7	·															
자연	간호학과	44	44	333	7.6	**3.79**	4.13		66	273	4.1	3.66	3.91	66	494	7.5	3.53	3.99

12. 경북대학교
대구광역시 북구 대학로 80 (Tel: 053. 950-5071~3)

I. 한 눈에 보는 전형

모집 시기	전형 유형	전형	모집 인원	전형 방법	수능최저 학력기준
수시	교과	교과우수자	1,403	학생부교과80%+ 서류20%	○
수시	교과	지역인재	584	학생부교과80%+ 서류20%	○
수시	교과	지역인재-기초생활수급자등 대상자	9	학생부교과80%+ 서류20%	○
수시	교과	사회통합	117	학생부교과80%+ 서류20%	X
수시	교과	특성화고졸업자	30	학생부교과80%+ 서류20%	X
수시	종합	일반학생	894	서류100%	○
수시	종합	사회배려자	18	서류100%	X
수시	종합	농어촌학생	197	서류100%	X(의예,치의예, 약학○)
수시	종합	기초생활수급자등대상자	53	서류100%	X
수시	종합	지역인재	428	1단계)서류100%(4배수/의예, 치의예, 약학: 5배수) 2단계)서류70%+ 면접30%	X(의예,치의예, 약학○)
수시	종합	지역인재-학교장추천	3	▶치의예과: 1단계)서류100%(4배수) 2단계)서류70%+ 면접30% ※ 고교 추천: 1명	X
수시	종합	SW특별전형	10	1단계)서류100%(4배수) 2단계)서류70%+ 면접30%	X
수시	종합	모바일과학인재	5	1단계)서류100%(5배수) 2단계)서류50%+ 면접50%	○
수시	종합	고졸재직자	5	1단계)서류100%(4배수) 2단계)서류70%+ 면접30%	X
수시	종합	영농창업인재	19	1단계)서류100%(4배수) 2단계)서류70%+ 면접30%	X
수시	종합	장애인등대상자	20	1단계)서류100%(3배수) 2단계)서류70%+ 면접30%	X
수시	종합	특성화고졸재직자	25	1단계)서류100%(4배수) 2단계)서류70%+ 면접30%	X
수시	논술	논술전형(AAT)	544	학생부교과30%+ 논술70%	○
수시	실기/실적	실기전형	181	▶음악학과: 1단계)학생부100%(10배수) 2단계)1단계20%+ 실기80% ▶국악학과,: 학생부20%+ 실기80% ▶디자인학과: 학생부10%+ 실기90% ▶섬유패션디자인학부(패션디자인전공): 실기100% ▶미술학과, 체육학과: 학생부30%+ 실기100%	X (미술학과, 디자인학과○)
수시	실기/실적	특기자(체육)	11	1단계)실적100%(4배수) 2단계)학생부20%+ 면접20%+ 실적60%	X

우리 대학에는 최대 4회까지 지원이 가능함.
※ 학생부종합 내 단계별전형(면접이 있는 전형) 간에는 중복지원 불가

(수시모집) 지원 가능 횟수	학생부교과				학생부종합	
	· 교과우수자전형 · 지역인재전형 · 지역인재 기초생활수급자등대상자전형 · 사회통합전형 · 특성화고졸업자전형	논술(AAT) 전형	실기/실적 (예·체능) 전형	특기자 (체육) 전형	· 일반학생전형 · 지역인재전형 · 지역인재 학교장 추천전형 · 사회배려자전형 · 고졸재직자전형 · 영농창업인재전형	· SW특별전형 · 농어촌학생전형 · 기초생활수급자등대상자전형 · 특성화고졸재직자전형 · 모바일과학인재전형 · 장애인등대상자전형
	중복지원 가능				1개 전형만 지원 가능	
	최대 4개 전형 지원 가능					

■ 무전공(전공자율선택)

유형① [대학 내 모든 전공(보건의료, 사범 등 제외) 자율 선택]		유형② [계열/단과대 모집 후 모집단위 내 전공 자율 선택]	
모집단위	인원	모집단위	인원
자율미래인재학부	58	IT 첨단자율학부	69
자율전공학부	326	IT대학 자율학부	29
		경상대학 자율학부	40

유형① [대학 내 모든 전공(보건의료, 사범 등 제외) 자율 선택]		유형② [계열/단과대 모집 후 모집단위 내 전공 자율 선택]	
모집단위	인원	모집단위	인원
		공과대학 자율학부	40
		공학 첨단자율학부	49
		농업생명과학대학 자율학부	37
		사회과학대학 자율학부	15
		인문대학 자율학부	14
		자연과학대학 자율학부	34
		첨단기술융합대학 자율학부1(로봇모빌리티우주공학계열)	160
		첨단기술융합대학 자율학부2(의생명공학 혁신신약계열)	90

■ 단과대학별 및 첨단 자율학부, 자율전공학부, 자율미래인재학부 선택 가능 학과

모집단위	2학년 진급 시 선택 가능 학과	진급 가능 인원
인문대학 자율학부	국어국문학과, 영어영문학과, 일어일문학과	학과별 학생정원의 50% 이상부터별도로 정하는 상한 인원까지
사회과학대학 자율학부	정치외교학과, 심리학과, 사회복지학과, 미디어커뮤니케이션학과	
자연과학대학 자율학부	수학과, 화학과, 생명공학부, 통계학과, 지구시스템과학부	
경상대학 자율학부	경제통상학부, 경영학부	
공과대학 자율학부	건축학부(건축학전공), 건축학부(건축공학전공), 토목공학과, 응용화학과, 화학공학과, 고분자공학과, 섬유시스템공학과, 환경공학과	
IT대학 자율학부	컴퓨터학부(플랫폼소프트웨어전공, 데이터과학전공), 컴퓨터학부(글로벌소프트웨어융합전공), 전기공학과	
IT 첨단자율학부	전자공학부, 전자공학부(인공지능전공), 컴퓨터학부(인공지능컴퓨팅전공)	
농업생명과학대학 자율학부	식물의학과, 응용생명과학부, 식품공학과, 산림과학·조경학부, 원예과학과, 바이오섬유소재학과, 농산업학과	
첨단기술융합대학 자율학부1	스마트모빌리티공학과, 우주공학부, 로봇공학과	
첨단기술융합대학 자율학부2	**혁신신약학과,** 의생명융합공학과공학 첨단자율학부 금속재료공학과, 신소재공학과, 기계공학부, 에너지공학부, 농업토목공학과, 스마트생물산업기계공학과	
자율전공학부	단과대학별 자율학부 및 첨단자율학부에서 선택 가능한 모든 학과(자율미래인재학부 제외)	상한 인원 없음
자율미래인재학부	식물자원학과, 산림생태보호학과, 축산학과, 동물생명공학과, 말/특수동물학과, 체육학부(건강운동관리전공), 건설방재공학과, 환경안전공학과, 정밀기계공학과, 자동차공학과, 소프트웨어학과, 나노신소재공학과, 에너지화학공학과, 식품외식산업학과, 섬유패션디자인학부(섬유공학전공), 위치정보시스템학과, 스마트플랜트공학과	

■ 학교폭력 조치사항

1) 반영전형: 모든 전형
2) 반영방법: 「학교폭력예방 및 대책에 관한 법률 제17조1항」 에 의거 하여 학교생활기록부에 기재된 학교폭력 조치사항에 따라 전형 총점에서 감점 (단, 단계별 전형의 경우 1단계에서 감점 처리)

전형	전형 총점	감점								
		1호	2호	3호	4호	5호	6호	7호	8호	9호
태권도특기자	1,000	감점 또는 불합격								
모든 전형	500	10				50			150	

※ 감점을 반영한 점수가 음수일 경우, '0점'으로 처리
3) 국외고 출신자, 검정고시 출신자 중 고등학교에 재학한 적 없는 자의 경우 반영하지 않음

■ 모집단위 신설·변경

구분	2024	2025
신설	-	정보·컴퓨터교육과, 로봇공학과, 의생명융합공학과

■ 전형결과

※ 성적 산출기준: (수시) 교과 석차등급, (정시) 수능 백분위

모집시기	전형유형	전형	학년도	모집인원	지원인원	경쟁률	등록자 평균	등록자 70%	실질경쟁률	충원율
수시	교과	교과우수자	2024	1,542	11,072	7.18	**3.18**	3.38		173%
수시	교과	지역인재	2024	352	2,841	8.07	**2.64**	2.78		113%
수시	종합	일반학생	2024	901	15,670	17.39	**3.85**	4.11		52%
수시	종합	지역인재	2024	299	5,044	16.87	**3.60**	3.88		50%

모집시기	전형유형	전형	학년도	모집인원	지원인원	경쟁률	등록자 평균	등록자 70%	실질경쟁률	충원율
수시	종합	지역인재-학교장추천	2024	3	22	7.33	**1.83**	1.95		0%
수시	종합	SW특별전형	2024	10	158	15.80	**4.11**	4.04		30%
수시	종합	모바일과학인재	2024	5	76	15.20	**2.84**	2.80		40%
수시	논술	논술전형(AAT)	2024	506	12,841	25.38	**4.12**		10.92	20%

■ (주요전형) 전형일정

유형	전형	원서접수 마감	대학별 고사(면접/논술)	1단계 합격자	최종 합격자
교과	교과우수자	9.13(금) 18:00			12.13(금)
교과	지역인재	9.13(금) 18:00			12.13(금)
종합	일반학생	9.13(금) 18:00			12.13(금)
종합	지역인재	9.13(금) 18:00	11.16(토)	11.01(금)	12.13(금)
종합	지역인재-학교장추천	9.13(금) 18:00 학교장추천: 9.25(수) 18:00	11.16(토)	11.01(금)	12.13(금)
종합	SW특별전형	9.13(금) 18:00	11.16(토)	11.01(금)	12.13(금)
종합	모바일과학인재	9.13(금) 18:00	11.16(토)	11.01(금)	12.13(금)
논술	논술전형(AAT)	9.13(금) 18:00	11.23(토) 09:00 인문계열 15:00 자연계열 I /16:00 자연계열 II		12.13(금)

▶ 11.23(토) 09:00 인문계열 / 15:00 자연계열 I (의예과, 치의예과, 수의예과 제외) / 16:00 자연계열 II(의예과, 치의예과, 수의예과)

II. (수시모집) 주요 전형

■ (학생부교과) 교과우수자

전형	모집인원	전형 방법	수능최저학력기준
교과우수자	1,403	학생부교과80%+ 서류20%	○

1. **지원자격**: 2023년 이후 국내 정규 고등학교 졸업(예정)자(2학년 수료예정자 중 상급학교 조기입학 자격을 부여받은 자 포함)
   ※ 국내 정규 고등학교는 고교 졸업 학력 인정학교에 한함
   ※ 국내 고교에서 3개 학기 이상 성적을 취득한 국내 고교 졸업(예정)자에 한함
2. **수능최저학력기준**:
   1) 수능 응시 영역
      1) 모집단위별로 지정한 대학수학능력시험 영역(유형)에 반드시 응시하여야 하며, 1개 영역(유형)이라도 응시하지 않았을 경우 불합격 처리
      2) 국어 과목 모든 선택 허용함. 다만, 수학의 경우 자연계열(일부학과 A, B 제외)의 경우 수학선택은 미적분과 기하 중 택 1만 가능
      3) 탐구영역은 2개 과목에 응시하여야 하며, 탐구영역 2과목 중 <u>상위 1과목</u>의 등급을 반영함
      ※ <u>의예과는 2과목 평균(소수점 반올림)</u>,
      ※ 치의예과, 수의예과, 약학과, 전자공학부 모바일공학전공은 탐구 2과목 평균(소수점 절사) 반영

모집단위	응시 및 반영 영역
인문사회계열	국어, 수학, 영어, 사/과탐, 한국사
자연계열(일부 학과 A, B, C 제외)	국어, <u>수학(미적분/기하)</u>, 영어, <u>과탐</u>, 한국사
자연계열 일부 학과 A : - 자연과학대학(생명과학부 생명공학전공, 생명과학부 생물학전공), - 사범대학(수학교육과 제외), - 농업생명과학대학(산림과학·조경학부 제외), - 생활과학대학(의류학과, 식품영양학과)]	국어, 수학, 영어, <u>과탐</u>, 한국사
자연계열 일부 학과 B : - 농업생명과학대학(산림과학·조경학부), - 생활과학대학(아동학부), - 간호대학(간호학과), -IT대학(컴퓨터학부-글로벌소프트웨어융합전공)	국어, 수학, 영어, 사/과탐, 한국사
자연계열 일부 학과 C : - 생태환경대학, - 과학기술대학	국어, 수학, 영어, 사/과탐, 한국사
예술대학, 체육학과	국어, 영어, 사/과탐, 한국사

2) 수능 최저학력기준

계열	모집단위	[교과] 교과우수자, 지역인재 [논술] 논술(AAT)	[종합] 일반학생
인문	경상대학, 사범대학, 행정학부, 자율전공부	2개 영역 등급 합 5	2개 영역 등급 합 6
인문	인문대학, 사회과학대학	2개 영역 등급 합 6	2개 영역 등급 합 7
자연	IT대학	'수학' 포함 2개 영역 등급 합 5	'수학' 포함 2개 영역 등급 합 6
자연	사범대학, 간호대학	2개 영역 등급 합 5	2개 영역 등급 합 6
자연	공과대학	'수학' 포함 2개 영역 등급 합 6	'수학' 포함 2개 영역 등급 합 7
자연	자연과학대학, 농업생명과학대학, 생활과학대학	2개 영역 등급 합 6	2개 영역 등급 합 7
자연	생태환경대학, 과학기술대학	미적용	미적용
자연	의예과	3개 영역 등급 합 4(과탐 포함) ※ 과탐: 2과목 평균(소수점 반올림)	3개 영역 등급 합 4(과탐 포함) ※ 과탐: 2과목 평균(소수점 반올림)
자연	치의예과	3개 영역 등급 합 4(과탐 포함) ※ 과탐: 2과목 평균(소수점 절사)	3개 영역 등급 합 4(과탐 포함) ※ 과탐: 2과목 평균(소수점 절사)
자연	수의예과, 약학과	3개 영역 등급 합 5(과탐 포함) ※ 과탐: 2과목 평균(소수점 절사)	3개 영역 등급 합 5(과탐 포함) ※ 과탐: 2과목 평균(소수점 절사)
자연	모바일공학전공	• 논술(AAT): [수학(미적분/기하), 과탐] 2개 영역 등급 합 3 ※ 과탐: 2과목 평균(소수점 절사)	

◎ 전형요소
● 학생부(400점)

반영요소 반영비율	반영교과목		교과성적 산출지표	학년별 반영비율
	구분	반영방법		
교과100%	공통 및 일반선택	국어, 수학, 영어, 사회, 과학, 한국사교과에 속한 전 과목 예) 국어, 수학, 영어, 사회, 한국사교과에 속한 전 과목 ※ 반영 학기: (교과) 졸업예정자 및 졸업자 모두 3학년 1학기까지	석차등급	학년 구분 없음
	진로선택	미반영	성취도	

구분	1등급	2등급	3등급	4등급	5등급	6등급	7등급	8등급	9등급
점수(400점)	400	390	380	370	360	350	300	200	0
등급 간 점수 차이	0	10	10	10	10	10	50	100	200

● 서류평가(100점)-교과이수 충실도
1. **평가자료**: 학교생활기록부 '교과학습발달상황'의 자료 중 일부('교과세부능력 및 특기사항' 미반영)
   1) 공통과목, 일반선택과목

학기	교과	과목	단위수	원점수/과목평균 (표준편차)	성취도 (수강자수)	석차등급	비고
○	○	○	○	×	×	×	×

   2) 진로선택과목

학기	교과	과목	단위수	원점수/과목평균	성취도 (수강자수)	성취도별 분보포비율	비고
○	○	○	○	×	×	×	×

2. **평가항목 및 세부내용**: 제출된 평가자료를 바탕으로 교과이수 충실도(교과이수 현황, 진로선택과목 이수와 성취도)를 평가

평가항목	서류평가 안내
교과이수현황	공통과목과 (일반, 진로)선택과목의 이수 정도가 대학 학업을 수행하기에 적절한가?
진로선택과목 이수 및 성취도	진로선택과목의 이수와 성취도가 지원 모집단위 (인문, 자연)계열에 적절한가?

3. **반영점수**:

평가항목	교과이수현황	A	A	B	B	A	C	B	C	C
	진로선택과목 이수 및 성취도	A	B	A	B	C	A	C	B	C
반영점수		100	100	100	99	90	90	80	80	70

☞ **보충설명**
- 학생부교과전형임에도 서류(교과이수충실도)20%를 반영.
  - 교과이수현황은 100단위 정도, 진로선택과목도 20단위 정도면 만점. 작년에 지원자 대부분 만점이었음. 부담갖지 말 것.

- 교과이수충실도는 교과학습발달상황 중 '학기, 교과, 과목, 단위수'만 반영하며, 원점수/과목평균(표준편차), 성취도(수강자수), 석차등급은 미반영
- 교과이수충실도 평가는 교과이수현황과 진로선택과목 이수 및 성취도를 각각 A,B,C로 평가하면서 AA, AB, BA까지는 만점(100점)
  - 일반선택과 진로선택의 어느 하나에 편중되었더라도 전체 이수단위의 평균 정도라면 A를 받음.
  - 학교생활을 정상적으로 이수했다면 지원자 대부분이 만점을 받을 수 있음.

◎ 전형결과
■ 전체

학년도	전체						인문						자연					
	모집인원	지원인원	경쟁률	등록평균	등록70%	충원율	모집인원	지원인원	경쟁률	등록평균	등록70%	충원율	모집인원	지원인원	경쟁률	등록평균	등록70%	충원율
2022	999	10,130	10.14	3.33	3.54	86%	274	3,564	13.00	3.31	3.55	96%	725	6,566	9.06	3.35	3.53	76%
2023	990	12,474	12.60	3.06	3.23	141%	255	4,791	18.79	2.82	2.96	179%	735	7,683	10.45	3.30	3.49	102%
2024	1,542	11,072	7.18	3.18	3.38	173%	355	3,173	8.94	2.97	3.14	206%	1,187	7,899	6.65	3.39	3.62	140%
2025	1,403						426						977					

■ [계열별] 실질 경쟁률(충원율 반영)

계열	학년도	모집인원	지원인원	경쟁률	수능최저 충족율	(수능최저 충족율 반영) 경쟁률	충원율	(충원율 반영) 실질 경쟁률
인문	2022	274	3,564	13.00	57.54%	7.48	96%	3.82
	2023	255	4,791	18.79	15.59%	2.93	179%	1.05
	2024	355	3,173	8.94	72.48%	6.48	206%	2.11
자연	2022	725	6,566	9.06	52.76%	4.78	76%	2.72
	2023	735	7,683	10.45	31.58%	3.30	102%	1.63
	2024	1,187	7,899	6.65	72.78%	4.84	140%	2.02

■ [학과별] 실질 경쟁률(지원자 중 수능최저 충족인원)

계열	계열 평균	모집단위
인문	6.48:1	국어국문학과 12.7, 영어영문학과 5.2, 사학과 8.0, 철학과 11.7, 불어불문학과 7.1, 독어독문학과 8.4, 중어중문학과 8.6, 고고인류학과 12.4, 일어일문학과 9.4, 한문학과 11.3, **노어노문학과 3.0**, 정치외교학과 7.8, 사회학과 7.0, 지리학과 9.0, 문헌정보학과 5.3, 심리학과 5.1, 사회복지학과 5.2, 미디어커뮤니케이션학과 10.0, 경제통상학부 4.7, **경영학부 3.5**, 식품자원경제학과 3.0, **국어교육과 2.9**, 영어교육과 4.2, 독어교육전공 4.0, 불어교육전공 3.7, 역사교육과 9.4, 지리교육과 5.3, 일반사회교육과 3.1, 윤리교육과 4.9, **체육교육과 4.3**, 인문사회자율전공 4.1, 행정학부 3.1
자연	4.84:1	수학과 9.5, 물리학과 5.0, 화학과 4.0, 생명공학전공 4.1, 생물학전공 5.3, 통계학과 6.0, 지구시스템학부 11.2, **금속재료공학과 3.6**, 신소재공학과 9.1, 기계공학부 6.3, 건축학전공 4.1, 건축공학전공 15.8, 토목공학과 5.4, **응용화학과 3.4**, 화학공학과 6.6, 고분자공학과 6.1, 섬유시스템공학과 5.3, 환경공학과 4.0, 에너지공학부 7.0, **우주공학부 3.1**, 응용생명과학부 2.0, 식물의학과 3.2, 식품공학부 4.0, 산림과학·조경학부 2.7, 원예과학과 2.4, 농업토목공학과 1.8, 스마트생물산업기계공학과 2.2, 바이오섬유소재학과 5.0, **수학교육과 1.6**, 물리교육과 2.0, 화학교육과 3.0, 생물교육과 1.6, 지구과학교육과 4.0, 치의예과 13.3, 수의예과 8.4, 아동학과 3.1, 의류학과 5.1, 식품영양학과 2.7, 간호학과 2.9, 약학과 11.1, 혁신신약학과 6.3, 전자공학부 2.0, 인공지능전공 2.4, 플랫폼소프트웨어·데이터과학전공 2.5, 인공지능컴퓨팅전공 4.3, 글로벌소프트웨어융합전공 2.5, 전기공학과 2.0, 스마트모빌리티공학전공 3.5

■ 변경사항 & 핵심포인트

[2025]

변경사항		2024	2025
모집인원		1,542명	1,403명(-139명)
수능최저 변경	IT대학	2개 등급 합 5	<u>수학 포함</u> 2개 등급 합 5
	자율전공부	2개 등급 합 6	2개 등급 합 <u>5</u>
	공과대학	2개 등급 합 6	<u>수학 포함</u> 2개 등급 합 6
	의예과	과탐: 2과목 평균(<u>소수점 절사</u>)	과탐: 2과목 평균(<u>소수점 반올림</u>)
학교폭력 조치사항		-	「학교폭력예방 및 대책에 관한 법률 제17조1항」에 의거 하여 학교생활기록부에 기재된 학교폭력 조치사항에 따라 전형 총점에서 감점

- 수능최저: IT대학과 공과대학은 '수학 포함'이 추가되었고, 자율전공부는 2개 등급 합 6->5로 상향 조정되었으며, 의예과는 과탐 2과목 평균 등급 산출시 소수점 절사->소수점 반올림으로 상향 조정되었음
- 학교폭력 조치사항: 전형 총점에서 감점
- ➡ 합격자 성적분포: 인문계열은 2등급 후반 ~ 3등급 초반, 자연계열은 3등급 초반 ~ 3등급 중반.
- 수능최저를 통과한 실질 경쟁률은 인문은 6.48 대 1, 자연은 4.84 대 1 정도
- 서류20%는 전년도에 지원자 대부분 만점. 올 해도 마찬가지일 것. 부담갖지 말 것.
  - 단과대학자율학부는 2학년 진급시 인기학과 보다 약간 낮은 수준에서 합격선이 형성될 것으로 예측

계열	모집단위	2025 모집인원	2024 모집인원	2024 지원인원	2024 경쟁률	2024 등록평균	2024 등록70%	2024 충원번호	2023 모집인원	2023 지원인원	2023 경쟁률	2023 등록평균	2023 등록70%	2023 충원번호	2022 모집인원	2022 지원인원	2022 경쟁률	2022 등록평균	2022 등록70%	2022 충원번호
인문	사회과학대학 자율학부	5																		
인문	인문대학 자율학부	6																		
인문	경상대학 자율학부	11																		
인문 자연	자율미래인재학부	38																		
인문	체육학전공	4	2	10	5.0			4												
예체	체육교육과	3	3	33	11.0	2.24	2.31	2	3	42	14.0			7	2	44	22.0	2.09	2.23	3
인문	미디어커뮤니케이션학과	6	6	88	14.7	2.28	2.39	16	4	89	22.3	2.40	2.81	10	3	68	22.7			
인문	윤리교육과	7	7	54	7.7	2.36	2.50	21	4	68	17.0	2.29	2.43	19	4	49	12.3	2.41	2.50	8
인문	역사교육과	4	5	80	16.0	2.42	2.64	21	4	40	10.0	2.71	3.01	10	4	34	8.5	2.06	2.12	4
인문	지리교육과	4	4	37	9.3	2.44	2.58	6	2	26	13.0			5						
인문	문헌정보학과	8	8	62	7.8	2.45	2.59	11	8	142	17.8	2.40	2.67	19	8	74	9.3	3.22	3.21	4
인문	정치외교학과	7	8	77	9.6	2.49	2.75	37	6	139	23.2	2.70	2.81	6	7	70	10.0	3.18	3.59	4
인문	심리학과	6	7	58	8.3	2.57	2.79	16	7	340	48.6	2.16	2.28	4	7	71	10.1	3.34	4.62	5
인문	행정학부	9	10	63	6.3	2.69	3.04	17	12	121	10.1	2.26	2.43	37	12	181	15.1	2.40	2.55	15
인문	*사회학과*	7	12	110	9.2	2.69	2.80	34	8	155	19.4	2.71	2.79	11	8	81	10.1	3.14	3.69	3
인문	영어영문학과	10	10	85	8.5	2.71	2.83	26	11	126	11.5	2.76	2.91	6	11	127	11.6	2.41	2.50	9
인문	경영학부	38	42	253	6.0	2.72	2.85	92	33	593	18.0	2.29	2.46	83	25	523	20.9	2.71	3.01	16
인문 자연	자율전공학부	80	37	226	6.1	2.73	2.93	49							24	704	29.3	2.55	2.72	35
인문	사회복지학부	11	13	100	7.7	2.76	2.89	30	11	260	23.6	2.82	2.88	22	11	109	9.9	3.57	3.75	6
인문	사학과	9	8	101	12.6	2.76	2.96	28	10	192	19.2	2.86	2.95	14	10	94	9.4	3.62	3.86	5
인문	경제통상학부	22	24	181	7.5	2.76	2.86	51	19	582	30.6	2.58	2.80	38	23	295	12.8	3.28	3.80	17
인문	국어국문학과	5	6	105	17.5	2.76	2.81	12	9	161	17.9	3.05	3.24	17	5	57	11.4	3.25	3.82	8
인문	영어교육과	10	10	57	5.7	2.77	2.86	28	8	165	20.6	2.12	2.24	29	7	56	8.0	2.76	3.00	10
인문	철학과	6	6	108	18.0	2.80	2.93	10	7	92	13.1	3.29	3.38	11	8	81	10.1	3.39	3.58	5
인문	독어교육전공	3	3	22	7.3	2.91	2.94	2	4	40	10.0	3.23	3.31	5	3	27	9.0			2
인문	중어중문학과	5	5	65	13.0	2.96	3.01	6	4	52	13.0	3.33	3.32	5	3	29	9.7			4
인문	일어일문학과	7	8	112	14.0	2.98	3.03	19	9	115	12.8	3.05	3.24	22	7	75	10.7	2.93	3.02	11
인문	고고인류학과	8	8	177	22.1	3.00	3.03	9	5	67	13.4	3.61	3.67	6	4	41	10.3	3.40	2.92	9
인문	독어독문학과	8	8	113	14.1	3.06	3.16	11	5	150	30.0	3.27	3.34	5	6	71	11.8	4.26	4.24	5
인문	지리학과	8	8	95	11.9	3.07	3.18	22	8	380	47.5	2.91	3.08	7	7	72	10.3	4.21	5.24	9
인문	*불어불문학과*	6	12	151	12.6	3.12	3.21	23	11	195	17.7	2.79	3.10	13	7	89	12.7	3.29	3.12	5
인문	한문학과	10	10	179	17.9	3.17	3.25	9	4	62	15.5	3.56	3.58	4	6	64	10.7	3.54	3.73	9
인문	*국어교육과*	7	12	52	4.3	3.21	3.79	23	8	94	11.8	1.93	2.03	9	6	61	10.2	2.36	2.44	10
인문	식품자원경제학과	9	9	52	5.8	3.25	3.38	12	4	38	9.5	2.53	2.58	5	4	58	14.5	2.86	2.99	7
인문	일반사회교육과	7	7	50	7.1	3.36	3.27	13	5	73	14.6	2.06	2.14	8	5	42	8.4			3
인문	노어노문학과	3	3	31	10.3	4.24	4.38		4	64	16.0	3.08	3.19	2	4	49	12.3	3.37	3.46	6
인문	건강운동관리전공	10	10	56	5.6	4.72	5.14	16												
인문	관광학과	19	21	110	5.2	4.74	5.19	50	14	84	6.0	4.90	4.91	15	14	66	4.7	5.27	5.54	9
자연	첨단기술융합대학 자율학부2	18																		
자연	공과대학 자율학부	9																		
자연	IT첨단자율학부	14																		
자연	첨단기술융합대학 자율학부1	32																		
자연	공학 첨단자율학부	11																		
자연	농업생명과학대학 자율학부	14																		
자연	정보·컴퓨터교육과	4																		
자연	IT대학 자율학부	6																		
자연	치의예과	4	4	165	41.3	1.24	1.27	5	5	332	66.4	1.48	1.49	7	5	385	77.0	1.41	1.47	6
자연	약학과	8	10	273	27.3	1.28	1.30	8	10	194	19.4	1.43	1.53	19	10	388	38.8	1.24	1.27	32
자연	수의예과	20	14	269	19.2	1.42	1.46	24	9	133	14.8	1.44	1.57	11	9	214	23.8	1.37	1.41	13
자연	화학공학과	8	10	83	8.3	1.71	1.75	15	9	93	10.3	2.00	2.07	11	8	152	19.0	2.01	2.08	13
자연	생명공학부	20	22	129	5.9	2.07	2.19	32	22	274	12.5	2.07	2.25	24	26	222	8.5	2.55	2.90	35
자연	간호학과	15	16	93	5.8	2.08	2.22	21	16	132	8.3	1.89	2.04	30	10	122	12.2	1.89	2.00	10
자연	*전자공학부*	54	80	333	4.2	2.27	2.37	47	48	368	7.7	1.90	2.01	63	50	419	8.4	2.03	2.18	49

계열	모집단위	2025 모집인원	2024 모집인원	지원인원	경쟁률	등록평균	등록70%	충원번호	2023 모집인원	지원인원	경쟁률	등록평균	등록70%	충원번호	2022 모집인원	지원인원	경쟁률	등록평균	등록70%	충원번호
자연	생물학과	8	9	71	7.9	2.31	2.44	13	10	210	21.0	2.60	2.79	6	9	82	9.1	3.68	3.09	
자연	응용화학과	11	16	83	5.2	2.37	2.50	18	9	91	10.1	2.30	2.51	9	9	93	10.3	2.22	2.27	5
자연	인공지능컴퓨팅전공	7	6	46	7.7	2.38	2.54	13	4	50	12.5	2.55	2.67	5						
자연	신소재공학과	4	9	116	12.9	2.38	2.48	16	10	346	34.6	2.64	2.70	12	12	108	9.0	3.29	3.48	11
자연	수학과	4	6	92	15.3	2.39	2.54	5	5	37	7.4	3.27	3.23	5	4	38	9.5	2.40	2.67	2
자연	기계공학부	23	24	242	10.1	2.41	2.51	64	24	306	12.8	2.55	2.64	44	22	341	15.5	2.74	2.88	37
자연	자연과학대학 자율학부	7	27	167	6.2	2.42	2.52	18							11	89	8.1	3.10	3.42	8
자연	생물교육과	7	7	33	4.7	2.49	2.45	4	6	84	14.0	2.19	2.27	8	7	64	9.1	2.90	3.03	4
자연	환경공학과	5	8	59	7.4	2.51	2.65	12	8	128	16.0	2.63	2.74	8	5	58	11.6	3.08	3.24	5
자연	컴퓨터부	8	11	55	5.0	2.51	2.46	12	7	103	14.7	2.21	2.27	17	10	159	15.9	2.38	2.45	20
자연	에너지공학부	18	26	275	10.6	2.61	2.72	44	6	105	17.5	2.64	2.90	16	4	38	9.5	3.05	3.35	6
자연	화학과	7	9	56	6.2	2.61	2.60	19	7	81	11.6	2.44	2.70	15	7	99	14.1	2.81	2.95	
자연	지구과학교육과	7	7	74	10.6	2.63	2.70	7	4	164	41.0	2.88	3.02	17	6	78	13.0	3.83	4.11	5
자연	식품공학부	27	30	173	5.8	2.64	2.78	38	20	299	15.0	2.72	2.87	34	10	104	10.4	2.88	3.17	16
자연	글로벌소프트웨어융합전공	16	17	88	5.2	2.65	2.62	26	7	150	21.4	2.17	2.32	18	10	131	13.1	2.44	2.56	12
자연	인공지능전공	12	10	58	5.8	2.68	2.67	11	10	86	8.6	2.50	2.56	4						
자연	통계학과	7	10	105	10.5	2.72	2.84	25	10	253	25.3	2.80	2.91	14	5	43	8.6	3.83	4.13	1
자연	고분자공학과	8	15	169	11.3	2.72	2.81	26	13	374	28.8	2.83	2.91	11	10	87	8.7	3.77	4.08	7
자연	건축공학전공	4	8	220	27.5	2.79	2.92	17	7	173	24.7	3.23	3.34	11	7	75	10.7	3.28	3.75	5
자연	화학교육과	5	6	36	6.0	2.82	2.91	7	5	64	12.8	2.69	2.96	12	6	52	8.7	2.98	3.21	1
자연	건축학전공	4	8	71	8.9	2.83	2.95	13	8	117	14.6	2.43	2.58	8	7	114	16.3	2.78	2.83	4
자연	지구시스템과학부	16	18	486	27.0	2.86	3.11	26	13	170	13.1	3.37	3.45	19	16	126	7.9	3.07	2.95	15
자연	전기공학과	10	11	59	5.4	2.87	3.23	11	12	205	17.1	2.36	2.38	13	11	96	8.7	2.67	2.83	9
자연	토목공학과	8	8	87	10.9	2.87	2.92	10	8	100	12.5	2.87	2.97	14	8	93	11.6	2.90	2.94	11
자연	식품영양학과	9	9	59	6.6	2.90	3.04	4	9	103	11.4	2.94	3.07	17	9	92	10.2	3.04	3.39	10
자연	수학교육과	9	9	34	3.8	2.90	3.58	5	7	76	10.9	1.96	2.03	6	6	90	15.0	2.16	2.22	10
자연	식물의학과	8	9	68	7.6	2.99	3.25	4	5	57	11.4	3.07	3.37	4						
자연	섬유시스템공학과	7	12	132	11.0	3.02	3.05	16	8	147	18.4	3.07	3.30	10	5	92	18.4	3.51	3.81	8
자연	바이오섬유소재학과	14	16	197	12.3	3.11	3.23	9	7	61	8.7	3.26	3.51	3	6	84	14.0	2.89	2.96	7
자연	아동학부	10	15	80	5.3	3.11	3.28	18	13	111	8.5	2.93	3.04	22	8	74	9.3	2.85	2.99	19
자연	금속재료공학과	9	7	60	8.6	3.15	3.28	4												
자연	물리학과	8	10	96	9.6	3.20	3.53	24	8	141	17.6	3.01	3.20	11	6	90	9.0	3.72	3.93	12
자연	원예과학과	5	13	77	5.9	3.24	3.43	9	7	79	11.3	2.86	3.22	8	4	91	22.8	3.12	3.48	9
자연	응용생명과학부	18	21	101	4.8	3.30	3.69	15	6	62	10.3	2.32	2.60	8	10	143	14.3	2.34	2.46	7
자연	의류학과	9	8	143	17.9	3.31	3.49	8	8	94	11.8	3.35	3.66	6	9	89	9.9			
자연	스마트생물산업기계공학과	11	21	121	5.8	3.37	3.55	12												
자연	산림과학·조경학부	18	20	113	5.7	3.53	3.56	15	12	136	11.3	2.77	3.02	6	23	252	11.0	3.03	3.24	21
자연	가정교육과	5	5	37	7.4	3.62	3.80	2							5	41	8.2			
자연	치위생학과	16	15	105	7.0	3.64	3.99	38	10	112	11.2	3.43	3.71	16	13	282	21.7	3.77	3.90	28
자연	물리교육과	5	5	34	6.8	3.65	3.99	5	5	74	14.8	3.07	3.28	8	6	38	6.3	3.94	3.57	
자연	농업토목공학과	9	15	83	5.5	3.89	3.99	8	14	163	11.6	2.96	3.06	9	6	127	21.2	3.33	3.57	11
자연	말/특수동물학과	18	22	152	6.9	4.09	4.40	46	13	111	8.5	4.08	4.27	23	17	77	4.5	4.50	4.79	14
자연	소프트웨어학과	6	22	139	6.3	4.20	4.59	48	27	110	4.1	4.73	5.10	34	14	81	5.8	3.80	4.31	24
자연	동물생명공학과	16	19	92	4.8	4.43	5.02	31	12	65	5.4	4.72	4.99	14	13	43	3.3	5.07	5.39	
자연	축산학과	9	16	107	6.7	5.06	5.22	36	16	51	3.2	5.13	5.48	4	13	44	3.4			
자연	산림생태보호학과	19	21	98	4.7	5.10	5.57	63	16	49	3.1	5.03	5.53	10						
자연	식물자원학과	19	22	104	4.7	5.23	5.58	55	17	40	2.4	5.55	5.82							
자연	식품외식산업학과	33	47	225	4.8	5.27	5.68	86	25	140	5.6	5.82	6.21	17	27	101	3.7	5.58	5.96	5
자연	곤충생명과학과	20	23	57	2.5	5.29	5.79	27	10	40	4.0	5.51	5.64	9	15	36	2.4	5.09	5.36	
자연	섬유공학전공	19	21	48	2.3	5.48	6.22	25	12	46	3.8	4.45	5.12		12	30	2.5	5.98	5.99	
자연	건설방재공학과	20	31	89	2.9	5.67	6.17	57	19	52	2.7	5.36	5.56		38	82	2.2	5.55	5.76	
자연	정밀기계공학과	24	34	102	3.0	5.73	6.18	59	18	48	2.7	5.68	6.12	2	24	56	2.3	5.24	5.34	
자연	자동차공학부	30	49	159	3.2	5.82	6.37	90	26	110	4.2	5.41	5.78	6	23	94	4.1	5.24	5.40	15
자연	에너지화학공학과	20	32	67	2.1	6.01	6.96	34												
자연	나노소재공학부	21	33	75	2.3	6.04	6.78	42	37	98	2.7	5.35	5.73	5	37	89	2.4	5.23	5.46	5
자연	스마트플랜트공학과	21	25	79	3.2	6.06	6.24	34	8	18	2.3	6.11	6.38							

계열	모집단위	2025 모집인원	2024						2023						2022					
			모집인원	지원인원	경쟁률	등록평균	등록70%	충원번호	모집인원	지원인원	경쟁률	등록평균	등록70%	충원번호	모집인원	지원인원	경쟁률	등록평균	등록70%	충원번호
자연	*환경안전공학과*	*21*	*30*	82	2.7	6.14	6.60	52	18	36	2.0	5.79	5.43						
자연	위치정보시스템학과	21	25	55	2.2	6.45	7.21	30	10	31	3.1	5.11	5.40	4					

■ (학생부교과) 지역인재

전형	모집인원	전형 방법	수능최저학력기준
지역인재	584	학생부교과80%+ 서류20%	○

1. **지원자격**: 입학에서 졸업(2025년 2월 말 이전 졸업예정자 포함)까지 고등학교 전 과정을 <u>대구•경북지역</u> 소재 고등학교에서 이수한 자
2. **수능최저학력기준** : 교과우수자전형 참고

◎ 전형요소
● 학생부 및 서류: 교과우수자전형 참고

◎ 전형결과
■ 전체

학년도	전체						인문						자연					
	모집인원	지원인원	경쟁률	등록평균	등록70%	충원율	모집인원	지원인원	경쟁률	등록평균	등록70%	충원율	모집인원	지원인원	경쟁률	등록평균	등록70%	충원율
2022	338	3,461	10.24	3.10	3.24	95%	82	957	11.67	3.30	3.48	112%	256	2,504	9.78	2.90	2.99	77%
2023	303	3,721	12.28	2.44	2.59	96%	101	1,299	12.86	2.60	2.76	96%	202	2,422	11.99	2.28	2.42	96%
2024	352	2,841	8.07	2.64	2.78	113%	94	691	7.35	2.72	2.89	129%	258	2,150	8.33	2.55	2.66	97%
2025	584						155						429					

■ [계열별] 실질 경쟁률(충원율 반영)

계열	학년도	모집인원	지원인원	경쟁률	수능최저 충족율	(수능최저 충족율 반영) 경쟁률	충원율	(충원율 반영) 실질 경쟁률
인문	2022	82	957	11.67	51.16%	5.97	112%	2.82
	2023	101	1,299	12.86	21.54%	2.77	96%	1.41
	2024	94	691	7.35	69.25%	5.09	129%	2.22
자연	2022	256	2,504	9.78	50.72%	4.96	77%	2.80
	2023	202	2,422	11.99	26.52%	3.18	96%	1.62
	2024	258	2,150	8.33	52.10%	4.34	97%	1.12

■ [학과별] 실질 경쟁률(지원자 중 수능최저 충족인원)

계열	계열 평균	모집단위
인문	5.09:1	영어영문학과 5.0, 일어일문학과 8.0, 사회복지학부 6.3, **경제통상학부 2.9**, **경영학부 2.2**, 인문사회자율전공 4.8, 행정학부 6.4
자연	4.34:1	금속재료공학과 4.6, 신소재공학과 6.3, 기계공학부 4.1, 토목공학과 7.2, 우주공학부 4.6, **응용생명과학부 2.5**, 식물의학과 4.5, 식품공학부 3.9, 산림과학·조경학부 3.0, 의예과 3.9, 치의예과 10.8, 수의예과 3.5, **간호학과 2.6**, **전자공학부 2.1**, 인공지능전공 4.9, 플랫폼소프트웨어·데이터과학전공 2.0, 인공지능컴퓨팅전공 5.7, **글로벌소프트웨어융합전공 1.9**, 전기공학과 2.3, 자연과학자율전공 4.0, 스마트모빌리티공학전공 6.8

■ 변경사항 & 핵심포인트
[2025]

변경사항		2024	2025
모집인원		352명	584명(+232명)
수능최저 변경	IT대학	2개 등급 합 5	<u>수학 포함</u> 2개 등급 합 5
	자율전공부	2개 등급 합 <u>6</u>	2개 등급 합 <u>5</u>
	공과대학	2개 등급 합 6	<u>수학 포함</u> 2개 등급 합 6
	의예과	과탐: 2과목 평균(소수점 절사)	과탐: 2과목 평균(소수점 반올림)
학교폭력 조치사항		-	「학교폭력예방 및 대책에 관한 법률 제17조1항」에 의거 하여 학교생활기록부에 기재된 학교폭력 조치사항에 따라 전형 총점에서 감점

- 수능최저: IT대학과 공과대학은 '수학 포함'이 추가되었고, 자율전공부는 2개 등급 합 6->5로 상향 조정되었으며, 의예과는 과탐 2과목 평균 등급 산출시 소수점 절사->소수점 반올림으로 상향 조정되었음
- 학교폭력 조치사항: 전형 총점에서 감점
- ▣ 합격자 성적분포: 인문계열은 2등급 중반 ~ 2등급 후반, 자연계열은 2등급 중반 ~ 2등급 후반.

■ 모집단위

'*' 표시 : 교직 이수 가능

계열	모집단위	2025 모집인원	2024 모집인원	지원인원	경쟁률	등록평균	등록70%	충원번호	2023 모집인원	지원인원	경쟁률	등록평균	등록70%	충원번호	2022 모집인원	지원인원	경쟁률	등록평균	등록70%	충원번호
인문	심리학과	2																		
인문	불어불문학과	1													3	37	12.3			7
인문	사회학과	2													3	28	9.3			5
인문	국어교육과	5																		
인문	경상대학 자율학부	7																		
인문 자연	자율미래인재학부	10																		
인문	일어일문학과	2	2	30	15.0															
인문	행정학부	11	12	157	13.1	2.45	2.69	15	12	89	7.4	2.86	3.35	16	7	85	12.1	2.33	2.38	3
인문 자연	자율전공학부	61	25	159	6.4	2.63	2.77	47	25	241	9.6	2.62	2.76	24	15	267	17.8	2.73	3.18	34
인문	사회복지학부	4	3	35	11.7	2.71	2.73	2	10	225	22.5	2.83	2.92	10	6	61	10.2	3.73	3.51	6
인문	경제통상학부	15	16	96	6.0	2.75	2.92	18	18	301	16.7	2.57	2.68	7	8	105	13.1	3.24	3.34	7
인문	영어영문학과	12	12	81	6.8	2.83	2.92	19	12	111	9.3	2.58	2.60	10	4	41	10.3	2.63	2.75	4
인문	경영학부	23	24	133	5.5	2.92	3.29	20	24	332	13.8	2.15	2.23	30	12	145	12.1	3.05	3.29	11
자연	수학과	3																		
자연	생물학과	6													4	41	10.3	3.07	3.50	
자연	통계학과	7																		
자연	나노신소재공학과	6																		
자연	소프트웨어학과	5													3	16	5.3			3
자연	IT첨단자율학부	11																		
자연	에너지화학공학과	6																		
자연	건축학전공	4													5	50	10.0	2.90	2.97	6
자연	건축공학전공	4													5	42	8.4	3.97	4.42	2
자연	자동차공학부	9													7	15	2.1			
자연	화학공학과	4							5	46	9.2	1.99	2.13	4						
자연	섬유시스템공학과	6													4	49	12.3	3.28	3.55	3
자연	환경공학과	5													4	40	10.0	3.02	2.89	4
자연	공과대학 자율학부	5																		
자연	원예과학과	5																		
자연	건설방재공학부	5													9	14	1.6			
자연	식품외식산업학과	4													6	22	3.7	5.72	5.75	4
자연	공학 첨단자율학부	7																		
자연	정밀기계공학과	7													5	9	1.8			
자연	환경안전공학과	5																		
자연	IT대학 자율학부	4																		
자연	축산학과	4																		
자연	첨단기술융합대학 자율학부2	18																		
자연	농업토목공학부	5													5	91	18.2	3.41	3.57	8
자연	첨단기술융합대학 자율학부1	32																		
자연	농업생명과학대학 자율학부	6																		
자연	아동학부	4													5	56	11.2	2.71	2.92	6
자연	스마트생물산업기계공학과	7																		
자연	의예과	28	12	98	8.2	1.09	1.11	13	12	109	9.1	1.11	1.18	5	10	147	14.7	1.11	1.12	9
자연	치의예과	11	8	264	33.0	1.44	1.50	22	11	403	36.6	1.65	1.69	10	10	352	35.2	1.73	1.76	17
자연	수의예과	18	11	122	11.1	1.50	1.54	11	12	134	11.2	1.51	1.59	12	12	126	10.5	1.55	1.60	9
자연	간호학과	25	25	112	4.5	1.99	2.06	19	18	128	7.1	1.86	2.06	25	28	229	8.2	1.98	2.10	35
자연	전자공학부	35	45	189	4.2	2.13	2.26	29	36	201	5.6	2.01	2.12	11	26	243	9.4	1.96	2.04	23
자연	신소재공학부	7	6	64	10.7	2.22	2.38	7	10	277	27.7	2.49	2.58	10	9	83	9.2	3.25	3.41	6
자연	자연과학대학 자율학부	5	22	145	6.6	2.33	2.44	24	10	146	14.6	2.37	2.45	9	6	59	9.8	2.60	2.64	2
자연	기계공학부	15	15	102	6.8	2.48	2.60	20	14	114	8.1	2.69	2.80	14	7	64	9.1	2.51	2.55	5

계열	모집단위	2025 모집인원	2024 모집인원	지원인원	경쟁률	등록평균	등록70%	충원번호	2023 모집인원	지원인원	경쟁률	등록평균	등록70%	충원번호	2022 모집인원	지원인원	경쟁률	등록평균	등록70%	충원번호
자연	인공지능컴퓨팅전공	6	3	37	12.3	2.54	2.69	2	4	28	7.0	2.93	3.16	4						
자연	인공지능전공	12	10	163	16.3	2.64	2.75	7	6	42	7.0	3.05	3.41	1						
자연	식품공학부	9	10	66	6.6	2.70	2.85	8	10	142	14.2	2.50	2.58	10	4	53	13.3	2.64	2.85	5
자연	글로벌소프트웨어융합전공	9	10	56	5.6	2.72	2.89	5	10	85	8.5	2.12	2.21	16	6	112	18.7	2.08	2.04	8
자연	토목공학과	10	11	138	12.6	2.91	3.01	8	12	210	17.5	3.15	3.25	21	7	60	8.6	3.54	3.63	4
자연	금속재료공학과	8	9	95	10.6	3.00	3.09	12												
자연	전기공학과	11	12	59	4.9	3.04	3.01	15	10	73	7.3	2.54	2.69	6	7	80	11.4	2.36	2.45	2
자연	산림과학·조경학부	7	7	71	10.1	3.09	3.13	7	7	137	19.6	2.70	3.06	19						
자연	식물의학과	6	6	67	11.2	3.16	3.27		2	24	12.0									
자연	컴퓨터학부	6	7	40	5.7	3.18	3.23	7	6	51	8.5	2.00	2.08	13	6	108	18.0	2.12	2.15	15
자연	응용생명과학부	7	4	32	8.0	3.32	3.51	2												

■ (학생부종합) 일반학생

전형	모집인원	전형 방법	수능최저학력기준
일반학생	894	서류100%	○

1. **지원자격**: 고등학교 졸업자(2025년 2월 말 이전 졸업예정자 포함) 또는 법령에 의하여 고등학교 졸업 이상의 학력이 있다고 인정되는 자
2. **제출서류**: 학교생활기록부
3. **수능최저학력기준** : 교과우수자전형 참고

◎ 전형요소

※ **인재상**: 진로(전공)에 대한 목표를 가지고 학교생활에 충실하며 자기주도적으로 노력하여 글로벌 창의인재로서 성장가능성이 있는 학생
● **서류(500점)**
  1. **평가방법**: 입학사정관 2인이 지원자의 학업역량, 전공적합성, 발전가능성, 인성을 종합 평가
     ☞ 기본 확인사항 외에도 제출서류에 기재된 모든 내용이 평가에 반영될 수 있음
  2. **평가내용**
     1) **일반전형-의예과, 치의예과, 수의예과 제외**

평가요소	반영비율	세부항목	반영비율	서류평가 안내
학업역량	30%	자기주도적 학업노력	30%	- 학업역량 향상을 위해 고교 교육과정에 충실하며 스스로 탐구하고 노력하였는가? - 의미있는 학습 경험이 나타나는가? - 학업 수행과정에서 구체적인 성과를 보이는가? - 교과와 탐구활동 등을 통해 지식 확장 노력이 보이는가?
진로역량	50%	전공(계열)관련 교과이수 정도	15%	- 전공(계열)관련 교과에 대한 과목 선택과 이수 정도는 어떠한가? - 전공(계열)관련 교과 이수를 위해 심화과목 이수 등의 노력을 하였는가?
		진로탐색 활동 및 노력	35%	- 전공(계열)에 대한 지식 확장을 위해 스스로 탐구하고 노력한 성과가 있는가? - 전공(계열)에 대한 관심과 이해를 바탕으로 관련 활동에 적극적으로 참여하였는가? - 교내 다양한 활동에 참여하여 경험의 폭을 확장하였는가?
공동체역량	20%	바람직한 공동체의식과 실천	20%	- 리더십 발휘 및 공동체 화합을 위해 노력한 경험이 있는가? - 교내 활동에서 자신이 맡은 역할에 최선을 다해 노력한 경험이 있는가? - 구성원들과 협력하여 공동 과제를 수행하거나 완성한 경험이 있는가? - 공동체 내 나눔과 배려를 실천한 경험이 있는가? - 공동체 의식을 갖춘 사회구성원으로서의 기여 가능성이 보이는가?

2) **일반전형-의예과, 치의예과, 수의예과, '일반전형' 외 나머지 전형**

평가요소	반영비율	세부항목	반영비율	서류평가 안내
학업역량	45%	학업성취도	10%	- 지원계열별 주요 반영교과의 3개년 간 학업성취도와 성적 추이는 모집단위에 적합한가? [지원계열별 주요 반영교과] : 인문·자연계열(국, 수, 영, 사, 과, 한국사) / 예·체능계열(국, 수, 영, 사, 한국사)
		전공(계열)관련 교과성취도	5%	- 전공(계열)관련 교과의 학업성취도(석차등급/성취도)는 모집단위에 적합한가?
		자기주도적 학업노력	30%	- 학업역량 향상을 위해 고교 교육과정에 충실하며 스스로 탐구하고 노력하였는가? - 의미있는 학습 경험이 나타나는가? - 학업 수행과정에서 구체적인 성과를 보이는가? - 교과와 탐구활동 등을 통해 지식 확장 노력이 보이는가?

평가요소	반영비율	세부항목	반영비율	서류평가 안내
진로역량	40%	전공(계열)관련 교과이수정도	10%	- 전공(계열)관련 교과에 대한 과목 선택과 이수 정도는 어떠한가? - 전공(계열)관련 교과 이수를 위해 심화과목 이수 등의 노력을 하였는가?
		진로탐색활동및노력	**30%**	- 전공(계열)에 대한 지식 확장을 위해 스스로 탐구하고 노력한 성과가 있는가? - 전공(계열)에 대한 관심과 이해를 바탕으로 관련 활동에 적극적으로 참여하였는가? - 교내 다양한 활동에 참여하여 경험의 폭을 확장하였는가?
공동체역량	15%	바람직한 공동체의식과 실천	15%	- 리더십 발휘 및 공동체 화합을 위해 노력한 경험이 있는가? - 교내 활동에서 자신이 맡은 역할에 최선을 다해 노력한 경험이 있는가? - 구성원들과 협력하여 공동 과제를 수행하거나 완성한 경험이 있는가? - 공동체 내 나눔과 배려를 실천한 경험이 있는가? - 공동체 의식을 갖춘 사회구성원으로서의 기여 가능성이 보이는가?

3) 자율학부

평가요소	반영비율	세부항목	반영비율	서류평가 안내
학업역량	45%	학업성취도	15%	- 지원계열별 주요 반영교과의 3개년 간 학업성취도와 성적 추이는 모집단위에 적합한가? [지원계열별 주요 반영교과] : 인문·자연계열(국, 수, 영, 사, 과, 한국사) / 예·체능계열(국, 수, 영, 사, 한국사)
		전공(계열)관련 교과성취도	–	
		자기주도적 학업노력	30%	- 학업역량 향상을 위해 고교 교육과정에 충실하며 스스로 탐구하고 노력하였는가? - 의미있는 학습 경험이 나타나는가? - 학업 수행과정에서 구체적인 성과를 보이는가? - 교과와 탐구활동 등을 통해 지식 확장 노력이 보이는가?
진로역량	35%	전공(계열)관련 교과이수정도	–	
		진로탐색활동및노력	35%	- 진로를 탐색하는 과정에서 지식 확장을 위해 스스로 탐구하고 관련 활동에 적극적으로 참여하고 노력한 성과가 있는가? - 자신의 관심분야나 흥미를 위해 다양한 활동에 참여하여 경험의 폭을 확장하였는가?
공동체역량	20%	바람직한 공동체의식과 실천	20%	- 리더십 발휘 및 공동체 화합을 위해 노력한 경험이 있는가? - 교내 활동에서 자신이 맡은 역할에 최선을 다해 노력한 경험이 있는가? - 구성원들과 협력하여 공동 과제를 수행하거나 완성한 경험이 있는가? - 공동체 내 나눔과 배려를 실천한 경험이 있는가? - 공동체 의식을 갖춘 사회구성원으로서의 기여 가능성이 보이는가?

3. 모집단위별 전공 관련교과

대학	모집단위	국어	수학	영어	사회	과학	기타	대학	모집단위	국어	수학	영어	사회	과학	기타
인문대학	국어국문학과	○		○				사범대학	교육학과	○		○			
	영어영문학과			○					국어교육과	○		○			
	사학과	○			○				영어교육과			○			
	철학과	○			○				유럽어교육학부(독어교육전공)	○		○			
	불어불문학과	○		○					유럽어교육학부(불어교육전공)	○		○			
	독어독문학과	○		○					역사교육과				○	○	
	중어중문학과	○		○					지리교육과				○	○	
	고고인류학과			○	○				일반사회교육과				○		
	일어일문학과	○		○					윤리교육과	○			○	○	
	한문학과	○					한문		수학교육과		○				
	노어노문학과			○	○				물리교육과		○			○	
사회과학대학	정치외교학과			○	○				화학교육과		○			○	
	사회학과			○	○				생물교육과		○			○	
	지리학과				○	○			지구과학교육과		○			○	
	문헌정보학과	○		○					가정교육과				○	○	
	심리학과		○			○			체육교육과				○	○	체육
	사회복지학부	○			○			의과대학	의예과		○			○	
	미디어커뮤니케이션학과	○			○			치과대학	치의예과		○			○	

대학	모집단위	국어	수학	영어	사회	과학	기타
자연과학대학	수학과		○			○	
	문리학과		○			○	
	화학과		○			○	
	생명공학부			○		○	
	생물학과			○		○	
	통계학과		○	○			
	지구시스템과학부		○			○	
경상대학	경제통상학부		○	○			
	경영학부		○	○			
공과대학	금속재료공학과		○			○	
	신소재공학과		○			○	
	기계공학부		○			○	
	건축학부(건축학전공)			○		○	
	건축학부(건축공학전공)		○			○	
	토목공학과		○			○	
	응용화학과		○			○	
	화학공학과		○			○	
	고분자공학과		○			○	
	섬유시스템공학과		○			○	
	환경공학과		○			○	
	우주공학부		○			○	
	에너지공학부		○			○	
IT대학	전자공학부		○			○	
	전자공학부(인공지능전공)		○			○	
	컴퓨터학부(플랫폼소프트웨어전공,데이터과학전공)		○			○	
	컴퓨터학부(인공지능컴퓨팅전공)		○			○	
	컴퓨터학부(글로벌소프트웨어융합전공)		○			○	
	전기공학과		○			○	
	전자공학부 모바일공학전공		○			○	
농업생명과학대학	응용생명과학부		○			○	
	식물의학과			○		○	
	식품공학부		○			○	
	삼림과학·조경학부		○	○		○	
	원예과학과			○		○	
	바이오섬유소재학과		○			○	
	농업토목공학과		○			○	
	스마트생물산업기계공학과		○			○	
	식품자원경제학과		○	○			
	농산업학과	○				○	

대학	모집단위	국어	수학	영어	사회	과학	기타
수의과대학	수의예과		○			○	
약학대학	약학과		○			○	
	혁신신약학과		○			○	
생활과학대학	아동학부	○		○			
	의류학과		○			○	
	식품영양학과		○			○	
간호대학	간호학과		○			○	
	행정학부	○		○			
	융합학부(스마트모빌리티공학전공)		○			○	
자율전공부	인문사회자율전공	○		○			
	자연과학자율전공		○			○	
생명환경대학	산림생태보호학과		○			○	
	식물자원학과		○			○	
	곤충생명과학과		○			○	
	관광학과		○	○			
	축산학과		○			○	
	동물생명공학과		○			○	
	말/특수동물학과		○			○	
	체육학부(체육학전공)	○		○			체육
	체육학부(건강운동관리전공)	○		○			체육
과학기술대학	건설방재공학과		○			○	
	환경안전공학과		○			○	
	정밀기계공학과		○			○	
	자동차공학부		○			○	
	소프트웨어학과		○			○	
	나노신소재공학과		○			○	
	에너지화학공학과		○			○	
	식품외식산업학과		○			○	
	섬유패션디자인학부(섬유공학전공)		○			○	
	섬유패션디자인학부(패션디자인전공)	○		○			
	위치정보시스템학과		○	○			
	스마트플랜트공학과		○	○			
	치위생학과		○			○	

☞ 보충설명

- 진로역량(50%) > 학업역량(30%) > 공동체역량(20%) 순으로 반영. 진로역량(50%)이 가장 중요함
- 교수 위촉사정관에게는 교과부분을 제공하지 않음. 교과가 부족하더라도 비교과가 우수한 학생들이 합격할 가능성 있음
- 학생이 개별적으로 탐구의지를 가지고 드러내거나 주도적인 모습을 보고자 함. 개인 맞춤형 학생부로 발전해 감.
- 학업역량(30%)은 자기주도적 학업노력을 중심으로 평가
- 진로역량(50%)은 진로탐색 활동과 노력(40%)과 전공(계열) 관련 교과 이수 정도(10%)로 진로탐색활동과 노력이 가장 중요함
  - 전공적합성은 계열 적합성으로 봄. 전공 관련 교과만으로는 평가하는 것은 아님
- 공동체역량(30%)은 변별력이 매우 약함

◎ 전형결과

■ 전체

학년도	전체						인문						자연					
	모집인원	지원인원	경쟁률	등록평균	등록70%	충원율	모집인원	지원인원	경쟁률	등록평균	등록70%	충원율	모집인원	지원인원	경쟁률	등록평균	등록70%	충원율
2022	555	6,557	11.81	3.31	3.45	88%	184	2,179	11.84	3.38	3.53	100%	371	4,378	11.80	3.23	3.39	76%
2023	743	10,383	13.97	3.65	3.87	66%	259	3,734	14.42	3.59	3.80	62%	484	6,649	13.74	3.70	3.93	69%
2024	901	15,670	17.39	3.85	4.11	52%	308	5,528	17.95	3.99	4.30	57%	593	10,142	17.10	3.70	3.92	46%
2025	894						333						561					

■ [계열별] 실질 경쟁률(충원율 반영)

계열	학년도	모집인원	지원인원	경쟁률	수능최저 충족율	(수능최저 충족율 반영) 경쟁률	충원율	(충원율 반영) 실질 경쟁률
인문	2022	184	2,179	11.84	77.53%	9.18	100%	4.59
	2023	259	3,734	14.42	35.64%	5.14	62%	3.17
	2024	308	5,528	17.95	65.35%	11.73	57%	7.47
자연	2022	371	4,378	11.80	62.29%	7.35	76%	4.18
	2023	484	6,649	13.74	36.03%	4.95	69%	2.93
	2024	593	10,142	17.10	56.20%	9.61	46%	6.58

■ [학과별] 실질 경쟁률(지원자 중 수능최저 충족인원)

계열	계열 평균	모집단위
인문	11.73:1	국어국문학과 7.6, 영어영문학과 11.3, **사학과 6.6**, 철학과 10.4, 불어불문학과 8.3, **독어독문학과 7.7**, 중어중문학과 9.0, **고고인류학과 7.0**, 일어일문학과 13.5, **한문학과 4.8**, 노어노문학과 8.5, 정치외교학과 11.9, 사회학과 18.2, 지리학과 10.0, 문헌정보학과 9.2, 심리학과 22.9, 사회복지학부 15.6, 미디어커뮤니케이션학과 32.6, 경제통상학부 10.7, 경영학부 10.9, **식품자원경제학과 7.9**, 교육학과 15.0, 국어교육과 10.2, 영어교육과 9.2, 역사교육과 14.3, 지리교육과 10.3, 일반사회교육과 11.8, 윤리교육과 13.0, 체육교육과 15.3, 행정학부 8.1
자연	9.61:1	수학과 9.3, **물리학과 6.5**, 화학과 9.0, 생명공학부 16.2, 생물학과 12.7, 통계학과 7.0, 지구시스템학부 8.3, **금속재료공학과 6.5**, 신소재공학과 12.6, 기계공학부 10.2, 건축학전공 18.8, 건축공학전공 10.3, 토목공학과 7.3, 응용화학과 10.1, 화학공학과 12.5, 고분자공학과 10.5, 섬유시스템공학과 7.4, 환경공학과 12.1, 에너지공학부 7.6, **우주공학부 5.9**, 응용생명과학과 12.5, 식물의학과 10.5, 식품공학부 8.6, 산림과학·조경학부 7.5, **농업토목공학과 4.8**, **스마트생물산업기계공학과 6.2**, 바이오섬유소재학과 10.0, 수학교육과 14.4, **물리교육과 3.8**, **화학교육과 5.2**, 생물교육과 10.5, 지구과학교육과 13.8, **가정교육과 1.8**, 의예과 17.2, 치의예과 14.9, 수의예과 12.2, 아동학부 4.9, **의류학과 6.2**, **식품영양학과 3.8**, 간호학과 24.9, 혁신신약학과 12.2, **전자공학부 5.2**, 인공지능전공 8.9, 플랫폼소프트웨어·데이터과학전공 8.0, 인공지능컴퓨팅전공 10.3, 글로벌소프트웨어융합전공 8.6, 전기공학과 7.5, **스마트모빌리티공학전공 6.1**

■ 변경사항 & 핵심포인트

[2025]

변경사항		2024	2025
모집인원		901명	894명(-7명)
수능최저 변경	IT대학	2개 등급 합 5	<u>수학 포함</u> 2개 등급 합 5
	자율전공부	2개 등급 합 <u>6</u>	2개 등급 합 <u>5</u>
	공과대학	2개 등급 합 6	<u>수학 포함</u> 2개 등급 합 6
	의예과	과탐: 2과목 평균(<u>소수점 절사</u>)	과탐: 2과목 평균(<u>소수점 반올림</u>)
학교폭력 조치사항		-	「학교폭력예방 및 대책에 관한 법률 제17조1항」에 의거 하여 학교생활기록부에 기재된 학교폭력 조치 사항에 따라 전형 총점에서 감점
(서류평가) 진로역량 평가요소		전공(계열) 관련 교과 이수 정도(<u>10%</u>) 진로 탐색활동 및 노력(<u>40%</u>)	전공(계열) 관련 교과 이수 정도(<u>15%</u>) 진로 탐색활동 및 노력(<u>35%</u>)
(면접) 평가요소		<u>학업역량(40%)</u>, <u>진로역량(45%)</u>, 공동체역량(15%)	<u>학업역량(45%)</u>, <u>진로역량(40%)</u>, 공동체역량(15%)

• 수능최저: IT대학과 공과대학은 '수학 포함'이 추가되었고, 자율전공부는 2개 등급 합 6->5로 상향 조정되었으며, 의예과는 과탐 2과목 평균 등급 산출시 소수점 절사->소수점 반올림으로 상향 조정되었음
• 학교폭력 조치사항: 전형 총점에서 감점
➡ 합격자 성적분포: 인문계열은 등급 반 ~ 등급 반, 자연계열은 등급 반 ~ 등급 반.
• 수능최저를 통과한 실질 경쟁률은 인문은 11.73 대 1, 자연은 9.61 대 1 정도
※ 최근 3년간 변경내용이 많기 때문에 가장 최근인 2024를 중심으로 참고하기 바람.

■ 모집단위   '*'표시 : 교직 이수 가능

계열	모집단위	2025 모집인원	2024						2023						2022					
			모집인원	지원인원	경쟁률	등록평균	등록70%	충원번호	모집인원	지원인원	경쟁률	등록평균	등록70%	충원번호	모집인원	지원인원	경쟁률	등록평균	등록70%	충원번호
인문자연	자율전공학부	34																		
인문	경상대학 자율학부	7																		
인문	인문대학 자율학부	6																		
인문	사회과학대학 자율학부	4																		
인문	*사학과*	10	18	201	11.2	3.77	3.77	6	13	173	13.3	3.70	3.86	5	9	74	8.2	3.73	3.59	6
인문	*국어국문학과*	7	14	146	10.4	3.89	4.03	5	5	67	13.4	3.58	3.50	8	5	58	11.6	3.43	3.61	2
인문	영어영문학과	12	11	165	15.0	4.11	4.50	6	10	153	15.3	3.29	3.66	6	9	93	10.3	3.84	4.23	10
인문	윤리교육과	5	5	87	17.4	2.62	2.75	1	3	47	15.7	2.86	2.90	5	4	43	10.8	3.00	2.73	5
인문	역사교육과	8	8	170	21.3	3.04	3.19	4	6	81	13.5	2.84	3.02	6	4	69	17.3	2.29	2.47	8
인문	영어교육과	11	11	129	11.7	3.07	3.25	9	7	97	13.9	2.59	2.81	1	5	46	9.2	2.66	2.85	14
인문	일반사회교육과	5	5	101	20.2	3.15	3.25	2	3	37	12.3	3.12	3.27	4	2	20	10.0			4
인문	국어교육과	7	9	129	14.3	3.32	3.64	9	7	127	18.1	2.65	2.65	3	6	83	13.8	2.94	3.02	7
인문	문헌정보학과	9	9	123	13.7	3.33	3.76	7	6	83	13.8	3.23	3.31	1	4	43	10.8	3.07	3.40	8
인문	*사회학과*	9	5	119	23.8	3.33	3.42	4	5	85	17.0	3.20	3.14	3						
인문	지리교육과	8	9	159	17.7	3.49	3.71	8	8	99	12.4	3.70	4.12	8	8	72	9.0	3.13	3.02	7
인문	행정학부	14	16	240	15.0	3.52	3.94	7	14	139	9.9	2.85	3.05	3	6	107	17.8	2.80	3.03	1
인문	경영학부	27	28	543	19.4	3.52	4.01	9	22	403	18.3	2.98	3.13	8	20	241	12.1	3.04	3.38	18
인문	지리학과	9	9	127	14.1	3.60	3.91	4	8	80	10.0	3.89	4.10	5	5	45	9.0	3.43	3.66	3
인문	미디어커뮤니케이션학과	8	10	484	48.4	3.63	3.94	5	8	237	29.6	3.68	3.78	1	4	89	22.3	3.44	3.39	6
인문	교육학과	8	8	185	23.1	3.72	3.62	7	7	195	27.9	3.01	3.34	9	7	99	14.1	3.36	3.48	4
인문	심리학과	7	9	310	34.4	3.72	4.13	2	7	164	23.4	3.24	3.47	5	5	77	15.4	2.91	3.07	3
인문	사회복지학부	10	11	280	25.5	3.77	3.98	5	11	287	26.1	3.56	4.01	5	9	102	11.3	3.81	4.52	10
인문	식품자원경제학과	7	7	93	13.3	3.81	4.11	2	5	36	7.2	3.40	3.75	2	5	44	8.8	2.98	3.03	4
인문	정치외교학과	7	8	141	17.6	3.85	4.14	2	6	97	16.2	2.67	2.80	3	4	49	12.3	2.87	3.29	11
인문	경제통상학부	22	24	458	19.1	3.86	4.00	9	20	284	14.2	3.40	3.64	4	20	187	9.4	3.41	3.56	23
예체	체육교육과	6	6	168	28.0	3.99	4.76	5	7	132	18.9	2.80	3.02	7	6	108	18.0	2.56	2.38	5
인문	독어독문학과	7	7	82	11.7	4.33	4.71	4	5	58	11.6	4.12	4.33	4	6	57	9.5	4.27	4.19	3
인문	철학과	5	5	84	16.8	4.36	5.05	6	4	35	8.8	3.96	4.15	6	3	38	12.7	3.49	3.67	
인문	일어일문학과	6	8	193	24.1	4.50	4.89	8	7	100	14.3	4.33	5.16	4	4	59	14.8	4.37	4.93	3
인문	한문학과	5	5	62	12.4	4.61	4.93	2	5	40	8.0	4.96	5.11	2	4	36	9.0	4.14	4.12	3
인문	고고인류학과	4	4	60	15.0	4.76	4.68	2	5	35	7.0	4.07	3.88	5	5	39	7.8	3.48	3.58	6
인문	중어중문학과	8	8	135	16.9	4.91	5.50	4	4	79	19.8	4.57	4.80	3	4	48	12.0	4.45	4.85	2
인문	불어불문학과	7	6	72	12.0	5.01	5.60	2	6	46	7.7	3.85	4.16	7	3	31	10.3	3.39	3.40	1
인문	노어노문학과	14	14	201	14.4	5.24	5.72	14	13	119	9.2	4.99	5.41	9	8	122	15.3	4.33	4.34	6
예체	체육학전공	6	5	36	7.2	5.57	5.85	7	10	40	4.0	5.69	5.88	6						
예체	건강운동관리전공	4	6	45	7.5	6.43	6.70	8												
자연	IT첨단자율학부	13																		
자연	자연과학대학 자율학부	5																		
자연	공학 첨단자율학부	7																		
자연	IT대학 자율학부	7																		
자연	첨단기술융합대학 자율학부1	24																		
자연	정보·컴퓨터교육과	4																		
자연	첨단기술융합대학 자율학부2	14																		
자연	공과대학 자율학부	6																		
자연	농업생명과학대학 자율학부	5																		
자연	치의예과	9	9	353	39.2	1.89	1.95	4	6	293	48.8	1.89	2.11	1	5	243	48.6	2.15	2.40	1
자연	의예과	31	22	781	35.5	1.96	2.13	7	22	910	41.4	1.91	2.19	11	10	406	40.6	2.11	2.50	6
자연	수의예과	10	10	372	37.2	2.22	2.41	4	10	274	27.4	2.15	2.19	4	9	246	27.3	1.81	1.87	2
자연	수학교육과	5	5	126	25.2	2.59	2.69	2	5	128	25.6	2.62	3.02	4	4	49	12.3	3.16	3.33	4
자연	*화학공학과*	8	16	254	15.9	2.89	2.96	8	6	129	21.5	2.69	2.84	10	8	122	15.3	2.72	2.81	8
자연	인공지능컴퓨팅전공	8	7	191	27.3	2.99	3.08	2	5	51	10.2	3.42	3.49	6						
자연	간호학과	10	10	503	50.3	3.05	3.26	2	10	151	15.1	2.93	3.14		8	150	18.8	2.34	2.35	5
자연	신소재공학과	5	5	93	18.6	3.10	3.25	2	11	144	13.1	2.97	2.97	7	13	109	8.4	2.98	3.15	6
자연	*전자공학부*	50	60	523	8.7	3.13	3.41	40	36	361	10.0	2.60	2.71	26	40	416	10.4	2.81	3.02	13
자연	전기공학과	7	8	115	14.4	3.13	3.44	4	5	92	18.4	3.31	3.45	5	8	74	9.3	3.30	3.53	6
자연	컴퓨터학부	12	13	200	15.4	3.13	3.48	9	11	124	11.3	2.73	2.87	5	13	159	12.2	2.66	2.67	14
자연	생명공학부	22	25	579	23.2	3.19	3.31	13	24	432	18.0	3.11	3.25	18	22	281	12.8	2.89	2.98	14

계열	모집단위	2025 모집인원	2024 모집인원	2024 지원인원	2024 경쟁률	2024 등록평균	2024 등록70%	2024 충원번호	2023 모집인원	2023 지원인원	2023 경쟁률	2023 등록평균	2023 등록70%	2023 충원번호	2022 모집인원	2022 지원인원	2022 경쟁률	2022 등록평균	2022 등록70%	2022 충원번호
자연	응용화학과	10	10	148	14.8	3.19	3.41	3	5	57	11.4	2.87	3.00	1	8	78	9.8	2.84	3.17	7
자연	화학교육과	4	5	53	10.6	3.31	3.27	4	7	70	10.0	2.93	3.19	6	6	41	6.8	3.40	3.60	6
자연	글로벌소프트웨어융합전공	17	20	322	16.1	3.32	3.40	12	17	256	15.1	2.85	3.04	11	13	160	12.3	3.16	3.20	14
자연	*에너지공학부*	*16*	*25*	269	10.8	3.53	3.81	10	6	76	12.7	3.23	3.45	7	3	35	11.7			4
자연	*생물학과*	*10*	*13*	240	18.5	3.57	3.42	3	13	146	11.2	3.20	3.43	1	9	79	8.8	3.00	3.16	4
자연	인공지능전공	12	10	177	17.7	3.58	3.84	5	8	71	8.9	3.26	3.52	4						
자연	가정교육과	5	5	49	9.8	3.62	4.05	2	12	54	4.5	3.82	3.98	8	4	25	6.3			
자연	화학과	9	10	139	13.9	3.62	4.08	4	8	86	10.8	2.97	3.20	4	6	55	9.2	3.21	3.46	6
자연	식품공학부	16	16	244	15.3	3.65	4.06	5	10	109	10.9	3.43	3.59	10	10	97	9.7	3.25	3.37	6
자연	고분자공학과	6	8	132	16.5	3.68	3.86	2	8	88	11.0	3.44	3.52	1	8	67	8.4	3.28	3.39	5
자연	응용생명과학부	10	11	193	17.6	3.76	3.82	3	6	94	15.7	3.20	3.55	1	10	123	12.3	3.10	3.30	10
자연	*통계학과*	*6*	*12*	121	10.1	3.77	3.83	4	7	62	8.9	3.54	3.76	2	5	40	8.0	3.06	3.14	5
자연	*건축학전공*	*6*	*10*	316	31.6	3.80	4.02	3	10	185	18.5	3.67	3.85	5	7	105	15.0	3.43	3.66	6
자연	지구시스템과학부	24	24	354	14.8	3.82	4.04	8	20	185	9.3	3.79	4.12	8	23	145	6.3	3.81	3.85	21
자연	*환경공학과*	*5*	*10*	187	18.7	3.93	4.30	1	7	170	24.3	3.24	3.41	10	7	106	15.1	3.85	3.89	2
자연	*건축공학전공*	*7*	*11*	239	21.7	3.96	4.58	5	11	92	8.4	3.86	3.89	13	7	75	10.7	2.90	2.83	6
자연	물리교육과	5	5	48	9.6	3.97	4.35	1	7	46	6.6	3.79	3.98	6	5	28	5.6	3.35	3.61	6
자연	의류학과	5	5	138	27.6	3.98	4.51	3	5	65	13.0	4.45	4.72	2	5	41	8.2	4.00	4.25	2
자연	산림과학·조경학부	14	17	253	14.9	3.98	4.27	13	12	123	10.3	3.84	3.95	6	12	121	10.1	3.75	3.60	8
자연	기계공학부	22	24	390	16.3	3.99	4.37	11	21	370	17.6	3.42	3.73	16	22	192	8.7	3.62	3.88	26
자연	물리학과	11	11	151	13.7	4.00	4.12	9	9	81	9.0	4.21	4.40	8	6	49	8.2	3.93	4.37	12
자연	아동학부	9	14	129	9.2	4.01	4.32	8	10	76	7.6	3.53	3.67	7	11	83	7.6	3.21	3.41	7
자연	생물교육과	5	4	82	20.5	4.07	4.46	6	8	79	9.9	3.03	3.04	6	6	49	8.2	2.83	2.84	4
자연	식품영양학과	6	6	68	11.3	4.09	4.34		5	44	8.8	3.40	3.29	1	5	41	8.2	3.72	3.46	2
자연	토목공학과	9	10	123	12.3	4.14	4.52	3	5	75	15.0	3.75	3.74	1	4	40	10.0	4.01	4.25	4
자연	식물의학과	5	6	113	18.8	4.14	4.40	3	4	30	7.5	3.78	4.34	2						
자연	수학과	5	7	99	14.1	4.20	4.32	4	7	58	8.3	3.42	3.75	8	7	56	8.0	3.27	3.13	17
자연	바이오섬유소재학과	4	5	93	18.6	4.23	4.31		11	104	9.5	3.96	4.45	2	8	69	8.6	3.73	4.22	2
자연	농업토목공학과	3	4	51	12.8	4.23	4.58	1	6	83	13.8	4.15	4.30	1	4	39	9.8	4.35	4.69	2
자연	섬유시스템공학과	4	5	62	12.4	4.29	4.77	2	4	40	10.0	3.95	4.10	2	4	36	9.0	3.74	4.25	2
자연	*금속재료공학과*	10	6	82	13.7	4.41	4.36													
자연	스마트생물산업기계공학과	4	5	74	14.8	4.51	4.62	2												
자연	지구과학교육과	4	4	96	24.0	4.66	4.34	1	8	121	15.1	3.29	3.75	4	6	48	8.0	3.93	4.40	7
자연	*치위생학과*	6	4	106	26.5	4.75	5.05	4	5	46	9.2	4.47	4.67	1						
자연	소프트웨어학과	5	6	71	11.8	6.14	6.37	3												

■ (학생부종합) 지역인재

전형	모집인원	전형 방법	수능최저학력기준
지역인재	428	1단계)서류100%(4배수/의예,치의예,약학: 5배수) 2단계)서류70%+ 면접30%	X (의예,치의예,약학○)

1. **지원자격**: 고등학교 졸업자(2025년 2월 말 이전 졸업예정자 포함) 중 입학에서 졸업까지 고등학교 전 과정을 대구, 경북지역 소재 고등학교에서 이수한 자 ※ 다만, 「초·중등교육법」 제2조에 따른 고등학교 외 고교졸업과 동등한 학력이 인정되는 자는 지원할 수 없음
2. **제출서류**: 학교생활기록부
3. **수능최저학력기준**:

> ▶ 의예과: [국어, 수학(미적분/기하), 영어, 과탐(2과목 평균, 소수점 반올림)] 중 과탐 포함 3개 영역 등급 합 4 이내
> ▶ 치의예과: [국어, 수학(미적분/기하), 영어, 과탐(2과목 평균, 소수점 이하 절사)] 중 과탐 포함 3개 영역 등급 합 4 이내
> ▶ 약학과: [국어, 수학(미적분/기하), 영어, 과탐(2과목 평균, 소수점 이하 절사)] 중 과탐 포함 3개 영역 등급 합 5 이내

◎ 전형요소
※ **인재상**: 진로(전공)에 대한 목표를 가지고 학교생활에 충실하며 자기주도적으로 노력하여 글로벌 창의인재로서 성장가능성이 있는 학생 선발
● **서류(350점)**: (종합) 일반학생전형 참고
● **면접(150점)**
    1. **평가방법**: 가) 지원자 1명을 대상으로 2인의 면접위원이 실시하는 개별면접, 10분 내외
        나) 제출서류에 기재된 내용을 기반으로 질문

2. 평가내용

평가 요소	반영비율	내용
학업역량	35%	– 학업역량 향상을 위해 고교 교육과정에 충실하며 스스로 탐구하고 노력하였는가? – 의미있는 학습 경험이 나타나는가? – 학업 수행과정에서 구체적인 성과를 보이는가? – 교과와 탐구활동 등을 통해 지식 확장 노력이 보이는가?
진로역량	45%	– 전공(계열)관련 교과 이수를 위해 심화과목 이수 등의 노력을 하였는가? – 전공(계열)에 대한 지식 확장을 위해 스스로 탐구하고 노력한 성과가 있는가? – 전공(계열)에 대한 관심과 이해를 바탕으로 관련 활동에 적극적으로 참여하였는가? – 교내 다양한 활동에 참여하여 경험의 폭을 확장하였는가?
공동체역량	20%	– 리더십 발휘 및 공동체 화합을 위해 노력한 경험이 있는가? – 교내 활동에서 자신이 맡은 역할에 최선을 다해 노력한 경험이 있는가? – 구성원들과 협력하여 공동 과제를 수행하거나 완성한 경험이 있는가? – 공동체 내 나눔과 배려를 실천한 경험이 있는가? – 공동체 의식을 갖춘 사회구성원으로서의 기여 가능성이 보이는가?

☞ 보충설명
- 면접 역전률 30% 정도. 서류 확인 면접은 질문은 3~4개 정도, 질문 후 시간 남으면 하고 싶은 말을 할 수 있는 기회를 줄 수 있음
- 교수님들께서 전공 관련 교과 활동, 독서, 교과 관련 전공 수업, 동아리활동에 관심 많음

◎ 전형결과
■ 전체

학년도	전체						인문						자연					
	모집인원	지원인원	경쟁률	등록평균	등록70%	충원율	모집인원	지원인원	경쟁률	등록평균	등록70%	충원율	모집인원	지원인원	경쟁률	등록평균	등록70%	충원율
2022	194	1,829	9.43	3.26	3.42	44%	37	321	8.68	3.56	3.72	51%	157	1,508	9.61	2.96	3.11	36%
2023	240	2,406	10.03	3.23	3.50	31%	21	251	11.95	3.23	3.55	24%	219	2,155	9.84	3.22	3.45	37%
2024	299	5,044	16.87	3.60	3.88	50%	38	773	20.34	3.85	4.17	53%	261	4,271	16.36	3.34	3.58	46%
2025	428						54						374					

■ 변경사항 & 핵심포인트
[2025]

변경사항	2024	2025
모집인원	299명	428명(+129)
(수능최저) 의예과	과탐: 2과목 평균(소수점 절사)	과탐: 2과목 평균(소수점 반올림)
1단계 선발배수 축소	5배수	4배수(단, 의예과,치의예,약학: 5배수)
학교폭력 조치사항	–	「학교폭력예방 및 대책에 관한 법률 제17조1항」에 의거 하여 학교생활기록부에 기재된 학교폭력 조치사항에 따라 전형 총점에서 감점

- 수능최저: 의예과는 과탐 2과목 평균 등급 산출시 소수점 절사→소수점 반올림으로 상향 조정되었음
- 학교폭력 조치사항: 전형 총점에서 감점
➡ 합격자 성적분포: 인문계열은 3등급 후반 ~ 4등급 초반, 자연계열은 3등급 초반 ~ 3등급 중반.

■ 모집단위
'*' 표시 : 교직 이수 가능

계열	모집단위	2025 모집인원	2024 모집인원	지원인원	경쟁률	등록평균	등록70%	충원번호	2023 모집인원	지원인원	경쟁률	등록평균	등록70%	충원번호	2022 모집인원	지원인원	경쟁률	등록평균	등록70%	충원번호
인문	국어국문학과	5																		
인문	사학과	7													4	26	6.5	3.87	4.44	
인문	불어불문학과	1																		
인문	일어일문학과	1													3	26	8.7	4.82	5.72	
인문	노어노문학과	3													3	24	8.0	4.10	4.04	1
인문	심리학과	2													3	29	9.7	3.04	2.73	1
인문	국어교육과	2																		
인문	행정학부	4	4	83	20.8	3.09	3.23	4												
인문	경영학부	9	11	233	21.2	3.12	3.14	2	11	155	14.1	3.03	3.48	3	10	98	9.8	3.09	2.93	12
인문	경제통상학부	9	10	224	22.4	3.73	3.82	6	10	96	9.6	3.42	3.61	2	8	54	6.8	2.98	3.16	2
인문	사회복지학부	8	7	175	25.0	4.11	4.84	5												
인문	독어교육전공	3	3	28	9.3	4.33	4.86	3												

계열	모집단위	2025 모집인원	2024 모집인원	지원인원	경쟁률	등록평균	등록70%	충원번호	2023 모집인원	지원인원	경쟁률	등록평균	등록70%	충원번호	2022 모집인원	지원인원	경쟁률	등록평균	등록70%	충원번호
자연	수학과	2																		
자연	공과대학 자율학부	3																		
자연	고분자공학과	7																		
자연	농업생명과학대학 자율학부	3																		
자연	공학 첨단자율학부	4																		
자연	자연과학대학 자율학부	8																		
자연	신소재공학부	7							5	50	10.0	3.70	3.97	1						
자연	첨단기술융합대학 자율학부2	8																		
자연	건축학전공	4																		
자연	건축공학전공	4																		
자연	응용화학과	5							4	51	12.8	3.62	3.69	1	5	34	6.8	3.37	3.70	
자연	화학공학과	3							3	36	12.0	3.17	3.66	1	5	41	8.2	2.31	2.39	3
자연	첨단기술융합대학 자율학부1	14																		
자연	아동학부	4																		
자연	컴퓨터학부	6													7	60	8.6	2.78	3.05	2
자연	의예과	58	39	344	8.8	1.57	1.63	14	34	286	8.4	1.47	1.53	5	28	242	8.6	1.62	1.76	6
자연	치의예과	16	11	196	17.8	1.86	1.90	2	11	200	18.2	2.10	2.09		10	216	21.6	2.16	2.30	2
자연	약학과	18	16	437	27.3	2.43	2.51	1	15	314	20.9	2.06	2.23	3	15	233	15.5	1.96	2.23	3
자연	생물교육과	3	3	42	14.0	2.69	2.88	2												
자연	간호학과	22	22	364	16.6	2.83	3.01	8	15	170	11.3	2.69	2.88	8	5	77	15.4	2.48	2.79	5
자연	화학과	5	5	88	17.6	2.93	3.19	5	5	33	6.6	2.89	2.60	6	5	35	7.0	2.79	2.60	
자연	생명공학부	18	20	491	24.6	3.09	3.37	2	13	177	13.6	3.39	3.82	10	10	100	10.0	2.60	2.69	2
자연	전자공학부	30	35	379	10.8	3.10	3.38	16	27	185	6.9	3.17	3.40	14	15	113	7.5	2.79	3.33	5
자연	식품공학부	10	10	163	16.3	3.47	3.82	3	10	70	7.0	3.59	3.85	3	6	46	7.7	3.23	3.45	
자연	응용생명과학부	5	7	134	19.1	3.47	3.68	3	3	32	10.7	3.13	3.16		7	57	8.1	3.64	3.26	8
자연	지구과학교육과	4	3	46	15.3	3.48	3.69	4												
자연	글로벌소프트웨어융합전공	9	10	194	19.4	3.51	3.58	12	11	92	8.4	3.18	3.32	5	6	44	7.3	3.26	3.08	5
자연	화학교육과	5	5	43	8.6	3.61	3.89	2												
자연	물리교육과	3	3	20	6.7	3.65	3.74	1												
자연	인공지능전공	5	5	132	26.4	3.91	4.14	2	5	40	8.0	4.21	4.86							
자연	물리학과	14	12	134	11.2	3.92	4.35	6	10	54	5.4	3.89	4.15	6	7	36	5.1	3.92	4.14	8
자연	산림과학·조경학부	6	7	183	26.1	4.08	4.32	3	6	70	11.7	3.89	4.14	1	8	57	7.1	3.92	4.38	4
자연	기계공학부	10	10	261	26.1	4.21	4.50	10	10	106	10.6	4.12	4.44	8	8	57	7.1	3.42	3.75	2
자연	지구시스템과학부	16	16	249	15.6	4.25	4.61	6	17	76	4.5	3.96	4.45	4	6	34	5.7	3.23	3.27	
자연	인공지능컴퓨팅전공	5	4	85	21.3	4.45	5.03	4	4	31	7.8	3.01	3.13	1						
자연	가정교육과	3	3	28	9.3	4.68	5.12	2												

■ (학생부종합) 지역인재-학교장추천

전형	모집인원	전형 방법	수능최저학력기준
지역인재-학교장추천	3	▶ 치의예과: 1단계)서류100%(4배수) 2단계)서류70%+ 면접30%	X

1. **지원자격**: 고등학교 졸업자(2025년 2월 말 이전 졸업예정자 포함) 중 입학에서 졸업까지 고등학교 전 과정을 대구, 경북지역 소재 고등학교에서 이수하고 소속(출신) 고등학교장의 추천을 받은 자 ※ 고교별 추천 인원: 1명 ※ 반드시 재학 중인 고등학교와 사전협의 후 원서접수 해야함
2. **제출서류**: 학교생활기록부

◎ 전형요소
● 서류 및 면접: (종합) 일반학생전형 참고

◎ 전형결과
'*'표시 : 교직 이수 가능
■ 모집단위

계열	모집단위	2025 모집인원	2024 모집인원	지원인원	경쟁률	등록평균	등록70%	충원번호	2023 모집인원	지원인원	경쟁률				2022 모집인원	지원인원	경쟁률			
자연	치의예과	3	3	22	7.3	1.83	1.95													

■ (학생부종합) SW특별전형

전형	모집인원	전형 방법	수능최저학력기준
SW특별전형	10	1단계)서류100%(4배수) 2단계)서류70%+ 면접30%	X

1. **지원자격**: 고등학교 졸업자(2025년 2월 말 이전 졸업예정자 포함) 또는 법령에 의하여 고등학교 졸업 이상의 학력이 있다고 인정되는 자
2. **제출서류**: 학교생활기록부

◎ 전형요소
※ **인재상**: 소프트웨어 및 프로그래밍 분야에 재능이 있는 학생 선발
● **서류(350점)**
　1. **평가내용**: 학업역량, 전공적합성, 발전가능성, 인성을 바탕으로 SW 개발능력을 종합적으로 평가
　2. **평가방법**: 각 평가위원은 250점 만점으로 절대평가하며, 이 평가점수의 산술평균점수를 수험생의 성적으로 함
● **면접(150점)**
　1. **면접방법**:
　　- 수험생 개인별로 다음과 같이 10분 내외로 진행하며 평가기준에 따라 종합적으로 평가함
　　　※ 학업역량, 전공적합성, 발전가능성, 인성을 바탕으로 SW 개발 능력을 종합적으로 평가함
　　- 반영점수: 150점(최고점) ~ 0점(최저점)

◎ 전형결과
■ 모집단위

'*'표시 : 교직 이수 가능

계열	모집단위	2025 모집인원	2024 모집인원	2024 지원인원	2024 경쟁률	2024 등록평균	2024 등록70%	2024 충원번호	2023 모집인원	2023 지원인원	2023 경쟁률	2023 등록평균	2023 등록70%	2023 충원번호	2022 모집인원	2022 지원인원	2022 경쟁률	2022 등록평균	2022 등록70%	2022 충원번호
자연	인공지능컴퓨팅전공	2	2	25	12.5				2	14	7.0			1						
자연	글로벌소프트웨어융합전공	4	4	64	16.0	3.68	3.73	2	4	32	8.0	3.97	3.94	2	4	38	9.5			
자연	컴퓨터학부	4	4	69	17.3	4.53	4.34	1	4	29	7.3	4.38	4.87		6	54	9.0			

■ (학생부종합) 모바일과학인재

전형	모집인원	전형 방법	수능최저학력기준
모바일과학인재	5	1단계)서류100%(5배수) 2단계)서류50%+ 면접50%	○

1. **지원자격**: 고등학교 졸업자(2025년 2월 말 이전 졸업예정자 포함) 또는 법령에 의하여 고등학교 졸업 이상의 학력이 있다고 인정되는 자
2. **제출서류**: 학교생활기록부
3. **수능최저학력기준**:

> ▶ 전자공학부 모바일공학전공: [수학(미적분/기하), 과탐(2과목 평균, 소수점 절사)] 2개 영역 등급 합 3 이내

◎ 전형요소
※ 수학 및 과학 분야에서 학업역량이 우수하고 모바일과학인재로서 성장잠재력이 있는 학생을 선발
※ '전자공학부 모바일공학전공'은 삼성전자와 협약을 체결한 계약학과임(정원외)
● **서류 및 면접**: (종합) 지역인재전형 참고

◎ 전형결과
■ 모집단위

'*'표시 : 교직 이수 가능

계열	모집단위	2025 모집인원	2024 모집인원	2024 지원인원	2024 경쟁률	2024 등록평균	2024 등록70%	2024 충원번호	2023 모집인원	2023 지원인원	2023 경쟁률	2023 등록평균	2023 등록70%	2023 충원번호	2022 모집인원	2022 지원인원	2022 경쟁률	2022 등록평균	2022 등록70%	2022 충원번호
자연	모바일공학전공	5	5	76	15.2	2.84	2.80	2	5	72	14.4	2.31	2.42		5	109	21.8			

■ (논술) 논술전형(AAT)

전형	모집인원	전형 방법	수능최저학력기준
논술전형(AAT)	544	학생부교과30%+ 논술70%	○

1. **지원자격**: 고등학교 졸업자(2025년 2월 말 이전 졸업예정자 포함) 또는 법령에 의하여 고등학교 졸업 이상의 학력이 있다고 인정되는 자
2. **수능최저학력기준**: 교과우수자전형 참고

◎ 전형요소
● 학생부(150점)

반영요소 반영비율	반영교과목		교과성적 산출지표	학년별 반영비율
	구분	반영방법		
교과100%	공통 및 일반선택	국어, 수학, 영어, 사회, 과학, 한국사교과에 속한 전 과목 ※ 반영 학기: (교과) 졸업예정자 및 졸업자 모두 3학년 1학기까지	석차등급	학년 구분 없음
	진로선택	미반영	성취도	

구분	1등급	2등급	3등급	4등급	5등급	6등급	7등급	8등급	9등급
점수(150점)	150	145	140	135	130	120	100	50	0
등급 간 점수 차이	0	5	5	5	5	10	20	50	50

● 논술(350점)
  ※ 논술(AAT)은 우리대학 자체 산출방식에 의한 <u>표준점수</u>를 반영
  1. 답안 유형: 논술형, 약술형, 풀이형
  2. 고사시간: 100분
  3. 반영점수: 350점(최고점) ~ 0점(최저점)
  4. 문제 유형

응시계열	모집단위 계열	내용	문항 수
인문계열	인문계열	교과목 통합형(국어, 인문학, 사회과학 등)	6문제 내외(문제별 소문항 있음)
자연계열 I	자연계열	수학(수학, 수학 I, 수학 II, 미적분)과 교과목 통합형(수학, 자연과학 등)	3문제 내외(문제별 소문항 있음)
자연계열 II	의예과, 치의예과, 수의예과	수학(수학, 수학 I, 수학 II, 미적분)과 <u>의학논술</u>	3문제 내외(문제별 소문항 있음)

  ※ 인문계열은 교과목 통합형 문제로 출제됨
  ※ 자연계열 I, 자연계열 II는 2024학년도 대학수학능력시험의 수학 범위에 따라 출제함(하위과목 간접출제 가능)

◎ 전형결과
■ 전체

학년도	전체						인문						자연					
	모집 인원	지원 인원	경쟁 률	등록 평균	실질 경쟁률	충원 율	모집 인원	지원 인원	경쟁 률	등록 평균	실질 경쟁률	충원 율	모집 인원	지원 인원	경쟁 률	등록 평균	실질 경쟁률	충원 율
2022	472	15,724	33.31	4.07	8.23	30%	163	2,987	18.33	4.18	4.12	31%	309	12,737	41.22	3.95	12.33	28%
2023	477	15,674	32.86	4.08	9.89	20%	160	3,280	20.50	4.30	6.45	16%	317	12,394	39.10	3.86	13.33	23%
2024	506	12,841	25.38	4.12	10.92	20%	152	3,271	21.52	4.22	9.69	17%	354	9,570	27.03	4.01	12.15	23%
2025	544						196						348					

■ [계열별] 실질 경쟁률(충원율 반영)

계열	학년도	모집인원	지원인원	경쟁률	수능최저 충족율	(수능최저 충족율 반영) 경쟁률	충원율	(충원율 반영) 실질 경쟁률
인문	2022	163	2,987	18.33				
	2023	160	3,280	20.50	21.22%	4.35	16%	3.75
	2024	152	3,271	21.52	45.08%	9.69	17%	8.28
자연	2022	309	12,737	41.22				
	2023	317	12,394	39.10	32.30%	12.63	23%	10.27
	2024	354	9,570	27.03	44.95%	12.15	23%	9.88

■ [학과별] 실질 경쟁률(지원자 중 수능최저 충족인원)

계열	계열 평균	모집단위
인문	9.69:1	국어국문학과 11.2, 영어영문학과 9.1, 사학과 7.0, 철학과 10.0, 불어불문학과 8.3, 독어독문학과 8.8, 중어중문학과 9.0, 고고인류학과 8.3, 일어일문학과 10.7, 노어노문학과 5.7, 정치외교학과 10.0, 사회학과 8.0, 지리학과 12.0, 문헌정보학과 9.5, 심리학과 14.3, 사회복지학부 9.4, 미디어커뮤니케이션학과 18.2, 경제통상학부 6.5, 경영학부 9.5, 인문사회자율전공 9.9, 행정학부 9.0
자연	12.15:1	수학과 3.7, 물리학과 3.0, 화학과 7.7, 통계학과 4.5, 지구시스템학부 7.2, 금속재료공학과 3.9, 신소재공학과 10.4, 기계공학부 9.0, 건축학전공 8.8, 건축공학전공 5.6, 토목공학과 4.3, 응용화학과 6.3, 화학공학과 16.0, 고분자공학과 6.0, 섬유시스템공학과 3.6, 환경공학과 5.8, 에너지공학부 8.0, 수학교육과 4.2, 의예과 70.5, 치의예과 69.0, 수의예과 58.8, 간호학과 12.0, 전자공학부 6.5, 인공지능전공 4.3, 플랫폼소프트웨어·데이터과학전공 4.1, 인공지능컴퓨팅전공 6.0, 글로벌소프트웨어융합전공 5.8, 전기공학과 4.1, 모바일공학전공 6.8, 자연과학자율전공 7.1 스마트모빌리티공학전공 3.6

■ 변경사항 & 핵심포인트

[2025]

변경사항		2024	2025
모집인원		506명	544명(+38명)
수능최저 변경	IT대학	2개 등급 합 5	<u>수학 포함</u> 2개 등급 합 5
	자율전공부	2개 등급 합 <u>6</u>	2개 등급 합 <u>5</u>
	공과대학	2개 등급 합 6	<u>수학 포함</u> 2개 등급 합 6
	의예과	과탐: 2과목 평균(소수점 절사)	과탐: 2과목 평균(소수점 반올림)
학교폭력 조치사항		-	반영

- 수능최저: IT대학과 공과대학은 '수학 포함'이 추가되었고, 자율전공부는 2개 등급 합 6->5로 상향 조정되었으며, 의예과는 과탐 2과목 평균 등급 산출시 소수점 절사->소수점 반올림으로 상향 조정되었음
- 학교폭력 조치사항: 전형 총점에서 감점
- 내신 5등급까지는 등급 간 감점이 5점씩이므로 5등급까지는 내신 부담이 적음.
- ➡️ **합격자 성적분포**: 인문계열은 4등급 초반, 자연계열은 4등급 초반. 내신 5등급까지는 논술로 당락 결정.

■ 모집단위

'*' 표시 : 교직 이수 가능

계열	모집단위	2025 모집인원	2024 모집인원	지원인원	경쟁률	등록평균	실질경쟁률	충원번호	2023 모집인원	지원인원	경쟁률	등록평균	실질경쟁률	충원번호	2022 모집인원	지원인원	경쟁률	등록평균	실질경쟁률	충원번호
인문	인문대학 자율학부	2																		
인문	경상대학 자율학부	5																		
인문	사회과학대학 자율학부	3																		
인문	정치외교학과	3	3	86	28.7	3.39	10.0		3	62	20.7	4.38	5.3		3	50	16.7	4.71	3.0	1
인문	사회학과	3	4	86	21.5	3.65	8.0	2	4	80	20.0	4.64	7.5		3	52	17.3	4.34	4.0	2
인문	행정학부	5	5	96	19.2	3.80	9.0	2	5	91	18.2	3.59	6.2		5	103	20.6	4.00	6.0	3
인문 자연	자율전공학부	82	30	644	21.5	3.88	9.9	2	30	586	19.5	4.12	7.5	4	31	843	27.2	3.98	7.2	9
인문	경영학부	18	24	557	23.2	4.00	9.5	5	27	684	25.3	3.81	11.9	2	25	309	12.4	4.24	2.1	6
인문	국어국문학과	5	5	109	21.8	4.05	11.2		6	102	17.0	4.51	3.3	2	6	115	19.2	4.98	5.5	
인문	경제통상학부	18	22	391	17.8	4.07	6.5	8	22	427	19.4	4.46	6.5	4	22	211	9.6	4.55	1.5	
인문	불어불문학과	3	3	62	20.7	4.11	8.3													
인문	*영어영문학과*	*6*	*10*	182	18.2	4.14	9.1	1	10	167	16.7	4.10	6.9	3	10	218	21.8	4.44	6.3	6
인문	미디어커뮤니케이션학과	4	5	180	36.0	4.18	18.2	2	5	146	29.2	4.33	9.6	1	3	100	33.3	4.65	5.7	1
인문	철학과	5	5	98	19.6	4.18	10.0	1	3	46	15.3	4.70	3.3		4	62	15.5	4.56	3.8	1
인문	심리학과	2	3	81	27.0	4.18	14.3		3	81	27.0	3.49	8.0	1	3	67	22.3	3.88	5.3	
인문	사학과	3	3	59	19.7	4.23	7.0	1	5	90	18.0	4.97	6.0		5	106	21.2	3.71	4.2	4
인문	고고인류학과	4	4	83	20.8	4.34	8.3		4	71	17.8	4.17	6.5	4	5	88	17.6	4.08	4.4	3
인문	문헌정보학과	4	4	84	21.0	4.38	9.5		4	65	16.3	4.12	5.5	1	3	43	14.3	3.46	2.7	1
인문	노어노문학과	3	3	53	17.7	4.43	5.7		2	35	17.5		3.0		3	52	17.3	4.21	4.0	2
인문	지리학과	4	4	87	21.8	4.44	12.0	1	4	79	19.8	4.38	4.8		4	50	12.5		1.0	
인문	일어일문학과	3	3	78	26.0	4.60	10.7		4	65	16.3	5.17	4.3	1	4	62	15.5	3.76	2.5	
인문	독어독문학과	4	4	86	21.5	4.66	8.8		4	79	19.8	4.03	5.0		4	67	16.8	4.05	3.5	
인문	사회복지학부	4	5	108	21.6	4.71	9.4	1	8	149	18.6	4.38	5.4	1	8	142	17.8	4.28	2.6	8
인문	중어중문학과	3	3	61	20.3	5.24	8.0		4	67	16.8	4.89	3.0	1	6	110	18.3	3.93	2.3	1
자연	공과대학 자율학부	8																		
자연	첨단기술융합대학 자율학부1	16																		
자연	IT대학 자율학부	5																		
자연	IT 첨단자율학부	10																		
자연	공학 첨단자율학부	8																		
자연	첨단기술융합대학 자율학부2	9																		
자연	*의예과*	*7*	*10*	1,745	174.5	2.23	70.5	2	10	2,605	260.5	2.75	66.5	1	10	2,733	273.3	2.35	61.7	4
자연	*치의예과*	*3*	*5*	974	194.8	2.45	69.0	2	5	1,438	287.6	3.30	49.2		5	1,319	263.8	3.61	52.0	2
자연	모바일공학전공	15	15	546	36.4	3.08	6.8		15	507	33.8	3.88	2.2		15	814	54.3	3.20	10.3	1
자연	수의예과	3	10	1,766	176.6	3.23	58.8	1	10	2,322	232.2	3.07	78.2	1	9	2,146	238.4	3.19	85.2	2
자연	간호학과	10	10	375	37.5	3.28	12.0	8	13	543	41.8	3.06	17.0	3	13	699	53.8	3.60	13.3	
자연	글로벌소프트웨어융합전공	11	12	182	15.2	3.66	5.8		10	273	27.3	4.12	12.6	1	10	253	25.3	3.33	8.2	2
자연	수학교육과	6	6	63	10.5	3.74	4.2	1	6	135	22.5	2.94	13.5		4	111	27.8	4.36	9.8	2
자연	화학과	6	6	88	14.7	3.75	7.7	1	6	87	14.5	4.21	5.2	2	8	103	12.9	3.93	3.5	5

계열	모집단위	2025 모집인원	2024 모집인원	2024 지원인원	2024 경쟁률	2024 등록평균	2024 실질경쟁률	2024 충원번호	2023 모집인원	2023 지원인원	2023 경쟁률	2023 등록평균	2023 실질경쟁률	2023 충원번호	2022 모집인원	2022 지원인원	2022 경쟁률	2022 등록평균	2022 실질경쟁률	2022 충원번호
자연	*전자공학부*	50	62	871	14.1	3.83	6.5	9	54	1,082	20.0	3.59	11.1	10	60	1,220	20.3	3.66	8.5	10
자연	환경공학과	5	6	73	12.2	3.92	5.8	3	6	137	22.8	4.26	7.0	1	6	119	19.8	4.22	3.3	2
자연	*자연과학대학 자율학부*	4	25	343	13.7	3.96	7.1	4	13	233	17.9	3.81	6.4	2	10	252	25.2	3.65	8.1	1
자연	에너지공학부	12	12	179	14.9	3.97	8.0	3	5	80	16.0	3.79	5.6	2	5	83	16.6	4.00	5.6	1
자연	고분자공학과	6	6	88	14.7	4.08	6.0	1	6	93	15.5	4.48	3.2	2	6	99	16.5	3.72	6.0	4
자연	전기공학과	13	14	156	11.1	4.09	4.1	2	14	211	15.1	4.05	5.7	3	14	228	16.3	3.84	4.9	1
자연	응용화학과	4	4	45	11.3	4.11	6.3		5	94	18.8	3.40	7.6		5	79	15.8	4.23	3.2	16
자연	화학공학과	5	5	129	25.8	4.20	16.0	1	5	161	32.2	4.18	13.6	2	5	143	28.6	4.17	12.0	
자연	신소재공학과	8	7	150	21.4	4.21	10.4	5	16	311	19.4	4.12	7.8	2	16	336	21.0	3.77	5.8	2
자연	**인공지능컴퓨팅전공**	7	5	76	152	4.22	6.0		5	103	20.6	3.72	10.8							
자연	통계학과	7	8	80	10.0	4.26	4.5	1	8	119	14.9	3.70	4.9	4	8	116	14.5	4.01	3.0	4
자연	컴퓨터학부	10	10	137	13.7	4.34	4.1	2	10	275	27.5	3.36	13.1	6	15	497	33.1	4.08	11.0	3
자연	건축공학전공	8	10	144	14.4	4.39	5.6	3	9	144	16.0	4.56	4.0		10	165	16.5	4.30	2.5	3
자연	금속재료공학과	10	9	100	11.1	4.42	3.9	1												
자연	토목공학과	10	11	145	13.2	4.43	4.3	1	12	245	20.4	4.36	5.3	6	12	220	18.3	4.78	2.8	7
자연	기계공학부	18	20	326	16.3	4.45	9.0	11	20	358	17.9	3.77	7.4	3	20	390	19.5	3.68	5.7	3
자연	수학과	10	12	96	8.0	4.46	3.7	4	12	112	9.3	4.12	3.3	7	12	116	9.7	4.54	2.3	4
자연	지구시스템과학부	5	5	82	16.4	4.47	7.2		5	88	17.6	3.78	4.4	1	5	114	22.8	4.46	4.4	3
자연	인공지능전공	10	8	99	12.4	4.51	4.3	3	10	165	16.5	4.15	7.2	4						
자연	건축학전공	9	11	198	18.0	4.62	8.8	2	10	208	20.8	4.23	5.6	3	10	187	18.7	4.46	4.0	3
자연	섬유시스템공학과	10	10	138	13.8	4.68	3.6	3	8	136	17.0	4.43	4.0	7	5	87	17.4	4.56	2.2	1
자연	물리학과	10	10	77	7.7	4.89	3.0	3	9	129	14.3	4.78	4.1	3	11	108	9.8	4.61	1.8	1

4부 일반대학

13. 경상국립대학교

경상남도 진주시 진주대로 501 (Tel: 055. 772-1115~6)

I. 한 눈에 보는 전형

모집 시기	전형 유형	전형	모집 인원	전형 방법	수능최저 학력기준
수시	교과	일반전형	1,942	학생부교과100% ▶체육교육과: 학생부교과80%+ 실기20% ▶휴먼헬스케어학과: 학생부교과60%+ 실기40%	○(일부학과 제외)
수시	교과	지역인재	232	학생부교과100%	○(일부학과 제외)
수시	종합	일반전형	726	서류100% ▶사과대, 사범대, 의대, 약대, 수의대, 간호대 : 1단계)서류100%(3배수, 약대: 5배수) 2단계)서류80%+ 면접20%	X (의예,약학○)
수시	종합	지역인재	333	서류100% ▶의예과, 간호학과: 1단계)서류100%(3배수) 2단계)서류80%+ 면접20%	X (의예,약학○)
수시	종합	평생학습자	10	서류100%	X
수시	종합	국가보훈대상자	4	서류100%	X
수시	종합	사회통합	21	서류100%	X
수시	종합	기초생활수급자	181	서류100% ▶의예과: 1단계)서류100%(3배수) 2단계)서류80%+ 면접20%	X (의예,약학○)
수시	종합	농어촌학생	167	서류100% ▶의예과: 1단계)서류100%(3배수) 2단계)서류80%+ 면접20%	X (의예,약학○)
수시	종합	특성화고교졸업자	62	서류100%	X
수시	종합	장애인등 대상자	14	서류100%	X
수시	종합	재직자	45	서류100%	X
수시	실기/실적	실기	34	▶미술교육과: 학생부교과30%+ 실기70% ▶음악교육과: 학생부교과40%+ 실기60%	○(음악교육 과X)
수시	실기/실적	특기자	26	▶민속무용학과: 학생부교과30%+ 특기70% ▶휴먼헬스케어학과: 학생부교과30%+ 특기50%+ 실기20%	X

(수시모집) 지원 가능 횟수	학생부교과·실기전형 1회, 학생부종합(일반전형) 1회, 학생부종합(일반전형 이외) 1회, 총 3회 복수지원 가능

■ 무전공(전공자율선택)

유형① [대학 내 모든 전공(보건의료, 사범 등 제외) 자율 선택]	유형② [계열/단과대 모집 후 모집단위 내 전공 자율 선택]
인문사회자율전공(21명), 자연과학자율전공(20명)	건축공학부(64명), 기계공학부(77명), 메카트로닉스공학부(50명), 법학부(66명), 산업시스템공학부(66명), 수학물리학부(64명), 컴퓨터공학부(102명), 항공우주공학부(174명), 해양식품생명의학부(53명), 회계세무학부(100명),

■ 전형결과

※ 성적 산출기준: (수시) 교과 석차등급, (정시) 수능 백분위

모집시기	전형유형	전형	학년도	모집인원	지원인원	경쟁률	등록자 평균	등록자 80%	충원율
수시	교과	일반전형	2024	2,039	11,755	5.77	**4.15**	4.55	161%
수시	교과	지역인재	2024	133	933	7.02	**3.65**	3.90	105%
수시	종합	일반전형	2024	729	5,389	7.39	**4.56**		119%
수시	종합	지역인재	2024	316	1,992	6.30	**4.59**		109%

■ (주요전형) 전형일정

유형	전형	원서접수 마감	대학별 고사(면접/논술)	1단계 합격자	최종 합격자
교과	일반전형	9.13(금) 19:00			12.13(금)
교과	지역인재	9.13(금) 19:00			12.13(금)
종합	일반전형	9.13(금) 19:00	▶사회대, 사범대, 의과대, 수의대, 약학대, 간호대: 11.22(금)	▶사회, 사범, 의과, 수의, 약학, 간호: 11.15(금)	12.13(금)
종합	지역인재	9.13(금) 19:00	▶의과대, 간호대: 11.22(금)	▶의과, 간호: 11.15(금)	12.13(금)

Ⅱ. (수시모집) 주요 전형

■ (학생부교과) 일반전형

전형	모집인원	전형 방법	수능최저학력기준
일반전형	1,942	학생부교과100% ▶체육교육과: 학생부교과80%+ 실기20% ▶휴먼헬스케어: 학생부교과60%+ 실기40%	○(일부학과 제외)

1. **지원자격**: 국내 소재 고등학교 졸업(예정)자 또는 법령에 의하여 동등 이상의 학력이 있다고 인정되는 자
2. **수능최저학력기준**
    1) 수능 응시영역

모집계열 및 단과대학		수능 반영영역								
		국어		수학		영어	탐구 2		한국사	
		공통	선택1	공통	선택1		사회	과학		
자연계열	사범대(생물·화학교육), 수의대, 약학대(미적분/기하), 의과대(미적분/기하)	◎	◎	◎	◎	◎	-	◎	◎	
인문계열	인문대, 사회대, 경영대, 사범대(교육, 국어, 역사, 영어, 유아, 윤리, 일반사회, 지리교육), 법과대	◎	◎	◎	◎	◎	◎		◎	
자연계열	자연대, 공과대, 농생대, 사범대(수학: 미적분/기하), 간호대, 융합대									
예·체능계열	사범대(체육, 음악, 미술교육)									

   2) **모집단위 별 수능최저학력기준:**
      ※ 수능 선택과목 : 의대/약학대/수학교육(수학 : 미적분 또는 기하), 수의대(수학 : 확률과통계, 미적분, 기하 포함)
      ※ 탐구(사탐/과탐) : 상위 1과목 적용(단, 의대/약대/수의대는 2과목 평균, 소수점 절사)

모집단위	2개 등급 합 (탐구: 1과목)
• 본부대(Ⅰ,Ⅱ), • 인문대(국어국문학과, 러시아학과, 사학과, 중어중문학과, 한문학과, 민속무용학과), • 사회대(아동가족학과), • 자연대(물리학과, 의류학과, 지질학과, 항노화신소재과학과, 컴퓨터과학부(컴퓨터과학전공, 컴퓨터소프트웨어전공)), • 공과대(도시공학과, 토목공학과, 산업시스템공학부), • 농생대(원예과학과 제외), • 사범대(음악교육과), • 건설대, • 융합대(기계소재융합공학부, 미래자동차공학과, 에너지공학과), • 해양대	없음
• 인문대(독어독문학과, 불어불문학과, 영어영문학부(영어영문전공, 영어전공), 철학과), • 자연대(수학과, 식품영양학과, 제약공학과), • 경영대, • 농생대(원예과학부), • 융합대(메카트로닉스공학부)	10
• 자연대(생명과학부, 정보통계학과, 화학과), • 공과대(건축공학부, 기계공학부, 항공우주및소프트웨어공학부, 나노신소재공학부(고분자공학전공, 금속재료공학전공, 세라믹공학전공), 건축학과, 반도체공학과, 전기공학과, 전자공학과, 제어로봇공학과, 화학공학과), • 법과대, • 융합대(융합전자공학부)	9
• 사범대(일어교육과, 미술교육과), • 간호대	8
• 사범대(교육·국어·역사·유아·윤리·일반사회·지리· 생물·체육) ※ 생물교육과: 과탐 필수 반영	7
• 사범대(영어·수학·화학) ※ 수학교육과: 수학(미적분 또는 기하) 필수 반영 / ※ 영어교육과: 영어 필수 반영 / ※ 화학교육과: 과탐 필수 반영	6
• 사회대(아동가족학과 제외)	3개 합 12
• 수의대(일반/지역인재), • 의과대(지역인재), • 약학대(지역인재) ※ 수의대 : 국어, 수학, 영어, 과탐 중 수학 필수 반영, 과탐 2과목 평균(소수점 절사) ※ 의과대, 약학대,: 국어, 수학(미적분 또는 기하), 영어, 과탐 중 수학 필수 반영, 과탐 2과목 평균(소수점 절사)	3개 합 6

모집단위	2개 등급 합 (탐구: 1과목)
• 의과대(일반) ※ 국어, 수학(미적분 또는 기하), 영어, 과탐 중 <u>수학 필수</u> 반영, 과탐 2과목 평균(소수점 절사)	3개 합 4
• 약학대(일반) ※ 국어, 수학(미적분 또는 기하), 영어, 과탐 중 <u>수학 필수</u> 반영, 과탐 2과목 평균(소수점 절사)	3개 합 5

◎ 전형요소
● 학생부(1,000점)

반영요소 반영비율	반영교과목			교과성적 산출지표	학년별 반영비율
	구분	반영방법			
교과 100%	공통 및 일반선택	⑨ 국어, 영어, 수학, 사회(한국사 포함)교과에 속한 전 과목 ⓐ 국어, 영어, 수학, 과학교과에 속한 전 과목 ⑩ 국어, 영어, 사회(한국사 포함), 과학교과에 속한 전 과목 ※ 반영 학기: (교과) 졸업예정자 및 졸업자 모두 3학년 1학기까지 ※ 최소 이수단위 58단위 적용, 58단위 미만인 경우 부족한 이수단위는 9등급 처리		석차등급	학년 구분 없음
	진로선택	반영교과별 상위 3과목 반영 ※ 가산점 = A : 0.5, B : 0.3, C : 0.1		성취도	

◎ 전형결과
■ 전체

학년도	전체						인문						자연					
	모집 인원	지원 인원	경쟁 률	등록 평균	등록 80%	충원 율	모집 인원	지원 인원	경쟁 률	등록 평균	등록 80%	충원 율	모집 인원	지원 인원	경쟁 률	등록 평균	등록 80%	충원 율
2022	2,173	12,477	5.74	4.02	4.41	167%	691	4,540	6.57	3.80	4.16	171%	1,482	7,937	5.36	4.23	4.65	163%
2023	2,174	12,121	5.58	4.08	4.47	164%	710	4,479	6.31	3.87	4.20	164%	1,464	7,642	5.22	4.29	4.73	164%
2024	2,039	11,755	5.77	4.15	4.55	161%	685	4,080	5.96	4.02	4.41	152%	1,354	7,675	5.67	4.28	4.68	169%
2025	1,942						645						1,297					

■ [계열별] 실질 경쟁률(충원율 반영)

계열	학년도	모집인원	지원인원	경쟁률	수능최저 충족율	(수능최저 충족율 반영) 경쟁률	충원율	(충원율 반영) 실질 경쟁률
인문	2022	691	4,540	6.57	64.00%	4.21	171%	1.55
	2023	710	4,479	6.31	78.92%	4.97	164%	1.88
	2024	685	4,080	5.96	46.0%	2.74	152%	1.09
자연	2022	1,482	7,937	5.36	85.00%	4.56	163%	1.73
	2023	1,464	7,642	5.22	87.93%	4.59	164%	1.74
	2024	1,354	7,675	5.67	42.0%	2.38	169%	0.89

■ [학과별] 수능최저학력기준 충족율

계열	계열 평균	모집단위
인문	46.0%	사학과 59%, 중어중문학과 50%, 경제학부 41%, 사회복지학부 45%, 사회학과 59%, 심리학과 47%, 정치외교학과 42%, 행정학과 58%, 미디어커뮤니케이션학과 43%, 경영학부 71%, 경영정보학과 50%, 국제통상학부 54%, 회계세무학부 59%, 법학과 50%, **교육학과 22%**, 국어교육과 43%, 역사교육과 46%, **영어교육과 34%**, 유아교육과 13%, 윤리교육과 51%, **일반사회교육과 30%**, 일어교육과 23%, 지리교육과 45%, 체육교육과 75%, 국제통상학부 50%
자연	42.0%	수학과 43%, 정보통계학과 65%, **기계공학부 36%**, 금속재료공학전공 43%, **세라믹공학전공 32%**, 건축학과 49%, 화학공학과 57%, 컴퓨터공학과 63%, **소프트웨어공학과 36%**, 전기공학과 43%, 전자공학부 59%, 제어로봇공학과 41%, 항공우주공학부 63%, 생물교육과 18%, **수학교육과 31%**, **화학교육과 10%**, 수의예과 45%, **의예과 37%**, 간호학과 29%, **약학과 32%**

■ 변경사항 & 핵심포인트
[2025]

변경사항	2024	2025
모집인원	2,039명	1,942명(-97명)
수능최저 변경	3개 등급 합 14	2개 등급 합 10
	3개 등급 합 13	2개 등급 합 10/9
	3개 등급 합 12	2개 등급 합 9
	3개 등급 합 10	2개 등급 합 8
	3개 등급 합 9	2개 등급 합 7/6(또는 3개 등급 합 12)
	(수의대/약대) 과탐 : 1과목 반영	(수의대/약대) 과탐 : 2과목 평균, 소수점 절사

- 수능최저 변경: 3개 등급 합 -> 2개 등급 합으로 반영영역 수가 축소됨.
  - 수의대/약대는 탐구영역이 1과목->2과목 평균, 소수점이하는 절사로 변경되면서 의대와 같아짐
- ☑ **합격자 성적분포**: 인문계열은 2등급 초반 ~ 5등급 초반, 자연계열은 1등급 초반 ~ 6등급 초반
- 수능최저 충족율: 인문은 46%, 자연은 42%로 자연이 더 낮음

[2024]

변경사항		2023	2024
수능최저 변경	불어불문학	3개 등급 합 13	없음
	교육학과	없음	3개 등급 합 9
	법과대	없음	3개 등급 합 13
	아동가족학	3개 등급 합 12	없음
	스마트유통물류학	3개 등급 합 13	없음
	컴퓨터과학부(컴퓨터과학전공, 컴퓨터소프트웨어전공)	3개 등급 합 13	3개 등급 합 14
	체육교육	3개 등급 합 12	3개 등급 합 10
	수학교육	3개 등급 합 10	3개 등급 합 9
	의예과	과탐-1과목	과탐-2과목 평균, 소수점 절사
(학생부) 반영교과목 변경	인문	국어, 영어, 수학, 사회, 과학교과 전 과목	국어, 영어, 수학, 사회교과 전 과목
	자연	국어, 영어, 수학, 사회, 과학교과 전 과목	국어, 영어, 수학, 과학교과 전 과목

■ 모집단위　　　　　　　　　　　　　　　　　　　　　　　　　　'*' 표시 : 교직 이수 가능

계열	모집단위	2025 모집인원	2024 모집인원	지원인원	경쟁률	등록평균	등록80%	충원번호	2023 모집인원	지원인원	경쟁률	등록평균	등록80%	충원번호	2022 모집인원	지원인원	경쟁률	등록평균	등록80%	충원번호
인문	인문사회자율전공	21																		
인문	유아교육과	6	9	38	4.2				10	80	8.0	3.71	3.91	7	11	90	8.2	3.45	3.69	12
인문	역사교육과	6	5	37	7.4	2.90	3.04	12	5	64	12.8	2.76	2.97	14	5	35	7.0	3.33	2.98	6
예체	**체육교육과**	18	12	178	14.8	3.05	3.04	15	12	206	17.2	2.94	3.61	6	9	272	30.2	2.92	3.02	4
인문	국어교육과	13	14	75	5.4	3.20	3.29	18	15	124	8.3	3.01	3.33	27	14	135	9.6	3.06	3.43	32
인문	국어국문학과*	14	14	97	6.9	3.24	3.67	40	15	96	6.4	3.35	3.82	38	15	71	4.7	3.40	3.81	32
예체	디자인비즈니스학과	13	15	90	6.0	3.26	3.56	18	17	143	8.4	3.90	4.37	41	16	60	3.8	5.03	5.72	18
인문	영어영문학전공*	15	17	114	6.7	3.34	3.80	45	18	72	4.0	3.72	4.41	44	18	85	4.7	3.18	3.54	30
인문	아동가족학과	18	18	269	14.9	3.36	3.94	35	21	151	7.2	4.96	5.20	21	10	60	6.0	4.62	4.98	10
자연	스마트유통물류학과	20	20	317	15.9	3.56	3.94	30	25	199	8.0	5.02	5.37	24	25	112	4.5	4.85	5.28	24
인문	일반사회교육과	9	9	73	8.1	3.59	4.01	13	10	71	7.1	3.04	3.56	24	10	70	7.0	2.64	2.77	25
인문	지리교육과	7	8	51	6.4	3.7	3.96	13	6	37	6.2			5	6	49	8.2	2.74	2.86	8
인문	영어교육과	15	16	67	4.2	3.71	3.95	7	16	133	8.3	3.01	3.09	18	16	109	6.8	3.09	3.64	23
인문	사학과*	11	11	80	7.3	3.76	4.18	17	11	90	8.2	4.06	4.16	24	11	137	12.5	3.87	4.08	39
인문	미디어커뮤니케이션학과	12	12	110	9.2	3.76	4.12	13												
인문	심리학과*	12	10	60	6.0	3.81	4.29	16	10	116	11.6	2.99	3.38	27	10	296	29.6	2.93	3.33	30
인문	*경영학부**	45	60	260	4.3	3.82	4.30	123	61	289	4.7	3.43	3.70	129	60	439	7.3	3.29	3.60	129
인문	행정학과*	14	18	106	5.9	3.84	4.02	39	18	136	7.6	3.65	4.00	50	18	89	4.9	3.45	3.86	29
인문	*영어전공*	19	26	140	5.4	3.85	4.37	71	28	215	7.7	3.73	4.13	46	28	133	4.8	4.30	4.76	66
인문	윤리교육과	4	5	35	7.0	3.93		13	5	65	13.0	2.78	2.96	13	5	40	8.0	3.08	3.39	13
인문	식품자원경제학과	14	15	157	10.5	3.98	4.49	29	15	46	3.1	4.45	5.41	27	15	76	5.1	3.50	3.89	22
인문	사회복지학부	20	20	94	4.7	4.04	4.17	22	25	189	7.6	3.70	4.01	29	25	243	9.7	3.78	4.18	54
인문	독어독문학과*	15	15	83	5.5	4.15	4.67	32	16	73	4.6	4.38	4.79	31	16	113	7.1	4.16	4.40	34
인문	철학과*	11	11	54	4.9	4.15	4.59	33	12	53	4.4	3.44	4.04	20	12	64	5.3	3.94	4.39	39
인문	정치외교학과	10	10	86	8.6	4.24	4.59	18	10	49	4.9	4.38	4.52	6	15	80	5.3	3.89	4.14	22
인문	법학부*	29	29	100	3.5	4.24	4.91	21	33	200	6.1	3.18	3.58	80	31	212	6.8	3.61	3.90	55
인문	러시아학과*	13	13	82	6.3	4.32	4.91	27	14	79	5.6	4.85	5.16	31	11	50	4.6	4.70	5.14	23
인문	회계세무학부*	50	55	194	3.5	4.36	4.85	60	61	246	4.0	3.96	4.24	61	61	268	4.4	3.87	4.24	95
인문	경제학부*	29	34	151	4.4	4.39	4.62	28	40	218	5.5	4.17	4.41	38	39	185	4.7	4.17	4.46	41
인문	교육학과	4	5	27	5.4	4.41	4.99	1	5	85	17.0	2.18	2.22	18	5	55	11.0	2.96	3.17	16
인문	*국제통상학과**	46	58	208	3.6	4.47	4.90	53	58	240	4.1	4.03	4.27	70	58	244	4.2	3.82	4.27	68
인문	경영정보학과	15	17	92	5.4	4.52	4.65	28	18	114	6.3	4.12	4.39	32	18	86	4.8	3.92	4.35	18
인문	사회학과*	13	15	66	4.4	4.53	4.82	24	15	132	8.8	4.06	4.27	25	15	204	13.6	4.24	4.42	35
인문	한문학과*	13	15	71	4.7	4.58	5.16	24	15	64	4.3	4.86	5.17	27	15	71	4.7	4.39	5.04	31
인문	일어교육과	4	5	65	13.0	4.62	5.13	8	5	67	13.4	4.38	4.56	9	4	42	10.5	4.21	4.41	3
인문	불어불문학과*	14	14	124	8.9	4.67	4.94	35	9	39	4.3	5.05	5.41	11	9	49	5.4	4.12	4.45	16
인문	중어중문학과*	16	19	88	4.6	4.71	5.17	18	20	118	5.9	5.09	5.10	30	18	68	3.8	4.68	5.25	20

계열	모집단위	2025 모집인원	2024 모집인원	2024 지원인원	2024 경쟁률	2024 등록평균	2024 등록80%	2024 충원번호	2023 모집인원	2023 지원인원	2023 경쟁률	2023 등록평균	2023 등록80%	2023 충원번호	2022 모집인원	2022 지원인원	2022 경쟁률	2022 등록평균	2022 등록80%	2022 충원번호
예체	휴먼헬스케어학과	16	16	95	5.9	5.31	5.89	16	16	92	5.8	3.37	3.85	21	16	87	5.4	3.74	4.67	22
인문	해양수산경영학과	21	20	46	2.3	5.36	5.89	26	20	88	4.4	5.47	5.81	38	21	61	2.9	5.70	6.44	38
자연	해양식품생명의학부	39																		
자연	수학물리학부*	23																		
자연	자연과학자율전공	20																		
자연	생물교육과	10	10	45	4.5				11	71	6.5	3.37	3.74	7	11	79	8.2	3.45	3.63	17
자연	화학교육과	7	8	21	2.6				9	49	5.4			3	10	58	5.8	4.09	4.41	
자연	의예과	16	11	232	21.1	1.13	1.15	27	10	147	14.7	1.19	1.24	17	14	320	22.9	1.15	1.17	22
자연	수의예과	13	13	229	17.6	1.32	1.35	30	13	217	16.7	1.36	1.43	25	13	289	22.2	1.40	1.49	30
자연	약학과	7	7	133	19.0	1.39	1.43	9	8	267	33.4	1.22	1.22	12	6	157	26.2	1.39	1.53	8
자연	식품영양학과*	20	27	136	5.0	2.62	3.20	32	38	216	5.7	3.06	3.51	58	39	142	3.6	3.29	3.97	60
자연	반도체공학과	17	17	83	4.9	2.67	3.11	35	17	175	10.3	2.76	2.95	38	19	133	7.0	3.40	3.89	58
자연	간호학과*	32	35	531	15.2	2.75	3.10	45	35	224	6.4	2.88	3.28	44	47	658	14.0	2.34	2.55	68
자연	의류학과*	10	11	75	6.8	2.97	3.12	22	12	110	9.2	3.02	3.56	34	10	107	10.7	3.75	4.15	8
자연	항공우주공학부	40	41	178	4.3	3.16	3.69	36	51	207	4.1	5.53	5.91	83	50	127	2.5	5.44	6.21	54
자연	AI정보공학과	17	22	276	12.6	3.18	3.82	22	23	44	1.9	5.86	6.37	21	23	56	2.4	6.12	6.83	33
자연	토목공학과	17	24	146	6.1	3.30	3.99	66	20	104	5.2	3.29	3.84	34	25	165	6.6	3.52	4.06	54
자연	수학교육과	20	20	74	3.7	3.32	3.60	3	20	161	8.1	3.00	3.19	22	25	160	6.4	3.38	3.73	36
자연	건축공학부	32	32	156	4.9	3.37	3.91	53	31	224	7.2	3.54	4.00	69	31	131	4.2	4.21	4.53	42
자연	제약공학과	15	19	151	8.0	3.50	3.98	57	24	171	7.1	3.57	4.17	69	24	118	4.9	3.96	4.26	45
자연	식품공학부*	29	28	96	3.4	3.64	4.26	42	29	133	4.6	3.16	3.84	39	29	174	6.0	3.71	4.07	58
자연	스마트농산업학과*	18	19	103	5.4	3.78	4.42	20	25	139	5.6	4.00	4.68	46	25	130	5.2	4.35	4.79	29
자연	농학과*	12	12	47	3.9	3.79	4.36	24	13	41	3.2	3.74	4.04	21	13	104	8.0	3.61	3.96	28
자연	컴퓨터공학부	36	36	394	10.9	3.81	3.99	93												
자연	화학공학과	20	21	148	7.1	3.84	4.16	51	20	113	5.7	4.19	4.54	59	20	121	6.1	3.33	3.60	53
자연	동물생명융합학부*	32	40	185	4.6	3.87	4.68	80	42	205	4.9	4.30	4.79	82	41	135	3.3	4.48	5.14	43
자연	도시공학과	15	17	70	4.1	3.95	4.65	39	18	75	4.2	3.59	4.08	46	18	103	5.7	3.69	3.95	26
자연	생명과학부*	39	44	139	3.2	3.97	4.73	86	45	201	4.5	3.32	3.80	79	45	195	4.3	3.49	4.02	104
자연	건축학과	28	34	207	6.1	4.00	4.18	47	36	215	6.0	3.75	4.09	42	35	172	4.9	3.64	3.97	41
자연	원예학과*	40	37	151	4.1	4.00	4.73	55	38	141	3.7	4.12	4.65	56	37	243	6.6	4.14	4.57	65
자연	조경학과	24	13	68	5.2	4.01	4.22	19	15	60	4.0	4.34	4.45	23	15	91	6.1	3.61	4.40	24
자연	전기공학과	23	27	264	9.8	4.04	4.46	48	28	185	6.6	4.26	4.69	81	28	154	5.5	3.38	3.81	50
자연	식물의학과	10	10	89	8.9	4.13	4.40	14	10	32	3.2	4.30	5.93	15	10	46	4.6	3.16	3.39	20
자연	미래자동차공학과	20	21	110	5.2	4.13	4.87	34	29	129	4.5	4.82	5.12	52	30	95	3.2	4.75	5.20	35
자연	화학과*	21	21	104	5.0	4.20	4.41	41	22	145	6.6	4.13	4.60	63	15	40	2.7	4.77	5.74	13
자연	메카트로닉스공학부	20	27	145	5.4	4.25	4.73	35	36	179	5.0	4.83	5.27	46	35	100	2.9	5.27	5.86	50
자연	환경산림과학부*	35	38	178	4.7	4.25	4.88	62	37	156	4.2	3.72	4.15	45	36	167	4.6	3.92	4.35	60
자연	기계공학부	5	5	56	11.2	4.26	3.78	14	5	78	15.6	3.61	3.77	18	5	88	17.6	3.81	4.01	18
자연	전자공학부*	52	63	282	4.5	4.30	4.72	101	28	265	9.5	3.73	3.86	74	28	168	6.0	3.64	4.10	79
자연	에너지공학과	14	14	53	3.8	4.42	4.88	25	22	82	3.7	4.74	4.98	26	22	106	4.8	4.80	5.33	52
자연	지역시스템공학과*	11	12	51	4.3	4.46	4.83	11	12	37	3.1	4.73	4.86	16	12	74	6.2	4.50	4.63	14
자연	환경생명화학과	10	10	49	4.9	4.47	4.67	28	10	62	6.2	4.25	4.52	25	10	41	4.1	4.24	4.91	17
자연	항노화신소재과학과	16	18	87	4.8	4.53	4.75	17	23	106	4.6	4.66	5.08	51	24	81	3.4	5.01	5.45	30
자연	산업시스템공학부	36	40	194	4.9	4.55	4.86	83	40	147	3.7	4.22	5.04	73	40	294	7.4	4.13	4.40	55
자연	기계융합공학과	17	17	79	4.7	4.57	5.17	53	17	76	4.5	4.36	4.79	35	12	44	3.7	4.46	4.76	22
자연	해양경찰시스템학과	22	25	181	7.2	4.57	5.01	58	25	74	3.0	4.92	6.18	48	20	133	6.7	3.59	4.18	58
자연	정보통계학과	9	9	37	4.1	4.58	4.61	15	10	105	10.5	3.76	4.17	21	10	41	4.1	4.41	4.87	26
자연	세라믹공학전공	19	22	72	3.3	4.61	4.90	1	22	92	4.2	4.83	4.87	10	23	128	5.6	4.72	4.97	33
자연	인테리어재료공학과	17	18	70	3.9	4.62	5.03	16	20	83	4.2	4.67	5.15	37	20	65	3.3	4.96	5.58	23
자연	고분자공학전공	21	22	82	3.7	4.62	4.78	16	22	108	4.9	4.58	4.82	34	23	111	4.8	4.21	4.55	48
자연	축산과학부*	22	20	108	5.4	4.68	5.25	54	20	158	7.9	4.96	5.26	24	19	62	3.3	4.89	6.22	39
자연	환경공학과	17	23	108	4.7	4.73	5.15	52	30	171	5.7	4.82	5.34	72	29	76	2.6	5.13	5.86	42
자연	지질과학과	12	12	53	4.4	4.78	4.94	21	13	100	7.7	4.67	5.04	31	15	60	4.0	5.79	5.88	45
자연	환경재료과학과	11	13	103	7.9	4.83	5.08	14	13	51	3.9	5.35	5.71	18	13	119	9.2	4.65	4.93	22
자연	제어로봇공학과	21	22	138	6.3	4.85	5.23	30	24	122	5.1	4.88	5.42	22	24	101	4.2	4.68	5.09	34
자연	건설시스템공학과	15	16	73	4.6	4.98	5.32	25	30	129	4.3	5.09	5.41	35	30	89	3.0	5.25	5.69	34
자연	소프트웨어공학과	5	5	28	5.6	5.03		5	5	46	9.2	2.25	2.54	9	5	46	9.2	2.63	2.72	11
자연	생물산업기계공학과*	11	13	53	4.1	5.08	5.25	23	12	38	3.2	5.04	5.36	15	12	62	5.2	4.89	4.96	15
자연	금속재료공학전공	21	22	101	4.6	5.18	5.53	20	22	119	5.4	4.82	5.07	22	23	131	5.7	4.69	5.13	52

계열	모집단위	2025	2024						2023						2022					
		모집인원	모집인원	지원인원	경쟁률	등록평균	등록80%	충원번호	모집인원	지원인원	경쟁률	등록평균	등록80%	충원번호	모집인원	지원인원	경쟁률	등록평균	등록80%	충원번호
자연	기계시스템공학과	20	21	63	3.0	5.79	6.42	42	23	51	2.2	5.79	6.29	28	23	50	2.2	6.00	6.18	27
자연	해양생명과학과	21	21	68	3.2	5.82	6.55	47	21	52	2.5	6.32	7.00	31	22	87	4.0	6.00	6.76	65
자연	조선해양공학과	22	21	55	2.6	6.21	6.63	34	21	54	2.6	6.09	6.66	33	22	49	2.2	6.45	6.40	27
자연	스마트에너지기계공학과	31	22	59	2.7	6.51	6.87	37	22	51	2.2	6.36	6.69	29	30	64	2.1	6.01	6.88	34
자연	해양환경공학과	22	22	50	2.3	6.55	7.37	28	23	46	2.0	5.12	5.81	23	21	54	2.6	5.80	5.91	33
자연	해양토목공학과	20	19	71	3.7	6.97	7.11	52	19	39	2.1	7.48	7.38	20	22	62	2.8	6.19	6.52	40

■ (학생부교과) 지역인재

전형	모집인원	전형 방법	수능최저학력기준
지역인재	232	학생부교과100%	○(일부학과 제외)

1. **지원자격**: 경남·부산·울산지역 소재 고등학교 졸업(예정)자로 해당지역 소재 고교 입학부터 졸업(예정)까지 전 과정을 이수한 자
   ※「초·중등교육법」제2조에 따른 고등학교 외 고교 졸업 동등 학력자에 대하여 지원자격을 부여할 수 없음
2. **수능최저학력기준**: 일반전형 참고

◎ **전형요소**
● 학생부: 교과 일반전형 참고

◎ **전형결과**
■ 전체

학년도	전체						인문						자연					
	모집인원	지원인원	경쟁률	등록평균	등록80%	충원율	모집인원	지원인원	경쟁률	등록평균	등록80%	충원율	모집인원	지원인원	경쟁률	등록평균	등록80%	충원율
2022	97	1,045	10.77	4.73	4.85	70%	6	24	4.00	5.74	5.80	50%	91	1,021	11.22	3.72	3.90	90%
2023	122	1,058	8.67	3.86	4.10	61%	11	82	7.45	4.76	5.04	9%	111	976	8.79	2.96	3.15	112%
2024	133	933	7.02	3.65	3.90	105%	12	69	5.75	3.76	4.21	92%	121	864	7.14	3.54	3.59	117%
2025	232						29						203					

■ [학과별] 실질 경쟁률(지원자 중 수능최저 충족인원)

모집단위	모집인원	지원인원	경쟁률	수능최저 충족율	실질 경쟁률
국제통상학과	2	10	5.0	50%	2.50
국어교육과	5	22	4.4	41%	1.80
의예과	32	191	6.0	65%	3.90
약학과	6	73	12.2	44%	5.37
수의예과	22	254	11.6	50%	5.80
간호학과	17	144	8.5	42%	3.57
전자공학부	4	19	4.8	32%	1.54

■ 변경사항 & 핵심포인트
[2025]

변경사항	2024	2025
모집인원	133명	232명(+99명)
수능최저 변경	3개 등급 합 14	2개 등급 합 10
	3개 등급 합 13	2개 등급 합 10/9
	3개 등급 합 12	2개 등급 합 9
	3개 등급 합 10	2개 등급 합 8
	3개 등급 합 9	2개 등급 합 7/6(또는 3개 등급 합 12)
	(약대) 과탐 : 1과목 반영	(약대) 과탐 : 2과목 평균, 소수점 절사

• 수능최저 변경: 3개 등급 합 -> 2개 등급 합으로 반영영역 수가 축소됨.
- 약대는 탐구영역이 1과목->2과목 평균, 소수점이하로 절사로 변경되면서 의대와 같아짐
➡ 합격자 성적분포: 인문계열은 5등급 중반 ~ 6등급 초반, 자연계열은 1등급 초반 ~ 5등급 중반

계열	모집단위	2025 모집인원	2024 모집인원	지원인원	경쟁률	등록평균	등록80%	충원번호	2023 모집인원	지원인원	경쟁률	등록평균	등록80%	충원번호	2022 모집인원	지원인원	경쟁률	등록평균	등록80%	충원번호
인문	영어영문학전공*	2																		
인문	한문학과*	2																		
인문	경제학부*	6																		
인문	행정학과*	2																		
인문	경영학부*	3																		
인문	국제통상학과*	5	2	10	5.0				1	14	14.0				1	5	5.0	6.01	6.01	1
인문	국어교육과	5	5	22	4.4	3.53	3.74	1	5	28	5.6									
인문	스마트유통물류학과	4	5	37	7.4	3.99	4.67	10	5	40	8.0	4.76	5.04	1	5	19	3.8	5.47	5.59	2
자연	생명과학부*	4																		
자연	항공우주공학부	27																		
자연	동물생명융합학부	1																		
자연	토목공학과	2																		
자연	산업시스템공학부	3																		
자연	건축학과	2																		
자연	항노화신소재과학과	1	1	5	5.0			3	1	4	4.0									
자연	미래자동차공학과	2	2	11	5.5			2	2	9	4.5				1	4	4.0	5.65	5.65	1
자연	에너지공학과	2	2	8	4.0			1	2	6	3.0				2	9	4.5	3.99	3.99	
자연	의예과	62	32	191	6.0	1.06	1.09	55	24	261	10.9	1.09	1.12	44	20	364	18.2	1.12	1.16	29
자연	약학과	6	6	73	12.2	1.17	1.16	6	7	118	16.9	1.18	1.25	15	5	150	30.0	1.24	1.26	4
자연	수의예과	22	22	254	11.6	1.33	1.39	29	22	205	9.3	1.40	1.47	18	22	298	13.6	1.45	1.53	26
자연	간호학과	25	17	144	8.5	2.73	2.92	19	17	168	9.9	2.57	2.74	28	5	48	9.6	2.98	3.04	1
자연	식품영양학과*	7	3	17	5.7	3.38		2	3	17	5.7			3	3	18	6.0	4.12	4.28	
자연	건축공학부	10	10	49	4.9	3.85	4.17	8	10	88	8.8	4.06	4.31		10	40	4.0	4.83	5.32	7
자연	식품공학부*	3	3	15	5.0	3.95		2	3	24	8.0				3	15	5.0	4.81	4.95	2
자연	축산과학부	5	5	21	4.2	4.43	4.81	2	5	19	3.8	5.29	5.45	3	5	15	3.0	4.83	5.23	3
자연	메카트로닉스공학부	5	5	18	3.6	4.61	5.12	6	5	18	3.6	4.48	5.41	8	5	17	3.4	4.14	5.30	1
자연	환경산림과학부*	3	3	14	4.7	4.94		1	3	15	5.0				3	10	3.3	4.37	4.60	2
자연	전자공학부*	4	4	19	4.8	5.01	5.43	1												
자연	원예과학부*	7	4	14	3.5	6.06	6.23	4	4	13	3.3	3.61	3.42	2	4	19	4.8	4.22	4.75	4

■ (학생부종합) 일반전형

전형	모집인원	전형 방법	수능최저학력기준
일반전형	726	서류100% ▶ 사과대, 사범대, 의대, 약대, 수의대, 간호대 : 1단계)서류100%(3배수, 약대: 5배수) 2단계)서류80%+ 면접20%	X (의예,약학○)

1. **지원자격**: 국내 소재 고등학교 졸업(예정)자 또는 법령에 의하여 동등 이상의 학력이 있다고 인정된 자
2. **제출서류**: 학교생활기록부
3. **수능최저학력기준**: 없음. 단, 의예과, 약학과는 있음

> ▶ 의예과, 약학과: [국어, 수학(미적분/기하), 영어, 과탐(2과목, 소수점 절사)] 중 수학 포함 3개 영역 등급 합 6 이내

◎ 전형요소
● 서류(1,000점)
 1. **평가방향**: 학교생활기록부를 중심으로 전공적합성, 진공연계진로역량, 발전가능성, 인성 등을 종합적으로 평가하여 학교생활에 충실하고 잠재적 성장가능성을 지닌 학생 선발
 2. **평가기준**:

평가기준	평가지표	평가 내용
전공적합성 (50%)	학업역량 및 학업태도 (30%)	• 지원 전공(계열) 주요 과목의 학업역량(**학업성취도 및 학업성실성**) - 전체적인 교과 성적은 다른 지원자들에 비해 어느 정도인가? - 대학 수학에 필요한 기본 과목 및 지원 전공(계열)과 관련된 학업성취도는 어느 정도인가?
	전공연계 기초학업 탐구역량 (20%)	• 지원 전공(계열)에 대한 교육과정 기반 이해 및 지적 호기심(**전공 연계 기초학업탐구역량**) - 지원 전공(계열)에 대해 올바르게 이해하고 구체적인 성과를 보이고 있는가? - 관심 분야에 대한 열의와 지적 관심이 표출되는 교내활동이 있는가?

평가기준	평가지표	평가 내용

전공연계
진로역량
(20%)
	진로역량
	(10%)
		• 지원 전공(계열) 지원을 위한 준비 및 의지(전공 관련 분야에 대한 지적 탐구 역량)
		  – 지원 전공(계열) 관련 교과탐구활동에서 적극적인 탐구 의지와 지적 호기심을 가지고 있는가?
		  – 관심 분야에 대한 도전적인 과제나 과목을 이수하기 위해 어떤 노력을 했는가?

	진로탐색
	활동과 경험
	(10%)
		• 자신의 진로를 탐색하는 과정에서 이루어진 교내의 다양한 학습활동이나 경험과 노력 정도(진로탐색활동 역량)
		  – 자신의 관심 분야나 흥미와 관련한 다양한 활동에 참여하여 노력한 경험이 있는가?
		  – 교과 및 비교과에서 지원 전공(계열)에 대한 관심을 가지고 탐색한 다양한 학습활동 또는 경험이 있는가?

발전가능성
(20%)
	자기주도성
	도전정신
	문제해결력
	(20%)
		• 자신의 꿈을 위한 자기주도적 도전자세와 극복을 위한 노력 (미래목표 및 준비활동의 우수성, 자기주도성)
		  – 자신의 관심분야, 진로와 관련한 활동을 지속적으로 수행한 경험이 있는가?
		  – 자발적인 성취동기와 목표의식을 가지고 넓고 깊게 학습하려는 의지와 열정이 있는가?
		  – 관심 분야가 변경된 경우 이에 따른 교과 혹은 비교과 활동에 변화가 있는가?

인성
(10%)
	배려심,
	성실성
	책임감,
	공동체의식
	(10%)
		• 주변에 대한 배려와 자기역할에 대한 성실한 생활태도(학교생활 충실도와 공동체의식)
		  – 상대방의 요구사항이나 입장을 이해하고 존중하려고 노력하였는가?
		  – 구성원의 화합과 단결, 공동의 목표를 위해 구체적으로 실행한 계획이나 경험이 있는가?

3. 평가방법:
- 전임·교수위촉사정관·전공교수 등이 3인 1조로 편성, 지원자별 개인면접을 15분 내외 실시
- 서류평가 기반 확인 및 지원자의 준비과정에 대한 심층질문으로 전공이해 및 전공적합성 정도를 평가
- 피면접자의 응답 결과를 토대로 평가요소 별 수준을 종합적으로 평가
- 단 의예과의 경우, 의과대학 인재상에 기반하여 의예과 전공을 수학하는데 필요한 전공적합성, 진공연계진로역량, 발전가능성, 인성(윤리의식 포함) 등을 평가

☞ 보충설명
- 전공적합성(50%) > 전공연계진로역량(20%) = 발전가능성(20%) > 인성(10%) 순으로 반영
- 전공적합성(50%)은 학업역량(30%)와 전공연계기초참구역량(20%)로 구성되었고, 전공연계기초참구역량(20%)을 전공연계진로역량(20%)에 포함시키면 전공연계역량이 40%로 가장 큰 비중을 차지함. .
  – 전공적합성의 전공은 학과를 의미함. 따라서 지원 학과와 관련된 수업, 동아리 등이 중요함

● 면접(200점)-의대, 약대, 수의대, 간호대, 사범대학, 사회과학대학
1. 평가방법:
- 전임·위촉사정관·전공교수 등이 3인 1조로 편성, 지원자별 개인면접을 15분 내외 실시
- 서류평가 기반 확인 및 지원자의 준비과정 질문 및 응답 결과를 토대로 영역별 평가기준에 따라 종합적으로 평가
2. 평가영역:

평가요소	반영비율	평가내용
전공적합성	50%	• 지원 전공(계열) 주요 과목의 학업역량(학업성취도 및 학업성실성) • 지원 전공(계열)에 대한 교육과정 기반 이해 및 지적 호기심(전공 연계 기초학업탐구역량)
진로역량	30%	• 지원 전공(계열) 지원을 위한 준비 및 의지(전공 관련 분야에 대한 지적 탐구 역량) • 자신의 진로를 탐색하는 과정에서 이루어진 교내의 다양한 학습활동이나 경험과 노력 정도(진로탐색활동 역량)
발전가능성	20%	• 자신의 꿈을 위한 자기주도적 도전자세와 극복을 위한 노력(미래목표 및 준비활동의 우수성, 자기주도성)
인성	10%	• 주변에 대한 배려와 자기역할에 대한 성실한 생활태도(학교생활 충실도와 공동체의식)

☞ 보충설명
- 면접 역전률은 약 20% 정도
- 경쟁률이 높은 과일수록 서류점수가 몰려 있어 면접 영향력이 큼.

◎ 전형결과
■ 전체

학년도	전체						인문						자연					
	모집 인원	지원 인원	경쟁 률	등록 평균	등록 70%	충원 율	모집 인원	지원 인원	경쟁 률	등록 평균	등록 70%	충원 율	모집 인원	지원 인원	경쟁 률	등록 평균	등록 70%	충원 율
2022	718	5,076	7.07	4.26	4.44	149%	242	1,868	7.72	4.05	4.24	147%	476	3,208	6.74	4.47	4.63	150%
2023	728	4,862	6.68	4.40		123%	234	1,736	7.42	4.24		103%	494	3,126	6.33	4.56		142%
2024	729	5,389	7.39	4.56		119%	221	1,887	8.54	4.42		109%	508	3,502	6.89	4.69		128%
2025	726						222						504					

[2025]

변경사항	2024	2025
모집인원	729명	726명(-3명)
(약대) 수능최저 변경	과탐 : 1과목 반영	과탐 : 2과목 평균, 소수점 절사

☑ 합격자 성적분포: 인문계열은 4등급 중반, 자연계열은 4등급 중반, 전공적합성이 중요함.

■ 모집단위   '*' 표시 : 교직 이수 가능

계열	모집단위	2025 모집인원	2024 모집인원	2024 지원인원	2024 경쟁률	2024 등록평균	2024 등록70%	2024 충원번호	2023 모집인원	2023 지원인원	2023 경쟁률	2023 등록평균	2023 등록70%	2023 충원번호	2022 모집인원	2022 지원인원	2022 경쟁률	2022 등록평균	2022 등록70%	2022 충원번호
인문	영어전공	4																		
인문	아동가족학과	3	3	35	11.7			4	3	29	9.7				14	70	5.0	4.62	4.97	11
인문	영어교육과	2	2	25	12.5				3	32	10.7			2	3	30	10.0	2.79		2
인문	지리교육과	3	3	38	12.7			6	5	31	6.2	3.21		8	5	45	9.0	2.86	2.93	1
인문	윤리교육과	3	3	45	15.0	2.95		2	3	45	15.0				3	47	15.7	3.31		6
인문	교육학과	3	3	40	13.3	3.09		3	4	63	15.8	3.01			4	35	8.8	3.48	3.25	14
인문	회계세무학부*	13	8	49	6.1	3.31		7	12	88	7.3	3.71		8	12	83	6.9	3.59	4.35	26
인문	경영학부*	14	14	106	7.6	3.44		11	15	153	10.2	3.46		18	15	136	9.1	3.52	3.60	24
인문	유아교육과	3	3	30	10.0	3.47		1	3	24	8.0			1	3	44	14.7	2.52		
인문	심리학과*	7	10	103	10.3	3.61		9	10	105	10.5	3.41		5	10	105	10.5	3.19	3.44	9
인문	행정학과*	6	6	45	7.5	3.82		2	6	35	5.8	3.77		9	6	52	8.7	3.53	3.63	3
인문	법학부*	8	10	76	7.6	3.92		11	10	69	6.9	4.17		13	10	82	8.2	3.84	3.99	14
인문	국제통상학과*	10	10	81	8.1	4.04		20	12	75	6.3	4.23		13	12	89	7.4	4.03	4.25	17
인문	미디어커뮤니케이션학과	6	6	151	25.2	4.08		1												
인문	경제학부*	7	7	77	11.0	4.09		8	9	52	5.8			6	9	48	5.3	3.90	4.11	7
인문	경영정보학과	8	10	84	8.4	4.13		21	10	64	6.4	4.22		13	10	88	8.8	4.03	4.21	11
인문	사회복지학부	12	12	132	11.0	4.24		5	16	143	8.9	4.00		6	16	142	8.9	4.01	4.04	10
인문	사학과*	7	7	56	8.0	4.32		15	7	50	7.1	4.05		17	7	66	9.4	3.82	3.95	21
인문	사회학과*	8	6	49	8.2	4.40		2	6	29	4.8	4.47		1	6	55	9.2	3.97	3.77	4
인문	국어국문학과*	15	15	95	6.3	4.42		19	15	92	6.1	4.36		16	15	82	5.5	4.98	4.48	12
인문	영어영문학전공*	9	10	45	4.5	4.45		5	10	60	6.0	4.04		19	10	55	5.5	3.92	3.87	19
인문	정치외교학과	12	12	60	5.0	4.48		7	12	61	5.1	4.23		7	7	38	5.4	4.45	4.88	13
예체	디자인비즈니스학과	8	6	57	9.5	4.50		4	7	39	5.6	5.37		9	7	30	4.3	4.44	4.70	2
인문	식품자원경제학과	8	8	65	8.1	4.86		6	8	30	3.8	4.80		6	8	51	6.4	4.19	4.27	13
인문	스마트유통물류학과	3	3	31	10.3	4.95		3												
인문	철학과*	5	6	49	8.2	5.08		14	6	46	7.7	5.24		19	6	35	5.8	5.01	5.20	19
인문	일어교육과	5	5	54	10.8	5.08		4	5	45	9.0	4.20		2	6	57	9.5	4.42	4.13	4
인문	중어중문학과*	6	5	31	6.2	5.21		9	5	39	7.8	4.73		4	4	31	7.8	5.31	5.27	5
인문	독어독문학과*	5	5	26	5.2	5.26		7	5	21	4.2	5.05		10	5	26	5.2	4.25	4.87	37
인문	한문학과*	4	5	24	4.8	5.48		9	5	21	4.2	5.59		6	5	23	4.6	5.67	5.50	12
인문	러시아학과*	5	5	27	5.4	5.53		12	5	36	7.2			10	7	47	6.7	5.72	5.72	14
인문	불어불문학과*	5	6	27	4.5	5.78		7	6	27	4.5	4.23		6	6	32	5.3	4.19	4.43	7
인문	해양수산경영학과	5	4	10	2.5	6.23		4	5	22	4.4	5.56		5	5	25	5.0	6.39		11
자연	수학물리학부*	12																		
자연	해양식품생명의학부	11																		
자연	해양환경공학과	5	6	15	2.5			9	5	11	2.2			6	6	26	4.3	5.26	5.27	10
자연	의예과	4	2	38	19.0				3	59	19.7				3	33	11.0	1.56		
자연	스마트농산업학과	4	3	25	8.3			5												
자연	환경공학과	8	3	13	4.3			5												
자연	기계시스템공학과	4	4	14	3.5			10	5	13	2.6			8	5	35	7.0	5.94	6.16	19
자연	약학과	3	3	75	25.0	1.49		2	3	55	18.3			3	3	94	31.3	1.39		1
자연	수의예과	5	5	114	22.8	1.58		1	5	127	25.4	1.21		7	5	141	28.2	1.55	1.52	3
자연	간호학과*	18	23	259	11.3	2.70		15	23	283	12.3	2.79		17	25	362	14.5	2.83	3.00	14
자연	수학교육과	5	5	84	16.8	3.14		9	5	61	12.2	3.51		5						
자연	화학공학과	6	6	66	11.0	3.60		10	6	47	7.8	4.14		26	6	44	7.3	3.44	3.58	20
자연	항공우주공학부	40	38	246	6.5	3.94		24												
자연	생명과학부*	11	10	84	8.40	4.00		6	12	84	7.0	4.25		32	12	68	5.7	4.04	4.39	16
자연	건축학과	3	3	43	14.3	4.07		2	3	35	11.7			1	3	41	13.7	3.78		

계열	모집단위	2025 모집인원	2024 모집인원	지원인원	경쟁률	등록평균	등록70%	충원번호	2023 모집인원	지원인원	경쟁률	등록평균	등록70%	충원번호	2022 모집인원	지원인원	경쟁률	등록평균	등록70%	충원번호
자연	전자공학부*	15	6	46	7.7	4.08		11	6	39	6.5	3.82		10	6	48	8.0	3.53	3.59	11
자연	제약공학과	5	3	25	8.3	4.09														
자연	식품영양학과*	7	6	108	18.0	4.10		9	7	84	12.0	4.84		6	7	53	7.6	4.74	4.69	8
자연	식물의학과	5	7	46	6.6	4.18		7	5	31	6.2	4.38		15	5	31	6.2	4.37	4.19	3
자연	전기공학과	6	6	70	11.7	4.21		13	6	63	10.5	4.04		10	6	45	7.5	4.04	3.90	17
자연	기계공학부	44	48	298	6.2	4.24		74	51	213	4.2	4.37		84	50	323	6.5	3.98	4.17	98
자연	컴퓨터공학부	21	23	180	7.8	4.25		22												
자연	금속재료공학전공	8	8	40	5.0	4.34		6	8	33	4.1	4.99		10	8	44	5.5	4.54	4.63	11
자연	반도체공학과	5	5	31	6.2	4.40		7	6	40	6.7	4.18		2	6	39	6.5	4.14	4.04	7
자연	환경산림과학부*	9	6	48	8.0	4.40		1	6	53	8.8	4.34		15	6	46	7.7	4.16	4.14	6
자연	건축공학부	9	8	69	8.6	4.43		9	9	50	5.6	4.37		6	9	67	7.4	3.67	4.00	11
자연	물리교육과	12	9	36	4.0	4.46		11	9	28	3.1	4.59		7	9	32	3.6	3.56	3.86	10
자연	소프트웨어공학과	12	12	75	6.3	4.47		5	47	265	5.6	3.81		54	47	177	3.8	4.08	4.14	59
자연	고분자공학전공	8	8	42	5.3	4.51		13	8	33	4.1	4.51		15	8	45	5.6	3.79	3.83	16
자연	도시공학과	7	8	40	5.0	4.56		9	8	47	5.9	4.34		9	8	52	6.5	4.55	4.52	8
자연	의류학과*	10	8	109	13.6	4.76		10	8	99	12.4	5.22		15	8	55	6.9	4.88	5.16	8
자연	농학과*	4	4	33	8.3	4.77		6	4	38	9.5	4.4		11	4	37	9.3	4.79		9
자연	세라믹공학전공	8	8	36	4.5	4.81		9	8	38	4.8	4.71		12	8	50	6.3	4.81	4.84	10
자연	토목공학과	10	10	64	6.4	4.81		22	10	51	5.1	4.40		6	10	79	7.9	4.15	4.12	15
자연	정보통계학과	11	12	47	3.9	4.84		15	12	47	3.9	4.67		15	12	51	4.3	4.42	4.70	15
자연	제어로봇공학과	5	5	62	12.4	4.90		9	5	22	4.4	5.25		8	5	30	6.0	4.37	4.54	11
자연	산업시스템공학부	7	7	42	6.0	4.91		14	8	42	5.3	4.98		8	8	48	6.0	4.77	4.72	11
자연	화학과*	12	12	66	5.5	4.91		32	12	39	3.3	5.41		19	15	60	4.0	4.01	4.21	31
자연	동물생명융합학부*	11	10	66	6.6	4.99		21	7	44	6.3	4.49		18	7	44	6.3	4.52	4.55	15
자연	AI정보공학과	6	6	57	9.5	5.10		9	6	15	2.5			9	6	27	4.5	6.04	6.06	19
자연	환경생명화학과	6	6	30	5.0	5.11		9	10	63	6.3	4.61		7	10	46	4.6	5.33	5.18	8
자연	지역시스템공학과*	5	5	27	5.4	5.12		4	6	27	4.5	5.13		8	8	48	6.0	4.99	5.02	9
자연	메카트로닉스공학부	10	3	17	5.7	5.18		3												
자연	인테리어재료공학과	6	5	32	6.4	5.21		2	7	38	5.4	5.66		4	7	29	4.1	5.40	5.28	3
자연	조경학과	2	12	58	4.8	5.42		22	13	85	6.5	4.78		20	13	64	4.9	5.25	5.49	23
자연	해양토목공학과	6	6	14	2.3	5.45		8	6	18	3.0	6.23		12	4	22	5.5	6.19		10
자연	환경재료과학과	6	6	33	5.5	5.50		6	6	27	4.5	5.27		11	7	55	7.9	5.12	5.06	8
자연	지질과학과	9	10	44	4.4	5.57		12	10	40	4.0	5.41		15	6	26	4.3	4.92	5.36	6
자연	해양경찰시스템학과	5	12	58	4.8	5.58		18	12	56	4.7	4.99		17	6	59	9.8	4.70	4.75	7
자연	축산과학부*	10	12	64	5.3	5.59		19	15	75	5.0	4.81		32	15	93	6.2	4.99	5.29	42
자연	항노화신소재과학과	5	3	14	4.7	5.62		1												
자연	기계융합공학과	5	6	27	4.5	5.64		7	8	32	4.0	5.01		8	11	41	3.7	4.98	5.02	12
자연	건설시스템공학과	10	10	39	3.9	5.65		8												
자연	생물산업기계공학과*	5	5	24	4.8	5.82		4	6	28	4.7	5.24		4	6	28	4.7	5.38	5.38	8
자연	에너지공학과	3	3	13	4.3	5.83		4												
자연	조선해양공학과	6	6	22	3.7	5.84		16	6	14	2.3			8	5	24	4.8	5.66	5.68	8
자연	미래자동차공학과	3	3	15	5.0	6.17		1												
자연	해양생명과학과	6	5	17	3.4	6.21		10	6	19	3.2			13	5	23	4.6	5.41	5.26	7

■ (학생부종합) 지역인재

전형	모집인원	전형 방법	수능최저학력기준
지역인재	333	서류100% ▶의예과, 간호학과: 1단계)서류100%(3배수) 2단계)서류80%+ 면접20%	X (의예, 약학○)

1. **지원자격**: 경남·부산·울산지역 소재 고등학교 졸업(예정)자로 해당지역 소재 고교 입학부터 졸업(예정)까지 전 과정을 이수한 자
   ※ 「초·중등교육법」 제2조에 따른 고등학교 외 고교 졸업 동등 학력자에 대하여 지원자격을 부여할 수 없음
2. **제출서류**: 학교생활기록부

3. 수능최저학력기준: 없음. 단, 의예과, 약학과는 있음

> ▶ 의예과, 약학과: [국어, 수학(미적분/기하), 영어, 과탐(2과목, 소수점 절사)] 중 수학 포함 3개 영역 등급 합 6 이내

◎ 전형요소
● 서류 및 면접: 종합 일반전형 참고

◎ 전형결과
■ 전체

학년도	전체						인문						자연					
	모집인원	지원인원	경쟁률	등록평균	등록70%	충원율	모집인원	지원인원	경쟁률	등록평균	등록70%	충원율	모집인원	지원인원	경쟁률	등록평균	등록70%	충원율
2022	287	1,922	6.70	4.25	4.43	102%	104	622	5.98	4.26	4.37	91%	183	1,300	7.10	4.23	4.49	112%
2023	297	2,019	6.80	4.44		103%	108	668	6.19	4.44		98%	189	1,351	7.15	4.44		107%
2024	316	1,992	6.30	4.59		109%	111	698	9.14	4.69		119%	205	1,294	6.31	4.49		99%
2025	333						108						225					

■ 변경사항 & 핵심포인트
[2025]

변경사항	2024	2025
모집인원	316명	333명(+17명)
(약대) 수능최저 변경	과탐 : 1과목 반영	과탐 : 2과목 평균, 소수점 절사

▣ 합격자 성적분포: 인문계열은 3등급 초반 ~ 5등급 초반, 자연계열은 1등급 초반 ~ 5등급 후반. 전공적합성이 강한 학생에게 적합함.

■ 모집단위
'*' 표시 : 교직 이수 가능

계열	모집단위	2025	2024						2023						2022					
		모집인원	모집인원	지원인원	경쟁률	등록평균	등록70%	충원번호	모집인원	지원인원	경쟁률	등록평균	등록70%	충원번호	모집인원	지원인원	경쟁률	등록평균	등록70%	충원번호
인문	정치외교학과	2	3	18	6.0			6	3	13	4.3				3	18	6.0	3.93		2
인문	행정학과*	3	3	15	5.0			6	3	16	5.3			1	3	37	12.3	3.33		1
인문	사회학과*	2	2	12	6.0				2	7	3.5			1	2	17	8.5	3.20		1
인문	일어교육과	2	2	25	12.5			3	2	19	9.5			1	2	12	6.0	7.30		
예체	체육교육과	2	2	32	16.0			4												
인문	유아교육과	2	2	13	6.5			3	2	22	11.0			7	1	10	10.0	3.17		1
인문	영어전공	2	2	6	3.0			2												
인문	윤리교육과	2	2	14	7.0			2	3	17	5.7			3	3	30	10.0	2.66		3
인문	교육학과	2	2	26	13.0			10	2	21	10.5			8	1	11	11.0	2.80		3
인문	회계세무학부*	6	6	30	5.0	3.08		10	6	29	4.8	3.38		2	6	30	5.0	2.85	1.94	1
인문	법학과*	6	6	41	6.8	3.98		6	4	24	6.0	4.17		2	2	11	5.5	4.00		
인문	경영학부*	5	5	29	5.8	4.01		3	5	38	7.6	3.05		3	5	39	7.8	3.46	3.57	1
인문	사학과*	3	3	23	7.7	4.04			3	23	7.7			1	3	20	6.7	4.00		5
인문	경제학부*	5	5	45	9.0	4.28		11	6	25	4.2	4.37		4	6	27	4.5	4.00	4.24	8
인문	국제통상학과*	5	5	35	7.0	4.31		3	5	29	5.8	4.51		1	5	33	6.6	4.07	4.16	3
인문	경영정보학과	4	4	33	6.6	4.41		5	5	30	6.0	4.18		2	5	43	8.6	4.05	3.92	2
인문	사회복지학부	6	6	59	9.8	4.42		9	7	82	11.7	4.03		9	7	43	6.1	3.96	3.86	12
인문	식품자원경제학과	3	3	21	7.0	4.69		1	3	13	4.3			5	3	14	4.7	4.77		6
인문	영어영문학전공*	8	8	29	3.6	4.73		9	8	45	5.6	3.94		21	8	36	4.5	4.11	4.09	12
인문	국어국문학과*	8	8	40	5.0	4.73		8	8	50	6.3	4.65		13	8	31	3.9	4.74	4.90	11
인문	철학과*	4	4	16	4.0	5.00		7	4	18	4.5	4.60		2	4	20	5.0	4.71	4.32	1
인문	중어중문학과*	5	5	28	5.6	5.17		9	5	25	5.0	5.04		5	5	24	4.8	5.36	5.24	1
인문	러시아학과*	4	5	22	4.4	5.34		6	5	25	5.0	5.30		8	5	29	5.8	5.31	5.47	4
인문	불어불문학과*	5	5	19	3.8	5.38		4	5	22	4.4	5.03		4	5	29	5.8	5.14	5.12	2
인문	한문학과*	5	5	21	4.2	5.52		1	5	21	4.2	5.32			5	22	4.4	5.23	5.01	5
인문	아동가족학과	3	3	31	10.3	5.69		1	3	33	11.0			3	3	16	5.3	4.79		5
인문	독어독문학과*	4	4	15	3.8	5.70		3	4	21	5.3	5.06			4	20	5.0	5.49	5.39	5
자연	**수학물리학부**	19																		
자연	**세라믹공학전공**	2																		
자연	전자공학부*	2	2	13	6.5			3	1	5	5.0				1	7	7.0	3.70		

계열	모집단위	2025 모집인원	2024 모집인원	2024 지원인원	2024 경쟁률	2024 등록평균	2024 등록70%	2024 충원번호	2023 모집인원	2023 지원인원	2023 경쟁률	2023 등록평균	2023 등록70%	2023 충원번호	2022 모집인원	2022 지원인원	2022 경쟁률	2022 등록평균	2022 등록70%	2022 충원번호
자연	기계융합공학과	2	2	9	4.5			5	2	13	6.5			5	1	5	5.0			
자연	조경학과	2	2	12	6.0			1	2	9	4.5			3	2	13	6.5	4.09		4
자연	인테리어재료공학과	2	2	10	5.0															
자연	환경공학과	2	2	11	5.5			3												
자연	건설시스템공학과	2	2	10	5.0			2												
자연	소프트웨어공학과	1	1	6	6.0				3	20	6.7				3	20	6.7	3.25		3
자연	환경생명화학과	3	3	10	3.3			7	2	9	4.5			3	2	15	7.5	4.48		
자연	의예과	6	3	62	20.7	1.24		1	3	46	15.3			2	3	51	17.0	1.33		
자연	약학과	4	4	63	15.8	1.44		2	4	76	19.0	1.26		5	4	119	29.8	1.28	1.14	5
자연	수의예과	3	3	49	16.3	1.53			3	47	15.7			1	3	62	20.7	1.37		4
자연	간호학과*	10	10	93	9.3	2.95		7	10	139	13.9	2.39		21	10	112	11.2	2.86	2.97	17
자연	화학공학과	3	3	24	8.0	3.26			3	26	8.7			2	3	15	5.0	4.04		4
자연	항공우주공학부	25	5	37	7.4	3.54		5												
자연	건축학과	3	3	45	15.0	3.80			3	40	13.3			6	3	41	13.7	3.81	4.11	3
자연	컴퓨터공학부	14	14	105	7.5	3.83		14												
자연	반도체공학과	5	5	35	7.0	3.90		9	5	40	8.0	4.22		8	5	33	6.6	4.27		11
자연	*생명과학부**	7	10	64	6.4	4.05		16	10	59	5.9	3.96		8	10	57	5.7	4.48	4.38	11
자연	전기공학과	3	3	20	6.7	4.13		3	3	24	8.0			1	3	21	7.0	4.18		6
자연	**식품영양학과**	7	5	46	9.2	4.15		6	7	46	6.6	4.54		5	7	57	8.1	4.76	4.51	5
자연	건축공학부	5	5	34	6.8	4.27		7	5	37	7.4	4.34		10	5	37	7.4	4.35	4.24	5
자연	식품공학부*	6	6	41	6.8	4.37		1	6	40	6.7	4.31		1	6	41	6.8	4.48	4.41	8
자연	농학과*	3	3	15	5.0	4.47		1	3	14	4.7			1	3	20	6.7	3.78		1
자연	메카트로닉스공학부	3	3	16	5.3	4.49		3												
자연	토목공학과	5	5	25	5.0	4.69		3	5	30	6.0	4.26		11	5	34	6.8	4.39	4.49	4
자연	제어로봇공학과	3	3	22	7.3	4.70		3	3	17	5.7			3	2	13	6.5	4.56		1
자연	의류학과*	7	8	52	6.5	4.76		7	8	70	8.8	4.80		3	8	45	5.6	5.09	4.98	4
자연	정보통계학과	5	5	18	3.6	4.78		8	5	28	5.6	4.86		2	4	14	3.5	5.01	5.08	4
자연	산업시스템공학부	3	3	16	5.3	4.87		5	3	27	9.0			7	3	18	6.0	5.02		7
자연	도시공학과	5	5	25	5.0	4.88		7	5	27	5.4	4.60		4	5	29	5.8	4.54	4.43	6
자연	동물생명융합학부*	5	5	25	5.0	5.12		6	5	21	4.2	4.96		6	5	30	6.0	4.57	4.52	3
자연	식물의학과	4	3	18	6.0	5.23		1	5	30	6.0	4.44		5	5	28	5.6	5.19	5.28	1
자연	화학과*	5	5	14	2.8	5.29		6	5	22	4.4	4.68			3	13	4.3	4.00		2
자연	지역시스템공학과*	5	6	28	4.7	5.46			6	24	4.0	5.36		6	6	36	6.0	4.85	4.91	8
자연	환경재료과학과	5	5	22	4.4	5.49		3	5	23	4.6	5.16		5	5	26	5.2	5.23	4.89	5
자연	에너지공학과	3	3	14	4.7	5.51		4												
자연	생물산업기계공학과*	6	6	31	5.2	5.54		6	6	23	3.8	5.65		5	6	31	5.2	5.29	5.55	8
자연	환경산림과학부*	5	5	26	5.2	5.66		12	5	28	5.6	4.41		3	5	30	6.0	3.82	4.05	6
자연	미래자동차공학과	3	3	15	5.0	5.70		5												
자연	축산과학부*	9	10	37	3.7	5.91		11	10	45	4.5	5.04		8	10	39	3.9	5.40	5.59	7
자연	지질과학과	3	3	12	4.0	6.14		1	3	9	3.0			4	3	14	4.7	4.97		

I. 한 눈에 보는 전형

모집 시기	전형 유형	전형	모집 인원	전형 방법	수능최저 학력기준
수시	교과	지역균형	634	학생부70%)+ 교과종합평가30% ※ **고교 추천: 3학년 재학 인원의 5%**	○
수시	종합	네오르네상스	1,055	1단계)서류100%(3배수) 2단계)서류70%+ 면접30%	X
수시	종합	국가보훈/수급자/농어촌/자립 아동 등	150	학생부교과30%+ 서류70%	X
수시	종합	장애인등대상자	15	학생부교과30%+ 서류70%	X
수시	종합	특성화고졸재직자	223	학생부교과30%+ 서류70%	X
수시	종합	고른기회	90	학생부교과30%+ 서류70%	X
수시	논술	논술우수자	477	논술100%	○
수시	실기/실적	실기우수자	318	요강 참고	X

(수시모집) 지원 가능 횟수	본교 학생부교과(지역균형전형), 학생부종합전형Ⅰ[학생부종합(네오르네상스전형)], 학생부종합전형Ⅱ[학생부종합(기회균형전형), 학생부종합(고른기회전형)], 논술우수자전형, 실기우수자전형 간 복수지원이 가능합니다. 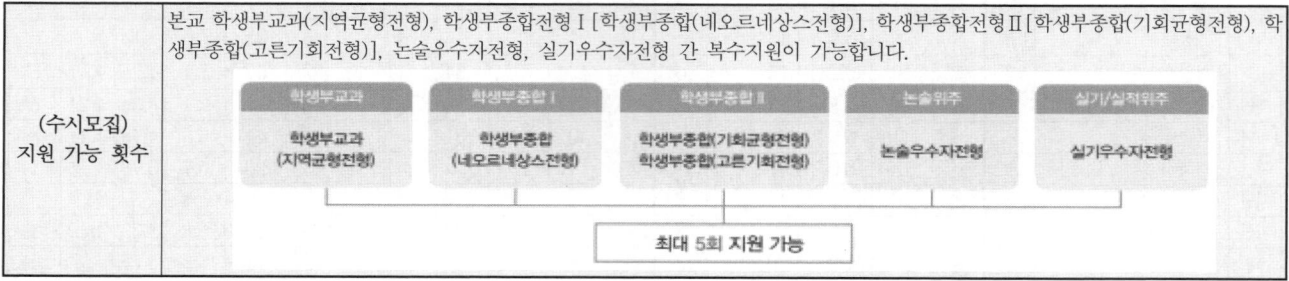

■ 무전공(전공자율선택)

유형① [대학 내 모든 전공(보건의료, 사범 등 제외) 자율 선택]		유형② [계열/단과대 모집 후 모집단위 내 전공 자율 선택]	
모집단위	인원	모집단위	인원
[서울캠퍼스] 자율전공학부	165		
[국제캠퍼스] 자유전공학부	241		

- **학문 분야별 특성**에 따라
  - 서울캠퍼스에는 자율전공학부, 문과대학, 정경대학, 경영대학, 호텔관광대학, 생활과학대학, 이과대학, 의과대학, 한의과대학, 치과대학, 약학대학, 간호과학대학, 음악대학, 미술대학, 무용학부가 배치되어 있고,
  - 국제캠퍼스에는 자유전공학부, 외국어대학, 국제대학, 공과대학, 전자정보대학, 소프트웨어융합대학, 응용과학대학, 생명과학대학, 예술·디자인대학, 체육대학이 배치되어 있습니다.
- **(서울) 자율전공학부**는 글로벌리더전공과 글로벌비즈니스전공을 두며, 전공 선택 시 글로벌리더전공을 우선적으로 선택할 수 있습니다[글로벌비즈니스 전공은 정원 외 전담학과(외국인 유학생 대상)로 운영]. 자율전공학부는 계열에 상관없이 서울캠퍼스 개설 학부(과)에 한해 전공을 선택할 수 있습니다(단, 의예과·한의예과·치의예과, 약학과, 한약학과, 간호학과, 미래정보디스플레이학부, 예술계열 및 특성화고 등을 졸업한 재직자 선발 모집단위 제외).
- **(국제) 자유전공학부**는 계열에 상관없이 국제캠퍼스 개설 학부(과)에 한해 전공을 선택할 수 있습니다(단, PostModern음악학과 제외).
- ※ 글로벌Hospitality·관광학과 및 국제학과는 모든 전공수업을 영어로 진행합니다.
- ※ **약과학과** 졸업생에 대해서는 약사 또는 한약사 국가고시 응시자격이 부여되지 않습니다.

■ 모집단위 신설 · 변경

구분	2024	2025
첨단학과 신설	정보디스플레이학과	미래정보디스플레이학부
통합	한방생명공학과 식품·환경신소재공학과	융합바이오·신소재공학과
명칭변경	정보전자신소재공학과	신소재공학과

■ 전형결과

※ 성적 산출기준: (수시) 교과 석차등급, (정시) 수능 백분위

■ 서울캠퍼스

모집시기	전형유형	전형	학년도	모집인원	지원인원	경쟁률	최종합격자 평균	등록자 70%컷	충원율
수시	교과	지역균형	2024	315	2,196	6.97	1.58	1.67	203%
수시	종합	네오르네상스	2024	570	11,615	20.38	2.32	2.29	62%
수시	논술	논술우수자	2024	251	24,001	95.62			24%

■ 국제캠퍼스

모집시기	전형유형	전형	학년도	모집인원	지원인원	경쟁률	최종합격자 평균	등록자 70%컷	충원율
수시	교과	지역균형	2024	263	2,009	7.64	1.91	1.98	145%
수시	종합	네오르네상스	2024	522	8,710	16.69	3.18	3.42	68%
수시	논술	논술우수자	2024	251	24,001	95.62			24%

■ (주요전형) 전형일정

유형	전형	원서접수 마감	대학별 고사(면접/논술)	1단계 합격자	최종 합격자
교과	지역균형	9.13(금) 18:00 학교장추천: 9.25(수) 18:00			12.13(금)
종합	네오르네상스	9.13(금) 18:00	11.30(토)~12.01(일)	11.20(수)	12.13(금)

구분	11.30(토)		12.01(일)	
	서울캠퍼스	국제캠퍼스	서울캠퍼스	국제캠퍼스
09:00 ~ 13:00	〈인문계열〉 • 자율전공학부 • [문과대학] 국어국문학과, 영어영문학과, 응용영어통번역학과, 사학과, 철학과 • [정경대학] 정치외교학과, 행정학과, 사회학과, 경제학과, 무역학과, 미디어학과	〈예술•체육계열〉 • [예술·디자인대학] 산업디자인학과, 시각디자인학과, 환경조경디자인학과, 의류디자인학과, 디지털콘텐츠학과, 도예학과, 연극영화학과(영화연출 및 제작), 연극영화학과(연극·뮤지컬 연출) • [체육대학] 체육학과, 스포츠의학과, 골프산업학과, 태권도학과	〈자연계열〉 • [생활과학대학] 식품영양학과 • [이과대학] 수학과, 물리학과, 화학과, 생물학과, 지리학과(자연), 미래정보디스플레이학부 • [간호과학대학] 간호학과	〈자연계열〉 • [공과대학] 기계공학과, 산업경영공학과, 원자력공학과, 화학공학과, 신소재공학과, 사회기반시스템공학과, 건축공학과, 환경학및환경공학과, 건축학과(5년제) • [소프트웨어융합대학] 컴퓨터공학부 컴퓨터공학과, 컴퓨터공학부 인공지능학과, 소프트웨어융합학과
14:00 ~ 18:00	〈인문계열〉 • [경영대학] 경영학과, 회계·세무학과, 빅데이터응용학과 • [호텔관광대학] Hospitality경영학과, 조리&푸드디자인학과, 관광·엔터테인먼트학부, 글로벌Hospitality·관광학과 • [생활과학대학(식품영양학과 제외)] 아동가족학과, 주거환경학과, 의상학과 • [이과대학] 지리학과(인문)	〈인문계열〉 • [외국어대학] 프랑스어학과, 스페인어학과, 러시아어학과, 중국어학과, 일본어학과, 한국어학과, 글로벌커뮤니케이션학부 • [국제대학] 국제학과	〈의학계열〉 • [의과대학] 의예과 • [한의과대학] 한의예과(인문/자연) • [치과대학] 치의예과 • [약학대학] 약학과, 한약학과, 약과학과	〈자연계열〉 • [전자정보대학] 전자정보공학부 전자공학과, 전자정보공학부 반도체공학과, 생체의공학과 • [응용과학대학] 응용수학과, 응용물리학과, 응용화학과, 우주과학과 • [생명과학대학] 유전생명공학과, 식품생명공학과, 융합바이오·신소재공학과, 스마트팜과학과

※ 모든 의학계열 학과[의예과, 한의예과(인문/자연), 치의예과] 및 약학대학은 12.1(일) 14:00~18:00에 면접을 실시하며, 타 모집단위와 동일하게 "출제문항 면접" 없이, "서류확인 면접"만 진행합니다.

논술	논술우수자	9.13(금) 18:00	11.16(토)~17(일)		12.13(금)

구분	11.16(토)		11.17(일)	
	서울캠퍼스	국제캠퍼스	서울캠퍼스	국제캠퍼스
09:00 ~ 11:00	〈인문•체육계〉 • [문과대학] 국어국문학과, 영어영문학과, 응용영어통번역학과, 사학과, 철학과 • [생활과학대학(식품영양학	〈인문•체육계〉 • [외국어대학] 프랑스어학과, 스페인어학과, 러시아어학과, 중국어학과, 일본어학과, 한국어학과, 글로벌커뮤니케이션학부	〈자연계〉 • [생활과학대학] 식품영양학과 • [이과대학{지리학과(인문) 제외}] 수학과, 물리학과, 화학과,	〈자연계〉 • [공과대학] 기계공학과, 산업경영공학과, 원자력공학과, 화학공학과, 신소재공학과, 사회기반시스템공학과, 건축공학과, 환경

유형	전형	원서접수 마감	대학별 고사(면접/논술)	1단계 합격자	최종 합격자

구분	11.16(토)		11.17(일)	
	서울캠퍼스	국제캠퍼스	서울캠퍼스	국제캠퍼스
	과 제외)] 아동가족학과,주거환경학과, 의상학과	• [체육대학] 체육학과, 스포츠의학과	생물학과, 지리학과(자연), 미 래정보디스플레이학부 • [약학대학(약학과 제외)] 한약학과, 약과학과 • [간호과학대학] 간호학과 • [전자정보대학] 전자정보공학부 전자공학과, 전자정보공학부 반도체공학 과, 생체의공학과 • [소프트웨어융합대학] 컴퓨터공학부 컴퓨터공학과, 컴퓨터공학부 인공지능학과, 소프트웨어융합학과 • [응용과학대학] 응용수학과, 응용물리학과, 응용화학과, 우주과학과	학및환경공학과, 건축학과(5 년제) • [생명과학대학] 유전생명공학과, 식품생명공 학과, 융합바이오·신소재공학 과, 스마트팜과학과
15:00 ~ 17:00	〈의•약학계〉 • [의과대학] 의예과 • [치과대학] 치의예과 • [약학대학] 약학과	〈의•약학계〉 • [한의과대학] 한의예과(자연)	〈사회계〉 • 자율전공학부 • [경영대학] 경영학과, 회계·세무학과, 빅데이터응용학과 • [호텔관광대학] Hospitality경영학과, 조리& 푸드디자인학과, 관광·엔터테 인먼트학부 • [이과대학] 지리학과(인문) • [한의과대학] 한의예(인문)	〈사회계〉 • [정경대학] 정치외교학과, 행정학과, 사 회학과, 경제학과, 무역학과, 미디어학과

Ⅱ. (수시모집) 주요 전형

■ (학생부교과) 지역균형

전형	모집인원	전형 방법	수능최저학력기준
지역균형	634	학생부70%+ 교과종합평가30%	○

1. **지원자격**: 국내 고등학교 졸업예정자로서 <u>3개 학기 이상의 교과 성적이 있는 학생</u>으로 아래 본교 인재상 ①~④ 중 하나에 부합하여 <u>학교장이</u>
<u>지정 기간 내에 추천한 학생</u>이어야 합니다.
   ① 문화인재: 풍부한 독서와 교과 외 활동을 통한 입체적 사유능력, 토론 및 글쓰기 능력, 문화·예술적 소양을 고루 갖춘 학생
   ② 글로벌인재: 외국어 능력, 세계 문제에 대한 관심과 활동 등을 기반으로 '지속가능하고 공평한 세계'를 만드는 데 기여하고자 하는 학생
   ③ 리더십인재: 전교학생(부)회장, 학급(부)회장, 동아리(부)회장 등 리더십 활동, 팀워크에 기반한 사회 현장 활동을 통해 '더 나은 사회(공동체)'
   건설에 헌신하고자 하는 학생
   ④ 과학인재: 주제탐구, 과제연구, 탐험, 발명, 창업 등 창의적 도전정신과 과학적 사고력이 남다른 학생
   ※ 추천 인원: 2024년 4월 1일 기준, 고등학교 3학년 재학 인원의 5% 이내(소수점 첫째 자리에서 버림하여 계산)
     – 3학년 총 학생수가 20명 미만인 경우, 1명까지 추천 가능
     – 학교장 추천전형 지원자의 경우, 지원 시 재학 중인 고등학교와 반드시 사전협의 후 원서접수 요망
     – 학교장 추천 기간에 재학 고교에서 추천한 대상자만 본 전형에 지원 가능
   ※ 태권도학과 지원자는 태권도 2단(품) 이상의 단증 소지자여야 합니다. ※ 초·중등교육법 시행령 제76조의3에서 정하는 고등학교에 한해
   지원자격 인정[영재학교, 각종학교(학력인정 평생교육시설, 대안학교 등), 방송통신고, 산업체부설고, 고등기술학교는 제외]
2. **제출서류**: 학교생활기록부, <u>학교장 추천 입력</u>
3. **수능최저학력기준:**

> [국어, 수학, 영어, 사/과탐(2과목 평균)] 중 2개 영역 등급 합 5 이내, 한국사 5등급 이내
>   ▶ 의예과, 치의예과, 한의예과(인문·자연), 약학과: 3개 영역 등급 합 4 이내, 한국사 5등급 이내
>   ▶ 예술 · 체육: [국어, 수학, 영어, 사/과탐(2과목 평균)] 중 1개 영역 3등급 이내, 한국사 5등급 이내
> ※ 모든 계열에 반영 영역별 필수 응시과목(지정과목) 없음(단, 한국사는 필수 응시)

◎ 전형요소

● 학생부(700점)

반영요소 반영비율	반영교과목		교과성적 산출지표	학년별 반영비율
	구분	반영방법		
교과 80% (560점)	공통 및 일반선택 (80%, 448점)	인 국어, 영어, 수학, 사회, 한국사교과에 속한 전 과목 자 국어, 영어, 수학, 과학교과에 속한 전 과목 예 국어, 영어교과에 속한 전 과목 ▶ 자율전공학부, 자유전공학부: 국어, 영어, 수학, 사회, 과학, 한국사교과에 속한 전 과목	석차등급	학년 구분 없음
	진로선택 (20%, 112점)	반영교과목 중 상위 3과목 반영 ※ 성취도 환산점수 = A : 100, B : 80, C : 60	성취도	
비교과 20% (140점)	※ 만점: ① 출결(10%): 미인정 결석 2일 이내, ② 봉사활동(10%): 15시간 이상			

구분		1등급	2등급	3등급	4등급	5등급	6등급	7등급	8등급	9등급
점수	100점	100	96	89	77	60	40	23	11	0
등급 간 점수 차이	100점	0	4	7	12	17	20	17	12	11
	448점	0	17.92	31.36	53.76	76.16	89.6	76.16	53.76	49.28

☞ 보충설명

- 학생부700점은 교과560점(80%)+ 비교과140점(20%)으로 구성
- 교과80%(560점): 공통 및 일반선택80%(448점)+ 진로선택20%(112점)
  - 공통 및 일반선택과목(448점): 1~2등급 간의 점수 차이가 17.92점으로 영향력이 큼.
  - 진로선택과목(112점): 반영교과목 중 상위 3과목만 반영하므로 영향력은 지원자 대부분 만점
- 비교과140점(20%)은 출결70점(10%)는 미인정 결석 2일 이내 만점, 봉사활동시간 70점(10%)는 15시간 이상 만점이므로 큰 영향 없음

● 교과종합평가(300점)
  1. 전형자료: 학교생활기록부 중 <교과학습발달상황의 "교과 성적"과 "세부능력 및 특기사항">
  2. 평가방법: 입학사정관 2인이 정성평가, 평가위원 간 일정 점수 이상의 점수 차이가 나는 경우 평가조정위원회를 개최하여 조정점수 부여
  3. 평가요소 및 평가항목
  ※ 자율전공학부, 자유전공학부는 자율/자유전공(무전공) 모집단위의 특성상 학업역량만 평가하며, 진로역량은 미반영함

평가요소	평가항목	반영 여부	
		일반학과(학부)	(서울) 자율전공학부, (국제) 자유전공학부
학업역량	학업성취도	50%	30%
	학업태도		40%
	탐구력		30%
진로역량	전공(계열) 관련 교과 이수 노력	50%	X
	전공(계열) 관련 교과 성취도		X
	진로 탐색 활동과 경험	X	X
공동체역량	협업과 소통능력	X	X
	나눔과 배려	X	X
	성실성과 규칙준수	X	X
	리더십	X	X

평가요소		평가항목
학업역량	**학업성취도** 고교 교육과정에서 이수한 교과의 성취수준이나 학업 발전의 정도	- 대학 수학에 필요한 기본 교과목(예: 국어, 수학, 영어, 사회, 과학, 한국사 등)의 교과성적은 적절한가? 그 외 교과목의 교과성적은 어느 정도인가? 유난히 소홀한 과목이 있는가? - 학기별/학년별 성적의 추이는 어떠한가?
	학업태도 학업을 수행하고 학습해 나가려는 의지와 노력	- 성취동기와 목표의식을 가지고 자발적으로 학습하려는 의지가 있는가? - 새로운 지식을 획득하기 위해 자기주도적으로 노력하고 있는가? - 교과 수업에 적극적으로 참여해 수업 내용을 이해하려는 태도와 열정이 있는가?
	탐구력 지적 호기심을 바탕으로 사물과 현상에 대해 탐구하고, 문제를 해결하려는 노력	- 교내 수업활동 등을 통해 지식을 확장하려고 노력하고 있는가? - 교내 활동에서 학문에 대한 열의와 지적 관심이 드러나고 있는가? - 교과와 각종 탐구활동에서 구체적인 성과를 보이고 있는가?
진로역량	**전공(계열) 관련 교과 이수 노력** 고교 교육과정에서 전공(계열)에 필요한 과목을 선택하여 이수한 정도	- 전공(계열)과 관련된 과목을 적절하게 선택하고, 이수한 과목은 얼마나 되는가? - 전공(계열)과 관련된 과목을 이수하기 위하여 추가적인 노력을 하였는가? (예: 공동 교육과정, 온라인수업, 소인수과목 등) - 선택과목(일반/진로)은 교과목 학습단계(위계)에 따라 이수하였는가?
	전공(계열) 관련 교과 성취도 고교 교육과정에서 전공(계열)에 필요한 과목을 수강하고 취득한 학업성취 수준	- 전공(계열)과 관련된 과목의 석차등급/성취도, 원점수, 평균, 표준편차, 이수단위, 수강자수, 성취도별 분포비율 등을 종합적으로 고려한 성취 수준은 적절한가? - 전공(계열)과 관련된 동일 교과 내 일반선택과목 대비 진로선택과목의 성취수준은 어떠한가?

4. 평가척도(절대평가): 우수(A), 보통(B), 미흡(C)
  ※ 인문/자연 분할모집 학과는 지원 계열별 특성을 반영해 평가할 수 있음

☞ **보충설명**
- 교과종합평가는 이름에서 드러나듯이 교과에 대한 종합평가이므로 교과학습발달상황의 교과성적과 세부능력 및 특기사항만 평가에 반영
- 학업역량과 진로역량은 반영하는 반면 공동체역량은 반영하지 않음. 단, 자율전공학부/자유전공학부는 학업역량만 반영함.
  – 학업역량 중 탐구력을 반영하는 점에서 반영하지 않는 건국대 KU지역균형과 차이가 있음.
- 진로역량 중에서도 진로역량의 '진로 탐색 활동과 경험'은 반영하지 않음.
- 정상적으로 교과 수업을 충실히 이수한 학생들이라면 부담이 적음.
- 전년도 합격자 합격자는 대부분 AA 또는 AB임, BB는 불합격함

■ **교과종합평가 영향력**　　　　　　　※ 변동률 : 교과성적100%로 순위에 교과종합평가30%를 반영하였을 때의 변화

계열	최초합격자 기준				합격자 전체(충원합격 포함) 기준			
	합격인원	합격→합격	불합격→합격	변동률	합격인원	합격→합격	불합격→합격	변동률
인문	249	184	65	26.1%	831	773	58	7.0%
자연	246	182	64	26.0%	715	602	113	15.8%
의·약학	45	25	20	44.4%	99	80	19	19.2%
예술·체육	38	26	12	31.6%	71	59	12	16.9%
전체	578	417	161	27.9%	1,716	1,514	202	11.8%

=> 교과종합평가로 최초 합격자의 27.9%, 최종 합격자의 11.8% 정도가 뒤집힘. 어느 정도 영향력 있음.
=> 평가척도가 절대평가 A, B, C 3단계로 평가하면서 대부분의 학생들이 A를 받기 때문에 실제 영향력은 최종 합격자 기준 11.8% 수준임

◎ 전형결과
■ (서울캠퍼스) 전체

서울 학년도	전체						인문						자연					
	모집 인원	지원 인원	경쟁률	최종 평균	등록 70%컷	충원율	모집 인원	지원 인원	경쟁률	최종 평균	등록 70%컷	충원율	모집 인원	지원 인원	경쟁률	최종 평균	등록 70%컷	충원율
2022	275	2,905	10.56	1.69		247%	206	2,066	10.03	1.73		290%	69	839	12.16	1.64		203%
2023	300	3,726	12.42	1.56		238%	201	2,327	11.58	1.64		283%	99	1,399	14.13	1.48		193%
2024	315	2,196	6.97	1.58	1.67	203%	203	1,265	6.23	1.67	1.79	246%	112	931	8.31	1.48	1.55	159%
2025	510						391						119					

• [계열별] 실질 경쟁률

계열	학년도	모집인원	지원인원	경쟁률	수능최저 충족율	실질 경쟁률
인문	2022	206	2,066	10.03	76.37%	7.66
	2023	201	2,327	11.58	78.16%	9.05
	2024	203	1,265	6.23	76.43%	5.25
자연	2022	69	839	12.16	72.37%	8.80
	2023	99	1,399	14.13	68.36%	9.66
	2024	112	931	8.31	64.39%	5.46

• [학과별] 수능최저학력기준 충족율

계열	계열 평균	모집단위
인문	76.43%	국어국문학과 90.9%, **영어영문학과 48.6%**, 응용영어통번역학과 92.3%, 사학과 82.8%, 철학과 87.5%, 자율전공학부 87.2%, 정치외교학과 79.3%, 행정학과 80.9%, 사회학과 84.8%, 경제학과 82.2%, 무역학과 83.7%, 미디어학과 76.7%, 경영학과 84.1%, 회계세무학과 71.1%, 빅데이터응용학과 72.7%, Hospitality경영학과 70.5%, **조리&푸드디자인학과 46.7%**, **관광·엔터테인먼트학부 68.1%**, 아동가족학과 80.5%, 주거환경학과 74.0%, 의상학과 71.9%, 지리학과(인문) 93.5%, **한의예과(인문) 52.3%**, 간호학과(인문) 72.0%
자연	64.39%	식품영양학과 73.3%, 수학과 78.8%, 물리학과 85.0%, 화학과 73.3%, 생물학과 73.2%, **지리학과(자연) 58.8%**, 정보디스플레이학과 73.1%, 의예과 68.7%, **한의예과(자연) 35.4%**, 치의예과 44.3%, **약학과 31.7%**, 한약학과 72.3%, 약과학과 71.8%, 간호학과(자연) 61.8%

• [학과별] 실질 경쟁률

계열	계열 평균	모집단위
인문	5.25:1	국어국문학과 4.3, 영어영문학과 4.3, 응용영어통번역학과 6.0, 사학과 4.0, 철학과 7.0, 자율전공학부 5.7, **정치외교학과 3.8**, **행정학과 3.2**, 사회학과 4.9, 경제학과 5.7, 무역학과 8.7, 미디어학과 5.1, 경영학과 4.6, **회계세무학과 3.2**, 빅데이터응용학과 10.7, Hospitality경영학과 2.7, 조리&푸드디자인학과 1.8, 관광·엔터테인먼트학부 3.6, 아동가족학과 5.5, 주거환경학과 9.3, 의상학과 5.8, 지리학과(인문) 5.8, 한의예과(인문) 7.7, **간호학과(인문) 2.6**
자연	5.46:1	식품영양학과 5.5, 수학과 5.9, 물리학과 8.5, 화학과 8.0, **생물학과 4.7**, 지리학과(자연) 5.0, 정보디스플레이학과 8.1, 의예과 5.6, **한의예과(자연) 2.1**, 치의예과 3.0, **약학과 4.3**, 한약학과 6.8, **약과학과 4.0**, 간호학과(자연) 4.9

■ (국제캠퍼스) 전체

국제 학년도	전체						인문						자연					
	모집 인원	지원 인원	경쟁 률	최종 평균	등록 70%컷	충원 율	모집 인원	지원 인원	경쟁 률	최종 평균	등록 70%컷	충원 율	모집 인원	지원 인원	경쟁 률	최종 평균	등록 70%컷	충원 율
2022	280	2,898	10.35	2.02		169%	81	753	9.30	2.23		136%	199	2,145	10.78	1.81		202%
2023	255	2,712	10.64	1.94		170%	82	572	6.98	2.13		132%	173	2,140	12.37	1.75		207%
2024	263	2,009	7.64	1.91	1.98	145%	84	497	5.92	2.09	2.14	104%	179	1,512	8.45	1.73	1.81	186%
2025	124						37						87					

• [계열별] 실질 경쟁률

계열	학년도	모집인원	지원인원	경쟁률	수능최저 충족율	실질 경쟁률
인문	2022	81	753	9.30	80.00%	7.44
	2023	82	572	6.98	77.52%	5.41
	2024	84	497	5.92	70.05%	4.38
자연	2022	199	2,145	10.78	69.57%	7.50
	2023	173	2,140	12.37	76.86%	9.10
	2024	179	1,512	8.45	73.55%	6.81

• [학과별] 수능최저학력기준 충족율

계열	계열 평균	모집단위
인문	70.05%	프랑스어학과 48.8%, 스페인어학과 70.4%, 러시아어학과 61.1%, 중국어학과 57.1%, 일본어학과 66.7%, 한국어학과 78.6%, 글로벌커뮤니케이션학부 75.0%, 국제학과 87.7%, 산업디자인학과 91.3%, 시각디자인학과 81.0%, 환경조경디자인학과 86.8%, 의류디자인학과 77.8%, 디지털콘텐츠학과 77.8%, 도예학과 61.8%, 체육학과 65.5%, 스포츠의학과 73.2%, 골프산업학과 45.5%, 태권도학과 54.8%
자연	73.55%	기계공학과 78.1%, 산업경영공학과 75.7%, 원자력공학과 78.8%, 화학공학과 76.2%, 정보전자신소재공학과 83.3%, 사회기반시스템공학과 68.0%, 건축공학과 65.9%, 환경학및환경공학과 77.3%, 건축학과(5년) 53.6%, 전자공학과 79.5%, 반도체공학과 60.9%, 생체의공학과 86.3%, 컴퓨터공학과 82.6%, 인공지능학과 84.2%, 소프트웨어융합학과 75.0%, 응용수학과 76.5%, 응용물리학과 82.8%, 응용화학과 70.0%, 우주과학과 60.8%, 유전생명공학과 86.0%, 식품생명공학과 72.1%, 한방생명공학과 58.1%, 식물·환경신소재공학과 65.8%, 스마트팜과학과 67.7%

• [학과별] 실질 경쟁률

계열	계열 평균	모집단위
인문	4.38:1	프랑스어학과 5.0, 스페인어학과 4.8, 러시아어학과 2.8, 중국어학과 2.0, 일본어학과 2.8, 한국어학과 3.7, 글로벌커뮤니케이션학부 3.4, 국제학과 5.5, 산업디자인학과 10.5, 시각디자인학과 4.3, 환경조경디자인학과 8.3, 의류디자인학과 3.5, 디지털콘텐츠학과 3.5, 도예학과 3.3, 체육학과 2.7, 스포츠의학과 6.0, 골프산업학과 2.5. 태권도학과 4.3
자연	6.81:1	기계공학과 5.7, 산업경영공학과 6.6, 원자력공학과 5.2, 화학공학과 3.6, 정보전자신소재공학과 6.9, 사회기반시스템공학과 6.4, 건축공학과 3.6, 환경학및환경공학과 11.6, 건축학과(5년) 3.0, 전자공학과 6.9, 반도체공학과 14.0, 생체의공학과 8.8, 컴퓨터공학과 4.1, 인공지능학과 9.6, 소프트웨어융합학과 4.7, 응용수학과 7.8, 응용물리학과 4.8, 응용화학과 5.0, 우주과학과 5.2, 유전생명공학과 6.1, 식품생명공학과 8.8, 한방생명공학과 8.3, 식물·환경신소재공학과 8.3, 스마트팜과학과 8.4

■ 변경사항 & 핵심포인트

[2025]

변경사항		2024	2025
모집인원		578명	634명(+56명)
봉사활동 만점(50점) 시간 변경		8시간	15시간
(수능최저) 응시영역 변경	인문	[국, 수, 영, 사/과(1)] 2개 등급 합 5, 한 5	[국, 수, 영, 사/과(2)] 2개 등급 합 5, 한 5
	자연	[국,수(미/기),영, 과(1)] 2개 등급 합 5, 한 5	[국, 수, 영, 사/과(2)] 2개 등급 합 5, 한 5
	의/치/한/약학	[국,수(미/기),영, 과(1)] 3개 등급 합 4, 한 5	[국, 수, 영, 사/과(2)] 3개 등급 합 4, 한 5
	예체능	[국, 영] 1개 3등급	[국, 수, 영, 사/과(2)] 1개 3등급, 한 5

• 수능최저: 모든 계열에 수능 필수 응시영역이 폐지됨에 따라 자연계열은 수학(확률과통계), 사탐 응시자도 지원 가능으로 변경됨
• 학생부(700점):
 - 공통 및 일반선택과목(448점, 80%점): 1등급과 2등급의 점수 차이는 17.92점으로 감점 폭이 크기 때문에 학생부교과 영향력이 강함
 - 진로선택과목(112점, 20%): 3과목만 반영하므로 지원자 대부분 만점.
 - 비교과(140점, 20%)은 출결70점(10%)은 미인정 결석 2일 이내 만점, 봉사활동시간 70점(10%)은 15시간 이상 만점이므로 영향 없음
• 교과종합평가(300점): 학업역량(50%, 150점)과 진로역량(50%, 150점) 반영. 단, 자율전공학부(서울)/자유전공학부(국제)는 학업역량만 반영
 - 교과종합평가의 영향력이 크므로 학생부종합전형을 준비한 학생들이 지원할 가능성이 큼
▶ 합격자 성적분포: (서울) 인문계열은 1등급 초반 ~ 1등급 후반, 자연계열은 1등급 초반 ~ 1등급 후반.
　　　　　　　　　 (국제) 인문계열은 1등급 후반 ~ 2등급 초반, 자연계열은 1등급 중반 ~ 1등급 후반.

- (서울캠) 수능최저 충족율은 인문 76%, 자연은 64%, 실질 경쟁률은 인문 5.25 대 1, 자연은 5.46 대 1 정도
- (국제캠) 수능최저 충족율은 인문 78%, 자연은 73%, 실질 경쟁률은 인문 4.38 대 1, 자연은 6.81 대 1정도

■ 모집단위

서울 계열	모집단위	2025 모집 인원	2024 모집 인원	지원 인원	경쟁 률	최종 평균	등록 70%컷	충원 율	2023 모집 인원	지원 인원	경쟁 률	최종 평균	실질 경쟁률	충원 율	2022 모집 인원	지원 인원	경쟁 률	최종 평균	실질 경쟁률	충원 율
인문	자유전공학부	187																		
인문	한의예과(인문)	3	3	44	14.7	1.03	1.04	167%	3	74	24.7	1.00	16.0	67%						
인문	빅데이터응용학과	2	3	44	14.7	1.52	1.7	300%	3	40	13.3	1.70	8.3	467%	3	34	11.3	1.7	9.0	67%
인문	미디어학과	12	13	86	6.6	1.53	1.63	323%	13	167	12.9	1.50	11.0	392%	14	126	9.0	1.6	7.6	450%
인문	자율전공학부	49	12	78	6.5	1.55	1.79	458%	12	135	11.3	1.50	9.6	375%	13	130	10.0	1.6	8.5	431%
인문	사회학과	8	8	46	5.8	1.61	1.82	338%	8	132	16.5	1.60	14.8	400%	8	68	8.5	1.7	6.9	350%
인문	경영학과	27	30	164	5.5	1.65	1.96	357%	28	355	12.7	1.50	10.8	464%	31	443	14.3	1.6	12.4	477%
인문	지리학과(인문)	4	5	31	6.2	1.65	1.75	320%	5	55	11.0	1.70	9.6	160%	5	37	7.4	1.8	6.0	220%
인문	정치외교학과	5	6	29	4.8	1.66	2.00	250%	6	58	9.7	1.50	8.2	517%	6	52	8.7	1.5	7.5	367%
인문	조리&푸드디자인학과	3	4	15	3.8	1.66	1.47	25%	5	24	4.8	2.00	2.2	20%						
인문	국어국문학과	6	7	33	4.7	1.66	1.83	214%	7	87	12.4	1.60	11.1	229%	7	64	9.1	1.8	7.6	329%
인문	*회계세무학과*	*2*	*10*	45	4.5	1.68	1.74	220%	10	63	6.3	1.60	4.7	160%	10	94	9.4	1.6	7.5	310%
인문	아동가족학과	6	6	41	6.8	1.72	1.81	267%	6	69	11.5	1.70	9.3	267%	6	56	9.3	1.8	7.5	217%
인문	경제학과	12	13	90	6.9	1.72	1.82	354%	12	178	14.8	1.70	12.8	442%	13	134	10.3	1.7	8.4	346%
인문	응용영어통번역학과	3	4	26	6.5	1.72	1.80	300%	4	43	10.8	1.80	9.3	325%	4	36	9.0	1.8	7.8	325%
인문	행정학과	11	12	47	3.9	1.73	1.96	217%	12	117	9.8	1.50	8.3	267%	12	112	9.3	1.6	7.9	358%
인문	의상학과	4	4	32	8.0	1.74	1.90	400%	4	85	21.3	1.70	14.8	400%	4	43	10.8	2.0	8.3	525%
인문	관광·엔터테인먼트학부	7	9	47	5.2	1.74	1.86	222%	9	55	6.1	1.70	4.4	67%	9	71	7.9	1.8	6.1	100%
인문	무역학과	12	13	135	10.4	1.77	1.93	192%	13	85	6.5	1.90	4.9	146%	13	142	10.9	1.6	9.2	154%
인문	사학과	5	6	29	4.8	1.77	2.00	217%	6	108	18.0	1.60	14.7	450%	6	43	7.2	1.8	5.2	300%
인문	철학과	3	4	32	8.0	1.80	1.89	250%	4	74	18.5	1.80	15.3	375%	4	29	7.3	1.9	6.8	400%
인문	주거환경학과	4	4	50	12.5	1.82	1.78	125%	4	82	20.5	2.00	14.3	175%	4	40	10.0	2.2	5.8	126%
인문	*Hospitality경영학과*	*13*	*16*	61	3.8	1.85	1.92	75%	16	117	7.3	1.70	6.0	106%	23	193	8.4	1.8	6.5	113%
인문	영어영문학과	3	4	35	8.8	1.85	1.96	175%	4	82	20.5	1.60	17.3	475%	4	36	9.0	1.8	7.5	225%
자연	의예과	22	18	147	8.2	1.01	1.00	111%	11	307	27.9	1.00	18.8	109%						
자연	치의예과	16	13	88	6.8	1.16	1.21	139%	8	169	21.1	1.10	11.3	100%						
자연	약학과	8	6	82	13.7	1.16	1.24	133%	4	113	28.3	1.20	13.8	275%						
자연	한의예과(자연)	8	8	48	6.0	1.45	1.58	100%	8	83	10.4	1.20	4.1	63%						
자연	한약학과	5	5	47	9.4	1.51	1.50	120%	6	60	10.0	1.60	7.5	100%	6	53	8.8	1.7	6.2	117%
자연	*화학과*	*8*	*11*	120	10.9	1.52	1.56	173%	11	141	12.8	1.50	8.4	282%	12	141	11.8	1.6	9.8	275%
자연	생물학과	10	11	71	6.5	1.52	1.61	155%	11	182	16.6	1.40	12.5	136%	11	138	12.6	1.6	9.5	300%
자연	약과학과	6	7	39	5.6	1.52	1.65	243%	7	50	7.1	1.50	5.81	157%	7	76	10.9	1.5	8.0	243%
자연	간호학과(자연)	14	7	55	7.9	1.56	1.67	143%	7	44	6.3	1.50	4.1	157%	7	112	16.0	1.4	10.6	186%
자연	수학과	6	7	52	7.4	1.58	1.63	100%	7	112	16.0	1.60	13.6	286%	7	89	12.7	1.7	9.7	329%
자연	물리학과	3	4	40	10.0	1.62	1.71	325%	4	36	9.0	1.70	7.5	425%	4	36	9.0	1.7	7.0	225%
자연	미래정보디스플레이학부	7	7	78	11.1	1.62	1.68	214%	7	46	6.6	1.70	4.9	286%	7	117	16.7	1.5	13.6	257%
자연	식품영양학과	3	4	30	7.5	1.73	1.80	225%	4	37	9.3	1.70	6.5	225%	4	41	10.3	1.7	7.3	50%
자연	지리학과(자연)	3	4	34	8.5	1.81	1.86	50%	4	19	4.8	2.00	3.5	100%	4	36	9.0	1.9	6.3	50%

국제 계열	모집단위	2025 모집 인원	2024 모집 인원	지원 인원	경쟁 률	최종 평균	등록 70%컷	충원 율	2023 모집 인원	지원 인원	경쟁 률	최종 평균	실질 경쟁률	충원 율	2022 모집 인원	지원 인원	경쟁 률	최종 평균	실질 경쟁률	충원 율
예체	스포츠지도학과	1																		
예체	산업디자인학과	1	2	23	11.5	1.32	1.30	100%	2	10	5.0	1.90	4.0	150%	2	22	11.0	1.4	7.5	50%
예체	*체육학과*	*5*	*7*	29	4.1	1.38	1.27	43%	7	57	8.1	1.20	5.0	29%	7	120	17.1	1.4	15.7	157%
예체	*환경조경디자인학과*	*1*	*4*	38	9.5	1.53	1.60	150%	4	24	6.0	1.90	5.0	275%	5	64	12.8	1.5	11.8	180%
예체	*시각디자인학과*	*1*	*4*	21	5.3	1.67	1.40	200%	4	31	7.8	1.30	6.5	225%	4	54	13.5	1.3	11.3	75%
예체	*디지털콘텐츠학과*	*1*	*2*	9	4.5	1.73	1.80	250%	2	11	5.5	1.20	5.0	50%	2	25	12.5	1.2	11.5	
예체	*스포츠의학과*	*2*	*5*	41	8.2	1.74	1.80	60%	5	31	6.2	1.70	5.2	140%	6	92	15.3	1.5	13.5	183%
예체	*의류디자인학과*	*1*	*4*	18	4.5	1.81	1.90	50%	4	19	4.8	1.80	4.0	100%	4	39	9.8	1.7	8.5	125%
인문	*국제학과*	*5*	*13*	81	6.2	1.91	2.00	131%	13	54	4.2	1.90	3.5	215%	9	50	5.6	1.8	4.9	89%
인문	한국어학과	3	3	14	4.7	1.93	1.96	67%	3	22	7.3	2.30	5.3		3	18	6.0	2.4	3.3	67%
인문	글로벌커뮤니케이션학부	2	7	32	4.6	2.01	1.95	129%	7	89	12.7	2.00	9.9	143%	7	40	5.7	2.2	4.9	229%

국제계열	모집단위	2025 모집인원	2024 모집인원	2024 지원인원	2024 경쟁률	2024 최종평균	2024 등록70%컷	2024 충원율	2023 모집인원	2023 지원인원	2023 경쟁률	2023 최종평균	2023 실질경쟁률	2023 충원율	2022 모집인원	2022 지원인원	2022 경쟁률	2022 최종평균	2022 실질경쟁률	2022 충원율
인문	일본어학과	2	5	21	4.2	2.01	1.96	80%	5	52	10.4	2.10	7.0	60%	6	24	4.0	2.4	2.8	117%
예체	골프산업학과	1	2	11	5.5	2.05	2.00													
인문	스페인어학과	2	4	27	6.8	2.08	2.00	75%	4	26	6.5	2.30	4.8	125%	4	27	6.8	2.2	3.3	225%
예체	태권도학과	1	4	31	7.8	2.15	2.20	50%	4	38	9.5	2.10	7.0	125%	4	62	15.5	2.5	9.5	200%
인문	중국어학과	2	6	21	3.5	2.15	2.32	100%	6	25	4.2	2.20	3.0	50%	7	43	6.1	2.2	3.9	114%
예체	도예학과	2	4	21	5.3	2.25	2.10	50%	4	12	3.0	2.40	3.0	175%	4	33	8.3	1.6	6.5	75%
인문	러시아어학과	2	4	18	4.5	2.28	2.36	100%	4	38	9.5	2.10	4.8	125%	3	19	6.3	2.2	4.3	
인문	프랑스어학과	2	4	41	10.3	2.36	2.58	150%	4	33	8.3	2.10	6.5	125%	4	21	5.3	2.4	3.3	150%
자연	융합바이오·신소재공학과	13																		
자연	유전생명공학과	9	8	57	7.1	1.51	1.61	213%	8	172	21.5	1.40	18.3	250%	13	178	13.7	1.6	11.0	285%
자연	화학공학과	2	9	42	4.7	1.55	1.58	256%	9	104	11.6	1.50	9.1	267%	14	206	14.7	1.5	11.6	321%
자연	식품생명공학과	9	5	61	12.2	1.58	1.63	200%	5	100	20.0	1.70	15.4	140%	4	43	10.8	1.8	8.0	250%
자연	컴퓨터공학과	2	14	69	4.9	1.59	1.70	236%	11	106	9.6	1.50	7.5	264%	10	142	14.2	1.5	11.1	300%
자연	스마트팜과학과	8	5	62	12.4	1.60	1.74	100%	5	47	9.4	1.90	6.2	80%	5	45	9.0	1.7	6.2	200%
자연	전자공학과	2	19	166	8.7	1.64	1.78	258%	22	200	9.1	1.60	7.2	327%	25	339	13.6	1.6	10.2	284%
자연	정보전자신소재공학과	4	8	66	8.3	1.66	1.77	375%	8	75	9.4	1.70	8.0	175%	11	104	9.5	1.7	7.8	246%
자연	소프트웨어융합학과	2	9	56	6.2	1.66	1.77	156%	7	57	8.1	1.70	6.3	229%	9	102	11.3	1.6	9.1	133%
자연	생체의공학과	2	5	51	10.2	1.69	1.67	160%	5	44	8.8	1.60	6.8	260%	9	94	10.4	1.6	8.4	167%
자연	인공지능학과	2	5	57	11.4	1.70	1.78	220%	5	81	16.2	1.80	13.0	260%	5	47	9.4	1.8	7.2	140%
자연	응용화학과	4	7	50	7.1	1.72	1.75	186%	7	184	26.3	1.60	22.1	229%	8	65	8.1	1.9	6.0	150%
자연	환경학및환경공학과	2	5	75	15.0	1.73	1.70	360%	5	105	21.0	1.70	17.2	220%	9	66	7.3	1.9	5.6	178%
자연	기계공학과	2	20	146	7.3	1.76	1.88	230%	20	162	8.1	1.80	6.4	225%	23	219	9.5	1.7	7.4	204%
자연	산업경영공학과	4	8	70	8.8	1.77	1.88	213%	8	82	10.3	1.80	8.5	225%	10	91	9.1	1.9	6.8	170%
자연	응용수학과	3	5	51	10.2	1.78	1.81	60%	5	56	11.2	1.90	9.0	280%	7	70	10.0	1.9	7.6	100%
자연	원자력공학과	2	5	33	6.6	1.80	1.88	160%	5	57	11.4	1.90	8.2	60%	6	59	9.8	1.9	7.0	150%
자연	우주과학과	2	6	51	8.5	1.85	2.05	250%	6	76	12.7	1.80	9.5	267%	6	43	7.2	2.0	4.8	133%
자연	응용물리학과	3	5	29	5.8	1.85	1.92	140%	5	79	15.8	1.90	11.2	220%	4	34	8.5	2.0	7.0	300%
자연	건축학과(5년제)	2	5	28	5.6	1.89	2.04	160%	5	78	15.6	1.80	11.2	220%	5	48	9.6	1.9	6.8	420%
자연	사회기반시스템공학과	4	8	75	9.4	1.94	2.00	50%	8	71	8.9	2.00	6.8	175%	6	61	10.2	2.0	7.0	117%
자연	건축공학과	4	8	44	5.5	1.98	2.00	100%	8	86	10.8	1.90	6.8	138%	6	55	9.2	2.1	5.5	250%

■ (학생부종합) 네오르네상스

전형	모집인원	전형 방법	수능최저학력기준
네오르네상스	1,055	1단계)서류100%(3배수) 2단계)서류70%+ 면접30%	X

1. **지원자격**: 고등학교 졸업(예정)자 또는 법령에 따라 이와 같은 수준 이상의 학력이 있다고 인정되는 자로서 본교의 인재상인 '문화인', '세계인', '창조인' 중 하나에 해당해야 합니다.
   ① 문화인: 문화·예술적 소양을 바탕으로 다양한 공동체 안에서 삶을 완성해 나가는 책임 있는 교양인으로 성장할 잠재력을 갖춘 자
   ② 세계인: 외국어능력을 바탕으로 지구적 차원에서 타인과 함께 평화를 추구하는 세계시민으로 성장할 잠재력을 갖춘 자
   ③ 창조인: 수학과 과학에 대한 재능과 탐구력을 바탕으로 학문간 경계를 가로지르며 융·복합 분야를 개척하는 전문인으로 성장할 잠재력을 갖춘 자
   ※ 글로벌한국학과는 입학 후 전과(부)할 수 없습니다.
   ※ 조리&푸드디자인학과는 입학 후 전과(부)할 수 없습니다.
   ※ 태권도학과 지원자는 태권도 2단(품) 이상의 단증 소지자여야 합니다
2. **제출서류**: 학교생활기록부

◎ **전형요소**
※ **인재상**: 경희의 인재상인 다양한 공동체 안에서 삶을 완성해 나가는 책임 있는 교양인 '문화인', 지구적 차원에서 타인과 함께 평화를 추구하는 세계시민 '세계인', 학문과 경계를 가로지르며 융·복합 분야를 개척하는 전문적인 '창조인'을 선발하고자 합니다.
● **서류(700점)**
   1. **평가방법**: 입학사정관 2인이 종합적으로 정성평가하고, 평가위원 간 일정 점수 이상의 점수 차이가 나는 경우 평가조정위원회를 개최하여 조정점수를 부여함
   2. **평가자료**: 학교생활기록부
   3. **평가척도**: 탁월(S), 우수(A), 양호(B), 보통(C), 미흡(D), 미달(F)
      ※ 인문/자연 분할모집 학과는 지원 계열별 특성을 반영해 평가할 수 있음

4. 평가항목 및 평가요소

일반학과(부)			자율전공학부		
평가요소	반영비율	평가항목	평가요소	반영비율	평가항목
학업역량	40%	• 학업성취도 • 학업태도 • 탐구력	학업역량	40%	• 학업성취도 • 학업태도 • 탐구력
진로역량	40%	• 전공(계열)관련 교과 이수 노력 • 전공(계열)관련 교과 성취도 • 진로탐색 활동과 경험	**자기주도역량**	**40%**	• **자기주도 교과 이수 노력** • **자기주도 관련 교과 성취도** • **자기주도 진로탐색 활동과 경험**
공동체역량	20%	• 협업과 소통능력 • 나눔과 배려 • 성실성과 규칙준수 • 리더십	공동체역량	20%	• 협업과 소통능력 • 나눔과 배려 • 성실성과 규칙준수 • 리더십

평가요소	평가항목	
학업역량 대학 교육을 충실히 이수하는데필 요한 수학 능력	**학업성취도** 고교 교육과정에서 이수한 교과의 성취수준이나 학업 발전의 정도	- 대학 수학에 필요한 기본 교과목(예: 국어, 수학, 영어, 사회, 과학, 한국사 등)의 교과성적은 적절한가? 그 외 교과목의 교과성적은 어느 정도인가? 유난히 소홀한 과목이 있는가? - 학기별/학년별 성적의 추이는 어떠한가?
	학업태도 학업을 수행하고 학습해 나가려는 의지와 노력	- 성취동기와 목표의식을 가지고 자발적으로 학습하려는 의지가 있는가? - 새로운 지식을 획득하기 위해 자기주도적으로 노력하고 있는가? - 교과 수업에 적극적으로 참여해 수업 내용을 이해하려는 태도와 열정이 있는가?
	탐구력 지적 호기심을 바탕으로 사물과 현상에 대해 탐구하고, 문제를 해결하려는 노력	- 교내 수업활동 등을 통해 지식을 확장하려고 노력하고 있는가? - 교내 활동에서 학문에 대한 열의와 지적 관심이 드러나고 있는가? - 교과와 각종 탐구활동에서 구체적인 성과를 보이고 있는가?
진로역량 자신의 진로와전공 (계열)에 관한 탐색 노력과 준비 정도	**전공(계열) 관련 교과 이수 노력** 고교 교육과정에서 전공(계열)에 필요한 과목을 선택하여 이수한 정도	- 전공(계열)과 관련된 과목을 적절하게 선택하고, 이수한 과목은 얼마나 되는가? - 전공(계열)과 관련된 과목을 이수하기 위하여 추가적인 노력을 하였는가? (예: 공동 교육과정, 온라인수업, 소인수과목 등) - 선택과목(일반/진로)은 교과목 학습단계(위계)에 따라 이수하였는가?
	전공(계열) 관련 교과 성취도 고교 교육과정에서 전공(계열)에 필요한 과목을 수강하고 취득한 학업성취 수준	- 전공(계열)과 관련된 과목의 석차등급/성취도, 원점수, 평균, 표준편차, 이수단위, 수강자수, 성취도별 분포비율 등을 종합적으로 고려한 성취 수준은 적절한가? - 전공(계열)과 관련된 동일 교과 내 일반선택과목 대비 진로선택과목의 성취수준은 어떠한가?
	진로 탐색 활동과 경험 자신의 진로를 탐색하는 과정에서 이루어진 활동이나 경험 및 노력 정도	- 자신의 관심 분야나 흥미와 관련한 다양한 활동에 참여하여 노력한 경험이 있는가? - 교과 활동이나 창의적 체험활동에서 전공(계열)에 대한 관심을 가지고 탐색한 경험이 있는가?
자기주도역량 자기주도적인 탐색노력과 준비 정도	**자기주도 교과 이수 노력** 고교 교육과정에서 자기주도적으로 과목을 선택하여 이수한 정도	- 자기주도적으로 과목을 적절하게 선택하고, 이수한 과목은 얼마나 되는가? - 자기주도적으로 과목을 이수하기 위하여 추가적인 노력을 하였는가? (예: 공동 교육과정, 온라인수업, 소인수과목 등) - 선택과목(일반/진로)은 교과목 학습단계(위계)에 따라 이수하였는가?
	자기주도 관련 교과 성취도 고교 교육과정에서 자기주도적으로 과목을 수강하고 취득한 학업성취 수준	- 자기주도적으로 이수한 과목의 석차등급/성취도, 원점수, 평균, 표준편차, 이수단위, 수강자수, 성취도별 분포비율 등을 종합적으로 고려한 성취 수준은 적절한가? - 자기주도적으로 이수한 동일 교과 내 일반선택과목 대비 진로선택과목의 성취수준은 어떠한가?
	자기주도 진로 탐색 활동과 경험 자기주도적 탐색 과정에서 이루어진 활동이나 경험 및 노력 정도	- 자신의 관심 분야나 흥미와 관련한 다양한 활동에 참여하여 노력한 경험이 있는가? - 교과 활동이나 창의적 체험활동에서 자기주도적인 관심을 가지고 탐색한 경험이 있는가?
공동체역량 자신의 진로와전공 (계열)에 관한탐색 노력과 준비 정도	**협업과 소통 능력** 공동체의 목표를 달성하기 위해 협력하며, 구성원들과 합리적인 의사소통을 할 수 있는 능력	- 단체활동 과정에서 서로 돕고 함께 행동하는 모습이 있는가? - 구성원들과 협력을 통하여 공동의 과제를 수행하고 완성한 경험이 있는가? - 타인의 의견에 공감하고 수용하는 태도를 보이며, 자신의 정보와 생각을 잘 전달하는가?
	나눔과 배려 상대방을 존중하고 이해하여 원만한 관계를 형성하며, 타인을 위하여 기꺼이 나누어 주고자 하는 태도와 행동	- 학교생활 속에서 나눔을 실천하고 생활화한 경험이 있는가? - 타인을 위하여 양보하거나 배려를 실천한 구체적 경험이 있는가? - 상대를 이해하고 존중하는 노력을 기울이고 있는가?

평가요소	평가항목	
	성실성과 규칙준수 책임감을 바탕으로 자신의 의무를 다하고, 공동체의 기본 윤리와 원칙을 준수하는 태도	- 교내 활동에서 자신이 맡은 역할에 최선을 다하려고 노력한 경험이 있는가? - 자신이 속한 공동체가 정한 규칙과 규정을 준수하고 있는가?
	리더십 공동체의 목표 달성을 위해 구성원들의 상호작용을 이끌어가는 능력	- 공동체의 목표를 달성하기 위해 계획하고 실행을 주도한 경험이 있는가? - 구성원들의 인정과 신뢰를 바탕으로 참여를 이끌어내고 조율한 경험이 있는가?

☞ **보충설명**
- 학업역량(40%) = 진로역량(30%) > 공동체역량(20%) 순으로 반영.
  - 학업역량이 30%->40%로 증가한 반면, 진로역량은 50%->30%로 감소함
- 학업역량(40%)은 기본임. 대학은 공부하는 곳이므로 입학 후 수학능력이 있는 지를 살펴봄
- 진로역량(40%) 과목의 이수, 진로탐색 활동과 경험을 중요하게 보고자 함.
  - 5개 대학 자연계 과목선택 가이드를 참고할 것
- 인성(20%)은 편차가 적음.

■ **[자유전공학부 : 서류평가 비교] 건국대 KU자유전공학부, 경희대 자율전공학부/자유전공학부**

구분	건국대	경희대
모집단위	KU자유전공학부	[서울] 자율전공학부, [국제] 자유전공학부
학생부교과전형 (서류30%)	학업역량67% 진로역량33%	학업역량100% (학업성취도30%, 학업태도40%, 탐구력30%) -

(일반학과 - 학생부종합전형)
진로역량 :
- ① 전공(계열)관련 교과 이수 노력
- ② 전공(계열)관련 교과 성취도
- ③ 진로탐색 활동과 경험
	• 학업역량(20%)
	• 성장역량(50%) :
	  - ① 자기주도성
	  - ② 창의적 문제해결력
	  - ③ 경험의 다양성
	• 공동체역량(30%)
		• 학업역량(30%)
		• 자기주도역량(30%) :
		  - ① 자기주도 교과 이수 노력
		  - ② 자기주도 관련 교과성취도
		  - ③ 자기주도 진로탐색 활동과 경험
		• 공동체역량(20%)

- 자유전공학부는 서류평가시 일반학과의 진로역량으로 평가하지 않음.
- 학생부교과전형 서류평가시 : 건국대는 학업역량과 진로역량을 반영하지만, 경희대는 학업역량만 반영함
- 학생부종합전형 서류평가시 : 자유전공학부는 전공적합성을 평가하기 어렵기 때문에 진로역량 대신, 건국대는 성장역량(50%)을 반영하고, 경희대는 자기주도역량(40%)을 반영한다.

■ **(자연계열) 대학 전공 학문분야의 교과 이수 권장과목** ※ 5개 대학(경희대/고려대/성균관대/연세대/중앙대) 2022년 공동연구

※ 핵심과목 : 학과(부)에서 수학(修學)하기 위해 '필수' 이수를 권장하는 과목
※ 권장과목 : 학과(부)에서 수학(修學)하기 위해 '가급적' 이수를 권장하는 과목

학문분야	모집단위	핵심과목(교과)		권장과목(교과)	
		수학	과학	수학	과학
수학	수학과, 응용수학과	수학I, 수학II, 미적분, 기하	-	확률과 통계	-
컴퓨터	소프트웨어융합학과, 컴퓨터공학부 인공지능학과, 컴퓨터공학부 컴퓨터공학과	수학I, 수학II, 미적분, 기하	-	확률과 통계, 인공지능 수학	-
산업	산업경영공학과	수학I, 수학II, 미적분, 확률과 통계	-	-	-
물리	물리학과, 응용물리학과	수학I, 수학II, 미적분, 기하	물리학I, 물리학II	확률과 통계	화학I
기계	기계공학과	수학I, 수학II, 미적분, 기하	물리학I, 물리학II, 화학I	확률과 통계	화학II
전기·전자	생체의공학과, 전자공학과, 정보디스플레이학과	수학I, 수학II, 미적분, 기하	물리학I, 물리학II, 화학I	확률과 통계	-
건설/건축	건축공학과, 건축학과, 사회기반시스템공학과	수학I, 수학II, 미적분	-	확률과 통계, 기하	물리학I
화학	응용화학과, 화학과	수학I, 수학II, 미적분, 확률과 통계	화학I, 화학II	기하	물리학I,물리학II, 생명과학I

학문분야	모집단위	핵심과목(교과)		권장과목(교과)	
		수학	과학	수학	과학
재료/화공·고분자·에너지	원자력공학과, 정보전자신소재공학과, 화학공학과	수학I, 수학II, 미적분	물리학I, 화학I, 화학II	확률과 통계, 기하	물리학II
생명과학·환경/생활과학/농림	생물학과, 스마트팜과학과, 식물·환경신소재공학과, 식품생명공학과, 식품영양학과, 유전생명공학과, 한방생명공학과, 환경학및환경공학과	수학I, 수학II	화학I, 생명과학I, 생명과학II	미적분, 확률과 통계	화학II
천문·지구	우주과학과, 지리학과	수학I, 수학II, 미적분	물리학I, 화학I, 지구과학I, 지구과학II	확률과 통계, 기하	물리학II
의학	의예과, 한의예과, 치의예과	수학I, 수학II, 미적분	화학I, 생명과학I, 생명과학II	확률과 통계, 기하	물리학I, 화학II
약학	약학과, 한약학과, 약과학과	수학I, 수학II, 미적분	화학I, 화학II, 생명과학I, 생명과학II	확률과 통계, 기하	물리학I
간호/보건	간호학과	수학I, 수학II, 확률과 통계	생명과학I, 생명과학II	미적분	화학I, 화학II

● 면접(300점)
1. **면접내용**: 공통질문(지원동기, 가치관 및 인성 등) 및 서류확인 면접 ※ 모든 모집단위 출제문항 면접 없음.
2. **면접형식**: 개인면접, 면접관(2인) 대 지원자(1인)
3. **면접시간**: 10분 내외
4. **평가척도**: 탁월(S), 우수(A), 양호(B), 보통(C), 미흡(D), 미달(F)
5. **평가항목**:

평가항목	반영비율	평가 요소	평가 기준
인성	50%	가치관 및 태도	창학이념 적합도(창의적인 노력, 진취적 기상, 건설적 협동)
		의사소통능력	공감능력, 표현력
전공적합성	50%	전공 기초소양	전공적합성, 학업역량
		논리적 사고력	논리력, 사고력

☞ 보충설명
■ 순위 변동 현황　　　※ 변동률 : 서류평가 순위로 모집인원 1배수 밖에 있던 학생이 면접을 통해 1배수 안으로 들어오는 비율

계열	최초합격자 기준				합격자 전체(충원합격 포함) 기준			
	합격인원	합격→합격	불합격→합격	변동률	합격인원	합격→합격	불합격→합격	변동률
인문	513	329	184	35.9%	833	648	185	22.2%
자연	382	243	139	36.4%	620	483	137	22.1%
의·약학	91	55	36	39.6%	147	107	40	27.2%
예술·체육	106	78	28	26.4%	155	125	30	19.4%
전체	1,092	705	387	35.4%	1,755	1,363	392	22.3%

=>면접 역전율은 최초 합격자 35.4%, 최종 합격자는 22.3%로 높음

◎ 전형결과
■ (서울) 전체

서울 학년도	전체						인문						자연					
	모집인원	지원인원	경쟁률	최종평균	등록70%컷	충원율	모집인원	지원인원	경쟁률	최종평균	등록70%컷	충원율	모집인원	지원인원	경쟁률	최종평균	등록70%컷	충원율
2022	652	11,106	17.03	2.42		70%	406	6,269	15.44	2.63		80%	246	4,837	19.66	2.21		60%
2023	583	10,745	18.43	2.57		60%	383	6,402	16.72	2.55		63%	200	4,343	21.72	2.58		56%
2024	570	11,615	20.38	2.32	2.29	62%	383	6,622	17.29	2.45	2.61	62%	187	4,993	26.70	2.19	1.96	61%
2025	575						368						207					

• (서울) 서류 점수

계열	계열 평균	모집단위
인문	91.33점	국어국문학과 92.6, 영어영문학과 91.4, **응용영어통번역학과 89.3, 사학과 89.4,** 철학과 91.4, 자율전공학부 90.4, 정치외교학과 91.9, 행정학과 92.0, 사회학과 90.9, 경제학과 91.4, 무역학과 92.8, 미디어학과 92.1, 경영학과 91.0, 회계세무학과 90.7, 빅데이터응용학과 91.7, Hospitality경영학부 90.5, 조리&푸드디자인학과 90.3, 관광·엔터테인먼트학부 90.8, 글로벌 **Hospitality·관광학과 89.4,** 아동가족학과 90.7, 주거환경학과 90.0, 의상학과 91.3, 지리학과(인문) 92.5, 한의예과(인문) 95.9, 간호학과(인문) 92.9

계열	계열 평균	모집단위
자연	92.44점	식품영양학과 93.4, **수학과 90.8**, 물리학과 93.5, **화학과 90.7**, 생물학과 92.8, 지리학과(자연) 91.7, **정보디스플레이학과 90.3**, 의예과 92.6, 한의예과(자연) 92.6, 치의예과 91.5, 약학과 94.7, 한약학과 94.3, 약과학과 94.3, 간호학과(자연) 91.0

• (서울) 면접 점수

계열	계열 평균	모집단위
인문	87.40점	국어국문학과 86.7, **영어영문학과 85.0**, 응용영어통번역학과 88.8, 사학과 87.9, 철학과 88.3, 자율전공학부 87.8, 정치외교학과 86.3, 행정학과 88.4, 사회학과 88.6, 경제학과 87.2, 무역학과 89.2, 미디어학과 87.4, 경영학과 85.5, 회계세무학과 88.9, 빅데이터응용학과 86.3, Hospitality경영학부 87.8, 조리&푸드디자인학과 90.3, 관광·엔터테인먼트학부 86.2, 글로벌 Hospitality·관광학과 87.6, 아동가족학과 81.9, 주거환경학과 88.3, 의상학과 87.6, 지리학과(인문) 86.5, 한의예과(인문) 89.7, 간호학과(인문) 86.8
자연	87.52점	식품영양학과 88.8, 수학과 86.1, **물리학과 84.6**, **화학과 82.7**, 생물학과 87.1, 지리학과(자연) 87.3, 정보디스플레이학과 86.8, 의예과 86.9, 한의예과(자연) 89.8, 치의예과 88.6, 약학과 90.4, 한약학과 90.6, 약과학과 87.7, 간호학과(자연) 87.9

■ (국제) 전체

국제 학년도	전체						인문						자연					
	모집 인원	지원 인원	경쟁률	최종 평균	등록 70%컷	충원율	모집 인원	지원 인원	경쟁률	최종 평균	등록 70%컷	충원율	모집 인원	지원 인원	경쟁률	최종 평균	등록 70%컷	충원율
2022	562	7,532	13.40	2.81		58%	248	2,709	10.92	3.21		56%	314	4,823	15.36	2.40		60%
2023	517	7,551	14.61	2.75		55%	233	3,015	12.94	3.09		52%	284	4,536	16.97	2.40		57%
2024	522	8,710	16.69	3.18	3.42	68%	236	3,125	13.24	3.88	4.49	74%	286	5,585	19.53	2.47	2.35	62%
2025	480						218						262					

• (국제) 서류점수

계열	계열 평균	모집단위
인문	89.81점	프랑스어학과 90.3, 스페인어학과 90.6, **러시아어학과 87.8**, 중국어학과 88.2, 일본어학과 91.8, 한국어학과 89.8, 글로벌커뮤니케이션학부 92.3, 국제학과 88.8, **산업디자인학과 86.2**, 시각디자인학과 88.9, 환경조경디자인학과 90.7, 의류디자인학과 90.8, 디지털콘텐츠학과 89.1, 도예학과 91.3, 연극영화학과 89.5, 체육학과 90.6, 스포츠의학과 90.8, 골프산업학과 88.6, 태권도학과 90.2
자연	91.58점	기계공학과 93.6, **산업경영공학과 89.2**, 원자력공학과 92.0, 화학공학과 92.9, 정보전자신소재공학과 90.5, 사회기반시스템공학과 90.4, 건축공학과 91.4, 환경학및환경공학과 92.3, 건축학과(5년) 90.8, 전자공학과 91.9, 반도체공학과 90.1, 생체의공학과 90.3, 컴퓨터공학과 92.4, 인공지능학과 93.2, 소프트웨어융합학과 91.2, 응용수학과 90.8, 응용물리학과 90.8, 응용화학과 91.9, 우주과학과 92.9, 유전생명공학과 92.5, 식품생명공학과 91.9, 한방생명공학과 92.0, 식물·환경신소재공학과 91.4, 스마트팜과학과 91.5

• (국제) 면접점수

계열	계열 평균	모집단위
인문	88.09점	프랑스어학과 87.1, **스페인어학과 84.9**, 러시아어학과 87.4, 중국어학과 87.1, 일본어학과 89.9, 한국어학과 88.5, 글로벌커뮤니케이션학부 88.4, 국제학과 87.9, 산업디자인학과 98.3, **시각디자인학과 84.7**, **환경조경디자인학과 85.5**, 의류디자인학과 90.0, **디지털콘텐츠학과 85.2**, 도예학과 89.4, 연극영화학과 86.0, 체육학과 88.5, 스포츠의학과 89.3, 골프산업학과 88.4, 태권도학과 87.3
자연	87.30점	기계공학과 88.5, **산업경영공학과 85.4**, 원자력공학과 86.8, 화학공학과 86.6, **정보전자신소재공학과 85.8**, 사회기반시스템공학과 86.4, 건축공학과 86.7, 환경학및환경공학과 89.1, **건축학과(5년) 85.2**, 전자공학과 88.1, 반도체공학과 85.5, **생체의공학과 85.3**, 컴퓨터공학과 88.4, 인공지능학과 86.5, 소프트웨어융합학과 86.7, 응용수학과 88.3, 응용물리학과 87.3, 응용화학과 91.0, 우주과학과 86.1, 유전생명공학과 89.5, 식품생명공학과 88.5, 한방생명공학과 86.6, 식물·환경신소재공학과 89.3, 스마트팜과학과 87.7

■ 변경사항 & 핵심포인트

[2025]

변경사항	2024	2025
모집인원	1,092명	1,055명(-37명)
서류평가요소 반영비율 변경	학업역량30%, 진로역량50%, 공동체역량20%	학업역량40%, 진로역량40%, 공동체역량20% ※ 자율전공학부/자유전공학부 : 학업역량40%, 자기주도역량40%, 공동체역량20%

▶ 합격자 성적분포: (서울) 인문계열은 1등급 중반 ~ 3등급 중반, 자연계열은 1등급 초반 ~ 4등급 초반.
　　　　　　　　　　(국제) 인문계열은 3등급 중반 ~ 4등급 초반, 자연계열은 1등급 후반 ~ 3등급 중반.

■ 모집단위

'*' 표시 : 교직 이수 가능

서울계열	모집단위	2025 모집인원	2024 모집인원	지원인원	경쟁률	최종평균	등록70%컷	충원율	2023 모집인원	지원인원	경쟁률	최종평균	충원율	2022 모집인원	지원인원	경쟁률	최종평균	충원율
인문	자율전공학부	18	18	286	15.9	2.65	2.29	44%	18	303	16.8	2.10	22%	19	283	14.9	2.5	47%
인문	국어국문학과	20	20	339	17.0	2.69	2.69	85%	20	258	12.9	3.20	60%	21	279	13.3	2.5	81%
인문	영어영문학과	11	11	205	18.6	2.52	2.13	146%	11	207	18.8	2.90	136%	12	266	22.2	2.7	133%
인문	응용영어통번역학과	12	12	170	14.2	3.39	3.56	83%	12	170	14.2	3.60	33%	13	143	11.0	3.0	92%
인문	사학과	14	14	287	20.5	3.04	4.00	100%	14	210	15.0	3.50	50%	14	270	19.3	2.2	86%
인문	철학과	10	10	225	22.5	2.61	2.53	50%	10	175	17.5	2.50	130%	10	139	13.9	2.7	60%
인문	한의예과(인문)	9	9	325	36.1	1.22	1.27	11%	9	228	25.3	1.60		12	210	17.5	1.5	50%
인문	조리&푸드디자인학과	22	15	194	12.9	1.80	1.94	20%	14	199	14.2	1.80						
인문	지리학과(인문)	5	5	94	18.8	1.94	1.97	60%	5	78	15.6	2.20	40%	5	92	18.4	2.4	60%
인문	사회학과	8	8	164	20.5	1.97	2.04	75%	8	138	17.3	2.00	50%	8	236	29.5	1.9	88%
인문	정치외교학과	14	14	297	21.2	2.01	1.96	107%	14	361	25.8	2.50	71%	15	376	25.1	2.5	60%
인문	행정학과	14	14	345	24.6	2.07	2.08	36%	14	316	22.6	3.10	57%	15	354	23.6	2.9	67%
인문	경영학과	51	51	859	16.8	2.10	2.07	98%	51	959	18.8	2.30	78%	54	1,136	21.0	2.2	119%
인문	아동가족학과	6	6	136	22.7	2.15	2.28	117%	6	125	20.8	2.60	50%	6	131	21.8	3.1	67%
인문	경제학과	20	20	329	16.5	2.15	2.07	60%	20	353	17.7	2.60	70%	21	292	13.9	2.9	95%
인문	회계세무학과	10	12	161	13.4	2.17	2.13	33%	12	142	11.8	2.30	42%	13	115	8.9	2.6	69%
인문	빅데이터응용학과	6	10	146	14.6	2.19	2.27	50%	10	159	15.9	2.20	50%	10	184	18.4	2.3	70%
인문	미디어학과	25	25	446	17.8	2.27	2.08	64%	25	567	22.7	2.10	64%	26	553	21.3	2.6	89%
인문	의상학과	10	10	223	22.3	2.31	2.83	110%	10	235	23.5	2.10	10%	11	220	20.0	2.6	191%
인문	Hospitality경영학과	28	35	418	11.9	2.72	2.71	14%	44	442	10.1	3.10	36%	60	380	6.3	3.4	38%
인문	무역학과	16	16	307	19.2	3.09	3.23	6%	16	272	17.0	3.30	63%	17	223	13.1	3.8	71%
인문	주거환경학과	3	3	57	19.0	3.21	4.81	100%	3	51	17.0	2.90	167%	4	58	14.5	2.6	175%
인문	글로벌Hospitality·관광학과	15	15	205	13.7	3.36	3.89	27%										
인문	관광·엔터테인먼트학부	21	21	309	14.7	3.67	4.29	29%	28	308	11.0	3.00	21%	30	173	5.8	3.2	23%
자연	의예과	29	33	707	21.4	1.31	1.05	106%	40	957	23.9	1.10	68%	55	1,345	24.5	1.3	102%
자연	한의예과(자연)	22	22	358	16.3	1.39	1.38	18%	22	344	15.6	1.40	9%	30	329	11.0	1.7	20%
자연	한약학과	9	9	208	23.1	1.64	1.72	11%	8	117	14.6	1.90	38%	8	75	9.4	2.3	50%
자연	약학과	9	9	269	29.9	1.88	1.75	44%	9	190	21.1	2.70	33%	8	197	24.6	2.5	50%
자연	지리학과(자연)	4	4	69	17.3	2.12	2.08	75%	4	33	8.3	3.00	25%	5	36	7.2	2.7	40%
자연	치의예과	21	24	610	25.4	2.14	2.63	42%	29	552	19.0	1.70	38%	40	533	13.3	1.7	30%
자연	약학과	10	12	527	43.9	2.16	2.21	58%	14	394	28.1	3.00	50%	20	666	33.3	1.6	50%
자연	간호학과(자연)	18	9	174	19.3	2.17	2.12	44%	9	190	21.1	1.70	78%	11	263	23.9	1.9	55%
자연	식품영양학과	9	9	201	22.3	2.19	1.99	33%	9	137	15.2	2.30	78%	10	96	9.6	2.3	40%
자연	생물학과	13	13	724	55.7	2.26	1.82	77%	13	672	51.7	3.30	54%	14	554	39.6	2.7	64%
자연	미래정보디스플레이학부	34	14	272	19.4	2.48	1.99	43%	14	182	13.0	3.10	79%	16	139	8.7	2.9	56%
자연	수학과	8	8	172	21.5	2.51	1.98	75%	8	140	17.5	2.30	63%	8	182	22.8	2.3	125%
자연	물리학과	13	13	357	27.5	2.75	2.22	85%	13	201	15.5	4.30	123%	13	171	13.2	2.7	123%
자연	화학과	8	8	345	43.1	3.64	2.43	138%	8	234	29.3	4.30	50%	8	251	31.4	2.4	38%

국제계열	모집단위	2025 모집인원	2024 모집인원	지원인원	경쟁률	최종평균	등록70%컷	충원율	2023 모집인원	지원인원	경쟁률	최종평균	충원율	2022 모집인원	지원인원	경쟁률	최종평균	충원율
예체	시각디자인학과	9	9	163	18.1	1.96	2.30	89%	9	153	17.0	2.00	33%	9	200	22.2	1.8	44%
예체	의류디자인학과	6	6	83	13.8	2.34	2.48	33%	6	83	13.8	2.30	17%	6	57	9.5	2.4	17%
예체	디지털콘텐츠학과	4	6	77	12.8	2.44	2.40	100%	6	115	19.2	1.70	50%	6	90	15.0	2.3	67%
예체	연극영화학과	13	14	175	12.5	2.55	2.63	50%	14	207	14.8	2.20	20%	7	164	23.4	2.7	100%
예체	체육학과	16	19	344	18.1	2.70	2.95	42%	19	246	13.0	2.90	37%	21	334	15.9	2.4	76%
예체	환경조경디자인학과	10	10	99	9.9	2.73	2.44	80%	10	108	10.8	2.10	90%	11	77	7.0	2.6	36%
예체	스포츠의학과	11	11	151	13.7	2.73	2.88	9%	11	107	9.7	2.70	27%	11	94	8.6	2.5	9%
예체	도예학과	11	11	78	7.1	2.88	3.23	27%	11	70	6.4	2.50	46%	11	42	3.8	2.6	55%
예체	산업디자인학과	1	3	35	11.7	3.28	3.10		3	37	12.3	2.00	67%	3	64	21.3	2.0	167%
인문	스페인어학과	11	12	141	11.8	3.42	3.31	125%	12	97	8.1	4.10	50%	14	79	5.6	3.7	36%
예체	골프산업학과	3	4	60	15.0	3.51	2.90	25%	4	47	11.8	3.40		4	36	9.0	3.5	
인문	프랑스어학과	11	12	138	11.5	3.55	4.04	125%	12	141	11.8	3.90	100%	14	108	7.7	4.2	79%
인문	국제학과	45	46	672	14.6	3.68	4.18	52%	45	711	15.8	3.50	82%	49	610	12.5	3.5	84%

국제계열	모집단위	2025 모집인원	2024						2023						2022					
			모집인원	지원인원	경쟁률	최종평균	등록70%컷	충원율	모집인원	지원인원	경쟁률	최종평균		충원율	모집인원	지원인원	경쟁률	최종평균		충원율
인문	한국어학과	7	7	75	10.7	3.75	4.67	29%	7	57	8.1	3.90		29%	9	50	5.6	3.5		56%
예체	태권도학과	11	13	146	11.2	3.75	4.10	8%	10	132	13.2	3.30		10%	13	129	9.9	3.0		15%
인문	글로벌커뮤니케이션학부	14	15	239	15.9	3.85	4.39	47%	15	180	12.0	4.10		73%	17	184	10.8	3.7		35%
인문	중국어학과	14	14	166	11.9	3.95	4.84	79%	14	229	16.4	3.90		100%	16	155	9.7	4.2		50%
인문	일본어학과	11	13	176	13.5	4.38	5.11	54%	13	194	14.9	4.20		39%	15	146	9.7	4.4		33%
인문	러시아어학과	10	11	107	9.7	4.48	5.37	82%	11	94	8.6	4.20		73%	11	84	7.6	4.1		55%
자연	융합바이오·신소재공학과	25																		
자연	인공지능학과	4	14	257	18.4	1.87	1.94	79%	14	226	16.1	2.30		79%	14	202	14.4	2.3		79%
자연	식품생명공학과	17	9	195	21.7	1.92	1.90	33%	9	174	19.3	2.00		11%	10	172	17.2	2.2		50%
자연	신소재공학과	11	11	179	16.3	1.94	2.05	73%	11	151	13.7	2.00		73%	12	164	13.7	2.2		67%
자연	생체의공학과	3	9	162	18.0	1.96	1.99	100%	9	191	21.2	1.90		22%	11	279	25.4	2.2		73%
자연	응용화학과	10	10	322	32.2	2.01	2.12	40%	10	197	19.7	2.40		60%	12	159	13.3	2.4		17%
자연	우주과학과	12	12	191	15.9	2.06	2.19	67%	12	161	13.4	2.40		58%	14	106	7.6	2.7		79%
자연	스마트팜과학과	24	15	261	17.4	2.12	2.22	33%	15	257	17.1	2.10		40%	17	210	12.4	2.6		47%
자연	건축학과(5년제)	8	8	123	15.4	2.13	2.20	100%	8	153	19.1	2.20		75%	9	117	13.0	3.1		44%
자연	환경학및환경공학과	9	9	238	26.4	2.23	2.30	67%	9	226	25.1	2.20		22%	10	192	19.2	2.5		80%
자연	전자공학과	11	24	425	17.7	2.24	2.12	63%	28	390	13.9	2.40		96%	28	437	15.6	2.2		43%
자연	응용수학과	7	7	91	13.0	2.32	2.17	86%	7	54	7.7	2.30		57%	7	79	11.3	2.3		100%
자연	반도체공학과	5	6	110	18.3	2.34	2.12	83%												
자연	응용물리학과	7	7	87	12.4	2.34	1.99	29%	7	55	7.9	2.30		86%	7	57	8.1	2.3		29%
자연	화학공학과	11	14	321	22.9	2.35	1.89	114%	14	312	22.3	2.10		86%	17	385	22.7	2.2		82%
자연	사회기반시스템공학과	11	11	158	14.4	2.48	2.66	64%	11	108	9.8	2.60		9%	12	93	7.8	2.6		67%
자연	유전생명공학과	23	13	423	32.5	2.49	1.95	54%	13	428	32.9	2.00		69%	15	614	40.9	2.1		67%
자연	소프트웨어융합학과	5	16	277	17.3	2.53	2.19	81%	16	278	17.4	1.90		63%	18	265	14.7	2.3		61%
자연	원자력공학과	9	9	125	13.9	2.66	2.54	56%	9	79	8.8	2.80		11%	9	72	8.0	2.6		56%
자연	컴퓨터공학과	7	21	444	21.1	2.86	2.14	43%	21	323	15.4	2.70		67%	27	361	13.4	2.1		115%
자연	산업경영공학과	11	11	185	16.8	3.04	2.27	46%	11	130	11.8	3.40		55%	11	133	12.1	2.2		55%
자연	건축공학과	11	11	150	13.6	3.43	2.94	73%	11	100	9.1	3.00		91%	12	97	8.1	2.7		33%
자연	기계공학과	21	25	489	19.6	4.06	4.29	68%	25	279	11.2	3.10		96%	28	425	15.2	2.1		57%

■ (논술) 논술우수자

전형	모집인원	전형 방법	수능최저학력기준
논술우수자	477	논술100%	○

1. **지원자격**: 고등학교 졸업(예정)자 또는 법령에 의하여 고등학교 졸업과 동등 이상의 학력이 있다고 인정된 자
   ※ 태권도학과 지원자는 태권도 2단 이상의 단증 소지자여야 함
2. **수능최저학력기준**

> [국어, 수학, 영어, 사/과탐(2과목 평균)] 중 2개 영역 등급 합 5 이내, 한국사 5등급 이내
> ▶ 의예과, 치의예과, 한의예과(인문•자연), 약학과: 3개 영역 등급 합 4 이내, 한국사 5등급 이내
> ▶ 체육: [국어, 수학, 영어, 사/과탐(2과목 평균)] 중 1개 영역 3등급 이내, 한국사 5등급 이내
> ※ 모든 계열에 반영 영역별 필수 응시과목(지정과목) 없음(단, 한국사는 필수 응시)

◎ 전형요소
● 논술(1,000점)
1. 개요

구분	인문·체능계열, 사회계열	자연계열(자연계)	자연계열(의•약학계)
문항 수	- 각 2 ~ 3 문항	- 수학 4 ~ 6문항 내외	- 수학, 과학 각 4문항 내외
형식	- 1,500 ~ 1,800자, 원고지 형식	- 문항별 지정된 답안란에 작성(노트 형식)	- 문항별 지정된 답안란에 작성(노트 형식)
시간	- 120분	- 120분	- 120분
특징	- 인문·체육계: 1,200자 내외의 논술 답안을 요구하는 문제 - 사회계: 수리논술 출제	- 수리논술	- 수리논술, 과학논술 출제 • 수학은 필수 • 과학은 물리학, 화학, 생명과학 중 1과목 선택

2. 논술의 성격
1) 인문·체육계열 [인문·체육계, 사회계]
- 통합교과형 논술로 수험생의 통합적이고 다면적인 사고 및 표현 능력 측정
- 고등학교 교육과정의 지식을 통합하여 종합적 분석 및 문제해결 과정을 논리적이고 창의적으로 서술하는 능력 평가
2) 자연계열 [자연계, 의학계]
- 자연계는 수학, 의학계는 수학과 과학(물리학, 화학, 생명과학 중 한 과목 선택)에 관한 학생의 자연과학적 분석 능력 측정
- 제시문과 논제에 대한 정확한 이해를 기반으로 한 응용력과 분석 능력 평가
- 의·약학계 논술에서는 특정 과학지식 뿐만 아니라, 통합적인 사고 능력과 실제 상황에 적용하는 활용 능력을 종합적으로 평가

3. 출제유형 및 범위
1) 출제유형: 제시문과 논제로 구성된 자료제시형
2) 출제범위: 고등학교 교육과정 범위 안에서 출제
3) 특이사항
- 사회계 논술에는 수리논술 문항이 포함되며, 수리논술 문항은 사회·경제에 관한 도표, 통계자료 등이 포함된 제시문을 해석하여 논술하거나, 논제를 수학적 개념과 풀이 방법을 이용하여 논술하는 유형으로 출제
- 자연계는 수학(수학, 수학Ⅰ, 수학Ⅱ, 확률과 통계, 미적분, 기하), 의·약학계는 수학(수학, 수학Ⅰ, 수학Ⅱ, 확률과 통계, 미적분, 기하)과 과학(물리학Ⅰ·Ⅱ, 화학Ⅰ·Ⅱ, 생명과학Ⅰ·Ⅱ)의 기본 개념에 대한 이해도와 응용력을 기반으로, 다양한 자연현상을 해석하고 논리적으로 설명하는 문제 출제
- 의·약학계 논술고사의 경우, 수학은 필수이고 과학은 물리학, 화학, 생명과학 중 한 과목 선택(물리학, 화학, 생명과학 과목은 고등학교 교육과정의 물리학Ⅰ·Ⅱ, 화학Ⅰ·Ⅱ, 생명과학Ⅰ·Ⅱ 범위 안에서 출제)
- 의·약학계 논술의 경우 자연과학적 기초 소양을 바탕으로 과학 연구의 인문·사회·철학적 이해를 필요로 하는 통합형 논술 지향

4. 계열별 해당 모집단위

계열	문제유형	모집단위	
		서울캠퍼스	국제캠퍼스
인문·체육	인문·체육계	문과대학, 생활과학대학[식품영양학과 제외]	외국어대학, 건축학과(5년제)[인문], 체육대학
	사회계	자율전공학부, 정경대학, 경영대학, 호텔관광대학, 지리학과(인문), 한의예과(인문), 간호학과(인문)	–
자연	자연계	식품영양학과, 이과대학[지리학과(인문) 제외], 약학대학(약학과 제외), 간호학과(자연)	공과대학[건축학과(5년제)(인문) 제외], 전자정보대학, 소프트웨어융합대학, 응용과학대학, 생명과학대학
	의학계	의예과, 한의예과(자연), 치의예과, 약학과	–

◎ 전형결과
■ [서울캠퍼스] 전체

서울 학년도	전체						인문						자연					
	모집 인원	지원 인원	경쟁률	최종 평균	실질 경쟁률	충원 율	모집 인원	지원 인원	경쟁 률	최종 평균	실질 경쟁률	충원 율	모집 인원	지원 인원	경쟁률	최종 평균	실질 경쟁률	충원 율
2022	259	26,124	100.86	3.49	43.05	30%	150	12,848	85.65	3.41	37.16	30%	109	13,276	121.80	3.56	48.93	29%
2023	253	23,398	92.48	3.35	32.20	22%	145	12,572	86.70	3.43	34.72	21%	108	10,826	100.24	3.26	29.67	23%
2024	251	24,001	95.62		31.04	24%	143	13,510	94.48		33.90	24%	108	10,491	97.14		28.17	23%
2025	250						139						111					

• [계열별] 실질 경쟁률

계열	학년도	모집인원	지원인원	경쟁률	수능최저 충족율	실질 경쟁률
인문	2022	150	12,848	85.65	42.09%	36.05
	2023	145	12,572	86.70	45.00%	39.01
	2024	143	13,510	94.48	38.58%	37.61
자연	2022	109	13,276	121.80	39.88%	48.61
	2023	108	10,826	100.24	46.00%	46.11
	2024	108	10,491	97.14	38.44%	37.44

• 수능최저학력기준 충족율

계열	계열 평균	모집단위
인문	38.58%	국어국문학과 39.0%, 영어영문학과 45.4%, 응용영어통번역학과 48.3%, 사학과 38.2%, 철학과 39.3%, 자율전공학부 39.4%, 정치외교학과 37.4%, 행정학과 38.0%, 사회학과 43.3%, 경제학과 46.5%, 무역학과 41.1%, 미디어학과 37.4%, 경영학과 45.0%, 회계세무학과 41.7%, 빅데이터응용학과 40.4%, Hospitality경영학부 40.0%, 조리&푸드디자인학과 25.0%, 관광·엔터테인먼트학부 44.3%, 아동가족학과 32.8%, 주거환경학과 40.0%, 의상학과 33.9%, 지리학과(인문) 49.7%, 건축학과(5년)(인문) 27.9%, 한의예과(인문) 17.2%, 간호학과(인문) 33.4%
자연	36.44%	식품영양학과 41.1%, 수학과 39.5%, 물리학과 34.9%, 화학과 44.2%, 생물학과 38.6%, 지리학과(자연) 29.2%, 정보디스플레이학과 42.4%, 의예과 39.1%, 한의예과(자연) 23.4%, 치의예과 33.8%, 약학과 19.5%, 한약학과 42.9%, 약과학과 44.8%, 간호학과(자연) 36.8%

■ [국제캠퍼스] 전체

국제 학년도	전체						인문						자연					
	모집 인원	지원 인원	경쟁 률	최종 평균	실질 경쟁률	충원 율	모집 인원	지원 인원	경쟁 률	최종 평균	실질 경쟁률	충원 율	모집 인원	지원 인원	경쟁 률	최종 평균	실질 경쟁률	충원 율
2022	242	9,328	38.55	3.70	17.60	36%	41	1,848	45.07	3.68	19.97	40%	201	7,480	37.21	3.72	15.23	32%
2023	234	7,740	33.08	3.74	13.62	38%	41	1,720	41.95	3.99	15.58	47%	193	6,020	31.19	3.48	11.65	29%
2024	232	8,906	38.39		14.40	27%	36	2,184	60.67		16.41	25%	196	6,722	34.30		12.38	28%
2025	227						33						194					

• [계열별] 실질 경쟁률

계열	학년도	모집인원	지원인원	경쟁률	수능최저 충족율	실질 경쟁률
인문	2022	41	1,848	45.07	38.97%	17.56
	2023	41	1,720	41.95	47.00%	19.71
	2024	36	2,184	60.67	34.83%	21.13
자연	2022	201	7,480	37.21	40.00%	14.84
	2023	193	6,020	31.19	45.00%	14.04
	2024	196	6,722	34.30	38.30%	13.17

• 수능최저학력기준 충족율

계열	계열 평균	모집단위
인문	34.83%	프랑스어학과 30.1%, 스페인어학과 30.9%, 러시아어학과 33.8%, 중국어학과 29.9%, 일본어학과 30.1%, 한국어학과 34.7%, 글로벌커뮤니케이션학부 31.9%, 체육학과 41.9%, 스포츠의학과 50.2%
자연	38.30%	기계공학과 40.5%, 산업경영공학과 37.0%, 원자력공학과 35.0%, 화학공학과 37.5%, 정보전자신소재공학과 39.0%, 사회기반시스템공학과 30.0%, 건축공학과 33.2%, 환경학및환경공학과 37.3%, 건축학과(5년) 37.5%, 전자공학과 44.2%, 반도체공학과 39.2%, 생체의공학과 36.7%, 컴퓨터공학과 39.8, 인공지능학과 43.0%, 소프트웨어융합학과 40.5%, 응용수학과 43.6%, 응용물리학과 38.5%, 응용화학과 40.8%, 우주과학과 47.9%, 유전생명공학과 36.1%, 식품생명공학과 38.5%, 한방생명공학과 36.3%, 식물·환경신소재공학과 32.8%, 스마트팜과학과 34.4%

■ 변경사항 & 핵심포인트

[2025]

변경사항		2024	2025
모집인원		483명	477명(-6명)
(수능최저) 응시영역 변경	인문	[국, 수, 영, 사/과(<u>1</u>)] 2개 등급 합 5, 한 5	[국, 수, 영, 사/과(<u>2</u>)] 2개 등급 합 5, 한 5
	자연	[국,<u>수(미/기)</u>,영, 과(1)] 2개 등급 합 5, 한 5	[국, <u>수</u>, 영, <u>사</u>/과(<u>2</u>)] 2개 등급 합 5, 한 5
	의/치/한/약학	[국,수(미/기),영, 과(1)] 3개 등급 합 4, 한 5	[국, 수, 영, 사/과(<u>2</u>)] 3개 등급 합 4, 한 5
	체능	[국, 영] 1개 3등급	[국, 수, 영, 사/과(<u>2</u>)] 1개 3등급, <u>한 5</u>

• 모집인원: 483명->479명으로 4명 감소
• 수능최저: 모든 계열에 수능 필수 응시영역이 폐지됨에 따라 자연계열은 수학(확률과통계), 사탐 응시자도 지원 가능으로 변경됨
• 논술고사: 인문은 언어, 사회는 언어+ 수학, 자연은 수학+ 과학이 출제.
  - 자연계열 수학 출제범위: 수학, 수학Ⅰ, 수학Ⅱ, 미적분, 확률과 통계 기하. ※ 기하도 출제됨
▶ 합격자 성적분포: (서울) 인문계열은 2등급 초반 ~ 3등급 초반, 자연계열은 1등급 후반 ~ 3등급 초반.
  (국제) 인문계열은 3등급 초반 ~ 4등급 중반, 자연계열은 2등급 후반 ~ 5등급 초반.

■ 모집단위

'*'표시 : 교직 이수 가능

서울 계열	모집단위	2025	2024						2023						2022					
		모집 인원	모집 인원	지원 인원	경쟁 률	최종 평균	실질 경쟁률	충원 율	모집 인원	지원 인원	경쟁 률	최종 평균	실질 경쟁률	충원 율	모집 인원	지원 인원	경쟁 률	최종 평균	실질 경쟁률	충원 율
인문	한의예과(인문)	5	5	1,811	362.2		62.2		5	1,697	339.4	2.30	68.4	20%	5	1,518	303.6	3.3	57.2	
인문	국어국문학과	7	7	812	116.0		45.3	14%	7	794	113.4	3.20	48.0		7	832	118.9	3.6	53.6	
인문	철학과	7	7	797	113.9		44.7		7	774	110.6	3.40	44.1	14%	7	745	106.4	3.8	51.0	29%
인문	영어영문학과	5	5	559	111.8		50.8	20%	5	488	97.6	3.10	46.6	20%	5	519	103.8	3.6	52.6	
인문	의상학과	4	4	446	111.5		37.8	25%	4	421	105.3	3.90	43.0		4	370	92.5	3.3	32.8	75%
인문	응용영어통번역학과	5	5	553	110.6		53.4	40%	5	509	101.8	3.30	47.0		5	517	103.4	3.0	52.6	
인문	주거환경학과	4	4	440	110.0		44.0	25%	4	371	92.8	3.50	36.8		4	358	89.5	3.7	41.8	
인문	경영학과	22	22	2,305	104.8		47.2	5%	23	1,783	77.5	3.30	36.0	9%	24	2,011	83.8	3.3	44.7	38%
인문	사학과	4	4	416	104.0		39.8	25%	4	362	90.5	3.50	36.0	25%	4	391	97.8	3.8	42.0	
인문	아동가족학과	4	4	360	90.0		29.5		4	365	91.3	3.30	37.8		4	349	87.3	3.7	35.5	
인문	자율전공학부	8	8	709	88.6		34.9	25%	8	677	84.6	3.40	40.5	25%	9	806	89.6	3.4	45.3	44%
인문	회계세무학과	6	6	439	73.2		30.5		6	339	56.5	3.20	24.3	17%	7	372	53.1	3.7	27.0	14%
인문	빅데이터응용학과	4	4	285	71.3		28.8		4	205	51.3	4.00	25.5		4	223	55.8	2.9	27.0	25%
인문	미디어학과	7	7	470	67.1		25.1		7	596	85.1	3.80	36.7		7	635	90.7	3.3	44.0	

서울계열	모집단위	2025 모집인원	2024						2023						2022					
		모집인원	모집인원	지원인원	경쟁률	최종평균	실질경쟁률	충원율	모집인원	지원인원	경쟁률	최종평균	실질경쟁률	충원율	모집인원	지원인원	경쟁률	최종평균	실질경쟁률	충원율
인문	행정학과	7	7	455	65.0		24.7	14%	7	508	72.6	3.40	35.9		7	525	75.0	3.3	38.9	14%
인문	경제학과	7	7	454	64.9		30.1		8	457	57.1	3.40	26.3	13%	9	539	59.9	3.0	30.6	22%
인문	무역학과	7	7	443	63.3		26.0	14%	7	391	55.9	3.70	22.7		8	425	53.1	3.5	23.6	25%
인문	지리학과(인문)	3	3	185	61.7		30.7		3	130	43.3	4.10	18.0		3	95	31.7	3.7	14.7	
인문	정치외교학과	4	4	238	59.5		22.3	50%	4	285	71.3	3.00	29.3		4	280	70.0	3.2	34.0	
인문	Hospitality경영학과	7	7	390	55.7		22.3	14%	7	415	59.3	3.40	27.3	43%	9	429	47.7	3.7	20.3	11%
인문	관광·엔터테인먼트학부	6	6	323	53.8		23.8	17%	6	293	48.8	3.50	24.0		6	281	46.8	2.9	16.7	33%
인문	사회학과	4	4	178	44.5		19.3		4	271	67.8	3.20	35.5	25%	4	252	63.0	3.6	34.8	25%
인문	조리&푸드디자인학과	2	2	80	40.0		10.0		2	76	38.0	4.00	10.0							
자연	의예과	15	15	2,814	187.6		73.3	13%	15	2,963	197.5	2.70	86.6		15	3,161	210.7	2.8	96.9	27%
자연	약학과	7	8	1,412	176.5		34.4	13%	8	1,646	205.8	2.20	48.8		8	3,453	431.6	3.3	266.9	25%
자연	치의예과	11	11	1,528	138.9		46.9	9%	11	1,868	169.8	1.90	61.5	9%	11	1,931	175.6	3.6	59.5	9%
자연	한의예과(자연)	16	16	1,564	97.8		22.9	6%	16	1,703	106.4	3.40	27.6	6%	16	1,895	118.4	2.6	31.0	
자연	미래정보디스플레이학부	6	6	502	83.7		35.5	33%	6	412	68.7	3.80	28.0	17%	6	472	78.7	4.1	40.7	33%
자연	간호학과(자연)	8	4	326	81.5		30.0	75%	4	307	76.8	3.50	27.0		4	276	69.0	2.8	23.3	25%
자연	생물학과	7	7	412	58.9		22.7	14%	7	372	53.1	3.40	23.7	14%	7	344	49.1	3.8	23.4	29%
자연	화학과	6	6	337	56.2		24.8		6	263	43.8	3.30	19.8	17%	6	284	47.3	3.5	20.7	
자연	물리학과	7	7	367	52.4		18.3		7	255	36.4	3.30	14.6	29%	8	280	35.0	3.8	15.4	50%
자연	수학과	7	7	344	49.1		19.4		7	296	42.3	3.50	17.6	43%	7	389	55.6	3.7	30.0	43%
자연	식품영양학과	6	6	280	46.7		19.2		6	261	43.5	3.80	15.8		6	259	43.2	3.6	22.3	33%
자연	지리학과(자연)	4	4	168	42.0		12.3		4	133	33.3	4.00	14.0		4	142	35.5	4.5	17.5	25%
자연	한약학과	6	6	245	40.8		17.5		6	191	31.8	3.60	13.8	50%	6	197	32.8	4.2	15.8	
자연	약과학과	5	5	192	38.4		17.2	20%	5	156	31.2	3.20	16.6		5	193	38.6	3.5	21.6	20%

국제계열	모집단위	2025 모집인원	2024						2023						2022					
		모집인원	모집인원	지원인원	경쟁률	최종평균	실질경쟁률	충원율	모집인원	지원인원	경쟁률	최종평균	실질경쟁률	충원율	모집인원	지원인원	경쟁률	최종평균	실질경쟁률	충원율
예체	스포츠의학과	4	4	325	81.3		40.8		4	203	50.8	4.50	24.3		4	195	48.8	3.7	29.5	25%
예체	체육학과	6	6	477	79.5		33.3		6	343	57.2	3.40	26.2		6	412	68.7	3.7	39.3	
인문	글로벌커뮤니케이션학부	4	4	232	58.0		18.5	25%	4	164	41.0	3.30	17.3		4	201	50.3	3.4	23.8	
인문	중국어학과	4	4	214	53.5		16.0	25%	4	160	40.0	3.40	10.5		4	151	37.8	3.3	13.8	
인문	러시아어학과	4	4	198	49.5		16.8		4	133	33.3	4.30	10.5	25%	4	169	42.3	3.7	15.5	
인문	한국어학과	2	2	98	49.0		17.0		2	85	42.5	3.40	9.0		2	73	36.6	3.8	14.5	50%
인문	프랑스어학과	3	3	146	48.7		14.7		3	126	42.0	4.10	13.3		3	127	42.3	4.0	16.0	
인문	일본어학과	3	3	143	47.7		14.3		3	111	37.0	4.10	14.3		3	96	32.0	3.7	11.3	
인문	스페인어학과	3	3	136	15.3		14.0		3	121	40.3	3.60	17.3	67%	3	115	38.3	4.3	16.0	
자연	융합바이오·신소재공학과	8																		
자연	컴퓨터공학과	9	9	492	54.7		21.8		9	491	54.6	3.80	20.2	11%	10	722	72.2	4.1	35.7	30%
자연	인공지능학과	4	4	179	44.8		19.3		4	159	39.8	3.20	15.8	50%	4	193	48.3	3.9	22.5	125%
자연	전자공학과	30	33	1,471	44.6		19.7	27%	38	1,513	39.8	3.50	16.7	5%	40	2,021	50.5	3.8	25.4	15%
자연	건축학과(5년제:자연)	7	4	176	44.0		16.5	25%	4	163	40.8	3.80	14.5	50%	4	156	39.0	3.8	18.3	50%
자연	소프트웨어융합학과	5	5	190	38.0		15.4	20%	5	221	44.2	3.00	18.0		5	262	52.4	2.9	24.6	
자연	화학공학과	10	10	363	36.3		13.6		10	369	36.9	2.80	16.1	20%	12	413	34.4	3.3	16.3	33%
자연	반도체공학과	6	8	286	35.8		14.0													
자연	우주과학과	4	4	140	35.0		16.8		4	133	33.3	3.40	12.3	25%	4	85	21.3	3.3	6.8	25%
자연	유전생명공학과	8	8	274	34.3		12.4		8	274	34.3	2.90	15.0	13%	9	390	43.3	3.8	21.4	22%
자연	기계공학과	30	30	986	32.9		13.3	13%	30	851	28.4	3.50	12.2	33%	32	1,117	34.9	3.5	17.0	28%
자연	정보전자신소재공학과	9	9	295	32.8		12.8	22%	9	273	30.3	3.40	14.1	11%	9	280	31.1	3.8	15.2	
자연	생체의공학과	4	4	120	30.0		11.0	50%	4	127	31.8	5.20	13.5		4	137	34.3	3.9	16.8	
자연	식품생명공학과	6	6	174	29.0		11.2	33%	6	154	25.7	3.00	10.7	33%	6	197	32.8	4.0	14.0	17%
자연	사회기반시스템공학과	9	9	257	28.6		8.6	56%	9	184	20.4	3.80	7.6	11%	9	247	27.4	4.1	10.8	11%
자연	건축공학과	8	8	220	27.5		9.1	13%	8	169	21.1	3.60	8.1	13%	8	180	22.5	4.0	8.9	13%
자연	산업경영공학과	8	8	211	26.4		9.8	13%	8	182	22.8	3.50	11.4		8	232	29.0	3.3	14.3	13%
자연	응용물리학과	4	4	104	26.0		10.0		4	82	20.5	3.60	6.8	75%	4	65	16.3	4.6	6.8	
자연	환경학및환경공학과	4	4	102	25.5		9.5		4	70	17.5	3.70	5.5	50%	4	96	24.0	3.1	14.5	
자연	응용화학과	5	5	120	24.0		9.8		5	123	24.6	4.10	8.6		5	94	18.8	4.1	9.6	20%
자연	스마트팜과학과	4	4	93	23.3		8.0		4	92	23.0	3.40	8.8	50%	4	103	25.8	4.0	6.5	
자연	원자력공학과	8	8	180	22.5		7.9	13%	8	160	20.0	3.20	8.1	13%	8	180	22.5	3.8	8.6	
자연	응용수학과	4	4	78	19.5		8.5	25%	4	81	20.3	2.90	8.3		4	92	23.0	2.9	11.5	25%

15. 고려대학교   서울특별시 성북구 안암로 145 (Tel: 02. 3290-5161~3)

I. 한 눈에 보는 전형

모집 시기	전형 유형	전형	모집 인원	전형 방법	수능최저 학력기준
수시	교과	학교추천	652	학생부교과80%+ 서류20% ※ 고교 추천: 12명	○
수시	종합	학업우수	856	서류100%	○
수시	종합	계열적합	527	1단계)서류100%(5배수) 2단계)서류50%+면접50%	X
수시	종합	사이버국방	5	1단계)서류100%(5배수) 2단계)서류80%+기타20%(군면접, 체력검정 등)	○
수시	종합	고른기회	199	1단계)서류100%(3배수) 2단계)서류50%+면접50%	X
수시	종합	재직자	15	1단계)서류100%(3배수) 2단계)서류50%+면접50%	X
수시	논술	논술전형 [신설]	361	논술100%	○
수시	특기	특기자	65	▶사이버국방학과: 1단계)서류100%(3배수) 2단계)서류60%+면접20%+ 기타20%(군면접, 체력검정 등) ▶체육교육과: 1단계)실적70%+ 학생부30%(4배수) 2단계)1단계80%+면접20% ▶디자인조형학부: 1단계)서류100%(5배수) 2단계)서류60%+면접40%	X (사이버국방 ○)

※ **반도체공학과**는 SK하이닉스와의 협약에 의해 설치된 채용조건형 계약학과이며 정원외로 선발함
※ **차세대통신학과**는 삼성전자와의 협약에 의해 설치된 채용조건형 계약학과이며 정원외로 선발함
※ **스마트모빌리티학부**는 현대자동차와의 협약에 의해 설치된 채용조건형 계약학과로 학석사 통합과정(학사과정 3.5년 + 석사과정 1.5년 (총 5년)이며 정원 외로 선발함
※ **사이버국방학과**는 국방부 후원 하에 설립된 계약학과로 졸업 후 사이버작전사령부 등 사이버 국방 유관기관에서 7년간 장교로 의무복무하게 됨(군 가산복무 지원금으로 등록금 전액 지원)

(수시모집) 지원 가능 횟수	학교추천	학업우수	계열적합	고른기회	재직자	사이버국방	논술전형	특기자
	상기 2개 전형 중 1개 전형만 지원 가능	가능		상기 2개 전형 중 1개 전형만 지원 가능		가능	가능	가능

■ 무전공(전공자율선택)

유형① [대학 내 모든 전공(보건의료, 사범 등 제외) 자율 선택]		유형② [계열/단과대 모집 후 모집단위 내 전공 자율 선택]	
모집단위	인원	모집단위	인원
자유전공학부	95	공과대학	65
학부대학	36		

■ 전공자율선택제(무전공) 학과 안내
1) **자유전공학부 – 선택가능학과(총 43개 학과)**
   경영학과, 국어국문학과, 철학과, 한국사학과, 사학과, 사회학과, 한문학과, 영어영문학과, 독어독문학과, 불어불문학과, 중어중문학과, 노어노문학과, 일어일문학과, 서어서문학과, 언어학과, 생명과학부, 생명공학부, 식품공학과, 환경생태공학부, 식품자원경제학과, 정치 외교학과, 경제학과, 통계학과, 행정학과, 수학과, 물리학과, 화학과, 지구환경과학과, 화공생명공학과, 신소재공학부, 건축사회환경공 학부, 기계공학부, 산업경영공학부, 전기전자공학부, 컴퓨터학과, 국제학부, 글로벌한국융합학부, 미디어학부, 바이오의공학부, 바이오 시스템의과학부, 보건환경융합과학부, 보건정책관리학부, 심리학부(총 43개 학과)
2) **공과대학 – 선택가능학과(총 6개 학과) :** 화공생명공학과, 신소재공학부, 건축사회환경공학부, 기계공학부, 산업경영공학부, 전기전자공학부

■ 전형결과   ※ 성적 산출기준: (수시) 교과 석차등급, (정시) 수능 백분위

모집시기	전형유형	전형	학년도	모집인원	지원인원	경쟁률	등록자 50%컷	등록자 70%컷	충원율
수시	교과	학교추천	2024	679	6,998	10.31	1.45	1.52	127%
수시	종합	학업우수	2024	1,006	15,160	15.07	2.12	2.37	53%
수시	종합	계열적합	2024	632	8,270	13.09	2.51	2.86	154%
수시	종합	사이버국방	2024	5	42	8.40			
수시	특기	특기자	2024	70	732	10.46			

■ (주요전형) 전형일정

유형	전형	원서접수 마감	대학별 고사(면접/논술)	1단계 합격자	최종 합격자
교과	학교추천	9.11(수) 17:00 학교장추천: 9.25(수)			12.13(금)
종합	학업우수	9.11(수) 17:00			12.13(금)
종합	계열적합	9.11(수) 17:00	-11.09(토) 인문계(인문, 사회) -11.10(일) 자연계	11.01(금)	11.26(화)
종합	사이버국방	9.11(수) 17:00	-11.01(금) 군 면접평가 -11.04(월)~07(목) 군 AI면접평가	10.25(금)	12.13(금)
논술	논술전형	9.11(수) 17:00	-11.16(토) 자연계 -11.17(일) 인문계		12.13(금)
	▶ 11.16(토) 자연계(생명과학부, 생명공학부, 식품공학과, 환경생태공학부, 수학과, 물리학과, 화학과, 지구환경과학과, 화공생명공학과, 신소재공학부, 건축사회환경공학부, 건축학과, 기계공학부, 산업경영공학부, 전기전자공학부, 융합에너지공학과, 가정교육과, 수학교육과, 간호대학, 컴퓨터학과, 데이터과학과, 인공지능학과, 바이오의공학부, 바이오시스템과학부, 보건환경융합과학부, 스마트보안학부) ▶ 11.17(일) 인문계(경영대학, 국어국문학과, 철학과, 한국사학과, 사학과, 사회학과, 한문학과, 영어영문학과, 독어독문학과, 불어불문학과, 중어중민학과, 노어노문학과, 일어일문학과, 서어서문학과, 언어학과, 식품자원경제학과, 정치외교학과, 경제학과, 통계학과, 행정학과, 교육학과, 국어교육과, 영어교육과, 지리교육과, 역사교육과, 국제학부, 미디어학부, 보건정책관리학부, 자유전공학부, 심리학부)				
특기	특기자	9.11(수) 17:00	-11.02(토) 사이버국방학과, 디자인조형학부 -11.05(화) 체육교육과	10.25(금)	12.13(금)

II. (수시모집) 주요 전형

■ (학생부교과) 학교추천

전형	모집인원	전형 방법	수능최저학력기준
학교추천	652	학생부교과80%+ 서류20%	○

1. **지원자격**: 국내 고등학교 졸업예정자 중 학생부에 5학기 이상 교과 성적이 기재되어 있는 자로 출신 고등학교의 추천을 받은 자
   1) 고등학교별 최대 추천인원은 12명이며, 계열별(인문계열, 자연계열)로 인원을 제한하지 않음.
   2) 국내 고등학교는 고교졸업 학력 인정학교에 한함
   3) 아래 해당자는 지원할 수 없음
      영재학교, 예술고, 체육고, 마이스터고, 방송통신고, 학력인정 평생교육시설(각종학교 포함), 특성화고(일반고의 특성화(전문계) 과정 이수자, 대안교육 특성화고등학교, 일반고등학교의 대안교육위탁학생 출신자 포함) 출신자
   4) 5학기 이상 모두 과목별 '원점수, 평균, 표준편차, 석차등급'이 기재되어야 함.
   ※ 학교추천전형, 학업우수전형 간에는 복수지원 할 수 없음 (2개 전형 중 1개만 지원할 수 있음)
2. **제출서류**: 학교생활기록부, 추천 대상자 명단
3. **수능최저학력기준**

> 인 [국어, 수학, 영어, 사/과탐(2과목 평균)] 중 3개 영역 등급 합 7 이내, 한국사 4등급 이내
> 자 [국어, 수학, 영어, 과탐(2과목 평균)] 중 3개 영역 등급 합 7 이내, 한국사 4등급 이내
>   ▶ 의과대학: [국어, 수학, 영어, 과탐(2과목 평균)] 4개 영역 등급 합 5 이내, 한국사 4등급 이내
> ※ 탐구영역: 반드시 2과목 응시, 서로 다른 2개 분야에 응시하는 경우만 인정(예: '물리학 I + 생명과학 I' 인정, '화학 I+ 화학 II' 불인정)

◎ 전형요소
● 학생부(80점)

반영요소 반영비율	반영교과목		교과성적 산출지표	학년별 반영비율
	구분	반영방법		
교과100%	공통 및 일반선택	'원점수, 평균, 표준편차, 석차등급'이 기재된 모든 과목	석차등급	학년 구분 없음
	진로선택	'원점수, 평균, 성취도 및 성취도별 분포비율'이 기재된 모든 과목 ※ 성취도 교과의 변환석차등급 산출 방법	성취도, 성취도별	

반영요소 반영비율		반영교과목		교과성적 산출지표	학년별 반영비율
	구분	반영방법			
	성취도	변환석차등급		분포비율	
	A	1			
	B	'성취도 A의 비율'에 해당하는 석차등급* + (성취도 A의 비율 + 성취도 B의 비율) / 100			
	C	'성취도 A의 비율 + 성취도 B의 비율'에 해당하는 석차등급* + (성취도 A의 비율 + 성취도 B의 비율 + 성취도 C의 비율) / 100			

* 성취도 비율에 따른 석차등급 기준

비율(%)	0~4.0	4.1~11.0	11.1~23.0	23.1~40.0	40.1~60.0	60.1~77.0	77.1~89.0	89.1~96.0	96.1~100
석차등급	1	2	3	4	5	6	7	8	9

▌교과성적 산출방법

① 교과평균등급 산출

㉮ 교과평균등급 = $\dfrac{\sum(\text{과목별 석차등급 또는 변환석차등급}^{주1}) \times \text{이수단위})}{\sum \text{이수단위}}$

주1) 성취도 교과의 변환석차등급 산출 방법

성취도	변환석차등급 산출식
A	1
B	'A' 성취도의 비율에 해당하는 석차등급* + (A + B) / 100
C	'A + B' 성취도의 비율 성취도의 비율에 해당하는 석차등급* + (A + B + C) / 100

* 성취도 누적학생비율에 따른 석차등급 기준

누적비율(%)	0~4.0	4.1~11.0	11.1~23.0	23.1~40.0	40.1~60.0	60.1~77.0	77.1~89.0	89.1~96.0	96.1~100
석차등급	1	2	3	4	5	6	7	8	9

② 교과평균등급점수 산출

$$\text{교과평균등급점수} = (a_n - a_{n+1})(n + 1 - x) + a_{n+1}$$

※ x = 상기 ①을 통해 산출한 교과평균등급
※ n = x보다 작거나 같은 가장 큰 자연수(n = 1, 2, 3, 4, 5, 6, 7, 8, 9)
※ a_n = n등급에 해당하는 등급별 반영점수[주2]

주2) 등급별 반영점수 기준

등급	1	2	3	4	5	6	7	8	9 이상
반영점수	100	98	94	86	70	55	40	20	0

▌(교과) 등급 간 점수차이

학년도	구분		1등급	2등급	3등급	4등급	5등급	6등급	7등급	8등급	9등급
2024 2025	점수	100점	100	98	94	86	70	55	40	20	0
	등급 간 점수 차이	100점	0	2	4	8	16	15	15	20	20
		80점	0	1.6	3.2	6.4	12.8	12.0	12.0	16	16

☞ **보충설명**
- 공통 및 일반선택과목은 석차등급이 산출되는 전 과목을 반영함.
- 진로선택과목의 성취도A: 1등급이므로 큰 부담 없음. 단, 지원자 대부분 A이므로 B나 C가 있으면 감점이 커서 합격이 어려울 수 있음

● **서류(20점)**:
1. **평가방법**: 다수의 입학사정관이 제출서류를 종합평가, 평가위원 간 일정 등급 이상의 점수 차이가 발생하는 경우 다단계 평가 절차를 거침
2. **평가역량별 정의 및 평가요소(2024)**

평가역량	비율	정의	평가요소	세부내용
교과이수 충실도	70%	지원 계열과 관련된 과목 선택의 적절성 및 학업 수행의 충실도	계열관련 교과이수	지원 계열 수학에 필요한 교과의 이수 정도
			학업충실도	교과 수업 활동에 참여하는 태도
			기타 요소	상기 외 '교과이수충실도'에 부합하는 기타 요소
공동체역량	30%	공동체 구성원으로서 필요한 바람직한 사고와 행동	규칙준수	공동체 내의 규칙·규정을 준수
			나눔과 배려	타인을 위하여 나누어 주고자 하는 태도와 행동
			리더십	공동체의 목표 달성을 위해 구성원들의 상호작용을 이끌어가는 능력
			기타 요소	상기 외 '인성'에 부합하는 기타 요소

3. 평가등급: 매우 우수(A+), 우수(A), 다소 우수(B+), 보통(B), 미흡(C), 매우 미흡(D), 부적격(F)의 7점 척도를 이용

☞ 보충설명
- 서류 영향력은 20% 정도. 교과성적만으로는 합격 가능하였던 학생들의 20% 정도가 서류로 인해 불합격함. 당락은 교과성적이 좌우함.
- 교과이수충실도(70%)는 계열 관련 교과를 충실히 이수했는지와 학업 수행의 충실도를 평가
  - 홈페이지에 발표한 '자연계열 이수 권장과목'을 꼭 확인하여 지원할 것.
  - 자연계열은 권장과목의 이수 여부, 이수단위 등을 평가, 인문계열은 특별한 권장과목은 없고, 상경/어문/인문/사회 정도로 분류
- 공동체역량(30%)은 규칙준수 나눔과 배려, 리더십, 기타 요소를 평가.

◎ 전형결과
■ 전체

학년도	전체						인문						자연					
	모집인원	지원인원	경쟁률	등록50%컷	등록70%컷	충원율	모집인원	지원인원	경쟁률	등록50%컷	등록70%컷	충원율	모집인원	지원인원	경쟁률	등록50%컷	등록70%컷	충원율
2022	860	9,540	11.09	1.67	1.77	151%	435	3,814	8.77	1.74	1.86	131%	425	5,726	13.47	1.60	1.68	171%
2023	870	9,852	11.32	1.58	1.66	136%	438	4,009	9.15	1.62	1.71	120%	432	5,843	13.52	1.53	1.61	152%
2024	679	6,998	10.31	1.45	1.52	127%	335	2,455	7.33	1.49	1.54	107%	344	4,543	13.21	1.41	1.50	147%
2025	652						318						334					

■ [고교유형] 지원-총합격 비율

학년도	일반고		자사고		외국어고/국제고		과학고/영재고		기타	
	지원	총합격	지원	총합격	지원	총합격	지원	총합격	지원	총합격
2022	94.7%	91.6%	3.3%	4.0%	1.9%	4.4%	-	-	-	-
2023	95.7%	94.5%	2.4%	2.5%	1.9%	3.0%	-	-	-	-
2024	98.4%	98.0%	0.9%	1.2%	0.7%	0.8%	-	-	-	-

■ [충원율 반영] 실질 경쟁률

계열	학년도	모집인원	지원인원	경쟁률	수능최저충족율	수능최저충족율 반영 경쟁률	충원율	(충원율 반영) 실질 경쟁률
인문	2022	435	3,814	8.77	37.1%	3.25	131%	2.48
	2023	438	4,009	9.15	58.2%	5.32	120%	4.43
	2024	335	2,455	7.33	62.4%	4.57	107%	4.27
자연	2022	425	5,726	13.47	46.5%	6.26	171%	3.66
	2023	432	5,843	13.52	65.3%	8.83	152%	5.81
	2024	344	4,543	13.21	54.1%	7.13	147%	4.85

■ [2024 학과별] 수능최저학력기준 충족률

계열	계열 평균	모집단위
인문	62.4%	경영대학 70.5%, 문과대학 61.3%, 식품자원경제학과 61.3%, 정경대학 67.3%, 사범대학 61.9%, **국제대학 52.8%**, 미디어대학 65.7%, **보건정책관리학부 46.0%**, 자유전공학부 62.2%, 심리학부 61.4%
자연	54.1%	생명과학대학 54.9%, 이과대학 53.8%, 공과대학 60.0%, **의과대학 32.5%**, 사범대학 40.8%, 간호대학 40.5%, 정보대학 68.3%, 보건과학대학 55.3%, 스마트보안학부 60.0%

■ 변경사항 & 핵심포인트

[2025]

변경사항	2024	2025
모집인원	679명	652명(-27명)
추천인원 변경	3학년 재적 수의 4%	12명
(자연) 수능최저 인정영역	국어, 수학(미적분/기하), 영어, 과탐(2과목)	국어, 수학, 영어, 과탐(2과목)

- 추천인원: 3학년 재적 수의 4% -> 12명으로 변경되었지만 추천을 받는 데 어려움이 없을 것으로 예상됨.
- 수능최저: 자연계열의 수능 응시영역 중 수학 확률과통계가 미인정에서 인정으로 변경됨. 하지만 탐구영역은 여전히 과탐만 인정함.
- 고려대는 형식적 반영비율이 실질 반영비율이므로 학생부교과80%+서류20%에서 학생부교과가 가장 변별력 있음.
  - 학생부교과80%는 정량평가이지만 지원자 간에 점수 차이가 나기 때문에 영향력이 큼
  - 반면 서류20%는 교과이수충실도70%, 공동체역량30%를 반영하므로 실질적으로는 교과이수충실도14%, 공동체역량6% 반영. 영향력 적음.
  - 추천을 받은 학생들이므로 대부분 서류에서 좋은 평가를 받기 때문에 서류 점수가 몰려 있음
  - 따라서, 학생부교과80%가 서류보다 더 영향력 있음.
➡ 합격자 성적분포: 인문계열은 1등급 초반 ~ 1등급 후반, 자연계열은 1등급 초반 ~ 1등급 후반. 2024 참고할 것
  - 진로선택과목 B,C는 타격이 큼.
  - 교과이수충실도는 선택과목 이수에 맞춰 지원하는 것이 중요함.
※ 전년도 결과 분석:
  - 학업우수와의 중복지원 불가로 변경되어 경쟁률이 낮아졌음

- 진로선택과목의 성취도A는 A의 비율 -> 1등급으로 변경되면서 변별력이 약화되었고, 서류평가요소도 자기계발역량, 인성->교과이수충실도, 공동체역량으로 변경 되면서 교과활동이 평가에서 제외되고 관련계열 교과이수 충실도를 평가함에 따라 변별력이 약화되어 합격선이 상승하였음
- 수능최저가 인문이 3개 등급 합 6 -> 7로 완화되었음에도 충족율은 62.%로 높지 않았음.
- 수능최저 충족율은 인문 62.4%, 자연 54.1%로 지원자 중 수능 최저 충족 인원인 실질 경쟁률은 인문 5.67, 자연 7.13으로 인문이 낮음

[2024]

변경사항		2023	2024
졸업년도 지원자격 변경		졸업자 또는 졸업예정자	졸업예정자
학업우수와 복수지원 여부		가능	불가
(인문) 수능최저 변경	인문	[국, 수, 영, 사/과(2과목 평균)] 3개 영역 등급 합 6	[국, 수, 영, 사/과(2과목 평균)] 3개 영역 등급 합 7
	자연	[국, 수(미/기), 영, 사/과(2)]3개 영역 등급 합 7	좌동
(학생부) 진로선택과목: 성취도A		$1 + \dfrac{\text{성취도 A의 학생비율}}{100}$	1
서류평가요소 및 반영비율 변경		자기계발역량70%, 인성30%	교과이수충실도70%, 공동체역량30%

■ 모집단위

'*' 표시 : 교직 이수 가능

계열	모집단위	2025 모집인원	2024 모집인원	2024 지원인원	2024 경쟁률	2024 등록50%컷	2024 등록70%컷	2024 충원번호	2023 모집인원	2023 지원인원	2023 경쟁률	2023 등록50%컷	2023 등록70%컷	2023 충원번호	2022 모집인원	2022 지원인원	2022 경쟁률	2022 등록50%컷	2022 등록70%컷	2022 충원번호
인문	교육학과	8	8	76	9.5	1.25	1.31	225%	11	142	12.9	1.41	1.47	16	11	135	12.3	1.55	1.60	22
인문	영어교육과	9	11	55	5.0	1.27	1.44	146%	14	117	8.4	1.44	1.50	21	14	108	7.7	1.56	1.74	21
인문	정치외교학과*	12	13	89	6.9	1.27	1.35	192%	18	151	8.4	1.44	1.53	37	18	155	8.6	1.40	1.57	33
인문	사회학과*	12	13	79	6.1	1.32	1.39	131%	17	114	6.7	1.46	1.62	17	17	127	7.5	1.55	1.65	16
인문	국어교육과	8	7	55	7.9	1.33	1.34	114%	10	102	10.2	1.36	1.47	20	10	100	10.0	1.67	1.70	22
인문	경영대학	52	55	282	5.1	1.35	1.45	151%	80	616	7.7	1.49	1.56	104	80	728	9.1	1.59	1.70	131
인문	자유전공학부	18	21	91	4.3	1.37	1.46	114%	20	136	6.8	1.34	1.44	28	20	162	8.1	1.43	1.54	35
인문	역사교육과	5	5	32	6.4	1.40	1.40	140%	7	82	11.7	1.30	1.42	4	7	60	8.6	1.69	1.71	11
인문	미디어학부	12	12	67	5.6	1.43	1.44	167%	17	200	11.8	1.39	1.55	19	17	135	7.9	1.68	1.91	26
인문	경제학과*	21	22	133	6.1	1.44	1.52	200%	28	221	7.9	1.51	1.62	72	28	226	8.1	1.55	1.79	52
인문	행정학과*	12	13	63	4.9	1.44	1.49	108%	17	132	7.8	1.47	1.58	16	17	138	8.1	1.61	1.67	16
인문	한국사학과	4	4	29	7.3	1.45	1.49	25%	6	59	9.8	1.62	1.73	2	6	46	7.7	1.96	2.03	1
인문	영어영문학과*	16	17	91	5.4	1.45	1.48	124%	22	184	8.4	1.61	1.68	22	22	212	9.6	1.83	1.88	24
인문	식품자원경제학과	9	9	75	8.3	1.46	1.55	78%	16	144	9.0	1.74	1.77	9	12	102	8.5	1.73	1.82	11
인문	심리학부	7	8	45	5.6	1.47	1.50	88%	10	100	10.0	1.57	1.68	12	11	86	7.8	1.66	1.88	19
인문	지리교육과	6	6	71	11.8	1.48	1.50	83%	8	69	8.6	1.84	1.86	10	8	49	6.1	1.66	1.86	3
인문	국어국문학과*	9	9	99	11.0	1.49	1.54	100%	13	95	7.3	1.76	1.84	13	13	88	6.8	1.76	1.82	12
인문	철학과*	11	13	109	8.4	1.50	1.54	139%	9	64	7.1	1.73	1.82	9	9	84	7.1	1.72	1.73	6
인문	사학과	7	7	39	5.6	1.54	1.63	200%	10	61	6.1	1.70	1.74	10	10	65	6.5	1.61	1.75	7
인문	보건정책관리학부	12	13	187	14.4	1.57	1.63	23%	17	255	15.0	1.78	1.87	16	17	136	8.0	1.96	2.05	14
인문	서어서문학과	7	8	77	9.6	1.58	1.59	88%	10	105	10.5	1.77	1.80	3	10	119	11.9	1.98	2.05	15
인문	중어중문학과*	8	9	74	8.2	1.58	1.70	33%	12	127	10.6	1.83	1.86	6	12	100	8.3	1.96	2.30	12
인문	통계학과*	13	12	148	12.3	1.58	1.59	25%	15	284	18.9	1.75	1.78	18	15	166	11.1	1.86	2.12	27
인문	독어독문학과*	6	6	58	9.7	1.61	1.66	17%	8	63	7.9	1.87	2.05	7	8	86	10.8	1.81	1.88	8
인문	불어불문학과*	6	7	86	12.3	1.63	1.64	100%	9	85	9.4	1.85	2.03	13	9	101	11.2	1.89	2.06	5
인문	언어학과	4	5	66	13.2	1.64	1.64	60%	6	43	7.2	1.93	2.04	2	6	50	8.3	1.80	1.91	9
인문	국제학부	7	5	39	7.8	1.66	1.86	80%	5	33	6.6	1.32	1.44	2	5	57	11.4	1.77	1.77	1
인문	일어일문학과*	7	7	37	5.3	1.66	1.70	43%	9	52	5.8	1.77	1.85	1	9	72	8.0	1.74	1.77	2
인문	노어노문학과*	6	6	73	12.2	1.67	1.73	100%	8	96	12.0	1.81	1.85	4	8	77	9.6	2.01	2.19	7
인문	한문학과*	4	4	30	7.5	1.67	1.70		6	77	12.8	1.79	1.86		6	52	8.7	2.09	2.25	3
자연	인공지능학과	16																		
자연	의과대학	18	18	422	23.4	1.06	1.08	133%	30	648	21.6	1.16	1.18	31	30	684	22.8	1.16	1.20	34
자연	생명공학부	17	18	184	10.2	1.27	1.33	183%	23	220	9.6	1.35	1.45	41	23	297	12.9	1.37	1.43	43
자연	바이오시스템의과학부	10	11	122	11.1	1.27	1.30	109%	15	202	13.5	1.39	1.45	24	15	176	11.7	1.46	1.52	28
자연	컴퓨터학과	20	21	228	10.9	1.27	1.32	295%	25	243	9.7	1.38	1.49	54	25	337	13.5	1.33	1.44	61
자연	전기전자공학부	34	35	263	7.5	1.30	1.37	200%	32	363	11.3	1.35	1.44	62	32	512	16.0	1.51	1.60	96
자연	수학교육과	6	6	32	5.3	1.32	1.59	217%	8	58	7.3	1.25	1.30	7	8	93	11.6	1.30	1.38	11
자연	화공생명공학과	14	21	181	8.6	1.33	1.40	171%	19	231	12.2	1.38	1.44	50	19	267	14.1	1.41	1.52	53
자연	생명과학부*	15	16	220	13.8	1.35	1.38	144%	21	301	14.3	1.48	1.55	44	21	223	10.6	1.63	1.68	23
자연	바이오의공학부	12	12	154	12.8	1.35	1.46	100%	15	282	18.8	1.47	1.52	26	15	207	13.8	1.50	1.69	16

4부 ● 일반대학

계열	모집단위	2025 모집인원	2024 모집인원	지원인원	경쟁률	등록 50%컷	등록 70%컷	충원번호	2023 모집인원	지원인원	경쟁률	등록 50%컷	등록 70%컷	충원번호	2022 모집인원	지원인원	경쟁률	등록 50%컷	등록 70%컷	충원번호
자연	산업경영공학부	8	9	189	21.0	1.37	1.50	122%	12	219	18.3	1.69	1.82	10	12	132	11.0	1.79	1.93	24
자연	수학과*	8	8	118	14.8	1.41	1.49	150%	10	109	10.9	1.54	1.70	9	10	108	10.8	1.65	1.68	17
자연	*신소재공학부*	22	30	237	7.9	1.42	1.48	147%	29	292	10.1	1.52	1.58	49	29	347	12.0	1.57	1.66	45
자연	화학과*	7	8	149	18.6	1.43	1.53	213%	12	194	16.2	1.59	1.63	11	12	109	9.1	1.61	1.77	28
자연	데이터과학과	7	6	46	7.7	1.43	1.75	168%	7	57	8.1	1.42	1.50	5	7	80	11.4	1.37	1.55	12
자연	보건환경융합과학부	18	19	304	16.0	1.43	1.52	95%	30	520	17.3	1.58	1.63	26	25	388	15.5	1.71	1.74	32
자연	융합에너지공학과	5	5	47	9.4	1.44	1.66	160%	7	75	10.7	1.59	1.62	18	7	85	12.1	1.64	1.66	14
자연	건축학과	6	7	69	9.9	1.45	1.56	186%	9	113	12.6	1.44	1.67	30	9	124	13.8	1.78	1.86	15
자연	기계공학부	21	23	263	11.4	1.45	1.49	170%	30	270	9.0	1.61	1.68	65	30	346	11.5	1.58	1.68	74
자연	물리학과*	8	8	92	11.5	1.47	1.48	163%	10	95	9.5	1.55	1.69	24	10	118	11.8	1.62	1.68	24
자연	간호대학*	10	10	265	26.5	1.48	1.51	120%	18	244	13.6	1.81	1.86	12	18	232	12.9	1.72	1.87	18
자연	스마트보안학부	8	5	55	11.0	1.48	1.51	40%	7	110	15.7	1.58	1.64	8	7	96	13.7	1.74	1.76	4
자연	식품공학과	7	8	120	15.0	1.48	1.54	150%	10	186	18.6	1.57	1.61	7	10	104	10.4	1.76	1.87	10
자연	환경생태공학부	11	12	279	23.3	1.59	1.60	125%	15	261	17.4	1.72	1.75	15	15	164	10.9	1.67	1.82	13
자연	가정교육과	7	6	117	19.5	1.61	1.67	33%	10	121	12.1	1.88	1.93	7	8	111	13.9	1.98	1.99	2
자연	건축사회환경공학부	15	16	280	17.5	1.63	1.65	63%	20	248	12.4	1.83	1.87	17	20	288	14.4	1.77	1.83	19
자연	지구환경과학과*	4	6	107	17.8	1.67	1.70	167%	8	181	22.6	1.76	1.81	5	8	98	12.3	1.84	1.94	10

■ (학생부종합) 학업우수

전형	모집인원	전형 방법	수능최저학력기준
학업우수	856	서류100%	○

1. **지원자격**: 국내·외 정규 고등학교 졸업(예정)자 또는 관련 법령에 의하여 이와 동등 이상의 학력이 있다고 인정된 자
   ※ 학업우수전형 학교추천전형 간에는 복수지원 할 수 없음 (2개 전형 중 1개만 지원할 수 있음)
2. **제출서류**: 학교생활기록부
3. **수능최저학력기준**:

> 인 [국어, 수학, 영어, 사/과탐(1과목)] 4개 영역 등급 합 8 이내, 한국사 4등급 이내
> 자 [국어, 수학, 영어, 과탐(1과목)] 4개 영역 등급 합 8 이내, 한국사 4등급 이내
> ▶ 반도체공학과, 차세대통신학과, 스마트모빌리티학부: [국어, 수학, 영어, 과탐(1과목)] 4개 영역 등급 합 7 이내, 한국사 4등급 이내
> ▶ 의과대학: [국어, 수학, 영어, 과탐(2과목 평균)] 4개 영역 등급 합 5 이내, 한국사 4등급 이내
> ※ 탐구영역: 반드시 2과목 응시, 서로 다른 2개 분야에 응시하는 경우만 인정(예: '물리학Ⅰ+생명과학Ⅰ' 인정, '화학Ⅰ+화학Ⅱ' 불인정)

◎ 전형요소
● 서류(100점):
   1. **평가방법**: 다수의 입학사정관이 제출서류를 종합평가. 평가위원 간 일정 등급 이상의 점수 차이가 발생하는 경우 다단계 평가 절차를 거침
   2. **각 전형별 평가역량 반영 비중(2024)**

평가역량	학교추천	학업우수	계열적합	고른기회 재직자	사이버국방	특기자 사이버국방학과	특기자 디자인조형학부
학업역량		50%	40%	50%	50%	20%	20%
자기계발역량		30%	40%	30%	30%	40%	40%
공동체역량	30%	20%	20%	20%	20%	20%	20%
교과이수충실도	70%						
문제해결능력						20%	
창의성		–	–	–	–		20%

3. **평가역량별 정의 및 평가요소**

평가역량	정의	평가요소	세부내용
학업역량	대학 교육을 충실히 이수하는데 필요한 수학 능력	학업성취도	전반적인 교과의 성취수준
		학업의지	학업을 수행하고 학습해 나가려는 노력
		기타 요소	상기 외 '학업역량'에 부합하는 기타 요소
자기계발역량	관심분야에서 스스로 성장할 수 있는 능력	계열 관련 역량	계열 관련 탐색 노력과 준비 정도
		탐구력	주어진 문제에 대해 깊고 폭넓게 탐구할 수 있는 능력
		기타 요소	상기 외 '자기계발역량'에 부합하는 기타 요소

평가역량	정의	평가요소	세부내용
공동체역량	공동체 구성원으로서 필요한 바람직한 사고와 행동	규칙준수	공동체 내의 규칙·규정을 준수
		나눔과 배려	타인을 위하여 나누어 주고자 하는 태도와 행동
		리더십	공동체의 목표 달성을 위해 구성원들의 상호작용을 이끌어가는 능력
		기타 요소	상기 외 '인성'에 부합하는 기타 요소
교과이수충실도	지원 계열과 관련된 과목 선택의 적절성 및 학업 수행의 충실도	계열 관련 교과 이수	지원 계열 수학에 필요한 교과의 이수 정도
		학업충실도	교과 수업 활동에 참여하는 태도
		기타 요소	상기 외 '교과이수충실도'에 부합하는 기타요소
문제해결능력	주어진 문제의 해결 방법을 모색할 줄 아는 능력	지적 호기심	관심 분야에 대해 탐구하고자 하는 노력
		과제집중력	관심 과제에 집중할 수 있는 능력
		기타 요소	상기 외 '문제해결능력'에 부합하는 기타 요소
창의성	자발적 동기에 의한 성취를 기반으로 하는 독창적이고 창의적인 디자인 사고	독창성	아이디어의 관점과 접근 방법에 있어서의 창의적 역량
		성실성	전공에 대한 관심과 의지 및 이에 대한 자발적 실천 능력
		표현력	아이디어의 가시화를 위한 개념 전달 및 감각적 표현 능력
		논리성	의도와 개념 전개의 타당성과 합리성

4. 평가등급(2024): '매우 우수(A+) – 우수(A) – 다소 우수(B+) – 보통(B) – 미흡(C) – 매우 미흡(D) – 부적격(F)'의 7점 척도를 이용

☞ 보충설명
- 자연계열은 고려대 홈페이지에 공개한 '자연계열 이수 권장과목'을 반드시 참고하여 지원할 것. 인문계열은 권장과목 없음.
- 학업역량50% > 자기계발역량30% > 공동체역량20% 순으로 반영. 학업우수는 명칭에서 드러나듯이 학업역량을 가장 중요하게 평가
- 학업역량(50%)은 전반적인 학업성취수준이나 학업수행노력을 봄
- 자기계발역량(30%)은 지원 전공과 관련해서 계열 관련 탐색 노력, 탐구 사고능력을 살펴 봄,
  - 학과/계열 중 기본적으로는 계열적합성으로 봄. 그러나 경영경제나 특정학과는 학과적합성으로 봄
- 공동체역량(20%)은 공동체 구성원으로서 바람직한 사고와 행동을 평가. 학폭은 규칙준수에서 평가

■ 자연계열 이수 권장과목   2024.05.21. 고려대학교 입학처

모집단위	이수 권장과목		모집단위	이수 권장과목	
	기하	과학(Ⅰ·Ⅱ)		기하	과학(Ⅰ·Ⅱ)
생명과학부	–	화학, 생명과학	생명공학부	–	화학, 생명과학
환경생태공학부	–	화학, 생명과학	식품공학과	–	화학, 생명과학
화학과	–	화학	수학과	○	–
물리학과	–	물리학	지구환경과학과	–	지구과학
가정교육과	–	–	수학교육과	○	–
간호대학	–	화학, 생명과학	화공생명공학과	–	화학, 생명과학
융합에너지공학과	–	화학, 물리학	건축사회환경공학부	–	–
건축학과	–	–	기계공학부	–	물리학
산업경영공학부	–	–	신소재공학부	–	화학, 물리학
전기전자공학부	–	물리학	컴퓨터학과	○	–
사이버국방학과	○	–	스마트보안학부	○	–
데이터과학과	○	–	반도체공학과	–	물리학
의과대학	–	화학, 생명과학	바이오의공학부	–	화학, 물리학
바이오시스템의과학부	–	화학, 생명과학	보건환경융합과학부	–	화학, 생명과학
차세대통신학과	–	물리학	스마트모빌리티학부	–	화학, 물리학
인공지능학과(신설)	○	–	과탐 과목 순서는 우선순위 아님		

◎ 전형결과
■ 전체

학년도	전체						인문						자연					
	모집인원	지원인원	경쟁률	등록50%컷	등록70%컷	충원율	모집인원	지원인원	경쟁률	등록50%컷	등록70%컷	충원율	모집인원	지원인원	경쟁률	등록50%컷	등록70%컷	충원율
2022	908	16,928	18.64	2.23	2.51	72%	454	7,424	16.35	2.48	2.86	61%	454	9,504	20.93	1.98	2.16	82%
2023	915	15,641	17.09	2.20	2.46	62%	450	6,293	13.98	2.45	2.79	52%	465	9,348	20.10	1.95	2.13	72%
2024	1,006	15,160	15.07	2.12	2.37	53%	483	5,599	11.59	2.35	2.69	41%	523	9,561	18.28	1.88	2.05	64%
2025	856						386						470					

■ [고교유형] 지원-총합격 비율

학년도	일반고		자사고		외국어고/국제고		과학고/영재고		기타	
	지원	총합격	지원	총합격	지원	총합격	지원	총합격	지원	총합격
2022	67.8%	62.5%	18.0%	22.4%	12.6%	13.8%	1.3%	1.3%	0.3%	-
2023	69.9%	60.0%	17.0%	23.1%	11.4%	15.3%	1.5%	1.0%	0.2%	-
2024	70.3%	57.8%	16.8%	21.8%	11.7%	19.7%	1.0%	0.7%	0.2%	-

■ [계열별] (충원율 반영) 실질 경쟁률

학년도	모집인원	지원인원	경쟁률	1단계 합격자	면접 결시율	(면접 응시자) 수능최저 충족률	(면접 응시자) 경쟁률	충원율	(충원율 반영) 실질 경쟁률
2022	908	16,928	18.64	6배수	31.3%	48.1%	1.98	72%	1.18
2023	915	15,641	17.09	6배수	33.5%	54.8%	2.18	62%	1.35
2024	1,006	15,160	15.07	5배수	33.7%	62.8%	2.07	53%	1.35

■ 수능최저학력기준 충족률
• 계열별

계열	2022	2023	2024
인문	41.2%	54.1%	59.9%
자연	45.3%	63.4%	65.7%

• (2024) 학과별

계열	계열 평균	모집단위
인문	59.9%	경영대학 77.8%, **문과대학 51.3%**, 식품자원경제학과 61.9%, 정경대학 67.5%, **사범대학 46.5%**, 국제대학 60.3%, 미디어대학 55.1%, 보건정책관리학부 56.5%, 자유전공학부 60.3%, 심리학부 65.0%
자연	65.7%	생명과학대학 71.1%, **이과대학 51.7%**, 공과대학 68.3%, 의과대학 61.7%, **사범대학 53.1%**, 간호대학 54.9%, 정보대학 70.8%, 보건과학대학 62.8%, 스마트보안학부 80.0%, 스마트모빌리티학부 64.7%

■ [졸업년도] 재학생-졸업생 비율

학년도	졸업예정자		재수 이상	
	지원	총합격	지원	총합격
2022	75.3%	91.3%	24.7%	8.7%
2023	73.6%	86.0%	26.4%	14.0%
2024	69.3%	80.6%	30.7%	19.4%

■ 변경사항 & 핵심포인트
[2025]

변경사항	2024	2025
모집인원	1,006명	856명(-150명)
면접 폐지	1단계)서류100%(5배수) 2단계)서류70%+면접30%	서류100%
(자연) 수능최저 인정영역	국어, 수학(미적분/기하), 영어, 과탐(1과목)	국어, 수학, 영어, 과탐(1과목)

• 모집인원: 1,005명->856명으로 149명 감소함. 논술전형(362명)이 신설됨에 따라 모집인원이 감소함.
• 면접폐지: 전형방법이 단계별전형에서 일괄합산으로 변경됨에 따라 면접고사가 폐지되었고 서류100% 선발하여 면접 부담 사라짐.
  - 수능 이후 면접으로 보험용으로 지원하였던 수험생들이 면접 폐지로 인해 허수지원이 줄어들 가능성 있음.
• 수능최저: 자연계열의 수능 응시영역 중 수학(확률과통계)가 미인정에서 인정으로 변경됨. 하지만 탐구영역은 여전히 과탐만 인정함
➡ 합격자 성적분포: 인문계열은 2등급 초반 ~ 2등급 후반, 자연계열은 1등급 후반 ~ 2등급 초반. 학업역량과 자기계발역량이 중요함.
• 인문계열이 자연계열 보다 합격자 성적이 낮은 이유는?
  - 인문계열에서 수능을 응시하는 외국어고/국제고 학생들이 어문계열에 합격하는 반면, 과학고는 수능을 응시하지 않아 합격자가 거기 때문
• 자연계열은 과학고 학생들이 수능을 응시하지 않는 경우가 많아서 학업우수보다는 수능최저학력기준이 없는 계열적합으로 지원하는 경향 있음
[2024]

변경사항		2023	2024
전형명칭 변경		일반전형-학업우수형	학업우수
1단계 선발배수 축소		6배수 선발	5배수 선발
학교추천과 복수지원 여부		가능	불가
수능최저 변경	인문	[국, 수, 영, 사/과(2과목 평균)] 4개 영역 등급 합 7, 한국사 3등급	[국, 수, 영, 사/과(1과목)] 4개 영역 등급 합 8, 한국사 3등급
	자연	[국, 수(미적분/기하), 영, 사/과(2과목 평균)] 4개 영역 등급 합 8, 한국사 3등급	[국, 수(미적분/기하), 영, 사/과(1과목)] 4개 영역 등급 합 8, 한국사 3등급
	반도체공학 차세대통신학	[국, 수(미적분/기하), 영, 사/과(2과목 평균)] 4개 영역 등급 합 7, 한국사 3등급	[국, 수(미적분/기하), 영, 사/과(1과목)] 4개 영역 등급 합 7, 한국사 3등급

■ 모집단위

'*' 표시 : 교직 이수 가능

계열	모집단위	2025 모집인원	2024 모집인원	지원인원	경쟁률	등록50%컷	등록70%컷	충원번호	2023 모집인원	지원인원	경쟁률	등록50%컷	등록70%컷	충원번호	2022 모집인원	지원인원	경쟁률	등록50%컷	등록70%컷	충원번호
인문	정치외교학과*	15	18	169	9.4	1.83	1.91	111%	17	294	17.3	1.75	2.01	23	17	304	17.9	2.30	2.34	20
인문	경제학과*	25	33	330	10.0	1.86	2.25	109%	29	416	14.3	2.14	2.66	33	29	452	15.6	2.60	2.92	39
인문	사회학과*	15	18	269	14.9	1.92	2.25	89%	20	303	15.2	2.36	2.89	14	20	362	18.1	2.33	2.78	21
인문	철학과*	5	6	135	22.5	1.95	1.96	33%	10	179	17.9	2.15	2.73	4	9	156	17.3	2.27	3.02	7
인문	교육학과	10	12	152	12.7	2.06	2.58	25%	12	195	16.3	1.99	2.20	11	12	178	14.8	2.33	2.79	2
인문	보건정책관리학부	15	18	356	19.8	2.10	2.38	47%	16	279	17.4	2.63	3.26		16	304	19.0	2.47	2.99	1
인문	언어학과	6	7	83	11.9	2.10	2.69	43%	6	94	15.7			1	6	98	16.3	3.19	3.24	5
인문	자유전공학부	22	33	297	9.0	2.12	2.40	61%	22	292	13.3	1.73	2.23	11	22	387	17.6	2.27	2.56	19
인문	역사교육과	6	7	63	9.0	2.12	2.36	14%	7	71	10.1	1.98	2.16	2	7	94	13.4			
인문	심리학부*	8	11	145	13.2	2.13	2.65	46%	8	154	19.3	2.17	2.85	5	9	163	18.1	2.62	2.87	8
인문	경영대학	72	79	732	9.3	2.15	2.38	103%	84	1,066	12.7	2.11	2.55	85	84	1,356	16.1	2.32	2.63	100
인문	식품자원경제학과	10	13	239	18.4	2.18	2.55	39%	12	194	16.2	2.72	3.03	3	13	237	18.2	2.60	2.91	2
인문	국어교육과	9	10	98	9.8	2.19	2.84	20%	9	111	12.3	2.20	2.28	4	9	139	15.4	1.65	1.96	3
인문	영어교육과	11	16	152	9.5	2.19	2.79	25%	14	168	12.0	2.08	2.36	5	14	178	12.7	2.48	3.36	6
인문	통계학과*	15	18	255	14.2	2.20	2.74	17%	16	240	15.0	2.63	3.01	2	16	310	19.4	2.56	3.07	12
인문	행정학과*	14	18	203	11.3	2.31	2.72	17%	17	223	13.1	2.38	2.85	8	17	283	16.7	2.43	2.67	14
인문	한문학과*	5	6	93	15.5	2.31	2.74		5	80	16.0				5	93	18.6			
인문	사학과	8	11	116	10.6	2.36	2.80	27%	10	125	12.5	2.13	2.30		10	169	16.9	2.10	2.41	
인문	한국사학과	5	6	68	11.3	2.43	2.68	17%	5	70	14.0	2.72	2.84		5	84	16.8			
인문	미디어학부	14	18	141	7.8	2.49	2.60	44%	17	239	14.1	1.82	1.91	12	17	300	17.7	2.07	2.35	12
인문	영어영문학과*	20	25	233	9.3	2.53	2.82	40%	23	253	11.0	2.54	2.88		23	333	14.5	2.53	2.55	
인문	서어서문학과	9	11	136	12.4	2.56	3.08	9%	6	89	14.8	3.06	3.28		9	126	14.0			
인문	국제학부	10	17	251	14.8	2.61	2.77	59%	20	326	16.3	2.89	3.06	3	20	369	18.5	2.89	3.25	7
인문	불어불문학과*	7	9	100	11.1	2.63	2.94	11%	8	110	13.8	2.62	2.94	3	8	116	14.5	2.95	3.15	
인문	노어노문학과*	7	9	140	15.6	2.76	3.25	44%	8	99	12.4	3.56	3.63		8	115	14.4	2.82	3.62	
인문	지리교육과	7	9	97	10.8	2.82	2.97	22%	8	99	12.4	2.23	2.59	1	8	109	13.6			
인문	일어일문학과*	8	10	112	11.2	2.88	2.97	20%	10	124	12.4	2.85	3.38		10	128	12.8			
인문	독어독문학과*	7	9	124	13.8	2.92	3.27	44%	8	107	13.4	3.41	3.43		8	127	15.9	2.53	3.44	
인문	중어중문학과*	10	13	155	11.9	2.93	3.15	15%	11	163	14.8	3.39	3.47	1	11	167	15.2	3.16	3.57	
인문	국어국문학과*	11	13	155	11.9	2.93	3.25	39%	12	130	10.8	2.35	3.26	2	12	187	15.6	2.10	2.26	
자연	인공지능학과	21																		
자연	공과대학	33																		
자연	의과대학	29	29	878	30.3	1.15	1.22	145%	36	956	26.6	1.46	1.66	21	36	1,076	29.9	1.47	1.65	37
자연	바이오의공학부	17	18	517	28.7	1.59	1.81	67%	16	517	32.3	2.04	2.34	10	16	401	25.1	2.25	2.33	11
자연	생명공학부	23	26	493	19.0	1.62	1.67	89%	30	677	22.6	1.81	2.03	15	30	607	20.2	1.81	2.15	20
자연	수학교육과	7	9	86	9.6	1.63	2.33	33%	8	111	13.9	1.52	1.74	8	8	148	18.5	1.75	1.85	11
자연	화공생명공학과	16	23	396	17.2	1.63	1.68	91%	20	409	20.5	1.93	2.05	26	16	391	24.4	1.96	2.08	20
자연	화학과*	9	12	230	19.2	1.65	1.79	25%	8	199	24.9	1.96	2.02	8	8	164	20.5	2.10	2.39	7
자연	생명과학부*	19	23	489	21.3	1.67	1.74	61%	22	471	21.4	1.94	2.07	21	22	443	20.1	1.87	2.14	19
자연	컴퓨터학과	25	31	370	11.9	1.67	1.73	107%	14	418	29.9	1.54	1.63	23	26	672	25.9	1.63	1.75	32
자연	바이오시스템의과학부	13	16	386	24.1	1.70	1.81	75%	16	422	26.4	1.90	2.00	8	16	401	25.1	1.84	1.92	19
자연	전기전자공학부	43	60	771	12.9	1.76	1.95	68%	47	767	16.3	1.82	2.09	42	47	848	18.0	1.91	2.06	47
자연	산업경영공학부	7	13	213	16.4	1.76	1.91	69%	12	171	14.3	1.97	2.16	4	12	226	18.8	1.78	1.84	12
자연	보건환경융합과학부	22	28	767	27.4	1.85	1.98	39%	17	463	27.2	1.90	2.15		26	623	24.0	2.02	2.20	6
자연	데이터과학과	8	8	115	14.4	1.85	1.94	38%	4	64	16.0			6	4	77	19.3	1.64	1.74	3
자연	수학과*	10	11	182	16.6	1.88	2.19	55%	10	210	13.1	1.89	2.11	9	10	181	18.1	2.16	2.40	8
자연	신소재공학부	19	35	575	16.4	1.90	1.97	54%	31	425	13.7	2.11	2.39	24	29	579	20.0	1.77	1.92	24
자연	환경생태공학부	13	17	452	26.6	1.91	2.22	12%	19	385	20.3	1.97	2.37	7	16	296	18.5	2.06	2.11	9
자연	반도체공학과	10	10	135	13.5	1.97	2.13	50%	10	105	10.5	1.73	1.89	11	10	167	16.7	1.71	1.88	10
자연	지구환경과학과*	6	8	188	23.5	1.97	2.08	25%	7	196	28.0	2.09	2.25	8	7	110	15.7	2.61	2.86	2
자연	식품공학과	10	11	307	27.9	2.02	2.14	36%	10	329	32.9	2.19	2.35	7	10	194	19.4	2.56	2.74	3
자연	기계공학부	22	33	394	11.9	2.03	2.17	91%	30	363	12.1	1.96	2.15	28	30	480	16.0	1.85	1.95	39
자연	건축학과	8	11	151	13.7	2.05	2.29		9	176	19.6	1.99	2.25	9	9	156	17.3	2.21	2.44	7
자연	스마트보안학부	10	7	88	12.6	2.06	2.17	14%	7	105	15.0	1.91	2.08	4	7	145	20.7	1.85	2.06	5
자연	물리학과*	10	11	209	19.0	2.08	2.51	36%	10	171	17.1	2.20	2.23	9	10	219	21.9	1.77	1.90	7
자연	건축사회환경공학부	15	22	373	17.0	2.11	2.38	41%	21	440	21.0	2.07	2.17	5	21	404	19.2	2.17	2.62	5
자연	간호대학	12	15	209	13.9	2.13	2.22	40%	13	214	16.5	2.02	2.18	4	13	203	15.6	2.15	2.41	
자연	가정교육과	7	9	185	20.6	2.15	2.44	11%	8	153	19.1	2.45	2.50		8	136	17.0	2.64	2.79	1

계열	모집단위	2025	2024						2023						2022					
		모집 인원	모집 인원	지원 인원	경쟁 률	등록 50%컷	등록 70%컷	충원 번호	모집 인원	지원 인원	경쟁 률	등록 50%컷	등록 70%컷	충원 번호	모집 인원	지원 인원	경쟁 률	등록 50%컷	등록 70%컷	충원 번호
자연	스마트모빌리티학부	10	10	136	13.6	2.16	2.29	20%	15	190	12.7	1.93	2.20	9						
자연	융합에너지공학과	6	7	116	16.6	2.21	2.26	57%	6	103	17.2	2.07	2.14	8	7	157	22.4	1.90	2.02	10
자연	차세대통신학과	10	10	150	15.0	2.46	2.54	330%	9	138	15.3	2.21	2.55	2						

■ (학생부종합) 계열적합

전형	모집인원	전형 방법	수능최저학력기준
계열적합	527	1단계)서류100%(5배수) 2단계)서류50%+면접50%	X

1. **지원자격**: 국내·외 정규 고등학교 졸업(예정)자 또는 관련 법령에 의하여 이와 동등 이상의 학력이 있다고 인정된 자
2. **제출서류**: 학교생활기록부

◎ **전형요소**
● 서류(100점): 학업우수전형 참고
● 면접(50점):
　1. **평가방법**: 2인 이상의 면접위원이 전형별 면접평가 방식에 따른 평가역량을 활용하여 1인의 지원자를 평가
　2. **전형별 면접평가 진행방식 및 시간**:

전형		준비시간	면접시간	면접유형	진행방식	장소
학생부종합	계열적합	21분	7분	제시문 기반 면접	대면 면접	서울캠퍼스
	고른기회 재직자	12분	6분			
실기/실적 (특기자)	사이버국방학과 디자인조형학부	없음	8분	제출서류 기반 면접		
	체육교육과	없음	5분			

※ 계열적합전형 인문계 모집단위는 면접을 인문 사회로 구분하여 시행함
　2-1. **(의예과)** 계열적합전형 의과대학 모집단위는 계열적합전형 제시문 기반 면접과 상황제시문 기반 인·적성 면접을 복수의 면접실에서
　　　시행함(상황제시문 기반 인·적성 면접은 준비시간 없이 면접실 내에서 상황제시문을 숙독함)
　　　(상황제시문 기반 인적성 면접은 준비시간 없이 면접실 내에서 상황제시문을 숙독함)

전형	준비시간	면접시간	면접유형	진행방식	장소
계열적합 (의과대학)	21분	7분	제시문 기반 면접	대면 면접	서울캠퍼스
	없음	8분	인적성 면접 I		
	없음	8분	인적성 면접 II		

　2-2. **진행방식 및 평가점수 부여 방법**:

진행방식	진행절차	평가점수 부여방법
대면 면접	가. 지원자는 지정된 면접고사실에 사전 안내된 고사실로 입실 　(가번호 부여) 나. 2명 이상의 면접위원과 대면 면접 진행 다. 면접 완료 후 지원자는 퇴실 및 귀가	6점 척도를 이용하여 평가 ※ 매우우수(A+) - 우수(A) - 보통(B) - 미흡(C) - 매우미흡(D) 　 - 부적격(F) ※ 면접태도는 우수(A) - 보통(B) - 미흡(C) - 부적격(F)의 4점 　척도를 이용하여 평가

　3. **전형별 면접평가 내용 및 요소**

전형구분		평가내용	평가 요소	반영 비율	정의
·계열적합 ·고른기회 ·재직자		제시문 관련 질문에 대한 답변을 토대로 분석력, 적용력, 종합적 사고력 등을 종합적으로 평가(단, 필요시 지원자의 학생부에 기재된 내용을 확인할 수 있음)	분석력	20%	제시문의 주제와 내용을 이해하고 제시문 사이의 연계성을 파악하는 능력
			적용력	30%	제시문에 나타난 정보를 주어진 문제에 구체적으로 적용할 수 있는 능력
			종합적사고력	40%	주어진 정보를 논리적으로 통합하여 문제를 해결하는 능력
			면접태도	10%	의사표현 방식과 면접에 임하는 전반적인 태도의 적절성
특기자전형	사이버국방학과	지원자의 제출서류와 고교재학 중의 활동경험 관련 질문에 대한 답변을 토대로 자기계발의지 및 전공적합성 등을 종합적으로 평가함	자기계발의지	40%	자기 주도적으로 구체적인 목표와 계획을 세우고 이를 끝까지 완수해 내려는 자세
			전공적합성	40%	지원 전공에 관심을 두고 관련 활동을 수행해 온 정도 및 지원 전공의 특성을 이해하고 있는 정도
			면접태도	20%	의사표현 방식과 면접에 임하는 전반적인 태도의 적절성

전형구분	평가내용	평가 요소	반영비율	정의
디자인조형학부	창의활동보고서를 포함한 지원자의 제출서류와 고교 재학 중의 활동 경험을 바탕으로 융합적 사고력과 전공적합성 등을 종합적으로 평가	융합사고력	40%	인문, 수학, 과학, 공학 등 다양한 분야의 지식을 디자인조형 분야와 융합할 수 있는 능력
		전공적합성	40%	지원 전공에 관심을 두고 관련 활동을 수행해 온 정도 및 지원 전공의 특성을 이해하고 있는 정도
		면접태도	20%	의사표현 방식과 면접에 임하는 전반적인 태도의 적절성
체육교육과	경기실적서류를 포함한 지원자의 제출서류와 활동경험을 바탕으로 체육활동 우수성, 전공적합성, 인성 등 미래 체육을 이끌어갈 지도자로서의 기본 소양 등을 종합적으로 평가	체육전문성	50%	종목에 대한 이해 및 팀 포지션(팀 기여도)에 대한 적합도
		발전가능성	25%	향후 운동계획의 구체성과 성장가능성
		지도자소양	25%	인성 및 태도, 지도자의 잠재적 가능성

4. 출제범위

전형구분	계열공동	계열	교과(군)	교과과정 과목명	비고
- 계열적합 - 고른기회 - 재직자	국어, 수학, 영어, 통합사회, 통합과학, 과학탐구실험, 한국사	인문	국어	독서, 문학, 화법과 작문, 언어와 매체	※ 2025학년도 수능 출제범위 내 타 교과(군)의 내용이 포함될 수 있음
			사회 (역사, 도덕 포함)	한국지리, 세계지리, 세계사, 동아시아사, 경제, 정치와 법, 사회문화, 생활과 윤리, 윤리와 사상	
		자연	수학	수학Ⅰ, 수학Ⅱ, 미적분, 확률과 통계, 기하	
			과학	물리Ⅰ, 물리Ⅱ, 화학Ⅰ, 화학Ⅱ, 생명과학Ⅰ, 생명과학Ⅱ, 지구과학Ⅰ, 지구과학Ⅱ	

5. (의과대학) 상황제시문 기반 인적성 면접평가(MMI) 요소 및 비율

전형	모집단위	평가요소	반영비율	정의
계열적합	의과대학	전공적합성	20%	의학을 전공하는 데 필요한 자질, 잠재역량 등
		종합적 사고력	30%	주어진정보에대한 분석력, 문제해결 능력
		인성	40%	의사로서의 윤리의식 및 가치관, 환자와의 공감능력
		면접태도	10%	의사소통 능력과 면접 태도의 적절성

※ 인·적성 면접평가(MMI)의 출제범위는 제시문 기반 면접평가의 자연계열과 동일함

☞ 보충설명
- 제시문 기반 면접으로 제시문 준비 21분 후 면접을 7분 동안 실시함
- 평가요소는 종합적사고력40% > 적용력30% > 분석력20% > 면접태도10% 순으로 종합적사고력과 적용력이 중요함
- 가장 실수를 많이 하는 경우가 답변 중에 수험번호 출신고교 이름 등을 말하는 경우가 종종 있음. 블라인드 면접임을 명심할 것
- 제시문 면접을 어려워하는 이유가 답이 정해져 있지 않은데 답을 찾아내는 데만 매몰되어서 생각지 못 한 질문에 당황하거나 논리가 흐트려짐
  - 답이 정해져 있는 면접이 아니므로 충분히 논리적이고 설득력있으면 점수를 줄 수 있음.
  - 답변 준비시간에 단순히 답을 찾는 것이 아니라 논리적으로 어떻게 풀어낼 것인가를 생각하는 것이 중요

■ [전형 비교] 학교추천, 학업우수, 계열적합

구분		[교과] 학교추천	[종합] 학업우수	[종합] 계열적합
전형방법		학생부교과80%+ 서류20%	서류100%	1단계)서류100%(5배수) 2단계)서류50%+면접50%
고교 추천		○(12명)	X	X
모집인원		652명	856명	527명
복수지원 여부		학업우수와 학교추천 간에는 복수지원 불가(2개 전형 중 1개만 선택 가능)		○
수능최저	인문	[국,수,영,사과(2)] 3개합 7, 한 3등급	[국,수,영,사과(1)] 4개 합 8, 한 3등급	-
	자연	[국,수,영,과(2)] 3개 합 7, 한 4등급	[국,수,영,과(1)] 4개 합 8, 한 4등급	-
	의대	[국,수,영,과(2)] 4개 합 5, 한 4등급	[국,수,영,과(2)] 4개 합 5, 한 4등급	-
서류평가		교과이수충실도70%, 공동체역량30%	학업역량50%, 자기계발역량30%, 공동체역량20%	학업역량40%, 자기계발역량40%, 공동체역량30%
면접고사		X	X	○(수능 이전)

- 전형결과

전형유형	전형	학년도	모집인원	지원인원	경쟁률	등록자 50%컷	등록자 70%컷	충원율
학생부교과	학교추천	2024	679	6,998	10.31	1.45	1.52	127%
학생부종합	학업우수	2024	1,006	15,160	15.07	2.12	2.37	53%
학생부종합	계열적합	2024	632	8,270	13.09	2.51	2.86	154%

◎ 전형결과

■ 전체

학년도	전체						인문						자연					
	모집인원	지원인원	경쟁률	등록50%컷	등록70%컷	충원율	모집인원	지원인원	경쟁률	등록50%컷	등록70%컷	충원율	모집인원	지원인원	경쟁률	등록50%컷	등록70%컷	충원율
2022	474	7,501	15.82	2.90	3.16	133%	251	3,814	15.20	2.63	2.90	122%	223	3,687	16.53	3.16	3.41	144%
2023	495	7,515	15.18	2.83	3.21	195%	247	3,696	14.96	2.61	2.84	129%	248	3,819	15.40	3.04	3.57	260%
2024	632	8,270	13.09	2.51	2.86	154%	296	3,816	12.89	2.52	2.75	124%	336	4,454	13.26	2.50	2.97	183%
2025	527						235						292					

■ [고교유형] 지원-총합격 비율

계열	학년도	일반고		자사고		외국어고/국제고		과학고/영재고		기타	
		지원	총합격	지원	총합격	지원	총합격	지원	총합격	지원	총합격
인문	2022	35.9%	15.2%	13.9%	14.3%	45.8%	70.5%	0.2%	-	4.1%	-
	2023	36.0%	13.7%	12.7%	12.3%	48.7%	74.0%	-	-	2.6%	-
	2024	39.9%	19.5%	11.6%	12.4%	46.2%	68.0%	-	-	2.3%	0.1%
자연	2022	33.7%	6.7%	17.9%	9.6%	0.6%	0.6%	44.8%	83.1%	3.0%	-
	2023	34.8%	7.7%	22.3%	10.9%	0.0%	0.0%	40.4%	81.0%	-	-
	2024	38.0%	13.7%	22.7%	19.1%	-	-	36.5%	66.7%	2.8%	0.5%

■ [계열별] (면접응시자) 실질 경쟁률

학년도	모집인원	지원인원	경쟁률	1단계 합격자	(수능 이전) 면접 결시율	(면접 응시자) 경쟁률	충원율	(충원율 반영) 실질 경쟁률
2022	474	7,501	15.82	5배수	-	4.60	133%	1.97
2023	495	7,515	15.18	5배수	1.9%	4.99	195%	1.69
2024	632	8,270	13.09	5배수	5.6%	4.70	154%	1.85

■ 면접 응시율

계열	계열 평균	모집단위
인문	97.1%	경영대학 94.1%, 문과대학 99.0%, 식품자원경제학과 97.5%, 정경대학 94.8%, 사범대학 97.8%, 국제대학 99.1%, 미디어대학 96.6%, 보건정책관리학부 100.0%, 심리학부 97.2%
자연	92.0%	생명과학대학 95.5%, 이과대학 88.0%, 공과대학 90.5%, 의과대학 97.4%, 사범대학 97.8%, 간호대학 97.8%, 정보대학 77.8%, 보건과학대학 96.6%, 스마트보안학부 96.8%, 스마트모빌리티학부 97.1%

■ [졸업년도] 재학생-졸업생

학년도	졸업예정자		재수 이상	
	지원	총합격	지원	총합격
2022	66.4%	95.7%	33.6%	4.3%
2023	66.8%	92.0%	33.2%	8.0%
2024	62.1%	87.0%	37.9%	13.0%

■ 변경사항 & 핵심포인트

[2025]

변경사항	2024	2025
모집인원	632명	527명(-105명)

• 모집인원: 632명->527명으로 105명 감소함. 논술전형(362명)이 신설된 영향을 받음.
• 수능최저학력기준이 없기 때문에 수능을 응시하지 않는 과학고 학생들이 지원하는 자연계열의 일부 학과는 합격선이 낮게 보일 수 있음.
➡ 합격자 성적분포: 인문계열은 2등급 중반 ~ 3등급 초반, 자연계열은 2등급 중반 ~ 3등급 초반
　-수능최저가 없고 수능 이전에 면접을 실시하므로 면접은 대부분 응시함. 실질 경쟁률은 4.99 대 1

■ 모집단위

'*'표시 : 교직 이수 가능

계열	모집단위	2025	2024						2023						2022					
		모집인원	모집인원	지원인원	경쟁률	등록50%컷	등록70%컷	충원번호	모집인원	지원인원	경쟁률	등록50%컷	등록70%컷	충원번호	모집인원	지원인원	경쟁률	등록50%컷	등록70%컷	충원번호
인문	국어교육과	6	7	85	12.1	1.67	1.96	71%	5	60	12.0	2.51	2.63	5	5	54	10.8	1.89	2.38	9
인문	심리학부*	5	7	117	16.7	1.85	2.23	86%	8	113	14.1	1.87	2.97	12	10	125	12.5	2.18	2.67	19
인문	교육학과	6	8	126	15.8	2.06	2.49	125%	5	101	20.2	1.89	2.03	9	5	78	15.6	2.02	2.40	5
인문	지리교육과	4	5	69	13.8	2.12	2.39	160%	4	50	12.5	2.61	3.05	6	4	43	10.8	2.31	2.87	7
인문	행정학과*	9	11	151	13.7	2.16	2.37	155%	8	106	13.3	2.41	2.50	5	8	117	14.6	2.51	2.84	15

계열	모집단위	2025 모집인원	2024 모집인원	2024 지원인원	2024 경쟁률	2024 등록50%컷	2024 등록70%컷	2024 충원번호	2023 모집인원	2023 지원인원	2023 경쟁률	2023 등록50%컷	2023 등록70%컷	2023 충원번호	2022 모집인원	2022 지원인원	2022 경쟁률	2022 등록50%컷	2022 등록70%컷	2022 충원번호
인문	경영대학	46	51	500	9.8	2.16	2.43	141%	41	533	13.0	2.24	2.46	67	41	572	14.0	2.60	2.77	56
인문	노어노문학과*	4	5	76	15.2	2.22	2.76	100%	5	63	12.6	3.39	3.44	4	5	54	10.8	2.89	3.32	6
인문	중어중문학과*	6	8	98	12.3	2.26	2.37	25%	6	97	16.2	2.38	2.46	4	6	117	19.5	2.65	2.92	7
인문	미디어학부	9	11	169	15.4	2.27	2.33	127%	8	159	19.9	2.08	2.27	15	8	168	21.0	2.60	2.71	17
인문	영어영문학과*	12	15	170	11.3	2.37	3.05	187%	12	180	15.0	2.46	2.65	13	5	158	13.2	3.07	3.25	13
인문	일어일문학과*	5	6	84	14.0	2.37	2.64	33%	5	80	16.0	2.82	2.96	2	5	77	15.4	2.46	2.95	3
인문	불어불문학과*	5	6	77	12.8	2.38	2.46	100%	5	60	12.0	2.77	2.87	3	5	82	16.4	2.87	3.12	4
인문	정치외교학과*	9	11	149	13.6	2.39	2.48	246%	7	149	21.3	2.10	2.22	20	7	140	20.0	2.37	2.69	8
인문	사회학과*	9	11	143	13.0	2.44	2.76	246%	5	102	20.4	2.39	2.59	5	5	109	21.8	2.52	2.73	10
인문	경제학과*	15	20	200	10.0	2.45	2.67	215%	15	195	13.0	2.67	2.80	29	15	211	14.1	2.45	2.96	20
인문	식품자원경제학과	6	8	122	15.3	2.48	2.67	63%	3	64	21.3			1	6	115	19.2	2.99	3.16	4
인문	역사교육과	4	6	85	14.2	2.49	2.66	83%	4	47	11.8	3.01	3.45	4	4	47	11.8	2.19	2.53	3
인문	국제학부	10	16	272	17.0	2.50	2.77	238%	20	391	19.6	2.63	2.88	34	21	368	17.5	2.83	3.16	22
인문	철학과*	3	4	93	23.3	2.56	2.80	100%	4	89	22.3	2.86	3.09	7	5	83	16.6	3.01	3.01	2
인문	영어교육과	7	10	96	9.6	2.57	2.84	100%	8	90	11.3	2.60	2.78	10	8	91	11.4	2.49	2.70	17
인문	서어서문학과	6	8	85	10.6	2.75	2.90	50%	10	96	9.6	2.81	3.09	10	7	83	11.9	2.74	2.94	6
인문	통계학과*	10	12	121	10.1	2.78	3.07	125%	8	102	12.8	2.88	2.99	8	8	116	14.5	2.75	3.01	10
인문	독어독문학과*	4	5	80	16.0	2.80	2.97	140%	5	71	14.2	3.08	3.24	2	5	67	13.4	2.93	3.23	4
인문	언어학과	3	5	64	12.8	2.82	3.18	200%	4	51	12.8	3.23	3.29	2	4	55	13.8	2.22	2.53	3
인문	보건정책관리학부	9	11	197	17.9	2.82	2.89	73%	9	151	16.8	2.98	3.19	4	9	142	15.8	3.19	3.34	5
인문	글로벌한국융합학부	5	9	92	18.4	2.89	2.97	40%	5	75	15.0	3.08	3.22	3	5	82	16.4	3.11	3.28	1
인문	사학과	5	7	83	11.9	2.94	3.24	186%	5	80	16.0	2.25	2.69	6	5	89	17.8	2.83	2.83	9
인문	국어국문학과*	7	9	112	12.4	2.96	3.02	211%	6	94	15.7	2.88	3.08	3	6	90	15.0	3.07	3.16	2
인문	한문학과*	3	4	57	14.3	3.06	3.21	50%	3	53	17.7			1	3	48	16.0			
인문	한국사학과	3	4	43	10.8	3.87	3.91	50%	3	37	12.3			3	3	45	15.0			
자연	인공지능학과	13																		
자연	가정교육과	4	3	46	15.3				2	22	11.0				4	45	11.3	2.72	2.89	
자연	의과대학	15	15	374	24.9	1.78	1.92	133%	15	367	24.5	1.94	2.01	34	15	371	24.7	1.79	1.94	24
자연	수학교육과	4	6	51	8.5	1.79	2.94	117%	5	49	9.8	1.65	1.73	9	5	50	10.0	1.65	1.76	2
자연	간호대학	7	9	121	13.4	1.88	1.99	56%	3	43	14.3			4	3	40	13.3			
자연	지구환경과학과*	5	5	95	19.0	1.90	3.57	80%	4	48	12.0	3.69	5.07	11	4	63	15.8	1.66	1.77	11
자연	전기전자공학부	28	35	354	10.1	1.91	2.62	326%	15	231	15.4			60	15	265	17.7			
자연	신소재공학부	17	16	205	12.8	1.94	2.36	281%	14	217	15.5	2.66	3.59	55	16	229	14.3	3.78	3.86	51
자연	바이오시스템의과학부	8	11	144	13.1	2.07	3.26	64%	7	116	16.6	2.59	3.16	8	7	104	14.9	2.46	2.58	5
자연	산업경영공학부	6	8	115	14.4	2.11	2.23	188%	6	81	13.5	3.95	4.20	14	6	100	16.7	2.52	3.03	20
자연	화공생명공학과	5	6	74	12.3	2.13	2.38	350%	5	86	17.2			21	9	138	15.3			
자연	생명공학부	13	17	197	11.6	2.14	2.42	288%	6	107	17.8			25	6	111	18.5			
자연	생명과학부*	11	15	158	10.5	2.14	2.34	120%	11	228	20.7	2.41	2.91	36	11	191	17.4	3.74	3.98	38
자연	식품공학과	5	7	130	18.6	2.17	4.02	14%	5	92	18.4	4.00	4.54	5	5	62	12.4	4.09	4.34	3
자연	바이오의공학부	10	13	159	12.2	2.17	2.59	92%	7	145	20.7	2.60	2.96	16	7	111	15.9	3.64	3.89	8
자연	데이터과학과	6	7	104	14.9	2.24	2.34	343%	7	91	13.0	2.51	3.33	25	7	124	17.7	2.43	2.82	29
자연	화학과*	5	7	105	15.0	2.41	2.75	214%	5	72	14.4	3.30	3.92	19	5	75	15.0			
자연	스마트보안학부	6	6	87	14.5	2.44	2.72	200%	4	58	14.5	3.99	4.04	6	4	66	16.5	4.30	4.46	6
자연	기계공학부	16	22	247	11.2	2.44	3.17	323%	15	181	12.1	2.30	2.43	60	15	264	17.6			
자연	보건환경융합과학부	13	17	245	14.4	2.47	2.82	65%	16	308	19.3	2.90	4.00	9	12	174	14.5	4.61	4.76	3
자연	물리학과*	6	7	110	15.7	2.53	2.71	271%	5	92	18.4			21	5	96	19.2	2.83	3.23	19
자연	건축사회환경공학부	11	15	179	11.9	2.75	3.16	100%	11	154	14.0	3.62	3.77	13	11	165	15.0	3.86	4.10	12
자연	환경생태공학부	8	10	150	15.0	2.84	3.20	80%	5	82	16.4	3.14	3.56	6	8	120	15.0	3.11	3.72	6
자연	융합에너지공학과	4	6	73	12.2	3.00	3.42	117%	5	65	13.0	3.14	3.73	4	4	78	19.5	2.64	3.10	8
자연	컴퓨터학과	15	20	310	15.5	3.19	3.36	270%	26	325	12.5	2.36	3.72	105	14	294	21.0			
자연	차세대통신학과	10	10	103	10.3	3.29	3.64	200%	9	119	13.2	2.68	3.31	5						
자연	건축학과	5	6	80	13.3	3.37	3.42	183%	5	75	15.0	3.08	3.74	8	5	63	12.6	4.09	4.13	7
자연	반도체공학과	10	10	135	13.5	3.37	3.85	210%	10	138	13.8	4.07	4.23	22	15	195	13.0	4.09	4.38	53
자연	스마트모빌리티학부	20	20	214	10.7	3.81	4.03	100%	15	152	10.1	3.62	4.01	34						
자연	수학과*	6	7	89	12.7	3.83	4.04	343%	5	75	15.0	3.74	4.09	9	5	93	18.6			

4부 일반대학

■ (논술) 논술전형

전형	모집인원	전형 방법	수능최저학력기준
논술전형	361	논술100%	○

1. **지원자격**: 국내·외 정규 고등학교 졸업(예정)자 또는 관련 법령에 의하여 이와 동등 이상의 학력이 있다고 인정된 자
   (상급학교 조기진학 허가자는 졸업예정자로 인정하지 않으므로 지원할 수 없음)

2. **수능최저학력기준**:

> 인 [국어, 수학, 영어, 사/과탐(1과목)] 4개 영역 등급 합 8 이내, 한국사 4등급 이내
> ▶ 경영대학: [국어, 수학, 영어, 사/과탐(1과목)] 4개 영역 등급 합 5 이내, 한국사 4등급 이내
> 자 [국어, 수학, 영어, 과탐(1과목)] 4개 영역 등급 합 8 이내, 한국사 4등급 이내
> ※ 탐구영역: 반드시 2과목 응시, 서로 다른 2개 분야에 응시하는 경우만 인정(예: '물리학Ⅰ+생명과학Ⅰ' 인정, '화학Ⅰ+화학Ⅱ' 불인정)

◎ 전형요소
※ 신설 전형. 논술100%로 344명을 선발. 수능최저학력기준은 학업우수 수준으로 높음.
● **논술(100점)**:
  1. **고사시간**: 80분
  2. **논술유형**: 인문계 : 인문사회 통합형 논술, 자연계 : 수리논술
  3. **논술시험 출제범위**:

계열공동	계열	교과(군)	교과과정 과목명	비고
국어, 수학, 영어, 통합사회, 통합과학, 과학탐구실험, 한국사	인문	국어	독서, 문학, 화법과 작문, 언어와 매체	※ 2025학년도 수능 출제범위 내 타 교과(군)의 내용이 포함될 수 있음
		사회 (역사, 도덕 포함)	한국지리, 세계지리, 세계사, 동아시아사, 경제, 정치와 법, 사회문화, 생활과 윤리, 윤리와 사상	
	자연	수학	수학Ⅰ, 수학Ⅱ, 미적분, 확률과 통계, 기하	

◎ 전형결과
■ 전체

학년도	전체						인문						자연					
	모집인원	지원인원	경쟁률	등록50%컷	등록70%컷	충원율	모집인원	지원인원	경쟁률	등록50%컷	등록70%컷	충원율	모집인원	지원인원	경쟁률	등록50%컷	등록70%컷	충원율
2025	361						170						191					

■ 변경사항 & 핵심포인트

[2025]
• 신설 전형. 학업우수와 계열적합의 모집인원을 줄이면서 344명을 논술100%로 선발
• **수능최저가 높기 때문에 논술은 크게 변별력을 주기 어려움. 올 해 6월 공개한 모의논술 수준이 될 것임. 경영대학은 수능최저 통과가 관건**
• 수능 이후 논술(11.16(토)-자연계, 11.17(일)-인문계)로 인해 높은 수능최저를 통과할 가능성이 있는 학생들이 대거 지원할 것으로 예상

■ 모집단위

'*' 표시 : 교직 이수 가능

계열	모집단위	2025 모집인원	2024 모집인원	지원인원	경쟁률	등록50%컷	등록70%컷	충원번호	2023 모집인원	지원인원	경쟁률	등록50%컷	등록70%컷	충원번호	2022 모집인원	지원인원	경쟁률	등록50%컷	등록70%컷	충원번호
인문	경영대학	16																		
인문	국어국문학과*	4																		
인문	철학과*	4																		
인문	한국사학과	2																		
인문	사학과	5																		
인문	사회학과*	6																		
인문	한문학과*	2																		
인문	영어영문학과*	9																		
인문	독어독문학과*	3																		
인문	불어불문학과*	4																		
인문	중어중문학과*	6																		
인문	노어노문학과*	3																		
인문	일어일문학과*	3																		
인문	서어서문학과	5																		
인문	언어학과	4																		
인문	식품자원경제학과	5																		

계열	모집단위	2025 모집인원	2024 모집인원	지원인원	경쟁률	등록 50%컷	등록 70%컷	충원번호	2023 모집인원	지원인원	경쟁률	등록 50%컷	등록 70%컷	충원번호	2022 모집인원	지원인원	경쟁률	등록 50%컷	등록 70%컷	충원번호
인문	정치외교학과*	6																		
인문	경제학과*	13																		
인문	통계학과*	7																		
인문	행정학과*	6																		
인문	교육학과	4																		
인문	국어교육과	5																		
인문	영어교육과	6																		
인문	지리교육과	3																		
인문	역사교육과	3																		
인문	국제학부	5																		
인문	미디어학부	6																		
인문	보건정책관리학부	6																		
인문	자유전공학부	15																		
인문	심리학부*	4																		
자연	생명과학부*	10																		
자연	생명공학부	10																		
자연	식품공학과	5																		
자연	환경생태공학부	7																		
자연	수학과*	5																		
자연	물리학과*	5																		
자연	화학과*	5																		
자연	지구환경과학과*	4																		
자연	화공생명공학과	13																		
자연	신소재공학부	13																		
자연	건축사회환경공학부	9																		
자연	건축학과	4																		
자연	기계공학부	15																		
자연	산업경영공학부	7																		
자연	전기전자공학부	13																		
자연	융합에너지공학과	3																		
자연	가정교육과	2																		
자연	수학교육과	4																		
자연	간호대학	5																		
자연	컴퓨터학과	11																		
자연	데이터과학과	3																		
자연	인공지능학과	9																		
자연	바이오의공학부	7																		
자연	바이오시스템의과학부	6																		
자연	보건환경융합과학부	11																		
자연	스마트보안학부	5																		

16. 고려대학교(세종)

(세종캠퍼스) 세종특별자치시 세종로 2511 (Tel: 044. 860-1021~4)

Ⅰ. 한 눈에 보는 전형

모집시기	전형유형	전형	모집인원	전형 방법	수능최저학력기준
수시	교과	일반전형	327	학생부교과100%	○
수시	종합	크림슨인재	437	서류100% ▶약학과: 1단계)서류100%(5배수) 2단계)서류70%+ 면접30%	X(약학○)
수시	종합	지역인재	48	서류100% ▶약학과: 1단계)서류100%(5배수) 2단계)서류70%+ 면접30%	X(약학○)
수시	종합	지역인재-사회배려자	1	▶약학과: 1단계)서류100%(5배수) 2단계)서류70%+ 면접30%	○
수시	종합	기회균형	24	학생부교과100%	X
수시	종합	특성화고졸업자	12	서류100% ▶약학과: 1단계)서류100%(5배수) 2단계)서류70%+ 면접30%	X(약학○)
수시	논술	논술전형	242	논술100%	○
수시	논술	지역인재	6	▶약학과: 논술100%	○
수시	특기	미래인재	16	1단계)서류100%(3배수) 2단계)서류70%+ 면접30%	X
수시	특기	글로벌스포츠인재	20	1단계)서류100%(3배수) 2단계)서류70%+ 면접30%	X
수시	실기/실적	체육인재	10	1단계)학생부30%+ 경기실적70%(4배수) 2단계)1단계80%+ 면접20%	X

(수시모집) 지원 가능 횟수	세종캠퍼스의 모든 전형 간에는 복수지원이 가능합니다. 단, 아래 전형 간에는 제외 가) 논술(일반전형)과 논술(지역인재전형) 간 복수지원 불가 나) 약학과는 학생부종합 내 모든 전형 간 복수지원 불가 다) 학생부종합전형(약학과), 미래인재전형, 글로벌스포츠인재전형 간 복수지원 불가

■ 모집단위 신설 · 변경

구분	2024	2025
신설	-	디지털헬스케어공학과, 첨단융합신약학과
명칭변경	디스플레이·반도체물리학부	반도체물리학부

■ 학교폭력 조치사항

전형	전형총점	감점								
		1호	2호	3호	4호	5호	6호	7호	8호	9호
학생부종합 실기/실적	1,000	학교폭력 가해 사실이 있는 경우 이를 평가에 반영함								
체육인재	1,000	학교폭력 가해 사실이 확인되는 경우 선발하지 않음								

■ 전형결과

※ 성적 산출기준: (수시) 교과 석차등급, (정시) 수능 백분위

모집시기	전형유형	전형	학년도	모집인원	지원인원	경쟁률	등록자 50%컷	등록자 70%컷	충원율
수시	교과	일반전형	2024	153	1,172	7.66	**3.59**	3.72	90%
수시	종합	크림슨인재	2024	204	1,830	8.97	**3.62**		91%
수시	종합	지역인재	2024	65	148	2.28			
수시	논술	논술전형	2024	374	3,716	9.94			
수시	논술	지역인재	2024	6	436	72.67			
수시	특기	미래인재	2024	27	270	10.00			
수시	특기	글로벌스포츠인재	2024	15	86	5.73			

■ (주요전형) 전형일정

유형	전형	원서접수 마감	대학별 고사(면접/논술)	1단계 합격자	최종 합격자
교과	일반전형	9.13(금) 18:00			12.13(금)
종합	크림슨인재	9.13(금) 18:00	▶약학: 11.02(토) 09:00	▶약학과: 10.25(금)	12.13(금)

유형	전형	원서접수 마감	대학별 고사(면접/논술)	1단계 합격자	최종 합격자
종합	지역인재	9.13(금) 18:00	▶약학과: 11.02(토) 09:00	▶약학과: 10.25(금)	12.13(금)
논술	논술전형	9.13(금) 18:00	11.23(토) -11:00 인문계, 체능계, 자연계(약학과 제외) -15:00 약학과		12.13(금)
논술	지역인재	9.13(금) 18:00	▶약학과: 11.23(토) 15:00		12.13(금)
특기	미래인재	9.13(금) 18:00	11.02(토) 09:00	10.25(금)	12.13(금)
특기	글로벌스포츠인재	9.13(금) 18:00	11.02(토) 09:00	10.25(금)	12.13(금)

II. (수시모집) 주요 전형

■ (학생부교과) 일반전형

전형	모집인원	전형 방법	수능최저학력기준
일반전형	327	학생부교과100%	○

1. **지원자격**: 국내 고등학교 2024년 1월 이후 졸업(예정)자 중 원서접수 마감일 현재 학생부에 5학기 이상 교과 성적이 기재되어 있는 자
   1) 국내 고등학교는 고교졸업 학력 인정학교에 한함
   2) 지원이 불가능한 고교 및 과정: 특성화고등학교[일반고 및 종합고의 특성화(전문계) 과정 이수자, 대안교육 특성화고 포함], 마이스터고, 예술고, 체육고, 방송통신고, 대안학교, 고등학교 학력인정 평생교육시설 출신자, 일반고등학교의 대안교육위탁학생 및 직업교육위탁학생
   3) 5학기 이상 모두 과목별 '원점수, 평균, 석차등급/성취도'가 기재되어야 함
   4) 외국학교에서 국내 고등학교로 입학(진입)한 자는 4학기 이상 국내 고등학교 교과성적이 기재되어야 함
2. **수능최저학력기준**:

> 인, 예 [국어, 수학, 영어, 사/과탐(1과목)] 중 2개 영역 등급 합 6 이내
> 자 [국어, 수학(미적분/기하), 영어, 과탐(1과목)] 중 2개 영역 등급 합 6 이내
> ▶ 빅데이터사이언스학부: [국어, 수학, 영어, 사/과탐(1과목)] 중 2개 영역 등급 합 6 이내
> ※ 탐구영역은 별도 지정과목이 없으나, 반드시 2개 과목에 응시하여야 함(직업탐구 인정 불가)

◎ 전형요소
● 학생부(1,000점)

반영요소 반영비율	반영교과목		교과성적 산출지표	학년별 반영비율
	구분	반영방법		
교과100%	공통 및 일반선택 (90%)	인 국어, 영어, 수학, 사회, 한국사교과에 속한 전 과목 자 국어, 영어, 수학, 과학교과에 속한 전 과목 예 국어, 영어, 수학, 사회, 한국사교과에 속한 전 과목	석차등급	학년 구분 없음
	진로선택 (10%)	반영교과목의 진로선택과목(전문교과 포함)은 성취도별 환산점수를 적용함 ※ 성취도별 환산점수 = A : 1,000, B : 980, C : 900	성취도	

구분	1등급	2등급	3등급	4등급	5등급	6등급	7등급	8등급	9등급
점수	1,000	990	980	950	900	700	500	250	0
등급 간 점수 차이	0	10	10	30	50	200	200	250	250

◎ 전형결과
■ 전체

학년도	전체						인문						자연					
	모집 인원	지원 인원	경쟁 률	등록 50%컷	등록 70%컷	충원 율	모집 인원	지원 인원	경쟁 률	등록 50%컷	등록 70%컷	충원 율	모집 인원	지원 인원	경쟁 률	등록 50%컷	등록 70%컷	충원 율
2022	169	2,535	15.00	3.10	3.20	267%	75	950	12.67	3.18	3.30	263%	94	1,585	16.86	3.02	3.10	270%
2023	169	1,236	7.31	3.34	3.52	109%	78	525	6.73	3.41	3.68	92%	91	711	7.81	3.27	3.36	126%
2024	153	1,172	7.66	3.59	3.72	90%	77	705	9.16	3.61	3.73	126%	76	467	6.14	3.56	3.70	54%
2025	327						142						185					

[2025]

변경사항		2024	2025
모집인원		153명	327명(+174명)
(수능최저) 자연계: 수능최저응시영역		국어, 수학, 영어, 과탐	국어, 수학(미적분/기하), 영어, 과탐
(학생부) 점수 변경	공통 및 일반선택	1등급(1,000), 2등급(985), 3등급(970), 4등급(955), 5등급(940), 6등급(925), 7등급(910), 8등급(895), 9등급(880)	1등급(1,000), 2등급(990), 3등급(980), 4등급(950), 5등급(900), 6등급(700), 7등급(500), 8등급(250), 9등급(0)
	진로선택	A : 1,000, B : 970, C : 940	A : 1,000, B : 980, C : 900

- 모집인원이 153명->327명으로 174명이나 증가함
- 수능최저: 자연계열이 수학(확률과통계)를 미인정->인정으로 변경됨
- 학생부: 공통 및 일반선택과목의 석차등급과 진로선택과목의 성취도의 환산점수가 변경됨
- 학생부 진로선택과목:
  - 성취도별 환산점수가 성취도A(1,000점) 1등급 점수이지만, 성취도B(970점)는 3등급 점수이고, 성취도C(940점) 5등급 점수이다. 따라서 진로선택과목에서 성취도B나 성취도C가 있는 경우에는 감점 폭이 큰 점에 주의해야 함
- ➡ 합격자 성적분포: 인문계열은 3등급 초반 ~ 3등급 후반, 자연계열은 3등급 초반 ~ 3등급 후반
- 모집인원이 크게 증가하여 합격선이 낮아질 수 있음
- 2024에 수능최저가 영어 2등급 또는 [국,수,탐(2과목 평균)] 중 1개 3등급 -> [국, 수, 영, 탐(1)] 2개 등급 합 6으로 변경되면서 수능이 어려워 미충족자가 많이 발생하여 합격선이 떨어짐. 전년도 결과 참고하여 지원

■ 모집단위

'*' 표시 : 교직 이수 가능

계열	모집단위	2025 모집인원	2024 모집인원	지원인원	경쟁률	등록 50%컷	등록 70%컷	충원번호	2023 모집인원	지원인원	경쟁률	등록 50%컷	등록 70%컷	충원번호	2022 모집인원	지원인원	경쟁률	등록 50%컷	등록 70%컷	충원번호
인문	문화창의학부	12	5	30	6.0	3.14	3.29	6	6	57	9.5	3.13	3.14	5	6	173	28.8	2.83	2.91	14
예체	국제스포츠학부	13	7	78	11.1	3.15	3.18	9	10	72	7.2	3.45	3.60	3	10	75	7.5	2.84	3.08	12
인문	공공사회·통일외교학부	14	8	52	13.0	3.43	4.16	6	7	41	5.9	3.02	3.02	6	7	58	8.3	3.14	3.33	19
인문	경제정책학전공	12	6	40	6.7	3.45	3.45	5	6	40	6.7	3.53	3.53	3	6	55	9.2	3.29	3.42	26
인문	융합경영학부	34	18	151	8.4	3.50	3.55	24	19	133	7.0	3.34	3.98	23	19	208	10.9	3.10	3.13	56
인문	문화유산융합학부	10	5	28	5.6	3.59	3.59	4	4	27	6.8			6	4	42	10.5	3.32	3.50	17
인문	글로벌학부	30	18	140	7.8	3.82	3.91	22	17	112	6.6	3.73	4.01	22	17	291	17.1	3.49	3.53	43
인문	정부행정학부	11	6	134	22.3	4.08	4.13	15	6	28	4.7	3.68	4.39	3	6	48	8.0	2.89	2.97	19
인문	표준·지식학과	6	4	52	13.0	4.34	4.34	6	3	15	5.0			1						
자연	디지털헬스케어공학과	5																		
자연	첨단융합신약학과	5																		
자연	데이터계산과학전공*	7	4	16	4.0				4	29	7.3	3.28	3.28	8	4	32	8.0	3.17	3.69	11
자연	신소재화학과*	9	5	22	4.4	2.75	2.75		5	33	6.6			6	5	47	9.4	3.04	3.18	16
자연	전자기계융합공학과	15	5	29	5.8	2.88	2.88	3	8	53	6.6	3.19	3.38	17	8	108	13.5	3.19	3.31	27
자연	지능형반도체공학과	16	4	18	4.5	3.07	3.39	3	4	23	5.8	3.52	3.52	2	4	37	9.3	2.97	3.04	5
자연	반도체물리학부	11	5	48	9.6	3.12	3.26	2	6	54	9.0	3.74	3.80	10	6	81	13.5	3.38	3.54	17
자연	인공지능사이버보안학과	13	8	33	4.1	3.25	3.88	1	4	33	8.3	2.96	2.96	3	4	243	60.8	2.86	2.88	5
자연	컴퓨터융합소프트웨어학과	16	5	28	5.6	3.30	3.30	6	7	67	9.6	2.96	2.96	15	7	146	20.9	2.98	3.04	40
자연	전자및정보공학과	26	8	61	7.6	3.60	3.66	9	14	103	7.4	3.61	3.84	23	14	133	9.5	3.25	3.30	36
자연	식품생명공학과	12	5	68	13.6	3.61	3.61	11	6	34	5.7	3.64	3.99	6	6	194	32.3	2.80	2.90	24
자연	미래모빌리티학과	8	6	27	4.5	3.61	3.95		4	66	16.5	3.35	3.35	8	4	53	13.3	3.64	3.71	20
자연	환경시스템공학과	11	5	47	9.4	3.85	4.18	4	5	31	6.2			2	5	83	16.6	3.16	3.19	8
자연	빅데이터사이언스학부	11	6	30	5.0	3.89	3.89	2	6	34	5.7	3.35	3.47	5	6	85	14.2	3.01	3.11	6
자연	스마트도시학부	8	5	18	3.6	4.10	4.10		5	33	6.6	3.29	3.29	6	5	53	10.6	3.36	3.43	14
자연	생명정보공학과	12	5	22	4.4	5.22	5.22		5	53	10.6	2.38	2.48	4	5	135	27.0	2.90	3.09	12

■ (학생부종합) 크림슨인재

전형	모집인원	전형 방법	수능최저학력기준
크림슨인재	437	서류100% ▶약학과: 1단계)서류100%(5배수) 2단계)서류70%+ 면접30%	X(약학○)

1. 지원자격: 국내·외 정규 고등학교 졸업(예정)자 또는 관련 법령에 의하여 이와 동등 이상의 학력이 있다고 인정된 자
2. 제출서류: 학교생활기록부

3. **수능최저학력기준**: 없음. 단, 약학과는 적용

> ▸ 약학과: [국어, 수학(미적분/기하), 영어, 과탐(2과목 평균)] 중 3개 등급 합 5 이내
> ※ 탐구영역은 별도 지정과목이 없으나, 반드시 2개 과목에 응시하여야 함

◎ **전형요소**
● **서류(1,000점)**
   1. **평가방법**: 학교생활기록부를 종합평가
   2. **평가요소**: '어디가' 참고

평가요소	반영비율		평가항목
학업역량	30%	학업성취도 및 학업태도	- 전체적 교과성적이 지원자 대비 우수한가? - 대학 수학에 필요한 기본과목 성적이 우수한가? - 학기별/학년별 성적이 고르게 유지 또는 상승하고 있는가? - 자발적인 성취동기 및 목표의식을 갖고 교과 수업에 적극적으로 참여하였는가?
		탐구력	- 교과와 각종 탐구활동을 통해 지식의 폭을 확장하려고 노력하였는가? - 교과와 각종 탐구활동에서의 구체적인 성과가 있는가? - 교과에서 이루어지고 있는 탐구활동에 적극적으로 참여하고 있는가?
진로역량	50%	전공관련 교과 이수 노력	- 전공과 관련된 과목을 적절하게 선택하고 이수하였는가? - 전공과 관련된 과목을 이수하기 위해 추가적인 노력을 하였는가? - 선택과목(일반/진로)은 교과목 학습단계(위계)에 따라 이수하였는가?
		전공관련 교과 성취도	- 전공과 관련된 과목의 석차등급, 성취도는 우수한가?(원점수, 평균, 표준편차, 수강자수등을 고려한 종합평가) - 전공 관련 동일 교과 내 일반선택과목 대비 진로선택과목의 성취수준은 어떠한가?
		진로탐색 활동과 경험	- 자신의 관심 분야와 관련한 다양한 활동에 참여하여 노력한 경험이 있는가? - 교과 활동이나 창의적 체험활동에서 전공(계열)에 대한 관심을 가지고 탐색한 경험이 있는가?
공동체역량	20%	협업과 소통 능력 및 리더십	- 단체활동 과정에서 서로 돕고 함께 행동하는 모습이 있는가? - 구성원들과 협력을 통하여 공동의 과제를 수행하고 완성한 경험이 있는가? - 공동체 목표를 달성하기 위해 계획하고 실행을 주도한 경험이 있는가? - 구성원들의 인정과 신뢰를 바탕으로 참여를 이끌어내고 조율한 경험이 있는가?
		성실성과 규칙 준수	- 교내 활동에서 자신이 맡은 역할에 최선을 다하려고 노력한 경험이 있는가? - 출결상황이나 단체활동 참여 등 학생으로서 당연히 해야 하는 의무를 책임감 있게 수행하고 있는가?

   ※ 학교폭력 가해 사실이 있는 경우 이를 평가에 반영함

● **면접(300점)-약학과**
   1. **평가방법**: 제출서류 기반 개별면접
   2. **면접시간**: 10분 내외
   3. **평가요소**

평가요소	평가항목
전공적합성	전공에 대한 관심과 이해, 학업 및 진로계획
사고력 및 표현력	논리적·복합적 사고력, 의사소통 능력, 창의적 문제해결능력
공동체역량	협업과 소통 능력 및 리더십, 성실성과 규칙 준수 노력

◎ **전형결과**
■ **전체**

학년도	전체						인문					자연				
	모집 인원	지원 인원	경쟁 률	등록 50%컷		충원 율	모집 인원	지원 인원	경쟁 률	등록 50%컷	충원 율	모집 인원	지원 인원	경쟁 률	등록 50%컷	충원 율
2022																
2023																
2024	204	1,830	8.97	3.62		91%	100	964	9.64	3.74	81%	104	866	8.33	3.49	100%
2025	437						187					250				

■ **변경사항 & 핵심포인트**

[2025]

변경사항	2024	2025
모집인원	204명	437명(+233명)
학교-폭력 가해 사항	-	학교폭력 가해 사실이 있는 경우 이를 평가에 반영함

- '크림슨'은 고려대의 교색인 붉은 색을 뜻함.
- 진로역량50%로 비중이 가장 큰 것에서 드러나듯이 자기 진로분야에 확고한 뜻을 가진 열정적인 인재를 선발하고자 함.
- ▣ **합격자 성적분포**: 인문계열은 3등급 초반 ~ 4등급 초반, 자연계열은 3등급 초반 ~ 3등급 후반. 약학과는 1등급 초반 ~ 1등급 후반
- 모집인원이 204명->437명으로 233명이나 증가하여, 합격선이 낮아질 수 있음

■ 모집단위

'*' 표시 : 교직 이수 가능

계열	모집단위	2025	2024						2023						2022				
		모집인원	모집인원	지원인원	경쟁률	등록50%컷		충원번호	모집인원	지원인원	경쟁률				모집인원	지원인원	경쟁률		
예체	국제스포츠학부	15	7	147	21.0	2.93		6											
인문	문화창의학부	16	8	145	18.1	3.15		12											
인문	문화유산융합학부	13	9	65	7.2	3.40		5											
인문	정부행정학부	15	10	113	11.3	3.69		12											
인문	융합경영학부	46	20	184	9.2	3.72		13											
인문	경제정책학전공	16	10	63	6.3	3.78		6											
인문	공공사회·통일외교학부	19	11	76	6.9	3.91		11											
인문	글로벌학부	39	20	135	6.8	4.11		12											
인문	표준·지식학과	8	5	36	7.2	4.13		4											
자연	디지털헬스케어공학과	7																	
자연	첨단융합신약학과	7																	
자연	데이터계산과학전공*	9	6	30	5.0	1.13		5											
자연	약학과	4	5	121	24.2	1.64		1											
자연	환경시스템공학과	14	6	66	11.0	3.36		3											
자연	식품생명공학과	17	7	111	15.9	3.38		10											
자연	신소재화학과*	12	6	45	7.5	3.59		7											
자연	생명정보공학과	16	7	64	9.1	3.66		9											
자연	미래모빌리티학과	11	8	44	5.5	3.77		6											
자연	반도체물리학부	14	7	43	6.1	3.78		9											
자연	인공지능사이버보안학과	18	8	50	6.3	3.94		9											
자연	지능형반도체공학과	21	5	29	5.8	3.99		2											
자연	컴퓨터융합소프트웨어학과	21	8	74	9.3	4.00		10											
자연	빅데이터사이언스학부	14	10	57	5.7	4.00		6											
자연	전자및정보공학과	34	10	57	5.7	4.02		12											
자연	전자기계융합공학과	20	5	32	6.4	4.02		5											
자연	스마트도시학부	11	6	43	7.2	4.05		10											

■ (학생부종합) 지역인재

전형	모집인원	전형 방법	수능최저학력기준
지역인재	48	서류100% ▶약학과: 1단계)서류100%(5배수) 2단계)서류70%+ 면접30%	○

1. **지원자격**: 세종특별자치시, 대전광역시, 충청남도, 충청북도 소재 고등학교에 입학하여 전 교육과정을 이수한 2022년 1월 이후 졸업(예정)자
   ※ 고등학교는 「초·중등교육법」 제2조에 따른 고등학교에 한함
2. **제출서류**: 학교생활기록부
3. **수능최저학력기준**:

   ▶ 약학과: [국어, 수학(미적분/기하), 영어, 과탐(2과목 평균)] 중 3개 등급 합 5 이내
   ※ 탐구영역은 별도 지정과목이 없으나, 반드시 2개 과목에 응시하여야 함

◎ 전형요소
● **서류 및 면접**: 크림슨인재전형 참고

◎ 전형결과
■ 전체

학년도	전체					인문					자연				
	모집인원	지원인원	경쟁률			모집인원	지원인원	경쟁률			모집인원	지원인원	경쟁률		
2022	71	455	6.41			25	139	5.56			46	316	6.87		
2023	71	264	3.72			26	97	3.73			45	167	3.71		
2024	65	148	2.28			27	74	2.74			38	74	1.95		
2025	48					18					30				

■ 변경사항 & 핵심포인트

[2025]

변경사항	2024	2025
모집인원	65명	48명(-17명)
학교-폭력 가해 사항	-	학교폭력 가해 사실이 있는 경우 이를 평가에 반영함

- 모집인원: 6명->36명으로 30명 증가함. 약학과외에 일반학과도 선발함
- ➡ **합격자 성적분포**: 인문계열은 2등급 초반 ~ 3등급 초반, 자연계열은 2등급 초반 ~ 3등급 초반.

■ 모집단위

'*' 표시 : 교직 이수 가능

계열	모집단위	2025 모집인원	2024 모집인원	2024 지원인원	2024 경쟁률			2023 모집인원	2023 지원인원	2023 경쟁률			2022 모집인원	2022 지원인원	2022 경쟁률		
인문	*정부행정학부*	1	3	14	4.7			3	11	3.7			3	17	5.7		
예체	국제스포츠학부	2	3	12	4.0			3	11	3.7			3	14	4.7		
인문	글로벌학부	5	4	10	2.5			4	13	3.3			4	20	5.0		
인문	*문화유산융합학부*	1	2	5	2.5			2	8	4.0			2	9	4.5		
인문	공공사회·통일외교학부	2	3	7	2.3			3	7	2.3			3	15	5.0		
인문	*융합경영학부*	3	6	13	2.2			6	27	4.5			6	37	6.2		
인문	경제정책학전공	2	3	6	2.0			2	8	4.0			2	13	6.5		
인문	문화창의학부	2	2	4	2.0			2	8	4.0			2	14	7.0		
자연	약학과	4															
자연	생명정보공학과	2	3	10	3.3			3	16	5.3			3	15	5.0		
자연	식품생명공학과	2	3	10	3.3			3	8	2.7			3	12	4.0		
자연	*신소재화학과**	1	3	7	2.3			3	9	3.0			3	13	4.3		
자연	컴퓨터융합소프트웨어학과	3	3	7	2.3			3	13	4.3			3	21	7.0		
자연	전자기계융합공학과	2	3	6	2.0			3	11	3.7			3	12	4.0		
자연	*빅데이터사이언스학부*	1	3	6	2.0			2	3	1.5			2	10	5.0		
자연	전자및정보공학과	4	4	7	1.8			5	13	2.6			5	19	3.8		
자연	*반도체물리학부*	1	3	5	1.7			3	7	2.3			3	11	3.7		
자연	*환경시스템공학과*	1	3	5	1.7			3	12	4.0			3	10	3.3		
자연	인공지능사이버보안학과	2	2	3	1.5			2	8	4.0			2	12	6.0		
자연	*데이터계산과학전공**	1	2	2	1.0			2	4	2.0			2	7	3.5		
자연	미래모빌리티학과	2	2	2	1.0			2	7	3.5			2	13	6.5		
자연	지능형반도체공학과	3	1	1	1.0			1	4	4.0			1	4	4.0		
자연	*스마트도시학부*	1	3	3	1.0			3	5	1.7			3	9	3.0		

■ (논술) 논술전형

전형	모집인원	전형 방법	수능최저학력기준
논술전형	242	논술100%	○

1. **지원자격**: 국내·외 정규 고등학교 졸업(예정)자 또는 관련 법령에 의하여 이와 동등 이상의 학력이 있다고 인정된 자
   ※ 외국에서 고등학교를 졸업한 경우, 학력 인정 여부는 해당 국가별 학제 및 학기 등을 고려하여 판단함
2. **수능최저학력기준**:

> 인, 예 [국어, 수학, 영어, 사/과탐(1과목)] 중 2개 영역 등급 합 6 이내
> 자 [국어, 수학(미적분/기하), 영어, 과탐(1과목)] 중 2개 영역 등급 합 6 이내
> ▶ 빅데이터사이언스학부: [국어, 수학, 영어, 사/과탐(1과목)] 중 2개 영역 등급 합 6 이내
> ▶ 약학과: [국어, 수학(미적분/기하), 영어, 과탐(2과목 평균)] 중 3개 등급 합 5 이내
> ※ 탐구영역은 별도 지정과목이 없으나, 반드시 2개 과목에 응시하여야 함(직업탐구 인정 불가)

◎ 전형요소
● 논술(350점)
1. 출제방향 및 출제원칙: 고교 교육과정 범위에서 교과서, 수능 기출문제, EBS 및 수능 교재 등을 참고하여 출제함

응시계열	출제방향 및 출제원칙
인문계열	• 국어·사회(역사/도덕 포함)교과 하위 영역에서 고르게 출제하여 수험생의 독해력과 문제해결력을 종합적으로 평가할 수 있는 문제를 출제함

응시계열	출제방향 및 출제원칙
자연계열 I	• 단순한 공식 적용이나 반복 풀이 등으로 해결할 수 있는 문제보다는 교육과정에서 다루는 기본 개념에 대한 충실한 이해와 종합적 사고력을 필요로 하는 문제를 출제함 • 확률과 통계, 기하는 출제하지 않음
자연계열 II (약학과)	• 수리과학적 개념에 대한 통합적 이해 정도를 파악하고 관련된 문제해결력 및 논리력을 평가함

2. 출제유형 및 출제범위:

응시계열	모집단위	출제유형	출제범위	문제 수	고사시간
인문계열	인문계. 체능계	교과 통합형 논술	교과목 통합 (국어, 사회, 도덕 등)	2문제 내외	
자연계열 I	자연계(약학과 제외)	수리논술 I	수학, 수학 I, 수학 II, 미적분	6문제 내외	90분
자연계열 II	약학과	수리논술 II	수학, 수학 I, 수학 II, 미적분 확률과 통계, 기하	3문제 내외 (문제별 소문항 있음)	

가) 인문계열은 교과목 통합형 문제로 출제
나) 자연계열은 대학수학능력시험의 수학(수학 I, 수학 II, 확률과 통계, 미적분) 출제 범위에 따라 출제(하위과목 간접출제 가능)
다) 수리논술은 출제범위와 난이도에 따라 수리논술 I 과 수리논술 II로 분류되며, 출제범위와 난이도가 상이함

3. 문제유형 및 답안형식:

응시계열	문제유형	답안형식	비고
인문계열	단답형, 약술형, 서술형	• 문항별 700자 내외 • 원고지 형식의 답안지	• 문항별 부분점수 있음
자연계열	문제풀이형	• 문항별 지정된 답안란에 작성 • 노트 형식의 답안지	

◎ 전형결과
■ 전체

학년도	전체						인문						자연					
	모집 인원	지원 인원	경쟁 률	등록 평균		충원 율	모집 인원	지원 인원	경쟁 률	등록 평균		충원 율	모집 인원	지원 인원	경쟁 률	등록 평균		충원 율
2022	417	6,881	16.50	4.93		22%	190	1,169	6.15	5.07		12%	227	5,712	25.16	4.78		31%
2023	404	5,228	12.94	4.92		10%	182	1,081	5.94	5.10		1%	222	4,147	18.68	4.73		18%
2024	374	3,716	9.94				146	810	5.55				228	2,906	12.75			
2025	242						83						159					

■ 변경사항 & 핵심포인트
[2025]

변경사항	2024	2025
모집인원	374명	242명(-132명)
전형방법 변경	학생부교과30%+ 논술70%	논술100%
(자연계) 수능최저응시영역	국어, 수학, 영어, 과탐	국어, 수학(미적분/기하), 영어, 과탐
논술고사 문항 수 축소	인문 4문항(50~500자), 자연 8문항	인문 2문항(700자), 자연 6문항

• 전형방법: 학생부30%+ 논술70% -> 논술100%로 학생부 미반영으로 변경됨
• 수능최저: 자연계열이 수학(확률과통계)를 미인정->인정으로 변경됨
• 학생부: 교과성적(150점)은 1~7등급까지는 등급 간 감점이 1점씩 밖에 되지 않아 내신 부담 적음. 논술로 당락 결정.
• 논술고사: 인문계는 최대 300자 내외의 약술형 4문항, 자연계는 수리논술임.
 - 자연계열 수학 출제범위: 수학, 수학 I, 수학 II, 미적분(단, 약학과는 확률과 통계, 기하 포함).
=> 인문: 약술형 논술 -> 일반적인 통논술로 변경, 자연: 난이도를 낮출 예정
◘ 합격자 성적분포: 인문계열은 4등급 중반 ~ 5등급 중반, 자연계열은 4등급 중반 ~ 5등급 후반. 논술고사로 당락 결정됨.
• 모집인원이 374명 -> 242명으로 132명이나 감소함.

■ 모집단위
'*' 표시 : 교직 이수 가능

계열	모집단위	2025	2024						2023						2022					
		모집 인원	모집 인원	지원 인원	경쟁 률	등록 평균	논술 평균	충원 번호	모집 인원	지원 인원	경쟁 률	등록 평균	논술 평균	충원 번호	모집 인원	지원 인원	경쟁 률	등록 평균	논술 평균	충원 번호
예체	*국제스포츠학부*	7	13	89	6.9				16	109	6.8	5.00	256.1							
인문	*문화창의학부*	7	14	90	6.4				13	127	9.8	5.06	237.7	2						
인문	*융합경영학부*	20	37	234	6.3				45	321	7.1	5.13	230.1							
인문	*글로벌학부*	16	26	139	5.4				38	167	4.4	5.17	216.8							

계열	모집단위	2025 모집인원	2024 모집인원	2024 지원인원	2024 경쟁률	2024 등록평균	2024 논술평균	2024 충원번호	2023 모집인원	2023 지원인원	2023 경쟁률	2023 등록평균	2023 논술평균	2023 충원번호	2022 모집인원	2022 지원인원	2022 경쟁률	2022 등록평균	2022 논술평균	2022 충원번호
인문	경제통계학부	7	12	63	5.3				16	88	5.5	5.02	242.8		16	83	5.2	5.30	204.6	
인문	표준·지식학과	6	5	24	4.8				7	31	4.4	4.99	261.3							
인문	정부행정학부	6	12	56	4.7				16	98	6.1	4.77	246.4		16	101	6.3	4.53	199.9	2
인문	공공사회·통일외교학부	8	17	78	4.6				19	87	4.6	5.55	238.5							
인문	문화유산융합학부	6	10	37	3.7				12	53	4.4	5.11	238.5		12	55	4.6	5.13	187.0	1
자연	디지털헬스케어공학과	5																		
자연	첨단융합합신약학과	5																		
자연	약학과	5	6	1,814	302.3				5	2,614	522.8	2.59	211.2		10	4,089	408.9	2.16	219.5	
자연	컴퓨터융합소프트웨어학과	13	23	174	7.6				18	215	11.9	4.86	236.4	3	18	234	13.0	4.48	109.1	7
자연	생명정보공학과	10	13	78	6.0				14	115	8.2	4.60	200.0	4	14	117	8.4	5.05	93.2	8
자연	신소재화학과*	7	12	68	5.7				12	107	8.9	5.23	207.9	8	12	88	7.3	5.18	79.4	1
자연	전자및정보공학과	21	36	175	4.9				33	252	7.6	4.84	166.4	14	33	277	8.4	4.89	84.3	24
자연	식품생명공학과	10	15	72	4.8				15	97	6.5	4.36	187.5		15	107	7.1	5.55	99.2	6
자연	지능형반도체공학과	13	8	38	4.8				7	44	6.3	5.30	212.5		7	46	6.6	4.65	82.8	2
자연	전자기계융합공학과	12	24	115	4.8				18	112	6.2	4.91	163.6	5	18	134	7.4	4.64	93.2	6
자연	빅데이터사이언스학부	9	12	58	4.8				17	79	4.7	4.42	155.0		17	88	5.2	5.19	90.6	
자연	인공지능사이버보안학과	11	14	66	4.7				11	76	6.9	4.94	218.2	3	11	79	7.2	5.02	128.9	1
자연	미래모빌리티학과	7	12	52	4.3				9	54	6.0	5.28	165.0		9	56	6.2	5.25	62.6	2
자연	반도체물리학부	9	16	66	4.1				16	96	6.00	5.11	160.6							
자연	환경시스템공학과	9	14	55	3.9				15	98	6.5	4.85	182.8		15	90	6.0	4.86	83.4	4
자연	데이터계산과학전공*	6	8	28	3.5				8	39	4.9	4.59	181.0	1	8	50	6.3	4.76	96.6	3
자연	스마트도시학부	7	15	47	3.1				12	64	5.3	5.07	165.0	1	12	59	4.9	4.79	73.1	1

■ (논술) 지역인재

전형	모집인원	전형 방법	수능최저학력기준
지역인재	6	▶약학과: 논술100%	○

1. **지원자격**: 세종특별자치시, 대전광역시, 충청남도, 충청북도 소재 고등학교에 입학하여 전 교육과정을 이수한 자
   ※ 고등학교는 초·중등교육법 제2조에 따른 고등학교에 한함.
2. **수능최저학력기준**:

> ▶ 약학과: [국어, 수학(미적분/기하), 영어, 과탐(2과목 평균)] 중 3개 등급 합 5 이내
> ※ 탐구영역은 별도 지정과목이 없으나, 반드시 2개 과목에 응시하여야 함

◎ 전형요소
● 논술: 논술전형 참고

◎ 전형결과
■ 모집단위

'*' 표시 : 교직 이수 가능

계열	모집단위	2025 모집인원	2024 모집인원	2024 지원인원	2024 경쟁률	2024 등록평균	2024 논술평균	2024 충원번호	2023 모집인원	2023 지원인원	2023 경쟁률	2023 등록평균	2023 논술평균	2023 충원번호	2022 모집인원	2022 지원인원	2022 경쟁률	2022 등록평균	2022 논술평균	2022 충원번호
자연	약학과	6	6	436	72.7				6	372	62.0									

17. 공주대학교

충청남도 공주시 공주대학로 56 (Tel: 041. 850-0111 / 850-0106~8)

Ⅰ. 한 눈에 보는 전형

모집시기	전형유형	전형	모집인원	전형 방법	수능최저학력기준
수시	교과	교과 I	797	학생부100% ▶음악교육과, 미술교육과, 체육교육과: 학생부70%+ 실기30%	○
수시	교과	자율전공 [신설]	337	▶자율전공학부: 학생부100%	○
수시	교과	지역인재	302	학생부100%	○
수시	교과	교과II [신설]	152	학생부80%+ 교과정성평가20%	X
수시	교과	농어촌학생 [신설]	3	▶음악교육과: 학생부70%+ 실기30%	X
수시	종합	일반전형	834	서류100% ▶사범대, 예술대: 1단계)서류100%(4배수) 2단계)서류70%+ 면접30%	X
수시	종합	기회균형일반	52	서류100% ▶사범대, 예술대: 1단계)서류100%(4배수) 2단계)서류70%+ 면접30%	X
수시	종합	기회균형지역	2	서류100% ▶사범대, 예술대: 1단계)서류100%(4배수) 2단계)서류70%+ 면접30%	X
수시	종합	농어촌학생	99	서류100% ▶사범대, 예술대: 1단계)서류100%(4배수) 2단계)서류70%+ 면접30%	X
수시	종합	특성화고교졸업자	39	서류100% ▶사범대, 예술대: 1단계)서류100%(4배수) 2단계)서류70%+ 면접30%	X
수시	종합	특성화고졸재직자	130	서류100% ▶사범대, 예술대: 1단계)서류100%(4배수) 2단계)서류70%+ 면접30%	X
수시	종합	성인학습자 I [신설]	18	서류100%	X
수시	종합	성인학습자II	38	서류60%+ 면접40%	X
수시	종합	장애인등대상자	50	1단계)서류100%(4배수) 2단계)서류70%+ 면접30%	X
수시	실기/실적	일반전형	124	학생부30%+ 실기70%	X
수시	실기/실적	농어촌학생	6	학생부30%+ 실기70%	X
수시	실기/실적	특성화고교졸업자	1	학생부30%+ 실기70%	X
수시	실기/실적	특기자	10	▶체육교육과: 학생부30%+ 실기20%+ 입상실적50% ▶생활체육지도학과: 학생부30%+ 실기40%+ 입상실적30%	X

(수시모집) 지원 가능 횟수	학생부종합전형 中 1개, 학생부교과전형에서 최대 4개, 실기/실적전형 中 1개 전형 지원 가능하여 수시 최대 6회 지원 가능 (동일 전형 중복지원 불가: 단, 교과 I 과 농어촌학생 간에 중복 지원 불가)

■ 무전공(전공자율선택)

유형① [대학 내 모든 전공(보건의료, 사범 등 제외) 자율 선택]		유형② [계열/단과대 모집 후 모집단위 내 전공 자율 선택]	
모집단위	인원	모집단위	인원
자율전공학부(공주캠퍼스)	58	자율전공학부(산업과학대학)	70
자율전공학부(산업과학대학)	35	자율전공학부(인문사회과학대학)	59
자율전공학부(천안공과대학)	87	자율전공학부(자연과학대학)	39
		자율전공학부(천안공과대학)	175

■ 자율전공학부 입학 후 선택 가능 학과(부)

※ 자율전공 유형 I: 전공을 정하지 않고 모집 후 대학 내 모든 전공 자율 선택
※ 자율전공 유형II: 단과대학 단위 모집 후 단과대학 내 학과 정원의 150% 이상 범위 내 전공 선택
• 자율전공학부 입학 후 전공선택 제외 단과대학 및 학과: 사범대학, 간호보건대학, 예술대학, 생활체육지도학과, 스마트인프라공학과, 디자인컨버전스학과, 지능형모빌리티공학과, 인공지능학부, 수산생명의학과, 성인학습자전담과정모집단위

구분	모집단위	자율전공학부 입학 후 선택 가능 학과(부)
유형1	자율전공학부(공주캠퍼스) 자율전공학부(천안공과대학) 자율전공학부(산업과학대학)	• 인문사회과학대학: 영어영문학과, 중어중문학과, 불어불문학과, 독어독문학과, 사학과, 지리학과, 경제통상학부, 경영학과, 관광경영학과, 관광&영어통역융복합학과, 행정학과, 법학과, 사회복지학과 • 자연과학대학: 데이터정보물리학과, 응용수학과, 화학과, 생명과학과, 지질환경과학과, 대기과학과, 문화재보존과학과, 의류상품학과 • 국제학부 • 천안공과대학: 전기전자제어공학부, 정보통신공학과, 스마트정보기술공학과, 컴퓨터공학과, 소프트웨어학과, 기계자동차공학부, 미래자동차공학과, 도시·교통공학과, 건축학과(5년제), 그린스마트건축공학과, 화학공학부, 신소재공학부, 환경공학과, 산업공학과, 광공학과, 디지털융합금형공학과 • 산업과학대학: 지역사회개발학과, 부동산학과, 산업유통학과, 식물자원학과, 원예학과, 동물자원학과, 지역건설공학과, 스마트팜공학과, 산림과학과, 조경학과, 식품영양학과, 외식상품학과, 식품공학과, 특수동물학

구분	모집단위	자율전공학부 입학 후 선택 가능 학과(부)
유형2	자율전공학부(인문사회과학대학)	영어영문학과, 중어중문학과, 불어불문학과, 독어독문학과, 사학과, 지리학과, 경제통상학부, 경영학과, 관광경영학과, 관광&영어통역융복합학과, 행정학과, 법학과, 사회복지학과
	자율전공학부(자연과학대학)	데이터정보물리학과, 응용수학과, 화학과, 생명과학과, 지질환경과학과, 대기과학과, 문화재보존과학과, 의류상품학과, 국제학부
	자율전공학부(천안공과대학)	전기전자제어공학부, 정보통신공학과, 스마트정보기술공학과, 컴퓨터공학과, 소프트웨어학과, 기계자동차공학부, 미래자동차공학과, 도시·교통공학과, 건축학과(5년제), 그린스마트건축공학과, 화학공학부, 신소재공학부, 환경공학과, 산업공학과, 광공학과, 디지털융합금형공학과
	자율전공학부(산업과학대학)	지역사회개발학과, 부동산학과, 산업유통학과, 식물자원학과, 원예학과, 동물자원학과, 지역건설공학과, 스마트팜공학과, 산림과학과, 조경학과, 식품영양학과, 외식상품학과, 식품공학과, 특수동물학과

■ 학교폭력 조치사항

전형	전형총점	감점								
		1호	2호	3호	4호	5호	6호	7호	8호	9호
체육특기자	1,000	학교폭력 조치사항이 기록되어 있을 경우 총점 1,000점에서 최소 10점 ~최대 98점 감점								

– 다수의 조치사항이 기록되어 있을 경우 합산하여 감점. 단, 동일 사건에 대하여 여러 개의 조치가 병과된 경우에는 가장 중한 조치사항만 적용

■ 전형결과

※ 성적 산출기준: (수시) 교과 석차등급, (정시) 수능 백분위

모집시기	전형유형	전형	학년도	모집인원	지원인원	경쟁률	등록자 50%컷	등록자 70%컷	충원율
수시	교과	교과 I	2024	1,365	7,879	5.77	4.17	4.41	172%
수시	교과	지역인재	2024	250	1,178	4.71	4.87	5.08	122%
수시	종합	일반전형	2024	854	6,996	8.19	4.30	4.56	122%

■ (주요전형) 전형일정

유형	전형	원서접수 마감	대학별 고사(면접/논술)	1단계 합격자	최종 합격자
교과	교과 I	9.13(금) 18:00			12.13(금)
교과	지역인재	9.13(금) 18:00			12.13(금)
교과	교과 II	9.13(금) 18:00			12.13(금)
종합	일반전형	9.13(금) 18:00	-11.29(금) 예술대학 -12.02(월) 사범대학	11.21(목)	12.13(금)

II. (수시모집) 주요 전형

■ (학생부교과) 교과 I

전형	모집인원	전형 방법	수능최저학력기준
교과 I	797	학생부100% ▶음악교육과, 미술교육과, 체육교육과: 학생부70%+ 실기30%	○

1. **지원자격**: 2025년 2월까지 「초·중등교육법」 제2조에 따른 고등학교 졸업(예정)자 또는 관련 법령에 의하여 이와 동등 이상의 학력이 있다고 인정되는 자
2. **수능최저학력기준**:

계열	단과대학(모집단위)	[국어, 수학, 영어, 사과탐(1)] 2개 영역 등급 합
인문	사범대학	7
	인문사회과학대학	9
자연	사범대학(수학교육과)	7 (수학(미적분/기하) 포함)
	사범대학(수학교육과 제외), 간호학과	7
	간호보건대학(간호학과 제외),	9
	자연과학대학, 천안공과대학, 인공지능학부	10
	산업과학대학	11

계열		단과대학(모집단위)	[국어, 수학, 영어, 사과탐(1)] 2개 영역 등급 합
본부 소속		국제학부, 자율전공학부(인문사회과학대학)	9
		인공지능학부, 자율전공학부(공주캠퍼스), 자율전공학부(자연과학대학), 자율전공학부(천안공과대학)	10
		자율전공학부(산업과학대학)	11
예체		사범대학(음악교육과, 미술교육과)	7
		예술대학	10

◎ 전형요소
● 학생부(1,000점)

반영요소 반영비율	반영교과목		교과성적 산출지표	학년별 반영비율
	구분	반영방법		
교과 90% (900점)	공통 및 일반선택	전 과목 ※ 반영 학기: (교과) 졸업예정자 및 졸업자 모두 3학년 1학기까지	석차등급	학년 구분 없음
	진로선택	성취도가 높은 상위 3과목(진로선택과목으로 편성된 전문교과 I·II과목 포함) ※ 성취도별 변환점수 = A : 5, B : 3, C : 1	성취도	
비교과 10% (100점)	※ 만점: ① 출결(10%): 미인정 결석 3일 이내			
교과성적 산출식	※ 교과성적(900점) = 변환점수 평균 X 50+ 500점(기본점수) ※ 학생부 점수 = (교과성적+ 진로선택과목 가산점+ 출결성적) × 학생부 반영비율			

◎ 전형결과
■ 전체

학년도	전체						인문						자연					
	모집 인원	지원 인원	경쟁 률	등록 50%컷	등록 70%컷	충원 율	모집 인원	지원 인원	경쟁 률	등록 50%컷	등록 70%컷	충원 율	모집 인원	지원 인원	경쟁 률	등록 50%컷	등록 70%컷	충원 율
2022	1,290	9,820	7.61	3.73	3.87	221%	324	3,196	9.86	3.33	3.43	235%	966	6,624	6.86	4.13	4.31	206%
2023	1,298	8,097	6.24	3.97	4.16	193%	338	2,716	8.04	3.65	3.80	225%	960	5,381	5.61	4.28	4.52	161%
2024	1,365	7,879	5.77	4.17	4.41	172%	375	2,665	7.11	3.83	4.07	178%	990	5,214	5.27	4.50	4.74	166%
2025	797						244						553					

■ 실질 경쟁률(충원율 반영)

계열	모집인원	지원인원	경쟁률	수능최저 충족율	(수능최저 충족율 반영) 경쟁률	충원율	(충원율 반영) 실질 경쟁률
인문	375	2,665	7.11	54.99%	3.91	178%	1.41
자연	990	5,214	5.27	61.29%	3.23	166%	1.21

■ 실질 경쟁률(지원자 중 수능최저 충족인원)

계열	계열 평균	모집단위
인문	3.91:1	국어교육과 2.5, 한문교육과 2.8, 영어교육과 2.9, 윤리교육과 4.0, 교육학과 8.8, 경영·금융교육과 2.0, 문헌정보교육과 7.5, 특수교육과 1.6, 역사교육과 4.5, 일반사회교육과 5.4, 지리교육과 5.5, 유아교육과 4.5, 체육교육과 2.2, 음악교육과 5.9, 미술교육과 1.4, 영어영문학과 6.6, 중어중문학과 1.9, 불어불문학과 3.4, 독어독문학과 3.5, 사학과 4.8, 지리학과 3.4, 경제통상학부 4.4, 경영학과 5.6, 관광경영학과 2.8, 관광&영어통역융복합학과 2.0, 행정학과 5.5, 법학과 2.5, 사회복지학과 5.5, 게임디자인학과 4.0, 영상학과 3.2, 지역사회개발학과 4.2, 부동산학과 2.0, 산업유통학과 2.3
자연	3.23:1	국제학부 2.6, 인공지능학부 1.7, 수학교육과 3.5, 물리교육과 1.5, 화학교육과 1.4, 생물교육과 1.3, 지구과학교육과 3.7, 환경교육과 2.6, 컴퓨터교육과 3.1, 기술·가정교육과 2.8, 데이터정보물리학과 3.8, 응용수학과 3.1, 화학과 3.5, 생명과학과 6.2, 지질환경과학과 3.7, 대기과학과 3.3, 문화재보존과학과 3.6, 의류상품학과 4.0, 간호학과 3.6 보건행정학과 5.2, 응급구조학과 4.3, 의료정보학과 3.1, 전기전자제어공학부 2.5, 정보통신공학과 2.5, 스마트정보기술공학과 3.0, 컴퓨터공학과 6.1, 소프트웨어학과 3.9, 기계자동차공학부 2.0, 미래자동차공학과 1.9, 스마트인프라공학과 1.8, 도시·교통공학과 2.4, 건축학과 4.1, 그린스마트건축공학과 3.4, 화학공학부 3.7, 신소재공학부 3.2, 디자인컨버전스학과 3.2, 환경공학과 3.6, 산업시스템공학과 1.9, 광공학과 1.9, 디지털융합금형공학과 1.0, 지능형모빌리티공학과 2.4, 식물자원학과 2.9, 원예학과 3.6, 동물자원학과 6.2, 지역건설공학과 3.5, 스마트광공학과 3.4, 산림과학과 3.6, 조경학과 2.9, 식품영양학과 2.7, 외식상품학과 1.4, 식품공학과 3.8, 특수동물학과 7.4, 스마트수산자원학과 3.8

■ 변경사항 & 핵심포인트

[2025]

변경사항	2024	2025
모집인원	1,365명	797명(-568명)
전형명칭 변경	일반전형	교과 I
수능최저 변경	3개 등급 합 10, 12, 13, 14, 15, 17	2개 등급 합 7, 9, 10, 11

- 모집인원: 1,365명 -> 797명으로 568명이나 감소함. 지율전공(337명), 교과II(52명)이 신설된 영향
- 수능최저: 3개 등급 합 -> 2개 등급 합으로 변경됨에 따라 부담이 완화되고 모집임원이 크게 줄어 합격선 상승할수 있음
- ➡ 합격자 성적분포: 인문계열은 3등급 초반 ~ 3등급 후반, 자연계열은 4등급 초반 ~ 4등급 후반.

■ 모집단위

'*'표시 : 교직 이수 가능

계열	모집단위	2025 모집인원	2024 모집인원	2024 지원인원	2024 경쟁률	2024 등록50%컷	2024 등록70%컷	2024 충원번호	2023 모집인원	2023 지원인원	2023 경쟁률	2023 등록50%컷	2023 등록70%컷	2023 충원번호	2022 모집인원	2022 지원인원	2022 경쟁률	2022 등록50%컷	2022 등록70%컷	2022 충원번호
예체	음악교육과	16	11	118	10.7	2.26	2.34		11	160	14.6	2.8	3.1	10	6	141	23.5	2.4	2.6	3
인문	역사교육과	4	6	51	8.5	2.28	2.35	9	5	47	9.4	2.6	2.7	13	6	56	9.3	2.0	2.0	5
인문	일반사회교육과	4	5	36	7.2	2.48	2.51	12	5	53	10.6	2.5	2.6	26	5	48	9.6	2.3	2.4	19
인문	특수교육과	15	25	71	2.8	2.61	2.67	16	24	130	5.4	2.8	2.9	43	24	175	7.3	2.7	2.8	43
인문	문헌정보교육과	7	11	116	10.6	2.61	2.67	28	10	54	5.4	2.6	3.1	15	10	93	9.3	1.7	1.7	5
인문	국어교육과	7	11	43	3.9	2.64	3.20	16	11	82	7.5	2.4	2.5	23	11	108	9.8	2.3	2.3	28
인문	영어교육과	9	15	70	4.7	2.83	2.89	28	15	97	6.5	2.5	2.7	43	15	113	7.5	2.3	2.5	30
인문	교육학과	3	5	73	14.6	2.97	2.99	13	3	27	9.0	3.3	3.4	14	3	121	40.3	2.3	2.3	4
인문	한문교육과	9	11	45	4.1	3.02	3.12	13	11	108	9.8	2.8	2.8	11	11	75	6.8	3.2	3.3	23
인문	윤리교육과	3	4	24	6.0	3.28	3.98	11	4	56	14.0	2.2	2.3	21	4	32	8.0	2.2	2.4	11
인문	유아교육과	8	13	87	6.7	3.28	3.42	29	12	79	6.6	3.3	3.3	12	12	174	14.5	2.7	2.8	31
예체	게임디자인학과	5	8	74	9.3	3.30	3.66	13	8	82	10.3	3.4	3.6	16	8	166	20.8	3.6	3.7	20
인문	지리교육과	5	8	78	9.8	3.36	3.53	30	6	45	7.5	3.1	3.2	19	6	71	11.8	2.5	2.6	18
인문	경영·금융교육과	5	8	34	4.3	3.43	3.99	7	7	44	6.3	3.1	3.2	5	7	47	6.7	3.1	3.3	11
예체	미술교육과	10	10	36	3.6	3.51	3.82	1	10	43	4.3	3.5	3.8	8						
인문	경영학과	5	13	112	8.6	3.69	4.01	44	11	91	8.3	3.4	3.8	37	11	170	15.5	3.4	3.4	47
인문	사학과	6	12	111	9.3	3.87	3.94	19	13	79	6.1	4.0	4.3	39	13	141	10.9	3.7	3.8	37
예체	영상학과	9	9	50	5.6	4.00	4.15	14	9	74	8.2	3.3	3.4	5	9	104	11.6	3.1	3.2	19
인문	법학과	9	13	59	4.5	4.01	4.30	16	12	102	8.5	3.8	3.9	34	12	114	9.5	3.5	3.7	40
인문	행정학과	9	14	152	10.9	4.05	4.25	41	12	81	6.8	4.2	4.3	37	12	124	10.3	3.3	3.5	12
인문	사회복지학과	11	13	121	9.3	4.14	4.20	44	12	286	23.8	3.9	4.0	31	12	98	8.2	4.3	4.5	33
인문	지리학과	8	14	68	4.9	4.29	4.35	27	9	62	6.9	4.2	4.3	21	9	113	12.6	3.9	4.0	29
인문	영어영문학과	5	10	140	14.0	4.33	4.44	33	10	65	6.5	4.6	4.7	28	10	86	8.6	3.6	3.7	34
예체	체육교육과	5	5	177	35.4	4.33	4.40													
인문	경제통상학부	15	22	196	8.9	4.46	4.58	58	21	150	7.1	4.1	4.4	60	22	212	9.6	3.9	3.9	66
인문	불어불문학과	7	10	62	6.2	4.49	4.95	24	9	68	7.6	4.7	4.8	21	9	82	9.1	4.4	4.5	26
인문	산업유통학과	3	11	38	3.5	4.73	4.83	14	10	47	4.7	5.0	5.1	20	10	63	6.3	4.8	4.9	27
인문	관광경영학과	11	15	76	5.1	4.76	4.99	27	14	118	8.4	4.0	4.1	31	14	157	11.2	4.1	4.1	42
인문	독어독문학과	3	11	104	9.5	5.04	5.17	22	9	70	7.8	4.7	4.9	25	9	76	8.4	4.4	4.6	25
인문	중어중문학과	8	14	72	5.1	5.12	5.47	12	13	76	5.9	4.3	4.3	26	13	103	7.9	4.2	4.4	44
인문	관광&영어통역융복합학과	11	15	59	3.9	5.19	5.85	15	16	132	8.3	4.0	4.1	27	15	152	10.1	4.3	4.4	32
인문	부동산학과	5	14	43	3.1	5.34	6.05	14	12	68	5.7	4.6	6.0	24	12	80	6.7	4.6	4.7	7
인문	지역사회개발학과	4	9	69	7.7	5.44	5.50	16	12	40	3.3	5.5	5.8	16	12	67	5.6	4.6	4.6	10
자연	생물교육과	4	6	21	3.5	2.23	2.23	2	5	59	11.8	2.2	2.4	10	5	36	7.2	3.0	3.1	6
자연	기술가정교육과	4	6	28	4.7	2.42	3.03	11	5	30	6.0	2.4	2.5	14	5	53	10.6	2.2	2.3	14
자연	지구과학교육과	4	6	37	6.2	2.60	2.80	9	5	43	8.6	2.5	2.7	13	5	54	10.8	2.5	2.5	14
자연	컴퓨터교육과	6	9	42	4.7	2.85	2.96	14	8	63	7.9	2.4	2.7	14	8	53	6.6	2.8	3.0	14
자연	수학교육과	7	11	67	6.1	2.86	3.02	27	11	86	7.8	2.6	2.7	37	11	115	10.5	2.3	2.5	29
자연	환경교육과	6	10	41	4.1	3.05	3.23	11	9	53	5.9	3.0	3.1	21	9	54	6.0	3.1	3.1	18
자연	간호학과	23	22	144	6.5	3.12	3.22	41	21	143	6.8	2.9	3.0	45	20	218	10.9	2.8	2.9	52
자연	화학교육과	3	5	15	3.0	3.29	3.43	2	4	29	7.3	2.2	2.3	4	4	28	7.0	2.4	2.6	9
자연	특수동물학과	2	9	93	10.3	3.54	3.58	23	9	112	12.4	3.2	3.5	24	9	106	11.8	3.0	3.3	21
자연	물리교육과	2	6	36	6.0	3.65	3.68	3	5	26	5.2	3.3	3.8	11	5	30	6.0	2.9	3.1	10
자연	생명과학과	5	10	78	7.8	3.70	4.31	41	10	84	8.4	3.9	3.9	34	9	113	12.6	3.8	3.8	47

계열	모집단위	2025 모집인원	2024 모집인원	지원인원	경쟁률	등록50%컷	등록70%컷	충원번호	2023 모집인원	지원인원	경쟁률	등록50%컷	등록70%컷	충원번호	2022 모집인원	지원인원	경쟁률	등록50%컷	등록70%컷	충원번호
자연	응급구조학과	8	12	89	7.4	3.73	4.03	35	13	126	9.7	3.6	3.7	27	13	142	10.9	3.4	3.5	32
자연	건축학과(5년제)	3	16	104	6.5	3.91	4.07	36	14	111	7.9	3.7	3.8	22	19	141	7.4	3.6	3.6	37
자연	의류상품학과	2	8	50	6.3	3.97	4.01	9	7	62	8.9	4.0	4.0	13	7	74	10.6	3.9	4.1	27
자연	컴퓨터공학과	19	30	257	8.6	4.02	4.26	55	24	141	5.9	4.3	4.6	52	24	248	10.3	3.7	3.7	62
자연	대기과학과	8	15	55	3.7	4.05	4.24	26	14	96	6.9	3.8	3.9	24	14	111	7.9	3.8	4.1	34
자연	보건행정학과	11	17	157	9.2	4.07	4.24	49	13	77	5.9	3.9	4.4	30	13	158	12.2	3.5	3.6	44
자연	소프트웨어학과	16	24	127	5.3	4.15	4.25	52	24	148	6.2	4.1	4.3	46	25	171	6.8	3.9	4.0	48
자연	문화재보존과학과	2	5	25	5.0	4.18	4.20	11	4	35	8.8	3.8	3.9	9	4	53	13.3	3.7	3.7	5
자연	화학과	14	20	98	4.9	4.38	4.69	48	15	118	7.9	4.4	4.7	33	16	69	4.3	4.4	4.9	32
자연	화학공학부	17	39	188	4.8	4.40	4.64	83	36	223	6.2	4.4	4.6	76	35	175	5.0	4.1	4.6	99
자연	디자인컨버전스학과	16	26	121	4.7	4.44	4.68	34	26	115	4.4	4.5	4.7	41	26	119	4.6	4.2	4.4	28
자연	신소재공학부	20	39	183	4.7	4.53	4.66	82	39	252	6.5	4.6	4.7	79	38	231	6.1	4.6	4.8	103
자연	식품공학과	6	13	62	4.8	4.56	4.64	24	15	72	4.8	4.3	4.6	33	15	78	5.2	4.2	4.3	17
자연	환경공학과	8	22	116	5.3	4.58	4.73	41	22	100	4.6	4.6	4.7	33	22	130	5.9	4.4	4.5	65
자연	식품영양학과	8	18	72	4.0	4.60	4.87	28	17	134	7.9	4.5	4.6	13	18	149	8.3	4.5	4.6	62
자연	의료정보학과	8	13	79	6.1	4.63	4.77	21	11	68	6.2	4.2	4.6	27	11	90	8.2	4.0	4.1	24
자연	인공지능학부	15	17	52	3.1	4.68	4.77	12	20	76	3.8	4.4	4.5	22	21	132	6.3	4.1	4.2	36
자연	지질환경과학과	11	18	109	6.1	4.69	4.73	19	13	111	8.5	4.8	4.9	40	13	65	5.0	4.4	5.0	26
자연	그린스마트건축공학과	12	19	130	6.8	4.75	4.90	24	19	106	5.6	4.7	5.0	28	16	89	5.6	4.6	4.7	29
자연	스마트정보기술공학과	8	13	70	5.4	4.91	5.13	19	14	122	8.7	4.9	5.0	27	13	78	6.0	5.2	5.3	24
자연	동물자원학과	8	20	207	10.4	4.97	5.19	61	20	114	5.7	4.7	5.5	56	20	123	6.2	4.2	4.4	53
자연	데이터정보물리학	11	15	99	6.6	5.01	5.16	30	14	83	5.9	4.6	5.4	15	16	106	6.6	5.0	5.2	29
자연	외식상품학과	3	9	32	3.6	5.03	5.40	4	9	54	6.0	4.4	4.7	11	12	109	9.1	4.8	4.9	15
자연	식물자원학과	8	17	73	4.3	5.06	5.47	33	19	78	4.1	5.0	5.2	38	19	84	4.4	4.6	5.0	10
자연	전기전자제어공학부	71	111	543	4.9	5.09	5.33	160	88	380	4.3	4.5	4.8	139	86	475	5.5	4.3	4.5	185
자연	스마트인프라공학과	21	24	82	3.4	5.11	5.32	18	23	99	4.3	4.8	5.3	6	23	106	4.6	5.2	5.4	28
자연	응용수학과	9	17	70	4.1	5.12	5.30	26	15	66	4.4	4.8	5.0	30	15	70	4.7	4.1	4.2	36
자연	정보통신공학과	9	17	76	4.5	5.19	5.50	26	15	76	5.1	4.6	4.7	21	15	113	7.5	4.4	4.4	23
자연	스마트팜공학과	7	18	92	5.1	5.19	5.34	34	17	94	5.5	4.9	5.1	37	18	181	10.1	4.4	4.7	35
자연	원예학과	7	17	106	6.2	5.24	5.94	54	21	128	6.1	5.3	5.7	54	21	115	5.5	5.3	5.5	57
자연	도시·교통공학과	7	13	55	4.2	5.27	5.46	18	13	52	4.0	5.1	5.2	15	13	78	6.0	4.6	4.8	19
자연	기계자동차공학부	40	74	325	4.4	5.30	5.54	75	75	318	4.2	5.1	5.5	49	75	365	4.9	4.8	5.1	120
자연	광공학과	8	14	53	3.8	5.31	5.72	12	19	112	5.9	5.5	5.6	12	19	80	4.2	5.4	5.8	21
자연	산림과학과	7	21	104	5.0	5.34	5.83	53	21	93	4.4	5.4	5.7	41	21	116	5.5	4.9	5.0	52
자연	미래자동차공학과	10	18	94	5.2	5.36	5.45	15	18	69	3.8	5.2	5.7	6	18	180	10.0	4.9	5.0	37
자연	산업시스템공학과	10	21	71	3.4	5.38	5.75	19	20	70	3.5	4.9	5.1	14	20	91	4.6	4.7	4.9	30
자연	지능형모빌리티공학과	11	17	75	4.4	5.38	5.67	19	18	91	5.1	5.4	5.5	18	18	99	5.5	5.2	5.4	18
자연	수산생명의학과	11	13	98	7.5	5.45	5.94	28	18	75	4.2	6.3	6.5	5	18	67	3.7	5.9	6.2	17
자연	조경학과	6	17	78	4.6	5.50	5.58	33	15	82	5.5	5.5	5.6	39	15	95	6.3	4.8	5.0	48
자연	국제학부	5	7	33	4.7	5.61	6.55	11	14	94	6.7	4.1	4.2	16	14	238	17.0	4.1	4.2	25
자연	디지털융합금형공학과	6	15	35	2.3	7.03	7.56		12	45	3.8	5.2	5.3	3	12	47	3.9	5.1	5.5	14

■ (학생부교과) 자율전공

전형	모집인원	전형 방법	수능최저학력기준
자율전공 [신설]	337	▶자율전공학부: 학생부100%	○

1. **지원자격**: 2025년 2월까지 「초·중등교육법」 제2조에 따른 고등학교 졸업(예정)자 또는 관련 법령에 의하여 이와 동등 이상의학력이 있다고 인정되는 사람
2. **수능최저학력기준**: 교과 I 전형 참고

◎ 전형요소
● 학생부: 교과 I 전형 참고

◎ 전형결과
■ 모집단위

'*' 표시 : 교직 이수 가능

계열	모집단위	2025 모집인원	2024						2023						2022					
			모집인원	지원인원	경쟁률	등록 50%컷	등록 70%컷	충원번호	모집인원	지원인원	경쟁률	등록 50%컷	등록 70%컷	충원번호	모집인원	지원인원	경쟁률	등록 50%컷	등록 70%컷	충원번호
인문	자율전공학부(공주캠퍼스)	58																		
인문	자율전공학부(인문사회과학대학)	50																		
자연	자율전공학부(자연과학대학)	33																		
자연	자율전공학부(공과대학)	136																		
자연	자율전공학부(산업과학대학)	60																		

■ (학생부교과) 지역인재

전형	모집인원	전형 방법	수능최저학력기준
지역인재	302	학생부100%	○

1. **지원자격**: 2025년 2월까지 「초·중등교육법」 제2조에 따른 고등학교 졸업(예정)자로서, 충청남도, 충청북도, 대전광역시, 세종특별자치시 소재 고등학교에서 입학부터 졸업까지 3년간의 교육과정을 이수한 자
   ※ 「초·중등교육법」 제2조에 따른 고등학교(일반고, 특수목적고, 특성화고, 자율고) 외 고교 졸업 동등 학력자는 지원할 수 없음
2. **수능최저학력기준**: 교과 I 전형 참고

◎ 전형요소
● 학생부: 교과 I 전형 참고

◎ 전형결과
■ 전체

학년도	전체						인문						자연					
	모집인원	지원인원	경쟁률	등록 50%컷	등록 70%컷	충원율	모집인원	지원인원	경쟁률	등록 50%컷	등록 70%컷	충원율	모집인원	지원인원	경쟁률	등록 50%컷	등록 70%컷	충원율
2022	263	1,693	6.44	4.33	4.49	175%	79	622	7.87	4.10	4.26	196%	184	1,071	5.82	4.55	4.72	154%
2023	261	1,582	6.06	4.40	4.56	119%	79	599	7.58	4.15	4.29	143%	182	983	5.40	4.64	4.83	94%
2024	250	1,178	4.71	4.87	5.08	122%	65	366	5.63	4.64	4.84	143%	185	812	4.39	5.09	5.31	101%
2025	302						81						221					

■ 실질 경쟁률(충원율 반영)

계열	모집인원	지원인원	경쟁률	수능최저 충족율	(수능최저 충족율 반영) 경쟁률	충원율	(충원율 반영) 실질 경쟁률
인문	65	366	5.63	45.85%	2.75	143%	1.17
자연	185	812	4.39	54.90%	2.41	101%	1.20

■ 실질 경쟁률(지원자 중 수능최저 충족인원)

계열	계열 평균	모집단위
인문	2.75:1	영어영문학과 1.8, 중어중문학과 1.8, 불어불문학과 2.2, 경제통상학부 3.3, 경영학과 2.4, 관광경영학과 3.1, 관광&영어통역융복합학과 2.1, 행정학과 5.8, **법학과 1.8**, 사회복지학과 2.6, 지역사회개발학과 3.3
자연	2.41:1	데이터정보물리학과 4.0, 응용수학과 3.5, 화학과 2.0, 생명과학과 6.5, 간호학과 3.2, 보건행정학과 2.8, **의료정보학과 1.8**, 전기전자제어공학부 2.3, **정보통신공학과 1.5**, 스마트정보기술공학과 1.7, 컴퓨터공학과 2.7, 소프트웨어학과 2.1, 기계자동차공학부 1.4, 미래자동차공학과 1.2, 스마트인프라공학과 1.2, 도시·교통공학과 1.8, 그린스마트건축공학과 2.0, 화학공학부 3.6, 신소재공학부 3.1, 광공학과 1.0, 인공지능학부 1.0, 식물자원학과 2.0, 원예학과 3.3, 지역건설공학과 2.0, 수산생명의학과 2.6

■ 변경사항 & 핵심포인트

[2025]

변경사항	2024	2025
모집인원	250명	302명(+52명)
수능최저 변경	3개 등급 합 10, 12, 13, 14, 15, 17	2개 등급 합 7, 9, 10, 11

➡ **합격자 성적분포**: 인문계열은 4등급 초반 ~ 5등급 초반, 자연계열은 4등급 후반 ~ 5등급 중반.

'*' 표시 : 교직 이수 가능

계열	모집단위	2025 모집인원	2024 모집인원	지원인원	경쟁률	등록 50%컷	등록 70%컷	충원번호	2023 모집인원	지원인원	경쟁률	등록 50%컷	등록 70%컷	충원번호	2022 모집인원	지원인원	경쟁률	등록 50%컷	등록 70%컷	충원번호
인문	국어교육과	4																		
인문	한문교육과	4																		
인문	영어교육과	6																		
인문	윤리교육과	2																		
인문	교육학과	2																		
인문	경영·금융교육과	3																		
인문	문헌정보교육과	4																		
인문	특수교육과	10																		
인문	역사교육과	2																		
인문	일반사회교육과	2																		
인문	지리교육과	2																		
인문	유아교육과	5																		
인문	지리학과	2							5	26	5.2	4.2	4.3	4	5	39	7.8	4.1	4.3	7
인문	게임디자인학과	3																		
인문	사학과	2																		
인문	독어독문학과	2							5	44	8.8	4.6	4.6	4	5	31	6.2	4.5	4.9	8
인문	법학과	2	5	23	4.6	3.98	4.36	3	6	38	6.3	4.0	4.0	4	6	42	7.0	3.8	3.9	10
인문	행정학과	3	6	63	10.5	4.15	4.26	16	8	52	6.5	3.5	4.2	24	8	66	8.3	3.7	3.7	23
인문	사회복지학과	2	5	32	6.4	4.16	4.26	3	6	57	9.5	3.8	4.0	10	6	46	7.7	3.6	3.8	6
인문	경영학과	2	5	26	5.2	4.17	4.28	7	6	94	15.7	3.6	3.7	15	6	69	11.5	3.9	4.2	30
인문	관광&영어통역융복합학과	3	7	32	4.6	4.47	4.59	6	7	46	6.6	4.5	4.5	7	7	54	7.7	4.4	4.5	6
인문	관광경영학과	3	7	38	5.4	4.50	4.88	15	8	65	8.1	4.2	4.4	12	8	66	8.3	4.1	4.3	17
인문	경제통상학부	4	10	57	5.7	4.51	4.73	20	11	77	7.0	4.2	4.4	18	11	86	7.8	4.1	4.2	20
인문	영어영문학과	2	5	23	4.6	4.81	4.85	3	5	36	7.2	3.9	4.0	7	5	42	8.4	4.1	4.2	11
인문	중어중문학과	3	6	29	4.8	4.84	5.33	5	7	38	5.4	4.6	4.7	4	7	46	6.6	4.5	4.6	13
인문	불어불문학과	2	5	25	5.0	5.56	5.79	6	5	26	5.2	4.7	4.7	4	5	35	7.0	4.4	4.5	4
자연	수학교육과	4																		
자연	물리교육과	2																		
자연	화학교육과	2																		
자연	생물교육과	2																		
자연	지구과학교육과	2																		
자연	환경교육과	4																		
자연	컴퓨터교육과	3																		
자연	기술가정교육과	2																		
자연	응급구조학과	4																		
자연	스마트팜공학과	2																		
자연	식품영양학과	2																		
자연	건축학과(5년제)	2																		
자연	대기과학과	1																		
자연	문화재보존과학과	2																		
자연	의류상품학과	2																		
자연	자율전공학부(산업과학대학)	35																		
자연	동물자원학과	2																		
자연	자율전공학부(공과대학)	87																		
자연	특수동물학과	2																		
자연	국제학부	2																		
자연	간호학과	18	18	88	4.9	3.12	3.23	35	18	118	5.6	3.0	3.1	30	20	187	9.4	3.0	3.0	36
자연	생명과학과	3	4	34	8.5	4.02	4.12	13	4	22	5.5	4.2	4.2	7	4	32	8.0	3.7	3.9	10
자연	보건행정학과	8	4	18	4.5	4.05	4.15	3	7	33	4.7	3.7	3.7	3	7	61	8.7	3.6	3.7	10
자연	소프트웨어학과	3	10	38	3.8	4.24	4.43	11	8	85	10.6	4.3	4.3	17	8	50	6.3	4.4	4.6	10
자연	컴퓨터공학과	3	7	31	4.4	4.26	4.48	7	8	81	10.1	3.8	3.8	22	8	63	7.9	4.0	4.0	25
자연	정보통신공학과	2	4	34	8.5	4.95	5.21	1	5	32	6.4	5.5	6.2	5	5	31	6.2	5.0	5.2	12
자연	의료정보학과	7	5	18	3.6	4.95	5.39	4	6	36	6.0	4.4	4.5	6	6	36	6.0	4.3	4.4	6
자연	스마트정보기술공학과	2	6	21	3.5	5.01	5.25	4	5	32	6.4	5.1	5.2	7	5	22	4.4	5.1	5.4	8
자연	응용수학과	2	4	18	4.5	5.06	5.29	9	7	25	3.6	5.0	5.1	5	7	27	3.9	4.5	4.8	11
자연	데이터정보물리학과	3	6	42	7.0	5.37	5.53	16	8	45	5.6	5.5	6.0	4	8	43	5.4	5.2	5.3	10
자연	그린스마트건축공학과	6	5	18	3.6	5.44	5.60	4	3	33	11.0	4.6	4.6	1	3	17	5.7	5.3	5.7	1

■ (학생부교과) 교과Ⅱ

전형	모집인원	전형 방법	수능최저학력기준
교과Ⅱ [신설]	152	학생부80%+ 교과정성평가20%	X

1. **지원자격**: 2025년 2월까지 「초·중등교육법」 제2조에 따른 고등학교 졸업(예정)자 또는 관련 법령에 의하여 이와 동등 이상의 학력이 있다고 인정되는 사람

◎ **전형요소**

● **학생부(800점)**:

반영요소 반영비율	구분	반영교과목	교과성적 산출지표	학년별 반영비율
		반영방법		
교과 90% (720점)	공통 및 일반선택	전 과목 ※ 반영 학기: (교과) 졸업예정자 및 졸업자 모두 3학년 1학기까지	석차등급	학년 구분 없음
	진로선택	성취도가 높은 상위 3과목(진로선택과목으로 편성된 전문교과Ⅰ·Ⅱ과목 포함) ※ 성취도별 변환점수 = A : 5, B : 3, C : 1	성취도	
비교과 10% (80점)		※ 만점: ① 출결(10%): 미인정 결석 3일 이내		
교과성적 산출식		※ 교과성적(720점) = 변환점수 평균 X 50 + 400점(기본점수) ※ 학생부 점수 = (교과성적+ 진로선택과목 가산점+ 출결성적) × 학생부 반영비율		

구분		1등급	2등급	3등급	4등급	5등급	6등급	7등급	8등급	9등급
변환점수	8점	8	7	6	5	4	3	2	1	0
등급 간 점수 차이	8점	0	1	1	1	1	1	1	1	1
	320점	0	40	40	40	40	40	40	40	40

● **교과정성평가(200점)**:

　1. **평가방법**:
　　• 평가 대상에 대한 입학사정관 2인의 정성적 종합평가. 학교생활기록부 교과영역 발달상황(세부능력및 특기사항 포함)이 평가 대상임
　　• 교과영역 발달상황에 대한 정성적 종합평가를 하므로 평가 영역별, 학년별 반영비율이 없음

　2. **평가내용**:

평가요소	평가항목	평가내용
교과진로역량	전공(계열) 관련 교과 이수와 성취도	• 전공(계열)과 관련된 과목을 적절하게 선택하여 이수하였는가? • 전공(계열)과 관련된 과목의 석차등급/성취도, 원점수, 평균, 표준편차, 이수단위, 수강자수, 성취도별 분포비율, 세부능력 및 특기사항 등을 종합적으로 고려한 성취 수준은 적절한가?

　3. **배점표**:

구분	A+	Ao	B+	Bo	C+	Co	D+	Do
배점	200	193	186	179	172	165	158	151
등급 감 점수차이	0	7	7	7	7	7	7	7

☞ **보충설명**
=> 인문 9명, 자연 143명, 경쟁률이 낮은 비인기학과 중심으로 선발. 수능최저도 없고 내신으로만 선발하다 보니 모집단위나 계열 관련 과목 이수를 한 학생에게 가점을 주기 위해 도입
　　– 내신 한 등급 정도 영향을 줄 수 있는 정도, 변별력 있음. 어떤 과목을 이수했는 지, 성취도 뿐만 아니라 세특까지 포함해서 평가.
　　– 이수과목이 가장 중요함. 그 다음 성취도를 봄. 성취도를 참고하기 위해 세특을 확인.

◎ **전형결과**
■ 전체

학년도	전체						인문						자연					
	모집 인원	지원 인원	경쟁 률	등록 50%컷	등록 70%컷	충원 율	모집 인원	지원 인원	경쟁 률	등록 50%컷	등록 70%컷	충원 율	모집 인원	지원 인원	경쟁 률	등록 50%컷	등록 70%컷	충원 율
2025	152						9						143					

■ **변경사항 & 핵심포인트**

[2025]
• 신설전형. 학생부80%+ 교과정성평가20%로 교과정성평가20%를 반영함. 수능최저학력기준 미적용

■ 모집단위

계열	모집단위	2025 모집인원	2024 모집인원	지원인원	경쟁률	등록 50%컷	등록 70%컷	충원번호	2023 모집인원	지원인원	경쟁률	등록 50%컷	등록 70%컷	충원번호	2022 모집인원	지원인원	경쟁률	등록 50%컷	등록 70%컷	충원번호
인문	지역사회개발학과	3																		
인문	부동산학과	3																		
인문	산업유통학과	3																		
자연	데이터정보물리학	1																		
자연	응용수학과	2																		
자연	화학과	3																		
자연	지질환경과학과	3																		
자연	보건행정학과	2																		
자연	의료정보학과	3																		
자연	전기전자제어공학부	9																		
자연	기계자동차공학부	8																		
자연	미래자동차공학과	3																		
자연	스마트인프라공학과	13																		
자연	도시·교통공학과	3																		
자연	화학공학부	17																		
자연	신소재공학부	4																		
자연	디자인컨버전스학과	10																		
자연	환경공학과	3																		
자연	산업시스템공학과	3																		
자연	광공학과	3																		
자연	디지털융합금형공학과	3																		
자연	지능형모빌리티공학과	6																		
자연	인공지능학부	10																		
자연	식물자원학과	3																		
자연	원예학과	3																		
자연	지역건설공학과	9																		
자연	산림과학과	3																		
자연	조경학과	3																		
자연	외식상품학과	3																		
자연	식품공학과	3																		
자연	스마트수산자원학과	7																		

■ (학생부종합) 일반전형

전형	모집인원	전형 방법	수능최저학력기준
일반전형	834	서류100% ▶사범대, 예술대: 1단계)서류100%(4배수) 2단계)서류70%+ 면접30%	X

1. **지원자격**: 2025년 2월까지 「초·중등교육법」 제2조에 따른 고등학교 졸업(예정)자 또는 관련 법령에 의하여 이와 동등 이상의 학력이 있다고 인정되는 자
2. **제출서류**: 학교생활기록부

◎ 전형요소
● 서류(700점)
   1. **평가방법**:
      • 학교생활기록부(모든 영역)를 바탕으로 평가 영역에 대한 입학사정관의 정성적 종합평가
      • 지원자가 제출한 학교생활기록부의 모든 내용은 평가 대상임
      • 제출서류에 대한 정성적 종합평가를 하므로 평가 영역별 반영 비율이 없음
      • 학교생활기록부 교과성적을 정량적으로 반영하지 않음
      • 평가위원 2인 이상으로부터 'F'등급 평가를 받을 경우 불합격 처리함

2. 평가영역별 평가요소 및 평가내용:

평가영역	평가요소	평가내용
진로역량	전공(계열) 관련 교과 이수와 성취도	• 전공(계열)과 관련된 과목을 적절하게 선택하여 이수하였는가? • 전공(계열)과 관련된 과목의 석차등급/성취도, 원점수, 평균, 표준편차, 이수단위, 수강자수, 성취도별 분포비율, 세부능력 및 특기사항 등을 종합적으로 고려한 성취수준은 적절한가?
	진로탐색 활동과 경험	• 자신의 관심 분야나 흥미와 관련한 다양한 활동에 참여하여 노력한 경험이 있는가? • 교과 활동이나 창의적 체험활동에서 전공(계열)에 대한 관심을 가지고 탐색한 경험이 있는가?
탐구역량	학업 의지와 태도	• 교과 수업과 교내 활동에서 학문에 대한 열의와 지적 관심이 드러나고 있는가? • 성취동기와 목표의식을 가지고 새로운 지식을 획득하기 위해 자기주도적으로 노력하고 있는가?
	탐구능력	• 교과와 각종 탐구활동 등을 통해 지식을 확장하려고 노력하고 있는가? • 교과와 각종 탐구활동에서 구체적인 성과를 보이고 있는가?
공동체역량	협업과 소통 능력	• 구성원들과 협력을 통하여 공동의 과제를 수행하고 완성한 경험이 있는가? • 자신의 의견을 설득력 있게 전달하고, 타인의 의견을 존중하는 태도를 보이는가?
	성실성과 규칙준수	• 교내 활동에서 자신이 맡은 역할에 최선을 다하려고 노력한 경험이 있는가? • 자신이 속한 공동체가 정한 규칙과 규정을 준수하고 있는가

3. 서류평가 등급별 배점표:

A+	A0	B+	B0	C+	C0	F
700~682	680~662	630~622	620~602	600~582	560~542	522

※ 평가위원 2인에게 'F'등급 평가를 받을 경우 불합격 처리

☞ **보충설명**

• 서류종합평가로 요소별 비율이 정해져 있지 않음. 지원자 성적이 공대가 점점 좁아짐. 다른 단과대학은 괜찮음
• 서울대처럼 평가요소별 가중치를 부여하지 않고 종합평가하는 이유는?
 평가요소별 비율이 정해져 있으면 골고루 우수한 학생에게 유리한 반면, 특정 평가요소가 매력적인 학생들은 선발되지 못 하는 아쉬움이 있음. 이러한 학생들에게 면접 기회를 주고자 비율을 정하지 않고 종합평가함
• 전공적합성이 매우 중요하며 당락에 큰 영향. 전공에 대한 관심과 활동, 전공교수님과 함께 서류평가. 면접은 전공교수님 2분 참여하심.
 – 전공적합성은 학과로 봄. 모집단위 관련성 중요. 전반적으로 이수관련과목 전공관련 동아리 독서 등
 – 전공적합성은 학과 우선임. 화학과를 원하지만 과학에 대한 전반적인 두루 잘 해도 좋은 평가
 – 서류평가는 전공적합도가 중요, 지원학과와 관련성 있는 활동, 진로희망, 전공관련 교과성적과 활동 등

● **면접-'공과대학, 산업과학대학' 제외**

1. 면접유형: 제출서류 기반면접
2. 면접방법: • 10분 이내 개별 블라인드 면접
 • 면접위원 2인은 수험생이 제출한 서류를 바탕으로 전공적합성, 발전가능성, 인성을 확인하기 위한 질문을 함
 • 지원자는 면접문항의 내용을 파악하지 못한 경우에 질문을 할 수 있음
 • 면접위원 2인으로부터 'F' 등급 평가를 받을 경우 불합격 처리함

3. 평가영역:

평가영역	평가요소	평가내용
진로역량	진로탐색 활동과 경험	• 자신의 관심 분야나 흥미와 관련한 다양한 활동에 참여하여 노력한 경험이 있는가? • 교과 활동이나 창의적 체험활동에서 전공(계열)에 대한 관심을 가지고 탐색한 경험이 있는가?
탐구역량	학업 의지와 태도	• 교과 수업과 교내 활동에서 학문에 대한 열의와 지적 관심이 드러나고 있는가? • 성취동기와 목표의식을 가지고 새로운 지식을 획득하기 위해 자기주도적으로 노력하고 있는가?
	탐구능력	• 교과와 각종 탐구활동 등을 통해 지식을 확장하려고 노력하고 있는가? • 교과와 각종 탐구활동에서 구체적인 성과를 보이고 있는가?
공동체역량	협업과 소통 능력	• 구성원들과 협력을 통하여 공동의 과제를 수행하고 완성한 경험이 있는가? • 자신의 의견을 설득력 있게 전달하고, 타인의 의견을 존중하는 태도를 보이는가?
	성실성과 규칙준수	• 교내 활동에서 자신이 맡은 역할에 최선을 다하려고 노력한 경험이 있는가? • 자신이 속한 공동체가 정한 규칙과 규정을 준수하고 있는가

4. 면접 배점표:

A+	A0	B+	B0	C+	C0	F
300	285	270	255	240	225	210

※ 평가위원 2인 이상으로부터 'F'등급 평가를 받을 경우 불합격 처리

☞ **보충설명**

• 면접 역전률은 경쟁률이 높은 학과는 서류점수가 촘촘해서 높음, 반면 경쟁률 낮은 학과는 서류점수가 벌어져 있어 낮음.
• 면접이 굉장히 중요하여 서류평가 점수를 거의 뒤집음. 전공에 대해 심도 있게 질문.
• 사실 확인 면접, 수상을 했는데 어떻게 준비했는지 등을 질문함
• 교과는 3명이 함께 면접을 실시하지만, 종합은 1명씩 실시.

◎ 전형결과
■ 전체

학년도	전체						인문						자연					
	모집인원	지원인원	경쟁률	등록50%컷	등록70%컷	충원율	모집인원	지원인원	경쟁률	등록50%컷	등록70%컷	충원율	모집인원	지원인원	경쟁률	등록50%컷	등록70%컷	충원율
2022	721	7,380	10.24	4.07	4.31	90%	288	3,244	11.26	3.79	4.03	93%	433	4,136	9.55	4.35	4.58	86%
2023	723	6,695	9.26	4.22	4.44	93%	291	3,064	10.53	3.86	4.06	85%	432	3,631	8.41	4.58	4.81	101%
2024	854	6,996	8.19	4.30	4.56	122%	333	2,829	8.50	3.98	4.24	115%	521	4,167	8.00	4.61	4.88	129%
2025	834						336						498					

■ 변경사항 & 핵심포인트

[2025]

변경사항	2024	2025
모집인원	854명	834명(-20명)
(일부학과) 면접 폐지	1단계)서류100%(4배수) 2단계)서류70%+ 면접30% ▶공과대학, 산업과학대학: 서류100%	서류100% ▶ 사범대, 예술대: 1단계)서류100%(4배수) 2단계)서류70%+ 면접30%
서류 및 면접 평가요소 변경	전공적합성, 발전가능성, 인성	진로역량, 탐구역량, 공동체역량

➡ 합격자 성적분포: 인문계열은 3등급 후반 ~ 4등급 중반, 자연계열은 4등급 중반 ~ 4등급 후반.

■ 모집단위

'*' 표시 : 교직 이수 가능

계열	모집단위	2025	2024						2023						2022					
		모집인원	모집인원	지원인원	경쟁률	등록50%컷	등록70%컷	충원번호	모집인원	지원인원	경쟁률	등록50%컷	등록70%컷	충원번호	모집인원	지원인원	경쟁률	등록50%컷	등록70%컷	충원번호
인문	경영·금융교육과	8	8	40	5.0	1.88	2.04	4	8	33	4.1	1.86	2.03	2	8	37	4.6	2.7	2.9	4
인문	역사교육과	10	10	102	10.2	2.39	2.47	10	10	171	17.1	2.30	2.57	2	10	174	17.4	2.6	2.7	6
인문	일반사회교육과	12	12	98	8.2	2.78	2.91	26	10	94	9.4	2.46	2.58	8	10	98	9.8	2.4	2.5	16
인문	교육학과	9	9	119	13.2	2.82	3.02	15	8	118	14.8	2.81	2.86	10	8	277	34.6	2.7	3.0	6
인문	문헌정보교육과	11	11	117	10.6	2.83	3.03	2	10	118	11.8	2.86	3.07	4	10	101	10.1	2.5	2.8	5
인문	국어교육과	16	16	130	8.1	2.85	3.05	13	16	139	8.7	2.72	2.95	4	16	139	8.7	2.7	3.1	14
인문	윤리교육과	10	10	154	15.4	2.98	3.11	24	10	109	10.9	2.89	3.23	4	10	118	11.8	2.9	3.2	8
예체	미술교육과	12	12	58	4.8	3.05	3.65	9	12	75	6.3	2.83	3.01	5	12	103	8.6	2.7	2.9	1
인문	지리교육과	10	10	84	8.4	3.23	3.47	19	10	61	6.1	2.96	3.17	6	10	120	12.0	2.7	2.8	17
인문	특수교육과	20	20	114	5.7	3.37	3.67	22	16	141	8.8	3.20	3.30	10	16	173	10.8	3.1	3.3	20
인문	한문교육과	8	8	66	8.3	3.42	3.59	7	8	37	4.6	4.23	4.68	10	8	50	6.3	3.3	3.4	2
인문	유아교육과	16	16	148	9.3	3.42	3.64	12	16	224	14.0	2.99	3.20	16	16	231	14.4	2.8	3.2	26
인문	영어교육과	16	16	146	9.1	3.59	4.74	29	16	194	12.1	3.01	3.23	12	16	177	11.1	3.5	4.2	13
인문	사회복지학과	9	9	98	10.9	3.78	4.26	3	9	154	17.1	3.61	3.78	7	9	179	19.9	3.8	4.0	9
인문	법학과	9	9	79	8.8	3.78	4.01	5	9	80	8.9	3.88	4.08	7	9	98	10.9	3.9	4.1	8
예체	영상학과	9	9	159	17.7	3.84	4.25	8	9	174	19.3	3.92	4.10	8	9	207	23.0	3.8	4.2	5
인문	사학과	8	8	99	12.4	4.15	4.38	11	7	98	14.0	4.11	4.19	11	7	94	13.4	4.0	4.1	5
인문	행정학과	9	9	82	9.1	4.20	4.29	12	9	98	10.9	3.86	4.17	15	9	81	9.0	4.2	4.3	12
인문	**경영학과**	14	10	151	15.1	4.21	4.28	16	9	156	17.3	4.09	4.24	8	9	126	14.0	3.6	3.9	10
예체	게임디자인학과	7	7	149	21.3	4.34	4.70	4	7	152	21.7	3.74	3.89	5	7	120	17.1	5.2	5.4	4
인문	관광경영학과	11	11	77	7.0	4.46	4.47	7	8	83	10.4	4.36	4.41	5	8	105	13.1	3.2	3.6	12
인문	지리학과	7	7	64	9.1	4.48	4.59	1	7	58	8.3	4.54	5.03	8	7	49	7.0	4.2	4.7	5
인문	경제통상학부	19	19	128	6.7	4.74	4.90	25	14	135	9.6	4.38	4.55	20	14	124	8.9	4.4	4.6	12
인문	관광&영어통역융복합학과	11	11	44	4.0	4.86	5.29	6	7	45	6.4	4.37	4.63	4	7	69	9.9	4.7	4.7	3
인문	불어불문학과	8	8	34	4.3	5.00	5.30	3	7	38	5.4	5.00	5.27	9	7	40	5.7	4.5	4.7	7
인문	지역사회개발학과	3	3	17	5.7	5.11	5.37	2	3	15	5.0	5.64	5.75		3	17	5.7	5.7	5.8	
인문	영어영문학과	16	16	86	5.4	5.11	5.66	21	13	105	8.1	4.60	5.00	14	13	80	6.2	5.1	5.4	13
인문	중어중문학과	15	15	58	3.9	5.22	5.78	21	11	56	5.1	4.74	4.84	7	11	84	7.6	4.6	5.0	16
인문	독어독문학과	12	12	55	4.6	5.34	5.59	22	7	39	5.6	5.68	5.78	9	7	36	5.1	5.5	5.6	8
인문	산업유통학과	4	5	26	5.2	5.56	5.91	9	5	20	4.0	4.87	4.98	4	5	25	5.0	5.0	5.2	3
예체	도자문화융합디자인학과	3	3	21	7.0	5.57	5.57	3	3	14	4.7	5.50	5.66	4						
인문	부동산학과	4	4	26	6.5	5.79	5.84	13	4	30	7.5	5.36	5.57	4	4	32	8.0	5.9	6.0	1
자연	생물교육과	10	10	95	9.5	2.77	3.01	3	10	80	8.0	2.82	3.29	7	10	73	7.3	2.4	2.7	12
자연	지구과학교육과	10	10	88	8.8	2.99	3.24	8	10	103	10.3	2.99	3.17	8	10	91	9.1	2.7	3.2	13

계열	모집단위	2025 모집인원	2024 모집인원	2024 지원인원	2024 경쟁률	2024 등록 50%컷	2024 등록 70%컷	2024 충원번호	2023 모집인원	2023 지원인원	2023 경쟁률	2023 등록 50%컷	2023 등록 70%컷	2023 충원번호	2022 모집인원	2022 지원인원	2022 경쟁률	2022 등록 50%컷	2022 등록 70%컷	2022 충원번호
자연	화학교육과	10	10	34	3.4	3.03	3.43	12	10	46	4.6	2.65	2.84	9	10	63	6.3	2.4	2.5	9
자연	수학교육과	16	16	128	8.0	3.12	3.20	20	16	170	10.6	2.83	2.99	15	16	208	13.0	2.8	3.0	9
자연	**물리교육과**	14	10	45	4.5	3.15	3.67	9	10	39	3.9	3.13	3.31	7	10	48	4.8	2.8	3.1	9
자연	컴퓨터교육과	6	6	49	8.2	3.39	3.62	5	6	42	7.0	3.43	3.68	3	6	44	7.3	3.3	3.6	2
자연	간호학과	16	16	346	21.6	3.50	3.67	8	16	426	26.6	3.18	3.58	17	16	425	26.6	3.4	3.5	5
자연	기술가정교육과	6	6	41	6.8	3.50	3.62	2	6	40	6.7	3.13	3.21	13	6	51	8.5	2.5	2.7	7
자연	**특수동물학과**	*9*	*12*	216	18.0	3.68	3.75	11	12	183	15.3	3.60	3.75	13	12	209	17.4	3.4	3.8	10
자연	환경교육과	6	6	38	6.3	3.73	3.85	5	6	58	9.7	3.80	3.90	1	6	36	6.0	4.1	4.5	2
자연	응급구조학과	10	10	137	13.7	4.05	4.27	12	9	183	20.3	4.03	4.17	5	9	211	23.4	4.2	4.4	3
자연	건축학과(5년제)	10	10	140	14.0	4.07	4.12	12	8	125	15.6	4.08	4.11	6	7	118	16.9	4.2	4.3	5
자연	컴퓨터공학과	7	7	110	15.7	4.25	4.47	24	7	117	16.7	3.76	3.80	7	7	126	18.0	4.1	4.2	6
자연	전기전자제어공학부	16	16	152	9.5	4.37	4.55	30	16	143	8.9	4.46	4.67	37	16	180	11.3	4.3	4.4	19
자연	대기과학과	12	14	100	7.1	4.38	4.69	7	14	58	4.1	4.82	4.93	11	14	64	4.6	4.2	4.4	8
자연	화학공학부	10	12	89	7.4	4.40	4.62	13	12	66	5.5	4.06	4.67	19	12	86	7.2	3.8	4.1	19
자연	소프트웨어학과	9	9	145	16.1	4.44	4.66	8	7	106	15.1	4.78	5.02	7	7	80	11.4	4.3	4.7	7
자연	문화재보존과학과	9	12	54	4.5	4.44	4.59	4	12	54	4.5	4.00	4.67	1	12	58	4.8	4.5	4.7	3
자연	인공지능학부	8	10	81	8.1	4.46	4.63	5	9	44	4.9	5.00	5.02	14	9	56	6.2	4.1	4.3	10
자연	조경학과	6	6	35	5.8	4.50	5.13	18	6	37	6.2	3.54	4.34	11	6	54	9.0	4.8	5.2	7
자연	의류상품학과	11	11	116	10.6	4.51	4.59	10	9	125	13.9	4.56	4.77	4	9	74	8.2	4.7	4.7	5
자연	식품영양학과	6	6	73	12.2	4.53	4.63	9	5	55	11.0	5.31	5.49	8	5	73	14.6	4.7	5.3	6
자연	생명과학과	17	16	155	9.7	4.62	4.85	14	16	126	7.9	4.52	4.65	9	17	123	7.2	4.4	4.6	15
자연	스마트정보기술공학과	8	8	44	5.5	4.62	5.24	7	6	44	7.3	5.31	5.35	11	6	39	6.5	4.8	4.9	7
자연	환경공학과	9	9	88	9.8	4.65	4.72	30	6	55	9.2	5.34	5.59	2	6	57	9.5	4.5	4.8	2
자연	보건행정학과	12	12	82	6.8	4.67	4.89	10	11	65	5.9	4.48	4.52	8	11	100	9.1	4.2	4.4	3
자연	디자인컨버전스학과	10	10	97	9.7	4.67	4.78	18	6	46	7.7	4.68	5.01	5	6	46	7.7	4.8	4.8	3
자연	정보통신공학과	8	8	48	6.0	4.80	5.01	8	6	46	7.7	5.06	5.15	10	6	56	9.3	4.9	4.9	5
자연	식품공학과	5	6	57	9.5	4.81	4.97	9	5	42	8.4	5.09	5.13	11	5	57	11.4	4.6	4.7	
자연	동물자원학과	7	7	78	11.1	4.82	5.34	17	7	62	8.9	4.94	5.04	5	7	81	11.6	4.7	4.8	8
자연	화학과	7	7	39	5.6	4.90	5.06	11	7	37	5.3	4.27	4.86	7	7	46	6.6	4.0	4.5	14
자연	**그린스마트건축공학과**	*1*	*4*	44	11.0	4.95	5.01	8	4	37	9.3	4.70	4.84	4	8	75	9.4	4.4	4.5	6
자연	기계자동차공학부	30	30	194	6.5	4.97	5.29	64	15	115	7.7	4.56	4.91	21	15	139	9.3	4.7	4.9	16
자연	식물자원학과	9	9	47	5.2	5.00	5.63	16	7	33	4.7	5.55	5.95	8	7	42	6.0	4.5	5.0	8
자연	지질환경과학과	6	7	45	6.4	5.00	5.23	4	7	39	5.6	5.18	5.45	7	7	27	3.9	5.5	5.6	12
자연	원예학과	10	10	77	7.7	5.02	5.75	21	7	57	8.1	5.49	5.55	8	7	56	8.0	4.5	5.0	6
자연	신소재공학부	23	23	105	4.6	5.03	5.20	41	14	83	5.9	4.56	4.79	18	14	97	6.9	4.9	5.1	20
자연	의료정보학과	6	6	28	4.7	5.05	5.17	1	6	32	5.3	4.80	4.89	2	6	44	7.3	4.7	4.9	2
자연	응용수학과	12	12	39	3.3	5.06	5.81	6	7	21	3.0	5.43	6.21	6	7	40	5.7	4.9	5.1	6
자연	외식상품학과	6	6	45	5.0	5.06	5.67	26	4	30	7.5	3.69	4.00	7	3	28	9.3	4.5	4.6	4
자연	스마트팜공학과	6	6	43	7.2	5.08	5.43	14	4	50	12.5	5.25	5.37	4	4	54	13.5	3.9	4.2	1
자연	**국제학부**	*12*	*18*	69	3.8	5.15	5.34	12	8	33	4.1	5.06	5.14	13	8	61	7.6	4.4	4.6	4
자연	지역건설공학과	6	6	31	5.2	5.19	5.72	15	4	27	6.8	6.01	6.08	7	4	30	7.5	5.3	5.7	2
자연	미래자동차공학과	6	6	46	7.7	5.29	5.75	5	3	18	6.0	5.33	5.40	2	3	30	10.0	4.7	4.9	3
자연	도시·교통공학과	7	7	40	5.7	5.34	5.71	10	4	19	4.8	5.60	5.79	2	4	23	5.8	4.9	5.2	2
자연	산업시스템공학과	7	7	38	5.4	5.47	5.61	7	4	17	4.3	5.32	5.63	3	4	20	5.0	5.2	5.3	2
자연	지능형모빌리티공학과	5	5	26	5.2	5.47	5.62	12	5	33	6.6	4.74	5.11	2	5	33	6.6	4.9	5.1	2
자연	스마트인프라공학과	10	10	51	5.1	5.53	5.66	14	8	33	4.1	5.50	5.84	9	8	45	5.6	5.0	5.4	11
자연	산림과학과	9	9	45	5.0	5.54	5.82	24	7	40	5.7	5.37	5.56	9	7	48	6.9	4.8	5.0	9
자연	데이터정보물리학	11	13	68	5.2	5.70	5.81	6	8	30	3.8	5.74	6.26	6	6	33	5.5	5.0	5.1	6
자연	수산생명의학과	5	5	43	8.6	5.71	6.44	2	5	26	5.2	5.85	6.08	3	5	19	3.8	6.1	6.4	6
자연	광공학과	7	7	26	3.7	5.88	6.10	2	4	22	5.5	5.29	5.45	4	4	19	4.8	5.4	6.1	4
자연	디지털융합금형공학과	4	4	17	4.3	6.10	6.14	5	4	13	3.3	5.96	6.15		4	20	5.0	5.3	5.5	1

18. 광운대학교

서울특별시 노원구 광운로 20
(Tel: 입학관리팀 02. 940-5640~3 / 입학사정관실 02. 940-5797~9)

I. 한 눈에 보는 전형

모집시기	전형유형	전형	모집인원	전형 방법	수능최저 학력기준
수시	교과	지역균형	209	학생부교과100% ※ **고교 추천: 제한 없음**	X
수시	종합	광운참빛인재Ⅰ(면접형)	362	1단계)서류100%(3배수) 2단계)서류70%+ 면접30%	X
수시	종합	광운참빛인재Ⅱ(서류형)	179	서류100%	X
수시	종합	소프트웨어우수인재	35	1단계)서류100%(3배수) 2단계)서류70%+ 면접30%	X
수시	종합	농어촌학생	38	서류100%	X
수시	종합	특성화고교졸업자	25	서류100%	X
수시	종합	특성화고등을졸업한재직자	120	서류100%	X
수시	종합	서해5도출신자	16	서류100%	X
수시	논술	논술우수자	198	학생부교과30%+ 논술70%	X
수시	실기/실적	체육특기자	15	학생부10%+ 실기30%+ 경기실적60%	X

(수시모집) 지원 가능 횟수	본교 수시모집 모든 전형 간 복수지원이 가능함 ※ (예시) 논술(논술우수자전형)과 학생부교과(교과성적우수자전형)에 복수지원 가능하며, 지원 횟수는 2회로 계산됨

■ 무전공(전공자율선택)

유형① [대학 내 모든 전공(보건의료, 사범 등 제외) 자율 선택]		유형② [계열/단과대 모집 후 모집단위 내 전공 자율 선택]	
모집단위	인원	모집단위	인원
자율전공학부(인문)	142		
자율전공학부(자연)	266		

■ 학교폭력 조치사항

전형	전형총점	감점								
		1호	2호	3호	4호	5호	6호	7호	8호	9호
학생부종합	1,000	학교폭력 대상자 및 조치사항은 평가위원에게 제공하며 평가에 불이익을 받을 수 있음								
체육특기자	1,000		5		50			100		

■ 전형결과

※ 성적 산출기준: (수시) 교과 석차등급, (정시) 수능 백분위

모집시기	전형유형	전형	학년도	모집인원	지원인원	경쟁률	등록자 평균	논술점수 평균	충원율
수시	교과	지역균형	2024	209	1,040	4.98	2.59		266%
수시	종합	광운참빛인재Ⅰ(면접형)	2024	358	3,837	10.72	2.97		80%
수시	종합	광운참빛인재Ⅱ(서류형)	2024	177	1,664	9.40	2.95		98%
수시	종합	소프트웨어우수인재	2024	35	427	12.20	3.21		78%
수시	논술	논술우수자	2024	197	6,485	32.92	4.19		40%

■ (주요전형) 전형일정

유형	전형	원서접수 마감	대학별 고사(면접/논술)	1단계 합격자	최종 합격자
교과	지역균형	9.13(금) 17:00 학교장추천: 9.25(수) 18:00			11.08(금)
종합	광운참빛인재Ⅰ (면접형)	9.13(금) 17:00	11.02(토)~11.03(일)	10.30(수)	11.08(금)
종합	광운참빛인재Ⅱ (서류형)	9.13(금) 17:00			11.08(금)
종합	소프트웨어우수인재	9.13(금) 17:00	11.03(일)	10.30(수)	11.08(금)

유형	전형	원서접수 마감	대학별 고사(면접/논술)	1단계 합격자	최종 합격자
논술	논술우수자	9.13(금) 17:00	-11.23(토) 자연계열 -11.24(일) 인문계열 ※ 논술고사는 지원인원에 따라 계열별로 2~3회 실시할 수 있음.		12.13(금)

II. (수시모집) 주요 전형

■ (학생부교과) 지역균형

전형	모집인원	전형 방법	수능최저학력기준
지역균형	209	학생부교과100%	X

1. **지원자격**: 2023년 1월 이후 국내 고등학교 졸업(예정)자로서 소속 고등학교장의 추천을 받은 자
   ※ 3학년 1학기까지 3개 학기 이상의 교육과정을 이수하고 교과성적 산출이 가능하여야 함
   ※ 고등학교별 추천자 명단을 본교 서식에 맞추어 서류제출 기간 내에 제출해야 함(추천 인원 제한 없음)
   ※ 특성화고등학교[일반고 및 종합고의 특성화(전문계) 과정 이수자, 대안교육 특성화고 포함], 마이스터고, 예술고, 체육고, 방송통신고, 「평생교육법」 에 의한 학력인정 평생교육시설, 대안학교 졸업(예정)자 지원 불가
2. **제출서류**: 학교생활기록부, 학교장 추천서

◎ 전형요소
● 학생부(1,000점)

반영요소 반영비율	구분	반영교과목		교과성적 산출지표	학년별 반영비율
			반영방법		
교과100%	공통 및 일반선택	국어, 영어, 수학, 사회(한국사 포함), 과학 교과에 속한 전 과목 ※ 반영 학기: (교과) 졸업예정자 및 졸업자 모두 3학년 1학기까지		석차등급	학년 구분 없음
	진로선택	반영교과에 속한 전 과목 ※ 성취도 환산등급 = A : 1등급, B : 2등급, C : 4등급		성취도	

◎ 전형결과
■ 전체

학년도	전체					인문					자연				
	모집 인원	지원 인원	경쟁 률	등록 평균	충원 율	모집 인원	지원 인원	경쟁 률	등록 평균	충원 율	모집 인원	지원 인원	경쟁 률	등록 평균	충원 율
2022	202	1,789	8.86	2.30	234%	73	868	11.89	2.42	215%	129	921	7.14	2.18	253%
2023	194	2,053	10.58	2.09	259%	69	898	13.01	2.12	247%	125	1,155	9.24	2.06	270%
2024	209	1,040	4.98	2.59	266%	69	283	4.10	2.94	189%	140	757	5.41	2.23	343%
2025	209					74					135				

■ 변경사항 & 핵심포인트
[2025]

변경사항		2024	2025
모집인원		209명	209명
학생부	반영교과목	인문: 국어, 영어, 수학, 사회 자연: 국어, 영어, 수학, 과학	국어, 영어, 수학, 사회, 과학
	진로선택과목	상위 3과목 (A : 1등급, B : 2등급, C : 3등급)	반영교과 전 과목 (A : 1등급, B : 2등급, C : 4등급)

• 학생부: 반영교과목이 4개교과(인문: 국영수사/자연: 국영수과)->5개교과(국영수사과)로 확대었고,
- 진로선택과목도 반영교과목 중 상위 3과목->전과목으로 확대되면서 성취도C는 변환석차등급이 3등급->4등급으로 낮아짐
➡ 합격자 성적분포: 인문계열은 2등급 후반, 자연계열은 2등급 초반
• 작년에 경쟁률이 10.58->4.98로 크게 하락한 이유?
- 2023 결과가 매우 높다 보니 그 영향으로 많이 하락함. 올 해는 전년도 보다 높아질 것으로 예상됨

계열	모집단위	2025 모집인원	2024 모집인원	지원인원	경쟁률	등록평균	충원율	2023 모집인원	지원인원	경쟁률	등록평균	충원율	2022 모집인원	지원인원	경쟁률	등록평균	충원율
인문	빅데이터경영전공	5															
인문	행정학과	5	5	23	4.6	2.05	300%	5	47	9.4	2.12	300%	6	49	8.2	2.27	300%
인문	국제통상학부	6	6	24	4.0	2.11	233%	6	61	10.2	2.18	217%	7	135	19.3	2.15	114%
인문	경영학전공	15	15	49	3.3	2.74	213%	15	250	16.7	1.92	300%	16	108	6.8	2.40	194%
인문	산업심리학과	5	5	24	4.8	2.82	220%	5	90	18.0	2.17	200%	5	102	20.4	2.63	260%
인문	동북아문화산업학부	7	7	37	5.3	2.88	214%	7	69	9.9	2.30	300%	7	70	10.0	2.39	286%
인문	영어산업학과	4	4	30	7.5	2.91	175%	4	34	8.5	2.21	300%	4	36	9.0	2.45	200%
인문	법학부	12	12	47	3.9	2.95	267%	12	178	14.8	2.19	300%	12	84	7.0	2.65	208%
인문	미디어커뮤니케이션학부	8	8	27	3.4	3.29	113%	8	103	12.9	1.94	300%	8	211	26.4	2.15	288%
인문	국어국문학과	3	3	10	3.3	3.37	100%	3	21	7.0	2.15	100%	4	31	7.8	2.51	175%
인문	국제학부	4	4	12	3.0	4.28	50%	4	45	11.3	2.04	150%	4	42	10.5	2.59	125%
자연	전자공학과	17	17	65	3.8	1.84	224%	17	159	9.4	1.74	300%	18	96	5.3	2.01	300%
자연	화학과	6	6	47	7.8	1.88	233%	6	95	15.8	2.08	267%	6	30	5.0	2.53	167%
자연	환경공학과	4	4	39	9.8	1.91	325%	4	24	6.0	2.25	300%	4	29	7.3	1.94	300%
자연	전기공학과	9	9	58	6.4	1.95	300%	9	59	6.6	2.06	300%	9	48	5.3	2.13	267%
자연	수학과	5	5	22	4.4	2.04	240%	5	79	15.8	2.17	300%	6	23	3.8	2.74	100%
자연	반도체시스템공학부	7	7	36	5.1	2.07	129%										
자연	정보제어·지능시스템전공	3	8	54	6.8	2.14	238%										
자연	전자재료공학과	9	9	43	4.8	2.14	367%	9	53	5.9	2.11	256%	9	55	6.1	2.04	222%
자연	소프트웨어학부	9	9	30	3.3	2.20	1895	9	59	6.6	1.70	300%	10	127	12.7	1.82	300%
자연	전자통신공학과	10	10	51	5.1	2.22	350%	10	154	15.4	2.13	300%	10	54	5.4	2.45	190%
자연	건축공학과	4	4	56	14.0	2.24	250%	4	19	4.8	2.82	225%	4	27	6.8	2.08	150%
자연	화학공학과	9	9	37	4.1	2.26	300%	8	84	10.5	1.74	213%	8	40	5.0	2.02	263%
자연	건축학과(5년제)	4	4	25	6.3	2.29	400%	4	46	11.5	1.94	300%	4	25	6.3	2.34	300%
자연	AI로봇전공	8	8	46	5.8	2.33	275%	8	53	6.6	2.38	263%	8	99	12.4	2.06	300%
자연	전자융합공학과	8	8	47	5.9	2.55	138%	8	57	7.1	1.95	263%	9	51	5.7	2.06	289%
자연	전자바이오물리학과	6	6	33	5.5	2.58	117%	6	61	10.2	2.00	133%	6	35	5.8	2.45	300%
자연	컴퓨터정보공학부	8	8	30	3.8	2.61	263%	9	60	6.7	1.94	300%	9	107	11.9	2.01	300%
자연	정보융합학부	9	9	38	4.2	2.90	122%	9	93	10.3	1.91	300%	9	75	8.3	2.23	300%

■ (학생부종합) 광운참빛인재 I (면접형)

전형	모집인원	전형 방법	수능최저학력기준
광운참빛인재 I (면접형)	362	1단계)서류100%(3배수) 2단계)서류70%+ 면접30%	X

1. **지원자격**: 고등학교 졸업(예정)자 또는 관계 법령에 의하여 고등학교 졸업과 동등 이상의 학력이 있다고 인정되는 자로서, 모집단위 분야에 대한 재능과 열정을 가진 자※ 외국고교 졸업(예정)자는 국내고등학교 성적체계와 다른 경우 지원 불가
2. **제출서류**: 학교생활기록부

◎ 전형요소
● 서류(1,000점: 최저점 0점)
   1. **평가방법**
      - 각 평가조별 입학사정관 2인(단, 광운참빛인재II(서류형)은 3인)으로 구성된 평가위원이 개별 독립평가
      - 지원자의 학교생활기록부에 대한 종합적 정성평가
      - 평가 시 전형자료에 기재된 지원자 인적사항, 학교명 등 블라인드 처리
      - 학교폭력 대상자 및 조치사항은 평가위원에게 제공하며 평가에 불이익을 받을 수 있음
   2. **평가항목 및 반영비율**

평가영역	반영비율		학생부 항목
	광운참빛인재 I (면접형), 소프트웨어우수인재	광운참빛인재II(서류형)	
학업역량	25%	35%	• 교과학습발달상황(교과목이수현황 포함) • 행동특성 및 종합의견
진로역량	50%	45%	• 교과학습발달상황(교과목이수현황 포함) • 창의적체험활동　• 행동특성 및 종합의견

평가영역	반영비율		학생부 항목
	광운참빛인재Ⅰ(면접형), 소프트웨어우수인재	광운참빛인재Ⅱ(서류형)	
인성	25%	20%	• 출결사항 • 교과학습발달상황 • 창의적체험활동 　• 행동특성 및 종합의견

3. 평가요소의 세부내용

평가영역		세부 평가기준	내용
학업 역량	• '학업역량'은 대학 수준의 학업을 수행하기 위해 모집단위에서 요구하는 역량을 갖추었는지를 평가하는 항목입니다. • 고교 교육과정을 전반적으로 성실하게 이수하였고, 학업성취도 및 학업발전성, 학업성실성은 어떠한지를 확인합니다.	학업성취도 및 학업발전성	- 전체적인 교과성적은 다른 지원자들에 비해 어느 정도인가? - 대학 수학에 필요한 기본 과목의 성취도는 어느 정도인가?
		학업성실성	- 교과 수업에서 적극적이고 집중력이 있으며 스스로 참여하여 이해하려는 태도와 성실성을 보이는가? - 교과 관련 활동에서 책임감을 바탕으로 꾸준히 노력하여 최선을 다하는 태도와 행동을 보이는가?
진로 역량	• '진로역량'이란 대학에서 지원 모집단위에 관련한 학업을 수행할 수 있는 역량과 준비도를 평가하는 항목입니다. 여기서 역량과 준비도는 고교생 수준에서의 지원 전공(계열) 관련 관심과 이해 수준을 의미하며, 고교 활동과정에서 지원자가 자신의 진로와 전공에 대해 얼마나 깊이 고민하고 탐색했는지를 살펴봅니다. • 또한, 지원 전공(계열)과 진로 분야에 대한 관심을 실질적인 학교 활동을 통해 주도적으로 수행했는지를 평가하는 항목입니다. 자신이 이루고자 하는 목표에 대한 자발적인 동기가 있으며, 구체적으로 자신이 계획한 학업과 진로 관련 활동을 지속해서 확장해 나가고자 하는지를 확인합니다.	진로 관련 분야 **자기주도성**	- 진로 관련 분야에 대하여 자기주도적으로 도전하고 성취한 경험이 있는가? - 진로 관련 분야에 대한 활동을 지속적으로 수행한 경험이 있는가?
		진로 관련 분야 **발전가능성**	- 진로 관련 분야에 대한 탐색을 통해 지원 전공(계열)을 올바르게 이해하고 있는가? - 진로 관련 분야에 대한 지적 호기심을 바탕으로 탐구하고 확장해 나간 경험이 있는가?
		전공(계열) 관련 교과 이수 노력	- 지원 전공(계열)과 관련된 기본 과목은 어느 정도 이수했는가? - 지원 전공(계열)과 관련하여 도전적인 과목을 이수하기 위해 어떤 노력을 하였는가?
		전공(계열) 관련 교과 성취도	- 지원 전공(계열)과 관련된 기본 과목의 성적은 다른 지원자들에 비해 어느 정도인가? - 지원 전공(계열)과 관련된 진로선택과목의 성취도는 어느 정도인가?
인성	• '인성'이란 학교생활에 나타나는 교우 관계(학교 폭력 관련성 포함), 공동체 의식, 책임감, 성실성, 사회 구성원으로서의 기여 가능성을 평가합니다. • 학생의 개인적 특성을 경험의 유무나 활동의 양으로 판단하지 않습니다.	공동체 의식	- 구성원의 화합과 단결을 이끌어가기 위한 구체적인 행동 경험이 있는가? - 공동체의 목표를 달성하기 위하여 계획하고 실행을 주도한 경험이 있는가? - 자발적인 협력을 통하여 공동의 과제를 완성한 경험이 자주 나타나는가? - 상대방의 요구사항이나 입장을 이해하고 존중하려고 노력하였는가?
		학교생활 충실도	- 학업활동에 있어 지속적인 노력을 통하여 꾸준함을 보여주고 있는가? - 어려운 상황이 발생하여도 일관된 모습으로 최선의 노력을 기울이는 경험이 있는가? - 교내활동에 있어서 일관된 모습으로 최선의 노력을 기울인 경험이 있는가?

☞ **보충설명**
- 진로역량(50%) > 학업역량(25%) = 인성(25%) 순. 진로역량이 가장 중요함. 서류형과 면접형 모두 기본적으로 진로역량을 강조함.
- 진로역량 4개 세부항목은 두 개씩 묶어 ① 진로 관련 분야 자기주도성, 발전가능성과 ② 전공(계열) 관련 교과 이수 노력, 교과 성취도로 나뉨
  - 진로 관련 분야의 자기주도성과 발전가능성이 특히 중요하고, 다른 대학과 차별화됨
  - 자기주도성은 진로 관련 분야에 대하여 자기주도적으로 도전하고 성취한 경험과 활동을 지속적으로 수행한 경험이 있는 지를 살핌
  - 발전가능성은 진로 관련 분야에 대한 탐색을 통해 지원 전공(계열)을 올바르게 이해하고 있는지, 진로 관련 분야에 대한 지적 호기심을 바탕으로 탐구하고 확장해 나간 경험이 있는지를 살펴봄
- 인성(25%)은 학교생활충실도, 학교 참여 수업 참여도 등, 인성에서 변별력이 많이 생기지는 않음. 실제로는 전공에서 변별력이 생김

● **면접(300점: 최저점 0점)**
  1. 평가방법:
     ◦ 각 평가조별 입학사정관 2인으로 구성된 평가위원이 지원자에 대하여 개별 대면(또는 비대면) 면접 방식으로 진행
       (면접 소요시간 10분 이내)
     ◦ 지원자의 평가서류 사전 검토를 통해 구성된 개인 적합 질문을 통한 종합평가(문제 제시형 평가 없음)
     ◦ 지원자의 평가서류에 대한 내용 진위 여부 확인

2. 평가항목:

대상 전형	평가영역	반영비율	내용	
광운참빛인재 I (면접형)	발전가능성	45%	• 전공(계열) 분야의 관심과 이해도	• 전공(계열) 분야의 지적탐구 노력
	종합적 사고력	30%	• 의사소통능력	• 질문의 수용능력 및 답변의 적절성
	인성	25%	• 공동체적 가치관	• 면접 태도
소프트웨어우수인재	발전가능성	45%	• 전공(계열) 분야의 관심과 이해도 • 소프트웨어 분야 경험의 진정성 및 다양성	• 전공(계열) 분야의 지적탐구 노력
	종합적 사고력	30%	• 의사소통능력	• 질문의 수용능력 및 답변의 적절성
	인성	25%	• 공동체적 가치관	• 면접 태도

☞ **보충설명**
- 블라인드면접으로 개인의 면접 역량이 더욱 중요해짐. 면접은 전공적합성과 서류 진위여부 중심으로 실시
- 3인 1조, 공정성을 확보하기 위해 서류평가위원은 면접평가위원에 참여하지 않음.
- 면접위원들이 서류를 사전에 연구. 그 때 서류평가자들이 메모한 질문들을 볼 수 있음.
- 면접으로 뒤집는 비율은 30% 정도, 학과마다 편차가 큼. 선호도나 경쟁률이 높은 학과들은 서류평가 점수가 굉장히 몰려있어 면접에서 뒤집히는 경우가 매우 많음. 반대로 경쟁률이 낮은 학과는 서류평가 점수가 벌어져 있어 면접으로 뒤집기가 쉽지 않기도 함

◎ 전형결과
■ 전체

학년도	전체					인문					자연				
	모집인원	지원인원	경쟁률	등록평균	충원율	모집인원	지원인원	경쟁률	등록평균	충원율	모집인원	지원인원	경쟁률	등록평균	충원율
2022	491	4,081	8.31	3.32	105%	175	1,785	10.20	3.45	89%	316	2,296	7.27	3.18	121%
2023	491	4,373	8.91	3.14	86%	174	1,768	10.16	3.29	70%	317	2,605	8.22	2.98	102%
2024	358	3,837	10.72	2.97	80%	116	1,479	12.75	3.05	64%	242	2,358	9.74	2.89	96%
2025	362					127					235				

■ 변경사항 & 핵심포인트
[2025]

변경사항	2024	2025
모집인원	358명	362명(+4명)
지원자격 확대	국내 고등학교 졸업(예정)자로서, 모집단위 분야에 대한 재능과 열정을 가진 자 ※ 원서접수 시작일 현재 3개 학기 이상의 교육과정을 이수한 자	고등학교 졸업(예정)자 또는 관계 법령에 의하여 고등학교 졸업과 동등 이상의 학력이 있다고 인정되는 자로서, 모집단위 분야에 대한 재능과 열정을 가진 자 ※ 외국고교 졸업(예정)자는 국내 고등학교 성적체계와 다른 경우 지원 불가
학교폭력 조치사항	-	학교폭력 대상자 및 조치사항은 평가위원에게 제공하며 평가에 불이익을 받을 수 있음
면접 평가요소 변경	발전가능성40%, 논리적사고력40%, 서류진위여부20%	발전가능성45%, 종합적사고력30%, 인성25%

- 지원자격: '3개 학기 이상 이수한 자'가 삭제되면서 '관계 법령에 의하여 고등학교 졸업과 동이 이상의 학력이 있다고 인정되는 자'가 추가
- 학교폭력 조치사항: 평가위원에게 제공되면서 평가에 불이익을 받을 수 있음
- ➡ 합격자 성적분포: 인문계열은 2등급 후반 ~ 3등급 후반, 자연계열은 2등급 중반 ~ 3등급 중반. 자기주도성이 강한 학생에게 적합.

■ 모집단위

'*'표시 : 교직 이수 가능

계열	모집단위	2025	2024					2023					2022				
		모집인원	모집인원	지원인원	경쟁률	등록평균	충원율	모집인원	지원인원	경쟁률	등록평균	충원율	모집인원	지원인원	경쟁률	등록평균	충원율
인문	**빅데이터경영전공**	11															
인문	미디어커뮤니케이션학부	14	14	246	17.6	2.64	43%	21	341	16.2	2.85	62%	21	441	21.0	3.09	52%
인문	동북아문화산업학부	11	11	145	13.2	2.92	18%	16	184	11.5	3.60	69%	17	142	8.4	3.61	94%
인문	경영학전공	25	25	346	13.8	2.93	72%	38	383	10.1	3.19	55%	38	392	10.3	3.37	87%
인문	행정학과	9	9	76	8.4	3.03	100%	14	81	5.8	3.12	79%	14	106	7.6	3.06	100%
인문	국제통상학부	11	11	138	12.6	3.05	82%	16	188	11.8	3.48	150%	16	163	10.2	3.76	138%
인문	법학부	19	19	140	7.4	3.07	84%	29	179	6.2	2.95	76%	29	213	7.3	3.21	93%
인문	영어산업학과	7	7	102	14.6	3.07	100%	10	131	13.1	3.37	100%	10	100	10.0	4.11	50%
인문	산업심리학과	8	8	89	11.1	3.16	25%	11	116	10.6	3.01	18%	12	80	6.7	3.48	50%
인문	국제학부	6	6	97	16.2	3.26	67%	9	104	11.6	3.71	56%	9	81	9.0	3.63	78%

계열	모집단위	2025 모집인원	2024 모집인원	2024 지원인원	2024 경쟁률	2024 등록평균	2024 충원율	2023 모집인원	2023 지원인원	2023 경쟁률	2023 등록평균	2023 충원율	2022 모집인원	2022 지원인원	2022 경쟁률	2022 등록평균	2022 충원율
인문	국어국문학과	6	6	100	16.7	3.40	50%	10	61	6.1	3.61	30%	9	67	7.4	3.17	111%
자연	소프트웨어학부	15	15	155	10.3	2.46	127%	23	246	10.7	2.58	126%	24	211	8.8	2.99	167%
자연	컴퓨터정보공학부	15	15	171	11.4	2.58	87%	21	169	8.1	2.82	71%	22	142	6.5	2.90	86%
자연	화학공학과	15	15	165	11.0	2.59	87%	22	134	6.1	2.76	91%	22	155	7.1	2.61	91%
자연	전자공학과	29	29	175	6.0	2.74	141%	43	247	5.7	2.71	135%	42	268	6.4	3.04	143%
자연	화학과	11	11	172	15.6	2.76	100%	16	236	14.8	3.02	175%	16	135	8.4	3.26	125%
자연	전기공학과	15	15	98	6.5	2.81	113%	22	88	4.0	3.14	132%	22	100	4.6	3.02	100%
자연	전자재료공학과	15	15	97	6.5	2.82	40%	23	92	4.0	2.89	65%	22	128	5.8	2.86	91%
자연	건축공학과	7	7	100	14.3	2.89	100%	10	108	10.8	3.24	120%	10	157	15.7	3.37	180%
자연	반도체시스템공학부	13	13	85	6.5	2.89	69%										
자연	전자융합공학과	15	14	101	7.2	2.90	79%	22	165	7.5	3.03	59%	21	114	5.4	3.43	114%
자연	전자통신공학과	17	17	97	5.7	2.92	41%	25	140	5.6	3.01	80%	25	117	4.7	3.19	96%
자연	건축학과(5년제)	6	6	96	16.0	2.95	83%	9	206	22.9	2.86	100%	10	176	17.6	3.58	170%
자연	환경공학과	6	6	163	27.2	2.96	83%	9	145	16.1	3.02	100%	9	126	14.0	2.92	144%
자연	AI로봇전공	16	16	142	8.9	2.98	94%	21	191	9.1	3.24	91%	21	153	7.3	3.54	124%
자연	정보융합학부	15	15	283	18.9	3.12	93%	22	266	12.1	3.43	96%	22	166	7.6	3.57	114%
자연	수학과	9	9	60	6.7	3.12	156%	14	92	6.6	2.80	100%	13	74	5.7	3.26	100%
자연	정보제어·지능시스템전공	6	14	119	8.5	3.14	157%										
자연	전자바이오물리학과	10	10	79	7.9	3.34	80%	15	80	5.3	3.17	87%	15	74	4.9	3.41	93%

■ (학생부종합) 광운참빛인재Ⅱ(서류형)

전형	모집인원	전형 방법	수능최저학력기준
광운참빛인재Ⅱ(서류형)	179	서류100%	X

1. **지원자격**: 국내 고등학교 졸업(예정)자로서 모집단위 분야에 대한 재능과 열정을 가진 자
   ※ 3학기 이상(3학년 1학기까지)의 교육과정을 이수한 자
2. **제출서류**: 학교생활기록부

◎ 전형요소
※ 신설 전형, 서류100%로 선발, 수능최저학력기준 없음.
● 서류(1,000점): 광운참빛인재Ⅰ(면접형)전형 참고

■ [전형 비교] 광운참빛인재Ⅰ(면접형), 광운참빛인재Ⅱ(서류형)

구분	[종합] 광운참빛인재Ⅰ(면접형)	[종합] 광운참빛인재Ⅱ(서류형)
전형방법	1단계)서류100%(3배수) 2단계)서류70%+ 면접30%	서류100%
모집인원	362명	179명
수능최저학력기준	X	X
서류 평가요소	학업역량25%, 진로역량50%, 인성25%	학업역량35%, 진로역량45%, 인성20%

- 공통점: 수능최저학력기준이 모두 없고, 서류평가요소 및 반영비율이 같음.
- 차이점: 면접고사가 광운참빛인재Ⅰ(면접형)은 있는 반면, 광운참빛인재Ⅱ(서류형)은 없는 점에서 차이 남.
- 두 전형 모두 진로역량이 가장 비중이큼. 광운대는 기본적으로 진로역량을 매우 중요시함.
  - 학업역량이 서류형이 35%인 반면, 면접형은 25%로 서류형이 10% 더 큰 비중을 차지함.
  - 따라서 진로역량을 기본으로 하면서 학업이 우수한 학생은 서류형, 활동이 우수한 학생은 면접형이 적합함
- 전형결과:

전형유형	전형	학년도	모집인원	지원인원	경쟁률	등록자 평균		충원율
학생부종합	광운참빛인재Ⅰ(면접형)	2024	358	3,837	10.72	2.97		80%
학생부종합	광운참빛인재Ⅱ(서류형)	2024	177	1,664	9.40	2.95		98%

◎ 전형결과
■ 전체

학년도	전체						인문						자연					
	모집인원	지원인원	경쟁률	등록평균		충원율	모집인원	지원인원	경쟁률	등록평균		충원율	모집인원	지원인원	경쟁률	등록평균		충원율
2022																		
2023																		
2024	177	1,664	9.40	2.95		98%	58	619	10.67	3.06		101%	119	1,045	8.78	2.84		94%
2025	179						63						116					

■ 변경사항 & 핵심포인트
[2025]

변경사항	2024	2025
모집인원	177명	179명(+2명)

• 학업역량이 면접형(25%)보다 10% 더 높음. 따라서 진로역량을 갖춘 학생들 중에서 학업역량이 우수한 학생에게 적합
➡ 합격자 성적분포: 인문계열은 3등급 초반, 자연계열은 2등급 후반.

■ 모집단위

'*' 표시 : 교직 이수 가능

계열	모집단위	2025	2024					2023					2022				
		모집인원	모집인원	지원인원	경쟁률	등록평균	충원율	모집인원	지원인원	경쟁률	등록평균	충원율	모집인원	지원인원	경쟁률	등록평균	충원율
인문	빅데이터경영전공	5															
인문	산업심리학과	4	4	44	11.0	2.69	50%										
인문	국제통상학부	5	5	54	10.8	2.76	100%										
인문	행정학과	5	5	43	8.6	2.81	140%										
인문	미디어커뮤니케이션학부	7	7	95	13.6	2.82	129%										
인문	법학부	10	10	83	8.3	2.87	110%										
인문	국어국문학과	3	3	34	11.3	2.95	67%										
인문	국제학부	3	3	34	11.3	2.98	33%										
인문	경영학전공	13	13	146	11.2	3.24	92%										
인문	동북아문화산업학부	5	5	59	11.8	3.51	160%										
인문	영어산업학과	3	3	27	9.0	4.01	133%										
자연	화학공학과	7	7	80	11.4	2.36	100%										
자연	전자공학과	14	14	89	6.4	2.41	93%										
자연	화학과	5	5	59	11.8	2.58	140%										
자연	컴퓨터정보공학부	7	7	66	9.4	2.67	86%										
자연	수학과	4	4	38	9.5	2.71	75%										
자연	반도체시스템공학부	7	7	50	7.1	2.76	29%										
자연	전자재료공학과	8	8	60	7.5	2.80	125%										
자연	AI로봇전공	8	8	55	6.9	2.84	75%										
자연	전기공학과	7	7	50	7.1	2.85	57%										
자연	전자통신공학과	9	9	53	6.6	2.86	75%										
자연	전자융합공학과	7	7	48	6.9	2.88	43%										
자연	전자바이오물리학과	5	5	39	7.8	2.89	100%										
자연	환경공학과	3	3	48	16.0	2.96	67%										
자연	건축공학과	3	3	37	12.3	3.02	100%										
자연	정보융합학부	8	8	103	12.9	3.02	200%										
자연	소프트웨어학부	8	8	82	10.3	3.04	138%										
자연	건축학과(5년제)	3	3	36	12.0	3.17	67%										
자연	정보제어·지능시스템전공	3	7	52	7.4	3.30	114%										

■ (학생부종합) 소프트웨어우수인재

전형	모집인원	전형 방법	수능최저학력기준
소프트웨어우수인재	35	1단계)서류100%(3배수) 2단계)서류70%+ 면접30%	X

1. **지원자격**: 고등학교 졸업(예정)자 또는 관계 법령에 의하여 고등학교 졸업과 동등 이상의 학력이 있다고 인정되는 자로서, 모집단위 분야에 대한 재능과 열정을 가진 자※ 외국고교 졸업(예정)자는 국내고등학교 성적체계와 다른 경우 지원 불가
2. **제출서류**: 학교생활기록부

◎ 전형요소
● 서류 및 면접: 광운참빛인재 I (면접형)전형 참고

◎ 전형결과
■ 모집단위

'*'표시 : 교직 이수 가능

계열	모집단위	2025 모집인원	2024 모집인원	2024 지원인원	2024 경쟁률	2024 등록평균	2024 충원율	2023 모집인원	2023 지원인원	2023 경쟁률	2023 등록평균	2023 충원율	2022 모집인원	2022 지원인원	2022 경쟁률	2022 등록평균	2022 충원율
자연	AI로봇전공	5	5	38	7.6	2.79	40%										
자연	컴퓨터정보공학부	10	10	104	10.4	3.17	70%	10	93	9.3	3.63	60%	10	84	8.4	3.55	30%
자연	소프트웨어학부	10	10	129	12.9	3.30	130%	10	148	14.8	3.45	60%	10	150	15.0	3.65	70%
자연	정보융합학부	10	10	156	15.6	3.59	70%	10	158	15.8	3.91	50%	10	99	9.9	4.26	20%

■ (논술) 논술우수자

전형	모집인원	전형 방법	수능최저학력기준
논술우수자	198	학생부교과30%+ 논술70%	X

1. **지원자격**: 고등학교 졸업(예정)자 또는 법령에 의하여 고등학교 졸업자와 동등의 학력이 있다고 인정된 자

◎ 전형요소
● 학생부(300점: 최저점 0점)

반영요소 반영비율	구분	반영교과목 반영방법		교과성적 산출지표	학년별 반영비율
교과100%	공통 및 일반선택	국어, 영어, 수학, 사회(한국사 포함), 과학 교과에 속한 전 과목 ※ 반영 학기: (교과) 졸업예정자 및 졸업자 모두 3학년 1학기까지		석차등급	학년 구분 없음
	진로선택	반영교과에 속한 전 과목 ※ 성취도 환산등급 = A : 1등급, B : 2등급, C : 4등급		성취도	

구분		1등급	2등급	3등급	4등급	5등급	6등급	7등급	8등급	9등급
점수	100점	100	98	96	94	92	88	80	70	0
등급 간 점수 차이	100점	0	2	2	2	2	4	8	10	70
	300점	0	6	6	6	6	12	24	30	210

● 논술(700점: 최저점 0점)

계열	출제문제	문제형식	출제 대상 교과목	시험시간
자연	▸ 수리 논술(2문제) ▸ 각 문제당 5개 내외의 소문제 출제	고등학교 교과과정에서 다루는 개념, 정의, 용어와 정리를 활용하여 기술된 제시문과 함께 출제	수학, 수학 I, 수학 II, 확률과 통계, 미적분	120분
인문	▸ 통합교과형 논술(2문제) ▸ 각 문제당 750자 내외	복수의 제시문을 상호 관련시켜 통합형으로 출제	국어, 화법과작문, 독서, 언어와매체, 문학, 통합사회, 경제, 정치와법, 사회·문화, 생활과윤리, 윤리와사상	

◎ 전형결과
■ 전체

학년도	전체 모집인원	전체 지원인원	전체 경쟁률	전체 등록평균		전체 충원율	인문 모집인원	인문 지원인원	인문 경쟁률	인문 등록평균		인문 충원율	자연 모집인원	자연 지원인원	자연 경쟁률	자연 등록평균		자연 충원율
2022	187	5,729	30.64	4.55		67%	67	2,973	44.37	4.71		60%	120	2,756	22.97	4.39		74%
2023	187	6,350	33.96	4.29		48%	67	2,890	43.13	4.37		26%	120	3,460	28.83	4.21		70%
2024	197	6,485	32.92	4.19		40%	67	3,009	44.91	4.27		29%	130	3,476	26.74	4.11		51%
2025	198						72						126					

■ 변경사항 & 핵심포인트

[2025]

변경사항		2024	2025
모집인원		197명	198명(+1명)
학생부	반영교과목	인문: 국어, 영어, 수학, 사회 자연: 국어, 영어, 수학, 과학	국어, 영어, 수학, 사회, 과학
	진로선택과목	상위 3과목 (A : 1등급, B : 2등급, C : 3등급)	반영교과 전 과목 (A : 1등급, B : 2등급, C : 4등급)

• 학생부: 반영교과목이 4개교과(인문: 국영수사/자연: 국영수과)->5개교과(국영수사과)로 확대었고,
 – 진로선택과목도 반영교과목 중 상위 3과목->전과목으로 확대되면서 성취도C는 변환석차등급이 3등급->4등급으로 낮아짐
• 학생부: 5등급까지는 6점씩 균등하게 감점되므로 내신 부담 적음
• 논술고사: 인문은 언어+통계, 자연은 수학논술 출제
 – 자연계열 수학 출제범위: 수학, 수학Ⅰ, 수학Ⅱ, 미적분, 확률과 통계 ※ 기하 미출제
➡ 합격자 성적분포: 인문계열은 4등급 초반, 자연계열은 4등급 초반. 논술로 당락 결정.

■ 모집단위

'＊' 표시 : 교직 이수 가능

계열	모집단위	2025 모집인원	2024 모집인원	2024 지원인원	2024 경쟁률	2024 등록평균		2024 충원율	2023 모집인원	2023 지원인원	2023 경쟁률	2023 등록평균		2023 충원율	2022 모집인원	2022 지원인원	2022 경쟁률	2022 등록평균		2022 충원율
인문	**빅데이터경영전공**	5																		
인문	산업심리학과	4	4	163	40.8	3.66			5	189	37.8	4.45			4	170	42.5	4.35		25%
인문	국제통상학부	6	6	252	42.0	3.87			6	247	41.2	4.53		17%	6	260	43.3	4.54		
인문	동북아문화산업학부	6	6	238	39.7	3.99			6	237	39.5	4.47		33%	6	248	41.3	4.78		
인문	경영학전공	15	15	790	52.7	4.04		33%	15	836	55.7	4.18		27%	15	792	52.8	4.64		47%
인문	행정학과	5	5	218	43.6	4.32			5	173	34.6	4.23			5	182	36.4	4.70		
인문	국제학부	4	4	154	38.5	4.37		50%	4	155	38.8	4.30			3	114	38.0	5.20		133%
인문	국어국문학과	4	4	155	38.8	4.46		25%	3	100	33.3	4.61			3	101	33.7	4.67		33%
인문	법학부	11	11	477	43.4	4.56		9%	11	438	39.8	4.52			12	495	41.3	4.82		
인문	미디어커뮤니케이션학부	8	8	410	51.3	4.62			8	391	48.9	4.03			8	434	54.3	4.89		
인문	영어산업학과	4	4	152	38.0	4.82			4	124	31.0	4.41			5	177	35.4	4.50		
자연	전자바이오물리학과	5	5	96	19.2	3.33		20%	6	126	21.0	4.67		50%	6	94	15.7	4.26		150%
자연	소프트웨어학부	9	9	306	34.0	3.66		78%	9	343	38.1	4.14		100%	9	291	32.3	3.97		44%
자연	화학공학과	7	7	188	26.9	3.76		86%	8	222	27.8	3.39		113%	8	196	24.5	4.16		25%
자연	반도체시스템공학부	6	6	144	24.0	3.77		33%												
자연	전자재료공학과	9	9	204	22.7	3.87		44%	9	238	26.4	4.08		22%	9	180	20.0	4.31		89%
자연	전자공학과	16	16	561	35.1	3.98		81%	16	616	38.5	4.24		69%	16	503	31.4	4.17		113%
자연	컴퓨터정보공학부	8	8	259	32.4	4.02		50%	8	307	38.4	3.87		88%	8	252	31.5	4.15		88%
자연	전자융합공학과	8	8	183	22.9	4.07		13%	8	196	24.5	4.26		75%	8	145	18.1	4.46		50%
자연	환경공학과	4	4	107	26.8	4.09		100%	4	118	29.5	4.18		100%	4	80	20.0	6.05		50%
자연	정보융합학부	8	8	213	26.6	4.12		13%	8	223	27.9	4.29		25%	9	201	22.3	4.25		56%
자연	화학과	6	6	131	21.8	4.16			6	133	22.2	4.01		83%	6	90	15.0	4.45		67%
자연	정보제어·지능시스템전공	3	7	172	24.6	4.27		14%												
자연	전자통신공학과	9	9	215	23.9	4.36		44%	9	246	27.3	4.07		33%	9	174	19.3	4.41		78%
자연	AI로봇전공	7	7	177	25.3	4.36		71%	8	185	23.1	4.62		100%	8	142	17.8	4.98		
자연	전기공학과	8	8	174	21.8	4.41		25%	8	183	22.9	4.54		50%	8	150	18.8	3.77		50%
자연	건축학과(5년제)	4	4	144	36.0	4.45		25%	4	116	29.0	4.73		75%	3	81	27.0	3.94		133%
자연	건축공학과	4	4	108	27.0	4.51		50%	4	110	27.5	4.26		75%	4	90	22.5	4.43		100%
자연	수학과	5	5	94	18.8	4.71		120%	5	98	19.6	3.96		60%	5	87	17.4	4.52		20%

19. 국민대학교

서울특별시 성북구 정릉로 77
(Tel: 입학팀 02. 910-4123~9 / 입학사정관팀 02. 910-5703~20)

Ⅰ. 한 눈에 보는 전형

모집시기	전형유형	전형	모집인원	전형 방법	수능최저학력기준
수시	교과	교과성적우수자	491	학생부교과100% ※ 고교 추천: 제한 없음	○
수시	종합	국민프런티어	489	1단계)서류100%(3배수) 2단계)서류70%+ 면접30%	X
수시	종합	기회균형Ⅰ	122	1단계)서류100%(3배수) 2단계)서류70%+ 면접30%	X
수시	종합	취업자	12	1단계)서류100%(3배수) 2단계)서류70%+ 면접30%	X
수시	종합	성인학습자	8	1단계)서류100%(3배수) 2단계)서류70%+ 면접30%	X
수시	종합	학교생활우수자	369	서류100%	X
수시	종합	농어촌학생	100	서류100%	X
수시	종합	기회균형Ⅱ	57	서류100%	X
수시	종합	특성화고등을졸업한재직자	156	서류100%	X
수시	특기	소프트웨어 특기자	10	1단계)입상실적100%(8배수) 2단계)입상실적20%+ 학생부교과30%+ 면접50%	X
수시	특기	어학 특기자	41	1단계)어학성적100%(8배수) 2단계)어학성적20%+ 학생부교과30%+ 면접50%	X
수시	실기/실적	기능 특기자	1	1단계)입상실적100%(8배수) 2단계)입학실적20%+ 학생부교과30%+ 면접50%	X
수시	실기/실적	미술조형 특기자	11	1단계)입상실적100%(8배수) 2단계)입학실적40%+ 학생부교과15%+ 면접45%	X
수시	실기/실적	체육 특기자	9	학생부교과20%+ 면접20%+ 입상상적60%	X
수시	실기/실적	연기 실기우수자	20	1단계)실기100%(8배수) 2단계)학생부교과40%+ 실기60%	X
수시	실기/실적	영화 실기우수자	13	1단계)학생부교과30%+ 실기70%(3배수) 2단계)1단계70%+ 면접30%	X
수시	실기/실적	무용 실기우수자	26	학생부교과10%+ 실기90%	X
수시	실기/실적	회화 실기우수자	10	1단계)실기100%(5배수) 2단계)실기40%+ 학생부교과30%+ 면접30%	X

(수시모집) 지원 가능 횟수	본교 수시모집 모든 전형 간에 중복 지원이 가능합니다.

■ 무전공(전공자율선택)

유형① [대학 내 모든 전공(보건의료, 사범 등 제외) 자율 선택]		유형② [계열/단과대 모집 후 모집단위 내 전공 자율 선택]	
모집단위	인원	모집단위	인원
미래융합전공	528	건축학부	44
자유전공	300	경영학부	116
		법학부	77
		자동차융합대학	75

■ 경영정보학부 및 AI빅데이터융합경영학과는 인문계와 자연계를 분리하여 모집합니다.
■ **미래융합전공** 합격자는 전공자율선택제 입학자로서 본교 내 학부(과) 전공을 자유롭게 선택가능. 단, 일부 학과 제외
  - 전공자율선택제 선택 불가 학부(과) 전공: 한국어문학부 글로벌한국어전공, 교육학과, 기업융합법학과, 경영학부 글로벌경영전공, 기업경영학부, 회계세무학과, 음악학부, 공연예술학부(연극전공, 무용전공), KMU Intermational Business School

■ 학교폭력 조치사항

전형	전형총점	감점								
		1호	2호	3호	4호	5호	6호	7호	8호	9호
학생부종합전형 위탁교육(정부)	1,000	정성평가							부적격	
교과성적우수자 실기/실적(체육특기자 제외)	1,000	2			10		30		부적격	
체육특기자	1,000	20			50				200	

※ 최종사정처리 단계에서 해당 배점표의 점수를 총점에서 감점 처리함. (정성평가 제외)

■ 전형결과

모집시기	전형유형	전형	학년도	모집인원	지원인원	경쟁률	등록자 50%컷	등록자 70%컷	충원율
수시	교과	교과성적우수자	2024	493	3,321	6.74	**2.19**	2.29	187%
수시	종합	국민프런티어	2024	490	9,146	18.67	**2.88**	3.02	69%
수시	종합	학교생활우수자	2024	403	4,253	10.55	**2.82**	2.93	107%
수시	특기	소프트웨어 특기자	2024	15	35	2.33			

■ (주요전형) 전형일정

유형	전형	원서접수 마감	대학별 고사(면접/논술)	1단계 합격자	최종 합격자
교과	교과성적우수자	9.13(금) 18:00 학교장추천: 9.25(수) 18:00			12.13(금)
종합	국민프런티어	9.13(금) 18:00	-11.23(토) 인문계/예체능계(경영대학 자연계 모집 단위 포함) -11.24(일) 자연계	11.20(수)	12.13(금)
종합	학교생활우수자	9.13(금) 18:00			12.13(금)
특기	소프트웨어 특기자	9.13(금) 18:00	10.26(토)	10.22(화)	11.12(화)

Ⅱ. (수시모집) 주요 전형

■ (학생부교과) 교과성적우수자

전형	모집인원	전형 방법	수능최저학력기준
교과성적우수자	491	학생부교과100%	○

1. **지원자격**: 아래 사항 모두 해당자
   가. 국내 고등학교 졸업(예정)자
      ※ 산업수요 맞춤형 고등학교(마이스터고), 특성화고등학교 중 자연 현장실습 등 체험 위주의 교육을 전문으로 실시하는 고등학교를 제외한 학교, 일반고(종합고)에 설치된 학과 중 특성화고등학교와 같은 교육과정으로 운영되는 학과 출신자는 지원할 수 없음(단, '보통과<7차 일반 등>' 출신자는 지원 가능) ※ 학력인정 평생교육시설, 각종학교, 방송통신고, 고등기술학교 등 관계 법령에 의한 학력인정 학교 또는 유사한 교육기관 등의 졸업(예정)자는 지원할 수 없음
   나. 3학년 1학기까지 3개 학기 이상의 본교 반영교과영역의 지정교과목 석차(과목, 학기 또는 학년(계열)별) 성적이 있는 자
   다. 졸업(예정) 고등학교의 학교장 추천을 받은 자 ※ 학교별 추천인원 제한 없음
2. **제출서류**: 학교생활기록부, 학교장 추천 명단
3. **수능최저학력기준**:

> 인 [국어, 수학, 영어, 사/과탐(1과목)] 중 2개 영역 등급 합 5 이내
> 자 [국어, 수학, 영어, 과탐(1과목)] 중 2개 영역 등급 합 6 이내

◎ 전형요소
● 학생부

반영요소 반영비율	반영교과목		교과성적 산출지표	학년별 반영비율
	구분	반영방법		
교과100%	공통 및 일반선택 85%	인 국어, 영어, 수학, 사회교과에 속한 전 과목 자 국어, 영어, 수학, 과학교과에 속한 전 과목 ※ 반영 학기: (교과) 졸업예정자 및 졸업자 모두 3학년 1학기까지	석차등급	학년 구분 없음
	진로선택 15%	반영교과 중 성취도(성취평가등급) 상위 3과목 ※ 성취도별 성취평가등급 = A : 1001등급), B : 98(3등급), C : 90(5등급)	성취도	

◎ 전형결과

■ 전체

학년도	전체						인문						자연					
	모집인원	지원인원	경쟁률	등록 50%컷	등록 70%컷	충원율	모집인원	지원인원	경쟁률	등록 50%컷	등록 70%컷	충원율	모집인원	지원인원	경쟁률	등록 50%컷	등록 70%컷	충원율
2022	410	5,371	13.10	2.27	2.33	217%	157	2,784	17.73	2.31	2.36	227%	253	2,587	10.23	2.22	2.29	207%
2023	409	3,576	8.74	2.16	2.23	175%	158	1,720	10.89	2.18	2.23	164%	251	1,856	7.39	2.14	2.22	186%
2024	493	3,321	6.74	2.19	2.29	187%	183	1,395	7.62	2.20	2.29	193%	310	1,926	6.21	2.17	2.29	180%
2025	491						201						290					

■ 변경사항 & 핵심포인트

[2025]

변경사항	2024	2025
모집인원	493명	491명(-2명)

🔼 **합격자 성적분포**: 인문계열은 1등급 후반 ~ 2등급 중반, 자연계열은 1등급 후반 ~ 2등급 중반.

※ 경쟁률이 8.74 -> 6.74로 많이 낮아졌음. 특히, 인문계열이 10.89 -> 7.62로 많이 하락함.

[2024]

변경사항		2023	2024
(학생부) 진로선택과목 반영	공통 및 일반선택과목	100%	85%
	진로선택과목	-	15%, 반영교과 중 성취도 상위 3과목

■ 모집단위

'*' 표시 : 교직 이수 가능

계열	모집단위	2025	2024						2023						2022					
		모집인원	모집인원	지원인원	경쟁률	등록 50%컷	등록 70%컷	충원번호	모집인원	지원인원	경쟁률	등록 50%컷	등록 70%컷	충원번호	모집인원	지원인원	경쟁률	등록 50%컷	등록 70%컷	충원번호
인문	미래융합전공(인문)	50																		
인문	미디어전공	4	8	65	8.1	1.95	2.01	15	8	88	11.0	2.02	2.13	23	6	263	43.8	2.08	2.09	13
인문	경제학과*	7	8	48	6.0	2.01	2.07	25	7	136	19.4	2.04	2.11	12	7	93	13.3	2.52	2.61	23
인문	경영정보학부(인문)	3	7	48	6.9	2.02	2.04	15	7	69	9.9	2.13	2.14	15	7	103	14.7	2.19	2.35	19
인문	광고홍보학전공	6	6	49	8.2	2.04	2.12	10	6	60	10.0	2.07	2.25	12	7	135	19.3	2.12	2.15	12
인문	영어영문학부*	7	9	109	12.1	2.06	2.15	8	6	48	8.0	2.29	2.40	11	6	101	16.8	2.10	2.21	10
인문	행정학과*	9	12	65	5.4	2.08	2.28	26	10	94	9.4	2.10	2.16	15	10	269	26.9	2.16	2.16	18
인문	법학부*	15	22	116	5.3	2.11	2.16	32	19	186	9.8	2.18	2.25	24	19	398	21.0	2.23	2.32	27
인문	정치외교학과*	6	7	113	16.1	2.11	2.20	24	7	59	8.4	2.51	2.54	12	7	101	14.4	2.10	2.10	8
인문	국어국문학전공*	5	8	56	7.0	2.14	2.19	9	9	64	7.1	2.26	2.30	12	8	98	12.3	2.28	2.34	17
인문	국제통상학과*	10	10	64	6.4	2.16	2.21	24	10	165	16.5	2.14	2.15	11	11	212	19.3	2.38	2.42	41
인문	중국정경전공	3	3	27	9.0	2.17	2.22	2	3	22	7.3			2	3	43	14.3	2.28	2.28	2
인문	중국어문전공*	5	7	64	9.1	2.20	2.27	15	7	60	8.6	2.38	2.44	9	7	99	14.1	2.42	2.42	13
인문	사회학과	5	6	38	6.3	2.21	2.30	11	5	60	12.0	2.08	2.13	8	5	80	16.0	2.35	2.53	9
인문	교육학과*	12	6	45	7.5	2.29	2.29	5	4	51	12.8	1.80	1.80	3	4	55	13.8	2.24	2.24	17
인문	러시아·유라시아학과	4	4	35	8.8	2.29	2.29	8	4	39	9.8	2.42	2.42	6	4	44	11.0	2.47	2.62	10
인문	AI빅데이터융합경영학과(인문)	8	10	50	5.0	2.30	2.49	23	8	81	10.1	1.97	2.07	20	8	115	14.4	2.25	2.35	12
인문	한국역사학과*	9	9	47	5.2	2.33	2.68	28	9	77	8.6	2.25	2.28	7	9	103	11.4	2.48	2.48	25
인문	글로벌한국어전공	2	2	18	9.0	2.47	2.47		2	37	18.5				2	18	9.0	2.89	2.89	4
인문	일본학과	4	4	49	12.3	2.49	2.70	13	4	35	8.8	2.46	2.46	9	4	56	14.0	2.47	2.51	6
인문	경영학부	27	16	77	4.8	2.79	2.99	28	13	144	11.1	1.90	1.91	36	13	260	20.0	1.99	1.99	53
자연	미래융합전공(자연)	50																		
자연	바이오발효융합학과	5	8	41	5.1	1.82	1.84	14	7	41	5.9	1.95	1.95	5	7	62	8.9	1.88	1.97	19
자연	식품영양학과*	3	7	37	5.3	1.85	1.86	10	5	37	7.4	2.00	2.19	5	5	50	10.0	2.21	2.39	4
자연	건축학부	17	17	82	4.8	1.92	1.98	18	14	99	7.1	2.18	2.19	29	15	130	8.7	2.09	2.15	22
자연	전자화학재료전공	13	12	57	4.8	2.01	2.05	18	10	66	6.6	2.03	2.09	18	10	96	9.6	2.06	2.08	27
자연	소프트웨어학부	11	24	205	8.5	2.02	2.06	53	23	136	5.9	2.17	2.30	59	23	273	11.9	2.03	2.09	39
자연	AI빅데이터융합경영학과(자연)	5	10	44	4.4	2.05	2.11	10	7	42	6.0	2.06	2.25	12	7	63	9.0	2.26	2.33	11
자연	지능형반도체융합전자전공*	22	27	118	4.4	2.06	2.57	42	21	140	6.7	2.06	2.12	37	23	247	10.7	2.21	2.26	63
자연	자동차융합대학	26	19	95	5.0	2.08	2.15	33	19	99	5.2	2.18	2.26	31	20	196	9.8	2.27	2.34	47
자연	나노소재전공	4	10	49	4.9	2.08	2.11	27	8	49	6.1	2.10	2.15	11	8	71	8.9	2.07	2.22	18
자연	기계금속재료전공	13	12	91	7.6	2.10	2.12	15	10	76	7.6	2.39	2.44	17	10	84	8.4	2.36	2.45	23

계열	모집단위	2025 모집인원	2024 모집인원	지원인원	경쟁률	등록 50%컷	등록 70%컷	충원번호	2023 모집인원	지원인원	경쟁률	등록 50%컷	등록 70%컷	충원번호	2022 모집인원	지원인원	경쟁률	등록 50%컷	등록 70%컷	충원번호
자연	지능전자공학전공	10	12	55	4.6	2.14	2.20	21	9	97	10.8	2.27	2.29	13	8	84	10.5	2.37	2.44	12
자연	*정보보안암호수학과*	*4*	*9*	68	7.6	2.15	2.22	19	8	61	7.6	2.27	2.32	22	8	65	8.1	2.32	2.40	19
자연	*인공지능학부*	*8*	*13*	77	5.9	2.16	2.26	28	11	141	12.8	2.14	2.22	15	11	102	9.3	2.45	2.50	11
자연	미래모빌리티학과	8	8	38	4.8	2.18	2.23	4	5	30	6.0	2.08	2.21	4	5	47	9.4	2.41	2.43	3
자연	*나노전자물리학과**	*5*	*11*	99	9.0	2.19	2.25	18	9	74	8.2	2.41	2.54	16	9	74	8.2	2.43	2.48	26
자연	지능형ICT융합전공	22	22	90	4.1	2.20	2.27	48	17	119	7.0	2.17	2.26	38	14	154	11.0	2.18	2.33	25
자연	산림환경시스템학과	6	8	50	6.3	2.23	2.24	24	7	67	9.6	2.19	2.25	9	7	100	14.3	2.36	2.48	11
자연	*기계공학부**	*30*	*39*	365	9.4	2.24	2.29	98	23	170	7.4	2.38	2.45	60	24	296	12.3	2.33	2.38	62
자연	건설시스템공학부	14	15	144	9.6	2.32	2.36	24	15	155	10.3	2.45	2.54	29	16	168	10.5	2.56	2.59	22
자연	바이오의약전공	7	7	27	3.9	2.37	2.70	10	6	59	9.8	1.59	1.65	9	6	62	10.3	1.86	1.87	12
자연	*임산생명공학과*	*7*	*10*	41	4.1	3.81	4.65	9	7	49	7.0	2.03	2.03	8	7	76	10.9	2.12	2.18	14

■ (학생부종합) 국민프런티어

전형	모집인원	전형 방법	수능최저학력기준
국민프런티어	489	1단계)서류100%(3배수) 2단계)서류70%+ 면접30%	X

1. **지원자격**: 국내 고등학교 졸업(예정)자 또는 법령에 의하여 이와 동등 이상의 학력이 있다고 인정되는 자
2. **제출서류**: 학교생활기록부

◎ 전형요소
※ "본 전형에서는 고교 생활의 교과영역 및 비교과영역을 충실히 수행하고 자기주도성과 도전정신을 갖춘 글로벌 인재를 선발하고자 합니다."
● 서류(1,000점)
  1. **평가방법**: 입학사정관 2인의 정성적 종합평가
  2. **평가자료**: 학교생활기록부
  3. **평가요소**:

평가요소	평가세목	반영비율 국민프런티어	반영비율 학교생활우수자	평가 주된 내용
자기주도성 및 도전정신	자기주도성	30%	15%	• 고등학교 생활에 적극적으로 참여하고 성장하였는가? – 수업 활동, 교내 활동 • 자신의 역량 강화를 위해 스스로 노력하고 성취를 이루었는가?
	발전가능성	20%	20%	• 다양한 여건 속에서 포기하지 않고 노력·발전하는 모습이 보이는가? • 고등학교 생활 전반에 걸쳐 발전적 변화의 모습이 우수한가?
전공적합성	전공잠재력	25%	35%	• 진로탐색을 위해 어떠한 노력을 하였고 그 성과는? • 지원전공 특성에 맞는 역량이 있는가?
	학업능력	15%	15%	• 대학 학업 이수에 필요한 기초 학업능력을 갖추고 있는가? • 지원전공에 대한 이해와 학업능력이 어느 정도인가?
인성	공동체의식 및 협동능력	10%	15%	• 공동체 활동에서 나눔·배려·협력의 관계를 실천할 수 있는가? • 고등학교 생활을 성실하게 수행했는가? • 학교폭력조치사항반영 등

☞ 보충설명
• 자기주도성(30%) > 전공잠재력(25%) > 발전가능성(20%) > 학업능력(15%) > 공동체의식 및 협동능력(10%) 순으로 반영
• 자기주도성과 전공잠재력에서 변별력이 크고, 인성은 대부분 우수한 평가를 받음
• 자기주도성이 강한 학생을 선발하고자 함. 그러나 합격자 성적이 2등급 중후반으로 높은 이유는?
  국민대가 원하는 자기주도성을 보여주는 학생이 드물기 때문임. 도전이 대부분 시도에 그침. 시도에 의미를 두는 것을 넘어서 한 단계 더 나아가야 함.
• 자기주도성(30%)은 도전적으로 시도하는 것에 그쳐서는 좋은 평가를 못 받음. 시도에 멈추지 말고 아는 것까지 가야함.
  즉, 시도를 하고 끌고 나갈 수 있는 힘을 보여주면 전공과 관련이 없더라도 좋은 평가를 받고, 이런 자기주도적인 학생을 선발하고자 함.
  – 자기주도성은 학업과 동떨어진 영역이므로 목표가 분명한 아이들이나 학생 스스로 공부 활동을 한 학생들이 대학에 와서도 성장할 수 있다고 보며 좋은 평가를 받음. 자기주도성은 변별력이 가장 큼.
  – 자기주도성은 지원자들이 준비를 잘 하므로 아주 세밀한 변별은 쉽지 않아 선생님의 코멘트가 영향이 큼. 지적인 능력이 우수하거나 또는 활동이나 참여를 이끌어 내거나 팔로우쉽을 드러내는 경우 등.
• 도전정신을 높게 평가함. 국민대 인재상과도 일치. 교과 성적 향상도 도전정신으로 봄. 봉사나 동아리를 주도적으로 한 것도 도전했다고 봄.
• 발전가능성(20%)은 학업능력이나 전공적합성과 관련이 있는 경우가 더 많아 학업능력과 전공적합성이 우수하면 발전가능성도 우수하지만, 자기주도성은 학업능력이나 전공적합성과 관련이 적음.
• 전공잠재력(25%)은 학과가 우선, 고교에서 할 수 있는 범위가 제한적인 학과는 계열로 봄 전공가이드북 비상에 있는 학과, 인재상 참고

● 면접(300점)
1. **평가방법**: 수험생 개인별 10분 이내, 블라인드 면접, 수험생 1명, 평가위원 3인
2. **평가문항**: 제출서류를 토대로 한 서류확인 면접(수험생별 맞춤형 질문)
3. **평가항목**:

평가영역	비율	평가요소	예시문항
자기주도성 및 도전정신	40%	• 지원자가 수행한 교내활동의 진정성 • 활동을 통한 인재로서의 발전가능성	• ○○활동을 통해 배우고, 느낀 점에 대해 말해보세요. • ○○활동이 특별히 본인에게 의미가 있었던 이유는 무엇인지 말해보세요.
전공적합성	40%	• 지원전공에 대한 이해도 • 지원전공과 관련한 학업능력 및 태도	• ○○전공과 관련하여, 자신의 가장 우수한 (뛰어난) 역량은 무엇이라고 생각하는지, 어떠한 활동들을 통해서 그 역량을 키워 왔는지 말해보세요.
인성	20%	• 지원자가 수행한 개인 활동의 진실성 • 면접 태도 및 의사소통능력	• 주위 친구들과 협력하여 좋은 결과를 얻어낸 적이 있다면 본인이 한 역할에 대해 말해보세요.

☞ **보충설명**
• 면접 역전률 45% 정도. 기본점수가 없으므로 영향력 매우 큼. 전공적합성이 명확하지 않고 학과가 역전률이 높음
• 면접위원들이 면접고사 당일에 90분 동안 면접 문항 준비, 면접시간 10분 내외, 평가영역별 1개씩 질문하려고 노력함

◎ 전형결과
■ 전체

학년도	전체						인문						자연					
	모집인원	지원인원	경쟁률	등록50%컷	등록70%컷	충원율	모집인원	지원인원	경쟁률	등록50%컷	등록70%컷	충원율	모집인원	지원인원	경쟁률	등록50%컷	등록70%컷	충원율
2022	645	5,860	9.09	2.97	3.21	75%	295	3,356	11.38	3.12	3.41	58%	350	2,504	7.15	2.82	3.00	91%
2023	646	6,898	10.68	2.94	3.12	55%	297	4,000	13.47	2.96	3.17	46%	349	2,898	8.30	2.91	3.07	64%
2024	490	9,146	18.67	2.88	3.02	69%	248	4,763	19.21	2.94	3.07	68%	242	4,383	18.11	2.82	2.97	70%
2025	489						247						242					

■ 변경사항 & 핵심포인트
[2025]

변경사항	2024	2025
모집인원	490명	489명(-1명)

▣ **합격자 성적분포**: 인문계열은 2등급 중반 ~ 3등급 중반, 자연계열은 2등급 중반 ~ 3등급 중반.
※ 경쟁률이 학생부교과 교과성적우수자전형은 8.74 -> 6.74로 낮아진 반면, 학생부종합 국민프런티어전형은 10.68 -> 18.67로 크게 상승함. 특히, 자연계열은 8.30 -> 18.11로 두 배 이상 상승하였음.

■ 모집단위

'*' 표시 : 교직 이수 가능

계열	모집단위	2025	2024						2023						2022					
		모집인원	모집인원	지원인원	경쟁률	등록50%컷	등록70%컷	충원번호	모집인원	지원인원	경쟁률	등록50%컷	등록70%컷	충원번호	모집인원	지원인원	경쟁률	등록50%컷	등록70%컷	충원번호
인문	미디어전공	8	9	204	22.7	2.27	2.46	5	9	156	17.3	2.43	2.53	2	7	125	17.9	2.11	2.13	6
인문	행정학과*	13	13	156	12.0	2.52	2.58	2	17	89	5.2	2.61	2.69	4	17	146	8.6	2.54	2.72	9
인문	정치외교학과*	9	9	104	11.6	2.54	2.56	9	14	118	8.4	2.62	2.64	6	14	133	9.5	2.53	2.57	9
예체	AI디자인학과	15	15	344	22.9	2.57	2.87	9	10	223	22.3	2.89	3.04	3	10	229	22.9	2.10	3.19	5
인문	교육학과*	7	7	192	27.4	2.57	2.58	9	9	194	21.6	2.42	2.70	9	9	127	14.1	2.38	2.41	8
인문	사회학과	7	7	161	23.0	2.59	2.60	12	10	125	12.5	2.78	2.84	6	10	144	14.4	2.65	2.73	11
인문	한국역사학과*	10	10	139	13.9	2.59	2.73	4	11	118	10.7	2.73	2.83	6	12	121	10.1	2.73	2.81	6
인문	경제학과*	11	11	140	12.7	2.70	2.82	14	13	93	7.2	2.63	2.88	6	13	72	5.5	2.58	2.61	10
인문	**광고홍보학전공**	10	7	225	32.1	2.72	2.72	4	7	363	51.9	2.53	2.77	2	6	205	34.2	4.58	4.81	1
인문	중국경경전공	8	8	122	15.3	2.74	3.67	9	10	77	7.7	3.65	4.89	8	10	78	7.8	2.99	3.31	5
예체	스포츠산업레저학과	2	5	126	25.2	2.79	2.84	7	5	83	16.6	3.42	2.73	4	5	100	20.0	2.66	2.70	7
인문	**경영학부**	43	20	410	20.5	2.79	2.92	14	29	420	14.5	2.46	2.61	13	31	421	13.6	2.42	2.73	24
인문	국어국문학전공*	8	8	122	15.3	2.80	2.88	9	8	68	8.5	2.79	2.84	8	8	56	7.0	2.52	2.70	5
인문	법학부*	22	22	260	11.8	2.82	2.86	7	29	211	7.3	2.82	2.89	8	27	194	7.2	2.74	2.93	12
인문	영어영문학부*	13	13	236	18.2	2.85	2.93	13	17	179	10.5	3.13	3.38	10	17	132	7.8	2.80	3.09	8
인문	국제통상학과*	10	10	159	15.9	2.85	2.94	7	10	96	9.6	2.78	3.03	4	10	115	11.5	2.71	2.84	4
인문	일본학과	6	6	80	13.3	2.85	3.06	7	7	108	15.4	2.81	2.98	1	8	66	8.3	3.18	5.18	7
예체	시각디자인학과	10	10	388	38.8	2.87	3.03	2	7	327	46.7	2.24	2.53	3	6	166	27.7	3.17	3.66	2
인문	AI빅데이터융합경영학과 (인문)	7	7	105	15.0	2.95	3.09	5	12	113	9.4	2.78	2.92	4	12	100	8.3	3.02	3.06	4
인문	경영정보학부(인문)	5	5	68	13.6	2.96	3.09	3	7	91	13.0	2.64	2.74		7	77	11.0	3.16	3.18	2

계열	모집단위	2025 모집인원	2024 모집인원	2024 지원인원	2024 경쟁률	2024 등록50%컷	2024 등록70%컷	2024 충원번호	2023 모집인원	2023 지원인원	2023 경쟁률	2023 등록50%컷	2023 등록70%컷	2023 충원번호	2022 모집인원	2022 지원인원	2022 경쟁률	2022 등록50%컷	2022 등록70%컷	2022 충원번호
인문	러시아·유라시아학과	6	6	94	15.7	3.24	3.56	4	7	99	14.1	3.35	3.44	8	7	90	12.9	4.36	4.69	7
예체	스포츠건강재활학과	8	8	371	46.4	3.32	3.49	3	8	245	30.6	3.35	3.61	2	8	188	23.5	3.66	3.92	2
인문	중국어문전공*	9	9	168	18.7	4.28	4.29	8	9	138	15.3	4.53	4.58	4	9	62	6.9	5.40	5.91	6
자연	바이오의약전공	7	7	150	21.4	2.14	2.17	4	11	112	10.2	2.18	2.28	4	11	102	9.3	2.17	2.20	3
자연	전자화학재료전공	12	12	194	16.2	2.47	2.61	11	15	119	7.9	2.82	2.89	10	15	111	7.4	2.63	2.75	10
자연	AI빅데이터융합경영학과 (자연)	6	6	88	14.7	2.49	2.75	5	8	56	7.0	3.02	3.05	2	8	57	7.1	2.95	3.10	7
자연	바이오발효융합학과	8	8	344	43.0	2.52	2.69	4	11	246	22.4	2.61	2.90	8	11	150	13.6	2.53	2.61	4
자연	건축학부	13	13	275	21.2	2.55	2.68	18	18	250	13.9	2.86	2.99	7	18	270	15.0	2.75	3.06	8
자연	**자동차융합대학**	16	10	99	9.9	2.62	2.98	5	18	68	3.8	2.84	3.19	3	19	97	5.1	2.59	2.63	10
자연	임산생명공학과	7	7	217	31.0	2.65	2.75	6	10	93	9.3	2.80	2.97	5	10	67	6.7	2.64	2.69	8
자연	나노소재전공	8	8	147	18.4	2.68	2.76	2	13	113	8.7	2.68	2.80	9	12	94	7.8	2.56	2.70	10
자연	산림환경시스템학과	7	7	175	25.0	2.72	2.76	4	9	94	10.4	2.80	2.86	5	9	67	7.4	2.71	2.75	5
자연	*정보보안암호수학과*	4	8	96	12.0	2.77	2.93	6	12	69	5.8	2.85	3.00	10	12	54	4.5	2.90	3.07	9
자연	식품영양학과*	7	7	220	31.4	2.81	2.82	2	10	132	13.2	2.97	3.05	3	10	90	9.0	2.72	3.08	9
자연	소프트웨어학부	20	20	492	24.6	2.84	2.97	21	25	356	14.2	2.91	3.15	22	25	334	13.4	2.69	3.05	25
자연	지능전자공학전공	7	7	75	10.7	2.88	3.08	4	12	56	4.7	2.98	3.14	10	12	54	4.5	2.75	2.89	7
자연	미래모빌리티학과	6	6	59	9.8	2.92	2.99	2	8	63	8.9	2.86	2.91	5	8	45	5.6	3.30	3.68	3
자연	나노전자물리학과*	8	8	95	11.9	2.93	3.04	9	11	50	4.6	3.06	3.24	9	11	43	3.9	3.07	3.24	6
자연	기계공학부*	37	33	489	14.8	2.99	3.15	28	49	264	5.4	3.36	3.54	46	50	257	5.1	2.99	3.12	66
자연	지능형반도체융합전자전공*	13	13	144	11.1	3.00	3.06	9	24	130	5.4	3.00	3.08	15	24	111	4.6	2.82	3.13	33
자연	기계금속재료전공	12	12	149	12.4	3.08	3.14	4	15	71	4.7	3.03	3.18	4	15	66	4.4	2.77	2.84	14
자연	지능형ICT융합전공	13	13	158	12.2	3.09	3.17	15	24	139	5.8	3.03	3.16	15	24	127	5.3	3.01	3.11	22
자연	인공지능학부	11	11	386	35.1	3.10	3.32	4	13	231	17.8	3.30	3.63	3	13	128	9.9	3.16	3.43	23
자연	건설시스템공학부	15	15	198	13.2	3.23	3.31	15	15	84	5.6	3.04	3.40	16	15	82	5.5	3.03	3.24	21
자연	경영정보학부(자연)	5	5	74	14.8	3.50	4.17		7	50	7.1	3.20	3.30	6	7	41	5.9	3.28	3.47	5

■ (학생부종합) 학교생활우수자

전형	모집인원	전형 방법	수능최저학력기준
학교생활우수자	369	서류100%	X

1. **지원자격**: 국내 고등학교 교육과정을 5개 학기 이상 이수한 국내 고등학교 졸업(예정)자
   ※ 학력인정 평생교육시설, 각종학교, 방송통신고, 고등기술학교 등 관계 법령에 의한 학력인정 학교 또는 유사한 교육기관 등의 졸업(예정)자는 지원할 수 없음
   ※ 검정고시, 국외 고등학교 졸업(예정)자는 지원할 수 없음
2. **제출서류**: 학교생활기록부

◎ **전형요소**
● **서류(1,000점)**: 국민프런티어전형 참고 ※ 입학사정관 3인의 정성적 종합평가

■ [전형 비교] 국민프런티어, 학교생활우수자

구분	[종합] 국민프런티어	[종합] 학교생활우수자
전형방법	1단계)서류100%(3배수) 2단계)서류70%+ 면접30%	서류100%
모집인원	493명	398명
수능최저학력기준	X	X
서류평가	학업능력15%, 전공잠재력25%, 공동체의식및협동능력10%, **자기주도성30%**, 발전가능성20%	학업능력15%, **전공잠재력35%**, 공동체의식및협동능력15%, 자기주도성15%, 발전가능성20%

• 공통점: 모두 수능최저학력기준이 없음
• 차이점: 면접 유무와 서류평가요소 가중치에서 차이남.
  - 면접고사가 국민프런티어는 있는 반면, 학교생활우수자는 없음
  - 서류평가요소에서 국민프런티어는 자기주도성(30%)이 가장 높으며, 학교생활우수자는 전공잠재력(35%)가 가장 높음.
• 두 전형이 전년도까지는 서류평가요소의 반영비율이 동일하였기 때문에 합격자 성적이 비슷하였음. 하지만 올해부터 두 전형의 서류평가 반영비율이 다르기 때문에 합격선에서 차이가 날 수 있음.

- 전형결과:

전형유형	전형	학년도	모집인원	지원인원	경쟁률	등록자 50%컷	등록자 70%컷	충원율
학생부종합	국민프런티어	2024	490	9,146	18.67	2.88	3.02	69%
학생부종합	학교생활우수자	2024	403	4,253	10.55	2.82	2.93	107%

◎ 전형결과
■ 전체

학년도	전체						인문						자연					
	모집인원	지원인원	경쟁률	등록50%컷	등록70%컷	충원율	모집인원	지원인원	경쟁률	등록50%컷	등록70%컷	충원율	모집인원	지원인원	경쟁률	등록50%컷	등록70%컷	충원율
2022	397	1,965	4.95	2.88	3.21	104%	158	937	5.93	2.89	3.26	114%	239	1,028	4.30	2.87	3.16	93%
2023	383	2,566	6.70	2.88	3.00	97%	147	1,206	8.20	2.89	2.98	97%	236	1,360	5.76	2.86	3.02	97%
2024	403	4,253	10.55	2.82	2.93	107%	156	1,705	10.93	2.87	2.97	119%	247	2,548	10.32	2.76	2.88	94%
2025	369						144						225					

■ 변경사항 & 핵심포인트

[2025]

변경사항	2024	2025
모집인원	403명	369명(-34명)

➡ 합격자 성적분포: 인문계열은 2등급 초반 ~ 3등급 중반(일부 학과는 5등급 초반까지), 자연계열은 2등급 초반 ~ 3등급 후반.

※ 경쟁률이 학생부종합 국민프런티어전형은 10.68 -> 18.67로 상승한 것처럼, 학교생활우수자전형도 6.70 -> 10.55로 크게 상승하였음. 특히, 자연계열은 국민프런티어전형과 마찬가지로 5.76 -> 10.32로 두 배 이상 상승하였음.

■ 모집단위

'*' 표시 : 교직 이수 가능

계열	모집단위	2025 모집인원	2024 모집인원	지원인원	경쟁률	등록50%컷	등록70%컷	충원번호	2023 모집인원	지원인원	경쟁률	등록50%컷	등록70%컷	충원번호	2022 모집인원	지원인원	경쟁률	등록50%컷	등록70%컷	충원번호
인문	교육학과*	2	8	117	14.6	2.28	2.45	17	8	99	12.4	2.32	2.45	12	8	48	6.0	2.32	2.67	9
인문	경영학부	15	7	129	18.4	2.30	2.47	10	4	62	15.5	2.72	2.72	3	5	46	9.2	2.62	2.94	5
인문	법학부*	16	16	130	8.1	2.47	2.58	18	16	107	6.7	2.57	2.65	19	16	75	4.7	2.55	2.72	17
인문	정치외교학과*	10	10	81	8.1	2.53	2.66	11	8	41	5.1	2.60	2.62	8	8	50	6.3	2.43	2.55	14
인문	행정학과*	13	13	103	7.9	2.56	2.64	16	13	69	5.3	2.57	2.61	7	13	71	5.5	2.11	2.33	11
인문	미디어전공	2	2	37	18.5	2.58	2.58		2	21	10.5			1	6	64	10.7	2.45	2.48	8
인문	사회학과	9	9	97	10.8	2.65	2.73	18	8	62	7.8	2.58	2.70		8	50	6.3	2.21	2.86	13
인문	경제학과*	14	14	124	8.9	2.68	2.71	14	14	108	7.7	2.63	2.66	15	14	74	5.3	2.80	2.97	18
인문	국제통상학과*	5	10	154	15.4	2.71	2.74	2	10	66	6.6	3.00	3.44	14	10	56	5.6	2.60	2.80	17
인문	한국역사학과*	9	11	84	7.6	2.72	2.75	11	11	69	6.3	2.66	2.74	11	11	56	5.1	2.57	2.98	11
인문	국어국문학전공*	5	5	44	8.8	2.72	2.80	13	5	31	6.2	2.52	2.63	3	5	33	6.6	2.39	2.58	6
인문	영어영문학부*	13	11	84	7.6	2.75	2.86	22	11	81	7.4	2.61	2.72	14	12	59	4.9	2.66	2.88	14
인문	글로벌한국어전공	1	1	10	10.0	2.77	2.77		1	10	10.0			1	1	6	6.0			1
인문	일본학과	4	4	51	12.8	2.94	3.06	4	4	64	16.0	3.06	3.06	5	4	24	6.0	3.98	6.73	3
인문	경영정보학부(인문)	7	7	77	11.0	2.96	2.97	4	5	32	6.4	2.83	2.88	2	6	48	8.0	2.39	2.47	6
인문	AI빅데이터융합경영학과(인문)	3	3	28	9.3	3.14	3.14		2	12	6.0			2	3	19	6.3			2
인문	러시아·유라시아학과	6	6	158	26.3	4.01	4.34	9	6	84	14.0	5.03	5.16	10	6	30	5.0	5.00	5.47	3
인문	중국어문전공*	7	7	81	11.6	4.11	4.34	10	7	95	13.6	3.96	4.20	2	7	32	4.6	5.45	5.63	6
인문	중국정경전공	3	3	29	9.7	4.52	4.52		3	18	6.0			3	5	26	5.2	3.36	3.43	4
자연	바이오의약전공	8	8	89	11.1	2.07	2.37	11	6	40	6.7	2.01	2.12	8	6	37	6.2	2.19	2.22	5
자연	바이오발효융합학과	8	8	169	21.1	2.17	2.23	11	8	93	11.6	2.54	2.56	9	8	43	5.4	2.64	2.80	9
자연	임산생명공학과	7	7	81	11.6	2.50	2.69	6	7	39	5.6	2.50	2.53	5	7	35	5.0	2.57	2.99	2
자연	나노소재전공	10	10	96	9.6	2.50	2.56	7	8	52	6.5	2.51	2.53	4	8	37	4.6	2.82	2.93	5
자연	건축학부	9	11	105	9.6	2.57	2.78	15	11	79	7.2	2.36	2.41	11	11	73	6.6	2.41	2.54	17
자연	전자화학재료전공	9	15	175	11.7	2.57	2.64	12	15	78	5.2	2.72	2.95	12	15	54	3.6	2.62	2.91	18
자연	소프트웨어학부	4	7	114	16.3	2.57	2.65	5	7	94	13.4	2.77	2.82	8	7	51	7.3	3.09	3.28	11
자연	산림환경시스템학과	8	8	137	17.1	2.62	2.81	10	8	56	7.0	3.05	3.15	9	8	36	4.5	2.71	3.13	5
자연	지능형ICT융합전공	12	12	101	8.4	2.72	2.85	13	12	53	4.4	3.06	3.23	14	12	49	4.1	2.72	3.19	13
자연	정보보안암호수학과	18	13	93	7.2	2.73	2.88	8	5	40	4.0	2.84	2.98	7	10	35	3.5	2.83	2.96	10
자연	지능형반도체융합전자전공*	17	17	134	7.9	2.73	2.86	21	17	64	3.8	2.57	2.85	22	17	71	4.2	2.83	2.86	23

계열	모집단위	2025 모집인원	2024 모집인원	지원인원	경쟁률	등록50%컷	등록70%컷	충원번호	2023 모집인원	지원인원	경쟁률	등록50%컷	등록70%컷	충원번호	2022 모집인원	지원인원	경쟁률	등록50%컷	등록70%컷	충원번호
자연	식품영양학과*	10	10	178	17.8	2.74	2.86	4	9	75	8.3	2.96	3.20	7	9	40	4.4	2.98	2.99	10
자연	**자동차융합대학**	26	18	111	6.2	2.79	2.99	14	18	64	3.6	2.82	2.97	10	18	55	3.1	2.86	3.26	6
자연	나노전자물리학과*	9	9	85	9.4	2.80	2.85	8	9	37	4.1	3.42	3.56	10	9	40	4.4	3.30	3.72	12
자연	지능전자공학전공	5	6	48	8.0	2.90	2.96	6	6	30	5.0	3.02	3.10	4	6	25	4.2	2.67	2.83	1
자연	*기계금속재료전공*	*9*	*15*	135	9.0	2.96	3.00	6	15	65	4.3	3.27	3.40	6	15	64	4.3	3.10	3.59	2
자연	기계공학부*	30	35	314	9.0	3.00	3.36	38	35	149	4.3	3.34	3.46	53	36	127	3.5	3.31	3.54	40
자연	미래모빌리티학과	6	6	55	9.2	3.00	3.06	3	5	29	5.8	2.90	3.46	3	5	25	5.0	2.89	3.73	1
자연	경영정보학부	2	2	14	7.0	3.02	3.02	2												
자연	건설시스템공학부	14	14	188	13.4	3.18	3.31	19	15	99	6.6	3.48	3.74	15	15	60	4.0	3.57	4.29	16
자연	AI빅데이터융합경영학과(자연)	2	2	17	8.5	3.31	3.31	1	1	11	11.0				2	12	6.0			2
자연	인공지능학부	2	3	39	13.0	3.49	3.49	2	3	59	19.7			1	3	18	6.0			4

■ (특기자) 소프트웨어특기자

전형	모집인원	전형 방법	수능최저학력기준
소프트웨어 특기자	10	1단계)입상실적100%(8배수) 2단계)입상실적20%+ 학생부교과30%+ 면접50%	X

1. **지원자격**: 아래 사항 모두 해당자
   1) 국내 고등학교 졸업(예정)자
      ※ 학력인정 평생교육시설, 각종학교, 방송통신고, 고등기술학교 등 관계 법령에 의한 학력인정 학교 또는 유사한 교육기관 등의 졸업(예정)자는 지원할 수 없음
   2) 개최일 기준 2021년 10월 1일 이후에 본교가 주최하는 국민대학교 알고리즘대회, 국제정보올림피아드(IOI), 한국정보올림피아드(KOI), 국내정규 4년제 대학 주최 전국 규모 컴퓨터 프로그래밍 경시대회, 정부 부처 주최 전국 규모 컴퓨터 프로그래밍 경시대회에 출전하여 개인전 상위 입상한 자
      ※ 경시대회인 경우에도 컴퓨터프로그래밍 분야가 아닌 보안, 네트워크 분야 등은 제외
   3) 3학년 1학기까지 3개 학기 이상의 본교 반영교과영역의 지정교과목 석차(과목, 학기 또는 학년(계열)별) 성적이 있는 자
2. **제출서류**: 학교생활기록부, 포트폴리오(면접시 지참, 규격 제한 없음)

◎ 전형요소
● 입상실적(200점): 요강 참고
● 학생부(300점): 학교장추천전형 참고
● 면접(500점):

구분	배점	출제내용	평가내용	면접방법	고사 유의사항
기본소양	250	일반적인 사회 현상이나 이슈화되는 내용에 대한 의견을 묻는 문제	수험생의 기본 자질 및 품성 등 평가	출제된 문제 열람 후 질의응답 형식의 개별 구술 면접	
전공지식	250	별도의 문제출제 없이 수험생이 지참한 포트폴리오를 통해 평가	소프트웨어 개발 능력 및 열정	수험생의 포트폴리오를 통한 개별 구술 면접	※ 면접시 포트폴리오를 반드시 지참하여야 함 (미지참시 고사에 응시할 수 없음) - 유의사항: 지원자 식별 가능한 표식 절대 금지

※ 포트폴리오 내용(대회 상장 또는 결과물)
  ① 상장: 공모전 및 단체전 불가, 참가증 가능 ② 결과물: 본인이 개발한 작품 또는 대회에 참가한 작품에 대한 출력물

◎ 전형결과
■ 모집단위   '*'표시 : 교직 이수 가능

계열	모집단위	2025 모집인원	2024 모집인원	지원인원	경쟁률			2023 모집인원	지원인원	경쟁률			2022 모집인원	지원인원	경쟁률		
자연	소프트웨어학부	7	10	26	2.6			10	29	2.9			10	24	2.4		
자연	인공지능학부	3	5	9	1.8			5	13	2.6			5	7	1.4		

20. 극동대학교

충청북도 음성군 감곡면 대학길 76-32 (Tel: 043. 879-3522~4, 3526)

I. 한 눈에 보는 전형

모집시기	전형유형	전형	모집인원	전형 방법	수능최저학력기준
수시	교과	일반학생	178	학생부60%+ 면접40%	X
수시	교과	교과우수자	542	학생부100%	X
수시	교과	지역인재 1	28	학생부60%+ 면접40%	X
수시	교과	지역인재 2	2	학생부60%+ 면접40%	X
수시	교과	기회균형	33	학생부60%+ 면접40%	X
수시	교과	특성화고(동일계)	12	학생부60%+ 면접40%	X
수시	교과	농어촌학생	17	학생부60%+ 면접40%	X
수시	교과	기회균형	17	학생부60%+ 면접40%	X
수시	교과	특수교육대상자	7	학생부60%+ 면접40%	X
수시	실기/실적	일반전형	102	▶디자인학과, 만화애니메이션학과: 실기100% ▶연극연기학과, 사회체육학과: 학생부20%+ 실기80%	X

(수시모집) 지원 가능 횟수	최대 3회까지 지원 가능하며, 전형이 다를 경우 동일 모집단위도 중복 지원 가능(단, 동일 전형내 복수지원은 불가능)

■ 전형결과

※ 성적 산출기준: (수시) 교과 석차등급, (정시) 수능 백분위

모집시기	전형유형	전형	학년도	모집인원	지원인원	경쟁률	등록자 50%컷	등록자 70%컷	충원율
수시	교과	일반학생	2024	324	929	2.87	4.76	5.12	75%
수시	교과	교과우수자	2024	339	433	1.28	4.47	5.20	53%
수시	교과	지역인재 1	2024	30	56	1.87	4.38	4.63	73%

■ (주요전형) 전형일정

유형	전형	원서접수 마감	대학별 고사(면접/논술)	1단계 합격자	최종 합격자
교과	일반전형	9.13(금) 17:00	-10.17(목) 전체학과(보건계열 일부학과, 항공운항서비스학과 제외) -10.17(목)~18(금) 보건계열 일부학과, 항공운항서비스학과		11.13(수)
교과	교과우수자	9.13(금) 17:00			11.13(수)
교과	지역인재 1	9.13(금) 17:00	10.17(목)~18(금)		11.13(수)

II. (수시모집) 주요 전형

■ (학생부교과) 일반학생

전형	모집인원	전형 방법	수능최저학력기준
일반학생	178	학생부60%+ 면접40%	X

1. **지원자격**: 고등학교 졸업자 및 2025년 2월 졸업예정자. 국내 고등학교 졸업학력 검정고시 합격자. 고등교육법에 의하여 고등학교 졸업 이상의
   학력이 있다고 인정되는 자

◎ 전형요소
● 학생부(600점)

반영요소 반영비율	반영교과목		교과성적 산출지표	학년별 반영비율
	구분	반영방법		
교과 90%	공통 및 일반선택	국어, 영어, 수학, 사회, 과학, 한국사교과 중 상위 8과목(학년 구분 없음)	석차등급	학년 구분 없음
	진로선택	미반영		
비교과 10%	※ 만점: ① 출결(10%): 미인정 결석 2일 이내			

● 면접(400점)
1. **면접방법**: 개별면접, 2명 이상의 면접위원이 평가한 점수를 합산하여 평균 점수 반영
2. **면접기준**: 고등학교 교과와 관련이 적은 인·적성 면접
3. **평가기준**:

평가기준	교양 및 일반상식	인성 및 태도	전공적성적합도	논리적사고	표현력및비전
비율	20%	20%	20%	20%	20%

◎ 전형결과
■ 전체

학년도	전체						인문						자연					
	모집인원	지원인원	경쟁률	등록50%컷	등록70%컷	충원율	모집인원	지원인원	경쟁률	등록50%컷	등록70%컷	충원율	모집인원	지원인원	경쟁률	등록50%컷	등록70%컷	충원율
2022	593	2,158	3.64	4.77	4.37	33%	266	1,535	5.77	5.25	4.83	35%	327	708	2.17	4.29	3.90	31%
2023	367	1,097	2.99	3.88	4.28	70%	181	670	3.70	4.25	4.75	93%	186	427	2.30	3.50	3.80	46%
2024	324	929	2.87	4.76	5.12	75%	143	521	3.64	4.50	4.94	81%	181	408	2.25	5.02	5.30	69%
2025	178						37						141					

■ 변경사항 & 핵심포인트
[2025]

변경사항	2024	2025
모집인원	324명	178명(-146명)

➡ **합격자 성적분포:** 인문계열은 4등급 중반 ~ 4등급 후반, 자연계열은 5등급 초반 ~ 4등급 중반

■ 모집단위
'*' 표시 : 교직 이수 가능

계열	모집단위	2025	2024						2023						2022					
		모집인원	모집인원	지원인원	경쟁률	등록50%컷	등록70%컷	충원번호	모집인원	지원인원	경쟁률	등록50%컷	등록70%컷	충원번호	모집인원	지원인원	경쟁률	등록50%컷	등록70%컷	충원번호
인문	*인재개발학부*	9	69	27	0.4	4.50	4.38													
인문	*항공운항서비스학과*	18	39	453	11.6	4.75	5.13	116	48	425	8.9	3.50	4.00	119	58	735	12.7	4.38	3.75	39
인문	미디어영상제작학과	10	10	18	1.8	5.00	6.50		12	59	4.9	4.00	5.00	29	19	75	4.0	6.25	5.63	3
자연	*과학기술학부*	7	16	7	0.4															
자연	*방사선학과*	10	20	109	5.5	3.63	4.13	31	13	86	6.6	3.50	4.00	16	24	142	5.9	3.75	3.75	14
자연	간호학과	28	21	94	4.5	4.38	4.38	16	26	103	4.0	2.50	2.50	25	56	411	7.3	2.88	2.75	29
자연	*항공정비학과*	24	42	83	2.0	4.75	6.00	35	30	62	2.1	3.50	4.00	22						
자연	임상병리학과	16	16	48	3.0	4.75	5.00	28	14	51	3.6	4.00	4.00	11	28	104	3.7	4.38	4.13	18
자연	*항공학부*	2	11	14	1.3	4.88	5.38		14	4	0.3				20	19	1.0		2.75	
자연	항공운항학과	22	14	37	2.6	4.88	4.63	15	29	63	2.2	4.00	4.50	12	29	62	2.1	4.50	4.13	7
자연	*작업치료학과*	8	21	12	0.6	5.88	5.88		10	24	2.4				35	62	1.8	5.00	4.88	2
자연	항공모빌리티학과	24	20	4	0.2	7.00	7.00		21	5	0.2				18	9	0.5			

■ (학생부교과) 교과우수자

전형	모집인원	전형 방법	수능최저학력기준
교과우수자	542	학생부100%	X

1. **지원자격**: 고등학교 졸업자 및 2025년 2월 졸업예정자. 국내 고등학교 졸업학력 검정고시 합격자. 고등교육법에 의하여 고등학교 졸업 이상의 학력이 있다고 인정되는 자

◎ 전형요소
● 학생부(1,000점): 일반학생 참고

◎ 전형결과
■ 전체

학년도	전체						인문						자연					
	모집인원	지원인원	경쟁률	등록50%컷	등록70%컷	충원율	모집인원	지원인원	경쟁률	등록50%컷	등록70%컷	충원율	모집인원	지원인원	경쟁률	등록50%컷	등록70%컷	충원율
2022	170	497	2.92	4.80	4.28	25%	55	150	2.73	5.38	5.00	24%	115	347	3.02	4.21	3.56	26%
2023	289	816	2.82	3.45	4.00	120%	89	201	2.26	3.75	4.50	83%	200	615	3.08	3.14	3.50	157%
2024	339	433	1.28	4.47	5.20	53%	185	136	0.74	4.51	5.63	14%	154	297	1.93	4.42	4.76	92%
2025	542						264						278					

■ 변경사항 & 핵심포인트

[2025]

변경사항	2024	2025
모집인원	339명	542명(+ 203명)

▣ 합격자 성적분포: 인문계열은 4등급 중반 ~ 5등급 중반, 자연계열은 4등급 중반 ~ 4등급 후반

■ 모집단위

'*' 표시 : 교직 이수 가능

계열	모집단위	2025	2024						2023						2022					
		모집인원	모집인원	지원인원	경쟁률	등록50%컷	등록70%컷	충원번호	모집인원	지원인원	경쟁률	등록50%컷	등록70%컷	충원번호	모집인원	지원인원	경쟁률	등록50%컷	등록70%컷	충원번호
인문	경찰안전학과	15							30	19	0.6									
인문	호텔외식조리학과	21							18	61	3.4			24	7	39	5.6			2
인문	경영호텔학부	30																		
인문	사회복지학과	55							14	37	2.6			22	6	20	3.3			2
인문	군사안보학과	20													15	46	3.1	5.13	5.00	4
인문	경영학과	30																		
인문	한국어학과	10																		
인문	K-컬처학부	10																		
인문	항공안전관리학과	11							15	21	1.4	3.50	5.00	4	15	9	0.6	6.00		
인문	*호텔경영학과*	*36*	*106*	86	0.8															
인문	*인재개발학부*	*20*	*69*	15	0.2	4.38	6.63													
인문	*미디어영상제작학과*	*6*	*10*	35	3.5	4.63	4.63	25	12	63	5.3	4.00	4.00	24	6	28	4.7	5.00		4
자연	소프트웨어학과	10																		
자연	항공정비학과	10							24	90	3.8	3.00	4.00	66						
자연	헬리콥터조종학과	11																		
자연	재활상담치료학과	15																		
자연	AI컴퓨터공학과	20							10	40	4.0			16	5	7	1.4			1
자연	친환경에너지공학과	10							18	3	0.2				10	3	0.3			
자연	해킹보안학과	15							19	17	0.9	4.50	4.50		10	7	0.7			
자연	반도체협약학과	10																		
자연	수소안전학과	10																		
자연	안경광학과	15																		
자연	산업보안조사학과	12																		
자연	뷰티화장품학과	15																		
자연	항공모빌리티학과	24	22	2	0.1				23	10	0.4				12	5	0.4			
자연	작업치료학과	38	21	29	1.4			8	34	85	2.5	4.00	4.00	36	10	39	3.9	5.25	4.63	4
자연	*간호학과*	*10*	*20*	61	3.1	3.25	4.13	41	13	87	6.7	2.00	2.00	52	13	90	6.9	2.75	2.50	10
자연	방사선학과	13	7	67	9.6	3.38	4.00	33	15	88	5.9	2.50	3.00	55	6	56	9.3	3.25	2.25	2
자연	임상병리학과	16	15	55	3.7	3.63	4.00	40	18	136	7.6	3.00	3.50	69	7	51	7.3	4.75	3.63	3
자연	*과학기술학부*	*13*	*38*	31	0.8	4.50	4.50													
자연	*항공운항학과*	*8*	*17*	33	1.9	4.88	5.25	15	11	45	4.1	3.00	3.50	20	10	18	1.8	5.75	5.25	1
자연	*항공학부*	*3*	*14*	19	1.4	6.88	6.88	5	15	14	0.9				10	11	1.1			

■ (학생부교과) 지역인재 I

전형	모집인원	전형 방법	수능최저학력기준
지역인재 1	28	학생부60%+ 면접40%	X

1. **지원자격**: 「지방대학 및 지역균형인재 육성에 관한 법률 시행령」제10조 관련 [별표]에 따른 대상자
   - 충청권: 대전광역시, 세종특별자치시, 충청남도, 충청북도
   - 위 충청권 지역에 소재한 고등학교를 졸업(예정 포함) 할 것

◎ 전형요소
● **학생부 및 면접**: 일반학생 참고

◎ 전형결과
■ 모집단위   '*'표시 : 교직 이수 가능

계열	모집단위	2025	2024						2023						2022					
		모집 인원	모집 인원	지원 인원	경쟁 률	등록 50%컷	등록 70%컷	충원 번호	모집 인원	지원 인원	경쟁 률	등록 50%컷	등록 70%컷	충원 번호	모집 인원	지원 인원	경쟁 률	등록 50%컷	등록 70%컷	충원 번호
자연	간호학과	28	30	56	1.9	4.38	4.63	22	30	55	1.8									

21. 남서울대학교

충남 천안시 서북구 성환읍 대학로 91
(Tel : 입학팀 041. 580-2250~7 / 입학사정관팀 041. 580-3102~9)

Ⅰ. 한 눈에 보는 전형

모집시기	전형유형	전형	모집인원	전형 방법	수능최저학력기준
수시	교과	일반	874	학생부 교과90%+ 비교과(봉사시간)10%	X
수시	교과	지역인재	120	학생부 교과90%+ 비교과(봉사시간)10%	X
수시	교과	지역인재기초	4	학생부 교과90%+ 비교과(봉사시간)10%　※간호학과	X
수시	교과	기회균형	117	학생부 교과90%+ 비교과(봉사시간)10%	X
수시	교과	사회배려자	59	학생부 교과90%+ 비교과(봉사시간)10%	X
수시	교과	교과+ 면접	409	학생부 교과70%+ 면접30%	X
수시	종합	학생부종합(서류형)	127	서류100%	X
수시	종합	학생부종합(면접형)	29	①서류100%(6배수) ②서류(1단계)70%+ 면접30%	X
수시	실기/실적	일반	271	예능계 실기100%, 체능계 학생부 교과30%+ 실기70%	X
수시	실기/실적	지역인재	31	예능계 실기100%, 체능계 학생부 교과30%+ 실기70%	X

(수시모집) 지원 가능 횟수	본교 전형간 및 군별 복수지원이 가능함(수시모집 : 최대 6회 / 정시모집 최대 3회)

■ 주요변경 사항

구분	2024	2025
단과대학 신설	-	• SW·AI융합대학 신설 - 가상현실학과, 컴퓨터소프트웨어학과, 지능정보통신공학과, 멀티미디어학과
모집단위 신설	• 학생부종합(면접형) - (현행)치위생학과, 물리치료학과, 간호학과, 임상병리학과, 응급구조학과	• 해당 모집단위 추가 - (현행)치위생학과, 물리치료학과, 간호학과, 임상병리학과, 응급구조학과 - (추가)스포츠비즈니스학과,　스포츠건강관리학과,
합격배수 확대	• 학생부종합(면접형) 1단계 합격배수 : 4배수	• 학생부종합(면접형) 1단계 합격배수 : 6배수

비교과 기준변경	• 봉사시간 구간별 점수표									• 봉사시간 구간별 점수표							

시간	1~2	3~6	7~12	13~20	21~30	31~38	39~44	45~48	49~
점수	92	93	94	95	96	97	98	99	100

시간	1~2	3~5	6~10	11~17	18~26	27~33	34~38	39~
점수	93	94	95	96	97	98	99	100

■ 전형결과

※ 성적 산출기준: (수시) 교과 석차등급

모집시기	전형유형	전형	학년도	모집인원	지원인원	경쟁률	등록자 50%컷	등록자 70%컷	충원율
수시	교과	일반	2024	949	6,305	6.64	3.93	4.06	87.67
수시	교과	지역인재	2024	116	538	4.64	4.58	4.60	75.00
수시	교과	교과+ 면접	2024	379	3,047	8.04	4.43	4.65	85.22
수시	종합	학생부종합(서류형)	2024	103	445	4.32	-	-	80.58
수시	종합	학생부종합(면접형)	2024	17	228	13.41	-	-	100.00

■ (주요전형) 전형일정

유형	전형	원서접수 마감	대학별 고사(면접/논술)	1단계 합격자	최종 합격자
교과	전 모집전형		-	-	
교과	교과+ 면접	9.13(금) 18:00	녹화영상 업로드 - 10.12.(토) : SW·AI융합대학, 공과대학, 글로벌상경대학 - 10.13.(일) : 보건의료복지대학	-	11.12(화)
종합	학생부종합(서류형)		-	-	
종합	학생부종합(면접형)		11.02.(토) ※체육·의료계열	10.24.(목)	

Ⅱ. (수시모집) 주요 전형

■ (학생부교과) 일반전형

전형	모집인원	전형 방법	수능최저학력기준
일반	874	학생부교과90%+ 비교과(봉사시간)10%	X

1. **지원자격**: 고등학교 졸업(예정)자 또는 법령(검정고시 합격자 포함)에 의해 동등 이상의 학력이 있는 자
2. **제출서류**: 학교생활기록부

◎ 전형요소
● 학생부

반영요소 반영비율	반영교과목		교과성적 산출지표	학년별 반영비율
	구분	반영방법		
교과 90%	공통 및 일반선택	국어, 영어, 수학, 사회, 과학, 한국사 교과 중 학년 학기별 상위 3과목 ※교과당 1과목 및 학기별 3과목, 총 15과목 반영	석차등급	30:30:40
	진로선택	성취등급별 반영(A등급: 95점(1.5등급), B등급: 75점(3.5등급), C등급: 55점(5.5등급))	성취도	
비교과 10% (봉사시간)	※ 만점: 39시간 이상(100점)			

▌교과성적: 등급 간 점수 차이	과목등급	1	2	3	4	5	6	7	8	9
	반영점수	100	90	80	70	60	50	40	30	0

◎ 전형결과
■ 전체

학년도	전체						인문						자연					
	모집 인원	지원 인원	경쟁 률	등록 50%컷	등록 70%컷	충원 율	모집 인원	지원 인원	경쟁 률	등록 50%컷	등록 70%컷	충원 율	모집 인원	지원 인원	경쟁 률	등록 50%컷	등록 70%컷	충원 율
2022	733	8,177	11.15	4.57	4.77	93.65	323	3,011	9.32	4.80	5.01	96.03	410	5,166	12.6	5.01	4.52	90.92
2023	917	8,557	10.41	3.84	4.19	90.21	457	3,414	7.13	4.06	4.49	85.71	460	5,143	13.49	3.62	3.91	94.42
2024	949	6,305	6.64	3.93	4.06	87.67	452	2,267	5.02	4.11	4.28	86.50	497	3,538	7.12	3.62	3.88	88.73
2025	874	–	–	–	–	–	415	–	–	–	–	–	459	–	–	–	–	–

■ 변경사항 & 핵심포인트

[2025학년도]

변경사항	2024	2025
모집인원	949명	874명(-75명)

➡ **합격자 성적분포**: 인문계열은 3등급 중반 ~ 5등급 후반, 자연계열은 2등급 초반 ~ 6등급 중반.
- 교과별 진로선택과목수가 제한없이 반영되어 대학환산 합격점수가 상승함
- 진로선택과목을 제외한 성적의 등급과 반영된 진로선택과목만의 성적의 등급을 분리하여 비교·분석 필요

■ 모집단위

'*'표시 : 교직 이수 가능

계열	모집단위	2025	2024						2023						2022					
		모집 인원	모집 인원	지원 인원	경쟁 률	등록 50%	등록 70%	충원 번호	모집 인원	지원 인원	경쟁 률	등록 50%	등록 70%	충원 번호	모집 인원	지원 인원	경쟁 률	등록 50%	등록 70%	충원 번호
자연	가상현실학과	29	33	95	2.88	4.53	4.6	56	33	135	4.09	4.63	4.8	55	33	148	4.48	4.98	5.1	103
자연	지능정보통신공학과	39	44	159	3.70	4.83	5.13	100	42	179	4.26	5	5.37	100	34	179	5.26	5.48	5.59	98
자연	컴퓨터소프트웨어학과	42	46	311	6.76	3.7	4.1	149	42	459	10.93	3.77	4.33	172	34	520	15.29	4.74	4.57	173
자연	멀티미디어학과	39	44	218	5.07	3.83	4.4	143	40	286	7.15	3.63	3.83	84	34	250	7.35	4.33	5.13	111
자연	전자공학과	39	44	148	5.92	4.2	4.77	139	40	287	7.18	4.17	4.27	162	34	310	9.12	4.8	5.4	113
자연	건축학과(5년제)	22	25	137	4.57	3	3.6	48	24	259	10.79	3.27	3.7	49	17	251	14.76	3.7	4.69	44
자연	건축공학과	25	30	208	4.84	4.43	4.87	105	28	187	6.68	4.5	4.13	97	23	184	8.0	5	4.75	63
자연	빅데이터경영공학과	30	38	257	7.14	4.93	5.27	125	35	170	4.86	5.47	5.73	130	29	156	5.38	5.98	5.65	86
자연	드론공간정보공학과	36	41	178	4.34	4.87	5.57	136	41	211	5.15	4.67	4.83	133	34	210	6.18	5.59	5.71	122
자연	스마트팜학과	25	17	115	6.76	3.9	4.13	94	17	122	7.18	3.37	4.37	45	–	–	–	–	–	–
인문	유통마케팅학과	29	33	145	4.83	4.2	4.67	109	33	193	5.85	4.3	4.4	85	28	240	8.57	4.92	5.22	75

계열	모집단위	2025 모집인원	2024 모집인원	지원인원	경쟁률	등록50%	등록70%	충원번호	2023 모집인원	지원인원	경쟁률	등록50%	등록70%	충원번호	2022 모집인원	지원인원	경쟁률	등록50%	등록70%	충원번호
인문	글로벌무역학과	29	33	156	5.20	4.63	4.8	99	33	177	5.36	4.9	5.03	124	25	138	5.52	5.37	5.9	99
인문	경영학과	34	36	300	8.33	3.63	4.13	151	34	415	12.21	3.97	3.77	186	31	450	14.52	4.35	4.71	183
인문	광고홍보학과	36	41	213	5.20	3.67	3.3	127	38	329	8.66	3.33	3.3	128	30	346	11.53	4	4.25	78
인문	호텔경영학과*	30	34	197	6.57	4.53	4.43	125	33	256	7.76	4.47	4.37	158	24	239	9.96	5.22	4.73	126
인문	관광경영학과*	30	34	252	8.40	4.5	4.8	123	33	161	4.88	4.77	5.4	128	24	209	8.71	5	5.09	100
인문	세무학과	24	28	135	5.40	3.93	4.57	77	28	107	3.82	4.1	4.9	79	22	107	4.86	4.46	5	63
인문	부동산학과	18	20	92	4.84	4.63	4.37	31	19	107	5.63	4.43	4.97	73	12	96	8.0	5.17	5.13	37
인문	영어과	15	19	104	6.50	3.7	4.27	69	18	84	4.67	4	4.77	59	13	84	6.46	4.48	5.04	65
인문	일어일문학과*	17	19	167	8.79	3.7	3.7	52	19	184	9.68	3.33	3.5	65	12	138	11.5	4.5	5.09	61
인문	중국학과*	15	19	58	3.63	4.4	4.8	41	18	58	3.22	3.37	5.37	35	13	55	4.23	5.31	5.35	41
인문	보건행정학과	49	46	292	5.84	3.53	3.57	153	44	488	11.09	2.97	3.23	119	36	612	17.0	4.2	3.85	101
자연	뷰티보건학과	17	19	157	8.26	3.2	3.7	44	19	155	8.16	3.67	4.03	46	15	138	9.2	4.35	4.84	54
자연	치위생학과	26	26	370	14.23	2.83	2.93	86	26	439	16.88	2.53	3.17	74	19	742	39.05	3.02	3.26	55
자연	물리치료학과	17	22	331	15.05	2.03	1.73	21	17	620	36.47	2.13	2.23	25	18	207	11.5	2.92	2.96	13
자연	간호학과*	25	21	314	13.65	1.9	2.1	52	20	797	39.85	1.97	2.03	67	20	456	22.8	2.91	3.06	33
자연	임상병리학과	20	20	301	13.68	2.63	2.37	56	19	488	25.68	2.7	2.9	41	16	447	27.94	3.68	3.42	62
자연	응급구조학과	28	19	239	8.54	3.1	2.77	68	17	349	20.53	2.53	2.93	55	14	356	25.43	3.44	3.66	31
인문	아동복지학과*	39	51	192	3.84	4.1	4.57	142	48	302	6.29	4.2	4.53	227	42	317	7.55	4.77	5.35	176
인문	사회복지학과	29	33	344	10.42	3.77	3.43	146	32	460	14.38	3.7	4.5	187	24	470	19.58	4.38	4.52	118
인문	휴먼케어학과	21	27	120	4.44	4.8	4.77	76	27	93	3.44	5.1	5.33	65	23	122	5.3	5.96	5.98	81

■ (학생부교과) 지역인재전형

전형	모집인원	전형 방법	수능최저학력기준
일반	120	학생부교과90%+ 비교과10%	X

1. **지원자격**: 국내 고등학교 2017년 2월(포함) 이후 졸업자 및 2025년 2월 졸업(예정)자
   ※충청권(대전, 세종, 충남, 충북) 소재 고교 졸업자 및 졸업 예정자(고교 졸업자의 의미: 입학부터 졸업까지 해당 지역에서 이수)
   ※검정고시 출신자 및 외국 고등학교 교과과정 이수자는 지원할 수 없음
2. **제출서류**: 학교생활기록부

◎ 전형요소
● 학생부

반영요소 반영비율	반영교과목		교과성적 산출지표	학년별 반영비율
	구분	반영방법		
교과 90%	공통 및 일반선택	국어, 영어, 수학, 사회, 과학, 한국사 교과 중 학년 학기별 상위 3과목 ※교과당 1과목 및 학기별 3과목, 총 15과목 반영	석차등급	30:30:40
	진로선택	성취등급별 반영(A등급: 95점(1.5등급), B등급: 75점(3.5등급), C등급: 55점(5.5등급))	성취도	
비교과 10% (봉사시간)	※ 만점: 39시간 이상(100점)			

■교과성적: 등급 간 점수 차이	과목등급	1	2	3	4	5	6	7	8	9
	반영점수	100	90	80	70	60	50	40	30	0

◎ 전형결과
■ 전체

학년도	전체 모집인원	지원인원	경쟁률	등록50%	등록70%	충원율	인문 모집인원	지원인원	경쟁률	등록50%	등록70%	충원율	자연 모집인원	지원인원	경쟁률	등록50%	등록70%	충원율
2022	133	871	6.55	4.96	4.91	66.78	58	296	5.10	5.19	5.08	62.00	75	575	7.67	4.76	4.76	71.55
2023	133	955	6.21	4.21	4.22	65.00	60	257	4.02	4.29	4.26	49.00	73	698	8.27	4.15	4.19	69.73
2024	116	538	4.64	4.49	4.60	75.00	48	153	3.19	4.43	4.58	66.67	68	385	5.66	4.53	4.60	80.88
2025	120	–	–	–	–	–	49	–	–	–	–	–	71	–	–	–	–	–

■ 변경사항 & 핵심포인트

[2025학년도]

변경사항	2024	2025
모집인원	116명	120명(+4명)

➡ 합격자 성적분포: 인문계열은 3등급 중반 ~ 5등급 후반, 자연계열은 2등급 중반 ~ 6등급 후반.
• 교과별 진로선택과목수가 제한없이 반영되어 대학환산 합격점수가 상승함
• 진로선택과목을 제외한 성적의 등급과 반영된 진로선택과목만의 성적의 등급을 분리하여 비교·분석 필요

■ 모집단위   '*' 표시 : 교직 이수 가능

계열	모집단위	2025 모집인원	2024 모집인원	2024 지원인원	2024 경쟁률	2024 등록50%	2024 등록70%	2024 충원번호	2023 모집인원	2023 지원인원	2023 경쟁률	2023 등록50%	2023 등록70%	2023 충원번호	2022 모집인원	2022 지원인원	2022 경쟁률	2022 등록50%	2022 등록70%	2022 충원번호
자연	가상현실학과	3	3	8	2.67	6.1	6.1	3	3	5	1.67	4.13	4.13	1	3	4	1.0	5.43	5.43	1
자연	지능정보통신공학과	4	4	7	1.75	4.6	4.6	3	6	8	1.33	5.57	5.57	-	5	12	2.0	5.24	5.24	0
자연	컴퓨터소프트웨어학과	4	4	12	3.00	6.37	6.37	8	6	31	5.17	4.73	4.73	25	6	44	3.0	5.3	5	20
자연	멀티미디어학과	4	4	16	4.00	5.17	5.17	15	5	16	3.2	5.17	5.17	10	5	14	-	4.7	4.7	0
자연	전자공학과	4	4	17	8.50	4.5	4.5	8	6	28	4.67	5.43	6.23	20	6	30	2.0	5.85	5.85	21
자연	건축학과(5년제)	2	2	14	4.67	4.27	4.27	4	3	11	3.67	4.9	4.9	8	2	22	4.0	4.2	4.2	5
자연	건축공학과	3	3	19	4.75	4.87	5.13	6	4	8	2	5.03	5.03	4	3	14	5.0	5.48	5.48	7
자연	빅데이터경영공학과	4	4	7	1.75	5.7	5.7	2	6	9	1.5	5.9	5.9	1	6	14	-	-	-	1
자연	드론공간정보공학과	4	4	7	1.75	5.33	6	2	5	12	2.4	4.6	4.6	4	6	22	3.67	5.8	6.02	10
자연	스마트팜학과	2	2	7	3.50	6.67	6.67	4	2	7	3.5	2.83	2.83	2	-	-	-	-	-	-
인문	유통마케팅학과	3	3	7	2.33	4.57	4.93	4	4	7	1.75	-	-	-	4	22	5.5	5.54	5.54	4
인문	글로벌무역학과	3	3	5	1.67	-	-	1	4	7	1.75	3.87	3.87	-	4	15	3.75	3.87	3.87	8
인문	경영학과	3	3	13	4.33	3.8	5.23	8	5	44	8.8	4.3	4.3	20	4	29	7.25	5.66	5.98	16
인문	광고홍보학과	4	4	16	4.00	3.6	3.6	5	5	15	3	4.07	3.87	6	4	32	8.0	3.67	3.67	0
인문	호텔경영학과*	3	3	11	3.67	3.89	3.89	6	4	12	3	4.4	4.4	7	4	18	4.5	6.17	5.43	13
인문	관광경영학과*	3	3	9	3.00	3.7	3.7	5	4	9	2.25	3.8	3.8	4	4	14	3.5		-	7
인문	세무학과	3	3	6	2.00	3.5	4	2	4	10	2.5	-	-	-	4	10	2.5	5.27	5.27	4
인문	부동산학과	2	2	4	2.00	-	-	-	2	8	4	4.53	4.53	3	4	10	2.5	6.38	6.38	4
인문	영어과	2	2	4	2.00	5.93	5.93	2	3	6	2	-	-	1	2	5	2.5	-	-	-
인문	일어일문학과*	2	2	11	5.50	5.43	5.43	6	2	5	2.5	3.57	3.57	2	2	13	6.5	4.71	4.71	6
인문	중국학과*	2	2	3	1.50	5.63	5.63	0	3	5	1.67	-	-	0	2	5	2.5	-	-	-
인문	보건행정학과	4	6	31	5.17	3.83	3.33	16	5	55	11	3.7	3.63	12	5	39	7.8	5.5	4.58	25
자연	뷰티보건학과	2	2	7	3.50	4.93	4.93	4	2	12	6	3.77	3.77	3	2	10	5.0	5.24	5.24	4
자연	치위생학과	3	3	28	9.33	3.27	3.33	14	3	41	13.67	3.13	3.13	7	2	57	28.5	3.48	3.48	2
자연	물리치료학과	3	2	25	12.5	1.97	1.97	1	4	110	27.5	2.77	2.43	10	2	9	4.5	3.98	3.98	0
자연	간호학과*	20	14	157	8.72	2.3	2.43	32	14	336	24	2.13	2.43	40	18	228	12.67	3.28	3.33	13
자연	임상병리학과	2	2	13	6.50	3.33	3.33	3	2	46	23	3.1	3.1	0	2	28	14.0	4.37	4.37	0
자연	응급구조학과	7	2	41	5.86	3.1	3.07	10	2	18	9	3.23	3.23	6	2	28	14.0	4.28	4.28	1
인문	아동복지학과*	9	6	16	2.67	4.2	4.2	8	7	22	3.14	3.73	3.73	10	10	53	5.3	5.02	4.9	27
인문	사회복지학과	3	3	11	3.67	-	-	7	4	45	11.25	4.23	4.2	21	5	59	11.8	4.85	5.2	21
인문	휴먼케어학과	3	3	6	2.00	5.1	5.1	3	4	7	1.75	7	7	2	5	11	2.2	5.63	5.42	6

■ (학생부교과) 교과+면접전형

전형	모집인원	전형 방법	수능최저학력기준
교과+면접	409	학생부교과70%+면접30%	X

1. **지원자격**: 국내 고등학교 2017년 2월(포함) 이후 졸업자 및 2025년 2월 졸업(예정)자 또는 2016년 2월(포함) 이후 법령(검정고시 합격자 포함)에 의해 동등 이상의 학력이 있는 자, 섬기는 리더의 인성을 갖춘 자
2. **제출서류**: 학교생활기록부

◎ 전형요소
● 학생부 교과(700점)

반영요소 반영비율	구분	반영교과목 / 반영방법	교과성적 산출지표	학년별 반영비율
교과100%	공통 및 일반선택	국어, 영어, 수학, 사회, 과학, 한국사 교과 중 학년 학기별 상위 3과목 ※교과당 1과목 및 학기별 3과목, 총 15과목 반영	석차등급	30:30:40
	진로선택	성취등급별 반영(A등급: 95점(1.5등급), B등급: 75점(3.5등급), C등급: 55점(5.5등급))	성취도	

반영요소 반영비율	반영교과목									교과성적 산출지표	학년별 반영비율
	구분	반영방법									
▌교과성적: 등급간 점수차이	과목등급	1	2	3	4	5	6	7	8	9	
	반영점수	100	90	80	70	60	50	40	30	0	

● 면접(300점)
　1. 평가방법: 비대면 녹화영상 면접(※ 면접영상을 3분 이내로 녹화하여 일정기한내에 업로드)
　2. 평가문항: 3문항(인성영역 1, 리더십영역 1, 전공적합성영역 1)
　3. 평가항목:

면접문제 (2025학년도)	
인성 (공개 5개중 1개)	① 우리 대학교의 인재상을 알고 있는가?본인은 우리 학교 인재상과 어느 점이 일치한다고 생각하는가? ② 자기 자신의 성격에서 장점과 단점이 있다면 각각 무엇이며, 장점(강점)을 높이기 위해, 그리고단점을 줄이기 위한 노력은 무엇인가? ③ 자신의 좌우명은 무엇이며좌우명을 지키기 힘들었던 적이 있는가? 그리고 어떻게 극복했는가? ④ 자신이 가장 존경하는 인물은 누구며, 그 인물에게서 가장 존경하는 점은 무엇인가? ⑤ 학교생활에서 가장 어려웠던 것은 무엇이며 이를 해결하거나 극복하기 위해 어떠한 노력을 하였는가?
리더십 (공개 5개중 1개)	① 리더의 특성으로 중요하다고 생각하는 3가지를 이야기 한다면 무엇이 있으며, 그렇게 정한 이유는 무엇인가? ② 본인이 생각하기에 이 시대의 진정한 리더는 어떠한 사람이라고 생각하는가? 　이유는 무엇이며, 본인은 이와 같은 리더십을 갖추기 위해 어떤 노력을 하겠는가? ③ 본인이 생각하는 공동체 의식은 무엇이며, 공동체 의식을 높이기 위해 어떤 전략이 필요하다고 생각하는가? ④ 의사소통에서 가장 중요하다고 생각하는 것은 무엇인가? 본인의 의사소통 능력은 10점 만점에 몇 점이라고 생각하며 이유를 말해 보시오. ⑤ 좋은 리더의 특징에는 무엇이 있다고 생각하며, 좋은 리더가 되려면 평상시에 어떤 노력을 해야 한다고 생각하는가?
전공적합성	미공개

　※ 수시모집 기간 전 5월 말에 면접(인성,리더십)문제 공개, 단, 전공적합성은 미공개
　4. 비대면 녹화영상 면접평가 참고사항

평가중점	참고사항
면접 태도의 적절성	면접 답변시 외적인 비언어적 요소(음성 외)를 적절하게 준비하여 면접에 임하는 자신의 성실성을 충분하게 표현하였는가? - 단정한 복장과 용모를 갖추었는가? - 면접 녹화 주변 환경이 적절한가? - 바른 자세로 카메라를 응시하며 답변하고 있는가? - 답변의 전달력(발음, 시선처리, 목소리 크기 등)은 적절한가? - 대본에 의지하지 않고 자신만의 구어체적 언어로 충분한 연습이 되어있는가?
면접 질문에 대한 이해도	면접 질문의 취지에 대한 충분한 고민이 답변내용에 담겨져 있고, 근거나 사례 등 내용을 적절하게 뒷받침하고 있는가? - 면접 질문의 취지를 정확하게 이해하고 답변하였는가? - 답변의 근거나 사례가 적절하였는가?
답변 내용의 충실도	답변 내용의 구성을 논리적으로 준비하고 적절한 전개를 통해 답변하였는가? - 답변 내용이 단답형이 아닌, 논리적인 구성을 갖추고 있는가? - 답변 내용의 사례가 추상적이지 않고 구체성을 띠고 있는가? - 내용을 충실하게 준비하여 면접 제한 시간(3분)을 적절하게 활용하였는가?

☞ 보충설명
• 면접으로 부족한 교과성적을 극복할 수 있는 전형임.
• 면접전도율(면접으로 교과 순위가 변경된 비율) 사례 : 임상병리학과 66.7%, 치위생학과 60.0%, 전체평균 : 27.7%
• 인성 및 리더십 영역은 공개된 5개 문제 중 녹화 당일 모집단위별로 무작위 각 1문제씩 제시되며, 전공적합성 영역은 사전 공개되지 않고, 면접시스템 접속 시 학과별 1문제씩 제시됨

◎ 전형결과
■ 전체

학년도	전체					인문						자연					
	모집 인원	지원 인원	경쟁률	등록 50%	등록 70%	충원율	모집 인원	지원 인원	경쟁률	등록 50%	등록 70%	충원율	모집 인원	지원 인원	경쟁률	등록 50%	등록 70%	충원율
2022	400	3,544	8.86	5.17	5.41	92.22	203	1,163	5.73	5.30	5.53	87.94	197	2,381	12.09	5.04	5.29	95.98
2023	420	4,020	12.83	4.49	4.66	85.87	204	989	4.56	4.83	4.82	78.00	216	3,031	20.58	4.17	4.5	93.00
2024	379	3,047	8.04	4.43	4.65	85.22	182	688	3.78	4.69	5.01	79.12	197	2,359	11.97	4.01	4.10	90.86
2025	409	-	-	-	-	-	189	-	-	-	-	-	220	-	-	-	-	-

[2025학년도]

변경사항	2024	2025
모집인원	379명	409명(+30명)

➡ **합격자 성적분포**: 인문계열은 4등급 초반 ~ 6등급 후반, 자연계열은 3등급 초반 ~ 6등급 중반
• 전년도에 비하여 진로선택과목 반영수가 확대되어 대학환산 합격점수가 향상됨
• 교과 70%와 면접 30%가 반영됨으로써 일반전형보다 0.5등급에서 1등급 정도 낮은 합격선을 보임

■ 모집단위   '*' 표시 : 교직 이수 가능

계열	모집단위	2025 모집인원	2024 모집인원	2024 지원인원	2024 경쟁률	2024 등록 50%	2024 등록 70%	2024 충원번호	2023 모집인원	2023 지원인원	2023 경쟁률	2023 등록 50%	2023 등록 70%	2023 충원번호	2022 모집인원	2022 지원인원	2022 경쟁률	2022 등록 50%	2022 등록 70%	2022 충원번호
자연	가상현실학과	15	13	29	2.23	6	5.37	14	13	25	1.92	5	6.5	6	10	21	2.1	6.37	7.04	9
자연	지능정보통신공학과	20	17	29	1.71	4.9	6.17	10	21	48	2.29	5.63	5.97	21	18	32	1.78	6.04	6.33	10
자연	컴퓨터소프트웨어학과	20	18	91	5.06	4.53	4.4	32	21	120	5.71	5	4.37	48	18	120	6.67	5.46	5.59	24
자연	멀티미디어학과	20	17	69	4.06	3.83	4.37	30	23	90	3.91	4.43	4.13	21	17	78	4.59	5.74	5.41	29
자연	전자공학과	20	17	40	2.35	4.97	4.87	19	21	83	3.95	5.1	5.37	37	18	58	3.22	6.32	6.44	16
자연	건축학과(5년제)	10	9	78	8.67	3.73	3.67	15	10	101	10.1	3.77	4.37	7	10	88	8.8	4.43	5.1	14
자연	건축공학과	14	12	46	3.83	4.63	4.5	17	14	86	6.14	4	4.9	27	11	60	5.45	5.13	5.46	21
자연	빅데이터경영공학과	20	15	43	2.87	6.1	6.23	22	20	46	2.3	6.07	6.53	20	18	56	3.11	5.28	6.98	23
자연	드론공간정보공학과	20	16	34	2.13	4.8	5.77	17	16	51	3.19	5.77	5.83	17	18	49	2.72	6.33	6.88	21
자연	스마트팜학과	6	6	19	3.17	4.77	4.17	9	6	22	3.67	4.17	4.07	4	-	-	-	-	-	-
인문	유통마케팅학과	13	13	42	3.23	4.33	4.23	11	14	36	2.57	5.1	5.17	19	15	62	4.13	5.06	6.1	13
인문	글로벌무역학과	13	13	38	2.92	3.3	3.3	16	14	32	2.29	5.63	6.47	12	13	34	2.62	6.3	6.23	12
인문	경영학과	15	14	80	5.71	2.17	2.17	29	16	96	6	4.63	4.73	47	16	88	5.5	5.06	5.39	28
인문	광고홍보학과	20	16	106	6.63	2.83	2.9	20	18	151	8.39	4.5	4.07	35	18	118	6.56	4.36	4.72	20
인문	호텔경영학과*	13	13	57	4.38	2.83	3.77	36	14	59	4.21	5.33	4.93	37	12	61	5.08	5.78	5.26	15
인문	관광경영학과*	13	13	29	2.23	3.37	3.1	10	13	60	4.62	4.97	4.1	14	12	48	4.0	5.88	6.69	21
인문	세무학과	11	11	17	1.55	5.03	5.13	4	11	25	2.27	5.53	5.37	11	11	24	2.18	5.74	6.18	8
인문	부동산학과	8	8	19	2.71	5.77	5.27	9	11	20	1.82	5.33	4.97	6	9	30	3.33	5.46	5.48	2
인문	영어과	6	7	13	2.17	3.63	4.53	2	8	20	2.5	4.73	4.73	11	11	31	2.82	5.13	4.83	16
인문	일어일문학과*	8	7	53	7.57	3.67	3.9	1	7	51	7.29	4.2	4.6	5	11	59	5.36	4.8	5.83	30
인문	중국학과*	6	7	12	2.00	5.4	5.43	6	8	15	1.88	4.4	4.4	4	11	31	2.82	4.83	6.17	10
인문	보건행정학과	20	18	69	3.63	4.6	5.03	28	21	150	7.14	4	3.57	12	20	198	9.9	4.67	4.31	15
자연	뷰티보건학과	8	7	93	13.29	5	5.57	7	7	83	11.86	4.1	4.23	3	9	113	12.56	4.9	4.21	5
자연	치위생학과	10	10	238	23.80	4.77	6.53	4	10	351	35.1	3.1	3.3	10	14	438	31.29	4.75	3.91	7
자연	물리치료학과	9	8	644	80.50	4.7	4.7	0	8	636	79.5	2.63	3.53	4	9	179	19.89	4.06	3.77	4
자연	간호학과*	7	11	517	43.08	3.43	3.9	10	7	639	91.29	2.37	2.17	5	7	325	46.43	3.28	3.52	4
자연	임상병리학과	9	8	200	22.22	5.73	5.73	5	10	346	34.6	2.9	2.9	6	10	429	42.9	3.54	4.35	5
자연	응급구조학과	12	7	189	17.18	3.8	4.1	7	9	304	33.78	2.63	3.83	4	10	355	35.5	3.96	4.24	4
인문	아동복지학과*	15	20	41	2.05	4.77	5.63	20	25	105	4.2	3.93	5.17	47	20	111	5.55	5.69	5.35	47
인문	사회복지학과	14	13	87	6.69	4.33	4.4	23	13	148	11.38	4.6	4.13	23	14	257	18.36	4.78	4.5	33
인문	휴먼케어학과	14	11	25	2.27	5.67	5.37	12	11	21	1.91	5.53	5.93	4	10	29	2.9	5.85	5.91	13

■ (학생부종합) 학생부종합전형(서류형(일괄합산), 면접형(단계별))

전형	모집인원	전형 방법	수능최저학력기준
학생부종합전형(서류형)	127	서류(학교생활기록부)100%	X
학생부종합전형(면접형)	21	1단계(6배수) - 서류(학교생활기록부)100% → 2단계 - 서류(1단계)70%+ 면접30%	

1. **지원자격**: 국내 고등학교 2017년 2월(포함) 이후 졸업자 및 2025년 2월 졸업(예정)자 또는 2016년 2월(포함) 이후 법령(검정고시 합격자 포함)에 의해 동등 이상의 학력이 있는자, 섬기는 리더의 인성을 갖춘 자
2. **제출서류**: 학교생활기록부

◎ **전형요소**
● **서류(1,000점)** 학교생활기록부에 기재된 내용을 종합적으로 정성평가(단, 교과성적을 정량적으로 반영하지 않음)
    1. **평가방법**: 본교의 심사기준에 의하여 2인의 입학사정관이 제출 서류를 바탕으로 인성, 리더십, 전공적합성 등을 종합적으로 정성평가
    2. **평가자료**: 학교생활기록부

3. 평가요소:

평가항목		평가요소	평가자료	평가비율
인성	동기 및 내용	· 타인을 존중하고 봉사와 배려하는 자세와 태도	[창의적 체험활동]	30%
	성실성	· 책임감을 바탕으로 꾸준히 노력하여 자신의 의무를 다하는 태도와 행동	[출결상황], [봉사활동실적], [행동특성 및 종합의견]	
리더십	공동체 의식	· 공동체의 목표를 달성하기 위한 협업과 구성원의 화합과 단결을 이끌어가는 능력	[창의적 체험활동], [행동특성 및 종합의견]	30%
	주도성	· 스스로 목표를 설정하고 실천을 통한 성취와 영향력을 발휘한 경험과 활동	[창의적 체험활동], [세부능력 및 특기사항], [행동특성 및 종합의견]	
전공 적합성	전공 재능	· 고교 교육과정에서 지원 전공(계열)에 필요한 과목을 수강하고 취득한 학업 성취 수준의 정도 · 전공 및 진로 관련 활동 중 창의적이고 논리적인 사고를 통해 문제를 해결하는 능력	[교과학습발달사항], [세부능력 및 특기사항], [행동특성 및 종합의견]	40%
	전공 열정	· 지원 전공(계열)에 대한 이해를 위하여 지식과 경험을 통한 노력 과정 · 학교 교육의 다양한 영역 안에서 직접 겪거나 다양한 활동을 통해 성장한 경험 · 전공 및 진로 관련 활동 중 적극적으로 참여하고자 하는 수업 태도	[창의적 체험활동], [세부능력 및 특기사항], [행동특성 및 종합의견]	

☞ **보충설명**
- 학생부종합전형(서류형,면접형)에서 학교생활기록부의 교과성적에 대한 정량평가는 진행하지 않음
- 전공적합성(40%)에서 변별력이 가장 크고 합격 당락에 영향을 많이 줌
- 전공적합성(40%)에서 창의적 체험활동, 세부능력 및 특기사항에서 전공과의 연관성을 평가함
  - 전공적합성은 전공 재능과 전공 열정으로 나누어지는데 본교에서는 전공 재능보다는 전공 열정이 우수한 학생을 높게 평가함
  - 전공 열정은 단순한 전공 관련 활동의 기록보다는 지적 호기심 유발과 이를 해결하기 위한 수험생의 열정과 노력 등을 높게 평가함
  - 전공 재능은 지원학과의 연관성을 높게 평가하며 공동교육과정, 동아리활동, 진로활동 등에 적극적으로 참여하고 잠재력을 발휘하는 활동을 한 부분에서 변별력이 있을 수 있음
- 인성(30%)에서 봉사활동(개인)이 평가에 반영되지 않아 봉사의 변별력은 많이 낮아질 것으로 예상되나 학생의 성실성에 대해 파악할 수 있는 행동특성 및 종합의견의 담당 교사의 코멘트나 출결사항 등이 중요하게 평가됨
- 리더십(20%)은 교내 참여활동 중에 자기주도적으로 활동했던 사례나 내용이 중요하며 본교의 인재상인 '섬기는 리더'에 부합하는 봉사와 희생정신이 있는 학생을 우수하게 평가하며 활동을 이끌어가는 학생뿐만 아니라 그룹 활동에 있어서 팔로우십을 보여준 학생 또한 우수한 평가를 받을 수 있음

● **면접(300점)**
1. **평가방법:** 수험생 개인별 10분 내외, 블라인드 면접, 수험생 1명, 평가위원 2인
2. **평가문항:** 제출서류(학교생활기록부)를 토대로 한 제출서류 확인면접(수험생별 맞춤형 질문)
3. **평가항목:**

평가항목	반영비율	평가항목	착안점
인성	20%	긍정성,적극성,적합성,태도,표현력	·굳은 의지를 가지고 노력하는 성품을 지니고 있는가? ·다른 사람들과 쉽게 어울리는 편인가? ·주변사람들에게 헌신, 봉사, 성실, 근면, 모범, 선행, 효행, 배려, 나눔, 협력 등의 단어로 됨됨이가 좋은 사람이란 말을 듣는가?
리더십	20%		·군림하는 리더십이 아닌 섬기는 리더십을 발휘할 수 있는가? ·내가 가지고 있는 생각을 말과 행동으로 다른 사람에게 좋은 영향력을 끼칠 수 있는가? ·여러 사람이 관여하는 일에서 계획을 세워 주도적으로 추진하는 능력이 있는가?
전공적합성	60%		·대학전공 선택을 위해 고등학교 재학 기간 중 다양한 경험이 있는가? ·지원한 학과에 대한 지원동기가 적절한가? ·지원한 학과에 적합한 학생인가? ·향후 학업계획을 구체적으로 표현하고 이루려는 의지가 있는가?

면접문제 (2025학년도)	
인성(공개 5개중 1개)	① 우리 대학교의 인재상을 알고 있는가? 본인은 우리 학교 인재상과 어느 점이 일치한다고 생각하는가? 그와 같은 인재로서의 역할을 발휘한 적이 있는가? ② 본인 성격의 장 단점이 있다면 각각 무엇인가? 본인은 자신의 장점(강점)을 높이고, 단점을 개발하기 위한 어떤 노력을 해왔는가? 그렇다면 어떠한 변화와 성장이 있었는가? ③ 자신의 좌우명은 무엇인가? 좌우명을 갖게 된 계기가 있다면 그것은 무엇인가? 좌우명을 지키기 위한 경험이 있다면 이를 통하여 무엇을 느꼈는가? ④ 자신이 가장 존경하는 인물은 누구인가? 그 인물의 어떠한 부분을 가장 존경하게 되었는가? 그와 같은 인물에게서 배우기 위한 노력의 경험은 어떠한 것이 있는가? ⑤ 본인이 학교생활에서 가장 어려웠던 점이 있었다면 무엇이었는가?

면접문제 (2025학년도)	
	이를 해결하거나 극복하기 위해 어떠한 노력을 했다면 그것은 무엇인가?
	이를 통하여 무엇을 배우고 성장하였는가?
리더십(공개 5개중 1개)	① 리더의 특성으로 중요한 3가지가 있다면 무엇이라고 생각하는가?
	그렇게 생각하는 이유는 무엇인가? 본인은 그 중 어떠한 리더적 특성을 갖추었다고 생각하는가?
	② 본인이 생각하기에 이 시대의 진정한 리더는 어떠한 사람이라고 생각하는가?
	그 이유는 무엇인가? 본인은 앞으로 이와 같은 리더가 되기 위하여 어떤 노력을 하겠는가?
	③ 본인이 생각하는 공동체 의식은 무엇인가? 본인이 생각하는 공동체 의식을 발휘한 경험이 있는가?
	그것을 통해 무엇을 느꼈는가?
	④ 리더가 갖추어야 할 의사소통 능력 중, 가장 중요하다고 생각하는 것은 무엇인가? 그 이유는 무엇이며, 본인은
	그 능력을 갖추었다고 생각하는가? 만약 이와 같은 능력을 갖추었다면 이를 발휘한 좋은 경험이 있는가?
	⑤ 본인은 고교시절 리더로서의 활동 경험이 있는가? 리더로서의 활동 경험이 있었다면 대체로 그 활동들은 어떤 내용들
	이었는가? 그와 같은 역할을 통해 친구나 동료들에게 어떠한 영향을 미쳤는가?
전공적합성	서류(학교생활기록부) 기반 면접 진행

※ 수시모집 기간 전 5월 말에 면접(인성,리더십)문제 공개, 단, 전공적합성은 미공개하며, 제출서류 기반으로 질문 예정

☞ 보충설명
• 학생부종합전형(면접형)의 면접 전도율은 42.9%임으로 영향력이 크다고 볼 수 있으며 평가자는 전공 교수 1명과 전임입학사정관 1명이 평가함
• 면접평가 항목인 인성(20%)과 리더십(20%) 면접문항은 사전에 공개가 되어 있어 생활기록부와 연관 있는 활동을 준비하여 답변 진행
• 1단계에서 서류평가를 했던 평가위원이 면접고사에 연속하여 들어가기 때문에 본인의 생활기록부를 꼼꼼하게 검토하는 면접준비가 필요함
• 전공적합성(60%)은 평가 반영비율이 높기 때문에 가장 중요함
  – 전공심화지식에 대한 질문보다는 학교생활기록부의 기록을 확인하는 면접으로 진행됨
  – 단 전공에 대한 관심도와 열정을 확인할 수 있는 전공관련 배경지식이나 사회적인 이슈에 대해 사전 학습을 하고 오면 답변시 유리할 수 있음
• 면접평가자의 답변과 상황에 따라 공개된 문항에서 추가적으로 꼬리질문이나 추가질문이 있을 수 있음

◎ 전형결과
■ 전체

학년도	전체						인문						자연					
	모집인원	지원인원	경쟁률	등록50%	등록70%	충원율	모집인원	지원인원	경쟁률	등록50%	등록70%	충원율	모집인원	지원인원	경쟁률	등록50%	등록70%	충원율
2022	242	681	2.81	-	-	68.23	122	245	2.01	-	-	61.77	120	436	3.63	-	-	74.69
2023	193	1,070	6.59	-	-	76.45	99	419	4.01	-	-	72.34	94	651	9.01	-	-	80.31
2024	120	673	5.61	-	-	83.33	53	230	4.34	-	-	81.13	67	443	6.61	-	-	86.57
2025	156	-	-	-	-	-	64	-	-	-	-	-	92	-	-	-	-	-

■ 변경사항 & 핵심포인트
[2025학년도]

변경사항		2024	2025
모집인원	학생부종합(서류형)	103명	127명(+24명)
	학생부종합(면접형)	17명	29명(+12명)
	계	120명	156명(+36명)
모집단위 추가		- 의료계열 5개 학과 : 치위생학과, 물리치료학과, 간호학과, 임상병리학과, 응급구조학과	-(현행) 의료계열 5개 학과 -(추가) 스포츠비즈니스학과, 스포츠건강관리학과

➡ 합격자 성적분포:
• 학생부종합전형(서류형, 면접형)은 교과성적을 정량적으로 평가하지 않음으로 일반전형과 교과+면접전형에 비해 최종등록자의 성적이 상대적으로 낮음

■ 모집단위
'*' 표시 : 교직 이수 가능

계열	모집단위	2025		2024				2023				2022			
		모집인원 서류형	모집인원 면접형	모집인원	지원인원	경쟁률	충원번호	모집인원	지원인원	경쟁률	충원번호	모집인원	지원인원	경쟁률	충원번호
자연	가상현실학과	6	-	4	8	2.00	1	7	16	2.29	5	5	7	1.40	2
자연	지능정보통신공학과	6	-	6	18	3.00	11	8	17	2.13	6	15	17	1.13	-
자연	컴퓨터소프트웨어학과	8	-	6	36	6.00	6	9	46	5.11	37	15	36	2.40	17
자연	멀티미디어학과	6	-	6	26	4.33	14	8	27	3.38	15	12	27	2.25	8
자연	전자공학과	6	-	6	18	3.00	9	9	20	2.22	8	13	17	1.31	3
자연	건축학과(5년제)	5	-	3	26	8.67	5	5	36	7.2	6	7	33	4.71	5
자연	건축공학과	6	-	4	12	3.00	6	6	30	5	14	10	17	1.70	5

계열	모집단위	2025 모집인원 서류형	2025 모집인원 면접형	2024 모집인원	2024 지원인원	2024 경쟁률	2024 충원번호	2023 모집인원	2023 지원인원	2023 경쟁률	2023 충원번호	2022 모집인원	2022 지원인원	2022 경쟁률	2022 충원번호
자연	빅데이터경영공학과	5	-	5	19	3.80	14	6	15	2.5	6	8	9	1.13	0
자연	드론공간정보공학과	7	-	6	21	3.50	12	9	22	2.44	10	8	17	2.13	8
자연	스마트팜학과	5	-	2	11	5.50	9	2	12	6	0	-	-	-	-
인문	유통마케팅학과	3	-	3	10	3.33	7	6	22	3.67	6	6	7	1.17	0
인문	글로벌무역학과	3	-	3	10	3.33	5	6	15	2.5	9	10	16	1.60	5
인문	경영학과	6	-	5	19	3.80	13	8	34	4.25	17	6	13	2.17	5
인문	광고홍보학과	7	-	6	40	6.67	9	10	72	7.2	10	12	30	2.50	15
인문	호텔경영학과*	3	-	3	10	3.33	1	7	34	4.86	17	11	15	1.36	3
인문	관광경영학과*	3	-	3	9	3.00	6	7	21	3	14	11	17	1.55	3
인문	세무학과	2	-	2	6	3.00	2	6	12	2	6	11	11	1.00	-
인문	부동산학과	2	-	2	8	4.00	2	4	9	2.25	4	6	8	1.33	0
예체	스포츠비즈니스학과	-	4	-	-	-	-	-	-	-	-	-	-	-	-
인문	영어과	2	-	2	8	4.00	4	4	10	2.5	6	3	5	1.67	0
인문	일어일문학과*	3	-	2	18	9.00	1	4	30	7.5	7	4	9	2.25	2
인문	중국학과*	2	-	2	7	3.50	5	4	10	2.5	5	3	4	1.33	-
인문	보건행정학과	8	-	6	28	4.67	1	10	37	3.7	9	12	31	2.58	5
자연	뷰티보건학과	3	-	2	20	10.00	3	4	24	6	7	3	19	6.33	5
예체	스포츠건강관리학과	-	4	-	-	-	-	-	-	-	-	-	-	-	-
자연	치위생학과	-	4	3	26	8.67	2	6	67	11.17	3	6	47	7.83	0
자연	물리치료학과	-	4	3	80	26.67	0	4	121	30.25	1	5	40	8.00	1
자연	간호학과*	-	4	3	65	21.67	0	3	108	36	1	5	78	15.60	-
자연	임상병리학과	-	4	3	23	7.67	0	4	39	9.75	3	4	34	8.50	1
자연	응급구조학과	-	5	5	34	6.80	0	4	51	12.75	2	4	38	9.50	1
인문	아동복지학과*	7	-	6	19	3.17	9	9	38	4.22	27	12	27	2.25	12
인문	사회복지학과	7	-	4	25	6.25	19	8	60	7.5	33	7	37	5.29	14
인문	휴먼케어학과	6	-	4	13	3.25	4	6	15	2.5	9	8	15	1.88	1

22. 단국대학교

I. 한 눈에 보는 전형

모집시기	전형유형	전형	모집인원	전형 방법	수능최저학력기준
수시	교과	지역균형선발	죽256	학생부교과100% ※ 고교 추천: 제한 없음	○
수시	교과	학생부교과우수자	천544	학생부교과100% ▶해병대군사학: 1단계)학생부교과100%(4배수) 2단계)1단계90%+ 실기10%+ P/F(인성검사,신체검사,신원조회)	○
수시	종합	DKU인재(서류형)	죽265 천428	서류100%	X
수시	종합	DKU인재(면접형)	죽108 천 83	1단계)서류100%(죽전:4배수/천안:3배수) 2단계)서류70%+ 면접30%	X(의예,치의예, 약학○)
수시	종합	SW인재	죽 64	1단계)서류100%(3배수) 2단계)서류70%+ 면접30%	X
수시	종합	기회균형선발	죽 84 천 60	서류100%	X
수시	종합	사회적배려대상자	죽 57 천 46	서류100%	X
수시	종합	창업인재	죽 15	1단계)서류100%(3배수) 2단계)서류70%+ 면접30%	X
수시	종합	취업자	죽 3 천 3	서류100%	X
수시	종합	교육기회배려자	죽 74 천 74	서류100%	X(약학○)
수시	종합	농어촌학생	죽 50 천 52	서류100%	X(의예, 치의예 ○)
수시	종합	특수교육대상자	죽 27	서류100%	X
수시	종합	특성화고등을졸업한재직자	죽100 천 30	서류100%	X
수시	논술	논술우수자	죽310	학생부교과20%+ 논술80%	X
수시	실기/실적	실기우수자	죽235 천160	▶연극전공(연출), 연극전공(연기), 뮤지컬전공(연기), 무용과, 음악학부, 미술학부, 뉴뮤직학부, 생활체육학과, 운동처방재활전공: 학생부20%+ 실기80% ▶영화전공(이론·연출·스탭) : 1단계)학생부20%+ 실기80%(3배수) 2단계)1단계20%+ 실기80% ▶도예과, 디자인학부: 1단계)학생부100%(20배수) 2단계)학생부20%+ 실기80%	X
수시	실기/실적	체육특기자	천 91	학생부20%+ 실적80%	X

(수시모집) 지원 가능 횟수	우리 대학은 전형 간 복수지원이 가능하며, 학생부종합전형 내 세부 전형 간 복수지원도 가능함 (예시1 : 학생부종합전형 내 DKU인재전형과 기회균형선발전형 복수지원 가능) (예시2 : 학생부종합전형 내 DKU인재(서류형)전형과 DKU인재(면접형)전형 복수지원 가능) ※ 동일 전형으로 캠퍼스 간 복수지원할 수 없음 ※ 죽전캠퍼스의 지역균형선발전형과 천안캠퍼스의 학생부교과우수자전형은 별도의 전형으로 캠퍼스 간 복수지원이 가능함

■ 무전공(전공자율선택)

유형① [대학 내 모든 전공(보건의료, 사범 등 제외) 자율 선택]		유형② [계열/단과대 모집 후 모집단위 내 전공 자율 선택]	
모집단위	인원	모집단위	인원
[죽전] 퇴계혁신칼리지	267	[죽전] SW융합계열광역	34
		[죽전] 공학계열광역	108
		[죽전] 사회계열광역	148
		[죽전] 인문계열광역	38
[천안] 율곡혁신칼리지	173	[천안] 인문사회계열광역	107
		[천안] 자연공학계열광역	166

■ 광역 모집단위 설치학부(과)

캠퍼스	광역 모집단위	설치학부(과)
죽전	퇴계혁신칼리지	전 계열(프리무스국제대학, 사범대학, 음악·예술대학, 건축학전공[5년제], 산업경영학과(야) 제외)
	인문계열광역	국어국문학과, 사학과, 철학과, 영미인문학과
	사회계열광역	법학과, 정치외교학과, 행정학과, 도시계획·부동산학부, 미디어커뮤니케이션학부, 상담학과, 경제학과, 무역학과, 경영학부
	공학계열광역	전자전기공학과, 융합반도체공학과, 고분자공학전공, 파이버융합소재공학전공, 토목환경공학과, 기계공학과, 화학공학과, 건축공학전공
	SW융합계열광역	소프트웨어학과, 컴퓨터공학과, 통계데이터사이언스학과, 사이버보안학과
천안	율곡혁신칼리지	외국어대학, 공공인재대학(공공정책학과(야), 해병대군사학과 제외), 과학기술대학, 바이오융합대학(코스메디컬소재학과 제외), 심리치료학과, 보건행정학과
	인문사회계열광역	외국어대학, 공공인재대학(공공정책학과(야), 해병대군사학과 제외), 심리치료학과, 보건행정학과
	자연공학계열광역	과학기술대학, 바이오융합대학(코스메디컬소재학과 제외)

■ 전형결과

※ 성적 산출기준: (수시) 교과 석차등급, (정시) 수능 백분위

■ 죽전캠퍼스

모집시기	전형유형	전형	학년도	모집인원	지원인원	경쟁률	등록자 평균	등록자 최저	충원율
수시	교과	지역균형선발	2024	263	1,894	7.20	2.38	2.74	183%
수시	종합	DKU인재(서류형)	2024	225	2,775	12.33	2.92	3.40	137%
수시	종합	DKU인재(면접형)	2024	108	1,878	17.39	3.22	3.62	49%
수시	종합	SW인재	2024	50	496	9.92	2.96	3.45	62%
수시	종합	창업인재	2024	15	161	10.73	3.69	4.31	20%
수시	논술	논술우수자	2024	310	9,669	31.19	4.46	5.55	32%

■ 천안캠퍼스

모집시기	전형유형	전형	학년도	모집인원	지원인원	경쟁률	등록자 평균	등록자 최저	충원율
수시	교과	학생부교과우수자	2024	597	4,120	6.90	3.51	3.94	131%
수시	종합	DKU인재(서류형)	2024	370	4,185	11.31	4.02	4.65	106%
수시	종합	DKU인재(면접형)	2024	58	1,268	21.86	2.70	3.34	31%

■ (주요전형) 전형일정

유형	전형	원서접수 마감	대학별 고사(면접/논술)	1단계 합격자	최종 합격자
교과	지역균형선발	9.13(금) 17:00 학교장추천: 9.25(수) 18:00			12.13(금)
교과	학생부교과우수자	9.13(금) 17:00	▶해병대군사학: 10.26(토)	▶해병대군사학: 10.15(화)	12.13(금)
종합	DKU인재(서류형)	9.13(금) 17:00			12.13(금)
종합	DKU인재(면접형)	9.13(금) 17:00	-11.30(토) 의학.약학계열, 문예창작과 -12.01(일) 죽전캠퍼스	11.08(금) ▶11.15(금): 의학.약학계열, 문예창작과	12.13(금)
종합	SW인재	9.13(금) 17:00	11.30(토)	11.08(금)	12.13(금)
종합	창업인재	9.13(금) 17:00	11.30(토)	11.08(금)	12.13(금)
논술	논술우수자	9.13(금) 17:00	-11.02(토) 인문계열 -11.16(토) 자연계열		12.13(금)

- 11.02(토) 인문계열
  10:00 국어국문학과, 철학과, 영미인문학과, 경제학과, 무역학과, 경영학부
  15:00 법학과, 정치외교학과, 행정학과, 도시계획.부동산학부, 미디어커뮤니케이션학부, 상담학과, 한문교육과, 특수교육과
- 11.16(토) 자연계열
  10:00 공학계열광역
  15:00 전자전기공학과, 융합반도체공학과, 고분자시스템공학부(고분자공학전공, 파이버융합소재공학전공), 토목환경공학과, 기계공학과, 화학공학과, 건축학부[건축학전공(5년제), 건축공학전공], 소프트웨어학과, 컴퓨터공학과, 모바일시스템공학과, 통계데이터사이언스학과, 사이버보안학과, 수학교육과, 과학교육과

Ⅱ. (수시모집) 주요 전형

■ (학생부교과) 지역균형선발

전형	모집인원	전형 방법	수능최저학력기준
지역균형선발	죽전 256	학생부교과100%	○

1. **지원자격**: 국내 정규 고등학교 졸업(예정)자로서 <u>소속 고등학교장의 추천을 받은 자</u>
   ※ 아래 해당자 지원 불가
   - 학생부 반영교과가 없거나, 국내 고등학교 성적체계와 다른 자
   - 특성화고, 마이스터고, 전문계 과정(일반고, 종합고), 영재학교, 예술고, 체육고, 방송통신고, 학력인정 평생교육시설, 대안학교(각종학교) 출신자
2. **제출서류**: 학교생활기록부, 학교장 추천 명단
3. **수능최저학력기준**

[국어, 수학, 영어, 사/과탐(1과목)] 중 2개 영역 등급 합 6 이내

◎ 전형요소
● 학생부

반영요소 반영비율	반영교과목		교과성적 산출지표	학년별 반영비율
	구분	반영방법		
교과100%	공통 및 일반선택	인 국어30%, 영어30%, 수학20%, 사회20% 교과에 속한 전 과목 자 국어20%, 영어30%, 수학30%, 과학20% 교과에 속한 전 과목 ▶ 건축학부 건축학 전공: 국어30%, 영어30%, 수학30%, 사회/과학10% 교과에 속한 전 과목	석차등급	학년 구분 없음
	진로선택	반영교과 중 성취도가 높은 상위 3과목. ※ 성취도 환산등급 = A : 1등급, B : 2등급, C : 5등급	성취도	

◎ 전형결과
■ 전체

죽전 학년도	전체						인문						자연					
	모집 인원	지원 인원	경쟁 률	등록 평균	등록 최저	충원 율	모집 인원	지원 인원	경쟁 률	등록 평균	등록 최저	충원 율	모집 인원	지원 인원	경쟁 률	등록 평균	등록 최저	충원 율
2022	261	3,239	12.41	2.54		232%	121	1,634	13.50	2.53		229%	140	1,605	11.46	2.55		234%
2023	261	2,555	9.79	2.41		177%	121	1,161	9.60	2.37		171%	140	1,394	9.96	2.45		183%
2024	263	1,894	7.20	2.38	2.74	183%	124	753	6.07	2.41	2.89	197%	139	1,141	8.21	2.35	2.59	168%
2025	256						158						98					

■ 변경사항 & 핵심포인트

[2025]

변경사항	2024	2025
모집인원	263명	256명(-7명)

➡ 합격자 성적분포: (죽전) 인문계열은 2등급 초반 ~ 2등급 후반, 자연계열은 2등급 초반 ~ 2등급 중반.
- 수능최저 충족율은 70% 정도.

[2024]

변경사항	2023	2024
(학생부) 진로선택과목 반영	-	반영교과 중 성취도가 높은 상위 3과목. ※ 성취도: A=1등급, B=2등급, C=5등급

■ 모집단위

'*' 표시 : 교직 이수 가능

죽전 계열	모집단위	2025	2024						2023						2022					
		모집 인원	모집 인원	지원 인원	경쟁 률	등록 평균	등록 최저	충원 번호	모집 인원	지원 인원	경쟁 률	등록 평균	등록 최저	충원 번호	모집 인원	지원 인원	경쟁 률	등록 평균	등록 최저	충원 번호
인문	사회계열광역	70																		
인문	체육교육과	10																		
인문	*미디어커뮤니케이션학부*	4	9	53	5.9	1.62	2.07	11	9	54	6.0	2.13		12	9	89	9.9	2.04		14
인문	사학과*	4	4	22	5.5	2.11	2.30	5	5	61	12.2	2.39		13	5	44	8.8	2.68		14
인문	국어국문학과*	4	4	54	13.5	2.16	2.43	9	5	40	8.0	2.66		5	5	58	11.6	2.38		18

모집계열	모집단위	2025 모집인원	2024 모집인원	지원인원	경쟁률	등록평균	등록최저	충원번호	2023 모집인원	지원인원	경쟁률	등록평균	등록최저	충원번호	2022 모집인원	지원인원	경쟁률	등록평균	등록최저	충원번호
인문	정치외교학과	4	4	42	10.5	2.24	2.31	6	4	116	29.0	2.44		7	4	37	9.3	3.01		8
인문	무역학과*	5	8	42	5.3	2.25	2.48	15	9	103	11.4	2.32		20	9	175	19.4	2.48		18
인문	영미인문학과	4	4	43	10.8	2.25	2.46	13	5	67	13.4	2.47		19	5	60	12.0	2.62		14
인문	도시계획부동산학부	5	9	75	8.3	2.33	2.50	28	9	64	7.1	2.40		20	9	93	10.3	2.48		13
인문	법학과*	7	15	68	4.5	2.35	2.67	34	15	121	8.1	2.21		23	15	151	10.1	2.38		33
인문	경영학부*	12	33	146	4.4	2.48	5.95	65	31	191	6.2	2.14		46	31	482	15.6	2.16		83
인문	철학과	3	3	33	11.0	2.50	2.66	10	3	39	13.0	2.66		4	3	34	11.3	2.94		6
인문	한문교육과	4	4	42	10.5	2.52	2.60	8	4	92	23.0	2.78		7	4	69	17.3	3.29		5
인문	상담학과	3	3	17	5.7	2.59	2.61	3	3	29	9.7	2.21		3	3	156	52.0	2.20		5
인문	경제학과*	4	8	37	4.6	2.62	3.22	18	8	95	11.9	2.34		10	8	93	11.6	2.40		22
인문	국제경영학과	5	5	29	5.8	2.63	2.76	2												
인문	특수교육과	6	6	26	4.3	2.75	3.13	11	6	47	7.8	2.29		10	6	39	6.5	2.49		4
인문	행정학과*	4	5	24	4.8	3.14	4.06	6	5	42	8.4	2.15		8	5	54	10.8	2.38		20
자연	수학교육과	4	4	21	5.3	1.99	2.34	6	4	61	15.3	1.99		10	4	24	6.0	2.31		8
자연	컴퓨터공학과	6	6	42	7.0	2.16	2.36	13	6	68	11.3	2.27		13	6	91	15.2	2.44		19
자연	소프트웨어학과*	8	12	77	6.4	2.19	2.43	17	12	69	5.8	2.32		27	12	154	12.8	2.16		21
자연	고분자공학전공	6	12	86	7.2	2.25	2.38	12	12	104	8.7	2.48		19	12	187	15.6	2.58		14
자연	건축학전공(5년제)	7	7	101	14.4	2.29	2.39	9	7	52	7.4	2.73		20	7	71	10.1	2.43		15
자연	화학공학과*	10	16	77	4.8	2.30	2.59	20	16	228	14.3	2.20		27	16	130	8.1	2.55		39
자연	기계공학과*	8	10	143	14.3	2.31	2.38	7	10	98	9.8	2.61		24	10	198	19.8	2.63		29
자연	전자전기공학과*	8	17	106	6.2	2.32	2.60	33	17	167	9.8	2.40		30	29	300	10.3	2.57		76
자연	통계데이터사이언스학과	5	5	39	7.8	2.37	2.48	11	5	51	10.2	2.54		10	5	68	13.6	2.60		18
자연	융합반도체공학과	6	12	76	6.3	2.44	2.75	25	12	103	8.6	2.48		16						
자연	과학교육과	7	7	26	3.7	2.44	3.41	10	7	36	5.1	2.21		16	7	46	6.6	2.13		16
자연	토목환경공학과*	8	12	211	17.6	2.49	2.62	30	12	148	12.3	2.85		29	12	106	8.8	2.94		24
자연	사이버보안학과	4	4	35	8.8	2.49	2.58	8	4	72	18.0	2.55		1	4	42	10.5	2.86		10
자연	파이버융합소재공학전공*	6	8	55	6.9	2.53	2.61	19	9	68	7.6	2.53		4	9	111	12.3	2.55		13
자연	건축공학전공*	5	7	46	6.6	2.66	2.87	14	7	69	9.9	2.56		10	7	77	11.0	2.89		25

■ (학생부교과) 학생부교과우수자

전형	모집인원	전형 방법	수능최저학력기준
학생부교과우수자	천안 544	학생부교과100% ▶해병대군사학: 1단계)학생부교과100%(4배수) 　　　　　　　2단계)1단계90%+ 실기10%+ P/F(인성검사,신체검사,신원조회)	○

1. **지원자격**: 국내 정규 고등학교 졸업(예정)자
   ※ 학생부 반영교과가 없거나, 국내 고등학교 성적체계와 다른 경우 지원 불가
   ※ 해병대군사학과는 장교임관에 결격사유가 없는 자(남·여)에 한함
2. **수능최저학력기준**

> [국어, 수학, 영어, 사/과탐(1과목)] 중 2개 영역 등급 합 8 이내
> ▶ 간호학과: 2개 영역 등급 합 5 이내　▶ 해병대군사학과: 4개 영역 평균 3등급 대(~3.99) 이내
> ▶ 공공정책학과(야간): [국어, 수학, 영어] 중 1개 영역 4등급 이내

◎ 전형요소
● 학생부

반영요소 반영비율	반교과목			교과성적 산출지표	학년별 반영비율
	구분	반영방법			
교과100%	공통 및 일반선택	인 국어30%, 영어30%, 수학20%, 사회20% 교과에 속한 전 과목 자 국어20%, 영어30%, 수학30%, 과학20% 교과에 속한 전 과목 　▶ 간호학, 심리치료학: 국어30%, 영어30%, 수학30%, 사회/과학10% 교과에 속한 전 과목		석차등급	학년 구분 없음
	진로선택	반영교과 중 성취도가 높은 상위 3과목. ※ 성취도 환산등급 = A : 1등급, B : 2등급, C : 5등급		성취도	

◎ 전형결과
■ 전체

천안 학년도	전체						인문						자연					
	모집 인원	지원 인원	경쟁 률	등록 평균	등록 최저	충원 율	모집 인원	지원 인원	경쟁 률	등록 평균	등록 최저	충원 율	모집 인원	지원 인원	경쟁 률	등록 평균	등록 최저	충원 율
2022	703	4,618	6.57	3.73		133%	250	1,559	6.24	3.96		123%	453	3,059	6.75	3.50		142%
2023	690	5,230	7.58	3.64		152%	250	1,744	6.98	3.87		128%	440	3,486	7.92	3.41		176%
2024	597	4,120	6.90	3.51	3.94	131%	228	1,388	6.09	3.82	4.36	111%	369	2,732	7.40	3.19	3.52	150%
2025	544						223						321					

■ 변경사항 & 핵심포인트

[2025]

변경사항	2024	2025
모집인원	597명	544명(-53명)

▶ 합격자 성적분포: (천안) 인문계열은 3등급 후반 ~ 4등급 초반, 자연계열은 3등급 초반 ~ 3등급 중반.
수능최저 충족율은 70% 정도

[2024]

변경사항	2023	2024
(학생부) 진로선택과목 반영	-	반영교과 중 성취도가 높은 상위 3과목. ※ 성취도: A=1등급, B=2등급, C=5등급

■ 모집단위

'*' 표시 : 교직 이수 가능

천안 계열	모집단위	2025	2024						2023						2022					
		모집 인원	모집 인원	지원 인원	경쟁 률	등록 평균	등록 최저	충원 번호	모집 인원	지원 인원	경쟁 률	등록 평균	등록 최저	충원 번호	모집 인원	지원 인원	경쟁 률	등록 평균	등록 최저	충원 번호
인문	인문사회계열광역	50																		
인문	스포츠경영학과	7	7	181	25.9	2.59	2.80	7												
인문	보건행정학과	8	12	83	6.9	3.15	3.44	24	14	146	10.4	3.09		25	14	97	6.9	3.26	20
인문	공공정책학과*	9	12	124	10.3	3.20	3.33	24	15	108	7.2	3.60		17	15	128	8.5	3.25	23
인문	영어과*	9	19	112	5.9	3.27	3.60	39	24	134	5.6	3.48		52	24	172	7.2	3.31	48
인문	스페인중남미전공*	9	11	55	5.0	3.27	3.45	8	13	91	7.0	3.39		13	13	113	8.7	3.66	27
인문	글로벌한국어과	5	5	42	8.4	3.34	3.49	5	5	117	23.4	3.66		9	5	33	6.6	4.33	7
인문	식품자원경제학과	10	21	120	5.7	3.52	3.77	26	23	215	9.4	3.78		46	23	132	5.7	4.01	30
인문	사회복지학과	9	14	64	4.6	3.53	4.13	19	18	133	7.4	3.30		25	17	122	7.2	3.48	27
인문	일본학전공*	9	17	123	7.2	3.57	3.83	27	20	132	6.6	3.77		31	20	121	6.1	3.83	35
인문	프랑스학전공*	5	5	33	6.6	3.68	3.78	6	6	62	10.3	3.86		9	6	28	4.7	4.11	6
인문	베트남학전공	6	6	37	6.2	3.73	3.94	6	6	41	6.8	4.04		10	6	33	5.5	4.13	6
인문	독일학전공*	5	5	29	5.8	3.76	4.03	7	6	43	7.2	3.83		10	6	30	5.0	3.93	4
인문	포르투갈브라질학전공	5	5	24	4.8	3.77	3.89	1	6	50	8.3	3.92			6	46	7.7	4.17	5
인문	중국학전공*	9	21	92	4.4	3.79	4.45	18	23	147	6.4	3.72		39	24	172	7.2	3.84	36
인문	몽골학전공	9	9	83	9.2	3.94	4.05	8	9	68	7.6	4.33		3	9	42	4.7	4.47	6
인문	중동학전공	9	9	41	4.6	4.17	5.15	8	9	61	6.8	3.88		4	9	49	5.4	4.05	7
인문	공공정책학과(야)	14	14	61	4.4	5.07	6.12	14	14	77	5.5	5.10		20	14	54	3.9	5.08	12
인문	러시아학전공*	6	6	29	4.8	5.64	7.15	6	9	56	6.2	3.84		7	9	71	7.9	3.83	2
인문	해병대군사학과	남26 여4	남 26 여 4	남44 여11	남1.7 여2.8	남5.00 여5.05	남6.66 여6.20		남26 여 4	남 47 여 16	남 1.8 여 4.0	남4.99 여3.94		여1	30	116	3.9	남4.57 여3.38	남7
자연	자연공학계열광역	85																		
자연	물리치료학과	12	12	102	8.5	2.32	2.67	29	14	140	10.0	2.22		25	15	185	12.3	2.44	29
자연	간호학과*	47	47	329	7.0	2.35	2.56	59	51	344	6.8	2.45		56	59	405	6.9	2.38	38
자연	제약공학과	8	14	71	5.1	2.68	2.91	20	14	130	9.3	2.63		12	14	112	8.0	3.11	31
자연	임상병리학과	12	12	92	7.7	2.68	2.90	32	14	184	13.1	2.66		21	14	117	8.4	2.91	24
자연	의생명시스템학전공	9	13	49	3.8	2.75	3.96	22	17	163	9.6	2.66		30	17	98	5.8	3.17	38
자연	생명과학전공*	9	24	155	6.5	2.85	3.22	46	30	229	7.6	3.35		61	32	172	5.4	3.61	52
자연	치위생학과	12	12	87	7.3	2.92	3.20	18	14	104	7.4	3.07		27	15	95	6.3	3.10	13
자연	신소재공학과	8	21	171	8.1	2.97	3.22	36	23	280	12.2	3.38		70	23	149	6.5	3.60	47
자연	심리치료학과	8	11	79	7.2	3.05	3.28	16	13	74	5.7	3.39		5	13	98	7.5	3.11	26
자연	식품공학과*	9	20	154	7.7	3.23	3.54	37	25	174	7.0	3.51		53	25	155	6.2	3.66	35
자연	동물생명공학전공*	9	18	140	7.8	3.26	3.53	12	19	142	7.5	4.25		33	20	134	6.7	3.79	33

천안계열	모집단위	2025 모집인원	2024 모집인원	2024 지원인원	2024 경쟁률	2024 등록평균	2024 등록최저	2024 충원번호	2023 모집인원	2023 지원인원	2023 경쟁률	2023 등록평균	2023 등록최저	2023 충원번호	2022 모집인원	2022 지원인원	2022 경쟁률	2022 등록평균	2022 등록최저	2022 충원번호
자연	미생물학전공	9	15	94	6.3	3.29	3.45	16	19	133	7.0	3.55		25	19	92	4.8	3.74		28
자연	식량생명공학전공*	9	16	118	7.4	3.31	3.67	11	19	112	5.9	3.81		25	19	172	9.1	3.69		20
자연	식품영양학과*	8	15	91	6.1	3.32	3.66	19	21	130	6.2	3.50		28	21	107	5.1	3.48		28
자연	경영공학과	8	12	79	6.6	3.37	3.64	13	17	139	8.2	3.71		32	18	102	5.7	3.83		19
자연	화학과*	8	18	92	5.1	3.39	3.71	22	24	146	6.1	3.57		36	24	104	4.3	3.62		35
자연	에너지공학과	10	25	212	8.5	3.41	3.61	41	31	210	6.8	3.66		70	31	276	8.9	3.60		51
자연	수학과*	9	15	84	5.6	3.72	4.27	32	20	129	6.5	3.79		58	20	104	5.2	3.89		34
자연	환경원예학전공	9	17	241	14.2	3.74	4.03	21	19	195	10.3	4.25		33	19	135	7.1	4.27		23
자연	코스메디컬소재학과	4	4	36	9.0	3.85	4.01	1												
자연	녹지조경학전공	9	17	139	8.2	3.85	4.30	29	20	182	9.1	3.96		50	19	172	9.1	4.08		23
자연	물리학과*	10	11	117	10.6	3.95	4.12	22	16	146	9.1	4.27		25	16	75	4.7	4.40		18

■ (학생부종합) DKU인재(서류형)

전형	모집인원	전형 방법	수능최저학력기준
DKU인재(서류형)	죽전 265 천안 428	서류100%	X

1. **지원자격**: 국내 정규 고등학교 졸업(예정)자 또는 법령에 의하여 고등학교 졸업 이상의 학력이 있다고 인정된 자
   [고등학교 졸업학력 검정고시 합격자, 외국 소재 고등학교 졸업(예정)자 포함]
2. **제출서류**: 학교생활기록부

◎ 전형요소
● 서류
   1. **평가방식**: 다수(입학사정관 2~3인)의 평가자에 의한 다단계 종합평가
      ※ 필요 시 해당자에 한해 실사(고교 방문 또는 전화)를 실시함(면접실시 전형은 제외)
   2. 평가내용 및 반영비율

평가역량	평가내용	반영비율(%) DKU인재(서류형)	반영비율(%) DKU인재(면접형) SW인재	평가내용
학업역량	학업성취도	25%	20%	• 교과의 학업성취도 수준 및 학업발전의 정도
학업역량	학업태도	20%	15%	• 자기주도적인 학업수행 의지와 노력
진로역량	진로의지	15%	20%	• 전공(계열) 관련 이수교과의 학업성취도 수준 및 학업발전의 정도 • 전공(계열) 관련 선택과목 참여 정도
진로역량	진로탐색 활동과 경험	20%	25%	• 전공(계열) 관련 활동의 경험과 노력
공동체역량	도덕성 및 성실성	10%	10%	• 공동체 생활에서의 책임감 및 규칙 준수 노력
공동체역량	협업과 소통능력	10%	10%	• 공동체 목표달성을 위해 협력하고 구성원들의 의사소통을 이끌어 내는 능력

3. 평가등급:

A+	A	B+	B	C	D	E
매우 우수	←		보통		→	매우 미흡

☞ 보충설명
- 학업역량(45%) > 진로역량(35%) > 공동체역량(20%) 순으로 반영. 학업역량과 진로역량이 중요하지만, 진로역량이 더 중요함.
- 학업역량(45%)은 학업성취도(25%)와 학업태도(20%)으로 나뉨. 학업성취도는 교과성적을, 학업태도는 세특을 평가함
  - 학업역량은 비율이 크므로 합격자 성적이 약간 높게 형성됨. 교과형과 종합형의 편차가 작은 것이 학업을 많이 보기 때문
  - 학업성취도(25%)는 지원자가 몰려 있음 그래서 학업태도(20%)에서 약간 변별력 생김.
  - 학업태도(20%)는 세특을 자세하게 평가하여 변별력이 많이 생김
- 진로역량(35%)은 학업성취도는 보지 않고 활동을 봄.
  - 진로역량은 전공 관련 활동이 고교에 개설되어 있지 않으면 계열로 봄. 모집단위와 최대한 관련된 활동이 중요함.
    단과대 정도의 계열적합성으로 생각. 계열이나 전공에 대한 관심을 높게 평가
  - 진로역량은 학과별 특성에 따름. 고교에서 준비할 수 있는 커뮤니케이션, 전자공학, 기계공학은 고교 관련 활동이 있으면 전공으로 평가,
    반면 고교에서 준비하기 어려운 도시계획 등 학과는 관련 활동까지 넓게 이해함
- 공동체역량(20%)은 반영비율도 작고 편차도 작음

◎ 전형결과
■ 전체

죽전 학년도	전체						인문						자연					
	모집인원	지원인원	경쟁률	등록평균	등록최저	충원율	모집인원	지원인원	경쟁률	등록평균	등록최저	충원율	모집인원	지원인원	경쟁률	등록평균	등록최저	충원율
2022	312	5,001	16.03	3.01		166%	180	3,352	18.62	3.09		132%	132	1,649	12.49	2.93		199%
2023	343	4,674	13.63	3.04		122%	170	2,951	17.36	3.01		102%	173	1,723	9.96	3.07		142%
2024	225	2,775	12.33	2.92	3.40	137%	111	1,384	12.47	2.94	3.49	119%	114	1,391	12.20	2.89	3.30	154%
2025	265						159						106					

천안 학년도	전체						인문						자연					
	모집인원	지원인원	경쟁률	등록평균	등록최저	충원율	모집인원	지원인원	경쟁률	등록평균	등록최저	충원율	모집인원	지원인원	경쟁률	등록평균	등록최저	충원율
2022	395	5,052	12.79	3.74		128%	170	1,775	10.44	4.25		111%	225	3,277	14.56	3.23		145%
2023	389	4,320	11.11	3.99		117%	166	1,546	9.31	4.49		127%	223	2,774	12.44	3.49		106%
2024	370	4,185	11.31	4.02	4.65	106%	155	1,441	9.30	4.35	5.15	97%	215	2,744	12.76	3.68	4.14	115%
2025	428						173						255					

■ 변경사항 & 핵심포인트

[2025]

변경사항	2024	2025
모집인원	[죽전] 225명, [천안] 370명	[죽전] 265명(+40명), [천안] 428명(+58명)

➡ 합격자 성적분포: (죽전) 인문계열은 2등급 후반 ~ 3등급 중반, 자연계열은 2등급 후반 ~ 3등급 중반.
(천안) 인문계열은 4등급 중반 ~ 5등급 초반, 자연계열은 3등급 중반 ~ 4등급 초반.

■ 모집단위

'*' 표시 : 교직 이수 가능

죽전 계열	모집단위	2025 모집인원	2024						2023						2022					
			모집인원	지원인원	경쟁률	등록평균	등록최저	충원번호	모집인원	지원인원	경쟁률	등록평균	등록최저	충원번호	모집인원	지원인원	경쟁률	등록평균	등록최저	충원번호
인문	인문계열광역	30																		
인문	사회계열광역	41																		
인문	법학과*	8	14	128	9.1	2.52	2.65	18	20	263	13.2	2.84		26	20	317	15.9	2.85		22
인문	미디어커뮤니케이션학부	5	7	175	25.0	2.56	2.84	6	10	331	33.1	2.77		7	12	422	35.2	2.71		8
인문	정치외교학과	3	3	33	11.0	2.59	2.98	7	5	103	20.6	3.13		4	7	119	17.0	3.25		3
인문	경영학부*	17	26	277	10.7	2.69	3.23	22	34	520	15.3	2.67		32	30	679	22.6	2.73		46
인문	도시계획·부동산학부	5	6	73	12.2	2.71	3.26	9	9	114	12.7	2.95		11	10	181	18.1	2.89		14
인문	경제학과*	6	7	77	11.0	2.78	3.11	10	12	200	16.7	2.81		16	15	194	12.9	3.13		32
인문	영미인문학과	4	4	46	11.5	2.80	2.95	5	7	199	28.4	2.68		9	8	84	10.5	4.08		15
인문	국어국문학과*	4	6	46	7.7	2.88	3.01	1	10	90	9.0	2.50		13	11	97	8.8	2.57		8
인문	철학과	2	2	21	10.5	2.88	3.10	4	4	88	22.0	3.36		2	4	35	8.8	4.04		6
인문	상담학과	3	3	54	18.0	2.90	3.13	4	5	106	21.2	3.17		3	6	332	55.3	2.84		8
인문	특수교육과	7	7	72	10.3	2.94	3.78	17	10	105	10.5	2.60		16	10	149	14.9	2.44		14
인문	무역학과*	7	7	88	12.6	2.97	3.31	6	12	399	33.3	3.07		5	15	225	15.0	4.16		13
인문	한문교육과	5	5	46	9.2	3.02	3.16	7	8	62	7.8	3.50		8	8	84	10.5	2.98		8
인문	국제경영학과	3	3	115	38.3	3.12	3.87		5	61	12.2	4.45		4	5	67	13.4	2.81		6
인문	행정학과*	5	5	74	14.8	3.24	4.72	7	9	173	19.2	3.01		5	8	127	15.9	3.23		11
인문	사학과*	4	6	59	9.8	4.37	6.76	9	10	137	13.7	2.64		12	11	240	21.8	2.78		23
자연	과학교육과	5	5	59	11.8	2.18	2.62	13	8	135	16.9	2.68		24	8	87	10.9	2.61		12
자연	수학교육과	6	6	45	7.5	2.40	2.61	3	9	67	7.4	2.38		6	8	96	12.0	2.13		20
자연	건축학전공(5년제)	9	9	157	17.4	2.73	3.06	14	13	187	14.4	3.33		17	12	220	18.3	2.98		27
자연	고분자공학전공	11	13	149	11.5	2.93	3.19	7	19	138	7.3	3.13		21	14	126	9.0	2.84		21
자연	파이버융합소재공학전공*	7	7	55	7.9	2.93	3.29	6	10	63	6.3	2.77		6	7	55	7.9	2.94		11
자연	전자전기공학과*	12	14	183	13.1	2.93	3.44	38	21	241	11.5	3.13		39	22	370	16.8	3.19		43
자연	융합반도체공학과	9	10	124	12.4	2.99	3.70	26	15	134	8.9	3.27		17						
자연	화학공학과	15	15	237	15.8	3.09	3.95	22	24	227	9.5	3.00		26	17	275	16.2	2.57		46
자연	기계공학과*	9	8	117	14.6	3.13	3.27	12	14	142	10.1	3.42		40	14	148	10.6	3.06		35
자연	건축공학전공*	8	12	140	11.7	3.18	3.58	17	17	208	12.2	3.48		22	12	111	9.3	3.69		19
자연	토목환경공학과*	15	15	125	8.3	3.31	3.61	18	23	181	7.9	3.23		28	18	161	8.9	3.24		29

천안계열	모집단위	2025 모집인원	2024 모집인원	2024 지원인원	2024 경쟁률	2024 등록평균	2024 등록최저	2024 충원번호	2023 모집인원	2023 지원인원	2023 경쟁률	2023 등록평균	2023 등록최저	2023 충원번호	2022 모집인원	2022 지원인원	2022 경쟁률	2022 등록평균	2022 등록최저	2022 충원번호
인문	인문사회계열광역	51																		
인문	사회복지학과	8	10	136	13.6	3.56	3.83	14	9	234	26.0	3.69		18	9	190	21.1	4.13		7
인문	공공정책학과*	9	10	120	12.0	3.70	3.89	11	10	105	10.5	4.00		23	10	121	12.1	3.88		6
인문	영어과*	8	13	117	9.0	3.70	4.38	16	12	78	6.5	3.90		12	12	99	8.3	3.52		13
인문	보건행정학과	9	9	73	8.1	3.77	4.29	2	7	85	12.1	3.45		4	8	85	10.6	3.43		13
인문	포르투갈브라질학전공	5	5	45	9.0	4.21	4.85	4	6	37	6.2	5.27		8	6	38	6.3	4.75		10
인문	식품자원경제학과	9	14	161	11.5	4.22	4.76	6	14	103	7.4	5.04		11	14	72	5.1	4.42		8
인문	일본학전공*	8	15	139	9.3	4.25	5.17	16	13	90	6.9	3.93		20	14	152	10.9	3.79		15
인문	글로벌한국어과	4	4	37	9.3	4.29	4.89	1	4	40	10.0	4.20		11	5	84	16.8	4.05		4
인문	스페인중남미학전공*	9	12	116	9.7	4.29	5.02	11	10	71	7.1	4.63		13	10	79	7.9	4.10		15
인문	중국학전공*	8	17	109	6.4	4.34	5.69	16	15	124	8.3	4.32		13	16	151	9.4	4.27		31
인문	프랑스학전공*	5	5	55	11.0	4.44	4.64	9	6	46	7.7	4.86		10	6	42	7.0	4.66		11
인문	러시아학전공*	7	7	64	9.1	4.45	4.94	9	8	55	6.9	4.53		10	8	80	10.0	4.35		11
인문	몽골학전공	7	7	53	7.6	4.55	5.06	3	8	46	5.8	4.50		4	8	36	4.5	5.14		3
인문	베트남전공	5	5	76	15.2	4.60	6.29	1	6	32	5.3	5.78		7	6	31	5.2	4.58		7
인문	중동학전공	7	7	46	6.6	4.73	6.41	5	8	40	5.0	4.77		10	8	44	5.5	4.09		4
인문	독일학전공*	5	5	48	9.6	5.14	6.92	7	6	53	5.8	4.63		22	6	82	13.7	4.58		18
인문	공공정책학과(야)	9	10	46	4.6	5.78	6.49	19	9	35	3.9	5.30		5	6	29	3.2	5.20		6
자연	자연공학계열광역	64																		
자연	간호학과	14	14	226	16.1	2.31	2.61	8	10	106	10.6	2.49		10	10	216	21.6	1.97		19
자연	의생명시스템전공	7	7	51	7.3	2.85	3.34	7	8	57	7.1	2.87		10	8	74	9.3	2.89		6
자연	물리치료학과	10	10	206	20.6	2.90	3.10	22	8	146	18.3	2.73		9	9	237	26.3	2.93		13
자연	생명과학전공*	9	12	190	15.8	3.12	3.50	10	12	121	10.1	3.89		5	13	155	11.9	3.43		23
자연	제약공학과	9	13	92	7.1	3.18	3.54	16	8	52	6.5	3.34		5	8	77	9.6	2.96		5
자연	심리치료학과	9	10	123	12.3	3.31	3.60	9	8	100	12.5	3.61		10	9	110	12.2	3.46		16
자연	화학과*	8	9	83	9.2	3.48	3.93	14	9	65	7.2	3.70		14	9	77	8.6	3.55		24
자연	식품공학과*	9	10	112	11.2	3.63	3.94	5	9	99	11.0	3.73		21	9	81	9.0	3.72		22
자연	신소재공학과*	8	10	97	9.7	3.64	3.86	14	8	61	7.6	3.86		15	8	101	12.6	3.46		23
자연	미생물학전공	7	7	88	12.6	3.68	3.94	11	7	73	10.4	3.89		5	7	65	9.3	3.83		10
자연	동물생명공학전공*	8	9	148	16.4	3.71	4.53	10	7	81	11.6	3.93		14	7	109	15.6	3.59		21
자연	임상병리학과	10	10	367	36.7	3.72	4.79	8	8	247	30.9	3.96		7	8	268	29.8	3.48		13
자연	치위생학과	10	10	128	12.8	3.82	5.06	15	8	96	12.0	3.26		5	9	128	14.2	3.42		7
자연	수학과*	8	12	79	6.6	3.85	4.26	17	10	39	3.9	4.24		13	7	42	6.0	3.80		13
자연	식량생명공학전공*	9	10	149	14.9	3.86	4.10	9	7	55	7.9	4.55		6	7	76	10.9	3.58		8
자연	에너지공학과	10	12	81	6.8	3.89	4.09	21	12	91	7.6	3.79		14	12	123	10.3	3.87		19
자연	코스메디컬소재학과	6	6	57	9.5	3.94	4.74	6												
자연	식품영양학과*	8	9	171	19.0	4.16	4.89	9	10	76	7.6	4.16		12	10	113	11.3	3.51		10
자연	경영공학과	8	9	88	9.8	4.21	4.33	10	9	48	5.3	4.40		11	9	65	7.2	3.88		13
자연	환경원예학전공	9	10	89	8.9	4.31	4.97	10	8	65	8.1	4.13		11	8	97	12.1	3.80		16
자연	녹지조경학전공	8	9	55	6.1	4.38	4.75	11	7	43	6.1	3.61		15	7	81	11.6	3.19		11
자연	물리학과*	7	7	64	9.1	4.93	5.27	6	7	50	7.1	4.96		8	7	48	6.9	4.38		13

■ (학생부종합) DKU인재(면접형)

전형	모집인원	전형 방법	수능최저학력기준
DKU인재(면접형)	죽전 108 천안 83	1단계)서류100%(죽전:4배수/천안:3배수) 2단계)서류70%+ 면접30%	X(의예, 치의예, 약학○)

1. **지원자격**: 국내 정규 고등학교 졸업(예정)자 또는 법령에 의하여 고등학교 졸업 이상의 학력이 있다고 인정된 자
   [고등학교 졸업학력 검정고시 합격자, 외국 소재 고등학교 졸업(예정)자 포함]
2. **제출서류**: 학교생활기록부
3. **수능최저학력기준**: 없음. 단, [천안캠퍼스] 의예과, 치의예과, 약학과는 적용

▸ 의예과, 치의예과: [국어, 수학(미적분/기하), 영어, 과탐(2과목 평균)] 중 수학 포함 3개 영역 등급 합 5 이내
▸ 약학과: [국어, 수학(미적분/기하), 영어, 과탐(2과목 평균)] 중 수학 포함 3개 영역 등급 합 6 이내

◎ 전형요소
● 서류: DKU인재(서류형)전형 참고
● 면접
  1. 면접방법: 다대일(입학사정관 2~3인 / 수험생 1인) 방식[면접 평가과정 녹화·녹음할 수 있음]
    – 학교생활기록부를 기반으로 한 질의응답을 통하여 서류 진위, 전공적합성, 인성 및 발전가능성 등을 종합평가
  2. 면접시간: 7분 이내
  3. 평가요소:

평가요소	반영비율	평가항목	평가내용
진로역량	50%	진로의지	• 전공(계열)에 대한 관심과 이해　• 전공(계열) 관련 진로탐색 활동의 성과
발전가능성	30%	목표의식	• 목표 및 진로 계획에 대한 의지와 태도
공동체역량	20%	공동체의식	• 교내 협력 활동, 공동체 활동에 대한 지원자의 태도
		소통능력	• 질문의 이해도 및 논리적 표현력, 전달력, 면접 태도

◎ 전형결과
■ 전체

죽전 학년도	전체						인문						자연					
	모집 인원	지원 인원	경쟁 률	등록 평균	등록 최저	충원 율	모집 인원	지원 인원	경쟁 률	등록 평균	등록 최저	충원 율	모집 인원	지원 인원	경쟁 률	등록 평균	등록 최저	충원 율
2024	108	1,878	17.39	3.22	3.62	49%	56	980	17.50	3.29	3.70	25%	52	898	17.27	3.14	3.53	73%
2025	108						56						52					

천안 학년도	전체						인문						자연					
	모집 인원	지원 인원	경쟁 률	등록 평균	등록 최저	충원 율	모집 인원	지원 인원	경쟁 률	등록 평균	등록 최저	충원 율	모집 인원	지원 인원	경쟁 률	등록 평균	등록 최저	충원 율
2024	58	1,268	21.86	2.70	3.34	31%	15	232	15.5	3.91	4.96	47%	43	1,036	24.09	1.48	1.72	14%
2025	83						15						68					

■ 변경사항 & 핵심포인트

[2025]

변경사항	2024	2025
모집인원	[죽전] 108명, [천안] 58명	[죽전] 108명, [천안] 83명(+25명)

➡ 합격자 성적분포: [죽전] 인문계열은 3등급 초반 ~ 3등급 후반, 자연계열은 3등급 초반 ~ 3등급 중반.
                       [천안] 인문계열은 3등급 후반 ~ 4등급 후반, 자연계열은 1등급 중반 ~ 1등급 후반.

■ 모집단위
'＊'표시 : 교직 이수 가능

죽전 계열	모집단위	2025	2024						2023						2022					
		모집 인원	모집 인원	지원 인원	경쟁 률	등록 평균	등록 최저	충원 번호	모집 인원	지원 인원	경쟁 률	등록 평균	등록 최저	충원 번호	모집 인원	지원 인원	경쟁 률	등록 평균	등록 최저	충원 번호
인문	미디어커뮤니케이션학부	3	3	110	36.7	2.65	2.75													
인문	국어국문학과＊	3	3	27	9.0	2.77	3.00													
인문	법학과＊	6	6	102	17.0	2.87	3.26	1												
인문	경영학부＊	11	11	209	19.0	2.95	4.03	6												
인문	도시계획·부동산학부	3	3	55	18.3	3.06	3.30	1												
인문	영미인문학과	2	2	34	17.0	3.07	3.27	1												
인문	철학과	2	2	32	16.0	3.08	3.20													
인문	특수교육과	3	3	51	17.0	3.10	3.33													
인문	정치외교학과	2	2	32	16.0	3.11	3.19													
인문	경제학과＊	4	4	51	12.8	3.23	3.55													
인문	상담학과	2	2	49	24.5	3.27	3.54													
인문	무역학과＊	4	4	59	14.8	3.48	4.40	2												
인문	행정학과＊	3	3	40	13.3	3.60	4.39	2												
인문	한문교육과	3	3	40	13.3	3.66	3.79	1												
인문	사학과＊	3	3	32	10.7	3.93	4.72													
인문	글로벌경영학과	2	2	57	28.5	4.83	5.45													
자연	수학교육과	3	3	32	10.7	2.59	2.76	2												
자연	과학교육과	3	3	52	17.3	2.67	2.80	2												
자연	화학공학과	7	7	171	24.4	2.86	3.06	4												
자연	고분자공학전공	5	5	83	16.6	2.98	3.19	1												

죽전계열	모집단위	2025	2024						2023						2022					
		모집인원	모집인원	지원인원	경쟁률	등록평균	등록최저	충원번호	모집인원	지원인원	경쟁률	등록평균	등록최저	충원번호	모집인원	지원인원	경쟁률	등록평균	등록최저	충원번호
자연	파이버융합소재공학전공*	3	3	42	14.0	3.08	3.34													
자연	기계공학과*	4	4	75	18.8	3.24	3.64	3												
자연	토목환경공학과*	7	7	98	14.0	3.31	3.76	4												
자연	전자전기공학과*	6	6	98	16.3	3.33	3.91	11												
자연	융합반도체공학과	5	5	69	13.8	3.46	4.26	3												
자연	건축학전공(5년제)	4	4	107	26.8	3.50	3.98	2												
자연	건축공학전공*	5	5	71	14.2	3.55	4.14	6												

천안계열	모집단위	2025	2024						2023						2022					
		모집인원	모집인원	지원인원	경쟁률	등록평균	등록최저	충원번호	모집인원	지원인원	경쟁률	등록평균	등록최저	충원번호	모집인원	지원인원	경쟁률	등록평균	등록최저	충원번호
예체	문예창작과	15	15	232	15.5	3.91	4.96	7												
자연	의예과	40	15	380	19.0	1.25	1.39	4												
자연	치의예과	20	20	331	41.4	1.41	1.88													
자연	약학과	8	8	325	21.7	1.78	1.88	2												

■ (학생부종합) SW인재

전형	모집인원	전형 방법	수능최저학력기준
SW인재	죽전 64	1단계)서류100%(3배수) 2단계)서류70%+ 면접30%	X

1. **지원자격**: 국내 정규 고등학교 졸업(예정)자 또는 법령에 의하여 고등학교 졸업 이상의 학력이 있다고 인정된 자[고등학교 졸업학력 검정고시 합격자, 외국 소재 고등학교 졸업(예정)자 포함]로서 <u>소프트웨어 및 정보보안 분야에 관심과 활동이 있는 자</u>
2. **제출서류**: 학교생활기록부

◎ 전형요소
● **서류 및 면접**: DKU인재전형(면접형)전형 참고

◎ 전형결과
■ 모집단위

'*' 표시 : 교직 이수 가능

죽전계열	모집단위	2025	2024						2023						2022					
		모집인원	모집인원	지원인원	경쟁률	등록평균	등록최저	충원번호	모집인원	지원인원	경쟁률	등록평균	등록최저	충원번호	모집인원	지원인원	경쟁률	등록평균	등록최저	충원번호
자연	SW융합계열광역	34																		
자연	소프트웨어학과*	7	18	183	10.2	2.76	3.12	12	18	158	8.8	2.90		17	18	182	10.1	2.92		22
자연	컴퓨터공학과	4	10	92	9.2	2.84	3.74	4	10	87	8.7	2.89			10	101	10.1	2.93		14
자연	통계데이터사이언스학과	4	7	66	9.4	3.00	3.39	7	7	41	5.9	3.67		4	7	52	7.4	2.86		9
자연	사이버보안학과	8	8	87	10.9	3.00	3.27	7	8	58	7.3	3.41		5	8	86	10.8	3.28		6
자연	모바일시스템공학과	7	7	68	9.7	3.22	3.72	1	7	50	7.1	3.31		1	7	62	8.9	3.12		5

■ (학생부종합) 창업인재

전형	모집인원	전형 방법	수능최저학력기준
창업인재	죽전 15	1단계)서류100%(3배수) 2단계)서류70%+ 면접30%	X

1. **지원자격**: 국내 정규 고등학교 졸업(예정)자로서 3개 학기 이상 성적을 취득하고, <u>창업에 대한 관심과 활동이 있는 자</u>
   ※ 학생부 반영교과가 없거나, 국내 고등학교 성적체계(원점수, 평균, 표준편차, 석차등급 표기)와 다른 경우 지원 불가
2. **제출서류**: 학교생활기록부

◎ 전형요소
● 서류
   1. **평가방식**: 다수(입학사정관 2~3인)의 평가자에 의한 다단계 종합평가
      ※ 서류평가 후 필요 시 해당자에 한해 실사(고교 방문 또는 전화)를 실시함

2. 평가내용 및 반영비율

평가역량	평가내용	반영비율(%)	평가내용
학업역량	학업성취도	20	• 교과의 학업성취도 수준 및 학업발전의 정도
	학업태도	15	• 자기주도적인 학업수행 의지와 노력
전공적합성 (진로역량)	진로의지	20	• 전공(계열) 관련 이수교과의 학업성취도 수준 및 학업발전의 정도 • 전공(계열) 관련 선택과목 참여 정도
	진로탐색 활동과 경험	10	• 전공(계열) 관련 활동의 경험과 노력
	창업활동	**15**	**• 창업에 대한 관심과 활동**
인성및발전가능성 (공동체역량)	도덕성 및 성실성	10	• 공동체 생활에서의 책임감 및 규칙 준수 노력
	협업과 소통능력	10	• 공동체 목표달성을 위해 협력하고 구성원들의 의사소통을 이끌어내는 능력

● 면접
  1. **면접방법**: 다대일(입학사정관 2~3인 / 수험생 1인) 방식[면접 평가과정 녹화·녹음할 수 있음]
     – 학교생활기록부를 기반으로 한 질의응답을 통하여 서류 진위, 전공적합성, 인성 및 발전가능성 등을 종합평가
  2. **면접시간**: 7분 이내
  3. **평가요소**:

평가요소	평가항목	평가내용	반영비율
전공적합성 (진로역량)	진로의지	• 전공(계열)에 대한 관심과 이해 • 전공(계열) 관련 진로탐색활동의 성과	50
	창업활동	• 창업에 대한 관심과 활동	
발전가능성	목표의식	• 목표 및 진로계획에 대한 의지와 태도	30
인성 (공동체역량)	공동체의식	• 교내협력 활동, 공동체 활동에 대한 지원자의 태도	20
	소통능력	• 질문의 이해도 및 논리적 표현력, 전달력, 면접태도	

◎ 전형결과
■ 모집단위   '*' 표시 : 교직 이수 가능

죽전 계열	모집단위	2025							2024						2023						2022				
		모집 인원	모집 인원	지원 인원	경쟁 률	등록 평균	등록 최저	충원 번호	모집 인원	지원 인원	경쟁 률	등록 평균	등록 최저	충원 번호	모집 인원	지원 인원	경쟁 률	등록 평균	등록 최저	충원 번호	모집 인원	지원 인원	경쟁 률	등록 평균	등록 최저	충원 번호
인문	경영학부*	8	8	116	14.5	**3.43**	4.14	2	8	68	8.5	4.09		7	8	102	12.8	2.95		5
자연	융합반도체공학과	3	3	19	6.3	**3.79**	4.62		3	15	5.0	3.56								
자연	전자전기공학과	4	4	26	6.5	**4.11**	4.34	1	4	14	3.5	4.23		1						

■ (논술) 논술우수자

전형	모집인원	전형 방법	수능최저학력기준
논술우수자	죽전 310	학생부교과20%+ 논술80%	X

1. **지원자격**: 국내 정규 고등학교 졸업(예정)자 또는 법령에 의하여 고등학교 졸업 이상의 학력이 있다고 인정된 자.
   [고등학교 졸업학력 검정고시 합격자, 외국 소재 고등학교 졸업(예정)자 포함]

◎ 전형요소
● 학생부(200점)

반영요소 반영비율	반영교과목			교과성적 산출지표	학년별 반영비율
	구분	반영방법			
교과100%	공통 및 일반선택	인 국어30%, 영어30%, 수학20%, 사회20% 교과에 속한 전 과목 자 국어20%, 영어30%, 수학30%, 과학20% 교과에 속한 전 과목 ▶ 건축학부 건축학전공: 국어30%, 영어30%, 수학30%, 사회/과학10% 교과에 속한 전 과목		석차등급	학년 구분 없음
	진로선택	반영교과 중 성취도가 높은 상위 3과목. ※ 성취도 환산등급: A=1등급, B=2등급, C=5등급		성취도	

구분		점수	1등급	2등급	3등급	4등급	5등급	6등급	7등급	8등급	9등급
점수		100점	100	99	98	97	96	95	70	40	0
등급 간 점수 차이	100점		0	1	1	1	1	1	15	30	40
	200점		0	2	2	2	2	2	30	60	80

● 논술(800점)

계열	평가내용 및 출제영역	고사시간
인문	• 평가내용 : 인문·사회 통합교과형 3문제 • 출제범위 : 고등학교 국어과, 사회과 및 도덕과 교육과정 범위와 수준 내 출제 • 세부과목 : 국어, 화법과 작문, 독서, 언어와 매체, 문학, 생활과 윤리, 윤리와 사상, 통합사회, 한국사, 한국지리, 세계지리, 동아시아사, 세계사, 경제, 정치와 법, 사회·문화	120분
자연	• 평가내용 : 수학 통합교과형 2문제(각 문제별 소문항이 있을 수 있음) • 출제범위 : 고등학교 수학과 교육과정 범위와 수준 내 출제 • 세부과목 : 수학, 수학I, 수학II, 미적분	

※ 출제범위는 해당 교육과정 내 공통교육과정을 포함함

◎ 전형결과

■ 전체

죽전 학년도	전체						인문						자연					
	모집 인원	지원 인원	경쟁 률	등록 평균	등록 최저	충원 율	모집 인원	지원 인원	경쟁 률	등록 평균	등록 최저	충원 율	모집 인원	지원 인원	경쟁 률	등록 평균	등록 최저	충원 율
2022	330	6,778	20.54	4.57		33%	144	4,263	29.60	4.58		10%	186	2,515	13.52	4.55		56%
2023	315	7,491	23.78	4.51		36%	136	4,335	31.88	4.51		16%	179	3,156	17.63	4.51		56%
2024	310	9,669	31.19	4.46	5.55	32%	134	4,694	35.03	4.46	5.34	7%	176	4,975	28.27	4.46	5.76	57%
2025	310						121						189					

■ 논술평균

계열	계열 평균	모집단위
인문	74.71점	국어국문학과 75.93, 사학과 75.14, 철학과 67.67, 영미인문학과 74.13, 법학과 76.50, 정치외교학과 70.60, 행정학과 78.71, 도시계획·부동산학부 72.19, 미디어커뮤니케이션학부 80.09, 상담학과 74.70, 경제학과 76.30, 무역학과 76.79, 경영학부 75.94, 한문교육과 70.38, 특수교육과 75.58
자연	68.33점	전자전기공학과 83.14, 융합반도체공학과 85.50, 고분자공학전공 59.13, 파이버융합소재공학전공 57.06, 토목환경공학과 73.77, 기계공학과 81.93, 화학공학과 77.47, 건축학전공(5년) 61.90, 건축공학전공 59.17, 소프트웨어학과 68.37, 컴퓨터공학과 65.50, 모바일시스템공학과 58.33, 통계데이터사이언스학과 55.17, 사이버보안학과 62.75, 수학교육과 70.44, 과학교육과 73.63

■ 변경사항 & 핵심포인트

[2025]

변경사항	2024	2025
모집인원	310명	310명

• 학생부: 6등급까지는 등급 간 감점이 3점이므로 내신 변별력이 약함
• 논술고사: 인문은 언어60%+ 통계40%, 자연은 수학100%로 과학 미출제
  - 자연계열 수학 출제범위: 수학, 수학Ⅰ, 수학Ⅱ, 미적분, 기하 ※ 기하도 출제
➡ 합격자 성적분포: (죽전) 인문계열은 4등급 중반 ~ 5등급 초반, 자연계열은 4등급 중반 ~ 5등급 후반.

■ 모집단위

'*' 표시 : 교직 이수 가능

죽전 계열	모집단위	2025	2024						2023						2022					
		모집 인원	모집 인원	지원 인원	경쟁 률	등록 평균	등록 최저	충원 번호	모집 인원	지원 인원	경쟁 률	등록 평균	논술 평균	충원 번호	모집 인원	지원 인원	경쟁 률	등록 평균	논술 평균	충원 번호
인문	법학과*	14	16	674	42.1	3.94	5.52	1	16	485	30.3	4.75	75.6	1	18	482	26.8	4.41	80.6	2
인문	한문교육과	4	4	102	25.5	4.11	4.27		4	102	25.5	4.62	85.1		4	94	23.5	5.25	68.5	2
인문	미디어커뮤니케이션학부	11	11	534	48.6	4.20	5.25	4	11	478	43.5	4.34	83.9	2	11	470	42.7	4.59	78.4	2
인문	정치외교학과	5	5	188	37.6	4.24	4.81		6	206	34.3	4.48	77.6		6	191	31.8	5.05	72.3	
인문	행정학과*	6	7	262	37.4	4.26	5.32		8	251	31.4	4.97	81.7	1	8	243	30.4	4.44	73.8	
인문	무역학과*	6	7	219	31.3	4.31	6.05		7	189	27.0	4.52	79.6		8	215	26.9	4.62	79.4	2
인문	경영학부*	28	34	1,161	34.2	4.34	5.68	2	31	1,011	32.6	4.60	75.3	8	32	969	30.3	4.43	81.2	5
인문	철학과	3	3	83	27.7	4.36	4.36		3	78	26.0	4.21	79.8		3	78	26.0	5.21	81.0	
인문	상담학과	5	5	188	37.6	4.54	5.50	1	5	161	32.2	4.55	75.3	1	5	147	29.4	4.49	73.3	
인문	도시계획·부동산학부	7	8	311	38.9	4.56	5.25		8	290	36.3	4.43	76.0		11	349	31.7	4.43	73.1	1
인문	경제학과*	8	10	288	28.8	4.62	6.41		10	279	27.9	4.63	80.6		11	284	25.8	4.49	82.5	
인문	사학과*	7	7	214	30.6	4.71	5.43	1	8	254	31.8	4.80	73.4	4	8	229	28.6	4.10	72.3	
인문	국어국문학과*	7	7	214	30.6	4.75	5.54		8	260	32.5	4.33	74.0	2	8	233	29.1	4.15	73.6	
인문	영미인문학과	4	4	112	27.0	4.78	5.20		5	155	31.0	4.25	76.4		5	156	31.2	5.07	70.4	
인문	특수교육과	6	6	144	24.0	5.16	5.45	1	6	136	22.7	4.21	76.1	1	6	123	20.5	3.97	70.2	1

죽전계열	모집단위	2025	2024						2023						2022					
		모집인원	모집인원	지원인원	경쟁률	등록평균	등록최저	충원번호	모집인원	지원인원	경쟁률	등록평균	논술평균	충원번호	모집인원	지원인원	경쟁률	등록평균	논술평균	충원번호
자연	공학계열광역	108																		
자연	컴퓨터공학과	6	11	354	32.2	3.87	5.27	9	11	269	24.5	4.40	52.3	10	11	211	19.2	4.45	51.4	8
자연	사이버보안학과	4	4	103	25.8	3.93	4.82	2	4	61	15.3	4.25	50.0	1	5	63	12.6	5.12	55.1	1
자연	화학공학과*	5	19	525	27.6	4.15	5.56	10	19	317	16.7	4.69	63.9	10	19	239	12.6	4.69	51.1	11
자연	융합반도체공학과	4	17	523	30.8	4.27	5.91	8	17	327	19.2	4.87	44.4	12						
자연	통계데이터사이언스학과	6	6	174	29.0	4.28	6.32	6	6	110	18.3	4.40	46.6	6	6	84	14.0	3.86	35.0	4
자연	수학교육과	9	9	152	16.9	4.30	5.82	3	9	121	13.4	3.94	63.4	4	9	122	13.6	4.06	61.3	3
자연	소프트웨어학과*	8	19	596	31.4	4.40	6.15	8	19	388	20.4	4.58	62.7	12	19	299	15.7	4.21	55.6	12
자연	토목환경공학과*	4	13	327	25.2	4.42	5.27	7	14	199	14.2	4.65	50.3	6	16	183	11.4	4.73	53.2	10
자연	고분자공학전공	3	8	212	26.5	4.42	5.88	7	9	132	14.7	4.45	53.9	6	11	134	12.2	5.19	48.0	4
자연	전자전기공학과*	5	22	739	33.6	4.49	6.06	12	22	443	20.1	4.71	48.9	8	39	539	13.8	4.55	44.8	25
자연	과학교육과	4	4	79	19.8	4.52	5.05		4	67	16.8	4.62	38.3		4	38	9.5	5.08	51.6	1
자연	건축학전공(5년제)	10	10	273	27.3	4.65	5.74	4	10	158	15.8	4.65	55.8	1	10	152	15.2	3.98	53.6	5
자연	건축공학전공	3	9	207	23.0	4.67	5.79	5	9	146	16.2	4.31	58.3	4	11	129	11.7	4.78	45.9	6
자연	파이버융합소재공학전공*	3	8	187	23.4	4.72	6.46	4	8	105	13.1	4.27	59.4	2	8	98	12.3	4.48	44.5	5
자연	기계공학과*	4	14	446	31.9	4.89	6.48	12	15	266	17.7	4.51	40.4	15	15	189	12.6	4.68	39.7	7
자연	모바일시스템공학과	3	3	78	26.0	5.33	5.65	4	3	47	15.7	4.86	57.5	3	3	35	11.7	4.34	49.7	3

23. 대구가톨릭대학교

경상북도 경산시 하양읍 하양로 13-13 　/　 ☎ 입학상담: 053-850-2580

I. 한 눈에 보는 전형

모집 시기	전형 유형	전형	모집 인원	전형 방법	수능최저 학력기준
수시	교과	교과전형	1,133	일반학과: 학생부교과100% 의예과, 신학부: 1단계)학생부교과100%(5배수) 　　　　　　　2단계)1단계성적80%+ 면접20%	X (의예과, 간호학과, 약학부, 체육교육과O)
수시	교과	지역교과	395	일반학과: 학생부교과100% 의예과, 약학부: 1단계)학생부교과100%(5배수/약학부:7배수) 　　　　　　　2단계)1단계성적80%+ 면접20%	X (의예과, 간호학과, 약학부O)
수시	교과	특성화고	68	학생부교과100%	X
수시	교과	기회균형	26	학생부교과100%	X (간호학과O)
수시	교과	지역기회균형	7	간호학과, 약학부: 학생부교과100% 의예과: 1단계)학생부교과100%(5배수)　2단계)1단계성적80%+ 면접20%	O
수시	종합	종합전형	359	일반학과: 학생부종합평가100% 글로벌항공서비스학과: 1단계)학생부종합평가100%(5배수) 　　　　　　　　　　　2단계)1단계성적80%+ 면접20%	X (간호학과O)
수시	종합	지역종합	49	1단계)학생부종합평가100%(5배수) 2단계)1단계성적80%+ 면접20% ※ 약학부는 1단계에서 7배수 선발	X (의예과, 약학부O)
수시	종합	SW전형	18	1단계)학생부종합평가100%(5배수) 2단계)1단계성적80%+ 면접20%	X
수시	종합	가톨릭지도자 추천	20	1단계)학생부종합평가100%(5배수) 2단계)1단계성적80%+ 면접20%	X
수시	실기/실적	실기일반	262	생활체육학과, 체육교육과, 음악학과, 실용음악과: 실기80%+ 학생부교과20% 디자인대학: 실기90%+ 학생부교과10%	X (체육교육과O)
수시	실기/실적	실기특기자	3	체육교육과: 입상실적60%+ 학생부교과30%+ 면접10%	X
수시	교과	농어촌학생 (외)	96	학생부교과100%	X(의예과, 간호학과, 약학부O)
수시	교과	기회균형선발 전형(외)	37	학생부교과100%	X (약학부O)

※ 성인학습자전형 등 본 자료에 명시되지 않은 사항은 모집요강 참조

(수시모집) 지원 가능 횟수	수시모집에서 본교는 전형 간 총 6회 복수지원이 가능합니다.(동일 모집단위 복수지원 가능) ※ 하나의 전형에서는 하나의 모집단위만 지원 가능하며 전형을 다르게 하여 복수지원 가능 ※ 의예과는 "교과전형", "지역교과전형", "지역기회균형전형" 간 복수지원 불가(단, 지역종합전형은 복수지원 가능)

■ 무전공(전공자율선택)

유형① [대학 내 모든 전공(보건의료, 사범 등 제외) 자율 선택]		유형② [계열/단과대 모집 후 모집단위 내 전공 자율 선택]
모집단위	인원	모집단위
자율전공학부	60	정시모집에서 **단과대학 통합선발** 시행 (글로벌비즈니스대학, 바이오메디대학, 공과대학, 소프트웨어융합대학, 사회과학대학, 음악·공연예술대학, 디자인대학)

■ 모집단위 신설 · 변경

구분	2024	2025
모집단위 명칭변경	글로벌문화콘텐츠학과	문화콘텐츠학과
	의료공학과	의료재활학과
	국제의료경영학과	보건의료경영학과
	배터리공학과	배터리화학공학과
	시각디자인과	시각영상디자인과
	디지털디자인과	뉴미디어&게임디자인과

■ 전형결과

모집시기	전형유형	전형	학년도	모집인원	지원인원	경쟁률	등록자 평균	충원율
수시	교과	교과	2024	960	5,334	5.56	4.77	72%
수시	교과	지역교과	2024	461	2,463	5.34	4.49	77%
수시	교과	지역기회균형	2024	7	66	9.43	2.08	86%
수시	종합	종합	2024	352	1,983	5.63	5.19	72%
수시	종합	지역종합	2024	106	695	6.56	4.97	79%
수시	종합	SW	2024	18	35	1.94	5.63	89%
수시	종합	가톨릭지도자추천	2024	17	108	6.35	4.29	88%

■ 전형일정

유형	전형	원서접수 마감	대학별 고사(면접/논술)	1단계 합격자	최종 합격자
교과	교과	9.13(금) 18:00	- 10.26.(토) 신학부 면접 - 11.16.(토) 의예과 면접	단계별전형 시행 모집단위: 면접 2~3일전 발표	11.13.(수) 예정 수능최저 미적용 모집단위 12.12.(목) 예정 수능최저 적용 모집단위
교과	지역교과		- 11.16.(토) 의예과, 약학부 면접		
교과	지역기회균형		- 11.16.(토) 의예과 면접		
종합	종합		- 11.01.(금) 글로벌항공서비스학과 면접		
종합	지역종합		- 11.02.(토) 전체 모집단위(의예과, 약학부 제외) 면접 - 11.17.(일) 의예과, 약학부 면접		
종합	SW		- 11.01.(금) 전체 모집단위 면접		
종합	가톨릭지도자추천		- 11.03.(일) 전체 모집단위 면접		

Ⅱ. (수시모집) 주요 전형

■ (학생부교과) 교과전형

전형	모집인원	전형 방법	수능최저학력기준
교과전형	1,133	일반학과: 학생부교과100% 의예과, 신학부: 1단계) 학생부교과100%(5배수) 　　　　　　　　　2단계) 1단계성적80%+ 면접20%	X (의예과, 간호학과, 약학부, 체육교육과O)

1. **지원자격**: 고등학교 졸업(예정)자 및 법령에 의하여 동등 이상 학력이 있다고 인정되는 자
2. **수능최저학력기준**:

> ▶ 일반 모집단위: 없음
> ▶ 의 예 과 : **수능 3개 영역 등급 합 4 이내**
> 　　　　　　　※ 수학영역은 미적분 또는 기하 선택 필수　※ 탐구영역: 과학탐구 2과목 응시 필수, 2과목 평균 반영(소수점 절사)
> ▶ 간호학과 : **수능 2개 영역 등급 합 7 이내**　※ 영역별 선택과목 제한 없음　※ 탐구영역은 상위 1과목 반영
> ▶ 약 학 부 : **수능 3개 영역 등급 합 5 이내**
> 　　　　　　　※ 수학영역은 미적분 또는 기하 선택 필수　※ 탐구영역: 과학탐구 2과목 응시 필수, 2과목 평균 반영(소수점 절사)
> ▶ 체육교육과 : **수능 2개 영역 등급 합 10 이내**　※ 수학영역 응시 및 반영 필수　※ 영역별 선택과목 제한 없음(단, 직업탐구는 제외)
> 　　　　　　　　※ 탐구영역은 사회탐구/과학탐구 중 상위 1과목 반영(단, 직업탐구는 제외)

◎ 전형요소
● 학생부(일괄합산 100%(의예과는 1단계 100%), 500점)

반영요소 반영비율	반영교과목				교과성적 산출지표	학년별 반영비율
	구분	반영방법				
		공통과목(일반선택과목 포함)		진로선택과목		
교과 100%	전모집단위 (아래 모집단위 제외)	- 국어, 영어, 수학 교과 중 상위 8개 과목 - 사회, 한국사, 과학 교과 중 상위 2개 과목		국어, 수학, 영어, 사회, 과학 교과 중 상위 3개 과목	석차등급 성취도	학년 구분 없음
	의예과 약학부	- 국어, 영어, 수학, 사회, 한국사, 과학 교과 전 과목		국어, 수학, 영어, 과학 교과 중 상위 3개 과목		
	생활체육학과 예능계(음악, 디자인)	- 국어, 영어, 수학, 사회, 한국사, 과학교과 중 상위 8개 과목		미반영		

■ 변경사항

[2025]

구분	2024	2025
전 모집단위 (의예과, 약학부, 생활체육학과, 예능계(음악, 디자인)학과 제외) 교과성적 반영방법 변경	◎ 공통과목(일반선택과목 포함) 전 모집단위(의예과, 약학부, 생활체육학과, 예능계학과 제외) : 국어, 영어, 수학 교과 중 상위 10개 과목 　　사회, 한국사, 과학 교과 중 상위 2개 과목	◎ 공통과목(일반선택과목 포함) 전 모집단위(의예과, 약학부, 생활체육학과, 예능계학과 제외) : 국어, 영어, 수학 교과 중 상위 8개 과목 　　사회, 한국사, 과학 교과 중 상위 2개 과목 ※ 그 외 모집단위는 2024학년도와 동일
의예과, 약학부 학생부교과 성적산출 방법 변경 → 이수단위 반영	∑(1, 2, 3학년 과목별 석차등급 환산점수) ÷ 반영과목 수 × 전형유형별 승수 + 진로선택과목 가산점	∑(1, 2, 3학년 과목별 석차등급 환산점수 × <u>과목별 이수단위</u>) ÷ <u>이수단위 합</u> × 전형유형별 승수 + 진로선택과목 가산점
의예과 단계별전형 1단계 선발비율 변경(교과, 지역교과, 지역기회균형, 지역종합전형)	7배수	<u>5배수</u>
간호학과 수능최저학력기준 변경	◎ 간호학과: 2개 영역 합 7(8) 이내 및 한국사 5등급 이내 ※ 선택과목 제한 없음 ※ 탐구영역 2과목 중 상위 1과목 반영	◎ 간호학과: <u>2개 영역 합 7(8) 이내</u> ※ 선택과목 제한 없음 ※ 탐구영역 2과목 중 상위 1과목 반영

● 2단계 면접(20%, 100점) (의예과, 신학부만 해당)

평가구분	평가 내용
면접	의예과: ▪ MMI(Multiple Mini Interview, 다면인적성면접)면접 실시 ▪ 1단계 합격자에 한해 인성·창의성·공동체성 함양 여부 평가 신학부: ▪ 일반 면접 실시

◎ 전형결과

■ 전체

학년도	전체					인문					자연				
	모집 인원	지원 인원	경쟁률	등록 평균	충원율	모집 인원	지원 인원	경쟁률	등록 평균	충원율	모집 인원	지원 인원	경쟁률	등록 평균	충원율
2022	993	5,634	5.7	4.63	71%	574	2,662	4.6	4.66	65%	405	2,837	7.0	4.57	76%
2023	971	5,675	5.8	4.57	75%	495	2,394	4.8	4.72	75%	436	2,864	6.6	4.43	77%
2024	960	5,334	5.6	4.77	72%	460	2,082	4.5	4.90	67%	446	2,792	6.3	4.68	76%
2025	1,133					507					534				

■ 모집단위

모집단위	2025	2024					2023					2022				
	모집 인원	모집 인원	지원 인원	경쟁 률	최종 평균	충원 번호	모집 인원	지원 인원	경쟁 률	최종 평균	충원 번호	모집 인원	지원 인원	경쟁 률	최종 평균	충원 번호
자율전공학부	31	18	206	11.4	5.46	122	17	269	15.8	5.26	95	17	26	5.9	5.44	83
영어학과	15	10	42	4.2	5.22	32	10	35	3.5	5.40	23	20	112	5.6	5.07	91
일어일문학과	17	14	110	7.9	5.29	80	11	82	7.5	5.55	52					
글로벌항공서비스학과	14	13	86	6.6	4.95	29	7	38	5.4	4.91	16	5	35	7.0	4.92	18
문화콘텐츠학과	19	14	79	5.6	5.67	65	12	56	4.7	6.25	43	11	106	9.6	5.80	88
경영학과	26	22	189	8.6	5.25	127	21	170	8.1	5.43	141	17	164	9.7	5.05	116
회계세무학과	20	16	74	4.6	5.59	58	15	66	4.4	5.46	45	13	86	6.6	5.06	67
호텔관광학과	16	16	90	5.6	5.43	74	20	127	6.4	5.69	75	12	54	4.5	5.49	37
신학부	15	14	16	1.1	4.31	최초	18	18	1.0	4.27	최초					
식품영양학과	18	14	89	6.4	4.94	70	12	68	5.7	4.55	38	11	90	8.2	3.73	44
보건안전학과	18	17	112	6.6	5.21	69	19	93	4.9	5.35	71	18	90	5.0	5.32	64
원예·식품학과	19	15	91	6.1	6.18	76	15	37	2.5	6.46	22	7	50	7.1	5.54	39
외식조리제과제빵학과	34	21	138	6.6	4.45	74	17	125	7.4	4.18	37	16	129	8.1	4.57	58
제약공학과	23	22	90	4.1	4.57	68	19	98	5.2	5.41	78	17	101	5.9	5.00	78
언어청각치료학과	20	17	92	5.4	5.35	70	18	77	4.3	4.71	57	15	103	6.9	4.34	80
의료재활학과	18	15	52	3.5	5.56	37	13	57	4.4	5.76	42	15	59	3.9	5.57	44
안경광학과	25	23	81	3.5	5.66	58	20	88	4.4	5.47	63	16	61	3.8	5.38	41
보건의료경영학과	18	17	56	3.3	5.98	39	16	55	3.4	4.77	39	12	75	6.3	4.55	57
반려동물보건학과	15	15	185	12.3	4.46	98	12	141	11.8	4.65	62	12	38	3.2	4.25	6
방사선학과	19	18	210	11.7	2.60	31	19	295	15.5	2.64	53	16	365	22.8	2.79	76

모집단위	2025 모집인원	2024 모집인원	2024 지원인원	2024 경쟁률	2024 최종평균	2024 충원번호	2023 모집인원	2023 지원인원	2023 경쟁률	2023 최종평균	2023 충원번호	2022 모집인원	2022 지원인원	2022 경쟁률	2022 최종평균	2022 충원번호
물리치료학과	15	12	199	16.6	2.40	39	15	218	14.5	2.33	43	10	253	25.3	2.14	37
기계공학과	19	10	62	6.2	5.53	52	7	51	7.3	5.11	36	30	185	6.2	5.38	128
미래자동차공학과	7	8	51	6.4	4.89	16	8	46	5.8	5.63	36					
전기공학과	26	24	90	3.8	5.94	66	20	107	5.4	5.16	79					
건축공학과	20	22	101	4.6	5.61	79	18	92	5.1	5.71	73	13	81	6.2	5.27	58
배터리화학공학과	11	11	47	4.3	6.01	36	7	24	3.4	6.67	16	17	73	4.3	5.58	49
소방방재학과	21	19	86	4.5	4.64	55	18	155	8.6	4.42	48	16	158	9.9	4.48	77
반도체전자공학과	17	17	63	3.7	5.97	46	17	72	4.2	5.44	43	50	163	3.3	5.29	101
로봇공학과	20	15	46	3.1	6.03	31	16	40	2.5	6.35	14					
건축학과	18	16	71	4.4	3.99	55	19	86	4.5	4.21	35	13	79	6.1	4.13	46
컴퓨터소프트웨어학부	55	45	158	3.5	5.28	113	60	245	4.1	5.12	179	45	209	4.6	4.97	158
AI빅데이터공학과	22	12	40	3.3	6.28	28	12	32	2.7	5.79	17	27	76	2.8	5.53	41
소프트웨어융합학과	15	14	45	3.2	6.39	31	12	46	3.9	5.77	30					
의예과	10	5	94	18.8	1.17	6	5	85	17.0	1.22	2					
간호학과	22	20	250	12.5	2.20	35	21	192	9.1	2.18	58	18	365	20.3	1.98	42
약학부	14	9	208	23.1	1.42	17	9	259	28.8	1.34	11					
문헌정보학과	22	17	99	5.8	5.36	78	17	97	5.7	5.43	80	15	75	5.0	4.91	59
심리학과	30	30	129	4.3	3.93	98	27	119	4.4	3.95	74	21	150	7.1	3.54	55
아동학과	20	20	111	5.6	5.77	91	17	103	6.1	5.52	82	15	111	7.4	5.02	86
사회복지학과	27	24	119	5.0	5.47	95	26	186	7.2	4.58	97	20	207	10.4	4.42	119
미디어영상광고홍보학부	42	33	158	4.8	5.14	125	29	217	7.5	4.59	72	25	115	4.6	4.91	88
공무원·공기업학과	18	19	53	2.8	5.43	33	20	63	3.1	5.38	42	13	50	3.9	4.95	34
경찰행정학과	30	25	205	8.2	4.03	104	25	145	5.8	4.16	95	20	234	11.7	3.59	74
군사학과	20	23	71	3.1	5.31	48	16	120	7.5	5.04	76	17	148	8.7	5.18	93
교육학과	11	7	75	10.7	3.45	24	7	25	3.6	3.84	16	10	45	4.5	3.13	4
국어교육과	13	8	44	5.5	4.26	34	8	51	6.4	3.85	33	11	86	7.8	3.83	42
영어교육과	13	8	31	3.9	4.22	21	9	74	8.2	3.94	24	11	54	4.9	4.48	43
수학교육과	13	10	41	4.1	4.98	31	8	35	4.4	3.98	26	11	61	5.6	3.87	43
역사교육과	8	8	37	4.6	3.68	23	9	63	7.0	2.78	13	11	64	5.8	3.22	41
지리교육과	14	8	37	4.6	4.11	26	8	92	11.5	3.39	19	11	58	5.3	4.30	43
유아교육과	14	10	45	4.5	4.86	35	10	157	15.7	3.51	29	13	155	11.9	3.65	56
체육교육과	5	4	45	11.3	2.04	6										
음악학과	3	3	7	2.3	4.73	4	3	4	1.3	5.91	1					
실용음악과	5	5	17	3.4	5.94	12										
예술치료학과	15	14	40	2.9	4.73	26	10	37	3.7	5.50	19	14	35	2.5	4.50	20
산업디자인과	8															
뉴미디어&게임디자인과	12	5	60	12.0	3.46	36	5	53	10.6	4.95	9					
패션디자인과	7	5	85	17.0	3.50	4	5	54	10.8	5.41	23					
금속·주얼리디자인과	6															
유스티노자유대학	65	70	79	1.1	5.56	9	90	108	1.2	5.55	10	202	139	0.7	4.94	

■ (학생부교과) 지역교과전형

전형	모집인원	전형 방법	수능최저학력기준
지역교과전형	395	일반학과: 학생부교과100% 의예과, 약학부: 1단계)학생부교과100%(5배수/약학과: 7배수) 2단계)1단계성적80%+ 면접20%	X (의예과, 간호학과, 약학부O)

1. **지원자격**: 대구·경북지역 출신 고교 졸업(예정)자(입학부터 졸업까지 대구·경북지역 고교 재학)
　　※ 단, 『초·중등교육법』 제2조에 따른 고등학교 외 고교졸업과 동등한 학력이 인정되는 자는 지원할 수 없음
2. **수능최저학력기준**

▶ 일반 모집단위: 없음
▶ 의 예 과: **수능 3개 영역 등급 합 4 이내**
　　　※ 수학영역은 미적분 또는 기하 선택 필수, ※ 탐구영역: 과학탐구 2과목 응시 필수, 2과목 평균 반영(소수점 절사)
▶ 간호학과: **수능 2개 영역 등급 합 7 이내**　※ 영역별 선택과목 제한 없음　※ 탐구영역은 상위 1과목 반영

▶ 약 학 부: 수능 3개 영역 등급 합 5 이내
　　※ 수학영역은 미적분 또는 기하 선택 필수, ※ 탐구영역: 과학탐구 2과목 응시 필수, 2과목 평균 반영(소수점 절사)

◎ 전형요소
● 학생부(일괄합산 100%(의예과, 약학부는 1단계 100%), 500점): 학생부교과(교과전형) 참고
● 2단계 면접(20%, 100점) (의예과, 약학부만 해당)

평가구분	평가 내용
면접	의예과: • MMI(Multiple Mini Interview, 다면인적성면접)면접 실시 　　　• 1단계 합격자에 한해 인성·창의성·공동체성 함양 여부 평가 약학부: • 일반 면접 실시

◎ 전형결과
■ 전체

학년도	전체					인문					자연				
	모집 인원	지원 인원	경쟁률	등록 평균	충원율	모집 인원	지원 인원	경쟁률	등록 평균	충원율	모집 인원	지원 인원	경쟁률	등록 평균	충원율
2022	542	3,287	6.1	4.39	75%	217	932	4.3	5.05	68%	318	2,267	7.1	3.96	78%
2023	464	2,786	6.0	4.36	81%	185	789	4.3	5.12	71%	263	1,877	7.1	3.86	88%
2024	461	2,463	5.3	4.49	77%	174	818	4.7	5.40	79%	267	1,537	5.8	3.81	76%
2025	395					110					275				

■ 모집단위

모집단위	2025	2024					2023					2022				
	모집 인원	모집 인원	지원 인원	경쟁 률	최종 평균	충원 번호	모집 인원	지원 인원	경쟁 률	최종 평균	충원 번호	모집 인원	지원 인원	경쟁 률	최종 평균	충원 번호
자율전공학부	10	12	77	6.4	6.10	65	11	107	9.7	5.32	38	9	68	7.6	5.49	48
경영학과	12	12	75	6.3	5.63	54	11	48	4.4	5.67	34	9	65	7.2	4.92	30
호텔관광학과	9	6	35	5.8	6.11	24	6	33	5.5	6.10	27	5	25	5.0	6.05	20
식품영양학과	11	7	35	5.0	5.10	28	6	46	7.7	5.36	21	8	52	6.5	4.91	38
보건안전학과	11	12	49	4.1	6.27	37	11	45	4.1	5.53	22	10	40	4.0	5.47	28
외식조리제과제빵학과	14	12	82	6.8	4.79	52	12	78	6.5	4.90	26	10	60	6.0	5.23	43
제약공학과	10	8	26	3.3	5.06	18	9	31	3.4	5.70	18	10	30	3.0	5.34	19
언어청각치료학과	8	9	45	5.0	5.42	31	9	47	5.2	6.01	38	8	38	4.8	5.48	29
의료재활학과	4	5	18	3.6	6.42	13	6	15	2.5	6.10	7	10	27	2.7	5.75	11
보건의료경영학과	7	8	23	2.9	6.18	13	6	23	3.8	4.90	14	6	26	4.3	5.17	14
반려동물보건학과	8	7	50	7.1	4.86	36	5	56	11.2	5.15	22	6	14	2.3	6.13	6
방사선학과	12	10	74	7.4	2.98	14	11	125	11.4	3.01	14	12	169	14.1	3.18	26
물리치료학과	8	7	66	9.4	2.71	13	6	73	12.2	2.45	22	8	102	12.8	2.44	18
기계공학과	12	9	37	4.1	5.64	28	9	50	5.6	5.86	32	24	101	4.2	5.48	74
미래자동차공학과	14	14	41	2.9	5.91	27	14	69	4.9	5.78	43					
전기공학과	5															
건축공학과	10	7	25	3.6	5.81	18	6	27	4.5	5.82	9	9	33	3.7	5.17	22
소방방재학과	10	12	70	5.8	5.23	53	9	41	4.6	4.98	24	10	88	8.8	4.50	24
건축학과	9	10	37	3.7	4.40	11	10	39	3.9	4.51	15	8	51	6.4	4.27	23
컴퓨터소프트웨어학부	32	35	109	3.1	5.18	74	32	95	3.0	5.49	50	33	130	3.9	4.83	66
소프트웨어융합학과	3	4	15	3.8	6.22	11	4	16	4.0	6.17	7					
의예과	38	18	138	7.7	1.28	19	19	224	11.8	1.24	19	15	290	19.3	1.28	5
간호학과	37	35	213	6.1	2.35	67	40	277	6.9	2.14	77	38	443	11.7	1.95	71
약학부	19	23	326	14.2	1.66	20	23	453	19.7	1.51	13	20	373	18.7	1.58	5
문헌정보학과	5	7	30	4.3	5.53	20	8	30	3.8	6.07	21	8	33	4.1	5.15	24
심리학과	15	15	54	3.6	5.13	39	15	45	3.0	4.35	27	10	40	4.0	3.65	16
아동학과	4	9	27	3.0	5.71	18	9	36	4.0	5.22	23	10	56	5.6	5.08	36
사회복지학과	14	15	132	8.8	5.54	117	15	106	7.1	5.27	90	14	139	9.9	4.70	80
미디어영상광고홍보학부	20	24	99	4.1	5.62	75	17	98	5.8	5.03	50	23	96	4.2	5.38	67
공무원·공기업학과	5	5	15	3.0	5.84	10	5	21	4.2	5.81	14	7	23	3.3	5.58	14
경찰행정학과	15	15	57	3.8	4.54	24	15	53	3.5	4.06	28	17	117	6.9	3.60	19
군사학과	4	4	11	2.8	5.33	7	5	38	7.6	4.80	34	6	45	7.5	5.21	34

■ (학생부종합) 종합전형

전형	모집인원	전형 방법	수능최저학력기준
종합전형	359	일반학과: 학생부종합평가100% 글로벌항공서비스학과: 1단계)학생부종합평가100%(5배수) 2단계)1단계성적80%+ 면접20%	X (간호학과O)

1. **지원자격**: 고등학교 졸업(예정)자 및 법령에 의하여 동등 이상 학력이 있다고 인정되는 자
2. **제출서류**: 학교생활기록부
3. **수능최저학력기준**

▶ 일반 모집단위: 없음
▶ 간호학과: **수능 2개 영역 등급 합 8 이내** ※ 영역별 선택과목 제한 없음 ※ 탐구영역은 상위 1과목 반영

◎ 전형요소
● 학생부종합평가(일괄합산 100%(글로벌항공서비스학과는 1단계 100%), 1,000점)
　　1. 평가방법
　　　◦ 각 평가조별 입학사정관 2인으로 구성된 평가위원이 개별 독립평가
　　　◦ 지원자의 학교생활기록부를 3개 평가요소에 따라 종합적 정성평가
　　　◦ 평가 시 전형자료에 기재된 지원자 인적사항, 학교명 등 블라인드 처리
　　　◦ 서류 종합평가 결과 우리 대학이 정한 일정 기준 이상 편차가 발생하는 경우 재평가 실시
　　2. 평가영역

평가요소	비율	평가항목	평가 내용	학생활기록부 주요 평가영역
학업역량	40%	학업성취도	고교 교육과정에서 이수한 교과의 성취수준이나 학업 발전의 정도	1. 출결사항 등 2. 교과학습발달상황 등 창의적 체험활동 등 행동특성 및 종합의견 등
		학업태도	학업을 성실히 수행하고 학습해 나가려는 의지와 노력	
		탐구력	지적 호기심을 바탕으로 사물과 현상에 관해 탐구하고, 문제를 해결하려는 노력	
진로역량	30%	전공(계열) 관련 교과 성취도	고교 교육과정에서 전공(계열)에 필요한 과목을 수강하고 취득한 학업 성취 수준	교과학습발달상황 등 창의적 체험활동 등 행동특성 및 종합의견 등
		진로 탐색 활동과 경험	고교교육과정에서 전공(계열)에 관한 탐색 노력과 준비, 경험의 정도	
공동체역량	30%	협업과 소통 능력	공동체의 목표를 달성하기 위해 협력하며, 구성원들과 합리적인 의사소통 및 주도적으로 상호작용을 이끌어가는 능력	학적사항 등 출결사항 등
		나눔과 배려	상대방을 존중하고 이해하여 원만한 관계를 형성하며, 타인을 위하여 기꺼이 나누어주고자 하는 행동	창의적 체험활동 등 행동특성 및 종합의견 등

● 2단계 면접(20%, 200점) (글로벌항공서비스학과만 해당)
　　1. 평가방법:
　　　◦ 각 평가조별 입학사정관 2인으로 구성된 평가위원이 지원자에 대하여 개별 대면 면접 방식으로 진행
　　　　(면접 소요시간 10분 이내)
　　　◦ 지원자의 평가서류 사전 검토를 통해 구성된 개인 적합 질문을 통한 종합평가(문제 제시형 평가 없음)
　　　◦ 지원자의 평가서류에 대한 내용 진위 여부 확인
　　　◦ 평가 시 전형자료에 기재된 지원자 인적사항, 학교명 등 블라인드 처리
　　　◦ 블라인드 면접방식으로 진행
　　　　※ 출신고교를 파악할 수 있는 교복, 체육복 등 착용 불가
　　　　※ 면접 진행 시 블라인드 면접에 저해되는 언행(성명/수험번호/출신고교/부모직업 등 언급)이 있을 경우 평가에 불이익을 받을 수 있음
　　2. 평가항목

대상 전형	평가영역	반영비율	내용
종합 (글로벌항공서비스학과) 지역종합 SW 가톨릭지도자추천	인성	40%	◦ 면접위원 재량으로 출제한 질문에 대하여 정직, 절제, 책임, 성실성, 가치관 등을 종합적으로 평가하여 A, B, C, D로 등급을 나누어서 평가
	창의성(사고력)	10%	◦ 면접위원 재량으로 출제한 질문에 대하여 전공적합성, 창의력, 사고력, 전공에 대한 관심도 등을 평가하여 A, B, C, D로 등급을 나누어서 평가
	창의성(미래지향성)	10%	◦ 면접위원 재량으로 출제한 질문에 대하여 학교생활에 대한 적응력과, 성실성, 책임감, 발전가능성 등을 종합적으로 평가하여 A, B, C, D로 등급을 나누어서 평가
	공동체성	20%	◦ 면접위원 재량으로 출제한 질문에 대한 발표 안에 배려, 소통, 협동, 봉사 의식 등을 종합적으로 평가하여 A, B, C, D로 등급을 나누어서 평가
	종합평가	20%	◦ 면접태도, 발표력, 의사표현력, 발전가능성 등을 종합적으로 평가하여 A, B, C, D로 등급을 나누어서 평가

◎ 전형결과

■ 전체

학년도	전체					인문					자연				
	모집인원	지원인원	경쟁률	등록평균	충원율	모집인원	지원인원	경쟁률	등록평균	충원율	모집인원	지원인원	경쟁률	등록평균	충원율
2022	380	1,751	4.6	5.10	68%	178	618	3.5	5.32	70%	192	1,038	5.4	4.94	64%
2023	315	1,983	6.3	5.01	76%	137	684	5.0	5.32	82%	155	1,128	7.3	4.89	70%
2024	352	1,983	5.6	5.19	72%	151	818	5.4	5.12	77%	189	1,537	8.1	5.18	69%
2025	359					167					172				

■ 모집단위

모집단위	2025	2024					2023					2022				
	모집인원	모집인원	지원인원	경쟁률	최종평균	충원번호	모집인원	지원인원	경쟁률	최종평균	충원번호	모집인원	지원인원	경쟁률	최종평균	충원번호
자율전공학부	12	6	48	8.0	6.26	38	5	29	5.8	6.63	21	10	26	2.6	5.80	4
영어학과	5	5	13	2.6	5.98	8	5	11	2.2	6.25	5	9	24	2.7	6.31	9
일어일문학과	8	5	32	6.4	5.73	19	5	22	4.4	6.09	12					
글로벌항공서비스학과	6						2	5	2.5			10	30	3.0	6.13	9
문화콘텐츠학과	8	6	18	3.0	5.84	12	5	18	3.6	6.15	11	6	19	3.2	6.41	10
경영학과	6	5	23	4.6	6.58	18	4	23	5.8	6.52	19	6	23	3.8	6.00	11
회계세무학과	6	4	9	2.3	5.63	5	2	8	4.0	4.67	3	5	9	1.8	5.75	
호텔관광학과	5	7	16	2.3	6.39	9	5	24	4.8	5.82	14	4	8	2.0		
식품영양학과	10	9	31	3.4	5.37	19	8	33	4.1	5.23	13	9	23	2.6	5.23	4
보건안전학과	6	6	14	2.3	6.31	7	4	18	4.5	5.76	6	6	13	2.2	6.25	4
원예·식품학과	6	5	18	3.6	6.23	12	5	11	2.2	6.69	6	6	11	1.8	6.29	2
외식조리제과제빵학과	10	10	83	8.3	5.53	21	7	37	5.3	5.23	13	8	40	5.0	5.50	3
제약공학과	5	8	16	2.0	5.46	8	4	8	2.0	5.63	4	4	7	1.8	3.77	2
언어청각치료학과	7	7	16	2.3	5.49	9	3	11	3.7	5.67	6	6	25	4.2	5.15	3
안경광학과	4	3	7	2.3	6.33	4	3	8	2.7	6.54	5	5	9	1.8	5.03	4
보건의료경영학과	5	3	6	2.0	6.08	3	3	14	4.7	6.38	4	6	11	1.8	6.40	5
반려동물보건학과	3	6	59	9.8	5.28	6	3	36	12.0	4.85	최초	6	7	1.2	6.00	
방사선학과	8	7	87	12.4	3.19	4	6	105	17.5	3.38	11	7	110	15.7	4.06	2
물리치료학과	6	6	135	22.5	3.12	5	5	108	21.6	3.07	13	8	116	14.5	3.18	9
기계공학과	6	11	26	2.4	6.54	15	11	25	2.3	6.37	11	17	28	1.7	6.04	
미래자동차공학과	7	7	16	2.3	6.22	9	7	22	3.1	5.37	15					
전기공학과	5	7	18	2.6	5.95	11	7	16	2.3	5.78	9					
건축공학과	10	6	22	3.7	5.64	16	5	18	3.6	5.71	12	7	18	2.6	5.69	9
배터리화학공학과	5	5	12	2.4	6.49	7	4	10	2.5	5.83	6	6	7	1.2		
소방방재학과	10	7	29	4.1	6.13	21	5	52	10.4	5.07	8	7	29	4.1	6.35	17
반도체전자공학과	6	6	16	2.7	6.69	10	6	15	2.5	5.88	4	17	24	1.4	5.71	
로봇공학과	7	6	14	2.3	6.71	8	7	17	2.4	6.61	4					
건축학과	8	7	36	5.1	4.46	9	5	33	6.6	5.60	25	7	27	3.9	5.42	6
컴퓨터소프트웨어학부	20	25	56	2.2	5.97	31	20	56	2.8	4.71	33	22	33	1.5	5.86	5
소프트웨어융합학과	5	5	11	2.2	6.10	6	4	11	2.8	5.72	1					
간호학과	11	10	224	22.4	2.54	15	7	206	29.4	2.51	14	10	278	27.8	2.43	5
문헌정보학과	5	6	25	4.2	6.02	19	5	23	4.6	6.08	14	7	9	1.3	5.13	2
심리학과	10	6	38	6.3	4.68	10	5	42	8.4	4.38	8	9	44	4.9	4.70	10
아동학과	6	9	34	3.8	6.39	25	6	38	6.3	6.01	27	8	35	4.4	5.69	23
사회복지학과	15	11	79	7.2	5.54	49	9	88	9.8	5.35	40	13	98	7.5	5.37	45
미디어영상광고홍보부	12	10	75	7.5	5.57	38	11	41	3.7	5.82	29	13	21	1.6	5.57	7
공무원·공기업학과	5	8	12	1.7	6.33	5	8	18	2.3	5.94	9	5	7	1.4	7.33	1
경찰행정학과	14	13	74	5.7	4.89	25	12	81	6.8	4.89	40	13	64	4.9	4.53	11
군사학과	5	5	20	4.0	5.90	10	4	18	4.5	5.91	14	4	22	5.5	5.54	4
교육학과	7	7	32	4.6	4.61	22	4	20	5.0	4.23	5	5	15	3.0	4.60	9
국어교육과	7	8	20	2.5	4.86	12	6	30	5.0	4.60	14	5	15	3.0	5.09	6
영어교육과	7	8	31	3.9	4.62	21	4	11	2.8	5.31	6	5	14	2.8	5.19	8
수학교육과	7	5	9	1.8	5.42	4	5	8	1.6	4.64	3	5	6	1.2	4.84	1
역사교육과	11	7	49	7.0	4.36	34	4	33	2.3	3.63	7	4	26	6.5	3.46	11
지리교육과	6	8	35	4.4	4.30	12	5	15	3.0	4.55	9	5	18	3.6	3.65	7
유아교육과	8	8	84	10.5	4.37	27	5	67	13.4	4.03	14	5	68	13.6	3.85	4
예술치료학과	8	6	10	1.7	5.88	4	6	12	2.0	5.85	2					

■ (학생부종합) 지역종합전형

전형	모집인원	전형 방법	수능최저학력기준
지역종합전형	49	1단계)학생부종합평가100%(5배수) 2단계)1단계성적80%+ 면접20% ※ 약학부는 1단계에서 7배수 선발	X (의예과O) (약학부O)

1. **지원자격**: 고등학교 졸업(예정)자 및 법령에 의하여 동등 이상 학력이 있다고 인정되는 자
    ※ 단, 『초·중등교육법』 제2조에 따른 고등학교 외 고교졸업과 동등한 학력이 인정되는 자는 지원할 수 없음
2. **제출서류**: 학교생활기록부
3. **수능최저학력기준**

> ▶ 일반 모집단위: 없음
> ▶ 의예과: **수능 3개 영역 등급 합 5 이내**
>   ※ 수학영역은 미적분 또는 기하 선택 필수 ※ 탐구영역: 과학탐구 2과목 응시 필수, 2과목 평균 반영(소수점 절사)
> ▶ 약학부: **수능 3개 영역 등급 합 6 이내**
>   ※ 수학영역은 미적분 또는 기하 선택 필수 ※ 탐구영역: 과학탐구 2과목 응시 필수, 2과목 평균 반영(소수점 절사)

◎ 전형요소
● 1단계 학생부종합평가(100%, 1,000점): 학생부종합(종합전형) 참고
● 2단계 면접(20%, 200점): 학생부종합(종합전형) 참고

◎ 전형결과
■ 모집단위
※ 해당전형은 2023학년도 신설전형으로 2022학년도의 전형결과가 없으므로 기재하지 않음

모집단위	2025 모집 인원	2024 모집 인원	지원 인원	경쟁 률	최종 평균	충원 번호	2023 모집 인원	지원 인원	경쟁 률	최종 평균	충원 번호	2022 모집 인원	지원 인원	경쟁 률	최종 평균	충원 번호
경영학과	4	2	3	1.5	7.79	최초	3	6	2.0	5.71	3					
건축학과	3	5	12	2.4	6.13	5	3	10	3.3	5.20	2					
컴퓨터소프트웨어학부	10	12	24	2.0	5.98	6	10	21	2.1	6.42	4					
의예과	12	3	124	41.3	1.48	1	2	49	24.5	2.02	1					
간호학과	15	14	254	18.1	2.57	22	8	213	26.6	2.49	8					
약학부	5															

■ (학생부종합) SW전형

전형	모집인원	전형 방법	수능최저학력기준
SW전형	18	1단계) 학생부종합평가100%(5배수) 2단계) 1단계성적80%+ 면접20%	X

1. **지원자격**: 고등학교 졸업(예정)자 및 법령에 의하여 동등 이상 학력이 있다고 인정되는 자
2. **제출서류**: 학교생활기록부
3. **수능최저학력기준**: 없음

◎ 전형요소
● 1단계 학생부종합평가(100%, 1,000점): 학생부종합(종합전형) 참고
● 2단계 면접(20%, 200점): 학생부종합(종합전형) 참고

◎ 전형결과
■ 모집단위

모집단위	2025 모집 인원	2024 모집 인원	지원 인원	경쟁 률	최종 평균	충원 번호	2023 모집 인원	지원 인원	경쟁 률	최종 평균	충원 번호	2022 모집 인원	지원 인원	경쟁 률	최종 평균	충원 번호
컴퓨터소프트웨어학부	12	12	23	1.9	5.98	10	12	18	1.5	5.57	6	12	28	2.3	5.35	11
AI빅데이터공학과	3	3	5	1.7	5.59	1	3	5	1.7	6.22	2	6	9	1.5	5.23	1
소프트웨어융합학과	3	3	7	2.3	6.17	최초	3	5	1.7	6.22	1	6	9	1.5	5.23	1

■ (학생부종합) 가톨릭지도자추천전형

전형	모집인원	전형 방법	수능최저학력기준
가톨릭지도자추천전형	20	1단계) 학생부종합평가100%(5배수) 2단계) 1단계성적80%+ 면접20%	X

1. **지원자격**: 고등학교 졸업(예정)자 및 법령에 의하여 동등 이상 학력이 있다고 인정되는 자로서 아래의 지원자격 중 하나에 해당되는 자
   - ▶ 가톨릭 사제 또는 현직 수도회장상(총원장, 관구장, 지부장)의 추천서를 받은 자
   - ▶ 가톨릭계 고등학교장의 추천서를 받은 자
   - ※ 지원자(수험생)의 종교나 신앙과는 무관하게 지원가능하나 가톨릭(천주교) 외 타 종교인의 추천서는 제출불가
2. **제출서류**: 학교생활기록부, 추천서(본교 소정양식)
3. **수능최저학력기준**: 없음

◎ 전형요소
● 1단계 학생부종합평가(100%, 1,000점): 학생부종합(종합전형) 참고
● 2단계 면접(20%, 200점): 학생부종합(종합전형) 참고

◎ 전형결과
■ 모집단위

모집단위	2025	2024					2023					2022				
	모집 인원	모집 인원	지원 인원	경쟁 률	최종 평균	충원 번호	모집 인원	지원 인원	경쟁 률	최종 평균	충원 번호	모집 인원	지원 인원	경쟁 률	최종 평균	충원 번호
경영학과	1	1	3	3.0	3.83	최초	2	2	1.0	8.5	최초	3	4	1.3	6.25	1
방사선학과	3	3	7	2.3	3.72	1	3	12	4.0	4.2	최초	2	20	10.0	3.92	최초
물리치료학과	3	3	37	12.3	3.25	3	3	29	9.7	3.8	3	2	25	12.5	4.29	2
컴퓨터소프트웨어학부	3	2	3	1.5	6.58	1	5	7	1.4	6.5	2	4	5	1.3	5.26	1
간호학과	3	3	43	14.3	2.86	최초	5	61	12.2	2.8	4	5	82	16.4	2.65	최초
사회복지학과	3	5	15	3.0	6.20	2	5	13	2.6	5.9	4	5	14	2.8	6.07	2
경찰행정학과	4						3	8	2.7							

24. 대전대학교
대전광역시 동구 대학로 62 (용운동) (Tel: 042. 280-2800 / 입학팀)

I. 한 눈에 보는 전형

모집시기	전형유형	전형	모집인원	전형 방법	수능최저학력기준
수시	교과	교과면접전형	376	1단계)학생부교과100%(일반학과 일괄면접/한의, 보건계열만 8배수) 2단계)학생부교과60%+ 면접40%	○
수시	교과	교과중점전형	847	학생부교과100%	○
수시	교과	지역인재 I 전형	205	학생부교과100%	○
수시	교과	지역인재 II 전형	4	학생부교과100%	○
수시	교과	군사학과전형	40	1단계)학생부교과100%(5배수) 2단계)학생부교과70%+ 면접20%+ 체력검정10%	○
수시	교과	고른기회전형	29	학생부교과100%	X
수시	교과	(외)농어촌학생전형	60	학생부교과100%	○
수시	교과	(외)특성화고교졸업자전형	22	학생부교과100%	X
수시	교과	(외)기회균형전형	16	학생부교과100%	X
수시	교과	(외)만학도(성인학습자)전형	000	학생부교과100%	X
수시	교과	(외)특성화고졸재직자전형	98	학생부교과100%	X
수시	종합	혜화인재전형	41	1단계)서류100%(스포츠건강재활학과 일괄면접/식품영양, 한의, 보건계열만 5배수) 2단계)서류70%+ 면접30%,	○
수시	실기/실적	특기자전형	13	학생부교과20%+ 입상실적50%+ 실기30%	X
수시	실기/실적	실기위주전형	187	▶ 커뮤니케이션디자인학과: 학생부교과20%+ 실기80% ▶ 웹툰애니메이션학과, 공연예술영상콘텐츠학과: 실기100% ▶ 스포츠운동과학과, 스포츠건강재활학과: 학생부교과40%+ 실기60%	X

*수능최저학력기준은 한의예과, 군사학과만 적용

■ 변경사항
가. 모집단위 변경

구분		2024	2025
명칭변경		· 공연예술콘텐츠학과	· 공연예술영상콘텐츠학과
		· 아동교육상담학과	· 상담학과
		· 컴퓨터정보통신공학과	· 정보통신공학과
		· 생활체육학과	· 스포츠운동과학과
		· 건강운동관리학과	· 스포츠건강재활학과
		· 디지털미래융합대학	· SW융합대학
학부통합		· 법학과, · 행정학과	· 법·행정학부 (법학전공, 행정학전공)
		· 경영학과, · 회계학과	· 경영학부 (경영학전공, 회계학전공)
단과대학 이동		· 공과대학 컴퓨터공학과	· SW융합대학 컴퓨터공학과
		· 디지털미래융합대학 디지털헬스케어학과	· 보건의료과학대학 디지털헬스케어학과

나. 주요 변경사항

유형	전형	구분	2024	2025
	수시모집 인원확대		· 수시모집 95.4% · 정시모집 4.6%	· 수시모집 97.6% · 정시모집 2.4%
	수시모집 가산점 배점 조정 (뷰티디자인학과)		● 공인자격증 2개 이상 소지자 : 12점 ● 공인자격증 1개 + 민간자격증 2개 소지자 : 10점 ● 공인자격증 1개 + 민간자격증 1개 소지자 : 8점 ● 공인자격증 1개 소지자 : 6점 ● 민간자격증 1개 소지자 : 4점	● 공인자격증 2개 이상 소지자 : 6점 ● 공인자격증 1개 + 민간자격증 2개 소지자 : 5점 ● 공인자격증 1개 + 민간자격증 1개 소지자 : 4점 ● 공인자격증 1개 소지자 : 3점 ● 민간자격증 1개 소지자 : 2점

유형	전형	구분	2024	2025
	특기자전형 지원자격 변경조정 (학폭 조치사항 추가)			단, 학교폭력관련 기재사항이 있을 경우 아래와 같이 처리함 - 조치사항 1-7호 : 최대 50점 ~ 최저 5점 감점 - 조치사항 8-9호 : 부적격
수시	· 실기위주전형 (예능)	예능 실기고사 전형요소별 반영비율 변경	(수시) 커뮤니케이션디자인학과 / 웹툰애니메이션학과 / 공연예술영상콘텐츠학과 — 학생부 20% + 실기고사 80%	(수시) 커뮤니케이션디자인학과 — 학생부 20% + 실기고사 80% / 웹툰애니메이션학과 · 공연예술영상콘텐츠학과 — 실기고사 100%
수시	· 교과면접전형 · 교과중점전형 · 농어촌학생전형 · 지역인재Ⅰ, Ⅱ 전형 · 혜화인재전형	한의예과 수능최저학력기준 변경	(한의) 교과면접·교과중점·농어촌학생 — 국어, 수학, 영어, 탐구 3개 등급합 5등급 이내 / 지역인재Ⅰ, Ⅱ·혜화인재 — 국어, 수학, 영어, 탐구 3개 등급합 6등급 이내 ※ 탐구영역(사회·과학) 반영 시 2과목 평균 반영(한국사 반영 가능)	(한의) 교과면접·교과중점·농어촌학생 — 국어, 수학, 영어, 탐구 3개 등급합 5등급 이내 (단, 국어·수학·영어 각 영역이 4등급 이내인 자) / 지역인재Ⅰ, Ⅱ·혜화인재 — 국어, 수학, 영어, 탐구 3개 등급합 6등급 이내 (단, 국어·수학·영어 각 영역이 4등급 이내인 자) ※ 탐구영역(사회·과학) 반영 시 2과목 평균 반영(한국사 반영 불가능)
교과	· 군사학과전형	군사학과 수능최저학력기준변경	국어, 수학, 영어, 탐구(1과목) 중 3개 과목 등급 합 15등급 이내	국어, 수학, 영어 3개 영역 중 1개 5등급 이내

■ 전형 결과

※ 성적 산출기준: (수시) 교과 석차등급

모집시기	전형유형	전형	학년도	모집인원	지원인원	경쟁률	등록자 평균	등록자 70%	충원율
수시	교과	교과면접전형	2024	362	2,551	7.05	4.58	5	129%
수시	교과	교과중점전형	2024	849	4,358	5.13	4.69	5.06	324%
수시	교과	군사학과전형	2024	44	123	2.8	4.43	4.26	179%
수시	종합	혜화인재전형	2024	41	538	13.12	3.89	–	58%

■ (주요전형) 전형일정

유형	전형	원서접수 마감	대학별 고사(면접/논술)	1단계 합격자	최종 합격자
교과	교과면접전형	9.13(금) 20:00	- 10.11(금). 10.12(토) ※ 한의예과는 10.12(토) 하루만 실시	10.07(월) 15:00	[수능최저 미적용] 11.11(월) 15:00 [수능최저 적용] 12.11(수) 15:00
교과	교과중점전형		-	-	
교과	군사학과전형		- 10.15(화) ~ 10.16(수) ※ 군사학과 2차전형은 1박 2일 진행	09.30(월) 15:00	12.11(수) 15:00
종합	혜화인재전형		- 11.02(토)	10.28(월) 15:00	[수능최저 미적용] 11.11(월) 15:00 [수능최저 적용] 12.11(수) 15:00

Ⅱ. (수시모집) 주요 전형

■ (학생부교과) 교과면접전형

전형	모집인원	전형 방법	수능최저학력기준
교과면접전형	376	1단계)학생부교과100%(일반학과 일괄면접/한의, 보건계열만 8배수) 2단계)학생부교과60%+ 면접40%	○

*수능최저학력기준은 한의예과만 적용

1. **지원자격**: 고등학교 졸업(예정)자 또는 법령에 의하여 동등 이상의 학력이 있다고 인정되는 자
2. **제출서류**: 학교생활기록부 또는 검정고시 합격증명서 및 성적증명서
3. **수능최저학력기준**:

> ▶ 한의예과: [국어, 수학, 영어, 사/과탐(2과목 평균 반영/한국사 반영 불가능)] 중 3개 영역 등급 합 5 이내
>   (단, 국어, 수학, 영어 각 영역이 4등급 이내인 자)

◎ 전형요소
● 학생부(60%)

반영요소 반영비율		반영교과목		교과성적 산출지표	학년별 반영비율
	구분	반영방법			
교과54%	공통 및 일반선택	**전체 학년·학기 중 국어, 영어, 수학, 사회·과학 교과군별 공통 및 일반선택과목 최우수 6과목** ※ 과목 반영 시 2단위 이상 이수과목 반영 ※ 사회·과학 교과군은 하나의 교과군으로 반영 ※ 최우수 6과목 선택 시 한 교과에서 2개를 초과할 수 없음 ※ 동일과목이라도 학기가 다르면 개별 이수과목으로 인정하여 반영 ※ 반영 학기: 졸업예정자 3학년 1학기 / 졸업자 3학년 2학기까지 ※ 한의예과 : 1·2·3학년 과정에서 이수한 과목 중 예체능 과목을 제외한 전 과목		석차등급	학년 구분 없음
	진로선택	진로선택과목 2개 반영하여 성취도별로 가산점 적용 ① 진로선택과목(국,영,수,사,과)_과목이수단위 및 과목 석차등급 성취도 <table><tr><th>구분</th><th>㉮</th><th>㉯</th><th>㉰</th></tr><tr><td>석차등급</td><td>1.00~2.99</td><td>3.00~5.99</td><td>6.00~9.00</td></tr><tr><td>변환점수(Ⓐ)</td><td>9</td><td>7</td><td>5</td></tr></table>② 진로선택과목(국,영,수,사,과)_성취도 등급<table><tr><th>성취도등급</th><th>A</th><th>B</th><th>C</th></tr><tr><td>변환점수(Ⓐ)</td><td>9</td><td>7</td><td>5</td></tr></table>　- ① 또는 ②에 산출된 변환점수를 아래 표에 반영 - 가산점수 산정 $$\frac{\sum(과목\ 이수단위 \times Ⓐ)}{\sum 과목\ 이수단위}$$※ 한의예과 진로선택과목 미반영			
출결6%	출결점수	지각, 조퇴, 결과 횟수를 합산하여 3회를 1일 결석으로 계산하며 미인정(무단·사고)으로 인한 결석, 지각, 조퇴, 결과만 결석일수에 포함		-	

● 면접(40%)
　1. **평가방법**: 다대다면접
　　1) 일반학과 : 공통문항(지원동기 및 진로학업계획), 선택문항(기본소양문항)으로 평가. 선택문항은 입학처에서 사전공지
　　2) 한의예과 : 공통문항(지원동기 및 진로학업계획), 선택문항(기본소양문항)으로 평가. 선택문항은 입학처에서 당일공지
　2. **면접시간**: 15분 내외
　3. **면접위원**: 면접관(교수) 2명
　4. **평가항목**:

평가요소	반영비율 (배점)	평가내용	평가방법
공통문항	50% (200점)	• 주어진 문항에 대한 수험생의 인성, 가치관, 의사소통능력, 문제해결능력 등을 평가 ※ 본교 출제 문제는 해당 학과(부·전공)와 관련된 특정 교과군의 습득지식을 평가하는 　취지가 아님	- 공통문항 및 선택문항 기반 　블라인드 면접 - 블라인드 처리 정보: 지원자 　성명, 수험번호, 출신 고교명, 　부모 및 친인척의 지위 등
선택문항	50% (200점)	• 주어진 문항에 대한 수험생의 인성, 가치관, 의사소통능력, 문제해결능력 등을 평가 ※ 한의예과는 선택문항에서 고교 교육과정 범위의 문항 출제 가능	

◎ 전형결과
■ 전체

학년도	전체						인문						자연					
	모집 인원	지원 인원	경쟁 률	등록 평균	등록 70%	충원 율	모집 인원	지원 인원	경쟁 률	등록 평균	등록 70%	충원 율	모집 인원	지원 인원	경쟁 률	등록 평균	등록 70%	충원 율
2022	661	4,170	6.31	4.87	5.31	96%	300	1,265	4.34	5.30	5.63	107%	361	2,905	7.99	5.08	5.20	72%
2023	533	2,659	4.99	4.97	5.28	127%	239	1,038	4.34	5.33	5.56	136%	294	1,621	8.28	4.93	5.03	119%
2024	362	2551	7.05	4.58	5	129%	173	835	4.63	5.22	5.21	156%	189	1716	7.53	4.45	4.57	104%
2025	376						173						203					

■ 모집단위

'*' 표시 : 교직 이수 가능

계열	모집단위	2025 모집인원	2024 모집인원	지원인원	경쟁률	등록평균	등록70%	충원번호	2023 모집인원	지원인원	경쟁률	등록평균	등록70%	충원번호	2022 모집인원	지원인원	경쟁률	등록평균	등록70%	충원번호
인문	혜화리버럴아츠칼리지	30	28	43	1.54	5.32	5.67	8	35	69	1.97	5.83	6.45	28	2023학년도 신설					
인문	패션디자인·비즈니스학과*	15	13	118	9.08	4.63	4.83	9	17	133	7.82	5.18	5.29	31	18	69	3.83	5.57	5.83	24
인문	경찰학과	17	16	103	6.44	4.41	4.67	16	14	121	8.64	4.18	4.40	17	18	177	9.83	4.09	4.50	20
인문	법·행정학부	15	통합선발로 인한 70% 합격컷의 범위			5.84	–		9	37	4.11	5.65	5.75	14	14	29	2.07	5.35	5.90	13
인문									14	34	2.43	5.66	5.55	16	17	64	3.76	5.16	5.60	29
인문	사회복지학과	17	17	129	7.59	5.22	5.33	51	17	126	7.41	5.00	5.60	33	17	142	8.35	5.02	5.20	31
인문	상담학과	12	15	73	4.87	5.44	5.67	47	20	76	3.80	5.65	5.97	43	20	89	4.45	5.21	5.75	36
인문	중등특수교육과*	7	6	34	5.67	5.23	5	23	7	34	4.86	5.37	5.50	17	7	38	5.43	4.79	5.00	8
인문	경영학부	20	통합선발로 인한 70% 합격컷의 범위			5.75	–		22	134	6.09	5.50	5.60	39	23	104	4.52	5.50	5.75	48
인문									19	27	1.42	5.40	5.87	4	25	40	1.60	5.97	6.10	5
인문	비즈니스영어학과	5	5	7	1.4	5	4.33	2	9	13	1.44	5.62	5.61	–	17	26	1.53	4.56	5.40	2
인문	비즈니스일본어학과	12	7	45	6.43	5.36	5.67	5	15	63	4.20	5.47	5.63	22	12	55	4.58	5.51	6.00	20
인문	물류통상학과	4	6	11	1.83	6.67	–	1	9	21	2.33	5.65	5.50	8	20	33	1.65	6.22	6.40	7
인문	산업·광고심리학과*	9	11	56	5.09	4.52	4.83	8	14	53	3.79	5.07	5.18	18	15	62	4.13	4.67	5.15	12
인문	보건의료경영학과	10	10	60	6	5.02	5.17	19	13	84	6.46	4.70	5.45	29	12	150	12.50	4.97	5.25	17
인문	한의예과(인문)	–	2022학년도부터 한의예과 인문/자연 통합모집																	
자연	뷰티디자인학과*	15	12	163	13.58	4.39	5.17	14	16	175	10.94	4.75	5.20	31	15	182	12.13	4.58	5.00	31
자연	건축학과(4년제)	9	9	45	5	5.91	6	22	10	25	2.50	5.88	5.97	11	12	71	5.92	4.82	5.10	6
자연	건축공학과	7	6	25	4.17	5.56	5.33	15	11	43	3.91	5.71	5.75	17	8	66	8.25	5.41	5.55	20
자연	토목환경공학과	10	10	18	1.8	6.47	6.5	4	13	22	1.69	5.75	5.66	3	19	44	2.32	5.84	5.80	16
자연	컴퓨터공학과*	16	16	59	3.69	5.53	6.33	26	34	108	3.18	5.55	5.97	62	25	86	3.44	5.73	5.87	37
자연	정보통신공학과	10	7	14	2	5.84	5.5	5	26	26	1.00	6.33	5.80	–	27	54	2.00	5.40	5.80	16
자연	재난안전공학과	6	6	23	3.83	5.39	5.67	13	13	18	1.38	6.08	6.60	5	16	22	1.38	6.60	6.75	4
자연	소방방재학과	20	15	106	7.07	4.66	5	8	19	142	7.47	4.80	5.10	37	22	120	5.45	4.94	5.15	19
자연	반도체공학과	6	5	19	3.8	4.3	4.17	2	2024학년도 신설											
자연	간호학과*	20	20	404	20.2	2.62	2.67	10	22	256	11.64	2.73	2.89	14	30	808	26.93	2.69	2.80	24
자연	물리치료학과	10	10	197	19.7	3.05	3.17	4	14	163	11.64	2.97	3.00	11	12	406	33.83	2.90	3.10	11
자연	임상병리학과	10	10	167	16.7	3.27	3.33	13	11	126	11.45	3.77	3.95	23	13	236	18.15	3.75	3.90	10
자연	응급구조학과	10	10	128	12.8	3.96	4	21	통합선발로 인한 70% 합격컷의 범위			4.03	–		통합선발로 인한 70% 합격컷의 범위			4.22	–	
자연	식품영양학과*	15	13	78	6	4.55	5	17	19	102	5.37	5.22	5.55	42	19	101	5.32	5.15	5.35	25
자연	화장품학과	5	4	9	2.25	–	–	3	8	17	2.13	5.11	5.46	7	2023학년도 신설					
자연	정보보안학과	4	4	8	2	5.83	5.83	4	11	30	2.73	6.30	5.65	17	17	35	2.06	5.58	6.09	17
자연	AI소프트웨어학부	10	10	17	1.7	5.61	5.5	7	통합선발로 인한 70% 합격컷의 범위			4.18	–		2023학년도 신설					
자연	디지털헬스케어학과	8	7	15	2.14	6.33	6.5	3	7	22	3.14	5.95	5.90	8	11	18	1.64	6.32	6.75	3
자연	한의예과	12	15	221	14.73	1.26	1.28	6	13	191	14.69	1.23	1.26	15	21	309	14.71	1.35	1.42	6
자연	한의예과(자연)	–	2022학년도부터 한의예과 인문/자연 통합모집																	

■ (학생부교과) 교과중점전형

전형	모집인원	전형 방법	수능최저학력기준
교과중점전형	847	학생부교과100%	O

*수능최저학력기준은 한의예과만 적용

1. **지원자격**: 고등학교 졸업(예정자) 또는 법령에 의하여 동등 이상의 학력이 있다고 인정되는 자
2. **제출서류**: 학교생활기록부 또는 검정고시 합격증명서 및 성적증명서
3. **수능최저학력기준**:

> ▶ 한의예과: [국어, 수학, 영어, 사/과탐(2과목 평균 반영/한국사 반영 불가능)] 중 3개 영역 등급 합 5 이내
>   (단, 국어, 수학, 영어 각 영역이 4등급 이내인 자)

● 학생부(100%)

반영요소 반영비율	반영교과목		교과성적 산출지표	학년별 반영비율
	구분	반영방법		
교과90%	공통 및 일반선택	국어, 영어, 수학, 사회·과학 교과 중 각 교과군별 최우수 2과목씩 총 8개 과목 반영 ※ 과목 반영 시 2단위 이상 이수과목 반영 ※ 동일과목이라도 학기가 다르면 개별 이수과목으로 인정하여 반영 ※ 반영 학기: 졸업예정자 3학년 1학기 / 졸업자 3학년 2학기까지 ※ 한의예과 : 1·2·3학년 과정에서 이수한 과목 중 예체능 과목을 제외한 전 과목	석차등급	학년 구분 없음
출결10%	출결점수	지각, 조퇴, 결과 횟수를 합산하여 3회를 1일 결석으로 계산하며 미인정(무단·사고)으로 인한 결석, 지각, 조퇴, 결과만 결석일수에 포함	–	

◎ 전형결과
■ 전체

학년도	전체						인문						자연					
	모집인원	지원인원	경쟁률	등록평균	등록70%	충원율	모집인원	지원인원	경쟁률	등록평균	등록70%	충원율	모집인원	지원인원	경쟁률	등록평균	등록70%	충원율
2022	524	6153	11.74	4.34	4.53	449%	226	2,644	11.13	4.55	4.77	470%	298	3,509	13.22	4.20	4.36	416%
2023	649	3961	6.10	4.62	4.84	392%	302	1,880	6.67	4.54	4.94	467%	347	2,081	6.54	4.45	4.77	335%
2024	849	4,358	5.13	4.69	5.06	324%	395	2,014	5.42	4.87	5.28	335%	454	2,344	6.21	4.59	4.88	315%
2025	847						385						462					

■ 모집단위

'*'표시 : 교직 이수 가능

계열	모집단위	2025	2024						2023						2022					
		모집인원	모집인원	지원인원	경쟁률	등록평균	등록70%	충원번호	모집인원	지원인원	경쟁률	등록평균	등록70%	충원번호	모집인원	지원인원	경쟁률	등록평균	등록70%	충원번호
인문	혜화리버럴아츠칼리지	88	82	188	2.29	5.38	5.63	106	56	204	3.64	5.11	5.57	148	'2023학년도 신설					
인문	패션디자인·비즈니스학과*	25	25	90	3.6	4.81	5.38	56	13	109	8.38	3.91	4.10	26	15	197	13.13	3.60	3.90	38
인문	경찰학과	26	25	277	11.08	3.95	4.23	123	21	132	6.29	4.14	4.49	91	10	249	24.90	3.19	3.25	34
인문	법·행정학부	37	통합선발로 인한 70% 합격컷의 범위			5.88	–		14	68	4.86	4.96	5.20	54	10	97	9.70	4.31	4.67	32
인문									17	142	8.35	4.85	5.22	108	13	147	11.31	4.95	5.11	105
인문	사회복지학과	22	27	278	10.3	4.63	5.02	167	22	165	7.50	4.92	5.64	134	21	385	18.33	3.80	4.05	99
인문	상담학과	21	25	80	3.2	4.87	5	55	18	137	7.61	4.74	5.10	75	14	174	12.43	4.60	4.80	102
인문	중등특수교육과*	10	10	30	3	4.98	5.5	20	7	56	8.00	3.80	4.20	40	5	71	14.2	4.23	4.73	36
인문	경영학부	50	통합선발로 인한 70% 합격컷의 범위			5.59	–		20	176	8.80	4.27	4.35	114	18	323	17.94	4.05	4.35	86
인문									24	128	5.33	5.38	5.80	104	20	153	7.65	4.85	5.28	102
인문	비즈니스영어학과	20	20	70	3.5	5.51	6.13	50	14	51	3.64	5.37	6.88	37	7	34	4.86	5.35	4.85	27
인문	비즈니스일본어학과	16	19	172	9.05	4.94	5.17	97	10	80	8.00	4.67	5.02	66	10	102	10.20	4.64	4.80	31
인문	물류통상학과	27	27	118	4.37	5.95	6.25	91	26	140	5.38	6.10	6.50	114	17	86	5.06	6.01	6.17	64
인문	산업·광고심리학과*	23	22	103	4.68	4.37	4.8	64	14	100	7.14	4.58	4.87	85	12	106	8.83	4.30	4.70	59
인문	보건의료경영학과	20	20	115	5.75	4.92	5.38	95	18	148	8.22	4.27	4.55	96	12	243	20.25	3.84	4.22	72
인문	한의예과(인문)	–	2022학년도부터 한의예과 인문/자연 통합모집																	
자연	뷰티디자인학과*	19	22	125	5.68	4	4.63	91	14	137	9.79	3.51	4.02	57	12	120	10.00	3.44	4.20	59
자연	건축학과(4년제)	21	21	115	5.48	5.01	5.25	94	20	83	4.15	4.81	5.15	58	10	159	15.90	4.15	4.30	51
자연	건축공학과	18	15	67	4.47	5.21	5.38	52	10	70	7.00	4.94	5.15	58	11	107	9.73	4.49	4.67	45
자연	토목환경공학과	35	32	139	4.34	5.61	6.38	107	27	126	4.67	6.16	6.90	99	17	99	5.82	5.83	6.20	82
자연	컴퓨터공학과*	56	52	202	3.88	5.05	5.63	149	30	253	8.43	4.67	5.09	178	35	457	13.06	4.31	4.75	183
자연	정보통신공학과	40	41	110	2.68	5.91	6.2	69	31	102	3.29	5.46	5.80	71	27	194	7.19	5.42	5.85	167
자연	재난안전공학과	21	21	78	3.71	6.06	6.39	57	14	94	6.71	5.70	6.00	80	12	85	7.08	5.99	6.10	54
자연	소방방재학과	38	38	187	4.92	5.02	5.5	149	28	166	5.93	4.31	4.70	96	18	261	14.50	3.59	3.87	64
자연	반도체공학과	19	20	73	3.65	5.47	5.67	53	2024학년도 신설											
자연	간호학과*	31	21	151	7.19	2.49	2.5	66	20	158	7.90	2.30	2.40	41	22	473	21.50	2.06	2.21	61
자연	물리치료학과	12	9	166	18.44	2.66	2.7	26	6	70	11.67	2.79	3.00	19	6	201	33.50	2.05	2.40	21
자연	임상병리학과	13	11	126	11.45	3.21	3.3	49	10	108	10.80	3.42	3.56	37	6	191	31.83	2.93	3.00	26
자연	응급구조학과	14	12	98	8.17	3.61	3.75	42	통합선발로 인한 70% 합격컷의 범위			3.37	–		통합선발로 인한 70% 합격컷의 범위			3.14	–	
자연	식품영양학과*	18	25	173	6.92	4.84	5.28	148	17	138	8.12	5.07	5.25	121	14	180	12.86	4.27	4.53	116
자연	화장품학과	21	21	82	3.9	5.05	5.25	61	18	57	3.17	4.94	5.40	39	2023학년도 신설					

계열	모집단위	2025 모집인원	2024 모집인원	2024 지원인원	2024 경쟁률	2024 등록평균	2024 등록70%	2024 충원번호	2023 모집인원	2023 지원인원	2023 경쟁률	2023 등록평균	2023 등록70%	2023 충원번호	2022 모집인원	2022 지원인원	2022 경쟁률	2022 등록평균	2022 등록70%	2022 충원번호
자연	정보보안학과	17	22	95	4.32	5.41	5.63	73	19	79	4.16	5.53	6.29	60	13	96	7.38	5.26	5.47	81
자연	AI소프트웨어학부	40	42	121	2.88	5.68	6.42	79	통합선발로 인한 70% 합격컷의 범위			6.23		–	2023학년도 신설						
자연	디지털헬스케어학과	12	14	57	4.07	5.84	5.92	43	14	39	2.79	5.61	6.10	25	8	32	4.00	4.43	4.50	16
자연	한의예과	17	15	179	11.93	1.08	1.1	25	14	170	12.14	1.10	1.13	21	14	297	21.21	1.04	1.06	13
자연	한의예과(자연)	–	2022학년도부터 한의예과 인문/자연 통합모집																	

■ (학생부종합) 혜화인재전형

전형	모집인원	전형 방법	수능최저학력기준
혜화인재전형	41	1단계)서류100%(스포츠건강재활학과 일괄면접 / 식품영양, 한의, 보건계열만 5배수) 2단계)서류70%+ 면접30%	O

*수능최저학력기준은 한의예과만 적용

1. **지원자격**: 고등학교 졸업자 또는 2025년 2월 고등학교 졸업예정자로서 고등학교 입학일부터 졸업일까지 국내 고등학교에서 재학한 자
   ※ 학교생활기록부가 없는 자는 지원할 수 없음
2. **제출서류**: 학교생활기록부
3. **수능최저학력기준**:

> ▶ 한의예과: [국어, 수학, 영어, 사/과탐(2과목 평균 반영/한국사 반영 불가능)] 중 3개 영역 등급 합 6 이내
> (단, 국어, 수학, 영어 각 영역이 4등급 이내인 자)

◎ 전형요소
● 서류(70%)
  1. **평가방법**: 학교생활기록부 교과, 비교과 활동을 지원자 1인당 평가자 2인이 종합적으로 정성평가
  2. **평가항목**:

평가영역	반영비율	평가항목
학업역량	26%	학업성취도, 학업태도와 학업 의지, 탐구활동 등
전공적합성	26%	전공 관련 교과목 이수 및 성취도, 전공에 대한 관심과 이해, 전공 관련 활동 경험 등
인성	24%	협업능력, 나눔과 배려, 도덕성, 성실성, 소통 능력 등
발전가능성	24%	자기주도성, 경험의 다양성, 리더십, 창의적 문제해결 능력 등

● 면접(30%)
  1. **평가방법**: 학교생활기록부 확인 면접
  2. **면접시간**: 10분 내외
  3. **면접위원**: 입학사정관 2명
  4. **평가항목**:

평가영역	반영비율	평가항목
전공적합성	33.3%	전공 관련 교과목 이수 및 성취도, 전공에 대한 관심과 이해, 전공 관련 활동과 경험
인성	33.3%	협업능력, 나눔과 배려, 소통능력, 도덕성, 성실성
발전가능성	33.3%	자기주도성, 경험의 다양성, 도전정신, 창의적 문제해결능력

◎ 전형결과
■ 모집단위

'*' 표시 : 교직 이수 가능

계열	모집단위	2025 모집인원	2024 모집인원	2024 지원인원	2024 경쟁률	2024 등록평균	2024 등록70%	2024 충원번호	2023 모집인원	2023 지원인원	2023 경쟁률	2023 등록평균	2023 등록70%	2023 충원번호	2022 모집인원	2022 지원인원	2022 경쟁률	2022 등록평균	2022 등록70%	2022 충원번호
인문	스포츠건강재활학과	5	5	32	6.4	5.09	–	6	4	44	11.00	4.43	–	4	4	36	9.00	5.34	–	4
자연	간호학과*	8	10	135	13.5	3.19	–	최초	8	90	11.25	3.11	–	최초	8	126	15.75	2.93	–	1
자연	물리치료학과	8	9	92	10.22	3.67	–	3	8	98	12.25	3.36	–	2	10	203	20.30	3.49	–	4
자연	임상병리학과	5	6	56	9.33	4.18	–	13	5	56	11.20	4.25	–	3	6	51	8.50	4.49	–	9
자연	응급구조학과	5	6	35	5.83	4.62	–	최초	통합선발로 인한 평균 합격컷의 범위			4.57	–	–	통합선발로 인한 평균 합격컷의 범위			4.60	–	최초
자연	식품영양학과	5	2025학년도 신설																	
자연	한의예과	5	5	188	37.6	1.77	–	2	5	229	45.80	2.64	–	4	5	226	45.20	1.56	–	1

25. 대진대학교

경기도 포천시 호국로 1007 (Tel: 031. 539-1234)

I. 한 눈에 보는 전형

모집 시기	전형 유형	전형	모집 인원	전형 방법	수능최저 학력기준
수시	교과	학생부우수자	251	학생부교과70%+ 면접30%	X
수시	교과	종단추천자	14	학생부교과70%+ 면접30%	X
수시	교과	취업자	8	학생부교과100%	X
수시	교과	학교장추천	214	학생부교과100% ※ 고교 추천: 제한 없음	X
수시	교과	고른기회	117	학생부교과100%	X
수시	교과	농어촌학생	56	학생부교과100%	X
수시	교과	특성화고교졸업자	21	학생부교과100%	X
수시	교과	기초생활수급자및차상위계층	16	학생부교과100%	X
수시	교과	특성화고졸재직자	32	학생부교과100%	X
수시	종합	윈윈대진	328	1단계)서류100%(3배수) 2단계)서류70%+ 면접30%	X
수시	실기/실적	실기우수자	178	학생부20%+ 실기80%	X

(수시모집) 지원 가능 횟수	본 교 대학별 고사가 중복되지 않는 경우 중복 지원 가능

■ 무전공(전공자율선택)

유형① [대학 내 모든 전공(보건의료, 사범 등 제외) 자율 선택]		유형② [계열/단과대 모집 후 모집단위 내 전공 자율 선택]	
모집단위	인원	모집단위	인원
자율전공학부	65	공학자율학부	185

■ **자율전공 제외학과** : 대순종학과, 미술만화게임학부, 시각디자인학과, 산업디자인학과, 연기예술학과, 영화영상학과, 실용음악학과, 스포츠건강과
학과, 간호학과, 컴퓨터공학전공, AI빅데이터전공, 스마트융합보안학과, 보건경영학과

■ 모집단위 신설 · 변경

구분		2024	2025
학과통합		에너지공학부(전기공학전공), 에너지공학부(화학공학전공),	에너지공학부(전기공학전공, 화학공학전공)
		바이오헬스케어학부(의생명과학전공), 바이오헬스케어학부(에코응용화학전공)	의생명과학과
		전자공학과, 신소재공학과	반도체융합공학과
학과전환		건축공학부	건축공학과
		스마트건설· 환경공학부	스마트건설· 환경공학과
		사회복지· 아동학부(사회복지학전공)	사회복지·학과
		사회복지· 아동학부(아동심리교육전공)	아동학과
명칭변경		산업경영공학과	데이터경영산업공학과

■ 전형결과

※ 성적 산출기준: (수시) 교과 석차등급, (정시) 수능 백분위

모집시기	전형유형	전형	학년도	모집인원	지원인원	경쟁률	등록자 평균	등록자 90%	충원율
수시	교과	학생부우수자	2024	232	2,135	9.20	3.65	4.01	62%
수시	교과	학교장추천	2024	184	1,202	6.53	3.18	3.52	185%
수시	종합	윈윈대진	2024	350	1,798	5.14	5.36	5.91	77%

■ (주요전형) 전형일정

유형	전형	원서접수 마감	대학별 고사(면접/논술)	1단계 합격자	최종 합격자
교과	학생부우수자	9.13(금) 18:00	11.16(토) ※ 지원인원에 따라 일부학과는 17(일) 면접 실시		12.06(금)
교과	학교장추천	9.13(금) 18:00 학교장추천: 9.25(수) 18:00			11.08(금)
종합	윈윈대진	9.13(금) 18:00	10.26(토)~27(일)	10.22(화)	11.08(금)

II. (수시모집) 주요 전형

■ (학생부교과) 학생부우수자

전형	모집인원	전형 방법	수능최저학력기준
학생부우수자	251	학생부교과70%+ 면접30%	X

1. **지원자격**: 국내 고등학교 졸업자 및 2025년 2월 국내 고등학교 졸업예정자, 국내 고등학교 졸업학력 검정고시 합격자 및 법령에 의하여 동등 이상의 학력이 있다고 인정된 자

◎ 전형요소
● 학생부(700점)

반영요소 반영비율	구분	반영교과목	교과성적 산출지표	학년별 반영비율
		반영방법		
교과 100%	공통 및 일반선택	국어, 영어, 수학, 사회(한국사/역사/도덕 포함), 과학교과의 <u>일반선택과목과 진로선택과목(최대 3과목)</u> 중 상위 15과목 반영 ※ 총 반영과목이 15개가 안 될 경우 부족 과목 수 만큼은 최저 등급(1단위 9등급)으로 반영 ※ 졸업예정자, 졸업자 구분 없이 3학년 1학기까지 반영	석차등급	학년 구분 없음
	진로선택	반영교과 중 성취도 상위 3과목 ※ 성취도 환산등급 = A : 1등급, B : 2등급, C : 4등급	성취도	

● 면접(300점)
  1. **면접방법**: 2인의 면접위원이 수험생 개인별로 5분 내외의 블라인드 면접을 실시
  2. 평가항목 및 출제 문항(2문항):

평가항목	배점 비율	A	B	C	D	E	F	G	H
		100%	97%	93%	88%	82%	76%	69%	0%
논리적사고력 및 창의능력	50%	150.00	145.50	139.50	132.00	123.00	114.00	103.50	0.00
전공적성 능력	35%	105.00	101.85	97.65	92.40	86.10	79.80	72.45	0.00
인성(태도 및 가치관 포함)	15%	45.00	43.65	41.85	39.60	36.90	34.20	31.05	0.00
합계	100%	300	291	279	264	246	228	207	0

  가. 논리적 사고력 및 창의능력(1문항): 아래의 계열별 3문항 중 추첨을 통해 1문항 출제
  나. 전공적성 능력(1문항): 지정문항 1개(문항: ① 우리학과에 지원한 동기가 무엇인가요?)
  3. **평가등급**: 각 평가항목별 8단계로 평가함(A등급~H등급)

◎ 전형결과
■ 전체

학년도	전체						인문						자연					
	모집 인원	지원 인원	경쟁 률	등록 평균	등록 90%	충원 율	모집 인원	지원 인원	경쟁 률	등록 평균	등록 90%	충원 율	모집 인원	지원 인원	경쟁 률	등록 평균	등록 90%	충원 율
2022	411	2,473	6.02	4.70	5.32	92%	185	1,303	7.04	4.52	5.02	100%	226	1,170	5.18	4.87	5.62	84%
2023	241	2,665	11.06	4.17	4.67	66%	91	1,128	12.40	3.99	4.41	70%	150	1,537	10.25	4.35	4.93	61%
2024	232	2,135	9.20	3.65	4.01	62%	93	923	9.92	3.48	3.81	76%	139	1,212	8.72	3.81	4.20	47%
2025	251						98						153					

■ 변경사항 & 핵심포인트

[2025]

변경사항	2024	2025
모집인원	232명	251명(+ 19명)
(학생부) 석차등급 평균 등급점수표 변경	21단계	30단계

- 2024에 반영교과목이 반영교과(국영수사과)의 일반선택과목 중 15과목->일반선택과목과 진로선택과목(최대 3과목) 중 15과목으로 변경됨에 따라 합격자 성적이 크게 상승함.
  · 15과목 중 진로선택과목을 최대 3과목까지 반영할 수 있고, 성취도A는 1등급, 성취도B는 2등급으로 환산하므로, 등록자 90%가 5등급 수준을 형성하고, 중위권 학생들은 성취도B를 받는다면 2등급으로 환산되기 때문
➡ **합격자 성적분포**: 인문계열은 3등급 중반 ~ 3등급 후반, 자연계열은 3등급 후반 ~ 4등급 초반.

[2024]

변경사항	2023	2024
(학생부) 진로선택과목 반영	국어, 영어, 수학, 사회, 과학교과의 일반선택과목 중 상위 15과목 (진로선택과목 미반영)	국어, 영어, 수학, 사회, 과학교과의 일반선택과목과 진로선택과목(최대 3과목) 중 상위 15과목 ※ 성취도 환산등급: A=1등급, B=2등급, C=4등급

■ 모집단위

'*'표시 : 교직 이수 가능

계열	모집단위	2025 모집인원	2024 모집인원	2024 지원인원	2024 경쟁률	2024 등록평균	2024 등록90%	2024 충원번호	2023 모집인원	2023 지원인원	2023 경쟁률	2023 등록평균	2023 등록90%	2023 충원번호	2022 모집인원	2022 지원인원	2022 경쟁률	2022 등록평균	2022 등록90%	2022 충원번호
인문	자율전공학부	20																		
인문	문예콘텐츠창작학과	5	5	48	9.6	2.90	3.26	6	3	36	12.0	3.63	4.26	2	10	66	6.6	3.96	4.42	8
인문	경영학과	7	6	86	14.3	3.20	3.66	10	7	120	17.1	3.67	4.01	5	15	131	8.7	4.12	4.94	26
인문	공공인재법학과	6	8	50	6.3	3.23	3.57	2	7	64	9.1	4.07	4.69	2	13	81	6.2	4.95	5.33	10
인문	미디어커뮤니케이션학과	7	8	124	15.5	3.31	3.51	6	10	160	16.0	3.83	4.30	15	19	163	8.6	4.13	4.50	10
인문	문헌정보학과*	5	6	41	6.8	3.31	3.47	6	6	55	9.2	3.34	3.76	2	11	70	6.4	4.09	4.49	7
인문	국제지역학전공*	4	4	27	6.8	3.34	4.03		3	53	17.7	3.73	4.12	1	8	57	7.1	4.48	5.07	8
인문	사회복지학과	6	8	113	14.1	3.39	3.67	7	8	132	16.5	3.99	4.61	8						
인문	보건경영학과	5	5	60	12.0	3.51	3.74	6	5	47	9.4	4.37	4.67	2						
인문	역사·문화콘텐츠학과	3	5	34	6.8	3.51	3.93	3	5	56	11.2	3.08	3.80	1	8	56	7.0	4.66	5.03	10
인문	국제통상학과	5	5	62	12.4	3.59	3.88	2	7	53	7.6	4.45	4.82	6	12	68	5.7	4.56	5.04	7
인문	영어영문학과	4	5	36	7.2	3.65	3.82	5	4	82	20.5	4.12	4.40	4	9	67	7.4	5.10	5.79	17
인문	글로벌경제학과	6	5	47	9.4	3.68	3.97	2	5	58	11.6	4.48	4.66	1	14	90	6.4	4.90	5.34	10
인문	*아동학과*	5	8	82	10.3	3.70	4.17	4	7	82	11.7	4.19	4.62	9						
인문	*중국학전공**	4	7	60	8.6	3.89	4.21	5	6	32	5.3	4.80	4.95	2	13	61	4.7	4.39	4.87	12
인문	*행정정보학과*	6	8	53	6.6	3.97	4.24	7	8	98	12.3	4.14	4.48	4	13	75	5.8	4.84	5.40	13
자연	에너지공학부*	8							18	99	5.5	4.75	5.55	10	32	104	3.3	5.38	6.54	23
자연	스마트건설·환경공학과	12							21	147	7.0	5.07	5.66	12	28	102	3.6	5.66	6.70	24
자연	공학자율학부	48																		
자연	IT기계공학과	5																		
자연	반도체융합공학과	5																		
자연	간호학과	17	19	291	15.3	2.29	2.76	8	27	442	16.4	2.53	2.95	8	19	107	5.6	2.91	3.64	7
자연	의생명과학과	6	4	41	10.3	3.16	3.43		4	52	13.0	3.85	4.44		7	57	8.1	4.78	5.38	20
자연	식품영양학과*	5	6	73	12.2	3.19	3.45	2	6	98	16.3	3.92	4.23	5	12	80	6.7	4.63	5.26	16
자연	컴퓨터공학전공*	8	7	71	10.1	3.33	3.71	3	7	94	13.4	3.55	4.08	5	10	134	13.4	3.94	4.32	5
자연	AI빅데이터전공	6	7	57	8.1	3.57	3.80	1	8	152	19.0	3.91	4.79	3	10	53	5.3	5.19	6.25	14
자연	*건축공학과**	8	15	97	6.5	3.86	4.35	11	15	117	7.8	4.10	4.82	7	15	81	5.4	4.87	5.62	22
자연	스마트융합보안학과	10	7	83	11.9	3.89	4.39	10	7	45	6.4	5.09	5.93	7						
자연	스마트모빌리티전공	10	7	48	6.9	3.99	4.24	3	7	43	6.1	4.80	5.20	3	20	118	5.9	4.95	5.37	21
자연	데이터경영산업공학과*	5	6	64	10.7	4.30	4.68	1	6	59	9.8	5.30	5.57	6	12	41	3.4	5.67	6.37	2

■ (학생부교과) 학교장추천

전형	모집인원	전형 방법	수능최저학력기준
학교장추천	214	학생부교과100%	X

1. **지원자격**: 국내 고등학교 졸업자 및 2024년 2월 졸업 예정자로 소속(졸업) 고등학교장의 추천을 받은 자 ※ 추천 인원 제한 없음
2. **제출서류**: 학교생활기록부, 학교장 추천 명단

◎ 전형요소
● 학생부: 학생부우수자전형 참고

◎ 전형결과
■ 전체

학년도	전체						인문						자연					
	모집인원	지원인원	경쟁률	등록평균	등록90%	충원율	모집인원	지원인원	경쟁률	등록평균	등록90%	충원율	모집인원	지원인원	경쟁률	등록평균	등록90%	충원율
2022	56	348	6.21	4.63		163%	28	192	6.86	4.50		147%	28	156	5.57	4.76		179%
2023	184	1,867	10.15	3.80	4.15	214%	67	853	12.73	3.54	3.84	227%	117	1,014	8.67	4.06	4.45	201%
2024	184	1,202	6.53	3.18	3.52	185%	77	478	6.21	3.10	3.47	240%	107	724	6.77	3.25	3.57	129%
2025	214						91						123					

■ 변경사항 & 핵심포인트

[2025]

변경사항	2024	2025
모집인원	184명	214명(+30명)
(학생부) 석차등급 평균 등급점수표 변경	21단계	30단계

- 2024에 반영교과목이 반영교과(국영수사과)의 일반선택과목 중 15과목->일반선택과목과 진로선택과목(최대 3과목) 중 15과목으로 변경됨에 따라 합격자 성적이 크게 상승함.
  · 15과목 중 진로선택과목을 최대 3과목까지 반영할 수 있고, 성취도A는 1등급, 성취도B는 2등급으로 환산하므로, 등록자 90%가 5등급 수준을 형성하고, 중위권 학생들은 성취도B를 받는다면 2등급으로 환산되기 때문
➡ 합격자 성적분포: 인문계열은 3등급 초반 ~ 3등급 중반, 자연계열은 3등급 초반 ~ 3등급 중반.

[2024]

변경사항	2023	2024
(학생부) 진로선택과목 반영	국어, 영어, 수학, 사회, 과학교과의 일반선택과목 중 상위 15과목 (진로선택과목 미반영)	국어, 영어, 수학, 사회, 과학교과의 일반선택과목과 진로선택과목(최대 3과목) 중 상위 15과목 ※ 성취도 환산등급: A=1등급, B=2등급, C=4등급

■ 모집단위

'*' 표시 : 교직 이수 가능

계열	모집단위	2025	2024						2023						2022					
		모집인원	모집인원	지원인원	경쟁률	등록평균	등록90%	충원번호	모집인원	지원인원	경쟁률	등록평균	등록90%	충원번호	모집인원	지원인원	경쟁률	등록평균	등록90%	충원번호
인문	자율전공학부	15																		
인문	경영학과	6	5	37	7.4	2.53	2.80	12	5	86	17.2	3.14	3.41	9	2	11	5.5	4.25		
인문	보건경영학과	7	5	61	12.2	2.55	3.03	14	5	50	10.0	3.94	4.17	11						
인문	문예콘텐츠창작학과	4	5	39	7.8	2.58	2.98	20	5	38	7.6	3.64	3.99	9						
인문	미디어커뮤니케이션학과	6	6	66	11.0	2.78	2.96	16	5	65	13.0	3.64	3.74	19	2	21	10.5	3.85		1
인문	역사·문화콘텐츠학과	3	5	30	6.0	2.90	3.11	8	4	39	9.8	3.60	3.89	13	2	17	8.5	4.54		4
인문	문헌정보학과*	5	5	19	3.8	2.90	3.25	7	4	71	17.8	2.94	3.29	5	2	11	5.5	4.54		1
인문	국제통상학과	5	5	31	6.2	3.03	3.80	12	4	38	9.5	3.79	4.28	12	2	9	4.5	4.65		
인문	국제지역학전공*	5	6	37	6.2	3.20	3.29	14	4	41	10.3	4.11	4.43	14						
인문	공공인재법학과	5	5	19	3.8	3.23	3.71	10	4	64	16.0	3.75	3.83	9	2	10	5.0	5.02		2
인문	사회복지학과	6	5	32	6.4	3.23	3.70	16	5	123	24.6	3.00	3.50	12						
인문	영어영문학과	3	5	16	3.2	3.42	3.58	6	2	31	15.5	2.99	3.31	3	3	17	5.7	4.88		8
인문	아동학과	5	4	23	5.8	3.47	3.62	12	5	74	14.8	3.42	3.61	15						
인문	글로벌경제학과	5	5	20	4.0	3.51	3.86	12	5	47	9.4	3.49	3.92	4	2	8	4.0	4.62		5
인문	중국학전공*	5	6	21	3.5	3.53	4.08	6	6	32	5.3	3.77	4.09	10	2	9	4.5	4.63		1
인문	행정정보학과	6	5	27	5.4	3.63	4.21	20	4	54	13.5	3.86	4.08	7	2	14	7.0			4
자연	에너지공학부*	8							20	129	6.5	4.34	4.69	23	3	10	3.3	5.78		7
자연	반도체융합공학과	5																		
자연	공학자율학부	40																		
자연	IT기계공학과	4																		
자연	스마트건설·환경공학과	10							20	87	4.4	4.51	5.21	38	4	22	5.5	4.89		3

계열	모집단위	2025 모집인원	2024 모집인원	지원인원	경쟁률	등록평균	등록90%	충원번호	2023 모집인원	지원인원	경쟁률	등록평균	등록90%	충원번호	2022 모집인원	지원인원	경쟁률	등록평균	등록90%	충원번호
자연	간호학과	2	2	26	13.0	1.61	1.63	4	7	51	7.3	2.09	2.48	8	2	16	8.0	1.99		
자연	컴퓨터공학전공*	7	8	62	7.8	2.55	2.99	8	10	190	19.0	3.18	3.58	28	3	25	8.3	4.40		7
자연	*건축공학과*	*6*	*15*	61	4.1	2.83	3.37	6	10	133	13.3	3.59	4.18	23	3	15	5.0	5.35		8
자연	AI빅데이터전공	6	5	35	7.0	2.91	3.14	3	5	42	8.4	3.96	4.16	6						
자연	스마트융합보안학과	8	5	38	7.6	3.00	3.29	6	5	30	6.0	4.22	4.54	7						
자연	의생명과학전공	6	4	53	13.3	3.01	3.16	2	4	29	7.3	4.38	4.50	15						
자연	식품영양학과*	4	5	27	5.4	3.40	3.79	10	4	97	24.3	3.34	3.49	2	2	16	8.0	5.13		12
자연	데이터경영산업공학과*	5	6	100	16.7	3.58	3.73	5	6	41	6.8	5.23	5.80	31	2	8	4.0	5.23		1
자연	스마트모빌리티전공	12	8	50	6.3	3.91	4.29	21	7	30	4.3	4.60	4.99	11	2	12	6.0	4.20		

■ (학생부종합) 원원대진

전형	모집인원	전형 방법	수능최저학력기준
원원대진	328	1단계)서류100%(3배수) 2단계)서류70%+ 면접30%	X

1. **지원자격**: 국내 고등학교 졸업자 및 2024년 2월 졸업예정자(검정고시 출신자 지원 가능)
2. **제출서류**: 학교생활기록부

◎ 전형요소
● 서류(1,000점)
　1. **평가방법**: 입학사정관이 참여하여 학생부(교과/비교과)를 종합적으로 평가함
　2. **평가항목 및 평가등급**: 각 평가항목별 최저점을 제외한 7단계로 평가함(A등급~G등급)

구분	등급	A 100%	B 95%	C 88%	D 79%	E 66%	F 53%	G 40%	H 0%
기초학습능력	400	400	380	352	316	264	212	160	0
성장잠재력	300	300	285	264	237	198	159	120	0
인성	300	300	285	264	237	198	159	120	0
합계	1,000	1,000	950	880	790	660	530	400	0

☞ 보충설명

- 기초학습능력(40%)이 가장 중요함. 출결, 봉사활동 등 성실성도 중요함. 지원자는 동아리가 3년 동안 일정하지 않는 경우가 많음.
- 전공적합성은 성장잠재력에서 평가. 전공적합성은 계열로 봄.
- 세특이 한 가지 내용을 잘 썼나, 여러 가지 내용을 잘 썼나. 두 개를 다 봄.

● 면접(300점)
　1. **면접방법**: 2인 이상의 면접위원이 수험생 개인별로 10분 내외 블라인드 면접. 지원자의 학교생활기록부 내용을 바탕으로 면접 진행
　2. **평가항목**:

평가항목	A 100%	B 95%	C 88%	D 79%	E 66%	F 53%	G 40%	H 0%
학업역량	90	85.5	79.2	71.1	59.4	47.7	36	0
잠재역량	90	85.5	79.2	71.1	59.4	47.7	36	0
인성	120	114	105.6	94.8	79.2	63.6	48	0
합계	300	285	264	237	198	159	120	0

　3. **평가등급**: 각 평가항목별 8단계로 평가함(A등급~H등급)
　4. **공통질문**:

① 우리 학과에 지원한 동기가 무엇인가요?
※ 공통 질문 외의 질문은 학교생활기록부를 바탕으로 질문합니다.

☞ 보충설명

- 면접의 기본점수가 없어 영향력이 큼. 평가영역 중 인성이 가장 중요함. 4~5등급 학생들이 주를 이룸.

◎ 전형결과

■ 전체

학년도	전체						인문						자연					
	모집인원	지원인원	경쟁률	등록평균	등록90%	충원율	모집인원	지원인원	경쟁률	등록평균	등록90%	충원율	모집인원	지원인원	경쟁률	등록평균	등록90%	충원율
2022	363	1,835	5.06	5.50	5.52	96%	150	873	5.82	4.82	5.35	115%	213	962	4.52	5.17	5.69	77%
2023	345	1,288	3.73	5.30	5.94	81%	166	690	4.16	5.14	5.67	96%	179	598	3.34	5.46	6.21	66%
2024	350	1,798	5.14	5.36	5.91	77%	164	890	5.43	5.16	5.67	84%	186	908	4.88	5.56	6.14	70%
2025	328						158						170					

■ 변경사항 & 핵심포인트

[2025]

변경사항	2024	2025
모집인원	350명	328명(-22명)
1단계 선발배수 확대	4배수	3배수

▶ 합격자 성적분포: 인문계열은 5등급 초반 ~ 5등급 중반, 자연계열은 4등급 후반 ~ 5등급 중반.

■ 모집단위

'*' 표시 : 교직 이수 가능

계열	모집단위	2025	2024						2023						2022					
		모집인원	모집인원	지원인원	경쟁률	등록평균	등록90%	충원번호	모집인원	지원인원	경쟁률	등록평균	등록90%	충원번호	모집인원	지원인원	경쟁률	등록평균	등록90%	충원번호
인문	자율전공학부	8																		
인문	미디어커뮤니케이션학과	12	12	106	8.8	4.52	4.81	4	15	75	5.0	4.61	5.02	8	12	104	8.7	4.30	4.84	11
인문	문헌정보학과*	10	10	60	6.0	4.58	5.27	10	10	31	3.1	5.11	5.64	7	10	47	4.7	4.14	4.55	9
인문	아동심리교육전공	8	8	58	7.3	4.79	5.55	11	7	38	5.4	4.90	5.26	9						
인문	사회복지학전공	10	10	107	10.7	4.86	5.34	19	8	67	8.4	4.82	5.85	11						
인문	경영학과	12	15	101	6.7	5.00	5.47	19	15	82	5.5	5.15	5.59	21	10	61	6.1	4.86	5.37	12
인문	공공인재법학과	12	12	42	3.5	5.19	5.45	8	12	33	2.8	5.44	5.95	9	11	47	4.3	4.78	5.68	24
인문	문예콘텐츠창작학과	10	10	59	5.9	5.23	5.84	6	10	79	7.9	4.53	5.15	13	10	73	7.3	4.90	5.59	17
인문	역사·문화콘텐츠학과	10	10	46	4.6	5.24	5.75	5	10	39	3.9	5.15	5.49	8	10	66	6.6	4.64	5.16	21
인문	국제지역학전공*	10	10	37	3.7	5.24	5.76	3	9	31	3.4	4.80	5.35	5	8	55	6.9	4.48	4.83	8
인문	보건경영학과	7	8	49	6.1	5.38	5.89	13	8	28	3.5	5.43	6.25	11						
인문	행정정보학과	12	12	42	3.5	5.39	5.84	14	12	37	3.1	5.45	5.81	12	11	35	3.2	5.29	5.70	6
인문	글로벌경제학과	12	15	55	6.7	5.41	5.85	4	15	52	3.5	5.37	5.68	14	10	41	4.1	5.33	5.77	8
인문	국제통상학과	10	10	60	6.0	5.45	5.83	3	13	42	3.2	5.67	6.28	17	10	55	5.5	5.34	5.77	11
인문	영어영문학과	5	10	29	2.9	5.54	5.90	7	8	29	3.6	5.10	5.46	5	10	43	4.3	4.92	5.58	12
인문	중국학전공*	10	12	39	3.3	5.57	6.57	12	14	27	1.9	5.56	6.26	10	10	45	4.5	4.72	5.32	4
자연	에너지공학부	10							15	34	2.3	5.97	6.56	5	30	59	2.0	5.78	6.62	13
자연	반도체융합공학과	8																		
자연	스마트건설·환경공학과	10							15	39	2.6	6.40	7.01	5	30	63	2.1	5.87	7.08	20
자연	공학자율학부	15																		
자연	IT기계공학과	8																		
자연	간호학과	30	28	217	7.8	3.42	3.76	12	15	119	7.9	3.29	3.59	10	28	276	9.9	3.15	3.47	17
자연	식품영양학과*	10	10	89	8.9	4.51	5.17	8	10	49	4.9	5.39	6.21	13	10	59	5.9	4.73	5.09	16
자연	의생명과학과	15	8	39	4.9	4.86	5.36	5	8	22	2.8	4.96	5.38	4	8	37	4.6	4.40	4.95	6
자연	컴퓨터공학전공*	15	15	91	6.1	4.88	5.41	22	15	73	4.9	4.39	5.37	13	12	138	11.5	4.28	4.85	14
자연	AI빅데이터전공	14	14	55	3.9	5.17	5.63	9	14	46	3.3	5.19	5.78	9	12	43	3.6	5.29	5.71	9
자연	건축공학과	8	13	80	6.2	5.22	6.16	10	15	48	3.2	5.55	6.39	9	15	63	4.2	5.02	5.43	9
자연	스마트융합보안학과	10	7	27	3.9	5.83	6.22	7	8	23	2.9	5.62	6.50	8						
자연	스마트모빌리티전공	12	12	45	3.8	6.05	6.70	5	10	26	2.6	6.12	6.89	5	10	48	4.8	5.74	6.14	10
자연	데이터경영산업공학과*	5	8	24	3.0	6.28	6.81	5	9	26	2.9	5.80	6.44	5	8	21	2.6	6.11	6.45	6

I. 한 눈에 보는 전형

모집시기	전형유형	전형	모집인원	전형 방법	수능최저학력기준
수시	교과	학생부100%	99	학생부교과100%	○
수시	교과	고교추천	141	학생부교과100% ※ 고교 추천: 제한 없음	X
수시	교과	기회균형 I -사회통합	24	학생부교과100%	X
수시	종합	덕성인재 I (서류형)	92	서류100%	X
수시	종합	덕성인재 II (면접형)	194	1단계)서류100%(4배수/약대:3배수) 2단계)서류60%+ 면접40%	X
수시	종합	기회균형 II -사회통합	20	서류100%	X
수시	종합	특성화고교	11	서류100%	X
수시	종합	농어촌학생	35	서류100%	X
수시	종합	기초생활수급자	17	서류100%	X
수시	종합	장애인등 대상자	5	1단계)서류100%(4배수) 2단계)서류60%+ 면접40%	X
수시	종합	특성화고졸재직자	62	서류100%	X
수시	논술	논술전형	100	논술100%	○
수시	실기/실적	미술실기	56	실기100%	X

(수시모집)지원 가능 횟수	수시모집의 모든 전형 간에 복수지원이 가능하며, 동일 전형 내에서는 1개의 모집단위에만 지원할 수 있습니다.

■ 무전공(전공자율선택)

유형① [대학 내 모든 전공(보건의료, 사범 등 제외) 자율 선택]		유형② [계열/단과대 모집 후 모집단위 내 전공 자율 선택]	
모집단위	인원	모집단위	인원
자유전공학부	259		

■ **자유전공학부** : 자유전공학부는 전공 선택의 완전 자율성을 부여하는 학부로서, 유아교육과, 약학과, Art & Design대학, 미래인재대학을 제외한 모든 전공을 자유롭게 선택할 수 있는 것이 가장 큰 특징입니다. 1학년 동안 다양한 전공 탐색 기회를 가지고 2학년 진학 시 본인이 원하는 전공을 선택하게 됩니다.

■ 학교폭력 조치사항

전형	전형총점	감점								
		1호	2호	3호	4호	5호	6호	7호	8호	9호
학생부종합	1,000	감점 여부 심의		50 ~ 100		200	300	결격	결격	결격

·- 원서접수 시 학생부종합전형 지원자는 학교폭력 조치사항과 관련한 소명 내용을 제출 / 지원자 또는 소속학교 관계자를 통해 확인을 요청할 수 있음 / 복수의 학교폭력 조치사항이 발생한 경우 누적 적용함 / 2호 이내의 기록은 입학사정관이 검증하여 입학사정관위원회 보고하여 감점 여부 심의 / 3호의 경우 입학사정관 위원회를 통하여 심의 / ·면접평가 시 학교폭력 가해자 조치사항에 대해 정성평가 반영
※ 학교장 추천 시, '학교폭력 기록이 있는 자' 추천 불가

■ 전형결과
※ 성적 산출기준: (수시) 교과 석차등급, (정시) 수능 백분위

모집시기	전형유형	전형	학년도	모집인원	지원인원	경쟁률	등록자 평균	등록자 70%컷	충원율
수시	교과	학생부100%	2024	165	1,136	6.88	**2.36**	2.37	131%
수시	교과	고교추천	2024	134	1,046	7.81	**2.89**	2.77	312%
수시	종합	덕성인재 I (서류형)	2024	96	1,261	13.14	**2.68**	2.67	144%
수시	종합	덕성인재 II (면접형)	2024	142	2,300	16.20	**3.31**	3.43	90%
수시	논술	논술전형	2024	100	4,894	48.94	**4.91**	5.21	39%

■ (주요전형) 전형일정

유형	전형	원서접수 마감	대학별 고사(면접/논술)	1단계 합격자	최종 합격자
교과	학생부100%	9.13(금) 18:00			12.13(금)
교과	고교추천	9.13(금) 18:00 학교장추천: 9.25(수) 18:00			12.13(금)
종합	덕성인재 I	9.13(금) 18:00			12.13(금)

유형	전형	원서접수 마감	대학별 고사(면접/논술)	1단계 합격자	최종 합격자
종합	덕성인재Ⅱ	9.13(금) 18:00	-11.16(토) 자유전공학부, 유아교육과, AI신약학과 -11.17(일) 글로벌융합대학(인문.사회), 과학기술대학, 약학과, 가상현실융합학과, 데이터사이언스학과	11.11(월)	12.13(금)
논술	논술전형	9.13(금) 18:00	11.24(일) 글로벌융합대학[인문.사회/유아교육과]/과학기술대학]		12.13(금)

■ 모집단위

대학	전공
글로벌융합대학	국어국문학전공★, 일어일문학전공★, 중어중문학전공★, 영어영문학전공★, 불어불문학전공★, 독어독문학전공★, 스페인어전공★, 사학전공, 철학전공, 미술사학전공, 문화인류학전공, 경영학전공★, 회계학전공, 국제통상학전공, 법학전공, 사회학전공, 문헌정보학전공★, 심리학전공★, 아동가족학전공, 사회복지학전공, 정치외교학전공, 의상디자인전공★
	유아교육과☆
과학기술대학	디지털소프트웨어공학부※, 바이오공학전공, 수학전공★, 정보통계학전공, 화학전공★, 식품영양학전공★, 생활체육학전공
약학대학	약학과
Art&Design대학	동양화전공★, 서양화전공★, 실내디자인전공, 시각디자인전공, 텍스타일디자인전공

☆표는 사범계학과입니다. ★표는 현재 교직과정 개설전공입니다.
※ 디지털소프트웨어공학부 교직과정 이수 관련 최종사항은 원서접수 시 입학처 홈페이지 공지사항을 반드시 확인하시기 바랍니다.

디지털소프트웨어공학부
- IT 최신 트렌드와 산업체 수요를 반영한 다양한 트랙이 개설되어 있으며, 하나 이상의 트랙 선택이 가능한 학부입니다. - 총 7가지 트랙(※ 트랙명 등 세부사항은 학교 사정에 따라 추후 변경될 수 있습니다) • 빅데이터 트랙 / • 웹&앱 트랙 / • 인공지능 트랙 / • 사물인터넷 트랙 / • 사이버보안 트랙 / • 실감형미디어 트랙 / • 게임 트랙

Ⅱ. (수시모집) 주요 전형

■ (학생부교과) 학생부100%

전형	모집인원	전형 방법	수능최저학력기준
학생부100%	99	학생부교과100%	○

1. **지원자격**: 2017년 2월 이후 국내 고교 졸업 또는 2024년 2월 국내 고교 졸업 예정인 여자로서 국내 고등학교 교육과정 3개 학기 이상 성적 취득자 ※ 석차등급을 산출할 수 없는 경우 지원 불가
2. **수능최저학력기준**:

[국어, 수학, 영어, 사/과탐(1과목)] 중 2개 영역 등급 합 7 이내 ▶ 약학과: [국어, 수학(미적분/기하), 영어, 과탐(1과목)] 중 수학 포함 3개 영역 등급 합 6 이내

◎ 전형요소
● 학생부

반영요소 반영비율	반영교과목		교과성적 산출지표	학년별 반영비율
	구분	반영방법		
교과100%	공통 및 일반선택 90%	국어, 영어, 수학, 사회/과학 교과 중 상위 3개 교과의 각 상위 4개 과목(총 12과목) ※ 각 상위 4개 과목은 총 12단위 이상 이수 ※ 반영 학기: (교과) 졸업 예정자 및 졸업자 모두 3학년 1학기까지	석차등급	학년 구분 없음
	진로선택 10%	국어, 영어, 수학, 사회, 과학 교과 중 상위 3과목 ※ 성취도 등급점수 = A : 100, B : 99, C : 97	성취도	

구분		1등급	2등급	3등급	4등급	5등급	6등급	7등급	8등급	9등급
점수	100점	100	99	98	97	96	92	86	80	0
등급 간 점수 차이	100점	0	1	1	1	1	4	6	6	80
	90점	0	0.9	0.9	0.9	0.9	3.6	5.4	5.4	72

◎ 전형결과
■ 전체

학년도	전체						인문						자연					
	모집인원	지원인원	경쟁률	등록평균	등록70%컷	충원율	모집인원	지원인원	경쟁률	등록평균	등록70%컷	충원율	모집인원	지원인원	경쟁률	등록평균	등록70%컷	충원율
2022	155	2,378	15.34	1.68	1.76	229%	93	1,093	11.75	1.81	1.92	273%	62	1,285	20.73	1.55	1.59	185%
2023	155	1,130	7.29	2.01	2.05	142%	93	644	6.92	2.32	2.34	174%	62	486	7.84	1.69	1.75	110%
2024	165	1,136	6.88	2.36	2.37	131%	83	491	5.92	2.56	2.52	170%	82	645	7.87	2.16	2.21	91%
2025	99						40						59					

■ 변경사항 & 핵심포인트
[2025]

변경사항	2024	2025
모집인원	165명	99명(-66명)
(학생부) 진로선택과목 반영과목 변경	반영 3개교과 중 성취도 등급 상위 3과목	국어, 영어, 수학, 사회, 과학교과 중 상위 3과목

➡ 합격자 성적분포: 인문계열은 2등급 초반 ~ 2등급 중반, 자연계열은 1등급 초반 ~ 2등급 초반.
※ 합격자 성적이 4개 교과 중 상위 3개 교과별 상위 4과목(총 12과목) 반영하므로 높게 보임을 감안하여 지원 바람.

[2024]

변경사항		2023	2024
(약학과) 수능최저 변경		[국, 수(미적분/기하), 영, 과(2과목 평균, 소수점 절사)] 중 수학 포함 3개 영역 등급 합 6	[국, 수(미적분/기하), 영, 과(1과목)] 중 수학 포함 3개 영역 등급 합 6
(학생부) 진로선택과목 반영	공통 및 일반선택과목	100%	90%
	진로선택과목	-	10%(반영교과 중 성취도 등급 상위 3과목) ※ 성취도 등급점수: A=100, B=99, C=97

■ 모집단위
'*' 표시 : 교직 이수 가능

계열	모집단위	2025	2024						2023						2022					
		모집인원	모집인원	지원인원	경쟁률	등록평균	등록70%컷	충원번호	모집인원	지원인원	경쟁률	등록평균	등록70%컷	충원번호	모집인원	지원인원	경쟁률	등록평균	등록70%컷	충원번호
인문	글로벌융합대학	35	77	449	5.8	2.35	2.48	122	86	602	7.0	2.25	2.41	142	86	975	11.3	2.03	2.20	230
인문	유아교육과*	5	6	42	7.0	2.76	2.55	19	7	42	6.0	2.38	2.27	20	7	118	16.9	1.59	1.63	24
자연	AI신약학과	7																		
자연	약학과	25	25	246	9.8	1.00	1.00	13	15	201	13.4	1.00	1.00	14	15	527	35.1	1.00	1.00	14
자연	과학기술대학	13	33	259	7.9	2.18	2.37	49	47	285	6.1	2.37	2.50	54	47	758	16.1	2.09	2.18	101
자연	데이터사이언스학과	7	12	67	5.6	2.64	2.70	5												
자연	가상현실융합학과	7	12	73	6.1	2.81	2.77	8												

■ (학생부교과) 고교추천

전형	모집인원	전형 방법	수능최저학력기준
고교추천	141	학생부교과100%	X

1. **지원자격**: 2017년 2월 이후 국내 고교 졸업 또는 2024년 2월 국내 고교 졸업 예정인 여자로서 국내 고등학교 교육과정 <u>5개 학기 이상 성적</u> 취득자 중 학교장의 추천을 받은 자(<u>고교별 추천 인원 제한 없음</u>)
   ※ 석차등급을 산출할 수 없는 경우 지원 불가   ※ 국어, 영어, 수학, 사회/과학 총 80단위 이상 이수자에 한함
   ※ <u>학교장 추천 시, '학교폭력 기록이 있는 자' 추천 불가</u>
2. **제출서류**: 학교생활기록부, <u>추천자 명단</u>

◎ 전형요소
● 학생부

반영요소 반영비율	반영교과목		교과성적 산출지표	학년별 반영비율
	구분	반영방법		
교과100%	공통 및 일반선택 90%	국어, 영어, 수학, 사회/과학교과에 속한 전 과목 ※ 반영 학기: (교과) 졸업 예정자 및 졸업자 모두 3학년 1학기까지	석차등급	학년 구분 없음
	진로선택 10%	국어, 영어, 수학, 사회, 과학 교과 중 상위 3과목 ※ 성취도 등급점수 = A : 100, B : 99, C : 97	성취도	

반영요소 반영비율	구분	반영교과목 반영방법								교과성적 산출지표	학년별 반영비율

구분		1등급	2등급	3등급	4등급	5등급	6등급	7등급	8등급	9등급
점수	100점	100	99	98	97	96	92	86	80	0
등급 간 점수 차이	100점	0	1	1	1	1	4	6	6	80
	90점	0	0.9	0.9	0.9	0.9	3.6	5.4	5.4	72

■ [전형 비교] 학생부100%와 고교추천

구분	학생부100%	고교추천
전형유형	학생부교과	학생부교과
전형방법	학생부교과100%	학생부교과100%
모집인원	99명	141명
추천 여부	X	○ (제한 없음)
학생부 반영교과목	국어, 영어, 수학, 사회/과학 교과 중 상위 3개 교과의 각 상위 4개 과목 반영	국어, 영어, 수학, 사회/과학교과에 속한 전 과목
수능최저학력기준	○	X

- 공통점: 모두 면접고사 없이 학생부100%로 선발
- 차이점: 수능최저 유무과 학생부 반영교과목 범위임.
  - 수능최저학력기준: 학생부100%전형은 있는 반면, 고교추천은 없음
  - 학생부 반영교과목: 학생부100%전형은 3개 교과별 2과목(총 12과목) 반영하는 반면, 고교추천은 4개 교과의 전과목을 반영함.
- 전형결과:

전형유형	전형	학년도	모집인원	지원인원	경쟁률	등록자 평균	등록자 70%컷	충원율
학생부교과	학생부100%	2024	165	1,136	6.88	2.36	2.37	131%
학생부교과	고교추천	2024	134	1,046	7.81	2.89	2.77	312%

◎ 전형결과
■ 전체

학년도	전체						인문						자연					
	모집 인원	지원 인원	경쟁 률	등록 평균	등록 70%컷	충원 율	모집 인원	지원 인원	경쟁 률	등록 평균	등록 70%컷	충원 율	모집 인원	지원 인원	경쟁 률	등록 평균	등록 70%컷	충원 율
2022	120	568	4.73	2.92	3.09	184%	81	365	4.51	2.86	3.01	167%	39	203	5.21	2.98	3.16	200%
2023	120	1,429	11.91	2.59	2.66	320%	81	1,042	12.86	2.50	2.53	360%	39	387	9.92	2.68	2.79	279%
2024	134	1,046	7.81	2.89	2.77	312%	85	705	8.29	2.78	2.92	354%	49	341	6.96	2.99	2.62	269%
2025	141						41						100					

■ 변경사항 & 핵심포인트

[2025]

변경사항	2024	2025
모집인원	134명	141명(+7명)
(학생부) 진로선택과목 반영과목 변경	반영 3개교과 중 성취도 등급 상위 3과목	국어, 영어, 수학, 사회, 과학교과 중 상위 3과목
학교폭력 조치사항	–	학교장 추천 시, '학교폭력 기록이 있는 자' 추천 불가

▶ 합격자 성적분포: 인문계열은 2등급 후반 ~ 3등급 후반, 자연계열은 2등급 후반 ~ 3등급 초반.

[2024]

변경사항		2023	2024
(학생부) 진로선택과목 반영	공통 및 일반선택과목	100%	90%
	진로선택과목	–	10%(반영교과 중 성취도 등급 상위 3과목) ※ 성취도 등급점수: A=100, B=99, C=97

■ 모집단위

'*' 표시 : 교직 이수 가능

계열	모집단위	2025	2024						2023						2022					
		모집 인원	모집 인원	지원 인원	경쟁 률	등록 평균	등록 70%컷	충원 번호	모집 인원	지원 인원	경쟁 률	등록 평균	등록 70%컷	충원 번호	모집 인원	지원 인원	경쟁 률	등록 평균	등록 70%컷	충원 번호
인문	글로벌융합대학	35	79	680	8.6	2.60	2.75	288	77	994	12.9	2.82	2.96	278	77	339	4.4	3.11	3.37	122
인문	유아교육과*	6	6	25	4.2	2.95	3.09	13	4	48	12.0	2.17	2.10	14	4	26	6.5	2.60	2.65	13
자연	자유전공학부	88																		
자연	과학기술대학	12	43	306	7.1	2.46	2.62	127	39	387	9.9	2.68	2.79	109	39	203	5.2	2.98	3.16	78

■ (학생부종합) 덕성인재 I

전형	모집인원	전형 방법	수능최저학력기준
덕성인재 I	92	서류100%	X

1. **지원자격**: 고등학교 졸업(예정)자 및 법령에 의하여 고등학교 졸업 동등 이상의 학력이 인정된 여자
2. **제출서류**: 학교생활기록부

◎ 전형요소
● 서류:
  1. **평가방법**: 학교생활기록부 교과, 비교과 활동을 지원자 1인당 평가자 3인(약학대학의 경우 2인)이 종합적으로 정성평가
  2. **평가항목 및 세부 내용**:

평가역량	세부 평가항목	반영 비율	평가내용 및 척도 예시
발전역량	자기 주도성	30	■ 스스로 목표를 설정하고 실행하는 역량 및 논리적인 사고로 문제를 해결하는 능력 • 교과에서 배운 지식을 확장하기 위해 다양한 자료(도서, 논문, 보도 자료 등)를 수집하여 활용한 경험이 있는가? • 학업과 관련된 새로운 지식의 습득을 위해 스스로 탐구하여 발견해 본 경험이 있는가? • 여러 가지 지식과 정보를 융합하여 자신만의 사고를 할 수 있는가? • 비교과영역을 포함하여 사회 전반에 폭넓은 관심을 보였는
학업역량	기초학습 역량	20	■ 대학에서 학업을 수행하기 위한 기초적인 수학능력 • 성취도 평가 시 교과유형(공통/일반/진로선택)에 따른 원점수, 평균 점수 등을 고려하여 우수하다고 판단하는가? • 특정 교과에 치우치지 않는 균형 있는 학습 성과가 보이는가? • 기본적인 교과수업에서 학습 태도, 성실성, 참여도를 충분히 보여주었는가? • 주요 교과별 기본지식을 정확하게 이해하고 활용할 수 있
	학업성취 역량	25	■ ·교과 학습활동을 통해 드러나는 학업과 관련한 의지 및 성장 • 교육과정 속에서 진로(계열)탐색과 관련된 교과를 충분히 이수하고 있는가? • 진로(계열)탐색과 관련된 교과 학습내용을 이해하고 해당 과목에서 우수한 성취기준을 달성하였는가? • 자신의 관심분야 및 흥미와 관련하여 다양한 학교 활동(실습, 발표, 동아리 등)에 참여하였는가? • (특성화고교) 실무과목관련 학업활동을 통하여 산업 전문성을 키워나가는가? • 진로 탐색 과정을 통해 의미 있고 행복한 삶을
덕성역량	협업 및 소통능력	15	■ 공동체의 목표를 위해 타인의 의견을 경청하고 공감하며 자신의 생각을 효과적으로 전달하는 역량 • 공동체 생활 속에서 타인의 의견을 수용하고, 구성원들 간의 원활한 의사소통을 이끈 경험이 있는가? • 구성원들과 협력을 통해 공동의 과제를 수행하고 완성한 경험이 있는가? • 구성원들이 상호작용할 수 있도록 노력한 경험이 있는가? • 다양한 가치를 포용하고 존중하는 노력과 행동을 보이는가
	성실성	10	■ 기본 윤리와 원칙에 따라 행동하고 책임감을 바탕으로 자신의 의무를 다하는 태도와 행동 • 특별한 사유 없이 수업을 빠지거나 조퇴한 경우가 있는가? • 학교, 생활에서 기본 규칙을 잘 지키고, 공동체의 기본 윤리와 원칙을 준수하려고 노력하는가? • 학급(또는 동아리)에서 자신에게 주어진 역할을 성실하게 수행하였는가? • 공동체 생활 속에서 자신이 맡은 일에 대해 책임감을 느끼고 수행하는 자세가 내면화되어 있는가

3. 서류평가 점수 평점:

A+	A	A-	B+	B	B-	C+	C	C-
매우 우수 <-- 보통 --> 매우 미흡								

4.모집단위별 학업성취역량 평가방안

모집단위	핵심역량
글로벌융합대학 (인문사회)	• 인문·사회과학 등 전문지식의 이해와 관심 • 말하기·듣기·읽기·쓰기 등을 통한 자기표현능력
글로벌융합대학 (유아교육과)	• 학습자(유아)에 대한 교육학적 관점(철학·심리·발달) • 새로운 교육환경에 대한 이해 • 유아교육과 인재상에 부합하는 인·
과학기술대학	• 관심분야의 지식과 창의·과학적 사고능력(경험적 증거, 수치실험, 증명 등) • 융합사회진보를 위한 기술 및 문화적 변화 이
미래인재대학 (자유전공학부)	• 고교 교육과정 범위에서 기초학습역량을 바탕으로 지식활용능력 발휘 • 학교생활을 통해 집단지성 경험
미래인재대학 (가상현실융합학과)	• 데이터에 대한 수학적 이해 및 해석 능력 • ICT기반의 글로벌 트렌드 이해와 실생활 활용 관심 정도(첨단기술, 융합콘텐츠
미래인재대학 (데이터사이언스학과)	• 데이터에 대한 수학적 이해 및 해석 능력 • 문제를 객관화하는 논리적 사고와 문제해결을 위한 의사소통

모집단위	핵심역량
미래인재대학 (AI신약학과)	• 데이터에 대한 수학적 이해 및 해석 능력 • 과학기술에 대한 수업활동을 바탕으로 바이오 첨단기술
약학대학(약학과)	• 기초과학(생물, 화학, 물리 등)기반 생명과학 관심 • 질병·보건·환경적 이해를 통한 탐

☞ 보충설명
• 학업역량(45%) > 발전역량(30%) > 덕성역량(25%) 순으로 반영. 발전역량(30%)이 중요함.
• 학과 또는 학부로 선발하는 타 대학과는 달리 덕성여대는 인문/자연계열별 통합선발을 하기 때문에 평가역량에서 전공적합성이 없음.
  - 즉 대학에 들어와서 1년 동안 탐색한 후에 2학년 때 전공 선택
  - 전공적합성에 대한 부담이 없고 발전역량(30%)이 가장 중요함.
• 발전역량(30%)은 자기주도성과 자기성장노력을 살펴 봄.
  - 처한 상황에서 얼마나 다양한 상황에서 발전시켜나갔는지. 호기심, 관심사, 교과과정에서 해결해 나가는 것이 중요.
• 학업역량(45%)은 대학에 들어와서 수업을 이수할 수 있는가 중요함
• 덕성역량(25%)은 변별력이 없는 것은 아니지만 크지는 않음.

◎ 전형결과
■ 전체

학년도	전체						인문						자연					
	모집 인원	지원 인원	경쟁 률	등록 평균	등록 70%컷	충원 율	모집 인원	지원 인원	경쟁 률	등록 평균	등록 70%컷	충원 율	모집 인원	지원 인원	경쟁 률	등록 평균	등록 70%컷	충원 율
2022	87	1,312	15.08	2.66	2.56	138%	42	350	8.33	2.96	2.79	124%	45	962	21.38	2.36	2.33	151%
2023	113	1,112	9.8	2.72	2.87	123%	60	488	8.13	3.18	3.40	143%	53	624	11.77	2.26	2.34	102%
2024	96	1,261	13.14	2.68	2.67	144%	56	603	10.77	3.17	3.20	170%	40	658	16.45	2.19	2.13	118%
2025	92						46						46					

■ 변경사항 & 핵심포인트
[2025]

변경사항	2024	2025
모집인원	96명	92명(-4명)
서류평가요소 변경	자기주도성40%, 기초학습역량15%, 학업성취역량25%, 협업및소통능력20%	자기주도성30%, 기초학습역량20%, 학업성취역량25%, 협업및소통능력15%, 성실성10%

▣ 합격자 성적분포: 인문계열은 2등급 중반 ~ 3등급 중반, 자연계열은 1등급 중반 ~ 3등급 중반.

[2024]

변경사항	2023	2024
자기소개서 폐지	자기소개서 제출	자기소개서 미제출
서류평가요소 반영비율 변경	자기주도성30%, 자기성장노력10% 기초학습역량15%, 학업성취역량25% 협업및소통능력10%, 성실성10%	자기주도성40%, 기초학습역량15%, 학업성취역량25% 협업및소통능력20%

■ 모집단위
　'*' 표시 : 교직 이수 가능

계열	모집단위	2025	2024						2023						2022					
		모집 인원	모집 인원	지원 인원	경쟁 률	등록 평균	등록 70%컷	충원 번호	모집 인원	지원 인원	경쟁 률	등록 평균	등록 70%컷	충원 번호	모집 인원	지원 인원	경쟁 률	등록 평균	등록 70%컷	충원 번호
인문	글로벌융합대학	46	56	603	10.8	3.17	3.20	95	57	449	7.9	3.31	3.40	83	40	327	8.2	3.21	3.34	52
자연	자유전공학부	26																		
자연	과학기술대학	20	20	255	12.8	2.97	3.02	34	28	216	7.7	3.22	3.35	36	20	212	10.6	3.17	3.35	44

■ (학생부종합) 덕성인재Ⅱ

전형	모집인원	전형 방법	수능최저학력기준
덕성인재Ⅱ	194	1단계)서류100%(4배수/약대:3배수) 2단계)서류60%+ 면접40%	X

1. 지원자격: 고등학교 졸업(예정)자 및 법령에 의하여 고등학교 졸업 동등 이상의 학력이 인정된 여자
2. 제출서류: 학교생활기록부

◎ 전형요소
※ 인재상: 융합적 사고와 창의적 능력을 가지고 올바른 가치관을 실현할 수 있는 자기주도적 덕성인재
● 서류: 덕성인재Ⅰ 전형 참고

● 면접:
1. **평가방법**: 개별면접(면접평가위원 2인 이상)
2. **면접시간**: 10분 내외
3. **면접유형**: 블라인드 면접 : 지원자의 개인정보(성명, 수험번호, 출신고교명 등) 미제공
4. **평가방법**: 제출서류(학교생활기록부를 기반으로 종합적으로 정성평가
5. **평가항목 및 평가내용**:

평가 항목	반영 비율	정의	척도 예시
서류 신뢰성	50%	제출서류에 기재된 내용의 진실성과 자기소개서에 드러난 생각의 근거와 타당성	• 제출서류에 기반한 지원자의 다면적 활동 및 경험 확인 - 발전역량과 학업역량 평가 근거 및 특이사항에 대한 타당성을 판단할 수 있는가? - 경험에 대한 구체적인 과정과 성취 정도가 확인되는가?
종합적 사고력	30%	여러 교과에서 배운 것과 다양한 활동에서 종합적 의미를 찾는 능력	• 면접과정에서 파악할 수 있는 지원자의 다양한 시각 및 관점 - 긍정적이고 성취지향적인 사고 및 다양한 경험을 통한 사고의 깊이가 느껴지는가? - 기록으로 확인할 수 없었던 개인의 가치관이나 관점을 보다 심층적으로 이해할 수 있는가?
인성	20%	공동체의 일원으로서 필요한 바람직한 사고와 행동	• 제출서류에 기반한 지원자의 협업 및 소통능력, 성실성과 관련된 경험 확인 - 공동체목표 지향성 및 다양한 대상과의 긍정적 상호작용을 기대할 수 있는가? - 자신이 장점을 스스로 잘 이해하고 자기효능감을 판단할 수 있는가?

■ [전형 비교] 덕성인재 I 과 덕성인재 II

구분	덕성인재 I	덕성인재 II
전형유형	학생부종합	학생부종합
전형방법	서류100%	1단계)서류100%(3배수) 2단계)서류60%+ 면접40%
모집인원	92명	194명
수능최저학력기준	X	X
서류 평가요소	학업역량45%, 발전역량30%, 덕성역량25%	학업역량45%, 발전역량30%, 덕성역량25%

• 전형결과:

전형유형	전형	학년도	모집인원	지원인원	경쟁률	등록자 평균	등록자 70%컷	충원율
학생부종합	덕성인재 I	2024	96	1,261	13.14	2.68	2.67	144%
학생부종합	덕성인재 II	2024	142	2,300	16.20	3.31	3.43	90%

◎ 전형결과
■ 전체

학년도	전체						인문						자연					
	모집 인원	지원 인원	경쟁 률	등록 평균	등록 70%컷	충원 율	모집 인원	지원 인원	경쟁 률	등록 평균	등록 70%컷	충원 율	모집 인원	지원 인원	경쟁 률	등록 평균	등록 70%컷	충원 율
2022	123	1,480	12.03	3.32	3.41	130%	86	1,032	12.00	3.24	3.26	127%	37	448	12.11	3.40	3.55	132%
2023	122	1,639	13.43	3.32	3.43	83%	85	1,282	15.08	3.24	3.35	84%	37	357	9.65	3.40	3.51	81%
2024	142	2,300	16.20	3.31	3.43	90%	82	1,508	18.39	3.11	3.19	102%	60	792	13.20	3.51	3.66	78%
2025	194						70						124					

■ 변경사항 & 핵심포인트
[2025]

변경사항	2024	2025
모집인원	142명	194명(+52명)
서류평가요소 변경	자기주도성20%, 자기성장노력20%, 기초학습역량15%, 학업성취역량20%, 협업및소통능력15%, 성실성10%	자기주도성30%, 기초학습역량20%, 학업성취역량25%, 협업및소통능력15%, 성실성10%

➡ 합격자 성적분포: 인문계열은 3등급 초반 ~ 3등급 중반, 자연계열은 3등급 중반 ~ 3등급 후반.

■ 모집단위

'*' 표시 : 교직 이수 가능

계열	모집단위	2025	2024						2023						2022					
		모집 인원	모집 인원	지원 인원	경쟁 률	등록 평균	등록 70%컷	충원 번호	모집 인원	지원 인원	경쟁 률	등록 평균	등록 70%컷	충원 번호	모집 인원	지원 인원	경쟁 률	등록 평균	등록 70%컷	충원 번호
인문	유아교육과*	6	5	85	17.0	2.82	2.84	8	5	83	16.6	2.95	2.98	7	6	117	19.5	2.78	2.79	8
인문	글로벌융합대학	64	77	1,423	18.5	3.40	3.53	76	80	1,199	15.0	3.53	3.71	64	80	915	11.4	3.69	3.73	101
자연	AI신약학과	18																		
자연	약학과	20																		
자연	자유전공학부	30																		
자연	과학기술대학	20	30	567	18.9	3.21	3.40	16	37	357	9.7	3.40	3.51	30	37	448	12.1	3.40	3.55	49

계열	모집단위	2025 모집인원	2024 모집인원	2024 지원인원	2024 경쟁률	2024 등록평균	2024 등록70%컷	2024 충원번호	2023 모집인원	2023 지원인원	2023 경쟁률	2023 등록평균	2023 등록70%컷	2023 충원번호	2022 모집인원	2022 지원인원	2022 경쟁률	2022 등록평균	2022 등록70%컷	2022 충원번호
자연	데이터사이언스학과	18	15	113	7.5	3.56	3.81	22												
자연	가상현실융합학과	18	15	112	7.5	3.76	3.78	9												

■ (논술) 논술전형

전형	모집인원	전형 방법	수능최저학력기준
논술전형	100	논술100%	○

1. **지원자격**: 고등학교 졸업(예정)자 및 법령에 의하여 고등학교 졸업 동등 이상의 학력이 인정된 여자
2. **수능최저학력기준**:

> [국어, 수학, 영어, 사/과탐(1과목)] 중 2개 영역 등급 합 7 이내

◎ 전형요소
● 논술(1,000점)
  1. **고사형태**: 제시된 지문을 읽고 문제가 요구하는 구체적인 답안을 작성
  2. **출제구분**: 글로벌융합대학[인문사회계열], 과학기술대학[자연계열(수리논술)]
  3. **고사시간**: 90분
  4. **출제범위**:
     - 계열 공통 : 교과서에 나온 주제문이나 주제를 최대한 활용하여 고등학교 교과과정 내 출제
     - 수리논술의 경우 공통과목인 수학, 수학Ⅰ, 수학Ⅱ에서 출제(기하 제외)
  5. **문항 수**: 2문항(소문항 최대 3문항)

구분	글로벌융합대학(인문사회계열)	과학기술대학(자연계열-수리논술)
문항 수	2문항(소문항 최대 3문항)	2문항(소문항 최대 3문항)
답안 글자 수	문항당 500자 이내(총 1,000자 이내)	

※ 수리논술의 경우 **기하 제외**
※ 교과서에 나온 주제문이나 주제를 최대한 활용하여 고등학교 교과과정을 이수한 학생이라면 누구나 논술할 수 있도록 출제함

◎ 전형결과
■ 전체

학년도	전체 모집인원	전체 지원인원	전체 경쟁률	전체 등록평균	전체 등록70%컷	전체 충원율	인문 모집인원	인문 지원인원	인문 경쟁률	인문 등록평균	인문 등록70%컷	인문 충원율	자연 모집인원	자연 지원인원	자연 경쟁률	자연 등록평균	자연 등록70%컷	자연 충원율
2022	105	4,669	44.47	3.86	4.19	41%	65	3,598	55.35	3.94	4.29	22%	40	1,071	26.78	3.78	4.08	60%
2023	105	5,497	52.35	4.88	5.08	39%	65	4,283	65.89	4.91	5.08	17%	40	1,214	30.35	4.84	5.07	60%
2024	100	4,894	48.94	4.91	5.21	39%	60	3,712	61.87	5.17	5.46	27%	40	1,182	29.55	4.64	4.96	50%
2025	100						60						40					

■ 변경사항 & 핵심포인트

[2025]

변경사항	2024	2025
모집인원	100명	100명

• 수능 최저 충족율은 60% 예상
• 논술고사는 인문은 언어논술, 자연은 수리논술

'*' 표시 : 교직 이수 가능

■ 모집단위

계열	모집단위	2025 모집인원	2024 모집인원	2024 지원인원	2024 경쟁률	2024 등록평균	2024 등록70%컷	2024 충원번호	2023 모집인원	2023 지원인원	2023 경쟁률	2023 등록평균	2023 등록70%컷	2023 충원번호	2022 모집인원	2022 지원인원	2022 경쟁률	2022 등록평균	2022 등록70%컷	2022 충원번호
인문	글로벌융합대학	55	55	3,545	64.5	4.91	5.49	12	60	4,095	68.3	5.22	5.91	10	60	3,387	56.5	4.21	4.64	14
인문	유아교육과*	5	5	167	33.4	5.43	5.43	4	5	188	37.6	4.60	4.24	1	5	211	42.2	3.67	3.94	
자연	과학기술대학	40	40	1,182	29.6	4.64	4.96	20	40	1,214	30.4	4.84	5.07	24	40	1,071	26.8	3.78	4.08	24

27. 동국대학교

(서울캠퍼스) 서울특별시 중구 필동로 1길 30 (Tel: 02. 2260-8861)

Ⅰ. 한 눈에 보는 전형

모집시기	전형유형	전형	모집인원	전형 방법	수능최저학력기준
수시	교과	학교장추천인재	393	학생부교과70%+ 서류30% ※ 고교 추천: 8명	X
수시	교과	특성화고등을졸업한재직자(서류형)	92	학생부교과70%+ 서류30%	X
수시	교과	특성화고등을졸업한재직자(면접형)	67	1단계)학생부교과100%(2.5배수) 2단계)1단계70%+ 서류30%	X
수시	종합	Do Dream	524	1단계)서류100%(4배수/법학, 경영학, 전자전기공학부, 정보통신공학:3.5배수) 2단계)서류70%+면접30%	X
수시	종합	Do Dream(소프트웨어)	64	1단계)서류100%(2.5배수) 2단계)서류70%+면접30%	X
수시	종합	불교추천인재	108	1단계)서류100%(3배수/불교학부: 2배수) 2단계)서류70%+면접30%	X
수시	종합	기회균형통합	131	1단계)서류100%(4배수) 2단계)서류70%+면접30%	X
수시	종합	특수교육대상자	8	1단계)서류100%(5배수) 2단계)서류70%+면접30%	X
수시	논술	논술우수자	302	학생부30%+ 논술70%	○
수시	실기/실적	실기	174	요강 참고	X

(수시모집) 지원 가능 횟수	학생부종합	학생부교과	논술	실기위주
	Do Dream, Do Dream(소프트웨어), 특성화고등을졸업한재직자(면접형)	불교추천인재, 기회균형통합, 특수교육대상자	학교장추천인재, 특성화고등을졸업한재직자(서류형)	논술, 실기(연극학부-특기형, 스포츠문화학과)	실기(국어국문·문예창작학부, 체육교육과, 미술학부, 영극학부-실기형, 한국음악과)
	1회	1회	1회	1회	1회

■ 무전공(전공자율선택)

유형① [대학 내 모든 전공(보건의료, 사범 등 제외) 자율 선택]		유형② [계열/단과대 모집 후 모집단위 내 전공 자율 선택]	
모집단위	인원	모집단위	인원
열린전공학부(인문)	119	경찰사법대학 경찰행정학부	62
열린전공학부(자연)	110	바이오시스템대학	34

■ 모집단위별 전공결정 대상 모집단위 및 인원 배정 기준

구분	전공결정 대상 학(부)과/전공	인원배정
열린전공학부(인문), 열린전공학부(자연)	문과대학, 이과대학, 법과대학, 사회과학대학, 경찰사법대학, 경영대학, 공과대학, 첨단융합대학 내 전체 학(부)과/전공	인원 제한 없음
바이오시스템대학	바이오시스템대학 내 전체 학과 - 바이오환경과학과, 생명과학과, 식품생명공학과, 의생명공학과	대상 학과별 입학정원의 150%

■ 전형결과

※ 성적 산출기준: (수시) 교과 석차등급, (정시) 수능 백분위

모집시기	전형유형	전형	학년도	모집인원	지원인원	경쟁률	최종합격자 평균	최종합격자 최저	충원율
수시	교과	학교장추천인재	2024	407	5,653	13.89	1.33	1.64	154%
수시	종합	Do Dream	2024	516	12,189	23.62	2.64	3.50	72%
수시	종합	Do Dream(소프트웨어)	2024	64	1,030	16.09	2.47	3.72	39%
수시	종합	불교추천인재	2024	108	648	6.00	2.97	3.36	46%
수시	논술	논술우수자	2024	304	15,749	51.81	2.87	4.01	29%

■ (주요전형) 전형일정

유형	전형	원서접수 마감	대학별 고사(면접/논술)	1단계 합격자	최종 합격자
교과	학교장추천인재	9.12(목) 17:00 학교장추천: 9.25(수) 18:00			11.29(금)

유형	전형	원서접수 마감	대학별 고사(면접/논술)	1단계 합격자	최종 합격자
종합	Do Dream	9.12(목) 17:00	12.07(토)~08(일) 09:00/13:00/17:00	11.12(화)	12.13(금)
종합	Do Dream (소프트웨어)	9.12(목) 17:00	12.07(토) 09:00/13:00/17:00	11.12(화)	12.13(금)
종합	불교추천인재	9.12(목) 17:00	12.09(월) 09:00/13:00/17:00	11.12(화)	12.13(금)
논술	논술우수자	9.12(목) 17:00	11.17(일) 09:30 자연계열 / 13:00 인문계열 I 16:30 인문계열 II		12.13(금)

▶ 11.17(일)
09:30~11:00 자연계열[이과대학/경찰행정학부(자연)/바이오시스템대학/공과대학/컴퓨터.AI학부(자연)/시스템반도체학부/수학교육과/약학대학]
13:00~14:40 인문계열 I [사회과학대학/경영대학]
16:30~18:10 인문계열 II [문과대학/법과대학/경찰행정학부(인문)/컴퓨터.AI학부(인문)/교육학과]

II. (수시모집) 주요 전형

■ (학생부교과) 학교장추천인재

전형	모집인원	전형 방법	수능최저학력기준
학교장추천인재	393	학생부교과70%+ 서류30%	X

1. **지원자격**: 국내 고교 졸업(예정)자로서 소속(졸업) 고등학교장의 추천을 받은 자(고교별 8명 이내)이며 원서접수 마감일 기준 3학기 이상의 교육과정을 이수하고 본교 학생부 반영 교과목별 석차등급이 10과목 이상 기재되어 있는 자
   ※ 학력인정 평생교육시설, 각종학교, 방송통신고, 고등기술학교 등 법령에 의한 학력인정 학교, 교육부 인가 재외한국학교 또는 유사한 교육기관 등의 졸업(예정)자는 지원 불가
2. **제출서류**: 학교생활기록부, 학교장 추천 명단

◎ 전형요소
● 학생부(700점)

반영요소 반영비율	반영교과목		교과성적 산출지표	학년별 반영비율
	구분	반영방법		
교과100%	공통 및 일반선택	인 국어, 영어, 수학, 사회, 한국사교과 中 상위 10과목 자 국어, 영어, 수학, 과학, 한국사교과 中 상위 10과목 ▶ 영화영상학과: 국어, 영어, 수학, 사회, 한국사교과 中 상위 10과목 ※ 이수단위: 미반영	석차등급	학년 구분 없음
	진로선택	미반영		

구분		1등급	2등급	3등급	4등급	5등급	6등급	7등급	8등급	9등급
점수	10점	10	9.99	9.95	9.9	9.0	8.0	5.0	3.0	0
등급 간 점수 차이	10점	0	0.01	0.04	0.05	0.9	1.0	3.0	2.0	3.0
	700점	0	0.7	2.8	3.5	6.3	70	210	140	210

● 서류(300점: 최저점 180점):
1. **평가내용**: 학교생활기록부 교과 관련 영역(교과학습발달상황, 세부능력 및 특기사항, 출결사항, 행동특성 및 종합의견)
2. **평가조 구성**: 2인 1조
3. **평가기준**: 충실한 학교생활 바탕의 학업역량, 주도적 학습태도, 전공관심도, 인성 등을 종합평가

평가항목	반영비율	세부 평가항목	평가내용
학업역량	50%	기초학업역량	• 입학 후 학업을 수행할 수 있는 기초 수학역량 • 기초교과(국어/수학/영어) 중심의 종합적인 학업성취
		학습의 주도성	• 학업 수행과정에서의 주도적인 태도와 탐구능력 - 교과 : 선택과목 이수 노력 및 수업태도 등
진로역량	30%	탐구역량	• 모집단위별 필요역량과 관련한 교과목의 학업 이수 과정 및 내용 • 모집단위별 필요역량과 관련한 교과목의 학업 성취도
		진로탐색노력	• 선택과목의 이수 노력 • 교과활동 참여과정에서의 지속적인 진로탐색노력
인성 및 사회성	20%	역할의 주도성	• 학교생활의 다양한 영역에서 주도적으로 역할을 수행하거나 활동한 경험 • 책임감을 바탕으로 자신의 의무를 다하려는 태도와 노력
		협업소통능력	• 공동체의 목표달성을 위해 함께 돕고 협력한 활동 경험 • 공동체 안에서 타인과 소통하는 태도 및 활동 경험

4. 열린전공학부, 바이오시스템대학 평가방법

구분	평가 연계 필요 역량
열린전공학부(인문)	언어 역량 + 사회적 소양 : 국어, 영어, 외국어교과 중심의 소통 역량 + 사회교과 중심의 소양
열린전공학부(자연)	수학적 역량 + 과학적 소양 : 수학교과 중심의 논리적사고 역량 + 과학교과 중심의 소양
바이오시스템대학	과학적 역량 + 수학적 소양 : 과학교과 중심의 탐구 역량 + 수학교과 중심의 소양

◎ 전형결과

■ 전체   ※ 합격자 성적 산출 기준: 2022, 2023은 전 과목, 2024는 반영교과목 중 상위 10과목

학년도	전체						인문						자연					
	모집인원	지원인원	경쟁률	최종평균	최종최저	충원율	모집인원	지원인원	경쟁률	최종평균	최종최저	충원율	모집인원	지원인원	경쟁률	최종평균	최종최저	충원율
2022	409	6,941	16.97	2.30	2.76	185%	209	3,708	17.74	2.30	2.84	198%	200	3,233	16.17	2.29	2.68	172%
2023	404	7,473	18.50	2.23	2.65	148%	202	3,798	18.80	2.24	2.64	141%	202	3,675	18.19	2.21	2.66	155%
2024	407	5,653	13.89	1.33	1.64	154%	201	2,519	12.53	1.35	1.67	176%	206	3,134	15.21	1.30	1.61	131%
2025	393						194						199					

■ (최종 합격자) 전 과목 평균-최저

계열	계열 평균	모집단위
인문	(평균) 2.23 - (최저) 2.65	불교학부 2.58-2.87, 문화재학과 2.18-2.48, 국어국문·문예창작학부 2.08-2.27, 영어영문학부 2.16-2.38, 일본학과 2.61-3.29, 중어중문학과 2.90-4.59, 철학과 2.52-2.52, 사학과 2.04-2.20, 법학과 2.12-2.52, 정치외교학전공 2.21-2.32, 행정학전공 2.17-2.68, 경제학과 2.27-2.60, 국제통상학과 2.43-2.72, 사회학전공 2.10-2.23, 미디어커뮤니케이션학전공 2.09-2.52, 식품산업관리학과 2.41-2.86, 광고홍보학과 2.40-2.79, 경찰행정학부 1.74-2.00, 경영학과 2.30-4.00, 회계학과 2.28-2.72, 경영정보학과 2.17-2.57, 교육학과 1.86-2.19, 국어교육과 1.98-2.35, 역사교육과 1.91-2.03, 지리교육과 2.16-2.56, 영화영상학과 2.36-2.56
자연	(평균) 2.10 - (최저) 2.45	수학과 2.33-2.67, 화학과 2.19-2.33, 통계학과 2.16-2.59, 물리학과 2.53-3.10, 바이오환경과학과 2.10-2.43, 생명과학과 2.01-2.38, 식품생명공학과 2.16-2.89, 의생명공학과 1.73-1.93, 전자전기공학부 2.06-2.52, 정보통신공학과 2.29-2.57, 건설환경공학과 2.03-2.48, 화공생물공학과 1.83-2.04, 기계로봇에너지공학과 2.17-2.59, 건축공학부 2.28-2.50, 산업시스템공학과 2.10-2.36, 에너지신소재공학과 1.96-2.27, AI소프트웨어융합학부 2.00-2.36, 시스템반도체학부 2.38-2.69, 수학교육과 1.91-2.23, 가정교육과 2.61-3.09, 약학과 1.22-1.41

■ 변경사항 & 핵심포인트

[2025]

변경사항	2024	2025
모집인원	407명	393명(-14명)
서류평가영역 변경	학교생활기록부 전 영역	학교생활기록부 교과 관련 영역 (교과학습발달상황, 세부능력및특기사항, 출결사항, 행동특성 및 종합의견)

- 서류평가: 학생부 전 영역->교과관련영역으로 축소되면서, 사실상 창체활동만 평가에서 제외됨. **서류 영향력은 90%로 절대적임**
- 학생부: 반영방법이 논술전형과 동일하게 4개교과 중 상위 10과목. 단위수 미반영이므로 변별력이 거의 없음.
  - 하지만 합격자 성적 공개시는 10과목이 아니라 전과목 성적으로 공개하였음.
  - 석차등급 간 점수 차이가 1~2등급은 0.7점, 2~3등급은 2.8점으로 내신 2등급 후반까지도 충분히 지원 가능.
- 서류: 학생부교과 영향력이 작으므로 서류 영향력이 큼. 자기주도적 학습능력(40%)과 전공적합성(30%)이 중요
  - 인문은 국어와 영어 학업역량이 비슷하면 활동역량이 중요하며, 자연은 수학, 과학이 전공과 연관됨.
- ➡ 합격자 성적분포: 인문계열은 1등급 초반 ~ 1등급 중반, 자연계열은 1등급 초반 ~ 1등급 중반.

■ 모집단위   ※ 합격자 성적 산출 기준: 2022, 2023은 전 과목, 2024는 반영교과목 중 상위 10과목   *' 표시 : 교직 이수 가능

계열	모집단위	2025	2024						2023						2022					
		모집인원	모집인원	지원인원	경쟁률	최종평균	최종최저	충원율	모집인원	지원인원	경쟁률	최종평균	최종최저	충원율	모집인원	지원인원	경쟁률	최종평균	최종최저	충원율
인문	**열린전공학부**	50																		
인문	역사교육과	7	7	78	11.1	1.00	1.00	157%	7	166	23.7	1.69	2.16	171%	7	194	27.7	1.95	2.21	371%
인문	국어국문·문예창작학부	3	4	56	14.0	1.00	1.00	250%	4	81	20.3	2.10	2.36	125%	4	146	36.5	2.27	2.46	225%
인문	사회학전공	4	5	58	11.6	1.04	1.10	400%	5	88	17.6	2.20	2.29	40%	5	120	24.0	2.08	2.34	440%
인문	*경찰행정학부*	*6*	*8*	131	16.4	1.06	1.30	88%	8	185	23.1	1.71	2.24	113%	8	232	29.0	1.62	1.97	38%
인문	교육학과	4	4	89	22.3	1.13	1.30	300%	4	149	37.3	2.05	2.24	350%	4	129	32.3	2.03	2.41	475%
인문	사학과*	4	5	54	10.8	1.14	1.30	80%	5	103	20.6	2.10	2.22	120%	5	115	23.0	2.18	2.31	180%
인문	국어교육과	6	6	110	18.3	1.15	1.50	300%	6	100	16.7	2.07	2.38	267%	6	128	21.3	1.84	2.14	233%
인문	문화재학과	3	3	30	10.0	1.20	1.30	67%	3	23	7.7	2.38	2.49	67%	3	29	9.7	2.44	2.79	67%
인문	정치외교학전공*	5	6	74	12.3	1.22	1.40	250%	6	135	22.5	2.10	2.53	183%	6	124	20.7	2.29	2.94	367%
인문	*영어영문학부**	*7*	*13*	117	9.0	1.23	1.50	223%	13	190	14.6	2.40	2.69	131%	14	178	12.7	2.27	2.95	229%

계열	모집단위	2025 모집인원	2024 모집인원	지원인원	경쟁률	최종평균	최종최저	충원율	2023 모집인원	지원인원	경쟁률	최종평균	최종최저	충원율	2022 모집인원	지원인원	경쟁률	최종평균	최종최저	충원율
예체	영화영상학과*	3	4	60	15.0	1.23	1.40	25%	4	115	28.8	2.36	3.14	50%	5	163	32.6	2.45	2.84	40%
인문	법학과*	8	15	147	9.8	1.24	1.70	127%	17	271	15.9	2.05	2.33	135%	20	251	12.6	2.17	2.51	100%
인문	사회복지학과	3	3	22	7.3	1.27	1.30	33%	3	49	16.3	2.02	2.10	167%	3	69	23.0	2.04	2.24	233%
인문	행정학전공*	5	6	68	11.3	1.27	1.50	133%	6	160	26.7	2.01	2.24	267%	6	108	18.0	2.33	3.00	250%
인문	미디어커뮤니케이션학전공	6	9	162	18.0	1.29	1.60	200%	9	187	20.8	2.17	2.61	100%	9	237	26.3	1.83	2.20	256%
인문	지리교육과	7	7	79	11.3	1.29	1.70	200%	7	103	14.7	2.06	2.32	300%	7	96	13.7	2.12	2.68	186%
인문	경제학과*	8	15	136	9.1	1.38	1.70	200%	14	179	12.8	2.20	2.63	171%	14	144	10.3	2.26	2.84	136%
인문	회계학과	7	11	88	8.0	1.41	1.70	182%	11	114	10.4	2.38	2.67	45%	11	102	9.3	2.31	2.61	118%
인문	경영정보학과	7	10	126	12.6	1.41	1.80	70%	10	192	19.2	2.47	4.30	60%	10	102	10.2	2.84	4.75	40%
인문	경영학과*	10	20	435	21.8	1.41	2.40	275%	20	707	35.4	2.44	4.00	105%	22	547	24.9	2.63	4.52	259%
인문	광고홍보학과	6	8	71	8.9	1.43	1.70	150%	8	148	18.5	2.12	2.26	100%	8	140	17.5	2.26	2.72	213%
인문	북한학전공	3	3	29	9.7	1.43	1.60	100%	3	29	9.7	2.27	2.53	67%	3	32	10.7	2.49	2.84	100%
인문	국제통상학과*	6	9	126	14.0	1.52	1.80	100%	9	106	11.8	2.54	2.97	167%	9	125	13.9	2.26	2.79	133%
인문	식품산업관리학과*	3	5	51	10.2	1.52	1.80		5	48	9.6	2.46	2.88	60%	5	47	9.4	2.17	2.88	20%
인문	일본학과	3	4	25	6.3	1.53	1.90	125%	4	40	10.0	2.07	2.33	100%	4	57	14.3	2.49	2.67	125%
인문	철학과*	2	2	28	14.0	1.60	1.70	300%	2	39	19.5	2.46	2.50	150%	2	24	12.0	2.79	3.19	300%
인문	중어중문학과*	5	6	43	7.2	1.72	3.50	233%	6	64	10.7	2.40	2.77	233%	6	60	10.0	2.62	3.52	300%
인문	불교학부*	3	3	26	8.7	2.58	2.87	33%	3	27	9.0	3.38	3.81	100%	3	9	3.0	3.49	4.10	100%
자연	바이오시스템대학	9																		
자연	열린전공학부	50																		
자연	식품생명공학과*	7	11	215	19.6	1.00	1.80	73%	11	269	24.5	2.28	2.79	127%	11	175	15.9	2.40	3.00	118%
자연	약학과	4	4	135	33.8	1.00	1.00	200%	3	119	39.7	1.14	1.27	100%	3	172	57.3	1.11	1.17	0%
자연	수학교육과	4	4	46	11.5	1.03	1.10	200%	4	143	35.8	1.96	2.18	350%	4	111	27.8	2.23	2.50	400%
자연	화공생물공학과*	9	12	274	22.8	1.13	1.70	117%	12	376	31.3	1.92	2.03	117%	12	370	30.8	2.12	2.43	225%
자연	에너지신소재공학과	5	7	161	23.0	1.17	1.50	43%	7	145	20.7	2.15	2.53	229%	7	142	20.3	2.26	2.49	257%
자연	컴퓨터·AI학부	9	25	369	14.8	1.18	1.60	180%	27	502	18.6	2.19	2.78	181%	11	128	11.6	2.40	2.77	118%
자연	전자전기공학부	13	27	293	10.9	1.21	1.70	104%	29	364	12.6	2.24	2.81	110%	30	414	13.8	2.21	2.62	150%
자연	바이오환경과학과	7	8	189	23.6	1.24	1.70	113%	8	193	24.1	2.41	2.74	225%	8	131	16.4	2.38	2.74	113%
자연	생명과학과*	7	8	116	14.5	1.26	1.60	150%	8	258	32.3	1.89	2.39	88%	8	206	25.8	2.17	2.50	250%
자연	통계학과*	4	6	77	12.8	1.28	1.70	133%	6	87	14.5	2.47	2.91	217%	6	62	10.3	2.58	3.10	150%
자연	건설환경공학과	8	10	190	19.0	1.29	1.80	110%	10	166	16.6	2.72	3.30	100%	10	88	8.8	3.01	3.61	200%
자연	화학과*	4	6	121	20.2	1.30	1.50	33%	6	137	22.8	2.24	2.49	100%	6	122	20.3	2.18	2.50	300%
자연	수학과*	4	5	66	13.2	1.30	1.50	140%	5	113	22.6	2.13	2.63	180%	5	68	13.6	2.77	3.38	160%
자연	의생명공학과	5	6	98	16.3	1.35	1.00	117%	6	184	30.7	1.96	2.18	117%	6	211	35.2	1.91	2.06	350%
자연	기계로봇에너지공학과	11	16	192	12.0	1.38	1.70	169%	10	100	10.0	2.64	3.20	240%	10	170	17.0	2.32	2.56	170%
자연	산업시스템공학과	8	13	122	9.4	1.38	1.60	131%	13	109	8.4	2.33	2.69	154%	13	97	7.5	2.35	2.84	77%
자연	건축공학부	8	10	118	11.8	1.43	1.80	160%	11	109	9.9	2.19	2.86	218%	11	117	10.6	2.28	2.92	146%
자연	시스템반도체학부	6	5	54	10.8	1.44	1.50	140%												
자연	정보통신공학과	7	11	90	8.2	1.55	2.00	118%	9	98	10.9	2.28	2.47	11%	8	73	9.1	2.54	2.85	63%
자연	물리학과*	3	5	50	10.0	1.60	1.90	220%	10	125	12.5	2.21	2.78	140%	10	80	8.0	2.48	2.72	250%
자연	가정교육과	7	7	158	22.6	1.71	2.10	100%	7	78	11.1	2.86	4.18	100%	7	63	9.0	2.56	3.33	129%

■ (학생부종합) Do Dream

전형	모집인원	전형 방법	수능최저학력기준
Do Dream	524	1단계)서류100%(4배수/경영학, 전자전기공학부, 정보통신공학: 3.5배수) 2단계)서류70%+면접30%	X

1. **지원자격**: 국내·외 고교 졸업(예정)자 또는 법령에 의하여 이와 동등 이상의 학력인증을 취득한 자(외국 검정고시 합격자 제외)
2. **제출서류**: 학교생활기록부 / ※ 재외 한국학교 졸업(예정)자, 검정고시 합격자: 요강 참고

◎ 전형요소
● 서류(1,000점: 최저점 600점)
   1. 평가내용: 학교생활기록부에 기록된 내용을 평가항목별 종합평가
   2. 평가조 구성: 2인 1조

3. **평가기준**: 충실한 학교생활 바탕의 학업역량, 주도적 학습태도, 전공관심도, 인성 등을 종합평가

평가항목	반영비율(%)		세부 평가항목	평가내용
	Do Dream 불교추천인재	Do Dream (소프트웨어)		
학업역량	30%	25%	기초학업역량	• 입학 후 학업을 수행할 수 있는 기초 수학역량 • 기초교과(국어/수학/영어) 중심의 종합적인 학업성취
			학습의 주도성	• 학업 수행과정에서의 주도적인 태도와 탐구능력 - 교과 : 선택과목 이수 노력 및 수업태도 등 - 비교과 : 적극적 참여 및 경험하기 위한 노력
전공적합성 (SW전공적합성)	50%	55%	전공수학역량	• 전공 관련 교과목의 학업 이수 내용 • 전공 관련 교과목의 학업 성취도
			전공관심도 및 진로탐색노력	• 진로탐색 활동 노력 및 탐구과정 • 학교생활 중 전공 관련 활동과 경험 - 교과 : 전공 관련 진로선택 과목 이수과정 및 노력 - 비교과 : 활동의 내용과 과정 및 깊이 등
인성 및 사회성	20%	20%	역할의 주도성	• 학교생활의 다양한 영역에서 주도적으로 역할을 수행하거나 활동한 경험 • 책임감을 바탕으로 자신의 의무를 다하려는 태도와 노력
			협업소통능력	• 공동체의 목표달성을 위해 함께 돕고 협력한 활동 경험 • 공동체 안에서 타인과 소통하는 태도 및 활동 경험

☞ **보충설명**

- 전공적합성(50%) > 학업역량(30%) > 인성 및 사회성(20%) 순으로 반영, 전공적합성이 가장 중요함
- 전공적합성의 2개 항목(전공수학역량, 전공관심도 및 진로탐색경험)은 비율이 균등
  - 전공적합성이 매우 강조됨. 주도적이고 적극적인 학교생활을 기반으로 전공 역량이 뛰어난 학생
  - 전공적합성은 학교생활에 기반 된 활동으로, 본인만의 무기가 있어야 된다.
  - 경영에 지원한다고 경영동아리가 아닌 역량중심으로 평가

■ **학과별 전공 관련 교과영역(2023년)**

동국대학교는 서류 및 면접평가 시 '전공적합성'평가 타당성을 제고하기 위해 학과별 전공 관련 교과를 설정하여 평가에 반영하고 있습니다.
전공 관련 교과는 '전공적합성 평가를 위한 전공 관련 교과 도출 연구'를 바탕으로 매년 학과 및 위촉사정관의 의견을 반영해왔습니다.
연구 결과를 바탕으로 기초, 탐구, 생활·교양영역에서 자체적인 전공 관련 교과 영역을 설정하였습니다. 다만, 평가시에는 전공 관련 교과 영역에
포함되는 과목 외에 생활·교양교과 영역의 교양교과, 체육·예술교과 뿐만 아니라 학교 자체적으로 개설한 다양한 과목을 다각도로 평가합니다.

1. **(자체기준) 전공관련교과영역**

2015개정교육과정		전공관련 교과영역 (자체기준)	포함 과목			
교과 영역	교과(군)		공통과목	일반선택		진로선택
기초	국어	국어	국어	화법과 작문, 독서, 언어와 매체, 문학		실용국어, 심화국어, 고전읽기
	수학	수학	수학	수학Ⅰ, 수학Ⅱ, 미적분, 확률과 통계		기본수학, 실용수학, 기하., 경제수학, 수학과 제탐구, 인공지능수학
	영어	영어	영어	영어회화, 영어Ⅰ, 영어독해와작문, 영어Ⅱ		기본영어, 실용영어, 영어권문화, 진로영어, 영미문학읽기
탐구	사회(역사/ 도덕포함)	사회문화	통합사회	사회문화		사회문제 탐구
		정치와법		정치와법		사회문제 탐구
		경제		경제		사회문제 탐구
		역사		한국사, 동아시아사, 세계사		–
		윤리		생활과 윤리, 윤리와 사상		고전과 윤리
		지리		한국지리, 세계지리		여행지리
	과학	물리학	통합과학, 과학탐구 실험	물리학Ⅰ		물리학Ⅱ
		화학		화학Ⅰ		화학Ⅱ
		생명과학		생명과학Ⅰ		생명과학Ⅱ
		지구과학		지구과학Ⅰ		지구과학Ⅱ
생활 교양	기술가정	기술가정		기술가정, 정보		–
	제2외국어	제2외국어		독일어Ⅰ, 일본어Ⅰ, 프랑스어Ⅰ, 러시아어Ⅰ, 스페인어Ⅰ, 아랍어Ⅰ, 중국어Ⅰ, 베트남어Ⅰ		독일어Ⅱ, 일본어Ⅱ, 프랑스어Ⅱ, 러시아어Ⅱ, 스페인어Ⅱ, 아랍어Ⅱ, 중국어Ⅱ, 베트남어Ⅱ
	한문	한문		한문Ⅰ		한문Ⅱ

2. 학과별 전공 관련 교과영역

인문/예체능계열			자연계열		
대학	모집단위	전공관련교과영역	대학	모집단위	전공관련교과영역
불교	불교학부	역사, 윤리	이과	수학과	수학
	문화재학과	국어, 사회문화, 역사, 한문		화학과	수학, 물리학, 화학, 생명과학
문과	국어국문·문예창작학부	국어, 사회문화, 역사, 한문		통계학과	수학
	영어영문학부	국어, 영어, 사회문화		물리·반도체과학부	수학, 물리학, 화학
	일본학과	국어, 역사, 사회문화, 정치와법, 경제, 일본어	바이오 시스템	생명과학과	수학, 물리학, 화학, 생명과학
	중어중문학과	국어, 역사, 중국어		바이오환경과학과	수학, 화학, 생명과학, 지구과학
	철학과	국어, 수학, 영어, 윤리		의생명공학과	수학, 물리학, 화학, 생명과학
	사학과	국어, 역사, 한문		식품생명공학과	수학, 화학, 생명과학
법과	법학과	국어, 역사, 윤리, 정치와법	공과	전기전자공학부	수학, 물리학, 화학
	정치외교학전공	역사, 사회문화, 정치와법, 경제		정보통신공학과	수학, 물리학
	행정학전공	사회문화, 정치와법, 경제		건설환경공학과	수학, 물리학, 화학, 지구과학
	북한학전공	국어, 역사, 사회문화		화공생물공학과	수학, 물리학, 화학, 생명과학
사회 과학	경제학과	수학, 영어, 정치와법, 경제		기계로봇에너지공학과	수학, 물리학, 화학
	국제통상학과	수학, 영어, 정치와법, 경제		건축공학부	수학, 물리학
	사회학전공	사회문화, 윤리		산업시스템공학과	수학
	미디어커뮤니케이션학전공	국어, 사회문화, 정치와법, 경제		융합에너지신소재공학과	수학, 물리학, 화학
	식품산업관리학과	수학, 사회문화, 경제	AI 융합	AI소프트웨어융합학부	수학
	광고홍보학과	국어, 영어, 사회문화	사범	수학교육과	수학
	사회복지학과	윤리, 사회문화, 정치와법, 경제		가정교육과	사회문화, 화학, 생명과학, 가정
경찰 사법	경찰행정학부	수학, 영어, 사회문화, 정치와법	약학	약학과	수학, 화학, 생명과학
경영	경영학과	국어, 수학, 영어, 사회문화, 경제			
	회계학과	국어, 수학, 영어			
	경영정보학과	수학, 사회문화, 경제			
사범	교육학과	역사, 윤리, 사회문화			
	국어교육과	국어, 역사, 윤리, 사회문화			
	역사교육과	역사			
	지리교육과	지리			
예술	연극학부	국어, 수학, 영어, 역사, 윤리, 사회문화, 물리학			
	영화영상학과	국어, 역사, 윤리, 사회문화			
미래 융합	융합보안학과	수학, 사회문화, 공업(전문교과)			
	사회복지상담학과	윤리, 사회문화			
	글로벌무역학과	국어, 수학, 영어, 사회문화, 경제			

● 면접(300점: 최저점 180점)

1. **평가방법**: 제출 서류를 바탕으로 평가항목에 대하여 수험생별 일반 면접
2. **평가절차**: ① 제출서류 기반 일반면접을 위해 1단계 합격자 발표 이후 수험생별 서류검토 및 면접 질문 출제 기간 운영
   ② 2인의 평가위원이 10분 내외(불교추천인재전형 7분+3분)의 수험생별 개별면접
   ③ 평가위원별 개별점수의 평균점수를 반영총점으로 환산
3. **평가영역별 반영비율**:

평가항목	반영비율(%)		내용
	Do Dream, 불교추천인재	DoDream (소프트웨어)	
전형취지 적합성	20	20	• 전형유형별 인재상 부합도 평가 ① Do Dream/ Do Dream(소프트웨어): 주도적인 고교 생활 ② 불교추천인재: 건학이념 수행
전공적합성 (SW전공적합성)	30	30	• 고교 교육과정이 충실한 이수를 통한 기초학업능력 및 전공 관련 분야에 대한 관심도, 이해도 등을 평가 ※ Do Dream(소프트웨어) SW전공적합성 : 소프트웨어전공분야에 필요한 고교 교육과정 내 수학과 과학(교과 및 비교과)을 기반으로 한 역량 평가
발전가능성	20	30	• 문제해결능력, 목표에 대한 의지 및 열정, 진로계획 등을 평가
인성 및 사회성	30	20	• 면접태도, 공감능력, 의사소통능력, 수용능력 등을 평가

- 제출 서류 확인 면접, 학생을 10분 동안 한 질문에서 추가 질문, 1단계 합격자들은 서류평가를 별도로 평가자들이 질문 정리
- 평가 시스템에 메모 기능 있음.
- 면접 실질 반영비율: 35% ~ 40%로 변별력 높음

◎ 전형결과
■ 전체

학년도	전체						인문						자연					
	모집인원	지원인원	경쟁률	최종평균	최종최저	충원율	모집인원	지원인원	경쟁률	최종평균	최종최저	충원율	모집인원	지원인원	경쟁률	최종평균	최종최저	충원율
2022	473	7,447	15.74	2.77	3.72	56%	253	4,283	16.93	2.90	4.11	54%	220	3,164	14.38	2.63	3.32	58%
2023	484	9,105	18.81	2.70	3.62	60%	272	5,474	20.13	2.84	3.93	62%	212	3,631	17.13	2.56	3.30	58%
2024	516	12,189	23.62	2.64	3.50	72%	271	6,478	23.90	2.82	3.96	82%	245	5,711	23.10	2.45	3.03	61%
2025	524						271						253					

■ 변경사항 & 핵심포인트
[2025]

변경사항	2024	2025
모집인원	516명	524명(+8명)

- 전공적합성이 탁월한 학생들에게 적합
➡ 합격자 성적분포: 인문계열은 2등급 후반 ~ 3등급 후반, 자연계열은 2등급 중반 ~ 3등급 초반. 전공적합성이 매우 중요함

■ 모집단위
'*'표시 : 교직 이수 가능

계열	모집단위	2025	2024						2023						2022					
		모집인원	모집인원	지원인원	경쟁률	최종평균	최종최저	충원율	모집인원	지원인원	경쟁률	최종평균	최종최저	충원율	모집인원	지원인원	경쟁률	최종평균	최종최저	충원율
인문	사학과*	7	7	165	23.6	2.13	2.35	29%	7	234	33.4	2.34	2.74	86%	7	179	25.6	3.21	4.61	86%
인문	경찰행정학부	8	8	181	22.6	2.18	2.60	13%	8	111	13.9	1.86	2.43	38%	8	158	19.8	1.66	1.94	0%
인문	교육학과	6	6	254	42.3	2.19	2.73	133%	6	250	41.7	2.59	3.38	83%	6	122	20.3	2.82	4.53	50%
인문	미디어커뮤니케이션학전공	10	10	353	35.3	2.21	2.43	40%	10	217	21.7	2.48	4.46	50%	9	192	21.3	2.14	2.51	78%
인문	역사교육과	9	9	166	18.4	2.28	3.03	56%	9	153	17.0	2.14	2.58	11%	9	159	17.7	2.21	2.72	22%
인문	법학과*	19	20	435	21.8	2.34	4.14	55%	19	304	16.0	2.61	4.66	26%	20	214	10.7	2.60	3.05	30%
인문	지리교육과	8	8	126	15.8	2.47	3.13	138%	8	77	9.6	2.67	3.03	38%	8	83	10.4	2.51	2.85	38%
인문	철학과*	5	5	103	20.6	2.48	2.76	120%	5	81	16.2	2.55	2.69	120%	5	66	13.2	2.63	3.07	60%
인문	국어국문·문예창작학부	7	7	248	35.4	2.49	3.17	100%	7	212	30.3	2.86	4.03	143%	6	199	33.2	2.82	3.39	50%
인문	국어교육과	8	8	127	15.9	2.53	4.25	75%	8	137	17.1	2.22	2.51	63%	8	163	20.4	2.40	3.32	88%
인문	사회학전공	8	8	199	24.9	2.55	2.76	88%	8	137	17.1	2.45	3.26	88%	8	144	18.0	2.38	2.82	63%
인문	문화유산학과	3	3	68	22.7	2.58	2.68	67%	3	43	14.3	3.03	4.56	33%						
인문	광고홍보학과	10	10	250	25.0	2.62	4.14	20%	10	314	31.4	2.48	3.45	20%	10	196	19.6	3.21	5.12	20%
인문	행정학전공*	6	6	117	19.5	2.64	3.92	100%	6	119	19.8	2.35	2.67	50%	6	104	17.3	2.48	2.74	67%
인문	경제학과*	17	17	292	17.2	2.91	6.00	59%	16	289	18.1	2.63	3.42	50%	13	134	10.3	3.64	6.08	46%
인문	사회복지학과	5	5	106	21.2	2.92	4.45	20%	5	114	22.8	2.33	2.66	40%	5	99	19.8	2.66	4.18	60%
인문	경영학과*	25	25	729	29.2	3.03	5.35	128%	25	689	27.6	2.63	5.12	92%	21	489	23.3	3.27	5.21	62%
인문	회계학과	13	13	200	15.4	3.04	4.92	69%	14	115	8.2	2.75	5.54	36%	13	86	6.6	2.63	2.96	31%
인문	정치외교학전공*	8	8	155	19.4	3.17	4.78	88%	8	212	26.5	2.46	2.67	50%	8	154	19.3	2.75	4.47	13%
인문	경영정보학과	12	12	425	35.4	3.22	4.54	42%	13	226	17.4	4.35	5.36	38%	10	118	11.8	3.77	5.47	100%
인문	식품산업관리학과	8	8	239	29.9	3.33	5.77		8	81	10.1	4.39	6.98	50%	8	66	8.3	3.27	5.26	25%
인문	북한학전공	7	7	133	19.0	3.48	4.20	57%	7	87	12.4	2.98	4.06		7	75	10.7	3.13	4.77	71%
인문	영어영문학부	15	15	359	23.9	3.51	4.68	127%	16	329	20.6	3.24	4.66	106%	15	243	16.2	3.27	5.44	133%
예체	연극학부(연출)*	10	10	152	15.2	3.56	5.81	10%	10	126	12.6	3.49	4.71	20%	10	164	16.4	2.99	4.69	30%
인문	중어중문학과*	7	7	147	21.0	3.58	4.60	186%	7	168	24.0	3.82	4.36	129%	7	162	23.1	3.91	4.91	71%
예체	영화영상학과*	11	10	317	31.7	3.62	5.54	40%	10	284	28.4	2.90	4.50	30%	9	273	30.3	2.99	6.03	44%
인문	국제통상학과	12	12	281	23.4	3.70	4.74	75%	12	184	15.3	3.02	4.83	58%	10	160	16.0	2.80	4.09	70%
인문	일본학과	7	7	151	21.6	3.83	4.90	171%	7	181	25.9	3.81	4.63	114%	7	81	11.6	4.07	4.66	57%
자연	약학과	11	9	359	40.0	1.38	1.71	33%	9	242	26.9	1.61	4.00	56%	9	350	38.9	1.40	1.77	56%
자연	의생명공학과	9	9	402	44.7	2.02	2.40	67%	9	436	48.4	2.32	2.66	56%	8	282	35.3	2.67	5.60	88%
자연	화공생물공학과	14	14	418	29.9	2.08	2.48	50%	14	296	21.1	2.15	2.37	50%	14	244	17.4	2.23	3.00	43%

계열	모집단위	2025 모집 인원	2024 모집 인원	2024 지원 인원	2024 경쟁 률	2024 최종 평균	2024 최종 최저	2024 충원 율	2023 모집 인원	2023 지원 인원	2023 경쟁 률	2023 최종 평균	2023 최종 최저	2023 충원 율	2022 모집 인원	2022 지원 인원	2022 경쟁 률	2022 최종 평균	2022 최종 최저	2022 충원 율
자연	전자전기공학부	29	29	389	13.4	2.28	2.59	79%	30	291	9.7	2.42	2.84	63%	25	279	11.2	2.48	2.91	32%
자연	생명과학과*	10	10	412	41.2	2.29	2.41	50%	10	278	27.8	2.32	2.79	90%	9	193	21.4	2.29	2.79	44%
자연	물리학과	7	5	102	20.4	2.30	2.54	60%	15	145	9.7	2.72	3.13	40%	15	110	7.3	2.62	3.18	47%
자연	에너지신소재공학과	9	9	226	25.1	2.45	2.68	22%	9	160	17.8	2.45	2.71		9	184	20.4	2.35	2.78	33%
자연	화학과	9	9	301	33.4	2.47	2.82	89%	9	162	18.0	2.38	2.83	56%	8	131	16.4	2.46	2.83	88%
자연	식품생명공학과*	12	11	421	38.3	2.47	2.86	55%	11	240	21.8	2.49	3.16	64%	11	199	18.1	2.70	3.49	55%
자연	수학교육과	6	6	140	23.3	2.48	2.76	83%	6	104	17.3	2.66	2.97	83%	6	95	15.8	2.50	3.14	83%
자연	기계로봇에너지공학과	26	26	399	15.4	2.49	3.03	38%	11	188	17.1	2.64	3.20	55%	11	129	11.7	2.77	3.85	127%
자연	시스템반도체학부	15	9	141	15.7	2.53	2.85	44%												
자연	정보통신공학과	20	20	324	16.2	2.55	3.12	30%												
자연	바이오환경과학과	10	10	558	55.8	2.55	3.16	40%	10	324	32.4	3.00	5.62	50%	9	203	22.6	2.88	3.22	22%
자연	산업시스템공학과	12	14	212	15.1	2.55	3.36	21%	15	138	9.2	2.69	3.29	27%	15	119	7.9	3.02	3.51	40%
자연	가정교육과	8	8	112	14.0	2.66	3.22	38%	8	56	7.0	2.84	3.63	13%	8	51	6.4	2.77	3.16	25%
자연	통계학과*	9	9	148	16.6	2.68	3.26	78%	9	95	10.6	2.83	3.36	67%	7	60	8.6	3.08	3.88	71%
자연	건설환경공학과	12	12	260	21.7	2.77	3.20	150%	12	192	16.0	2.99	4.00	33%	12	103	8.6	3.48	4.76	83%
자연	건축공학부	16	16	214	13.4	2.90	6.45	106%	16	190	11.9	2.79	3.55	69%	15	138	9.2	2.96	3.39	33%
자연	수학과*	9	10	173	17.3	3.02	3.62	80%	9	94	10.4	2.79	3.34	111%	7	85	12.1	2.61	2.83	100%

■ (학생부종합) Do Dream(소프트웨어)

전형	모집인원	전형 방법	수능최저학력기준
Do Dream(소프트웨어)	64	1단계)서류100%(2.5배수) 2단계)서류70%+면접30%	X

1. **지원자격**: 국내·외 고교 졸업(예정)자 또는 법령에 의하여 이와 동등 이상의 학력인증을 취득한 자(외국 검정고시 합격자 제외)
2. **제출서류**: 학교생활기록부 / ※ 재외 한국학교 졸업(예정)자, 검정고시 합격자: 요강 참고

◎ 전형요소
● 서류 및 면접: Do Dream 전형 참고

◎ 전형결과
■ 모집단위

'*' 표시 : 교직 이수 가능

계열	모집단위	2025 모집 인원	2024 모집 인원	2024 지원 인원	2024 경쟁 률	2024 최종 평균	2024 최종 최저	2024 충원 율	2023 모집 인원	2023 지원 인원	2023 경쟁 률	2023 최종 평균	2023 최종 최저	2023 충원 율	2022 모집 인원	2022 지원 인원	2022 경쟁 률	2022 최종 평균	2022 최종 최저	2022 충원 율
자연	컴퓨터·AI학부	64	64	1,030	16.1	2.47	3.72	39%	64	876	13.7	2.50	3.55	31%						

■ (학생부종합) 불교추천인재

전형	모집인원	전형 방법	수능최저학력기준
불교추천인재	108	1단계)서류100%(3배수/불교학부: 2배수) 2단계)서류70%+면접30%	X

1. 지원자격:

구분	지원자격
일반	국내·외 고교 졸업(예정)자 또는 법령에 의하여 이와 동등 이상의 학력이 있다고 인정되는 자(외국 검정고시 합격자 제외)로서 대한불교 조계종 산하 사찰(포교당 포함) 주지스님 혹은 소속 (졸업) 종립고등학교장의 추천을 받은 대한불교조계종 신도인 자 ※ 기관별 추천 인원: ① 교구본사 및 직영사찰: 15명 이하, ② 말사: 5명 이하, ③ 종립고등학교: 15명 이하
불교학부 (승려)	국내·외 고교 졸업(예정)자 또는 법령에 의하여 이와 동등 이상의 학력인증이 있다고 인정되는 자(외국 검정고시 합격자 제외)로서 다음 중 하나에 해당하는 자: ① 원서접수 마감일 기준 대한불교조계종 재적 승려 ② 2024년 9월 및 2025년 3월 승적 취득 예정자 ③ 우리대학 입학 후 대한불교조계종 승려가 되고자 하는 자

2. **제출서류**: 학교생활기록부, 불교추천인재 추천서, 재직증명원 또는 임명장 사본(주지스님 추천자에 한함)

◎ 전형요소
● 서류: Do Dream 전형 참고 ※ 불교추천인재 추천서는 서류평가에 활용하지 않음

● 면접:
1. **진행방법**: 수험생별 2회 면접 진행. 면접①: 2인 1조, 7분 내외, 면접②: 2인 1조, 3분 내외.
2. **평가내용**: 제출서류를 바탕으로 평가항목(전공·전형취지 적합성, 발전가능성, 인성 및 사회성)에 대해 개별 면접 실시
3. **전형취지 적합성 개별평가**: 전형취지에 따라 불교문화 체험 및 신행활동 관련 질의응답

구분	평가항목	평가방법
① 고사실	전공적합성, 발전가능성, 인성 및 사회성	면접위원 2인, 7분 내외, 개별면접

⇩ [수험생 이동]

구분	평가항목	평가방법
① 고사실	전형취지적합성 (※불교문화체험 및 신행활동 등 관련 질의 응답)	면접위원 2인, 5분 내외, 개별면접

■ **[전형 비교] Do Dream과 불교추천인재**
• 전형결과 : 불교추천인재는 주지스님/종립고등학교장의 추천을 받아야 지원할 수 있기 때문에 경쟁률과 합격선이 낮음

전형유형	전형	학년도	모집인원	지원인원	경쟁률	최종 합격자 평균	최종 합격자 최저	충원율
학생부종합	Do Dream	2024	516	12,189	23.62	**2.64**	3.50	72%
학생부종합	불교추천인재	2024	108	648	6.00	**2.97**	3.36	46%

◎ **전형결과**
■ **전체**

학년도	전체						인문						자연					
	모집 인원	지원 인원	경쟁 률	최종 평균	최종 최저	충원 율	모집 인원	지원 인원	경쟁 률	최종 평균	최종 최저	충원 율	모집 인원	지원 인원	경쟁 률	최종 평균	최종 최저	충원 율
2022	108	575	5.32	3.05	3.32	24%	81	407	5.02	3.03	3.35	18%	27	168	6.22	3.07	3.29	30%
2023	108	615	5.69	3.05	3.32	68%	81	384	4.74	3.24	3.57	69%	27	231	8.55	2.86	3.06	67%
2024	108	648	6.00	2.97	3.36	46%	81	393	4.85	3.27	3.87	41%	27	255	9.44	2.66	2.84	50%
2025	108						81						27					

■ **변경사항 & 핵심포인트**
[2025]

변경사항	2024	2025
모집인원	108명	108명

• 면접시 전형취지 적합성 평가항목이 있어서 일반적인 수준의 불교 관련 질문을 함.
➡ **합격자 성적분포**: 인문계열은 2등급 초반 ~ 3등급 후반, 자연계열은 2등급 초반 ~ 3등급 초반.

■ **모집단위**
'*' 표시 : 교직 이수 가능

계열	모집단위	2025	2024						2023						2022				
		모집 인원	모집 인원	지원 인원	경쟁 률	최종 평균	최종 최저	충원 율	모집 인원	지원 인원	경쟁 률	최종 평균	최종 최저	충원 율	모집 인원	지원 인원	경쟁 률	최종 평균	최종 최저	충원 율
인문	경찰행정학부	2	2	19	9.5	2.29	2.48		2	18	9.0	2.23	2.43		2	16	8.0	1.81	2.28	
인문	문화유산학과	2	2	7	3.5	2.43	3.02	50%	2	21	10.5	2.66	2.73		2	21	10.5	2.67	3.05	
인문	행정학전공*	2	2	12	6.0	2.45	2.57		2	11	5.5	2.56	2.82		2	12	6.0	2.56	2.69	
인문	사회복지학과	2	2	18	9.0	2.52	2.55		2	10	5.0	2.62	2.71		2	28	14.0	2.66	2.67	100%
인문	미디어커뮤니케이션학전공	2	2	20	10.0	2.59	2.67	50%	2	19	9.5	2.81	2.91	100%	2	18	9.0	2.76	2.86	50%
인문	경제학과*	4	4	21	5.3	2.62	2.78	25%	4	20	5.0	2.57	2.79	75%	4	19	4.8	3.07	3.50	
인문	회계학과	3	3	16	5.3	2.66	2.75		3	12	4.0	3.02	3.38	33%	3	16	5.3	3.15	3.47	
인문	경영학과*	3	3	19	6.3	2.83	3.97	33%	3	30	10.0	2.49	2.69	133%	3	44	14.7	2.59	2.63	33%
인문	정치외교학전공*	2	2	12	6.0	3.02	3.30		2	13	6.5	2.63	2.77	100%	2	15	7.5	2.55	2.80	
인문	광고홍보학과	2	2	21	10.5	3.04	3.08		2	11	5.5	2.94	3.45	100%	2	15	7.5	2.40	2.47	
인문	경영정보학과	2	2	22	11.0	3.29	3.57		2	15	7.5	3.29	3.47	50%	2	12	6.0	3.56	4.31	
인문	법학과*	3	3	22	7.3	3.43	5.34		3	18	6.0	2.58	2.68	33%	3	25	8.3	2.51	2.69	
인문	불교학부*	20	20	115	5.8	3.73	4.80	15%	20	122	6.1	3.54	4.83	15%	20	97	4.9	3.78	5.16	
인문	문화유산학과(승려)	5	5	1	0.2	3.96	3.96		5	2	0.4	5.66	5.66		5	0	0.0			
인문	영어영문학부*	3	3	16	5.3	4.05	4.97	67%	3	17	5.7	2.93	3.09		3	19	6.3	2.67	2.94	
인문	국제통상학과	2	2	23	11.5	4.09	4.64	50%	2	19	9.5	3.73	4.92		2	14	7.0	3.09	3.31	50%
인문	중어중문학과*	2	2	13	6.5	4.72	4.86		2	11	5.5	3.91	4.75	50%	2	22	11.0	2.74	2.79	50%
인문	불교학부(승려)	20	20	16	0.8	5.22	8.30		20	15	0.8	6.23	6.23		20	14	0.7	7.02	7.25	
자연	화공생물공학과	2	2	31	15.5	2.19	2.50		2	45	22.5	2.34	2.59	50%	2	19	9.5	2.89	3.20	50%
자연	바이오환경과학과	2	2	32	16.0	2.20	2.43	50%	2	18	9.0	2.72	2.75		2	14	7.0	2.88	2.92	
자연	식품생명공학과*	2	2	37	18.5	2.35	2.41		2	33	16.5	3.01	3.32		2	12	6.0	3.28	3.53	

계열	모집단위	2025 모집인원	2024						2023						2022					
			모집인원	지원인원	경쟁률	최종평균	최종최저	충원율	모집인원	지원인원	경쟁률	최종평균	최종최저	충원율	모집인원	지원인원	경쟁률	최종평균	최종최저	충원율
자연	시스템반도체학부	2	2	14	7.0	2.50	2.51													
자연	컴퓨터·AI학부	3	3	27	9.0	2.52	2.85		3	26	8.7	2.58	2.76	100%						
자연	건설환경공학과	2	2	15	7.5	2.59	2.70		2	15	7.5	3.11	3.16	100%	2	16	8.0	3.45	3.55	
자연	기계로봇에너지공학과	2	2	19	9.5	2.72	2.87		2	13	6.5	3.24	3.58	50%	2	6	3.0	2.78	2.80	
자연	건축공학부	2	2	15	7.5	2.79	2.85		2	18	9.0	3.06	3.28	50%	2	14	7.0	3.48	3.91	
자연	전자전기공학부	4	4	18	4.5	2.87	3.17	50%	4	21	5.3	2.32	2.53		4	19	4.8	2.53	2.80	25%
자연	정보통신공학전공	2	2	13	6.5	2.89	2.94	50%	2	10	5.0	2.85	2.93		2	14	7.0	3.00	3.06	50%
자연	통계학과*	2	2	17	8.5	2.95	3.17	50%	2	11	5.5	3.11	3.13		2	10	5.0	3.09	3.31	50%
자연	산업시스템공학과	2	2	17	8.5	3.40	3.69	50%	2	10	5.0	3.11	3.38		2	13	6.5	3.24	3.31	100%

■ (논술) 논술우수자

전형	모집인원	전형 방법	수능최저학력기준
논술우수자	302	학생부30%+ 논술70%	○

1. **지원자격** : 국내·외 고교 졸업(예정)자 또는 법령에 의하여 이와 동등 이상의 학력인증을 취득한 자로서 우리 대학이 요구하는 해당 년도 대학수학능력시험 최저학력기준을 갖춘 자
   ※ 외국고교 졸업자 - 12년제 이상 학제에서 23학기 이상 이수 / - 11년제 이상 학제에서 고교 마지막 3년을 한 국가에서 이수
   ※ 외국 검정고시 합격자 지원 불가

2. **수능최저학력기준**

> 인 [국어, 수학, 영어, 사/과탐(1과목)] 중 2개 영역 등급 합 5 이내, 한국사 4등급
> ▶ AI소프트웨어융합학부(인문): 수학 포함 2개 영역 등급 합 5 이내, 한국사 4등급
> ▶ 경찰행정학부(인문): 2개 영역 등급 합 4 이내, 한국사 4등급
> 자 [국어, 수학, 영어, 사/과탐(1과목)] 중 수학, 과탐 중 1개 포함 2개 영역 등급 합 5 이내, 한국사 4등급
> ▶ AI소프트웨어융합학부(자연): 수학, 과탐 중 1개 포함 2개 영역 등급 합 5 이내, 한국사 4등급
> ▶ 경찰행정학부(자연): 2개 영역 등급 합 4 이내, 한국사 4등급
> ▶ 약학과: 수학, 과탐 중 1개 포함 3개 영역 등급 합 4 이내, 한국사 4등급

◎ **전형요소**
● **학생부(300점: 기본점수 150점)**

반영요소 반영비율	반영교과목		교과성적 산출지표	학년별 반영비율
	구분	반영방법		
교과 67% (200점)	공통 및 일반선택	국어, 영어, 수학, 사회, 과학, 한국사교과 中 상위 10과목 ※ 이수단위: 미반영	석차등급	학년 구분 없음
	진로선택	미반영		
비교과 33% (100점)	※ 만점: • 출결(33%): 미인정 결석 3일 이내			

구분		1등급	2등급	3등급	4등급	5등급	6등급	7등급	8등급	9등급
점수	10점	10	9.97	9.93	9.9	9.8	8.7	7.0	6.0	5.0
등급 간 점수 차이	10점	0	0.03	0.04	0.03	0.1	0.3	1.7	1.0	1.0
	200점	0	0.6	0.8	1.2	2	6	34	20	20

● **논술(700점: 기본점수 350점)**
1. **논술고사 출제방식:**

구분	인문계열	자연계열
형태	고교 교육과정을 바탕으로 한 제시문 기반의 종합적 사고능력(이해력, 사고력, 문제해결능력 등), 표현능력 등을 평가하는 통합교과형 논술	고교 교육과정의 수학적 개념에 대한 이해도 및 적용 능력 등을 평가하는 풀이과정 중심의 수리논술
출제범위	[2015 개정 교육과정] 국어교과, 사회(역사/도덕포함)교과, 한국사 - 공통과목, 일반선택 -	[2015 개정 교육과정] 수학교과 - 공통과목, 일반선택, 기하 -
문항 수	3개(영어지문 없음)	3개(소문항 출제 가능)
문항구성 및 답안분량	① 문항 2개 : 250자 ~ 400자 이내 ② 문항 1개 : 550자 ~ 700자 이내	① 문항 2개 : 15줄 내외 ② 문항 1개 : 27줄 내외

구분	인문계열	자연계열
고사시간	100분	90분
대상 모집단위	인문계열 모집단위 경찰행정학부(인문), 영화영상학과, AI융합학부(인문)	자연계열 모집단위 경찰행정학부(자연), 약학과, AI융합학부(자연)

2. 평가 및 채점기준:
- 제시문과 문제에 대한 이해력, 문제에서 요구하는 답안 작성 능력(문제해결력), 논리력, 분석력 등의 종합적 사고 능력, 표현의 정확성(표현력) 등을 종합적으로 평가
- 각 문항별 채점 기준에 따라 7점 척도로 평가
- 3개 문항 배점의 합은 100점이 만점이며, 문항별 평가점수를 합산하여 반영총점(700점)으로 환산

◎ 전형결과

■ 전체

학년도	전체						인문						자연					
	모집 인원	지원 인원	경쟁 률	최종 평균	최종 최저	충원 율	모집 인원	지원 인원	경쟁 률	최종 평균	최종 최저	충원 율	모집 인원	지원 인원	경쟁 률	최종 평균	최종 최저	충원 율
2022	350	18,050	51.57	2.96	4.25	34%	179	8,433	47.11	2.98	4.24	39%	171	9,617	56.23	2.94	4.26	28%
2023	307	17,070	55.60	2.97	3.96	38%	155	9,207	59.40	3.05	4.08	44%	152	7,863	51.73	2.88	3.84	32%
2024	304	15,749	51.81	2.87	4.01	29%	150	9,987	66.58	2.95	4.17	27%	154	5,762	37.42	2.79	3.85	31%
2025	302						150						152					

■ [계열별] 실질 경쟁률(충원율 반영)

계열	학년도	모집인원	지원인원	경쟁률	수능최저 충족율	(수능최저 충족율 반영) 경쟁률	충원율	(충원율 반영) 실질 경쟁률
인문	2022	179	8,433	47.11	27.87%	13.13	39%	9.45
	2023	155	9,207	59.40	18.47%	10.97	44%	7.62
	2024	150	9,987	66.58	31.32%	20.85	27%	16.42
자연	2022	171	9,617	56.23	25.98%	14.61	28%	11.41
	2023	152	7,863	51.73	33.33%	17.24	32%	13.06
	2024	154	5,762	37.42	24.51%	9.17	31%	7.00

■ [학과별] 실질 경쟁률(지원자 중 수능최저 충족인원)

계열	계열 평균	모집단위
인문	20.85:1	국어국문·문예창작학부 12.67, 영어영문학부 26.90, 일본학과 20.60, 중어중문학과 21.80, 철학과 22.60, 사학과 21.75, 법학과 25.67, 정치외교학전공 22.50, 행정학전공 18.17, 국제통상학과 23.00, 미디어커뮤니케이션학전공 24.60, 광고홍보학과 20.83, **경찰행정학부(인문) 12.73**, 경영학과 23.11, 회계학과 17.85, 경영정보학과 17.70, 교육학과 23.80, AI소프트웨어융합학부(인문) 19.00
자연	9.17:1	수학과 3.75, 화학과 4.25, 통계학과 5.75, 물리학과 2.67, 경찰행정학부(자연) 5.00, 바이오환경과학과 4.75, 생명과학과 4.25, 식품생명공학과 5.20, 의생명공학과 7.00, 전자전기공학부 9.68, 정보통신공학과 7.46, **건설환경공학과 5.29**, 화공생물공학과 8.57, 기계로봇에너지공학과 6.58, 건축학부 8.60, 산업시스템공학과 7.00, 에너지신소재공학과 8.50, AI소프트웨어융합학부(자연) 11.00, 시스템반도체학부 6.00, **수학교육과 4.00**, 약학과 67.20

■ 변경사항 & 핵심포인트

[2025]

변경사항	2024	2025
모집인원	304명	302명(-2명)
(수능최저) 자연: 응시영역	국어, 수학, 영어, 과탐	국어, 수학, 영어, 사/과탐
(수능최저) AI소프트웨어융합학부(자연)	수학 포함 2개 영역 등급 합 5 이내, 한국사 4등급	수학, 과탐 중 1개 포함 2개 영역 등급 합 5 이내, 한국사 4등급

- 수능최저: 자연계열에서 수능 인정영역이 사탐도 인정하여 인문계열과 같아짐
- 학생부: 반영교과목 중 상위 10과목만 반영하므로 지원자 교과성적이 모두 높게 형성됨. 내신 6등급까지는 학생부 영향력 작음.
- 합격자 성적이 높은 이유는 학생부 반영교과목이 국어, 영어, 수학, 사회, 과학, 한국사교과 中 상위 10과목만 반영하기 때문
- 논술고사: 인문은 언어논술, 자연은 수리논술이 출제됨
  - 자연계열 수학 출제범위: 수학, 수학 I, 수학 II, 미적분, 확률과 통계, 기하. ※ 기하도 출제
- 합격자의 절반 이상이 졸업생이고 재학생은 절반이 되지 않음.
➡ 합격자 성적분포: 인문계열은 2등급 초반 ~ 4등급 초반, 자연계열은 2등급 초반 ~ 3등급 후반. 6등급까지는 논술로 당락 결정.

■ 모집단위

'*' 표시 : 교직 이수 가능

계열	모집단위	2025 모집인원	2024 모집인원	지원인원	경쟁률	최종평균	최종최저	충원율	2023 모집인원	지원인원	경쟁률	최종평균	최종최저	충원율	2022 모집인원	지원인원	경쟁률	최종평균	최종최저	충원율
인문	미디어커뮤니케이션학전공	5	5	386	77.2	2.18	3.20	20%	5	320	64.0	2.95	3.60		6	341	56.8	2.92	3.40	17%
인문	정치외교학전공*	6	6	396	66.0	2.47	3.50	33%	6	336	56.0	2.78	3.90	50%	6	220	36.7	2.78	3.20	50%
인문	교육학과	5	5	314	62.8	2.50	3.10	20%	5	281	56.2	3.03	3.90	40%	5	250	50.0	2.63	3.10	
인문	국제통상학과	12	12	806	67.2	2.67	3.80	17%	12	696	58.0	3.45	4.80	50%	14	602	43.0	3.25	4.70	14%
인문	컴퓨터·AI학부(인문)	4	4	287	71.8	2.70	3.00		4	265	66.3	2.25	3.20		5	249	49.8	2.78	4.90	60%
인문	일본학과	5	5	315	63.0	2.85	3.80	60%	5	312	62.4	2.48	2.70	20%	5	235	47.0	3.75	4.80	40%
인문	철학과*	5	5	318	63.6	2.88	4.60	20%	5	281	56.2	3.02	4.30	20%	5	208	41.6	2.70	2.70	60%
인문	국어국문·문예창작학부	6	6	412	68.7	2.90	4.30	17%	6	357	59.5	2.64	4.60	67%	6	338	56.3	2.72	3.90	33%
인문	경찰행정학부(인문)	15	15	802	53.5	2.96	4.70	40%	15	662	44.1	2.65	4.60	47%	15	600	40.0	3.16	5.30	27%
인문	행정학전공*	6	6	374	62.3	3.03	3.90	17%	6	330	55.0	3.10	4.10	67%	6	222	37.0	3.43	5.20	67%
인문	경영학과*	18	18	1,329	73.8	3.06	4.50	22%	18	1,141	63.4	3.20	4.20	33%	20	1,101	55.1	2.78	4.80	15%
인문	사학과*	4	4	257	64.3	3.07	4.30	25%	4	230	57.5	4.20	4.40	%	4	183	45.8	2.73	3.60	50%
인문	영어영문학부*	10	10	695	69.5	3.09	4.30	20%	10	627	62.7	3.43	4.00	40%	10	500	50.0	3.11	4.10	40%
인문	경영정보학과	10	10	625	62.5	3.12	4.40	20%	10	588	58.8	3.04	3.80	30%	13	544	41.9	3.12	4.50	38%
인문	법학과*	15	15	1,125	75.0	3.24	5.50	13%	15	1,054	70.3	3.30	4.80	27%	24	1,364	56.8	2.73	3.80	38%
인문	광고홍보학과	6	6	458	76.3	3.35	4.90		6	397	66.2	2.93	3.90	50%	6	331	55.2	3.70	5.80	0%
인문	회계학과	13	13	773	59.5	3.48	4.80		13	750	57.7	3.10	4.70	38%	15	584	38.9	2.52	3.80	60%
인문	중어중문학과*	5	5	315	63.0	3.60	4.40	60%	5	317	63.4	3.75	4.90	40%	5	248	49.6	2.93	4.50	60%
자연	약학과	5	5	1,622	324.4	1.43	1.80		6	2,153	358.8	2.60	3.20	17%	6	3,501	583.5	1.33	1.90	
자연	경찰행정학부(자연)	5	5	122	24.4	2.24	2.80		5	157	31.4	3.05	3.50		5	178	35.6	3.05	4.10	
자연	시스템반도체학부	5	4	94	23.5	2.60	3.30	25%												
자연	기계로봇에너지공학과	12	12	316	26.3	2.64	4.10	8%	7	246	35.1	2.86	3.70	14%	7	218	31.1	2.80	4.00	14%
자연	화학과*	4	4	84	21.0	2.73	3.30	25%	4	113	28.3	3.13	3.80		5	122	24.4	3.37	4.00	20%
자연	바이오환경과학과	4	4	90	22.5	2.73	3.70		4	131	32.8	2.87	3.30	25%	5	135	27.0	3.22	4.40	20%
자연	생명과학과*	4	4	91	22.8	2.73	4.10		4	135	33.8	3.80	4.80	25%	5	148	29.6	3.18	4.40	20%
자연	정보통신공학전공	13	13	351	27.0	2.73	3.90	23%	13	499	38.4	2.48	3.20	23%	14	543	38.8	2.99	4.50	21%
자연	산업시스템공학과	6	7	200	28.6	2.74	3.70	14%	7	247	35.3	2.61	3.60	86%	7	232	33.1	3.65	4.40	
자연	통계학과*	4	4	78	19.5	2.83	4.30		4	110	27.5	2.50	2.80	50%	6	146	24.3	1.97	3.10	17%
자연	화공생물공학과	7	7	207	29.6	2.86	4.60		7	292	41.7	3.22	4.00	43%	7	299	42.7	2.92	4.90	14%
자연	물리학과	3	3	59	19.7	2.87	3.40		7	215	30.7	3.48	4.60	29%	7	177	25.3	3.59	6.20	14%
자연	식품생명공학과*	5	5	105	21.0	2.92	3.60	20%	5	174	34.8	2.74	3.90	20%	5	133	26.6	2.90	3.60	40%
자연	에너지신소재공학과	6	6	150	25.0	3.00	4.40	33%	6	234	39.0	2.93	3.70		6	226	37.7	3.66	5.50	50%
자연	수학교육과	5	5	78	15.6	3.02	4.70	60%	5	143	28.6	2.38	3.10	60%	5	163	32.6	2.68	4.20	20%
자연	전자전기공학부	24	25	810	32.4	3.03	4.20	12%	26	1,125	43.3	3.16	4.70	42%	32	1,530	47.8	2.94	4.90	19%
자연	수학과*	4	4	77	19.3	3.03	4.60	50%	4	96	24.0	2.13	2.80	25%	6	140	23.3	3.22	4.80	33%
자연	컴퓨터·AI학부(자연)	20	21	793	37.8	3.07	5.00	29%	22	1,216	55.3	2.79	4.70	5%	5	173	34.6	2.42	3.50	20%
자연	의생명공학과	4	4	99	24.8	3.08	3.70	75%	4	168	42.0	2.55	3.20		5	188	37.6	2.70	4.60	60%
자연	건축공학부	5	5	167	33.4	3.16	3.70		5	186	37.2	3.20	5.80	40%	7	259	37.0	3.37	5.00	43%
자연	건설환경공학과	7	7	169	24.1	3.17	4.00		7	223	31.9	3.15	4.30	14%	7	197	28.1	2.80	3.30	43%

4부 ● 일반대학

28. 동덕여자대학교

I. 한 눈에 보는 전형

모집시기	전형유형	전형	모집인원	전형 방법	수능최저학력기준
수시	교과	학생부교과우수자	179	학생부100% ※ 고교 추천: 제한 없음	○
수시	종합	동덕창의리더	183	1단계)서류100%(3배수) 2단계)서류40%+ 면접60%	X(약학과○)
수시	종합	기회균형	13	서류100%	X
수시	종합	평생학습자 [신설]	6	서류100%	X
수시	종합	특성화고졸재직자	85	서류100%	X
수시	논술	논술우수자	200	논술100%	○
수시	실기/실적	실기우수자	364	학생부20%+ 실기80% ▶실용음악전공(보컬): 1단계)학생부20%+ 실기80%(5배수) 2단계)실기100%	X
수시	특기	특기자	13	1단계)서류100%(5배수) 2단계)학생부20%+ 실기80%	X

(수시모집) 지원 가능 횟수	수시모집에서는 전형 간 복수지원이 가능함

■ 무전공(전공자율선택)

유형① [대학 내 모든 전공(보건의료, 사범 등 제외) 자율 선택]		유형② [계열/단과대 모집 후 모집단위 내 전공 자율 선택]	
모집단위	인원	모집단위	인원
자율전공학부	93	인문예술융합학부	125
		자연정보융합학부	43

■ **자율전공학부**는 1학년 말에 전공을 선택함

※ 선택가능 전공: 인문학부(국어국문학전공, 국사학전공, 문예창작전공), 글로벌지역학부(영어전공, 일어일본학전공, 유러피언스티디전공, 중어중국학전공), 사회과학부(문헌정보학전공, 사회복지학전공, 아동학전공), 경영융합학부, 자연과학부(식품영양학전공, 보건관리학전공, 응용화학전공, 화장품학전공), 정보학부(컴퓨터학전공, 정보통계학전공), 문화지식융합학부(커뮤니케이션콘텐츠전공, HCI사이언스전공), 앙트러프러너리얼리더십학부(문화예술경영전공, 글로벌MICR융합전공)

■ 전형결과

※ 성적 산출기준: (수시) 교과 석차등급, (정시) 수능 백분위

모집시기	전형유형	전형	학년도	모집인원	지원인원	경쟁률	최종합격자 평균		충원율
수시	교과	학생부교과우수자	2024	189	1,773	9.38	2.66		171%
수시	종합	동덕창의리더	2024	176	2,357				
수시	논술	논술우수자	2024	179	4,970	27.77			

■ (주요전형) 전형일정

유형	전형	원서접수 마감	대학별 고사(면접/논술)	1단계 합격자	최종 합격자
교과	학생부교과우수자	9.15(금) 18:00 학교장추천: 9.22(금) 18:00			12.15(금)
종합	동덕창의리더	9.15(금) 18:00	11.04(토)~05(일)	10.31(화)	11.14(화) ▶약학과: 12.15(금)
논술	논술우수자	9.15(금) 18:00	11.25(토)		12.15(금)

II. (수시모집) 주요 전형

■ (학생부교과) 학생부교과우수자

전형	모집인원	전형 방법	수능최저학력기준
학생부교과우수자	182	학생부100%	○

1. **지원자격:** 국내 고등학교 전 과정을 이수한 2023년 2월 이후 고등학교 졸업자 및 2025년 2월 졸업예정자로서 <u>학교장 추천을 받은 자.</u>
   <u>(추천 인원 제한 없음)</u>

2. **수능최저학력기준:**

> [국어, 수학, 영어, 사/과탐(1과목)] 중 2개 영역 등급 합 7 이내
> ▶ 약학과: [국어, 수학(미적분/기하), 과탐(1과목)] 3개 영역 등급 합 6 이내

◎ 전형요소
● 학생부(1,000점)

반영요소 반영비율	구분	반영교과목		교과성적 산출지표	학년별 반영비율
		반영방법			
교과 100%	공통 및 일반선택	인, 큐레이터학전공, 글로벌MICE전공: 국어, 영어, 수학, 사회교과에 속한 전 과목 자 국어, 영어, 수학, 과학교과에 속한 전 과목 예 커뮤니케이션콘텐츠전공, 문화예술경영전공: 국어, 영어, 수학/사회/과학교과에 속한 전 과목 ※ 이수단위: 미반영		석차등급	학년 구분 없음
	진로선택	미반영			

◎ 전형결과
■ 전체

학년도	전체					인문					자연				
	모집 인원	지원 인원	경쟁 률	최종 평균	충원 율	모집 인원	지원 인원	경쟁 률	최종 평균	충원 율	모집 인원	지원 인원	경쟁 률	최종 평균	충원 율
2022	465	7,144	15.36	2.97	103%	341	6,143	18.01	3.03	107%	124	1,001	8.07	2.91	99%
2023	464	3,752	8.09	2.96	106%	340	2,547	7.49	3.02	98%	124	1,205	9.72	2.89	114%
2024	189	1,773	9.38			136	1,180	8.68			53	593	11.19		
2025	182					129					53				

■ 변경사항 & 핵심포인트

[2025]

변경사항	2024	2025
모집인원	189명	182명(-7)

➡ 합격자 성적분포: 인문계열은 2등급 중반 ~ 3등급 중반, 자연계열은 1등급 초반 ~ 3등급 중반.
※ 수능최저학력기준이 완화되었지만, 모집인원이 크게 감소하여 경쟁률과 합격자 성적이 상승할 수 있음

■ 모집단위

'*' 표시 : 교직 이수 가능

계열	모집단위	2025	2024					2023					2022				
		모집 인원	모집 인원	지원 인원	경쟁 률	최종 평균	충원 번호	모집 인원	지원 인원	경쟁 률	최종 평균	충원 번호	모집 인원	지원 인원	경쟁 률	최종 평균	충원 번호
인문	커뮤니케이션콘텐츠전공	8	9	58	6.4			24	103	4.3	2.50	11	24	147	6.1	2.40	24
인문	문화예술경영전공	8	9	82	9.1			24	107	4.5	2.70	25	24	144	6.0	2.40	31
인문	문예창작전공	4	4	21	5.3			5	42	8.4	2.90	6	5	29	5.8	3.10	11
인문	국어국문학전공	4	4	26	6.5			12	90	7.5	2.90	11	12	157	13.1	2.90	19
인문	영어전공	9	9	55	6.1			23	145	6.3	2.90	24	23	128	5.6	2.90	18
인문	큐레이터학전공	3	3	22	7.3			9	100	11.1	2.90	13	9	48	5.3	3.10	8
인문	경영학전공	13	14	162	11.6			31	234	7.6	3.00	34	31	215	6.9	2.80	47
인문	아동학전공	8	9	42	4.7			20	149	7.5	3.00	13	20	128	6.4	3.10	24
인문	문헌정보학전공	7	6	54	9.0			13	86	6.6	3.00	23	13	78	6.0	2.80	28
인문	사회복지학전공	3	3	16	5.3			10	56	5.6	3.00	9	11	71	6.5	3.00	15
인문	경제학전공	5	5	40	8.0			14	158	11.3	3.00	7	14	78	5.6	3.40	6
인문	일어일본학전공	6	6	50	8.3			15	117	7.8	3.10	22	15	85	5.7	3.20	24
인문	글로벌MICE전공	8	9	59	6.6			24	132	5.5	3.10	27	24	123	5.1	3.00	21
인문	국사학전공	3	3	22	7.3			8	47	5.9	3.20	8	8	48	6.0	2.90	8
인문	유러피언스터디즈학전공	6	6	60	10.0			16	136	8.5	3.20	16	16	102	6.4	3.30	18
인문	국제경영학전공	8	8	99	12.4			18	264	14.7	3.20	16	18	126	7.0	3.30	15
인문	HCI사이언스전공	8	9	67	7.4			24	163	6.8	3.20	18	24	142	5.9	3.20	16
인문	데이터사이언스전공	10	12	155	12.9			30	250	8.3	3.30	27	30	163	5.4	3.50	18
인문	중어중국학전공	8	8	90	11.3			20	168	8.4	3.30	19	20	131	6.6	3.30	15
자연	약학과	12	12	113	9.4			24	345	14.4	1.20	42	24	475	19.8	1.3	31
자연	화장품학전공	5	5	51	10.2			15	108	7.2	3.00	10	15	84	5.6	2.9	16
자연	컴퓨터학전공	6	6	50	8.3			21	183	8.7	3.10	30	21	107	5.1	3.2	21
자연	응용화학전공	8	8	93	11.6			15	122	8.1	3.10	20	15	68	4.5	3.1	12

계열	모집단위	2025 모집인원	2024 모집인원	2024 지원인원	2024 경쟁률	2024 최종평균		2024 충원번호	2023 모집인원	2023 지원인원	2023 경쟁률	2023 최종평균	2023 충원번호	2022 모집인원	2022 지원인원	2022 경쟁률	2022 최종평균	2022 충원번호
자연	식품영양학전공	8	8	108	13.5				17	165	9.7	3.20	15	17	100	5.9	3.3	14
자연	보건관리학전공	6	6	78	13.0				14	127	9.1	3.20	7	14	74	5.3	3.2	11
자연	정보통계학전공	8	8	100	12.5				18	155	8.6	3.40	17	18	93	5.2	3.4	18

■ (학생부종합) 동덕창의리더

전형	모집인원	전형 방법	수능최저학력기준
동덕창의리더	183	1단계)서류100%(3배수) 2단계)서류40%+ 면접60%	X(약학과○)

1. **지원자격**: 국내 고등학교 졸업(예정)자 또는 법령에 의하여 고등학교 졸업자와 동등이상의 학력이 있다고 인정되는 자
2. **제출서류**: 학교생활기록부
3. **수능최저학력기준**:

> ▶ 약학과: [국어, 수학(미적분/기하), 과탐(1과목)] 3개 영역 등급 합 6 이내

◎ 전형요소
● 서류(1,000점: 최저점 0점)
1. **평가방법**: 정성적으로 설정된 3개의 영역(학업역량, 진로역량, 공동체역량)에 의거하여 학생부 전체(교과 · 비교과)를 근거로 평가함
2. **평가영역**:

평가영역	반영비율	평가요소
학업역량	35%	학업 성취도, 학업태도, 탐구력
진로역량	40%	전공(계열) 관련 교과 이수 노력, 전공(계열) 관련 교과 성취도, 진로 탐색 활동과 경험
공동체역량	25%	협업과 소통능력, 나눔과 배려, 성실성과 규칙준수, 리더십

☞ 보충설명
- 진로역량(40%) > 학업역량(35%) > 공동체역량(25%) 순으로 반영
- 전년도의 경우 인성(30%) = 발전가능성(30%) > 학업역량(20%) = 전공적합성(20%) 이었고, 진로역량이 20%=>40%로 20% 증가하였음
- 진로역량(40%)은 학과로 봄. 성적대가 비슷하지는 않음.
- 공동체역량(30%)에서 변별력 생김. 나눔과 배려, 자신감, 리더십 등

● 면접(600점: 최저점 0점)
1. **면접방법**: 지원자가 제출한 서류에 대한 사실 여부 확인 등을 통해 지원 전공에 대한 적성, 소양 등을 확인.
2. **면접시간**: 10분 내외로 실시되며 2명의 평가자가 1명의 지원자를 평가.
3. **평가항목**: 정성적으로 설정된 3개의 영역(학업역량, 진로역량, 공동체역량)에 의거 하여 평가

평가영역	반영비율	평가요소
학업역량	35%	탐구력
진로역량	40%	전공(계열) 관련 교과 이수 노력, 진로 탐색 활동과 경험
공동체역량	25%	협업과 소통능력, 나눔과 배려

◎ 전형결과
■ 전체

학년도	전체 모집인원	전체 지원인원	전체 경쟁률		전체 충원율	인문 모집인원	인문 지원인원	인문 경쟁률		인문 충원율	자연 모집인원	자연 지원인원	자연 경쟁률		자연 충원율
2022	167	1,505	9.01		101%	120	1,170	9.75		80%	47	335	7.13		121%
2023	167	1,633	9.78		73%	120	1,266	10.55		73%	47	367	7.81		73%
2024	176	2,357				124	1,654	13.34			52	703	13.52		
2025	176					124					52				

■ 변경사항 & 핵심포인트
[2025]

변경사항	2024	2025
모집인원	176명	183명(+7명)
서류 평가요소 반영비율 변경	학업역량30%, 진로역량40%, 공동체역량30%	학업역량35%, 진로역량40%, 공동체역량25%

■ 모집단위

인문 자연 계열	모집단위	2025 모집 인원	2024 모집 인원	2024 지원 인원	2024 경쟁 률			2024 충원 번호	2023 모집 인원	2023 지원 인원	2023 경쟁 률			2023 충원 번호	2022 모집 인원	2022 지원 인원	2022 경쟁 률		2022 충원 번호
인문	문예창작전공	5	5	130	26.0				6	111	18.5			7	6	83	13.8		2
인문	문화예술경영전공	4	4	93	23.3														
인문	커뮤니케이션콘텐츠전공	4	4	81	20.3														
인문	사회복지학전공	6	6	104	17.3				7	99	14.1			7	7	100	14.3		6
인문	아동학전공	7	7	119	17.0				8	99	12.4			6	8	107	13.4		2
인문	문헌정보학전공	6	6	93	15.5				7	83	11.9			2	7	84	12.0		1
인문	일어일본학전공	8	8	115	14.4				9	91	10.1			5	9	73	8.1		10
인문	유러피언스터디즈학전공	10	10	128	12.8				12	93	7.8			9	12	100	8.3		15
인문	글로벌MICE전공	4	4	49	12.3														
인문	중어중국학전공	8	8	96	12.0				10	90	9.0			19	10	86	8.6		8
인문	국어국문학전공	8	8	95	11.9				9	91	10.1			5	9	80	8.9		7
인문	국사학전공	5	5	58	11.6				6	58	9.7			3	6	55	9.2		4
인문	경영학전공	14	14	160	11.4				16	184	11.5			5	16	168	10.5		11
인문	국제경영학전공	8	8	86	10.8				9	87	9.7			4	9	66	7.3		6
인문	HCI사이언스전공	4	4	40	10.0														
인문	영어전공	10	10	100	10.0				12	111	9.3			7	12	116	9.7		11
인문	경제학전공	8	8	67	8.4				9	69	7.7			8	9	52	5.8		13
인문	데이터사이언스전공	5	5	40	8.0														
자연	화장품학전공	3	3	74	24.7														
자연	약학과	8	8	178	22.3														
자연	보건관리학전공	7	7	116	16.6				8	64	8.0				8	55	6.9		3
자연	식품영양학전공	6	6	98	16.3				7	82	11.7			11	7	70	10.0		11
자연	응용화학전공	6	6	87	14.5				7	63	9.0			4	7	80	11.4		4
자연	정보통계학전공	8	8	58	7.3				9	52	5.8			14	9	46	5.1		14
자연	컴퓨터학전공	14	14	92	6.6				16	106	6.6			9	16	84	5.3		25

미술 계열	모집단위	2025 모집 인원	2024 모집 인원	2024 지원 인원	2024 경쟁 률			2023 모집 인원	2023 지원 인원	2023 경쟁 률		2023 충원 번호	2022 모집 인원	2022 지원 인원	2022 경쟁 률		2022 충원 번호
예체	큐레이터학전공	5	5	69	13.8			6	35	5.8			6	30	5.0		3

디자 인 계열	모집단위	2025 모집 인원	2024 모집 인원	2024 지원 인원	2024 경쟁 률			2023 모집 인원	2023 지원 인원	2023 경쟁 률		2023 충원 번호	2022 모집 인원	2022 지원 인원	2022 경쟁 률		2022 충원 번호
예체	미디어디자인전공	4	4	105	26.3			4	57	14.3			4	41	10.3		2

■ (논술) 논술우수자

전형	모집인원	전형 방법	수능최저학력기준
논술우수자	200	논술100%	○

1. **지원자격**: 국내 고등학교 졸업(예정)자 또는 법령에 의하여 고등학교 졸업자와 동등이상의 학력이 있다고 인정되는 자
2. **수능최저학력기준**:

[국어, 수학, 영어, 사/과탐(1과목)] 중 2개 영역 등급 합 7 이내

◎ 전형요소
● 논술(1,000점)
  1. 출제내용:

구분	인문사회	자연
문항유형	통합교과형 논술	수리논술
문항수	2문항(문항당 소문항 2개 이내)	3문항 이내(문항당 소문항 2개 이내)
고사시간	90분	90분
글자수	문항당 600~800자	제한 없음(지정된 답안지양식 내에서 작성)

구분	인문사회	자연
출제범위	고등학교 교육과정 범위 내	수학, 수학Ⅰ, 수학Ⅱ, 미적분
출제방향	고등학교 교육과정 범위 내에서 사고력 및 논리적 이해력 등을 평가할 수 있는 문제 출제	

◎ 전형결과

■ 전체

학년도	전체						인문					자연				
	모집인원	지원인원	경쟁률	최종평균		충원율	모집인원	지원인원	경쟁률	최종평균	충원율	모집인원	지원인원	경쟁률	최종평균	충원율
2022																
2023																
2024	179	4,970	27.77				137	3,795	27.70			42	1,175	27.98		
2025	200						155					45				

■ 변경사항 & 핵심포인트

[2025]

변경사항	2024	2025
모집인원	179명	200명(+21)
(인문) 논술고사	2문항(문항 당 2~3개의 소문항 포함), 문항 당 800~1,000자	2문항(문항 당 소문항 2개 이내), 문항 당 600~800자
(자연) 논술고사	3문항(문항 당 2~3개의 소문항 포함) 출제범위: 수학, 수학Ⅰ, 수학Ⅱ, 미적분, 확률과 통계	3문항(문항 당 소문항 2개 이내) 출제범위: 수학, 수학Ⅰ, 수학Ⅱ, 미적분

■ 모집단위

'＊' 표시 : 교직 이수 가능

계열	모집단위	2025	2024						2023						2022					
		모집인원	모집인원	지원인원	경쟁률				모집인원	지원인원	경쟁률				모집인원	지원인원	경쟁률			
인문	경영학전공	16	14	522	37.3															
인문	커뮤니케이션콘텐츠전공	8	7	230	32.9															
인문	글로벌MICE전공	8	7	219	31.3															
인문	문화예술경영전공	8	7	215	30.7															
인문	국제경영학전공	9	8	238	29.8															
인문	유러피언스터디즈학전공	8	8	231	28.9															
인문	경제학전공	8	7	202	28.9															
인문	중어중국학전공	10	9	246	27.3															
인문	사회복지학전공	6	5	131	26.2															
인문	영어전공	13	11	286	26.0															
인문	아동학전공	10	8	208	26.0															
인문	국어국문학전공	7	6	153	25.5															
인문	문예창작전공	4	4	99	24.8															
인문	문헌정보학전공	5	5	122	24.4															
인문	국사학전공	4	4	97	24.3															
인문	일어일본학전공	8	7	168	24.0															
인문	큐레이터학전공	4	4	91	22.8															
인문	데이터사이언스전공	11	9	201	22.3															
인문	HCI사이언스전공	8	7	136	19.4															
자연	응용화학전공	5	5	145	29.0															
자연	화장품학전공	4	4	116	29.0															
자연	보건관리학전공	7	6	171	28.5															
자연	컴퓨터학전공	14	13	367	28.2															
자연	식품영양학전공	8	7	194	27.7															
자연	정보통계학전공	7	7	182	26.0															

29. 동양대학교

(영주캠퍼스) 경상북도 영주시 풍기읍 동양대로 145 (Tel: 054. 630-1138)
(동두천캠퍼스) 경기도 동두천시 평화로 2741 (Tel: 031. 839-9023, 9033)

Ⅰ. 한 눈에 보는 전형

모집시기	전형유형	전형	모집인원	전형 방법	수능최저학력기준
수시	교과	일반전형 I [2024] 일반전형	601	학생부100%	X(간호학과○)
수시	교과	일반전형 II [신설]	47	▶철도자율전공학부: 학생부100%(교과60%+ 출결40%)	X(간호학과○)
수시	교과	지역인재	38	학생부100%	X(간호학과○)
수시	교과	면접전형	92	학생부60%+ 면접40%	X
수시	교과	고른기회	17	학생부100%	X
수시	교과	사회공헌자	22	학생부100%	X(간호학과○)
수시	교과	특성화고교졸업자	13	학생부100%	X
수시	교과	농어촌학생	19	학생부100%	X
수시	교과	사회적배려자	20	학생부100%	X
수시	교과	군사학	29	학생부50%+ 면접30%+ 체력검정20%	X
수시	실기/실적	체육실기우수자	28	학생부20%+ 면접30%+ 실기50%	X
수시	실기/실적	실기	122	학생부30%+ 실기70%	X

(수시모집) 지원 가능 횟수	우리 대학교 수시모집에서는 전형이 다를 경우 복수지원이 가능합니다.

■ 전형결과

※ 성적 산출기준: (수시) 교과 석차등급, (정시) 수능 백분위

모집시기	전형유형	전형	학년도	모집인원	지원인원	경쟁률	등록자 50%컷	등록자 70%컷	충원율
수시	교과	일반전형 I	2024	556	1,630	2.93	3.57	3.97	162%
수시	교과	지역인재	2024	47	77	1.64	4.43	4.66	49%
수시	교과	면접전형	2024	116	327	2.82	3.79	4.13	60%

■ (주요전형) 전형일정

유형	전형	원서접수 마감	대학별 고사(면접/논술)	1단계 합격자	최종 합격자
교과	일반전형 I	9.13(금) 20:00			11.08(금) ▶간호학: 12.12(목)
교과	일반전형 II	9.13(금) 20:00			11.08(금)
교과	지역인재	9.13(금) 20:00			11.08(금) ▶간호학: 12.12(목)
교과	면접전형	9.13(금) 20:00	10.25(금)~26(토)		11.08(금)

▶ 10.25(금)~26(토) 동두천캠퍼스[경찰범죄심리학과, 공공인재학부, 게임학부, AI빅데이터융합학과, 스마트안전시스템학부, 생활체육과]
▶ 10.25(금) 동두천캠퍼스[디자인학부]

Ⅱ. (수시모집) 주요 전형

■ (학생부교과) 일반전형 I

전형	모집인원	전형 방법	수능최저학력기준
일반전형	601	학생부100%	X(간호학과○)

1. **지원자격**: 고등학교 졸업(예정)자 또는 관계 법령에 의하여 이와 동등 이상의 학력이 있다고 인정되는 자
2. **수능최저학력기준**: 없음. 단, 간호학과는 적용

> ▶ 간호학과: [국어, 수학, 영어, 사/과탐(1과목)] 중 1개 영역 5등급 이내

◎ 전형요소
● 학생부(1,000점)

반영요소 반영비율		반영교과목		교과성적 산출지표	학년별 반영비율
	구분	반영방법			
교과 90%	공통 및 일반선택	국어, 수학, 영어, 사회(역사/도덕 포함), 과학교과 중 상위 15과목(진로선택과목 포함) ※ 반영 학기: (교과, 비교과) 졸업예정자 및 졸업자 모두 3학년 1학기까지		석차등급	학년 구분 없음
	진로선택	진로선택과목은 성취도를 등급으로 환산하여 반영 ※ 성취도 환산 등급 = A : 1등급, B : 2등급, C : 3등급		성취도	
비교과 10%	※ 만점: ① 출결(10%): 미인정 결석 0일 이내				

◎ 전형결과
■ 전체

학년도	전체						인문						자연					
	모집 인원	지원 인원	경쟁 률	등록 50%컷	등록 70%컷	충원 율	모집 인원	지원 인원	경쟁 률	등록 50%컷	등록 70%컷	충원 율	모집 인원	지원 인원	경쟁 률	등록 50%컷	등록 70%컷	충원 율
2022	382	1,685	4.41	4.45	4.81	204%	97	331	3.41	4.50	4.90	232%	285	1,354	4.75	4.40	4.72	176%
2023	469	1,757	3.75	3.57	4.04	164%	122	410	3.36	3.73	4.13	234%	347	1,347	3.88	3.40	3.95	94%
2024	556	1,630	2.93	3.57	3.97	162%	153	484	3.16	3.68	3.85	195%	403	1,146	2.84	3.45	4.08	128%
2025	601						212						389					

■ 변경사항 & 핵심포인트
[2025]

변경사항	2024	2025
모집인원	556명	601명(+5명)
명칭 변경	일반전형	일반전형Ⅰ

➡ 합격자 성적분포: 인문계열은 3등급 초반 ~ 4등급 초반, 자연계열은 3등급 초반 ~ 4등급 중반.

■ 모집단위
'＊' 표시 : 교직 이수 가능

계열	모집단위	2025	2024						2023						2022					
		모집 인원	모집 인원	지원 인원	경쟁 률	등록 50%컷	등록 70%컷	충원 번호	모집 인원	지원 인원	경쟁 률	등록 50%컷	등록 70%컷	충원 번호	모집 인원	지원 인원	경쟁 률	등록 50%컷	등록 70%컷	충원 번호
인문	보건의료복지학과[동두천]	30																		
인문	e스포츠학과	7																		
인문	군사학과[동두천]	27																		
인문	경찰범죄심리학과[동두천]	23	23	67	2.9	3.30	3.90	44	23	111	4.8	3.50	3.90	86						
인문	공공인재학부[동두천]	25	27	129	4.8	3.30	3.30	102	38	136	3.6	3.60	3.60	97	30	192	6.4	4.30	4.30	152
인문	IT융합경영학과[동두천]	38	38	200	5.3	3.80	3.90	135	28	79	2.8	3.90	4.50	51	35	66	1.9	4.50	5.20	31
인문	유아교육과＊	28	29	42	1.4	4.30	4.30	13	31	77	2.5	3.90	4.50	46						
예체	디지털콘텐츠학과	34	33	37	1.1	4.70	4.70	3												
자연	철도차량학과	21																		
자연	디지털원소프트웨어학과[동두천]	20																		
자연	스마트건축공학과	29	29	22	0.8				29	28	1.0	3.10	3.80		33	67	2.0	4.70	5.20	34
자연	게임학부[동두천]	20	24	142	5.9	2.80	3.00	54	12	178	14.8	2.60	3.00	37	16	167	10.4	3.80	4.30	86
자연	도시철도시스템학과[동두천]	26	24	153	6.4	2.90	3.20	52												
자연	철도건설안전공학과	24	39	25	0.6	2.90	4.80		41	27	0.7	4.30	5.70		38	52	1.4	4.60	4.90	14
자연	철도운전제어학과	30	33	108	3.3	2.90	3.40	75	23	141	6.1									
자연	철도운전관제학과	16	17	31	1.8	3.10	3.40	14	31	61	2.0				31	58	1.9	4.20	4.50	27
자연	간호학과	85	85	324	3.8	3.10	3.30	137	70	521	7.4	3.00	3.00	158	60	691	11.5	3.50	3.50	159
자연	AI빅데이터융합학과[동두천]	45	45	133	3.0	3.30	3.50	84	30	200	6.7	3.50	3.70	74	40	129	3.2	4.70	5.10	89
자연	스마트기계공학과	20	19	37	1.9	3.50	5.80	18	44	37	0.8				25	55	2.2	5.10	5.40	28
자연	스마트안전시스템학부[동두천]	40	45	117	2.6	3.70	4.30	70	36	93	2.6	3.90	4.50	56	18	110	6.11	4.60	4.90	64
자연	철도운전·전기신호학과	13	16	27	1.7	4.20	4.30	11	31	61	2.0									

■ (학생부교과) 일반전형 II

전형	모집인원	전형 방법	수능최저학력기준
일반전형 II [신설]	47	▶철도자율전공학부: 학생부100%(교과60%+ 출결40%)	X

1. **지원자격**: 고등학교 졸업(예정)자 또는 관계 법령에 의하여 이와 동등 이상의 학력이 있다고 인정되는 자
2. **수능최저학력기준**: 없음.

◎ 전형요소
● 학생부(1,000점)

반영요소 반영비율	구분	반영교과목 반영방법		교과성적 산출지표	학년별 반영비율
교과 60%	공통 및 일반선택	국어, 수학, 영어, 사회(역사/도덕 포함), 과학교과 중 상위 15과목(진로선택과목 포함) ※ 반영 학기: (교과, 비교과) 졸업예정자 및 졸업자 모두 3학년 1학기까지		석차등급	학년 구분 없음
	진로선택	진로선택과목은 성취도를 등급으로 환산하여 반영 ※ 성취도 환산 등급 = A : 1등급, B : 2등급, C : 3등급		성취도	
비교과 40%	※ 만점: ① 출결(10%): 미인정 결석 0일 이내				

◎ 전형결과
■ 전체

■ 변경사항 & 핵심포인트

[2025]
- 신설 전형. 철도자율전공학부만 47명 선발

'*' 표시 : 교직 이수 가능

■ 모집단위

계열	모집단위	2025 모집 인원	2024 모집 인원	지원 인원	경쟁률	등록 50%컷	등록 70%컷	충원 번호	2023 모집 인원	지원 인원	경쟁률	등록 50%컷	등록 70%컷	충원 번호	2022 모집 인원	지원 인원	경쟁률			충원 번호
자연	철도자율전공학부	47																		

■ (학생부교과) 지역인재

전형	모집인원	전형 방법	수능최저학력기준
지역인재	38	학생부100%	X(간호학과○)

1. **지원자격**: 경상북도 또는 대구광역시 소재 고등학교 졸업(예정)자로서 입학부터 졸업까지 해당 지역 고교에서 재학한 자
   ※ 학교생활기록부가 없거나 학교생활기록부만으로 석차등급을 산출할 수 없는 자는 지원할 수 없습니다.
2. **수능최저학력기준**:

   ▶ 간호학과: [국어, 수학, 영어, 사/과탐 중 1개 영역 5등급 이내]

◎ 전형요소
● 학생부: 일반전형 참고

학년도	전체						인문						자연					
	모집 인원	지원 인원	경쟁률	등록 50%컷	등록 70%컷	충원율	모집 인원	지원 인원	경쟁률	등록 50%컷	등록 70%컷	충원율	모집 인원	지원 인원	경쟁률	등록 50%컷	등록 70%컷	충원율
2022	4	23	5.75	3.90	3.90	150%							4	23	5.75	3.90	3.90	150%
2023	25	77	3.08	2.90	2.90	104%	1	2	2.0				24	75	3.13	2.90	2.90	104%
2024	47	77	1.64	4.43	4.66	49%	9	10	1.11	5.00	5.00	56%	38	67	1.76	3.86	4.32	42%
2025	38						8						30					

◎ 전형결과
■ 전체

■ 변경사항 & 핵심포인트

[2025]

변경사항	2024	2025
모집인원	47명	38명(-9명)

➡ **합격자 성적분포**: 인문계열은 4등급 후반 ~ 5등급 중반, 자연계열은 3등급 중반 ~ 4등급 중반.

'*' 표시 : 교직 이수 가능

계열	모집단위	2025 모집인원	2024 모집인원	2024 지원인원	2024 경쟁률	2024 등록50%컷	2024 등록70%컷	2024 충원번호	2023 모집인원	2023 지원인원	2023 경쟁률	2023 등록50%컷	2023 등록70%컷	2023 충원번호	2022 모집인원	2022 지원인원	2022 경쟁률	2022 등록50%컷	2022 등록70%컷	2022 충원번호
인문	경찰행정·범죄심리학과	1	1	1	1.0				1	2	2.0			1						
예체	생활체육학과	1	1	1	1.0															
예체	디지털콘텐츠학과	4	5	1	0.2															
인문	유아교육과*	2	2	7	3.5	5.00	5.00	5												
자연	철도차량학과	1																		
자연	스마트건축공학과	1	1	0	0.0				1	1	1.0									
자연	철도운전관제학과	2	3	1	0.3															
자연	철도운전제어학과	2	6	6	1.0	2.50	4.30		6	11	1.8									
자연	철도운전·전기신호학과	1	3	2	0.7	3.10	3.10													
자연	간호학과	13	13	48	3.7	3.30	3.50	16	12	62	5.3	2.90	2.90	25	4	23	5.8	3.90	3.90	6
자연	스마트기계공과	10	10	8	0.8	5.40	5.70		5	1	0.2									

■ (학생부교과) 면접전형

전형	모집인원	전형 방법	수능최저학력기준
면접전형	92	학생부60%+ 면접40%	X

1. **지원자격**: 고등학교 졸업(예정)자 또는 관계 법령에 의하여 이와 동등 이상의 학력이 있다고 인정되는 자

◎ 전형요소
● 학생부(600점): 일반전형 참고
● 면접(400점) – 비대면 화상 면접(실시간 화상면접)
  1. **평가방법**: 비대면, 다대다 면접((평가위원 평균 점수 반영)
  2. **평가영역**: 의사표현능력, 예절 및 태도, 전공 관심도
  3. **면접문항**: 면접고사 문항 홈페이지에 사전 게시

◎ 전형결과
■ 전체

학년도	전체 모집인원	전체 지원인원	전체 경쟁률	전체 등록50%컷	전체 등록70%컷	전체 충원율	인문 모집인원	인문 지원인원	인문 경쟁률	인문 등록50%컷	인문 등록70%컷	인문 충원율	자연 모집인원	자연 지원인원	자연 경쟁률	자연 등록50%컷	자연 등록70%컷	자연 충원율
2022	315	620	1.97	4.82	5.02	59%	117	260	2.22	4.80	5.00	58%	198	360	1.82	4.83	5.03	60%
2023	246	424	1.72	3.77	4.15	199%	35	139	3.97	3.80	4.00	383%	211	285	1.35	3.73	4.30	15%
2024	116	327	2.82	3.79	4.13	60%	31	111	3.58	3.90	4.25	81%	85	216	2.54	3.67	4.00	38%
2025	92						62						30					

■ 변경사항 & 핵심포인트

[2025]

변경사항	2024	2025
모집인원	116명	92명(-24명)

➡ **합격자 성적분포**: 인문계열은 3등급 중반 ~ 4등급 중반, 자연계열은 3등급 중반 ~ 4등급 중반.

■ 모집단위

'*' 표시 : 교직 이수 가능

계열	모집단위	2025 모집인원	2024 모집인원	2024 지원인원	2024 경쟁률	2024 등록50%컷	2024 등록70%컷	2024 충원번호	2023 모집인원	2023 지원인원	2023 경쟁률	2023 등록50%컷	2023 등록70%컷	2023 충원번호	2022 모집인원	2022 지원인원	2022 경쟁률	2022 등록50%컷	2022 등록70%컷	2022 충원번호
인문	e스포츠학과	10																		
예체	생활체육학과	29							2	6	3.0				2	5	2.5			2
예체	디자인학부[동두천]	5	5	41	8.2	2.90	2.90	12	7	54	7.7	3.00	3.60	16	5	44	8.8	4.30	4.30	19
인문	공공인재학부[동두천]	15	15	25	1.7	3.30	3.90	4	15	28	1.9	3.90	4.10	97	40	94	2.4	5.00	5.40	26
인문	경찰범죄심리학과	3	8	12	1.5	4.50	4.60	2	8	26	3.3	3.70	3.90	14	40	56	1.4	4.70	5.10	8
자연	게임학부[동두천]	20	10	112	11.2	2.80	3.00	10	22	117	5.3	4.10	4.30	22	32	79	2.47	5.40	5.40	31
자연	AI빅데이터융합학과[동두천]	5	5	18	3.6	3.30	3.60	13	5	16	3.2	3.40		4	10	21	2.1	4.80	4.80	10
자연	스마트안전시스템학부[동두천]	5	10	21	2.1	4.50	5.00	9	10	20	2.0	3.70		5	33	39	1.2	5.10	5.40	

30. 루터대학교   경기도 용인시 기흥구 금화로 82번길 20 (Tel. 031. 679-2328)

I. 한 눈에 보는 전형

모집 시기	전형 유형	전형	모집 인원	전형 방법	수능최저 학력기준
수시	교과	일반전형	45	학생부60%+ 면접40%	X
수시	교과	고른기회	4	학생부60%+ 면접40%	X
수시	교과	성인학습자	5	학생부60%+ 면접40%	X
수시	교과	농어촌학생	3	학생부60%+ 면접40%	X
수시	교과	장애인등대상자	약간	학생부60%+ 면접40%	X
수시	교과	특성화고등을졸업한재직자	6	학생부60%+ 면접40%	X

(수시모집) 지원 가능 횟수	전형 간에 복수 지원 불가

■ 무전공(전공자율선택)

유형① [대학 내 모든 전공(보건의료, 사범 등 제외) 자율 선택]		유형② [계열/단과대 모집 후 모집단위 내 전공 자율 선택]	
모집단위	인원	모집단위	인원
휴먼케어서비스학부	75		

■ 전형결과
※ 성적 산출기준: (수시) 교과 석차등급, (정시) 수능 백분위

모집시기	전형유형	전형	학년도	모집인원	지원인원	경쟁률	등록자 50%컷	등록자 70%컷	충원율
수시	교과	일반전형	2024	38	90	2.37	3.89	5.11	134%

■ (주요전형) 전형일정

유형	전형	원서접수 마감	대학별 고사(면접/논술)	1단계 합격자	최종 합격자
교과	일반전형	9.13(금)	10.19(토)		12.13(금)

II. (수시모집) 주요 전형

■ (학생부교과) 일반전형

전형	모집인원	전형 방법	수능최저학력기준
일반전형	45	학생부60%+ 면접40%	X

1. **지원자격**: 고등학교 졸업(예정)자 또는 법령에 의하여 이와 동등 이상의 학력이 있다고 인정된 자, 고등학교 졸업학력 검정고시 합격자, 신학과는 세례교인이어야 함
2. **제출서류**: 학생부, 세례교인 증명서(신학과 지원자)

◎ 전형요소
● 학생부(600)

반영요소 반영비율	반영교과목		교과성적 산출지표	학년별 반영비율
	구분	반영방법		
교과 100%	공통 및 일반선택	국어, 영어, 수학, 한국사, 과학, 사회(역사,도덕 포함) 중 1학년 2과목, 2,3학년 4과목(총6과목) ※ 이수단위: 미반영	석차등급	학년 구별 없음
	진로선택	미반영		

● 면접(400)
 1. **면접방법**: 면접위원이 평가항목에 따라 면접 실시

2. 평가기준:

평가기준	내용
기본소양	대학 지원동기, 가치관, 정서적 안정성, 창의성, 성실성
전공적성	사회봉사, 이해력, 표현력, 논리력, 사회성, 전공에 대한 관심

◎ 전형결과

■ 전체

학년도	전체						인문						자연					
	모집인원	지원인원	경쟁률	등록50%컷	등록70%컷	충원율	모집인원	지원인원	경쟁률	등록50%컷	등록70%컷	충원율	모집인원	지원인원	경쟁률			
2022	74	176	2.4	1.88	2.53	57%	74	176	2.4	1.88	2.53	57%						
2023	64	131	2.05	4.45	4.58	45%	64	131	2.05	4.45	4.58	45%						
2024	38	90	2.37	3.89	5.11	134%	38	90	2.37	3.89	5.11	134%						
2025	45						45											

■ 변경사항 & 핵심포인트

[2025]

변경사항	2024	2025
모집인원	38명	45명(+7명)
(학생부) 반영교과목	국어, 영어, 수학, 한국사, 과학, 사회(역사,도덕 포함) 중 학년 구별 없이 6과목	국어, 영어, 수학, 한국사, 과학, 사회(역사,도덕 포함) 중 1학년 2과목, 2,3학년 4과목(총6과목)

➡ 합격자 성적분포: 인문계열은 3등급 중반 ~ 5등급 중반

■ 모집단위

'*'표시 : 교직 이수 가능

계열	모집단위	2025	2024							2023						2022					
		모집인원	모집인원	지원인원	경쟁률	등록50%컷	등록70%컷	충원번호	모집인원	지원인원	경쟁률	등록50%컷	등록70%컷	충원번호	모집인원	지원인원	경쟁률	등록50%컷	등록70%컷	충원번호
인문	휴먼케어서비스학부	45																		

31. 명지대학교

(인문캠퍼스)서울특별시 서대문구 거북골로 34(Tel: 02. 300-1799,1800/1797,1844)
(자연캠퍼스)경기도 용인시 처인구 명지로 116(Tel: 02. 300-1799,1800/1797,1844)

I. 한 눈에 보는 전형

모집시기	전형유형	전형	모집인원	전형 방법	수능최저학력기준
수시	교과	학교장추천	291	학생부교과100% ※ 고교 추천: 20명	X
수시	교과	기회균형	60	학생부교과100%	X
수시	교과	특성화고교	37	학생부교과100%	X
수시	교과	교과면접	249	1단계)학생부교과100%(5배수) 2단계)학생부교과70%+ 면접30%	X
수시	교과	만학도	44	1단계)학생부교과100%(5배수) 2단계)학생부교과70%+ 면접30%	X
수시	교과	특성화고졸재직자	147	1단계)학생부교과100%(5배수) 2단계)학생부교과70%+ 면접30%	X
수시	교과	특수교육대상자	46	1단계)학생부교과100%(5배수) 2단계)학생부교과70%+ 면접30%	X
수시	종합	명지인재서류	374	서류100%	X
수시	종합	사회적배려대상자	35	서류100%	X
수시	종합	농어촌학생	93	서류100%	X
수시	종합	명지인재면접	357	1단계)서류100%(4배수) 2단계)서류70%+ 면접30%	X
수시	종합	크리스천리더	52	1단계)서류100%(4배수) 2단계)서류70%+ 면접30%	X
수시	실기/실적	실기우수자	145	학생부30%+ 실기70%	X
수시	실기/실적	특기자	27	▶문학, 바둑, 뮤지컬: 1단계)서류100%(4배수) 2단계)서류70%+ 면접30% ▶체육: 학생부30%+ 면접20%+ 실적50%	X

(수시모집) 지원 가능 횟수	우리 대학교 수시모집의 모든 전형에 중복지원이 가능합니다. (최대 6회) 전형별로 모집단위는 1개만 선택할 수 있으며, 면접 및 실기고사 일정 중복시 복수지원이 불가능합니다.

■ 무전공(전공자율선택)

유형① [대학 내 모든 전공(보건의료, 사범 등 제외) 자율 선택]		유형② [계열/단과대 모집 후 모집단위 내 전공 자율 선택]	
모집단위	인원	모집단위	인원
[용인] 자율전공학부(자연)	149	[용인] 건축대학	11
		[용인] 반도체·ICT대학	150
		[용인] 스마트시스템공과대학	116
		[용인] 화학·생명과학대학	49
[서울] 자율전공학부(인문)	297	[서울] 경영대학	64
		[서울] 미디어·휴먼라이프 대학	30
		[서울] 사회과학대학	97
		[서울] 인공지능·소프트웨어융합대학	37
		[서울] 인문대학	92

■ 모집단위 신설·변경

구분	2024	2025
신설	-	경상·통계학부(응용통계학전공), 융합소프트웨어학부(인공지능전공), 자율전공학부(인문), (자연)
폐지	철학과, 전공자유학부(인문), 융합전공학부(인문), 수학과, 융합공학부, 바둑학과, 국제학부	-

■ 아너(Honour)칼리지 자율전공학부(446명): 자율전공학부로 입학한 학생은 미래융합대학 및 스포츠예술대학을 제외한 인문/자연캠퍼스 모든 학과(전공이 없는 학부 포함), 전공 및 학생설계전공을 선택할 수 있음

전형	전형총점	감점								
		1호	2호	3호	4호	5호	6호	7호	8호	9호
체육특기자	1,000	학교폭력(P/F)								

■ 전형결과

모집시기	전형유형	전형	학년도	모집인원	지원인원	경쟁률	등록자 평균	등록자 70%컷	충원율
수시	교과	학교장추천	2024	292	2,959	10.13	2.52	2.75	272%
수시	교과	교과면접	2024	286	4,261	14.90	2.62	2.74	32%
수시	종합	명지인재서류	2024	251	3,358	13.38	3.53	3.52	116%
수시	종합	명지인재면접	2024	376	6,383	16.98	3.76	3.67	74%
수시	종합	크리스천리더	2024	52	585	11.25	3.79	3.87	44%

■ (주요전형) 전형일정

유형	전형	원서접수 마감	대학별 고사(면접/논술)	1단계 합격자	최종 합격자
교과	학교장추천	9.13(금) 18:00 학교장추천: 9.25(수) 18:00			12.05(목)
교과	교과면접	9.13(금) 18:00	10.26(토) 인문/자연캠퍼스 모집단위 전체	10.11(금)	12.05(목)
종합	명지인재서류	9.13(금) 18:00			12.05(목)
종합	명지인재면접	9.13(금) 18:00	-11.23(토) 인문캠퍼스 모집단위 전체 -11.24(일) 자연캠퍼스 모집단위 전체	11.15(금)	12.05(목)
종합	크리스천리더	9.13(금) 18:00	11.22(금)	11.15(금)	12.05(목)

Ⅱ. (수시모집) 주요 전형

■ (학생부교과) 학교장추천

전형	모집인원	전형 방법	수능최저학력기준
학교장추천	291	학생부교과100%	X

1. **지원자격**: 국내 고등학교 졸업(예정)자로서 3학년 1학기까지 학교생활기록부가 <u>3개 학기 이상 있는 자</u>로서 학업역량과 인성이 타의 모범이 되어 소속(졸업) 고등학교장의 추천을 받은 자 ※ <u>고교별 추천 인원: 20명</u>
　※ 학교장추천전형 지원자는 재학(또는 졸업한) 고등학교와 반드시 사전협의 후 원서접수 요망
　※ 지원불가 대상자: 검정고시 합격자, 특성화고, 일반고(종합고) 전문계반, 대안교육 특성화고, 마이스터고, 예술고, 체육고, 방송통신고, 대안학교 (각종학교), 학력인정 평생교육시설, 일반계고 위탁교육 출신자 등
2 **제출서류**: 학교생활기록부, <u>학교장 추천서</u>

◎ 전형요소
● 학생부(100점)

반영요소 반영비율	구분	반영교과목		교과성적 산출지표	학년별 반영비율
		반영방법			
교과100%	공통 및 일반선택	인 국어, 영어, 수학, 사회(한국사)교과에 속한 전 과목 자 국어, 영어, 수학, 과학교과에 속한 전 과목 예 국어, 영어교과에 속한 전 과목 ※ 반영 학기: (교과) 졸업예정자 및 졸업자 모두 3학년 1학기까지		석차등급	학년 구분 없음
	진로선택	반영교과에 속한 진로선택과목 전 과목 ※ 성취도 환산등급 = A : 1등급, B : 2등급, C : 4등급		성취도	

◎ 전형결과
■ 전체

학년도	전체						인문						자연					
	모집 인원	지원 인원	경쟁 률	등록 평균	등록 최저	충원 율	모집 인원	지원 인원	경쟁 률	등록 평균	등록 최저	충원 율	모집 인원	지원 인원	경쟁 률	등록 평균	등록 최저	충원 율
2022	306	1,725	5.64	2.62		257	147	906	6.16	2.52		279%	159	819	5.15	2.71		234%
2023	295	3,906	13.24	2.94	3.30	167	147	2,013	13.69	2.85	3.24	159%	148	1,893	12.79	3.02	3.35	174%
2024	292	2,959	10.13	2.52	2.75	272	147	1,499	10.20	2.51	2.75	277%	145	1,460	10.07	2.52	2.75	266%
2025	291						157						134					

■ 변경사항 & 핵심포인트

[2025]

변경사항	2024	2025
모집인원	292명	291명(-1명)

➡️ **합격자 성적분포**: 인문계열은 2등급 중반 ~ 2등급 후반, 자연계열은 2등급 중반 ~ 2등급 후반.
• 2024에 경쟁률이 13.24 -> 10.13으로 하락했음에도 합격자 성적이 2.95 -> 2.52로 상승한 이유?
 - 진로선택과목을 2과목 -> 전과목으로 반영(A: 1등급, B: 2등급, C: 4등급)함에 따라 지원자 대부분 0.3~ 0.4 등급 정도 상승했기 때문

[2024]

변경사항		2023	2024
(학생부) 반영교과목 확대	인문	국어, 영어, 수학, 사회교과별 상위 4과목	국어, 영어, 수학, 사회교과에 속한 전 과목
	자연	국어, 영어, 수학, 과학교과별 상위 4과목	국어, 영어, 수학, 과학교과에 속한 전 과목
	예체	국어, 영어교과별 상위 4과목	국어, 영어교과에 속한 전 과목
	진로선택과목	반영교과 중 상위 2과목	반영교과에 속한 전 과목

■ 모집단위

※ 2023) 전과목 기준 '*' 표시 : 교직 이수 가능

계열	모집단위	2025 모집 인원	2024 모집 인원	지원 인원	경쟁 률	등록 평균	등록 최저	충원 번호	2023 모집 인원	지원 인원	경쟁 률	등록 평균	등록 최저	충원 번호	2022 모집 인원	지원 인원	경쟁 률	등록 평균	등록 최저	충원 번호
인문	응용통계학전공	3																		
인문	자율전공학부(인문)	60																		
인문	문헌정보학전공*	3	4	60	15.0	2.29	2.77	13	4	29	7.3	3.18	3.37	9	4	23	5.8	2.27		14
인문	행정학전공*	6	9	77	8.6	2.33	2.55	17	10	105	10.5	2.73	3.28	17	9	46	5.1	2.20		30
인문	경영학전공*	18	18	158	8.8	2.34	2.65	61	18	112	6.2	2.56	3.15	41	18	164	9.1	1.87		81
인문	디지털미디어학부	5	5	101	20.2	2.36	2.59	25	5	30	6.0	2.79	3.67	4	5	40	8.0	1.79		10
인문	법학과*	6	9	73	8.1	2.36	2.67	40	9	211	23.4	2.58	2.93	16	9	38	4.2	2.74		23
인문	국제통상학전공*	4	9	172	19.1	2.40	2.58	43	9	93	10.3	3.13	3.43	14	9	57	6.3	2.07		32
인문	경제학전공	6	7	73	10.4	2.41	2.66	24	5	34	6.8	2.73	3.35	8	7	41	5.9	1.99		15
인문	영어영문학전공*	6	9	94	10.4	2.43	2.71	29	9	85	9.4	2.84	3.15	29	9	53	5.9	2.37		33
인문	일어일문학전공*	4	5	71	14.2	2.44	2.80	17	5	87	17.4	3.07	3.50	8	5	25	5.0	2.80		14
인문	중어중문학전공*	5	5	61	12.2	2.57	2.73	7	5	140	28.0	3.15	3.41	7	5	21	4.2	3.23		8
인문	청소년지도학전공*	3	4	56	14.0	2.59	2.74	16	4	299	74.8	2.99	3.41		4	16	4.0	4.11		9
인문	정치외교학전공	6	9	56	6.2	2.61	2.88	23	10	84	8.4	2.78	3.12	13	9	86	9.6	2.17		28
인문	국어국문학전공*	4	4	31	7.8	2.71	2.73	9	4	69	17.3	2.61	2.96	3	4	17	4.3	2.91		12
인문	경영정보학과	5	5	32	6.4	2.74	3.18	10	5	41	8.2	2.57	2.85	5	5	47	9.4	2.06		14
인문	미술사학과전공	5	4	37	9.3	2.75	2.84	11	4	148	37.0	3.14	3.27	4	4	13	3.3	3.63		6
인문	아랍지역학전공*	4	4	31	7.8	2.80	2.97	9	4	59	14.8	3.03	3.17	4	4	17	4.3	2.98		9
인문	아동학전공*	4	4	37	9.3	2.81	2.93	7	4	132	33.0	2.56	2.81	2	4	18	4.5	3.09		10
자연	스마트모빌리티공학전공	4																		
자연	융합에너지학전공	2																		
자연	인공지능전공	3																		
자연	자율전공학부(자연)	22																		
자연	화학나노전공	2																		
자연	환경시스템공학전공	6																		
자연	건설환경공학전공	5																		
자연	전기전자공학부	13																		
자연	기계시스템공학부	8																		
자연	건축학전공	4	6	54	9.0	2.09	2.23	12	6	71	11.8	2.69	3.26	27	8	66	8.3	2.43		29
자연	화학공학전공*	6	6	50	8.3	2.20	2.38	21	7	83	11.9	2.74	3.08	18	6	24	4.0	2.68		16
자연	시스템생명과학전공	6	6	71	11.8	2.24	2.32	16	6	226	37.7	2.94	3.00	8	7	25	3.6	3.81		17
자연	반도체공학부	3	5	32	6.4	2.24	2.58	17	5	55	11.0	2.85	3.22	8						
자연	응용소프트웨어전공	3	4	26	6.5	2.30	2.38	15	4	22	5.5	2.46	2.64	5	4	28	7.0	1.92		15
자연	식품영양학전공*	4	4	27	6.8	2.36	2.59	7	4	38	9.5	2.93	3.21	8	5	22	4.4	2.50		11
자연	데이터사이언스전공	3	4	53	13.3	2.38	2.44	13	4	28	7.0	3.00	3.23	4	4	20	5.0	2.06		4
자연	컴퓨터공학전공*	10	13	248	19.1	2.39	2.61	33	13	86	6.6	3.22	4.00	14	13	99	7.6	1.89		32
자연	디지털콘텐츠디자인학	5	5	54	10.8	2.43	2.69	16	5	27	5.4	2.72	3.32	4	5	45	9.0	2.06		7
자연	신소재공학전공	6	6	42	7.0	2.54	2.78	18	7	160	22.9	2.87	3.04	11	6	26	4.3	3.27		15
자연	산업경영공학과	6	8	59	7.4	2.54	2.74	19	7	131	18.7	3.15	3.38	10	8	30	3.8	3.51		11
자연	정보통신공학전공	9	12	137	11.4	2.62	2.85	28	13	114	8.8	3.21	3.87	13	13	73	5.6	2.30		24
자연	전통건축전공	2	2	19	9.5	3.02	3.04	4	2	11	5.5	3.57	3.65		2	11	5.5	2.63		
자연	공간디자인전공	2	2	13	6.5	3.55	3.72	4	2	13	6.5	2.52	2.56	2	3	20	6.7	2.25		3

■ (학생부교과) 교과면접

전형	모집인원	전형 방법	수능최저학력기준
교과면접	249	1단계)학생부교과100%(5배수) 2단계)학생부교과70%+ 면접30%	X

1. **지원자격**: 고등학교 졸업(예정)자 또는 법령에 따라 이와 같은 수준 이상의 학력이 있다고 인정되는 자

◎ 전형요소
● 학생부(1,000점: 최저점 0점)

반영요소 반영비율	반영교과목		교과성적 산출지표	학년별 반영비율
	구분	반영방법		
교과100%	공통 및 일반선택	㉑ 국어, 영어, 수학, 사회(한국사)교과에 속한 전 과목 ㉑ 국어, 영어, 수학, 과학교과에 속한 전 과목 ㉒ 국어, 영어교과에 속한 전 과목 ※ 반영 학기: (교과) 졸업예정자 및 졸업자 모두 3학년 1학기까지	석차등급	학년 구분 없음
	진로선택	반영교과에 속한 진로선택과목 전 과목 ※ 성취도 환산등급 = A : 1등급, B : 2등급, C : 4등급	성취도	

구분		1등급	2등급	3등급	4등급	5등급	6등급	7등급	8등급	9등급
점수	100점	100	99	98	94	90	80	60	30	0
등급 간 점수 차이	100점	0	1	1	4	4	10	20	30	30
	700점	0	7	7	28	28	70	140	210	210

● 면접(300점: 최저점 0점)
1. **면접방법**: 개별면접(면접위원 2명), 면접 기초자료를 기반으로 평가요소에 따라 종합적으로 정성평가
2. **면접자료**: 면접 기초자료 작성(20분)
   - 면접 기초자료: A4용지 1장 분량(2~3문항)의 간략한 자기소개서 형태이며, 평가점수로 반영되지 않고 면접 참고자료로만 활용함
   - 문항 예시: 지원동기, 장래 희망, 성격의 장단점, 존경하는 인물 등
3. **면접시간**: 5분 내외
4. **평가요소**:

평가요소	반영비율	내용
진로역량	35%	진로탐색 활동과 경험
공동체역량	35%	성실성, 공동체의식, 소통능력
의사소통능력	30%	논리성, 전달능력

☞ **보충설명**
- 면접 기초자료는 면접 전 약 20분 동안 작성함, 면접에서 점수로 반영되지는 않고 참고 자료로만 활용 면접시간은 5분.
- 면접은 면접 기초자료 내용을 질문한 후, 전공 관련 내용 추가 질문. 학생부를 교수님들에게 제공 안 함.
- 면접시간은 5분으로 짧지만 면접위원(교수님 2명) 거의 매 년 들어오시므로 면접 전문성이 깊음.

■ 면접 기초자료 문항

학년도	면접 기초자료 문항
2024	• 고교생활(검정고시 포함) 중 가장 아쉬웠던 활동은 무엇이며, 이를 다시 수행한다면 어떻게 개선할 것인가를 서술하시오. • 지원한 학문분야(학부/학과/전공)와 관련하여 가장 관심있는 분야는 무엇이며, 관심분야에서 이루고자 하는 본인의 모습과 예상되는 노력을 서술하시오. • 지원한 학문분야(학부/학과/전공)에서 성공하기 위하여 가장 필요한 능력은 무엇이며, 이를 향상시키기 위해 고교생활(검정고시 포함) 중 기울인 노력을 기술하시오. • 지원자가 지원한 학과(학부/학과/전공)에 입학한 후의 구체적인 대학생활 계획을 서술하시오.

◎ 전형결과
■ 전체

학년도	전체						인문						자연					
	모집 인원	지원 인원	경쟁 률	등록 평균	등록 70%컷	충원 율	모집 인원	지원 인원	경쟁 률	등록 평균	등록 70%컷	충원 율	모집 인원	지원 인원	경쟁 률	등록 평균	등록 70%컷	충원 율
2022	290	2,854	9.84	2.52	2.70	64%	145	1,496	10.32	2.41	2.61	50%	145	1,358	9.37	2.63	2.78	78%
2023	279	2,199	7.88	3.01		40%	143	1,172	8.20	2.76		34%	136	1,027	7.55	3.26		46%
2024	286	4,261	14.90	2.62	2.74	32%	143	2,195	15.35	2.46	2.57	22%	143	2,066	14.45	2.77	2.90	41%
2025	249						119						130					

■ 변경사항 & 핵심포인트

[2025]

변경사항	2024	2025
모집인원	286명	249명
(학생부), 환산점수 변경	1등급(100), 2등급(99), 3등급(97), 4등급(94), 5등급(90), 6등급(80), 7등급(60), 8등급(30), 9등급(0)	1등급(100), 2등급(99), 3등급(98), 4등급(94), 5등급(90), 6등급(80), 7등급(60), 8등급(30), 9등급(0)
면접 평가요소 변경	인성35%, 전공적합성35%, 발전가능성30%	진로역량35%, 공동체역량35%, 의소소통능력30%

• 종단연구 결과가 교과성적보다는 교과면접 학생이 더 경쟁력이 있음.
• 면접 역전률 70%로 매우 높음. 1단계 통과하면 누구나 합격 가능성 있음.
  – 1단계 5배수 선발인원의 최저로 통과한 학생들이 면접을 통해 합격하기도 함
➡ 합격자 성적분포: 인문계열은 2등급 초반 ~ 2등급 중반, 자연계열은 2등급 중반 ~ 2등급 후반.

■ 모집단위

'*' 표시 : 교직 이수 가능

계열	모집단위	2025 모집인원	2024 모집인원	지원인원	경쟁률	등록평균	등록70%컷	충원번호	2023 모집인원	지원인원	경쟁률	등록평균	등록70%컷	충원번호	2022 모집인원	지원인원	경쟁률	등록평균	등록70%컷	충원번호
인문	응용통계학전공	5																		
인문	인공지능전공	5																		
인문	청소년지도학전공*	5	5	79	15.8	2.12	2.00		5	64	12.8	2.66		4	5	60	12.0	2.35	2.63	2
인문	디지털미디어학부	5	5	82	16.4	2.15	2.91		5	60	12.0	2.17		5	5	96	19.2	2.26	2.38	5
인문	법학과*	9	10	128	12.8	2.20	2.00	5	10	72	7.2	2.66		5	10	96	9.6	2.42	2.50	9
인문	영어영문학전공*	9	10	141	14.1	2.35	2.00	3	10	76	7.6	2.75		3	10	105	10.5	2.26	2.50	5
인문	경영학전공*	18	10	208	20.8	2.37	2.61	9	10	98	8.8	2.80		3	10	165	16.5	2.36	2.44	4
인문	*일어일문학전공**	*5*	*5*	77	15.4	2.37	2.83		5	51	10.2	2.74		1	5	52	10.4	2.24	2.25	
인문	*국제통상학전공**	*5*	*10*	121	12.1	2.44	2.00	3	10	92	9.2	2.29		1	10	148	14.8	2.45	2.69	3
인문	미술사·역사학전공	5	5	68	13.6	2.46	2.00	2	5	58	11.6	2.25			5	36	7.2	2.41	3.00	
인문	행정학전공*	9	10	251	25.1	2.49	3.07		10	68	6.8	3.20		5	10	84	8.4	2.38	2.50	10
인문	경영정보학과	5	5	60	12.0	2.50	2.86		5	41	8.2	3.02		1	5	63	12.6	2.49	2.69	
인문	경제학전공	5	5	95	19.0	2.51	2.08	3	5	43	8.6	3.23			5	51	10.2	2.34	2.44	1
인문	문헌정보학전공*	5	5	60	12.0	2.52	2.83	1	5	47	9.4	2.62			5	38	7.6	2.49	2.75	4
인문	중어중문학전공*	5	5	69	13.8	2.52	3.21		5	45	9.0	2.20		1	5	40	8.0	2.46	2.75	5
인문	아동학전공*	5	5	68	13.6	2.63	2.25	1	5	41	8.2	2.74		2	5	40	8.0	2.34	2.50	1
인문	국어국문학전공*	5	5	62	12.4	2.75	3.00	2	5	31	6.2	2.72		2	5	40	8.0	2.40	2.56	1
인문	아랍지역학전공*	5	5	65	13.0	2.79	3.20		5	34	6.8	2.73		2	5	37	7.4	2.44	2.69	2
인문	정치외교학전공	9	10	166	16.6	2.92	3.16	1	10	88	8.8	2.94		4	10	87	8.7	2.26	2.63	5
자연	스마트모빌리티공학전공	5																		
자연	기계시스템공학부	9																		
자연	인공지능전공	5																		
자연	전기전자공학부	18																		
자연	화학나노학전공	5																		
자연	융합에너지학전공	5																		
자연	환경시스템공학전공	5																		
자연	건설환경공학전공	5																		
자연	응용소프트웨어전공	5	5	68	13.6	2.22	2.00		5	55	11.0	2.82		1	5	53	10.6	2.33	2.56	8
자연	식품영양학전공*	5	4	37	9.3	2.27	2.24	1	4	32	8.0	2.52		3	5	42	8.4	2.43	2.63	5
자연	공간디자인전공	5	5	63	12.6	2.45	2.75		5	40	8.0	2.48		1	5	68	13.6	2.41	2.38	7
자연	컴퓨터공학과*	9	8	87	10.9	2.49	3.27	4	8	60	7.5	2.63		3	10	110	11.0	2.38	2.44	7
자연	화학공학전공	5	5	46	9.2	2.59	3.03	5	4	27	6.8	2.88		1	5	30	6.0	2.53	2.69	3
자연	건축학전공	5	8	144	18.0	2.63	3.03		8	58	7.3	2.89		1	5	69	13.8	2.18	2.19	3
자연	시스템생명과학전공	5	5	99	19.8	2.64	2.57		5	38	7.6	3.30			5	42	8.4	2.31	2.56	6
자연	데이터사이언스전공	5	5	87	17.4	2.74	2.70	3	5	34	6.8	3.11		3	5	42	8.4	2.28	2.50	2
자연	정보통신공학과	9	8	95	11.9	2.74	3.50	1	8	48	6.0	3.26		4	10	95	9.5	2.80	2.94	7
자연	신소재공학전공	5	5	75	15.0	2.78	2.80		5	32	6.4	3.48		3	5	30	6.0	2.53	2.75	4
자연	*산업경영공학과*	*5*	*9*	93	10.3	2.79	3.20	3	8	42	5.3	3.28		4	10	85	8.5	2.94	3.13	4
자연	반도체공학부	5	5	48	9.6	2.96	2.70		5	39	7.8	3.23		3			3			
자연	전통건축전공	5	5	204	40.8	3.23	3.29	2	5	25	5.0	4.45		4	4	31	7.8	2.23	2.00	1

■ (학생부종합) 명지인재서류

전형	모집인원	전형 방법	수능최저학력기준
명지인재서류	374	서류100%	X

1. **지원자격**: 고등학교 졸업(예정)자 또는 법령에 의하여 고등학교 졸업학력과 동등이상의 학력이 있다고 인정되는 자
2. **제출서류**: 학교생활기록부 / ※ 검정고시 합격자: 요강 참고

◎ 전형요소
● 서류(1,000점):
   1. **평가방법**: 제출서류를 평가항목에 따라 종합적으로 정성평가
   2. **평가요소**: 학업역량, 진로역량, 공동체역량

평가항목	반영비율(%)		평가요소	평가내용
	명지인재서류	명지인재면접 크리스천리더		
학업역량	30	20	학업성취도	고교 교육과정에서 이수한 교과의 성취수준이나 학업의 발전정도
			학업태도	학업을 수행하고 학습해 나가려는 의지와 노력
진로역량	50	50	진로설계역량	자신의 희망 진로와 연계된 과목 이수의 정도
			진로학업역량	자신의 희망 진로와 연계된 이수 과목의 성취도
			진로탐색역량	자신의 희망 진로와 연계된 비교과 활동 수행 정도
공동체역량	20	30	성실성과 규칙준수	책임감을 바탕으로 자신의 의무를 다하고, 공동체의 기본 윤리와 원칙을 준수하는 태도
			협업과 소통능력	공동체의 목표를 달성하기 위해 협력하며, 구성원들과 합리적인 의사소통을 할 수 있는 능력

☞ 보충설명
- 서류 평가요소가 4개 -> 3개로 변경됨
- 진로역량50% > 학업역량30% > 공동체역량20% 순으로 반영. 진로역량이 가장 중요함
- 학업역량(30%)은 지원자가 엇비슷하여 진로 역량에서 변별력이 생김.
- 진로역량(50%)은 계열로 이해. 세부 평가항목은 전공과 관련된 관심에서 편차가 심함. 학업역량은 비슷하므로 진로 역량에서 차이 남
- 공동체역량(20%)은 대부분 우수한 평가를 받아 변별력이 약하고, 전공적합성에서 평가가 갈림
- 대학 수업을 이수할 만한 기초학력 있는 학생으로 인성이 바르고 열정적이며 사회에 기여 할 수 있는 잠재력이 있는 학생을 선발.
- 자기 주도적으로 성실하게 학습하고 교내 활동에 적극적으로 참여해 충실한 고등학교 생활을 했다면 자신 있게 지원해도 됨.

◎ 전형결과
■ 전체

학년도	전체						인문						자연					
	모집 인원	지원 인원	경쟁 률	등록 평균	등록 70%컷	충원 율	모집 인원	지원 인원	경쟁 률	등록 평균	등록 70%컷	충원 율	모집 인원	지원 인원	경쟁 률	등록 평균	등록 70%컷	충원 율
2022	287	3,135	10.92	3.34	3.48	147%	138	1,708	12.38	3.19	3.30	123%	149	1,427	9.58	3.49	3.66	171%
2023	254	1,964	7.73	3.55	3.77	118%	129	1,065	8.26	3.43	3.71	98%	125	899	7.19	3.66	3.83	137%
2024	251	3,358	13.38	3.53	3.52	116%	129	1,914	14.84	3.65	3.56	99%	122	1,444	11.84	3.41	3.48	133%
2025	374						195						179					

■ 변경사항 & 핵심포인트
[2025]

변경사항	2024	2025
모집인원	251명	374명(+123명)
서류 평가요소 변경	학업역량30%, 전공적합성30%, 인성20%, 발전가능성20%	학업역량20%, 진로역량50%, 공동체역량30%

➡ **합격자 성적분포**: 인문계열은 3등급 중반 ~ 3등급 후반, 자연계열은 3등급 중반 ~ 3등급 후반.

■ 모집단위
'*' 표시 : 교직 이수 가능

계열	모집단위	2025	2024						2023						2022					
		모집 인원	모집 인원	지원 인원	경쟁 률	등록 평균	등록 70%컷	충원 번호	모집 인원	지원 인원	경쟁 률	등록 평균	등록 70%컷	충원 번호	모집 인원	지원 인원	경쟁 률	등록 평균	등록 70%컷	충원 번호
인문	응용통계학전공	3																		
인문	자율전공학부(인문)	62																		
인문	디지털미디어학부	6	5	64	12.8	2.84	2.83	6	5	41	8.2	2.80	2.97	4	5	127	25.4	2.55	2.70	7

계열	모집단위	2025 모집인원	2024 모집인원	지원인원	경쟁률	등록평균	등록70%컷	충원번호	2023 모집인원	지원인원	경쟁률	등록평균	등록70%컷	충원번호	2022 모집인원	지원인원	경쟁률	등록평균	등록70%컷	충원번호
인문	경영학전공*	32	12	170	14.2	2.92	3.02	13	12	105	8.8	3.09	3.61	15	12	203	16.9	2.77	2.90	19
인문	경영정보학과	6	5	59	11.8	3.18	3.73	3	5	37	7.4	3.16	3.29	5	5	59	11.8	3.19	3.33	4
인문	국어국문학전공*	3	5	47	9.4	3.22	3.92	10	5	39	7.8	2.98	3.26	5	5	48	9.6	3.00	3.41	15
인문	경제학전공	11	5	70	14.0	3.30	3.49	5	5	39	7.8	3.66	3.20	8	6	73	12.2	3.49	3.19	11
인문	문헌정보학전공*	3	5	52	10.4	3.33	4.23	4	5	35	7.0	2.91	2.93	3	5	73	14.6	2.88	3.09	5
인문	청소년지도학전공*	3	5	67	13.4	3.34	3.51		5	45	9.0	2.94	2.97	1	5	80	16.0	3.36	3.62	3
인문	아동학전공*	3	5	83	16.6	3.34	3.13	6	5	41	8.2	3.55	3.26	4	5	51	10.2	2.94	3.14	5
인문	법학과*	10	8	118	14.8	3.41	3.25	12	8	58	7.3	3.34	3.32	10	8	88	11.0	3.06	3.18	15
인문	국제통상학과*	4	8	106	13.3	3.56	3.48	8	8	64	8.0	3.55	4.04	10	8	81	10.1	2.97	3.07	11
인문	정치외교학전공	10	8	68	8.5	3.73	2.95	6	8	43	5.4	3.13	3.26	9	8	64	8.0	3.08	3.11	7
인문	행정학전공*	10	8	128	16.0	3.91	3.29	9	8	66	8.3	3.54	3.58	10	8	102	12.8	2.90	3.04	12
인문	아랍지역학전공*	3	5	49	9.8	3.95	3.78	1	5	31	6.2	3.82	5.23	3	5	36	7.2	4.02	3.69	4
인문	미술사·역사학전공	5	3	38	12.7	4.07	3.44	1	3	22	7.3	3.85	3.79	3	3	25	8.3	2.92	3.30	
인문	영어영문학전공*	10	8	95	11.9	4.24	2.67	12	8	64	8.0	3.60	3.16	6	8	95	11.9	3.21	3.11	3
인문	중어중문학전공*	6	5	138	27.6	5.30	6.65	6	5	82	16.4	4.77	6.50	10	5	72	14.4	4.31	4.22	9
인문	일어일문학전공*	5	5	103	20.6	5.38	4.01	17	5	88	17.6	3.83	3.98	2	5	100	20.0	4.16	4.29	13
자연	스마트모빌리티공학전공	5																		
자연	자율전공학부(자연)	24																		
자연	융합에너지학전공	2																		
자연	인공지능전공	3																		
자연	공간디자인학과	2																		
자연	화학나노학전공	3																		
자연	환경시스템공학전공	8																		
자연	전기전자공학부	25																		
자연	기계시스템공학부	9																		
자연	건설환경공학전공	6																		
자연	시스템생명과학전공	8	5	55	11.0	2.75	2.77	7	5	39	7.8	3.11	3.00	6	6	105	17.5	2.91	3.10	5
자연	건축학전공	11	6	82	13.7	2.83	3.04	5	6	58	9.7	3.15	3.46	8	6	90	15.0	2.98	3.15	6
자연	응용소프트웨어전공	3	4	54	13.5	3.00	3.17	9	4	33	8.3	3.31	3.48	5	4	38	9.5	3.16	3.13	6
자연	디지털콘텐츠디자인학과	3	4	93	23.3	3.01	2.97	10	5	48	9.6	3.34	2.88	8	5	100	20.0	2.95	3.03	1
자연	화학공학전공*	8	5	49	9.8	3.16	3.47	5	5	29	5.8	3.26	3.03	1	6	52	8.7	2.99	3.07	14
자연	컴퓨터공학전공*	18	10	136	13.6	3.28	3.24	13	10	72	7.2	3.51	3.64	11	12	191	15.9	3.14	3.38	31
자연	신소재공학전공	7	5	44	8.8	3.30	3.75	7	5	31	6.2	3.34	3.32	8	6	54	9.0	3.50	3.67	12
자연	데이터사이언스전공	3	4	50	12.5	3.41	3.60	2	4	39	9.8	3.62	3.88	4	4	32	8.0	3.69	3.74	8
자연	반도체공학과	3	5	52	10.4	3.51	3.41	7	5	30	6.0	3.79	4.23	9						
자연	식품영양학전공*	3	5	84	16.8	3.59	3.76	2	5	34	6.8	3.76	4.07	5	5	58	11.6	3.49	3.70	4
자연	전통건축전공	2	3	43	14.3	3.71	4.04	6	3	25	8.3	3.91	3.96	3	3	32	10.7	3.61	3.81	4
자연	정보통신공학전공*	16	10	128	12.8	3.72	3.55	16	12	77	6.4	3.90	4.10	17	12	97	8.1	3.52	3.89	22
자연	산업경영공학과	7	6	81	13.5	3.88	4.01	5	5	41	8.2	4.30	4.42	4	6	36	6.0	3.86	4.21	16

■ (학생부종합) 명지인재면접

전형	모집인원	전형 방법	수능최저학력기준
명지인재면접	357	1단계)서류100%(4배수) 2단계)서류70%+ 면접30%	X

1. **지원자격**: 고등학교 졸업(예정)자 또는 법령에 의하여 고등학교 졸업학력과 동등 이상의 학력이 있다고 인정되는 자
2. **제출서류**: 학교생활기록부 / ※ 검정고시 합격자: 요강 참고

◎ **전형요소**
● **서류(1,000점)**: 명지인재서류전형 참고
● **면접(300점)**
   1. **면접방법**: 개별면접, 면접위원 2명
   2. **면접시간**: 10분 ~ 15분 내외
   3. **평가방법**: 제출서류를 기반으로 평가항목에 따라 종합적으로 정성평가

4. 평가항목: 진로역량, 공동체역량, 발전가능성

평가항목	반영비율	평가요소	평가내용
공동체역량	30%	성실성	- 학교의 규칙과 원칙을 지키려는 태도- 자신의 역할에 책임감을 갖고 끈기있게 임하는 자세
		공동체의식	- 공동의 목표를 위해 협동하여 자신의 역할을 다하는 자세 - 타인을 이해하고 배려하는 태도
		소통능력	- 구성원들과 합리적인 의사소통을 할 수 있는 능력 - 전달하고자 하는 내용을 정확하게 표현하는 능력 및 태도
진로역량	40%	진로탐색 활동과 경험	- 고교교육과정 내에서 이루어지는 지원 진로 관련 학업 및 학업 외적인 활동의 내용과 성취수준 - 진로를 설계하고 탐색하는데 필요한 능력 및 경험의 정도
발전가능성	30%	자기주도성	- 자신의 꿈을 위해 스스로 계획하여 추진해 나가는 태도
		도전정신	- 관심 분야에 대한 도전 과정 및 성취수준 - 문제 상황에 직면 했을 때 해결책을 가지고 극복하고자 노력한 경험

☞ **보충설명**
- 제출 서류에 기재된 내용을 토대로 심층 질문을 통해, 학생이 지닌 자질과 잠재력을 판단
- 재학 중 활동한 경험들과 의미, 지원 동기 등에 대해 논리정연하게 설명할 수 있도록 체계적으로 준비해야 함
- 특히 면접에서는 서류에 기재된 내용 중심의 심층면접이 진행되므로 제출서류(학생부, 자기소개서)의 내용을 숙지해야 함

◎ **전형결과**
■ **전체**

학년도	전체						인문						자연					
	모집 인원	지원 인원	경쟁 률	등록 평균	등록 70%컷	충원 율	모집 인원	지원 인원	경쟁 률	등록 평균	등록 70%컷	충원 율	모집 인원	지원 인원	경쟁 률	등록 평균	등록 70%컷	충원 율
2022	394	5,018	12.74	3.66	3.92	87%	166	2,286	13.77	3.66	4.03	60%	228	2,732	11.98	3.65	3.81	114%
2023	372	3,792	10.19	3.89	3.84	60%	166	1,967	11.85	3.85	3.93	43%	206	1,825	8.86	3.92	3.75	77%
2024	376	6,383	16.98	3.76	3.67	74%	166	3,115	18.77	3.80	3.71	61%	210	3,268	15.56	3.72	3.62	87%
2025	357						162						195					

■ **변경사항 & 핵심포인트**
[2025]

변경사항	2024	2025
모집인원	376명	357명(-19명)
서류 평가요소 변경	학업역량20%, 전공적합성30%, 인성20%, 발전가능성30%	학업역량20%, 진로역량50%, 공동체역량30%
면접 평가요소 변경	전공적합성40%, 인성30%, 의사소통능력30%	진로역량40%, 공동체역량30%, 발전가능성30%

➡ **합격자 성적분포**: 인문계열은 3등급 중반 ~ 3등급 후반, 자연계열은 3등급 중반 ~ 3등급 후반.

■ **모집단위**   '*' 표시 : 교직 이수 가능

계열	모집단위	2025	2024						2023						2022					
		모집 인원	모집 인원	지원 인원	경쟁 률	등록 평균	등록 70%컷	충원 번호	모집 인원	지원 인원	경쟁 률	등록 평균	등록 70%컷	충원 번호	모집 인원	지원 인원	경쟁 률	등록 평균	등록 70%컷	충원 번호
인문	응용통계학전공	6																		
인문	경영학전공*	28	14	260	18.6	3.06	2.82	4	14	148	10.6	3.27	2.59	8	14	250	17.9	3.11	3.23	9
인문	국어국문학전공*	6	6	99	16.5	3.31	3.22	3	6	92	15.3	3.37	3.60	3	6	55	9.2	3.65	5.06	5
인문	*경제학전공*	6	14	202	14.4	3.38	3.24	6	14	127	9.1	3.86	3.60	5	14	162	11.6	3.66	3.65	8
인문	문헌정보학전공*	6	6	81	13.5	3.41	3.69	1	6	66	11.0	3.55	3.40	1	6	73	12.2	3.24	3.75	12
인문	경영정보학과	6	6	109	18.2	3.46	3.74	6	6	75	12.5	3.56	3.44		6	105	17.5	3.65	3.93	1
인문	아동학전공*	6	6	163	27.2	3.57	3.21	1	6	74	12.3	3.89	4.33	3	6	85	14.2	3.51	3.66	6
인문	디지털미디어학부	6	6	137	22.8	3.57	4.07	5	6	133	22.2	2.87	2.99	2	6	169	28.2	3.02	3.15	3
인문	정치외교학전공	14	14	223	15.9	3.60	3.16	8	14	106	7.6	4.10	3.84	1	14	125	8.9	3.18	3.26	5
인문	청소년지도학전공*	6	6	185	30.8	3.63	3.52		6	90	15.0	3.80	4.68		6	155	25.8	3.49	3.45	6
인문	법학과*	14	14	192	13.7	3.70	3.10	8	14	102	7.3	3.49	3.31	6	14	138	9.9	3.18	3.37	6
인문	행정학전공*	14	14	203	14.5	3.71	4.66	6	14	108	7.7	3.53	5.01	2	14	161	11.5	3.32	3.48	5
인문	미술사·역사학전공	6	4	74	18.5	3.85	4.24	3	4	35	8.8	4.28	4.73	1	4	33	8.3	3.49	3.84	
인문	*국제통상학전공**	6	14	312	22.3	3.86	3.61	10	14	221	15.8	4.01	5.76	14	14	130	9.3	4.15	4.64	6
인문	영어영문학전공*	14	14	238	17.0	4.43	3.64	15	14	131	9.4	4.19	3.70	10	14	157	11.2	3.54	3.31	19
인문	아랍지역학전공*	6	6	78	13.0	4.71	4.55	6	6	60	10.0	4.20	3.70	2	6	50	8.3	4.62	5.43	2
인문	일어일문학전공*	6	6	212	35.3	4.80	5.68	5	6	164	27.3	4.86	4.90	2	6	151	25.2	4.78	5.43	3

계열	모집단위	2025 모집인원	2024 모집인원	지원인원	경쟁률	등록평균	등록70%컷	충원번호	2023 모집인원	지원인원	경쟁률	등록평균	등록70%컷	충원번호	2022 모집인원	지원인원	경쟁률	등록평균	등록70%컷	충원번호
인문	중어중문학전공*	6	6	140	23.3	5.22	3.63	7	6	133	22.2	4.68	3.84	1	6	103	17.2	5.28	6.54	3
자연	스마트모빌리티공학전공	6																		
자연	전기전자공학부	21																		
자연	인공지능전공	6																		
자연	건설환경공학전공	14																		
자연	화학나노학전공	6																		
자연	융합에너지학전공	6																		
자연	환경시스템공학전공	14																		
자연	기계시스템공학부	14																		
자연	시스템생명과학전공	6	12	214	17.8	3.22	2.90	8	12	127	10.6	3.39	3.22	5	14	278	19.9	3.24	3.33	14
자연	건축학전공	6	9	202	22.4	3.27	3.24	5	9	106	11.8	3.54	3.51	7	14	183	13.0	3.34	3.59	10
자연	화학공학전공*	6	12	160	13.3	3.43	3.33	8	12	69	5.8	3.73	3.47	14	14	134	9.6	3.35	3.43	6
자연	응용소프트웨어전공	6	6	93	15.5	3.45	3.45	3	6	56	9.3	3.44	3.36	2	6	67	11.2	3.24	3.35	9
자연	데이터사이언스전공	6	6	91	15.2	3.58	3.28	7	6	69	11.5	3.81	3.96	3	6	55	9.2	3.69	4.43	7
자연	공간디자인학과	6	6	128	21.3	3.58	3.16	2	6	70	11.7	3.86	3.51	11	6	204	34.0	3.57	3.72	10
자연	컴퓨터공학전공*	14	12	193	16.1	3.62	3.60	8	12	152	12.7	3.71	3.56	14	14	255	18.2	3.60	3.59	17
자연	정보통신공학전공	14	12	158	13.2	3.65	3.20	9	12	94	7.8	3.93	3.94	10	14	135	9.6	3.89	4.04	22
자연	반도체공학부	6	6	58	9.7	3.77	3.79	6	6	33	5.5	4.01	3.92	2						
자연	전통건축전공	6	5	103	20.6	3.78	3.82	3	5	51	10.2	3.82	3.40	1	6	69	11.5	3.80	3.93	1
자연	신소재공학전공	6	12	165	13.8	3.85	3.83	8	12	67	5.6	3.85	3.83	7	14	149	10.6	3.36	3.49	10
자연	식품영양학전공*	6	6	184	30.7	3.95	4.41	14	6	61	10.2	4.10	4.22	3	6	77	12.8	3.76	3.78	9
자연	디지털콘텐츠디자인학과	6	6	305	50.8	3.96	3.38	1	6	209	34.8	4.53	3.78	3	6	130	21.7	4.15	4.62	9
자연	산업경영공학과	14	12	136	11.3	4.11	3.30	13	12	84	7.0	4.22	4.12	7	14	96	6.9	3.90	3.92	9

■ (학생부종합) 크리스천리더

전형	모집인원	전형 방법	수능최저학력기준
크리스천리더	52	1단계)서류100%(4배수) 2단계)서류70%+ 면접30%	X

1. **지원자격**: 고등학교 졸업(예정)자 또는 법령에 의하여 고등학교 졸업학력과 동등 이상의 학력이 있다고 인정된 자
   - 위에 해당되면서 아래에 해당하는 자
     - 한국기독교교회협의회(NCCK), 한국기독교총연합회(CCK), 독립교회연합회(KAICAM), 한국교회연합(CCIK), 한국장로교총연합회(CPCK) 회원교단의 목회자가 확인한 자
2. **제출서류**: 학교생활기록부, 목회자 확인서(세례 증명서 내요 작성 필수) / ※ 검정고시 합격자: 요강 참고

◎ **전형요소**
● **서류 및 면접**: 명지인재면접전형 참고

◎ **전형결과**
■ 모집단위

'*'표시 : 교직 이수 가능

계열	모집단위	2025 모집인원	2024 모집인원	지원인원	경쟁률	등록평균	등록70%컷	충원번호	2023 모집인원	지원인원	경쟁률	등록평균	등록70%컷	충원번호	2022 모집인원	지원인원	경쟁률	등록평균	등록70%컷	충원번호
인문	자율전공학부(인문)	5																		
인문	미디어·휴먼라이프학부	4	5	42	8.4	3.36	3.30	1	5	26	5.2	3.45	3.48	2	8	125	15.6	3.28	3.43	8
인문	사회과학	4	2	13	6.5	3.42	3.58	1	2	11	5.5	3.55	3.98	1	2	15	7.5	3.78	3.78	2
인문	경영학부	4	5	47	9.4	3.63	3.99	2	5	30	6.0	3.27	2.95		5	79	15.8	3.28	3.49	5
인문	인문학부	4	4	42	10.5	3.73	3.72		4	17	4.3	3.52	3.34		4	46	11.5	3.23	3.37	3
자연	자율전공학부(자연)	5																		
자연	반도체·ICT학부	7																		
자연	스마트시스템공과	7																		
자연	화학·생명과학학부	5	6	54	9.0	3.45	2.87	1	6	21	3.5	3.89	3.78	3	6	52	8.7	3.54	3.85	2
자연	건축학부	2	2	32	16.0	4.04	4.35	2	2	19	9.5	3.63	4.01		2	18	9.0	3.97	4.72	3
자연	인공지능·소프트웨어융합	5	2	22	11.0	4.20	4.09	2	2	14	7.0	3.65	3.37		2	16	8.0	3.83	4.12	2

Ⅰ. 한 눈에 보는 전형

모집 시기	전형 유형	전형	모집 인원	전형 방법	수능최저 학력기준
수시	교과	학생부교과	997	학생부교과80%+ 학업역량평가20%	○
수시	교과	지역인재	424	학생부교과80%+ 학업역량평가20%	○
수시	교과	농어촌학생	125	학생부교과80%+ 학업역량평가20%	X
수시	교과	특성화고교졸업자	11	학생부교과80%+ 학업역량평가20%	X
수시	종합	학생부종합	568	1단계)서류100%(3배수) 2단계)서류80%+ 면접20%	X
수시	종합	지역인재	128	1단계)서류100%(3배수/의예과: 4배수) 2단계)서류80%+ 면접20%	X(간호학과, 의예과, 약학부, 치의학과○)
수시	종합	지역인재 저소득층학생	10	서류100%	○
수시	종합	사회배려자	209	서류100%	X
수시	종합	저소득층학생	91	서류100%	X(약학, 간호○)
수시	종합	특수교육대상자	23	서류100%	X
수시	논술	논술전형	335	학생부30%+ 논술70%	○
수시	논술	지역인재	37	학생부30%+ 논술70%	○
수시	실기/실적	실기전형	187	▶음악학과: 학생부교과20%+ 실기80% ▶한국음악학과: 학생부교과20%+ 실기80% ▶무용학과, 조형학과: 학생부교과40%+ 실기60% ▶미술학과, 디자인학과, 체육교육과 : 1단계)학생부교과100%(5배수) 2단계)학생부교과40%+ 실기60%	X (미술학과, 조형학과, 디자인학과, 체육교육과○)
수시	실기/실적	농어촌학생	8	▶한국음악학과: 학생부교과20%+ 실기80% ▶미술학과, 조형학과: 학생부교과40%+ 실기60% ▶체육교육과: 1단계)학생부교과100%(5배수) 2단계)학생부교과40%+ 실기60%	X
수시	실기/실적	특성화고교졸업자	3	▶한국음악학과: 학생부교과20%+ 실기80% ▶미술학과, 조형학과: 학생부교과40%+ 실기60%	X
수시	실기/실적	저소득층학생	7	▶한국음악학과: 학생부교과20%+ 실기80% ▶미술학과, 조형학과: 학생부교과40%+ 실기60% ▶체육교육과: 1단계)학생부교과100%(5배수) 2단계)학생부교과40%+ 실기60%	X
수시	실기/실적	체육특기자	8	학생부30%+ 실기50%+ 실적20%	X

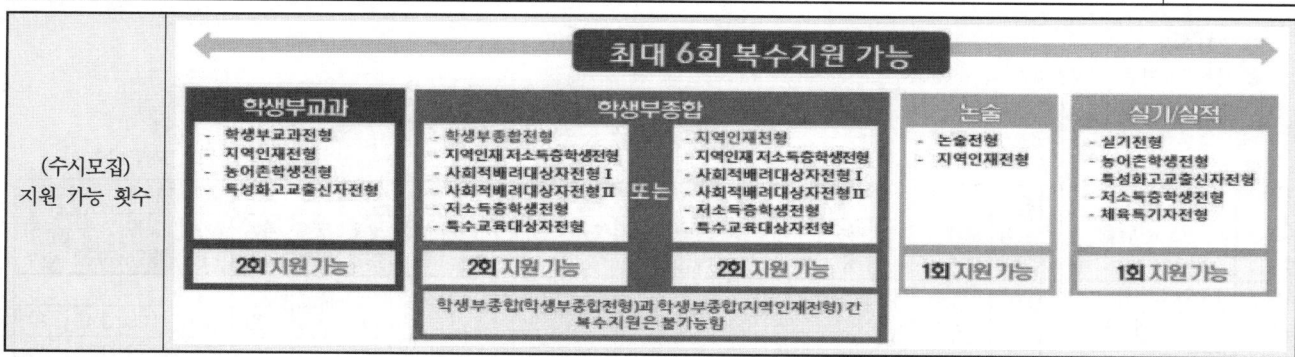

■ 대학 소재지 현황

• 양산캠퍼스, 밀양캠퍼스는 분교가 아니며, 부산대학교의 특성화된 단과대학이 소재하는 캠퍼스입니다.

캠퍼스	대학
부산	인문대학, 사회과학대학, 자연과학대학, 공과대학, 사범대학, 경영대학, 경제통상대학, 생활과학대학, 예술대학, 정보의생명공학대학(정보컴퓨터공학부), 약학대학
양산	간호대학, 의과대학, 정보의생명공학대학(의생명융합공학부), 치의학전문대학원, 한의학전문대학원
밀양	나노과학기술대학, 생명자원과학대학

■ 무전공(전공자율선택)

유형① [대학 내 모든 전공(보건의료, 사범 등 제외) 자율 선택]		유형② [계열/단과대 모집 후 모집단위 내 전공 자율 선택]	
모집단위	인원	모집단위	인원
		첨단융합학부 공학자율전공	57
		첨단융합학부 나노자율전공	58
		첨단융합학부 정보의생명공학자율전공	44

■ 학교폭력 조치사항

전형	전형 총점	감점								
		1호	2호	3호	4호	5호	6호	7호	8호	9호
학생부교과 논술, 실기/실적	100	30			60		80			
학생부종합	100	1단계 서류평가 및 2단계 면접평가에서 정성평가								

※ 감점은 각 단계(1단계, 2단계)별로 처리됩니다. / ※ 학교폭력 조치사항 반영 후 점수가 0점 미만인 경우 최종 0점(불합격) 처리합니다.
※ 학교폭력 조치사항이 2가지 이상일 경우 최고 호수를 반영합니다

■ 전형결과

※ 성적 산출기준: (수시) 교과 석차등급, (정시) 수능 백분위

모집시기	전형유형	전형	학년도	모집인원	지원인원	경쟁률	최종합격자 평균	최종합격자 70%컷	충원율
수시	교과	학생부교과	2024	961	7,574	7.88	2.30	3.03	86%
수시	교과	지역인재	2024	398	3,595	9.03	2.95	2.75	109%
수시	종합	학생부종합	2024	450	5,790	12.87	3.02	2.93	63%
수시	종합	지역인재	2024	155	2,011	12.97	3.35	3.17	22%
수시	논술	논술전형	2024	350	6,195	17.70	4.18	4.10	17%
수시	논술	지역인재	2024	30	1,960	65.33	3.16	3.36	0%

모집시기	전형유형	전형	학년도	모집인원	지원인원	경쟁률	등록자 70%컷	영어 등급	충원율
정시가	수능	수능전형	2023	861	3,564	4.14	80.69		84%
정시나	수능	수능전형	2023	694	5,796	8.35	80.71		101%
정시가	수능	지역인재	2023	38	188	4.95	97.00		24%
정시나	수능	지역인재	2023	171	2,400	14.04	2.61		58%

■ (주요전형) 전형일정

유형	전형	원서접수 마감	대학별 고사(면접/논술)	1단계 합격자	최종 합격자
교과	학생부교과	9.13(금) 18:00			12.13(금)
교과	지역인재	9.13(금) 18:00			12.13(금)
종합	학생부종합	9.13(금) 18:00	11.30(토)	11.27(수)	11.19(화)
종합	지역인재	9.13(금) 18:00	11.30(토)	11.27(수)	11.19(화) ▶간호, 약학, 의예: 12.13(금)
논술	논술전형	9.13(금) 18:00	11.23(토) 09:30 자연계열 / 15:30 인문사회계열		12.13(금)
논술	지역인재	9.13(금) 18:00	11.23(토) 09:30 자연계열 / 15:30 인문사회계열		12.13(금)

II. (수시모집) 주요 전형

■ (학생부교과) 학생부교과

전형	모집인원	전형 방법	수능최저학력기준
학생부교과	997	학생부교과80%+ 학업역량평가20%	○

1. **지원자격**: 국내 정규 고등학교 졸업(예정)자(2학년 수료예정자 중 상급학교 진학을 허락받은 자 포함)
　※ 국내 고교에서 3개 학기 이상 성적을 취득한 국내 고교 졸업(예정)자에 한함
　※ 마이스터고, 특성화고(직업), 일반·종합고(전문계), 방송통신고, 학력인정 평생교육시설 및 비인가 대안학교 출신자는 지원자격에서 제외됨

2. 수능최저학력기준:
    ※ 수능은 4개영역을 모두 응시해야 하며, 탐구영역 과목은 수험자가 자유 선택하되 반드시 2과목을 응시하여야 함
    ※ 탐구영역은 2과목 중 상위 1과목을 반영함

계열	모집단위	최저학력기준
인문	• 경영대학(경영학과)	[국어, 수학, 영어, 사/과탐(1과목)] 중 3개 영역 등급 합 7 이내, 한국사 4등급
	• 인문대학 • 사회과학대학 • 사범대학 • 경제통상대학, • 생활과학대학 • 예술대학 • 생명자원과학대학	[국어, 수학, 영어, 사/과탐(1과목)] 중 2개 영역 등급 합 4 이내, 한국사 4등급
체육	• 생활과학대학(스포츠과학과)	
자연	• 의과대학 의예과	[국어, 수학(미적분/기하), 영어, 과탐(2과목 평균)] 중 수학 포함 3개 영역 등급 합 4, 한국사 4등급
	• 한의학전문대학원 학·석사통합과정 • 약학대학 약학부	[국어, 수학(미적분/기하), 영어, 과탐(1과목)] 중 수학 포함 3개 영역 등급 합 4 이내, 한국사 4등급
	• 자연과학대학('생명과학과, 미생물학과, 분자생물학과, 대기환경과학과' 제외) • 공과대학('유기소재시스템공학과, 환경공학과, 건축학과, 도시공학과' 제외) • 사범대학('화학교육과, 생물교육과' 제외), • 간호대학, • 나노과학기술대학, 정보의생명공학대학(첨단융합학부(정보의생명공학자율전공 포함) • 첨단융합학부(나노자율전공)	[국어, 수학(미적분/기하), 영어, 과탐(1과목)] 중 수학 포함 2개 영역 등급 합 5 이내, 한국사 4등급
	• 자연과학대학(생명과학과, 미생물학과, 분자생물학과, 대기환경과학과), • 공과대학(유기소재시스템공학과, 환경공학과, 건축학과, 도시공학과), • 사범대학(화학교육과, 생물교육과) • 첨단융합학부(공학자율전공)	[국어, 수학, 영어, 과탐(1과목)] 중 수학 포함 2개 영역 등급 합 5 이내, 한국사 4등급
	• 공과대학(건축학과, 도시공학과)	[국어, 수학, 영어, 사/과탐(1과목)] 중 수학 포함 2개 영역 등급 합 5 이내, 한국사 4등급
	• 생활환경대학 식품영양학과, 생명자원과학대학(IT응용공학과, 조경학과 제외)	[국어, 수학, 영어, 과탐(1과목)] 중 2개 영역 등급 합 6 이내, 한국사 4등급
	• 예술대학 디자인학과(디자인앤테크놀로지 전공) • 생명자원과학대학(IT응용공학과, 조경학과)	[국어, 수학, 영어, 사/과탐(1과목)] 중 2개 영역 등급 합 6 이내, 한국사 4등급

◎ 전형요소
※ 학교폭력 조치사항 대상자는 감점 처리함
● 학생부(80점)

반영요소 반영비율	반영교과목		교과성적 산출지표	학년별 반영비율
	구분	반영방법		
교과 100%	공통및 일반선택	국어, 영어, 수학, 사회, 과학, 한국사에 속한 전 과목	석차등급	학년 구분 없음
	진로선택	미반영		

구분		1등급	2등급	3등급	4등급	5등급	6등급	7등급	8등급	9등급
점수	100점	100	99	98	97	96	95	90	60	0
등급 간 점수 차이	100점	0	1	1	1	1	1	5	30	60
	80점	0	0.8	0.8	0.8	0.8	0.8	4	24	48

● 학업역량평가(20점)
    1. **평가방법**: 지원자가 제출한 학생부의 교과학습발달상황(세부능력 및 특기사항 제외)을 근거로 평가.
    2. **평가절차**: 1) 지원자의 서류를 입학사정관 2인이 독립평가. 입학사정관 2인의 평균 점수를 반영.
                2) 조정평가: 가) 입학사정관 2인의 평가 결과가 일정 기준 이상 차이 날 경우 조정평가를 실시.
                        나) 입학사정관 2인이 추가 평가하여 총 4인의 점수 중 최고, 최저점을 제외한 2인의 평균 점수를 반영
    3. **평가영역 및 평가기준**:

평가영역	반영비율	평가요소	평가기준	관련 전형자료
학업역량	13%	교과 이수 노력	• 반영교과 내 일반선택과목 이수 현황(전문교과Ⅰ 포함) ※ 반영교과 : 국어, 영어, 수학, 사회, 과학	• 교과학습발달상황 (세부능력 및 특기상황 제외) • 교육과정 편성표 • 학적사항
진로역량	7%	학업성취도	• 반영교과 내 진로선택과목 이수 노력 및 성취 결과	

☞ 보충설명
• 학업역량평가는 학업역량(교과이수노력), 진로역량(학업성취도) 평가. 전년도에 지원자 80%가 만점이었고, 올 해는 더 높아질 것. 부담 없음
  - 학업역량평가는 정상적인 교육과정을 이수한 학생은 만점을 받도록 함. 감점이 거의 없음. 성취도A 3개면 만점
• 학업역량평가(20점)는 학업역량(교과 이수 노력. 13%), 진로역량(학업 성취도. 7%)를 반영함
  - 교과 이수 노력: 계열별 지정교과(국영수사/국영수과) -> 계열별 지정교과를 폐지하면서 국영수사과 반영으로 변경
    자연계열을 이수한 학생이 인문계열을 지원하여 감점받는 사례가 없어짐.
  - 진로역량: 교과 위계성이 올 해 삭제되어 학업성취도만 반영함

=> 전년도에 지원자의 80%가 만점이었음. 만점을 받지 못 한 경우는
① 자연계열을 이수한 학생이 인문계열을 지원하여 인문계열 지정교과목의 이수단위가 부족하여 감점한 경우, ② 교과 이수 위계를 지키지 않은 경우였는데, 올 해 계열별 지정교과와 교과 위계성이 폐지됨에 따라 감점되는 사례가 거의 없음

☞ **2026학년도 학업역량평가 예고 사항**
• 2026학년도부터 "모집단위별 핵심 권장과목"을 학업역량평가에 활용함
• 모집단위별 핵심 권장과목은 입학정보 홈페이지 공지사항 "학생부위주전형 모집단위별 인재상 및 권장과목" 참고

◎ **전형결과**
■ **전체**

학년도	전체						인문						자연					
	모집인원	지원인원	경쟁률	최종평균	최종70%컷	충원율	모집인원	지원인원	경쟁률	최종평균	최종70%컷	충원율	모집인원	지원인원	경쟁률	최종평균	최종70%컷	충원율
2022	950	13,249	13.95	2.88	2.95	98%	407	5,033	12.37	2.92	2.99	89%	543	8,216	15.13	2.84	2.90	106%
2023	782	10,922	13.97	2.77	2.85	107%	343	5,136	14.97	2.77	2.85	111%	439	5,786	13.18	2.77	2.84	103%
2024	961	7,574	7.88	3.01	3.03	86%	396	3,234	8.17	3.01	3.07	89%	565	4,340	7.68	2.98	2.99	83%
2025	997						393						604					

■ **변경사항 & 핵심포인트**
[2025]

변경사항		2024	2025
모집인원		961명	997명(+16명)
학교폭력 조치사항		-	학교폭력 조치사항 대상자는 감점 처리함
(수능최저) 응시영역 변경: ·자연과학대학(대기환경과학과) ·공과대학(유기소재시스템공학과, 화공생명·환경공학부[환경공학전공])·사범대학(화학교육)		국어, 수학(미적분/기하), 영어, 과탐, 한국사	국어, 수학, 영어, 과탐, 한국사
(수능최저) 응시영역 변경: ·생활과학대학(식품영양학과)		국어, 수학, 영어, 사/과탐, 한국사	국어, 수학, 영어, 과탐, 한국사
학업역량평가	교과이수노력	계열별 지정교과 이수단위 1) 인문·사회/체육 : 국어, 영어, 수학, 사회, 한국사 2) 자연 : 국어, 영어, 수학, 과학, 한국사	계열별 지정교과 폐지 : 국어, 영어, 수학, 사회, 과학
	교과 위계성	선택한과목의 위계 준수 여부	폐지
	학업성취도	반영교과 내 진로선택과목이수노력 및 성취결과	좌동

– 학업역량평가는 정상적인 교육과정을 이수한 학생은 만점을 받도록 설계되었으므로 변별력이 매우 약함.
▣ 합격자 성적분포: 인문계열은 3등급 초반 ~ 3등급 중반, 자연계열은 2등급 후반 ~ 3등급 초반.
–전년도에 학생 수 감소와 아울러 학업역량평가(20점) 도입 영향으로 수능최저가 완화되었음에도 경쟁률이 13.97 -> 7.88로 하락함

'*' 표시 : 교직 이수 가능

■ **모집단위**

계열	모집단위	2025	2024						2023						2022					
		모집인원	모집인원	지원인원	경쟁률	최종평균	최종70%컷	충원번호	모집인원	지원인원	경쟁률	최종평균	최종70%컷	충원번호	모집인원	지원인원	경쟁률	최종평균	최종70%컷	충원번호
인문	유아교육과	6	6	37	6.2				5	46	9.2	2.45	2.61	4	6	81	13.5	2.39	2.55	1
인문	역사교육과	5	5	28	5.6	2.26	2.41	9	4	73	18.3	1.90	2.00	4	4	35	8.8	2.49	2.49	6
인문	실내환경디자인학과*	5	5	34	6.8	2.28		2	5	73	14.6	2.52	2.55	2	6	99	16.5	3.05	3.07	7
인문	행정학과*	12	12	80	6.7	2.31	2.36	12	12	132	11.0	2.24	2.40	23	12	244	20.3	2.29	2.36	12
인문	지리교육과	6	6	51	8.5	2.47	2.62	8	5	56	11.2	2.56	2.59	7	6	54	9.0	2.43	2.65	13
인문	교육학과	3	3	84	28.0	2.61		3	3	30	10.0	3.95			3	25	8.3	2.40	2.41	1
인문	공공정책학부	5	5	112	22.4	2.64	2.65	8	5	44	8.8	3.39	3.29		5	50	10.0	2.27	2.35	7
인문	경영학과	40	40	262	6.6	2.64	2.68	44	40	510	12.8	2.31	2.45	39	50	666	13.3	2.36	2.56	40
인문	국어교육과	10	10	59	5.9	2.65	2.78	18	5	120	24.0	2.21	2.20	8	8	75	9.4	2.66	2.84	20
인문	관광컨벤션학과	4	4	43	10.8	2.66	2.53	4	4	36	9.0	2.91	2.97	2	4	51	12.8	2.59	2.61	
인문	영어교육과	7	7	42	6.0	2.68	2.57	14	8	59	7.4	2.14	2.17	13	8	76	9.5	1.92	1.93	10
인문	국어국문학과*	8	9	71	7.9	2.68	2.78	3	9	262	29.1	2.86	2.89	7	11	97	8.8	3.50	3.75	6
인문	특수교육과	6	6	36	6.0	2.68	2.62	5	5	75	15.0	2.85	2.91	4	6	45	7.5	3.05	3.38	1
인문	무역학부	24	25	131	5.2	2.72	2.80	22	23	201	8.7	2.52	2.60	22	25	293	11.7	2.36	2.48	23
인문	예술문화영상학과	4	4	32	8.0	2.74	2.66	1	4	37	9.3	1.23	2.98	1	5	57	11.4	2.62	2.59	3
인문	사회학과*	16	16	152	9.5	2.78	2.83	32	11	301	27.4	2.80	2.88	17	11	128	11.6	3.21	3.43	16
인문	윤리교육과	6	9	55	6.1	2.81	3.10	13	8	101	12.6	2.07	2.18	14	8	76	9.5	2.32	2.36	14

계열	모집단위	2025 모집인원	2024 모집인원	지원인원	경쟁률	최종평균	최종70%컷	충원번호	2023 모집인원	지원인원	경쟁률	최종평균	최종70%컷	충원번호	2022 모집인원	지원인원	경쟁률	최종평균	최종70%컷	충원번호
인문	정치외교학과*	13	10	68	6.8	2.83	2.80	12	10	111	11.1	2.55	2.65	12	11	130	11.8	2.51	2.54	14
인문	영어영문학과*	10	10	71	7.1	2.84	2.81	20	10	202	20.2	2.62	2.75	13	15	277	18.5	2.89	3.09	14
인문	사학과*	8	8	70	8.8	2.87	2.90	5	8	94	11.8	3.00	2.94	12	8	87	10.9	2.92	2.85	9
인문	경제학부*	23	25	127	5.1	2.89	3.29	14	20	188	9.4	2.26	2.38	36	22	280	12.7	2.30	2.50	33
인문	고고학과	6	6	92	15.3	3.04	2.95	3	5	134	26.8	3.47	3.39	3	7	151	21.6	3.78	3.88	4
인문	철학과*	6	6	64	10.7	3.04	3.08	3	5	89	17.8	3.19	3.23	7	7	104	14.9	3.36	3.55	9
인문	중어중문학과*	11	11	107	9.7	3.07	3.01	11	9	129	14.3	3.12	3.25	14	11	135	12.3	2.96	3.03	9
인문	심리학과*	14	14	88	6.3	3.10	3.38	9	9	115	12.8	2.33	2.55	9	10	197	19.7	2.50	2.75	8
인문	언어정보학과	6	6	78	13.0	3.17	3.27	8	6	95	15.8	3.22	3.24	13	8	87	10.9	3.27	3.31	4
인문	불어불문학과*	10	10	128	12.8	3.17	3.36	9	10	236	23.6	3.23	3.40	10	9	91	10.1	4.07	3.66	
인문	독어독문학과*	6	6	109	18.2	3.21	3.32	5	6	143	23.8	3.47	3.58	6	16	179	11.2	3.95	3.89	7
인문	일반사회교육과	8	8	47	5.9	3.26	3.45	10	7	115	16.4	2.17	2.21	15	8	71	8.9	2.67	2.47	11
인문	미디어커뮤니케이션학과	13	13	73	5.6	3.29	3.69	6	6	84	14.0	2.13	2.14	5	11	155	14.1	2.30	2.45	16
인문	일어일문학과*	8	8	64	8.0	3.34	2.94	3	8	151	18.9	2.91	2.99	3	10	99	9.9	3.40	3.16	
인문	사회복지학과	10	12	72	6.0	3.35	3.44		7	144	20.6	2.53	2.67	5	10	103	10.3	3.04	3.25	8
인문	노어노문학과*	9	9	135	15.0	3.37	3.42	7	9	199	22.1	3.42	3.55	9	10	103	10.3	3.87	3.92	5
인문	문헌정보학과*	15	15	84	5.6	3.48	3.60	14	9	95	10.6	2.62	2.70	10	9	99	11.0	2.61	2.71	10
인문	식품자원경제학과	6	5	52	10.4	3.48	3.44	1	6	74	12.3	3.48	3.60	3	7	60	8.6	3.87	3.44	1
인문	국제학부	6	4	30	7.5	3.64	3.26	2												
인문	의류학과*	5	5	45	9.0	3.74	3.73	2	5	125	25.0	2.80	2.84		8	126	15.8	3.21	3.41	3
인문	스포츠과학과	20	20	217	10.9	3.82	3.92		10	167	16.7	3.61	3.66	8	10	116	11.6	3.66	3.46	1
인문	아동가족학과*	7	7	46	6.6	3.82	3.28	8	7	111	15.9	3.07	3.08	2	7	71	10.1	3.32	3.60	5
인문	한문학과*	6	6	58	9.7	4.00	4.04	3	6	95	15.8	3.35	3.32	3	6	92	15.3	3.29	3.34	3
자연	물리교육과	8																		
자연	정보의생명공학자율전공	9																		
자연	의예과	17													15	353	23.5	1.05	1.06	19
자연	나노자율전공	10																		
자연	공학자율전공	15																		
자연	전자공학전공*	13	15	92	6.1	1.91	1.94	19	17	156	9.2	1.85	1.94	21	18	261	14.5	1.93	1.96	36
자연	수학교육과	6	6	65	10.8	1.99	1.98	12	6	44	7.3	2.39	2.43	6	8	107	13.4	1.95	1.94	9
자연	간호학과*	10	11	81	7.4	2.02	2.12	7	5	45	9.0	1.95	2.13	4	5	85	17.0	1.90	1.89	3
자연	전기공학전공	17	14	84	6.0	2.07	2.14	9	11	135	12.3	2.18	2.22	10	14	321	22.9	2.22	2.30	18
자연	생명과학과*	15	16	80	5.0	2.09	2.14	5	10	98	9.8	2.15	2.23	7	12	131	10.9	2.25	2.50	10
자연	컴퓨터공학전공	15	18	112	6.2	2.09	2.06	14	11	166	15.1	2.00	2.00	17						
자연	산업공학과	9	8	46	5.8	2.35	2.42	4	8	110	13.8	2.51	2.52	14	13	168	12.9	2.61	2.74	11
자연	화학과*	18	20	108	5.4	2.39	2.40	14	11	76	6.9	2.41	2.52	7	11	107	9.7	2.28	2.40	6
자연	인공지능전공	12	15	90	6.0	2.43	2.52	20	9	91	10.1	2.30	2.31	9						
자연	통계학과	7	6	44	7.3	2.44	2.55	10	6	109	18.2	2.58	2.67	10	11	96	8.7	2.78	2.83	11
자연	반도체공학전공	8	8	56	7.0	2.45	2.75	3												
자연	디자인앤테크놀로지전공	6	6	48	8.0	2.46	2.58	5	6	49	8.2	2.69	2.74	3	6	59	9.8	2.58	2.49	3
자연	의생명융합공학부	25	25	109	4.4	2.47	2.46	7	14	130	9.3	2.14	2.23	8	14	221	15.8	2.34	2.41	10
자연	화학교육과	7	5	37	7.4	2.52	2.58	4	5	42	8.4	2.83	2.78	4	5	52	10.4	2.52	2.32	12
자연	고분자공학과	11	12	67	5.6	2.53	2.66	14	10	101	10.1	2.34	2.49	12	10	193	19.3	2.34	2.42	11
자연	환경공학과	11	11	70	6.4	2.54	2.71	7	7	66	9.4	2.64	2.78	3	11	154	14.0	2.43	2.54	5
자연	건축공학전공	7	7	68	9.7	2.63	2.57	5	7	118	16.9	2.77	2.88	7	9	141	15.7	2.98	2.92	3
자연	유기소재시스템공학과*	12	12	94	7.8	2.65	2.63	12	10	190	19.0	2.60	2.63	5	13	161	12.4	2.67	2.86	14
자연	식품영양학과(자연)*	12	12	123	10.3	2.65	2.75	7	12	158	13.2	2.60	2.89	24	12	100	8.3	2.65	2.63	17
자연	생물교육과	8	8	36	4.5	2.66	2.49	2	7	49	7.0	2.24	2.16	7	7	105	15.0	2.23	2.36	7
자연	수학과*	10	10	51	5.1	2.68	2.80	6	9	63	7.0	2.52	2.63	10	11	133	12.1	2.64	2.65	16
자연	나노메카트로닉스공학과	8	10	82	8.2	2.77	2.94	14	5	67	13.4	2.47	2.56	6	8	117	14.6	2.79	2.80	6
자연	화공생명공학과	9	11	68	6.2	2.79	3.25	9	9	93	10.3	1.48	1.52		13	203	15.6	1.61	1.69	17
자연	미생물학과*	10	11	99	9.0	2.79	2.87	8	5	78	15.6	2.80	2.74	4	10	171	17.1	2.90	2.98	11
자연	재료공학부*	18	18	87	5.8	2.84	2.91	8	15	165	11.0	2.23	2.32	5	18	211	11.7	2.46	2.55	15
자연	분자생물학과*	13	16	99	6.2	2.85	3.01	8	8	102	12.8	2.62	2.59	13	8	104	13.0	2.68	2.65	8
자연	지구과학교육과	8	8	45	5.6	2.90	2.69	6	8	102	12.8	2.51	2.62	14	5	122	24.4	2.46	2.56	9
자연	광메카트로닉스공학과	4	5	47	9.4	2.92	2.96	4	5	64	12.8	2.59	2.88	3	7	103	14.7	2.87	3.02	4
자연	나노에너지공학과	5	5	62	12.4	2.92	2.83	13	5	101	20.2	3.07	3.04		12	244	20.3	3.14	3.30	3
자연	기계공학부*	68	65	334	5.1	2.95	3.11	47	60	449	7.5	2.17	2.28	66	70	879	12.6	2.13	2.26	77
자연	건축학전공	8	8	74	9.3	3.06	3.02	9	8	151	18.9	2.43	2.46	9	8	160	20.0	2.82	2.98	11

계열	모집단위	2025 모집인원	2024 모집인원	2024 지원인원	2024 경쟁률	2024 최종평균	2024 최종70%컷	2024 충원번호	2023 모집인원	2023 지원인원	2023 경쟁률	2023 최종평균	2023 최종70%컷	2023 충원번호	2022 모집인원	2022 지원인원	2022 경쟁률	2022 최종평균	2022 최종70%컷	2022 충원번호
자연	IT응용공학과	5	5	44	8.8	3.10	3.12	7	5	60	12.0	3.20		6	5	71	14.2	3.13	3.05	6
자연	항공우주공학과*	15	14	91	6.5	3.12	2.90	10	13	173	13.3	2.55	2.58	10	13	190	14.6	2.62	2.72	16
자연	사회기반시스템공학과	16	17	121	7.1	3.21	3.30	8	10	248	24.8	2.97	3.11	7	12	239	19.9	3.26	3.40	16
자연	도시공학전공	7	8	70	8.8	3.22	3.14	6	7	173	24.7	2.94	2.98	1	9	132	14.7	3.23	3.30	2
자연	대기환경과학과*	5	14	162	11.6	3.23	3.39	11	4	70	17.5	3.01	3.08	4	7	111	15.9	2.81	2.86	3
자연	조선해양공학과*	16	16	213	13.3	3.24	3.30	14	12	170	14.2	3.19	3.33	16	19	281	14.8	3.21	3.27	8
자연	물리학과*	12	12	105	8.8	3.42	3.56	13	8	202	25.3	3.14	3.19	12	12	129	10.8	3.43	3.65	16
자연	지질환경과학과*	8	10	183	18.3	3.42	3.50	9	5	146	29.2	3.37	3.38	4	10	153	15.3	3.62	3.68	6
자연	바이오소재과학과	8	9	50	5.6	3.47	3.53	11	6	85	14.2	3.39	3.36	10	6	61	10.2	3.68	3.78	12
자연	해양학과*	9	10	81	8.1	3.57	3.35		5	100	20.0	3.03	2.90	2	12	164	13.7	3.37	3.53	3
자연	식품공학과	5	5	71	14.2	3.66	3.56	13	5	149	29.8	3.71	3.76	8	5	40	8.0	5.06	4.27	10
자연	생명환경화학과	6	4	22	5.5	3.72	3.17	2	4	43	10.8	3.30	3.28	5	6	86	14.3	3.59	3.58	16
자연	바이오환경에너지학과	9	9	72	8.0	3.79	3.75	9	7	161	23.0	3.67	3.76	9	7	74	10.6	4.27	4.25	11
자연	바이오산업기계공학과	5	5	36	7.2	4.18		4	5	57	11.4	3.44	3.53	2	5	51	10.2	3.50	3.60	3
자연	동물생명자원과학과*	7	6	69	11.5	4.53	4.52	6	6	105	17.5	4.25	4.22	12	6	131	21.8	4.05	4.45	10
자연	식물생명과학과*	5	5	116	23.2	4.60	4.71	3	5	59	9.8	4.81	5.02	7	4	41	10.3	3.37	3.43	4
자연	원예생명과학과	6	6	66	11.0	4.79	5.01	6	7	123	17.6	4.06	4.24	1	8	74	9.3	4.70	4.93	10
자연	조경학과*	11	11	210	19.1	4.80	4.95	12	10	132	13.2	4.49	4.91	13	11	94	8.6	4.41	4.58	12

■ (학생부교과) 지역인재

전형	모집인원	전형 방법	수능최저학력기준
지역인재	424	학생부교과80%+ 학업역량평가20%	○

1. **지원자격**: 국내 정규 고등학교 졸업(예정)자(2학년 수료예정자 중 상급학교 진학을 허락받은 자 포함)로서 입학부터 졸업까지 부산, 울산, 경남 지역에 소재하는 고등학교의 전 교육과정을 이수한 자
   ※「초·중등교육법」제2조에 따른 고등학교 외 고교 졸업 동등 학력자는 지원자격에서 제외함
2. **수능최저학력기준**: 학생부교과전형 참고

◎ **전형요소**
● **학생부 및 학업역량평가**: 학생부교과전형 참고
※ 학교폭력 조치사항 대상자는 감점 처리함

◎ **전형결과**
■ 전체

학년도	전체 모집인원	전체 지원인원	전체 경쟁률	전체 최종평균	전체 최종70%컷	전체 충원율	인문 모집인원	인문 지원인원	인문 경쟁률	인문 최종평균	인문 최종70%컷	인문 충원율	자연 모집인원	자연 지원인원	자연 경쟁률	자연 최종평균	자연 최종70%컷	자연 충원율
2022	324	4,978	15.36	2.84	2.86	97%	89	1,169	13.13	2.77	2.79	104%	235	3,809	16.21	2.90	2.93	90%
2023	302	4,228	14.00	2.72	2.71	125%	80	1,165	14.56	2.67	2.68	144%	222	3,063	13.80	2.77	2.73	106%
2024	398	3,595	9.03	2.95	2.75	109%	98	914	9.33	2.91	2.83	130%	300	2,681	8.94	2.99	2.67	87%
2025	424						99						325					

■ 변경사항 & 핵심포인트
[2025]

변경사항	2024	2025
모집인원	398명	424명(+ 26명)
학교폭력 조치사항	-	학교폭력 조치사항 대상자는 감점 처리함
(수능최저) 응시영역 변경: ·자연과학대학(대기환경과학과) ·공과대학(유기소재시스템공학과, 화공생명·환경공학부[환경공학전공])·사범대학(화학교육)	국어, 수학(미적분/기하), 영어, 과탐, 한국사	국어, 수학, 영어, 과탐, 한국사
(수능최저) 응시영역 변경: ·생활과학대학(식품영양학과	국어, 수학, 영어, 사/과탐, 한국사	국어, 수학, 영어, 과탐, 한국사

❏ **합격자 성적분포**: 인문계열은 2등급 중반 ~ 3등급 초반, 자연계열은 2등급 중반 ~ 3등급 초반.
※ 학업역량평가는 정상적인 교육과정을 이수한 학생은 만점을 받을수 있으므로 영향력 적음

'*' 표시 : 교직 이수 가능

계열	모집단위	2025 모집인원	2024 모집인원	지원인원	경쟁률	최종평균	최종70%컷	충원번호	2023 모집인원	지원인원	경쟁률	최종평균	최종70%컷	충원번호	2022 모집인원	지원인원	경쟁률	최종평균	최종70%컷	충원번호
인문	경영학과	15	15	131	8.7	2.30	2.41	19	15	178	11.9	2.38	2.54	9	15	183	12.2	2.34	2.56	15
인문	정치외교학과*	6	4	37	9.3	2.47	2.36	3	4	61	15.3	2.67	2.68	10	4	49	12.3	2.84	2.84	4
인문	공공정책학부	4	4	89	22.3	2.53	2.56	2	4	49	12.3	3.21	3.15	5	4	43	10.8	2.51	2.53	3
인문	무역학부	16	16	117	7.3	2.66	2.72	23	10	133	13.3	2.55	2.64	21	10	118	11.8	2.65	2.77	12
인문	관광컨벤션학과	4	4	45	11.3	2.74	2.81	2	4	47	11.8	2.82	2.71	7	4	62	15.5	2.77	2.70	3
인문	심리학과*	8	8	99	12.4	2.80	2.80	10	8	103	12.9	2.87	2.79	11	5	82	16.4	2.63	2.44	7
인문	사회학과*	6	6	64	10.7	2.82	2.85	4	6	166	27.7	2.64	2.77	8	6	73	12.2	3.13	3.27	6
인문	문헌정보학과*	5	5	42	8.4	2.87	2.84	11	5	78	15.6	2.72	2.66	2	5	56	11.2	2.89	2.84	7
인문	행정학과	5	5	37	7.4	2.89	2.94	9	5	63	12.6	2.39	2.38	13	7	88	12.6	2.51	2.54	6
인문	사회복지학과	7	5	49	9.8	2.90	2.96	3	5	86	17.2	2.83	2.88	4	5	55	11.0	2.91	2.80	3
인문	경제학부*	17	17	96	5.7	3.31	3.27	22	9	113	12.6	2.27	2.34	17	10	124	12.4	2.51	2.60	14
인문	한문학과	4	4	42	10.5	3.46	3.44	9												
인문	실내환경디자인학과	2	2	20	10.0	3.51		1												
자연	공학자율전공	9																		
자연	나노자율전공	10																		
자연	대기환경과학과	7																		
자연	지질환경과학과	4																		
자연	정보의생명공학자율전공	6																		
자연	의예과	30	30	182	6.1	1.06	1.08	21	30	229	7.6	1.07	1.09	28	30	438	14.6	1.06	1.09	25
자연	약학부	12	10	160	16.0	1.42	1.47	8	10	234	23.4	1.44	1.49	8	10	252	25.2	1.53	1.65	7
자연	한의학전문대학원(학석사통합과정)	14	15	283	18.9	1.50	1.51	9	15	293	19.5	1.57	1.64	9	15	320	21.3	1.63	1.72	2
자연	*전자공학전공*	*5*	*10*	69	6.9	1.86	1.87	3	8	123	15.4	1.73	1.79	5	8	135	16.9	2.08	2.10	5
자연	화공생명공학전공	5	5	33	6.6	1.89	1.87	4												
자연	간호학과*	12	12	81	6.8	1.94	1.95	11	10	110	11.0	1.87	1.96	12	10	230	23.0	1.84	1.93	12
자연	**전기공학전공**	11	5	30	6.0	2.23	2.26	4	5	85	17.0	2.22	2.21	2	4	86	21.5	2.36	2.32	12
자연	컴퓨터공학전공	7	7	61	8.7	2.24	2.24	11	7	129	18.4	2.02	2.00	13						
자연	재료공학부	8	8	62	7.8	2.31	2.31	11	8	138	17.3	2.35	2.37	8	8	128	16.0	2.44	2.55	7
자연	*기계공학부*	*30*	*40*	267	6.7	2.33	2.47	37	15	186	12.4	2.27	2.29	13	25	335	13.4	2.22	2.41	30
자연	생명과학과	5	5	38	7.6	2.41	2.52	2	5	51	10.2	2.47	2.54	1	5	60	12.0	2.25	2.05	1
자연	의생명융합공학부	16	15	87	5.8	2.55	2.69	9	9	73	8.1	2.44	2.51	9	9	157	17.4	2.27	2.34	6
자연	통계학과	5	4	35	8.8	2.65	2.59	2												
자연	항공우주공학과	4	4	29	7.3	2.66	2.65	2												
자연	화학과*	5	5	66	13.2	2.84	2.84	5	5	46	9.2	2.82	2.84	3	5	49	9.8	2.57	2.53	2
자연	인공지능전공	6	6	38	6.3	2.89	2.61	9	6	81	13.5	2.35	2.30	10						
자연	반도체공학전공	5	5	44	8.8	2.90	2.94	6												
자연	미생물학과*	8	5	51	10.2	3.00	2.97	7	8	116	14.5	2.77	2.83	15	4	61	15.3	2.68	2.64	
자연	나노에너지공학과	4	5	68	13.6	3.04	2.99	5												
자연	광메카트로닉스공학과	4	3	35	11.7	3.08		5	3	69	23.0	2.89		3	3	54	18.0	3.18	3.23	1
자연	IT응용공학과	5	4	25	6.3	3.16		3	5	48	9.6	2.76	2.68	9	5	67	13.4	2.85	2.84	9
자연	사회기반시스템공학과	10	10	83	8.3	3.20	3.20	12	5	93	18.6	3.01	3.06	5	8	184	23.0	2.98	3.00	5
자연	건축공학과	4	4	33	8.3	3.26	2.89	6												
자연	조선해양공학과	10	10	125	12.5	3.27	3.45	10	9	164	18.2	3.03	3.13	15	9	165	18.3	3.16	3.21	2
자연	건축학과	5	5	49	9.8	3.36		3												
자연	분자생물학과*	5	5	40	8.0	3.43	3.61	4	5	81	16.2	2.60	2.64	1	5	64	12.8	2.99	2.95	6
자연	물리학과	4	4	31	7.8	3.43		1												
자연	수학과	4	4	27	6.8	3.80		1												
자연	바이오산업기계공학과	5	4	33	8.3	3.84	3.58	3	5	77	15.4	3.72	3.74	6	5	47	9.4	4.18	4.31	6
자연	식품공학과*	5	4	33	8.3	3.91	3.65	6	5	69	13.8	3.60	3.50	5	5	39	7.8	4.22	3.96	7
자연	바이오소재과학과	3	3	22	7.3	3.93		1	3	27	9.0	3.38		1	3	29	9.7	3.35	3.37	4
자연	생명환경화학과	5	4	20	5.0	3.97			4	31	7.8	3.52	3.66	3	4	32	8.0	3.53	3.57	3
자연	동물생명자원과학과*	6	5	41	8.2	4.19		5	6	52	8.7	4.19	3.88	7	6	53	8.8	4.05	4.02	3
자연	바이오환경에너지학과	7	7	42	6.0	4.32	4.23	3	7	82	11.7	3.72	3.67	10	7	77	11.0	3.80	3.92	4
자연	식물생명과학과*	5	4	33	8.3	4.77		1	4	47	11.8	4.05	4.07	3	4	32	8.0	4.72	4.84	12
자연	원예생명과학과	3	3	26	8.7	4.86			4	51	12.8	4.37	3.95	7	4	43	10.8	4.86	4.92	4
자연	조경학과*	7	5	86	17.2	4.88	4.63	11	6	86	14.3	4.68	4.56	11	6	48	8.0	4.77	4.79	7

■ (학생부종합) 학생부종합

전형	모집인원	전형 방법	수능최저학력기준
학생부종합	568	1단계)서류100%(3배수) 2단계)서류80%+ 면접20%	X

※ 정보의생명공학대학 정보컴퓨터공학부는 소프트웨어 분야의 재능이 있거나 잠재력이 있는 자를 선발함

1. **지원자격**: 국내 정규 고등학교 졸업(예정)자(2학년 수료예정자 중 상급학교 조기입학 자격 부여자 포함)
   ※ 국내 정규 고등학교는 고교졸업 학력 인정학교에 한함
   ※ 국내 고교에서 3개 학기 이상 성적을 취득한 국내 고교 졸업(예정)자에 한함
2. **제출서류**: 학교생활기록부

◎ 전형요소
※ **인재상**: 충실한 학교생활을 기반으로 학업 열정과 모집단위 특성에 부합하는 잠재력을 지닌 인재
※ 학교폭력 조치사항은 정성평가함
● 서류(100점)
   1. **평가방법**: 지원자가 제출한 서류를 종합적으로 평가.
      • 지원자의 서류를 입학사정관 2인이 독립, 정성 평가합니다.(의·약학계열 모집단위는 3인 1조)
      • 입학사정관 2인(의·약학계열 모집단위는 3인)의 평균 점수 고득점자 순으로 선발합니다.
      • 조정평가
         - 입학사정관 2인(의·약학계열 모집단위는 3인)의 평가결과가 일정 점수 이상 차이 날 경우 조정평가를 실시합니다.
         - 전임사정관 3인이 추가 평가하여 총 5인(의·약학계열 모집단위는 6인)의 점수 중 최고, 최저점을 제외한 3인(의·약학계열 모집단위는 4인)의 평균점수를 반영합니다.
   2. **평가요소별 평가기준 및 전형자료:**

평가영역	반영비율	평가요소	평가기준	관련 전형자료
학업역량	40%	학업준비도	· 이수 교과의 학업성취도 (국어, 수학, 영어, 사회, 과학, 한국사)	• 교과학습 발달상황 • 인적·학적사항
		학업주도성	· 교과 선택 및 이수 노력 · 학업 태도 및 탐구 능력	• 교과학습발달상황 진 • 교육과정 편성표 • 세부능력 및 특기사항
진로역량	40%	전공(계열)적합성	· 전공(계열) 관련 교과 이수 노력 및 학업성취도 · 전공(계열) 관련 학업 태도 및 탐구 능력	• 교과학습발달상황 • 교육과정 편성표 • 세부능력 및 특기사항
		성장가능성	· **교과 외 활동 중 자기계발 노력**	• 창의적 체험활동상황 (자율활동, 동아리활동, 진로활동)
사회역량	20%	사회성 및 인성	· 협업 능력과 리더십, 의사소통능력 · 공동체의식, 성실성과 규칙 준수	• 세부능력 및 특기사항 • 창의적 체험활동상황 • 행동특성 및 종합의견 • 출결상황 • 인적·학적사항

   ※ 관련 전형자료 이외에 학교생활기록부와 자기소개서 모든 내용을 전형자료로 활용합니다.
   ※ 평가척도 : A+(최상), A(상), B+(중상), B(중), C(하), D(최하)

☞ 보충설명
• 학업역량(40%) = 진로역량(40%) > 사회역량(20%) 순으로 반영. 학업역량(40%)과 진로역량(430%) 반영비율 만큼 변별력이 가장 큼.
• 진로역량(40%)에서 성장가능성은 올 해부터 학생부 대입 미반영(수상, 독서 등)이 많아져서 상대적으로 전공(계열)적합성 비중이 커짐
• 학업역량(40%)에서도 학업주도성에서 교과선택 및 이수노력이나 학업태도 및 탐구능력에서 변별력 생김
• 전공적합성은 학과 중심.

■ 모집단위별 인재상 및 (핵심)권장과목

◆ **목적** : 2015 개정 교육과정 도입으로 과목 선택권이 확대됨에 따라 학생들의 진로에 따른 과목 선택에 도움을 주고자 모집단위별 (핵심)권장과목을 안내함 ※ 단, 모집단위별 (핵심)권장과목 이수 여부는 지원자격과 무관함
◆ **반영 전형 및 반영 시기**
   - 학생부종합전형 서류평가 : 2024학년도부터 반영 / 모집단위별 인재상, 관련 교과군, 핵심 권장과목, 권장과목 활용 예정
   - 학생부교과전형 학업역량평가 : 2026학년도부터 반영 / 모집단위별 핵심 권장과목 활용 예정(핵심 권장과목이 미설정된 경우 관련 교과군 활용)
◆ **용어 설명**
   - 관련 교과군 : 학과(부)의 교육과정과 관련이 있는 교과군
   - 핵심 권장과목 : 학과(부)에서 교육을 이수하기 위해 필수적으로 이수를 권장하는 과목
   - 권장과목 : 학과(부)에서 교육을 이수하기 위해 이수를 권장(추천)하는 과목

◆ 유의사항
- 권장과목을 제시하지 않는 학과(부)는 학생의 진로·적성에 따라 적극적인 선택과목 이수를 권장함
- 핵심 권장과목 및 권장과목은 변경될 수 있으며, 변경되는 경우 해당 학년도 대학입학전형 기본계획 수립 시 사전 안내 예정

단과대학	모집단위	인재상	권련교과군	핵심권장과목	권장과목
인문대학	국어국문학과	올바른 가치관과 윤리성에 기반한 창의력과 비판력, 논리적 사고력을 갖춘 글로벌 인재	국어, 영어, 사회		
	중어중문학과	글로벌 시대에 필요한 의사소통 능력과 창의력·논리력·탐구력을 갖춘 학생	국어, 영어, 사회		
	일어일문학과	논리적 사고와 타문화에 대한 포용력을 바탕으로 타인과 의사소통을 원만히 수행할 수 있는 인재	국어, 영어, 제2외국어		일본어 I
	영어영문학과	언어능력과 분석적 사고 및 문학적 소양을 갖춘 학생	국어, 수학, 영어		
	불어불문학과	언어능력과 인문학적 소양 및 논리적 사고력을 갖춘 학생	국어, 영어, 제2외국어		프랑스어 I
	독어독문학과	언어적 소통능력과 인문학적 소양을 갖춘 학생	국어, 영어, 사회, 제2외국어		독일어 I
	노어노문학과	논리적인 사고와 소통능력을 갖추고 공동체를 배려하는 창의적인 인재	국어, 영어		
	한문학과	한문 문해력을 토대로 동양고전을 이해하고, 고전 자원을 현대적으로 다양하게 활용할 수 있는 종합적사고와 창의성을 갖춘 인재	국어, 영어, 한문		한문 I
	언어정보학과	언어학적 사고력과 창의력 및 분석력을 갖춘 학생	국어, 영어, 사회		
	사학과	창의적 사고력과 탐구력 및 논리력을 갖춘 학생	국어, 영어, 사회		한국지리, 세계지리, 세계사, 동아이사아
	철학과	논리적이고 비판적인 사고력을 지니고, 인간 및 세계 탐구의 열정을 지닌 학생	국어, 영어, 교양		생활과윤리, 윤리와사상, 철학, 논리학, 논술
	고고학과	역사에 관심이 많고, 사물에 대한 관찰력이 뛰어난 학생	국어, 영어, 사회		
사회과학대학	행정학과	사회현상에 대한 사고력 및 분석력을 갖춘 학생	국어, 영어, 사회		
	정치외교학과	사회현상에 대한 사고력 및 분석력을 갖춘 학생	국어, 영어, 사회		
	사회복지학과	사회현상에 대한 탐구력과 분석력, 그리고 사회정의를 위한 실천의지를 갖춘 학생	국어, 영어, 사회		
	사회학과	사회현상에 대한 사고력 및 분석력, 그리고 사회정의를 위한 실천의지를 갖춘 학생	국어, 영어, 사회		세계사, 경제, 정치와법, 사회문화, 사회문제탐구
	심리학과	인간행동과 사회현상에 대한 과학적 사고력과 통찰력 및 분석력을 갖춘 학생	국어, 수학, 영어, 과학		
	문헌정보학과	사회와 정보현상에 대한 통찰력과 분석력을 갖춘 학생	국어, 영어, 사회		
	미디어커뮤니케이션학과	미디어환경 및 커뮤니케이션 현상에 대한 사고력 및 분석력을 갖춘 학생	국어, 영어, 수학, 사회		
자연과학대학	수학과	수학적 사고력 및 분석력을 갖춘 창의융합형 인재	수학, 영어, 과학	미적분, 기하	확률과 통계
	통계학과	수학적 사고력과 자료의 수집 및 분석력을 갖춘 창의적 사고역량이 뛰어난 학생	수학	미적분, 확률과 통계	기하
	물리학과	자연에 대한 호기심과 학업탐구 열정을 가진 유능한 학생	수학, 영어, 과학		물리학 I
	화학과	융합적 사고력을 바탕으로 창의력을 갖춘 학생	수학, 영어, 과학	화학 I	미적분, 화학 II
	생명과학과	과학적 탐구력을 바탕으로 창의력을 갖춘 학생	수학, 영어, 과학	생명과학 I/II	화학 I
	미생물학과	과학적 사고력, 창의력을 갖추고 사회적 책임감을 지닌 학생	과학	생명과학 I	화학 I
	분자생물학과	생명현상에 대해 진지한 관심을 가지며, 논리적 사고력, 창의성, 성실성을 갖춘 학생	과학	생명과학 I	화학 I, 생명과학 II
	지질환경과학과	자연현상의 관찰력, 분석력, 논리적 사고력을 갖춘 학생	수학, 영어, 과학		미적분, 지구과학 I/II
	해양학과	해양현상에 대한 호기심과 미지의 세계에 대한 도전적이고 진취적 성향을 가진 학생	수학, 영어, 과학		미적분, 지구과학 I/II
	대기환경과학과	자연에 대한 호기심과 분석력을 가지고 융합적, 창의적 사고를 가진 학생	수학, 과학		미적분, 물리학 I, 지구과학 I

단과대학	모집단위	인재상	권련교과군	핵심권장과목	권장과목
공과대학	기계공학부	공학적 사고력, 응용력, 창의력, 소통형 리더쉽을 갖춘 학생	국어, 수학, 영어, 과학	미적분, 물리학Ⅰ	기하, 화학Ⅰ
	고분자공학과	공학적 창의력 및 융합적 사고력을 갖춘 학생	수학, 과학	미적분, 물리학Ⅰ, 화학Ⅰ	기하, 물리학Ⅱ, 화학Ⅱ
	유기소재시스템공학과	응용과학에 대한 논리적이고 체계적인 사고력 및 공학적 창의력과 응용능력을 구비한 학생	수학, 영어, 과학	미적분, 물리학Ⅰ, 화학Ⅰ	기하, 물리학Ⅱ, 화학Ⅱ
	화공생명환경공학부(화공생명공학전공)	화공생명분야의 과학적 지식과 응용능력 및 공학윤리를 갖춘 학생	수학, 영어, 과학	미적분, 물리학Ⅰ, 화학Ⅰ	기하, 물리학Ⅱ, 화학Ⅱ
	화공생명환경공학부(환경공학전공)	환경분야의 과학적 지식과 응용능력 및 공학윤리를 갖춘 학생	수학, 영어, 과학	미적분, 물리학Ⅰ, 화학Ⅰ	기하, 물리학Ⅱ, 화학Ⅱ
	재료공학부	공학적 창의성과 리더십을 갖춘 학생	국어, 수학, 영어, 과학	미적분, 물리학Ⅰ, 화학Ⅰ	물리학Ⅱ, 화학Ⅱ
	전기전자공학부(전기공학전공)	공학적 사고력과 창의성을 가진 학생	수학, 영어, 과학	미적분, 물리학Ⅰ	확률과 통계, 기하, 물리학Ⅱ
	전기전자공학부(전자공학전공)	논리적 사고력, 분석력, 응용력, 창의력 및 성실성을 갖춘 학생	수학, 영어, 과학	미적분, 물리학Ⅰ	기하, 화학Ⅰ
	전기전자공학부(반도체공학전공)	논리적 사고력, 분석력, 응용력, 창의력 및 성실성을 갖춘 학생	수학, 영어, 과학	미적분, 물리학Ⅰ	기하, 화학Ⅰ
	건축공학과	공학적 사고력 및 창의성과 팀워크를 갖춘 학생	국어, 영어, 사회, 과학	물리학Ⅰ	
	건축학과	심미적 감성을 바탕으로 사회, 문화에 대한 이해와 융합적이고 창조적인 사고능력을 갖춘 학생	국어, 수학, 영어, 과학		
	도시공학과	의사소통 능력을 포함한 융합적, 창의적 사고력을 갖춘 학생	수학, 영어, 사회		
	사회기반시스템공학과	공학적 사고력, 창의성 및 리더쉽을 갖춘 학생	수학, 영어, 과학	미적분, 물리학Ⅰ	화학Ⅰ
	항공우주공학과	수학적 논리력과 창의적 융복합 사고력을 갖추어 공학 문제해결 능력이 우수한 학생	국어, 수학, 영어, 과학	미적분, 물리학Ⅰ	확률과 통계, 기하, 물리학Ⅱ, 화학Ⅰ
	산업공학과	체계적인 사고력, 공학적 논리력, 분석력, 협동력을 갖춘 학생	수학, 영어, 과학		
	조선해양공학과	공학적 사고력 및 분석력을 갖춘 창의적인 학생	수학, 영어, 과학	미적분, 물리학Ⅰ	기하, 물리학Ⅱ
사범대학	국어교육과	통합적 사고능력을 갖춘 학생	국어, 수학, 영어		
	영어교육과	영어와 영어권 문화에 대한 관심과 교육에 대한 열정을 갖춘 학생	국어, 영어, 사회		
	교육학과	종합적 사고력과 문제해결력, 교육자적 자질을 지닌 학생	국어, 영어, 사회		
	유아교육과	감성과 이성의 조화로운 균형을 가지고 가르치는 교육에 대한 소명의식과 교육적 신념을 가진 학생	국어, 영어, 사회, 과학		
	특수교육과	교육에 대한 소명의식과 봉사정신을 갖춘 학생	국어, 영어, 사회		
	일반사회교육과	예비 사회과 교사로서 민주시민성의 자질을 갖춘 학생	국어, 영어, 사회, 교양		경제, 정치와 법, 사회·문화, 사회문제 탐구, 실용 경제
	역사교육과	과거와 현재 그리고 미래에 대한 올바른 안목을 갖추고, 훌륭한 역사 교사로서의 자질을 갖춘 학생	사회, 한문	세계사	동아시아사, 한문Ⅰ/Ⅱ
	지리교육과	국내외 지리적 현상에 대한 종합적 이해와 다면적인 탐구 역량을 갖춘 학생	국어, 영어, 사회		한국지리, 세계지리, 여행지리
	윤리교육과	창조적 지성과 올바른 인성을 바탕으로 실천하는 도덕적 인간인 동시에 정의로운 사회를 만들고자 하는 의지와 역량을 갖춘 시민인 인재	국어, 영어, 사회		생활과 윤리, 윤리와 사상
	수학교육과	교직에 대한 열정과 수학적 사고력 및 창의성을 겸비한 학생	수학, 영어	미적분, 기하	확률과 통계

단과대학	모집단위	인재상	관련교과군	핵심권장과목	권장과목
	물리교육과	자연 현상에 대한 호기심과 그 근원에 대한 상상력, 그리고 과학적 사고력을 가지며 과학 지식을 나누는데 즐거움이 있는 학생, 과학 교육의 발전에 기여할 수 있는 전문적 지도 능력과 건전한 인성을 갖춘중학교 과학 교사와 고등학교 물리 교사 및 과학 교육 전문가를 꿈꾸는 학생	수학, 과학	미적분, 기하, 물리학 I	확률과 통계, 물리학 II, 화학 I
	화학교육과	자연현상에 대한 분자 수준에서의 과학적 호기심과 논리적 사고력, 문제해결능력을 가지며, 공동체 구성원에게 필요한 인성과 책임감을 갖춘 학생	수학, 과학	화학 I, 물리학 I	미적분, 물리학 II, 화학 II
	생물교육과	생명과학 영역에 대한 전문적 소양 및 과학 탐구능력과 논리성을 갖춘 학생	수학, 영어, 과학	생명과학 I	화학 I, 생명과학 II
	지구과학교육과	지구과학 및 지구환경변화에 대한 호기심과 과학적 사고력 및 교육자적 인성을 갖춘 학생	수학, 과학	지구과학 I/II	미적분, 물리학 I
경영대학	경영학과	글로벌 역량과 윤리 의식을 갖춘 경영 리더로 성장할 수 있는 소양을 갖춘 학생	국어, 수학, 영어		
경제통상대학	무역학부	글로벌 역량과 사회과학적 사고력 및 분석력을 갖춘 학생	국어, 수학, 영어		
	경제학부	글로벌 마인드와 사회과학적 사고력 및 창의력을 갖춘 학생	국어, 수학, 영어		미적분, 경제 수학
	국제학부	국제적인 감각과 글로벌 이슈에 대한 적극적인 관심을 가지고 있는 학생	국어, 영어, 사회		영어 회화, 영어 독해와 작문
	관광컨벤션학과	글로벌 마인드를 가지며 의사소통 및 지식정보처리 능력을 갖춘 학생	국어, 영어, 사회		영어 회화, 영어 독해와 작문, 사회·문화
	공공정책학부	공공정책에 대한 인식 및 분석능력을 갖춘 학생	국어, 영어, 사회		
간호대학	간호학과	간호학의 학문적 발전과 간호 실무의 전문화를 선도해갈 국제 경쟁력을 갖춘 학생	국어, 수학, 영어, 과학	미적분, 생명과학 I/II	확률과 통계
생활과학대학	아동가족학과	건강한 아동가족 지원을 위한 창의적 인재	국어, 영어, 사회		
	의류학과	섬유패션산업의 세계화에 대응할 수 있는 창의력·글로벌 역량·응용력을 지닌 인재	국어, 영어		
	식품영양학과	과학적 탐구력을 바탕으로 식품 영양 지식을 함양할 수 있는 창의적 사고를 지닌 글로벌 인재	영어, 과학	화학 I, 생명과학 I	화학 II, 생명과학 II
	실내환경디자인학과	인간 중심의 공간 창조에 기여하는 창의적 사고 역량과 심미적 감성 역량을 겸비한 인재	국어, 영어, 과학		
	스포츠과학과	과학적 사고와 올바른 인성을 갖춘 스포츠 전문가	영어, 과학		
나노과학기술대학	나노에너지공학과	융합적 사고력을 바탕으로 창의성을 갖춘 진취적인 인재	수학, 과학	미적분, 물리학 I 또는 화학 I	기하, 물리학 II or 화학 II
	나노메카트로닉스공학과	융합적 사고력을 바탕으로 창의성을 갖춘 진취적인 인재	수학, 과학	미적분, 물리학 I, 화학 I	기하, 물리학 II, 화학 II
	광메카트로닉스공학과	융합적 사고력을 바탕으로 창의성을 갖춘 진취적인 인재	수학, 과학	미적분	물리학 I, 화학 I, 생명과학 I
생명자원과학대학	식물생명과학과	생명 현상에 대한 관찰력이 우수하고 분석력을 갖춘 학생	영어, 과학	생명과학 I	화학 I
	원예생명과학과	생명과학 분야에 대한 창의력과 도전적 사고를 가진 학생	영어, 과학		화학 I, 생명과학 I
	동물생명자원과학과	동물생명과학 분야에 탐구적 역량과 창의적 사고 역량을 갖춘 학생	영어, 과학		화학 I, 생명과학 I
	식품공학과	생명과학적 사고력 및 추진력을 갖춘 학생	영어, 과학	화학 I, 생명과학 I	화학 II, 생명과학 II
	생명환경화학과	생명과학의 새로운 분야 개척에 도전하고 사고력을 갖춘 학생	영어, 과학	화학 I, 생명과학 I	화학 II, 생명과학 II
	바이오소재과학과	창의적인 사고력과 탐구적인 정신을 갖춘 학생	영어, 과학		화학 I/II, 생명과학 I/II
	바이오산업기계공학과	기계에 대한 이해와 분석력을 갖춘 학생	수학, 영어, 과학	미적분, 물리학 I	물리학 II
	IT응용공학과	융복합 사고력과 문제해결력을 지닌 실천적 창의역량형 학생	국어, 수학, 과학		미적분, 확률과 통계, 물리학 I
	바이오환경에너지학과	환경과 에너지 관점에서 종합적인 사고력과 분석력을 갖춘 학생	영어, 과학		화학 I, 생명과학 I

단과대학	모집단위	인재상	권련교과군	핵심권장과목	권장과목
	조경학과	기후변화를 포함한 도시환경 개선을 실현하기 위한 미래 지향적 가치에 도전하려는 창의적인 학생	수학, 영어, 과학		생명과학 I/II
	식품자원경제학과	우리 사회와 경제 현상에 대해 균형잡힌 시각과 분석적 능력을 갖춘 학생	수학, 영어, 사회		미적분, 확률과 통계, 경제 수학, 경제
예술대학	디자인학과(디자인앤테크놀로지전공)	예술적인 감성과 다양한 문제해결 능력을 바탕으로 미래 사회가 요구하는 창의적인 디자인을 구현할수 있는 학생	국어, 수학, 영어, 과학		미적분, 확률과 통계, 물리학 I
	예술문화영상학과	인문학적 소양을 바탕으로 예술적 감성과 창의성을 지닌 학생	국어, 영어, 사회		
정보의생명공학대학	의생명융합공학부	공학적 사고력과 창의·융합적 소양을 기반으로 문제 해결 능력을 갖춘 학생	수학, 영어, 과학	미적분, 생명과학 I	물리학 I, 화학 I
	정보컴퓨터공학부(컴퓨터공학전공)	새로운 문제에 도전하는 용기와 컴퓨팅사고력을 바탕으로 해결책을 찾는 창의성을 갖춘 학생	수학, 영어, 과학	미적분, 물리학 I	확률과 통계
	정보컴퓨터공학부(인공지능전공)	새로운 문제에 도전하는 용기와 컴퓨팅사고력을 바탕으로 해결책을 찾는 창의성을 갖춘 학생	수학, 영어, 과학	미적분, 물리학 I	확률과 통계
약학대학	약학부	사람중심의 약사 직무 수행과 창의적 약학연구를 통해 사회에 봉사하는 인재	국어, 수학, 영어, 과학	화학 I, 생명과학 I	화학 II, 생명과학 II
의과대학	의예과	투철한 윤리의식과 건전한 사회성을 바탕으로 생명현상에 대한 의문을 창의적인 사고와 탐구정신을통해 자기주도적으로 해결하려는 의지를 가진 학생	수학, 과학	미적분, 화학 I, 생명과학 I	화학 II, 생명과학 II
치의학전문대학원	치의학전문대학원 학석사통합과정	도덕성과 소통능력, 그리고 생명현상에 대한 호기심을 바탕으로 자기주도적으로 탐구하여 문제를 해결할 수 있는 능력을 가진 학생	국어, 수학, 과학		화학 I/II, 생명과학 I/II
한의학전문대학원	한의학전문대학원 학석사통합과정	윤리의식과 의사소통능력을 갖추고, 생명현상을 이해하고 스스로 탐구할 수 있는 학생	수학, 과학	미적분, 화학 I, 생명과학 I	화학 II, 생명과학 II

● 면접(20점)
   1. **평가방법**: 다수의 평가자가 면접 대상자 1인을 심층 면접
   2. **평가내용**: 학생부를 기초로 대면 면접을 통해 진로역량과 사회역량을 평가

평가영역	평가기준	소요시간
진로역량	▪ 전공(계열) 관련 교과 이수 노력 및 자기주도적 학업역량 ▪ 전공(계열) 관련 학업태도 및 탐구 능력 ▪ 교과 외 활동 중 자기계발 노력	10분 내외
사회역량	▪ 협업능력과 리더십, 의사소통능력 ▪ 공동체의식, 성실성과 규칙준수	

   * 정보의생명공학대학 정보컴퓨터공학부는 소프트웨어 분야의 잠재력이 있는 자를 선발합니다.

● 면접(20점)-의예과
   1. **평가방법**: 다수의 평가자가 면접 대상자 1인을 심층 면접, 1인당 20분 내외
   2. **평가내용**: 1) 학생부를 기초로 대면 면접을 통해 진로역량과 사회역량을 평가
                     2) 공통문제 답변을 통해 잠재역량을 평가

평가영역	평가기준	소요시간
진로역량	▪ 지원계열 관련 자기주도적 학업역량 ▪ 모집단위에 대한 관심과 열정 ▪ 지원계열 관련 탐구 노력 ▪ 창의성, 독창성	10분 내외
사회역량	▪ 배려심, 리더십, 협동심, 봉사심 등 공동체 의식 ▪ 논리적 의사표현능력 ▪ 도덕성, 윤리성, 긍정적 가치관	
잠재역량	▪ 발전 가능성 ▪ 문제해결능력 ▪ 의사소통능력	공통문제 준비 10분 내외 면접 10분 내외

◎ 전형결과
■ 전체

학년도	전체						인문						자연					
	모집인원	지원인원	경쟁률	최종평균	최종70%컷	충원율	모집인원	지원인원	경쟁률	최종평균	최종70%컷	충원율	모집인원	지원인원	경쟁률	최종평균	최종70%컷	충원율
2022	606	8,457	13.96	2.89	2.90	104%	209	3,207	15.34	2.78	2.76	122%	397	5,250	13.22	2.99	3.03	85%
2023	657	6,814	10.37	3.06	3.04	90%	229	2,714	11.85	3.02	3.02	105%	428	4,100	9.58	3.09	3.06	74%
2024	450	5,790	12.87	3.02	2.93	63%	169	2,347	13.89	2.98	2.95	62%	281	3,443	12.25	3.05	2.90	63%
2025	568						193						375					

■ 변경사항 & 핵심포인트

[2025]

변경사항	2024	2025
모집인원	450명	568명(+118명)

➡ 합격자 성적분포: 인문계열은 2등급 중반 ~ 3등급 초반, 자연계열은 2등급 후반 ~ 3등급 초반.
- 전년도에 면접 도입되고, 수능최저가 폐지됨에 따라 경쟁률이 10.37 -> 12.87로 상승하였음. 하지만 합격자 성적은 상승하지 않고 유지됨

[2024]

변경사항	2023	2024
전형방법 변경	서류100%	1단계)서류100%(3배수) 2단계)서류80%+ 면접20%
수능최저 폐지	인문: 2개 등급 합 6/자연: 수학 포함 2개 등급 합 6	-
면접 평가요소 변경	잠재력역량, 사회적역량	진로역량, 사회역량

■ 모집단위

'*' 표시 : 교직 이수 가능

계열	모집단위	2025 모집인원	2024 모집인원	지원인원	경쟁률	최종평균	최종70%컷	충원번호	2023 모집인원	지원인원	경쟁률	최종평균	최종70%컷	충원번호	2022 모집인원	지원인원	경쟁률	최종평균	최종70%컷	충원번호
인문	노어노문학과	4																		
인문	사회복지학과	5							5	77	15.4	2.51	2.28	13	5	71	14.2	2.60	2.65	7
인문	윤리교육과	3																		
인문	경영학과	20	20	343	17.2	2.10	2.16	27	30	373	12.4	2.47	2.52	33	30	478	15.9	2.27	2.21	53
인문	교육학과	6	6	110	18.3	2.19		7	6	62	10.3	2.40	2.57	13	6	98	16.3	2.20	2.29	11
인문	공공정책학부	6	6	108	18.0	2.25	2.18	2	6	67	11.2	2.51	2.47	13	6	146	24.3	2.20	2.27	9
인문	역사교육과	5	5	51	10.2	2.30	2.29	3	4	56	14.0	2.15	2.04	6	4	59	14.8	1.91	1.94	9
인문	경제학부*	9	7	97	13.9	2.50	2.51	6	20	181	9.1	2.64	2.65	9	20	229	11.5	2.60	2.70	24
인문	국어교육과	6	6	69	11.5	2.51	2.45	5	9	103	11.4	2.22	2.24	14	4	52	13.0	2.27	2.15	10
인문	영어교육과	8	7	60	8.6	2.66	2.80	5	5	44	8.8	2.44	2.43	8	5	61	12.2	2.03	1.84	12
인문	국제학부	8	5	93	18.6	2.66	2.78	1	9	237	26.3	3.08	3.15	9	9	119	13.2	3.69	4.46	8
인문	예술문화영상학과	4	4	94	23.5	2.68	2.70		4	51	12.8	3.36	3.09	1	4	85	21.3	3.04	3.02	5
인문	특수교육과	5	5	62	12.4	2.69	2.69	5	5	46	9.2	3.15	3.00	9	4	44	8.8	2.53	2.54	6
인문	국어국문학과*	4	3	48	16.0	2.74		1	3	56	18.7	3.14		3	3	56	18.7	2.99	2.62	6
인문	언어정보학과	5	4	36	9.0	2.76	2.72	1	4	41	10.3	2.78	2.57	2	4	53	13.3	3.36	2.90	6
인문	무역학부	9	7	89	12.7	2.83	2.95	8	15	125	8.3	2.76	2.81	18	15	182	12.1	2.86	2.73	12
인문	사학과*	9	8	81	10.1	2.86	3.16	5	8	85	10.6	2.81	2.78	2	8	108	13.5	2.79	2.77	12
인문	영어영문학과*	7	7	71	10.1	2.94	2.85	5	7	85	12.1	2.54	2.54	12	7	83	16.6	2.63	2.60	5
인문	철학과*	6	6	89	14.8	3.01	3.11	7	7	52	7.4	3.23	3.24	8	7	63	15.8	2.83	2.74	3
인문	실내환경디자인학과*	6	6	77	12.8	3.03	3.30	4	7	79	11.3	3.31	3.42	2	7	97	13.9	3.30	3.35	3
인문	관광컨벤션학과	6	6	71	11.8	3.28	2.90	1	6	68	11.3	2.83	2.88	3	6	95	15.8	3.08	2.81	5
인문	아동가족학과	5	5	68	13.6	3.34	3.24													
인문	독어독문학과*	10	10	135	13.5	3.36	3.48	2	10	100	10.0	4.10	4.28	10						
인문	식품자원경제학과	3	3	28	9.3	3.40			3	35	11.7	3.73		3	5	54	10.8	4.03	3.92	5
인문	일어일문학과*	8	6	96	16.0	3.52	3.30		6	77	12.8	3.84	3.55	12	4	128	32.0	2.87	2.70	3
인문	의류학과*	8	10	135	13.5	3.60	3.62	5	10	98	9.8	3.81	4.01	5	7	92	13.1	3.07	3.17	4
인문	고고학과	8	8	96	12.0	3.66	3.39		6	48	8.0	3.53	3.90	4	8	91	11.4	3.08	3.08	5
인문	중어중문학과*	5	5	103	20.6	3.95	3.78	1	7	124	17.7	4.09	4.58	7	7	179	25.6	4.15	4.14	12
인문	한문학과*	5	4	37	9.3	4.57	3.60	3	4	37	9.3	3.89	3.74		4	60	15.0	3.09	3.07	2
자연	지질환경과학과*	5							5	47	9.4	3.50	3.72	3	5	80	16.0	3.24	3.44	3
자연	의생명융합공학부	11							20	235	11.8	2.26	2.36	16	20	250	12.5	2.62	2.75	15
자연	대기환경과학과*	4							10	99	9.9	3.13	3.44	10	10	142	14.2	2.97	3.09	16
자연	나노자율전공	13																		
자연	정보의생명공학자율전공	7																		

계열	모집단위	2025 모집인원	2024 모집인원	2024 지원인원	2024 경쟁률	2024 최종평균	2024 최종70%컷	2024 충원번호	2023 모집인원	2023 지원인원	2023 경쟁률	2023 최종평균	2023 최종70%컷	2023 충원번호	2022 모집인원	2022 지원인원	2022 경쟁률	2022 최종평균	2022 최종70%컷	2022 충원번호
자연	기계공학부*	25							35	240	6.9	2.47	2.53	21	35	346	9.9	2.36	2.43	23
자연	분자생물학과*	7	5	89	17.8	1.92	1.91	1	5	76	15.2	2.60	2.57	4	5	111	22.2	2.67	2.82	6
자연	수학교육과	10	8	77	9.6	2.06	2.19	2	7	76	10.9	2.26	2.22	11	6	68	11.3	2.19	2.17	11
자연	화공생명공학전공	7	5	79	15.8	2.12	2.22	3	7	128	18.3	1.89	1.87	9	6	181	30.2	1.99	1.96	12
자연	화학과*	7	5	77	15.4	2.26	2.12		14	100	7.1	2.68	2.47	8	12	118	9.8	2.33	2.34	4
자연	컴퓨터공학전공	9	7	139	19.9	2.27	2.14	5	10	233	23.3	2.68	2.25	7						
자연	화학교육과	5	4	34	8.5	2.31	2.30	1	3	35	11.7	2.77		3	2	20	10.0	2.83	2.28	3
자연	생물교육과	5	5	37	7.4	2.33	2.29	3	5	56	11.2	2.44	2.36	4	5	57	11.4	2.33	2.56	4
자연	*전기공학전공*	*6*	*10*	98	9.8	2.43	2.43	2	10	96	9.6	2.40	2.57	4	10	197	19.7	2.32	2.43	12
자연	항공우주공학과*	8	8	117	14.6	2.44	2.50	8	8	73	9.1	2.80	2.79	8	10	102	17.0	2.55	2.59	7
자연	재료공학부*	12	10	95	9.5	2.46	2.61	6	10	123	12.3	2.43	2.62	4	10	128	12.8	2.67	2.90	5
자연	고분자공학과	8	5	48	9.6	2.46	2.06	1	10	71	7.1	2.56	2.69	7	10	127	12.7	2.27	2.42	4
자연	산업공학과	8	8	79	9.9	2.52	2.55	7	8	53	6.6	2.84	2.76	1	3	36	12.0	2.56	2.45	1
자연	미생물학과*	8	10	208	20.8	2.56	2.52	6	5	56	11.2	2.87	2.72	7	6	122	20.3	2.61	2.64	2
자연	건축학과	9	6	138	23.0	2.67	2.80	5	6	121	20.2	3.05	3.24	3	6	116	19.3	2.85	2.94	14
자연	전자공학전공*	10	8	91	11.4	2.69	2.10	9	14	171	12.2	2.20	2.27	14	15	199	13.3	2.25	2.39	18
자연	반도체공학전공	5	5	57	11.4	2.73	2.78	1												
자연	물리학과*	12	12	129	10.8	2.82	2.93	9	12	89	7.4	3.21	3.33	12	12	84	7.0	3.20	3.51	10
자연	건축공학과	6	6	74	12.3	2.88	2.92	1	6	86	14.3	3.16	3.10	7	10	107	10.7	3.18	3.25	5
자연	환경공학전공	15	10	129	12.9	2.93	2.93	14	14	112	8.0	2.84	2.70	15	12	137	11.4	2.55	2.69	14
자연	도시공학전공	7	5	57	11.4	3.04	2.87	7	10	93	9.3	3.04	3.16	7	10	140	14.0	3.33	3.38	8
자연	나노메카트로닉스공학과	8	3	29	9.7	3.04		3	8	61	7.6	3.27	3.33	7	6	92	15.3	3.18	3.17	
자연	식품영양학과(자연)*	11	11	91	8.3	3.06	3.08	10	11	99	9.0	2.92	2.98	3	11	84	7.6	3.15	3.24	10
자연	유기소재시스템공학과*	13	10	107	10.7	3.08	2.73	10	12	123	10.3	2.71	2.78	18	5	53	10.6	2.94	2.96	5
자연	조선해양공학과*	10	10	130	13.0	3.12	3.24	3	10	80	8.0	3.45	3.58	7	10	113	11.3	3.39	3.44	5
자연	나노에너지공학과	7	7	61	8.7	3.22	3.17	6	9	54	6.0	3.04	3.01	3	9	109	12.1	3.16	3.16	6
자연	인공지능전공	8	6	126	21.0	3.22	2.49	5	9	138	15.3	2.42	2.56	11						
자연	수학과*	5	5	79	15.8	3.25	2.72	2	10	75	7.5	2.85	2.92	4	7	112	16.0	2.82	2.78	16
자연	사회기반시스템공학과	10	10	90	9.0	3.36	3.83	6	17	141	8.3	3.31	3.44	10	17	218	12.8	3.32	3.47	13
자연	IT응용공학과	5	6	55	9.2	3.43	3.47	3	6	49	8.2	3.62		5	6	97	16.2	3.46	3.46	4
자연	바이오소재과학과	5	4	51	12.8	3.52		1	7	43	6.1	3.93	4.09	3	7	54	7.7	3.54	3.58	4
자연	생명과학과*	10	5	110	22.0	3.63	1.86	5	10	146	14.6	2.39	2.54	7						
자연	바이오환경에너지학과	4	3	28	9.3	3.65		3	5	25	5.0	4.26			5	67	13.4	3.87	3.76	1
자연	바이오산업기계공학과	7	7	58	8.3	3.73	3.91	2	7	66	9.4	4.06	4.14	5	7	66	9.4	4.45	4.54	2
자연	동물생명자원과학과*	8	7	67	9.6	3.80	3.96	2	7	49	7.0	4.06	3.95	3	5	49	9.8	4.38	4.20	2
자연	식물생명과학과*	9	9	89	9.9	3.84	3.80	9	9	54	6.0	4.31	4.20	11	9	60	6.7	4.22	4.20	8
자연	*광메카트로닉스공학과*	*4*	*6*	48	8.0	3.85	3.29	2	10	56	5.6	3.15	3.21	4	7	83	11.9	2.97	3.08	5
자연	원예생명과학과	4	3	33	11.0	4.05			3	25	8.3	4.62		1	5	30	6.0	4.74	4.68	1
자연	식품공학과*	6	5	99	19.8	4.15	4.17		5	33	6.6	4.61	4.23	3	5	46	9.2	3.53	3.54	5
자연	조경학과*	7	7	115	16.4	4.50	4.81	6	9	64	7.1	4.70	4.85	5	9	61	6.8	4.45	4.39	7
자연	생명환경화학과	5	7	90	12.9	4.66	4.28	4	8	42	5.3	4.37	4.59	5	10	80	8.0	3.66	3.87	7

■ (학생부종합) 지역인재

전형	모집인원	전형 방법	수능최저학력기준
지역인재	128	1단계)서류100%(3배수/의예과: 4배수) 2단계)서류80%+ 면접20%	X(간호학과, 의예과, 약학부, 치의학과○)

1. **지원자격**: 국내 정규 고등학교 졸업(예정)자로서 입학부터 졸업까지 부산, 울산, 경남 지역에 소재하는 고등학교의 전 교육과정을 이수한 자 (2학년 수료예정자 중 상급학교 조기입학 자격 부여자 포함)
   ※ 「초·중등교육법」 제2조에 따른 고등학교 외 고교졸업 동등 학력자는 지원자격에서 제외함
2. **제출서류**: 학교생활기록부
3. **수능최저학력기준**: 없음. 단 간호학과, 의예과, 치의학전문대학원 학·석사 통합과정, 약학부는 적용
   ※ 탐구영역 과목은 수험자가 자유 선택하되 반드시 2과목을 응시하여야 함 (단, 자연계열은 과학탐구 2과목을 응시하여야 함)
   ※ 탐구영역은 2과목 중 상위 1과목을 반영함. 단, 의예과에 한 해 탐구 2과목 평균을 반영함.

모집단위	최저학력기준
• 간호대학(간호학과)	[국어, 수학(미적분/기하), 영어, 과탐(1)] 중 수학 포함 2개 영역 등급 합 6 이내, 한국사 4등급 이내
• 의예과	[국어, 수학(미적분/기하), 영어, 과탐(2과목 평균)] 중 수학 포함 3개 영역 등급 합 4 이내, 한국사 4등급 이내
• 약학부	[국어, 수학(미적분/기하), 영어, 과탐(1과목)] 중 수학 포함 3개 영역 등급 합 4 이내, 한국사 4등급 이내

◎ **전형요소**
● **서류**: 학생부종합전형 참고
※ 학교폭력 조치사항은 정성평가함
● **면접(의예과 제외)**: 학생부종합전형 참고
● **면접(의예과)**
  1. **평가방법**: 다수의 평가자가 면접 대상자 1인을 심층 면접, 1인당 면접 시간은 30분 내외. 면접 결시자는 불합격 처리.
  2. **평가내용**: 잠재적역량과 사회적역량에 대해 각 공통문제에 대한 답변과 제출서류를 기초로 한 대면 면접을 통해 평가

평가영역	평가기준	소요시간
	공통문제 답변 준비	준비 10분 내외
잠재적역량	▪창의성, 독창성, 자기성장 노력 및 자기주도 학습능력 등 ▪모집단위에 대한 관심과 열정	면접 10분 내외
사회적역량	▪도덕성, 윤리성, 긍정적 가치관 ▪배려심, 리더십, 협동심, 봉사심 등 공동체 의식, 의사소통능력	면접 10분 내외

◎ **전형결과**
■ **전체**

학년도	전체						인문						자연					
	모집인원	지원인원	경쟁률	최종평균	최종70%컷	충원율	모집인원	지원인원	경쟁률	최종평균	최종70%컷	충원율	모집인원	지원인원	경쟁률	최종평균	최종70%컷	충원율
2022	150	2,217	14.78	3.60	3.46	57%	12	121	10.08	4.06	4.05	67%	138	2,096	15.19	3.14	2.86	46%
2023	239	3,059	12.80	3.30	3.14	55%	29	332	11.45	3.37	3.37	59%	210	2,727	12.99	3.23	2.91	50%
2024	155	2,011	12.97	3.35	3.17	22%	10	80	8.00	3.64	3.57	10%	145	1,931	13.32	3.05	2.76	34%
2025	128						15						113					

■ **변경사항 & 핵심포인트**

[2025]

변경사항	2024	2025
모집인원	155명	128명(-27명)

➡ **합격자 성적분포**: 인문계열은 등급 3반 중반 ~ 3등급 후반, 자연계열은 3등급 초반 ~ 3등급 후반.

■ **모집단위**
                              '*' 표시 : 교직 이수 가능

계열	모집단위	2025 모집인원	2024 모집인원	지원인원	경쟁률	최종평균	최종70%컷	충원번호	2023 모집인원	지원인원	경쟁률	최종평균	최종70%컷	충원번호	2022 모집인원	지원인원	경쟁률	최종평균	최종70%컷	충원번호
인문	불어불문학과	3							3	34	11.3	2.69		3						
인문	의류학과	8	6	51	8.5	**3.23**	3.29		6	67	11.2	3.32	3.43	4						
인문	식품자원경제학과	4	4	29	7.3	**4.05**	3.84	1	4	41	10.3	3.48	3.09	1						
자연	고분자공학과	4																		
자연	IT응용공학과	4																		
자연	도시공학과	7							4	38	9.5	3.13	2.85	3						
자연	의예과	30	30	263	8.8	**1.27**	1.21	8	30	388	12.9	1.26	1.26	8	30	477	15.9	1.52	1.48	8
자연	약학부	12	14	294	21.0	**1.51**	1.53		14	302	21.6	1.81	1.67	2	16	273	17.1	2.06	1.84	2
자연	간호학과	10	10	124	12.4	**2.27**	2.46	6	12	114	9.5	2.19	2.24	3	14	178	12.7	2.09	2.32	5
자연	해양학과*	7	7	80	11.4	**2.57**	2.54	3	7	45	6.4	3.32	3.32	2	5	63	12.6	3.33	3.21	
자연	대기환경과학과	7	7	89	12.7	**3.02**	3.04	2	11	99	9.0	3.09	2.98	9	8	88	11.0	3.01	3.19	1
자연	*기계공학부**	*10*	*15*	283	18.9	**3.51**	2.57	11	10	225	22.5	3.83	5.71	11	10	137	13.7	4.44	6.58	9
자연	의생명융합공학부	10	12	241	20.1	**3.88**	5.90	9	10	133	13.3	4.25	6.20	7	10	145	14.5	3.12	2.57	4
자연	*광메카트로닉스공학과*	*5*	*10*	90	9.0	**4.12**	3.45	8	6	47	7.8	3.68	3.17	5	7	104	14.9	3.33	2.78	6
자연	원예생명과학과	4	3	26	8.7	**4.30**			3	39	13.0	6.26		3						
자연	생명환경화학과	3	3	25	8.3	**5.38**		1	3	28	9.3	3.93		1						

■ (논술) 논술전형

전형	모집인원	전형 방법	수능최저학력기준
논술전형	335	학생부30%+ 논술70%	○

1. **지원자격**: 국내 정규 고등학교 졸업(예정)자(2학년 수료예정자 중 상급학교 진학을 허락받은 자 포함)이거나 또는 법령에 의하여 이와 동등 이상의 학력이 있다고 인정되는 자

2. **수능최저학력기준**:
   ※ 수능은 4개영역을 모두 응시해야 하며, 탐구영역 과목은 수험자가 자유 선택하되 반드시 2과목을 응시하여야 함
   ※ 탐구영역은 2과목 중 상위 1과목을 반영함.

계열	모집단위	최저학력기준
인문	• 경영대학(경영학과)	[국어, 수학, 영어, 사/과탐(1과목)] 중 3개 영역 등급 합 7 이내, 한국사 4등급
	• 인문대학, • 사범대학, • 예술대학,	[국어, 수학, 영어, 사/과탐(1과목)] 중 2개 영역 등급 합 4 이내, 한국사 4등급
자연	• 자연과학대학 ('대기환경과학과' 제외) • 공과대학 • 사범대학 • 간호대학 • 나노과학기술대학 • 정보의생명공학대학(첨단융합합부 정보의생명공학자율전공 포함) • 첨단융합합부 나노자율전공	[국어, 수학(미적분/기하), 영어, 과탐(1과목)] 중 수학 포함 2개 영역 등급 합 5 이내, 한국사 4등급
	• 자연과학대학(대기환경과학과) • 첨단융합합부 공학자율전공	[국어, 수학, 영어, 과탐(1과목)] 중 수학 포함 2개 영역 등급 합 5 이내, 한국사 4등급

◎ 전형요소
※ 학교폭력 조치사항 대상자는 감점 처리함

● 학생부(30점):

반영요소 반영비율		반영교과목	교과성적 산출지표	학년별 반영비율
	구분	반영방법		
교과 100%	공통및 일반선택	국어, 영어, 수학, 사회, 과학, 한국사에 속한 전 과목	석차등급	학년 구분 없음
	진로선택	미반영		

구분		1등급	2등급	3등급	4등급	5등급	6등급	7등급	8등급	9등급
점수	100점	100	99	98	97	96	95	90	60	0
등급 간 점수 차이	100점	0	1	1	1	1	1	5	30	60
	30점	0	0.3	0.3	0.3	0.3	0.3	1.5	9	18

● 논술(70점)
   1. 문항유형 및 출제범위:

계열	모집단위	문항유형	출제범위	시험시간
인문사회	인문·사회계열 전 모집단위	인문 및 사회 교과목 통합	• 2015 개정 국어/사회/도덕/한국사 교육과정	100분
자연, 의약학	자연계열 및 의·약학계열 전 모집단위	수학	• 2015 개정 수학과 교육과정 - 수학, 수학Ⅰ, 수학Ⅱ, 미적분, 기하	100분

   2. 출제방향:

계열	내용
인문사회계	• 인문·사회과학분야에서 중요한 기본개념 및 사회적으로 쟁점이 되는 이슈의 이해와 함께 다양한 분야에 대한 통합적 사고능력 평가(기본개념의 적용 및 활용능력 등) • 대학 교육과정 수학(修學)에 기본적으로 요구되는 독해력, 논리력, 문제해결능력, 표현력 등을 평가
자연계	• 고등학교 수학교과 교육과정 내에서 출제하여 평가 • 수학교과에 대한 지식 정도와 이해력, 문제해결능력 및 서술능력을 평가

◎ 전형결과
■ 전체

학년도	전체						인문						자연					
	모집 인원	지원 인원	경쟁 률	최종 평균	최종 70%컷	충원 율	모집 인원	지원 인원	경쟁 률	최종 평균	최종 70%컷	충원 율	모집 인원	지원 인원	경쟁 률	최종 평균	최종 70%컷	충원 율
2022	414	8,608	20.79	4.09	3.99	19%	169	3,041	17.99	4.14	3.93	20%	245	5,567	22.72	4.04	4.05	17%
2023	366	8,351	22.82	4.05	4.02	19%	146	3,016	20.66	4.18	4.07	18%	220	5,335	24.25	3.91	3.97	19%
2024	350	6,195	17.70	4.18	4.10	17%	131	2,588	19.76	4.33	4.20	15%	219	3,607	16.47	4.02	4.00	18%
2025	335						110						225					

[2025]

변경사항	2024	2025
모집인원	350명	335(-15명)
학교폭력 조치사항	–	학교폭력 조치사항 대상자는 감점 처리함
(수능최저) 응시영역 변경: ·자연과학대학(대기환경과학과) ·공과대학(유기소재시스템공학과, 화공생명·환경공학부[환경공학전공])·사범대학(화학교육)	국어, 수학(미적분/기하), 영어, 과탐, 한국사	국어, 수학, 영어, 과탐, 한국사
(수능최저) 응시영역 변경: ·생활과학대학(식품영양학과)	국어, 수학, 영어, 사/과탐, 한국사	국어, 수학, 영어, 과탐, 한국사

• 학생부 교과성적은 1~6등급까지는 등급 간 0.2점씩 감점되므로 내신에 불리함 적음
• 논술고사는 인문은 언어70%와 통계30%, 자연은 수리100% 출제
➡ 합격자 성적분포: 인문계열은 3등급 초반 ~ 5등급 초반, 자연계열은 3등급 초반 ~ 4등급 후반. 내신 6등급까지는 논술로 당락 결정

■ 모집단위

'*' 표시 : 교직 이수 가능

계열	모집단위	2025 모집 인원	2024 모집 인원	지원 인원	경쟁 률	최종 평균	최종 70%컷	충원 번호	2023 모집 인원	지원 인원	경쟁 률	최종 평균	최종 70%컷	충원 번호	2022 모집 인원	지원 인원	경쟁 률	최종 평균	최종 70%컷	충원 번호
인문	영어교육과	3	4	57	14.3	3.54		2	4	72	18.0	3.57	2.63	2	4	61	15.3	3.08	2.47	1
인문	지리교육과	5	5	68	13.6	3.60	3.31		5	85	17.0	4.27	3.85	2	5	73	14.6	4.45	4.40	2
인문	경영학과	25	25	861	34.4	3.67	3.93	4	35	834	23.8	3.89	4.17	7	35	696	19.9	3.95	3.96	3
인문	국어교육과	3	3	48	16.0	3.72			3	78	26.0	3.05			6	122	20.3	3.37	3.33	
인문	국어국문학과*	5	5	78	15.6	3.93	3.66		5	94	18.8	4.06	3.92		5	76	15.2	3.91	3.75	1
인문	영어영문학과*	8	8	132	16.5	3.99	3.96	3	8	158	19.8	3.95	3.91		8	134	16.8	3.90	4.19	2
인문	예술문화영상학과	5	5	105	21.0	4.05	4.30	2	5	112	22.4	4.46	4.68		5	78	15.6	4.69	3.94	3
인문	일반사회교육과	3	3	53	17.7	4.08			3	71	23.7	4.22		1	3	60	20.0	4.81	4.57	
인문	불어불문학과*	5	5	74	14.8	4.21	4.34	1	5	83	16.6	4.38	4.30	3	8	112	14.0	4.25	4.23	1
인문	역사교육과	3	3	46	15.3	4.35			3	60	20.0	3.79			3	54	18.0	2.88	3.00	
인문	일어일문학과*	6	8	131	16.4	4.42	4.08		8	152	19.0	4.26	4.47	2	8	109	13.6	4.64	4.23	1
인문	언어정보학과	5	6	86	14.3	4.61	4.51		6	113	18.8	4.09	4.35		5	83	13.8	4.19	3.39	
인문	철학과*	5	5	70	14.0	4.69	3.88	1	5	86	17.2	3.82	3.68	1	6	76	12.7	4.06	3.62	4
인문	고고학과	3	3	37	12.3	4.71			3	41	13.7	5.02								
인문	중어중문학과*	5	5	71	14.2	4.76	4.64	2	5	78	15.6	3.89			5	68	13.6	5.17	5.60	
인문	독어독문학과*	4	4	65	16.3	4.80	4.56		4	70	17.5	4.95	3.82		4	51	12.8	5.51	5.39	
인문	유아교육과	5	5	57	11.4	4.83	4.31		5	76	15.2	4.19	3.61		5	69	13.8	3.55	3.49	
인문	노어노문학과*	6	6	85	14.2	4.86	4.93	1	6	108	18.0	5.20	5.32	3	6	74	12.3	5.02	4.48	3
인문	한문학과*	4	5	57	11.4	5.00	4.78		5	77	15.4	4.74			5	61	12.2	4.60	4.59	1
인문	사학과*	2	3	42	14.0	5.39			3	53	17.7	3.94		1	3	48	16.0	4.23	3.95	
자연	나노자율전공	7																		
자연	정보의생명공학자율전공	7																		
자연	공학자율전공	10																		
자연	해양학과*	5	5	57	11.4				5	56	11.2	4.89								
자연	전자공학전공	8	6	147	24.5	3.06	3.19	1	8	358	44.8	4.06	3.89	4	12	382	31.8	4.15	4.28	5
자연	화공생명공학전공	5	5	178	35.6	3.23	3.20		10	426	42.6	3.28	3.37	1	10	299	29.9	3.83	4.01	4
자연	수학교육과	4	3	46	15.3	3.30		1	3	99	33.0	3.01			3	108	36.0	3.22	3.20	2
자연	간호학과*	8	8	202	25.3	3.37	3.26		8	308	38.5	3.40	3.17		8	379	47.4	3.98	3.87	
자연	컴퓨터공학전공	12	14	259	18.5	3.58	3.70	1	14	514	36.7	3.20	3.60	2						
자연	나노메카트로닉스공학과	5	5	86	17.2	3.60	3.92		5	74	14.8	4.65	4.70	1	6	110	18.3	3.60	3.42	
자연	*재료공학부**	*10*	*15*	243	16.2	3.61	3.82	1	15	352	23.5	3.83	4.10	1	15	274	18.3	3.98	4.48	4
자연	반도체공학전공	5	5	103	20.6	3.80														
자연	전기공학전공	6	8	140	17.5	3.86	4.08	1	10	228	22.8	4.11	3.99		10	251	25.1	3.83	3.96	
자연	지구과학교육과	3	3	37	12.3	3.90		1	2	39	19.5	3.32			5	89	17.8	3.93	3.62	1
자연	항공우주공학과*	2	5	105	21.0	3.92	3.99	4	3	90	30.0	4.58			6	122	20.3	4.39	4.53	
자연	사회기반시스템공학과	7	7	75	10.7	3.96	3.73	2	7	152	21.7	4.32	4.17	3	7	128	18.3	4.88	4.73	2
자연	인공지능전공	10	12	163	13.6	4.06	4.25	4	12	256	21.3	3.43	3.65	1						
자연	기계공학부*	45	40	733	18.3	4.06	4.60	8	40	1,031	25.8	3.78	3.99	4	40	1,058	26.5	3.54	3.71	8
자연	수학과*	5	5	49	9.8	4.11			5	75	15.0	3.42	3.54	5	9	127	14.1	3.62	3.42	1
자연	고분자공학과	7	10	151	15.1	4.15	4.63	3	10	193	19.3	3.80	4.03	1	10	171	17.1	3.70	4.02	2
자연	화학과*	8	8	91	11.4	4.26	4.17	3	8	133	16.6	3.79	3.63	1	9	123	13.7	4.37	4.53	1

계열	모집단위	2025 모집인원	2024 모집인원	2024 지원인원	2024 경쟁률	2024 최종평균	2024 최종70%컷	2024 충원번호	2023 모집인원	2023 지원인원	2023 경쟁률	2023 최종평균	2023 최종70%컷	2023 충원번호	2022 모집인원	2022 지원인원	2022 경쟁률	2022 최종평균	2022 최종70%컷	2022 충원번호
자연	건축공학과	4	4	73	18.3	4.31	3.36	1	4	95	23.8	4.50	4.38	1	4	73	18.3	4.39	4.20	
자연	산업공학과	12	12	170	14.2	4.32	4.26	4	11	187	17.0	4.15	4.05	1	10	170	17.0	3.93	4.12	2
자연	조선해양공학과*	5	5	60	12.0	4.56	3.87		5	72	14.4	4.58	4.71		5	76	15.2	4.38	4.27	1
자연	지질환경과학과*	8	9	95	10.6	4.64	4.43	3	9	115	12.8	4.62	4.58	4						
자연	통계학과	10	10	105	10.5	4.65	5.19		10	146	14.6	3.69	3.79	4	10	144	14.4	3.46	3.90	
자연	대기환경과학과*	7	5	58	11.6	5.34			5	79	15.8	3.82	3.88	1						

■ (논술) 지역인재

전형	모집인원	전형 방법	수능최저학력기준
지역인재	37	학생부30%+ 논술70%	○

1. **지원자격**: 국내 정규 고등학교 졸업(예정)자로서 입학부터 졸업까지 부산, 울산, 경남 지역에 소재하는 고등학교의 전 교육과정을 이수한 자 (2학년 수료예정자 중 상급학교 조기입학 자격을 부여받은 자 포함)
   ※ 「초·중등교육법」 제2조에 따른 고등학교 외 고교 졸업 동등 학력자는 지원자격에서 제외함
2. **수능최저학력기준**:
   ※ 수능은 4개 영역을 모두 응시해야 하며, 탐구영역 과목은 수험자가 자유 선택하되 반드시 2과목을 응시하여야 함 (단, 자연계열은 과학탐구 2과목을 응시하여야 함)

모집단위	최저학력기준
• 의예과	[국어, 영어, 수학(미적분/기하), 과탐(2과목 평균)] 중 수학 포함 3개 영역 등급 합 4 이내, 한국사 4등급
• 한의학전문대학원 학·석사통합과정 • 약학부	[국어, 영어, 수학(미적분/기하), 과탐(1과목)] 중 수학 포함 3개 영역 등급 합 4 이내, 한국사 4등급

◎ **전형요소**
※ 학교폭력 조치사항 대상자는 감점 처리함
● **학생부(30점)**: 논술전형 참고
● **논술(70점)**
  1. 문항유형: 수리 논술
  2. 시험시간: 100분

◎ **전형결과**
■ 전체

학년도	전체 모집인원	전체 지원인원	전체 경쟁률	전체 최종평균	전체 최종70%컷	전체 충원율	인문 모집인원	인문 지원인원	인문 경쟁률	인문 최종평균	인문 최종70%컷	인문 충원율	자연 모집인원	자연 지원인원	자연 경쟁률	자연 최종평균	자연 최종70%컷	자연 충원율
2022	30	2,051	68.37	3.28	3.16	7%							30	2,051	68.37	3.28	3.16	7%
2023	27	2,265	83.89	2.60	2.29	11%							27	2,265	83.89	2.60	2.29	11%
2024	30	1,960	65.33	3.16	3.36	0%							30	1,960	65.33	3.16	3.36	0%
2025	37												37					

■ 변경사항 & 핵심포인트
[2025]

변경사항	2024	2025
모집인원	30명	37명(+7명)

• 모집단위: 의예과, 약학부, 한의학전문대학원(학석사통합과정) 3개 모집단위만 선발함

'*' 표시 : 교직 이수 가능

■ 모집단위

계열	모집단위	2025 모집인원	2024 모집인원	2024 지원인원	2024 경쟁률	2024 최종평균	2024 최종70%컷	2024 충원번호	2023 모집인원	2023 지원인원	2023 경쟁률	2023 최종평균	2023 최종70%컷	2023 충원번호	2022 모집인원	2022 지원인원	2022 경쟁률	2022 최종평균	2022 최종70%컷	2022 충원번호
자연	한의학전문대학원 (학석사통합과정)	5	5	232	46.4															
자연	약학부	10	10	764	76.4	3.11	3.29		10	992	99.2	2.52	2.13		10	745	74.5	3.80	3.19	1
자연	**의예과**	22	15	964	64.3	3.21	3.42		17	1,273	74.9	2.67	2.45	3	20	1,306	65.3	2.75	3.12	3

33. 삼육대학교 서울특별시 노원구 화랑로 815 (Tel: 02. 3399-3364~6, 3377~81)

I. 한 눈에 보는 전형

모집시기	전형유형	전형	모집인원	전형 방법	수능최저학력기준
수시	교과	학교장추천	135	학생부교과100% ※ 고교 추천: 제한 없음	○
수시	교과	특성화고교	10	학생부교과100% ▶아트앤디자인학과: 학생부20%+ 실기80%	X
수시	교과	서해5도	8	학생부교과100% ▶아트앤디자인학과: 학생부20%+ 실기80%	X
수시	종합	세움인재	205	1단계)서류100%(4배수) 2단계)서류60%+ 면접40%	X(약학과○)
수시	종합	SW인재	30	1단계)서류100%(4배수) 2단계)서류60%+ 면접40%	X
수시	종합	재림교회목회자추천	92	1단계)서류100%(4배수) 2단계)서류60%+ 면접40% ▶아트앤디자인학과: 서류40%+ 실기60% ▶생활체육학과: 1단계)서류30%+ 실기70%(4배수) 2단계)1단계80%+ 면접20%	○ (예체능X)
수시	종합	신학특별전형	38	1단계)서류100%(4배수) 2단계)서류48%+ 성경고사20%+ 면접32%	X
수시	종합	기회균형 I	43	1단계)서류100%(4배수) 2단계)서류60%+ 면접40%	X
수시	종합	기회균형 II	30	1단계)서류100%(4배수) 2단계)서류60%+ 면접40%	X(약학과○)
수시	종합	특수교육대상자	10	1단계)서류100%(4배수) 2단계)서류60%+ 면접40% ▶아트앤디자인학과,음악학과: 면접20%+ 실기80%	X(약학과○)
수시	논술	논술우수자	127	학생부교과30%+ 논술70%	○
수시	실기/실적	예체능인재	12	▶생활체육학과:1단계)학생부40%+ 실적60%(4배수)2단계)1단계80%+ 면접20% ▶아트앤디자인학과: 1단계)실적100%(4배수) 2단계)1단계80%+ 면접20%	X
수시	실기/실적	실기우수자	53	실기100%	X

(수시모집) 지원 가능 횟수	본교 수시전형 간에 중복지원이 가능. ※ 단, 실기고사 모집단위(학과)는 전형별 복수지원이 불가능 함(예체능인재전형 제외)

■ 전형결과

※ 성적 산출기준: (수시) 교과 석차등급, (정시) 수능 백분위

모집시기	전형유형	전형	학년도	모집인원	지원인원	경쟁률	최종합격자 평균	등록자 70%	충원율
수시	교과	학교장추천	2024	151	1,669	11.05	3.15		135%
수시	종합	세움인재	2024	199	3,241	16.29	3.77		75%
수시	종합	SW인재	2024	30	213	7.10	4.42		40%
수시	논술	논술우수자	2024	134	5,663	42.26			

■ (주요전형) 전형일정

유형	전형	원서접수 마감	대학별 고사(면접/논술)	1단계 합격자	최종 합격자
교과	학교장추천	9.13(금) 18:00 학교장추천: 9.25(수) 17:00			12.10(화) ▶예체능: 11.04(월)
종합	세움인재	9.13(금) 18:00	10.27(일)	10.24(목)	11.04(월) ▶약학: 12.10(화)
종합	SW인재	9.13(금) 18:00	10.20(일)	10.17(목)	11.04(월)
논술	논술우수자	9.13(금) 18:00	11.18(월) 창의융합대학/간호대학/미래융합대학		12.10(화)

II. (수시모집) 주요 전형

■ (학생부교과) 학교장추천

전형	모집인원	전형 방법	수능최저학력기준
학교장추천	135	학생부교과100% ※ 고교 추천: 제한 없음 ▶생활체육학과: 학생부40%+ 실기60% ▶아트앤디자인학과: 학생부20%+ 실기80%	○ (생활체육,아트앤디자인X)

1. **지원자격:** 2017년 2월 이후, 국내 고등학교 졸업(예정)자로서 3학년 1학기까지 국내 학교생활기록부 반영교과 석차등급 및 성취도가 3개 학기 이상 있는 자로서 출신 고등학교장의 추천을 받은 자(고교별 추천 인원 제한은 없음)
   ※ 지원불가: 검정고시 합격자, 특성화고, 산업수요 맞춤형 고등학교(마이스터고), 예·체능고등학교, 일반고(종합반) 전문계반, 대안교육 특성화고 (각종학교), 학력인정 평생교육시설, 방송통신고, 일반계고 위탁교육 출신자

2. **수능최저학력기준 :**

> [국어, 수학, 영어, 사/과탐(1과목)] 중 2개 영역 등급 합 7 이내
> ▶간호학과, 물리치료학과: [국어, 수학, 영어, 사/과탐(1과목)] 중 2개 영역 등급 합 6 이내
> ▶약학과: [국어, 수학(미적분/기하), 영어, 사/과탐(1과목)] 중 3개 영역 등급 합 5 이내
> ▶생활체육학과, 아트앤디자인학과: 없음

◎ 전형요소
● 학생부(1,000점)

반영요소 반영비율	반영교과목		교과성적 산출지표	학년별 반영비율
	구분	반영방법		
교과100%	공통 및 일반선택	국어, 영어, 수학, 사회, 과학교과에 속한 전 과목 ※ 반영 학기: (교과) 졸업예정자 및 졸업자 모두 3학년 1학기까지	석차등급	학년 구분 없음
	진로선택	반영교과 내 상위 3과목 ※ 성취도별 등급 = A : 100, B : 96.5, C : 80	성취도	

◎ 전형결과
■ 전체

학년도	전체						인문						자연					
	모집인원	지원인원	경쟁률	최종평균	등록70%	충원율	모집인원	지원인원	경쟁률	최종평균	등록70%	충원율	모집인원	지원인원	경쟁률	최종평균	등록70%	충원율
2022	241	1,848	7.67	4.11		51%	102	1,027	10.07	4.22		49%	139	821	5.91	3.99		53%
2023	205	3,979	19.41	3.41		117%	58	1,359	23.43	3.48		131%	147	2,620	17.80	3.34		103%
2024	151	1,669	11.05	3.15		135%	51	506	9.92	3.29		139%	100	1,163	11.63	3.00		130%
2025	135						46						89					

■ 변경사항 & 핵심포인트

[2025]

변경사항	2024	2025
모집인원	151명	135명(+16)
진로선택과목 반영방법 변경	반영교과 전과목. A : 1등급, B : 3등급, C : 5등급	반영교과 3과목. A : 100, B : 96.5, C : 80

➡ 합격자 성적분포: 인문계열은 3등급 초반 ~ 3등급 후반, 자연계열은 3등급 초반 ~ 4등급 초반.
• 2024에 경쟁률은 19.41->11.05로 하락하였지만 합격자 성적이 3.41->3.15로 상승한 이유는?
- 2024에 수능최저가 2개 등급 합 6->7로 완화되어 경쟁률은 하락하였지만 합격자 성적은 상승함.

[2024]

변경사항		2023	2024
전형명칭 변경		학생부교과우수자	학교장추천
고교 추천 도입		-	고교 추천(인원 제한 없음)
수능최저 변경	인문 자연	[국어, 수학, 영어, 사/과탐(1과목)] 중 2개 영역 등급 합 6 이내	[국어, 수학, 영어, 사/과탐(1과목)] 중 2개 영역 등급 합 7 이내
	약학과	[국어, 수학, 영어, 사/과탐(1과목)] 중 3개 영역 등급 합 5 이내	[국어, 수학(미적분/기하), 영어, 사/과탐(1과목)] 중 3개 영역 등급 합 5 이내

■ 모집단위

'*' 표시 : 교직 이수 가능

계열	모집단위	2025	2024						2023						2022					
		모집인원	모집인원	지원인원	경쟁률	최종평균	등록70%	충원번호	모집인원	지원인원	경쟁률	최종평균	등록70%	충원번호	모집인원	지원인원	경쟁률	최종평균	등록70%	충원번호
인문	경영학과	7	8	90	11.3	2.93		9	12	214	17.83	3.33		28	13	90	6.9	3.64		5
인문	보건관리학과	7	7	61	8.7	3.14		5	4	106	26.50	3.58		7	6	29	4.8	4.22		
인문	상담심리학과*	4	5	61	12.2	3.20		7	6	116	19.33	3.60		7	6	26	4.3	3.85		1
인문	항공관광외국어학부	3	4	51	12.8	3.29		7							5	28	5.6	4.73		3
인문	글로벌한국학과	5	5	74	14.8	3.30		6	7	211	30.14	3.71		4	6	33	5.5	4.69		4
인문	영어영문학과*	12	13	104	8.0	3.31		24	18	299	16.61	3.61		21	17	119	7.0	4.03		10

계열	모집단위	2025 모집인원	2024 모집인원	지원인원	경쟁률	최종평균	등록70%	충원번호	2023 모집인원	지원인원	경쟁률	최종평균	등록70%	충원번호	2022 모집인원	지원인원	경쟁률	최종평균	등록70%	충원번호
인문	사회복지학과	3	4	40	10.0	3.39		8	5	316	63.20	3.47		5	5	32	6.4	5.16		1
인문	유아교육과	5	5	25	5.0	3.75		5	6	97	16.17	3.05		4	8	45	5.6	3.71		5
자연	약학과	3	3	38	12.7	1.24		1	8	136	17.00	1.09		8	8	193	24.1	1.23		19
자연	간호학과*	6	6	42	7.0	2.08		10	8	240	30.00	2.10		14	9	56	6.2	2.89		8
자연	물리치료학과	6	7	65	9.3	2.47		19	8	88	11.00	2.57		7	9	65	7.2	2.70		12
자연	화학생명과학과	12	13	180	13.9	2.98		14	19	291	15.32	3.72		18	19	73	3.8	4.49		6
자연	동물자원과학과	4	4	40	10.0	3.05		5	5	149	29.80	3.46		4	5	27	5.4	5.01		
자연	바이오융합공학과	4	6	71	11.8	3.21		13	7	206	29.43	3.58		7	5	23	4.6	4.88		
자연	인공지능융합학부	13	14	119	8.5	3.27		12	32	355	11.09	3.69		40	22	105	4.8	4.06		15
자연	컴퓨터공학부	8	8	136	17.0	3.29		21	20	479	23.95	3.79		27	20	94	4.7	4.54		11
자연	건축학과(5년제)	7	7	87	12.4	3.35		10	9	209	23.22	3.73		3	9	45	5.0	4.82		
자연	식품영양학과*	7	8	145	18.1	3.36		6	8	161	20.13	4.06		5	10	46	4.6	4.70		
자연	환경디자인원예학과*	14	15	142	9.5	3.46		15	19	262	13.79	4.06		16	19	74	3.9	4.66		3
자연	데이터클라우드공학과	5	5	47	9.4	3.55		2												
자연	건축학과(4년제)		4	51	12.8	3.66		2	4	44	11.00	4.17		2	4	20	5.0	3.95		

■ (학생부종합) 세움인재

전형	모집인원	전형 방법	수능최저학력기준
세움인재	205	1단계)서류100%(4배수) 2단계)서류60%+ 면접40%	X(약학과O)

1. **지원자격**: 국내 고등학교 졸업(예정)자
2. **제출서류**: 학교생활기록부
3. **수능최저학력기준** : 없음. 단, 약학과는 있음

> ▶약학과: [국어, 수학(미적분/기하), 영어, 사/과탐(1과목)] 중 3개 영역 등급 합 5 이내

◎ 전형요소
● 서류(1,000점: 최저점 0점)
   1. **평가방법**: 학교생활기록부에 기록된 평가항목(학업역량, 진로역량, 공동체역량)별 정성적으로 종합평가
   2. **평가요소**:

평가항목	반영비율	평가내용	학생부 영역
학업역량	30%	• 학업성취수준 • 자기주도적 학습태도 • 탐구활동	• 교과학습발달상황(성적추이/세부능력 및 특기사항) • 창의적체험활동(자율/동아리/진로) • 행동특성 및 종합의견
진로역량	50%	• 전공관련 교과목 이수 및 성취수준 • 전공(계열)에 대한 관심 및 이해도 • 전공(계열)관련 활동과 경험 • 창의적 문제해결력 • 지적 호기심	• 교과학습발달상황(성적추이/세부능력 및 특기사항) • 창의적체험활동(자율/동아리/진로) • 행동특성 및 종합의견
공동체역량	20%	• 협업능력 • 나눔과 배려 • 성실성 • 봉사 • 도전정신 • 리더십	• 출결상황 • 교과학습발달상황(세부능력 및 특기사항) • 창의적체험활동(자율/동아리/진로) • 행동특성 및 종합의견

☞ 보충설명

• 진로역량(50%) > 학업역량(30%) > 공동체역량(20%) 순, 진로역량이 중요함

● 면접(400점: 최저점 0점):
   1. **평가방법**: 서류평가 내용 확인 및 개별질문. 학업역량, 진로역량, 공동체역량 등을 종합적으로 평가
   2. **면접시간**: 8분 이내
   3. **평가항목별 평가기준**:

평가영역	비율	평가내용
학업역량	30%	• 전공(계열)에 대한 관심과 이해도 • 학업의지
진로역량	40%	• 전공(계열)에 대한 활동과 경험 • 지적 호기심 • 창의적 문제해결력
공동체역량	30%	• 협업능력 • 나눔과 배려 • 성실성 • 봉사 • 리더십

33. 삼육대학교 일반대학

◎ 전형결과
■ 전체

학년도	전체						인문						자연					
	모집인원	지원인원	경쟁률	최종평균	등록70%	충원율	모집인원	지원인원	경쟁률	최종평균	등록70%	충원율	모집인원	지원인원	경쟁률	최종평균	등록70%	충원율
2022	144	1,365	9.48	3.82		83%	57	640	11.23	3.92		79%	87	725	8.33	3.72		86%
2023	178	1,844	10.36	3.78		83%	71	793	11.17	4.00		87%	107	1,051	9.82	3.55		79%
2024	199	3,241	16.29	3.77		75%	84	1,494	17.79	3.96		86%	115	1,747	15.19	3.58		63%
2025	205						89						116					

■ 변경사항 & 핵심포인트
[2025]

변경사항	2024	2025
모집인원	199명	205명(+6명)
지원자격 추가	-	또는 고등교육법에 의하여 이와 동등한 학력이 있다고 인정된 자
서류 평가요소 변경	학업역량, 전공적합성, 인성, 발전가능성	학업역량, 진로역량, 공동체역량
면접 평가요소 변경	전공적합성40%, 인성20%, 발전가능성40%	학업역량, 진로역량, 공동체역량

▣ 합격자 성적분포: 인문계열은 3등급 후반 ~ 4등급 초반, 자연계열은 3등급 중반 ~ 4등급 초반.

[2024]

변경사항	2023	2024
자기소개서 폐지	자기소개서 제출	자기소개서 미제출
(약학과) 수능최저 도입	-	[국어, 수학(미적분/기하), 영어, 사/과탐(1과목)] 중 3개 영역 등급 합 5 이내

■ 모집단위

'*' 표시 : 교직 이수 가능

계열	모집단위	2025 모집인원	2024						2023						2022					
			모집인원	지원인원	경쟁률	최종평균	등록70%	충원번호	모집인원	지원인원	경쟁률	최종평균	등록70%	충원번호	모집인원	지원인원	경쟁률	최종평균	등록70%	충원번호
인문	체육학과	2																		
인문	유아교육과	7	7	149	21.3	3.60		9	7	67	9.6	3.64		13	6	91	15.2	3.16		5
인문	경영학과	16	13	283	21.8	3.79		24	12	225	18.8	3.83		8	8	91	11.4	4.33		8
인문	보건관리학과	6	6	81	13.5	3.80		2	6	32	5.3	3.97		4	4	29	7.3	3.99		3
인문	상담심리학과*	11	11	153	13.9	3.85		10	10	103	10.3	3.63		12	8	95	11.9	3.74		6
인문	글로벌한국학과	5	7	112	16.0	4.00		5	6	33	5.5	4.30		1	5	47	9.4	3.85		6
인문	사회복지학과	12	12	240	20.0	4.01		8	9	89	9.9	4.00		6	6	100	16.7	3.75		11
인문	영어영문학과	15	14	138	9.9	4.29		7	9	69	7.7	4.16		10	10	62	6.2	4.12		1
인문	항공관광외국어학부	15	14	338	24.1	4.36		7	12	175	14.6	4.47		8	10	125	12.5	4.42		5
자연	약학과	4	2	37	18.5	1.67			3	73	24.3	1.62								
자연	간호학과*	12	12	194	16.2	2.67		4	8	169	21.1	2.69		9	8	120	15.0	2.85		8
자연	물리치료학과	8	8	181	22.6	2.79		10	8	98	12.3	3.13		5	5	69	13.8	3.00		3
자연	화학생명과학과	15	15	178	11.9	3.50		9	12	76	6.3	3.73		11	10	55	5.5	2.80		7
자연	바이오융합공학과	8	6	132	22.0	3.55		1	6	37	6.2	3.95		5	6	39	6.5	3.62		2
자연	동물자원과학과	6	6	93	15.5	3.70		3	6	42	7.0	3.62		3	5	44	8.8	3.52		2
자연	건축학과(5년제)	10	10	241	24.1	3.75		8	10	127	12.7	4.10		6	8	73	9.1	3.99		4
자연	인공지능융합학부	14	14	165	11.8	3.85		6	15	91	6.1	4.04		12	16	124	7.8	3.97		17
자연	식품영양학과*	11	11	150	13.6	4.04		7	10	65	6.5	3.83		4	7	50	7.1	3.60		7
자연	컴퓨터공학부	8	8	113	14.1	4.16		7	12	160	13.3	3.72		13	10	84	8.4	4.35		13
자연	환경디자인원예학과*	13	13	120	9.2	4.31		7	14	78	5.6	3.98		14	10	53	5.3	4.21		9
자연	데이터클라우드공학과	7	7	79	11.3	4.58		11												

■ (학생부종합) SW인재

전형	모집인원	전형 방법	수능최저학력기준
SW인재	30	1단계)서류100%(4배수) 2단계)서류60%+ 면접40%	X

1. 지원자격: 국내 고등학교 졸업(예정)자
2. 제출서류: 학교생활기록부

● 서류 및 면접: 세움인재전형 참고

◎ 전형결과
■ 모집단위

'*' 표시 : 교직 이수 가능

계열	모집단위	2025	2024						2023						2022					
		모집인원	모집인원	지원인원	경쟁률	최종평균	등록70%	충원번호	모집인원	지원인원	경쟁률	최종평균	등록70%	충원번호	모집인원	지원인원	경쟁률	최종평균	등록70%	충원번호
자연	컴퓨터공학부	12	12	90	7.5	4.40		4												
자연	인공지능융합학부	18	18	123	6.8	4.44		8												

■ (논술) 논술우수자

전형	모집인원	전형 방법	수능최저학력기준
논술우수자	127	학생부교과30%+ 논술70%	O

1. **지원자격**: 국내 고등학교 졸업(예정)자 또는 고등교육법에 의하여 이와 동등한 학력이 있다고 인정 된 자
2. **수능최저학력기준** :

[국어, 수학, 영어, 사/과탐(1과목)] 중 1개 영역 3등급 이내

◎ 전형요소
● 학생부(300점: 최저점 0점)

반영요소 반영비율	반영교과목		교과성적 산출지표	학년별 반영비율
	구분	반영방법		
교과100%	공통 및 일반선택	국어, 영어, 수학, 사회, 과학교과에 속한 전 과목 ※ 반영 학기: (교과) 졸업예정자 및 졸업자 모두 3학년 1학기까지	석차등급	학년 구분 없음
	진로선택	반영교과 내 상위 3과목 ※ 성취도별 등급 = A : 100, B : 96.5, C : 80	성취도	

구분		1등급	2등급	3등급	4등급	5등급	6등급	7등급	8등급	9등급
점수	100점	100	99	98	96.5	95	92	85	60	0
등급 간 점수 차이	100점	0	1	1	1.5	1.5	3	7	25	60
	300점	0	3	3	4.5	4.5	9	21	75	180

● 논술(700점: 기본점수 550점):
삼유대학교 논술고사는 고교수업과 대학수학능력시험을 충실하게 준비한 학생이 별도의 사교육 없이도 풀 수 있는 수준의 문제가 출제될 것입니다. 이 원칙을 통해 공교육 정상화에 기여할 수 있으며, 교과형 약식 논술로 기존 논술고사에서 어려움을 느끼는 수험생들의 부담을 최소화 할 수 있는 차별화된 전형이 되도록 할 것입니다

1. 출제범위 및 평가기준

구분	출제범위	평가기준	고사시간
국어	화법과 작문, 문학, 독서	• 제시문의 핵심 내용을 정확하게 이해한 표현 • 문항에서 요구하는 조건에 충실한 서술	80분
수학	수학 I , 수학 II	• 문제에 필요한 개념과 원리에 대한 정확한 서술 • 정확한 용어, 기호를 사용한 표현	

2. 평가방법

계열	영역별 문항 수		배점	기본점수	만점
	국어	수학			
인문	9문항	6문항	각 문항당 10점 15문항 X 10점=150점	550점	700점
자연	6문항	9문항			

3. 출제범위 및 평가기준

구분	출제범위	평가기준
국어	문학, 독서	• 제시문의 핵심 내용을 정확하게 이해한 표현 • 문항에서 요구하는 조건에 충실한 서술
수학	수학 I , 수학 II	• 문제에 필요한 개념과 원리에 대한 정확한 서술 • 정확한 용어, 기호를 사용한 표현

◎ 전형결과

■ 전체

학년도	전체						인문						자연					
	모집인원	지원인원	경쟁률	최종평균	등록70%	충원율	모집인원	지원인원	경쟁률	최종평균	등록70%	충원율	모집인원	지원인원	경쟁률	최종평균	등록70%	충원율
2022																		
2023																		
2024	134	5,663	42.26				45	1,529	33.98				89	4,134	46.45			
2025	127						43						84					

■ 변경사항 & 핵심포인트

[2025]

변경사항	2024	2025
모집인원	134명	127명(-7명)
진로선택과목 반영방법 변경	반영교과 전과목. A : 1등급, B : 3등급, C : 5등급	반영교과 3과목. A : 100, B : 96.5, C : 80

• 학생부(300점), 등급 간 감점: 1~2등급은 3점, 2~3등급은 3점, 3~4등급은 4.5점, 4~5등급은 4.5점, 5~6등급은 9점, 6~7등급은 21점으로 등급이 내려갈수록 등급 간의 감점 폭이 점점 커짐. 6등급까지는 논술로 극복 가능함
• 논술(700점): 논술 700점 중에서 기본점수가 550점으로 매우 많이 반영됨. 논술고사 문항(총 15문항) 당 10점으로 150점이 실질 반영점수
➡ 합격자 성적분포: 인문계열은 등급 반 ~ 등급 반, 자연계열은 등급 반 ~ 등급 반.

'*' 표시 : 교직 이수 가능

■ 모집단위

계열	모집단위	2025	2024						2023						2022					
		모집인원	모집인원	지원인원	경쟁률				모집인원	지원인원	경쟁률				모집인원	지원인원	경쟁률			
인문	경영학과	9	10	514	51.4															
인문	영어영문학부*	6	7	218	31.1															
인문	사회복지학과	4	4	124	31.0															
인문	글로벌한국학과	6	6	180	30.0															
인문	상담심리학과*	5	5	150	30.0															
인문	항공관광외국어학부	5	5	138	27.6															
인문	보건관리학과	3	3	82	27.3															
인문	유아교육과	5	5	123	24.6															
자연	간호학과*	8	8	992	124.0															
자연	물리치료학과	5	5	495	99.0															
자연	컴퓨터공학부	8	9	404	44.9															
자연	인공지능융합학부	13	13	516	39.7															
자연	건축학과(5년제)	6	6	224	37.3															
자연	데이터클라우드공학과	6	6	223	37.2															
자연	화학생명과학과	13	13	460	35.4															
자연	바이오융합공학과	5	6	198	33.0															
자연	식품영양학과*	7	7	206	29.4															
자연	동물자원과학과	4	4	105	26.3															
자연	환경디자인원예학과*	9	9	228	25.3															

34. 상명대학교

(서울팸퍼스) 서울특별시 종로구 홍지문 2길 20 (Tel: 02. 2287-5010)
(2캠퍼스(천안)) 충청남도 천안시 동남구 상명대길 31 (Tel: 041. 550-5013)

I. 한 눈에 보는 전형

모집시기	전형유형	전형	모집인원	전형 방법	수능최저학력기준
수시	교과	고교추천	서349	학생부교과100% ※ **고교 추천: 10명** ▶ 국가안보학과: 학생부80%+ 체력검정20%+ 신체검사(합/불)	○
수시	교과	학생부교과	천409	학생부교과100%	○
수시	교과	농어촌학생	천 52	학생부교과100%	X
수시	교과	서해5도	서 4	학생부교과100%	X
수시	종합	상명인재	서155 천156	인, 자 애니메이션전공, AR· VR미디어전공, 문화예술경영전공: 서류100% ▶ 예체능: 1단계)서류100%(5배수) 2단계)서류60%+ 면접40%	X
수시	종합	기회균형	서 70 천 72	서류100%	X
수시	종합	특성화고졸재직자	서 72	서류100%	X
수시	종합	특성화고교졸업자	천 19	서류100%	X
수시	종합	특수교육대상자	서 5 천 10	서류100%	X
수시	논술	논술전형 [신설]	서 101	학생부교과10%+ 논술90%	X
수시	실기/실적	실기전형	서138 천215	[서울캠퍼스] ▶무용예술전공, 생활예술전공: 학생부40%+ 실기60% ▶음악학부: 학생부30%+ 실기70% [2캠퍼스천안] 학생부40%+ 실기60%	X
수시	실기/실적	특기자(체육)	천 3	학생부30%+ 실적70%	X

(수시모집) 지원 가능 횟수	1) 서울캠퍼스 및 천안캠퍼스의 다른 전형 간 복수지원 허용 ※ 캠퍼스 간 동일 전형 복수지원 불가 ※ 서울캠퍼스 학생부교과(고교추천전형)과 천안캠퍼스 학생부교과(학생부교과전형)은 복수지원 가능 2) 서울캠퍼스 내에서 다른 전형 간 복수지원 가능 ※ 복수지원 시 면접고사 및 실기고사 등을 시행하는 전형의 경우 전형일정을 확인하고 지원

■ 무전공(전공자율선택)

유형① [대학 내 모든 전공(보건의료, 사범 등 제외) 자율 선택]		유형② [계열/단과대 모집 후 모집단위 내 전공 자율 선택]	
모집단위	인원	모집단위	인원
[서울] 자유전공(IT계열)	54	[서울] 지능·데이터융합학부	45
[서울] 자유전공(경영경제계열)	64		
[서울] 자유전공(예체능계열)	23		
[서울] 자유전공(이공계열)	40		
[서울] 자유전공(인문사회계열)	78		
[천안] 스포츠융합자유전공학부	78	[천안] 글로벌지역학부	130
[천안] 자유전공(공학계열)	125	[천안] 디자인학부	169
[천안] 자유전공(아트&컬처)	68		

■ 자유전공 전공선택:
• 자유전공 입학생은 전공탐색과목, 전공기초과목 등 여러 관심 전공의 수업을 이수하며, 선택할 전공을 탐색
• 1학년 1학기부터 계열에 관계없이 일반 학부(과) 및 전공으로 전공선택 신청 가능 (단, 일부 학부(과)/전공은 전공선택 불가)
• 전공선택을 하지 않고 본인이 설계한 융합전공을 통해 졸업 가능
※ [서울캠] 전공선택 신청 불가(전과는 가능) : 국어교육과, 영어교육과, 교육학과, 수학교육과, 휴먼지능정보공학전공, 무용예술전공, 조형예술전공, 생활예술전공, 음악학부
※ [천안캠] 전공선택 신청 불가(전과는 가능) : 디자인학부 AR·VR미디어디자인전공, 예술학부 AI미디어콘텐츠전공, 그린스마트시티학과, 간호학과, AI모빌리티공학과

■ 학교폭력 조치사항

전형	전형 총점	감점								
		1호	2호	3호	4호	5호	6호	7호	8호	9호
체육특기자		(지원불가) 학교생활기록부에 학교폭력 조치사항 관련 기록이 있는 자								

■ 전형결과

※ 성적 산출기준: (수시) 교과 석차등급, (정시) 수능 백분위

▌ 서울캠퍼스

모집시기	전형유형	전형	학년도	모집인원	지원인원	경쟁률	등록자 평균	등록자 70%	충원율
수시	교과	고교추천	2024	349	1,875	5.37	**2.69**	2.85	185%
수시	종합	상명인재	2024	263	4,137	15.73	**3.12**	3.21	118%

▌ 천안캠퍼스

모집시기	전형유형	전형	학년도	모집인원	지원인원	경쟁률	등록자 평균	등록자 최저	충원율
수시	교과	학생부교과	2024	386	2,363	6.12	**4.30**	4.84	180%
수시	종합	상명인재	2024	177	2,193	12.39	**4.56**	5.09	92%

■ (주요전형) 전형일정

유형	전형	원서접수 마감	대학별 고사(면접/논술)	1단계 합격자	최종 합격자
교과	고교추천	9.13(금) 18:00 학교장추천: 9.25(수) 18:00	▶국가안보학과 체력검정: 10.29(화)		12.13(금) ▶국가안보학과: 11.26(화)
교과	학생부교과	9.13(금) 18:00			12.12(목)
종합	상명인재	9.13(금) 18:00			11.26(화)
논술	논술전형	9.13(금) 18:00	11.02(토) 인문/자연		11.26(화)

II. (수시모집) 주요 전형

■ (학생부교과) 고교추천

전형	모집인원	전형 방법	수능최저학력기준
고교추천	349	학생부교과100% ▶ 국가안보학과: 학생부80%+ 체력검정20%+ 신체검사(합/불)	○

1. **지원자격**:
   • 전체(국가안보학과 제외) : 2017년 2월 이후 국내 고등학교 졸업(예정)자로서 소속 고등학교장의 추천을 받은 자이며, 고등학교 학교생활기록부에 5개 학기(졸업예정자는 3학년 1학기 포함 4개 학기)의 교육과정을 이수하고 교과성적 산출이 가능한 자.
   • 국가안보학과: 요강 참고
   ※ 공통사항:
     1. 고교별 추천 인원: 10명 이내
     2. 지원자격의 제한사항: 특성화고[일반고 및 종합고의 특성화(전문계) 과정 이수자, 대안교육 특성화고 포함], 마이스터고, 예술고, 체육고, 방송통신고, 평생교육법에 의한 학력인정학교, 대안학교, 일반계 고교 직업과정 위탁생(대안교육 위탁생 포함) 출신자는 지원할 수 없음.
2. **제출서류**: 학교생활기록부, 학교장 추천 명단
3. **수능최저학력기준**: 적용, 단, 국가안보학과는 미적용

[국어, 수학, 영어, 사/과탐(1과목)] 중 2개 영역 등급 합 7 이내

◎ 전형요소
● 학생부(1,000점)

반영요소 반영비율	반영교과목		교과성적 산출지표	학년별 반영비율
	구분	반영방법		
교과100%	공통 및 일반선택	전 교과목	석차등급	학년 구분 없음
	진로선택	진로선택과목 중 우수 최대 3과목 ※ 성취도 점수 = A : 100, B : 96, C : 90	성취도	

● 면접 및 체력검정(국가안보학과): 요강 참고

◎ 전형결과

■ 전체

서울 학년도	전체						인문						자연					
	모집인원	지원인원	경쟁률	등록평균	등록70%컷	충원율	모집인원	지원인원	경쟁률	등록평균	등록70%컷	충원율	모집인원	지원인원	경쟁률	등록평균	등록70%컷	충원율
2022	367	4,860	13.24	2.77		206%	206	2,889	14.02	2.77		207%	161	1,971	12.24	2.77		204%
2023	367	2,782	7.58	2.76		185%	206	1,577	7.65	2.76		186%	161	1,205	7.48	2.75		184%
2024	349	1,875	5.37	2.69	2.85	185%	196	942	4.81	2.73	2.93	180%	153	933	6.10	2.65	2.76	190%
2025	349						208						141					

■ 변경사항 & 핵심포인트

[2025]

변경사항	2024	2025
모집인원	349명	349명

• 진로선택과목: 성취도 환산점수가 성취도A(100점)은 1등급, 성취도B(96점)는 3등급, 성취도C(90점)는 5등급 점수임.
  성취도B나 성취도C를 받으면 감점이 큼
➡ 합격자 성적분포: (서울) 인문계열은 2등급 중반 ~ 3등급 초반, 자연계열은 2등급 중반 ~ 3등급 초반.

■ 모집단위

'*' 표시 : 교직 이수 가능

계열	모집단위	2025 모집인원	2024 모집인원	지원인원	경쟁률	등록평균	등록70%컷	충원번호	2023 모집인원	지원인원	경쟁률	등록평균	등록70%컷	충원번호	2022 모집인원	지원인원	경쟁률	등록평균	등록70%컷	충원번호
인문	자유전공(인문사회계열)	32																		
인문	자유전공(경영경제계열)	24																		
인문	자유전공(예체능계열)	12																		
인문	교육학과	8	8	27	3.4	2.21	2.32	17	8	38	4.8	2.44	2.66	12	8	94	11.8	2.39	2.61	25
인문	영어교육과	11	10	44	4.4	2.35	2.72	22	12	66	5.5	2.48	2.87	41	12	84	7.0	2.40	2.67	29
인문	국어교육과	12	11	40	3.6	2.38	2.35	23	12	117	9.8	2.30	2.57	38	12	95	7.9	2.55	2.99	39
인문	문헌정보학전공	4	8	51	6.4	2.49	2.62	20	8	70	8.8	2.74	2.93	20	8	77	9.6	2.62	3.24	15
인문	한일문화콘텐츠전공	4	7	38	5.4	2.62	2.71	15	7	48	6.9	2.76	2.93	15	7	68	9.7	2.66	3.01	11
예체	애니메이션전공	6	7	99	14.1	2.63	2.73	24	7	37	5.3	2.70	4.03	16	7	60	8.6	2.34	2.70	13
인문	행정학부	8	15	57	3.8	2.65	3.07	33	17	136	8.0	2.68	2.88	24	17	488	28.7	2.79	3.05	41
인문	경제금융학부	10	22	111	5.1	2.70	2.82	33	23	169	7.4	2.84	3.04	39	23	361	15.7	2.83	3.13	29
인문	역사콘텐츠전공	6	8	33	4.1	2.71	2.80	15	9	87	9.7	2.73	2.96	18	9	87	9.7	2.88	3.13	24
인문	지적재산권전공	5	6	46	7.7	2.75	2.84	13	6	89	14.8	2.96	3.10	12	6	64	10.7	3.15	3.41	10
인문	가족복지학과	5	8	46	5.8	2.81	2.96	19	8	78	9.8	2.93	3.07	16	8	79	9.9	2.92	3.23	16
인문	공간환경학부	7	12	75	6.3	2.88	2.96	31	13	147	11.3	2.90	3.13	21	13	154	11.9	3.06	3.34	42
인문	경영학부	16	30	95	3.2	2.94	3.59	33	32	217	6.8	2.50	2.77	49	32	664	20.8	2.63	2.91	54
인문	글로벌경영학과	14	25	79	3.2	2.97	2.91	37	25	179	7.2	2.69	2.87	37	25	398	15.9	2.76	2.99	60
인문	국가안보학과	24	19	101	5.3	3.86	4.40	18	19	99	5.2	3.71	4.33	16	19	116	6.1	3.54	3.97	18
자연	자유전공(이공계열)	14																		
자연	자유전공(IT계열)	19																		
자연	생명공학전공	7	11	62	5.6	2.24	2.37	17	12	102	8.5	2.48	2.64	27	12	459	38.3	2.44	2.60	13
자연	수학교육과	9	9	33	3.7	2.29	2.52	19	9	45	5.0	2.42	2.58	16	9	136	15.1	2.16	2.45	20
자연	화공신소재전공	7	10	71	7.1	2.54	2.53	23	12	107	8.9	2.60	2.78	26	12	116	9.7	2.67	2.97	25
자연	컴퓨터과학전공	21	32	128	4.0	2.59	2.98	67	34	233	6.9	2.75	2.93	78	34	292	8.6	2.76	3.01	79
자연	식품영양학전공	5	6	38	6.3	2.63	2.69	13	7	86	12.3	2.73	2.94	10	7	78	11.1	2.98	3.13	17
자연	화학에너지공학전공	7	11	52	4.7	2.65	2.73	12	12	60	5.0	2.47	2.69	20	12	111	9.3	2.60	2.73	20
자연	의류학전공	5	7	36	5.1	2.67	2.89	9	7	100	14.3	2.54	2.65	12	7	59	8.4	2.98	3.34	15
자연	전기공학전공	5	9	54	6.0	2.68	2.68	10	10	61	6.1	2.82	3.01	15	10	122	12.2	2.86	3.03	29
자연	게임전공	7	9	59	6.6	2.91	2.87	14	9	52	7.8	3.02	3.29	18	9	81	9.0	2.84	3.10	12
자연	휴먼지능정보공학전공	22	26	216	8.3	2.93	3.00	63	26	210	8.1	3.01	3.25	45	26	239	9.2	3.09	3.29	54
자연	핀테크,빅데이터,스마트생산전공	13	15	131	8.7	3.00	3.06	30	15	88	5.9	3.14	3.37	25	15	172	11.5	2.86	3.13	27

■ (학생부교과) 학생부교과

전형	모집인원	전형 방법	수능최저학력기준
학생부교과	천안 409	학생부교과100%	○

1. **지원자격**: 2016년 2월 이후 국내 고등학교 졸업(예정)자로서 고등학교 학교생활기록부에 5개 학기(졸업예정자는 3학년 1학기 포함 4개 학기)의 교육과정을 이수하고 교과성적 산출이 가능한 자
   ※ 지원 자격 제한: 특성화고(일반고 및 종합고의 특성화(전문계) 과정 이수자, 대안교육 특성화고 포함), 마이스터고, 예술고, 체육고, 방송통신고, 평생교육법에 의한 학력인정학교, 대안학교, 일반계 고교 직업과정 위탁생(대안교육 위탁생 포함) 출신자는 지원할 수 없음

2. **수능최저학력기준**:

[국어, 수학, 영어, 사/과탐(1과목)] 중 2개 영역 등급 합 10 이내
   ▶ 간호학과: [수학. 영어, 사/과탐(1과목) 3개 영역 중 2개 영역 등급 합 8 이내

◎ 전형요소
● 학생부(1,000점)

반영요소 반영비율	구분	반영교과목 반영방법		교과성적 산출지표	학년별 반영비율
교과100%	공통 및 일반선택	전 교과목		석차등급	학년 구분 없음
	진로선택	진로선택과목 중 우수 최대 3과목 ※ 성취도 점수 = A : 100, B : 96, C : 90		성취도	

◎ 전형결과
■ 전체

천안 학년도	전체						인문						자연					
	모집 인원	지원 인원	경쟁 률	등록 평균	등록 최저	충원 율	모집 인원	지원 인원	경쟁 률	등록 평균	등록 최저	충원 율	모집 인원	지원 인원	경쟁 률	등록 평균	등록 최저	충원 율
2022	380	3,050	8.03	3.97		199%	142	1,232	8.68	3.84		186%	238	1,818	7.64	4.10		211%
2023	381	2,223	5.83	4.33	5.00	180%	142	853	6.00	4.36	5.05	171%	239	1,370	5.73	4.30	4.95	189%
2024	386	2,363	6.12	4.30	4.84	180%	139	867	6.24	4.30	4.83	182%	247	1,496	6.06	4.30	4.84	177%
2025	409						155						254					

■ 변경사항 & 핵심포인트

[2025]

변경사항	2024	2025
모집인원	386명	409명(+23명)

• 진로선택과목: 성취도 환산점수가 성취도A(100점)은 1등급, 성취도B(96점)는 3등급, 성취도C(90점)는 5등급 점수이므로 변별력 있음.
➡ **합격자 성적분포**: (천안) 인문계열은 3등급 중반 ~ 4등급 중반, 자연계열은 2등급 후반 ~ 4등급 후반.

[2024]

변경사항		2023	2024
수능최저 변경	인문, 자연	[국어, 수학, 영어, 사/과탐(1과목)] 중 2개 영역 등급 합 9 이내	[국어, 수학, 영어, 사/과탐(1과목)] 중 2개 영역 등급 합 10 이내
	간호학과	[수학, 영어, 사/과탐(1과목) 3개 영역 중 2개 영역 등급 합 7 이내	[수학. 영어, 사/과탐(1과목) 3개 영역 중 2개 영역 등급 합 8 이내

■ 모집단위

'*' 표시 : 교직 이수 가능

계열	모집단위	2025	2024						2023						2022					
		모집 인원	모집 인원	지원 인원	경쟁 률	등록 평균	등록 최저	충원 번호	모집 인원	지원 인원	경쟁 률	등록 평균	등록 최저	충원 번호	모집 인원	지원 인원	경쟁 률	등록 평균	등록 최저	충원 번호
예체	자유전공(아트&컬처)	41																		13
예체	AR·VR미디어디자인전공	9	10	79	7.9	2.85	3.55	20	10	122	12.2	3.51	3.86	18	10	58	5.8	3.76		18
예체	문화예술경영전공	6	7	62	8.9	3.52	3.87	7	8	48	6.0	3.77	4.53	14	8	65	8.1	3.05		13
인문	글로벌금융경영학부	21	28	183	6.5	4.20	4.75	73	28	166	5.9	4.11	4.87	65	28	265	9.5	3.91		51
인문	한국언어문화전공	9	13	126	9.7	4.30	4.67	10	11	54	4.9	4.64	5.51	26	11	75	6.8	4.20		25
인문	글로벌지역학부	69	81	417	5.2	4.40	5.07	143	85	463	5.5	4.32	4.78	120	28	769	9.1	4.29		157
자연	자유전공(공학계열)	75																		
자연	AI모빌리티공학과	10																		

계열	모집단위	2025 모집인원	2024 모집인원	2024 지원인원	2024 경쟁률	2024 등록평균	2024 등록최저	2024 충원번호	2023 모집인원	2023 지원인원	2023 경쟁률	2023 등록평균	2023 등록최저	2023 충원번호	2022 모집인원	2022 지원인원	2022 경쟁률	2022 등록평균	2022 등록최저	2022 충원번호
자연	간호학과	24	26	163	6.3	2.72	3.26	55	26	137	5.3	2.88	3.28	27	26	241	9.3	2.77		31
자연	식물식품공학과	10	16	100	6.3	3.95	4.24	23	15	90	6.0	4.10	4.54	31	15	113	7.5	4.14		40
자연	소프트웨어학과	12	19	103	5.4	3.95	4.46	31	19	112	5.9	4.04	4.43	45	19	229	12.1	3.69		31
자연	그린스마트시티학과	17	18	92	5.1	4.36	5.03	35	15	77	5.1	4.33	4.89	24	15	109	7.3	4.24		29
자연	전자공학과	12	19	202	10.6	4.40	4.79	36	20	121	6.1	4.64	5.85	57	19	230	12.1	4.21		69
자연	시스템반도체공학과	14	23	113	4.9	4.48	4.88	47	21	159	7.6	4.29	4.68	35	21	136	6.5	4.34		45
자연	정보보안공학과	12	19	87	4.6	4.49	4.84	27	19	83	4.4	4.31	5.19	28	19	123	6.5	4.04		35
자연	스마트정보통신공학과	20	34	209	6.2	4.57	5.09	43	34	157	4.6	4.71	5.36	50	34	210	6.2	4.36		54
자연	건설시스템공학과	11	15	94	6.3	4.64	5.08	22	14	134	9.6	4.69	5.19	36	14	83	5.9	4.61		33
자연	경영공학과	11	15	79	5.3	4.64	5.11	39	14	93	6.6	4.55	4.96	26	14	88	6.3	4.47		33
자연	그린화학공학과	13	22	85	3.9	4.66	6.09	53	21	103	4.9	4.08	4.57	46	21	129	6.1	3.96		52
자연	휴먼지능로봇공학과	13	21	169	8.1	4.68	5.21	26	21	104	5.0	4.92	6.42	47	21	127	6.1	4.40		41

■ (학생부종합) 상명인재

전형	모집인원	전형 방법	수능최저학력기준
상명인재	서울 155 천안 156	①, ②, 애니메이션전공, AR·VR미디어전공, 문화예술경영전공: 서류100% ▶ 예체능: 1단계)서류100%(5배수) 2단계)서류60%+ 면접40%	X

1. **지원자격**: 고교 졸업(예정)자 또는 「초·중등교육법 시행령」 제98조에 의하여 동등의 학력이 있다고 인정된 자
2. **제출서류**: 학교생활기록부

◎ 전형요소

※ **선발 인재상**: (1) 올바른 품성과 성실함을 바탕으로 배우고 실천하는 사람
(2) 전문지식과 글로벌 역량을 계발하여 창의적으로 문제를 해결하는 사람
(3) 열린 마음으로 솔선수범하여 자신의 미래와 사회 발전을 위해 노력하는 사람

● **서류(1,000점)**
1. **평가방법**: 학교생활기록부를 바탕으로 종합적으로 정성평가함. ※ 학교생활기록부 교과 성적에 대한 정량평가는 하지 않음
2. **평가요소**:

평가항목	평가항목	반영비율	평가내용
학업역량 35%	학업성취도	15%	• 고교 교육과정 내에서 이루어지는 학업적 노력 정도 및 성취 수준
	학업태도	20%	• 교과 활동을 통해 드러나는 학업 의지 및 성장 노력
진로역량 45%	진로탐색 활동과 경험	25%	• 관심 분야 관련 탐색 노력과 준비 정도 • 고교 교육과정 내에서 이루어지는 관심 분야 관련 활동의 내용 및 성취 수준
	자기주도성 및 실천능력	20%	• 목표를 이루어 가는 과정에서 드러나는 자기주도성 및 문제해결력 • 문제 상황에 직면했을 때 해결책으로 가지고 극복하고자 노력한 경험
공동체역량 20%	성실설 및 협업태도	20%	• 학교의 규칙과 원칙을 지키려는 태도 • 자신의 역할에 책임감을 갖고 끈기 있게 임하는 자세 • 공동의 목표를 위해 협동하여 자신의 역할을 다하는 자세 • 타인을 이해하고 배려하는 태도 • 학교 폭력 관련 사항 반영

☞ 보충설명

• 서류 평가요소, 4개 ->3개로 변경: 학업역량20%, 전공적성30%, 발전가능성25%, 인성25% -> 학업역량35%, 진로역량45%, 공동체역량20%. - 진로역량에 초점을 둠. 교내에서의 전공 관련 활동을 중시
• 특출난 학생들 보다는 학교생활 충실히 하면서 전공 관심 갖는 일반고 학생들이 지원하는 경향이 있음.
• 학과 마다 전공에 대한 차이가 조금 있을 뿐 학교생활 충실히 한 학생들이 지원하고 합격
• 3개 평가항목 각 평가 7척도(A~D)로 점수 부여. 평가항목 및 평가요소 있는 그대로 평가함.

● **면접(300점)-예체능계열**
1. **면접형식**: 서류기반 개별면접(면접위원 2인, 수험생 1인)
※ 블라인드 면접(수험번호, 성명, 주민등록번호, 사진, 출신고교명, 수상경력 내 수여기관, 봉사활동실적 주관기관 등을 블라인드 처리)
2. **평가시간**: 10분 내외
3. **평가방법**: 학교생활기록부를 활용하여 질의·응답하는 과정에서 서류 내용을 확인하고 '평가항목 및 평가내용'에 따라 종합적으로 정성평가

4. 평가요소: 학업역량, 진로역량, 공동체역량

평가항목	반영비율	평가항목	반영비율	평가내용
학업역량	20%	학업태도 및 탐구력	15%	• 학업에 임하는 자세 • 지적 호기심을 가지고 탐구한 활동의 내용 및 성취 수준 • 논리적 사고력, 창의적 문제해결능력 등
진로역량	50%	진로탐색 활동과 경험	25%	• 지원동기 및 진로계획의 적절성 • 관심 분야를 탐색하는 과정에서 이루어지는 활동 및 성취 수준
		자기주도성 및 실천능력	20%	• 목표의식, 독립성, 모험심 등 • 계획성, 자기관리 능력, 지속적 실천능력 등
공동체역량	30%	사회설 및 협업태도	20%	• 자아존중, 표현능력, 자기확신 및 창의적 자기표현 등 • 공정함, 비판정신, 공동선추구, 합리적 문제해결능력 등 • 타인존중, 배려, 공감과 수용, 소통능력, 협동 등

☞ 보충설명
• 면접 역전률은 인문은 30%, 자연은 20% 정도, 종합은 면접에서 중간 정도는 해야 합격 가능.

◎ 전형결과
■ 전체

서울 학년도	전체						인문						자연					
	모집 인원	지원 인원	경쟁률	등록 평균	등록 70%컷	충원율	모집 인원	지원 인원	경쟁률	등록 평균	등록 70%컷	충원율	모집 인원	지원 인원	경쟁률	등록 평균	등록 70%컷	충원율
2022	286	3,703	12.95	3.15		120%	159	2,051	12.90	3.17		112%	127	1,652	13.01	3.12		128%
2023	281	3,475	12.37	3.25		88%	155	1,950	12.58	3.24		88%	126	1,525	12.10	3.26		88%
2024	263	4,137	15.73	3.12	3.21	118%	144	2,208	15.33	3.21	3.20	128%	119	1,929	16.21	3.02	3.22	107%
2025	155						83						72					

천안 학년도	전체						인문						자연					
	모집 인원	지원 인원	경쟁률	등록 평균	등록 최저	충원율	모집 인원	지원 인원	경쟁률	등록 평균	등록 최저	충원율	모집 인원	지원 인원	경쟁률	등록 평균	등록 최저	충원율
2022	174	2,177	12.51	4.29		98%	89	1,213	13.63	3.94		76%	85	964	11.34	4.64		120%
2023	177	1,923	10.86	4.85	5.56	92%	92	1,099	11.95	4.85	5.52	90%	85	824	9.69	4.85	5.59	94%
2024	177	2,193	12.39	4.56	5.09	92%	92	1,268	13.78	4.50	5.02	71%	85	925	10.88	4.61	5.16	113%
2025	156						82						74					

■ 변경사항 & 핵심포인트
[2025]

변경사항	2024	2025
모집인원	[서울] 263명, [천안] 177명	[서울] 155명(-107명), [천안] 156명(+21명)
서류 평가요소 변경	학업역량20%, 전공적성30%, 발전가능성25%, 인성25%	학업역량35%, 진로역량45%, 공동체역량20%
(예체능) 전형방법 변경	1단계)서류100%(3배수) 2단계)서류70%+ 면접30%	1단계)서류100%(5배수) 2단계)서류60%+ 면접40%

➡ 합격자 성적분포: (서울) 인문계열은 2등급 후반 ~ 3등급 후반, 자연계열은 2등급 중반 ~ 3등급 후반.
(천안) 인문계열은 2등급 후반 ~ 4등급 후반, 자연계열은 3등급 중반 ~ 5등급 초반.

[2024]

변경사항	2023	2024
전형방법 변경	1단계)서류100%(3배수) 2단계)서류70%+ 면접30%	서류100%

■ 모집단위

'*' 표시 : 교직 이수 가능

서울 계열	모집단위	2025	2024						2023						2022					
		모집 인원	모집 인원	지원 인원	경쟁률	등록 평균	등록 70%컷	충원 번호	모집 인원	지원 인원	경쟁률	등록 평균	등록 70%컷	충원 번호	모집 인원	지원 인원	경쟁률	등록 평균	등록 70%컷	충원 번호
예체	애니메이션전공	2	7	256	36.6	2.13	2.56	35	7	264	37.7	2.71	3.39	13	7	160	22.9	3.18	4.41	14
인문	교육학과	3	7	174	24.9	2.70	2.80	7	8	132	16.5	3.13	5.49	6	8	159	19.9	2.86	3.14	15
인문	국어교육과	5	11	128	11.6	2.74	2.74	17	12	84	7.0	2.90	3.37	13	12	84	7.0	2.76	3.02	22
인문	문헌정보학전공	4	8	98	12.3	2.87	3.01	4	8	59	7.4	3.15	3.65	5	8	92	11.5	2.73	3.05	5
인문	한일문화콘텐츠전공	3	7	109	15.6	2.98	3.16	8	7	92	13.1	3.25	3.57	6	7	150	21.4	3.32	3.89	6

4부 ● 일반대학

서울계열	모집단위	2025 모집인원	2024 모집인원	지원인원	경쟁률	등록평균	등록70%컷	충원번호	2023 모집인원	지원인원	경쟁률	등록평균	등록70%컷	충원번호	2022 모집인원	지원인원	경쟁률	등록평균	등록70%컷	충원번호
인문	역사콘텐츠전공	5	9	98	10.9	3.02	3.19	7	9	109	12.1	3.14	3.38	4	9	121	13.4	3.21	3.62	15
인문	경영학부	11	13	221	17.0	3.15	3.15	11	14	205	14.6	3.27	3.59	14	15	241	16.1	3.12	3.62	10
인문	가족복지학과	3	7	95	13.6	3.17	3.17	7	8	142	17.8	3.24	3.55	5	8	92	11.5	3.59	4.74	6
인문	행정학부	7	11	122	11.1	3.28	3.28	19	12	103	8.6	3.32	3.70	9	12	164	13.7	3.18	3.71	14
인문	공간환경학부	6	10	112	11.2	3.34	3.47	12	11	123	11.2	3.46	3.60	13	12	115	9.6	3.34	4.16	16
인문	경제금융학부	8	11	160	14.6	3.46	3.46	16	14	148	10.6	3.57	3.98	18	15	176	11.7	3.55	4.25	14
인문	지적재산권전공	2	7	66	9.4	3.49	3.54	6	7	56	8.0	3.18	3.49	3	7	51	7.3	3.21	3.34	3
인문	글로벌경영학과	10	14	291	20.8	3.66	3.66	14	14	203	14.5	3.67	5.23	16	15	207	13.8	3.48	3.91	17
예체	조형예술전공	9	8	95	11.9	3.84	3.90	4	8	77	9.6	3.48	4.55	2	8	93	11.6	3.09	3.78	6
인문	영어교육과	5	10	91	9.1	3.91	2.91	18	12	109	8.1	2.84	3.27	7	12	82	6.8	2.82	3.60	8
자연	식품영양학전공	3	7	149	21.3	2.36	3.03	6	8	92	11.5	3.10	4.03	3	8	80	10.0	2.44	3.99	3
자연	수학교육과	4	9	105	11.7	2.68	2.79	19	9	76	8.4	2.94	3.39	7	9	79	8.8	2.59	2.95	16
자연	컴퓨터과학전공	17	13	148	11.4	2.81	3.11	16	14	176	12.6	3.11	3.31	16	15	184	12.3	3.26	3.85	20
자연	화공신소재전공	4	8	107	13.4	2.94	3.04	14	10	95	9.5	3.09	3.37	16	10	100	10.0	3.11	3.53	17
자연	생명공학전공	5	10	230	23.0	2.97	3.19	11	10	227	22.7	2.83	3.24	5	10	178	17.8	2.93	3.78	7
자연	화학에너지공학전공	5	10	157	15.7	3.14	3.37	9	10	83	8.3	3.23	3.70	13	10	137	13.7	3.03	3.57	13
자연	전기공학전공	4	8	105	13.1	3.17	3.37	10	9	73	8.1	3.60	3.96	11	9	97	10.8	3.36	3.61	17
자연	휴먼지능정보공학전공	9	14	146	10.4	3.26	3.27	13	15	163	10.9	3.45	3.88	14	15	110	7.3	3.64	4.44	24
자연	핀테크,빅데이터,스마트생산전공	6	10	119	11.9	3.28	3.44	9	8	61	7.6	3.60	3.94	4	8	71	8.9	3.26	3.83	12
자연	게임전공	5	8	187	23.4	3.29	3.43	3	9	150	16.7	3.36	3.98	6	9	168	18.7	3.32	4.06	8
자연	의류학전공	3	7	153	21.9	3.36	3.38	11	7	95	13.6	3.15	3.49	1	7	153	21.9	2.95	3.46	3
예체	스포츠건강관리전공	7	7	219	31.3	3.39	3.40	6	8	153	19.1	3.56	4.25	6	8	204	25.5	3.41	3.86	7

천안계열	모집단위	2025 모집인원	2024 모집인원	지원인원	경쟁률	등록평균	등록최저	충원번호	2023 모집인원	지원인원	경쟁률	등록평균	등록최저	충원번호	2022 모집인원	지원인원	경쟁률	등록평균	등록최저	충원번호
예체	영화영상전공(연출·스태프)	9	12	160	13.3	3.54	6.12	4	12	163	13.6	3.82	4.35	5	12	241	20.1	3.61		6
예체	AR·VR미디어디자인전공	4	4	25	6.3	3.69	5.02	1	4	37	9.3	2.83	3.98	4	4	41	10.3	4.02		7
예체	디지털만화영상전공	3	4	60	15.0	3.81	4.51	1	4	52	13.0	2.53	3.45	6	4	51	12.8	2.84		3
예체	디자인학부	10	10	195	19.5	3.95	5.92	9	10	161	16.1	3.85	4.80	19	10	228	22.8	3.47		13
예체	AI미디어콘텐츠전공	4	4	64	16.0	4.02	4.92	3	4	47	11.8	3.80	4.45	3	4	56	14.0	3.66		5
예체	연극전공(이론)	4	4	30	7.5	4.16	4.69	3	4	27	6.8	3.58	4.17	6	4	32	8.0	3.38		
예체	문화예술경영전공	6	7	91	13.0	4.28	5.36	2	7	78	11.1	4.00	4.94	2	7	93	13.3	3.79		5
예체	사진영상미디어전공	8	7	114	16.3	4.31	5.58	2	7	109	15.6	4.43	4.94	2	7	36	9.0	3.99		2
예체	무대미술전공	2	4	44	11.0	4.32	5.75	4	4	24	6.0	3.15	4.52	6	4	36	9.0	3.58		
인문	글로벌지역학부	10	12	154	12.8	4.36	5.00	5	12	115	9.6	4.64	5.37	7	12	182	15.2	4.71		14
인문	글로벌금융경영학부	10	10	163	16.3	4.51	5.10	12	10	154	15.4	4.71	5.48	18	10	81	8.1	5.22		3
인문	한국언어문화전공	4	6	75	12.5	4.62	4.96	14	6	27	4.5	5.20	5.72	1	6	43	7.2	4.41		5
예체	스포츠융합학부	8	8	93	11.6	4.72	5.30	5	8	105	13.1	4.08	4.53	4	8	93	11.6	4.49		5
자연	AI모빌리티공학과	5																		
자연	간호학과	10	10	182	18.2	3.23	3.63	11	10	248	24.8	3.14	3.54	4	10	341	34.1	3.42		9
자연	건설시스템공학과	4	4	47	7.8	4.27	5.13	10	6	40	6.7	5.07	5.33	9	6	32	5.3	5.05		9
자연	그린화학공학과	5	7	71	10.1	4.34	4.91	5	7	64	9.1	4.77	5.37	7	7	52	7.4	4.57		8
자연	식물식품공학과	9	6	98	16.3	4.40	4.88	6	6	86	14.3	4.84	5.47	3	6	55	9.2	5.15		6
자연	전자공학과	5	7	56	8.0	4.78	5.16	8	7	33	4.7	4.98	5.28	7	7	42	6.0	4.50		10
자연	소프트웨어학과	5	7	117	16.7	4.78	5.59	14	7	97	13.9	4.73	5.36	6	7	145	20.7	4.51		12
자연	휴먼지능로봇공학과	5	7	58	8.3	4.82	5.55	4	7	51	7.3	5.17	6.84	11	7	53	7.6	5.09		8
자연	정보보안학과	5	7	43	6.1	4.83	5.54	5	7	39	5.6	4.82	5.13	3	7	55	7.9	4.33		12
자연	시스템반도체공학과	4	6	48	8.0	4.91	5.14	10	6	61	10.2	5.14	5.59	6	6	31	5.2	5.22		8
자연	스마트정보통신공학과	7	10	70	7.0	4.94	5.32	6	10	41	4.1	5.07	6.19	11	10	69	6.9	4.48		13
자연	경영공학과	4	6	71	11.8	4.97	5.36	4	6	20	3.3	5.38	7.34	7	6	29	4.8	4.60		2
자연	그린스마트시티학과	6	6	64	10.7	5.09	5.69	12	6	44	7.3	5.07	5.60	6	6	60	10.0	4.76		5

■ (논술) 논술전형

전형	모집인원	전형 방법	수능최저학력기준
논술전형 [신설]	서울 101	학생부교과10%+ 논술90%	X

1. **지원자격:** 고등학교 졸업(예정)자 또는 「초·중등교육법 시행령」 제98조에 의하여 동등의 학력이 있다고 인정된 자
2. **제출서류:** 학교생활기록부

◎ 전형요소
● 학생부(1,000점)

반영요소 반영비율	반영교과목		교과성적 산출지표	학년별 반영비율
	구분	반영방법		
교과100%	공통 및 일반선택	전 교과목	석차등급	학년 구분 없음
	진로선택	진로선택과목 중 우수 최대 3과목 ※ 성취도 점수 = A : 100, B : 96, C : 90	성취도	

구분		1등급	2등급	3등급	4등급	5등급	6등급	7등급	8등급	9등급
점수	100점	100	98	96	94	90	80	60	40	0
등급 간 점수 차이	100점	0	2	2	2	4	10	20	20	40
	100점	0	2	2	2	4	10	20	20	40

● 논술(900점) : 약술형 논술
1. **특징:** 약술형 논술은 본문 또는 지문에서 필요한 내용을 발췌해 단답형, 단문형 답안을 작성하는 서술형 시험입니다.
   - 고등학교 교육과정을 통하여, 대학교육에 필요한 수학능력을 갖추었는지 평가하는 것을 목적으로 하며 별도의 사교육 없이도 고사를 준비할 수 있습니다.
2. **출제 방향:** 공교육정상화법 제10조에 의거하여 고등학교 교과서는 물론 EBS 수능연계 교재를 참고하며, 고등학교 정기시험의 객관식 및 주관식 문항 난이도로 출제하기 때문에 별도의 고사 준비를 하지 않아도 수험생의 접근이 용이하도록 출제할 예정입니다.
3. **준비 방법:** 사교육의 도움보다는 학교 수업과 EBS 수능연계 교재를 학습하여 충실하게 준비하는 것을 권장하며, 본교에서 제공하는 예상문제를 참고하면 더욱 좋은 성과를 얻을 수 있을 것입니다
4. **평가방법:**

구분	계열	문항 수		배점	고사시간	답안지 형식
		국어	수학			
약술형 논술	인문	8	2	각 문항 10점 (세부 배점 상이)	60분	단답형, 단문형 주관식 서술
	자연 (애니메이션전공 포함)	2	8			

5. **출제범위 및 평가기준:**

구분	출제범위	평가기준
국어	국어, 문학, 독서, 화법과 작문, 언어와 매체	• 제시문을 정해진 시간 내에 이해하는 독해력 • 문항에서 요구하는 것을 파악하고 찾아내는 능력
수학	수학 I , 수학 II	• 필요한 개념과 원리를 적용하고 올바르게 풀이하는 능력 • 정확한 용어와 기호 사용

☞ 보충설명
• 국어와 수학에서 총 10문제 출제.
   - 인문은 국어 8문항, 수학 2문항, 자연은 국어 2문항, 수학 8문항으로 80 : 20 비율로 동일계열 과목이 문항 수 및 배점이 큼
   - 자연계열은 수학 출제범위가 공통과목인 수학 I , 수학 II 에서만 출제되며, 선택과목인 확률과 통계, 미적분, 기하는 출제되지 않으므로 인문계열 학생이 자연계열에 지원하는 데 불리하지 않음.

◎ 전형결과
■ 전체

서울 학년도	전체						인문						자연					
	모집 인원	지원 인원	경쟁 률	등록 평균	등록 최저	충원 율	모집 인원	지원 인원	경쟁 률	등록 평균	등록 최저	충원 율	모집 인원	지원 인원	경쟁 률	등록 평균	등록 최저	충원 율
2022																		
2023																		
2024																		
2025	101						56						45					

[2025]
• 신설 전형, 약술형 논술, 수능최저 미적용. 내신 중위권 학생들이 지원할 수 있는 전형. 다양한 고교유형에서 지원 권장
• 내신 6등급까지, 모의수능은 4등급 정도 학생들이 지원하고 합격하기를 기대함

■ 모집단위　　　　　　　　　　　　　　　　　　　　　　　　　　　　　'*' 표시 : 교직 이수 가능

계열	모집단위	2025 모집인원	2024 모집인원	지원인원	경쟁률			2023 모집인원	지원인원	경쟁률			2022 모집인원	지원인원	경쟁률		
인문	자유전공(인문사회계열)	6															
인문	자유전공(경영경제계열)	5															
인문	역사콘텐츠전공	3															
인문	지적재산권전공	2															
인문	문헌정보학전공	3															
인문	한일문화콘텐츠전공	3															
인문	공간환경학부	3															
인문	행정학부	4															
인문	가족복지학과	3															
인문	경제금융학부	4															
인문	경영학부	5															
인문	글로벌경영학과	4															
인문	국어교육과	3															
인문	영어교육과	3															
인문	교육학과	3															
예체	애니메이션전공	2															
자연	자유전공(IT계열)	5															
자연	자유전공(이공계열)	3															
자연	수학교육과	3															
자연	휴먼지능정보공학전공	5															
자연	핀테크.빅데이터.스마트생산전공	3															
자연	컴퓨터과학전공	5															
자연	전기공학전공	3															
자연	게임전공	3															
자연	생명공학전공	3															
자연	화학에너지공학전공	3															
자연	화공신소재전공	3															
자연	식품영양학전공	3															
자연	의류학전공	3															

35. 상지대학교
강원특별자치도 원주시 상지대길 83 (Tel: 033. 730−0125~7)

I. 한 눈에 보는 전형

모집시기	전형유형	전형	모집인원	전형 방법	수능최저학력기준
수시	교과	교과일반	800	학생부교과100%	X(한의,간호:○)
수시	교과	교과강원인재	85	학생부교과100%	X(한의,간호:○)
수시	교과	교과강원인재균형	3	학생부교과100%	○
수시	교과	기회균형	30	학생부교과100%	X(간호:○)
수시	교과	성인학습자	70	학생부교과100%	X
수시	교과	농어촌학생	38	학생부교과100%	X(한의,간호:○)
수시	교과	특성화고교	15	학생부교과100%	X
수시	교과	교육기회균등	31	학생부교과100%	X(한의,간호:○)
수시	교과	특성화고졸재직자	5	학생부교과100%	X
수시	교과	장애인 등 대상자	2	학생부교과100%	X
수시	교과	만학도	67	학생부교과100%	X
수시	종합	종합일반	160	학생부교과40%+ 서류60%	X(한의:○)
수시	종합	종합강원인재	32	학생부교과40%+ 서류60%	X(한의:○)
수시	종합	종합강원인재균형	1	학생부교과40%+ 서류60%	○
수시	실기/실적	실기일반	200	학생부교과30%+ 실기70%	X
수시	실기/실적	실기일반	20	(생활체육학전공) 학생부교과25%+ 출결5%+ 실적70%	X
수시	실기/실적	실기강원인재	11	학생부교과30%+ 실기70%	X
수시	실기/실적	특기자	28	학생부교과5%+ 출결5%+ 실적60%+ 면접30%	X

(수시모집) 지원 가능 횟수	수시모집 지원 6회 이내에서 본교 수시모집 전형 간 복수지원 가능함

■ 무전공(전공자율선택)

유형① [대학 내 모든 전공(보건의료 등 일부 제외) 자율 선택]		유형② [계열/단과대 모집 후 모집단위 내 전공 자율 선택]	
모집단위	인원	모집단위	인원
자유전공학부	85	보건계열	100

■ 모집단위 신설 · 변경

구분	2024	2025
신설		소프트웨어학과
변경	산업디자인학과	산업융합디자인학과

■ 전형결과
※ 성적 산출기준: (수시) 교과 석차등급

모집시기	전형유형	전형	학년도	모집인원	지원인원	경쟁률	등록자 50%	등록자 70%	충원율
수시	교과	교과일반	2024	734	3,279	4.47	4.90	5.34	59.8%
수시	교과	교과강원인재	2024	89	392	4.40	4.69	4.73	65.2%
수시	종합	종합일반	2024	189	1,085	5.74	5.13	5.27	69.9%
수시	종합	종합강원인재	2024	61	224	3.67	4.99	5.02	44.3%

■ (주요전형) 전형일정

유형	전형	원서접수 마감	실기고사	면접고사	최종 합격자	
교과 종합	전체전형	9.13(금) 22:00			11.07(목)	한의예과, 간호학과 제외
					12.11(수)	한의예과, 간호학과

Ⅱ. (수시모집) 주요 전형

■ (학생부교과) 교과일반

전형	모집인원	전형 방법	수능최저학력기준
교과일반	800	학생부교과100%	× (한의, 간호:○)

1. **지원자격**: 고교졸업(예정)자 또는 관련 법령에 따라 이와 동등 이상의 학력이 있다고 인정된 자
2. **제출서류**: 학교생활기록부 또는 검정고시 성적증명서
3. **수능최저학력기준**:

> **한의예과** [국어, 수학, 영어, 탐구] 중 3개 영역 등급 합이 수학(미적분/기하)과 탐구(과학2개) 반영 시 5 이내, 그 외 반영 시 4 이내
> ▶탐구는 2과목 평균 적용(소수점 버림/직탐 불가)
>
> **간호학과** [국어, 수학, 탐구] 중 2개 영역 등급 합 8 이내, ▶탐구는 2과목 중 상위등급 적용/직탐 불가

◎ 전형요소
● 학생부(1,000점)

반영요소 반영비율	구분	반영교과목	교과성적 산출지표	학년별 반영비율
교과100%	공통 및 일반선택	국어, 영어, 수학, 사회, 과학 교과별 학기별 상위 2과목(한의예과는 상위 5과목) (교과별 중복 안됨) ※ 반영 학기: (고교) 졸업예정자 및 졸업자 모두 3학년 1학기까지	석차등급	학년 구분 없음
	진로선택	반영교과(국어, 영어, 수학, 사회, 과학) 내 상위 성취도 3과목 ※ 평균등급 산출 시 등급으로 환산하여 추가 반영 : A=1등급, B=3등급, C=6등급	성취도	

◎ 전형결과
■ 전체

학년도	전체					인문					자연				
	모집 인원	지원 인원	경쟁률	등록 50%컷	등록 70%컷	모집 인원	지원 인원	경쟁률	등록 50%컷	등록 70%컷	모집 인원	지원 인원	경쟁률	등록 50%컷	등록 70%컷
2022	1,139	2,992	2.63	5.91	6.17	596	1,579	4.33	6.07	6.47	543	1,413	2.60	5.72	5.81
2023	885	3,611	4.08	5.20	5.49	571	1,817	3.18	5.54	5.83	314	1,794	5.71	4.75	5.03
2024	734	3,279	4.47	4.89	5.34	338	1,327	3.93	5.47	5.82	396	1,952	4.93	4.41	4.94
2025	800					373					427				

■ 변경사항 & 핵심포인트

[2025]

변경사항	2024	2025
모집인원	734명	800명(+66명)
(학생부) 진로선택과목 반영	반영교과 목 중 성취도 상위 3과목을 가산점으로 반영 A=10점, B=6점, C=2점	반영교과목 중 성취도 상위 3과목을 등급으로 환산 반영 A=1등급, B=3등급, C=6등급

- 공통과목 및 일반선택과목은 국어, 영어, 수학, 사회, 과학 중 **학기별 상위 2과목**만 반영
- ▶ **합격자 성적분포**: 인문계열은 평균 5등급 중반 ~ 7등급 후반, 자연계열은 4등급 중반 ~ 7등급 중반.
모집단위별로 합격자 성적분포의 편차가 큼. 한의예과는 1등급 ~ 1등급 중반, 간호학과, 물리치료학과, 임상병리학과는 2등급 후반 ~ 3등급 후반의
분포를 보이며, 나머지 학과들은 평균등급과 비슷함

■ 모집단위
'*' 표시 : 교직 이수 가능

계열	모집단위	2025 모집 인원	2024						2023						2022				
			모집 인원	지원 인원	경쟁 률	등록 평균	등록 70%	충원 번호	모집 인원	지원 인원	경쟁 률	등록 평균	등록 70%	충원 번호	모집 인원	지원 인원	경쟁 률	등록 평균	등록 70%	충원 번호
인문	경찰법학과	30	30	140	4.67	5.26	5.71	95	31	148	4.77	5.58	5.98	117	25	154	6.16	5.65	5.92	90
인문	군사학과	30	28	117	4.18	5.43	5.61	88	46	160	3.48	5.96	6.42	112						
인문	사회복지학과	30	34	164	4.82	5.24	5.79	130	23	181	7.87	5.05	5.63	101	30	234	7.80	5.52	6.08	174
인문	유아교육학과*	23	20	91	4.55	5.31	5.39	71	22	190	8.64	4.72	5.02	73	28	147	5.25	5.20	5.54	101
인문	문화콘텐츠학과	35	37	98	2.65	6.06	6.38	61	36	86	2.39	5.26	5.74	50	20	61	3.05	5.67	5.74	41
인문	미디어영상광고학과	45	28	160	5.71	5.22	5.71	132	33	205	6.21	5.36	5.59	162	30	153	5.10	5.99	6.58	123

계열	모집단위	2025 모집인원	2024 모집인원	지원인원	경쟁률	등록평균	등록70%	충원번호	2023 모집인원	지원인원	경쟁률	등록평균	등록70%	충원번호	2022 모집인원	지원인원	경쟁률	등록평균	등록70%	충원번호
예체	만화애니메이션학과	15	25	150	6.00	4.76	5	81	36	125	3.47	5.02	5.73	89	20	103	5.15	5.55	6.11	73
인문	경영학과*	36	38	127	3.34	5.39	5.82	88	37	146	3.95	5.69	6.20	108	37	119	3.22	6.62	7.17	82
인문	국제경영학과	31	40	70	1.75	5.86	6.39	30	30	52	1.73	6.65	6.53	21						
인문	호텔항공관광경영학과	33	33	106	3.21	5.95	6.03	72	33	100	3.03	5.96	5.67	67						
인문	자유전공학부	65	25	104	4.16	5.66	6.16	73	61	87	1.43	6.48	6.92	26	30	46	1.53	6.54	7.12	16
자연	한의예과	5	5	187	37.40	1.19	1.19	11	5	228	45.6	1.20	1.21	11	5	168	33.6	1.31	1.34	6
자연	간호학과*	36	35	514	14.69	3.31	3.35	49	30	638	8.4	3.55	3.72	34	25	160	6.4	4.17	4.60	10
자연	물리치료학과	10	10	86	8.60	2.16	2.41	29	5	42	8.4	2.69	2.70	7	5	75	15.0	2.55	2.40	11
자연	보건계열*	70	60	197	3.28	5.32	5.57	137	65	165	2.54	5.44	5.93	100	92	146	1.59	6.23	6.52	54
자연	임상병리학과	12	10	106	10.60	3.65	3.73	42	11	114	10.36	3.57	3.84	35	5	43	8.6	4.13	4.17	11
자연	작업치료학과	24	21	147	7.00	4.36	4.66	72	13	101	7.77	4.87	5.11	64	10	94	9.4	5.07	5.27	43
자연	건설환경공학과	32	40	76	1.90	6.66	7.27	36	42	50	1.19	6.30	6.44	8						
자연	소방공학과	33	26	106	4.08	5.54	5.9	80	26	131	5.04	5.67	5.95	105	20	84	4.2	5.77	6.28	62
자연	동물자원학과	30	27	140	5.19	5.43	6.26	113	37	132	3.57	5.27	5.74	94						
자연	스마트팜생명과학과	32	40	75	1.88	5.06	5.85	35	38	47	1.24	5.18	5.60	9						
자연	조경산림학과	33	39	69	1.77	4.92	5.8	30	36	71	1.97	5.44	5.39	35	38	67	1.76	5.58	5.82	29
자연	전기전자공학과	41	41	84	2.05	4.31	6.33	43	46	106	2.3	5.50	5.94	60						
자연	컴퓨터공학과*	34	42	165	3.93	5.51	5.91	123	28	150	5.36	5.91	6.49	117	21	112	5.33	5.77	5.86	91
자연	소프트웨어학과	35																		

■ (학생부교과) 교과강원인재

전형	모집인원	전형 방법	수능최저학력기준
교과강원인재	85	학생부교과100%	× (한의, 간호:○)

1. 지원자격: 강원지역 고등학교 입학 및 졸업(예정)자
2. 제출서류: 학교생활기록부
3. 수능최저학력기준:

> 한의예과　[국어, 수학, 영어, 탐구] 중 3개 영역 등급 합이 수학(미적분/기하)과 탐구(과학2개) 반영 시 6 이내, 그 외 반영 시 5 이내
> ▶탐구는 2과목 평균 적용(소수점 버림/직탐 불가)

> 간호학과　[국어, 수학, 탐구, 영어] 중 2개 영역 등급 합 8 이내, ▶탐구는 2과목 중 상위등급 적용/직탐 불가

◎ 전형요소
● 학생부(1,000점)

반영요소 반영비율	반영교과목 구분	반영방법	교과성적 산출지표	학년별 반영비율
교과100%	공통 및 일반선택	국어, 영어, 수학, 사회, 과학 교과별 학기별 상위 2과목(한의예과는 상위 5과목) (교과별 중복 안됨) ※ 반영 학기: (고교) 졸업예정자 및 졸업자 모두 3학년 1학기까지	석차등급	학년 구분 없음
	진로선택	반영교과(국어, 영어, 수학, 사회, 과학) 내 상위 성취도 3과목 ※ 평균등급 산출 시 등급으로 환산하여 추가 반영 : A=1등급, B=3등급, C=6등급	성취도	

◎ 전형결과
■ 전체

학년도	전체 모집인원	지원인원	경쟁률	등록50%컷	등록70%컷	인문 모집인원	지원인원	경쟁률	등록50%컷	등록70%컷	자연 모집인원	지원인원	경쟁률	등록50%컷	등록70%컷
2022	127	298	2.35	5.62	5.68	46	90	1.96	6.44	6.43	81	208	2.57	4.90	5.01
2023	138	369	2.67	5.46	5.46	83	151	1.82	5.78	5.69	55	218	3.96	5.13	5.23
2024	89	392	4.40	4.69	4.72	43	142	3.30	5.36	5.43	46	250	5.43	4.09	4.10
2025	85					32					53				

[2025]

변경사항	2024	2025
모집인원	89명	85명(-4명)
간호학과 수능최저학력기준	[국어, 수학, 탐구, 영어] 중 **3개** 영역 등급 합 12 이내	[국어, 수학, 탐구, 영어] 중 **2개** 영역 등급 합 8 이내

➡ **합격자 성적분포:** 인문계열은 평균 5등급 중반 ~ 6등급 후반, 자연계열은 4등급 초반 ~ 6등급 중반. 지역인재전형은 일반전형보다 경쟁률이 낮고 합격선이 낮게 형성되어 있으므로 강원소재 고교 출신자는 원하는 학과에 적극 지원하는 것이 유리함

■ 모집단위   '*'표시 : 교직 이수 가능

계열	모집단위	2025 모집인원	2024 모집인원	지원인원	경쟁률	등록평균	등록70%	충원번호	2023 모집인원	지원인원	경쟁률	등록평균	등록70%	충원번호	2022 모집인원	지원인원	경쟁률	등록평균	등록70%	충원번호
인문	경찰법학과	7	7	19	2.71	5.41	5.57	8	7	14	2.00	5.79	5.51	6	5	16	3.20	5.53	5.42	3
인문	군사학과	3	2	8	4.00	5.42	5.42													
인문	사회복지학과	5	5	30	6.00	5.78	5.78	24	8	30	3.75	5.45	5.73	20	5	16	3.20	5.77	5.82	11
인문	유아교육학과*	3	3	17	5.67	5	5	8	3	14	4.67	5.03	4.82	4						
인문	문화콘텐츠학과	3	3	8	2.67	5.22	5.22	5												
인문	경영학과*	4	4	12	3.00	5.47	5.47	8	7	13	1.86	6.00	6.00	6	8	11	1.38	5.51	5.51	3
인문	국제경영학과	2																		
인문	자유전공학부	5	15	33	2.20	5.94	6.35	18	20	20	1.00	6.95	6.87							
자연	한의예과	3	3	66	22.00	1.04	1.04	3												
자연	간호학과*	7	8	41	5.13	3.44	3.5	4	8	63	7.88	3.38	3.71	6	10	61	6.10	3.78	3.76	3
자연	물리치료학과	2	2	19	9.50	2.82	2.82	7	5	34	6.80	3.23	3.51	15	5	35	7.00	3.23	3.23	4
자연	보건계열*	10	10	32	3.20	6.55	6.55	22	14	23	1.64	6.24	6.47	8						
자연	임상병리학과	3	2	20	10.00	3.89	3.89	4	5	49	9.80	4.10	4.80	15	5	19	3.80	5.69	6.29	13
자연	작업치료학과	4	2	19	9.50	2.95	2.95	9	3	18	6.00	5.17	5.35	6	3	13	4.33			
자연	소방공학과	2	5	11	2.20	6.03	6.03	6	9	16	1.78	5.18	6.19	7	3	10	3.33	5.89	4.96	7
자연	동물자원학과	5	4	15	3.75				5	11	2.20	5.63	5.35	5						
자연	스마트팜생명과학과	3	3	7	2.33	4.67	4.67	4	5	2	0.40									
자연	건설환경공학과	3																		
자연	전기전자공학과	2	2	4	2.00				2	3	1.50			1						
자연	컴퓨터공학과*	4	5	16	3.20	5.44	5.44	8	5	9	1.80	6.89	6.89	4	5	8	1.30	3.38	3.38	2
자연	소프트웨어학과	5																		

■ (학생부종합) 종합일반

전형	모집인원	전형 방법	수능최저학력기준
종합일반	160	학생부교과40%, 서류60%	X(한의:○)

1. **지원자격:** 고교졸업(예정)자 또는 관련 법령에 따라 이와 동등 이상의 학력이 있다고 인정된 자
2. **제출서류:** 학교생활기록부 또는 검정고시 성적증명서
3. **수능최저학력기준:**

> 한의예과 [국어, 수학, 영어, 탐구] 중 3개 영역 등급 합이 수학(미적분/기하)과 탐구(과학2개) 반영 시 5 이내, 그 외 반영 시 4 이내
> ▶탐구는 2과목 평균 적용(소수점 버림/직탐 불가)

◎ 전형요소
● 학생부 교과(400점)

반영요소 반영비율	반영교과목		교과성적 산출지표	학년별 반영비율
	구분	반영방법		
교과40%	공통 및 일반선택	국어, 영어, 수학, 사회, 과학 교과별 학기별 상위 2과목(한의예과는 상위 5과목) (교과별 중복 안됨) ※ 반영 학기: (고교) 졸업예정자 및 졸업자 모두 3학년 1학기까지	석차등급	학년 구분 없음
	진로선택	반영교과(국어, 영어, 수학, 사회, 과학) 내 상위 성취도 3과목 ※ 평균등급 산출 시 등급으로 환산하여 추가 반영 : A=1등급, B=3등급, C=6등급	성취도	

● 서류(600점)
  1. **평가방법**: 입학사정관 2인의 정성적 종합평가
  2. **평가자료**: 학교생활기록부, 검정고시 합격자: 요강 참조
  3. **평가요소**:

평가항목	평가요소 별 평가 내용		최고점
진로역량	전공 관련 교과 이수 노력	고교에서 전공(계열)에 필요한 과목을 선택하여 이수한 정도	250점
	진로 탐색 활동과 경험	자신의 진로를 탐색하는 과정에서 이루어진 활동이나 경험 및 노력 정도	
학업역량	학업성취도	고교 교육과정에서 이수한 교과의 성취수준이나 학업 발전의 정도	200점
	학업태도 및 탐구활동	학업을 수행하고 학습해 나가려는 의지와 노력	
공동체역량	성실성과 규칙 준수	책임감을 바탕으로 자신의 의무를 다하고, 공동체의 기본 윤리와 원칙을 준수하는 태도	150점
	협업과 소통 능력	공동체의 목표를 달성하기 위해 협력하며, 구성원들과 합리적인 소통을 할 수 있는 능력	

◎ 전형결과
■ 전체

학년도	전체					인문					자연				
	모집인원	지원인원	경쟁률	등록50%컷	등록70%컷	모집인원	지원인원	경쟁률	등록50%컷	등록70%컷	모집인원	지원인원	경쟁률	등록50%컷	등록70%컷
2022	252	883	3.50	5.77	5.74	93	265	2.85	6.05	5.96	159	618	3.89	5.48	5.51
2023	238	1,003	4.21	5.66	5.76	140	320	2.29	6.01	6.16	98	683	6.97	5.37	5.42
2024	189	1,085	5.74	5.13	5.26	119	332	2.79	5.46	5.64	70	753	10.76	4.57	4.61
2025	160					69					57				

■ 변경사항 & 핵심포인트

[2025]

변경사항	2024	2025
모집인원	189명	160명(-29명)
예체능계열 종합전형 실시	-	리빙디자인학과(8명), 산업융합디자인학과(8명) 시각영상디자인학과(8명), 체육학전공(10명)

• 예체능계열 학과에서도 학생부종합전형을 실시하므로 실기 준비가 부족한 학생들도 예체능계 학과로 지원이 가능함
■ 합격자 성적분포: 인문계열은 5등급 중반 ~ 6등급 초반, 자연계열은 4등급 중반 ~ 5등급 후반

'*' 표시 : 교직 이수 가능

■ 모집단위

계열	모집단위	2025	2024						2023						2022					
		모집인원	모집인원	지원인원	경쟁률	등록평균	등록70%	충원번호	모집인원	지원인원	경쟁률	등록평균	등록70%	충원번호	모집인원	지원인원	경쟁률	등록평균	등록70%	충원번호
인문	경찰법학과	7	7	24	3.43	5.19	5.36	15	8	17	2.13	6.03	6.51	7	5	12	2.40	5.06	5.38	1
인문	사회복지학과	8	11	48	4.36	5.59	5.67	32	15	44	2.93	5.95	6.14	29	7	29	4.14	6.19	6.00	19
인문	유아교육학과	12	12	57	4.75	5.29	5.51	45	10	57	5.70	5.43	5.63	11	5	65	13.00	4.86	5.19	6
인문	문화콘텐츠학과	7	6	19	3.17	5.09	5.29	13	15	21	1.40	6.83	7.24	6	5	16	3.20	5.15	5.15	11
인문	미디어영상광고학과	5	12	37	3.08	5.36	5.58	25	9	33	3.67	5.97	5.62	23	7	21	3.00	5.65	6.25	13
인문	경영학과*	10	12	21	1.75	6.56	6.56	9	10	13	1.30	4.63	4.63	3	7	18	2.57	4.86	5.19	11
인문	국제경영학과	5																		
인문	호텔항공관광경영학과	5	5	16	3.20	6.79	7.54	11	8	20	2.50	5.47	5.62	12							
예체	리빙디자인학과	8	6	15	2.50	4.87	4.87	9												
예체	산업융합디자인학과	8	8	13	1.63	4.68	4.68	5												
예체	시각영상디자인학과	8	8	20	2.50	5.11	5.11	12												
예체	체육학전공	10																		
인문	자유전공학부	10	25	43	1.72	5.65	5.86	18												
자연	한의예과	7	7	335	47.86	1.58	1.64	6	7	257	36.71	1.80	1.90	3	10	270	27.00	2.04	2.10	5
자연	물리치료학과	11	11	159	14.45	3.2	3.3	8	10	126	12.60	3.49	3.69	4	10	85	8.50	3.72	4.04	7
자연	보건계열*	10	15	29	1.93	5.89	6	14	15	25	1.67	6.10	6.18	10							
자연	임상병리학과	12	14	152	10.86	4	4	26	10	74	7.40	4.71	4.83	18	10	71	7.10	4.99	5.02	12
자연	작업치료학과	7	7	32	4.57	5.32	5.32	25	12	39	3.25	5.60	5.58	27	10	27	2.70	5.64	5.76	17
자연	소방공학과	5	8	16	2.00	5.79	5.79	8	14	28	2.00	5.89	6.39	14	3	21	7.00	6.13	6.22	13
자연	동물자원학과	5	8	30	3.75	6.21	6.28	22	9	17	1.89	6.08	5.09	8							

■ (학생부종합) 종합강원인재

전형	모집인원	전형 방법	수능최저학력기준
종합강원인재	32	학생부교과40%, 서류60%	✕ (한의:○)

1. **지원자격**: 강원지역 고등학교 입학 및 졸업(예정)자
2. **제출서류**: 학교생활기록부
3. **수능최저학력기준**:

> | 한의예과 | [국어, 수학, 영어, 탐구] 중 3개 영역 등급 합이 수학(미적분/기하)과 탐구(과학2개) 반영 시 6 이내, 그 외 반영 시 5 이내 |
> |---|---|
> ▶ 탐구는 2과목 평균 적용(소수점 버림/직탐 불가)

◎ 전형요소
● 학생부교과(400점)

반영요소 반영비율	반영교과목		교과성적 산출지표	학년별 반영비율
	구분	반영방법		
교과40%	공통 및 일반선택	국어, 영어, 수학, 사회, 과학 교과별 학기별 상위 2과목(한의예과는 상위 5과목) (교과별 중복 안됨) ※ 반영 학기: (고교) 졸업예정자 및 졸업자 모두 3학년 1학기까지	석차등급	학년 구분 없음
	진로선택	반영교과(국어, 영어, 수학, 사회, 과학) 내 상위 성취도 3과목 ※ 평균등급 산출 시 등급으로 환산하여 추가 반영 : A=1등급, B=3등급, C=6등급	성취도	

● 서류(600점)
1. **평가방법**: 입학사정관 2인의 정성적 종합평가
2. **평가자료**: 학교생활기록부
3. **평가요소**:

평가항목	평가요소 별 평가 내용		최고점
진로역량	전공 관련 교과 이수 노력	고교에서 전공(계열)에 필요한 과목을 선택하여 이수한 정도	250점
	진로 탐색 활동과 경험	자신의 진로를 탐색하는 과정에서 이루어진 활동이나 경험 및 노력 정도	
학업역량	학업성취도	고교 교육과정에서 이수한 교과의 성취수준이나 학업 발전의 정도	200점
	학업태도 및 탐구활동	학업을 수행하고 학습해 나가려는 의지와 노력	
공동체역량	성실성과 규칙 준수	책임감을 바탕으로 자신의 의무를 다하고, 공동체의 기본 윤리와 원칙을 준수하는 태도	150점
	협업과 소통 능력	공동체의 목표를 달성하기 위해 협력하며, 구성원들과 합리적인 소통을 할 수 있는 능력	

◎ 전형결과
■ 전체

■ 변경사항 & 핵심포인트

[2025]
- 2025학년도에는 한의예과, 물리치료학과, 임상병리학과, 경찰법학과, 사회복지학과, 경영학과, 자유전공학부 등 인기학과 위주로 학생부종합 지역인재를 선발함
- ➡ 합격자 성적분포: 전년도에는 인문계열은 5등급 중반 ~ 6등급 중반, 자연계열은 3등급 후반 ~ 5등급 후반에 형성되었으나 올해는 합격선이 상승할 것으로 예상됨

■ 모집단위
'*' 표시 : 교직 이수 가능

계열	모집단위	2025 모집 인원	2024 모집 인원	지원 인원	경쟁률	등록 평균	등록 70%	2023 모집 인원	지원 인원	경쟁률	등록 평균	등록 70%	2022 모집 인원	지원 인원	경쟁률	등록 평균	등록 70%
인문	경찰법학과	3	3	2	0.67												
인문	사회복지학과	4	3	13	4.33	5.85	5.85	7	14	2.00	6.20	5.83					
인문	경영학과*	3	4	4	1.00	6.43	6.43	5	2	0.40	5.72	5.72					
예체	리빙디자인학과	1	2	3	1.50	6.22	6.22										
예체	산업융합디자인학과	2	2	2	1.00												
예체	시각영상디자인학과	2	2	2	1.00												
인문	자유전공학부	5	15	14	0.93	7.11	7.11										
자연	한의예과	7	7	129	18.43	1.43	1.44	10	124	12.40	1.74	1.87	9	69	7.67	1.56	1.54
자연	물리치료학과	2	2	19	9.50	3.89	3.89										
자연	임상병리학과	3	2	12	6.00	4.28	4.28										

I. 한 눈에 보는 전형

모집시기	전형유형	전형	모집인원	전형 방법	수능최저 학력기준
수시	교과	지역균형	178	학생부100% ※ 고교 추천: 20명	○
수시	종합	일반전형	558	서류100%	X
수시	종합	기회균형	85	서류100%	X
수시	종합	서강가치	36	서류100%	X
수시	논술	일반전형	173	학생부20%+ 논술80%	○

※ 시스템반도체공학과: SK하이닉스와의 협약에 의한 채용조건형 계약학과임

(수시모집) 지원 가능 횟수	지원자격을 충족하는 범위 내에서 전형 간 복수지원 가능합니다. 단, 하나의 전형에서는 하나의 모집단위만 지원 가능.

■ 무전공(전공자율선택)

유형① [대학 내 모든 전공(보건의료, 사범 등 제외) 자율 선택]		유형② [계열/단과대 모집 후 모집단위 내 전공 자율 선택]	
모집단위	인원	모집단위	인원
AI기반자유전공학부	50	사회과학부	90
SCIENCE기반자유전공학부	40	인문학부	120
인문학기반자유전공학부	67	지식융합미디어학부	98

■ **자유전공학부**는 전공 선택 시 제한 없음(단, 글로벌한국학부, 게페르트국제학부, 인공지능학과, 시스템반도체공학과 선택 불가)
  1) 지식융합미디어학부의 경우 전공 선택 시 제한이 있을 수 있음
  2) 글로벌한국학부 제1전공 학생의 경우, 학부 내 세부전공 선택 시 제한이 있을 수 있음

■ 전형결과

※ 성적 산출기준: (수시) 교과 석차등급, (정시) 수능 백분위

모집시기	전형유형	전형	학년도	모집인원	지원인원	경쟁률	등록자 50%컷	등록자 70%컷	충원율
수시	교과	지역균형	2024	178	1,439	8.08	1.65	1.79	276%
수시	종합	일반전형	2024	558	7,850	14.07	2.33	2.83	165%
수시	논술	일반전형	2024	175	19,703	112.59			

■ (주요전형) 전형일정

유형	전형	원서접수 마감	대학별 고사(면접/논술)	1단계 합격자	최종 합격자
교과	지역균형	9.13(금) 18:00 학교장추천: 9.25(수) 18:00			12.13(금)
종합	일반전형	9.13(금) 18:00			12.13(금)
논술	일반전형	9.13(금) 18:00	-11.16(토) 자연 -11.17(일) 인문		12.13(금)

▶ 11.16(토) 13:00~14:40 수학과, 컴퓨터공학과, 기계공학과, 시스템반도체공학과
       16:30~18:10 물리학과, 전자공학과, 화공생명공학과, 인공지능학과
▶ 11.17(일) 10:00~11:40 경제학과, 경영학부
       14:30~16:10 인문학부, 영문학부, 사회과학부, 지식융합미디어학부

II. (수시모집) 주요 전형

■ (학생부교과) 지역균형

전형	모집인원	전형 방법	수능최저학력기준
지역균형	178	학생부100%	○

1. **지원자격**: 국내 고등학교 해당 학년도 졸업예정자 중 원서접수 마감일 기준 <u>4개 학기 이상의 교과 성적이 있는 자</u>로서 출신 고등학교장의 추천을 받은 자
   ※ <u>고교별 추천인원: 20명</u>(지원자 중 추천 학생이 아닌 경우 지원자격 미달 처리)
   ※ 4학기 이수 조건: 과목별 석차등급 또는 성취도와 성취비율이 기재된 과목으로 성적을 취득하여야 함
   ※ 지원 불가: 마이스터고, 특성화고, 전문계 과정(일반고, 종합고), 예술고, 체육고, 학력인정 평생학교, 각종학교 및 대안학교, 방송통신고, 기타 학생부 성적체계가 다른 고교
   ※ 본 전형은 지원 시 재학 중인 고등학교와 반드시 사전협의 후 원서접수가 가능합니다
2. **제출서류**: 학교생활기록부, 학교장 추천 확인서(고교별 제출)
3. **수능최저학력기준**:

> [국어, 수학, 영어, 사/과/직탐(1과목)] 중 3개 영역 각 3등급 이내, 한국사 4등급 이내

◎ 전형요소
● 학생부(1,000점)

반영요소 반영비율	구분	반영교과목		교과성적 산출지표	학년별 반영비율
			반영방법		
교과 90% (900점)	공통 및 일반선택 (800점)	전 과목		석차등급	학년 구분 없음
	진로선택 (100점)	1) 환산 성취비율 = 취득 성취비율/2 + 성취도 하단 성취비율 합계 2) 최종점수 = (∑(반영과목 성취비율)) / 2 3) 최종점수가 100점 이상인 경우 모두 100점으로 처리		성취도와 성취비율	
비교과 10% (100점)	※ 만점: ① 출결(100%, 100점): 미인정 결석 3일 이내				

1. 교과성적 산출방법

구분	구분세부	배점	산출식
등급계산	성취등급(9등급)	800	1. 등급평균 = ∑(반영과목 등급 X 단위수) / ∑(반영과목 단위수) 2. 최종점수 = (9-등급 평균) X 100
비율계산	성취도와 성취비율	100	1) 환산 성취비율 = 취득 성취비율/2 + 성취도 하단 성취비율 합계 2) 최종점수 = (∑(반영과목 성취비율)) / 2 3) 최종점수가 100점 이상인 경우 모두 100점으로 처리

※ 반영과목군 : 성취등급(1~9등급) 부여 과목, 성취도 및 성취비율(A, B, C) 부여 과목
※ 반영과목 : 전 과목
※ 소수점처리 : 반올림하여 소수점 2번째 자리로 계산

2. 성취도,성취비율 산출 관련 안내 : 비율계산(100점) 산출 예시

비율계산 점수 (만점 100점)		반영과목 개수					
		1과목	2과목	3과목	4과목	5과목	6과목
과목별 환산성취비율	80점	40	80	100	100	100	100
	70점	35	70	100	100	100	100
	60점	30	60	90	100	100	100
	50점	25	50	75	100	100	100
	40점	20	40	60	80	100	100
	30점	15	30	45	60	75	90

3. 학생부교과 반영점수 산출 예시

요소	구분	과목명	과목	단위수	석차등급	성취도
학생부 교과	석차등급 계산	공통	과목A	3	1	
			과목B	5	2	
		일반선택	과목C	2	3	

반영요소 반영비율	반영교과목						교과성적 산출지표	학년별 반영비율
	구분		반영방법					
요소	구분	과목명	과목	단위수	석차등급		성취도	
성취도 및 성취비율 계산	진로선택		과목D	4	A(40%), B(30%), C(30%)		A	
			과목E	3	A(20%), B35(%), C(45%)		B	
			과목F	2	A(30%), B40(%), C(30%)		C	

[등급계산]
1) 등급평균 = (1×3 + 2×5 + 3×2) / (3 + 5 + 2) = 1.9
2) 최종점수 = (9 - 1.9) × 100 = 710

[비율계산]
1) 과목별 환산성취비율
 - 과목D : (40/2) + (30 + 30) = 80
 - 과목E : (35/2) + (45) = 62.5
 - 과목F : (30/2) = 15
2) 최종점수 = (80 + 62.5 + 15) / 2 = 78.75

[최종 반영점수] = 710 + 78.75 = 788.75

◎ 전형결과
■ 전체

학년도	전체						인문						자연					
	모집 인원	지원 인원	경쟁 률	등록 50%컷	등록 70%컷	충원 율	모집 인원	지원 인원	경쟁 률	등록 50%컷	등록 70%컷	충원 율	모집 인원	지원 인원	경쟁 률	등록 50%컷	등록 70%컷	충원 율
2022	172	2,276	13.23	1.52	1.60	288%	106	1,103	10.41	1.54	1.64	294%	66	1,173	17.77	1.50	1.56	282%
2023	178	1,684	9.46	1.61	1.66	305%	105	951	9.06	1.60	1.64	356%	73	733	10.04	1.62	1.68	253%
2024	178	1,439	8.08	1.65	1.79	276%	106	627	5.92	1.80	2.01	330%	72	812	11.28	1.51	1.56	221%
2025	178						104						74					

■ [계열별] 실질 경쟁률(수능최저학력기준 충족+충원합격 인원 반영)

계열	학년도	모집인원	지원인원	경쟁률	충원율	(수능최저충족+ 충원합격 반영) 실질 경쟁률
인문	2022	106	1,103	10.41	294%	2.21
	2023	105	951	9.06	356%	2.08
	2024	106	627	5.92	330%	1.22
자연	2022	66	1,173	17.77	282%	3.22
	2023	73	733	10.04	253%	2.35
	2024	72	812	11.28	221%	2.27

■ [학과별] 실질 경쟁률(수능최저학력기준 충족+충원합격 인원 반영)

계열	계열 평균	모집단위
인문	1.22:1	인문학부 1.05, 영문학부 1.02, 유럽문화학과 1.12, *중국문화학과 2.75*, 사회과학부 1.01, 경제학과 1.04, 경영학부 1.00, 글로벌한국학부 1.00, 지식융합미디어학부 1.00
자연	2.27:1	수학과 1.41, 물리학과 2.21, 화학과 2.32, 생명과학과 4.08, 전자공학과 2.11, 컴퓨터공학과 1.66, 화공생명공학과 2.43, 기계공학과 2.03, 인공지능학과 1.71, 시스템반도체공학과 2.71

■ 변경사항 & 핵심포인트

변경사항	2024	2025
모집인원	178명	178명

▶ 합격자 성적분포: 인문계열은 1등급 중반 ~ 2등급 초반, 자연계열은 1등급 중반 ~ 1등급 후반.
※ 전년도 결과 분석
- 전년도에 추천인원이 10명->20명으로 확대되고, 수능최저도 3개 등급 합 6 -> 3개 각 3등급으로 완화되었고, 학생부 진로선택과목도 변별력이 줄어들었음에도 불구하고 경쟁률은 9.46 -> 8.08로, 합격자 성적은 1.61 -> 1.65로 하락하였음.
- 특히, 인문계열은 경쟁률이 9.06 -> 5.92로 큰 폭으로 하락하여 합격자 성적도 1.60 ->1.80으로 크게 하락하였음
- 반면, 자연계열은 경쟁률이 10.04 ->11.28로 약간 상승한 결과, 합격자 성적도 1.62 ->1.51로 상승하였음
- 실질 경쟁률이 1.00인 모집단위 : 경영학부, 글로벌한국학부, 지식융합미디어학부
 수능최저를 통과하고 충원합격까지 고려한 실질 경쟁률이 1.00이면 수능최저를 통과한 학생들은 모두 합격 통보를 받았다는 것이다.

계열	모집단위	2025 모집인원	2024 모집인원	지원인원	경쟁률	등록 50%컷	등록 70%컷	충원번호	2023 모집인원	지원인원	경쟁률	등록 50%컷	등록 70%컷	충원번호	2022 모집인원	지원인원	경쟁률	등록 50%컷	등록 70%컷	충원번호
인문	인문학기반자유전공학부	10																		
인문	사회과학부	9	11	83	7.6	1.38	1.42	62	11	92	8.4	1.54	1.58	53	11	148	13.5	1.42	1.49	45
인문	경제학과	16	18	95	5.3	1.45	1.47	55	18	140	7.8	1.53	1.60	64	18	166	9.2	1.44	1.52	52
인문	중국문화학과	4	4	40	10.0	1.61	1.61	8	4	61	15.3	1.87	1.87	12	4	56	14.0	1.71	1.91	4
인문	유럽문화학과	6	6	52	8.7	1.62	1.70	28	6	98	16.3	1.70	1.72	19	6	57	9.5	1.85	1.87	11
인문	인문학부	12	14	102	7.3	1.62	1.63	65	14	131	9.4	1.62	1.66	52	14	138	9.9	1.53	1.65	37
인문	*경영학부*	*26*	*33*	131	4.0	1.69	1.80	70	28	191	6.8	1.42	1.49	91	28	317	11.3	1.29	1.38	91
인문	영문학부	8	10	59	5.9	1.89	2.06	37	10	129	12.9	1.64	1.65	31	10	85	8.5	1.61	1.78	30
인문	지식융합미디어학부	10	7	45	6.4	1.92	2.35	24	14	109	7.8	1.51	1.54	52	15	136	9.1	1.46	1.52	42
인문	글로벌한국학부	3	3	20	6.7	3.02	4.01	1												
자연	Science기반자유전공학부	5																		
자연	AI기반자유전공학부	5																		
자연	시스템반도체공학과	3	3	30	10.0				3	38	12.7									
자연	전자공학과	10	11	106	9.6	1.36	1.39	27	11	105	9.6	1.53	1.54	36	11	214	19.5	1.49	1.52	35
자연	생명과학과	5	6	74	12.3	1.39	1.40	7	6	89	14.8	1.44	1.51	13	6	100	16.7	1.55	1.63	23
자연	화공생명공학과	10	11	181	16.5	1.40	1.43	40	11	103	9.4	1.68	1.84	26	11	260	23.6	1.39	1.40	37
자연	화학과	5	6	79	13.2	1.46	1.48	19	6	55	9.2	1.71	1.72	13	6	99	16.5	1.43	1.59	12
자연	물리학과	5	6	58	9.7	1.51	1.56	12	6	53	8.8	1.79	1.81	17	6	88	14.7	1.62	1.66	17
자연	기계공학과	8	9	94	10.4	1.54	1.57	23	10	92	9.2	1.65	1.69	23	9	130	14.4	1.51	1.57	21
자연	인공지능학과	3	3	26	8.7	1.61	1.68	4	3	32	10.7									
자연	수학과	5	6	57	9.5	1.61	1.67	23	6	50	8.3	1.69	1.77	20	6	80	13.3	1.53	1.55	16
자연	컴퓨터공학과	10	11	107	9.7	1.67	1.83	4	11	116	10.6	1.50	1.53	37	11	202	18.4	1.50	1.56	25

■ (학생부종합) 일반전형

전형	모집인원	전형 방법	수능최저학력기준
일반전형	558	서류100%	X

1. **지원자격**: 고등학교 졸업(예정)자 또는 관련 법령에 의하여 이와 동등 이상의 학력이 있다고 인정되는 자
   ※ 2025년 2월 2학년 수료예정자 중 상급학교 조기입학 자격 부여자(상급학교 진학대상자)도 지원 가능
2. **제출서류**: 학교생활기록부, 학생부 대체서류(국외고 졸업(예정)자/국외고 재학 사실이 있는 자/검정고시 합격자에 한함)

◎ **전형요소**
● **서류(1,000점)**
   1. **평가방법**: 제출서류를 바탕으로 평가요소를 고려하여 종합적으로 정성평가함
   2. **평가요소별 비율**

구분	총계	학업역량		공동체역량	성장가능성
		성취수준	창의적 문제해결력		
평가비율	100%	40%	10%	20%	30%
평가점수	1,000점	400점	100점	200점	300점

   3. **평가요소별 세부사항**:

평가요소	구분	내용
학업역량	평가방향	학업을 충실히 수행할 수 있는 지적 능력과 수학 능력
	세부 평가항목	학업성취도 — 고교 교육과정에서 이수한 교과의 성취수준이나 학업 발전의 정도
		탐구능력 — 사물과 현상에 대해 지적 호기심을 가지고 깊고 폭넓게 탐구할 수 있는 능력
		융합능력 — 다양한 시각과 폭넓은 수용성을 가지고 융합적으로 문제를 해결할 수 있는 능력
		창의적 문제해결력 — 창의적이고 논리적인 사고로 문제를 해결하는 능력
	학생부	교과학습발달상황, 세부능력 및 특기사항, 창의적 체험활동상황, 행동특성 및 종합의견을 중심으로 학생부 각 영역을 종합적으로 평가

평가요소	구분	내용
공동체역량	평가방향	공동체의 일원으로서 필요한 바람직한 사고와 행동
	세부 평가항목	**리더십** — 공동체의 목표 달성을 위해 구성원의 화합과 단결을 이끌어가는 역량
		소통과 협업능력 — 합리적인 의사소통을 할 수 있는 능력과 공동체 목표 달성을 위해 협력할 수 있는 역량
		규칙준수 — 자신이 속한 공동체의 기본 윤리와 원칙을 준수하는 태도
		나눔과 배려 — 타인을 위하여 기꺼이 나누어주고자 하는 태도, 상대방을 존중하고 이해하는 태도
	학생부	출결상황, 창의적 체험활동상황, 행동특성 및 종합의견을 중심으로 학생부 각 영역을 종합적으로 평가
성장가능성	평가방향	바람직하고 긍정적인 성향을 지속적으로 실천하여 더 발전할 가능성
	세부 평가항목	**자기주도성** — **스스로 목표를 설정하고 적절한 전략을 선택하여 계획을 수립하고 실행하는 태도**
		교과이수 과정과 성취도 — 고교 내 개설과목에 대한 선택 과정 및 교과이수 과정에서 얻은 결과
		경험에 대한 다양성 — 학교교육의 다양한 영역에 열린 마음으로 참여하고 활동하면서 얻은 성장 과정
		목표에 대한 지속성 — **스스로 설정한 목표를 꾸준하게 지속하려는 태도**
	학생부	교과학습발달상황, 세부능력 및 특기사항, 창의적 체험활동상황, 행동특성 및 종합의견을 중심으로 학생부 각 영역을 종합적으로 평가

☞ 보충설명

• 학업역량(50%) > 성장가능성(30%) > 공동체역량(20%) 순으로 반영. 학업역량과 성장가능성이 가장 중요
 - 성장가능성(30%)에 창의적 문제해결력(10%)을 합쳐 성장가능성이 40%가 되면, 학업역량40%, 성장가능성40%, 인성20%임. 즉, 학업역량과 성장가능성이 두 축으로 중요함
 - 학업역량은 무너졌는데 활동이 많다는 것은 바람직하지 않음. 학문적 성장을 위해 고민하고 노력하여 성취한 흔적을 보여주는 것이 중요
 - 학년별 등급 추이가 3학년에서 진로선택과목을 많이 이수하기 때문에 일관으로 판단하지 않음
 - 전교생 또는 학생 선택으로 수강했는지, 내신이 치열한 경우 원점수, 평균, 표준편차를 고려함
• 학업역량(50%)은 성취수준40%, 창의적 문제해결력10%로 나뉨
 - 성취수준(40%)은 학업성취도로서, 학업을 하면서 이루어낸 결과적인 부분. 내신의 절대값으로만 반영하지는 않음. 어떤 환경에서 공부했는지 어떤 선택지가 있었고, 왜 이런 선택을 했는지 등을 고려.
 - 창의적 문제해결력(10%)는 창의적이고 논리적인 사고로 문제를 해결하는 능력으로 성장가능성과 연계됨. 주도적으로 탐구영역을 확장한다든지, 지적호기심을 가지고 해결한다든지, 리더십 발휘 등
 - 성취수준은 결과론적인 부분, 이 학생이 어떤 성취를 하였는가를 보는 반면, 창의적 문제해결력은 성장가능성과 합쳐져서 어떤 과정이라든지 세특의 수행평가 내용 등 이런 종합적인 내용을 반영한다고 보면 됨.
• 공동체역량(20%)은 사회성임. 공동체의 일원으로서 어떻게 역할을 맡아서 어떤 기여를 했는가, 관계를 어떻게 맺고 있는지 등
 - 공동체역량은 다 좋은 평가를 받기 때문에 공동체역량이 우수하다고 합격하기는 어려움, 그러나 인성 때문에 불합격할 수는 있음
 - 봉사활동은 단순히 많은 시간 보다는 나눔, 배려가 드러나는 것이 중요, 임원활동을 단순히 한 것이 아니라 어떤 노력을 기울였는가가 중요.
• 성장가능성(30%)은 매우 중요함. 학업역량은 서로 비슷한 수준의 학생들이 지원을 하므로 변별력이 낮기 때문.
 - 성장가능성에서 변별력이 큼. 학문을 바라보는 태도에서 누구 손을 들어 줄 인가? 자기주도적인 학업을 수행하고 학습해 나가는 자신만의 모습을 드러내는 학생의 손을 들어 줌. 예를 들어, 수행평가시 모르는 것이 생겼을 때 한계점을 느끼고 대안을 찾는 과정이나 노력하는 과정을 드러내는 경우 등.

◎ 전형결과

■ 전체

학년도	전체						인문						자연					
	모집 인원	지원 인원	경쟁률	등록 50%컷	등록 70%컷	충원율	모집 인원	지원 인원	경쟁률	등록 50%컷	등록 70%컷	충원율	모집 인원	지원 인원	경쟁률	등록 50%컷	등록 70%컷	충원율
2022	549	7,739	14.10	2.25	2.67	184%	340	4,081	12.00	2.51	2.96	146%	209	3,658	17.50	1.99	2.37	221%
2023	574	8,350	14.55	2.07	2.57	286%	335	4,386	13.09	2.32	2.74	259%	239	3,964	16.59	1.81	2.39	312%
2024	558	7,850	14.07	2.33	2.83	165%	328	4,150	12.65	2.54	2.91	145%	230	3,700	16.09	2.11	2.75	184%
2025	558						334						224					

■ [계열별] 실질 경쟁률((수능최저학력기준 충족+충원합격 인원 반영)

계열	학년도	모집인원	지원인원	경쟁률	충원율	(수능최저충족+충원합격 반영) 실질 경쟁률
인문	2022	340	4,081	12.00	146%	6.13
	2023	335	4,386	13.09	259%	6.41
	2024	328	4,150	12.65	145%	6.08
자연	2022	209	3,658	17.50	221%	5.29
	2023	239	3,964	16.59	312%	5.25
	2024	230	3,700	16.09	184%	5.52

■ [학과별] 실질 경쟁률(수능최저학력기준 충족+충원합격 인원 반영)

계열	계열 평균	모집단위
인문	6.08	국어국문학과 5.04, 사학과 6.24, 철학과 9.35, 종교학과 9.35, 영문학부 4.10, 유럽문화학과 4.52, **중국문화학과 3.97**, 사회학과 4.56, **정치외교학과 3.77**, 심리학과 5.90, **경제학과 3.63**, 경영학부 4.94, 글로벌한국학부 6.79, 게페르트국제학부 10.63, 신문방송학과 4.74, 미디어&엔터테인먼트학과 5.00, 아트&테크놀로지학과 10.87
자연	5.52	**수학과 4.88**, 물리학과 4.35, 화학과 7.65, 생명과학과 7.23, **전자공학과 4.60**, **컴퓨터공학과 4.42**, 화공생명공학과 7.69, 기계공학과 4.62, 인공지능학과 4.54, 시스템반도체공학과 5.26

■ 변경사항 & 핵심포인트

[2025]

변경사항	2024	2025
모집인원	558명	558명

➡ 합격자 성적분포: 인문계열은 2등급 중반 ~ 2등급 후반, 자연계열은 2등급 초반 ~ 2등급 후반.

※ 전년도 전형분석
- 경쟁률은 14.55 -> 14.07로 비슷하게 유지되었지만 합격자 성적은 2.07 -> 2.33으로 많이 낮아졌음
- 인문계열은 경쟁률이 13.09 -> 12.65로 약간 하락하였지만, 합격자 성적은 2.32 -> 2.54로 0.22등급 하락하였고
- 인문계열은 경쟁률이 16.59 -> 16.09로 유지되었지만, 합격자 성적은 1.81 -> 2.11로 0.30등급이나 하락하였음.

■ 모집단위

'*'표시 : 교직 이수 가능

계열	모집단위	2025 모집인원	2024 모집인원	2024 지원인원	2024 경쟁률	2024 등록50%컷	2024 등록70%컷	2024 충원번호	2023 모집인원	2023 지원인원	2023 경쟁률	2023 등록50%컷	2023 등록70%컷	2023 충원번호	2022 모집인원	2022 지원인원	2022 경쟁률	2022 등록50%컷	2022 등록70%컷	2022 충원번호
인문	인문학기반자유전공학부	10																		
인문	심리학과	11	11	171	15.6	**1.60**	1.74	18	11	145	13.2	1.78	2.71	32	11	152	13.8	1.67	1.81	16
인문	정치외교학과	11	11	132	12.0	**1.60**	1.80	24	11	232	21.1	1.77	1.84	36	11	218	19.8	2.71	2.82	21
인문	미디어&엔터테인먼트학과	14	14	135	9.6	**1.63**	1.92	13	12	139	11.6	1.62	1.75	18	12	173	14.4	1.54	1.75	22
인문	사회학과	11	11	178	16.2	**1.67**	1.98	28	11	182	16.6	1.83	1.96	42	11	260	23.6	1.53	1.71	17
인문	신문방송학과	18	18	161	8.9	**1.68**	1.99	16	12	126	10.5	1.61	1.65	32	12	145	12.1	1.60	1.73	12
인문	영문학부	28	29	287	9.9	**2.38**	2.59	41	30	332	11.1	2.11	2.59	79	29	315	10.9	2.21	2.56	50
인문	경제학과	50	50	465	9.3	**2.42**	3.21	78	57	509	8.9	2.27	2.95	146	56	448	8.0	2.20	3.21	83
인문	국어국문학과	10	10	141	14.1	**2.63**	3.20	18	10	172	17.2	1.83	3.19	18	10	123	12.3	3.25	3.76	12
인문	아트&테크놀로지학과	14	14	326	23.3	**2.71**	2.98	16	12	274	22.8	2.73	3.06	27	12	259	21.6	2.48	3.13	12
인문	유럽문화과	20	20	294	14.7	**2.86**	3.33	45	21	355	16.9	3.12	3.30	47	25	357	14.3	3.29	3.62	36
인문	사학과	10	10	212	21.2	**2.89**	3.49	24	10	171	17.1	3.35	3.68	36	10	138	13.8	3.20	3.26	11
인문	경영학부	84	85	939	11.1	**2.94**	3.47	103	93	1,045	11.2	2.17	3.01	265	95	951	10.0	2.13	3.09	162
인문	글로벌한국학부	6	9	95	10.6	**3.02**	3.43	5	12	140	11.7	1.71	1.83	19	12	163	13.6	2.54	2.96	13
인문	중국문화과	14	13	127	9.8	**3.05**	3.39	19	15	178	11.9	2.40	2.88	30	16	167	10.4	3.38	3.56	19
인문	종교학과	8	8	159	19.9	**3.19**	3.50	9	8	118	14.8	3.52	3.80	17	8	94	11.8	2.58	4.00	5
인문	게페르트국제학부	5	5	85	17.0	**3.34**	3.64	3												
인문	철학과	10	10	243	24.3	**3.58**	3.73	16	10	268	26.8	3.36	3.67	23	10	118	11.8	3.88	4.39	7
자연	AI기반자유전공학부	10																		
자연	전자공학과	30	34	419	12.3	**1.69**	1.81	57	35	492	14.1	1.70	1.78	106	35	549	15.7	1.87	2.13	81
자연	컴퓨터공학과	29	34	398	11.7	**1.72**	1.80	56	36	550	15.3	1.70	1.74	106	34	648	19.1	2.06	2.52	83
자연	기계공학과	27	27	342	12.7	**1.76**	1.88	47	28	431	15.4	1.99	2.13	95	28	387	13.8	2.54	3.21	60
자연	화공생명공학과	30	36	792	22.0	**1.79**	2.16	66	34	708	20.8	1.77	2.79	107	34	755	22.2	1.78	2.33	85
자연	수학과	16	17	195	11.5	**1.84**	2.15	23	18	209	11.6	1.77	1.83	57	17	227	13.4	1.88	2.17	38
자연	인공지능학과	12	12	168	14.0	**1.90**	2.07	25	12	211	17.6	1.83	1.96	38						
자연	물리학과	14	15	205	13.7	**2.11**	4.43	32	16	158	9.9	2.02	2.22	46	16	200	12.5	1.90	1.92	32
자연	생명과학과	21	20	434	21.7	**2.31**	2.87	40	23	540	23.5	1.63	1.74	75	22	516	23.5	1.83	2.07	43
자연	시스템반도체공학과	14	14	242	17.3	**2.74**	4.24	32	14	245	17.5	1.60	2.86	61						
자연	화학과	21	21	505	24.1	**3.28**	4.09	45	23	420	18.3	2.09	4.85	55	23	376	16.4	2.07	2.60	39

■ (논술) 일반전형

전형	모집인원	전형 방법	수능최저학력기준
일반전형	173	학생부20%+ 논술80%	○

1. **지원자격**: 고등학교 졸업(예정)자 또는 관련 법령에 의하여 이와 동등 이상의 학력이 있다고 인정되는 자

2. 수능최저학력기준:

[국어, 수학, 영어, 사/과/직탐(1과목)] 중 3개 영역 등급 합 7 이내, 한국사 4등급 이내

◎ 전형요소
● 학생부(200점)

반영요소 반영비율	반영교과목			교과성적 산출지표	학년별 반영비율
	구분	반영방법			
교과 50% (100점)	공통 및 일반선택	전 과목		석차등급	학년 구분 없음
	진로선택	미반영			
비교과 50% (100점)	※ 만점: 출결(50%, 100점): 미인정 결석 3일 이내				
내신등급별 반영점수	내신 등급	반영점수	내신 등급	반영점수	내신 등급	반영점수

내신 등급	반영점수	내신 등급	반영점수	내신 등급	반영점수
1.00 이상 ~ 1.25 이하	100.00	3.75 초과 ~ 4.00 이하	98.90	6.50 초과 ~ 6.75 이하	97.80
1.25 초과 ~ 1.50 이하	99.90	4.00 초과 ~ 4.25 이하	98.80	6.75 초과 ~ 7.00 이하	97.70
1.50 초과 ~ 1.75 이하	99.80	4.25 초과 ~ 4.50 이하	98.70	7.00 초과 ~ 7.25 이하	97.60
1.75 초과 ~ 2.00 이하	99.70	4.50 초과 ~ 4.75 이하	98.60	7.25 초과 ~ 7.50 이하	97.50
2.00 초과 ~ 2.25 이하	99.60	4.75 초과 ~ 5.00 이하	98.50	7.50 초과 ~ 7.75 이하	97.40
2.25 초과 ~ 2.50 이하	99.50	5.00 초과 ~ 5.25 이하	98.40	7.75 초과 ~ 8.00 이하	97.30
2.50 초과 ~ 2.75 이하	99.40	5.25 초과 ~ 5.50 이하	98.30	8.00 초과 ~ 8.25 이하	97.00
2.75 초과 ~ 3.00 이하	99.30	5.50 초과 ~ 5.75 이하	98.20	8.25 초과 ~ 8.50 이하	96.50
3.00 초과 ~ 3.25 이하	99.20	5.75 초과 ~ 6.00 이하	98.10	8.50 초과 ~ 8.75 이하	96.00
3.25 초과 ~ 3.50 이하	99.10	6.00 초과 ~ 6.25 이하	98.00	8.75 초과 ~ 9.00 이하	0.00
3.50 초과 ~ 3.75 이하	99.00	6.25 초과 ~ 6.50 이하	97.90		

● 논술(800점)
1. 논술시험 안내

계열	모집단위	출제 분야	반영비율		답안 작성 분량	시험시간
			문제1	문제2		
인문 인문-자연	인문학부, 영문학부, 사회과학부, 경제학과, 경영학부, 지식융합미디어학부	인문/사회과학 관련 제시문과 논제	40%	60%	문제당 800~1,000자	100분
자연	수학과, 물리학과, 전자공학과, 화공생명공학과, 기계공학과, 컴퓨터공학과, 인공지능학과, 시스템반도체공학과	수리 관련 제시문과 논제	40%	60%	분량 제한 없음 (문제별 1쪽 이내)	100분

2. 논술시험 적용 교육과정 및 대상교과 : 2015 개정 교육과정의 보통교과(공통과목+ 선택과목), 전문교과 제외

교과영역	교과(군)	공통 과목	선택 과목(일반 선택)
기초	국어	국어	화법과 작문, 독서, 언어와 매체, 문학
	수학	수학	수학Ⅰ, 수학Ⅱ, 미적분, 확률과 통계, 기하
탐구	사회 (역사/도덕포함)	통합사회	한국지리, 세계지리, 세계사, 동아시아사, 경제, 정치와 법, 사회·문화, 생활과 윤리, 윤리와 사상

◎ 전형결과
■ 전체

학년도	전체					인문					자연				
	모집 인원	지원 인원	경쟁률		충원 율	모집 인원	지원 인원	경쟁 률		충원 율	모집 인원	지원 인원	경쟁률		충원 율
2022	169	17,214	101.86		17%	111	9,479	85.40		13%	58	7,735	133.36		20%
2023	175	16,551	94.58		36%	111	9,027	81.32		14%	64	7,524	117.56		57%
2024	175	19,703	112.59		19%	111	10,869	97.92		13%	64	8,834	138.03		24%
2025	173					109					64				

■ [계열별] 실질 경쟁률(수능최저학력기준 충족+ 충원합격 인원 반영)

계열	학년도	모집인원	지원인원	경쟁률	충원율	(수능최저충족+ 충원합격 반영) 실질 경쟁률
인문	2022	111	9,479	85.40	13%	23.49
	2023	111	9,027	81.32	14%	21.47
	2024	111	10,869	97.92	13%	30.31

계열	학년도	모집인원	지원인원	경쟁률	충원율	(수능최저충족+ 충원합격 반영) 실질 경쟁률
자연	2022	58	7,735	133.36	20%	37.45
	2023	64	7,524	117.56	57%	30.75
	2024	64	8,834	138.03	24%	44.34

■ [학과별] 실질 경쟁률(수능최저학력기준 충족+ 충원합격 인원 반영)

계열	계열 평균	모집단위
인문	30.31	인문학부 28.67, 영문학부 32.50, **사회과학부 24.16**, 경제학과 32.00, 경영학부 34.88, 지식융합미디어학부 29.62
자연	44.34	수학과 33.57, **물리학과 22.57**, 전자공학과 46.86, 컴퓨터공학과 48.93, 화공생명공학과 50.67, 기계공학과 38.43, 인공지능학과 36.67, *시스템반도체공학과 77.00*

■ 변경사항 & 핵심포인트

[2025]

변경사항	2024	2025
모집인원	175명	173명(-2명)

- 학생부20%는 거의 영향 없음.
  - 교과10%는 1~9등급간 점수 차이는 4점 밖에 되지 않음. 거의 영향 없음
  - 비교과10%(출결,봉사)는 전원 만점 처리
- 논술: 인문은 언어100%(단, 경제학부와 경영학부는 언어40%, 통계60%), 자연은 수리100% 출제
- 학생부는 동점자 처리 기준 수준으로 큰 의미 없음. 논술로 당락이 결정됨.

■ 모집단위

'*' 표시 : 교직 이수 가능

계열	모집단위	2025 모집인원	2024 모집인원	2024 지원인원	2024 경쟁률			2024 충원율	2023 모집인원	2023 지원인원	2023 경쟁률			2023 충원율	2022 모집인원	2022 지원인원	2022 경쟁률			2022 충원율
인문	인문학부	16	16	1,500	93.8			13%	16	1,307	81.7			13%	16	1,308	81.8			19%
인문	영문학부	10	10	924	92.4				10	787	78.7			10%	10	815	81.5			10%
인문	사회과학부	14	14	1,393	99.5			36%	14	1,278	91.3				14	1,320	94.3			14%
인문	경제학과	21	21	1,993	94.9			5%	21	1,523	75.5			14%	21	1,613	76.8			10%
인문	경영학부	38	38	3,820	100.5			5%	36	2,900	80.6			19%	36	3,083	85.6			
인문	지식융합미디어학부	10	12	1,239	103.3			8%	14	1,232	88.0			14%	14	1,340	95.7			
자연	수학과	6	6	670	111.7			17%	6	551	91.8			83%	6	585	97.5			17%
자연	물리학과	6	6	586	97.7			17%	6	420	70.0			50%	6	426	71.0			
자연	전자공학과	12	12	1,644	137.0			17%	12	1,552	129.3			33%	12	1,689	140.8			
자연	화공생명공학과	12	12	1,786	148.8			25%	12	1,503	125.3			17%	12	1,795	149.6			33%
자연	기계공학과	10	10	1,421	142.1			40%	10	893	89.3			100%	10	1,119	111.9			10%
자연	컴퓨터공학과	12	12	1,739	144.9			25%	12	1,770	147.5				12	2,121	176.8			
자연	인공지능학과	3	3	394	131.3				3	368	122.7									
자연	시스템반도체공학과	3	3	594	198.0				3	467	155.7									

37. 서경대학교

서울특별시 성북구 서경로 124 (Tel: 02. 940-7019)

I. 한 눈에 보는 전형

모집시기	전형유형	전형	모집인원	전형 방법	수능최저학력기준
수시	교과	교과우수자① [2024] 교과우수자	162	학생부교과100%	X
수시	교과	교과우수자② [2024] 일반학생	162	학생부교과100%	○
수시	교과	사회기여자	12	학생부교과100%	X
수시	교과	군사학과	30	학생부교과70%+ 면접20%+ 체력고사10%	X
수시	교과	기회균형①	22	학생부교과100%	○
수시	교과	농어촌학생	50	학생부교과100%	X
수시	교과	서해5도학생	12	학생부교과100%	X
수시	교과	특성화고교졸업자	19	학생부교과100% ▶헤어디자인학과: 1단계)실기100%(2배수) 2단계) 실기40%+ 학생부60% ▶메이크업디자인학과: 1단계)실기100%(3배수) 2단계)학생부20%+ 실기80%	X
수시	교과	특성화고졸재직자	69	학생부교과100%	X
수시	교과	자격증소지자		학생부교과100%	X
수시	논술	논술우수자	216	학생부교과30%+ 논술70%	X
수시	실기/실적	실기우수자	333	요강 참고	X

(수시모집) 지원 가능 횟수	우리 대학은 수시모집 전형간 복수지원은 가능함. 단, 전형간 대학별 고사 일정이 중복될 경우에는 복수지원이 불가함

■ 무전공(전공자율선택)

유형① [대학 내 모든 전공(보건의료, 사범 등 제외) 자율 선택]		유형② [계열/단과대 모집 후 모집단위 내 전공 자율 선택]	
모집단위	인원	모집단위	인원
자유전공학부	76	미래융합학부1	333
		미래융합학부2	311

■ 신설 학부 및 전공

(신설) 학부	(신설) 전공	기존 학과(폐지)
미래융합학부1 (특성화 분야: Global Business)	• 컴퓨터소프트웨어전공 • 파이낸스앤테크전공 • Business Languages(영어, 일어, 불어, **중어**) • 매니지먼트전공　　• 글로벌 비즈니스전공 • 인공지능윤리전공　• 글로벌기술안보전략전공 • 융합기술창업전공	• 소프트웨어학과　• 물류시스템공학과 • 금융정보공학과　• 글로벌비즈니스어학부 • 경영학부
미래융합학부2 (특성화 분야: Quality of Life)	• 전자컴퓨터공학전공　• 도시공학전공 • 토목건축공학전공　　• 화학그린바이오시스템전공 • 공공인재법전공,　　• 경찰행정전공 • 아동청소년학전공　• AI환경정보시스템전공	• 전자컴퓨터공학과　• 도시공학과 • 토목건축공학과　　• 나노화학생명공학과 • 공공인재학부　　　• 아동청소년학과
자유전공학부	미래융합학부1, 2 내 모든 전공 선택 가능	

■ 전공 선택 절차

사전조사	⇒	수요조사	⇒	전공지원 신청	⇒	전공확정
입학 전 등록자 대상 희망 전공 사전수요조사		1학기 수료 시 희망 전공 수요조사		2학기 수료 시 희망 본전공 지원 신청		동계방학 중(1월) 지원 결과 확정 및 안내

※ 희망전공 사전수요조사는 1~5순위, 수요조사 및 전공지원은 복수로 진행

■ 전형결과

※ 성적 산출기준: (수시) 교과 석차등급, (정시) 수능 백분위

모집시기	전형유형	전형	학년도	모집인원	지원인원	경쟁률	최종합격자 50%컷	최종합격자 70%컷	충원율
수시	교과	교과우수자①	2024	78	1,145	14.68	2.99	3.12	181%
수시	교과	교과우수자②	2024	212	3,443	16.24	1.96	2.06	47%

유형	전형	원서접수 마감	대학별 고사(면접/논술)	1단계 합격자	최종 합격자
교과	교과우수자①	9.13(금) 17:00			11.22(금)
교과	교과우수자②	9.13(금) 17:00			12.13(금)
논술	논술우수자	9.13(금) 17:00	11.03(일) 자유전공학부/미래융합대학		12.13(금)

II. (수시모집) 주요 전형

■ (학생부교과) 교과우수자①

전형	모집인원	전형 방법	수능최저학력기준
교과우수자①	162	학생부교과100%	X

1. **지원자격**: 2017년 2월 이후 국내 고등학교 졸업(예정)자로 본교에서 반영하는 교과 <u>80단위 이상을 이수</u>하고, 학교생활기록부가 있는 자
   ※ 국내 고교 학교생활기록부 성적이 없는 자는 지원 불가.

◎ 전형요소
● 학생부(1,000점)

반영요소 반영비율	반영교과목			교과성적 산출지표	학년별 반영비율
	구분	반영방법			
교과100%	공통 및 일반선택	국어25%, 영어25%, 수학25%, 사회·과학·한국사25%에 속한 전 과목 ※ 반영 학기: (교과) 졸업예정자 및 졸업자 모두 3학년 1학기까지		석차등급	학년 구분 없음
	진로선택	미반영			

◎ 전형결과
■ 전체

학년도	전체						인문						자연					
	모집 인원	지원 인원	경쟁 률	최종 50%컷	최종 70%컷	충원 율	모집 인원	지원 인원	경쟁 률	최종 50%컷	최종 70%컷	충원 율	모집 인원	지원 인원	경쟁 률	최종 50%컷	최종 70%컷	충원 율
2022	219	1,352	6.17	3.04	3.31	144%	95	696	7.33	3.00	3.35	143%	124	656	5.29	3.08	3.26	144%
2023	231	1,786	7.73	3.36	3.50	118%	100	1,104	11.04	3.20	3.30	125%	131	682	5.21	3.51	3.69	110%
2024	78	1,145	14.68	2.99	3.12	181%	31	437	14.10	2.83	3.00	197%	47	708	15.06	3.14	3.23	164%
2025	162						92						70					

■ 변경사항 & 핵심포인트
[2025]

변경사항	2024	2025
명칭변경	교과우수자	교과우수자①
모집인원	78명	162명(+84명)
지원자격 '이수단위' 상향	반영교과 60단위 이상 이수	반영교과 80단위 이상 이수
학생부 반영교과목 변경	인 국30%, 영25%, 수10%, 사20%, 한15% 전 과목 자 국10%, 영25%, 수30%, 과20%, 한15% 전 과목	국25%, 영25%, 수25%, 사 과 한25% 전 과목

➡ **합격자 성적분포**: 인문계열은 2등급 후반 ~ 3등급 중반, 자연계열은 3등급 초반 ~ 3등급 후반.
※ 2022. 2023은 수능최저 2개 등급 합 6이 있을 때의 결과이고, 2024, 2025는 수능최저가 폐지되어 없음. 2024 결과만 참고할 것.

■ 모집단위   '*' 표시 : 교직 이수 가능

계열	모집단위	2025	2024							2023							2022					
		모집 인원	모집 인원	지원 인원	경쟁 률	최종 50%컷	최종 70%컷	충원 번호		모집 인원	지원 인원	경쟁 률	최종 50%컷	최종 70%컷	충원 번호		모집 인원	지원 인원	경쟁 률	최종 50%컷	최종 70%컷	충원 번호
인문	미래융합학부1	75																				
인문	자유전공학부	17																				
자연	미래융합학부2	70																				

■ (학생부교과) 교과우수자②

전형	모집인원	전형 방법	수능최저학력기준
교과우수자②	162	학생부교과100%	○

1. **지원자격**: 대학수학능력시험 응시 예정인 고등학교 졸업(예정)자로서 본교 입학전형기준에 부합 하는 학교생활기록부가 있는 자
   ※ 국내 고교 학교생활기록부 성적이 없는 자는 지원 불가함
2. **수능최저학력기준**:

[국어, 영어, 수학, 탐구(1과목)] 중 2개 영역 등급 합 8 이내

◎ **전형요소**
● **학생부(1,000점)**

반영요소 반영비율	반영교과목		교과성적 산출지표	학년별 반영비율
	구분	반영방법		
교과100%	공통 및 일반선택	국어, 영어, 수학, 사회/과학/한국사교과별 상위 3과목(총 12과목) ※ 반영 학기: (교과) 졸업예정자 및 졸업자 모두 3학년 1학기까지	석차등급	학년 구분 없음
	진로선택	미반영		

◎ **전형결과**
■ **전체**

학년도	전체						인문						자연					
	모집 인원	지원 인원	경쟁 률	최종 50%컷	최종 70%컷	충원 율	모집 인원	지원 인원	경쟁 률	최종 50%컷	최종 70%컷	충원 율	모집 인원	지원 인원	경쟁 률	최종 50%컷	최종 70%컷	충원 율
2022																		
2023																		
2024	212	3,443	16.24	1.96	2.06	47%	79	1,460	18.48	1.81	1.92	49%	133	1,983	14.91	2.10	2.20	44%
2025	162						92						70					

■ **변경사항 & 핵심포인트**

[2025]

변경사항	2024	2025
명칭변경	일반전형	교과우수자②
모집인원	212명	162명(-50명)

➡ **합격자 성적분포**: 인문계열은 1등급 중반 ~ 2등급 초반, 자연계열은 2등급 초반 ~ 2등급 중반.
※ 학생부 반영교과목 중 상위 12과목만 반영하므로 우수한 등급이 많은 학생들에게 유리하며, 전과목을 반영하는 교과우수자①보다 합격자 성적은 더 높게 형성됨에 유의

■ **모집단위**　　　　　　　　　　　　　　　　　　　　　　　　　　　　　'＊' 표시 : 교직 이수 가능

계열	모집단위	2025	2024							2023							2022						
		모집 인원	모집 인원	지원 인원	경쟁 률	최종 50%컷	최종 70%컷	충원 번호		모집 인원	지원 인원	경쟁 률	최종 50%컷	최종 70%컷	충원 번호		모집 인원	지원 인원	경쟁 률	최종 50%컷	최종 70%컷	충원 번호	
인문	미래융합학부1	75																					
인문	자유전공학부	17																					
자연	미래융합학부2	70																					

■ (논술) 논술우수자

전형	모집인원	전형 방법	수능최저학력기준
논술우수자	216	학생부교과10%+ 논술90%	X

1. **지원자격**: 고등학교 졸업(예정)자 또는 법령에 의하여 위와 동등 이상의 학력이 있다고 인정된 자

◎ 전형요소
● 학생부(100점)

반영요소 반영비율	반영교과목			교과성적 산출지표	학년별 반영비율
	구분		반영방법		
교과100%	공통 및 일반선택		국어, 영어, 수학, 사회/과학/한국사교과별 상위 3과목(총 12과목) ※ 반영 학기: (교과) 졸업예정자 및 졸업자 모두 3학년 1학기까지	석차등급	학년 구분 없음
	진로선택		미반영		

학년도	구분		1등급	2등급	3등급	4등급	5등급	6등급	7등급	8등급	9등급
	점수	100점	100	99	98	97	96	95	90	80	60
2025	점수	100점	0	1	1	1	1	1	5	10	20
	등급 간 점수 차이	100점	0	1	1	1	1	1	5	10	20
2024	점수	100점	0	1	1	1	1	1	5	10	20
	등급 간 점수 차이	300점	0	3	3	3	3	3	15	30	60

● 논술(900점)
1. **방법**: 인문, 자연 등의 계열 구분 없이 공통 문제로 진행
2. **출제범위 및 문항 수**
3. **평가방법**:

모집단위	문항 수		배점	총점	기본점수	만점	고사시간
	국어	수학					
미래융합학부1 미래융합학부2 자유전공학부	4	4	각 문항 10점	80점 (환산점수 800점)	100점	900점	80분

4. **출제범위 및 평가기준**:

구분	출제범위	평가기준
국어	문학, 독서	• 제시문의 핵심 내용에 대한 정확한 이해와 표현 • 문항에서 요구하는 조건에 충실한 서술 및 파악
수학	수학 I, 수학 II	• 문제에 필요한 개념과 원리에 대한 정확한 서술 • 정확한 용어, 기호를 사용한 표현

◎ 전형결과
■ 전체

학년도	전체						인문						자연					
	모집 인원	지원 인원	경쟁 률	최종 50%컷	최종 60%컷	충원 율	모집 인원	지원 인원	경쟁 률	최종 50%컷	최종 60%컷	충원 율	모집 인원	지원 인원	경쟁 률	최종 50%컷	최종 60%컷	충원 율
2022																		
2023	220	2,137	9.71	3.94	4.25	32%	95	956	10.06	3.88	4.21	37%	125	1,181	9.44	3.99	4.28	26%
2024	167	3,083	18.46	3.02	3.42	29%	59	1,173	19.88	2.98	3.13	34%	108	1,910	17.69	3.06	3.70	23%
2025	216						123						93					

■ 변경사항 & 핵심포인트
[2024]

변경사항	2024	2025
모집인원	167명	216명(+49명)
전형방법 변경	학생부교과30%+ 논술70%	학생부교과10%+ 논술90%
논술고사 문항 수 및 기본점수 변경	15문항 X 문항 당 10점 = 150점 700점 = 150점+550점(기본점수)	8문항 X 문항 당 10점 = 80점(환산점수 800점) 900점 = 800점+100점(기본점수)

• 8문항에 문항당 배점은 10점이지만, 이를 환산점수는 800점이므로 변경하면 문항 당 배점은 100점으로 논술 영향력이 크게 높아짐.
• 학생부10%는 큰 의미 없고 논술로 당락이 결정됨.

■ 모집단위

'*' 표시 : 교직 이수 가능

계열	모집단위	2025	2024						2023						2022		
		모집 인원	모집 인원	지원 인원	경쟁 률	최종 50%컷	최종 70%컷	충원 번호	모집 인원	지원 인원	경쟁 률	최종 50%컷	최종 70%컷	충원 번호	모집 인원	지원 인원	경쟁 률
인문	미래융합학부1	101															
인문	자유전공학부	22															
자연	미래융합학부2	93															

38. 서울과학기술대학교
서울특별시 노원구 공릉로 232 (Tel: 02. 970-6843, 6845 / 6018~9)

I. 한 눈에 보는 전형

모집 시기	전형 유형	전형	모집 인원	전형 방법	수능최저 학력기준
수시	교과	고교추천	487	학생부교과100% ※ 고교 추천: 제한 없음	○
수시	교과	특성화고졸재직자	168	학생부교과100%	X
수시	종합	학교생활우수자	439	1단계)서류100%(3배수) 2단계)서류70%+ 면접30%	X
수시	종합	창의융합인재	71	1단계)서류100%(3배수) 2단계)서류70%+ 면접30%	X
수시	종합	국가보훈대상자	19	1단계)서류100%(3배수) 2단계)서류70%+ 면접30%	X
수시	종합	기회균등	86	1단계)서류100%(3배수) 2단계)서류70%+ 면접30%	X
수시	종합	평생학습자	72	1단계)서류100%(3배수) 2단계)서류70%+ 면접30%	X
수시	종합	농어촌학생	64	1단계)서류100%(3배수) 2단계)서류70%+ 면접30%	X
수시	종합	특수교육대상자	10	1단계)서류100%(3배수) 2단계)서류70%+ 면접30%	X
수시	논술	논술전형	187	학생부30%+ 논술70%	X
수시	실기/실적	실기전형	69	1단계)학생부교과100%(10배수) 2단계)실기100%	X

복수지원 허용범위(최대 5회 지원가능) ※ 전형별로 모집단위는 1개만 선택할 수 있음

(수시모집) 지원 가능 횟수
학생부교과(고교추천) ➕ 학생부종합(학교생활우수자·창의융합인재 中 1개 전형) ➕ 학생부종합 기회균형 특별전형(국가보훈대상자·기회균형·농어촌학생·평생학습자·특성화고졸재직자·특수교육대상자 학생부종합(군위탁) 中 1개 전형) ➕ 논술위주(논술전형) ➕ 실기위주(실기전형)

■ 무전공(전공자율선택)

유형① [대학 내 모든 전공(보건의료, 사범 등 제외) 자율 선택]	인원	유형② [계열/단과대 모집 후 모집단위 내 전공 자율 선택]	인원
ST자유전공학부	203	자유전공학부(공과대학)	73
		자유전공학부(기술경영융합대학)	14
		자유전공학부(미래융합대학)	72
		자유전공학부(에너지바이오대학)	24
		자유전공학부(인문사회대학)	12
		자유전공학부(정보통신대학)	35
		자유전공학부(창의융합대학)	69

■ 자유전공학부는 다음과 같은 원칙을 기준으로 설계하였습니다.
○ 미래 융합형 인재 양성을 위한 학생들의 전공 선택권을 확대 / ○ 전공의 벽을 넘는 융합 교육을 완성
○ 기초학문 등을 활용한 소양 교육 활성화로 다양한 분야에 대한 역량을 제고할 수 있는 교육과정 운영
○ 전공 자율 선택을 뒷받침하는 학내 제도 개선으로 유연한 학사 운영 기반 구축
○ 전체 입학정원의 25% 이상 자유전공학부 운영(정원 내 기준)
■ 자유전공학부 입학생들의 자유로운 전공 선택을 보장합니다.
○ 전담조직(교양대학 내 자유전공학부)을 신설하여 자유전공 I, II유형 운영 및 관리
○ 전공영역의 입학정원 및 성적 제한 없이 희망 학과 선택 가능(I유형-ST자유전공학부)
  ※ II유형-자유전공학부_단과대학은 학과별 정원내 모집정원의 50%까지 선택 가능, 50% 초과시 학과 심사에 따라 배정
○ 선택한 모든 전공은 주전공으로 인정

■ 전형결과

모집시기	전형유형	전형	학년도	모집인원	지원인원	경쟁률	등록자 평균	등록자 70%컷	충원율
수시	교과	고교추천	2024	444	2,410	5.43	2.15	2.19	186%
수시	종합	학교생활우수자	2024	408	6,990	17.13	3.21	3.26	58%
수시	종합	창의융합인재	2024	67	831	12.40	3.03	2.97	56%
수시	논술	논술전형	2024	189	9,496	50.24	4.00		40%

유형	전형	원서접수 마감	대학별 고사(면접/논술)	1단계 합격자	최종 합격자
교과	고교추천	9.13(금) 18:00 학교장추천: 9.25(수) 18:00			12.13(금)
종합	학교생활우수자	9.13(금) 18:00	11.23(토) 08:30/14:00	11.15(금)	12.13(금)
종합	창의융합인재	9.13(금) 18:00	11.23(토) 08:30/14:00	11.15(금)	12.13(금)
논술	논술전형	9.13(금) 18:00	11.18(월)~19(화) 자연 ※ 11.19(화)는 지원자 규모에 따라 실시(예정)		12.13(금)

II. (수시모집) 주요 전형

■ (학생부교과) 고교추천

전형	모집인원	전형 방법	수능최저학력기준
고교추천	487	학생부교과100%	○

1. **지원자격**: 국내 정규 고등학교 2023년 2월 이후 졸업(예정)자로 소속 고등학교장의 추천을 받은 자 ※ 고교별 추천 인원은 제한 없음
   ※ 특성화고, 마이스터고, 예술고 체육고, 학력인정 평생교육시설, 각종학교, 방송통신고 졸업(예정)자 및 일반(종합)고 특성화과정 이수자는 지원할 수 없음
   ※ 3개 학기 이상 국내 고교 성적 취득자 ※ 검정고시 출신자는 지원할 수 없음
   ※ 고교추천전형 지원시 재학 중(또는 졸업한) 고등학교와 반드시 사전협의 후 원서접수 요망
2. **제출서류**: 학교생활기록부, 학교장 추천서
3. **수능최저학력기준**

[국어, 수학, 영어, 사/과탐(1과목)] 중 2개 영역 등급 합 7 이내

◎ 전형요소
● 학생부(1,000점)

반영요소 반영비율	구분	반영교과목 반영방법		교과성적 산출지표	학년별 반영비율
교과100%	공통 및 일반선택	인 국어, 영어, 수학, 사회, 한국사교과에 속한 전 과목 재 자유전공학부(창의융합대학) : 국어, 영어, 수학, 과학교과에 속한 전 과목 ▶ 건축학부(건축학전공) : 국어, 영어, 수학, 사회, 과학, 한국사교과에 속한 전 과목 ※ 반영 학기: (교과) 졸업예정자 및 졸업자 모두 3학년 1학기까지		석차등급	학년 구분 없음
	진로선택	반영교과목 성취도별 환산등급 = A : 1등급, B : 3등급, C : 5등급		성취도	

◎ 전형결과
■ 전체

학년도	전체						인문						자연					
	모집 인원	지원 인원	경쟁 률	등록 평균	등록 70%컷	충원 율	모집 인원	지원 인원	경쟁 률	등록 평균	등록 70%컷	충원 율	모집 인원	지원 인원	경쟁 률	등록 평균	등록 70%컷	충원 율
2022	433	3,865	8.93	2.39	2.35	137%	56	530	9.46	2.50	2.40	150%	377	3,335	8.85	2.27	2.29	123%
2023	416	3,441	8.27	2.21	2.26	167%	47	464	9.87	2.26	2.33	185%	369	2,977	8.07	2.16	2.18	149%
2024	444	2,410	5.43	2.15	2.19	186%	46	257	5.59	2.27	2.29	231%	398	2,153	5.41	2.03	2.09	141%
2025	487						46						441					

■ [계열별] 실질 경쟁률(충원율 반영)

계열	학년도	모집인원	지원인원	경쟁률	수능최저 충족율	(수능최저 충족율 반영) 경쟁률	충원율	(충원율 반영) 실질 경쟁률
인문	2022	56	530	9.46	70.80%	6.70	150%	2.68
	2023	47	464	9.87	91.40%	9.02	185%	3.16
	2024	46	257	5.59	89.13%	4.99	231%	1.51
자연	2022	377	3,335	8.85	74.30%	6.58	123%	2.95
	2023	369	2,977	8.07	90.50%	7.30	149%	2.93
	2024	398	2,153	5.41	90.73%	4.90	141%	2.03

■ 수능최저학력기준 통과율

계열	계열 평균	모집단위
인문	89.13%	영어영문학과 90.3%, 행정학과 86.1%, **경영학전공 85.9%**, 글로벌테크노경영전공(인문) 94.2%
자연	90.73%	기계시스템디자인공학과 91.3%, 기계·자동차공학과 91.4%, 안전공학과 89.0%, 신소재공학과 92.9%, 건설시스템공학과 89.8%, **건축공학전공 86.1%, 건축학전공 85.1%**, 전기정보공학과 88.0%, 전자공학과 91.7%, 스마트ICT융합공학과 94.7%, 컴퓨터공학과 94.4%, 화공생명공학과 93.4%, 환경공학과 97.5%, 식품생명공학과 94.3%, 정밀화학과 88.5%, 안경광학과 67.6%, 산업정보시스템전공 95.5%, ITM전공 95.0%, MSDE학과 93.0%, 글로벌테크노경영전공(자연) 97.2%, 인공지능응용학과 87.8%, 지능형반도체공학과 89.7%, 미래에너지융합학과 92.9%

■ 변경사항 & 핵심포인트

[2025]

변경사항		2024	2025
모집인원		444명	487명(+43명)
고교 추천인원		10명	제한 없음
(수능최저) 자연: 응시영역		국어, 수학(미적분/기하), 영어, 과탐	국어, 수학, 영어, 사/과탐
학생부	반영학기	졸업예정자: 3학년 1학기까지 졸업자: 3학년 2학기까지	졸업예정자: 3학년 1학기까지 졸업자: 3학년 1학기까지
	지원자격 추가	-	본교 모집단위 기준 계열별 반영 교과목 90단위 이상 성적 산출이 가능한 자
	진로선택과목	가산점 = A : 5점, B : 3점, C : 1점	성취도별 환산등급 = A : 1등급, B : 3등급, C : 5등급

• 추천인원: 10명 -> 제한없음으로 변경됨에 따라 지원에 부담이 사라짐
• 학생부, 진로선택과목: 가산점->성취도별 환산등급으로 변경됨.
➡ 합격자 성적분포: 인문계열은 2등급 초반 ~ 2등급 중반, 자연계열은 1등급 후반 ~ 2등급 후반.
  - 전년도 경쟁률은 8.27 0 -> 5.43으로 크게 하락하였지만 합격자 성적은 2.21 -> 2.15로 오히려 약간 상승하였음

■ 모집단위

'*'표시 : 교직 이수 가능

계열	모집단위	2025 모집인원	2024 모집인원	2024 지원인원	2024 경쟁률	2024 등록평균	2024 등록70%컷	2024 충원율	2023 모집인원	2023 지원인원	2023 경쟁률	2023 등록평균	2023 등록70%컷	2023 충원율	2022 모집인원	2022 지원인원	2022 경쟁률	2022 등록평균	2022 등록70%컷	2022 충원율
인문	글로벌테크노경영전공(인문)	9	9	52	5.8	2.15	2.14	278%	8	54	6.8	2.10	2.14	250%	11	91	8.3	2.21	2.11	91%
인문	경영학전공(인문)	12	12	71	5.9	2.21	2.26	217%	12	167	13.9	2.23	2.32	217%	13	119	9.2	2.47	2.52	215%
인문	영어영문학과	9	9	62	6.9	2.35	2.37	178%	9	69	7.7	2.44	2.52	100%	9	79	8.8	2.60	2.48	111%
인문	행정학과	16	16	72	4.5	2.36	2.37	250%	15	148	9.9	2.27	2.33	173%	16	177	11.1	2.55	2.58	138%
자연	**자유전공학부(창의융합대학)**	25																		
자연	화공생명공학과	16	16	76	4.8	1.69	1.73	206%	15	196	13.1	1.73	1.77	287%	15	136	9.1	1.93	2.05	220%
자연	MSDE학과	9	9	43	4.8	1.76	1.83	189%	8	52	6.5	1.90	1.93	238%	8	154	19.3	1.99	2.03	113%
자연	ITM전공	9	8	40	5.0	1.77	1.77	300%	8	48	6.0	1.98	2.01	188%	9	67	7.4	2.07	2.23	100%
자연	정밀화학과	11	11	61	5.6	1.84	1.86	46%	12	133	11.1	1.99	2.01	150%	11	79	7.2	2.10	2.71	82%
자연	전자공학과	20	20	96	4.8	1.84	1.92	170%	20	138	6.9	1.95	1.99	145%	34	279	8.2	2.11	2.06	129%
자연	컴퓨터공학과	15	15	71	4.7	1.84	1.93	167%	15	161	10.7	1.87	2.00	153%	15	146	9.7	1.94	2.00	120%
자연	식품생명공학과	14	11	87	7.9	1.85	1.90	91%	11	130	11.8	2.08	2.09	164%	12	72	6.0	2.38	2.16	108%
자연	신소재공학과	18	18	70	3.9	1.86	1.92	122%	18	130	7.2	1.91	1.94	72%	21	319	15.2	2.07	2.17	124%
자연	지능형반도체공학과	20	7	29	4.1	1.87	1.92	200%	7	98	14.0	1.93	2.03	57%	7	51	7.3	2.28	2.33	57%
자연	미래에너지융합학과	7	7	42	6.0	1.90	1.94	86%	7	47	6.7	2.12	2.14	214%	7	72	10.3	2.11	2.24	300%
자연	전기정보공학과	33	33	166	5.0	2.01	2.07	85%	33	177	5.4	2.15	2.23	136%	32	224	7.0	2.18	2.23	106%
자연	스마트ICT융합공학과	14	14	114	8.1	2.03	2.07	157%	12	76	6.3	2.22	2.30	117%						
자연	산업정보시스템전공	19	13	66	5.1	2.04	2.10	85%	13	95	7.3	2.25	2.28	139%	15	111	7.4	2.40	2.25	73%
자연	환경공학과	10	10	80	8.0	2.06	2.07	270%	11	105	9.6	2.19	2.21	164%	6	113	18.8	2.20	2.17	183%
자연	인공지능응용학과	28	33	123	3.7	2.07	2.19	109%	13	67	5.2	1.92	1.96	154%	13	112	8.6	1.85	1.95	146%
자연	기계.자동차공학과	40	40	198	5.0	2.18	2.25	135%	40	256	6.4	2.33	2.37	188%	41	332	8.1	2.43	2.49	137%
자연	기계시스템디자인공학과	44	44	254	5.8	2.21	2.28	123%	44	302	6.9	2.34	2.42	168%	46	415	9.0	2.51	2.45	115%
자연	안전공학과	15	15	73	4.9	2.22	2.27	67%	15	120	8.0	2.31	2.41	107%	15	102	6.8	2.47	2.62	67%
자연	건축학전공(자연)	13	13	67	5.2	2.23	2.42	192%	9	142	15.8	2.09	2.13	244%	10	88	8.8	2.44	2.54	180%
자연	글로벌테크노경영전공(자연)	3	3	36	12.0	2.23	2.25	33%	3	15	5.0	2.81		33%						
자연	건축공학전공	19	19	79	4.2	2.35	2.42	105%	17	144	8.5	2.37	2.44	82%	18	126	7.0	2.66	2.75	117%
자연	건설시스템공학과	27	27	177	6.6	2.39	2.45	163%	27	284	10.5	2.50	2.53	152%	28	243	8.7	2.72	2.80	114%
자연	안경광학과	12	12	105	8.8	2.49	2.52	142%	11	61	5.6	2.67	2.69	82%	11	66	6.0	2.66	1.95	55%

■ (학생부종합) 학교생활우수자

전형	모집인원	전형 방법	수능최저학력기준
학교생활우수자	439	1단계)서류100%(3배수) 2단계)서류70%+ 면접30%	X

1. **지원자격**: 국내 정규 고등학교 졸업(예정)자 또는 법령에 따라 이와 동등 이상의 학력이 있다고 인정된 자로 <u>학교생활에 충실한 자</u>
2. **제출서류**: 학교생활기록부

◎ 전형요소
● 서류(1,000점 : 최저점 0점)
　1. **평가방법**: 학교생활기록부를 토대로 지원자의 학업역량, 진로역량, 공동체역량을 다단계 종합평가
　2. **평가요소**:

평가요소	반영비율	평가항목	세부내용
학업역량	35%	학업성취도	고교 교육과정에서 이수한 교과의 성취 수준이나 학업 발전의 정도
		학업태도	학업을 수행하고 학습해 나가려는 의지와 노력
		탐구력	지적 호기심을 바탕으로 사물과 현상에 대해 탐구하고, 문제를 해결하려는 노력
진로역량	45%	전공(계열) 관련 교과 이수 노력	고교 교육과정에서 탐색한 전공(계열) 관련 지식을 설명하거나 토의할 수 있는 능력
		전공(계열) 관련 교과 성취도	고교 교육과정에서 전공(계열)에 필요한 과목을 수강하고 취득한 학업성취 수준
		진로 탐색 활동과 경험	자신의 진로를 탐색하는 과정에서 이루어진 활동이나 경험 및 노력 정도
공동체역량	20%	협업과 소통능력	공동체의 목표를 달성하기 위해 협력하며, 구성원들과 합리적인 의사소통을 할 수 있는 능력
		나눔과 배려	상대방을 존중하고 이해하여 원만한 관계를 형성하며, 타인을 위하여 기꺼이 나누어 주고자 하는 태도와 행동
		성실성과 규칙준수	책임감을 바탕으로 자신의 의무를 다하고, 공동체의 기본 윤리와 원칙을 준수하는 태도
		리더십	공동체의 목표 달성을 위해 구성원들의 상호작용을 이끌어가는 능력

☞ 보충설명
• 진로역량(45%) > 학업역량(35%) > 공동체역량(20%) 순. 진로역량과 학업역량을 중점적으로 살펴 봄. 진로역량 가장 중요하게 평가.
• 진로역량(45%)은 전공영역에 맞춰져 있는 것을 많이 봄. 교수님께서 평가하시므로 학과에 맞춰있는 것을 선호함
　- 진로역량은 학과로 보는 편, 학과에 적응할 수 있는 역량을 봄.
　- 진로역량은 이공계는 전공이 세분화되어 학과 중심으로 활동성취를 보고자 함. 인문계는 계열 중심 평가.
• 서류평가는 전임1 교수1 같이 함. 교수님이 참여하여 학과에 대한 전공적합성이 중요함

● 면접(300점 : 최저점 0점)
　1. **평가방법**: 제출서류에 대한 개별면접 ※ 다수의 면접위원이 면접대상자를 평가
　2. **평가요소**:

평가요소	반영비율	평가항목	세부내용
학업역량	35%	학업태도	학업을 수행하고 학습해 나가려는 의지와 노력
		탐구력	지적 호기심을 바탕으로 사물과 현상에 대해 탐구하고, 문제를 해결하려는 노력
		문제파악 능력	학습 과정 또는 학업의 적용 과정에서 발생한 문제를 이해하고 분석하여 해결하는 능력
진로역량	40%	전공(계열) 관련 관심과 이해	고교 교육과정에서 탐색한 전공(계열) 관련 지식을 설명하거나 토의할 수 있는 능력
		진로 탐색 활동과 경험	자신의 진로를 탐색하는 과정에서 이루어진 활동이나 경험 및 노력 정도
		창의적 사고력과 판단력	다양한 관점에서 문제를 바라보고 여러 대안을 고민해보는 과정에서 최선의 결정을 내리는 정도
공동체 역량	25%	협업과 소통능력	공동체의 목표를 달성하기 위해 협력하며, 구성원들과 합리적인 의사소통을 할 수 있는 능력
		나눔과 배려	상대방을 존중하고 이해하여 원만한 관계를 형성하며, 타인을 위하여 기꺼이 나누어 주고자 하는 태도와 행동
		성실성과 규칙준수	책임감을 바탕으로 자신의 의무를 다하고, 공동체의 기본 윤리와 원칙을 준수하는 태도
		리더십	공동체의 목표 달성을 위해 구성원들의 상호작용을 이끌어가는 능력

◎ 전형결과

■ 전체

학년도	전체						인문						자연					
	모집인원	지원인원	경쟁률	등록평균	등록70%컷	충원율	모집인원	지원인원	경쟁률	등록평균	등록70%컷	충원율	모집인원	지원인원	경쟁률	등록평균	등록70%컷	충원율
2022	343	4,553	13.27	3.11		62%	82	1,146	13.98	2.98		53%	261	3,407	13.05	3.24		70%
2023	343	6,227	18.15	3.29		50%	75	1,330	17.73	3.40		48%	268	4,897	18.27	3.17		51%
2024	408	6,990	17.13	3.21	3.26	58%	84	1,643	19.56	3.27	3.44	61%	324	5,347	16.50	3.15	3.07	54%
2025	439						84						355					

■ 변경사항 & 핵심포인트

[2025]

변경사항	2024	2025
모집인원	408명	439명(+31명)

▣ 합격자 성적분포: 인문계열은 3등급 초반 ~ 3등급 중반, 자연계열은 3등급 초반 ~ 3등급 중반.

■ 모집단위   '*'표시 : 교직 이수 가능

계열	모집단위	2025	2024						2023						2022					
		모집인원	모집인원	지원인원	경쟁률	등록평균	등록70%컷	충원율	모집인원	지원인원	경쟁률	등록평균	등록70%컷	충원율	모집인원	지원인원	경쟁률	등록평균	등록70%컷	충원율
예체	스포츠과학과	15	15	336	22.4	2.53	2.72	93%	14	195	13.9	3.28		43%	11	270	24.6	2.65		55%
예체	시각디자인전공	3	3	139	46.3	2.76	2.91	100%	3	112	37.3	2.15		133%	3	133	44.3	1.94		133%
인문	행정학과	13	13	186	14.3	2.86	2.83	23%	11	115	10.5	3.95		27%	12	113	9.4	3.43		17%
예체	금속공예디자인학과	3	3	75	25.0	2.89	2.83	67%	3	53	17.7	2.36		33%	3	30	10.0	1.97		33%
인문	문예창작학과	19	19	321	16.9	3.30	3.59	53%	15	360	24.0	3.44		40%	17	237	13.9	3.76		41%
인문	글로벌테크노경영전공(인문)	9	9	111	12.3	3.75	3.21	67%	7	94	13.4	2.61		71%	9	75	8.3	3.17		79%
인문	경영학전공	12	12	368	30.7	3.93	4.36	58%	11	251	22.8	3.91		36%	11	119	10.8	3.82		18%
인문	영어영문학과	10	10	107	10.7	4.16	5.05	30%	8	88	11.0	3.58		13%	8	57	7.1	3.64		38%
자연	신소재공학과	17	17	282	16.6	2.60	2.74	47%	14	259	18.5	2.89		21%	16	196	12.3	2.84		44%
자연	식품생명공학과	14	11	363	33.0	2.60	2.45	91%	9	207	230	2.70		100%	9	188	20.9	2.51		133%
자연	건축학전공	13	13	288	22.2	2.66	2.73	54%	8	203	25.4	3.15		50%	7	227	32.4	3.17		114%
자연	전자공학과	19	19	285	15.0	2.72	2.71	84%	14	228	16.3	3.12		71%	25	357	14.3	2.86		76%
자연	정밀화학과	11	11	287	26.1	2.76	2.85	64%	9	245	27.2	3.26		133%	8	105	13.1	3.10		75%
자연	전기정보공학과	31	31	269	8.7	2.93	2.83	52%	24	259	10.8	2.78		46%	22	212	9.6	2.83		59%
자연	ITM전공	9	8	74	9.3	3.01	2.69	13%	7	62	8.9	2.90		29%	7	47	6.7	2.73		29%
자연	컴퓨터공학과	14	14	552	39.4	3.08	2.64	93%	13	507	39.0	3.38		46%	12	177	14.8	3.46		75%
자연	환경공학과	12	12	334	27.8	3.16	2.58	83%	9	396	44.0	2.83		56%	4	103	25.8	3.72		75%
자연	기계시스템디자인공학과	47	38	332	8.7	3.18	3.05	50%	32	261	8.2	3.11		63%	33	260	7.9	3.08		70%
자연	기계·자동차공학과	42	35	352	10.1	3.22	3.17	66%	31	336	10.8	3.13		65%	30	285	9.5	3.23		107%
자연	건축공학전공	17	17	135	7.9	3.29	3.24	71%	15	144	9.6	2.94		27%	14	125	8.9	3.06		64%
자연	스마트ICT융합공학과	13	13	370	28.5	3.31	3.37	39%	8	142	17.8	3.51		25%						
자연	안경광학과	11	11	94	8.6	3.34	3.50	18%	9	77	8.6	3.57		11%	9	48	5.3	3.66		11%
자연	MSDE학과	8	8	63	7.9	3.34	2.89	38%	7	49	7.0	2.30		29%	6	51	8.5	3.17		83%
자연	글로벌테크노경영전공(자연)	3	3	38	12.7	3.39	3.29	33%	3	31	10.3	3.91								
자연	안전공학과	14	14	148	10.6	3.41	3.49	14%	12	122	10.2	3.64		8%	11	71	6.5	3.67		9%
자연	화공생명공학과	13	12	696	58.0	3.45	3.13	67%	12	1,013	84.4	3.62		58%	13	590	45.4	4.10		62%
자연	건설시스템공학과	28	24	213	8.9	3.45	3.41	67%	21	193	9.2	3.31		91%	22	175	8.0	3.26		68%
자연	산업정보시스템전공	19	13	172	13.2	4.05	4.58	31%	11	163	14.8	3.35		36%	10	135	13.5	3.72		110%

■ (학생부종합) 창의융합인재

전형	모집인원	전형 방법	수능최저학력기준
창의융합인재	71	1단계)서류100%(3배수) 2단계)서류70%+ 면접30%	X

1. **지원자격**: 국내 정규 고등학교 졸업(예정)자 또는 법령에 따라 이와 동등 이상의 학력이 있다고 인정된 자로 첨단 분야에 관심과 역량을 갖춘 자
2. **제출서류**: 학교생활기록부
   ※ (Ⅱ유형) 자유전공학부(창의융합대학) : 1학년 수료 후 창의융합대학 내 개설된 학과(부) 중 본인이 희망하는 학과(부)를 선택 ※ 학과별 정원내 모집정원의 50%까지 선택 가능, 50% 초과시 학과 심사에 따라 배정

◎ 전형요소
● 서류 및 면접: 학교생활우수자전형 참고

◎ 전형결과
■ 전체

학년도	전체						인문						자연					
	모집인원	지원인원	경쟁률	등록평균	등록70%컷	충원율	모집인원	지원인원	경쟁률	등록평균	등록70%컷	충원율	모집인원	지원인원	경쟁률	등록평균	등록70%컷	충원율
2022	60	668	11.13	3.06		45%							60	668	11.13	3.06		45%
2023	60	673	11.22	3.08		54%							60	673	11.22	3.08		54%
2024	67	831	12.40	3.03	2.97	56%							67	831	12.40	3.03	2.97	56%
2025	71												71					

■ 모집단위
'*' 표시 : 교직 이수 가능

계열	모집단위	2024	2023							2022						2021					
		모집인원	모집인원	지원인원	경쟁률	등록평균	등록70%컷	충원율	모집인원	지원인원	경쟁률	등록평균	등록70%컷	충원율	모집인원	지원인원	경쟁률	등록평균	등록70%컷	충원율
자연	자유전공학부(창의융합대학)	25																		
자연	지능형반도체공학	19	14	132	9.4	2.91	2.95	64%	15	120	8.0	3.00		67%	15	121	8.1	2.89		47%
자연	인공지능융용학과	20	39	540	13.9	2.98	2.93	39%	30	386	12.9	3.32		63%	30	384	12.8	3.52		40%
자연	미래에너지융합학과	7	14	159	11.4	3.19	3.02	64%	15	167	11.1	2.91		33%	15	163	10.9	2.76		47%

■ (논술) 논술전형

전형	모집인원	전형 방법	수능최저학력기준
논술전형	187	학생부30%+ 논술70%	X

1. **지원자격**: 국내·외 정규 고등학교 졸업(예정)자 또는 법령에 따라 이와 동등 이상의 학력이 있다고 인정된 자

◎ 전형요소
● 학생부(300점 : 최저점 0점)

반영요소 반영비율		반영교과목		교과성적 산출지표	학년별 반영비율
	구분	반영방법			
교과100%	공통 및 일반선택	좌 국어, 영어, 수학, 과학교과에 속한 전 과목 ▶ 건축학부(건축학전공) : 국어, 영어, 수학, 사회, 과학, 한국사교과에 속한 전 과목 ※ 반영 학기: (교과) 졸업예정자 및 졸업자 모두 3학년 1학기까지		석차등급	학년 구분 없음
	진로선택	미반영			

구분	1등급	2등급	3등급	4등급	5등급	6등급	7등급	8등급	9등급
점수(300점)	300	295	290	280	270	260	220	170	0
등급 간 점수 차이	0	5	5	10	10	10	40	50	170

● 논술(700점 : 최저점 0점)
1. **출제형식**: 고등학교 교육과정을 정상적으로 이수한 학생이면 해결할 수 있는 논술형
2. **논술유형**: 제시문과 함께 주어지는 문항에 답하는 논술형 ※ 반영점수는 700점이며, 절대평가임(기본점수 없음)

구분	자연계열
문항 수	- 대문항 3개(대문항 1개에 소문항 2~5개 내외)
형식	- 문항별 지정된 답안란에 작성
시험시간	- 100분
출제분야	- 수학, 수학Ⅰ, 수학Ⅱ, 미적분

◎ 전형결과
■ 전체

학년도	전체					인문						자연				
	모집인원	지원인원	경쟁률	등록평균	충원율	모집인원	지원인원	경쟁률	등록평균		충원율	모집인원	지원인원	경쟁률	등록평균	충원율
2022	217	6,415	29.56	4.12	33%							217	6,415	29.56	4.12	33%
2023	190	7,163	37.70	4.08	48%							190	7,163	37.70	4.08	48%
2024	189	9,496	50.24	4.00	40%							189	9,496	50.24	4.00	40%
2025	187											187				

■ 변경사항 & 핵심포인트
[2025]

변경사항	2024	2025
모집인원	189명	187명(-2명)
(학생부) 반영학기	졸업예정자: 3학년 1학기까지 졸업자: 3학년 2학기까지	졸업예정자: 3학년 1학기까지 졸업자: 3학년 1학기까지

• 학생부: 내신 6등급까지는 10점씩 감점이므로 내신 영향력 약함. 논술로 당락 결정.
• 논술고사는 자연계는 수학만 출제. 수학 출제범위: 수학, 수학Ⅰ, 수학Ⅱ, 미적분, ※ 기하는 미출제
➡ 합격자 성적분포: 자연계열은 4등급 초반 ~ 5등급 중반.

■ 모집단위　　　　　　　　　　　　　　　　　　　　　　　　　　　　'*' 표시 : 교직 이수 가능

계열	모집단위	2025 모집인원	2024					2023					2022				
			모집인원	지원인원	경쟁률	등록평균	충원율	모집인원	지원인원	경쟁률	등록평균	충원율	모집인원	지원인원	경쟁률	등록평균	충원율
자연	ST자유전공학부	167															
자연	식품생명공학과	1	5	339	67.8	3.36	20%	5	186	37.2	4.35	20%	6	166	27.7	3.72	17%
자연	컴퓨터공학과	1	9	849	94.3	3.39		9	808	89.8	3.79	33%	10	717	71.7	3.69	50%
자연	ITM전공	1	3	145	48.3	3.67	33%	3	81	27.0	4.26	33%	3	70	23.3	3.64	
자연	전기정보공학과	1	17	921	54.2	3.70	24%	17	656	38.6	3.84	47%	21	671	32.0	4.27	10%
자연	정밀화학과	1	5	218	43.6	3.73		5	157	31.4	3.66	60%	7	153	21.9	3.84	14%
자연	산업정보시스템전공	1	5	214	42.8	3.73	60%	5	165	33.0	3.81	20%	8	212	26.5	4.94	50%
자연	MSDE학과	2	5	240	48.0	3.78	40%	5	139	27.8	4.12		6	176	29.3	3.58	
자연	전자공학과	1	12	713	59.4	3.85	42%	12	531	44.3	3.85	50%	22	816	37.1	4.21	41%
자연	기계시스템디자인공학과	1	28	1,185	42.3	3.90	14%	28	910	32.5	4.27	39%	30	749	25.0	4.34	30%
자연	화공생명공학과	1	9	632	70.2	3.96	22%	9	478	53.1	3.79	67%	10	440	44.0	3.54	40%
자연	안전공학과	1	8	293	36.3	4.00	38%	8	236	29.5	4.15		9	165	18.3	4.41	22%
자연	스마트ICT융합공학과	1	6	344	57.3	4.05	67%	7	325	46.4	4.43						
자연	신소재공학과	1	11	587	53.4	4.08	73%	11	452	41.1	3.93	64%	13	440	33.9	4.00	31%
자연	건설시스템공학과	1	16	658	41.1	4.09	19%	16	471	29.4	3.83	63%	17	355	20.9	4.33	29%
자연	환경공학과	1	5	245	49.0	4.17	120%	5	182	36.4	4.10		3	65	21.7	4.14	
자연	기계.자동차공학과	1	26	1,074	41.3	4.19	31%	26	804	30.9	4.33	15%	27	659	24.4	4.22	37%
자연	건축공학전공	1	9	361	40.1	4.33	44%	9	242	26.9	4.60	44%	11	229	20.8	4.34	46%
자연	안경광학과	1	5	184	36.8	4.86	20%	5	134	26.8	4.61	60%	7	112	16.0	4.05	43%
자연	건축학전공	1	5	294	58.8	5.25	20%	5	206	41.2	3.79	100%	5	180	36.0	3.92	20%

39. 서울기독대학교

서울특별시 은평구 갈현로4길 26-2호 (Tel. 02. 380-2511~3, 2507, 2537, 2521)

Ⅰ. 한 눈에 보는 전형

모집시기	전형유형	전형	모집인원	전형 방법	수능최저학력기준
수시	교과	일반전형	51	학생부80+ 면접20% ▶글로벌휴먼경영: 학생부100%	X
수시	교과	학교장추천자	2	학생부70+ 면접30%	X
수시	교과	교회추천자	3	학생부70+ 면접30%	X
수시	교과	만학도	4	학생부70+ 면접30%	X
수시	교과	기초생활수급자및차상위	2	학생부70+ 면접30%	X
수시	교과	리더십	1	학생부70+ 면접30%	X
수시	교과	평생학습자	4	학생부70+ 면접30%	X
수시	교과	농어촌출신자	3	학생부70+ 면접30%	X
수시	교과	특성화고교졸업자	1	학생부70+ 면접30%	X
수시	교과	기초생활수급자및차상위	3	학생부70+ 면접30%	X
수시	실기/실적	일반전형	40	학생부20%+ 실기80%	X

(수시모집) 지원 가능 횟수	본교 모집전형 중 전형유형이 다를 경우, 중복지원을 허용함(6회 제한범위 내에서 가능함)

■ 전형결과

※ 성적 산출기준: (수시) 교과 석차등급, (정시) 수능 백분위

모집시기	전형유형	전형	학년도	모집인원	지원인원	경쟁률	등록자 50%컷	등록자 70%컷	충원율
수시	교과	일반전형	2024	47	63	1.34			
수시	교과	학교장추천자	2024	2	2	1.00			

■ (주요전형) 전형일정

유형	전형	원서접수 마감	대학별 고사(면접/논술)	1단계 합격자	최종 합격자
교과	일반전형	9.13(금) 18:00	10.24(목) ※ 글로벌휴먼경영학과 제외		11.08(금)
교과	학교장추천자	9.13(금) 18:00	10.24(목)		11.08(금)

Ⅱ. (수시모집) 주요 전형

■ (학생부교과) 일반전형

전형	모집인원	전형 방법	수능최저학력기준
일반전형	51	학생부80+ 면접20% ▶글로벌휴먼경영: 학생부100%	X

1. **지원자격::** 고등학교 졸업자(2025년 2월 졸업예정자) 또는 법령에 의하여 이와 동등 이상의 학력이 있다고 인정된 자 또는 고등학교 졸업학력 검정고시 합격자

◎ 전형요소
● 학생부(400점)

반영요소 반영비율	반영교과목		교과성적 산출지표	학년별 반영비율
	구분	반영방법		
교과 80%	공통 및 일반선택	1학년) 국민공통교과에 속한 전 과목, 2,3학년) 국어, 영어교과에 속한 전 과목	석차등급	30:40:40
	진로선택	미반영		
비교과 20%	※ 만점: ① 출결(20%): 미인정 결석 0일 이내			

반영요소 반영비율	반영교과목		교과성적 산출지표	학년별 반영비율
	구분	반영방법		

구분	1등급	2등급	3등급	4등급	5등급	6등급	7등급	8등급	9등급
점수(320점)	320	312	304	296	288	280	272	264	256
등급 간 점수 차이	0	8	8	8	8	8	8	8	8

● 면접(100점)
　1. **평가방식**: 다대일 평가
　　– 면접은 2~3명의 교수가 참여하며 준비된 A, B, C 유형의 문제 중 수험생이 추첨 질문지를 사용하여 진행함
　　– 면접내용은 기본소양(교양), 인성, 전공적성 등에 대하여 질문함
　2. **평가방법**: 100점 만점 기준

<단위 : 점>

평가요소		평가점수				
평가역역	평가항목	E(1)	D(2)	C(3)	B(4)	A(5)
기본소양평가 (40%)	1. 가치관의 건전성 (40%)	3.2	6.4	9.6	12.8	16
	2. 의사소통능력 (60%)	4.8	9.6	14.4	19.2	24
전공적성평가 (60%)	3. 전공에 대한 이해도 (40%)	4.8	9.6	14.4	19.2	24
	4. 전공교육에 대한 기대와 취업진로 계획의 적절성 (60%)	7.2	14.4	21.6	28.8	36
합　계		20	40	60	80	100

◎ 전형결과
■ 전체

학년도	전체						인문						자연		
	모집 인원	지원 인원	경쟁 률	등록 50%컷	등록 70%컷	충원 율	모집 인원	지원 인원	경쟁 률	등록 50%컷	등록 70%컷	충원 율	모집 인원	지원 인원	경쟁 률
2022	43	33	0.76	5.00	7.00		43	33	0.76	6.00	3.00				
2023	40	54	1.35	6.00	7.20	63%	40	54	1.35	6.00	7.20	63%			
2024	47	63	1.34				47	63	1.34						
2025	51						51								

■ 모집단위

'*' 표시 : 교직 이수 가능

계열	모집단위	2025	2024						2023						2022				
		모집 인원	모집 인원	지원 인원	경쟁 률	등록 50%컷	등록 70%컷	충원 번호	모집 인원	지원 인원	경쟁 률	등록 50%컷	등록 70%컷	충원 번호	모집 인원	지원 인원	경쟁 률	등록 50%컷	등록 70%컷	충원 번호
인문	기독교신학과	7	8	5	0.6				8	7	0.9				8	4	0.5			
예체	운동건강관리학과	6	6	7	1.2				3	4	1.3				2	2	1.0			
인문	상담심리학과(야)	3	3	4	1.3															
인문	글로벌휴먼경영학과	15	10	15	1.5				9	11	1.2				16	7	0.4			
인문	사회복지학과	20	20	32	1.6				20	32	1.6	6.00	7.20	25	17	20	1.2	6.00	3.00	

I. 한 눈에 보는 전형

모집시기	전형유형	전형	모집인원	전형 방법	수능최저학력기준
수시	종합	지역균형	506	1단계)서류100%(3배수) 2단계)서류70%+ 면접30%　※ 고교 추천 : 2명	○
수시	종합	일반전형	1,499	1단계)서류100%(2배수) 2단계)서류50%+면접및구술50%	X(디자인과, 체육교육과○)
수시	종합	사회통합	181	1단계)서류100%(2배수) 2단계)서류70%+ 면접30%	X

† 인문대학의 수시모집 일반전형 전 모집단위, 수시모집 지역균형전형 및 정시모집 일반전형 역사학부는 전공예약으로 선발하며, 전공예약으로 입학한 자는 입학한 이후에 전과(부)가 불가함
† 치의학대학원 치의학과는 학사·전문석사 통합과정(학사과정 3년, 석사과정 4년)임
* 역사학부 입학생은 역사학부 내 3개 전공(한국사학전공, 동양사학전공, 서양사학전공) 중 1개 전공을 주 전공으로 선택해야 함
** 공과대학 정시모집 지역균형전형 입학생은 광역으로 선발하며 입학 후 1개 학기 경과 후 아래 학과(부)의 선택권을 보장함
　- 기계공학부, 전기·정보공학부, 컴퓨터공학부, 화학생물공학부, 산업공학과, 항공우주공학과

(수시모집) 지원 가능 횟수	2개 이상의 모집단위 및 다른 전형에 복수 지원한 경우 지원자는 결격(불합격) 처리함

■ 무전공(전공자율선택)

유형① [대학 내 모든 전공(보건의료, 사범 등 제외) 자율 선택]		유형② [계열/단과대 모집 후 모집단위 내 전공 자율 선택]	
모집단위	인원	모집단위	인원
학부대학 자유전공학부	124	인문계열	132
학부대학 광역	36	공과대학 광역	36
		첨단융합학부	218

■ 전형결과

※ 성적 산출기준: (수시) 교과 석차등급, (정시) 수능 백분위

모집시기	전형유형	전형	학년도	모집인원	지원인원	경쟁률	등록자 50%컷	등록자 70%컷	충원율
수시	종합	지역균형	2024	506	2,513	4.97	**1.24**	1.30	17%
수시	종합	일반전형	2024	1,492	15,020	10.07	**2.10**	2.41	7%

■ (주요전형) 전형일정

유형	전형	원서접수 마감	대학별 고사(면접/논술)	1단계 합격자	최종 합격자
종합	지역균형	9.11(수) 18:00 학교장추천: 9.25(수) 18:00	-11.29(금) 전 모집단위(수의과대학, 의과대학 제외) -11.30(토) 수의과대학, 의과대학	11.22(금)	12.13(금)
종합	일반전형	9.11(수) 18:00	-11.22(금) 전 모집단위(수의과대학, 의과대학, 치의학대학원 치의학과 제외) / 사범대학 -11.30(토) 수의과대학, 의과대학, 치의학대학원 치의학과 ※ 음악대학 요강 참고	11.15(금) ※ 음악대학 요강 참고	12.13(금)

■ 수시모집 합격생 고교 유형별 현황(단위: 명/%)*

	구분	일반	자공	자사	과학	영재	외국어	국제	예/체고	특성화	검정	기타 (외국고등)	계
2024	지역균형	458 91.4	26 5.2	17 3.4	- -	- -	- -	- -	- -	- -	- -	- -	501
	일반전형	419 27.9	30 2.0	226 15.1	141 9.4	329 21.9	193 12.9	61 4.1	94 6.3	- -	4 0.3	4 0.3	1,5.1
	기회균형 (사회통합)	133 74.3	15 8.4	12 6.7	2 1.1	4 2.2	5 2.8	3 1.7	2 1.1	3 1.7	- -	- -	179
	계	1,010 46.3	71 3.3	255 11.7	143 6.6	333 15.3	198 9.1	64 2.9	96 4.4	3 0.1	4 0.2	4 0.2	2,181

구분		일반	자공	자사	과학	영재	외국어	국제	예/체고	특성화	검정	기타 (외국고등)	계
2023	지역균형	512	32	13	–	–	–	–	–	–	–	–	557
		91.9	5.7	2.3	–	–	–	–	–	–	–	–	
	일반전형	362	27	251	117	298	196	55	93	1	8	4	1,412
		25.6	1.9	17.8	8.3	21.1	13.9	3.9	6.6	0.1	0.6	0.3	
	기회균형 I (농어촌)	75	4	3	–	–	–	–	–	–	–	–	86
		87.2	4.7	3.5	–	–	–	–	–	–	–	–	
	계	949	63	267	117	298	196	55	93	5	8	4	2,055
		46.2	3.1	13.0	5.7	14.5	9.5	2.7	4.5	0.2	0.4	0.2	

* 산출된 자료는 최초 합격생 기준

■ 교과이수기준

• 서울대학교의 교과이수기준은 지원자격과 무관하지만, 교과이수기준의 충족 여부는 서류평가에 반영함.
• 2015 개정 교육과정의 교과영역에 따른 교과이수기준 I 과 선택과목 유형에 따른 교과이수기준 II 를 다음과 같이 제시하며 기준 I 과 기준 II 를 동시에 충족할 수 있도록 과목을 이수할 것을 권장함.

① 교과이수기준 I

모집단위	교과영역	교과이수기준 I
전 모집단위 공통	탐구	사회(역사/도덕 포함) 교과 중 3과목 + 과학 교과 중 3과목 또는 사회(역사/도덕 포함) 교과 중 2과목 + 과학 교과 중 4과목
	생활·교양	제2외국어 또는 한문 중 1과목

※ 진로희망에 따라 과학II 과목 이수를 권장함

② 교과이수기준 II

교과(군)	교과이수기준 II	
수학	일반선택 4과목 또는 일반선택 3과목 + 진로선택 1과목	2개 교과(군) 이상에서 충족
과학	일반선택 3과목 + 진로선택 2과목 또는 일반선택 2과목 + 진로선택 3과목	
사회 (국제계열교과 포함)	일반선택 3과목 + 진로선택 1과목 또는 일반선택 2과목 + 진로선택 2과목	

※ 교육부 및 교육청에서 인정하는 '공동교육과정, 온라인 공동교육과정 및 온라인수업'에서 이수한 과목도 포함함
※ 전문교과는 진로선택과목으로 분류함(2015 개정 교육과정 고등학교 교육과정 편제 참고)

■ 2025학년도 전공연계 교과이수과목

– 서울대학교의 전공 연계 교과이수 과목은 지원자격과 무관하지만 모집단위가 권장하는 과목의 이수 여부는 수시모집 서류평가 및 정시모집 교과평가에 반영함
– 각 전공 분야의 학문적 특성을 고려하여 학생의 진로 목표에 따른 전공 연계 교과이수 과목을 다음과 같이 안내함
▪ **핵심 권장과목**: 학과(부)에서 공부하기 위해 필수적으로 이수를 권장하는 과목
▪ **권장과목**: 학과(부)에서 공부하기 위해 이수를 권장하는 과목
※ 권장과목을 제시하지 않은 모집단위는 학생의 진로·적성 따른 적극적인 선택과목 이수를 권장함

모집단위		핵심 권장과목	권장과목
인문대학	인문계열	–	–
	국어국문학과		
	중어중문학과		
	영어영문학과		
	불어불문학과		
	노어노문학과		
	서어서문학과		
	언어학과		
	아시아언어문명학부		
	역사학부		
	고고미술사학과		
	역사학부		
	철학과		
	종교학과		
	미학과		

모집단위			핵심 권장과목	권장과목
사회과학 대학	정치외교학부		–	–
	경제학부		–	• 미적분, 확률과 통계
	사회학과			
	인류학과			
	심리학과		–	–
	지리학과			
	사회복지학과			
	언론정보학과			
자연과학 대학	수리과학부		• 미적분, 확률과 통계, 기하	
	통계학과		• 미적분, 확률과 통계, 기하	
	물리·천문학부	물리학전공	• 물리학II, 미적분, 기하	• 확률과 통계
		천문학전공	• 지구과학I, 미적분, 기하	• 지구과학II, 물리학II, 확률과 통계
	화학부		• 화학II, 미적분	• 확률과 통계, 기하
	생명과학부		• 생명과학II, 미적분	• 화학II, 확률과 통계, 기하
	지구환경과학부		• 물리학II 또는 화학II 또는 지구과학II, 미적분	• 확률과 통계, 기하
간호대학			–	• 생명과학I, 생명과학II
경영대학			–	–
공과대학	광역		• 미적분, 확률과 통계	• 기하
	건설환경공학부		• 미적분, 기하	• 확률과 통계
	기계공학부		• 물리학II, 미적분, 기하	• 확률과 통계
	재료공학부		• 미적분, 기하	• 물리학II, 화학II, 확률과 통계
	전기·정보공학부		• 물리학II, 미적분	• 확률과 통계, 기하
	컴퓨터공학부		• 미적분, 확률과 통계	–
	화학생물공학부		• 물리학II, 미적분, 기하	• 화학II 또는 생명과학II
	건축학과		–	• 미적분
	산업공학과		• 미적분	• 확률과 통계
	에너지자원공학과		• 물리학II, 미적분, 기하	• 확률과 통계
	원자핵공학과		• 물리학II, 미적분	–
	조선해양공학과		• 물리학II, 미적분, 기하	• 확률과 통계
	항공우주공학과		• 물리학II, 미적분, 기하	• 지구과학II, 확률과 통계
농업생명 과학대학	농경제사회학부		–	• 미적분, 확률과 통계
	식물생산과학부		• 생명과학II	• 화학II, 미적분, 확률과 통계, 기하
	산림과학부		–	
	식품·동물생명공학부		• 화학II, 생명과학II	–
	응용생물화학부		• 화학II, 생명과학II	• 미적분, 확률과 통계, 기하
	조경·지역시스템공학부		• 미적분, 기하	• 물리학II, 확률과 통계
	바이오시스템·소재학부		• 미적분, 기하	• 물리학II 또는 화학II
	스마트시스템과학과		• 미적분	• 물리학I 또는 화학I 또는 생명과학I
사범대학	교육학과		–	–
	국어교육과		–	–
	영어교육과		–	–
	독어교육과		–	–
	불어교육과		–	–
	사회교육과		–	–
	역사교육과		–	–
	지리교육과		–	–
	윤리교육과		–	–
	수학교육과		• 미적분, 확률과 통계, 기하	–
	물리교육과		• 물리학II	• 미적분, 확률과 통계, 기하
	화학교육과		• 화학II	• 미적분, 확률과 통계, 기하
	생물교육과		• 생명과학II	• 화학II, 미적분, 확률과 통계
	지구과학교육과		• 지구과학I	• 지구과학II, 미적분, 확률과 통계, 기하
	체육교육과		–	–

모집단위			핵심 권장과목	권장과목
생활과학 대학	소비자아동학부	소비자학전공	-	-
		아동가족학전공	-	-
	식품영양학과		• 화학Ⅰ, 생명과학Ⅰ	• 화학Ⅱ 또는 생명과학Ⅱ·
	의류학과		-	• 화학Ⅰ, 생명과학Ⅰ
의과대학	의예과		• 생명과학Ⅰ	• 생명과학Ⅱ, 미적분, 확률과 통계, 기하
치의학 대학원	치의학과		-	-
약학대학	약학계열		• 화학Ⅰ, 생명과학Ⅰ	• 미적분, 화학Ⅱ 또는 생명과학Ⅱ
수의과 대학	수의예과		• 생명과학Ⅱ	• 미적분, 확률과 통계
학부대학	광역		-	• 미적분, 확률과 통계
	자유전공학부			
	첨단융합학부		• 미적분	• 확률과 통계 또는 물리학Ⅰ 또는 화학Ⅰ
음악대학	성악과		-	
	작곡과	작곡전공		
		이론전공		
	기악과	피아노전공		
		현악전공		
		관악전공		
	국악과			
미술대학	동양화과			
	서양화과			
	조소과			
	공예과			
	디자인과			

※ 전년도 대비 변경 모집단위

모집단위	2024		2025	
	핵심 권장과목	권장과목	핵심 권장과목	권장과목
지리교육과	-	한국지리, 세계지리, 여행지리	-	-
식품영양학과	화학Ⅱ, 생명과학Ⅱ	-	화학Ⅰ, 생명과학Ⅰ	화학Ⅱ 또는 생명과학Ⅱ·
의류학과	-	화학Ⅱ, 생명과학Ⅱ 또는 확률과 통계	-	화학Ⅰ, 생명과학Ⅰ
약학계열	화학Ⅱ, 생명과학Ⅱ	미적분, 확률과 통계	화학Ⅰ, 생명과학Ⅰ	미적분, 화학Ⅱ 또는 생명과학Ⅱ

※ 2026학년도 변경 예고
- 공과대학 화학생물공학부 : (핵심 권장과목) 미적분 / (권장과목) 확률과 통계 또는 물리학Ⅰ 또는 화학Ⅰ
- 생활과학대학 식품영양학과 : (핵심 권장과목) 없음 / (권장과목) 화학Ⅰ, 생명과학Ⅰ
- 첨단융합학부 : (핵심 권장과목) 미적분 / (권장과목) 확률과 통계 또는 물리학Ⅰ 또는 화학Ⅰ

Ⅱ. (수시모집) 주요 전형

■ (학생부종합) 지역균형

전형	모집인원	전형 방법	수능최저학력기준
지역균형	506	1단계)서류100%(3배수) 2단계)서류70%+ 면접30%	○

1. **지원자격**: 소속 고등학교장의 추천을 받은 2025년 2월 국내 고등학교 졸업예정자(조기졸업예정자 제외) ※ 고등학교별 추천 인원은 2명 이내
　※ 학교장추천전형 담당 교사(고등학교별로 1명 지정)는 지원자가 원서 접수한 대행사의 사이트에 로그인하여 지원자의 추천 여부 확인
2. **제출서류**: 학교생활기록부, 학교장 추천 명단
3. **수능최저학력기준**

[국어, 수학, 영어, 탐구(2과목 평균)] 중 3개 영역 등급 합 7 이내

4. 모집단위별 수능 응시영역 기준 및 인정 기준

유형	모집단위	수능 응시영역 기준	
①	**인문대학** **사회과학대학** **간호대학** **경영대학** **농업생명과학대학** 농경제사회학부 **사범대학** 교육학과, 국어교육과, 영어교육과, 독어교육과, 불어교육과, 사회교육과, 역사교육과, 지리교육과, 윤리교육과 **생활과학대학** 소비자아동학부, 의류학과	국어, 수학, 영어, 한국사, 탐구, <u>제2외국어/한문</u>	① 수학 선택 : 확률과 통계, 미적분, 기하 중 택1 ② 탐구 선택 : 사회탐구, 과학탐구 구분 없이 택2
②-1	**자연과학대학** 물리·천문학부 물리학전공, 물리·천문학부 천문학전공, 화학부 **공과대학** 기계공학부, 전기·정보공학부, 에너지자원공학과, 항공우주공학과 **농업생명과학대학** 식물생산과학부, 식품·동물생명공학부, 조경·지역시스템공학부, 바이오시스템·소재학부 **사범대학** 물리교육과, 화학교육과, 생물교육과 **의과대학**	국어, 수학, 영어, 한국사, 탐구 〈과학탐구 영역 응시 기준〉 · I＋I, I＋II, II＋II 세 조합 　중 선택 ※ 단, '물리학I, 물리학II, <u>화학I, 화학II' 중 1개 과목</u> <u>이상 반드시 응시해야 함</u>	① 수학 선택 : 미적분, 기하 중 택1 ② 탐구 선택 : 과학탐구 구분 없이 택2 　※: 단, I＋II 조합으로 응시할 경우 서로 　　　다른 분야의 과목을 응시해야 함 　※ 과학탐구II 선택시 조정점수를 부여함
②-2	**자연과학대학** 수리과학부, 통계학과, 생명과학부, 지구환경과학부 **간호대학** **공과대학** 건설환경공학부, 재료공학부, 컴퓨터공학부, 화학생물공학부, 건축학과, 산업공학과, 원자핵공학과, 조선해양공학과 **농업생명과학대학** 산림과학부, 응용생물화학부 스마트시스템과학과 **사범대학** 수학교육과, 지구과학교육과 **생활과학대학** 식품영양학과, 의류학과 **수의과대학** **약학대학** **첨단융합학부** **치의학대학원** 치의학과	국어, 수학, 영어, 한국사, 탐구 〈과학탐구 영역 응시 기준〉 · I＋I, I＋II, II＋II 세 조합 　중 선택	
③	**미술대학** **사범대학** 체육교육과 **학부대학** 자유전공학부	국어, 수학, 영어, 한국사, 탐구	① 수학 선택 : 확률과 통계, 미적분, 기하 중 택1 ② 탐구 선택 : 사회탐구, 과학탐구 구분 없이 택2

✛ 유형① 지원자는 '제2외국어/한문'을 응시해야 함
✛ 유형②-1과 ②-2 지원자는 '과학탐구영역 응시 기준'을 준수해야 함
✛ 유형②-1 지원자는 과학탐구영역에서 '물리학I, 물리학II, 화학I, 화학II' 중 1개 과목 이상 반드시 응시해야 함

◎ 전형요소
● 서류
1. **평가자료**: 학교생활기록부 등 제출된 서류
2. **평가내용**: 학업능력, 자기주도적 학업태도, 전공분야에 대한 관심, 지적 호기심 등 창의적 인재로 발전할 가능성을 종합적으로 평가함
   • 주어진 여건에서 보인 교과 학습활동의 성취수준과 학업역량을 평가함. 교과 학습 내용은 지원자가 이수한 교과목 특성, 수업 내용, 학업 수행내용, 이수자 수 등을 고려하여 정성적으로 평가함
      ※ 지원자의 교육환경을 바탕으로
         ① 고등학교 과정에서 국어, 영어, 수학, 사회, 과학 외에도 음악, 미술, 체육 등 전 교과를 충실히 이수하였는지와
         ② <u>서울대학교 교과이수기준 충족 여부 및 전공 연계교과이수과목 현황 등을 고려하여 평가함</u>
      ※ 사범대학 체육교육과는 실기능력을 평가에 반영함
   • 자기주도적 학습 경험에서 나타나는 지적 호기심, 학업에 대한 열정, 적극성 및 진취성, 학업수행 과정에서의 주도성, 논리적 사고력, 과제수행 능력 등의 학업소양을 평가함

- 개인의 품성 외에도 리더십, 공동체 의식, 책임감, 사회적 기여 가능성 등을 평가함
  3. **평가방법**: 다수의 평가자에 의한 다단계 종합평가
- **면접**
  1. **평가내용**: 제출서류를 토대로 서류 내용과 기본적인 학업 소양을 확인함(사범대학의 경우 교직적성·인성평가 포함)
  2. **평가방법**: 지원자 1명을 대상으로 하여 복수의 면접위원이 실시함. (10분 내외)
- **면접-의예과**
  1. **평가내용 및 방법**:
     - 의학을 전공하는 데 필요한 자질, 적성과 인성을 평가함
     - 상황/제시문 기반 면접과 서류 기반 면접을 복수의 면접실에서 진행함. (60분 내외)
     - ✛ 상황 숙지를 위한 답변 준비 시간을 별도로 부여할 수 있음

◎ 전형결과

■ 전체

학년도	전체						인문						자연					
	모집인원	지원인원	경쟁률	등록50%컷	등록70%컷	충원율	모집인원	지원인원	경쟁률	등록50%컷	등록70%컷	충원율	모집인원	지원인원	경쟁률	등록50%컷	등록70%컷	충원율
2022	681	2,403	3.53	1.29	1.37	8%	299	1,067	3.57	1.28	1.36	5%	382	1,336	3.50	1.30	1.37	11%
2023	562	2,209	3.93	1.24	1.32	14%	234	1,010	4.32	1.22	1.30	10%	328	1,199	3.66	1.25	1.33	17%
2024	506	2,513	4.97	1.24	1.30	17%	204	716	3.51	1.21	1.28	10%	302	1,797	5.95	1.27	1.32	24%
2025	506						199						307					

■ 변경사항 & 핵심포인트

[2025]

변경사항	2024	2025
모집인원	506명	506명

- 서류평가 방법은 지역균형과 일반전형 모두 동일함.
- 수능최저, 자연계열의 수능 응시영역 : 자연계열이 유형2-1과 유형2-2로 나눠지면서 유형2-1의 경우에는 과탐의 경우 Ⅰ+Ⅰ, Ⅰ+Ⅱ, Ⅱ+Ⅱ 세 조합 중 선택시 '물리학Ⅰ, 물리학Ⅱ, 화학Ⅰ, 화학Ⅱ' 중 1개 과목 이상 반드시 응시해야 함에 유의할 것
- 서류평가 방법은 지역균형과 일반전형 모두 동일함.
- ➡ **합격자 성적분포**: 인문계열은 1등급 초반 ~ 1등급 중반, 자연계열은 1등급 초반 ~ 1등급 중반.
- ※ 전년도 전형결과:
  1) 경쟁률
     - 모집인원은 562명 -> 506명으로 46명이 줄었으나 지원인원은 2,209명 -> 2,513명으로 크게 증가한 결과 경쟁률도 3.93 -> 4.97로 무려 1.04 대 1이나 상승하였음. 하지만, 인문계열과 자연계열은 전혀 다른 양상을 보임
     - 인문계열은 오히려 경쟁률이 4.32 -> 3.51로 0.81 대 1이나 하락한 반면, 자연계열은 3.66 -> 5.95로 2.39 대 1이나 상승하였음. 이는 자연계 선호 현상이 반영한 결과이며, 올 해도 이러한 현상은 유지될 것으로 보임
  2) 합격자 성적
     - 경쟁률과 달리 합격자 성적은 인문계열은 1.22 -> 1.21로 유지되었고, 자연계열도 1.25 -> 1.27로 비슷한 수준을 유지하였음
  3) 충원율
     - 인문계열은 10% -> 10%로 꾸준히 10%를 유지하고 있으나, 자연계열은 17% -> 24%로 매 년 충원율이 높아지고 있음. 이는 의학계열로 빠져나가는 결과로 보이며, 올 해의 경우 의대 정원 확대 영향으로 더욱 충원율이 증가할 것으로 예상

'*' 표시 : 교직 이수 가능

■ 모집단위

계열	모집단위	2025	2024							2023						2022					
		모집인원	모집인원	지원인원	경쟁률	등록50%컷	등록70%컷	충원번호	모집인원	지원인원	경쟁률	등록50%컷	등록70%컷	충원번호	모집인원	지원인원	경쟁률	등록50%컷	등록70%컷	충원번호
인문	윤리교육과	3	3	19	6.3			1	3	18	6.0				3	24	8.00			
예체	체육교육과	2	2	12	6.0				2	32	16.0				3	22	7.33			
인문	영어교육과	4	4	13	3.3	1.02	1.02	1	5	21	4.2	1.14	1.22	3	5	29	5.80	1.10	1.11	1
인문	국어교육과	5	5	17	3.4	1.03	1.18	1	5	53	10.6	1.04	1.04	1	5	22	4.40	1.34	1.47	
인문	사회학과	6	6	26	4.3	1.03	1.07		7	42	6.0	1.19	1.27	1	7	36	5.14	1.19	1.29	
인문	경제학부	7	12	28	2.3	1.09	1.18		20	65	3.3	1.12	1.17		40	95	2.38	1.22	1.27	2
인문	정치외교학부	17	17	57	3.4	1.12	1.13	2	18	72	4.0	1.23	1.31	2	23	70	3.04	1.18	1.24	1
인문	사회교육과	5	5	22	4.4	1.12	1.13		5	19	3.8	1.15	1.18	2	6	45	7.50	1.16	1.16	2
인문	경영대학	26	26	63	2.4	1.12	1.18		30	92	3.1	1.15	1.21	2	27	69	2.56	1.14	1.20	
인문	역사교육과	5	5	15	3.0	1.13	1.31		6	23	3.8	1.10	1.31		6	13	2.17	1.08	1.13	
인문	아동가족학전공	5	5	13	2.6	1.15	1.15	2	6	26	4.3	1.10	1.25	2	6	29	4.83	1.14	1.33	
인문	인문계열	28	27	130	4.8	1.20	1.31	3	27	96	3.6	1.32	1.42	1	55	155	2.82	1.25	1.29	1
인문	지리교육과	5	5	19	3.8	1.20	1.30	1	6	23	3.8	1.33	1.33		6	9	1.50	1.33	1.61	1
인문	자유전공학부	20	20	83	4.2	1.24	1.28	7	24	116	4.8	1.11	1.17	5	25	162	4.48	1.21	1.30	6
인문	지리학과	6	6	13	2.2	1.26	1.42	1	7	24	3.4	1.20	1.24		7	15	2.14	1.45	1.48	
인문	심리학과	6	6	15	2.5	1.27	1.30		7	27	3.9	1.09	1.31		7	18	2.57	1.26	1.27	
인문	소비자학전공	6	6	35	5.8	1.29	1.35		7	61	8.7	1.19	1.29		6	41	6.83	1.41	1.62	

계열	모집단위	2025 모집인원	2024 모집인원	지원인원	경쟁률	등록50%컷	등록70%컷	충원번호	2023 모집인원	지원인원	경쟁률	등록50%컷	등록70%컷	충원번호	2022 모집인원	지원인원	경쟁률	등록50%컷	등록70%컷	충원번호
인문	독어교육과	4	4	18	4.5	1.30	1.30		5	24	4.8	1.39	1.45	1	5	7	1.40	1.59	1.60	
인문	사회복지학과	6	6	18	3.0	1.32	1.39		7	31	4.4	1.20	1.29	2	7	29	4.14	1.31	1.33	
인문	불어교육과	5	5	12	2.4	1.32	1.32		5	17	3.4	1.32	1.38	2	5	8	1.60	1.49	1.58	
인문	역사부	9	9	21	2.3	1.35	1.46	1	9	28	3.1	1.41	1.49							
자연	농경제사회학부	11	11	45	4.1	1.39	1.42		13	77	5.9	1.40	1.43		10	26	2.60	1.43	1.58	1
인문	의류학과	8	9	22	2.4	1.48	1.60		10	23	2.3	1.51	1.58		10	17	1.70			
자연	스마트시스템과학과	4																		
자연	물리교육과	3	3	11	3.7			2	4	7	1.8	1.17	1.17		3	13	4.33			
자연	지구과학교육과	3	3	13	4.3			1	3	5	1.7				3	9	3.00			
자연	생물교육과	5	5	24	4.8			3	5	14	2.8	1.12	1.34		3	7	2.33			
자연	의예과	39	39	313	8.0	1.04	1.11		42	224	5.3	1.03	1.09		40	240	6.00	1.05	1.08	
자연	항공우주공학과	4	4	18	4.5	1.07	1.07		7	10	1.4	1.22	1.27		8	19	2.38	1.16	1.20	1
자연	컴퓨터공학부	6	6	41	6.8	1.07	1.10		9	57	6.3	1.12	1.16		22	88	4.00	1.11	1.22	2
자연	에너지자원공학과	5	5	19	3.8	1.08	1.17	2	6	15	2.5	1.30	1.35		8	23	2.88	1.29	1.38	3
자연	전기·정보공학부	11	11	52	4.7	1.11	1.16	6	19	90	4.7	1.13	1.20	2	33	113	3.42	1.27	1.33	5
자연	화학생물공학부	12	12	50	4.2	1.12	1.22	2	12	32	2.7	1.16	1.23	5	17	56	3.29	1.16	1.17	2
자연	약학계열	11	11	106	9.6	1.13	1.16	5	8	52	6.5	1.14	1.19	2	12	64	5.33	1.12	1.15	2
자연	지구환경과학부	5	5	17	3.4	1.18	1.39		5	22	4.4	1.14	1.18		6	12	2.00	1.48	1.54	
자연	응용생물화학부	9	9	103	11.4	1.19	1.19	8	11	29	2.6	1.42	1.48	3	9	43	4.78	1.23	1.25	2
자연	수리과학부	7	7	28	4.0	1.19	1.26	1	7	21	3.0	1.23	1.27	2	9	25	2.78	1.21	1.29	
자연	식품•동물생명공학부	6	6	42	7.0	1.22	1.31	1	8	59	7.4	1.19	1.34	2	6	32	5.33	1.38	1.66	2
자연	수학교육과	4	4	18	4.5	1.22	1.22		4	24	6.0	1.12	1.12	1	5	29	5.80	1.22	1.33	1
자연	물리학전공	8	8	20	2.5	1.22	1.24	2	8	28	3.5	1.16	1.16	1	9	30	3.33	1.30	1.35	
자연	첨단융합학부	30	30	206	6.9	1.24	1.29	10												
자연	화학부	7	7	36	5.1	1.24	1.24	2	8	25	3.1	1.20	1.22		9	18	2.00	1.25	1.26	2
자연	기계공학부	16	16	59	3.7	1.26	1.31	3	21	54	2.6	1.28	1.35	6	24	56	2.33	1.29	1.37	1
자연	재료공학부	15	15	55	3.7	1.26	1.29	3	20	51	2.6	1.18	1.28		20	53	2.65	1.28	1.36	
자연	통계학과	6	7	26	3.7	1.26	1.26		7	16	2.3	1.21	1.31		9	14	1.56	1.17	1.34	2
자연	화학교육과	6	6	30	5.0	1.27	1.27		6	15	2.5	1.19	1.31	2	3	5	1.67			
자연	생명과학부	7	7	83	11.9	1.31	1.36	4	10	55	5.5	1.32	1.34	6	13	59	4.54	1.22	1.30	3
자연	산림과학부	5	5	34	4.8	1.33	1.33		7	20	2.9	1.31	1.43	1	7	16	2.29	1.56	1.62	1
자연	식물생산과학부	6	6	36	6.0	1.34	1.40	3	9	28	3.1	1.32	1.48	1	9	29	3.22	1.30	1.32	3
자연	조경·지역시스템공학부	5	5	19	3.8	1.36	1.37		7	16	2.3	1.52	1.54		7	12	1.71	1.50	1.56	1
자연	바이오시스템·소재학부	7	7	49	7.0	1.37	1.38	2	9	34	3.8	1.34	1.48	4	7	33	4.71	1.28	1.37	2
자연	식품영양학과	4	4	27	6.8	1.41	1.41	3	4	12	3.0	1.44	1.44	3	6	13	2.17	1.54	1.69	1
자연	산업공학과	4	4	27	6.8	1.42	1.42		5	31	6.2	1.17	1.42		7	14	2.00	1.29	1.42	
자연	원자핵공학과	9	9	42	4.7	1.43	1.45	4	11	25	2.3	1.34	1.44	1	11	21	1.91	1.37	1.41	1
자연	건축학과	8	8	22	2.8	1.45	1.52	1	11	27	2.5	1.33	1.38		11	23	2.09	1.36	1.42	
자연	건설환경공학부	8	8	34	4.3	1.47	1.48		10	26	2.6	1.34	1.52	1	9	16	1.78	1.59	1.60	1
자연	수의예과	6	4	34	8.5	1.48	1.60		4	20	5.0	1.11	1.11	2	7	30	4.29	1.22	1.23	
자연	간호대학	10	10	82	8.2	1.52	1.56	3	13	43	3.3	1.50	1.67	10	12	56	4.67	1.52	1.65	3
자연	조선해양공학과	6	6	21	3.5	1.54	1.65	1	8	12	1.5	1.35	1.58		8	12	1.50	1.44	1.49	

■ (학생부종합) 일반전형

전형	모집인원	전형 방법	수능최저학력기준
일반전형	1,499	1단계)서류100%(2배수) 2단계)서류50%+면접및구술50% ▶디자인과: 1단계)서류100%(2배수) 2단계)면접및구술100% ▶국악과: 1단계)서류50%+ 1단계실기50%(2.5배수) 　　　　2단계)1단계서류50%+ 2단계실기40%+ 면접및구술10% ▶피아노과, 관현악과: 1단계)1단계실기100%(2.5배수) 　　　　2단계)서류60%+ 2단계실기40% ✛ 체육교육과: 1단계 합격자 중 단체종목 지원자에 한하여 실기평가를 실시하고 그 결과는 면접 및 구술고사에 반영함	X (디자인과, 체육교육과○)

1. **지원자격**: 고등학교 졸업자(2025년 2월 졸업예정자 포함) 또는 법령에 의하여 고등학교 졸업 이상의 학력이 있다고 인정된 자(고등학교 졸업학력 검정고시 합격자, 외국 소재 고등학교 졸업(예정)자.
2. **제출서류**: 학교생활기록부, 실기능력 증빙서류(해당자)
3. **수능최저학력기준**: 없음. 단, 미술대학 디자인과, 사범대학 체육교육과는 있음

> ▶ 디자인과: [국어, 수학, 영어, 탐구(2과목 평균)] 중 3개 영역 등급 합 7 이내
> ▶ 체육교육과: [국어, 수학, 영어, 탐구(2과목 평균)] 중 2개 영역 등급 합 6 이내

◎ **전형요소**
● **서류**: 지역균형전형 참고
● **면접 및 구술고사**
  1. **평가방법**: 지원자 1명을 대상으로 하여 복수의 면접위원이 실시함. 제출서류를 참고하여 추가 질문을 할 수 있음
  2. **공동 출제 문항 활용 모집단위**
    • 고등학교 교육과정 상의 기본 개념 이해를 토대로 단순 정답이나 단편 지식이 아닌 종합적인 사고력을 평가함
    • 주어진 제시문과 질문을 바탕으로 면접관과 수험생 사이의 자유로운 상호작용을 통해 문제 해결 능력과 논리적이고 창의적인 사고력을 종합적으로 평가함

모집단위		평가내용	답변준비 시간	면접시간
사회 과학 대학	인문대학	• 인문학, 사회과학 관련 제시문을 활용하여 전공적성 및 학업능력 평가 (영어 또는 한자 활용 가능)	30분 내외	15분 내외
	전 모집단위 (경제학부 제외)			
	경제학부	• 사회과학, 수학(인문) 관련 제시문을 활용하여 전공적성 및 학업능력 평가 (영어 또는 한자 활용 가능)		
자연 과학 대학	수리과학부	• 수학(자연) 관련 제시문을 활용하여 전공적성 및 학업능력 평가	45분 내외	
	통계학과			
	물리·천문학부 물리학전공 / 천문학전공	• 물리학 관련 제시문을 활용하여 전공적성 및 학업능력 평가		
	화학부	• 화학 관련 제시문을 활용하여 전공적성 및 학업능력 평가		
	생명과학부	• 생명과학 관련 제시문을 활용하여 전공적성 및 학업능력 평가		
	지구환경과학부	유형①~③ 중 택1 ① 물리학 관련 제시문을 활용하여 전공적성 및 학업능력 평가 ② 화학 관련 제시문을 활용하여 전공적성 및 학업능력 평가 ③ 지구과학 관련 제시문을 활용하여 전공적성 및 학업능력 평가		
간호대학		유형①~② 중 택1 ① 화학, 생명과학 관련 제시문을 활용하여 전공적성 및 학업능력 평가	45분 내외	
		② 인문학, 사회과학 관련 제시문을 활용하여 전공적성 및 학업능력 평가 (영어 또는 한자 활용 가능)	30분 내외	
경영대학		• 사회과학, 수학(인문) 관련 제시문을 활용하여 전공적성 및 학업능력 평가 (영어 또는 한자 활용 가능)	30분 내외	
공과대학		• 수학(자연) 관련 제시문을 활용하여 전공적성 및 학업능력 평가	45분 내외	
농업 생명 과학 대학	농경제사회학부	• 사회과학, 수학(인문) 관련 제시문을 활용하여 전공적성 및 학업능력 평가 (영어 또는 한자 활용 가능)	30분 내외	
	식물생산과학부	• 생명과학 관련 제시문을 활용하여 전공적성 및 학업능력 평가	45분 내외	
	산림과학부	• 수학(자연) 관련 제시문을 활용하여 전공적성 및 학업능력 평가		
	식품·동물생명공학부	• 화학, 생명과학 관련 제시문을 활용하여 전공적성 및 학업능력 평가		
	응용생물화학부	유형①~② 중 택1 ① 화학 관련 제시문을 활용하여 전공적성 및 학업능력 평가 ② 생명과학 관련 제시문을 활용하여 전공적성 및 학업능력 평가		
	조경·지역시스템공학부 바이오시스템·소재학부	• 수학(자연) 관련 제시문을 활용하여 전공적성 및 학업능력 평가		
	스마트시스템과학과	유형①~② 중 택1 ① 수학(자연) 관련 제시문을 활용하여 전공적성 및 학업능력 평가 ② 생명과학 관련 제시문을 활용하여 전공적성 및 학업능력 평가		
사범 대학	교육학과	• 인문학, 사회과학 관련 제시문을 활용하여 전공적성 및 학업능력 평가 (영어 또는 한자 활용 가능)	30분 내외	
	국어교육과			
	영어교육과			
	독어교육과			
	불어교육과			
	사회교육과			
	역사교육과			
	지리교육과			
	윤리교육과			
	체육교육과			
	수학교육과	• 수학(자연) 관련 제시문을 활용하여 전공적성 및 학업능력 평가	45분 내외	
	물리교육과	• 물리학 관련 제시문을 활용하여 전공적성 및 학업능력 평가		
	화학교육과	• 화학 관련 제시문을 활용하여 전공적성 및 학업능력 평가		
	생물교육과	• 생명과학 관련 제시문을 활용하여 전공적성 및 학업능력 평가		
	지구과학교육과	• 지구과학 관련 제시문을 활용하여 전공적성 및 학업능력 평가		

모집단위			평가내용	답변준비 시간	면접시간
생활 과학 대학	소비자 아동 학부	소비자학 전공	· 사회과학, 수학(인문) 관련 제시문을 활용하여 전공적성 및 학업능력 평가 (영어 또는 한자 활용 가능)	30분 내외	
		아동가족학 전공	· 인문학, 사회과학 관련 제시문을 활용하여 전공적성 및 학업능력 평가 (영어 또는 한자 활용 가능)		
	식품영양학과		· 화학, 생명과학 관련 제시문을 활용하여 전공적성 및 학업능력 평가	45분 내외	
	의류학과	유형①~② 중 택1	① 화학, 생명과학 관련 제시문을 활용하여 전공적성 및 학업능력 평가	45분 내외	
			② 사회과학, 수학(인문) 관련 제시문을 활용하여 전공적성 및 학업능력 평가 (영어 또는 한자 활용 가능)	30분 내외	
약학 대학	약학계열		· 수학(자연) 관련 제시문을 활용하여 전공적성 및 학업능력 평가	45분 내외	
첨단융합학부			· 수학(자연) 관련 제시문을 활용하여 전공적성 및 학업능력 평가	45분 내외	
학부 대학	자유전공학부	유형①~③ 중 택1	① 인문학, 수학(인문) 관련 제시문을 활용하여 전공적성 및 학업능력 평가 (영어 또는 한자 활용 가능)	30분 내외	
			② 사회과학, 수학(인문) 관련 제시문을 활용하여 전공적성 및 학업능력 평가(영어 또는 한자 활용 가능)		
			③ 수학(인문), 수학(자연) 관련 제시문을 활용하여 전공적성 및 학업능력 평가		

• 제시문별 출제 범위

구분	출제 범위
수학(인문)	수학, 수학Ⅰ, 수학Ⅱ, 확률과 통계
수학(자연)	수학, 수학Ⅰ, 수학Ⅱ, 확률과 통계, 미적분, 기하
물리학	통합과학, 과학탐구실험, 물리학Ⅰ, 물리학Ⅱ
화학	통합과학, 과학탐구실험, 화학Ⅰ, 화학Ⅱ
생명과학	통합과학, 과학탐구실험, 생명과학Ⅰ, 생명과학Ⅱ
지구과학	통합과학, 과학탐구실험, 지구과학Ⅰ, 지구과학Ⅱ

3. 공동 출제 문항 비활용 모집단위

모집단위	평가내용 및 방법
의과대학	· 의학을 전공하는 데 필요한 자질, 적성과 인성을 평가함 · 상황/제시문 기반 면접과 서류 기반 면접을 복수의 면접실에서 진행함(60분 내외) ※ 상황 숙지를 위한 답변 준비 시간을 별도로 부여할 수 있음
치의학대학원 치의학과	· 치의학을 전공하는 데 필요한 자질과 적성, 인성 등을 평가함 · 다양한 상황 제시와 제출서류 내용을 확인함 · 면접실 당 10분씩 총 4개 면접실에서 진행함(40분 내외) ※ 상황 숙지를 위한 답변 준비 시간을 별도로 부여할 수 있음
수의과대학	· 수의학을 전공하는 데 필요한 자질과 적성, 인성 등을 평가함 · 다양한 상황 제시와 생명과학과 관련된 기본적인 학업 소양을 확인함 · 면접실 당 10분씩 총 5개 면접실에서 진행함(50분 내외) ※ 상황 숙지를 위한 답변 준비 시간을 부여할 수 있음
디자인과	· 모집단위 관련 전공적성 및 학업능력을 평가(답변 준비 : 없음. 면접 : 15분 내외) · 서류평가 자료를 활용한 심층적인 질의

4. 사범대학 교직적성·인성면접
   1) **평가내용**: 학과 적성, 교사가 갖추어야 할 기본적인 자질과 인성, 교직에 대한 이해 등
   2) **평가방법**: · 지원자 1명을 대상으로 하여 복수의 면접위원이 15분 내외로 실시함
         · 답변 준비시간: 15분 내외
         · 면접 및 구술고사와 동일한 일정으로 시행함
5. 실기평가(사범대학 체육교육과(단체종목))
   단체종목 지원자에 한하여 해당 종목 실기평가를 실시하고 그 결과는 면접 및 구술고사에 반영함
6. 미술대학: 요강 참고

◎ 전형결과
■ 전체

학년도	전체						인문						자연					
	모집인원	지원인원	경쟁률	등록50%컷	등록70%컷	충원율	모집인원	지원인원	경쟁률	등록50%컷	등록70%컷	충원율	모집인원	지원인원	경쟁률	등록50%컷	등록70%컷	충원율
2022	1,592	11,751	7.38	2.22	2.56	7%	706	6,024	8.53	2.31	2.61	2%	886	5,727	6.46	2.12	2.50	12%
2023	1,408	11,434	8.12	2.05	2.37	6%	608	5,241	8.62	2.12	2.55	0.7%	800	6,193	7.74	2.10	2.38	11%
2024	1,492	15,020	10.07	2.10	2.41	7%	597	6,119	10.25	1.94	2.23	1%	895	8,901	9.95	2.26	2.59	12%
2025	1,499						596						903					

■ 변경사항 & 핵심포인트

[2025]

변경사항	2024	2025
모집인원	1,492명	1,499명(+7명)
(체육교육과) 수능최저 변경	[국어, 수학, 영어, 탐구(2과목 각각)] 2개영역 4등급	[국어, 수학, 영어, 탐구(2과목 평균)] 2개영역 등급 합 6
(국악과) 1단계:서류10% 증가	1단계)서류40%+ 1단계실기60%	1단계)서류50%+ 1단계실기50%

➡ 합격자 성적분포: 인문계열은 1등급 후반 ~ 2등급 초반, 자연계열은 1등급 후반 ~ 2등급 후반.
※ 전년도 전형결과:
1) 경쟁률
 - 모집인원은 1,408명 -> 2,492명으로 84명 늘었고, 지원인원은 11,434명 ->15,020명으로 3,586명이나 증가한 결과 경쟁률도 8.12 -> 10.07로 1.95 대 1이나 상승하였음. 인문계열과 자연계열은 모두 경쟁률이 상승하였음
 - 인문계열은 경쟁률이 8.62 -> 10.25로 1.63 대 1 상승하였고, 자연계열도 7.74 -> 9.95로 2.21 대 1 상승하였음
2) 합격자 성적
 - 인문계열은 2.12 -> 1.94로 0.18 상승하였고, 자연계열도 2.10 -> 2.26으로 0.16 낮아져서 고교 유형이 더 다양화 되었음
3) 충원율
 - 인문계열은 0.7% -> 1%로 거의 충원이 일어나지 않는 반면, 자연계열은 11% -> 12%로 매 년 10% 이상 충원이 발생하고 있음.
 올 해는 의대 정원 확대 영향으로 일반전형에서도 자연계열의 충원이 더 많이 발생할 것으로 예상

'*' 표시 : 교직 이수 가능
■ 모집단위

계열	모집단위	2025 모집인원	2024 모집인원	지원인원	경쟁률	등록50%컷	등록70%컷	충원번호	2023 모집인원	지원인원	경쟁률	등록50%컷	등록70%컷	충원번호	2022 모집인원	지원인원	경쟁률	등록50%컷	등록70%컷	충원번호
예체	체육교육과	4	4	133	33.3	1.04	1.04		6	118	19.7	1.13	3.85		10	124	12.40	1.68	2.04	
예체	디자인과	7	7	221	31.6	1.32	1.39		7	209	29.9	1.32	1.41		6	138	23.00	1.90	2.03	
인문	교육학과	11	11	140	12.7	1.38	1.49	2	12	118	9.8	1.41	1.42	1	12	78	6.50	1.53	1.53	
인문	국어교육과	9	9	111	12.3	1.44	1.51	1	10	59	5.9	2.06	2.29		10	62	6.20	1.48	1.77	
인문	사회복지학과	6	7	102	14.6	1.53	2.01		7	88	12.6	1.97	2.23		7	113	16.14	2.05	2.34	
인문	윤리교육과	9	9	110	12.2	1.53	1.68		8	101	12.6	1.73	1.85		10	64	6.40	2.44	2.77	
인문	불어불문학과	9	9	73	8.1	1.55	1.85		9	60	6.7	1.93	2.71		9	46	5.11	2.40	2.95	
인문	언론정보학과	13	13	124	9.5	1.62	1.87		14	108	7.7	1.73	1.86		14	126	9.00	1.65	1.93	2
인문	역사교육과	6	6	59	9.8	1.62	2.70		6	45	7.5	1.62	3.00		6	31	5.17	1.67	1.71	
인문	경영대학	47	47	327	7.0	1.68	1.95		47	278	5.9	1.77	2.03		50	278	5.56	1.76	2.15	
인문	지리교육과	6	6	61	10.2	1.69	1.81		6	50	8.3	1.74	1.83		6	36	6.00	2.75	2.95	
인문	정치외교학부	25	25	300	12.0	1.71	1.82		26	300	11.5	1.78	2.05		26	229	8.81	1.92	2.17	
인문	아동가족학전공	10	10	143	14.3	1.72	1.91		10	93	9.3	2.26	2.71		10	75	7.50	2.29	2.74	
인문	사회학과	10	10	173	17.3	1.75	2.17		10	143	14.3	1.95	2.27		10	120	12.0	1.78	2.06	1
인문	국어국문학과	9	9	109	12.1	1.75	2.35		9	100	11.1	2.29	2.66		9	84	9.33	2.20	2.56	
인문	중어중문학과	9	9	79	8.8	1.76	1.82		9	66	7.3	1.81	2.49		9	66	7.33	1.82	2.00	
인문	소비자학전공	8	7	120	17.1	1.76	1.77	1	7	111	15.9	2.52	2.58		8	105	13.13	2.43	2.54	
인문	영어교육과	12	12	104	8.7	1.78	1.83		10	69	6.9	2.09	2.30		12	65	5.42	1.94	1.99	1
인문	아시아언어문명학부	9	9	100	11.1	1.82	1.96		9	80	8.9	2.06	2.12		9	76	8.44	2.21	2.32	
인문	언어학과	9	9	90	10.0	1.85	2.03		9	68	7.6	1.92	2.26		9	78	8.67	1.87	2.28	
인문	철학과	9	9	187	20.8	1.89	2.13		9	138	15.3	2.31	2.86		9	123	13.67	2.41	2.52	
인문	사회교육과	6	6	72	12.0	1.93	2.46		5	49	9.8	1.48	1.95		6	60	10.00	1.91	2.59	
인문	노어노문학과	9	9	74	8.2	1.96	2.56	1	9	61	6.8	1.76	2.56		9	61	6.78	2.35	2.48	
인문	경제학부	60	60	336	5.6	1.97	2.32	1	64	297	4.6	1.87	2.25		64	257	4.02	1.78	2.19	
인문	인류학과	12	13	173	13.3	1.98	2.40		13	121	9.3	1.96	2.62		13	107	8.23	2.06	2.13	
인문	의류학과	12	12	109	9.1	2.02	2.48		12	89	7.4	1.81	2.04		12	78	6.50	2.70	3.08	1
인문	미학과	9	9	108	12.0	2.07	2.43		9	86	9.6	2.09	2.35		9	90	10.00	1.91	2.14	

계열	모집단위	2025 모집인원	2024 모집인원	지원인원	경쟁률	등록 50%컷	등록 70%컷	충원번호	2023 모집인원	지원인원	경쟁률	등록 50%컷	등록 70%컷	충원번호	2022 모집인원	지원인원	경쟁률	등록 50%컷	등록 70%컷	충원번호
인문	불어교육과	9	9	65	7.2	2.09	2.43		10	62	6.2	2.35	2.89		10	40	4.00	2.62	3.05	
인문	심리학과	8	8	100	12.5	2.09	2.28		8	82	10.3	2.21	2.36		8	77	9.63	1.84	1.95	
인문	독어독문학과	9	9	66	7.3	2.16	2.49		9	50	5.6	2.15	2.39		9	55	6.11	2.19	2.51	
인문	자유전공학부	48	48	425	8.9	2.21	2.79		50	408	8.2	2.08	2.46		61	517	8.48	1.99	2.22	8
인문	영어영문학과	9	9	113	12.6	2.24	2.29		9	108	12.0	2.18	2.54		9	80	8.89	2.61	2.78	1
인문	서어서문학과	9	9	77	8.6	2.24	2.46		9	59	6.6	2.22	2.59		9	50	5.56	2.44	2.44	
인문	지리학과	9	9	98	10.9	2.39	2.50		9	72	8.0	2.20	2.38		9	59	6.56	1.95	1.96	
인문	독어교육과	10	10	68	6.8	2.41	2.43		10	56	5.6	2.12	2.38	1	10	38	3.80	2.31	2.44	
인문	고고미술사학과	9	9	100	11.1	2.51	2.94		9	63	7.0	2.35	2.96		9	50	5.56	2.12	2.37	
인문	농경제사회학부	15	15	173	11.5	2.57	2.98		14	168	12.0	2.38	2.45	2	19	132	6.95	2.78	3.27	1
인문	종교학과	9	9	105	11.7	2.60	2.79		9	56	6.2	2.25	2.58		9	78	8.67	1.65	1.81	
인문	역사학부	9	9	132	14.7	2.68	2.99		9	116	12.9	2.38	2.73		9	58	6.44	2.63	2.85	
예체	음악대학(국악과)	28	28	284	10.1	2.98	3.47		28	260	9.3	3.15	3.79		26	274	10.54	3.36	4.06	
예체	음악대학(피아노)	23	23	202	8.8	4.00	4.51		24	210	8.8	4.20	4.53		21	175	8.33	3.42	4.10	
예체	음악대학(관현악)	47	47	373	7.9	4.75	5.30		49	366	7.5	4.48	5.59		27	132	4.89	4.44	4.90	
자연	스마트시스템과학과	10																		
자연	수리과학부	16	16	129	8.1				16	118	7.4				18	96	5.33	3.10	3.10	
자연	항공우주공학과	18	18	161	8.9			1	18	92	5.1	2.85	2.85	1	18	107	5.94	2.16	2.27	
자연	물리학전공	20	20	160	8.0			1	20	136	6.8	2.43	2.43	2	24	138	5.75	2.19	2.81	1
자연	재료공학부	37	38	243	6.4			4	37	196	5.3	2.18	2.51		42	199	4.74	2.13	2.72	4
자연	화학부	20	20	190	9.5			3	20	114	5.7	2.45	2.53	2	21	132	6.29	2.14	2.62	4
자연	기계공학부	54	54	342	6.3			2	49	215	4.4	2.14	2.69	4	55	256	4.65	2.43	2.69	5
자연	산업공학과	12	12	111	9.3			2	12	95	7.9	1.43	1.43	1	12	105	8.75	1.71	1.71	1
자연	컴퓨터공학부	28	28	207	7.4			1	28	248	8.9	1.51	1.63	1	28	197	7.04	1.66	1.98	1
자연	의예과	49	50	782	15.6	1.18	1.30		53	773	14.6	1.18	1.28		65	763	11.74	1.18	1.42	
자연	치의학과	25	25	335	13.4	1.35	1.53	9	25	296	11.8	1.43	1.54		22	203	9.23	1.70	1.84	8
자연	수의예과	17	19	261	13.7	1.50	1.76	2	17	195	11.5	1.69	1.98		20	186	9.30	1.76	1.81	3
자연	약학계열	29	29	301	10.4	1.52	1.80	3	29	242	8.3	1.49	1.56	5	32	220	6.88	1.62	1.87	5
자연	천문학전공	6	6	60	10.0	1.59	1.81	3	6	48	8.0				6	60	10.00	2.15	2.15	
자연	식품·동물생명공학부	16	16	249	15.6	1.66	1.91	4	16	167	10.4	2.21	2.37	5	20	134	6.70	1.87	2.32	3
자연	지구과학교육과	9	9	83	9.2	1.78	1.83	1	10	55	5.5	2.22	2.94	1	10	43	4.30	1.96	2.06	
자연	조경·지역시스템공학부	14	14	166	11.9	1.85	1.96	3	14	100	7.1	2.07	2.44	1	17	98	5.76	2.01	2.91	
자연	화학생물공학부	41	41	291	7.1	1.88	2.51	7	45	218	4.8	1.96	2.27	8	45	230	5.11	2.10	2.30	7
자연	식품영양학과	12	12	139	11.6	1.89	1.92	1	14	94	6.7	1.77	1.83	5	14	57	4.07	1.93	2.00	3
자연	간호대학	27	27	264	9.8	1.98	2.50	3	27	177	6.6	2.01	2.15	6	32	178	5.56	1.87	2.24	4
자연	화학교육과	7	7	82	11.7	1.99	2.16		7	51	7.3	2.94	2.95	1	7	45	6.43	2.29	2.39	4
자연	바이오시스템·소재학부	13	13	208	16.0	2.06	3.61	4	13	196	15.1	2.16	2.53	4	16	113	7.06	2.38	2.90	4
자연	물리교육과	7	7	76	10.9	2.09	2.43	3	7	46	6.6	2.52	2.67		7	49	7.00	1.95	2.84	2
자연	생물교육과	7	7	110	15.7	2.12	2.18	2	7	62	8.9	2.63	3.90	1	7	32	4.57	1.84	2.45	
자연	지구환경과학부	19	18	195	10.8	2.13	2.52	2	19	156	8.2	2.12	2.52	3	25	146	5.84	2.57	3.64	2
자연	수학교육과	11	11	106	9.6	2.21	3.80	1	11	82	7.5	1.84	1.93	1	12	87	7.25	2.12	2.52	1
자연	건축학과	25	25	168	6.7	2.30	3.26	5	25	147	5.9	1.89	2.27	2	28	136	4.86	2.40	3.19	
자연	건설환경공학부	26	26	220	8.5	2.38	3.72	3	26	178	6.9	2.11	2.81	2	29	144	4.97	2.95	3.19	4
자연	에너지자원공학과	15	15	137	9.1	2.68	3.24	1	15	103	6.9	2.32	2.36		17	93	5.47	2.15	2.37	3
자연	응용생물화학부	15	15	211	14.1	2.76	3.00	4	15	237	15.8	1.53	1.80	6	19	194	10.21	2.24	3.02	6
자연	산림과학부	19	19	194	10.2	2.79		6	19	136	7.2	1.90	2.08	3	24	126	5.25	2.00	2.70	5
자연	통계학과	13	12	97	8.1	2.87			12	71	5.9	2.15	2.15		16	103	6.44	2.24	2.26	
자연	생명과학부	27	27	345	12.8	2.95		8	27	272	10.1	2.28	2.50	10	27	223	8.26	1.87	2.26	5
자연	첨단융합학부	98	98	1,074	11.0	3.02		8												
자연	원자핵공학과	15	15	165	11.0	3.18	3.48	1	15	98	6.5	2.81	3.11	2	17	92	5.41	2.35	3.14	1
자연	식물생산과학부	24	24	319	13.3	3.24	4.07	4	24	205	8.5	2.08	2.74	2	29	186	6.41	1.77	2.12	3
자연	전기·정보공학부	80	80	500	6.3	3.25		3	80	410	5.1	2.19	2.46	3	80	441	5.51	1.96	2.36	7
자연	조선해양공학과	22	22	220	10.0	3.33	3.87	2	22	164	7.5	2.96	3.54	6	25	115	4.60	3.40	3.88	7

41. 서울시립대학교 서울특별시 동대문구 서울시립대로 163 (Tel: 02. 6490-6180~1)

I. 한 눈에 보는 전형

모집 시기	전형 유형	전형	모집 인원	전형 방법	수능최저 학력기준
수시	교과	지역균형선발	189	학생부교과100% ※ **고교 추천: 10명**	○
수시	종합	학생부종합Ⅰ(면접형)	380	1단계)서류100%(3배수) 2단계)서류50%+ 면접50%	X
수시	종합	학생부종합Ⅱ(서류형)	191	서류100%	○(경영학부X)
수시	종합	기회균형Ⅰ	144	1단계)서류100%(3배수) 2단계)서류50%+ 면접50%	X
수시	종합	사회공헌·통합	35	1단계)서류100%(3배수) 2단계)서류50%+ 면접50%	X
수시	논술	논술전형	74	학생부교과30%+ 논술70%	X
수시	실기/실적	실기	8	▶음악학과: 학생부교과10%+ 실기90%	X

(수시모집) 지원 가능 횟수	전형별 지원자격을 충족할 경우 모든 전형에 중복지원이 가능합니다. 단, 전형별로 1개의 모집단위만 지원이 가능합니다

■ 무전공(전공자율선택)

유형① [대학 내 모든 전공(보건의료, 사범 등 제외) 자율 선택]		유형② [계열/단과대 모집 후 모집단위 내 전공 자율 선택]	
모집단위	인원	모집단위	인원
자유전공학부(인문)	39		
자유전공학부(자연)	39		

■ **자유전공학부로** 입학한 자는 2학년 진급 시 융합전공학부, 인공지능학과, 융합응용화학과, 첨단융합학부, 예체능계열을 제외하고 모든 학부 과를 선택할 수 있습니다.

■ 학교폭력 조치사항 반영방법

	감점			
	1호 ~ 3호	4호 ~ 5호	6호 ~ 7호	8호 ~ 9호
논술전형, 지역균형선발전형 실기/실적위주, 수능위주	1점	10점	20점	30점
학생부종합전형	정성평가(서류 및 면접평가)			

■ 전형결과

※ 성적 산출기준: (수시) 교과 석차등급, (정시) 수능 백분위

모집시기	전형유형	전형	학년도	모집인원	지원인원	경쟁률	등록자 평균	충원율
수시	교과	지역균형선발	2024	228	2,188	9.60	1.96	162%
수시	종합	학생부종합Ⅰ(면접형)	2024	368	9,069	24.64	3.01	63%
수시	종합	학생부종합Ⅱ(서류형)	2024	80	1,456	18.20	2.73	139%
수시	논술	논술전형	2024	75	2,575	34.33	3.91	44%

■ (주요전형) 전형일정

유형	전형	원서접수 마감	대학별 고사(면접/논술)	1단계 합격자	최종 합격자
교과	지역균형선발	9.12(목) 18:00 학교장추천: 9.25(수)			12.13(금)
종합	학생부종합Ⅰ(면접형)	9.12(목) 18:00	-11.23(토) 인문계열, 예체능계열 -11.24(일) 자연계열	11.15(금)	12.13(금)
종합	학생부종합Ⅱ(서류형)	9.12(목) 18:00			12.13(금)
논술	논술전형	9.12(목) 18:00	10.05(토) 자연계열		12.13(금)

Ⅱ. (수시모집) 주요 전형

■ (학생부교과) 지역균형선발

전형	모집인원	전형 방법	수능최저학력기준
지역균형선발	189	학생부교과100%	○

1. **지원자격**: 초·중등교육법 시행령 제76조의3에 따른 국내 고등학교 2023년 이후 졸업(예정)자 중 소속 고등학교장의 추천을 받은 자로서 2025학년도 대학수학능력시험 응시자
   - ※ 3학년 1학기까지 국내 고등학교 교육과정에서 통산 <u>5학기 이상의 성적</u>을 취득한 자
   - ※ <u>고등학교별 추천인원은 10명 이내</u>이며, 본 전형 지원시 본인의 소속 고등학교와 반드시 협의 후 원서접수 가능
   - ※ 단, 특성화고(일반고의 특성화(전문계) 과정 이수자, 대안교육 특성화고, 일반고의 대안교육 위탁학생 출신자 포함), 마이스터고, 예술고, 체육고, 학력인정 평생교육시설, 각종학교, 방송통신고, 고등기술학교 등 등 관계 법령에 의한 학력인정 학교 또는 유사한 교육기관 등 졸업(예정)자는 지원할 수 없음
2. **제출서류**: 학교생활기록부
3. **수능최저학력기준**:

> ▶ 인문계열, 자유전공학부(인문): [국어, 수학, 영어, 사/과탐(1과목)] 중 3개 영역 등급 합 7 이내
> ▶ 자연계열Ⅰ: [국어, <u>수학(미적분/기하)</u>, 영어, 과탐(1과목)] 중 3개 영역 등급 합 7 이내
> ▶ 자연계열Ⅱ(환경원예학과, 건축학부(건축공학전공), 건축학부(건축학전공), 교통공학과, 조경학과, 자유전공학부(자연))
>   : [국어, <u>수학</u>, 영어, 과탐(1과목)] 중 3개 영역 등급 합 7 이내
> ※ 반드시 해당 계열 조건에 알맞은 응시유형에 응시하여야 함(한국사 미응시 시 불합격 처리)

◎ 전형요소
● 학생부

반영요소 반영비율	반영교과목		교과성적 산출지표	학년별 반영비율
	구분	반영방법		
교과100%	공통 및 일반선택 (90%)	전 교과에 속한 전 과목	석차등급	학년 구분 없음
	진로선택 (10%)	전 교과에 속한 전 과목 ※ 성취도별 반영점수 = A : 100, B : 97, C : 90	성취도	

구분		1등급	2등급	3등급	4등급	5등급	6등급	7등급	8등급	9등급
점수	100점	100	98	95	86	71	50	30	15	0
등급 간 점수 차이	100점	0	2	3	9	15	21	20	15	15
	1,000점	0	20	30	90	150	210	200	150	150

◎ 전형결과
■ 전체

학년도	전체					인문					자연				
	모집인원	지원인원	경쟁률	등록평균	충원율	모집인원	지원인원	경쟁률	등록평균	충원율	모집인원	지원인원	경쟁률	등록평균	충원율
2022	198	3,515	17.75	2.07	181%	94	1,932	20.55	2.10	204%	104	1,583	15.22	2.03	157%
2023	194	3,660	18.87	1.89	184%	91	1,567	17.22	1.91	230%	103	2,093	20.32	1.87	137%
2024	228	2,188	9.60	1.96	162%	114	977	8.57	2.05	218%	114	1,211	10.62	1.87	105%
2022	189					89					100				

■ 변경사항 & 핵심포인트

[2025]

변경사항	2024	2025
모집인원	228명	189명(+39명)
(학생부) 진로선택과목: 반영교과목 변경	인 국어, 영어, 수학, 사회교과 중 3과목 자 국어, 영어, 수학, 과학교과 중 3과목	전 과목

- (학생부) 진로선택과목: 4개 교과 중 3과목 -> 전 과목으로 변경됨에 따라 전년도 보다 영향력 커짐.
- 수능최저학력기준의 자연계열을 자연계열Ⅰ과 자연계열Ⅱ(환경원예학과, 건축학부(건축공학전공), 건축학전공), 교통공학과, 조경학과)로 분리함. 수학(확률과 통계)를 자연계열Ⅰ은 인정하지 않고, 자연계열Ⅱ는 인정함. 즉, 수학(확률과 통계) 응시자는 자연계열Ⅱ로 지원이 가능함

➡️ **합격자 성적분포:** 인문계열은 1등급 추반 ~ 2등급 중반, 자연계열은 1등급 중반 ~ 2등급 중반.

- **전년도에 경쟁률이 18.67 -> 7.46로 크게 하락한 이유는?**
  다른 대학들도 대부분 수능최저가 있는 학생부교과전형은 하락하였음. 학생들이 수능이 어렵게 출제된다는 부담 때문에 수능최저 있는 교과형 보다는 수능최저 없는 학종을 선호. 올 해도 이러한 현상이 지속될 가능성이 큼. 일부 모집단위는 수능최저만 맞춰도 합격할 수 있음

- **진로선택과목을 3과목 -> 전과목으로 변경한 이유는?**
  2015 개정 교육과정이 고교 현장에 안착했다는 판단해서 전 과목을 반영하기로함.

'*' 표시 : 교직 이수 가능

■ 모집단위

계열	모집단위	2025 모집인원	2024 모집인원	지원인원	경쟁률	등록평균	충원번호	2023 모집인원	지원인원	경쟁률	등록평균	충원번호	2022 모집인원	지원인원	경쟁률	등록평균	충원번호
인문	자유전공학부	4	3	51	17.0	1.86	3	3	45	15.0	2.01	4	5	100	20.0	2.05	8
인문	국제관계학과	5	5	47	9.4	1.86	15	5	78	15.6	1.91	15	5	147	29.4	2.00	9
인문	국사학과	3	4	44	11.0	1.91	4	3	71	23.7	2.03	9	3	52	17.3	2.34	8
인문	*경영학부**	23	34	292	8.6	1.93	102	26	379	14.6	1.74	78	26	582	22.4	1.91	45
인문	사회복지학과	5	7	58	8.3	2.00	10	4	81	20.3	1.94	3	5	97	19.4	2.23	11
인문	국어국문학과	3	3	21	7.0	2.01	1	3	75	25.0	1.92	4	3	48	16.0	2.32	9
인문	철학과*	3	3	34	11.3	2.01	6	3	46	15.3	2.18	3	3	51	17.0	2.02	4
인문	경제학부	9	12	133	11.1	2.04	32	11	222	20.2	1.93	33	11	231	21.0	2.08	29
인문	도시사회학과	4	4	29	7.3	2.04	9	4	66	16.5	1.89	11	4	73	18.3	2.07	9
인문	영어영문학과	4	5	52	10.4	2.10	13	4	189	47.3	1.94	3	4	97	24.3	2.37	7
인문	중국어문화학과	3	3	49	16.3	2.10	4	3	59	19.7	2.26	9	3	57	19.0	2.36	6
인문	세무학과	10	11	54	4.9	2.19	12	8	72	9.0	1.60	11	8	124	15.5	1.66	15
인문	도시행정학과	5	7	35	5.0	2.23	13	5	66	13.2	1.80	5	5	94	18.8	1.97	13
인문	행정학과*	8	13	78	6.0	2.25	24	9	118	13.1	1.65	21	9	179	19.9	1.96	19
자연	자유전공학부	4															
자연	융합바이오헬스전공	1															
자연	*화학공학과**	5	9	85	9.4	1.66	11	6	105	17.5	1.68	11	6	172	28.7	1.73	12
자연	전자전기컴퓨터공학부	18	17	152	8.9	1.69	36	18	383	21.3	1.66	27	18	365	20.3	1.82	31
자연	융합응용화학과	2	3	43	14.3	1.77	2	4	102	25.5	1.84	5	4	60	15.0	2.02	8
자연	컴퓨터과학부	6	9	70	7.8	1.78	9	7	95	13.6	1.72	21	7	152	21.7	1.67	19
자연	기계정보공학과	5	6	61	10.2	1.79	5	5	82	16.4	1.76	4	5	75	15.0	1.90	8
자연	생명과학과	4	5	47	9.4	1.79	5	4	62	15.5	1.69	2	4	73	18.3	1.71	7
자연	통계학과	3	5	74	14.8	1.80	3	4	101	25.3	1.92	7	4	49	12.3	2.10	10
자연	환경공학부	8	10	110	11.0	1.81	11	9	246	27.3	1.80	8	9	110	12.2	2.03	13
자연	인공지능학과	2	2	45	22.5	1.83	2	2	68	34.0	2.02	6	2	29	14.5	2.17	
자연	도시공학과	3	3	32	10.7	1.83	2	3	48	16.0	1.98	6	3	35	11.7	1.96	4
자연	수학과	5	7	87	12.4	1.89	1	5	68	13.6	2.00	11	5	50	10.0	2.05	8
자연	공간정보공학과	3	4	62	15.5	1.93	4	4	96	24.0	2.05	2	4	45	11.3	2.24	
자연	건축공학전공*	5	5	46	9.2	1.94	4	5	91	18.2	1.99	4	5	53	10.6	2.13	6
자연	물리학과	3	4	50	12.5	1.97	7	3	31	10.3	2.08	3	3	32	10.7	1.89	1
자연	조경학과*	3	4	56	14.0	1.99		3	50	16.7	2.17	1	3	25	8.3	2.31	2
자연	신소재공학과*	5	5	36	7.2	2.04	6	5	84	16.8	1.67	10	5	83	16.6	1.80	11
자연	환경원예학과*	3	4	35	8.8	2.05	2	4	60	15.0	1.96	1	4	40	10.0	2.15	2
자연	건축학전공*	4	4	53	13.3	2.12	6	4	173	43.3	1.88	12	5	55	11.0	2.46	13
자연	교통공학과	3	3	25	8.3	2.15	3	3	48	16.0	1.69		3	29	9.7	2.14	2
자연	토목공학과*	5	5	42	8.4	2.50	3	5	100	20.0	1.85		5	51	10.2	2.28	6

■ (학생부종합) 학생부종합 I (면접형)

전형	모집인원	전형 방법	수능최저학력기준
학생부종합 I (면접형)	380	1단계)서류100%(3배수) 2단계)서류50%+ 면접50%	X

1. **지원자격:** 고등학교 졸업자(졸업예정자) 또는 법령에 의하여 고등학교 졸업 이상의 학력이 있다고 인정된 자
2. **제출서류:** 학교생활기록부

◎ **전형요소**
■ 서울시립대학교 학생부종합전형 선발 인재상
  공공성을 지향하는 서울시립대학교의 3대 교육 이념인 진리, 창조, 봉사에 조응하여 학업역량, 잠재역량, 사회역량을 고루 갖춘 인재

● 서류(600점)
1. **평가방법**: 학교생활기록부를 통해 지원자의 학업역량, 잠재역량, 사회역량 등을 종합적으로 평가
   ※ 서류평가 과정에서 지원자에 대한 추가정보 수집이 필요하다고 판단되면 추가서류 요구 및 현장실사를 실시할 수 있음
2. **평가영역**:

평가요소	반영비율		평가항목	평가내용
	면접형	서류형		
학업역량	35%	30%	고교 기초 학업 능력	대학 학업 수행의 기초가 되는 고등학교 교과 학업성취도
			대학 전공 기초 소양	고교 생활을 통해 진로 및 전공분야 탐구에 대하여 학습한 경험 및 교육활동 실적
잠재역량	40%	50%	다학제적 전공 수학 열의	관심분야 탐구와 관련된 교육 활동 간의 연계성 및 심화학습 수준
			통합적인 문제해결 역량	전공과 직·간접적으로 관련된 문제를 탐구하고 대안을 제시한 경험 및 활동 실적
사회역량	25%	20%	공동체 및 시민윤리의식	공동체 발전을 위하여 개인의 유익보다 공공의 이익과 공적 윤리를 중시하는 태도와 행위
			협동학습능력	타인과 협력함으로써 결여된 것을 보완하여 성과를 산출하는 팀워크

※ 위 평가사항을 기준으로 1단계 서류평가, 2단계 면접평가를 실시합니다.

평가요소	평가항목	주요 평가요소	학생부
학업역량	고교 기초 학업 능력 대학 전공 기초 소양	• 주요교과 학업성취도 및 성적 추이 • 공 관련 교과 학업성취도 및 성적 추이 • 주요교과의 이수 상황 및 심층 내용 • 전공 관련 교과의 이수 상황 및 심층 내용 • 학업에 기울인 노력과 학습 경험	• 교과학습발달상황 • 세부능력 및 특기사항대학 • 창의적 체험활동 상황 등
잠재역량	다학제적 전공 수학 열의 통합적인 문제해결 역량	• 관심 분야 탐구 및 교육활동 경험의 우수성, 지속성 다양성 • 관심 분야 및 지원 전공영역에 대한 열정과 이해 수준 • 학교 교육활동을 통한 자기주도적인 참여 내용과 성취 수준	• 세부능력 및 특기사항 • 창의적 체험활동 상황 • 행동특성 및 종합의견 등
사회역량	공동체 및 시민윤리의식 협동학습능력	• 학교생활 속 나눔 배려 공동체 의식 성실성 등이 관찰된 구체적 사례 • 협력 등 팀워크 사례 • 공동체 발전을 위하여 구성원과 소통하고 조율한 경험 사례	• 행동특성 및 종합의견 • 창의적 체험활동 상황 • 세부능력 및 특기사항 등

☞ **보충설명**

• 잠재역량(40%) > 학업역량(35%) > 사회역량(25%) 순으로 반영. 잠재역량은 다른 대학의 전공적합성이며 가장 중요함.
• 모집단위별 인재상에 부합하는 지가 매우 중요함. 모집단위별로 학업역량, 잠재역량, 사회역량 순으로 3개씩 인재상이 있음. 평가영역을 모집단위에 녹여내서 구현한 것으로 매우 중요함
• 잠재역량(전공적합성)은 학과로 이해 하지만 전공적합성을 강조하기 어려운 학과들도 있기 때문에 점점 계열적합성을 보려고 함. 결국은 모집단위별 인재상이 중요함
   - 잠재역량에서 '다학제적~'이라는 표현은 학문 간을 뛰어넘어 교과와 비교과활동 등을 포괄하는 개념임. '통합적인~'이라는 표현도 통합이 방점이 아니라 문제해결량이 방점임.
   - 잠재역량은 전공적합성으로 이해, 학교에 들어와서 얼마나 전공을 잘 할 수 있는지 등 전공과 관련된 역량 강조.
   - 창의력이 필요한 학과에서 창의력을 표현하는 것이 중요한 데 그렇지 않은 학생이 많음.
   - 그런 활동을 왜 하려고 하는 지에 대해 미래에 대한 계획보다는 과거의 활동을 통해 근거를 보여주는 것이 중요
   - 잠재역량은 전공에 대한 관심 및 준비 정도를 의미함, 올 해는 학생부 대입 미반영 항목이 많아져서 세특이 더 중요해짐
   잠재역량은 관심 분야 탐구 및 교육활동 경험의 우수성, 지속성, 다양성, 관심 분야 및 전공영역에 대한 열정과 이해 수준, 학교 교육활동을 통한 자기주도적인 참여수준 및 탐구활동 등을 주요 평가요소로 함
• 사회역량은 인성 평가인데 추상적이고 서류로 드러나기 어려운 부분이 많으므로 비율이 적음.

■ 모집단위별(학부과) 인재상

대학	학부·과	인재상
정경 대학	행정학과	• 국어 영어 수학 사회 또는 과학 교과의 성취도가 우수한 학생 • 사회현상에 대해 분석적 비판적 창의적으로 사고하고 자신의 미래를 주도적으로 계획하고 실행하려는 의지가 강한 학생 • 공동체 가치와 봉사정신을 중시하고 의사소통 갈등조정 협동을 통해 문제를 해결한 경험이 있거나 역량을 갖춘 학생

대학	학부·과	인재상
경영 대학	국제관계학과	• 외국어, 언어 및 사회 교과의 성취도가 우수한 학생 • 국제관계와 세계 지역 및 한반도, 정치·외교에 관심이 많고 분석 능력을 갖춘 학생 • 국제적 마인드, 리더십, 봉사정신, 팀워크, 희생정신, 소통 능력 및 배려심이 있는 학생
	경제학부	• 다양한 분야의 경제문제에 관심이 많고 수학적 소양이 우수한 학생 • 정보화 적응력 및 분석적 사고를 바탕으로 혁신과 창의성이 뛰어나며 글로벌 마인드, 적극적인 리더십이 있는 학생 • 공동체 의식을 바탕으로 협동 정신과 봉사 정신이 뛰어나며 높은 윤리 의식을 가진 학생
	사회복지학과	• 기초 교과의 성취도가 우수하고 다양한 분야의 사회복지 문제에 관심이 많은 학생 • 사회적 이슈를 자신의 관점에서 사회문제로 연결하고 대안 제시가 가능한 학생 • 다양성을 가진 사회와의 의사소통 능력 및 원활한 대인관계 형성 및 리더십이 있는 학생
	세무학과	• 기초 및 탐구영역 교과의 성취도가 우수하고 자기주도적 학습 능력을 갖춘 학생 • 통합적 사고능력을 바탕으로 융합 학문에 대한 이해를 통하여 새로운 가치 창출을 추구하는 학생 • 높은 윤리 의식을 바탕으로 지속적인 발전과 혁신을 추구하는 리더십이 있는 학생
	경영학부	• 수리적 분석력과 정보 활용 능력, 외국어 능력이 우수한 학생 • 논리적 사고력을 갖추고 창의적인 문제해결 방안 제시가 가능하며 도전정신을 가진 학생 • 사회통합형 리더십과 팀워크 능력, 올바른 기업윤리 정신에 대한 이해와 시민의식을 갖춘 학생
인문 대학	영어영문학과	• 교과 성취도가 전반적으로 우수하고 특히 영어 국어 등 언어영역의 성취도가 우수한 학생 • 영어의 언어학적 분석과 교육 영어권 문학 및 문화에 대한 소양과 열정이 있는 학생 • 창의적 사고역량과 공감능력을 바탕으로 한 의사소통능력을 갖춘 학생
	국어국문학과	• 기초 교과의 성취도가 우수하고 특히 국어, 영어, 사회 교과의 소양이 뛰어난 학생 • 한국어 글쓰기 능력과 독해력을 바탕으로 한국어 및 한국문학·문화에 대한 논리적이고 창의적인 탐구가 가능한 학생 • 동아리 활동, 토론 수업 등에 소통과 협력과 공감의 자세로 적극적으로 참여하는 학생
	국사학과	• 역사 관련(한국사, 동아시아사, 세계사) 교과 및 언어 영역(국어, 영어) 교과 성취도가 우수한 학생 • 역사적 사고능력과 사료 해석 능력을 갖춘 학생 • 협업 능력과 창의력을 갖춘 학생
	철학과	• 기초 교과의 성취도가 우수한 학생 • 비판적 사고력을 바탕으로 논리적이고 창의적인 탐구가 가능한 학생 • 다양한 사고방식을 이해하고 서로 소통하고 협력할 수 있는 능력을 갖춘 학생
	중국어 문화학과	• 기초 교과의 성취도가 우수하고 특히 국어 및 역사 교과의 소양이 뛰어난 학생 • 비판적 사고와 통찰력을 바탕으로 중국의 문화와 사회에 대해 관심이 큰 학생 • 텍스트를 이해하여 환경에 맞게 해석할 수 있으며 자신의 의견이나 생각을 명확하고 설득력 있게 설명할 수 있는 학생
도시 과학 대학	도시행정학과	• 외국어 및 사회 교과의 학업성취도가 높고 자기주도적 학습역량을 갖춘 학생 • 다양한 도시현상과 문제들을 공공성의 관점에서 폭넓게 이해하며, 창의적인 분석을 할 수 있는 학생 • 도전정신 및 소통과 통합역량, 진취적 리더십 및 봉사 정신을 갖춘 학생
	도시사회학과	• 국어, 영어, 수학, 통합사회 영역에서 균형 있는 학업성취도를 나타내는 학생 • 사회현상에 대한 객관적 관찰력을 갖추고 창의적·혁신적 문제 제기를 할 수 있는 학생 • 동아리 활동, 팀 프로젝트, 토론과 실습을 통한 학습활동에 적극적인 학생
	건축학부 (건축공학전공)	• 기초 교과(수학, 영어) 및 과학 교과의 학업역량이 우수한 학생 • 건축공학 분야에 대한 관심이 높고 창의력과 실천력을 갖춘 인재로 발전 가능성이 높은 학생 • 의사소통능력 및 사회관계능력과 성실성을 갖춘 학생
	건축학부 (건축학전공)	• 기초 교과 성취도가 우수한 학생 • 건축 및 디자인에 대한 관심이 많고 창의성과 기획력을 갖춘 학생 • 협력과 의사소통 역량 및 리더십을 갖춘 학생
	도시공학과	• 기초 및 탐구영역 교과의 성취도가 우수하고 자기주도적인 학습역량을 갖춘 학생 • 미래 변화 예측과 능동적 대응에 필요한 창의성과 유연성을 갖춘 학생 • 도시문제 해결을 위한 협력적 리더십과 의사소통 능력을 갖춘 학생
	교통공학과	• 기초 교과(수학, 물리, 영어) 성취도가 우수한 학생 • 사물과 현상에 대한 수학적·과학적 사고력이 뛰어난 학생 • 의사소통 능력 및 높은 윤리의식을 가진 학생
	조경학과	• 기초 교과와 탐구영역 교과의 성취도가 우수한 학생 • 과학적 사고 및 예술적 소양을 바탕으로 환경과 조경에 대한 이해력과 창의성을 갖춘 학생 • 의사소통 능력이 우수하고 공동체 의식을 바탕으로 사회관계 능력을 갖춘 학생
	환경공학부	• 환경문제에 대한 내재적 동기부여를 갖고 있으며 수학, 물리, 화학, 생명과학을 기반으로 공학적 응용 및 문제해결 능력을 겸비한 학생 • 주어진 문제에 대한 창의적이고 비판적 사고력을 겸비한 학생 • 타인과의 신뢰를 바탕으로 배려와 양보를 실천하며 스스로에 대한 가치를 인정할 수 있는 학생

대학	학부·과	인재상
공과대학	공간정보공학과	• 수학과 물리, 지구과학, 지리 과목에 대한 지식이 풍부하고 전공 이수에 필요한 소프트웨어 및 외국어 능력을 갖춘 학생 • 공간정보 분야에 대한 높은 관심을 바탕으로 분석적 사고력과 창의성을 지닌 학생 • 의사소통 능력과 갈등 해결 능력이 있는 학생
	전자전기컴퓨터공학부	• 수학과 물리에 대한 풍부한 기초지식을 지니고 있으며 우수한 외국어 능력을 갖춘 학생 • 전자전기컴퓨터공학 기술에 대한 탐구 의욕이 강하며 창의적인 사고를 할 수 있는 학생 • 다양한 의견들을 통합할 수 있는 리더로서의 능력을 지니고 있으며 미래의 목표를 설정하고 끊임없이 노력하는 학생
	화학공학과	• 기초 과학 및 수학 교과목에 대해 깊은 소양을 갖춘 학생 • 공학적 응용에서 요구되는 창의적이고 분석적인 사고력을 겸비한 학생 • 타인과 공동목표를 위해 협동하는 능력 및 다양한 의견들을 통합할 수 있는 리더십을 갖춘 학생
	기계정보공학과	• 수학 및 기초 과학(물리)에 대한 학업성취도가 높은 학생 • 기계 및 정보 과학기술에 흥미가 높으며 창의적인 사고력이 있는 학생 • 타인과 협동하는 리더십을 갖춘 학생
	신소재공학과	• 기초 교과(수학, 물리, 화학) 및 외국어 능력 성취도가 우수하고, 자신의 생각을 논리 정연한 글로써 나타낼 수 있는 학생 • 전공학문에 대한 흥미와 호기심을 바탕으로 창의적인 질문을 생각해 내고 그에 대한 해답을 찾기 위해 끊임없이 탐구하는 학생 • 타인을 배려하고 전체 속에서 자신의 역할을 스스로 찾아 수행해 가며, 원활한 의사소통 능력을 발휘하여 팀워크를 세워나가는 학생
	토목공학과	• 공학 이수를 위한 기초 교과(수학, 물리, 화학, 지구과학) 성취도가 우수하며, 전공에 대한 흥미를 가진 학생 • 공학 기술에 대한 관심을 바탕으로 한 창의성과 자기주도적 학습 능력을 가지고 있는 학생 • 사회적 문제들에 대한 이해도를 바탕으로 자신의 경험과 생각을 논리적으로 표현할 수 있으며, 타인과의 협동 능력을 갖춘 학생
	컴퓨터과학부	• 수학, 기초 과학에 대한 지식 및 외국어 능력을 갖춘 학생 • 컴퓨터 및 정보·과학기술에 흥미가 높으며 창의적이고 자기주도적인 문제해결 능력을 갖춘 학생 • 의사소통 능력 및 협동 능력을 갖춘 학생
	인공지능학과	• 수학 기초과학 외국어에 대한 성취도가 우수하며 전공에 대한 흥미를 가진 학생 • 공학적 마인드와 컴퓨터 구현 역량을 갖춘 학생 • 성실하고 책임감이 있으며 팀워크에서 리더십과 배려심을 발휘할 수 있는 학생
자연과학대학	수학과	• 수학교과의 성취도가 우수하고 외국어 능력을 갖춘 학생 • 수리 논리적 사고능력을 바탕으로 수학적 탐구심과 창의성이 있는 학생 • 성실하고 의사소통 능력을 갖춘 학생
	통계학과	• 전문성 : 통찰력과 합리적인 사고를 바탕으로 수리적인 지식을 쌓은 학생 • 창의성 : 새로운 아이디어를 바탕으로 변화와 혁신을 추구하며 창의적으로 공부하는 학생 • 협동성 : 열린 마음으로 소통하고 배려하여 합리적인 결과를 도출하는 능력을 갖춘 학생
	물리학과	• 수학, 과학의 학업역량이 우수한 학생 • 자연현상 및 현대 과학기술의 근본원리에 대한 호기심이 강하고 관련된 문제와 해결방안을 창의적으로 제시하는 학생 • 공동체 발전 및 팀워크를 통한 문제해결을 중시하는 학생
	생명과학과	• 기초과학 교과의 성취도가 우수한 학생 • 관찰력과 논리적 사고 능력이 우수한 학생 • 성실하고 창의성이 있는 학생
	환경원예학과	• 생명 관련 교과목(생명과학, 화학)에 대한 소양이 우수한 학생 • 식물과 환경에 대한 관심이 높고 창의적이고 분석적인 사고를 갖춘 학생 • 긍정적인 사고를 가지고 타인과의 공동목표를 위해 함께 일하며 다양한 의견을 통합할 수 있는 리더십을 갖춘 학생
	융합응용화학과	• 기초교과(수학, 과학, 영어)의 성취도가 우수한 학생 • 자연현상의 원리에 대한 관심이 많고 과학적 소질을 가진 자기주도적인 학생 • 성실하고 창의성이 있으며 공동체 의식이 뛰어난 학생
예술체육대학	스포츠과학과	• 기초 교과 성취도가 우수하며 글로벌 감각을 갖춘 학생 • 체육 실기 능력이 뛰어나고 도전정신과 리더십 및 창의적 사고를 갖춘 학생 • 스포츠를 통한 사회공헌 및 봉사정신을 갖춘 학생
자유융합대학	자유전공학부 (인문)	• 언어 및 사회교과 성취도가 우수하고 자기주도적 학습 능력을 갖춘 학생 • 인문 사회과학 분야의 소양을 토대로 사회적 문제에 대한 통찰력과 해결 능력을 갖춘 학생 • 지식과 정보를 유연하게 활용하는 의사소통능력과 타인을 배려하는 리더십을 갖춘 학생
	자유전공학부 (자연)	• 기초수학·과학교과 성취도가 우수하고 자기주도적 학습 능력을 갖춘 학생 • 수학적 사고력과 과학적 소양을 토대로 통찰력과 창의적 문제해결 능력을 갖춘 학생 • 지식과 정보를 유연하게 활용하는 의사소통 능력과 타인을 배려하는 리더십을 갖춘 학생

대학	학부·과	인재상
	융합전공학부 (국사학-도시 역사경관학전공)	• 역사 관련(한국사, 동아시아사, 세계사) 교과 및 언어 영역(국어, 영어) 교과 성취도가 우수한 학생 • 역사적 사고능력과 사료 해석 능력을 갖추고 도시 및 역사 경관에 대한 이해 능력을 갖춘 학생 • 협업 능력과 창의력을 갖춘 학생
	융합전공학부 (국제관계학- 빅데이터분석학 전공)	• 사회와 수학 교과의 성취도가 우수한 학생 • 국제관계와 세계 지역 및 한반도 정치 외교에 관심이 많고 통계와 수학적 모델을 활용할 수 있는 능력을 갖춘 학생 • 봉사 정신 리더십 소통능력 배려심이 있는 학생
	융합전공학부 (도시사회학- 국제도시개발학 전공)	• 국어, 영어, 수학, 통합사회 영역에서 균형 있는 학업성취도를 나타내고, 제2외국어 능력이 뛰어난 학생 • 글로벌 이슈에 대한 객관적 관찰력을 갖추고 창의적·혁신적 문제 제기를 할 수 있는 학생 • 동아리 활동, 팀 프로젝트, 토론과 실습을 통한 학습활동에 적극적인 학생
	융합전공학부 (철학-동아시아 문화학전공)	• 기초 교과의 성취도가 우수한 학생 • 동아시아 문화 전반에 관심을 가지고 있으며 비판적 사고력을 바탕으로 논리적이고 창의적인 탐구가 가능한 학생 • 다양한 사고방식을 이해하며 서로 소통하고 협력할 수 있는 능력을 갖춘 학생
	융합전공학부 (도시공학- 도시부동산기획 경영학전공)	• 기초 및 탐구영역 교과의 성취도가 우수하고 자기주도적인 학습역량을 갖춘 학생 • 도시문제와 공익에 대한 관심이 크고 기획력 및 창의성을 갖춘 학생 • 의사소통 능력, 갈등 해결 능력 및 창의적 리더십을 갖춘 학생
	융합전공학부 (도시공학- 국제도시개발학 전공)	• 기초 및 탐구영역 교과의 성취도가 우수하고 자기주도적인 학습역량을 갖춘 학생 • 도시문제와 공익에 대한 관심이 크고 기획력 및 글로벌 마인드를 갖춘 학생 • 의사소통 능력, 창의적 리더십을 갖춘 학생
	융합전공학부 (물리학- 나노반도체 물리학)	• 수학, 과학의 학업역량이 우수한 학생 • 과학기술의 발전과 첨단 기기의 작동 원리에 대한 호기심이 강하고 관련된 문제와 해결방안을 창의적으로 제시하는 학생 • 공동체 발전 및 팀워크를 통한 문제해결을 중시하는 학생
	융합전공학부 (조경-환경생태 도시학)	• 환경 생태적 지속 가능한 도시와 관련된 수학(통계), 과학, 사회와 영어 교과의 성취도가 우수한 학생 • 환경과 공간 문제에 대한 비판적 사고력과 통찰력을 갖추고 기술 활용 역량을 가진 학생 • 의사소통 능력이 우수하고 사회관계 능력과 갈등 해결 능력을 겸비한 학생
	융합전공학부 (융합바이오 헬스전공)	• 기초교과 수학 영어 및 과학교과 생명과학 화학 물리 의 성취도가 우수한 학생 • 논리적 사고 능력과 과학적 탐구 능력이 우수하며 자기주도적인 학생 • 성실하고 의사소통 능력이 우수하며 공동체 의식이 높은 학생

☞ **보충설명**
• 모집단위별 인재상이 매우 중요함
  하지만, 모집단위별 인재상을 강조한 나머지 3년 동안 진로가 일치해야 하는 오해를 가짐. 절대 그럴 필요는 없음. 지원한 모집단위에 입학해서 수학할 수 있는 지를 판단하는 것이므로, 진로가 변경되었더라도 필요한 역량을 가지고 있다면 문제되지 않음
• 자유전공학부(인문), 자유전공학부(자연)은 다른 대학의 계열적합성으로 이해하면 됨. 인문계열 또는 자연계열에 입학해서 어떤 모습단위를 선택하더라도 수학할 수 있는 지를 평가. 인문계열은 국어, 영어, 사회교과, 자연계열은 수학, 과학 중심으로 평가

● **면접(400점)**
  1. **평가방법**: 면접평가는 모집단위별로 진행되며 2인의 면접위원이 지원자 1인을 대상으로 지원자의 <u>종합적 사고력, 문제해결능력, 의사소통능력, 공적윤리의식, 제출서류의 진실성</u> 등을 <u>약 12분간 평가</u>합니다.
  ※ 면접평가는 <u>블라인드 면접</u>으로 진행되며 지원자의 성명, 수험번호, 출신고교명 등의 신상정보가 평가에 영향을 미치지 않도록 블라인드 처리됩니다(출신 고교를 유추할 수 있는 교복 착용 금지)
  2. **평가영역**:

구분	반영비율	평가항목	평가내용
학업역량	35%	고교 기초학업능력	대학 학업 수행의 기초가 되는 고등학교 교과 학업성취도
		대학 전공 기초 소양	고교 생활을 통해 진로 및 전공분야 탐구에 대하여 학습한 경험 및 교육활동 실적
잠재역량	40%	다학제적 전공 수학 열의	지원동기·학업계획과 관련된 교과 및 비교과 활동 내용 간의 연계성 및 심화학습
		통합적인 문제해결 역량	전공과 직·간접적으로 관련된 문제를 탐구하고 대안을 제시한 경험 및 활동 실적
사회역량	25%	공동체 및 시민윤리의식	공동체 발전을 위하여 개인의 유익보다 공공의 이익과 공적 윤리를 중시하는 태도와 행위
		협동학습능력	타인과 협력함으로써 결여된 것을 보완하여 성과를 산출하는 팀워크

☞ **보충설명**
• 면접고사 시간이 12분. 면접 역전율은 54% 정도로 매우 높음. 면접 반영비율이 40%로 높기 때문임.

◎ 전형결과
■ 전체

학년도	전체						인문						자연					
	모집인원	지원인원	경쟁률	등록평균		충원율	모집인원	지원인원	경쟁률	등록평균		충원율	모집인원	지원인원	경쟁률	등록평균		충원율
2022	449	6,809	15.16	3.01		37%	263	3,341	12.70	3.15		62%	186	3,468	18.65	2.87		58%
2023	371	6,656	17.94	3.14		32%	182	2,920	16.04	3.33		59%	189	3,736	19.77	2.94		54%
2024	368	9,069	24.64	3.01		63%	180	3,919	21.77	3.30		82%	188	5,150	27.39	2.72		44%
2025	380						186						194					

■ 변경사항 & 핵심포인트
[2025]

변경사항	2024	2025
모집인원	368명	380명(+12명)
지원자격 변경	고등학교 졸업자(졸업예정자) 또는 법령에 의하여 고등학교 졸업 이상의 학력이 있다고 인정된 자로서 모집단위별 인재상에 부합한다고 자기 자신을 추천할 수 있는 자	고등학교 졸업자(졸업예정자) 또는 법령에 의하여 고등학교 졸업 이상의 학력이 있다고 인정된 자
2단계) 면접 10% 증가	2단계)서류60%+ 면접40%	2단계)서류50%+ 면접50%

• 1단계를 통과하면 서류점수가 매우 몰려 있어 누가 합격하더라도 우수한 학생임. 그래서 면접이 중요 1.5배수까지는 합격 가능함
• 전공적합성인 잠재역량을 강조. 전공적합성은 학과 중심이며, 모집단위별 인재상을 살펴보고 지원 바람
➡ 합격자 성적분포: 인문계열은 2등급 중반 ~ 3등급 중반, 자연계열은 2등급 중반 ~ 3등급 초반.

■ 모집단위
'*'표시 : 교직 이수 가능

계열	모집단위	2025 모집인원	2024 모집인원	2024 지원인원	2024 경쟁률	2024 등록평균	2024 표준편차	2024 충원번호	2023 모집인원	2023 지원인원	2023 경쟁률	2023 등록평균	2023 표준편차	2023 충원번호	2022 모집인원	2022 지원인원	2022 경쟁률	2022 등록평균	2022 표준편차	2022 충원번호
인문	자유전공학부	5																		
인문	국사학-도시역사경관학전공	2	2	28	14.0	2.52			2	15	7.5				2	22	11.0	2.74		
인문	국사학과	10	8	164	20.5	2.59		9	8	133	16.6	2.61		4	8	115	14.4	2.77		7
인문	행정학과*	24	22	378	17.2	2.66		9	26	346	13.3	2.71		14	24	250	10.4	2.60		10
예체	스포츠과학과	8	8	323	40.4	2.77		10	8	222	27.8	2.99		11	8	218	27.3	2.93		7
인문	도시사회학과	10	10	225	22.5	2.82		4	7	123	17.6	2.74		4	10	115	11.5	2.46		6
인문	세무학과	7	19	220	11.6	2.83		3	20	126	6.3	3.19		3	20	121	6.1	2.76		4
인문	국제관계학과	14	14	341	24.4	2.92		21	14	450	32.1	2.44		13	16	394	24.6	3.63		11
인문	국어국문학과	11	9	145	16.1	3.16		11	9	146	16.2	2.91		6	8	86	10.8	3.41		5
인문	국제관계학-빅데이터분석학전공	4	4	78	19.5	3.21		3	4	39	9.8	4.34		2	4	47	11.8	2.89		4
인문	도시행정학과	11	11	281	25.6	3.62		4	11	110	10.0	3.87		6	11	95	8.6	2.92		3
인문	영어영문학과	18	13	280	21.5	3.63		24	13	234	18.0	3.60		19	13	225	17.3	3.68		6
인문	철학-동아시아문화학전공	2	2	23	11.5	3.64		1	2	19	9.5			2	2	19	9.5	2.54		1
인문	중국어문화학과	10	10	138	13.8	3.79		9	8	109	13.6	3.68		6	8	91	11.4	3.51		6
인문	경제학부	27	25	572	22.9	3.80		26	28	404	14.4	3.48		7	26	272	10.5	3.63		17
인문	사회복지학과	11	11	446	40.6	3.91		9	10	242	24.2	4.65		2	10	258	25.8	3.68		4
인문	도시사회학-국제도시개발학전공	3	3	45	15.0	3.99			3	32	10.7			5	3	38	12.7	3.80		
인문	철학과*	9	9	232	25.8	4.22		4	9	170	18.9	3.45		4	8	77	9.6	3.87		7
자연	자유전공학부	5																		
자연	융합바이오헬스전공	2																		
자연	환경공학부*	14	16	347	21.7	2.09		7	14	241	17.2	2.10		12	14	237	16.9	2.11		6
자연	물리학과	5	5	120	24.0	2.12		4	6	100	16.7	2.56		6	5	61	12.2	2.66		2
자연	컴퓨터과학부	12	11	376	34.2	2.21			11	311	28.3	2.66		13	11	369	33.6	2.45		9
자연	환경원예학과*	9	9	300	33.3	2.24		1	9	264	29.3	2.90		1	10	177	17.7	3.65		3
자연	도시공학-도시부동산기획경영학전공	2	2	25	12.5	2.31		1	2	16	8.0				2	17	8.5	2.61		
자연	수학과	5	5	117	23.4	2.35		4	4	56	14.0	2.49			6	96	16.0	2.25		3
자연	전자전기컴퓨터공학부	24	15	537	35.8	2.35		8	15	466	31.1	2.29		9	15	345	23.0	2.65		14
자연	도시공학과	8	10	139	13.9	2.39		3	12	128	10.7	2.10		3	12	88	7.3	2.47		7
자연	조경-환경생태도시학	2	2	51	25.5	2.44			2	29	14.5				2	42	21.0	4.42		
자연	통계학과	9	9	183	20.3	2.45		2	12	120	10.0	3.02		3	9	101	11.2	2.27		8
자연	조경학과*	15	9	169	18.8	2.52			12	92	7.7	3.38		1	9	83	9.2	2.38		1
자연	화학공학과*	14	14	409	29.2	2.57		22	15	498	33.2	2.09		9	15	329	21.9	2.98		12
자연	토목공학과*	7	7	93	13.3	2.66		1	7	89	12.7	2.44		3	7	61	8.7	4.43		4

계열	모집단위	2025 모집 인원	2024 모집 인원	2024 지원 인원	2024 경쟁 률	2024 등록 평균	2024 표준 편차	2024 충원 번호	2023 모집 인원	2023 지원 인원	2023 경쟁 률	2023 등록 평균	2023 표준 편차	2023 충원 번호	2022 모집 인원	2022 지원 인원	2022 경쟁 률	2022 등록 평균	2022 표준 편차	2022 충원 번호
자연	공간정보공학과	6	6	142	23.7	2.69		2	5	76	15.2	4.40		3	5	43	8.6	4.57		3
자연	*건축학전공**	*11*	*16*	266	16.6	2.81		5	14	164	11.7	2.47		9	12	223	18.6	2.12		6
자연	생명과학과	8	9	504	56.0	2.90		6	8	282	35.3	3.59		4	8	384	48.0	1.82		7
자연	인공지능학과	6	4	116	29.0	3.04		4	4	86	21.5	2.18		3	4	78	19.5	2.11		2
자연	교통공학과	5	3	38	12.7	3.09			4	35	8.8	2.51		1	5	35	7.0	2.85		4
자연	융합응용화학과	6	7	424	60.6	3.39			6	168	28.0	4.76		5	6	129	21.5	2.81		4
자연	도시공학- 국제도시개발학전공	2	2	25	12.5	3.45			2	18	9.0				2	14	7.0	2.49		1
자연	물리학-나노반도체물리학	2	2	30	15.0	3.47		1	2	17	8.5			1	2	25	12.5	2.29		2
자연	기계정보공학과	8	10	399	39.9	3.76		9	9	263	29.2	4.47		6	9	249	27.7	3.18		6
자연	건축공학전공*	7	8	143	17.9	3.85		2	8	69	8.6	4.16		2	8	83	10.4	2.52		3

■ (학생부종합) 학생부종합Ⅱ(서류형)

전형	모집인원	전형 방법	수능최저학력기준
학생부종합Ⅱ(서류형)	191	서류100%	○(경영학부X)

1. **지원자격**: 고등학교 졸업자(졸업예정자) 또는 법령에 의하여 고등학교 졸업 이상의 학력이 있다고 인정된 자로서, 모집단위별 인재상에 부합한다고 자기 자신을 추천할 수 있는 자
   ※ 다음의 경우에 한하여 학교생활기록부 대체서식에 의한 추가서류를 제출할 수 있음
   · 국외고 졸업(예정)자 및 국외고에서 1학기 이상 이수한 경우, 국외고 재학 시 학업 및 교내활동 관련 내용
   · 검정고시 합격자의 경우 과거 3년 이내의 학업 및 활동 관련 내용
2. **제출서류**: 학교생활기록부
3. **수능최저학력기준**: 단, 경영학부는 미적용

[국어, 수학, 영어, 사/과탐(1과목)] 중 2개 영역 등급 합 5 이내, 한국사 4등급 이내
※ 경영학부: 없음

◎ 전형요소
● 서류(600점): 면접형 참고

■ [전형비교] 학생부종합Ⅰ(면접형), 학생부종합Ⅱ(서류형)

구분	[종합] 학생부종합Ⅰ(면접형)	[종합] 학생부종합Ⅱ(서류형)
전형방법	1단계)서류100%(3배수) 2단계)서류50%+ 면접50%	서류100%
모집인원	380명	191명
수능최저학력기준	X	○(단, 경영학부는 미적용)
서류 평가요소	학업역량(35%), 잠재역량(40%), 사회역량(25%)	학업역량(30%), 잠재역량(50%), 사회역량(20%)

· 공통점: 모두 수능최저학력기준이 없음
· 차이점:
  - 면접고사: 면접형은 있는 반면, 서류형은 없기 때문에 서류형이 합격선이 약간 더 높음
  - 서류평가: 면접형은 학업역량35%, 잠재역량40%인 반면 서류형은 학업역량30%, 잠재역량50%로 차이가 남
· 전형결과:

전형유형	전형	학년도	모집인원	지원인원	경쟁률	등록자 평균	충원율
학생부종합	학생부종합Ⅰ(면접형)	2024	368	9,069	24.64	3.01	63%
학생부종합	학생부종합Ⅱ(서류형)	2024	80	1,456	18.20	2.73	139%

◎ 전형결과
■ 전체

학년도	전체 모집 인원	전체 지원 인원	전체 경쟁 률	전체 등록 평균	전체 표준 편차	전체 충원 율	인문 모집 인원	인문 지원 인원	인문 경쟁 률	인문 등록 평균	인문 표준 편차	인문 충원 율	자연 모집 인원	자연 지원 인원	자연 경쟁 률	자연 충원 율
2022																
2023	80	1,329	16.61	2.57		91%	78	1,293	16.57	2.57		82%	2	36	18.00	100%
2024	80	1,456	18.20	2.73		139%	80	1,456	18.20	2.73		139%				
2025	191						120						71			

■ 변경사항 & 핵심포인트

[2025]

변경사항	2024	2025
모집인원	80명	191명(+111명)
지원자격 변경	고등학교 졸업자(졸업예정자) 또는 법령에 의하여 고등학교 졸업 이상의 학력이 있다고 인정된 자로서 <u>모집단위별 인재상에 부합한다고 자기 자신을 추천할 수 있는 자</u>	고등학교 졸업자(졸업예정자) 또는 법령에 의하여 고등학교 졸업 이상의 학력이 있다고 인정된 자
수능최저학력기준 도입	-	[국어, 수학, 영어, 사/과탐(1과목)] 중 2개 영역 등급 합 5 이내, 한국사 4등급 이내 ※ 경영학부: 없음

- 지원자격: '모집단위별 인재상에 부합한다고 자기 자신을 추천할 수 있는 자'를 삭제함
- 수능최저: 경영학부를 제외한 모든 모집단위에 수능최저학력기준 2개 영역 등급 합 5 이내, 한국사 4등급 이내를 도입. 합격선 낮아질 것

■ 모집단위

'*' 표시 : 교직 이수 가능

계열	모집단위	2025 모집인원	2024 모집인원	2024 지원인원	2024 경쟁률	2024 등록평균	2024 충원번호	2023 모집인원	2023 지원인원	2023 경쟁률	2023 등록평균	2023 충원번호	2022 모집인원	2022 지원인원	2022 경쟁률
인문	행정학과*	6													
인문	자유전공학부	9													
인문	경제학부	5													
인문	사회복지학과	3													
인문	세무학과	10													
인문	도시사회학과	3	3	91	30.3	2.25	3	3	62	20.7		4			
인문	경영학부*	78	71	1,231	17.3	2.93	100	69	1,089	15.8	2.77	48			
인문	국제관계학과	6	6	134	22.3	3.01	8	6	142	23.7	2.37	12			
자연	전자전기컴퓨터공학부	5													
자연	화학공학과*	5													
자연	기계정보공학과	3													
자연	신소재공학과*	8													
자연	토목공학과*	2													
자연	컴퓨터과학부	3													
자연	인공지능학과	2													
자연	수학과	2													
자연	통계학과	3													
자연	물리학과	2													
자연	생명과학과	2													
자연	환경원예학과*	3													
자연	융합응용화학과	2													
자연	건축공학전공*	2													
자연	건축학전공*	5													
자연	도시공학과	4													
자연	교통공학과	2						2	36	18.0					
자연	환경공학부*	5													
자연	공간정보공학과	2													
자연	자유전공학부	9										2			

■ (논술) 논술전형

전형	모집인원	전형 방법	수능최저학력기준
논술전형	74	학생부교과30%+ 논술70%	X

1. **지원자격**: 고등학교 졸업(예정)자 또는 고등학교 졸업 학력 검정고시 합격자 또는 기타 법령에 의하여 이와 동등 이상의 학력이 있다고 인정된 자

◎ 전형요소
● 학생부(300점)

반영요소 반영비율	반영교과목 구분	반영교과목 반영방법	교과성적 산출지표	학년별 반영비율
교과100%	공통 및 일반선택	전 교과에 속한 전 과목	석차등급	학년 구분 없음
	진로선택	미반영		

반영요소 반영비율	반영교과목										교과성적 산출지표	학년별 반영비율
	구분	반영방법										

구분		1등급	2등급	3등급	4등급	5등급	6등급	7등급	8등급	9등급
점수	100점	100	99	98	97	96	90	80	70	0
등급 간 점수 차이	100점	0	1	1	1	1	6	10	10	70
	300점	0	3	3	3	3	21	30	30	210

● 논술(700점)

항목	자연계열
출제유형	수리논술(4문항)
시험시간	120분
출제범위	수학교과의 고등학교 교육과정 내 ▶ 수학: 수학, 수학Ⅰ, 수학Ⅱ, 확률과통계, 미적분, 기하
출제방향 및 평가기준	1) 고등학교 수학 교육과정 내에서 핵심 개념 및 용어에 대한 이해 수준과 그 구체적인 적용 능력을 평가 2) 문항에 대한 이해 및 풀이 과정의 논리적 전개 과정 평가 ※ 풀이 과정의 완성도에 따라 차등 배점

◎ 전형결과

■ 전체

학년도	전체					인문					자연				
	모집인원	지원인원	경쟁률	등록평균	충원율	모집인원	지원인원	경쟁률			모집인원	지원인원	경쟁률	등록평균	충원율
2022	77	3,502	45.48	3.98	26%						77	3,502	45.48	3.98	26%
2023	77	2,615	33.96	3.95	27%						77	2,615	33.96	3.95	27%
2024	75	2,575	34.33	3.91	44%						75	2,575	34.33	3.91	44%
2025	74										74				

■ 논술점수 평균

계열	계열 평균	모집단위
인문		
자연	286점	전자전기컴퓨터공학부 537, 기계정보공학과 580, 신소재공학과 561, 토목공학과 563, 컴퓨터과학부 563, 수학과 577, 물리학과 478, 생명과학과 445, 건축공학전공 501, 교통공학과 425, 환경공학부 481, 공간정보공학과 430

■ 변경사항 & 핵심포인트

변경사항	2024	2025
모집인원	75명	74명(-1명)

• 학생부 교과성적은 1~5등급까지는 등급 간 3점씩 감점으로 내신 영향력 적음
• 논술고사는 자연은 수리논술만 출제
  – 자연계열 수학 출제범위: 수학, 수학Ⅰ, 수학Ⅱ, 미적분, 확률과 통계, 기하 ※ 기하: 출제
▶ 합격자 성적분포: 자연계열은 3등급 초반 ~ 5등급 초반.

■ 모집단위

'*'표시 : 교직 이수 가능

계열	모집단위	2025	2024					2023					2022				
		모집인원	모집인원	지원인원	경쟁률	등록평균	충원번호	모집인원	지원인원	경쟁률	등록평균	충원번호	모집인원	지원인원	경쟁률	등록평균	충원번호
자연	교통공학과	3	3	90	30.0	3.10	3	3	69	23.0	3.16		3	89	29.7	5.16	
자연	수학과	7	7	207	29.6	3.40	1	9	210	23.3	4.44	4	9	280	31.1	3.41	2
자연	전자전기컴퓨터공학부	18	19	759	40.0	3.65	11	19	820	43.2	4.06	4	19	1,142	60.1	3.77	3
자연	환경공학부*	10	10	337	33.7	3.66	4	10	313	31.3	4.11	3	10	422	42.2	3.99	6
자연	물리학과	4	4	110	27.5	3.69	1	4	87	21.8	4.59	1	4	110	27.5	3.95	2
자연	컴퓨터과학부	8	8	293	36.6	3.91	2	8	332	41.5	4.02		8	447	55.9	3.88	3
자연	기계정보공학과	3	3	108	36.0	4.00	1	3	116	38.7	3.88	4	3	144	48.0	4.92	1
자연	토목공학과*	5	5	137	27.4	4.18	2	5	155	31.0	4.57	3	5	156	31.2	4.20	
자연	건축공학전공*	5	5	146	29.2	4.58	3	5	128	25.6	3.66	2	5	191	38.2	4.18	
자연	공간정보공학과	4	4	119	29.8	4.66	3	4	103	25.8	3.38		4	150	37.5	3.51	
자연	생명과학과	4	4	155	38.8	4.76	2	4	136	34.0	4.35		4	168	42.0	3.14	2
자연	신소재공학과*	3	3	114	38.0	5.10		3	146	48.7	3.17		3	203	67.7	3.67	1

I. 한 눈에 보는 전형

모집 시기	전형 유형	전형	모집 인원	전형 방법	수능최저 학력기준
수시	교과	일반전형	105	학생부60%+ 면접40%	X
수시	교과	기독교	46	학생부60%+ 면접40%	X
수시	교과	특수교육대상자	3	학생부60%+ 면접40%	X
수시	교과	교과성적	98	학생부100% ▶신학과, 기독교교육과: 학생부100%+ 면접(합/불)	X
수시	교과	농어촌학생	3	학생부100%	X
수시	교과	특성화고교졸업자	6	학생부100%	X
수시	교과	기회균형	16	학생부100%	X
수시	종합	H+ 인재	86	1단계)서류100%(4배수) 2단계)서류60%+ 면접40%	X
수시	종합	대안학교출신자	1	1단계)서류100%(4배수) 2단계)서류60%+ 면접40%	X
수시	종합	사회기여및배려자	3	1단계)서류100%(4배수) 2단계)서류60%+ 면접40%	X
수시	특기	어학특기자	10	공인어학성적60%+ 면접40%	X
수시	실기/실적	실기	22	학생부20%+ 실기80%	X
수시	실기/실적	전문연주자(피아노)	12	실기100	X

(수시모집) 지원 가능 횟수	복수지원은 서로 다른 전형에 한해서만 가능합니다. 동일 전형 내에서 복수지원은 할 수 없습니다.

■ 자유전공학부

유형① [대학 내 모든 전공(보건의료, 사범 등 제외) 자율 선택]		유형② [계열/단과대 모집 후 모집단위 내 전공 자율 선택]	
모집단위	인원	모집단위	인원
자율전공학부	31	IT융합학부	64

■ 자율전공학부 선택과능 학과
: 사회복지학과, 아동보육학과, 글로벌경영학과, 관광경영학과, 중국언어문화콘텐츠학과, 일본어문화콘텐츠학과, 데이터사이언스학과

■ 모집단위 신설·변경

구분	2024	2025
변경	IT융합소프트웨어학과	컴퓨터공학과

■ 전형결과

※ 성적 산출기준: (수시) 교과 석차등급, (정시) 수능 백분위

모집시기	전형유형	전형	학년도	모집인원	지원인원	경쟁률	등록자 평균	등록자 70%컷	충원율
수시	교과	교과성적	2024	83	512	6.17	**3.83**	3.89	257%
수시	교과	일반전형	2024	76	382	5.03	**4.30**	4.34	105%
수시	교과	기독교	2024	45	129	2.87	**5.15**	5.56	102%
수시	교과	H+ 인재	2024	95	359	3.78	**5.41**	5.57	86%

■ (주요전형) 전형일정

유형	전형	원서접수 마감	대학별 고사(면접/논술)	1단계 합격자	최종 합격자
교과	일반전형	9.13(금) 18:00	10.12(토)		11.11(월)
교과	기독교	9.13(금) 18:00	10.12(토)		11.11(월)
교과	교과성적	9.13(금) 18:00			11.11(월)
종합	H+ 인재	9.13(금) 18:00	10.26(토)	10.24(목)	11.11(월)

II. (수시모집) 주요 전형

■ (학생부교과) 일반전형

전형	모집인원	전형 방법	수능최저학력기준
일반전형	105	학생부60%+ 면접40%	X

1. **지원자격**:: 고등학교 졸업(예정)자 및 동등 이상의 학력이 있다고 인정되는 자
2. **제출서류**: 학교생활기록부, 지원자격별 증빙서류(요강 참고)

◎ 전형요소
● 학생부(600점)

반영요소 반영비율	반영교과목								교과성적 산출지표	학년별 반영비율
	구분	반영방법								
교과 100%	공통 및 일반선택	국어/수학교과 상위 3과목 영어교과 상위 3과목, 사회(한국사)/과학교과 상위 3과목(총 9과목) ※ 반영 학기: (교과) 졸업예정자 및 졸업자 모두 3학년 1학기까지							석차등급	학년 구분 없음
	진로선택	미반영								

구분	1등급	2등급	3등급	4등급	5등급	6등급	7등급	8등급	9등급
점수(600점)	600	570	540	510	480	450	420	390	360
등급 간 점수 차이	0	30	30	30	30	30	30	30	30

● 면접(400점)

면접기준	면접방법
인성, 학업능력 및 전공적합성, 성장가능성, 대면평가(이해력, 논리적·창의적 사고력 등)	일반면접

☞ 보충설명
• 면접 기본점수가 40점, 평가는 9개 등급(상상, 상중, 상하...). 등급 간 점수 차 커져서 면접 영향력이 큼

◎ 전형결과
■ 전체

학년도	전체						인문						자연					
	모집 인원	지원 인원	경쟁 률	등록 평균	등록 70%컷	충원 율	모집 인원	지원 인원	경쟁 률	등록 평균	등록 70%컷	충원 율	모집 인원	지원 인원	경쟁 률	등록 평균	등록 70%컷	충원 율
2022	73	431	5.90	4.12	4.49	82%	65	357	5.49	4.03	4.27	100%	8	74	9.25	4.20	4.70	63%
2023	72	332	4.61	4.34	4.55	146%	63	285	4.52	4.07	4.19	103%	9	47	5.22	4.60	4.90	189%
2024	76	382	5.03	4.30	4.34	105%	64	300	4.69	4.24	4.29	109%	12	82	6.83	4.36	4.39	100%
2025	105						73						32					

■ 변경사항 & 핵심포인트

[2025]

변경사항	2024	2025
모집인원	76명	105명(+ 29명)

➡ **합격자 성적분포**: 인문계열은 4등급 초반 ~ 4등급 후반, 자연계열은 4등급 초반 ~ 4등급 후반.

'*' 표시 : 교직 이수 가능

■ 모집단위

계열	모집단위	2025	2024						2023						2022					
		모집 인원	모집 인원	지원 인원	경쟁 률	등록 평균	등록 70%컷	충원 번호	모집 인원	지원 인원	경쟁 률	등록 평균	등록 70%컷	충원 번호	모집 인원	지원 인원	경쟁 률	등록 평균	등록 70%컷	충원 번호
인문	**자율전공학부**	12																		
인문	유아교육과	7	7	64	9.1	**3.49**	3.41	7	7	58	8.3	3.7	3.7	5	7	63	9.0	3.5	3.7	3
인문	일본어문화콘텐츠학과	6	7	52	7.4	**3.85**	3.61	8	7	29	4.1	3.9	4.3	4	7	32	4.6	3.8	3.9	10
인문	글로벌경영학과	8	8	37	4.6	**3.95**	4.13	3	8	30	3.8	4.2	4.2	9	7	26	3.7	4.0	4.4	9
인문	사회복지학과	12	13	50	3.9	**3.99**	4.12	13	13	57	4.4	3.5	3.6	8	12	90	7.5	3.5	3.7	7
인문	관광경영학과	10	10	46	4.6	**4.04**	4.24	17	10	42	4.2	4.3	4.6	16	12	55	4.6	4.1	4.3	12
인문	중국언어문화콘텐츠학과	7	7	23	3.3	**5.12**	5.39	11	6	32	5.3	4.7	4.7	2	8	22	2.8	5.2	5.6	8
인문	아동보육학과	11	12	28	2.3	**5.24**	5.12	11	12	37	3.1	4.2	4.2	21	12	69	5.8	4.1	4.3	16
자연	**컴퓨터공학과·AI융합학과**	24	12	82	6.8	**4.36**	4.39	12	9	47	5.2	4.6	4.9	12	8	74	9.3	4.2	4.7	5
자연	*데이터사이언스학과*	*8*	12	82	6.8	**4.36**	4.39	12	9	47	5.2	4.6	4.9	17	8	74	9.3	4.2	4.7	5

■ (학생부교과) 기독교

전형	모집인원	전형 방법	수능최저학력기준
기독교	46	학생부60%+ 면접40%	X

1. **지원자격**: 고등학교 졸업(예정)자 및 동등 이상의 학력이 있다고 인정되는 자 ※ 신학부(신학과), 기독교교육과는 세례교인이어야 함
2. **제출서류**: 학교생활기록부, <u>지원자격별 증빙서류(요강 참고)</u>

◎ 전형요소
● **학생부 및 면접**: 일반학생전형 참고

◎ 전형결과
■ 전체

학년도	전체						인문						자연					
	모집인원	지원인원	경쟁률	등록평균	등록70%컷	충원율	모집인원	지원인원	경쟁률	등록평균	등록70%컷	충원율	모집인원	지원인원	경쟁률			
2022	34	101	2.97	4.70	5.00	109%	34	101	2.97	4.70	5.00	109%						
2023	36	108	3.00	5.20	5.35	153%	36	108	3.00	5.20	5.35	153%						
2024	45	129	2.87	5.15	5.56	102%	45	129	2.87	5.15	5.56	102%						
2025	46						46											

■ 변경사항 & 핵심포인트
[2025]

변경사항	2024	2025
모집인원	45명	46명(+1명)

• 장점은 기독교교육과는 사범대학이므로 유아교육과 복수전공 가능하고 종교 교사자격증도 나옴.
➡ **합격자 성적분포**: 인문계열은 5등급 초반 ~ 5등급 중반

■ 모집단위   '*' 표시 : 교직 이수 가능

계열	모집단위	2025	2024							2023						2022					
		모집인원	모집인원	지원인원	경쟁률	등록평균	등록70%컷	충원번호	모집인원	지원인원	경쟁률	등록평균	등록70%컷	충원번호	모집인원	지원인원	경쟁률	등록평균	등록70%컷	충원번호
인문	기독교교육과	16	20	62	3.1	**4.88**	5.11	18	16	44	2.8	5.2	5.7	20	16	53	3.3	4.3	4.4	11
인문	신학과	30	25	67	2.7	**5.41**	6.00	28	20	64	3.2	5.2	5.0	35	18	48	2.7	5.1	5.6	26

■ (학생부교과) 교과성적

전형	모집인원	전형 방법	수능최저학력기준
교과성적	98	학생부100% ▶신학과, 기독교교육과: 학생부100%+ 면접(합/불)	X

1. **지원자격**: 2020년 이후 국내 고등학교 졸업(예정)자로서 5개 학기 이상 학생부 교과 성적이 있는 자 또는 검정고시 출신자(2018년 이후 합격자)
   ※ 외국 고교, 학력인정교(방송고, 2년제 고교, 교과교육 소년원 고교과정 이수자 및 각종학교 등), 직업과정 위탁 및 대안학교 위탁과정 이수자, 체육고/예술고 지원 불가
   ※ 신학부(신학과), 기독교교육과는 세례교인이어야 함
2. **제출서류**: 학교생활기록부, <u>담임목사소견서 및 신앙고백서(신학과 지원자)</u>

◎ 전형요소
● 학생부

반영요소 반영비율	반영교과목		교과성적 산출지표	학년별 반영비율
	구분	반영방법		
교과 100%	공통 및 일반선택	국어/수학교과 상위 3과목 영어교과 상위 3과목, 사회(한국사)/과학교과 상위 3과목(총 9과목) ※ 반영 학기: (교과) 졸업예정자 및 졸업자 모두 3학년 1학기까지	석차등급	학년 구분 없음
	진로선택	미반영		

● **면접(합/불)**: 신학과, 기독교교육과는 면접을 실시합니다. 단, 성적에 반영하지는 않고 합격/불합격만 판정함

면접기준	면접방법
① 인성. 인생관, 신앙관 ② 기본소양 및 기타 ③ 교직 인적성(사범계)	(합/불)만 반영

◎ 전형결과
■ 전체

학년도	전체						인문						자연					
	모집인원	지원인원	경쟁률	등록평균	등록70%컷	충원율	모집인원	지원인원	경쟁률	등록평균	등록70%컷	충원율	모집인원	지원인원	경쟁률	등록평균	등록70%컷	충원율
2022	67	594	8.87	3.50	3.69	260%	59	450	7.63	3.49	3.67	232%	8	144	18.00	3.50	3.70	288%
2023	79	432	5.47	3.46	3.75	252%	68	341	5.01	3.41	3.79	221%	11	91	8.27	3.50	3.70	282%
2024	83	512	6.17	3.83	3.89	257%	71	447	6.30	3.76	3.74	255%	12	65	5.42	3.89	4.03	258%
2025	98						72						26					

■ 변경사항 & 핵심포인트

[2025]

변경사항	2024	2025
모집인원	83명	98명(+5명)

▶ 합격자 성적분포: 인문계열은 3등급 중반 ~ 4등급 초반, 자연계열은 3등급 중반 ~ 4등급 초반.

[2022]

변경사항	2021	2022
(학생부) 반영교과목 축소	국어, 외국어, 수학, 사회/과학교과별 3과목 (총 12과목)	국어, 수학, 영어교과 중 상위 2교과에서 상위 3과목씩 6과목, 사회+과학교과에서 상위 3과목(총 9과목)

■ 모집단위

'*' 표시 : 교직 이수 가능

계열	모집단위	2025	2024						2023						2022					
		모집인원	모집인원	지원인원	경쟁률	등록평균	등록70%컷	충원번호	모집인원	지원인원	경쟁률	등록평균	등록70%컷	충원번호	모집인원	지원인원	경쟁률	등록평균	등록70%컷	충원번호
인문	자율전공학부	12																		
인문	사회복지학과	5	6	98	16.3	2.84	2.67	20	6	29	4.8	3.5	3.8	18	6	76	12.7	2.7	2.8	14
인문	유아교육과	5	7	40	5.7	3.18	3.22	15	7	51	7.3	2.7	3.1	25	7	69	9.9	2.9	3.0	30
인문	글로벌경영학과	9	9	39	4.3	3.31	3.18	18	9	45	5.0	2.9	3.0	12	9	81	9.0	2.9	3.2	8
인문	일본어문화콘텐츠학과	7	6	57	9.5	3.31	3.19	19	6	39	6.5	3.1	3.5	17	6	47	7.8	3.1	3.3	18
인문	관광경영학과	5	6	35	5.8	3.80	3.42	26	6	36	6.0	3.3	3.6	13	5	33	6.6	3.6	3.8	21
인문	아동보육학과	7	11	92	8.4	4.07	4.33	37	11	28	2.6	4.3	4.9	17	8	43	5.4	3.4	3.5	11
인문	중국언어문화콘텐츠학과	7	6	38	6.3	4.08	4.10	20	6	34	5.7	4.0	4.4	23	5	62	12.4	3.8	4.1	11
인문	신학과	6	10	23	2.3	4.11	4.00	11	10	26	2.6	3.7	4.2	16	8	16	2.0	4.2	4.9	7
인문	기독교교육과	9	10	25	2.5	5.16	5.56	15	7	53	7.6	3.2	3.6	9	5	23	4.6	4.8	4.4	17
자연	컴퓨터공학과·AI융합학과	20	12	65	5.4	3.89	4.03	31	11	91	8.3	3.5	3.7	31	8	144	18.0	3.5	3.7	23
자연	데이터사이언스학과	6	12	65	5.4	3.89	4.03	31	11	91	8.3	3.5	3.7	31	8	144	18.0	3.5	3.7	23

■ (학생부종합) H+인재

전형	모집인원	전형 방법	수능최저학력기준
H+ 인재	86	1단계)서류100%(4배수) 2단계)서류60%+ 면접40%	X

1. **지원자격**: 2020년 이후 국내 고등학교 졸업(예정)자로 국내에서 고교과정(학생부가 2학기 이상)을 이수하고 지원학과에 적합한 자질이나 재능을 보유하고 서울신학대학교의 인재상에 부합한 자 중 다음 중 한 가지 이상 해당하는 자
   가) 기독교적 가치관과 비전을 갖고 열정적으로 노력하는 자
   나) 고교 재학 중 학교생활에 충실하며 사회의 발전에 기여 할 수 있는 잠재력이 있는 자
   다) 관심 분야에 대한 깊이 있는 탐색과 실천을 통하여 사회 발전에 기여 할 수 있는 자
   ※ 신학부(신학과), 기독교교육과는 세례교인이어야 함
2. **제출서류**: 학교생활기록부, 담임목사소견서 및 신앙고백서(신학과 지원자), 세례교인 증명서(기독교교육과 지원자),

◎ 전형요소
● 서류(600점)
   1. **평가방법**: 평가조별 입학사정관 2인으로 구성된 평가위원이 학교생활기록부(교과 및 비교과)를 통해 지원자의 기초학업능력(20점), 인성(정직, 성실, 배려, 협동:20점), 전공적합성(30점), 성장가능성(30점) 등과 본교 교육이념 및 인재상과의 연계성을 고려하여 종합적으로 평가.

2. 평가자료:

항목		내용
학교생활기록부	교과	전반적 학업성적, 모집단위 관련 학업성적 추이 등을 정성적으로 종합평가 ※ 학생부 교과 성적은 3학년 1학기까지 이수한 전 과목에 대하여 반영
	비교과	학적사항, 출결 상황, 창의적 체험 활동, 독서활동상황, 행동특성 및 종합의견 등의 내용을 평가요소별로 정성적으로 종합평가

☞ 보충설명

• 전공적합성30% = 성장가능성30% > 기초학업능력20% = 인성20% 순으로 반영, 교과보다는 비교과를 중요.
  - 학업은 조금 낮아도 정말 우리 학교에 남아 있을 학생인가. 우리 학교 분위기에 잘 맞는 지를 살핌
• 학업능력이 좋은 학생을 뽑는 것이 아니라 우리 학교에 와서 공부할 학생들을 선발하고자 함
• 인성은 사회에 대한 봉사나 헌신을 기대함

● 면접(400점)

항목	내용
면접유형	출제지문 없이 제출서류에 대한 일반면접
평가자료	학교생활기록부, 담임목사소견서/신앙고백서(신학과 지원자 한함)
평가요소	전공적합성, 인성 및 공동체역량, 성장가능성
면접시간	8~10분 이내
진행방법	지원자 1인-평가자 3인 이내 진행

☞ 보충설명

• 1단계 통과되면 점수가 몰려 있어 면접에서 당락 결정. 면접은 주로 비교과와 자기소개서를 중점적으로 질문.
• 학업능력은 어느 정도 되므로 직관적으로 중도탈락 안 하고 잘 다녔으면 하는 학생. 학교의 고유한 특성이 있다 보니 이를 중요시함.
• 중도 탈락률을 중요시 여김. 기독교 대학 특성상 교회를 다니거나 분위기를 잘 적응하는 학생들 선호
• 서울신학대에 맞는 학생들을 선호, 비교과, 자소서 내용을 통해 학교에 잘 적응할 수 있는 학생, 신앙 등.

◎ 전형결과

■ 전체

학년도	전체						인문						자연					
	모집 인원	지원 인원	경쟁 률	등록 평균	등록 70%컷	충원 율	모집 인원	지원 인원	경쟁 률	등록 평균	등록 70%컷	충원 율	모집 인원	지원 인원	경쟁 률	등록 평균	등록 70%컷	충원 율
2022	94	373	3.97	5.47		102%	86	348	4.05	5.23		78%	8	25	3.13	5.70		125%
2023	94	422	4.49	5.30		122%	86	387	4.50	5.20		94%	8	35	4.38	5.40		150%
2024	95	359	3.78	5.41	5.57	86%	87	324	3.72	5.43	5.57	83%	8	35	4.38	5.39	5.56	88%
2025	86						76						10					

■ 변경사항 & 핵심포인트

[2025]

변경사항	2024	2025
모집인원	95명	86명(-9명)

➡ 합격자 성적분포: 인문계열은 5등급 초반 ~ 5등급 중반, 자연계열은 5등급 초반 ~ 5등급 후반.

■ 모집단위

'*' 표시 : 교직 이수 가능

계열	모집단위	2025	2024						2023						2022					
		모집 인원	모집 인원	지원 인원	경쟁 률	등록 평균	등록 70%컷	충원 번호	모집 인원	지원 인원	경쟁 률	등록 평균	등록 최저	충원 번호	모집 인원	지원 인원	경쟁 률	등록 평균	등록 최저	충원 번호
인문	유아교육과	10	8	59	7.4	4.73	4.91	7	8	85	10.6	4.1	4.6	5	8	68	8.5	4.1	4.7	4
인문	사회복지학과	15	16	73	4.6	4.78	4.91	7	16	96	6.0	4.8	5.9	15	14	79	5.6	4.6	5.8	4
인문	일본어문화콘텐츠학과	6	7	45	6.4	4.92	4.90		7	43	6.1	4.9	5.4	10	7	37	5.3	4.8	5.7	7
인문	글로벌경영학과	5	8	21	2.6	5.40	5.19	7	8	28	3.5	5.1	5.9	8	8	34	4.3	5.0	5.7	5
인문	관광경영학과	8	8	24	3.0	5.43	5.60	8	8	30	3.8	5.3	6.5	5	7	22	3.1	5.2	6.4	9
인문	기독교교육과	11	12	31	2.6	5.71	6.03	13	12	31	2.6	5.4	6.5	13	12	31	2.6	5.9	6.6	9
인문	중국언어문화콘텐츠학과	4	5	17	3.4	5.79	6.05	3	6	14	2.3	6.3	7.9	6	7	17	2.4	5.9	6.7	4
인문	아동보육학	11	11	32	2.9	5.88	6.16	19	11	45	4.1	5.3	6.1	16	11	38	3.5	5.8	6.6	20
인문	신학과	6	12	22	1.8	6.22	6.35	3	10	15	1.5	5.6	7.1	3	12	22	1.8	5.8	8.1	5
자연	컴퓨터공학과·AI융합학과	10	8	35	4.4	5.39	5.56	7	8	35	4.4	5.4	6.4	12	8	25	3.1	5.7	6.8	10

43. 서울여자대학교

서울특별시 노원구 화랑로 621 (Tel: 02. 970-5003~9, 5861~4, 5051~4)

I. 한 눈에 보는 전형

모집시기	전형유형	전형	모집인원	전형 방법	수능최저학력기준
수시	교과	교과우수자	176	학생부교과100% ※ **고교 추천: 제한 없음**	○
수시	교과	교과우수자(체육)	10	학생부교과60%+ 실기40%	X
수시	종합	바롬인재서류	194	서류100%	X
수시	종합	바롬인재면접	207	1단계)서류100%(5배수) 2단계)서류50%+ 면접50%	X
수시	종합	SW융합인재	29	1단계)서류100%(5배수) 2단계)서류50%+ 면접50%	X
수시	종합	기독교지도자	23	1단계)서류100%(3배수) 2단계)서류50%+ 면접50%	X
수시	종합	사회통합지원	87	서류100%	X
수시	종합	농어촌학생	63	서류100%	X
수시	종합	특성화고교졸업자	23	서류100%	X
수시	논술	논술우수자	120	학생부교과20%+ 논술80%	○
수시	실기/실적	실기우수자(미술)	65	실기100%	X
수시	실기/실적	실기우수자(체육)	8	학생부교과40%+ 실기60%	X

(수시모집) 지원 가능 횟수	본교 수시모집은 모든 전형 유형 간 복수지원이 가능합니다. 단, 전형일이 같은 2개 이상의 전형의 1단계에 중복 통과한 경우 하나의 전형에만 응시 가능합니다.

■ 무전공(전공자율선택)

유형① [대학 내 모든 전공(보건의료, 사범 등 제외) 자율 선택]	유형② [계열/단과대 모집 후 모집단위 내 전공 자율 선택]
자유전공학부(138명),	과학기술융합자유전공(37명), 미래산업융합자유전공(30명), 사회과학자유전공(44명), 심리·인지과학학부(38명), 언론영상학부(60명), 인문자유전공(33명), 정보보호학부(48명),

■ **자유전공학부**로 입학한 경우, 기독교학과 및 예체능계열 학과(전공)을 제외한 모든 학과(전공) 중 제 1전공을 결정할 수 있음
■ **단과대학자유전공**으로 입학한 경우, 각 단과대학의 선택 가능한 학과(전공) 중 제 1전공을 결정할 수 있음.

모집단위	선택 가능 학과(전공)	선택 불가 학과(전공)
인문자유전공	글로벌ICT인문융합학부(메타버스융합콘텐츠전공, 프랑스문화콘텐츠전공, 독일문화콘텐츠전공), 국어국문학과, 영어영문학과, 중어중문학과, 일어일문학과, 사학과	기독교학과
사회과학자유전공	경제학과, 문헌정보학과, 사회복지학과, 아동학과, 행정학과, 언론영상학부(디지털영상전공, 저널리즘전공, 비즈니스커뮤니케이션전공), 심리· 인지과학학부(인지학습과학전공, 응용심리전공)	스포츠운동과학과
과학기술융합자유전공	수학과, 화학과, 생명환경공학과, 바이오헬스융합학과, 원예생명조경학과, 식품공학과, 식품영양학과	-
미래산업융합자유전공	경영학과, 패션산업학과, 디지털미디어학과, 소프트웨어융합학과, 지능정보보호학부(사이버보안전공, 개인정보보호전공), 데이터사이언스학과	

■ 모집단위 신설 · 변경

구분	2024	2025
변경	교육심리학과	심리· 인지과학학부(인지학습과학전공, 응용심리전공)
	정보보호학과	지능정보보호학부(사이버보안전공, 개인정보보호전공)

■ 학교폭력 조치사항

전형	전형총점	감점								
		1호	2호	3호	4호	5호	6호	7호	8호	9호
학생부종합		학교폭력 가해자에 해당하는 경우 서류 확인 질문을 기반으로 학교폭력 관련 내용을 확인함.								

■ 전형결과

※ 성적 산출기준: (수시) 교과 석차등급, (정시) 수능 백분위

모집시기	전형유형	전형	학년도	모집인원	지원인원	경쟁률	최종합격자 평균	최종합격자 최저	충원율
수시	교과	교과우수자	2024	176	1,088	6.18	2.94		178%
수시	종합	바롬인재서류	2024	246	2,979	12.11	3.29	4.17	116%

모집시기	전형유형	전형	학년도	모집인원	지원인원	경쟁률	최종합격자 평균	최종합격자 최저	충원율
수시	종합	바롬인재면접	2024	166	4,172	25.13	**3.56**	4.44	59%
수시	종합	SW융합인재	2024	29	349	12.03	**4.10**	5.38	100%
수시	종합	기독교지도자	2024	23	134	5.83	**4.20**	5.60	61%
수시	논술	논술우수자	2024	120	2,576	21.47	**4.69**		20%

■ (주요전형) 전형일정

유형	전형	원서접수 마감	대학별 고사(면접/논술)	1단계 합격자	최종 합격자
교과	교과우수자	9.13(금) 18:00 학교장추천: 9.25(수) 18:00			12.13(금) ▶체육: 11.08(금)
종합	바롬인재서류	9.13(금) 18:00			12.13(금)
종합	바롬인재면접	9.13(금) 18:00	11.30(토)	11.27(수)	12.13(금)
종합	SW융합인재	9.13(금) 18:00	11.30(토)	11.27(수)	12.13(금)
종합	기독교지도자	9.13(금) 18:00	11.30(토)	11.27(수)	12.13(금)
논술	논술우수자	9.13(금) 18:00	11.16(토) 인문대학, 미래산업융합대학, 사회과학대학, 과학기술융합대학		12.13(금)

Ⅱ. (수시모집) 주요 전형

■ (학생부교과) 교과우수자

전형	모집인원	전형 방법	수능최저학력기준
교과우수자	176	학생부교과100%	○

1. **지원자격**: 고등학교 졸업(예정)자 중 국내 고등학교에서 전 교육과정을 이수한 자로서 학교장 추천을 받은 자(고교별 추천 인원 제한 없음)
2. **제출서류**: 학교생활기록부, 학교장 추천 명단
3. **수능최저학력기준**:

[국어, 수학, 영어, 사/과탐(1과목)] 중 2개 영역 등급 합 7 이내
※ 탐구영역은 상위 1개 과목 등급 반영. 직업탐구영역, 제2 외국어/한문은 반영하지 않음)

◎ 전형요소
● 학생부(100점)

반영요소 반영비율	반영교과목			교과성적 산출지표	학년별 반영비율
	구분	반영방법			
교과100%	공통 및 일반선택	국어, 영어, 수학, 사회, 과학교과에 속한 전 과목 ※ 한국사는 사회교과로 미포함 ※ 반영과목은 60단위 이상 이수해야 함(60단위 미만은 지원자격 미부합으로 불합격 처리) ※ 반영 학기: (교과) 졸업예정자 및 졸업자 모두 3학년 1학기까지		석차등급	학년 구분 없음
	진로선택	반영교과 중 성취도 높은 상위 3과목 ※ 가산점(성취도 등급 점수) = A : 1, B : 0.9, C : 0.5		성취도	

구분	1등급	2등급	3등급	4등급	5등급	6등급	7등급	8등급	9등급
점수(100점)	100	99	98	97	95	90	80	20	0
등급 간 점수 차이	0	1	1	1	1	5	10	60	20

◎ 전형결과
■ 전체 ※ 2024 전형결과: 2025 교과성적(반영교과 전과목) 산출 적용함

학년도	전체						인문						자연					
	모집 인원	지원 인원	경쟁 률	최종 평균	최종 최저	충원 율	모집 인원	지원 인원	경쟁 률	최종 평균	최종 최저	충원 율	모집 인원	지원 인원	경쟁 률	최종 평균	최종 최저	충원 율
2022	178	2,436	13.69	2.55	3.14	167%	114	1,586	13.91	2.52	3.11	204%	64	850	13.28	2.57	3.16	130%
2023	181	1,989	16.50	2.37	2.69	186%	115	1,845	16.04	2.31	2.59	227%	66	1,144	17.33	2.43	2.78	144%
2024	176	1,088	6.18	2.94		178%	113	628	5.56	3.11		202%	63	460	7.30	2.76		154%
2025	176						115						61					

■ [계열별] 실질 경쟁률(충원율 반영)

계열	학년도	모집인원	지원인원	경쟁률	수능최저 충족율	(수능최저 충족율 반영) 경쟁률	충원율	(충원율 반영) 실질 경쟁률
인문	2022	114	1,586	13.91	99.35%	13.82	204%	4.38
	2023	115	1,845	16.04	26.34%	6.86	227%	2.10
	2024	113	628	5.56	82.19%	4.57	202%	1.51
자연	2022	64	850	13.28	90.06%	11.96	130%	5.20
	2023	66	1,144	17.33	32.08%	5.46	144%	2.24
	2024	63	460	7.30	76.44%	5.58	154%	2.20

■ [학과별] 실질 경쟁률

계열	계열 평균	모집단위
인문	4.57:1	프랑스문화콘텐츠전공 7.8, 독일문화콘텐츠전공 10.3, 국어국문학과 4.6, 영어영문학과 5.1, 중어중문학과 5.5, 일어일문학과 3.8, **사학과 2.5**, 경제학과 5.1, 문헌정보학과 3.0, **사회복지학과 2.9**, **아동학과 2.8**, 행정학과 4.3, 언론영상학부 3.0, 심리·인지과학학부 3.3, **경영학과 2.7**, 패션산업학과 7.0, 자율전공학부(인문) 4.0
자연	5.58:1	수학과 11.3, 화학과 4.0, 생명환경공학과 4.6, 바이오헬스융합학과 4.0, 원예생명조경학과 7.9, 식품공학과 6.0, 식품영양학과 4.0, **디지털미디어학과 3.8**, **지능정보보호학부 2.9**, 소프트웨어융합학과 5.3, 데이터사이언스학과 11.8, **첨단미디어디자인전공 2.6**, 자율전공학부(자연) 4.3

■ 변경사항 & 핵심포인트

[2025]

변경사항	2024	2025
모집인원	176명	176명
(학생부) 반영교과목 변경	국어, 영어, 수학, 사회/과학교과별 3과목(총 12과목)	국어, 영어, 수학, 사회, 과학교과 전 과목 ※ 반영과목은 60단위 이상 이수하여야 함(미달은 지원자격 미부합으로 불합격 처리)

- 학생부: 총 12과목 -> 5개 교과 전 과목으로 변경되면서, 반영과목 60단위 이상 이수해야 지원 가능함.
- ▶ 합격자 성적분포: 인문계열은 3등급 초반 ~ 3등급 후반, 자연계열은 2등급 후반 ~ 3등급 중반
- 친절하게 2024 전형결과를 2025 교과성적 산출 방법인 반영교과에 속한 전과목으로 산출하여 공개함. 2024를 기준으로 지원할 것

[2024]

변경사항	2023	2024
(학생부) 진로선택과목 반영	-	반영교과 중 상위 3과목 ※ 가산점 : A=1점, B=0.9점, C=0.5점

■ 모집단위   ※ 2024 전형결과: 2025 교과성적(반영교과 전과목) 산출 적용함 *'표시 : 교직 이수 가능

계열	모집단위	2025 모집인원	2024 모집인원	2024 지원인원	2024 경쟁률	2024 최종평균	2024 최종최저	2024 충원번호	2023 모집인원	2023 지원인원	2023 경쟁률	2023 최종평균	2023 최종최저	2023 충원번호	2022 모집인원	2022 지원인원	2022 경쟁률	2022 최종평균	2022 최종최저	2022 충원번호
인문	메타버스융합콘텐츠전공	4																		
예체	첨단미디어디자인전공	5	5	16	3.2				5	70	14.0	2.4	3.0	2	4	62	15.5	2.4	3.0	2
인문	심리·인지과학학부	9	7	27	3.9	2.7		16	7	131	18.7	1.8	2.0	13	7	69	9.9	2.2	3.3	12
인문	행정학과	8	8	42	5.3	2.9		26	8	138	17.3	2.3	2.5	31	8	141	17.6	2.5	3.0	17
인문	국어국문학과*	7	7	39	5.6	2.9		15	7	66	9.4	2.3	2.6	12	7	75	10.7	2.3	2.7	9
인문	패션산업학과	4	4	38	9.5	2.9		15	4	65	16.3	2.5	3.1	12	4	54	13.5	2.5	3.1	12
인문	영어영문학과*	7	7	44	6.3	3.0		25	7	83	11.9	2.2	2.5	32	7	113	16.1	2.4	2.7	9
인문	문헌정보학과*	5	6	24	4.0	3.0		11	6	54	9.0	2.0	2.2	14	6	72	12.0	2.2	2.7	18
인문	경제학과	8	8	43	5.4	3.0		23	8	84	10.5	2.3	2.6	17	8	108	13.5	2.4	2.6	13
인문	경영학과*	12	12	51	4.3	3.0		17	12	134	11.2	2.2	2.7	45	12	155	12.9	2.2	2.7	45
인문	일어일문학과*	5	5	29	5.8	3.1		11	5	137	27.4	2.4	2.5	9	5	53	10.6	2.9	3.5	14
인문	프랑스문화콘텐츠전공	4	4	37	9.3	3.1		7												
인문	사회복지학과	7	7	34	4.9	3.2		11	7	80	11.4	2.3	2.5	12	7	72	10.3	2.4	3.3	13
인문	아동학과*	8	8	35	4.4	3.2		14	8	97	12.1	2.3	2.5	19	8	87	10.9	2.4	2.9	18
인문	언론영상학부	10	10	46	4.6	3.2		16	10	114	11.4	1.9	2.5	19	10	233	23.3	2.1	2.5	16
인문	독일문화콘텐츠전공	4	4	57	14.3	3.2		6												
인문	중어중문학과*	4	4	32	8.0	3.3		8	4	162	40.5	2.5	2.6	9	4	97	24.3	3.1	3.7	8
인문	사학과	4	4	17	4.3	4.1		4	4	46	11.5	2.3	2.4	8	4	37	9.3	2.7	3.0	3
자연	식품공학과	7	6	44	7.3	2.5		8												
자연	생명환경공학과	5	5	31	6.2	2.5		4												
자연	지능정보보호학부	7	7	29	4.1	2.6		2	7	112	16.0	2.5	3.1	9	8	190	23.8	2.5	3.1	9

계열	모집단위	2025 모집인원	2024 모집인원	2024 지원인원	2024 경쟁률	2024 최종평균	2024 최종최저	2024 충원번호	2023 모집인원	2023 지원인원	2023 경쟁률	2023 최종평균	2023 최종최저	2023 충원번호	2022 모집인원	2022 지원인원	2022 경쟁률	2022 최종평균	2022 최종최저	2022 충원번호
자연	화학과	5	5	26	5.2	2.7		4												
자연	원예생명조경학과*	7	7	70	10.0	2.7		11	7	75	10.7	2.5	2.8	12	7	63	9.0	2.5	3.0	15
자연	소프트웨어융합학과	4	4	27	6.8	2.7		6	4	41	10.3	2.4	2.7	1	4	49	12.3	2.4	2.7	1
자연	바이오헬스융합학과	5	4	21	5.3	2.9		8	5	97	19.4	2.1	2.2	4						
자연	디지털미디어학과	6	6	32	5.3	2.9		9	6	57	9.5	2.4	2.8	7	6	130	21.7	2.4	2.8	7
자연	식품영양학과	7	7	40	5.7	2.9		11												
자연	데이터사이언스학과	4	4	56	14.0	2.9		6	4	150	37.5	2.9	3.6	8	4	109	27.3	2.9	3.6	8
자연	수학과	4	4	60	15.0	3.0		20	4	86	21.5	2.7	3.0	15	4	30	7.5	3.0	3.9	5

■ (학생부종합) 바롬인재서류

전형	모집인원	전형 방법	수능최저학력기준
바롬인재서류	194	서류100%	X

1. **지원자격**: 고등학교 졸업(예정)자 및 법령에 의하여 고등학교 졸업 동등 이상의 학력이 인정된 자
2. **제출서류**: 학교생활기록부

◎ 전형요소
■ [인재상]

전형	인재상
바롬인재서류 바롬인재면접	충실한 학교생활을 통하여 관심분야에 대한 탐색과 기초 학업역량을 균형 있게 발전시킨 바른 인재
SW융합인재	소프트웨어를 활용하여 다양한 산업분야와의 융합을 이끌어 낼 수 있는 인재
기독교지도자	기독교정신을 바탕으로 공동체 가치를 실현할 잠재력 있는 학생
고른기회	고등학교 생활에 충실하고, 자기주도적 실천의지를 가진 잠재력 있는 학생

● 서류(100점)
   1. **평가방법**: 제출 서류를 바탕으로 학업역량, 전공적합성, 인성, 발전가능성을 정성적으로 종합평가
      ※ 서류내용의 진위여부, 학교폭력 사실관계 확인이 필요한 경우 실사를 실시할 수 있음
   2. **평가요소 및 평가항목**:

평가요소		내용
학업역량		학업성취도, 학업태도, 탐구력
진로역량	바롬인재서류 바롬인재면접 기독교지도자 기회균형	전공(계열) 관련 교과 이수 노력 전공(계열) 관련 교과 성취도 진로 탐색 활동과 경험
	SW융합인재	전공(계열)
공동체역량		협업과 소통능력, 나눔과 배려, 성실성과 규칙준수, 리더십

   3. **평가요소 및 반영비율**

전형	학업역량	진로역량	공동체역량
바롬인재서류, 기회균형	40%	35%	25%
바롬인재면접, SW융합인재, 기독교지도자	35%	40%	25%

☞ 보충설명
• 학업역량(40%) > 진로역량(35%) > 공동체역량(25%) 순.으로 반영. 학업역량(40%) 비중이 가장 큼.
• 전공적합성은 계열로 봄. 인성은 변별력이 약함

   4. **학교폭력과 관련된 사실에 대해 다음과 같은 조치를 취할 수 있음**
      – 학교폭력 사실 확인 : 학교생활기록부에 기록된 사실 확인 및 본교 평가준거에 따른 조치 이행
      – 학교폭력 사실 학생부 미기재 고교 : 학교폭력 사실 관계 확인서 접수 및 사실 확인 등 교육부 및 한국대학교육협의회 권고사항 이행 조치
      – 학교폭력 가해자나 피해자에 관한 평가 : 본교 평가준거에 따라 실사 및 서류 확인 질문을 실시하고 각각의 결과를 서류 및 면접평가에 반영

◎ 전형결과

■ 전체

학년도	전체						인문						자연					
	모집인원	지원인원	경쟁률	최종평균	최종최저	충원율	모집인원	지원인원	경쟁률	최종평균	최종최저	충원율	모집인원	지원인원	경쟁률	최종평균	최종최저	충원율
2022	290	3,329	11.48	3.62	5.51	110%	184	2,470	13.42	3.54	5.72	123%	106	859	8.10	3.70	5.30	96%
2023	256	3,798	14.80	3.29	4.33	144%	154	2,452	15.92	3.26	4.47	134%	102	1,346	13.20	3.31	4.18	153%
2024	246	2,979	12.11	3.29	4.17	116%	147	1,840	12.52	3.38	4.41	112%	99	1,139	11.51	3.20	3.93	119%
2025	194						113						81					

■ 변경사항 & 핵심포인트

[2025]

변경사항	2024	2025
모집인원	246명	194명(-52명)
학교폭력 조치사항	-	학교생활기록부에 기록된 사실 확인 및 본교 평가준거에 따른 조치 이행(학생부 미기재 고교에 대한 조치는 요강 참고)

➡ 합격자 성적분포: 인문계열은 3등급 초반 ~ 4등급 중반, 자연계열은 3등급 초반 ~ 4등급 초반
• 2022는 면접고사를 실시했었기 때문에 제외할 것. 면접 없는 2023, 2024 전형결과만 참고할 것

'*' 표시 : 교직 이수 가능

■ 모집단위

계열	모집단위	2025	2024						2023						2022					
		모집인원	모집인원	지원인원	경쟁률	최종평균	최종최저	충원번호	모집인원	지원인원	경쟁률	최종평균	최종최저	충원번호	모집인원	지원인원	경쟁률	최종평균	최종최저	충원번호
인문	심리·인지과학학부	4	4	63	15.8	2.3	2.7	10	4	83	20.8	2.7	3.2	5	8	82	10.3	3.0	4.9	8
예체	첨단미디어디자인전공	5	4	69	17.3	2.7	3.5	14	5	84	16.8	3.0	3.6	8	8	86	10.8	3.6	4.2	5
예체	산업디자인학과	6	6	61	10.2	2.8	3.3	6	6	95	15.8	2.8	3.2	10	12	104	8.7	3.3	5.5	18
인문	문헌정보학과*	4	5	48	9.6	2.9	3.1	3	5	89	17.8	3.0	3.7		5	54	10.8	3.3	5.0	5
인문	언론영상학부	9	12	115	9.6	2.9	3.4	7	12	236	19.7	2.8	3.3	7	15	373	24.9	3.1	5.4	12
인문	경영학과*	13	15	127	8.5	2.9	3.3	16	15	251	16.7	3.1	3.5	9	18	212	11.8	3.4	6.9	20
인문	사회복지학과	6	8	91	11.4	3.0	3.5	5	8	135	16.9	3.1	4.1	9	9	116	12.9	3.2	4.8	9
인문	행정학과	4	6	53	8.8	3.0	3.4	7	6	63	10.5	3.1	3.4	11	7	58	8.3	3.2	3.7	10
인문	아동학과*	12	12	130	10.8	3.1	3.6	20	12	182	15.2	3.2	3.9	22	10	148	14.8	3.4	6.9	6
인문	패션산업학과	4	7	137	19.6	3.1	3.5	5	7	163	23.3	3.3	4.1	4	8	154	19.3	3.4	7.2	11
인문	경제학과	5	7	68	9.7	3.2	3.6	7	7	82	11.7	3.2	4.7	16	8	66	8.3	3.8	6.4	10
인문	국어국문학과*	7	8	57	7.1	3.2	3.8	11	8	97	12.1	3.1	3.5	14	9	65	7.2	3.4	4.2	9
인문	사학과	4	5	56	11.2	3.4	4.2	10	5	58	11.6	3.3	6.1	6	5	66	13.2	3.4	7.0	5
인문	메타버스융합콘텐츠전공	4	5	80	16.0	3.8	7.0	5												
인문	일어일문학과*	7	8	149	18.6	3.9	6.7	11	8	133	16.6	3.9	7.1	15	9	122	13.6	4.2	7.0	20
인문	영어영문학과*	7	8	134	16.8	3.9	6.2	18	8	112	14.0	3.5	6.3	13	9	151	16.8	3.5	5.4	19
인문	중어중문학과*	4	6	77	12.8	4.1	6.2	13	6	89	14.8	4.2	5.3	8	7	107	15.3	4.3	6.6	9
인문	프랑스문화콘텐츠전공	4	5	78	15.6	4.1	5.3	8	5	54	10.8	4.2	6.8	15	5	68	13.6	4.1	6.2	6
인문	독일문화콘텐츠전공	4	7	70	10.0	4.8	6.3	7	7	67	9.6	3.6	5.0	11	7	58	8.3	4.4	6.4	11
자연	식품공학과	6	8	84	10.5	2.9	3.4	3												
자연	식품영양학과	6	8	75	9.4	2.9	3.3	16												
자연	생명환경공학과	4	6	142	23.7	2.9	3.5	5												
자연	바이오헬스융합학과	5	7	113	16.1	3.0	4.0	12	7	133	19.0	3.1	3.7	8						
자연	화학과	4	7	75	10.7	3.1	3.7	8												
자연	원예생명조경학과*	7	9	80	8.9	3.3	4.1	6	9	110	12.2	3.1	3.8	13	10	100	10.0	3.5	4.3	7
자연	수학과	4	8	59	7.4	3.3	4.0	19	8	64	83.0	3.5	3.9	22	8	43	5.4	3.6	5.4	14
자연	소프트웨어융합학과	9	9	83	9.2	3.3	3.8	15	9	97	10.8	3.2	3.9	18	6	32	5.3	3.5	4.7	8
자연	데이터사이언스학과	9	9	87	9.7	3.5	4.1	13	9	111	12.3	3.5	4.2	27	12	53	4.4	4.1	6.2	11
자연	지능정보보호학과	12	10	115	11.5	3.6	5.4	15	10	118	11.8	3.8	5.2	9	10	44	4.4	4.2	6.5	9
자연	디지털미디어학과	15	15	183	12.2	3.7	4.3	5	15	169	11.3	3.5	5.0	13	17	143	8.4	3.9	5.6	19

■ (학생부종합) 바롬인재면접

전형	모집인원	전형 방법	수능최저학력기준
바롬인재면접	207	1단계)서류100%(5배수) 2단계)서류50%+ 면접50%	X

4부 ● 일반대학

1. **지원자격**: 고등학교 졸업(예정)자 및 법령에 의하여 고등학교 졸업 동등 이상의 학력이 인정된 자
2. **제출서류**: 학교생활기록부

◎ 전형요소
● 서류(50점): 바롬인재서류전형 참고
● 면접(50점)
1. 평가방법: 2명의 평가자에 의한 개별 블라인드 면접
2. 면접시간: 10분 내외
3. 평가요소 반영비율

전형	반영비율		
	진로역량	발전가능성	인성 및 의사소통능력
바롬인재면접, SW융합인재, 기독교지도자	40%	35%	25%

4. 평가요소 및 항목

평가요소		평가항목
진로역량	바롬인재면접	전공(계열) 관련 교과 이수 노력, 전공(계열) 관련 교과 성취도, 진로 탐색 활동과 경험
	SW융합인재	전공(계열) 관련 교과 이수 노력, 전공(계열) 관련 교과 성취도, 진로 탐색 활동과 경험, ICT 관련 기초소양 및 활동
	기독교지도자	전공(계열) 관련 교과 이수 노력, 전공(계열) 관련 교과 성취도, 진로 탐색 활동과 경험, 소명의식
	기독교지도자	전공에 대한 관심과 이해, 전공 관련 교과목 이수 및 성취도, 전공 관련 기초소양 및 활동, 소명의식
발전가능성	바롬인재면접 기독교지도자	자기주도성, 경험의 다양성, 리더십, 창의적 문제해결능력
	SW융합인재	자기주도성, 경험의 다양성, 리더십, 창의·융합적 사고력, 개발적 사고
인성 및 의사소통능력		협업능력, 나눔과 배려, 성실성, 상대방의 의도 이해, 논리적인 의사전달

◎ 전형결과
■ 전체

학년도	전체						인문						자연					
	모집인원	지원인원	경쟁률	최종평균	최종최저	충원율	모집인원	지원인원	경쟁률	최종평균	최종최저	충원율	모집인원	지원인원	경쟁률	최종평균	최종최저	충원율
2022	121	1,884	15.57	3.78	4.95	53%	90	1,467	16.30	3.99	5.74	57%	31	417	13.45	3.56	4.16	48%
2023	169	4,722	27.90	3.67	5.08	80%	124	3,731	30.09	3.72	4.97	78%	45	991	22.02	3.62	5.18	82%
2024	166	4,172	25.13	3.56	4.44	59%	126	3,022	23.98	3.69	4.71	70%	40	1,150	28.75	3.43	4.16	48%
2025	207						151						56					

■ 변경사항 & 핵심포인트
[2025]

변경사항	2024	2025
모집인원	166명	207명(+51명)
학교폭력 조치사항	–	학교생활기록부에 기록된 사실 확인 및 본교 평가준거에 따른 조치 이행(학생부 미기재 고교에 대한 조치는 요강 참고)

➡ 합격자 성적분포: 인문계열은 3등급 중반 ~ 4등급 후반, 자연계열은 3등급 중반 ~ 4등급 중반

■ 모집단위
'*' 표시 : 교직 이수 가능

계열	모집단위	2025	2024						2023						2022					
		모집인원	모집인원	지원인원	경쟁률	최종평균	최종최저	충원번호	모집인원	지원인원	경쟁률	최종평균	최종최저	충원번호	모집인원	지원인원	경쟁률	최종평균	최종최저	충원번호
예체	시각디자인전공	8	5	113	22.6	3.2	4.5	6	4	87	21.8	3.1	3.3							
인문	심리·인지과학학부	6	4	99	24.8	3.3	4.3	6	4	147	36.8	3.1	3.3	1						
인문	경영학과*	14	12	279	23.3	3.3	4.1	8	12	296	24.7	3.6	5.6	5	10	197	19.7	3.2	3.8	1
인문	언론영상학부	14	11	360	32.7	3.3	4.2	6	11	519	47.2	3.4	4.3	2	8	185	23.1	3.7	6.2	2
인문	행정학과	7	5	74	14.8	3.3	3.5	6	5	105	21.0	3.2	3.9	9	4	38	9.5	3.4	5.3	8
인문	문헌정보학과*	5	4	108	27.0	3.4	3.7	6	4	112	28.0	3.9	6.4	5	4	66	16.5	3.8	4.1	
인문	국어국문학과*	8	7	117	16.7	3.5	4.1	3	7	144	20.8	3.4	3.9	9	6	60	10.0	3.6	4.7	1
예체	스포츠운동과학과	4	4	144	36.0	3.5	3.8	2	4	62	15.5	5.0	6.2							
인문	일어일문학과*	8	7	180	25.7	3.5	4.0	3	7	165	23.6	4.3	6.8	4	5	85	17.0	4.3	6.3	1
인문	사학과	5	4	116	29.0	3.5	4.0	3	4	107	26.8	4.3	6.2	2	4	46	11.5	4.1	7.0	3

계열	모집단위	2025	2024						2023						2022					
		모집인원	모집인원	지원인원	경쟁률	최종평균	최종최저	충원번호	모집인원	지원인원	경쟁률	최종평균	최종최저	충원번호	모집인원	지원인원	경쟁률	최종평균	최종최저	충원번호
인문	경제학과	8	6	83	13.8	3.6	4.0	7	6	128	21.3	3.5	5.0	8	5	47	9.4	4.0	6.4	3
인문	사회복지학과	8	6	161	26.8	3.6	6.6	8	6	303	50.5	3.5	4.2	3	5	120	24.0	4.3	5.7	2
예체	첨단미디어디자인전공	5	5	89	17.8	3.6	4.0	2	5	113	22.6	3.4	3.9	2						
인문	패션산업학과	7	4	116	29.0	3.7	3.9		4	193	28.3	3.5	4.0	2	3	70	23.3	4.4	7.4	1
인문	메타버스융합콘텐츠전공	4	5	136	27.2	3.7	4.4	6												
예체	산업디자인학과	6	6	83	13.8	3.8	6.4	4	6	105	17.5	3.3	3.8	5						
인문	아동학과*	8	8	228	28.5	3.8	5.8	7	8	237	29.6	3.6	6.1	14	10	181	18.1	3.8	5.5	3
인문	독일문화콘텐츠전공	7	4	56	14.0	3.9	5.5	3	4	62	15.5	4.1	4.7	2	4	28	7.0	4.1	4.8	
인문	중어중문학과*	6	4	97	24.3	4.0	5.2	4	4	125	31.3	4.3	5.8	5	4	83	20.8	4.6	6.3	5
인문	영어영문학과*	8	7	176	25.1	4.3	6.2	7	7	239	34.1	4.0	5.7	7	6	87	14.5	4.1	7.0	10
인문	프랑스문화콘텐츠전공	5	4	71	17.8	5.2	5.9	2	4	61	15.3	4.1	6.0	4	4	39	9.8	3.9	4.7	2
자연	식품공학과	8	7	152	21.7	3.2	3.4	3	13	181	13.9	3.7	4.4	10	10	75	7.5	3.5	4.1	7
자연	생명환경공학과	8	6	248	41.3	3.2	4.8	6												
자연	화학과	8	5	103	20.6	3.3	3.6	2												
자연	바이오헬스융합학과	8	6	262	43.7	3.4	3.9	2	7	196	28.0	3.7	5.7	7						
자연	식품영양학과	8	6	136	22.7	3.4	3.8	2	13	181	13.9	3.7	4.4	10	10	75	7.5	3.5	4.1	7
자연	수학과	8	4	49	12.3	3.6	3.9	3	4	39	9.8	3.7	4.7	3	4	22	5.5	3.4	4.4	2
자연	원예생명조경학과*	8	6	200	33.3	3.9	5.7	1	6	149	24.8	4.1	6.9	4	5	85	17.0	4.0	4.5	4

■ (학생부종합) SW융합인재

전형	모집인원	전형 방법	수능최저학력기준
SW융합인재	29	1단계)서류100%(5배수) 2단계)서류50%+ 면접50%	X

1. **지원자격**: 고등학교 졸업(예정)자 및 법령에 의하여 고등학교 졸업 동등 이상의 학력이 인정된 자
2. **제출서류**: 학교생활기록부

◎ **전형요소**
※ **인재상**: 소프트웨어를 활용하여 다양한 산업분야와의 융합을 이끌어 낼 수 있는 인재
● **서류 및 면접**: 바롬인재면접전형 참고

◎ **전형결과**
■ 모집단위

'*' 표시 : 교직 이수 가능

계열	모집단위	2025	2024						2023						2022					
		모집인원	모집인원	지원인원	경쟁률	최종평균	최종최저	충원번호	모집인원	지원인원	경쟁률	최종평균	최종최저	충원번호	모집인원	지원인원	경쟁률	최종평균	최종최저	충원번호
자연	소프트웨어융합학과	6	6	67	11.2	3.7	4.2	6	6	80	13.3	3.4	4.4	6	9	64	7.1	3.7	4.4	10
자연	지능정보보호학과	8	8	98	12.3	3.9	4.5	10	8	77	9.6	4.2	5.1	5	10	45	4.5	4.0	4.8	1
자연	데이터사이언스학과	7	7	72	10.3	4.3	6.4	8	6	68	9.7	3.7	4.2	10	4	20	5.0	3.7	4.3	1
자연	디지털미디어학과	8	8	112	14.0	4.5	6.4	5	8	102	12.8	4.5	5.0		6	38	6.3	4.1	5.8	7

■ (학생부종합) 기독교지도자

전형	모집인원	전형 방법	수능최저학력기준
기독교지도자	23	1단계)서류100%(5배수) 2단계)서류50%+ 면접50%	X

1. **지원자격**: 고등학교 졸업(예정)자 및 법령에 의하여 고등학교 졸업 동등 이상의 학력이 인정된 자로서 본교에서 인정하는 교회에 출석하는 세례교인
   ※ 출석 및 세례집례 교회 범위: 한국기독교교회협의회, 한국기독교총연합회, 한국기독교교단협의회, 한국교회연합, 국내 대학(교), (사)한국독립교회 및 선교단체 연합회, (사)한국기독교학교연맹에 소속된 학교
   ※ 단, 위에 해당되지 않는 교회 범위는 기독교학과에서 심의 후 입학사정관전형관리위원회에서 지원자격 부합여부를 결정함
2. **제출서류**: 학교생활기록부, 세례교인 증명서(본교 양식 또는 소속교회 양식 택1. 교회 직인 필수)

◎ **전형요소**
● **서류 및 면접**: 바롬인재면접전형 참고

◎ 전형결과
■ 모집단위

'*' 표시 : 교직 이수 가능

계열	모집단위	2025	2024						2023						2022					
		모집 인원	모집 인원	지원 인원	경쟁 률	최종 평균	최종 최저	충원 번호	모집 인원	지원 인원	경쟁 률	최종 평균	최종 최저	충원 번호	모집 인원	지원 인원	경쟁 률	최종 평균	최종 최저	충원 번호
인문	기독교학과	23	23	134	5.8	4.2	5.6	14	23	155	6.7	4.1	5.1	13	23	109	4.7	4.2	6.2	14

■ (논술) 논술우수자

전형	모집인원	전형 방법	수능최저학력기준
논술우수자	120	학생부교과20%+ 논술80%	○

1. **지원자격**: 고등학교 졸업(예정)자 및 법령에 의하여 고등학교 졸업 동등 이상의 학력이 인정된 자
2. **수능최저학력기준**:

> [국어, 수학, 영어] 3개 영역 중 1개 영역 3등급 이내

◎ 전형요소
● 학생부(20점 : 최저 5점)

반영요소 반영비율	반영교과목			교과성적 산출지표	학년별 반영비율
	구분	반영방법			
교과100%	공통 및 일반선택	국어, 영어, 수학, 사회, 과학교과에 속한 전 과목 ※ 한국사는 사회교과로 미포함 ※ 반영 학기: (교과) 졸업예정자 및 졸업자 모두 3학년 1학기까지		석차등급	학년 구분 없음
	진로선택	미반영			

구분	1등급	2등급	3등급	4등급	5등급	6등급	7등급	8등급	9등급
점수(20점)	20	19	18	17	16	14	11	8	5
등급 간 점수 차이	0	1	1	1	1	2	3	3	3

● 논술(80점: 최저 20점)

구분	내용
문항 유형	통합 교과형 논술로 제시문 자료와 도표 분석 및 견해 제시
고사 시간	90분
출제 범위	고등학교 교육과정에 맞춰 사고력, 논리적 이해력 등을 측정할 수 있는 문항 ※ 계열구분에 따라 인문사회계열과 자연계열로 구분하여 실시 ※ 자연계열 출제과목: **통합과학, 생명과학Ⅰ**
출제 방향	- 사물과 현상을 올바르게 판단하는 능력과 습득한 지식을 비판적, 종합적으로 사고하는 능력을 평가 - 고등학교 교과과정을 이수하면서 습득한 지식을 문제와 연결시켜 문제를 정확하게 이해하는 능력을 평가 - 제시문 상호간의 관계를 비판적이고 종합적으로 사고하여 문제를 해결할 수 있는 능력을 평가
문항 구성	각 계열별 2개 문항
작성 분량	고사장에서 배포하는 선이 그어 있는 유선지에 1문제당 1페이지 내로 작성 ※ 1페이지 내 분량으로 작성하며, 글자 수 제한은 없음

◎ 전형결과
■ 전체

학년도	전체						인문						자연					
	모집 인원	지원 인원	경쟁 률	최종 평균	최종 최저	충원 율	모집 인원	지원 인원	경쟁 률	최종 평균	최종 최저	충원 율	모집 인원	지원 인원	경쟁 률	최종 평균	최종 최저	충원 율
2022	120	2,778	23.15	4.11	5.22	39%	92	2,262	24.59	4.08	5.21	48%	28	516	18.43	4.13	5.23	29%
2023	120	3,254	27.12	4.20	5.22	18%	92	2,610	28.35	4.30	5.25	18%	28	644	23.00	4.10	5.18	18%
2024	120	2,576	21.47	4.69		20%	92	2,012	21.87	4.93		24%	28	564	20.14	4.44		15%
2025	120						94						26					

■ [계열별] 실질 경쟁률(충원율 반영)

계열	학년도	모집인원	지원인원	경쟁률	수능최저 충족율	(수능최저 충족율 반영) 경쟁률	충원율	(충원율 반영) 실질 경쟁률
인문	2022	92	2,262	24.59	53.92%	13.26	48%	8.96
	2023	92	2,610	28.35	25.22%	7.15	18%	6.06
	2024	92	2,012	21.87	47.14%	10.31	24%	8.31
자연	2022	28	516	18.43	55.24%	10.18	29%	7.89
	2023	28	644	23.00	21.07%	4.85	18%	4.10
	2024	28	564	20.14	45.83%	9.23	15%	8.02

■ [학과별] 실질 경쟁률(지원자 중 수능최저 충족인원)

계열	계열 평균	모집단위
인문	10.31:1	메타버스융합콘텐츠전공 10.5, 프랑스문화콘텐츠전공 10.5, 독일문화콘텐츠전공 12.0, 국어국문학과 10.5, 영어영문학과 13.2, 중어중문학과 9.4, 일어일문학과 10.4, **사학과 7.3**, 경제학과 9.8, 문헌정보학과 11.2, **사회복지학과 7.8**, 아동학과 8.0, 행정학과 9.6, 언론영상학부 13.6, 심리·인지과학학부 9.7, 경영학과 10.3, 패션산업학과 9.4, 자율전공학부(인문) 12.3
자연	9.23:1	화학과 8.0, 생명환경공학과 13.5, 바이오헬스융합학과 10.8, 원예생명조경학과 8.7, **식품공학과 6.8**, 식품영양학과 8.8, **자율전공학부(자연) 8.0**

■ 변경사항 & 핵심포인트

[2025]

변경사항	2024	2025
모집인원	120명	120명
(학생부) 반영교과목 변경	국어, 영어, 수학, 사회/과학교과별 3과목 (총 12과목)	국어, 영어, 수학, 사회, 과학교과 전 과목

• 논술고사는 인문은 통계, 자연은 과학(통합과학, 생명과학)만 출제되며 수학이 미출제 되는 특징 있음
➡ **합격자 성적분포:** 인문계열은 4등급 후반 ~ 5등급 중반, 자연계열은 4등급 중반 ~ 5등급 중반

'*' 표시 : 교직 이수 가능

■ 모집단위

계열	모집단위	2025 모집인원	2024 모집인원	지원인원	경쟁률	최종평균	최종최저	충원번호	2023 모집인원	지원인원	경쟁률	최종평균	최종최저	충원번호	2022 모집인원	지원인원	경쟁률	최종평균	최종최저	충원번호
인문	경영학과*	6	6	140	23.3	4.1		3	6	179	29.8	4.9	5.7		6	148	24.7	4.2	5.0	1
인문	문헌정보학과*	5	5	113	22.6	4.6		1	5	145	29.0	3.8	4.4	2	5	110	22.0	4.0	4.9	1
인문	경제학과	5	5	110	22.0	4.6		3	5	128	25.6	5.1	6.5		5	111	22.2	3.7	4.8	1
인문	**자율전공학부**	12	6	155	25.8	4.6		1	12	438	36.5	4.2	5.2	3	12	399	33.3	4.2	6.0	3
인문	사회복지학과	5	5	100	20.0	4.7		3	5	124	24.8	4.3	4.8	1	5	115	23.0	4.0	5.7	2
인문	행정학과	5	5	112	22.4	4.8			5	134	26.8	4.7	5.6	1	5	108	21.6	3.8	5.3	1
인문	영어영문학과*	6	6	136	22.7	4.8		2	6	158	26.3	4.0	4.5	1	6	134	22.3	3.9	5.0	5
인문	일어일문학과*	5	5	98	19.6	4.9		1	5	128	25.6	4.0	5.4	1	5	99	19.8	4.3	5.1	2
인문	사학과	4	4	77	19.3	4.9		1	4	96	24.0	5.0	5.9	1	4	81	20.3	4.5	5.4	3
인문	국어국문학과*	6	6	118	19.7	4.9		1	6	155	25.8	4.1	5.2		6	138	23.0	3.7	4.3	4
인문	아동학과*	6	6	129	21.5	4.9			6	164	27.3	4.6	6.2		6	134	22.3	4.2	5.9	8
인문	중어중문학과*	5	5	95	19.0	5.3		5	5	111	22.2	4.1	4.7		5	109	21.8	4.4	5.9	4
인문	심리·인지과학학부	5	3	66	22.0	5.3			3	79	26.3	4.0	4.9	1	3	70	23.3	3.5	4.4	1
인문	프랑스문화콘텐츠전공	4	4	72	18.0	5.4			4	114	28.5	4.1	4.9		4	94	23.5	4.2	5.0	
인문	독일문화콘텐츠전공	5	5	109	21.8	5.4			5	129	25.8	4.7	6.0		5	116	23.2	4.3	5.4	4
인문	언론영상학부	5	5	138	27.6	5.4			5	174	34.8	3.8	4.9	4	5	164	32.8	4.1	5.1	1
인문	패션산업학과	5	5	105	21.0	5.5		1	5	154	30.8	3.7	4.4	2	5	132	26.4	4.4	5.3	3
자연	바이오헬스융합학과	4	4	82	20.5	4.2														
자연	화학과	4	3	55	18.3	4.3														
자연	식품공학과	4	4	69	17.3	4.5		2												
자연	원예생명조경학과*	6	6	115	19.2	4.6		1	6	110	18.3	4.4	5.8	3	6	87	14.5	4.2	5.2	1
자연	생명환경공학과	4	4	106	26.5	4.7														
자연	식품영양학과	4	4	71	17.8	4.9		1												

44. 서울장신대학교 경기도 광주시 경안로 145 (Tel. 031. 799-9110, 9112)

I. 한 눈에 보는 전형

모집시기	전형유형	전형	모집인원	전형 방법	수능최저학력기준
수시	교과	일반전형	33	학생부60%+ 면접40%	X
수시	교과	교역자추천자	29	학생부60%+ 면접40%	X
수시	교과	만학도	2	학생부60%+ 면접40%	X
수시	교과	대안학교	1	학생부60%+ 면접40%	X
수시	교과	농어촌학생	7	학생부100% ▶실용음악과: 실기100%	X
수시	교과	특성화고교출신자	6	학생부100%	X
수시	교과	특수교육대상자	10	학생부60%+ 면접40% ▶실용음악과: 실기100%	X
수시	실기/실적	일반전형	21	▶실용음악과: 실기100%	X
수시	재외	재외국민과 외국인	32	면접100% ▶실용음악과: 실기100%	X

(수시모집) 지원 가능 횟수	전형 간에 복수지원 불가합니다.

■ 전형결과

※ 성적 산출기준: (수시) 교과 석차등급, (정시) 수능 백분위

모집시기	전형유형	전형	학년도	모집인원	지원인원	경쟁률	등록자 50%컷	등록자 70%컷	충원율
수시	교과	일반전형	2024	20	33	1.65			
수시	교과	교역자추천자	2024	6	5	0.83			

■ (주요전형) 전형일정

유형	전형	원서접수 마감	대학별 고사(면접/논술)	1단계 합격자	최종 합격자
교과	일반전형	9.13(금)	10.12(토) 10:00		10.23(수)
교과	교역자추천자	9.13(금)	10.12(토) 10:00		10.23(수)

II. (수시모집) 주요 전형

■ (학생부교과) 일반전형

전형	모집인원	전형 방법	수능최저학력기준
일반전형	33	학생부60%+ 면접40%	X

1. **지원자격**: 고등학교 졸업자(2025년 2월 졸업예정자 포함) 또는 법령에 의하여 이와 동등 이상의 자격이 있다고 인정된 자.

◎ 전형요소
● 학생부(800점)

반영요소 반영비율	반영교과목		교과성적 산출지표	학년별 반영비율
	구분	반영방법		
교과100%	공통 및 일반선택	국어, 영어교과에 속한 전 과목, 사회(역사, 도덕 포함)교과는 상위 2과목 반영	석차등급	30:30:40
	진로선택	미반영		

구분	1등급	2등급	3등급	4등급	5등급	6등급	7등급	8등급	9등급
점수(800점)	800	700	600	500	400	300	200	100	0
등급 간 점수 차이	0	100	100	100	100	100	100	100	100

● **면접(200점)**:
1. **면접방법**: 면접질문지를 작성하고 이것을 기준으로 구두면접 및 서류면접을 실시한다
    * 면접 질문지는 면접 시 활용되는 질문 내용으로 면접학생의 의견을 간략히 밝히는 것으로 구성됨. (예, 사회적 이슈, 시사 등)

◎ 전형결과
■ 전체

학년도	전체						인문						자연					
	모집인원	지원인원	경쟁률	등록50%컷	등록70%컷	충원율	모집인원	지원인원	경쟁률	등록50%컷	등록70%컷	충원율	모집인원	지원인원	경쟁률			
2022	20	57	2.9	5.71	6.26	70%	20	57	2.9	5.71	6.26	70%						
2023	24	30	1.25	6.50	8.00		24	30	1.25	6.50	8.00							
2024	20	33	1.65				20	33	1.65									
2025	33						33											

■ 모집단위

'*' 표시 : 교직 이수 가능

계열	모집단위	2025	2024						2023						2022					
		모집인원	모집인원	지원인원	경쟁률	등록50%컷	등록70%컷	충원번호	모집인원	지원인원	경쟁률	등록50%컷	등록70%컷	충원번호	모집인원	지원인원	경쟁률	등록50%컷	등록70%컷	충원번호
인문	상담심리학과	12																		
인문	사회복지학과	21	20	33	1.7	3.00	5.00	13	24	30	1.3	6.50	8.00		20	57	2.9	5.71	6.26	14

■ (학생부교과) 교역자추천자

전형	모집인원	전형 방법	수능최저학력기준
담임목사추천자	29	학생부60%+ 면접40%	X

1. **지원자격**:
    1) 고등학교 졸업자(2025년 2월 졸업예정자 포함) 또는 법령에 의하여 이와 동등 이상의 자격이 있다고 인정된 자.
    2) 교역자추천서(본교 서식)를 받은 자

◎ 전형요소
● **학생부(600점) 및 면접**: 일반전형 참고

◎ 전형결과
■ 모집단위

'*' 표시 : 교직 이수 가능

계열	모집단위	2025	2024						2023						2022					
		모집인원	모집인원	지원인원	경쟁률	등록50%컷	등록70%컷	충원번호	모집인원	지원인원	경쟁률	등록50%컷	등록70%컷	충원번호	모집인원	지원인원	경쟁률	등록50%컷	등록70%컷	충원번호
인문	사회복지학과	3																		
인문	상담심리학과	3																		
인문	신학과	23	6	5	0.8				8	7	0.9	5.38	6.09		8	10	1.3	5.53	6.77	6

I. 한 눈에 보는 전형

모집 시기	전형 유형	전형	모집 인원	전형 방법	수능최저 학력기준
수시	교과	일반전형	144	학생부100%	X
수시	교과	만학도	1	학생부100%	X
수시	교과	국가보훈대상자	1	학생부100%	X
수시	교과	농어촌	3	학생부100%	X
수시	교과	기회균형선발	5	학생부100%	X
수시	교과	장애인등대상자	10	학생부60%+ 면접40%	X

(수시모집) 지원 가능 횟수	수시모집 원서 접수 시, 각 전형별로 하나의 모집단위에만 지원 가능

■ 전형결과
※ 성적 산출기준: (수시) 교과 석차등급, (정시) 수능 백분위

모집시기	전형유형	전형	학년도	모집인원	지원인원	경쟁률	등록자평균	등록자자 최저	충원율
수시	교과	일반전형	2024	145	520	3.59	5.95	7.44	252%

■ (주요전형) 전형일정

유형	전형	원서접수 마감	대학별 고사(면접/논술)	1단계 합격자	최종 합격자
교과	일반전형	9.13(금) 18:00			11.07(목)

II. (수시모집) 주요 전형

■ (학생부교과) 일반전형

전형	모집인원	전형 방법	수능최저학력기준
일반전형	144	학생부100%	X

1. **지원자격**: 고등학교 졸업자(졸업예정자 포함) 및 법령에 의하여 이와 동등 이상의 자격이 인정된 자

◎ 전형요소
● 학생부(1,000점)

반영요소 반영비율	반영교과목		교과성적 산출지표	학년별 반영비율
	구분	반영방법		
교과 80%	공통 및 일반선택	국어. 영어, 수학, 사회, 과학, 한국사교과에 속한 전 과목	석차등급	20:30:50
	진로선택	미반영		
비교과 20%	※ 만점: ① 출결(20%): 미인정 결석 1일 이내			

◎ 전형결과
■ 모집단위
'*' 표시 : 교직 이수 가능

계열	모집단위	2025	2024						2023						2022					
		모집 인원	모집 인원	지원 인원	경쟁 률	등록 평균	등록 최저	충원 번호	모집 인원	지원 인원	경쟁 률	등록 50%컷	등록 70%컷	충원 번호	모집 인원	지원 인원	경쟁 률	등록 50%컷	등록 70%컷	충원 번호
인문	신학과	11	11	17	1.6	5.54	5.90	6												
인문	사회복지학과	36	36	158	4.4	5.64	8.01	122	28	212	7.6	4.94	5.36	116	28	189	6.8	4.60	4.60	81
인문	상담심리학과	36	37	161	4.4	5.71	7.60	114	32	151	4.7	5.28	6.13	102	32	115	3.6	5.30	5.30	66
인문	아동보육학과	33	32	89	2.8	6.28	7.84	57	33	125	3.8	6.51	6.95	92	32	110	3.4	6.30	6.60	63
인문	재활복지학과	28	29	95	3.3	6.59	7.83	66	20	118	5.9	5.51	5.54	80	20	116	5.8	6.00	6.00	64

46. 서원대학교

충청북도 청주시 서원구 무심서로 377-3 (Tel: 043. 299-8802~5)

I. 한 눈에 보는 전형

모집 시기	전형 유형	전형	모집 인원	전형 방법	수능최저 학력기준
수시	교과	일반전형	870	①사범대학:교과80% 면접20% ▶체육교육과,음악교육과: 교과60% 면접20% 실기20% ②일반학과:교과100%	○ ○ X
수시	교과	인문계고전형	252	교과100%	X
수시	교과	창의면접전형	230	교과60% 면접40%	X
수시	교과	지역인재전형	45	교과100%[사범대만 모집]	○
수시	교과	사회기여자	11	교과100%	X
수시	교과	예체능	158	교과20% 실기80%	X
수시	교과	기회균등	30	교과100%	X
수시	교과	농어촌	54	교과100%	X
수시	교과	특성화고전형	5	교과100%	X

(수시모집) 지원 가능 횟수	수시모집 지원 6회 이내에서 본교 수시모집 전형 간 복수지원 가능함

■ 전형결과

※ 성적 산출기준: (수시) 교과 석차등급, (정시) 수능 백분위

모집시기	전형유형	전형	학년도	모집인원	지원인원	경쟁률	등록자 평균	등록자 70%	충원율
수시	교과	일반전형	2024	863	4839	5.6	4.2	6.8	417%
수시	교과	인문계고전형	2024	186	916	4.9	4.6	7.0	383%
수시	교과	지역인재전형	2024	66	258	3.9	3.4	4.8	243%
수시	교과	창의면접전형	2024	305	1354	4.4	4.7	7.2	273%

■ (주요전형) 전형일정

유형	전형	원서접수 마감	대학별 고사(면접/실기)	최종 합격자
교과	일반전형	9.13(금) 21:00	사범대학 : 11.20~11.21(면접)	12.11(수)
			일반학과 : 해당없음	11.01(금)
교과	지역인재전형	9.13(금) 21:00	해당없음	12.11(수)
교과	창의면접전형	9.13(금) 21:00	9.26(목)~10.5(토)	11.01(금)
실기	예체능전형	9.13(금) 21:00	10.11(금)~10.19(토)	11.01.(금)

II. (수시모집) 주요 전형

■ (학생부교과) 일반전형

전형	모집인원	전형 방법	수능최저학력기준
일반전형	870	① 사범대학:교과80% 면접20% 체육교육과,음악교육과: 교과60% 면접20% 실기20% ② 일반학과:교과100%	○ ○ ×

1. 지원자격: 고등학교 졸업(예정)자 또는 기타 법령에 의하여 고등학교 졸업 이상의 학력이 있다고 인정되는 자

2. 제출서류: 없음

3. 수능최저학력기준:

국어교육과,영어교육과,교육학과,유아교육과,윤리교육과,사회교육 과,역사교육과,수학교육과,생물교육과,체육교육과,음악교육과	[국어, 수학, 영어, 탐구(1과목)] 중 3개 영역 등급 합 13 이내

● 학생부(1,000점, 600점)

반영요소 반영비율	반영교과목		교과성적 산출지표	학년별 반영비율
	구분	반영방법		
교과100%	공통 및 일반선택	전체 성적 중 상위 10과목 반영[국어 3, 영어 2, 수학 2, 탐구(사.과.한문.정보) 3] 각 교과군[국,수,영,탐]에 진로선택 과목이 상위 등급일 경우 선택 반영	석차등급	학년 구분 없음
	진로선택	※ 성취도 등급점수: A=3등급, B=5등급, C=7등급	성취도	

● 면접(200점)
1. 평가대상 : 사범대학 지원자 전체(단계별 전형 아님)
2. 면접문제 공지 : 모집단위별 면접문제 홈페이지 사전 공개(2024.5.10.홈페이지)
3. 면접방식 : 비대면 면접
4. 면접진행 : 공지된 면접문제 중 2개 문항을 임의 선택하여 2분 이내 답변을 영상으로 촬영하여 1개 파일로 온라인 업로드 방식
● 실기(200점) : 요강 참고

◎ 전형결과
■ 모집단위
'*'표시 : 교직 이수 가능

계열	모집단위	2025 모집인원	2024 모집인원	지원인원	경쟁률	최종평균	최종80%	충원번호	2023 모집인원	지원인원	경쟁률	최종평균	등록최저	충원번호	2022 모집인원	지원인원	경쟁률	등록평균	등록최저	충원번호
사범	국어교육과	20	17	73	4.3	2.5	3.1	23	17	84	4.9	2.2	2.9	33	20	133	6.7	2.1	2.5	21
사범	영어교육과	20	17	57	3.4	2.8	3.8	20	17	123	7.2	2.4	2.9	29	22	159	7.2	2.6	3.1	51
사범	교육학과	17	14	53	3.8	3.0	4.1	9	14	79	5.6	2.5	2.8	21	12	76	6.3	2.4	2.8	19
사범	유아교육과	27	24	76	3.2	3.0	3.8	18	24	106	4.4	2.8	3.4	28	22	164	7.5	2.6	3.1	36
사범	윤리교육과	18	15	71	4.7	2.5	3.1	42	15	78	5.2	2.0	2.4	10	10	80	8.0	1.9	2.2	17
사범	사회교육과	20	17	78	4.6	2.6	3.2	23	17	162	9.5	2.3	2.7	38	15	75	5.0	2.3	3.7	41
사범	역사교육과	20	17	56	3.3	2.4	2.9	18	17	94	5.5	2.0	2.4	21	15	75	5.0	2.0	2.6	31
사범	수학교육과	20	19	96	5.1	2.7	3.3	18	19	68	3.6	2.6	4.7	16	15	109	7.3	2.2	2.7	28
사범	생물교육과	20	17	48	2.8	2.6	3.2	10	17	75	4.4	2.5	2.9	16	15	62	4.1	2.5	3.2	26
사범	체육교육과	23	23	265	11.5	2.3	2.9	23	23	235	10.2	2.4	3.7	21	20	334	16.7	2.0	2.5	13
사범	음악교육과	18	18	72	4.0	2.8	3.4	4	18	92	5.1	2.9	4.2	13	15	87	5.8	2.6	3.6	7
인문	경영학부＊	60	60	339	5.7	5.0	7.0	279	63	315	5.0	4.9	7.0	252	60	429	7.2	4.7	6.7	295
인문	항공관광학과 (승무원 양성)	10	10	62	6.2	4.1	5.6	44												
인문	경찰행정학부	30	30	187	6.2	3.5	3.9	77	29	144	5.0	3.5	4.6	76						
인문	소방행정학과	20	16	147	9.2	4.1	4.4	98	13	108	8.3	4.2	5.5	83						
보건	응급구조학과	30	20	260	13.0	4.0	4.2	79												
인문	사회복지학부	47	41	223	5.4	4.7	6.0	182	40	289	7.2	4.5	5.8	211	30	342	11.4	4.4	5.3	194
인문	아동복지학과	30	30	109	3.6	4.7	6.6	79	30	123	4.1	4.6	60	93	24	172	7.2	4.4	5.2	91
인문	상담심리학과	30	35	192	5.5	4.0	5.0	142	35	212	6.1	3.9	4.9	118	24	283	11.8	3.9	4.6	126
자연	호텔외식조리학부＊	45	40	324	8.1	4.0	5.7	268	41	299	7.3	3.7	5.0	164	45	483	10.7	3.4	4.7	228
자연	식품영양학과＊	30	30	156	5.2	4.2	5.8	123	25	230	9.2	4.1	5.1	138	15	155	10.3	4.2	5.5	100
공학	식품공학과	25	23	112	4.9	4.6	6.7	89	20	88	4.4	4.5	6.0	68	34	189	5.6	4.9	7.0	155
공학	환경공학과＊	25	25	81	3.2	5.0	6.8	56	25	92	3.7	5.0	6.5	67	22	74	3.4	5.0	7.0	52
공학	바이오코스메틱학과	35	35	111	3.2	4.8	7.0	76	34	124	3.6	5.1	6.0	90	30	122	4.1	5.1	7.0	91
예체	뷰티학과	10	15	177	11.8	3.5	4.2	110												
공학	제약공학과	30	32	118	3.7	4.5	6.1	86	30	158	5.3	4.7	6.0	127	34	189	5.6	4.9	7.0	155
예체	헬스케어운동학과	10	15	105	7.0	3.9	4.6	53												
공학	컴퓨터공학과＊	25	25	129	5.2	4.6	6.2	104	51	266	5.2	5.1	7.0	215	43	238	5.5	5.0	7.0	195
공학	AI소프트웨어학과	15	15	76	5.1	5.2	5.5	61	51	266	5.2	5.1	7.0	215	43	238	5.5	5.0	7.0	195
공학	미디어콘텐츠학부	45	50	283	5.7	4.4	5.7	219	45	323	7.2	4.2	5.4	205	49	374	7.6	4.2	5.1	217
예체	디자인학과	10	10	81	8.1	3.9	4.4	27												
자연	건축학과	35	35	162	4.6	5.2	7.0	127	30	196	6.5	5.1	6.5	160	22	175	8.0	4.9	6.7	108
인문	광고홍보학과	25	25	141	5.6	4.3	5.5	116	26	137	5.3	4.3	5.2	111	20	141	7.1	4.0	5.0	79
자연	패션의류학과＊	25	35	205	5.9	3.3	4.0	60	29	247	8.5	3.4	4.1	60	19	245	12.9	3.6	4.3	74
예체	레저스포츠학부	10	13	114	8.8	4.0	4.5	44												

■ (학생부교과) 인문계고전형

전형	모집인원	전형 방법	수능최저학력기준
인문계고전형	252	학생부교과100%	X

1. 지원자격: 국내 일반고등학교 졸업(예정)자[일반고,과학고,외국어고,자율고,종합고 일반고과정 포함]
2. 제출서류: 없음

◎ 전형요소
● 학생부(1,000점)

반영요소 반영비율	반영교과목		교과성적 산출지표	학년별 반영비율
	구분	반영방법		
교과100%	공통 및 일반선택	전체 성적 중 상위 10과목 반영[국어 3, 영어 2, 수학 2, 탐구(사.과.한문.정보) 3] 각 교과군[국,수,영,탐]에 진로선택 과목이 상위 등급일 경우 선택 반영 ※ 성취도 등급점수: A=3등급, B=5등급, C=7등급	석차등급	학년 구분 없음
	진로선택		성취도	

◎ 전형결과
■ 모집단위

'*'표시 : 교직 이수 가능

계열	모집단위	2025	2024						2023						2022					
		모집 인원	모집 인원	지원 인원	경쟁 률	최종 평균	최종 80%	충원 번호	모집 인원	지원 인원	경쟁 률	최종 평균	최종 80%	충원 번호	모집 인원	지원 인원	경쟁 률	최종 평균	최종 80%	충원 번호
인문	경영학부*	30	30	126	4.2	5.4	7.2	96	30	174	5.8	5.6	7.0	144	29	143	4.9	5.4	7.0	113
인문	경찰행정학부	35	35	202	5.8	3.7	4.2	103	35	194	5.5	3.8	4.6	131	57	366	6.4	3.4	4.1	131
인문	소방행정학과	17	16	68	4.3	4.1	4.5	28	13	60	6.2	3.9	4.7	41	24	237	9.9	3.9	4.5	100
보건	응급구조학과	10	10	121	12.1	4.1	4.3	17												
인문	사회복지학부	15	20	67	3.4	4.7	6.3	47	15	66	4.4	4.3	5.1	29	15	124	8.3	4.0	4.6	50
인문	아동복지학과	10																		
인문	상담심리학과	10																		
자연	호텔외식조리학부*	20	20	101	5.1	4.4	5.0	70	20	133	6.7	4.2	4.8	52	15	87	5.8	4.2	5.0	39
자연	식품영양학과*	10	10	42	4.2	4.6	6.0	32	5	62	12.4	4.1	4.7	16	14	104	7.4	4.5	6.1	71
공학	식품공학과	5																		
공학	바이오코스메틱학과	10																		
공학	제약공학과	10																		
공학	컴퓨터공학과*	10	10	42	4.2	5.0	6.3	32	10	53	5.3	5.2	7.0	43	26	95	3.7	5.4	7.0	68
자연	AI소프트웨어학과	5	5	19	3.8	4.7	5.6	4	10	53	5.3	5.2	7.0	43	26	95	3.7	5.4	7.0	68
자연	미디어콘텐츠학부	20																		
자연	건축학과	15	15	56	3.7	5.5	7.2	41	20	97	4.9	5.5	6.8	66	27	127	4.7	5.4	7.0	98
인문	광고홍보학과	15	15	72	4.8	4.5	5.6	57	14	91	6.5	4.4	5.3	63	19	133	7.0	4.3	5.3	71
자연	패션의류학과*	10																		

■ (학생부교과)창의면접전형

전형	모집인원	전형 방법	수능최저학력기준
창의면접전형	230	학생부교과60% 면접40%	X

1. 지원자격: 고등학교 졸업(예정)자 또는 검정고시 합격자
2. 제출서류: 학교생활기록부

◎ 전형요소
● 학생부(600점)

반영요소 반영비율	반영교과목		교과성적 산출지표	학년별 반영비율
	구분	반영방법		
교과100%	공통 및 일반선택	전체 성적 중 상위 10과목 반영[국어 3, 영어 2, 수학 2, 탐구(사.과.한문.정보) 3] 각 교과군[국,수,영,탐]에 진로선택 과목이 상위 등급일 경우 선택 반영 ※ 성취도 등급점수: A=3등급, B=5등급, C=7등급	석차등급	학년 구분 없음
	진로선택		성취도	

● 면접(400점)
  1. 평가대상 : 지원자 전체(단계별 전형 아님)

2. 면접문제 공지 : 모집단위별 면접문제 홈페이지 사전 공개(2024.5.10.홈페이지)
3. 면접방식 : 대면면접(수능 이전 9월~10월 면접고사 시행)
4. 평가방법 : 사전 공개한 면접문제를 기반으로 수험생의 전공적합성을 구술 면접 평가(결시자 불합격 처리)
   블라인드형 면접(학생부 기반 면접이 아님)
5. 면접형식 : 면접평가자(3인) 대(對) 지원자(1인~3인) / 10분 내외

◎ 전형결과
■ 모집단위

'*' 표시는 교직이수 가능 학과

계열	모집단위	2025 모집인원	2024 모집인원	지원인원	경쟁률	최종평균	최종80%	충원번호	2023 모집인원	지원인원	경쟁률	최종평균	최종80%	충원번호	2022 모집인원	지원인원	경쟁률	최종평균	최종80%	충원번호
인문	항공관광학과 (승무원 양성)	30	30	148	4.9	4.7	7.2	116	59	203	3.4	4.8	7.0	131	59	249	228	4.8	7.0	169
인문	경찰행정학부	20	20	115	5.8	4.3	5.6	5	20	168	8.4	4.2	5.3	24	25	285	11.4	4.3	5.5	12
인문	소방행정학과	15	15	52	3.5	4.5	5.3	10	20	82	4.1	4.6	6.2	26	25	143	5.7	4.5	5.8	30
인문	사회복지학부	15	15	34	2.3	5.2	6.3	19	20	63	3.2	5.1	6.8	17	20	71	3.6	5.0	6.4	39
인문	상담심리학과	10	15	47	3.1	4.8	6.4	28	15	72	4.8	4.5	5.9	20	15	73	4.9	4.7	6.4	17
자연	호텔외식조리학부#	40	40	172	4.3	4.4	5.6	83	39	177	4.5	4.7	6.5	49	39	199	5.1	4.5	6.2	30
예체	뷰티학과	55	55	257	4.7	4.9	6.5	112	70	271	3.9	5.0	7.0	86	59	335	5.7	5.2	7.0	99
자연	헬스케어운동학과	20	20	83	4.2	4.5	5.8	16	20	133	6.7	4.9	6.7	24	25	102	4.1	5.2	6.8	21
자연	패션의류학과#	20	20	203	10.2	3.9	4.5	11	20	173	8.7	4.3	5.8	12	20	89	4.5	4.9	6.7	18
예체	레저스포츠학부	20	20	101	5.1	4.8	6.3	62	20	92	4.6	4.7	6.7	23	20	80	4.0	4.7	6.6	29

■ (학생부교과) 지역인재전형

전형	모집인원	전형 방법	수능최저학력기준
지역인재전형	45	학생부교과 100%	0

1. 지원자격: 충청권(대전,세종,충남,충북)소재 고등학교에 입학하여 전 교육과정을 이수한 졸업(예정)자
2. 제출서류: 없음
3. 수능최저학력기준:

국어교육과,영어교육과,교육학과,유아교육과,윤리교육과,사회교육과,역사교육과,수학교육과,생물교육과,체육교육과	[국어, 수학, 영어, 탐구(1과목)] 중 3개 영역 등급 합 13 이내

◎ 전형요소
● 학생부(1,000점)

반영요소 반영비율	반영교과목		교과성적 산출지표	학년별 반영비율
	구분	반영방법		
교과100%	공통 및 일반선택	전체 성적 중 상위 10과목 반영[국어 3, 영어 2, 수학 2, 탐구(사.과.한문.정보) 3] 각 교과군[국,수,영,탐]에 진로선택 과목이 상위 등급일 경우 선택 반영	석차등급	학년 구분 없음
	진로선택	※ 성취도 등급점수: A=3등급, B=5등급, C=7등급	성취도	

◎ 전형결과
■ 모집단위

계열	모집단위	2025 모집인원	2024 모집인원	지원인원	경쟁률	최종평균	최종80%	충원번호	2023 모집인원	지원인원	경쟁률	최종평균	최종80%	충원번호	2022 모집인원	지원인원	경쟁률	최종평균	최종80%	충원번호
사범	국어교육과	5	7	27	3.9	2.7	3.2	8	7	29	4.1	2.5	2.8	5	5	23	4.6	2.4	2.9	4
사범	영어교육과	5	7	26	3.7	2.7	3.5	14	7	29	4.1	2.6	3.1	9	5	31	6.2	2.6	3.2	7
사범	교육학과	5	7	37	5.3	2.9	3.3	14	7	32	4.6	3.0	3.6	7	5	36	7.2	2.4	2.6	1
사범	유아교육과	5	7	27	3.9	2.9	3.3	6	7	37	5.3	2.8	3.4	10	5	35	7.0	2.7	3.1	8
사범	윤리교육과	5	7	29	4.1	2.4	3.1	18	7	37	5.3	2.4	2.9	14	5	27	5.4	2.3	2.8	10
사범	사회교육과	5	7	28	4.0	2.7	2.9	15	7	45	6.4	2.5	2.9	12	5	22	4.4	2.4	3.4	12
사범	역사교육과	5	7	24	3.4	2.5	3.1	8	7	34	4.9	2.1	2.7	5	5	27	5.4	2.1	2.7	5
사범	수학교육과	5	5	25	5.0	2.5	2.9	6	5	16	3.2	2.9	3.7	4	5	26	5.2	2.3	2.7	21
사범	생물교육과	5	7	20	2.9	2.5	2.8	4	7	26	3.7	2.8	3.5	8	5	22	4.4	2.7	3.0	17
사범	체육교육과	5	5	15	3.0	2.8	3.2	2	5	29	5.8	1.6	1.9	0						

47. 선문대학교

충청남도 아산시 탕정면 선문로 221번길 70 (Tel: 041. 530-2033~4)

I. 한 눈에 보는 전형

모집시기	전형유형	전형	모집인원	전형 방법	수능최저학력기준
수시	교과	일반전형	1,104	학생부100% ▶신학과: 학생부70%+ 면접30%	X
수시	교과	지역학생	229	학생부100%	X
수시	교과	면접	99	학생부60+ 면접40%	X
수시	교과	장애인등대상자	10	학생부60+ 면접40%	X
수시	교과	지역저소득층	2	학생부100% ▶신학과: 학생부70%+ 면접30%	X
수시	교과	사회통합	21	학생부100% ▶신학과: 학생부70%+ 면접30%	X
수시	교과	기회균형	51	학생부100%	X
수시	교과	농어촌학생	41	학생부100%	X
수시	교과	특성화고교졸업자	30	학생부100%	X
수시	교과	기초생활수급자및차상위계층	41	학생부100%	X
수시	종합	서류	319	서류100%	X
수시	종합	외국인	83	1단계)서류100%(4배수) 2단계)서류70%+ 면접30%	X
수시	종합	장애인등대상자	10	1단계)서류100%(4배수) 2단계)서류70%+ 면접30%	X
수시	실기/실적	일반학생	147	학생부20%+ 실기80%	X
수시	실기/실적	기회균형	5	학생부20%+ 실기80%	X
수시	실기/실적	체육특기자	10	학생부15%+ 실기45%+ 실적40%	X

(수시모집) 지원 가능 횟수	본교 수시모집 지원 시에도 전형 간 복수지원이 가능함 <복수지원 불가사항> - 학생부교과전형 일반전형과 실기/실적 일반학생전형은 복수지원이 불가함. - 학생부교과전형 기회균형전형과 실기/실적 기회균형전형은 복수지원이 불가함

- **'광역모집'**이란 세부 학부(과, 전공)의 모집인원의 통합을 의미
  광역모집단위 : 인문사회대학, 글로벌비즈니스대학, 건강보건대학, 공과대학, 특화산업융합대학
  - 광역모집단위 지원시 선택한 희망 학과(부, 전공)로 100% 배정- 광역모집 내 세부 학과(부, 전공)의 지원자를 통합하여 성적순으로 선발함
  - 광역모집 모집단위를 선택 후 1개 희망 세부 학부(과, 전공)를 선택하여 지원
- **'개별모집'**은 학과별(전공별) 모집을 의미함
  개별모집단위 : 글로벌관광학부 항공서비스전공, 예술체육대학 소속 학과, 간호학과, 물리치료학과, 치위생학과, 응급구조학과, 신학과, 글로벌자유전공학부, 자유전공학부
  ※ 자유전공학부 지원자는 보건계열 4개학과를 제외한 1개 희망학부(과, 전공) 선택 가능

■ 모집단위 신설 · 변경

구분	2024	2025
신설		디지털콘텐츠학부, 자유전공학부

■ 전형결과

※ 성적 산출기준: (수시) 교과 석차등급, (정시) 수능 백분위

모집시기	전형유형	전형	학년도	모집인원	지원인원	경쟁률	등록자 50%컷	등록자 70%컷	충원율
수시	교과	일반전형	2024	1,092	4,415	4.04	4.23	4.95	224%
수시	교과	지역학생	2024	221	963	4.36	4.61	4.97	198%
수시	교과	면접	2024	61	515	8.44	4.55	4.78	44%
수시	종합	서류	2024	276	1,170	4.24	5.43	6.11	141%

■ (주요전형) 전형일정

유형	전형	원서접수 마감	대학별 고사(면접/논술)	1단계 합격자	최종 합격자
교과	일반학생	9.13(금) 18:00			10.30(수)
교과	지역학생	9.13(금) 18:00			10.30(수)
교과	면접	9.13(금) 18:00	10.12(토)		11.20(수)

유형	전형	원서접수 마감	대학별 고사(면접/논술)	1단계 합격자	최종 합격자
			- 대면 면접: 글로벌관광학부(항공서비스전공), 신학과, 면접전형(AI소프트웨어학과, 컴퓨터공학부) - 비대면 녹화 영상 면접: 간호학과, 물리치료학과, 치위생학과, 응급구조학과		
종합	서류	9.13(금) 18:00			11.20(수)

II. (수시모집) 주요 전형

■ (학생부교과) 일반학생

전형	모집인원	전형 방법	수능최저학력기준
일반학생	1,104	학생부100% ▶신학과: 학생부70%+ 면접30%	X

1. **지원자격**: 고등학교 졸업(예정)자 또는 이와 동등학력 이상인 자 ※ 검정고시 출신자 및 해외 고교 졸업(예정)자 지원 가능

◎ 전형요소
● 학생부

반영요소 반영비율	구분	반영교과목 반영방법		교과성적 산출지표	학년별 반영비율
교과 100%	공통 및 일반선택	국어, 영어, 수학, 사회, 과학, 한국사교과 중 상위 7과목 ※ 반영 학기: (교과) 졸업예정자 및 졸업자 모두 3학년 1학기까지 , ※ 이수단위: 미반영		석차등급	학년 구분 없음
	진로선택	반영교과 중 상위 3과목 ※ 성취도별 환산점수 = A : 9.5, B : 7.5, C : 5.5		성취도	

구분		1등급	2등급	3등급	4등급	5등급	6등급	7등급	8등급	9등급
점수	10점	10	9	8	7	6	5	4	3	2
등급 간 점수 차이	10점	0	1	1	1	1	1	1	1	1
	1,000점	0	100	100	100	100	100	100	100	100

◎ 전형결과
■ 전체

학년도	전체						인문						자연					
	모집 인원	지원 인원	경쟁률	등록 50%컷	등록 70%컷	충원율	모집 인원	지원 인원	경쟁률	등록 50%컷	등록 70%컷	충원율	모집 인원	지원 인원	경쟁률	등록 50%컷	등록 70%컷	충원율
2022	801	4,336	5.41	5.48		296%	355	1,792	5.05	5.56		295%	446	2,544	5.70	5.40		296%
2023	929	4,268	4.59	5.43	6.34	259%	422	1,845	4.37	5.60	6.50	260%	507	2,423	4.78	5.26	6.17	258%
2024	1,092	4,415	4.04	4.23	4.95	224%	486	2,085	4.29	4.89	5.46	266%	606	2,330	3.84	3.56	4.44	182%
2025	1,104						526						578					

■ 변경사항 & 핵심포인트
[2025]

변경사항	2024	2025
모집인원	1,092명	1,104명(+12명)
(학생부) 반영교과목 변경	국어(2), 영어(2), 수학(2), 사회/과학/한국사(2)교과별 상위 2과목(총 8과목)+ 진로선택과목 중 2과목	국어, 영어, 수학, 사회, 과학, 한국사교과 중 7과목+ 진로선택과목 3과목
지원자격 추가	-	해외고교 졸업(예정)자

➡ **합격자 성적분포:** 인문계열은 4등급 중반 ~ 5등급 후반, 자연계열은 3등급 중반 ~ 4등급 후반

■ 모집단위

'*' 표시 : 교직 이수 가능

계열	모집단위	2025 모집인원	2024 모집인원	2024 지원인원	2024 경쟁률	2024 등록50%컷	2024 등록70%컷	2024 충원번호	2023 모집인원	2023 지원인원	2023 경쟁률	2023 등록50%컷	2023 등록70%컷	2023 충원번호	2022 모집인원	2022 지원인원	2022 경쟁률	2022 등록50%컷	2022 등록70%컷	2022 충원번호
인문	인문사회대학	195																		
인문	글로벌비즈니스대학	248																		
인문	자유전공학부	66																		
예체	영상제작트랙	17	15	102	6.8				14	95	6.8	5.31	5.93	38						
자연	건강보건대학	97																		
자연	특화산업융합대학	260																		
자연	공과대학	166																		
자연	물리치료학과	7	7	138	19.7				18	162	9.0	2.58	3.40	47	15	184	12.3	5.56		21
자연	치위생학과	15	16	231	14.4				17	220	12.9	3.97	4.93	79	15	162	10.8	3.89		66
자연	간호학과	24	25	296	11.8				26	149	5.7	3.14	3.44	48	17	141	8.3	2.38		22
자연	응급구조학과	9	9	70	7.8				10	192	19.2	3.38	3.62	17	10	109	10.9	4.27		36

■ (학생부교과) 지역학생

전형	모집인원	전형 방법	수능최저학력기준
지역학생	229	학생부100%	X

1. **지원자격:** 충청권(대전·세종·충남·충북)지역 고등학교 졸업(예정)자(단, 해당 고등학교 입학시 부터 졸업까지 재학)

◎ 전형요소
● 학생부: 일반학생전형 참고

◎ 전형결과
■ 전체

학년도	전체 모집인원	전체 지원인원	전체 경쟁률	전체 등록50%컷	전체 등록70%컷	전체 충원율	인문 모집인원	인문 지원인원	인문 경쟁률	인문 등록50%컷	인문 등록70%컷	인문 충원율	자연 모집인원	자연 지원인원	자연 경쟁률	자연 등록50%컷	자연 등록70%컷	자연 충원율
2022	293	1,092	3.73	5.70	5.81	77%	114	442	3.88	5.69		79%	179	650	3.63	5.70		75%
2023	233	820	3.52	6.04	6.78	1,098%	90	256	2.84	6.24	6.98	1,221%	143	564	3.94	5.84	6.58	914%
2024	221	963	4.36	4.61	4.97	198%	91	371	4.08	5.04	5.33	213%	130	592	4.55	4.18	4.61	183%
2025	229						98						131					

■ 변경사항 & 핵심포인트

[2025]

변경사항	2024	2025
모집인원	221명	229명(+8명)
(학생부) 반영교과목 변경	국어(2), 영어(2), 수학(2), 사회/과학/한국사(2)교과별 상위 2과목(총 8과목)+진로선택과목 중 2과목	국어, 영어, 수학, 사회, 과학, 한국사교과 중 7과목+진로선택과목 3과목
지원자격 추가	-	해외고교 졸업(예정)자

• 학생부: 8과목+진로선택 2과목 -> 7과목+진로선택 3과목으로 변경됨
➡ **합격자 성적분포:** 인문계열은 4등급 초반 ~ 5등급 중반, 자연계열은 4등급 초반 ~ 4등급 후반

■ 모집단위

'*' 표시 : 교직 이수 가능

계열	모집단위	2025 모집인원	2024 모집인원	2024 지원인원	2024 경쟁률	2024 등록50%컷	2024 등록70%컷	2024 충원번호	2023 모집인원	2023 지원인원	2023 경쟁률	2023 등록50%컷	2023 등록70%컷	2023 충원번호	2022 모집인원	2022 지원인원	2022 경쟁률	2022 등록50%컷	2022 등록70%컷	2022 충원번호
인문	인문사회대학	34																		
인문	글로벌비즈니스대학	45																		
인문	자유전공학부	12																		
예체	영상제작트랙	7	5	24	4.8				5	17	3.4	5.67	6.79	38						
자연	건강보건대학	17																		
자연	특화산업융합대학	47																		
자연	공과대학	30																		
자연	물리치료학과	4	4	73	18.3				4	25	6.3	3.90	4.63	47	5	42	8.4	2.90		7

계열	모집단위	2025 모집인원	2024 모집인원	2024 지원인원	2024 경쟁률	2024 등록50%컷	2024 등록70%컷	2024 충원번호	2023 모집인원	2023 지원인원	2023 경쟁률	2023 등록50%컷	2023 등록70%컷	2023 충원번호	2022 모집인원	2022 지원인원	2022 경쟁률	2022 등록50%컷	2022 등록70%컷	2022 충원번호
자연	치위생학과	4	4	41	10.3				4	31	7.8	4.15	5.08	79	5	37	7.4	4.16		5
자연	간호학과	26	26	177	6.8				22	176	8.0	3.70	4.17	48	17	74	4.4	3.61		37
자연	응급구조학과	3	3	19	6.3				3	19	6.3	4.50	4.55	17	3	17	5.7	4.54		10

■ (학생부교과) 면접

전형	모집인원	전형 방법	수능최저학력기준
면접	99	학생부60+ 면접40%	X

1. **지원자격**: 고등학교 졸업(예정)자 ※ 국내 학교생활기록부가 없는 자는 지원 불가
2. **제출서류**: 학교생활기록부

◎ 전형요소
● 학생부(600점): 일반전형 참고
● 면접(400점)
  1. 면접유형
    1) 비대면 녹화영상 면접
      가. 모집단위: 간호학과, 물리치료학과, 치위생학과, 응급구조학과
      나. 면접방법: • 입학처 홈페이지 공지를 통해 비대면 녹화면접 방법 상세 안내 예정
        • 비대면 녹화면접 영상 직접 업로드(희망 영상 선택가능)
        • 별도의 영상 편집은 불가하며 반드시 원본을 업로드해야 함
    2) 대면 면접
      가. 모집단위: 글로벌관광학부(항공서비스전공), 신학과
      나. 면접장소: 아산캠퍼스 지정 고사장
  2. **평가방법**: 다대일 면접을 통해 평가기준에 따라 종합적으로 평가
    – 입학사정관(2인)이 지원자(1인)에 대해 「인성·진로탐구·발전가능성」 으로 나누어 정성적·종합적으로 평가함
    – 비대면 녹화면접은 사전 공개 문항 중 당일 3개의 질문을 확인 후 주어진 3분의 시간 동안 면접 문항에 대한 대답을 진행함
    – 대면면접은 제출서류 확인 및 출제문항을 토대로 10분 내로 진행함
    – 평가위원 모두에게 '부적합'으로 평가받은 자는 평가점수와 관계없이 불합격 처리함
  3. **평가영역 및 평가항목**:

평가영역	반영비율	평가항목	면접문항 예시
인성	40%	• 소통 및 협업능력 • 나눔과 배려 • 성실성	고교시절 참여했던 봉사활동 중 가장 기억에 남는 활동을 소개하고, 이러한 활동들이 지원자의 인성에 어떤 영향을 미쳤는지 말해보기 바랍니다.
진로탐구	35%	• 진로 관련 교과목 이수 및 성취도 • 진로 관련 활동과 경험 • 진로에 대한 관심과 이해 • 기타 전공 관련 핵심 역량	고등학교 재학 중 지원학과의 진학을 위해 준비하고 노력한 점에 대해 말해보기 바랍니다
발전가능성	25%	• 자기주도성(성취지향성/적극성) • 경험의 다양성	미래의 어떤 목표를 달성하기 위해 노력하는 중 부족한 부분을 채우기 위해 스스로 계획을 세우고 실천에 옮겼던 경험이 있다면 말해보기 바랍니다

  ※ 면접 문항 공개 : 면접고사 10일 전 입학처 홈페이지에 평가영역별 면접 문항을 공개할 예정이며, 추가로 지원동기, 입학 후 학업계획, 향후 진로 계획 등에 대해 질의 할 수 있음 (출제된 문항은 교과지식을 묻는 질문이 아님)
  ※ 면접 가이드 동영상 공개 : 본교 홈페이지 ▶ 입학처 홈페이지 ▶ 면접고사 안내 동영상 참조

◎ 전형결과
■ 전체

학년도	전체 모집인원	전체 지원인원	전체 경쟁률	전체 등록50%컷	전체 등록70%컷	전체 충원율	인문 모집인원	인문 지원인원	인문 경쟁률	인문 등록50%컷	인문 등록70%컷	인문 충원율	자연 모집인원	자연 지원인원	자연 경쟁률	자연 등록50%컷	자연 등록70%컷	자연 충원율
2022	393	1,664	4.23	5.94	6.28	69%	184	579	3.15	6.08	6.43	72%	209	1,085	5.19	5.80	6.12	66%
2023	163	477	2.93	4.85	5.48	14%	80	180	2.25				83	297	3.58	4.85	5.48	14%
2024	61	515	8.44	4.55	4.78	44%							61	515	8.44	4.55	4.78	44%
2025	99						46						53					

■ 변경사항 & 핵심포인트

[2025]

변경사항	2024	2025
전형유형 변경	학생부종합	학생부교과
전형방법 변경	1단계)서류100%(4배수) 2단계)서류70%+ 면접30%	학생부60+ 면접40%
모집인원	61명	99명(+38명)

- 전형유형: 학생부종합->학생부교과로 변경됨에 따라 전년도 성적을 참고하기 어려움.
- 전형방법: 단계별전형->일괄합산으로 변경되어 면접고사를 모두 실시함. 면접 영향력이 큼.
➡ 합격자 성적분포: 자연계열은 4등급 초반 ~ 5등급 초반.

■ 모집단위

'*'표시 : 교직 이수 가능

계열	모집단위	2025 모집인원	2024 모집인원	2024 지원인원	2024 경쟁률	2024 등록50%컷	2024 등록70%컷	2024 충원번호	2023 모집인원	2023 지원인원	2023 경쟁률	2023 등록50%컷	2023 등록70%컷	2023 충원번호	2022 모집인원	2022 지원인원	2022 경쟁률	2022 등록50%컷	2022 등록70%컷	2022 충원번호
인문	신학과	29																		
인문	글로벌관광학부	17							5	6	1.2				7	27	3.9	5.68		8
자연	간호학과	15	15	236	15.7				5	56	11.2	4.14	4.45	1	9	234	26.0	3.65		12
자연	치위생학과	6	4	45	11.3				4	28	7.0	4.66	5.79	7	9	113	12.6	4.38		5
자연	물리치료학과	14	14	137	9.8				4	72	18.0	4.21	4.41	2	9	176	19.6	4.34		7
자연	응급구조학과	18	20	80	4.0				10	61	6.1				13	167	12.9	4.73		12

■ (학생부종합) 서류

전형	모집인원	전형 방법	수능최저학력기준
서류	319	서류100%	X

1. 지원자격: 고등학교 졸업(예정)자 ※ 국내 학교생활기록부가 없는 자는 지원 불가
2. 제출서류: 학교생활기록부

◎ 전형요소

● 서류(700점)
   1. 평가방법: 입학사정관 2인이 지원자가 제출한 학교생활기록부의 내용을 바탕으로 '인성·진로탐구·발전가능성'으로 나누어 정성적·종합적으로 평가함
   2. 평가영역 및 평가항목:

평가요소	반영비율	평가항목	학생부 평가자료
인성	40%	• 소통 및 협업능력 • 나눔과 배려 • 성실성	• 출결사항 • 창의적 체험활동(자율·봉사) • 교과학습발달상황 • 행동특성 및 종합의견
진로탐구	35%	• 전공 관련 교과목 이수 및 성취도 • 전공 관련 활동과 경험 • 전공에 대한 관심과 이해 • 기타 전공 관련 핵심 역량 · 탐구활동	• 창의적 체험활동(동아리·봉사·진로) • 교과학습발달상황 • 행동특성 및 종합의견
발전가능성	25%	• 자기주도성(성취지향성/적극성) • 리더십 • 경험의 다양성 • 논리적·합리적 사고역량	• 창의적 체험활동(자율·동아리봉사·진로) • 교과학습발달상황 • 행동특성 및 종합의견

3. 배점구간:

평가요소	반영비율(%)	등급				
		A	B	C	D	E
인성	40	40	240	218	196	174
전공적합성	35	35	210	191	172	152
발전가능성	25	25	150	136	122	108

☞ 보충설명
- 인성(40%) > 전공적합성(35%) > 발전가능성(25%) 순으로 반영. 인성이 배점이 가장 크지만 전공적합성이 중요함.
- 전공적합성에서 변별력이 생기며, 모집단위 관련 분야에 대한 관심, 노력, 의지 등이 드러나야 함
- 인성에 평가항목에 '학업태도와 학업의지'가 있음.

◎ 전형결과
■ 전체

학년도	전체						인문						자연					
	모집인원	지원인원	경쟁률	등록 50%컷	등록 70%컷	충원율	모집인원	지원인원	경쟁률	등록 50%컷	등록 70%컷	충원율	모집인원	지원인원	경쟁률	등록 50%컷	등록 70%컷	충원율
2022																		
2023	294	1,011	3.44	5.80	6.37	123%	127	388	3.06	5.86	6.37	146%	167	623	3.73	5.73	6.36	100%
2024	276	1,170	4.24	5.43	6.11	141%	106	400	3.77	5.82	6.61	179%	170	770	4.53	5.04	5.60	103%
2025	319						154						165					

■ 변경사항 & 핵심포인트
[2025]

변경사항	2024	2025
모집인원	276명	319명(+43명)
서류 평가요소 변경	인성40%, 전공적합성35%, 발전가능성25%	인성, 진로탐구, 발전가능성

➡ 합격자 성적분포: 인문계열은 5등급 초반 ~ 6등급 후반, 자연계열은 4등급 중반 ~ 5등급 중반

■ 모집단위

'*' 표시 : 교직 이수 가능

계열	모집단위	2025	2024						2023						2022					
		모집인원	모집인원	지원인원	경쟁률	등록 50%컷	등록 70%컷	충원번호	모집인원	지원인원	경쟁률	등록 50%컷	등록 70%컷	충원번호	모집인원	지원인원	경쟁률			
인문	인문사회대학	48																		
인문	글로벌비즈니스대학	63																		
인문	자유전공학부	16																		
예체	시각디자인전공	14	3	30	10.0				3	29	9.7	4.81	4.86	14						
예체	영상제작트랙	4	5	25	5.0				5	13	2.6	5.97	6.07	3						
예체	방송콘텐츠디자인전공	9	2	7	3.5				2	9	4.5	5.27	6.36	5						
자연	건강보건대학	24																		
자연	공과대학	42																		
자연	특화산업융합대학	66																		
자연	간호학과	12	12	210	17.5				12	130	10.8	3.50	4.10	12						
자연	물리치료학과	8	8	131	16.4				8	130	16.3	4.00	4.52	13						
자연	응급구조학과	7	5	59	11.8				5	36	7.2	5.12	5.29	10						
자연	치위생학과	6	8	62	7.8				8	67	8.4	4.55	5.10	12						

48. 성결대학교

경기도 안양시 만안구 성결대학로 53 (Tel: 031. 467-8208, 8288)

I. 한 눈에 보는 전형

모집 시기	전형 유형	전형	모집 인원	전형 방법	수능최저 학력기준
수시	교과	교과성적우수자	652	학생부교과100%	X
수시	교과	SKU창의적인재	239	1단계)학생부교과100%(6배수) 2단계)학생부교과40%+ 면접60%	X
수시	교과	국가보훈대상자	38	학생부교과100%	X
수시	교과	특성화고교졸업자	45	학생부교과100%	X
수시	교과	농어촌학생	23	학생부교과100% ▶체육교육과: 학생부교과40%+ 실기60% ▶연기예술학과, 영화영상학과: 학생부교과20%+ 실기80%	X
수시	교과	기회균형선발	26	학생부교과100%	X
수시	실기/실적	실기우수자	98	▶체육교육과: 학생부교과40%+ 실기60% ▶음악학부, 연기예술학과, 영화영상학과, 실용음악과: 학생부교과20%+ 실기80%	X
수시	실기/실적	체육특기자	6	학생부20%+ 면접15%+ 실기10%+ 수상실적55%	X

(수시모집) 지원 가능 횟수	수시모집 내 타 전형 간 중복지원이 가능합니다.

■ 무전공(전공자율선택)

유형① [대학 내 모든 전공(보건의료, 사범 등 제외) 자율 선택]		유형② [계열/단과대 모집 후 모집단위 내 전공 자율 선택]	
모집단위	인원	모집단위	인원
자율전공학부	100	IT공과대학 자율전공학부	42
		글로벌경영기술대학 자율전공학부	34
		사회과학대학 자율전공학부	37
		신학대학 자율전공학부	15
		인문대학 자율전공학부	22

■ 모집단위 신설 · 변경

구분	2024	2025
폐지	문화선교학과, 영어영문학과(야), 사회복지학과(야), 행정학과(야), 경영학과(야)	-

■ 학교폭력 조치사항

전형	전형 총점	감점								
		1호	2호	3호	4호	5호	6호	7호	8호	9호
체육특기자	1,000	학교생활기록부에 학교폭력 가해자로 기재된 자는 불합격으로 처리함								

■ 전형결과

※ 성적 산출기준: (수시) 교과 석차등급, (정시) 수능 백분위

모집시기	전형유형	전형	학년도	모집인원	지원인원	경쟁률	등록자 70%컷		충원율
수시	교과	교과성적우수자	2024	655	3,953	6.04	4.41		169%
수시	교과	SKU창의적인재	2024	225	2,094	9.31	5.53		53%

■ (주요전형) 전형일정

유형	전형	원서접수 마감	대학별 고사(면접/논술)	1단계 합격자	최종 합격자
교과	교과성적우수자	9.13(금) 18:00			10.31(목)
교과	SKU창의적인재	9.13(금) 18:00	10.19(토)	9.25(수)	10.31(목)

Ⅱ. (수시모집) 주요 전형

■ (학생부교과) 교과성적우수자

전형	모집인원	전형 방법	수능최저학력기준
교과성적우수자	652	학생부교과100%	X

1. **지원자격** : 국내 고등학교 졸업(예정)자로서 2년(4개 학기) 이상 국내 고교 학생부 교과 성적이 있는 자 또는 고등학교 졸업학력 검정고시 합격자

◎ 전형요소
● 학생부

반영요소 반영비율	구분	반영교과목 반영방법	교과성적 산출지표	학년별 반영비율
교과100%	공통 및 일반선택	국어, 영어, 수학, 사회(도덕/역사, 한국사 포함)/과학교과별 학기별 1과목 (총 20과목) ※ 반영 학기: 졸업예정자 및 졸업자 모두 3학년 1학기까지, ※ 이수단위: 미반영	석차등급	학년 구분 없음
	진로선택	미반영		

◎ 전형결과
■ 전체

학년도	전체					인문					자연				
	모집인원	지원인원	경쟁률	등록 70%컷	충원율	모집인원	지원인원	경쟁률	등록 70%컷	충원율	모집인원	지원인원	경쟁률	등록 70%컷	충원율
2022	583	3,623	6.21		201%	414	2,667	6.44		204%	169	956	5.66		198%
2023	633	4,802	7.59		177%	454	3,192	7.03		187%	179	1,610	8.99		166%
2024	655	3,953	6.04	4.41	169%	499	2,806	5.62	4.78	188%	156	1,147	7.35	4.04	149%
2025	652					502					150				

■ 변경사항 & 핵심포인트
[2025]

변경사항	2024	2025
모집인원	655명	652명(-3명)

▶ **합격자 성적분포**: 인문계열은 4등급 중반 ~ 5등급 중반, 자연계열은 3등급 후반 ~ 5등급 중반

■ 모집단위   '*'표시 : 교직 이수 가능

계열	모집단위	2025 모집인원	2024 모집인원	지원인원	경쟁률	등록 70%컷	충원번호	2023 모집인원	지원인원	경쟁률	최종 70%	충원번호	2022 모집인원	지원인원	경쟁률	최종 70%	충원번호
인문	자율전공학부	80															
인문	신학대학자율전공학부	15															
인문	신학과	45	45	148	3.3	6.8	75										
인문	기독교교육상담학과	40	40	173	4.3	6.0	88	31	168	5.4	6.0	90	30	151	5.0	6.6	67
인문	인문대학자율전공학부	22															
인문	문화선교학과		30	113	3.8	6.4	47	22	102	4.6	6.4	24	21	71	3.4	9.0	50
인문	국어국문학과	11	16	106	6.6	4.0	29	17	217	12.8	4.0	41	16	73	4.6	4.6	35
인문	영어영문학과	27	20	149	7.5	4.0	65	20	146	7.3	4.0	37	19	154	8.1	4.0	57
인문	중어중문학과	13	20	116	5.8	4.4	43	20	159	8.0	4.4	66	19	166	8.7	4.6	46
인문	사회과학대학자율전공학부	37															
인문	국제개발협력학과	13	20	92	4.6	4.6	46	20	121	6.1	4.2	22	19	97	5.1	4.4	34
인문	글로벌경영기술대학 자율전공학부	34															
예체	뷰티디자인학과	18	18	195	10.8	2.6	26	20	305	15.3	3.2	43	19	210	11.1	3.6	50
인문	경영학과	28	22	132	6.0	3.4	31	24	300	12.5	3.4	49	19	131	6.9	3.8	38
인문	유아교육과	18	18	216	12.0	3.6	42	20	111	5.6	4.0	42	19	184	9.7	3.0	33
인문	행정학부	27	20	114	5.7	4.0	42	20	214	10.7	3.8	44	19	350	18.4	4.0	31
인문	사회복지학과	34	30	182	6.1	4.0	55	33	423	12.8	3.6	11	31	200	6.5	4.0	74
인문	관광학과	11	18	108	6.0	4.2	40	20	149	7.5	4.0	41	19	91	4.8	4.2	25
인문	글로벌물류학부	29	42	288	6.9	4.2	74	46	251	5.5	4.4	70	44	353	8.0	4.2	83

계열	모집단위	2025	2024					2023					2022				
		모집 인원	모집 인원	지원 인원	경쟁 률	등록 70%컷	충원 번호	모집 인원	지원 인원	경쟁 률	최종 70%	충원 번호	모집 인원	지원 인원	경쟁 률	최종 70%	충원 번호
자연	IT공과대학자율전공학부	42															
자연	컴퓨터공학과	23	36	236	6.6	3.8	67	43	383	8.9	3.8	67	40	244	6.1	4.0	96
자연	미디어소프트웨어학과	24	36	265	7.4	4.0	48	42	275	6.6	4.2	71	40	287	7.2	4.0	68
자연	도시디자인정보공학과	12	17	123	7.2	4.0	26	17	338	19.9	4.2	25	16	80	5.0	5.2	33
자연	산업경영공학과	25	31	236	7.6	4.2	29	35	180	5.1	4.6	49	33	168	5.1	4.4	47
자연	정보통신공학과	24	36	287	8.0	4.2	63	42	434	10.3	4.4	85	40	177	4.4	4.8	91

■ (학생부교과) SKU창의적인재

전형	모집인원	전형 방법	수능최저학력기준
SKU창의적인재	239	1단계)학생부교과100%(6배수) 2단계)학생부교과40%+ 면접60%	X

1. **지원자격**: 국내 고등학교 졸업(예정)자로서 2년(4개 학기) 이상 국내 고교 학생부 교과 성적이 있는 자 또는 고등학교 졸업학력 검정고시 합격자

◎ **전형요소**
● **학생부(400점)**: 교과성적우수자전형 참고
● **면접(600점)**: 다대다 토론면접(1개조: 2~4명). 주제의 이해력, 주장의 논리력, 언어구사능력, 성실성(태도) 등을 종합적으로 평가함.
  1. **평가방법**:
    - 다대다 토론 면접으로 다양한 시사일반상식 주제에 대해 찬반 의견을 교환하는 방식으로 진행
    - 면접관의 질문에 지원자가 답하는 수동적인 형식이 아닌, 조원들과 토론하면서 지원자 스스로 가지고 있는 역량을 보여주어야 합니다.
    - 토론 면접에서는 토론 주제에 관한 기본적인 이해가 선행되어야 하며 조원들과 협력하고 경청하는 균형적인 태도가 중요합니다.
  2. **진행방식**:

면접 대기 장소	면접고사 준비실	면접고사장
가. 출결 및 본인확인 나. 가번호 추첨(블라인드 면접) 다. 조별 순서 확인 라. 면접 유의사항 확인	가. 조별(2~4명) 이동 나. 조별 문제번호 추첨 다. 시험지, 볼펜 수령 라. 7분 동안 면접고사 준비 (※ 시험지에 메모 가능)	가. 면접고사장 복도로 이동 (※시험지, 볼펜 지참) 나. 면접관리위원 안내에 따라 입실 다. 면접위원 3인과 조별 면접 진행 라. 8분 동안 자유토론 진행

  3. **출제유형**
    - SKU창의적인재전형 면접 문제는 다양한 일반상식, 시사상식 문항으로 구성되어 있습니다.
    - 고등학교 교육과정의 범위와 수준에 맞추어 출제되기 때문에 교과 수업, 한 학기 한 권 읽기, 토의 및 토론 수업 등을 충실히 이수한 학생들이면 질문을 충분히 이해하고 답변할 수 있습니다.
  4. **문제 예시**(매년 부담 없는 일반상식 문제)

> 1. 동물쇼를 금지해야 한다는 주장에 대해 찬성과 반대 의견으로 토론해 주세요.
> 2. 학교폭력 가해자 연예인의 영구퇴출에 대해 찬성과 반대 의견으로 토론해 주세요.
> 3. 대형마트의 의무휴업을 폐지해야 한다는 주장에 대해 찬성과 반대 의견으로 토론해 주세요.

  5. **평가항목**

평가항목		평가사항
의사소통능력	• 주제의 이해력 • 언어 구사 능력 • 성실성(태도)	1. 토론 주제 및 상대방의 의견을 제대로 이해하고 있는가? 2. 자신이 주장하고 싶은 내용을 적극적으로 논리 정연하게 말하고 있는가? 3. 상대방을 존중하며 협동하는 자세를 지니고 있는가?
논리적사고력	• 주장의 논리력	1. 주장을 뒷받침할 수 있는 근거가 있는가? 2. 토론 주제에 대한 적절한 해결방안을 제시하는가?

☞ **보충설명**
• 조별 토론면접, 답변 준비시간이 부여됨, 면접 시간 10~15분, 조별 인원은 최소 3명에서 최대 4명, 개별 질문이 없을 수도 있음
• 주제는 찬반토론이 가능한 사회적 이슈, 전공지식에 대한 문제는 안 나옴. 고등학생이 답변할 수 있는 정답이 없는 문제, 가치관에 따라서 찬반 토론 가능한 주제, 예를 들면, 여성 전용주차장이 필요한가 등 최근 사회적 이슈
• 토론 주제는 고사장에서 관리위원의 추첨으로 선정
• 발표시 처음 의견을 주변에 흔들리지 않고 일관성 있게 주장하는 것이 좋은 점수 받는 비결, 일관적이지 못하면 안 좋은 점수.
• 앞에 학생과 똑같이 생각합니다 등 생각 없이 답변하면 안 됨
• 많이 당황하는 학생들이 있음. 남녀 성별은 별도로 구분하지 않음

※ 선행학습영향평가 결과 보고서

■ (다대다 토론 면접) 기출문제
- 지원자가 제출한 서류에 대한 사실 여부 확인을 위한 개별 질의응답
- 하나의 주제에 대해 찬성 또는 반대 의견으로 나누어서 본인의 생각을 논리적이고 설득력 있게 이야기 함.

1. 학교에서 휴대폰 사용을 제한해야 한다는 주장에 대해 찬성과 반대 의견으로 토론해 주시기 바랍니다.
2. 청소년들의 신조어 사용에 대해 찬성과 반대 의견으로 토론해 주시기 바랍니다.
3. 중·고등학생 교복 의무화에 대해 찬성과 반대 의견으로 토론해 주시기 바랍

◎ 전형결과
■ 전체

학년도	전체					인문					자연				
	모집인원	지원인원	경쟁률	등록 70%컷		충원율	모집인원	지원인원	경쟁률	등록 70%컷	충원율	모집인원	지원인원	경쟁률	등록 70%컷	충원율
2022	234	1,996	8.53		63%	146	1,411	9.66		66%	88	585	6.65		59%
2023	250	1,940	7.76		52%	158	1,376	8.71		56%	92	564	6.13		47%
2024	225	2,094	9.31	5.53	53%	136	1,418	10.43	5.29	63%	89	676	7.60	5.76	43%
2025	239					148					91				

■ 변경사항 & 핵심포인트

[2025]

변경사항	2024	2025
모집인원	225명	239명(+ 14명)

➡ 합격자 성적분포: 인문계열은 5등급 초반 ~ 6등급 초반, 자연계열은 5등급 중반 ~ 6등급 초반

■ 모집단위

'＊' 표시 : 교직 이수 가능

계열	모집단위	2025	2024					2023					2022				
		모집인원	모집인원	지원인원	경쟁률	등록 70%컷	충원번호	모집인원	지원인원	경쟁률	최종 70%	충원번호	모집인원	지원인원	경쟁률	최종 70%	충원번호
예체	뷰티디자인학부	11	11	249	22.6	4.2	17	13	234	18.0	4.6	2	12	294	24.5	4.6	9
인문	사회복지학과	20	17	255	15.0	4.8	13	20	137	6.9	5.6	17	19	217	11.4	4.6	10
인문	경영학과	15	12	138	11.5	4.8	6	14	121	9.6	4.8	10	12	93	7.8	4.6	5
인문	유아교육과	11	11	112	10.2	4.8	3	13	266	20.5	4.0		12	250	20.8	4.6	8
인문	행정학과	14	11	109	9.9	5.2	12	13	93	7.2	5.4	7	12	111	9.3	5.2	3
인문	관광학과	11	11	92	8.4	5.2	3	13	88	6.8	5.6	17	12	84	7.0	5.6	11
인문	글로벌물류학부	20	20	170	8.5	5.6	12	22	136	6.2	6.2	2	21	120	5.7	6.2	8
인문	국어국문학과	10	10	76	7.6	5.6	7	11	91	8.3	5.6	8	10	60	6.0	6.0	14
인문	영어영문학과	14	11	83	7.6	5.8	5	13	77	5.9	5.8	5	12	64	5.3	5.6	12
인문	국제개발협력학부	11	11	68	6.2	6.0	4	13	70	5.4	6.0	10	12	49	4.1	6.2	4
인문	중어중문학과	11	11	66	6.0	6.2	4	13	63	4.9	6.2	11	12	69	5.8	6.2	12
자연	컴퓨터공학과	20	20	236	11.8	5.2	14	21	129	6.1	6.2	12	20	161	8.1	5.0	23
자연	도시디자인정보공학과	11	11	93	8.5	5.6	4	11	57	5.2	6.0	5	11	78	7.1	5.6	1
자연	미디어소프트웨어학과	20	20	140	7.0	5.8	5	21	175	8.3	5.6	9	20	117	5.9	6.0	8
자연	정보통신공학과	20	20	115	5.8	6.0	10	21	112	5.3	5.6	11	20	113	5.7	5.6	13
자연	산업경영공학과	20	18	92	5.1	6.2	5	18	91	5.1	6.0	6	17	116	6.8	6.2	7

I. 한 눈에 보는 전형

모집시기	전형유형	전형	모집인원	전형 방법	수능최저학력기준
수시	교과	교과성적	186	학생부교과100%	X
수시	교과	국가보훈대상자	8	학생부교과100%	X
수시	교과	사회기여자및배려대상자	9	학생부교과100%	X
수시	교과	특성화고교교과성적	10	학생부교과100%	X
수시	교과	기회균형선발	13	학생부교과100%	X
수시	교과	농어촌학생	11	학생부교과100%	X
수시	교과	특성화고교졸업자	3	학생부교과100%	X
수시	종합	열린인재	198	서류60%+ 면접40%	X
수시	종합	대안학교출신자	15	서류60%+ 면접40%	X

(수시모집) 지원 가능 횟수	전형간 중복 지원은 가능합니다. 단, 면접 평가일이 동일한 전형 간의 경우 중복지원 금지

■ 전형결과

※ 성적 산출기준: (수시) 교과 석차등급, (정시) 수능 백분위

모집시기	전형유형	전형	학년도	모집인원	지원인원	경쟁률	최종합격자 평균	최종합격자 최저	충원율
수시	교과	교과성적	2024	186	831	4.47	2.82	3.35	109%
수시	종합	열린인재	2024	196	1,061	5.41	4.68	5.79	48%

■ (주요전형) 전형일정

유형	전형	원서접수 마감	대학별 고사(면접/논술)	1단계 합격자	최종 합격자
교과	교과성적	9.13(금) 18:00			11.08(금)
종합	열린인재	9.13(금) 18:00	10.26(토)		11.08(금)

II. (수시모집) 주요 전형

■ (학생부교과) 교과성적

전형	모집인원	전형 방법	수능최저학력기준
교과성적	186	학생부교과100%	X

1. **지원자격**: 국내 정규 고등학교 졸업(예정)자 또는 법령에 의하여 고등학교 졸업 이상의 학력이 인정되는 자

◎ 전형요소
● 학생부

반영요소 반영비율	반영교과목		교과성적 산출지표	학년별 반영비율
	구분	반영방법		
교과 100%	공통 및 일반선택	국어/수학(혼용 가능), 영어, 사회/과학(혼용 가능)교과별 3과목 (총 9과목) ※ 반영 학기: (교과) 졸업예정자 및 졸업자 모두 3학년 1학기까지	석차등급	학년 구분 없음
	진로선택	미반영		

◎ 전형결과
■ 전체

학년도	전체						인문						자연					
	모집인원	지원인원	경쟁률	최종평균	최종최저	충원율	모집인원	지원인원	경쟁률	최종평균	최종최저	충원율	모집인원	지원인원	경쟁률	최종평균	최종최저	충원율
2022	185	966	5.22	2.85	3.69	85%	132	795	6.02	2.76	3.37	118%	53	171	3.23	2.93	4.00	52%
2023	184	961	5.22	2.69	3.13	121%	131	690	5.27	2.54	3.37	129%	53	271	5.11	2.83	2.89	113%
2024	186	831	4.47	2.82	3.35	109%	117	557	4.76	2.54	3.08	131%	69	274	3.97	3.09	3.61	87%
2025	186						117						69					

■ 변경사항 & 핵심포인트
[2025]

변경사항	2024	2025
모집인원	186명	186명

➡ 합격자 성적분포: 인문계열은 2등급 초반 ~ 3등급 중반, 자연계열은 2등급 후반 ~ 3등급 초반

■ 모집단위
'*' 표시 : 교직 이수 가능

계열	모집단위	2025	2024						2023						2022					
		모집인원	모집인원	지원인원	경쟁률	최종평균	최종최저	충원번호	모집인원	지원인원	경쟁률	최종평균	최종최저	충원번호	모집인원	지원인원	경쟁률	최종평균	최종최저	충원번호
인문	미디어컨텐츠융합학부	31	31	134	4.3	2.17	2.78	37	26	235	9.0	2.12	3.22	26	26	100	3.9	2.76	3.56	31
인문	사회융합학부	37	37	171	4.6	2.63	3.22	60	54	256	4.7	2.50	3.44	84	55	492	9.0	2.54	3.11	65
인문	인문융합콘텐츠학부	31	31	173	5.6	2.67	3.11	28	51	199	3.9	3.00	3.44	59	51	203	4.0	2.97	3.44	60
인문	경영학부	18	18	79	4.4	2.68	3.22	28												
자연	소프트웨어융합학부	50	50	188	3.8	2.75	3.33	38	53	271	5.1	2.83	2.89	60	53	171	3.2	2.93	4.00	68
자연	미래융합학부	19	19	86	4.5	3.43	3.89	22												

■ (학생부종합) 열린인재

전형	모집인원	전형 방법	수능최저학력기준
열린인재	198	서류60%+ 면접40%	X

1. **지원자격:** 2021년 1월 이후 국내 정규 고등학교 졸업(예정)자로 학교생활기록부가 있는 자 또는 법령에 의하여 고등학교 졸업 이상의 학력이 인정되는 자
2. **제출서류:** 학교생활기록부

◎ 전형요소
● 서류(600점: 최저점 270점)
  1. 평가항목:

평가항목	반영비율	평가요소
학업수행능력	35%	• 기초소양을 갖추고 있으며 이를 바탕으로 자기주도적 학습을 할 수 있는지 확인 할 수 있는 요소를 평가
공동체역량	25%	• 학교생활 중 열림·나눔·섬김을 실천해 왔는지 확인할 수 있는 요소를 평가
자기주도성	25%	• 활동 중 다양한 경험과 성과를 확인할 수 있는 요소를 평가 • 진로 탐색 과정에서 활동이나 경험을 확인할 수 있는 요소를 평가
성실성	15%	• 학교 생활 중 성실성, 근면성, 책임감을 확인 할 수 있는 요소를 평가

☞ 보충설명

• 학업수행능력(35%) > 공동체역량(25%)=자기주도성(25%) > 성실성(15%) 순으로 반영
• 학생부 교과 및 비교과를 종합평가, 교과보다 비교과활동에서 변별력이 더 강함

● 면접(400점: 최저점 180점)
  1. **면접방법:** 수험생 1명을 2명의 평가위원이 면접
  2. **면접기준:** 전공관심도(전공이해, 학습계획)와 수학능력(이해력, 논리력)을 5구간으로 정성평가
  3. **평가항목**

평가항목	반영비율	평가요소
전공적합성	50%	지원 학부에 대한 이해도·관심도·적응 가능성 및 전공을 대하는 자세 등을 중점적으로 확인
역량 및 발전가능성	50%	전공에 대한 발전가능성을 살피고 기초역량 및 학업수행능력이 이후 전공으로 이어질 수 있는지를 중점적으로 확인

☞ **보충설명**

- 전통적으로 면접을 중요시 여겨 변별력이 가장 큼
- 면접은 1분 동안 자기소개를 한 후 지원동기와 학업계획을 긴장 푸는 질문함. 전공 중심, 기본적으로 인성 태도 중요시,

◎ **전형결과**

■ **전체**

학년도	전체						인문						자연					
	모집인원	지원인원	경쟁률	최종평균	최종최저	충원율	모집인원	지원인원	경쟁률	최종평균	최종최저	충원율	모집인원	지원인원	경쟁률	최종평균	최종최저	충원율
2022	196	854	4.36	4.59	5.81	70%	137	656	4.79	4.37	5.52	61%	59	198	3.36	4.80	6.10	78%
2023	196	961	4.90	4.70	6.17	49%	137	754	5.50	4.54	6.07	42%	59	207	3.51	4.86	6.27	56%
2024	196	1,061	5.41	4.68	5.79	48%	123	811	6.59	4.40	5.62	54%	73	250	3.42	4.95	5.96	41%
2025	198						125						73					

■ **변경사항 & 핵심포인트**

[2025]

변경사항	2024	2025
모집인원	196명	198명(+2명)

➡ **합격자 성적분포**: 인문계열은 4등급 초반 ~ 5등급 중반, 자연계열은 4등급 후반 ~ 5등급 후반

[2024]

변경사항	2023	2024
서류 평가요소 및 반영비율 변경	학업수행능력30%, 자기주도성20%, 성취역량15%, 성실성15%, 인성20%	학업수행능력35%, 자기주도성25%, 공동체역량25%, 성실성15%

■ **모집단위**

'*' 표시 : 교직 이수 가능

계열	모집단위	2025	2024						2023						2022					
		모집인원	모집인원	지원인원	경쟁률	최종평균	최종최저	충원번호	모집인원	지원인원	경쟁률	최종평균	최종최저	충원번호	모집인원	지원인원	경쟁률	최종평균	최종최저	충원번호
인문	미디어컨텐츠융합학부	33	33	297	9.0	4.11	5.39	9	26	209	8.0	4.29	5.21	6	26	174	6.7	4.07	4.86	10
인문	사회융합학부	34	34	238	7.0	4.40	5.65	28	56	383	6.8	4.53	6.17	26	56	302	5.4	4.46	6.09	33
인문	경영학부	22	22	109	5.0	4.53	5.86	14												
인문	인문융합콘텐츠학부	36	34	167	4.9	4.57	5.56	15	55	162	3.0	4.79	6.83	26	55	180	3.3	4.57	5.61	41
자연	소프트웨어융합학부	52	52	178	3.4	4.64	5.74	23	59	207	3.5	4.86	6.27	33	59	198	3.4	4.80	6.10	46
자연	미래융합학부	21	21	72	3.4	5.26	6.17	7												

50. 성균관대학교

(인문캠퍼스) 서울특별시 종로구 성균관로 25-2 (Tel: 02. 760-1375)
(자연캠퍼스) 경기도 수원시 장안구 서부로 2066 (Tel: 031. 290-5114)

I. 한 눈에 보는 전형

모집시기	전형유형	전형	모집인원	전형 방법	수능최저학력기준
수시	교과	학교장추천	415	학생부100% ※ 고교 추천: 15명	○
수시	종합	융합형 [2024] 계열모집	326	서류100%	X
수시	종합	탐구형 [2024] 학과모집	604	서류100% ▶자유전공계열, 의예과, 교육학과, 한문교육과, 수학교육과, 컴퓨터교육과, 스포츠과학과: 1단계)서류100%(3배수/자유전공학부: 5배수, 의예과: 4배수) 2단계)서류70%+ 면접30%	X
수시	종합	과학인재	150	1단계)서류100%(7배수) 2단계)서류70%+ 면접30%	X
수시	종합	기회균형	24	서류100%	X
수시	종합	농어촌학생	100	서류100%	X
수시	종합	특성화고졸업자	23	서류100%	X
수시	종합	이웃사랑	60	서류100%	X
수시	종합	장애인등대상자	10	서류100%	X
수시	종합	특성화고졸재직자	180	서류100%	X
수시	논술	논술우수	391	논술100%	○
수시	실기/실적	예체능특기자	27	▶스포츠과학: 1단계)서류100%(3배수) 2단계)서류20%+ 면접/실기80% ▶영상학: 1단계)서류100%(3배수) 2단계)서류40%+ 면접/실기60%	X(스포츠과학 ○)
수시	실기/실적	예체능 실기우수자	79	▶스포츠과학: 1단계)학생부100%(3배수) 2단계)학생부20%+ 면접/실기80% ▶연출: 1단계)학생부100%(5배수) 2단계)학생부40%+ 면접/실기60% ▶연기: 1단계)면접/실기100%(5배수) 2단계)면접/실기60%+ 학생부40% ▶무용학: 학생부40%+ 면접/실기60%	X

※ **반도체시스템공학과**는 삼성전자와의 협약으로 설립된 채용조건형 정원외 계약학과임
※ **지능형소프트웨어학과**는 삼성전자와의 협약으로 설립된 채용조건형 정원외 계약학과임(학·석사 통합 5년 과정)

(수시모집) 지원 가능 횟수	수시모집 모든 전형 간 중복지원 할 수 있습니다

■ 무전공(전공자율선택)

유형① [대학 내 모든 전공(보건의료, 사범 등 제외) 자율 선택]		유형② [계열/단과대 모집 후 모집단위 내 전공 자율 선택]	
모집단위	인원	모집단위	인원
자유전공계열	280		

■ **자유전공계열** 전공 진입 가능 학부/학과
모든 학부/학과. 단, 의·약학계열, 사범대학, 예체능계열, 융합과학계열 첨단학과(반도체융합공학과, 양자정보공학과, 에너지학과), 정원외 계약학과(반도체시스템공학과, 지능형소프트웨어학과), 건축학과(5년제) 제외
※ 자유전공계열 입학생은 교양기초교육을 이수한 후, 2학년(또는 3학년) 진입 시 본인의 희망과 선수과목 등 해당 학부/학과 진입요건 충족 여부에 따라 진입 불가 학부/학과를 제외한 모든 학부/학과에 진입함(학부/학과 진입 기회는 1번 부여되며, 설치 학부/학과는 학생정원조정 결과에 따라 변경될 수 있음

■ **계열 모집단위 설치 학부/학과**

모집단위	설치 학부 / 학과
인문과학계열	유학·동양학과*, 국어국문학과*, 영어영문학과, 프랑스어문학과*, 중어중문학과, 독어독문학과*, 러시아어문학과*, 한문학과*, 사학과*, 철학과*, 문헌정보학과
사회과학계열	행정학과, 정치외교학과, 미디어커뮤니케이션학과, 사회학과*, 사회복지학과*, 심리학과*, 소비자학과, 아동·청소년학과*, 경제학과, 통계학과
자연과학계열	생명과학과*, 수학과*, 물리학과*, 화학과*, 식품생명공학과, 바이오메카트로닉스학과, 융합생명공학과
공학계열	화학공학/고분자공학부, 신소재공학부, 기계공학부, 건설환경공학부*, 시스템경영공학과, 나노공학과

※ 상기 모집단위 입학생은 교양기초교육을 이수한 후, 2학년 진급 시 모집단위에 설치된 학부/학과를 대상으로 본인의 희망과 1학년 학업성적에 따라 각 입학계열에 설치된 학부/학과에 진입함(설치 학부/학과는 학생정원조정 결과에 따라 변경될 수 있음).
단, * 표시한 학부/학과의 전공예약제로 입학한 경우, 별도 선택 없이 해당 학부/학과로 진입함

■ 글로벌융합학부 세부전공 안내

모집단위	설치 학부 / 학과
글로벌융합학부	데이터사이언스, 인공지능, 컬처앤테크놀로지

※ 글로벌융합학부 입학생은 2학년 진급 시 희망전공을 이수할 수 있고 4학년 1학기 말에 교과목 이수내역을 검토하여 학부 내 다른 융합전공의 수료조건을 충족하였거나 충족할 수 있다고 판단하는 경우 해당 융합전공으로 제1전공 변경 가능

■ 학교폭력 조치사항

전형	전형 총점	감점								
		1호	2호	3호	4호	5호	6호	7호	8호	9호
학생부종합	100	학교생활기록부 기재사항 중 학교폭력 관련 내용이 확인 될 경우 우리대학 입학전형 관련 위원회의 심의 결과에 따라 불이익이 있을 수 있음								

■ 모집단위 신설·변경

구분	2024	2025
신설	–	양자정보공학과

■ 전형결과

※ 성적 산출기준: (수시) 교과 석차등급, (정시) 수능 백분위

모집시기	전형유형	전형	학년도	모집인원	지원인원	경쟁률	등록자 50%컷	등록자 70%컷	충원율
수시	교과	학교장추천	2024	402	4,135	10.29	1.62	1.69	363%
수시	종합	융합형	2024	426	9,991	23.45	2.33	2.79	446%
수시	종합	탐구형	2024	462	8,738	18.91	2.66	2.94	332%
수시	종합	과학인재	2024	145	1,517	10.46	4.52	4.90	375%
수시	논술	논술우수	2024	398	39,158	98.39			

■ (주요전형) 전형일정

유형	전형	원서접수 마감	대학별 고사(면접/논술)	1단계 합격자	최종 합격자
교과	학교장추천	9.13(금) 18:00 학교장추천: 9.25(수) 18:00			12.13(금)
종합	융합형	9.13(금) 18:00			12.13(금)
종합	탐구형	9.13(금) 18:00	-10.26(토) 교육학과, 한문교육과, 수학교육과, 컴퓨터교육과, 스포츠과학과 -11.24(일) 자유전공계열 -12.01(일) 의예과	▶사범대학, 스포츠 과학: 10.22(화) ▶자유전공계열, 의예:11.19(화)	12.13(금)
종합	과학인재	9.13(금) 18:00	12.01(일) 오전/오후	11.19(화)	12.13(금)
	-1교시(오전): 전자전기공학부, 공학계열, 소프트웨어학과, 반도체시스템공학과, 양자정보공학과				
	-2교시(오후): 지능형소프트웨어학과, 글로벌바이오메디컬공학과, 반도체융합공학과, 에너지학과, 생명과학과, 수학과, 물리학과, 화학과				
논술	논술우수	9.13(금) 18:00	-11.16(토) 언어 논술 08:30/13:00 -11.17(일) 수리 논술 08:30/13:00/16:00		12.13(금)

▶ 11.16(토) 08:30 사회과학계열, 글로벌리더학부, 글로벌경제학과 / 13:00 경영학과, 글로벌경영학과, 인문과학계열
▶ 11.17(일) 08:30 공학계열, 소프트웨어학과, 반도체시스템공학과, 약학과 / 13:00 자연과학계열, 전자전기공학부, 지능형소프트웨어학과, 글로벌바이오메디컬공학과, 반도체융합공학과, 에너지학과, 건설환경공학부 / 16:00 자유전공계열, 글로벌융합학부, 의예과

II. (수시모집) 주요 전형

■ (학생부교과) 학교장추천

전형	모집인원	전형 방법	수능최저학력기준
학교장추천	415	학생부100%	○

1. **지원자격**: 2025년 국내 고등학교 졸업예정자 중 학생부에 5학기 이상 교과 성적이 기재되어 있는 자로 출신 고등학교장의 추천을 받은 자
   • 고고별 최대 15명까지 추천할 수 있음
   • 지원 불가 고등학교 : 특성화고, 마이스터고, 예술고, 체육고, 방송통신고, 학력인정고, 일반/종합고의 전문계반(학과), 학생부 성적체계가 다른 고교

- 5학기 이상의 교과 성적은 모두 지원 가능 고등학교에서의 성적이어야 함
- 계열별(인문, 자연)로 추천인원의 제한 없음
※ 선(先)지원 후(後)추천 방식(수험생의 원서접수 마감 이후 고교 담당교사가 사후 추천)에 따라, 지원 시 지원자 본인의 소속 고등학교와 반드시 사전협의 후 원서접수 요망 (원서 접수 후에는 취소 불가)

2. 제출서류: 학교생활기록부, 학교장 추천 명단

3. 수능최저학력기준:

[국어, 수학, 영어, 사/과탐, 사/과탐(제2외/한문을 탐구로 대체 가능)] 5개 과목 중 3개 등급 합 7 이내
▶자유전공계열, 글로벌리더학부, 글로벌경제학과, 글로벌경영학과, 소프트웨어학과, 반도체융합공학과, 에너지학과
: 5개 과목 중 3개 등급 합 6 이내
※ 탐구영역은 반드시 2개 과목 응시해야 함. ※ 제2외국어/한문을 탐구영역 1개 과목으로 대체 가능

◎ 전형요소

● 학생부-정량평가(공통과목 및 일반선택과목: 80점)

반영요소 반영비율	구분	반영교과목		교과성적 산출지표	학년별 반영비율
		반영방법			
교과100%	공통 및 일반선택	원점수, 평균, 표준편차, 등급이 모두 기재된 교과		석차등급	학년 구분 없음
	진로선택	–		–	

구분		1등급	2등급	3등급	4등급	5등급	6등급	7등급	8등급	9등급
점수	100점	100	98	95	85	60	40	20	10	0
등급 간 점수 차이	100점	0	2	3	10	25	20	20	10	10
	80점	0	1.6	2.4	8	20	16	16	8	8

● 학생부-정성평가(전체 과목: 20점)

1. **반영점수:** 학업수월성 10점 + 학업충실성 10점
2. **공통 및 일반선택과목:**
   - 과목 이수 및 성적, 세부능력 특기사항 등을 학업수월성 및 학업충실성의 2개 평가영역으로 종합정성평가
3. **진로선택/전문교과과목:**
   - 과목 이수 및 성적, 세부능력 특기사항 등을 학업수월성 및 학업충실성의 2개 평가영역으로 종합정성평가
   - 원점수, 과목평균, 성취도별 분포 비율 등을 고려한 포괄적 평가
4. **평가영역 및 평가내용**

평가영역		평가 내용
학업수월성	과목 성취도	• 과목 수준, 과목 성취도
	성취도별 분포비율	• 원점수, 과목 평균, 성취도별 분포 비율 등
학업충실성	교과목 이수현황	• 교과 위계에 따른 선택과목 이수 내용 등
	학업수행 충실도	• 수업 활동에서 나타난 학업 수행의 충실도(세부능력 및 특기사항)

◎ 전형결과

■ 전체

학년도	전체						인문						자연					
	모집 인원	지원 인원	경쟁 률	등록 50%컷	등록 70%컷	충원 율	모집 인원	지원 인원	경쟁 률	등록 50%컷	등록 70%컷	충원 율	모집 인원	지원 인원	경쟁 률	등록 50%컷	등록 70%컷	충원 율
2022	361	4,864	13.47	1.66	1.79	295%	179	2,058	11.50	1.65	1.83	312%	182	2,806	15.42	1.66	1.75	277%
2023	370	3,783	10.22	1.74	1.84	309%	202	1,793	8.88	1.76	1.88	297%	168	1,990	11.85	1.71	1.79	321%
2024	402	4,135	10.29	1.62	1.69	363%	256	1,961	7.66	1.66	1.76	349%	146	2,174	14.89	1.58	1.62	377%
2025	415						273						142					

■ [계열별] 실질 경쟁률(충원율 반영)

계열	학년도	모집인원	지원인원	경쟁률	충원율	(충원율 반영) 실질 경쟁률
인문	2022	179	2,058	11.50	312%	2.79
	2023	202	1,793	8.88	297%	2.24
	2024	256	1,961	7.66	349%	1.71
자연	2022	182	2,806	15.42	277%	4.09
	2023	168	1,990	11.85	321%	2.81
	2024	146	2,174	14.89	377%	3.12

■ 변경사항 & 핵심포인트

[2025]

변경사항	2024	2025
모집인원	402명	415명(+13명)
추천인원 변경	3학년 재적 수의 10%	15명
(수능최저) 탐구: 1과목 이상 필수 응시 폐지	인문: 사탐 1과목 이상 필수 응시 자연: 과탐 1과목 이상 필수 응시	–
(학생부) 정성평가 : 반영범위 확대	정량평가: 공통과목 및 일반선택과목 정성평가: 진로선택과목	정량평가: 공통과목 및 일반선택과목 정성평가: 전체 과목(공통/일반선택/진로선택)

• 추천인원: 3학년 재적 수의 10%에서 15명으로 변경되었지만 고교별로 추천을 받는 데 어려움이 없을 것으로 예상됨
• 수능최저: 인문계열은 사탐 1과목, 자연계열은 과탐 1과목 필수 응시가 삭제되어 선택과목과 상관없이 지원 가능하게 됨
• 학생부 정성평가 범위 확대:
  – 정성평가 범위가 진로선택과목 -> 전체 과목(공통과목, 일반선택과목, 진로선택과목)으로 확대되었고,
  – 과목 이수 및 성적, 세부능력 특기사항 등을 학업수월성 및 학업충실성의 2개 평가영역으로 종합정성평가함.
  – 따라서 경희대 교과종합평가처럼 창의적 체험활동이나 행동특성 및 종합의견은 반영하지 않음
• 정량평가80%는 1~4등급까지 15점 차이 남

▣ 합격자 성적분포: 인문계열은 1등급 초반 ~ 1등급 후반, 자연계열은 1등급 초반 ~ 1등급 후반
=> 정성평가(20%)는 동점자 처리 기준 정도, 정량평가(80%)로 거의 결정됨.
   정성평가 범위가 진로선택에서 공통 및 일반선택까지 확대된 것도 진로선택만 볼 특별한 이유가 없기 때문. 큰 의미 두지 않음
※ 전년도 전형분석:
1) 인문계열: 모집인원이 202명 -> 256명으로 증가함에 따라 경쟁률은 8.88 -> 7.66로 약간 낮아졌지만, 합격자 성적도 1.77 -> 1.66으로 오히려
   약간 상승하였음.
2) 자연계열: 모집인원이 168명 -> 146명으로 감소함에 따라 경쟁률은 11.45 -> 14.89로 상승하였고, 합격자 성적도 1.79 ->1.62로 상승
   - 정성평가20%는 추가점 부여 정도의 의미. 정성평가로 0.1등급을 뒤집기도 어려움. 진로선택과목을 도전적으로 이수한 것에 대한 추가점 정도.
   올 해 평가영역이 확대되었더라도 비슷한 기조를 유지할 것으로 예상
3) 충원율 반영 실질 경쟁률: 인문계열은 최종 경쟁률 7.66에서 충원율 349%를 반영한 실질 경쟁률이 1.71로 매우 낮게 형성되며, 여기에 수능최저
   충족 여부를 반영한다면 일부 학과에서는 합격선이 매우 낮게 형성될 수 있음
=> 수능최저 충족율: 진로선택만 볼 이유도 없고, 세특도 평가에

'*' 표시 : 교직 이수 가능

■ 모집단위

계열	모집단위	2025 모집 인원	2024 모집 인원	지원 인원	경쟁 률	등록 50%컷	등록 70%컷	충원 번호	2023 모집 인원	지원 인원	경쟁 률	등록 50%컷	등록 70%컷	충원 번호	2022 모집 인원	지원 인원	경쟁 률	등록 50%컷	등록 70%컷	충원 번호
인문	자유전공계열	20																		
인문	교육학과	5	5	51	10.2	1.36	1.41	25	5	33	6.6			21	5	57	11.4	1.30	1.35	12
인문	경영학과	10	10	70	7.0	1.38	1.43	48	10	144	14.4	1.31	1.39	43	25	378	15.1	1.50	1.52	118
인문	사회과학계열	17	17	186	10.9	1.44	1.46	113	5	108	21.6	1.44	1.58	33	40	642	16.1	1.41	1.51	224
인문	글로벌리더학부	10	10	93	9.3	1.44	1.57	60	5	51	10.2	1.57	1.63	21						
인문	글로벌융합학부	10	10	139	13.9	1.51	1.55	36	10	101	10.1	1.65	1.80	44						
인문	글로벌경영학과	10	12	160	13.3	1.57	1.62	84	5	53	10.6	1.73	1.99	19						
인문	사회학과	20	20	125	6.3	1.57	1.64	74	18	188	10.4	1.61	1.75	85	5	42	8.4	1.58	1.86	19
인문	영상학과	5	5	40	8.0	1.59	1.64	12	5	57	11.4	1.62	1.79	13	5	38	7.6			6
인문	글로벌경제학과	10	10	85	8.5	1.61	1.74	51	5	50	10.0	1.60	1.85	17						
인문	통계학과	12	12	57	4.8	1.61	1.71	31	11	97	8.8	1.59	1.65	24	3	31	10.3			7
인문	인문과학계열	16	17	126	7.4	1.66	1.70	71	5	79	15.8	1.64	1.72	17	40	405	10.1	1.7	1.79	100
인문	의상학과	5	5	62	12.4	1.72	1.81	10	5	43	8.6	2.29	2.40	15	5	36	7.2	1.55	2.07	8
인문	아동청소년학과	20	20	102	5.1	1.77	1.85	45	18	142	7.9	1.84	1.88	31	5	32	6.4	1.93	1.97	8
인문	철학과	12	12	77	6.4	1.78	1.82	31	11	62	5.6	1.87	2.03	28	3	19	6.3			3
인문	국어국문학과	12	12	88	7.3	1.78	1.80	28	11	59	5.4	2.00	2.04	25	3	22	7.3			6
인문	유학동양학과	10	10	67	6.7	1.79	1.85	19	10	75	7.5	2.02	2.08	18	10	64	6.4	1.85	1.96	7
인문	사학과	12	12	61	5.1	1.80	1.88	40	11	60	5.5	1.78	1.91	32	3	24	8.0			4
인문	사회복지학과	20	20	133	6.7	1.86	1.91	42	18	121	6.7	1.99	2.15	35	5	33	6.6	1.57	1.57	7
인문	심리학과	12	12	61	5.1	1.87	2.63	27	11	62	5.6	1.62	1.69	22	3	21	7.0			5
인문	한문교육과	5	5	43	8.6	1.88	1.88	10	5	38	7.6	1.96	2.13	14	5	61	12.2	1.69	2.26	10
인문	한문학과	20	20	135	6.8	1.92	1.97	36	18	170	9.4	2.02	2.09	30	5	40	8.0	2.09	2.23	4
자연	수학교육과	5	5	40	8.0	1.32	1.44	18	5	33	6.6	1.50	1.55	16	5	63	12.6	1.39	1.58	18
자연	전자전기공학부	10	10	247	24.7	1.46	1.46	79	5	56	11.2	1.65	1.85	29	25	346	13.8	1.62	1.69	87
자연	생명과학과	7	7	109	15.6	1.48	1.50	18	10	84	8.4	1.63	1.76	25	3	39	13.0			4
자연	자연과학계열	16	20	346	17.3	1.50	1.52	66	23	285	12.4	1.59	1.63	75	40	623	15.6	1.57	1.60	100
자연	소프트웨어학과	10	10	122	12.2	1.52	1.55	65	10	161	16.1	1.47	1.61	49	10	222	22.2	1.51	1.53	38
자연	공학계열	38	40	530	13.3	1.54	1.56	181	70	957	13.7	1.58	1.65	255	70	1,214	17.3	1.61	1.68	218

계열	모집단위	2025 모집인원	2024 모집인원	지원인원	경쟁률	등록 50%컷	등록 70%컷	충원번호	2023 모집인원	지원인원	경쟁률	등록 50%컷	등록 70%컷	충원번호	2022 모집인원	지원인원	경쟁률	등록 50%컷	등록 70%컷	충원번호
자연	수학과	7	7	136	19.4	1.55	1.61	18	10	59	5.9	1.95	2.04	20	3	28	9.3			3
자연	화학과	7	7	96	13.7	1.57	1.59	16	10	81	8.1	1.70	1.73	16	3	25	8.3			3
자연	물리학과	7	7	92	13.1	1.61	1.65	21	10	58	5.8	1.91	1.99	19	3	34	11.3			6
자연	컴퓨터교육과	5	5	60	12.0	1.67	1.68	11	5	46	9.2	1.82	1.89	11	5	49	9.8	1.69	1.79	4
자연	반도체융합공학과	6	6	75	12.5	1.69	1.80	6												
자연	건축학과(5년제)	18	16	239	14.9	1.74	1.76	33	10	170	17.0	1.96	2.01	25	5	51	10.2	2.02	2.12	6
자연	에너지학과	6	6	82	13.7	1.86	1.89	18												

■ (학생부종합) 융합형

전형	모집인원	전형 방법	수능최저학력기준
융합형	326	서류100%	X

1. **지원자격**: 고교 졸업(예정)자 또는 관련 법령에 의하여 이와 동등 이상의 학력이 있다고 인정된 자
   ※ 2025년 2월 2학년 수료예정자 중 상급학교 조기입학 자격 부여자(상급학교 진학대상자) 포함
2. **제출서류**: 학교생활기록부 / * 해외고 출신자, 검정고시 출신자: 요강 참고
   ※ 학교생활기록부 기재사항 중 <u>학교폭력 관련 내용이 확인 될 경우 우리대학 입학전형 관련 위원회의 심의 결과에 따라 불이익이 있을 수 있음.</u>

◎ 전형요소
● 서류(1,000점):
   1. **평가내용**: 학업역량, 자기주도적 학업태도, 전공분야에 대한 관심과 열의, 글로벌 창의 리더로서의 발전가능성을 종합적으로 평가
   2. **평가원칙**:

평가원칙	내용
종합적 평가	학생의 성적 뿐 아니라 재능, 적성, 잠재력 등 다양한 특성을 종합적으로 고려
개별적 검토	학생 개개인에 대하여 점수가 말해주지 않는 맥락(context)을 해석

   3. **평가영역, 평가요소 및 항목**:

평가영역	반영비율	평가요소	비율	평가요소	내용
학업역량 "우리대학에 입학할만한 충분한 학업능력을 보여주는가" • 교과 성취수준(종합), 학업 태도, 학업 여건 등	40%	학업수월성 학업충실성	25% 25%	• 학업성취도 • 학업의 발전 정도 • 학업에 대한 관심과 열의	• 전과목 학업성취도 및 학업우수성 • 일반/진로선택과목 이수현황 및 성취수준 • 학년/학기별 성적 안정성 • 학년/학기별 성적 추이 및 학업의지 • 학년/학기별 학업관련 활동 내용 • 학업활동에의 적극적 참여 및 자세
탐구역량 "관심 분야에 대한 호기심과 이를 탐구하기 위한 노력이 있는가" • 교과 성취수준(개별), 지적 호기심, 관심 및 열의, 활동내용 등	40%	전공적합성 활동다양성	15% 15%	• 관심 분야에 대한 이해와 노력 • 관심 분야의 탐구력과 실험정신 • 진로탐색에 대한 열정	• 관심 분야에 대한 집중력 및 탐구력 • 관심 분야에 대한 지적 호기심 • 활동 내용의 발전성 및 유의미성 • 도전적인 선택과목 이수 현황 • 선택 교과의 강점 및 우수성
잠재역량 "자기주도적 리더가 될 자질 및 발전가능성이 있는가" • 자기주도성, 리더십, 역경극복 의지, 이타성, 소통능력, 성실성 등	20%	자기주도성 발전가능성	10% 10%	• 학교생활의 성실성 • 공동체의식 • 리더십과 봉사정신	• 주도적 학교 활동 참여 • 진취적 리더십 발휘 경험 • 창의적 문제해결 및 역경 극복 의지 • 세계시민의식 및 이타성 • 협업 및 소통능력 • 성실성 및 규칙준수

   4. **동점자 처리기준**: 서류평가 우선순위 영역 취득점수 상위자
      ※ 서류평가 우선순위 영역: 학업수월성 -> 학업충실성 -> 전공적합성 -> 활동다양성 -> 자기주도성 -> 발전가능성
   5. **서류평가 절차**:

1단계 평가	2단계 평가	3단계 평가
입학사정관 2인 1조 독립•교차 평가	입학사정관 2인 1조 독립•교차 평가	서류평가 위원회
- 6개 영역 7개 척도. - 선발 매력도 종합 평정	- 6개 영역 / 7개 척도. - 편차 발생 추가 평가	- 서류평가 결과 최종 확정 - 공정관리위원회 자체 감사

☞ 보충설명

- 진로희망=모집단위? 진로희망와 모집단위가 일치하지 않은 데 과를 낮춰서 지원해도 되나?
  - 준비한 과정에서 드러난 역량을 있는 그대로 평가하므로 준비한 것과 지원한 학과와의 일치 여부는 전혀 중요하지 않음.
  - 고교 3년이 진로를 찾는 과정임. 20대에도 진로가 바뀌는 현실에서 일치하지 않아도 나쁜 평가를 하지 않음
  - 경쟁자들의 성적이 낮을 것을 고려해서 전략적으로 지원 가능
- 일관된 활동 VS 다방면 활동? 전공적합성과 경험다양성으로 평가영역을 나눠서 각각 평가에 반영
- 전형명칭을 각각 계열모집->융합형, 학과모집->탐구형으로 변경하면서 평가요소 및 반영비율을 변경함
  - 융합형은 학업역량(50%), 개인역량(30%), 잠재역량(20%) -> 학업역량(40%), 탐구역량(40%), 잠재역량(20%)
  - 탐구형은 학업역량(50%), 개인역량(30%), 잠재역량(20%) -> 학업역량(40%), 탐구역량(4%), 잠재역량(20%) 으로 변경
- 평가요소인 개인역량->탐구역량으로 변경하면서 개인역량에서 평가하였던 전공적합성을 제외함.
  - 어떤 과목을 이수했느냐가 아니라 어떤 도전을 했는지, 어떻게 지적 호기심을 해결하려고 노력했는지가 중요함
- 두 전형의 평가요소의 반영비율을 변경하였지만 전년도 서류평가에 시뮬레이션 해 본 결과 전년도와 결과가 차이가 없음.
  - 학업역량이 우수한 학생이 탐구역량도 우수한 평가를 받은 경우가 많아서 학업역량과 탐구역량이 정비례하는 경향을 보였기 때문임
- 학업역량과 탐구역량에서 변별력이 아주 많이 생김
  - 부족한 과목이 있는 데 포기하는 모습을 보이면 마이너스임. 포기하지 않고 노력하는 모습을 보이는 것이 중요함.
  - 학년별 성적 추이는 최근에 3학년 때 등급 나오는 과목이 매우 적어져서 성적 추이를 평가하는데 어려움 많음.
    학년 그 자체로 평가하며, 상승 하락은 중요하지 않음
  - 인기학과와 비인기학과 서류평가 결과가 너무 크게 차이가 남.
  - 계열모집과 학과모집은 지원 자격과 평가방법 모두 두 전형 동일하므로 본인이 원하는 모집단위 지원하면 됨
- 학업역량이 우수하면 비교과(잠재역량)가 부족해도 합격이 가능하지만, 학업역량이 부족하면 비교과가 탁월해도 합격이 어려움
- 탐구역량(30%)은 지원학과(계열)에 맞춰 평가하지 않고 준비한 과정 그 자체로 평가함.
  - 관심 분야가 바뀔 때마다 어떤 분야에 관심을 가졌고 노력한 부분을 그대로 평가함
  - 한문교육과 지원시 한문 등급이 낮아도 탐구역량이 뛰어나면 지원 가능함. 전공과 맞추려고 하지 말 것.
  - 전공적합성을 계열로 봄, 비선호학과는 합격자 성적이 낮음. 학과 선택의 합격 비결
  - 전공적합성은 어떤 활동이 전공과 관련이 없을 까라는 질문으로 시작, 정말 관계가 없을 걸까? 즉 전공적합성을 넓게 해석함.
    학과모집단위에서도 마찬가지, 프랑스에서 살다 와도 프랑스어문에서 좋은 평가를 받는 것은 아님.
- 잠재역량(20%)은 공동체역량임. 학교생활을 성실히 하면 좋은 평가.
  - 리더십은 학생회장 부회장이 아니라 태도가 중요함.
- 학과모집 계열모집의 복수 지원은 지원자의 약 30% 정도
- 합격자 고교유형: 일반고 55%, 특목고 45% 정도

■ (자연계열) 대학 전공 학문분야의 교과 이수 권장과목　　　※ 5개 대학(경희대/고려대/성균관대/연세대/중앙대) 2022년 공동연구

=> 5개 대학 공동 연구자료일 뿐 평가와는 전혀 상관 없음.
=> 성균관대는 기본적으로 학업역량을 중요시 여기므로 진로역량이나 전공(계열)적합성을 강조하지 않음.

◎ 전형결과
■ 전체

학년도	전체						인문						자연					
	모집인원	지원인원	경쟁률	등록50%컷	등록70%컷	충원율	모집인원	지원인원	경쟁률	등록50%컷	등록70%컷	충원율	모집인원	지원인원	경쟁률	등록50%컷	등록70%컷	충원율
2022	330	5,812	17.61	1.85	2.34	290%	145	2,702	18.63	1.96	2.72	283%	185	3,110	16.81	1.73	1.96	297%
2023	417	7,552	18.11	2.32	2.91	426%	196	3,676	18.76	2.51	3.05	407%	221	3,876	17.54	2.12	2.77	444%
2024	426	9,991	23.45	2.33	2.79	446%	181	4,032	22.28	2.55	3.04	424%	245	5,959	24.32	2.10	2.53	467%
2025	326						141						185					

■ 변경사항 & 핵심포인트
[2025]

변경사항	2024	2025
모집인원	426명	326명(-100명)
전형명칭 변경	계열모집	융합형
서류평가요소 및 반영비율 변경	학업역량50%, 개인역량30%, 잠재역량20%	학업역량40%, 탐구역량40%, 잠재역량20%

- 명칭변경: 계열모집->융합형으로 변경됨
- 서류평가: 개인역량->탐구역량으로 변경되면서 개인역량의 세부 평가항목이었던 전공적합성을 탐구역량에서는 제외함.
  - 평가요소별 반영비율도 학업역량50%, 개인역량30%->학업역량40%, 탐구역량40%로 변경되었지만 결과에는 영향을 미치지 않음.
- 사회과학계열은 글로벌융경영수준과 차이가 없을 정도로 선호도와 합격선이 높다는 점에 주의할 것.
- 글로벌융합학부는 데이터사이언스, 인공지능, 컬처 3개 학과에 모두 자유롭게 선택 가능
- 전공예약제로 선발하는 학과는 어문학이나 건설환경공학 등 선호도가 높지 않은 학과도 포함되어있음.
  - 사회복지학, 아동청소년학은 선호도가 떨어짐. 전공예약제는 계열모집보다 쉽게 합격 가능함에 관심 가질 것.
  - 복수전공은 최대 3개까지 가능. 연계전공이 활발하게 진행됨.
- ➡ **합격자 성적분포:** 인문계열은 1등급 후반 ~ 3등급 초반, 자연계열은 2등급 초반 ~ 2등급 후반

※ 전년도 전형분석:
1) 인문계열: 모집인원이 196명 -> 181명으로 감소하여 경쟁률은 18.76 -> 22.28로 상승하였고, 합격자 성적은 2.51 -> 2.55로 유지
2) 자연계열: 모집인원이 168명 -> 146명으로 감소하여 경쟁률은 11.45 -> 14.89로 상승하였고, 합격자 성적도 1.79 -> 1.62로 상승

■ 모집단위

'*'표시 : 교직 이수 가능

계열	모집단위	2025 모집인원	2024 모집인원	2024 지원인원	2024 경쟁률	2024 등록 50%컷	2024 등록 70%컷	2024 충원번호	2023 모집인원	2023 지원인원	2023 경쟁률	2023 등록 50%컷	2023 등록 70%컷	2023 충원번호	2022 모집인원	2022 지원인원	2022 경쟁률	2022 등록 50%컷	2022 등록 70%컷	2022 충원번호
인문	사회과학계열	40	50	1,418	28.4	2.16	2.87	247	84	1,742	20.7	1.88	2.57	376	55	1,085	19.7	2.18	2.83	121
인문	경영학부	53	70	963	13.8	2.34	3.04	213	40	677	16.9	2.69	3.28	159	50	767	15.3	1.64	2.44	159
인문	글로벌융합학부	14	20	559	28.0	2.49	2.77	91												
인문	인문과학계열	34	41	1,092	26.6	3.19	3.47	217	72	1,257	17.5	2.96	3.31	263	40	850	21.3	2.05	2.89	130
자연	공학계열	100	150	3,329	22.2	1.89	2.04	199	150	2,118	14.1	2.23	2.92	692	140	1,997	14.3	1.86	2.08	417
자연	자연과학계열	45	50	1,986	39.7	2.17	2.75	240	71	1,758	24.8	2.01	2.62	290	45	1,113	24.7	1.60	1.83	132
자연	전자전기공학부	40	45	644	14.3	2.24	2.80	706												

■ (학생부종합) 탐구형

전형	모집인원	전형 방법	수능최저학력기준
탐구형	604	서류100% ▶자유전공계열, 의예과, 교육학과, 한문교육과, 수학교육과, 컴퓨터교육과, 스포츠과학과: 1단계)서류100%(3배수/자유전공학부: 5배수, 의예과: 4배수) 2단계)서류70%+ 면접30%	X

1. **지원자격**: 고교 졸업(예정)자 또는 관련 법령에 의하여 이와 동등 이상의 학력이 있다고 인정된 자
   ※ 2025년 2월 2학년 수료예정자 중 상급학교 조기입학 자격 부여자(상급학교 진학대상자) 포함
2. **제출서류**: 학교생활기록부 / * 해외고 출신자, 검정고시 출신자: 요강 참고
   ※ 학교생활기록부 기재사항 중 학교폭력 관련 내용이 확인 될 경우 우리대학 입학전형 관련 위원회의 심의 결과에 따라 불이익이 있을 수 있음.

◎ 전형요소
● 서류: 융합형 참고
● 면접
   1. **면접형태**: 학교생활기록부를 바탕으로 인·적성 면접. 수험생 1인당 면접위원 2명
   2. **평가방식**: 2개 영역(평가영역1, 평가영역2)으로 나눠 평가. 평가영역별 반영비율 동률
      • A, B, C, D, E, F(결격)으로 점수 부여, 면접위원 간 평균 점수로 최종 점수 산출
   3. **평가요소**: 인성, 전공적합성, 발전가능성
   3. **면접문항(예시)**

> – 사범대학에 지원하기 위해 고등학교 때 지속적으로 해 온 활동이 있으면 구체적으로 말해 보시오.
> – 학생의 교권침해 사례가 학교에서 발생할 때, 예비교사로서 해당 학생을 어떻게 지도하는 것이 바람직한 지, 자신의 직접 또는 간접(언론사 포함) 경험을 바탕으로 구체적인 예를 들어 설명하시오.
> – 교사로서 기초학력이 미달하는 학생을 어떻게 지도하는 것이 바람직한지 자신의 경험을 바탕으로 구체적인 예를 들어 설명하시오.
> – 성균관대학교 스포츠과학과에 지원하게 된 동기를 구체적으로 설명하시오.
> – 본인이 좋아하는 스포츠 종목에 대해 설명하시오. 특히 본인이 좋아하는 이유와 스포츠 종목의 특성에 대해 논리적으로 설명하시오.
> – 스포츠과학에 대화여 본인이 생각하는 바를 설명하시오. 스포츠과학 분야 중에서 본인이 관심 있는 분야가 있으면 그에 대하여 설명하시오.
> – 대학 생활에서 교과과정 이외에 본인이 중요하다고 생각하는 것을 설명하시오.

● 면접-의예
   1. **면접형태**: MMI(Mnltiple Mini Interview)평가. MMI 평가방식에 따라 3~4개 과목으로 나누어 평가. 평가영역별 반영비율 상이
   2. **면접시간**: 단계별 10분 내외(단계별 면접 준비(리딩) 2분 내외, 면접 8분 내외 부여
   3. **평가요소**: 인성, 전공적합성, 발전가능성
   4. **면접문항(예시)**

> [제시문]
> 준희는 영우와 중학교때부터 로봇 만들기 취미가 같아 단짝 친구였다. 둘은 같은 고등학교에 진학하였지만 현재는 다른 반이다. 준희는 중학교 때 공부도 잘 하고 영우와 함께 로봇 경진대회에서 입상도 하는 등 재능 있는 친구였다. 그런데 고등학교에 들어와서 수업시간에 휴대폰을 보거나 책상에 엎드려 자는 경우가 많고 성적도 떨어졌다고 들었다
> 영우는 준희의 재능을 이미 알고 있고 팀워크도 잘 맞았기 때문에 석 달 후에 있을 로봇경진대회를 위해 준희에게 같은 팀으로 준비하자고 하였다. 그런데 준희는 잠시 머뭇거리다가 이젠 그런 것에 관심이 없다며 그냥 가버렸다. 영우에게는 로봇경진대회 입상이 대학 입시에 매우 중요하다.
> • **질문** : 지원자가 영우라면 어떤 생각이 들까요?

☞ **보충설명**

- 컴퓨터교육과는 소프트웨어학과와 유사하며 교육학을 공부하므로 자연+인문의 융합형 인재로 기업에서 선호. 임용고시도 경쟁력 강함.
- 의예과 면접:
  - MMI(Mnltiple Mini Interview) 다중미니면접을 통한 인·적성 평가, 2단계(단계별 10분) / 면접위원 2~3인 1조 / 각 단계별 5개 척도
  - 제시문을 읽고 교수님과 면접. 각 방을 돌아다님. 각 방당 10분씩 총 20분 정도.

■ **[전형비교] 융합형, 탐구형, 과학인재**

구분	[종합] 융합형	[종합] 탐구형	[종합] 과학인재
전형방법	서류100%	서류100% ▶자유·전공계열, 의예, 교육학, 한문교육, 수학교육, 컴퓨터교육, 스포츠과학: 1단계)서류100%(3/4/5배수) 2단계)서류80%+ 면접20%	1단계)서류100%(7배수) 2단계)서류70%+ 면접30%
모집인원	326명	604명	150명
모집계열	인문계열, 자연계열	인문계열, 자연계열	자연계열
수능최저학력기준	X	X	X
면접	X	X (일부학과○: 제출서류 기반면접)	제시문 기반 수학/과학(물리,화학,생명과학Ⅰ,Ⅱ) 교과형 면접
서류 평가요소	학업역량40%, 탐구역량40%, 잠재역량20%		

- 공통점: 수능최저학력기준이 모두 없음.
- 차이점: 면접고사 유무에서 차이남. 면접고사가 융합형은 없는 반면, 탐구형은 일부학과만 제출서류 기반면접을 실시함. 과학인재는 자연계열만 선발하면서 수학/과학 교과형 면접을 실시하며, 과학은 물리, 화학, 생명과학(지구과학은 제외)의 Ⅰ뿐만 아니라 Ⅱ 수준까지 출제됨.
- 전형결과:

전형유형	전형	학년도	모집인원	지원인원	경쟁률	등록자 50%컷	등록자 70%컷	충원율
학생부종합	융합형	2024	426	9,991	23.45	2.33	2.79	446%
학생부종합	탐구형	2024	462	8,738	18.91	2.66	2.94	332%
학생부종합	과학인재	2024	145	1,517	10.46	4.52	4.90	375%

◎ **전형결과**

■ **전체**

학년도	전체						인문						자연					
	모집인원	지원인원	경쟁률	등록50%컷	등록70%컷	충원율	모집인원	지원인원	경쟁률	등록50%컷	등록70%컷	충원율	모집인원	지원인원	경쟁률	등록50%컷	등록70%컷	충원율
2022	757	9,414	12.44	2.18	2.53	213%	442	4,791	10.84	2.53	2.99	161%	315	4,623	14.68	1.83	2.06	265%
2023	630	7,898	12.54	2.47	3.08	321%	333	3,850	11.56	2.88	3.37	283%	297	4,048	13.63	2.06	2.78	358%
2024	462	8,738	18.91	2.66	2.94	332%	243	4,006	16.49	2.92	3.23	342%	219	4,732	21.61	2.40	2.65	322%
2025	604						333						271					

■ **변경사항 & 핵심포인트**

[2025]

변경사항	2024	2025
모집인원	462명	604명(+142명)
전형명칭 변경	학과모집	탐구형
(의예과) 1단계 선발배수 축소	5배수	4배수
(의예과) 면접고사	수능 이전(10/21.일), 다중미니면접(MMI)	수능 이후(12/01 일), 인·적성면접
서류 평가요소 반영비율 변경	학업역량50%, 개인역량30%, 잠재역량20%	학업역량40%, 탐구역량40%, 잠재역량20%

- 학과모집이지만 전공적합성에 대한 부담 없이 기본적인 학업역량이 있고 학교 생활을 충실히 한 학생들은 관심 가질 것
  - 글로벌융합학부에 합격하려면 어떤 과목을 이수해야 하는 가? 융합하기가 쉽지 않은 것을 알고 있음. 융합적 성향은 대학에 와서 키움. 인문과 자연 절반씩 지원하고 합격함.
  - 스포츠과학과는 예체능이고 교수자원으로 키우고 싶어서 학종으로 선발하는 것임. 운동역량이 아니라 학업역량이 중요하고 공부할 수 있는 가를 중요시 여김. 입학하면 경영학과, 통계학과, 심리학과를 복수전공 많이 함. 선호도가 낮으므로 지원자 풀도 낮음.
  - 인문계 선호도: 사회과학계열이 매우 높고 글로벌경영/경제/리더, 사회과학계열/경영학/인문과학계열/교육학과 비슷, 한문교육은 낮음.
  - 자연계 선호도: 의대/약대/반도체, 전자전기공학계열, 자연과학계열 비슷, 수학교육이 높고 컴퓨터교육은 떨어짐. 건축학과5년제는 밀리나 매니아들이 지원. 건설환경공학은 선호도가 낮음.
  - 학업역량40%, 탐구역량4%, 잠재역량20%인데 최근 추세는 학업적인부분을 강조함. 학업역량을 볼 때 교과학습발달상황만 보는 것은 아님. 창체의 동아리, 자율, 진로활동도 봄. 교과학습발달상황 중심으로 보기는 하지만 다른 부분도 보고 평가함.

➡ **합격자 성적분포**: 인문계열은 2등급 후반 ~ 3등급 초반, 자연계열은 2등급 중반 ~ 2등급 후반
※ 전년도 전형분석:
1) 인문계열: 모집인원이 333명 -> 243명으로 많이 감소하여 경쟁률은 11.56 -> 16.49로 크게 상승하였고, 합격자 성적은 2.88 -> 2.92로 약간 낮아졌음
2) 자연계열: 모집인원이 297명 -> 219명으로 많이 감소하여 경쟁률은 13.63 -> 21.61로 크게 상승하였고, 합격자 성적도 2.78 -> 2.65로 인문계열은 낮아진 반면 자연계열은 상승하였음

■ 모집단위   '*' 표시 : 교직 이수 가능

계열	모집단위	2025 모집인원	2024 모집인원	지원인원	경쟁률	등록 50%컷	등록 70%컷	충원번호	2023 모집인원	지원인원	경쟁률	등록 50%컷	등록 70%컷	충원번호	2022 모집인원	지원인원	경쟁률	등록 50%컷	등록 70%컷	충원번호
인문	자유전공계열	114																		
인문	교육학과과	15	15	348	23.2	2.16	2.79	42	15	258	17.2	2.17	2.72	38	15	168	11.2	2.49	3.06	22
인문	글로벌리더학부	20	25	508	20.3	2.32	2.93	155	32	483	15.1	2.23	2.83	136	36	492	13.7	1.78	2.45	145
예체	스포츠과학과	17	17	412	24.2	2.46	3.44	29	17	289	17.0	2.38	3.39	28	20	295	14.8	2.30	2.52	12
인문	의상학과	16	16	273	17.1	2.58	3.30	36	13	140	10.8	2.90	3.81	32	15	179	11.9	2.01	2.20	18
인문	**글로벌경영학과**	*33*	*47*	686	14.6	3.05	3.26	230	58	600	10.3	2.06	2.89	177	57	484	8.5	2.95	3.36	152
인문	유학동양학과	20	20	415	20.8	3.05	3.17	55	18	273	15.2	3.48	3.63	38	20	189	9.5	3.26	3.60	13
인문	프랑스어문학과	12	12	156	13.0	3.07	3.21	42	11	103	9.4	3.46	3.73	27	9	112	12.4	2.50	2.75	13
인문	한문교육	15	15	249	16.6	3.09	3.51	26	15	193	12.9	3.45	3.69	22	15	94	6.3	3.33	4.00	9
인문	글로벌경제학과	35	40	433	10.8	3.13	3.26	116	45	368	8.2	2.92	3.12	224	50	353	7.1	2.65	3.30	88
인문	독어독문학과	12	12	129	10.8	3.14	3.25	36	11	137	12.5	3.12	3.39	29	9	88	9.8	3.35	3.73	10
인문	러시아어문학과	12	12	143	11.9	3.16	3.16	26	11	87	7.9	3.46	3.66	24	9	79	8.8	2.62	3.17	7
인문	영상학과	12	12	254	21.2	3.39	3.65	38	10	156	15.6	2.46	3.64	20	12	221	18.4	2.07	2.54	12
자연	**양자정보공학과**	13																		
자연	의예과	50	25	614	24.6	1.16	1.21	77	20	510	25.5	1.18	1.46	78	25	486	19.4	1.09	1.14	38
자연	약학과	30	30	848	28.3	1.90	2.25	70	30	645	21.5	2.19	2.64	62	30	792	26.4	1.44	1.85	55
자연	소프트웨어학과	28	25	551	22.0	1.96	2.28	118	35	513	14.7	1.89	2.46	175	30	511	17.0	1.61	1.79	114
자연	수학교육과	15	15	167	11.1	2.02	2.11	37	15	127	8.5	1.89	2.35	30	15	99	6.6	1.82	2.03	7
자연	**건설환경공학부**	35	25	341	13.6	2.14	2.50	63	25	269	10.8	2.13	2.76	67	25	224	9.0	2.19	2.42	48
자연	에너지학과	15	18	328	18.2	2.19	2.32	66												
자연	글로벌바이오메디컬공학과	11	10	523	52.3	2.35	2.44	49	30	501	16.7	3.35	3.95	110	30	481	16.0	1.65	1.97	64
자연	**반도체융합공학과**	15	10	208	20.8	2.47	2.73	20												
자연	건축학과(5년제)	24	25	309	12.4	2.74	3.17	53	27	204	7.6	2.17	3.60	61	21	178	8.5	2.23	2.36	39
자연	지능형소프트웨어학과	10	10	274	27.4	2.75	2.81	49												
자연	컴퓨터교육과	15	16	248	15.5	3.54	3.86	36	15	153	10.2	2.21	3.73	38	15	114	7.6	2.07	2.22	10
자연	반도체시스템공학과	10	10	321	32.1	3.59	4.06	67	30	401	13.4	1.69	2.78	198	28	481	17.2	1.66	2.07	184

■ (학생부종합) 과학인재

전형	모집인원	전형 방법	수능최저학력기준
과학인재	150	1단계)서류100%(7배수) 2단계)서류70%+ 면접30%	X

1. **지원자격**: 고교 졸업(예정)자 또는 관련 법령에 의하여 이와 동등 이상의 학력이 있다고 인정된 자
   ※ 2025년 2월 2학년 수료예정자 중 상급학교 조기입학 자격 부여자(상급학교 진학대상자) 포함
2. **제출서류**: 학교생활기록부 / * 해외고 출신자, 검정고시 출신자: 요강 참고
   ※ 학교생활기록부 기재사항 중 학교폭력 관련 내용이 확인 될 경우 우리대학 입학전형 관련 위원회의 심의 결과에 따라 불이익이 있을 수 있음.

◎ 전형요소
● 서류: 융합형 참고
● 면접:
  1. **면접방법**: 제시문 기반 수학/과학 교과형 면접
  2. **출제과목**:

교과	과목
수학	수학Ⅰ, 수학Ⅱ, 미적분, 확률과 통계, 기하
과학	물리학Ⅰ, 화학Ⅰ, 생명과학Ⅰ, 물리학Ⅱ, 화학Ⅱ, 생명과학Ⅱ

◎ 전형결과

■ 전체

학년도	전체						인문						자연					
	모집인원	지원인원	경쟁률	등록 50%컷	등록 70%컷	충원율	모집인원	지원인원	경쟁률	등록 50%컷	등록 70%컷	충원율	모집인원	지원인원	경쟁률	등록 50%컷	등록 70%컷	충원율
2024	145	1,517	10.46	4.52	4.90	375%							145	1,517	10.46	4.52	4.90	375%
2025	150												150					

■ 변경사항 & 핵심포인트

[2025]

변경사항	2024	2025
모집인원	145명	150명(+5명)

- 면접고사: 제시문 준비 15분, 영상 녹화면접 10분(수학4분, 과학 과목별 2분, 지구과학 제외)
- 출제과목(과학): 지구과학 제외, 3과목(물리, 화학, 생명과학)이 모두 Ⅱ까지 출제
- '과학인재'라는 전형 명칭에서 드러나듯이 자연계열만 선발. 과학고, 영재학교 학생들이 지원할 가능성 높음
- ➡ 합격자 성적분포: 자연계열은 4급 초반 ~ 5등급 초반.

'*' 표시 : 교직 이수 가능

■ 모집단위

계열	모집단위	2025	2024							2023						2022				
		모집인원	모집인원	지원인원	경쟁률	등록 50%컷	등록 70%컷	충원번호	모집인원	지원인원	경쟁률	등록 50%컷	등록 70%컷	충원번호	모집인원	지원인원	경쟁률	등록 50%컷	등록 70%컷	
자연	**양자정보공학과**	5																		
자연	물리학과	5	5	57	11.4	3.50	4.13	21												
자연	수학과	5	5	51	10.2	3.78	4.62	18												
자연	지능형소프트웨어학과	15	15	150	10.0	4.25	4.83	79												
자연	화학과	5	5	56	11.2	4.39	4.82	8												
자연	반도체시스템공학과	30	30	241	8.0	4.42	4.66	141												
자연	글로벌바이오메디컬공학과	20	20	235	11.8	4.51	4.80	74												
자연	소프트웨어학과	10	10	93	9.3	4.59	4.92	35												
자연	전자전기공학부	10	10	99	9.9	4.70	5.03	31												
자연	공학계열	20	20	229	11.5	4.77	4.98	77												
자연	**에너지학과**	10	5	54	10.8	4.98	5.22	10												
자연	생명과학과	5	5	68	13.6	5.02	5.28	18												
자연	*반도체융합공학과*	*10*	*15*	184	12.3	5.35	5.49	32												

■ (논술) 논술우수

전형	모집인원	전형 방법	수능최저학력기준
논술우수	391	논술100%	○

1. **지원자격**: 고교 졸업(예정)자 또는 관련 법령에 의하여 이와 동등 이상의 학력이 있다고 인정된 자
   ※ 2025년 2월 2학년 수료예정자 중 상급학교 조기입학 자격 부여자(상급학교 진학대상자) 포함
2. **수능최저학력기준**:

> [국어, 수학, 영어, <u>사/과탐</u>, <u>사/과탐(제2외/한문을 탐구로 대체 가능)</u>] 5개 과목 중 3개 등급 합 6 이내
> ▶ 자유전공계열, 글로벌리더학부, 글로벌경제학과, 글로벌경영학과, 반도체시스템공학과, 소프트웨어학과, 지능형소프트웨어학과, 글로벌바이오메디컬공학과, 약학과, 반도체융합공학과, 에너지학과: 5개 과목 중 3개 등급 합 5 이내
> ▶ 의예과: [국어, 수학, 영어, <u>사/과탐(2과목 평균)</u>] 중 3개 등급 합 4 이내
> ※ 탐구영역은 반드시 2개 과목 응시해야 함. <u>제2외국어/한문을 탐구영역 1개 과목으로 대체 가능(의예과는 제외)</u>

◎ 전형요소

● 논술(100점): 고등학교 교육과정 내에서 출제함

평가형식	논술	평가시간	100분
시험내용	• 언어논술: 국어, 사회(역사/도덕 포함), 한국사 - 3문제 • 수리논술: 수학, 수학Ⅰ, 수학Ⅱ - 3문제		

◎ 전형결과
■ 전체

학년도	전체						인문						자연				
	모집인원	지원인원	경쟁률				모집인원	지원인원	경쟁률				모집인원	지원인원	경쟁률		
2022	357	27,700	77.59				150	10,366	69.11				207	17,334	83.74		
2023	360	36,692	101.9				160	13,266	82.91				200	23,426	117.13		
2024	398	39,158	98.39				180	14,769	82.05				218	24,389	111.88		
2025	391						193						198				

■ 변경사항 & 핵심포인트
[2025]

변경사항	2024	2025
모집인원	398명	391명(-7명)
(수능최저) 탐구: 1과목 이상 필수 응시 폐지	인문: 사탐 1과목 이상 필수 응시 자연: 과탐 1과목 이상 필수 응시	-
(의예과) 수능최저 변경	[국, 수, 영, 탐1, 탐2] 5개 중 3개 등급 합 4	[국, 수, 영, 탐(2과목 평균)] 4개 중 3개 등급 합 4
(자연) 수리논술 출제과목 변경	수학, 수학Ⅰ, 수학Ⅱ, 미적분, 기하, 확률과 통계	수학, 수학Ⅰ, 수학Ⅱ

• 수능최저: 인문계열은 사탐 1과목, 자연계열은 과탐 1과목 필수 응시가 삭제되어 선택과목과 상관없이 지원 가능하게 됨.
 단, 의예과는 탐구를 각각 인정하는 것에서 탐구영역은 2과목 평균 등급 반영으로 변경된 점을 주의할 것
• 논술유형: 인문은 언어60%, 통계40%, 자연은 수학100% 출제, 과학은 미출제
• 수리논술 출제과목에서 '미적분, 기하, 확률과 통계'를 제외하였음. 매 년 실제 출제를 해당 과목에서 하지 않기 때문에 출제과목에서 제외하였음
• 글로벌리더, 글로벌경영, 글로벌경제의 수능 최저를 맞출 수 있다면 지원을 고려해 볼 것. 논술점수가 인문과학계열과 큰 차이가 없음
 – 논술100%로 선발. 교과서 기반으로 출제함. 패턴이 일정하게 유지되고 있음. 자연계는 수학만 출제함
 – 수능최저충족율은 인문은 약 30%, 자연은 약 40% 정도.

■ 모집단위

'*' 표시 : 교직 이수 가능

계열	모집단위	2025	2024					2023					2022				
		모집인원	모집인원	지원인원	경쟁률			모집인원	지원인원	경쟁률			모집인원	지원인원	경쟁률		
인문	자유전공계열	30															
인문	사회과학계열	45	48	4,327	90.2			50	4,498	90.0			40	3,573	89.3		
인문	인문과학계열	35	40	3,557	88.9			40	3,450	86.3			40	2,518	63.0		
인문	경영학과	30	35	2,940	84.0			25	2,136	85.4			25	1,646	65.8		
인문	글로벌융합학부	8	10	744	74.4												
인문	글로벌경영학과	15	15	1,098	73.2			15	1,156	77.1			15	1,016	67.7		
인문	글로벌리더학부	15	17	1,143	67.2			15	1,062	70.8			15	795	53.0		
인문	글로벌경제학과	15	15	960	64.0			15	964	64.3			15	818	54.5		
자연	의예과	10	5	3,158	631.6			5	2,446	489.2							
자연	약학과	5	5	2,900	580.0			5	2,287	457.4			5	3,332	666.4		
자연	반도체시스템공학과	10	10	1,407	140.7			10	1,639	163.9			12	1,583	131.9		
자연	소프트웨어학과	10	10	1,229	122.9			10	1,509	150.9			10	1,426	142.6		
자연	지능형소프트웨어학과	5	5	558	111.6												
자연	글로벌바이오메디컬공학과	10	10	1,045	104.5			10	1,042	104.2			10	1,100	110.0		
자연	공학계열	53	71	6,643	93.6			80	7,649	95.6			80	5,121	64.0		
자연	자연과학계열	30	30	2,583	86.1			30	3,359	112.0			35	2,198	62.8		
자연	전자전기공학부	30	35	2,665	74.1			30	2,505	83.5			25	1,639	65.6		
자연	반도체융합공학과	5	5	369	73.8												
자연	에너지학과	5	7	476	68.0												
자연	건설환경공학부	25	25	1,356	54.2			20	990	49.5			15	463	30.9		

51. 성신여자대학교

(수정캠퍼스) 서울특별시 성북구 보문로 34다길 2　(Tel: 02. 920-2000~1)
(운정그린캠퍼스) 서울특별시 강북구 도봉로 76가길 55 (Tel: 02. 920-2000)

Ⅰ. 한 눈에 보는 전형

모집시기	전형유형	전형	모집인원	전형 방법	수능최저학력기준
수시	교과	지역균형	395	학생부100% ※ 고교 추천: 제한 없음	○
수시	종합	학교생활우수자	219	1단계)서류100%(3배수) 2단계)서류70%+ 면접30%	X
수시	종합	자기주도인재	355	1단계)서류100%(3배수) 2단계)서류70%+ 면접30%	X
수시	종합	기회균형Ⅰ	109	1단계)서류100%(3배수) 2단계)서류70%+ 면접30%	X
수시	종합	특성화고등을졸업한재직자	85	서류100%	X
수시	종합	특수교육대상자	15	1단계)서류100%(3배수) 2단계)서류70%+ 면접30%	X
수시	논술	논술우수자	161	학생부10%+ 논술90%	○
수시	실기/실적	일반학생(실기)	251	▶뷰티산업학과: 학생부45%+ 실기55% ▶현대실용음악학과, 무용예술학과, 동양화과, 서양화과, 조소과, 공예과, 디자인과, 작곡과: 학생부30%+ 실기70% ▶성악과, 기악과: 학생부20%+ 실기80% ▶미디어영상연기학과 : 1단계)실기100%(5배수) 2단계)학생부30%+ 실기70%(질의응답 포함)	X

(수시모집) 지원 가능 횟수	우리 대학교 수시모집 모든 전형은 중복지원(최대 6회 지원 가능)을 허용합니다. 단, 동일 전형 내 2회 이상 지원은 불가

■ 무전공(전공자율선택)

유형① [대학 내 모든 전공(보건의료, 사범 등 제외) 자율 선택]		유형② [계열/단과대 모집 후 모집단위 내 전공 자율 선택]	
모집단위	인원	모집단위	인원
창의융합학부(자유전공)	272	창의융합학부(첨단분야전공)	92
		창의융합학부(예체능전공)	103

■ 창의융합학부 전공배정 안내
- 자유전공 : 2학년 전공배정 신청 시 간호· 사범계열은 제외한 모든 학과(부) 신청 가능
- 첨단분야전공 : 2학년 전공배정 신청 시 첨단분야전공 내에서만 신청 가능
- 예체능전공 : 2학년 전공배정 신청 시 예체능전공 내에서만 신청 가능

■ 전형결과
※ 성적 산출기준: (수시) 교과 석차등급, (정시) 수능 백분위

모집시기	전형유형	전형	학년도	모집인원	지원인원	경쟁률	등록자 평균	등록자 최저	충원율
수시	교과	지역균형	2024	240	1,626	6.78	2.32	2.58	216%
수시	종합	학교생활우수자	2024	207	1,641	7.93	2.88	3.44	89%
수시	종합	자기주도인재	2024	402	4,974	12.37	3.16	3.90	64%
수시	논술	논술우수자	2024	162	4,048	24.99	3.83	4.64	37%

■ (주요전형) 전형일정

유형	전형	원서접수 마감	대학별 고사(면접/논술)	1단계 합격자	최종 합격자
교과	지역균형	9.13(금) 18:00 학교장추천: 9.27(금) 18:00			12.13(금)
종합	학교생활우수자	9.13(금) 18:00	11.23(토)~24(일)	11.08(금)	12.13(금)
종합	자기주도인재	9.13(금) 18:00	11.16(토)~17(일)	11.08(금)	12.13(금)
논술	논술우수자	9.13(금) 18:00	-9.28(토) 자연계 -9.29(일) 인문계		12.13(금)

Ⅱ. (수시모집) 주요 전형

■ (학생부교과) 지역균형

전형	모집인원	전형 방법	수능최저학력기준
지역균형	395	학생부100%	○

1. **지원자격**: 국내 고등학교 졸업(예정)자로서 국내 고등학교에서 3개 학기 이상 성적을 취득하고 소속 학교장의 추천을 받은 자
(학교별 추천인원 제한 없음)
   - 지원 불가능한 자
     - 예술고등학교, 체육고등학교, 마이스터고등학교, 특성화고등학교 졸업(예정)자
     - 일반고(종합고) 전문계 과정, 위탁교육(직업과정/대안교육) 이수자
     - 방송통신고등학교, 각종학교, 학력인정 평생교육시설 등 졸업(예정)자
     - 학생부가 없거나 학생부에 지정교과 과목별 등급 또는 석차가 없어 성적산출이 불가능한 자
     - 기타 출신 고등학교의 교육과정이 통상적인 일반계 고등학교와 상이한 경우 심사를 통해 지원자격 제한 가능
2. **제출서류**: 학교생활기록부, 학교장 추천 명단
3. **수능최저학력기준**:

[국어, 수학, 영어, 사/과탐(1과목)] 중 2개 영역 등급 합 7 이내

◎ 전형요소
● 학생부(100점)

반영요소 반영비율	구분	반영교과목 반영방법		교과성적 산출지표	학년별 반영비율
교과 90%	공통 및 일반선택	인 국어, 영어, 수학, 사회(한국사)교과에 속한 전 과목 자 창의융합학부(첨단분야전공): 국어, 영어, 수학, 과학교과에 속한 전 과목 ▶창의융합학부(자유전공): 국어, 영어, 수학, 사회/과학교과에 속한 전 과목 ▶창의융합학부(예체능전공): 국어, 영어, 수학, 사회/수학교과에 속한 전 과목		석차등급	100
	진로선택	반영교과 중 상위 3과목, 성취도를 등급으로 변환 ※ 성취도 환산등급 = A : 1등급, B : 2등급, C : 4등급		성취도	
비교과 10%	※ 만점: ① 출결(10%): 미인정 결석 1일 이내				

◎ 전형결과
■ 전체

학년도	전체						인문						자연					
	모집 인원	지원 인원	경쟁 률	등록 평균	등록 최저	충원 율	모집 인원	지원 인원	경쟁 률	등록 평균	등록 최저	충원 율	모집 인원	지원 인원	경쟁 률	등록 평균	등록 최저	충원 율
2022	251	1,894	7.54	2.61		130%	150	1,085	7.23	2.65		151%	101	809	8.01	2.57		108%
2023	251	3,055	12.17	2.32		200%	148	2,030	13.72	2.35		199%	103	1,025	9.95	2.29		200%
2024	240	1,626	6.78	2.32	2.58	216%	142	1,020	7.18	2.38	2.66	261%	98	606	6.18	2.26	2.50	170%
2025	395						301						94					

■ [계열별] 실질 경쟁률(충원율 반영)

계열	학년도	모집인원	지원인원	경쟁률	수능최저 충족율	(수능최저 충족율 반영) 실질 경쟁률	충원율	(충원율 반영) 실질 경쟁률
인문	2022	150	1,085	7.23			151%	
	2023	148	2,030	13.72	72.52%	9.95	199%	3.33
	2024	142	1,020	7.18	86.76%	6.23	261%	1.73
자연	2022	101	809	8.01			108%	
	2023	103	1,025	9.95	90.45%	9.00	200%	3.00
	2024	98	606	6.18	83.98%	5.19	170%	1.92

■ 실질 경쟁률(모집인원 대비 수능최저 충족인원)

계열	계열 평균	모집단위
인문	6.23:1	국어국문학과 6.00, 영어영문학과 6.00, 독일어문·문화학과 6.00, **프랑스어문·문화학과 3.00**, 일본어문·문화학과 6.00, 중국어문·문화학과 12.00, **사학과 4.00**, 문화예술경영학과 6.50, 정치외교학과 13.60, 심리학과 5.00, 지리학과 5.75, 경제학과 6.71, 미디어커뮤니케이션학과 5.33, **경영학부 4.47, 사회복지학과 3.67**, 법학부 7.67, 의류산업학과 5.29, 소비자산업학과 6.50, 간호학과(인문) 5.17, 교육학과 5.25, **사회교육과 3.25**, 윤리교육과 4.50, 한문교육과 8.50, 유아교육과 10.20

계열	계열 평균	모집단위
자연	5.19:1	수학·핀테크전공 6.33, 통계학·빅데이터사이언스전공 7.80, 화학·에너지융합학부 5.40, 바이오신약의과학부 4.25, 바이오헬스융합학부 6.25, 서비스·디자인공학과 6.50, **융합보안공학과 3.58**, **컴퓨터공학과 2.83**, 청정신소재공학과 4.33, 바이오식품공학과 6.25, **바이오생명공학과 2.83**, AI융합학부 5.71, 간호학과(자연) 5.43

■ 변경사항 & 핵심포인트

[2025]

변경사항	2024	2025
모집인원	240명	395명(+ 155명)

➡ 합격자 성적분포: 인문계열은 2등급 초반 ~ 2등급 후반, 자연계열은 2등급 초반 ~ 2등급 후반
• 전년도 결과 분석: 경쟁률은 12.17 -> 6.78로 하락하였으나 합격자 성적은 2.32 -> 2.32로 비슷한 수준을 유지함

■ 모집단위

'*' 표시 : 교직 이수 가능

계열	모집단위	2025 모집인원	2024 모집인원	2024 지원인원	2024 경쟁률	2024 등록평균	2024 등록최저	2024 충원번호	2023 모집인원	2023 지원인원	2023 경쟁률	2023 등록평균	2023 등록최저	2023 충원번호	2022 모집인원	2022 지원인원	2022 경쟁률	2022 등록평균	2022 등록최저	2022 충원번호
인문	창의융합학부(자유전공)	62																		
인문	창의융합학부(예체능전공)	103																		
인문	심리학과*	6	6	38	6.3	2.05	2.53	16	6	138	23.0	2.15		6	6	37	6.2	2.90		8
인문	지리학과*	4	4	26	6.5	2.06	2.08	16	4	43	10.8	2.49		6	4	30	7.5	2.74		3
인문	의류산업학과*	7	7	43	6.1	2.09	2.26	7	7	48	6.9	2.39		13	7	45	6.4	2.48		7
인문	미디어커뮤니케이션학과	6	6	35	5.8	2.17	2.43	16	7	230	32.9	2.16		12	7	48	6.9	2.89		7
인문	문화예술경영학과	4	4	31	7.8	2.19	2.40	15	4	31	7.8	2.15		9	4	23	5.8	2.50		
인문	정치외교학과	5	5	75	15.0	2.23	2.32	11	6	56	9.3	2.61		23	6	40	6.7	2.49		5
인문	국어국문학과*	5	5	33	6.6	2.25	2.33	14	6	59	9.8	2.40		9	6	39	6.5	2.68		11
인문	일본어문·문화학과*	6	6	41	6.8	2.32	2.50	13	6	76	12.7	2.47		6	6	44	7.3	2.79		15
인문	사학과	4	4	19	4.8	2.33	2.52	8	4	32	8.0	2.45		8	4	23	5.8	2.69		5
인문	법학부	12	12	103	8.6	2.33	2.42	48	12	183	15.3	2.35		27	14	99	7.1	2.78		31
인문	소비자산업학과*	6	6	42	7.0	2.33	2.43	13	6	63	10.5	2.48		8	6	41	6.8	2.72		9
인문	경제학과	7	7	50	7.1	2.34	2.48	23	7	125	17.9	2.41		16	8	61	7.6	2.87		8
인문	사회복지학과	6	6	26	4.3	2.35	2.71	10	6	49	8.2	2.31		4	6	48	8.0	2.55		11
인문	유아교육과*	5	5	70	14.0	2.35	2.66	14	5	29	5.8	3.32		16	5	35	7.0	2.18		6
인문	중국어문·문화학과*	7	7	92	13.1	2.36	2.51	17	7	125	17.9	2.67		15	7	47	6.7	3.09		10
인문	교육학과*	4	4	28	7.0	2.36	2.68	7	4	38	9.5	2.01		5	4	47	11.8	2.32		10
인문	경영학과*	15	15	74	4.9	2.38	2.77	40	16	239	14.9	2.16		36	14	117	8.4	2.51		28
인문	영어영문학과*	8	8	48	6.0	2.44	2.70	28	10	170	17.0	2.28		28	10	72	7.2	2.78		23
인문	윤리교육과*	4	4	18	4.5	2.54	3.36	13	4	66	16.5	1.88		16	4	23	5.8	2.43		9
인문	한문교육과*	4	4	43	10.8	2.60	2.67	14	4	74	18.5	2.62		7	4	23	5.8	3.27		4
인문	독일어·문화학과*	3	3	18	6.0	2.61	2.71	3	3	35	11.7	2.48		6	4	28	7.0	2.83		6
인문	프랑스어문·문화학과*	4	4	18	4.5	3.21	4.25	7	4	50	12.5	2.34		4	4	27	6.8	2.65		3
인문	사회교육과*	4	4	15	3.8	3.51	4.28	8	4	39	9.8	1.96		7	4	28	7.0			
자연	창의융합학부(첨단분야전공)	41																		
자연	간호학과(자연)*	13	7	43	6.1	1.75	1.85	13	7	60	8.6	1.88		28	7	80	11.4	1.81		20
자연	바이오신약의과학부	3	4	22	5.5	1.91	2.01	3	4	59	14.8	1.89		10	4	71	17.8	2.37		
자연	*화학·에너지융합학부*	3	5	30	6.0	2.14	2.27	8	5	79	15.8	2.12		12	5	35	7.0	2.68		8
자연	*통계학·빅데이터사이언스전공*	3	5	46	9.2	2.22	2.38	13	5	61	12.2	2.51		14	5	62	12.4	2.85		
자연	바이오식품공학과	3	4	29	7.3	2.26	2.34	13	4	97	24.3	2.21		4	4	24	6.0	2.87		6
자연	*바이오헬스융합학부*	3	8	57	7.1	2.28	2.46	22	8	55	6.9	2.40		15	8	48	6.0	2.48		8
자연	*바이오생명공학과*	3	6	23	3.8	2.29	2.59	6	6	47	7.8	2.02		6	6	48	8.0	2.18		5
자연	청정신소재공학과	3	6	42	7.0	2.30	2.38	8	6	48	8.0	2.44		6	6	61	10.2	2.64		
자연	*AI융합학부*	6	21	133	6.3	2.39	2.57	41	26	264	10.2	2.49		46	26	172	6.6	2.78		37
자연	융합보안공학과	4	12	52	4.3	2.40	2.57	7	12	84	7.0	2.42		26	10	66	6.6	2.66		6
자연	*수학·핀테크전공*	3	6	43	7.2	2.43	2.53	9	6	54	9.0	2.46		6	6	44	7.3	2.76		10
자연	*서비스디자인공학과*	3	8	62	7.8	2.44	2.64	13	8	60	7.5	2.56		14	8	58	7.3	2.76		5
자연	*컴퓨터공학과*	3	6	24	4.0	2.57	3.88	11	6	57	9.5	2.35		19	6	40	6.7	2.52		4

■ (학생부종합) 학교생활우수자

전형	모집인원	전형 방법	수능최저학력기준
학교생활우수자	219	1단계)서류100%(3배수) 2단계)서류70%+ 면접30%	X

1. **지원자격**: 국내 고등학교 졸업(예정)자 또는 관계 법령에 의하여 고등학교 졸업자와 동등의 학력이 있다고 인정되는 자
2. **제출서류**: 학교생활기록부

◎ **전형요소**
※ **선발 인재상**: 고교 재학 중 교내 학업 및 다양한 활동을 통하여 균형 있는 학교생활을 충실히 수행한 인재
● **서류(100점)**
　1. **평가방법**: 인성, 전공적합성, 학업역량, 발전가능성의 평가 항목을 2인의 평가자가 종합적·정성적으로 평가
　2. **평가요소**:

평가항목	반영비율			평가내용	
	학교생활 우수자	자기주도인재			
		일반학과	사범대학		
진로역량 대학에서 학업을 원활히 수행하기 위한 진로에 대한 관심 및 노력	30%	50%		진로설계역량	• 자신의 희망진로와 연계된 과목 이수의 정도 - 고교학점제 이수 과목과 희망 전공 간의 연계성 - 진로 연계 학점 이수에 대한 구체성과 체계성
				진로학업역량	• 자신의 희망 진로와 연계된 이수 과목의 성취도 - 진로 연계 이수 과목의 학업성취도 - 진로 연계 이수과목의 학기별 성취도 추이
				진로탐색역량	• 자신의 희망 진로와 연계된 비교과 활동 수행 정도 - 지원 전공(계열) 관련 활동의 다양성 및 심화 확장성 - 자신의 진로 활동에 대한 적극성과 자기주도성
학업역량 지원한 전공의 학업을 수행할 수 있는 기초학업능력	50%	30%		학업태도	• 고교 교육과정 내에 이루어지는 학업적 노력과 관심 정도 (교과목 이수 현황, 노력 등)
				학성성취도	• 고교교육과정 내에서 이수한 교과의 성취 수준 및 발전 정도
				학업적 목표의식	• 고교교육과정 내에서 이루어지는 목표의식을 통해 지속적인 학업적인 탐구를 수행하는 역량
공동체역량 공동체의 구성원으로 요구되는 가치와 태도를 통해 발현되는 개인적 품성 및 사회성	20%	20%		성실성	• 자신의 역할에 책임감을 갖고 끈기 있게 임하는 자세
			-	소통과 협력의 리더십	• 공동의 목표를 위해 협동해 자신의 역할을 다하는 자세 • 공동체의 목표달성을 위해 구성원들의 상호작용을 이끌어내는 능력
				나눔과 배려	• 상대방을 존중하고 이해하며 원만한 관계를 형성하며, 타인을 위하여 기꺼이 나누어 주고자 하는 태도와 행동
		-	20%	교직소양	• 봉사 헌신 • 교직관 및 교직 윤리 • 경험을 통한 자기성찰
				교직발전 가능성	• 예비 교원으로서의 자질과 성장 잠재력 • 학교 생활 중 이뤄지는 다양한 경험에 대한 상황 파악 및 대처 능력 - 발생 가능한 다양한 문제인식 - 자신, 타인의 행동 및 감정에 대한 동기나 원인을 생각하는 능력 - 대안적 해결방법 모색

☞ **보충설명**
• 학업역량(50%) > 진로역량(23%) > 공동체역량(20%) 순으로 반영
• 진로역량은 전공과 관련되어 노력을 했느냐가 중요. 모집단위에 따라 일반고 차원에서 준비할 수 있는 정도가 다르고, 고교의 차이에 따라 발생할 수 있으므로, 학생이 처한 고교 환경에서 얼마나 노력했느냐를 중요하게 평가
　- 진로역량은 학과로 봄. 해당 학과 교수님께서 참여하심
• 공동체역량(20%)은 변별력이 약하다는 생각이 일반적이지만, 법규 준수 노력, 공동체 활동에서 협동 등을 학생부 행특이나 여러 항목을 통해 근거를 찾아 변별력 있는 인성 평가를 하려고 노력함. 근거가 충분하면 A, B, 근거가 부족하면 C, D등
• 교과성적이 다소 부족하더라도 인성이나 발전가능성에서 탁월한 평가를 받으면 서류평가에서 통과할 수 있음.
• 내신은 모집단위 특성에 맞는 것도 보지만 음미체 포함 전 과목을 평가에 반영함. 무조건 학년별 추이 올라갔다고 좋은 점수 받고, 내려갔다고 나쁜 점수 받는 것이 아니라 학생이 처한 상황에서의 노력한 과정을 살펴 봄
• 교과뿐만 아니라 비교과영역까지 평가에 반영하는 데, 교과가 부족하지만 비교과활동이 우수한 학생들이 포기하는 경향 있어 많이 아쉬움
• 3개 평가항목 중 A, C, A를 받아 2개가 탁월해도 합격 가능성 있음.

● **면접(30점)**
　1. **면접방법**:
　　▪ 지원자 확인, 제출서류에 대한 사실 확인 및 검증, 추가 질문 순으로 진행합니다.
　　▪ 입학사정관 2인이 실시하며, 상호 독립적으로 평가합니다.
　　▪ 평가대상은 지원자 1명을 1조로 구성하며, 약 10분간 면접을 진행합니다.
　　▪ 학교생활기록부에 근거한 사실관계 확인 면접으로 공통문항은 없습니다.

2. 평가요소(사범대학 제외)

평가항목	반영비율			평가내용	
	학교생활 우수자	자기주도인재			
		일반학과	사범대학		
진로역량	30%	70%	50%	• 학업태도 • 학업성취도 • 학업적 목표의식	• 지원한 전공의 학업을 수행할 수 있는 기초학업능력
학업역량	70%	30%	20%	• 진로설계역량 • 진로학업역량 • 진로탐색역량	• 대학에서 학업을 원활히 수행하기 위한 전공에 대한 관심 및 노력
교직적성·인성	–	–	20%	• 교직소양 • 교직발전가능성	• 교직에 대한 목표를 이루어가는 과정에서 드러나는 성장 가능성 및 잠재력

☞ 보충설명
• 학생 1명 평가자 2명, 10분, 서류평가시 면접에서 확인할 부분을 메모하고 면접. 추가로 인성평가를 실시
• 서류진위확인면접+ 인성면접, 면접시간 10분 예정, 모집단위별로 인성이나 적성에 관계된 1개 질문, 서류 확인 질문

◎ 전형결과
■ 전체

	전체					인문						자연					
학년도	모집 인원	지원 인원	경쟁 률	등록 평균	등록 최저	충원 율	모집 인원	지원 인원	경쟁 률	등록 평균	등록 최저	충원 율	모집 인원	지원 인원	경쟁 률	등록 평균	등록 최저	충원 율
2022	228	1,495	6.56	3.14	3.97	193%	103	762	7.40	2.97	3.35	86%	125	733	5.86	3.03	3.20	63%
2023	215	1,544	7.18	2.74	2.95	85%	98	768	7.84	2.69	2.95	99%	117	776	6.63	2.79	2.95	70%
2024	207	1,641	7.93	2.88	3.44	89%	90	680	7.56	3.05	3.57	94%	117	961	8.21	2.70	3.31	84%
2025	219						114						105					

■ 변경사항 & 핵심포인트
[2025]

변경사항	2024	2025
모집인원	207명	219명(+ 12명)
전형방법 변경	서류100%	1단계)서류100%(3배수) 2단계)서류70%+ 면접30%

➡ 합격자 성적분포: 인문계열은 2등급 후반 ~ 3등급 중반, 자연계열은 2등급 초반 ~ 3등급 중반
– 면접고사 도입으로 자기주도인재전형과 전형방법이 동일하고, 면접 부담이 생김. 경쟁률에 변화가 있을 수 있음

■ 모집단위
'*' 표시 : 교직 이수 가능

계열	모집단위	2025	2024						2023						2022					
		모집 인원	모집 인원	지원 인원	경쟁 률	등록 평균	등록 최저	충원 번호	모집 인원	지원 인원	경쟁 률	등록 50%컷	등록 70%컷	충원 번호	모집 인원	지원 인원	경쟁 률	등록 50%컷	등록 70%컷	충원 번호
인문	심리학과*	4	3	25	8.3	2.32	2.50	4	3	24	8.0			5	4	37	9.3	2.67	2.68	6
인문	문화예술경영학과	4	3	38	12.7	2.37	2.59	4	3	19	6.3			2	4	36	9.0			
인문	사회복지학과	5	3	31	10.3	2.57	2.79	2	3	27	9.0			3	4	42	10.5	2.65	3.34	5
자연	의류산업학과*	5	4	43	10.8	2.70	2.96	8	4	34	8.5	2.76	2.90	2	5	45	9.0	3.39	3.53	11
인문	지리학과*	4	3	17	5.7	2.72	2.78	2	3	19	6.3			7	4	22	5.5	2.89	2.93	4
인문	영어영문학과*	6	5	32	6.4	2.76	2.88	8	7	36	5.1	2.78	2.84	3	8	66	8.3	2.67	2.82	4
인문	미디어커뮤니케이션학과	5	4	37	9.3	2.80	2.97	2	4	38	9.5	2.02	2.89		6	75	12.5	2.41	2.67	3
인문	법학부	20	20	145	7.3	2.84	3.22	13	22	213	9.7	2.94	3.30	19	14	76	5.4	3.76	4.32	15
인문	사학과	4	3	24	8.0	2.86	2.99	3	3	19	6.3			5	3	20	6.7			
인문	국어국문학과*	4	3	15	5.0	2.93	3.00	2	3	22	7.3			2	5	36	7.2	3.11	3.14	1
인문	소비자산업학과	5	3	25	8.3	3.09	3.33	3	3	24	8.0			2	5	30	6.0	2.83	2.88	3
인문	경제학과	8	6	33	5.5	3.09	4.95	6	7	39	5.6	2.91	2.92	9	6	37	6.2	2.89	3.10	7
인문	정치외교학과	4	3	27	8.0	3.18	3.35	3	3	21	7.0			6	4	28	7.0	2.51	2.55	4
인문	경영학과*	18	15	99	6.6	3.23	5.17	16	18	150	8.3	2.74	2.86	16	15	102	6.8	3.03	3.49	16
인문	일본어문·문화학과*	5	3	25	8.3	3.28	3.75	2	3	24	8.0			4	5	36	7.2	3.47	4.33	3
인문	중국어문·문화학과*	5	3	25	8.3	3.61	4.98	1	3	22	7.3			5	5	34	6.8	3.27	5.06	7
인문	프랑스어문·문화학과*	4	3	16	5.3	3.64	4.92	4	3	23	7.7			1	3	19	6.3			
인문	독일어·문화학과*	4	3	23	7.7	4.87	5.18	2	3	14	4.7			6	3	21	7.0			
자연	뷰티산업학과	4	6	80	13.3	1.89	2.84	4	6	96	16.0	1.62	2.32	2	6	84	14.0	2.94	3.21	2
자연	간호학과*	17	17	172	10.1	2.21	3.86	16	17	129	7.6	2.19	2.30	10	16	124	7.8	2.36	2.47	10
자연	바이오생명공학과*	8	6	73	12.2	2.33	2.47	4	6	57	9.5	2.25	2.52	6	6	38	6.3	2.53	2.75	6

계열	모집단위	2025 모집인원	2024 모집인원	2024 지원인원	2024 경쟁률	2024 등록평균	2024 등록최저	2024 충원번호	2023 모집인원	2023 지원인원	2023 경쟁률	2023 등록50%컷	2023 등록70%컷	2023 충원번호	2022 모집인원	2022 지원인원	2022 경쟁률	2022 등록50%컷	2022 등록70%컷	2022 충원번호
자연	바이오신약의과학부	7	8	83	10.4	2.38	2.82	11	8	57	7.1	2.67	2.72	4	8	61	7.6	2.51	2.57	5
자연	화학·에너지융합학부*	9	10	76	7.6	2.58	2.97	8	10	66	6.6	2.77	2.81	5	11	55	5.0	3.01	3.48	7
자연	바이오헬스융합학부	9	9	78	8.7	2.71	3.14	5	9	56	6.2	2.89	3.01	5	8	46	5.8	3.19	3.26	6
자연	컴퓨터공학과*	4	4	20	5.0	2.74	3.31	2	4	23	5.8	2.74	2.77		5	23	4.6	3.14	3.34	3
자연	바이오식품공학과	4	5	47	9.4	2.77	3.05	4	5	54	10.8			4	5	31	6.2	3.24	3.45	2
자연	청정신소재공학과	4	4	25	6.3	2.90	3.17	2	4	22	5.5	2.95	3.03	1	5	29	5.8	3.25	3.27	6
자연	서비스디자인공학과	7	7	63	9.0	3.00	3.25	5	7	34	4.9	3.48	3.52	3	8	44	5.5	3.02	3.18	5
자연	통계학·빅데이터사이언스전공*	7	8	54	6.8	3.01	3.43	15	8	36	4.5	3.20	3.28	11	9	33	3.7	3.34	3.52	9
자연	*AI융합학부*	*10*	*14*	80	5.7	3.06	4.46	8	14	71	5.1	2.94	3.09	14	15	68	4.5	3.40	3.55	10
자연	수학·핀테크전공*	8	9	54	6.0	3.09	3.55	9	9	34	3.8	3.29	3.47	6	10	37	3.7	3.08	3.20	3
자연	*융합보안공학과*	*7*	*10*	56	5.6	3.11	4.03	5	10	41	4.1	3.24	3.51	11	13	60	4.6	3.38	3.55	5

■ (학생부종합) 자기주도인재

전형	모집인원	전형 방법	수능최저학력기준
자기주도인재	355	1단계)서류100%(3배수) 2단계)서류70%+ 면접30%	X

1. **지원자격**: 국내 고등학교 졸업(예정)자 또는 관계 법령에 의하여 고등학교 졸업자와 동등의 학력이 있다고 인정되는 자
   ※ 외국소재 고등학교 졸업(예정)자는 12년(최소 23학기) 이상의 학교교육과정을 이수해야 함. 예외적으로 12년 미만 학제의 경우 초·중·고등학교 전 교육과정을 한 국가에서 이수하거나 부족한 수학기간을 대학에서 이수한 경우 지원 가능함
2. **제출서류**: 학교생활기록부

◎ 전형요소
※ 선발 인재상: 고교 재학 중 전공분야에 대한 확고한 목표의식과 열정을 가지고 자기주도적인 탐구역량을 갖춘 인재
● 서류 및 면접: 학교생활우수자전형 참고

◎ 전형결과
■ 전체

학년도	전체 모집인원	전체 지원인원	전체 경쟁률	전체 등록평균	전체 등록최저	전체 충원율	인문 모집인원	인문 지원인원	인문 경쟁률	인문 등록평균	인문 등록최저	인문 충원율	자연 모집인원	자연 지원인원	자연 경쟁률	자연 등록평균	자연 등록최저	자연 충원율
2022	444	3,972	8.95	3.31	3.63	57%	258	2,552	9.89	3.35	3.72	71%	186	1,420	7.63	3.26	3.53	42%
2023	436	4,308	9.88	3.26	3.46	60%	249	2,786	11.19	3.35	3.61	76%	187	1,522	8.14	3.17	3.30	44%
2024	402	4,974	12.37	3.16	3.90	64%	218	2,930	13.44	3.25	4.16	80%	184	2,044	11.11	3.06	3.64	47%
2025	355						231						124					

■ 변경사항 & 핵심포인트
[2025]

변경사항	2024	2025
모집인원	402명	355명(-47명)

➡ 합격자 성적분포: 인문계열은 3등급 초반 ~ 4등급 초반, 자연계열은 3등급 초반 ~ 3등급 후반

■ 모집단위   '*'표시 : 교직 이수 가능

계열	모집단위	2025 모집인원	2024 모집인원	2024 지원인원	2024 경쟁률	2024 등록평균	2024 등록최저	2024 충원번호	2023 모집인원	2023 지원인원	2023 경쟁률	2023 등록50%컷	2023 등록70%컷	2023 충원번호	2022 모집인원	2022 지원인원	2022 경쟁률	2022 등록50%컷	2022 등록70%컷	2022 충원번호
인문	윤리교육과	10	10	85	8.5	2.46	2.95	9	10	68	6.8			7	10	78	7.8	2.66	2.79	3
인문	사회교육과	10	10	105	10.5	2.51	2.77	4	10	88	8.8			3	10	58	5.8	2.92	3.00	8
인문	교육학과	10	10	126	12.6	2.62	2.85	15	10	142	14.2	2.58	2.77	8	10	92	9.2	2.69	2.79	7
인문	사학과	6	6	59	9.8	2.81	3.14	2	6	73	12.2	2.89	3.02	4	7	81	11.6	2.96	4.92	2
인문	문화예술경영학과	7	7	91	13.0	2.83	3.43	5	7	75	10.7			3	7	109	15.6	2.75	2.88	2
인문	경영학과*	18	15	230	15.3	2.87	3.65	10	16	288	18.0	2.96	3.16	14	22	215	9.8	3.17	5.14	17
인문	유아교육과	13	13	155	11.9	2.92	3.37	9	13	110	8.5			8	13	176	13.5	2.43	2.74	13
자연	의류산업학과*	11	10	166	16.6	2.93	3.26	5	12	135	11.3	3.12	3.30	3	12	111	9.3	2.99	3.13	9
인문	정치외교학과	7	7	90	12.9	2.97	3.26	5	9	107	11.9	3.25	3.26	6	8	78	9.8	3.78	4.70	3
인문	법학부	20	15	241	16.1	3.02	3.52	5	16	191	11.9	3.09	4.79	11	25	148	5.9	3.27	3.50	17

계열	모집단위	2025 모집인원	2024 모집인원	지원인원	경쟁률	등록평균	등록최저	충원번호	2023 모집인원	지원인원	경쟁률	등록50%컷	등록70%컷	충원번호	2022 모집인원	지원인원	경쟁률	등록50%컷	등록70%컷	충원번호
인문	소비자산업학과	8	8	132	16.5	3.04	3.37	3	9	96	10.7	3.20	3.22	8	9	71	7.9	3.42	3.42	5
인문	사회복지학과	9	8	117	14.6	3.04	3.58	10	9	88	9.8	2.93	2.95	11	9	101	11.2	2.81	2.90	10
인문	지리학과*	7	7	61	8.7	3.05	3.49	5	9	48	5.3	3.18	3.20	2	9	58	6.4	3.38	3.40	10
인문	미디어커뮤니케이션학과	12	11	174	15.8	3.12	5.84	14	13	215	16.5	2.73	2.77	4	12	270	22.5	2.66	2.69	6
인문	경제학과	12	11	119	10.8	3.38	6.01	10	13	82	6.3	3.19	3.25	10	12	75	6.3	3.39	3.81	16
인문	일본어문·문화학과*	11	11	140	12.7	3.57	5.18	11	13	132	10.2	3.87	4.11	16	12	86	7.2	4.33	5.01	9
인문	중국어문·문화학과*	11	12	157	13.1	3.62	4.40	6	13	168	12.9	4.25	4.74	15	12	144	12.0	4.91	5.06	13
인문	심리학과*	8	8	145	18.1	3.65	5.53	4	10	187	18.7	2.81	2.87	4	10	128	12.8	3.20	3.55	6
인문	한문교육과	10	10	64	6.4	3.69	5.43	3	10	46	4.6			1	10	42	4.2	3.84	4.10	3
인문	국어국문학과*	7	7	101	14.4	3.94	5.52	8	10	96	9.6	2.86	3.11	5	10	74	7.4	2.88	3.02	5
인문	영어영문학과*	11	10	221	22.1	4.02	5.10	19	16	208	13.0	4.42	4.64	26	15	205	13.7	4.52	4.60	9
인문	프랑스어문·문화학과*	6	5	84	16.8	4.12	4.74	3	7	78	11.1	4.54	5.25	11	7	83	11.9	3.91	4.27	4
인문	독일어문·문화학과*	7	7	67	9.6	4.47	5.33	10	8	65	8.1	4.35	4.62	5	7	69	9.9	4.14	4.25	5
자연	간호학과*	16	16	265	16.6	2.28	2.50	8	16	192	12.0	2.60	2.64	3	15	283	18.9	2.49	2.52	3
자연	바이오생명공학과*	9	12	148	12.3	2.54	2.83	2	12	158	13.2	2.65	2.79	5	11	103	9.4	2.68	2.71	11
자연	청정신소재공학과	5	10	107	10.7	2.72	3.07	5	10	78	7.8	3.01	3.09	5	9	59	6.6	3.07	3.19	3
자연	바이오신약의과학부	11	15	166	11.1	2.74	3.21	6	15	141	9.4	2.69	2.78	8	15	151	10.1	2.74	2.79	5
자연	바이오식품공학과	6	10	134	13.4	2.78	3.12	6	10	78	7.8	2.93	3.01	2	10	80	8.0	2.89	2.97	2
자연	화학·에너지융합학부*	10	15	173	11.5	3.00	4.41	9	16	105	6.6	3.01	3.15	2	16	92	5.8	2.95	3.19	2
자연	컴퓨터공학과*	5	10	62	6.2	3.06	3.79	5	10	62	6.2	3.20	3.23	2	9	37	4.1	3.42	3.45	7
자연	바이오헬스융합학부	11	14	175	12.5	3.14	3.70	8	14	93	6.6	2.98	3.11	5	16	92	5.8	3.23	3.27	11
자연	뷰티산업학과	6	10	256	25.6	3.32	4.09	1	10	197	19.7	3.39	3.71		10	196	19.6	3.43	3.56	2
자연	수학·핀테크전공*	10	15	95	6.3	3.36	3.74	6	16	61	3.8	3.63	3.73	8	15	67	4.5	3.35	3.61	7
자연	통계학·빅데이터사이언스전공*	9	15	93	6.2	3.36	3.74	7	16	63	3.9	3.29	3.50	10	16	63	3.9	3.38	3.52	9
자연	AI융합학부	10	16	176	11.0	3.45	3.88	13	16	114	7.1	3.70	3.85	7	16	74	4.6	3.68	4.09	8
자연	서비스디자인공학과	9	15	123	8.2	3.51	4.82	2	15	119	7.9	3.61	3.89	4	13	66	5.1	4.47	6.26	4
자연	융합보안공학과	7	11	71	6.5	3.55	3.99	8	11	61	5.6	3.62	3.70	4	15	57	3.8	3.89	4.28	4

■ (논술) 논술우수자

전형	모집인원	전형 방법	수능최저학력기준
논술우수자	161	학생부10%+ 논술90%	○

1. **지원자격**: 국내·외 고등학교 졸업(예정)자 또는 관계 법령에 의하여 고등학교 졸업자와 동등의 학력이 있다고 인정되는 자
　　※ 외국소재 고등학교 졸업(예정)자는 12년(최소 23학기) 이상의 학교교육과정을 이수해야 함. 예외적으로 12년 미만 학제의 경우 초·중·고등학교 전 교육과정을 한 국가에서 이수하거나 부족한 수학기간을 대학에서 이수한 경우 지원 가능함
2. **수능최저학력기준**:

[국어, 수학, 영어, 사/과탐(1과목)] 중 2개 영역 등급 합 7 이내

◎ 전형요소
● 학부부(30점)

반영요소 반영비율	반영교과목		교과성적 산출지표	학년별 반영비율
	구분	반영방법		
교과 90% (27점)	공통 및 일반선택	인 국어, 영어, 수학, 사회, 한국사교과에 속한 전 과목 자 국어, 영어, 수학, 과학교과에 속한 전 과목	석차등급	100
	진로선택	반영교과 중 상위 3과목, 성취도를 등급으로 변환 ※ 성취도 환산등급 = A : 1등급, B : 2등급, C : 4등급	성취도	
비교과 10% (3점)	※ 만점: ① 출결(10%): 미인정 결석 1일 이내			

구분		1등급	2등급	3등급	4등급	5등급	6등급	7등급	8등급	9등급
점수	100점	100	99	98	96	95	92	90	70	50
등급 간 점수 차이	100점	0	1	1	1	1	3	2	20	20
	9점	0	0.09	0.09	0.18	0.09	0.27	0.18	1.8	1.8

● 논술(70점)
1. 개요

구분	내용
논술유형	- 인문계열: 4~5개의 지문 또는 자료를 제시하는 통합교과형 논술 - 자연계열: 제시된 문제에 대한 답안과 그 풀이과정을 요구하는 수리논술
출제구분	- 고등학교 교육과정의 범위와 수준 내에서 출제되며 진로선택과목은 제외함 ※ 자연계열 출제범위 : 수학, 수학Ⅰ, 수학Ⅱ, 미적분 (확률과 통계, 기하 제외)
평가방향	- 단순 암기나 전공지식이 아닌, 지원자의 고등학교 교육과정에 대한 이해도를 평가 - 인문계열: 고등학교 교육과정 수준의 문제해결능력을 바탕으로 제시자료를 활용하여 자신의 견해를 설득력 있게 표현하는 능력을 평가 - 자연계열: 고등학교 수학 교과의 교육과정과 성취기준 내에서 수학의 기초 원리에 대한 이해도와 응용력을 평가
문항 수	- 인문계열: 2문항 내외 - 자연계열: 4문항 내외(각 문항은 2~4개의 하위 문제 포함)
시험시간	100분
답안분량	- 인문계열: 각 문항 당 800~1,000자 내외 - 자연계열: 지정된 답안지 양식(노트) 작성

2. 논술고사 계열 안내

계열구분	모집단위(학과)
인문계 논술	국어국문학과, 영어영문학과, 독일어문·문화학과, 프랑스어문·문화학과, 일본어문·문화학과, 중국어문·문화학과, 사학과, 정치외교학과, 심리학과, 지리학과, 경제학과, 미디어커뮤니케이션학과, 경영학부, 사회복지학과, 법학부, 간호학과(인문), 의류산업학과, 소비자생활문화산업학과, 문화예술경영학과
자연계 논술	수리통계데이터사이언스학부, 화학·에너지융합학부, 서비스·디자인공학과, 융합보안공학과, 컴퓨터학과, 청정융합에너지공학과, 바이오식품공학과, 바이오생명공학과, AI융합학부, 간호학과(자연), 바이오신약의과학부, 바이오헬스융합학부

※ 의류산업학과는 자연계열 모집단위이나 인문계 논술을 실시함

◎ 전형결과
■ 전체

학년도	전체						인문						자연					
	모집 인원	지원 인원	경쟁 률	등록 평균	등록 최저	충원 율	모집 인원	지원 인원	경쟁 률	등록 평균	등록 최저	충원 율	모집 인원	지원 인원	경쟁 률	등록 평균	등록 최저	충원 율
2022	180	4,506	25.03	4.33		33%	97	3,382	34.87	4.36		24%	83	1,124	13.54	4.29		42%
2023	175	4,297	24.55	4.15		40%	93	3,163	34.01	4.13		26%	82	1,134	13.83	4.16		54%
2024	162	4,048	24.99	3.83	4.64	37%	84	2,666	31.74	3.88	4.55	24%	78	1,382	17.72	3.78	4.73	49%
2025	161						84						77					

■ [계열별] 실질 경쟁률(충원율 반영)

계열	학년도	모집인원	지원인원	경쟁률	수능최저 충족율	(수능최저 충족율 반영) 실질 경쟁률	충원율	(충원율 반영) 실질 경쟁률
인문	2022	97	3,382	34.87	45.39%	15.83	24%	12.77
	2023	93	3,163	34.01	43.87%	14.92	26%	11.84
	2024	84	2,666	31.74	59.61%	18.92	24%	15.26
자연	2022	83	1,124	13.54	72.16%	9.77	42%	6.88
	2023	82	1,134	13.83	71.87%	9.94	54%	6.45
	2024	78	1,382	17.72	69.92%	12.39	49%	8.32

■ 실질 경쟁률(모집인원 대비 수능최저 충족인원)

계열	계열 평균	모집단위
인문	18.92:1	국어국문학과 14.75, 영어영문학과 18.25, 독일어문·문화학과 14.00, 프랑스어문·문화학과 15.67, 일본어문·문화학과 20.20, 중국어문·문화학과 18.60, 사학과 14.00, 문화예술경영학과 17.33, 정치외교학과 19.00, 심리학과 20.60, 지리학과 17.00, 경제학과 21.75, 미디어커뮤니케이션학과 24.25, 경영학과 23.50, 사회복지학과 17.80, 법학부 21.50, 의류산업학과 15.60, 소비자산업학과 18.00, 간호학과(인문) 27.40
자연	12.39:1	수학·핀테크전공 10.40, 통계학·빅데이터사이언스전공 11.67, 화학·에너지융합학부 10.50, 바이오신약의과학부 10.50, 바이오헬스융합학부 8.25, 서비스·디자인공학과 11.00, 융합보안공학과 9.73, 컴퓨터공학과 10.33, 청정신소재공학과 10.20, 바이오식품공학과 12.50, 바이오생명공학과 13.60, AI융합학부 12.86, 간호학과(자연) 29.50

■ 논술점수 평균

계열	계열 평균	모집단위
인문	65.07점	국어국문학과 66.22, 영어영문학과 65.37, 독일어문·문화학과 65.76, 프랑스어문·문화학과 64.28, 일본어문·문화학과 63.98, 중국어문·문화학과 65.38, 사학과 64.98, 정치외교학과 64.85, 심리학과 64.36, 지리학과 64.79, 경제학과 63.86, 미디어커뮤니케이션학과 65.35, 경영학부 65.51, 사회복지학과 65.17, 법학부 66.05, 의류산업학과 64.03, 간호학과(인문) 65.35, 소비자생활문화산업학과 65.28, 문화예술경영학과 65.78

계열	계열 평균	모집단위
자연	61.13점	수학·핀테크전공 62.32, 통계학·빅데이터사이언스전공 62.89, **화학·에너지융합학부 59.76**, 서비스·디자인공학과 62.31, 융합보안공학과 61.95, 컴퓨터공학과 61.42, **청정융합에너지공학과 59.50**, 바이오식품공학과 60.96, 바이오생명공학과 60.34, AI융합학부 61.81, 간호학과(자연) 63.25, 바이오신약의과학부 60.35, **바이오헬스융합학부 57.78**

■ 변경사항 & 핵심포인트

[2025]

변경사항	2024	2025
모집인원	162명	161명(-1명)
논술 20% 증가	학생부30%+ 논술70%	학생부10%+ 논술90%
(학생부) 등급간 감점	1-2등급(0.27), 2-3등급(0.27), 3-4등급(0.54), 4-5등급(0.27), 5-6등급(0.81), 6-7등급(0.54), 7-8등급(5.4), 8-9등급(5.4)	1-2등급(0.09), 2-3등급(0.09), 3-4등급(0.18), 4-5등급(0.09), 5-6등급(0.27), 6-7등급(0.18), 7-8등급(1.8), 8-9등급(1.8)

- 학생부 교과성적은 내신 7등급까지는 등급 간 감점이 작아서 영향력 작음
- 논술고사는 인문은 언어논술, 자연은 수리논술임
  - 자연계열 수학 출제범위: 수학, 수학Ⅰ, 수학Ⅱ, 미적분, 확률과 통계, ※ 기하는 미출제
- ➡ 합격자 성적분포: 인문계열은 3등급 후반 ~ 5등급 초반, 자연계열은 3등급 중반 ~ 5등급 중반

'*' 표시 : 교직 이수 가능

■ 모집단위

계열	모집단위	2025 모집인원	2024 모집인원	2024 지원인원	2024 경쟁률	2024 등록평균	2024 등록최저	2024 충원번호	2023 모집인원	2023 지원인원	2023 경쟁률	2023 등록평균	2023 등록최저	2023 충원번호	2022 모집인원	2022 지원인원	2022 경쟁률	2022 등록평균	2022 등록최저	2022 충원번호
인문	경영학과	6	6	244	40.7	3.11	3.24	1	7	262	37.4	3.98		4	10	424	42.4	4.62		3
인문	미디어커뮤니케이션학과	4	4	156	39.0	3.40	3.65		5	179	35.8	3.62			5	202	40.4	4.65		
인문	간호학과(인문)	5	5	237	47.4	3.45	4.53		5	321	64.2	4.61		1	6	378	63.0	3.78		1
인문	독일어문·문화학과*	3	3	70	23.3	3.64	3.82	2	3	84	28.0	4.73		1	3	83	27.7	4.84		
인문	문화예술경영학과	3	3	85	28.3	3.68	3.86		4	131	32.8	4.15		2	4	145	36.3	4.53		1
인문	경제학과	4	4	133	33.3	3.69	4.45	2	5	150	30.0	4.24		1	6	200	33.3	3.88		1
인문	국어국문학과*	4	4	98	24.5	3.72	4.17		5	158	31.6	3.56		2	4	115	28.8	4.14		2
인문	사학과	3	3	78	26.0	3.72	5.01		3	83	27.7	3.66			3	73	24.3	4.49		
인문	법학부	8	8	283	35.4	3.81	5.22		11	433	39.4	4.32		1	10	387	38.7	4.01		2
인문	지리학과*	4	4	104	26.0	3.89	4.77		4	106	26.5	3.83		1	4	109	27.3	4.57		
인문	영어영문학과*	4	4	102	25.5	3.92	4.63	2	5	154	30.8	4.00		2	6	196	32.7	4.07		3
인문	정치외교학과	3	3	85	28.3	3.97	4.24	2	3	84	28.0	4.23			4	120	30.0	4.13		1
인문	사회복지학과	5	5	159	31.8	3.98	4.48	1	5	156	31.2	4.13		3	5	146	29.2	3.88		3
인문	소비자산업학과*	5	5	145	29.0	4.10	4.49		5	148	29.6	3.94		1	4	120	30.0	4.88		
자연	의류산업학과*	5	5	136	27.2	4.16	5.17		5	158	31.6	3.86		2	5	155	31.0	3.89		3
인문	심리학과*	5	5	167	33.4	4.25	5.73	5	5	178	35.6	4.67			5	142	28.4	4.39		1
인문	중국어문·문화학과*	5	5	144	28.8	4.27	4.78		5	136	27.2	4.72		1	5	154	30.8	4.60		1
인문	프랑스어문·문화학과*	3	3	83	27.7	4.29	4.46		3	84	28.0	4.51			3	80	26.7	5.32		
인문	일본어문·문화학과*	5	5	157	31.4	4.69	5.81	4	5	158	31.6	3.75		2	5	153	30.6	4.14		2
자연	간호학과(자연)*	6	6	229	38.2	3.12	4.36	4	6	199	33.2	3.73		3	7	226	32.3	4.00		2
자연	컴퓨터공학과*	3	3	53	17.7	3.23	3.83	3	3	36	12.0	4.10		2	4	51	12.8	4.24		3
자연	청정신소재공학과	5	5	80	16.0	3.63	5.45	2	5	55	11.0	4.67		4	5	51	10.2	5.25		2
자연	화학·에너지융합학부*	6	6	84	14.0	3.64	4.58	4	6	57	9.5	3.91		3	6	71	11.8	3.91		2
자연	바이오헬스융합학부*	4	4	57	14.3	3.68	4.04	2	5	65	13.0	4.48		3	4	44	8.8	4.72		3
자연	바이오식품공학과	4	4	69	17.3	3.72	4.10		4	40	10.0	4.05		4	4	43	10.8	4.21		3
자연	수학·핀테크전공	5	5	67	13.	3.86	4.30		5	39	7.8	4.47		1	6	50	8.3	3.50		1
자연	바이오생명공학과*	5	5	92	18.4	3.87	5.42	1	5	72	14.4	4.12		3	6	84	14.0	3.95		1
자연	통계학·빅데이터사이언스전공*	6	6	95	15.8	3.93	5.22	3	6	59	9.8	4.13		6	6	64	10.7	4.22		4
자연	AI융합학부	13	14	256	18.3	3.95	4.87	7	16	232	14.5	4.31		16	16	219	13.7	4.44		10
자연	바이오신약의과학부	4	4	67	16.8	4.06	4.51	5	5	89	17.8	3.82		1	6	96	16.0	4.66		1
자연	서비스디자인공학과	5	5	77	15.4	4.10	5.32	1	5	57	11.4	4.04		1	6	58	9.7	4.64		1
자연	융합보안공학과	11	11	156	14.2	4.36	5.49	6	11	134	12.2	4.31		2	6	67	11.2	4.03		2

52. 세명대학교

충청북도 제천시 세명로 65 (Tel: 043. 649-1170~4)

Ⅰ. 한 눈에 보는 전형

모집시기	전형유형	전형	모집인원	전형 방법	수능최저학력기준
수시	교과	일반	993	학생부교과100%	X
수시	교과	사회배려자및봉사자	30	학생부교과100%	X
수시	교과	지역인재(일반)	90	학생부교과100%	한의예과
수시	교과	지역인재(기회균형)	7	학생부교과100%	한의예과
수시	교과	면접우수자	87	학생부교과60% + 면접40%	X
수시	실기/실적	실기우수자	134	▶산업/실내/시각.영상/패션디자인학과, 연기예술학과, 영화웹툰애니메이션학과 : 실기100% ▶생활체육학과 : 학생부교과30% + 실기70%	X
수시	실기/실적	어학특기자	15	어학성적60% + 면접40%	X
수시	종합	SMU의료인재	38	일괄) 서류100%	한의예과
수시	교과	농어촌학생	35	학생부교과100%	한의예과
수시	교과	특성화고교	12	학생부교과100%	X
수시	교과	기초생활/차상위/한부모	33	학생부교과100%	한의예과

(수시모집) 지원 가능 횟수	수시모집 지원 6회 이내에서 본교 수시모집 전형 간 복수지원 가능함(단, 1개 학부(과)만 지원 가능)

■ 무전공(전공자율선택)

유형① [대학 내 모든 전공(보건의료, 사범 등 제외) 자율 선택]		유형② [계열/단과대 모집 후 모집단위 내 전공 자율 선택]	
모집단위	인원	모집단위	인원
자율전공학부	40	-	-

■ 모집단위 신설 · 변경

구분	2024	2025
변경	디지털콘텐츠창작학과	미디어콘텐츠창작학과
신설	-	자율전공학부

■ 전형 결과

※ 성적 산출기준: (수시) 교과 석차등급, (정시) 수능 백분위

모집시기	전형유형	전형	학년도	모집인원	지원인원	경쟁률	최초합격자 평균	최종합격자 80%	충원율
수시	교과	일반	2024	968	2,708	2.80	3.63	5.43	178%
수시	교과	지역인재	2024	117	501	4.28	3.37	5.02	161%
수시	교과	면접우수자	2024	106	757	7.14	4.11	5.19	141%
수시	종합	SMU의료인재	2024	52	651	10.50	-	4.54	159%

■ (주요전형) 전형일정

유형	전형	원서접수 마감	대학별 고사(면접/논술)	1단계 합격자	최종 합격자
교과	일반/지역인재(일반)	2024. 9. 13(금) 21:00	-	-	11.8(금) 12.13(금)[일부]
교과	면접우수자	2024. 9. 13(금) 21:00	2024. 10. 11(금) ~ 12(토) [전체] 2024. 10. 14(월) ~ 16(수) [항공서비스학과]	-	11.8(금)
종합	SMU의료인재	2024. 9. 13(금) 21:00	-	-	11.8(금) 12.13(금)[한의]

Ⅱ. (수시모집) 주요 전형

■ (학생부교과) 일반전형

전형	모집인원	전형 방법	수능최저학력기준
일반	993	학생부교과100%	X

1. **지원자격**: <u>2025년 2월 이전 졸업(예정)자 또는 법령에 의하여 이와 동등 이상의 학력이 있다고 인정된 자</u>
2. **제출서류**: 학교생활기록부(제출 대상자만)

◎ 전형요소
● 학생부(1,000점)

반영요소 반영비율	반영교과목		교과성적 산출지표	학년별 반영비율
	구분	반영방법		
교과100%	공통 및 일반선택 100%	[전체(간호 제외)] 국어, 영어, 수학, 사회(역사/도덕, 한국사 포함), 과학, 제2외국어(한문 포함) 교과 중 우수 10개 과목 (※ 반영교과 및 과목 제한없음) [간호학과] 국어, 영어, 수학 교과 중 우수 12개 과목 + 사회(역사/도덕, 한국사 포함), 과학 교과 중 우수 3개 과목	석차등급	학년 구분 없음
	진로선택	미반영		

◎ 전형결과
■ 전체

학년도	전체					
	모집인원	지원인원	경쟁률	최초평균	최종80%	충원율
2022	699	2,642	3.78	4.04	5.70	245%
2023	988	3,509	3.55	3.77	5.31	199%
2024	968	2,708	2.80	3.63	5.43	178%
2025	993	–	–	–	–	–

■ 변경사항 & 핵심포인트

[2025]

변경사항	2024	2025
모집인원	968명	993명(+23명)

▣ **합격자 성적분포**: 인문계열은 5등급 초반 ~ 6등급 중반, 자연계열은 5등급 후반 ~ 6등급 후반.

[간호학과] 학생부 교과성적 반영 방법 변경

변경사항	2024	2025
간호학과 교과성적 반영방법 변경	국어, 영어, 수학, 사회, 과학 교과 각 우수 2과목 [총 10개 과목 반영]	국어, 영어, 수학 교과 중 우수 12개 과목 + 사회, 과학 교과 중 우수 3개 과목 [총 15개 과목 반영]

■ 모집단위

'*' 표시 : 교직 이수 가능

계열	모집단위	2025	2024						2023						2022					
		모집 인원	모집 인원	지원 인원	경쟁 률	최초 평균	최종 80%	충원 번호	모집 인원	지원 인원	경쟁 률	최초 평균	최종 80%	충원 번호	모집 인원	지원 인원	경쟁 률	최초 평균	최종 80%	충원 번호
인문계	미디어콘텐츠창작학과	40	35	115	3.29	3.29	5.10	80	30	131	4.37	3.48	5.10	85	16	70	4.38	3.80	5.67	53
인문계	외국어학부	25	25	64	2.56	3.33	5.40	39	20	54	2.70	3.64	5.50	34	21	49	2.33	4.67	5.67	28
예체능	산업디자인학과	10													7	45	6.43	3.47	5.40	38
예체능	실내디자인학과	19	11	59	5.36	2.95	5.00	48	10	74	7.40	2.98	5.00	45	13	73	5.62	3.80	5.13	45
예체능	시각·영상디자인학과	11	15	84	5.60	2.45	4.10	33	12	109	9.08	2.64	4.80	87	8	68	8.50	3.33	4.87	41
예체능	패션디자인학과	15	16	47	2.94	3.46	5.90	31							12	72	6.00	4.33	5.60	40
예체능	연기예술학과*	5	8	16	2.00	3.60	5.60	8												
예체능	영화웹툰애니메이션학과	22	22	124	5.64	2.44	4.60	77	35	179	5.11	2.92	4.70	94	40	134	3.35	4.27	5.93	94
인문계	경찰학과	59	29	84	2.90	3.15	5.10	52	23	138	6.00	2.73	4.20	71	19	122	6.42	3.40	4.60	53
인문계	법학과	25	25	55	2.20	4.20	6.00	30	25	68	2.72	3.53	5.90	42	19	40	2.11	4.73	6.27	21
인문계	부동산지적학과	22	24	42	1.75	4.46	6.40	18	30	45	1.50	4.68	6.10	15	20	53	2.65	5.07	6.33	33

계열	모집단위	2025 모집인원	2024 모집인원	지원인원	경쟁률	최초평균	최종80%	충원번호	2023 모집인원	지원인원	경쟁률	최초평균	최종80%	충원번호	2022 모집인원	지원인원	경쟁률	최초평균	최종80%	충원번호
인문사회	소방방재학과	33	36	94	2.61	3.84	5.20	58	33	103	3.12	3.45	4.90	62	15	87	5.80	4.07	4.80	36
인문사회	경영학과	39	40	107	2.68	3.79	6.00	67	35	109	3.11	3.47	5.70	74	22	106	4.82	4.40	6.20	77
인문사회	회계세무학과	25	30	47	1.57	3.88	5.40	17	20	38	1.90	3.32	5.70	18	18	34	1.89	4.73	6.13	16
인문사회	호텔경영학과*	30	30	98	3.27	3.69	6.10	68	19	76	4.00	3.77	5.80	57	20	52	2.60	5.00	6.27	32
인문사회	항공서비스학과	5																		
인문사회	광고홍보학과	30	36	95	2.64	3.73	5.30	59	37	95	2.57	3.93	5.30	58	17	55	3.24	4.13	5.60	37
인문사회	사회복지학과	30	15	85	5.67	2.68	5.40	70	29	118	4.07	3.67	5.30	86	17	110	6.47	3.93	5.47	73
인문사회	상담심리학과	19	24	58	2.42	3.57	5.69	34	2024학년도 신설 학과											
자연과학	컴퓨터학부*	56	65	97	1.49	4.30	5.70	32	60	142	2.37	4.08	5.70	82	32	113	3.53	4.40	6.07	81
자연과학	스마트IT학부	35	49	69	1.41	5.19	6.40	20	44	53	1.20	5.12	6.00	9	31	56	1.81	6.00	6.60	25
공학	전기전자공학과*	34	45	85	1.89	3.68	5.80	40	53	159	3.00	3.77	5.90	106	41	147	3.59	4.6	6.00	106
공학	건축학과	35	40	84	2.10	4.20	5.80	44	40	111	2.78	4.08	5.80	71	19	69	3.63	4.93	6.47	50
공학	재난안전학과	25	30	30	1.00	5.32	6.60	0	52	57	1.10	5.02	6.10	5	34	80	2.35	5.33	6.33	46
자연과학	간호학과*	24	24	176	7.33	2.01	2.80	52	24	435	18.13	1.87	2.70	70	25	222	8.88	2.92	3.75	31
자연과학	작업치료학과	65	59	206	3.49	3.40	5.20	147	54	248	4.59	3.39	5.20	181	35	161	4.60	4.20	5.33	102
자연과학	임상병리학과	34	34	150	4.41	2.50	3.40	66	34	292	8.59	2.55	3.50	83	21	147	7.00	3.27	3.93	60
자연과학	보건안전학과	27	29	60	2.07	4.43	5.80	31	32	72	2.25	4.37	5.90	40	20	34	1.70	5.20	6.27	14
자연과학	바이오제약산업학부	35	40	60	1.50	4.13	5.80	20	37	80	2.16	4.04	5.70	43	24	47	1.96	5.33	6.40	23
자연과학	바이오코스메틱학과	25	29	41	1.41	4.07	5.40	12	27	44	1.63	4.08	5.50	17	13	37	2.85	4.80	5.87	24
자연과학	뷰티케어학과	20	14	79	5.64	3.52	5.80	54	22	94	4.27	3.39	6.10	71	20	55	2.75	5.53	6.87	35
자연과학	바이오식품영양학부*	25	35	68	1.94	4.19	5.50	33	32	92	2.88	3.94	5.60	60	17	72	4.24	4.40	6.13	55
자연과학	동물보건학과	31	30	143	4.77	3.33	5.20	113	25	117	4.68	2.98	5.00	80	15	99	6.60	3.87	5.07	52
자연과학	반려동물산업학과	23	24	86	3.58	3.51	6.20	62	2024학년도 신설 학과											
인문사회	자율전공학부	35	2025학년도 신설 학과																	

■ (학생부교과) 면접우수자전형

전형	모집인원	전형 방법	수능최저학력기준
면접우수자	90	학생부교과60% + 면접40%	X

1. 지원자격: 2017년 ~ 2025년 2월 이전 국내 고등학교 졸업((예정)자 또는 검정고시 출신자
2. 제출서류: 학교생활기록부 및 검정고시 성적증명서(제출 대상자만)

◎ 전형요소
● 학생부(600점) : 일반전형 참고
● 면접(400점)
　1. 면접형식: 블라인드 평가로 진행하며, 사전에 안내한 예상문제와 수험생 답변에 대한 꼬리질문 등으로 진행 예정
　　　　　　(학교생활기록부 확인 면접 아님)
　2. 면접시간: 15분 내외 [다대다(3:3) 방식으로 진행 예정]
　3. 평가요소:

평가요소	반영비율	평가내용
인성 및 태도	25%	질문에 대한 수험생의 발표 태도, 올바른 가치관, 예절의식 등을 평가
지원동기	25%	지원동기, 목표의식, 학업계획 등을 평가
전공적성	50%	전공 관련 기초지식 습득정도 및 이해도 등을 평가

◎ 전형결과
■ 전체

학년도	전체 모집인원	지원인원	경쟁률	최초평균	최종80%	충원율
2022	133	518	3.89	5.23	5.53	135%
2023	192	948	4.94	4.73	5.44	127%
2024	106	757	7.14	4.11	5.19	141%
2025	90	-	-	-	-	-

■ 변경사항 & 핵심포인트

[2025]

변경사항	2024	2025
모집인원	106명	90명(-16명)

• 학생부 기반 면접이 아닌 인성 위주 면접임.
➡ 합격자 성적분포: 인문계열은 3등급 후반 ~ 4등급 후반, 자연계열은 4등급 중반 ~ 5등급 중반.

[간호학과] 학생부 교과성적 반영 방법 변경

변경사항	2024	2025
간호학과 교과성적 반영방법 변경	국어, 영어, 수학, 사회, 과학 교과 각 우수 2과목 [총 10개 과목 반영]	국어, 영어, 수학 교과 중 우수 12개 과목 + 사회, 과학 교과 중 우수 3개 과목 [총 15개 과목 반영]

■ 모집단위
'*' 표시 : 교직 이수 가능

계열	모집단위	2025 모집인원	2024 모집인원	2024 지원인원	2024 경쟁률	2024 최초평균	2024 최종80%	2024 충원번호	2023 모집인원	2023 지원인원	2023 경쟁률	2023 최초평균	2023 최종80%	2023 충원번호	2022 모집인원	2022 지원인원	2022 경쟁률	2022 최초평균	2022 최종80%	2022 충원번호
인문계	미디어콘텐츠창작학과	5	5	20	4.00	3.85	5.60	11	5	7	1.40	4.78	6.60	2						
인문계	소방방재학과	3	3	12	4.00	3.40	5.20	6	5	21	4.20	4.44	5.00	4	5	17	3.40	5.05	5.27	3
인문계	호텔경영학과*	5	5	11	2.20	4.68	5.60	6	5	12	2.40	5.40	6.20	7	5	11	2.20	6.32	7.27	6
인문계	항공서비스학과	35	41	250	6.10	3.43	5.40	131	40	166	4.15	3.93	5.80	124	60	221	3.68	4.24	6.00	161
인문계	사회복지학과	3	5	10	2.00	4.22	5.40	4	10	23	2.30	4.84	5.80	13	5	27	5.40	4.31	5.67	15
공학	전기전자공학과	3																		
자연계	간호학과*	9	9	324	36.00	3.02	3.40	6	15	458	30.53	3.58	4.10	6	9	99	11.00	3.69	4.17	5
자연계	임상병리학과	10	10	51	5.10	3.56	4.00	4	10	76	7.60	3.70	4.10	6	7	60	8.57	4.13	4.67	5
자연계	뷰티케어학과	5	13	40	3.08	5.81	6.70	27	5	17	3.40	4.26	5.70	12						
자연계	동물보건학과	5	5	17	3.40	4.52	5.40	1	15	31	2.07	4.70	5.70	16	8	14	1.75	4.47	5.67	6

■ (학생부교과) 지역인재(일반)전형

전형	모집인원	전형 방법	수능최저학력기준
지역인재(일반)전형	90	학생부교과100%	한의예과

1. 지원자격: 2017년 ~ 2025년 2월 이전 충청권(대전, 세종, 충남, 충북) 소재 고등학교에서 입학일로부터 졸업일까지 전(全) 교육과정을 이수한 학교 졸업((예정)자
2. 제출서류: 학교생활기록부(제출 대상자만)

◎ 전형결과
■ 전체

학년도	전체					
	모집인원	지원인원	경쟁률	최초평균	최종80%	충원율
2022	80	311	3.89	4.58	5.53	99%
2023	100	610	6.10	3.15	4.69	191%
2024	117	501	4.28	3.37	5.02	161%
2025	90	-	-	-	-	-

■ 변경사항 & 핵심포인트

[2025]

변경사항	2024	2025
모집인원	117명	90명(-27명)

➡ 합격자 성적분포: 인문계열은 5등급 초반 ~ 6등급 초반, 자연계열은 3등급 중반 ~ 5등급 초반.

■ 모집단위
'*' 표시 : 교직 이수 가능

계열	모집단위	2025 모집인원	2024 모집인원	2024 지원인원	2024 경쟁률	2024 최초평균	2024 최종80%	2024 충원번호	2023 모집인원	2023 지원인원	2023 경쟁률	2023 최초평균	2023 최종80%	2023 충원번호	2022 모집인원	2022 지원인원	2022 경쟁률	2022 최초평균	2022 최종80%	2022 충원번호
인문계	부동산지적학과	3	3	7	2.33	4.53	5.80	4												
인문계	사회복지학과	3	5	18	3.60	2.50	5.20	12	3	15	5.00	3.17	4.90	5						

계열	모집단위	2025 모집인원	2024 모집인원	지원인원	경쟁률	최초평균	최종80%	충원번호	2023 모집인원	지원인원	경쟁률	최초평균	최종80%	충원번호	2022 모집인원	지원인원	경쟁률	최초평균	최종80%	충원번호
인문계열	상담심리학과	3	5	8	1.60	4.32	5.10	2												
자연계열	컴퓨터학부	2	5	6	1.20	4.94	6.10	1	5	12	2.40	3.48	5.70	7	5	9	1.80	4.79	6.20	4
공학	전기전자공학과*	3	5	9	1.80	4.56	5.50	3	5	9	1.80	3.64	4.80	4						
자연계열	간호학과*	31	36	121	3.36	2.57	3.40	43	36	206	5.72	2.36	3.40	55	17	78	4.59	3.01	3.70	7
자연계열	작업치료학과	5	5	22	4.40	3.56	4.80	17	5	26	5.20	3.16	5.20	18	6	17	2.83	4.65	5.30	2
자연계열	임상병리학과	8	7	28	4.00	2.57	4.20	16	7	73	10.43	2.46	3.50	12	6	20	3.33	3.87	5.10	13
자연계열	보건안전학과	3	3	10	3.33	3.80	6.60	7												
자연계열	동물보건학과	3	5	19	3.80	3.88	4.90	8	5	14	2.80	2.88	5.30	9		21	4.20	4.27	5.00	4
자연계열	반려동물산업학과	5	5	13	2.60	3.24	5.10	8												
자연계열	한의예과	16	18	188	10.44	1.17	1.30	16	18	198	11.00	1.18	1.35	10	7	98	14.00	1.40	1.40	1
인문계열	자율전공학부	5	2025학년도 신설 학과																	

※ 2023학년도부터 학생부 교과성적 반영방법 변경(간호학과는 2023학년도부터 수능최저학력기준 폐지)

■ (학생부종합) SMU의료인재전형

전형	모집인원	전형 방법	수능최저학력기준
학생부	38	서류100%	X

1. **지원자격**: 2017년 ~ 2025년 2월 이전 국내 고등학교 졸업((예정)자
2. **제출서류**: 학교생활기록부(제출 대상자만)

◎ 전형요소
● 서류: 학교생활기록부 100%
● 서류(1,000점)
  1. **평가방법**: 다수의 입학사정관이 학교생활기록부(교과 및 비교과 영역)를 바탕으로 아래 평가지표의 평가영역에 따라 정성적·종합적 평가
  2. **평가요소**:

평가항목	반영비율	평가요소	평가 내용	학교생활기록부 주요 평가영역
학업역량	30%	학업성취도	- 학업성취도 수준	• 창의적체험활동상황 (자율활동) • 교과학습발달상황 • 세부능력 및 특기사항 • 행동특성 및 종합의견
		학업태도	- 교과별 학업태도 및 노력 정도	
진로역량	40%	전공관련 교과이수 노력	- 지원한 학과와 관련한 교과 이수 현황 - 이수한 교과에 대한 학업적 노력 정도 및 성취수준	• 창의적체험활동상황 (동아리,봉사,진로활동) • 교과학습발달상황 • 세부능력 및 특기사항 • 행동특성 및 종합의견
		진로탐색 활동경험	- 지원한 학과와 관련된 교과의 활동경험 정도 - 교과 및 비교과 영역의 활동경험과 성취수준	
공동체역량	30%	협업 및 소통능력	- 자신의 역할에 대한 이해도와 경험에 대한 결과 수준 - 공동의 목표를 위해 협동하여 자신의 역할을 다하는 자세	• 학적 및 출결상황 • 창의적체험활동상황 (자율, 동아리,봉사활동) • 세부능력 및 특기사항 • 행동특성 및 종합의견
		나눔과배려	- 타인과의 관계와 소통을 통해 이해하고 배려하는 태도	

◎ 전형결과
■ 모집단위

'*' 표시 : 교직 이수 가능

계열	모집단위	2025 모집인원	2024 모집인원	지원인원	경쟁률	최초평균	최종80%	충원번호	2023 모집인원	지원인원	경쟁률	최초평균	최종80%	충원번호	2022 모집인원	지원인원	경쟁률	최초평균	최종80%	충원번호
자연계열	간호학과*	15	15	189	12.60	-	3.80	10	9	231	25.67	-	3.00	1	13	588	4.46	-	4.40	5
자연계열	작업치료학과	5	8	31	3.88	-	5.10	23	8	25	3.13	-	5.70	17	5	16	3.20	-	5.80	11
자연계열	임상병리학과	8	7	66	9.43	-	4.60	4	7	45	6.43	-	4.70	3	5	15	3.00	-	5.10	2
자연계열	동물보건학과	3	5	23	4.60	-	5.60	18												
자연계열	한의예과	7	7	280	40.00	-	1.45	2	10	236	23.60	-	1.85	4	5	89	17.80	-	1.50	2

※ 2022학년도의 경우 지역인재(학생부종합)전형으로 모집함

53. 세종대학교   서울특별시 광진구 능동로 209 (Tel: 02. 3408-3456, 4455)

I. 한 눈에 보는 전형

모집시기	전형유형	전형	모집인원	전형 방법	수능최저학력기준
수시	교과	지역균형	368	학생부교과100% ※ **고교 추천: 제한 없음**	○
수시	교과	항공시스템공학	25	1단계)학생부교과100%(5배수) 2단계)학생부교과100%+ 신체검사/체력검정/적성검사/면접/신원조회(합/불)	○
수시	종합	세종창의인재(면접형)	328	1단계)서류100%(4배수) 2단계)서류70%+면접30% ※ 1단계 선발배수(3배수) : 경영학부, 호텔관광외식경영학부, 생명시스템학부, 컴퓨터공학과, AI로봇학과, 인공지능데이터사이언스학과, 지능정보융합학과, 창의소프트학부	X
수시	종합	세종창의인재(서류형)	148	서류100%	X
수시	종합	기회균형	97	서류100%	X
수시	종합	사회기여자및배려자	30	서류100%	X
수시	종합	서해5도학생	3	서류100%	X
수시	종합	특성화고졸재직자	120	서류100%	X
수시	종합	사이버국방 [신설]	16	1단계)서류100%(3배수) 2단계)서류80%+ 면접10%+ 체력검정10%+ 육군전형(합/불)	X
수시	종합	국방시스템공학	32	1단계)서류100%(3배수) 2단계)서류80%+ 면접10%+ 체력검정10%+ 해군전형(합/불)	X
수시	논술	논술우수자	340	학생부교과30%+ 논술70%	○
수시	실기/실적	실기우수자	84	▶음악과, 무용과: 학생부10%+ 실기90% ▶영화예술학과(연출제작) : 1단계)실기100%(6배수) 2단계)1단계40%+ 학생부40%+ 실기20% ▶영화예술학과(연기예술) :1단계)실기100%(10배수) 2단계)학생부40%+ 실기60%	X
수시	실기/실적	예체능특기자	26	▶체육학과(사격, 수영 제외): 학생부20%+ 실기60%+ 입상실적20% ▶체육학과(사격, 수영): 학생부20%+ 입상실적80% ▶무용과: 학생부10%+ 실기20%+ 입상실적70% ▶영화예술학과(연기예술): 학생부40%+ 실기60%	X

(수시모집) 지원 가능 횟수	본 교 수시모집 전형에는 복수 지원이 가능(단, 전형별로 1개의 모집단위에만 지원 가능함)

※ **사이버국방학과, 우주항공시스템공학부 항공시스템공학전공, 국방시스템공학과**는 군(軍)과의 협약에 의해 설치·운영되는 장교 채용조건형 계약학과임

※ **스마트생명산업융합학과, AI로봇학과, 인공지능데이터사이언스학과, 지능정보융합학과, 콘텐츠소프트웨어학과, 우주항공시스템공학부 지능형드론융합전공**은 첨단학과임

■ 무전공(전공자율선택)

유형① [대학 내 모든 전공(보건의료, 사범 등 제외) 자율 선택]		유형② [계열/단과대 모집 후 모집단위 내 전공 자율 선택]	
모집단위	인원	모집단위	인원
자유전공학부	223	IT계열	125
		경상호텔관광계열	126
		공과계열	208
		인문사회계열	122
		자연생명계열	126

■ **자유전공학부**는 입학 후 대학 내 모든 전공 선택이 가능함(단, 예체능대학, 창의소프트학부, 첨단학과, 정원외 계약학과·외국인 및 성인학습자 전담학과는 제외)

■ 모집단위 신설 · 변경

구분	2024	2025
신설	-	지능정보융합학과, 콘텐츠소프트웨어학과, 사이버국방학과
변경	우주항공드론공학부 전자정보통신공학과 환경에너지공간융합학과	우주항공시스템공학부 ㅅAI융합전자공학과 환경융합공학과

■ 전형결과

※ 성적 산출기준: (수시) 교과 석차등급, (정시) 수능 백분위

모집시기	전형유형	전형	학년도	모집인원	지원인원	경쟁률	등록자 평균	등록자 70%컷	충원율
수시	교과	지역균형	2024	350	2,578	7.37	**2.17**	2.23	235%
수시	종합	세종창의인재(면접형)	2024	350	4,423	12.64	**2.88**	2.91	83%
수시	종합	세종창의인재(서류형)	2024	145	1,635	11.28	**2.67**	2.57	139%
수시	논술	논술우수자	2024	340	16,109	47.38	**3.79**	4.02	42%

■ (주요전형) 전형일정

유형	전형	원서접수 마감	대학별 고사(면접/논술)	1단계 합격자	최종 합격자
교과	지역균형	9.13(금) 17:00 학교장추천: 9.25(수) 18:00			12.13(금)
종합	세종창의인재 (면접형)	9.13(금) 17:00	-11.16(토) 창의소프트학부(디자인이노베이션 전공, 만화애니메이션텍전공) -11.17(일) 인문계열, 자연과학대학, 생명과학대학, 인공지 능융합대학(창의소프트학부 제외), 공과대학	11.08(금)	12.13(금)
종합	세종창의인재 (서류형)	9.13(금) 17:00			12.13(금)
논술	논술우수자	9.13(금) 17:00	-11.23(토) 인문계열 -11.24(일) 자연계열		12.13(금)

▶ 11.23(토) 인문계열 09:00~11:00
▶ 11.24(일) 자연계열 09:00~11:00 인공지능융합대학 / 14:00~16:00 생명과학대학, 자연과학대학, 공과대학

II. (수시모집) 주요 전형

■ (학생부교과) 지역균형

전형	모집인원	전형 방법	수능최저학력기준
지역균형	368	학생부교과100%	○

1. **지원자격**: 국내 정규 고등학교 졸업(예정)자로서 3학년 1학기까지 국내 고등학교 학교생활기록부 성적이 <u>5개 학기 이상 있으며</u> 학교생활기록부 반영교과의 석차등급이 있는 자 중 <u>학교장 추천을 받은 자</u>
    ※ 단, [특성화고, 일반고 및 종합고]의 일반계 이외 계열의 졸업(예정)자, [마이스터고, 예술고, 체육고, 방송통신고, 대안학교(각종학교), 고등학교 학력인정 평생교육시설] 졸업(예정)자, 일반고등학교의 대안교육위탁학생 및 직업교육위탁학생은 지원불가
    ※ 지원한 계열에 해당하는 반영교과 중 각 교과별로 해당하는 세부과목이 한 과목도 없는 경우는 지원할 수 없음
    ※ <u>자유전공학부 지원자의 경우 반영교과 교과목 총 이수단위가 50단위 이하인 자는 지원할 수 없음</u>
    ※ 추천인원 제한없으며, 해당 고교에서는 학교장추천서 등록기간 내 반드시 추천 대상자를 등록해야함
2. **수능최저학력기준**:

[국어, 수학, 영어, 사/과탐(1과목)] 중 2개 영역 등급 합 6 이내 ▶자유전공학부: 2개 등급 합 5 이내

◎ **전형요소**
● **학생부(1,000점)**

반영요소 반영비율	반영교과목		교과성적 산출지표	학년별 반영비율
	구분	반영방법		
교과100%	공통 및	국어, 영어, 수학, 사회교과에 속한 전 과목	석차등급	학년

반영요소 반영비율		반영교과목	교과성적 산출지표	학년별 반영비율
	구분	반영방법		
	일반선택	㉜ 국어, 영어, 수학, 과학교과에 속한 전 과목 ▶자유전공학부(공통/일반선택 80%, 진로선택 20%): 국어, 영어, 수학교과에 속한 전 과목 ※ 자유전공학부: 반영교과목 총 이수단위가 50단위 이하는 지원할 수 없음 ※ 반영 학기: (교과) 졸업예정자 및 졸업자 모두 3학년 1학기까지	구분 없음	
	진로선택	성취도를 등급으로 변환하여 상위 3과목 반영 ※ 성취도 환산등급 = A : 1등급, B : 3등급, C : 5등급	성취도	

◎ 전형결과

■ 전체

학년도	전체						인문						자연					
	모집 인원	지원 인원	경쟁 률	등록 평균	등록 70%컷	충원 율	모집 인원	지원 인원	경쟁 률	등록 평균	등록 70%컷	충원 율	모집 인원	지원 인원	경쟁 률	등록 평균	등록 70%컷	충원 율
2022	118	1,076	9.12	2.13	2.09	302%	36	431	11.97	2.14	2.09	309%	82	645	7.87	2.11	2.09	294%
2023	310	3,052	9.85	2.13	2.21	216%	93	1,310	14.09	2.09	2.16	243%	217	1,742	8.03	2.17	2.25	188%
2024	350	2,578	7.37	2.17	2.23	235%	99	668	6.75	2.24	2.29	275%	251	1,910	7.61	2.10	2.16	195%
2025	368						239						129					

■ 변경사항 & 핵심포인트

[2025]

변경사항	2024	2025
모집인원	350명	368명(+18명)
(학생부) 인문: 반영교과 축소	국어, 영어, 수학, 사회, 과학교과	국어, 영어, 수학, 사회교과
(수능최저) 자연: 반영영역 및 방법 변경	[국어, 수학(미적분/기하), 영어, 과탐] 2개 영역 등급 합 7	[국어, 수학, 영어, 사/과탐] 2개 영역 등급 합 6

▣ 합격자 성적분포: 인문계열은 2등급 초반 ~ 2등급 중반, 자연계열은 2등급 초반 ~ 2등급 중반

■ 모집단위

'*' 표시 : 교직 이수 가능

계열	모집단위	2025	2024						2023						2022					
		모집 인원	모집 인원	지원 인원	경쟁 률	등록 평균	등록 70%컷	충원 율	모집 인원	지원 인원	경쟁 률	등록 평균	등록 70%컷	충원 율	모집 인원	지원 인원	경쟁 률	등록 평균	등록 70%컷	충원 율
인문	자유전공학부	223																		
인문	교육학과	1	6	60	10.0	2.03	2.03	317%	6	48	8.0	2.24	2.36	267%	2	13	6.5	1.99	1.68	250%
인문	호텔관광외식경영학부	4	20	115	5.8	2.09	2.16	160%	18	169	9.4	2.16	2.23	222%	7	88	12.6	2.09	2.22	357%
인문	미디어커뮤니케이션학과	1	7	46	6.6	2.10	2.12	329%	6	122	20.3	1.89	1.96	333%	2	18	9.0			400%
인문	국어국문학과	1	5	34	6.8	2.15	2.26	80%	5	159	31.8	2.14	2.21	140%	2	13	6.5	3.04	3.04	200%
인문	역사학과	1	3	20	6.7	2.16	2.11	67%	3	53	17.7	2.00	1.96	100%	2	31	15.5	2.35	2.30	50%
인문	국제학부	2	17	146	8.6	2.17	2.23	394%	16	179	11.2	2.17	2.27	263%	7	89	12.7	1.80	1.78	400%
인문	법학과	1	7	43	6.1	2.17	2.26	329%	6	83	13.8	2.17	2.19	233%	2	21	10.5	1.85	1.64	300%
인문	행정학과	1	7	47	6.7	2.23	2.26	343%	7	88	12.6	2.12	2.22	371%	2	21	10.5	2.06	2.06	400%
인문	경제학과	1	7	43	6.1	2.49	2.46	371%	7	170	24.3	2.07	2.15	229%	3	24	8.0	2.38	2.36	333%
인문	경영학부	3	20	114	5.7	2.80	3.02	355%	19	239	12.6	1.97	2.08	274%	7	113	16.1	1.73	1.73	400%
자연	지능정보융합학과	21							21	131	6.2	2.28	2.33	181%	6	38	6.3	2.06	2.14	300%
자연	콘텐츠소프트웨어학과	14																		
자연	생명시스템학부	2	22	91	4.1	1.84	1.91	141%	21	144	6.9	1.82	1.90	205%	9	91	10.1	1.79	1.92	400%
자연	나노신소재공학과	1	13	86	6.6	1.85	1.97	154%	13	116	8.9	2.05	2.16	223%	5	36	7.2	1.89	1.93	340%
자연	컴퓨터공학과	2	18	241	13.4	1.92	2.00	239%	20	115	5.8	2.20	2.45	185%	6	49	8.2	1.80	1.79	317%
자연	환경융합학과	1	7	54	7.7	1.97	1.98	229%	7	65	9.3	2.10	2.20	243%	3	18	6.0	2.36	2.25	233%
자연	화학과	1	7	28	4.0	1.97	1.92	86%	6	54	9.0	1.86	1.94	100%	3	18	6.0			400%
자연	스마트생명산업융합학과	4	4	14	3.5	2.00	2.14	75%	3	19	6.3	2.03	2.04	33%	2	14	7.0	2.26	2.25	250%
자연	건축학과	1	7	55	7.9	2.00	2.04	229%	7	83	11.9	2.22	2.29	215%	3	27	9.0	2.13	1.84	400%
자연	반도체시스템공학과	2	10	76	7.6	2.02	2.08	260%	9	64	7.1	2.24	2.29	211%						
자연	지구자원시스템공학과	1	6	110	18.3	2.03	2.20	133%	6	44	7.3	2.43	2.70	167%	3	18	6.0	1.83	1.94	67%
자연	물리천문학과	1	7	40	5.7	2.06	2.18	86%	8	86	10.8	2.14	2.27	125%	4	22	5.5	2.48	2.67	225%
자연	인공지능데이터사이언스학과	24	24	144	6.0	2.09	2.17	163%												
자연	양자원자력공학과	1	4	23	5.8	2.10	2.29	125%	3	28	9.3	2.18	2.15	167%	2	11	5.5	2.69	2.58	250%
자연	수학통계학과	1	7	59	8.4	2.10	2.09	343%	7	56	8.0	2.24	2.29	157%	3	25	8.3	1.66	1.62	333%

계열	모집단위	2025 모집인원	2024 모집인원	지원인원	경쟁률	등록평균	등록70%컷	충원율	2023 모집인원	지원인원	경쟁률	등록평균	등록70%컷	충원율	2022 모집인원	지원인원	경쟁률	등록평균	등록70%컷	충원율
자연	*건설환경공학과*	1	9	99	11.0	2.12	2.16	222%	9	95	10.6	2.41	2.45	189%	4	26	6.5	2.31	2.37	300%
자연	*AI융합전자공학과*	3	23	169	7.4	2.14	2.21	322%	22	148	6.7	2.22	2.33	205%	12	91	7.6	1.81	1.87	400%
자연	*기계공학과*	1	10	206	20.6	2.20	2.25	290%	11	93	8.5	2.47	2.53	345%	8	54	6.8	2.09	2.09	288%
자연	AI로봇학과	32	32	183	5.7	2.28	2.31	122%												
자연	*우주항공공학전공*	1	8	42	5.3	2.30	2.27	313%	8	73	9.1	2.29	2.37	150%						
자연	*정보보호학과*	1	5	27	5.4	2.33	2.46	160%	4	69	17.3	1.97	2.01	325%	2	15	7.5	2.49	1.99	400%
자연	*건축공학과*	1	7	51	7.3	2.36	2.43	229%	8	63	7.9	2.24	2.38	125%	3	24	8.0	2.19	2.17	67%
자연	지능형드론융합전공	12	12	56	4.7	2.45	2.49	75%												

■ (학생부종합) 세종창의인재(면접형)

전형	모집인원	전형 방법	수능최저학력기준
세종창의인재(면접형)	328	1단계)서류100%(4배수) 2단계)서류70%+면접30% ※ 1단계 선발배수(3배수) : 경영학부, 호텔관광외식경영학부, 생명시스템학부, 컴퓨터공학과, AI로봇학과, 인공지능데이터사이언스학과, 지능정보융합학과, 창의소프트학부	X

1. **지원자격**: 고등학교 졸업(예정)자 및 법령에 의하여 이와 동등 이상의 학력이 인정된 자
2. **제출서류**: 학교생활기록부

◎ **전형요소**
● 서류(700점)
  1. **평가방법**: 학교생활기록부에 대한 평가영역별(학업역량, 진로역량, 창의융합역량, 공동체역량) 정량·정성 평가에 기초한 종합평가
  2. **평가요소**

평가 요소	반영비율 서류형	반영비율 면접형	세부 항목	주요 평가 관점
학업역량	45%	25%	• 학업성취도 • 학업태도 • 탐구력	• 전체적인 교과 관련 성취수준 및 학업 발전 정도 • 학업을 수행하고 학습해 나가려는 의지와 노력 • 교과 관련 탐구활동의 참여 및 성취 지식의 발전가능성
진로역량	25%	45%	• 전공(계열) 관련 교과 이수 노력 • 전공(계열) 관련 교과 성취도 • 진로 탐색 활동과 경험	• 지원 전공 계열에 필요한 과목을 선택하여 이수한 정도 • 지원 전공 계열에 필요한 과목을 수강하고 취득한 학업 성취 수준 • 진로를 탐색하는 과정에서 이루어진 활동이나 경험 및 노력 정도
창의융합역량	20%	20%	• 창의적 문제해결력 • 리더십 및 자기주도성	• 문제 해결을 위한 창의적 적극적 노력과 경험 · • 주어진 교육환경을 극복하거나 충분히 활용한 경험 • 교내 다양한 활동에서 나타난 주도적 태도 • 공동체와 자신의 발전을 도모하기 위한 구체적인 행동 경험 • 다양한 활동의 참여도 및 꾸준한 활동과 성취 경험
공동체역량	10%	10%	• 성실성 및 규칙준수 • 나눔과 배려 • 협업과 소통능력	• 출결상황 단체활동 참여 등 학생으로서 규칙 및 기본 의무 준수 정도 • 나눔 배려 타인을 존중하는 태도와 경험 • 협업 등의 경험을 통한 공동체 기여 경험 • 타인에 대한 공감 및 소통능력

☞ **보충설명**
• 진로역량(45%) > 학업역량(25%) > 창의융합역량(20%) > 공동체역량(10%) 순으로 반영. 진로역량(45%)이 가장 중요함.
• 진로역량(45%) 안에 전공관련 교과를 많이 봄.
  - 전공적합성은 학과로 봄. 학과로 보기 어려운 경우에는 계열로 봄. 만화애니메이션은 창의성이 중요, 기계공학은 전공적합성이 중요
• 창의융합역량(20%)은 창의적 문제해결력, 리더십 및 자기주도성을 평가.
• 공동체역량(10%)은 감점 요소만 없으면 비슷하여 변별력 약함.

● 면접(300점)
  1. **면접방법**: 일반면접
  - 지원자 1인을 다수의 면접위원이 평가하는 일대다 면접이며 총 9분 내외 소요
  - 서류평가와 연계된 질의응답을 통해 제출서류의 진실성 확인 및 지원자의 진로역량, 창의융합역량, 공동체역량 평가

● 면접(300점)- 창의소프트학부(디자인이노베이션전공, 만화애니메이션텍전공)
  1. **면접방법**: 제시문 기반 면접
  2. **면접진행방법**

면접대기 장소	⇒	면접준비 장소	⇒	면접 장소	⇒	퇴실
		면접 준비시간(40분)		면접 9분 내외 진행 ※ 발표(3~5분) 및 질의응답		

① **면접 준비**: 전공적합성 관련 발표자료 작성(40분). 대학에서 제공하는 양식에 연필을 이용하여 작성. 주제는 면접 당일 공개
② **면접**:
  - 방식 : 지원자 1인을 다수의 면접위원이 평가하는'일대다(一對多)면접'으로서 9분 내외 소요
  - 지원자 : 면접 준비시간 동안 작성한 자료를 토대로 3~5분 발표 및 질의응답
  - 평가자 : 지원자의 발표내용 및 서류평가 연계 질의응답을 통해 제출서류의 진실성 확인 및 지원자의 진로역량, 창의융합역량, 공동체역량 평가
  ※ 면접준비 시간에 작성하는 발표자료는 면접점수에 별도로 반영되지 않음

3. 평가요소 및 세부 항목

평가 요소	반영비율	세부 항목	주요 평가 관점
진로역량	40%	지원전공 관련 기본소양 및 관심, 열정, 태도	기초 전공소양, 지원동기, 진로계획, 전공 관련 활동 및 실적(양적, 질적)
창의융합역량	35%	종합적 사고력 및 성장가능성	문제해결능력, 독창성, 학업의지, 자기주도성, 도전정신
공동체역량	25%	의사소통 및 전달능력, 공동체적 가치관 및 진실성	질문의 이해도, 표현력, 시간 활용 능력, 정직과 성실성, 면접 태도

◎ **전형결과**

■ **전체**

학년도	전체						인문						자연					
	모집인원	지원인원	경쟁률	등록평균	등록70%컷	충원율	모집인원	지원인원	경쟁률	등록평균	등록70%컷	충원율	모집인원	지원인원	경쟁률	등록평균	등록70%컷	충원율
2022	527	4,667	8.86	2.75	2.82	107%	124	1,608	12.97	2.62	2.70	110%	403	3,059	7.59	2.87	2.94	104%
2023	353	4,644	13.16	2.71	2.83	101%	70	1,311	18.73	2.78	2.97	116%	283	3,333	11.78	2.64	2.69	85%
2024	350	4,423	12.64	2.88	2.91	83%	64	1,403	21.92	2.89	2.95	95%	286	3,020	10.56	2.87	2.87	71%
2025	328						57						271					

■ **변경사항 & 핵심포인트**

[2025]

변경사항	2024	2025
모집인원	350명	328명(-22명)
1단계 선발배수 변경	3배수	4배수 ※ 경영학부/호텔관광외식경영학부/생명시스템학부/컴퓨터공학과/지능기전공학과/창의소프트학부: 3배수

▶ **합격자 성적분포**: 인문계열은 2등급 초반 ~ 3등급 초반, 자연계열은 2등급 초반 ~ 3등급 중반

[2024]

변경사항	2023	2024
전형명칭 변경	창의인재(면접형)	세종창의인재(면접형)
서류 평가요소 명칭 변경	학업역량, 전공(계열)적합성, 창의성및발전가능성, 인성	학업역량, 진로역량, 창의융합역량, 공동체역량
면접 평가요소 변경	전공적합성, 발전가능성, 의사소통능력 및 인성	진로역량, 창의융합역량, 공동체역량

'*' 표시 : 교직 이수 가능

■ **모집단위**

계열	모집단위	2025	2024						2023						2022					
		모집인원	모집인원	지원인원	경쟁률	등록평균	등록70%컷	충원율	모집인원	지원인원	경쟁률	등록평균	등록70%컷	충원율	모집인원	지원인원	경쟁률	등록평균	등록70%컷	충원율
인문	교육학과	2	3	59	19.7	2.36	2.24		3	63	21.0	2.57	2.62	100%	6	68	11.3	2.48	2.60	167%
인문	행정학과	3	3	34	11.3	2.46	2.38		4	52	13.0	2.43	2.58	125%	7	83	11.9	2.58	2.62	171%
인문	미디어커뮤니케이션학과	4	5	104	20.8	2.49	2.43	60%	7	165	23.6	2.26	2.33	114%	14	354	25.3	2.21	2.25	79%
인문	경영학부	13	14	240	17.1	2.63	2.50	93%	14	321	22.9	2.52	2.53	50%	28	345	12.3	2.63	2.73	79%
인문	역사학과	2	2	29	14.5	2.82	2.57	150%	2	35	17.5	2.77	2.77	150%	6	72	12.0	2.76	2.82	83%
인문	경제학과	4	5	83	16.6	2.87	2.90	140%	5	81	16.2	2.78	2.96	140%	7	60	8.6	2.81	2.91	171%
인문	법학과	2	3	44	14.7	2.94	2.96	67%	4	52	13.0	2.44	2.30	175%						
인문	국어국문학과	2	3	49	16.3	3.01	2.95	67%	3	29	9.7	3.00	3.36		8	65	8.1	2.51	2.58	88%
인문	국제학부	12	12	287	23.9	3.59	3.40	108%	14	216	15.4	3.29	3.62	150%	23	229	10.0	2.67	2.80	100%

계열	모집단위	2025 모집인원	2024 모집인원	지원인원	경쟁률	등록평균	등록70%컷	충원율	2023 모집인원	지원인원	경쟁률	등록평균	등록70%컷	충원율	2022 모집인원	지원인원	경쟁률	등록평균	등록70%컷	충원율
인문	호텔관광외식경영학부	13	14	474	33.9	3.71	5.15	71%	14	297	21.2	3.70	4.58	36%	25	332	13.3	2.89	3.01	56%
자연	콘텐츠소프트웨어학과	8																		
자연	지능정보융합학과	17							24	219	9.1	2.90	3.00	117%	43	229	5.3	3.08	3.20	81%
자연	생명시스템학부	14	16	375	23.4	2.48	2.41	75%	16	359	22.4	2.17	2.23	44%	32	406	12.7	2.37	2.47	84%
자연	정보보호학과	3	4	46	11.5	2.53	2.61	50%	7	85	12.1	2.64	2.68	57%	10	62	6.2	2.56	2.98	50%
자연	양자원자력공학과	2	2	21	10.5	2.61	2.30	50%	2	18	9.0	2.80	2.80		7	32	4.6	3.07	3.25	57%
자연	환경융합공학과	5	5	95	19.0	2.62	2.62	140%	6	88	14.7	2.55	2.62	33%	9	137	15.2	2.60	2.63	178%
자연	만화애니메이션텍전공	47	48	447	9.3	2.64	3.04	19%	48	454	9.5	2.30	2.61	19%	48	355	7.4	2.59	2.89	17%
자연	수학통계학과	4	5	49	9.8	2.67	2.78	80%	5	64	12.8	2.52	2.64	120%	10	91	9.1	2.80	2.83	190%
자연	디자인이노베이션전공	48	48	382	8.0	2.71	2.97	58%	48	360	7.5	2.64	2.85	42%	48	336	7.0	2.70	2.95	38%
자연	반도체시스템공학과	6	7	54	7.7	2.74	2.76	157%	5	49	9.8	2.69	2.88	100%						
자연	건축학과	5	5	61	12.2	2.76	2.83	120%	5	73	14.6	2.62	2.64	100%	8	79	9.9	2.83	2.93	125%
자연	AI융합전자공학과	5	14	108	7.7	2.78	2.86	86%	11	118	10.7	2.53	2.76	100%	25	150	6.0	2.88	3.06	164%
자연	물리천문학과	7	9	120	13.3	2.80	2.82	44%	8	113	14.1	2.70	2.63	75%	12	89	7.4	3.29	2.90	142%
자연	화학과	5	5	116	23.2	2.83	2.37	40%	5	79	15.8	2.61	3.05	80%	11	97	8.8	2.70	2.62	182%
자연	인공지능데이터사이언스학과	17	17	187	11.0	2.88	2.82	41%												
자연	우주항공공학전공	4	6	58	9.7	2.89	2.74	83%	6	82	13.7	2.42	2.46	150%						
자연	건설환경공학과	6	6	63	10.5	2.92	3.14	50%	6	71	11.8	2.89	2.95	67%	8	54	6.8	3.15	3.08	138%
자연	나노신소재공학과	6	9	95	10.6	2.92	2.88	67%	10	118	11.8	2.52	2.57	110%	9	71	7.9	2.74	2.82	156%
자연	기계공학과	6	8	60	7.5	2.95	3.01	75%	8	71	8.9	2.74	2.69	113%	17	126	7.4	2.86	2.96	194%
자연	AI로봇학과	24	24	190	7.9	2.97	3.02	75%												
자연	컴퓨터공학과	12	17	150	8.8	2.99	3.23	47%	23	251	10.9	2.31	2.37	61%	40	289	7.2	2.52	2.67	83%
자연	건축공학과	4	5	52	8.7	3.14	3.11	117%	5	46	9.2	2.87	3.03	160%	8	47	5.9	2.97	3.06	88%
자연	지능형드론융합전공	10	10	70	7.0	3.16	3.53													
자연	스마트생명산업융합학과	2	2	41	20.5	3.25	2.69	50%	2	35	17.5	2.67	2.53	100%	6	50	8.3	2.94	2.59	33%
자연	지구자원시스템공학과	4	5	85	17.0	3.90	3.41	20%	5	61	12.2	3.43	2.83	40%	8	52	6.5	2.90	3.12	38%

■ (학생부종합) 세종창의인재(서류형)

전형	모집인원	전형 방법	수능최저학력기준
세종창의인재(서류형)	148	서류100%	X

1. **지원자격**: 고등학교 졸업(예정)자 및 법령에 의하여 이와 동등 이상의 학력이 인정된 자
2. **제출서류**: 학교생활기록부 / ※ 외국 고교 과정 이수자

◎ 전형요소
● 서류(1,000점): 세종창의인재(면접형) 참고

■ [전형 비교] 세종창의인재(면접형)과 세종창의인재(서류형)

구분	세종창의인재(면접형)	세종창의인재(서류형)
전형유형	학생부종합	학생부종합
전형방법	1단계)서류100%(3배수) 2단계)서류70%+면접30%	서류100%
모집인원	328명	148명
수능최저학력기준	X	
서류 평가요소	학업역량25%, **진로역량45%**, 창의유합역량20%, 공동체역량10%	**학업역량45%**, 진로역량25%, 창의유합역량20%, 공동체역량10%
특징	면접 ○, 수능최저 X	면접 X, 수능최저 X

• 공통점: 수능최저학력기준이 없는 점임
• 차이점:
  - 면접고사: 면접형은 있는 반면, 서류형은 없음.
  - 서류평가: 서류형은 학업역량(45%)이 중요한 반면, 면접형은 전공(계열)적합성(45%)이 중요함
• 전형결과:

전형유형	전형	학년도	모집인원	지원인원	경쟁률	등록자 평균	등록자 70%컷	충원율
학생부종합	창의인재(서류형)	2024	145	1,635	11.28	2.67	2.57	139%
학생부종합	창의인재(면접형)	2024	350	4,423	12.64	2.88	2.91	83%

◎ 전형결과

■ 전체

학년도	전체						인문						자연					
	모집인원	지원인원	경쟁률	등록평균	등록70%컷	충원율	모집인원	지원인원	경쟁률	등록평균	등록70%컷	충원율	모집인원	지원인원	경쟁률	등록평균	등록70%컷	충원율
2022																		
2023	107	1,537	14.36	2.50	2.53	133%	38	614	16.16	2.36	2.43	119%	69	923	13.38	2.64	2.63	146%
2024	145	1,635	11.28	2.67	2.57	139%	42	558	13.3	2.55	2.48	156%	103	1,077	10.46	2.79	2.65	122%
2025	148						38						110					

■ 변경사항 & 핵심포인트

[2025]

변경사항	2024	2025
모집인원	145명	148명(+3명)

➡ 합격자 성적분포: 인문계열은 1등급 후반 ~ 3등급 초반, 자연계열은 2등급 초반 ~ 3등급 중반

'*' 표시 : 교직 이수 가능

■ 모집단위

계열	모집단위	2025	2024						2023						2022					
		모집인원	모집인원	지원인원	경쟁률	등록평균	등록70%컷	충원율	모집인원	지원인원	경쟁률	등록평균	등록70%컷	충원율	모집인원	지원인원	경쟁률			
인문	경제학과	3	2	21	10.5	2.24	2.24	200%	2	25	12.5	2.62	2.35	300%						
인문	*미디어커뮤니케이션학과*	*2*	*4*	51	12.8	2.30	2.41	150%	3	57	19.0	2.18	2.20	67%						
인문	경영학부	8	8	88	11.0	2.31	2.52	88%	8	152	19.0	1.95	2.08	138%						
인문	법학과	2	3	32	10.7	2.36	2.53	133%	2	26	13.0	2.43	2.41							
인문	호텔관광외식경영학부	8	7	179	25.6	2.37	2.43	86%	7	138	19.7	3.04	4.32	86%						
인문	행정학과	2	3	29	9.7	2.63	2.46	133%	2	29	14.5	2.06	1.88							
인문	교육학과	2	2	20	10.0	2.70	2.33	250%	2	29	14.5	2.13	2.11	50%						
인문	역사학과	1	2	18	9.0	2.83	2.59	200%	2	25	12.5	2.27	2.03	50%						
인문	국어국문학과	2	2	15	7.5	2.86	2.67		2	21	10.5	2.40	2.20	50%						
인문	국제학부	8	9	105	11.7	2.90	2.58	167%	8	112	14.0	2.48	2.68	213%						
자연	지능정보융합학과	10																		
자연	*콘텐츠소프트웨어학과*	8																		
자연	화학과	3	4	39	9.8	1.98	2.05	50%	4	57	14.3	2.25	2.32	150%						
자연	스마트생명산업융합학과	2	2	24	12.0	2.25	2.20	200%	2	29	14.5	2.55	2.52	150%						
자연	컴퓨터공학과	6	6	55	9.2	2.31	2.29	117%												
자연	환경융합공학과	3	4	47	11.8	2.47	2.56	75%	3	41	13.7	2.27	2.39							
자연	양자원자력공학과	1	2	18	9.0	2.48	2.47		2	18	9.0	2.55	2.52	100%						
자연	수학통계학과	2	3	24	8.0	2.49	2.31	100%	3	31	10.3	2.43	2.41							
자연	나노신소재공학과	6	6	82	13.7	2.58	2.56	200%	5	63	12.6	2.81	2.95	140%						
자연	건축학과	2	2	24	12.0	2.62	2.57		3	33	11.0	2.72	2.50	33%						
자연	건설환경공학과	3	4	43	10.8	2.63	2.64	75%	4	38	9.5	3.04	3.26	150%						
자연	반도체시스템공학과	3	2	19	9.5	2.64	2.57	50%	4	48	12.0	2.67	2.80	275%						
자연	*AI융합전자공학과*	*3*	*6*	45	7.5	2.68	2.85	150%	9	126	14.0	2.24	2.38	256%						
자연	AI로봇학과	14	12	94	7.8	2.78	2.56	58%												
자연	지구자원시스템공학과	2	3	44	14.7	2.88	2.78		3	32	10.7	3.09	3.11	133%						
자연	*물리천문학과*	*6*	*9*	85	9.4	2.90	2.65	156%	5	51	10.2	2.79	2.76	160%						
자연	생명시스템학부	12	12	200	16.7	2.94	2.30	150%	12	247	20.6	2.60	2.12	133%						
자연	우주항공공학전공	3	3	40	13.3	3.04	3.08	133%	3	35	11.7	3.22	2.98	200%						
자연	기계공학과	5	5	35	7.0	3.04	3.35	120%	5	55	11.0	2.36	2.48	120%						
자연	인공지능데이터사이언스학과	8	8	68	8.5	3.24	2.74	113%												
자연	지능형드론융합전공	4	4	30	7.5	3.51	3.35	25%												
자연	정보보호학과	2	2	23	11.5	3.75	2.55	300%												
자연	건축공학과	2	2	14	7.0	3.86	3.61		2	19	9.5	2.57	2.53	50%						

■ (논술) 논술우수자

전형	모집인원	전형 방법	수능최저학력기준
논술우수자	340	학생부교과30%+ 논술70%	○

1. **지원자격**: 고등학교 졸업(예정)자 및 법령에 의하여 이와 동등 이상의 학력이 인정된 자
2. **수능최저학력기준**:

[국어, 수학, 영어, 사/과탐(1과목)] 중 2개 영역 등급 합 5 이내

◎ 전형요소
● 학생부(300점)

반영요소 반영비율	구분	반영교과목			교과성적 산출지표	학년별 반영비율
		반영방법				
교과100%	공통 및 일반선택	인 국어, 영어, 수학, 사회교과에 속한 전 과목 자 국어, 영어, 수학, 과학교과에 속한 전 과목 ※ 반영 학기: (교과) 졸업예정자 및 졸업자 모두 3학년 1학기까지			석차등급	학년 구분 없음
	진로선택	성취도를 등급으로 변환하여 상위 3과목 반영 ※ 성취도 환산등급 = A : 1등급, B : 3등급, C : 5등급			성취도	

구분		1등급	2등급	3등급	4등급	5등급	6등급	7등급	8등급	9등급
점수	1,000점	1,000	990	980	950	900	800	700	500	0
등급 간 점수 차이	1,000점	0	10	10	30	50	100	100	200	500
	300점	0	3	3	9	15	30	30	60	150

● 논술(700점)
  1. 논술유형 및 평가내용

모집단위	논술유형	고사시간	출제 및 평가내용	출제범위
인문계열	통합교과형	120분	• 지문 제시형, 고교 교과서 지문 활용 및 다양한 시각 자료 출제 가능 • 지문을 논리적으로 이해, 분석 및 비판적으로 해석하는 능력 등을 종합적으로 평가	국어, 사회(도덕)
자연계열	수리논술	120분	• 고교 교육과정에서 제시된 여러 단원의 개념에 대한 이해도 및 개념을 융합적으로 사고할 수 있는지 등을 종합적으로 평가	수학 (수학, 수학Ⅰ, 수학Ⅱ, 미적분)

◎ 전형결과
■ 전체

학년도	전체						인문						자연					
	모집 인원	지원 인원	경쟁 률	등록 평균	등록 70%컷	충원 율	모집 인원	지원 인원	경쟁 률	등록 평균	등록 70%컷	충원 율	모집 인원	지원 인원	경쟁 률	등록 평균	등록 70%컷	충원 율
2022	345	11,504	33.34	4.16	4.45	24%	107	3,855	36.03	4.10	4.45	43%	238	7,649	32.14	4.21	4.45	56%
2023	310	16,124	52.01	3.86	4.12	42%	79	6,337	80.22	3.65	3.92	27%	231	9,787	42.38	4.06	4.31	56%
2024	340	16,109	47.38	3.79	4.02	42%	73	5,134	70.33	3.68	3.85	30%	267	10,975	41.10	3.90	4.18	53%
2025	340						65						275					

■ 논술점수 평균

계열	계열 평균	모집단위
인문	536점	국어국문학과 538, 국제학부 534, 역사학과 573, 교육학과 521, 행정학과 550, 미디어커뮤니케이션학과 529, 경영학부 575, 경제학과 532, 호텔관광외식경영학부 494, 법학과 518
자연	376점	수학통계학부 377, 물리천문학과 332, 화학과 359, 생명시스템학부 360, 스마트생명산업융합학과 358, 전자정보통신공학과 364, 반도체시스템공학과 409, 컴퓨터공학과 446, 정보보호학과 383, 소프트웨어학과 453, AI로봇학과 387, 인공지능데이터사이언스학과 411, 건축공학과 355, 건축학과 369, 건설환경공학과 353, 환경에너지공간융합학과 403, 지구자원시스템공학과 346, 기계공학과 372, 우주항공공학전공 328, 지능형드론융합전공 377, 나노신소재공학과 358, 양자원자력공학과 372

■ 변경사항 & 핵심포인트
[2025]

변경사항	2024	2025
모집인원	340명	340명
(학생부) 인문: 반영교과 축소	국어, 영어, 수학, 사회, 과학교과	국어, 영어, 수학, 사회교과
(수능최저) 자연: 반영영역 및 방법 변경	[국어, 수학(미적분/기하), 영어, 과탐] 2개 영역 등급 합 6	[국어, 수학, 영어, 사/과탐] 2개 영역 등급 합 5

• 학생부 교과성적은 내신 5등급까지는 영향력이 작음
• 논술고사는 인문은 언어, 자연은 수리 출제.
  – 자연계열 수학 출제범위: 수학, 수학Ⅰ, 수학Ⅱ, 미적분 ※ 확률과 통계, 기하는 미출제
▷ **합격자 성적분포**: 인문계열은 3등급 후반 ~ 4등급 후반, 자연계열은 3등급 초반 ~ 5등급 중반

■ 모집단위

'＊' 표시 : 교직 이수 가능

계열	모집단위	2025 모집인원	2024 모집인원	지원인원	경쟁률	등록평균	등록70%컷	충원율	2023 모집인원	지원인원	경쟁률	등록평균	등록70%컷	충원율	2022 모집인원	지원인원	경쟁률	등록평균	등록70%컷	충원율
인문	국어국문학과	2	3	177	59.0	3.29	3.41	33%	3	213	71.0	3.24	3.55	33%	6	191	31.8	4.09	4.32	67%
인문	교육학과	2	4	250	62.5	3.43	3.60	50%	4	303	75.8	3.53	3.64	50%	5	163	32.6	4.29	4.43	80%
인문	미디어커뮤니케이션학과	3	4	361	90.3	3.48	3.48	25%	4	393	98.3	4.03	4.09	25%	7	325	46.4	4.01	4.69	57%
인문	법학과	5	4	273	68.3	3.48	3.48	25%	4	294	73.5	3.07	3.63	25%	12	370	30.8	4.06	4.34	58%
인문	역사학과	1	2	116	58.0	3.55	3.06		2	152	76.0	3.68	3.38		3	97	32.3	4.05	3.66	33%
인문	호텔관광외식경영학부	15	16	1,011	63.2	3.59	4.46	44%	18	1,357	75.4	3.80	4.27	28%	20	632	31.6	4.06	4.98	25%
인문	경영학부	15	16	1,313	82.1	3.75	4.21	13%	18	1,522	84.6	3.88	4.25	11%	20	811	40.6	3.91	4.32	25%
인문	국제학부	13	15	1,064	70.9	3.90	4.15	20%	15	1,265	84.3	3.69	4.08	7%	23	907	39.4	4.11	4.48	26%
인문	행정학과	4	4	256	64.0	4.06	4.03		4	310	77.5	3.74	3.83	25%	5	166	33.2	4.14	4.62	40%
인문	경제학과	5	5	313	62.6	4.22	4.58	%	7	528	75.4	3.88	4.44	43%	6	193	32.2	4.30	4.66	17%
자연	지능정보융합학과	23							25	1,026	41.0	4.08	4.65	56%	30	947	31.6	4.11	4.66	50%
자연	콘텐츠소프트웨어학과	15							25	1,026	41.0	4.08	4.65	56%	30	947	31.6	4.11	4.66	50%
자연	수학통계학과	9	10	309	30.9	3.38	3.43	60%	8	258	32.3	4.03	4.39	50%	6	154	25.7	3.31	2.99	50%
자연	나노신소재공학과	14	14	647	46.2	3.39	3.76	29%	14	629	44.9	3.71	3.97	43%	15	555	37.0	4.10	4.36	67%
자연	기계공학과	11	12	472	39.3	3.53	3.84	33%	12	459	38.3	4.03	4.22	75%	21	679	32.3	3.88	4.03	67%
자연	물리천문학과	6	7	239	34.1	3.56	3.85	43%	7	247	35.3	4.80	5.01	29%	9	163	18.1	4.13	4.42	78%
자연	화학과	5	6	215	35.8	3.57	4.58	50%	6	208	34.7	4.07	4.08	33%	6	160	26.7	4.74	5.10	33%
자연	환경융합공학과	7	8	323	40.4	3.58	3.72	25%	7	246	35.1	4.15	3.98	57%	8	215	26.9	4.14	4.64	13%
자연	건축공학과	7	8	329	41.1	3.60	3.89	38%	7	276	39.4	4.39	5.45	29%	8	204	25.5	4.56	5.09	100%
자연	생명시스템학부	18	18	966	53.7	3.64	3.90	39%	17	856	50.4	3.69	3.67	65%	17	679	39.9	3.95	4.08	53%
자연	지구자원시스템공학과	7	7	259	37.0	3.74	4.18	129%	7	241	34.4	4.39	4.64	29%	8	184	23.0	4.26	4.60	88%
자연	양자원자력공학과	2	3	72	24.0	3.77	3.67		3	96	32.0	3.78	3.42	133%	4	89	22.3	4.63	4.65	50%
자연	지능형드론융합전공	13	13	413	31.8	3.77	4.01	38%												
자연	컴퓨터공학과	21	24	1,178	49.1	3.78	4.06	54%	24	1,381	57.5	3.96	4.07	29%	26	1,193	45.9	3.96	4.21	62%
자연	AI로봇학과	34	34	1,318	38.8	3.89	4.28	53%												
자연	AI융합전자공학과	16	26	1,177	45.3	3.95	4.14	58%	26	1,169	45.0	3.78	3.97	69%	23	728	31.7	4.07	4.49	43%
자연	건설환경공학과	9	9	320	35.6	3.96	4.23	33%	9	325	36.1	4.62	4.83	11%	9	231	25.7	4.35	4.58	78%
자연	건축학과	8	8	440	55.0	4.02	4.25	38%	8	390	48.8	4.17	4.92	63%	7	241	34.4	4.08	4.06	129%
자연	인공지능데이터사이언스학과	25	25	991	39.6	4.06	4.49	16%												
자연	정보보호학과	5	5	186	37.2	4.25	4.23	120%	5	191	38.2	3.85	4.34	60%	6	183	30.5	4.58	4.54	17%
자연	반도체시스템공학과	9	9	352	39.1	4.42	4.65	56%	9	344	38.2	3.93	4.34	44%						
자연	우주항공공학전공	8	8	225	28.1	4.66	5.01	63%	8	289	36.1	3.39	3.63	75%						
자연	스마트생명산업융합학과	3	3	117	39.0	4.99	5.13		3	95	31.7	4.49	4.57		3	65	21.7	4.80	5.22	33%

54. 수원가톨릭대학교

경기도 화성시 봉담읍 왕림1길 67 (Tel: 031. 290-8821, 8823)

I. 한 눈에 보는 전형

모집 시기	전형 유형	전형	모집 인원	전형 방법	수능최저 학력기준
수시	교과	일반학생	1	1단계)학생부100%(2배수) 2단계)학생부45%+ 면접5%+ 교리시험50%	○
수시	교과	대학수료자	12	학생부30%+ 면접5%+ 전적대학성적30%+ 교리시험35%	X
수시	교과	대학수료 교구장추천자	2	학생부30%+ 면접5%+ 전적대학성적30%+ 교리시험35%	X
수시	교과	수도회총회장추천자	2	학생부30%+ 면접5%+ 전적대학성적30%+ 교리시험35%	X
수시	교과	수도자	3	학생부60%+ 교리시험40%	X
수시	교과	만학도	10	학생부30%+ 면접5%+ 전적대학성적30%+ 교리시험35%	X

(수시모집) 지원 가능 횟수	

■ (주요전형) 전형일정

유형	전형	원서접수 마감	대학별 고사(면접/논술)	1단계 합격자	최종 합격자
교과	일반학생	9.12(목) 17:00	12.03(화)	10.15(화)	12.12(목)

II. (수시모집) 주요 전형

■ (학생부교과) 일반학생

전형	모집인원	전형 방법	수능최저학력기준
일반학생	1	1단계)학생부100%(2배수) 2단계)학생부45%+ 면접5%+ 교리시험50%	○

1. **지원자격**: 고등학교 졸업자 또는 법령에 의하여 동등 이상의 학력이 있다고 인정되는 자.

◎ 전형요소
● 학생부

반영요소 반영비율	반영교과목		교과성적 산출지표	학년별 반영비율
	구분	반영방법		
교과 80%	공통 및 일반선택	전 과목	석차등급	30:30:40
	진로선택	전 과목의 성취도 반영 ※ 성취도 환산등급 = A : 1등급, B : 5등급, C : 8등급	성취도	
비교과 20%	※ 만점: ① 출결(10%): 미인정 결석 1일 이내, ② 봉사활동(10%): 46시간 이상			

55. 수원대학교

경기도 화성시 봉담읍 와우안길 17 (Tel: 031. 229-8420~2)

I. 한 눈에 보는 전형

모집 시기	전형 유형	전형	모집 인원	전형 방법	수능최저 학력기준
수시	교과	면접위주교과	210	1단계)학생부100%(5배수) 2단계)학생부60%+ 면접40%	X
수기	교과	고교추천	100	학생부교과60%+ 면접40% ※ 고교 추천: 제한 없음	○
수시	교과	교과우수	210	학생부교과100%	○
수시	교과	기회균형	75	학생부교과100%	X
수시	교과	고운사회전형 [신설]	35	학생부교과100%	X
수시	교과	농어촌학생	85	학생부교과100%　　▶연극전공:　학생부교과30%+ 실기70%	X
수시	교과	특성화고출신자	31	학생부교과100%	X
수시	교과	특성화고등을졸업한재직자	40	학생부교과60%+ 면접40%	X
수시	논술	교과논술	450	학생부교과40%+ 논술60%	X
수시	실기/실적	실기우수자	291	요강 참고	X

(수시모집) 지원 가능 횟수	본교 수시모집 내 모든 전형은 복수지원이 가능합니다

■ 전형결과

※ 성적 산출기준: (수시) 교과 석차등급, (정시) 수능 백분위

모집시기	전형유형	전형	학년도	모집인원	지원인원	경쟁률	등록자 50%컷	등록자 70%컷	충원율
수시	교과	면접위주교과	2024	210	2,486	11.84	3.63	3.87	97%

모집시기	전형유형	전형	학년도	모집인원	지원인원	경쟁률	최종합격자 평균		충원율
수기	교과	고교추천	2024	110	1,909	17.35	3.95		48%
수시	교과	교과우수	2024	235	4,146	17.64	3.60		170%
수시	논술	교과논술	2024	450	6,215	13.81	4.68		45%

■ (주요전형) 전형일정

유형	전형	원서접수 마감	대학별 고사(면접/논술)	1단계 합격자	최종 합격자
교과	면접위주교과	9.13(금) 18:00	10.19(토)~21(월)	9.27(금)	11.08(금)
교과	고교추천	9.13(금) 18:00	11.22(금)~24(일)		12.13(금)
교과	교과우수	9.13(금) 18:00			12.13(금)
논술	교과논술	9.13(금) 18:00	-11.16(토) 자연계열 -11.17(일) 인문계열		12.13(금)

▶ 11.16(토) 자연계열[혁신공과대학, 지능형SW융합대학, 라이프케어사이언스대학(스포츠과학부 제외)]
▶ 11.17(일) 인문계열[인문사회융합대학, 경영공학대학, 디지털콘텐츠]

II. (수시모집) 주요 전형

■ (학생부교과) 면접위주교과

전형	모집인원	전형 방법	수능최저학력기준
면접위주교과	210	1단계)학생부100%(5배수) 2단계)학생부60%+ 면접40%	X

1. **지원자격**: 국내 고등학교 졸업(예정)자. (2017년 2월 졸업 ~ 2025년 2월 졸업예정자 - 이전 졸업자는 지원불가)
※ 지원불가 대상자 -검정고시 합격자

◎ 전형요소
● 학생부(600점)

반영요소 반영비율	반영교과목		교과성적 산출지표	학년별 반영비율
	구분	반영방법		
교과 80% (480점)	공통 및 일반선택	인 국어, 영어, 수학, 사회교과별 5과목씩 반영교과 점수가 높은 순으로 30%, 30%, 25% 15% 자 국어, 영어, 수학, 과학교과별 5과목씩 반영교과 점수가 높은 순으로 30%, 30%, 25% 15% ※ 반영 학기: (교과) 졸업예정자 및 졸업자 모두 3학년 1학기까지	석차등급	학년 구분 없음
	진로선택	미반영		
비교과 20% (120점)	※ 만점: ① 출결(10%): 미인정 결석 3일 이내, ② 봉사활동(10%): 28시간 이상			

구분		1등급	2등급	3등급	4등급	5등급	6등급	7등급	8등급	9등급
점수	100점	100	98	96	94	92	88	76	64	50
등급 간 점수 차이	100점	0	2	2	2	2	4	12	12	14
	480점	0	9.6	9.6	9.6	9.6	19.2	115.2	115.2	230.4

● 면접(400점):
1. **면접방법:** 그룹면접(학생 3명), 자기소개를 시작으로 구술면접 진행(인성면접)
2. **평가항목:** 인성(1분 이내 자기소개), 학업계획 및 포부, 창의력 및 사고력, 전공 적합성 등

☞ 보충설명
- 1단계 통과되면 5배수 안에 들면 점수가 대부분 몰려 있음.
- 학생 3명이 동시에 면접을 실시하는 그룹면접으로 실시. 면접 시작 전 1분 동안 자기소개 함
- 그룹면접 진행은 A,B,C 학생이 첫 질문은 A학생이 먼저 대답하고, 그 다음 질문은 B학생이 먼저 대답하는 순서로 진행
- 1단계를 통과하면 면접으로 거의 뒤집을 수 있음. 1단계 통과자 점수가 너무 몰려 있음.

◎ 전형결과
■ 전체

학년도	전체						인문						자연					
	모집인원	지원인원	경쟁률	등록50%컷	등록70%컷	충원율	모집인원	지원인원	경쟁률	등록50%컷	등록70%컷	충원율	모집인원	지원인원	경쟁률	등록50%컷	등록70%컷	충원율
2022	278	2,540	9.14	3.88		78%	86	948	11.02	3.70		81%	192	1,592	8.29	4.06		74%
2023	227	3,179	14.00	3.58		104%	77	1,149	14.92	3.49		108%	150	2,030	13.53	3.66		100%
2024	210	2,486	11.84	3.63	3.87	97%	70	910	13.00	3.52	3.65	91%	140	1,576	11.26	3.74	4.09	103%
2025	210						70						140					

■ 변경사항 & 핵심포인트
[2025]

변경사항	2024	2025
모집인원	210명	210명

➡ **합격자 성적분포:** 인문계열은 3등급 중반 ~ 3등급 후반, 자연계열은 3등급 중반 ~ 4등급 중반

■ 모집단위
'*' 표시 : 교직 이수 가능

계열	모집단위	2025 모집인원	2024 모집인원	지원인원	경쟁률	등록50%컷	등록70%컷	충원번호	2023 모집인원	지원인원	경쟁률	등록50%컷	등록70%컷	충원번호	2022 모집인원	지원인원	경쟁률	등록50%컷	등록70%컷	충원번호
인문	인문사회융합대학	40																		
인문	호텔관광학부*	10	10	132	13.2	3.38	3.60	9	13	162	12.5	3.1		15	16	171	10.7	3.0		8
인문	경영학부	10	10	136	13.6	3.55	3.19	10	14	223	15.9	3.3		12	20	224	11.2	3.9		15
인문	경제학부	10	10	124	12.4	3.85	3.85	11	10	119	11.9	3.8		12	10	104	10.4	3.7		6
자연	간호학과	10	10	108	10.8	2.60	2.90	7	5	78	15.6	2.4		4	8	155	19.4	2.3		4
자연	의류학과	10	10	109	10.9	2.80	3.69	1	5	101	20.2	3.1		4	8	150	18.8	3.7		
자연	산업및기계공학부	10	10	136	13.6	3.59	4.15	15	13	130	13.0	4.0		11	20	117	5.9	5.1		25
자연	화학공학·신소재공학부	10	10	97	9.7	3.60	4.20	12	14	217	15.5	3.8		24	18	101	5.6	4.5		14
자연	컴퓨터학부	10	10	132	13.2	3.69	3.94	18	14	220	15.7	3.5		27	15	148	9.9	4.2		14
자연	바이오화학산업학부	10	10	114	11.4	3.75	4.00	8	10	113	11.3	3.8		9	10	59	5.9	4.0		8
자연	식품영양학과*	10	10	96	9.6	3.80	4.04	12	6	82	13.7	2.6		1	10	111	11.1	3.6		8
자연	반도체공학과	10	10	93	9.3	3.85	4.50	5	8	101	12.6	4.2		7	8	57	7.1	4.4		4
자연	데이터과학부	10	10	88	8.8	3.95	4.10	11	14	183	13.1	3.9		8	15	85	5.7	4.1		10
자연	아동가족복지학과*	10	10	122	12.2	3.95	4.08	10	5	98	19.6	3.6		3	10	128	12.8	4.3		6

계열	모집단위	2025 모집인원	2024 모집인원	2024 지원인원	2024 경쟁률	2024 등록 50%컷	2024 등록 70%컷	2024 충원번호	2023 모집인원	2023 지원인원	2023 경쟁률	2023 등록 50%컷	2023 등록 70%컷	2023 충원번호	2022 모집인원	2022 지원인원	2022 경쟁률	2022 등록 50%컷	2022 등록 70%컷	2022 충원번호
자연	전기전자공학부	10	10	90	9.0	4.05	4.45	9	14	188	13.4	3.7		21	20	110	5.5	4.5		16
자연	건축도시부동산학부	10	10	139	13.9	4.10	4.40	6	13	143	11.0	4.2		9	15	132	8.8	4.5		8
자연	정보통신학부	10	10	144	14.4	4.30	4.35	5	14	224	16.0	4.4		7	15	96	6.4	3.7		6
자연	건설환경에너지공학부	10	10	108	10.8	4.35	4.45	25	15	152	10.1	4.1		15	20	143	7.2	4.0		12

■ (학생부교과) 고교추천

전형	모집인원	전형 방법	수능최저학력기준
고교추천	100	학생부교과60%+ 면접40%	○

1. **지원자격**: 국내 고등학교 졸업(예정)자로서 출신 고등학교장의 추천을 받은 자
   ※ 지원불가 대상자 -검정고시 합격자
   ※ 학교장 추천(인원 제한 없음)을 받은 자
   • 선 지원 후 추천
   • 고교별 담당교사가 원서접수 대행사를 통해 각 대학의 학교장추천전형 지원자에 대한 추천/비추천 여부를 체크
   ※ 학교장추천전형 지원 시 재학 중(또는 졸업한) 고등학교와 반드시 사전협의 후 원서접수 요망
2. **제출서류**: 학교생활기록부, 학교장 추천 명단
3. **수능최저학력기준**:

[국어, 수학, 영어, 탐구(1과목)] 중 1개 영역 4등급 이내

◎ 전형요소
● 학생부(600점):

반영요소 반영비율	구분	반영교과목		교과성적 산출지표	학년별 반영비율
		반영방법			
교과100%	공통 및 일반선택	인 국어, 영어, 수학, 사회교과별 5과목씩 반영교과 점수가 높은 순으로 30%, 30%, 25% 15% 자 국어, 영어, 수학, 과학교과별 5과목씩 반영교과 점수가 높은 순으로 30%, 30%, 25% 15% ※ 반영 학기: (교과) 졸업예정자 및 졸업자 모두 3학년 1학기까지		석차등급	학년 구분 없음
	진로선택	미반영			

구분		1등급	2등급	3등급	4등급	5등급	6등급	7등급	8등급	9등급
점수	100점	100	98	96	94	92	88	76	64	50
등급 간 점수 차이	100점	0	2	2	2	2	4	12	12	14
	600점	0	12	12	12	12	24	72	72	84

● 면접(400점): 면접위주교과전형 참고

◎ 전형결과
■ 전체

학년도	전체 모집인원	전체 지원인원	전체 경쟁률	전체 최종평균	전체 충원율	인문 모집인원	인문 지원인원	인문 경쟁률	인문 최종평균	인문 충원율	자연 모집인원	자연 지원인원	자연 경쟁률	자연 최종평균	자연 충원율
2022	184	2,183	11.86	4.38	50%	66	971	14.71	4.51	50%	118	1,212	10.27	4.25	49%
2023	92	2,516	27.35	4.01	38%	30	1,181	39.37	3.89	33%	62	1,335	21.53	4.13	42%
2024	110	1,909	17.35	3.95	48%	38	792	20.84	3.81	50%	72	1,117	15.51	4.09	46%
2025	100					34					66				

■ 변경사항 & 핵심포인트
[2025]

변경사항	2024	2025
모집인원	110명	100명(-10명)
추천인원 변경	3학년 입학정원의 10%	제한 없음

• 추천인원: 3학년 정원의 10%->제한없음으로 변경됨에 따라 지원에 제한이 사라짐
■ 합격자 성적분포: 인문계열은 3등급 후반 ~ 4등급 중반, 자연계열은 3등급 후반 ~ 4등급 중반

■ 모집단위

계열	모집단위	2025 모집인원	2024 모집인원	2024 지원인원	2024 경쟁률	2024 최종평균	2024 충원번호	2023 모집인원	2023 지원인원	2023 경쟁률	2023 최종평균	2023 충원번호	2022 모집인원	2022 지원인원	2022 경쟁률	2022 최종평균	2022 충원번호
인문	인문사회융합대학	18															
인문	경제학부	4	4	46	11.5	3.2		4	155	38.8	3.6		8	135	16.9	4.4	4
인문	호텔관광학부*	4	4	81	20.3	3.7		5	144	28.8	4.0	1	7	83	11.9	4.0	7
인문	경영학부	8	10	215	21.5	3.9	5	5	273	54.6	3.8	1	13	227	17.5	4.1	7
자연	간호학과	4	4	67	16.8	2.5	3	2	95	47.5	2.9	2	7	162	23.1	3.4	2
자연	식품영양학과*	3	3	57	19.0	3.8		3	112	37.3	3.9	1	10	89	8.9	4.5	8
자연	반도체공학과	3	3	35	11.7	3.9		2	30	15.0	4.8	1					
자연	바이오화학산업학부	4	4	49	12.3	4.0	3	6	101	16.8	3.9	1	7	59	8.4	3.8	2
자연	정보통신학부	5	5	66	13.2	4.1	1	5	81	16.2	4.4	4	10	71	7.1	4.4	5
자연	산업및기계공학부	5	5	82	16.4	4.2	6	6	96	16.0	4.6	3	10	66	6.6	4.5	11
자연	아동가족복지학과*	3	3	57	19.0	4.2	2	6	59	29.5	4.3		10	114	11.4	4.6	
자연	의류학과	3	3	42	14.0	4.2	1	2	37	18.5	3.9		7	82	11.7	4.0	2
자연	건설환경에너지공학부	8	8	81	10.1	4.3	1	5	65	13.0	3.7	5	7	77	11.0	4.1	2
자연	화학공학신소재공학부	6	8	121	15.1	4.3	3	6	126	21.0	4.1	4	10	90	9.0	4.1	2
자연	컴퓨터학부	5	5	102	20.4	4.4	2	5	191	38.2	4.0	3	10	156	15.6	4.4	4
자연	전기전자공학부	6	8	135	16.9	4.4	2	6	129	21.5	4.4		10	93	9.3	4.4	6
자연	데이터과학부	6	8	105	13.1	4.4	8	5	106	21.2	4.3		10	77	7.7	4.6	11
자연	건축도시부동산학부	5	5	118	23.6	4.6	1	7	107	15.3	4.6	2	10	76	7.6	4.4	3

■ (학생부교과) 교과우수

전형	모집인원	전형 방법	수능최저학력기준
교과우수	210	학생부교과100%	○

1. **지원자격**: 국내 고등학교 졸업(예정)자. (2017년 2월 졸업 ~ 2025년 2월 졸업예정자 – 이전 졸업자는 지원불가)
   ※ 지원불가 대상자 –검정고시 합격자
2. **수능최저학력기준**:

[국어, 수학, 영어, 사/과탐(1과목)] 중 2개 영역 등급 합 7 이내 ▶ 간호학과: 2개 영역 등급 합 6 이내

◎ 전형요소
● 학생부(1,000점)

반영요소 반영비율	구분	반영교과목 / 반영방법		교과성적 산출지표	학년별 반영비율
교과100%	공통 및 일반선택	인 국어, 영어, 수학, 사회교과별 5과목씩 반영교과 점수가 높은 순으로 30%, 30%, 25% 15% 자 국어, 영어, 수학, 과학교과별 5과목씩 반영교과 점수가 높은 순으로 30%, 30%, 25%, 15% ※ 반영 학기: (교과) 졸업예정자 및 졸업자 모두 3학년 1학기까지		석차등급	학년 구분 없음
	진로선택	미반영			

◎ 전형결과
■ 전체

학년도	전체 모집인원	전체 지원인원	전체 경쟁률	전체 최종평균	전체 충원율	인문 모집인원	인문 지원인원	인문 경쟁률	인문 최종평균	인문 충원율	자연 모집인원	자연 지원인원	자연 경쟁률	자연 최종평균	자연 충원율
2022	132	5,015	37.99	3.22	284%	56	2,342	41.82	3.26	288%	76	2,673	35.17	3.17	279%
2023	278	2,929	10.54	3.76	168%	96	1,235	12.86	3.55	175%	182	1,694	9.31	3.96	161%
2024	235	4,146	17.64	3.60	170%	80	1,112	13.90	3.51	178%	155	3,034	19.57	3.68	161%
2025	210					76					134				

■ 변경사항 & 핵심포인트
[2025]

변경사항	2024	2025
모집인원	235명	210명(-25명)

➡ **합격자 성적분포**: 인문계열은 3등급 중반 ~ 4등급 초반, 자연계열은 3등급 중반 ~ 4등급 초반.

■ 모집단위

'*' 표시 : 교직 이수 가능

계열	모집단위	2025 모집인원	2024 모집인원	지원인원	경쟁률	최종평균	충원번호	2023 모집인원	지원인원	경쟁률	최종평균	충원번호	2022 모집인원	지원인원	경쟁률	최종평균	충원번호
인문	인문사회융합대학	45															
인문	경영학부	15	15	230	15.3	3.2	31	17	226	13.3	3.3	45	10	630	63.0	2.7	36
인문	호텔관광학부*	8	10	142	14.2	3.4	15	10	101	10.1	3.5	14	7	186	26.6	3.0	33
인문	경제학부	8	10	104	10.4	3.5	19	10	161	16.1	3.2	8	7	434	62.0	3.2	14
자연	간호학과	5	5	89	17.8	2.8	10	7	136	19.4	2.6	14					
자연	화학공학신소재공학부	13	15	362	24.1	3.4	25	15	99	6.6	4.4	28	7	266	38.0	2.8	37
자연	의류학과	5	5	120	24.0	3.4	15	7	86	12.3	3.8	9					
자연	컴퓨터학부	13	15	278	18.5	3.5	29	14	161	11.5	3.7	39	8	488	61.0	2.8	19
자연	반도체공학과	5	5	67	13.4	3.5	3	9	129	14.3	3.6	10	7	381	54.4	3.6	8
자연	식품영양학과*	5	5	72	14.4	3.6	15	9	86	9.6	3.6	17					
자연	바이오화학산업학부	8	10	260	26.0	3.6	14	10	61	6.1	4.5	11	7	163	23.3	2.8	17
자연	전기전자공학부	13	15	169	11.3	3.8	36	16	174	10.9	3.5	36	7	280	40.0	3.2	43
자연	데이터과학부	13	15	201	13.4	3.8	16	15	155	10.3	3.8	36	8	229	28.6	3.5	23
자연	정보통신학부	13	15	329	21.9	3.9	13	17	131	7.7	4.4	23	8	199	24.9	3.2	16
자연	건축도시부동산학부	10	15	222	14.8	3.9	26	15	95	6.3	4.3	9	8	205	25.6	3.2	14
자연	건설환경에너지공학부	13	15	230	15.3	4.0	17	17	148	8.7	4.2	29	8	320	40.0	3.5	16
자연	산업및기계공학부	13	15	530	35.3	4.1	19	20	131	6.6	5.1	18	8	142	17.8	3.1	19
자연	아동가족복지학과*	5	5	105	21.0	4.1	11	11	102	9.3	4.0	14					

■ (논술) 교과논술

전형	모집인원	전형 방법	수능최저학력기준
교과논술	450	학생부교과40%+ 논술60%	X

1. 지원자격: 고등학교 졸업(예정)자 또는 고등학교 졸업학력 검정고시 합격자

◎ 전형요소
● 학생부(400점):

반영요소 반영비율	반영교과목 구분	반영방법		교과성적 산출지표	학년별 반영비율
교과100%	공통 및 일반선택	인 국어, 영어, 수학, 사회교과별 5과목씩 반영교과 점수가 높은 순으로 30%, 30%, 25% 15% 자 국어, 영어, 수학, 과학교과별 5과목씩 반영교과 점수가 높은 순으로 30%, 30%, 25% 15% ※ 반영 학기: (교과) 졸업예정자 및 졸업자 모두 3학년 1학기까지		석차등급	학년 구분 없음
	진로선택	미반영			

구분		1등급	2등급	3등급	4등급	5등급	6등급	7등급	8등급	9등급
점수	100점	100	98.75	97.50	96.25	95.00	93.75	82.50	78.75	75.00
등급 간 점수 차이	100점	0	1.25	1.25	1.25	1.25	1.25	11.25	3.75	3.75
	400점	0	5	5	5	5	5	50	15	15

● 논술(600점)
1. 특징: 수원대학교 교과논술고사는 별도의 사교육 없이도 충분히 도전할 수 있는 문제로 구성되어 평소 고등학교 교육과정과 대학수학능력시험을 충실하게 준비하는 학생이라면 부담 없이 준비할 수 있는 전형입니다. 고교 교육과정 개념에 대한 이해를 바탕으로 한 교과 서술형 논술로 출제된다는 점에서 기존 논술고사에 어려움을 느끼는 수험생에게 차별성 있는 지원의 기회로 될 것입니다.

구분	과목	평가기준
약술형 논술	국어	묻는 바에 대해서 주어진 요건에 맞게 두세 개의 핵심어로 이루어진 문장으로 간략하게 서술하는 논술
	수학	답을 얻어가기까지의 핵심 과정들을 명확하게 서술하는 논술
쉬운 논술	국어	학교 수업을 충실히 이수한 학생이라면 누구나 쉽게 도전할 수 있도록 전후 맥락과 주장의 독창성보다는 핵심적인 개념을 명확하게 이해하고 있는지를 중요하게 평가하는 논술
	수학	교과서 수준의 문제를 풀 수 있는지 평가하는 논술

2. 출제범위: 고교 교육과정 범위에서 EBS 수능 연계 교재를 중심으로 고등학교 정기고사 서술·논술형 문항 난이도로 출제.

3. 평가방법:

계열	문항 수		배점	고사시간	총점	답안지 형식
	국어	수학				
인문	10	5	각 문항 10점	80분	150점+450점(기본점수)	노트 형식의 답안지 작성
자연	5	10				

※ 대소문항 구분 없음 / 문항별 부분점수 있음
※ 문화콘텐츠테크놀러지는 인문계열 평가방법을 따름

4. 세부 출제범위 및 평가기준:

구분	출제범위	평가기준
국어	독서, 문학	- 문항에서 요구하는 조건에 충실한 답변 - 제시문의 핵심 내용을 정확하게 표현한 답변
수학	수학Ⅰ, 수학Ⅱ	- 문제에 필요한 개념과 원리에 대한 정확한 서술 - 정확한 용어, 기호를 사용한 표현

◎ 전형결과
■ 전체

학년도	전체						인문					자연				
	모집인원	지원인원	경쟁률	최종평균		충원율	모집인원	지원인원	경쟁률	최종평균	충원율	모집인원	지원인원	경쟁률	최종평균	충원율
2022	480	4,469	9.31	4.71		41%	143	1,297	9.07	4.69	39%	337	3,172	9.41	4.72	42%
2023	480	5,785	12.05	4.67		57%	148	1,725	11.66	4.64	52%	332	4,060	12.23	4.70	61%
2024	450	6,215	13.81	4.68		45%	145	2,038	14.06	4.67	39%	305	4,177	13.70	4.69	50%
2025	450						145					305				

■ 변경사항 & 핵심포인트

[2025]

변경사항	2024	2025
모집인원	450명	450명

- 학생부는 내신 1~6등급까지는 등급 간 감점이 5점씩이므로 내신 부담 적음.
- 논술고사는 가천대와 매우 유사함. 단답형 논술. 인문/자연 모두 국어와 수학만 출제되면 문항별 배점은 10점.
  - 수학 출제범위가 인문/자연 모두 수학Ⅰ, 수학Ⅱ에서만 출제되므로 인문계열의 학생의 자연계열 교차지원이 수월함.
- 논술은 부분 점수 있음. 0~10점 안에서 정수 또는 0.5점 단위로 부여 고려 중
- 내신 6등급까지는 논술로 당락 결정. 국어와 수학(수학Ⅰ, 수학Ⅱ)이 강한 학생에게 유리함
- ➡ 합격자 성적분포: 인문계열은 4등급 초반 ~ 5등급 중반, 자연계열은 3등급 중반 ~ 5등급 초반

■ 모집단위

'*' 표시 : 교직 이수 가능

계열	모집단위	2025	2024						2023						2022				
		모집인원	모집인원	지원인원	경쟁률	최종평균	충원번호		모집인원	지원인원	경쟁률	최종평균	충원번호		모집인원	지원인원	경쟁률	최종평균	충원번호
인문	인문사회융합대학	75																	
인문	경영학부	30	30	527	17.6	4.4	10		37	502	13.6	4.5	11		37	380	10.3	4.5	12
인문	경제학부	15	15	205	13.7	4.5	12		15	163	10.9	4.9	13		15	135	9.0	4.8	9
인문	호텔관광학부*	15	15	212	14.1	4.6	6		11	130	11.8	4.6	8		10	91	9.1	4.5	3
예체	아트앤엔터테인먼트학부	10	10	83	8.3	5.0			10	83	8.3	4.8	2						
자연	간호학과	15	15	1,044	69.6	3.7	5		15	984	65.6	3.4	3		15	895	59.7	3.6	7
자연	바이오화학산업학부	15	15	157	10.5	4.5	11		16	144	9.0	4.6	10		16	105	6.6	4.6	6
자연	화학공학신소재공학부	30	30	324	10.8	4.6	11		32	312	9.8	4.6	22		35	232	6.6	4.6	12
자연	식품영양학과*	10	10	172	17.2	4.6	2		11	126	11.5	4.9	9		10	96	9.6	4.6	6
자연	의류학과	5	5	87	17.4	4.6	3		10	103	10.3	5.0	3		10	67	6.7	5.2	
자연	전기전자공학부	30	30	352	11.7	4.6	20		36	391	10.9	4.9	22		38	268	7.1	4.9	22
자연	데이터과학부	30	30	290	9.7	4.7	10		32	268	8.4	4.8	40		32	194	6.1	4.6	14
자연	컴퓨터학부	30	30	422	14.1	4.7	12		30	504	16.8	4.3	20		32	421	13.2	4.6	11
자연	반도체공학과	15	15	145	9.7	4.8	9		15	118	7.9	4.9	4		15	85	5.7	5.0	7
자연	정보통신학부	30	30	302	10.1	4.8	17		32	282	8.8	5.0	18		32	197	6.2	4.7	13
자연	건축도시부동산학부	25	25	223	8.9	4.8	18		22	179	8.1	4.9	9		22	133	6.1	4.8	1
자연	아동가족복지학과*	10	10	100	10.0	5.0	4		11	101	9.2	4.9	8		10	78	7.8	5.0	6
자연	산업및기계공학부	30	30	277	9.2	5.1	17		30	230	7.7	4.8	17		30	171	5.7	4.8	17
자연	건설환경에너지공학부	30	30	282	9.4	5.1	13		40	318	8.0	4.8	16		40	230	5.8	5.1	20

56. 숙명여자대학교   서울특별시 용산구 청파로 47길 100 (Tel: 02. 710-9920)

I. 한 눈에 보는 전형

모집시기	전형유형	전형	모집인원	전형 방법	수능최저학력기준
수시	교과	지역균형선발	248	학생부교과100% ※ 고교 추천: 제한 없음	○
수시	종합	숙명인재(면접형)	391	1단계)서류100%(3배수) 2단계)서류60%+면접40%	X
수시	종합	소프트웨어인재	44	1단계)서류100%(3배수) 2단계)서류60%+면접40%	X
수시	종합	기회균형	71	서류100%	X
수시	종합	농어촌학생	62	서류100%	X
수시	종합	특성화고교출신자	26	서류100%	X
수시	종합	특성화고졸재직자	118	서류100%	X
수시	종합	특수교육대상자	15	1단계)서류100%(4배수) 2단계)서류60%+면접40%	X
수시	논술	논술우수자	214	학생부교과10%+ 논술90%	○
수시	실기/실적	예능창의인재	125	▶체육교육과: 학생부40%+ 실기60% ▶무용과, 작곡과: 실기100% ▶관현악과: 1단계)실기100%(3배수) 2단계)실기100% ▶시각영상디자인과, 산업디자인과, 환경디자인과, 공예과 : 1단계)학생부100%(10배수) 2단계)실기100% ▶회화과: 1단계)학생부100%(30배수) 2단계)실기100%	X

(수시모집)지원 가능 횟수	우리 대학은 수시모집의 모든 전형 유형 간 복수지원을 허용합니다.

■ 무전공(전공자율선택)

유형① [대학 내 모든 전공(보건의료, 사범 등 제외) 자율 선택]		유형② [계열/단과대 모집 후 모집단위 내 전공 자율 선택]	
모집단위	인원	모집단위	인원
자유전공학부	303	첨단공학부	78

■ **첨단공학부와 자유전공학부**는 입학시 전공을 정하지 않으며, 전공 탐색 과정을 거쳐 전공 선택권 부여 받게됨
 -첨단공학부 : 첨단학과 내 모든 전공에 대해 전공 선택권 부여
 -자유전공학부 : 첨단학과를 포함한 모든 전공(사범계, 약학부, 예체능계 제외)에 대해 전공 선택권 부여
 ※ 첨단학과 : 인공지능공학부, 지능형전자시스템전공, 신소재물리전공, 컴퓨터과학전공, 데이터사이언스전공

■ 학교폭력 조치사항

전형	전형총점	감점								
		1호	2호	3호	4호	5호	6호	7호	8호	9호
지역균형선발		학교폭력 조치사항이 학교생활기록부에 기재된 자는 고등학교 학교장 추천 불가함								
학생부종합		학교폭력 조치사항이 학교생활기록부에 기재된 자는 이를 정성평가하여 반영								

■ 전형결과

※ 성적 산출기준: (수시) 교과 석차등급, (정시) 수능 백분위

모집시기	전형유형	전형	학년도	모집인원	지원인원	경쟁률	등록자 50%컷	등록자 70%컷	충원율
수시	교과	지역균형선발	2024	252	1,203	4.77	1.98	2.04	130%
수시	종합	숙명인재(면접형)	2024	375	5,680	15.15	2.65	2.95	88%
수시	종합	소프트웨어인재	2024	70	491	7.01	2.53	2.73	66%
수시	논술	논술우수자	2024	217	8,743	40.29	4.05		30%

■ (주요전형) 전형일정

유형	전형	원서접수 마감	대학별 고사(면접/논술)	1단계 합격자	최종 합격자
교과	지역균형선발	9.13(금) 17:00 학교장추천: 9.25(수) 18:00			12.13(금)
종합	숙명인재(면접형)	9.13(금) 17:00	11.23(토)~24(일)	11.14(목)~15(금)	12.13(금)

유형	전형	원서접수 마감	대학별 고사(면접/논술)	1단계 합격자	최종 합격자
종합	소프트웨어인재	9.13(금) 17:00	11.23(토)~24(일)	11.14(목)~15(금)	12.13(금)
논술	논술우수자	9.13(금) 17:00	-11.16(토)~17(일) 인문계, 의류학과 -11.16(토) 자연계(의류학과 제외)		12.13(금)

Ⅱ. (수시모집) 주요 전형

■ (학생부교과) 지역균형선발

전형	모집인원	전형 방법	수능최저학력기준
지역균형선발	248	학생부교과100%	○

1. **지원자격**: 국내 소재 정규 고교 졸업(예정)자로서 국내 고교에서 5학기 이상 재학하고, 5학기 이상 학생부 성적이 기재된 자로서 출신 고등학교장의 추천을 받은 자.
   ※ 고교별 추천 인원 제한 없음(학교폭력 조치사항이 기재된 자는 추천 불가)
   ※ 추천서 제출기간 내에 원서접수 홈페이지에서 지원자의 소속학교 담당교사가 추천 입력을 한 경우에 추천 받은 자로 인정함
    - 지원자는 재학 중(또는 졸업한) 고등학교와 반드시 사전 협의 후 원서접수 요망
   ※ 학교생활기록부에서 교과성적이 산출 가능하도록 반영교과 과목에 이수단위 및 석차등급이 있어야 함
   ※ 아래 교육과정 졸업(예정) 및 이수 학기 제외:
      특성화고등학교(일반고의 특성서(전문계)과정, 대안교육특성화고 포함),방송통신고등학교, 대안학교(각종학교), 고등학교학력인정 평생교육
      시설, 마이스터고, 예술(체육)고등학교
2. **제출서류**: 학교생활기록부, 학교장 추천 명단
3. **수능최저학력기준**:

> [국어, 수학, 영어, 사/과탐(1과목)] 중 2개 영역 등급 합 5 이내
> ▶ 약학부: 수학 포함 3개 영역 등급 합 5 이내

◎ 전형요소
● 학생부

반영요소 반영비율	구분	반영교과목		교과성적 산출지표	학년별 반영비율
			반영방법		
교과100%	공통 및 일반선택	국어, 영어, 수학, 사회(역사/도덕 포함), 과학, 한국사교과에 속한 전 과목		석차등급	학년 구분 없음
	진로선택	성취도를 등급으로 변환하여 상위 3개 과목 반영 ※ 성취도 환산등급 = A : 1등급, B : 3등급, C : 5등급		성취도	

◎ 전형결과
■ 전체

학년도	전체						인문						자연					
	모집 인원	지원 인원	경쟁 률	등록 50%컷	등록 70%컷	충원 율	모집 인원	지원 인원	경쟁 률	등록 50%컷	등록 70%컷	충원 율	모집 인원	지원 인원	경쟁 률	등록 50%컷	등록 70%컷	충원 율
2022	246	2,197	8.93	2.19	2.22	173%	150	1,319	8.79	2.14	2.20	203%	96	878	9.15	2.23	2.23	143%
2023	254	1,886	7.43	1.97	2.04	170%	153	1,176	7.69	1.99	2.05	201%	101	710	7.03	1.95	2.03	139%
2024	252	1,203	4.77	1.98	2.04	130%	157	668	4.26	2.08	2.13	137%	95	535	5.63	1.87	1.94	122%
2025	248						159						89					

■ 변경사항 & 핵심포인트
[2025]

변경사항	2024	2025
모집인원	252명	248명(-4명)
(수능최저) 자연: 반영영역 변경	국어, 수학(미적분/기하), 영어, 과탐	국어, 수학, 영어, 사/과탐

• 수능최저: 자연계열 지원시 수학(확률과 통계), 사탐 응시자도 지원 가능
☑ 합격자 성적분포: 인문계열은 1등급 후반 ~ 2등급 초반, 자연계열은 1등급 초반 ~ 2등급 초반
※ 전년도에 경쟁률은 하락하였으나 합격자 성적은 인문계열은 약간 하락, 자연계열은 오히려 약간 상승하였음
 - 인문계열은 경쟁률이 7.69 -> 4.26으로 크게 하락 하였으나, 합격자 성적은 1.99 -> 2.08로 약간 하락하였음
 - 자연계열은 경쟁률이 7.03 -> 5.63으로 하락 하였으나, 합격자 성적은 1.95 -> 1.87로 오히려 약간 상승하였음

■ 모집단위

'*' 표시 : 교직 이수 가능

계열	모집단위	2025 모집인원	2024 모집인원	2024 지원인원	2024 경쟁률	2024 등록50%컷	2024 등록70%컷	2024 충원번호	2023 모집인원	2023 지원인원	2023 경쟁률	2023 등록50%컷	2023 등록70%컷	2023 충원번호	2022 모집인원	2022 지원인원	2022 경쟁률	2022 등록50%컷	2022 등록70%컷	2022 충원번호
인문	프랑스언어·문화학과*	3	3	15	5.0				3	16	5.3			2	3	22	7.3			4
인문	르꼬르동블루외식경영전공	5	6	18	3.0			4	6	43	7.2	2.09	2.12	6	6	45	7.5	2.11	2.26	10
인문	사회심리학과	2	2	10	5.0	1.83	1.83	1	2	10	5.0				2	23	11.5			3
인문	소비자경제학과	3	3	17	5.7	1.89	1.89	9	3	21	7.0			3	3	24	8.0			5
인문	정치외교학과*	5	5	19	3.8	1.89	1.95	7	5	72	14.4	1.91	2.00	17	5	33	6.6	2.16	2.36	8
인문	역사문화학과*	5	5	23	4.6	1.91	1.94	5	5	28	5.6	1.97	2.18	11	4	32	8.0	2.12	2.12	3
인문	홍보광고학과	5	5	18	3.6	1.91	1.91	7	5	39	7.8	1.94	1.97	9	5	50	10.0	1.96	2.07	7
인문	한국어문학부	8	8	34	4.3	1.97	2.03	16	5	43	5.4	2.13	2.18	16	8	62	7.8	2.13	2.21	8
인문	경제학부*	16	15	62	4.1	2.00	2.03	33	14	81	5.8	1.97	2.16	33	14	139	9.9	2.15	2.20	32
인문	일본학과*	4	4	25	6.3	2.03	2.03	1	4	23	5.8	2.17	2.17	6	4	32	8.0	2.19	2.19	4
인문	아동복지학부*	7	7	37	5.3	2.03	2.14	15	7	77	11.0	2.09	2.13	19	7	54	7.7	2.19	2.23	21
인문	테슬(TESL)전공*	3	3	15	5.0	2.03	2.12	4	3	18	6.0			6	3	19	6.3			8
인문	법학부	15	15	49	3.3	2.06	2.32	17	15	78	5.2	1.97	2.00	25	14	115	8.2	2.08	2.09	27
인문	미디어학부	6	6	16	2.7	2.07	2.07	3	6	57	9.5	1.84	1.88	19	5	38	7.6	1.98	1.98	9
인문	영어영문학전공*	9	7	26	3.7	2.13	2.22	14	7	71	10.1	1.97	1.97	20	7	69	9.9	2.22	2.23	19
인문	문화관광학전공	5	6	28	4.7	2.15	2.22	8	6	90	15.0	2.03	2.03	9	6	36	6.0	2.43	2.57	10
인문	독일언어·문화학과*	2	2	15	7.5	2.15	2.15	3	2	19	9.5			1	2	17	8.5			4
인문	중어중문학부*	9	9	62	6.9	2.16	2.19	18	8	47	5.9	2.21	2.26	14	8	71	8.9	2.17	2.18	13
인문	행정학과	5	5	22	4.4	2.19	2.29	5	5	27	5.4			12	5	37	7.4	1.98	2.04	12
인문	가족자원경영학과*	3	3	14	4.7	2.21	2.27	4	3	16	5.3			1	3	16	5.3			1
인문	문헌정보학과*	3	3	15	5.0	2.27	2.27	8	3	32	10.7			12	3	19	6.3			3
인문	교육학부	6	6	24	4.0	2.27	2.27	7	6	52	8.7	1.76	1.77	11	6	36	6.0	2.30	2.30	7
인문	경영학부*	30	29	104	3.6	2.44	2.69	27	27	216	8.0	1.85	1.91	66	27	330	12.2	2.10	2.18	87
자연	수학과*	4	4	15	3.8				4	25	6.3	2.06	2.06	2	4	27	6.8	2.44	2.44	3
자연	약학부	5	5	32	6.4	1.07	1.13	5	5	61	12.2	1.06	1.16	3	3	68	22.7			1
자연	화공생명공학부	8	8	33	4.1	1.60	1.60	4	8	60	7.5	1.77	1.77	11	8	74	9.3	1.94	1.96	10
자연	생명시스템학부*	7	7	28	4.0	1.64	1.65	7	6	55	9.2	1.74	1.78	4	6	53	8.8	1.82	2.02	11
자연	화학과*	5	5	19	3.8	1.68	1.68	7	5	31	6.2	1.71	1.90	4	5	39	7.8	1.99	2.03	7
자연	식품영양학과*	7	7	47	6.7	1.79	1.84	6	7	46	6.6	2.03	2.10	7	7	90	12.9	2.18	2.21	11
자연	신소재물리전공	5	5	30	6.0	1.87	1.87	10	5	34	6.8	2.18	2.18	5	5	32	6.4	2.35	2.40	4
자연	통계학과	5	6	37	6.2	1.91	1.96	4	5	31	5.2	1.94	2.23	15	6	51	8.5	2.16	2.20	7
자연	컴퓨터과학전공*	9	9	38	4.2	1.92	2.18	15	9	55	6.1	2.00	2.00	13	9	76	8.4	2.11	2.24	17
자연	데이터사이언스전공	5	5	34	6.8	2.03	2.07	7	5	34	6.8	2.18	2.18	3	4	33	8.3	2.05	2.05	3
자연	인공지능공학부	10	10	49	4.9	2.13	2.39	13	10	95	9.5	1.97	2.06	12	9	75	8.3	2.11	2.40	17
자연	지능형전자시스템전공	7	7	42	6.0	2.13	2.21	11	7	39	5.6	2.11	2.19	13	6	62	10.3	2.30	2.32	9
자연	기계시스템학부	6	6	65	10.8	2.28	2.28	7	6	35	5.8	2.32	2.56	10	6	52	8.7	2.21	2.23	4
자연	의류학과*	6	6	36	6.0	2.33	2.35	17	6	58	9.7	2.09	2.18	12	6	41	6.8	2.25	2.49	8

■ (학생부종합) 숙명인재(면접형)

전형	모집인원	전형 방법	수능최저학력기준
숙명인재(면접형)	391	1단계)서류100%(3배수) 2단계)서류60%+면접40%	X

1. **지원자격**: 고교 졸업(예정)자 또는 법령에 의해 고등학교 졸업과 동등 이상의 학력이 있다고 인정되는 자
2. **제출서류**: 학교생활기록부

◎ 전형요소
● 서류(1,000점: 최저점 0점)
  1. **평가방법**: 제출서류를 종합적으로 검토하여 전공적합성 및 발전가능성, 탐구역량, 공동체의식과 협업능력에 대해 정성적으로 평가
  2. **평가항목 및 반영비율**:

평가항목		반영비율		평가내용
		숙명인재(서류형) 숙명인재(면접형)	숙명디지털융합인재	
진로역량	• 진로 탐색 노력 • 전공(계열) 관련 소양 • 전공(계열) 역량 개발	45%	40%	• 진로에 대한 다양한 탐색 과정 및 노력 • 진로(전공/계열)에 대한 관심과 이해 • 진로(전공/계열) 관련 교과목 이수 과정과 성취

평가항목		반영비율		평가내용
		숙명인재(서류형) 숙명인재(면접형)	숙명디지털융합인재	
탐구역량	• 자기주도성 • 탐구력 • 융합적 사고역량 • 기초학업역량	35%	45%	• 자발적인 의지와 자기주도적인 학습태도 • 지적호기심을 바탕으로 깊고 넓게 탐구하는 태도와 역량 • 학교 교육과정 내에서 이루어지는 탐구활동과 관련된 융합적 사고 역량과 문제해결역량 • 기본적인 학업 수학역량 평가
공동체의식과 협업능력	• 공동체의식 및 리더십 • 협업능력 및 소통능력	20%	15%	• 공동체의 목표 달성을 위해 구성원의 협력을 이끌어낼 수 있는 역량 • 열린 사고로 타인의 의견을 존중하며 상황과 맥락을 이해하면서 소통하고 협업하는 역량

☞ 보충설명
• 진로역량(45%) > 탐구역량(35%) > 공동체의식과 협업능력(20%) 순으로 반영. 진로역량(45%)이 중요함
• 진로역량(45%)은 모집단위 중 고교에서 교육과정이 없는 경우는 계열로 봄
  – 전공적합성은 학과선발이므로 모집단위에 적합한 것으로 보고자 하지만 고교 교육과정에서 준비하기가 쉽지 않은 모집단위도 있음. 정외과에 지원한다면 밀접한 활동이나 또는 그렇지 않은 활동 속에서 사회과학적인 역량을 발견하고자 함
  – 학과를 지원하기까지 진로활동을 성실히 한 학생들이 진로활동과 다른 학과에 입학 후에도 잘 적응하고 진로를 찾아감
  – 영문과를 지원하면서 진로활동을 3년 동안 피디를 하였을 경우 영문을 공부한 것이 피디로 어떻게 도움이 되는 지를 연결하면 됨. 그러나, 외식경영은 경영이 중심인데 너무 요리에만 관심을 가지는 것을 강조하면 어려움. 학과에서 무엇을 배우는 지에 대한 기본적인 이해가 있어야 함. 즉, 직업은 폭 넓게 이해하지만 학과를 오해하면 안 됨
• 탐구역량(35%)은 기초학업역량 외에 지적호기심, 자기주도성, 탐구활동 등 지적호기심을 바탕으로 자기주도적으로 깊고 넓게 탐구하는 역량
  – 학업역량이 아니라 탐구역량이라고 하며, 지적호기심을 바탕으로 자기주도적 탐구활동을 중요시함.
• 공동체의식과 협업능력(20%)은 인문계와 자연계 모두 공통적으로 중요하게 평가함. 리더십이 강한 학생은 좋은 평가
  – 공동체의식 및 협업능력이 탁월한 역량이 있는 학생들도 변별력 있음
  – 진로활동과 리더십이 우수한 학생들은 학업역량의 부족함을 보완할 수 있음
• 각 평가항목 별로 7개 척도로 평가A+, AO, A-, B+, BO, B- C, 합격자는 4~5 척도 수준

● 면접(400점: 최저점 0점)
  1. 면접유형: 제출서류 기반면접. 개별면접으로 평가위원 2인.
  2. 면접시간: 10~15분 내외
  3. 평가방법: 제출서류 내용에 대해 확인하고 전공적합성 및 사고력, 의사소통능력 및 인성 등에 대해 종합적으로 평가할 수 있는 심층면접.
  4. 평가항목:

평가항목	평가내용	학생부 주요 활용 영역
전공적합성 및 사고력	• 진로탐색 및 전공 선택 과정 • 전공에 대한 관심과 적성, 발전가능성 • 이해력, 논리적 사고력 • 다양한 시각 및 관점	– 창의적 체험활동상황 – 교과학습발달상황 – 세부능력 및 특기사항 등
의사소통능력 및 인성	• 면접태도 • 의사소통능력 • 협력, 배려, 도덕적 가치관 등	– 출결상황 – 창의적 체험활동상황 – 행동특성 및 종합의견 등

     ※ 면접시험 시 위 표에 제시된 평가자료 주요 활용 영역 이외에도 학교생활기록부의 모든 내용을 평가에 활용함

☞ 보충설명
• 면접 역전율 40% 정도로 매우 높음. 그러나 서류를 잘 보면 면접도 잘 보는 경우가 많음.
• 서류 기반 면접, 제시문 사용하지 않음, 진위 확인에 그치지 않고 꼬리에 꼬리를 물고 질문할 수 있는 심층면접. 7급간
• 질문 예: 활동(근거) -> 과정 및 결과 -> 추가 질문
• 면접은 2개 평가 항목을 종합평가 함. 15분, 면접 전에 본인의 학생부를 검토하고 올 것. 1,2학년 것을 잊어버리는 경우도 있음
• 학생들이 서류를 과대 포장하면 면접에서 답변을 못 함. 평가항목별로 물어보지 않음

◎ 전형결과
■ 전체

학년도	전체						인문						자연					
	모집 인원	지원 인원	경쟁 률	등록 50%컷	등록 70%컷	충원 율	모집 인원	지원 인원	경쟁 률	등록 50%컷	등록 70%컷	충원 율	모집 인원	지원 인원	경쟁 률	등록 50%컷	등록 70%컷	충원 율
2022	194	3,573	18.41	3.01	3.28	57%	124	2,206	17.79	3.29	3.55	57%	70	1,367	19.53	2.73	3.01	57%
2023	431	6,873	15.95	2.65	2.99	87%	248	4,427	17.85	2.91	3.35	94%	183	2,446	13.37	2.38	2.62	80%
2024	375	5,680	15.15	2.65	2.95	88%	262	3,634	13.87	3.01	3.41	95%	113	2,046	18.11	2.29	2.48	81%
2025	391						258						133					

■ 변경사항 & 핵심포인트

[2025]

변경사항	2024	2025
모집인원	375명	391명(+16명)
전형통합	숙명인재(면접형: 인문계열,약학과) + 숙명인재(서류형: 자연계열)	숙명인재(면접형: 인문, 자연 모두 선발) ※ 자연계열은 면접 도입

• **전형통합**: 2023 대입부터 숙명인재(면접형)은 인문계열과 약학과, 숙명인재(서류형)은 자연계열로 나눠 선발하였던 것을 2025부터 통합선발
• **자연계열**은 서류100% -> 단계별 전형으로 변경되면서 면접을 실시함. 면접으로 역전할 수 있어서 합격선이 약간 낮아질 수 있음
➡ **합격자 성적분포**: 인문계열은 2등급 후반 ~ 3등급 중반, 자연계열은 2등급 초반 ~ 2등급 후반

■ 모집단위

'*' 표시 : 교직 이수 가능

계열	모집단위	2025 모집 인원	2024 모집 인원	지원 인원	경쟁 률	등록 50%컷	등록 70%컷	충원 번호	2023 모집 인원	지원 인원	경쟁 률	등록 50%컷	등록 70%컷	충원 번호	2022 모집 인원	지원 인원	경쟁 률	등록 50%컷	등록 70%컷	충원 번호
인문	한국어문학부*	12	12	157	13.1	2.77	2.94	14	11	221	20.1	2.85	3.27	11	6	78	13.0	3.65	4.10	2
인문	역사문화학과*	6	6	85	14.2	2.50	2.54	5	5	86	17.2	2.18	2.97	4	2	37	18.5			2
인문	프랑스언어·문화학과*	10	10	125	12.5	4.06	4.34	10	10	153	15.3	3.88	4.45	16	3	60	20.0			
인문	미디어학부	8	8	180	22.5	2.15	2.27	10	7	195	27.9	2.36	2.80	7	3	116	38.7			
인문	교육학부	9	9	155	17.2	2.21	2.76	5	9	275	30.6	2.26	2.61	5	4	111	27.8	2.27	2.27	2
인문	사회심리학과	6	6	119	19.8	2.21	2.31	6	5	145	29.0	2.16	2.29	1	2	78	39.0			
인문	행정학과	5	5	68	13.6	2.42	2.56	3	4	87	21.8	2.00	2.94	2	2	38	19.0			1
인문	경영학부*	24	25	325	13.0	2.44	2.57	31	24	544	22.7	2.45	2.73	27	11	213	19.4	4.28	4.43	7
인문	법학부	20	20	275	13.8	2.47	3.03	15	18	294	16.3	2.55	3.15	12	10	179	17.9	2.84	3.00	6
인문	문헌정보학과*	5	5	60	12.0	2.47	2.55	2	5	67	13.4	2.18	2.55	6	2	34	17.0			2
인문	경제학부*	7	12	110	9.2	2.53	2.87	8	12	149	12.4	2.63	2.69	11	6	51	8.5	2.75	2.92	1
인문	정치외교학과*	8	8	96	12.0	2.53	2.68	4	8	167	20.9	2.35	2.38	10	3	49	16.3			5
인문	테슬(TESL)전공*	10	10	128	12.8	2.57	2.97	12	10	112	11.2	4.20	4.56	9	4	51	12.8	3.75	3.75	
인문	홍보광고학과	11	9	137	15.2	2.58	3.13	5	9	185	20.6	2.25	2.97	2	5	91	18.2	2.64	2.76	2
인문	영어영문학전공*	20	22	222	10.1	2.66	3.38	34	20	315	15.8	2.64	3.07	20	9	165	18.3	3.74	4.21	3
인문	소비자경제학과	6	6	98	16.3	2.66	3.94		6	138	23.0	2.55	2.71	6	3	38	12.7			1
인문	아동복지학부*	8	8	140	17.5	2.74	4.03	6	7	130	18.6	2.56	3.17	1	4	100	25.0			
인문	가족자원경영학과*	5	5	73	14.6	3.06	4.40	1	5	65	13.0	2.64	3.45	1	2	23	11.5			
인문	독일언어·문화학과*	9	9	94	10.4	3.39	3.81	11	9	111	12.3	3.63	4.59	6	3	45	15.0			4
인문	르꼬르동블루외식경영전공	8	8	125	15.6	3.59	3.86	1	7	111	15.9	3.12	3.19	8	4	76	19.0	3.22	3.22	3
인문	중어중문학부*	15	14	188	13.4	3.91	4.48	23	14	199	14.2	4.39	4.61	17	7	136	19.4	2.59	4.28	2
인문	글로벌협력전공	12	12	218	18.2	4.22	4.29	13	12	270	22.5	3.36	3.61	24	11	168	15.3	3.94	4.09	12
인문	앙트러프러너십전공	9	9	142	15.8	4.25	4.45	9	9	117	13.0	3.85	4.43	7	8	93	11.6	3.21	3.41	9
인문	일본학과*	16	16	180	11.3	4.27	4.57	16	15	188	12.5	4.03	4.41	17	6	107	17.8	4.40	4.44	3
인문	문화관광학전공	9	8	134	16.8	4.58	4.61	5	7	103	14.7	3.68	4.03	3	4	69	17.3	2.77	2.77	4
자연	**지능형전자시스템전공**	13							13	86	6.6	2.50	2.60	13	4	28	7.0	3.30	3.30	2
자연	**신소재물리전공***	13							13	97	7.5	2.36	2.56	17	8	41	5.1	3.25	3.62	3
자연	약학부	20	22	737	33.5	1.67	2.10	14	22	568	25.8	1.87	2.15	8	15	468	31.2	1.57	2.15	8
자연	화학과*	10	10	163	16.3	1.91	2.19	6	9	123	13.7	2.06	2.53	10	4	92	23.0	2.55	2.55	2
자연	의류학과*	7	6	82	13.7	2.19	2.21	5	5	97	19.4	2.27	2.28	3	2	55	27.5			1
자연	생명시스템학부*	13	13	261	20.1	2.27	2.43	15	10	362	36.2	1.87	2.16	5	5	192	38.4	2.41	2.68	4
자연	식품영양학과*	8	8	145	18.1	2.27	2.70	12	7	139	19.9	2.31	2.45	11	4	89	22.3	3.58	3.58	3
자연	화공생명공학부	15	15	259	17.3	2.28	2.33	11	15	223	14.9	2.18	2.39	21	6	186	31.0	2.43	3.40	2
자연	통계학과	12	11	76	6.9	2.30	2.38	10	10	64	6.4	2.38	2.53	12	5	40	8.0	2.62	2.65	1
자연	수학과*	8	8	53	6.6	2.39	2.48	7	8	54	6.8	2.45	2.48	9	3	33	11.0			2
자연	기계시스템학부	14	13	139	10.7	2.79	2.83	8	12	90	7.5	2.84	3.52	10	5	32	6.4	2.85	2.97	4

■ (학생부종합) 소프트웨어인재

전형	모집인원	전형 방법	수능최저학력기준
소프트웨어인재	44	1단계)서류100%(3배수) 2단계)서류60%+면접40%	X

1. **지원자격**: 고교 졸업 (예정)자 또는 법령에 의해 고등학교 졸업과 동등 이상의 학력이 있는 자
2. **제출서류**: 학교생활기록부

◎ **전형요소**
● **서류 및 면접**: 숙명인재(면접형) 참고

■ 모집단위
※ 2021~2023 전형결과는 전년의 숙명인재(서류형)로 선발했을 때의 결과임 *' 표시 : 교직 이수 가능

계열	모집단위	2025	2024						2023						2022					
		모집인원	모집인원	지원인원	경쟁률	등록50%컷	등록70%컷	충원번호	모집인원	지원인원	경쟁률	등록50%컷	등록70%컷	충원번호	모집인원	지원인원	경쟁률	등록50%컷	등록70%컷	충원번호
자연	컴퓨터과학전공	15	15	101	6.7	2.41	2.85	6												
자연	인공지능공학부	18	18	147	8.2	2.61	2.66	11												
자연	데이터사이언스전공	11	11	79	7.2	2.63	2.66	8												

■ (논술) 논술우수자

전형	모집인원	전형 방법	수능최저학력기준
논술우수자	214	학생부교과10%+ 논술90%	○

1. **지원자격**: 고교 졸업(예정)자 또는 법령에 의해 고등학교 졸업과 동등 이상의 학력이 있다고 인정되는 자
2. **수능최저학력기준**:

> [국어, 수학, 영어, 사/과탐(1과목)] 중 2개 영역 등급 합 5 이내
> ▶ 약학부: 수학 포함 3개 영역 등급 합 4 이내

◎ 전형요소
● 학생부(100점: 최저점 75점)

반영요소 반영비율	반영교과목		교과성적 산출지표	학년별 반영비율
	구분	반영방법		
교과100%	공통 및 일반선택	국어, 영어, 수학, 사회(역사/도덕 포함), 과학, 한국사교과에 속한 전 과목	석차등급	학년 구분 없음
	진로선택	성취도를 등급으로 변환하여 상위 3개 과목 반영 ※ 성취도 환산등급 = A : 1등급, B : 3등급, C : 5등급	성취도	

구분	1등급	2등급	3등급	4등급	5등급	6등급	7등급	8등급	9등급
점수(100점)	100	98.9	97.8	96.6	95.4	90.4	85.9	81.9	75
등급 간 점수 차이	0	1.1	1.1	1.2	1.1	5.0	4.1	4.0	6.9

● 논술(900점: 최저점 675점)

구분	내용
유형	통합논술형
출제범위	고교 교육과정과 연계된 범위에서 통합적 사고력을 평가할 수 있도록 출제합니다. ※ 통합논술형은 국문의 제시문 혹은 자료의 기술양식, 제재 혹은 논제의 성격 등이 인문·사회과학적 특성과 자연과학적 특성이 통합된 형태입니다. 자연계 계열별 문제에는 풀이과정이나 정답을 요구하는 수리적 문제가 출제됩니다.
문항 수	- 인문계, 의류학과: 인문계열문항 2문항(세부 문항 있음) - 자연계(의류학과 제외): 자연계열문항 3문항 (세부 문항 있음)
시험시간	100분 이내
성적산출	평가위원 2인이 각각 9등급(최고 900점 ~ 최저 675점)으로 종합 평가합니다.

출제범위 표:

계열	형식
인문계, 의류학과	2015 개정 교육과정 내 공통과목 및 일반선택과목 반영 ※ 진로선택과목은 출제범위에서 제외
자연계 (의류학과 제외)	2015 개정 교육과정 내 공통과목 및 일반선택과목 반영(수학, 수학 I, 수학 II, 미적분) ※ 진로선택과목은 출제범위에서 제외

답안분량:

구분		형식
문항별 분량	인문계, 의류학과	원고지 형식, 전체 답안 분량은 1,800자 내외
	자연계(의류학과 제외)	노트형식

* 연필 또는 검정색 볼펜 사용 (지우개 사용 가능, 수정액 및 수정테이프 사용 불가)

☞ 보충설명
• 자연계열은 수학만 출제되며, 과학은 미출제. 수학에서는 미적분은 출제되지만, 확률과 통계와 기하는 미출제 되었음
• 약학부는 과학교과에서만 출제되며 수학은 미출제됨

◎ 전형결과

■ 전체

학년도	전체						인문					자연					
	모집인원	지원인원	경쟁률	최종평균		충원율	모집인원	지원인원	경쟁률	최종평균	충원율	모집인원	지원인원	경쟁률	최종평균		충원율
2022	227	7,796	34.34	4.00		24%	146	5,353	36.66	4.02	29%	81	2,443	30.16	3.98		19%
2023	227	8,689	38.28			30%	143	6,172	43.16		29%	84	2,517	29.96			31%
2024	217	8,743	40.29	4.05		30%	143	5,621	39.31	4.19	29%	74	3,122	42.19	3.90		31%
2025	214						142					72					

■ 변경사항 & 핵심포인트

[2025]

변경사항	2024	2025
모집인원	217명	214명(-3명)
(수능최저) 자연: 반영영역 변경	국어, 수학(미적분/기하), 영어, 과탐	국어, 수학, 영어, 사/과탐

- 수능최저: 자연계열 지원시 수학(확률과 통계), 사탐 응시자도 지원 가능
- 논술고사는 인문은 언어50%+ 통계50%, 자연은 수리100% 출제
  – 자연계열 수학 출제범위: 수학, 수학Ⅰ, 수학Ⅱ. 미적분, ※ 확률과 통계, 기하는 미출제, 약학부는 과학에서만 출제되었음
- 내신 5등급까지는 논술로 당락 결정. 인문은 언어논술, 자연은 수리논술(약학부는 과학논술)
- ➡ **합격자 성적분포:** 인문계열은 3등급 중반 ~ 5등급 초반, 자연계열은 3등급 중반 ~ 5등급 중반
- 실질 경쟁률: 인문은 16.7 대 1, 자연은 11.4 대 1로 최종 경쟁률의 약 1/3 수준으로 낮아짐.

'*' 표시 : 교직 이수 가능

■ 모집단위

계열	모집단위	2025	2024					2023					2022				
		모집인원	모집인원	지원인원	경쟁률	최종평균	충원번호	모집인원	지원인원	경쟁률	최종평균	충원번호	모집인원	지원인원	경쟁률	최종평균	충원번호
인문	경제학부*	4	4	139	34.8	3.33	2	5	194	38.8		2	7	282	40.3	4.31	
인문	독일언어·문화학과*	3	3	99	33.0	3.44		3	120	40.0		1	3	72	24.0	4.44	3
인문	가족자원경영학과*	3	3	111	37.0	3.69		3	122	40.7			3	91	30.3	3.77	2
인문	역사문화학과*	5	5	173	34.6	3.75	1	5	233	46.6			5	150	30.0	3.55	1
인문	일본학과*	3	3	106	35.3	3.84	3	3	111	37.0		2	3	85	28.3	3.87	1
인문	법학부	13	13	576	44.3	3.94	8	13	598	46.0		2	13	575	44.2	4.11	
인문	행정학과	5	5	183	36.6	3.97	2	5	192	38.4			5	189	37.8	4.01	1
인문	프랑스언어·문화학과*	4	4	134	33.5	3.98	1	4	159	39.8		2	4	122	30.5	4.25	
인문	홍보광고학과	7	7	290	41.1	4.07	1	7	306	43.7		2	7	311	44.4	4.12	1
인문	소비자경제학과	3	3	112	37.3	4.14	2	3	121	40.3		2	3	107	35.7	3.70	1
인문	정치외교학과*	3	3	109	36.3	4.16	2	3	119	39.7		2	3	91	30.3	4.82	2
인문	아동복지학부*	9	9	323	35.9	4.20	1	9	382	42.4		1	9	302	33.6	3.51	
인문	중어중문학부*	12	13	513	39.5	4.36	5	12	514	42.8		6	12	411	34.3	3.92	5
인문	문헌정보학과*	4	4	157	39.3	4.43		4	154	38.5		1	4	120	30.0	4.06	
인문	미디어학부	11	11	476	43.3	4.44	2	11	504	45.8			11	490	44.6	3.82	3
인문	문화관광학전공	4	4	156	39.0	4.44	2	4	163	40.8			5	155	31.0	3.94	2
인문	영어영문학전공*	11	11	423	38.5	4.46		11	488	44.4		6	11	373	33.9	4.20	6
인문	교육학부	8	8	298	37.3	4.56	2	8	351	43.9		1	8	270	33.8	3.87	6
인문	경영학부*	10	11	478	43.5	4.61	2	11	517	47.0		3	11	507	44.2	4.07	2
인문	한국어문학부*	12	12	434	36.2	4.72	3	11	481	43.7		5	11	365	33.2	3.83	5
인문	사회심리학과	3	3	164	54.7	4.76		3	149	49.7		3	3	134	44.47	4.67	
인문	르꼬르동블루외식경영전공	5	4	167	41.8	4.90	2	5	194	38.8		1	5	151	30.2	3.55	1
자연	약학부	4															
자연	수학과*	5	5	157	31.4	3.43	3	5	103	20.6		3	5	100	20.0	3.41	
자연	컴퓨터과학전공	6	6	252	42.0	3.49	1	6	210	35.0		1	6	192	32.0	3.86	
자연	인공지능공학부	7	7	316	45.1	3.56	2	8	235	29.4		4	8	248	31.0	4.04	2
자연	통계학과	4	4	148	37.0	3.65	7	4	101	25.3		1	4	90	22.5	3.74	2
자연	데이터사이언스전공	4	4	154	38.5	3.68		4	115	28.8		1	4	113	28.3	3.43	1
자연	기계시스템학부	6	7	300	42.9	3.76	3	8	220	27.5		4	8	226	28.3	4.08	2
자연	생명시스템학부*	5	5	230	46.0	3.78	1	5	181	36.2		1	5	165	33.0	4.07	1
자연	지능형전자시스템전공	6	6	243	40.5	3.91	3	6	151	25.2		1	6	173	28.8	4.35	2
자연	의류학과*	3	4	183	45.8	3.95		4	196	49.0		1	4	163	40.8	5.09	
자연	화학과*	5	5	189	37.8	3.98	1	5	112	22.4		1	5	126	25.2	4.01	
자연	식품영양학과*	6	6	236	39.3	4.08	1	6	172	28.7		5	6	168	28.0	4.07	2
자연	화공생명공학부	8	8	453	56.6	4.29	1	9	314	34.9		2	9	345	38.3	3.56	2
자연	신소재물리전공	3	3	113	37.7	4.38		3	65	21.7		4					

충청남도 아산시 신창면 순천향로 22
(Tel: 입학관리팀 041. 530-4942~5, 입학사정관팀 041. 530-4933~9, 4946~50)

Ⅰ. 한 눈에 보는 전형

모집시기	전형유형	전형	모집인원	전형 방법	수능최저학력기준
수시	교과	교과우수자	558	학생부교과100%	○
수시	교과	교과면접	220	1단계)학생부교과100%(5배수) 2단계)학생부교과60%+ 면접40%	X
수시	교과	지역인재	271	학생부교과100%	X(의예,간호○)
수시	교과	기회균형	90	학생부교과100%	X
수시	교과	기초생활수급자및차상위	38	학생부교과100%	X
수시	교과	농어촌학생	60	학생부교과100%	X
수시	교과	특성화고고졸업자	30	학생부교과100%	X
수시	교과	서해5도	10	학생부교과100%	X
수시	종합	일반학생	573	서류100%	X
수시	종합	지역인재	66	서류100%	X
수시	종합	지역인재-기초생활및차상위	6	서류100%	X
수시	종합	SW융합	12	1단계)서류100%(5배수) 2단계)서류70%+ 면접30%	X
수시	종합	기초생활수급자및차상위	4	서류100%	X
수시	종합	농어촌학생	4	서류100%	X
수시	종합	특성화고졸재직자	30	서류100%	X
수시	종합	평생학습자	10	서류100%	X
수시	종합	조기취업형계약학과	130	1단계)서류100%(5배수) 2단계)서류10%+ 면접90%	X
수시	실기/실적	실기우수자	89	▶스포츠과학과, 사회체육학과: 학생부30%+ 실기70% ▶스포츠의학과, 디지털애니메이션학과: 학생부40%+ 실기60% ▶공연영상학과: 학생부20%+ 실기80%	X
수시	실기/실적	특기자	9	학생부30%+ 경력및입상실적70%	X

(수시모집) 지원 가능 횟수	우리 대학 수시모집에 전형별 1회씩 총 6회까지 지원할 수 있음

■ 전형결과

※ 성적 산출기준: (수시) 교과 석차등급, (정시) 수능 백분위

모집시기	전형유형	전형	학년도	모집인원	지원인원	경쟁률	등록자 평균	등록자 최저	충원율
수시	교과	교과우수자	2024	766	4,497	5.87	3.80	4.50	179%
수시	교과	지역인재	2024	266	1,261	4.74	3.96	4.45	94%
수시	교과	교과면접	2024	220	1,740	7.91	3.86	4.25	96%
모집시기	전형유형	전형	학년도	모집인원	지원인원	경쟁률	최초합격자 평균	최초합격자 최저	충원율
수시	종합	일반학생	2024	350	4,404	12.58	4.48	5.37	157%
수시	종합	지역인재	2024	12	233	19.42	1.72	1.98	50%
수시	종합	SW융합	2024	12	85	7.08	5.57	6.17	25%
수시	종합	조기취업계약학과	2024	130	133	1.02	5.58	8.25	5%

■ (주요전형) 전형일정

유형	전형	원서접수 마감	대학별 고사(면접/논술)	1단계 합격자	최종 합격자
교과	교과우수자	9.13(금) 19:00			12.13(금)
교과	교과면접	9.13(금) 19:00	-10.19(토) SW융합대학, 의료과학대학, SCH미디어랩스 -10.20(일) 자연과학대학, 인문사회과학대학, 글로벌경영대학, 공과대학	10.15(화)	12.13(금)
교과	지역인재	9.13(금) 19:00			12.13(금)
종합	일반학생	9.13(금) 19:00			12.13(금)

유형	전형	원서접수 마감	대학별 고사(면접/논술)	1단계 합격자	최종 합격자
종합	지역인재	9.13(금) 19:00			12.13(금)
종합	SW융합	9.13(금) 19:00	10.19(토)	10.15(화)	12.13(금)
종합	조기취업형계약학과	9.13(금) 19:00	10.12(토) 창의라이프대학	10.08(화)	11.07(목)

Ⅱ. (수시모집) 주요 전형

■ (학생부교과) 교과우수자

전형	모집인원	전형 방법	수능최저학력기준
교과우수자	558	학생부교과100%	○

1. **지원자격**: 국내 고등학교 졸업자(2025년 2월 졸업예정자 포함) 및 관련 법령에 의한 동등 이상의 학력이있는 자
2. **수능 최저 학력 기준**

> 인 [국어, 수학, 영어] 3개 영역 중 1개 영역 5등급 이내
> 자 [국어, 수학, 영어] 3개 영역 중 1개 영역 5등급 이내
> ▶ 의료과학대학: [국어, 수학, 영어] 3개 영역 중 1개 영역 4등급 이내
> ▶ 간호학과: [국어, 수, 영어, 사/과탐(2과목 평균)] 중 3개 영역 등급 합 10 이내
> ▶ 의예과 : [국어, 수학, 영어, 사/과탐(2과목 평균)] 4개 영역 등급 합 6 이내
> ※ 의예과는 수학 영역 선택 과목이 '미적분' 또는 '기하'가 아닌 경우 수학 등급에서 0.5등급 하향 조정 반영함
> ※ 의예과 지원자의 탐구 영역 2개 과목이 모두 '과학탐구'가 아닌 경우 탐구 2개 과목 평균 등급에서 0.5등급 하향 조정 반영함

◎ 전형요소
● 학생부

반영요소 반영비율	반영교과목		교과성적 산출지표	학년별 반영비율
	구분	반영방법		
교과100%	공통 및 일반선택	국어, 영어, 수학, 사회(한국사 포함), 과학 중 상위 3개 교과 전 과목 ※ 반영 학기: (교과) 졸업예정자 및 졸업자 모두 3학년 1학기까지	석차등급	학년 구분 없음
	진로선택	반영교과 중 성취도 우수 3과목 ※ 성취도별 등급(변환점수) = A : 1등급, B : 3등급, C : 5등급	성취도	

◎ 전형결과
■ 전체

학년도	전체						인문						자연					
	모집 인원	지원 인원	경쟁 률	등록 평균	등록 최저	충원 율	모집 인원	지원 인원	경쟁 률	등록 평균	등록 최저	충원 율	모집 인원	지원 인원	경쟁 률	등록 평균	등록 최저	충원 율
2022	785	6,117	7.79	3.35	3.90	206%	254	1,987	7.82	3.26	3.81	221%	531	4,130	7.77	3.43	3.99	191%
2023	597	4,017	6.73	3.55	4.11	180%	203	1,248	6.15	3.49	4.06	180%	394	2,769	7.03	3.60	4.16	179%
2024	766	4,497	5.87	3.80	4.50	179%	261	1,539	5.90	3.87	4.66	179%	505	2,958	5.86	3.73	4.33	178%
2025	558						189						369					

■ [계열별] 실질 경쟁률(충원율 반영)

계열	학년도	모집인원	지원인원	경쟁률	수능최저 충족율	(수능최저 충족율 반영) 경쟁률	충원율	(충원율 반영) 실질 경쟁률
인문	2022	254	1,987	7.82	67.86%	5.31	221%	1.65
	2023	203	1,248	6.15	71.23%	4.38	180%	1.56
	2024	261	1,539	5.90	75.84%	4.47	179%	1.60
자연	2022	531	4,130	7.77	65.95%	5.12	191%	1.76
	2023	394	2,769	7.03	66.33%	4.66	179%	1.67
	2024	505	2,958	5.86	74.69%	4.33	178%	1.56

■ [학과별] 수능최저학력기준 통과율

계열	계열 평균	모집단위
인문	75.84%	유아교육과 68.2%, 특수교육과 78.1%, 청소년교육·상담학과 73.1%, 법학과 89.4%, 행정학과 86.4%, 경찰행정학과 84.5%, 사회복지학과 66.7%, 경영학과 78.6%, 국제통상학과 82.8%, 관광경영학과 77.9%, 경제금융학과 70.9%, IT금융·경영학과 64.0%, 글로벌문화산업학과 61.8%, 회계학과 70.0%, 한국문화콘텐츠학과 77.4%, 영미학과 86.8%, 중국학과 72.6%, 미디어커뮤니케이션학과 75.9%
자연	74.69%	의예과 30.7%, 간호학과 34.9%, 화학과 92.7%, 식품영양학과 71.4%, 환경보건학과 83.9%, 생명과학과 83.6%, 컴퓨터공학과 80.2%, 정보통신공학과 80.3%, 전자공학과 78.8%, 전기공학과 78.8%, 전자정보공학과 88.2%, 나노화학공학과 79.3%, 에너지환경공학과 83.3%, 디스플레이신소재공학과 79.7%, 기계공학과 83.2%, 컴퓨터소프트웨어공학과 89.5%, 정보보호학과 84.1%, 의료IT공학과 86.3%, AI·빅데이터학과 79.3%, 사물인터넷학과 77.1%, 메타버스&게임학과 62.2%, 보건행정경영학과 55.6%, 의료생명공학과 81.6%, 임상병리학과 78.9%, 작업치료학과 60.4%, 의약공학과 84.9%, 의공학과 56.2%, 건축학과(5년) 74.1%, 스마트자동차학과 59.1%, 에너지공학과 82.5%

■ 변경사항 & 핵심포인트

[2025]

변경사항	2024	2025
모집인원	766명	558명(-208명)
진로선택과목 환산등급 변경	A : 1등급, B : 2등급, C : 3등급	A : 1등급, B : 3등급, C : 5등급

➡ 합격자 성적분포: 인문계열은 3등급 중반 ~ 4등급 중반, 자연계열은 3등급 중반 ~ 4등급 중반
- 전년도에 수능최저가 완화(2개 등급 합 9/10 -> 1개 5등급)되었음에도 합격자 성적은 다소 하락하였음. 2024 성적 참고하여 지원

■ 모집단위

'*' 표시 : 교직 이수 가능

계열	모집단위	2025 모집인원	2024 모집인원	2024 지원인원	2024 경쟁률	2024 등록평균	2024 등록최저	2024 충원번호	2023 모집인원	2023 지원인원	2023 경쟁률	2023 등록평균	2023 등록최저	2023 충원번호	2022 모집인원	2022 지원인원	2022 경쟁률	2022 등록평균	2022 등록최저	2022 충원번호
인문	경찰행정학과	6	8	58	7.3	2.19	2.55	9	6	116	19.3	2.16	2.33	16	9	143	15.9	2.14	2.36	21
인문	청소년교육상담학과*	6	10	67	6.7	3.16	3.72	17	6	31	5.2	3.03	3.65	18	10	82	8.2	2.40	3.00	14
인문	경영학과	9	13	103	7.9	3.20	3.59	38	11	102	9.3	3.39	3.87	35	18	123	6.8	3.10	3.63	44
인문	법학과	9	11	47	4.3	3.24	3.85	21	11	66	6.0	3.06	3.57	18	12	68	5.7	2.99	3.63	29
인문	미디어커뮤니케이션학과	11	14	112	8.0	3.30	3.68	53	12	96	8.0	3.07	3.70	32	14	113	8.1	2.86	3.43	44
인문	국제통상학과	22	30	128	4.3	3.70	4.29	50	22	90	4.1	3.70	4.35	33	29	178	6.1	3.72	4.14	61
인문	특수교육과	7	11	32	2.9	3.80	4.78	14	7	46	6.6	3.22	3.65	18	13	122	9.4	3.11	3.61	47
인문	유아교육과	10	13	44	3.4	3.82	5.08	17	10	60	6.0	3.12	3.70	23	17	116	6.8	2.88	3.43	27
인문	관광경영학과	13	20	172	8.6	3.87	4.19	35	12	87	7.3	4.30	4.70	31	15	244	16.3	3.78	4.14	61
인문	영미학과	15	20	137	6.9	4.01	4.59	42	17	60	3.5	4.48	5.28	30	18	111	6.2	3.82	4.38	26
인문	행정학과	9	13	44	3.4	4.02	5.02	25	9	61	6.8	3.14	3.69	14	13	110	8.5	3.22	3.80	37
인문	IT금융경영학과	17	22	292	13.3	4.18	4.53	37	22	85	3.9	4.49	6.51	29	21	104	5.0	3.71	4.16	31
인문	회계학과	7	9	30	3.3	4.22	5.75	11	5	25	5.0	3.44	4.06	9	8	37	4.6	3.12	3.60	9
인문	사회복지학과	8	10	45	4.5	4.35	4.62	19	8	77	9.6	3.35	3.63	16	10	64	6.4	3.20	3.83	15
인문	경제금융학과	15	23	79	3.4	4.39	6.09	30	18	71	3.9	3.82	4.17	23	20	111	5.6	3.80	4.20	34
인문	중국학과	11	15	84	5.6	4.40	5.04	29	12	57	4.8	4.42	5.14	13	13	56	4.3	4.14	5.18	28
인문	한국문화콘텐츠학과	6	9	31	3.4	4.73	5.44	10	5	26	5.2	3.20	3.50	2	7	164	23.4	3.06	3.56	13
인문	글로벌문화산업학과	8	10	34	3.4	5.01	6.98	10	10	92	9.2	3.42	3.66	5	7	41	5.9	3.69	4.58	21
자연	헬스케어융합전공	9																		
자연	바이오의약전공	10																		
자연	탄소중립학과	10																		
자연	의예과	12	18	202	11.2	1.00	1.00	31	20	251	12.6	1.00	1.00	21	20	283	14.2	1.00	1.00	31
자연	임상병리학과	8	14	90	6.4	2.03	2.38	29	10	135	13.5	2.08	2.41	13	15	152	10.1	2.23	2.70	48
자연	간호학과*	10	18	192	10.7	2.07	2.29	24	20	176	8.8	2.09	2.42	27	14	355	25.4	1.85	2.00	33
자연	의약공학과	9	11	53	4.8	3.01	3.33	16	10	48	4.8	3.25	3.68	20	13	61	4.7	3.01	3.40	16
자연	의료생명공학과	11	16	76	4.8	3.22	3.50	20	7	58	8.3	3.30	3.86	28	16	155	9.7	2.95	3.41	29
자연	식품영양학과*	10	13	56	4.3	3.34	3.80	14	11	99	9.0	3.34	3.73	23	13	87	6.7	3.43	4.08	33
자연	화학과*	8	9	42	4.7	3.64	4.17	20	9	62	6.9	3.47	4.46	22	14	47	3.4	3.48	5.00	19
자연	컴퓨터소프트웨공학과*	14	20	76	3.8	3.66	4.31	41	17	111	6.5	3.32	3.92	38	23	169	7.4	3.33	3.88	53
자연	작업치료학과	9	15	159	10.6	3.68	3.98	44	10	77	7.7	3.82	4.31	19	15	193	12.9	3.08	3.40	22
자연	컴퓨터공학과*	15	22	86	3.9	3.72	4.79	41	19	143	7.5	3.14	3.57	27	23	171	7.4	3.38	3.94	67
자연	전기공학과*	16	24	170	7.1	3.80	4.27	32	28	132	4.7	4.21	4.93	54	35	178	5.1	3.79	4.30	78
자연	전자공학과	14	22	118	5.4	3.83	4.28	45	16	123	7.7	3.77	4.28	47	26	195	7.5	3.81	4.38	77
자연	건축학과(5년제)	7	10	58	5.8	3.84	4.84	31	6	47	7.8	3.06	3.58	19	12	89	7.4	2.99	3.65	16

계열	모집단위	2025 모집인원	2024 모집인원	2024 지원인원	2024 경쟁률	2024 등록평균	2024 등록최저	2024 충원번호	2023 모집인원	2023 지원인원	2023 경쟁률	2023 등록평균	2023 등록최저	2023 충원번호	2022 모집인원	2022 지원인원	2022 경쟁률	2022 등록평균	2022 등록최저	2022 충원번호
자연	생명과학과*	15	19	67	3.5	3.84	4.82	32	17	156	9.2	3.43	3.78	26	32	133	4.2	3.65	4.44	62
자연	정보보호학과	14	20	69	3.5	3.87	4.70	29	13	59	4.5	3.50	4.41	21	22	144	6.6	3.34	4.00	23
자연	의공학과	6	11	73	6.6	3.87	4.20	17	5	17	3.4	4.20	4.51	20	9	49	5.4	3.73	4.31	15
자연	AI·빅데이터학과	9	12	82	6.8	3.93	4.33	28	9	44	4.9	3.86	4.45	12	12	44	3.7	3.76	4.60	19
자연	보건행정경영학과	10	16	72	4.5	3.93	4.33	28	7	76	10.9	3.09	3.23	12	18	250	13.9	3.07	3.41	39
자연	의료IT공학과	12	19	73	3.8	3.97	4.45	24	17	64	3.8	3.96	4.76	8	19	92	4.8	3.69	4.18	17
자연	환경보건학과*	13	20	112	5.6	4.02	4.33	32	15	99	6.6	4.19	4.66	36	14	208	14.9	3.99	4.44	17
자연	나노화학공학과*	11	19	58	3.1	4.08	5.72	27	10	57	5.7	3.17	3.84	17	19	125	6.6	3.39	3.89	35
자연	디스플레이신소재공학과	14	21	74	3.5	4.16	5.18	30	17	102	6.0	3.92	4.17	33	21	120	5.7	3.92	4.50	56
자연	정보통신공학과*	14	20	81	4.1	4.16	4.87	33	17	120	7.1	4.26	4.71	29	20	288	14.4	4.25	4.53	29
자연	기계공학과*	12	18	101	5.6	4.22	5.05	60	8	62	7.8	3.87	4.44	22	18	134	7.4	3.72	4.37	60
자연	메타버스&게임학과	10	15	143	9.5	4.30	4.70	33	16	94	5.9	4.26	5.25	19						
자연	에너지공학과	12	16	97	6.1	4.36	4.68	27	9	59	6.6	4.57	5.23	14	17	58	3.4	4.36	5.29	14
자연	사물인터넷학과	11	15	166	11.1	4.41	4.75	16	13	52	4.0	5.05	5.93	15	15	57	3.8	4.13	4.81	20
자연	전자정보공학과*	12	20	93	4.7	4.51	4.78	33	16	140	8.8	4.41	4.65	39	24	103	4.3	4.30	4.94	26
자연	스마트자동차학과	12	17	159	9.4	4.56	5.09	29	12	53	4.4	4.66	6.33	8	15	122	8.1	4.08	4.50	31
자연	에너지환경공학과	10	15	60	4.0	4.72	7.03	35	10	53	5.3	3.69	4.26	16	17	68	4.0	3.73	4.33	27

■ (학생부교과) 교과면접

전형	모집인원	전형 방법	수능최저학력기준
교과면접	220	1단계)학생부교과100%(5배수) 2단계)학생부교과60%+ 면접40%	X

1. **지원자격**: 국내 고등학교 졸업자(2025년 2월 졸업예정자 포함) 및 관련 법령에 의한 동등 이상의 학력이있는 자

◎ 전형요소
● 학생부(1,000점: 최저점 800점)

반영요소 반영비율	반영교과목		교과성적 산출지표	학년별 반영비율
	구분	반영방법		
교과100%	공통 및 일반선택	국어, 영어, 수학, 사회(한국사 포함), 과학 중 상위 3개 교과 전 과목 ※ 반영 학기: (교과) 졸업예정자 및 졸업자 모두 3학년 1학기까지	석차등급	학년 구분 없음
	진로선택	반영교과 중 성취도 우수 3과목 ※ 성취도별 등급(변환점수) = A : 1등급, B : 3등급, C : 5등급		

● 면접(400점: 최저점 320점)
 1. **평가방법**: 사전에 공개된 문항을 통해 전공적합성, 발전가능성, 의사소통능력을 평가
 2. **평가요소 및 반영비율**:

평가항목	반영비율	평가내용	
전공적합성	50.0%	• 전공에 대한 관심과 열정	• 지속적인 전공 관련 활동
발전가능성	37.5%	• 구체적인 진로목표	• 대학생활 계획
의사소통능력	12.5%	• 정확한 의사전달 및 표현 능력	• 면접관의 질문 이해 능력

◎ 전형결과
■ 전체

학년도	전체 모집인원	전체 지원인원	전체 경쟁률	전체 등록평균	전체 등록최저	전체 충원율	인문 모집인원	인문 지원인원	인문 경쟁률	인문 등록평균	인문 등록최저	인문 충원율	자연 모집인원	자연 지원인원	자연 경쟁률	자연 등록평균	자연 등록최저	자연 충원율
2022																		
2023	545	2,102	3.86	4.04	4.82	71%	207	942	4.55	3.83	4.61	66%	338	1,160	3.43	4.25	5.03	76%
2024	220	1,740	7.91	3.86	4.25	96%	90	801	8.90	3.66	4.10	112%	130	939	7.22	4.05	4.39	80%
2025	220						88						132					

[2025]

변경사항	2024	2025
모집인원	220명	220명
진로선택과목 환산등급 변경	A : 1등급, B : 2등급, C : 3등급	A : 1등급, B : 3등급, C : 5등급
(학생부) 반영교과목 변경	국어, 영어, 수학, 사회(한국사 포함), 과학 중 상위 15과목 (진로선택과목: 미반영)	국어, 영어, 수학, 사회(한국사 포함), 과학 중 상위 3개 교과 전 과목 (진로선택과목: 상위 3과목)

➡ **합격자 성적분포:** 인문계열은 3등급 중반 ~ 4등급 초반, 자연계열은 4등급 초반 ~ 4등급 후반

■ 모집단위

'＊' 표시 : 교직 이수 가능

계열	모집단위	2025 모집인원	2024 모집인원	지원인원	경쟁률	등록평균	등록최저	충원번호	2023 모집인원	지원인원	경쟁률	등록평균	등록최저	충원번호	2022 모집인원	지원인원	경쟁률
인문	경찰행정학과	4	4	45	11.3	2.35	2.52	10	10	167	16.7	2.41	2.72	7			
인문	미디어커뮤니케이션학과	6	7	100	14.3	3.17	3.52	13	14	104	7.4	3.36	4.30	8			
인문	법학과	4	5	86	17.2	3.27	3.43	6	10	35	3.5	4.26	4.88	5			
인문	회계학과	4	4	22	5.5	3.34	4.77	5	12	25	2.1	3.79	4.79	6			
인문	유아교육과	4	4	26	6.5	3.34	3.50	2	10	76	7.6	3.41	3.91	4			
인문	청소년교육·상담학과＊	5	5	44	8.8	3.38	3.54	3	8	51	6.4	3.44	4.48	3			
인문	경영학과	5	5	52	10.4	3.56	3.80	7	14	67	4.8	3.69	4.66	16			
인문	글로벌문화산업학과	4	4	35	8.8	3.57	4.53	8	10	36	3.6	4.00	4.61	6			
인문	행정학과	4	5	32	6.4	3.65	3.82	3	10	28	2.8	3.47	4.24	9			
인문	사회복지학과	5	5	59	11.8	3.66	3.73	5	10	56	5.6	3.75	4.33	6			
인문	한국문화콘텐츠학과	4	4	24	6.0	3.78	4.18	6	7	27	3.9	3.69	4.11	2			
인문	국제통상학과	7	7	70	10.0	3.83	4.33	7	14	43	3.1	4.55	5.24	13			
인문	관광경영학과	5	5	42	8.4	3.93	4.39	8	14	60	4.3	4.06	4.59	9			
인문	특수교육과	4	3	16	5.3	4.04	4.70	2	8	32	4.0	3.53	4.32	8			
인문	영미학과	6	6	32	5.3	4.21	4.67	4	14	30	2.1	3.96	5.32	8			
인문	중국학과	6	6	50	8.3	4.22	5.08	5	14	32	2.3	5.27	6.54	13			
인문	경제금융학과	5	5	29	5.8	4.25	4.50	5	14	36	2.6	4.06	5.11	8			
인문	IT금융경영학과	6	6	37	6.2	4.28	4.74	2	14	37	2.6	4.32	4.88	5			
자연	임상병리학과	5	4	46	11.5	2.41	2.54	1	10	106	10.6	2.41	2.89	5			
자연	의료생명공학과	5	4	18	4.5	3.32	3.64	2	14	34	2.4	3.40	4.16	10			
자연	의약공학과	4	4	39	9.8	3.36	3.46	5	12	33	2.8	4.08	4.94	5			
자연	컴퓨터소프트웨어공학과＊	5	5	46	9.2	3.47	3.82	4	12	52	4.3	4.07	5.19	11			
자연	건축학과(5년제)	4	4	35	8.8	3.54	3.74	4	10	57	5.7	3.54	4.10	10			
자연	식품영양학과＊	5	5	50	10.0	3.62	4.02	6	14	66	4.7	3.98	4.73	18			
자연	작업치료학과	5	4	51	12.8	3.69	3.89	3	12	74	6.2	3.71	4.40	11			
자연	보건행정경영학과	5	4	28	7.0	3.72	3.96	2	14	76	5.4	3.50	3.93	9			
자연	컴퓨터공학과＊	5	5	58	11.6	3.90	4.20	1	14	52	3.7	4.19	5.02	10			
자연	전기공학과＊	5	5	28	5.6	3.91	4.26	7	8	25	3.1	4.65	4.92	8			
자연	생명과학과＊	5	6	38	6.3	3.93	4.35	10	10	52	5.2	3.98	4.80	5			
자연	나노화학공학과＊	5	5	37	7.4	3.95	4.48	4	14	27	1.9	4.62	5.56	8			
자연	기계공학과＊	5	5	50	10.0	4.00	4.26	8	14	36	2.6	4.63	5.80	14			
자연	AI·빅데이터공학과	4	4	42	10.5	4.10	4.75	2	12	27	2.3	4.88	5.63	8			
자연	화학과＊	3	4	13	3.3	4.12	4.73	3	9	25	2.8	3.78	4.46	8			
자연	디스플레이신소재공학과	5	5	22	4.4	4.22	4.56	4	14	30	2.1	4.53	5.52	14			
자연	에너지환경공학과	4	4	40	10.0	4.23	4.55	2	14	29	2.1	4.99	6.46	13			
자연	전자공학과	5	5	24	4.8	4.30	4.75	5	14	41	2.9	4.53	4.92	15			
자연	의료IT공학과	5	5	30	6.0	4.30	4.59	6	12	29	2.4	4.47	5.27	5			
자연	환경보건학과＊	5	5	35	7.0	4.39	4.66	2	14	35	2.5	4.63	5.19	9			
자연	전자정보공학과＊	5	5	20	4.0	4.45	4.74	3	12	33	2.8	4.68	5.45	6			
자연	정보통신공학과＊	5	5	23	4.6	4.46	4.81	3	12	31	2.6	4.74	5.64	16			
자연	의공학과	4	4	37	9.3	4.56	4.88	3	9	18	2.0	4.76	6.44	5			
자연	메타버스&게임학과	4	4	29	7.3	4.64	4.82	3	6	43	7.2	3.87	4.97	2			
자연	에너지공학과	5	5	26	5.2	4.65	4.95		14	26	1.9	5.02	5.68	2			
자연	정보보호학과	5	5	24	4.8	4.67	5.16	5	12	32	2.7	3.75	4.70	6			
자연	사물인터넷학과	5	5	27	5.4	4.73	4.96	1	12	31	2.6	4.86	5.25	7			
자연	스마트자동차학과	5	5	23	4.6	4.84	5.36	5	14	40	2.9	4.64	4.94	14			

■ (학생부교과) 지역인재

전형	모집인원	전형 방법	수능최저학력기준
지역인재	271	학생부교과100%	X(의예, 간호○)

1. **지원자격:** 충남, 충북, 대전, 세종 지역 소재 고등학교*에서 입학부터 졸업까지의 전 교육과정을 이수한국내 고등학교 졸업자(2025년 2월 졸업예정자 포함

2. **수능최저학력기준:**

> ▸ 의예과 : [국어, 수학, 영어, 사/과탐(1과목)] 4개 영역 등급 합 6 이내
> ▸ 간호학과 : [국어, 수학, 영어, 사/과탐(1과목)] 중 3개 영역 등급 합 10 이내
> ※ 의예과 지원자의 수학 영역 선택 과목이 '미적분' 또는 '기하'가 아닌 경우 수학 등급에서 0.5등급 하향 조정 반영함
> ※ 의예과 지원자의 선택된(최우수 등급) 탐구 1개 과목이 '과학탐구'가 아닌 경우 탐구 1개 과목 등급에서 0.5등급 하향 조정 반영함

◎ 전형요소
● **학생부:** 교과우수자전형 참고

◎ 전형결과
■ 전체

학년도	전체						인문						자연					
	모집인원	지원인원	경쟁률	등록평균	등록최저	충원율	모집인원	지원인원	경쟁률	등록평균	등록최저	충원율	모집인원	지원인원	경쟁률	등록평균	등록최저	충원율
2022	31	296	9.55	1.45	1.62	142%							31	296	9.55	1.45	1.62	142%
2023	47	312	6.64	1.76	1.95	87%							47	312	6.64	1.76	1.95	87%
2024	266	1,261	4.74	3.96	4.45	94%	94	461	5.07	3.84	4.33	99%	172	800	4.65	4.08	4.56	89%
2025	271						93						178					

■ [학과별] 실질 경쟁률(지원자 중 수능최저 충족인원)

모집단위	모집인원	지원인원	경쟁률	수능최저충족율	실질경쟁률
의예과	31	194	6.3	32.0%	2.10
간호학과	16	107	6.7	43.9%	2.94

■ 변경사항 & 핵심포인트

[2025]

변경사항	2024	2025
모집인원	266명	271명(+5명)
명칭변경	메타버스	지역인재

➡ **합격자 성적분포:** 인문계열은 3등급 후반 ~ 4등급 중반, 자연계열은 4등급 초반 ~ 4등급 후반.

'*' 표시 : 교직 이수 가능

■ 모집단위

계열	모집단위	2025 모집인원	2024 모집인원	2024 지원인원	2024 경쟁률	2024 등록평균	2024 등록최저	2024 충원번호	2023 모집인원	2023 지원인원	2023 경쟁률	2023 등록평균	2023 등록최저	2023 충원번호	2022 모집인원	2022 지원인원	2022 경쟁률	2022 등록평균	2022 등록최저	2022 충원번호
인문	경찰행정학과	6	6	46	7.7	2.40	2.58	5												
인문	미디어커뮤니케이션학과	8	8	48	6.0	3.04	3.54	3												
인문	경영학과	6	6	38	6.3	3.05	3.84	9												
인문	청소년교육상담학과*	7	7	40	5.7	3.24	4.13	15												
인문	사회복지학과	7	9	39	4.3	3.56	4.38	10												
인문	법학과	6	6	24	4.0	3.61	4.31	3												
인문	IT금융경영학과	5	5	29	5.8	3.69	4.33	2												
인문	유아교육과	7	7	29	4.1	3.80	4.13	8												
인문	관광경영학과	6	5	27	5.4	3.85	4.36	9												
인문	국제통상학과	6	6	27	4.5	3.88	4.26	3												
인문	행정학과	6	6	24	4.0	3.97	4.74	12												
인문	경제금융학과	4	4	16	4.0	4.16	5.05	5												
인문	한국문화콘텐츠학과	4	4	12	3.0	4.19	4.45	1												
인문	특수교육과	3	3	11	3.7	4.23	4.62	1												
인문	글로벌문화산업학과	3	3	9	3.0	4.29	4.62	1												
인문	중국학과	3	3	15	5.0	4.60	4.63	1												
인문	회계학과	3	3	12	4.0	4.61	4.89	2												
인문	영미학과	3	3	15	5.0	5.02	5.06	3												

계열	모집단위	2025 모집인원	2024 모집인원	지원인원	경쟁률	등록평균	등록최저	충원번호	2023 모집인원	지원인원	경쟁률	등록평균	등록최저	충원번호	2022 모집인원	지원인원	경쟁률	등록평균	등록최저	충원번호
자연	헬스케어융합전공	3																		
자연	탄소중립학과	4																		
자연	바이오의약전공	4																		
자연	의예과	36	31	194	6.3	1.06	1.14													
자연	*간호학과*	*11*	*16*	107	6.7	2.40	2.66													
자연	임상병리학과	5	5	28	5.6	2.45	2.59													
자연	의료생명공학과	4	4	13	3.3	2.97	3.73													
자연	의약공학과	5	5	21	4.2	3.03	3.53													
자연	보건행정경영학과	4	5	20	4.0	3.23	3.79													
자연	전기공학과*	5	5	24	4.8	3.28	4.12													
자연	작업치료학과	5	5	32	6.4	3.58	4.14													
자연	식품영양학과*	5	5	29	5.8	3.59	4.19													
자연	메타버스&게임학과	4	4	24	6.0	4.01	4.22													
자연	컴퓨터공학과*	5	5	17	3.4	4.11	4.53													
자연	건축학과(5년제)	6	7	25	3.6	4.19	4.68													
자연	나노화학공학과*	4	4	13	3.3	4.20	4.29													
자연	의료IT공학과	3	3	10	3.3	4.20	4.31													
자연	디스플레이신소재공학과	4	4	13	3.3	4.25	5.38													
자연	전자공학과	4	4	16	4.0	4.27	4.69													
자연	정보보호학과	4	4	10	2.5	4.28	4.53													
자연	생명과학과*	6	6	17	2.8	4.43	5.46													
자연	환경보건학과*	5	6	22	3.7	4.46	4.79													
자연	의공학과	2	2	7	3.5	4.68	4.72													
자연	전자정보공학과*	4	4	15	3.8	4.79	5.22													
자연	에너지환경공학과	4	4	13	3.3	4.81	5.16													
자연	AI·빅데이터공학과	4	4	17	4.3	4.82	5.27													
자연	기계공학과*	5	5	24	4.8	4.96	5.31													
자연	정보통신공학과*	4	4	13	3.3	4.97	5.87													
자연	컴퓨터소프트웨어공학과*	6	6	17	2.8	4.98	6.81													
자연	화학과*	3	4	11	2.8	4.99	5.63													
자연	스마트자동차학과	4	4	20	5.0	5.02	5.17													
자연	에너지공학과	2	2	7	3.5	5.14	5.38													
자연	사물인터넷학과	4	5	21	4.2	5.24	5.35													

■ (학생부종합) 일반학생

전형	모집인원	전형 방법	수능최저학력기준
일반학생	573	서류100%	X

1. **지원자격**: 국내 고등학교 졸업자(2025년 2월 졸업예정자 포함) 및 관련 법령에 의한 동등 이상의 학력이있는 자
2. **제출서류**: 학교생활기록부

◎ 전형요소
● 서류(700점)
　1. **평가방법**: 학교생활기록부의 교과 및 비교과 영역을 2인 이상의 평가자가 종합적·정성적으로 평가
　2. **평가요소 및 반영비율**: ※ 반영비율(학업역량30%, 진로역량40%, 공동체역량30%)은 확정이 아니므로 추후 수시요강 통해 확인 바람

평가항목	반영비율	평가항목	평가내용	평가자료(학생부)
학업역량	40	학업성취도	– 고교 교육과정에서 이수한 교과의 성취 수준이나 학업 발전의 정도	– 교과학습발달상황 – 세부능력및특기사항 – 출신고교 교육과정 편성표
		학업태도 및 의지	– 학업을 수행하고 학습해 나가려는 의지와 노력	
진로역량	40	전공(계열)관련 교과 이수 노력 및 성취도	– 고교 교육과정에서 전공(계열)에 필요한 과목을 선택하여 이수한 정도 – 고교 교육과정에서 전공(계열)에 필요한 과목을 수강하고 취득한 학업 성취 수준	– 교과학습발달상황 – 세부능력및특기사항 – 출신고교 교육과정 편성표
		진로 탐색 활동과 경험	– 자신의 진로를 탐색하는 과정에서 이루어진 활동이나 경험 및 노력 정도	– 창의적체험활동 – 세부능력및특기사항 – 출신고교 교육과정 편성표

평가항목	반영비율	평가항목	평가내용	평가자료(학생부)
공동체역량	20	협업과 소통 능력	- 공동체의 목표를 달성하기 위해 협력하며, 구성원들과 합리적인 의사소통을 할 수 있는 능력	- 창의적체험활동 - 세부능력및특기사항 - 출신고교 교육과정 편성표
		성실성과 규칙준수	- 책임감을 바탕으로 자신의 의무를 다하고, 공동체의 기본 윤리와 원칙을 준수하는 태도	- 출결상황 - 창의적체험활동 - 세부능력및특기사항 - 출신고교 교육과정 편성표

☞ **보충설명**

- 학업역량(40%) = 진로역량(40%) > 공동체역량(20%) 순으로 반영. 진로역량이 중요함
- 진로역량(40%)은 학과 교수님과 사정관과 함께 참여함. 전공에 대한 관심과 활동을 보이는 것이 중요함
  - 대학 인재상 보다는 모집단위 인재상이 중요하고, 진로역량에서 좋은 평가 받으면 발전가능성도 좋은 평가 받는 경우가 많음
  - 진로역량에서 변별력 생김. 학과 교수님들에 서류평가에 참여함으로서 학과에 적합한 학생 선발
- 학업역량(40%)은 관련 교과목 성적, 성적 추이, 관련 활동 등을 평가하는 데 모집요강에 나와 있음. 반드시 살필 것

◎ **전형결과**

■ **전체**

학년도	전체						인문						자연					
	모집인원	지원인원	경쟁률	최초평균	최초최저	충원율	모집인원	지원인원	경쟁률	최초평균	최초최저	충원율	모집인원	지원인원	경쟁률	최초평균	최초최저	충원율
2022	415	3,253	7.84	4.43	5.54	84%	170	1,250	7.35	4.44	5.47	87%	245	2,003	8.18	4.41	5.61	80%
2023	340	2,700	7.94	4.61	5.56	79%	137	1,087	7.93	4.61	5.54	71%	203	1,613	7.95	4.60	5.57	87%
2024	350	4,404	12.58	4.48	5.37	157%	143	1,786	12.49	4.51	5.47	164%	207	2,618	12.65	4.45	5.27	149%
2025	573						199						374					

■ **변경사항 & 핵심포인트**

[2025]

변경사항	2024	2025
모집인원	350명	573명(+ 223명)
서류 평가요소 변경	학업역량20%, 전공적합성30%, 인성20%, 발전가능성30%	학업역량40%, 진로역량40%, 공동체역량20%

➡ **합격자 성적분포**: 인문계열은 4등급 중반 ~ 5등급 중반, 자연계열은 4등급 중반 ~ 5등급 중반

[2024]

변경사항	2023	2024
전형방법 변경	1단계)서류100%(4배수) 2단계)서류70%+ 면접30%	서류100%

■ **모집단위**

'*'표시 : 교직 이수 가능

계열	모집단위	2025	2024						2023						2022					
		모집인원	모집인원	지원인원	경쟁률	최초평균	최초최저	충원번호	모집인원	지원인원	경쟁률	최초평균	최초최저	충원번호	모집인원	지원인원	경쟁률	최초평균	최초최저	충원번호
인문	경찰행정학과	9	8	248	31.0	3.21	4.14	29	7	145	20.7	3.20	3.70	3	9	210	23.3	3.00	3.69	13
인문	법학과	9	8	88	11.0	4.01	4.62	12	7	40	5.7	4.20	5.35	2	8	57	7.1	4.07	4.80	5
인문	미디어커뮤니케이션학과	16	14	221	15.8	4.05	4.45	18	12	164	13.7	4.19	4.64	2	14	129	9.2	4.16	5.04	6
인문	유아교육과	10	6	85	14.2	4.16	5.01	7	6	63	10.5	3.91	4.86	6	6	79	13.2	3.78	4.32	6
인문	행정학과	8	6	70	11.7	4.22	4.63	4	7	33	4.7	4.52	5.40	5	9	40	4.4	4.14	4.99	12
인문	경영학과	12	9	142	15.8	4.32	4.99	29	7	74	10.6	4.42	5.58	7	9	86	9.6	4.14	4.96	13
인문	청소년교육·상담학과*	10	10	139	13.9	4.33	5.24	15	12	119	9.9	4.17	5.17	7	13	90	6.9	4.18	5.35	7
인문	특수교육과	8	4	48	12.0	4.40	5.85	11	6	36	6.0	4.57	5.93	5	5	48	9.6	4.10	5.02	7
인문	글로벌문화산업학과	6	6	53	8.8	4.44	5.01	2	3	16	5.3	4.77	5.19	1	6	28	4.7	4.62	5.80	11
인문	한국문화콘텐츠학과	8	6	59	9.8	4.49	5.32	9	7	33	4.7	4.41	5.00	7	8	64	8.0	4.28	4.76	5
인문	경제금융학과	13	6	44	7.3	4.51	5.44	8	6	30	5.0	4.95	5.97	11	8	26	3.3	4.87	6.31	7
인문	사회복지학과	12	10	214	21.4	4.57	5.74	17	12	128	10.7	4.68	5.85	11	11	131	11.9	4.57	5.99	13
인문	회계학과	6	6	35	5.8	4.70	5.19	2	3	13	4.3	4.87	5.37	1	5	20	4.0	4.32	5.54	1
인문	IT금융경영학과	16	12	83	6.9	4.97	5.99	9	6	35	5.8	4.88	5.44	4	13	59	4.5	4.93	6.20	8
인문	국제통상학과	21	10	81	8.1	4.98	5.90	10	12	59	4.9	5.08	6.09	8	13	55	4.2	4.91	6.38	14
인문	관광경영학과	12	7	68	9.7	4.99	6.15	20	9	45	5.0	4.80	5.53	4	11	63	5.7	4.71	5.88	5
인문	영미학과	12	7	49	7.0	5.10	7.52	13	7	25	3.6	5.22	6.50	7	11	30	2.7	5.16	5.88	5
인문	중국학과	11	8	59	7.4	5.66	7.22	19	7	24	3.4	6.08	8.15	6	10	33	3.3	5.19	6.89	10

계열	모집단위	2025 모집인원	2024 모집인원	지원인원	경쟁률	최초평균	최초최저	충원번호	2023 모집인원	지원인원	경쟁률	최초평균	최초최저	충원번호	2022 모집인원	지원인원	경쟁률	최초평균	최초최저	충원번호
자연	헬스케어융합전공	13																		
자연	탄소중립학과	16																		
자연	바이오의약전공	16																		
자연	의예과	12	6	245	40.8	1.09	1.23	1	6	193	32.2	1.18	1.69	5	6	216	36.0	1.39	3.50	2
자연	간호학과*	12	5	218	43.6	2.49	2.65	4	6	189	31.5	2.80	3.46	3	5	169	33.8	2.82	4.03	2
자연	임상병리학과	11	7	252	36.0	2.97	3.69	13	7	136	19.4	3.61	4.21	6	7	128	18.3	3.60	4.35	3
자연	스포츠의학과	4	4	51	12.8	3.44	4.11	2	2	17	8.5	3.70	4.45	2	2	32	16.0	3.95	4.48	
자연	보건행정경영학과	10	5	57	11.4	4.00	4.74	4	6	46	7.7	4.18	4.73	8	5	48	9.6	4.23	4.64	2
자연	의약공학과	9	8	74	9.3	4.14	4.68	16	6	31	5.2	3.93	4.53	4	7	55	7.9	4.47	5.59	3
자연	생명과학과*	14	9	123	13.7	4.18	4.78	12	10	63	6.3	4.85	5.55	4	14	65	4.6	4.57	6.06	16
자연	나노화학공학과*	10	5	49	9.8	4.22	4.99	4	7	35	5.0	4.80	5.15	5	7	27	3.9	4.60	6.28	9
자연	건축학과(5년제)	13	9	145	16.1	4.22	4.81	7	10	82	8.2	4.30	5.40	5	9	133	14.8	4.28	4.98	11
자연	스포츠과학과	6	7	85	12.1	4.24	5.39	8	5	59	11.8	4.10	5.09		5	66	13.2	4.50	5.66	2
자연	의료생명공학과	9	6	76	12.7	4.28	4.74	4	7	29	4.1	4.32	5.39	6	7	52	7.4	3.85	5.07	6
자연	작업치료학과	10	6	63	10.5	4.34	4.73		6	43	7.2	3.93	4.53	4	6	83	13.8	4.03	4.69	2
자연	컴퓨터소프트웨어공학과*	13	8	79	9.9	4.35	5.94	17	7	93	13.3	4.30	4.92	5	11	71	6.5	4.86	6.93	6
자연	에너지환경공학과	8	6	52	8.7	4.50	5.01	10	6	27	4.5	4.82	5.51	10	6	34	5.7	4.72	5.40	10
자연	컴퓨터공학과*	15	9	92	10.2	4.54	6.21	28	7	70	10.0	4.32	5.51	8	10	68	6.8	4.37	5.32	12
자연	식품영양학과*	12	11	136	12.4	4.56	5.59	12	7	55	7.9	4.67	5.71	9	11	107	9.7	4.39	6.87	12
자연	AI·빅데이터공학과	8	6	69	11.5	4.73	5.29	7	6	21	3.5	5.11	6.29	7	8	36	4.5	4.36	5.97	8
자연	정보보호학과	14	8	64	8.0	4.74	5.69	14	8	37	4.6	4.65	5.60	6	7	56	8.0	4.64	6.16	10
자연	의공학과	7	4	42	10.5	4.83	5.46		6	21	3.5	5.43	7.02	3	7	21	3.0	4.87	6.43	4
자연	전자공학과	11	5	47	9.4	4.86	5.34	13	6	30	5.0	5.12	5.71	6	5	27	5.4	4.44	5.41	
자연	환경보건학과*	13	7	90	12.9	4.89	5.61	5	7	42	6.0	5.59	7.73	11	13	53	4.1	5.34	6.45	13
자연	의료IT공학과	10	4	28	7.0	4.89	5.12		4	12	3.0	5.05	6.48	1	4	19	4.8	4.57	5.07	
자연	전기공학과*	13	8	68	8.5	4.95	5.83	7	6	26	4.3	5.08	6.60	7	9	55	6.1	4.63	5.96	5
자연	기계공학과*	10	5	71	14.2	4.96	6.10	24	8	42	5.3	5.02	6.34	11	6	35	5.8	4.51	6.63	5
자연	메타버스&게임학과	10	6	69	11.5	5.05	6.97	10	6	49	8.2	4.95	5.68	2						
자연	화학과*	7	7	49	7.0	5.06	5.82	22	4	19	4.8	4.88	6.16	5	9	35	3.9	4.32	5.54	13
자연	전자정보공학과*	9	5	30	6.0	5.13	6.29	3	6	35	5.8	5.23	6.19	6	6	32	5.3	5.53	6.32	7
자연	정보통신공학과*	10	6	38	6.3	5.19	6.58	8	6	24	4.0	5.21	5.98	6	12	70	5.8	5.19	5.90	8
자연	스마트자동차학과	10	7	43	6.1	5.29	6.17	18	7	38	5.4	5.18	5.75	7	9	52	5.8	5.23	6.43	10
자연	디스플레이신소재공학과	11	7	34	4.9	5.39	6.70	19	6	19	3.2	5.08	6.70	7	8	32	4.0	4.79	5.90	7
자연	에너지공학과	8	5	29	5.8	5.44	6.35	4	6	15	2.5	5.64	6.63	3	6	14	2.3	4.99	5.97	4
자연	사물인터넷학과	10	6	50	8.3	5.50	6.09	6	6	15	2.5	6.10	7.63	5	8	20	2.5	4.63	5.79	4

■ (학생부종합) 지역인재

전형	모집인원	전형 방법	수능최저학력기준
지역인재	66	서류100%	X

1. **지원자격**: 충남, 충북, 대전, 세종 지역 소재 고등학교*에서 입학부터 졸업까지의 전 교육과정을 이수한국내 고등학교 졸업자(2025년 2월 졸업예정자 포함)
2. **제출서류**: 학교생활기록부

◎ 전형요소
● **서류 및 면접**: 일반학생전형 참고

◎ 전형결과
■ 전체
■ 모집단위

'*' 표시 : 교직 이수 가능

계열	모집단위	2025 모집인원	2024 모집인원	지원인원	경쟁률	최초평균	최초최저	충원번호	2023 모집인원	지원인원	경쟁률	최초평균	최초최저	충원번호	2022 모집인원	지원인원	경쟁률	최초평균	최초최저	충원번호
자연	의예과	56	7	107	15.3	1.07	1.22		7	88	12.6	1.07	1.19	2	7	82	11.7	1.11	1.34	3
자연	간호학과*	10	5	126	25.2	2.37	2.74	6	5	83	16.6	2.86	3.98	2	7	110	15.7	2.54	3.31	10

■ (학생부종합) SW융합

전형	모집인원	전형 방법	수능최저학력기준
SW융합	12	1단계)서류100%(5배수) 2단계)서류70%+ 면접30%	X

1. **지원자격**: 국내 고등학교 졸업자(2025년 2월 졸업예정자 포함) 및 관련 법령에 의한 동등 이상의 학력이있는 자
2. **제출서류**: 학교생활기록부

◎ 전형요소
● **서류**: 일반학생전형 참고
● **면접(300점)**
　1. **평가방법**: 학생 1인을 대상으로 2인의 평가자가 전공적성, 의사소통능력, 발전가능성 등을 종합적·정성적으로 평가
　2. **평가요소 및 반영비율**:

평가항목	반영비율	평가내용	
전공적합성	33.3%	• 전공에 대한 관심과 열정	• 지속적인 전공 관련 활동
발전가능성	33.3%	• 구체적인 진로목표	• 대학생활 계획
의사소통능력	33.3%	• 정확한 의사전달 및 표현 능력	• 면접관의 질문 이해 능력

◎ 전형결과
■ 모집단위

'*' 표시 : 교직 이수 가능

계열	모집단위	2025	2024						2023						2022					
		모집인원	모집인원	지원인원	경쟁률	최초평균	최초최저	충원번호	모집인원	지원인원	경쟁률	최초평균	최초최저	충원번호	모집인원	지원인원	경쟁률	최초평균	최초최저	충원번호
자연	의료IT공학과	2	2	16	8.0	4.95	5.98		2	4	2.0	5.54	7.02	3						
자연	컴퓨터소프트웨어공학과*	2	2	22	11.0	5.08	5.74		2	16	8.0	5.10	5.20							
자연	사물인터넷학과	2	2	15	7.5	5.29	5.55	2	2	4	2.0	5.45	6.41	2						
자연	정보보호학과	2	2	13	6.5	5.78	6.09		2	11	5.5	4.97	6.20	1						
자연	AI·빅데이터공학과	2	2	10	5.0	6.16	6.68	1	2	6	3.0	5.47	6.27							
자연	메타버스&게임학과	2	2	9	4.5	6.16	6.98		2	10	5.0	5.60	5.90							

■ (학생부종합) 조기취업형 계약학과

전형	모집인원	전형 방법	수능최저학력기준
조기취업형계약학과	130	1단계)서류100%(5배수) 2단계)서류10%+ 면접90%	X

1. **지원자격**: 국내 고등학교 졸업(예정)자 또는 고등학교 검정고시 합격자
2. **제출서류**: 학교생활기록부

◎ 전형요소
● **서류 및 면접**: 일반학생전형 참고

◎ 전형결과
■ 모집단위

'*' 표시 : 교직 이수 가능

계열	모집단위	2025	2024						2023						2022					
		모집인원	모집인원	지원인원	경쟁률	최초평균	최초최저	충원번호	모집인원	지원인원	경쟁률	최초평균	최초최저	충원번호	모집인원	지원인원	경쟁률	최초평균	최초최저	충원번호
자연	스마트팩토리공학과	50	50	50	1.0	5.35	7.62	3	50	66	1.3	5.25	8.12	1	50	80	1.6	5.00	8.00	
자연	스마트모빌리티공학과	40	40	56	1.4	5.50	8.40	2	40	70	1.8	5.43	8.51	8	40	83	2.1	5.27	7.66	
자연	융합바이오공학과	40	40	27	0.7	5.89	8.72	1	40	25	0.6	5.82	7.87	2	40	47	1.2	4.80	6.65	

58. 숭실대학교

서울특별시 동작구 상도로 369 (Tel: 02. 820-0050~54 / 820-0011~12)

I. 한 눈에 보는 전형

모집시기	전형유형	전형	모집인원	전형 방법	수능최저학력기준
수시	교과	학생부우수자	473	학생부교과100% ※ 고교 추천: 제한 없음	○
수시	종합	SSU미래인재	627	1단계)서류100%(3배수) 2단계)서류50%+면접50%	X
수시	종합	SW우수자	19	1단계)서류100%(3배수) 2단계)서류50%+면접50%	X
수시	종합	기회균형	130	1단계)서류100%(3배수) 2단계)서류50%+면접50%	X
수시	종합	특수교육대상자	38	1단계)서류100%(3배수) 2단계)서류50%+면접50%	X
수시	종합	특성화고등을졸업한재직자	144	서류100%	X
수시	논술	논술우수자	253	학생부교과20%+ 논술80%	○
수시	실기/실적	예체능우수인재	51	요강 참고	X

(수시모집) 지원 가능 횟수	본교 내에서도 모든 전형 간에는 복수지원이 가능하나 고사일이 중복되는 경우가 있으므로 신중히 지원하기 바람 (동일 전형에서 모집단위 복수지원 불가, 전형 간 중복 합격 시 반드시 1개 전형에만 등록해야 함)

■ 무전공(전공자율선택)

유형① [대학 내 모든 전공(보건의료, 사범 등 제외) 자율 선택]		유형② [계열/단과대 모집 후 모집단위 내 전공 자율 선택]	
모집단위	인원	모집단위	인원
자유전공학부(인문)	183		
자유전공학부(자연)	256		

■ 자유전공학부(인문), 자유전공학부(자연)은 분리 선발하여 입학 후 계열 제한 없이 모든 모집단위로 전공 선택 가능
단, 예체능 계열(스포츠학부, 예술창작학부(영화예술전공), 재직자 전담학과(금융경제학과, 국제무역학과, 미디어경영학과), 계약학과(정보보호학과)는 전공 선택 불가

■ 학교폭력 조치사항

전형	전형총점	감점								
		1호	2호	3호	4호	5호	6호	7호	8호	9호
학생부종합	100	서류평가시 숭실역량에서 학교폭력 조치사항을 반영하여 평가								

■ 전형결과
※ 성적 산출기준: (수시) 교과 석차등급, (정시) 수능 백분위

모집시기	전형유형	전형	학년도	모집인원	지원인원	경쟁률	등록자 평균	등록자 70%컷	충원율
수시	교과	학생부우수자	2024	435	2,869	6.60	2.26	2.29	121%
수시	종합	SSU미래인재	2024	626	11,005	17.58	2.89	3.00	74%
수시	종합	SW우수자	2024	21	286	13.62	3.17		33%
수시	논술	논술우수자	2024	267	6,836	25.60	3.56		22%

■ (주요전형) 전형일정

유형	전형	원서접수 마감	대학별 고사(면접/논술)	1단계 합격자	최종 합격자
교과	학생부우수자	9.13(금) 18:00 학교장추천: 9.25(수) 18:00			12.13(금)
종합	SSU미래인재	9.13(금) 18:00	11.29(금)	11.25(월)	12.13(금)
종합	SW우수자	9.13(금) 18:00	11.30(토)	11.25(월)	12.13(금)
논술	논술우수자	9.13(금) 18:00	11.16(토) 10:00~11:40 인문, 경상 / 15:00~16:40 자연		12.13(금)

II. (수시모집) 주요 전형

■ (학생부교과) 학생부우수자

전형	모집인원	전형 방법	수능최저학력기준
학생부우수자	473	학생부교과100%	○

1. **지원자격**: 국내 고등학교 2025년 2월 졸업예정자, 2024년 2월 및 2023년 2월 졸업자로서 국내 고교에서 3학기 이상의 고교과정을 이수하고 학생부 교과 성적 산출이 가능하며 출신 고등학교장의 추천을 받은 자.
   ※ 학교별 추천 인원 제한 없음 ※ 본인이 재학 중이거나 졸업한 고등학교와 반드시 사전 협의 후 원서 접수해야 함
   ※ 특성화고, 종합고 특성화(전문계)과정 이수생, 예술고, 체육고, 마이스터고, 학력인정 평생교육시설, 비인가 대안 학교 출신자는 지원불가
2. **제출서류**: 학교생활기록부, 학교장 추천 명단
3. **수능최저학력기준**:

> ▸ 인문계열, 경상계열, 자유전공학부(인문): [국어, 수학, 영어, 사/과탐(1과목)] 중 2개 영역 등급 합 5 이내
> ▸ 자연계열, 자율전공학부(자연): [국어, 수학(미적분/기하), 영어, 과탐(1과목)] 중 2개 영역 등급 합 5 이내

◎ 전형요소
● 학생부(100점)

반영요소 반영비율	반영교과목		교과성적 산출지표	학년별 반영비율
	구분	반영방법		
교과100%	공통 및 일반선택 (80%)	▸ 인문계열: 국어35%, 영어35%, 수학15%, 사회(한국사)15% 교과에 속한 전 과목 ▸ 경상계열: 국어15%, 영어35%, 수학35%, 사회(한국사)15% 교과에 속한 전 과목 ▸ 자유전공학부(인문): 국어30%, 영어30%, 수학20%, 사회(한국사)20% 교과에 속한 전 과목 ▸ 자연계열, 자유전공학부(자연): 국어15%, 영어25%, 수학35%, 과학25% 교과에 속한 전 과목	석차등급	학년 구분 없음
	진로선택 (20%)	진로선택과목은 성취도별로 등급 부여. ※ A : 1등급, B : 2등급, C : 3등급	성취도	

◎ 전형결과
■ 전체

학년도	전체						인문						자연					
	모집인원	지원인원	경쟁률	등록평균	등록70%컷	충원율	모집인원	지원인원	경쟁률	등록평균	등록70%컷	충원율	모집인원	지원인원	경쟁률	등록평균	등록70%컷	충원율
2022	474	6,793	14.33	2.27	2.33	149%	192	2,486	12.95	2.43	2.53	130%	282	4,307	15.27	2.11	2.13	167%
2023	447	5,657	12.66	2.24	2.26	112%	182	2,970	16.32	2.33	2.36	98%	265	2,687	10.14	2.15	2.16	126%
2024	435	2,869	6.60	2.26	2.29	121%	182	1,333	7.32	2.40	2.44	105%	253	1,536	6.07	2.12	2.14	137%
2025	473						201						272					

■ [2024] 실질 경쟁률(충원율 반영)

계열	모집인원	지원인원	경쟁률	수능최저 충족율	(수능최저 충족율 반영) 경쟁률	충원율	(충원율 반영) 실질 경쟁률
인문	182	1,333	7.32	42.95%	3.14	105%	1.53
자연	253	1,536	6.07	58.79%	3.57	137%	1.51

■ [학과별] 수능최저학력기준 충족률

계열	계열 평균	모집단위
인문	42.95%	국어국문학과 52%, 영어영문학과 64%, 독어독문학과 34%, 불어불문학과 39%, 중어중문학과 40%, 일어일문학과 39%, 철학과 68%, 사학과 58%, 법학과 48%, 국제법부학과 42%, 사회복지학부 47%, 행정학부 45%, 정치외교학과 30%, 정보사회학과 30%, 언론홍보학과 38%, 평생교육학과 33%, 경제학과 41%, 글로벌통상학과 46%, 경영학부 45%, 회계학과 36%, 벤처중소기업학과 31%, 금융학부 39%
자연	58.79%	수학과 50%, 물리학과 52%, 화학과 57%, 정보통계·보험수리학과 53%, 의생명시스템학부 64%, 화학공학과 64%, 신소재공학과 45%, 전기공학부 52%, 기계공학부 53%, 산업·정보시스템공학과 56%, 건축학·건축공학전공 52%, 실내건축전공 45%, 컴퓨터학부 66%, 전자공학 68%, IT융합 64%, 글로벌미디어학부 60%, 소프트웨어학부 73%, AI융합학부 76%, 융합특성화자유전공학부 67%

■ 변경사항 & 핵심포인트

[2025]

변경사항		2024	2025
모집인원		435명	473명(+38명)
수능최저 변경	인문/경상 계열	[국어, 수학, 영어, 사/과탐] 2개 영역 등급 합 4	[국어, 수학, 영어, 사/과탐] 2개 영역 등급 합 5
	융합특화 자유전공학부	[국어, 수학(미적분/기하), 영어, 사/과탐] 2개 영역 등급 합 5	[국어, 수학, 영어, 사/과탐] 2개 영역 등급 합 5

• 수능최저: 인문/경상계열은 2개 등급 합 4->5로 1등급 완화되었고, 융합특화 자유전공학부는 수학(확률과통계), 사탐 응시자도 지원 가능

➡ 합격자 성적분포: 인문계열은 2등급 초반 ~ 2등급 후반, 자연계열은 2등급 초반 ~ 2등급 중반

※ 2024에 경쟁률이 12.66->6.60으로 하락한 이유는?

현역 고3 지원자 숫자가 대거 줄어듦. 특히, 인문계열이 16.3 -> 7.3으로 크게 하락하였는데, 인문계열의 수능최저가 2개 합 4가 부담되어 통과될 가능성이 있는 학생들만 지원한 결과임. 올 해는 인문계열의 수능최저가 2개 등급 합 5로 완화되어 전년도 보다 경쟁률이 상승 할 것

■ 모집단위

'*' 표시 : 교직 이수 가능

계열	모집단위	2025 모집인원	2024 모집인원	2024 지원인원	2024 경쟁률	2024 등록평균	2024 등록70%컷	2024 충원번호	2023 모집인원	2023 지원인원	2023 경쟁률	2023 등록50%컷	2023 등록70%컷	2023 충원번호	2022 모집인원	2022 지원인원	2022 경쟁률	2022 등록50%컷	2022 등록70%컷	2022 충원번호
인문	자유전공학부	20																		
인문	정보사회학과	4	4	24	6.0	2.12	2.07	3	4	49	12.3	2.25	2.25	3	4	55	13.8	2.20	2.16	12
인문	경영학부*	27	27	164	6.1	2.21	2.35	27	27	270	10.0	1.98	2.45	29	27	328	12.2	2.15	2.11	40
인문	경제학과*	15	15	101	6.7	2.26	2.24	10	14	141	10.1	2.38	2.40	16	14	171	12.2	2.17	2.31	7
인문	영어영문학과*	14	14	104	7.4	2.27	2.28	18	14	252	18.0	2.36	2.37	22	15	199	13.3	2.25	2.53	35
인문	중어중문학과*	3	3	42	14.0	2.31	2.17		3	124	41.3				4	50	12.5	3.63	3.63	2
인문	일어일문학과*	8	7	72	10.3	2.31	2.20	7	7	105	15.0	2.55	2.51	4	7	89	12.7	2.26	2.42	4
인문	사회복지학부	9	9	55	6.1	2.31	2.32	12	9	118	13.1	2.41	2.50	8	9	108	12.0	2.42	2.46	10
인문	언론홍보학과	4	4	26	6.5	2.35	2.17	6	4	66	16.5	2.11	2.11	7	4	63	15.8	2.14	2.33	7
인문	글로벌통상학과*	14	14	91	6.5	2.35	2.44	17	14	194	13.9	2.28	2.47	17	14	167	11.9	2.21	2.48	15
인문	법학과	11	11	63	5.7	2.37	2.57	15	11	213	19.4	2.21	2.01	13	12	166	13.8	2.50	2.41	33
인문	철학과*	5	5	34	6.8	2.37	2.51	5	5	82	16.4	2.40	2.48	6	5	52	10.4	2.53	2.56	3
인문	**국제법무학과**	6	4	49	12.3	2.40	2.32	3	4	79	19.8	2.42	2.42	3	4	101	25.3	2.43	2.55	1
인문	회계학과*	10	10	58	5.8	2.42	2.39	11	10	127	12.7	2.35	2.28	15	12	135	11.3	2.43	2.49	15
인문	사학과*	4	4	26	6.5	2.42	2.60	6	4	59	14.8	2.20	2.20	4	5	58	11.6	2.31	2.46	8
인문	금융학부	7	9	57	6.3	2.44	2.41	9	9	234	26.0	2.39	2.35	2	9	107	11.9	2.42	2.78	12
인문	국어국문학과*	5	5	59	11.8	2.45	2.51	7	5	67	13.4	2.37	2.70	3	5	52	10.4	2.05	2.06	4
인문	벤처중소기업학과	11	11	98	8.9	2.46	2.58	12	12	141	11.8	2.39	2.58	5	12	152	12.7	2.13	2.24	6
인문	행정학부	9	9	49	5.4	2.47	2.47	12	9	116	12.9	2.49	2.03	9	12	194	16.2	2.19	2.28	18
인문	평생교육학과	2	4	31	7.8	2.52	2.49	2	4	167	41.8	2.19	2.19	1	4	54	13.5	2.91	3.28	3
인문	불어불문학과*	5	5	68	13.6	2.52	2.82	3	5	219	43.8	2.70	2.24	2	5	65	13.0	3.16	3.27	7
인문	독어독문학과*	4	4	41	10.3	2.63	2.79	5	4	100	25.0	2.34	2.76	5	5	65	13.0	2.61	2.63	7
인문	정치외교학과	4	4	21	5.3	2.93	2.94	2	4	47	11.8	2.20	2.20	5	4	55	13.8	2.37	2.29	5
자연	의생명시스템학부	9	9	42	4.7	1.71	1.88	6	9	110	12.2	1.85	1.82	10	10	157	15.7	1.94	1.80	19
자연	컴퓨터학부*	15	15	115	7.7	1.80	1.88	36	15	113	7.5	1.99	1.99	31	16	257	16.1	1.77	1.66	26
자연	AI융합학부	7	7	37	5.3	1.90	1.99	11	7	61	8.7	2.03	2.02	11	9	160	17.8	1.97	1.90	17
자연	화학공학과*	25	25	155	6.2	1.95	1.82	34	25	150	6.0	1.90	2.12	24	21	277	13.2	1.91	1.84	47
자연	소프트웨어학부	13	13	62	4.8	1.97	2.02	27	13	94	7.2	1.85	1.81	18	14	188	13.4	1.89	1.75	21
자연	IT융합전공*	20	20	120	6.0	1.98	1.98	24	20	183	9.2	2.17	2.22	28	18	276	15.3	1.92	2.17	33
자연	화학*	6	6	36	6.0	2.02	2.13	9	6	57	9.5	2.01	1.95		7	157	22.4	1.90	2.00	15
자연	전자공학전공*	19	19	94	5.0	2.04	2.09	31	19	191	10.1	2.02	2.11	26	18	345	19.2	2.18	2.13	40
자연	**자유전공학부**	27	9	46	5.1	2.05	2.08	12	16	235	14.7	2.24	2.09	19	27	346	12.8	2.32	2.30	30
자연	정보통계.보험수리학과	7	7	74	10.6	2.15	2.10	2	7	174	24.9	2.33	2.37	10	7	64	9.1	2.92	2.70	10
자연	전기공학부*	23	23	129	5.6	2.16	2.33	32	23	188	8.2	2.37	2.17	26	23	377	16.4	2.31	2.12	23
자연	수학과*	8	8	53	6.6	2.17	2.20	8	8	71	8.9	2.32	2.37	8	8	90	11.3	1.96	2.29	9
자연	건축학·건축공학전공	16	16	122	7.6	2.18	2.09	15	16	203	12.7	2.24	2.40	28	17	316	18.6	2.44	2.36	33
자연	산업·정보시스템공학과	20	19	112	5.9	2.18	2.24	21	19	324	17.1	2.23	2.30	15	21	272	13.0	2.27	2.45	34
자연	기계공학부	18	18	144	8.0	2.22	2.30	28	18	149	8.3	2.55	2.23	25	19	284	15.0	2.33	2.09	50
자연	글로벌미디어학부	14	14	62	4.4	2.26	2.49	21	14	125	8.9	2.14	2.23	15	15	211	14.1	2.10	2.21	14
자연	실내건축전공	4	4	33	8.3	2.35	2.43	4	7	86	12.3	2.38	2.41	12	8	258	32.3	2.14	2.40	9
자연	신소재공학과	18	18	79	4.4	2.57	2.49	17	18	134	7.4	1.98	2.08	26	18	205	11.4	2.08	1.95	31
자연	물리학과*	3	3	21	7.0	2.68	2.10	8	5	39	7.8	2.17	2.44	3	6	67	11.2	1.83	2.30	11

■ (학생부종합) SSU미래인재

전형	모집인원	전형 방법	수능최저학력기준
SSU미래인재	627	1단계)서류100%(3배수) 2단계)서류50%+면접50%	X

1. **지원자격**: 고등학교 졸업(예정)자 또는 관계 법령에 의하여 고등학교 졸업 동등 이상의 학력이 있다고 인정된 자
2. **제출서류**: 학교생활기록부, 활동증빙서류(해당자에 한함)

◎ **전형요소**
※ **인재상**: 지원한 모집단위 전공에 관심과 열정이 뚜렷한 '자기주도·창의·성실'형 인재
● **서류(50점: 최저점 0점)**
　1. **평가방법**: 2명의 사정관이 지원자 1명을 독립 평가
　2. **평가항목**:

평가항목	반영비율		평가내용
학업역량	20%	교과성적	• 고등학교 재학기간 중 성취한 주요과목의 평균성적과 전 과목성적의 학업성취도를 통해 고등교육을 이수하는데 필요한 학업 수준을 평가
		학업수행 성실성	• 학기별 발전 정도 및 교과목 이수 환경을 포함하여 종합평가
진로역량	50%	진로 탐색 노력	• **자신의 진로를 찾아나가는 다양한 경험의 과정, 자기주도적인 진로 목표 설정과 실행 노력 종합 평가**
		전공(계열) 적합성	• 지원 전공(계열) 관련 활동에서 나타나는 탐구과정 및 심화 노력 종합 평가
		선택과목 이수 적절성 및 성취수준	• 고교 교육과정에서 지원 전공에 필요한 과목을 선택하여 이수한 정도와 해당 과목의 학업성취 수준
숭실역량	30%	숭실인재상 적합성	• 고교 생활에서 나타나는 의사소통역량 및 공동체 역량을 통해 숭실공동체 적응가능성 평가
		성실성	• 책임감을 가지고 의무를 다하는 태도(출결, 봉사)
		인성	• 공동체의 기본 윤리와 원칙을 준수하는 태도 • 학교폭력 조치사항을 반영하여 평가

☞ **보충설명**
• 서류평가요소: 진로역량(50%) > 숭실역량(30%) > 학업역량(20%) 순으로 반영. 진로역량이 매우 중요함. 학업역량 비중 약함.
　- 서류 평가시 학과 교수님께서 위촉사정관이 전임사정관과 짝을 이뤄 들어감. 진로역량이 중요함. 면접도 마찬가지임
• 진로역량(50%): 세부항목 나열 순서가 중요도 순. 진로역량이 가장 중요
　- 세부 항목 순서가 중요도 순으로 전년도에는 ① 전공(계열) 적합성 ② 진로 탐색 노력 ③ 선택과목 이수 적절성 및 성취수준 순에서, 올해는 ① 진로 탐색 노력 ② 전공(계열) 적합성 ③ 선택과목 이수 적절성 및 성취수준으로 변경되면서 진로 탐색 노력이 가장 중요함
　- 진로역량은 진로 탐구를 위한 자기주도적 노력과 탐구 과정, 진로 탐색활동과 경험 등을 평가
• 학업역량(20%)은 주요 교과 성적을 반영하지만 전체 교과 성적, 주요교과와 전체교과의 차이에서 성실성을 봄.
　- 성적 추이, 전공과 관련된 교과목 성적 등을 평가, 지원자 성적대가 몰려 있어 변별력이 낮음
• 숭실역량(30%): 숭실인재상(6대 핵심역량) 적합성은 공동체역량과 의사소통역량 2개를 모든 모집단위에 일괄적으로 반영
　- 전년도에는 모집단위마다 다르게 2개씩 정하여 반영하였는데, 올 해는 공동체역량, 의사소통역량으로 통일하여 단순화함. 공동체역량과 의사소통역량의 평가 내용도 숭실인재상이 아닌 2015 교육과정의 역량과 맞춰서 평가함.
　　결국, 숭실인재상 적합성은 일반적인 학생부종합전형의 평가요소인 공동체역량, 의사소통역량을 평가하는 것으로 보면 됨

● **면접(50점: 최저점 0점)**
　1. **평가방법**: 면접위원 2인, 지원자 1인의 서류 기반 블라인드 면접
　2. **면접시간**: 10분 내외
　3. **면접위원**: 입학사정관 1명 포함 2명
　4. **평가항목**:

평가요소	반영비율	평가내용
전공적합성	50%	• 진로탐색 및 전공 선택 과정　• 전공에 대한 관심 및 이해도, 활동의 전공 연계성 및 성과 • 교과목 이수 내용 확인
인성, 잠재력	50%	• 면접 태도, 의사소통능력　• 입학 후 학업계획　• 본교 진학 의지 및 성장가능성

☞ **보충설명**
• 전년도에 면접 역전률이 65%였는데, 올 해는 면접 반영비율이 30%->50%로 증가함에 따라 면접 역전률은 더 커질 것으로 예상
　- 면접 영향력이 큰 것은 면접에서 기본점수가 없기 때문
• 평가요소 중 전공적합성(50%)이 중요하고 변별력 생김.
• 면접에서는 학과 교수님이 반드시 들어감. 숭실대 특징이 전공 교수님이 서류평가와 면접에 1명씩 들어감.
• 면접 변별력이 큼. 어느 대학이든 종합전형은 면접이 중요. 서류평가 점수가 면접 평가자에게 제공되지 않으므로 서류와 면접의 독립성이 유지되어 면접이 중요함. 종합전형은 교과전형보다 한 등급 정도 아래에서 합격선이 형성됨
• 면접 역적률이 60%로 매우 높음. 3배수 안에 들면 서류 점수가 매우 몰려 면접이 매우 중요함

◎ 전형결과
■ 전체

학년도	전체						인문						자연					
	모집인원	지원인원	경쟁률	등록평균	등록70%컷	충원율	모집인원	지원인원	경쟁률	등록평균	등록70%컷	충원율	모집인원	지원인원	경쟁률	등록평균	등록70%컷	충원율
2022	628	5,377	8.56	3.01	3.28	59%	276	2,420	8.77	3.12	3.47	46%	352	2,957	8.40	2.91	3.08	71%
2023	618	6,836	11.06	2.91	3.10	56%	279	3,356	12.03	3.04	3.22	49%	339	3,480	10.27	2.78	2.97	62%
2024	626	11,005	17.58	2.89	3.00	74%	282	5,058	17.94	3.08	3.17	68%	344	5,947	17.29	2.70	2.82	79%
2025	627						289						338					

■ 변경사항 & 핵심포인트

[2025]

변경사항	2024	2025
모집인원	626명	627명(+1명)
(진로역량) 세부항목 순서 조정	① 전공(계열) 적합성 ② 진로 탐색 노력 ③ 선택과목 이수 적절성 및 성취수준	① 진로 탐색 노력 ② 전공(계열) 적합성 ③ 선택과목 이수 적절성 및 성취수준
(숭실역량) 숭실인재상 적합성 반영방법 변경	6대 핵심역량 중에서 모집단위별로 2개를 마다 다르게 반영	6대 핵심역량 중에서 모집단위마다 공동체역량, 의사소통역량으로 통일
2단계) 면접 20% 증가	2단계)서류70%+면접30%	2단계)서류50%+면접50%

• 전형방법: 2단계에서 서류70%^+ 면접30%->서류50%+ 면접50%로 면접 반영비율이 20% 증가하여 영향력 커짐
☑ 합격자 성적분포: 인문계열은 2등급 후반 ~ 3등급 중반, 자연계열은 2등급 후반 ~ 3등급 초반
작년에 면접 역전률이 65%였음. 올 해는 면접 반영비율이 30% -> 50%로 증가함에 따라 면접이 절대적임.

■ 모집단위   '*' 표시 : 교직 이수 가능

계열	모집단위	2025	2024						2023						2022					
		모집인원	모집인원	지원인원	경쟁률	등록평균	등록70%컷	충원번호	모집인원	지원인원	경쟁률	등록50%컷	등록70%컷	충원번호	모집인원	지원인원	경쟁률	등록50%컷	등록70%컷	충원번호
인문	언론홍보학과	6	6	211	35.2	2.34	2.37	4	6	237	39.5	2.64	2.66	5	6	114	19.0	2.83	2.91	4
인문	정보사회학과	6	6	111	18.5	2.42	2.48	5	6	73	12.2	2.67	2.69	2	6	45	7.5	2.52	2.84	1
인문	법학과	16	13	277	21.3	2.59	2.68	19	13	187	14.4	2.85	2.96	7	13	116	8.9	3.04	3.18	2
인문	행정학부	8	8	173	21.6	2.59	2.73	9	8	79	9.9	2.85	2.98	4	8	79	909	2.79	3.04	3
인문	국어국문학과*	7	7	130	18.6	2.65	2.61	3	7	95	13.6	2.73	2.93	4	7	88	12.6	2.81	3.13	4
인문	사회복지학부	11	11	239	21.7	2.67	2.80	6	11	179	16.3	2.84	2.94	5	11	158	14.4	2.94	3.02	5
인문	경제학과*	18	18	247	13.7	2.72	2.91	12	18	171	9.5	2.89	2.98	14	18	96	5.3	3.14	3.23	9
인문	경영학부*	30	30	820	27.3	2.78	2.87	19	30	579	19.3	2.90	3.03	14	30	379	12.6	2.91	3.13	16
인문	사학과*	8	8	216	27.0	2.80	2.56	11	8	98	12.3	2.88	3.16	6	8	90	11.3	2.53	2.67	5
인문	회계학과*	12	12	146	12.2	2.84	2.93	7	12	104	9.7	2.77	3.06	9	12	65	5.4	3.00	3.19	9
인문	영어영문학과*	21	21	377	18.0	2.88	2.96	24	21	211	10.1	3.02	3.42	11	21	220	10.5	2.97	3.39	10
인문	정치외교학과	7	7	202	28.9	2.92	3.02	5	7	113	16.1	3.01	3.13	8	7	80	11.4	2.70	2.82	1
인문	철학과*	16	15	204	13.6	2.94	3.20	11	12	122	10.2	3.06	3.23	6	12	71	5.9	3.17	3.32	8
인문	글로벌통상학과*	23	23	261	11.4	3.07	2.93	11	23	187	8.1	2.67	2.84	12	20	130	6.5	2.85	3.17	6
인문	벤처중소기업학과	11	11	179	16.3	3.09	3.01	6	11	96	8.7	2.80	2.98	4	11	84	7.6	2.97	3.06	7
인문	평생교육학과	11	9	195	21.7	3.09	3.09	11	9	72	8.0	2.64	2.86	1	9	59	6.6	3.01	3.18	6
인문	금융학부	14	14	156	11.1	3.12	3.03	4	14	90	6.4	2.81	3.01	4	14	78	5.5	3.32	3.47	1
인문	국제법무학과	7	7	94	13.4	3.30	3.14	3	7	86	12.3	2.64	2.67	1	7	47	6.7	3.31	3.39	2
인문	중어중문학과*	6	6	77	12.8	3.48	3.58	3	6	76	12.7	3.11	3.23	1	6	49	4.2	2.95	4.14	1
인문	독어독문학과*	9	9	125	13.9	3.84	3.76	6	9	113	12.6	3.76	4.05	4	9	89	9.9	4.74	4.82	5
인문	기독교학과	24	25	229	9.2	4.08	4.31	4	25	153	6.1	3.88	4.34	3	25	133	5.3	3.98	4.47	7
인문	불어불문학과*	9	8	206	25.8	4.19	4.79	5	8	102	12.8	5.09	5.14	5	8	55	6.9	3.91	5.22	4
인문	일어일문학과*	9	8	183	22.9	4.47	5.06	4	8	133	16.6	3.50	3.87	4	8	95	11.9	3.36	5.04	5
자연	컴퓨터학부*	17	17	287	16.9	2.24	2.33	17	15	179	11.9	2.36	2.51	18	16	171	10.7	2.44	2.54	16
자연	의생명시스템학부	13	13	762	58.6	2.28	2.38	4	13	466	35.9	2.51	3.00	4	15	305	20.3	2.65	2.74	4
자연	소프트웨어학부	20	16	256	16.0	2.30	2.31	13	16	212	13.3	2.28	2.34	12	17	208	12.2	2.57	2.67	9
자연	화학과*	14	14	331	23.6	2.39	2.43	8	14	161	11.5	2.67	2.85	7	14	109	7.8	2.57	2.81	12
자연	정보보호학과	8	8	154	19.3	2.41	2.67	4												
자연	AI융합학부	10	10	181	18.1	2.50	2.79	14	10	183	18.3	2.31	2.64	3	10	161	16.1	2.96	3.00	9
자연	화학공학과*	24	24	329	13.7	2.56	2.66	23	24	199	8.3	2.51	2.56	12	20	182	9.1	2.56	2.63	13
자연	수학과*	11	11	154	14.0	2.61	2.78	12	11	100	9.1	2.73	2.79	6	11	71	6.5	2.91	2.99	7

계열	모집단위	2025 모집인원	2024 모집인원	2024 지원인원	2024 경쟁률	2024 등록평균	2024 등록70%컷	2024 충원번호	2023 모집인원	2023 지원인원	2023 경쟁률	2023 등록50%컷	2023 등록70%컷	2023 충원번호	2022 모집인원	2022 지원인원	2022 경쟁률	2022 등록50%컷	2022 등록70%컷	2022 충원번호
자연	전자공학전공*	19	19	261	13.7	2.63	2.70	22	19	162	8.5	2.73	2.87	24	15	117	7.8	2.65	3.15	12
자연	정보통계·보험수리학과	15	15	142	9.5	2.79	2.98	18	13	75	5.8	2.85	3.02	8	13	56	4.3	2.80	3.11	10
자연	글로벌미디어학부	22	22	381	17.3	2.82	2.96	9	22	167	7.6	3.17	3.37	10	23	150	6.5	3.13	3.33	16
자연	신소재공학과	23	23	429	18.7	2.84	2.93	16	23	226	9.8	2.78	3.09	9	23	155	6.7	2.89	2.92	20
자연	기계공학과	22	22	288	13.1	2.87	2.93	34	22	182	8.3	2.98	3.18	20	22	158	7.2	3.19	3.32	23
자연	산업·정보시스템공학과	28	25	306	12.2	2.93	3.06	17	25	152	6.1	3.01	3.12	16	25	154	6.2	3.07	3.30	28
자연	건축학·건축공학전공	18	18	352	19.6	2.95	3.14	15	18	201	11.2	2.79	3.05	22	18	208	11.6	2.96	3.28	9
자연	실내건축전공	12	12	208	17.3	2.98	3.11	5	12	127	10.6	3.15	3.32	3	12	134	11.2	3.25	3.55	9
자연	물리학과*	19	19	180	9.5	3.01	3.18	6	18	107	5.9	2.98	3.22	6	18	75	4.2	3.28	3.44	10
자연	IT융합전공*	18	18	311	17.3	3.07	3.18	13	18	192	10.7	2.99	3.20	9	15	107	7.1	3.14	3.28	5
자연	전기공학부*	25	25	281	11.2	3.09	3.17	17	25	135	5.4	3.02	3.24	6	25	133	5.3	3.15	3.39	14

■ (종합) SW우수자

전형	모집인원	전형 방법	수능최저학력기준
SW우수자	19	1단계)서류100%(3배수) 2단계)서류50%+면접50%	X

1. **지원자격**: 고등학교 졸업예정자 또는 관계 법령에 의하여 고등학교 졸업과 동등 이상의 학력이 있다고 인정된 자로서
2. **제출서류**: 학교생활기록부, 활동증빙서류(해당자에 한함)

◎ 전형요소
● **서류 및 면접**: SSU미래인재전형 참고

◎ 전형결과
■ 모집단위

'*' 표시 : 교직 이수 가능

계열	모집단위	2025 모집인원	2024 모집인원	2024 지원인원	2024 경쟁률	2024 등록평균	2024 등록70%컷	2024 충원번호	2023 모집인원	2023 지원인원	2023 경쟁률	2023 등록50%컷	2023 등록70%컷	2023 충원번호	2022 모집인원	2022 지원인원	2022 경쟁률	2022 등록50%컷	2022 등록70%컷	2022 충원번호
인문	금융학부	2																		
자연	AI융합학부	5	5	65	13.0	2.94		1	5	56	11.2				5	29	5.8			
자연	소프트웨어학부	4	8	120	15.0	3.14		4	8	104	13.0				8	52	6.5			
자연	컴퓨터학부	4	4	55	13.8	3.20		2	8	69	8.6				8	44	5.5			
자연	글로벌미디어학부	4	4	46	11.5	3.38			4	27	6.8				4	14	3.5			

■ (논술) 논술우수자

전형	모집인원	전형 방법	수능최저학력기준
논술우수자	253	학생부교과20%+ 논술80%	○

1. **지원자격**: 2025년 2월 고등학교 졸업예정자 또는 고등학교 졸업자이거나 기타 법령에 의하여 고등학교 졸업 동등 이상의 학력이 있다고 인정된 자
2. **수능최저학력기준**:

[국어, 수학, 영어, 사/과탐(1과목)] 중 2개 영역 등급 합 5 이내

◎ 전형요소
● **학생부(20점: 최저점 0점)**

반영요소 반영비율	반영교과목 구분	반영교과목 반영방법	교과성적 산출지표	학년별 반영비율
교과100%	공통 및 일반선택 (80%)	▶ 인문: 국어35%, 영어35%, 수학15%, 사회(한국사)15% 교과에 속한 전 과목 ▶ 경상: 국어15%, 영어35%, 수학35%, 사회(한국사)15% 교과에 속한 전 과목 ▶ 자연: 국어15%, 영어25%, 수학35%, 과학25% 교과에 속한 전 과목	석차등급	학년 구분 없음
	진로선택 (20%)	진로선택과목은 성취도별로 등급 부여. ※ A = 1등급, B = 2등급, C = 3등급	성취도	

반영요소 반영비율	반영교과목									교과성적 산출지표	학년별 반영비율
	구분	반영방법									

구분		1등급	2등급	3등급	4등급	5등급	6등급	7등급	8등급	9등급
점수	2점	2.0	1.9	1.8	1.7	1.6	1.4	1.0	0.6	0
등급 간 점수 차이	2점	0	0.1	0.1	0.1	0.1	0.2	0.4	0.4	0.6
	20점	0	1	1	1	1	2	4	4	6

● 논술(80점: 최저점 0점)

계열	출제형식(통합교과형)	분량	출제범위
인문	• 접근방식이 다양한 비구조화된 문제를 통해 논지의 효과적 전개 능력을 평가하는 문제 • 제시문의 주제와 맥락을 정확히 이해하고 문제를 해결하는 능력을 평가하는 문제	2문제 (100분)	인문, 사회계열 등 고등학교 교육과정 범위 내
경상	• 도표, 수식 및 그림 등을 포함하는 다양한 형태의 제시문을 출제하여 종합적 해석 능력을 평가하는 문제 • 경제적 지식을 사용하여 정량적 계산 능력을 평가하는 문제	800자 이내 + B4용지 1면 (800자) (100분)	경제 과목 및 인문, 사회계열 등 고등학교 교육과정 범위 내 수학, 수학Ⅰ, 수학Ⅱ, 확률과 통계
자연	• 수학의 기본 개념에 대한 이해와 수리적 응용능력을 평가하는 문제	B4용지 1매(양면) (100분)	수학, 수학Ⅰ, 수학Ⅱ, 미적분

◎ 전형결과

■ 전체

학년도	전체						인문						자연					
	모집인원	지원인원	경쟁률	등록 50%컷	등록 70%컷	충원번호	모집인원	지원인원	경쟁률	등록 50%컷	등록 70%컷	충원번호	모집인원	지원인원	경쟁률	등록 50%컷	등록 70%컷	충원율
2022	281	9,785	34.82	3.90			130	4,405	33.88	4.10			151	5,380	35.63	3.70		
2023	269	7,828	29.10				121	2,835	23.43				148	4,993	33.74			
2024	267	6,836	25.60	3.56		22%	120	1,874	15.62	3.77		10%	147	4,962	33.76	3.34		34%
2025	253						109						144					

■ 실질 경쟁률(충원율 반영)

계열	모집인원	지원인원	경쟁률	수능최저 충족율	(수능최저 충족율 반영) 경쟁률	충원율	(충원율 반영) 실질 경쟁률
인문	120	1,874	15.62	50.05%	7.82	10%	7.11
자연	147	4,962	33.76	50.71%	17.12	34%	12.78

■ [학과별] 수능최저학력기준 충족률

계열	계열 평균	모집단위
인문	50.05%	국어국문학과 52%, 영어영문학과 67%, **독어독문학과 40%**, 불어불문학과 56%, 중어중문학과 50%, 일어일문학과 61%, **철학과 49%**, 사학과 30%, 법학과 42%, 국제법무학과 37%, 사회복지학부 58%, 행정학부 49%, 정치외교학과 57%, 정보사회학과 57%, **언론홍보학과 41%**, 평생교육학과 56%, **경제학과 44%**, 글로벌통상학과 49%, 경영학부 51%, **회계학과 40%**, 벤처중소기업학과 35%, 금융학부 80%
자연	50.71%	**수학과 30%**, **물리학과 37%**, 화학과 58%, 정보통계·보험수리학과 51%, 의생명시스템학부 52%, 화학공학과 55%, 신소재공학과 57%, 전기공학부 49%, **기계공학부 48%**, 산업·정보시스템공학과 48%, 건축학·건축공학전공 45%, 컴퓨터학부 56%, 전자공학 60%, IT융합 53%, 글로벌미디어학부 46%, 소프트웨어학부 67%, AI융합학부 50%

■ 변경사항 & 핵심포인트

[2025]

변경사항		2024	2025
모집인원		267명	253명(-14명)
논술 20% 증가		학생부교과40% + 논술60%	학생부교과20% + 논술80%
(학생부) 등급 간 점수 차이		교과(40점) : 1-2등급(2), 2-3등급(2), 3-4등급(2), 4-5등급(2), 5-6급(4), 6-7급(8), 7-8급(8), 8-9등급(12),	교과(20점) : 1-2등급(1), 2-3등급(1), 3-4등급(1), 4-5등급(1), 5-6급(2), 6-7급(4), 7-8급(4), 8-9등급(6),
수능최저 변경	인문/경상 계열	[국어, 수학, 영어, 사/과]2개 영역 등급 합 4	[국어, 수학, 영어, 사/과]2개 영역 등급 합 5
	자연계열	[국어, 수학(미적분/기하), 영어, 과탐] 2개 영역 등급 합 5	[국어, 수학, 영어, 사/과탐] 2개 영역 등급 합 5

- 전형방법: 논술고사가 20% 증가하여 학생부교과40%+ 논술60%->학생부교과20%+ 논술80%로 선발함
- 수능최저: 자연계열에 수능(확률과 통계), 사탐 응시자도 지원 가능함
- 학생부 교과성적은 내신 6등급까지는 영향력이 매우 적음
- 논술고사는 인문은 언어100%, 상경은 언어50%+ 통계50%, 자연은 수리100%
  - 자연계열 수학 출제범위: 수학, 수학Ⅰ, 수학Ⅱ, 미적분, 확률과 통계 ※ 기하는 미출제
- ➡ 합격자 성적분포: 인문계열은 3등급 중반 ~ 4등급 후반, 자연계열은 3등급 중반 ~ 4등급 후반

■ 모집단위

'*' 표시 : 교직 이수 가능

계열	모집단위	2025 모집인원	2024 모집인원	2024 지원인원	2024 경쟁률	2024 등록50%컷	2024 등록70%컷	2024 충원번호	2023 모집인원	2023 지원인원	2023 경쟁률	2023 등록50%컷	2023 등록70%컷	2023 충원번호	2022 모집인원	2022 지원인원	2022 경쟁률	2022 등록50%컷	2022 등록70%컷	2022 충원번호
인문	금융학부	3	3	30	10.0	2.70		1	3	36	12.0				4	63	15.8			
인문	경제학과*	6	6	78	13.0	3.25			7	104	14.9				7	166	23.7			
인문	국어국문학과*	4	4	51	12.8	3.31			4	103	25.8				5	189	367.8			
인문	*일어일문학과**	3	5	87	17.4	3.34			5	123	24.6				5	149	29.8			
인문	국제법무학과	2	4	75	18.8	3.47			4	118	29.5				5	192	38.4			
인문	언론홍보학과	4	4	83	20.8	3.48			4	149	37.3				4	262	65.5			
인문	정보사회학과	4	4	69	17.3	3.49		1	4	107	26.8				5	216	43.2			
인문	영어영문학과*	8	8	153	19.1	3.54		1	8	242	30.3				8	321	40.1			
인문	행정학부	6	6	117	19.5	3.55		1	6	173	28.8				6	243	40.5			
인문	경영학부*	16	16	246	15.4	3.60		2	16	346	21.6				16	589	36.8			
인문	글로벌통상학과*	10	10	127	12.7	3.63		1	10	164	16.4				10	243	24.3			
인문	사학과*	3	3	47	15.7	3.80		1	3	75	25.0				3	109	36.3			
인문	불어불문학과*	4	4	64	16.0	3.85			4	97	24.3				5	156	31.2			
인문	중어중문학과*	4	4	61	15.3	3.88			4	81	20.3				4	120	30.0			
인문	*철학과**	3	7	107	15.3	3.96		1	7	190	27.1				7	254	36.3			
인문	정치외교학과	5	5	94	18.8	4.03			5	133	26.6				6	235	39.2			
인문	사회복지학부	4	4	60	15.0	4.09		1	4	96	24.0				6	219	36.5			
인문	벤처중소기업학과	7	7	68	9.7	4.16			7	98	14.0				8	132	16.5			
인문	법학과	4	7	139	19.9	4.16		2	7	235	33.6				7	317	45.3			
인문	회계학과*	2	2	20	10.0	4.32			2	33	16.5				2	38	19.0			
인문	평생교육학과	4	4	53	13.3	4.46			4	72	18.0				4	110	27.5			
인문	독어독문학과*	3	3	45	15.0	4.79			3	60	20.0				3	82	27.3			
자연	소프트웨어학부	11	11	429	39.0	2.83		5	11	393	35.7				11	560	50.9			
자연	화학과*	4	4	99	24.8	3.01		1	4	103	25.8				5	133	26.6			
자연	신소재공학과	12	12	430	35.8	3.05		2	12	461	38.4				12	369	30.8			
자연	화학공학과*	12	12	397	33.1	3.08		3	12	437	36.4				12	379	31.6			
자연	컴퓨터학부*	10	10	465	46.5	3.12		4	10	389	38.9				10	532	53.2			
자연	*산업·정보시스템공학과*	8	10	336	33.6	3.22		7	10	362	36.2				10	300	30.0			
자연	건축학·건축공학전공	7	7	270	38.6	3.30		4	7	295	42.1				7	235	33.6			
자연	전기공학부*	12	12	392	32.7	3.31		7	12	415	34.6				12	352	29.3			
자연	AI융합학부	6	6	200	33.3	3.35			6	172	28.7				7	259	37.0			
자연	기계공학과	12	12	373	31.1	3.43			12	425	35.4				13	409	31.5			
자연	IT융합전공*	12	12	417	34.8	3.46		1	12	372	31.0				12	505	42.1			
자연	글로벌미디어학부	8	8	246	30.8	3.49		4	8	214	26.8				8	243	30.4			
자연	물리학과*	4	5	108	21.6	3.50		5	6	130	21.7				6	136	22.7			
자연	전자공학전공*	12	12	394	32.8	3.53		6	12	377	31.4				12	462	38.5			
자연	수학과*	5	5	112	22.4	3.59			5	116	23.2				5	141	28.2			
자연	의생명시스템학부	5	5	201	40.2	3.59			5	224	44.8				5	272	54.4			
자연	정보통계·보험수리학과	4	4	93	23.3	3.98		1	4	108	27.0				4	93	23.3			

59. 신한대학교

(의정부캠퍼스) 경기도 의정부시 호암로 95 (Tel: 031. 870-3211~7)
(동두천캠퍼스) 경기도 동두천시 벌마들로 40번길 30 (Tel: 031. 870-2900)

I. 한 눈에 보는 전형

모집시기	전형유형	전형	모집인원	전형 방법	수능최저학력기준
수시	교과	일반전형	421	학생부교과60%+ 면접40%	X
수시	교과	학생부우수자	231	학생부교과100%	X
수시	교과	농어촌학생	37	학생부교과70%+ 면접30%	X
수시	교과	교육기회균형	24	학생부교과70%+ 면접30%	X
수시	교과	특성화고교졸업자	16	학생부교과70%+ 면접30%	X
수시	종합	신한국인	100	서류100%	X
수시	종합	사회기여자	12	서류100%	X
수시	종합	기회균형	74	서류100%	X
수시	논술	논술전형 [신설]	124	학생부10%+ 논술90%	○
수시	실기/실적	실기우수자	150	학생부교과20%+ 실기80%	X
수시	실기/실적	실적우수자	37	학생부교과20%+ 면접20%+ 실적60%	X

(수시모집) 지원 가능 횟수	본 대학 복수지원 방법 [동일전형 내 복수지원 불가, 면접고사 실시전형(4개 전형) 간 복수지원 불가] [예시] 면접고사 실시전형 (일반전형, 농어촌전형, 교육기회균형전형, 특성화고교졸업자전형 중 1개 전형) + 학생부우수자 전형 + 사회기여자전형 + 기회균형전형 + 신한국인전형 + 실기우수자전형 + 실적우수자전형 중 ☞ 6개 전형 지원가능

■ 의정부캠퍼스 동두천캠퍼스 설치 학과
: 간호학과(동두천캠퍼스)를 제외한 모든 학과는 의정부캠퍼스에 있음

■ 무전공(전공자율선택)

유형① [대학 내 모든 전공(보건의료, 사범 등 제외) 자율 선택]		유형② [계열/단과대 모집 후 모집단위 내 전공 자율 선택]	
모집단위	인원	모집단위	인원
		경영대학	190
		사회과학대학(유아교육과 별도)	170

■ 경영대학 및 사회과학대학(유아교육과 제외) 통합선발 입학생은 2학년 전공선택 시, 단과대학 내 모든 학과(유아교육과 제외)를 자유롭게 선택

■ 학교폭력 조치사항

전형	전형 총점	감점								
		1호	2호	3호	4호	5호	6호	7호	8호	9호
실적우수자	1,000	학생부 내 "학교폭력 조치사항"이 확인되는 경우 "P/F"로 심의하여 전형에서 제외 함								

■ 전형결과

※ 성적 산출기준: (수시) 교과 석차등급, (정시) 수능 등급

모집시기	전형유형	전형	학년도	모집인원	지원인원	경쟁률	최종합격자 평균		충원율
수시	교과	일반전형	2024	562	5,703	10.15	3.43		
수시	교과	학생부우수자	2024	177	1,951	11.02	2.57		206%
수시	종합	신한국인	2024	115	2,428	21.11	4.31		148%

■ (주요전형) 전형일정

유형	전형	원서접수 마감	대학별 고사(면접/논술)	1단계 합격자	최종 합격자
교과	일반전형	9.13(금) 23:59	10.12(토)~13(일) / 10.19(토)~20(일)		11.11(월)~12(화)
교과	학생부우수자	9.13(금) 23:59			11.11(월)~12(화)
종합	신한국인	9.13(금) 23:59			12.11(수)~13(금)
논술	논술전형	9.13(금) 23:59	11.23(토) 인문사회계열 /자연과학계열, 공학계열		12.11(수)~13(금)

II. (수시모집) 주요 전형

■ (학생부교과) 일반전형

전형	모집인원	전형 방법	수능최저학력기준
일반전형	421	학생부교과60%+ 면접40%	X

1. **지원자격**: 국내 고등학교 졸업자 및 2025년 2월 졸업예정자. 국내 고등학교 졸업학력 검정고시 합격자 및 기타 법령에 의하여 위와 동등 이상의 학력이 있다고 인정된 자

◎ 전형요소
● 학생부(600점: 최저점 408점)

반영요소 반영비율	구분	반영교과목		교과성적 산출지표	학년별 반영비율
		반영방법			
교과100%	공통 및 일반선택	국어, 영어, 수학, 사회, 과학, 한국사교과 중 상위 10과목		석차등급	학년 구분 없음
	진로선택	미반영			

구분		1등급	2등급	3등급	4등급	5등급	6등급	7등급	8등급	9등급
점수	100점	100	99	97.5	96	94.5	91.5	88.5	82	68
등급 간 점수 차이	100점	0	1	1.5	1.5	1.5	3	3	6.5	14
	600점	0	6	9	9	9	18	18	39	84

● 면접(400점: 최저점 270점)
1. **면접방법**: 개별 구술면접 진행(면접위원 2인이 수험생 1인을 평가)
2. **면접시간**: 3분 내외
3. **평가항목**: 지원동기와 논리적 사고력 및 인성에서 각각 1개씩 2문제 출제 ※ 면접 문제는 사전에 공지할 예정임

평가항목	내용
지원동기	지원동기, 포부 등
논리적 사고력 및 인성	전공 계열별 관련 논리적 사고력, 가치관, 성품, 협동성 등 기본소양

☞ 보충설명
- 면접(400점)은 기본점수가 270점, 실질적으로 130점 차이남. 면접 변별력 큼.
- 학생부 성적이 우수한 학생들은 면접 점수도 좋음, 학생부와 면접이 비례함.
- 학생들의 생각을 들을 수 있는 문제, 단답형 답변보다는 본인의 생각을 논리적으로 답변하는 것이 중요
- 학생들이 지원학과가 무엇을 배우는 지도 모르고 오는 학생들이 의외로 많음, 학과 홈피에 가서 기본적인 내용 숙지 할 것
- 전공적인 부분은 없고, 지원동기, 포부 등을 질문함. 홈피에 예시문제 공개됨
- 취업은 보건계열 절대 강세, 임상병리, 방사선, 치기공 취업 잘 됨, 안경광학은 사업자 등록증 나옴.
- 치위생, 유아교육은 인기학과이고 여학생이 절대적이고 취업도 골라서 갈 수 있음
- 기계자동차융합공학과는 의정부에 있음. IT융합공학부는 IT업계로 진출

◎ 전형결과
■ 전체

학년도	전체					인문					자연				
	모집 인원	지원 인원	경쟁 률	최종 평균	충원 율	모집 인원	지원 인원	경쟁 률	최종 평균	충원 율	모집 인원	지원 인원	경쟁 률	최종 평균	충원 율
2022	673	7,742	11.50	4.24	137%	305	3,146	10.31	4.19	144%	368	4,596	12.49	4.29	
2023	506	5,659	11.18	3.84	95%	223	2,336	10.48	3.66	92%	283	3,323	11.74	4.02	
2024	562	5,703	10.15	3.43		223	1,983	8.89	3.26	62%	339	3,720	10.97	3.59	
2025	421					162					259				

■ 변경사항 & 핵심포인트
[2025]

변경사항	2024	2025
모집인원	562명	421명(-221명)
(학생부) 등급 점수 조정	1등급(100), 2등급(99), 3등급(97.5), 4등급(96), 5등급(94.5), 6등급(91.5), 7등급(88.5), 8등급(82.5), 9등급(76.5),	1등급(100), 2등급(99), 3등급(97.5), 4등급(96), 5등급(94.5), 6등급(91.5), 7등급(88.5), <u>8등급(82)</u> <u>9등급(68)</u>,

➡ **합격자 성적분포**: 인문계열은 3등급 초반 ~ 4등급 중반, 자연계열은 3등급 중반 ~ 5등급 중반

[2024]

변경사항	2023	2024
전형방법 변경	학생부70%+ 면접30%	학생부60%+ 면접40%
(학생부) 반영과목 수 축소	국어, 영어, 수학, 사회, 과학, 한국사교과 중 상위 15과목	국어, 영어, 수학, 사회, 과학, 한국사교과 중 상위 10과목

■ 모집단위

'*' 표시 : 교직 이수 가능

계열	모집단위	2025 모집인원	2024 모집인원	2024 지원인원	2024 경쟁률	2024 최종평균	2024 충원번호	2023 모집인원	2023 지원인원	2023 경쟁률	2023 최종평균	2023 충원번호	2022 모집인원	2022 지원인원	2022 경쟁률	2022 최종평균	2022 충원번호
인문	경영대학	62															
인문	사회과학대학	60															
인문	산업디자인학과	6	6	42	7.0	1.78	1	6	79	13.2	2.53	6					
인문	실내디자인학과	9	9	107	11.9	2.71	9	9	101	11.2	3.62	16					
인문	패션디자인학과	6	6	148	24.7	3.30	3	6	94	15.7	3.78	7					
인문	*유아교육과*	*19*	*23*	128	5.6	3.79	31	17	305	17.9	3.29	9	26	562	21.6	3.77	39
자연	*간호학과[동두천]*	*18*	*29*	535	18.5	2.34	31	24	422	17.6	2.74	26	35	737	21.1	2.75	24
자연	*방사선학과*	*12*	*20*	387	19.4	2.70	8	15	322	21.5	3.23	7	23	668	29.0	3.31	12
자연	*임상병리학과*	*13*	*19*	276	14.5	2.79	10	22	444	20.2	3.27	12	44	704	16.0	3.63	34
자연	식품영양학과	9	9	120	13.3	2.83	4	8	132	16.5	3.68	19					
자연	*치위생학과*	*10*	*15*	236	15.7	3.15	10	12	185	15.4	3.41	10	14	434	31.0	3.51	22
자연	소프트웨어융합학과	13	15	153	10.2	3.27	12	20	227	11.4	3.52	19	56	439	7.8	4.29	87
자연	바이오식품외식산업학과	8	8	114	14.3	3.40	16	8	144	18.0	4.44	9	10	65	6.5	5.07	10
자연	K-뷰티학과	13	10	229	22.9	3.46	13	10	201	20.1	3.97	12	12	211	17.6	4.41	15
자연	*치기공학과*	*25*	*30*	185	6.2	3.56	14	15	212	14.1	3.70	2	38	365	9.6	4.23	23
자연	스포츠의학과	21	21	176	8.4	3.57	9	19	149	7.8	4.06	8					
자연	*전자공학과*	*11*	*20*	133	6.7	3.65	21	20	101	5.1	4.23	25					
자연	*기계공학과*	*10*	*20*	131	6.6	3.80	26	20	129	6.5	4.33	31					
자연	*미래자동차공학과*	*13*	*20*	117	5.9	3.82	15	20	119	6.0	4.32	20	37	267	7.2	4.60	70
자연	안경광학과	10	10	107	10.7	4.01	7	10	124	12.4	4.36	24	14	100	7.1	4.51	15
자연	*첨단소재공학과*	*15*	*20*	203	10.2	4.32	7	20	130	6.5	5.00	12	26	117	4.5	5.46	59
자연	*에너지공학과*	*15*	*20*	133	6.7	4.36	29	20	197	9.9	4.68	32	23	143	6.2	5.70	53
자연	*미래스포츠융합학과*	*20*	*30*	394	13.1	4.63	10	20	85	4.3	5.43	10					
자연	사이버드론봇군사학과	23	23	91	4.0	4.92	27										

■ (학생부교과) 학생부우수자

전형	모집인원	전형 방법	수능최저학력기준
학생부우수자	231	학생부교과100%	X

1. **지원자격:** 국내 고등학교 졸업자 및 2025년 2월 졸업예정자. 국내 고등학교 졸업학력 검정고시 합격자 및 기타 법령에 의하여 위와 동등 이상의 학력이 있다고 인정된 자로서 학교생활기록부가 3학기 이상 있는 자

◎ 전형요소
● 학생부: 일반전형 참고

◎ 전형결과
■ 전체

학년도	전체 모집인원	전체 지원인원	전체 경쟁률	전체 최종평균	전체 충원율	인문 모집인원	인문 지원인원	인문 경쟁률	인문 최종평균	인문 충원율	자연 모집인원	자연 지원인원	자연 경쟁률	자연 최종평균	자연 충원율
2022															
2023	120	1,953	16.28	3.19	197%	53	805	15.19	3.07	198%	67	1,148	17.13	3.30	196%
2024	177	1,951	11.02	2.57	206%	67	580	8.66	2.63	210%	110	1,371	12.46	2.50	202%
2025	231					92					139				

■ 변경사항 & 핵심포인트

[2025]

변경사항	2024	2025
모집인원	177명	231명(+54명)
(학생부) 등급 점수 조정	1등급(100), 2등급(99), 3등급(97.5), 4등급(96), 5등급(94.5), 6등급(91.5), 7등급(88.5), 8등급(82.5), 9등급(76.5),	1등급(100), 2등급(99), 3등급(97.5), 4등급(96), 5등급(94.5), 6등급(91.5), 7등급(88.5), 8등급(82), 9등급(68),

▶ 합격자 성적분포: 인문계열은 2등급 중반 ~ 3등급 후반, 자연계열은 2등급 중반 ~ 4등급 초반

[2024]

변경사항	2023	2024
전형명칭 변경	학생부우수자 I	학생부우수자
(학생부) 반영과목 수 축소	국어, 영어, 수학, 사회, 과학, 한국사교과 중 상위 15과목	국어, 영어, 수학, 사회, 과학, 한국사교과 중 상위 10과목

■ 모집단위

'*' 표시 : 교직 이수 가능

계열	모집단위	2025 모집 인원	2024 모집 인원	지원 인원	경쟁 률	최종 평균	충원 번호	2023 모집 인원	지원 인원	경쟁 률	최종 평균	충원 번호	2022 모집 인원	지원 인원	경쟁 률
인문	경영대학	40													
인문	사회과학대학	40													
인문	유아교육과	12	6	38	6.3	2.96	20	6	118	19.7	2.61	10			
자연	미래스포츠융합학과	10													
자연	간호학과[동두천]	10	10	128	12.8	1.22	18	10	186	18.6	1.70	34			
자연	방사선학과	7	9	143	15.9	1.43	5								
자연	임상병리학과	8	10	117	11.7	1.84	24	5	159	31.8	3.67	14			
자연	소프트웨어융합학과	5	6	61	10.2	1.98	7	5	117	23.4	2.80	5			
자연	스포츠의학과	8	8	105	13.1	2.14	10	5	67	13.4	3.55	6			
자연	치위생학과	6	7	140	20.0	2.18	26	7	144	20.6	3.13	23			
자연	식품영양학과	5	5	44	8.8	2.44	5								
자연	치기공학과	18	10	103	10.3	2.44	3	10	180	18.0	3.17	15			
자연	K-뷰티학과	8	7	79	11.3	2.75	30								
자연	바이오식품외식산업학과	5	5	62	12.4	2.80	16								
자연	첨단소재공학과	10	5	69	13.8	2.82	8	5	68	13.6	3.95	5			
자연	전자공학과	5	5	39	7.8	2.88	15	5	57	11.4	2.73				
자연	에너지공학과	10	5	104	20.8	2.96	11	5	66	13.2	4.12	14			
자연	미래자동차공학과	10	5	68	13.6	3.18	6	5	48	9.6	4.03	10			
자연	안경광학과	8	8	63	7.9	3.49	13								
자연	기계공학과	6	5	46	9.2	3.50	25	5	56	11.2	3.47	5			

■ (학생부종합) 신한국인

전형	모집인원	전형 방법	수능최저학력기준
신한국인	100	서류100%	X

1. **지원자격:** 국내 고등학교 졸업자 및 2025년 2월 졸업예정자. 국내 고등학교 졸업학력 검정고시 합격자 및 기타 법령에 의하여 위와 동등 이상의
   학력이 있다고 인정된 자로서 학교생활기록부가 3학기 이상 있는 자
2. **제출서류:** 학교생활기록부

◎ 전형요소
※ 선발 인재상: 창조와 융합을 통하여 국가와 인류 발전에 공헌하기 위해 끊임없이 도전하고 소통하는 신한국인의 성장 잠재력을 갖춘 자
● 서류(1,000점)
　　1. **평가방법:** 학교생활기록부에 기재된 내용을 기초학습능력, 인성, 전공적합성으로 종합적 평가
　　2. **평가항목:** 기초학습능력, 인성, 전공적합성

☞ 보충설명
• 3개 평가항목을 종합적으로 평가했을 때 부여하는 가산 항목이 있음. 한 두 개 항목이 떨어지더라도 가산점 받으면 합격 가능함. 한 영역에서
  뛰어난 역량을 보여주거나, 전공이나 인성에서 뛰어난 경우 등.
• 간호, 유아교육과는 준비가 잘 되어 있음. 어느, 정도 교과적인 부분도 봄
• 지원자격만 충족되면 종교 활동 유무 등은 불리함 없음

■ 전체

학년도	전체						인문						자연					
	모집인원	지원인원	경쟁률	최종평균		충원율	모집인원	지원인원	경쟁률	최종평균		충원율	모집인원	지원인원	경쟁률	최종평균		충원율
2022	119	1,401	11.77	4.35		160%	42	564	13.43	4.32		198%	77	837	10.87	4.38		122%
2023	136	1,553	11.42	4.65		124%	57	564	9.89	4.81		135%	79	989	12.52	4.48		113%
2024	115	2,428	21.11	4.31		148%	48	824	17.17	4.24		177%	67	1,604	23.94	4.38		118%
2025	100						47						53					

■ 변경사항 & 핵심포인트

[2025]

변경사항	2024	2025
모집인원	115명	100명(-15명)
서류 평가요소 변경	기초학습능력20%, 리더십20%, 지원동기20%, 창의성20%, 기본품성20%	기초학습능력, 인성, 전공적합성

➡ 합격자 성적분포: 인문계열은 4등급 초반 ~ 5등급 초반, 자연계열은 3등급 후반 ~ 5등급 초반

■ 모집단위

'*' 표시 : 교직 이수 가능

계열	모집단위	2025	2024					2023					2022				
		모집인원	모집인원	지원인원	경쟁률	최종평균	충원번호	모집인원	지원인원	경쟁률	최종평균	충원번호	모집인원	지원인원	경쟁률	최종평균	충원번호
인문	경영대학	20															
인문	사회과학대학	15															
인문	유아교육과	12	14	161	11.5	4.56	34	14	150	10.7	4.11	18	8	107	13.4	4.04	13
자연	*치기공학과*	7	10	132	13.2	3.75	4	15	106	7.1	5.02	4	8	42	5.3	5.16	7
자연	식품영양학과	5	5	107	21.4	4.07	16	5	55	11.0	4.51	18	8	70	8.8	4.31	23
자연	소프트웨어융합학과	7	8	188	23.5	4.12	12	10	116	11.6	4.99	24	10	68	6.8	5.31	12
자연	임상병리학과	8	10	229	22.9	4.45	13	10	136	13.6	4.27	7	10	173	17.3	4.03	15
자연	치위생학과	7	8	180	22.5	4.64	8	8	86	10.8	4.27	7	8	69	8.6	3.84	5
자연	방사선학과	7	10	297	29.7	4.73	10	14	202	14.4	4.49	9	8	109	13.6	4.02	6
자연	*간호학과[동두천]*	12	16	471	29.4	4.87	16	17	288	16.9	3.81	20	15	260	17.3	3.50	10

■ (논술) 논술전형

전형	모집인원	전형 방법	수능최저학력기준
논술전형 [신설]	124	학생부10% + 논술90%	○

1. **지원자격**: 국내 고등학교 졸업자 및 2025년 2월 졸업예정자. 국내 고등학교 졸업학력 검정고시 합격자 및 기타 법령에 의하여 위와 동등 이상의 학력이 있다고 인정된 자
2. **수능최저학력기준**:

[국어, 수학, 영어, 탐구(1과목)] 중 1개 영역 5등급 이내

◎ 전형요소
※ 신설 전형
● 학생부(100점: 최저점 68점)

반영요소 반영비율	반영교과목		교과성적 산출지표	학년별 반영비율
	구분	반영방법		
교과100%	공통 및 일반선택	국어, 영어, 수학, 사회, 과학, 한국사교과 중 상위 10과목	석차등급	학년 구분 없음
	진로선택	미반영		

구분		1등급	2등급	3등급	4등급	5등급	6등급	7등급	8등급	9등급
점수	100점	100	99	97.5	96	94.5	91.5	88.5	82	68
등급 간 점수 차이	100점	0	1	1.5	1.5	1.5	3	3	6.5	14

● 논술(900점: 최저점 750점) :

1. 출제범위 및 평가기준:

구분	출제범위	평가기준
국어	문학, 독서	• 제시문의 핵심 내용에 대한 정확한 이해와 표현 • 문항에서 요구하는 조건에 충실한 서술
수학	수학Ⅰ, 수학Ⅱ	• 문제에 필요한 개념과 원리에 대한 정확한 서술 • 정확한 용어, 기호를 사용한 표현

2. 논술고사 반영방법:

구분		내용
평가영역		국어능력 + 수학능력
고사시간		80분
문항 수	인문사회계열	국어 9문항 + 수학 6문항 = 15문항
	자연과학/공학계열	국어 6문항 + 수학 9문항 = 15문항
배점기준	인문사회계열	【국어(9문항 × 10점) + 수학(6문항 ×10점)】 + 750점 기본점수 = 900점
	자연과학/공학계열	【국어(6문항 × 10점) + 수학(9문항 ×10점)】 + 750점 기본점수 = 900점

◎ 전형결과

■ 전체

학년도	전체						인문						자연					
	모집 인원	지원 인원	경쟁 률				모집 인원	지원 인원	경쟁 률				모집 인원	지원 인원	경쟁 률			
2022																		
2023																		
2024																		
2025	124						50						74					

■ 변경사항 & 핵심포인트

[2025]
• 신설 전형. 학생부10%+ 논술90%, 수능최저는 1개 5등급, 약술형 논술

'*' 표시 : 교직 이수 가능

■ 모집단위

계열	모집단위	2025	2024						2023						2022					
		모집 인원	모집 인원	지원 인원	경쟁 률				모집 인원	지원 인원	경쟁 률				모집 인원	지원 인원	경쟁 률			
인문	경영대학	25																		
인문	사회과학대학	25																		
자연	기계공학과	7																		
자연	소프트웨어융합학과	9																		
자연	전자공학과	9																		
자연	간호학과	17																		
자연	치위생학과	8																		
자연	임상병리학과	12																		
자연	방사선학과	12																		

60. 아신대학교

경기도 양평군 옥천면 경강로 1276 (Tel. 031. 770-7701~2)

Ⅰ. 한 눈에 보는 전형

모집시기	전형유형	전형	모집인원	전형 방법	수능최저학력기준
수시	교과	일반학생	36	학생부60%+ 면접40%	X
수시	교과	기독학생	15	학생부60%+ 면접40%	X
수시	교과	선교사자녀및대안학교출신자	9	학생부60%+ 면접40%	X
수시	교과	성인학습자	5	학생부60%+ 면접40%	X
수시	교과	기회균형선발	9	학생부60%+ 면접40%	X
(수시모집) 지원 가능 횟수		우리 대학 내 복수지원 허용하지 않음			

■ 전형결과

※ 성적 산출기준: (수시) 교과 석차등급, (정시) 수능 백분위

모집시기	전형유형	전형	학년도	모집인원	지원인원	경쟁률	등록자 50%컷	등록자 70%컷	충원율
수시	교과	일반학생	2024	31	36	1.16	6.20	6.90	32%
수시	교과	기독학생	2024	12	18	1.50	5.30	5.30	33%

■ (주요전형) 전형일정

유형	전형	원서접수 마감	대학별 고사(면접/논술)	1단계 합격자	최종 합격자
교과	일반전형	9.13(금) 18:00	10.18(금)		11.01(금)
교과	기독학생	9.13(금) 18:00	10.18(금)		11.01(금)

Ⅱ. (수시모집) 주요 전형

■ (학생부교과) 일반학생

전형	모집인원	전형 방법	수능최저학력기준
일반학생	36	학생부60%+ 면접40%	X

1. **지원자격**: 고등학교 졸업(예정)자 또는 법령에 의하여 이와 동등 이상의 학력이 있다고 인정된 자로서 본교 설립이념을 이해하고 학교 규정을 동의한 자
2. **제출서류**: 학교생활기록부, 출석교회 담임목사 추천서

◎ 전형요소
● 학생부(600점)

반영요소 반영비율	반영교과목		교과성적 산출지표	학년별 반영비율
	구분	반영방법		
교과100%	공통 및 일반선택	국어, 영어, 사회(역사/도덕 포함)교과에 속한 전 과목 ※ 이수단위 미반영	석차등급	30:30:40
	진로선택	미반영		

구분	1등급	2등급	3등급	4등급	5등급	6등급	7등급	8등급	9등급
점수(600점)	600	468	372	336	300	264	228	132	0
등급 간 점수 차이	0	132	132	132	132	132	132	132	132

● 면접(400점)
  1. **면접방법**: 우리 대학교의 교육이념에 합당한 자를 선발하기 위하여 <u>담임목사추천서 및 면접 전에 작성하는 면접카드</u>를 기초로 신앙생활, 인성, 지적능력을 평가합니다.
  2. **평가방법**: 3~5명으로 구성된 면접위원에 의해 평가된 점수를 평균하여 배점. 2명이상이 면접성적 F를 부과한 경우 최종 불합격 처리
  3. **평가항목**: 신앙생활, 인성, 지적능력

☞ **보충설명**
- 당일에 25분 동안 면접카드에 인적사항 신앙생활(예: 기도생활을 자주 하십니까?)에 대해 간단하게 적음. 인성과 신앙 강조
- 면접, 10분 정도, 면접카드 신앙 생활 내용, 학과 지원 동기, 구원의 확신, 학교의 규정을 잘 따르겠는가? 교과 지식 질문은 없음
- 3인 1조로 입실, 면접관 3명, 공통 질문에 대해 순서대로 답변

◎ **전형결과**
■ **전체**

학년도	전체						인문						자연					
	모집인원	지원인원	경쟁률	등록 50%컷	등록 70%컷	충원율	모집인원	지원인원	경쟁률	등록 50%컷	등록 70%컷	충원율	모집인원	지원인원	경쟁률			
2022	83	44	0.54	5.48	6.67		83	44	0.54	5.48	6.67							
2023	56	50	0.90	3.03	3.59	13%	56	50	0.90	3.03	3.59	13%						
2024	31	36	1.16	6.20	6.90	32%	31	36	1.16	6.20	6.90	32%						
2025	36						36											

■ **변경사항 & 핵심포인트**

[2025]

변경사항	2024	2025
모집인원	31명	36명(+5명)

➡ **합격자 성적분포**: 인문계열은 6등급 초반 ~ 6등급 후반

■ **모집단위**   '*' 표시 : 교직 이수 가능

계열	모집단위	2025	2024							2023						2022					
		모집인원	모집인원	지원인원	경쟁률	등록 50%컷	등록 70%컷	충원번호	모집인원	지원인원	경쟁률	등록 50%컷	등록 70%컷	충원번호	모집인원	지원인원	경쟁률	등록 50%컷	등록 70%컷	충원번호	
인문	기독교교육과미디어학과	13	10	16	1.6	5.90	6.70	3													
인문	기독교상담학과	12	11	11	1.0	6.00	7.00														
인문	사회복지선교학과	11	10	9	0.9	6.70	7.00	7													

■ (학생부교과) 기독학생

전형	모집인원	전형 방법	수능최저학력기준
기독학생	15	학생부60%+ 면접40%	X

1. **지원자격**: 고등학교 졸업(예정)자 또는 법령에 의하여 이와 동등 이상의 학력이 있다고 인정된 자로서 기독교 세례교인인 자
2. **제출서류**: 학교생활기록부, 출석교회 담임목사 추천서

◎ **전형요소**
● **학생부 및 면접**: 일반전형 참고

◎ **전형결과**
■ **모집단위**   '*' 표시 : 교직 이수 가능

계열	모집단위	2025	2024							2023						2022					
		모집인원	모집인원	지원인원	경쟁률	등록 50%컷	등록 70%컷	충원번호	모집인원	지원인원	경쟁률	등록 50%컷	등록 70%컷	충원번호	모집인원	지원인원	경쟁률	등록 50%컷	등록 70%컷	충원번호	
인문	신학과	15	12	18	1.5	5.30	5.30	4	24		0.9	4.00	5.92		29	24	0.8	6.00	6.11		

61. 아주대학교

경기도 수원시 영통구 월드컵로 206 (Tel: 031. 219-3200~3202)

I. 한 눈에 보는 전형

모집 시기	전형 유형	전형	모집 인원	전형 방법	수능최저 학력기준
수시	교과	고교추천	351	학생부교과100% ※ 고교 추천: 제한 없음	○
수시	종합	ACE	560	1단계)서류100%(3배수) 2단계)서류70%+ 면접30% ※ 의학과, 약학과는 수능최저학력기준 충족자를 대상으로 3배수 선발	X(의학,약학 ○)
수시	종합	첨단융합인재	184	1단계)서류100%(3배수) 2단계)서류70%+ 면접30%	X
수시	종합	고른기회 I	91	서류100%	X
수시	종합	고른기회 II	54	서류100%	X
수시	종합	특수교육대상자	10	1단계)서류100%(3배수) 2단계)서류70%+ 면접30%	X
수시	종합	특성화고등을졸업한재직자	111	1단계)서류100%(3배수) 2단계)서류70%+ 면접30%	X
수시	논술	논술우수자	178	학생부교과20%+ 논술80%	X(의학,약학 ○)
수시	실기/실적	체육우수자(축구)	10	학생부5%+ 면접25%+ 실기30%+ 실적40%	X
수시	특기	국방IT우수인재1	23	1단계)서류100%(3배수) 2단계)서류70%+ 면접30%+ 신체검사/체력검사/신원조회(P/F)	X

(수시모집) 지원 가능 횟수	본교에서 진행하는 각 전형은 복수지원이 가능함 (예시: ACE전형과 고교추천전형 동시지원 가능)

■ 무전공(전공자율선택)

유형① [대학 내 모든 전공(보건의료, 사범 등 제외) 자율 선택]		유형② [계열/단과대 모집 후 모집단위 내 전공 자율 선택]	
모집단위	인원	모집단위	인원
자유전공학부(인문)	58	경제정치사회융합학부	104
자유전공학부(자연)	108	첨단바이오융합대학	75
		프런티어과학학부	109

■ 자유전공학부
- 입학 시에는 자유전공학부(자연), 자유전공학부(인문)으로 계열별 구분하여 선발하며, 입학 후에는 계열 구분 없음(자유전공학부(자연)으로 입학한 학생도 인문계열 학과 선택 가능, 자유전공학부(인문)으로 입학한 학생도 자연계열 학과 선택 가능)
- 2학년 진급 시 타 전공으로 소속을 변경하거나 자유전공학부 소속을 유지할 수 있음
  ◦ 타 전공으로 소속 변경: 학사과정 학과 중 하나를 선택하여 소속을 변경함
    ※ 선택 불가 학과: 의학과, 간호학과, 약학과, 스포츠레저학과, 첨단신소재공학과, 미래모빌리티공학과, 지능형반도체공학과, 융합시스템공학과, 글로벌경영학과, 국방디지털융합학과는 선택 불가
  ◦ 자유전공학부 소속 유지: 다양한 전공을 조합하여 학생 스스로 교육과정을 설계하는 학생 설계 전공을 주전공으로 이수
  ※ 타 전공으로 소속 변경시, 선택 불가 학과를 제외하고는 별도 자격기준 및 인원 제한 없이 학생 희망에 따라 소속을 선택할 수 있음
■ 프런티어과학학부(물리학과, 화학과, 생명과학과 통합)
- 물리학, 화학, 생명과학을 바탕으로 한 3개의 기초 세부특화전공(마이크로전공)과 12개 내외의 융합 세부특화전공(마이크로전공)을 학생의 희망진로에 따라 자유롭게 조합하여 이수하며, 세부특화전공(마이크로전공) 이수 이력에 따라 주전공으로 인정
- 기초 세부특화전공(마이크로전공) (택 1 권장) : 물리·양자과학 전공기초 / 화학·물질과학 전공기초 / 생명과학·응용생물학 전공기초
- 융합 세부특화전공(마이크로전공) (택 3 권장) :
  ① 미래반도체과학 / 첨단양자소자 / 포토닉스응용(디스플레이 물리) / 데이터과학
  ② 정밀분석 및 측정과학 / 유기·바이오 분자응용 / 이차전지소재 / 수소에너지기술
  ③ 분자 및 세포생물학 / 생리, 생태 및 진화 생물학 / 인간 및 의생명과학 / 응용바이오과학 등
- 졸업 시 학위기에 표기되는 전공명은 수강한 기초 세부특화전공(마이크로전공)에 따라 다음 중 선택적으로 표기하며, 이수한 융합 세부특화전공(마이크로전공) 명도 함께 표기됨 : 물리·양자과학전공 / 화학·물질과학전공 / 생명과학·응용생물학전공
- ※ 기초전공 및 세부 마이크로전공은 별도 자격기준 및 인원 제한 없이 학생 희망에 따라 선택할 수 있음
■ 경제정치사회융합학부(경제학과, 사회학과, 정치외교학과 통합)
- 경제학, 정치외교학, 사회학 세 분야의 심화 세부특화전공(마이크로전공)을 통해 전문성을 키우고, 각 분야를 융합한 융합 세부특화전공(마이크로전공)을 통해 실용성을 키움
- 경제학, 정치외교학, 사회학 중 학생의 적성과 희망 진로에 따라 최소 1개 이상의 주전공을 선택하여 세부특화전공(마이크로전공) 교육과정을 조합하여 이수하며, 주전공을 제외한 다른 전공 분야에서도 일정량 이상의 과목을 이수하여 "학생설계 마이크로전공"으로 신청 가능
- ※ "학생설계 마이크로전공"은 학생이 경제정치사회융합학부 전공 중 관심있는 주제/영역 및 분석방법과 연관된 전공과목을 12학점 이상 이수하고, 희망하는 마이크로전공명을 제시하면 이를 심사하여 학위기에 명기함 예시) 경제정치사회융합학부 소속 학생이 전공과목 중 국제관련 교과목

12학점을 이수하고 "(가칭)국제관계 마이크로전공"으로 제시하면 심사를 통해 해당 마이크로전공 이수를 인정함

※ 심화 세부특화전공(마이크로전공) 및 융합 세부특화전공(마이크로전공)은 별도 자격기준 및 인원 제한 없이 학생 희망에 따라 선택할 수 있음

■ **첨단바이오융합대학**은 단과대학 단위 모집단위로 혁신신약공학, 첨단바이오소재공학 2가지 전공으로 운영함입학 후 2학년 진급 시 희망 전공을 선택하며, 전공별 선택 가능인원은 별도 제한 없이 학생 희망에 따라 선택할 수 있음

■ 모집단위 신설 · 변경

구분		2024	2025
변경		정보통신대학	첨단ICT융합대학
		AI모빌리티공학과	미래모빌리티공학과
분리		응용화학생명공학과	응용화학과, 첨단바이오융합대학
통합		경제학과, 사회학과, 정치외교학과	경제정치사회융합학부

■ 전형결과

※ 성적 산출기준: (수시) 교과 석차등급, (정시) 수능 백분위

모집시기	전형유형	전형	학년도	모집인원	지원인원	경쟁률	등록자 평균	등록자 70%컷	충원율
수시	교과	고교추천	2024	276	2,469	8.95	2.35	2.36	112%
수시	특기	국방IT우수인재1	2024	23	232	10.09	4.42	7.74	61%

모집시기	전형유형	전형	학년도	모집인원	지원인원	경쟁률	등록자 평균	등록자 최저	충원율
수시	종합	ACE	2024	586	9,088	15.51	2.85	4.01	51%
수시	종합	첨단융합인재	2024	92	974	10.59	2.97	4.99	43%
수시	논술	논술우수자	2024	158	13,667	86.50	4.16	4.78	20%

■ (주요전형) 전형일정

유형	전형	원서접수 마감	대학별 고사(면접/논술)	1단계 합격자	최종 합격자
교과	고교추천	9.13(금) 18:00 학교장추천: 9.25(수) 18:00			12.13(금)
종합	ACE	9.13(금) 18:00	-11.17(일) 공과대학, 첨단 ICT융합대학, 소프트웨어융합대학 -11.23(토) 자연과학대학, 간호대학, 경영대학, 인문대학, 사회과학대학 -12.09(월) 의과대학, 약학대학	11.13(수) ▶12.07(토): 의학과, 약학과	12.13(금)
종합	첨단융합인재	9.13(금) 18:00	11.16(토)	11.13(수)	12.13(금)
논술	논술우수자	9.13(금) 18:00	-11.30(토) 09:00/14:00/19:00 -12.01(일) 09:00/14:00		12.13(금)
	▶ 11.30(토) 09:00 공과대학, 자연과학대학, 자유전공학부(자연) / 14:00 첨단 ICT 융합대학, 소프트웨어융합대학 / 19:00 의과대학				
	▶ 12.01(일) 09:00 경영대학, 인문대학, 사회과학대학, 자유전공학부(인문) / 14:00 약학대학				
특기	국방IT우수인재1	9.13(금) 18:00	11.16(토)	10.25(금)	12.13(금)

II. (수시모집) 주요 전형

■ (학생부교과) 고교추천

전형	모집인원	전형 방법	수능최저학력기준
고교추천	351	학생부교과100%	○

1. **지원자격**: 2022년 12월 이후(1월 포함) 국내 고교 졸업(예정)자로서 3학년 1학기까지 전 학기를 모두 이수한 자(조기졸업자 및 교과 등급을 환산할 수 없는 경우는 지원불가) 중 <u>고교 추천을 받은 자</u> (인원 제한 없음)

   ※ 지원 시 재학 중인(또는 졸업한) 고등학교와 반드시 사전협의 후 원서접수 요망

   ※ 국내 일반고, 자율고, 특목고만 지원 가능하며 아래 해당자는 지원 불가

   ① 특성화고, 종합 및 일반고 전문(실업)반 졸업(예정)자

   ② 특목고 중 예술고, 체육고, 마이스터고 졸업(예정)자

   ③ 일반고 재학 중 직업교육과정 이수자

   ④ 방송통신고, 대안학교(각종학교), 고등학교 학력인정 평생교육시설 출신자 및 일반고등학교의 대안교육 위탁학생

   ⑤ 검정고시 합격자, 외국고등학교 출신자 등 학교생활기록부가 없거나 학교생활기록부 반영교과 점수를 산출할 수 없는 자

2. 제출서류: 학교생활기록부, <u>고교 추천서</u>
3. 수능최저학력기준:

> [국어, 수학, 영어, 사/과탐(1과목)] 중 2개 영역 등급 합 5 이내
> ※ 국어, 수학, 영어, 탐구 2과목, 한국사를 모두 응시한 자만 지원 가능

◎ 전형요소
● 학생부(100점)

반영요소 반영비율	반영교과목			교과성적 산출지표	학년별 반영비율
	구분		반영방법		
교과100%	공통 및 일반선택		국어, 영어, 수학, 사회, 과학 교과에 속한 전 과목 ※한국사는 포함하지 않음. ※ 반영 학기: (교과) 졸업예정자 및 졸업자 모두 3학년 1학기까지	석차등급	학년 구분 없음
	진로선택		반영교과목 중 성취도 상위 3과목 ※ 성취도 환산등급(점수) = A : 1등급(100점), B : 3등급(98점), C : 5등급(90점)	성취도	

◎ 전형결과
■ 전체

학년도	전체						인문						자연					
	모집 인원	지원 인원	경쟁 률	등록 평균	등록 70%컷	충원 율	모집 인원	지원 인원	경쟁 률	등록 평균	등록 70%컷	충원 율	모집 인원	지원 인원	경쟁 률	등록 평균	등록 70%컷	충원 율
2022	235	3,283	13.97	2.78	2.94	54%	84	1,311	15.61	2.95	3.14	58%	151	1,972	13.06	2.61	2.74	50%
2023	241	2,971	12.33	2.55	2.66	86%	84	1,042	12.40	2.70	2.82	85%	157	1,929	12.29	2.40	2.49	87%
2024	276	2,469	8.95	2.35	2.36	112%	98	833	8.50	2.53	2.56	121%	178	1,636	9.19	2.17	2.16	103%
2025	351						105						246					

■ 변경사항 & 핵심포인트
[2025]

변경사항	2024	2025
모집인원	276명	351명(+75명)
(수능최저) 자연: 반영영역	국어, 수학, 영어, <u>과탐</u>	국어, 수학, 영어, <u>사/과탐</u>

➡ 합격자 성적분포: 인문계열은 2등급 초반 ~ 2등급 후반, 자연계열은 2등급 초반 ~ 2등급 후반

[2024]

변경사항	2023	2024
(학생부) 진로선택과목 반영	-	반영교과목 중 상위 3과목 ※ 성취도 환산점수: A=1등급, B=3등급, C=5등급

■ 모집단위

'*'표시 : 교직 이수 가능

계열	모집단위	2025	2024						2023						2022					
		모집 인원	모집 인원	지원 인원	경쟁 률	등록 평균	등록 70%컷	충원 번호	모집 인원	지원 인원	경쟁 률	등록 평균	등록 70%컷	충원 번호	모집 인원	지원 인원	경쟁 률	등록 평균	등록 70%컷	충원 번호
인문	**경제정치사회융합학부**	24																		
인문	**자유전공학부**	5																		
인문	**문화콘텐츠학과**	5																		
인문	금융공학과	5	5	73	14.6	2.15	2.33	2	5	152	30.4	2.62	2.92	3	5	75	15.0	3.59	3.94	4
인문	경영학과	20	16	102	6.4	2.30	2.27	25	13	101	7.8	2.50	2.55	8	13	321	24.7	2.57	2.80	8
인문	경영인텔리전스학과	9	9	82	9.1	2.31	2.30	6	9	72	8.0	2.74	2.81	8	9	137	15.2	2.55	2.74	3
인문	영어영문학과 *	9	10	78	7.8	2.56	2.50	23	7	65	9.3	2.74	2.90	4	7	94	13.4	2.97	3.02	6
인문	행정학과	10	10	67	6.7	2.65	2.87	11	10	87	8.7	2.64	2.72	6	10	149	14.9	2.83	2.95	7
인문	국어국문학과	3	6	86	14.3	2.67	2.89	9	6	235	39.2	3.04	3.21	3	6	59	9.8	3.92	4.34	4
인문	사학과	3	6	102	17.0	2.72	2.85	4	5	55	11.0	3.18	3.24	10	5	56	11.2	3.19	3.35	1
인문	불어불문학과 *	4	6	67	11.2	2.75	2.86	6	5	54	10.8	3.01	3.20	3	5	72	14.4	2.96	3.16	1
인문	심리학과	8	9	43	4.8	2.94	2.64	12	5	71	14.2	1.95	1.96	7	5	69	13.8	2.39	2.61	5
자연	**첨단바이오융합대학**	15																		
자연	**자유전공학부**	10																		
자연	**화학공학과**	5													5	55	11.0	2.20	2.27	2
자연	**프런티어과학학부**	18																		
자연	간호학과*	7	7	103	14.7	1.55	1.56	11	7	132	18.9	1.93	1.98	14	10	133	13.3	1.99	2.21	3

계열	모집단위	2025 모집인원	2024 모집인원	지원인원	경쟁률	등록평균	등록70%컷	충원번호	2023 모집인원	지원인원	경쟁률	등록평균	등록70%컷	충원번호	2022 모집인원	지원인원	경쟁률	등록평균	등록70%컷	충원번호
자연	응용화학과	6	10	71	7.1	1.89	1.89	12	10	202	20.2	1.98	2.05	6	10	133	13.3	2.37	2.59	3
자연	전자공학과	30	30	169	5.6	1.94	1.99	38	25	233	9.3	2.06	2.14	29	27	372	13.8	2.28	2.42	11
자연	첨단신소재공학과	15	6	64	10.7	2.01	1.97	8	6	62	10.3	2.29	2.34	7	5	71	14.2	2.42	2.51	5
자연	지능형반도체공학과	5	5	25	5.0	2.05	1.96	3	5	49	9.8	2.23	2.31	1						
자연	기계공학과	23	14	155	11.1	2.11	2.09	18	11	161	14.4	2.39	2.51	11	12	167	13.9	2.53	2.90	9
자연	소프트웨어학과	11	11	55	5.0	2.13	2.09	19	11	87	7.9	2.00	2.03	8	11	202	18.4	2.06	2.22	6
자연	산업공학과	20	16	143	8.9	2.17	2.24	11	14	255	18.2	2.53	2.58	9	14	176	12.6	3.06	3.35	9
자연	환경안전공학과	5	5	31	6.2	2.18	2.14	2	4	27	6.8	2.37	2.46	1	5	77	15.4	2.50	2.64	5
자연	미래모빌리티공학과	22	5	38	7.6	2.22	2.51	1	3	42	14.0	2.39	2.48	1						
자연	사이버보안학과	8	5	37	7.4	2.32	2.13	9	5	46	9.2	2.33	2.34	5	5	56	11.2	2.44	2.67	2
자연	수학과	3	6	76	12.7	2.35	2.27	10	6	66	11.0	2.91	2.97	10	6	54	9.0	2.95	3.29	2
자연	디지털미디어학과	18	18	247	13.7	2.36	2.45	16	16	198	12.4	2.75	2.99	13	12	139	11.6	3.16	3.41	6
자연	교통시스템공학과	7	7	74	10.6	2.38	2.38	4	5	62	12.4	2.77	2.90	1	5	63	12.6	3.15	3.38	4
자연	건축학과	11	11	153	13.9	2.41	2.36	8	9	152	16.9	2.78	2.86	8	9	118	13.1	3.12	3.26	4
자연	건설시스템공학과	7	7	73	10.4	2.52	2.59	5	5	40	8.0	2.87	2.94	5	5	62	12.4	2.90	2.91	4

■ (학생부종합) ACE

전형	모집인원	전형 방법	수능최저학력기준
ACE	560	1단계)서류100%(3배수) 2단계)서류70%+ 면접30% ※ 의학과, 약학과는 수능최저학력기준 충족자를 대상으로 3배수 선발	X(의학,약학○)

1. **지원자격**: 국내·외 고등학교 졸업(예정)자[조기졸업자 포함] 또는 관계 법령에 의하여 고등학교 졸업자와 동등 이상의 학력이 있다고 인정된 자
2. **제출서류**: 학교생활기록부 / ※ 외국 고교 일부 교육과정 이수자, 조기 졸업(예정자): 요강 참고
   * 최초 합격 예정자를 대상으로 필요 시 실사를 진행할 수 있음
   * 제출서류에 대한 확인이 필요한 경우, 학교나 관련기관 등을 방문하거나 전화 확인할 수 있음
3. **수능최저학력기준**: 없음. 단, 의학과, 약학과는 있음.

▶ 의학과: [국어, 수학, 영어, 사/과탐(2과목 평균)] 4개 영역 등급 합 6 이내
▶ 약학과: [국어, 수학, 영어, 사/과탐(2과목 평균)] 3개 영역 등급 합 5 이내

◎ 전형요소
※ 의학과, 약학과는 수능최저학력기준 충족자를 대상으로 3배수 선발
● 서류(100점)
1. **평가방법**: 복수의 입학사정관이 학교생활기록부를 바탕으로 학업역량, 진로역량, 공동체역량 등을 종합적으로 평가
2. **선발인재상, 평가항목**:

구분	ACE	첨단융합인재
구분	핵심역량 균형평가	지원전공 중심평가
인재상	학업역량, 진로역량, 공동체역량을 바탕으로 교과와 비교과의 균형을 갖춘 학생 선발	지원 전공의 특성을 고려한 학업역량, 진로역량에 강점을 지닌 학생 선발

3. **평가요소별 반영비율**

평가요소	반영비율 ACE	반영비율 첨단융합인재	평가내용
학업역량	37%	40%	• 고교 교육과정 기반의 학업수행능력 • 학업 탐구행동과 지적 호기심 – 수업과 과제수행 과정에서 학업능력향상을 위한 노력
진로역량	35%	45%	• 진로탐색: 목표에 부합하는 교과 선택과 이수 및 교내활동 • 진로참여: 도전과 시도, 참여과정과 노력 • 진로성장: 탐색과 참여에 따른 결과와 성취, 변화와 성장
공동체역량	28%	15%	• 공동체에 기여하고자 하는 적극적인 노력과 협력의 행동 • 학교생활의 책임감 있는 태도 및 성실성

4. 평가요소별 평가영역

비고		평가요소		
		학업역량	진로역량	공동체역량
학교생활 기록부	인적사항			
	학적사항			
	출결상황			●
	창의적체험활동상황	◎	●	●
	교과학습발달상황	●	◎	
	세부능력및특기사항	●	●	●
	행동특성및종합의견		●	●

☞ 보충설명

• 학업역량(37%) > 진로역량(35%) > 공동체역량(28%) 순으로 반영.
  - 왜 이 학과를 오고 싶은 지 생각, 탐색해온 학생이 좋은 평가를 받음, 모집단위가 작으면 학업역량이 상대적으로 중요함
  - 학업역량이 가장 중요하지만, 진로역량에서 변별력이 많이 생김. 전공 관련 활동했다거나, 주도적으로, 깊이 있는 활동 유무
  - 활동을 제대로 내실 있게 한 학생을 가려내고 싶음. 많은 활동 보다는 한 두 가지라도 내실 있고, 깊이 있는 학생 선호
• 진로역량(35%)은 계열로 인식. 따라서 학과별 인재상이 절대적인 영향을 주지는 않음. 참고로 활용하는 수준
  - 학과별 인재상은 학과에서 이러한 인재를 길러내겠다는 정도이므로 서류평가에서 중요하게 보지는 않음

■ 모집단위별 인재상

대학	학과	핵심어	인재상
공과 대학	기계공학과	창의성, 적극성, 협업	• 수학과 기초과학에 대한 학습능력이 우수하고, 도전적이고 실천적인 자세와 창의적 사고를 바탕으로 문제해결의 의지가 강한 인재
	산업공학과	호기심, 국제적 감각, 타인의견 존중, 책임감	• 일(Work)과 프로세스(Process)를 분석하여 최적설계 및 혁신할 수 있는 전문능력, 국제적 감각과 의사소통 능력을 바탕으로 국내외 다양한 사람들과 협동할 수 있는 협업능력, 공학인으로서 문화적/사회적/윤리적 책임을 이해하고 주도적으로 실천하는 자주의식을 갖춘 21세기 지식기반 사회의 기술혁신을 주도할 창의적인 인재
	화학공학과	문제해결력, 적극성, 끈기	• 기초과학 및 수학에 대해 지식이 풍부하며, 공학적 응용에서 요구되는 창의적이고 분석적인 사고력을 겸비한 인재
	첨단신소재공학과	개방적 사고, 실험기획력, 성실성, 협업	• 기초과학(수학, 화학, 생명과학)을 잘하고 과학적인 지식을 실제 생활에 응용하여 공학적인 결과를 이끌어 내는 것에 흥미를 가지며 논리적인 추론으로 과학적인 문제를 해결하는 것을 즐기는 인재
	응용화학과	창의성, 논리력, 책임감, 적극성	• 기초과학(수학, 화학, 생명과학)에 대한 학업능력이 우수하고, 공학적 응용에 필요한 창의적인 사고와 전공에 대한 학업적 열의가 뛰어난 인재
	환경안전공학과	창의적 문제해결, 작문능력, 배려, 끈기, 적극성	• 수학, 물리, 화학의 단단한 기초 위에 대기(지구온난화), 수질, 폐기물 관련 환경문제 및 자원과 에너지의 지속가능성 문제, 화학물질 관련 안전문제들을 해결하려는 열정과 의지를 지니며 효과적인 의사소통 능력과 창의성을 발휘할 수 있는 인성과 도전정신을 갖춘 인재
	건설시스템공학과	창의성, 문제해결력, 주도성, 열정	• 수학과 기초과학에 대한 지식이 풍부하며 전공이수에 필요한 학습능력을 갖추고, 전공에 대한 흥미와 열의가 강하며 합리적이고 창의적인 사고력을 지닌 인재
	교통시스템공학과	수학적, 과학적 분석력, 끈기, 관찰력	• 기초교과(수학, 영어, 과학) 성취도가 우수하며 사물과 현상에 대한 수학적·과학적 분석력이 뛰어난 인재
	건축학과	공간지각, 종합적 사고, 계획성, 개방성, 문화적 소양	• 건축: 건축의 사회적, 공공적 기능에 대한 이해를 바탕으로 다양한 전문분야를 총괄하여 종합적인 건축사업의 목표를 실현해낼 수 있는 열정과 리더십을 갖춘 인재 • 건축공학: 공학문제 해결을 위한 창의적 사고와 실행능력을 갖춘 젊은이로서 솔선수범과 협업의 자세를 갖춘 인재
	융합시스템공학과	프로그램 코딩, 체계적 문제 해결, 유연한 사고, 팀워	• 비전과 목표를 스스로 설정하며, 이를 달성하는 책임감을 갖춘 인재(주인의식) • 기본에 충실하며, 미래에 도전하고 끊임없는 변화를 선도하는 인재(도전정신) • 확고한 꿈과 열정을 바탕으로 학습 및 자기 계발을 지속적으로 추구하는 전문능력을 갖춘 인재(전문성)
첨단 ICT 융합 대학	전자공학과	창의성, 문제해결력, 통섭능력, 창의성, 유연한 사고	• 디지털 컨버전스를 위한 창의적인 공학문제 해결능력을 기본으로 하며, 유연성을 가지고 새로운 영역을 개척하는 통섭 능력을 갖춘, 산업체가 요구하는 창조적인 융합 인재
	지능형반도체공학과	소프트웨어 역량, 하드웨어 설계, 실무 중심	• 인공지능을 중심으로 한 소프트웨어 역량과 반도체 공정과 장비, 소자 및 회로 설계 역량을 모두 갖춘 실무형 인재 양성

대학	학과	핵심어	인재상
	미래모빌리티공학과	융합, 혁신, 창업	▪ 미래의 이동 수단을 위한 전문엔지니어 양성 ▪ 산업가치를 혁신하는 융합형 인재 ▪ 현실제약을 극복하는 혁신형 인재 ▪ 디지털 대전환을 선도하는 창업형 인재
	소프트웨어학과	체계적 문제해결 알고리즘 구성, 적극성, 긍정성, 책임감	▪ 논리적으로 차분하게 사고할 수 있으며 한 가지 일에 끈기 있게 집중할 수 있는 인재 ▪ 다른 사람들과 열린 마음으로 소통하고 협력하여 문제를 해결해 갈 수 있는 인재 ▪ 새로운 것을 배우는데 주저하지 않으며 스스로 자료들을 조사하며 공부할 자세를 가진 인재 ▪ 이론과 실무를 겸비한 글로벌 소프트웨어 창의 인재
	사이버보안학과	문제해결력(문제탐지, 해결책 제시), 성실성, 윤리의식	▪ 수학 및 기초과학 지식을 바탕으로 소프트웨어 기반 정보보안의 학문적 이론과 기술적 실무 능력을 갖추고 최신 기술을 수용하여 정보보안 기술을 타 분야에 창의적으로 융합할 수 있는 인재
	디지털미디어학과	문제해결, 논리적 사고, (컨텐츠) 기획, 끈기, 협력, 도전정신	▪ 종합적 사고를 통한 문제해결 능력, 창조적 사고, 협력적 리더십, 문화적 포용력을 가진 지식기반 사회의 미디어 전문 인재 ▪ 데이터의 분석 및 통찰을 통해 미래의 방향을 제시하는 전문 인재 ▪ 소프트웨어, 확률, 통계 분야에서의 과학적 역량과 다분야간의 협력을 위한 커뮤니케이션 능력을 갖춘 지식기반 사회에서의 핵심 인재
	국방디지털 융합학과	ICT 전문성 및 글로벌 역량, 리더십	▪ 국방 ICT 전문기술 능력, 글로벌 ICT 자격, 첨단 항공기술 및 리더십을 배양하여 공군과 항공분야의 미래를 책임질 국방 ICT 엘리트로 성장할 인재
자연 과학 대학	수학과	논리적 사고, 모형화, 응용력, 컴퓨팅 능력, 열정, 협업, 자기관리	▪ 논리력, 분석력, 추리력과 수학적 창의성을 수학 및 현실 세계의 복합적인 문제 해결에 활용할 수 있는 능력을 갖춘 인재
	프런티어과학학부 — 물리학·양자과학전공 / 화학·물질과학전공 / 생명과학·응용생물전공	문제발굴능력, 융합역량, 과학적 사고와 탐구, 실험정신, 도전정신, 인내, 협력, 성실	▪ 자연 현상에 대한 호기심, 흥미를 바탕으로 물리, 화학, 생명현상을 탐구·관찰하고, 기본원리를 이해하여 심층적 문제발굴과 문제해결 능력을 갖춘 진취적 인재 ▪ 새로운 현상을 규명하고자 실험하는 도전정신이 있는 인재 ▪ 꾸준하고 성실하며 주위 사람들과 협력하여 일하는 것을 좋아하는 인재
의과 대학	의학과	학습역량, 창의성, 자기개발	▪ 의사의 소명감과 책임감을 고민하며 자기개발을 게을리 하지 않은 자로 학습역량과 창의성을 갖추고, 희생, 협력, 겸손의 품성과 인문사회적 소양을 가진 국제적 리더십의 잠재력을 갖춘 인재
간호 대학	간호학과	논리적 사고, 학업능력, 끈기, 사람에 대한 관심, 협력, 이타심	▪ 학업에 대한 흥미와 성실성을 갖추고 있으며, 대인관계가 원만한 성격과 상황에 대한 적응력을 갖춘 인재 ▪ 이해심이 많고 인간에 대한 사랑을 실천하면서 기쁨을 느낄 수 있는 인재
약학 대학	약학과	학문적 우수성, 환자중심, 창의 융합, 신약개발, 사회공헌, 협력 존중, 자기주	▪ 질병예방과 치료 최적화에 헌신하는 약사 인재 ▪ 제약·바이오 산업을 선도하는 약학연구자 인재 ▪ 인간중심의 사회적 가치를 실현하는 리더 인재
경영 대학	경영학과	외국어 회화, ICT, 스토리텔링, 기획력, 도전정신, 끈기, 배려	▪ 폭넓은 사고력, 글로벌 어학능력, 전문성, 해외 현지 적응력, 리더십 등을 갖추고 세계 속의 글로벌 리더로 성장할 가능성이 높은 인재
	e-비즈니스학과	ICT, 아이디어, 문제해결력, 개방성, 협력	▪ 기초 및 전공과목의 이해력, 정보기술을 비즈니스의 다양한 측면에 활용할 수 있는 능력, 조직의 문제를 유연하게 해결할 수 있는 능력, 공정하고 도덕적인 사고방식, 글로벌 경쟁력을 가진 인재
	금융공학과	문제해결, 알고리즘, 창의성, 끈기, 도전정신, 협력	▪ 금융 제반의 이론과 현상에 관한 이해와 창의적 사고 및 수리적 분석 능력을 두루 갖추어 국제금융시장의 엘리트 및 리더로 성장할 수 있는 인재
	글로벌경영학과	ICT 실무역량, 혁신역량 (개선경험, 비전), 리더십	▪ ICT 기술역량, 글로벌역량, 혁신역량, 경영리더십역량 등 4대 핵심역량 함양을 통해 실질적인 변화를 현장에서 일구어 낼 수 있는 "Change Maker"로 성장할 수 있는 인재
인문 대학	국어국문학과	우리말과 글에 대한 애정, 문학과 문화에 대한 관심, 인본주의	▪ 한국문학과 한국문화에 대한 이해력 및 창의력을 갖춘 인재 ▪ 높은 수준의 의사소통능력을 바탕으로 전통에 대한 올바른 인식과 국제적 안목을 겸비한 인재
	영어영문학과	비판적 사고, 스토리텔링, 문학적 감수성, 적극성, 소통지향	▪ 글로벌 역량과 문화 이해력을 지닌 창의융합형 인재
	불어불문학과	한국문화와 역사에 대한 지식, 성실성, 이문화 감수성	▪ 프랑스어 능력을 바탕으로 문화와 지역에 대한 지식, 인문학과 사회과학의 융합 역량을 갖춘 프랑스어권 전문 인재

대학	학과		핵심어	인재상
	사학과		인과추론, 호기심, 공감, 스토리텔링, 개방성	▪ 외국어 집중교육, 역사데이터 분석과 비판 집중교육, 인접학문과의 융합교육을 통해 인문학적 소통능력과 문화역량을 갖춘 창의적이고 융합적인 인재
	문화콘텐츠학과		분석적 사고, 기획력, 표현력, 창의성, 협력, 올바른 인성	▪ 글로벌 시대 스토리텔링 역량을 갖춘 문화콘텐츠 기획 인재
사회 과학 대학	행정학과		기획력, 문제해결력, 통합적사고, 공공봉사동기	▪ 모두 함께 행복하게 사는 세상을 위하여, 정부의 역할과 기능에 관심을 갖고 공공의 문제를 해결하려는 적극적인 인재
	심리학과		분석적 사고, 인간과 사회에 대한 관심, 경험적 자료로 확인하려는 태도, 긍정성	▪ 인간의 발전적 적응에 대한 관심과 함께 인간의 마음과 행동에 관한 논리적 사고능력을 갖춘 인재
	스포츠레저학과		사명의식, 도전정신, 실행력, 친화력, 리더십	▪ 사람들의 삶의 질을 향상시키려는 사명의식, 진취적인 도전정신과 적극적인 실행력, 친화력과 리더십을 바탕으로 스포츠레저 융복합 산업의 글로벌 리더로 성장할 가능성이 높은 인재
	경제 정치 사회 융합 학부	경제학과	논리 및 분석능력, 통합적 사고와 소통, 창의적 문제해결 능력, 국내외의 경제·정치· 사회현안에 대한 관심, 실행력 및 리더	▪ 인간의 삶을 구성하는 주요 요소인 경제·정치·사회에 대한 관심과 이해를 바탕으로 각종 유형의 양적·질적 자료를 과학적으로 분석할 수 있으며, 이에 기반하여 현실의 다양한 문제에 대한 논리적·창의적 해결방안을 도출할 수 있는 글로벌 리더형 인재
		사회학과		
		정치외교학과		
첨단바이오융합대학			창의성, 논리력, 책임감, 적극성	▪ 변화와 혁신을 선도하는 '다산형 공학인' ▪ 다산형 공학인 1) 전공 및 현장실무 교육을 통해 육성되는 '실용적, 창조적 인재' 2) 융복합 교육을 통해 육성되는 '융합형 인재' 3) 사고의 유연성과 다양성을 포용하는 '글로벌형 인재'
다산 학부 대학	자유전공학부 (자연, 인문)		자율성, 주도성, 정체성, 시민의식, 창의성, 문제해결 능력, 폭넓은 기초 소양	▪ 자기 삶의 주체로서 스스로 생각하고 판단하며 자신의 미래를 설계하는 인재 ▪ 자신과 공동체에 대한 성찰을 바탕으로 협력하고 실천하는 인재 ▪ 다양한 시각에서 문제를 바라보고 새로운 관점에서 답을 찾는 인재 ▪ 전공을 선택하고 학습할 때 어려움이 없도록 탄탄한 기초 소양을 갖춘 인재

● 면접(30점)
1. **평가방법**: 제출서류 기반면접(면접위원 2인 이상, 수험생 1인)
   ※ 전형에 따라 복수의 면접관이 복수의 수험생을 평가할 수 있음
2. **면접시간**: 지원자 1인당 10분 내외. 단, 의학과는 윤리의식 등 인성을 확인하기 위한 면접 추가 진행(총 면접시간 20분 내외)
3. **평가방법**: 지원자의 제출서류를 활용하여 질의·응답 과정에서 서류의 내용을 확인하고 평가항목 및 평가내용에 따라 종합적으로 정성평가
4. **평가항목 및 평가내용**:

평가항목	반영비율	평가내용
서류 신뢰도	80%	·서류 기반에 따른 진위 여부, 성취 등 ·교내 활동 과정, 노력 결과, 경험 확인
의사소통능력, 태도	20%	·질문에 대한 이해 및 논리적 답변 ·면접 태도

※ 면접평가 결과 과락에 해당하는 성적을 부여받을 경우, 선발인원 이내 순위에 포함되더라도 불합격 처리됨

☞ 보충설명
• 면접 변별력 큼. 면접으로 30% ~ 50% 정도 역전함
• 서류평가는 2~3점이지만 면접은 3~5점 차이남
• 1단계 통과되면 3배수 안에 들면 누구 합격하더라도 괜찮다는 입장
• 면접 전에 면접관이 일주일 정에 미리 서류를 보고 준비함. 개인 맞춤형 질문이 잘 이루어짐
• 오래전 기억을 잊어버릴 수 있지만 대답 못 하면 안 됨
• 서류평가하면서 면접시 확인할 내용이나 질문 내용을 만들어 놓음. 기본으로 4개 질문
• 의대 면접은 제출서류 확인의 일반면접과 제시문이 주어지는 인성면접으로 구성되며 각각 10분씩 진행
• 의대 전체 지원자는 수능 최저 충족률은 40% 정도. 서류평가 점수가 높을수록 수능 최저도 많이 만족시킴

◎ 전형결과
■ 전체

학년도	전체						인문						자연					
	모집 인원	지원 인원	경쟁 률	등록 평균	등록 최저	충원 율	모집 인원	지원 인원	경쟁 률	등록 평균	등록 최저	충원 율	모집 인원	지원 인원	경쟁 률	등록 평균	등록 최저	충원 율
2022	541	5,449	10.07	3.10		36%	153	1,407	9.20	3.31		25%	388	4,042	10.42	2.89		46%
2023	560	6,394	11.42	3.21	4.60	59%	147	1,437	9.78	3.49	4.88	59%	413	4,957	12.00	2.92	4.31	59%
2024	586	9,088	15.51	2.85	4.01	51%	173	2,485	14.36	3.12	3.98	51%	413	6,603	15.99	2.58	4.03	50%
2025	560						171						389					

■ 변경사항 & 핵심포인트

[2025]

변경사항	2024	2025
모집인원	586명	560명(-26명)
(의학과) 수능최저 완화	[국어, 수학(미적분/기하), 영어, 과탐(2과목 평균)] 4개 영역 등급 합 6	[국어, 수학, 영어, 사/과탐(2과목 평균)] 4개 영역 등급 합 6
(약학과) 수능최저 완화	[국어, 수학(미적분/기하), 영어, 과탐(2과목 평균)] 4개 영역 등급 합 7	[국어, 수학, 영어, 사/과탐(2과목 평균)] 3개 영역 등급 합 5

➡ **합격자 성적분포:** 인문계열은 3등급 초반 ~ 3등급 후반, 자연계열은 2등급 중반 ~ 3등급 후반.

■ 모집단위

'*'표시 : 교직 이수 가능

계열	모집단위	2025 모집인원	2024 모집인원	지원인원	경쟁률	등록평균	등록최저	충원번호	2023 모집인원	지원인원	경쟁률	등록평균	등록최저	충원번호	2022 모집인원	지원인원	경쟁률	등록평균	등록최저	충원번호
인문	경제정치사회융합학부	36																		
인문	심리학과	14	16	279	17.4	2.41	2.88	13	10	150	15.0	2.78	3.72	10	11	166	15.1	2.62		6
인문	문화콘텐츠학과	9	14	356	25.4	2.64	3.25	4	14	214	15.3	3.33	5.25	5	14	403	28.8	2.99		4
인문	행정학과	10	10	126	12.6	2.65	2.95	3	10	75	7.5	3.31	4.08	5	11	69	6.3	3.28		1
인문	사학과	14	14	120	8.6	3.03	3.38	5	10	115	11.5	3.09	3.54	7	10	63	6.3	3.36		
인문	국어국문학과	10	10	81	8.1	3.14	3.44	6	10	74	7.4	3.23	3.94	5	11	55	5.0	3.27		3
인문	영어영문학과*	25	25	377	15.1	3.30	5.12	20	18	137	7.6	4.38	6.32	6	18	110	6.1	3.79		3
인문	경영인텔리전스학과	15	15	233	15.5	3.33	5.04	9	15	107	7.1	4.03	5.81	4	10	70	7.0	3.54		3
인문	불어불문학과*	13	13	103	7.9	4.02	5.63	8	10	52	5.2	3.98	6.09	6	10	61	6.1	3.80		3
인문	경영학과	25	25	379	15.2	4.15	5.89	11	20	226	11.3	3.25	6.46	15	22	166	7.6	2.98		5
자연	프런티어과학학부	50																		
자연	약학과	15	15	881	58.7	1.66	2.72	6	15	679	45.3	2.12	4.24	6	15	521	34.7	2.26		5
자연	의학과	40	20	883	44.2	1.68	2.49	14	20	924	46.2	1.94	3.50	11	20	732	36.6	2.13		7
자연	간호학과*	25	25	509	20.4	2.02	2.41	10	25	368	14.7	2.29	2.59	15	22	397	18.1	2.29		6
자연	화학공학과	17	20	260	13.0	2.34	3.14	13	20	271	13.6	2.71	3.34	10	15	135	9.0	3.05		9
자연	전자공학과	32	30	225	7.5	2.38	3.79	13	27	181	6.7	2.39	2.80	21	40	255	6.4	2.54		20
자연	소프트웨어학과	16	20	363	18.2	2.41	4.12	10	20	219	11.0	3.07	6.39	20	20	157	7.9	2.78		14
자연	사이버보안학과	15	15	137	9.1	2.66	3.39	7	15	91	6.1	2.89	3.32	7	15	77	5.1	2.83		5
자연	수학과	10	10	133	13.3	2.83	3.43	7	10	46	4.6	3.52	4.97	4	11	48	4.4	2.65		5
자연	기계공학과	42	42	403	9.6	2.88	6.02	17	34	227	6.7	3.11	4.48	34	35	224	6.4	3.23		19
자연	건축학과	23	23	245	10.7	2.96	4.08	10	20	195	9.8	3.08	3.66	12	22	177	8.1	3.17		14
자연	건설시스템공학과	13	13	171	13.2	2.97	3.41	5	10	95	9.5	3.57	4.45	10	10	78	7.8	3.71		2
자연	산업공학과	23	23	236	10.3	2.97	4.93	18	20	110	5.5	3.15	4.81	23	21	91	4.3	3.00		13
자연	환경안전공학과	13	13	172	13.2	3.07	7.45	10	10	70	7.0	3.11	6.80	3	10	97	9.7	2.57		5
자연	디지털미디어학과	42	44	507	11.5	3.08	7.46	22	40	256	6.4	3.42	5.62	9	38	288	7.6	3.23		10
자연	교통시스템공학과	13	13	129	9.9	3.20	4.44	7	10	52	5.2	3.58	4.68	3	10	43	4.3	3.46		6

■ (학생부종합) 첨단융합인재

전형	모집인원	전형 방법	수능최저학력기준
첨단융합인재	184	1단계)서류100%(3배수) 2단계)서류70%+ 면접30%	X

1. **지원자격:** 국내·외 고등학교 졸업(예정)자[조기졸업자 포함] 또는 관계 법령에 의하여 고등학교 졸업자와 동등 이상의 학력이 있다고 인정된 자로서 고교 교육과정의 수학 및 과학을 바탕으로 역량과 잠재력을 갖춘 자
2. **제출서류:** 학교생활기록부 / ※ 외국 고교 일부 교육과정 이수자, 조기 졸업(예정자): 요강 참고

◎ **전형요소**
● **서류 및 면접:** ACE전형 참고

◎ 전형결과

■ 전체

학년도	전체						인문						자연					
	모집인원	지원인원	경쟁률	등록평균	등록최저	충원율	모집인원	지원인원	경쟁률	등록평균	등록최저	충원율	모집인원	지원인원	경쟁률	등록평균	등록최저	충원율
2022	30	363	12.10	3.49		37%							30	363	12.10	3.49		37%
2023	30	361	12.03	3.70	6.51	63%							30	361	12.03	3.70	6.51	63%
2024	92	974	10.59	2.97	4.99	43%	20	115	5.75	3.14	4.72	30%	72	859	11.93	2.79	5.26	56%
2025	184						17						167					

■ 변경사항 & 핵심포인트

[2025]

변경사항	2024	2025
모집인원	92명	184명(+92명)

➡ 합격자 성적분포: 인문계열은 3등급 초반 ~ 4등급 후반, 자연계열은 2등급 후반 ~ 5등급 초반.

■ 모집단위

'*' 표시 : 교직 이수 가능

계열	모집단위	2025	2024						2023						2022					
		모집인원	모집인원	지원인원	경쟁률	등록평균	등록최저	충원번호	모집인원	지원인원	경쟁률	등록평균	등록최저	충원번호	모집인원	지원인원	경쟁률	등록평균	등록최저	충원번호
인문	금융공학과	17	20	115	5.8	3.14	4.72	6												
자연	**첨단바이오융합대학**	32																		
자연	**응용화학과**	17																		
자연	지능형반도체공학과	10	10	83	8.3	2.45	3.56	6												
자연	첨단신소재공학과	36	17	147	8.7	2.65	5.92	11												
자연	소프트웨어학과	30	30	458	15.3	3.00	6.04	18	30	361	12.0	3.70	6.51	19	30	363	12.1	3.49		11
자연	미래모빌리티공학과	42	15	171	11.4	3.06	5.52	5												

■ (논술) 논술우수자

전형	모집인원	전형 방법	수능최저학력기준
논술우수자	178	학생부교과20%+ 논술80%	X(의학,약학○)

1. **지원자격**: 국내·외 고등학교 졸업(예정)자[조기졸업자 포함] 또는 관계 법령에 의하여 고등학교 졸업자와 동등 이상의 학력이 있다고 인정된 자
2. **수능최저학력기준**: 없음. 단, 의학과, 약학과는 있음.

▶ 의학과: [국어, 수학, 영어, 사/과탐(2과목 평균)] 4개 영역 등급 합 6 이내
▶ 약학과: [국어, 수학, 영어, 사/과탐(2과목 평균)] 3개 영역 등급 합 5 이내

◎ 전형요소

● 학생부(20점: 최저점 0점)

반영요소 반영비율	반영교과목			교과성적 산출지표	학년별 반영비율
	구분		반영방법		
교과100%	공통 및 일반선택		국어, 영어, 수학, 사회, 과학 교과에 속한 전 과목 ※한국사는 포함하지 않음. ※ 반영 학기: (교과) 졸업예정자 및 졸업자 모두 3학년 1학기까지	석차등급	학년 구분 없음
	진로선택		반영교과목 중 성취도 상위 3과목 ※ 성취도 환산등급(점수) : A=1등급(100점), B=3등급(98점), C=5등급(90점)	성취도	

구분		1등급	2등급	3등급	4등급	5등급	6등급	7등급	8등급	9등급
점수	100점	100	99	98	95	90	85	75	65	0
등급 간 점수 차이	100점	0	1	1	3	5	5	10	10	65
	200점	0	2	2	6	10	10	20	20	130

● 논술(80점: 최저점 0점)

1. 논술유형:

계열 및 유형	출제범위
자연계열 [수리논술]	수학, 수학Ⅰ, 수학Ⅱ, 미적분
의학과 [수리논술 + 과학논술(생명과학)]	수학, 수학Ⅰ, 수학Ⅱ, 미적분
	생명과학Ⅰ, 생명과학Ⅱ
인문계열 [통합논술(언어·사회)]	국어, 화법과 작문, 독서, 언어와 매체, 문학, 통합사회, 한국사, 한국지리, 세계지리, 세계사, 동아시아사, 경제, 정치와 법, 사회·문화, 생활과 윤리, 윤리와 사상

2. 출제경향:

계열 및 유형	출제경향
자연계열 [수리논술]	- 수리적 분석력, 응용력, 창의력을 측정하는 문제 출제 - 고교 교육과정을 정상적으로 이수한 학생의 경우 해결할 수 있는 수준의 다양한 수학적 주제를 다룸 - 답이 틀려도 풀이 과정이 옳으면 상당한 부분점수를 부여함 - 공식을 암기하여 풀 수 있는 문제는 출제하지 않음 - 영어 제시문은 출제하지 않음
의학과 [수리논술 + 과학논술(생명과학)]	- 수리논술: 수리적 분석력, 응용력, 창의력을 측정하는 문제 출제 - 과학논술: 자연과학적 분석력, 응용력, 창의력을 측정하는 문제 출제 - 답이 틀려도 풀이 과정이 옳으면 상당한 부분점수를 부여함 - 공식을 암기하여 풀 수 있는 문제는 출제하지 않음 - 영어 제시문은 출제하지 않음
인문계열 [통합논술(언어·사회)]	- 고교 교육과정을 정상적으로 이수한 수험생이라면 해결할 수 있는 수준의 문제 출제 - 요약형 혹은 비교·대조형 문제와 통합형 문제 출제 - 요약형 문제의 경우 수험생 본인의 의견을 더하지 않고 제시문에서 소주제문들을 간추려 한 편의 글이 되도록 요약하는 능력을 측정 - 비교·대조형 문제의 경우 제시문들의 주제나 논점을 중심으로 그 유사점·차이점을 한편의 글이 되도록 기술하는 능력을 측정 - 통합형 문제의 경우 3~5개의 독립된 제시문들을 주고 그 지문들을 서로 연결하는 논리력과 통합적 사고력을 측정(제시문들은 인문/사회분야를 비롯한 범교과 과정에서 골고루 취함) - 영어 제시문은 출제하지 않음

3. 출제 문항 수 및 답안 분량:

계열 및 유형	문항 수 및 답안 분량	시간
자연계열 [수리논술]	- 출제 문항 수: 2문항(문항별 세부문제 출제) - 답안 분량: 문항별 A3 2페이지 이내	
의학과 [수리논술 + 과학논술(생명과학)]	- 출제 문항 수: 2문항(문항별 세부문제 출제) - 답안 분량: 문항별 A3 2페이지 이내	120분
인문계열 [통합논술(언어·사회)]	- 출제 문항 수: 2문항(문항별 세부문제 내외 출제) - 답안 분량: 요약형 문제 및 비교·대조형 문제(800자 내외), 통합형 문제(800자 내외)	

◎ 전형결과

■ 전체

학년도	전체						인문						자연					
	모집 인원	지원 인원	경쟁 률	등록 평균	등록 최저	충원 율	모집 인원	지원 인원	경쟁 률	등록 평균	등록 최저	충원 율	모집 인원	지원 인원	경쟁 률	등록 평균	등록 최저	충원 율
2022	187	14,189	75.88	4.20			45	3,138	69.73	4.38			142	11,051	77.83	4.02		
2023	172	14,336	83.35	4.49	5.92	32%	45	3,610	80.22	4.80	5.91	11%	127	10,726	84.46	4.18	5.92	52%
2024	158	13,667	86.50	4.16	4.78	20%	31	2,715	87.58	4.45	5.93	10%	127	10,952	86.24	3.91	5.63	29%
2025	178						31						147					

■ 논술점수 평균

계열	계열 평균	모집단위
인문	83.00점	경영학과 82.5, 국어국문학과 85.5, 사회학과 81.5, 정치외교학과 82.5
자연	90.45점	기계공학과 99.0, 화학공학과 100.0, 첨단신소재공학과 96.0, 건축학과 97.0, AI모빌리티공학과 86.5, 전자공학과 85.5, 지능형 반도체공학과 81.5, 소프트웨어학과 88.0, 수학과 96.5, 의학과 74.5

[2025]

변경사항	2024	2025
모집인원	158명	178명(+20명)
약학과 선발	미선발	5명 선발
(의학과) 수능최저 완화	[국어, 수학(미적분/기하), 영어, 과탐(2과목 평균)] 4개 영역 등급 합 6	[국어, 수학, 영어, 사/과탐(2과목 평균)] 4개 영역 등급 합 6

• 학생부 교과성적은 6등급까지는 영향력이 매우 적음
• 논술고사는 인문은 언어+통계, 자연은 수리논술(의학은 수리+과학논술(생명과학)
 – 자연계열 수학 출제범위: 수학, 수학Ⅰ, 수학Ⅱ, 미적분 ※ 확률과 통계, 기하 미출제
➡ 합격자 성적분포: 인문계열은 4등급 초반 ~ 6등급 초반, 자연계열은 3등급 후반 ~ 5등급 후반

■ 모집단위   '＊'표시 : 교직 이수 가능

계열	모집단위	2025 모집인원	2024 모집인원	2024 지원인원	2024 경쟁률	2024 등록평균	2024 등록최저	2024 충원번호	2023 모집인원	2023 지원인원	2023 경쟁률	2023 등록평균	2023 등록최저	2023 충원번호	2022 모집인원	2022 지원인원	2022 경쟁률	2022 등록평균	2022 등록최저	2022 충원번호
인문	자유전공학부	5																		
인문	경제정치사회융합학부	5																		
인문	국어국문학과	5	5	392	78.4	4.28	6.04	1	5	351	70.2	4.68	5.69	2	5	283	56.6	4.33		
인문	경영학과	16	16	1,493	93.3	4.35	5.76	2	16	1,444	90.3	4.49	5.86	2	16	1,262	78.9	4.65		
자연	자유전공학부	10																		
자연	약학과	5																		
자연	미래모빌리티공학과	14	3	182	60.7				3	123	41.0	4.37	5.17							
자연	의학과	20	10	3,982	398.2	2.55	6.24		10	4,476	447.6	2.97	5.52	3	10	4,685	468.5	2.73		
자연	소프트웨어학과	10	10	835	83.5	3.82	4.73	2	10	890	89.0	4.24	5.39	3	10	825	82.5	4.37		
자연	전자공학과	37	42	2,678	63.8	3.85	6.46	20	42	2,582	61.5	3.94	6.30	22	47	2,286	48.6	4.27		
자연	*화학공학과*	*5*	*12*	758	63.2	3.86	5.68	1	12	607	50.6	4.49	6.22	10	10	563	56.3	3.88		
자연	건축학과	12	13	766	58.9	4.05	5.29	2	13	611	47.0	4.77	6.85	6	13	585	45.0	4.78		
자연	지능형반도체공학과	5	5	278	55.6	4.11	4.99	2	5	225	45.0	4.54	4.88	3						
자연	첨단신소재공학과	8	7	432	61.7	4.13	5.59		7	355	50.7	3.70	4.66	4	6	297	49.5	3.50		
자연	*기계공학과*	*5*	*9*	557	61.9	4.36	5.18	2	9	444	49.3	4.38	7.76	5	20	920	46.0	4.35		
자연	수학과	16	16	484	30.3	4.45	6.48	8	16	413	25.8	4.44	6.40	10	16	437	27.3	4.27		

62. 안양대학교

| (안양캠퍼스) 경기도 안양시 만안구 삼덕로 37번길 22 |
| (Tel: 031. 467-0704, 0720, 0735, 0851~2) |
| (강화캠퍼스) 인천광역시 강화군 불은면 중앙로 602-14 |

Ⅰ. 한 눈에 보는 전형

모집시기	전형유형	전형	모집인원	전형 방법	수능최저학력기준
수시	교과	아리학생부교과	465	학생부교과100%	X
수시	교과	학교장추천	56	학생부교과100% ※ 고교 추천: 제한 없음	X
수시	교과	아리학생부면접	182	1단계)학생부교과100%(6배수) 2단계)학생부교과60%+ 면접40%	X
수시	교과	농어촌학생	30	학생부교과100%	X
수시	교과	특성화고교졸업자	16	학생부교과100%	X
수시	교과	기회균형	15	학생부교과100%	X
수시	교과	특성화고졸재직자	62	학생부교과100%	X
수시	종합	아리학생부종합Ⅰ	45	▶인문: 1단계)서류100%(6배수) 2단계)서류70%+ 면접30%	X
수시	종합	아리학생부종합Ⅱ	94	▶자연: 서류100%	X
수시	종합	고른기회	21	1단계)서류100%(5배수) 2단계)서류70%+ 면접30%	X
수시	실기/실적	실기우수자	63	학생부10%+ 실기90% ▶ 스포츠지도학과: 학생부40%+ 실기60%	X
수시	실기/실적	체육특기자	14	학생부10%+ 면접20%+ 실기70%	X
수시	실기/실적	경기실적우수자 [신설]	15	학생부10%+ 면접20%+ 실기70%	X

(수시모집) 지원 가능 횟수	수시모집 지원은 전형 일정이 중복되지 않는 전형에 한 해 복수지원이 가능합니다.

■ 무전공(전공자율선택)

유형① [대학 내 모든 전공(보건의료, 사범 등 제외) 자율 선택]		유형② [계열/단과대 모집 후 모집단위 내 전공 자율 선택]	
모집단위	인원	모집단위	인원
자유전공	92	사회계열자유전공	28
		스포츠계열자유전공	19
		이공계열자유전공	65
		인문계열자유전공	26

■ 자유전공 : 1학년 2학기 이수 후 계열 상관없이 학과 신청(단, 사범계열, 예체능계열, 신학과, 스마트시티공학과 제외)
■ 계열별 자유전공 : 1학년 2학기 이수 후 해당 계열의 학과 신청

■ 모집단위 신설 · 변경

구분	2024	2025
통합	체육학과, 스포츠산업학과	스포츠산업체육학과

■ 학교폭력 조치사항

	감점			
	1호 ~ 3호	4호 ~ 5호	6호 ~ 7호	8호 ~ 9호
체육특기자, 경기실적우수자	0	3	5	10

■ 전형결과
※ 성적 산출기준: (수시) 교과 석차등급, (정시) 수능 백분위

모집시기	전형유형	전형	학년도	모집인원	지원인원	경쟁률	등록자 평균	등록자 최저	충원율
수시	교과	아리학생부교과	2024	414	4,144	10.01	3.58	4.10	219%
수시	교과	학교장추천	2024	47	298	6.34	3.62	3.88	97%
수시	교과	아리학생부면접	2024	171	1,712	10.01	4.37	4.82	109%
수시	종합	아리학생부종합Ⅰ	2024	59	545	9.24	3.97	4.60	66%
수시	종합	아리학생부종합Ⅱ	2024	112	1,173	10.47	4.15	4.87	132%

유형	전형	원서접수 마감	대학별 고사(면접/논술)	1단계 합격자	최종 합격자
교과	아리학생부교과	9.13(금) 18:00			11.07(목)
교과	학교장추천	9.13(금) 18:00 학교장추천: 9.25(수) 18:00			11.07(목)
교과	아리학생부면접	9.13(금) 18:00	10.12(토)	10.04(금)	11.07(목)
종합	아리학생부종합 I	9.13(금) 18:00	10.26(토)	10.18(금)	11.07(목)
종합	아리학생부종합 II	9.13(금) 18:00			11.07(목)

II. (수시모집) 주요 전형

■ (학생부교과) 아리학생부교과

전형	모집인원	전형 방법	수능최저학력기준
아리학생부교과	465	학생부교과100%	X

1. **지원자격**: 고교 졸업 예정 또는 고교 졸업자로서 3개 학년 모두 반영 교과목이 있는 자
(정규 고등학교 졸업(예정)자로 학력인정고, 대안학교, 평생교육시설, 외국고, 검정고시 등은 지원 불가)

◎ 전형요소
● 학생부(100점)

반영요소 반영비율	반영교과목		교과성적 산출지표	학년별 반영비율
	구분	반영방법		
교과100%	공통 및 일반선택	인 국어, 영어, 수학, 사회교과 중 상위 12과목 자 국어, 영어, 수학, 과학교과 중 상위 12과목 ※ 반영학기: 졸업자/졸업예정자 모두 3학년 1학기까지 반영	석차등급	학년 구분 없음
	진로선택	미반영		

◎ 전형결과
■ 전체

학년도	전체						인문						자연					
	모집 인원	지원 인원	경쟁 률	등록 평균	등록 최저	충원 율	모집 인원	지원 인원	경쟁 률	등록 평균	등록 최저	충원 율	모집 인원	지원 인원	경쟁 률	등록 평균	등록 최저	충원 율
2022	319	3,591	11.26	4.22	4.85	289%	146	1,792	12.27	4.05	4.76	323%	173	1,799	10.40	4.39	4.93	254%
2023	391	3,239	8.28	4.16	4.83	264%	176	1,585	9.01	3.96	4.66	296%	215	1,654	7.69	4.36	5.00	231%
2024	414	4,144	10.01	3.58	4.10	219%	194	1,984	10.23	3.35	3.79	251%	220	2,160	9.82	3.81	4.40	187%
2025	465						244						221					

■ 변경사항 & 핵심포인트
[2025]

변경사항	2024	2025
모집인원	414명	465명(+51명)

▣ **합격자 성적분포**: 인문계열은 3등급 중반 ~ 3등급 후반, 자연계열은 3등급 후반 ~ 4등급 중반
=> 전년도에 학생부 반영교과목이 국영사/영수과 전과목 -> 국영수사/국영수과 중 상위 12과목으로 변경되어 합격자 성적 상승함

■ 모집단위

'*' 표시 : 교직 이수 가능

계열	모집단위	2025	2024						2023						2022					
		모집 인원	모집 인원	지원 인원	경쟁 률	등록 평균	등록 최저	충원 번호	모집 인원	지원 인원	경쟁 률	등록 평균	등록 최저	충원 번호	모집 인원	지원 인원	경쟁 률	등록 평균	등록 최저	충원 번호
인문	자유전공	45																		
인문	인문계열자유전공	15																		
인문	사회계열자유전공	16																		
인문	관광경영학과*	9	12	152	12.7	2.35	3.09	33	12	100	8.3	2.88	3.81	28	10	153	15.3	2.89	3.29	24
인문	글로벌경영학과	16	19	228	12.0	2.39	2.73	33	17	185	10.9	3.08	3.42	58	15	225	15.0	3.24	3.54	66

계열	모집단위	2025 모집인원	2024 모집인원	지원인원	경쟁률	등록평균	등록최저	충원번호	2023 모집인원	지원인원	경쟁률	등록평균	등록최저	충원번호	2022 모집인원	지원인원	경쟁률	등록평균	등록최저	충원번호
인문	행정학과	10	12	133	11.1	2.64	3.00	38	12	128	10.7	3.13	3.50	34	9	93	10.3	3.38	3.83	15
인문	영미언어문화과	8	11	155	14.1	2.80	3.12	27	10	79	7.9	3.47	4.26	37	8	67	8.4	3.44	3.77	20
인문	유아교육과	9	9	136	15.1	2.89	3.11	37	9	84	9.3	3.21	3.93	27	8	486	60.8	2.84	3.28	39
인문	국어국문학과	11	14	148	10.6	3.08	3.45	54	10	341	34.1	3.42	3.76	22	8	53	6.6	4.30	5.21	29
인문	중국언어문화과	8	11	106	9.6	3.13	3.56	28	11	71	6.5	3.62	4.30	17	8	179	22.4	3.55	3.90	13
인문	뷰티메디컬디자인학과	8	8	96	12.0	3.30	3.85	34	8	101	12.6	3.19	3.99	16	8	101	12.6	3.87	4.53	8
인문	러시아언어문화과	10	14	179	12.8	3.45	3.77	24	11	65	5.9	4.48	4.92	22	8	68	8.5	3.65	4.22	20
인문	글로벌경영학과(야)	27	30	244	8.1	4.04	4.65	63	30	159	5.3	5.22	5.89	96	23	141	6.1	4.98	5.53	76
인문	행정학과(야)	13	14	128	9.1	4.25	4.49	21	15	91	6.1	4.95	5.96	59	12	90	7.5	4.89	5.58	57
인문	신학과	19	20	186	9.3	4.54	5.00	37	18	98	5.4	5.87	6.96	56	18	88	4.9	5.94	7.98	68
인문	기독교교육과	20	20	93	4.7	4.70	5.45	57	13	83	6.4	4.93	5.94	49	11	48	4.4	5.68	7.22	36
자연	이공계열자유전공	32																		
자연	식품영양학과*	7	11	95	8.6	2.29	2.68	10	11	93	8.5	3.10	3.67	25	9	250	27.8	3.26	3.63	19
자연	컴퓨터공학과	9	10	131	13.1	2.37	2.75	17	10	79	7.9	3.19	3.65	22	8	192	24.0	2.72	3.28	14
자연	디지털미디어디자인학과	6	8	108	13.5	2.45	2.73	14	7	76	10.9	2.91	3.68	8	7	93	13.3	3.01	3.56	19
자연	소프트웨어과	8	10	141	14.1	2.82	3.02	12	10	71	7.1	3.57	4.02	22	9	123	13.7	3.30	3.64	22
자연	AI융합학과	5	6	50	8.3	2.84	3.17	5	8	181	22.6	3.40	3.67	8	8	109	13.6	4.18	4.40	12
자연	정보전기전자공학과	26	30	535	17.8	3.23	3.47	79	30	189	6.3	3.94	4.92	66	20	298	14.9	3.44	3.74	38
자연	환경에너지공학과	9	14	109	7.8	3.32	3.63	38	14	90	6.4	3.36	3.80	19	10	126	12.6	3.63	3.92	44
자연	도시정보공학과	15	17	209	12.3	3.43	3.76	37	14	114	8.1	4.15	4.50	40	9	115	12.8	3.86	4.19	18
자연	화장품발명디자인학과	9	14	121	8.6	3.51	3.82	19	11	166	15.1	3.76	4.15	18	8	56	7.0	4.50	4.94	19
자연	통계데이터사이언스학과	8	10	173	17.3	3.65	3.79	38	10	59	5.9	3.94	4.77	28	9	84	9.3	3.53	3.88	27
자연	정보전기전자공학과(야)	14	14	81	5.8	4.63	4.92	16	14	80	5.7	5.09	5.77	36	12	50	4.2	5.15	5.69	23
자연	통계데이터사이언스학과(야)	14	15	99	6.6	4.66	5.26	22	14	56	4.0	5.69	6.29	32	12	64	5.3	5.37	5.74	32
자연	게임컨텐츠학과(강화)	11	12	122	10.2	4.86	6.03	75	14	173	12.4	5.65	6.21	70	8	58	7.3	6.14	6.91	39
자연	도시정보공학과(야)	14	14	86	6.1	5.03	5.43	30	14	115	8.2	5.47	5.95	33	12	59	4.9	5.85	7.30	45
자연	해양바이오공학과(강화)*	11	12	33	2.8	5.83	7.63		12	48	4.0	6.08	7.16	33	11	53	4.8	6.36	7.17	35
자연	스마트시티공학과	23	23	67	2.9	6.00	8.34		22	64	2.9	6.47	7.72	37	21	69	3.3	5.87	6.84	33

■ (학생부교과) 학교장추천

전형	모집인원	전형 방법	수능최저학력기준
학교장추천	56	학생부교과100%	X

1. **지원자격**: 고교 졸업 예정 또는 고교 졸업자로서 3개 학년 모두 반영 교과목이 있고 소속 고등학교의 추천을 받은 자
   ※ 고교별 추천 인원: 제한 없음, ※ 학교장추천전형 지원 시 재학 중(또는 졸업한) 고등학교와 반드시 사전협의 후 원서접수 요망

◎ 전형요소
※ 신설 전형, 학생부100%, 수능최저학력기준 미적용.
● 학부(100점): 아리학생부교과전형 참고

◎ 전형결과
■ 전체

학년도	전체 모집인원	지원인원	경쟁률	등록평균	등록최저	충원율	인문 모집인원	지원인원	경쟁률	등록평균	등록최저	충원율	자연 모집인원	지원인원	경쟁률	등록평균	등록최저	충원율
2024	47	298	6.34	3.62	3.88	97%	21	136	6.48	3.48	3.76	105%	26	162	6.23	3.76	4.00	88%
2025	56						32						24					

■ 변경사항 & 핵심포인트
[2025]

변경사항	2024	2025
모집인원	47명	56명(+9명)

➡ **합격자 성적분포**: 인문계열은 3등급 중반 ~ 3등급 후반, 자연계열은 3등급 중반 ~ 4등급 초반.

계열	모집단위	2025	2024						2023					2022				
		모집인원	모집인원	지원인원	경쟁률	등록평균	등록최저	충원번호	모집인원	지원인원	경쟁률			모집인원	지원인원	경쟁률		
인문	**자유전공**	13																
인문	유아교육과	5	5	35	7.0	3.03	3.54	6										
인문	관광경영학과*	4	4	26	6.5	3.50	3.91	4										
인문	영미언어문화과	3	3	19	6.3	3.53	3.61	2										
인문	글로벌경영학과	4	6	42	7.0	3.63	3.90	8										
인문	중국언어문화과	3	3	14	4.7	3.72	3.86	2										
자연	**이공계열자유전공**	5																
자연	식품영양학과*	3	4	24	6.0	2.93	3.32	1										
자연	디지털미디어디자인과	3	3	16	5.3	3.66	4.00	2										
자연	정보전기전자공학과	4	8	55	6.9	3.68	3.91	3										
자연	소프트웨어학과	3	4	26	6.5	3.83	3.90	7										
자연	환경에너지공학과	3	4	20	5.0	4.09	4.43	3										
자연	화장품발명디자인과	3	3	21	7.0	4.39	4.46	7										

■ (학생부교과) 아리학생부면접

전형	모집인원	전형 방법	수능최저학력기준
아리학생부면접	182	1단계)학생부교과100%(6배수) 2단계)학생부교과60%+ 면접40%	X

1. **지원자격**: 고교 졸업예정 또는 고교 졸업자로서 2개 학년 이상 반영 교과목이 있는 자 또는 고등학교 졸업학력 검정고시 합격자

◎ 전형요소
● 학생부(60점)

반영요소 반영비율	반영교과목		교과성적 산출지표	학년별 반영비율
	구분	반영방법		
교과100%	공통 및 일반선택	인 국어, 영어, 수학, 사회교과 중 상위 12과목 자 국어, 영어, 수학, 과학교과 중 상위 12과목 ※ 반영학기: 졸업자/졸업예정자 모두 3학년 1학기까지 반영	석차등급	학년 구분 없음
	진로선택	미반영		

구분		1등급	2등급	3등급	4등급	5등급	6등급	7등급	8등급	9등급
점수	100점	100	95	90	85	80	65	50	30	0
등급 간 점수 차이	100점	0	5	5	5	5	15	15	20	30
	60점	0	3	3	3	3	9	9	12	18

● 일반면접(40점)
 1. **면접방법**: 인성면접으로 지원자 1인의 면접 자료를 참고하여 2인의 면접위원이 질문하며 지원자가 답변하는 형식
 2. **면접시간**: 1인당 5분 내외
 3. **면접기준**:

모집단위		내 용
해당 모집단위	전공소양	지원동기 및 지원 학과에 대한 관심도
	일반소양	의사소통능력 및 공동체 의식
신학과 기독교교육과	전공소양	바른 신앙심, 지원동기 및 지원학과에 대한 관심도 (※ 기독교교육과: 교직관 추가)
	일반소양	의사소통능력 및 공동체의식
유아교육과	전공소양	지원동기 및 지원학과에 대한 관심도, 교직관
	일반소양	의사소통능력 및 공동체의식

☞ 보충설명
• 전공소양, 일반소양 각 영역별로 10개 정도 질문지를 제공해 주면 그 안에서 교수님께서 영역별 1개씩 선택하여 질문함
• 전공소양이 중요, 4개 항목, 대학 학교 홈피에서 학년별로 어떤 공부를 하는 지 확인하고 준비
• 면접이 더 중요. 면접 점수가 뒤집을 수 있음. 5분이라 부담은 없음.
• 충원은 끝까지 함. 끝 번호까지 갈 가능성이 높음. 신학과는 끝까지 감.

◎ 전형결과

■ 전체

학년도	전체						인문						자연					
	모집인원	지원인원	경쟁률	등록평균	등록최저	충원율	모집인원	지원인원	경쟁률	등록평균	등록최저	충원율	모집인원	지원인원	경쟁률	등록평균	등록최저	충원율
2022	263	1,409	5.36	4.79	5.65	126%	117	709	6.06	4.72	5.58	139%	146	700	4.79	4.85	5.71	112%
2023	253	2,023	8.00	4.74	5.35	111%	115	1,033	8.98	4.64	5.27	125%	138	990	7.17	4.83	5.43	97%
2024	171	1,712	10.01	4.37	4.82	109%	73	873	11.96	4.23	4.65	122%	98	839	8.56	4.51	4.99	96%
2025	182						91						91					

■ 변경사항 & 핵심포인트

[2025]

변경사항	2024	2025
모집인원	171명	182명(+11명)

➡ 합격자 성적분포: 인문계열은 2등급 후반 ~ 7등급 초반, 자연계열은 3등급 초반 ~ 7등급 초반

=> 전년도에 학생부 반영교과목이 국영사/영수과 전과목 -> 국영수사/국영수과 중 상위 12과목으로 변경되어 합격자 성적 상승함

■ 모집단위

'＊'표시 : 교직 이수 가능

계열	모집단위	2025	2024						2023						2022					
		모집인원	모집인원	지원인원	경쟁률	등록평균	등록최저	충원번호	모집인원	지원인원	경쟁률	등록평균	등록최저	충원번호	모집인원	지원인원	경쟁률	등록평균	등록최저	충원번호
인문	자유전공	17																		
인문	인문계열자유전공	6																		
인문	사회계열자유전공	7																		
인문	글로벌경영학과	6	10	142	14.2	3.30	3.81	9	16	107	6.7	3.46	4.05	9	14	132	9.4	3.24	3.93	14
인문	관광경영학과＊	5	6	55	9.2	3.40	4.37	4	10	203	20.3	2.95	3.45	7	9	47	5.2	3.91	5.39	21
인문	유아교육과	5	5	63	12.6	3.42	3.62	8	9	100	11.1	3.49	3.86	19	7	108	15.4	3.71	3.82	10
인문	국어국문학과	4	5	93	18.6	3.53	3.72	9	8	49	6.1	4.47	4.93	11	7	30	4.3	3.68	4.39	7
인문	행정학과	5	6	67	11.2	3.54	3.91	10	6	54	9.0	3.92	4.08	11	8	67	8.4	3.78	4.49	12
인문	뷰티메디컬디자인학과	5	5	150	30.0	3.59	3.92	1	5	115	23.0	4.28	4.58	7	8	104	13.0	4.03	5.00	14
인문	중국언어문화과	4	5	63	12.6	3.63	4.18	6	9	77	8.6	4.45	5.19	6	7	39	5.6	4.68	5.65	24
인문	영미언어문화과	4	5	68	13.6	3.86	3.93	10	8	72	9.0	4.27	4.66	5	8	38	4.8	4.17	5.29	12
인문	러시아언어문화과	4	4	42	10.5	4.56	4.56	1	7	91	13.0	5.12	5.54	11	7	22	3.1	6.66	7.30	12
인문	글로벌경영학과(야)	7	9	47	5.2	5.08	5.70	14	13	82	6.3	5.29	5.71	18	14	46	3.3	5.47	6.57	21
인문	행정학과(야)	4	5	37	7.4	5.13	5.93	4	6	40	6.7	5.86	6.15	17	8	27	3.4	5.73	6.89	11
인문	기독교교육과	4	4	24	6.0	5.41	6.07	7	9	21	2.3	6.17	7.69	9	10	29	2.9	5.32	5.87	3
인문	신학과	4	4	22	5.5	6.54	6.75	6	9	22	2.4	6.63	8.62	9	10	20	2.0	6.97	7.99	2
자연	이공계열자유전공	14																		
자연	디지털미디어디자인과	4	5	70	14.0	3.22	3.67		8	76	9.5	3.65	4.00	9	8	60	7.5	3.47	4.06	7
자연	식품영양학과＊	4	5	54	10.8	3.34	3.80	6	8	128	16.0	3.31	4.02	11	9	60	6.7	3.85	5.26	10
자연	컴퓨터공학과	5	9	98	10.9	3.46	3.71	11	10	96	9.6	3.90	4.31	13	9	68	7.6	3.93	4.47	12
자연	소프트웨어학과	5	6	83	13.8	3.77	3.95	3	10	79	7.9	4.08	4.80	5	8	51	6.4	3.80	5.00	6
자연	AI융합학과	4	4	46	11.5	3.80	4.08	8	5	54	10.8	4.47	4.72	8	7	32	4.6	4.65	5.07	4
자연	통계데이터사이언스학과	5	8	81	10.1	4.05	4.60	12	8	43	5.4	4.59	5.40	10	7	59	8.4	4.61	4.82	8
자연	도시정보공학과	5	5	54	10.8	4.14	4.83	4	7	69	9.9	4.50	4.91	7	9	40	4.4	4.70	5.20	15
자연	환경에너지공학과	5	5	46	9.2	4.29	4.67	7	9	79	8.8	4.34	4.73	6	10	53	5.3	4.69	5.04	22
자연	화장품발명디자인과	4	4	84	21.0	4.34	4.43	3	8	51	6.4	4.88	5.36	3	9	39	4.3	4.03	4.91	4
자연	정보전기전자공학과	7	9	77	8.6	4.54	4.83	7	17	186	10.9	4.11	4.63	15	20	92	4.6	4.56	5.45	26
자연	스마트시티공학전공	4	4	7	1.8	4.77	5.86		10	21	2.1	5.56	5.98	6	10	21	2.1	6.74	7.74	6
자연	정보전기전자공학과(야)	6	8	34	4.3	4.80	5.72	9	10	34	3.4	5.91	6.71	10	7	30	4.3	5.88	6.44	12
자연	도시정보공학과(야)	6	10	39	3.9	5.39	6.07	9	10	33	3.3	6.21	6.58	10	8	26	3.3	6.24	6.90	12
자연	통계데이터사이언스학과(야)	5	8	38	4.8	5.69	6.30	5	10	27	2.7	6.22	7.67	15	8	24	3.0	5.98	6.78	8
자연	게임컨텐츠학과(강화)	4	4	20	5.0	5.74	6.58	10							7	24	3.4	4.66	6.80	5
자연	해양바이오공학과(강화)＊	4	4	8	2.0	6.75	6.75		8	14	1.8	6.70	7.58		10	21	2.1	5.78	7.42	7

■ (학생부종합) 아리학생부종합 I

전형	모집인원	전형 방법	수능최저학력기준
아리학생부종합 I	45	▶ 인문: 1단계)서류100%(6배수) 2단계)서류70%+ 면접30%	X

1. **지원자격**: 국내 고등학교 졸업(예정)자

◎ 전형요소
● 서류(100점)
  1. **평가방법**: 서류의 모든 내용을 종합하여 학교생활 충실도를 종합평가
  2. **평가요소**:

평가요소	반영비율	평가항목	평가내용
학업역량	30%	• 학업성취도 • 학업태도 • 탐구력	• 고교 교육과정에서 이수한 교과의 성취 수준이나 학업 발전의 정도 • 학업을 수행하고 학습해 나가려는 의지와 노력 • 지적 호기심을 바탕으로 사물과 현상에 대해 탐구하고, 문제를 해결하려는 노력
진로역량	30%	• 전공 관련 교과 이수 노력 • 전공 관련 교과 성취도 • 진로 탐색 활동과 경험	• 고교 교육과정에서 전공(계열)에 필요한 과목을 선택하여 이수한 정도 • 고교 교육과정에서 전공(계열)에 필요한 과목을 수강하고 취득한 학업성취 수준 • 자신의 진로를 탐색하는 과정에서 이루어진 활동이나 경험 및 노력 정도
공동체역량	40%	• 협업과 소통능력 • 나눔과 배려 • 성실성과 규칙준수 • 리더십	• 공동체의 목표를 달성하기 위해 협력하며, 구성원들과 합리적인 의사소통을 할 수 있는 능력 • 상대방을 존중하고 이해하며 원만한 관계를 형성하며, 타인을 위하여 기꺼이 나누어 주고자 하는 태도와 행동 • 책임감을 바탕으로 자신의 의무를 다하고, 공동체의 기본 윤리와 원칙을 준수하는 태도 • 공동체의 목표 달성을 위해 구성원들의 상호작용을 이끌어가는 능력

☞ 보충설명
• 4개 평가요소가 각각 25% 균등 반영(?), 전공관련에서 변별력이 가장 큼.
• 학년별 진로가 바뀌는 경우 행정학과를 지원하면 3학년 때 관련 활동이나 독서를 하면 좋음

● 면접(30점)
  1. **면접방법**: 지원자 1인을 2인의 평가위원이 평가하는 일대다 면접방식. 제출서류 기반면접으로 면접위원의 질문에 지원자가 답변하는 형식
  2. **면접시간 및** : 10분
  3. **평가요소** :

평가요소	반영비율	평가항목
인성(공동체의식 및 협력)	30%	• 지원자의 제출서류를 바탕으로 진정성을 확인함
발전가능성(적성 및 고교 기간 동안의 노력)	50%	• 우리 대학의 교육이념 및 인재상과의 적합성 여부를 확인함
의사소통능력	20%	• 학고에서 필요한 기본적 소양을 확인하며, 이를 통해 지원자의 역량을 평가함

☞ 보충설명
• 논리적 탐구, 긍정적 가치, 창의적 발전 3개 항목별로 평가
• 제출서류 확인 면접, 거짓말을 하기보다는 느낀 점 위주로 답변하는 것이 중요.
• 면접으로 많이 뒤집힘. 1단계 통과자들은 충원으로 대부분 합격함. 일부 합격

◎ 전형결과
■ 전체

학년도	전체						인문						자연					
	모집인원	지원인원	경쟁률	등록평균	등록최저	충원율	모집인원	지원인원	경쟁률	등록평균	등록최저	충원율	모집인원	지원인원	경쟁률	등록평균	등록최저	충원율
2022	167	1,425	8.53	4.52	5.29	145%	71	594	8.37	4.31	5.01	139%	96	831	8.66	4.73	5.57	150%
2023	164	1,351	8.24	4.48	5.25	123%	64	581	9.08	4.30	5.00	139%	100	770	7.70	4.66	5.50	107%
2024	59	545	9.24	3.97	4.60	66%	59	545	9.24	3.97	4.60	66%						
2025	45						45											

■ 변경사항 & 핵심포인트
[2025]

변경사항	2024	2025
모집인원	59명	45명(-14명)

❏ 합격자 성적분포: 인문계열은 3등급 중반 ~ 4등급 중반

■ 모집단위   '*' 표시 : 교직 이수 가능

계열	모집단위	2025 모집인원	2024 모집인원	2024 지원인원	2024 경쟁률	2024 등록평균	2024 등록최저	2024 충원번호	2023 모집인원	2023 지원인원	2023 경쟁률	2023 등록평균	2023 등록최저	2023 충원번호	2022 모집인원	2022 지원인원	2022 경쟁률	2022 등록평균	2022 등록최저	2022 충원번호
인문	관광경영학과*	7	10	80	8.0	3.09	3.95	8	10	73	7.3	3.58	5.10	13	10	79	7.9	3.68	4.25	19
인문	유아교육과	8	8	107	13.4	3.70	4.34	5	8	204	25.5	3.88	4.35	20	8	195	24.4	3.87	4.82	7
인문	글로벌경영학과	7	12	147	12.3	3.78	4.37	8	14	93	6.6	4.20	4.96	7	12	123	10.3	3.73	4.35	14
인문	국어국문학과	4	5	37	7.4	3.83	4.18	2	6	34	5.7	4.11	4.72	9	8	50	6.3	4.10	4.60	6
인문	행정학과	7	10	71	7.1	3.87	5.02	5	10	77	7.7	4.19	4.65	10	9	36	4.0	4.40	5.07	7
인문	영미언어문화과	4	5	36	7.2	4.20	4.56	3	6	36	6.0	4.37	4.65	15	8	38	4.8	4.38	4.90	14
인문	중국언어문화과	4	5	36	7.2	4.36	5.12	6	5	35	7.0	4.49	5.00	2	8	46	5.8	4.99	5.92	24
인문	러시아언어문화과	4	4	31	7.8	4.92	5.23	2	5	29	5.8	5.57	6.59	13	8	27	3.4	5.31	6.20	8

■ (학생부종합) 아리학생부종합 II

전형	모집인원	전형 방법	수능최저학력기준
아리학생부종합 II	94	▶ 자연: 서류100%	X

1. **지원자격**: 국내 고등학교 졸업(예정)자
2. **제출서류**: 학교생활기록부

◎ 전형요소
● 서류(100점): 아리학생부종합 I 참고

◎ 전형결과
■ 전체

학년도	전체 모집인원	전체 지원인원	전체 경쟁률	전체 등록평균	전체 등록최저	전체 충원율	인문 모집인원	인문 지원인원	인문 경쟁률	인문 등록평균	인문 등록최저	인문 충원율	자연 모집인원	자연 지원인원	자연 경쟁률	자연 등록평균	자연 등록최저	자연 충원율
2024	112	1,173	10.47	4.15	4.87	132%							112	1,173	10.47	4.15	4.87	132%
2025	94												94					

■ 변경사항 & 핵심포인트

[2025]

변경사항	2024	2025
모집인원	112명	94명(-18명)

▣ **합격자 성적분포**: 자연계열은 4등급 초반 ~ 4등급 후반

■ 모집단위   ※ 2022~2023은 아리학생부종합의 자연계열 결과임   '*' 표시 : 교직 이수 가능

계열	모집단위	2025 모집인원	2024 모집인원	2024 지원인원	2024 경쟁률	2024 등록평균	2024 등록최저	2024 충원번호	2023 모집인원	2023 지원인원	2023 경쟁률	2023 등록평균	2023 등록최저	2023 충원번호	2022 모집인원	2022 지원인원	2022 경쟁률	2022 등록평균	2022 등록최저	2022 충원번호
자연	해양바이오공학과*	4	4	3	0.8															
자연	디지털미디어디자인과	6	8	108	13.5	3.63	4.92	7	8	136	17.0	3.71	4.39	6	5	92	18.4	4.40	5.28	6
자연	컴퓨터공학과	10	12	121	10.1	3.66	4.44	38	12	102	8.5	4.27	4.80	15	12	163	14.6	4.33	5.35	19
자연	소프트웨어과	8	12	129	10.8	3.87	4.33	18	12	91	7.6	4.23	5.24	8	12	122	10.2	4.57	4.93	16
자연	AI융합학과	4	5	39	7.8	3.96	4.50	3												
자연	환경에너지공학과	9	10	110	11.0	4.00	4.86	15	10	57	5.7	4.92	5.73	17	10	69	6.9	4.80	5.51	16
자연	식품영양학과*	9	11	185	16.8	4.06	4.60	15	11	149	13.6	4.30	5.63	19	10	139	13.9	4.74	5.64	22
자연	통계데이터사이언스학과	9	10	90	9.0	4.15	5.11	13	10	38	3.8	5.43	6.21	10	9	46	5.1	4.55	5.14	16
자연	정보전기전자공학전공	15	20	206	10.3	4.18	4.85	25	20	111	5.6	5.04	6.09	23	20	89	4.5	5.00	6.19	32
자연	도시정보공학과	10	10	75	7.5	4.54	4.86	8	10	43	4.3	4.84	5.32	6	10	60	6.0	5.22	5.93	11
자연	화장품발명디자인과	5	5	94	18.8	4.64	5.27	6	7	43	6.1	5.23	6.11	3	8	51	6.4	4.99	6.12	6
자연	스마트시티공학과	5	5	13	2.6	4.91	5.81													

Ⅰ. 한 눈에 보는 전형

모집시기	전형유형	전형	모집인원	전형 방법	수능최저학력기준
수시	교과	추천형	511	학생부교과100% ※ 고교 추천: 10명	○
수시	종합	활동우수형	684	1단계)서류100%(인문·통합:3배수/자연:4배수) 2단계)서류60%+ 면접40%	○
수시	종합	국제형	256	1단계)서류100%(3배수) 2단계)서류60%+ 면접40%	○(해외고/검정고시X)
수시	종합	기회균형	197	1단계)서류100%(3배수) 2단계)서류60%+ 면접40%	X
수시	종합	특수교육대상자	13	서류100%	X
수시	논술	논술전형	355	논술100%	X
수시	특기	국제인재	120	1단계)서류100%(3배수) 2단계)서류60%+ 면접40%	X
수시	실기/실적	체육인재	38	1단계)학생부25%+ 경기실적75%(3배수) 2단계)1단계90%+ 면접10%	X

(수시모집)지원 가능 횟수	지원자격을 만족할 경우 학생부위주전형(교과 또는 종합), 논술전형, 특기자전형, 고른기회전형 간의 중복지원이 가능 [단, 학생부교과(추천형)와 학생부종합(활동우수형) 간 중복지원은 불가함] ❶ 학생부교과전형[추천형] 학생부종합전형[활동우수형] 중 택 1 ❷ 학생부종합전형[국제형] ❸ 학생부종합전형[기회균형] ❹ 논술전형 ❺ 특기자전형 ❻ 고른기회전형[특수교육대상자]

※ 공과대학 **시스템반도체공학과**는 삼성전자(주)와의 협약에 의해 설치되는 채용조건형 계약학과이며 정원 외로 선발함
※ 공과대학 **디스플레이융합공학과**는 LG디스플레이(주)와의 협약에 의해 설치되는 채용조건형 계약학과이며 정원 외로 선발함
※ **인공지능융합대학 첨단컴퓨팅학부**는 1학년 때 통합 모집 후 2학년 진급 시 학부 내 세부 전공 컴퓨터과학과 인공지능학과 인공지능시스템학과[신설] 중 1개를 선택해야 함 (단, 컴퓨터과학과는 학과 정원의 100% 범위 내 전공 선택 가능)
※ **인공지능융합대학의 지능형반도체전공**은 국제캠퍼스에서 전 과정을 이수함

■ 캠퍼스별 교육과정 이수 안내

대학	학부(학과)	교육과정 이수 캠퍼스
인공지능융합대학	IT융합공학전공, 지능형반도체전공	전 교육과정 국제캠퍼스 이수
언더우드국제대학	융합인문사회과학부(HASS), 융합과학공학부(ISE)	전 교육과정 국제캠퍼스 이수
약학대학	약학과	전 교육과정 국제캠퍼스 이수
음악대학	모든 학과	전 교육과정 신촌캠퍼스 이수
교육과학대학	체육교육학과, 스포츠응용산업학과	1학년 2학기 이수 과정 신촌캠퍼스 이수(단, 특기자전형[체육인재]로 입학한 학생은 전 교육과정 신촌캠퍼스 이수)

※ 음악대학 소속 학과, 교육과학대학 체육교육학과 및 스포츠응용산업학과를 제외한 모든 신입생은 1학년 RC 교육과정을 국제캠퍼스 기숙사(인천 송도 소재)에서 생활하며 이수하는 것을 원칙으로 함

■ 무전공(전공자율선택)

유형① [대학 내 모든 전공(보건의료, 사범 등 제외) 자율 선택]		유형② [계열/단과대 모집 후 모집단위 내 전공 자율 선택]	
모집단위	인원	모집단위	인원
		글로벌인재학부	11
		상경계열	70
		생명과학부	20
		언더우드학부	150
		융합과학공학부	81
		융합인문사회과학부	148

■ 모집단위 신설 · 변경

구분	2024	2025
통합	컴퓨터과학과, 인공지능학과, IT융합공학과	첨단컴퓨팅학부 (컴퓨터과학과, 인공지능학과, 인공지능시스템학과)

■ 학교폭력 조치사항

전형	전형 총점	감점								
		1호	2호	3호	4호	5호	6호	7호	8호	9호
추천형	100	학교폭력예방 및 대책에 관한 법률에 따른 처분을 받은 자는 지원 불가								
학생부종합, 특기자, 고른기회	100	정성평가								

■ 전형결과

※ 성적 산출기준: (수시) 교과 석차등급, (정시) 수능 백분위

모집시기	전형유형	전형	학년도	모집인원	지원인원	경쟁률	등록자 50%컷	등록자 70%컷	충원율
수시	교과	추천형	2024	501	3,067	6.12	1.44	1.50	64%
수시	종합	활동우수형	2024	627	7,288	11.62	1.79	2.00	76%
수시	종합	국제형(국내고)	2024	178	2,509	14.10	2.09	2.33	0%
수시	종합	국제형((해외/검정)	2024	96	490	5.10			27%
수시	논술	논술전형	2024	355	14,972	42.17			
수시	특기	국제인재	2024	124	814	6.56			

■ (주요전형) 전형일정

유형	전형	원서접수 마감	대학별 고사(면접/논술)	1단계 합격자	최종 합격자
교과	추천형	9.12(목) 17:00 학교장추천: 9.25(수) 18:00			12.13(금)
종합	활동우수형	9.12(목) 17:00	※ 현장 녹화 면접(단, 의예과는 대면 면접) -11.16(토) 인문.통합계열 -11.17(일) 자연계열	11.11(월)	12.13(금)
종합	국제형	9.12(목) 17:00	11.23(토) ※ 현장 녹화 면접	11.18(월)	12.13(금)
논술	논술전형	9.12(목) 17:00	10.12(토) 09:00~11:00 인문계열 14:00~15:30 자연계열		12.13(금)
특기	국제인재	9.12(목) 17:00	10.26(토) ※ 현장 녹화 면접	10.21(월)	12.13(금)

Ⅱ. (수시모집) 주요 전형

■ (학생부교과) 추천형

전형	모집인원	전형 방법	수능최저학력기준
추천형	511	학생부교과100%	○

1. **지원자격**: · 국내 고등학교 3학년 재학생으로 2025년 2월 졸업 예정이며, 소속 고등학교장의 추천을 받은 자(단, 학교폭력예방 및 대책에 관한 법률 제17조에 따른 처분을 받은 자는 제외)로서 다음 자격을 만족하는 자

  1) 고교 전 교육과정을 국내 고교에서 이수해야 함
- 고교별 추천가능 인원은 학교별 최대 10명까지 가능
- 수험생은 지원 시 본인의 소속 고등학교와 반드시 사전협의(추천 여부 확인) 후 원서접수를 해야 함
- 각 고등학교는 반드시 추천자 명단에 대한 추천 여부를 정해진 기간 내 원서접수 대행사이트를 통해 최종확인 해야 함
- 조기졸업 예정자 및 상급학교 조기진학 허가자는 지원할 수 없음

  2) 학교폭력예방 및 대책에 관한 법률 제 조에 따른 처분을 받은 자는 지원 불가

  3) 특성화고, 마이스터고 과정 이수자(일반고등학교와 종합고등학교의 직업과정 이수자 포함), 영재학교, 검정고시 출신자는 지원 불가

  4) 지원자는 고교과정 중 다음의 최소 이수 과목 요건을 충족하여야함

과목	교과 이수 요건	최소 이수 과목 수
공통과목	• 국어, 수학, 영어, 사회, 과학 교과영역에서 각 교과 당 1과목 이상 이수 • 해당 이수과목은 모두 원점수, 평균, 표준편차, 석차등급이 기재되어야함	5과목
일반선택과목	• 국어, 수학, 영어, 사회, 과학 교과영역에서 5과목 이상 이수 • 해당 이수과목은 모두 원점수, 평균, 표준편차, 석차등급이 기재되어야함	5과목
진로선택과목	• 국어, 수학, 영어, 사회, 과학 교과영역에서 1과목 이상 이수	1과목

  ※ 사회교과는 한국사, 역사, 도덕을 포함
  ※ 국내고에서 개설된 AP(Advanced Placement)/IB(International Baccalaureate) 관련 과목은 진로선택과목으로만 인정함

2. **제출서류**: 학교생활기록부, 추천 대상자 명단

3. 수능최저학력기준:

◎ 전형요소
● 학생부(100점)

반영요소 반영비율	반영교과목			교과성적 산출지표	학년별 반영비율
	구분	반영방법			
교과100%	반영과목A (100점)	• 반영교과: 국어, 영어, 수학, 사회(한국사, 역사, 도덕 포함), 과학 • 배점: 100점(공통과목30%, 일반선택과목50%, 진로선택과목20%) ※ 석차등급을 활용한 등급점수(50%) 와 원점수 평균 표준편차를 활용한 Z점수(50%)를 교과 이수단위 가중 평균하여 반영함		석차등급 Z점수	학년 구분 없음
	반영과목B (감점)	• 반영교과: 반영과목A를 제외한 기타 과목 ※ 석차등급 9등급 또는 성취도 C인 경우에 한하여 이수단위를 기준으로 최대 5점까지 감점		석차등급 성취도	

■ 교과성적 반영방법
1. 반영과목A
  1) 공통과목(30%), 일반선택과목(50%), 진로선택과목(20%)의 비율로 반영하며 학년별 비율은 적용하지 않음
  2) 공통과목과 일반선택과목은 석차등급을 활용한 등급 점수(50%)와 원점수, 평균, 표준편차를 활용한 Z점수(50%)를 교과이수 단위 가중
    평균하여 반영함
    가) 등급점수 반영방법

교과등급	1등급	2등급	3등급	4등급	5등급	6등급	7등급	8등급	9등급
반영점수	100	95	87.5	75	60	40	25	12.5	5

    나) Z점수 반영방법
     - 과목별 원점수, 평균, 표준편차를 이용하여 표준점수인 Z점수를 계산함
      • Z점수 = (원점수 - 평균) ÷ 표준편차
      ※ Z점수는 소수점 첫째 자리까지 반올림하여 계산
      ※ Z점수가 3.0보다 크거나 -3.0 보다 작을 경우 각각 3.0과 -3.0으로 간주
     - 계산된 표준점수(Z)에 대하여 다음 표와 같이 석차백분율을 적용함

Z 점수	석차백분율	Z 점수	석차백분율	Z 점수	석차백분율	Z 점수	석차백분율
3.0	0.0013	1.5	0.0668	0.0	0.5000	-1.5	0.9332
2.9	0.0019	1.4	0.0808	-0.1	0.5398	-1.6	0.9452
2.8	0.0026	1.3	0.0968	-0.2	0.5793	-1.7	0.9554
2.7	0.0035	1.2	0.1151	-0.3	0.6179	-1.8	0.9641
2.6	0.0047	1.1	0.1357	-0.4	0.6554	-1.9	0.9713
2.5	0.0062	1.0	0.1587	-0.5	0.6915	-2.0	0.9772
2.4	0.0082	0.9	0.1841	-0.6	0.7257	-2.1	0.9821
2.3	0.0107	0.8	0.2119	-0.7	0.7580	-2.2	0.9861
2.2	0.0139	0.7	0.2420	-0.8	0.7881	-2.3	0.9893
2.1	0.0179	0.6	0.2743	-0.9	0.8159	-2.4	0.9918
2.0	0.0228	0.5	0.3085	-1.0	0.8413	-2.5	0.9938
1.9	0.0287	0.4	0.3446	-1.1	0.8643	-2.6	0.9953
1.8	0.0359	0.3	0.3821	-1.2	0.8849	-2.7	0.9965
1.7	0.0446	0.2	0.4207	-1.3	0.9032	-2.8	0.9974
1.6	0.0548	0.1	0.4602	-1.4	0.9192	-2.9	0.9981
						-3.0	0.9987

  ※ 단, Z점수를 이용하여 산출한 석차백분율이 해당 과목의 석차등급에 해당하는 석차백분율 범위를 벗어날 경우에는 다음과 같이 석차백분
    율을 적용함

등급	1등급	2등급	3등급	4등급	5등급	6등급	7등급	8등급
석차백분율	0.04	0.11	0.23	0.40	0.60	0.77	0.89	0.96

  3) 진로선택과목(전문교과 포함)은 3단계 평가 A/B/C를 기준으로 A=20, B=15, C=10으로 계산함
              (5단계 평가의 경우 A/B → A, C/D → B, E → C로 계산함)

2. 반영과목B
  - 반영과목 B는 석차등급 9등급 또는 성취도 C(A/B/C 기준)인 경우에 한하여 이수단위를 기준으로 최대 5점까지 감점함

$$\text{반영과목 B 감점점수} = \frac{\text{반영과목 B중 석차등급 9등급 또는 성취도 C인 과목의 이수단위의 합}}{\text{반영과목 B 이수단위의 합}} \times 5$$

☞ **보충설명**

1. **반영교과A(100점)**
- 반영교과는 국어, 영어, 수학, 사회(한국사, 역사, 도덕 포함), 과학.
- 1단계 교과성적 100점은 공통과목(30%, 30점) 및 일반선택과목(50%, 50점), 진로선택과목(20%, 20점)이 반영됨
- 공통과목 및 일반선택과목(80점):
  - 공통과목(30점) 및 일반선택과목(50점)은 80점에 석차등급과 Z점수를 각각 50%씩 반영하므로 석차등급과, Z점수는 각각 40점씩 반영.
  - [석차등급] : 1~2등급의 점수 차이는 100점에서는 5점이지만, 실제 반영인 40점에서는 2점으로 줄어듦
  - [Z점수] : 고교에 따라 원점수 100점을 받더라도 평균과 표준편차가 다르므로 결과값도 고교마다 다르게 산출됨.
        지원자들이 최상위권 학생들이므로 석차등급이 동점자가 나올 경우 영향력 있는 정도. 그러나 1.5등급부터는 영향력 있음
- 진로선택과목(20점):
  - 진로선택과목(20점)은 성취도 A = 20점, B = 15점, C = 10점. 지원자 대부분이 성취도 A를 받으므로 큰 영향 없음

2. **반영교과B**
- 반영교과: 반영과목A를 제외한 기타 과목
- 석차등급 9등급과 성취도C인 경우만 이수단위를 기준으로 최대 5점 감점이므로 지원자 대부분 감점이 없음

◎ **전형결과**

■ **전체**

학년도	전체						인문						자연					
	모집인원	지원인원	경쟁률	등록50%컷	등록70%컷	충원율	모집인원	지원인원	경쟁률	등록50%컷	등록70%컷	충원율	모집인원	지원인원	경쟁률	등록50%컷	등록70%컷	충원율
2022	523	2,476	4.73	1.45	1.55	39%	276	1,162	4.21	1.48	1.60	37%	247	1,314	5.3	1.41	1.50	40%
2023	523	3,015	5.76	1.44	1.51	62%	276	1,397	5.06	1.45	1.53	59%	247	1,618	6.55	1.43	1.48	65%
2024	501	3,067	6.12	1.44	1.50	64%	254	1,436	5.65	1.45	1.54	62%	247	1,631	6.60	1.42	1.46	66%
2025	511						252						259					

■ **출신고교 유형별현황**

구분	일반고	자공고	자사고	과학고	영재고	외국어고	국제고	예술/체육고	특성화고	검정고시	기타	계
학생부교과	462	20	1	-	-	1	-	1	-	-	-	485
	95.3%	4.1%	0.2%	0.0%	0.0%	0.2%	0.0%	0.2%	0.0%	0.0%	0.0%	

■ **변경사항 & 핵심포인트**

[2025]

변경사항		2024	2025
모집인원		501명	511명(+10명)
지원자격 추가		-	학교폭력예방 및 대책에 관한 법률 제17조에 따른 처분을 받은 자는 지원 불가
(전형방법) 면접 폐지		1단계)학생부교과100%(5배수) 2단계)학생부교과70%+ 면접30%	학생부교과100%
수능최저학력기준 도입	인문	-	[국, 수, 사과(1)] 2개 과목 등급 합 4('국, 수' 중 1개 포함), 영어 3등급, 한국사 4등급
	자연	-	[국, 수(미/기), 과(1)] 2개 과목 등급 합 5('수' 포함), 영어 3등급, 한국사 4등급
	의예/치의예/약학	-	[국, 수(미/기), 과(1)] 1등급 2개('국, 수' 중 1개 포함), 영어 3등급, 한국사 4등급
	생활과학대학 간호대학	-	인문 또는 자연(의학계열 제외) 중 1개 만족

- 면접고사 폐지: 단계별전형에서 일괄합산으로 변경됨에 따라 면접고사가 폐지되고 학생부교과100%로 선발.
  - 전년도까지 면접이 자신있는 일부 2등급 또는 3등급 학생들이 경쟁률이 낮은 학과를 지원하여 1단계(5배수)를 통과한 후 면접으로 역전하는 사례가 있었음. 면접 폐지와 수능최저 도입으로 이러한 지원자들이 줄어들어 경쟁률이 약간 낮아질 수 있음.
  - 면접 폐지로 면접에 대한 부담감을 사라진 반면, 내신이 부족하더라도 면접으로 역전할 수 있는 기회도 사라짐
- 수능최저 도입: 종합 활동우수형과 동일한 수능최저학력기준이 도입됨에 따라 수능최저학력기준에 대한 부담이 생김.
  - 활동우수형과 추천형 간에 중복 지원이 허용되지 않기 때문에 수능최저를 통과하는 학생들 중에서 내신이 강한 학생은 추천형을, 학생부종합전형을 충실히 준비한 학생은 활동우수형을 지원할 가능성이 있음.
- ▣ 합격자 성적분포: 인문계열은 1등급 초반 ~ 1등급 후반, 자연계열은 1등급 초반 ~ 1등급 후반.
1. 면접 폐지 : 전년도 총 합격자 중에서 50%정도는 교과성적만으로도 합격권이었음. 나머지 50%는 면접으로 뒤집은 경우였음.
2. 수능최저 도입 : 수능최저가 있는 활동우수형의 경우 인문계열은 82%, 자연계열은 77%, 의치약은 69%, 통합 75%가 수능최저를 충족하는 사례를 비추어 보면 추천형의 경우 80~90%는 수능최저를 통과할 수 있을 것으로 예상. 생각보다 영향력 적음.

3. Z점수 영향력 : 석차등급만으로 선발하면 일부 학과에서는 동점자가 발생함. Z점수는 동점자를 가리는 수준.
    내신 1.0~1.4까지는 영향력이 적지만 1.5부터는 영향력 있음
※ 전년도에 경쟁률은 약간 상승하였지만 합격자 성적은 비슷한 수준을 유지함
  - 인문계열은 경쟁률이 5.06 -> 5.65로 약간 상승하였지만, 합격자 성적은 1.45 -> 1.45로 동일함.
  - 자연계열은 경쟁률이 6.55 -> 6.60로 비슷하였고, 합격자 성적도 1.43 -> 1.42로 비슷함.

■ 모집단위   '*' 표시 : 교직 이수 가능

계열	모집단위	2025 모집인원	2024 모집인원	지원인원	경쟁률	등록50%컷	등록70%컷	충원번호	2023 모집인원	지원인원	경쟁률	등록50%컷	등록70%컷	충원번호	2022 모집인원	지원인원	경쟁률	등록50%컷	등록70%컷	충원번호
인문	문화인류학과	4	4	44	11.0			3	4	46	11.5	1.37	1.37	2	4	16	4.0	1.49	1.49	3
인문	정치외교학과	14	14	59	4.2	1.28	1.36	14	15	55	3.7	1.22	1.34	6	15	80	5.3	1.21	1.36	9
인문	경제학부	29	30	117	3.9	1.29	1.42	24	34	122	3.6	1.29	1.44	19	34	122	3.6	1.30	1.42	14
인문	사회학과*	6	7	35	5.0	1.29	1.30	3	7	25	3.6	1.27	1.32	4	7	36	5.1	1.31	1.35	2
인문	언론홍보영상학부	7	7	31	4.4	1.30	1.33	4	8	34	4.3	1.26	1.30	6	8	37	4.6	1.26	1.34	4
인문	경영학과	45	47	202	4.3	1.32	1.44	29	52	230	4.4	1.38	1.45	26	52	208	4.0	1.37	1.44	16
인문	교육학부*	9	10	50	5.0	1.32	1.37	9	10	38	3.8	1.25	1.34	9	10	70	7.0	1.14	1.21	6
인문	독어독문학과*	5	5	41	8.2	1.34	1.43	1	6	52	8.7	1.51	1.59	5	6	32	5.3	1.48	1.77	
인문	심리학과*	6	7	31	4.4	1.35	1.47	8	7	28	4.0	1.32	1.38	9	7	28	4.0	1.31	1.42	4
인문	행정학과	14	13	70	5.4	1.36	1.45	10	15	61	4.1	1.26	1.39	13	15	62	4.1	1.34	1.42	7
인문	영어영문학과*	13	13	70	5.4	1.38	1.54	14	14	78	5.6	1.50	1.50	7	14	54	3.9	1.60	1.62	4
인문	의류환경학과(인문/자연)*	5	4	24	6.0	1.38	1.38		4	15	3.8	1.45	1.45	2	4	21	5.3	1.30	1.30	
인문	응용통계학과	7	10	51	5.1	1.41	1.69	2	11	39	3.6	1.32	1.50	10	11	41	3.7	1.32	1.33	3
인문	철학과*	6	6	43	7.2	1.45	1.51	2	7	41	5.9	1.62	1.65	7	7	26	3.7	1.34	1.69	2
인문	실내건축학과(인문/자연)*	5	4	26	6.5	1.47	1.47	1	4	29	7.3	1.55	1.55		4	14	3.5			1
인문	불어불문학과*	6	6	67	11.2	1.47	1.53	1	6	40	6.7	1.65	1.90	3	6	33	5.5	1.57	1.92	1
인문	통합디자인학과	5	4	23	5.8	1.48	1.48	3	4	19	4.8	1.45	1.45	4	4	15	3.8	1.41	1.41	1
인문	문헌정보학과*	5	5	24	4.8	1.48	1.66	1	6	35	5.8	1.34	1.38	1	6	22	3.7	1.52	1.69	2
인문	국어국문학과*	8	8	35	4.4	1.48	1.54	3	9	40	4.4	1.42	1.42	10	9	29	3.2	1.41	1.50	6
인문	식품영양학과(인문/자연)*	5	4	71	17.8	1.50	1.50		4	45	11.3	1.97	1.97	2	4	15	3.8	2.21	2.21	2
인문	사학과*	8	8	50	6.3	1.52	1.56	10	9	69	7.7	1.40	1.53	5	9	34	3.8	1.54	1.98	4
인문	아동가족학과(인문)*	5	4	36	9.0	1.52	1.52	4	4	20	5.0	1.48	1.48	2	4	12	3.0	1.60	1.60	1
인문	중어중문학과*	5	6	50	8.3	1.54	1.64	5	6	34	5.7	1.65	1.81	3	6	34	5.7	1.70	1.79	4
인문	간호학과(인문/자연)*	10	10	59	5.9	1.56	1.63	3	10	66	6.6	1.63	1.70	1	10	55	5.5	1.62	1.84	3
인문	신학과*	10	8	57	7.1	1.68	1.83	2	9	73	8.1	1.82	1.88	4	9	28	3.1	2.06	2.52	2
인문	사회복지학과	5	5	21	4.2	1.71	2.33		5	20	4.0	1.20	1.28	1	5	18	3.6	1.34	1.42	1
인문	노어노문학과*	5	5	49	9.8	1.76	1.76	2	6	43	7.2	1.56	1.93	2	6	20	3.3	1.65	1.67	
자연	의예과	15	18	117	6.5	1.00	1.03	3	22	167	7.6	1.03	1.04	11	22	225	10.2	1.00	1.03	4
자연	약학과	5	6	43	7.2	1.06	1.18	2	6	55	9.2	1.12	1.16	2	6	41	6.8	1.22	1.30	3
자연	치의예과	10	10	63	6.3	1.09	1.11		12	86	7.2	1.14	1.14	7	12	80	6.7	1.14	1.15	3
자연	첨단컴퓨팅학부	25	11	49	4.5	1.28	1.31	24	13	83	6.4	1.14	1.22	14	13	93	7.2	1.23	1.35	7
자연	화공생명공학부	14	14	92	6.6	1.35	1.39	12	16	99	6.2	1.42	1.50	11	16	74	4.6	1.43	1.52	6
자연	생화학과*	4	4	24	6.0	1.35	1.35	2	4	54	13.5	1.33	1.33	2	4	33	8.3			2
자연	신소재공학부	17	16	102	6.4	1.37	1.41	17	19	124	6.5	1.48	1.53	11	19	77	4.1	1.53	1.64	7
자연	산업공학과	5	6	49	8.2	1.39	1.41	1	7	51	7.3	1.68	1.70	8	7	42	6.0	1.27	1.39	2
자연	지구시스템과학과*	5	5	54	10.8	1.40	1.46	2	6	34	5.7	1.63	1.65	2	6	21	3.5	1.68	1.75	
자연	전기전자공학부	31	29	152	5.2	1.41	1.45	19	36	195	5.4	1.35	1.49	23	36	166	4.6	1.41	1.55	22
자연	물리학과*	5	5	28	5.6	1.41	1.44	5	6	42	7.0	1.29	1.40	4	6	29	4.8	1.57	1.60	2
자연	생명공학과	9	9	53	5.9	1.41	1.42	6	10	66	6.6	1.40	1.46	6	10	51	5.1	1.31	1.41	3
자연	시스템반도체공학과	20	20	138	6.9	1.43	1.47	16												
자연	화학과*	7	7	40	5.7	1.45	1.46	9	9	61	6.8	1.47	1.52	2	9	40	4.4	1.51	1.60	4
자연	수학과*	5	6	37	6.2	1.46	1.48	5	7	32	4.6	1.47	1.51	6	7	47	6.7	1.42	1.45	5
자연	시스템생물학과*	5	5	45	9.0	1.50	1.51		6	81	13.5	1.45	1.46	3	6	28	4.7	1.87	2.04	4
자연	천문우주학과*	5	4	28	7.0	1.52	1.52	5	5	24	4.8	1.49	1.65	1	5	20	4.0	1.45	1.53	3
자연	IT융합공학전공	5	4	31	7.8	1.53	1.53	1												
자연	사회환경시스템공학부	13	12	122	10.2	1.53	1.62	5	14	111	7.9	1.56	1.58	4	14	66	4.7	1.60	1.71	5
자연	기계공학부	21	19	112	5.9	1.55	1.56	8	23	102	4.4	1.46	1.54	20	23	89	3.9	1.38	1.45	11
자연	건축공학과	12	12	89	7.4	1.55	1.59	6	14	69	4.9	1.62	1.71	16	14	54	3.9	1.54	1.63	3
자연	도시공학과	5	6	43	7.2	1.62	1.66	5	7	31	4.4	1.79	1.81	4	7	23	3.3	1.47	1.62	1
자연	지능형반도체전공	6	10	56	5.6	1.62	1.71	4												
자연	대기과학과	5	4	24	6.0	1.65	1.65	5	5	51	10.2	1.63	1.65	4	5	15	3.0	1.26	1.36	2
자연	디스플레이융합공학과	5	5	40	8.0	1.68	1.75													

■ (학생부종합) 활동우수형

전형	모집인원	전형 방법	수능최저학력기준
활동우수형	684	1단계)서류100%(인문·통합:3배수/자연:4배수) 2단계)서류60%+ 면접40%	○

1. **지원자격**: 국내·외 고등학교 졸업자(2025년 2월 졸업예정자 포함) 또는 법령에 의하여 고등학교 졸업 이상의 학력이 있다고 인정된 자(고등학교 졸업학력 검정고시 합격자 포함)
   · 외국 소재 고등학교 졸업(예정)자는 외국에서 고등학교를 졸업(예정)하고 국내·외에서 12년 학제 이상의 학교 교육과정을 이수한 자를 원칙으로 하며, 해당 국가별 학제 및 학기 등을 고려하여 지원자격을 종합적으로 판단함
   · 상급학교 조기진학 허가자는 졸업예정자로 인정하지 않으므로 지원할 수 없음
2. **제출서류**: 학교생활기록부 ※ 비교과에 관한 증빙 등 기타서류를 제출할 수 없습니다.
3. **수능최저학력기준**:

> 인 [국어, 수학, 사/과탐(1과목)] 중 2개 과목 등급 합 4 이내(국어, 수학 중 1개 과목 포함), 영어 3등급 이내, 한국사 4등급 이내
> 자 [국어, 수학(미적분/기하), 과탐(1과목)] 중 2개 과목 등급 합 5 이내(수학 포함), 영어 3등급 이내, 한국사 4등급 이내
> ▶ 의예과, 치의예과, 약학과
>   : [국어, 수학(미적분/기하), 과탐(1과목)] 중 2개 1등급 이내(국어, 수학 중 1개 과목 포함), 영어 3등급 이내, 한국사 4등급 이내
> ▶ 생활과학대학, 간호대학: 인문 또는 자연계열의 수능최저학력기준 중 하나를 만족하여야 함

◎ 전형요소
● 서류
1. **평가자료**: 학교생활기록부
2. **평가방법**: 다수의 평가위원에 의한 종합평가
3. **평가내용**: 제출서류를 바탕으로 학업역량, 진로역량, 공동체역량 등을 종합평가함
   ※ 비교과영역은 학교생활기록부에 기록되어 있는 내용만 평가에 반영함(비교과에 관한 증빙서류 및 기타서류는 제출 불가)
4. **평가요소 및 평가항목**:

구분	반영비율	평가요소	평가항목
학업적 발전가능성 (종합평가 I)	70%	학업역량 진로역량	학업역량과 진로역량으로 바탕으로 평가
사회적 발전가능성 (종합평가 II)	30%	공동체역량	공동체역량을 바탕으로 평가 ※ 비교과적 활동 뿐만 아니라 학업역량과 진로역량 향상을 위해 노력한 과정에서 보여준 타인과의 협력 활동 등을 포함

   ※ 특기자전형[국제인재] 서류평가는 특기역량(학업 및 비교과활동 포함)에 대한 종합적인 평가를 종합평가 I에 포함하여 평가함
   ※ 특기자전형[체육인재] 서류평가는 종합평가 I, 종합평가 II를 구분하지 않으며 특기역량에 대한 종합적인 평가를 포함하여 평가함
5. **세부 평가항목**

평가요소		평가항목
학업역량 대학 교육을 충실히 이수하는데 필요한 수학능력	**학업성취도** 고교 교육과정에서 이수한 교과의 성취수준이나 학업 발전의 정도	- 대학 수학에 필요한 기본 교과목(예: 국어, 수학, 영어, 사회/과학 등)의 교과성적은 적절한가? 그 외 교과목(예: 예술·체육, 기술·가정/정보, 제2외국어/한문, 교양 등)의 교과성적은 어느 정도인가? 유난히 소홀한 과목이 있는가? - 학기별/학년별 성적의 추이는 어떠한가?
	학업태도 학업을 수행하고 학습해 나가려는 의지와 노력	- 성취동기와 목표의식을 가지고 자발적으로 학습하려는 의지가 있는가? - 새로운 지식을 획득하기 위해 자기주도적으로 노력하고 있는가? - 교과 수업에 적극적으로 참여해 수업 내용을 이해하려는 태도와 열정이 있는가?
	탐구력 지적 호기심을 바탕으로 사물과 현상에 대해 탐구하고, 문제를 해결하려는 노력	- 교내 수업활동 등을 통해 지식을 확장하려고 노력하고 있는가? - 교내 활동에서 학문에 대한 열의와 지적 관심이 드러나고 있는가? - 교과와 각종 탐구활동에서 구체적인 성과를 보이고 있는가?
진로역량 자신의 진로와 전공(계열)에 관한 탐색 노력과 준비 정도	**전공(계열) 관련 교과 이수 노력** 고교 교육과정에서 전공(계열)에 필요한 과목을 선택하여 이수한 정도	- 전공(계열)과 관련된 과목을 적절하게 선택하고, 이수한 과목은 얼마나 되는가? - 전공(계열)과 관련된 과목을 이수하기 위하여 추가적인 노력을 하였는가? (예: 공동 교육과정, 온라인수업, 소인수과목 등) - 선택과목(일반/진로)은 교과목 학습단계(위계)에 따라 이수하였는가?
	전공(계열) 관련 교과 성취도 고교 교육과정에서 전공(계열)에 필요한 과목을 수강하고 취득한 학업성취 수준	- 전공(계열)과 관련된 과목의 석차등급/성취도, 원점수, 평균, 표준편차, 이수단위, 수강자수, 성취도별 분포비율 등을 종합적으로 고려한 성취 수준은 적절한가? - 전공(계열)과 관련된 동일 교과 내 일반선택과목 대비 진로선택과목의 성취수준은 어떠한가?
	진로 탐색 활동과 경험 자신의 진로를 탐색하는 과정에서 이루어진 활동이나 경험 및 노력 정도	- 자신의 관심 분야나 흥미와 관련한 다양한 활동에 참여하여 노력한 경험이 있는가? - 교과 활동이나 창의적 체험활동에서 전공(계열)에 대한 관심을 가지고 탐색한 경험이 있는가?

평가요소		평가항목
공동체역량 자신의 진로와 전공(계열) 에 관한 탐색 노력과 준비 정도	**협업과 소통 능력** 공동체의 목표를 달성하기 위해 협력하며, 구성원들과 합리적인 의사소통을 할 수 있는 능력	- 단체활동 과정에서 서로 돕고 함께 행동하는 모습이 있는가? - 구성원들과 협력을 통하여 공동의 과제를 수행하고 완성한 경험이 있는가? - 타인의 의견에 공감하고 수용하는 태도를 보이며, 자신의 정보와 생각을 잘 전달하는가?
	나눔과 배려 상대방을 존중하고 이해하여 원만한 관계를 형성하며, 타인을 위하여 기꺼이 나누어 주고자 하는 태도와 행동	- 학교생활 속에서 나눔을 실천하고 생활화한 경험이 있는가? - 타인을 위하여 양보하거나 배려를 실천한 구체적 경험이 있는가? - 상대를 이해하고 존중하는 노력을 기울이고 있는가?
	성실성과 규칙준수 책임감을 바탕으로 자신의 의무를 다하고, 공동체의 기본 윤리와 원칙을 준수하는 태도	- 교내 활동에서 자신이 맡은 역할에 최선을 다하려고 노력한 경험이 있는가? - 자신이 속한 공동체가 정한 규칙과 규정을 준수하고 있는가?
	리더십 공동체의 목표 달성을 위해 구성원들의 상호작용을 이끌어가는 능력	- 공동체의 목표를 달성하기 위해 계획하고 실행을 주도한 경험이 있는가? - 구성원들의 인정과 신뢰를 바탕으로 참여를 이끌어내고 조율한 경험이 있는가?

☞ **보충설명**
- 종합평가 I (학업역량, 진로역량) 70%, 종합평가 II (공동체역량성) 30% 반영, 학업과 관련된 종합평가 I (70%)이 중요
- 공부만 한 학생이 아니라 공부도 한 학생을 선발하고자 함. 지원자가 대부분 1등급, 2등급이므로 3등급이 넘는 학생은 학업역량이 부족하다고 판단될 수 있음
- 진로역량은 인문사회는 넓게 해석, 자연계는 학업적인 연관성을 크게 고려함. 예를 들어, 수학과 지원자가 수학 성적이 형편없는 데 내신이 좋아서 지원하거나, 물리과 지원자가 물리 II를 안 배운 경우, 경제동아리를 꾸준히 했다는 이유만으로 경제학과 지원하거나, 모의 유엔을 했다고 정치외교학과 지원하는 것은 아님. 그러한 것들은 크게 의미 없음.

■ **서류평가 관련 질문**　　　　　　　　　　　※ 2025학년도 연세대학교 지역거점설명회(2024.05.30. 서울)
1. **(자연계열 교과 이수 권장과목) 권장과목을 이수하지 않은 경우 평가에 불이익을 받나요?**
   이수 권장 과목 중 일부과목을 미이수할 경우, 평가에 큰 영향은 없습니다.
   1) 다만, 학교에서 개설했음에도 이수하 **않은 학생**과 학교가 개설하지 않아 이수하 **못 한 학생**은 **다르게 평가**합니다.
   2) 희망과목이 학교 여건 상 개설되지 않아, **외부 공동교육과정** 등 적극적인 학업 성취 노력을 보인 경우 평가에 반영될 수 있습니다.
2. **일반고에서 전문교과 I 의 고급, 심화과목은 이수하지 않아도 되나요?**
   1) 대학은 어떤 과목을 선택했는가보다 얼마나 **충실하게 이수했는가**를 우선하여 평가합니다.
      일반고의 경우 **보통교과의 일반선택과목과 진로선택과목을 충실하게 이수**하면 됩니다.
   2) 일반고 학생이 진로선택과목이나 공동교육과정으로 전문교과를 듣는다면, **과목 위계에 맞게 충실하게 이수하고 있는 지**를 확인합니다.
3. **진로선택과목이나 전문교과 등의 심화과목을 많이 이수해야만 학생부종합전형 서류평가에 유리한가요?**
   아닙니다. 지원자마다 학교의 조건과 상황이 다양하기 때문에 특정 과목의 이수여부나 교과 성적에 따라 **일괄적인 가중치를 두고 평가하지 않습니다.** 학생부종합전형은 기본적으로 학교생활의 충실성을 바탕으로 평가하기 때문에 **학교 교육과정을 기반으로 필요한 과목을 이수하려는 노력이 중요합니다.**
4. **학생부에 기재된 진로계열과 다른 계열을 지원하면 감점되나요?**
   아닙니다. 학생부에 기재된 진로와 다른 계열을 지원한다고 무조건 감점진 않습니다. 지원하는 계열에서 학업을 이어가는데 필요한 역량을 갖추기 위해 노력하였는지가 중요합니다.

■ **(자연계열) 대학 전공 학문분야의 교과 이수 권장과목**　　　※ 5개 대학(경희대/고려대/성균관대/연세대/중앙대) 2022년 공동연구
※ **핵심과목** : 학과(부)에서 수학(修學)하기 위해 '필수' 이수를 권장하는 과목
※ **권장과목** : 학과(부)에서 수학(修學)하기 위해 '가급적' 이수를 권장하는 과목

학문분야	모집단위	핵심과목(교과)		권장과목(교과)	
		수학	과학	수학	과학
수학	수학과, 응용통계학과	수학I, 수학II, 미적분, 기하	-	확률과 통계	-
컴퓨터	IT융합공학과, 인공지능학과, 컴퓨터과학과	수학I, 수학II, 미적분, 기하	-	확률과 통계, 인공지능 수학	-
산업	산업공학과	수학I, 수학II, 미적분, 확률과 통계	-	-	-
물리	물리학과	수학I, 수학II, 미적분, 기하	물리학I, 물리학II	확률과 통계	화학I
기계	기계공학부	수학I, 수학II, 미적분, 기하	물리학I, 물리학II, 화학I	확률과 통계	화학II

학문분야	모집단위	핵심과목(교과)		권장과목(교과)	
		수학	과학	수학	과학
전기·전자	시스템반도체공학과, 전기전자공학부	수학I, 수학II, 미적분, 기하	물리학I, 물리학II, 화학I	확률과 통계	–
건설/건축	건축공학과, 도시공학과, 사회환경시스템공학부	수학I, 수학II, 미적분	–	확률과 통계, 기하	물리학I
화학	화학과	수학I, 수학II, 미적분, 확률과 통계	화학I, 화학II	기하	물리학I, 물리학II, 생명과학I
재료/화공·고분자·에너지	디스플레이융합공학과, 신소재공학부, 화공생명공학부	수학I, 수학II, 미적분	물리학I, 화학I, 화학II	확률과 통계, 기하	물리학II
생명과학·환경/생활과학/농림	생명공학과, 생화학과, 시스템생물학과	수학I, 수학II	화학I, 생명과학I,생명과학II	미적분, 확률과 통계	화학II
천문·지구		수학I, 수학II, 미적분	물리학I, 화학I, 지구과학I, 지구과학II	확률과 통계, 기하	물리학II
의학	의예과, 치의예과	수학I, 수학II, 미적분	화학I, 생명과학I, 생명과학II	확률과 통계	물리학I, 화학II
약학	약학과	수학I, 수학II, 미적분	화학I, 화학II, 생명과학I, 생명과학II	확률과 통계, 기하	물리학I
간호/보건	간호학과	수학I, 수학II, 확률과 통계	생명과학I, 생명과학II	미적분	화학I, 화학II

● 면접

구분	일반 학과(의예과 제외)	의예과
면접유형	현장 녹화 면접	대면 면접
평가방법	면접 당일 지원자가 현장에서 녹화한 영상을 복수의 평가위원이 평가	지원자 1명을 대상으로 복수의 평가위원이 평가
평가내용	제시문 기반 논리적 사고력 및 의사소통능력 평가	제시문 기반 인·적성 면접 / 서류 기반 확인 면접

● 현장 녹화 면접(의예과 제외)
 1. 면접유형: 현장 녹화 면접
 2. 평가내용: 제시문 기반 논리적 사고력 및 의사소통능력 면접 ※ 의예과: 의료인으로서 필요한 적성과 인성을 평가하는 방식으로 진행
 3. 평가유형 및 방법:

전형		평가방법	평가내용
학생부종합	• 활동우수형(의예과 제외) • 국제형 • 기회균형	지원자가 면접일에 현장에서 녹화한 영상을 복수의 평가위원이 평가 (답변 준비 8분, 면접 5분)	– 제시문을 바탕으로 대학 수학에 필요한 기본 학업역량을 평가함 – 국제형의 경우 제시문이 영어로 출제될 수 있음
특기자	• 국제인재		– 영어 제시문을 바탕으로 논리적 사고력 및 의사소통 능력을 평가하기 위한 영어구술면접을 실시함 – 언더우드학부(생명과학공학) 면접 문항은 언더우드학부(인문·사회)와 동일

● 대면 면접(의예과)
 1. 면접유형: 현장 녹화 면접
 2. 평가내용: 제시문 기반 논리적 사고력 및 의사소통능력 면접 ※ 의예과: 의료인으로서 필요한 적성과 인성을 평가하는 방식으로 진행
 3. 평가유형 및 방법:

전형		평가방법	평가내용
학생부종합	• 활동우수형(의예과)	지원자 1명을 대상으로 복수의 평가위원이 평가 (30분 내외)	– 제시문을 바탕으로 의학 전공에 필요한 인·적성을 평가함 – 제시문 기반 면접과 서류 기반 면접을 복수의 면접실에서 진행함
특기자	• 체육인재	지원자 1명을 대상으로 복수의 평가위원이 평가 (10분 내외)	– 지원자의 논리적 사고력과 의사 표현 능력 체육인으로서의 전문성 및 경기력

 ※ 2015 개정 교육과정을 바탕으로 제시문 및 면접 문항을 출제함(체육인재 제외)
 ※ 수리·통계자료 또는 과학 관련 제시문이 포함될 수 있음(체육인재 제외)

- 현장 (태블릿) 비대면 녹화 면접으로 제시문 기반 면접 실시. 제시문 준비 8분, 면접 녹화는 최소 2분 ~ 최대 5분.
- 현장 녹화 답변시 어떠한 경우에도 답변 녹화를 다시 할 수는 없음. 면접 녹화시간(최대 5분)안에 답변을 정정하여 말하는 것은 가능함.
- 면접 답변 시간을가득 채워 답변을 해야 좋은 점수를 받는 것은 아님. 질문의 내용에 정확히 답변하는 것이 훨씬 중요함.
- 면접은 수능이후에 실시하므로 수능을 못 보면 결시함. 면접 결시율은 15%, 면접 응시자(85%)의 수능최저 충족율은 82%
- 학생들은 제시된 자료를 정확하게 분석하고, 그 이유에 대하여 논리적인 근거를 가진 답변을 구성하여 대답하는 것이 중요.
  – 서류 기반 면접이 아닌 '제시문 기반 면접'이라는 점을 명확하게 인지하여 제시문에서 언급한 내용에 기반하여 답변을 구성하는 것이 중요

◎ 전형결과
■ 전체

학년도	전체						인문						자연					
	모집인원	지원인원	경쟁률	등록 50%컷	등록 70%컷	충원율	모집인원	지원인원	경쟁률	등록 50%컷	등록 70%컷	충원율	모집인원	지원인원	경쟁률	등록 50%컷	등록 70%컷	충원율
2022	540	6,279	11.63	1.80	1.99	88%	286	2,785	9.74	1.91	2.14	72%	254	3,494	13.76	1.69	1.83	103%
2023	549	5,305	9.66	1.83	2.03	79%	286	2,463	8.61	1.99	2.25	74%	263	2,842	10.81	1.66	1.80	83%
2024	627	7,288	11.62	1.79	2.00	76%	300	3,202	10.67	1.90	2.15	84%	327	4,086	12.50	1.67	1.84	67%
2025	684						329						355					

■ 실질 경쟁률(충원율 반영)   ※ 면접 결시율 : 약 20%

계열	모집인원	지원인원	경쟁률	1단계 선발배수	수능최저 충족율	(수능최저 충족율 반영) 경쟁률	충원율	(충원율 반영) 실질 경쟁률
인문	300	3,202	10.67	3배수	75.74%	2.27	84%	1.23
자연	327	4,086	12.50	4배수	71.63%	2.87	67%	1.72

■ [학과별] 수능최저 충족율(1단계 통과자)

계열	계열 평균	모집단위
인문	75.74%	문과대학 78.0%, 상경대학 90.6%, 경영대학 88.0%, 신과대학 50.0%, 사회과학대학 80.5%, 생활과학대학 73.1%, 교육과학대학 70.0%
자연	71.63%	이과대학 79.2%, 공과대학 76.4%, 생명시스템대학 74.0%, 인공지능융합대학 77.1%, 의과대학 72.7%, 치과대학 63.6%, 간호대학 78.1%, 약학대학 51.9%

■ 고교유형

구분	학년도	일반고	자사고(광역)	자사고(전국)	외고/국제고	과학고	영재학교
지원	2023	56.1%	10.4%	7.7%	13.6%	5.0%	5.5%
	2024	59.8%	10.8%	7.1%	11.6%	4.6%	4.5%
최초합격	2023	34.6%	9.6%	8.5%	25.2%	8.3%	13.2%
	2024	43.4%	11.3%	9.0%	23.1%	5.9%	
등록	2023	60.0%	10.9%	5.0%	14.0%	3.6%	6.9%
	2024	61.0%	11.8%	6.5%	14.2%	2.9%	2.2%
총합격	2023	44.3%	10.6%	8.8%	20.0%	6.8%	9.2%
	2024	48.9%	11.2%	7.8%	21.9%	4.7%	5.4%

■ 변경사항 & 핵심포인트
[2025]

변경사항	2024	2025
모집인원	627명	684명(+57명)
학교폭력 조치사항	-	정성평가
면접방식 변경	제시문 기반 학업역량면접	제시문 기반 논리적 사고력 및 의사소통능력 면접

- 서류평가 내용 추가: '학교폭력 조치사항'을 정성평가시 반영함
- 면접방식 변경: 제시문 기반 학업역량면접에서 제시문 기반 논리적 사고력 및 의사소통능력으로 변경됨에 따라 주어진 문제를 논리적으로 사고하고 답변하는 능력이 중요해짐
➡ 합격자 성적분포: 인문계열은 1등급 초반 ~ 3등급 초반, 자연계열은 1등급 초반 ~ 2등급 초반
1. 면접 결시율 : 20%
※ 전년도에 경쟁률은 약간 상승하였지만 합격자 성적은 비슷한 수준을 유지함
- 인문계열은 경쟁률이 8.61 -> 10.67로 상승하였고, 합격자 성적은 1.99 -> 1.90으로 약간 상승함.
- 자연계열은 경쟁률이 10.81 -> 12.50으로 상승하였고, 합격자 성적은 1.66 -> 1.67로 비슷함.

■ 모집단위

'*' 표시 : 교직 이수 가능

계열	모집단위	2025 모집인원	2024 모집인원	2024 지원인원	2024 경쟁률	2024 등록50%컷	2024 등록70%컷	2024 충원번호	2023 모집인원	2023 지원인원	2023 경쟁률	2023 등록50%컷	2023 등록70%컷	2023 충원번호	2022 모집인원	2022 지원인원	2022 경쟁률	2022 등록50%컷	2022 등록70%컷	2022 충원번호
인문	독어독문학과*	6	5	46	9.2			3	5	45	9.0			3	5	30	6.0			5
인문	사회복지학과	7	5	57	11.4			2	4	28	7.0			4	4	53	13.3	1.36	1.36	
인문	문화인류학과	4	3	35	11.7			3	2	25	12.5			1	2	22	11.0			1
인문	**교육학부**	12	9	101	112	1.50	1.67	9	9	91	10.1	1.52	1.58	7	9	89	9.9			11
인문	**영어영문학과***	16	12	101	8.4	1.56	1.78	13	12	82	6.8	1.72	1.81	8	12	117	9.8	1.64	1.94	9
인문	사회학과*	8	7	81	11.6	1.58	1.75	6	6	84	14.0			5	6	97	16.2	1.63	1.67	7
인문	식품영양학과(인문/자연)*	9	10	156	15.6	1.60	1.86	9	12	99	8.3	1.90	1.92	2	12	87	7.3	1.93	2.84	4
인문	언론홍보영상학부	8	8	65	8.1	1.60	1.62	5	7	72	10.3	1.49	1.49	7	7	103	14.7	1.32	1.37	7
인문	문헌정보학과*	6	5	53	10.6	1.65	1.78	3	5	35	7.0	1.65	2.22	1	5	41	8.2	1.86	1.90	3
인문	정치외교학과	16	15	137	9.1	1.66	1.90	11	13	165	12.7	1.21	1.46	13	13	159	12.2	1.56	1.59	13
인문	심리학과*	8	6	87	14.5	1.66	1.66	8	6	67	11.2	2.20	2.20	6	6	67	11.2			5
인문	행정학과	16	14	190	13.6	1.67	1.67	14	13	114	8.8	2.08	2.34	17	13	141	10.9	1.52	1.97	13
인문	경제학부	33	32	239	7.5	1.73	2.15	33	28	220	7.9	1.40	1.89	24	28	259	9.3	1.60	1.75	25
인문	간호학과(인문/자연)*	24	24	182	7.6	1.74	1.93	7	24	117	4.9	1.92	2.08	2	24	145	6.0	1.85	1.94	7
인문	철학과*	7	6	160	26.7	1.77	2.16	13	6	66	11.0	3.30	3.38	6	6	87	14.5			5
인문	경영학과	47	49	406	8.3	1.79	1.92	48	44	411	9.3	1.64	1.94	52	44	462	10.5	1.91	2.36	48
인문	노어노문학과*	6	5	48	9.6	1.86	1.86	6	5	38	7.6	2.46	2.66	5	5	39	7.8			4
인문	의류환경학과(인문/자연)*	10	10	94	9.4	1.87	2.00	5	12	80	6.7	1.91	1.99	9	12	93	7.8	2.15	2.18	3
인문	통합디자인학과	10	11	148	13.5	1.91	1.99	6	11	107	9.7	1.71	1.87	2	11	83	7.6	2.39	2.62	3
인문	중어중문학과*	7	5	49	9.8	1.91	2.20	3	5	35	7.0	2.06	2.15	1	5	51	10.2			1
인문	실내건축학과(인문/자연)*	9	8	126	15.8	1.93	2.02	4	10	78	7.8	2.31	3.44	6	10	55	5.5	2.68	2.87	4
인문	응용통계학과	11	10	184	18.4	2.06	2.65	7	9	96	10.7	2.24	2.89	5	9	136	14.1	2.10	2.18	2
인문	아동•가족학과*	10	11	99	9.0	2.10	2.71	8	11	62	5.6	1.79	1.84	10	11	78	7.1	1.78	2.14	8
인문	**신학과***	12	8	117	14.6	2.45	3.75	2	8	66	8.3	2.56	3.34	1	8	66	8.3	2.61	2.71	2
인문	불어불문학과*	7	6	54	9.0	2.64	2.64	5	5	43	8.6	2.34	2.34	5	5	54	10.8	2.09	2.97	4
인문	사학과*	9	8	119	14.9	2.64	3.22	12	7	74	10.6	2.79	3.00	8	7	80	11.4	2.51	2.71	6
인문	국어국문학과*	11	8	68	8.5	2.80	2.83	7	7	63	9.0	1.66	1.81	2	7	91	13.0	1.64	1.69	7
자연	약학과	7	6	95	15.8			2	6	73	12.2	1.43	1.52	3	6	112	18.7			1
자연	의예과	45	42	476	11.3	1.12	1.18	21	42	504	12.0	1.08	1.12	24	42	594	14.1	1.18	1.31	28
자연	치의예과	12	12	207	17.3	1.31	1.49	8	12	194	16.2	1.40	1.71	10	12	144	12.0	1.72	2.35	10
자연	**첨단컴퓨팅학부**	35	11	153	13.9	1.33	1.36	6	10	136	13.6	1.55	1.56	21	10	195	19.5	1.44	1.52	16
자연	생명공학과	10	9	192	21.3	1.43	1.59	5	8	201	25.1	1.56	1.61	12	8	193	24.1	1.87	2.14	9
자연	시스템생물학과*	5	5	138	27.6	1.44	1.44	7	4	93	23.3	1.74	1.74	6	4	95	23.8			7
자연	물리학과*	6	6	76	12.7	1.49	1.57	5	5	53	10.6	1.65	1.65	6	5	84	16.8	1.49	1.49	9
자연	생화학과*	5	5	84	16.8	1.54	1.57	3	4	50	12.5	1.40	1.66	1	4	71	17.8			3
자연	전기전자공학부	36	33	329	10.0	1.55	1.67	27	28	257	9.2	1.68	1.75	40	28	319	11.4	1.51	1.70	42
자연	화공생명공학부	16	14	197	14.1	1.57	1.74	10	13	130	10.0	1.56	1.62	22	13	193	14.9	1.72	1.73	17
자연	*지능형반도체전공*	*8*	*20*	283	14.2	1.60	1.69	18	24	196	8.2	1.71	1.79	30	15	221	14.7	1.57	1.71	16
자연	신소재공학부	18	17	222	13.1	1.64	1.72	7	15	137	9.1	1.87	1.92	16	15	216	14.4	1.84	1.94	20
자연	IT융합공학전공	5	7	109	15.6	1.64	1.87	7	15	114	7.6				15	149	9.9	1.92	2.15	8
자연	산업공학과	7	6	66	11.0	1.64	1.72	7	6	52	8.7	1.27	1.40	3	6	70	11.7	1.60	1.61	4
자연	대기과학과	5	5	72	14.4	1.68	1.91	1	4	29	7.3	1.88	1.88	2	4	43	10.8	1.88	1.88	3
자연	화학과*	10	8	105	13.1	1.69	1.80	7	7	71	10.1	1.72	1.77	11	7	89	12.7	1.74	1.76	8
자연	도시공학과	6	6	76	12.7	1.70	2.25	5	5	39	7.8	1.79	2.37	2	5	44	8.8	1.63	1.69	4
자연	천문우주학과	5	5	73	14.6	1.72	1.78	2	4	51	12.8	1.89	1.89		4	60	15.0			1
자연	기계공학부	22	21	249	11.9	1.82	1.97	17	18	180	10.0	1.78	1.92	25	18	221	12.3	1.88	2.10	22
자연	수학과*	7	6	85	14.2	1.84	2.14	9	6	68	11.3	1.49	1.60	6	6	107	17.8	1.38	1.62	12
자연	시스템반도체공학과	38	38	270	7.1	1.86	2.17	19	40	332	8.3				40	545	13.6	1.38	1.56	24
자연	사회환경시스템공학부	14	13	189	14.5	1.93	1.99	6	11	94	8.6	2.05	2.66	10	11	125	11.4	1.88	2.02	11
자연	지구시스템과학과*	5	5	58	11.6	2.00	2.41	4	5	38	7.6	2.02	2.15	7	5	42	8.4	2.01	2.01	3
자연	건축공학과	14	13	135	10.4	2.20	2.57	11	11	82	7.5	2.10	2.36	10	11	107	9.7	1.83	1.95	8
자연	디스플레이융합공학과	14	14	147	10.5	2.24	2.48	5	20	111	5.6									

■ (학생부종합) 국제형

전형	모집인원	전형 방법	수능최저학력기준
국제형	256	1단계)서류100%(3배수) 2단계)서류60%+ 면접40%	○ (해외고/검정고시X)

1. 지원자격:

구분	내용
국내고	• 국내 고등학교 졸업자 및 2025년 2월 졸업예정자 - 국내 고등학교는 고교 졸업 학력 인정학교에 한함 - 상급학교 조기진학 허가자는 졸업예정자로 인정하지 않으므로 지원할 수 없음
해외고/ 검정고시	요강 참고

2. 제출서류: (국내고) 학교생활기록부 (해외고/검정고시): 성적증명서, 비교과 활동기록표
3. 수능최저학력기준: [국내고] 있음, [해외고/검정고시] 없음

▶ 국내고: [국어, 수학, 사/과탐(1과목)] 2개 과목 등급 합 5 이내(국어, 수학 중 1개 과목 포함), 영어 2등급 이내, 한국사 4등급 이내

☞ 언더우드국제대학 학부별 세부전공

구분	학부		세부전공
언더우드 국제대학	언더우드학부 (Underwood Division)	인문·사회	• 비교문학과 문화전공, • 경제학전공, • 국제학전공, • 정치외교학전공
		생명과학공학	• 생명과학공학전공
	융합인문사회과학부 (HASS: Humanities, Arts and Social Sciences Division)		• 아시아학전공, • 문화디자인경영전공, • 정보·인터랙션디자인전공, • 창의기술경영전공, • 사회정의리더십전공, • 계량위험관리전공, • 과학기술정책전공, • 지속개발협력전공
	융합과학공학부 (ISE: Integrated Science and Engineering Division)		• 나노과학공학전공, • 에너지환경융합전공, • 바이오융합전공

◎ 전형요소
● 서류 및 면접: 활동우수형 참고(면접 제시문은 영어로 출제될 수 있음)

◎ 전형결과
■ 전체

국내고 학년도	전체						인문						자연					
	모집 인원	지원 인원	경쟁 률	등록 50%컷	등록 70%컷	충원 율	모집 인원	지원 인원	경쟁 률	등록 50%컷	등록 70%컷	충원 율	모집 인원	지원 인원	경쟁 률	등록 50%컷	등록 70%컷	충원 율
2022	178	1,428	8.02	2.63	2.87	12%	127	1,022	8.05	3.22	3.37	7%	51	406	7.96	2.03	2.36	16%
2023	178	1,690	9.49	2.31	2.55	19%	127	1,117	8.79	2.71	3.06	25%	51	573	11.24	1.90	2.04	12%
2024	178	2,509	14.10	2.09	2.33	0%	127	1,491	11.74	2.45	2.83	0%	51	1,018	19.96	1.72	1.82	0%
2025	160						120						40					

■ (국내고) 수능최저충족율

학년도	아시아학부	융합인문사회과학부(HASS)	융합과학공학부(ISE)
2023	42.6%	54.8%	50.3%
2024	75.4%	88.6%	87.8%

■ 변경사항 & 핵심포인트
[2025]

변경사항	2024	2025
모집인원	274명	256명(-18명)
(국내고) 수능최저 완화	2개 과목 등급 합 5(국어, 수학 중 1개 포함), 영어 1등급, 한국사 4등급	2개 과목 등급 합 5(국어, 수학 중 1개 포함), 영어 2등급, 한국사 4등급
면접방식 변경	제시문 기반 학업역량면접	제시문 기반 논리적 사고력 및 의사소통능력 면접

• 수능최저: 그동안 영어 1등급을 통과하지 못해 2개 등급 합 5는 통과하였음에도 탈락하는 경우가 많아서 영어를 1등급에서 2등급으로 완화함.
따라서, 수능최저학력기준 충족율과 합격선이 약간 상승할 수 있음
• 면접 응시율은 약 65% 정도,

- 수능최저 충족율은 60%~70% 정도(HASS(융합인문사회과학부) 74%, 아시학부 62%, ISE(융합과학공학부 74%)
- 일반고 최종 합격자 비율: 융합인문사회과학부(HASS) 33%,융합과학공학부(ISE) 70%로 자연계열이 일반고 합격 비율이 높음.
- ➡ 합격자 성적분포: 인문계열은 2등급 중반 ~ 3등급 초반, 자연계열은 1등급 후반 ~ 2등급 중반
- 충원율이 0%인 이유는? 영어 1등급인 학생들은 모두 합격했기 때문. 작년 지원자를 대상으로 영어 2등급으로 할 경우 80% 이상이 합격.

■ 모집단위

'*'표시 : 교직 이수 가능

국내고계열	모집단위	2025 모집인원	2024 모집인원	지원인원	경쟁률	등록50%컷	등록70%컷	충원번호	2023 모집인원	지원인원	경쟁률	등록50%컷	등록70%컷	충원번호	2022 모집인원	지원인원	경쟁률	등록50%컷	등록70%컷	충원번호
인문	융합인문사회과학부(HASS)	100	107	1,279	12.0	1.93	2.43		107	933	8.7	2.54	2.94	29	107	887	8.3	3.05	3.30	8
인문	아시아학전공	20	20	212	10.6	2.97	3.23		20	184	9.2	2.88	3.17	3	20	135	6.8	3.38	3.43	1
자연	융합과학공학부(ISE)	40	51	1,018	20.0	1.72	1.82		51	573	11.2	1.90	2.04	6	51	406	8.0	2.03	2.36	8

■ (논술) 논술전형

전형	모집인원	전형 방법	수능최저학력기준
논술전형	355	논술100%	X

1. **지원자격** : 국내·외 고등학교 졸업자(2025년 2월 졸업예정자 포함) 또는 법령에 의하여 고등학교 졸업 이상의 학력이 있다고 인정된 자(고등학교 졸업학력 검정고시 합격자 포함)
   - 외국 소재 고등학교 졸업(예정)자는 외국에서 고등학교를 졸업(예정)하고 국내·외에서 12년 학제 이상의 학교 교육과정을 이수한 자를 원칙으로 하며, 해당 국가별 학제 및 학기 등을 고려하여 지원자격을 종합적으로 판단함
   - 상급학교 조기진학 허가자는 졸업예정자로 인정하지 않으므로 지원할 수 없음

◎ 전형요소
● 논술(100점)
   1. 논술유형 및 시험시간

구분	인문계열	자연계열
시험시간	120분	90분
논술유형 및 출제형식	○ 논술유형 - 논리력, 창의력, 종합적 사고능력을 평가하기 위한 다면사고형 논술시험 - 인문·사회 교과목의 통합형 - 영어 제시문이 포함될 수 있음 - 수리·통계자료 또는 과학 관련 제시문이 포함될 수 있음	○ 논술유형 - 대학 수학에 필요한 기본 학업역량 및 논리력, 창의력, 종합적 사고능력 등을 평가하기 위한 논술시험
출제 교육과정 과목명	구분 / 교육과정 과목명 국어: 국어, 화법과 작문, 독서, 언어와 매체, 문학, 실용 국어, 심화 국어, 고전 읽기 영어: 영어, 영어 회화, 영어Ⅰ, 영어 독해와 작문, 영어Ⅱ, 실용 영어, 영어권 문화, 진로 영어, 영미 문학 읽기 사회(역사, 도덕 포함): 통합사회, 한국지리, 세계지리, 세계사, 동아시아사, 경제, 정치와 법, 사회·문화, 생활과 윤리, 윤리와 사상, 여행지리, 사회문제 탐구, 고전과 윤리, 한국사	구분 / 교육과정 과목명 수학: 수학, 수학Ⅰ, 수학Ⅱ, 미적분, 확률과 통계, 실용 수학, 기하, 경제 수학, 수학과제 탐구

2015 개정 교육과정 보통 교과(공통 과목, 일반 선택, 진로 선택)
2015 개정 교육과정 내의 타 교과(군)의 보통 교과 내용이 포함될 수 있음

◎ 전형결과
■ 전체

학년도	전체 모집인원	지원인원	경쟁률				인문 모집인원	지원인원	경쟁률				자연 모집인원	지원인원	경쟁률		
2022	346	16,772	48.47				101	8,605	85.20				245	8,167	33.33		
2023	346	13,483	38.97				101	6,591	65.26				245	6,892	28.13		
2024	355	14,972	42.17				96	7,341	76.47				259	7,631	29.46		
2025	355						94						261				

■ 충원율

학년도	인문	사회	자연	치대/약대
2023	12.2%	0.0%	112.2%	40.0%
2024	0.0%	1.7%	125.4%	40.0%

■ 변경사항 & 핵심포인트

[2025]

변경사항	2024	2025
모집인원	355명	355명
(자연) 논술고사: 과학논술 폐지	수학+ 과학	수학
(자연) 논술고사 시간 축소	150분	90분

- 과학논술 폐지 영향 : 기존 총 합격자 중에서 수학만으로도 80~80%는 합격권 안에 듬
- 학생부를 반영하지 않지만 내신 성적이 우수한 학생이 논술고사 성적도 우수한 경우가 많음
- 논술은 인문은 언어50%+ 통계50%, 자연은 수학60%+ 과학40%, 10단계로 평가함,
  - 자연계열의 과학선택은 화학, 생명과학이 가장 많은 반면, 지구과학이 가장 적음. 과목 간 유불리 없음
  - 자연계열 수학 출제범위: 수학, 수학Ⅰ, 수학Ⅱ, 확률과 통계, 미적분, 기하, 실용 수학, 경제 수학, 수학과제 탐구
- 논술고사, 자연계열 과학 미출제: 자연계열 논술고사 출제 과목이 수학+과학에서 과학이 미출제됨에 따라 과학논술에 대한 부담이 사라짐 다른 대학들처럼 수학만 출제됨에 따라 수학의 중요성이 더욱 커짐.

■ 모집단위

'*' 표시 : 교직 이수 가능

계열	모집단위	2025 모집인원	2024 모집인원	2024 지원인원	2024 경쟁률			2023 모집인원	2023 지원인원	2023 경쟁률			2022 모집인원	2022 지원인원	2022 경쟁률			
인문	심리학과*	4	3	266	88.7			3	226	75.3			3	279	93.0			
인문	*경영학과*	15	21	1,829	87.1			22	1,669	75.9			22	2,332	106.0			
인문	철학과*	4	3	247	82.3			3	206	68.7			3	224	74.7			
인문	언론홍보영상학부	5	4	317	79.3			4	286	71.5			4	396	99.0			
인문	독어독문학과*	4	3	237	79.0			3	175	58.3			3	200	66.7			
인문	정치외교학과	6	6	454	75.7			6	443	73.8			6	499	83.2			
인문	교육학부*	4	4	301	75.3			5	301	60.2			5	386	77.2			
인문	사회학과*	5	3	225	75.0			3	179	59.7			3	238	79.3			
인문	영어영문학과*	5	5	364	72.8			7	442	63.1			7	544	77.7			
인문	문헌정보학과*	4	3	218	72.7			3	171	57.0			3	228	93.0			
인문	행정학과	6	6	436	72.7			6	396	66.0			6	478	79.7			
인문	노어노문학과*	4	3	217	72.3			3	181	60.3			3	205	68.3			
인문	*경제학부*	10	13	934	71.9			14	824	58.9			14	1,152	82.3			
인문	사학과*	4	4	282	70.5			4	216	54.0			4	302	75.5			
인문	불어불문학과*	4	3	208	69.3			3	172	57.3			3	236	78.7			
인문	중어중문학과*	4	3	207	69.0			3	169	56.3			3	239	79.7			
인문	국어국문학과*	4	4	268	67.0			4	250	62.5			4	288	72.0			
인문	응용통계학과	2	5	331	66.2			5	285	57.0			5	379	75.8			
자연	약학과	5	5	528	105.6			5	499	99.8			5	736	147.2			
자연	치의예과	10	10	1,050	105.0			10	998	99.8			10	1,191	119.1			
자연	수학과*	7	7	236	33.7			8	217	27.1			8	263	32.9			
자연	천문우주학과	6	6	181	30.2			6	143	23.8			6	159	26.5			
자연	생명공학과	11	11	330	30.0			11	289	26.3			11	311	28.3			
자연	**첨단컴퓨팅학부**	22	13	378	29.1			14	583	41.6			14	622	44.4			
자연	전기전자공학부	35	35	962	27.5			39	1,029	26.4			39	1,195	30.6			
자연	도시공학과	7	7	191	27.3			7	168	24.0			7	178	25.4			
자연	신소재공학부	19	19	506	26.6			21	520	24.8			21	620	29.5			
자연	IT융합공학전공	5	4	106	26.5													
자연	지구시스템과학과*	6	6	157	26.2			7	148	21.1			7	191	27.3			
자연	대기과학과	6	6	154	25.7			6	126	21.0			6	141	23.5			
자연	지능형반도체전공	5	9	228	25.3													
자연	산업공학과	8	8	194	24.3			8	181	22.6			8	214	24.8			
자연	생화학과*	4	5	120	24.0			6	132	22.0			6	158	26.3			
자연	시스템생물학과*	5	6	141	23.5			6	138	23.0			6	158	26.3			
자연	물리학과*	7	7	161	23.0			7	149	21.3			7	148	21.1			
자연	디스플레이융합공학과	4	4	92	23.0													

계열	모집단위	2025 모집 인원	2024 모집 인원	2024 지원 인원	2024 경쟁 률			2023 모집 인원	2023 지원 인원	2023 경쟁 률			2022 모집 인원	2022 지원 인원	2022 경쟁 률		
자연	기계공학부	23	23	520	22.6			25	493	19.7			25	612	24.5		
자연	시스템반도체공학과	12	12	270	22.5												
자연	화공생명공학부	17	17	375	22.1			18	360	20.0			18	420	23.3		
자연	화학과*	7	9	190	21.1			9	158	17.6			9	180	20.0		
자연	사회환경시스템공학부	15	15	294	19.6			16	285	17.8			16	343	21.4		
자연	건축공학과	15	15	267	17.8			16	276	17.3			16	327	20.4		

■ (특기자) 국제인재

전형	모집인원	전형 방법	수능최저학력기준
국제인재	120	1단계)서류100%(3배수) 2단계)서류60%+ 면접40%	X

1. **지원자격:** 국내 정규 고등학교 졸업자, 2025년 2월 국내 정규 고등학교 졸업예정자로서 국제인재로서 성장잠재력을 보여 줄 수 있는 자
   ※ 국내 소재 외국교육기관, 외국인학교, 특별법에 의한 국제학교, 검정고시 출신자가 언더우드학부에 지원하고자 하는 경우에는 학생부종합[국제형]으로 지원해야 함
2. **제출서류:** 학교생활기록부 ※ 해외 고교 졸업(예정)자, 검정고시 합격자: 요강 참고

◎ 전형요소
● 서류
   1. **평가자료:** 학교생활기록부
   2. **평가방법:** 다수의 평가위원에 의한 종합평가
   3. **평가내용:** 제출서류를 바탕으로 학업역량, 특기역량 및 비교과활동 등을 종합평가함
   ※ 고교 입학 이전 및 졸업 이후에 취득한 교과 및 비교과에 대해서는 평가에 반영하지 않음
● 면접: 활동우수형 참고 ※ 언더우드학부(생명과학공학) 면접 문항을 언더우드학부(인문 사회)로 통합하여 실시함

◎ 전형결과
■ 변경사항 & 핵심포인트
[2025]

변경사항	2024	2025
모집인원	124명	120명(-4명)
서류평가 반영내용 추가	-	서류평가시 학교폭력 조치사항 반영
면접 통합	언더우드학부(인문·사회), 언더우드학부(생명과학공학)	언더우드학부(생명과학공학) 면접문항을 언더우드학부(인문·사회)로 통합하여 운영

• 면접고사 통합: 언더우드학부(생명과학공학) 면접문항을 언더우드학부(인문-사회)로 통합하여 운영함
• 최종 합격자 일반고 비율: 60% 정도로 낮음

■ 충원율

학년도	언더우드학부(인문·사회)	언더우드학부(생명과학공학)
2023	53.6%	60.0%
2024	77.2%	70.0%

'*'표시 : 교직 이수 가능

■ 모집단위

계열	모집단위	2025 모집 인원	2024 모집 인원	2024 지원 인원	2024 경쟁 률	2024 등록 50%컷	2024 등록 70%컷	2024 충원 번호	2023 모집 인원	2023 지원 인원	2023 경쟁 률	2023 등록 50%컷	2023 등록 70%컷	2023 충원 번호	2022 모집 인원	2022 지원 인원	2022 경쟁 률	2022 등록 50%컷	2022 등록 70%컷	2022 충원 번호
인문	언더우드학부(인문사회)	110	114	714	6.3				114	560	4.9	2.81	3.16		114	576	5.1	2.83	3.13	
자연	언더우드학부(생명과학공학)	10	10	100	10.0				10	63	6.3	2.54	3.29		10	50	5.0	2.56	2.81	

64. 연세대학교(미래)

(미래캠퍼스) 강원도 원주시 연세대길 1 (Tel: 033. 760-2828)

I. 한 눈에 보는 전형

모집시기	전형유형	전형	모집인원	전형 방법	수능최저 학력기준
수시	교과	교과우수자	425	학생부교과100% ▶ 의예과: 학생부교과80%+ 의학적인성면접20%	○
수시	종합	학교생활우수자	308	1단계)서류100%(3.5배수/의예과: 6배수) 2단계)서류70%+ 면접30%	X(의예○)
수시	종합	글로벌인재	51	1단계)서류100%(3.5배수) 2단계)서류70%+ 면접30%	X
수시	종합	강원인재(일반)	80	서류100% ▶ 의예과: 서류80%+ 면접20%	X(의예○)
수시	종합	강원인재(한마음)	4	서류100% ▶ 의예과: 서류80%+ 면접20%	X(의예○)
수시	종합	사회통합	50	서류100% ▶ 의예과: 서류80%+ 면접20%	X(의예○)
수시	종합	기초생활(연세한마음)	28	서류100% ▶ 의예과: 서류80%+ 면접20%	X(의예○)
수시	종합	농어촌학생	32	서류100% ▶ 의예과: 서류80%+ 면접20%	X(의예○)
수시	종합	특성화고교졸업자	12	서류100%	X
수시	종합	특수교육대상자	5	서류100% ▶ 의예과: 서류80%+ 면접20%	X(의예○)
수시	종합	북한이탈주민	약간	서류100% ▶ 의예과: 서류80%+ 면접20%	X(의예○)
수시	논술	논술우수자(미래인재)	81	논술100%	○
수시	논술	논술우수자(창의인재)	146	논술100%	○

(수시모집) 지원 가능 횟수	수시모집에서 지원자격을 만족할 경우 전형 간 중복 지원이 가능함 (단, 시험일이 겹치는 전형 간 중복 지원은 불가능하며, 하나의 전형에서는 하나의 모집단위만 지원가능)

■ 자율융합계열 소속 전공(과): 자율융합계열은 1학년 2학기에 1전공을 선택하고, 3학기를 이수한 이후 2전공을 선택함
국어국문학, 영어영문학, 역사문화학, 철학, 경영학, 경제학, 글로벌행정학, 국제관계학, 환경공학, 친환경에너지공학, 물리및공학물리학, 화학및의화학, 생명과학기술학, 패키징및물류학, 의공학, 바이오공학, 보건행정학 2) 글로벌엘리트학부 소속 전공 문화산업관리, 글로벌산업관리, 디지털미디어디자인, 재활치료학

■ 전형결과

※ 성적 산출기준: (수시) 교과 석차등급, (정시) 수능 백분위

모집시기	전형유형	전형	학년도	모집인원	지원인원	경쟁률	등록자 50%컷	등록자 70%컷	충원율
수시	교과	교과우수자	2024	427	1,943	4.55	3.78	4.03	43%
수시	종합	학교생활우수자	2024	299	1,938	6.48	3.90	4.09	37%
수시	종합	글로벌인재	2024	51	165	3.24	5.93	6.35	71%
수시	종합	강원인재(일반)	2024	69	522	7.57			
수시	논술	논술우수자(미래인재)	2024	91	964	10.59			
수시	논술	논술우수자(창의인재)	2024	160	5,064	31.65			

■ (주요전형) 전형일정

유형	전형	원서접수 마감	대학별 고사(면접/논술)	1단계 합격자	최종 합격자
교과	교과우수자	9.13(금) 18:00	▶의예과: 11.30(토)		12.13(금)
종합	학교생활우수자	9.13(금) 18:00	-10.26(토) 개별 모집단위 -11.02(토) 자연융합계열 -11.30(토) 의예과	▶개별모집단위: 10.21(월) ▶자연융합계열: 10.28(월) ▶의예과: 11.25(월)	11.15(금) ▶12.13(금): 의예과
종합	글로벌인재	9.13(금) 18:00	10.26(토)	10.21(월)	11.15(금)
종합	강원인재(일반)	9.13(금) 18:00	▶의예과: 11.30(토)		11.15(금) ▶12.13(금): 의예과
논술	논술우수자 (미래인재)	9.13(금) 18:00	11.22(금) 자연융합계열/간호학과 [10:30~12:30 / 15:00~17:00]		12.13(금)
논술	논술우수자 (창의인재)	9.13(금) 18:00	11.22(금) 자연계열 [10:30~12:30 / 15:00~17:00]		12.13(금)

II. (수시모집) 주요 전형

■ (학생부교과) 교과우수자

전형	모집인원	전형 방법	수능최저학력기준
교과우수자	425	학생부교과100% ▶ 의예과: 학생부교과80%+의학적인성면접20%	○

1.. **지원자격**: 국내 정규 고등학교에 입학하여 전 교육과정을 이수한 졸업자 또는 2025년 2월 졸업예정자로서 다음 자격을 만족하는 자
   1) 고교 전 교육과정을 국내 고교에서 이수하여야 함
   2) 특성화고등학교 이수자, 예체능고등학교 이수자, 일반고등학교와 종합고등학교의 직업과정 이수자 및 검정고시 출신자는 제외함
   3) 지원자는 고교과정 중 다음의 최소 이수 과목 요건을 충족하여야 함

과목	교과 이수 요건	최소 이수 과목 수
공통과목	국어, 수학, 영어, 사회, 과학 교과영역에서 각 교과 당 1과목 이상 이수 해당 이수 과목은 모두 원점수, 평균, 표준편차, 석차등급이 기재되어야함	5과목
일반선택과목	국어, 수학, 영어, 사회, 과학 교과영역에서 5과목 이상 이수 해당 이수 과목은 모두 원점수, 평균, 표준편차, 석차등급이 기재되어야함	5과목
진로선택과목	국어, 수학, 영어, 사회, 과학 교과영역에서 1과목 이상 이수	1과목

   ※ 사회교과는 한국사, 역사, 도덕을 포함

4. **수능최저학력기준:**

[국어, 수학, 영어, 사/과탐1, 사/과탐2] 중 2개 영역 등급 합 7 이내
   ▶ 간호학과: [국어, 수학, 영어, 사/과탐(1과목)] 중 2개 영역 등급 합 5 이내
   ▶ 의예과: [국어, 수학(미적분/기하), 영어, 과탐1, 과탐2] 중 4개 영역 등급 합 5 이내(영어 2등급 이내), 한국사 4등급 이내
   ※ 탐구과목은 2개 과목을 각각 반영함, 단, 간호학과는 과탐 2과목 중 상위 1과목 반영
   ※ 의예과: 과학탐구 4개 과목(물리학, 화학, 생명과학, 지구과학) 중 과목명이 다른 2개의 과목에 응시해야 함(같은 과목 I, II는 안됨)

◎ 전형요소
● 학생부(100점)

반영요소 반영비율	반영교과목		교과성적 산출지표	학년별 반영비율
	구분	반영방법		
교과 100%	공통및일반선택 80%	국어, 영어, 수학, 사회(한국사, 역사, 도덕 포함), 과학교과에 속한 전 과목	석차등급	학년 구분 없음
	진로선택 20%	반영교과 중 상위 3과목 ※ 성취도 환산점수 = A : 100, B : 80, C : 50	성취도	

구분		1등급	2등급	3등급	4등급	5등급	6등급	7등급	8등급	9등급
점수	100점	100	97	94	90	86	76	60	40	10
등급 간 점수 차이	100점	0	3	3	4	4	10	16	20	30

● 면접(의예과)
   1. **면접유형**: 의학적·인성 면접
   2. **면접방법**: 제시문 숙지 20분, 면접 10분

◎ 전형결과
■ 전체

학년도	전체						인문						자연					
	모집인원	지원인원	경쟁률	등록50%컷	등록70%컷	충원율	모집인원	지원인원	경쟁률	등록50%컷	등록70%컷	충원율	모집인원	지원인원	경쟁률	등록50%컷	등록70%컷	충원율
2022	219	1,331	6.08	3.28	3.51	68%	80	389	4.86	3.68	3.98	73%	139	942	6.78	2.88	3.04	63%
2023	205	1,825	8.90	3.29	3.52	109%	114	788	6.91	3.83	4.02	110%	91	1,037	11.40	2.74	3.02	107%
2024	427	1,943	4.55	3.78	4.03	43%	246	726	2.95	4.35	4.68	21%	181	1,217	6.72	3.21	3.38	64%
2025	425						251						174					

■ 변경사항 & 핵심포인트
[2025]

변경사항	2024	2025
모집인원	427명	425명(-2명)
(학생부) 교과성적산출지표	Z점수	석차등급

▣ 합격자 성적분포: 인문계열은 4등급 초반 ~ 4등급 중반, 자연계열은 3등급 후반 ~ 3등급 후반

※ 전년도 전형분석:
  1) 모집인원, 경쟁률: 205명 -> 427명으로 222명이나 증가하였음에도 지원인원은 1,825명 -> 1,943명으로 소폭 증가하여 경쟁률이 8.90 -> 4.55로 크게 하락하였음.
  2) 합격자성적 : 인문계열은 3.83 -> 4.35, 자연계열은 2.74 -> 3.21로 약 0.5등급 정도씩 하락하였음. 이는 진로선택과목이 반영교과 전과목 -> 상위 3과목으로 변경되어 학생들에게 유리하게 되었음에도 경쟁률 하락의 영향이 매우 컸음

■ 모집단위   '*' 표시 : 교직 이수 가능

계열	모집단위	2025 모집인원	2024 모집인원	지원인원	경쟁률	등록 50%컷	등록 70%컷	충원번호	2023 모집인원	지원인원	경쟁률	등록 50%컷	등록 70%컷	충원번호	2022 모집인원	지원인원	경쟁률	등록 50%컷	등록 70%컷	충원번호
인문	자율융합계열	251	246	726	3.0	**4.35**	4.68	51	114	788	6.9	3.83	4.02	125	80	389	4.9	3.68	3.98	59
자연	의예과	16	19	455	24.0	**1.27**	1.31	7	15	375	25.0	1.23	1.30	4	15	186	12.4	1.31	1.38	4
자연	임상병리학과	12	12	60	5.0	**2.17**	2.29	10	10	87	8.7	2.16	2.35	7	9	67	7.4	2.27	2.39	5
자연	간호학과(자연)*	10	10	78	7.8	**2.20**	2.27	9	7	68	9.7	2.37	2.43	10	7	70	10.0	1.90	2.06	10
자연	방사선학과	10	11	59	5.4	**2.52**	2.61	15	5	52	10.4	2.28	2.66	3	5	45	9.0	2.61	2.65	1
자연	물리치료학과	10	10	73	7.3	**2.60**	2.66	18	6	65	10.8	2.45	2.48	12	6	67	11.2	2.10	2.12	4
자연	작업치료학과	9	10	35	3.5	**3.18**	3.40	11	6	55	9.2	3.01	3.27	4	6	34	5.7	3.21	3.60	2
자연	치위생학과	10	12	47	3.9	**3.38**	3.42	8	5	56	11.2	2.60	3.28	14	6	44	7.3	3.05	3.14	3
자연	AI반도체학부	17	17	66	3.9	**3.92**	3.96													
자연	디지털헬스케어학부	15	15	56	3.7	**3.99**	4.56	6	8	80	10.0	3.71	3.93	5	6	31	5.2	3.95	4.24	4
자연	소프트웨어학부	43	43	124	2.9	**4.25**	4.74	11	21	154	7.3	3.65	3.70	35	21	130	6.2	3.66	3.78	14
자연	데이터사이언스학부	13	13	131	10.1	**4.31**	4.59	17	8	45	5.6	3.92	4.75	3	8	38	4.8	3.65	3.69	4
자연	AI보건정보관리학	9	9	33	3.7	**4.68**	4.70	3												

■ (학생부종합) 학교생활우수자

전형	모집인원	전형 방법	수능최저학력기준
학교생활우수자	308	1단계)서류100%(3.5배수/의예과: 6배수) 2단계)서류70%+ 면접30%	X(의예○)

1. **지원자격:** 국내 정규 고등학교에 입학하여 전 교육과정을 이수한 졸업자 또는 2024년 2월 졸업예정자
   ※ 특성화고 직업과정 이수자(일반고등학교와 종합고등학교의 직업과정 이수자 포함), 검정고시 출신자는 제외함
2. **제출서류:** 학교생활기록부 ※ 외국인, 조기 졸업예정자: 요강 참고
3. **수능최저학력기준:** 없음, 단 의예과는 있음

> ▸ 의예과: [국어, 수학(미적분/기하), 영어, 과탐1, 과탐2] 중 4개 영역 등급 합 5 이내(영어 2등급 이내), 한국사 4등급 이내
> ※ 탐구과목은 과학탐구 2개 과목을 각각 반영함
> ※ 과학탐구 4개 과목(물리학, 화학, 생명과학, 지구과학) 중 과목명이 다른 2개의 과목에 응시해야 함(같은 과목 I, II는 안됨)

◎ **전형요소**
● **서류**
  1. **평가방법:** 학생부를 활용하여 종합적으로 평가
  2. **평가요소 및 평가항목:**
> ▸ 평가 자료를 통해 3개 평가영역(평가요소 및 평가항목)인 발전역량, 학업역량, 공동체역량이 균형을 이루고 있으며, 지원 모집단위에 부합하게 적극적으로 활동하고 노력한 인재를 선발하도록 평가한다.

평가요소	반영비율	정의	평가내용
학업역량	40%	학업을 충실히 수행할 수 있는 기초 수학능력 및 탐구의지	기초수학능력 우수성, 학습적 탐구력 및 사고력, 대입 후 학습적 몰입을 충분히 할 수 있는가를 평가
발전역량	30%	관심분야의 경험을 통해 드러나는 열정과 노력, 현 수준보다 높은 단계로 향상될 가능성	관심분야/강점계열 확인→강점계열을 탐구하는 방법론적 및 과정적 접근은 어떠한지, 탐구에 대한 태도, 우수성, 적극성, 발전정도는 어느 정도인지 평가
공동체역량	30%	공동체의 일원으로서 필요한 바람직한 사고와 행동	구성원과의 관계 및 활동에서의 역할 정도, 학업태도 및 공동체 의식, 책임감 등을 종합적으로 평가

  3. **평가요소 및 평가항목:**

평가요소	평가항목		세부 내용
학업역량	학업태도와 학업의지	학업을 수행하고 학습을 해 나가는 자발적인 의지와 태도/ 적절한 학습 전략을 선택하여 계획을 수립·실행하는 과정	▸자발적인 성취동기와 목표의식을 가지고 학습하려는 의지와 열정이 있는가? ▸새로운 지식을 획득하기 위해 자기주도적인 태도로 노력하고 있는가? ▸고교 내 활동을 통해 지식의 폭을 확장하고 새로운 것을 창출하려고 노력하는가? ▸수업에서 적극적이고 집중력이 있으며 스스로 참여하고 이해하려는 태도와 열정을 보이는가?

평가요소	평가항목		세부 내용
	탐구활동	어떤 대상에 대해 호기심을 가지고 깊고 폭넓게 탐구할 수 있는 능력 및 관심분야를 다양한 시각으로 확장 시켜나가는 과정	▸ 탐구활동에서 표출되는 학문에 대한 열의와 관심을 가지는가? ▸ 관심분야(계열)의 흥미, 학업적 목표는 어느 정도인가? ▸ 고교 내에서 이루어지고 있는 탐구활동에 적극적으로 참여하는가? ▸ 다양한 탐구활동을 통해 창의적인 결과물을 산출하는가?
	학업성취도	교과목의 석차등급 또는 원점수 등을 활용해 산정한 학업능력지표와 교과목 이수 현황, 노력 등을 기반으로 평가한 교과의 성취수준이나 학업적 발전의 정도	▸ 대학 수학에 필요한 과목의 성적(등급,원점수,평균,표준편차 등)은 어느 정도인가? ▸ 학업 및 다양한 탐구활동을 위한 과목 선택은 적절한가? ▸ 관심분야와 관련된 과목은 다른 과목들에 비해 수준이 어떠한가? ▸ 교과 외 비교과 활동에서도 학업 및 진로를 위한 노력이 보이는가?
발전역량	관심분야와 경험	고교 교육과정을 통해 얻은 관심분야(계열)의 확장된 탐구활동 경험 및 이를 통해 발견되는 성과와 역량	▸ 관심분야(계열)와 관련한 탐구 경험은 무엇이고, 노력 및 우수성은 어느 정도인가? ▸ 관심분야(계열)와 관련한 활동이 교과/비교과에서 넓고 깊게 탐구하려는 모습으로 나타나는가? ▸ 관심분야(계열)와 관련한 탐구 경험을 통해 장래를 개발하려는 노력이 보이는가? ▸ 기존 경험을 바탕으로 보다 우수한 성과를 산출하기 위해 노력하는가?
	자기주도성	스스로 목표를 설정하고 실행하는 능력 및 현재보다 높은 목표를 성취하기 위해 지속적으로 노력하는 태도	▸ 교내 다양한 활동에서 문제를 해결하기 위해 주도적, 적극적으로 활동을 수행하는가? ▸ 새로운 과제를 주도적으로 계획·실행·점검하여 성과를 산출하는가? ▸ 어떤 과제를 해결하기 위해 최선의 능력을 발휘하거나 몰입한 경험이 있는가? ▸ 본인의 활동과 노력이 주변에 긍정적인 영향을 끼치는가?
	창의적 문제해결력	장기 목표를 위해 논리적인 사고로 문제를 해결하는 능력 및 스스로 성장하려고 노력하는 태도	▸ 장기 목표를 성취하기 위해 계획적으로 실천한 경험이 있는가? ▸ 교내 활동 과정에서 나타나는 문제점을 적극적으로 해결하기 위해 노력하는가? ▸ 주어진 상황 속에서 스스로의 목표를 달성하기 위해 도전정신을 발휘한 경험이 있는가?
공동체 역량	공동체 협업능력	공동체의 목표를 달성하기 위해 상호존중과 신뢰를 바탕으로 함께 협력하며 생활할 수 있는 능력	▸ 학교나 학급, 팀 등에서 공동목표를 성취하기 위해 헌신한 경험이 빈번한가? ▸ 공동체의 구성원들로부터 믿음직한 리더나 동료로 인정받고 있는가? ▸ 과제 수행이나 활동 과정에서 자발적인 협력 경험이 자주 드러나는가? ▸ 구성원들의 협력을 촉진하거나 갈등을 해소하여 협동을 이끌어낸 경험이 있는가
	책임감과 성실성	자신이 담당한 일을 수행하기 위해 책임감을 바탕으로 꾸준하게 노력하고 성의를 다해 노력하는 태도와 행동	▸ 학교생활에서 학업과 활동 과정에서 담당한 일을 구준하게 수행하는가? ▸ 자신의 관심사 해결이나 진로 개발을 위해 지속적으로 수행한 경험이 있는가? ▸ 어려운 상황이 발생하여도 일관된 모습으로 문제를 해결하기 위해 노력하는가? ▸ 출결상황이나 단체 활동 참여 등 학생으로서 직분을 책임감 있게 수행하는가?
	소통능력	상대방의 의견을 경청하고 공감하며 자신의 생각과 정보를 효과적으로 전달할 수 있는 능력	▸ 구성원의 화합과 단결을 이끌어가기 위한 리더십 또는 팔로우십은 어느 정도인가? ▸ 학습이나 다양한 활동 과정에서 자신의 의견을 효과적으로 표현하고 있는가? ▸ 자신의 생각이나 의견을 논리적이고 체계적으로 기술하고 있는가? ▸ 모둠활동, 공동과제 수행에서 타인을 존중하고 공감적 이해 경험을 보이는가? ▸ 나와 다른 생각을 가진 상대방의 입장을 이해하고 존중하는 노력을 기울이는가?

☞ 보충설명
- 학업역량(40%) > 발전역량(30%) = 공동체역량(30%) 순, 학업역량과 발전역량이 중요함
- 학업역량(40%) 반영비율이 가장 크고 중요함.
- 발전역량(30%)은 지원 모집단위나 계열에 관심, 연구역량, 모집단위와 관련된 가능성 보여주는 것
  - 전공적합성, 모집계열에 맞게 발전가능성을 보여주는 것이 중요, 발전역량이 높은 학생들 선호

● 면접(30점):
  1. 평가내용:

전형명		구 분	면접방식	면접 내용	면접시간	
					제시문 숙지	면접
학교생활우수자			제시문 기반 구술(대면) 면접	• 인성 및 가치관(의예과: 의학적 인성)	20분	10분
(의예과) 교과우수자/강원인재/기회균형				• 의학적 인성	20분	10분
글로벌인재	동아시아국제학부			• 인성 및 가치관(영어) • 논리적 사고력(한국어)	20분	10분
	글로벌엘리트학부			• 인성 및 가치관(한국어) • 논리적 사고력(한국어)		

※ 동아시아국제학부 : 인성 및 가치관은 영어(의사표현능력 평가 포함)로, 논리적 사고력은 한국어로 진행함을 원칙으로 함
　　[지원자가 원할 경우 모든 면접을 영어로 진행할 수 있음(단, 가산점은 없음)]
※ 글로벌엘리트학부 : 인성 및 가치관, 논리적 사고력을 평가하며 한국어로 진행함

◎ 전형결과
■ 전체

학년도	전체						인문						자연					
	모집인원	지원인원	경쟁률	등록50%컷	등록70%컷	충원율	모집인원	지원인원	경쟁률	등록50%컷	등록70%컷	충원율	모집인원	지원인원	경쟁률	등록50%컷	등록70%컷	충원율
2022	203	1,340	6.60	3.62	3.79	56%	110	485	4.41	4.18	4.37	67%	93	855	9.19	3.05	3.20	44%
2023	208	1,035	4.98	3.74	4.09	45%	112	413	3.69	4.31	4.74	55%	96	622	6.48	3.17	3.44	35%
2024	299	1,938	6.48	3.90	4.09	37%	171	807	4.72	4.31	4.55	43%	128	1,131	8.84	3.48	3.63	31%
2025	308						177						131					

■ 변경사항 & 핵심포인트

[2025]

변경사항	2024	2025
모집인원	299명	308명(+9명)
학교폭력 조치사항	-	학교폭력예방 및 대책에 관한 법률 제17조에 따른 처분을 받은 자는 서류평가시 정성평가로 반영

➡ 합격자 성적분포: 인문계열은 4등급 초반 ~ 4등급 중반, 자연계열은 3등급 중반 ~ 3등급 후반
※ 전년도 전형분석: 경쟁률은 4.98 -> 6.48로 상승하였으나, 합격자 성적은 인문계열은 4.31 -> 4.31로 유지되었으나, 자연계열은 3.17 -> 3.48로 낮아졌음

■ 모집단위   '*' 표시 : 교직 이수 가능

계열	모집단위	2025	2024							2023						2022					
		모집인원	모집인원	지원인원	경쟁률	등록50%컷	등록70%컷	충원번호	모집인원	지원인원	경쟁률	등록50%컷	등록70%컷	충원번호	모집인원	지원인원	경쟁률	등록50%컷	등록70%컷	충원번호
예체	디자인예술학부	22	22	144	6.6	4.07	4.24	12												
인문	자율융합계열	155	149	663	4.5	4.55	4.85	62	112	413	3.7	4.31	4.74	62	110	485	4.4	4.18	4.37	74
자연	의예과	15	15	414	27.6	1.41	1.50	3	18	222	12.3	1.40	1.47	2	19	272	14.3	1.33	1.37	3
자연	간호학과*	7	7	75	10.7	2.28	2.45	1	7	46	6.6	2.55	2.64	7	7	73	10.4	2.29	2.38	4
자연	임상병리학과	10	10	87	8.7	2.57	2.64	2	10	63	6.3	2.63	2.86	1	9	110	12.2	2.52	2.76	
자연	물리치료학과	6	6	76	12.7	2.78	2.82		6	56	9.3	2.49	2.80		6	84	14.0	2.42	2.47	1
자연	방사선학과	6	6	78	13.0	3.35	3.47	1	5	36	7.2	3.19	3.41	4	5	57	11.4	3.27	3.36	
자연	작업치료학과	6	6	41	6.8	3.58	3.87	1	6	24	4.0	3.45	3.65		6	39	6.5	3.16	3.45	3
자연	치위생학과	9	6	34	6.7	3.91	3.92	2	6	26	4.3	3.29	3.62	2	6	58	9.7	3.00	3.13	
자연	AI보건정보관리학	5	5	20	4.0	4.00	4.36													
자연	AI반도체학부	10	10	45	4.5	4.28	4.42	1												
자연	소프트웨어학부	32	32	143	4.5	4.39	4.58	22	21	83	4.0	4.06	4.41	11	21	98	4.7	3.96	4.24	22
자연	데이터사이언스학부	11	11	47	4.3	4.57	4.70	4	8	29	3.6	4.41	4.45	4	8	34	4.3	4.56	4.64	4
자연	디지털헬스케어학부	14	14	71	5.1	4.63	4.78	3	9	37	4.1	4.26	5.11	3	6	30	5.0	3.98	4.22	4

■ (학생부종합) 글로벌인재

전형	모집인원	전형 방법	수능최저학력기준
글로벌인재	51	1단계)서류100%(3.5배수) 2단계)서류70%+ 면접30%	X

1. **지원자격**: 국내·외 정규 고등학교 졸업자, 2025년 2월 국내·외 정규 고등학교 졸업예정자, 국내 고등학교 졸업 학력 검정고시 합격자, 기타 국내 고교졸업 학력 인정자 (단, 글로벌엘리트학부는 해외고 졸업(예정)자에 한하여 지원 가능함)
2. **제출서류**: 학교생활기록부 ※ 외국인, 조기 졸업예정자: 요강 참고

◎ 전형요소
● 서류 및 면접: 학교생활우수자전형 참고

◎ 전형결과
■ 모집단위   '*' 표시 : 교직 이수 가능

계열	모집단위	2025	2024							2023						2022					
		모집인원	모집인원	지원인원	경쟁률	등록50%컷	등록70%컷	충원번호	모집인원	지원인원	경쟁률	등록50%컷	등록70%컷	충원번호	모집인원	지원인원	경쟁률	등록50%컷	등록70%컷	충원번호
인문	글로벌엘리트학부	5	5	23	4.6				5	16	3.2				5	15	3.0			4
인문	동아시아국제학부	46	46	142	3.1	5.93	6.35	36	46	110	2.4	5.21	5.48	11	46	130	2.8	5.48	6.12	29

■ (학생부종합) 강원인재(일반)

전형	모집인원	전형 방법	수능최저학력기준
강원인재(일반)	80	서류100% ▶ 의예과: 서류80%+ 면접20%	X(의예○)

1. **지원자격**: 강원도 소재 정규 고등학교에 입학하여 전 교육과정을 이수한 졸업자 또는 2024년 2월 졸업예정자
2. **제출서류**: 학교생활기록부 ※ 외국인, 조기 졸업예정자: 요강 참고
3. **수능최저학력기준**: 없음. 단 의예과는 있음

> ▶ 의예과: [국어, 수학(미적분/기하), 영어, 과탐1, 과탐2] 중 4개 영역 등급 합 6 이내(영어 2등급 이내), 한국사 4등급 이내
> ※ 과학탐구 4개 과목(물리학, 화학, 생명과학, 지구과학) 중 과목명이 다른 2개의 과목에 응시해야 함(같은 과목 I, II는 안됨)

◎ 전형요소
● 서류 및 면접: 학교생활우수자전형 참고

◎ 전형결과
■ 전체

학년도	전체						인문						자연					
	모집인원	지원인원	경쟁률	등록50%컷	등록70%컷	충원율	모집인원	지원인원	경쟁률	등록50%컷	등록70%컷	충원율	모집인원	지원인원	경쟁률	등록50%컷	등록70%컷	충원율
2022	65	336	5.17	3.04	3.16	48%	25	81	3.24	4.16	4.31	56%	40	255	6.38	1.91	2.00	40%
2023	68	370	5.44	3.10	3.75	73%	25	83	3.32	4.12	4.42	108%	43	287	6.67	2.07	3.37	37%
2024	69	522	7.57				20	131	6.55				49	391	7.98			
2025	80						20						60					

'*' 표시 : 교직 이수 가능

■ 모집단위

계열	모집단위	2025	2024						2023						2022				
		모집인원	모집인원	지원인원	경쟁률	등록50%컷	등록70%컷	충원번호	모집인원	지원인원	경쟁률	등록50%컷	등록70%컷	충원번호	모집인원	지원인원	경쟁률	등록50%컷	충원번호
인문	자율융합계열	20	20	131	6.6				25	83	3.3	4.12	4.42	27	25	81	3.2	4.16 4.31	14
자연	의예과	27	18	219	12.2				18	198	11.0	1.67	4.16	12	14	151	10.8	1.50 1.64	5
자연	작업치료학과	3	3	23	7.7				3	7	2.3				3	8	2.7		2
자연	간호학과(자연)*	7	7	54	7.7				7	21	3.0	2.47	2.58	2	8	41	5.1	2.31 2.35	1
자연	방사선학과	3	3	18	6.0				3	9	3.0				3	13	4.3		
자연	임상병리학과	3	3	17	5.7				3	17	5.7				3	14	4.7		
자연	물리치료학과	3	3	15	5.0				3	15	5.0			1	3	12	4.0		1
자연	소프트웨어학부	5	3	13	4.3				3	11	3.7				3	10	3.3		4
자연	디지털헬스케어학부	3	3	11	3.7				3	9	3.0			1	3	6	2.0		3
자연	AI보건정보관리학	3	3	11	3.7														
자연	AI반도체학부	3	3	10	3.3														

■ (논술) 논술우수자(미래인재)

전형	모집인원	전형 방법	수능최저학력기준
논술우수자(미래인재)	81	논술100%	○

1. **지원자격**: 국내·외 정규 고등학교 졸업자 또는 2025년 2월 졸업예정자, 국내 고등학교 졸업자격 검정고시 합격자, 기타 국내 고교 졸업학력인정자
2. **수능최저학력기준**:

> [국어, 수학, 영어, 사/과탐(1과목)] 중 2개 영역 등급 합 7 이내 ▶ 간호학과: 2개 영역 등급 합 5 이내

◎ 전형요소
● 논술(100점)
　1. 출제유형 및 출제범위:

구분 \ 논술계열	미래인재	창의인재	창의인재(의예과)
출제유형	대학 학업 수행에 필요한 인문·사회과학적 사고력 평가	대학 학업 수행에 필요한 수리적 사고력 평가	

구분 \ 논술계열	미래인재	창의인재	창의인재(의예과)	
출제범위		수학, 수학Ⅰ, 수학Ⅱ, 미적분	수학, 수학Ⅰ, 수학Ⅱ, 미적분, 기하	물리학(Ⅰ,Ⅱ), 화학(Ⅰ,Ⅱ), 생명과학(Ⅰ,Ⅱ) 중 1개 교과목 선택
문제 수	2문제 내외	3문제 내외	2문제	2문제
시험시간	오전 10:00 ~ 12:00 (120분) / 오후 14:00 ~ 16:00 (120분)			
답안지 형태	원고지 형태	백지 형태		
답안지 글자 수	• 문제당 1,000자 내외(글자 수에 대한 감점은 없음)	제한 없음		

※ 의예과 지원자는 원서접수 시 반드시 물리학, 화학, 생명과학 중 1개 교과목을 선택하여 접수하며, 본인이 선택한 과목에 응시해야 함(접수후에는 과목을 변경할 수 없음)

2. 논술성적 동점자 처리방법
　가. 미래인재: 학교생활기록부 교과과목 중 국어, 영어에 해당하는 과목들을 모두 반영하여 순위를 정함
　나. 창의인재: 학교생활기록부 교과과목 중 수학, 과학에 해당하는 과목들을 모두 반영하여 순위를 정함

◎ 전형결과
■ 전체

학년도	전체					인문					자연				
	모집인원	지원인원	경쟁률	논술평균	충원율	모집인원	지원인원	경쟁률	논술평균	충원율	모집인원	지원인원	경쟁률		
2022	104	935	8.99			104	935	8.99							
2023	104	893	8.59			104	893	8.59							
2024	91	964	10.59			91	964	10.59							
2025	81					81									

■ 변경사항 & 핵심포인트
[2025]

변경사항	2024	2025
모집인원	91명	81명(-10명)

• 논술100% 므로 논술로 당락 결정
• 수능 최저 충족율 50%, 응시율 50%, 실질 경쟁률은 많이 떨어짐

■ 모집단위
'*'표시 : 교직 이수 가능

계열	모집단위	2025	2024					2023					2022				
		모집인원	모집인원	지원인원	경쟁률			모집인원	지원인원	경쟁률			모집인원	지원인원	경쟁률		
인문	간호학과(인문)*	6	7	278	39.7			7	245	35.0			7	266	38.0		
인문	자율융합계열	75	84	686	8.2			97	648	6.7			97	669	6.9		

■ (논술) 논술우수자(창의인재)

전형	모집인원	전형 방법	수능최저학력기준
논술우수자(창의인재)	146	논술100%	○

1.. **지원자격**: 국내·외 정규 고등학교 졸업자 또는 2025년 2월 졸업예정자, 국내 고등학교 졸업자격 검정고시 합격자, 기타 국내 고교 졸업학력 인정자
2. **수능최저학력기준**:

> [국어, 수학, 영어, 과탐(1과목)] 중 2개 영역 등급 합 7 이내
> ▶ 간호학과: 2개 영역 등급 합 5 이내
> ▶ 의예과: [국어, 수학(미적분/기하), 과탐1, 과탐2] 중 3개 영역 1등급 이내, 영어 2등급 이내, 한국사 4등급 이내
> ※ 탐구과목은 상위 1과목을 반영함, 단, 의예과는 과학탐구 2개 과목을 각각 반영함
> ※ 의예과: 과학탐구 4개 과목(물리학, 화학, 생명과학, 지구과학) 중 과목명이 다른 2개의 과목에 응시해야 함(같은 과목 I, II는 안됨)

◎ 전형요소
● 논술: 논술우수자(미래인재)전형 참고

◎ 전형결과

학년도	전체					인문					자연				
	모집인원	지원인원	경쟁률			모집인원	지원인원	경쟁률			모집인원	지원인원	경쟁률		
2022	155	5,661	36.52								155	5,661	36.52		
2023	155	4,951	31.94								155	4,951	31.94		
2024	160	5,064	31.65								160	5,064	31.65		
2025	146										146				

■ 변경사항 & 핵심포인트

[2025]

변경사항	2024	2025
모집인원	160명	146명(-14명)

• 수능 최저 충족율 50%, 응시율 50%, 실질 경쟁률은 많이 떨어짐
• 자연은 수학논술, 단, 의예과는 수학+ 과학논술
  - 자연계열 수학 출제범위: 일반학과) 수학Ⅰ, 수학Ⅱ, 미적분, 확률과 통계 / 의예과) 수학Ⅰ, 수학Ⅱ, 미적분, 확률과 통계, 기하

'*' 표시 : 교직 이수 가능

■ 모집단위

계열	모집단위	2025	2024						2023						2022					
		모집인원	모집인원	지원인원	경쟁률				모집인원	지원인원	경쟁률				모집인원	지원인원	경쟁률			
자연	의예과	15	15	3,878	258.5				15	4,199	279.9				15	4,935	329.0			
자연	간호학과*	7	7	210	30.0				7	189	27.0				7	168	24.0			
자연	물리치료학과	6	7	132	18.9				7	56	8.0				7	74	10.6			
자연	임상병리학과	6	7	89	12.7				7	65	9.3				7	72	10.3			
자연	방사선학과	6	7	85	12.1				7	41	5.9				7	41	5.9			
자연	AI반도체학부	7	7	59	8.4															
자연	소프트웨어학부	20	24	172	7.2				24	112	4.7				24	98	4.1			
자연	데이터사이언스학과	6	6	34	5.7				5	21	4.2				5	18	3.6			
자연	자율융합계열	50	55	295	5.4				63	212	3.4				63	188	3.0			
자연	AI보건정보관리학	5	5	23	4.6															
자연	치위생학과	5	6	27	4.5				6	19	3.2				6	23	3.8			
자연	디지털헬스케어학부	7	8	34	4.3				8	20	2.5				8	25	3.1			
자연	작업치료학과	6	6	26	4.3				6	17	2.8				6	19	3.2			

65. 용인대학교

경기도 용인시 처인구 용인대학로 134 (Tel: 1668-4280)

I. 한 눈에 보는 전형

모집시기	전형유형	전형	모집인원	전형 방법	수능최저학력기준
수시	교과	일반학생	161	학생부100%	X
수시	교과	교과성적우수자	86	학생부100%	○
수시	교과	자율전공 [신설]	237	학생부100%	X
수시	교과	국가보훈대상자	65	학생부100% ▶예체능: 요강 참고	X
수시	교과	기초생활수급자및차상위계층	11	학생부100%	X
수시	교과	특성화고교출신자	15	학생부100%	X
수시	교과	농어촌학생	43	학생부100% ▶예체능: 요강 참고	X
수시	실기/실적	일반학생	245	▶유도학과, 무도학과, 태권도학과, 골프학부, 무용과, 미디어디자인학과, 회화학과, 국악과, 실용음악과, 영화영상학과: 학생부30%+ 전공실기70% ▶스포츠레저학과, 체육학과, 특수체육교육과: 학생부30%+ 기초체력70% ▶연극학과: 1단계)전공실기100%(8배수) 2단계)학생부30%+ 전공실기70%	X
수시	실기/실적	체육우수자	187	▶유도학과, 동양무예학과, 스포츠레저학과, 체육학과(축구(남)제외), 골프학부 : 학생부30%+ 입상실적70% ▶유도경기지도학과, 무도스포츠학과, 태권도학과, 체육학과(축구(남)) : 학생부30%+ 전공실기40%+ 입상실적30%	X

(수시모집) 지원 가능 횟수	수시모집 내 각 전형별 지원자격을 충족한 경우 복수지원이 가능하며, 동일 전형 내에서는 1개의 모집단위에만 지원할 수 있다.

■ 학교폭력 조치사항

전형	전형총점	감점								
		1호	2호	3호	4호	5호	6호	7호	8호	9호
체육특기자	5000	0			10	20	30	40	50	100

■ 전형결과

※ 성적 산출기준: (수시) 교과 석차등급, (정시) 수능 백분위

모집시기	전형유형	전형	학년도	모집인원	지원인원	경쟁률	등록자 50%컷	등록자 70%컷	충원율
수시	교과	일반학생	2024	186	1,962	10.55	2.33	2.49	204%
수시	교과	교과성적우수자	2024	119	763	6.41	2.80	2.95	73%

■ (주요전형) 전형일정

유형	전형	원서접수 마감	대학별 고사(면접/논술)	1단계 합격자	최종 합격자
교과	일반학생	9.13(금) 18:00			10.15(화)
교과	교과성적우수자	9.13(금) 18:00			12.12(목)

II. (수시모집) 주요 전형

■ (학생부교과) 일반학생

전형	모집인원	전형 방법	수능최저학력기준
일반학생	161	학생부100%	X

1. **지원자격**: 고등학교 졸업(예정)자 또는 법령에 의하여 이와 동등 이상의 학력이 있다고 인정된 자
   ※ 학년별 반영 교과목이 없는 경우 해당 교과목을 최저 등급으로 반영

◎ 전형요소
● 학생부

반영요소 반영비율	반영교과목		교과성적 산출지표	학년별 반영비율
	구분	반영방법		
교과100%	공통 및 일반선택	국어, 영어, 수학, 사회(역사/도덕), 과학교과별 학년별 4과목(총 12과목) ※ 예체능: 학년별 3과목(총 9과목)	석차등급	학년 구분 없음
	진로선택	미반영		

◎ 전형결과
■ 전체

학년도	전체						인문						자연					
	모집인원	지원인원	경쟁률	등록 50%컷	등록 70%컷	충원율	모집인원	지원인원	경쟁률	등록 50%컷	등록 70%컷	충원율	모집인원	지원인원	경쟁률	등록 50%컷	등록 70%컷	충원율
2022	199	3,154	15.85	2.67	2.55	230%	100	1,735	17.35	2.33	2.42	254%	99	1,419	14.33	2.52	2.68	205%
2023	202	1,313	6.50	2.58	2.81	167%	99	665	6.72	2.38	2.57	145%	103	648	6.29	2.78	3.04	188%
2024	186	1,962	10.55	2.33	2.49	204%	87	783	9.00	2.27	2.43	211%	99	1,179	11.91	2.38	2.55	196%
2025	161						74						87					

■ 변경사항 & 핵심포인트
[2025]

변경사항	2024	2025
모집인원	186명	161명(-25명)

➡ 합격자 성적분포: 인문계열은 2등급 초반 ~ 2등급 중반, 자연계열은 2등급 초반 ~ 2등급 중반

'*' 표시 : 교직 이수 가능

■ 모집단위

계열	모집단위	2025	2024						2023						2022					
		모집인원	모집인원	지원인원	경쟁률	등록 50%컷	등록 70%컷	충원번호	모집인원	지원인원	경쟁률	등록 50%컷	등록 70%컷	충원번호	모집인원	지원인원	경쟁률	등록 50%컷	등록 70%컷	충원번호
인문	경찰행정학과	15	18	147	8.2	1.70	1.80	27	20	157	7.9	1.40	1.50	23	20	279	14.0	1.5	1.6	48
인문	문화콘텐츠학과	8	8	145	18.1	2.10	2.30	23	10	82	8.2	2.50	2.76	17	10	256	25.6	2.0	2.1	32
인문	경영학과	14	17	166	9.8	2.30	2.40	42	19	96	5.1	2.20	2.54	31	19	360	19.0	2.3	2.3	34
인문	사회복지학과	15	17	132	7.8	2.40	2.70	52	19	112	5.9	2.75	2.81	15	19	320	16.8	2.5	2.6	50
인문	*관광경영학과*	*11*	*15*	113	7.5	2.50	2.60	23	17	148	8.7	2.60	2.76	40	17	362	21.3	2.8	2.8	48
인문	중국학과	11	12	80	6.7	2.60	2.80	17	14	70	5.0	2.85	3.07	18	15	158	10.5	2.9	3.1	42
자연	물리치료학과	10	10	256	25.6	1.50	1.80	20	12	90	7.5	1.90	2.16	11	12	138	11.5	1.3	1.4	9
자연	바이오생명공학과	9	11	91	8.3	2.10	2.40	14	13	66	5.1	2.60	3.00	45	13	199	15.3	2.6	2.7	23
자연	보건환경안전학과	15	15	95	6.3	2.60	2.80	25	17	98	5.8	2.90	3.08	36	17	174	10.2	2.8	3.1	40
자연	문화유산학과	9	11	72	6.6	2.60	2.70	24	13	65	5.0	2.85	3.07	25	13	128	9.9	2.9	2.9	27
자연	식품조리학부	16	17	162	9.5	2.70	2.80	35	21	217	10.3	3.00	3.10	11	17	242	14.2	2.8	3.2	49
자연	AI융합학부	28	35	503	14.4	2.80	2.80	76	27	112	4.2	3.40	3.82	66	27	538	19.9	2.7	2.8	55

■ (학생부교과) 교과성적우수자

전형	모집인원	전형 방법	수능최저학력기준
교과성적우수자	86	학생부100%	○

1. **지원자격**: 고등학교 졸업(예정)자 또는 법령에 의하여 이와 동등 이상의 학력이 있다고 인정된 자
   ※ 한국사 영역 응시 필 수-미응시자 지원자격 미달
   ※ 학교생활기록부(3개 학년)가 없는 자, 검정고시 출신자, 외국고등학교 출신자는 지원 불가
2. **수능최저학력기준**:

   [국어, 수학, 영어] 3개 영역 중 2개 영역 등급 합 8 이내 ▶ 경찰행정학과: 3개 영역 등급 합 9 이내

◎ 전형요소
● 학생부(500점): 일반학생전형 참고

■ 전체

학년도	전체						인문						자연					
	모집인원	지원인원	경쟁률	등록 50%컷	등록 70%컷	충원율	모집인원	지원인원	경쟁률	등록 50%컷	등록 70%컷	충원율	모집인원	지원인원	경쟁률	등록 50%컷	등록 70%컷	충원율
2022	116	2,022	17.43	2.84	2.92	130%	64	1,208	18.88	2.65	2.73	139%	52	814	15.65	3.02	3.10	121%
2023	116	787	6.78	2.84	2.94	116%	64	407	6.36	2.80	2.91	100%	52	380	7.31	2.88	2.97	131%
2024	119	763	6.41	2.80	2.95	73%	64	446	6.97	2.75	2.87	61%	55	317	5.76	2.85	3.02	85%
2025	86						42						44					

■ 변경사항 & 핵심포인트

[2025]

변경사항	2024	2025
모집인원	119명	86명(-33명)

➡ 합격자 성적분포: 인문계열은 2등급 초반 ~ 3등급 초반, 자연계열은 2등급 중반 ~ 3등급 중반

■ 모집단위

'*' 표시 : 교직 이수 가능

계열	모집단위	2025	2024						2023						2022					
		모집인원	모집인원	지원인원	경쟁률	등록 50%컷	등록 70%컷	충원번호	모집인원	지원인원	경쟁률	등록 50%컷	등록 70%컷	충원번호	모집인원	지원인원	경쟁률	등록 50%컷	등록 70%컷	충원번호
인문	경찰행정학과	8	12	101	8.4	2.10	2.10		12	82	6.8	2.00	2.16	3	12	252	21.0	1.8	1.8	4
인문	문화콘텐츠학과	6	10	149	14.9	2.50	2.60	9	10	41	4.1	3.20	3.26	7	10	139	13.9	2.3	2.3	6
인문	사회복지학과	7	11	44	4.0	2.70	2.80	5	11	74	6.7	2.80	3.00	15	11	287	26.1	2.9	3.0	32
인문	관광경영학과	6	9	48	5.3	2.80	2.80	1	9	64	7.1	2.80	3.02	13	9	141	15.7	2.9	3.1	10
인문	경영학과	9	12	63	5.3	2.90	3.20	18	12	99	8.3	2.80	2.80	17	12	313	26.1	2.8	2.8	21
인문	중국학과	6	10	41	4.1	3.50	3.70	6	10	47	4.7	3.20	3.23	9	10	76	7.6	3.2	3.4	16
자연	물리치료학과	7	7	78	11.1	1.90	2.00	15	7	65	9.3	1.90	1.90	11	7	166	23.7	1.9	1.9	15
자연	바이오생명공학과	5	7	29	4.1	2.50	2.60	3	7	37	5.3	2.70	2.85	8	7	61	8.7	2.7	2.9	10
자연	문화유산학과	5	8	21	2.6	3.00	3.60	1	8	94	11.8	3.05	3.19	6	8	104	13.0	3.5	3.7	11
자연	보건환경안전학과	7	10	37	3.7	3.20	3.30	5	10	66	6.6	3.05	3.10	16	10	86	8.6	3.5	3.5	7
자연	AI융합학부	14	15	87	5.8	3.20	3.20	16	11	66	6.0	3.30	3.30	16	11	335	30.5	3.1	3.2	12
자연	식품조리학부	6	8	65	8.1	3.30	3.40	7	9	52	5.8	3.30	3.50	11	9	62	6.9	3.4	3.4	8

■ (학생부교과) 자율전공

전형	모집인원	전형 방법	수능최저학력기준
자율전공 [신설]	237	학생부100%	X

1. **지원자격**: 고등학교 졸업(예정)자

   ※ 주의사항

   1) 국내 고등학교 학교생활기록부(3개 학년)가 없는 자, 검정고시 출신자, 외국고등학교 출신자는 지원 불가
   2) 학년별 반영 교과목이 없는 경우 해당 교과목을 최저등급으로 반영 처리함
   3) 무전공학부의 경우 2학년 진급 시 모든 전공 자율 선택(단, 유도경기지도학과, 특수체육교육과, 물리치료학과 제외)
   4) 계열별전공학부의 경우 2학년 진급 시 각 계열 내 모든 전공 자율 선택(단, 유도경기지도학과, 특수체육교육과, 물리치료학과 제외)

◎ 전형요소

● 학생부

반영요소 반영비율	반영교과목		교과성적 산출지표	학년별 반영비율
	구분	반영방법		
교과100%	공통 및 일반선택	국어, 영어, 수학, 사회(역사/도덕), 과학교과별 학년별 4과목(총 12과목) ※ 예체능: 학년별 3과목(총 9과목)	석차등급	학년 구분 없음
	진로선택	미반영		

◎ 전형결과
■ 전체

학년도	전체						인문						자연					
	모집인원	지원인원	경쟁률	등록50%컷	등록70%컷	충원율	모집인원	지원인원	경쟁률	등록50%컷	등록70%컷	충원율	모집인원	지원인원	경쟁률	등록50%컷	등록70%컷	충원율
2022																		
2023																		
2024																		
2025	237						212						25					

■ 변경사항 & 핵심포인트

[2025]
– 신설 전형. 자율전공으로 총 235명 선발. 무전공학부(100명), 무도계열전공학부(36명), 체육계열전공학부(17명), 문화예술계열전공학부(29명), 인문사회계열전공학부(30명), 자연계열전공학부(25명)

■ 모집단위

'*' 표시 : 교직 이수 가능

계열	모집단위	2025	2024						2023						2022					
		모집인원	모집인원	지원인원	경쟁률	등록50%컷	등록70%컷	충원번호	모집인원	지원인원	경쟁률	등록50%컷	등록70%컷	충원번호	모집인원	지원인원	경쟁률	등록50%컷	등록70%컷	충원번호
인문	인문사회계열전공학부	30																		
체능	무전공학부	100																		
체능	무도계열전공학부	36																		
체능	체육계열전공학부	17																		
예능	문화예술전공학부	29																		
자연	자연계열전공학부	25																		

66. 우송대학교

대전광역시 동구 동대전로 171 (Tel: 042. 630-9147, 9609, 9623, 9625, 9633~4)

Ⅰ. 한 눈에 보는 전형

모집시기	전형유형	전형	모집인원	전형 방법	수능최저학력기준
수시	교과	교과중심	718	학생부100%	X
수시	교과	지역인재	98	학생부100%	X
수시	교과	우송인재	103	학생부100%	X
수시	교과	교과면접 [2024] 면접	715	학생부80%+ 면접20%	X
수시	교과	농어촌학생	60	학생부100%	X
수시	교과	특성화고졸업자	29	학생부100%	X
수시	교과	기초생활수급자및차상위	20	학생부100%	X
수시	교과	재직자	70	학생부80%+ 면접20%	X
수시	종합	서류형	139	서류100%	X
수시	종합	면접형	160	1단계)서류100%(5배수) 2단계)서류70%+ 면접30%	X
수시	종합	SW잠재능력	15	1단계)서류100%(5배수) 2단계)서류70%+ 면접30%	X
수시	종합	지역인재Ⅱ (기초/차상위/한부모)	2	1단계)서류100%(5배수) 2단계)서류70%+ 면접30%	X
수시	실기	체육특기자 [신설]	4	학생부20%+ 실적60%+ 면접20%	X

(수시모집) 지원 가능 횟수	본교 수시모집에서 전형 간 중복지원 가능(단, 전형별 하나의 모집단위에만 지원 가능)

■ 전형결과

※ 성적 산출기준: (수시) 교과 석차등급, (정시) 수능 백분위

모집시기	전형유형	전형	학년도	모집인원	지원인원	경쟁률	등록자 평균	등록자 70%컷	충원율
수시	교과	교과중심	2024	704	5,186	7.37	4.38		381%
수시	교과	지역인재	2024	106	644	6.08	4.94		243%
수시	교과	우송인재	2024	113	744	6.58	5.23		196%
수시	교과	교과면접 [2024] 면접	2024	722	3,922	5.43	4.52	4.82	88%
수시	종합	서류형	2024	147	1,170	7.96	5.33		205%
수시	종합	면접형	2024	156	1,612	10.33	5.43		132%
수시	종합	SW잠재능력	2024	15	40	2.67	6.12		107%

■ (주요전형) 전형일정

유형	전형	원서접수 마감	대학별 고사(면접/논술)	1단계 합격자	최종 합격자
교과	교과중심	9.13(금) 19:00			11.08(금)
교과	지역인재	9.13(금) 19:00			11.08(금)
교과	우송인재	9.13(금) 19:00			11.08(금)
교과	교과면접	9.13(금) 19:00	10.18(금)~19(토) 09:30/13:00 ※ 본인이 원하는 면접일 하루를 선택		11.08(금)
종합	서류형	9.13(금) 19:00			11.08(금)
종합	면접형	9.13(금) 19:00	10.21(월)~28(월)	10.17(목)	11.08(금)
종합	SW잠재능력	9.13(금) 19:00	10.21(월)~28(월)	10.17(목)	11.08(금)

Ⅱ. (수시모집) 주요 전형

■ (학생부교과) 교과중심

전형	모집인원	전형 방법	수능최저학력기준
교과중심	718	학생부100%	X

1. **지원자격**: 2025년 2월 고교 졸업 예정자 및 고교 졸업자 또는 법령에 의하여 이와 동등 이상의 학력이 있다고 인정된 자.
　　※ 검정고시 출신자 및 해외 고교 졸업(예정)자도 지원 가능

◎ 전형요소
● 학생부(1,000점)

반영요소 반영비율	반영교과목		교과성적 산출지표	학년별 반영비율
	구분	반영방법		
교과 90%	공통 및 일반선택	국어(2과목), 수학/외국어(2과목), 사회/과학(2과목), 나머지 우수한 6과목 (총 12과목) ※ 이수단위 합에 따른 가산점 부여(추후 수시모집 요강 참조) 　(전년도: 국어·영어·수학 과목의 이수단위 합이 59 이상인 경우 가산점 60점 부여) ※ 반영 학기: 3학년 1학기까지(졸업자 및 졸업예정자 공통) ※ 이수단위: 미반영	석차등급	학년 구분 없음
	진로선택	국어, 외국어, 수학, 사회, 과학교과 중 3과목 반영 ※ 가산점(총 10점, 기본점수 1점) = A : 3, B : 1.5, C : 0.5	성취도	
비교과 10%	※ 만점: ① 출결(10%): 미인정 결석 3일 이내			

◎ 전형결과
■ 전체

학년도	전체					인문					자연				
	모집 인원	지원 인원	경쟁 률	등록 평균	충원 율	모집 인원	지원 인원	경쟁 률	등록 평균	충원 율	모집 인원	지원 인원	경쟁 률	등록 평균	충원 율
2022	541	6,279	11.61	4.08	377%	232	2,893	12.47	4.13	384%	309	3,386	10.96	4.03	369%
2023	558	5,254	9.42	4.23	358%	250	2,530	10.12	4.18	333%	308	2,724	8.84	4.27	382%
2024	704	5,186	7.37	4.38	381%	325	2,472	7.61	4.25	377%	379	2,714	7.16	4.51	384%
2025	718					323					395				

■ 변경사항 & 핵심포인트

[2025]

변경사항	2024	2025
모집인원	704명	718명(+14명)
(학생부) 진로선택과목 반영	미반영	국어, 외국어, 수학, 사회, 과학교과 중 3과목 ※ 가산점　A : 3, B : 1.5, C : 0.5

▣ **합격자 성적분포**: 인문계열은 4등급 초반 ~ 5등급 후반, 자연계열은 4등급 중반 ~ 5등급 중반

'*' 표시 : 교직 이수 가능

■ 모집단위

계열	모집단위	2025	2024					2023					2022				
		모집 인원	모집 인원	지원 인원	경쟁 률	등록 평균	충원 번호	모집 인원	지원 인원	경쟁 률	등록 평균	충원 번호	모집 인원	지원 인원	경쟁 률	등록 평균	충원 번호
인문	제과제빵·조리전공	10	8	292	36.5	2.6	17	7	315	45.0	2.6	7					
인문	외식조리전공	17	17	271	15.9	3.0	29	16	336	21.0	2.6	9	15	457	30.5	2.7	13
인문	글로벌조리전공	5	5	55	11.0	3.0	12	5	87	17.4	2.7	10	5	100	20.0	3.1	8
인문	유아교육과*	3	3	19	6.3	3.5	16	2	25	12.5	3.5	3	5	161	32.2	2.7	12
인문	외식·조리경영전공	11	13	100	7.7	3.5	25	13	125	9.6	3.4	6	12	119	9.9	3.7	16
인문	*한식·조리과학전공*	*7*	*12*	82	6.8	3.8	14	7	115	16.4	3.5	14	9	65	7.2	3.7	14
인문	뷰티디자인경영학과*	12	12	130	10.8	3.8	102	8	132	16.5	4.2	43	8	127	15.9	3.8	28
인문	*솔브릿지경영학부*	*10*	*14*	40	2.9	3.9	8										
인문	철도경영학과	38	36	139	3.9	4.0	58	27	130	4.8	3.6	50	21	239	11.4	3.1	41
인문	글로벌미디어영상학과	15	15	55	3.7	4.1	40	6	67	11.2	4.0	19	5	78	15.6	4.6	27
인문	글로벌외식창업전공	13	13	88	6.8	4.4	34	6	42	7.0	3.7	2	6	67	11.2	3.6	16
인문	사회복지학과	28	27	150	5.6	4.8	123	19	221	11.6	4.3	76	22	387	17.6	4.2	120
인문	언어치료·청각재활학과	14	15	82	5.5	5.1	67	15	94	6.3	4.6	79	13	111	8.5	4.5	55
인문	보건의료경영학과	24	20	221	11.1	5.2	133	17	164	9.7	5.2	118	18	284	15.8	4.5	100

계열	모집단위	2025 모집인원	2024 모집인원	지원인원	경쟁률	등록평균	충원번호	2023 모집인원	지원인원	경쟁률	등록평균	충원번호	2022 모집인원	지원인원	경쟁률	등록평균	충원번호
인문	경영학전공	18	18	140	7.8	5.3	122	22	166	7.6	5.1	139	20	164	8.2	4.9	86
인문	자유전공학부	40	38	242	6.4	5.3	126	27	123	4.6	5.5	91	27	133	4.9	5.0	105
인문	호텔관광경영학과	29	27	189	7.0	5.3	155	17	181	10.7	4.8	94	15	235	15.7	4.8	116
인문	글로벌호텔매니지먼트학과	17	20	111	5.6	5.8	91	10	54	5.4	6.4	43	7	53	7.6	4.9	45
인문	글로벌융합비즈니스학과	12	12	66	5.5	6.3	54	14	43	3.1	5.6	29	14	41	2.9	4.5	27
자연	간호학과	4	4	122	30.5	2.2	14	5	70	14.0	2.5	11	7	217	31.0	1.9	16
자연	물리치료학과	8	8	259	32.4	2.5	17	8	113	14.1	2.9	26	8	204	25.5	2.4	25
자연	철도차량시스템학과	30	30	274	9.1	3.7	100	30	152	5.1	3.8	86	22	293	13.3	2.7	29
자연	스포츠건강재활학과	14	14	118	8.4	3.9	40	10	152	15.2	3.7	18	14	163	11.6	3.3	22
자연	응급구조학과	16	16	182	11.4	4.1	78	15	260	17.3	3.5	78	14	173	12.4	3.7	77
자연	철도전기시스템전공	32	29	121	4.2	4.3	66	26	189	7.3	4.3	104	25	119	4.8	4.2	54
자연	*외식조리영양학과*	*19*	*24*	144	6.0	4.3	63	23	178	7.7	4.5	49	22	185	8.4	4.3	96
자연	작업치료학과	17	17	172	10.1	4.4	101	13	194	14.9	4.3	85	12	448	37.3	4.0	66
자연	동물의료관리학과	8	8	108	13.5	4.4	48										
자연	**게임멀티미디어전공**	21	17	115	6.8	4.5	92	10	113	11.3	4.1	67	10	137	13.7	3.6	28
자연	철도소프트웨어전공	18	17	62	3.7	4.7	45	15	72	4.8	4.6	42	15	118	7.9	4.0	35
자연	컴퓨터·소프트웨어전공	19	19	94	5.0	4.8	61	14	311	22.2	4.6	105	15	119	7.9	5.5	88
자연	미디어디자인·영상전공*	29	26	180	6.9	4.9	130	17	179	10.5	4.1	53	20	187	9.4	4.1	65
자연	컴퓨터공학전공	24	24	153	6.4	4.9	127	22	107	4.9	4.6	85	24	201	8.4	4.3	124
자연	소방·안전학부	29	29	158	5.5	5.0	120	25	211	8.4	4.3	90	25	247	9.9	4.1	98
자연	글로벌철도학과	10	10	35	3.5	5.1	25	7	29	4.1	4.4	9	6	28	4.7	4.7	12
자연	AI·빅데이터학과	23	20	94	4.7	5.4	74	18	86	4.8	5.6	60	18	155	8.6	5.2	82
자연	철도건설시스템전공	26	25	103	4.1	5.6	78	21	106	5.1	4.9	57	19	155	8.2	4.5	74
자연	**건축공학전공**	25	20	131	6.6	5.6	109	13	120	9.2	5.3	90	13	135	10.4	5.3	101
자연	물류시스템학과	23	22	89	4.1	5.8	67	16	82	5.1	5.2	63	20	102	5.1	4.8	47

■ (학생부교과) 지역인재

전형	모집인원	전형 방법	수능최저학력기준
지역인재	98	학생부100%	X

1. **지원자격**: 충청권(대전.세종.충남.충북) 지역 소재 해당지역 고교에서 입학부터 졸업까지 재학한 2024년 2월 고교졸업 예정자 및 고교 졸업자.
   ※ 검정고시 출신자 지원 불가.

◎ **전형요소**
● **학생부**: 교과중심전형 참고

◎ **전형결과**
■ 전체

학년도	전체 모집인원	지원인원	경쟁률	등록평균		충원율	인문 모집인원	지원인원	경쟁률	등록평균		충원율	자연 모집인원	지원인원	경쟁률	등록평균		충원율
2022	129	993	7.70	4.44		221%	68	510	7.50	4.49		232%	61	483	7.92	4.38		210%
2023	105	720	6.86				54	400	7.41				51	320	21.33			
2024	106	644	6.08	4.94		243%	52	294	5.65	4.80		231%	54	350	6.48	5.07		254%
2025	98						51						47					

■ 변경사항 & 핵심포인트
[2025]

변경사항	2024	2025
모집인원	106명	98명(-8명)
(학생부) 진로선택과목 반영	미반영	국어, 외국어, 수학, 사회, 과학교과 중 3과목 ※ 가산점 A : 3, B : 1.5, C : 0.5

▶ **합격자 성적분포**: 인문계열은 4급 후반 ~ 5등급 후반, 자연계열은 5등급 초반 ~ 5등급 후반.

'*' 표시 : 교직 이수 가능

■ 모집단위

계열	모집단위	2025 모집인원	2024 모집인원	2024 지원인원	2024 경쟁률	2024 등록평균		2024 충원번호	2023 모집인원	2023 지원인원	2023 경쟁률	2023 등록평균		2023 충원번호	2022 모집인원	2022 지원인원	2022 경쟁률	2022 등록평균		2022 충원번호
인문	제과제빵·조리전공	3	3	35	11.7	2.9		2	2	46	23.0									
인문	외식조리전공	5	6	33	5.5	3.5		7	6	62	10.3				7	61	8.7	3.6		5
인문	글로벌조리전공	2	2	8	4.0	3.5		5	2	16	8.0				2	18	9.0	4.2		4
인문	외식·조리경영전공	3	3	23	7.7	3.7		9	3	16	5.3				4	19	4.8	4.8		8
인문	한식·조리과학전공	3	3	16	5.3	4.3		1	3	19	6.3				3	11	3.7	4.3		1
인문	유아교육과*	3	3	14	4.7	4.3		11	4	36	9.0				4	96	24.0	3.5		12
인문	뷰티디자인경영학과*	3	3	18	6.0	4.4		1	3	30	10.0				3	25	8.3	4.6		12
인문	철도경영학과	3	3	11	3.7	4.4		5	4	19	4.8				5	49	9.8	3.2		6
인문	글로벌외식창업전공	2	2	10	5.0	4.4			3	13	4.3				3	12	4.0	5.2		7
인문	글로벌호텔매니지먼트학과	2	2	8	4.0	4.8		6	2	7	3.5				4	15	3.8	4.4		10
인문	글로벌미디어영상학과	3	3	10	3.3	5.0		4	3	17	5.7				4	17	4.3	5.7		12
인문	호텔관광경영학과	2	2	11	5.5	5.3		9	2	18	9.0				4	37	9.3	4.6		12
인문	언어치료·청각재활학과	2	2	11	5.5	5.3			3	15	5.0				5	19	3.8	4.9		14
인문	**자유전공학부**	4	2	15	7.5	5.4		4	2	11	5.5				4	17	4.3	5.0		11
인문	경영학전공	2	2	13	6.5	5.6		10	2	9	4.5				3	15	5.0	5.2		4
인문	사회복지학과	2	3	14	4.7	5.7		11	3	28	9.3				3	34	11.3	4.7		12
인문	보건의료경영학과	2	3	28	9.3	5.7		18	3	22	7.3				4	34	8.5	4.9		18
인문	솔브릿지경영학부	3	3	9	3.0	6.0		6												
인문	글로벌융합비즈니스학과	2	2	7	3.5	7.0		5	2	5	2.5				2	7	3.5	5.7		4
자연	간호학과	3	3	37	12.3	2.5		5	3	45	15.0				3	46	15.3	2.5		8
자연	물리치료학과	3	3	45	15.0	3.1		10	3	28	9.3				3	52	17.3	3.0		9
자연	응급구조학과	3	3	26	8.7	4.4		3	3	29	9.7				4	32	8.0	4.2		6
자연	컴퓨터·소프트웨어전공	3	3	12	4.0	4.5		9	3	20	6.7				3	16	5.3	5.1		7
자연	외식조리영양학과*	2	3	13	4.3	4.5		2	3	15	5.0				3	17	5.7	4.3		7
자연	스포츠건강재활학과	3	3	34	11.3	4.5		3	2	17	8.5				4	37	9.3	3.9		1
자연	철도차량시스템학과	3	3	24	8.0	4.6		8	3	12	4.0				3	32	10.7	3.3		1
자연	철도전기시스템전공	2	2	11	5.5	4.8		9	2	12	6.0				4	21	5.3	4.3		10
자연	작업치료학과	2	2	7	3.5	4.9		3	2	17	8.5				3	44	14.7	3.9		8
자연	동물의료관리학과	2	2	19	9.5	4.9		9												
자연	소방·안전학부	3	3	27	9.0	5.2		14	3	15	5.0				4	24	6.0	4.1		1
자연	미디어디자인·영상전공*	3	4	15	3.8	5.2		10	3	14	4.7				3	20	6.7	4.7		5
자연	철도건설시스템전공	2	2	9	4.5	5.4		4	2	9	4.5				3	30	10.0	4.5		13
자연	AI·빅데이터학과	3	2	8	4.0	5.6		6	2	6	3.0				2	14	7.0	5.3		11
자연	컴퓨터공학전공	3	3	16	5.3	5.8		13	3	13	4.3				3	21	7.0	4.5		4
자연	물류시스템학과	2	3	9	3.0	5.8		4	3	12	4.0				4	17	4.3	5.6		10
자연	철도소프트웨어전공	2	2	8	4.0	6.4		5	2	8	4.0				2	14	7.0	4.4		6
자연	게임멀티미디어전공	3	3	9	3.0	6.5		6	3	22	7.3				3	17	5.7	4.3		5

■ (학생부교과) 우송인재

전형	모집인원	전형 방법	수능최저학력기준
우송인재	103	학생부100%	X

1. **지원자격**: 2025년 2월 고교 졸업 예정자 및 고교 졸업자 또는 법령에 의하여 이와 동등이상의 학력이 있다고 인정된 자로서 본 대학교에서 정한 아래 지원 자격에 해당하는 자. ※ 검정고시 출신자도 지원 가능함

지원유형	지원자격
자기추천자	◦ 모집단위 관련 분야에 재능과 열정을 가진 자로서 자기 자신을 추천할 수 있는 자
다자녀 가구의 자녀	◦ 다자녀(3인) 이상 가구의 자녀
공무원 등의 직계자녀	◦ 부 또는 모가 현재 공무원, 교사, 군무원, 경찰, 소방공무원, 공공기관 직원으로 근무 중인 자의 직계자녀
직업군인 자녀	◦ 부 또는 모가 현재 직업군인으로 근무 중인 자의 자녀
외국어 자격 취득자	◦ 영어, 일본어, 중국어 능력 우수자로서 일정자격 이상 취득자(외국어 및 사무능력 검정 자격 기준을 적용함)
학생임원 역임자	◦ 전교회장, 부회장, 학급반장, 학급부반장, 기타 임원 역임

지원유형	지원자격
다문화 가정 자녀	◦ 결혼 이전에 외국 국적을 가진 친부(모)와 국적이 대한민국인 친부(모) 사이에 출생한 대한민국 국적자 (단, 결혼 이전에 외국 국적을 가진 친부(모)가 한국 국적을 포기한 사실이 있는 경우 지원 자격을 인정하지 않음)
창업 특기생	◦ 고교활동 중 창업경진대회에 입상해 수상한 자 또는 창업 관련활동을 수행하고 이를 증명할 수 있는 자
만학도	◦ 고교졸업자로서 만 30세 이상인 자(1993. 12. 31 이전 출생자)
국가 보훈 대상자	◦ 독립유공자예우에 관한 법률 제4조 제1호 및 제2호에 해당하는 자의 자녀 및 (외)손자녀 ◦ 국가유공자 등 예우 및 지원에 관한 법률 제4조 제1항 제3호~제18호(단, 제10호 제외), 제73조(6.18자유상이자), 73조의2에 해당하는 자와 그의 자녀 ◦ 고엽제후유의증 환자 지원 및 단체 설립에 관한 법률 제2조제3호(고엽제후유의 증환자 중 수당 지급대상자)에 해당하는 자와 그의 자녀 ◦ 5.18민주유공자 예우에 관한 법률 제4조 제1호~제3호에 해당하는 자와 그의 자녀 ◦ 특수임무유공자 예우 및 단체설립에 관한 법률 제3조제1호~제3호에 해당하는 자와 그의 자녀 ◦ 보훈대상자 지원에 관한 법률 제2조 제1항 제1호~제4호에 해당하는 자와 그의 자녀
기초생활수급자/차상위	기초생활수급자, 차상위계층, 한부모가종 지원 대상자
특성화 고교 졸업자	특성화 고교 졸업(예정)자 및 일반계고교의 전문 과정을 이수 한 자 중 본 대학에서 정한 동일계 기준학과에 해당하는 자

2. 제출서류: 학교생활기록부, <u>자기추천서</u>(자기추천자만 제출), 지원자격 증빙서류

※ 자기추천서 양식

> 1. 해당 학과에 자신을 추천하는 이유를 간략히 설명해 주십시오. (띄어쓰기 포함 300자 이내)

◎ **전형요소**
● **학생부:** 교과중심전형 참고

◎ **전형결과**
■ **전체**

학년도	전체						인문					자연				
	모집인원	지원인원	경쟁률	등록평균		충원율	모집인원	지원인원	경쟁률	등록평균	충원율	모집인원	지원인원	경쟁률	등록평균	충원율
2022	172	835	4.85	5.12		105%	111	582	5.24	4.88	96%	61	253	4.15	5.26	113%
2023	181	1,238	6.84				111	812	7.32			70	426	6.09		
2024	113	744	6.58	5.23		196%	56	433	7.73	4.99	238%	57	311	5.46	4.83	154%
2025	103						51					52				

■ **변경사항 & 핵심포인트**

[2025]

변경사항	2024	2025
모집인원	113명	103명(-10명)
(학생부) 진로선택과목 반영	미반영	국어, 외국어, 수학, 사회, 과학교과 중 3과목 ※ 가산점(총 10점, 기본점수 1점) = A : 3, B : 1.5, C : 0.5

➡ **합격자 성적분포:** 인문계열은 4등급 후반 ~ 5등급 후반, 자연계열은 4등급 후반 ~ 5등급 후반
=> 전년도에 학생부 반영교과목이 6과목->12과목으로 확대되고 면접도 폐지됨

■ **모집단위**   '*' 표시 : 교직 이수 가능

계열	모집단위	2025	2024					2023					2022				
		모집인원	모집인원	지원인원	경쟁률	등록평균	충원번호	모집인원	지원인원	경쟁률	등록평균	충원번호	모집인원	지원인원	경쟁률	등록평균	충원번호
인문	**솔브릿지경영학부**	3						14	27	1.9			15	26	1.7	5.1	9
인문	**제과제빵·조리전공**	6	3	67	22.3	**3.4**	5	3	111	37.0							
인문	***외식조리전공***	*5*	*9*	102	11.3	**3.6**	8	19	187	9.8			19	176	9.3	2.5	13
인문	글로벌조리전공	4	4	43	10.8	**3.7**	10	7	91	13.0			7	61	8.7	4.2	5
인문	외식·조리경영전공	4	4	30	7.5	**3.7**	25	6	40	6.7			6	36	6.0	3.7	4
인문	한식·조리과학전공	4	4	43	10.8	**4.2**	4	9	76	8.4			7	35	5.0	4.4	5
인문	유아교육과*	2	2	8	4.0	**4.2**	2	3	33	11.0			3	35	11.7	4.4	3
인문	글로벌외식창업전공	2	2	16	8.0	**4.8**	10	5	24	4.8			5	22	4.4	4.7	5
인문	글로벌미디어영상학과	3	3	9	3.0	**4.9**	4	3	5	1.7			3	7	2.3	5.5	2
인문	**자유전공학부**	6	4	25	6.3	**5.0**	13	5	20	4.0			5	16	3.2	5.9	8
인문	뷰티디자인경영학과*	3	3	19	6.3	**5.1**	6	5	42	8.4			4	34	8.5	4.7	12

계열	모집단위	2025	2024						2023						2022				
		모집인원	모집인원	지원인원	경쟁률	등록평균		충원번호	모집인원	지원인원	경쟁률	등록평균		충원번호	모집인원	지원인원	경쟁률	등록평균	충원번호
인문	철도경영학과	3	4	15	3.8	5.2		10	5	33	6.6				5	27	5.4	4.6	3
인문	사회복지학과	2	3	12	4.0	6.1		8	3	20	6.7				3	7	2.3	6.2	3
인문	호텔관광경영학과	2	2	11	5.5	6.1		5	4	15	3.8				4	16	4.0	6.1	11
인문	글로벌호텔매니지먼트학과	2	2	7	3.5	7.3		5	2	5	2.5				6	12	2.0	4.3	3
자연	간호학과	2	2	25	12.5	2.2		2	5	95	19.0								
자연	물리치료학과	3	3	38	12.7	3.2		1	4	61	15.3				2	27	13.5	3.5	2
자연	철도소프트웨어전공	2	2	5	2.5	4.2		3	2	6	3.0				2	7	3.5	5.7	5
자연	응급구조학과	2	2	33	16.5	4.3		11	2	17	8.5								
자연	철도차량시스템학과	4	4	19	4.8	4.3		4	4	38	9.5				5	31	6.2	3.8	1
자연	스포츠건강재활학과	4	4	42	10.5	4.4		6	9	42	4.7				8	47	5.9	5.3	6
자연	글로벌철도학과	2	2	7	3.5	4.5		2	3	6	2.0				3	6	2.0	7.1	3
자연	컴퓨터·소프트웨어전공	3	3	7	2.3	4.7		4	2	7	3.5				2	5	2.5	6.4	3
자연	컴퓨터공학전공	3	3	7	2.3	4.8		3	4	7	1.8				3	8	2.7	5.3	4
자연	동물의료관리학과	2	2	16	8.0	4.9		3											
자연	외식조리영양학과*	4	4	16	4.0	5.0		10	6	37	6.2				6	19	3.2	5.5	6
자연	작업치료학과	2	2	11	5.5	5.0		8	2	18	9.0				2	11	5.5	6.1	6
자연	철도건설시스템전공	3	3	7	2.3	5.3		1	3	8	2.7				5	11	2.2	5.2	3
자연	미디어디자인·영상전공*	4	4	17	5.7	5.3		5	6	22	3.7				4	14	3.5	4.9	7
자연	철도전기시스템전공	3	3	15	5.0	5.3		5	3	14	4.7				6	24	4.0	4.9	5
자연	게임멀티미디어전공	4	4	9	2.3	5.4		5	4	17	4.3				4	21	5.3	5.0	8
자연	소방·안전학부	3	3	9	3.0	5.5		6	4	14	3.5				3	6	2.0	5.4	2
자연	건축공학전공	2	3	18	6.0	6.4		4	3	8	2.7								

■ (학생부교과) 교과면접

전형	모집인원	전형 방법	수능최저학력기준
교과면접	715	학생부80%+ 면접20%	X

1. **지원자격**: 2025년 2월 고교 졸업 예정자 및 고교 졸업자 또는 법령에 의하여 이와 동등이상의 학력이 있다고 인정된 자.
   ※ 검정고시 출신자도 지원 가능함

◎ 전형요소
● 학생부(800점)

반영요소 반영비율	구분	반영교과목		교과성적 산출지표	학년별 반영비율
		반영방법			
교과 90%	공통 및 일반선택	국어(1과목), 수학/외국어(1과목), 사회/과학(1과목), 나머지 우수한 3과목 (총 6과목) ※ 반영 학기: 3학년 1학기까지(졸업자 및 졸업예정자 공통)　※ 이수단위: 미반영		석차등급	학년 구분 없음
	진로선택	국어, 외국어, 수학, 사회, 과학교과 중 3과목 반영 ※ 가산점(총 10점, 기본점수 1점) = A : 3, B : 1.5, C : 0.5		성취도	
비교과 10%	※ 만점: ① 출결(10%): 미인정 결석 3일 이내				

● 면접(200점)
　1. **면접방법**: 면접위원 2인이 개별 평가, 면접위원별로 학과별 평가기준에 따라 평가항목(항목별 50점)별로 각각 평가한 점수를 합산
　2. **평가항목**:

평가항목	반영비율	평가 항목	배점	내용
인성	20%	인성 및 품행	10%	• 예의 바르며 창의적인가? • 올바른 인성과 진취적 의욕은 있는가?
		사회성	10%	• 솔선수범하는 리더쉽을 가지고 있는가? • 서로 협력해 이루어가는 공동체 정신을 갖추고 있는가?
전공적합성	80%	지원학과에 대한 이해도	40%	• 학과에 대한 지원 동기는 구체적인가? • 진학 후 학업계획 및 졸업 후의 계획은 상세한가?
		문제해결능력	40%	• 문제에 대한 이해와 답변이 실질적인가? • 어떤 상황에서도 문제를 해결할 수 있는 의지와 능력을 가지고 있는가?

　※ 평가 기준의 세부 사항은 학과별 자체 기준에 의하여 시행한다.

- 면접 영향력이 절대적임. 면접고사일은 지원시 10/18(금), 10.19(토) 중 본인이 원하는 면접일 하루를 선택할 수 있음
- 지원동기가 중요함. 지원학과에 대하여 홈페이지를 통해 특색을 공부한 후 지원동기를 준비면 큰 도움.
- 면접 준비는 학과 홈페이지 3~4 읽어보고, 입학처에 탑재된 최근 3년간 기출문제만 봐도 충분히 준비 됨
- 면접관 2명, 수험생 5명. 팀당 30분, 일인당 6분 정도, 2~3개 질문 받음 한 질문 당 1분 이상 답변 준비 할 것.

◎ 전형결과

■ 전체

학년도	전체						인문						자연					
	모집인원	지원인원	경쟁률	등록평균	등록70%컷	충원율	모집인원	지원인원	경쟁률	등록평균	등록70%컷	충원율	모집인원	지원인원	경쟁률	등록평균	등록70%컷	충원율
2022	807	4,064	5.04	4.61	5.02	92%	418	2,015	4.82	4.51	4.97	90%	389	2,049	5.27	4.71	5.06	93%
2023	804	5,214	6.49	4.32	4.62	95%	398	2,458	6.18	4.22	4.50	87%	406	2,756	6.79	4.42	4.73	103%
2024	722	3,922	5.43	4.52	4.82	88%	351	1,900	5.41	4.41	4.79	91%	371	2,022	5.45	4.62	4.85	85%
2025	715						365						350					

■ 변경사항 & 핵심포인트

[2025]

변경사항	2024	2025
모집인원	722명	715명(-7명)
(학생부) 진로선택과목 반영	미반영	국어, 외국어, 수학, 사회, 과학교과 중 3과목 ※ 가산점 A : 3, B : 1.5, C : 0.5

➡ 합격자 성적분포: 인문계열은 4등급 중반 ~ 5등급 후반, 자연계열은 4등급 중반 ~ 5등급 후반

■ 모집단위

'*' 표시 : 교직 이수 가능

계열	모집단위	2025	2024						2023						2022					
		모집인원	모집인원	지원인원	경쟁률	등록평균	등록70%컷	충원번호	모집인원	지원인원	경쟁률	등록평균	등록70%컷	충원번호	모집인원	지원인원	경쟁률	등록평균	등록70%컷	충원번호
인문	Lyfe조리전공	20	20	89	4.5	1.9	2.3	6	16	91	5.7	2.5	2.7	13	16	90	5.6	2.2	2.6	10
인문	외식조리전공	37	32	301	9.4	2.2	2.7	13	27	300	11.1	1.8	1.8	15	27	267	9.9	2.2	2.6	17
인문	제과제빵·조리전공	31	26	440	16.9	2.7	3.0	4	9	291	32.3	3.1	3.3	3						
인문	글로벌조리전공	23	23	82	3.6	2.8	3.7	10	20	170	8.5	2.6	3.0	4	21	152	7.2	3.8	4.4	10
인문	외식·조리경영전공	14	12	57	4.8	3.6	4.0	10	11	68	6.2	3.0	3.2	5	11	84	7.6	3.6	4.0	10
인문	뷰티디자인경영학과*	21	21	176	8.4	3.6	4.3	33	25	276	11.0	3.8	4.2	51	26	232	8.9	4.3	4.9	36
인문	글로벌외식창업전공	16	16	57	3.6	4.2	4.5	3	18	61	3.4	4.1	4.3	8	20	73	3.7	4.2	4.6	12
인문	솔브릿지경영학부	11	13	35	2.7	4.2	4.8	15	25	44	1.8	4.1	5.0	13	30	77	2.6	4.7	5.1	34
인문	철도경영학과	27	28	58	2.1	4.3	4.7	14	35	143	4.1	3.9	4.2	25	40	149	3.7	4.4	4.9	23
인문	한식·조리과학전공	23	18	115	6.4	4.3	4.8	9	16	125	7.8	3.5	3.8	7	17	67	3.9	4.2	4.6	10
인문	유아교육과*	24	24	155	6.5	4.4	4.7	79	23	334	14.5	3.7	3.8	15	20	259	13.0	3.9	4.3	15
인문	사회복지학과	12	19	83	4.4	4.9	5.0	31	28	154	5.5	4.1	4.2	51	24	118	4.9	5.1	5.7	26
인문	글로벌융합비즈니스학과	7	6	10	1.7	5.1	5.2	2	3	7	2.3	5.8	5.8	3	12	17	1.4	5.2	5.3	3
인문	자유전공학부	23	23	56	2.4	5.3	5.7	22	32	61	1.9	5.4	5.7	22	30	68	2.3	5.2	5.4	33
인문	글로벌미디어영상학과	6	6	17	2.8	5.4	5.7	7	14	39	2.8	4.8	5.0	12	14	37	2.6	5.2	5.7	18
인문	글로벌호텔매니지먼트학과	12	10	19	1.9	5.6	6.0	4	19	29	1.5	5.6	6.2	6	28	45	1.6	5.0	5.9	10
인문	호텔관광경영학과	22	22	79	3.6	5.6	6.0	26	24	86	3.6	5.2	5.8	40	22	99	4.5	5.2	5.9	29
인문	언어치료·청각재활학과	12	10	21	2.1	6.0	6.7	7	18	39	2.2	5.4	5.8	16	25	67	2.7	5.4	5.9	32
인문	보건의료경영학과	14	14	34	2.4	6.0	6.3	18	17	93	5.5	5.3	5.5	22	15	63	4.2	5.9	6.3	27
인문	경영학전공	10	8	16	2.0	6.0	5.7	5	14	38	2.7	5.7	5.7	15	14	43	3.1	5.8	6.4	22
자연	간호학과	33	33	496	15.0	2.5	2.8	34	29	746	25.7	2.3	2.5	14	33	432	13.1	2.8	3.0	19
자연	물리치료학과	18	18	307	17.1	2.8	2.9	13	18	379	21.1	2.8	3.0	15	20	231	11.6	3.0	3.1	13
자연	응급구조학과	19	19	206	10.8	3.7	3.8	21	19	185	9.7	3.7	4.0	24	20	216	10.8	3.8	4.0	25
자연	철도차량시스템학과	30	30	88	2.9	3.7	4.0	25	30	175	5.8	3.1	3.5	45	37	153	4.1	3.6	4.0	15
자연	작업치료학과	12	12	100	8.3	4.2	4.8	24	15	135	9.0	4.6	4.8	44	14	101	7.2	4.6	4.9	19
자연	동물의료관리학과	10	10	64	6.4	4.4	4.8	14												
자연	외식조리영양학과*	10	21	57	2.7	4.4	4.5	16	21	115	5.5	3.4	3.7	31	20	53	2.7	4.8	5.4	17
자연	스포츠건강재활학과	38	38	212	5.6	4.5	4.8	16	39	289	7.4	4.4	4.8	32	34	168	4.9	4.9	5.4	55
자연	게임멀티미디어전공	16	18	60	3.3	4.5	4.8	17	15	95	6.3	4.6	4.8	21	11	57	5.2	4.6	4.9	10
자연	미디어디자인·영상전공*	19	22	107	4.9	4.5	4.8	32	26	115	4.4	4.6	4.8	38	23	104	4.5	4.7	5.1	22
자연	소방·안전학부	25	25	73	2.9	5.0	5.3	32	28	130	4.6	4.1	4.7	20	25	115	4.6	4.7	5.1	11
자연	철도건설시스템전공	14	15	24	1.6	5.0	5.5	2	17	39	2.3	4.9	5.2	10	18	59	3.3	5.0	5.4	16

계열	모집단위	2025 모집인원	2024 모집인원	2024 지원인원	2024 경쟁률	2024 등록평균	2024 등록70%컷	2024 충원번호	2023 모집인원	2023 지원인원	2023 경쟁률	2023 등록평균	2023 등록70%컷	2023 충원번호	2022 모집인원	2022 지원인원	2022 경쟁률	2022 등록평균	2022 등록70%컷	2022 충원번호
자연	철도전기시스템전공	25	29	62	2.1	5.0	5.2	19	30	76	2.5	4.6	5.0	22	28	84	3.0	4.5	4.9	18
자연	철도소프트웨어전공	14	15	22	1.5	5.1	5.2	7	15	36	2.4	4.8	5.0	13	15	44	2.9	4.7	5.3	9
자연	컴퓨터·소프트웨어전공	10	10	29	2.9	5.2	5.3	12	15	65	4.3	5.6	6.0	40	11	35	3.2	5.7	6.1	21
자연	건축공학전공	9	11	26	2.4	5.2	5.3	9	13	44	3.4	5.0	5.3	19	13	37	2.9	6.0	6.4	17
자연	컴퓨터공학전공	13	13	27	2.1	5.2	5.8	8	23	46	2.0	5.0	5.2	15	20	60	3.0	5.1	5.3	34
자연	물류시스템학과	15	13	21	1.6	5.5	6.0	7	19	31	1.6	5.6	6.3	8	14	32	2.3	5.4	5.9	15
자연	글로벌철도학과	8	6	17	2.8	6.0	5.7	5	17	31	1.8	5.4	5.5	5	17	31	1.8	5.7	6.0	10
자연	AI·빅데이터학과	12	13	24	1.9	6.0	6.2	2	17	24	1.4	5.5	5.8	2	16	37	2.3	5.9	6.0	16

■ (학생부종합) 서류형

전형	모집인원	전형 방법	수능최저학력기준
서류형	139	서류100%	X

1. **지원자격**:
   가. 국내 고등학교 졸업(예정)자 및 법령에 의하여 이와 동등 이상의 학력 인정자로서 자기 교육목표가 뚜렷하고 다양한 능력과 잠재력을 가지고 있는 자.
   나. 국내 고교 졸업(예정)자 및 해외 고교 졸업(예정)자 또는 법령에 의하여 이와 동등 이상의 학력이 있다고 인정된 자.
2. **제출서류**: 학교생활기록부

◎ **전형요소**
● 서류(700점):
   1. **평가방법**: 제출서류 종합평가
   2. **평가항목**:

평가항목	반영비율		평가기준
학업역량	33.3%	학업성취도	• 교과 학업 성취도의 수준과 노력은 바람직한가? • 글로컬 역량의 수준과 노력은 바람직한가?
		지적호기심과 탐구능력	• 교과 관련 지적 호기심과 탐구능력은 뛰어난가?
전공적합성	40.0%	전공 관련 활동 경험	• 전공 관련 교과활동 참여 및 경험이 활발하였는가? • 진로탐색을 위해 얼마나 노력하였는가?
		적성과 소질	• 전공 관련 소질과 적성이 있는가?
인성	26.7%	품성 및 사회성	• 학교생활에 충실하며 도덕적 품성을 갖추었는가? • 나눔과 배려의 활동경험이 풍부한가? • 다른 사람과 원만한 관계를 위한 리더십/팔로워십을 발휘한 경험이 있는가?

   ※ 평가 기준의 세부 사항은 학과별 자체 기준에 의하여 시행한다.

☞ **보충설명**
• 전공적합성(40%) > 학업역량(33.3%) > 인성(26.7%) 순으로 반영. 전공적합성이 중요함. 서류 평가항목은 면접고사 평가항목과 동일
• 서류에서 출결을 자세히 봄. 교과는 성적 향상 추이. 비교과는 동아리활동, 세특에서 관련교과에 대한 노력 정도 등

◎ **전형결과**
■ 전체

학년도	전체 모집인원	전체 지원인원	전체 경쟁률	전체 등록평균	전체 충원율	인문 모집인원	인문 지원인원	인문 경쟁률	인문 등록평균	인문 충원율	자연 모집인원	자연 지원인원	자연 경쟁률	자연 등록평균	자연 충원율
2022	75	724	9.65	5.47	192%	36	396	11.00	5.38	192%	39	328	8.41	5.56	192%
2023	91	1,051	11.55	4.97	164%	49	636	12.98	4.60	163%	42	415	9.88	5.33	164%
2024	147	1,170	7.96	5.33	205%	82	698	8.51	5.09	188%	65	472	7.26	5.56	222%
2025	139					74					65				

■ 변경사항 & 핵심포인트
[2025]

변경사항	2024	2025
모집인원	147명	139명(-8명)

➡ **합격자 성적분포**: 인문계열은 4등급 초반 ~ 6등급 중반, 자연계열은 5등급 중반 ~ 6등급 중반

■ 모집단위

'*' 표시 : 교직 이수 가능

계열	모집단위	2025 모집인원	2024 모집인원	2024 지원인원	2024 경쟁률	2024 등록평균	2024 충원번호	2023 모집인원	2023 지원인원	2023 경쟁률	2023 등록평균	2023 충원번호	2022 모집인원	2022 지원인원	2022 경쟁률	2022 등록평균	2022 충원번호
인문	제과제빵·조리전공	9	8	179	22.4	2.6	16	4	159	39.8	2.1	3					
인문	*외식조리전공*	6	15	148	9.9	3.1	21	5	145	29.0	1.9		5	129	25.8	4.4	5
인문	글로벌조리전공	5	5	45	9.0	3.3	11	3	53	17.7	3.0	1	2	45	22.5	4.9	1
인문	외식·조리경영전공	4	4	43	10.8	3.8	5	3	36	12.0	4.3	4	3	35	11.7	5.3	6
인문	글로벌외식창업학전공	4	4	35	8.8	4.2	8	4	30	7.5	4.2	6					
인문	뷰티디자인경영학*	6	6	39	6.5	4.9	11	3	28	9.3	5.9	13	3	22	7.3	5.5	11
인문	한식·조리과학전공	4	6	68	11.3	5.0	15	4	45	11.3	4.3	6	3	30	10.0	4.8	1
인문	언어치료·청각재활학과	2	2	4	2.0	5.3	1										
인문	유아교육과*	4	3	40	13.3	5.4	8	2	35	17.5	5.9	4	3	33	11.0	5.4	3
인문	호텔관광경영학과	3	4	16	4.0	5.6	8	3	19	6.3	6.0	13	3	25	8.3	6.0	6
인문	글로벌미디어영상학과	3	3	13	4.3	6.2	5										
인문	사회복지학과	4	3	15	5.0	6.4	11	3	27	9.0	5.8	6	2	16	8.0	6.0	5
인문	솔브릿지경영학부	13	13	30	2.3	6.6	17	10	30	3.0	5.3	18	10	43	4.3	5.5	30
인문	글로벌호텔매니지먼트학과	4	3	10	3.3	7.0	7	3	11	3.7	6.6	6					
인문	철도경영학과	3	3	13	4.3	7.0	10	2	18	9.0	4.5		2	18	9.0	6.0	1
자연	물리치료학과	6	5	77	15.4	4.0	5	3	76	25.3	4.1		3	48	16.0	4.7	3
자연	간호학과	4	2	49	24.5	4.1	1	2	54	27.0	4.2		2	29	14.5	4.3	1
자연	외식조리영양학과*	4	4	23	4.6	4.4	11	3	28	9.3	4.3	7	3	22	7.3	5.4	1
자연	동물의료관리학과	4	4	30	7.5	4.8	14										
자연	응급구조학과	5	5	50	10.0	4.9	14	3	61	20.3	5.0	7	3	35	11.7	5.4	2
자연	철도차량시스템학과	5	5	48	8.0	4.9	14	3	30	10.0	4.9	7	3	41	13.7	4.6	8
자연	작업치료학과	4	4	30	7.5	5.3	9	2	22	11.0	5.6	10	2	14	7.0	6.1	1
자연	미디어디자인·영상전공*	2	2	13	6.5	5.4	7						2	17	8.5	5.5	9
자연	스포츠건강재활학과	3	3	33	11.0	5.6	1	3	26	8.7	5.7		3	17	5.7	5.9	1
자연	철도전기시스템전공	5	5	23	4.6	5.8	14	2	16	8.0	5.0	4	2	14	7.0	5.4	7
자연	컴퓨터·소프트웨어전공	2	2	6	3.0	6.1	3	3	23	7.7	5.9	9	2	11	5.5	6.4	2
자연	소방·안전학부	6	6	26	4.3	6.1	20	3	19	6.3	5.7		3	18	6.0	5.8	8
자연	*게임멀티미디어전공*	2	4	15	3.8	6.3	1						2	13	6.5	5.6	4
자연	철도건설시스템전공	4	4	15	3.8	6.4	6	4	19	4.8	6.3	9	2	11	5.5	6.3	7
자연	컴퓨터공학전공	3	3	10	3.3	6.4	5	4	14	3.5	5.3	1	2	15	7.5	5.8	11
자연	철도소프트웨어전공	2	2	10	5.0	6.9	8	4	15	3.8	5.9	7	2	12	6.0	5.3	3
자연	건축공학전공	3	3	14	4.7	7.1	11	3	12	4.0	6.7	8	3	11	3.7	6.5	7

■ (학생부종합) 면접형

전형	모집인원	전형 방법	수능최저학력기준
면접형	160	1단계)서류100%(5배수) 2단계)서류70%+ 면접30%	X

1. 지원자격:
   가. 국내 고등학교 졸업(예정)자 및 법령에 의하여 이와 동등 이상의 학력 인정자로서 자기 교육목표가 뚜렷하고 다양한 능력과 잠재력을 가지고 있는 자.
   나. 국내 고교 졸업(예정)자 및 해외 고교 졸업(예정)자 또는 법령에 의하여 이와 동등 이상의 학력이 있다고 인정된 자.
   ※ 검정고시 출신자도 지원 가능함.
2. 제출서류: 학교생활기록부

◎ 전형요소
● 서류(700점) : 서류형 참고
● 면접(300점)
   1. 평가방법: 입학사정관을 포함한 면접위원 3인이 개별 평가하며, 면접위원별로 평가한 점수를 합산하여 산정
   2. 평가항목

평가항목	반영비율	내용	내용
학업역량	20%	지적호기심과 탐구역량	• 수업을 이해할 수 있는 기초 학업 역량을 갖추고 있는가? • 글로컬 마인드 함양을 위해 노력하였는가?

평가항목	반영비율	내용	내용
전공적합성	40%	전공 이해 및 활동	• 학과에 대한 지원 동기는 구체적인가? • 전공 관련 활동과 노력들이 활발한가
		학업 및 진로계획	• 대학 학업계획 및 졸업 후 진로계획이 수립되었는가? • 전공 관련 교과 및 비교과 활동이 전공선택과 진로 결정에 영향을 미쳤는가?
인성	40%	인성 및 품성	• 올바른 인성과 예의를 갖추고 있는가? • 책임감 있고 성실한 학교생활을 하였는가?
		사회성	• 서로 협력하여 문제를 해결하려는 공동체 의식이 있는가? • 타인의 입장에 대한 이해심과 배려심을 갖추고 있는가?

　　※ 평가 기준의 세부 사항은 학과별 자체 기준에 의하여 시행한다.

☞ **보충설명**
- 면접위원 3명이 각각 150점씩 부여한 점수를 합산하면 450점, 여기에 기본점수 50점을 더하여 500점 만점
- 5배수 안에 들면 면접으로 결정됨. 면접 역전률이 매우 높음
- 면접 방식은 면접형인 일반전형은 다대다 면접(면접관 2명, 수험생 5명)인 반면, 잠재능력우수자는 다대일 면접(면접관 3명, 학생 1명)
- 일반전형은 인성위주인 반면, 종합은 학생부 확인 위주, 몇 게 체크해서 물어보고 꼬리 물고 2~3개 추가 질문 가능

◎ **전형결과**

■ **전체**

학년도	전체					인문					자연				
	모집인원	지원인원	경쟁률	등록평균	충원율	모집인원	지원인원	경쟁률	등록평균	충원율	모집인원	지원인원	경쟁률	등록평균	충원율
2022	197	1,376	6.98	5.60	98%	120	716	5.97	5.49	92%	77	660	8.57	5.71	104%
2023	198	1,461	7.38	5.32	102%	129	833	6.46	5.33	97%	69	628	9.10	5.31	107%
2024	156	1,612	10.33	5.43	132%	108	927	8.58	5.23	112%	48	685	14.27	5.62	152%
2025	160					119					41				

■ **변경사항 & 핵심포인트**

[2025]

변경사항	2024	2025
모집인원	156명	160명(+4명)

➡ **합격자 성적분포**: 인문계열은 5등급 초반 ~ 6등급 중반, 자연계열은 5등급 중반 ~ 6등급 중반

'＊' 표시 : 교직 이수 가능

■ **모집단위**

계열	모집단위	2025	2024					2023					2022				
		모집인원	모집인원	지원인원	경쟁률	등록평균	충원번호	모집인원	지원인원	경쟁률	등록평균	충원번호	모집인원	지원인원	경쟁률	등록평균	충원번호
인문	외식조리전공	26	17	218	12.8	3.3	16	23	214	9.3	3.3	14	23	216	9.4	3.9	6
인문	외식·조리경영전공	3	3	37	12.3	3.3	11	2	16	8.0	5.0	6	2	17	8.5	4.3	2
인문	제과제빵·조리전공	20	11	233	21.2	3.7	10	4	136	34.0	3.8						
인문	Lyfe조리전공	8	8	76	9.5	3.8	1	6	53	8.8	4.6	5	6	47	7.8	4.0	4
인문	글로벌조리전공	9	9	59	6.6	4.3	3	10	84	8.4	4.0	6	10	71	7.1	4.8	4
인문	한식·조리과학전공	7	5	61	12.2	5.4	4	8	64	8.0	5.2	3	8	48	6.0	5.3	1
인문	호텔관광경영학과	2	3	15	5.0	5.6	1	7	17	2.4	4.9	6	7	23	3.3	6.2	11
인문	유아교육과＊	6	7	70	10.0	5.7	28	8	78	9.8	5.6	3	7	85	12.1	5.0	5
인문	철도경영학과	3	3	16	5.3	6.0	1	4	17	4.3	5.9	3	4	18	4.5	5.8	3
인문	뷰티디자인경영학과	5	5	41	8.2	6.3	9	6	49	8.2	5.9	8	6	43	7.2	6.1	11
인문	글로벌외식창업전공	3	3	19	6.3	6.4	3	4	20	5.0	5.4		6	32	5.3	5.8	6
인문	글로벌호텔매니지먼트학과	3	3	10	3.3	6.4	6	5	8	1.6	6.6	2	5	9	1.8	5.9	2
인문	솔브릿지경영학부	22	26	49	1.9	6.5	16	30	45	1.5	6.3	9	25	76	3.0	5.8	44
인문	사회복지학과	2	5	23	4.6	6.5	12	5	22	4.4	6.7	13	4	16	4.0	6.3	5
자연	간호학과	10	12	358	29.8	4.0	14	12	193	16.1	4.5	15	13	203	15.6	3.8	7
자연	물리치료학과	6	7	133	19.0	4.5	8	8	148	18.5	4.2	6	8	155	19.4	4.5	5
자연	응급구조학과	4	4	44	11.0	5.3	2	6	60	10.0	5.4	5	6	71	11.8	5.3	11
자연	동물의료관리학과	4	4	22	5.5	5.4	1										
자연	철도차량시스템학과	3	3	22	7.3	5.8	11	6	45	7.5	4.6	6	6	49	8.2	4.9	5
자연	외식조리영양학과	3	3	19	6.3	5.9	8	4	18	4.5	4.9	7	4	22	5.5	5.1	5
자연	작업치료학과	2	2	17	8.5	6.0	3	4	20	5.0	5.8	5	4	17	4.3	5.7	10

계열	모집단위	2025 모집인원	2024 모집인원	지원인원	경쟁률	등록평균		충원번호	2023 모집인원	지원인원	경쟁률	등록평균		충원번호	2022 모집인원	지원인원	경쟁률	등록평균		충원번호
자연	철도전기시스템학과	2	2	11	5.5	6.2		4	4	17	4.3	5.6		1	4	10	2.5	5.9		2
자연	소방·안전학부	4	4	16	4.0	6.3		15	7	32	4.6	6.2		9	6	27	4.5	6.0		11
자연	스포츠건강재활학과	3	7	43	6.1	6.8		7	7	34	4.9	6.2		9	7	42	6.0	6.0		4

■ (학생부종합) SW잠재능력

전형	모집인원	전형 방법	수능최저학력기준
SW잠재능력	15	1단계)서류100%(5배수) 2단계)서류70%+ 면접30%	X

1. **지원자격**: 국내 고등학교 졸업(예정)자 및 해외 고교졸업(예정)또는 법령에 의하여 이와 동등 이상의 학력 인정자로서 <u>소프트웨어 분야에 잠재력을</u>
   <u>갖춘 자.</u>
2. **제출서류**: 학교생활기록부

◎ 전형요소
● **서류 및 면접**: 면접형 참고

◎ 전형결과
■ 모집단위   '*' 표시 : 교직 이수 가능

계열	모집단위	2025 모집인원	2024 모집인원	지원인원	경쟁률	1단계평균	충원번호	2023 모집인원	지원인원	경쟁률	1단계평균	충원번호	2022 모집인원	지원인원	경쟁률	1단계평균	충원번호
자연	철도소프트웨어전공	2	2	6	3.0	5.2	3	2	3	1.5			2	5	2.5	6.1	3
자연	게임멀티미디어전공	3	3	10	3.3	5.5	1	3	8	2.7	6.4	1	3	9	3.0	6.0	1
자연	컴퓨터공학전공	3	3	7	2.3	5.9	4	3	3	1.0	6.8		3	6	2.0	6.3	1
자연	미디어디자인·영상전공*	2	2	7	3.5	5.9	4	2	8	4.0	6.5	2	2	2	1.0	6.9	
자연	AI·빅데이터학과	2	2	5	2.5	7.1	2	2	3	1.5	6.1	1	2	4	2.0	6.0	2
자연	컴퓨터·소프트웨어전공	3	3	5	1.7	7.1	2	3	11	3.7	6.3	6	3	4	1.3	7.3	1

67. 울산대학교

경상남도 울산광역시 남구 대학로 93 (Tel: 052. 259-2058~9)

I. 한 눈에 보는 전형

모집시기	전형유형	전형	모집인원	전형 방법	수능최저학력기준
수시	교과	일반교과	664	학생부100%	○
수시	교과	지역교과 [신설]	622	학생부100% ▶의예과: 1단계)학생부100%(5배수) 2단계)학생부80%+ 면접20%	○
수시	교과	기회균형	15	학생부100%	X
수시	교과	농어촌학생	75	학생부100%	X
수시	교과	기초생활수급자및차상위	32	학생부100%	X
수시	교과	특성화고졸업자	31	학생부100%	X
수시	종합	잠재역량	477	1단계)서류100%(4배수/의예과: 5배수) 2단계)서류50%+ 면접50%	X(의예○)
수시	종합	지역인재	470	서류100% ▶의예과: 1단계)서류100%(5배수) 2단계)서류50%+ 면접50%	X(의예○)
수시	종합	지역인재(기초생활및차상위)	5	▶간호학과: 서류100% ▶의예과: 1단계)서류100%(5배수) 2단계)서류50%+ 면접50%	X(의예○)
수시	실기/실적	예체능	165	▶스포츠과학부: 학생부40%+ 실기60% ▶디자인학부, 실내공간디자인학과: 학생부30%+ 실기70% ▶미술학부, 섬유디자인학과: 학생부20%+ 실기80% ▶음악학부: 실기100%	X
수시	실기/실적	특기자	18	▶스포츠과학부: 학생부20%+ 면접10%+ 수상실적70% ▶디자인학부(산업디자인학, 시각디자인학), 섬유디자인학과 : 면접30%+ 수상실적70%	X
수시	실기/실적	경기실적우수자	17	학생부20%+ 면접20%+ 수상실적60%	X
수시	실기/실적	농어촌학생	5	학생부20%+ 면접20%+ 수상실적60%	X
수시	실기/실적	기초/차상위	1	학생부20%+ 면접20%+ 수상실적60%	X
수시	실기/실적	특성화고교졸업자 [신설]	1	학생부20%+ 면접20%+ 수상실적60%	X

(수시모집) 지원 가능 횟수	전형 간 복수지원 가능 ※ 단, 지역인재 및 지역인재(기초생활/차상위) / 예체능 및 예체능(농어촌학생) 전형 간 중복지원 불가

■ 전형결과

※ 성적 산출기준: (수시) 교과 석차등급, (정시) 수능 백분위

모집시기	전형유형	전형	학년도	모집인원	지원인원	경쟁률	등록자 평균	등록자 70%컷	충원율
수시	교과	일반교과	2024	1,191	4,013	3.37	4.39	4.58	

모집시기	전형유형	전형	학년도	모집인원	지원인원	경쟁률	등록자 평균	등록자 최저	충원율
수시	종합	잠재역량	2024	518	2,162	4.17	5.66	7.31	
수시	종합	지역인재	2024	374	1,851	4.95	5.29	6.11	

■ (주요전형) 전형일정

유형	전형	원서접수 마감	대학별 고사(면접/논술)	1단계 합격자	최종 합격자
교과	일반교과	9.13(금) 18:00			12.13(금)
교과	지역교과	9.13(금) 18:00	▶의예과: 11.16(토)	▶의예과: 11.12(화)	12.13(금)
종합	잠재역량	9.13(금) 18:00	11.23(토) ▶의예과: 11.30(토)	11.15(금)	12.13(금)
종합	지역인재	9.13(금) 18:00	▶의예과: 11.23(토)	▶의예과: 11.15(금)	11.15(금) ▶의예과: 12.13(금)

Ⅱ. (수시모집) 주요 전형

■ (학생부교과) 일반교과

전형	모집인원	전형 방법	수능최저학력기준
일반교과	664	학생부100%	○

1. **지원자격**: 2025년 2월 이전 고등학교 졸업(예정)자 및 법령에 의하여 이와 동등 이상의 학력을 소지한 자
2. **수능최저학력기준**:

> 인 ▶ 스마트도시융합대, 경영·공공정책대, 글로벌인문학부: [국어, 수학, 영어, 사/과탐(1과목)] 중 1개 영역 5등급 이내
> ▶ 아산아너스칼리지(자유전공학부): [국어, 수학, 영어, 사/과탐(1과목)] 중 2개 영역 6등급 이내
> 자 ▶ 미래엔지니어링융합대: [국어, 수학, 영어, 사/과탐(1과목)] 중 2개 영역 등급 합 10 이내
> ▶ 간호학과: [국어, 수학, 영어, 사/과탐(1과목)] 중 2개 영역 등급 합 7 이내
> ※ 아산아너스칼리지, 미래엔지니어링 융합대 건축도시환경학부, 간호학과: 수학(미적분/기하) 선택시 1등급 상향

◎ 전형요소
● 학생부

반영요소 반영비율	반영교과목			교과성적 산출지표	학년별 반영비율
	구분	반영방법			
교과 90%	공통및일반선택 (80%)	국어, 영어, 수학, 사회/과학교과 중 상위 10과목(동일 교과과정내 최대 3과목) ▶ 자유전공학부, 간호학과, 의예과: 국어, 영어, 수학, 사회, 과학교과에 속한 전 과목 ※ 반영 학기: (교과) 3학년 1학기까지(졸업자 및 졸업예정자 공통)		석차등급	학년 구분 없음
	진로선택 (10%)	반영교과 중 상위 2과목(단, 자유전공학부, 의예과는 전 과목) ※ 성취도 환산점수 = A : 50, B : 49, C : 48		성취도	
비교과 10%	※ 만점: ① 출결(10%): 미인정 결석 0일 이내				

◎ 전형결과
■ 전체

학년도	전체						인문						자연					
	모집 인원	지원 인원	경쟁 률	등록 평균	등록 70%컷	충원 율	모집 인원	지원 인원	경쟁 률	등록 평균	등록 70%컷	충원 율	모집 인원	지원 인원	경쟁 률	등록 평균	등록 70%컷	충원 율
2022	1,392	5,578	4.01	4.32		110%	515	1,717	3.33	4.63		99%	877	3,861	4.40	4.00		120%
2023	1,353	4,377	3.24	4.38		110%	517	1,442	6.65	4.75		91%	836	2,935	3.51	4.00		129%
2024	1,191	4,013	3.37	4.39	4.58	130%	432	1,273	2.95	4.66	4.83	121%	759	2,740	3.61	4.11	4.32	138%
2025	664						257						407					

■ 실질 경쟁률(충원율 반영)

계열	모집인원	지원인원	경쟁률	수능최저 충족율	(수능최저 충족율 반영) 경쟁률	충원율	(충원율 반영) 실질 경쟁률
인문	432	1,273	2.95	78.81%	2.32	121%	1.05
자연	759	2,740	3.61	80.53%	2.91	138%	1.22

■ [학과별] 수능최저학력기준 충족률

계열	계열 평균	모집단위
인문	78.81%	국어국문학부 57.0%, 영어영문학과 84.4%, **일본어·일본학과 61.0%**, 중국어·중국학과 68.6%, 프랑스어·프랑스학과 60.4%, 스페인·중남미학과 73.7%, 역사·문화학과 67.7%, 경제학 70.4%, 행정학 91.5%, 국제관계학 75.4%, 사회·복지학 88.2%, 법학 85.9%, 경찰학 90.5%, 경영학부 83.0%, 회계학과 82.5%, 경영정보학과 78.4%, 회화·미디어아트 100%, 입체조형예술 100%
자연	80.53%	데이터응용수학과 70.0%, 나노에너지학과 83.9%, 생명과학부 86.1%, **아동·가정복지학 54.8%**, 주거환경학 83.3%, 식품영양학 78.3%, 의류학 73.2%, 기계자동차공학 90.1%, 항공우주공학 89.4%, 조선해양공학부 75.9%, **산업경영·산업안전공학부 62.5%**, 전기전자공학 90.9%, 의공학 81.4%, IT융합 90.7%, AI융합 94.1%, 화학공학부 92.1%, 첨단소재공학부 85.5%, 건설환경공학부 58.9%, 나노반도체공학과 81.6%, 건축학부 92.4%, 간호학과 76.0%

■ 변경사항 & 핵심포인트

[2025]

변경사항	2024	2025
모집인원	1,191명	664명(-527명)
명칭 변경	`학생부교과	일반교과

▶ 합격자 성적분포: 인문계열은 4등급 중반 ~ 4등급 후반, 자연계열은 4등급 초반 ~ 4등급 중반

■ 모집단위

'*' 표시 : 교직 이수 가능

계열	모집단위	2025 모집인원	2024 모집인원	2024 지원인원	2024 경쟁률	2024 등록평균	2024 등록80%	2024 충원번호	2023 모집인원	2023 지원인원	2023 경쟁률	2023 등록평균	2023 등록80%	2023 충원번호	2022 모집인원	2022 지원인원	2022 경쟁률	2022 등록평균		2022 충원번호
인문	자율전공학부	12																		
인문	공공인재학부	80																		
인문	경영경제융합학부	91																		
인문	글로벌인문학부*	70																		
인문	예술학부(미술)	4																		
자연	미래모빌리티공학부	82																		8
자연	에너지화학공학부	33																		8
자연	신소재·반도체융합학부	25																		8
자연	바이오메디컬헬스학부*	36																		8
자연	전기전자융합학부	54																		8
자연	건축·도시환경학부	52																		8
자연	디자인융합학부*	22																		8
자연	간호학과*	20	20	129	6.5	1.95	2.11		19	154	8.1	1.93	2.06	38	50	350	7.0	1.95	2.15	68
자연	ICT융합학부	46	39	129	3.3	3.55	3.90		42	184	4.4	3.13	3.40	57	45	341	7.6	3.18	3.50	69
자연	ICT융합학부(AI융합)	19	25	101	4.0	3.80	3.90		26	108	4.2	3.78	4.09	37	28	207	7.4	3.76	4.30	40
자연	나노반도체공학과	18	26	125	4.8	4.31	4.60													

■ (학생부교과) 지역교과

전형	모집인원	전형 방법	수능최저학력기준
지역교과	622	학생부100% ▶의예과: 1단계)학생부100%(5배수) 2단계)학생부80%+ 면접20%	○

1. **지원자격**: 입학시부터 졸업(예정)까지 부산/울산/경남지역에 있는 고등학교에서 재학한 2025년 2월 이전 고등학교 졸업(예정)자
2. **수능최저학력기준**:

> [인] ▶ 스마트도시융합대, 경영· 공공정책대, 글로벌인문학부: [국어, 수학, 영어, 사/과탐(1과목)] 중 1개 영역 5등급 이내
> ▶ 아산아너스칼리지(자유전공학부): [국어, 수학, 영어, 사/과탐(1과목)] 중 2개 영역 6등급 이내
> [자] ▶ 미래엔지니어링융합대: [국어, 수학, 영어, 사/과탐(1과목)] 중 2개 영역 등급 합 10 이내
> ▶ 간호학과: [국어, 수학, 영어, 사/과탐(1과목)] 중 2개 영역 등급 합 7 이내
> ※ 아산아너스칼리지, 미래엔지니어링 융합대 건축도시환경학부, 간호학과: 수학(미적분/기하) 선택시 1등급 상향
> ▶ 의예과: [국어, 수학(미적분/기하), 영어, 과탐(2과목 평균)] 중 3개 영역 등급 합 4 이내, 한국사 4등급 이내
> ※ 과탐영역 소수점 처리방법: 서로 다른 2과목(동일과목 Ⅰ+Ⅱ는 인정하지 않음)의 등급을 평균하며, 소수점 첫째자리에서 반올림

◎ 전형요소
※ 신설 전형, 지역인재전형, 학생부100%, 수능최저 적용
● 학생부: 일반교과 참고
● 면접(의예과)
  1. **평가방법**: 다대일 대면 평가
  2. **면접시간**: 15분 내외
  3. **면접방법**: – 의학을 전공하는데 필요한 자질, 인성과 적성을 평가
         – 다양한 상황을 제시하며, 관련 제시문에 영어가 활용될 수 있음

◎ 전형결과
■ 전체

학년도	전체 모집인원	전체 지원인원	전체 경쟁률			인문 모집인원	인문 지원인원	인문 경쟁률			자연 모집인원	자연 지원인원	자연 경쟁률		
2025	622					235					387				

■ 모집단위

'*'표시 : 교직 이수 가능

계열	모집단위	2025 모집 인원	2024 모집 인원	2024 지원 인원	2024 경쟁 률			2023 모집 인원	2023 지원 인원	2023 경쟁 률			2022 모집 인원	2022 지원 인원	2022 경쟁 률		
인문	자율전공학부	10															
인문	공공인재학부	70															
인문	경영경제융합학부	87															
인문	글로벌인문학부*	68															
자연	미래모빌리티공학부	75															
자연	에너지화학공학부	30															
자연	신소재·반도체융합학부	32															
자연	나노반도체공학과	9															
자연	전기전자융합학부	45															
자연	ICT융합학부	47															
자연	ICT융합학부(AI융합)	8															
자연	바이오메디컬헬스학부*	35															
자연	건축·도시환경학부	48															
자연	디자인융합학부*	15															
자연	의예과	33															
자연	간호학과*	10															

■ (학생부종합) 잠재역량

전형	모집인원	전형 방법	수능최저학력기준
잠재역량	477	1단계)서류100%(4배수/의예과: 5배수) 2단계)서류50%+ 면접50%	X(의예○)

1. **지원자격**: 국내 고교 2025년 2월 이전 고등학교 졸업(예정)자
2. **제출서류**: 학교생활기록부
3. **수능최저학력기준** : 없음. 단, 의예과만 있음

> ▶ 의예과: [국어, 수학(미적분/기하), 영어, 과탐(2과목 평균)] 중 3개 영역 등급 합 4 이내, 한국사 4등급 이내
> ※ 과학탐구영역 소수점 처리방법: 서로 다른 2과목(동일과목 Ⅰ+Ⅱ는 인정하지 않음)의 등급을 평균하며, 소수점 첫째자리에서 반올림

◎ 전형요소
● 서류(500점)
  1. **평가방법**: 제출서류를 근거로 평가영역(학업성취 및 전공적합성, 잠재역량, 인성)에 따라 종합적으로 정성평가
  2. **평가영역**:

평가항목	반영비율 의예과 제외	반영비율 의예과	세부 평가영역
학업성취	35%	50%	지적 호기심, 학업에 대한 열정, 적극성을 가진 학생이 주기주도적 학습을 통해 성취한 능력을 평가
전공적합성	35%	30%	지원 전공 분야에 대한 학생의 관심과 이해, 준비 정도를 평가
잠재역량	35%	30%	현재보다 질적으로 더 높은 단계로 향상될 가능성이 있는가를 확인하는 항목으로 **자기 주도성, 경험의 다양성, 리더십, 창의적 사고력, 문해 해결력** 등을 평가
인성	30%	20%	공동체의 일원으로서 필요한 바람직한 가치관을 가졌는가를 평가하는 항목으로 지원자의 성품뿐 아니라 공동체 의식, 책임감, 사회성 등을 평가

  ※ 평가자별 점수에 일정 수준 이상 편차가 있을 경우, 재평가를 실시할 수 있음
  ※ 서류평가 과정에서 지원자에 대한 추가정보 수집이 필요하다고 판단될 경우, 추가서류 요구 및 현장실사를 실시

☞ 보충설명

• 학업성취 및 전공적합성(35%) > 잠재역량(35%) > 인성(30%) 순으로 반영. 학업성취 및 전공적합성에서 변별력이 가장 생김.
• 전공적합성은 학과로 봄. 학과가 많지 않아서 교육과정에서 파악
• 모집단위별 인재상은 해당 모집단위 교수님께서 직접 작성해 주시므로 의미있게 활용됨

■ 모집단위별 인재상

단과대학	모집단위	반영 주요과목						인재상
		국어	영어	수학	사회	과학	기타	
인문대학	국어국문학부	◆						① 한국어의 구조와 사용에 관심이 많은 학생 ② 문학작품의 창작과 비평의 가치를 아는 학생 ③ 이해력과 표현력이 뛰어난 학생
	영어영문학과	◆	◆					① 국제사회와 타문화에 관심이 많고 진취적인 학생 ② 외국어와 문학에 관심이 많고 외국어 의사소통을 즐기는 학생 ③ 매사에 적극적이고 긍정적이며, 자기의사표현을 잘하는 학생
	일본어·일본학과	◆			◆		◆ (일본어,한문)	① 학과 행사에 스스로 적극 참여하는 학생 ② 일본과 일본어문화에 관심이 많은 학생 ③ 해외활동을 시야에 두고 있는 학생
	중국어·중국학과	◆	◆		◆		(중국어,한문)	① 중국과 중국어에 관심이 많고 향후 진로나 목표가 뚜렷한 학생 ② 외국어 전반에 관심이 많은 학생 ③ 학교생활에 있어서 적극적이고 긍정적이며, 자신의 의사표현 능력이 출중한 학생
	프랑스어·프랑스학과	◆	◆		◆			① 제2외국어 학습경험이 있는 학생 ② 국제적 문제와 다른 문화에 대한 관심이 높은 학생 ③ 도전정신이 강한 학생
	스페인·중남미학과	◆	◆	◆				① 국제사회 및 타문화에 대한 관심이 많은 학생 ② 외국어 학습에서 성과를 보이고 외국인과의 의사소통을 즐기는 학생 ③ 인내심, 도전정신과 타문화에 대한 이해를 갖춘 학생
	역사·문화학과	◆			◆		◆(한문)	① 역사 관련 활동 내용이 충실한 학생 ② 한국 뿐 아니라 동아시아와 세계사에 대한 관심과 이해가 있는 학생 ③ 발표와 토론을 통해 의사전달 능력을 잘 보여주는 학생
	철학과	◆	◆	◆			◆(한문)	① 비판적 사고, 의사소통능력, 분석력이 탁월한 학생 ② 도덕적 인성과 공동체 정신이 강한 학생 ③ 창의력과 리더십을 갖춘 학생
사회과학대학	사회과학부 (경제학)	◆	◆	◆	◆			① 사회과학, 경제문제에 관심이 많은 학생 ② 경제적 마인드가 정립되어 있는 학생 ③ 한국경제문제와 세계경제문제에 대한 인식이 있는 학생
	사회과학부 (행정학)	◆	◆					① 성실한 인재 ② 봉사하는 인재 ③ 노력하는 인재
	사회과학부 (국제관계학)	◆	◆	◆			◆(한문)	① 목표에 도전하고 실천의지가 있는 학생 ② 사회에 대한 문제의식과 이웃에 대한 배려가 있는 학생 ③ 외국어에 대한 잠재능력과 세계화에 대한 바람직한 태도를 갖춘 학생
	사회과학부 (사회·복지학)	◆	◆					① 사회현상에 대한 비판적 이해와 분석역량을 갖춘 학생 ② 자발적이며 지속적인 봉사 활동 경험이 있는 학생 ③ 주요 교과목 학업성적이 우수한 학생
	사회과학부 (법학)	◆	◆		◆		◆(한문)	① 법에 대해 이해하는 사람 ② 문제해결능력을 갖춘 사람 ③ 교과·비교과 활동에 성실하게 참여하는 사람
	사회과학부 (경찰학)	◆	◆					① 다양한 사회문제와 인권에 관심이 많은 학생 ② 타인에 대한 따뜻한 배려심과 봉사정신을 갖춘 학생 ③ 문제해결능력과 긍정적 사고를 가진 적극적인 학생
경영대학	경영학부	◆	◆					① 건전한 사회윤리와 미래지향적 사고를 갖춘 학생 ② 리더십 및 전문경영지식과 현실응용능력을 갖추어 지식기반사회의 기업 경영을 주도할수 있는 학생
	회계학과		◆	◆	◆			① 경영 및 회계 전반에 대한 관심과 이해력이 우수한 학생 ② 문제해결능력 및 창의력이 우수한 학생 ③ 논리적이며 의사전달능력이 우수한 학생
	경영정보학과		◆	◆	◆			① 논리적 사고와 의사소통 능력이 우수한 학생 ② 영어에 대한 이해력이 우수한 학생 ③ 문제해결능력 및 창의력/응용력이 좋은 학생
자연과학대학	수학과		◆	◆		◆		① 수학과 과학에 흥미가 많으며, 어려운 교과 내용을 습득하는데 필요한 추진력과 인내력을 갖춘 학생 ② 문제해결 시 자신의 답안을 논리적이고 체계적으로 설명할 수 있는 학생
	물리학과	◆		◆		◆		① 적극적이며 열성을 가진 학생 ② 팀웍을 이루며 자율적이고 창의적인 학생 ③ 비판적 사고를 갖고 의견을 피력할 수 있는 학생
	화학과		◆	◆		◆		① 학교에서 배운 지식을 기반으로 자기주도적 학습역량을 갖춘 학생 ② 화학분야에서 자신의 미래에 대한 확신을 갖춘 학생 ③ 타인과 원활히 소통하고 협업을 통해 문제를 해결하는 능력을 갖춘 학생 ④ 자신의 지식과 노하우를 통해 사회에 기여하고자 하는 인성을 갖춘 학생

단과대학	모집단위	국어	영어	수학	사회	과학	기타	인재상
	생명과학부					◆		① 학업적성평가영역: 과학에 관심이 높은 학생 ② 잠재역량평가: 비교과활동 내용에 내실이 있는 학생 ③ 인성평가영역: 자신의 생각을 논리적으로 전개할 수 있는 학생
생활 과학 대학	생활과학부 (아동·가정복지학)	◆			◆			① 아동·가정복지 관련 전문지식과 사고력을 가진 학생 ② 아동·가정복지 관련 당면 과제를 창의적으로 대처할 수 있는 학생 ③ 아동·가정복지 관련 생활에 참여하고 봉사하는 학생
	상활과학부 (주거환경학)	◆	◆		◆	◆		① 생활환경의 변화에 창의적으로 대처할 수 있는 학생 ② 사회가치를 공유할 수 있는 학생 ③ 리더십과 사회봉사를 실천하는 학생
	생활과학부 (식품영양학)	◆	◆	◆	◆	◆	◆ (한문)	① 직면한 다양한 문제를 해결할 수 있는 진취적 태도를 가진 학생 ② 인간과 사회에 대해 흥미를 가지고 종합적 사고가 가능한 학생 ③ 사회과학적 사고를 기반으로 인간과 사회에 대해 민감하게 교감할 줄 아는 학생
	생활과학부 (의류학)		◆					① 전공에 대한 열의와 사고력을 갖춘 학생 ② 창의적, 예술적 감각을 가진 학생 ③ 분석력과 논리적 사고력을 전달할 수 있는 학생
공과 대학	기계공학부 (기계자동차공학)		◆	◆		◆		① 비교과 활동의 경우, 참여횟수보다는 활동내용이 탄탄한 학생 ② 수학·과학 전반에 대한 관심이 많은 학생 ③ 문제해결과정을 명확히 전달할 수 있고 자신의 의견을 논리적으로 제시할 수 있는 학생
	기계공학부 (항공우주공학)	◆	◆			◆		① 항공우주공학에 대한 관심이 높은 학생 ② 문제를 발견하고, 구성하는 통찰력이 있는 학생 ③ 문제 해결을 위해 독창적인 방법을 찾을 수 있는 창의적인 학생 ④ 팀 활동을 위한 의사소통 능력과 협동 능력이 있는 학생
	조선해양 공학부	◆	◆		◆	◆		① 바다와 배에 대한 호기심이 많은 학생 ② 수학·과학 전반에 대한 호기심을 쫓는 학생 (Stay curious) ③ 모범답안 보다는, 자신의 의견을 논리적으로 제시할 수 있는 학생
	산업경영 공학부	◆	◆	◆	◆			① 자신의 의견을 논리적으로 제시할 수 있는 학생 ② 문제해결에 있어 종합적인 시각을 가진 학생(융합적 사고가 가능한 학생) ③ 자기주도적 학습이 가능하며 능동적인 학생
	전기공학부 (전기전자공학)		◆	◆		◆		① 수학, 과학 관련 비교과 활동의 경우, 참여횟수보다는 활동내용이 탄탄한 학생 ② 수학, 과학 전반에 대한 관심이 많은 학생 ③ 문제해결과정 및 풀이과정을 정확히 전달할 수 있고 자신의 의견을 논리적으로 제시할 수 있는 학생
	전기공학부 (의공학)	◆	◆	◆		◆		① 수학, 과학, 의학, 전반에 대한 관심이 많은 학생 ② 문제 해결 과정 및 풀이 과정을 정확히 전달할 수 있고 자신의 의견을 논리적으로제시할 수 있는 학생 ③ 본인 주도 학습적 능력이 가능한 학생
	IT융합학부	◆	◆	◆		◆		① 창의적으로 문제해결이 가능한 인재 ② 논리적 사고와 표현이 가능한 인재 ③ 성실하며 IT기술에 관심이 많은 인재
	화학공학부		◆	◆		◆		① 수학, 화학 관련 비교과 활동의 경우, 참여횟수보다는 활동내용이 탄탄한 학생 ② 수학. 화학 전반에 대한 관심이 많은 학생 ③ 문제해결과정 및 풀이과정을 정확히 전달할 수 있고 자신의 의견을 논리적으로 제시할 수 있는 학생
	첨단소재 공학부		◆	◆		◆		① 비교과 활동의 경우, 수학·과학 관련 활동내용뿐 아니라 사회성을 키울 수 있는 다른 활동내용도 중시함 ② 수학·과학 전반에 대한 관심이 많으며 학습 내용의 응용능력이 뛰어난 학생 ③ 자기주도적인 학습능력을 보유하여 주어진 문제를 논리적, 체계적인 방법으로 독자적으로 해결할 수 있는 학생
	건설환경 공학부		◆	◆		◆		① 건설(토목), 환경에 사명감이 있으며, 적극적인 사고를 가진 학생 ② 기초과학 및 수학 지식을 바탕으로 주어진 문제를 논리적으로 해결하는 학생 ③ 단순 암기를 통한 지식습득이 아닌 지적 호기심을 바탕으로 한 창의적이고 분석적인 사고력 배양에 노력한 학생
디자인 건축 융합 대학	건축공학부		◆	◆		◆		① 수학, 과학 관련 비교과 활동의 경우, 참여하는 횟수보다는 활동내용이 성실한 학생 ② 수학, 과학(물리) 전반에 대한 관심이 많은 학생 ③ 자신의 의견을 논리적으로 제시할 수 있는 학생
	건축학부 (건축학)	◆	◆		◆			① 공작, 미술, 건축 관련 비교과, 동아리 활동 실적이 풍부한 학생 ② 건축/도시 등 건조 환경에 대한 관심과 공간지각 능력을 갖춘 학생 ③ 문화 전반에 대한 관심과 인문학 기반의 창의적 사고능력을 갖춘 학생

단과대학	모집단위	반영 주요과목						인재상
		국어	영어	수학	사회	과학	기타	
	디자인학부 (제품/디지털 콘텐츠)	◆	◆		◆			① 인문학적인 지식, 문화에 대한 관심 ② 논리적인 사고 체계 ③ 창의적인 사고 능력
의과 대학	의예과			전과목 반영				① 사고의 유연성과 창의력을 갖고 최적의 해결안을 찾아 문제를 해결하려는 학생 ② 양심과 윤리에 따라 옳은 행동을 실천하는 도덕성을 갖춘 학생 ③ 타인의 정서에 공감하고 의사소통을 원활히 할 수 있는 학생
	간호학과		◆	◆		◆		① 자기주도학습, 학교 생활 등에 꾸준하고 성실한 학생 ② 대인관계, 팀워크 등 타인과의 협동심과 배려심이 뛰어난 학생

● 면접(500점)

모집단위	평가영역	평가방법	면접방식	면접시간
전 모집단위	① 학업성취(35%) ② 전공적합성 및 잠재역량(35%) ③ 인성(30%)	서류 확인 질문	제출서류를 근거로 다대일 개인별 종합면접	10분 이내
의예과	• 의학을 전공하는데 필요한 적성 및 인성을 평가하며, 제시문에 영어가 활용될 수 있음 • 다양한 상황 제시 및 제출서류 기반 면접을 복수의 면접실에서 진행함 • 상황 숙지를 위한 시간을 별도로 부여할 수 있음		다대일 다면평가	45분 내외

◎ 전형결과

■ 전체

학년도	전체						인문						자연					
	모집 인원	지원 인원	경쟁 률	등록 평균	등록 최저	충원 율	모집 인원	지원 인원	경쟁 률	등록 평균	등록 최저	충원 율	모집 인원	지원 인원	경쟁 률	등록 평균	등록 최저	충원 율
2022	475	1,882	3.96	5.23	6.42	49%	215	544	2.53	5.64	7.03	29%	260	1,338	5.15	4.82	5.80	68%
2023	570	1,851	3.25	5.49	6.65	29%	207	462	2.23	5.75	7.05	21%	363	1,389	3.83	5.22	6.24	37%
2024	518	2,162	4.17	5.66	7.31		174	461	2.65	6.02	7.68		344	1,701	4.94	5.29	6.94	
2025	477						165						312					

■ 변경사항 & 핵심포인트

[2025]

변경사항	2024	2025
모집인원	518명	477명(-45명)
명칭 변경	학생부종합	잠재역량

▣ 합격자 성적분포: 인문계열은 5등급 후반 ~ 7등급 후반, 자연계열은 5등급 초반 ~ 6등급 후반

■ 모집단위

'*' 표시 : 교직 이수 가능

계열	모집단위	2025	2024						2023						2022					
		모집 인원	모집 인원	지원 인원	경쟁 률	등록 평균	등록 최저	충원 번호	모집 인원	지원 인원	경쟁 률	등록 평균	등록 최저	충원 번호	모집 인원	지원 인원	경쟁 률	등록 평균	등록 최저	충원 번호
인문	자율전공학부	15																		
인문	공공인재학부	50																		
인문	경영경제융합학부	50																		
인문	글로벌인문학부*	50																		
자연	미래모빌리티공학부	40																		
자연	에너지화학공학부	25																		
자연	신소재·반도체융합학부	13																		
자연	바이오메디컬헬스학부*	25																		
자연	전기전자융합학부	32																		
자연	디자인융합학부*	23																		
자연	건축·도시환경학부	40																		
자연	의예과	34	14	289	20.6	1.14	1.53		10	203	20.3	1.14	1.29	16	14	313	22.4	1.16	1.40	15
자연	간호학*	18	19	217	11.4	2.89	3.61		19	223	11.7	2.80	3.45	11	14	175	12.5	3.00	6.36	11
자연	ICT융합학부	38	16	70	4.4	4.87	6.57		17	67	3.9	4.63	5.31	2	9	62	6.9	4.32	4.96	6
자연	ICT융합학부(AI융합)	12	12	72	6.0	5.30	6.64		13	31	2.4	5.14	6.66	2	7	33	4.7	4.74	5.10	3
자연	나노반도체공학과	12	12	39	3.3	6.09	8.08													

■ (학생부종합) 지역인재

전형	모집인원	전형 방법	수능최저학력기준
지역인재	470	서류100% ▶의예과: 1단계)서류100%(5배수) 2단계)서류50%+ 면접50%	X(의예○)

1. **지원자격**: 입학시부터 졸업(예정)까지 <u>부산/울산/경남지역</u>에 있는 고등학교에서 재학한 졸업(예정)자
2. **제출서류**: 학교생활기록부
3. **수능최저학력기준** :

> ▶ 의예과: [국어, 수학(미적분/기하), 영어, 과탐(2과목 평균)] 중 3개 영역 등급 합 4 이내, 한국사 4등급 이내
> ※ 과학탐구영역 소수점 처리방법: <u>서로 다른 2과목(동일과목 Ⅰ+Ⅱ는 인정하지 않음)</u>의 등급을 평균하며, <u>소수점 첫째자리에서 반올림</u>

◎ 전형요소
● 서류 및 면접: 잠재역량 참고

◎ 전형결과
■ 전체

학년도	전체						인문						자연					
	모집 인원	지원 인원	경쟁 률	등록 평균	등록 최저	충원 율	모집 인원	지원 인원	경쟁 률	등록 평균	등록 최저	충원 율	모집 인원	지원 인원	경쟁 률	등록 평균	등록 최저	충원 율
2022	228	1,070	4.69	4.92	5.69	117%	96	340	3.54	5.15	5.92	107%	132	730	5.53	4.69	5.46	126%
2023	321	1,627	5.07	5.27	6.20	124%	101	381	3.77	5.58	6.50	139%	220	1,246	5.66	4.96	5.89	109%
2024	374	1,851	4.95	5.29	6.11		117	447	3.82	5.59	6.40		257	1,404	5.46	4.98	5.82	
2025	470						169						301					

■ 변경사항 & 핵심포인트
[2025]

변경사항	2024	2025
모집인원	374명	470명(+96명)

➡ **합격자 성적분포**: 인문계열은 5등급 중반 ~ 6등급 중반, 자연계열은 4등급 후반 ~ 5등급 후반

■ 모집단위
'*'표시 : 교직 이수 가능

계열	모집단위	2025	2024						2023						2022					
		모집 인원	모집 인원	지원 인원	경쟁 률	등록 평균	등록 최저	충원 번호	모집 인원	지원 인원	경쟁 률	등록 평균	등록 최저	충원 번호	모집 인원	지원 인원	경쟁 률	등록 평균	등록 최저	충원 번호
인문	자율전공학부	10																		
인문	공공인재학부	52																		
인문	경영경제융합학부	60																		
인문	글로벌인문학부*	47																		
자연	미래모빌리티공학부	50																		
자연	에너지화학공학부	24																		
자연	신소재·반도체융합학부	19																		
자연	바이오메디컬헬스학부*	27																		
자연	전기전자융합학부	35																		
자연	디자인융합학부*	9																		
자연	건축·도시환경학부	42																		
자연	의예과	30	15	182	12.1	1.13	1.44		13	149	11.5	1.28	1.87	3	4	58	14.5	1.19	1.68	1
자연	*간호학*	*17*	*27*	225	8.3	2.51	3.30		27	299	11.1	2.63	5.63	19	4	44	11.0	2.58	2.83	1
자연	IT융합학부(IT융합)	32	11	63	5.7	4.23	5.06		10	64	6.4	4.02	4.49	14	5	54	10.8	4.13	4.42	3
자연	IT융합학부(AI융합)	8	10	59	5.9	5.02	5.36		8	33	4.1	4.40	5.34	4	6	51	8.5	4.27	4.88	12
자연	나노반도체학과	8	10	41	4.1	5.62	6.24		6	27	4.5	6.25	7.09	21	5	6	1.2	6.78	6.85	1

68. 원광대학교

전라북도 익산시 익산대로 460
(Tel: 입학관리과 063. 850-5263~4 / 입학사정관실 063. 850-5266)

I. 한 눈에 보는 전형

모집시기	전형유형	전형	모집인원	전형 방법	수능최저학력기준
수시	교과	일반전형	1,173	학생부100%	X
수시	교과	지역인재교과 [신설]	전 32 호 16	▶의예과: 학생부100%	○
수시	교과	군사학과	40	1단계)학생부100%(4배수) 2단계)학생부70%+ 면접20%+ 체력검정10%	○
수시	종합	학생부종합	717	서류100% ▶원불교학과, 의약학계열: 1단계)서류100%(5배수) 2단계)서류70%+ 면접30%	X(의,치의,한의,약학. 한약,간호○)
수시	종합	지역인재 I	전128 호183	서류100% ▶의약학계열: 1단계)서류100%(5배수) 2단계)서류70%+ 면접30%	X(의,치의,한의,약학. 한약,간호○)
수시	종합	지역인재 II	12	서류100% ▶의약학계열: 1단계)서류100%(5배수) 2단계)서류70%+ 면접30%	X(의,치의,한의,약학. 한약,간호○)
수시	종합	특성화고교졸업자	97	서류100%	X
수시	종합	기회균형 I	53	서류100%	X
수시	종합	기회균형 II	63	서류100% ▶의약학계열: 1단계)서류100%(5배수) 2단계)서류70%+ 면접30%	X
수시	종합	농어촌학생	94	서류100% ▶의약학계열: 1단계)서류100%(5배수) 2단계)서류70%+ 면접30%	X
수시	실기/실적	실기	153	학생부38%+ 실기62%	X(체육교육○)
수시	실기/실적	특기자	60	1단계)학생부33%+ 특기실적67%(4배수) 2단계)1단계90%+ 면접10%	X

(수시모집) 지원 가능 횟수	본교 최대 4회 지원 가능(단, 각각 지원 시, 수시모집에 4회 지원한 것으로 산정됨)		
	1회	학생부위주(종합) 중 1개 학과(부)	학생부종합전형, 지역인재전형(I/II), 기회균형 I 전형
	2회	학생부위주(종합) 중 1개 학과(부)	기회균형 II 전형, 농어촌학생전형, 특성화고교졸업자전형
	3회	학생부위주(교과) 중 1개 학과(부)	일반전형, 지역인재교과전형, 군사학과전형
	4회	실기/실적 중 1개 학과(부)	실기전형, 특기자전형

■ 전형결과

※ 성적 산출기준: (수시) 교과 석차등급, (정시) 수능 백분위

모집시기	전형유형	전형	학년도	모집인원	지원인원	경쟁률	등록자 50%컷	등록자 70%컷	충원율
수시	교과	일반전형	2024	1,160	4,821	4.16	3.94	4.11	230%
수시	종합	학생부종합	2024	667	3,688	5.53	4.84	5.11	170%
수시	종합	지역인재 I (전북)	2024	227	1,453	6.40	4.09	4.30	74%
수시	종합	지역인재 I (호남)	2024	104	660	6.35	3.68	3.85	56%

■ (주요전형) 전형일정

유형	전형	원서접수 마감	대학별 고사(면접/논술)	1단계 합격자	최종 합격자
교과	일반전형	9.13(금) 18:00			11.15(금)
교과	지역인재교과	9.13(금) 18:00			11.15(금)
종합	학생부종합	9.13(금) 18:00	▶의약학계열, 원불교학과: 11.27(수)	▶의약학계열, 원불교학과 : 11.15(금)	11.15(금) ▶의약학계열, 원불교학과 : 12.13(금)
종합	지역인재 I	9.13(금) 18:00	▶의약학계열: 11.26(화)	▶의약학계열: 11.15(금)	11.15(금) ▶의약학계열:12.13(금)

Ⅱ. (수시모집) 주요 전형

■ (학생부교과) 일반전형

전형	모집인원	전형 방법	수능최저학력기준
일반전형	1,173	학생부100%	X

1. **지원자격**: 국내 고등학교 졸업(예정)자 또는 법령에 의하여 동등 이상의 학력이 있다고 인정된 자

◎ 전형요소
● 학생부(600점)

반영요소 반영비율	반영교과목		교과성적 산출지표	학년별 반영비율
	구분	반영방법		
교과 93%	공통 및 일반선택	국어, 영어, 수학, 사회(한국사 포함), 과학교과 중 상위 15과목 ※ 반영 학기: (교과) 3학년 1학기까지(졸업자 및 졸업예정자 공통)	석차등급	학년 구분 없음
	진로선택	반영교과목의 성취도 ※ 성취도 환산등급 = A : 1등급, B : 4등급, C : 6등급	성취도	
비교과 7%	※ 만점: ① 출결(10%): 미인정 결석 3일 이내			

◎ 전형결과
■ 전체

학년도	전체						인문						자연					
	모집인원	지원인원	경쟁률	등록50%컷	등록70%컷	충원율	모집인원	지원인원	경쟁률	등록50%컷	등록70%컷	충원율	모집인원	지원인원	경쟁률	등록50%컷	등록70%컷	충원율
2022	1,557	5,462	3.51	4.73	5.13	213%	623	2,425	3.89	4.32	4.71	231%	934	3,037	3.25	5.14	5.55	194%
2023	1,391	5,209	3.74	4.89	5.34	207%	581	2,480	4.26	4.44	4.85	217%	810	2,729	3.37	5.33	5.83	197%
2024	1,160	4,821	4.16	3.94	4.11	230%	522	1,932	3.70	3.71	3.90	218%	638	2,889	4.53	4.17	4.31	241%
2025	1,173						586						587					

■ 변경사항 & 핵심포인트

[2025]

변경사항	2024	2025
모집인원	1,160명	1,173명(+ 13명)

➡ **합격자 성적분포**: 인문계열은 3등급 중반 ~ 4등급 초반, 자연계열은 3등급 후반 ~ 4등급 후반

■ 모집단위

'*'표시 : 교직 이수 가능

계열	모집단위	2025	2024						2023						2022					
		모집인원	모집인원	지원인원	경쟁률	등록50%컷	등록70%컷	충원번호	모집인원	지원인원	경쟁률	등록50%컷	등록70%컷	충원번호	모집인원	지원인원	경쟁률	등록50%컷	등록70%컷	충원번호
인문	창의문화융합계열	75																		
예체	디자인융합계열	21																		
인문	*역사교육과**	*8*	*12*	37	3.1	2.02	2.11	23	13	114	8.8	2.14	2.36	22	13	70	5.4	2.61	2.85	34
인문	경찰행정학과	18	19	117	6.2	2.02	2.15	42	19	173	9.1	2.67	2.76	37	18	114	6.3	2.14	2.27	35
인문	국어교육과*	13	12	42	3.5	2.68	2.95	30	12	100	8.3	3.20	3.44	33	12	53	4.4	3.07	3.94	32
인문	교육학과*	10	7	31	4.4	2.98	3.22	24	7	35	5.0	3.14	3.30	14	7	23	3.3	2.89	3.02	10
인문	유아교육과*	19	18	59	3.3	3.02	3.30	38	19	140	7.4	3.43	3.59	39	19	143	7.5	3.24	3.40	47
인문	영어교육과*	13	12	45	3.8	3.19	3.28	33	12	69	5.8	3.66	3.77	40	12	61	5.1	3.36	3.64	36
인문	소방행정학과	24	24	113	4.7	3.23	3.39	61	24	188	7.8	3.48	3.68	26	18	153	8.5	3.45	3.76	45
인문	일어교육과*	13	12	82	6.8	3.54	3.55	19	10	54	5.4	4.43	4.59	23	10	67	6.7	3.28	3.43	13
인문	한문교육과*	13	12	60	5.0	3.56	3.63	37	10	41	4.1	4.50	5.18	31	10	40	4.0	3.76	4.07	30
인문	중등특수교육과*	13	12	49	4.1	3.63	3.66	37	14	81	5.8	4.10	4.57	46	14	79	5.6	4.21	4.33	64
인문	복지·보건학부	52	56	195	3.5	3.93	4.10	139	66	306	4.6	4.72	5.14	184	66	315	4.8	4.70	5.09	210
인문	의료상담학과	20	22	90	4.1	4.00	4.22	67	22	73	3.3	5.22	5.53	51						
인문	*행정공공기관학과*	*30*	*43*	123	2.9	4.04	4.25	80	51	139	2.7	5.01	5.42	88	50	197	3.9	4.83	5.05	147
인문	회계세무학과	23	30	70	2.3	4.21	4.38	40	32	74	2.3	4.80	5.75	42						
인문	*자율전공학부*	120	22	153	7.0	4.38	4.60	41	22	49	2.2	5.46	5.97	27						
인문	경영학과*	83	95	346	3.6	4.65	5.03	251	103	419	4.1	5.82	6.55	316	142	565	4.0	5.57	6.19	423

계열	모집단위	2025 모집인원	2024 모집인원	2024 지원인원	2024 경쟁률	2024 등록 50%컷	2024 등록 70%컷	2024 충원번호	2023 모집인원	2023 지원인원	2023 경쟁률	2023 등록 50%컷	2023 등록 70%컷	2023 충원번호	2022 모집인원	2022 지원인원	2022 경쟁률	2022 등록 50%컷	2022 등록 70%컷	2022 충원번호
인문	경제금융학과	18	24	54	2.3	4.94	5.48	30	28	59	2.1	6.02	6.39	31						
자연	농생명·바이오계열	77																		
자연	수학교육과*	10	8	48	6.0	2.81	3.12	21	8	38	4.8	4.04	4.60	30	8	56	7.0	2.64	2.93	42
자연	가정교육과*	10	10	62	6.2	3.00	3.08	42	10	58	5.8	3.70	4.65	45	10	66	6.6	3.94	3.95	41
자연	응급구조학과	10	12	201	16.8	3.30	3.46	14												
자연	반려동물산업학과	22	12	123	10.3	3.33	3.38	34	20	158	7.9	4.53	4.66	70	32	216	6.8	4.15	4.45	96
자연	건축학과(5년제)	12	12	75	6.3	3.45	3.55	20	15	110	7.3	4.12	4.42	35	15	134	8.9	3.62	4.09	39
자연	작업치료학과	13	13	136	10.5	3.53	3.70	82												
자연	동물보건학과	30	23	178	7.7	3.54	3.61	54	22	136	6.2	4.34	4.54	65						
자연	철도시스템공학부	23	21	108	5.1	3.64	3.79	33												
자연	식품영양학과*	19	21	104	5.0	3.74	3.91	52	21	195	9.3	4.49	4.74	85	22	172	7.8	4.93	5.31	110
자연	게임콘텐츠공학과	23	21	151	7.2	4.25	4.45	82	28	93	3.3	5.62	6.00	65	37	84	2.3	5.67	5.92	47
자연	뷰티디자인학부*	30	32	175	5.5	4.38	4.48	84	36	140	3.9	5.92	6.53	96	36	149	4.1	5.87	6.51	113
자연	국방기술학과	22	22	69	3.1	4.38	4.60	41	22	70	3.2	5.70	5.74	45						
자연	컴퓨터소프트웨어공학과	61	68	237	3.5	4.45	4.63	169	87	284	3.3	5.54	6.10	197	87	286	3.3	5.07	5.52	199
자연	전기공학과	40	43	155	3.6	4.46	4.63	112	55	176	3.2	5.72	6.35	121	63	215	3.4	5.07	5.64	152
자연	화학공학과	20	18	48	2.7	4.51	4.67	30	27	43	1.6	4.71	5.76	16	37	55	1.5	5.53	5.81	18
자연	가족아동복지학과*	13	17	103	6.1	4.71	4.80	86	19	89	4.7	5.60	6.11	70	20	88	4.4	4.88	5.10	68
자연	건축공학과	30	33	110	3.3	4.74	4.90	77	38	113	3.0	5.17	5.54	75	38	147	3.9	5.37	5.93	109
자연	기계공학부	33	31	96	3.1	4.76	4.85	65	21	67	3.2	4.92	5.35	46	27	109	4.0	4.85	5.25	82
자연	안전보건학과	21	24	63	2.6	4.78	4.98	39	22	55	2.5	4.82	5.70	33						
자연	전자공학과	26	28	68	2.4	4.96	5.15	40	40	78	2.0	5.64	6.44	38	53	80	1.5	5.76	5.92	27
자연	건설환경공학과	26	29	69	2.4	5.03	5.28	40	41	77	1.9	5.92	6.25	36	46	136	3.0	5.94	6.24	90
자연	도시공학과	16	21	37	1.8	5.36	4.54	16	28	64	2.3	6.25	6.49	36	30	78	2.6	6.67	6.84	48

■ (학생부교과) 지역인재교과

전형	모집인원	전형 방법	수능최저학력기준
지역인재교과 [신설]	전북 32 호남 16	▶의예과: 학생부100%	○

1. **지원자격**:
   1) 전북권 : 전라북도 소재의 고등학교에서 입학 일부터 졸업 일까지 전 교육과정을 이수한 졸업(예정)자
   2) 호남권 : 전라북도·전라남도·광주광역시 소재의 고등학교에서 입학 일부터 졸업 일까지 전 교육과정을 이수한 졸업(예정)자
      ※ 「초·중등교육법」 제2조에 따른 고등학교에 한함(그 외 고교졸업 동등학력자는 지원자격에 해당하지 않음)
   3) 전북권의 경우, 전북 ↔ 광주·전남 소재 고등학교로의 전학은 인정하지 않음
   4) 지역 구분 : 2개 지역으로 구분하여 모집(①전북권, ②호남권)

2. **수능최저학력기준**:

> ▶ 의예과: [국어, 수학, 영어, 과탐(2과목 평균)] 중 수학 포함 3개 영역 등급 합 5 이내
> ※ 국어, 수학, 영어, 과탐(2과목) 4개 영역 응시

◎ 전형요소
● 학생부(600점)

반영요소 반영비율	구분	반영교과목 반영방법		교과성적 산출지표	학년별 반영비율
교과 93%	공통 및 일반선택	국어, 영어, 수학, 사회(한국사 포함), 과학교과에 속한 전 과목 ※ 반영 학기: (교과) 3학년 1학기까지(졸업자 및 졸업예정자 공통)		석차등급	학년 구분 없음
	진로선택	반영교과목의 성취도 ※ 성취도 환산등급 = A : 1등급, B : 4등급, C : 6등급		성취도	
비교과 7%	※ 만점: ① 출결(10%): 미인정 결석 3일 이내				

◎ 전형결과

■ 변경사항 & 핵심포인트
- 신설 전형. 의예과만 선발. 전북은 32명, 호남은 16명

■ 모집단위   '＊'표시 : 교직 이수 가능

계열	모집단위	2025	2024						2023						2022					
		모집 인원	모집 인원	지원 인원	경쟁 률	등록 50%컷	등록 70%컷	충원 번호	모집 인원	지원 인원	경쟁 률	등록 50%컷	등록 70%컷	충원 번호	모집 인원	지원 인원	경쟁 률	등록 50%컷	등록 70%컷	충원 번호
자연	지역인재교과(전북)	32																		
자연	지역인재교과(호남)	16																		

■ (학생부종합) 학생부종합

전형	모집인원	전형 방법	수능최저학력기준
학생부종합	717	서류100% ▶원불교학과, 의약학계열: 1단계)서류100%(5배수) 2단계)서류70%+ 면접30%	X (의,치의,한의,약,한약,간호○)

1. **지원자격**: 국내 고등학교 졸업(예정)자 또는 법령에 의하여 동등 이상의 학력이 있다고 인정된 자
2. **제출서류**: 학교생활기록부
3. **수능최저학력기준**: 없음. 단, 의예, 치의예, 한의예, 약학, 한약학, 간호학은 있음

> ▶ 치의예과(인문), 한의예과(인문): [국어, 수학, 영어, 사탐(2과목 평균)] 중 <u>수학 포함</u> 3개 영역 등급 합 6 이내
> ▶ 의예과, 치의예과(자연), 한의예과(자연): [국어, 수학, 영어, 과탐(2과목 평균)] 중 <u>수학 포함</u> 3개 영역 등급 합 6 이내
> ▶ 약학과: [국어, 수학, 영어, 과탐(2과목 평균)] 중 <u>수학 포함</u> 3개 영역 등급 합 7 이내
> ▶ 한약학과: [국어, 수학, 영어, 사/과탐(2과목 평균)] 중 3개 영역 등급 합 9 이내
> ▶ 간호학과: [국어, 수학, 영어, 사/과탐(2과목 평균)] 중 3개 영역 등급 합 12 이내
> ※ 치의예과(인문), 한의예과(인문): 국어, 수학, 영어, 사탐(2과목) 4개 영역 응시
> ※ 의예과, 치의예과(자연), 한의예과(자연), 약학: 국어, 수학, 영어, 과탐(2과목) 4개 영역 응시
> ※ 한약학과, 간호학과: 국어, 수학, 영어, 사/과탐 중 3개 영역 이상 응시

◎ 전형요소
● 서류(700점)
  1. **평가방법**: 전임 및 위촉사정관 2인이(의치한의예과는 3인) 평가자료를 중심으로 평가영역별 평가기준에 따라 정성적 종합평가
  2. **평가영역**:

평가영역	반영비율	평가요소	평가내용
학교생활 충실도	38%	성실성	• 학교생활에 성실하게 참여한 정도 • 주어진 역할에 책임감을 가지고 성실하게 수행하려는 자세
		학업성취수준 및 주도성	• 전반적인 교과 성취수준 • 교과 수업에 적극적이며 능동적으로 탐구하며 참여하려는 태도
		활동의 적극성 및 다양성	• 교내활동(자율활동, 동아리활동 등)에서 적극적이고 꾸준하게 자신의 역할을 수행한 정도 • 교과 및 비교과 활동 등에서 창의적이고 다양한 탐구활동 수행 정도
전공적합성	32%	전공에 대한 관심과 이해	• 지원 전공에 대한 관심과 흥미를 가지고 전공과 관련된 교과활동을 수행한 정도 • 수강한 과목 등을 통한 전공과의 연관성
		진로 관련 교과목 이수 및 성취수준	• 지원 전공과 관련된 교과 선택 및 성취도 • 진로와 연계된 교과(또는 비교과) 활동을 통하여 융합적인 사고 및 지식을 활용하고자 한 노력
		진로 관련 기타 활동	• 자신의 진로를 개발하고자 다양한 활동에 대한 적극적인 참여도와 창의적, 주도적 역할수행
인성 및 사회성	30%	공동체의식(도덕성)	• 공동체 활동(단체 활동 등)을 통해 타인을 위한 배려와 개선 노력 • 어려운 상황에서도 교우들과 합심하고 공동의 의견을 조율하며 문제를 해결하려는 노력
		나눔과 배려	• 타인을 배려하고 나눔을 실천하려는 노력
		사회성(소통노력)	• 구성원들과 의사소통하고 협력하는 태도

  3. **평가척도**: 7등급(A+, A, B+, B, C, D, E)

☞ **보충설명**
• 학교생활충실도(38%) > 전공적합성(32%) > 인성및사회성(30%)
• 학업역량은 학교생활충실도, 전공적합성 두 곳에서 모두 평가
• 학교생활충실도에서 변별력 큼. 출석, 창체, 행특 등에서 차이남.
• 전공적합성은 지원 전공에 대한 적합성, 학업 성취도
• 의예과는 교과성적, 세특, 창체, 행특, 봉사활동, 일반 학과는 진로희망, 출석, 창체, 관련교과성적, 행특이 어느 정도 되면 가능

● 면접(300점)-원불교학과, 의약학계열

1. **평가방법**: 2인 1조로 구성된 면접위원이 학교생활기록부에 기재된 내용에 기초하여 질문하고 수험생이 답변하는 방식
   ※ 의·치·한의예과의 경우 2인 1조로 구성된 두 개의 면접실 운영
   ※ 제출된 서류를 확인하는 면접이므로 별도의 제시형 문제와 기출문제 없음

2. **평가영역**:

평가항목	반영비율	평가내용	평가내용
발전가능성	40.0%	• 전공에 대한 이해도와 관심 및 열정 • 전공에 대한 성취도	지원학과에 대한 관심도, 의욕 및 열정, 성취도, 진로계획의 실현가능성 등을 종합적으로 평가
인성 및 가치관	33.3%	• 학교생활의 성실성 • 가치관, 도덕성	학교생활의 성실성, 도덕성, 인간관계, 봉사정신 등을 종합적으로 평가
의사소통능력	26.7%	• 질문에 대한 이해도와 답변의 논리성 • 면접 태도 등	문제이해력, 답변의 논리성, 면접태도 등을 종합적으로 평가

3. **평가척도**: 7등급(A+, A, B+, B, C, D, E)

☞ **보충설명**

• 면접 300점은 기본점수 270점, 실질 반영 점수 30점
• 1단계 통과가 중에서 중위권부터 면접으로 뒤집을 가능성 높음
• 일반학과는 첫번째 방에서만 진행하고, 의치한은 2개 방에서 진행하여 한 학생이 첫 번째 방에 들어온 후 6분 뒤 두 번째 방으로 옮김. 첫 번 째 방은 학교 생활에 관련된 활동, 인성, 가치관을 질문, 두 번째 방은 전공에 관련된 발전가능성 물어 봄
• 질문 내용은 서류평가시 평가자 3명이 3개 이상 질문지를 작성하여 전산에 미리 입력함. 9개 중 물어봄. 추가 질문 가능
• 면접관 2명은 서류평가 참여하신 분 1명과 해당 학과 교수님 한 분임. 의예과는 3명(서류평가 안 하신 교수님 추가)

◎ **전형결과**

■ **전체**

학년도	전체						인문						자연					
	모집 인원	지원 인원	경쟁 률	등록 50%컷	등록 70%컷	충원 율	모집 인원	지원 인원	경쟁 률	등록 50%컷	등록 70%컷	충원 율	모집 인원	지원 인원	경쟁 률	등록 50%컷	등록 70%컷	충원 율
2022	705	3,470	4.92	5.13	5.23	114%	231	871	3.77	4.78	5.14	109%	474	2,599	5.48	5.06	5.32	118%
2023	694	3,348	4.82	4.95	5.29	142%	255	1,193	4.68	4.73	5.14	157%	439	2,155	4.91	5.16	5.43	126%
2024	667	3,688	5.53	4.84	5.11	170%	247	1,106	4.48	4.79	5.07	199%	420	2,582	6.15	4.89	5.15	141%
2025	717						318						399					

■ **변경사항 & 핵심포인트**

[2025]

변경사항	2024	2025
모집인원	667명	717명(+50명)
(수능최저) 자연 '수학' : 지정영역 폐지	수학(미적분/기하)	수학
(수능최저) 간호학과: 수능최저 변경	[국어, 수학, 영어, 사/과탐(2과목 평균)] 중 3개 영역 등급 합 11	[국어, 수학, 영어, 사/과탐(2과목 평균)] 중 3개 영역 등급 합 12

➡ **합격자 성적분포**: 인문계열은 4등급 중반 ~ 5등급 중반, 자연계열은 4등급 후반 ~ 5등급 중반

'*' 표시 : 교직 이수 가능

■ **모집단위**

계열	모집단위	2025	2024						2023						2022					
		모집 인원	모집 인원	지원 인원	경쟁 률	등록 50%컷	등록 70%컷	충원 번호	모집 인원	지원 인원	경쟁 률	등록 50%컷	등록 70%컷	충원 번호	모집 인원	지원 인원	경쟁 률	등록 50%컷	등록 70%컷	충원 번호
인문	디자인융합계열	18																		
인문	창의문화융합계열	32																		
인문	치의예과(인문)	2	2	31	15.5			2	2	15	7.5				2	21	10.5			
인문	한의예과(인문)	4	4	89	22.3	1.35	1.41	4	4	82	20.5	1.17	1.17	2	5	99	19.8	1.91	2.21	2
인문	역사교육과*	15	10	71	7.1	3.49	3.63	21	10	60	6.0	3.63	3.79	7						
인문	경찰행정학과	10	10	102	10.2	3.66	3.79	11	10	133	13.3	3.06	3.40	17	10	81	8.1	3.05	3.07	12
인문	유아교육과*	10	10	89	8.9	4.09	4.45	34	10	116	11.6	4.01	4.70	10	10	89	8.9	4.18	4.24	15
인문	회계세무학과	5	5	15	3.0	4.23	5.61	10	6	18	3.0	5.00	5.03	12						
인문	영어교육과*	10	10	36	3.6	4.28	4.43	26	10	25	2.5	4.84	5.20	12						
인문	국어교육과*	10	10	37	3.7	4.34	4.48	26	10	37	3.7	4.09	4.32	18	10	31	3.1	3.78	3.97	13
인문	원불교학과*	13	11	7	0.6	4.35	4.35		11	11	1.0	5.47	6.33		11	8	0.7	4.87	5.40	
인문	교육학과*	8	8	21	2.6	4.45	4.50	12	8	25	3.1	3.62	6.64	12	8	22	2.8	3.88	3.92	4
예체	스포츠과학부	4	5	33	6.6	4.47	4.97	23	5	32	6.4	4.15	4.26	15	15	59	3.9	4.79	4.99	25

계열	모집단위	2025 모집인원	2024 모집인원	2024 지원인원	2024 경쟁률	2024 등록50%컷	2024 등록70%컷	2024 충원번호	2023 모집인원	2023 지원인원	2023 경쟁률	2023 등록50%컷	2023 등록70%컷	2023 충원번호	2022 모집인원	2022 지원인원	2022 경쟁률	2022 등록50%컷	2022 등록70%컷	2022 충원번호
인문	일어교육과*	10	10	41	4.1	4.49	4.66	14	11	44	4.0	4.41	4.79	8	10	48	4.8	4.65	5.06	12
인문	소방행정학과	10	10	65	6.5	4.77	4.80	18	10	90	9.0	4.70	4.74	7	10	65	6.5	4.60	5.05	4
인문	의료상담학과	6	8	21	2.6	5.06	5.42	13	6	33	5.5	5.01	5.17	20						
인문	복지·보건학부	16	20	71	3.6	5.18	5.70	34	22	83	3.8	5.40	5.76	48	20	106	5.3	4.64	4.80	53
인문	한문교육과*	10	10	19	1.9	5.25	6.47	9	11	23	2.1	4.79	4.90	12	10	16	1.6	5.55	5.80	6
인문	자율전공학부	80	8	44	5.5	5.31	5.31	30	6	13	2.2	5.02	5.96	4						
인문	행정공공기관학과	10	20	52	2.6	5.38	5.86	32	22	61	2.8	5.85	6.40	39	20	52	2.6	5.93	6.28	32
인문	중등특수교육과*	10	10	21	2.1	5.40	5.43	11	11	34	3.1	4.67	4.90	23	10	29	2.9	4.91	5.09	8
인문	경영학과*	20	10	51	5.1	5.46	5.93	41	19	64	3.4	6.35	6.69	45	20	68	3.4	5.02	6.32	48
인문	경제금융학과	5	10	29	2.9	5.92	6.06	19	8	18	2.3	6.62	6.80	10						
자연	농생명·바이오계열	34																		
자연	의예과	26	26	320	12.3	1.14	1.16	28	26	233	9.0	1.18	1.22	29	26	351	13.5	1.13	1.17	28
자연	치의예과(자연)	12	12	209	17.4	1.30	1.34	13	12	153	12.8	1.28	1.34	12	17	228	13.4	1.35	1.44	17
자연	약학과	12	12	242	20.2	1.38	1.39	11	12	222	18.5				14	385	27.5	1.42	1.46	14
자연	한의예과(자연)	9	9	185	20.6	1.52	1.63	9	10	195	19.5	1.38	1.45	6	13	222	17.1	1.66	1.67	3
자연	한약학과	17	17	183	10.8	1.97	2.43	3	16	113	7.1				17	112	6.6	2.31	2.55	10
자연	간호학과*	46	41	290	7.1	3.42	3.53	17	32	225	7.0	3.14	3.28	17	35	279	8.0	3.10	3.19	20
자연	가정교육과*	13	12	28	2.3	4.42	5.00	16	14	43	3.1	4.13	4.37	28	14	40	2.9	4.81	4.93	15
자연	철도시스템공학부	8	8	29	3.6	4.71	5.22	13												
자연	응급구조학과	15	15	132	8.8	4.80	5.06	32												
자연	수학교육과*	13	13	27	2.1	4.97	5.11	14	16	47	2.9	4.18	4.44	31	15	36	2.4	4.59	4.85	18
자연	국방기술학과	8	8	29	3.6	5.03	5.08	16	6	26	4.3	4.69	4.85	13						
자연	반려동물산업학과	6	10	94	9.4	5.11	5.60	11	6	58	9.7	5.34	5.59	34	15	95	6.3	4.69	4.93	34
자연	화학공학과	6	8	18	2.3	5.12	6.21	10	8	16	2.0	6.51	6.60	8	12	16	1.3	7.10	7.13	4
자연	건축학과(5년제)	10	10	46	4.6	5.13	5.24	22	16	70	4.4	4.98	5.15	32	16	61	3.8	5.36	5.44	30
자연	안전보건학과	6	6	19	3.2	5.30	5.30	13	6	18	3.0	5.46	5.69	12						
자연	전기공학과	15	15	25	1.7	5.42	5.65	10	25	53	2.1	5.10	5.37	28	17	50	2.9	5.42	5.78	33
자연	게임콘텐츠공학과	10	10	44	4.4	5.54	5.72	22	8	15	1.9	6.17	6.24	7	10	18	1.8	5.74	5.90	8
자연	전자공학과	8	14	27	1.9	5.58	5.88	13	16	33	2.1	5.69	6.05	17	12	28	2.3	6.11	6.28	16
자연	동물보건학과	15	18	91	5.1	5.64	5.87	29	6	54	9.0	5.06	5.82	4						
자연	기계공학부	16	17	36	2.1	5.69	6.08	19	6	16	2.7	5.53	5.63	11	10	26	2.6	5.94	6.03	16
자연	작업치료학과	20	20	78	3.9	5.79	5.96	17	29	95	3.3	5.33	5.71	18	24	134	5.6	5.39	5.55	20
자연	식품영양학과*	10	10	60	6.0	5.80	6.07	36	10	50	5.0	5.39	5.97	19	7	38	5.4	4.80	4.94	6
자연	컴퓨터소프트웨어공학과	18	18	50	2.8	5.89	5.96	32	20	45	2.3	5.79	6.19	25	20	60	3.0	5.23	5.76	40
자연	가족아동복지학과*	10	9	25	2.8	5.95	6.35	16	11	52	4.7	5.64	5.94	33	9	48	5.3	6.01	6.06	32
자연	건축공학과	13	13	43	3.3	6.14	6.54	30	16	30	1.9	6.07	6.27	14	15	36	2.4	6.17	6.28	21
자연	건설환경공학과	8	10	21	2.1	6.17	6.23	11	10	16	1.6	5.48	6.00	6	12	31	2.6	6.21	6.57	19
자연	뷰티디자인학부*	7	8	54	6.8	6.19	6.74	27	10	36	3.6	5.54	6.13	21	10	35	3.5	6.25	6.36	22
자연	도시공학과	8	8	19	2.4	6.25	6.68	11	10	21	2.1	6.06	6.68	11	10	24	2.4	6.60	7.08	14

■ (학생부종합) 지역인재 I

전형	모집인원	전형 방법	수능최저학력기준
지역인재 I	전북 128 호남 183	서류100% ▶의약학계열: 1단계)서류100%(5배수) 2단계)서류70%+ 면접30%	X (의,치의,한의,약.한약,간호○)

1. **지원자격**:
    1) 전북권 : 전라북도 소재의 고등학교에서 입학 일부터 졸업 일까지 전 교육과정을 이수한 졸업(예정)자
    2) 호남권 : 전라북도 · 전라남도 · 광주광역시 소재의 고등학교에서 입학 일부터 졸업 일까지 전 교육과정을 이수한 졸업(예정)자
        ※ 「초·중등교육법」 제2조에 따른 고등학교에 한함(그 외 고교졸업 동등학력자는 지원자격에 해당하지 않음)
    3) 전북권의 경우, 전북 ↔ 광주 · 전남 소재 고등학교로의 전학은 인정하지 않음
    4) 지역 구분 : 2개 지역으로 구분하여 모집(①전북권, ②호남권)
2. **제출서류**: 학교생활기록부
3. **수능최저학력기준**: 없음. 단, 의예, 치의예, 한의예, 약학, 한약학, 간호학은 있음

▶ 한의예과(인문): [국어, 수학, 영어, 사탐(1과목)] 중 수학 포함 3개 영역 등급 합 6 이내
▶ 의예과, 치의예과(자연), 한의예과(자연): [국어, 수학, 영어, 과탐(1과목)] 중 수학 포함 3개 영역 등급 합 6 이내
▶ 약학과: [국어, 수학, 영어, 과탐(1과목)] 중 수학 포함 3개 영역 등급 합 7 이내
▶ 한약학과: [국어, 수학, 영어, 사/과탐(1과목)] 중 3개 영역 등급 합 9 이내
▶ 간호학과: [국어, 수학, 영어, 사/과탐(1과목)] 중 3개 영역 등급 합 12 이내
※ 치의예과(인문), 한의예과(인문): 국어, 수학, 영어, 사탐(2과목) 4개 영역 응시
※ 의예과, 치의예과(자연), 한의예과(자연), 약학과: 국어, 수학, 영어, 과탐(2과목) 4개 영역 응시
※ 한약학과, 간호학과: 국어, 수학, 영어, 사/과탐 중 3개 영역 이상 응시

◎ 전형요소
● 서류 및 면접: 학생부종합전형 참고

◎ 전형결과
■ 전체

전북 학년도	전체						인문						자연					
	모집 인원	지원 인원	경쟁률	등록 50%컷	등록 70%컷	충원율	모집 인원	지원 인원	경쟁률	등록 50%컷	등록 70%컷	충원율	모집 인원	지원 인원	경쟁률	등록 50%컷	등록 70%컷	충원율
2022	154	1,273	8.27	2.57	2.72	64%	28	172	6.14	2.76	2.85	75%	126	1,101	8.74	2.38	2.59	53%
2023	174	1,146	6.59	2.82	2.97	48%	34	145	4.26	3.18	3.33	53%	140	1,001	7.15	2.45	2.61	43%
2024	227	1,453	6.40	4.09	4.30	74%	56	226	4.04	4.61	4.85	88%	171	1,227	7.18	3.56	3.74	60%
2025	128						9						119					

호남 학년도	전체						인문						자연					
	모집 인원	지원 인원	경쟁률	등록 50%컷	등록 70%컷	충원율	모집 인원	지원 인원	경쟁률	등록 50%컷	등록 70%컷	충원율	모집 인원	지원 인원	경쟁률	등록 50%컷	등록 70%컷	충원율
2022	68	580	8.53	2.75	2.80	64%	13	85	6.54	3.10	3.13	62%	55	495	9.00	2.40	2.46	65%
2023	70	516	7.37	2.43	2.49	61%	14	68	4.86	3.02	3.06	57%	56	448	8.00	1.84	1.92	64%
2024	104	660	6.35	3.68	3.85	56%	27	89	3.30	4.44	4.52	41%	77	571	7.42	2.91	3.17	71%
2025	183						51						132					

■ 변경사항 & 핵심포인트

[2025]

변경사항	2024	2025
모집인원	[전북] 227명, [광주전남] 104명	[전북] 128명(-99명), [호남] 183명(+79명)
지원자격 변경	전북, 광주·전남	전북권 또는 호남권(전북, 전남, 광주) - 지역구분: 2개 지역으로 구분하여 모집
(수능최저) 자연 '수학' : 지정영역 폐지	수학(미적분/기하)	수학
(수능최저) 간호학과: 수능최저 변경	[국어, 수학, 영어, 사/과탐(1과목)] 중 3개 영역 등급 합 11	[국어, 수학, 영어, 사/과탐(1과목)] 중 3개 영역 등급 합 12

➡ 합격자 성적분포: (전북) 인문계열은 4등급 중반 ~ 4등급 중반, 자연계열은 3등급 중반 ~ 3등급 후반
(호남) 인문계열은 4등급 초반 ~ 4등급 중반, 자연계열은 2등급 후반 ~ 3등급 초반

'*' 표시 : 교직 이수 가능

■ 모집단위

전북 계열	모집단위	2025	2024							2023						2022					
		모집 인원	모집 인원	지원 인원	경쟁률	등록 50%컷	등록 70%컷	충원 번호	모집 인원	지원 인원	경쟁률	등록 50%컷	등록 70%컷	충원 번호	모집 인원	지원 인원	경쟁률	등록 50%컷	등록 70%컷	충원 번호
인문	한의예과(인문)	9	9	47	5.2	1.37	1.52	1	9	39	4.3	1.49	1.70		8	38	7.8	1.30	1.44	1
자연	의예과	33	33	265	8.0	1.18	1.31	25	33	242	7.3	1.18	1.33	22	30	243	8.1	1.18	1.33	18
자연	치의예과(자연)	22	22	170	7.7	1.48	1.61	7	22	162	7.4	1.60	1.68	7	17	152	8.9	1.57	1.67	9
자연	약학과	14	12	149	12.4	1.60	1.67	6	11	135	12.3	1.67	1.74	6	11	206	18.7	1.45	1.60	8
자연	한의예과(자연)	12	12	149	12.4	1.70	1.80	1	11	119	10.8	1.84	1.96	1	10	119	11.9	1.77	1.97	2
자연	간호학과*	38	38	249	6.6	3.21	3.46	12	40	236	2.9	3.12	3.33	10	40	291	7.3	2.97	3.12	16

호남계열	모집단위	2025 모집인원	2024 모집인원	지원인원	경쟁률	등록 50%컷	등록 70%컷	충원번호	2023 모집인원	지원인원	경쟁률	등록 50%컷	등록 70%컷	충원번호	2022 모집인원	지원인원	경쟁률	등록 50%컷	등록 70%컷	충원번호
인문	스포츠과학부	1																		
인문	의료상담학과	4																		
인문	경영학과*	4	3	6	2.0			3												
인문	한의예과(인문)	6	6	32	5.3	1.35	1.40		6	28	4.7	1.21	1.33	1	5	30	6.0	1.24	1.29	
인문	경찰행정학과	18	4	21	5.3	3.56	3.56	3	4	27	6.8	2.90	2.90	6	4	34	8.5			7
인문	소방행정학과	14	4	15	3.8	5.01	5.35	3	4	13	3.3	4.95	4.95	1	4	21	5.3	4.96	4.96	1
인문	복지·보건학부	4	4	7	1.8	6.58	6.58	3												
자연	작업치료학과	14													5	13	2.6	5.54	5.69	1
자연	응급구조학과	10																		
자연	식품영양학과	4																		
자연	전기공학과	8	3	5	1.7			2												
자연	의예과	18	10	82	8.2	1.08	1.20	16	10	80	8.0	1.11	1.19	18	10	92	9.2	1.10	1.19	7
자연	치의예과(자연)	10	10	118	11.8	1.33	1.39	15	10	72	7.2	1.45	1.47	1	7	72	10.3	1.26	1.29	7
자연	한의예과(자연)	9	9	99	11.0	1.42	1.51	3	9	70	7.8	1.57	1.59		8	91	11.4	1.48	1.53	5
자연	약학과	8	8	114	14.3	1.47	1.52	1	7	105	15.0	1.44	1.48	9	5	88	17.6	1.60	1.61	2
자연	한약학과	10	5	39	7.8	1.88	1.96		5	16	3.2	2.45	2.61		5	23	4.6	2.78	2.78	1
자연	간호학과*	16	16	82	5.1	3.26	3.32	4	15	105	7.0	3.04	3.17	8	15	116	7.7	3.06	3.13	13
자연	컴퓨터소프트웨어공학과	4	4	7	1.8	4.69	6.38	3												
자연	건축학과(5년)	8	4	10	2.5	5.41	5.41	6												
자연	동물보건학과	13	6	10	1.7	5.61	5.82	3												

69. 을지대학교

(대전캠퍼스) 대전광역시 중구 계룡로 771번길 77 (Tel: 042. 259-1530~1)
(성남캠퍼스) 경기도 성남시 수정구 산성대로 553 (Tel: 031. 740-7106~7, 7277)
(의정부캠퍼스) 경기도 의정부시 동일로 712 (Tel: 031. 740-7106~7, 7277)

I. 한 눈에 보는 전형

모집시기	전형유형	전형	모집인원	전형 방법	수능최저학력기준
수시	교과	지역균형	148	학생부교과100% ▶의예과: 학생부교과95%+ 인성면접5% ※ 고교 추천: 제한 없음	○
수시	교과	지역의료인재	62	▶의예과: 학생부교과95%+ 인성면접5%	○
수시	교과	기회균형 I	18	학생부교과100% ▶의예과: 학생부교과95%+ 인성면접5%	○
수시	교과	기회균형 II	25	▶의예과: 학생부교과95%+ 인성면접5%	○
수시	교과	기회균형 III	33	학생부교과100%	○
수시	교과	농어촌학생	30	학생부교과100% ▶의예과: 학생부교과95%+ 인성면접5%	○
수시	교과	특성화고교졸업자	7	학생부교과100%	X
수시	종합	EU자기추천	119	1단계)서류100%(4배수) 2단계)서류70%+ 면접30%	X
수시	종합	EU미래인재	104	서류100%	X
수시	종합	사회기여및배려대상자	34	서류100%	X
수시	논술	논술우수자 [신설]	219	학생부30%+ 논술70%	X
수시	실기/실적	실기우수자	50	학생부교과30%+ 실기70%	X

※ 가. 학생부종합전형', '나. 학생부교과전형' 복수지원 가능(최대 6건까지)
※ 1개 캠퍼스 내 동일 전형으로는 중복 지원 불가
  가. 학생부종합전형
    : 면접형(EU자기추천), 서류형(EU미래인재, 사회기여 및 배려대상자)별 1회씩만 지원 가능(캠퍼스별 중복 지원 불가)

(수시모집) 지원 가능 횟수

구분	성남/의정부 캠퍼스			가능 여부
	면접형	서류형		
	EU자기추천	EU미래인재	사회기여자및배려자	
CASE 1	○	○		가능
CASE 2	○		○	가능
CASE 3	○	○	○	불가능(서류형 택1)

나. 학생부교과전형: 전형별로 1회씩 지원 가능(캠퍼스별 중복 지원 가능)

구분	성남/의정부 캠퍼스						가능 여부
	지역균형	기회균형 I	기회균형 II	기회균형 III	농어촌학생	특성화고졸	
CASE	○	○	○	○	○	○	가능

■ 무전공(전공자율선택)

유형① [대학 내 모든 전공(보건의료, 사범 등 제외) 자율 선택]		유형② [계열/단과대 모집 후 모집단위 내 전공 자율 선택]	
모집단위	인원	모집단위	인원
[의정부] 자유전공학부	71	[의정부] 국제학부	54
		[성남] 인문사회계열학부	130
		[성남] 자연계열학부	172

■ 자유전공학부 : 첨단학부(빅데이터인공지능전공), 자연계열학부, 인문사회계열학부에 개설된 전공을 자유롭게 선택 가능
■ 자연계열학부 : 식품영양전공, 식품생명공학전공, 안전공학전공, 화장품과학전공, 의료공학전공
■ 인문사회계열학부 : 레저산업전공, 뷰티아트전공, 시각디자인전공, 사회복지전공, 아동청소년상담전공, 중독상담전공, 장례산업전공
※ 글로벌빅데이터AI학과는 외국인전담학과(영어 트랙)

■ 모집단위 신설 · 변경

구분	2024	2025
폐지	미래융합대학 바이오공학부, 스마트의료정보학부, 휴먼서비스학부	– –
신설	–	의료경영학과, 첨단학부, 글로벌빅데이터AI학과(외국인 전담학과)

■ 전형결과

※ 성적 산출기준: (수시) 교과 석차등급, (정시) 수능 백분위

▮ 성남캠퍼스

모집시기	전형유형	전형	학년도	모집인원	지원인원	경쟁률	등록자 평균	등록자 70%컷	충원율
수시	교과	지역균형	2024	145	867	5.98	3.37	3.53	172%
수시	종합	EU자기추천	2024	117	1,733	14.81	4.02	4.13	63%
수시	종합	EU미래인재	2024	107	1,327	12.40	3.87	3.88	159%

▮ 의정부캠퍼스

모집시기	전형유형	전형	학년도	모집인원	지원인원	경쟁률	등록자 평균	등록자 70%컷	충원율
수시	교과	지역균형	2024	22	226	10.27	2.54	2.61	332%
수시	종합	EU자기추천							
수시	종합	EU미래인재	2024	9	100	11.1	2.90	3.23	167%

▮ 대전캠퍼스

모집시기	전형유형	전형	학년도	모집인원	지원인원	경쟁률	등록자 평균	등록자 70%컷	충원율
수시	교과	지역균형	2024	5	77	15.40	1.18	1.17	100%
수시	교과	지역의료인재	2024	19	184	9.68	1.37	1.44	105%
수시	종합	EU자기추천	2024	11	173	15.73	3.05	3.07	127%

■ (주요전형) 전형일정

유형	전형	원서접수 마감	대학별 고사(면접/논술)	1단계 합격자	최종 합격자
교과	지역균형	9.13(금) 18:00 학교장추천: 9.25(수) 18:00	▶의예과: 12.08(일)		12.13(금)
교과	지역의료인재	9.13(금) 18:00	▶의예과: 12.08(일)		12.13(금)
종합	EU자기추천	9.13(금) 18:00	11.16(토)	11.13(수)	12.13(금)
종합	EU미래인재	9.13(금) 18:00			12.13(금)
논술	논술우수자	9.13(금) 18:00	10.26(토)~27(일) 인문/자연		12.13(금)

II. (수시모집) 주요 전형

■ (학생부교과) 지역균형

전형	모집인원	전형 방법	수능최저학력기준
지역균형	148	학생부교과100% ▶의예과: 학생부교과95%+ 인성면접5%	○

1. **지원자격**: 고등학교 졸업자 또는 졸업예정자로서 학교장의 추천을 받은 자(고교별 추천 인원 제한 없음)
   ※ 본인의 소속 고등학교와 반드시 사전 협의 후 원서접수 가능
2. **제출서류**: 학교생활기록부, 학교장 추천 명단
3. **수능최저학력기준**: 바이오융합대학: 없음. 단, 의예과, 간호대학, 보건과학대학은 있음

> ▶ 의예과: [국어, 수학, 영어, 과탐(1과목)] 4개 영역 등급 합 5 이내 ※ 과탐 2과목 응시 필수
> ▶ 간호대학: [국어, 수학, 영어, 사/과탐(1과목)] 중 2개 영역 등급 합 8 이내
> ▶ 보건과학대학: [국어, 수학, 영어, 사/과탐(1과목)] 중 1개 영역 4등급 이내

◎ 전형요소
● 학생부:

반영요소 반영비율	반영교과목			교과성적 산출지표	학년별 반영비율
	구분	반영방법			
교과100%	공통 및 일반선택	국어, 영어, 수학, 사회, 과학, 한국사교과에 속한 전 과목 ※ 총 이수단위가 80단위 미만일 경우 등급 변환점수에 0.94를 곱하여 적용		석차등급	학년 구분 없음
	진로선택	미반영			

● 면접:
1. 의예과: 인성면접, 의사가 갖추어야 할 인성과 자질에 대하여 평가

◎ 전형결과
■ 전체

성남 학년도	전체						인문						자연					
	모집 인원	지원 인원	경쟁 률	등록 평균	등록 70%컷	충원 율	모집 인원	지원 인원	경쟁 률	등록 평균	등록 70%컷	충원 율	모집 인원	지원 인원	경쟁 률	등록 평균	등록 70%컷	충원 율
2022	89	1,260	14.16	3.69	3.97	196%	11	87	7.91	4.01	4.20	182%	78	1,173	15.04	3.36	3.44	210%
2023	162	1,655	10.22	3.59	3.73	191%	25	173	6.92	4.00	4.14	188%	137	1,482	10.82	3.18	3.31	193%
2024	145	867	5.98	3.37	3.53	172%	24	212	8.83	3.72	3.91	142%	121	655	5.41	3.02	3.15	202%
2025	98						27						71					

의정부 학년도	전체						인문						자연					
	모집 인원	지원 인원	경쟁 률	등록 평균	등록 70%컷	충원 율	모집 인원	지원 인원	경쟁 률	등록 평균	등록 70%컷	충원 율	모집 인원	지원 인원	경쟁 률	등록 평균	등록 70%컷	충원 율
2022	26	271	10.42	3.32	3.78	239%	6	29	4.83	4.17	4.14	333%	20	242	12.10	2.47	2.57	145%
2023	35	248	7.09	3.25	3.37	249%	10	84	8.40	3.76	3.93	250%	25	164	6.56	2.73	2.81	248%
2024	22	226	10.27	2.54	2.61	332%							22	226	10.27	2.54	2.61	332%
2025	30						16						14					

대전 학년도	전체						인문						자연					
	모집 인원	지원 인원	경쟁 률	등록 평균	등록 70%컷	충원 율	모집 인원	지원 인원	경쟁 률				모집 인원	지원 인원	경쟁 률	등록 평균	등록 70%컷	충원 율
2022																		
2023	5	92	18.40	1.20	1.25	120%							5	92	18.40	1.20	1.25	120%
2024	5	77	15.40	1.18	1.17	100%							5	77	15.40	1.18	1.17	100%
2025	20												20					

■ 변경사항 & 핵심포인트
[2025]

변경사항	2024	2025
모집인원	172명	148명(-24명)
학생부 반영등급 변경	총 이수단위가 80단위 미만일 경우 등급 변환점수에 0.92를 곱하여 적용	총 이수단위가 80단위 미만일 경우 등급 변환점수에 0.94를 곱하여 적용

▶ 합격자 성적분포: (성남) 인문계열은 3등급 중반 ~ 3등급 후반, 자연계열은 3등급 초반 ~ 3등급 중반
(의정부) 자연계열은 2등급 중반 ~ 2등급 후반 / (대전) 의예과는 1등급 초반

'*' 표시 : 교직 이수 가능

■ 모집단위

성남 계열	모집단위	2025	2024						2023						2022					
		모집 인원	모집 인원	지원 인원	경쟁 률	등록 평균	등록 70%컷	충원 번호	모집 인원	지원 인원	경쟁 률	등록 평균	등록 70%컷	충원 번호	모집 인원	지원 인원	경쟁 률	등록 평균	등록 70%컷	충원 번호
인문	의료경영학과	7							11	90	8.2	3.21	3.43	15	6	59	9.8	3.47	3.52	15
인문	인문사회계열학부	20																		
자연	빅데이터인공지능전공	7																		
자연	자연계열학부	23																		
자연	간호학과	11	14	84	6.0	2.28	2.32	39	16	175	10.9	2.10	2.20	52	10	194	19.4	2.23	2.30	32
자연	방사선학과	6	10	65	6.5	2.53	2.59	19	11	139	12.6	2.65	2.79	11	6	101	16.8	2.87	2.94	11
자연	물리치료학과	7	10	61	6.1	2.55	2.70	31	12	190	15.8	2.38	2.52	28	7	138	19.7	2.80	2.86	14
자연	임상병리학과	9	12	70	5.8	2.71	2.78	32	13	114	8.8	2.73	2.76	25	8	125	15.6	2.64	2.91	21
자연	치위생학과	3	8	54	6.8	2.91	3.07	15	9	68	7.6	3.01	3.11	17	5	81	16.2	3.00	3.05	6
자연	응급구조학과	2	5	39	7.8	2.95	2.99	7	6	41	6.8	2.90	3.30	11	4	67	16.8	2.90	2.80	8
자연	안경광학과	3	8	34	4.3	4.26	4.77	14	9	93	10.3	3.52	3.68	5	5	60	12.0	3.86	4.07	6

의정부계열	모집단위	2025 모집인원	2024 모집인원	지원인원	경쟁률	등록평균	등록70%컷	충원번호	2023 모집인원	지원인원	경쟁률	등록평균	등록70%컷	충원번호	2022 모집인원	지원인원	경쟁률	등록평균	등록70%컷	충원번호
인문	자유전공학부	16																		
자연	*간호학과*	*12*	*18*	183	10.2	2.43	2.49	69	20	130	6.5	2.46	2.60	45	15	187	12.5	2.25	2.33	25
자연	*임상병리학과*	*2*	*4*	43	10.8	2.65	2.72	4	5	34	6.8	3.00	3.02	17	5	55	11.0	2.69	2.81	4

대전계열	모집단위	2025 모집인원	2024 모집인원	지원인원	경쟁률	등록평균	등록70%컷	충원번호	2023 모집인원	지원인원	경쟁률	등록평균	등록70%컷	충원번호	2022 모집인원	지원인원	경쟁률
자연	의예과	20	5	77	15.4	1.18	1.17	5	5	92	18.4	1.20	1.25	6			

■ (학생부교과) 지역의료인재

전형	모집인원	전형 방법	수능최저학력기준
지역의료인재	62	▶의예과: 학생부교과95%+ 인성면접5%	○

1. **지원자격**: 대전광역시·세종특별자치시·충청남도·충청북도 소재 고등학교 과정(입학 시부터 졸업 시까지 전 교육과정)을 이수한 졸업(예정)자
2. **수능최저학력기준**:

> ▶ 의예과: [국어, 수학, 영어, 과탐(1과목)] 4개 영역 등급 합 6 이내 ※ 과탐 2과목 응시 필수

◎ 전형요소
● **학생부 및 면접**: 지역균형전형 참고

◎ 전형결과
■ 전체

대전학년도	전체 모집인원	지원인원	경쟁률	등록평균	등록70%컷	충원율	인문 모집인원	지원인원	경쟁률	등록평균	등록70%컷	충원율	자연 모집인원	지원인원	경쟁률	등록평균	등록70%컷	충원율
2022	15	206	13.73	1.37	1.50	87%							15	206	13.73	1.37	1.50	87%
2023	19	239	12.58	1.33	1.35	111%							19	239	12.58	1.33	1.35	111%
2024	19	184	9.68	1.37	1.44	105%							19	184	9.68	1.37	1.44	105%
2025	62												62					

■ 모집단위

'*'표시 : 교직 이수 가능

대전계열	모집단위	2024 모집인원	2023 모집인원	지원인원	경쟁률	등록평균	등록70%컷	충원번호	2022 모집인원	지원인원	경쟁률	등록평균	등록70%컷	충원번호	2021 모집인원	지원인원	경쟁률	등록평균	등록70%컷	충원번호
자연	의예과	62	19	184	9.7	1.37	1.44	20	19	239	12.6	1.33	1.35	21	15	206	13.7	1.37	1.42	13

■ (학생부종합) EU자기추천

전형	모집인원	전형 방법	수능최저학력기준
EU자기추천	119	1단계)서류100%(4배수) 2단계)서류70%+ 면접30%	X

1. **지원자격**: 고등학교 졸업(예정)자 또는 관계 법령에 의하여 고등학교 졸업자와 동등 이상의 학력이 있다고 인정되는 자(단, 해당자의 경우 별도의 활동보고서를 반드시 추가 제출)로서 올바른 인성과 전공적합성을 갖춘 창의적 HUMAN인재로서 스스로를 추천할 수 있는 자
   ※ 비인가 시설·학교·기관 수료(졸업)자 및 해외고교 졸업자는 지원 자격에서 제외됨.(단, 교육부 인가 재외 한국학교 졸업(예정)자는 지원 가능)
2. **제출서류**: 학교생활기록부

◎ 전형요소
● **서류(1,000점)**
   1. **평가내용** 입학사정관은 다수-다단계의 블라인드 평가 과정을 통하여 지난 3년간 여러분의 소중한 시간을 정성을 다해 살펴봅니다.
      – 공교육 내에서 이루어진 활동의 누가 기록을 통해 학생 개개인의 성장 과정을 살펴보고, 예비 을지인으로서 그 역량을 평가
   2. **평가항목별 반영비율**

전형	학업역량	진로역량	공동체역량
EU자기추천	35	35	30
EU미래인재	40	30	30

3. 평가항목 예시

평가요소	평가항목	평가항목 예시
학업역량	학업성취도	– 대학 수학에 필요한 기본 교과목(예: 국어, 수학, 영어, 사회, 과학, 한국사 등)의 교과성적은 적절한가? 　그 외 교과목의 교과성적은 어느 정도인가? 유난히 소홀한 과목이 있는가? – 학기별/학년별 성적의 추이는 어떠한가?
	학업태도 및 탐구력	– 성취동기와 목표의식을 가지고 자발적으로 학습하려는 의지가 있는가? – 새로운 지식을 획득하기 위해 자기주도적으로 노력하고 있는가? – 교과 수업에 적극적으로 참여해 수업내용을 이해하려는 태도와 열정이 있는가? – 교과와 각종 탐구활동 등을 통해 지식을 확장하려고 노력하고 있는가? – 교과와 각종 탐구활동에서 구체적인 성과를 보이고 있는가? – 교내 활동에서 학문에 대한 열의와 지적 관심이 드러나고 있는가?
진로역량	전공(계열) 관련 교과 이수 노력	– 전공(계열)과 관련된 과목을 적절하게 선택하고, 이수한 과목은 얼마나 되는가? – 전공(계열)과 관련된 과목을 이수하기 위하여 추가적인 노력을 하였는가? 　(예: 공동 교육과정, 온라인수업, 소인수과목 등) – 선택과목(일반/진로)은 교과목 학습단계(위계)에 따라 이수하였는가?
	전공(계열) 관련 교과 성취도	– 전공(계열)과 관련된 과목의 성취 수준은 적절한가? – 전공(계열)과 관련된 동일 교과 내 일반선택과목 대비 진로선택과목의 성취수준은 어떠한가?
	진로 탐색 활동과 경험	– 자신의 관심 분야나 흥미와 관련한 다양한 활동에 참여하여 노력한 경험이 있는가? – 교과 활동이나 창의적 체험활동에서 전공(계열)에 대한 관심을 가지고 탐색한 경험이 있는가?
공동체 역량	협업과 소통능력	– 단체 활동 과정에서 서로 돕고 함께 행동하는 모습이 보이는가? – 구성원들과 협력을 통하여 공동의 과제를 수행하고 완성한 경험이 있는가? – 타인의 의견에 공감하고 수용하는 태도를 보이고 있는가? – 자신의 생각이나 의견을 논리적, 체계적으로 전달하는 경험이 있는가?
	성실성과 규칙준수	– 교내 활동에서 자신이 맡은 역할에 최선을 다하려고 노력한 경험이 있는가? – 자신이 속한 공동체가 정한 규칙과 규정을 준수하고 있는가?
	나눔과 배려	– 학교생활 속에서 나눔을 실천하고 생활화한 경험이 있는가? – 타인을 위하여 양보하거나 배려를 실천한 구체적 경험이 있는가? – 상대를 이해하고 존중하는 노력을 기울이고 있는가
	리더십	– 공동체의 목표를 달성하기 위해 계획하고 실행을 주도한 경험이 있는가? – 구성원들의 인정과 신뢰를 바탕으로 참여를 이끌어내고 조율한 경험이 있는가?

4. 평가등급

A+	A	B+	B	C+	C	D+	D	E
매우 우수 <--- 보통 ---> 매우 미흡								

☞ **보충설명**

- 학업역량35%, 진로역량35%, 공동체역량30%. 학업역량과 진로역량이 가장 중요함
- 학과별 인재상 및 핵심역량이 아주 중요함. 평가기준임
- 학업역량은 약간 차이 나고 진로역량에서 차이 남. 성실성을 파악하기 위해 기술가정 등 기타 과목을 살펴 봄
- 교과는 반영교과목은 정해져 있지만, 비교과와 반영비율은 학과 마다 조금씩 다름

■ (2024) 학과별 인재상 및 핵심역량

학과	인재상	핵심역량
임상병리 학과 (의정부/ 성남)	– 임상병리학(진단검사의학)분야를 선도하는 보건의료인 – 의생명과학분야를 주도할 핵심 연구 인재 – 국제화 Health Technology의 준비된 전문가 – 국민건강증진을 위해 봉사하는 국가보건 공무원 – 첨단전문지식을 보유한 교육자	– 화학·생물을 기초로 한 의생명과학분야 학문에 대한 열정 – 기초의학 및 임상병리학에 대한 배움의 의지 – 글로벌화에 준비할 수 있는 어학 학습 능력 – 국가고시 및 진로 개척에 대한 뚜렷한 의지 – 보건의료인으로서의 봉사정신
스포츠 아웃도어 학과 (의정부)	– 안전한 아웃도어 스포츠 전문 지도자 – 아웃도어 산업의 전문 경영관리	– 자연환경에 대한 이해와 관심 – 아웃도어 활동에 대한 지적 호기심 – 진취적 태도와 원활한 의사소통능력 – 글로벌 역량과 도전정신
중독재활 복지학과 (의정부)	– 미래 사회의 복지증진 및 중독재활복지의 지도력과 창의력을 　겸비한 인재 – 지역사회복지, 상담 및 중독 영역을 선도하는 임상 전문가 – 봉사와 희생정신으로 휴머니즘을 실천하는 복지 전문가	– 휴머니즘에 기초한 국제화와 글로벌 마인드의 중독복지 선도 – 인간행동과 사회현상에 대한 봉사와 희생정신의 지도력 – 미래사회가 요구하는 리더십과 창의력의 복지 마인드 – 사회통합화와 정상화를 위한 공감 및 의사소통 능력 – 사회복지 및 정신보건을 위한 자기관리능력
간호학과 (의정부/ 성남)	– 인간존중 이념을 바탕으로 봉사하는 지성인 – 과학적 지식과 전문적 기술이 풍부한 간호인 – 국민건강과 안녕에 기여하고 창의적 미래를 선도하는 전문인	– 간호에 대한 열정과 지적 호기심 – 건강문제 해결을 위한 비판과 창의적 사고 능력 – 인간 이해를 바탕으로 한 의사소통 및 협동 능력 – 과학적 정보관리 및 연구 능력

학과	인재상	핵심역량
		- 지역사회 발전 및 봉사에 적극 참여 - 세계화를 위한 언어능력과 지도자적 자질
안경 광학과	- 21세기 시력 보호를 선도하는 보건의료 전문가 - 미래안경 산업이 요구하는 지도력과 창의력을 겸비한 인재 - 봉사와 희생정신을 가지고 지역사회에 이바지할 수 있는 인재	- 국민의 안전보건에 대한 남다른 열정과 지적 호기심 - 국민보건과 안경 산업을 이끌어갈 리더십과 글로벌 마인드 - 새로운 지식 습득과 연구 개발하는 창조적 자세 - 미래사회가 요구하는 창의력과 협동 정신 - 국민 안전보건을 책임질 수 있는 봉사와 희생정신
응급구조 학과	- 응급의료체계 운영의 중추 역할을 담당할 1급 응급구조사 - 응급구조학분야 교육, 연구, 실무 역량을 갖춘 지도자 - 생명존중의 봉사정신이 투철한 전문직 국가공무원	- 응급구조학에 대한 지적 열정 - 현장적응력 강화를 위한 창의적인 사고력 - 응급구조학의 최신 지식습득을 위한 외국어 능력 - 타인과의 원활한 소통을 위한 의사소통능력 - 인간사랑, 생명존중의 봉사정신
치위생 학과	- 구강질병예방 및 구강건강증진을 선도하는 예방치과처치자 - 지역사회 공중구강보건사업에 중추적 역할을 하는 교육연구가 - 치과병의원 경영 및 인사관리를 수행할 전문성을 갖춘 실무형 병원관리자	- 국민보건 향상에 헌신하는 봉사 마인드 - 구강보건위생의 과학적 접근에 대한 열의와 지적 통찰력 - 타인과의 우호적 관계 형성 및 의사소통기술 - 자기주도적 실천적 태도 - 사물과 자료에 대한 세심한 관찰력 및 정리정돈능력
물리치료 학과	- 국민건강에 기여하고 보건의료 전문분야의 유능한 물리치료사 양성 - 환자의 치료와 재활, 그리고 배려를 통한 신체와 정신적 안정을 추구하는 전문가 양성	- 물리치료에 대한 이해와 관심 - 보건 분야 의료 정책과 실무 내용을 파악하고 대비할 수 있는 능력 배양 - 타인을 배려하는 적극적인 태도와 인성 - 원활한 의사소통능력과 국제적 경쟁력
식품영양 학과	- 건강증진 및 질병예방을 위한 식생활을 선도할 영양관리 전문가 - 건강한 식생활을 주도할 역량을 갖춘 인재	- 식품 영양에 대한 이해와 관심 - 새로운 식생활 문화를 선도해 나아갈 능력 - 변화에 유연하고, 고정관념에 얽매이지 않는 창의적인 사고능 력 - 새로운 도전에 두려워하지 않는 마인드 - 급변하는 현대사회에 준하는 경쟁력
식품산업 외식학과	- 국내외 차세대 식품산업, 외식산업의 리더형 인재 양성 - 식품 및 외식산업 창출에 기여할 수 있는 창의적 인재 양성 - 글로벌 역량을 지닌 인재 양성	- 식품과 외식산업에 대한 관심과 학문적 열정 - 새로운 식문화에 대한 호기심과 응용 능력 - 한식의 세계화를 주도할 수 있는 외국어 능력 - 타인을 배려하는 이해심과 봉사정신
보건환경 안전학과	- 글로벌 성장을 주도할 보건·안전·환경 분야의 지도자 - 과학 지식과 전문 기술을 겸비한 보건환경안전 분야의 실무자 - HSE 분야 정책 수립과 실무 추진자 - 국민건강과 안전에 기여하고 미래를 선도하는 성실한 사회인	- 환경오염 및 산업재해를 해결하기 위한 열정과 지적 호기심 - 건강과 안전환경 분야 정책을 개발할 수 있는 과학적 사고력 - 시대의 변화에 부응할 수 있는 창의력과 리더십 - 당면한 문제해결을 위한 논리적이고 종합적인 사고력 - 국가와 사회를 위한 봉사정신 및 협동 정신
미용 화장품 과학과	- 뷰티 코스메틱 산업을 선도하는 창의적인 글로벌 인재 - 차세대 뷰티 산업을 이끌 전문 미용 보건 인재	- 타인과의 원활한 의사소통능력과 봉사정신 - 적극적인 탐구 정신과 실천적 사고능력 - 과학과 예술 등 다양한 학문을 융합하는 다면적 학습 - 헬스케어 기술을 기반으로 한 미적 창의 능력
빅데이터 의료융합 학과	- 인공지능 기반 빅데이터 분석의 핵심기술을 선도하고 새로운 가치를 창출하는 전문 인재 - 의료 ICT 지식 기반 다학제적 융합연구가 가능한 창의적 인재	- 인공지능 기반 Bio·Health 데이터 분석 및 서비스 창출 능력 - 논리적이고 종합적인 문제해결 능력 - 의사소통 능력과 강한 도전정신
의료 IT학과	- 제4차 산업혁명의 핵심기술인 AI, IoT 관련 초 연결 기술과 Big Data 관련 초지능 기술인 - 의료 IT 분야 지식 흐름의 체계화 및 극대화를 통한 다학제 간 협력 연구로 연구 성과를 제고하고, 특화된 융합교육으로 창의 적인 인재 양성	- 의료IT 분야에 대한 흥미와 열정 - 컴퓨터 소프트웨어에 대한 관심과 의지 - 마케팅 분야에 대한 관심과 이해 - 창의력과 문제해결능력 - 논리적이고 종합적인 사고력 - 국제적 의사소통능력과 강한 도전정신
의료 공학과	- 실버 시대를 주도할 보건의료 전문가 - 질병의 진단 및 치료기술 개발에 기여할 Health Technology 전문가 - 환자의 고통과 노약자의 불편함을 해소해 주겠다는 사명감을 가진 공학자	- 과학과 공학, 의학에 관한 관심 - 인체의 구조 및 생리에 대한 호기심 - 과학적 이해력과 공학적 접근 방법 - 실험을 통한 지식 습득 능력 - 환자와 노약자에 대한 공감 능력 - 의료기기 수입 및 수출을 주도할 수 있는 외국어 능력
의료 경영학과	- 병원경영, 의무기록정보관리, 의료정보분석, 보건기획 및 정책 수립 분야의 글로벌 경쟁력을 갖춘 보건의료산업의 행정, 경영 및 연구전문 인재	- 보건의료 및 의료경영에 대한 이해와 관심 - 보건의료인으로서 바른 인성과 타인(환우)과의 원활한 의사소 통 능력 - 창의적이고 논리적인 사고력 - 글로벌 마인드와 리더십

학과	인재상	핵심역량
의료홍보 디자인 학과	- 홍보 기획력과 디자인 실무 능력을 겸비한 능동적이고 창의적인 홍보전문가	- 글로벌 마인드와 의사소통능력 - 창의적 조형능력과 논리적 사고력 - 새로움을 추구하는 호기심과 열정
장례지도 학과	- 21세기 건전한 장례문화를 선도하는 선구자 - 선진 장례문화 정착에 앞장서는 글로벌 리더 - 섬김과 봉사, 인간존중 정신을 함양한 실천가	- 장례문화에 대한 남다른 열정과 지적호기심을 가진 인재 - 국민보건과 장례위생화에 앞장서는 과학적 인재 - 장례문화의 선진화와 글로벌 마인드를 가진 인재 - 인간존엄에 대한 소신과 목적의식이 뚜렷한 인재 - 섬김과 나눔에 대해 소명의식이 분명한 인재 - 새로운 장례문화를 선도할 창조적인 인재
유아교육 학과	- 미래지향적 교육관을 가지고 도전하는 인재 - 교양과 지식을 겸비한 인성이 뛰어난 인재	- 어린이를 사랑하고 존중하는 마음과 자세 - 자신과 다른 사람의 마음을 이해할 수 있는 시각 - 타인을 생각하는 배려심과 이해심 - 다양한 분야의 소질이 있는 인재 - 의사소통, 언어구사능력, 통솔력
아동학과	- 인간사랑, 생명존중의 소양을 갖추고 지역사회에 봉사하는 인재 - 창의적 문제해결력을 가지고 아동분야에서 능동적으로 도전하는 인재 - 글로벌 역량을 갖고 아동 보육과 복지 및 상담의 전문성을 실천하는 인재	- 아동을 사랑하고 존중하며 이타주의를 실천하는 자세 - 창의적인 사고와 도전정신 - 긍정적 사고와 다양성을 존중하는 마음 - 타인의 입장을 공감하고 타인과 소통할 수 있는 능력

※ 학과별 인재상 및 핵심 역량은 교육과정을 통해 양성하고자 하는 궁극적인 목표와 이상을 의미하며, 해당 학과 진학을 희망하는 수험생의 합격을 위한 절대 조건을 의미하지 않습니다.

● 면접(300점)

1. 면접방법

면접형태	면접기준	면접방법	면접방법	면접시간
서류기반 일반면접	인성, 전공적합성, 발전가능성, 자세 및 태도	입학사정관 등이 참여하여 블라인드 면접으로 진행	다대일 면접 (면접위원 3명과 지원자 1명)	10분 내외

※ 블라인드 면접은 면접위원이 지원자의 이름/수험번호/출신고교 등 개인정보를 배제한 상태에서 평가를 진행하며, 면접에 응시하는 지원자 역시 관련 사실을 절대 언급할 수 없습니다. 또한 모든 지원자는 고사장에 입실하기 전 '가번호 목걸이'를 패용하며, '졸업학사가운'을 착용한 후 면접에 임하게 됩니다. 따라서 면접복장으로는 교복과 사복 모두 관계없습니다.

2. 평가항목

평가항목	반영비율	평가내용
계열(전공)적합성	30%	• 계열(전공)에 대한 관심과 이해 • 계열(전공) 관련 활동과 진로계획
인성	30%	• 성실성과 규칙준수 • 협업과 소통역량
자세 및 태도	20%	• 면접태도 및 자세 • 제출서류 진위여부
발전가능성	20%	• 자기주도성 • 창의적 문제해결력

3. 평가지표

A	B	C	D	E
매우 우수 <------------------------------------		보통 ------------------------------------>		매우 미흡

◎ 전형결과

■ 전체

성남 학년도	전체						인문						자연					
	모집 인원	지원 인원	경쟁 률	등록 평균	등록 70%컷	충원 율	모집 인원	지원 인원	경쟁 률	등록 평균	등록 70%컷	충원 율	모집 인원	지원 인원	경쟁 률	등록 평균	등록 70%컷	충원 율
2022	100	1,261	12.61	3.93	4.24	74%	25	224	8.96	4.03	4.71	76%	75	1,037	13.83	3.83	3.77	71%
2023	101	1,047	10.37	4.24	4.51	72%	26	188	7.23	4.56	5.08	81%	75	859	11.45	3.93	3.95	63%
2024	117	1,733	14.81	4.02	4.13	63%	32	405	12.66	4.25	4.52	53%	85	1,328	15.62	3.79	3.74	72%
2025	108						29						79					

의정부 학년도	전체						인문						자연					
	모집 인원	지원 인원	경쟁 률	등록 평균	등록 70%컷	충원 율	모집 인원	지원 인원	경쟁 률	등록 평균	등록 70%컷	충원 율	모집 인원	지원 인원	경쟁 률	등록 평균	등록 70%컷	충원 율
2022	19	223	11.74	4.00	3.70	91%	8	52	6.50	5.01	4.14		11	171	15.55	2.98	3.26	91%
2023	19	182	9.58	4.23	4.10	51%	8	48	6.00	5.43	5.13	38%	11	134	12.18	3.02	3.07	64%
2024	11	173	15.73	3.05	3.07	127%							11	173	15.73	3.05	3.07	127%
2025	11												11					

■ 변경사항 & 핵심포인트
[2025]

변경사항	2024	2025
모집인원	128명	119명(-9명)

➡ 합격자 성적분포: (성남) 인문계열은 4등급 초반 ~ 4등급 후반, 자연계열은 3등급 중반 ~ 4등급 초반
(의정부) 자연계열은 2등급 후반 ~ 3등급 초반

■ 모집단위   '*' 표시 : 교직 이수 가능

성남계열	모집단위	2025 모집인원	2024 모집인원	지원인원	경쟁률	등록평균	등록70%컷	충원번호	2023 모집인원	지원인원	경쟁률	등록평균	등록70%컷	충원번호	2022 모집인원	지원인원	경쟁률	등록평균	등록70%컷	충원번호
인문	의료경영학과	4							4	43	10.8	4.21	4.32	2	4	42	10.5	4.37	4.58	2
인문	인문사회계열학부	25																		
자연	빅데이터인공지능전공	4																		
자연	자연계열학부	26																		
자연	간호학과	8	8	178	22.3	2.70	2.68	11	8	105	13.1	2.80	2.62	7	8	168	21.0	2.62	2.63	10
자연	물리치료학과	7	7	216	30.9	3.10	3.25	9	7	197	28.1	3.33	3.24	2	7	174	24.9	3.33	3.44	3
자연	임상병리학과	7	7	131	18.7	3.26	3.45		7	86	12.3	3.37	3.47	5	7	88	12.6	3.26	3.27	4
자연	응급구조학과	5	4	118	29.5	3.49	3.92	4	4	55	13.8	3.83	4.23	4	4	85	21.3	3.27	3.41	2
자연	방사선학과	8	8	197	24.6	3.70	4.44		8	102	12.8	3.52	4.09	5	8	123	15.4	3.60	3.37	4
자연	치위생학과	10	4	61	15.3	4.16	3.60	1	4	51	12.8	3.70	3.26	2	4	64	16.0	3.89	3.43	3
자연	안경광학과	4	4	59	14.8	5.02	3.78	3	4	27	6.8	4.52	5.25	1	4	29	7.3	4.27	4.78	1

의정부계열	모집단위	2025 모집인원	2024 모집인원	지원인원	경쟁률	등록평균	등록70%컷	충원번호	2023 모집인원	지원인원	경쟁률	등록평균	등록70%컷	충원번호	2022 모집인원	지원인원	경쟁률	등록평균	등록70%컷	충원번호
자연	간호학과	7	7	122	17.4	2.77	2.95	10	7	91	13.0	2.72	2.88	4	7	128	18.3	2.75	2.80	8
자연	임상병리학과	4	4	51	12.8	3.33	3.19	4	4	43	10.8	3.31	3.25	3	4	43	10.8	3.21	3.71	2

■ (학생부종합) EU미래인재

전형	모집인원	전형 방법	수능최저학력기준
EU미래인재	104	서류100%	X

1. 지원자격:
    1. 고등학교 졸업(예정)자
    2. 관계 법령에 의하여 고등학교 졸업자와 동등 이상의 학력이 있다고 인정되는 자(해당자의 경우 별도의 활동보고서를 반드시 추가로 제출)
    3. 고교 교육과정을 충실히 이수한 자로서 적극적으로 자신의 역량을 계발한 자
    ※ 비인가 시설·학교·기관 수료(졸업)자 및 해외고교 졸업자는 지원 자격에서 제외됨.(단, 교육부 인가 재외 한국학교 졸업(예정)자는 지원 가능)
2. 제출서류: 학교생활기록부

◎ 전형요소
● 서류: EU자기추천전형 참고

◎ 전형결과
■ 전체

성남 학년도	전체 모집인원	지원인원	경쟁률	등록평균	등록70%컷	충원율	인문 모집인원	지원인원	경쟁률	등록평균	등록70%컷	충원율	자연 모집인원	지원인원	경쟁률	등록평균	등록70%컷	충원율
2022	90	743	8.26	4.06	3.86	125%	14	70	5.00	4.34	3.69	136%	76	673	8.86	3.77	4.02	114%
2023	91	866	9.52	3.95	4.14	138%	15	98	6.53	4.23	4.46	147%	76	768	10.11	3.67	3.82	128%
2024	107	1,327	12.40	3.87	3.88	159%	21	250	11.90	4.22	4.06	171%	86	1,077	12.52	3.52	3.69	146%
2025	95						21						74					

의정부 학년도	전체 모집인원	지원인원	경쟁률	등록평균	등록70%컷	충원율	인문 모집인원	지원인원	경쟁률	등록평균	등록70%컷	충원율	자연 모집인원	지원인원	경쟁률	등록평균	등록70%컷	충원율
2022	19	149	7.84	3.72	3.88	66%	8	34	4.25	4.50	4.85	50%	11	115	10.45	2.94	2.91	82%
2023	17	124	7.29	3.39	3.38	29%	8	43	5.38	3.93	3.98	25%	9	81	9.00	2.85	2.78	33%

의정부 학년도	전체						인문						자연					
	모집 인원	지원 인원	경쟁 률	등록 평균	등록 70%컷	충원 율	모집 인원	지원 인원	경쟁 률	등록 평균	등록 70%컷	충원 율	모집 인원	지원 인원	경쟁 률	등록 평균	등록 70%컷	충원 율
2024	9	100	11.1	2.90	3.23	167%							9	100	11.1	2.90	3.23	167%
2025	9												9					

■ 변경사항 & 핵심포인트

[2025]

변경사항	2024	2025
모집인원	116명	104명(-12명)

➡ 합격자 성적분포: (성남) 인문계열은 4등급 초반 ~ 4등급 중반, 자연계열은 3등급 중반 ~ 3등급 후반
  (의정부) 자연계열은 2등급 중반 ~ 3등급 중반

■ 모집단위

'*'표시 : 교직 이수 가능

성남 계열	모집단위	2025	2024						2023						2022					
		모집 인원	모집 인원	지원 인원	경쟁 률	등록 평균	등록 70%컷	충원 번호	모집 인원	지원 인원	경쟁 률	등록 평균	등록 70%컷	충원 번호	모집 인원	지원 인원	경쟁 률	등록 평균	등록 70%컷	충원 번호
인문	의료경영학과	4							4	36	9.0	4.11	4.39	2	4	25	6.3	4.03	3.69	7
인문	인문사회계열학부	17																		
자연	빅데이터인공지능전공	4																		
자연	자연계열학부	27																		
자연	간호학과	8	8	139	17.4	2.56	2.79	13	8	97	12.1	2.63	2.91	18	8	98	12.3	2.62	2.68	12
자연	임상병리학과	7	7	86	12.3	2.90	2.93	14	7	86	12.3	3.14	2.97	9	7	53	7.6	3.33	3.55	7
자연	응급구조학과	5	4	65	16.3	3.04	3.68	6	4	40	10.0	3.60	3.74	4	4	49	12.3	3.50	3.64	6
자연	물리치료학과	7	7	138	19.7	3.20	2.96	16	7	124	17.7	3.14	3.10	10	7	100	14.3	2.92	3.50	7
자연	방사선학과	8	8	126	15.8	3.28	3.21	9	8	64	8.0	3.36	3.23	11	8	73	9.1	3.32	3.42	5
자연	치위생학과	4	4	74	18.5	3.94	4.44	6	4	53	13.3	3.84	3.72	10	4	39	9.8	3.48	3.91	6
자연	안경광학과	4	4	41	10.3	4.47	4.62	3	4	29	7.3	4.12	4.20	2	4	23	5.8	4.57	4.67	4

의정 부 계열	모집단위	2025	2024						2023						2022					
		모집 인원	모집 인원	지원 인원	경쟁 률	등록 평균	등록 70%컷	충원 번호	모집 인원	지원 인원	경쟁 률	등록 평균	등록 70%컷	충원 번호	모집 인원	지원 인원	경쟁 률	등록 평균	등록 70%컷	충원 번호
자연	임상병리학과	3	3	32	10.7			2	3	22	7.3	3.13			4	32	8.0	3.28	3.26	2
자연	간호학과	6	6	68	11.3	2.90	3.23	13	6	59	9.8	2.56	2.78	3	7	83	11.9	2.60	2.56	7

■ (논술) 논술우수자

전형	모집인원	전형 방법	수능최저학력기준
논술우수자 [신설]	219	학생부30%+ 논술70%	X

1. **지원자격**: 고등학교 졸업자 또는 졸업예정자, 관계 법령에 의하여 고등학교 졸업자와 동등 이상의 학력이 있다고 인정되는 자

◎ 전형요소
● 학생부(300점)

반영요소 반영비율	반영교과목		교과성적 산출지표	학년별 반영비율
	구분	반영방법		
교과100%	공통 및 일반선택	국어, 영어, 수학, 사회, 과학, 한국사교과에 속한 전 과목 ※ 총 이수단위가 80단위 미만일 경우 등급 변환점수에 0.94를 곱하여 적용	석차등급	학년 구분 없음
	진로선택	미반영		

구분		1등급	2등급	3등급	4등급	5등급	6등급	7등급	8등급	9등급
점수	100점	100	98	96	94	92	90	70	40	10
등급 간 점수 차이	100점	0	2	2	2	2	2	20	30	30
	300점	0	6	6	6	6	6	60	90	90

● 논술(700점) :
  1. 논술고사 특징
    - 수험생 부담을 완화하기 위해 핵심어로 이루어진 문장이나 수식으로 간략하게 답변
    - 대학교육에 필요한 기본적인 수학능력을 평가하고자 인문·자연 계열 구분 없이 평가

- 고교교육과정 범위에서 대학수학능력시험의 출제 경향을 반영하여 고등학교 교과내용 중심
- 고등학교 정기고사 서술·논술형 문항 난이도

2. 평가방법:

문항 수		배점	고사시간	총점	답안지 형식
국어	수학				
7	7	각 문항 10점	70분	140점+560점(기본점수)	노트 형식

3. 출제영역:

구분	과목	출제범위
국어	언어와 매체	음운 변동 이해·적용, 단어와 품사 이해, 문장 성분 분석·적용높임법의 이해·적용, 비문의 유형 및 해소 등
	독서(비문학)	중심 내용과 세부 정보 파악, 핵심 용어와 개념 이해, 글의 구조와 전개 방법 파악, 생략된 내용 추론, 인과 관계·상관관계 추론, 구체적 상황에 적용하기, 어휘의 문맥적 이해 등
	문학	고전소설, 현대소설, 고전시, 현대시 등
수학	수학Ⅰ	지수함수와 로그함수, 삼각함수, 수열
	수학Ⅱ	함수의 극한과 연속, 미분, 적분

◎ 전형결과

■ 전체

성남 학년도	전체						인문						자연					
	모집인원	지원인원	경쟁률	등록평균	등록70%컷	충원율	모집인원	지원인원	경쟁률	등록평균	등록70%컷	충원율	모집인원	지원인원	경쟁률	등록평균	등록70%컷	충원율
2025	161						46						115					

의정부 학년도	전체						인문						자연					
	모집인원	지원인원	경쟁률	등록평균	등록70%컷	충원율	모집인원	지원인원	경쟁률	등록평균	등록70%컷	충원율	모집인원	지원인원	경쟁률	등록평균	등록70%컷	충원율
2025	58						32						26					

■ 변경사항 & 핵심포인트

[2025]

변경사항	2024	2025
모집인원	-	219명

- 내신 6등급까지는 부담 없음. 논술로 당락 결정

■ 모집단위

'*' 표시 : 교직 이수 가능

성남 계열	모집단위	2025	2024						2023						2022					
		모집인원	모집인원	지원인원	경쟁률	등록평균	등록70%컷	충원번호	모집인원	지원인원	경쟁률	등록평균	등록70%컷	충원번호	모집인원	지원인원	경쟁률	등록평균	등록70%컷	충원번호
인문	의료경영학과	11																		
인문	인문사회계열학부	35																		
자연	간호학과	12																		
자연	임상병리학과	12																		
자연	안경광학과	8																		
자연	응급구조학과	7																		
자연	방사선학과	10																		
자연	치위생학과	8																		
자연	물리치료학과	12																		
자연	빅데이터인공지능전공	11																		
자연	자연계열학부	35																		

의정부 계열	모집단위	2025	2024						2023						2022					
		모집인원	모집인원	지원인원	경쟁률	등록평균	등록70%컷	충원번호	모집인원	지원인원	경쟁률	등록평균	등록70%컷	충원번호	모집인원	지원인원	경쟁률	등록평균	등록70%컷	충원번호
인문	자유전공학부	32																		
자연	임상병리학과	11																		
자연	간호학과	15																		

70. 이화여자대학교

서울특별시 서대문구 이화여대길 52 (Tel: 02. 3277-7000)

I. 한 눈에 보는 전형

모집 시기	전형 유형	전형	모집 인원	전형 방법	수능최저 학력기준
수시	교과	고교추천	417	1단계)학생부교과100%(5배수) 2단계)학생부교과80%+ 면접20% ※ 고교 추천: 20명	X
수시	종합	미래인재	1,010	서류100%	○
수시	종합	고른기회	164	서류100%	○
수시	종합	사회기여자	16	서류100%	○
수시	논술	논술전형	297	논술100%	○
수시	특기	어학특기자	16	1단계)서류100%(4배수) 2단계)서류70%+ 면접30%	X
수시	특기	국제학특기자	43	1단계)서류100%(4배수) 2단계)서류70%+ 면접30%	X
수시	특기	예체능서류	72	1단계)서류100%(4배수) 2단계)서류80%+ 면접20%	○
수시	실기/실적	예체능실기	81	▶한국음악과(거문고, 대금, 피리, 아쟁, 타악기) : 1단계)학생부100%(5배수) 2단계)학생부20%+ 실기80% ▶한국음악과(가야금, 해금, 성악, 한국음악이론 및 작곡) : 1단계)학생부100%(7배수) 2단계)학생부20%+ 실기80% ▶무용과: 1단계)학생부100%(3배수) 2단계)학생부20%+ 실기80%	X

(수시모집) 지원 가능 횟수	1. 수시모집의 모든 전형은 2개 이상 중복지원이 가능하며, 동일 전형 내에서는 1개의 모집단위에만 지원 가능함 2. 두 가지 이상의 전형에 지원하는 경우에는 아래의 사항을 준수하여야 함 가. 제출서류는 각 전형별로 제출할 것. 나. 각 전형의 지정된고사(논술고사, 면접, 실기고사 등)에 반드시 응시할 것

■ 무전공(전공자율선택)

유형① [대학 내 모든 전공(보건의료, 사범 등 제외) 자율 선택]		유형② [계열/단과대 모집 후 모집단위 내 전공 자율 선택]	
모집단위	인원	모집단위	인원
스크랜튼학부	41	인공지능데이터사이언스학부	114
인문계열	174		
자연계열	149		

■ 스크랜튼대학 스크랜튼학부 자유전공 입학생은 인문과학대학, 사회과학대학, 자연과학대학, 공과대학, 경영대학, 신산업융합대학(체육학부 제외), 스크랜튼학부(국제학부, 뇌·인지학부), 인공지능대학의 각 학부/학과 중 선택 가능

■ 모집단위 신설 · 변경

구분	2024	2025
분리	화학생명분자과학부(화학·나노과학전공, 생명과학전공)	화학·나노공학과 생명과학과

■ 학교폭력 조치사항

전형	전형 총점	감점								
		1호	2호	3호	4호	5호	6호	7호	8호	9호
고교추천	1,000	학교생활기록부에 학교 폭력 관련 기재 사항이 있을 경우, 추천 대상에서 제외됨								
학생부종합 예체능서류 특기자	1,000	학교생활기록부에 학교 폭력 관련 기재 사항이 있을 경우, 본교 입학관련 위원회의 심의를 통하여 서류평가 총점에서 감점 또는 0점 처리될 수 있음								

■ 전형결과

※ 성적 산출기준: (수시) 교과 석차등급, (정시) 수능 백분위

모집시기	전형유형	전형	학년도	모집인원	지원인원	경쟁률	등록자 50%컷	등록자 70%컷	충원율
수시	교과	고교추천	2024	400	1,884	4.71	**1.72**	1.81	121%
수시	종합	미래인재	2024	945	8,172	8.65	**2.27**	2.39	56%
수시	논술	논술전형	2024	300	14,839	49.46			
수시	특기	어학특기자	2024	16	63	3.94			

모집시기	전형유형	전형	학년도	모집인원	지원인원	경쟁률	등록자 50%컷	등록자 70%컷	충원율
수시	특기	국제학특기자	2024	54	223	4.12			
수시	특기	예체능서류	2024	71	945	13.30			

■ (주요전형) 전형일정

유형	전형	원서접수 마감	대학별 고사(면접/논술)	1단계 합격자	최종 합격자
교과	고교추천	9.12(목) 17:00 학교장추천: 9.25(수)	10.26(토)~27(일)	10.22(화)	11.08(금)
	▶ 10.26(토) [인문계열] 08:10~13:30 인문과학대학, 사회과학대학 / 14:10~19:30 경영대학, 신산업융합대학(인문), 사범대학(인문) ▶ 10.27(일) [자연계열] 08:10~13:30 공과대학, 인공지능대학 / 14:10~19:30 자연과학대학, 사범대학(자연), 신산업융합대학(자연), 간호대학				
종합	미래인재	9.12(목) 17:00			12.13(금)
논술	논술전형	9.12(목) 17:00	11.23(토)~24(일)		12.13(금)
	▶ 11.23(토) 08:30~12:30 인문 I [인문과학대학, 사범대학] / 14:00~18:00 인문 II [사회과학대학, 경영대학, 신산업융합대학] ▶ 11.24(일) 08:30~12:30 자연 I [자연과학대학, 공과대학, 인공지능대학, 신산업융합대학, 간호대학] / 14:00~18:00 자연 II [약학대학]				
특기	어학특기자	9.12(목) 17:00	10.27(일) 08:10~13:30	10.22(화)	11.08(금)
특기	국제학특기자	9.12(목) 17:00	10.27(일) 14:10~19:30	10.22(화)	11.08(금)
특기	예체능서류	9.12(목) 17:00 ※ 활동보고서: 9.13(금) 17:00	10.26(토) 14:10~19:30	10.22(화)	12.13(금)

II. (수시모집) 주요 전형

■ (학생부교과) 고교추천

전형	모집인원	전형 방법	수능최저학력기준
고교추천	417	1단계)학생부교과100%(5배수) 2단계)학생부교과80%+ 면접20%	X

1. **지원자격**: 다음 각 항에 모두 해당하면 지원할 수 있습니다.
   가. 2024년 2월 이후 고등학교 졸업자(2025년 2월 졸업예정자 포함)
      ※ 특수목적고 졸업(예정)자, 특성화고 졸업(예정)자, 일반계고 및 종합고의 전문계 교육과정 이수자, 학력인정 평생교육시설 및 비인가 대안학교 졸업(예정)자, 일반고등학교의 대안교육(위탁학생 출신자, 학생부 교과목별 석차등급을 산출할 수 없는 자 제외
   나. **학교장의 추천을 받은 자**
      ※ 고교별 추천인원: 최대 20명
      ※ 지원시 본인이 재학 중이거나 졸업한 고등학교와 반드시 사전 협의 후 원서접수 가능
   다. 3학년 1학기까지 국내 고등학교 교육과정에서 통산 5학기 이상의 성적을 취득한 자
   라. 학교생활기록부에 학교 폭력 관련 기재 사항이 있을 경우, 추천 대상에서 제외됨
2. **제출서류**: 학교생활기록부

◎ 전형요소
● 학생부(800점)

반영요소 반영비율		반영교과목		교과성적 산출지표	학년별 반영비율
	구분	반영방법			
교과100%	공통 및 일반선택 (80%)	국어, 영어, 수학, 한국사, 사회(역사/도덕 포함), 과학교과에 속한 전 과목 ※ 반영 학기: (교과) 졸업예정자 및 졸업자 모두 3학년 1학기까지		석차등급	학년 구분 없음
	진로선택 (20%)	반영교과목 성취도 점수 = A : 10, B : 8.6, C : 5.0		성취도	

■ 교과성적 산출방법
   ① 공통 및 일반선택과목: 각 과목의 석차등급 점수에 이수단위를 반영하여 평균 석차등급 점수를 산출함.
   ② 진로선택 및 전문교과 I 과목: 각 과목의 성취도 점수에 이수단위를 반영하여 평균 성취도 점수를 산출함.
   ③ 산출된 평균 석차등급 점수(80%)와 평균 성취도 점수(20%)를 반영비율로 환산함
■ (교과) 등급 간 점수 차이

구분		1등급	2등급	3등급	4등급	5등급	6등급	7등급	8등급	9등급
점수	10점	10	9.6	9.2	8.6	7.8	7.0	5.0	2.0	0
등급 간 점수 차이	10점	0	0.4	0.4	0.6	0.8	0.8	2	3	2
	640점	0	25.6	25.6	38.4	51.2	51.2	128	192	128

● **면접(200점)**:
  1. **면접방법**: 제출서류에 기반으로 한 일반면접으로 인성, 자기주도성, 전공 잠재력 및 발전가능성 등을 종합적으로 평가.

☞ **보충설명**

- 면접 역전율은 25% 정도로 높음
- 면접방식은 서류 기반 면접. 토대로 학생 맞춤형 면접이 이뤄짐. 학생부종합전형의 서류 기반면접과 유사
- 학생부를 토대로 학생의 역할이나 구체적인 활동 내용 등이 면접 과정을 통해서 꼬리질문으로 이어지는 형태
  – 학생부 기반 일반면접으로 학생부를 보고 궁금한 것을 질문. 자연계 교수님들은 동아리를, 인문계 교수님들은 두루두루 다양하게 질문함
- 면접시간은 10분 이내이지만, 실제로는 6분 ~ 8분 정도 걸림
- 내신 편차 분포 보다는 면접 편차 분포가 더 큼. 면접을 잘 보면 합격 가능성 있음. 면접 역전률은 20% 정도로 높음.

◎ **전형결과**

■ **전체**

학년도	전체						인문						자연					
	모집인원	지원인원	경쟁률	등록50%컷	등록70%컷	충원율	모집인원	지원인원	경쟁률	등록50%컷	등록70%컷	충원율	모집인원	지원인원	경쟁률	등록50%컷	등록70%컷	충원율
2022	400	1,794	4.49	1.73	1.83	124%	201	929	4.62	1.71	1.83	149%	199	865	4.35	1.74	1.82	99%
2023	400	2,204	5.51	1.73	1.81	126%	201	1,222	6.08	1.74	1.81	134%	199	982	4.93	1.72	1.81	117%
2024	400	1,884	4.71	1.72	1.81	121%	201	916	4.56	1.75	1.85	160%	199	968	4.86	1.68	1.76	81%
2025	417						201						216					

■ **변경사항 & 핵심포인트**

[2025]

변경사항	2024	2025
모집인원	400명	417명(+17명)
학교폭력 관련 기재사항 반영	-	추천대상에서 제외
추천인원 확대	3학년 여학생 수의 5%(최대 10명)	20명
전형방법 변경	학생부교과80%+ 면접20%	1단계)학생부교과100%(5배수) 2단계)학생부교과80%+ 면접20%
(학생부) 진로선택과목 비율 확대	공통 및 일반선택과목 90% 진로선택과목 10%	공통 및 일반선택과목 80% 진로선택과목 20%

- 학교폭력 관련 기재사항 반영: 추천 대상에서 제외
- 추천인원: 3학년 여학생 수의 5%(최대 10명) -> 20명으로 확대됨
- 전형방법: 일괄합산 -> 단계별전형으로 변경됨에 따라 1단계에서 학생부교과100%로 5배수를 선발한 후 2단계에서 면접20% 반영
- 학생부 진로선택과목: 진로선택과목 반영비율이 10%->20%로 증가하여 영향력 커짐.
▶ **합격자 성적분포**: 인문계열은 1등급 초반 ~ 2등급 초반, 자연계열은 1등급 중반 ~ 1등급 후반
  – 전형방법이 1단계에서 학생부교과100%로 5배수를 선발한 후 면접을 실시하는 것으로 변경됨. 전년도 경쟁률이 4.71 대 1로 1단계 선발배수인 5배수보다 낮기 때문에 일부 학과를 제외하고는 1단계를 통과하는 데 지장을 주지 않음.

'*' 표시 : 교직 이수 가능

■ **모집단위**

계열	모집단위	2025 모집인원	2024						2023						2022					
			모집인원	지원인원	경쟁률	등록50%컷	등록70%컷	충원번호	모집인원	지원인원	경쟁률	등록50%컷	등록70%컷	충원번호	모집인원	지원인원	경쟁률	등록50%컷	등록70%컷	충원번호
인문	초등교육과	9	9	47	5.2	1.27	1.31	67%	9	68	7.6	1.24	1.25	28	9	101	11.2	1.2	1.2	20
인문	역사교육전공	5	5	20	4.0	1.52	1.78	160%	5	32	6.4	1.56	1.60	6	5	19	3.8	1.4	1.7	2
인문	사회교육전공	5	5	20	4.0	1.53	1.61	200%	5	23	4.6	1.52	1.56	9	5	27	5.4	1.3	1.5	7
인문	교육학과	6	6	39	6.5	1.54	1.77	317%	6	71	11.8	1.62	1.62	20	6	33	5.5	1.8	1.8	16
인문	교육공학과	5	5	23	4.6	1.56	1.66	240%	5	59	11.8	1.40	1.66	4	5	16	3.2	1.9	2.0	8
인문	행정학과	10	10	47	4.7	1.66	1.87	190%	10	50	5.0	1.78	1.94	13	10	37	3.7	1.6	1.8	10
인문	국어교육과	5	5	16	3.2	1.66	1.66	200%	5	34	6.8				5	24	4.8	1.5	1.5	12
인문	영어교육과	5	5	16	3.2	1.67	1.71	180%	5	26	5.2	1.53	1.53	13	5	24	4.8	1.5	1.6	5
인문	커뮤니케이션·미디어학부	15	15	59	3.9	1.67	1.80	253%	15	68	4.5	1.71	1.73	26	15	69	4.6	1.7	1.7	20
인문	지리교육전공	5	5	18	3.6	1.75	1.77	180%	5	21	4.2	1.79	1.79	6	5	17	3.4	1.7	1.8	8
인문	경영학부	18	18	70	3.9	1.75	1.88	228%	18	117	6.5	1.71	1.78	34	18	97	5.4	1.7	1.8	41
인문	특수교육과	9	9	50	5.6	1.78	1.96	33%	9	35	3.9	2.05	2.08	18	9	36	4.0	1.7	1.8	7
인문	정치외교학과	11	11	41	3.7	1.79	1.87	173%	11	60	5.5	1.69	1.84	22	11	51	4.6	1.6	1.9	17
인문	심리학과	11	11	59	5.4	1.81	1.92	173%	11	58	5.3	1.91	1.97	22	11	36	3.3	1.6	1.8	16
인문	영어영문학부	12	12	67	5.6	1.83	1.86	100%	12	90	7.5	1.93	2.02	4	12	44	3.7	2.0	2.1	18
인문	의류산업학과	11	11	64	5.8	1.83	1.94	146%	11	66	6.0	1.97	2.11	9	11	57	5.2	2.1	2.2	17
인문	국어국문학과	12	12	54	4.5	1.88	1.93	92%	12	54	4.5	1.88	2.03	10	12	46	3.8	1.8	1.9	11

계열	모집단위	2025 모집 인원	2024 모집 인원	지원 인원	경쟁 률	등록 50%컷	등록 70%컷	충원 번호	2023 모집 인원	지원 인원	경쟁 률	등록 50%컷	등록 70%컷	충원 번호	2022 모집 인원	지원 인원	경쟁 률	등록 50%컷	등록 70%컷	충원 번호
인문	유아교육과	6	6	40	6.7	1.94	1.96	67%	6	78	13.0	1.88	2.03	1	6	20	3.3	2.2	2.5	13
인문	경제학과	14	14	58	4.1	1.95	1.97	179%	14	101	7.2	1.92	1.93	15	14	58	4.1	1.9	2.1	22
인문	사회학과	8	8	28	3.5	2.05	2.10	188%	8	36	4.5	1.70	1.71	8	8	32	4.0	1.7	1.7	19
인문	중어중문학과	12	12	43	3.6	2.05	2.11	83%	12	40	3.3	1.99	2.08	5	12	52	4.3	1.9	2.0	5
인문	국제사무학과	7	7	37	5.3	2.11	2.15	71%	7	35	5.0	1.76	1.79	2	7	30	4.3	1.8	1.8	6
자연	생명과학과	13																		
자연	인공지능데이터사이언스학부	9																		
자연	화학·나노과학과	13																		
자연	간호학부	18	18	78	4.3	1.50	1.63	72%	18	69	3.8	1.57	1.66	27	18	70	3.9	1.6	1.6	15
자연	건축학과(자연)	6	6	18	3.0	1.53	1.89	17%												
자연	식품생명공학과	9	9	74	8.2	1.53	1.67	56%	9	43	4.8	1.79	1.82	6	9	62	6.9	1.6	1.7	7
자연	화공신소재공학과	12	12	46	3.8	1.54	1.58	158%	14	72	5.1	1.61	1.62	29	14	66	4.7	1.7	1.7	23
자연	과학교육과	16	16	54	3.4	1.63	1.74	50%	16	66	4.1	1.53	1.71	11	16	49	3.1	1.6	1.8	8
자연	컴퓨터공학과	14	12	36	3.0	1.63	1.71	117%	12	61	5.1	1.69	1.71	23	12	42	3.5	1.8	1.8	18
자연	수학교육과	6	6	20	3.3	1.66	1.69	83%	6	34	5.7	1.62	1.88	6	6	33	5.5	1.7	1.8	17
자연	전자전기공학전공	16	9	52	5.8	1.68	1.76	33%	16	73	4.6	1.85	1.99	23	16	54	3.4	1.8	2.1	11
자연	환경공학과	8	8	52	6.5	1.68	1.70	25%	8	61	7.6	1.73	1.78	2	8	41	5.1	1.9	1.9	7
자연	휴먼기계바이오공학과	14	16	65	4.1	1.68	1.69	100%	20	92	4.6	1.65	1.70	14	20	95	4.8	1.7	1.7	17
자연	식품영양학과	11	11	72	6.6	1.70	1.73	82%	11	57	5.2	1.85	1.89	6	11	41	3.7	1.8	1.9	5
자연	건축도시시스템공학과	7	7	47	6.7	1.79	1.80	71%	7	25	3.6	1.80	1.82	8	7	22	3.1	1.8	1.9	6
자연	기후에너지시스템공학과	8	8	65	8.1	1.80	1.91	213%	8	34	4.3	1.84	2.02	14	8	27	3.4	1.7	1.8	4
자연	지능형반도체공학전공	7	7	36	5.1	1.84	1.91													
자연	수학과	10	10	47	4.7	1.85	1.86	50%	10	40	4.0	1.92	1.96	8	10	38	3.8	1.9	2.0	5
자연	통계학과	11	11	56	5.1	1.86	1.95	109%	11	50	4.6	1.85	1.99	12	11	38	3.5	1.8	1.8	9
자연	사이버보안학과	8	8	45	5.6	1.97	1.99	25%	8	36	4.5	1.73	1.77	3	8	26	3.3	1.8	1.9	10

■ (학생부종합) 미래인재

전형	모집인원	전형 방법	수능최저학력기준
미래인재	1,010	서류100%	○

1. **지원자격**: 다음 각 항에 모두 해당하면 지원할 수 있습니다.
   가. 고교 졸업자(2025년 2월 졸업예정자 포함) 또는 법령에 의하여 고등학교 졸업자와 동등한 학력이 있다고 인정된 자
   나. 교과영역 및 학교 활동영역에서 자신의 역량을 적극적으로 계발한 자
2. **제출서류**: 학교생활기록부 / ※ 외국 고교 졸업(예정)자, 검정고시 합격자: 요강 참고
3. **수능최저학력기준**:

> 인 [국어, 수학, 영어, 사/과탐(1과목)] 중 3개 영역 등급 합 6 이내
> ▶ 미래산업약학전공: 4개 영역 등급 합 6 이내   ▶ 스크랜튼학부: 3개 영역 등급 합 5 이내   ▶ 국제학부: 3개 영역 등급 합 6 이내
> 자 [국어, 수학, 영어, 사/과탐(1과목)] 중 2개 영역 등급 합 5 이내(수학 포함)
> ▶ 의예과: 4개 영역 등급 합 5 이내   ▶ 약학전공: 4개 영역 등급 합 6 이내
> ※ 인문계열(미래산업약학전공, 국제학부 포함)은 국어 영역, 자연계열(의예과, 약학전공 포함)은 수학 영역(확률과통계, 미적분, 기하 중 택1)을 응시하여야 함

◎ **전형요소**
● **서류**:
  1. **평가방법**: 제출 서류를 토대로 지원자의 고등학교 재학기간 동안 학업역량 및 학교 활동의 우수성, 발전가능성 등을 종합적으로 평가
    ※ 학교생활기록부에 학교 폭력 관련 기재 사항이 있을 경우, 본교 입학관련 위원회의 심의를 통하여 서류평가 총점에서 감점 또는 0점 처리될 수 있음
  2. **평가요소**

평가영역	비율	평가기준	평가내용
학업역량 대학에서 학업을 충실히 수행할 수 있는 기초수학능력	30%	기초학업역량	교과목 석차등급 또는 원점수(평균/표준편차), 성취도, 수강자 수, 성취수준별 학생 비율 등을 활용하여 도출한 학업 능력 지표와 교과목 이수 현황, 노력 등을 기반으로 평가한 교과의 성취 수준이나 학업적 발전의 정도
		심화학업역량	고교 교육 과정에서 지원 전공(계열)의 수학에 기초가 되는 과목 수강 및 해당 과목에 대한 학업 성취 수준

평가영역	비율	평가기준	평가내용
학교 활동의 우수성 학교활동을 통한 지원자의 역량개발 및 자기개발 노력의 우수성	40%	지식탐구역량	어떤 대상에 대해 호기심을 가지고 깊고 폭 넓게 탐구할 수 있는 능력
		창의융합역량	새롭고 독창적이며 논리적인 사고로 문제를 해결하는 능력
		공존공감역량	스스로 목표를 설정하고 적절한 전략을 선택하여 계획을 수립하고, 주도적으로 실행하며, 구성원의 화합과 단결을 이끌어 가는 역량
발전가능성 현재의 상황이나 수준보다 질적으로 더 높은 단계로 향상될 가능성	30%	성실성	책임감을 바탕으로 꾸준히 노력하여 자신의 의무를 다하는 태도와 행동
		성장잠재력	현재까지의 행동 성향과 경험으로 미루어 보아 향후 더 큰 폭의 성장과 발전이 기대되는 상태

3. 세부 평가항목

평가 영역	평가 기준	키워드	주요 평가질문
학업 역량	기초 학업 역량	학업성취도	• 과목별 석차등급 또는 성취도 외 원점수(과목평균/표준편차 포함), 성취도별 분포비율, 수강자수 규모 등은 적절한가? • 일반선택과목 대비 진로선택과목의 성취수준은 어떠한가?
		교과목 이수 현황	• 선택과목(일반/진로)은 교과목 위계에 따라 적절하게 이수하였는가? • 진로선택과목 이수 내역은 일반선택과목 이수 정도에 비해 적절한 수준인가?
		지원계열 관련 과목 이수 및 성취도	• 지원계열과 관련된 과목의 성취 수준은 어느 정도인가? • 지원계열과 관련하여 도전적 과제나 과목을 이수하기 위한 노력이 드러나는가?
		고교 교육 환경	• 소속 고교의 교육과정은 어떠한가? • 소속 고교의 학업 성취 난이도는 어떠한가?
	심화 학업 역량	지원계열 교과목 이수 현황	• 지원 모집단위에 따른 교과목 중 심화교과(진로선택 혹은 전문교과) 수강 이력이 있는가? • 수강한 심화교과의 선택과 수학 과정은 도전적이었는가?
		지원계열 관련 과목 성취도	• 지원 모집단위에 따른 핵심 교과목의 전반적 성취도는 어떠한가? • 심화교과의 성취도 및 세부능력 및 특기사항에 기재된 교사의 평가의견은 어떠한가?
학교 활동의 우수성	지식 탐구 역량	학업태도 및 학업의지	• 활동 하나에도 깊이를 추구하고, 자기주도적 태도를 통해 발전을 꾀하였는가? • 자발적인 성취동기와 목표의식을 가지고 학습하려는 의지와 열정, 도전정신이 있는가?
		탐구능력	• 각종 탐구활동에 적극적으로 참여하고, 그에 따른 구체적인 결과물을 산출하고 있는가? • 교과 및 교과연계활동 과정에서 스스로 탐구 주제를 설정하고, 이를 수행하기 위한 적절한 방법을 채택하여 결과물을 산출한 경험이 있는가?
		지원계열 탐색 노력	• 자신의 관심 분야나 흥미와 관련한 다양한 활동에 참여하여 노력한 경험이 있는가? • 교과·비교과 활동에서 지원계열에 대한 관심을 바탕으로 탐색한 과정이 확인되는가?
	창의 융합 역량	창의력	• 교과/비교과 활동을 통해 지식의 폭을 확장하고 새로운 것을 창출하려는 노력을 하였는가? • 각종 교과/비교과 탐구활동을 통해 창의적인 결과물을 산출하였는가?
		문제해결능력	• 교내 활동의 과정에서 스스로 문제를 찾고 그 문제를 비판적, 체계적으로 해결하려고 하였는가? • 발상의 전환을 통해 창조적이고 논리적인 방법으로 문제를 해결해 본 경험이 있는가?
	공존 공감 역량	협업능력	• 단체활동 과정에서 공동의 목표를 위해 서로 돕고 함께 행동하는 태도를 보이는가? • 자발적인 협력을 통해 구성원들과 공동의 과제를 수행하고 완성한 경험이 있는가?
		리더십	• 공동의 목표를 달성하기 위해 계획하고 실행을 주도한 경험이 있는가? • 공동체의 화합과 단결을 이끌어 가기 위해 구성원들의 자발적인 참여를 이끌어 내고 의견을 효과적으로 조율한 경험이 있는가?
		공동체정신	• 지역, 국가, 세계 공동체의 구성에게 요구되는 정의로운 가치과 태도를 지니고 있으며 공동체 발전에 적극적으로 참여하고 있는가? • 학교생활에서 타인을 존중하고 배려하여 행동한 구체적인 경험과 사례가 있는가?
		의사소통능력	• 학교생활에서 자신의 생각과 정보를 논리적이고 체계적으로 잘 전달하는가? • 공동과제 수행이나 모둠활동, 단체활동 등에서 타인을존중하는 태도를 보이는가?
발전 가능성	성실성 / 성장 잠재력	성실성 및 책임감	• 책임감을 바탕으로 꾸준히 노력하고 본인의 의무를 다하는 모습을 보여주고 있는가? • 책임감과 지속적 노력, 태도, 꾸준함에 대한 교사의 의견은 어떠한가?
		자기주도성	• 학교생활 중 목표를 위해 능동적으로 도전하는 경험을 바탕으로 스스로 외연을 확장하려고 노력하였는가? • 주어진 교육환경 안에서 학교의 프로그램을 충분히 활용 또는 열악한 학교 상황에도 불구하고 이를 극복하고 일정한 성취를 이루었는가?
		성장잠재력	• 본교의 해당 모집단위에 입학하여 충분히 수학 가능할 것으로 판단되는가? • 본교 인재상인 'THE인재'로 성장할 수 있는 잠재력을 지녔는가? (THE인재 : 주도하는 인재 / 지혜로운 인재 / 실천하는 인재)

☞ 보충설명

- 학생부종합은 전체적인 학업역량, 특기자는 전공적합성이 상대적으로 중요시함.
- 평가요소는 학업역량, 학교 활동의 우수성, 발전 가능성임.
  - 고교 과정 중 성취한 학업역량은 물론, 다양한 학교 활동을 종합적으로 평가. 학교 활동의 우수성이 중요
  - 지원자의 특징, 장점들을 모아서 평가. 합격하는 학생들은 학교에서 뛰어난 분야가 있음
  - 학업역량은 지원자 간에 비슷하고, 활동역량은 편차가 커서 중요함.
  - 학업역량이 다소 부족하더라도 활동역량이 탁월하면 합격 가능성이 있음
- 학업역량은 기초학업역량과 심화학업역량으로 구성. 지원 계열의 수학에 기초가 되는 과목 수강 및 해당 과목의 성취수준이 중요함
  - 전공적합성은 학과별이 아닌 계열별 적합성으로 폭 넓게 이해함. 전공 잠재력이나 전공 준비도로 관심을 표출해 주면 됨, 융합적인 전공적합성은 모든 것을 할 수 있는 역량
  - 학업역량은 고교 활동이 우수하고 성실하게 수행했다면 그것을 더 중요시 여김. 역경극복이나 성장 과정을 보여주는 것이 더 의미 있음. 기본적인 학업역량이 중요함.
- 학교활동의 우수성은 지식탐구역량, 창의융합역량, 공존공감역량으로 구성.
  - 수업 시간 안에서 이뤄지는 것도 평가. 단순히 비교과 활동만 보는 것이 아니라 교과 비교과를 아우름.
  - 지식탐구역량은 어떤 대상에 대해 탐구하는 것이므로 세특을 봄.
  - 창의융합역량은 새롭고 독창적인 논리적인 사고로 문제를 해결하는 능력이므로 교과 비교과 모두 살핌.
  - 공존공감역량은 타 대학의 인성/사회성임
  - 내신 성적이 상대적으로 불리한 학생들의 경우, '내신 성적이 부족해 학생부종합 전형 합격은 어렵지 않을까'하고 주저하는 경우도 많음. 그러나 내신 성적을 절대적 기준으로 평가하는 것이 아니고 학교 활동을 충실히 이수한 학생들의 우수성을 종합해 포괄적으로 평가하므로 내신만으로 지원 여부를 판단할 필요는 없음.
- 발전가능성은 성실성과 성장잠재력을 평가함

◎ 전형결과
■ 전체

학년도	전체						인문						자연					
	모집인원	지원인원	경쟁률	등록50%컷	등록70%컷	충원율	모집인원	지원인원	경쟁률	등록50%컷	등록70%컷	충원율	모집인원	지원인원	경쟁률	등록50%컷	등록70%컷	충원율
2022	889	7,828	8.81	2.41	2.69	61%	507	4,175	8.23	2.55	2.93	72%	350	3,313	9.47	2.26	2.44	49%
2023	921	10,082	10.95	2.24	2.44	65%	518	4,938	9.53	2.47	2.76	71%	403	5,144	12.76	2.01	2.11	59%
2024	945	8,172	8.65	2.27	2.39	56%	563	4,204	7.47	2.60	2.75	53%	382	3,968	10.39	1.94	2.02	59%
2025	1,010						553						457					

■ 변경사항 & 핵심포인트

[2025]

변경사항		2024	2025
모집인원		945명	1,010명(+65명)
학교폭력 관련 기재사항 반영		-	서류평가 총점에서 감점/0점 처리될수 있음
수능최저 완화	자연	[국, 수(미/기), 영, 과(1)] 2개 등급 합 5(수학 포함)	[국, 수, 영, 사/과(1)] 2개 등급 합 5(수학 포함)
	의예	[국, 수(미/기), 영, 과(1)] 4개 등급 합 5	[국, 수, 영, 사/과(1)] 4개 등급 합 5
	약학	[국, 수(미/기), 영, 과(1)] 4개 등급 합 5 이내	[국, 수, 영, 사/과(1)] 4개 등급 합 6 이내
	미래산업약학	[국, 수, 영, 사/과(1)] 4개 등급 합 5 이내	[국, 수, 영, 사/과(1)] 4개 등급 합 6 이내

- 수능최저: 자연계열에서 수능 인정영역이 수학(확률과 통계), 사탐도 인정하여 인문계열과 같아짐
  - 약학/미래산업약학의 수능최저가 4개 등급 합 5→6으로 완화됨
  - ➡ 합격자 성적분포: 인문계열은 2등급 초반 ~ 2등급 후반, 자연계열은 1등급 후반 ~ 2등급 중반
- 합격자 고교유형: 일반고 80%, 특목고15%, 자사고 5%로 일반고가 압도적.

■ 모집단위
'*' 표시 : 교직 이수 가능

계열	모집단위	2025	2024						2023						2022					
		모집인원	모집인원	지원인원	경쟁률	등록50%컷	등록70%컷	충원번호	모집인원	지원인원	경쟁률	등록50%컷	등록70%컷	충원번호	모집인원	지원인원	경쟁률	등록50%컷	등록70%컷	충원번호
인문	국제학부	11																		
인문	미래산업약학전공	11	10	225	22.5	1.26	1.47	120%	10	237	23.7	1.56	1.92	10	10	218	21.8	1.9	2.2	8
인문	초등교육과	12	12	88	7.3	1.83	2.07	183%	12	111	9.3	1.40	1.47	17	12	105	8.8	1.4	1.5	16
인문	교육공학과	7	5	54	10.8	1.87	1.99	80%	5	63	12.6	2.09	2.10	4	5	46	9.2	2.0	2.5	2
인문	국어교육과	8	8	48	6.0	1.95	1.96	63%	8	93	11.6	1.80	1.81	13	8	76	9.5	2.0	2.0	12
인문	사회학과	10	10	63	6.3	2.04	2.11	70%	10	90	9.0	1.98	2.19	11	10	111	11.1	1.9	2.2	22
인문	행정학과	12	12	73	6.1	2.05	2.16	50%	12	114	9.5	2.05	2.07	6	12	112	9.3	2.1	2.2	9
인문	간호학부(인문)	5	5	32	6.4	2.06	2.10	40%	5	50	10.0	1.73	1.97	3	5	52	10.4	2.0	2.0	3
인문	교육학과	7	7	59	8.4	2.07	2.08	29%	7	84	12.0	1.92	1.93	9	7	69	9.9	1.8	2.0	8

계열	모집단위	2025 모집인원	2024 모집인원	2024 지원인원	2024 경쟁률	2024 등록50%컷	2024 등록70%컷	2024 충원번호	2023 모집인원	2023 지원인원	2023 경쟁률	2023 등록50%컷	2023 등록70%컷	2023 충원번호	2022 모집인원	2022 지원인원	2022 경쟁률	2022 등록50%컷	2022 등록70%컷	2022 충원번호
인문	심리학과	12	12	88	7.3	2.15	2.18	42%	12	112	9.3	2.03	2.22	11	12	97	8.1	2.2	2.2	6
인문	역사교육전공	6	6	32	5.3	2.15	2.18	33%	6	47	7.8	1.91	1.91	4	6	39	6.5	2.1	2.1	6
인문	커뮤니케이션·미디어학부	35	35	184	5.3	2.17	2.28	49%	35	291	8.3	2.15	2.23	24	35	271	7.7	2.2	2.4	26
인문	정치외교학과	12	12	78	6.5	2.21	2.41	58%	12	159	13.3	1.94	2.03	17	12	116	9.7	2.2	2.4	12
인문	지리교육전공	6	6	33	5.5	2.22	2.47	17%	6	44	7.3	2.28	2.49	2	6	34	5.7	2.7	2.9	2
인문	문헌정보학과	11	11	55	5.0	2.23	2.31	9%	11	80	7.3	2.24	2.45	5	11	68	6.2	2.5	2.6	7
인문	경영학부	46	46	288	6.3	2.28	2.39	91%	48	523	10.9	2.24	2.39	46	48	517	10.8	2.4	3.6	49
인문	소비자학과	11	10	68	6.8	2.31	2.56	30%	10	96	9.6	2.36	2.42		10	81	8.1	2.5	2.6	7
인문	스크랜튼학부	28	25	301	12.0	2.32	2.42	60%	20	355	17.8	2.21	2.49	11	16	170	10.6	2.7	3.1	15
인문	사회복지학과	11	11	74	6.7	2.35	2.54	64%	11	118	10.7	2.22	2.34	2	11	94	8.6	2.4	3.2	8
인문	경제학과	22	22	122	5.6	2.36	2.41	46%	22	179	8.1	2.39	2.43	15	22	143	6.5	2.5	2.9	21
인문	유아교육과	6	6	35	5.8	2.36	2.61		6	59	9.8	2.26	2.28	4	6	38	6.3	2.3	2.5	1
인문	사학과	16	16	98	6.1	2.40	2.58	44%	16	136	8.5	2.44	2.78	10	16	148	9.3	2.5	2.8	10
인문	영어교육과	12	12	64	5.3	2.41	2.48	67%	7	51	7.3	2.11	2.42	15	7	60	8.6	1.8	1.8	9
인문	사회교육전공	6	6	33	5.5	2.46	2.57	50%	6	48	8.0	1.69	1.92	3	6	55	9.2	1.8	1.8	6
인문	국어국문학과	35	35	226	6.5	2.47	2.55	51%	35	219	6.3	2.77	3.34	22	35	203	5.8	2.3	2.5	18
인문	철학과	16	16	116	7.3	2.51	2.63	50%	16	157	9.8	2.35	2.60	10	16	101	6.3	2.8	4.0	15
인문	의류산업학과	16	16	152	9.5	2.55	2.95	19%	16	139	8.7	2.79	3.97	7	16	130	8.1	2.6	2.9	11
인문	특수교육과	9	9	89	9.9	2.62	2.95	33%	9	76	8.4	2.60	3.11	1	9	47	5.2	2.9	3.1	2
인문	기독교학과	12	12	60	5.0	2.99	2.99		11	82	7.5	3.11	3.46	2	11	68	6.2	3.4	3.7	2
인문	융합콘텐츠학과	13	13	162	12.5	3.43	3.78	39%	13	183	14.1	2.42	4.00	11	13	170	13.1	2.3	4.1	10
인문	영어영문학부	51	50	360	7.2	3.66	4.03	98%	36	286	7.9	3.45	3.89	26	34	259	7.6	2.3	2.7	23
인문	독어독문학과	14	14	102	7.3	3.67	4.15	36%	14	117	8.4	4.18	4.28	10	14	102	7.9	4.3	4.3	7
인문	국제사무학과	7	7	94	13.4	3.79	3.90	29%	7	93	13.3	3.44	3.73	3	7	67	9.6	2.6	3.7	1
인문	불어불문학과	21	21	139	6.6	3.81	4.05	43%	21	182	8.7	3.84	4.23	11	20	153	7.7	3.6	4.3	10
인문	중어중문학과	36	36	212	5.9	4.21	4.48	42%	29	270	9.3	3.92	4.15	12	28	186	6.6	4.5	4.7	13
자연	인공지능데이터사이언스학부	25																		
자연	의예과	18	13	271	20.9	1.10	1.13	85%	13	439	33.8	1.12	1.18	7	13	401	30.9	1.2	1.3	5
자연	약학전공	14	16	579	36.2	1.42	1.51	88%	20	769	38.5	1.51	1.60	7	20	668	33.4	1.8	1.9	11
자연	뇌·인지과학부	10	11	107	9.7	1.71	1.77	91%	10	151	15.1	1.95	1.97		10	67	6.7	2.3	2.5	6
자연	생명과학전공	31	29	284	7.8	1.71	1.77	93%	28	428	15.3	1.76	1.80	35	26	314	12.1	1.9	2.0	7
자연	휴먼기계바이오공학과(자연)	29	15	191	12.7	1.76	1.88	67%	30	305	10.2	2.02	2.14	20	26	190	7.3	2.2	2.3	14
자연	화학·나노과학전공	31	29	286	9.9	1.76	1.85	59%	28	309	11.0	1.95	2.10	21	26	203	7.8	2.1	2.3	16
자연	식품생명공학과	11	11	117	10.6	1.77	1.93	27%	10	155	15.5	1.83	1.93	4	10	77	7.7	2.4	2.4	5
자연	융합보건학과	15	15	126	8.4	1.84	1.89	20%	14	139	9.9	1.87	1.88	7	13	87	6.7	2.2	2.2	4
자연	환경공학전공(자연)	19	13	153	11.8	1.84	1.89	23%	10	127	12.7	1.98	2.03	8	7	69	9.9	2.2	2.3	2
자연	간호학부(자연)	18	18	195	10.8	1.84	1.89	94%	18	237	13.2	2.00	2.05	14	18	161	8.9	2.2	2.3	9
자연	화공신소재공학과	25	21	160	7.6	1.87	1.96	86%	18	170	9.4	1.88	1.93	13	16	137	8.6	2.0	2.1	12
자연	컴퓨터공학과(자연)	28	17	104	6.1	1.91	1.96	77%	16	110	6.9	1.98	2.02	12	13	96	7.4	2.1	2.4	6
자연	식품영양학과	16	16	172	10.8	1.97	2.02	25%	16	168	10.5	2.12	2.20	2	16	113	7.1	2.3	2.5	8
자연	전자전기공학전공	24	12	78	6.5	1.97	2.03	75%	22	134	6.1	2.12	2.17	10	20	116	5.8	2.3	2.4	12
자연	기후에너지시스템공학과(자연)	17	10	141	14.1	2.05	2.15	40%	10	138	13.8	2.10	2.31	15	7	56	8.0	2.4	2.5	4
자연	수학과	15	15	104	6.9	2.08	2.17	33%	15	108	7.2	2.28	2.45	3	16	68	4.3	2.5	2.8	4
자연	수학교육과	6	6	33	5.5	2.10	2.11	150%	6	67	11.2	2.02	2.03	4	6	36	6.0	2.0	2.3	2
자연	과학교육과	25	24	157	6.5	2.10	2.26	42%	16	150	9.4	2.04	2.08	10	16	121	7.6	2.1	2.2	12
자연	지능형반도체공학전공	9	8	60	7.5	2.20	2.26	25%												
자연	통계학과	18	18	120	6.7	2.22	2.26	17%	18	135	7.5	2.04	2.13	6	18	77	4.3	2.3	2.8	10
자연	사이버보안학과	13	13	77	5.9	2.22	2.37	61%	13	99	7.6	2.13	2.27	5	10	49	4.9	2.7	2.8	3
자연	건축학과(자연)	11	7	66	9.4	2.25	2.41	100%	12	93	7.8	2.42	2.47	7	10	55	5.5	2.5	2.7	6
자연	물리학과	15	17	133	7.8	2.28	2.33	35%	15	115	7.7	2.41	2.76	10	16	51	3.2	3.1	3.5	
자연	건축도시시스템공학과(자연)	14	11	108	9.8	2.40	2.54	64%	8	69	8.6	2.35	2.74	8	7	33	4.7	2.5	3.0	1

■ (논술) 논술전형

전형	모집인원	전형 방법	수능최저학력기준
논술전형	297	논술100%	○

1. **지원자격**: 고등학교 졸업자(2025년 2월 졸업예정자 포함) 또는 법령에 의하여 고등학교 졸업자와 동등한 학력이 있다고 인정된 자
2. **수능최저학력기준**:

> 인 [국어, 수학, 영어, 사/과탐(1과목)] 중 3개 영역 등급 합 6 이내
> ▶ 스크랜튼학부: 3개 영역 등급 합 5 이내
> 자 [국어, 수학, 영어, 사/과탐(1과목)] 중 2개 영역 등급 합 5 이내(수학 포함)
> ▶ 약학전공: 4개 영역 등급 합 6 이내
> ※ 인문계열은 국어 영역, 자연계열(약학전공 포함)은 수학 영역(확률과 통계, 미적분, 기하 중 택1)을 응시하여야 함

◎ 전형요소
● 논술(1,000점)

논술유형	출제유형	출제범위	시험시간
인문Ⅰ	언어논술Ⅰ	고교 전 교육과정	
인문Ⅱ	언어논술Ⅱ	(2015 개정 교육과정)	100분
자연Ⅰ	수리논술Ⅰ	수학, 수학Ⅰ, 수학Ⅱ, 확률과 통계, 미적분, 기하를 포함한 고교 전 교육과정	
자연Ⅱ	수리논술Ⅱ	(2015 개정 교육과정)	

◎ 전형결과
■ 전체

학년도	전체						인문						자연					
	모집인원	지원인원	경쟁률	등록50%컷	등록70%컷	충원율	모집인원	지원인원	경쟁률	등록50%컷	등록70%컷	충원율	모집인원	지원인원	경쟁률	등록50%컷	등록70%컷	충원율
2022	330	10,607	32.14				196	6,018	30.74				138	4,589	33.25			
2023	310	11,393	36.75				169	4,730	27.99				141	6,663	47.26			
2024	300	14,839	49.46				180	6,335	35.19				120	8,504	70.87			
2025	297						172						125					

■ 변경사항 & 핵심포인트
[2025]

변경사항		2024	2025
모집인원		300명	297명(-3명)
수능최저완화	자연	[국어, 수학(미적분/기하), 영어, 과(1)] 2개 영역 등급 합 5 이내(수학 포함)	[국어, 수학, 영어, 사/과(1)] 2개 영역 등급 합 5 이내(수학 포함)
	의예	[국, 수(미적분/기하), 영, 과(1)] 4개 등급 합 5	[국, 수, 영, 사/과(1)] 4개 등급 합 5
	약학	[국어, 수학(미적분/기하), 영어, 과(1)] 4개 영역 등급 합 5 이내	[국어, 수학, 영어, 사/과(1)] 4개 영역 등급 합 6 이내

- 수능최저: 자연계열에서 수능 인정영역이 수학(확률과 통계), 사탐도 인정하여 인문계열과 같아짐
  - 약학의 수능최저가 4개 등급 합 5->6으로 완화됨
- 학생부 교과성적 반영방법이 반영교과별 상위 30단위이므로 3단위 10과목 정도 반영되는 수준이므로 학생부는 거의 영향력 없음
- 인문Ⅰ은 언어논술, 인문Ⅱ는 언어+통계논술, 자연은 수리논술이 출제
  자연계열 수학 출제범위: 수학, 수학Ⅰ, 수학Ⅱ, 확률과 통계, 미적분, 기하
- 논술 응시 및 수능최저 충족을 반영한 실질 경쟁률 : [인문Ⅰ] 6.9, [인문Ⅱ] 5.8, [자연Ⅰ] 23.1, [자연Ⅱ] 44.4, [스크랜튼] 10.5

■ 모집단위
'*' 표시 : 교직 이수 가능

계열	모집단위	2025	2024					2023					2022				
		모집인원	모집인원	지원인원	경쟁률			모집인원	지원인원	경쟁률			모집인원	지원인원	경쟁률		
인문	스크랜튼학부	13	15	1,013	67.5			20	1,222	61.1			24	1,059	44.1		
인문	*교육공학과*	*3*	*5*	211	42.2			5	192	38.4			5	192	38.4		
인문	영어영문학부	9	10	378	37.8			10	413	41.3			10	384	38.4		
인문	경영학부	19	19	717	37.7			19	555	29.2			20	677	33.9		
인문	국어국문학과	10	10	370	37.0			10	330	33.0			10	330	33.0		
인문	커뮤니케이션미디어학부	8	8	295	36.9			8	233	29.1			8	250	31.3		

계열	모집단위	2025 모집인원	2024 모집인원	2024 지원인원	2024 경쟁률			2023 모집인원	2023 지원인원	2023 경쟁률			2022 모집인원	2022 지원인원	2022 경쟁률		
인문	사학과	10	10	350	35.0			10	318	31.8			10	320	32.0		
인문	불어불문학과	8	8	262	32.8			8	258	32.3			8	251	31.4		
인문	철학과	9	9	293	32.6			9	268	29.8			9	269	29.9		
인문	심리학과	6	6	192	32.0			6	158	26.3			6	154	25.7		
인문	경제학과	10	10	307	30.7			10	246	24.6			10	270	27.0		
인문	정치외교학과	6	6	183	30.5			6	140	23.3			6	137	22.8		
인문	독어독문학과	5	5	152	30.4			5	139	27.8			5	130	26.0		
인문	중어중문학과	8	8	242	30.3			8	245	30.6			8	223	27.9		
인문	소비자학과	7	8	234	29.3			8	192	24.0			8	224	28.0		
인문	의류산업학과	8	8	228	28.5			8	198	24.8			8	212	26.5		
인문	국제사무학과	5	5	128	25.6			5	99	19.8			5	121	24.2		
인문	행정학과	6	6	153	25.5			6	128	21.3			6	142	23.7		
인문	사회학과	4	4	101	25.3			4	85	21.3			4	94	23.5		
인문	문헌정보학과	6	6	152	25.3			6	123	20.5			7	156	22.3		
인문	사회복지학과	6	6	150	25.0			6	117	19.5			6	127	21.2		
인문	기독교학과	6	6	150	25.0			6	137	22.8			7	113	16.1		
자연	화학·나노과학전공	11															
자연	인공지능데이터사이언스학부	4															
자연	생명과학전공	11															
자연	약학전공	5	5	2,446	489.2												
자연	간호학부	4	4	277	69.3			4	237	59.3			4	219	54.8		
자연	화학신소재공학과	6	6	370	61.7			6	294	49.0			8	325	40.6		
자연	컴퓨터공학과	6	8	492	61.5			8	512	64.0			10	467	46.7		
자연	전자전기공학전공	7	4	210	52.5			8	382	47.8			10	363	36.3		
자연	건축도시시스템공학과	4	4	207	51.8			4	140	35.0			4	99	24.8		
자연	사이버보안학과	4	4	207	51.8			4	189	47.3			4	146	36.5		
자연	휴먼기계바이오공학과(자연)	6	6	307	51.2			12	572	47.67			14	542	38.7		
자연	지능형반도체공학전공	3	4	200	50.0												
자연	환경공학과	4	4	197	49.3			4	144	36.0			4	99	24.8		
자연	식품생명공학과	4	4	195	48.8			4	156	39.0			4	119	29.8		
자연	식품영양학과	6	6	289	48.2			6	217	36.2			6	151	25.2		
자연	융합콘텐츠학과	6	6	286	47.7			6	222	37.0			6	162	27.0		
자연	융합보건학과	7	7	324	46.3			7	262	37.4			8	219	27.4		
자연	통계학과	6	6	276	46.0			6	237	39.5			6	169	28.2		
자연	건축학과(5년)	6	6	275	45.8			6	228	38.0			7	199	28.4		
자연	물리학과	6	5	225	45.0			5	166	33.2			5	101	20.22		
자연	기후에너지시스템공학과	4	4	178	44.5			4	149	37.3			4	102	25.5		
자연	수학과	5	5	190	38.0			5	158	31.6			5	116	23.2		

■ (특기자) 어학특기자

전형	모집인원	전형 방법	수능최저학력기준
어학특기자	16	1단계)서류100%(4배수) 2단계)서류70%+ 면접30%	X

1. 지원자격: 다음 각 항에 모두 해당하면 지원할 수 있습니다.
   가. 고교 졸업자(2025년 2월 졸업예정자 포함) 또는 법령에 의하여 고등학교 졸업자와 동등한 학력이 있다고 인정된 자
   나. 아래에 해당하는 공인어학성적표를 서류제출 기간 내에 제출할 수 있는 자

모집단위	어학 구분	공인어학성적
불어불문학과	프랑스어	DELF, DALF, TCF, TEF
독어독문학과	독일어	Goethe-Zertifikat, TestDaf, Telc

2. 제출서류: 학교생활기록부, 공인어학성적 / ※ 외국 고교 졸업(예정)자, 검정고시 출신자: 요강 참고

◎ 전형요소
● 서류: 제출서류를 기반으로 지원자의 학업역량 및 학교 활동의 우수성, 발전가능성 등을 종합적으로 평가.
  ※ 학교생활기록부에 학교 폭력 관련 기재 사항이 있을 경우, 본교 입학관련 위원회의 심의를 통하여 서류평가 총점에서 감점 또는 0점 처리될
   수 있음
● 면접: 제출서류를 기반으로 학업능력, 전공잠재력 및 발전가능성을 종합적으로 심층평가.

■ 변경사항 & 핵심포인트

[2025]
• 충원율 : [2022] 94%, [2023] 111%, [2024] 44%
• 등록자 고교유형 : 일반고 12%, 특목고 88%

■ 모집단위
'*'표시 : 교직 이수 가능

열	모집단위	2025	2024						2023						2022					
		모집인원	모집인원	지원인원	경쟁률				모집인원	지원인원	경쟁률				모집인원	지원인원	경쟁률			
인문	불어불문학과	10	10	36	3.6				10	38	3.8				11	32	2.9			
인문	독어독문학과	6	6	27	4.5				6	27	4.5				7	25	3.6			

■ (특기자) 국제학특기자

전형	모집인원	전형 방법	수능최저학력기준
국제학특기자	43	1단계)서류100%(4배수) 2단계)서류70%+ 면접30%	X

1. **지원자격**: 다음 각 항에 모두 해당하면 지원할 수 있습니다.
   가. 고교 졸업자(2024년 2월 졸업예정자 포함) 또는 법령에 의하여 고등학교 졸업자와 동등한 학력이 있다고 인정된 자
   나. 국제학 분야에 성장잠재력을 갖추고 있으며, 영어강의 수강이 가능한 자
   다. 아래에 해당하는 공인어학성적표를 서류제출 기간 내에 제출할 수 있는 자

어학 구분	공인어학성적
영어	TOEFL, TOEIC, TEPS

2. **제출서류**: 학교생활기록부, 공인어학성적 / ※ 외국 고교 졸업(예정)자, 검정고시 출신자: 요강 참고

● **서류**: 제출서류를 기반으로 지원자의 학업역량 및 학교 활동의 우수성, 발전가능성 등을 종합적으로 평가.
   ※ 학교생활기록부에 학교 폭력 관련 기재 사항이 있을 경우, 본교 입학관련 위원회의 심의를 통하여 서류평가 총점에서 감점 또는 0점 처리될 수 있음
● **면접**: 제출서류를 기반으로 학업능력, 전공잠재력 및 발전가능성을 종합적으로 심층평가.

■ 변경사항 & 핵심포인트

[2025]
• 충원율 : [2022] 57%, [2023] 46%, [2024] 44%
• 등록자 고교유형 : 일반고 9%, 특목고 51%, 해외고 26%

■ 모집단위
'*'표시 : 교직 이수 가능

계열	모집단위	2025	2024						2023						2022					
		모집인원	모집인원	지원인원	경쟁률				모집인원	지원인원	경쟁률				모집인원	지원인원	경쟁률			
인문	국제학부	43	54	223	4.1				54	226	4.2				54	213	3.9			

■ (특기자) 예체능서류

전형	모집인원	전형 방법	수능최저학력기준
예체능서류	72	1단계)서류100%(4배수) 2단계)서류80%+ 면접20%	○

1. **지원자격**: 고등학교 졸업자(2025년 2월 졸업예정자 포함) 또는 법령에 의하여 고등학교 졸업자와 동등한 학력이 있다고 인정된 자
2. **제출서류**: 학교생활기록부, 활동보고서, 증빙서류(체육과학부)
3. **수능최저학력기준**:

> ▶ 조형예술대학: [국어, 수학, 영어, 사/과탐((1과목)] 중 2개 영역 등급 합 7 이내
>
> ▶ 체육과학부: [국어, 수학, 영어, 사/과탐((1과목)] 중 3개 영역 등급 합 9 이내

◎ 전형요소

● 서류

  1. **조형예술대학**: 제출서류를 토대로 지원자의 포괄적인 학업역량, 다양한 교내·외 활동의 우수성, 조형예술 관련 기초소양 또는 발전가능성 등을 종합적으로 평가(교외 수상실적은 제외)
  2. **체육과학부**: 제출서류를 토대로 지원자의 포괄적인 학업역량, 학교 체육 및 스포츠클럽 활동의 우수성, 체육 인재 기초소양 또는 발전가능성 등을 종합적으로 평가
  ※ 학교생활기록부에 학교 폭력 관련 기재 사항이 있을 경우, 본교 입학관련 위원회의 심의를 통하여 서류평가 총점에서 감점 또는 0점 처리될 수 있음

● 면접: 제출서류를 토대로 자기주도성, 전공 잠재력 및 발전가능성 등을 종합적으로 평가.

◎ 전형결과

■ 변경사항 & 핵심포인트

[2024]

변경사항	2024	2025
모집인원	71명	72명(+1명)
학교폭력 관련 기재사항 반영	-	서류평가 총점에서 감점/0점 처리될수 있음
(체육과학부) 수능최저 완화	[국어, 수학, 영어, 사/과탐((1과목)] 중 3개 영역 등급 합 8 이내	[국어, 수학, 영어, 사/과탐((1과목)] 중 3개 영역 등급 합 9 이내

• 체육과학부는 체육을 학문으로서 전공하고자 하는 학생들 선발하고자 함.
  - 수능 최저만 통과(60%)되어서는 합격이 어려움. 체육과 과학을 연결하는 실적 등 서류에서 우수성을 보여야 함
  - 전국 대회는 아니더라도 시도단위 리그는 나가는 정도의 실기 수준이어야 함
  - 실기실력을 서류로 보여줘야 함. 실기를 대체할 수 있는 서류를 내야 합격이 가능함.
• 조형예술대학은 수능최저 통과 여부가 중요
  - 예술고나 미술중점학교 학생들이 많이 지원하고 합격함. 일반고20%, 특목고80% 정도,
  - 일반고는 미술중점고이거나 미술관련 활동이 있어야 합격 가능
• 충원율 : ① 조형예술학부 : [2022] 143%, [2023] 91%, [2024] 48% / ② 디자인학부 : [2022] 129%, [2023] 158%, [2024] 46%
        ③ 섬유패션학부 : [2022] 67%, [2023] 11%, [2024] 11% / ④ 체육과학부 : [2022] 27%, [2023] 7%, [2024] 27%
• 등록자 고교유형 : ① 조형예술학부 : 일반고 14%, 특목고 86% / ② 디자인학부 : 일반고 4%, 특목고 96%
        ③ 섬유패션학부 : 일반고 0%, 특목고 100% / ④ 체육과학부 : [2022] 일반고 57%, 특목고 33%

■ 모집단위

'*'표시 : 교직 이수 가능

계열	모집단위	2025 모집인원	2024 모집인원	2024 지원인원	2024 경쟁률			2023 모집인원	2023 지원인원	2023 경쟁률			2022 모집인원	2022 지원인원	2022 경쟁률		
예체	디자인학부	24	24	410	17.1			24	461	19.2			24	366	15.3		
예체	서양화전공	7	7	102	14.6			7	106	15.1			7	155	22.1		
예체	도자예술전공	5	5	68	13.6			5	69	13.8			5	46	9.2		
예체	동양화전공	6	6	73	12.2			6	75	12.5			6	83	13.8		
예체	조소전공	5	5	59	11.8			5	48	9.6			5	59	11.8		
예체	섬유예술전공	5	5	54	10.8			5	54	10.8			5	40	8.0		
예체	패션디자인전공	4	4	43	10.8			4	54	13.5			4	36	9.0		
예체	체육과학부	16	15	136	9.1			15	98	6.5			15	116	7.7		

71. 인천가톨릭대학교

(송도캠퍼스) 인천광역시 연수구 송도문화로 120번길 20 (Tel. 032. 830-7022~3)
(강화캠퍼스) 인천광역시 강화군 양도면 고려왕릉로 53-1(Tel. 032. 930-8004~5)

I. 한 눈에 보는 전형

모집시기	전형유형	전형	모집인원	전형 방법	수능최저학력기준
수시	교과	학교생활우수자	20	1단계)학생부100%(4배수) 2단계)학생부80%+ 면접20%	X
수시	교과	ICCU미래인재	33	1단계)학생부100%(4배수) 2단계)학생부80%+ 면접20%	X
수시	교과	가톨릭지도자추천	8	학생부60%+ 면접40% ▶조형예술학과, 융합디자인학과: 학생부40%+ 실기60%	X
수시	교과	수도자	1	학생부60%+ 면접40%	X
수시	교과	대건안드레아	12	1단계)학생부100%(3배수) 2단계)학생부60%+ 면접40%	X
수시	교과	농어촌학생	2	학생부60%+ 면접40%	X
수시	교과	기회균형	5	학생부60%+ 면접40%	X
수시	실기/실적	실기우수자	46	▶조형예술학과: 학생부40%+ 실기60% ▶융합디자인학과: 1단계)학생부100%(5배수) 2단계)학생부20%+ 실기80%	X
수시	실기/실적	특성화고교출신자	2	학생부40%+ 실기60%	X
수시	실기/실적	특수교육대상자	4	학생부40%+ 실기60%	X

(수시모집) 지원 가능 횟수	본교 각 전형 및 모집단위 간에 복수 지원 할 수 없음

■ 무전공(전공자율선택)

유형① [대학 내 모든 전공(보건의료, 사범 등 제외) 자율 선택]		유형② [계열/단과대 모집 후 모집단위 내 전공 자율 선택]	
모집단위	인원	모집단위	인원
자유전공	23		

■ 자유전공 : 대학 내 모든 전공(보건의료계열-간호학과, 종교계열-신학과 제외) 100% 자율 선택

■ 전형결과

※ 성적 산출기준: (수시) 교과 석차등급, (정시) 수능 백분위

모집시기	전형유형	전형	학년도	모집인원	지원인원	경쟁률	최종합격자 평균		충원율
수시	교과	학교생활우수자	2024	20	196	9.80	2.41		75%
수시	교과	ICCU미래인재	2024	12	51	4.25	3.92		158%
수시	교과	가톨릭지도자추천	2024	8	30	3.75	3.86		0%

■ (주요전형) 전형일정

유형	전형	원서접수 마감	대학별 고사(면접/논술)	1단계 합격자	최종 합격자
교과	학교생활우수자	9.13(금) 18:00	10.19(토)	10.10(목)	11.13(수)
교과	ICCU미래인재	9.13(금) 18:00	▶문화콘텐츠학과: 10.19(토)	▶문화콘텐츠학과 :10.10(목)	11.13(수)
교과	가톨릭지도자추천	9.13(금) 18:00	▶간호학과, 문화콘텐츠학과: 10.19(토)		11.13(수)

II. (수시모집) 주요 전형

■ (학생부교과) 학교생활우수자

전형	모집인원	전형 방법	수능최저학력기준
학교생활우수자	20	1단계)학생부100%(4배수) 2단계)학생부80%+ 면접20%	X

1. **지원자격**: 2021년 이후 고등학교 졸업 및 2024년 2월 고등학교 졸업 예정자로서, 일반고, 자율고, 외국어고, 과학고, 국제고, 종합고의 보통과 출신에 한해 지원가능. (인문계, 자연계 지원 제한 없음) ※ 신학과: 요강 참고
  ※ 아래 해당자는 지원 자격 없음 : 2017년 2월 졸업 및 이전 고교 졸업자, 예술고, 체육고, 방송통신고, 산업수요 맞춤형고(마이스터고), 특성화고교

(실업 및 대안교육과정 포함), 대안학교 및 각종학교, 검정고시, 소년원고교과정이수자, 일반계고교 직업과정 위탁생, 학력인정고교, 외국고 졸업자, 기타 학교생활기록부에 본교에서 산출하는 교과성적이 없는 자 지원 자격 없음

◎ 전형요소
● 학생부(800점)

반영요소 반영비율	반영교과목			교과성적 산출지표	학년별 반영비율
	구분	반영방법			
교과 100%	공통 및 일반선택	▶ 간호학과: 국어, 영어, 수학, 사회, 과학, 한국사교과 중 학년별 8과목 (총 24과목) ▶ 조형예술대학: 국어, 영어, 수학, 사회, 한국사과학교과 중 학년별 6과목 (총 18과목)		석차등급	20:40:40
	진로선택	반영교과목 중 상위 2과목 ※ 가산점 = A : 1.5, B : 1.0, C : 0.5		성취도	

구분		1등급	2등급	3등급	4등급	5등급	6등급	7등급	8등급	9등급
점수	100점	100	98	96	94	92	90	70	40	0
등급 간 점수 차이	100점	0	2	2	2	2	2	20	30	40
	800점	0	16	16	16	16	16	160	240	320
	600점	0	12	12	12	12	12	120	180	240

● 면접(200점)
1. 간호학과, 문화컨텐츠학과

구분	내용
면접형식	인성면접위주
평가영역	인성, 잠재적가능성, 전공적합성, 지원학과에 대한 관심도, 표현력, 태도
평가방법	-면접유형 : 면접위원 2인 ~ 3인 + 수험생 2~5인 -면접시간 : 15분 내외 -평가 : 전체 답변 내용을 정성적 평가기준에 따라 종합적으로 평가

2. 신학대학

구분	내용
평가	구술면접, 교리필답면접
평가영역	구술면접 : 신앙생활, 고교생활, 인성 및 신체검사결과 반영 교리필답 : 객관식60% + 주관식 40%
평가방법	구술면접 : 면접위원 8인 + 수험생 1인(15분 내외, 평가영역에 대한 종합적 평가) 교리필답 : 출제도서 「간추린 가톨릭 교회교리서」, 한국천주교중앙협의회

☞ 보충설명
• 면접이 당락 결정할 것. 기본점수가 없음. 1단계 통과되면 누구나 합격가능성 있음
• 학생 3명이 면접실에 들어가면 공통질문 4개 정도를 한 개씩 질문하고 똑같이 답변할 기회 줌. 시작은 한 번은 오른쪽부터, 그다음은 왼쪽부터 공통질문 답변에 따라서 개인별로 추가 질문 함
• 간호학과는 재단에서 두 개 병원으로 취업. 인천서구 국제성모병원이 관동대 의대 부속병원으로 전환, 부천 성모병원으로 주로 감

◎ 전형결과
■ 전체

학년도	전체					인문					자연				
	모집 인원	지원 인원	경쟁률	최종 평균	충원율	모집 인원	지원 인원	경쟁률	최종 평균	충원율	모집 인원	지원 인원	경쟁률	최종 평균	충원율
2022	18	175	9.72	2.11	128%						18	175	9.72	2.11	128%
2023	20	103	5.15	5.49	45%						20	103	5.15	5.49	45%
2024	20	196	9.80	2.41	75%						20	196	9.80	2.41	75%
2025	20										20				

'*' 표시 : 교직 이수 가능

■ 모집단위

계열	모집단위	2025	2024					2023					2022				
		모집 인원	모집 인원	지원 인원	경쟁률	최종 평균	충원 번호	모집 인원	지원 인원	경쟁률	최종 평균	충원 번호	모집 인원	지원 인원	경쟁률	최종 평균	충원 번호
자연	간호학과	20	20	196	9.8	2.41	15	20	103	5.2	2.49	9	18	175	9.7	2.11	23

■ (학생부교과) ICCU미래인재

전형	모집인원	전형 방법	수능최저학력기준
ICCU미래인재	33	1단계)학생부100%(4배수) 2단계)학생부80%+ 면접20%	X

1. **지원자격**: 2021년이후 고등학교 졸업 및 2024년 2월 고등학교 졸업 예정자. 또는 고등학교 졸업자와 동등한 학력이 있다고 인정되는 자
   (2017년 이후 검정고시 합격자 포함)
   ※ 아래 해당자는 지원자격 없음: 2017년 2월 졸업 및 이전 고교 졸업자.(2016년 및 이전 검정고시 합격자 포함) 기타 학생부 반영교과가
   없거나, 석차등급을 산출할 수 없는 경우 지원 불가.

◎ 전형요소
● **학생부 및 면접**: 학교생활우수자전형 참고

◎ 전형결과
■ 모집단위
                                                                                '*' 표시 : 교직 이수 가능

계열	모집단위	2025 모집인원	2024 모집인원	2024 지원인원	2024 경쟁률	2024 최종평균	2024 충원번호	2023 모집인원	2023 지원인원	2023 경쟁률	2023 최종평균	2023 충원번호	2022 모집인원	2022 지원인원	2022 경쟁률	2022 최종평균	2022 충원번호
인문	자유전공	23															
인문	문화콘텐츠학과	10	12	51	4.3	3.92	19	12	69	5.8	3.61	8	12	78	6.5	3.20	23

■ (학생부교과) 가톨릭지도자추천

전형	모집인원	전형 방법	수능최저학력기준
가톨릭지도자추천	8	학생부60%+ 면접40% ▶ 조형예술학과, 융합디자인학과: 학생부40%+ 실기60%	X

1. **지원자격**: 고등학교 졸업 및 2025년 2월 고등학교 졸업 예정자. 또는 고등학교 졸업자와 동등한 학력이 있다고 인정되는 자
   (2017년 이후 검정고시 합격자 포함)로서 가톨릭 사제, 수도회 장상, 총원장, 관구장, 지부장, 가톨릭계 고등학교장의 추천을 받은 자.(인문계,
   자연계 지원제한 없음)
   ※ 아래 해당자는 지원 자격 없음: 2020년 2월 졸업 및 이전 고교 졸업자(2020년 및 이전 검정고시 합격자 포함), 학생부 반영교과가 없거나,
   석차등급을 산출할 수 없는 경우 지원 불가.

◎ 전형요소
● **학생부 및 면접**: 학교생활우수자전형 참고

◎ 전형결과
■ 모집단위
                                                                                '*' 표시 : 교직 이수 가능

계열	모집단위	2025 모집인원	2024 모집인원	2024 지원인원	2024 경쟁률	2024 최종평균	2024 충원번호	2023 모집인원	2023 지원인원	2023 경쟁률	2023 최종평균	2023 충원번호	2022 모집인원	2022 지원인원	2022 경쟁률	2022 최종평균	2022 충원번호
예체	조형예술학과	2	2	3	1.5	4.24		2	3	1.5			2	7	3.5	5.43	3
인문	문화콘텐츠학과	2	2	7	3.5	5.06		2	10	5.0	4.38	1	3	13	4.3	4.08	
예체	융합디자인학과	2	2	6	3.0	5.12		2	19	9.5	4.11	1					
자연	간호학과	2	2	14	7.0	2.90		2	29	14.5	2.48	1	2	30	15.0	3.20	

72. 인천대학교

인천광역시 연수구 아카데미로 119 (Tel: 032. 835-0000)

Ⅰ. 한 눈에 보는 전형

모집 시기	전형 유형	전형	모집 인원	전형 방법	수능최저 학력기준
수시	교과	교과성적우수자	459	학생부교과100%	○
수시	교과	지역균형	293	학생부교과100% ※ 고교 추천: 제한 없음	X
수시	종합	자기추천	692	1단계)서류100%(3배수/사범대학: 4배수) 2단계)서류70%+ 면접30%	X
수시	종합	기회균형	110	서류100%	X
수시	종합	사회통합	55	서류100%	X
수시	종합	서해5도출신자	6	서류100%	X
수시	종합	특수교육대상자	47	1단계)서류100%(3배수) 2단계)서류70%+ 면접30%	X
수시	실기/실적	실기우수자	130	▶조형예술학부(한국화전공, 서양화전공): 학생부30%+ 실기70% ▶디자인학부: 1단계)학생부100%(5배수) 2단계)1단계40%+ 실기60% ▶공연예술학과: 1단계)1차실기100%(7배수) 2단계)학생부40%+ 2차실기60% ▶체육학부: 1단계)학생부100%(5배수) 2단계)1단계40%+ 실기60% ▶운동건강학부: 1단계)학생부100%(10배수) 2단계)1단계40%+ 실기60% ▶체육교육과:1단계)학생부100%(10배수)2단계)1단계40%+ 면접20%+ 실기40%	X
수시	실기/실적	특기자	18	▶체육학부, 운동건강학부: 학생부교과15%+ 출결5%+ 면접10%+ 실적70%	X

(수시모집) 지원 가능 횟수	그룹1	그룹2	그룹3	그룹4	그룹5	그룹6
	학생부교과	학생부종교과	학생부종합	학생부종합	실기/실적	기타
	교과성적우수자	지역균형	자기추천 특수교육대상자	기회균형 사회통합, 서해5도	실기우수자 특기자	재외국민
	1개 전형	1개 전형	택 1	택 1	택 1	1개 전형

■ 무전공(전공자율선택)

유형① [대학 내 모든 전공(보건의료, 사범 등 제외) 자율 선택]		유형② [계열/단과대 모집 후 모집단위 내 전공 자율 선택]	
모집단위	인원	모집단위	인원
자유전공학부(인문)	87		
자유전공학부(자연)	129		

■ 자유전공학부(인문/자연)

• 입학 후 1년간 전공 탐색을 위한 다양한 융복합 교육과정, 비교과 프로그램 지원
• 학생의 전공선택권 완전보장, 희망 전공을 계열에 관계 없이 자유롭게 선택하며, 1학년 말 희망 전공으로 배정
　(※ 사범대학, 예술체육대학, 스마트물류공학전공 등 일부 학과 제외)
• AI시스템과 전문 컨설턴트를 통한 전공 상담, 자유전공학부 신입생과 재학생 간 연계 등 지원

■ 전형결과

※ 성적 산출기준: (수시) 교과 석차등급, (정시) 수능 백분위

모집시기	전형유형	전형	학년도	모집인원	지원인원	경쟁률	등록자 평균	등록자 70%컷	충원율
수시	교과	교과성적우수자	2024	468	4,207	8.99	2.97	3.06	158%
수시	교과	지역균형	2024	289	1,730	5.99	2.98	3.12	269%
수시	종합	자기추천	2024	683	7,306	10.70	3.42		70%

■ (주요전형) 전형일정

유형	전형	원서접수 마감	대학별 고사(면접/논술)	1단계 합격자	최종 합격자
교과	교과성적우수자	9.13(금) 18:00			12.13(금)
교과	지역균형	9.13(금) 18:00 학교장추천: 9.25(수) 18:00			12.13(금)
종합	자기추천	9.13(금) 18:00	11.23(토)	11.08(금)	12.13(금)

II. (수시모집) 주요 전형

■ (학생부교과) 교과성적우수자

전형	모집인원	전형 방법	수능최저학력기준
교과성적우수자	459	학생부교과100%	○

1.. **지원자격**: 2017년 2월 이후 국내 고등학교 졸업(예정)자 또는 고등학교 졸업학력 검정고시 합격자로서 2024학년도 대학수학능력시험 응시예정자
 ※ 고교 유형별 지원자격:
  • 지원 불가 : 예술고, 체육고, 특성화고(또는 종합고)<직업·대안교육과정>, 산업수요맞춤형고(마이스터고) 및 학력인정 평생교육시설 각종학교, 방송통신고, 고등기술학교 등 관계법령에 의한 학력인정학교의 출신자
2. **수능최저학력기준**:

> 인. 디자인학부, 패션산업학과: [국어, 수학, 영어, 사/과탐(1과목)] 중 2개 영역 등급 합 7 이내
> ▶ 사범대학(인문): [국어, 수학, 영어, 사/과탐(1과목)] 중 2개 영역 등급 합 6 이내
> ▶ 동북아국제통상전공: [국어, 수학, 영어, 사/과탐(1과목)] 중 2개 영역 등급 합 5 이내
> 자 [국어, 수학, 영어, 과탐(1과목)] 중 '수학, 과탐' 중 1개 포함 2개 영역 등급 합 7 이내
> ▶ 사범대학(자연): [국어, 수학, 영어, 과탐(1과목)] 중 '수학, 과탐' 중 1개 포함 2개 영역 등급 합 6 이내
> ※ 최저기준을 충족하는 영역에 관계없이 4개 영역 모두 응시하여야 함

※ **동북아국제통상물류학부(동북아국제통상전공) 특전**:
• 입학 학기 전액 장학금 지급(최초 합격자) • 평점평균 및 어학성적에 따라 선발된 인원에게 해외 대학 유학 기회 제공 • 기숙사 우선 배정

◎ 전형요소
● 학생부(350점)

반영요소 반영비율	반영교과목		교과성적 산출지표	학년별 반영비율
	구분	반영방법		
교과100%	공통 및 일반선택	▶ 인문계열, 패션산업학과, 디자인학부 : 국어30%, 영어30%, 수학20%, 사회(한국사 포함)20% 교과에 속한 전 과목 ▶ 자연계열: 국어20%, 영어30%, 수학30%, 과학20% 교과에 속한 전 과목 ▶ 예체능계열: 국어40%, 영어30%, 사회30% 교과에 속한 전 과목 ※ 반영 학기: (교과) 졸업예정자 및 졸업자 모두 3학년 1학기까지	석차등급	학년 구분 없음
	진로선택	미반영		

■ **교과성적 산출방법**
1) 인문. 자연.예체능(자유전공학부 제외) : ∑(교과별 석차등급 환산점수 X 교과별 반영비율)+ **가산점[∑(반영교과별 이수과목 이수단위) X 0.05]**
2) 자유전공학부(인문. 자연) : ∑(교과별 석차등급 환산점수 X 교과별 반영비율)+ **가산점[∑(반영교과별 이수과목 이수단위) X 0.2]**
※ 가산점 산출시 반영교과별 이수과목 이수단위 전체 합에는 진로선택과목 포함
※ 가산점 취득점수에 따라 학생부교과 환산점수의 총점은 350점을 초과할 수 있음

■ **석차등급별 환산점수표**
1.00~1.49(350.00), 1.50~1.99(349.00),
2.00~2.24(347.00), 2.25~2.49(345.00), 2.50~2.74(343.00), 2.75~2.99(341.00),
3.00~3.24(338.00), 3.25~3.49(335.00), 3.50~3.74(332.00), 3.75~3.99(329.00),
4.00~4.24(325.00), 4.25~4.49(321.00), 4.50~4.74(317.00), 4.75~4.99(313.00),
5.00~5.49(307.00), 5.50~5.99(300.00), 6.00~6.99(280.00), 7.00~7.99(250.00), 8.00~9.00(200.00)

◎ 전형결과
■ 전체

학년도	전체						인문						자연					
	모집 인원	지원 인원	경쟁 률	등록 평균	등록 70%컷	충원 율	모집 인원	지원 인원	경쟁 률	등록 평균	등록 70%컷	충원 율	모집 인원	지원 인원	경쟁 률	등록 평균	등록 70%컷	충원 율
2022	459	5,992	13.05	2.77	2.93	235%	195	3,045	15.62	2.76	2.89	265%	264	2,947	11.16	2.77	2.96	205%
2023	459	4,330	9.43	2.85	2.95	165%	195	2,050	10.51	2.79	2.87	187%	264	2,280	8.64	2.90	3.02	142%
2024	468	4,207	8.99	2.97	3.06	158%	202	1,781	8.82	3.00	3.09	169%	266	2,426	9.12	2.93	3.03	146%
2025	459						204						255					

■ 변경사항 & 핵심포인트
[2025]

변경사항	2024	2025
모집인원	468명	459명(-9명)

➡ **합격자 성적분포**: 인문계열은 3등급 초반 ~ 3등급 중반, 자연계열은 2등급 후반 ~ 3등급 초반

■ 모집단위

'*' 표시 : 교직 이수 가능

계열	모집단위	2025 모집인원	2024 모집인원	2024 지원인원	2024 경쟁률	2024 등록평균	2024 등록70%컷	2024 충원번호	2023 모집인원	2023 지원인원	2023 경쟁률	2023 등록평균	2023 등록70%컷	2023 충원번호	2022 모집인원	2022 지원인원	2022 경쟁률	2022 등록평균	2022 등록70%컷	2022 충원번호
인문	자유전공학부	35																		
인문	윤리교육과	2	2	19	9.5	2.54	2.51	8	2	25	12.5	2.62	2.55	9	2	19	9.5	2.37	2.77	3
인문	국어교육과	3	3	27	9.0	2.55	2.50	9	3	75	25.0	2.43	2.53	10	3	95	31.7	2.80	2.87	12
인문	일어교육과	3	3	31	10.3	2.67	2.59	2	3	65	21.7	3.00	3.05	6	3	40	13.3	3.45	3.47	6
인문	도시행정학과	3	4	77	19.3	2.73	2.74	3	4	49	12.3	3.16	3.19	11	4	101	25.3	2.90	3.16	7
인문	*세무회계학과*	3	5	30	6.0	2.74	2.88	3	5	52	10.4	2.54	2.65	9	5	65	13.0	2.73	2.87	10
인문	문헌정보학과	3	4	63	15.8	2.74	2.83	11	4	52	13.0	2.92	3.02	16	4	102	25.5	2.66	2.92	12
인문	창의인재개발학과	3	4	50	12.5	2.79	2.74	4	4	90	22.5	3.03	3.11	4	4	59	14.8	3.24	3.46	15
인문	정치외교학과	3	4	29	7.3	2.81	2.74		4	37	9.3	2.77	2.83	6	4	49	12.3	2.75	2.76	10
인문	국어국문학과	4	4	106	26.5	2.82	2.86	2	4	165	41.3	3.15	3.29	12	4	40	10.0	3.59	3.74	13
인문	*경제학과*	13	16	93	5.8	2.83	2.84	24	16	178	11.1	2.79	2.90	33	16	327	20.4	2.87	3.03	30
인문	무역학부	20	24	151	6.3	2.85	2.93	43	27	237	8.8	2.85	2.93	44	27	386	14.3	2.79	2.97	67
인문	영어교육과	3	3	18	6.0	2.88	2.71	4	3	26	8.7	2.14	2.18	8	3	56	18.7	2.05	2.10	10
인문	*데이터과학과*	3	10	80	8.0	2.94	3.15	11												
예체	디자인학부	10	10	125	12.5	2.95	3.06	17	10	84	8.4	3.03	3.22	20	10	191	19.1	2.64	2.77	27
인문	영어영문학과	9	9	59	6.6	2.96	2.91	18	9	78	8.7	2.85	2.88	19	9	103	11.4	2.87	2.79	32
인문	신문방송학과	3	4	42	10.5	3.03	3.24	15	4	56	14.0	2.42	2.51	2	4	69	17.3	2.43	2.69	16
인문	*법학부*	11	14	82	5.9	3.04	3.19	33	14	102	7.3	2.81	2.95	27	14	230	16.4	2.78	2.95	44
인문	동북아국제통상전공	15	17	80	4.7	3.04	3.62	16	17	112	6.6	2.40	2.53	16	17	222	13.1	2.32	2.53	29
인문	사회복지학과	3	4	62	15.5	3.10	3.24	13	4	36	9.0	3.07	3.14	6	4	50	12.5	2.59	2.61	8
인문	독어독문학과	5	5	73	14.6	3.11	3.16	9	5	55	11.0	3.17	3.31	6	5	48	9.6	3.12	3.00	4
인문	일본지역문화학과	4	4	43	10.8	3.15	3.24	9	4	43	10.8	3.00	2.97	7	4	45	11.3	2.99	3.12	10
인문	불어불문학과	5	5	113	22.6	3.18	3.24	4	5	57	11.4	3.37	3.51	6	5	63	12.6	2.86	2.87	5
인문	중어중국학과	9	9	102	11.3	3.18	3.18	13	9	93	10.3	3.10	3.20	20	9	111	12.3	3.04	3.24	15
인문	*경영학부*	19	24	147	6.1	3.30	3.74	50	24	173	7.2	2.62	2.74	38	24	386	16.1	2.63	2.63	92
인문	행정학과	4	5	41	8.2	3.31	3.42	17	5	49	9.8	2.71	2.85	10	5	87	17.4	2.49	2.75	19
인문	역사교육과	2	2	13	6.5	3.67	3.27	1	2	26	13.0	1.91	1.87	4	2	27	13.5	2.31	2.29	7
인문	유아교육과	4	4	25	6.3	4.01	4.89	3	4	35	8.8	2.55	2.76	7	4	74	18.5	2.45	2.65	14
자연	자유전공학부	53							10	107	10.7	2.62	2.70	21	10	92	9.2	2.75	2.91	21
자연	*분자의생명전공*	3	5	38	7.6	2.54	2.70	8												
자연	*컴퓨터공학부*	18	24	158	6.6	2.65	2.74	36	24	200	8.3	2.66	2.74	42	24	323	13.5	2.45	2.69	55
자연	생명과학전공	4	5	35	7.0	2.65	2.76	9												
자연	신소재공학과	4	6	52	8.7	2.69	2.74	11	6	57	9.5	2.56	2.87	9	6	273	45.5	2.56	2.58	6
자연	화학과	7	9	71	7.9	2.71	2.75	6	9	62	6.9	2.84	2.92	13	9	66	7.3	2.65	3.00	16
자연	에너지화학공학과	5	7	54	7.7	2.71	3.13	16	5	36	7.2	2.57	2.71	8	5	53	10.6	2.51	2.50	11
자연	*전자공학부*	19	24	158	6.6	2.79	2.94	38	24	206	8.6	2.72	2.85	49	24	239	10.0	2.76	2.73	69
자연	*전기공학과*	12	16	127	7.9	2.87	2.85	28	16	86	5.4	2.94	3.07	24	16	133	8.3	2.64	2.81	39
자연	*임베디드시스템공학과*	4	6	54	9.0	2.90	2.98	9	6	90	15.0	2.98	3.02	4	6	58	9.7	3.14	3.44	12
자연	*소비자학과*	4	6	49	8.2	2.91	3.01	11	6	85	14.2	2.93	3.01	11	6	71	11.8	2.99	3.24	14
자연	*기계공학과*	20	26	395	15.2	2.93	3.20	42	26	155	6.0	3.18	3.36	24	26	257	9.9	2.67	2.94	56
자연	*바이오-로봇시스템공학과*	5	7	74	10.6	2.93	2.96	19	7	77	11.0	3.16	3.18	12	7	64	9.1	2.92	3.13	7
자연	*패션산업학과*	4	6	65	10.8	2.94	2.92	3	6	97	16.2	2.90	3.11	12	6	88	14.7	3.02	3.32	14
자연	나노바이오공학전공	5	6	45	7.5	2.95	3.06	5												
자연	*정보통신공학과*	15	19	161	8.5	2.97	3.04	33	19	142	7.5	3.00	3.13	26	19	213	11.2	2.85	2.98	26
자연	*도시건축부*	14	18	136	7.6	2.98	3.19	22	18	127	7.1	2.98	3.12	23	18	150	8.3	2.91	2.92	31
자연	*수학과*	4	6	44	7.3	2.99	3.04	7	6	84	14.0	2.78	2.85	6	6	46	7.7	2.93	3.39	14
자연	*건설환경공학전공*	10	13	116	8.9	3.03	3.15	12												
자연	환경공학전공	5	6	57	9.5	3.05	3.07	18												
자연	*안전공학과*	4	6	83	13.8	3.10	3.24	4	6	43	7.2	3.24	3.41		6	47	7.8	2.73	2.75	5
자연	해양학과	4	5	73	14.6	3.11	3.18	2	5	150	30.0	3.20	3.24	9	5	39	7.8	3.48	4.00	9
자연	물리학과	7	9	66	7.3	3.12	3.04	10	9	59	6.6	3.14	3.32	12	9	81	9.0	3.04	3.37	16
자연	*산업경영공학과*	13	16	109	6.8	3.13	3.24	20	16	124	7.8	2.99	3.07	11	16	149	9.3	2.85	3.13	42
자연	생명공학전공	6	7	49	7.0	3.13	3.66	14												
자연	*도시공학과*	3	5	138	27.6	3.13	3.12	2	5	31	6.2	3.57	3.69	5	5	57	11.4	2.75	2.89	6
자연	수학교육과	3	3	19	6.3	3.23		4	3	28	9.3	2.38	2.42	5	3	81	27.0	2.09	2.21	5

■ (학생부교과) 지역균형

전형	모집인원	전형 방법	수능최저학력기준
지역균형	293	학생부교과100%	X

1. **지원자격**: 2020년 이후 국내 고등학교 졸업(예정)자 중 국내 고등학교에서 3학기 이상 교육과정을 이수한 자로서 소속 고등학교장의 추천을 받은 자(추천 인원 제한 없음)
   ※ 지원불가 : 검정고시, 예술고, 체육고, 특성화고(또는 종합고)<직업과정, 대안교육과정>, 마이스터고, 학력인정 평생교육시설, 각종학교, 방송통신고, 고등기술학교 등 관계법령에 의한 학력인정학교의 출신자
2. **제출서류**: 학교생활기록부, 학교장 추천 명단 확인서

◎ 전형요소
● **학생부(350점)**: 교과성적우수자전형 참고

■ [전형 비교] 교과성적우수자와 지역균형

구분	교과성적우수자	지역균형
전형유형	학생부교과	학생부교과
전형방법	학생부교과100%	학생부교과100%
모집인원	459명	293명
고교 추천	X	○(제한 없음)
수능최저학력기준	○	X

- **공통점**: 전형방법이 모두 면접 없이 학생부교과100%로 선발함.
- **차이점**: – 고교 추천이 교과성적우수자는 없는 반면, 지역균형은 있지만 추천 인원 제한이 없으므로 큰 차이는 없음.
  – 수능최저학력기준이 교과성적 우수자는 있는 반면, 지역균형은 없는 점이 가장 큰 차이임.
- 수능최저 유무가 중요함. 수능최저가 교과성적우수자는 있는 반면, 지역균형은 없어서 합격선이 약간 더 높음.
- 두 전형 간에 복수지원 가능함.
- **전형결과**:

전형유형	전형	학년도	모집인원	지원인원	경쟁률	등록자 평균	등록자 70%컷	충원율
학생부교과	교과성적우수자	2024	468	4,207	8.99	2.97	3.06	158%
학생부교과	지역균형	2024	289	1,730	5.99	2.98	3.12	269%

◎ 전형결과
■ 전체

학년도	전체						인문						자연					
	모집인원	지원인원	경쟁률	등록평균	등록70%컷	충원율	모집인원	지원인원	경쟁률	등록평균	등록70%컷	충원율	모집인원	지원인원	경쟁률	등록평균	등록70%컷	충원율
2022	287	1,694	5.90	2.95	3.14	217%	113	727	6.43	2.99	3.20	230%	174	967	5.56	2.91	3.07	203%
2023	287	3,038	10.59	2.74	2.86	281%	113	1,263	11.18	2.79	2.93	316%	174	1,775	10.20	2.68	2.79	245%
2024	289	1,730	5.99	2.98	3.12	269%	113	778	6.88	3.04	3.12	294%	176	952	5.41	2.91	3.12	243%
2025	293						113						180					

■ 변경사항 & 핵심포인트

[2025]

변경사항	2024	2025
모집인원	289명	293명(+4명)

➡ **합격자 성적분포**: 인문계열은 3등급 초반 ~ 3등급 중반, 자연계열은 2등급 후반 ~ 3등급 중반

■ 모집단위

'*' 표시 : 교직 이수 가능

계열	모집단위	2025	2024						2023						2022					
		모집인원	모집인원	지원인원	경쟁률	등록평균	등록70%컷	충원번호	모집인원	지원인원	경쟁률	등록평균	등록70%컷	충원번호	모집인원	지원인원	경쟁률	등록평균	등록70%컷	충원번호
인문	자유전공학부	26																		
인문	법학부	7	8	49	6.1	2.55	2.99	14	8	51	6.4	2.97	2.98	25	8	52	6.5	2.71	2.93	14
인문	세무회계학과	3	4	25	6.3	2.69	2.69	12	4	27	6.8	2.59	3.00	6	4	22	5.5	2.40	2.63	7
인문	경제학과	8	10	53	5.3	2.69	2.85	28	10	136	13.6	2.74	2.87	38	10	80	8.0	3.15	3.24	28
인문	문헌정보학과	3	4	41	10.3	2.71	2.70	12	4	33	8.3	2.88	3.11	9	4	38	9.5	2.37	2.45	12
인문	국어국문학과	3	4	69	17.3	2.84	2.86	14	4	30	7.5	3.22	3.40	16	4	23	5.8	2.68	3.02	6
인문	창의인재개발학과	3	4	35	8.8	2.87	2.94	11	4	227	56.8	2.86	2.93	6	4	23	5.8	4.26	5.06	7
인문	신문방송학과	3	4	30	7.5	2.89	2.80	13	4	45	11.3	2.37	2.51	12	4	29	7.3	2.74	2.76	12
인문	일본지역문화학과	4	5	65	13.0	2.94	2.98	18	5	42	8.4	3.12	3.24	15	5	25	5.0	3.12	3.33	6
인문	무역학부	10	13	72	5.5	2.94	3.03	47	14	121	8.6	2.72	2.90	42	14	88	6.3	2.96	3.06	39

계열	모집단위	2025 모집인원	2024 모집인원	지원인원	경쟁률	등록평균	등록70%컷	충원번호	2023 모집인원	지원인원	경쟁률	등록평균	등록70%컷	충원번호	2022 모집인원	지원인원	경쟁률	등록평균	등록70%컷	충원번호
인문	경영학부	9	12	53	4.4	2.94	3.13	37	15	155	10.3	2.39	2.57	65	15	102	6.8	2.58	3.01	50
인문	사회복지학과	3	4	28	7.0	2.96	3.00	13	4	41	10.3	2.78	2.81	23	4	23	5.8	2.94	3.01	14
인문	도시행정학과	3	4	17	4.3	2.97	2.95	9	4	39	9.8	2.61	2.69	3	4	37	9.3	3.13	3.23	6
인문	독어독문학과	4	5	56	11.2	3.00	3.06	18	5	44	8.8	3.18	3.32	18	5	26	5.2	3.32	3.36	8
인문	중어중국학과	5	7	42	6.0	3.08	3.33	21	7	64	9.1	2.98	3.04	14	7	34	4.9	3.18	3.46	8
인문	불어불문학과	4	5	49	9.8	3.16	3.23	14	5	52	10.4	2.94	3.17	15	5	24	4.8	3.16	3.45	5
인문	영어영문학과	5	7	35	5.0	3.38	3.31	12	7	63	9.0	2.58	2.62	20	7	42	6.0	2.88	3.15	10
인문	행정학과	4	5	21	4.2	3.50	3.91	13	5	48	9.6	2.52	2.67	14	5	34	6.8	2.98	3.12	18
인문	데이터과학과	3	4	18	4.5	3.52	3.75	11												
인문	정치외교학과	3	4	20	5.0	4.11	3.77	16	4	45	11.3	2.77	2.98	16	4	25	6.3	3.23	3.28	10
자연	자유전공학부	38																		
자연	생명공학전공	3	4	15	3.8	2.35	3.17	8												
자연	분자의생명전공	3	4	16	4.0	2.40	2.50	7												
자연	나노바이오공학전공	3	4	18	4.5	2.52	2.58	1												
자연	화학과	6	7	34	4.9	2.58	2.68	21	7	65	9.3	2.64	2.69	16	7	32	4.6	3.09	3.11	12
자연	컴퓨터공학부	11	14	69	4.9	2.61	2.96	46	14	134	9.6	2.38	2.60	70	14	89	6.4	2.55	2.76	41
자연	정보통신공학과	9	11	69	6.3	2.72	2.82	23	11	70	6.4	2.86	2.96	16	11	65	5.9	2.53	2.79	13
자연	산업경영공학과	8	9	42	4.7	2.74	2.78	18	9	71	7.9	2.86	2.86	30	9	48	5.3	2.94	2.87	14
자연	안전공학과	4	5	25	5.0	2.76	2.92	10	5	35	7.0	2.79	2.93	6	5	29	5.8	2.60	3.04	5
자연	전자공학부	11	14	55	3.9	2.79	3.08	34	14	207	14.8	2.45	2.60	37	14	76	5.4	2.89	3.26	48
자연	기계공학과	12	15	161	10.7	2.80	2.94	59	15	114	7.6	2.95	3.13	56	15	66	4.4	3.06	3.28	35
자연	해양학과	3	4	50	12.5	2.85	2.92	12	4	54	13.5	3.18	3.24	9	4	16	4.0	3.63	3.47	10
자연	에너지화학공학과	5	6	28	4.7	2.90	3.26	17	4	152	38.0	2.09	2.34	8	4	21	5.3	3.18	3.76	14
자연	수학과	4	5	23	4.6	2.92	2.97	14	5	40	8.0	2.83	2.85	14	5	20	4.0	2.81	3.08	7
자연	도시건축학부	9	11	48	4.4	2.93	3.10	22	11	86	7.8	2.82	2.94	30	11	50	4.6	3.03	3.23	22
자연	환경공학전공	3	4	18	4.5	2.93	3.05	12												
자연	임베디드시스템공학과	4	5	28	5.6	2.93	3.10	5	5	84	16.8	2.58	2.78	10	5	23	4.6	3.10	3.57	5
자연	바이오-로봇시스템공학과	5	6	28	4.7	2.96	3.03	19	6	70	11.7	2.84	2.83	4	6	27	4.5	3.16	3.28	6
자연	전기공학과	8	10	49	4.9	2.99	3.16	16	10	75	7.5	2.63	2.68	20	10	42	4.2	2.90	2.79	17
자연	건설환경공학전공	6	7	38	5.4	3.00	2.96	3												
자연	도시공학과	4	5	20	4.0	3.02	3.02	12	5	28	5.6	2.84	2.95	6	5	30	6.0	2.87	2.88	8
자연	패션산업학과	4	5	20	4.0	3.20	3.56	7	5	40	8.0	2.71	2.80	8	5	46	9.2	2.93	3.14	8
자연	소비자학과	4	5	26	5.2	3.20	3.28	14	5	66	13.2	2.79	2.87	5	5	32	6.4	3.29	3.32	10
자연	물리학과	6	7	39	5.6	3.35	3.63	27	7	52	7.4	3.15	3.19	18	7	27	3.9	2.98	3.03	7
자연	신소재공학과	4	5	17	3.4	3.57	3.86	9	5	51	10.2	2.31	2.37	11	5	76	15.2	2.67	2.86	18
자연	생명과학전공	3	4	16	4.0	3.80	4.64	12												

■ (학생부종합) 자기추천

전형	모집인원	전형 방법	수능최저학력기준
자기추천	692	1단계)서류100%(3배수/사범대학: 4배수) 2단계)서류70%+ 면접30%	X

1. **지원자격**: 고등학교 졸업(예정)자 또는 관계 법령에 의하여 고등학교 졸업자와 동등 이상의 학력이 있다고 인정된 자로서 <u>지원학과에 대한 관심과 잠재역량을 갖춘 자</u>
2. **제출서류**: 학교생활기록부
   ※ **동북아국제통상물류학부(동북아국제통상전공) 특전**:
   • 입학 학기 전액 장학금 지급(최초 합격자)
   • 평점평균 및 어학성적에 따라 선발된 인원에게 해외 대학 유학 기회 제공
   • 기숙사 우선 배정

◎ **전형요소**
● 서류(350점)
   1. **평가방법**: 지원자가 제출한 서류를 바탕으로 평가요소에 따라 종합적으로 정성평가
   2. **평가요소 및 평가내용**:

평가요소	반영비율	평가내용
학업역량	30%	• 고교 교육과정에서 이수한 교과의 기초학업역량 및 학업의 발전정도 • 학업을 수행하고 학습해 나가려는 의지와 노력 • 지적 호기심을 바탕으로 사물과 현상에 대해 탐구하고, 문제를 해결하려는 노력

평가요소	반영비율	평가내용
진로역량	30%	• 고교 교육과정에서 전공(계열)에 필요한 과목을 선택하여 이수한 정도 • 고교 교육과정에서 전공(계열)에 필요한 과목을 수강하고 취득한 학업 성취 수준 • 자신의 진로를 탐색하는 과정에서 이루어진 활동이나 경험 및 노력
발전역량	20%	• 문제에 대한 대안적 해결책을 만들어 낼 수 있는 능력 • 진취적이고 창의적인 사고를 바탕으로 새로운 과제나 어려운 과제에 도전하고 해결하고자 한 노력 • 자기주도적인 학업 노력
공동체역량	20%	• 공동체의 목표를 달성하기 위해 협력하며, 구성원들과 합리적인 의사 소통을 할 수 있는 능력 • 상대방을 존중하고 이해하여 원만한 관계를 형성하며, 타인을 위하여 기꺼이 나누어 주고자 하는 태도와 행동 • 책임감을 바탕으로 자신의 의무를 다하고, 공동체의 기본 윤리와 원칙을 준수하는 태도

☞ 보충설명

• 학업역량(30%)과 진로역량(30%) 모두 중요하지만 진로역량에서 변별력 생김.
• 진로역량(30%)을 중요하게 보고 실제 변별력이 가장 큼.
  – 학교생활하면서 진로탐색 노력이 잘 나타난 학생들이 유리
  – 진로역량에서 지원자 간에 교과적합성은 비슷하여 비교과적합성에서 변별력 생김, 전공관련 비교과 활동의 다양성, 충실성, 적합성 등
• 발전역량(20%)은 문제해결능력, 노력 정도, 학년이 올라갈수록 교과, 비교과 활동이 상승하는 경우도 좋은 평가
• 공동체역량(20%)은 교수님들이 대학에서 수업을 개별적으로 수강하는 것보다 조별 또는 팀별활동이 많고 소통능력 등 사회성이 중요하다는 의견을 평가에 반영하여 공동체역량에서 보고자 함.

● 면접(150점)
  1. **면접형식**: 개별면접, 면접위원 2인이 지원자 1인 평가, 면접위원은 입학사정관 및 학과교수 총 2인으로 구성
  2. **평가방법**: 학교생활기록부를 바탕으로 면접이 진행되며, 서류재확인 절차를 통해 평가준거별 정성평가 실시
     ※ 면접위원 2인이 각자 평가준거별 A~E등급 부여함(최고점 150점, 최저점 100점)
  3. **소요시간**: 지원자 1인당 10분 내외
  4. **평가요소**:

평가요소	반영비율	평가내용
진로역량	30%	• 지원 학과에 대한 열정 흥미 관심도 이해도 및 진로탐색 과정과 노력 • 전공 계열 분야를 수학하기 위한 기초학업역량 및 잠재적 학습능력 • 지원동기의 명확성 및 학업계획 구체성 등
발전역량	30%	• 문제해결의 논리성 창의성 탐구력 융합적 사고 역량 및 창의적 체험활동의 다양성과 주도성 • 스스로 목표를 설정하여 달성하기 위한 지속적인 노력 • 새로운 과제나 어려운 과제에 도전하고 해결하고자 한 노력
공동체역량	20%	• 리더십 역량 및 공동체 의식 학교생활의 충실성 및 책임의식 • 나눔 배려 협력 갈등 관리 역경 극복 등의 인성 및 가치관
의사소통능력	20%	• 질문의 내용을 파악하고 자신의 의견을 전달하는 능력 및 면접태도 • 표현의 정확성 논리성 진실성

☞ 보충설명

• 제출서류 확인 면접, 면접 역전률은 30% 정도. 서류의 상위권은 뒤집히지 않음. 경계선이 뒤집힘

◎ 전형결과
■ 전체

학년도	전체						인문						자연					
	모집 인원	지원 인원	경쟁 률	등록 평균		충원 율	모집 인원	지원 인원	경쟁 률	등록 평균		충원 율	모집 인원	지원 인원	경쟁 률	등록 평균		충원 율
2022	685	4,603	6.72	3.55		80%	295	2,156	7.31	3.66		73%	390	2,447	6.27	3.44		87%
2023	685	6,302	9.20	3.51		74%	295	3,312	11.23	3.57		72%	390	2,990	7.67	3.45		75%
2024	683	7,306	10.70	3.42		70%	292	3,562	12.20	3.44		77%	391	3,744	9.58	3.39		62%
2025	692						301						391					

■ 변경사항 & 핵심포인트

[2025]

변경사항	2024	2025
모집인원	683명	692명(+9명)

➡ 합격자 성적분포: 인문계열은 3등급 초반 ~ 3등급 후반, 자연계열은 3등급 초반 ~ 3등급 후반

■ 모집단위

'*'표시 : 교직 이수 가능

계열	모집단위	2025	2024						2023						2022					
		모집 인원	모집 인원	지원 인원	경쟁 률	등록 평균		충원 번호	모집 인원	지원 인원	경쟁 률	등록 평균		충원 번호	모집 인원	지원 인원	경쟁 률	등록 평균		충원 번호
인문	데이터과학과	6																		

계열	모집단위	2025 모집인원	2024 모집인원	지원인원	경쟁률	등록평균	충원번호	2023 모집인원	지원인원	경쟁률	등록평균	충원번호	2022 모집인원	지원인원	경쟁률	등록평균	충원번호
인문	스마트물류공학전공	3															
인문	윤리교육과	5	5	54	10.8	2.24	4	5	51	10.2	2.49	5	5	54	10.8	2.49	6
인문	역사교육과	5	5	58	11.6	2.53	5	5	78	15.6	2.20	4	5	47	9.4	2.57	10
인문	국어교육과	6	6	75	12.5	2.66	5	6	91	15.2	2.91	10	6	43	7.2	3.03	6
인문	영어교육과	6	6	70	11.7	2.96	3	6	89	14.8	3.31	3	6	48	8.0	3.25	7
인문	유아교육과	8	8	94	11.8	3.13	11	8	170	21.3	2.92	11	8	134	16.8	3.14	12
인문	신문방송학과	10	10	217	21.7	3.18	4	10	184	18.4	3.08	11	10	138	13.8	3.06	9
인문	행정학과	11	11	84	7.6	3.21	5	11	92	8.4	3.26	6	11	66	6.0	3.36	5
인문	법학부	17	17	117	6.9	3.24	11	17	114	6.7	3.39	10	17	88	5.2	3.29	14
인문	창의인재개발학과	10	10	103	10.3	3.31	9	10	121	12.1	3.52	7	10	56	5.6	4.03	2
인문	정치외교학과	10	10	127	12.7	3.36	14	10	171	17.1	3.85	8	10	83	8.3	4.26	11
인문	사회복지학과	10	10	240	24.0	3.40	5	10	280	28.0	3.85	5	10	125	12.5	4.10	8
인문	세무회계학과	10	10	71	7.1	3.43	3	10	61	6.1	3.52	3	10	49	4.9	3.03	3
인문	운동건강학부	4	4	101	25.3	3.43	1										
인문	일어교육과	6	6	45	7.5	3.44	5	6	77	12.8	3.59	3	6	29	4.8	4.31	2
인문	일본지역문화학과	11	11	118	10.7	3.44	11	11	105	9.6	3.55	8	11	84	7.6	3.63	7
인문	경제학과	19	19	168	8.8	3.47	8	19	133	7.0	3.59	13	19	100	5.3	3.52	8
인문	영어영문학과	16	16	154	9.6	3.51	10	16	142	8.9	3.56	10	16	107	6.7	3.84	10
인문	도시행정학과	10	10	95	9.5	3.53	11	10	100	10.0	3.83	9	10	68	6.8	3.91	9
인문	경영학부	24	24	584	24.3	3.55	14	29	283	9.8	4.37	14	29	235	8.1	3.32	20
인문	동북아국제통상학부	12	12	78	6.5	3.57	17	12	91	7.6	3.18	6	12	67	5.6	3.17	8
인문	국어국문학과	10	10	97	9.7	3.60	5	10	92	9.2	3.54	8	10	59	5.9	3.64	11
인문	무역학부	24	24	227	9.5	3.61	25	26	231	8.9	3.82	16	26	165	6.4	3.84	21
인문	문헌정보학과	10	10	128	12.8	3.85	9	10	164	16.4	3.57	7	10	63	6.3	4.05	5
인문	불어불문학과	11	11	197	17.9	4.24	9	11	126	11.5	5.61	11	11	68	6.2	5.44	9
인문	중어중국학과	16	16	170	10.6	4.28	13	16	177	11.1	4.40	18	16	121	7.6	4.94	2
인문	독어독문학과	11	11	90	8.2	5.29	8	11	89	8.1	4.29	7	11	59	5.4	4.37	11
자연	분자의생명전공	9	9	133	14.8	2.74	2										
자연	생명공학전공	10	10	117	11.7	2.78	3										
자연	수학교육과	7	7	49	7.0	2.83	5	7	59	8.4	2.48	8	7	52	7.4	2.57	8
자연	컴퓨터공학부	29	29	362	12.5	2.92	24	29	321	11.1	3.29	23	29	257	8.9	3.24	42
자연	나노바이오공학전공	8	8	87	10.9	2.92	2										
자연	에너지화학공학과	13	13	108	8.3	2.97	7	10	74	7.4	3.10	6	10	109	10.9	2.87	8
자연	생명과학전공	9	9	135	15.0	3.00	5										
자연	화학과	14	14	121	8.6	3.08	2	14	89	6.4	3.20	11	14	82	5.9	3.14	19
자연	신소재공학과	13	13	145	11.2	3.18	6	13	119	9.2	3.31	21	13	87	6.7	3.35	11
자연	전자공학부	28	28	178	6.4	3.31	34	29	191	6.6	3.32	28	29	118	4.1	3.62	29
자연	정보통신공학과	21	21	161	7.7	3.36	11	21	165	7.9	3.41	13	21	127	6.1	3.63	19
자연	소비자학과	13	13	106	8.2	3.41	11	13	98	7.5	3.39	8	13	79	6.1	3.38	9
자연	도시건축학부	23	23	217	9.4	3.46	8	23	156	6.8	3.52	16	23	166	7.2	3.34	12
자연	전기공학과	21	21	146	7.0	3.47	12	21	127	6.1	3.66	12	21	76	3.6	3.67	14
자연	바이오-로봇시스템공학과	13	13	163	12.5	3.48	3	13	88	6.8	4.11	13	13	54	4.2	3.55	10
자연	임베디드시스템공학과	13	13	151	11.6	3.49	6	13	114	8.8	3.71	8	13	107	8.2	3.85	6
자연	해양학과	10	10	93	9.3	3.54	14	10	70	7.0	3.48	5	10	59	5.9	3.57	14
자연	산업경영공학과	17	17	123	7.2	3.55	6	17	110	6.5	3.67	12	17	64	3.8	3.91	13
자연	환경공학전공	8	8	99	12.4	3.65	5										
자연	기계공학과	31	31	281	9.1	3.71	26	32	207	6.5	3.72	34	32	134	4.2	3.51	39
자연	안전공학과	13	13	88	6.8	3.75	4	13	65	5.0	3.57	3	13	42	3.2	3.68	4
자연	물리학과	14	14	117	8.4	3.77	15	14	108	7.7	4.16	11	14	41	2.9	4.56	11
자연	수학과	13	13	80	6.2	3.79	11	13	60	4.6	3.35	8	13	49	3.8	3.12	14
자연	패션산업학과	13	13	212	16.3	3.87	7	13	184	14.2	3.60	13	13	247	19.0	3.55	10
자연	도시공학과	13	13	155	11.9	3.95	8	13	83	6.4	4.10	9	13	84	6.5	3.64	9
자연	건설환경공학전공	15	15	117	7.8	4.10	6										

73. 인하대학교

인천광역시 미추홀구 인하로 100 (Tel: 032. 860-7221~2)

I. 한 눈에 보는 전형

모집 시기	전형 유형	전형	모집 인원	전형 방법	수능최저 학력기준
수시	교과	지역균형	648	학생부교과100% ※ 고교 추천: 제한 없음	○
수시	종합	인하미래인재	1,020	1단계)서류100%(3.5배수/의예과: 3배수) 2단계)서류70%+ 면접30%	X
수시	종합	고른기회	137	서류100%	X
수시	종합	평생학습자	13	서류100%	X
수시	종합	특성화고졸재직자	187	서류100%	X
수시	종합	농어촌학생	137	서류100%	X
수시	종합	서해5도지역출신자	3	서류100%	X
수시	논술	논술우수자	458	학생부30%+ 논술70%	X(의예과○)
수시	실기/실적	실기우수자	57	학생부30%+ 실기70%	X
수시	실기/실적	체육특기자	26	학생부20%+ 특기실적80%	X

(수시모집) 지원 가능 횟수	모든 전형은 전형일정이 겹치지 않는 한 중복지원이 가능함(단, 동일 전형에 여러 모집단위 지원은 불가).

■ 무전공(전공자율선택)

유형① [대학 내 모든 전공(보건의료, 사범 등 제외) 자율 선택]		유형② [계열/단과대 모집 후 모집단위 내 전공 자율 선택]	
모집단위	인원	모집단위	인원
자유전공융합학부	270	경영융합학부	44
		공학융합학부	131
		사회과학융합학부	41
		영미유럽인문융합학부	60
		인문융합학부	33
		자연과학융합학부	40
		전기전자공학부	189

■ 전공 선택 가능 학과(전공)

단과대학	모집단위		전공 선택 가능 학과(전공)
프런티어 창의대학	자유전공융합학부	공과대학	기계공학과, 항공우주공학과, 조선해양공학과, 산업경영공학과, 화학공학과, 고분자공학과, 신소재공학과, 사회인프라공학과, 환경공학과, 건축학부(건축공학전공), 에너지자원공학과, 전기전자공학부, 반도체시스템공학과, 이차전지융합학과
		자연과학대학	수학과, 통계학과, 물리학과, 화학과, 해양과학과, 식품영양학과
		경영대학	경영학부(경영학과, 파이낸스경영학과), 아태물류학부, 국제통상학과
		사회과학대학	행정학과, 정치외교학과, 미디어커뮤니케이션학과, 경제학과, 소비자학과, 아동심리학과, 사회복지학과
		문과대학	한국어문학과, 사학과, 철학과, 중국학과, 일본언어문화학과, 영미유럽인문융합학부, 문화콘텐츠문화경영학과
		소프트웨어융합대학	데이터사이언스학과, 스마트모빌리티공학과, 디자인테크놀로지학과
		바이오시스템융합학부	생명공학과, 생명과학과, 첨단바이오의약학과
	공학융합학부	공과대학	기계공학과, 항공우주공학과, 조선해양공학과, 산업경영공학과, 화학공학과, 고분자공학과, 신소재공학과, 사회인프라공학과, 환경공학과, 건축학부(건축공학전공), 에너지자원공학과, 전기전자공학부, 반도체시스템공학과, 이차전지융합학과
	자연과학융합학부	자연과학대학	수학과, 통계학과, 물리학과, 화학과, 해양과학과, 식품영양학과
	경영융합학부	경영대학	경영학부(경영학과, 파이낸스경영학과), 아태물류학부, 국제통상학과
	사회과학융합학부	사회과학대학	행정학과, 정치외교학과, 미디어커뮤니케이션학과, 경제학과, 소비자학과, 아동심리학과, 사회복지학과

단과대학	모집단위		전공 선택 가능 학과(전공)
	인문융합학부	문화대학	한국어문학과, 사학과, 철학과, 중국학과, 일본언어문화학과, 영미유럽인문융합학부, 문화콘텐츠문화경영학과
공과대학	전기전자공학부	반도체집적회로 트랙, 전기에너지 트랙, 지능제어계측 트랙, 컴퓨터미디어통신 트랙	
문과대학	영미유럽인문융합학부	영어영문학 전공, 프랑스언어문화 전공	

※ 프런티어창의대학 자유전공융합학부, 단과대학별 융합학부(공학융합학부, 자연과학융합학부, 경영융합학부, 사회과학융합학부, 인문융합학부)는 모집단위광역화 과정에서 2025학년도에 신설된 학부임.
※ 자유전공융합학부 입학생은 아래 제시된 학과(전공)** 외 모든 학과(전공)의 선택이 가능하며, 단과대학별 융합학부 입학생은 관련 단과대학 내 학과(전공) 선택이 가능함.
 - 선택 제한** : 공간정보공학과, 건축학부(건축학전공), 사범대학, 의과대학, 간호대학, 예술체육대학, 미래융합대학, 인공지능공학과, 컴퓨터공학과, 국제학부 제외(단, 학사 내규에 따라 학사경고자는 희망학과의 전공선택이 제한될 수 있음)
※ 전기전자공학부는 학부 내 모든 심화트랙 자율 선택 가능, 영미유럽인문융합학부는 학부 내 모든 전공 자율 선택 가능
※ 항공우주공학과, 스마트모빌리티공학과의 경우, 2~4학년 교과과정은 송도국제도시 항공우주융합캠퍼스에서 진행될 수 있음.

■ 학교폭력 조치사항

전형	전형총점	감점								
		1호	2호	3호	4호	5호	6호	7호	8호	9호
학생부종합	1,000	학교생활기록부에 '학교폭력사실'이 기재된 경우 서류평가시 정성적으로 평가함								
체육특기자	1,000	감점 없음							지원 불가	

■ 전형결과　　　　　　　　　　　　　　　　※ 성적 산출기준: (수시) 교과 석차등급, (정시) 수능 백분위

모집시기	전형유형	전형	학년도	모집인원	지원인원	경쟁률	등록자 평균	등록자 최저	충원율
수시	교과	지역균형	2024	604	3,818	6.32	2.53	2.94	150%
수시	종합	인하미래인재	2024	973	13,118	13.48	3.07	4.23	66%
수시	논술	논술우수자	2024	459	20,345	44.32	4.37	5.54	28%

■ (주요전형) 전형일정

유형	전형	원서접수 마감	대학별 고사(면접/논술)	1단계 합격자	최종 합격자
교과	지역균형	9.13(금) 18:00 학교장추천: 9.25(수) 18:00			12.13(금)
종합	인하미래인재	9.13(금) 18:00	11.16(토)~17(일)	11.12(화)	12.13(금)
논술	논술우수자	9.13(금) 18:00	11.30(토)~12.01(일) 인문/자연		12.13(금)

II. (수시모집) 주요 전형

■ (학생부교과) 지역균형

전형	모집인원	전형 방법	수능최저학력기준
지역균형	648	학생부교과100%	○

1. **지원자격**: 국내 정규 고등학교에서 통산 3학기 이상의 교육과정을 이수한 졸업예정자 또는 2021년 1월 이후 졸업자(2021년 1월 졸업자 지원 가능)로서 소속(졸업) 고등학교장의 추천을 받은 자(추천 인원: 제한 없음)
 ※ 다음의 해당자는 지원 불가
 ① 특성화고, 종합 및 일반고 전문(실업)반 졸업(예정)자
 ② 특목고 중 예술고, 체육고, 마이스터고 졸업(예정)자
 ③ 일반고 재학 중 직업교육과정 이수자
 ④ 방송통신고, 대안학교(각종학교), 고등학교 학력인정 평생교육시설 출신자 및 일반 고등학교의 대안교육 위탁학생
 ⑤ 학교생활기록부가 없거나 학교생활기록부 반영교과 점수를 산출할 수 없는 자
2. **제출서류**: 학교생활기록부, 학교장 추천 명단
3. **수능최저학력기준** :

> 인, 의류디자인학과(일반), 자유전공융합학부: [국어, 수학, 영어, 사/과탐(1과목)] 중 2개 영역 등급 합 6 이내
> 자 인공지능공학과, 데이터사이언스학과, 스마트모빌리티공학과: [국어, 수학, 영어, 사/과탐(1과목)] 중 2개 영역 등급 합 5 이내
> ▶ 의예과: [국어, 수학, 영어, 사/과탐(2과목 평균)] 중 3개 영역 1등급 이내

◎ 전형요소
● 학생부

반영요소 반영비율	반영교과목			교과성적 산출지표	학년별 반영비율
	구분	반영방법			
교과100%	공통 및 일반선택	인 국어, 영어, 수학, 사회(한국사 포함)교과에 속한 전 과목 자 국어, 영어, 수학, 과학교과에 속한 전 과목		석차등급	학년 구분 없음
	진로선택	반영교과 중 상위 3개 과목 ※ 성취도 변환등급 = A : 1등급, B : 2등급, C : 4등급		성취도	

◎ 전형결과
■ 전체

학년도	전체						인문						자연					
	모집 인원	지원 인원	경쟁 률	등록 평균	등록 최저	충원 율	모집 인원	지원 인원	경쟁 률	등록 평균	등록 최저	충원 율	모집 인원	지원 인원	경쟁 률	등록 평균	등록 최저	충원 율
2022	404	4,057	10.04	2.61	2.66	138%	154	1,381	8.97	2.78	2.83	140%	250	2,676	10.70	2.43	2.49	136%
2023	401	4,464	11.13	2.48	2.66	145%	159	1,697	10.67	2.64	2.84	142%	242	2,767	11.43	2.32	2.48	148%
2024	604	3,818	6.32	2.53	2.94	150%	225	1,667	7.41	2.61	2.92	188%	379	2,151	5.68	2.44	2.95	111%
2025	648						240						408					

■ 실질 경쟁률(충원율 반영)

계열	모집인원	지원인원	경쟁률	수능최저 충족율	(수능최저 충족율 반영) 경쟁률	충원율	(충원율 반영) 실질 경쟁률
인문	225	1,667	7.41	71.5%	5.3	188.4%	1.84
자연(의예과 제외)	370	2,066	5.68	47.9%	2.7	110.0%	1.29
의예과	9	85	9.40	30.6%	2.9	133.3%	1.24

■ 경쟁률(모집인원 대비 수능최저 충원인원)

계열	계열 평균	모집단위
인문	5.82:1	경영학과 3.8, 글로벌금융학과 9.3, 아태물류학부 4.3, 국제통상학과 5.1, 국어교육과 5.6, **영어교육과 3.8**, 사회교육과 4.6, 교육과 4.8, **행정학과 3.0**, 정치외교학과 4.4, 미디어커뮤니케이션학과 4.6, 경제학과 5.2, 소비자학과 17.6, **아동심리학과 3.8**, 사회복지학과 2.4, 한국어문학과 7.9, 사학과 7.5, 철학과 4.7, 중국학과 8.3, 일본언어문화학과 8.7, **영어영문학과 3.5**, 프랑스언어문화학과 6.2, 문화콘텐츠문화경영학과 4.3, 의류디자인학과 6.3
자연	2.91:1	기계공학과 2.5, 항공우주공학과 3.8, 조선해양공학과 3.3, **산업경영공학과 1.6**, **화학공학과 1.8**, 고분자공학과 2.0, 신소재공학과 2.2, 사회인프라공학과 3.5, 환경공학과 2.4, 공간정보공학과(자연) 2.7, 건축학부 3.6, 에너지자원공학과 2.6, 전기공학과 2.3, 전자공학과 2.6, 정보통신공학과 2.1, **반도체시스템공학과 1.8**, 수학과 5.0, 물리학과 2.5, 화학과 1.8, 해양과학과 2.1, 식품영양학과 2.7, 수학교육과 3.6, 의예과 2.9, **간호학과 1.9**, 인공지능공학과 3.6, 데이터사이언스학과 5.6, 스마트모빌리티공학과 6.3, **컴퓨터공학과 1.8**, 생명공학과 2.4, 생명과학과 4.2

■ 변경사항 & 핵심포인트
[2025]

변경사항	2024	2025
모집인원	604명	648명(+44명)
(수능최저)자연:응시과목변경	국어, 수학(미적분/기하), 영어, 과탐	국어, 수학, 영어, 사/과탐

➡ 합격자 성적분포: 인문계열은 2등급 초반 ~ 2등급 후반, 자연계열은 2등급 초반 ~ 2등급 후반

■ 모집단위

'*' 표시 : 교직 이수 가능

계열	모집단위	2025	2024						2023						2022					
		모집 인원	모집 인원	지원 인원	경쟁 률	등록 평균	등록 최저	충원 번호	모집 인원	지원 인원	경쟁 률	등록 평균	등록 최저	충원 번호	모집 인원	지원 인원	경쟁 률	등록 평균	등록 최저	충원 번호
예체	자유전공융합학부	20																		
인문	사회교육과	5	5	28	5.6	2.30	2.38	12	6	92	15.3	2.17	2.41	12	6	34	5.7	2.74	2.82	10
인문	아태물류학부	15	15	73	4.9	2.33	2.99	42	10	78	7.8	2.27	2.49	30	10	71	7.1	2.34	2.59	12
인문	교육학과	5	5	31	6.2	2.35	2.47	9	5	56	11.2	2.38	2.59	6	5	31	6.2	2.86	2.70	11
인문	국어교육과	5	5	36	7.2	2.38	2.73	19	5	37	7.4	2.36	2.54	6						
인문	미디어커뮤니케이션학과	10	10	64	6.4	2.40	2.60	26	6	69	11.5	2.44	2.58	13	6	57	9.5	2.60	2.53	8
인문	경영학과	30	35	190	5.4	2.43	2.66	64	19	141	7.4	2.45	2.72	30	19	179	9.4	2.38	2.49	32
인문	경제학과	13	13	81	6.2	2.44	2.72	30	7	60	8.6	2.68	2.84	11	7	54	7.7	2.58	2.59	6
인문	소비자학과	5	5	124	24.8	2.47	2.59	1	5	139	27.8	2.99	3.22	3	6	55	9.2	3.20	3.48	10
인문	국제통상학과	14	14	93	6.6	2.50	2.70	24	12	213	17.8	2.60	2.77	18	14	182	13.0	2.89	3.03	15

계열	모집단위	2025 모집인원	2024 모집인원	지원인원	경쟁률	등록평균	등록최저	충원번호	2023 모집인원	지원인원	경쟁률	등록평균	등록최저	충원번호	2022 모집인원	지원인원	경쟁률	등록평균	등록최저	충원번호
인문	사학과	6	6	64	10.7	2.56	2.78	11	5	45	9.0	2.94	3.18	6	5	70	14.0	2.92	2.88	8
인문	아동심리학과	5	5	26	5.2	2.57	2.66	11	5	49	9.8	2.63	2.75	3	5	29	5.8	2.96	2.87	6
인문	영미유럽인문융합학부	15	11	52	4.7	2.58	2.74	11	7	51	7.3	2.57	2.77	9	6	51	8.5	2.58	2.72	5
인문	문화콘텐츠문화경영학과	13	12	73	6.1	2.59	2.76	28	9	65	7.2	2.55	2.77	9	8	69	8.6	2.49	2.51	12
인문	파이낸스경영학과	7	7	91	13.0	2.61	2.74	15	5	115	23.0	2.74	2.95	7	5	63	12.6	3.19	3.19	11
인문	정치외교학과	10	10	55	5.5	2.61	2.79	25	6	63	10.5	2.67	2.74	16	5	49	8.2	2.84	2.83	9
예체	의류디자인학과	6	6	60	10.0	2.70	2.92	11	5	45	9.0	2.93	3.07	5	5	75	15.0	2.86	2.89	5
인문	한국어문학과	8	8	77	9.6	2.74	2.89	10	5	63	12.6	2.95	3.02	4	5	38	7.6	3.12	3.16	9
인문	일본언어문화학과	9	9	107	11.9	2.79	2.90	4	5	36	7.2	3.11	3.28	2						
인문	철학과	6	6	46	7.7	2.83	3.15	5	5	43	8.6	2.75	2.92	4	5	42	8.4	2.93	3.02	4
인문	행정학과	13	13	67	5.2	2.86	4.24	25	8	60	7.5	2.42	2.68	7	8	71	8.9	2.45	2.58	17
인문	중국학과	10	9	116	12.9	2.87	3.03	20	5	42	8.4	3.16	3.61	7	5	44	8.8	2.90	2.92	3
인문	사회복지학과	5	5	24	4.8	3.06	4.01	7	4	45	11.3	2.61	2.86	4	5	37	7.4	2.92	2.83	9
인문	영어교육과	5	5	33	6.6	3.07	3.80	10	5	54	10.8	2.11	2.22	8	7	35	5.0	2.55	2.63	10
자연	이차전지융합학과	5																		
자연	전기전자공학부	53																		
자연	의예과	26	9	85	9.4	1.09	1.15	12	8	184	23.0	1.06	1.10	13	10	200	20.0	1.12	1.15	11
자연	생명과학과	5	6	43	7.2	2.01	2.09	7	5	63	12.6	2.21	2.32	7	7	56	8.0	2.24	2.45	8
자연	생명공학과	8	9	44	4.9	2.23	2.98	10	6	82	13.7	1.79	1.96	4	6	133	22.2	2.03	2.00	8
자연	수학교육과	5	5	26	5.2	2.26	2.38	7	5	67	13.4	2.27	2.34	4	5	65	13.0	2.39	2.52	5
자연	고분자공학과	9	9	36	4.0	2.31	2.56	7	6	58	9.7	2.23	2.42	5	6	48	8.0	2.47	2.53	5
자연	간호학과(자연)	17	17	61	3.6	2.34	4.15	14	10	100	10.0	1.99	2.15	14	8	99	12.4	2.06	2.12	10
자연	에너지자원공학과	5	5	44	8.8	2.37	2.43	3	5	50	10.0	2.52	2.63	5	5	58	11.6	2.48	2.46	3
자연	인공지능공학과	11	9	55	6.1	2.38	2.50	15	4	68	17.0	2.38	2.49	6	8	60	7.5	2.49	2.57	10
자연	기계공학과	32	35	189	5.4	2.40	2.69	36	19	223	11.7	2.29	2.48	34	19	307	16.2	2.30	2.43	23
자연	환경공학과	9	9	43	4.8	2.40	2.66	13	6	45	7.5	2.41	2.53	6	6	58	9.7	2.31	2.39	9
자연	신소재공학과	19	18	71	3.9	2.40	3.81	21	13	106	8.2	2.05	2.22	15	12	124	10.3	2.13	2.15	20
자연	컴퓨터공학과	38	38	140	3.7	2.40	3.75	28	20	170	8.5	2.03	2.28	39	18	224	12.5	2.08	2.18	25
자연	데이터사이언스학과	10	10	96	9.6	2.43	2.57	12	5	127	25.4	2.54	2.66	8	6	52	8.7	2.98	2.99	7
자연	화학공학과	21	21	77	3.7	2.47	5.08	17	14	114	8.1	1.92	2.03	22	14	128	9.1	1.97	2.02	29
자연	항공우주공학과	12	12	93	7.8	2.48	2.67	24	8	76	9.5	2.34	2.60	19	8	94	11.8	2.34	2.41	16
자연	식품영양학과	9	9	63	7.0	2.49	2.63	7	6	76	12.7	2.66	2.77	8	5	39	7.8	2.70	2.77	11
자연	화학과	10	10	46	4.6	2.49	2.93	8	7	69	9.9	2.26	2.51	6	6	93	15.5	2.39	2.52	5
자연	산업경영공학과	10	10	43	4.3	2.52	2.77	6	6	60	10.0	2.46	2.53	7	6	63	10.5	2.52	2.59	6
자연	스마트모빌리티공학과	7	7	81	11.6	2.55	2.60	18	5	107	21.4	2.68	2.76	2	5	34	6.8	2.93	2.98	5
자연	해양과학과	7	7	32	4.6	2.56	2.76	4	5	44	8.8	2.62	2.73	1	5	48	9.6	2.64	2.66	2
자연	수학과	7	7	79	11.3	2.65	2.77	14	5	81	16.2	2.70	2.94	6	5	35	7.0	2.93	2.94	9
자연	공간정보공학과(자연)	7	7	56	8.0	2.66	2.83	5	6	72	12.0	2.70	2.85	8	5	42	8.4	2.77	2.89	5
자연	사회인프라공학과	13	13	94	7.2	2.69	2.93	19	9	98	10.9	2.67	2.84	6	12	92	7.7	2.75	2.84	20
자연	반도체시스템공학과	11	8	41	5.1	2.69	3.24	4												
자연	건축학부	16	16	110	6.9	2.69	2.94	23	10	200	20.0	2.59	2.72	13	10	81	8.1	2.83	2.96	13
자연	물리학과	8	8	54	6.8	2.78	3.00	12	5	62	12.4	2.70	2.94	6	5	33	6.6	2.79	2.99	5
자연	조선해양공학과	12	12	113	9.4	2.80	2.99	13	8	65	8.1	2.82	3.00	8	8	62	7.8	2.61	2.63	7
자연	통계학과	6	6	38	6.3	2.99	3.23	5							5	32	6.4	3.32	2.96	9

■ (학생부종합) 인하미래인재

전형	모집인원	전형 방법	수능최저학력기준
인하미래인재	1,020	1단계)서류100%(3.5배수/의예과: 3배수) 2단계)서류70%+ 면접30%	X

1. **지원자격**: 국내 고등학교 졸업(예정)자 또는 관련 법령에 의하여 이와 동등 이상의 학력이 있다고 인정된 자
2. **제출서류**: 학교생활기록부

◎ 전형요소
※ **모집단위 인재상**: 학교생활의 성실함을 바탕으로 지원하는 전공에 대한 관심 및 열정을 지닌 인재

● 서류평가(700점: 최저점 250점)
1. **평가방법**: 학교생활기록부를 평가기준에 따라 정성적으로 종합평가
   ※ 학교생활기록부에 '학교폭력사실'이 기재된 경우 서류평가(학교생활기록부를 평가) 시, 정성적으로 평가함
2. **평가요소별 반영비율**:

평가요소	반영비율	평가항목	반영비율	세부 평가항목	
기초학업역량 대학수학을 위한 기초적인 학업능력 및 학습태도	30%	학업능력	20%	학업능력	• 전체적인 교과성취도는 어느 정도인가? 학년별 교과추이는 어떠한가? • 이수교과 중 희망진로와 관련된 교과목의 성적은 어느 정도인가?
		학습태도	10%	자기주도적 학습태도	• 교과수업 시간에 능동적으로 참여하였는가? 소홀히 한 교과는 없는가? • 자신의 부족한 부분을 확인하고 발전하기 위해 노력하였는가?
진로탐구역량 진로 개발을 위한 관심 및 탐구활동	50%	진로관심	20%	진로관련교과 이수내역 및 성취도	• **희망진로(전공) 관련하여 어떤 교과목을 이수했으며, 성취도는 어느 정도인가?** • 학교에서 이루어지는 진로연계 활동에 적극적으로 참여하고 노력하였는가?
		탐구역량	30%	진로탐구활동	• 자신이 습득한 지식의 깊이를 더하기 위해 노력하였는가? • **진로개발을 위한 다양한 활동 과정을 통해 지적 성장이 있었는가?**
공동체역량 학교생활을 통해 드러나는 공동체 내에서의 가치관/태도	20%	공동체 역량	20%	성실, 배려, 리더십, 협업, 의사소통	• 학교 공동체에서 타인을 배려하고 존중하며 성실하게 생활하였는가? • 자신이 속한 공동체의 발전을 위해 노력한 경험이 있는가? - 출결 상황, 창의적체험활동(자율, 봉사)

☞ **보충설명**
• 진로탐구역량(50%) > 기초학업역량(30%) > 공동체역량(20%) 순으로 중요함. 탐구역량과 진로와 관련된 진로선택과목 이수 여부가 중요.
• 기초학업역량(30%)는 학업능력(20%), 학습태도(10%)를 반영
• 진로탐구역량(50%)는 진로관심(20%), 탐구역량(30%)로 구성
  - 진로관심(20%)은 진로와 관련된 진로선택과목을 선택했는지를 중요하게 평가.
  - 탐구역량(30%)은 변별력이 매우 큼. 진로 개발을 위한 활동 과정을 통해 지적으로 성장하려고 노력했는지가 중요함
    탐구역량이 학업역량에 놓을 경우 논문에 집중하는 부작용이 있어서 진로탐구역량으로 놓음.
    탐구활동은 진로에 대한 관심에서 시작되는 경우가 많음
    탐구역량은 독서나 배운 내용을 실생활에 활용되는 내용을 알아보는 등 배운 내용을 토대로 성장을 위해 노력하는 것이 중요
• 공동체역량(20%)는 거의 변별력 없음

☞ **평가요소별 세부 사항 안내**

1. 기초학업역량
• 평가항목 : 학업능력, 학습태도
• 기초학업역량은 대학 수학에 필요한 기본적인 학업능력 및 학습태도를 평가합니다.
• **학업능력**은 주요교과 내신등급을 정량적으로 평가하는 학생부교과전형과 달리 원점수, 평균, 표준편차, 수강인원 등을 종합적으로 고려하여 정성적으로 평가합니다.
• **학습태도**에서는 교과별 세부능력 및 특기사항을 중심으로 수업 참여도, 성실성 등을 정성적으로 평가합니다.
• 학업역량 평가에 있어 '기초'라는 단어를 붙인 이유는 고교에서 함양한 모든 교과지식과 교과역량이 대학 수학에 필수가 된다는 점을 강조하기 위함입니다. IT계에 혁신을 일으킨 애플의 창업자인 스티브 잡스가 문학과 철학에도 조예가 깊었다는 것은 익히 알려진 사실입니다. 연계와 융합이 강조되는 미래시대에 창의성을 발휘하기 위해서는 폭넓게 학습하는 것이 중요합니다. 따라서 기초학업역량 평가에서 좋은 평가를 받기 위해서는 진로관련 교과목 중심으로 공부하되, 관련이 적은 교과라고 소홀히 하지 않는 성실함이 중요합니다

2. 진로탐구역량
• 평가항목 : 진로관심, 탐구역량
• 진로탐구역량은 학교생활에서 진로개발을 위해 노력한 모든 활동을 평가합니다.
• **진로관심**은 학생이 자신의 진로를 위해 선택한 이수 교과목의 적절성과 더불어 교과시간이나 창의적 체험활동 등에서 이루어진 진로개발 활동 내용을 평가합니다. 이 중 선택교과의 적절성은 진로관련 교과목의 이수 과목수나 이수단위, 교과목간의 위계(선행교과 이수여부) 등을 고교 교육과정 편성표를 참조하여 평가합니다.
• **탐구역량**은 교과이수 과정이나 진로관련 활동 과정에서 자신이 습득한 지식의 깊이를 더하기 위한 노력을 평가합니다.
  요즘은 IT기술의 발달로, 대화형 AI ChatGPT의 등장 사례에서 보는 바와 같이, 지식이나 정보를 손쉽게 구할 수 있는 시대가 되었습니다. 하지만, 학생이 지식을 습득하는데 있어 이러한 기술들은 도구일 뿐 결과가 될 수 없습니다. 따라서 본인이 찾아본 자료나 정보에 대해 확인하고, 그 과정에서 모르는 부분이 있으면 추가적인 자료조사나 관련분야의 독서 등을 통해 자신의 것으로 만드는 노력이 중요합니다.

3. 공동체역량
• 공동체 역량은 학교생활을 통해 드러나는 공동체 내에서의 가치관 및 태도를 평가합니다.
• 학교생활기록부 내용 중에서 인성과 관련된 모든 사항을 살펴봅니다.
• 학교생활의 기본적인 성실성을 살펴볼 수 있는 출결상황부터 1년 동안 함께 생활한 담임선생님이 작성해 주시는 행동특성 및 종합의견까지 학교생활기록부 전체 내용을 살펴보고 학생의 성실성, 적극성, 타인 배려 및 존중 등 인성과 관련된 사항들을 평가하게 됩니다. 예를 들어, 남들이 꺼리는 청소를 맡아 묵묵히 책임을 다하는 모습, 수업 중 조별 발표시간에 적극적으로 나서서 발표하고 모르는 부분에 대해 질문하는 모습, 평소 선생님께 인사를 잘하고, 친구들과 활발하게 어울리는 모습, 힘든 일이 있는 친구를 위로하고 응원하는 모습 등 평가자는 다양한 사례를 통해 지원자의 평소 학교생활의 모습을 유추해 나가면서 평가하게 됩니다.
• 우리 사회는 크고 작은 공동체로 구성되어 있습니다. 공동체 역량은 학교에서 뿐만 아니라 성공적인 사회생활을 위해 반드시 필요한 역량입니다.

친구에게 전하는 따뜻한 말 한마디, 복도에 떨어진 휴지 줍기 등 작은 실천 하나하나가 모두 소중하며 공동체역량 평가에서 중요하게 생각하는 부분입니다.

● 면접(300점: 최저점 100점)
1. **면접방법**: 제출서류 기반 서류 진위여부 확인 면접. 평가위원 2인(의예과는 3인), 개별면접
2. **면접시간**: 10분 내외
3. **평가방법**:

평가영역	반영비율	면접문항 예시
기초학업역량	33%	- ○○동아리에서 과학실험 활동을 했다고 하는데 이를 통해 배울 수 있었던 내용에 대해 말해 보세요 - ○○교과 세특사항에 ○○책을 읽었다고 했는데 이를 통해 배운 점과 이해하기 어려웠던 내용이 있다면 말해주세요
진로탐구역량	33%	- ○○교과 세특사항에 ~~보고서를 작성하였다고 되어 있는데, 이러한 주제를 선정한 이유와 보고서 작성 과정에 대해 설명해 주세요 - 3년간 ○○동아리에서 활동한 동기와 지속적인 활동을 통해 배운 점이 있다면 말해보세요
의사소통역량	33%	-진로활동에서 친구들과 함께 조사활동을 했다고 하는데 본인의 역할과 활동 과정 등을 구체적으로 말해보세요 -학교생활기록부에 보면 학생회나 학급에서 임원을 한 경험을 볼 수 있는데, 학생회 임원으로서 리더십을 실천한 사례가 있다면 말해보세요

☞ 보충설명
• 시간은 10분 내외, 서류평가자의 코멘트를 참고하여 지원자 제출서류 기반의 질의응답 방식
• 학생 1명, 평가자 2~3명, 면접실 1개로 운영
• 1단계 합격자(3배수) 중 약 50% 정도가 면접을 통해 당락이 뒤집힘

◎ 전형결과
■ 전체

학년도	전체						인문						자연					
	모집인원	지원인원	경쟁률	등록평균	등록최저	충원율	모집인원	지원인원	경쟁률	등록평균	등록최저	충원율	모집인원	지원인원	경쟁률	등록평균	등록최저	충원율
2022	903	9,455	10.47	3.06	4.28	73%	364	4,198	11.53	3.25	4.42	74%	539	5,257	9.75	2.86	4.13	71%
2023	905	11,040	12.20	3.17	4.49	62%	360	4,679	13.00	3.34	4.51	66%	545	6,361	11.67	2.99	4.46	58%
2024	973	13,118	13.48	3.07	4.23	66%	359	5,319	14.82	3.28	4.51	64%	614	7,799	12.70	2.86	3.94	67%
2025	1,020						363						657					

■ 변경사항 & 핵심포인트

[2025]

변경사항	2024	2025
모집인원	973명	1,020명(+47명)

▣ 합격자 성적분포: 인문계열은 3등급 초반 ~ 4등급 중반, 자연계열은 2등급 후반 ~ 4등급 초반

■ 모집단위

'*' 표시 : 교직 이수 가능

계열	모집단위	2025	2024						2023						2022					
		모집인원	모집인원	지원인원	경쟁률	등록평균	등록최저	충원번호	모집인원	지원인원	경쟁률	등록평균	등록최저	충원번호	모집인원	지원인원	경쟁률	등록평균	등록최저	충원번호
인문	국어교육과	8	8	111	13.9	2.44	2.74	6	8	96	12.0	2.86	3.28	14	12	89	7.4	2.59	3.13	12
예체	**체육교육과**	17	12	194	16.2	2.46	3.10	13	12	181	15.1	2.51	3.00	18	12	180	15.0	2.24	2.80	10
인문	영어교육과	7	7	96	13.7	2.50	2.72	7	9	152	16.9	2.96	4.33	8	9	104	11.6	3.50	5.25	9
인문	교육학과	7	7	103	14.7	2.56	2.86	8	9	79	8.8	2.60	3.14	4	11	96	8.7	2.26	2.53	8
인문	미디어커뮤니케이션학과	15	15	283	18.9	2.76	4.33	7	15	222	14.8	2.73	4.38	6	16	261	16.3	2.64	3.36	7
인문	사회교육과	7	7	144	20.6	2.82	3.42	6	6	63	10.5	3.24	4.47	3	6	45	7.5	2.42	2.63	2
인문	경제학과	20	20	165	8.3	2.84	4.42	9	21	161	7.7	3.01	4.06	13	22	149	6.8	3.12	4.06	23
인문	사회복지학과	8	7	117	16.7	2.86	3.38	5	9	372	41.3	2.71	2.96	5	12	193	16.1	4.09	6.67	5
인문	사학과	9	9	131	14.6	3.02	3.45	4	11	106	9.6	3.03	3.99	11	10	118	11.8	2.95	3.46	7
인문	경영학과	40	40	732	18.3	3.07	6.22	32	37	638	17.2	3.33	5.05	20	35	452	12.9	3.51	5.73	21
인문	스포츠과학과	18	18	442	24.6	3.08	4.03	18	19	374	19.7	3.33	4.85	18	20	343	17.2	3.26	5.14	19
인문	철학과	8	8	83	10.4	3.11	3.34	5	9	132	14.7	3.29	3.97	7	9	52	5.8	4.06	7.04	8
인문	아동심리학과	8	7	112	16.0	3.17	3.52	5	9	129	14.3	3.08	3.54	5	10	125	12.5	2.91	3.28	2
인문	국제통상학과	22	23	281	12.2	3.19	4.38	17	20	217	10.9	3.51	6.00	19	17	122	7.2	3.45	6.29	17
인문	아태물류학부(인문)	22	24	182	7.6	3.21	5.61	11	18	132	7.3	3.06	4.45	10	17	100	5.9	3.21	4.22	7
인문	소비자학과	7	7	93	13.3	3.22	3.75		9	147	16.3	3.26	3.99		8	55	6.9	3.92	6.24	4
인문	문화콘텐츠문화경영학과	20	19	277	14.6	3.23	6.39	10	19	274	14.4	2.96	4.07	9	19	346	18.2	2.87	4.71	18

계열	모집단위	2025 모집인원	2024 모집인원	2024 지원인원	2024 경쟁률	2024 등록평균	2024 등록최저	2024 충원번호	2023 모집인원	2023 지원인원	2023 경쟁률	2023 등록평균	2023 등록최저	2023 충원번호	2022 모집인원	2022 지원인원	2022 경쟁률	2022 등록평균	2022 등록최저	2022 충원번호
인문	행정학과	20	20	248	12.4	3.26	5.44	12	19	209	11.0	2.91	4.12	4	18	317	17.6	3.20	4.52	12
인문	파이낸스경영학과	11	11	133	12.1	3.38	3.77	6	11	81	7.4	3.80	6.32	4	11	84	7.6	3.50	4.40	5
인문	한국어문학과	12	12	109	9.1	3.47	5.31	6	10	79	7.9	3.36	3.87	4	9	59	6.6	3.20	3.69	5
예체	의류디자인학과	8	8	283	35.4	3.49	4.70	6	11	172	15.6	3.58	4.74	5	12	195	16.3	3.15	3.47	10
인문	일본언어문화학과	13	13	178	13.7	3.70	5.52	4	13	163	12.5	3.70	5.09	3	13	136	10.5	4.04	5.80	9
인문	정치외교학과	14	14	234	16.7	4.23	5.83	7	13	141	10.9	3.55	5.16	15	12	185	15.4	3.03	3.67	24
인문	영미유럽인문융합학부	27	18	241	13.4	4.42	6.85	16	17	165	9.7	3.85	6.20	9	17	151	8.9	3.56	4.87	13
인문	중국학과	15	16	170	10.6	4.83	6.07	4	15	100	6.7	4.02	6.05	15	15	114	7.6	3.34	4.11	3
자연	전기전자공학부	71																		
자연	이차전지융합학과	13																		
자연	첨단바이오의약학과	11																		
자연	의예과	42	16	336	21.0	1.12	1.74	9	16	484	30.3	1.08	1.20	3	15	444	29.6	1.34	2.76	3
자연	화학공학과	33	34	314	9.2	2.36	2.96	20	33	364	11.0	2.40	3.96	14	33	323	9.8	2.54	4.66	25
자연	간호학과(자연)	28	25	399	16.0	2.37	2.80	16	21	584	27.8	2.37	2.71	6	21	284	13.5	2.72	4.70	9
자연	생명공학과	14	14	333	23.8	2.42	3.99	18	11	263	23.9	2.41	2.89	2	10	162	16.2	2.29	3.33	10
자연	수학교육과	7	7	113	16.1	2.46	2.82	3	6	97	16.2	2.91	4.12	4	6	62	10.3	2.65	4.03	4
자연	인공지능공학과	22	17	193	11.4	2.59	2.92	16	20	276	13.8	2.77	3.51	10	20	151	7.6	3.08	4.70	24
자연	화학과	16	16	258	16.1	2.60	3.17	12	15	118	7.9	3.12	4.94	17	14	169	12.1	2.42	2.92	12
자연	항공우주공학과	19	19	299	15.7	2.63	3.67	11	17	155	9.1	2.95	4.98	12	14	239	17.1	2.50	2.69	12
자연	컴퓨터공학과	40	40	418	10.5	2.65	5.25	29	34	340	10.0	2.52	3.75	25	33	271	8.2	2.58	3.23	21
자연	생명과학과	11	11	461	41.9	2.65	2.88	8	11	356	32.4	2.98	4.53	5	11	218	19.8	2.79	4.79	5
자연	환경공학과	14	14	274	19.6	2.66	2.83	17	11	145	13.2	3.10	4.86	5	13	185	14.2	2.65	3.27	6
자연	신소재공학과	32	32	328	10.3	2.68	4.16	12	29	232	8.0	2.69	5.63	13	29	217	7.5	2.44	3.83	12
자연	에너지자원공학과	8	8	77	9.6	2.69	3.35	3	8	63	7.9	2.65	2.94	4	8	71	8.9	2.48	2.91	5
자연	기계공학과	40	40	445	11.1	2.94	4.41	29	35	245	7.0	2.97	6.30	26	33	268	8.1	2.45	3.13	32
자연	반도체시스템공학과	23	13	127	9.8	2.95	3.50	4												
자연	스마트모빌리티공학과	12	14	173	12.4	2.99	3.52	8	11	121	11.0	3.38	4.24	10	15	152	10.1	3.21	4.56	9
자연	건축학부	24	24	354	14.8	3.00	3.51	25	22	266	12.1	2.97	4.61	12	22	244	11.1	2.97	3.86	23
자연	통계학과	9	10	99	9.9	3.04	3.91	10	10	65	6.5	3.37	4.55	7	10	64	6.4	3.01	3.63	17
자연	데이터사이언스학과	15	16	171	10.7	3.05	3.92	11	15	138	9.2	3.09	3.55	10	14	135	7.5	3.04	3.76	8
자연	수학과	11	11	161	14.6	3.07	3.30	3	12	118	9.8	3.81	6.90	9	10	74	7.4	3.23	4.00	6
자연	고분자공학과	15	15	171	11.4	3.10	5.56	6	12	114	9.5	3.04	4.67	6	12	92	7.7	2.90	3.86	5
자연	해양과학과	11	11	127	11.6	3.10	3.45		9	94	10.4	3.08	4.55	2	8	54	6.8	3.17	3.60	4
자연	산업경영공학과	15	15	133	8.9	3.13	4.51	15	14	87	6.2	3.08	4.32	11	14	92	6.6	2.80	3.31	15
자연	물리학과	13	13	138	10.6	3.16	3.96	16	11	114	10.4	3.31	3.96	11	10	52	5.2	3.61	5.53	16
자연	공간정보공학과	12	13	229	17.6	3.27	3.82	2	12	124	10.3	4.12	6.58	4	9	58	6.4	3.82	5.35	5
자연	디자인테크놀로지학과	20	20	174	8.7	3.39	6.48	9	15	236	15.7	3.06	3.57	4	15	161	10.7	3.45	6.17	8
자연	사회인프라공학과	23	23	260	11.3	3.45	5.44	15	22	184	8.4	3.61	5.36	24	24	183	7.6	3.53	5.26	25
자연	식품영양학과	14	14	237	16.9	3.64	5.27	7	11	174	15.8	3.15	3.82	4	13	140	10.8	3.04	4.84	7
자연	조선해양공학과	19	19	129	6.8	3.91	5.37	4	18	135	7.5	3.58	5.26	5	16	76	4.8	3.71	6.28	6

■ (논술) 논술우수자

전형	모집인원	전형 방법	수능최저학력기준
논술우수자	458	학생부30%+ 논술70%	X(의예○)

1. **지원자격**: 고교 졸업학력 인정 고등학교 졸업(예정)자 또는 법령에 의하여 고등학교 졸업이상의 학력이 있다고 인정된 자
   ※ 다음의 해당자는 논술고사 석차 백분위를 기준으로 학교생활기록부 교과 반영점수 산출(비교내신 점수 산출)
      ① 고등학교 졸업 검정고시 출신자 ② 해외 고등학교 졸업자 ③ 2015년 2월 이전 졸업자 ④ 학교생활기록부가 없거나 학교생활기록부 반영교과 점수를 산출할 수 없는 자
2. **수능최저학력기준**: 없음. 단, 의예과는 있음

▶ 의예과: [국어, 수학, 영어, 사/과탐(2과목 평균)] 중 3개 영역 1등급 이내

◎ 전형요소
● 학생부(300점: 최저점 100점)

반영요소 반영비율	구분	반영교과목		교과성적 산출지표	학년별 반영비율
		반영방법			
교과100%	공통 및 일반선택	인 국어, 영어, 수학, 사회(한국사 포함)교과에 속한 전 과목 자 국어, 영어, 수학, 과학교과에 속한 전 과목		석차등급	학년 구분 없음
	진로선택	반영교과 중 상위 3개 과목 ※ 성취도 변환등급 = A : 1등급, B : 2등급, C : 4등급			

※ 반영점수 환산식 = (학생부 교과 반영점수) X 2 + 기본점수 100

구분		1등급	2등급	3등급	4등급	5등급	6등급	7등급	8등급	9등급
점수	10점	10	9.6	9.5	9.5	9.4	9.4	7.2	3.6	0.0
등급 간 점수 차이	10점	0	0.4	0.1	0.0	0.1	0.0	2.2	3.6	3.6
	300점(기본점수100점)	0	8	2	0	2	0	44	72	72

● 논술(700점: 최저점 250점)

구분	인문계열		자연계열
논술유형	언어논술(인문학 + 사회과학)		수리논술
출제범위	국어교과	국어, 화법과 작문, 독서, 언어와 매체, 문학	수학교과 (수학, 수학Ⅰ, 수학Ⅱ, 미적분)
	사회(역사/도덕포함) 한국사	통합사회, 한국지리, 세계지리, 세계사, 동아시아사, 경제, 정치와 법, 사회·문화, 생활과 윤리, 윤리와 사상, 한국사	
고사시간	120분		
제시문 출처	교과서 중심		

※ 인공지능공학과, 데이터사이언스학과, 스마트모빌리티공학과는 자연계열 논술고사 유형을 따름.

◎ 전형결과

■ 전체

학년도	전체						인문						자연					
	모집 인원	지원 인원	경쟁 률	등록 평균	등록 최저	충원 율	모집 인원	지원 인원	경쟁 률	등록 평균	등록 최저	충원 율	모집 인원	지원 인원	경쟁 률	등록 평균	등록 최저	충원 율
2022	485	18,257	37.64	4.42	5.62	22%	175	4,514	25.79	4.60	5.71	10%	310	13,743	44.33	4.23	5.52	33%
2023	469	18,763	40.01	4.51	5.73	21%	163	4,544	27.88	4.72	5.95	7%	306	14,219	46.47	4.29	5.51	35%
2024	459	20,345	44.32	4.37	5.54	28%	166	5,423	32.67	4.53	5.54	16%	293	14,922	50.93	4.21	5.53	40%
2025	458						149						309					

■ 실질 경쟁률(충원율 반영)

계열	모집인원	지원인원	경쟁률	(논술 응시) 경쟁률	충원율	(충원율 반영) 실질 경쟁률
인문	166	5,423	32.67	25.9	16.0%	22.3
자연(오전)	293	14,922	50.93	25.6	40.0%	18.3
의예과	8	5,286	660.8	71.1	1.3%	71.0

■ 경쟁률(논술 응시)

계열	계열 평균	모집단위
인문	25.9	경영학과 32.5, 글로벌금융학과(인문) 20.5, 아태물류학부(인문) 25.4, 국제통상학과 27.8, 국어교육과 19.8, 사회교육과 20.4, 행정학과 26.3, 정치외교학과 23.0, 미디어커뮤니케이션학과 33.9, 경제학과 23.2, 사회복지학과 23.0, 한국어문학과 21.7, 사학과 21.6, 철학과 22.6, 중국학과 23.9, 일본언어문화학과 24.8, 영어영문학과 22.0, 프랑스언어문화학과 23.2, 문화콘텐츠문화경영학과 28.1
자연	25.3	사회인프라공학과 20.2, 환경공학과 19.2, 공간정보공학과(자연) 20.0, 건축학부 25.2, 전기공학과 27.1, 전자공학과 26.5, 정보통신공학과 27.3, 반도체시스템공학과 25.2, 간호학과(자연) 39.8, 의예과 71.1, 기계공학과 27.4, 항공우주공학과 26.0, 조선해양공학과 23.4, 산업경영공학과 18.8, 화학공학과 25.3, 고분자공학과 20.9, 신소재공학과 24.8, 에너지자원공학과 19.6, 수학과 18.7, 통계학과 17.4, 물리학과 17.8, 화학과 16.8, 해양과학과 16.0, 식품영양학과 21.8, 수학교육과 16.6, 인공지능공학과 24.3, 데이터사이언스학과 26.0, 스마트모빌리티공학과 22.2, 컴퓨터공학과 32.4, 생명공학과 40.8

■ 논술점수 평균

계열	계열 평균	모집단위
인문	75.35점	경영학과 83.50, 글로벌금융학과(인문) 76.50, 아태물류학부(인문) 76.23, 국제통상학과 75.67, 국어교육과 77.60, 사회교육과 79.00, 행정학과 73.64, 정치외교학과 73.43, 미디어커뮤니케이션학과 75.31, 경제학과 73.86, 사회복지학과 76.90, 한국어문학과 71.50, 사학과 75.80, 철학과 77.30, 중국학과 72.57, 일본언어문화학과 78.50, 영어영문학과 71.83, 프랑스언어문화학과 69.20, 문화콘텐츠문화경영학과 73.23
자연	61.05점	사회인프라공학과 74.15, 환경공학과 73.08, 공간정보공학과(자연) 67.71, 건축학부 77.86, 전기공학과 78.41, 전자공학과

계열	계열 평균	모집단위
		90.54, 정보통신공학과 87.57, 반도체시스템공학과 80.50, 간호학과(자연) 82.75, 의예과 92.38, 기계공학과 56.59, 항공우주공학과 53.39, 조선해양공학과 48.20, 산업경영공학과 41.44, 화학공학과 56.62, 고분자공학과 47.71, 신소재공학과 53.97, 에너지자원공학과 50.60, 수학과 71.88, 통계학과 45.80, 물리학과 53.58, 화학과 46.69, 해양과학과 42.70, 식품영양학과 41.60, 수학교육과 53.00, 인공지능공학과 52.86, 데이터사이언스학과 52.14, 스마트모빌리티공학과 51.08, 컴퓨터공학과 53.78, 생명공학과 52.92

■ 변경사항 & 핵심포인트

[2025]

변경사항	2024	2025
모집인원	459명	458명(-1명)
(의예과) 수능최저: 응시과목 변경	국어, 수학(미적분/기하), 영어, 과탐	국어, 수학, 영어, 사/과탐

- 내신 6등급까지는 논술로 당락 결정
- 학생부 교과성적은 1~6등급까지는 등급 간 4점씩 차이 나서 영향력이 매우 적음
- 논술은 인문은 언어60%+ 통계40% 논술, 자연은 수리논술
  - 수학 출제범위는 수학, 수학Ⅰ, 수학Ⅱ, 미적분
- ➡ 합격자 성적분포: 인문계열은 3등급 후반 ~ 5등급 후반, 자연계열은 2등급 중반 ~ 5등급 후반

■ 모집단위

'*' 표시 : 교직 이수 가능

계열	모집단위	2025 모집인원	2024 모집인원	2024 지원인원	2024 경쟁률	2024 등록평균	2024 등록최저	2024 충원번호	2023 모집인원	2023 지원인원	2023 경쟁률	2023 등록평균	2023 등록최저	2023 충원번호	2022 모집인원	2022 지원인원	2022 경쟁률	2022 등록평균	2022 등록최저	2022 충원번호
인문	국어교육과	5	5	125	25.0	3.94	4.69	1	4	104	26.0	4.14	5.21		5	108	21.6	4.13	4.60	
인문	*국제통상학과*	9	12	383	31.9	4.04	5.41	2	13	337	25.9	4.72	5.94	1	14	387	27.6	4.72	5.54	
인문	중국학과	7	7	203	29.0	4.11	5.53	1	7	161	23.0	5.29	6.16		6	131	21.8	5.64	6.58	
인문	행정학과	10	11	346	31.5	4.30	5.29	2	12	309	25.8	4.69	5.59	1	14	339	24.2	4.51	5.26	2
인문	한국어문학과	6	6	168	28.0	4.31	4.82	4	6	151	25.2	4.57	5.07		6	133	22.2	4.51	5.71	
인문	사회교육과	5	5	143	28.6	4.33	4.67	2	4	117	29.3	4.41	5.48	1	5	125	25.0	4.29	5.48	1
인문	경제학과	11	11	339	30.8	4.43	5.53		11	278	25.3	4.69	6.71		10	237	23.7	4.78	5.57	1
인문	일본언어문화학과	8	8	245	30.6	4.50	5.47	2	8	204	25.5	5.23	6.62	2	11	242	22.0	4.97	5.94	2
인문	미디어커뮤니케이션학과	8	8	362	45.3	4.52	5.29	1	8	278	34.8	4.07	4.67		12	368	30.7	4.39	4.90	1
인문	정치외교학과	7	8	242	30.3	4.52	5.35	1	9	225	25.0	4.51	5.57	2	10	224	22.4	4.30	5.62	1
인문	글로벌금융학과(인문)	6	6	167	27.8	4.53	5.06		7	181	25.9	3.99	4.60	2	6	133	22.2	5.11	6.16	
인문	*경영학과*	19	28	1,167	41.7	4.59	6.25		25	866	34.4	4.85	8.07		27	851	31.5	4.49	6.02	4
인문	아태물류학부(인문)	10	11	325	29.6	4.70	6.64	5	15	417	27.8	4.62	5.61		16	407	25.4	4.69	6.45	2
인문	사학과	5	5	135	27.0	4.74	5.97	2	5	112	22.4	4.64	5.58		5	109	21.8	4.20	5.41	
인문	철학과	5	5	148	29.6	4.78	5.65		5	106	21.2	5.71	7.54	2	5	115	23.0	4.88	5.89	2
인문	문화콘텐츠문화경영학과	10	11	382	34.7	4.82	6.02		11	346	31.5	4.68	5.84		12	347	28.9	4.21	5.41	1
인문	사회복지학과	4	5	135	27.0	4.87	6.23		3	75	25.0	5.51	6.49							
인문	*영미유럽인문융합학부*	14	9	254	28.2	4.92	5.67	1	10	277	27.7	4.71	6.33		11	258	23.5	4.33	6.52	
자연	*전기전자공학부*	34																		
자연	*생명과학과*	5																		
자연	*이차전지융합학과*	6																		
자연	의예과	12	8	5,286	660.8	2.79	4.13	1	9	5,835	648.3	2.56	3.32	4	12	5,838	486.5	2.57	4.95	5
자연	컴퓨터공학과	25	25	1,106	44.2	3.67	6.46	5	25	1,120	44.8	4.25	6.22	11	27	1,060	39.3	4.14	5.47	7
자연	생명공학과	6	6	376	62.7	3.82	4.81		8	350	43.8	4.98	5.95	1	9	305	33.9	4.38	5.14	4
자연	고분자공학과	6	7	192	27.4	3.88	4.70	1	4	76	19.0	4.74	5.98	1	9	180	20.0	4.33	5.38	4
자연	*인공지능공학과*	13	7	224	32.0	3.89	4.84	2	5	126	25.2	3.95	4.64	2						
자연	신소재공학과	14	16	562	35.1	3.91	4.98	5	19	534	28.1	4.01	5.79	5	22	585	26.6	4.02	5.45	9
자연	데이터사이언스학과	7	7	231	33.0	3.98	5.28	7	8	187	23.4	4.64	6.04	3						
자연	에너지자원공학과	5	5	123	24.6	4.00	5.09	1	5	96	19.2	4.55	5.85	2	5	108	21.6	4.66	6.04	1
자연	해양과학과	5	5	105	21.0	4.01	5.05	1	5	123	24.6	4.33	4.88	2	5	80	16.0	4.45	5.19	4
자연	화학과	8	8	180	22.5	4.02	4.81	1	8	158	19.8	4.04	4.22	5	8	127	15.9	4.40	5.36	2
자연	반도체시스템공학과	14	6	218	36.3	4.03	4.47	2												
자연	화학공학과	15	17	586	34.5	4.09	5.90	4	20	547	27.4	3.89	5.21	10	24	631	26.3	3.87	5.06	8
자연	환경공학과	6	6	153	25.5	4.17	5.78	2	7	136	19.4	4.74	5.67	1	7	133	19.0	4.30	5.74	4
자연	*간호학과(자연)*	19	12	641	53.4	4.17	6.50	3	12	556	46.3	4.38	6.98	8	15	637	42.5	4.06	5.08	2
자연	*기계공학과*	20	27	960	35.6	4.27	5.89	15	28	811	29.0	3.94	5.23	9	31	885	28.6	4.21	6.13	13

계열	모집단위	2025 모집인원	2024						2023						2022					
			모집인원	지원인원	경쟁률	등록평균	등록최저	충원번호	모집인원	지원인원	경쟁률	등록평균	등록최저	충원번호	모집인원	지원인원	경쟁률	등록평균	등록최저	충원번호
자연	산업경영공학과	7	9	229	25.4	4.34	5.16	5	9	177	19.7	3.90	4.74	3	10	217	21.7	4.10	4.62	3
자연	통계학과	5	5	113	22.6	4.35	6.31	2	5	90	18.0	4.24	4.63	1	5	99	19.8	4.83	6.60	
자연	물리학과	6	6	144	24.0	4.39	4.96	3	7	126	18.0	5.28	7.11	7	7	111	15.9	4.41	5.79	3
자연	수학과	6	6	146	24.3	4.44	5.80	6	8	148	18.5	4.19	5.49	3	9	153	17.0	4.18	5.75	5
자연	항공우주공학과	9	10	343	34.3	4.48	6.14	1	11	294	26.7	4.09	5.24	4	13	307	23.6	4.15	5.27	2
자연	건축학부	12	12	423	35.3	4.48	6.78	1	13	382	29.4	4.54	5.85	2	13	360	27.7	4.35	5.44	2
자연	공간정보공학과(자연)	7	7	175	25.0	4.49	5.93	3	7	135	19.3	4.55	4.93	1	7	138	19.7	4.68	5.70	2
자연	스마트모빌리티공학과	6	6	165	27.5	4.57	6.25	2	5	98	19.6	4.54	5.80	2						
자연	조선해양공학과	10	10	270	27.0	4.60	5.68	6	10	185	18.5	4.42	6.11	5	11	223	20.3	4.23	5.68	6
자연	수학교육과	5	5	118	23.6	4.72	5.98	4	5	135	27.0	3.75	5.10	1	5	112	22.4	4.24	5.16	1
자연	식품영양학과	6	6	171	28.5	4.90	5.90	1	6	116	19.3	4.53	5.72	1	5	81	16.2	4.41	5.62	
자연	사회인프라공학과	10	10	272	27.2	5.04	5.93	10	10	201	20.1	4.39	5.30	1	5	86	17.2	4.30	5.37	1

74. 장로회신학대학교

서울특별시 광진구 광장로5길 25-1 (Tel. 02. 450-0733, 0738, 0748)

I. 한 눈에 보는 전형

모집시기	전형유형	전형	모집인원	전형 방법	수능최저학력기준
수시	교과	학생부우수자	25	학생부80%+ 면접20%	X
수시	종합	드림(PUTS인재)	30	학생부40%+ 서류30%+ 면접30%	X
수시	종합	대안학교	12	학생부40%+ 서류30%+ 면접30%	X
수시	종합	사회기여및배려자	21	서류60%+ 면접40%	X
수시	실기/실적	실기전형	51	실기100%	X
수시	실기/실적	성경고사성적우수자	6	성경고사80%+ 면접20%	X

(수시모집) 지원 가능 횟수	본교 수시모집은 전형일이 다른 전형 간의 복수지원이 가능하며, 전형별로 해당 서류를 각각 제출해야 합니다

■ 전형결과

※ 성적 산출기준: (수시) 교과 석차등급, (정시) 수능 백분위

모집시기	전형유형	전형	학년도	모집인원	지원인원	경쟁률	등록자 50%컷	등록자 70%컷	충원율
수시	교과	학생부우수자	2024	25	93	3.72	4.00	4.58	84%
수시	종합	드림(PUTS인재)	2024	30	115	3.83	3.98	4.65	63%

■ (주요전형) 전형일정

유형	전형	원서접수 마감	대학별 고사(면접/논술)	1단계 합격자	최종 합격자
교과	학생부우수자	9.13(금) 18:00	10.11(금)		11.12(화)
종합	드림(PUTS인재)	9.13(금) 18:00	10.18(금)		11.12(화)

II. (수시모집) 주요 전형

■ (학생부교과) 학생부우수자

전형	모집인원	전형 방법	수능최저학력기준
학생부우수자	25	학생부80%+ 면접20%	X

1. **지원자격**: 국내 정규 고등학교 졸업자(2025년 2월 졸업예정자)
   ※ 지원제한(불가)고교 : 특성화고, 마이스터고, 예술고, 체육고, 방송통신고, 학력인정고, 일반/종합고의 전문계반(학과), 학생부 체계가 다른 고교
   ※ 국내 정규 고등학교는 고교졸업 학력 인정 학교에 한합니다.
   가. 고등학교 졸업자(20235 2월 졸업예정자) 또는 이와 동등이상의 자격이 있다고 인정된 사람
   나. 개신교 세례교인 또는 유아세례 교인으로서 입교를 한 사람
   ※ 출석 및 세례집례 교회 범위 : 한국기독교교회협의회, 한국기독교총연합회, 한국교회총연합, 한국기독교교단협의회, 한국교회연합, 국내대학(교), (사)한국독립교회 및 선교단체 연합회, (사)한국기독교학교연맹, (사)한국기독교학교연합에 소속된 학교. 해당되지 않는 교회 범위는 입학전형관리위원회에서 심의 후 지원자격을 결정함.
   다. 출석교회 담임목사의 추천을 받은 사람
2. **제출서류**: 학교생활기록부, 담임목사추천서

◎ 전형요소
● 학생부(640점)

반영요소 반영비율	반영교과목		교과성적 산출지표	학년별 반영비율
	구분	반영방법		
교과100%	공통 및 일반선택	국어, 영어, 수학, 사회/과학교과별 학년별 1과목 (총 12과목) ※ 국어, 수학, 영어, 사회, 과학 교과영역 : 공통과목, 일반선택, 진로선택 과목 모두 인정	석차등급	20:40:40

반영요소 반영비율	반영교과목		교과성적 산출지표	학년별 반영비율
	구분	반영방법		
	진로선택	※ 성취도 변환석차등급 산출방법(교과등급 산출방법) <table><tr><td>성취도</td><td>변환석차등급 산출식</td></tr><tr><td>A</td><td>2 + 성취도 A의 학생비율/100</td></tr><tr><td>B</td><td>성취도 A의 학생비율에 해당하는 석차등급 + 성취도 B까지의 누적 학생비율/100</td></tr><tr><td>C</td><td>성취도 B까지의 학생비율에 해당하는 석차등급 + 성취도 C까지의 누적 학생비율/100</td></tr></table>	성취비율	

구분		1등급	2등급	3등급	4등급	5등급	6등급	7등급	8등급	9등급
점수	640점	640	608	576	544	512	480	448	416	384
등급 간 점수 차이	640점	0	32	32	32	32	32	32	32	32
	320점	0	16	16	16	16	16	16	16	16

● 면접(160점)
  1. **평가영역**: ①지원동기 및 성품 ②신앙생활과 교회활동 ③수학능력 자질
  2. **평가방법**: 면접위원 2인 / 개인별 5분

☞ 보충설명
  • 구술면접 5분, 3개의 평가영역별로 한 영역 당 2~3개 정도 질문함

◎ 전형결과
■ 모집단위

'*' 표시 : 교직 이수 가능

계열	모집단위	2025	2024						2023						2022					
		모집 인원	모집 인원	지원 인원	경쟁 률	등록 50%컷	등록 70%컷	충원 번호	모집 인원	지원 인원	경쟁 률	등록 50%컷	등록 70%컷	충원 번호	모집 인원	지원 인원	경쟁 률	등록 50%컷	등록 70%컷	충원 번호
인문	기독교교육과	13	13	49	3.8	3.85	4.30	7	11	22	2.0	4.35	4.50	7	8	16	2.0	4.15	4.75	3
인문	신학과	12	12	44	3.7	4.15	4.85	14	10	20	2.0	4.15	4.46	5	8	25	3.1	3.55	4.35	9

■ (학생부종합) 드림(PUTS인재)

전형	모집인원	전형 방법	수능최저학력기준
드림(PUTS인재)	30	학생부40%+ 서류30%+ 면접30%	X

1. **지원자격**: 국내 정규 고등학교 졸업자(2025년 2월 졸업예정자) ※ 국내 정규 고등학교는 고교졸업 학력 인정 학교에 한합니다.
   가. 고등학교 졸업자(2025년 2월 졸업예정자) 또는 이와 동등이상의 자격이 있다고 인정된 사람
   나. 개신교 세례교인 또는 유아세례 교인으로서 입교를 한 사람
     ※ 출석 및 세례집례 교회 범위 : 한국기독교교회협의회, 한국기독교총연합회, 한국교회총연합, 한국기독교교단협의회, 한국교회연합, 국내대학(교), (사)한국독립교회 및 선교단체 연합회, (사)한국기독교학교연맹, (사)한국기독교학교연합에 소속된 학교. 해당되지 않는 교회범위는 입학전형관리위원회에서 심의 후 지원자격을 결정함.
   다. 출석교회 담임목사의 추천을 받은 사람
2. **제출서류**: 학교생활기록부, 담임목사 추천서, 각종 특기사항 증빙서류

◎ 전형요소
● **학생부(320점) 및 면접(240점)**: 학생부우수자전형 참고
● **서류(240점)**: 제출서류를 평가함

◎ 전형결과
■ 모집단위

'*' 표시 : 교직 이수 가능

계열	모집단위	2025	2024						2023						2022					
		모집 인원	모집 인원	지원 인원	경쟁 률	등록 50%컷	등록 70%컷	충원 번호	모집 인원	지원 인원	경쟁 률	등록 50%컷	등록 70%컷	충원 번호	모집 인원	지원 인원	경쟁 률	등록 50%컷	등록 70%컷	충원 번호
인문	신학과	14	14	52	3.7	3.95	4.40	6	12	24	2.0			3	12	27	2.3	4.25	4.60	6
인문	기독교교육과	16	16	63	3.9	4.00	4.90	13	15	23	1.5			2	12	25	2.1	4.05	4.75	1

75. 전남대학교

(광주캠퍼스) 광주광역시 북구 용봉로 77 (Tel: 062. 530-4731~4)
(여수캠퍼스) 전라남도 여수시 대학로 50 (Tel: 062. 530-4731~4)

I. 한 눈에 보는 전형

모집시기	전형유형	전형	모집인원	전형 방법	수능최저학력기준
수시	교과	일반전형	1,268	학생부100%	○
수시	교과	지역인재	1,036	학생부100%	○
수시	교과	지역균형(기초/차상위)	9	학생부100%	간호X (의예,치의예,약학○)
수시	교과	사회적배려대상자	125	학생부100%	X(의예,치의예,수의예○)
수시	교과	사회다양성	34	학생부100%	X
수시	교과	농어촌학생	166	학생부100%	X(의예,치의예,약학,수의예○)
수시	교과	특성화고교졸업자	57	학생부100%	X
수시	교과	기초생활/차상위/한부모	5	학생부100%	X(약학○)
수시	교과	만학도	7	1단계)학생부100%(5배수) 2단계)학생부80%+ 면접20%	X
수시	교과	특성화고졸재직자	40	1단계)학생부100%(5배수) 2단계)학생부80%+ 면접20%	X
수시	교과	예체능실기	43	▶음악교육과: 1단계)학생부100%(5배수) 2단계)학생부80%+ 실기20% ▶체육교육과: 1단계)학생부100%(3배수) 2단계)학생부80%+ 실기20%	○
수시	교과	특수교육대상자	37	1단계)학생부100%(5배수) 2단계)학생부80%+ 면접20%	X
수시	종합	고교생활우수자유형 I	712	1단계)서류100%(4배수/의학계열: 6배수) 2단계)서류70%+ 면접30%	X(의예,치의예,약학,수의예○)
수시	종합	고교생활우수자유형 II	163	서류100%	X
수시	종합	조기취업형 계약학과	70	서류60%+ 면접40%	X
수시	종합	후계농업경영인	5	1단계)서류100%(4배수) 2단계)서류70%+ 면접30%	X
수시	실기/실적	예능실기	155	1단계)학생부100%(5배수) 2단계)학생부20%+ 실기80%	X

(수시모집) 지원 가능 횟수	**[각 영역에서 1회, 최대 4개 전형에 복수지원 가능]**
	(A) 영역 **1회 지원 가능** • 학생부종합(고교생활우수자전형 유형 I) • 학생부종합(고교생활우수자전형 유형 II) • 학생부종합(후계농업경영인전형) **(B) 영역** **1회 지원 가능** • 학생부교과(지역기회균형전형) • 학생부교과(사회적배려대상자전형) • 학생부교과(사회다양성전형) • 학생부교과(농어촌학생전형) • 학생부교과(특성화고교졸업자전형) • 학생부교과(기초/차상위/한부모전형) • 학생부교과(만학도전형) • 학생부교과(특성화고졸재직자전형) • 학생부교과(특수교육대상자전형) • 학생부교과(예체능우수자전형) • 실기/실적(예능우수자전형) **(C) 영역** **1회 지원 가능** • 학생부교과(지역인재전형) **(D) 영역** **1회 지원 가능** • 학생부교과(일반전형) ※ 학생부종합(조기취업형계약학과전형)에 지원할 경우 나머지 전체 전형에 지원할 수 없음(복수지원 불가)

◆ 공학대학, 문화사회과학대학, 수산해양대학, 창의융합학부는 여수캠퍼스에 소재함

■ 무전공(전공자율선택)

유형① [대학 내 모든 전공(보건의료, 사범 등 제외) 자율 선택]		유형② [계열/단과대 모집 후 모집단위 내 전공 자율 선택]	
모집단위	**인원**	**모집단위**	**인원**
[광주] 자율전공학부(4년)	50	[광주] 기계공학부(에너지기계전공, 정밀기계전공, 지능기계전공)	134
[광주] 자율전공학부(1년)	59	[광주] 전자컴퓨터공학부(전자공학전공, 컴퓨터정보통신공학전공, 시스템반도체공학전공)	201
		[광주] 신소재공학부(금속재료공학전공, 에너지나노재료전공, 광·전자재료전공)	69
		[광주] 경영학부(경영학전공, 회계학전공)	200
[여수] 창의융합학부	56	[여수] 공학계열	214
		[여수] 해양수산광역	119

■ **자율전공학부**

가. 자율전공학부(4년): 4년 동안 자율전공학부에 소속되며 관심분야에 따라 자기설계전공을 이수하고 추가로 1개 이상의 전공을 복수전공으로 이수해야 함

나. 자율전공학부(1년): 자율전공학부(1년)에서 2개 학기 이상 수료 후 희망학과(부)를 선택할 수 있으며, 「전남대학교 자율전공학부(1년) 학생 학부(과) 선택지침」에 따라 배정함(단, 간호대학, 사범대학, 수의과대학, 예술대학, 약학대학, 의과대학의 각 학과와 자율전공학부(4년), 여수캠퍼스 소재 학과(부)는 선택에서 제외)

■ **창의융합학부**: 창의융합학부에서 1학년 수료 후(2개 학기 이상 이수) 2학년 진급 시 광주 및 여수캠퍼스에 소재한 희망학과(부)를 선택할 수 있음(다만, 광주캠퍼스는 17명 이내로 학과(부)를 배정하며, 간호대학, 사범대학, 수의과대학, 약학대학, 예술대학, 의과대학에 소속된 각 학과와 자율전공학부는 선택에서 제외). 희망학과(부) 선택은 「전남대학교창의융합학부 학생 학과(부) 선택지침」에 따름

■ **공학계열(광역선발)**

공학계열 모집단위는 아래 학과(부)의 선택권을 보장하며, 각 학과(부)의 입학정원(괄호안 숫자)의 150% 이내에서 전공을 선택할 수 있음
– 전자통신공학과(23), 전기컴퓨터공학부(49), 기계설계공학과(18), 기계시스템공학과(18), 메카트로닉스공학과(17), 냉동공조공학과(22), 환경시스템공학과(27), 융합생명공학과(19), 화공생명공학과(21)

■ 학교폭력 조치사항

전형	전형 총점	감점								
		1호	2호	3호	4호	5호	6호	7호	8호	9호
학생부종합	1,000	서류평가 및 면접에서 정성평가 실시								
학생부교과 실기/실적	1,000	5			10		20			

※ 동일인의 다회 조치 발생 시 누적 적용하되 감점 최고점(수시 20점, 정시 50점)을 넘지 않는 범위에서 반영

※ 동일 사안의 다수 조치 발생 시 조치 호수 중 가장 높은 호수 반영

■ 전형결과

※ 성적 산출기준: (수시) 교과 석차등급, (정시) 수능 백분위

■ 광주캠퍼스

모집시기	전형유형	전형	학년도	모집인원	지원인원	경쟁률	등록자 평균	등록자 70%컷	충원율
수시	교과	일반전형	2024	781	5,851	7.49	3.11	3.27	130%
수시	교과	지역인재	2024	820	5,585	6.81	3.13	3.24	150%
수시	종합	고교생활우수자유형 I	2024	702	5,300	7.55	3.25	3.34	55%

■ 여수캠퍼스

모집시기	전형유형	전형	학년도	모집인원	지원인원	경쟁률	등록자 평균	등록자 70%컷	충원율
수시	교과	일반전형	2024	362	1,366	3.77	5.51	5.63	187%
수시	교과	지역인재	2024	95	393	4.14	5.44	4.85	157%
수시	종합	고교생활우수자유형 II	2024	313	535	1.71	5.78	5.73	44%
수시	종합	조기취업형 계약학과	2024	84	97	1.15	5.40	6.38	6%

■ (주요전형) 전형일정

형	전형	원서접수 마감	대학별 고사(면접/논술)	1단계 합격자	최종 합격자
교과	일반전형	9.13(금) 18:00			12.13(금)
교과	지역인재	9.13(금) 18:00			12.13(금)
종합	고교생활우수자유형 I	9.13(금) 18:00	11.28(목)	11.08(금)	12.13(금)
종합	고교생활우수자유형 II	9.13(금) 18:00			12.13(금)
종합	조기취업형계약학과	9.13(금) 18:00	10.15(화)~16(수)		10.25(금)

II. (수시모집) 주요 전형

■ (학생부교과) 일반전형

전형	모집인원	전형 방법	수능최저학력기준
일반전형	1,268	학생부100%	○

1. **지원자격**: 국내 고등학교 졸업자(2025년 2월 졸업예정자 포함) 또는 법령에 의하여 고등학교 졸업 이상의 학력을 인정받은 자

32. 수능최저학력기준:

※ 필수 응시영역
- 사범대학(수학/물리/화학/생물/지구과학교육), 의예과, 치의예과학전문대학원 학석사통과정, 약학부, 수의예과 : 수학(미적분/기하), 과탐(2과목)
- 공과대학(산업공학과 제외), AI융합대학: 수학(미적분/기하), 과직탐(2과목)
- 자연과학대학(수학과, 통계학과, 물리학과): 수학(미적분/기하)

계열	모집단위	반영영역	[교과]일반전형	[교과]지역인재
인문	경영대학	국어, 수학, 영어, 탐구(1과목)	3개 등급 합 9	3개 등급 합 10
	자율전공학부	국어, 수학, 영어, 탐구(1과목)	2개 등급 합 6	2개 등급 합 7
	사범대학	국어, 수학, 영어, 탐구(1과목)	2개 등급 합 7	2개 등급 합 8
	사회과학대학, 인문대학, 예술대학(미술학과 이론전공)	국어, 수학, 영어, 탐구(1과목)	2개 등급 합 8	2개 등급 합 9
	문화사회과학대학		미적용	미적용
자연	의과대학 의예과	국어, 수학(미적분/기하), 영어, 과탐(2과목 평균)	–	3개 등급 합 5 (수학 포함)
	치의학전문대학원 학석사통합과정	국어, 수학(미적분/기하), 영어, 과탐(2과목 평균)	3개 등급 합 5 (수학 포함)	3개 등급 합 6 (수학 포함)
	수의과대학, 약학대학	국어, 수학(미적분/기하), 영어, 과탐(1과목)	3개 등급 합 6	3개 등급 합 7
	간호대학	국어, 수학, 영어, 탐구(1과목)	2개 등급 합 6	2개 등급 합 7
	공과대학(산업공학과 제외)	국어, 수학(미적분/기하), 영어, 과직탐(1과목)	2개 등급 합 7	2개 등급 합 8
	공과대학(산업공학과) 사범대학('수학교육,물리교육, 화학교육, 생물교육, 지구과학교육 ' 제외)	국어, 수학, 영어, 탐구(1과목)	2개 등급 합 7	2개 등급 합 8
	사범대학(수학교육, 물리교육, 화학교육, 생물교육, 지구과학교육)	국어, 수학(미적분/기하), 영어, 과탐(1과목)	2개 등급 합 7	2개 등급 합 8
	농업생명과학대학, 생활과학대학, 자연과학대학('수학과, 통계학과, 물리학과' 제외),	국어, 수학, 영어, 탐구(1과목)	2개 등급 합 8	2개 등급 합 9
	자연과학대학(수학과, 통계학과, 물리학과)	국어, 수학(미적분/기하), 영어, 탐구(1과목)	2개 등급 합 8	2개 등급 합 9
	AI융합대학	국어, 수학(미적분/기하), 영어, 과직탐(1과목)	2개 등급 합 8	2개 등급 합 9
	수산해양대학(수산생명의학과, 해양경찰학과)	국어, 수학, 영어, 탐구(1과목)	2개 등급 합 12	2개 등급 합 13
	공학대학, 수산해양대학(그 외 모집단위), 창의융합학부		미적용	미적용

◎ 전형요소
● 학생부(1,000점)

반영요소 반영비율	반영교과목			교과성적 산출지표	학년별 반영비율
	구분	반영방법			
교과100%	공통 및 일반선택	국어, 영어, 수학, 사회, 과학, 한국사, 제2외국어/한문 교과에 속한 전 과목 ※ 제2외국어/한문교과교과군은 인문대학 모집단위만 반영 ※ 반영 학기: (교과) 졸업예정자 및 졸업자 모두 3학년 1학기까지		석차등급	학년 구분 없음
	진로선택	반영교과 중 상위 3과목 ※ (가산점) 성취도별 환산점수 = A : 15, B : 9, C : 3		성취도	

■ 교과성적 산출방법

반영교과	산출식	점수	합계
공통과목 일반선택	기본점수 750 + Σ(반영과목 등급점수×이수단위) / 반영과목 이수단위의 합 × 2.5	1,000	1,015
진로선택	상위 3과목 성취도의 합 / 3(이수 과목의 합)	15	

◎ 전형결과
■ 전체

광주 학년도	전체						인문						자연					
	모집인원	지원인원	경쟁률	등록평균	등록70%컷	충원율	모집인원	지원인원	경쟁률	등록평균	등록70%컷	충원율	모집인원	지원인원	경쟁률	등록평균	등록70%컷	충원율
2022	594	7,576	12.75	2.94	2.99	147%	199	2,336	11.74	2.98	3.07	151%	395	5,240	13.27	2.90	2.93	142%
2023	746	6,657	8.92	2.90	3.10	148%	267	2,253	8.44	2.93	3.20	148%	479	4,404	9.19	2.87	3.00	148%
2024	781	5,851	7.49	3.11	3.27	130%	267	1,889	7.07	3.15	3.34	128%	514	3,962	7.71	3.07	3.19	132%
2025	806						292						514					

여수 학년도	전체						인문						자연					
	모집인원	지원인원	경쟁률	등록평균	등록70%컷	충원율	모집인원	지원인원	경쟁률	등록평균	등록70%컷	충원율	모집인원	지원인원	경쟁률	등록평균	등록70%컷	충원율
2022	305	1,396	4.58	5.57	5.51	241%	40	185	4.63	5.80	5.49	278%	265	1,211	4.57	5.33	5.53	203%
2023	323	1,645	5.09	5.23	5.42	268%	46	333	7.24	5.11	5.17	298%	277	1,312	4.74	5.35	5.66	238%
2024	362	1,366	3.77	5.51	5.63	187%	82	294	3.59	5.33	5.48	161%	280	1,072	3.83	5.69	5.77	212%
2025	462						114						348					

■ 변경사항 & 핵심포인트

[2025]

변경사항	2024	2025
모집인원	1,143명	1,268명(+125명)

▣ 합격자 성적분포: (광주) 인문계열은 2등급 후반 ~ 3등급 초반, 자연계열은 2등급 후반 ~ 3등급 초반
(여수) 인문계열은 5등급 초반 ~ 5등급 후반, 자연계열은 5등급 초반 ~ 5등급 후반

[2024]

변경사항	2023	2024
(학생부-진로선택과목) 성취도별 가산점 점수 변경	A=5점, B=3점, C=1점	A=15점, B=9점, C=3점
(수능최저) 의예과: 탐구	2과목 평균(소수점 절사)	2과목 평균

■ 모집단위

'*' 표시 : 교직 이수 가능

광주 계열	모집단위	2025 모집인원	2024 모집인원	지원인원	경쟁률	등록평균	등록70%컷	충원번호	2023 모집인원	지원인원	경쟁률	등록평균	등록70%컷	충원번호	2022 모집인원	지원인원	경쟁률	등록평균	등록70%컷	충원번호
인문	자율전공학부(1년)	24																		
인문	심리학과*	4	4	51	12.8	1.84	2.68	8	4	91	22.8	2.49	2.52	9	4	77	19.3	3.14	2.96	14
인문	윤리교육과	3	3	18	6.0	2.06		2	3	26	8.7	1.95		2	3	32	10.7	2.24		7
인문	역사교육과	3	3	17	5.7	2.27		1	3	30	10.0	1.89		3	3	28	9.3	2.53		2
인문	미디어커뮤니케이션학과	4	4	41	10.3	2.40	2.17	9	4	29	7.3	2.53	2.43	3	4	35	8.8	2.37	2.51	3
인문	영어교육과	6	6	40	6.7	2.48	2.68	11	6	101	16.8	2.58	2.61	19	4	71	17.8	2.80	2.90	3
인문	문헌정보학과*	5	5	37	7.4	2.63	3.40	7	5	36	7.2	2.81	2.79	6	4	55	13.8	2.58	2.64	11
인문	국어교육과	5	5	26	5.2	2.69	2.97	11	5	45	9.0	2.54	2.65	14	4	34	8.5	2.72	2.36	7
인문	사학과*	4	4	22	5.5	2.82	2.62	1	4	27	6.8	2.78	3.78	4	4	40	10.0	2.80	2.83	5
인문	사회학과*	6	6	51	8.5	2.86	2.91	14	6	53	8.8	3.21	3.21	17	3	106	35.3	2.88		3
인문	지리교육과	6	6	57	9.5	2.92	2.97	28	6	35	5.8	3.10	2.91	19	3	38	12.7	2.28		8
인문	교육학과	3	3	18	6.0	2.95		2	3	21	7.0	2.48		7	3	38	12.7	2.60		8
인문	행정학과*	10	10	72	7.2	3.16	3.56	28	10	56	5.6	2.60	2.80	13	9	102	11.3	2.29	2.42	12
인문	영어영문학과*	10	10	92	9.2	3.17	3.28	33	10	70	7.0	3.16	3.40	20	7	65	9.3	2.97	2.99	19
인문	철학과*	8	8	52	6.5	3.32	3.20	16	8	86	10.8	3.33	3.46	13	6	91	15.2	3.45	3.53	10
예체	미술학과(이론전공)	11	11	78	7.1	3.36	3.44	20	11	50	4.6	3.66	3.79	8	3	23	7.7	3.72		1
인문	일어일문학과*	7	6	59	9.8	3.37	3.40	10	6	142	23.7	3.16	3.14	8	6	93	15.5	3.58	3.77	16
인문	문화인류고고학과	4	4	40	10.0	3.39	3.47	10	4	31	7.8	3.50	3.58	9	4	61	15.3	3.37	3.30	5
인문	정치외교학과*	6	6	36	6.0	3.41	4.26	7	6	44	7.3	2.56	2.79	11	4	45	11.3	2.93	2.93	6
인문	지리학과	5	5	67	13.4	3.43	3.69	7	5	32	6.4	3.32	3.87	7	4	44	11.0	2.98	2.59	6
인문	경영학부*	70	70	412	5.9	3.43	3.66	41	70	366	5.2	3.09	3.21	53	52	531	10.2	2.72	2.89	59
인문	중어중문학과*	10	10	70	7.0	3.49	3.89	13	10	117	11.7	3.39	3.51	28	7	88	12.6	3.60	3.66	10
인문	독일언어문학과*	7	7	73	10.4	3.53	3.52	14	7	92	13.1	3.57	3.66	11	6	101	16.8	3.69	3.69	9
인문	국어국문학과*	10	10	59	5.9	3.55	3.76	6	10	81	8.1	3.10	3.24	24	8	76	9.5	3.15	3.26	14
인문	경제학부	29	29	155	5.3	3.56	3.71	3	29	295	10.2	3.32	3.47	28	17	147	8.7	3.34	3.45	16
인문	특수교육학부	11	11	50	4.6	3.61	3.45	8	11	98	8.9	2.81	2.91	22	7	52	7.4	3.35	3.09	19
인문	불어불문학과*	7	7	54	7.7	3.65	3.70	12	7	89	12.7	3.44	3.54	15	6	108	18.0	3.59	3.65	8
인문	자율전공학부(4년)	8	8	102	12.8	3.67	3.88	15	8	46	5.8	3.31	3.58	2	8	75	9.4	2.84	2.97	10
인문	유아교육과	3	3	21	7.0	3.77		5	3	47	15.7	2.93		10	3	53	17.7	2.93		6
인문	농업경제학과	3	3	19	6.3	4.43		1	3	17	5.7	2.42			3	27	9.0	2.98		4
자연	치의학전문대학원학석사 통합과정	5	5	102	20.4	1.11	1.09	25	5	191	38.2	1.18	1.19	11	7	247	35.3	1.38	1.39	20
자연	약학부	9	9	130	14.4	1.12	1.15	16	9	134	14.9	1.20	1.25	19	13	382	29.4	1.12	1.15	21
자연	수의예과	10	10	152	15.2	1.31	1.33	26	10	136	13.6	1.33	1.35	18	10	171	17.1	1.34	1.40	14
자연	전기공학과	8	8	49	6.1	1.67	1.81	4	8	52	6.5	1.59	1.67	7	6	65	10.8	1.64	1.60	8
자연	간호학과*	15	15	126	8.4	2.19	2.28	17	15	207	13.8	2.01	2.09	14	15	153	10.2	2.27	2.33	9

광주 계열	모집단위	2025 모집인원	2024 모집인원	2024 지원인원	2024 경쟁률	2024 등록평균	2024 등록70%컷	2024 충원번호	2023 모집인원	2023 지원인원	2023 경쟁률	2023 등록평균	2023 등록70%컷	2023 충원번호	2022 모집인원	2022 지원인원	2022 경쟁률	2022 등록평균	2022 등록70%컷	2022 충원번호
자연	화학공학부*	30	30	158	5.3	2.39	2.54	44	35	150	4.3	2.40	2.47	43	15	121	8.1	2.14	2.31	16
자연	수학교육과	8	8	33	4.1	2.52	2.41	8	8	70	8.8	2.22	2.40	20	4	55	13.8	2.55	2.54	11
자연	전자컴퓨터공학부	51	52	462	8.9	2.63	2.94	63												
자연	식품공학과*	7	8	51	6.4	2.64	2.77	9	8	56	7.0	2.65	2.83	20	7	84	12.0	2.92	2.91	11
자연	생물공학과*	6	6	81	13.5	2.64	2.81	4	5	28	5.6	3.07	3.64	2	5	47	9.4	2.07	2.23	8
자연	산림자원학과	7	7	59	8.4	2.86	3.10	10	7	50	7.1	3.17	3.48	3	4	45	11.3	3.07	3.00	3
자연	신소재공학부	10	11	74	6.7	2.87	2.90	23	11	73	6.6	2.85	3.00	28	11	95	8.6	2.98	2.91	19
자연	응용식물학과	5	5	33	6.6	2.90	3.71	4	5	42	8.4	2.35	2.47	6	5	59	11.8	3.15	3.10	10
자연	가정교육과	3	3	30	10.0	2.96		7	3	17	5.7	3.76		4	3	27	9.0	2.75		6
자연	화학교육과	5	5	72	14.4	2.97	2.96	5	5	23	4.6	3.78	4.39	9	3	28	9.3	2.66		4
자연	생활복지학과*	7	5	81	16.2	2.98	2.81	11	5	35	7.0	3.44	3.70	12	5	43	8.6	3.04	2.77	5
자연	의류학과*	8	8	45	5.6	3.00	3.37	6	8	55	6.9	2.81	3.23	7	5	63	12.6	3.24	3.23	1
자연	화학과*	10	10	64	6.4	3.01	3.21	2	10	59	5.9	3.21	3.49	18	6	47	7.8	3.11	3.15	10
자연	건축도시설계전공	10	10	65	6.5	3.04	3.21	7	10	52	5.2	3.23	3.33	7	4	33	8.3	2.93	3.03	2
자연	수학과*	7	6	37	6.2	3.05	3.28	6	6	76	12.7	3.43	3.47	6	6	59	9.8	3.49	3.72	11
자연	기계공학부	30	30	183	6.1	3.05	3.22	31	19	100	5.3	2.92	3.09	32	11	192	17.5	2.64	2.74	6
자연	생물학과*	6	6	41	6.8	3.07	3.24	8	6	68	11.3	2.78	3.08	14	4	30	7.5	3.47	3.32	8
자연	농생명화학과	5	5	33	6.6	3.09	3.17	2	5	56	11.2	3.28	3.37	10	5	50	10.0	3.46	3.52	12
자연	산업공학과	12	12	103	8.6	3.09	3.26	17	12	64	5.3	3.45	3.52	18	7	66	9.4	3.00	3.03	8
자연	분자생명공학과	9	11	59	5.4	3.10	3.18	21	8	86	10.8	2.89	2.99	12	7	287	41.0	3.14	3.24	12
자연	환경에너지공학과	10	10	62	6.2	3.10	3.25	12	10	50	5.0	2.85	3.11	10	6	63	10.5	2.76	2.83	11
자연	건축학부	6	6	40	6.7	3.18	3.32	8	6	73	12.2	2.82	2.92	7	5	83	16.6	3.13	3.00	16
자연	에너지자원공학과	8	8	49	6.1	3.19	3.27	9	8	104	13.0	3.15	3.27	20	5	46	9.2	3.53	3.37	14
자연	인공지능학부	27	30	131	4.4	3.20	4.04	29	20	132	6.6	2.75	2.86	27	20	231	11.6	2.74	2.96	33
자연	고분자융합소재공학부	10	10	224	22.4	3.21	3.36	7	10	52	5.2	3.73	4.16	23	8	72	9.0	2.99	2.98	11
자연	토목공학과	7	6	84	14.0	3.31	3.25	12	6	52	8.7	3.34	3.70	9	6	97	16.2	2.93	3.17	10
자연	통계학과	4	5	28	5.6	3.36	3.23	7	6	35	5.8	2.89	2.97	9	4	35	8.8	2.90	2.99	2
자연	지구과학교육과	6	6	28	4.7	3.39	3.10	10	6	69	11.5	2.59	2.63	11	3	30	10.0	2.95		6
자연	식품영양과학부*	8	8	54	6.8	3.40	4.21	13	8	131	16.4	3.03	3.12	15	8	99	12.4	3.40	3.47	8
자연	빅데이터융합학과	12	8	58	7.3	3.44	3.28	22	8	47	5.9	3.40	3.38	8	8	98	12.3	2.90	2.87	8
자연	동물자원학부*	12	10	100	10.0	3.45	3.58	11	10	185	18.5	3.07	3.61	17	10	108	10.8	3.66	3.89	19
자연	지역·바이오시스템공학과	5	7	58	8.3	3.48	3.49	9	7	90	12.9	3.43	3.50	11	7	107	15.3	3.56	3.60	
자연	물리교육과	6	6	28	4.7	3.50	3.59	8	6	32	5.3	3.34	3.43	10	3	26	8.7	3.19		5
자연	지구환경과학부	16	16	121	7.6	3.51	3.67	14	16	273	17.1	3.48	3.52	23	5	53	10.6	3.88	3.85	8
자연	생명과학기술학부	12	13	64	4.9	3.51	3.95	10	13	69	5.3	2.52	2.62	11	8	60	7.5	2.66	2.76	9
자연	응용생물학과*	6	6	32	6.4	3.53	3.67	8	4	26	6.5	3.17	3.24	2	4	40	10.0	3.48	3.33	6
자연	임산공학과	6	6	64	10.7	3.61	3.66	6	6	87	14.5	3.55	3.63	7	4	49	12.3	3.75	3.71	9
자연	조경학과*	5	5	33	6.6	3.63	3.78	10	5	40	8.0	2.89	3.04	8	4	43	10.8	3.12	2.78	5
자연	융합바이오시스템기계공학과	11	11	69	6.3	3.68	3.79	24	8	105	13.1	3.32	3.34	10	8	93	11.6	3.57	3.64	7
자연	물리학과*	10	8	56	7.0	3.69	3.62	7	8	114	14.3	3.54	3.67	9	7	65	9.3	3.76	3.96	6
자연	미래모빌리티학과	13	13	68	5.2	3.69	3.96	19	8	91	11.4	3.24	3.26	20	8	155	19.4	3.32	3.48	12
자연	건축공학전공	10	10	56	5.6	3.74	4.03	16	10	52	5.2	3.29	3.36	8	4	35	8.8	3.12	3.02	1
자연	바이오에너지공학과	11	12	69	5.8	3.74	4.21	15	12	95	7.9	3.27	3.29	21	9	103	11.4	3.24	3.26	19
자연	원예생명공학과*	4	4	36	9.0	4.02	3.90	9	4	33	8.3	2.63	2.59	1	4	46	11.5	3.15	3.12	7
자연	생물교육과	6	6	27	4.5	4.67		6	6	38	6.3	2.41	2.41	6	3	28	9.3	2.61		6

여수 계열	모집단위	2025 모집인원	2024 모집인원	2024 지원인원	2024 경쟁률	2024 등록평균	2024 등록70%컷	2024 충원번호	2023 모집인원	2023 지원인원	2023 경쟁률	2023 등록평균	2023 등록70%컷	2023 충원번호	2022 모집인원	2022 지원인원	2022 경쟁률	2022 등록평균	2022 등록70%컷	2022 충원번호
인문	창의융합학부	34	10	102	10.2	3.99	4.20	20	10	94	9.4	4.46	4.73	20						
인문	글로벌비즈니스학부	16	9	33	3.7	5.15	5.62	22	9	57	6.3	4.77	4.88	36	9	33	3.7	5.89	5.43	19
인문	영어학전공	10	10	37	3.7	5.35	5.79	26	4	35	8.8	5.16	5.50	19	8	48	6.0	5.44	5.48	29
인문	물류교통학과	19	22	32	1.5	5.5	6.02	10	11	49	4.5	5.47	5.55	30	11	41	3.7	5.51	5.82	26
인문	일본학전공*	10	10	35	3.5	5.55	5.42	22	4	44	11.0	4.86		10	4	22	5.5	6.07	5.82	12
인문	중국학전공*	13	11	24	2.2	5.76		11	4	18	4.5	6.87		10	4	18	4.5	6.32		11
인문	문화관광경영학과	12	10	31	3.1	6.00	5.82	21	4	36	9.0	4.19		12	4	23	5.8	5.56	4.91	14
자연	공학계열	128																		
자연	해양수산광역	61																		

여수 계열	모집단위	2025 모집인원	2024 모집인원	지원인원	경쟁률	등록평균	등록70%컷	충원번호	2023 모집인원	지원인원	경쟁률	등록평균	등록70%컷	충원번호	2022 모집인원	지원인원	경쟁률	등록평균	등록70%컷	충원번호
자연	의공학부	29													8	27	3.4	5.58	5.74	16
자연	기관시스템공학과	14	11	20	1.8			9	10	35	3.5	6.16	6.15	19	11	28	2.6	6.12	6.24	12
자연	산업기술융합공학과(야)	1	1	7	7.0															
자연	수산생명의학과	12	14	94	6.7	3.82	4.40	32	17	97	5.7	3.97	4.18	34	14	136	9.7	3.45	3.78	30
자연	건축디자인학과	13	8	37	4.6	4.15	4.57	14	7	82	11.7	3.72	3.74	13	8	54	6.8	4.77	4.90	14
자연	멀티미디어전공	15	15	46	3.1	5.05	5.19	31	16	117	7.3	4.47	5.01	42	13	84	6.5	4.94	5.16	32
자연	*문화콘텐츠학부*	*6*	*12*	63	5.3	5.33	5.41	48	8	80	10.0	4.50	4.88	25	4	47	11.8	5.69	5.69	20
자연	석유화학소재공학과	23	12	31	2.6	5.80		16	11	39	3.6	4.65	5.18	24	11	45	4.1	5.00	5.28	23
자연	스마트수산자원관리학과	19	13	23	1.8	6.21	6.36	9	11	35	3.2	6.21	6.31	23	11	38	3.5	5.97	6.27	19
자연	전자상거래전공	15	15	45	3.0	6.89	7.30	30	16	67	4.2	6.58	6.95	41	13	34	2.6	6.62	6.88	14
자연	조선해양공학과	12	12	26	2.2	7.25		13	11	28	2.6	5.82		15	12	35	2.9	5.60	5.46	`14

■ (학생부교과) 지역인재

전형	모집인원	전형 방법	수능최저학력기준
지역인재	1,036	학생부100%	○

1. 지원자격: 호남 지역(광주·전남·전북) 소재 고등학교 전 과정(입학~졸업)을 이수한 고등학교 졸업자(2025년 2월 졸업예정자 포함)
   * 국내 고등학교 석차등급, 출결성적 등 산출이 불가능한 자는 지원할 수 없음
2. 수능최저학력기준: 일반전형 참고

◎ 전형요소
● 학생부(1,000점): 일반전형 참고

◎ 전형결과
■ 전체

광주 학년도	전체 모집인원	지원인원	경쟁률	등록평균	등록70%컷	충원율	인문 모집인원	지원인원	경쟁률	등록평균	등록70%컷	충원율	자연 모집인원	지원인원	경쟁률	등록평균	등록70%컷	충원율
2022	528	6,123	11.60	2.81	2.89	150%	163	1,785	10.95	2.86	2.97	152%	365	4,338	11.88	2.76	2.80	147%
2023	767	5,260	6.86	2.98	3.07	134%	236	1,472	6.24	3.06	3.16	133%	531	3,788	7.13	2.89	2.98	134%
2024	820	5,585	6.81	3.13	3.24	150%	232	1,735	7.48	3.27	3.44	171%	588	3,850	6.55	2.98	3.04	129%
2025	883						257						626					

여수 학년도	전체 모집인원	지원인원	경쟁률	등록평균	등록70%컷	충원율	인문 모집인원	지원인원	경쟁률	등록평균	등록70%컷	충원율	자연 모집인원	지원인원	경쟁률	등록평균	등록70%컷	충원율
2022	210	755	3.59	5.70	5.73	170%	39	134	3.44	5.88	6.08	192%	171	621	3.63	5.52	5.37	147%
2023	62	364	5.87	4.61	4.80	208%	16	130	8.13	4.51	4.68	194%	46	234	5.09	4.70	4.91	222%
2024	95	393	4.14	5.44	4.85	157%	21	120	5.71	5.40	4.47	152%	74	273	3.69	5.48	5.22	161%
2025	153						37						116					

■ 변경사항 & 핵심포인트

[2025]

변경사항	2024	2025
모집인원	915명	1,036명(+121명)

➡ 합격자 성적분포: (광주) 인문계열은 3등급 초반 ~ 3등급 후반, 자연계열은 2등급 후반 ~ 3등급 초반
　　　　　　　　　 (여수) 인문계열은 5등급 초반 ~ 5등급 중반, 자연계열은 5등급 초반 ~ 5등급 중반

[2024]

변경사항	2023	2024
(학생부-진로선택과목) 성취도별 가산점 점수 변경	A=5점, B=3점, C=1점	A=15점, B=9점, C=3점
(수능최저) 의예과: 탐구	2과목 평균(소수점 절사)	2과목 평균
(수능최저)수학교육:응시영역	국어, 수학(미적분/기하), 영어, 사과탐	국어, 수학(미적분/기하), 영어, 과탐

광주계열	모집단위	2025 모집인원	2024 모집인원	지원인원	경쟁률	등록평균	등록70%컷	충원번호	2023 모집인원	지원인원	경쟁률	등록평균	등록70%컷	충원번호	2022 모집인원	지원인원	경쟁률	등록평균	등록70%컷	충원번호
인문	자율전공학부(1년)	24																		
인문	윤리교육과	4	4	23	5.8	1.95	2.07	7	4	38	9.5	2.32	2.26	13	3	22	7.3	2.55		7
인문	미디어커뮤니케이션학과	3	3	23	7.7	2.39		6	7	35	5.0	2.30	2.43	6	3	28	9.3	2.42		1
인문	국어교육과	8	8	43	5.4	2.42	2.53	17	8	38	4.8	2.52	2.62	11	4	40	10.0	2.33	2.15	14
인문	심리학과＊	3	3	22	7.3	2.71		6	3	47	15.7	2.82		7	3	34	11.3	3.02		9
인문	행정학과＊	14	14	136	9.7	2.72	2.93	34	14	63	4.5	2.88	3.42	23	8	76	9.5	2.34	2.26	15
인문	문헌정보학과＊	4	4	39	9.8	2.83	2.83	8	4	26	6.5	3.30	3.32	6	3	32	10.7	2.57		6
인문	영어교육과	9	9	61	6.8	2.95	3.02	38	9	68	7.6	2.58	2.67	22	4	61	15.3	2.50		14
인문	경영학부＊	41	41	278	6.8	3.00	3.28	56	41	192	4.7	2.91	3.04	36	31	319	10.3	2.55	2.78	64
인문	농업경제학과	8	8	44	5.5	3.06	3.23	4	8	46	5.8	2.98	3.17	6	5	45	9.0	2.79	2.71	2
인문	자율전공학부(4년)	9	9	142	15.8	3.14	3.49	28	9	46	5.1	3.48	3.78	4	7	72	10.3	2.67	2.69	7
인문	일어일문학과＊	6	5	63	12.6	3.16	3.21	18	5	43	8.6	3.57	3.72	5	5	72	14.4	3.50	3.48	6
인문	영어영문학과＊	10	10	54	5.4	3.17	3.23	13	10	55	5.5	3.03	3.19	13	6	55	9.2	2.96	2.97	9
인문	사학과＊	8	8	104	13.0	3.29	3.44	19	8	43	5.4	3.64	3.87	9	4	42	10.5	2.94	2.92	6
인문	특수교육학부	12	12	55	4.6	3.33	3.50	10	12	54	4.5	3.04	3.24	19	7	52	7.4	2.73	2.85	7
인문	경제학부	22	22	140	6.4	3.42	3.49	22	22	157	7.1	3.34	3.49	32	15	123	8.2	2.94	3.21	16
인문	유아교육과	4	4	20	5.0	3.43	3.22	2	4	38	9.5	2.76	2.80	5	3	44	14.7	2.69		2
인문	철학과＊	5	5	40	8.0	3.46	3.56	8	5	39	7.8	3.51	3.62	9	4	55	13.8	3.44	3.43	6
인문	문화인류고고학과	5	5	29	5.8	3.56	3.61	4	5	29	5.8	3.10	3.26	3	3	38	12.7	3.14		2
인문	정치외교학과＊	6	6	30	5.0	3.58	3.89	9	6	30	5.0	2.65	2.68	8	4	37	9.3	2.77	2.71	5
인문	사회학과＊	6	6	33	5.5	3.61	3.80	8	6	52	8.7	2.73	2.85	12	3	72	24.0	2.84		8
인문	지리교육과	3	3	39	13.0	3.62		6	3	14	4.7	4.17		6	3	35	11.7	2.54		6
인문	중어중문학과＊	8	8	54	6.8	3.65	3.85	9	9	71	8.9	3.30	3.30	7	6	80	13.3	3.43	3.48	7
인문	지리학과	4	4	68	17.0	3.66	3.57	8	4	22	5.5	3.73	3.90	8	3	30	10.0	3.13		3
인문	교육학과	5	5	24	4.8	3.69	4.04	11	5	33	6.6	2.62	2.67	10	3	29	9.7	2.56		6
인문	불어불문학과＊	6	6	51	8.5	3.71	3.88	11	6	56	9.3	3.45	3.55	7	5	87	17.4	3.43	3.41	5
인문	독일언어문학과＊	6	6	50	8.3	3.77	3.97	16	6	48	8.0	3.60	3.65	8	5	99	19.8	3.40	3.40	4
인문	국어국문학과＊	9	9	49	5.4	4.16	4.28	10	9	57	6.3	3.09	3.21	11	7	63	9.0	3.06	3.14	9
인문	역사교육과	5	5	21	4.2	4.16	4.15	8	5	32	6.4	2.19	2.34	8	3	25	8.3	2.24		2
자연	의예과	102	78	319	4.1	1.12	1.17	45	67	591	8.8	1.07	1.10	42	38	399	10.5	1.15	1.18	39
자연	약학부	25	25	186	7.4	1.24	1.29	36	25	184	7.4	1.31	1.36	16	18	364	20.2	1.24	1.29	21
자연	치의학전문대학원학석사통합과정	12	12	107	8.9	1.24	1.27	31	12	137	11.4	1.23	1.29	9	9	165	18.3	1.22	1.23	17
자연	수의예과	14	14	113	8.1	1.31	1.34	12	14	129	9.2	1.38	1.44	23	12	149	12.4	1.40	1.44	12
자연	전기공학과	10	10	129	12.9	1.67	1.72	28	10	58	5.8	1.94	1.99	28	10	115	11.5	1.66	1.68	18
자연	간호학과＊	19	19	105	5.5	2.03	2.33	17	19	162	8.5	1.87	1.97	17	19	194	10.2	2.02	2.11	28
자연	화학공학부＊	30	15	174	11.6	2.28	2.42	18	20	81	4.1	2.99	3.46	22	20	165	8.3	2.09	2.18	31
자연	생물교육과	4	4	19	4.8	2.47	2.47	5	4	21	5.3	2.55	3.09	3	3	27	9.0	2.17		3
자연	식품공학과	5	5	34	6.8	2.54	2.39	10	5	30	6.0	2.85	3.05	6	3	30	10.0	2.72		2
자연	농생명화학과	5	5	28	5.6	2.54	2.39	10	5	27	5.4	3.19	3.27	6	4	37	9.3	3.18	3.07	2
자연	수학교육과	4	4	18	4.5	2.65		6	4	25	6.3	2.28	2.46	4	4	54	13.5	2.25		13
자연	생명과학기술학부	11	12	68	5.7	2.73	2.79	11	12	52	4.3	3.13	3.33	15	7	59	8.4	2.47	2.68	9
자연	분자생명공학과	6	6	37	6.2	2.73	2.89	8	6	70	11.7	2.94	3.01	7	2	47	23.5	3.34		2
자연	전자컴퓨터공학부	46	46	286	6.2	2.76	3.07	61												
자연	신소재공학부	20	27	136	5.0	2.87	2.91	46	27	152	5.6	2.85	2.99	59	14	130	9.3	2.72	2.96	38
자연	기계공학부	45	45	254	5.6	2.98	3.15	54	28	134	4.8	2.95	3.12	50	11	170	15.5	2.59	2.69	22
자연	지구과학교육과	4	3	20	6.7	3.00		4	3	15	5.0	3.21		3	3	25	8.3	2.54		2
자연	생물공학과＊	4	4	25	6.3	3.02	2.68	8	4	31	7.8	2.30	2.31	6	4	37	9.3	2.49	2.62	7
자연	응용식물학과	4	4	53	13.3	3.02	3.14	10	4	22	5.5	3.68	3.71	10	4	50	12.5	3.10	3.12	8
자연	빅데이터융합학과	11	8	44	5.5	3.04	3.06	11	8	52	6.5	3.06	3.15	18	6	86	14.3	2.88	3.12	6
자연	통계학과	4	5	30	6.0	3.06	3.01	7	6	29	4.8	3.22	3.33	7	4	36	9.0	2.50	2.66	1
자연	가정교육과	5	5	41	8.2	3.08	3.14	7	5	24	4.8	3.32	3.44	9	3	26	8.7	2.81		8
자연	건축학부	6	6	42	7.0	3.09	3.18	12	6	47	7.8	2.68	2.82	11	6	98	16.3	2.68	2.68	5
자연	원예생명공학과＊	5	5	128	25.6	3.14	3.12	4	5	29	5.8	3.76	4.14	7	4	42	10.5	2.85		7
자연	에너지자원공학과	7	7	39	5.6	3.14	3.12	7	7	47	6.7	3.17	3.19	10	4	40	10.0	3.09	3.09	3

광주계열	모집단위	2025 모집인원	2024 모집인원	지원인원	경쟁률	등록평균	등록70%컷	충원번호	2023 모집인원	지원인원	경쟁률	등록평균	등록70%컷	충원번호	2022 모집인원	지원인원	경쟁률	등록평균	등록70%컷	충원번호
자연	산업공학과	11	11	65	5.9	3.17	3.36	16	11	67	6.1	3.04	3.23	16	7	91	13.0	3.07	3.22	7
자연	식품영양과학부*	9	8	49	6.1	3.18	3.22	6	8	87	10.9	2.87	3.23	13	8	96	12.0	3.20	3.25	5
자연	의류학과*	9	9	55	6.1	3.21	3.35	10	9	63	7.0	3.36	3.36	8	5	64	12.8	3.43	3.40	7
자연	생활복지학과*	9	9	50	5.6	3.23	3.27	10	9	57	6.3	2.95	3.13	8	5	46	9.2	2.83	3.10	4
자연	인공지능학부	30	33	142	4.3	3.25	3.87	37	26	140	5.4	2.68	2.85	41	14	186	13.3	2.70	2.81	23
자연	화학교육과	3	3	19	6.3	3.31		5	3	14	4.7	3.69		4	3	25	8.3	2.57		2
자연	바이오에너지공학과	4	4	27	6.8	3.32	3.10	3	4	26	6.5	3.24		5	4	43	10.8	3.43	3.36	3
자연	화학과*	10	10	53	5.3	3.32	3.49	12	10	44	4.4	3.06	3.33	5	6	45	7.5	2.88	2.99	8
자연	융합바이오시스템기계공학과	8	7	60	8.6	3.34	3.37	4	4	42	10.5	3.48	3.60		3	36	12.0	3.51		4
자연	응용생물학과*	6	6	82	13.7	3.35	3.36	5	6	37	6.2	3.66	3.73	15	4	43	10.8	3.32	3.02	11
자연	고분자융합소재공학부	10	10	75	7.5	3.35	3.41	8	10	52	5.2	3.03	3.08	4	7	69	9.9	3.03	2.92	15
자연	토목공학과	8	7	60	8.6	3.39	3.34	11	7	80	11.4	3.26	3.33	19	6	63	15.8	3.41	3.37	15
자연	생물학과*	7	4	41	10.3	3.43	3.34	5	4	18	4.5	3.72		6	4	32	8.0	2.96		4
자연	지구환경과학부	15	15	115	7.7	3.49	3.50	43	15	132	8.8	3.55	3.63	17	6	87	14.5	3.37	3.54	11
자연	수학과*	7	6	32	5.3	3.50	3.70	9	6	37	6.2	3.40	3.35	13	6	47	7.8	3.38	3.48	6
자연	동물자원학부*	15	15	120	8.0	3.51	3.53	21	15	133	8.9	3.47	3.60	17	9	104	11.6	3.43	3.59	20
자연	산림자원학과	6	6	45	7.5	3.55	3.73	6	6	45	7.5	2.98	3.17	8	4	46	11.5	3.27	3.24	5
자연	임산공학과	6	6	54	9.0	3.59	3.73	11	6	77	12.8	3.51	3.53	3	4	69	17.3	3.63	3.64	7
자연	지역·바이오시스템공학과	5	5	35	7.0	3.68	3.90	7	5	39	7.8	3.31	3.37	1	3	49	16.3	3.14		1
자연	물리교육과	5	5	21	4.2	3.72	3.71	5	5	19	3.8	2.77	2.90	5	3	24	8.0	2.78		1
자연	미래모빌리티학과	15	15	74	4.9	3.73	4.00	27	10	121	12.1	3.13	3.29	30	6	120	20.0	3.38	3.51	13
자연	물리학과*	10	10	77	7.7	3.74	3.82	17	10	80	8.0	3.69	3.72	18	6	59	9.8	3.59	3.68	7
자연	환경에너지공학과	6	6	39	6.5	3.84	4.19	6	6	33	5.5	2.72	2.62	15	4	39	9.8	2.85	2.81	5
자연	조경학과*	4	4	25	6.3	4.02	3.27	11	4	34	8.5	3.13	3.17	8	4	43	10.8	3.32	3.28	8

여수계열	모집단위	2025 모집인원	2024 모집인원	지원인원	경쟁률	등록평균	등록70%컷	충원번호	2023 모집인원	지원인원	경쟁률	등록평균	등록70%컷	충원번호	2022 모집인원	지원인원	경쟁률	등록평균	등록70%컷	충원번호
인문	물류교통학과	8	2	4	2.0										10	27	2.7	6.45	6.28	14
인문	중국학전공*	4	2	6	3.0			1							7	17	2.4	6.10	6.68	6
인문	글로벌비즈니스학부	6	2	4	2.0										9	33	3.7	5.69	5.90	19
인문	창의융합학부	11	10	88	8.8	4.37	4.47	22	10	89	8.9	4.10	4.46	15						
인문	문화관광경영학과	4	3	12	4.0	5.37		6	6	41	6.8	4.91	4.91	16	7	38	5.4	5.29	5.46	27
인문	일본학전공*	4	2	6	3.0	6.46		3							4	14	3.5			9
자연	공학계열	43																		
자연	해양수산광역	22																		
자연	의공학부	4													6	15	2.5	6.12		9
자연	조선해양공학과	5													8	14	1.8	6.72		5
자연	기관시스템공학과	3													8	12	1.5	6.03		4
자연	수산생명의학과	4	5	22	4.4	4.15	4.24	5	4	19	4.8	3.70	3.79	3	3	22	7.3	3.72		1
자연	건축디자인학과	4	6	52	8.7	4.34	4.66	10	6	38	6.3	4.59	5.03	10	9	79	8.8	4.70	4.59	24
자연	석유화학소재공학과	8	3	8	2.7	5.38		3							9	19	2.1	5.24	5.28	7
자연	문화콘텐츠학부	12	5	16	3.2	6.01	6.12	11							8	55	6.9	5.26	5.47	20
자연	스마트수산자원관리학과	11	8	17	2.1	6.73		7	6	27	4.5	5.47	5.93	20	9	19	2.1	6.93	6.30	7

■ (학생부종합) 고교생활우수자 유형 I

전형	모집인원	전형 방법	수능최저학력기준
고교생활우수자유형 I	712	1단계)서류100%(4배수/의학계열: 6배수) 2단계)서류70%+ 면접30%	X(의예,치의예,약학,수의예○)

1. **지원자격**: 국내 고등학교 학교생활기록부가 있는 고등학교 졸업자(2025년 2월 졸업예정자 포함)
   * 국내 고등학교 석차등급, 출결성적 등 산출이 불가능한 자는 지원할 수 없음
2. **제출서류**: 학교생활기록부
3. **수능최저학력기준**: 없음. 단, 의예과, 치의학전문대학원, 약학부, 수의예과는 있음

▶ 의예과: [국어, 수학(미적분/기하), 영어, 과탐(2과목 평균)] 중 수학 포함 3개 영역 등급 합 5 이내
▶ 치의학전문대학원 학석사통합과정: [국어, 수학(미적분/기하), 영어, 과탐(1과목)] 중 수학 포함 3개 영역 등급 합 6 이내
▶ 약학부, 수의예과: [국어, 수학(미적분/기하), 영어, 과탐(1과목)] 중 3개 영역 등급 합 7 이내

◎ 전형요소
● 서류(700점)
  1. 평가자료•방법•내용:
    1) 평가자료 : 인적사항을 제외한 학교생활기록부 전 항목
    ※ 1학년 1학기~3학년 1학기까지 반영(단, 졸업자는 3학년 2학기 출결 반영)
    2) 평가방법: 입학사정관 2인의 개별 평가 후 일정 점수 이상 차이날 경우, 제3의 입학사정관이 재평가하는 다수·다단계 평가
    ※ 학생부종합(조기취업형계약학과전형)은 전형 특성을 고려하여 모체학과 전공 교수가 서류평가
    3) 평가요소: 학업역량, 진로역량, 공동체역량

평가요소	정의	평가항목	세부 평가내용
진로역량 40%	[동기] 진로에 대한 명확한인식을 바탕으로 [과정] 관심 계열에 대한 노력을 기울여 [결과] 전공 특성을 드러낼수 있는 능력	• 진로에 대한 관심과 이해 • 진로 탐색 활동과 경험 • 계열·전공 관련 교과 이수 노력 • 계열·전공 관련 학업성취	• 진로에 대한 관심은 어떠한가? • 진로에 대한 이해는 어느 정도인가? • 진로를 설정하고 노력한 활동이 자발적·구체적인가? • 계열·전공 관련 교과를 도전적으로 이수했는가? • 계열·전공 관련 교과 학습에 진지하게 임했는가? • 계열·전공 관련 교과목 성취 수준과 내용은 어떠한가?
학업역량 30%	[동기] 학업에 대한 의지와열정을 가지고 [과정] 학습 목표를 설정하여 [결과] 성취해 낼 수 있는 능력	• 학습태도 • 자기주도적 학습경험 • 지적 호기심 해결방식 • 전반적 학업성취	• 전반적 학습태도가 적극적·협력적인가? • 자기주도적으로 학업을 수행했는가? • 탐구의지를 바탕으로 지적 호기심을 해결했는가? • 전반적 학업성취 수준과 내용은 어떠한가? • 학업성취도가 현저히 미흡한 교과가 있는가?
공동체역량 30%	[동기] 사회적 책임감을 가지고 [과정] 구성원들과 소통하고 협력하여 [결과] 공동체의 유의미한 변화를 이끌어낼 수 있는 능력	• 성실성과 규칙 준수 • 소통과 협업능력 • 리더십 발휘 경험 • 나눔과 배려 경험	• 학교생활에 성실히 임했는가? • 공동체가 정한 규칙을 준수했는가? • 상대방의 의견을 경청, 존중하려고 노력했는가? • 공동체의 목표 달성을 위해 협력하려고 노력했는가? • 주어진 역할에 책임을 다하며 리더십을 발휘했는가? • 학교생활 중 봉사, 나눔, 배려를 실천했는가?

  2. 반영점수 및 척도:

평가요소	반영비율	고교생활우수자 I		고교생활우수자 II		평가척도 (평가요소별 근거가)	기준등급
		기본점수	만점	기본점수	만점		
진로역량	40%	130	280	200	400	매우 풍부하고 명확하다.	A+ / A
						풍부하고 명확한 편이다.	B+ / B
학업역량	30%	105	210	150	300	있으나 평이하다.	C+ / C
공동체역량	30%	105	210	150	300	부족하고 불명확한 편이다.	D+ / D
						매우 부족하고 불명확하다.	E

    ※ 기본점수/배점이며, 세부 평가 기준 및 방법은 전남대학교 학생부종합전형 세부 지침에 따라 실시함

☞ 보충설명
• 평가요소: 학업수행역량25%, 전공(계열)준비도25%, 학업외 소양25%, 인성역량25% -> 진로역량40%, 학업역량30%, 공동체역량30%로 변경
  – 진로역량 비중이 커짐
• 모집단위별 관련교과: 중요함, 서류평가시 참고자료로 활용함
• 모집단위별 추천도서: 중요, 입학처 홈페이지에 탑재, 학과별 추천도서로서 읽으면 전공준비도에서 좋은 평가를 받음.
• 평가는 9급간 이며, 상.중.하 각 3개로 나눔.. 대부분 중2 부여. 1단계 통과자의 서류평가 비슷함.

  3. 모집단위별 관련 교과:
  ※ 관련교과는 우선순위와 무관하여, 학생부종합전형 서류평가 시 참고자료로 활용

모집단위		관련교과			모집단위		관련교과		
간호대학	간호학과	수학	영어	과학		윤리교육과	윤리	–	–
경영대학	경영학부	수학	사회	–		특수교육학부	국어	윤리	사회
	경제학부	수학	영어	사회		수학교육과	수학	–	–
공과대학	건축학부	수학	영어	사회	사범대학	물리교육과	수학	물리학	–
	토목공학과	수학	물리학	–		화학교육과	수학	화학	–
	환경에너지공학과	수학	화학	–		생물교육과	영어	생명과학	–
	에너지자원공학과	수학	물리학	화학		지구과학교육과	수학	물리학	지구과학
	기계공학부	수학	물리학	–		가정교육과	기술가정	–	–
	신소재공학부	수학	물리학	화학	사회과학	정치외교학과	영어	사회	–

모집단위		관련교과			모집단위		관련교과		
	전자공학과	수학	물리학	-	대학	사회학과	역사	사회	-
	컴퓨터정보통신공학과	수학	물리학	-		심리학과	영어	사회	-
	소프트웨어공학과	수학	영어	-		문헌정보학과	국어	영어	사회
	화학공학부	수학	물리학	화학		신문방송학과	국어	사회	-
	고분자융합소재공학부	수학	화학	-		지리학과	지리	-	-
	산업공학과	수학	영어	-		문화인류고고학과	영어	역사	사회
	전기공학과	수학	물리학	-		행정학과	영어	사회	-
	생물공학과	수학	화학	생명과학	생활과학대학	생활복지학과	윤리	사회	-
공학대학	전자통신공학과	수학	물리학	-		식품영양과학부	화학	생명과학	-
	전기컴퓨터공학부	수학	물리학	-		의류학과	영어	화학	기술가정
	기계설계공학과	수학	물리학	-	수의과대학	수의예과	영어	화학	생명과학
	기계시스템공학과	수학	물리학	-	수산해양대학	기관시스템공학과	수학	영어	-
	메카트로닉스공학과	수학	물리학	물리학		양식생물학과	생명과학	지구과학	-
	냉동공조공학과	수학	영어	지구과학		조선해양공학과	영어	물리학	-
	환경시스템공학과	영어	화학	생명과학		해양생산관리학과	물리학	지구과학	-
	융합생명공학과	영어	화학	-		해양융합과학과	생명과학	지구과학	-
	화공생명공학과	수학	화학	-		해양바이오식품학과	화학	생명과학	-
	건축디자인학과	물리학	미술	-		수산생명의학과	화학	생명과학	-
	헬스케어메디컬공학부	수학	영어	-		해양경찰학과	영어	사회	지구과학
	석유화학소재공학과	수학	화학	-		스마트수산자원관리학과	수학	생명과학	지구과학
농업생명과학대학	응용식물학과	영어	화학	생명과학	약학대학	약학부	수학	화학	생명과학
	원예생명공학과	영어	화학	생명과학	의과대학	의예과	수학	생명과학	-
	응용생물학과	영어	화학	생명과학	인문대학	국어국문학과	국어	-	-
	산림자원학과	영어	화학	생명과학		영어영문학과	영어	사회	-
	임산공학과	영어	화학	생명과학		독일언어문학과	영어	독일어	-
	조경학과	영어	생명과학	지구과학		불어불문학과	영어	프랑스어	-
	농생명화학과	영어	화학	생명과학		중어중문학과	영어	중국어	-
	식품공학과	영어	화학	생명과학		일어일문학과	일본어	-	-
	분자생명공학과	영어	화학	생명과학		사학과	역사	-	-
	동물자원학부	영어	화학	생명과학		철학과	국어	윤리	-
	바이오에너지공학과	영어	화학	생명과학	자연과학대학	수학과	수학	물리학	-
	지역바이오시스템공학과	수학	물리학	-		통계학과	수학	영어	-
	융합바이오시스템공학과	수학	물리학	생명과학		물리학과	수학	영어	물리학
	농업경제학과	수학	영어	사회		지구환경과학부	수학	물리학	지구과학
문화사회과학대학	국제학부(영어학전공)	영어	-	-		생물학과	영어	화학	생명과학
	국제학부(일본학전공)	일본어	-	-		화학과	화학	-	-
	국제학부(중국학전공)	중국어	-	-		생명과학기술학부	영어	화학	생명과학
	글로벌비즈니스학부	국어	영어	사회	AI융합대학	인공지능학부	수학	영어	-
	물류교통학과	국어	영어	사회		지능형모빌리티융합학과	수학	물리학	-
	문화관광경영학과	사회	-	-		빅데이터융합학과	수학	영어	-
	문화콘텐츠학부	국어	영어	-	본부직할	자율전공학부(4년)	국어	영어	-
사범대학	국어교육과	국어	-	-	학무본부	창의융합학부	수학	영어	사회
	영어교육과	영어	-	-		치의학전문대학원(학석서통합과정)	영어	화학	생명과학
	교육학과	국어	영어	사회	공학대학 조기취업형 계약학과	기계IT융합공학과	수학	물리학	-
	유아교육과	국어	영어	-		스마트융합공정공학과	수학	물리학	-
	지리교육과	국어	영어	지리		스마트전기제어공학과	수학	물리학	-
	역사교육과	국어	역사	-					

● 면접(300점)

1. **평가요소 및 반영점수**: 진로·학업역량, 공동체역량

평가요소	평가내용	기본점수	만점
진로·학업역량	모집단위에 대한 관심 및 이해도, 학업 관련 활동의 참여 및 노력 등	60	120(60%)
공동체역량	공동체에 대한 관심 및 이해도, 나눔과 배려의 경험 등	40	80(40%)

2. **평가방법**
   1) **평가위원**: 지원자 1인당 3인의 면접위원이 평가
   2) **평가시간**: 15분 이내

3) **평가자료**: 학교생활기록부 및 서류평가 면접 질문지
4) **평가방법**: 면접위원 3인의 등급점수를 평균하여 환산
5) **불합격대상**: 면접 결시자 또는 면접위원 3인 중 2인 이상에게 평가요소 중 하나라도 매우 미흡(F)를 받은 자
6) 면접 평가표

구분	매우 우수		우수		보통		미흡		매우 미흡	결시
등급	A+	A	B+	B	C+	C	D+	D	F	G

☞ **보충설명**

- 면접 질문지는 서류평가자 2명이 서류평가를 할 때 궁금했던 것을 적어 놓은 것을 면접 질문으로 활용함
- 면접 질문지는 활동 특이사항, 세특 발표 내용 등 이며, 서류 보통 3개 이상 적음
- 자소서를 받지 않으므로 면접 질문지에 자소서 3개 문항이 들어가 있음. 자율적으로 선택하여 질문.
- 면접 오전, 오후반 나눠서 실시. 결시 인원 빼고 실시
- 면접은 교과형과 종합형 모두 기본점수가 100점이고, 교과형은 평균 180점대로 점수를 높게 주지만, 종합형은 100점이 나올 수 있음.
- 10급간, 10점씩 부여하므로 교과형 보다 훨씬 중요함
- 면접 역전률 20~30% 정도

◎ **전형결과**

■ **전체**

광주 학년도	전체						인문						자연					
	모집 인원	지원 인원	경쟁률	등록 평균	등록 70%컷	충원율	모집 인원	지원 인원	경쟁률	등록 평균	등록 70%컷	충원율	모집 인원	지원 인원	경쟁률	등록 평균	등록 70%컷	충원율
2022	804	6,009	7.47	3.15	3.25	63%	289	1,987	6.88	3.19	3.35	66%	515	4,022	7.81	3.10	3.15	60%
2023	660	5,197	7.87	3.13	3.25	51%	222	1,787	8.05	3.19	3.35	54%	438	3,410	7.79	3.06	3.14	48%
2024	702	5,300	7.55	3.25	3.34	55%	222	1,740	7.84	3.31	3.46	59%	480	3,560	7.42	3.18	3.21	50%
2025	712						216						496					

■ **변경사항 & 핵심포인트**

[2025]

변경사항	2024	2025
모집인원	702명	712명(+10명)
서류 평가요소 변경	전공(계열)준비도25%, 학업수행역량25%, 학업외소양25%, 인성역량25%	진로역량40%, 학업역량30%, 공동체역량30%
면접 평가요소 변경	학업수행역량50%, 인성역량50%	진로·학업역량60%, 공동체역량40%

▶ **합격자 성적분포**: (광주) 인문계열은 3등급 초반 ~ 3등급 중반, 자연계열은 3등급 초반 ~ 3등급 중반

■ **모집단위**

'*'표시 : 교직 이수 가능

광주 계열	모집단위	2025	2024						2023						2022					
		모집 인원	모집 인원	지원 인원	경쟁률	등록 평균	등록 70%컷	충원 번호	모집 인원	지원 인원	경쟁률	등록 평균	등록 70%컷	충원 번호	모집 인원	지원 인원	경쟁률	등록 평균	등록 70%컷	충원 번호
인문	영어교육과	3	3	25	8.3	2.41		2	3	33	11.0	2.57		4	8	72	9.0	2.53	2.65	10
인문	역사교육과	4	4	32	8.0	2.61	2.6	6	4	53	13.3	2.34	2.33	3	3	36	12.0	2.50		
인문	지리교육과	4	4	29	7.3	2.71	2.99	3	4	23	5.8	2.94	3.09	3	6	46	7.7	2.59	2.59	6
인문	윤리교육과	4	4	34	8.5	2.85	2.77	4	4	31	7.8	2.54	2.47	8	3	35	11.7	2.79		4
인문	미디어커뮤니케이션학과	4	4	100	25.0	2.87	2.55	3	4	39	9.8	3.31	3.45	2	4	41	10.3	2.69	2.83	1
인문	경영학부*	28	28	176	6.3	2.98	3.24	14	28	224	8.0	2.80	3.01	13	40	262	6.6	2.81	2.98	21
인문	행정학과*	6	6	35	5.8	2.99	3.10	2	6	49	8.2	2.74	2.80	4	12	62	5.2	2.71	2.52	1
인문	국어교육과	4	4	24	6.0	3.00	2.83	1	4	40	10.0	2.31	2.34	2	8	65	8.1	2.43	2.52	8
인문	자율전공학부(4년)	10	10	90	9.0	3.06	3.26	2	10	52	5.2	3.32	3.31	5	12	84	7.0	2.95	3.13	5
인문	심리학과*	7	8	77	9.6	3.08	3.16	9	8	76	9.5	2.88	3.11	4	8	60	7.5	3.03	3.15	3
인문	교육학과	3	3	35	11.7	3.12		5	3	55	18.3	2.95		7	3	37	12.3	3.35		9
인문	정치외교학과*	8	8	50	6.3	3.12	3.24	6	8	49	6.1	3.13	3.30	1	12	63	5.3	3.13	3.23	7
인문	사회학과*	4	4	27	6.8	3.23		9	4	30	7.5	3.18	3.16	3	8	74	9.3	3.22	3.26	7
인문	유아교육과	3	3	21	7.0	3.33		1	3	47	15.7	2.66		3	3	59	19.7	2.93		3
인문	영어영문학과*	6	6	33	5.5	3.35	3.51	3	6	53	8.8	3.16	3.19	4	12	66	5.5	3.28	3.39	8
인문	사학과*	8	8	69	8.6	3.37	3.46	9	8	56	7.0	3.40	3.68	5	12	79	6.6	3.14	3.50	8
인문	경제학부	20	20	155	7.8	3.38	3.52	14	20	169	8.5	3.38	3.56	7	20	105	5.3	3.38	3.36	13
인문	문헌정보학과*	6	6	35	5.8	3.40	3.54	1	6	42	7.0	2.69	2.90	1	8	61	7.6	3.01	3.18	5
인문	특수교육학부	10	10	59	5.9	3.41	3.47	8	10	64	6.4	3.17	3.13	5	12	88	7.3	3.10	3.25	14
인문	지리학과	6	6	45	7.5	3.47	3.72	2	6	37	6.2	3.51	3.47	5	8	67	8.4	3.47	3.48	12
인문	철학과*	7	8	111	13.9	3.55	3.71	4	8	58	7.3	3.86	4.19	8	10	59	5.9	3.76	3.93	1

1026 수박[수시대박]먹고 대학간다 실전편

광주계열	모집단위	2025 모집인원	2024 모집인원	지원인원	경쟁률	등록평균	등록70%컷	충원번호	2023 모집인원	지원인원	경쟁률	등록평균	등록70%컷	충원번호	2022 모집인원	지원인원	경쟁률	등록평균	등록70%컷	충원번호
인문	국어국문학과*	8	8	58	7.3	3.76	3.86	7	8	98	12.3	3.34	3.56	2	12	60	5.0	3.50	3.89	10
인문	농업경제학과	8	9	53	5.9	3.79	3.90	2	9	42	4.7	3.42	3.43	1	9	52	5.8	3.22	3.34	4
인문	불어불문학과*	10	10	78	7.8	3.83	3.97	6	10	78	7.8	4.06	4.11	6	12	73	6.1	4.05	4.17	7
인문	중어중문학과*	8	8	66	8.3	3.86	4.01	3	8	73	9.1	3.65	4.13	6	12	71	5.9	4.08	4.22	9
인문	일어일문학과*	10	12	87	7.3	3.93	4.01	3	12	91	7.6	3.89	4.03	2	12	86	7.2	3.75	3.97	13
인문	문화인류고고학과	7	8	54	6.8	4.02	4.15	2	8	43	5.4	3.82	3.88	4	8	43	5.4	3.65	3.76	2
인문	독일언어문학과*	10	10	82	8.2	4.20	4.35	1	10	82	8.2	4.20	4.20	2	12	81	6.8	4.17	4.20	1
자연	치의학전문대학원학석사통합과정	4	4	51	12.8	1.28	1.20	4	4	87	21.8	1.23	1.26	2	5	98	19.6	1.43	1.43	4
자연	의예과	13	12	159	13.3	1.32	1.20	11	5	88	17.6	1.17	1.19		12	206	17.2	1.26	1.32	4
자연	약학부	4	4	69	17.3	1.40	1.38	6	4	84	21.0	1.36	1.43		6	182	30.3	1.47	1.60	3
자연	수의예과	8	8	225	28.1	1.52	1.51	7	8	198	24.8	1.52	1.62	6	8	267	33.4	1.67	1.62	10
자연	전기공학과	10	10	68	6.8	2.02	2.02	4	10	67	6.7	1.97	1.98	7	12	74	6.2	2.02	2.12	3
자연	간호학과*	20	20	148	7.4	2.28	2.32	5	20	195	9.8	2.24	2.33	2	20	211	10.6	2.26	2.43	9
자연	생물공학과*	9	9	49	5.4	2.67	2.75	6	8	56	7.0	2.65	2.78	3	8	54	6.8	2.60	2.59	7
자연	수학교육과	4	4	30	7.5	2.67	2.71	1	4	39	9.8	2.68	2.70	2	8	60	7.5	2.49	2.51	8
자연	화학공학부*	20	15	82	5.5	2.75	2.88	5	21	104	5.0	2.54	2.64	5	25	122	4.9	2.55	2.63	13
자연	생명과학기술학부*	10	8	46	5.8	2.76	2.77	4	8	59	7.4	2.82	2.86	3	12	69	5.8	2.95	3.15	4
자연	화학교육과	5	4	28	7.0	2.87		1	4	26	6.5	2.78	3.03	5	6	31	5.2	3.42	3.20	8
자연	전자컴퓨터공학부	42	42	239	5.7	2.94	3.14	18												
자연	생물교육과	3	3	17	5.7	2.99		3	3	24	8.0	2.98		1	6	36	6.0	2.66	2.78	4
자연	환경에너지공학과	10	10	60	6.0	3.06	3.10	4	10	69	6.9	2.90	3.05	9	12	88	7.3	3.14	3.25	17
자연	식품공학과	6	6	51	8.5	3.07	3.23	7	6	32	5.3	3.14	3.17		6	50	8.3	2.79	2.69	4
자연	인공지능학부	36	31	152	4.9	3.08	3.18	14	26	141	5.4	3.10	3.17	17	26	201	7.7	3.07	3.17	15
자연	신소재공학부	20	12	74	6.2	3.11	3.07	3	12	63	5.3	3.01	3.15	3	12	66	5.5	2.94	3.00	7
자연	건축학부	6	6	93	15.5	3.11	3.30	16	6	101	16.8	3.02	3.07	5	12	147	12.3	3.20	3.33	5
자연	통계학과	5	3	16	5.3	3.19		1	4	22	5.5	3.31	3.44	3	10	54	5.4	3.25	3.45	3
자연	생물학과*	8	8	69	8.6	3.20	3.40	3	8	50	6.3	3.51	3.52	5	10	58	5.8	2.99	3.04	3
자연	기계공학부	26	26	127	4.9	3.24	3.36	10	16	94	5.9	3.10	3.17	9	20	128	6.4	3.07	3.17	17
자연	분자생명공학과	5	4	26	6.5	3.25	3.19	7	4	43	10.8	3.13	3.17	1	6	82	13.7	3.34	3.36	
자연	지구과학교육과	5	6	30	5.0	3.28	3.38	9	6	45	7.5	2.80	2.76	6	6	41	6.8	3.04	3.05	5
자연	원예생명공학과	5	5	52	10.4	3.29	3.26	3	5	44	8.8	3.14	3.48	2	5	46	9.2	3.60	3.63	2
자연	산업공학과	11	11	80	7.3	3.33	3.36	1	11	65	5.9	3.56	3.76	5	12	94	7.8	3.33	3.51	9
자연	물리교육과	4	4	19	4.8	3.34	3.19	2	4	29	7.3	3.26	3.35	2	6	27	4.5	3.62	3.53	9
자연	고분자융합소재공학부	8	8	55	6.9	3.34	3.40	3	8	42	5.3	3.21	3.28	3	8	45	5.6	3.27	3.26	9
자연	의류학과*	10	10	74	7.4	3.40	3.44	3	10	88	8.8	3.73	3.70	4	12	77	6.4	3.85	3.85	3
자연	빅데이터융합학과	12	8	42	5.3	3.42	3.49	2	8	47	5.9	3.28	3.40	3	8	54	6.8	3.38	3.42	7
자연	바이오에너지공학과	5	4	28	7.0	3.44	3.37	2	4	25	6.3	3.49	3.57	3	5	30	6.0	3.41	3.48	2
자연	*토목공학과*	10	12	107	8.9	3.48	3.59	4	12	78	6.5	3.61	3.75	12	12	87	7.3	3.44	3.60	9
자연	화학과*	10	10	61	6.1	3.49	3.60	6	10	67	6.7	3.22	3.36	10	12	61	5.1	3.21	3.24	8
자연	농생명화학과	7	8	71	8.9	3.53	3.68	3	8	49	6.1	3.68	3.83	5	8	46	5.8	3.40	3.48	5
자연	식품영양과학부*	19	19	118	6.2	3.56	3.71	7	19	121	6.4	3.54	3.72	4	12	82	6.8	3.70	3.87	4
자연	미래모빌리티학과	12	12	66	5.5	3.56	3.70	2	8	74	9.3	3.35	3.66	3	8	56	7.0	3.51	3.77	4
자연	에너지자원공학과	6	6	36	6.0	3.57	3.66	9	6	33	5.5	3.35	3.34	4	12	66	5.5	3.24	3.25	2
자연	산림자원학과	6	7	74	10.6	3.60	3.51	3	7	51	7.3	3.80	4.00	2	9	52	5.8	3.87	3.88	4
자연	*동물자원학부**	10	12	88	7.3	3.61	3.80	3	12	88	7.3	3.52	3.77	2	12	78	6.5	3.65	3.60	2
자연	*응용생물학과*	6	8	72	9.0	3.62	3.70	3	8	81	10.1	3.69	3.81	4	8	50	6.3	3.95	3.61	5
자연	*생활복지학과**	10	12	75	6.3	3.65	3.72	4	12	88	7.3	3.22	3.33	2	12	77	6.4	3.27	3.26	5
자연	가정교육과	4	4	22	5.5	3.70	3.50	4	4	26	6.5	3.04	3.03	1	4	23	5.8	3.04	3.07	3
자연	융합바이오시스템기계공학과	6	7	58	8.3	3.72	3.66	6	2	21	10.5	3.80			2	15	7.5	3.71		
자연	조경학과*	8	8	64	8.0	3.79	3.88	3	8	64	8.0	3.50	3.72	2	9	50	5.6	3.54	3.87	3
자연	응용식물학과	8	8	67	8.4	3.80	3.86	5	8	52	6.5	3.75	3.89	7	8	47	5.9	3.51	3.66	8
자연	지구환경과학부*	10	10	104	10.4	3.91	3.95	11	10	84	8.4	4.05	3.98	3	10	71	7.1	3.67	3.88	7
자연	임산공학과	6	6	56	9.3	4.04	3.98		6	49	8.2	4.07	4.06	1	8	54	6.8	3.83	3.91	5
자연	*물리학과**	10	12	83	6.9	4.05	4.12	4	12	102	8.5	3.87	3.94	3	12	66	5.5	4.08	4.22	6
자연	*수학과**	10	12	65	5.4	4.15	4.19	1	12	68	5.7	3.71	3.92	10	12	55	4.6	3.60	3.73	9
자연	지역·바이오시스템공학과	4	2	14	7.0	4.17			2	22	11.0			2	7	45	6.4	3.72	3.87	6

4부 일반대학

■ (학생부종합) 고교생활우수자 유형 II

전형	모집인원	전형 방법	수능최저학력기준
고교생활우수자유형 II	163	서류100%	X

1. **지원자격**: 국내 고등학교 학교생활기록부가 있는 고등학교 졸업자(2025년 2월 졸업예정자 포함)
   * 국내 고등학교 석차등급, 출결성적 등 산출이 불가능한 자는 지원할 수 없음
2. **제출서류**: 학교생활기록부

◎ 전형요소
● 서류(700점) : 고교생활우수자 유형 I 참고

◎ 전형결과
■ 전체

여수 학년도	전체						인문						자연					
	모집 인원	지원 인원	경쟁 률	등록 평균	등록 70%컷	충원 율	모집 인원	지원 인원	경쟁 률	등록 평균	등록 70%컷	충원 율	모집 인원	지원 인원	경쟁 률	등록 평균	등록 70%컷	충원 율
2022	47	143	3.04	5.69	5.51	47%	19	52	2.74	5.64	5.26	47%	28	91	3.25	5.74	5.76	46%
2023	326	555	1.70	5.59	5.77	40%	100	191	1.91	5.57	5.91	44%	226	364	1.61	5.61	5.63	36%
2024	313	535	1.71	5.78	5.73	44%	76	171	2.25	5.88	5.93	49%	237	364	1.54	5.68	5.52	38%
2025	163						43						120					

■ 변경사항 & 핵심포인트
[2025]

변경사항	2024	2025
모집인원	313명	163명(-150명)
서류 평가요소 변경	전공(계열)준비도25%, 학업수행역량25%, 학업외소양25%, 인성역량25%	진로역량40%, 학업역량30%, 공동체역량30%

➡ **합격자 성적분포**: (여수) 인문계열은 5등급 후반 ~ 6등급 초반, 자연계열은 5등급 후반 ~ 6등급 초반

■ 모집단위

'*' 표시 : 교직 이수 가능

여수 계열	모집단위	2025	2024						2023						2022					
		모집 인원	모집 인원	지원 인원	경쟁 률	등록 평균	등록 70%컷	충원 번호	모집 인원	지원 인원	경쟁 률	등록 평균	등록 70%컷	충원 번호	모집 인원	지원 인원	경쟁 률	등록 평균	등록 70%컷	충원 번호
인문	영어학전공	8	9	9	1.0				14	25	1.8	6.11	5.98	11	5	12	2.4	5.67		3
인문	*창의융합학부*	*11*	*15*	93	6.2	4.74	4.85	19	15	83	5.5	4.72	5.16	14						
인문	글로벌비즈니스학부	6	18	21	1.2	5.72	6.35	3	18	18	1.0	5.46								
인문	*일본학전공**	*5*	*8*	14	1.8	5.81		5	12	20	1.7	5.49	5.55	8	6	14	2.3	5.77		3
인문	*문화관광경영학과*	*4*	*8*	17	2.1	6.08	6.60	9	8	19	2.4	5.78	5.92	11	4	18	4.5	5.48	5.26	3
인문	*중국학전공**	*5*	*10*	8	0.8	6.32			15	13	0.9				4	8	2.0			
인문	*물류교통학과*	*4*	*8*	9	1.1	6.60		1	18	13	0.7	5.87	6.93							
자연	공학계열	43																		
자연	해양수산광역	24																		
자연	의공학부	9																		
자연	*스마트수산자원관리학과*	*9*	*17*	9	0.5				18	17	0.9	5.52	5.66		7	22	3.1	5.95	6.58	7
자연	*기관시스템공학과*	*3*	*10*	5	0.5				10	10	1.0	6.61	6.62							
자연	*조선해양공학과*	*5*	*11*	4	0.4				11	11	1.0	6.53								
자연	*수산생명의학과*	*5*	*8*	64	8.0	4.09	4.15	9	4	31	7.8	3.81	4.50	8						
자연	*건축디자인학과*	*4*	*8*	36	4.5	5.24	5.35	10	8	30	3.8	4.91	5.16	5						
자연	문화콘텐츠학부	10	11	31	2.8	5.40	5.76	20	11	61	5.6	5.60	5.78	23	4	24	6.0	5.69	5.17	2
자연	*석유화학소재공학과*	*8*	*24*	18	0.8	6.05	5.98		24	17	0.7	5.97	5.37		7	23	3.3	5.57	5.37	4

76. 전북대학교

전라북도 전주시 덕진구 백제대로 567 (Tel: 063. 270-2500)

Ⅰ. 한 눈에 보는 전형

모집 시기	전형 유형	전형	모집 인원	전형 방법	수능최저 학력기준
수시	교과	일반학생	1,342	학생부100%	○
수시	교과	지역인재1유형(호남권)	689	학생부100%	○
수시	교과	지역인재2유형(전북권)	127	학생부100%	○
수시	교과	지역인재기회균형	8	학생부100%	○
수시	교과	농어촌학생	62	학생부교과80%+ 정성평가20%	X
수시	종합	큰사람	504	1단계)서류100%(3배수) 2단계)서류70%+ 면접30%	X(의·치의·수의예, 약학,간호○)
수시	종합	SW인재	5	1단계)서류100%(3배수) 2단계)서류70%+ 면접30%	X
수시	종합	사회통합	11	1단계)서류100%(3배수) 2단계)서류70%+ 면접30%	X
수시	종합	특성화고졸재직자	96	1단계)서류100%(3배수) 2단계)서류70%+ 면접30%	X
수시	종합	특성화고교졸업자	13	1단계)서류100%(3배수) 2단계)서류70%+ 면접30%	X
수시	종합	국가보훈대상자	26	서류100%	X
수시	종합	만학도	30	서류100%	X
수시	종합	농어촌학생	121	서류100%	X
수시	종합	기회균형선발	77	서류100%	X
수시	종합	특수교육대상자	14	서류100%	X
수시	실기/실적	예체능실기	144	학생부30%+ 실기70% ▶가구조형디자인: 학생부50%+ 실기50%	X

(수시모집) **지원 가능 횟수**	본교 수시전형 지원 시 학생부종합전형 1회, 학생부교과전형 1회, 예체능-실기전형 1회, <u>최대 3회 지원 가능</u>

■ 무전공(전공자율선택)

유형① [대학 내 모든 전공(보건의료, 사범 등 제외) 자율 선택]		유형② [계열/단과대 모집 후 모집단위 내 전공 자율 선택]	
모집단위	인원	모집단위	인원
본부 융합자율전공학부1(전주캠퍼스)	134		
본부 융합자율전공학부2(특성화캠퍼스)	26		

■ 모집단위 신설 · 변경

단과대학	2024	2025
공과대학	건축공학과, 고분자·나노공학과, 유기소재섬유공학과, 기계공학과, 기계설계공학부(기계설계공학전공), 기계설계공학부(나노바이오기계시스템공학전공), 기계시스템공학부, 도시공학과, 바이오메디컬공학부, 산업정보시스템공학과, 소프트웨어공학과, 신소재공학부(금속시스템공학전공), 신소재공학부(전자재료공학전공), 융합기술공학부(IT융합기전공학전공), 융합기술공학부(IT응용시스템공학전공),전기공학과, 토목/환경/자원·에너지공학부(자원·에너지공학전공),토목/환경/자원·에너지공학부(토목공학전공), 토목/환경/자원·에너지공학부(환경공학전공), 화학공학부, 항공우주공학과	공학계열 1
	신소재공학부(정보소재공학전공), 양자시스템공학과, 전자공학부, 컴퓨터인공지능학부	공학계열 2
농업생명 과학대학	농경제유통학부(농업경제학전공), 농경제유통학부(식품유통전공),농생물학과(식물의학과), 동물생명공학과, 동물자원과학과, 목재응용과학과, 산림환경과학과, 생물산업기계공학과, 생물환경화학과, 식품공학과, 원예학과, 작물생명과학과, 조경학과, 지역건설공학과	농업생명과학계열
	생명자원융합학과	변동 없음
사범대학	과학교육학부(물리교육전공), 과학교육학부(생물교육전공),과학교육학부(지구과학교육전공), 과학교육학부(화학교육전공)	과학교육학부
	역사교육과, 윤리교육과, 일반사회교육과, 지리교육과	사회과학교육학부
	교육학과, 국어교육과, 독어교육과, 수학교육과, 영어교육과, 체육교육과	모집단위별 변동 없음

단과대학	2024	2025
사회과학대학	사회복지학과, 사회학과, 미디어커뮤니케이션학과, 심리학과, 정치외교학과, 행정학과	사회과학계열
상과대학 => 경상대학	경영학과, 경제학부, 무역학과, 회계학과	경상계열
생활과학대학	식품영양학과, 아동학과, 의류학과, 주거환경학과	생활과학계열
자연과학대학	과학학과, 분자생물학과[생명과학부(분자생물학전공)], 생명과학과[생명과학부(생명과학전공)], 수학과, 지구환경과학과, 화학과	자연과학계열 1
	물리학과, 반도체과학기술학과, 통계학과	자연과학계열 2
	스포츠과학과	변동 없음
인문대학	고고문화인류학과, 국어국문학과, 독일학과, 문헌정보학과, 사학과, 스페인·중남미학과, 영어영문학과, 일본학과, 중어중문학과, 철학과, 프랑스·아프리카학과	변동 없음 (단, 수시 전형으로만 모집)
	(없음)	인문계열(신설, 정시 전형으로만 모집)
환경생명자원대학	생명공학부, 생태조경디자인학과	환경생명자원계열
	한약자원학과	폐지
글로벌융합대학 => 폐지	국제이공학부	대학본부 국제이공학부
	국제인문사회학부	인문대학 국제학부
	공공인재학부	사회과학대학 사회과학계열
대학본부	스마트팜학과	농업생명과학대학 스마트팜학과
	한옥학과	변동 없음
	(없음)	융합자율전공학부 1(전주캠퍼스) [신설]
		융합자율전공학부 2(특성화캠퍼스) [신설]

※ 간호대학, 수의과대학, 약학대학, 예술대학, 의과대학, 치과대학: 2024학년도와 동일

■ 전형결과

※ 성적 산출기준: (수시) 교과 석차등급, (정시) 수능 백분위

모집시기	전형유형	전형	학년도	모집인원	지원인원	경쟁률	등록자 평균	등록자 70%컷	충원율
수시	교과	일반학생	2024	1,351	8,853	6.55	3.67	3.94	145%
수시	교과	지역인재1유형(호남권)	2024	460	3,218	7.00	3.71	3.80	108%
수시	교과	지역인재2유형(전북권)	2024	109	841	7.72	1.69	1.77	35%
수시	종합	큰사람	2024	479	5,611	11.71	3.81	4.00	79%

■ (주요전형) 전형일정

유형	전형	원서접수 마감	대학별 고사(면접/논술)	1단계 합격자	최종 합격자
교과	일반학생	9.13(금) 18:00			12.13(금)
교과	지역인재1유형 (호남권)	9.13(금) 18:00			12.13(금)
교과	지역인재2유형 (전북권)	9.13(금) 18:00			12.13(금)
종합	큰사람	9.13(금) 18:00	11.21(목) 09:00 / 14:00	11.08(금)	12.13(금)
종합	SW인재	9.13(금) 18:00	11.21(목) 09:00 / 14:00	11.08(금)	12.13(금)

II. (수시모집) 주요 전형

■ (학생부교과) 일반학생

전형	모집인원	전형 방법	수능최저학력기준
일반학생	1,342	학생부100%	○

1. **지원자격**: 국내 고등학교 졸업(예정)자로 국내 고등학교에서 취득한 학생부 성적이 있는 자 또는 고등학교 졸업(예정)자와 동등한 학력 소지자

2. 수능최저학력기준:

> ※ 탐구영역은 상위 1과목 반영(단, 의예과는 탐구 2과목의 평균 절사 반영)
> ※ 수능 최저학력기준을 반영하는 모집단위의 지원자는 "등급 합 반영여부와 관계없이" 모집단위별 수능 전 영역[국어·수학·영어·한국사·탐구(사회·과학 중 2과목)]을 응시하여야 함
> 인 ▶ 인문계열 전 모집단위(국어교육과, 영어교육과 제외), 본부 융합자율전공학부1(전주캠), 융합자율전공학부2(특성화캠)
>   : [국어, 수학, 영어, 사/과탐(1과목)] 중 2개 영역 등급 합 8 이내
>   ▶ 국어교육과, 영어교육과, 간호학과: [국어, 수학, 영어, 사/과탐(1과목)] 중 2개 영역 등급 합 6 이내
> 자 ▶ 공학계열1,2, 농업생명과학계열, 스마트팜학과, 자연과학계열1,2, 본부 국제이공학부
>   : [국어, 수학, 영어, 사/과탐(1과목)] 중 수학 포함 2개 영역 등급 합 8 이내 ※ 과탐 1과목 이상 응시자는 1등급 하향 적용
>   ▶ 수학교육과 : [국어, 수학(미적분/기하), 영어, 사/과탐(1과목)] 중 수학(3등급 이내) 포함 2개 영역 등급 합 7 이내
>   ▶ 과학교육학부 : [국어, 수학, 영어, 과탐(1과목)] 중 '수학, 과학' 2개 영역 등급 합 10 이내
>   ▶ 의예과 : [국어, 수학(미적분/기하), 영어, 과탐(2과목 평균. 절사)] 중
>   수학 포함 4개 영역 등급 합 5 이내[일반학생] ※ [참고] 수학 포함 4개 등급 합 6 이내[지역인재, 지역인재기회균형/큰사람]
>   ▶ 치의예과 : [국어, 수학(미적분/기하), 영어, 과탐(1과목)] 중 수학 포함 3개 영역 등급 합 6 이내
>   ▶ 수의예과, 약학과 : [국어, 수학(미적분/기하), 영어, 과탐(1과목)] 중 수학 포함 3개 영역 등급 합 7 이내

◎ 전형요소
● 학생부(1,000점)

반영요소 반영비율	반영교과목		교과성적 산출지표	학년별 반영비율
	구분	반영방법		
교과 100%	공통 및 일반선택	국어, 영어, 수학, 사회(역사도덕 포함), 과학, 한국사교과에 속한 전 과목 ※ 반영 학기: (교과) 졸업예정자 및 졸업자 모두 3학년 1학기까지	석차등급	학년 구분 없음
	진로선택	반영교과목 중 성취도가 높은 상위 3과목 ※ (가산점) 성취도별 가산점 = A : 1.5, B : 1.0, C : 0.5	성취도	

◎ 전형결과
■ 전체

학년도	전체						인문						자연					
	모집인원	지원인원	경쟁률	등록평균	등록70%컷	충원율	모집인원	지원인원	경쟁률	등록평균	등록70%컷	충원율	모집인원	지원인원	경쟁률	등록평균	등록70%컷	충원율
2022	1,464	11,454	7.82	3.75	4.00	89%	403	3,001	7.45	3.72	4.02	66%	1,061	8,453	7.97	3.78	3.98	112%
2023	1,321	12,631	9.56	3.57	3.74	152%	378	5,067	13.40	3.39	3.57	172%	943	7,564	8.02	3.74	3.91	132%
2024	1,351	8,853	6.55	3.67	3.94	145%	387	2,375	6.14	3.57	3.88	156%	964	6,478	6.72	3.77	3.99	133%
2025	1,342						573						769					

■ 변경사항 & 핵심포인트
[2025]

변경사항	2024	2025
모집인원	1,351명	1,342명(-9명)

➡ **합격자 성적분포**: 인문계열은 3등급 중반 ~ 3등급 후반, 자연계열은 3등급 중반 ~ 3등급 후반

[2024]

변경사항		2023	2024
(학생부) 진로선택과목 가산점 변경		A=0.25, B=0.15, C=0.15	A=1.5, B=1.0, C=0.5
수능최저 변경	자연계열	[국, 수, 영, 사과(1)] 수학 포함 2개 영역 등급 합 8	[국, 수, 영, 사과(1)] 수학 포함 2개 영역 등급 합 8 ※ 과탐 1과목 이상 응시자: 1등급 하향 적용
	수학과	[국, 수, 영, 사과(1)] 수학 포함 2개 영역 등급 합 8	[국, 수(미적분/기하), 영, 사과(1)] 수학 포함 2개 영역 등급 합 8 ※ 과탐 1과목 이상 응시자: 1등급 하향 적용
	생물교육	[국, 수, 영, 사과(1)] 수학 포함 2개 영역 등급 합 8	[수, 과(1)] 2개 영역 등급 합 10

[2023]

변경사항		2022	2023
수능최저 단순화	인문	3개 영역 등급 합 7 ~ 11	2개 영역 등급 합 6 ~ 8
	자연	3개 영역 등급 합 7 ~ 14	2개 영역 등급 합 7 ~ 10
(학생부) 비교과 미반영		교과90%, 출결10%	교과100%

계열	모집단위	2025 모집인원	2024 모집인원	2024 지원인원	2024 경쟁률	2024 등록평균	2024 등록70%컷	2024 충원번호	2023 모집인원	2023 지원인원	2023 경쟁률	2023 등록평균	2023 등록70%컷	2023 충원번호	2022 모집인원	2022 지원인원	2022 경쟁률	2022 등록평균	2022 등록70%컷	2022 충원번호
인문자연	농업생명과학계열	141																		
인문	사회과학계열	64																		
인문	융합자율전공학부(특성화)	9																		
인문	경상계열	105																		
인문자연	생활과학계열	40																		
인문	융합자율전공학부(전주)	50																		
인문	국제학부	1	1	8	8.0				1	8	8.0				1	8	8.0			
인문	영어교육과	5	5	24	4.8	2.94	3.20	4	5	84	16.8			4	5	39	7.8	3.22		
인문	사회과교육학부	16	4	19	4.8	3.01	3.01	2	4	62	15.5	2.05		6	4	31	7.8	2.88		17
인문	교육학과	4	4	18	4.5	3.16	3.19	7	4	44	11.0			6	4	34	8.5	2.91		7
인문	독어교육과	3	3	26	8.7	3.29		4	3	18	6.0	3.69		5	3	17	5.7			
인문	문헌정보학과*	13	14	99	7.1	3.37	3.69	37	14	161	11.5	3.40	3.47	43	14	78	5.6	3.40	3.73	16
인문	국어국문학과*	11	11	68	6.2	3.51	3.70	20	11	275	25.0	3.64	3.76	12	11	53	4.8	4.56	4.96	3
인문	영어영문학과*	14	15	83	5.5	3.67	4.05	33	15	226	15.1	3.46	3.63	28	15	94	6.3	4.27	4.44	11
인문	일본학과*	14	14	103	7.4	3.73	4.06	24	14	259	18.5	3.81	3.88	17	14	153	10.9	4.61	4.62	15
인문	사학과*	14	15	105	7.0	3.79	3.87	19	15	206	13.7	3.64	3.91	41	15	67	4.5	4.34	4.45	4
인문	스페인·중남미학과*	9	11	71	6.5	3.84	4.00	8	10	188	18.8	3.78	3.84	15	10	49	4.9	4.56	5.10	1
인문	고고문화인류학과*	11	11	69	6.3	3.90	4.18	14	11	81	7.4	3.93	4.10	10	11	50	4.6	3.80	3.94	4
인문	철학과*	10	11	136	12.4	3.96	4.09	19	11	92	8.4	4.17	4.38	29	16	75	4.7	4.27	4.02	8
인문	중어중문학과*	12	13	81	6.2	4.22	4.32	19	13	123	9.5	4.03	4.14	18	13	89	6.9	4.16	3.91	
인문	프랑스·아프리카학과*	11	13	98	7.5	4.23	4.28	14	13	155	11.9	4.14	4.26	14	19	110	5.8	4.46	4.43	7
인문	국어교육과	5	5	22	4.4	4.31	4.79	8	5	43	8.6	2.63	2.67	7	5	35	7.0			
인문	독일학과*	11	11	69	6.3	4.34	4.60	10	11	123	11.2	3.92	4.11	6	16	82	5.1	4.39	4.62	
자연	자연과학계열1	70																		
자연	공학계열1	314																		
자연	공학계열2	193																		
자연	환경생명자원계열	31																		
자연	과학교육학부	16																		
자연	자연과학계열2	71																		
자연	치의예과	3	3	60	20.0	1.10		10	6	394	65.7	1.11	1.14	13	6	501	83.5	1.43	1.45	8
자연	약학과	4	4	60	15.0	1.24	1.33	6	4	277	69.3	1.04	1.08	11	4	105	26.3	1.59	1.71	4
자연	의예과	24	19	351	18.5	1.24	1.28	19	29	642	22.1	1.31	1.36	8	29	895	30.9	1.38	1.41	26
자연	수의예과	10	10	119	11.9	1.25	1.29	17	15	287	19.1	1.20	1.25	29	25	352	14.1	1.40	1.46	48
자연	간호학과*	10	10	162	16.2	2.60	2.71	21	19	240	12.6	2.53	2.62	22	19	190	10.0	2.60	2.63	15
자연	스마트팜학과	14	14	79	5.6	3.81	3.93	19	14	103	7.4	3.76	3.96	17	14	239	17.1	3.71	3.96	18
자연	수학교육과	7	6	23	3.8	3.91	4.22		7	72	10.3	2.54	2.68	15	7	49	7.0	2.88		
자연	국제이공학부	2	2	9	4.5	5.62			2	9	4.5				2	9	4.5			

■ (학생부교과) 지역인재1유형(호남권)

전형	모집인원	전형 방법	수능최저학력기준
지역인재1유형(호남권)	689	학생부100%	○

1. **지원자격**: 호남권(전라북도, 전라남도, 광주광역시)에 소재하는 고등학교에서 전 교육과정(입학부터 졸업까지)을 이수하고 졸업(예정)한 자
   ※ 초·중등교육법」 제2조에 따른 고등학교 외 고교 졸업 동등 학력자는 지원자격에서 제외
   ※ 지역인재전형 1유형과 2유형 중 택 1하여 지원 가능(1유형과 2유형 중복 지원 불가능)
2. **수능최저학력기준**: 일반학생전형 참고

◎ **전형요소**
● **학생부**: 일반학생전형 참고

◎ 전형결과
■ 전체

학년도	전체						인문						자연					
	모집인원	지원인원	경쟁률	등록평균	등록70%컷	충원율	모집인원	지원인원	경쟁률	등록평균	등록70%컷	충원율	모집인원	지원인원	경쟁률	등록평균	등록70%컷	충원율
2022																		
2023																		
2024	460	3,218	7.00	3.71	3.80	108%	151	1,098	7.3	3.68	3.79	137%	309	2,120	6.87	3.73	3.81	79%
2025	689						301						388					

■ 변경사항 & 핵심포인트

[2025]

변경사항	2024	2025
모집인원	460명	689명(+229명)

➡ 합격자 성적분포: 인문계열은 3등급 중반 ~ 3등급 후반, 자연계열은 3등급 중반 ~ 3등급 후반.

'*' 표시 : 교직 이수 가능

■ 모집단위

	모집단위	2025	2024						2023						2022					
		모집인원	모집인원	지원인원	경쟁률	등록평균	등록70%컷	충원번호	모집인원	지원인원	경쟁률	등록평균	등록70%컷	충원번호	모집인원	지원인원	경쟁률	등록평균	등록70%컷	충원번호
인문	경상계열	73																		
인문	사회과학계열	42																		
인문	융합자율전공학부(특성화)	9																		
인문	일본학과	1																		
인문·자연	농업생명과학계열	30																		
인문	사회과교육학부	4																		
인문	고고문화인류학과	1																		
인문	융합자율전공학부(전주)	50																		
인문·자연	생활과학계열	10																		
인문	문헌정보학과	6	6	36	6.0	2.64	3.62	6												
인문	교육학과	3	2	11	5.5	2.98		2												
인문	영어교육과	4	2	9	4.5	3.27		2												
인문	영어영문학과*	9	6	29	4.8	3.56	3.55	5												
인문	독어교육과	2	2	11	5.5	3.70		3												
인문	국어국문학과	7	5	26	5.2	3.75	3.77	4												
인문	사학과*	10	7	44	6.3	3.83	3.92	8												
인문	프랑스·아프리카학과	6	6	49	8.2	3.97	3.98	1												
인문	중어중문학과	9	6	60	10.0	4.05	4.15	2												
인문	철학과	7	5	76	15.2	4.07	4.18	2												
인문	스페인·중남미학과*	8	5	48	9.6	4.11	4.15	5												
인문	독일학과	6	5	51	10.2	4.52	4.71	3												
인문	국어교육과	4	3	12	4.0	4.97		4												
자연	과학교육학부	5																		
자연	공학계열1	187																		
자연	공학계열2	72																		
자연	환경생명자원계열	22																		
자연	자연과학계열1	27																		
자연	자연과학계열2	24																		
자연	의예과	14	14	255	18.2	1.26	1.27	10												
자연	치의예과	4	5	53	10.6	1.29	1.34	8												
자연	약학과	14	15	135	9.0	1.32	1.43	16												
자연	수의예과	5	5	68	13.6	1.52	1.56	11												
자연	간호학과*	7	9	78	8.7	2.50	2.56	16												
자연	수학교육과	4	4	24	6.0	3.17	3.30	5												
자연	스마트팜학과	3	3	22	7.3	4.22		1												

■ (학생부교과) 지역인재2유형(전북권)

전형	모집인원	전형 방법	수능최저학력기준
지역인재2유형(전북권)	127	학생부100%	○

1. **지원자격**: 전라북도에 소재하는 고등학교에서 전 교육과정(입학부터 졸업까지)을 이수하고 졸업(예정)한 자로서 입학부터 졸업까지 <u>부 또는</u> <u>모와 학생 모두가 전북지역에 거주한 자.</u> ※ 초·중등교육법 제2조에 따른 고등학교 외 고교 졸업 동등 학력자는 지원자격에서 제외
   ※ 지역인재전형 1유형과 2유형 중 택 1하여 지원 가능(1유형과 2유형 중복 지원 불가능)
2. **수능최저학력기준**:

> ▶ 간호학과: [국어, 수학, 영어, 사/과탐(1과목)] 중 2개 영역 등급 합 6 이내
> ▶ 의예과: [국어, 수학(미적분/기하), 영어, 과탐(2과목 평균, 소수점 절사)] 4개 영역 등급 합 6 이내
> ▶ 치의예과: [국어, 수학(미적분/기하), 영어, 과탐(1과목)] 중 <u>수학 포함</u> 3개 영역 등급 합 6 이내
> ▶ 수의예과, 약학과: [국어, 수학(미적분/기하), 영어, 과탐(1과목)] 중 <u>수학 포함</u> 3개 영역 등급 합 7 이내

◎ 전형요소
● 학생부: 일반학생전형 참고

◎ 전형결과
■ 전체

학년도	전체						인문						자연					
	모집 인원	지원 인원	경쟁 률	등록 평균	등록 70%컷	충원 율	모집 인원	지원 인원	경쟁 률				모집 인원	지원 인원	경쟁 률	등록 평균	등록 70%컷	충원 율
2022	99	1,035	10.45	1.82	1.97	31%							99	1,035	10.45	1.82	1.97	31%
2023	103	957	9.29	1.72	1.82	37%							103	957	9.29	1.72	1.82	37%
2024	109	841	7.72	1.69	1.77	35%							109	841	7.72	1.69	1.77	35%
2025	127												127					

■ 변경사항 & 핵심포인트
[2025]

변경사항	2024	2025
모집인원	109명	127명(+18명)

➡ 합격자 성적분포: 자연계열은 1등급 중반 ~ 1등급 후반
[2024]

변경사항		2023	2024
전형명칭 변경		지역인재	지역인재2유형
(학생부) 진로선택과목 가산점 변경		A=0.25, B=0.15, C=0.15	A=1.5, B=1.0, C=0.5
수능최저 변경	자연계열	[국, 수, 영, 사과(1)] 수학 포함 2개 영역 등급 합 8	[국, 수, 영, 사과(1)] 수학 포함 2개 영역 등급 합 8 ※ 과탐 1과목 이상 응시자: 1등급 하향 적용
	수학과	[국, 수, 영, 사과(1)] 수학 포함 2개 영역 등급 합 8	[국, <u>수(미적분/기하)</u>, 영, 사과(1)] 수학 포함 2개 영역 등급 합 8 ※ 과탐 1과목 이상 응시자: 1등급 하향 적용
	생물교육	[국, 수, 영, 사과(1)] 수학 포함 2개 영역 등급 합 8	[수, 과(1)] 2개 영역 등급 합 10

[2023]

변경사항		2022	2023
수능최저 단순화	인문	3개 영역 등급 합 7 ~ 11	2개 영역 등급 합 6 ~ 8
	자연	3개 영역 등급 합 7 ~ 14	2개 영역 등급 합 7 ~ 10
(학생부) 비교과 미반영		교과90%, 출결10%	교과100%

■ 모집단위
'*'표시 : 교직 이수 가능

계열	모집단위	2025	2024						2023						2022					
		모집 인원	모집 인원	지원 인원	경쟁 률	등록 평균	등록 70%컷	충원 번호	모집 인원	지원 인원	경쟁 률	등록 평균	등록 70%컷	충원 번호	모집 인원	지원 인원	경쟁 률	등록 평균	등록 70%컷	충원 번호
자연	치의예과	18	18	113	6.3	**1.36**	1.41	9	17	221	13.0	1.36	1.45	5	18	270	15.0	1.63	1.78	5
자연	의예과	56	46	372	8.1	**1.44**	1.57	8	43	428	10.0	1.40	1.51	8	46	464	10.1	1.51	1.68	11
자연	수의예과	15	15	165	11.0	**1.55**	1.60	8	15	146	9.7	1.62	1.71	11	5	46	9.2	1.72	1.85	1
자연	간호학과*	38	30	191	6.4	**2.42**	2.50	13	28	162	5.8	2.48	2.61	14	30	255	8.5	2.40	2.55	14

■ (학생부종합) 큰사람

전형	모집인원	전형 방법	수능최저학력기준
큰사람	504	1단계)서류100%(3배수) 2단계)서류70%+ 면접30%	X(의·치의·수의예, 약학,간호○)

1. **지원자격**: 국내 고교 졸업(예정)자로 학생부 성적이 있는 자 또는 고등학교 졸업(예정)자와 동등한 학력소지자
2. **제출서류**: 학교생활기록부
3. **수능최저학력기준**: 없음. 단, 의예과, 치의예과, 약학과, 수의예과, 간호학는 있음

> ▶ 간호학과: [국어, 수학, 영어, 사/과탐(1과목)] 중 2개 영역 등급 합 6 이내
> ▶ 의예과: [국어, 수학(미적분/기하), 영어, 과탐(2과목 평균, 소수점 절사)] 4개 영역 등급 합 6 이내
> ▶ 치의예과: [국어, 수학(미적분/기하), 영어, 과탐(1과목)] 중 수학 포함 3개 영역 등급 합 6 이내
> ▶ 수의예과, 약학과: [국어, 수학(미적분/기하), 영어, 과탐(1과목)] 중 수학 포함 3개 영역 등급 합 7 이내

※ 각 단계별 평가 시 학교폭력 가해학생 조치사항 반영(정성평가)

◎ **전형요소**

● **서류(1,000점)**
　1. **평가방법**: 지원자 1인에 대해 다수의 입학사정관이 지원자가 제출한 서류를 토대로 평가 기준에 따라 정성 종합 평가(블라인드 평가)
　2. **평가영역**:

평가영역	반영비율	평가항목	학생부 주요 반영항목
학업역량	40%	• 학업성취도 • 학업태도 • 탐구력	• 고교 교육과정에서 이수한 교과의 성취수준이나 학업 발전의 정도 • 학업을 수행하고 학습해 나가려는 의지와 노력 • 지적 호기심을 바탕으로 사물과 현상에 대해 탐구하고, 문제를 해결하려는 노력
진로역량	40%	• 계열(전공) 관련교과 이수 노력 • 계열(전공) 관련교과 성취도 • 진로탐색 활동과 경험	• 고교 교육과정에서 계열(전공)에 필요한 과목을 선택하여 이수한 정도 • 고교 교육과정에서 계열(전공)에 필요한 과목을 수강하고 취득한 학업성취 수준 • 자신의 진로를 탐색하는 과정에서 이루어진 활동이나 경험 및 노력 정도
공동체역량	20%	• 협업과 소통능력 • 나눔과 배려 • 성실성과 규칙준수 • 리더십	• 공동체의 목표를 달성하기 위해 협력하며, 구성원들과 합리적인 의사소통을 할 수 있는 능력 • 상대방을 존중하고 이해하며 원만한 관계를 형성하며, 타인을 위하여 기꺼이 나누어 주고자 하는 태도와 행동 • 책임감을 바탕으로 자신의 의무를 다하고, 공동체의 기본 윤리와 원칙을 준수하는 태도 • 공동체의 목표 달성을 위해 구성원들의 상호작용을 이끌어가는 능력

　☞ **보충설명**
　• 학업역량 및 전공적합성(40%), 성장 및 발전가능성(40%) > 인성 및 사회성(20%) 순으로 반영
　• 학업역량 및 전공적합성(40%)은 변별력이 크고, 모집단위 전공 관련 교과이수 및 활동 등이 중요함
　　– 전공적합성은 학과로 봄. 교수위촉사정관 1분씩 참여함
　　– 지원학과에 흥미 관심이 있고 적합한가?. 모집단위별 전공 관련 참고 교과에 더 능력이 우수한 학생이 유리, 성적 추이 정도는 참고
　• 성장 및 발전가능성(40%)은 학업성취도 및 성적 추이, 전공 관련 활동 및 경험
　• 인성은 거의 만점.

● **면접(300점)**
　1. **평가방법**: 지원자 1인에 대해 3인의 면접위원이 1단계 서류 내용을 바탕으로 평가 기준에 의거하여 약 10분 내외로 평가(블라인드 평가)
　2. **평가영역**:

평가영역	반영비율	내용	평가지표
공동체역량 및 소통능력	30%	• 사회성 및 의사소통 능력 • 성실성 및 책임감 • 태도	• 타인의 의견을 경청하며, 합리적으로 의사소통하는 능력 • 구성원으로서 공동의 과제나 목표에 자발적으로 협력하는 정도 및 성실한 자세로 자신의 역할을 책임감 있게 수행하는 정도 • 면접과정에서 지원자의 자세 및 태도
진로역량 및 발전가능성	70%	• 종합적 사고력 • 지원계열에 대한 이해도 • 진학 후 학업 계획	• 면접 질문에 대해 논리적으로 사고하며, 표현하는 능력 • 지원 계열(전공)에 대한 이해도 및 진로 탐색을 위하여고교 교육과정 이수 중 수행한 노력의 정도 • 학업계획의 구체성 및 실현가능성

　☞ **보충설명**
　• 제출서류 확인 면접, 면접 역전률 30% 정도, 서류에 평가가 확인됨

● **모집단위별 전공 관련 참고 교과**
　※ 전공 관련 참고 교과의 이수여부 및 실적은 서류평가와 면접에서 참고자료로 활용함

단과대학	모집단위	계열	교육과정의 교과(군)					
			국어	수학	영어	사회	과학	기타
본부	국제이공학부	자연		○	○			
간호대학	간호학과	자연			○		○	
공과대학	공학계열1	자연		○			○	
	공학계열2	자연		○			○	
농업생명과학대학	농업생명과학계열	인문+자연				○	○	
	스마트팜학과	자연		○			○	

단과대학	모집단위	계열	교육과정의 교과(군)					
			국어	수학	영어	사회	과학	기타
사범대학	교육학과	인문	○		○			
	국어교육과	인문	○					
	독어교육과	인문	○		○			
	영어교육과	인문	○		○			
	사회과교육학부	인문				○		
	과학교육학부	자연					○	
	수학교육과	자연		○				
	체육교육과	예체능						체육
사회과학대학	사회과학계열	인문			○	○		
경상대학	경상계열	인문		○	○			
생활과학대학	생활과학계열	인문+자연			○			
수의과대학	수의예과	자연			○		○	
약학대학	약학과	자연					○	
의과대학	의예과	자연		○	○			
인문대학	고고문화인류학과	인문				○		
	국어국문학과	인문	○		○			
	독일학과	인문				○		
	문헌정보학과	인문				○		
	사학과	인문				○		
	스페인·중남미학과	인문			○			
	영어영문학과	인문	○		○			
	일본학과	인문			○			
	중어중문학과	인문			○			
	철학과	인문	○			○		
	프랑스·아프리카학과	인문			○			
	국제학부	인문			○	○		
자연과학대학	자연과학계열1	자연		○			○	
	자연과학계열2	자연		○			○	
	스포츠과학과	자연				○	○	
치과대학	치의예과	자연		○			○	
환경생명자원대학	환경생명자원계열	자연				○	○	

◎ 전형결과

■ 전체

학년도	전체						인문						자연					
	모집인원	지원인원	경쟁률	등록평균	등록70%컷	충원율	모집인원	지원인원	경쟁률	등록평균	등록70%컷	충원율	모집인원	지원인원	경쟁률	등록평균	등록70%컷	충원율
2022	483	5,627	11.65	3.76	3.89	78%	194	2,212	11.40	3.71	3.83	106%	289	3,415	11.82	3.80	3.95	50%
2023	492	5,792	11.77	3.80	3.94	69%	194	2,228	11.48	3.79	3.94	62%	298	3,564	11.96	3.80	3.94	75%
2024	479	5,611	11.71	3.81	4.00	79%	186	2,161	11.62	3.80	4.01	76%	293	3,450	11.77	3.82	3.98	81%
2025	504						270						234					

■ 변경사항 & 핵심포인트

[2025]

변경사항	2024	2025
모집인원	479명	504명(+25명)
서류 평가요소 변경	학업역량 및 전공적합성40% 성장 및 발전가능성40% 인성 및 사회성20%,	학업역량40% 진로역량40% 공동체역량20%
면접 평가요소 변경	전공적합성 및 발전가능성70% 인성 및 사회성30%	진로역량 및 발전가능성70% 공동체역량 및 소통능력30%

☑ 합격자 성적분포: 인문계열은 2등급 후반 ~ 4등급 후반, 자연계열은 1등급 초반 ~ 5등급 초반

■ 모집단위   '*' 표시 : 교직 이수 가능

계열	모집단위	2025 모집인원	2024 모집인원	지원인원	경쟁률	등록평균	등록70%컷	충원번호	2023 모집인원	지원인원	경쟁률	등록평균	등록70%컷	충원번호	2022 모집인원	지원인원	경쟁률	등록평균	등록70%컷	충원번호
인문자연	농업생명과학계열	77																		
인문	사회과학계열	43																		
인문	경상계열	43																		
인문자연	생활과학계열	13																		
인문	독어교육과	1	1	8	8.0				1	10	10.0				1	6	6.0			
인문	사회과교육학부	15	2	15	7.5			4	2	39	19.5			1	2	15	7.5			3
인문	영어교육과	4	4	39	9.8	3.09	2.99	2	4	42	10.5			3	4	32	8.0	2.43	2.52	2
인문	교육학과	3	3	33	11.0	3.28		2	3	42	14.0			1	3	38	12.7			2
인문	국어교육과	4	4	37	9.3	3.29		7	4	49	12.3	2.88	2.82	1	3	23	7.7			5
인문	문헌정보학과*	3	3	46	15.3	3.55			3	60	20.0			4	3	60	20.0			1
인문	사학과*	4	4	64	16.0	3.68		6	4	48	12.0	3.85	3.93	5	4	70	17.5	3.53	3.62	2
인문	영어영문학과*	7	7	56	8.0	3.86	3.98	1	7	82	11.7	3.89	3.82	2	7	59	8.4	3.93	3.89	12
인문	국어국문학과*	3	3	40	13.3	4.06		4	3	63	21.0			1	3	41	13.7			8
인문	고고문화인류학과	4	4	49	12.3	4.18	4.22	2	4	26	6.5	4.20	4.12	2	4	38	9.5	3.85	3.82	6
인문	국제학부	18	18	126	7.0	4.21	4.29	15	18	112	6.2	4.07	4.29	14	18	171	9.5	3.88	4.32	8
인문	철학과*	4	4	58	14.5	4.23		3	4	33	8.3	4.22	4.28	5	4	36	9.0	4.03	4.07	6
인문	일본학과*	4	4	89	22.3	4.58	4.70		4	83	20.8	4.49	4.61	3	4	73	18.3	4.93	4.93	3
인문	스페인·중남미학과*	4	4	95	23.8	4.67	4.75	6	4	49	12.3	4.89	5.29	6	4	61	15.3	4.47	4.54	3
인문	프랑스·아프리카학과*	6	6	96	16.0	4.69	5.09	6	6	59	9.8	4.87	4.80	7	6	83	13.8	4.75	4.79	9
인문	독일학과*	3	3	42	14.0	4.91		4	3	27	9.0			4	3	23	7.7			2
인문	중어중문학과*	7	7	68	9.7	5.09	5.08	4	7	49	7.0	4.18	4.50	1	7	93	13.3	3.93	4.44	11
자연	공학계열1	104																		
자연	공학계열2	20																		
자연	자연과학계열1	24																		
자연	과학교육학부	21																		
자연	환경생명자원계열	12																		
자연	자연과학계열2	17																		
자연	약학과	2	2	40	20.0			2	2	44	22.0					2	50	25.0			
자연	의예과	5	5	94	18.8	1.32	1.39		9	109	12.1	1.35	1.38	5	9	126	14.0	1.19	1.28	5
자연	치의예과	4	4	89	22.3	1.37	1.42		6	138	23.0	1.45	1.51		2	51	25.5			1
자연	수의예과	5	2	69	34.5	1.69			2	50	25.0			3	2	45	22.5			
자연	간호학과*	7	5	143	28.6	2.81	2.82		5	136	27.2	2.81	2.86		5	128	25.6	2.75	2.93	6
자연	수학교육과	2	2	20	10.0	3.27			2	35	17.5				2	35	17.5			2
자연	스마트팜학과	3	3	42	14.0	3.49		1	3	52	17.3			1	3	68	22.7			
자연	국제이공학부	8	8	49	6.1	4.73	4.82		8	46	5.8	4.57	4.48	4	8	45	5.6	4.53	4.87	7

■ (학생부종합) SW인재

전형	모집인원	전형 방법	수능최저학력기준
SW인재	5	1단계)서류100%(3배수) 2단계)서류70%+ 면접30%	X

1. **지원자격**: 국내 고교 졸업(예정)자로 학생부 성적이 있는 자 또는 고등학교 졸업(예정)자와 동등한 학력소지자
2. **제출서류**: 학교생활기록부
3. **수능최저학력기준**: 없음.

◎ 전형요소
● 서류 및 면접: 큰사람전형 참고

◎ 전형결과
■ 모집단위   '*' 표시 : 교직 이수 가능

계열	모집단위	2025 모집인원	2024 모집인원	지원인원	경쟁률		2023 모집인원	지원인원	경쟁률		2022 모집인원	지원인원	경쟁률	
자연	공학계열2 컴퓨터인공지능학부	5												

77. 전주대학교

전북특별자치도 전주시 완산구 천잠로 303
(Tel:입학지원실 063-220-2700)

Ⅰ. 한눈에 보는 전형

모집시기	전형유형	전형	모집인원	전형방법	수능최저학력기준
수시	종합	일반학생	796	서류 100%	X
수시	종합	사회통합	63	서류 100%	X
수시	종합	기회균형선발	60	서류 100%	X
수시	교과	일반학생	1,055	학생부교과 100% ※ 종교·예체능 일부학과: 학생부교과 70%+ 면접 30%	X
수시	교과	지역인재1	251	학생부교과 100%	X
수시	교과	지역인재2	3	학생부교과 100%	X
수시	교과	재직자	55	학생부교과 100%	X
수시	교과	농어촌학생	39	학생부교과 100%	X
수시	교과	특성화고교졸업자	35	학생부교과 100%	X
수시	교과	만학도	142	학생부교과 100%	X
수시	교과	특성화고등을졸업한재직자	73	학생부교과 100%	X
수시	교과	장애인등대상자	12	학생부교과 100%	X
수시	실기/실적	일반학생	138	학생부교과 30%+ 실기 70%	X
수시	실기/실적	특기자	31	태권도학과 제외: 학생부교과 30%+ 입상실적 70% 태권도학과: 학생부교과 30%+ 실기 30%+ 입상실적 40%	X
수시	재외	재외국민	10	서류 100%	X

(수시모집) 지원가능횟수	6회 지원 중 총 4회 지원가능 - 학생부종합(일반학생), 학생부종합(사회통합) 中 택 1 - 학생부교과(일반학생), 학생부교과(재직자) 中 택 1 - 학생부교과(지역인재1), 학생부교과(지역인재2) 中 택 1 - 실기/실적(일반학생), 실기/실적(특기자), 학생부교과(농어촌학생), 학생부교과(특성화고교졸업자), 학생부교과(만학도), 학생부교과(특성화고 등을 졸업한 재직자), 학생부종합(기회균형선발) 中 택 1 ※ 학생부교과(장애인 등 대상자)은 해당전형 1회만 지원가능

■ 무전공(전공자율선택)

유형① [대학 내 모든 전공(보건계열, 사범계열 등 제외) 자율 선택]		유형② [계열/단과대 모집 후 모집단위 내 전공 자율 선택]	
모집단위	인원	모집단위	인원
자유전공학부	176	인문콘텐츠대학	150
		경영대학	282

■ 모집단위 신설

구분	2025
신설	인문콘텐츠대학, 경영대학, 공연예술학과, 자유전공학부, 반려동물산업학과
폐지	신학과경배찬양학과, 공연방송연기학과, 음악학과

■ 전형결과

모집시기	전형유형	전형	학년도	모집인원	지원인원	경쟁률	등록자 50%	등록자 70%	충원율
수시	교과	일반학생	2024	1,281	4,935	3.85	5.48	6.03	210%
수시	종합	일반학생	2024	794	3,406	4.29	5.77	6.36	157%

■ (주요전형) 전형일정

유형	전형	원서접수마감	대학별고사(면접/실기)	1단계 합격자	최종합격자
교과	일반학생	9. 13.(금) 18:00	예체능 일부 학과: 10. 19.(토) 예정	-	11. 11.(월) 12:00 예정
종합	일반학생		-	-	
실기/실적	일반학생 특기자		10. 19.(토) 예정 (실기/실적 특기자전형 태권도학과만 해당)	-	

Ⅱ.(수시모집) 주요전형

■ (학생부교과) 일반학생

전형	모집인원	전형방법	수능최저학력기준
일반학생	1,055	학생부교과 100% ※ 예체능 일부 학과: 학생부교과 70%+ 면접 30%	X

1. 지원자격 : 고등학교 졸업(예정)자 또는 이와 동등 이상의 학력이 있다고 인정된 자
2. 제출서류 : 학교생활기록부
3. 수능 최저학력기준 : 해당사항 없음

◎ 전형요소
● 학생부

반영요소 반영비율	반영교과목		교과성적 산출지표	학년별 반영비율
	구분	반영방법		

교과 100%	전 학과	1학년: 국어, 수학, 영어, 사회, 한국사, 과학 중 석차등급이 기재된 교과목
		2~3학년
		- 인문사회/예체능계열 학과
		  - 필수반영: 국어, 영어.　- 선택반영: 수학, 사회(한국사 포함), 과학 중 택1
		- 자연과학/공학/보건계열 학과
		  - 필수반영: 수학, 영어.　- 선택반영: 국어, 사회(한국사 포함), 과학 중 택1
		※ 다음과 같은 경우 이수한 전 학년, 전 교과를 100% 반영함
		　2~3학년 필수반영 교과 및 선택반영 교과 중 석차등급이 기재된 과목이 하나도 없는 경우
		※ 졸업(예정)자의 경우 3학년 1학기까지의 성적을 반영함
		※ 학생부교과(일반학생)의 면접 미실시 학과는 2학년 1학기~3학년 1학기까지의 국어, 수학, 영어 교과 학기별 이수단위 합(진로선택과목 포함)이 10단위 이상일 경우 학기별 가산점 10점을 부여함(총 30점, 전형총점에 가산)
			석차등급	학년 구분없음

	진로선택 (가산점)	재학기간에 이수한 진로선택과목 중 성취도 상위 3과목 전형총점에 가산점으로 반영(6점 만점) ※A:6점, B:4점, C:2점	성취도	

◎ 전형결과
■ 전체

학년도	전체						인문						자연					
	모집 인원	지원 인원	경쟁 률	등록 50%	등록 70%	충원 율	모집 인원	지원 인원	경쟁 률	등록 50%	등록 70%	충원 율	모집 인원	지원 인원	경쟁 률	등록 50%	등록 70%	충원 율
2022	1,320	5,776	4.38	5.29	5.94	220%	720	2,764	3.84	5.24	5.93	200%	600	3,012	5.02	5.34	5.94	244%
2023	1,363	4,785	3.51	5.45	6.07	179%	730	2,331	3.19	5.48	6.17	168%	633	2,454	3.88	5.44	6.04	191%
2024	1,281	4,935	3.85	5.48	6.03	210%	684	2,396	3.50	5.44	6.11	190%	597	2,539	4.25	5.49	6.00	232%
2025	1,055						575						480					

■ 변경사항&핵심포인트
[2025]

변경사항	2024	2025
(학생부)교과 성적 반영 방법	계열별 반영교과 상이	계열별 필수교과/선택교과 반영

• 학교생활기록부 가산점(2학년 1학기~3학년 1학기, 학기별 10점) 적용 전형과 조건은 모집요강 참고
• 본교 학과 계열에 따라 학생부 반영과목이 다르니 입학 홈페이지의 성적산출 프로그램을 통해 성적 계산 후 지원하는 것을 추천(자유전공학과 등 올해 신설학과는 입시결과가 없으므로 지원 시 소신 지원 필요)
• 진로선택과목 가산점은 학생부교과전형 전체에 적용

■ 모집단위 '*'표시:교직이수가능

계열	모집단위	2025 모집인원	2024 모집인원	지원인원	경쟁률	등록50%	등록70%	충원번호	2023 모집인원	지원인원	경쟁률	등록50%	등록70%	충원번호	2022 모집인원	지원인원	경쟁률	등록50%	등록70%	충원번호
예체	공연예술학과(신설)	11																		
인문	경영대학(신설)	135																		
인문	인문콘텐츠대학(신설)	60																		
인문	자유전공학부(신설)	95																		
인문	영어교육과*	10	12	57	4.8	4.5	4.9	39	9	65	7.2	3.8	3.9	31	11	48	4.4	3.8	4.1	32
인문	상담심리학과*	21	27	99	3.7	4.5	5.1	67	27	123	4.6	4.2	4.5	38	24	141	5.9	3.9	4.3	58
인문	경찰학과	23	30	131	4.4	4.6	4.9	65	29	142	4.9	4.3	4.6	55	27	118	4.4	3.8	4.0	37
예체	영화방송학과	13	17	93	5.5	4.7	5.0	44	16	80	5.0	4.9	5.4	49	20	79	4.0	4.7	5.0	38
인문	국어교육과*	12	13	45	3.5	4.7	5.0	32	11	89	8.1	3.3	3.5	27	10	39	3.9	3.8	4.6	29
인문	문헌정보학과*	14	21	125	6.0	5.0	5.2	71	23	93	4.0	4.8	5.4	63	22	125	5.7	4.4	4.6	65
인문	사회복지학과	18	24	144	6.0	5.0	5.5	96	24	146	6.1	4.8	5.2	64	25	246	9.8	4.7	4.9	83
인문	외식산업조리학과	14	15	109	7.3	5.2	5.5	29	17	92	5.4	6.1	6.6	54	13	82	6.3	5.3	5.6	40
인문	중등특수교육과*	12	12	46	3.8	5.5	5.7	34	12	44	3.7	4.7	5.3	32	12	49	4.1	3.6	4.0	29
예체	예술심리치료학과	12	13	43	3.3	5.6	6.1	30	13	52	4.0	5.1	5.6	39	15	60	4.0	5.3	5.8	42
예체	산업디자인학과	10	13	44	3.4	5.6	6.0	14	24	86	3.6	5.5	6.1	43	24	60	2.5	5.4	6.2	27
인문	행정학과	20	29	98	3.4	5.7	6.3	69	30	95	3.2	5.8	6.6	65	25	87	3.5	5.0	6.4	62
예체	운동처방학과	9	10	56	5.6	5.7	6.4	13	13	46	3.5	5.4	6.1	17	12	45	3.8	5.2	5.5	14
예체	시각디자인학과	26	25	70	2.8	5.7	6.4	24	28	78	2.8	5.3	6.1	36	20	83	4.2	4.7	5.2	30
인문	법학과*	27	31	84	2.7	5.8	6.3	53	29	102	3.5	5.8	6.4	67	26	114	4.4	5.7	6.3	81
인문	호텔경영학과	14	15	86	5.7	5.9	6.4	49	10	72	7.2	5.1	5.8	51	9	42	4.7	4.3	5.6	33
인문	한문교육과*	9	17	39	2.3	5.9	6.4	22	14	37	2.6	4.9	5.3	22	16	46	2.9	4.8	5.2	30
인문	관광경영학과	19	21	54	2.6	6.3	6.7	33	12	41	3.4	5.3	5.6	29	18	47	2.6	5.7	6.4	29
자연	반려동물산업학과(신설)	16																		
자연	간호학과*	18	19	154	8.1	3.3	3.5	48	17	154	9.1	3.3	3.4	45	23	254	11.0	3.0	3.2	78
자연	물리치료학과	13	17	167	9.8	3.6	3.8	42	19	174	9.2	3.5	3.7	21	17	205	12.1	3.5	3.6	31
자연	방사선학과	13	14	172	12.3	4.0	4.1	48	10	153	15.3	4.0	4.1	24	10	163	16.3	4.1	4.2	27
자연	수학교육과*	12	12	30	2.5	4.3	5.0	18	14	86	6.1	3.7	4.0	45	14	46	3.3	3.6	4.3	32
자연	가정교육과*	10	10	40	4.0	4.8	5.3	30	13	91	7.0	3.9	4.1	27	13	88	6.8	4.5	4.6	50
자연	패션산업학과	16	18	88	4.9	5.1	5.5	31	21	121	5.8	5.5	6.1	77	18	91	5.1	5.6	6.2	73
자연	건축학과(5년제)	17	19	102	5.4	5.1	5.3	52	24	94	3.9	5.2	5.6	50	25	100	4.0	4.8	5.1	39
자연	전기전자공학과	17	20	89	4.5	5.2	5.5	27	23	107	4.7	5.0	5.2	60	23	181	7.9	4.6	4.8	72
자연	보건관리학과	13	20	117	5.9	5.3	5.8	93	19	80	4.2	5.1	5.6	51	22	141	6.4	4.9	5.1	47
자연	환경생명과학과	10	17	43	2.5	5.3	5.7	26	24	30	1.3	6.4	7.2	6	17	67	3.9	5.6	6.1	50
자연	식품영양학과	21	23	105	4.6	5.4	6.0	73	23	54	2.4	5.4	6.4	31	17	73	4.3	5.3	5.5	41
자연	과학교육과*	13	13	43	3.3	5.4	5.6	30	11	38	3.5	4.5	5.2	27	11	81	7.4	4.2	4.3	57
자연	소방안전공학과	23	25	135	5.4	5.5	5.8	74	24	122	5.1	5.0	5.3	42	26	123	4.7	4.7	4.9	55
자연	한식조리학과*	23	24	169	7.0	5.5	6.0	97	21	113	5.4	5.2	5.6	46	18	119	6.6	4.6	4.9	33
자연	작업치료학과	20	26	159	6.1	5.5	6.0	119	26	151	5.8	5.5	5.7	83	22	187	8.5	5.2	5.3	82
자연	컴퓨터공학과	25	35	120	3.4	5.6	6.4	85	28	187	6.7	4.9	5.3	115	33	181	5.5	5.2	5.5	122
자연	인공지능학과	20	21	66	3.1	5.6	6.1	45	36	91	2.5	7.3	7.9	55	36	63	1.8	6.8	7.6	26
자연	토목환경공학과	18	27	68	2.5	5.6	6.6	41	26	124	4.8	6.5	7.2	90	26	119	4.6	6.1	7.1	93
자연	게임콘텐츠학과	29	31	137	4.4	5.7	6.3	90	27	135	5.0	5.8	6.3	98	31	170	5.5	5.5	5.9	118
자연	신소재화학공학과	12	21	44	2.1	5.9	6.9	23	26	52	2.0	6.2	7.3	26	26	82	3.2	6.0	6.5	56
자연	재활학과	15	17	81	4.8	6.0	6.3	53	17	129	7.6	5.9	6.1	65	22	103	4.7	5.7	6.1	67
자연	기계자동차공학과	10	29	54	1.9	6.5	6.8	25	28	59	2.1	6.7	7.1	31	25	109	4.4	6.3	7.2	84
자연	기계공학과	13	22	67	3.1	6.5	6.9	45	24	64	2.7	6.6	7.1	40	26	63	2.4	6.2	7.1	37
자연	건축공학과	21	25	95	3.8	6.6	7.5	70	30	88	2.9	6.2	7.0	58	29	99	3.4	5.8	6.5	66
자연	데이터공학과	15	16	25	1.6	6.8	7.3	8												
자연	스마트미디어학과	24	27	73	2.7	6.9	7.5	46	40	100	2.5	6.5	7.0	60	44	84	1.9	6.0	6.8	40
자연	정보통신공학과	14	23	43	1.9	7.1	7.6	19	26	71	2.7	6.4	7.0	45	27	106	3.9	6.3	6.9	79

■ (학생부종합) 일반학생

전형	모집인원	전형방법	수능최저학력기준
일반학생	796	서류100%	X

1. **지원자격** : 고등학교 졸업(예정)자 또는 이와 동등 이상의 학력이 있다고 인정된 자
2. **제출서류** : 학교생활기록부

◎ **전형요소**

※ 학생부종합전형은 학업능력, 핵심역량, 전공 능력을 평가하여 창의적 실용인재 양성(실천하는 봉사인, 학습하는 교양인, 도전하는 전문인)하는 전형입니다.

● 서류(1,000점)
   1. **평가방법** : 입학사정관 2인의 정성적 종합평가
   2. **평가자료** : 학교생활기록부
   3. **평가요소** :

평가영역 (배점)	평가영역 설명	평가 요소 (배점)	평가 내용		
			모집단위별 선발	통합선발 (인문콘텐츠대학,경영대학)	자유전공학부 선발
학업능력 (50점)	고등학교에서의 학업 수행 결과에 기반한 학업성취 평가	학업성취도(50점)	고등학교 학업성적, 성적 추이, 출결 상황		
핵심역량 (20점)	우리 대학의 인재로 성장하는데 필요한 역량 평가	인성품성(S) (6점)	학교폭력, 규칙준수, 나눔과 봉사활동		
		의사소통(U) (5점)	발표 및 표현, 협의와 조정, 교우관계		
		자기개발(P) (4점)	자기주도학습, 진로활동		
		창의융합(E) (3점)	도전 및 탐구활동, 종합적 사고력		
		+형협력(R) (2점)	학교/학급/동아리 활동 참여, 구성원에 대한 배려, 리더십		
전공능력 (30점)	전공 분야의 전공적합성 및 성장가능성 평가	전공적합성(20점)	전공 관련 교과 성적, 선택 과목 이수	고등학교 교육과정에서 지원계열의 수학에 기초가 되는 교과 성적, 교과목 이수 현황	
		성장가능성(10점)	전공 관련 교과 성적 추이, 탐구 및 학습 의지	고등학교 교육과정에서 지원계열의 수학에 기초가 되는 교과 성적 추이, 탐구 및 학습 의지	

☞ **보충설명**

• 학업능력(50점) > 전공 능력(30점) > 핵심역량(20점) 순으로 반영
• 학생부는 항목별로 정해진 반영비율이 없으며, 또한 학생부 내에서도 교과와 비교과를 나눠서 반영비율을 적용하지 않음
• 학업능력(50점)은 고등학교에서의 학업 수행 결과에 기반한 학업성취를 평가하게 되며, 학업성취도는 정량적으로 평가하지 않고, 정성적으로 과정 중심으로 평가함
• 전공 능력(30점)은 전공 분야의 전공적합성 및 성장가능성을 평가하게 되며, 학과에서 제시한 인재상(전주대 입학처 홈페이지 "학생부종합전형 안내 책자" 게시)에 부합하는 학생을 선발하기 위하여 고등학교에서 지원자가 선택한 과목의 학습 내용과 결과에 대하여 과정 중심으로 평가함
• 핵심역량(20점)은 전주대학교의 인재로 성장하는데 필요한 역량(SUPER)을 평가하게 되며, 평가 시 지원자가 올바른 가치관을 갖고 있는지, 리더십을 배양하고 있는지, 논리적으로 사고하고 자신의 생각을 효과적으로 전달하는지, 자신을 개발하기 위해 끊임없이 노력하고 있는지, 새롭고 가치있는 아이디어를 생산하고 구현하는지, 공동체에 적극적으로 참여하고 있는지에 대하여 과정 중심으로 평가함
• 단과대학 통합선발/자유전공학부는 "전공 능력" 평가 시 지원계열의 수학에 기초가 되는 교과 성적 추이 및 교과목 이수 현황 등을 평가함

◎ **전형결과**

■ **전체**

학년도	전체						인문						자연					
	모집인원	지원인원	경쟁률	등록50%	등록70%	충원율	모집인원	지원인원	경쟁률	등록50%	등록70%	충원율	모집인원	지원인원	경쟁률	등록50%	등록70%	충원율
2022	783	3,380	4.32	5.60	6.19	74%	417	1,480	3.55	5.61	6.30	72%	366	1,900	5.19	5.60	6.14	75%
2023	796	3,483	4.38	5.60	6.20	164%	426	1,638	3.85	5.60	6.24	157%	370	1,845	4.99	5.62	6.16	172%
2024	794	3,406	4.29			157%	416	1,407	3.38	5.79	6.36	143%	378	1,999	5.29	5.74	6.36	171%
2025	796						415						381					

■ **변경사항&핵심포인트**

[2025]

변경사항	2024	2025
서류평가기준	모집단위별 선발을 위한 서류평가	모집단위/단과대학 통합산발/자유전공학부 선발을 위한 서류평가기준 개편

• 모집인원은 매년 큰 변화가 없으므로 최근 3개 년도 성적을 비교하여 지원하는 것이 필요
• 서류평가기준이 변경되었으므로 단과대학 통합선발/자유전공학부 지원 시 변경된 서류평가기준에 맞춰 학생부를 살펴보는 것이 필요

'*'표시:교직이수가능 (학생부종합전형 입시결과의 성적산출 방법은 학생부교과 성적산출 방법을 적용함)

계열	모집단위	2025 모집인원	2024						2023						2022					
			모집인원	지원인원	경쟁률	등록50%	등록70%	충원번호	모집인원	지원인원	경쟁률	등록50%	등록70%	충원번호	모집인원	지원인원	경쟁률	등록50%	등록70%	충원번호
인문	경영대학(신설)	87																		
인문	자유전공학부(신설)	40																		
예체	공연예술학과(신설)	3																		
인문	인문콘텐츠대학(신설)	30																		
인문	국어교육과*	12	13	42	3.2	4.8	5.1	21	13	43	3.3	4.4	4.8	22	13	59	4.5	4.0	4.2	18
인문	경찰학과	31	34	170	5.0	5.0	5.3	44	32	209	6.5	4.7	5.1	38	29	186	6.4	4.7	5.0	15
인문	영어교육과*	14	15	44	2.9	5.0	5.3	25	14	62	4.4	4.4	5.0	18	14	55	3.9	4.6	5.1	10
인문	문헌정보학과*	18	18	65	3.6	5.2	5.6	19	18	71	3.9	4.9	5.3	25	16	71	4.4	4.8	5.2	25
인문	상담심리학과*	21	27	97	3.6	5.3	5.8	49	26	143	5.5	4.9	5.4	42	24	119	5.0	4.9	5.3	29
예체	운동처방학과	12	15	70	4.7	5.6	6.4	17	12	72	6.0	5.9	6.2	20	14	59	4.2	6.0	6.6	8
인문	중등특수교육과*	10	14	24	1.7	5.6	5.9	10	14	36	2.6	5.3	5.7	22	13	58	4.5	5.1	5.6	23
예체	영화방송학과	14	12	92	7.7	5.7	5.9	28	11	92	8.4	5.0	5.7	28	10	67	6.7	5.6	5.9	16
인문	사회복지학과	26	30	136	4.5	6.0	6.3	67	33	160	4.9	5.6	5.9	70	29	150	5.2	5.3	5.8	19
예체	산업디자인학과	3	3	23	7.7	6.0	6.1	5	3	31	10.3	5.5	5.7	2						
인문	법학과*	10	13	31	2.4	6.0	6.4	18	15	37	2.5	5.9	6.2	22	15	26	1.8	6.2	6.6	5
인문	외식산업조리학과	24	29	158	5.5	6.2	6.8	62	29	103	3.6	6.6	7.2	58	29	93	3.2	6.4	7.0	14
인문	행정학과	9	10	20	2.0	6.2	6.5	10	10	35	3.5	5.0	5.3	19	12	37	3.1	5.5	5.9	12
예체	예술심리치료학과	13	14	31	2.2	6.3	6.7	17	14	58	4.1	5.6	6.4	18	14	28	2.0	6.4	6.6	0
인문	호텔경영학과	20	27	51	1.9	6.8	7.3	24	30	66	2.2	6.5	7.1	36	30	81	2.7	5.8	6.5	22
인문	관광경영학과	12	12	22	1.8	6.9	7.7	10	13	33	2.5	6.7	7.1	20	15	31	2.1	6.5	7.2	4
인문	한문교육과*	6	9	7	0.8	7.2	7.7	0	10	13	1.3	4.6	4.7	3	12	17	1.4	5.5	5.7	0
자연	반려동물산업학과(신설)	8																		
자연	간호학과*	30	22	412	18.7	3.8	4.0	32	17	228	13.4	3.7	4.0	27	20	335	16.8	3.6	3.8	27
자연	물리치료학과	14	13	287	22.1	4.2	4.4	21	14	188	13.4	4.2	4.5	13	14	223	16.0	4.2	4.4	4
자연	방사선학과	14	17	208	12.2	4.6	4.7	21	23	220	9.6	4.9	5.1	28	22	178	8.1	5.3	5.7	18
자연	수학교육과*	13	14	26	1.9	5.0	5.7	12	17	50	2.9	5.1	6.0	33	12	46	3.8	4.2	4.4	9
자연	과학교육과*	12	13	19	1.5	5.1	5.5	6	12	29	2.4	5.0	5.6	17	16	32	2.0	5.6	6.5	9
자연	가정교육과*	14	15	28	1.9	5.1	5.8	12	14	45	3.2	4.6	4.9	13	14	33	2.4	5.1	5.5	7
자연	전기전자공학과	15	17	48	2.8	5.3	6.1	31	19	66	3.5	5.1	5.8	44	14	64	4.6	5.3	5.9	13
자연	토목환경공학과	9	7	32	4.6	5.4	6.1	8	12	34	2.8	5.2	5.8	22	10	33	3.3	6.3	6.8	13
자연	한식조리학과*	24	25	91	3.6	5.5	6.2	29	25	120	4.8	5.3	5.9	57	30	122	4.1	5.1	6.0	22
자연	식품영양학과	7	7	36	5.1	5.6	6.1	12	7	21	3.0	5.7	6.1	12	7	31	4.4	5.3	5.6	7
자연	컴퓨터공학과	22	24	76	3.2	5.6	6.0	42	23	93	4.0	5.5	5.8	39	21	100	4.8	5.7	6.2	27
자연	소방안전공학과	12	11	51	4.6	5.7	6.1	36	6	59	9.8	5.4	5.9	8	9	56	6.2	5.5	5.9	3
자연	기계자동차공학과	9	11	30	2.7	5.7	6.2	19	8	32	4.0	6.3	6.5	24	9	44	4.9	6.1	6.5	10
자연	스마트미디어학과	12	12	37	3.1	5.8	6.1	25	10	34	3.4	6.7	7.2	23	18	50	2.8	6.2	6.8	12
자연	게임콘텐츠학과	21	21	113	5.4	5.9	6.4	64	21	100	4.8	5.8	6.6	41	22	86	3.9	5.8	6.5	11
자연	건축공학과	12	12	48	4.0	6.0	6.7	36	10	36	3.6	6.6	6.9	26	10	56	5.6	5.9	6.1	12
자연	인공지능학과	8	15	28	1.9	6.0	6.7	13	15	29	1.9	6.2	7.0	11						
자연	건축학과(5년제)	19	18	61	3.4	6.0	6.3	26	15	67	4.5	5.8	6.1	28	12	59	4.9	5.3	5.9	5
자연	작업치료학과	13	13	78	6.0	6.1	6.5	34	13	88	6.8	6.0	6.4	35	13	69	5.3	5.7	6.3	8
자연	신소재화학공학과	8	6	13	2.2	6.2	6.6	7	8	12	1.5	6.1	6.1	4	9	18	2.0	6.5	6.9	0
자연	보건관리학과	20	17	53	3.1	6.2	6.5	36	18	78	4.3	5.8	6.2	20	14	66	4.7	6.0	6.6	28
자연	패션산업학과	16	17	75	4.4	6.3	6.9	45	19	77	4.1	5.9	6.5	20	14	48	3.4	6.2	6.7	4
자연	환경생명과학과	7	8	16	2.0	6.3	6.7	8	8	18	2.3	5.4	6.3	10	13	22	1.7	5.5	6.0	0
자연	재활학과	16	17	67	3.9	6.4	7.2	41	17	72	4.2	6.5	7.1	50	14	47	3.4	6.5	7.0	14
자연	기계공학과	9	8	24	3.0	6.7	7.1	16	11	23	2.1	6.0	6.7	12	9	26	2.9	6.5	6.7	3
자연	데이터공학과	8	8	14	1.8	6.7	6.9	5												
자연	정보통신공학과	9	6	16	2.7	7.0	7.1	10	10	22	2.2	7.3	7.9	12	8	21	2.6	6.1	6.5	2

78. 제주대학교

제주특별자치도 제주시 제주대학로 102 (Tel: 064. 754-2043~5, 3991, 3993~4)

I. 한 눈에 보는 전형

모집시기	전형유형	전형	모집인원	전형 방법	수능최저학력기준
수시	교과	일반학생	553	학생부교과100%	○(자유전공, 야간 모집단위X)
수시	교과	지역인재	453	학생부교과100% ▶체육교육과, 스포츠과학과: 학생부교과85%+ 실기15%	○ (자유전공X)
수시	교과	지역인재 고른기회	2	▶의예과: 학생부100%	○
수시	교과	고른기회	6	학생부100%	○
수시	종합	일반학생	223	1단계)서류100%(3배수) 2단계)서류70%+ 면접30% ▶자유전공: 서류100%	X
수시	종합	지역인재 [신설]	14	▶자유전공: 서류100%	X
수시	종합	소프트웨어인재	10	1단계)서류100%(3배수) 2단계)서류70%+ 면접30%	X
수시	종합	사회통합	51	서류100%	X
수시	종합	고른기회	111	서류100%	X
수시	종합	농어촌학생	79	서류100%	X
수시	종합	특성화고출신자	31	서류100%	X
수시	종합	특수교육대상자	58	서류100%	X
수시	종합	평생학습자	71	서류100%	X
수시	종합	재직자	60	서류100%	X
수시	실기/실적	일반학생	74	학생부교과50%+ 실기50%	X
수시	실기/실적	예체능특기자	11	학생부교과60%+ 입상실적40%	X

(수시모집) 지원 가능 횟수	중복지원 최대 5회 가능 : 학생부교과(일반학생) 1회, 학생부교과(지역인재) 1회, 학생부종합(일반학생/지역인재/소프트웨어인재) 1회, 학생부교과/학생부종합(특별전형) 1회, 실기/실적(일반학생/체육특기자) 1회

■ 무전공(전공자율선택)

유형① [대학 내 모든 전공(보건의료, 사범 등 제외) 자율 선택]		유형② [계열/단과대 모집 후 모집단위 내 전공 자율 선택]	
모집단위	인원	모집단위	인원
자유전공	78		

■ **자유전공** : 입학 후 1학년 말에 원하는 모집단위를 선택할 수 있음. 단 일부 모집단위* 제외
* 선택 불가 모집단위 : 사범·의과·교육·수의과·간호·예술디자인·미래융합·약학대학, 바이오메디컬정보학과, 데이터사이언스학과, 스포츠과학과, 인공지능학과, (야)행정학과, (야)경영학과

■ 모집단위 신설 · 변경

구분	2024	2025
변경	생물산업학부	스마트팜학부
	원예환경전공	원예과학전공
	건축학부 건축공학전공	건축공학과
	건축학부 건축학전공	건축학과
	화학공학과	화공그린에너지학과
	전기에너지공학과	전기공학과, 원자력공학과
	소프트웨어 컴퓨터공학전공	컴퓨터공학과
	소프트웨어 인공지능전공	인공지능학과
	초등교육과	초등교육학부

■ 학교폭력 조치사항

전형	전형 총점	감점								
		1호	2호	3호	4호	5호	6호	7호	8호	9호
체육특기자	1,000	5			10					

■ 전형결과

※ 성적 산출기준: (수시) 교과 석차등급, (정시) 수능 백분위

모집시기	전형유형	전형	학년도	모집인원	지원인원	경쟁률	등록자 50%컷	등록자 70%컷	충원율
수시	교과	일반학생	2024	509	3,037	5.97	**4.43**	4.62	110%
수시	교과	지역인재	2024	409	1,842	4.50	**4.23**	4.52	60%
수시	종합	일반학생	2024	188	1,505	8.01	**4.36**	4.43	33%
수시	종합	소프트웨어인재	2024	10	41	4.10	**4.79**	4.79	22%

■ (주요전형) 전형일정

유형	전형	원서접수 마감	대학별 고사(면접/논술)	1단계 합격자	최종 합격자
교과	일반학생	9.13(금) 18:00			12.13(금)
교과	지역인재	9.13(금) 18:00			12.13(금)
종합	일반학생	9.13(금) 18:00	11.29(금)	11.08(금)	12.13(금)
종합	소프트웨어인재	9.13(금) 18:00	11.29(금)	11.08(금)	12.13(금)

II. (수시모집) 주요 전형

■ (학생부교과) 일반학생

전형	모집인원	전형 방법	수능최저학력기준
일반학생	553	학생부교과100%	○(자유전공, 야간 모집단위X)

※ 초등교육과는 최초 합격자에 한정하여 남·여 어느 한 성이 모집인원의 70%를 초과하지 못함.
　다만, 남·여 비율을 적용하여 합격자를 선발하였음에도 불구하고 어느 한 성이 30%에 미달되는 경우 그 미달되는 인원은 다른 성에서 선발

1. **지원자격**: 고등학교 졸업(2025년 2월 졸업예정자 포함)자 또는 법령에 의하여 이와 동등 이상의 학력 소지자
　※ 외국고교 출신자는 국내 고교에서 2개 학기 이상 취득한 성적(석차등급(석차백분율)에 따라 산출 가능한 성적)이 있어야 함
　※『학생부 성적 반영방법』에 따라 학생부 성적 산출이 불가능한 자는 지원할 수 없음
2. **수능최저학력기준**: 단, 자유전공, 야간 모집단위는 미적용

> ※ 탐구영역 2개 과목에 반드시 응시하여야 하며, <u>2개 과목 평균 등급 적용(소수점 이하 절사,</u> 예: 2.5등급 → 2등급)함
> 　단, 수의대, 약학대, 의과대는 과학탐구 2개 과목을 반드시 응시해야 함
> 阅 ▶ 인문대학, 사회과학대학, 경상대학: [국어, 수학, 영어, 사/과/직탐(2과목 평균, 소수점 절사)] 2개 영역 등급 합 9 이내
> 　▶ 사범대학(인문): [국어, 수학, 영어, 사/과/직탐(2과목 평균, 소수점 절사)] 3개 영역 등급 합 10 이내
> 　▶ 초등교육과: [국어, 수학, 영어, 사/과/직탐(2과목 평균, 소수점 절사)] 3개 영역 등급 합 8 이내
> 꽈 ▶ 생명자원과학대학, 해양과학대학, 자연과학대학, 공과대학
> 　: [국어, 수학, 영어, 사/과/직탐(2과목 평균, 소수점 절사)] 2개 영역 등급 합 10 이내
> 　▶ 사범대학(과학, 물리, 생물, 컴퓨터), 간호학과: [국어, 수학, 영어, 사/과/직탐(2과목 평균, 소수점 절사)] 3개 영역 등급 합 10 이내
> 　▶ 사범대학(수학): [국어, 수학(미적분/기하), 영어, 사/과/직탐(2과목 평균, 소수점 절사)] <u>수학 포함</u> 3개 영역 등급 합 10 이내
> 　▶ 수의예과, 약학과: [국어, 수학(미적분/기하), 영어, 과탐(2과목 평균, 소수점 절사)] <u>수학 포함</u> 3개 영역 등급 합 7 이내
> 　▶ 의예과: [국어, 수학(미적분/기하), 영어, 과탐(2과목 평균, 소수점 절사)] <u>수학 포함</u> 3개 영역 등급 합 6 이내
> 예 ▶ 체육교육과: [국어, 수학, 영어, 사/과/직탐(2과목 평균, 소수점 절사)] 2개 영역 등급 합 8 이내
> 　▶ 자유전공, 야간 모집단위 : 미적용

◎ 전형요소
● 학생부(1,000점)

반영요소 반영비율	반영교과목		교과성적 산출지표	학년별 반영비율
	구분	반영방법		
교과100%	공통 및 일반선택	공통교과: 기초·탐구 교과영역 전 과목 일반선택: 기초·탐구 교과영역 전 과목 ※ 공통과목30%, 일반선택 및 진로선택70%	석차등급	학년 구분 없음
	진로선택	반영교과목 중 상위 3과목 ※ 성취도 반영 방법 = A : 1,000, B : 970, C : 940	성취도	

◎ 전형결과
■ 전체

학년도	전체						인문						자연					
	모집 인원	지원 인원	경쟁 률	등록 50%컷	등록 70%컷	충원 율	모집 인원	지원 인원	경쟁 률	등록 50%컷	등록 70%컷	충원 율	모집 인원	지원 인원	경쟁 률	등록 50%컷	등록 70%컷	충원 율
2022	540	5,154	9.54		4.51	121%	203	1,991	9.81		4.19	129%	337	3,163	9.39		4.82	113%
2023	540	3,721	6.89		4.58	121%	203	1,451	7.15		4.36	129%	337	2,270	6.74		4.79	112%
2024	509	3,037	5.97	4.43	4.62	110%	201	1,107	5.51	4.40	4.52	117%	308	1,930	6.27	4.46	4.72	103%
2025	553						232						321					

■ 변경사항 & 핵심포인트
[2025]

변경사항	2024	2025
모집인원	509명	553명(+44명)

☑ 합격자 성적분포: 인문계열은 4등급 초반 ~ 4등급 후반, 자연계열은 4등급 초반 ~ 4등급 후반

'*' 표시 : 교직 이수 가능

■ 모집단위

계열	모집단위	2025	2024						2023						2022					
		모집 인원	모집 인원	지원 인원	경쟁 률	등록 50%컷	등록 70%컷	충원 번호	모집 인원	지원 인원	경쟁 률	등록 평균	등록 70%컷	충원 번호	모집 인원	지원 인원	경쟁 률	등록 평균	등록 70%컷	충원 번호
인문	자유전공	22																		
인문	경영학과(야)	3	3	13	4.3		3.04	3	3	16	5.3	2.96	2.98	1	3	13	4.3	3.23		1
인문	경영정보학과	7	5	16	3.2		5.47	5	5	31	6.2	3.48	3.88	7	5	34	6.8	4.12	4.35	6
인문	**회계학과**	7	4	21	5.3		3.44	5	4	30	7.5	4.05	4.26	6	4	29	7.3	4.38	4.50	3
인문	국어교육과	3	3	11	3.7		4.90	3	3	23	7.7	3.03	3.07	2	3	24	9.0	3.06	3.11	3
인문	초등교육학부	30	31	214	6.9	2.32	2.63	34	31	439	14.2	2.09	2.25	66	31	643	20.7	2.21	2.41	60
인문	사회교육과	3	3	12	4.0	2.77	2.77		3	29	9.7	3.19	3.35	5	3	52	17.3	2.95		4
인문	영어교육과	3	3	18	6.0	3.01	3.16		3	16	5.3	3.48	3.55	6	3	29	9.7	2.63	2.65	2
인문	지리교육과	3	3	20	6.7	3.39	4.31	6	3	55	18.3	3.25		3	3	49	16.3	4.10	4.37	9
인문	경영학과*	6	3	13	4.3	3.64	3.64	2	3	32	10.7	2.69		1	3	48	16.0	3.23	3.79	10
인문	**행정학과***	10	7	35	5.0	3.77	4.27	15	7	29	4.1	3.47	3.92	10	7	75	10.7	3.21	3.39	4
인문	관광경영학과*	8	5	37	7.4	4.04	5.28	10	5	44	8.8	4.01	4.25	12	5	65	13.0	3.88	4.26	9
인문	사회학과*	10	11	37	3.7	4.27	4.70	10	11	48	4.4	4.03	4.26	11	11	62	5.6	3.91	4.13	6
인문	사학과*	9	10	40	4.0	4.5	4.51	13	12	52	4.3	4.02	4.29	9	12	95	7.9	3.85	4.28	15
인문	중어중문학과*	5	4	39	9.8	4.50	4.50	5	4	26	6.5	5.68	5.93	7	4	57	14.3	3.28	3.51	2
인문	언론홍보학과	12	13	48	3.7	4.53	5.41	9	13	59	4.5	3.20	3.61	7	13	99	7.6	3.50	3.65	9
인문	윤리교육과	2	2	7	3.5	4.54	4.54	1	2	26	13.0	2.71			2	23	11.5	3.40		1
인문	국어국문학과*	11	12	38	3.2	4.60	4.79	12	12	66	5.5	4.21	4.49	13	12	71	5.9	4.37	4.68	9
인문	정치외교학과	12	13	48	3.7	4.67	4.88	14	13	63	4.9	4.29	4.60	18	13	78	6.0	4.60	4.82	18
인문	철학과*	7	7	34	4.9	4.80	5.39	6	7	36	5.1	5.07	5.37	1	7	62	8.9	4.65	4.88	8
인문	일어일문학과*	11	12	96	8.0	4.87	4.97	13	12	60	5.0	5.05	5.56	11	12	89	7.4	4.37	4.64	13
인문	영어영문학과*	4	3	13	4.3	4.93	4.83	4	3	20	6.7	2.76	3.09	3	3	18	6.0	4.11	4.26	7
인문	경제학과	8	9	76	8.4	5.00	4.42	17	9	61	6.8	4.74	4.90	17	9	63	7.0	4.74	4.87	17
인문	무역학과	8	7	48	6.9	5.13	5.17	12	7	30	4.3	4.87	5.41	8	7	45	6.4	4.08	4.25	13
인문	행정학과(야)	4	4	14	3.5	5.24	5.24	8	4	10	2.5	4.63	5.59	2	4	15	3.8	4.22	4.42	3
인문	관광개발학과	6	6	22	3.7	5.31	5.31	6	6	36	6.0	4.55	4.61	8	6	49	8.2	4.51	4.69	5
인문	산업응용경제학과	7	7	66	9.4	5.39	5.17	11	7	52	7.4	5.44	5.71	15	7	32	4.6	5.30	5.35	15
인문	독일학과*	11	11	71	6.5	5.90	5.40	12	11	62	5.6	5.44	5.72	20	11	72	6.6	5.08	5.35	10

계열	모집단위	2025 모집인원	2024 모집인원	지원인원	경쟁률	등록 50%컷	등록 70%컷	충원번호	2023 모집인원	지원인원	경쟁률	등록평균	등록 70%컷	충원번호	2022 모집인원	지원인원	경쟁률	등록평균	등록 70%컷	충원번호
자연	원자력공학과	6																		
자연	식물자원환경전공	6	5	22	4.4				9	38	4.2	5.09	5.34	8	9	38	4.2	5.40	5.44	14
자연	원예환경전공	9	9	41	4.6				9	35	3.9	4.05	4.54	6	9	60	6.7	4.22	4.42	9
자연	물리교육전공	2	2	6	3.0				4	16	4.0				4	12	3.0			
자연	생물교육전공	2	2	6	3.0				2	16	8.0	3.57			2	17	8.5			
자연	수산생명의학과	12	13	59	4.5		4.02	22	13	83	6.4	3.83	3.94	29	13	135	10.4	3.80	4.08	22
자연	건축학과(5년제)	2	2	27	13.5			2	2	46	23.0	3.22		1	2	20	10.0	5.38		4
자연	컴퓨터공학과	5	3	19	6.3				3	22	7.3	3.13	3.13	1	3	49	16.3	3.03		
자연	인공지능학과	7	7	27	3.9				7	34	4.9	4.26	4.25	9	7	27	3.9	4.69	4.73	5
자연	**의예과**	14	8	102	12.8	1.03	1.04	12	13	231	17.8	1.03	1.04	36	13	265	20.4	1.18	1.19	10
자연	*약학과*	7	*10*	144	14.4	1.17	1.24	22	10	217	21.7	1.25	1.29	18	10	369	36.9	1.37	1.43	8
자연	**수의예과**	12	9	248	27.6	1.33	1.36	29	9	288	32.0	1.40	1.45	14	9	452	50.2	1.52	1.53	12
자연	컴퓨터교육과	4	4	18	4.5	1.40	3.32	1	4	24	6.0	4.12	4.25	2	4	24	6.0	3.86	3.92	1
자연	수학교육과	2	2	10	5.0	2.82	2.82		2	12	6.0	3.26		3	2	17	8.5	3.10		1
자연	간호학과*	16	13	131	10.1	3.12	3.29	7	13	144	11.1	3.08	3.37	15	13	362	27.9	2.96	3.20	4
자연	식품영양학과*	11	12	45	3.8	3.81	4.10	12	12	83	6.9	4.13	4.38	16	12	131	10.9	3.77	4.52	13
자연	생활환경복지학부*	10	11	68	6.2	3.95	4.50	10	11	52	4.7	4.41	4.69	13	11	65	5.9	4.01	4.47	11
자연	해양산업경찰학과*	10	10	72	7.0	4.04	4.34	12	11	45	4.1	4.40	4.54	9	11	91	8.3	3.59	3.79	12
자연	해양생명과학과*	8	8	55	6.9	4.31	4.42	5	8	46	5.8	5.19	5.38	20	8	57	7.1	5.09	5.10	18
자연	바이오메디컬정보학과	8	8	25	3.1	4.66	5.98	6	8	34	4.3	4.43	4.78	4	8	36	4.5	5.02	5.40	4
자연	생명공학부*	19	20	76	3.8	4.70	5.27	19	25	79	3.2	4.60	5.18	20	25	109	4.4	4.57	4.94	34
자연	건축공학과*	6	6	32	5.3	4.75	4.77	5	6	43	7.2	4.59	4.95	6	6	49	8.2	4.49	5.23	8
자연	전자공학과	6	3	11	3.7	4.79	4.79	3	3	13	4.3	4.84	4.86	4	3	16	5.3	5.13		1
자연	식품생명공학과	8	8	38	4.8	5.03	4.96	5	9	40	4.4	5.55	5.63	7	9	50	5.6	5.12	5.46	3
자연	화학코스메틱스학과	7	7	22	3.1	5.07	5.07	6	10	39	3.9	3.97	4.32	9	10	56	5.6	4.88	5.15	21
자연	데이터사이언스학과	8	8	43	5.4	5.09	4.99	15	11	44	4.0	5.07	5.34	19	11	45	4.1	5.09	5.35	12
자연	**패션의류학과***	9	6	33	5.5	5.15	6.00	6	6	38	6.9	3.71	4.28	2	6	45	7.5	4.36	4.65	3
자연	전기공학과	8	12	39	3.3	5.18	5.24	11	12	40	3.3	4.89	5.21	13	12	59	4.9	4.84	5.09	14
자연	토목공학과	12	13	75	5.8	5.40	5.40	12	13	77	5.9	5.17	5.68	14	13	57	4.4	5.02	5.60	14
자연	생물학과*	9	9	56	6.2	5.48	5.85	15	10	64	6.4	5.40	5.81	12	10	41	4.1	5.82	6.23	16
자연	지구해양과학과	9	9	52	5.8	5.49	5.25	13	9	55	4.1	5.09	5.84	13	9	45	5.0	5.60	6.02	18
자연	화공그린에너지학과*	7	7	33	4.7	5.52	5.59	7	8	32	4.0	5.87	6.24	8	8	31	3.9	5.60	6.36	11
자연	환경공학과	10	11	44	4.0	5.60	5.68	15	12	47	3.9	5.39	5.54	9	12	95	7.9	5.11	5.47	11
자연	기계시스템공학과	19	20	71	3.6	5.76	6.19	22	21	76	3.6	5.76	5.78	19	21	91	4.3	5.56	5.89	27
자연	물리학과	7	7	38	5.4	5.83	7.15	3	7	16	2.3	6.20	7.15	4	7	28	4.0	5.65	5.89	9
자연	해양시스템공학과*	8	8	55	6.9	5.90	5.91	2	9	38	4.2	6.35	6.50	4	9	56	6.2	5.53	5.87	15
자연	통신공학과	6	5	24	4.8	6.03	6.22	3	5	20	4.0	6.52	6.66	2	5	29	5.8	6.05	6.33	1
자연	수학과	10	11	63	5.7	6.86	6.80	14	11	43	3.9	6.28	6.80	13	11	34	3.1	6.05	6.67	16

■ (학생부교과) 지역인재

전형	모집인원	전형 방법	수능최저학력기준
지역인재	453	학생부교과100% ▶체육교육과, 스포츠과학과: 학생부교과85%+ 실기15%	○ (자유전공X)

1. **지원자격**: 고등학교 졸업자(2025년 2월 졸업예정자 포함)로서 입학부터 졸업까지 고교 전 교육과정을 제주특별자치도 소재 고등학교에서 이수한 자
   ※ 「초·중등교육법」 제2조에 따른 고등학교 외 각종학교(대안학교), 영재학교, 고등기술학교, 방송통신고등학교, 고교졸업 동등 학력인정자는 지원자격에서 제외함
2. **수능최저학력기준**: 일반학생전형 참고
   ※ 초등교육과는 최초 합격자에 한정하여 남·여 어느 한 성이 모집인원의 70%를 초과하지 못함.
      다만, 남·여 비율을 적용하여 합격자를 선발하였음에도 불구하고 어느 한 성이 30%에 미달되는 경우 그 미달되는 인원은 다른 성에서 선발

◎ **전형요소**
● **학생부**: (교과) 일반학생전형 참고

◎ 전형결과

■ 전체

학년도	전체						인문						자연					
	모집인원	지원인원	경쟁률	등록50%컷	등록70%컷	충원율	모집인원	지원인원	경쟁률	등록50%컷	등록70%컷	충원율	모집인원	지원인원	경쟁률	등록50%컷	등록70%컷	충원율
2022	334	2,117	6.34		4.06	65%	174	1,051	6.04		3.99	67%	160	1,066	6.66		4.13	63%
2023	376	1,837	4.89		4.51	67%	187	885	4.73		4.38	70%	189	952	5.04		4.63	63%
2024	409	1,842	4.50	4.23	4.52	60%	191	792	4.15	4.05	4.27	66%	218	1,050	4.82	4.40	4.77	53%
2025	453						212						241					

■ 변경사항 & 핵심포인트

[2025]

변경사항	2024	2025
모집인원	409명	453명(+44명)

➡ **합격자 성적분포**: 인문계열은 4등급 초반 ~ 4등급 중반, 자연계열은 4등급 초반 ~ 4등급 후반

■ 모집단위

'*' 표시 : 교직 이수 가능

계열	모집단위	2025	2024						2023						2022					
		모집인원	모집인원	지원인원	경쟁률	등록50%컷	등록70%컷	충원번호	모집인원	지원인원	경쟁률	등록평균	등록70%컷	충원번호	모집인원	지원인원	경쟁률	등록평균	등록70%컷	충원번호
인문	스포츠과학과	7																		
인문	자유전공	9																		
인문	철학과	4	3	11	3.7				3	18	6.0	4.31	5.43		2	18	9.0	5.07		2
예체	체육교육과	5	2	43	21.5				2	50	25.0	3.72			2	48	24.0	3.65		2
인문	사회교육과	3	2	8	4.0	2.70	2.70		2	16	8.0	3.33			2	24	12.0	2.84		
인문	사회학과*	4	4	20	5.0	2.71	3.12	1	3	16	5.3	4.35	4.60	2	2	15	7.5	4.34		2
인문	초등교육학부	28	31	86	2.8	3.03	3.13	11	31	115	3.7	2.55	2.82	11	31	156	5.0	2.30	2.48	18
인문	언론홍보학과	4	3	17	5.7	3.10	4.02		3	28	9.3	4.06	4.11	1	2	12	6.0	4.44		3
인문	경영학과*	15	16	54	3.4	3.15	3.96	8	16	63	3.9	3.16	3.29	9	16	89	5.6	2.96	3.06	8
인문	지리교육과	3	3	14	4.7	3.25	3.40	1	2	15	7.5	3.35		2	2	17	8.5	3.44		
인문	영어교육과	5	5	22	4.4	3.30	3.36	7	5	25	5.0	3.02	3.07	7	5	37	7.4	2.71	2.78	2
인문	윤리교육과	3	3	11	3.7	3.39	3.39		3	22	7.3	3.27	3.35	2	3	25	8.3	3.50	3.54	2
인문	행정학과*	17	18	49	2.7	3.57	3.71	15	18	83	4.6	3.37	3.62	13	18	97	5.4	3.69	3.97	18
인문	일어일문학과*	4	3	27	9.0	3.69	4.66	6	3	20	6.7	4.78	4.83		2	13	6.5	5.19		
인문	독일학과	5	3	22	7.3	3.92	5.62		3	14	4.7	5.99		3	2	15	7.5	5.61		1
인문	국어국문학과*	3	3	10	3.3	3.93	3.93	5	3	19	6.3	4.07	4.30	19	2	14	7.0	4.50		1
인문	경영정보학과	5	5	12	2.4	4.16	4.16	2	5	31	6.2	3.69	3.98	2	4	19	4.8	4.75	4.90	3
인문	영어영문학과*	10	11	35	3.2	4.18	4.52	8	11	47	4.3	3.78	3.96	8	11	64	5.8	4.07	4.27	9
인문	사학과*	6	5	29	5.8	4.44	4.55	6	3	11	3.7	5.42	5.63	2	2	17	8.5	3.34		1
인문	국어교육과	5	5	18	3.6	4.51	4.51	4	5	29	5.8	2.96	3.12	7	5	33	6.6	3.38	3.32	2
인문	회계학과	16	17	51	3.0	4.57	4.59	12	17	58	3.4	4.09	4.40	6	17	78	4.6	4.09	4.54	10
인문	경제학과	6	4	41	10.3	4.71	4.71	4	4	25	6.3	4.81	5.35	5	3	23	7.7	5.40		2
인문	무역학	6	6	35	5.8	4.72	4.76	8	6	24	4.0	4.96	5.31	7	5	32	6.4	4.93	5.00	4
인문	정치외교학과	4	3	15	5.0	4.74	4.84	6	3	22	7.3	4.73	4.93	3	2	10	5.0	5.67		
인문	산업응용경제학과	4	3	10	3.3	4.98	5.48	2	3	16	5.3	4.90	4.94	1	2	9	4.5	5.50		1
인문	중어중문학과*	9	10	48	4.8	5.33	5.15	8	10	43	4.3	5.03	5.40	8	10	78	7.8	4.48	4.93	12
인문	관광개발학과	7	7	23	3.3	5.44	5.44		7	33	4.7	4.68	4.95	6	6	35	5.8	4.93	5.12	6
인문	관광경영학과*	15	16	81	5.1	5.64	4.70	12	16	42	2.6	4.23	4.96		16	73	4.6	3.53	3.98	8
자연	원자력공학과	6																		
자연	물리교육전공	3	2	5	2.5				2	7	3.5				2	9	4.5			
자연	생물교육전공	2	2	7	3.5				2	21	10.5	3.55		1	2	17	8.5	3.66		
자연	컴퓨터교육과	2	2	8	4.0				2	9	4.5				2	12	6.0	4.23		
자연	식물자원환경전공	6	6	27	4.5				2	11	5.5	4.29		2	1	6	6.0			
자연	원예환경전공	2	2	7	3.5				2	11	5.5	3.23			1	10	10.0			
자연	인공지능학과	6	6	39	6.5				6	38	6.3	4.63	4.82	7	6	32	5.3	5.41	5.59	7
자연	컴퓨터공학과	5	5	28	5.6				5	34	6.8	2.91	3.50	4	5	66	13.2	3.17	3.69	5
자연	의예과	19	12	53	4.4	1.18	1.22	4	7	39	5.6	1.24	1.34	6	6	43	7.2	1.31	1.35	5
자연	약학과	10	10	48	4.8	1.55	1.54	5	10	45	4.5	1.69	1.72	6	10	70	7.0	1.68	1.80	10

계열	모집단위	2025 모집인원	2024 모집인원	지원인원	경쟁률	등록50%컷	등록70%컷	충원번호	2023 모집인원	지원인원	경쟁률	등록평균	등록70%컷	충원번호	2022 모집인원	지원인원	경쟁률	등록평균	등록70%컷	충원번호
자연	수의예과	9	9	50	5.6	1.64	1.71	2	9	45	5.0	1.82	1.91	1	8	63	7.9	1.97	1.98	
자연	건축학과(5년제)	6	6	54	9.0	3.04	3.92	6	6	40	6.7	3.81	3.99	3	6	42	7.0	3.64	3.86	4
자연	식품영양학과*	4	3	17	5.7	3.10	3.56		3	34	11.3	4.41	4.68	6	2	23	11.5	4.84		4
자연	수학교육과	6	6	19	3.2	3.23	3.23	6	6	25	4.2	3.24	3.44	5	6	34	5.7	3.06	3.33	5
자연	해양생명과학과	3	3	21	7.0	3.35	5.07	2	3	20	6.7	6.13	6.21	3	2	11	5.5	5.87		
자연	토목공학과	4	3	16	5.3	3.55	4.69	1	3	28	9.3	4.55	5.46	1	2	10	5.0	6.20		1
자연	해양산업경찰학과	5	4	18	4.5	3.55	5.35	2	3	14	4.7	3.64	3.92		2	16	8.0	3.38		1
자연	간호학과*	22	22	133	6.1	4.06	4.42	6	20	148	7.4	3.37	3.45		22	228	10.4	3.45	3.89	9
자연	수산생명의학과	4	3	8	3.7	4.19	4.23	1	3	9	3.0	4.05	4.18	1	2	11	5.5	4.62		1
자연	생활환경복지학부*	4	3	23	7.7	4.43	4.85	4	3	16	5.3	3.78	4.10	6	2	14	7.0	4.05		
자연	건축공학과	4	4	24	6.0	4.60	4.90	3	3	22	7.3	4.87	5.11	3	2	12	6.0	5.11		
자연	생명공학부*	11	9	35	3.9	4.65	4.62	5	4	17	4.3	4.60	4.76	2	2	15	7.5	2.45		
자연	화공그린에너지학과*	5	4	11	2.8	4.77	4.77	4	3	10	3.3	5.23	5.57	1	2	7	3.5	5.13		1
자연	*전기공학과*	6	12	41	3.4	4.84	5.31	6	12	49	4.1	5.01	5.36	10	12	46	3.8	5.23	5.72	13
자연	환경공학과	5	4	17	4.3	4.88	4.88	4	3	11	3.7	5.39	5.54		2	15	7.5	5.05		
자연	화학·코스메틱스학과	7	6	25	4.2	4.98	5.20	3	3	6	2.0	5.62		1	2	15	7.5	3.84		1
자연	패션의류학과*	4	4	25	6.3	5.01	5.01	3	4	26	6.5	3.81	4.64	4	3	19	6.3	5.08	5.11	1
자연	전자공학과	9	10	26	2.6	5.03	5.24	8	10	34	3.4	4.98	5.19	14	10	44	4.4	4.81	5.28	9
자연	바이오메디컬정보학과	7	7	25	3.6	5.05	5.85	10	7	37	5.3	4.98	5.21	10	7	34	4.9	5.28	5.51	4
자연	데이터사이언스학과	12	12	83	6.9	5.23	5.24	7	10	25	2.5	6.00	6.29	2	4	14	3.5	3.86	3.98	1
자연	기계시스템공학과	8	7	22	3.1	5.26	5.41	4	6	17	2.8	5.76	5.75	4	4	18	4.5	5.31	5.87	4
자연	식품생명공학과	5	4	17	4.3	5.26	5.26	4	3	10	3.3	5.30		2	2	12	6.0	4.95		1
자연	지구해양과학과	4	3	16	5.3	5.41	6.93	5	3	21	7.0	5.60	5.64	1	2	12	6.0	6.70		4
자연	통신공학과	9	9	32	3.6	5.70	6.21	4	9	31	3.4	5.60	6.02	5	9	42	4.7	5.89	6.09	3
자연	해양시스템공학과	5	4	24	6.0	5.73	5.73	6	3	10	3.3	6.05	6.20		2	12	6.0			1
자연	생물학과	5	4	17	4.3	6.10	6.10	4	3	10	3.3	5.20	5.60	2	2	11	5.5			
자연	물리학과	3	3	12	4.0	6.32	6.32		3	5	1.7				2	11	5.5	5.66	3	
자연	수학과	4	3	17	5.7	6.36	6.33		3	17	5.7	5.70		6	2	10	5.0	6.74		2

■ (학생부종합) 일반학생

전형	모집인원	전형 방법	수능최저학력기준
일반학생	223	1단계)서류100%(3배수) 2단계)서류70%+ 면접30%	X

1. **지원자격**: 고등학교 졸업자(2025년 2월 졸업예정자 포함) 또는 법령에 의하여 이와 동등 이상의 학력이 있다고 인정되는 자
   ※ 외국고교 교육과정 이수자는 국내 고교의 3개 학기 이상 학교생활기록부가 있는 자에 한정하여 지원 가능
2. **제출서류**: 학교생활기록부

◎ 전형요소
● 서류(1,000점: 기본점수 400점)
   1. **평가방법**: 지원자의 평가자료를 바탕으로 전공적합성, 자기주도성, 인성·공동체기여도에 대하여 종합적으로 평가
   2. **평가영역**:

평가 요소	배점 최고	배점 최저	내용
전공적합성	400	160	희망 전공의 선택 동기와 전공탐색 노력 등 전공 관심도와 전공 관련 교과의 학습경험·학업성취도 등 학업수행역량을 평가
자기주도성	300	120	목표지향과 도전정신, 문제해결능력, 성실성, 리더십 등 대학 진학 후 대학생활 및 학업을 수행하기 위한 기본적인 역량 평가
인성·공동체기여도	300	120	도덕성과 책임감 등 인성영역과 공동체의 발전을 위한 배려심과 소통 능력 등 공동체 기여영역에 대한 내용을 평가

   3. **평가영역별 평가내용 및 배점**:

평가 영역	평가 요소		평가 내용	배점(%) 서류	배점(%) 면접
전공 적합성	태도	전공관심도	▪ 희망 전공에 대한 선택 동기가 명확하고 지속적인 전공 탐색 노력을 하였는가? ▪ 희망 전공에 대한 지속적인 관심을 가져왔으며, 학업을 수행할 열정을 가지고 있는가?	10%	30%

평가 영역		평가 요소	평가 내용	배점(%)	
				서류	면접
전공 적합성	내용	기초지식 및 학업역량	▪ 희망 전공 관련 교과의 학습경험과 학업성취도가 대학에서 학업을 수행할 수 있는 역량 을 보여주는가?	30%	
		전공관련활동	▪ 희망 전공과 관련된 활동에 꾸준히 참여하였는가?		
자기 주도성	태도	목표지향과 도전정신	▪ 자신의 목표를 이루기 위해 많은 시간과 노력을 기울였는가? ▪ 자기주도학습 능력을 갖추었으며 학교생활에 자발적으로 참여하였는가?	15%	30%
		문제해결능력	▪ 직면한 문제에 대한 창의적인 해결능력을 갖추고 있는가? ▪ 역경을 극복한 경험이 있으며 그를 통해 극복 의지가 드러나는가?		
	내용	성실성	▪ 학교에서 성실하고 책임감 있게 생활하였는가? ▪ 전체 교과의 학업성취도가 고르게 나타나며, 적극적으로 교내 활동에 참여하였는가?	15%	
		리더십	▪ 학급이나 조직의 목표를 달성하기 위해 구성원들을 이끄는 역량을 갖추고 있는가?		
인성· 공동체 기여도	태도	인성	▪ 도덕성과 품성을 갖추어 모범적인 학교생활을 하였는가? ▪ 자신이 맡은 일에 책임감과 끈기를 가지고 충실히 수행하였는가?	15%	40%
	내용	공동체 기여	▪ 공동체의 목표를 달성하거나 문제를 해결하기 위해 공동체 구성원에게 자발적인 헌신과 배려를 실천하였는가? ▪ 공동체 구성원들과의 협력과 소통을 위해 노력하여 공동체 발전에 기여하였는가?	15%	

☞ **보충설명**
- 전공적합성(40%) > 자기주도성(30%) = 인성·공동체 기여도(30%) 순으로 반영. 전공적합성이 가장 중요함
- 전공적합성(40%) 중 기초학업역량과 전공관련활동 반영이 높고 변별력도 높음
  - 전공적합성은 학교에서 대부분 시간을 보내는 수업에 대한 교과성적, 성적 변화도, 세특을 중점적으로 봄.
  - 인재상은 전공적합성과 자기주도성에서 확인함
  - 전공적합성은 학과로 봄
- 학업역량은 전공적합성과 자기주도성에서 평가
- 모집단위별 인재상; 중요함, 평가시 이를 보면서 평가함. 관련교과를 중점적으로 살펴 봄.
  - 관련교과를 이수하지 않았으면 감점이 아님, 다른 부분을 통해 확인하고자 함

● **면접(300점)**
  1. **평가방법:** 1단계 평가자료 확인 질문에 대한 답변 등을 평가영역별 평가기준에 따라 종합평가
  2. **면접방법:** 2명의 면접위원이 지원자 1인당 15분 내외로 개별 블라인드 면접 실시
  3. **평가영역 및 영역별 배점:**

평가영역	반영비율	평가내용
전공적합성	30%	희망 전공의 선택 동기와 전공탐색 노력 등 전공 관심도와 전공 관련 교과의 학습경험·학업성취도 등 학업수행역량 을 평가
자기주도성	30%	목표지향과 도전정신, 문제해결능력, 성실성, 리더십 등 대학 진학 후 대학생활 및 학업을 수행하기 위한 기본적인 역량을 평가
인성·공동체기여도	40%	도덕성과 책임감 등 인성영역과 공동체의 발전을 위한 배려심과 소통능력 등 공동체 기여 영역에 대한 내용을 평가

　※ 면접고사 성적이 150점(300점 만점) 미만인 경우 전형총점에 관계없이 불합격 처리함

■ **모집단위별 인재상**
　※ 본 자료는 학생부종합전형의 전공적합성 관련 참고자료이므로, 제주대학교 학생부종합전형 준비 시, 참고 바람.
　- 인재상: 모집단위별 선발하고자 하는 인재상
　- 요구역량: 모집단위별 학생부종합전형 지원자에게 필요로 하는 역량
　- 관련교과: 제주대학교 학생부종합전형은 모든 교과(목)를 반영하지만, 관련 교과를 보다 중점적으로 반영

단과 대학	학과	인재상	요구역량	관련 교과
인문 대학	국어국문학과	▪ 창의적·분석적·논리적 사고능력을 지닌 학생	◦창의력　◦분석력 ◦논리력	화법과 작문, 독서 언어와매체, 문학
	영어영문학과	▪ 국제화시대 외국어 학습능력을 갖춘 논리적이고 창의적 인 학생	◦외국어 능력　◦논리력 ◦창의력	
	독일학과	▪ 외국어 능력을 갖춘 학생	◦어학능력　◦창의력 ◦사회성	국어, 영어, 독일어
	일어일문학과	▪ 일본의 언어, 사회, 문화, 환경에 관심을 갖고 사고하여 탐구해 온 학생 ▪ 일본어 학습에 필요한 기본적인 한자를 읽고 쓸 수 있는 학생	◦탐구력 ◦비교·분석력 ◦한자능력	국어, 영어, 일본어
	중어중문학과	▪ 중국문화와 사상에 대한 이해를 바탕으로 사회적 요구에 부합하는 대응력과 미래지향적 실천력을 갖춘 학생	◦언어능력　◦의사소통역량 ◦국제적역량　◦문화탐구역량	중국어

단과 대학	학과	인재상	요구역량	관련 교과
사회 과학 대학	사학과	■ 합리적인 역사의식과 비판적인 사고능력을 지닌 학생	◦논리력 ◦비판적 사고력 ◦역사의식	사회
	사회학과	■ 사회학적 상상력과 공감능력을 가진 학생	◦공감능력 ◦비판적사고력 ◦역사적상상력	국어, 사회, 역사, 과학, 외국어
	철학과	■ 창의적·비판적·논리적 사고능력과 인간, 사회, 자연에 문제의식을 갖춘 학생	◦창의력 ◦비판력 ◦논리력 ◦문제의식	국어, 영어
	행정학과 (야)행정학과	■ 사회현상에 대한 사고력 및 분석력을 갖춘 지역발전에 기여할 수 있는 인재	◦논리적분석력 ◦확산적사고력	국어, 영어, 사회
	정치외교학과	■ 사회현상에 대한 분석력 및 비판적 사고를 갖춘 학생	◦탐구력 ◦분석력 ◦비판적	국어, 영어, 사회
	언론홍보학과	■ 사회현상과 언론현상에 대한 관심과 호기심을 갖고 있는 학생 ■ 사회현상과 언론현상에 대한 탐구력과 분석력을 갖춘 학생	◦탐구력 ◦공감능력 ◦논리적분석력 ◦창의적사고력	국어, 영어, 사회
경상 대학	경제학과	■ 경제 현상에 대한 통찰과 논리적 분석력을 갖춘 글로벌 인재	◦통찰력 ◦논리력 ◦국제적 역량	국어, 수학, 영어, 사회(경제)
	무역학과	■ 글로벌한 국제적 역량과 미래지향적인 사고능력을 갖춘 학생	◦국제적역량 ◦외국어능력 ◦진취적창의력	국어, 영어, 사회
	경영학과 (야)경영학과	■ 변화하는 경영환경에 대한 통찰력을 바탕으로 창의성과 분석적 사고 능력을 갖춘 학생	◦창의력 ◦분석력 ◦국제적 역량	국어, 영어, 사회
경상 대학	회계학과	■ 경제활동에 대한 통찰력 및 분석력을 갖추고, 합리적 의사결정에 필요한 논리적 사고력을 지닌 학생	◦통찰력 ◦분석력 ◦논리적사고력	국어, 수학, 영어, 사회(경제)
	경영정보학과	■ 제4차 산업혁명 시대의 융·복합적인 창의적 사고와 최적의 의사결정을 위한 정보수집 능력을 갖춘 인재 ■ 디지털 경제시대에 중추적 역할을 수행할 진취적인 사고와 리더십이 있는 인재	◦창의력 ◦사회성 ◦수학적 능력 ◦지식탐구역량	국어, 수학, 영어
	관광경영학과	■ 글로벌 관광산업을 선도하는 이론과 실무를 겸비한 인재 ■ 관광관련 산업분야에 능동적이고 창의적으로 대처할 수 있는 융복합 역량을 갖춘 인재 ■나눔과 공유를 통해 지역사회에 협력하고, 관광산업발적을 위해 자주적으로 소통하고 실천해나가는 인재	◦창의력 ◦도덕성 ◦융복합성 ◦국제적역량	국어, 영어, 사회, 제2외국어
	관광개발학과	■ 복합적 관광문제에 대응할 수 있는 통합적 사고와 역량을 갖춘 인재 ■ 우리나라의 관광발전을 위한 사명감과 진취적 사고를 갖춘 창의융합적 인재	◦사회성 ◦창의성 ◦외국어 능력	국어, 수학, 영어, 제2외국어
사범 대학	국어교육과	■ 언어능력, 사회성, 고전에 대한 기본 소양, 의사소통역량, 교직적 인성, 봉사정신을 갖춘 학생	◦언어능력 ◦사회성 ◦고전에 대한 기본소양 ◦의사소통역량 ◦봉사정신 ◦교직적 인성	국어, 한문
	영어교육과	■ 글로벌 마인드를 바탕으로 외국어 의사소통능력과 교직에 맞는 인성을 갖춘 학생	◦외국어 학습 능력 ◦의사소통 역량 ◦논리적 글쓰기 능력 ◦글로벌 마인드 ◦교직 인·적성	영어
	사회교육과	■ 고차사고력 및 민주시민으로서의 기본소양을 갖춘 학생	◦의사소통역량 ◦문제해결력 ◦비판적사고력 ◦교직 인·적성	국어, 수학, 영어, 사회, 경제, 정치와 법, 사회·문화, 사회문제탐구
	지리교육과	■ 세계에 대한 이해와 공간적 사고력을 갖춘 학생	◦국제적 역량 ◦개방적 태도 ◦교직적 인성	국어, 영어, 사회
	윤리교육과	■ 도덕문제를 합리적으로 해결 할 수 있는 도덕적 사고능력과 타인·공동체를 존중하고 배려하는 마음을 겸비한 학생 ■도덕적 문해력을 갖춘 학생	◦도덕적 사고능력 ◦의사소통능력 ◦도덕적 정서능력 ◦교직적 인성	사회(도덕), 생활과윤리, 윤리와사상, 고전과윤리
	수학교육과	■ 우수한 인성을 바탕으로 수학적 사고력과 문제해결력을 갖춘 학생	◦수학적 사고력 ◦문제해결력 ◦교직적 인성	수학

단과대학	학과	인재상	요구역량	관련 교과
	과학교육학부 물리교육전공	■ 과학 탐구활동에 대한 긍정적 경험을 표현할 줄 아는 학생 ■ 물리(과학)에 대하여 흥미를 갖춘 학생 ■ 과학적 사고력, 탐구능력, 문제해결력, 의사소통 능력을 갖춘 학생	○물리이해력 ○인지력 ○사고력 ○자기주도적 탐구력 ○의사소통역량 ○교직적 인성	수학, 과학, 물리학 I·II
	과학교육학부 생물교육전공	■ 자연현상에 대한 원인을 과학적으로 탐구하고, 문제를 동료와 함께 협력하여 창의적으로 해결해 나갈 수 있는 개방적이고 능동적인 학생	○탐구력 ○문제해결력 ○의사소통능력 ○창의성 ○교직적 인성	국어, 영어, 과학, 물리학 I·II, 화학 I·II, 생명과학 I·II, 지구과학 I·II
	컴퓨터교육과	■ 컴퓨팅 사고력 기반 창의·융합적 문제해결능력과 미래지향적 교사로서의 인·적성을 갖춘 학생	○컴퓨팅 사고력 ○창의·융합적 문제해결력 ○교직 인·적성	국어, 수학, 영어, 정보
생명자원과학대학	스마트팜학부 식물자원환경전공	■ 아열대농업 기반 4차 산업 발전에 적합한 창의적이고, 글로벌 역량을 갖춘 학생	○미래지향적 ○창의력·분석력 ○과학적 사고력	과학, 농업생명과학
	스마트팜학부 원예과학전공	■ 4차 산업혁명 기반 아열대 원예산업 및 스마트팜 발전을 선도하는 창의적이고, 글로벌 역량을 갖춘 인재	○미래지향적 ○창의력·분석력 ○과학적 사고력	과학, 농업생명과학
	생명공학부 (바이오소재전공,분자생명공학전공,동물생명공학전공)	■ 생물 기반 창의 융합형 지식의 습득에 필요한 기본적 지식과 인성, 탐구와 개방적사고를 갖춘 창의적 인재	○이해력 ○문제해결능력 ○창의력	과학, 생명과학 I·II
	바이오메디컬정보학과	■ 바이오 빅데이터 기반 융합적 지식과 창의적인 사고력을 갖는 협동적이며 개방적인 인재	○탐구력 ○논리적분석력 ○문제해결력	과학, 화학 I·II, 생명과학 I·II
	산업응용경제학과	■ 농업, 식량, 자원, 환경 관련 경제문제의 해결을 위하여 탐구적 자세를 바탕으로, 창의적·분석적으로 접근하는 인재	○탐구력 ○창의력 ○분석력	국어, 수학, 영어, 사회
해양과학대학	해양생명과학과	■ 해양생물·자원 및 현상에 대한 탐구심을 가지며, 실험·실습에 흥미를 갖고 좋아하는 창의적·능동적인 학생	○탐구력 ○창의력 ○능동적사고력 ○종합적이해력 ○도전정신	영어, 과학, 화학 I·II, 생명과학 I·II
	수산생명의학과	■ 수산생명의학에 대한 이해와 전공학습에 필요한 소양과 기본적 지식을 갖춘 학생	○탐구력 ○관찰력 ○사회성 ○종합적이해력	영어, 과학, 화학, 생명과학
	지구해양과학과	■ 지구과학에 대한 관심과 탐구 능력을 갖춘 학생	○창의력 ○분석력 ○논리력	과학, 물리학 I, 화학 I 생명과학 I, 지구과학 I
	해양산업경찰학과	■ 해양산업 및 해양경찰에 대한 이해와 협동성을 갖춘 학생	○논리력 ○과학적사고력 ○협동력	수학, 영어, 과학, 물리학 I, 지구과학 I
	해양시스템공학과	■ 해양시스템 및 ICT 융합 신기술 습득에 필요한 소양과 탐구심을 갖춘 학생	○과학적사고력 ○논리적분석력 ○창의적사고력	수학, 과학, 물리학 I·II
	환경공학과	■ 국가의 지속가능한 성장과 환경보전에 대한 윤리를 바탕으로 환경공학 전반에 대해 실무능력과 설계능력을 갖춘 창의적인 전문 인력을 양성	○탐구력 ○사고력 ○분석력	과학, 물리학, 화학, 생명과학, 지구과학
자연과학대학	물리학과	■ 물리에 대한 기본적인 이해와 수학적 사고력을 갖춘 학생	○언어능력 ○관찰력·논리력 ○분석력 ○수학적사고력	국어, 수학, 영어, 과학
	생물학과	■ 과학적 호기심을 바탕으로 국가의 바이오산업 발전에 기여할 수 있는 창의·융합적 문제 해결능력을 지닌 학생	○자기주도적 탐구력 ○창의적 사고력 ○의사소통능력	수학, 영어, 과학, 생명과학 I·II
	화학·코스메틱스학과	■ 과학현상에 대한 창의력 및 과학적 사고력을 갖춘 학생 ■ 탐구과정에 있어 자기주도적인 태도와 문제해결 능력을 갖춘 학생	○창의력 ○과학적 사고력 ○자기주도적 탐구력 ○문제해결능력	과학, 화학 I
	식품영양학과	■ 미래 건강사회를 이끌어갈 진취적 사고의 학생	○생물이해력 ○문제해결능력 ○분석력	수학, 영어, 화학
	패션의류학과	■ 인간의 건강과 삶의 질 향상에 기여할 수 있는 진취적 인재	○창의력,분석력 ○사고력 ○문제해결력 ○의사소통역량	국어, 영어, 사회, 과학
	생활환경복지학부 (아동생활복지전공,주거·가족복지전공)	■ 실천적 지식, 창의적 문제해결능력 및 공동체 의식을 갖춘 학생	○의사소통능력 ○문제해결능력 ○융합적 사고력 ○창의력·분석력	국어,영어, 사회
	수학과	■ 4차 산업혁명 시대에 적합한 수학적사고력과 문제해결 능력을 갖춘 학생	○수학적사고력 ○논리력 ○창의력 ○문제해결력	수학, 영어

단과대학	학과	인재상	요구역량	관련 교과
	데이터사이언스학과	■ 전공에 대한 전문 지식을 바탕으로 지식기반 정보화 사회의 여러 문제들을 다양한 시각으로 접근하고 해결할 수 있는 창의적 문제해결능력을 갖춘 인재	◦창의력 ◦분석력 ◦논리력 ◦의사소통능력	수학, 영어
공과대학	식품생명공학과	■ 식품을 포함한 생명과학 분야의 기초 지식과 이해력을 갖춘 인재 선발	◦종합적 이해 ◦지식탐구역량 ◦고등사고역량	과학, 화학Ⅰ·Ⅱ, 생명과학Ⅰ·Ⅱ
	컴퓨터공학과	■ 새로운것에 대한 탐구 및 창의적·논리적 사고능력을 지닌 학생	◦탐구창의력 ◦논리력 ◦사고력	수학, 영어
	인공지능학과	■ 창의성·도전정신·인성을 바탕으로 4차산업혁명 시대의 신가치를 창출하는 융복합 인재	◦창의성 ◦도전정신 ◦논리적사고	수학, 영어, 과학
	전자공학과	■ 신산업에 대한 이해를 바탕으로 새로운 가치를 창출하는 신산업 리더형 인재	◦창의융합사고력 ◦문제해결능력 ◦수학적사고력 ◦논리적분석력	수학(미적분,확률과통계), 영어, 과학(물리학, 화학)
	통신공학과	■ 공학도로서 갖춰야할 기본소양과 과학기술 역량을 지닌 학생	◦창의융합사고력 ◦문제해결능력 ◦수학적사고력 ◦논리력	수학, 영어, 과학
	전기공학과	■ 전기공학에 관한 기본적인 지식과 창의적 사고력을 갖춘 학생	◦창의적사고력 ◦문제해결력 ◦수학적사고력 ◦논리적분석력	수학, 영어, 과학, 물리학Ⅰ·Ⅱ
	원자력공학과	■ 공학과 에너지(원자력) 분야에 관한 기본적인 지식과 창의적 사고력을 갖춘 학생	◦창의적사고력 ◦문제해결력 ◦수학적사고력 ◦논리적분석력	수학Ⅰ·Ⅱ, 미적분, 영어Ⅰ·Ⅱ, 영어, 독해와작문, 화학Ⅰ·Ⅱ, 물리학Ⅰ·Ⅱ, 융합과학
	기계시스템공학과	■ 수학과 기초과학에 대한 학습능력이 우수하고 4차 산업과 미래사회에 대한 이해력, 적응력이 높고 창의적 사고력 및 분석력을 갖춘 도전적인 학생	◦수학적사고력 ◦논리력 ◦문제해결능력 ◦창의력 ◦체계적분석력 ◦종합적이해력 ◦미래지향적사고능력	수학, 물리학
	화학그린에너지학과	■ 자연과학과 수학에 대한 폭 넓은 이해를 바탕으로 실용적 응용에 관심이 많은 학생	◦과학적이해력 ◦수학적논리력	수학, 물리학, 화학, 생명과학
	건축공학과	■ 건축에 대한 이해와 공학적 사고력을 갖춘 학생	◦논리력 ◦사고력 ◦분석력 ◦인지력	수학, 영어, 과학
	건축학과	■ 인간을 이해하고 인문, 공학, 예술 분야의 종합적 사고를 갖춘 학생	◦논리력, ◦사고력 ◦분석력, ◦인지력	영어, 사회, 물리학, 예술
	토목공학과	■ 토목공학에 대한 이해 및 관심과 공학적 사고력을 갖춘 학생	◦탐구력 ◦사고력 ◦분석력	수학, 과학, 물리학, 지구과학
교육대학	초등교육학부	■ 인성과 교양을 겸비한 예비 초등학교 교사 ■ 학교 및 교실 친화적 초등교육 전문가 ■ 4차 산업혁명 등 미래를 대비할 수 있는 초등교육 전문가	◦윤리적사고와 공동체 의식 ◦지적탐구심과 융복합사고 ◦건강한 체력과 심미적 감수성	전교과
수의과대학	수의예과	■ 논리적·창의적 사고능력과 의사소통 능력을 갖춘 학생 ■ 종합적인 이해력과 체계적인 분석력을 갖춘 학생 ■ 서비스와 타인을 배려하는 이해심을 갖춘 학생	◦논리력 ◦창의력 ◦의사소통능력	수학, 영어, 화학Ⅰ·Ⅱ, 생명과학Ⅰ·Ⅱ
간호대학	간호학과	■ 융복합적 사고력과 소통·공감 역량을 갖춘 학생	◦문제탐구 ◦창의·융복합 ◦의사소통능력	수학, 영어, 생명과학Ⅰ·Ⅱ
미래융합대학	건강뷰티향장학과	■ 뷰티·문화 트랜드를 창조할 수 있는 융합적 기술과 지식을 갖춘 학생 ■ 글로벌 역량과 네트워크를 갖춘 학생	◦융합적사고력 ◦창의력 ◦국제적 역량	영어, 예술, 교양
	관광융복합학과	■ 국제화 시대에 부응하는 글로벌 역량과 6차 산업에 대한 기본소양을 갖춘 학생	◦융합적통찰력 ◦융합적사고력 ◦국제적 역량 ◦미래지향적 사고능력	국어, 영어, 사회
	부동산관리학과	■ 부동산에 대한 이론과 실무지식을 겸비한 부동산 전문가	◦의사소통역량 ◦문제해결역량 ◦개방적 태도	사회
	실버케어복지학과	■ 복지사회 리더형 사회복지 인재 ■ 공동체 협력형 사회복지 인재	◦사회성 ◦의사소통역량 ◦문제해결력 ◦비판적사고력	사회, 경제, 사회·문화, 생활과윤리
약학대학	약학과	■ 의약발전을 주도할 창의융합 약학연구자 ■ 바이오헬스산업을 견인할 미래혁신 제약산업리더 ■ 지역사회 건강을 책임질 환자중심 임상약료전문가 ■ 약무행정·정책을 선도할 사회공헌 보건약학리더	◦의사소통과협력 ◦윤리의식과 봉사 ◦창의융복합 ◦문제해결 ◦리더십 ◦미래지향성	영어, 수학, 화학Ⅰ·Ⅱ, 생명과학Ⅰ·Ⅱ
제주대	자유전공	■ 소통하고 도전하며 포용하는 글로컬 리더	◦의사소통역량 ◦도전정신 ◦문제해결역량 ◦공동체 의식 ◦창의융복합역량	전교과

◎ 전형결과
■ 전체

학년도	전체						인문						자연					
	모집인원	지원인원	경쟁률	등록50%컷	등록70%컷	충원율	모집인원	지원인원	경쟁률	등록50%컷	등록70%컷	충원율	모집인원	지원인원	경쟁률	등록50%컷	등록70%컷	충원율
2022	173	1,676	9.69	4.27	4.48	49%	82	780	9.51	4.05	4.20	49%	91	896	9.85	4.49	4.75	49%
2023	186	1,350	7.26	4.44	4.58	44%	89	612	6.88	4.28	4.27	33%	97	738	7.61	4.59	4.89	55%
2024	188	1,505	8.01	4.36	4.43	33%	89	663	7.45	4.09	4.20	42%	99	842	8.51	4.62	4.66	24%
2025	223						120						103					

■ 변경사항 & 핵심포인트

[2025]

변경사항	2024	2025
모집인원	188명	223명(+35명)

➡ 합격자 성적분포: 인문계열은 4등급 초반 ~ 4등급 후반, 자연계열은 4등급 중반 ~ 5등급 초반

■ 모집단위

'*' 표시 : 교직 이수 가능

계열	모집단위	2025 모집인원	2024 모집인원	지원인원	경쟁률	등록50%컷	등록70%컷	충원번호	2023 모집인원	지원인원	경쟁률	등록평균	등록70%컷	충원번호	2022 모집인원	지원인원	경쟁률	등록평균	등록70%컷	충원번호
인문	자유전공	33																		
인문	중어중문학과*	2	2	16	8.0				2	10	5.0	5.37			2	19	9.5	4.81		1
인문	독일학과*	2	2	19	9.5				2	8	4.0	6.06			2	12	6.0	5.22		
인문	행정학과(야)	2	2	6	3.0	1.36	1.36	2	2	5	2.5				2	6	3.0	4.61		
인문	초등교육학부	9	11	122	11.1	2.61	2.69	9	11	129	11.7	2.39	2.45	8	10	153	15.3	2.15	2.26	8
인문	지리교육과	3	3	26	8.7	2.80	2.86		3	23	7.7	3.41	3.51		2	23	11.5	3.03		
인문	윤리교육과	5	5	39	7.8	3.15	2.99		5	29	5.8	3.70	3.75	3	4	31	7.8	3.23	3.29	2
인문	국어교육과	4	4	19	4.8	3.21	3.21	2	4	19	4.8	3.16	3.47	2	3	24	8.0			2
인문	경제학과	3	3	27	9.0	3.49	4.15		3	16	5.3	5.30	5.35	2	3	17	5.7			
인문	사회교육과	3	3	17	5.7	3.56	3.72	3	3	28	9.3	3.05	3.18		2	27	13.5	3.14		
인문	경영학과*	4	4	31	7.8	3.67	3.67	1	4	21	5.3	4.30	4.35	1	4	32	8.0	3.92	4.28	2
인문	영어교육과	4	4	22	5.5	3.93	3.93	2	4	18	4.5	3.02	3.07	1	2	29	14.5	2.88		1
인문	회계학과	4	4	14	3.5	3.98	3.98		4	12	3.0	4.00	4.16	1	4	22	5.5	3.81	4.25	
인문	행정학과*	4	4	37	9.3	4.02	4.02	2	4	17	4.3	4.39	4.72	2	4	35	8.8	3.33	3.58	1
인문	언론홍보학과	3	3	27	9.0	4.09	4.82	3	3	34	11.3	4.30	4.33	1	3	36	12.0	3.68	4.28	1
인문	정치외교학과	3	3	28	9.3	4.09	4.32		3	23	7.7			1	3	31	10.3	5.01		5
인문	관광경영학과*	4	4	23	5.8	4.29	4.29		4	35	8.8	4.38	4.48	1	4	34	8.5	4.55	4.93	4
인문	경영정보학과	3	3	19	6.3	4.38	5.70		3	20	6.7	5.32	5.34	1	3	18	6.0	5.12		3
인문	산업응용경제학과	2	2	16	8.0	4.39	4.39		2	7	3.5			1	2	13	6.5	4.50		
인문	국어국문학과*	3	3	17	5.7	4.56	4.69		3	20	6.7	4.34	4.36	1	3	24	8.0	4.82	4.90	
인문	경영학과(야)	2	2	5	2.5	4.56	4.56		2	10	5.0	2.58			2	6	3.0	3.11		
인문	영어영문학과*	2	2	17	8.5	4.57	4.57	2	2	17	8.5	4.67			2	20	10.0	4.10		2
인문	사학과*	2	2	20	10.0	4.59	4.59		2	19	9.5	4.49		1	2	27	13.5	3.83	4.22	
인문	사회학과*	3	3	27	9.0	4.63	4.70	4	3	31	10.3	4.66	4.83		3	44	14.7	5.17	5.38	5
인문	관광개발학과	3	3	17	5.7	4.74	5.19		3	13	4.3	4.98	5.05		3	21	7.0	4.68	4.89	
인문	무역학과	3	3	17	5.7	5.74	5.86	1	3	11	3.7	4.90	5.18	1	3	22	7.3	4.71	4.76	
인문	철학과*	3	3	15	5.0	5.90	4.82	2	3	20	6.7	5.13	5.23		3	29	9.7	3.33	3.58	1
인문	일어일문학과*	2	2	20	10.0	6.01	6.01	2	2	17	8.5	4.89		1	2	25	12.5	4.53		
자연	약학과	4																		
자연	원자력공학과	2																		
자연	물리교육전공	5	5	10	2.0				3	11	3.7	4.24	4.32	3	2	9	4.5	4.56		1
자연	생물교육전공	5	5	18	3.6				5	25	5.0	3.07	3.64	4	3	31	10.3	3.64	3.89	
자연	인공지능학과	2	2	11	5.5				2	10	5.0	3.56			2	12	6.0	4.39		
자연	식물자원환경전공	2	2	8	4.0				2	10	5.0			2	2	15	7.5	3.16		2
자연	원예환경전공	2	2	10	5.0				2	8	4.0	5.20			2	20	10.0	4.49		
자연	화학코스메틱스학과	2	2	12	6.0				2	9	4.5	4.34			2	9	4.5	5.04		
자연	해양산업경찰학과*	2	2	29	14.5				2	20	10.0	5.11			2	27	13.5	4.24		1
자연	화공그린에너지학과*	2	2	13	6.5				2	7	3.5	5.52		1	2	9	4.5	5.05		1

4부 ● 일반대학

계열	모집단위	2025 모집인원	2024 모집인원	2024 지원인원	2024 경쟁률	2024 등록50%컷	2024 등록70%컷	2024 충원번호	2023 모집인원	2023 지원인원	2023 경쟁률	2023 등록평균	2023 등록70%컷	2023 충원번호	2022 모집인원	2022 지원인원	2022 경쟁률	2022 등록평균	2022 등록70%컷	2022 충원번호
자연	건축공학과*	2	2	19	9.5				2	16	8.0	5.09			2	22	11.0	4.69		1
자연	컴퓨터공학과	2	2	23	11.5				2	21	10.5	4.36			2	29	14.5	4.07		2
자연	수의예과	2	2	95	47.5	1.72	1.72	1	2	62	31.0	1.90		3	2	102	51.0	1.41		2
자연	생물학과*	2	2	13	6.5	2.23	2.23	2	2	17	8.5			2	2	17	8.5			
자연	간호학과*	7	7	165	23.6	3.21	3.14	3	7	141	20.1	3.68	3.75	2	6	147	24.5	3.39	3.47	5
자연	수학교육과	4	4	17	4.3	3.37	3.46	1	4	26	6.5	3.17	3.43	2	3	14	4.7	3.33	3.85	
자연	컴퓨터교육과	3	3	13	4.3	3.90	4.66	1	3	19	6.3	4.35	4.60	1	2	14	7.0	4.20		
자연	식품영양학과*	2	2	13	6.5	3.98	3.98	1	2	17	8.5	3.15			2	26	13.0	3.93		
자연	건축학과(5년제)	2	2	30	15.0	4.17	4.17		2	34	17.0			1	2	24	12.0	4.49		1
자연	생활환경복지학부*	3	3	36	12.0	4.18	4.18	1	3	25	8.3	4.69	5.04	2	3	39	13.0	3.99	4.38	
자연	전자공학과	2	2	14	7.0	4.73	4.73	2	2	11	5.5	4.85		1	2	13	6.5			
자연	환경공학과	2	2	12	6.0	4.73	4.73	1	2	11	5.5	4.35			2	12	6.0	4.59		1
자연	패션의류학과*	3	3	30	10.0	4.81	4.85	1	3	28	9.3	5.64	6.03	3	3	20	6.7	5.29	5.50	2
자연	데이터사이언스학과	3	3	17	5.7	4.82	4.62		3	11	3.7	5.20	5.53		3	14	4.7	5.15	5.31	2
자연	수산생명의학과	3	3	26	8.7	4.82	4.82		3	19	6.3	4.69	4.87	4	3	40	13.3	4.16	4.26	2
자연	바이오메디컬정보학과	4	4	25	6.3	4.87	4.87		4	18	4.5	5.35	5.77	2	4	24	6.0	5.33	5.51	1
자연	해양생명과학과*	3	3	14	4.7	4.88	6.04	1	3	27	9.0	4.54	4.58		3	19	6.3	5.36	5.45	1
자연	수학과	3	3	16	5.3	4.90	4.49		3	15	5.0	5.33	5.75	4	3	12	4.0	5.74	6.21	3
자연	생명공학부*	5	5	36	7.2	5.11	4.62	4	5	31	6.2	4.79	4.80	6	5	39	7.8	4.20	4.62	2
자연	지구해양과학과	2	2	9	4.5	5.24	5.24		2	7	3.5	4.44			2	13	6.5	4.84		
자연	통신공학과	2	2	12	6.0	5.26	5.26		2	8	4.0	5.79			2	14	7.0	5.97		
자연	기계시스템공학과*	4	4	20	5.0	5.32	5.32	1	4	17	4.3	5.22	5.28	3	4	31	7.8	5.09		2
자연	식품생명공학과	2	2	18	9.0	5.50	5.50		2	12	6.0				2	14	7.0	5.83		2
자연	전기공학과	2	4	23	5.8	5.62	5.62	1	4	14	3.5	5.36	5.93	5	4	30	7.5	3.83	4.53	4
자연	토목공학과	2	2	12	6.0	5.78	5.78	1	2	14	7.0	5.59			2	12	6.0	4.44		
자연	해양시스템공학과*	2	2	12	6.0	5.94	5.94	1	2	10	5.0	5.04			2	13	6.5			
자연	물리학과	2	2	11	5.5	6.45	6.45	1	2	7	3.5			1	2	10	5.0	5.91		4

■ (학생부종합) 지역인재

전형	모집인원	전형 방법	수능최저학력기준
지역인재 [신설]	14	▶자유전공: 서류100%	X

1. **지원자격**: 고등학교 졸업자(2025년 2월 졸업예정자 포함)로서 입학부터 졸업까지 고교 전 교육과정을 제주특별자치도 소재 고등학교에서 이수한 자
   ※ 「초·중등교육법」 제2조에 따른 고등학교 외 각종학교(대안학교), 영재학교, 고등기술학교, 방송통신고등학교, 고교졸업 동등 학력인정자는 지원자격에서 제외함
2. **제출서류**: 학교생활기록부

◎ 전형요소
● 서류(1,000점) : 일반학생전형 참고

◎ 전형결과
■ 전체

학년도	전체 모집인원	전체 지원인원	전체 경쟁률	전체 등록평균	전체 등록70%컷	전체 충원율	인문 모집인원	인문 지원인원	인문 경쟁률	인문 등록평균	인문 등록70%컷	인문 충원율	자연 모집인원	자연 지원인원	자연 경쟁률	자연 등록평균	자연 등록70%컷	자연 충원율
2022																		
2023																		
2024																		
2025	14																	

■ 변경사항 & 핵심포인트

[2025]
• 신설 전형, 자유전공만 14명 선발

■ 모집단위

'*' 표시 : 교직 이수 가능

계열	모집단위	2025 모집인원	2024						2023						2022					
			모집인원	지원인원	경쟁률	등록 50%컷	등록 70%컷	충원번호	모집인원	지원인원	경쟁률	등록평균	등록70%컷	충원번호	모집인원	지원인원	경쟁률	등록평균	등록70%컷	충원번호
인문	자유전공	14																		

■ (학생부종합) 소프트웨어인재

전형	모집인원	전형 방법	수능최저학력기준
소프트웨어인재	10	1단계)서류100%(3배수) 2단계)서류70%+ 면접30%	X

1. **지원자격**: 고등학교 졸업자(2024년 2월 졸업예정자 포함) 또는 법령에 의하여 이와 동등 이상의 학력이 있다고 인정되는 자
2. **제출서류**: 학교생활기록부

◎ 전형요소
● 서류 및 면접: 일반학생전형 참고

■ 모집단위

'*' 표시 : 교직 이수 가능

계열	모집단위	2024 모집인원	2023						2022						2021					
			모집인원	지원인원	경쟁률	등록 50%컷	등록 70%컷	충원번호	모집인원	지원인원	경쟁률	등록평균	등록70%컷	충원번호	모집인원	지원인원	경쟁률	등록평균	등록70%컷	충원번호
인문	경영정보학	1	1	3	3.0				1	2	2.0			1	1	4	4.0			
자연	컴퓨터교육과	1	1	2	2.0				1	3	3.0			1	1	6	6.0			
자연	인공지능전공	1	1	3	3.0				1	4	4.0				1	3	3.0			1
자연	컴퓨터공학전공	3	3	18	6.0				3	20	6.7	4.04	4.19		3	21	7.0	4.37	4.42	1
자연	데이터사이언스학과	4	4	15	3.8	4.79	4.79	2	4	8	2.0	6.00	6.20	1	4	13	3.3	5.19	5.25	

79. 조선대학교

광주광역시 동구 조선대길 146 (Tel: 062. 230-6666, 6669)

Ⅰ. 한 눈에 보는 전형

모집시기	전형유형	전형	모집인원	전형 방법	수능최저학력기준
수시	교과	일반전형	1,487	학생부100%	○(미술체육대학X)
수시	교과	군사학과	20	1단계)학생부100%(5배수) 2단계)학생부18.9%+ 체력검정27%+ 면접54.1%	○
수시	교과	지역인재	872	학생부100%	X(의예,치의예,약학,간호학○)
수시	교과	지역기회균형	10	학생부100%	○(간호학X)
수시	교과	사회통합	87	학생부100%	X
수시	교과	평생학습자	6	학생부100%	X
수시	교과	특성화고교	54	학생부100%	X
수시	교과	특성화고등을졸업한재직자	120	학생부100%	X
수시	교과	장애인등대상자	15	학생부100%	X
수시	교과	기초생활,차상위,한부모	77	학생부100%	X
수시	종합	면접	237	1단계)서류100%(5배수) 2단계)서류70%+ 면접30%	X(의예,치의예,약학○)
수시	종합	창업인재	6	1단계)서류100%(5배수) 2단계)서류70%+ 면접30%	X
수시	종합	서류	1,074	서류100%	X
수시	종합	농어촌학생	98	서류100%	X(의예,치의예○)
수시	실기/실적	실기	338	학생부40%+ 실기60%	X
수시	실기/실적	특기자	64	▶체육학과, 태권도학과: 학생부25%+ 실기37.5%+ 입상실적37.5%	X

(수시모집) 지원 가능 횟수	전형 명칭이 다른 경우 최대 6개 모집단위까지 중복지원 가능

■ 전형결과

※ 성적 산출기준: (수시) 교과 석차등급, (정시) 수능 백분위

모집시기	전형유형	전형	학년도	모집인원	지원인원	경쟁률	등록자 평균	등록자 70%컷	충원율
수시	교과	일반전형	2024	1,312	6,538	4.98	4.93	5.10	186%
수시	교과	지역인재	2024	718	3,580	4.99	5.38	5.70	209%
수시	종합	면접	2024	402	2,713	6.75	5.08	5.17	53%
수시	종합	창업인재	2024	6	20	3.33			
수시	종합	서류	2024	915	3,165	3.46	5.54	5.71	94%

■ (주요전형) 전형일정

유형	전형	원서접수 마감	대학별 고사(면접/논술)	1단계 합격자	최종 합격자
교과	일반전형	9.13(금) 17:00			12.12(목)
교과	지역인재	9.13(금) 17:00			12.12(목)
종합	면접전형	9.13(금) 17:00	-11.22(금) 사범대학, 의과대학(의예과, 간호학과), 치과대학, 약학대학 -11.23(토) 글로벌인문대학, 자연과학.공공보건안전대학, 법사회대학, 의과대학(의예과) -11.24(일) 경상대학, 공과대학, IT융합대학, 체육대학, 자유전공학부	11.08(금)	12.12(목)
종합	서류전형	9.13(금) 17:00			11.08(금)
종합	창업인재	9.13(금) 17:00	11.22(금) 경영학부	11.08(금)	12.12(목)

II. (수시모집) 주요 전형

■ (학생부교과) 일반전형

전형	모집인원	전형 방법	수능최저학력기준
일반전형	1,487	학생부100%	○ (미술체육대학X)

1. **지원자격**: 고등학교 졸업(예정)자 또는 법령에 의하여 고등학교 졸업자와 동등 이상의 학력이 있다고 인정된 자
2. **수능최저학력기준**:

> [국어, 수학, 영어, 사/과탐(1과목)] 중 1개 영역 6등급 이내
> ▶ 사범대학: [국어, 수학, 영어, 사/과탐(1과목)] 중 2개 영역 등급 합 10 이내
> ▶ 의예과, 치의예과: [국어, 수학(미적분/기하), 영어, 과탐(1과목)] 중 수학 포함 3개 영역 등급 합 5 이내
> ▶ 약학과: [국어, 수학(미적분/기하), 영어, 과탐(1과목)] 중 수학 포함 3개 영역 등급 합 6 이내
> ▶ 간호학과: [국어, 수학, 영어, 사/과탐(1과목)] 중 2개 영역 등급 합 6 이내
> ▶ 미술체육대학: 없음
> ※ 의예과, 치의예과, 약학과: 국어, 수학(미적분/기하 택1), 영어, 탐구(과학 1과목) 응시 필수

◎ 전형요소
● 학생부(500점)

반영요소 반영비율	구분	반영교과목		교과성적 산출지표	학년별 반영비율
		반영방법			
교과 100%	공통 및 일반선택 80%	국어, 영어, 수학, 사회, 과학, 한국사교과에 속한 전 과목 ※ 반영 학기: (교과) 졸업예정자 및 졸업자 모두 3학년 1학기까지		석차등급	학년 구분 없음
	진로선택 20%	반영교과목 중 상위 3과목 ※ 성취도별 점수 = A : 10, B : 8, C : 6		성취도	
학생부 반영점수(500점) = 기본점수(450점)+공통및일반선택과목(80%, 40점)+ 진로선택과목(20%, 10점)					

◎ 전형결과
■ 전체

학년도	전체						인문						자연					
	모집 인원	지원 인원	경쟁 률	등록 평균	등록 70%컷	충원 율	모집 인원	지원 인원	경쟁 률	등록 평균	등록 70%컷	충원 율	모집 인원	지원 인원	경쟁 률	등록 평균	등록 70%컷	충원 율
2022	1,961	9,839	5.02	4.95	5.06	112%	793	3,177	4.01	5.08	5.19	123%	1,168	6,662	5.70	4.81	4.93	101%
2023	1,807	8,222	4.55	4.95	5.22	114%	783	3,184	4.07	5.03	5.28	117%	1,024	5,038	4.92	4.86	5.15	111%
2024	1,312	6,538	4.98	4.93	5.10	186%	608	2,650	4.36	5.12	5.29	180%	704	3,888	5.5	4.74	4.91	192%
2025	1,487						688						799					

■ 변경사항 & 핵심포인트

[2025]

변경사항		2024	2025
모집인원		1,312명	1,487명(+175명)
수능최저	치의예과	3개 영역 등급 합 5	수학 포함 3개 영역 등급 합 5
	약학과	3개 영역 등급 합 6	수학 포함 3개 영역 등급 합 6
학생부	출결 미반영	교과90%, 출결10%	교과100%
	진로선택과목	가산점(10점)	공통 및 일반선택(40점), 진로선택(10점)

▣ 합격자 성적분포: 인문계열은 5등급 초반 ~ 5등급 중반, 자연계열은 4등급 후반 ~ 5등급 초반.

'*' 표시 : 교직 이수 가능

■ 모집단위

계열	모집단위	2025	2024						2023						2022					
		모집 인원	모집 인원	지원 인원	경쟁 률	등록 평균	등록 70%컷	충원 번호	모집 인원	지원 인원	경쟁 률	등록 평균	등록 70%컷	충원 번호	모집 인원	지원 인원	경쟁 률	등록 평균	등록 70%컷	충원 번호
인문	철학전공	7	7	40	5.7			16	13	49	3.8	6.62	6.86	20	11	29	2.6	6.53	6.98	7
인문	고전번역전공	6	6	21	3.5			10	12	25	2.1	6.56	6.97	4	15	32	2.1	7.01	6.75	5
인문	경찰행정학과	16	9	74	8.2	3.75	3.03	29	10	106	10.6	2.72	3.16	18	12	180	15.0	2.79	2.86	28
인문	상담심리학과	19	17	113	6.7	3.77	4.01	31	18	130	7.2	3.96	4.22	31	21	122	5.8	3.93	4.21	32
예체	스포츠산업학과	7	8	59	7.4	4.08	5.15	20	8	82	10.3	3.05	3.43	12	8	89	11.1	3.24	3.37	5

계열	모집단위	2025	2024						2023						2022					
		모집인원	모집인원	지원인원	경쟁률	등록평균	등록70%컷	충원번호	모집인원	지원인원	경쟁률	등록평균	등록70%컷	충원번호	모집인원	지원인원	경쟁률	등록평균	등록70%컷	충원번호
인문	미디어커뮤니케이션학과	23	21	150	7.1	4.13	4.16	26	16	146	9.1	4.37	4.58	36	25	78	3.1	4.59	4.83	35
인문	국어교육과	20	18	71	3.9	4.21	4.44	49	20	129	6.5	3.81	3.95	56	16	141	8.8	3.76	4.12	27
예체	섬유·패션디자인전공	14	14	91	6.5	4.22	4.50	20												
인문	행정복지학부	25	22	116	5.3	4.28	4.47	56	27	135	5.0	4.23	4.29	50	34	159	4.7	4.04	4.17	57
인문	교육학과	12	10	53	5.3	4.37	4.46	19	7	39	5.6	4.13	4.33	20	8	46	5.8	3.83	3.91	7
인문	자유전공학부	30	9	107	11.9	4.59	4.20	15	38	87	2.3	5.70	5.93	34	21	100	4.8	4.72	4.16	28
인문	영어교육과	20	19	60	3.2	4.61	4.83	37	16	86	5.4	3.53	3.71	32	15	113	7.5	3.61	3.83	26
인문	경영학부	135	120	413	3.4	4.72	5.02	195	145	528	3.6	4.43	4.85	160	138	582	4.2	4.46	4.86	154
인문	법학과	40	34	127	3.7	4.73	4.40	58	36	119	3.3	4.67	4.70	44	40	141	3.5	4.60	4.66	51
예체	K-컬처공연·기획학과	10	10	52	5.2	4.93	5.15	21	10	60	6.0	4.11	4.16	6	10	80	8.0	4.66	4.76	11
인문	일본어과	14	14	104	7.4	5.08	5.51	20	28	131	4.7	5.45	5.83	32	27	103	3.8	5.48	6.12	26
인문	특수교육과	15	15	60	4.0	5.23	5.79	27	15	64	4.3	4.04	4.22	26	14	88	6.3	3.71	3.78	14
인문	역사문화학과	18	13	53	4.1	5.24	5.54	36	17	63	3.7	5.34	5.54	30	19	58	3.1	5.18	5.23	28
인문	공공인재법무학과	15	15	52	3.5	5.36	5.33	26	22	120	5.5	5.00	5.21	26	21	56	2.7	5.71	5.80	29
인문	경제학과	60	55	214	3.9	5.44	5.88	94	64	195	3.1	5.45	5.69	68	67	188	2.8	5.51	5.69	61
인문	무역학과	39	30	120	4.0	5.47	5.69	54	42	210	5.0	5.51	5.81	28	47	152	3.2	5.89	6.34	70
인문	정치외교학과	26	23	98	4.3	5.56	6.13	46	33	97	2.9	5.74	6.14	43	38	100	2.6	5.72	6.16	47
인문	영어영문학과	45	44	120	2.7	5.62	6.28	62	50	143	2.9	5.25	5.48	60	48	143	3.0	5.25	5.59	77
인문	글로벌비즈니스 커뮤니케이션학과	10	10	55	5.5	5.67	5.36	28	18	59	3.3	5.52	5.88	18	23	57	2.5	5.63	5.83	25
인문	국어국문학전공	19	16	42	2.6	5.86	6.44	23	17	93	5.5	4.74	5.28	20	23	84	3.7	5.28	6.08	44
인문	중국어문화학전공	21	24	79	3.3	6.26	6.36	43	24	56	2.3	6.19	6.49	16	24	88	3.7	5.82	6.17	31
인문	러시아어전공	5	4	16	4.0	6.41	5.90	1	12	22	1.8			3						
인문	독일어문화학전공	4	5	27	5.4	6.45	6.47	12	16	31	1.9	6.51	6.80	3						
인문	스페인중남미전공	9	9	36	4.0	6.48	6.78	12	13	51	3.9	6.03	6.29	10						
인문	아랍어전공	4	7	27	3.9	6.72	6.82	10	22	46	2.1	6.87	7.33		20	40	2.0	7.21	7.50	4
자연	광기술공학과	5	5	25	5.0				25	53	2.1	6.94	7.06		36	73	2.0	6.45	6.91	6
자연	반도체화학과	6	6	27	4.5			12	14	31	2.2	6.17	7.10	5	21	37	1.8	6.07	5.68	2
자연	물리교육과	5	4	8	2.0			1	7	22	3.1			12	10	30	3.0	4.63	4.81	2
자연	선박해양공학과	8	6	18	3.0			5												
자연	융합수리과학부	7	4	19	4.8			7	6	20	3.3	6.69	7.46	4	3	6	2.0	7.46		
자연	화학교육과	4	4	11	2.8			6	7	32	4.6	4.12	4.46	16	11	39	3.6	3.82	4.23	10
자연	원자력공학과	5	5	21	4.2			16	19	44	2.3	6.61	6.70	4	19	44	2.3	6.27	6.81	12
자연	의예과	16	16	219	13.7	1.09	1.10	58	18	453	25.2	4.10	4.13	56	42	512	12.2	1.28	1.35	35
자연	치의예과	13	13	228	17.5	1.17	1.19	36	16	621	38.8	1.19	1.20	25	28	797	28.5	1.42	1.46	6
자연	약학과	21	21	303	14.4	1.29	1.31	56	19	336	17.7	1.29	1.26	32	38	1,202	31.6	1.30	1.33	66
자연	간호학과	13	13	224	17.2	2.87	2.82	25	8	203	25.4	2.74	2.89	17	33	499	15.1	2.90	3.04	26
자연	전기공학과	41	22	192	8.7	3.57	3.78	69	38	250	6.6	3.61	3.91	87	42	310	7.4	3.71	3.92	118
자연	건축학과(5년제)	24	23	146	6.4	3.82	4.04	41	15	149	9.9	3.85	4.17	30	23	173	7.5	4.11	4.25	44
자연	수학교육과	12	12	59	4.9	3.97	4.14	33	14	60	4.3	4.05	4.26	28	15	118	7.9	3.72	4.23	21
자연	컴퓨터공학전공	47	35	189	5.4	4.19	3.77	86	57	297	5.2	4.09	4.18	81	63	300	4.8	4.15	4.30	62
자연	식품영양학과	28	24	137	5.7	4.19	4.45	36	16	157	9.8	3.97	4.24	43	20	189	9.5	4.13	4.39	37
자연	지구과학교육과	10	10	50	5.0	4.35	4.37	36	7	75	10.7	3.65	3.90	17	10	43	4.3	4.33	4.79	19
자연	소방재난관리학과	18	10	64	6.4	4.45	4.57	18	12	102	8.5	4.18	4.33	11	15	126	8.4	4.44	4.41	14
자연	의생명과학과	23	23	72	3.1	4.49	4.75	39	16	80	5.0	4.42	4.69	25	26	64	2.5	4.86	4.91	32
자연	정보보안전공	13	8	45	5.6	4.61	4.80	2	19	69	3.6	5.32	5.60	26	17	56	3.3	5.35	5.43	19
자연	건축공학과	26	21	93	4.4	4.62	4.75	33	24	134	5.6	4.48	4.76	28	30	128	4.3	4.65	4.81	35
자연	언어치료학과	16	11	63	5.7	4.68	4.80	19	10	102	10.2	4.16	4.65	16	15	57	3.8	5.03	5.20	18
자연	생명화학공학과	15	10	50	5.0	4.79	5.33	20	75	153	2.0	5.55	5.97	52	72	147	2.0	5.33	5.68	52
자연	작업치료학과	22	17	162	9.5	4.84	4.85	69	15	97	6.5	4.76	5.17	37	20	147	7.4	4.67	4.67	44
자연	전자공학과	68	38	152	4.0	4.87	4.91	51	41	128	3.1	5.02	5.24	69	47	120	2.6	4.87	5.16	50
자연	인공지능공학과	29	20	108	5.4	4.87	4.44	48	35	114	3.3	5.17	5.49	41	35	104	3.0	5.11	5.43	38
자연	토목공학과	32	27	186	6.9	5.13	5.44	44	32	102	3.2	5.37	5.93	43	33	147	4.5	4.80	5.05	32
자연	생명과학과	21	21	69	3.3	5.18	5.44	38	16	82	5.1	5.23	5.59	30	16	44	2.8	5.44	6.05	23
자연	생물교육과	11	10	27	2.7	5.36	5.68	10	7	44	6.3	3.43	3.50	13	10	38	3.8	3.83	3.76	12
자연	기계공학과	112	100	347	3.5	5.66	6.09	181	136	313	2.3	5.53	5.82	116	112	373	3.3	5.22	5.44	123
자연	신소재공학과	23	23	103	4.5	5.68	6.17	51	40	104	2.6	5.91	6.29	41	49	119	2.4	5.54	5.63	54
자연	*환경공학과*	*14*	*19*	78	4.1	5.83	6.39	49	31	74	2.4	5.54	6.11	23	28	75	2.7	5.46	5.58	34
자연	컴퓨터통계학과	17	19	53	2.8	5.84	6.15	29	22	56	2.3	5.82	6.14	23	14	42	3.0	5.28	5.56	15

계열	모집단위	2025 모집인원	2024 모집인원	2024 지원인원	2024 경쟁률	2024 등록평균	2024 등록70%컷	2024 충원번호	2023 모집인원	2023 지원인원	2023 경쟁률	2023 등록평균	2023 등록70%컷	2023 충원번호	2022 모집인원	2022 지원인원	2022 경쟁률	2022 등록평균	2022 등록70%컷	2022 충원번호
자연	산업공학과	7	6	25	4.2	6.01	7.02	9	19	39	2.1	6.06	6.06	9	27	56	2.0	6.08	5.90	17
자연	모빌리티SW전공	7	24	89	3.7	6.15	6.40	33	28	83	3.0	6.17	6.46	30	32	69	2.2	6.06	6.36	24
자연	정보통신공학전공	36	31	93	3.0	6.20	6.62	30	44	99	2.3	5.90	6.15	29	45	97	2.2	5.72	6.05	32
자연	용접·접합과학공학과	5	5	14	2.8	6.26	6.49	3	10	30	3.0	5.80	6.26	7	21	55	2.6	6.41	6.67	6
자연	항공우주공학과	9	7	17	2.4	6.48	6.52	6												
자연	첨단에너지공학과	10	24	68	2.8	6.78	6.05	27	35	73	2.1	6.18	6.38		35	105	3.0	6.30	6.37	25

■ (학생부교과) 지역인재

전형	모집인원	전형 방법	수능최저학력기준
지역인재	872	학생부100%	X (의예,치의예,약학,간호학○)

1. **지원자격:** 호남권(광주광역시, 전라남도, 전라북도) 소재 고교에서 전 교육과정(입학부터 졸업까지)을 이수한 졸업(예정)자
2. **수능최저학력기준:** 없음. 단, 의예과, 치의예과, 약학과, 간호학과는 있음

> ▶ 의예과, 치의예과: [국어, 수학(미적분/기하), 영어, 과탐(1과목)] 중 수학 포함 3개 영역 등급 합 5 이내
> ▶ 약학과: [국어, 수학(미적분/기하), 영어, 과탐(1과목)] 중 수학 포함 3개 영역 등급 합 6 이내
> ▶ 간호학과: [국어, 수학, 영어, 사/과탐(1과목)] 중 2개 영역 등급 합 6 이내
> ※ 의예과, 치의예과, 약학과: 국어, 수학(미적분/기하 택1), 영어, 탐구(과학 1과목) 응시 필수

◎ **전형요소**
● **학생부:** 일반전형 참고

◎ **전형결과**
■ **전체**

학년도	전체 모집인원	전체 지원인원	전체 경쟁률	전체 등록평균	전체 등록70%컷	전체 충원율	인문 모집인원	인문 지원인원	인문 경쟁률	인문 등록평균	인문 등록70%컷	인문 충원율	자연 모집인원	자연 지원인원	자연 경쟁률	자연 등록평균	자연 등록70%컷	자연 충원율
2022	461	3,785	8.21	4.75	4.93	165%	204	1,519	7.45	4.85	4.96	158%	257	2,266	8.82	4.65	4.89	172%
2023	483	2,598	5.38	4.85	4.90	162%	239	1,397	2.85	4.91	4.78	115%	244	1,201	4.92	4.78	5.01	209%
2024	718	3,580	4.99	5.38	5.70	209%	257	1,192	4.64	5.67	6.11	223%	461	2,388	5.18	5.08	5.29	194%
2025	872						306						566					

■ **변경사항 & 핵심포인트**

[2025]

변경사항		2024	2025
모집인원		718명	872명(+164명)
수능최저	치의예과	3개 영역 등급 합 6	수학 포함 3개 영역 등급 합 5
	약학과	3개 영역 등급 합 7	수학 포함 3개 영역 등급 합 6
학생부	출결 미반영	교과90%, 출결10%	교과100%
	진로선택과목	가산점(10점)	공통 및 일반선택(40점), 진로선택(10점)

▶ **합격자 성적분포:** 인문계열은 5등급 초반 ~ 6등급 중반, 자연계열은 5등급 초반 ~ 5등급 후반

[2024]

변경사항	2023	2024
전형 통합	[교과] 지역인재: 의학계열, 수능최저○ + [종합] 지역인재: 일반학과, 수능최저X	[교과] 지역인재: 수능최저X(단, 의학계열○)

■ **모집단위**
'*' 표시 : 교직 이수 가능

계열	모집단위	2025 모집인원	2024 모집인원	2024 지원인원	2024 경쟁률	2024 등록평균	2024 등록70%컷	2024 충원번호	2023 모집인원	2023 지원인원	2023 경쟁률	2023 등록평균	2023 등록70%컷	2023 충원번호	2022 모집인원	2022 지원인원	2022 경쟁률	2022 등록평균	2022 등록70%컷	2022 충원번호
인문	자유전공학부	18	4	44	11.0			26	15	63	4.2	4.48	2.09	12	10	71	7.1	4.74	4.85	14
인문	행정복지학부	14	9	71	7.9	4.04	4.41	27	10	81	8.1	4.41	4.32	17	15	161	10.7	4.14	4.36	37
인문	미디어커뮤니케이션학과	8	9	68	7.6	4.06	5.25	9	5	37	7.4	4.45	4.26	1						

계열	모집단위	2025 모집인원	2024 모집인원	지원인원	경쟁률	등록평균	등록70%컷	충원번호	2023 모집인원	지원인원	경쟁률	등록평균	등록70%컷	충원번호	2022 모집인원	지원인원	경쟁률	등록평균	등록70%컷	충원번호
예체	K-컬처공연·기획학과	5	5	38	7.6	4.18	4.93	5	5	34	6.8	5.05	5.64	10	5	49	9.8	4.09	4.84	6
인문	경영학부	45	30	183	6.1	4.44	4.98	77	35	226	6.5	4.70	4.86	31	40	262	6.6	4.85	5.43	31
인문	법학과	17	14	61	4.4	4.98	5.16	27	15	55	3.7	4.61	4.65	7	10	63	6.3	4.48	4.64	13
인문	역사문화학과	9	9	28	3.1	5.11	5.22	16	10	41	4.1	5.26	5.00	22	10	54	5.4	5.67	5.54	31
인문	경제학과	19	13	88	6.8	5.20	5.07	45	25	123	4.9	5.62	5.60	35	30	154	5.1	5.77	5.82	45
인문	일본어과	14	14	92	6.6	5.46	5.90	34												
인문	무역학과	13	13	73	5.6	5.47	6.04	38	10	73	7.3	5.93	5.33	20	15	86	5.7	5.73	6.52	14
인문	공공인재법무학과	9	9	36	4.0	5.68	5.90	19	5	43	8.6	5.12	5.67	5	2	12	6.0	5.64		5
인문	글로벌비즈니스커뮤니케이션학과	8	8	47	5.9	5.69	6.10	29	7	32	4.6	5.43	5.79	3						
인문	국어국문학전공	18	12	36	3.0	5.78	6.32	24	14	62	4.4	5.35	5.79	24	10	44	4.4	5.79	5.36	24
인문	영어영문학과	23	19	61	3.2	5.81	6.35	40	14	44	3.1	5.18	2.19	16	10	59	59	4.78	3.92	12
인문	철학전공	8	8	27	3.4	6.08	6.76	11												
인문	중국어문화학전공	15	11	35	3.2	6.22	6.75	24	12	44	3.7	6.12	6.43	25	5	29	5.8	5.84	6.52	16
인문	정치외교학과	10	10	40	4.0	6.34	6.81	30												
인문	아랍어전공	14	14	31	2.2	6.50	7.30	16												
인문	고전번역전공	12	12	28	2.3	6.66	7.26	16												
인문	스페인중남미전공	11	12	40	3.3	6.81	7.27	27	9	37	4.1	6.46	6.36	15						
인문	독일어문화학전공	8	9	24	2.7	7.22	7.22	15												
인문	러시아어전공	8	9	22	2.4	7.44	7.23	13												
자연	전기공학과	3	3	51	17.0			2	10	140	14.0	4.28	4.70	21	10	89	8.9	4.48	4.28	19
자연	물리교육과	6	6	10	1.7			4	5	8	1.6			3						
자연	의예과	68	40	277	6.9	1.25	1.32	71	42	563	13.4	1.19	1.22	45	27	424	15.7	1.45	1.44	33
자연	치의예과	27	25	187	7.5	1.26	1.34	25	24	511	21.3	1.19	1.25	35	20	427	21.4	1.69	1.71	17
자연	약학과	24	22	352	16.0	1.39	1.42	57	24	357	14.9	1.46	1.49	33	13	307	23.6	1.61	1.66	14
자연	간호학과	13	13	199	15.3	2.79	2.86	34	20	371	18.6	2.78	2.94	16						
자연	건축공학과	5	5	49	9.8	3.48	3.60	10												
자연	컴퓨터공학전공	20	7	94	13.4	3.49	3.60	10	10	123	12.3	4.43	4.75	20	10	115	11.5	4.54	4.92	8
자연	전자공학과	38	10	77	7.7	4.50	4.73	21	15	52	3.5	5.43	5.68	12	20	100	5.0	4.88	5.00	37
자연	토목공학과	7	7	67	9.6	4.87	5.57	22	5	48	9.6	5.23	6.17	17						
자연	의생명과학과	13	11	36	3.3	4.99	5.09	25	10	33	3.3	4.58	4.88	3						
자연	화학교육과	6	6	14	2.3	5.07	5.36	71	5	13	2.6	4.54	4.81	8						
자연	생명화학공학과	32	22	65	3.0	5.17	4.80	43	10	30	3.0	4.83	4.89	20						
자연	모빌리티SW전공	17	10	52	5.2	5.20	6.06	20	10	58	5.8	5.51	5.46	27	10	57	5.7	5.37	5.65	27
자연	환경공학과	14	9	45	5.0	5.24	5.57	29	10	39	3.9	6.57	6.77	18	10	55	5.5	5.06	5.04	23
자연	생명과학과	15	13	26	2.0	5.49	5.77	13	10	35	3.5	5.24	5.08	15	10	47	4.7	4.53	4.82	37
자연	기계공학과	42	30	131	4.4	5.49	5.25	99	25	90	3.6	5.00	5.45	44	40	183	4.6	4.96	5.18	39
자연	반도체화학과	23	28	44	1.6	5.61	6.09	16	12	23	1.9	6.31	6.88	11	10	23	2.3	5.63	5.88	13
자연	정보통신공학전공	8	8	39	4.9	5.72	6.04	17	10	39	3.9	5.52	5.52	18	5	55	11.0	5.08	6.22	10
자연	신소재공학과	35	35	160	4.6	5.99	6.21	95	12	65	5.4	5.36	5.99	34	10	70	7.0	5.58	5.49	38
자연	컴퓨터통계학과	10	9	27	3.0	6.02	6.36	18							7	23	3.3	5.36	5.41	5
자연	산업공학과	15	14	43	3.1	6.11	6.24	24												
자연	첨단에너지공학과	24	10	24	2.4	6.12	6.62	14												
자연	항공우주공학전공	23	19	33	1.7	6.79	6.88	13												
자연	원자력공학과	20	20	45	2.3	7.13	7.79	25	10	40	4.0	5.42	5.66	16	10	44	4.4	6.64	7.18	24
자연	융합수리과학부	13	13	21	1.6	7.17	6.45	8	7	18	2.6	7.26	7.84	5	10	20	2.0	5.89	6.33	10
자연	용접·접합과학공학과	10	12	25	2.1	7.35	8.01	13	9	23	2.6	6.61	6.37	10						
자연	광기술공학과	19	19	68	3.6	7.38	8.09	49	10	29	2.9	6.59	6.54	10						
자연	선박해양공학전공	16	14	26	1.9	7.50	7.79	12												

■ (학생부종합) 면접

전형	모집인원	전형 방법	수능최저학력기준
면접전형	237	1단계)서류100%(5배수) 2단계)서류70%+ 면접30%	X(의예,치의예,약학,○)

1. **지원자격**: 고등학교 졸업(예정)자 또는 법령에 의하여 고등학교 졸업자와 동등 이상의 학력이 있다고 인정된 자

2. **제출서류**: 학교생활기록부
3. **수능최저학력기준**: 없음. 단, 의예과, 치의예과, 약학과는 있음

> ▶ 의예과, 치의예과: [국어, 수학(미적분/기하), 영어, 과탐(1과목)] 중 <u>수학 포함</u> 3개 영역 등급 합 5 이내
> ▶ 약학과: [국어, 수학(미적분/기하), 영어, 과탐(1과목)] 중 <u>수학 포함</u> 3개 영역 등급 합 6 이내

◎ **전형요소**
● **서류(700점: 최저점 140점)**
1. **평가위원**: 입학사정관 2인 1조로 블라인드 된 학교생활기록부를 바탕으로 평가 진행
2. **평가등급**: 9등급 척도

기준	우수			보통			부족		
	상	중	하	상	중	하	상	중	하
등급	A+(10)	A(9)	B+(8)	B(7)	C+(6)	C(5)	D+(4)	D(3)	F(2)

3. **평가영역**

평가영역	반영비율	평가항목		평가 세부방법
교과활동	40%	학업역량	학업성취도	• 반영교과(공통/선택) 성적, 학기별/학년별 성적, 과목별 이수자 수 규모, 등급 외 원점수, 평균, 표준편차 등이 적절한가?
			학업발전정도	• 반영교과(공통/선택) 성적이 고르게 유지되거나 상승하고 있는가?
		학업태도 및 의지	학업태도	• 교과수업에 적극적인 태도로 참여하며, 유난히 소홀함을 보인 과목은 없는가?
			학업의지	• 학업활동에 있어 지속적 노력과 꾸준함을 보여주고 있는가?
		탐구활동	탐구역량	• 새로운 지식을 획득하기 위해 자기주도적인 태도로 노력하는가?
			학업적호기심	• 학업에 대한 열의와 지적인 관심을 가지고 있는가?
진로역량	30%	전공교과 역량	전공교과 성취도	• 전공(계열)과 관련된 과목의 성적, 학기별/학년별 성적, 과목별 이수자 수 규모, 등급외 원점수, 평균, 표준편차 등이 적절한가? • 선택과목(일반/진로)은 교과목 위계에 따라 이수하였는지, 동일 교과 내 일반선택과목 대비 진로선택과목의 성취 수준은 어떠한가?
			전공교과 발전 정도	• 전공교과(공통/선택) 성적이 고르게 유지되거나 상승하고 있는가?
		전공(계열) 활동	전공(계열)관련 활동 경험	• 지원 전공(계열)에 관련된 교과관련활동(세부능력 및 특기사항), 창의적 체험활동(자율, 동아리, 봉사, 진로), 독서가 적절한 수준인가?
			전공(계열)의지	• 지원 전공(계열)과 관련한 과목을 이수하기 위해 추가적인 노력 (공동교육과정, 온라인수업, 소인수과목 등)을 하였는가
		전공(계열) 관심	전공(계열) 관심도	• 지원 전공(계열)에 대한 흥미와 관심을 가지고 있는가?
			학과(부) 인재상	• 지원 학과(부)에서 제시한 인재상으로서의 발전가능성이 있는가?
비교과활동	30%	자기주도 역량	성실성	• 출결, 단체활동 참여 등 학생으로서 의무를 책임감 있게 수행하고 있는가?
			리더십	• 공동체의 목표를 달성하기 위해 계획하고 실행을 주도한 경험이 있는가?
			자기관리	• 자신의 목표를 위해 주도적, 적극적으로 활동을 수행하는가?
		창의융합 역량	창의적 문제해결능력	• 교내 활동 과정에서 창의적인 발상을 통해 일을 진행하거나 문제점을 적극적으로 해결하기 위해 노력하였는가?
			경험의 다양성	• 자율, 동아리, 봉사, 진로, 독서활동을 통해 다양한 경험을 쌓았는가?
			의사소통능력	• 공동과제 수행이나 단체활동 등에서 자신의 의견을 표현하고 타인의 의견을 경청하고 공감할 수 있는가?
		배려봉사 역량	시민의식	• 자신이 속한 집단이 정한 규칙과 규정을 준수하려는 노력을 기울이는가?
			나눔과 배려	• 봉사활동 등을 통하여 나눔을 생활화하고자 하는 경험이 나타나는가?
			협업능력	• 자발적인 협력을 통하여 공동의 과제를 완성한 경험이 있는가?

☞ **보충설명**
• 교과활동(40%) > 진로활동(30%) = 비교과활동(30%) 순으로 반영, 교과활동과 진로활동에서 변별력 생김
• '학생부종합전형 평가 주안점'에 인재상, 전공교과, 전공(계열) 참고과목, 비교과 활동이 나와 있으며 매우 중요함

■ **학생부종합전형 평가주안점**
학생부종합전형 평가 시 아래와 같이 참고자료로 활용됩니다.
• **인재상** : 서류평가, 면접평가
• **전공교과** : 서류평가 [진로역량] 영역 평가 시 참고
• **전공(계열) 참고과목** : 전공교과와 함께 평가 시 참고할 과목(체육, 예술, 기술·가정/제2외국어/한문/교양 교과만 해당)
• **비교과활동** : 서류평가 평가기준 중 [비교과활동] 영역의 9가지 역량 중에서 모집단위별로 특히 주목해야 할 역량 3가지 선정하여 평가에 반영

구분	계열	모집단위		인재상	전공교과	전공(계열) 참고과목	비교과활동		
글로벌 인문 대학	인문	국어 국문 학부	국어 국문학 전공	한국인의 어문 생활능력 향상 및 한국어문학의 세계화에 기여할 수 있는 인재	국어, 사회	논술, 한문 I	성실성	경험의 다양성	협업능력
		영어영문학과		영어능력 및 영어영문학에 대한 이해를 바탕으로 디지털 문해력을 갖춘 융합형 인재 양성	영어	–	자기관리	의사소통 능력	협업능력
		역사문화학과		글로벌 사회가 필요로 하는 역사·문화적 소양 및 창의적 사고력을 갖춘 인재	사회, 한국사	–	자기관리	경험의 다양성	시민의식
	예능	문예창작학과		문예적 소양과 개성을 갖추고 있고 창의적으로 사고하고 표현하려는 열정을 지닌 인재	국어, 사회	연극, 철학	자기관리	경험의 다양성	나눔과 배려
	인문	일본어과		언어 구사능력 및 일본 문화를 비롯한 일본 사회 전반에 대해서 이해하고 분석할 수 있는 일본 지역 전문가 및 글로컬 미래 인재	국어, 영어	일본어 I, 한문 I	자기관리	경험의 다양성	시민의식
		아시아 언어 문화 학부	아랍어 전공	시민의식을 가지고 자기관리 능력과 외국인과의 의사소통 능력을 겸비한 인재	영어, 사회	아랍어 I, 진로와 직업	자기관리	의사소통 능력	시민의식
			중국어 문화학 전공	자기 주도적으로 문제를 해결하며 다국적 문화를 함양하고 국제적 식견과 전문능력을 지닌 미래지향적 인재	국어, 영어	중국어 I	자기관리	경험의 다양성	의사소통 능력
			철학 전공	시대의 본질에 대한 통찰력과 시대정신을 능동적으로 실천할 수 있는 도덕적 판단력을 갖춘 리더	국어, 사회	철학, 논리학	자기관리	창의적 문제해결능력	나눔과 배려
		유럽 언어 문화 학부	독일어 문화학 전공	탁월한 독일어 구사능력과 독일어권 지역의 문화에 대한 식견을 지니고 열린 마음과 도전정신으로 한국과 독일어권 지역의 문화 및 경제 교류에 선도적으로 기여할 수 있는 인재	국어, 영어	독일어 I, 논술	성실성	의사소통 능력	협업능력
			러시아어 전공	열린 마음과 도전정신으로 러시아권 국가와의 문화 및 경제 교류에 선도적으로 기여할 수 있는 인재	국어	러시아어 I, 철학	성실성	창의적 문제해결능력	나눔과 배려
			스페인 중남미 전공	창의적 사고와 새로운 세계에 대한 도전정신으로 스페인어권 국가들과의 경제 문화 교류에 기여할 수 있는 인재	국어, 영어	스페인어 I, 철학	리더십	의사소통 능력	협업능력
		글로벌비즈니스 커뮤니케이션 학과		'해외취업중점학과'로 해외취업에 관심이 있고 해외에서 다양한 경험을 쌓고자 하는 도전적이며 진취적인 인재	영어, 국어	프랑스어 I, 실용경제	성실성	창의적 문제해결능력	의사소통 능력
	예능	K-컬처공연· 기획학과		예술적 재능과 창의적 사고로 차세대 공연·영상산업 분야를 이끌어 갈 도전과 열정이 있는 글로벌 인재	국어, 영어	연극, 미술	리더십	창의적 문제해결능력	의사소통 능력
자연 과학 · 공공 보건 안전 대학	자연	자연 과학 계열	컴퓨터 통계학 과	컴퓨터에 대한 관심과 통계학의 기초지식을 통해 빅데이터, 인공지능 및 정보처리 응용 프로그램 개발에 창의적 소질을 갖춘 인재	수학, 과학	정보, 기술·가정	자기관리	창의적 문제해결 능력	협업능력
			반도체 화학과	반도체 및 나노, 첨단소재에 관심이 많고 창의적 사고와 응용력을 갖춘 인재	과학	환경	리더십	창의적 문제해결능력	의사소통 능력
			생명과 학과	생명현상에 관심이 많고 성실하며 과학적 소양을 갖춘 인재	과학	논리학, 환경	자기관리	창의적 문제해결능력	협업능력
			의생명 과학과	첨단바이오·헬스케어분야에 대한 관심이 많고, 성실하며 창의적 사고를 갖추어 문제해결능력과 자기관리가 철저한 글로벌 역량을 갖춘 인재	영어, 과학	논리학, 보건	자기관리	창의적 문제해결능력	협업능력
			융합 수리 과학부	수학 및 과학 교과의 학업 역량이 우수하고 수리 논리적 사고와 자연현상 및 현대 융합 과학기술의 근본원리에 대한 호기심이 강하고 창의성이 있으며, 성실하고 팀워크를 통한 문제해결을 중시하는 인재	수학, 과학	기술·가정, 정보	성실성	창의적 문제해결능력	시민의식
		식품영양학과		전문지식을 갖추고 글로벌 역량을 지닌 창의력 있는 인재 양성	영어, 과학	보건, 환경	자기관리	창의적 문제해결능력	협업능력
	인문	경찰행정학과		법치주의를 수호할 수 있는 봉사·희생정신을 갖추고 장차 경찰 등 형사사법기관의 일원으로 국가에 헌신할 수 있는 인재	영어, 사회	체육, 논리학	성실성	자기관리	시민의식
		상담심리학과		삶의 과정에서 겪는 인간의 문제와 고통을 깊이 이해·공감할 수 있는 능력을 바탕으로 타인을 배려하며 창의적으로 그들의 문제해결에 도움을 줄 수 있는 인재	국어, 영어	철학, 심리학	자기관리	창의적 문제해결능력	협업능력
	자연	언어치료학과		윤리 의식과 인간애를 바탕으로 의사소통 장애에 관한 탐구 및 문제해결에 헌신할 수 있는 창의적이고 책임감 있는 인재	국어, 영어	교육학, 보건	자기관리	창의적 문제해결능력	협업능력
		작업치료학과		인간애를 바탕으로 작업치료 전공지식 및 치료기술을 보유하고 이를 실무에 창의적이고 전문적으로 적용하는 능력을 겸비한 작업치료사	영어, 수학	운동과 건강	자기관리	의사소통능력	협업능력

구분	계열	모집단위	인재상	전공교과	전공(계열)참고과목	비교과활동		
법사회대학	인문	소방재난관리학과	창의적이고 융합적인 소방재난관리 전문 인재	수학, 과학	운동과 건강	성실성	창의적 문제해결능력	시민의식
		법학과	풍부한 교양과 자유·평등·정의를 지향하는 가치관 및 건전한 직업윤리관을 갖추고, 지역사회에 봉사하며 21세기 문화의 시대, 세계화·지식 정보화 사회를 선도하기 위하여 이론과 실무를 겸비한 전문적인 능력을 갖추고 국가와 사회발전에 공헌할 수 있는 리더형 법률가의 양성	국어, 사회	교양 교과	성실성	의사소통능력	시민의식
		공공인재법무학과	국가와 사회에 봉사하는 창의성과 자기주도성을 갖춘 인재로서, 리걸 마인드(legal mind)를 통해 정의(正義) 실현에 이바지할 수 있는 법치국가적 감수성을 갖춘 리더형 법률가	국어, 사회	논리학, 논술	리더십	자기관리	시민의식
		행정복지학부	공적윤리 의식과 봉사정신을 갖추고, 창의적 문제해결 능력이 있는 글로벌인재	영어, 사회	논리학, 심리학	창의적 문제해결능력	의사소통능력	나눔과배려
		정치외교학과	21세기 국제사회와 국가 및 지역사회에 필요한 정치, 외교, 통일 분야의 전문인	사회	논리학, 정보	자기관리	창의적 문제해결능력	협업능력
		미디어커뮤니케이션학과	사회와 커뮤니케이션에 대한 관심이 많고 비판적이며, 창의력과 상상력이 뛰어난 개성 있는 인재	국어, 사회	정보	창의적 문제해결능력	의사소통능력	협업능력
경상대학	인문	경영학부	참인성과 전문지식을 바탕으로 국가, 사회, 지역을 선도하는 경영인	영어, 수학	정보, 실용 경제	리더십	의사소통능력	협업능력
		경제학과	창의적 경제분석 역량과 실무적 해결능력을 갖추어 사회발전에 기여할 수 있는 글로벌 인재	수학, 사회	실용 경제	자기관리	창의적 문제해결능력	의사소통능력
		무역학과	창의 융합형 글로벌 무역 인재	영어, 사회	실용 경제, 진로와 직업	성실성	창의적 문제해결능력	의사소통능력
공과대학	자연	토목공학과	국가 기간산업의 육성 및 발전에 공헌할 수 있는 인재	수학, 과학	기술·가정, 정보	자기관리	창의적 문제해결능력	협업능력
		건축공학과	창의적 문제 해결형 인재로서 첨단 건축물을 쾌적, 편리, 안전하게 구축하고자 하는 열정과 국제적 식견을 겸비한 인재	수학	기술·가정	성실성	창의적 문제해결능력	협업능력
		건축학과(5년제)	지역사회와 함께 전통과 변화를 창조하며 공익을 실천하는 글로벌 건축가 양성	영어, 사회	미술, 철학	자기관리	창의적 문제해결능력	협업능력
		기계공학과	4차 산업 기반의 첨단기계에 대한 통합적 설계능력을 갖춘 인재	수학, 과학	기술·가정	성실성	자기관리	창의적 문제해결능력
		항공우주공학과	항공 우주 전문지식을 겸비한 창의적 종합설계 능력을 갖춘 인재	과학, 수학	-	자기관리	창의적 문제해결능력	협업능력
		선박해양공학과	조선해양 산업의 혁신을 담당할 공학자	수학, 과학	기술·가정, 정보	자기관리	창의적 문제해결능력	협업능력
		생명화학공학과	생명화학 및 고분자공학 분야에 대한 폭 넓은 기초지식 그리고 진취적 성향을 갖춘 인재	수학, 과학	기술·가정,	성실성	창의적 문제해결능력	협업능력
		신소재공학과	창의, 혁신, 융합하는 신소재공학인	수학, 과학	기술·가정, 정보, 환경	자기관리	창의적 문제해결능력	협업능력
		산업공학과	4차 산업혁명 시대의 시스템 혁신과 최적화를 주도하는 인재	수학, 영어	실용 경제	리더십	창의적 문제해결능력	협업능력
		전기공학과	• 전공 지식과 종합 설계능력을 갖춘 창조적 전기공학인 • 열정과 도전정신을 가진 자주적 전기공학인 • 능동적으로 협력하며 국제적 역량을 겸비한 리더	수학, 과학	기술·가정, 정보	성실성	자기관리	창의적 문제해결능력
		광기술공학과	광기술을 활용하여 산업기술 발전에 기여할 수 있는 인재	수학, 과학	기술·가정, 정보	리더십	창의적 문제해결능력	협업능력
		환경공학과	다양한 환경문제에 관심을 갖고, 문제해결을 위해 분석적이고, 창의적이며, 책임감을 갖춘 인재	과학, 수학	환경	자기관리	창의적 문제해결능력	협업능력
		원자력공학과	원자력 및 방사선 분야의 발전과 선진화에 기여할 수 있는 유능한 인재	수학, 과학	정보, 환경	자기관리	창의적 문제해결능력	협업능력
		용접·접합과학공학과	창의적이며 유연한 사고능력으로 용접·접합 분야 발전에 기여할 수 있는 인재	수학, 과학	기술·가정, 정보	자기관리	창의적 문제해결능력	협업능력
		첨단에너지공학과	4차산업 시대에 부합한 첨단원료소재 및 신재생에너지 핵심 융합기술과 창의적 역량을 갖춘 우수 인재 육성	수학, 과학	정보, 환경	자기관리	창의적 문제해결능력	협업능력

구분	계열	모집단위		인재상	전공교과	전공(계열) 참고과목	비교과활동		
IT 융합 대학	자연	전자공학과		건전한 가치관과 올바른 직업윤리관을 겸비한 인재, 이론과 실무를 겸비하며 창의력을 구비한 실력 있는 인재, 사회적, 시대적 요구에 능동적이며 강력한 추진력을 갖고 대응할 수 있는 전문기술인을 목표함	수학, 과학	정보, 교육학	성실성	창의적 문제해결능력	협업능력
		AI 소 프 트 웨 어 학 부	컴퓨터 공학전공	컴퓨터 및 정보기술 분야에 능력을 발휘할 수 있는 창의적 인재	수학, 과학	기술·가정, 정보	자기관리	창의적 문제해결능력	협업능력
			정보통신 공학전공	정보통신(IT) 분야를 이끌어 갈 도전과 열정을 갖춘 창의적 인 인재	수학, 과학	기술·가정,	자기관리	창의적 문제해결능력	협업능력
			정보보안 전공	정보통신(IT) 분야를 이끌어 갈 도전과 열정을 갖춘 창의적 인 인재	수학, 과학	기술·가정,	자기관리	창의적 문제해결능력	협업능력
			인공지능 공학전공	인공지능 전문 및 헬스케어·에너지·자동차 등과 융합 교육을 통하여, 인공지능 현장실무능력과 이론적 전문능력을 겸비 한 인재	영어, 수학	정보, 기술·가정,	자기관리	창의적 문제해결능력	경험의 다양성
			모빌리티 SW전공	자동차 소프트웨어 분야에서 미래모빌리티 산업을 선도할 연구개발 인재	수학, 과학	기술·가정, 정보	자기관리	창의적 문제해결능력	협업능력
사범 대학	인문	국어교육과		변화하는 국어 문화에 능동적으로 대처하는 합리적 소통 능 력과 윤리적 감수성, 심미적 감식안을 갖추고 주도적으로 문제를 해결하는 국어교육 전문가	국어	한문Ⅰ, 논술	자기관리	의사소통능력	협업능력
		영어교육과		교과에 대한 지식과 현장 이해를 바탕으로 미래 변화에 유연 하게 대처하는 영어교육 전문가	영어	–	자기관리	창의적 문제해결능력	협업능력
		특수교육과		배려와 나눔의 정신으로 공동체 발전에 참여하는 사람으로 서 특수교육 대상자의 자아실현과 사회통합에 이바지할 소 양 및 융·복합 능력을 지닌 인재	국어, 수학	교육학, 심리학	자기관리	창의적 문제해결능력	나눔과 배려
	자연	수학교육과		우수한 수학 교사의 품성과 소양을 지니고 수학을 깊이 이해 하는 인재	수학	정보	성실성	창의적 문제해결능력	경험의 다양성
		물리교육과		자연현상에 대한 흥미와 호기심, 과학적 지식을 적용하는 문제해결능력, 과학적 탐구력과 창의성, 리더십과 책임감 등 을 바탕으로 미래를 선도하는 물리교사 및 물리학·물리교육 전문가	과학, 수학	정보	성실성	자기관리	경험의 다양성
		화학교육과		자연 및 물질현상에 대한 호기심과 과학적 탐구에 대한 열정을 보이며, 과학(화학) 교육자로서 소양과 책무성을 갖춘 인재	과학	교육학	자기관리	창의적 문제해결능력	협업능력
		생물교육과		생명현상에 대한 호기심과 과학 탐구에 대한 열정을 보이며, 배려와 봉사 정신을 갖춘 인재	과학	정보, 교육학	성실성	경험의 다양성	시민의식
		지구과학 교육과		지구 및 우주 시스템에서 나타나는 다양한 현상을 과학적으 로 이해하고, 이를 교육자로서 학습자와 일반시민에게 논리 적으로 전달할 수 있는 역량을 갖춘 전문가의 양성	수학, 과학	정보	자기관리	창의적 문제해결능력	시민의식
	인문	교육학과		미래사회 변화에 도전하고 새로운 가치를 창출하여 공동체 의 배움과 성장을 촉진하는 교육전문가	국어, 영어	교육학, 심리학	성실성	창의적 문제해결능력	나눔과배려
의과 대학 의과 대학	자연	의예과		인간을 존중하고 윤리를 견지한 인재, 통합적 시각을 가진 역량 있는 인재, 협력을 중시하고 공익에 헌신하는 인재	수학, 과학	–	성실성	자기관리	창의적 문제해결 능력
		간호학과		인간 존엄성 사상에 근거하여 전인적 간호교육을 통한 국민 건강 향상에 기여할 수 있는 전문직 간호사의 인재 양성	수학, 과학	보건	자기관리	창의적 문제해결능력	의사소통 능력
치과 대학	자연	치의예과		조선대학교 건학이념(개성교육, 생산교육, 영재교육)에 입 각하여 교육과 학술연구 및 사회봉사를 통해 구강보건 향상 에 기여할 수 있는 치과의사	수학, 과학	–	리더십	창의적 문제해결능력	협업능력
약학 대학	자연	약학과		보건의료산업 발전과 국민건강 증진에 기여할 수 있는 진취 적이고 윤리의식이 투철한 약학 인재	수학, 과학	보건, 환경	리더십	의사소통능력	협업능력
미술 대학	예능	회화 학부	서양화 전공	• 전인적 미술교육을 통해 철저한 기본기를 습득하고, 다양 한 형식과 실험을 바탕으로 새로운 현대미술의 가치를 창 조할 수 있는 미술 전문 인력 양성	국어, 사회	미술	자기관리	창의적 문제해결능력	협업능력
			한국화 전공	• 다양한 융합을 시도하여 미술 영역의 발전을 도모하는 동 시에 창의적 문제해결능력을 갖춘 인재로 양성					
		문화 콘텐츠 학부	현대조형 미디어전공	• 차별화되고 창의적인 역량을 지닌 글로벌 현대미술작가 양성과 도시재생 환경미술 전문가와 4차 산업시대에 부응 할 수 있는 융·복합 응용미술 전문인력 양성	국어, 사회	미술	자기관리	창의적 문제해결능력	협업능력
			가구·도자 디자인전공	• 융·복합 문화콘텐츠를 다원화된 사회문화적인 요구에 부합 하여 창의적 전문성을 겸비한 디자이너·공예가 양성					

구분	계열	모집단위		인재상	전공교과	전공(계열) 참고과목	비교과활동		
			시각문화 큐레이터 전공	미술관이나 박물관, 갤러리 등에서 시각문화 콘텐츠를 관리하고 연구하며 이를 전시로 기획하면서, 세상과 소통하고 공감할 수 있는 지성과 감성이 조화된 인재	국어, 사회	미술	자기관리	창의적 문제해결능력	협업능력
		라이프 스타일 디자인 학부	섬유·패션 디자인 전공	섬유와 패션디자인에 관한 이론과 실기를 통해 고부가 가치를 창출하는 글로벌 섬유·패션산업에서 디자이너, 작가, 창업 등을 위한 전문성과 리더십, 창의적인 융합형 사고와 자기주도성을 갖춘 인재	국어, 사회	미술, 기술·가정	리더십	창의적 문제해결능력	경험의 다양성
		디자인공학과		창의적인 문제해결능력을 갖춘 인재로서 인간 생활문화 전반의 디자인 문제를 혁신적으로 해결할 수 있는 인재	국어, 수학	미술	창의적 문제해결 능력	경험의 다양성	의사소통 능력
체육 대학	체능	체육학과		스포츠과학 이론과 실기 전문성을 갖추고 스포츠 분야에 창의적으로 적용하며 배려와 나눔을 실천하는 인재	국어	체육, 운동과 건강	리더십	경험의 다양성	나눔과 배려
		스포츠산업학과		스포츠에 대한 열정과 변화하는 스포츠산업 현장에 유연하게 대처할 수 있는 창의적, 능동적 사고를 갖춘 인재	국어, 영어	체육, 운동과 건강	자기관리	창의적 문제해결능력	협업능력
		태권도학과		태권도의 문화적 가치와 우리 고유의 새로운 학문적 체계를 확립하고 독창적 경기 기술 및 지도 기술을 개발함으로써 세계 태권도 발전에 기여할 수 있는 인재 양성	국어	체육	자기관리	의사소통능력	협업능력
자유 전공 학부	–	자유전공학부		강한 도전정신, 합리적 판단력, 그리고 국제적 역량을 기반으로 자기 주도적으로 결정하고 실행할 수 있는 인재	영어	–	자기관리	창의적 문제해결능력	의사소통 능력

● 면접(300점: 최저점 6점)
1. **평가위원**: 지원자 1인당 입학사정관 2인 1조로 학생부 기반 블라인드 면접평가 진행
   ※ 의예과, 치의예과, 약학과는 지원자 1인당 입학사정관 3인 1조
2. **면접시간**: 지원자 1인당 10분 내외 (※ 의예과, 치의예과, 약학과는 지원자 1인당 15분 내외)
3. **면접방법**: 입학사정관이 학생부에 기재된 내용을 기초로 하여 인성 및 가치관, 전공 및 적성 영역에 대한 학업열의 등에 대하여 질문하고 수험생이 답변하는 방식으로 진행함
4. **평가등급**: 9등급 척도
5. **평가내용**:
   1) 인성 및 가치관
   2) 지원동기, 전공 및 적성 영역에 대한 학업열의, 교직 적성 및 인성(사범대학에 한함)

평가 항목	평가항목	평가 세부방법
인성	인성 및 가치관	• 질문에 대하여 조리 있게 답변하는가? • 답변 내용이 진실하며, 인성 및 가치관이 올바르게 정립되어 있는가?
	답변의 진실성	• 다른 사람을 배려하는 마음이 보이는가? • 교직 적성 및 인성이 올바르게 정립되어 있는가?(사범대학)
적성	지원동기	• 모집단위별 인재상에 적합한가? • 지원동기가 명확하고 지원학과 적성에 맞는가?
	적성 및 전공 영역에 대한 학업 열의	• 지원 모집단위의 전공에 대한 학업열의가 보이는가?

※ 전년도 기출 문제는 조선대학교 홈페이지 및 모집요강(XI. 입시결과)에 공지되어 있으며, 당해 연도 면접문제는 사전에 공개하지 않음

☞ **보충설명**
• 면접 역전률 10% 정도, 면접은 크게 부담 갖지 말 것.

◎ 전형결과
■ 전체

학년도	전체						인문						자연					
	모집인원	지원인원	경쟁률	등록평균	등록70%컷	충원율	모집인원	지원인원	경쟁률	등록평균	등록70%컷	충원율	모집인원	지원인원	경쟁률	등록평균	등록70%컷	충원율
2022	469	3,541	7.55	5.03	5.29	73%	228	1,634	7.17	5.04	5.32	63%	241	1,907	7.91	5.02	5.25	83%
2023	519	3,973	7.66	5.05	5.03	65%	221	1,629	7.37	5.14	5.11	61%	298	2,344	7.87	4.96	4.95	68%
2024	402	2,713	6.75	5.08	5.17	53%	173	1,093	6.32	5.25	5.33	55%	229	1,620	7.07	4.90	5.01	51%
2025	237						108						129					

■ 변경사항 & 핵심포인트

[2025]

변경사항		2024	2025
모집인원		402명	237명(-165명)
수능최저	의예과	수학 포함 3개 영역 등급 합 6	수학 포함 3개 영역 등급 합 5
	치의예과	3개 영역 등급 합 6	수학 포함 3개 영역 등급 합 5
	약학과	3개 영역 등급 합 7	수학 포함 3개 영역 등급 합 6

➡ **합격자 성적분포:** 인문계열은 5등급 초반 ~ 5등급 중반, 자연계열은 4등급 후반 ~ 5등급 초반

■ 모집단위

'*'표시 : 교직 이수 가능

계열	모집단위	2025 모집인원	2024 모집인원	2024 지원인원	2024 경쟁률	2024 등록평균	2024 등록70%컷	2024 충원번호	2023 모집인원	2023 지원인원	2023 경쟁률	2023 등록평균	2023 등록70%컷	2023 충원번호	2022 모집인원	2022 지원인원	2022 경쟁률	2022 등록평균	2022 등록70%컷	2022 충원번호
인문	경찰행정학과	6	6	64	10.7	4.07	4.24	3	5	99	19.8	3.51	3.77			5	87	17.4	3.53	3.84	3
인문	특수교육과	4	5	19	3.8	4.29	4.79	2	5	47	9.4	4.14	3.95	5	5	39	7.8	4.10	3.81	4
인문	영어교육과	4	5	28	5.6	4.35	4.06	2	5	45	9.0	4.16	4.20	8	5	31	6.2	3.98	4.66	7
인문	국어교육과	4	5	27	5.4	4.39	4.37	9	5	50	10.0	4.35	4.33	2	5	33	6.6	4.52	4.83	7
인문	상담심리학과	6	6	66	11.0	4.45	4.28	9	8	75	9.4	4.35	4.58	3	5	84	16.8	4.20	3.86	2
인문	*경영학부*	*6*	*10*	121	12.1	4.46	4.85	3	14	146	10.4	4.93	5.24	5	10	130	13.0	4.88	5.21	6
인문	교육학과	4	5	34	6.8	4.61	4.54	8	4	23	5.8	4.62	4.35	3	5	39	7.8	3.94	4.40	4
인문	행정복지학부	10	12	77	6.4	4.72	4.19	1	8	101	12.6	4.96	5.14	7	10	88	8.8	4.86	4.64	5
인문	미디어커뮤니케이션학과	6	6	70	11.7	4.80	5.08	1	10	78	7.8	4.64	4.91	3	10	80	8.0	4.35	4.53	2
인문	*문예창작학과*	*4*	*6*	26	4.3	4.96	5.05	2	5	61	12.2	4.28	2.49	4	15	108	7.2	5.08	5.61	7
예체	K-컬처공연·기획학과	10	12	72	6.0	4.97	4.72	3	10	75	7.5	5.31	5.58	4	10	59	5.9	5.34	5.88	2
인문	*자유전공학부*	*4*	*6*	40	6.7	5.06	5.11	4	6	35	5.8	5.00	4.82	5	5	39	7.8	4.82	5.04	6
인문	법학과	10	12	49	4.1	5.22	4.92	7	14	75	5.4	4.95	5.36	5	19	109	5.7	4.98	5.04	9
예체	스포츠산업학과	8	7	96	13.7	5.22	6.43	2	7	53	7.6	5.70	6.69	2	5	42	8.4	5.32	5.48	
인문	*무역학과*	*6*	*9*	42	4.7	5.48	5.68	8	14	82	5.9	5.72	5.80	10	5	62	12.4	5.63	5.60	9
인문	*경제학과*	*6*	*9*	45	5.0	5.72	5.94	4	14	90	6.4	5.78	5.47	8	5	46	9.2	4.70	5.73	4
인문	*정치외교학과*	*4*	*6*	26	4.3	6.13	5.45	4	5	22	4.4	5.33	5.80	4	5	36	7.2	4.93	5.35	1
인문	글로벌비즈니스 커뮤니케이션학과	6	6	32	5.3	6.21	6.27	10	5	43	8.6	6.29	5.87	7	5	22	4.2	6.00	6.40	6
자연	의예과	10	10	115	11.5	1.26	1.26	12	10	243	24.3	1.14	1.04	12						
자연	치의예과	6	6	125	20.8	1.30	1.34	9	6	154	25.7	1.31	1.41							
자연	약학과	6	6	167	27.8	1.56	1.50	6	6	138	23.0	1.57	1.56	1						
자연	간호학과	5	5	120	24.0	2.85	3.15	3	10	214	21.4	2.73	2.72	6	10	264	26.4	2.69	2.71	5
자연	생물교육과	4	5	19	3.8	4.04	4.30	4	4	19	4.8			2	5	29	5.8	3.59	3.47	7
자연	전기공학과	6	6	66	11.0	4.14	3.80	3	10	102	10.2	4.34	4.80	12	10	100	10.0	4.28	4.26	5
자연	건축학과(5년제)	6	6	71	11.8	4.56	4.16	4	5	116	23.2	4.40	4.27	3	5	86	17.2	4.38	4.62	3
자연	수학교육과	4	5	19	3.8	4.62	4.75	2	5	45	9.0	4.32	4.37	1	6	32	5.3	4.54	5.30	14
자연	컴퓨터공학전공	10	12	79	6.6	4.75	4.72	7	10	131	13.1	4.47	4.78	4	10	139	13.9	4.60	4.75	6
자연	식품영양학과	6	6	72	12.0	4.83	5.32	2	10	56	5.6	5.15	4.83	2	5	52	10.4	4.71	4.63	1
자연	지구과학교육과	4	5	13	2.6	4.88	4.81	6	4	38	9.5	3.67	3.27	6	5	46	9.2	4.10	4.72	6
자연	*전자공학과*	*6*	*12*	45	3.8	5.22	5.38	2	14	46	3.3	5.35	5.34	5	10	62	6.2	5.10	5.25	6
자연	건축공학과	10	12	82	6.8	5.25	4.55	6	8	90	11.3	4.98	5.51	1	10	134	13.4	4.94	4.99	5
자연	*기계공학과*	*6*	*12*	75	6.3	5.25	5.25	1	10	57	5.7	5.23	6.07	6	10	86	8.6	4.68	4.62	10
자연	언어치료학과	6	6	43	7.2	5.28	5.78	1	5	28	5.6	5.72	5.85	2	5	33	6.6	4.42	3.86	
자연	소방재난관리학과	6	6	38	6.3	5.33	5.13	1	4	48	12.0	5.05	4.42							
자연	*모빌리티SW전공*	*4*	*6*	26	4.3	5.64	5.83		10	47	4.7	5.82	5.39	13	5	28	5.6	5.48	5.53	4
자연	토목공학과	10	12	66	5.5	5.72	6.83	7	10	71	7.1	5.39	5.84	10	10	91	9.1	5.10	5.24	2
자연	작업치료학과	6	6	60	10.0	5.78	5.26	15	10	74	4.9	5.48	5.75	17	10	72	7.2	5.09	5.24	6
자연	*정보보안전공*	*4*	*6*	19	3.2	5.82	5.63	2	5	29	5.8	5.41	4.96	8	5	35	7.0	4.94	5.76	1
자연	*정보통신공학전공*	*4*	*6*	20	3.3	6.63	6.97	1	5	21	4.2	6.07	6.61	3	5	33	6.6	4.92	5.03	3

■ (학생부종합) 창업인재

전형	모집인원	전형 방법	수능최저학력기준
창업인재	6	1단계)서류100%(5배수) 2단계)서류70%+ 면접30%	X

1. **지원자격:** 고등학교 졸업(예정)자 또는 법령에 의하여 고등학교 졸업자와 동등 이상의 학력이 있다고 인정된 자
2. **제출서류:** 학교생활기록부

◎ 전형요소
● 서류 및 면접: 면접전형 참고

◎ 전형결과
■ 모집단위

'*' 표시 : 교직 이수 가능

계열	모집단위	2025 모집인원	2024						2023						2022					
			모집인원	지원인원	경쟁률				모집인원	지원인원	경쟁률				모집인원	지원인원	경쟁률	등록평균		
예체	경영학부	6	2	12	6.0															

■ (학생부종합) 서류

전형	모집인원	전형 방법	수능최저학력기준
서류전형	1,074	서류100%	X

1. **지원자격**: 고등학교 졸업(예정)자 또는 법령에 의하여 고등학교 졸업자와 동등 이상의 학력이 있다고 인정된 자
2. **제출서류**: 학교생활기록부
3. **수능최저학력기준**: 없음

◎ 전형요소
● 서류(1,000점): 면접전형 참고

◎ 전형결과
■ 전체

학년도	전체						인문						자연					
	모집인원	지원인원	경쟁률	등록70%컷	충원율	모집인원	지원인원	경쟁률	등록평균	등록70%컷	충원율	모집인원	지원인원	경쟁률	등록평균	등록70%컷	충원율
2022																		
2023																		
2024	915	3,165	3.46	5.54	5.71	94%	440	1,673	3.80	5.34	5.56	106%	475	1,492	3.14	5.73	5.86	82%
2025	1,074						508						566					

■ 변경사항 & 핵심포인트

[2025]

변경사항	2024	2025
모집인원	915명	1,074명(+159명)

▣ **합격자 성적분포**: 인문계열은 5급 초반 ~ 5등급 중반, 자연계열은 3등급 초반 ~ 5등급 후반.

■ 모집단위

'*' 표시 : 교직 이수 가능

계열	모집단위	2025 모집인원	2024						2023						2022					
			모집인원	지원인원	경쟁률	등록평균	등록70%컷	충원번호	모집인원	지원인원	경쟁률	등록평균	등록70%컷	충원번호	모집인원	지원인원	경쟁률	등록평균	등록70%컷	충원번호
인문	서양화전공	2																		
인문	한국화전공	1																		
인문	러시아어전공	7	4	9	2.3			5												
인문	독일어문화학전공	9	5	10	2.0			5												
인문	경찰행정학과	15	15	142	9.5	3.74	3.80	14												
인문	영어교육과	11	10	38	3.8	3.95	3.96	11												
인문	국어교육과	11	10	31	3.1	4.22	4.10	11												
인문	교육학과	6	5	20	4.0	4.27	4.59	6												
예체	체육학과	25	25	115	4.6	4.29	4.76	31												
인문	상담심리학과	10	7	47	6.7	4.37	4.67	12												
인문	문예창작학과	6	7	34	4.9	4.48	4.51	8												
인문	행정복지학부	22	20	109	5.5	4.72	5.08	23												
인문	미디어커뮤니케이션학과	10	10	76	7.6	4.75	4.93	11												
인문	특수교육과	11	10	39	3.9	4.76	4.99	16												
예체	스포츠산업학과	12	12	102	8.5	4.90	4.81	11												
인문	경영학부	50	50	145	2.9	5.04	5.11	30												
예체	섬유·패션디자인전공	14	14	68	4.9	5.04	5.92	7												

계열	모집단위	2025 모집인원	2024 모집인원	2024 지원인원	2024 경쟁률	2024 등록평균	2024 등록70%컷	2024 충원번호	2023 모집인원	2023 지원인원	2023 경쟁률	2023 등록평균	2023 등록70%컷	2023 충원번호	2022 모집인원	2022 지원인원	2022 경쟁률	2022 등록평균	2022 등록70%컷	2022 충원번호
인문	법학과	22	20	47	2.4	5.10	4.89	15												
예체	K-컬처공연·기획학과	8	4	34	8.5	5.17	5.69	8												
인문	글로벌비즈니스커뮤니케이션학과	5	5	30	6.0	5.17	5.60	3												
인문	역사문화학과	20	10	29	2.9	5.31	5.54	13												
인문	자유전공학부	32	30	143	4.8	5.33	5.69	39												
인문	정치외교학과	12	10	22	2.2	5.70	5.48	8												
인문	영어영문학과	16	10	25	2.5	5.79	5.35	11												
인문	스페인중남미전공	11	5	14	2.8	5.88	6.14	9												
인문	공공인재법무학과	14	8	22	2.8	5.89	6.26	11												
인문	일본어과	10	10	43	4.3	5.90	6.34	7												
인문	경제학과	43	40	89	2.2	6.13	6.04	36												
인문	국어국문학전공	16	10	24	2.4	6.14	6.47	14												
예체	현대조형미디어.가구.도자디자인전공	7	7	33	4.7	6.21	6.70	26												
예체	시각문화큐레이터전공	12	12	23	1.9	6.25	6.52	11												
인문	중국어문화학전공	10	10	29	2.9	6.46	7.37	19												
인문	무역학과	33	30	52	1.7	6.52	6.05	21												
인문	철학전공	5	5	12	2.4	6.93	7.60	6												
인문	아랍어전공	10	10	17	1.7	7.21	7.26	7												
자연	물리교육과	10	5	8	1.6			3												
자연	융합수리과학부	5	5	8	1.6			3												
자연	지구과학교육과	6	5	13	2.6			8												
자연	생물교육과	6	5	13	2.6			8												
자연	간호학과	10	10	164	16.4	2.94	3.11	18												
자연	전기공학과	25	25	144	5.8	4.14	4.27	22												
자연	화학교육과	10	5	7	1.4	4.49	4.76	2												
자연	컴퓨터공학과	44	30	131	4.4	4.60	4.80	16												
자연	수학교육과	11	10	26	2.6	4.66	4.60	10												
자연	의생명과학과	10	5	19	3.8	4.90	5.08	6												
자연	식품영양학과	10	10	68	6.8	4.92	5.03	13												
자연	소방재난관리학과	10	10	48	4.8	5.01	4.47	13												
자연	언어치료학과	7	5	40	8.0	5.01	4.76	9												
자연	작업치료학과	10	10	79	7.9	5.24	5.44	7												
자연	건축공학과	11	9	55	6.1	5.29	5.28	9												
자연	토목공학과	11	9	52	5.8	5.30	6.24	5												
자연	인공지능공학과	21	15	37	2.5	5.52	5.90	12												
자연	정보보안전공	13	11	29	2.6	5.59	5.78	10												
자연	전자공학과	47	20	52	2.6	5.74	5.49	14												
자연	생명화학공학과	21	30	57	1.9	5.83	6.07	27												
자연	환경공학과	20	20	34	1.7	6.00	6.54	14												
자연	신소재공학과	26	20	51	2.6	6.03	6.24	23												
자연	생명과학과	10	5	14	2.8	6.05	6.42	8												
자연	기계공학과	56	50	102	2.0	6.07	6.00	45												
자연	항공우주공학전공	10	10	15	1.5	6.25	6.41	5												
자연	컴퓨터통계학과	12	5	11	2.2	6.35	6.12	6												
자연	산업공학과	14	16	24	1.5	6.39	6.57	8												
자연	모빌리티SW전공	10	15	21	1.4	6.55	6.81	6												
자연	정보통신공학전공	24	22	35	1.6	6.56	7.13	13												
자연	원자력공학과	16	10	14	1.4	6.66	7.10	4												
자연	화학과	10	8	12	1.5	6.78	6.55	4												
자연	선박해양공학전공	10	10	16	1.6	6.83	6.75	6												
자연	첨단에너지공학과	16	10	18	1.8	7.02	6.77	7												
자연	용접·접합과학공학과	8	10	15	1.5	7.08	6.62	5												
자연	광기술공학과	26	20	35	1.8	7.08	7.56	15												

80. 중앙대학교

(서울캠퍼스) 서울특별시 동작구 흑석로 84 (Tel: 02. 820-6393)
(다빈치캠퍼스) 경기도 안성시 대덕면 서동대로 4726

I. 한 눈에 보는 전형

모집시기	전형유형	전형	모집인원	전형 방법	수능최저학력기준
수시	교과	지역균형	500	학생부100% ※ 고교 추천: 20명	○
수시	종합	CAU융합형인재	457	서류100%	X
수시	종합	CAU탐구형인재	484	1단계)서류100%(3.5배수, 다빈치캠('시스템생명공학과' 제외): 2.5배수) 2단계)서류70%+ 면접30%	X
수시	종합	CAU어울림	20	서류100%	X
수시	종합	농어촌학생	139	서류100%	X
수시	종합	기초생활수급자및차상위계층	73	서류100%	X
수시	종합	장애인등대상자	8	서류100%	X
수시	종합	특성화고졸재직자	232	서류100%	X
수시	논술	논술전형	478	학생부30%+ 논술70%	○
수시	실기/실적	실기형	358	▶공연영상창작학부 • 연극(연기,뮤지컬연기) : 1단계)실기100%(8배수) 2단계)학생부20%+ 실기80% • 공간연출 : 1단계)학생부20%+ 실기80%(5배수) 2단계)1단계70%+ 실기30% • 문예창작: 1단계)학생부100%(7배수) 2단계)학생부20%+ 실기80% ▶디자인학부: 1단계)학생부100%(20배수) 2단계)학생부20%+ 실기80% ▶글로벌예술학부(TV방송연예) : 1단계)비대면실기100%(7배수) 2단계)학생부20%+ 실기80% ▶공연영상창작학부(영화, 무용, 사진), 미술학부, 음악학부, 전통예술학부, 글로벌예술학부(실용음악, 게임콘텐츠애니메이션), 스포츠과학부(골프) : 학생부20%+ 실기80%	X (문예창작, 사진○)
수시	실기/실적	특기형	44	▶연기, 문학: 적성실기20%+ 수상실적80% ▶체육 개인(사격 외 전체): 학생부10%+ 적성실기20%+ 수상실적70% ▶체육 개인(사격): 학생부10%+ 수상실적90% ▶체육 단체: 1단계)학생부10%+ 수살실적90%(20배수) 2단계)학생부80%+ 적성실기20%	X

(수시모집) 지원 가능 횟수	수시모집의 모든 전형에 대하여 6개 전형이내에서 복수지원이 가능합니다.

■ 무전공(전공자율선택)

유형① [대학 내 모든 전공(보건의료, 사범 등 제외) 자율 선택]		유형② [계열/단과대 모집 후 모집단위 내 전공 자율 선택]	
모집단위	인원	모집단위	인원
		[서울] 공과대학	31
		[서울] 사회과학대학	25
		[서울] 인문대학	36
		[서울] 자연과학대학	30
		[서울] 창의ICT공과대학	150
		[서울] 경영경제대학	52
		[안성] 생명공학대학	65

■ 학교폭력 조치사항

- 학생부교과, 학생부종합, 실기/실적(특기형-체육특기)의 경우 학교생활기록부에 기재된 학교폭력조치사항에 대해 감점 반영
- 아래 표의 기준에 따라 최종 선발 시 감점 적용(중복 조치가 있는 경우, 높은 호수 기준으로 적용)

전형	전형총점	감점								
		1호	2호	3호	4호	5호	6호	7호	8호	9호
학생부종합	100	0.5		5			7.5		10	20
학생부교과, 체육특기	1,000	5		50			75		100	200

■ 전형결과

모집시기	전형유형	전형	학년도	모집인원	지원인원	경쟁률	등록자 50%컷	등록자 70%컷	충원율
수시	교과	지역균형	2024	504	3,782	7.50	**1.79**	1.87	199%
수시	종합	CAU융합형인재	2024	513	12,072	23.53	**2.52**	2.82	80%
수시	종합	CAU탐구형인재	2024	424	8,456	19.94	**2.69**	3.07	130%
수시	논술	논술전형	2024	478	40,642	85.03			

■ (주요전형) 전형일정

유형	전형	원서접수 마감	대학별 고사(면접/논술)	1단계 합격자	최종 합격자
교과	지역균형	9.13(금) 18:00 학교장추천: 9.25(수) 18:00			12.13(금)
종합	CAU융합형인재	9.13(금) 18:00			12.06(금)
종합	CAU탐구형인재	9.13(금) 18:00	11.30(토)~12.01(일)	11.21(목)	12.06(금)
논술	논술전형	9.13(금) 18:00	11.23(토) 자연 / 11.24(일) 인문		12.13(금)

▶ 11.23(토) 자연계열
  10:00 자연과학(물리학과, 화학과, 생명과학과, 수학과), 공과(사회기반시스템공학부 전체, 에너지시스템공학부, 건축학부, 화학공학과,
  기계공학부, 첨단소재공학과), 생명공학(생명자원공학부 전체, 식품공학부 전체, 시스템생명공학과), 소프트웨어(소프트웨어학부,
  AI학과), 예술공학(예술공학부), 적십자간호{간호학과(자연)}
  14:00 창의ICT공과(전자전기공학부, 융합공학부), 약학(약학부), 의과(의학부)
▶ 11.24(일) 인문계열
  10:00 경영경제(경영학부 전체, 경제학부, 응용통계학과, 광고홍보학과, 국제물류학과)
  14:00 인문(국어국문학과, 영어영문학과, 유럽문화학부 전체, 아시아문화학부 전체, 철학과, 역사학과),
  사회과학(정치국제학과, 공공인재학부, 심리학과, 문헌정보학과, 사회복지학부, 미디어커뮤니케이션학부, 사회학과,
  도시계획·부동산학과), 사범(교육학과, 영어교육과), 적십자간호{간호학과(인문)}

II. (수시모집) 주요 전형

■ (학생부교과) 지역균형

전형	모집인원	전형 방법	수능최저학력기준
지역균형	500	학생부100%	○

1. **지원자격**: 초·중등교육법시행령 제76조의3에 따른 국내고등학교 2024년 이후 졸업자(졸업예정자 및 상급학교 진학대상자 포함)로서 3학기 이상의 성적을 취득하고, 소속 고등학교장의 추천을 받은 자 (고교별 추천인원은 20명으로 제한)
   ※ 2023년에 고교 3학년을 이수하고 2023년 12월에 졸업한 자는 2024년 졸업자로 간주하여 지원 가능함.
   ※ 지원자는 고교과정 중 본교에서 제시하는 최소 이수과목 요건을 충족해야 함
     - 최소 이수과목 요건: 국어, 수학, 영어, 사회, 과학 교과영역 중 진로선택과목 1과목 이상 이수
   ※ 아래에 해당하는 자는 지원할 수 없으며, 3학기 이상의 성적 취득 여부 확인 시 아래 고교에서 취득한 학기는 제외함
     - 학생부 교과목별 석차등급을 산출할 수 없는 자
     - 예술고, 체육고, 마이스터고, 방송통신고, 특성화고 출신자(일반고의 특성화(전문계) 과정 이수자, 대안교육 특성화고등학교,
       일반고등학교의 대안교육위탁학생 출신자 포함) 및 학력인정 평생교육시설, 고등기술학교, 각종학교 출신자
   ※ **학교폭력 조치사항 반영**: 학교생활기록부에 기재된 학교폭력 조치사항에 대하여 감점 등의 불이익을 부여할 수 있음
2. **제출서류**: 학교생활기록부, 학교장 추천 명단
3. **수능최저학력기준**: 서울캠퍼스는 적용, 안성캠퍼스는 미적용

> ※ 영어영역 1등급과 2등급을 통합하여 1등급으로 간주함
> <서울캠퍼스> [국어, 수학, 영어, 사/과탐(1과목)] 중 3개 영역 등급 합 7 이내, 한국사 4등급 이내
> ▶ 약학부: [국어, 수학, 영어, 사/과탐(1과목)] 4개 영역 등급 합 5 이내, 한국사 4등급 이내
> <다빈치캠퍼스> 없음

4. **'전공개방모집'**
   아래 모집단위는 전공개방모집을 실시하는 단위로, 해당 단과대학 내에 본인이 진입할 희망학부(전공) 순위를 합격자 발표 시에 선택하게 됩니다.

계열	캠퍼스	대학/모집단위	모집인원	진입 가능 모집단위
인문	서울	인문대학	36	국어국문학과, 영어영문학과, 유럽문화학부(독일어문학), 유럽문화학부(프랑스어문학), 유럽문화학부(러시아어문학), 아시아문화학부(일본어문학), 아시아문화학부(중국어문학), 철학과, 역사학과
		사회과학대학	25	정치국제학과, 심리학과, 문헌정보학과, 사회복지학부, 사회학과, 도시계획·부동산학과
		경영경제대학	52	경제학부, 응용통계학과, 광고홍보학과, 국제물류학과, 산업보안학과(인문)
자연		자연과학대학	30	물리학과, 화학과, 생명과학과, 수학과
		공과대학	31	사회기반시스템공학부(건설환경플랜트공학), 사회기반시스템공학부(도시시스템공학), 건축학부, 에너지시스템공학부
	다빈치	생명공학대학	65	생명자원공학부(동물생명공학), 생명자원공학부(식물생명공학), 식품공학부(식품공학), 식품공학부(식품영양), 시스템생명공학과

◎ 전형요소
● 학생부(100점)

반영요소 반영비율	반영교과목		교과성적 산출지표	학년별 반영비율
	구분	반영방법		
교과 90%	공통 및 일반선택 (90%)	국어, 영어, 수학, 사회, 과학교과에 속한 전 과목	석차등급	학년 구분 없음
	진로선택 (10%)	반영교과목의 진로선택과목 성취도별 환산점수 적용 ※ 성취도의 환산점수 = A : 10.0, B : 9.43, C : 8.86	성취도	
비교과 10%	※ 만점: ① 출결(10%): 미인정 결석 1일 이내			

▌석차등급 및 성취도별 환산점수

공통과목/일반선택과목									진로선택과목			
석차등급	1등급	2등급	3등급	4등급	5등급	6등급	7등급	8등급	9등급	성취도	A	B	C
환산점수	10.0	9.71	9.43	9.14	8.86	8.57	8.00	6.57	3.40	환산점수	10.0	9.43	8.86

◎ 전형결과
▌전체

학년도	전체						인문						자연					
	모집인원	지원인원	경쟁률	등록 50%컷	등록 70%컷	충원율	모집인원	지원인원	경쟁률	등록 50%컷	등록 70%컷	충원율	모집인원	지원인원	경쟁률	등록 50%컷	등록 70%컷	충원율
2022	511	6,573	12.86	1.99	2.06	210%	248	2,944	11.87	1.86	1.92	211%	263	3,629	13.80	2.11	2.20	209%
2023	505	4,854	9.61	1.85	1.90	222%	228	2,030	8.90	1.75	1.80	255%	277	2,824	10.19	1.94	1.99	189%
2024	504	3,782	7.50	1.79	1.87	199%	212	1,279	6.03	1.78	1.88	243%	292	2,503	8.57	1.79	1.86	154%
2025	500						207						293					

▌[계열별] 실질 경쟁률(충원율 반영)

계열	학년도	모집인원	지원인원	경쟁률	수능최저 충족율	(수능최저 충족율 반영) 경쟁률	충원율	(충원율 반영) 실질 경쟁률
인문	2022	248	2,944	11.87			211%	
	2023	228	2,030	8.90	75.17%	6.69	255%	1.88
	2024	212	1,279	6.03			243%	
자연	2022	263	3,629	13.80			209%	
	2023	277	2,824	10.19	67.12%	6.84	189%	2.37
	2024	292	2,503	8.57			154%	

▌변경사항 & 핵심포인트
[2025]

변경사항	2024	2025
모집인원	504명	500명(-4명)
(수능최저) 자연 : 수능 응시영역 변경	국어, 수학(미적분/기하), 영어, 과탐	국어, 수학, 영어, 사/과탐
학교폭력 조치사항	-	학교생활기록부에 기재된 학교폭력조치사항에 대하여 감점등의 불이익을 부여할 수 있음

- 수능최저: 자연계열의 수능 필수 응시영역이 국어, 수학, 영어, 사/과탐으로 변경되어, 수학(확률과 통계), 사탐 응시자도 지원 가능
- ➡ 합격자 성적분포: 인문계열은 1등급 중반 ~ 1등급 후반, 자연계열은 1등급 초반 ~ 1등급 후반(다빈치캠은 2등급 중반 ~ 3등급 초반)
- ※ 전년도 전형분석:
1) 경쟁률 : 인문계열은 8.90 -> 6.03, 자연계열도 10.19 -> 8.57로 두 계열 모두 하락하였음
2) 합격자 성적: 인문계열은 1.75 -> 1.78로 비슷한 수준을 유지하였지만 자연계열은 경쟁률이 하락하였음에도 1.94 -> 1.79로 상승하였음
=> 경쟁률이 하락하였음에도 합격자 성적이 유지되거나 상승한 이유는 전년도에 수능최저에서 영어를 2등급도 1등급으로 간주한 영향도 있음

■ 모집단위

'*' 표시 : 교직 이수 가능

계열	모집단위	2025 모집인원	2024 모집인원	지원인원	경쟁률	등록 50%컷	등록 70%컷	충원번호	2023 모집인원	지원인원	경쟁률	등록 50%컷	등록 70%컷	충원번호	2022 모집인원	지원인원	경쟁률	등록 50%컷	등록 70%컷	충원율
인문	미디어커뮤니케이션학부	9	6	43	7.2	1.59	1.62	16	7	102	14.6	1.62	1.63	414%	9	79	8.8	1.76	1.79	278%
인문	글로벌금융	7	7	70	10.0	1.72	1.75	11	8	103	12.9	1.84	1.87	138%	7	97	13.9	1.96	1.97	186%
인문	영어교육과	10	7	38	5.4	1.72	1.79	17	8	62	7.8	1.73	1.78	250%	5	62	12.4	1.54	1.60	300%
인문	경영학	46	50	260	5.2	1.73	1.82	147	50	329	6.6	1.70	1.74	288%	47	737	15.7	1.67	1.71	287%
인문	경영경제대학	52	54	253	4.7	1.79	1.83	105	55	397	7.2	1.77	1.79	120%						
인문	공공인재학부	10	15	72	4.8	1.79	2.29	33	15	112	7.5	1.70	1.76	273%	19	282	14.8	1.70	1.76	253%
인문	인문대학	36	37	294	7.9	1.83	1.86	83	36	455	12.6	1.81	1.86	242%						
인문	교육학과	6	5	52	10.4	1.83	1.94	23	5	45	9.0	1.65	1.84	460%	5	50	10.0	1.70	1.79	280%
인문	사회과학대학	25	25	128	5.1	1.85	1.95	70	26	224	8.6	1.78	1.80	227%						
인문	유아교육과	6	6	69	11.5	1.94	1.97	11	5	83	16.6	1.96	2.00	300%	5	62	12.4	2.08	2.11	100%
자연	전자전기공학부	20																		
자연	융합공학부	36													34	706	20.8	1.60	1.64	362%
자연	약학부	10	8	80	10.0	1.12	1.21	8	6	202	33.7	1.13	1.15	83%	5	309	61.8	1.33	1.39	260%
자연	화학공학과	10	10	113	11.3	1.46	1.49	23	10	118	11.8	1.54	1.57	250%	6	202	33.7	1.50	1.50	567%
자연	소프트웨어학부	15	15	152	10.1	1.49	1.58	53	15	169	11.3	1.55	1.59	287%						
자연	공과대학	31	31	385	12.4	1.57	1.60	46	33	508	15.4	1.70	1.73	170%						
자연	자연과학대학	30	30	516	17.2	1.57	1.60	47	30	347	11.6	1.75	1.76	190%						
자연	AI학과	5	5	82	16.4	1.59	1.60	9	5	55	11.0	1.84	1.86	160%	5	136	27.2	1.58	1.58	260%
자연	간호학과(자연)	27	27	189	7.0	1.64	1.66	21	17	117	6.9	1.67	1.73	94%	15	153	10.2	1.65	1.78	100%
자연	기계공학부	20	20	197	9.9	1.65	1.67	36	18	191	10.6	1.68	1.72	200%	18	327	18.2	1.68	1.73	239%
자연	첨단소재공학과[다빈치]	6	5	30	6.0	2.26	2.44	4	5	48	9.6	2.99	3.01	280%	5	41	8.2	3.17	3.35	240%
자연	생명공학대학[다빈치]	65	65	234	3.6	2.52	2.63	76	66	363	5.5	2.60	2.82	179%						
자연	예술공학부[다빈치]	18	18	91	5.1	3.08	3.19	25	15	175	11.7	3.25	3.31	167%	18	55	3.1	3.94	4.57	61%

■ (학생부종합) CAU융합형인재

전형	모집인원	전형 방법	수능최저학력기준
CAU융합형인재	457	서류100%	X

1. **지원자격**: 고등학교 졸업(예정)자, 2학년 수료예정자 중 상급학교 진학대상자 또는 관계 법령에 의하여 고등학교 졸업자와 동등이상의 학력이 있다고 인정된 자
2. **제출서류**: 학교생활기록부, 미술실적보고서(공연영상창작학부(공간연출 전공) 지원자에 한 하여 제출)
   ※ 외국 고교 졸업(예정)자, 검정고시 출신자: 요강 참고
※ **학교폭력 조치사항 반영**: 학교생활기록부에 기재된 학교폭력 조치사항에 대하여 감점 등의 불이익을 부여할 수 있음

◎ 전형요소
※ 인재상:

CAU융합형인재	CAU탐구형인재
"학교생활에서 학업과 교내의 다양한 활동을 통하여 균형적으로 성장한 학생"	"고교 교육과정을 바탕으로 해당 전공(계열) 분야에서 깊이 있는 역량을 보인 학생"
• 교과 및 학업 활동에서 고르게 우수한 역량을 보인 학생	• 지적호기심이 뛰어나고 깊이 있는 학습에 대한 적극성과 성과가 뚜렷한 학생
• 다양한 학교 활동에 대한 자기주도적 참여 노력으로 관심과 사고의 확장을 이어간 학생	• 전공(계열) 교과 및 학업 활동에서 우수한 역량을 보인 학생
• 교내 공동체 활동의 일원으로서 리더십, 협력, 나눔과 배려 등에 대해 적극적으로 사고하고 실천한 학생	• 전공(계열) 분야 학교 활동에 적극적으로 참여하여 깊이 있는 사고와 성취를 이룬 학생

● 서류(100)
   1. **평가방법**: 학교생활기록부 등 제출서류를 근거로 지원자의 학업 및 교내 다양한 활동을 통한 성장 가능성을 종합적으로 평가

2. 평가요소 및 반영비율:

평가요소	평가항목	중요도	
		CAU융합형	CAU탐구형
학업역량	학업성취도	◎	
	학업태도		
	탐구력		◎
진로역량	전공(계열) 관련 교과 이수 노력		◎
	전공(계열) 관련 교과 성취도		◎
	진로 탐색 활동과 경험	◎	
공동체 역량	리더십	◎	
	협업과 소통능력		
	나눔과 배려		
	성실성과 규칙준수		

3. 평가요소별 평가항목

평가요소	평가항목		정의
학업역량	학업성취도	고교 교육과정에서 이수한 교과의 성취수준이나 학업 발전의 정도	- 대학 수학에 필요한 기본 교과목(예: 국어, 수학, 영어, 사회, 과학, 한국사 등)의 교과성적은 적절한가? - 그 외 교과목(예: 예술체육,기술가정/정보, 제2외국어/한문, 교양 등)의 교과성적은 어느 정도인가? - 유난히 소홀한 과목이 있는가?
	학업태도	학업을 수행하고 학습해 나가려는 의지와 노력	- 성취동기와 목표의식을 가지고 자발적으로 학습하려는 의지가 있는가? - 새로운 지식을 획득하기 위해 자기주도적으로 노력하고 있는가? - 교과 수업에 적극적으로 참여해 수업 내용을 이해하려는 태도와 열정이 있는가?
	탐구력	지적 호기심을 바탕으로 사물과 현상에 대해 탐구하고, 문제를 해결하려는 노력	- 교과와 각종 탐구활동 등을 통해 지식을 확장하려고 노력하고 있는가? - 교과와 각종 탐구활동에서 구체적인 성과를 보이고 있는가? - 교내 활동에서 학문에 대한 열의와 지적 관심이 드러나고 있는가?
진로역량	전공(계열) 관련 교과 이수 노력	고교 교육과정에서 전공(계열)에 필요한 과목을 선택하여 이수한 정도	- 전공(계열)과 관련된 과목을 적절하게 선택하고, 이수한 과목은 얼마나 되는가? - 전공(계열)과 관련된 과목을 이수하기 위하여 추가적인 노력을 하였는가? - 선택과목(일반/진로)은 교과목 학습단계(위계)에 따라 이수하였는가?
	전공(계열) 관련 교과 성취도	고교 교육과정에서 전공(계열)에 필요한 과목을 수강하고 취득한 학업성취 수준	- 전공(계열)과 관련된 과목의 석차등급/성취도, 원점수, 평균, 표준편차, 이수단위, 수강자 수, 성취도별 분포비율 등을 종합적으로 고려한 성취 수준은 적절한가? - 전공(계열)과 관련된 동일 교과 내 일반선택과목 대비 진로선택과목의 성취수준은 어떠한가?
	진로 탐색 활동과 경험	자신의 진로를 탐색하는 과정에서 이루어진 활동이나 경험 및 노력 정도	- 자신의 관심 분야나 흥미와 관련한 다양한 활동에 참여하여 노력한 경험이 있는가? - 교과 활동이나 창의적 체험활동에서 전공(계열)에 대한 관심을 가지고 탐색한 경험이 있는가?
공동체 역량	리더십	공동체의 목표 달성을 위해 구성원들의 상호작용을 이끌어가는 능력	- 공동체의 목표를 달성하기 위해 계획하고 실행을 주도한 경험이 있는가? - 구성원들의 인정과 신뢰를 바탕으로 참여를 이끌어내고 조율한 경험이 있는가?
	협업과 소통능력	공동체의 목표를 달성하기 위해 협력하며, 구성원들과 합리적인 의사소통을 할 수 있는 능력	- 단체활동 과정에서 서로 돕고 함께 행동하는 모습이 보이는가? - 구성원들과 협력을 통하여 공동의 과제를 수행하고 완성한 경험이 있는가? - 타인의 의견에 공감하고 수용하는 태도를 보이며, 자신의 정보와 생각을 잘 전달하는가?
	나눔과 배려	상대방을 존중하고 이해하여 원만한 관계를 형성하며, 타인을 위하여 기꺼이 나누어 주고자 하는 태도와 행동	- 학교생활 속에서 나눔을 실천하고 생활화한 경험이 있는가? - 타인을 위하여 양보하거나 배려를 실천한 구체적 경험이 있는가? - 상대를 이해하고 존중하는 노력을 기울이고 있는가?
	성실성과 규칙준수	책임감을 바탕으로 자신의 의무를 다하고, 공동체의 기본 윤리와 원칙을 준수하는 태도	- 교내 활동에서 자신이 맡은 역할에 최선을 다하려고 노력한 경험이 있는가? - 자신이 속한 공동체가 정한 규칙과 규정을 준수하고 있는가?

☞ 보충설명
- 서류평가요소 변경: 학업역량 30% 증가(20%->50%)로 가장 비중 큼
- 학업역량(50%)은 학업성취도, 학업태도, 탐구력 중에서 학업성취도가 중요한 점에서 탐구력을 중요시하는 탐구형인재와 구별됨
  - 학업성취도는 등급과 원점수, 평균, 표준편차를 전반적으로 평가함
- 진로역량(30%)도 진로탐색 활동과 경험을 중요시하는 점에서 전공(계열) 관련 교과 이수 노력, 전공(계열) 관련 교과 성취도를 중요시하는 탐구형인재와 구별됨. 교내에서 진행되는 진로관련 다양한 활동과 경험을 의미있게 평가
- 지원자의 60%~70%가 2등급 이내라서 3,4등급이 선발될 만한 근거를 제시하지 않으면 합격하기 어려움.

- 탐구형인재는 진로역량이 더 강조되지만, 역시 해당 모집단위를 지원하기 위해 반드시 무엇을 해야 하는 것은 아님.
  본인이 관심 있거나 관심 있는 분야에 대해 노력을 해 왔는지를 보려고 함, 학업적,질적인 부분에서 평가

■ (자연계열) 대학 전공 학문분야의 교과 이수 권장과목　　　※ 5개 대학(경희대/고려대/성균관대/연세대/중앙대) 2022년 공동연구

※ 핵심과목 : 학과(부)에서 수학(修學)하기 위해 '필수' 이수를 권장하는 과목
※ 권장과목 : 학과(부)에서 수학(修學)하기 위해 '가급적' 이수를 권장하는 과목

학문분야	모집단위	핵심과목(교과)		권장과목(교과)	
		수학	과학	수학	과학
수학	수학과	수학 I, 수학 II, 미적분, 기하	–	확률과 통계	–
컴퓨터	AI학과, 산업보안학과, 소프트웨어학부, 예술공학부	수학 I, 수학 II, 미적분, 기하	–	확률과 통계, 인공지능 수학	–
물리	물리학과	수학 I, 수학 II, 미적분, 기하	물리학 I, 물리학 II	확률과 통계	화학 I
기계	기계공학부	수학 I, 수학 II, 미적분, 기하	물리학 I, 물리학 II, 화학 I	확률과 통계	화학 II
전기·전자	전자전기공학부	수학 I, 수학 II, 미적분, 기하	물리학 I, 물리학 II, 화학 I	확률과 통계	–
건설/건축	사회기반시스템공학부　건설환경플랜트공학, 사회기반시스템공학부 도시시스템공학, 건축학부	수학 I, 수학 II, 미적분	–	확률과 통계, 기하	물리학 I
화학	화학과	수학 I, 수학 II, 미적분, 확률과 통계	화학 I, 화학 II	기하	물리학 I, 물리학 II, 생명과학 I
재료/화공·고분자·에너지	에너지시스템공학부, 융합공학부, 첨단소재공학과,화학공학과	수학 I, 수학 II, 미적분	물리학 I, 화학 I, 화학 II	확률과 통계, 기하	물리학 II
생명과학·환경/생활과학/농림	생명과학과, 생명자원공학부 동물생명공학,생명자원공학부, 식물생명공학, 시스템생명공학과, 식품공학부 식품공학, 식품공학부 식품영양	수학 I, 수학 II	화학 I, 생명과학 I, 생명과학 II	미적분, 확률과 통계	화학 II
의학	의학부	수학 I, 수학 II, 미적분	화학 I, 생명과학 I, 생명과학 II	확률과 통계	물리학 I, 화학 II
약학	약학부	수학 I, 수학 II, 미적분	화학 I, 화학 II, 생명과학 I, 생명과학 II	확률과 통계, 기하	물리학 I
간호/보건	간호학과	수학 I, 수학 II, 확률과 통계	생명과학 I, 생명과학 II	미적분	화학 I, 화학 II

◎ 전형결과
■ 전체

학년도	전체						인문						자연					
	모집인원	지원인원	경쟁률	등록50%컷	등록70%컷	충원율	모집인원	지원인원	경쟁률	등록50%컷	등록70%컷	충원율	모집인원	지원인원	경쟁률	등록50%컷	등록70%컷	충원율
2022	590	9,589	16.25	2.57	2.87	88%	313	4,471	14.28	2.63	3.02	76%	277	5,118	18.48	2.51	2.71	99%
2023	526	10,339	19.66	2.56	2.97	91%	284	5,105	17.98	2.73	3.15	73%	242	5,234	21.63	2.39	2.79	109%
2024	513	12,072	23.53	2.52	2.82	80%	276	5,678	20.57	2.71	3.04	76%	237	6,394	26.98	2.32	2.60	84%
2025	457						243						214					

■ 고교유형별 합격현황 (단위 : %)

전형	학년도	일반고/자공고		자사고		외고/국제고		과학고/영재학교		예술고/체육고		특성화고		기타	
		지원	등록	지원	등록	지원	등록	지원	등록	지원	등록	지원	등록	지원	등록
융합형	2023	75.4	69.9	8.3	6.6	11.0	18.4	1.3	3.3	0.6	0.7	1.3	0.3	2.0	0.8
	2024	77.1	74.5	8.2	6.5	9.9	16.9	1.1	1.6	0.7	0.2	1.6	0.0	1.3	0.4
탐구형	2023	57.7	65.7	16.3	12.0	14.5	18.5	7.9	3.3	0.1	0.0	1.7	0.2	1.8	0.3
	2024	64.3	65.5	13.8	12.6	11.5	15.2	6.4	6.2	0.1	0.0	2.1	0.2	1.8	0.2

■ 변경사항 & 핵심포인트

[2025]

변경사항	2024	2025
모집인원	513명	457명(-56명)
전형방법 변경	1단계)서류100%(3.5배수) 2단계)서류70%+ 면접30%	서류100%
학교폭력 조치사항	-	학교생활기록부에 기재된 학교폭력조치사항에 대하여 감점등의 불이익을 부여할 수 있음

- 전형방법: 단계별전형->일괄합산으로 변경됨에 따라 면접고사가 폐지됨.
- 면접고사 부담이 사라진 반면, 면접으로 서류의 부족함을 메울수 있는 기회도 사라져서 합격선은 약간 상승할 수 있음
- ☑ **합격자 성적분포:** 인문계열은 2등급 초반 ~ 3등급 초반, 자연계열은 2등급 초반 ~ 2등급 후반

'*'표시 : 교직 이수 가능

■ 모집단위

계열	모집단위	2025 모집인원	2024 모집인원	2024 지원인원	2024 경쟁률	2024 등록50%컷	2024 등록70%컷	2024 충원번호	2023 모집인원	2023 지원인원	2023 경쟁률	2023 등록50%컷	2023 등록70%컷	2023 충원율	2022 모집인원	2022 지원인원	2022 경쟁률	2022 등록50%컷	2022 등록70%컷	2022 충원율
인문	역사학과	12																		
인문	응용통계학과	6							5	75	15.0	1.91	2.10	20%	5	92	18.4	2.03	2.04	140%
인문	공공인재학부	9	8	283	35.4	1.84	1.89	8	8	295	36.9	2.57	3.31	63%	10	286	28.6	2.43	3.32	60%
인문	광고홍보학과	8	7	115	16.4	1.85	1.92	2	6	113	18.8	1.82	2.04		8	144	18.0	2.21	2.67	63%
인문	교육학과	8	8	309	38.6	1.85	3.40	11	8	359	44.9	1.97	2.05	150%	8	212	26.5	3.09	3.80	125%
인문	문헌정보학과	9	6	117	19.5	1.87	1.92	5	6	77	12.8	2.52	2.85	133%	8	64	8.0	2.32	2.40	88%
인문	사회학과	10	6	128	21.3	1.88	3.22	2	6	130	21.7	1.87	1.98	67%	9	159	17.7	1.96	2.29	78%
인문	미디어커뮤니케이션학부	7	5	231	46.2	1.89	2.13	4	6	285	47.5	3.25	3.70	100%	8	209	26.1	2.73	3.61	63%
인문	심리학과	7	6	194	32.3	1.92	1.97	7	6	185	30.8	2.06	2.17	67%	10	252	25.2	2.02	2.14	140%
인문	영어교육과	10	11	140	12.7	1.94	2.02	11	11	116	10.6	2.00	2.10	127%	9	71	7.9	2.00	2.15	133%
인문	경제학부	17	11	213	19.4	2.02	2.15	7	12	184	15.3	2.06	2.36	50%	20	220	11.0	2.10	2.20	85%
인문	국제물류학과	6	5	73	14.6	2.04	2.20	5	5	70	14.0	1.96	2.52	20%	8	109	13.6	2.22	3.23	88%
예체	체육교육과	15	15	330	22.0	2.04	2.36	3	15	208	13.9	2.05	2.43	60%	13	210	16.2	2.21	2.25	39%
인문	경영학	22	20	619	31.0	2.05	2.19	22	22	608	27.6	2.39	3.32	91%	33	604	18.3	2.08	2.46	97%
인문	국어국문학과	6	6	83	13.8	2.05	2.20	2	6	91	15.2	2.03	2.04	50%	10	93	9.3	2.30	2.76	80%
인문	유아교육과	12	12	123	10.3	2.66	2.76	2	12	126	10.5	2.24	2.26	67%	10	96	9.6	2.38	2.92	60%
예체	문예창작[다빈치]	9	9	94	10.4	2.94	3.07	6	10	97	9.7	3.21	3.31	70%	10	70	7.0	3.12	4.09	50%
예체	공간연출	3	3	70	23.3	2.95	3.05	2	3	53	17.7			100%	3	52	17.3			67%
인문	산업보안학과(인문)	5	4	63	15.8	2.96	3.74	1												
인문	도시계획·부동산학과	8	8	176	22.0	3.26	3.77	4	8	99	12.4	3.33	3.90	13%	10	74	7.4	2.35	3.74	40%
인문	영어영문학과	10	10	165	16.5	3.32	3.53	13	10	115	11.5	3.40	3.64	50%	20	173	8.7	2.05	2.15	85%
예체	실내환경디자인[다빈치]	7	7	279	39.9	3.60	3.90	6	7	143	20.4	4.82	5.33	71%	7	74	10.6	4.29	4.77	86%
인문	글로벌금융	9	5	120	24.0	3.62	3.65	2	5	76	15.2	2.37	3.87	20%	6	75	12.5	2.46	3.26	83%
예체	패션디자인[다빈치]	10	12	279	23.3	3.65	4.34	2	12	154	12.8	4.48	5.62	67%	8	94	11.8	3.55	3.86	63%
인문	철학과	12	10	256	25.6	3.88	4.65	8	10	107	10.7	3.88	4.53	70%	9	79	8.8	2.00	2.09	56%
인문	사회복지학부	6	7	112	16.0	4.30	4.46	7	7	142	20.3	2.00	2.10	57%	10	146	14.6	2.14	2.57	40%
자연	산업보안학과(자연)	7																		
자연	의학부	10	11	462	42.0	1.22	1.37	9	11	412	37.5	1.27	1.63	100%	9	355	39.4	1.83	1.90	100%
자연	소프트웨어학부	12	13	583	44.9	1.75	1.81	17	15	544	36.3	1.91	2.01	120%						
자연	약학부	18	15	500	33.3	1.78	2.58	15	12	330	27.5	1.50	1.57	58%	10	395	39.5	1.43	1.74	70%
자연	*전자전기공학부*	*9*	*12*	387	32.3	1.80	1.94	20	15	433	28.9	1.85	1.88	187%	31	609	19.7	1.92	2.00	136%
자연	화학공학과	5	7	267	38.1	1.81	1.86	8	7	252	36.0	1.89	1.93	143%	11	378	34.4	1.79	1.87	200%
자연	기계공학부	10	12	420	35.0	1.82	1.85	16	12	266	22.2	2.71	3.20	200%	17	306	18.0	1.92	2.01	147%
자연	간호학과(자연)	23	16	377	23.6	1.84	1.94	9	17	220	12.9	1.95	2.17	100%	16	373	23.3	1.81	1.94	75%
자연	도시시스템공학	9	5	106	21.2	1.92	2.01	2	9	142	15.8	2.11	2.34	38%	7	93	13.3	2.57	2.59	100%
자연	*융합공학부*	*6*	*9*	556	61.8	1.98	2.11	3	9	339	37.7	3.02	4.72	67%	12	401	33.4	1.91	2.08	133%
자연	에너지시스템공학부	6	8	245	30.6	1.99	2.04	6	8	209	26.1	1.93	2.13	225%	12	176	14.7	2.14	2.31	83%
자연	건축학부	14	15	235	15.7	2.00	2.07	15	13	221	17.0	2.13	2.20	131%						
자연	동물생명공학[다빈치]	9	11	126	11.5	2.85	3.30	6	10	99	9.9	2.54	2.79	90%	15	159	10.6	2.96	3.05	33%
자연	시스템생명공학과[다빈치]	6	7	138	19.7	2.93	3.55	8	7	98	14.0	2.40	2.60	114%	9	113	12.6	2.42	2.48	89%
자연	건설환경플랜트공학	11	9	170	18.9	2.93	4.84	9	8	132	16.5	1.94	2.02	144%	12	107	8.9	2.67	2.85	83%
자연	식품공학[다빈치]	14	12	139	11.6	3.11	3.46	2	10	75	7.5	3.20	3.43	70%	10	93	9.3	3.11	3.21	90%
자연	첨단소재공학과[다빈치]	5	5	104	20.8	3.16	3.34	7	5	81	16.2	3.73	5.03	100%	8	72	9.0	5.23	5.62	75%

계열	모집단위	2025 모집인원	2024 모집인원	2024 지원인원	2024 경쟁률	2024 등록 50%컷	2024 등록 70%컷	2024 충원번호	2023 모집인원	2023 지원인원	2023 경쟁률	2023 등록 50%컷	2023 등록 70%컷	2023 충원율	2022 모집인원	2022 지원인원	2022 경쟁률	2022 등록 50%컷	2022 등록 70%컷	2022 충원율
자연	*식물생명공학[다빈치]*	7	14	246	17.6	3.51	4.24	6	14	156	11.1	3.55	5.53	129%	12	119	9.9	3.45	3.81	100%
자연	예술공학부[다빈치]	23	20	163	8.2	3.64	3.95	15	23	101	4.4	3.77	4.41	65%	19	96	5.1	3.78	4.05	37%
자연	식품영양[다빈치]	10	12	124	10.3	3.65	3.71	4	14	95	6.8	3.66	3.84	79%	10	95	9.5	3.69	3.74	50%

■ (학생부종합) CAU탐구형인재

전형	모집인원	전형 방법	수능최저학력기준
CAU탐구형인재	484	1단계)서류100%(3.5배수, 다빈치캠('시스템생명공학과' 제외): 2.5배수) 2단계)서류70%+ 면접30%	X

1. **지원자격**: 고등학교 졸업(예정)자, 2학년 수료예정자 중 상급학교 진학대상자 또는 관계 법령에 의하여 고등학교 졸업자와 동등 이상의 학력이 있다고 인정된 자
2. **제출서류**: 학교생활기록부
※ **학교폭력 조치사항 반영**: 학교생활기록부에 기재된 학교폭력 조치사항에 대하여 감정 등의 불이익을 부여할 수 있음

◎ 전형요소
※ **인재상**: 고교 교육과정을 바탕으로 해당 전공분야에서 탐구능력을 보인 경험이 있으며, 학교생활에 충실한 학생
 – 교내 수업, 창의적체험활동 등 탐구활동 과정에서 탁월한 역량을 보인 학생 선발
● **서류(100점)**: 학교생활기록부 등을 제출서류를 근거로 지원자의 탐구능력, 전공분야의 학업잠재력, 학교생활 충실성 등을 종합적으로 평가
● **면접(30)**: 학업 준비도 및 계열 분야에 대한 탐구역량(교내 활동 이해 수준 등)을 확인하기 위한 개인별 심층면접
  1. **면접방법**:
   • 학교생활기록부를 기반으로 개인별 면접 질문을 합니다.
   • 단순한 학업 지식을 묻기보다는 학습 과정을 통해 충분히 원리를 이해하고 체득했는지 질문합니다.
   • 전공(계열)관련 심화된 경험이나 지식보다는 고등학교 수준에서의 관심과 탐구 능력을 확인합니다.
   • 질문에 대한 답변의 논리적 전개 능력 및 문제해결능력을 확인합니다
  2. **평가요소 및 세부내용**:

평가요소	반영비율	세부 내용
학업준비도	60%	• 교과에 대한 기본 개념 이해 및 활용 능력 • 지적 호기심을 바탕으로 관심 분야에 대해 주도적으로 탐구하려는 노력과 성취 수준
전공(계열) 적합성	30%	• 전공(계열)에 대한 관심 및 준비 노력 • 진로 탐색에 대한 충실한 노력 및 발전 정도
인성 및 의사소통능력	10%	• 답변의 논리적 전개 능력 및 문제해결능력 • 공동체의 일원으로서 지원자의 태도, 가치관

■ [전형 비교] CAU융합형인재, CAU탐구형인재

구분	[종합] CAU융합형인재	[종합] CAU탐구형인재
전형방법	서류100%	1단계)서류100%(3.5배수) 2단계)서류70%+ 면접30%
인재상	학교생활에서 학업과 교내 다양한 활동을 통하여 균형적으로 성장한 학생	고교 교육과정을 바탕으로 해당 전공분야에서 탐구능력을 보인 경험이 있으며, 학교생활에 충실한 학생
모집인원	457명	484명
수능최저학력기준	X	X
서류 평가요소	**학업역량50%**, 진로역량30%, 공동체역량20%	학업역량40%, **진로역량50%**, 공동체역량10%

• 두 전형의 공통점은 모두 수능최저학력기준이 없는 점임.
• 두 전형의 차이점은
 – 면접고사가 융합형인재는 없는 반면, 탐구형인재는 있음. 참고로 전년도에는 면접고사가 융합형인재가 없고, 탐구형인재가 있었음
 – 인재상도 융합형인재는 학업과 다양한 활동을 통한 균형잡힌 인재인 반면, 탐구형인재는 해당 전공(계열)에 깊이있는 역량을 보인 학생이며
 – 서류평가에서도 융합형인재는 학업역량을 강조하는 반면, 탐구형인재는 진로역량을 강조함
• CAU융합형인재는 교과와 비교과의 균형이 중요하므로 교과성적이 우수하면서 활동도 열심히 한 학생들이 지원하는 반면, CAU탐구형인재는 전반적인 교과성적은 다소 낮더라도 지원 전공에 대한 탐구능력이 탁월한 학생이 지원함
• 전형결과:

전형유형	전형	학년도	모집인원	지원인원	경쟁률	등록자 50%컷	등록자 70%컷	충원율
학생부종합	CAU융합형인재	2024	513	12,072	23.53	**2.52**	2.82	80%
학생부종합	CAU탐구형인재	2024	424	8,456	19.94	**2.69**	3.07	130%

◎ 전형결과
■ 전체

학년도	전체						인문						자연					
	모집인원	지원인원	경쟁률	등록50%컷	등록70%컷	충원율	모집인원	지원인원	경쟁률	등록50%컷	등록70%컷	충원율	모집인원	지원인원	경쟁률	등록50%컷	등록70%컷	충원율
2022	595	7,901	13.28	3.37	3.83	113%	310	3,899	12.58	3.33	3.68	93%	285	4,002	14.04	3.41	3.98	133%
2023	408	7,183	17.61	2.80	3.05	96%	166	2,869	17.28	3.06	3.34	82%	242	4,314	17.83	2.53	2.76	109%
2024	424	8,456	19.94	2.69	3.07	130%	165	3,178	19.26	2.87	3.20	101%	259	5,278	20.38	2.51	2.93	159%
2025	484						221						263					

■ 변경사항 & 핵심포인트

[2025]

변경사항	2024	2025
모집인원	424명	484명(+60명)
전형방법 변경	서류100%	1단계)서류100%(3.5배수/단, 다빈치캠: 2.5배수('시스템생명공학과; 제외)3.5배수) 2단계)서류70%+ 면접30%
학교폭력 조치사항	-	학교생활기록부에 기재된 학교폭력조치사항에 대하여 감점등의 불이익을 부여할 수 있음

- 면접도입: 일괄합산에서 단계별 전형으로 변경됨에 따라 2단계에서 면접고사를 실시함.
- 1단계를 통과하면 면접으로 서류의 부족함을 채울 수 있는 기회가 생기므로 합격선을 약간 낮아질 수 있음
☑ 합격자 성적분포: 인문계열은 2등급 중반 ~ 3등급 중반, 자연계열은 2등급 초반 ~ 3등급 초반

'*'표시 : 교직 이수 가능

■ 모집단위

계열	모집단위	2025	2024						2023						2022					
		모집인원	모집인원	지원인원	경쟁률	등록50%컷	등록70%컷	충원번호	모집인원	지원인원	경쟁률	등록50%컷	등록70%컷	충원번호	모집인원	지원인원	경쟁률	등록50%컷	등록70%컷	충원율
인문	독일어문학전공	16													9	99	11.0	3.88	4.00	133%
인문	프랑스어문학전공	17													9	90	10.0	3.96	4.21	156%
인문	러시아어문학전공	15													9	80	8.9	3.76	3.89	100%
인문	일본어문학전공	10													10	143	14.3	4.18	4.34	160%
인문	중국어문학전공	16													16	171	10.7	4.41	4.68	119%
인문	정치국제학과	9													11	231	21.0	3.25	3.38	100%
인문	미디어커뮤니케이션학부	5	5	178	35.6	1.99	2.00	5	6	154	25.7	3.32	3.50	100%	9	189	21.0	2.46	2.64	89%
인문	경제학부	10	12	174	14.5	2.24	2.53	10	12	171	14.3	2.50	2.71	117%	23	175	7.6	3.50	3.69	130%
인문	간호학과(인문)	15	10	159	15.9	2.48	2.55	1	13	154	11.9	3.67	3.76	31%	8	114	14.3	4.13	4.50	38%
인문	도시계획·부동산학과	6	7	135	19.3	2.55	3.31	10	7	88	12.6	4.09	4.17	29%	9	76	8.4	3.22	3.40	44%
인문	광고홍보학과	8	7	99	14.1	2.55	2.91		6	73	12.2	2.14	2.47	33%	11	165	15.0	2.15	2.26	27%
인문	경영학	24	30	536	17.9	2.69	3.26	42	30	562	18.7	2.97	3.25	147%	36	487	13.5	3.31	3.74	144%
인문	공공인재학부	10	10	256	25.6	3.06	3.45	22	10	236	23.6	3.19	3.52	150%	10	228	22.8	2.71	3.17	80%
인문	사회복지학부	9	7	153	21.9	3.27	3.62	3	7	149	21.3	2.43	3.79	43%	11	160	14.6	3.83	4.13	27%
인문	영어영문학과	25	18	317	17.6	3.32	3.71	29	18	259	14.4	3.50	3.87	167%	29	261	9.0	3.58	3.77	172%
인문	국제물류학과	8	6	109	18.2	3.65	3.87	5	6	71	11.8	3.73	3.92	50%	11	108	9.8	2.38	3.38	55%
인문	국어국문학과	7	6	109	18.2	3.69	3.94	12	6	141	23.5	2.68	2.89	117%	7	84	12.0	4.33	5.06	100%
인문	심리학과	6	7	203	29.0	3.77	3.83	4	7	205	29.3	2.80	3.10	57%	11	175	15.9	2.32	3.48	118%
인문	산업보안학과(인문)	5	6	103	17.2	3.90	4.38	3	5	41	8.2	4.45	4.67		5	47	9.4	3.67	3.89	40%
자연	식물생명공학[다빈치]	6																		
자연	약학부	18	22	469	21.3	1.50	2.51	23	15	373	24.9	1.20	1.47	133%	15	445	29.7	1.80	2.37	167%
자연	의학부	15	11	412	37.5	1.74	1.98	17	11	319	29.0	1.34	1.84	227%	9	294	32.7	1.62	1.74	78%
자연	생명과학과	11	6	350	58.3	1.87	1.94	8	6	310	51.7	2.27	2.34	167%	9	306	34.0	2.88	3.76	167%
자연	AI학과	10	10	230	23.0	1.88	2.04	6	12	321	26.8	1.96	1.99	75%	7	129	18.4	4.82	5.28	157%
자연	화학공학과	10	9	197	21.9	1.91	2.06	23	8	184	23.0	2.03	2.12	113%	13	277	21.3	1.92	2.03	169%
자연	에너지시스템공학부	10	8	200	25.0	1.91	2.29	27	8	147	18.4			175%	14	140	10.0	3.58	4.91	179%
자연	기계공학부	18	16	300	18.8	2.11	2.31	32	15	245	16.3	2.38	2.82	140%	19	238	12.5	2.09	4.00	168%
자연	간호학과(자연)	10	16	272	17.0	2.13	2.58	11	17	186	10.9	2.13	2.18	35%	9	165	18.3	2.21	2.41	67%
자연	소프트웨어학부	20	20	468	23.4	2.15	2.30	57	22	436	19.8	2.06	2.12	136%						
자연	물리학과	12	8	161	20.1	2.19	2.34	7	8	97	12.1	3.08	3.39	138%	9	99	11.0	2.58	3.24	133%
자연	융합공학부	12	8	261	32.6	2.20	2.35	12	8	220	27.5	2.16	2.24	125%	19	250	13.2	2.63	4.11	132%
자연	화학과	8	5	159	31.8	2.33	2.43	13	5	163	32.6	2.16	2.17	100%	8	165	20.6	5.17	5.37	188%
자연	수학과	12	6	118	19.7	2.49	2.98	14	6	98	16.3	2.17	2.24	83%	12	152	112.7	3.31	3.57	125%

계열	모집단위	2025 모집인원	2024 모집인원	2024 지원인원	2024 경쟁률	2024 등록 50%컷	2024 등록 70%컷	2024 충원번호	2023 모집인원	2023 지원인원	2023 경쟁률	2023 등록 50%컷	2023 등록 70%컷	2023 충원번호	2022 모집인원	2022 지원인원	2022 경쟁률	2022 등록 50%컷	2022 등록 70%컷	2022 충원율
자연	전자전기공학부	15	20	410	20.5	2.61	3.27	44	20	328	16.4	2.32	2.59	145%	40	471	11.8	3.03	3.66	170%
자연	건설환경플랜트공학	8	9	132	14.7	2.67	3.82	13	8	123	15.4	2.47	2.57	75%	10	126	12.6	2.47	2.69	70%
자연	건축학부	15	15	222	14.8	3.14	4.14	23	13	181	13.9	2.70	3.17	85%						
자연	시스템생명공학과[다빈치]	10	9	116	12.9	3.28	3.83	16	7	109	15.6	2.91	3.08	171%	9	118	13.1	3.40	4.49	211%
자연	동물생명공학[다빈치]	10	10	181	18.1	3.41	3.60	9	9	107	11.9	3.22	3.75	44%	10	70	7.0	4.17	4.29	120%
자연	예술공학부[다빈치]	18	23	241	10.5	3.86	4.26	28	21	129	6.1	4.57	5.04	67%	15	89	5.9	4.68	4.88	153%
자연	첨단소재공학과[다빈치]	5	5	80	16.0	4.07	4.57	8	6	72	12.0	4.64	5.01	33%	9	71	7.9	4.88	5.68	222%
자연	식품공학[다빈치]	10	12	138	11.5	4.11	5.43	17	9	88	9.8	3.39	3.84	111%	10	50	5.0	3.59	4.01	70%

■ (논술) 논술전형

전형	모집인원	전형 방법	수능최저학력기준
논술전형	478	학생부30%+ 논술70%	○

1. **지원자격**: 고등학교 졸업(예정)자, 2학년 수료예정자 중 상급학교 진학대상자 또는 관계 법령에 의하여 고등학교 졸업자와 동등 이상의 학력이 있다고 인정된 자
2. **수능최저학력기준**

> ※ 영어영역 1등급과 2등급을 통합하여 1등급으로 간주함
> <서울캠퍼스> [국어, 수학, 영어, 사/과탐(1과목)] 중 3개 영역 등급 합 6 이내, 한국사 4등급 이내
> ▶ 약학부: [국어, 수학, 영어, 사/과탐(1과목)] 4개 영역 등급 합 5 이내, 한국사 4등급 이내
> ▶ 의학부: [국어, 수학, 영어, 사/과탐(2과목 평균)] 4개 영역 등급 합 5 이내, 한국사 4등급 이내
> <다빈치캠퍼스> 짜 [국어, 수학, 영어, 사/과탐(1과목)] 중 2개 영역 등급 합 6 이내, 한국사 4등급 이내

◎ 전형요소
● 학생부(300점)

반영요소 반영비율	반영교과목 구분	반영교과목 반영방법		교과성적 산출지표	학년별 반영비율
교과 67% (200점)	공통 및 일반선택	국어, 영어, 수학, 사회, 과학교과 중 상위 5과목		석차등급	학년 구분 없음
	진로선택	미반영			
비교과 33% (100점)	※ 만점: ① 출결(33%): 미인정 결석 1일 이내				

구분		1등급	2등급	3등급	4등급	5등급	6등급	7등급	8등급	9등급
점수	10점	10	9.96	9.92	9.88	9.84	9.80	9.60	8.00	4.00
등급 간 점수 차이	10점	0	0.04	0.04	0.04	0.04	0.04	0.2	0.6	4
	200점	0	0.8	0.8	0.8	0.8	0.8	4.0	12.0	80.0

● 논술(700점)
1. **출제수준**:
   - 고등학교 교육과정의 내용과 수준에 맞추어 출제
   - 대학에서의 수학에 필요한 사고력과 쓰기능력 측정에 중점을 둔 출제
2. **시험시간**: 120분
3. **출제유형**

계열	논술유형	모집단위	출제유형
인문	인문사회	인문대학, 사회과학대학, 사범대학, 간호학과(인문)	언어논술(3문항)
	경영경제	경영경제대학 인문계열 모집단위 전체	언어논술(2문항), 수리논술(1문항)
자연	자연	전 모집단위	수리논술(4문항)

4. **출제범위**:

계열	논술유형	출제유형	교과	교과명
인문	인문사회/ 경영경제	언어논술	국어교과	국어, 화법과 작문, 문학, 독서, 언어와 매체
			사회교과	통합사회, 한국사, 한국지리, 세계지리, 세계사, 동아시아사, 경제, 정치와 법, 사회·문화, 생활과 윤리, 윤리와 사상
	경영경제	수리논술	수학교과	수학, 수학Ⅰ, 수학Ⅱ, 확률과 통계
자연	자연	수리논술	수학교과	수학, 수학Ⅰ, 수학Ⅱ, 확률과 통계, 미적분, 기하

◎ 전형결과

■ 전체

학년도	전체						인문						자연					
	모집인원	지원인원	경쟁률	등록50%컷	논술평균	충원율	모집인원	지원인원	경쟁률	등록50%컷	논술평균	충원율	모집인원	지원인원	경쟁률	등록50%컷	논술평균	충원율
2022	701	34,370	49.03	2.66	73.2	26%	318	14,544	45.74	2.61	79.7	28%	383	19,826	51.77	2.71	66.6	23%
2023	487	34,248	70.32	2.38		30%	219	15,629	71.36	2.48		35%	268	18,619	69.47	2.27		25%
2024	478	40,642	85.03				217	16,288	75.06				261	24,354	93.31			
2025	478						237						241					

■ [계열별] 실질 경쟁률(충원율 반영)

계열	학년도	모집인원	지원인원	경쟁률	논술 응시+수능최저 충족율	(논술응시+ 수능최저충족율 반영) 경쟁률	충원율	(충원율 반영)실질 경쟁률
인문	2022	318	14,544	45.74			28%	
	2023	219	15,629	71.36	20.17%	14.37	35%	10.64
	2024	217	16,288	75.06				
자연	2022	383	19,826	51.77			23%	
	2023	268	18,619	69.47	17.68%	12.58	25%	10.06
	2024	261	24,354	93.31				

■ 변경사항 & 핵심포인트

[2025]

변경사항	2024	2025
모집인원	478명	478명
(수능최저) 자연: 수능응시영역 변경	국어, 수학(미적분/기하), 영어, 과탐	국어, 수학, 영어, 사/과탐

- 수능최저: 자연계열도 수학(확률과 통계), 사탐 응시자도 지원가능.
- 내신 6등급까지는 논술로 당락 결정
- 논술고사는 인문은 언어100%, 상경계열은 언어80%+ 수리20%, 자연은 수리70%+ 과학30%(물,화,생 중 택1) 출제
  -자연계열 수학 출제범위: 수학, 수학Ⅰ, 수학Ⅱ, 미적분, 기하 ※ 기하 출제
- ➡ 합격자 성적분포: 인문계열은 2등급 초반 ~ 3등급 후반, 자연계열은 1등급 초반 ~ 2등급 후반(안성캠은 3등급 초반 ~ 4등급 중반)

'*' 표시 : 교직 이수 가능

■ 모집단위

계열	모집단위	2025	2024						2023					2022					
		모집인원	모집인원	지원인원	경쟁률				모집인원	지원인원	경쟁률	등록50%컷	충원율	모집인원	지원인원	경쟁률	등록50%컷	논술평균	충원율
인문	미디어커뮤니케이션학부	10	9	1,163	129.2				9	965	107.2	2.2	89%	5	629	125.8	2.8	82.7	20%
인문	심리학과	7	8	812	101.5				8	757	94.6	2.5	13%	11	670	60.9	2.3	78.6	46%
인문	정치국제학과	6	6	607	101.2				6	598	99.7	2.9	17%	9	523	58.1	2.6	78.6	67%
인문	*공공인재학부*	*11*	*15*	1,443	96.2				15	1,479	98.6	2.4	7%	8	454	56.8	2.8	78.4	
인문	사회학과	7	7	651	93.0				7	606	86.6	2.3	100%	10	518	51.8	2.1	79.2	20%
인문	도시계획부동산학과	6	5	424	84.8				5	421	84.2	2.3		10	511	51.1	2.6	78.9	10%
인문	영어영문학과	9	10	811	81.1				10	811	81.1	2.3	30%	17	817	48.1	2.3	78.6	35%
인문	간호학과(인문)	13	11	881	80.1				13	864	66.5	2.5		15	841	56.1	2.7	76.4	20%
인문	철학과	6	5	397	79.4				5	335	67.0	3.5	40%	6	250	41.7	2.6	78.3	33%
인문	문헌정보학과	6	4	310	77.5				4	303	75.8	2.4		7	287	41.0	2.1	79.2	29%
인문	영어교육과	7	7	522	74.6				7	470	67.1	2.4	14%	8	276	34.5	2.4	83.1	50%
인문	사회복지학부	6	6	447	74.5				6	453	75.5	2.5	17%	12	476	39.7	2.5	77.6	42%
인문	국어국문학과	6	6	438	73.0				6	422	70.3	1.6	33%	8	369	46.1	2.5	84.4	13%
인문	러시아어문학전공	8	4	291	72.8				4	333	83.3	2.5	75%	5	172	34.4	1.7	82.5	20%
인문	교육학과	6	5	363	72.6				4	256	64.0	1.6	50%	8	328	41.0	2.6	82.5	
인문	프랑스어문학전공	8	4	288	72.0				4	248	62.0	3.0		6	237	39.5	2.8	80.7	
인문	역사학과	6	5	355	71.0				5	345	69.0	2.4		6	264	44.0	2.6	77.7	17%
인문	독일어문학전공	8	4	273	68.3				4	307	76.8	2.7		5	185	37.0	3.7	77.4	
인문	일본어문학전공	6	4	271	67.8				4	286	71.5	3.9	50%	5	167	33.4	3.1	76.6	20%
인문	중국어문학전공	6	4	266	66.6				4	260	65.0	2.8	25%	5	156	31.2	3.6	77.8	20%
인문	경영학	54	55	3,418	62.2				57	3,341	58.6	2.3	18%	72	3,559	49.4	2.4	80.1	13%
인문	글로벌금융	6	6	352	58.7				6	323	53.8	1.6	8%	7	243	34.7	2.3	76.3	14%

계열	모집단위	2025 모집인원	2024 모집인원	2024 지원인원	2024 경쟁률			2023 모집인원	2023 지원인원	2023 경쟁률	2023 등록50%컷		2023 충원율	2022 모집인원	2022 지원인원	2022 경쟁률	2022 등록50%컷	2022 논술평균	2022 충원율
인문	광고홍보학과	6	6	352	58.7			6	361	60.2	2.1			10	387	38.7	2.8	79.9	60%
인문	응용통계학과	6	5	282	56.4			4	257	64.3	2.4			10	347	34.7	3.0	78.3	10%
인문	경제학부	11	11	614	55.8			11	573	52.1	2.1		9%	30	1,084	36.1	2.7	83.0	7%
인문	국제물류학과	6	5	257	51.4			5	255	51.0	3.2			10	344	34.4	2.7	81.2	40%
자연	의학부	18	19	3,865	203.4			14	3,332	238.0	1.7		7%	18	3,499	194.4	1.3	84.5	22%
자연	약학부	26	25	4,414	176.6			22	2,789	126.8	1.3			20	2,945	147.3	1.8	68.8	10%
자연	소프트웨어학부	17	20	2,225	111.3			20	1,987	99.4	2.1		30%	13	1,424	109.5	2.3	80.8	8%
자연	전자전기공학부	18	25	2,693	107.7			25	2,068	82.7	2.2		24%	45	2,947	65.5	2.5	76.4	22%
자연	생명과학과	6	6	612	102.0			6	557	92.8	2.2		17%	11	597	54.3	2.6	66.6	
자연	화학공학과	10	10	1,017	101.7			12	1,003	83.6	2.0		33%	10	881	88.1	2.8	80.5	10%
자연	AI학과	7	5	504	100.8			5	353	70.6	2.6		40%	8	568	71.0	2.2	76.0	25%
자연	융합공학부	8	10	978	97.8			10	685	68.5	2.1			17	916	53.9	2.6	73.0	
자연	*기계공학부*	*17*	*23*	2,194	95.4			23	1,512	65.7	2.0		22%	21	1,118	53.2	2.6	78.5	52%
자연	에너지시스템공학부	9	10	917	91.7			10	663	66.3	2.0		10%	18	820	45.6	2.5	71.6	11%
자연	건축학부	11	10	845	84.5			10	654	65.4	2.2		30%						
자연	화학과	6	5	412	82.4			5	293	58.6	1.6		20%	8	313	39.1	2.0	72.0	13%
자연	건설환경플랜트공학	9	9	730	81.1			8	420	52.5	1.9		25%	17	587	34.5	2.8	72.8	29%
자연	도시시스템공학	6	5	402	80.4			5	299	59.8	2.4		20%	7	233	33.3	2.7	71.3	14%
자연	수학과	6	5	397	79.4			5	250	50.0	1.6		20%	9	327	36.3	2.3	74.5	44%
자연	물리학과	6	5	375	75.0			5	273	54.6	2.0		40%	10	285	28.5	2.6	68.4	
자연	간호학과(자연)	13	13	790	60.8			16	612	38.3	2.4		38%	18	708	39.3	2.6	68.2	11%
자연	시스템생명공학과[다빈치]	6	6	120	20.0			8	118	14.8	2.2		25%	15	165	11.0	3.1	54.3	33%
자연	첨단소재공학과[다빈치]	7	8	133	16.6			7	101	14.4	3.3		43%	7	64	9.1	3.1	53.3	29%
자연	식품공학[다빈치]	7	7	85	12.1			10	96	9.6	3.2		40%	22	133	6.1	3.4	45.3	18%
자연	식물생명공학[다빈치]	6	6	66	11.0			6	54	9.0	2.8			13	73	5.6	3.5	44.0	23%
자연	예술공학부[다빈치]	10	13	140	10.8			18	141	7.8	3.4		11%	25	114	4.6	3.8	48.6	8%
자연	동물생명공학[다빈치]	6	6	65	10.8			7	67	9.6	3.2		14%	15	83	5.5	3.9	45.9	27%
자연	식품영양[다빈치]	6	6	63	10.5			7	63	9.0	2.6			8	42	5.3	4.2	50.6	

81. 중앙승가대학교　경기도 김포시 승가로 123 (Tel: 031. 980-7713~5)

Ⅰ. 한 눈에 보는 전형

모집 시기	전형 유형	전형	모집 인원	전형 방법	수능최저 학력기준
수시	교과	출가자	60	학생부40%+ 면접60%	X
정시나	교과	출가자	60	학생부40%+ 면접60%	X

(수시모집) 지원 가능 횟수	-

■ (주요전형) 전형일정

유형	전형	원서접수 마감	대학별 고사(면접/논술)	1단계 합격자	최종 합격자
교과	출가자	9.13(금)	10.15(화)		11.05(화)

Ⅱ. (수시모집) 주요 전형

■ (학생부교과) 출가자

1. **전형방법**: 학생부40%+ 면접60%
2. **지원자격**:
   - 대한불교조계종 승려로서(2025년 봄 수계 예정자 포함)고등학교 졸업자 및 2024년 2월 졸업 예정자,또는 법령에 의하여 동등이상의 학력이 있다고 인정한 자.
   - 위 학력자 중'한국불교 종단협의회'소속의 타 종단 승려
   - 고등학교 졸업예정자로서19세 미만의 Uni-출가자(4년 단기출가)도 지원 가능합니다.(조계종의'청소년 출가 특별법'에 의해 행자교육 면제)
3. **모집인원**: 60명(불교학부 30명, 불교사회학부 30명)

◎ **전형요소**
● 학생부:

반영요소 반영비율	반영교과목		교과성적 산출지표	학년별 반영비율
	구분	반영방법		
교과 100%	공통 및 일반선택	학년별 우수교과 4개의 성적 반영	석차등급	학년 구분 없음
	진로선택	미반영	성취도	

82. 차의과학대학교

경기도 포천시 해룡로 120 (Tel. 031. 850-9021~6, 9058~9)

I. 한 눈에 보는 전형

모집 시기	전형 유형	전형	모집 인원	전형 방법	수능최저 학력기준
수시	교과	CHA학생부교과	60	1단계)학생부교과100%(5배수) 2단계)1단계70%+ 면접30%	X(약학과○)
수시	교과	지역균형선발	89	학생부교과100% ※ 고교 추천: 제한 없음	X(약학과○)
수시	종합	CHA학생부종합	162	1단계)서류100%(3배수) 2단계)서류70%+ 면접30%	X
수시	종합	사회통합	30	1단계)서류100%(3배수) 2단계)서류70%+ 면접30%	X
수시	종합	농어촌학생	20	서류100%	X(약학과○)
수시	종합	기회균등	7	서류100%	X(약학과○)

(수시모집) 지원 가능 횟수	수시모집의 모든 전형 간 복수지원이 가능하나, 동일 전형 내에서는 1개의 모집단위에만 지원 가능함

■ 무전공(전공자율선택)

유형① [대학 내 모든 전공(보건의료, 사범 등 제외) 자율 선택]		유형② [계열/단과대 모집 후 모집단위 내 전공 자율 선택]	
모집단위	인원	모집단위	인원
미래융합대학	374		

■ **미래융합대학**에 등록한 학생은 무전공으로 입학한 후, 2학년 진급 시 학부와 무관하게 위 전공 중 1, 2전공을 선택함(정원 제한 없음). 단, 대학 구조 개편 등으로 전공명은 변경될 수 있으며, 간호학과와 약학과는 제외함

■ 전형결과

※ 성적 산출기준: (수시) 교과 석차등급, (정시) 수능 백분위

모집시기	전형유형	전형	학년도	모집인원	지원인원	경쟁률	등록자 50%컷	등록자 70%컷	충원율
수시	교과	CHA학생부교과	2024	60	693	11.55	2.76	2.88	65%
수시	교과	지역균형선발	2024	86	333	3.87	2.46	2.78	186%
수시	종합	CHA학생부종합	2024	165	828	5.02			76%

■ (주요전형) 전형일정

유형	전형	원서접수 마감	대학별 고사(면접/논술)	1단계 합격자	최종 합격자
교과	CHA학생부교과	9.13(금) 18:00	-11.01(금)~03(일) 간호대학, 미래융합대학 -11.23(토) 약학대학	10.28(월)	12.12(목)
교과	지역균형선발	9.13(금) 18:00 학교장추천: 9.24(화)			10.28(월)
종합	CHA학생부종합	9.13(금) 18:00	11.15(금)~17(일) 간호대학, 미래융합대학	11.08(금)	12.12(목)

II. (수시모집) 주요 전형

■ (학생부교과) CHA학생부교과

전형	모집인원	전형 방법	수능최저학력기준
CHA학생부교과	60	1단계)학생부교과100%(5배수) 2단계)1단계70%+ 면접30%	X(약학과○)

1. **지원자격**: 국내·외 고등학교 졸업 예정자 또는 법령에 의하여 이와 동등 이상의 학력이 있다고 인정된 자
2. **제출서류**: 학교생활기록부
3. **수능최저학력기준**: 없음. 단 약학과는 있음

▸ 약학과: [국어, 수학, 사/과탐(2과목 평균, 소수점 이하 절사)] 수학 포함 3개 영역 등급 합 6 이내

◎ 전형요소

● 학생부(700점)

반영요소 반영비율	반영교과목		교과성적 산출지표	학년별 반영비율
	구분	반영방법		
교과 100%	공통 및 일반선택	국어, 영어, 수학, 한국사, 사회(역사/도덕 포함), 과학교과에 속한 전 과목 ※ 반영 학기: (교과) 졸업예정자 및 졸업자 모두 3학년 1학기까지,	석차등급	학년 구분 없음
	진로선택	반영교과 중 성취도가 높은 상위 3과목. ※ 성취도 환산등급(점수) = A : 1.5등급(998.5), B : 3.5등급(992), C : 6등급(975)	성취도	

● 면접(300점)
1. 면접방법: 학교생활 충실성과 모집단위별 인재상에 부합하는 역량을 갖추고 있는지 종합적으로 평가
2. 면접형식: 면접위원(2인 이상) 대(對) 지원자(1인) / 개인당 10분 내외W
   ※ 약학과의 경우 지원자의 약학인재로서 가치관 인성 역량 등을 확인하기 위한 추가 면접이 시행될 수 있음
3. 평가요소:

평가요소	반영비율	세부 내용
진로역량	20%	• 관심 진로(전공)에 대한 탐구 의지와 이해 • 관심 진로(전공) 관련 활동과 경험
인성	40%	• 개인적 인성 • 공동체적 인성
발전가능성	40%	• 자기주도성 • 창의적 문제해결능력

4. 평가등급:

S	A	B	C	D
매우 우수 <----	----------------	보통 --------------------	---------------->	매우 미흡

◎ 전형결과

■ 전체

학년도	전체						인문						자연					
	모집 인원	지원 인원	경쟁 률	등록 50%컷	등록 70%컷	충원 율	모집 인원	지원 인원	경쟁 률	등록 50%컷	등록 70%컷	충원 율	모집 인원	지원 인원	경쟁 률	등록 50%컷	등록 70%컷	충원 율
2022	77	487	6.32	3.78	4.28	96%	34	273	8.03	4.07	4.74	129%	43	214	4.98	3.48	3.81	63%
2023	77	763	9.91	2.57	2.71	83%							77	763	9.91	2.57	2.71	83%
2024	60	693	11.55	2.76	2.88	65%							60	693	11.55	2.76	2.88	65%
2025	60												60					

■ 변경사항 & 핵심포인트

[2025]

변경사항	2024	2025
모집인원	60명	60명
(수능최저) 약학과	[국어, 수학(미적분/기하), 사/과탐 2과목 평균, 소수점 이하 절사)] 3개 등급 합 6	[국어, 수학, 사/과탐(2과목 평균, 소수점 이하 절사)] 수학 포함 3개 등급 합 6

▣ 합격자 성적분포: 자연계열은 2등급 중반 ~ 4등급 초반

■ 모집단위

'*' 표시 : 교직 이수 가능

계열	모집단위	2025	2024						2023						2022					
		모집 인원	모집 인원	지원 인원	경쟁 률	등록 50%컷	등록 70%컷	충원 번호	모집 인원	지원 인원	경쟁 률	등록 50%컷	등록 70%컷	충원 번호	모집 인원	지원 인원	경쟁 률	등록 50%컷	등록 70%컷	충원 번호
자연	약학대학	11	12	386	32.2	1.37	1.38	5	4	122	30.5	1.52	1.52	2						
자연	간호대학	10	12	71	5.9	3.03	3.15	4	10	336	33.6	2.00	2.19	6	10	64	6.4	2.85	3.32	2
자연	미래융합대학	39	36	236	6.6	3.88	4.12	30	63	305	4.8	4.19	4.43	56						

■ (학생부교과) 지역균형선발

전형	모집인원	전형 방법	수능최저학력기준
지역균형선발	89	학생부교과100%	X(약학과○)

1. 지원자격: 국내 고등학교 졸업(예정)자로서 학교생활이 타의 모범이 되어 해당 학교장의 추천을 받는 자(고교별 추천인원 제한 없음)
3. 제출서류: 학교생활기록부, 학교장 추천 명단

3. **수능최저학력기준**: 없음. 단 약학과는 있음

> ▶ 약학과: [국어, 수학, 사/과탐(2과목 평균, 소수점 이하 절사)] 수학 포함 3개 영역 등급 합 6 이내

◎ 전형요소
● 학생부(1,000점): CHA학생부교과전형 참고

◎ 전형결과

학년도	전체						인문						자연					
	모집인원	지원인원	경쟁률	등록50%컷	등록70%컷	충원율	모집인원	지원인원	경쟁률	등록50%컷	등록70%컷	충원율	모집인원	지원인원	경쟁률	등록50%컷	등록70%컷	충원율
2022	55	508	9.24	3.48	3.68	168%	24	170	7.08	4.11	4.39	188%	31	338	10.90	2.85	2.97	148%
2023	56	574	10.25	2.23	2.33	184%							56	574	10.25	2.23	2.33	184%
2024	86	333	3.87	2.46	2.78	186%							86	333	3.87	2.46	2.78	186%
2025	89												89					

■ 변경사항 & 핵심포인트
[2025]

변경사항	2024	2025
모집인원	86명	89명(+3명)
(수능최저) 약학과	[국어, 수학(미적분/기하), 사/과탐(2과목 평균, 소수점 이하 절사)] 3개 등급 합 6	[국어, 수학, 사/과탐(2과목 평균, 소수점 이하 절사)] 수학 포함 3개 등급 합 6

➡ 합격자 성적분포: 자연계열은 2등급 초반 ~ 3등급 중반

■ 모집단위   '*'표시 : 교직 이수 가능

계열	모집단위	2025	2024						2023						2022					
		모집인원	모집인원	지원인원	경쟁률	등록50%컷	등록70%컷	충원번호	모집인원	지원인원	경쟁률	등록50%컷	등록70%컷	충원번호	모집인원	지원인원	경쟁률	등록50%컷	등록70%컷	충원번호
자연	약학대학	7	6	81	13.5	1.24	1.27	13	4	199	49.8	1.20	1.20	4	5	145	29.0	1.79	1.88	3
자연	간호대학	22	20	77	3.9	2.45	3.00	42	16	122	7.6	2.08	2.20	42	7	61	8.7	2.18	2.21	15
자연	미래융합대학	60	60	175	2.9	3.69	4.07	105	36	253	7.0	3.41	3.58	57						

■ (학생부종합) CHA학생부종합

전형	모집인원	전형 방법	수능최저학력기준
CHA학생부종합	162	1단계)서류100%(3배수) 2단계)서류70%+ 면접30%	X

1. **지원자격**: 국내·외 정규 고등학교 졸업(예정)자 또는 관련 법령에 의하여 위와 동등 이상의 학력이 있다고 인정되는 자
2. **제출서류**: 학교생활기록부 / 외국 고교 졸업자: 요강 참고

◎ 전형요소
● 서류(700점)
   1. **평가방법**: 지원자 1인당 3인 이상의 평가위원이 전형자료를 평가기준에 따라 정성평가.
      - 학교생활기록부의 내용을 바탕으로 학업역량, 진로역량, 인성으로 나누어 정성적·종합적으로 평가하여 점수를 부여함.
      - 활동의 결과보다는 준비 과정 및 노력, 활동 이후의 변화 등을 중심으로 평가함
   2. **평가요소**:

평가기준	반영비율	세부 평가지표	세부 설명	전형자료(학생부)
학업역량 학업을 충실히 수행할 있는 능력	40%	학업성취도	교과목의 석차등급 또는 원점수(평균/표준편차)를 활용해 산정한 학업능력 지표와 교과목 이수 현황, 노력 등을 기반으로 평가한 교과의 성취 수준이나 학업적 발전의 정도	- 창의적체험활동상황 - 교과학습발달상황 - 행동특성 및 종합의견
		학업태도와 학업의지	학업을 수행하고 학습을 해나가는 자발적인 의지와 태도 / 학습자가 스스로 학습 목표를 설정하고 적절한 학습 전략을 선택하여 계획을 수립·실행하는 과정	
		탐구활동	어떤 대상에 대해 호기심을 가지고, 깊고 폭넓게 탐구할 수 있는 능력	

평가기준	반영비율	세부 평가지표	세부 설명	전형자료 (학생부)
진로역량 지원 전공(계열)과 관련된 분야에 대한 관심과 이해, 노력과 준비정도	40%	전공 관련 교과목 이수 및 성취도	고교 교육과정에서 지원 전공(계열)에 필요한 과목을 수강하고 취득한 학업성취의 수준	- 창의적체험활동상황 - 교과학습발달상황 - 행동특성 및 종합의견
		전공에 대한 관심과 이해	지원 전공(계열)에 대한 궁금증을 해결하기 위해 주의를 기울인 태도와 알고 있는 정도	
		전공 관련 활동과 경험	지원 전공(계열)에 대한 관심을 충족시키기 위해 노력한 과정과 배운 점	
인성 공동체 일원으로서 필요한 바람직한 사고와 행동	20%	협업능력	공동체의 목표를 달성하기 위하여 상호 신뢰를 바탕으로 함께 돕고 함께 생활할 수 있는 역량	- 출결상황 - 창의적체험활동상황 - 교과학습발달상황 - 행동특성 및 종합의견
		나눔과 배려	상대방을 존중하고 이해하여 원만한 관계를 형성하며, 타인을 위하여 기꺼이 나누어 주고자 하는 태도와 행동	
		소통능력	상대방의 의견을 경청하고 공감할 수 있으며, 자신의 정보와 생각을 효과적으로 전달할 수 있는 역량	
		준법성	공동체의 기본 윤리와 규칙 등에 따라 행동하고, 부정 또는 부당한 행동을 하지 않는 태도	
		성실성	책임감을 바탕으로 꾸준히 노력하여 자신의 의무를 다하는 태도와 행동	
		리더십	공동체의 목표 달성을 위해 구성원의 화합과 단결을 이끌어 가는 역량	

※ 학교생활기록부 등 모든 내용이 전형자료로 활용됨

3. 평가등급:

A	B	C	D	E	F
매우 우수 <----------------------------- 보통 -----------------------------> 매우 미흡					

☞ **보충설명**
- 학업역량(40%) = 진로역량(40%) > 인성(20%) 순으로 반영. 학업역량과 진로역량이 중요함.
- 서류평가는 학과별 편차가 있음. 간호나 의생명은 준비도가 높음. 그러나 데이터경영학과는 준비도가 낮음
- 간호학과는 취업을 상위권 학생은 메이저 5대 병원에 가고, 적어도 차병원은 취업함

● **면접(300점)**
1. 평가방법: 제출서류에 기초한 개별면접, 인성을 중심으로 학교생활 충실성을 종합평가
2. 면접시간: 10분 내외
3. 면접형식: 면접위원(3인) 대(對) 지원자(1인) / 개인당 10분 내외
  ※ 약학대학의 경우, 지원자의 약학인재로서 가치관, 인성, 역량 등을 확인하기 위한 면접 추가 시행
    - 블라인드 면접: 이름, 수험번호, 고교명 등 블라인드 처리 ※ 면접 시, 고교를 나타낼 수 있는 교복 등 착용 금지
4. 평가기준:

평가기준	반영비율	전공적합성
진로역량	40%	• 전공에 대한 관심과 이해 • 전공 관련 활동과 경험
인성	40%	• 소통능력
발전가능성	20%	• 창의적 문제해결능력 • 자기주도성

◎ **전형결과**
■ **전체**

학년도	전체						인문						자연					
	모집인원	지원인원	경쟁률	등록50%컷	등록70%컷	충원율	모집인원	지원인원	경쟁률	등록50%컷	등록70%컷	충원율	모집인원	지원인원	경쟁률	등록50%컷	등록70%컷	충원율
2022	181	1,073	5.93	4.59	5.77	77%	83	293	3.53	5.11	6.15	77%	98	780	7.96	4.07	5.38	77%
2023	179	1,284	7.17			76%							179	1,284	7.17			76%
2024	165	828	5.02			76%							165	828	5.02			76%
2025	162												162					

'*' 표시 : 교직 이수 가능

■ **모집단위**

계열	모집단위	2025	2024						2023						2022					
		모집인원	모집인원	지원인원	경쟁률			충원번호	모집인원	지원인원	경쟁률	등록50%컷	등록70%컷	충원번호	모집인원	지원인원	경쟁률	등록50%컷	등록70%컷	충원번호
자연	간호대학	31	31	355	11.5			28	24	379	15.8			30	24	229	9.5	2.85	5.44	30
자연	미래융합대학	131	134	473	3.5			98	145	515	3.6			104						

83. 총신대학교

서울특별시 동작구 사당로 143 (Tel. 02. 3479-0400, 0257)

I. 한 눈에 보는 전형

모집 시기	전형 유형	전형	모집 인원	전형 방법	수능최저 학력기준
수시	교과	교과우수자	45	학생부80%+ 면접20%	X
수시	종합	목회자추천자	15	1단계)서류100%(3배수) 2단계)서류70%+ 면접30%	X
수시	종합	코람데오인재	117	1단계)서류100%(3배수) 2단계)서류70%+ 면접30%	X
수시	종합	총신고른기회	28	1단계)서류100%(3배수) 2단계)서류70%+ 면접30%	X
수시	종합	대안학교출신자	19	1단계)서류100%(3배수) 2단계)서류70%+ 면접30%	X
수시	종합	농어촌학생	5	1단계)서류100%(3배수) 2단계)서류70%+ 면접30%	X
수시	종합	기초생활수급자및차상위계층	11	1단계)서류100%(3배수) 2단계)서류70%+ 면접30%	X
수시	종합	특수교육대상자	30	1단계)서류100%(3배수) 2단계)서류70%+ 면접30%	X
수시	실기/실적	성경지식우수자	4	면접40%+ 성경고사성적60%	X
수시	실기/실적	외국어(영어)우수자	3	서류40%+ 공인어학성적60%	X
수시	실기/실적	실기우수자	28	면접10%+ 실기90%	X

(수시모집) 지원 가능 횟수	전형일(구술면접고사일, 실기고사일)이 다른 전형 간에 복수지원 가능(동일한 전형명의 2개 이상의 모집단위(전공)에는 지원불가)

■ 모집단위 신설 · 변경

구분	2024	2025
변경	중독재활상담학과	중독상담학과

■ 전형결과

※ 성적 산출기준: (수시) 교과 석차등급, (정시) 수능 백분위

모집시기	전형유형	전형	학년도	모집인원	지원인원	경쟁률	최종합격자 평균	최종합격자 최저	충원율
수시	교과	교과우수자	2024	45	202	4.49	3.84	4.38	102%
수시	종합	코람데오인재	2024	119	560	4.71	4.08		53%

■ (주요전형) 전형일정

유형	전형	원서접수 마감	대학별 고사(면접/논술)	1단계 합격자	최종 합격자
교과	교과우수자	9.13(금) 18:00	10.19(토)		12.13(금)
종합	코람데오인재	9.13(금) 18:00	11.16(토)	11.06(수)	12.13(금)

II. (수시모집) 주요 전형

■ (학생부교과) 교과우수자

전형	모집인원	전형 방법	수능최저학력기준
교과우수자	45	학생부80%+ 면접20%	X

1. **지원자격**: 국내 정규 고등학교 졸업(예정)자로서 출석교회 담임목사로부터 세례사실(유아세례, 입교, 세례) 확인 및 입학 추천을 받은 자
2. **지원자격**: 학교생활기록부, 담임목사 추천서 및 세례교인 증명서

◎ 전형요소
● 학생부(800점)

반영요소 반영비율	반영교과목			교과성적 산출지표	학년별 반영비율
	구분	반영방법			
교과 90%	공통 및 일반선택 90%	국어, 영어, 수학, 사회(역사/도덕 포함), 과학교과별 학기별 1과목		석차등급	학년 구분 없음
	진로선택 10%	반영교과목의 전과목의 성취도를 환산점수로 반영. ※ 성취도별 환산점수 = A : 72, B : 65, C : 0		성취도	
비교과 10%	※ 만점: ① 출결(10%): 미인정 결석 2일 이내				

구분	1등급	2등급	3등급	4등급	5등급	6등급	7등급	8등급	9등급
점수(648점)	648	639	621	585	513	369	180	90	0
등급 간 점수 차이	0	9	18	36	72	144	189	90	90

● 면접(200
   1. **평가유형**: 출제지문에 대한 답변
   2. **평가요소**: 신앙, 인성, 의사소통 및 면접태도
   3. **평가방법**: 평가자 2명: 수험생 1명
   4. **평가방법**: 7분 ~10분

◎ 전형결과
■ 전체

학년도	전체						인문						자연					
	모집 인원	지원 인원	경쟁 률	최종 평균	최종 최저	충원 율	모집 인원	지원 인원	경쟁 률	최종 평균	최종 최저	충원 율	모집 인원	지원 인원	경쟁 률			
2022	62	275	4.44	3.50	4.28	92%	62	275	4.44	3.50	4.28	92%						
2023	48	234	4.88	3.27	3.77	121%	48	234	4.88	3.27	3.77	121%						
2024	45	202	4.49	3.84	4.38	102%	45	202	4.49	3.84	4.38	102%						
2025	45						45											

■ 변경사항 & 핵심포인트

[2025]

변경사항	2024	2025
모집인원	45명	45명

▶ **합격자 성적분포**: 인문계열은 3등급 중반 ~ 4등급 중반

[2024]

변경사항		2023	2024
학생부	학년반영비율	20% : 30% : 50%	학년 구분 없이 100%
	공통및일반선택	100%	90%
	진로선택	–	10%(A : 72, B : 65, C : 0)

■ 모집단위

'*' 표시 : 교직 이수 가능

계열	모집단위	2025	2024						2023						2022					
		모집 인원	모집 인원	지원 인원	경쟁 률	최종 평균	최종 최저	충원 번호	모집 인원	지원 인원	경쟁 률	최종 평균	최종 최저	충원 번호	모집 인원	지원 인원	경쟁 률	최종 평균	최종 최저	충원 번호
인문	중독상담학과	1	1	4	4.0			1	1	13	13.0	3.30			2	7	3.5	4.45	4.60	1
인문	역사교육과	3	3	8	2.7	2.90	3.60	3	5	18	3.6	2.60	3.00	6	5	25	5.0	2.73	3.20	8
인문	신학과	12	12	91	7.6	2.97	3.88	12	14	59	4.2	3.91	5.10	25	23	70	3.0	3.63	4.90	17
인문	기독교교육과	2	2	14	7.0	3.45	3.60	3	2	35	17.5	3.35	3.60	1	3	8	2.7	4.06	5.50	2
인문	사회복지학과	10	10	42	4.2	3.47	4.10	7	9	44	4.9	3.69	4.10	13	9	33	3.7	2.95	4.70	14
인문	유아교육과	12	12	30	2.5	4.00	5.10	13	12	42	3.5	2.99	3.70	9	15	106	7.1	2.90	3.60	11
인문	영어교육과	3	2	5	2.5	4.90	5.10	3	2	9	4.5	3.05	3.30	2	2	10	5.0	3.25	3.50	3
인문	아동학과	2	3	8	2.7	5.17	5.30	4	2	14	4.7	3.27	3.60	2	3	16	5.3	4.00	4.20	1

■ (학생부종합) 코람데오인재

전형	모집인원	전형 방법	수능최저학력기준
코람데오인재	117	1단계)서류100%(3배수) 2단계)서류70%+ 면접30%	X

1. **지원자격**: 국내·외 정규 고등학교 졸업(예정)자 또는 국내 고졸 검정고시 합격자로서 출석교회 담임목사로부터 세례사실(유아세례, 입교,세례) 확인 및 입학 추천을 받은 자
2. **제출서류**: 학교생활기록부, 담임목사 추천서 및 세례교인 증명서

◎ 전형요소
※ 코람데오: 라틴어, '하나님 앞에서' 라는 의미
● 서류(700점)
   1. **평가유형**: 지원자의 제출서류를 바탕으로 인성 및 영성, 전공적합성, 학업역량, 발전가능성을 전체적으로 고려하여 정성평가 종합평가
   2. **평가요소**:

평가요소	반영비율	평가기준
학업역량	30%	고등학교 재학기간 중 보인 학업능력과 수준 : 학업성취도, 학습태도, 의지, 지적호기심, 자기주도적 학습능력·탐구능력
전공적합성	20%	전공 관련 분야에 대한 관심과 노력 : 적성과 소질, 전공에 대한 관심과 이해도, 전공 관련 교과목 이수 상황, 진로에 대한 고민의 깊이, 진로탐색 노력, 전공 관련 활동 경험
인성 및 영성	30%	신앙, 배려, 나눔, 협력 등의 영성 및 인성 : 기독교 정체성, 성실성, 대인관계와 의사소통능력, 나눔과 배려 실천, 리더십, 팀워크와 협력, 도덕성과 품성
발전가능성	20%	스스로 진로를 설계하고 탐색해가는 능력 : 환경극복 의지 및 태도, 문제해결능력, 경험의 다양성, 자기주도성, 창의성, 도전정신

● 면접(300점)
   1. **평가유형**: 출제 지문에 대한 답변 및 제출서류 진위 여부 확인
   2. **평가요소**: 신앙(30%), 인성(30%), 의사소통 및 면접 태도(20%), 서류의 진실성 여부(20%)
   3. **평가방법**: 평가자 2명: 수험생 1명
   4. **면접시간**: 7분 ~10분

◎ 전형결과
■ 전체

학년도	전체					인문					자연			
	모집인원	지원인원	경쟁률	최종평균	충원율	모집인원	지원인원	경쟁률	최종평균	충원율	모집인원	지원인원	경쟁률	
2022	96	407	4.24	3.75	54%	96	407	4.24	3.75	54%				
2023	111	398	3.59	4.17	50%	111	398	3.59	4.17	50%				
2024	119	560	4.71	4.08	53%	119	560	4.71	4.08	53%				
2025	117					117								

■ 변경사항 & 핵심포인트
[2025]

변경사항	2024	2025
모집인원	119명	117명(-2)

➡ **합격자 성적분포**: 인문계열은 4급 초반 ~ 4등급 후반

■ 모집단위   '*' 표시 : 교직 이수 가능

계열	모집단위	2025	2024					2023					2022				
		모집인원	모집인원	지원인원	경쟁률	최종평균	충원번호	모집인원	지원인원	경쟁률	최종평균	충원번호	모집인원	지원인원	경쟁률	최종평균	충원번호
인문	역사교육과	15	15	49	3.3	3.39	4	12	47	3.9	3.41	5	12	50	4.2	3.23	8
인문	영어교육과	10	10	39	3.9	3.60	3	8	27	3.4	3.37	5	11	33	3.0	3.63	3
인문	유아교육과	20	20	68	3.4	3.90	7	20	72	3.6	3.29	4	15	72	4.8	3.38	4
인문	아동학과	6	8	33	4.1	3.99	5	8	38	4.8	4.58	3	8	33	4.1	4.59	6
인문	사회복지학과	14	14	79	5.6	4.16	8	13	51	3.9	4.24	10	14	60	4.3	3.74	10
인문	기독교교육과	13	13	95	7.3	4.42	19	13	49	3.8	4.89	13	11	44	4.0	3.72	2
인문	중독상담학과	5	5	34	6.8	4.44	1	5	16	3.2	4.78	1	3	7	2.3	3.47	
인문	신학과	34	34	163	4.8	4.72	16	32	98	3.1	4.78	14	22	108	4.9	4.26	19

84. 추계예술대학교
서울특별시 서대문구 북아현로 11가길 7 (Tel: 02. 362-2227)

Ⅰ. 한 눈에 보는 전형

모집 시기	전형 유형	전형	모집 인원	전형 방법	수능최저 학력기준
수시	교과	미래인재	18	▶융합예술학부: 학생부교과100%	X
수시	실기/실적	수상실적특기자	4	서류100%	X
수시	실기/실적	일반학생	80	실기100%	X

(수시모집) 지원 가능 횟수	수시모집 모든 전형 간 중복지원이 가능합니다.

■ 무전공(전공자율선택)

유형① [대학 내 모든 전공(보건의료, 사범 등 제외) 자율 선택]		유형② [계열/단과대 모집 후 모집단위 내 전공 자율 선택]	
모집단위	인원	모집단위	인원
		융합예술학부	48

■ 전형결과
※ 성적 산출기준: (수시) 교과 석차등급, (정시) 수능 백분위

모집시기	전형유형	전형	학년도	모집인원	지원인원	경쟁률			충원율
수시	교과	미래인재	2024	18	183	10.17			94%

■ (주요전형) 전형일정

유형	전형	원서접수 마감	대학별 고사(면접/논술)	1단계 합격자	최종 합격자
교과	미래인재	9.13(금) 18:00			11.08(금)

Ⅱ. (수시모집) 주요 전형

■ (교과) 미래인재

전형	모집인원	전형 방법	수능최저학력기준
미래인재	18	▶융합예술학부: 학생부교과100%	X

1. **지원자격**: 국내 고등학교 졸업(예정)자 및 법령에 의하여 고등학교 졸업 동등 이상의 학력이 인정된 자
2. **제출서류**: 학교생활기록부
※ 융합예술학부는 2학년 1학기 말에 학부 기준에 따라 콘텐츠스토리전공(변경 전 영상시나리오과), 콘텐츠비즈니스전공(변경 전 영상비즈니스과), 메타콘텐츠전공(신설) 결정

◎ 전형요소
● 학생부

반영요소 반영비율	반영교과목		교과성적 산출지표	학년별 반영비율
	구분	반영방법		
교과 100%	공통 및 일반선택	국어, 영어, 수학교과에 속한 전 과목	석차등급	학년 구분 없음
	진로선택	미반영		

◎ 전형결과
■ 모집단위
'*' 표시 : 교직 이수 가능

계열	모집단위	2025				2024					2023				2022			
		모집 인원	모집 인원	지원 인원	경쟁 률		충원 번호	모집 인원	지원 인원	경쟁 률			모집 인원	지원 인원	경쟁 률		
예체	융합예술학부	18	18	183	10.2		17										

Ⅰ. 한 눈에 보는 전형

모집 시기	전형 유형	전형	모집 인원	전형 방법	수능최저 학력기준
수시	교과	일반전형	1,207	학생부교과100% ▶사범대학: 1단계)학생부교과100%(3배수) 2단계)학생부교과50%+ 면접50%	○
수시	교과	지역인재	490	학생부교과100% ▶사범대학: 1단계)학생부교과100%(3배수) 2단계)학생부교과50%+ 면접50%	○
수시	교과	지역인재(저소득)	8	학생부교과100%	○
수시	교과	국가보훈대상자	18	학생부교과100%	X
수시	교과	고른기회	46	학생부교과100%	X
수시	교과	국토안보교과 (국토안보학전공)	5	1단계)학생부교과100%(5배수) 2단계)학생부교과71.4%+ 면접14.3%+ 체력검정14.3%	○
수시	교과	국토안보교과 (해양안보학전공)	4	1단계)학생부교과100%(5배수) 2단계)학생부교과78.6%+ 면접19.6%+ 체력평가 1.8+ 인성검사/신체검사/신원조사(합/불)	○
수시	종합	일반전형	380	1단계)서류100%(10명 이상: 2배수/10명 미만, 의예과, 수의예과, 약학과: 3배수) 2단계)서류67%+ 면접33%	X(의예,수의예, 약학,간호,사범○)
수시	종합	서류전형	275	서류100%	X(의예,수의예, 약학,간호○)
수시	종합	지역인재 [신설]	25	▶ 의예과: 1단계)서류100%(3배수) 2단계)서류67%+ 면접33%	○
수시	종합	소프트웨어인재	4	1단계)서류100%(3배수) 2단계)서류67%+ 면접33%	X
수시	종합	영농창업인재	12	1단계)서류100%(2배수) 2단계)서류67%+ 면접33%	X
수시	종합	국가안보융합인재 (국토안보학전공)	17	1단계)서류100%(2배수) 2단계)서류57.1%+ 면접28.6%+ 체력검정14.3%+ 신체검사(합/불)	X
수시	종합	국가안보융합인재 (해양안보학전공)	36	1단계)서류100%(4배수) 2단계)서류57.1%+ 면접28.6%+ 체력검정14.3%+ 신체검사/신원조사(합/불)	X
수시	종합	농어촌학생	113	1단계)서류100%(3배수) 2단계)서류67%+ 면접33%	X
수시	종합	특성화고교출신자	44	1단계)서류100%(3배수) 2단계)서류67%+ 면접33%	X
수시	종합	저소득층	43	1단계)서류100%(3배수) 2단계)서류67%+ 면접33%	X
수시	종합	특수교육대상자	88	1단계)서류100%(3배수) 2단계)서류67%+ 면접33%	X
수시	종합	특성화고졸재직자	30	1단계)서류100%(2배수) 2단계)서류67%+ 면접33%	X
수시	실기/실적	일반전형	79	학생부33%+ 실기67%	X
수시	실기/실적	체육특기자	18	학생부50%+ 실기25%+ 실적25%	X
수시	실기/실적	만학도 [신설]	14	학생부33%+ 실기67%	X

(수시모집) 지원 가능 횟수	A, B, C 합산하여 최대 4회까지 복수지원 가능함			
	A		B	C
	학생부교과	학생부종합	학생부종합	실기전형
	일반전형, 지역인재(일반), 지역인재(저소득), 고른기회 국가보훈대상자, 국가안보교과	학생부종합Ⅰ(서류전형)	학생부종합Ⅰ(일반전형), 학생부종합Ⅱ, 학생부종합Ⅲ	일반(예술계열), 체육특기자, 만학도
	전형별 지원자격 충족 여부에 따라 총 4회까지 지원 가능 (일반전형, 지역인재전형 사범대학 간 복수지원 불가)		택 1 지원 가능	택 1 지원 가능

■ 무전공(전공자율선택)

유형① [대학 내 모든 전공(보건의료, 사범 등 제외) 자율 선택]		유형② [계열/단과대 모집 후 모집단위 내 전공 자율 선택]	
모집단위	인원	모집단위	인원
자율전공융합학부	147	공학융합학부	105
		농생명융합학부	299
		인문사회융합학부	148
		자연과학융합학부	79
		첨단융합학부	75

- **전공자율선택제 창의융합대학 자율전공융합학부**는 2학년 전공 선택 시 자연과학대학 중 스포츠학과 및 무용학과, 공과대학 중 건축학과(5), 약학대학, 의과대학, 수의과대학, 간호대학, 사범대학, 예술대학, 국가안보융합학부, 국제학부, 첨단학과(반도체융합학과, 스마트시티건축공학과, 자율운항시스템공학과, 정보통신융합학부, 인공지능학과, 에너지공학과, 생명정보융합학과)를 제외한 모든 학과에지원이 가능함(전공자율선택제와 관련하여 교육과정 등 자세한 안내사항은 충남대학교 및 충남대학교 입학정보 홈페이지에 추후 안내할 예정임)
- **농업생명과학대학 농생명융합학부**는 2학년 전공 선택 시 농업생명과학대학 내 모든 학과에 지원 가능. 단 학과별로 선발 가능한인원이 별도로 정해져 있으므로 본인이 희망하는 학과를 선택하지 못할 수 있음

■ 모집단위 신설 · 변경

구분	2024	2025
신설	–	정보통신융합학부
분리	동물자원과학부	동물자원생명과학과,동물바이오시스템과학과
변경	자유전공학부(인문, 사회과학전공, 공공안전학전공)	지식융합학부(문화와사회융합전공, 공공안전융합전공)
	농업생명과학대학(바이오시스템기계공학과)	농업생명과학대학(스마트농업시스템기계공학과)

■ 학교폭력 조치사항

전형	전형총점	감점								
		1호	2호	3호	4호	5호	6호	7호	8호	9호
학생부종합	300	서류평가 및 면접평가시 정성평가 반영								
체육특기자	200	4			10		20		40	

■ 전형결과

※ 성적 산출기준: (수시) 교과 석차등급, (정시) 수능 백분위

모집시기	전형유형	전형	학년도	모집인원	지원인원	경쟁률	등록자 평균	등록자 70%	충원율
수시	교과	일반전형	2024	1,117	9,845	8.81	3.00	3.13	128%
수시	교과	지역인재	2024	508	3,726	7.33	3.23	3.39	81%
수시	종합	일반전형	2024	511	5,871	11.49	3.39	3.54	72%
수시	종합	서류전형	2024	291	3,093	10.63	3.38	3.51	93%
수시	종합	소프트웨어	2024	4	73	18.25	3.20	3.28	0%

■ (주요전형) 전형일정

유형	전형	원서접수 마감	대학별 고사(면접/논술)	1단계 합격자	최종 합격자
교과	일반전형	9.13(금) 18:00	▶사범대학: 11.28(목) 09:00/12:30	▶사범대학: 11.15(금)	12.13(금)
교과	지역인재	9.13(금) 18:00	▶사범대학: 11.28(목) 09:00/12:30	▶사범대학: 11.15(금)	12.13(금)
종합	일반전형	9.13(금) 18:00	-11.26(화) 인문대학, 사회과학대학, 경상대학 -11.27(수) 자연과학대학, 약학대학, 의과대학, 간호대학, 수의과대학, 생활과학대학, 생명시스템과학대학 -11.28(목) 공과대학, 지식융합학부 -11.29(금) 사범대학(인문.자연계)	11.15(금)	12.13(금)
종합	지역인재	9.13(금) 18:00	▶의예과: 11.26(화) 09:00/12:30	▶의예과: 11.15(금)	12.13(금)
종합	서류전형	9.13(금) 18:00			12.13(금)
종합	소프트웨어인재	9.13(금) 18:00	11.28(목) 09:00/12:30	11.15(금)	12.13(금)

II. (수시모집) 주요 전형

■ (학생부교과) 일반전형

전형	모집인원	전형 방법	수능최저학력기준
일반전형	1,207	학생부교과100% ▶사범대학: 1단계)학생부교과100%(3배수) 2단계)학생부교과50%+ 면접50%	○

1. **지원자격**: 가. 국내 고등학교 졸업(예정)자 또는 기타법령에 의하여 고등학교 졸업 이상의 학력이 인정되는 자
   나. 2025학년도 대학수학능력시험 모집단위 별 반영영역에 응시한 자(탐구영역 1과목 반영) ※ 약학과, 의예과, 수의예과는 과학탐구 2과목(평균) 반영

2. **수능최저학력기준**:

> ※ 탐구영역은 2과목을 반드시 응시하여야 하고 상위 1과목을 반영. 단, 의예과, 수의예과, 약학과는 2과목 평균을 반영
> ▶ 인문대학, 사회과학대학, 경상대학, 농업생명과학대학(농업경제학과), 자유전공학부, 국제학부
> : [국어, 영어, 사/과탐(1과목)] 3개 영역 등급 합 11 이내
> ▶ 사범대학(국어교육과, 영어교육과, 교육학과): [국어, 영어, 사/과탐(1과목)] 3개 영역 등급 합 9 이내
> ▶ 자연과학대학(수학과, 정보통계학과 외 모집단위), 공과대학, 생활과학대학(식품영양학과), 생명시스템과학대학
> : [수학, 영어, 과탐(1과목)] 3개 영역 등급 합 12 이내
> ▶ 농업생명과학대학(자연계학과), 사범대학(건설공학교육/기계·공학교육/전기·전자통신공학교육/화학공학교육/기술교육과), 간호대학
> : [수학, 영어, 과탐(1과목)] 3개 영역 등급 합 12 이내 ※ 사탐 응시: 11 이내, ※ 직탐 응시: 10 이내
> ▶ 생활과학대학(의류학과, 소비자학과): [수학, 영어, 과탐(1과목)] 3개 영역 등급 합 13 이내 ※ 사탐 응시: 12이내, ※ 직탐 응시: 11 이내
> ▶ 자연과학대학(수학과, 정보통계학과): [수학(미적분/기하), 영어, 과탐(1과목)] 3개 영역 등급 합 12 이내
> ▶ 사범대학(수학교육과): [수학(미적분/기하), 영어, 과탐(1과목)] 3개 영역 등급 합 10 이내
> ▶ 약학대학: [수학(미적분/기하), 영어, 과탐(2과목 평균)] 3개 영역 등급 합 5 이내
> ▶ 의과대학: [국어, 수학(미적분/기하), 영어, 과탐(2과목 평균)] 중 수학 포함 3개 영역 등급 합 4 이내
> ▶ 수의과대학: [수학(미적분/기하), 영어. 과탐(2과목 평균)] 3개 영역 등급 합 6 이내

◎ 전형요소
● 학생부(100점)

반영요소 반영비율	반영교과목		교과성적 산출지표	학년별 반영비율
	구분	반영방법		
교과 100%	공통 및 일반선택	국어, 수학, 영어, 한국사, 사회(역사/도덕 포함), 과학, 기술·가정, 제2외국어, 한문에 속한 전 과목	석차등급	학년 구분 없음
	진로선택	성취도 / 산출식 A : 학생 비율에 관계 없이 1등급 B : 누적비율[(성취도 B의 학생비율 + 성취도 C의 학생비율)]에 해당하는 석차등급 C : 누적비율[(성취도 C의 학생비율)]에 해당하는 석차등급	성취비율	

● 면접(사범대학: 100점)
  1. **면접방법**: 2명(면접위원) : 1(지원자) 면접
  2. **실질반영점수**: 20점(기본점수 80점 / 100점 만점) ※ 88점 미만은 과락으로 불합격 처리됨
  3. **평가항목**:

평가항목	세부 기준
인성	① 주어진 임무에 헌신하는 소명감 및 책임감 ② 모든 일을 정성스럽게 수행하려는 성실성 및 열성 ③ 건전한 가치관을 가지고 정직하게 행동하려는 도덕성 ④ 중립적인 위치에서 객관적으로 타인을 존중하는 공정심
대인관계능력 및 리더십	① 다양한 관점과 감정들을 이해하고 공감할 수 있는 능력 ② 타인과 잘 어우러질 수 있는 사회성과 의사소통 능력 ③ 구성원들을 이끌어 나가는 통솔력 ④ 모든 일에 능동적으로 참여하고 실행시키는 추진력, 적극성
전공부합도 및 창의성	① 모집단위 학문 분야에 대한 기초 지식 및 이해도 ② 모집단위 학문에 대한 흥미 및 지원동기의 진정성 ③ 주어진 상황에서 독창적이고 새로운 사고를 이끌어내는 창의성 ④ 다양한 시각으로 문제 상황을 파악하고 해결하는 종합적 사고력
논리적 사고능력 및 자기관리능력	① 논제의 핵심에 대해 옳고 그름을 결정할 수 있는 판단력 ② 논리를 벗어나지 않고 타당한 근거를 들어 주장할 수 있는 논리성 ③ 주어진 일을 스스로 계획하고 능동적으로 추진해 나가는 자기 주도성 ④ 자신을 성찰하고 개선하려는 자기 인식 태도

◎ 전형결과

■ 전체

학년도	전체						인문						자연					
	모집인원	지원인원	경쟁률	등록평균	등록70%	충원율	모집인원	지원인원	경쟁률	등록평균	등록70%	충원율	모집인원	지원인원	경쟁률	등록평균	등록70%	충원율
2022	1,114	11,571	10.39	3.06	3.23	146%	365	4,347	11.91	3.04	3.21	158%	749	7,224	9.64	3.08	3.24	133%
2023	1,129	9,488	8.40	3.19	3.37	114%	376	2,996	7.97	3.22	3.40	115%	753	6,492	8.62	3.15	3.33	113%
2024	1,117	9,845	8.81	3.00	3.13	128%	372	3,180	8.55	3.09	3.21	129%	745	6,665	8.95	2.90	3.05	127%
2025	1,207						405						802					

■ 실질 경쟁률(충원율 반영)

계열	모집인원	지원인원	경쟁률	수능최저 충족율	(수능최저 충족율 반영)경쟁률	충원율	(충원율 반영)실질 경쟁률
인문	372	3,180	8.55	40.6%	3.47	129%	1.52
자연	745	6,665	8.95	39.0%	3.49 ,	127%	1.54

■ [학과별] 실질 경쟁률(지원자 중 수능최저 충족인원)

계열	계열 평균	모집단위
인문	3.47:1	국어국문학과 2.58, 영어영문학과 2.29, 독어독문학과 3.09, 불어불문학과 1.89, 중어중문학과 3.25, 일어일문학과 4.57, 한문학과 2.33, 언어학과 4.00, 국사학과 3.67, 사학과 5.73, 고고학과 4.50, 철학과 5.80, 사회학과 3.45, 문헌정보학과 2.20, 심리학과 2.82, 언론정보학과 2.20, 사회복지학과 6.43, 행정학부 4.95, 도시·자치융합학과 2.75, 정치외교학과 3.27, 경제학과 2.33, 경영학과 2.82, 무역학과 7.77, 인문사회과학전공 3.20, 리더십조직과학전공 3.40, 공공안전학전공 6.67, 국제학부 3.50, 농업경제학과 3.00, 국어교육과 0.60, 영어교육과 1.33, 교육학과 1.20
자연	3.49:1	수학과 2.17, 정보통계학과 4.45, 물리학과 3.71, 천문우주과학과 4.00, 화학과 1.78, 생화학과 3.20, 지질환경과학과 4.50, 해양환경과학과 3.90, 건축학과 6.00, 스마트시티건축공학과 2.32, 토목공학과 2.72, 환경공학과 4.50, 기계공학부 3.86, 메카트로닉스공학과 4.27, 자율운항시스템공학과 2.55, 항공우주공학과 3.85, 전기공학과 5.44, 전자공학과 5.06, 전파정보통신공학과 5.06, 컴퓨터융합학부 4.35, 신소재공학과 6.08, 인공지능학과 2.50, 응용화학공학과 4.96, 유기재료공학과 3.15, 식물자원학과 5.13, 원예학과 2.67, 산림환경자원학과 2.11, 환경소재공학과 2.57, 동물자원과학부 2.70, 응용생물학과 5.88, 생물환경화학과 2.63, 식품공학과 3.60, 지역환경토목학과 3.67, 바이오시스템기계공학과 3.30, 수학교육과 1.17, 건설공학교육과 0.67, 기계공학교육과 1.60, 전기·전자·통신공학교육과 1.70, 화학공학교육과 1.00, 기술교육과 2.60, 약학과 6.50, 의예과 3.83, 의류학과 3.18, 식품영양학과 3.08, 소비자학과 0.38, 수의예과 4.89, 간호학과 3.86, 생물과학과 3.86, 미생물·분자생명과학과 3.31, 생명정보융합학과 4.00

■ 변경사항 & 핵심포인트

[2025]

변경사항		2024	2025
모집인원		1,117명	1,207명(+90명)
수능최저	국어교육과,영어교육과,교육학과	[국어, 영어, 사/과/직탐(2과목 평균)]3개 영역 등급 합 8	[국어, 영어, 사/과탐(1과목)]3개 영역 등급 합 9
	생활과학대학(의류학과,소비자학과)	[국어, 영어, 사/과/직탐(2과목 평균)]3개 영역 등급 합 12 이내※ 사/직탐 2과목 응시: 10,※ 사/직탐 1과목 및 과탐 1과목 응시: 11	[국어, 영어, 사/과탐(1과목)]3개 영역 등급 합 13 이내※ 사탐 응시: 12,※ 직탐 응시: 11
	수학교육과	[수학(미적분/기하), 영어, 과탐(1과목)]3개 영역 등급 합 9	[수학(미적분/기하), 영어, 과탐(1과목)]3개 영역 등급 합 10

➡ 합격자 성적분포: 인문계열은 2등급 초반 ~ 3등급 후반, 자연계열은 1등급 초반 ~ 4등급 초반

[2024]

변경사항	2023	2024
(학생부)진로선택과목 반영	미반영	성취비율에 따른 석차등급 환산표 적용

'*' 표시 : 교직 이수 가능

■ 모집단위

계열	모집단위	2025	2024						2023						2022					
		모집인원	모집인원	지원인원	경쟁률	등록평균	등록70%	충원번호	모집인원	지원인원	경쟁률	등록평균	등록70%	충원번호	모집인원	지원인원	경쟁률	등록평균	등록70%	충원번호
인문	**창의융합대학**	147																		
인문	교육학과	5	5	26	5.2				5	42	8.4				5	42	8.4			
인문	영어교육과	3	3	16	5.3				3	29	9.7				3	38	12.7			2
인문	*심리학과**	*5*	*11*	73	6.6	2.44	2.50	7	11	93	8.5	2.39	2.54	4	11	101	9.2	2.50	2.60	20

계열	모집단위	2025 모집인원	2024 모집인원	지원인원	경쟁률	등록평균	등록70%	충원번호	2023 모집인원	지원인원	경쟁률	등록평균	등록70%	충원번호	2022 모집인원	지원인원	경쟁률	등록평균	등록70%	충원번호
인문	언론정보학과	7	10	65	6.5	2.49	2.50	7	10	96	9.6	2.47	2.55	17	10	106	10.6	2.87	3.03	18
인문	공공안전융합전공	5	6	106	17.7	2.52	2.79	4	6	48	8.0	3.60	4.04	7	6	223	37.2	2.70	2.84	3
인문	문헌정보학과*	6	8	74	9.3	2.57	2.59	10	8	127	15.9	2.84	2.96	22	8	78	9.8	3.11	3.45	23
인문	일어일문학과*	5	7	103	14.7	2.66	2.70	2	7	61	8.7	3.44	3.87	8	7	90	12.9	3.00	3.06	12
인문	정치외교학과	8	11	75	6.8	2.68	2.84	19	11	90	8.2	2.82	2.92	17	11	94	8.6	2.88	3.33	11
인문	사회복지학과	5	7	161	23.0	2.83	2.91	13	7	56	8.0	3.78	3.93	6	7	65	9.3	2.61	2.67	11
인문	국어교육과	5	5	21	4.2	2.89	2.91		5	52	10.4				5	51	10.2	2.76	2.91	2
인문	무역학과*	9	13	214	16.5	2.90	3.13	21	13	81	6.2	3.58	3.78	16	13	117	9.0	2.79	2.84	15
인문	경영학부	57	78	474	6.1	2.93	3.11	118	78	462	5.9	2.71	2.85	103	78	843	10.8	2.60	2.73	139
인문	문화와사회융합전공	4	5	34	6.8	2.97	3.03	5	5	31	6.2	2.95	3.04	5	5	66	13.2	2.93	3.09	9
인문	리더십과조직과학전공	4	5	39	7.8	2.99	3.03	4	5	35	7.0	3.22	3.43	1	5	60	12.0	2.90	3.17	9
인문	사학과*	8	11	188	17.1	3.00	3.31	19	11	74	6.7	3.62	4.10	14	11	106	9.6	2.93	2.98	28
인문	국제학부	5	4	29	7.3	3.02	3.14	8	8	91	11.4	3.04	3.20	4	8	152	19.0	3.30	3.46	10
인문	언어학과	5	7	59	8.4	3.03	3.20	7	7	50	7.1	3.57	3.81	12	7	67	9.6	3.12	3.36	10
인문	사회학과*	8	11	77	7.0	3.04	3.26	20	11	90	8.2	3.02	3.18	10	11	285	25.9	2.85	2.95	18
인문	행정학부*	14	19	206	10.8	3.08	3.28	48	19	113	6.0	3.09	3.11	29	19	213	11.2	2.49	2.59	39
인문	철학과*	7	10	163	16.3	3.13	3.31	16	10	74	7.4	3.78	4.08	14	10	99	9.9	3.24	3.43	18
인문	국어국문학과	9	12	70	5.8	3.19	3.37	11	12	79	6.6	2.99	3.25	15	12	119	9.9	3.03	3.21	12
인문	경제학과*	16	21	139	6.6	3.22	3.30	28	21	130	6.2	2.97	3.05	22	21	188	9.0	2.74	3.02	29
인문	고고학과	5	6	56	9.3	3.28	3.54	6	6	62	10.3	3.41	3.59	9	6	91	15.7	3.43	3.58	9
인문	중어중문학과*	9	12	104	8.7	3.29	3.46	10	12	136	11.3	3.46	3.62	17	12	191	15.9	3.57	3.75	19
인문	독어독문학과*	7	11	93	8.5	3.34	3.47	11	11	112	10.2	3.59	3.63	5	11	146	13.3	3.39	3.62	18
인문	국사학과	4	6	62	10.3	3.45	3.82	12	6	154	25.7	3.22	3.40	4	6	51	8.5	3.79	4.08	9
인문	불어불문학과*	6	9	63	7.0	3.45	3.69	4	9	86	9.6	3.34	3.40	11	9	115	12.8	3.50	3.68	15
인문	도시·자치융합학과	6	8	55	6.9	3.51	3.81	13	8	84	10.5	3.02	3.08	8	8	96	12.0	3.33	3.49	7
인문	영어영문학과	17	24	148	6.2	3.51	3.44	31	24	173	7.2	3.23	3.38	28	24	265	11.0	3.09	3.30	42
인문	한문학과*	4	6	53	8.8	4.17	4.23	7	6	66	11.0	3.69	3.79	8	6	82	13.7	3.63	3.74	3
자연	에너지공학과	10																		
자연	반도체융합학과	16																		
자연	농생명융합학부	270																		
자연	수학과	22	29	160	5.5	3.61	3.80	32	29	208	7.2	3.73	3.92	27	29	193	6.7	3.70	4.00	42
자연	정보통계학과	10	11	84	7.6	2.80	2.92	20	11	57	5.2	3.38	3.51	6	11	84	7.6	2.92	3.08	20
자연	물리학과*	15	21	227	10.8	3.59	3.87	35	21	194	9.2	3.99	4.20	28	21	250	11.9	3.86	4.12	27
자연	천문우주과학과	8	11	131	11.9	3.03	3.30	16	11	76	6.9	3.77	4.06	14	11	120	10.9	3.05	3.42	14
자연	화학과*	16	23	101	4.4	3.06	3.15	15	23	153	6.7	2.88	2.98	22	23	137	6.0	3.01	3.21	15
자연	생화학과	7	10	49	4.9	2.37	2.50	6	10	78	7.8	2.62	2.79	9	10	59	5.9	2.83	3.09	14
자연	지질환경과학과*	9	16	194	12.1	3.34	3.50	14	16	180	11.3	3.98	4.11	23	16	125	7.8	3.91	4.11	23
자연	해양환경과학과*	7	10	161	16.1	3.60	3.71	15	10	202	20.2	4.01	4.12	7	10	62	6.2	4.09	4.40	8
자연	건축학과(5년제)	10	10	133	13.3	2.68	2.76	17	10	87	8.7	3.01	3.22	8	10	173	17.3	2.95	3.09	22
자연	스마트시티건축공학과	13	19	131	6.9	3.27	3.37	12	20	188	9.4	3.31	3.50	23	14	105	7.5	3.62	3.75	6
자연	토목공학과	11	18	117	6.5	3.34	3.59	23	18	128	7.1	3.29	3.48	23	18	146	8.1	3.35	3.48	20
자연	환경공학과	9	12	105	8.8	2.85	3.00	29	12	95	7.9	3.11	3.28	25	12	169	14.1	2.93	3.14	25
자연	기계공학부	26	36	267	7.4	2.83	2.99	62	36	224	6.2	3.00	3.10	46	36	286	7.9	2.96	3.06	95
자연	메카트로닉스공학과	8	11	88	8.0	2.86	3.05	9	11	66	6.0	3.14	3.39	11	11	88	8.0	2.97	3.12	16
자연	자율운항시스템공학과	14	20	122	6.1	3.46	3.60	23	20	195	9.8	3.41	3.53	15	10	76	7.6	3.74	3.77	5
자연	항공우주공학과	10	13	115	8.9	2.98	3.07	12	13	127	9.8	3.23	3.40	27	13	166	12.8	3.16	3.33	16
자연	전기공학과	12	16	169	10.6	2.59	2.80	38	16	92	5.8	3.01	3.01	24	16	152	9.5	2.41	2.51	28
자연	전자공학과	13	18	143	7.9	2.28	2.48	42	18	149	8.3	2.43	2.51	35	18	133	7.4	2.44	2.61	30
자연	정보통신융합학부	23	20	109	5.5	3.02	3.15	19	20	132	6.6	3.17	3.25	32	20	143	7.2	3.13	3.22	23
자연	컴퓨터융합학부*	26	37	288	7.8	2.39	2.50	62	42	317	7.6	2.61	2.74	60	36	451	12.5	2.56	2.71	70
자연	인공지능학과	10	14	85	6.1	2.72	2.83	15	14	100	7.1	2.82	2.98	18	12	113	9.4	2.78	2.95	10
자연	신소재공학과	19	26	279	10.7	2.65	2.71	34	26	144	5.5	3.09	3.25	53	26	258	9.9	2.74	2.87	36
자연	유기재료공학과	19	27	172	6.4	2.95	3.06	29	27	135	5.0	3.26	3.34	33	27	199	7.4	3.02	3.16	27
자연	응용화학공학과	19	27	214	7.9	2.36	2.52	48	27	126	4.7	2.70	2.85	32	27	220	8.2	2.23	2.37	55
자연	약학과	16	16	410	25.6	1.31	1.35	19	16	701	43.8	1.44	1.46	20	17	406	23.9	1.65	1.72	16
자연	의예과	20	23	231	10.0	1.07	1.10	49	23	274	11.9	1.11	1.13	29	23	370	16.1	1.11	1.14	40
자연	의류학과	8	11	177	16.1	3.46	3.52	14	11	79	7.2	4.37	4.31	1	11	100	9.1	3.67	3.70	3
자연	식품영양학과*	9	12	103	8.6	3.18	3.30	22	12	145	12.1	3.37	3.63	15	12	82	6.8	3.72	3.95	16
자연	소비자학과	6	8	48	6.0				8	47	5.9	3.50	3.54	3	8	62	7.8	3.58	3.56	1

계열	모집단위	2025 모집인원	2024 모집인원	지원인원	경쟁률	등록평균	등록70%	충원번호	2023 모집인원	지원인원	경쟁률	등록평균	등록70%	충원번호	2022 모집인원	지원인원	경쟁률	등록평균	등록70%	충원번호
자연	수의예과	19	19	284	15.0	1.33	1.35	29	19	296	15.6	1.40	1.47	14	19	349	18.4	1.54	1.59	20
자연	수학교육과	6	6	34	5.7	2.27	2.31		6	44	7.3				6	43	7.2	2.60	2.68	5
자연	건설공학교육과	6	6	32	5.3	3.77	3.97		6	45	7.5				6	30	5.0	4.15	4.28	
자연	기계공학교육과	10	10	40	4.0	3.82	3.99		10	41	4.1	3.61	4.01	1	10	43	4.3	3.62	3.79	
자연	전기·전자통신공학교육과	10	10	35	3.5	3.33	3.53		10	40	4.0	3.43	3.81		10	46	4.6	3.17	3.43	3
자연	화학공학교육과	4	4	15	3.8				4	22	5.5				4	21	5.3	3.83	4.03	
자연	기술교육과	10	10	39	3.9	2.18	2.36	7	10	62	6.2	2.29	2.46	4	10	105	10.5	2.41	2.52	9
자연	간호학과*	22	22	154	7.0	2.11	2.26	36	22	166	7.6	2.21	2.27	22	22	219	10.0	2.05	2.24	26
자연	*생물과학과**	10	14	94	6.7	2.50	2.70	15	16	72	4.5	2.82	3.03	17	15	89	5.9	2.63	2.72	17
자연	*미생물·분자생명과학과*	9	13	77	5.9	2.28	2.41	13	13	57	4.4	2.64	2.75	8	13	72	5.5	2.48	2.57	17
자연	*생명정보융합학과*	5	8	54	6.8	2.49	2.74	10	8	48	6.0	2.95	3.12	11	8	53	6.6	2.82	3.14	8

■ (학생부교과) 지역인재

전형	모집인원	전형 방법	수능최저학력기준
지역인재	490	학생부교과100% ▶사범대학: 1단계)학생부교과100%(3배수) 2단계)학생부교과50%+ 면접50%	○

1. **지원자격**: 2025년 2월 이전 국내 고등학교 졸업(예정)자 중 충청권(대전, 충남, 충북, 세종) 소재 고등학교에서 전 교육과정을 이수 또는 이수 예정인자
   ※ 최초 입학일로부터 졸업일까지 충청권 소재 고등학교에서 전 교육과정을 이수하여야 함
   ※ 고등학교는 「초·중등교육법」 제2조에 따른 고등학교에 한함
     ○ 2025학년도 대학수학능력시험 모집단위 별 반영영역에 응시한 자(탐구영역 1과목 반영)
   ※ 약학과, 의예과, 수의예과는 과학탐구 2과목(평균) 반영
2. **수능최저학력기준**: 일반전형 참고

◎ 전형요소
● 학생부 및 면접: 일반전형 참고

◎ 전형결과
■ 전체

학년도	전체 모집인원	지원인원	경쟁률	등록평균	등록70%	충원율	인문 모집인원	지원인원	경쟁률	등록평균	등록70%	충원율	자연 모집인원	지원인원	경쟁률	등록평균	등록70%	충원율
2022	519	4,680	9.02	3.20	3.27	106%	162	1,536	9.48	3.24	3.27	112%	357	3,144	8.81	3.15	3.26	99%
2023	510	3,669	7.19	3.22	3.36	97%	162	1,153	7.12	3.21	3.37	106%	348	2,516	7.23	3.22	3.35	88%
2024	508	3,726	7.33	3.23	3.39	81%	161	1,131	7.02	3.41	3.61	86%	347	2,595	7.48	3.05	3.16	75%
2025	490						153						337					

■ 실질 경쟁률(충원율 반영)

계열	모집인원	지원인원	경쟁률	수능최저 충족율	(수능최저 충족율 반영) 경쟁률	충원율	(충원율 반영) 실질 경쟁률
인문	161	1,131	7.02	32.6%	2.29	86%	1.23
자연	347	2,595	7.48	36.5%	2.73	75%	1.56

■ [학과별] 실질 경쟁률(지원자 중 수능최저 충족인원)

계열	계열 평균	모집단위
인문	2.29:1	국어국문학과 2.33, 영어영문학과 3.09, 독어독문학과 2.60, **불어불문학과 1.75**, 중어중문학과 3.00, **일어일문학과 2.33**, 한문학과 0.50, **언어학과 1.33**, 국사학과 1.33, **사학과 1.80**, 고고학과 0.50, 철학과 3.40, **사회학과 1.80**, 문헌정보학과 3.75, 심리학과 2.20, 언론정보학과 2.60, **사회복지학과 1.33**, 행정학부 4.25, 도시·자치융합학과 4.00, 정치외교학과 5.40, 경제학과 2.78, 경영학과 3.83, 무역학과 5.17, 인문사회과학전공 2.00, 리더십과조직과학전공 1.00, 공공안전학전공 2.00, 국제학부 1.00, 농업경제학과 1.00, 국어교육과 0.50, 영어교육과 1.00, 교육학과 1.50
자연	2.73:1	**수학 1.77**, **정보통계학과 1.80**, 물리학과 2.22, **천문우주과학과 1.80**, 화학 2.64, 생화학과 2.00, 지질환경과학과 3.00, 해양환경과학과 2.00, **건축학과 1.60**, 스마트시티건축공학과 3.50, 토목공학과 2.38, 환경공학과 5.00, 기계공학부 3.63, 메카트로닉스공학과 5.20, 자율운항시스템공학과 3.40, 항공우주공학과 3.00, 전기공학과 3.86, 전자공학과 3.75, 전파정보통신공학과 2.89, 컴퓨터융합학부 2.60, 신소재공학과 4.67, 인공지능학과 5.50, 응용화학공학과 4.42, 유기재료공학과 2.85, 식물자원학과 3.33, 원예학과 2.33, 산림환경자원학과 2.50, 환경소재공학과 2.00, 동물자원과학부 2.11, 응용생물학과 4.33, **생물환경화학**

계열	계열 평균	모집단위
		과 1.75, 식품공학과 3.75, **지역환경토목학과** 1.50, 바이오시스템기계공학과 2.00, **수학교육과** 1.00, **건설공학교육과** 1.00, **기계공학교육과** 1.00, **전기·전자·통신공학교육과** 1.25, **화학공학교육과** 1.50, **기술교육과** 0.50, 약학과 6.57, 의예과 2.60, 의류학과 2.40, 식품영양학과 3.17, **소비자학과** 1.25, 수의예과 2.88, 간호학과 3.89, 생물과학과 3.29, **미생물·분자생명과학과** 1.67, 생명정보융합학과 1.50

■ 변경사항 & 핵심포인트

[2025]

변경사항		2024	2025
모집인원		508명	490명(-18명)
수능최저	국어교육과, 영어교육과, 교육학과	[국어, 영어, 사/과/직탐(2과목 평균)] 3개 영역 등급 합 8	[국어, 영어, 사/과탐(1과목)] 3개 영역 등급 합 9
	생활과학대학 (의류학과, 소비자학과)	[국어, 영어, 사/과/직탐(2과목 평균)] 3개 영역 등급 합 12 이내 ※ 사/직탐 2과목 응시: 10, ※ 사/직탐 1과목 및 과탐 1과목 응시: 11	[국어, 영어, 사/과탐(1과목)] 3개 영역 등급 합 13 이내 ※ 사탐 응시: 12, ※ 직탐 응시: 11
	수학교육과	[수학(미적분/기하), 영어, 과탐(1과목)] 3개 영역 등급 합 9	[수학(미적분/기하), 영어, 과탐(1과목)] 3개 영역 등급 합 10

➡ 합격자 성적분포: 인문계열은 2등급 초반 ~ 3등급 후반, 자연계열은 1등급 초반 ~ 4등급 후반

[2024]

변경사항	2023	2024
(학생부) 진로선택과목 반영	미반영	성취비율에 따른 석차등급 환산표 적용

■ 모집단위

'*' 표시 : 교직 이수 가능

계열	모집단위	2025 모집인원	2024 모집인원	2024 지원인원	2024 경쟁률	2024 등록평균	2024 등록70%	2024 충원번호	2023 모집인원	2023 지원인원	2023 경쟁률	2023 등록평균	2023 등록70%	2023 충원번호	2022 모집인원	2022 지원인원	2022 경쟁률	2022 등록평균	2022 등록70%	2022 충원번호
인문	한문학과*	2	2	12	6.0				2	24	12.0			3	2	26	13.0	3.94		
인문	고고학과	2	2	12	6.0				2	19	9.5			1	2	21	10.5	3.71		4
인문	교육학과	2	2	15	7.5				2	12	6.0				2	17	8.5			
인문	영어교육과	2	2	10	5.0				2	17	8.5			1	2	11	5.5			
인문	국어교육과	2	2	12	6.0				2	15	7.5				2	16	8.0			
인문	경영학부*	35	35	241	6.9	2.68	2.82	32	35	156	4.5	3.06	3.22	45	35	290	9.3	2.60	2.76	48
인문	심리학과*	3	5	26	5.2	2.87	3.10	3	5	35	7.0	2.38	2.54	2	5	39	7.8	2.63	2.96	6
인문	무역학과*	6	6	53	8.8	2.92	2.97	11	6	62	10.3	3.16	3.20	10	6	48	8.0	3.32	3.52	11
인문	문헌정보학과*	4	4	25	6.3	2.93	3.02	3	4	28	7.0	3.20	3.12	7	4	35	8.8	2.68	2.93	7
인문	행정학부*	8	8	90	11.3	2.93	3.21	13	8	40	5.0	3.24	4.02	8	8	70	8.8	2.32	2.44	14
인문	공공안전융합전공	2	2	18	9.0	2.96	2.97		2	23	11.5			2	2	38	19.0	3.19		
인문	도시·자치융합학과	2	4	27	6.8	2.96	3.06	3	4	37	9.3			7	4	41	10.3	3.35	3.54	4
인문	정치외교학과	5	5	68	13.6	3.07	3.15	4	5	29	5.8	3.66	4.24	6	5	36	7.2	3.00	3.06	2
인문	언론정보학과	5	5	26	5.2	3.09	3.66	7	5	37	7.4	2.56	2.69	6	5	48	9.6	2.87	2.96	9
인문	경제학과	9	9	56	6.2	3.14	3.21	10	9	50	5.6	3.19	3.44	18	9	73	8.1	2.93	3.05	4
인문	영어영문학과	11	11	63	5.7	3.16	3.28	17	11	73	6.6	3.35	3.57	15	11	108	9.8	3.14	3.31	15
인문	철학과*	5	5	39	7.8	3.19	3.29	6	5	38	7.6	3.35	3.45	3	5	46	9.2	3.41	3.51	5
인문	사회복지학과	3	3	24	8.0	3.33	3.41	1	3	22	7.3			3	3	32	10.7	2.76	2.84	
인문	중어중문학과*	5	5	36	7.2	3.34	3.41	4	5	38	7.6	3.62	3.68	4	5	62	12.4	3.49	3.56	1
인문	일어일문학과*	3	3	23	7.7	3.35	3.37	2	3	28	9.3				3	25	8.3	3.20	3.82	1
인문	언어학과	3	3	18	6.0	3.51	3.61	1	3	23	7.7			2	3	29	9.7	3.35	3.47	5
인문	독어독문학과*	5	5	49	9.8	3.54	3.74	6	5	48	9.6	3.89	3.96	7	5	64	12.8	3.54	3.63	4
인문	사회학과*	5	5	25	5.0	3.62	4.01	3	5	33	6.6	2.82	2.85	3	5	54	10.8	3.15	3.24	7
인문	국사학과	3	3	17	5.7	3.65	3.85		3	23	7.7			2	3	29	9.7	3.26		2
인문	불어불문학과*	4	4	24	6.0	3.75	4.22	3	4	35	8.8	3.53	3.56	4	4	48	12.0	3.54	3.60	8
인문	문화와사회융합전공	2	2	15	7.5	4.00	4.17	2	2	35	17.5			1	2	37	18.5	3.94		3
인문	국어국문학과	6	6	29	4.8	4.17	4.61	4	6	44	7.3	3.28	3.30	2	6	47	7.8	3.33	3.51	8
인문	리더십과조직과학전공	2	2	13	6.5	4.27	4.45		2	29	14.5				2	23	11.5	3.94		3
인문	국제학부	2	2	12	6.0	4.30	4.61		3	44	14.7			4	3	45	15.0	3.72	3.77	1
인문	사학과*	5	5	30	6.0	4.56	5.19	4	5	29	5.8	3.00	3.19	1	5	41	8.2	3.07	3.20	4
자연	에너지공학과	6																		

계열	모집단위	2025 모집인원	2024 모집인원	2024 지원인원	2024 경쟁률	2024 등록평균	2024 등록70%	2024 충원번호	2023 모집인원	2023 지원인원	2023 경쟁률	2023 등록평균	2023 등록70%	2023 충원번호	2022 모집인원	2022 지원인원	2022 경쟁률	2022 등록평균	2022 등록70%	2022 충원번호
자연	반도체융합학과	9																		
자연	건설공학교육과	3	3	13	4.3				3	23	7.7				3	20	6.7	4.09	4.17	
자연	전기·전자통신공학교육과	4	4	15	3.8				4	15	3.8	3.33	3.51	1	4	14	3.5	3.64	3.54	1
자연	기술교육과	4	4	12	3.0				4	17	4.3			2	4	28	7.0	2.45	2.59	3
자연	화학공학교육과	2	2	8	4.0				2	10	5.0				2	9	4.5			
자연	수학교육과	2	2	13	6.5				2	16	8.0				2	14	7.0			
자연	수의예과	8	8	77	9.6	1.33	1.41	6	8	129	16.1	1.48	1.51	2	8	176	22.0	1.54	1.60	2
자연	약학과	7	7	218	31.1	1.36	1.40	10	7	238	34.0	1.54	1.65	11	8	155	19.4	1.79	1.84	5
자연	의예과	37	20	161	8.1	1.43	1.25	29	20	215	10.8	1.14	1.20	27	23	280	12.2	1.19	1.25	10
자연	간호학과*	18	18	111	6.2	2.06	2.17	22	18	85	4.7	2.21	2.38	16	20	173	8.7	2.07	2.15	29
자연	전자공학과	8	8	41	5.1	2.38	2.59	12	8	46	5.8	2.25	2.39	9	8	62	7.8	2.42	2.52	24
자연	생물과학과*	6	7	37	5.3	2.51	2.68	2	7	36	5.1	2.96	2.99	7	7	46	6.6	2.78	2.83	14
자연	응용화학공학과	12	12	101	8.4	2.51	2.63	10	12	50	4.2	2.94	3.53	7	12	70	5.8	2.11	2.27	13
자연	생화학과	5	5	23	4.6	2.54	2.69	1	5	21	4.2	2.68	2.78	1	5	35	7.0	2.59	2.72	3
자연	인공지능학과	6	6	46	7.7	2.55	2.59	8	6	68	11.3	2.98	3.03	8	6	56	9.3	3.06	3.24	2
자연	전기공학과	7	7	43	6.1	2.67	2.72	4	7	29	4.1	2.75	2.95	4	7	49	7.0	2.56	2.66	11
자연	신소재공학과	12	12	81	6.8	2.72	2.79	16	12	56	4.7	2.93	3.01	20	12	90	7.5	2.72	2.78	16
자연	환경공학과	5	5	65	13.0	2.84	3.03	3	5	22	4.4	4.02	4.14	6	5	46	9.2	2.95	3.04	3
자연	기계공학부	16	16	91	5.7	2.90	3.00	13	16	67	4.2	3.18	3.30	1	16	121	7.6	2.78	2.97	20
자연	미생물·분자생명과학과	3	3	16	5.3	2.96	3.15	2	3	12	4.0			4	3	17	5.7	2.63	2.64	1
자연	유기재료공학과	13	13	75	5.8	3.01	3.09	14	13	80	6.2	3.10	3.16	12	13	83	6.4	3.20	3.36	5
자연	건축학과(5년제)	5	5	35	7.0	3.03	3.03	1	5	40	8.0	2.95	2.98	3	5	49	9.8	2.99	3.13	6
자연	정보통계학과	5	5	27	5.4	3.08	3.09	1	5	31	6.2	3.16	3.19	11	5	46	9.2	3.11	3.25	4
자연	화학과*	11	11	61	5.6	3.10	3.19	4	11	45	4.1	3.43	3.54	7	11	63	5.7	2.88	3.12	9
자연	메카트로닉스공학과	5	5	50	10.0	3.11	3.15	4	5	25	5.0	3.61	3.64	4	5	40	8.0	2.95	2.97	9
자연	컴퓨터융합학부*	14	15	74	4.9	3.12	3.40	13	16	82	5.1	2.42	2.53	16	16	150	9.4	2.55	2.62	26
자연	정보통신융합학부	14	9	57	6.3	3.15	3.23	8	9	41	4.6	3.40	3.54	9	9	62	6.9	3.07	3.16	14
자연	스마트시티건축공학과	7	8	64	8.0	3.18	3.25	14	8	48	6.0	3.68	3.89	4	6	42	7.0	3.41	3.47	
자연	토목공학과	7	8	47	5.9	3.19	3.33	2	8	39	4.9	3.52	3.67	4	8	65	8.1	3.28	3.41	16
자연	항공우주공학과	6	6	34	5.7	3.20	3.30	8	6	42	7.0	3.30	3.45	15	6	61	10.2	3.17	3.30	11
자연	식품영양학과*	6	6	60	10.0	3.22	3.31	3	6	37	6.2	3.93	4.26	6	6	43	7.2	3.58	3.60	7
자연	생명정보융합학과	4	4	17	4.3	3.26	3.51	2	4	34	8.5	2.75	2.80	1	4	30	7.5	3.15	3.29	2
자연	자율운항시스템공학과	8	10	69	6.9	3.36	3.45	9	10	78	7.8	3.67	3.81	11	5	38	7.6	3.70	3.78	4
자연	소비자학과	4	4	24	6.0	3.57	3.81	1	4	23	5.8			1	4	30	7.5	3.33	3.37	3
자연	지질환경과학과*	7	7	67	9.6	3.60	3.76	2	7	45	6.4	4.05	4.29	4	7	55	7.9	3.63	3.67	2
자연	천문우주과학과	5	5	38	7.6	3.62	3.78	4	5	36	7.2	3.98	3.91	4	5	33	6.6	3.90	4.20	1
자연	수학과	13	13	72	5.5	3.66	3.96	4	13	82	6.3	3.58	3.94	12	13	91	7.0	3.81	4.04	11
자연	의류학과	5	5	92	18.4	3.67	3.80	1	5	29	5.8	4.68	5.14		5	51	10.2	3.47	3.52	4
자연	기계공학교육과	4	4	18	4.5	3.74	3.78		4	21	5.3	4.25	4.38	1	4	17	4.3	4.01		
자연	물리학과*	9	9	59	6.6	3.77	3.86	5	9	57	6.3	4.09	4.16	14	9	73	8.1	3.75	3.98	7
자연	해양환경과학과*	5	5	36	7.2	4.17	4.33		5	47	9.4	3.47	3.69	4	5	48	9.6	3.67	3.81	1

■ (학생부종합) 일반전형

전형	모집인원	전형 방법	수능최저학력기준
일반전형	380	1단계)서류100%(10명 이상: 2배수/10명 미만, 의예과, 수의예과, 약학과: 3배수) 2단계)서류67%+ 면접33%	X(의예,수의예,약학,간호,사범○)

1. **지원자격:**
    1) 국내 고등학교 졸업(예정)자 또는 기타법령에 의하여 고등학교 졸업 이상의 학력이 인정되는 자
    2) 2025학년도 대학수학능력시험 모집단위별 반영영역에 응시한 자(탐구영역 1과목 반영) ※ 수능최저학력기준 적용학과에만 해당
2. **제출서류:** 학교생활기록부
3. **수능최저학력기준:**

> ※ <u>탐구영역은 2과목을 반드시 응시하여야 하고 상위 1과목을 반영. 단,</u> 의예과, 수의예과, 약학과는 2과목 평균을 반영
> ▶ 사범대학(국어교육과, 영어교육과, 교육학과): [국어, 영어, 사/과탐(1과목)] 3개 영역 등급 합 9 이내
> ▶ 사범대학(건설공학교육과, 기계공학교육과, 화학공학교육과, 기술교육과), 간호대학
>   : [수학, 영어, 과탐(1과목)] 3개 영역 등급 합 12 이내 ※ 사탐 응시: 11, ※ 직탐 응시: 10

▶ 사범대학(수학교육과): [수학(미적분/기하), 영어, 과탐(1과목)] 3개 영역 등급 합 10 이내
▶ 약학대학: [수학(미적분/기하), 영어, 과탐(2과목 평균)] 3개 영역 등급 합 6 이내
▶ 의과대학: [국어, 수학(미적분/기하), 영어, 과탐(2과목 평균)] 중 <u>수학 포함</u> 3개 영역 등급 합 5 이내
▶ 수의과대학: [수학(미적분/기하), 영어. 과탐(2과목 평균)] 3개 영역 등급 합 7 이내

◎ 전형요소
● 서류(200점)
1. **평가방법**: 입학사정관이 지원자의 제출서류를 평가항목에 의거하여 독립적이고 종합적으로 평가함 / 평가위원 2~3인
2. **평가항목**:

평가요소	반영비율	구성요소	평가내용
학업역량	40%	학업성취도	• 고교 교육과정에서 이수한 전체 교과목의 학업성취 수준 • 교과목 이수 현황과 학업 발전의 정도
		학업태도와 학업의지	• 학업을 수행하는 과정에서 나타나는 자발적인 의지와 태도
전공적합성	30%	전공 관련 교과목 이수 및 성취도	• 고교 교육과정에서 지원 전공과 관련된 교과목을 수강하고 취득한 학업 성취 수준
		전공에 대한 관심과 활동 경험	• 지원 전공에 관심을 가지고 노력한 활동 과정과 경험의 성과
발전가능성	20%	자기주도성	• 목표를 설정하고 적극적·주도적으로 실행하는 태도
		경험의 다양성	• 학교 교육의 다양한 영역에서 직접 경험하고 활동하면서 얻은 성장 과정 및 결과
		창의적 문제해결력	• 창의적이고 논리적인 사고로 문제를 해결하는 능력
인성	10%	성실성	• 책임감을 바탕으로 꾸준히 노력하여 자신의 의무를 다하는 태도와 행동
		협업능력	• 공동체 내에서 함께 돕고 함께 생활할 수 있는 역량
		나눔과 배려	• 타인을 위하여 기꺼이 봉사하고자 하는 태도와 행동

☞ **보충설명**

• 학업역량(40%) > 전공적합성(30%) > 발전가능성(20%) > 인성(10%) 순으로 반영, 학업역량과 전공적합성이 중요함.
  - 인성은 거의 만점, 학업과 전공적합성이 정말 중요함. 학업성취도와 세특이 중요, 진로선택목을 의미있게 살펴볼 예정, 자기주도적 활동등
  - 전공적합성과 주요교과목성적 많이 반영, 전공에 대해 했는지 중요. 인성은 변별력 매우 적음
• 전공적합성(40%)은 학과로 봄. 다른 대학과 큰 차이 없고, 전공부합도가 가장 큼. 전반적인 전공관련 활동과 교과과목 이수.
  - 학과 특성에 맞는 인재 가장 중요함.
  - 자연계에서 지원학과 관련 II과목 이수 여부가 차이남
• 서류평가는 학교 교수님께서 직접 하심. 또한, 서류평가 교수님께서 직접 면접에 참여하심

● 면접(100점)
1. **면접방법**: 학교생활기록부를 바탕으로 평가기준에 의거하여 15분 이내 개별면접 진행/ 2(면접위원) : 1(지원자) 면접
2. **면접항목**:

평가요소	반영비율	구성요소	평가내용
의사소통능력	30%	종합적 사고력	• 질문의 핵심적인 주제를 파악하고 본인의 지식을 결합해 새로운 결론을 도출하는 능력
		논리적 사고력	• 구체적인 사실에서 결론을 도출하는 것으로 결론의 인과관계에 대해 명확하게 설명할 수 있는 능력
전공적합성	30%	전공에 대한 관심과 활동 경험	• 지원 전공에 관심을 가지고 노력한 활동 과정과 경험의 성과
발전가능성	20%	자기주도성	• 목표에 대한 적극성과 실천하려는 의지
		경험의 다양성	• 학교 교육의 다양한 영역에서 직접 경험해온 활동
인성	10%	협업능력	• 공동체 내에서 함께 돕고 함께 생활할 수 있는 역량
		나눔과 배려	• 타인을 위하여 기꺼이 봉사하고자 하는 태도와 행동

☞ **보충설명**

• 15분 내외, 서류평가에 들어가셨던 교수님들이 직접 면접에 들어가시므로 학생을 잘 알고 있음.
• 면접 역전률은 40% 정도로 높음.

◎ 전형결과
■ 전체

학년도	전체						인문						자연					
	모집인원	지원인원	경쟁률	등록평균	등록70%	충원율	모집인원	지원인원	경쟁률	등록평균	등록70%	충원율	모집인원	지원인원	경쟁률	등록평균	등록70%	충원율
2022	508	5,359	10.55			64%	168	1,772	10.55			62%	340	3,587	10.55			66%
2023	510	5,281	10.35			64%	168	1,554	9.25			62%	342	3,727	10.90			65%
2024	511	5,871	11.49	3.39	3.54	72%	172	1,812	10.53	3.55	3.73	77%	339	4,059	11.97	3.23	3.34	67%
2025	380						131						249					

■ 변경사항 & 핵심포인트

[2025]

변경사항	2024	2025
모집인원	511명	380명(-133명)
(수능최저) 탐구 반영과목	2과목 평균	상위 1과목 (단, 의예과, 수의예과, 약학과는 2과목 평균)

▶ 합격자 성적분포: 인문계열은 3등급 중반 ~ 3등급 후반, 자연계열은 3등급 초반 ~ 3등급 후반

■ 모집단위

'*' 표시 : 교직 이수 가능

계열	모집단위	2025 모집 인원	2024 모집 인원	지원 인원	경쟁 률	등록 평균	등록 70%	충원 번호	2023 모집 인원	지원 인원	경쟁 률	1단계 평균	1단계 최저	충원 번호	2022 모집 인원	지원 인원	경쟁 률	1단계 평균	1단계 최저	충원 번호
인문	국어교육과	1	1	8	8.0				1	9	9.0				1	11	11.0			
인문	교육학과	2	2	25	12.5				2	20	10.0			1	2	31	15.5			
인문	리더십과조직과학전공	1	2	26	13.0				2	17	8.5				2	14	7.0			
인문	문화와사회융합전공	1	2	30	15.0				2	16	8.0				2	17	8.5			
인문	공공안전학전공	2	3	54	18.0	2.76	2.84	2	3	26	8.7				3	33	11.0			
인문	심리학과*	12	7	119	17.0	2.77	2.89	5	5	94	18.8				5	110	22.0			1
인문	영어교육과	3	3	27	9.0	2.80	2.87	1	3	30	10.0			2	3	24	8.0			
인문	행정학부*	10	13	123	9.5	2.84	2.96	11	13	72	5.5			2	13	133	10.2			12
인문	정치외교학과	3	4	64	16.0	2.91	3.07	4	4	39	9.8			3	4	39	9.8			2
인문	사회학과*	5	7	66	9.4	3.10	3.25	1	5	56	11.2			4	5	50	10.0			6
인문	경제학과*	7	10	89	8.9	3.10	3.46	10	10	88	8.8			5	10	72	7.0			9
인문	경영학부*	23	32	287	9.0	3.17	3.27	23	32	251	7.8			20	32	342	10.7			27
인문	언론정보학과	4	4	66	16.5	3.20	3.32	5	4	72	18.0			2	4	71	17.8			
인문	국어국문학과	4	6	76	12.7	3.31	3.53	6	6	69	11.5			3	6	37	6.2			2
인문	도시·자치융합학과	4	4	38	9.5	3.36	3.52	8	2	22	5.5			4	4	42	10.5			4
인문	고고학과	1	2	14	7.0	3.41	3.52		2	21	10.5			1	2	14	7.0			
인문	사회복지학과	3	4	57	14.3	3.41	3.50		4	61	15.3			1	4	55	13.8			4
인문	무역학과*	6	8	81	10.1	3.42	3.57	8	8	95	11.9			15	8	59	7.4			3
인문	영어영문학과	9	13	88	6.8	3.45	3.66	6	4	80	6.2			6	13	102	7.9			9
인문	문헌정보학과*	3	4	39	9.8	3.48	3.58	7	4	40	10.0			5	4	54	13.5			
인문	사학과*	3	5	82	16.4	3.49	3.63	6	5	72	14.4			3	5	105	21.0			3
인문	국사학과	2	2	16	8.0	3.74	3.76	1	2	19	9.5				2	23	11.5			3
인문	일어일문학과*	3	4	57	14.3	3.75	4.03	1	4	67	16.8			5	4	87	21.8			3
인문	철학과*	3	5	53	10.6	3.85	4.22	2	5	29	5.8			5	5	36	7.2			6
인문	언어학과	2	3	20	6.7	4.30	4.33	2	3	17	5.7			4	3	28	9.3			2
인문	중어중문학과*	4	6	60	10.0	4.30	4.47	4	6	53	8.8				6	68	11.3			
인문	불어불문학과*	3	4	36	9.0	4.53	4.80	4	4	26	6.5			1	4	28	7.0			3
인문	한문학과*	3	4	26	6.5	4.82	5.28	4	4	32	8.0			1	4	27	6.8			
인문	독어독문학과*	4	6	68	11.3	5.17	5.70	10	6	38	6.3			9	6	43	7.2			4
자연	에너지공학과	4																		
자연	반도체융합학과	7																		
자연	건설공학교육과	3	3	16	5.3				3	29	9.7				3	16	5.3			
자연	수학교육과	1	1	12	12.0			1	1	12	12.0			1	1	12	12.0			
자연	의예과	20	19	205	10.8	1.12	1.13	21	19	244	12.8			6	19	258	13.6			3
자연	약학과	5	5	166	33.2	1.50	1.51	2	5	197	39.4			1	5	111	22.2			
자연	수의예과	6	6	212	35.3	1.62	1.64	3	6	198	33.0			1	6	156	26.0			
자연	간호학과*	13	13	146	11.2	2.59	2.66	8	13	170	13.1			4	13	190	14.6			4
자연	전자공학과	6	8	82	10.3	2.68	2.68	8	8	80	10.0				8	72	9.0			3
자연	컴퓨터융합학부*	11	14	174	12.4	2.71	2.98	11	16	240	15.0			9	15	236	15.7			11
자연	생물과학과*	5	7	139	19.9	2.74	2.81	6	7	78	11.1			7	7	56	8.0			6
자연	생화학과	3	4	47	11.8	2.75	2.95	4	4	62	15.5			1	4	28	7.0			3
자연	응용화학공학과	9	12	98	8.2	2.75	2.92	5	12	86	7.2			4	12	88	7.3			10
자연	건축학과(5년제)	4	4	89	22.3	2.82	2.92	2	4	68	17.0			1	4	79	19.8			
자연	생명정보융합학과	3	4	37	9.3	2.84	2.94	2	4	54	13.5			4	4	38	9.5			4
자연	신소재공학과*	9	12	93	7.8	2.96	3.18	5	12	102	8.5			9	12	127	10.6			15
자연	화학과*	9	12	95	7.9	3.01	3.15	8	12	82	6.8			8	12	80	6.7			9
자연	미생물·분자생명과학과	3	2	35	17.5	3.04	3.07		2	21	10.5			5	2	27	9.0			1
자연	전기공학과	5	7	60	8.6	3.09	3.25	6	7	65	9.3			4	7	107	15.3			4
자연	인공지능학과	4	6	138	23.0	3.14	3.24	2	6	115	19.2			6	6	72	12.0			1

계열	모집단위	2025 모집인원	2024 모집인원	2024 지원인원	2024 경쟁률	2024 등록평균	2024 등록70%	2024 충원번호	2023 모집인원	2023 지원인원	2023 경쟁률	2023 1단계평균	2023 1단계최저	2023 충원번호	2022 모집인원	2022 지원인원	2022 경쟁률	2022 1단계평균	2022 1단계최저	2022 충원번호
자연	*환경공학과*	4	6	81	13.5	3.18	3.26	7	6	50	8.3			9	6	53	8.8			5
자연	*유기재료공학과*	9	12	78	6.5	3.24	3.40	9	12	90	7.5			10	12	80	6.7			11
자연	*항공우주공학과*	4	6	91	15.2	3.28	3.40	6	6	79	13.2			11	6	56	9.3			6
자연	*기계공학부*	12	16	110	6.9	3.31	3.63	8	16	118	7.4			10	16	109	6.8			10
자연	*메카트로닉스공학과*	4	6	67	11.2	3.34	3.35	4	6	44	7.3			7	6	68	11.3			5
자연	천문우주과학과	4	5	90	18.0	3.43	3.59	4	5	55	11.0			9	5	65	130			4
자연	*토목공학과*	4	6	81	13.5	3.48	3.61	11	6	42	7.0			3	6	55	9.2			4
자연	*물리학과**	8	11	98	8.9	3.50	3.71	10	11	100	9.1			10	11	95	8.6			9
자연	스마트시티건축공학과	7	8	71	8.9	3.55	3.58	11	9	90	10.0			7	6	49	8.2			5
자연	기술교육과	4	4	19	4.8	3.62	3.50	2	4	32	8.0			4	4	36	9.0			3
자연	*수학과*	9	13	68	5.2	3.64	3.86	6	13	76	5.9			4	13	85	6.5			11
자연	소비자학과	3	4	47	11.8	3.65	3.68	4	4	38	9.5			1	4	31	7.8			2
자연	의류학과	4	6	125	20.8	3.67	3.72	4	6	62	10.3			3	6	65	10.8			4
자연	해양환경과학과*	4	5	57	11.4	3.67	3.58	3	5	46	9.2			5	5	49	9.8			2
자연	정보통신융합학부	12	11	105	9.6	3.69	3.81	7	11	80	7.3			4	11	76	6.9			7
자연	*자율운항시스템공학과*	6	9	80	8.9	3.75	3.92	2	9	60	6.7			3	4	33	8.3			
자연	전기·전자통신공학교육과	4	4	19	4.8	3.81	3.88	1	4	21	5.3			2	4	26	6.5			
자연	정보통계학과	3	5	52	10.4	3.82	4.02	5	5	37	7.4			4	5	39	7.8			7
자연	식품영양학과*	3	5	88	17.6	3.88	3.99	2	5	75	15.0			3	5	65	13.0			5
자연	지질환경과학과*	5	7	77	11.0	3.93	4.02	6	7	63	9.0			4	7	42	7.0			7
자연	화학공학교육과	2	2	10	5.0	4.01	4.14	1	2	11	5.5				2	11	5.5			
자연	기계공학교육과	4	4	19	4.8	4.63	4.67		4	21	5.3				4	17	4.3			

■ (학생부종합) 서류전형

전형	모집인원	전형 방법	수능최저학력기준
서류전형	275	서류100%	X(의예,수의예,약학,간호○)

1. **지원자격:** 1) 국내 고등학교 졸업(예정)자 또는 기타법령에 의하여 고등학교 졸업 이상의 학력이 인정되는 자
   2) 2025학년도 대학수학능력시험 모집단위별 반영영역에 응시한 자(탐구영역 1과목 반영) ※ 수능최저학력기준 적용학과에만 해당
2. **제출서류:** 학교생활기록부
3. **수능최저학력기준:**

> ※ 탐구영역은 2과목을 반드시 응시하여야 하고 취득등급의 평균을 반영하며, 과학탐구 반영 모집단위는 반드시 과학탐구 2과목을 응시해야 함
> ▶ 간호대학: [수학, 영어, 과탐(1과목)] 3개 영역 등급 합 12 이내 ※ 사탐 응시: 11, ※ 직탐 응시: 10
> ▶ 약학대학: [수학(미적분/기하), 영어, 과탐(2과목 평균)] 3개 영역 등급 합 6 이내
> ▶ 의과대학: [국어, 수학(미적분/기하), 영어, 과탐(2과목 평균)] 중 수학 포함 3개 영역 등급 합 5 이내
> ▶ 수의과대학: [수학(미적분/기하), 영어, 과탐(2과목 평균)] 3개 영역 등급 합 7 이내

◎ 전형요소
● 서류(200점): 일반전형 참고

◎ 전형결과
■ 전체

학년도	전체 모집인원	전체 지원인원	전체 경쟁률	전체 등록평균	전체 등록70%	전체 충원율	인문 모집인원	인문 지원인원	인문 경쟁률	인문 등록평균	인문 등록70%	인문 충원율	자연 모집인원	자연 지원인원	자연 경쟁률	자연 등록평균	자연 등록70%	자연 충원율
2022																		
2023																		
2024	291	3,093	10.63	3.38	3.51	93%	103	953	9.25	3.58	3.71	76%	188	2,140	11.38	3.18	3.31	110%
2025	275						100						175					

■ 변경사항 & 핵심포인트
[2025]

변경사항	2024	2025
모집인원	291명	275명(-16명)

변경사항	2024	2025
(수능최저) 탐구 반영과목	2과목 평균	상위 1과목 (단, 의예과, 수의예과, 약학과는 2과목 평균)

▶ **합격자 성적분포**: 인문계열은 3등급 중반 ~ 3등급 후반, 자연계열은 3등급 초반 ~ 3등급 중반.

■ 모집단위

'*' 표시 : 교직 이수 가능

계열	모집단위	2025 모집 인원	2024 모집 인원	지원 인원	경쟁 률	등록 평균	등록 70%	충원 번호	2023 모집 인원	지원 인원	경쟁 률			2022 모집 인원	지원 인원	경쟁 률		
인문	문화와사회융합전공	2	2	24	12.0													
인문	공공안전학전공	1	1	16	16.0													
인문	리더십과조직과학전공	2	2	18	9.0													
인문	사회학과*	2	2	17	8.5	2.71	2.78											
인문	행정학부*	5	5	64	12.8	2.78	3.00	8										
인문	문헌정보학과*	2	2	20	10.0	2.92	2.99	1										
인문	언론정보학과	3	3	49	16.3	2.95	3.26	4										
인문	경영학부*	24	24	196	8.2	3.07	3.29	20										
인문	일어일문학과*	2	2	28	14.0	3.08	3.12											
인문	경제학과*	6	6	52	8.7	3.20	3.25	9										
인문	국어국문학과	4	4	42	10.5	3.38	3.69	2										
인문	무역학과*	5	5	52	10.4	3.39	3.60	3										
인문	사학과*	2	2	25	12.5	3.40	3.44	1										
인문	정치외교학과	2	2	17	8.5	3.42	3.52	2										
인문	도시·자치융합학과	2	2	19	9.5	3.43	3.50											
인문	철학과*	3	3	29	9.7	3.45	3.62	2										
인문	영어영문학과	8	8	55	6.9	3.65	3.70	8										
인문	사회복지학과	2	2	38	19.0	3.65	3.75											
인문	국제학부	2	2	19	9.5	3.65	3.74	1										
인문	고고학과	2	2	16	8.0	3.85	3.86	4										
인문	국사학과	2	2	13	6.5	3.95	3.97	1										
인문	중어중문학과*	4	4	30	7.5	3.96	3.95											
인문	언어학과	2	2	12	6.0	4.14	4.22	2										
인문	한문학과*	2	2	14	7.0	4.19	4.29	3										
인문	불어불문학과*	3	3	20	6.7	4.34	4.55	2										
인문	독어독문학과*	3	3	24	8.0	4.42	4.65											
인문	국토안보학전공	3	3	19	6.3	4.76	5.12	4										
자연	**반도체융합학과**	6																
자연	**에너지공학과**	4																
자연	의예과	9	6	88	14.7	1.36	1.43	8										
자연	약학과	2	2	38	19.0	1.54	1.58											
자연	수의예과	5	5	86	17.2	1.55	1.55	2										
자연	응용화학공학과	8	8	60	7.5	2.43	2.56	14										
자연	간호학과*	8	8	65	8.1	2.65	2.79	2										
자연	생명정보융합학과	3	3	23	7.7	2.75	2.79	2										
자연	생물과학과*	4	4	61	15.3	2.81	2.88	2										
자연	건축학과(5년제)	2	2	38	19.0	2.88	2.97	2										
자연	전기공학과	4	4	40	10.0	2.95	3.01	5										
자연	화학과*	7	7	54	7.7	2.96	3.15	9										
자연	생화학과	3	3	26	8.7	2.97	3.13	4										
자연	컴퓨터융합학부*	11	10	126	12.6	2.99	3.22	9										
자연	정보통계학과	1	2	18	9.0	3.07	3.07	1										
자연	신소재공학과	8	8	64	8.0	3.07	3.28	11										
자연	전자공학과	5	5	58	11.6	3.10	3.42	12										
자연	인공지능학과	4	4	73	18.3	3.12	3.16	2										
자연	환경공학과	4	4	45	11.3	3.13	3.18	5										
자연	토목공학과	2	4	46	11.5	3.27	3.39	6										
자연	의류학과	4	4	78	19.5	3.34	3.33	8										
자연	수학과	5	5	33	6.6	3.34	3.52	1										
자연	스마트시티건축공학과	5	5	54	10.8	3.36	3.54	3										
자연	기계공학부	10	10	84	8.4	3.38	3.56	19										
자연	유기재료공학과	8	8	63	7.9	3.44	3.49	10										

계열	모집단위	2025 모집인원	2024 모집인원	2024 지원인원	2024 경쟁률	2024 등록평균	2024 등록70%	2024 충원번호	2023 모집인원	2023 지원인원	2023 경쟁률				2022 모집인원	2022 지원인원	2022 경쟁률		
자연	해양환경과학과*	3	3	34	11.3	3.46	3.53	6											
자연	물리학과*	6	6	55	9.2	3.48	4.05	6											
자연	메카트로닉스공학과	4	4	47	11.8	3.55	3.59	2											
자연	식품영양학과*	3	3	47	15.7	3.55	3.75												
자연	지질환경과학과*	4	4	49	12.3	3.59	4.04	5											
자연	소비자학과	2	2	15	7.5	3.60	3.61	1											
자연	자율운항시스템공학과	5	5	47	9.4	3.63	3.77	5											
자연	정보통신융합학부	10	7	76	10.9	3.67	3.79	3											
자연	항공우주공학과	4	4	43	10.8	3.68	3.72	4											
자연	천문우주과학과	2	2	32	16.0	4.57	4.83	1											

■ (학생부종합) 소프트웨어인재

전형	모집인원	전형 방법	수능최저학력기준
소프트웨어인재	4	1단계)서류100%(3배수) 2단계)서류67%+ 면접33%	X

1. **지원자격**: 국내 고등학교 졸업(예정)자 또는 기타법령에 의하여 고등학교 졸업 이상의 학력이 인정되는 자
2. **제출서류**: 학교생활기록부

◎ 전형요소
● **서류 및 면접**: 일반전형 참고

◎ 전형결과
■ 모집단위   '*' 표시 : 교직 이수 가능

계열	모집단위	2025 모집인원	2024 모집인원	2024 지원인원	2024 경쟁률	2024 등록평균	2024 등록70%	2024 충원번호	2023 모집인원	2023 지원인원	2023 경쟁률	2023 등록평균	2023 등록70%	2023 충원번호	2022 모집인원	2022 지원인원	2022 경쟁률	2022 등록평균	2022 등록70%	2022 충원번호
자연	컴퓨터융합학부	3	3	62	20.7	3.20	3.28		3	38	12.7	4.14	4.74	3	3	39	13.0			
자연	인공지능학과	1	1	11	11.0				1	5	5.0			1	2	21	10.5			

■ (학생부종합) 지역인재

전형	모집인원	전형 방법	수능최저학력기준
지역인재 [신설]	25	▶의예과: 1단계)서류100%(3배수) 2단계)서류67%+ 면접33%	X

1. **지원자격**: 2025년 2월 이전 국내 고등학교 졸업(예정)자 중 충청권(대전, 충남, 충북, 세종) 소재 고등학교에서 전 교육과정을 이수 또는 이수 예정인 자
   ※ 최초 입학일로부터 졸업일까지 충청권 소재 고등학교에서 전 교육과정을 이수하여야 함
   ※ 고등학교는 「초·중등교육법」 제2조에 따른 고등학교에 한함
      ○ 2025학년도 대학수학능력시험 모집단위 별 반영영역에 응시한 자(탐구영역 2과목 평균 반영)
2. **수능최저학력기준**:

> ▶ 의과대학: [국어, 수학(미적분/기하), 영어, 과탐(2과목 평균)] 중 수학 포함 3개 영역 등급 합 5 이내

◎ 전형요소
※ 신설 전형.
● **서류 및 면접**: 일반전형 참고

◎ 전형결과
■ 모집단위   '*' 표시 : 교직 이수 가능

계열	모집단위	2025 모집인원	2024 모집인원	2024 지원인원	2024 경쟁률			2023 모집인원	2023 지원인원	2023 경쟁률			2022 모집인원	2022 지원인원	2022 경쟁률		
자연	의예과	25															

86. 충북대학교

충청북도 청주시 서원구 충대로 1 (Tel: 043. 261-2882)

I. 한 눈에 보는 전형

모집시기	전형유형	전형	모집인원	전형 방법	수능최저학력기준
수시	교과	학생부교과	957	학생부교과100%	○
수시	교과	지역인재	403	학생부교과100%	○
수시	교과	지역경제배려대상자	7	▶의예과, 약학대학, 간호학과: 학생부교과100%	○
수시	교과	국가보훈대상자	16	학생부교과100%	X
수시	교과	경제배려대상자	59	학생부교과100%	X
수시	교과	특성화고교출신자	40	학생부교과100%	X
수시	교과	특수교육대상자	64	학생부교과100%	X
수시	교과	특성화고졸재직자	40	학생부교과100%	X
수시	교과	만학도 [신설]	5	학생부교과100%	X
수시	종합	학생부종합 I	488	서류100%	X
수시	종합	학생부종합 II	335	서류100%	○
수시	종합	SW우수인재	13	서류100%	X
수시	종합	농어촌학생	120	서류100%	X
수시	실기/실적	체육특기자	7	학생부교과20%+ 특기실적80%	X
수시	실기/실적	실기우수자 [신설]	15	학생부교과20%+ 특기실적80%	X

(수시모집) 지원 가능 횟수	전체 전형 중 지원자격 충족 여부에 따라 최대 6개 전형 복수지원 가능 ※ 실기/실적(체육특기자전형), 학생부교과(특성화고졸재직자전형)은 타 전형과 복수지원 불가

■ 무전공(전공자율선택)

유형① [대학 내 모든 전공(보건의료, 사범 등 제외) 자율 선택]		유형② [계열/단과대 모집 후 모집단위 내 전공 자율 선택]	
모집단위	인원	모집단위	인원
인문사회자율전공계열	56	경영학자율전공학부	8
자연과학자율전공계열	169	공학자율전공학부	59
		농업생명환경자율전공학부	10
		바이오헬스학부	70
		사회과학자율전공학부	3
		생활과학자율전공학부	2
		인문학자율전공학부	5
		자연과학자율전공학부	7
		전자정보자율전공학부	61

■ 학교폭력 조치사항

전형	전형총점	감점								
		1호	2호	3호	4호	5호	6호	7호	8호	9호
체육특기자	100	1.6			4		8		16	

■ 전형결과

※ 성적 산출기준: (수시) 교과 석차등급, (정시) 수능 백분위

모집시기	전형유형	전형	학년도	모집인원	지원인원	경쟁률	등록자 평균	등록자 70%컷	충원율
수시	교과	학생부교과	2024	891	7,150	8.02	**3.45**	3.61	153%
수시	교과	지역인재	2024	325	2,665	8.20	**3.48**	3.49	187%
수시	종합	학생부종합 I	2024	436	5,029	11.53	**3.29**	3.44	186%
수시	종합	학생부종합 II	2024	316	3,062	9.69	**3.77**	3.96	103%
수시	종합	SW우수인재	2024	30	269	8.97	**3.46**	3.53	117%

유형	전형	원서접수 마감	대학별 고사(면접/논술)	1단계 합격자	최종 합격자
교과	학생부교과	9.13(금) 19:00			12.13(금)
교과	지역인재	9.13(금) 19:00			12.13(금)
종합	학생부종합 I	9.13(금) 19:00			12.13(금)
종합	학생부종합 II	9.13(금) 19:00			12.13(금)
종합	SW우수인재	9.13(금) 19:00			12.13(금)

II. (수시모집) 주요 전형

■ (학생부교과) 학생부교과

전형	모집인원	전형 방법	수능최저학력기준
학생부교과	957	학생부교과100%	○

1. **지원자격**: 2025년 2월 이전 국내 고등학교 졸업(예정)자 또는 관계 법령에 의하여 이와 동등 이상의 학력이 있다고 인정된 자
2. **수능최저학력기준**:
※ 모집단위별 수능 반영영역의 전 영역(국어, 수학, 영어, 탐구(1과목 이상), 한국사)에 응시하여야 함 ※ 탐구: 상위 1과목 반영

계열	단과대학	모집단위	3개 영역 등급 합(탐구: 1과목) 학생부교과	3개 영역 등급 합(탐구: 1과목) 지역인재
인문	인문대학, 사회과학대학, 경영대학, 농업생명환경대학(농업경제학과), 생활과학대학	국어, 수학, 영어, 사/과/직탐(1과목)	12	13
	사범대학	국어, 수학, 영어, 사/과/직탐(1과목)	10	–
자연	자연과학대학(수학과, 정보통계학과)	국어, 수학(미적분/기하), 영어, 과탐(1과목)	12(수학 포함)	13(수학 포함)
	자연과학대학(수학과, 정보통계학과 제외), 공과대학, 전자정보대학	국어, 수학, 영어, 과탐(1과목)	12(수학 포함)	13(수학 포함)
	농업생명환경대학, 생활과학대학	국어, 수학, 영어, 사/과탐(1과목)	12	13
	간호학과	국어, 수학, 영어, 사/과탐(1과목)	10	11
	사범대학(수학교육과)	국어, 수학(미적분/기하), 영어, 과탐(1과목)	10(수학 포함)	–
	사범대학(수학교육과 제외)	국어, 수학, 영어, 과탐(1과목)	10(수학 포함)	
	수의예과	국어, 수학(미적분/기하), 영어, 과탐(1과목)	7	8
	약학대학	국어, 수학(미적분/기하), 영어, 과탐(1과목)	6(수학 포함)	7(수학 포함)
	의예과	국어, 수학(미적분/기하), 영어, 과탐(1과목)	4(수학 포함)	5(수학 포함)
공통	본부직할 자율전공학부	국어, 수학, 영어, 사/과/직탐(1과목)	12	13

◎ 전형요소
● 학생부(80점)

반영요소 반영비율	반영교과목 구분	반영교과목 반영방법		교과성적 산출지표	학년별 반영비율
교과100%	공통 및 일반선택	국어, 영어, 수학, 사회, 과학교과에 속한 전 과목		석차등급	학년 구분 없음
	진로선택	성취도	산출식	성취비율	
		A	학생 비율에 관계 없이 1등급		
		B	누적비율[(성취도 B의 학생비율 + 성취도 C의 학생비율)]에 해당하는 석차등급		
		C	누적비율[(성취도 C의 학생비율)]에 해당하는 석차등급		

◎ 전형결과
■ 전체

학년도	전체 모집인원	전체 지원인원	전체 경쟁률	전체 등록평균	전체 등록70%컷	전체 충원율	인문 모집인원	인문 지원인원	인문 경쟁률	인문 등록평균	인문 등록70%컷	인문 충원율	자연 모집인원	자연 지원인원	자연 경쟁률	자연 등록평균	자연 등록70%컷	자연 충원율
2022	712	8,805	12.37	3.30	3.57	189%	244	3,144	12.89	3.35	3.70	188%	468	5,661	12.10	3.25	3.44	189%
2023	711	8,079	11.36	3.36	3.48	198%	247	3,091	12.51	3.28	3.42	205%	464	4,988	10.75	3.44	3.54	191%
2024	891	7,150	8.02	3.45	3.61	153%	297	2,366	7.97	3.40	3.53	168%	594	4,784	8.05	3.49	3.69	138%
2025	957						304						653					

■ 변경사항 & 핵심포인트

[2025]

변경사항		2024	2025
모집인원		891명	957명(+66명)
수능최저	탐구 반영과목	2과목 평균	상위 1과목
	사범대학	3개 영역 등급 합 9	3개 영역 등급 합 10
	약학대학	수학 포함 3개 영역 등급 합 5	수학 포함 3개 영역 등급 합 6
학생부	반영과목	1학년) 국어, 영어, 수학, 사회, 과학교과 2,3학년) 인 국어, 영어, 수학, 사회교과 자 국어, 영어, 수학, 과학교과	국어, 영어, 수학, 사회, 과학교과

➡ **합격자 성적분포**: 인문계열은 3등급 초반 ~ 3등급 중반, 자연계열은 3등급 초반 ~ 3등급 중반

[2024]

변경사항	2023	2024
(학생부) 진로선택과목 반영	미반영	성취비율에 따른 석차등급 산출

■ 모집단위

'*' 표시 : 교직 이수 가능

계열	모집단위	2025 모집 인원	2024 모집 인원	지원 인원	경쟁 률	등록 평균	등록 70%컷	충원 번호	2023 모집 인원	지원 인원	경쟁 률	등록 평균	등록 70%컷	충원 번호	2022 모집 인원	지원 인원	경쟁 률	등록 평균	등록 70%컷	충원 번호
인문	경영학자율전공학부	8																		
인문	인문학자율전공학부	5																		
인문	생활과학자율전공학부	2																		
인문	사회과학자율전공학부	3																		
인문	역사교육과	6	5	41	8.2	2.50	2.59	9	3	49	16.3	2.68		5	3	30	10.0	2.69		6
인문	심리학과	5	7	77	11.0	2.53	2.60	17	7	234	33.4	2.76	2.83	13	7	69	9.9	3.62	4.21	18
인문	사회교육과	6	6	34	5.7	2.58	2.75	2	3	25	8.3	2.57		6	3	22	7.3	2.54		2
인문	영어교육과	12	11	49	4.5	2.81	2.85	2	5	87	17.4	2.25	2.25	8	5	32	6.4	3.61		5
인문	정치외교학과	8	7	45	6.4	2.87	2.95	8	7	58	8.3	3.11	3.20	13	7	71	10.1	3.22	3.30	12
인문	행정학과	9	8	67	8.4	2.93	3.26	17	7	72	10.3	3.02	3.12	26	7	170	24.3	2.65	2.84	22
인문	경영학부	56	61	538	8.8	3.02	3.26	152	60	439	7.3	3.26	3.54	116	60	1,039	17.3	2.92	3.16	119
인문	경제학과	12	13	102	7.9	3.04	3.25	25	9	80	8.9	3.40	3.40	25	9	94	10.4	3.06	3.42	15
인문	교육학과	6	6	72	12.0	3.22	3.09	6	3	36	12.0	3.81		6	3	24	8.0	2.88		2
인문	아동복지학과	5	6	66	11.0	3.25	3.43	15	6	170	28.3	3.45	3.57	17	5	48	9.6	4.06	4.28	8
인문	국어교육과	12	11	60	5.5	3.26	3.46	9	5	82	16.4	2.71	2.72	11	5	49	9.8	3.04	3.10	16
인문	농업경제학과	7	6	43	7.2	3.30	3.69	8	7	80	11.4	3.52	3.49	17	7	63	9.0	3.60	3.75	6
인문	사학과	5	5	77	15.4	3.32	3.47	15	5	71	14.2	3.75	3.64	21	5	163	32.6	3.18	3.65	12
인문	사회학과	7	6	46	7.7	3.32	3.48	14	7	63	9.0	3.15	3.55	12	7	71	10.1	3.01	3.14	12
인문	인문사회자율전공계열	33	35	232	6.6	3.34	3.58	50	22	206	9.4	3.44	3.64	32	22	262	11.9	3.38	3.61	34
인문	독일어문화학과	6	7	67	9.6	3.36	3.60	7	8	127	15.9	3.70	3.70	10	7	71	10.1	3.86	4.17	22
인문	국제경영학과	27	28	167	6.0	3.42	3.58	40	20	200	10.0	3.22	3.34	42	20	259	13.0	3.37	3.47	34
인문	경영정보학과	12	13	83	6.4	3.43	3.57	16	9	84	9.3	3.42	3.45	26	9	95	10.6	3.45	3.53	10
인문	국어국문학과	6	7	52	7.4	3.64	4.02	10	8	111	13.9	3.38	3.48	20	7	58	8.3	3.72	3.98	19
인문	중어중문학과	5	6	46	7.7	3.71	4.06	9	7	92	13.1	3.61	3.62	14	7	64	9.1	3.89	4.04	15
인문	러시아언어문화학과	5	5	65	13.0	3.74	3.79	5	5	60	12.0	4.13	4.17	9	5	48	936	3.65	3.87	8
인문	윤리교육과	6	5	23	4.6	3.75	4.11	4	3	53	17.7	2.11		4	3	27	9.0	2.85		5
인문	철학과	5	5	46	9.2	3.76	3.82	5	5	55	11.0	3.77	3.75	9	5	62	12.4	3.59	3.70	16
인문	고고미술사학과	4	5	55	11.0	3.90	4.03	14	5	42	8.4	3.96	3.98	12	5	52	10.4	3.25	3.52	9
인문	프랑스언어문화학과	5	6	65	10.8	3.97	4.19	15	7	100	14.3	3.53	3.70	14	7	69	9.9	4.02	4.27	12
인문	영어영문학과	5	6	55	9.2	4.02	4.07	13	7	326	46.6	3.09	3.38	14	7	57	8.1	4.49	4.53	10
인문	지리교육과	6	6	63	10.5	4.24	4.71	9	2	17	8.5	3.95		2	2	30	15.0	2.61		3
인문	소비자학과	5	5	30	6.0	4.92		3	5	72	14.4	3.21	3.24	3	5	45	9.0	3.69	3.83	6
자연	자연과학자율전공학부	7																		
자연	공학자율전공학부	20																		
자연	전자정보자율전공학부	20																		
자연	농업생명환경자율전공학부	10																		
자연	자연과학자율전공계열	102																		
자연	의예과	16	4	109	27.3	1.04	1.09	2	4	173	43.3	1.17	1.15	11	5	200	40.0	1.28	1.34	18
자연	수의예과	11	9	111	12.3	1.09	1.14	8	9	113	12.6	1.22	1.23	19	9	175	19.4	1.15	1.19	11

계열	모집단위	2025 모집인원	2024 모집인원	2024 지원인원	2024 경쟁률	2024 등록평균	2024 등록70%컷	2024 충원번호	2023 모집인원	2023 지원인원	2023 경쟁률	2023 등록평균	2023 등록70%컷	2023 충원번호	2022 모집인원	2022 지원인원	2022 경쟁률	2022 등록평균	2022 등록70%컷	2022 충원번호
자연	제약학과	3	3	64	21.3	1.48		8	3	41	13.7	1.12		3	4	100	25.0	1.14	1.14	10
자연	약학과	3	3	55	18.3	1.50		3	3	47	15.7	1.04		3	4	129	32.3	1.02	1.04	3
자연	화학공학과	4	9	81	9.0	2.40	2.51	19	9	55	6.1	2.96	2.88	17	9	103	11.4	2.28	2.49	19
자연	식품생명공학과	7	7	46	6.6	2.80	2.86	7	7	76	10.9	3.09	3.14	13	7	88	12.6	3.00	3.21	15
자연	생물교육과	6	5	43	8.6	2.82			3	16	5.3	5.39			3	24	8.0	2.43		3
자연	컴퓨터공학과	6	7	61	8.7	2.91	3.11	15	7	69	9.9	2.95	2.93	19	7	97	13.9	2.73	2.76	16
자연	미생물학과	10	10	60	6.0	3.03	3.17	8	7	51	7.3	3.39	3.41	12	7	56	8.0	3.22	3.52	9
자연	간호학과	13	13	152	11.7	3.06	3.00	25	13	209	16.1	2.44	2.55	28	13	332	25.5	2.51	2.66	39
자연	**소프트웨어학부**	20	38	160	4.2	3.11	3.25	46	28	209	7.5	2.99	3.24	60	30	279	9.3	3.03	3.14	63
자연	**건축학과**	5	7	83	11.9	3.13	3.36	24	7	81	11.6	3.33	3.30	14	7	96	13.7	3.17	3.34	16
자연	생물학과	10	10	107	10.7	3.16	3.21	20	9	62	6.9	3.69	3.49	15	9	74	8.2	2.92	3.12	13
자연	**전자공학과**	13	18	91	5.1	3.20	3.31	26	30	252	8.4	2.80	3.00	84	30	296	9.9	2.97	3.14	78
자연	**공업화학과**	7	10	88	8.8	3.22	3.30	10	7	46	6.6	4.02	3.55	13	7	78	11.1	3.18	3.25	4
자연	수학교육과	12	11	34	3.1	3.30			5	38	7.6	2.34	2.20	6	5	42	8.4	2.22	2.36	6
자연	식물자원학과	6	7	95	13.6	3.31	3.54	2	7	50	7.1	4.33	4.27	6	7	73	10.4	3.22	3.44	7
자연	기계공학부	19	27	236	8.7	3.33	3.55	70	20	175	8.8	3.46	3.62	67	20	204	10.2	3.30	3.35	39
자연	**전기공학부**	21	28	176	6.3	3.33	3.53	46	20	116	5.8	3.35	3.59	34	20	175	8.8	2.87	2.99	57
자연	**신소재공학과**	4	9	60	6.7	3.36	3.52	23	9	125	13.9	2.90	2.99	11	9	234	26.0	3.15	3.30	24
자연	주거환경학과	5	5	55	11.0	3.37	3.37	6	5	37	7.4	4.14	3.99	4	5	45	9.0	3.50	3.83	6
자연	지구환경과학과	7	6	57	9.5	3.56	3.61	1	7	138	19.7	3.96	3.94	16	7	77	11.0	4.24	4.42	14
자연	**환경공학과**	6	9	162	18.0	3.56	3.68	19	7	50	7.1	4.47	4.16	19	7	68	9.7	3.33	3.40	12
자연	식품영양학과	5	6	61	10.2	3.64	3.83	11	6	283	47.2	3.16	3.55	9	5	43	8.6	4.93	5.40	7
자연	건축공학과	10	12	128	10.7	3.70	3.96	31	9	259	28.8	3.79	3.99	32	9	95	10.6	4.03	4.39	32
자연	수학과	9	8	71	8.9	3.71	4.05	12	7	54	7.7	4.09	3.99	13	7	92	13.1	3.48	3.77	15
자연	바이오시스템공학과	6	6	36	6.0	3.72	3.59	8	7	84	12.0	3.37	3.57	13	7	181	25.9	3.67	3.88	11
자연	식물의학과	8	7	52	7.4	3.72	4.03	19	7	75	10.7	3.86	3.88	20	7	69	9.9	3.88	3.95	10
자연	**안전공학과**	7	10	57	5.7	3.73	4.01	7	7	65	9.3	3.52	3.62	7	7	108	15.4	3.65	3.72	6
자연	생화학과	7	7	32	4.6	3.73	4.10	11	7	49	7.0	2.96	2.99	5	7	54	7.7	3.16	3.39	14
자연	**반도체공학부**	6	42	205	4.9	3.75	3.85	19												
자연	의류학과	5	5	93	18.6	3.76	3.92	10	5	72	14.4	4.26	4.22	7	5	85	17.0	3.94	3.74	10
자연	환경생명화학과	6	7	54	7.7	3.78	3.77	14	7	51	7.3	3.62	3.46	18	7	83	11.9	3.55	3.57	14
자연	화학과	14	13	57	4.4	3.93	4.49	18	9	80	8.9	3.14	3.32	18	9	79	8.8	3.23	3.42	17
자연	바이오헬스학부	30	30	147	4.9	3.97	4.45	50												
자연	정보통계학과	8	8	36	4.5	4.00		4	7	47	6.7	3.11	3.40	8	7	51	7.3	3.42	3.45	12
자연	지능로봇공학과	9	9	40	4.4	4.00	4.40	7	9	61	6.8	3.31	3.49	10	9	78	8.7	3.36	3.50	8
자연	화학교육과	6	5	17	3.4	4.00			5	24	4.8	2.79	2.79	1	5	28	5.6	2.60		3
자연	특용식물학과	6	5	46	9.2	4.01	4.11	6	5	68	13.6	4.18	4.14	7	5	80	16.0	4.28	4.19	8
자연	**도시공학과**	8	11	79	7.2	4.05	4.26	11	9	77	8.6	3.80	3.89	13	9	187	20.8	3.54	3.72	16
자연	천문우주학과	7	6	62	10.3	4.08	4.22	15	7	90	12.9	3.55	3.31	12	7	96	13.7	4.02	4.33	17
자연	**정보통신공학부**	29	41	196	4.8	4.13	4.12	48	30	249	8.3	3.48	3.61	57	30	277	9.2	3.49	3.58	59
자연	물리교육과	6	6	16	2.7	4.13			3	17	5.7			1	3	17	5.7	2.76	2.61	3
자연	**토목공학부**	34	46	438	9.5	4.17	4.40	67	45	331	7.4	4.21	4.41	79	45	430	9.6	3.75	3.89	77
자연	지구과학교육과	6	5	40	8.0	4.18			3	35	11.7	3.55		3	3	28	9.3	3.12		1
자연	물리학과	11	11	109	9.9	4.18	4.32	22	9	194	21.6	4.15	4.34	24	9	67	7.4	4.90	5.30	13
자연	산림학과	6	6	67	11.2	4.21		6	7	104	14.9	4.08	4.11	16	7	91	13.0	3.96	4.16	15
자연	목재종이과학과	7	5	120	24.0	4.40	4.55	6	5	111	22.2	4.76	4.86	11	5	60	12.0	4.69	4.87	3
자연	원예과학과	8	7	135	19.3	4.50	4.54	13	7	50	7.1	4.82	4.79	10	7	70	10.0	3.32	3.75	7
자연	축산학과	10	9	117	13.0	4.73	4.79	5	9	159	17.7	4.60	4.68	8	9	83	9.2	4.77	5.04	8
자연	지역건설공학과	6	6	87	14.5	4.77	4.94	11	7	70	10.0	4.42	4.56	8	7	84	12.0	3.94	4.25	14

■ (학생부교과) 지역인재

전형	모집인원	전형 방법	수능최저학력기준
지역인재	403	학생부교과100%	○

1. **지원자격**: 2025년 2월 이전 국내 고등학교 졸업(예정)자 중 충청권(충북, 세종, 대전, 충남)소재 고등학교에서 전 교육과정을 이수 또는 이수
   예정인 자 ※ 최초 입학일부터 졸업일까지 충청권 소재 고등학교에서 전 교육과정을 이수하여야 함
   ※ 고등학교는 「초·중등교육법」 제2조에 따른 고등학교에 한함
2. **수능최저학력기준**: 학생부교과전형 참고

◎ 전형요소
● 학생부: 학생부교과전형 참고

◎ 전형결과
■ 전체

학년도	전체						인문						자연					
	모집인원	지원인원	경쟁률	등록평균	등록70%컷	충원율	모집인원	지원인원	경쟁률	등록평균	등록70%컷	충원율	모집인원	지원인원	경쟁률	등록평균	등록70%컷	충원율
2022	291	3,469	11.92	3.28	3.23	178%	82	1,095	13.35	3.33	3.33	171%	209	2,374	11.36	3.23	3.13	185%
2023	292	2,262	7.75	3.52	3.28	173%	83	750	9.04	3.57	3.30	189%	209	1,512	7.23	3.46	3.25	156%
2024	325	2,665	8.20	3.48	3.49	187%	91	729	8.01	3.64	3.71	205%	234	1,936	8.24	3.32	3.27	168%
2025	403						94						309					

■ 변경사항 & 핵심포인트

[2025]

변경사항		2024	2025
모집인원		325명	403명(+78명)
수능최저	탐구 반영과목	2과목 평균	상위 1과목
	사범대학	3개 영역 등급 합_9	3개 영역 등급 합_10
	약학대학	수학 포함 3개 영역 등급 합_6	수학 포함 3개 영역 등급 합_7
학생부	반영과목	1학년) 국어, 영어, 수학, 사회, 과학교과 2,3학년) 인 국어, 영어, 수학, 사회교과 자 국어, 영어, 수학, 과학교과	국어, 영어, 수학, 사회, 과학교과

▶ 합격자 성적분포: 인문계열은 3등급 중반 ~ 3등급 후반, 자연계열은 3등급 초반 ~ 3등급 중반

[2024]

변경사항	2023	2024
(학생부) 진로선택과목 반영	미반영	성취비율에 따른 석차등급 산출

■ 모집단위

'*' 표시 : 교직 이수 가능

계열	모집단위	2025 모집인원	2024 모집인원	지원인원	경쟁률	등록평균	등록70%컷	충원번호	2023 모집인원	지원인원	경쟁률	등록평균	등록70%컷	충원번호	2022 모집인원	지원인원	경쟁률	등록평균	등록70%컷	충원번호
인문	경영학부	12	12	148	12.3	2.83	3.13	38	12	90	7.5	3.34	3.85	30	12	284	23.7	2.84	2.90	20
인문	심리학과	4	4	29	7.3	3.18	3.16	8	4	42	10.5	3.00	2.95	4	4	38	9.5	2.92	3.34	3
인문	경제학과	5	5	37	7.4	3.28	3.42	8	5	72	14.4	3.25	3.18	12	5	45	9.0	3.70	4.30	19
인문	국제경영학과	6	6	65	10.8	3.33	3.45	10	6	39	6.5	4.07	3.98	14	5	56	11.2	2.96	3.22	6
인문	국어국문학과	4	4	23	5.8	3.36	3.62	10	3	26	8.7	3.65		10	3	24	8.0	3.49		5
인문	경영정보학과	5	5	40	8.0	3.46	3.59	9	5	31	6.2	3.28	3.09	9	5	56	11.2	3.15	3.32	4
인문	정치외교학과	4	4	30	7.5	3.46	3.62	10	3	19	6.3	3.83		2	3	32	10.7	2.72		1
인문	행정학과	4	4	27	6.8	3.49	3.92	18	4	30	7.5	2.93	2.92	8	4	62	15.5	2.66	2.73	8
인문	프랑스어문화학과	4	4	35	8.8	3.50	3.51	4	3	39	13.0	3.96		5	3	23	7.7	4.33		8
인문	아동복지학	3	3	21	7.0	3.53		4	3	27	9.0	3.59		3	3	28	9.3	3.02		
인문	고고미술사학과	3	3	19	6.3	3.55		3	3	21	7.0	3.78		1	3	29	9.7	3.52		7
인문	독일언어문학과	4	4	31	7.8	3.55	3.58	4	3	36	12.0	3.91		2	3	27	9.0	3.84		3
인문	소비자학	3	3	22	7.3	3.57		11	3	23	7.7	3.83		4	3	28	9.3	3.08		7
인문	사학과	3	3	23	7.7	3.66		1	3	24	8.0	3.88		8	3	55	18.3	3.00		5
인문	중어중문학과	4	4	26	6.5	3.71	3.75	7	3	31	10.3	3.88		7	3	29	9.7	4.00		10
인문	철학과	3	3	23	7.7	3.86		7	3	27	9.0	3.72		10	3	25	8.3	3.65		5
인문	영어영문학과	4	4	27	6.8	3.99	4.49	17	3	41	13.7	3.38		3	3	29	9.7	3.55		17
인문	사회학과	4	4	25	6.3	4.18	4.43	4	3	22	7.3	3.05		7	3	34	11.3	3.22		2
인문	농업경제학과	4	4	26	6.5	4.20	4.31	9	3	25	8.3	3.70		3	3	24	8.0	3.34		3
인문	인문사회자율전공계열	8	5	33	6.6	4.26		3	5	57	11.4	3.01	3.10	8	3	139	27.8	3.46	3.52	6
인문	러시아어언어문화학과	3	3	19	6.3	4.59		2	3	28	9.3	3.96		4	3	28	9.3	3.55		1
자연	자연과학자율전공계열	25																		
자연	공학자율전공학부	8																		
자연	전자정보자율전공학부	9																		
자연	수의예과	6	5	42	8.4	1.13	1.21	8	5	58	11.6	1.18	1.19	4	5	53	10.6	1.39	1.41	4
자연	의예과	32	7	91	13.0	1.14	1.22	29	7	85	12.1	1.15	1.12	17	7	203	29.0	1.06	1.06	12
자연	약학과	8	5	87	17.4	1.22	1.25	6	5	32	6.4	1.54	1.29	4	4	71	17.8	1.05	1.07	3

계열	모집단위	2025 모집인원	2024 모집인원	지원인원	경쟁률	등록평균	등록70%컷	충원번호	2023 모집인원	지원인원	경쟁률	등록평균	등록70%컷	충원번호	2022 모집인원	지원인원	경쟁률	등록평균	등록70%컷	충원번호
자연	제약학과	8	5	90	18.0	1.28	1.30	2	5	40	8.0	1.32	1.31	9	4	69	17.3	1.24	1.31	2
자연	간호학과	14	14	85	6.1	2.31	2.46	19	14	96	6.9	2.56	2.69	17	16	246	15.4	2.38	2.52	24
자연	전자공학과	5	5	34	6.8	2.59	2.85	12	8	42	5.3	2.95	3.03	17	8	72	9.0	2.76	2.84	31
자연	컴퓨터공학과	4	4	46	11.5	2.77	2.84	7	4	22	5.5	3.66	3.19	5	4	45	11.3	2.51	2.87	12
자연	화학공학과	4	4	23	5.8	2.80	3.07	8	4	29	7.3	2.40	2.42	4	4	36	9.0	2.81	2.87	17
자연	소프트웨어학부	9	9	46	5.1	2.85	3.18	9	8	41	5.1	3.11	3.18	7	8	69	8.6	2.80	3.03	18
자연	화학과	5	5	28	5.6	2.97	3.13	8	5	29	5.8	3.08	3.08	11	5	39	7.8	3.23	3.32	9
자연	식품생명공학과	4	4	25	6.3	3.02	3.22	7	4	41	10.3	3.04	3.10	6	4	36	9.0	3.59	3.60	11
자연	공업화학과	4	4	34	8.5	3.09	3.12	10	4	20	5.0	3.84	3.45	7	4	31	7.8	3.32	3.43	7
자연	건축학과	4	4	32	8.0	3.13	3.35	7	4	25	6.3	3.39	3.19	6	4	50	12.5	3.06	3.34	9
자연	기계공학부	8	8	69	8.6	3.16	3.24	23	8	37	4.6	3.57	3.50	11	8	101	12.6	2.91	3.08	15
자연	안전공학과	4	4	28	7.0	3.23	3.58	13	4	25	6.3	4.06	3.88	7	4	37	9.3	3.57	3.53	3
자연	정보통계학과	4	4	20	5.0	3.24		4	4	18	4.5	3.58	3.49	6	4	33	8.3	3.44	3.44	6
자연	환경생명화학과	4	4	25	6.3	3.26	3.36	7	4	32	8.0	3.73	3.65	10	4	45	11.3	3.56	3.70	12
자연	미생물학과	4	4	36	9.0	3.27	3.56	9	4	21	5.3	3.70	3.38	7	4	33	8.3	2.83	2.98	5
자연	생물학과	4	4	26	6.5	3.33	3.70	4	4	22	5.5	3.18	3.13	8	4	35	8.8	2.98	3.15	7
자연	환경공학과	4	4	27	6.8	3.35	3.39	4	4	23	5.8	3.05	2.91	12	4	32	8.0	3.20	3.44	6
자연	지능로봇공학과	5	5	33	6.6	3.36	3.43	6	5	41	8.2	3.35	3.38	13	5	45	9.0	3.49	3.72	7
자연	전기공학부	7	6	29	4.8	3.39	3.56	6	5	26	5.2	2.87	2.86	8	5	40	8.0	3.02	3.28	13
자연	지구환경과학과	4	4	28	7.0	3.45	3.56	5	3	32	10.7	3.90		6	3	60	20.0	3.85		4
자연	신소재공학과	4	4	25	6.3	3.47		10	4	23	5.8	3.59	2.66	7	4	45	11.3	2.84	2.91	5
자연	생화학과	4	4	20	5.0	3.49		10	4	34	8.5	3.07	3.01	3	4	37	9.3	3.47		15
자연	도시공학과	5	5	27	5.4	3.52	3.55	4	5	31	6.2	3.82	3.73	9	5	84	16.8	3.57	3.63	13
자연	식품영양학과	3	3	31	10.3	3.53		6	3	31	10.3	3.85		4	3	24	8.0	3.11		5
자연	바이오시스템공학과	4	4	33	8.3	3.53		7	3	27	9.0	4.08		11	3	41	13.7	3.84		6
자연	식물의학과	4	4	26	6.5	3.54	3.79	2	4	36	9.0	3.44	3.06	6	3	38	9.5	3.91		11
자연	바이오헬스학부	9	9	58	6.4	3.56	3.54	16												
자연	정보통신공학부	14	12	97	8.1	3.68	3.88	15	9	49	5.4	4.13	4.27	19	9	75	8.3	3.24	3.32	10
자연	건축공학과	4	4	21	5.3	3.69		7	4	30	7.5	3.63	3.64	3	4	43	10.8	3.46	3.46	7
자연	수학과	4	4	46	11.5	3.70	4.02	4	4	18	4.5	4.98	5.08	6	4	38	9.5	3.22	3.27	1
자연	천문우주학과	4	4	22	5.5	3.74	3.88	4	3	16	5.3			3	3	28	9.3	3.67		2
자연	의류학과	3	3	32	10.7	3.75		5	3	28	9.3	3.84		4	3	46	15.3	3.89		10
자연	지역건설공학과	4	4	38	9.5	3.86	3.94	3	3	20	6.7	4.24		3	3	52	17.3	3.83		5
자연	토목공학부	10	10	106	10.6	3.88	4.13	30	10	56	5.6	4.18	4.37	17	10	100	10.0	3.56	3.68	29
자연	식물자원학과	4	4	32	8.0	3.93		10	4	26	6.5	3.58	3.68	4	4	31	7.8	3.64	3.85	11
자연	산림학과	4	4	26	6.5	3.95		4	3	22	7.3	3.90		2	3	27	9.0	3.94		5
자연	반도체공학부	7	9	64	7.1	4.01	3.93	10												
자연	특용식물학과	3	3	25	8.3	4.01		1	3	47	15.7	4.00		4	3	29	9.7	4.46		2
자연	목재·종이과학과	3	3	31	10.3	4.03		4	3	49	16.3	4.18		2	3	27	9.0	4.56		3
자연	원예과학과	4	4	44	11.0	4.05	4.21	5	4	43	10.8	4.07	4.13	4	4	36	9.0	4.18	4.72	1
자연	축산학과	4	4	60	15.0	4.15	4.24	3	4	43	10.8	4.94	5.07	10	4	31	7.8	4.23	4.34	3
자연	물리학과	4	4	69	17.3	4.34	4.50	16	4	24	6.0	5.21	5.31	2	4	29	7.3	3.81	3.92	1
자연	주거환경학과	3	3	19	6.3	6.16		4	3	22	7.3	3.66		1	3	32	10.7	3.68		5

■ (학생부종합) 학생부종합 Ⅰ

전형	모집인원	전형 방법	수능최저학력기준
학생부종합 Ⅰ	488	서류100%	X

1. **지원자격**: 2025년 2월 이전 국내 고등학교 졸업(예정)자 또는 관계 법령에 의하여 이와 동등 이상의 학력이 있다고 인정된 자
   ※ 국내 고등학교 학교생활기록부가 없는 자는 지원 불가능
2. **제출서류**: 학교생활기록부

◎ 전형요소
● 서류(80점: 기본점수 40점)
   1. **평가방법**: 다수의 입학사정관이 지원자 1명에 대해 학교생활기록부를 토대로 별도 평가기준에 의거하여 독립적·종합적으로 평가

2. 평가항목:

평가영역	반영비율	평가요소	평가항목
전문성	58%	① 지원 분야에 대한 열정 ② 지적 노력	• 고등학교 교육과정을 충실하게 이수하였는지 종합적으로 평가 • 지원분야와 관련한 교과목들의 성취 수준과 학업적 발전의 정도가 향후 해당 분야를 전공함에 있어 적합한지 종합적으로 평가 • 지원분야에 대한 열의와 지적관심을 토대로, 꾸준한 준비와 노력을 해온 정도를 종합적으로 평가
사회성	25%	① 배려 ② 협동심 ③ 성실성 ④ 봉사정신	• 타인을 존중하고 배려하며 봉사정신을 지녔는지 종합적으로 평가 • 소속 공동체의 제도적 요구에 대한 충분한 인식을 바탕으로, 주어진 책임과 의무를 성실히 수행하는지 종합적으로 평가 • 구성원들과 적극적으로 의사소통하고 협력하는 태도를 지녔는지 종합적으로 평가
적극성	17%	① 자기주도성 ② 추진력	• 자발적인 학업의지와 학습태도를 갖추었는지 종합적으로 평가 • 교내 다양한 영역에서 매사에 주도적이고 진취적으로 활동을 수행해왔는지 종합적으로 평가

☞ 보충설명

• 전문성(58%) > 인성(25%) > 적극성(17%) 순으로 반영. 전문성이 가장 중요함
• 전문성(58%)은 학업역량과 전공적합성을 의미함. 전문성이 중요하고 변별력이 많이 생김. 지원 분야 즉 전공에 대한 열정
• 인성과 적극성은 편차가 적음. 큰 이변이 없는 한 유사함
• 모집단위 관련 교과가 수시요강에 소개되어 있는데 평가위원이 평가하실 때 참고하는 정도임. 참고 사항일 뿐

3. 모집단위별 관련 교과:

대학	모집단위	전공 관련 참고 교과			대학	모집단위	전공 관련 참고 교과		
인문대학	국어국문학과	국어	사회		전자정보대학	전기공학부	수학	과학	
	중어중문학과	영어	사회	제2외국어		전자공학과	수학	과학	
	영어영문학과	영어	사회	제2외국어		반도체공학부	수학	과학	
	독일언어문화학과	영어	사회	제2외국어		정보통신공학부	수학	과학	
	프랑스언어문화학과	영어	사회	제2외국어		컴퓨터공학과	수학	과학	
	러시아언어문화학과	영어	사회	제2외국어		소프트웨어학부	수학	과학	
	철학과	사회	국어			지능로봇공학과	수학	과학	
	사학과	사회	국어		농업생명환경대학	식물자원학과	수학	과학	
	고고미술사학과	사회	국어			축산학과	수학	과학	
사회과학대학	사회학과	영어	사회			산림학과	수학	과학	
	심리학과	영어	수학			지역건설공학과	수학	과학	
	행정학과	영어	사회			환경생명화학과	수학	과학	
	정치외교학과	영어	사회			특용식물학과	수학	과학	
	경제학과	영어	수학			원예과학과	수학	과학	
자연과학대학	수학과	수학	과학			바이오시스템공학과	수학	과학	
	정보통계학과	수학	과학			식물의학과	수학	과학	
	물리학과	수학	과학			식품생명공학과	수학	과학	
	화학과	수학	과학			목재·종이과학과	수학	과학	
	생물학과	수학	과학			농업경제학과	영어	수학	
	미생물학과	수학	과학		사범대학	교육학과	영어	사회	
	생화학과	수학	과학			국어교육과	국어	사회	
	천문우주학과	수학	과학			영어교육과	영어	국어	
	지구환경과학과	수학	과학			역사교육과	사회	국어	
경영대학	경영학부	영어	사회			지리교육과	사회	국어	
	국제경영학과	영어	사회			사회교육과	사회	국어	
	경영정보학과	영어	사회			윤리교육과	사회	국어	
공과대학	토목공학부	수학	과학			물리교육과	수학	과학	
	기계공학부	수학	과학			화학교육과	수학	과학	
	화학공학과	수학	과학			생물교육과	수학	과학	
	신소재공학과	수학	과학			지구과학교육과	수학	과학	
	건축공학과	수학	과학			수학교육과	수학	과학	
	안전공학과	수학	과학		생활과학대학	식품영양학과	과학	수학	
	환경공학과	수학	과학			아동복지학과	사회	국어	
	공업공학과	수학	과학			의류학과	사회	과학	
	도시공학과	수학	과학			주거환경학과	사회	과학	
	건축학과	수학		과학		소비자학과	사회	국어	
					수의과대학	수의예과	영어	과학	

대학	모집단위	전공 관련 참고 교과		대학	모집단위	전공 관련 참고 교과	
				약학대학	약학과	영어	과학
					제약학과	영어	과학
				의과대학	의예과	영어	과학
					간호학과	영어	과학
				본부직할	바이오헬스학부	영어	과학

◎ 전형결과

■ 전체

학년도	전체						인문						자연					
	모집인원	지원인원	경쟁률	등록평균	등록70%컷	충원율	모집인원	지원인원	경쟁률	등록평균	등록70%컷	충원율	모집인원	지원인원	경쟁률	등록평균	등록70%컷	충원율
2022	506	5,623	11.11	3.29	3.46	195%	172	1,841	10.70	3.29	3.45	196%	334	3,782	11.32	3.29	3.46	194%
2023	504	5,334	10.58	3.40	3.50	182%	172	1,769	10.28	3.42	3.45	190%	332	3,565	10.74	3.37	3.54	173%
2024	436	5,029	11.53	3.29	3.44	186%	146	1,530	10.48	3.37	3.49	199%	290	3,499	12.07	3.20	3.39	172%
2025	488						153						335					

■ 변경사항 & 핵심포인트

[2025]

변경사항	2024	2025
모집인원	436명	488명(+52명)

➡ 합격자 성적분포: 인문계열은 3등급 초반 ~ 3등급 중반, 자연계열은 3등급 초반 ~ 3등급 중반.

■ 모집단위

* 표시 : 교직 이수 가능

계열	모집단위	2025	2024						2023						2022					
		모집인원	모집인원	지원인원	경쟁률	등록평균	등록70%컷	충원번호	모집인원	지원인원	경쟁률	등록평균	등록70%컷	충원번호	모집인원	지원인원	경쟁률	등록평균	등록70%컷	충원번호
인문	지리교육과	5	5	47	9.4	2.51	2.76	6	5	36	7.2	2.69	2.46	9	5	50	10.0	2.67	2.75	11
인문	윤리교육과	6	6	49	8.2	2.54	2.68	20	6	57	9.5	2.51	2.54	18	6	66	11.0	2.37	2.35	15
인문	역사교육과	6	6	59	9.8	2.56	2.64	12	6	79	13.2	2.25	2.34	15	6	74	12.3	2.38	2.30	7
인문	국어교육과	8	7	78	11.1	2.66	2.64	15	7	59	8.4	2.87	2.89	14	7	76	10.9	2.68	2.85	17
인문	사회교육과	6	5	50	10.0	2.69	2.72	17	5	61	12.2	2.69	2.65	20	5	44	8.8	2.65	2.61	26
인문	교육학과	6	5	52	10.4	2.74	2.99	16	5	59	11.8	2.74	2.79	15	5	65	13.0	2.45	2.91	10
인문	경제학과	6	6	65	10.8	2.91	3.11	6	8	58	7.3	3.65	3.62	11	8	65	8.1	3.13	3.22	1
인문	행정학과	5	5	45	9.0	2.94	3.31	16	6	57	9.5	3.17	3.29	16	6	62	10.3	2.66	2.51	12
인문	심리학과	5	5	101	20.2	3.01	3.04	12	6	109	18.2	3.25	3.32	17	6	125	20.8	2.91	2.86	12
인문	영어교육과	8	7	55	7.9	3.04	3.24	25	7	60	8.6	2.57	2.51	16	7	56	8.0	2.39	2.96	9
인문	사회학과	5	5	47	9.4	3.26	3.45	10	6	59	9.8	3.23	3.31	4	6	65	10.8	3.23	3.26	20
인문	경영학부	13	12	139	11.6	3.30	3.37	25	16	158	9.9	3.16	3.35	23	16	210	13.1	2.94	3.06	24
인문	철학과	4	4	46	11.5	3.38		4	5	62	12.4	4.11	4.06	16	5	44	8.8	4.12	4.71	17
인문	아동복지학과	4	4	67	16.8	3.50	3.60	6	5	90	18.0	3.55	3.57	7	5	82	16.4	3.51	3.64	20
인문	경영정보학과	7	6	57	9.5	3.53	3.67	4	8	76	9.5	3.58	3.64	10	8	66	8.3	3.50	3.45	4
인문	국제경영학과	8	7	74	10.6	3.55	3.61	13	9	104	11.6	3.51	3.64	14	9	94	10.4	3.52	3.61	22
인문	소비자학과	4	4	31	7.8	3.58	3.78	8	5	55	11.0	3.38	3.47	2	5	40	8.0	3.72	3.91	10
인문	국어국문학과	5	5	50	10.0	3.61	3.71	3	6	58	9.7	3.83	3.93	10	6	55	9.2	3.27	3.64	9
인문	영어영문학과	5	5	60	12.0	3.72	3.82	9	6	57	9.5	4.03	3.87	17	6	54	9.0	3.40	3.41	7
인문	러시아언어문화학과	4	4	66	16.5	3.76	3.98	9	5	53	10.6	4.73	4.84	13	5	50	10.0	4.41	5.09	9
인문	프랑스언어문화학과	5	5	40	8.0	3.82	3.92	5	6	51	8.5	4.38	4.41	12	6	68	11.3	4.22	4.40	10
인문	사학과	4	4	45	11.3	3.87	3.93	9	5	55	11.0	3.46	3.53	6	5	73	14.6	3.27	3.45	4
인문	정치외교학과	5	5	42	8.4	3.93	4.02	10	6	67	11.2	3.26	3.33	5	6	57	9.5	3.45	3.72	15
인문	독일언어문학과	5	5	45	9.0	4.01	3.92	10	6	48	8.0	4.37	4.36	10	6	50	8.3	4.37	4.37	11
인문	고고미술사학과	4	4	35	8.8	4.12	4.18	8	5	44	8.8	3.67	3.74	5	5	48	9.6	3.90	4.05	9
인문	농업경제학과	5	5	51	10.2	4.12	4.34	10	6	48	8.0	3.95	3.76	10	6	52	8.7	3.70	3.85	12
인문	중어중문학과	5	5	34	6.8	4.30	4.39	3	6	49	8.2	3.87	4.01	12	6	50	8.3	3.97	4.10	14
자연	공학자율전공학부	10																		
자연	전자정보자율전공학부	11																		
자연	제약학과	3	3	61	20.3	1.04		1	3	55	18.3	1.16		1	4	191	47.8	1.07	1.05	2
자연	의예과	4	4	130	32.5	1.05	1.05	8	4	107	26.8	1.10	1.08	3	4	137	34.3	1.03	1.07	4
자연	수의예과	8	6	121	20.2	1.12	1.17	3	7	101	14.4	1.40	1.40	8	7	151	21.6	1.16	1.18	6
자연	약학과	3	3	85	28.3	1.22		2	3	71	23.7	1.16			4	208	52.0	1.12	1.14	4

계열	모집단위	2025 모집인원	2024 모집인원	2024 지원인원	2024 경쟁률	2024 등록평균	2024 등록70%컷	2024 충원번호	2023 모집인원	2023 지원인원	2023 경쟁률	2023 등록평균	2023 등록70%컷	2023 충원번호	2022 모집인원	2022 지원인원	2022 경쟁률	2022 등록평균	2022 등록70%컷	2022 충원번호
자연	간호학과	7	7	113	16.1	2.48	2.53	5	9	124	13.8	2.35	2.39	18	9	148	16.4	2.35	2.35	27
자연	지구과학교육과	6	6	52	8.7	2.74	2.82	17	6	48	8.0	2.90	2.94	12	6	46	7.7	2.60	2.69	14
자연	생물교육과	6	6	58	9.7	2.79	2.97	8	6	64	10.7	2.74	2.73	9	6	35	5.8	2.98	2.77	19
자연	축산학과	6	6	60	10.0	2.81	3.18	9	8	91	11.4	3.80	3.92	10	8	52	6.5	4.13	4.63	11
자연	식품생명공학과	5	5	75	15.0	2.84	2.90	7	6	55	9.2	3.62	3.77	6	6	67	11.2	2.62	2.79	8
자연	생물학과	7	6	63	10.5	2.89	3.09	18	8	65	8.1	3.28	3.19	19	8	67	8.4	2.83	2.97	13
자연	전자공학과	5	5	51	10.2	2.91	3.06	10	11	84	7.6	3.22	3.59	27	11	97	8.8	2.97	3.23	28
자연	화학교육과	6	6	44	7.3	2.94	3.20	14	6	33	5.5	3.43	3.54	19	6	36	6.0	2.52	2.56	9
자연	미생물학과	6	5	48	9.6	2.99	3.01	5	6	115	19.2	3.34	3.28	7	6	39	6.5	3.93	4.33	11
자연	수학교육과	8	7	77	11.0	3.00	3.29	21	7	69	9.9	2.92	2.81	27	7	66	9.4	2.61	2.70	12
자연	산림학과	5	5	56	11.2	3.00	3.10	6	6	64	10.7	3.45	3.76	14	6	115	19.2	3.70	3.87	13
자연	컴퓨터공학과	5	5	55	11.0	3.00	3.19	7	6	61	10.2	3.14	3.02	15	6	70	11.7	3.07	3.06	9
자연	생화학과	6	5	38	7.6	3.10	3.31	4	6	71	11.8	2.86	2.92	3	6	39	6.5	3.35	3.53	5
자연	신소재공학과	7	6	56	9.3	3.13	3.15	8	8	74	9.3	3.26	3.29	19	8	81	10.1	3.15	3.33	16
자연	건축학과	6	5	88	17.6	3.17	3.28	15	6	99	16.5	3.44	3.49	9	6	93	15.5	3.40	3.58	19
자연	화학과	7	6	43	7.2	3.17	3.33	11	8	55	6.9	3.12	3.20	11	8	69	8.6	3.08	3.02	20
자연	공업화학과	6	5	38	7.6	3.28	3.41	4	6	39	6.5	3.32	3.55	9	6	43	7.2	3.18	3.17	8
자연	반도체공학부	10	10	88	8.8	3.31	3.56	14												
자연	환경생명화학과	5	5	104	20.8	3.31	3.54	6	6	53	8.8	3.76	4.21	18	6	48	8.0	3.50	3.79	19
자연	소프트웨어학과	11	10	89	8.9	3.38	3.53	21	11	124	11.3	3.13	3.22	20	11	128	11.6	3.23	3.43	25
자연	천문우주학과	5	5	54	10.8	3.39	3.54	14	6	78	13.0	3.23	3.44	9	6	69	11.5	3.78	4.37	15
자연	지능로봇공학과	6	6	63	10.5	3.39	3.67	5	8	75	9.4	3.77	3.81	13	8	96	12.0	3.36	3.62	18
자연	바이오시스템공학과	5	5	66	13.2	3.41	3.43	6	6	87	14.5	3.80	3.89	15	6	72	12.0	4.04	4.30	6
자연	환경공학과	6	5	58	11.6	3.42	3.47	9	6	75	12.5	3.32	3.40	17	6	63	10.5	3.26	3.44	18
자연	정보통계학과	6	5	37	7.4	3.46	3.56	4	6	41	6.8	3.87	3.96	19	6	64	10.7	3.38	3.57	15
자연	바이오헬스학부	8	8	120	15.0	3.53	3.60	17												
자연	주거환경학과	4	4	53	13.3	3.53	3.75	3	5	51	10.2	3.83	3.81	3	5	51	10.2	4.01	4.13	6
자연	기계공학부	8	7	97	13.9	3.54	3.61	16	9	119	13.2	3.50	3.50	24	9	123	13.7	3.33	3.48	34
자연	도시공학과	7	6	57	9.5	3.55	3.70	9	8	55	6.9	3.96	3.86	6	8	77	9.6	3.74	3.76	11
자연	식품영양학과	4	4	88	22.0	3.57	3.74	6	5	71	14.2	4.03	4.00	13	5	71	14.2	3.61	3.87	6
자연	건축공학과	7	6	76	12.7	3.59	3.61	9	8	86	10.8	3.77	3.82	8	8	117	14.6	3.80	3.80	11
자연	특용식물학과	4	4	47	11.8	3.59	3.62	5	5	67	13.4	4.28	4.24	3	5	37	7.4	4.45	4.82	6
자연	전기공학부	7	7	104	14.9	3.60	3.83	23	9	71	7.9	3.88	3.86	13	9	81	9.0	3.12	3.19	20
자연	정보통신공학부	13	11	88	8.0	3.60	3.88	13	11	96	8.7	3.76	3.88	12	11	112	10.2	3.53	3.68	11
자연	의류학과	4	4	61	15.3	3.61	3.73	4	5	99	19.8	3.59	3.50	6	5	92	18.4	3.88	4.27	11
자연	식물자원학과	5	5	63	12.6	3.61	3.74	18	6	68	11.3	3.68	3.58	9	6	44	7.3	3.84	3.86	28
자연	식물의학과	5	5	41	8.2	3.64	3.74	10	6	44	7.3	3.75	3.97	3	6	41	6.8	3.85	3.96	7
자연	안전공학과	6	5	48	9.6	3.67	3.80	5	6	60	10.0	4.00	4.11	15	6	43	7.2	3.92	3.91	10
자연	화학공학과	7	6	43	7.2	3.69	2.73	10	8	74	9.3	2.94	3.04	17	8	66	8.3	2.95	2.99	21
자연	물리교육과	6	5	31	6.2	3.69	3.70	17	5	33	6.6	3.40	3.46	8	5	20	4.0	3.49	4.21	7
자연	지구환경과학과	5	5	74	14.8	3.71	3.80	13	6	102	17.0	3.99	4.27	11	6	49	8.2	4.15	4.46	9
자연	토목공학부	11	10	133	13.3	3.81	3.88	18	14	106	7.6	4.11	4.06	20	14	99	7.1	3.88	4.00	13
자연	물리학과	7	6	61	10.2	3.81	3.88	15	8	82	10.3	4.20	4.38	17	8	51	6.4	4.41	4.90	23
자연	원예과학과	5	5	73	14.6	3.82	3.69	15	6	78	13.0	4.00	4.01	5	6	44	7.3	4.03	4.21	15
자연	지역건설공학과	5	5	45	9.0	3.95	4.00	2	6	46	7.7	3.87	4.30	2	6	81	13.5	4.13	4.18	3
자연	수학과	6	5	58	11.6	3.97	4.07	8	6	42	7.0	4.01	4.26	22	6	55	9.2	3.76	3.61	21
자연	목재·종이과학과	4	4	67	16.8	4.40	4.46		5	37	7.4	4.71	4.72	1	5	38	7.6	4.12	4.71	1

■ (학생부종합) 학생부종합Ⅱ

전형	모집인원	전형 방법	수능최저학력기준
학생부종합Ⅱ	335	서류100%	○

1. **지원자격**: 2025년 2월 이전 국내 고등학교 졸업(예정)자 또는 관계법령에 의하여 이와 동등이상의 학력이 있다고 인정된 자
   ※ 국내 고등학교 학교생활기록부가 없는 자는 지원 불가능
2. **제출서류**: 학교생활기록부

3. 수능최저학력기준:

回 [국어, 수학, 영어, 사/과/직탐(1과목)] 중 3개 영역 등급 합 13 이내

게 ▶ 자연과학대학(수학과, 정보통계학과 제외), 공과대학, 전자정보대학
　　: [국어, 수학, 영어, 과탐(1과목)] 중 수학 포함 3개 영역 등급 합 13 이내
　▶ 자연과학대학(수학과, 정보통계학과): [국어, 수학(미적분/기하), 영어, 과탐(1과목)] 중 수학 포함 3개 영역 등급 합 13 이내
　▶ 농업생명환경대학, 생활과학대학: [국어, 수학, 영어, 사/과탐(1과목)] 중 3개 영역 등급 합 13 이내
　▶ 간호학과: [국어, 수학, 영어, 사/과탐(1과목)] 중 3개 영역 등급 합 11 이내
　▶ 수의예과: [국어, 수학(미적분/기하), 영어, 과탐(1과목)] 중 3개 영역 등급 합 8 이내
　▶ 약학대학: [국어, 수학(미적분/기하), 영어, 과탐(1과목)] 중 수학 포함 3개 영역 등급 합 7 이내
　▶ 의예과: [국어, 수학(미적분/기하), 영어, 과탐(1과목)] 중 수학 포함 3개 영역 등급 합 5 이내

◎ 전형요소
● 서류(80점): 학생부종합 I 전형 참고

■ [전형 비교] 학생부종합 I 과 학생부종합 II

구분	[종합] 학생부종합 I	[종합] 학생부종합 II
전형방법	서류100%	서류100%
모집인원	488명	335명
수능최저학력기준	X	○
서류 평가요소	전문성58%, 인성25%, 적극성17%	전문성58%, 인성25%, 적극성17%

• 공통점: 모두 면접고사가 없음.
• 차이점: 수능최저학력기준이 학생부종합 I 은 없는 반면, 학생부종합 II 는 있는 점
• 전형결과:

전형유형	전형	학년도	모집인원	지원인원	경쟁률	등록자 평균	등록자 70%컷	충원율
학생부종합	학생부종합 I	2024	436	5,029	11.53	3.29	3.44	186%
학생부종합	학생부종합 II	2024	316	3,062	9.69	3.77	3.96	103%

◎ 전형결과
■ 전체

학년도	전체						인문						자연					
	모집인원	지원인원	경쟁률	등록평균	등록70%컷	충원율	모집인원	지원인원	경쟁률	등록평균	등록70%컷	충원율	모집인원	지원인원	경쟁률	등록평균	등록70%컷	충원율
2022	209	2,087	9.99	3.81	3.33	90%	65	556	8.55	3.88	3.60	103%	144	1,531	10.63	3.73	3.05	76%
2023	209	2,063	9.87	3.93	3.26	78%	65	645	9.92	4.06	3.52	82%	144	1,418	9.85	3.79	3.00	74%
2024	316	3,062	9.69	3.77	3.96	103%	91	910	10.00	3.86	4.02	114%	225	2,152	9.56	3.67	3.89	91%
2025	335						91						244					

■ 변경사항 & 핵심포인트
[2025]

변경사항		2024	2025
모집인원		316명	335명(+19명)
수능최저	탐구 반영과목	2과목 평균	상위 1과목
	약학대학	수학 포함 3개 영역 등급 합 6	수학 포함 3개 영역 등급 합 7

➡ 합격자 성적분포: 인문계열은 3등급 중반 ~ 4등급 초반, 자연계열은 3등급 중반 ~ 3등급 후반

■ 모집단위
'*' 표시 : 교직 이수 가능

계열	모집단위	2025	2024						2023						2022					
		모집인원	모집인원	지원인원	경쟁률	등록평균	등록70%컷	충원번호	모집인원	지원인원	경쟁률	등록평균	등록70%컷	충원번호	모집인원	지원인원	경쟁률	등록평균	등록70%컷	충원번호
인문	심리학과	4	4	88	22.0	3.15	3.20		3	31	10.3	3.30		1	3	37	12.3	2.98		3
인문	경영학부	10	10	85	8.5	3.27	3.32	12	6	75	12.5	3.19	3.32	3	6	67	11.2	3.39	3.48	5
인문	행정학과	4	4	34	8.5	3.37	3.43	5	3	52	17.3	2.97		2	3	30	10.0	3.77		7
인문	소비자학과	4	4	31	7.8	3.54	3.70	5	3	25	8.3	4.09		2	3	29	9.7	3.75		1
인문	영어영문학과	4	4	43	10.8	3.57	3.64	7	3	22	7.3	4.18		5	3	24	8.0	3.46		1
인문	국제경영학과	7	7	63	9.0	3.57	3.70	11	5	52	10.4	3.69	3.72	7	5	50	10.0	3.63	3.71	7
인문	사회학과	4	4	45	11.3	3.63	3.78	3	3	22	7.3	4.16		1	3	22	7.3	3.26		3

계열	모집단위	2025 모집인원	2024 모집인원	2024 지원인원	2024 경쟁률	2024 등록평균	2024 등록70%컷	2024 충원번호	2023 모집인원	2023 지원인원	2023 경쟁률	2023 등록평균	2023 등록70%컷	2023 충원번호	2022 모집인원	2022 지원인원	2022 경쟁률	2022 등록평균	2022 등록70%컷	2022 충원번호
인문	아동복지학과	4	4	47	11.8	3.64	3.76	2	3	36	12.0	3.96		1	3	30	10.0	3.82		4
인문	사학과	4	4	54	13.5	3.78	4.05	6	3	54	18.0	4.10		2	3	49	16.3	3.92		3
인문	경영정보학과	5	5	40	8.0	3.79	3.89	4	3	33	11.0	3.88		4	3	24	8.0	3.97		5
인문	정치외교학과	4	4	31	7.8	3.80	4.06	7	3	25	8.3	3.51		1	3	22	7.3	3.42		7
인문	경제학과	5	5	57	11.4	3.81	3.87	5	3	33	11.0	3.95		4	3	22	7.3	4.13		1
인문	국어국문학과	4	4	54	13.5	3.88		14	3	41	13.7	4.06		5	3	22	7.3	4.43		3
인문	고고미술사학과	4	4	46	11.5	3.93	4.06		3	31	10.3	4.60		3	3	24	8.0	4.49		8
인문	프랑스언어문화학과	4	4	26	6.5	3.96	3.99	1	3	22	7.3	4.24		1	3	17	5.7	4.71		2
인문	농업경제학과	4	4	46	11.5	3.99	4.11	4	3	18	6.0	4.47		3	3	19	6.3	3.97		1
인문	철학과	4	4	40	10.0	4.12	4.35	3	3	19	6.3	4.55		2	3	18	6.0	4.17		2
인문	러시아언어문화학과	4	4	28	7.0	4.37	4.54	4	3	20	6.7	4.49		1	3	16	5.3	4.65		3
인문	독일언어문학과	4	4	32	8.0	4.72	5.08	6	3	17	5.7	5.69		4	3	18	6.0	3.92		1
인문	중어중문학과	4	4	20	5.0	5.24	5.77	5	3	17	5.7	4.07		1	3	16	5.3	3.82		
자연	공학자율전공학부	7																		
자연	전자정보자율전공학부	7																		
자연	수의예과	7	5	103	20.6	1.35	1.38	9	4	80	20.0	1.42	1.36	3	4	87	21.8	1.34	1.33	1
자연	제약학과	3	3	53	17.7	1.53		1	3	40	13.3	1.26		3	3	80	26.7	1.36		3
자연	약학과	3	3	46	15.3	1.56		1	3	43	14.3	1.26		4	3	83	27.7	1.36		2
자연	의예과	4	4	51	12.8	1.82	2.01	4	4	69	17.3	1.18	1.19	1	4	100	25.0	1.28	1.33	4
자연	간호학과	7	7	85	12.4	2.85	3.08		5	109	21.8	2.64	2.77	3	5	76	15.2	2.88	2.86	4
자연	화학공학과	5	5	34	6.8	2.93	3.02	6	3	29	9.7	3.02			3	39	13.0	2.87		2
자연	컴퓨터공학과	4	4	42	10.5	3.03	3.12	1	3	31	10.3	3.45	3.39	1	3	40	13.3	3.46		4
자연	식품생명공학과	4	4	55	13.8	3.21	3.47		3	28	9.3	3.58		6	3	20	6.7	3.56		
자연	신소재공학과	5	5	49	9.8	3.22	3.34	4	3	27	9.0	3.58		4	3	35	11.7	3.51		
자연	전자공학과	5	5	32	6.4	3.27	3.35	5	5	41	8.2	3.41	3.34	4	3	41	8.2	3.21	3.40	
자연	소프트웨어학과	9	9	76	8.4	3.30	3.39	17	4	45	11.3	3.39		4	3	55	13.8	3.43	3.38	6
자연	생화학과	4	4	26	6.5	3.34	3.62	3	3	29	9.7	3.77		4	3	27	9.0	3.56		3
자연	바이오헬스학부	7	7	68	9.7	3.38	3.53	6												
자연	생물학과	5	5	44	8.8	3.39	3.40	9	3	22	7.3	3.55			3	31	10.3	3.15		1
자연	반도체공학부	9	9	60	6.7	3.40	3.63	8												
자연	미생물학과	4	4	39	9.8	3.53	3.54	5	3	24	8.0	3.61		1	3	20	6.7	3.32		
자연	건축학과	4	4	65	16.3	3.56	3.64	7	3	56	18.7	3.52		1	3	39	13.0	4.06		2
자연	화학과	5	5	51	10.2	3.57	3.72	7	3	31	10.3	3.88		7	3	24	8.0	3.93		7
자연	식물자원학과	4	4	25	6.3	3.58	3.75		3	23	7.7	3.92		1	3	19	6.3	4.66		4
자연	식품영양학과	4	4	35	8.8	3.64	3.84	5	3	21	7.0	3.86		4	3	30	10.0	3.43		1
자연	환경생명화학과	4	4	46	11.5	3.69		6	3	29	9.7	3.79		2	3	21	7.0	3.85		1
자연	공업화학과	4	4	32	8.0	3.69	3.80	2	3	22	7.3	3.53		2	3	17	5.7	3.82		4
자연	환경공학과	4	4	41	10.3	3.70	3.82	2	3	21	7.0	3.62		2	3	30	10.0	3.46		2
자연	건축공학과	5	5	50	10.0	3.78	3.94	4	3	35	11.7	4.38		3	3	40	13.3	4.10		2
자연	천문우주학과	4	4	58	14.5	3.82	3.90	5	3	20	6.67	4.36			3	32	10.7	3.87		1
자연	지능로봇공학과	5	5	38	7.6	3.82	3.93	1	3	27	9.0	3.73		6	3	29	9.7	3.86		3
자연	정보통신공학부	12	10	84	8.4	3.84	3.88	10	4	39	9.8	3.96	3.80	2	4	47	11.8	3.83	3.84	
자연	전기공학부	7	6	64	10.7	3.87	3.97	7	3	28	9.3	4.00		2	3	22	7.3	3.87		9
자연	정보통계학과	4	4	24	6.0	3.97	4.02	2	3	32	10.7	3.98		6	3	18	6.0	4.69		4
자연	주거환경학과	4	4	50	12.5	4.02	4.07		3	15	5.0	6.31		1	3	24	8.0	3.85		
자연	도시공학과	5	5	32	6.4	4.05	4.08		3	18	6.0	4.10			3	27	9.0	4.32		2
자연	식물의학과	4	4	28	7.0	4.07	4.10	4	3	18	6.0	4.22		1	3	16	5.3	4.52		
자연	의류학과	4	4	42	10.5	4.10	4.21	2	3	31	10.3	4.66		1	3	27	9.0	4.48		3
자연	기계공학부	7	7	57	8.1	4.18	4.49	11	5	64	12.8	3.64	3.67	4	5	51	10.2	3.99	4.02	8
자연	바이오시스템공학과	4	4	35	8.8	4.20	4.40		3	35	11.7	4.34		5	3	22	7.3	4.99		2
자연	토목공학부	9	9	76	8.4	4.21	4.25	3	5	32	6.4	4.39	4.50	2	5	50	10.0	4.34	4.27	2
자연	산림학과	4	4	29	7.3	4.23	4.59	2	3	24	8.0	4.39		1	3	19	6.3	4.66		1
자연	안전공학과	4	4	36	9.0	4.30	4.45	7	3	19	6.3	4.37		2	3	22	7.3	4.29		1
자연	지구환경과학과	4	4	58	14.5	4.51	4.85	4	3	21	7.0	4.78		3	3	25	8.3	4.10		1
자연	특용식물학과	4	4	34	8.5	4.60	4.76	1	3	15	5.0	4.67		2	3	25	8.3	4.12		
자연	물리학과	5	5	42	8.4	4.64	4.91	10	3	26	8.7	4.90		6	3	22	7.3	4.75		3

계열	모집단위	2025 모집인원	2024 모집인원	2024 지원인원	2024 경쟁률	2024 등록평균	2024 등록70%컷	2024 충원번호	2023 모집인원	2023 지원인원	2023 경쟁률	2023 등록평균	2023 등록70%컷	2023 충원번호	2022 모집인원	2022 지원인원	2022 경쟁률	2022 등록평균	2022 등록70%컷	2022 충원번호
자연	지역건설공학과	4	4	34	8.5	4.70	4.79	2	3	20	6.7	4.81		1	3	22	7.3	4.39		1
자연	목재·종이과학과	4	4	31	7.8	4.84	5.07	4	3	21	7.0	4.88		1	3	19	6.3	5.18		2
자연	축산학과	5	5	43	8.6	4.85	5.13	3	3	24	8.0	4.94		1	3	14	4.7	4.75		1
자연	수학과	4	4	26	6.5	4.86	5.19	5	3	19	6.3	3.79			3	24	8.0	3.96		4
자연	원예과학과	4	4	23	5.8	4.99		1	3	15	5.0	3.86			3	20	6.7	3.91		

■ (학생부종합) SW우수인재

전형	모집인원	전형 방법	수능최저학력기준
SW우수인재	13	서류100%	X

1. **지원자격:** 2025년 2월 이전 국내 고등학교 졸업(예정)자 또는 관계법령에 의하여 이와 동등 이상의 학력이 있다고 인정된 자
   ※ 국내 고등학교 학교생활기록부가 없는 자는 지원 불가능
2. **제출서류:** 학교생활기록부

◎ 전형요소
● 서류: 학생부종합 I 전형 참고

◎ 전형결과
■ 모집단위   '*' 표시 : 교직 이수 가능

계열	모집단위	2025 모집인원	2024 모집인원	2024 지원인원	2024 경쟁률	2024 등록평균	2024 등록70%컷	2024 충원번호	2023 모집인원	2023 지원인원	2023 경쟁률	2023 등록평균	2023 등록70%컷	2023 충원번호	2022 모집인원	2022 지원인원	2022 경쟁률	2022 등록평균	2022 등록70%컷	2022 충원번호
자연	컴퓨터공학과	4	4	36	9.0	3.26	3.31	7	4	30	7.5	3.61		8	4	41	10.3	3.43	3.43	5
자연	소프트웨어학과	5	10	91	9.1	3.35	3.45	20	10	96	9.6	3.44	3.49	15	10	116	11.6	3.64	3.85	20
자연	정보통신공학부	4	12	107	8.9	3.81	3.91	5	12	75	6.3	4.34	4.50	10	12	96	8.0	4.13	4.28	8

87. 칼빈대학교

경기도 용인시 기흥구 마북로 184 (Tel. 031. 270-8892)

I. 한 눈에 보는 전형

모집시기	전형유형	전형	모집인원	전형 방법	수능최저학력기준
수시	교과	일반학생	74	학생부55%+ 면접45%	X
수시	교과	크리스찬리더	2	학생부55%+ 면접45%	X
수시	교과	만학인재	2	학생부55%+ 면접45%	X
수시	교과	농어산촌인재	1	학생부55%+ 면접45%	X
수시	교과	저소득층인재	2	학생부55%+ 면접45%	X
수시	교과	특성화고인재	1	학생부55%+ 면접45%	X
수시	교과	특성화고출신실무인재	4	학생부55%+ 면접45%	X
수시	교과	해외근무자 자녀	1	서류40%+ 면접60%	X

(수시모집) 지원 가능 횟수	본교는 같은 날 모든 전형이 동시에 진행하므로 전형간 복수지원이 불가

■ 모집단위 신설 · 변경

구분	2024	2025
변경	복지상담학과	사회복지학과
폐지	스포츠선교특별전형	-

■ 전형결과

※ 성적 산출기준: (수시) 교과 석차등급, (정시) 수능 백분위

모집시기	전형유형	전형	학년도	모집인원	지원인원	경쟁률	등록자 50%컷	등록자 70%컷	충원율
수시	교과	일반학생	2024	53	136	2.57	6.83	7.65	30%

■ (주요전형) 전형일정

유형	전형	원서접수 마감	대학별 고사(면접/논술)	1단계 합격자	최종 합격자
교과	일반학생	9.13(금) 16:00	10.11(금)		10.25(금)

II. (수시) 주요 전형

■ (학생부교과) 일반학생

전형	모집인원	전형 방법	수능최저학력기준
일반학생	74	학생부55%+ 면접45%	X

1. **지원자격** : 국내 고교 졸업자 및 2025년 2월 졸업예정자 또는 국내 고교 졸업 학력 검정고시에 합격한 자 또는 교육법에 의하여 이와 동등 이상의 자격이 있다고 인정된 자. ※ 세례 교인으로 당회장 추천을 받은 자(신학부 지원자만 해당)

◎ 전형분석
● 학생부(550)

반영요소 반영비율	반영교과목		교과성적 산출지표	학년별 반영비율
	구분	반영방법		
교과100%	공통 및 일반선택	영어교과 전 과목 ※ 이수단위 미반영	석차등급	학년 구분 없음
	진로선택	미반영		

● 면접(45점)
1. **면접방법**: 2인 이상의 면접관이 한 학생을 면접함을 원칙으로 함
2. **평가내용:** ① 인성과 품성 ② 앞으로의 전공과 관련된 비젼 ③ 평소 신앙생활의 성실도 및 수학할 수 있는 기본적 자질과 적성 ④ 교양 및 특기 인생관 등을 심층 면접

◎ 전형결과
■ 전체

학년도	전체						인문						자연					
	모집인원	지원인원	경쟁률	등록50%컷	등록70%컷	충원율	모집인원	지원인원	경쟁률	등록50%컷	등록70%컷	충원율	모집인원	지원인원	경쟁률	등록50%컷	등록70%컷	충원율
2022	57	87	1.53				29	56	1.95				28	31	1.10			
2023	61	139	2.28	5.24	5.84	69%	40	66	1.66	5.47	5.67	28%	21	73	2.90	5.00	6.00	110%
2024	53	136	2.57	6.83	7.65	30%	37	84	2.27	6.92	6.73	30%	16	52	3.3	6.80	8.57	0%
2025	74						57						17					

■ 모집단위

'*'표시 : 교직 이수 가능

계열	모집단위	2025	2024						2023						2022					
		모집인원	모집인원	지원인원	경쟁률	등록50%컷	등록70%컷	충원번호	모집인원	지원인원	경쟁률	등록50%컷	등록70%컷	충원번호	모집인원	지원인원	경쟁률	등록50%컷	등록70%컷	충원번호
인문	사회복지학과	13	9	18	2.0	6.40	6.00	1	13	24	1.9	5.0	5.0	1						
인문	신학과	21	9	15	1.7	6.80	6.50	2	21	33	1.6	6.4	7.0	10	8	21	2.6			
인문	스포츠지도학과	23	13	36	2.8	7.29	7.20	3												
자연	애완동물학과	17	16	52	3.3	6.80	8.57		21	73	2.9	5.0	6.0	23	28	31	1.1			

88. 평택대학교

경기도 평택시 서동대로 3825 (Tel: 031. 659-8000)

I. 한 눈에 보는 전형

모집시기	전형유형	전형	모집인원	전형 방법	수능최저학력기준
수시	교과	PTU교과	437	학생부교과100%	X
수시	교과	PTU추천 [신설]	81	학생부교과100% ※ 고교 추천: 제한 없음	X
수시	교과	PTU고른기회 I	35	학생부교과100%	X
수시	교과	농어촌학생	9	학생부교과100%	X
수시	교과	특성화고교출신자	12	학생부교과100%	X
수시	교과	기회균형	12	학생부교과100%	X
수시	교과	장애인	2	학생부교과60%+ 서류40%	X
수시	종합	PTU종합	74	서류100%	X
수시	실기/실적	PTU실기	89	실기100%	X
수시	실기/실적	PTU고른기회 II	9	실기100%	X

(수시모집) 지원 가능 횟수	전형유형이 다른 경우에는 중복지원 할 수 있음.(단, 면접·실기고사일이 겹치지 않아야 함.)

■ 글로벌자율전공학부

1. 특징 : 학과(전공)를 선택하지 않고 입학하여 인문사회·자연과학 등 다양한 학문 영역을 경험하고 논리적·비판적·창조적리더로서의 자질을 함양하여, 본인 스스로 적성과 미래 비전을 고려해 학과(전공)을 선택하도록 하는 유연한 교육과정임
2. 운영형태 : 2가지 유형으로 운영
   가. 학과선택형 : 학과(전공)에 대한 탐색 과정을 통해 희망 학과(전공)를 선택 후 졸업학점 이수를 통하여 학위 취득
   나. 독립학과형 : 특정 학과(전공) 선택없이, 글로벌자율전공학부 소속으로 대학 내에 개설되는 마이크로디그리(Microdegree)를 선택하여 4년 동안 졸업학점 이수를 통하여 학위 취득 3. 졸업학점 : 선택한 학과(전공)의 졸업 내규를 따르며, 독립학과형을 선택한 경우 별도 규정에 따름

■ 모집단위 신설 · 변경

구분	2024	2025
신설	–	지능형반도체학과, IT공학계열, 인문사회계열

■ 전형결과

※ 성적 산출기준: (수시) 교과 석차등급, (정시) 수능 등급

모집시기	전형유형	전형	학년도	모집인원	지원인원	경쟁률	등록자 평균	등록자 최저	충원율
수시	교과	PTU교과	2024	488	3,228	6.61	5.47	6.61	283%
수시	종합	PTU종합	2024	82	585	7.13	5.66	6.46	182%

■ (주요전형) 전형일정

유형	전형	원서접수 마감	대학별 고사(면접/논술)	1단계 합격자	최종 합격자
교과	PTU교과	9.13(금) 18:00			11.15(금)
교과	PTU추천	9.13(금) 18:00 학교장추천: 9.25(수) 18:00			11.15(금)
종합	PTU종합	9.13(금) 18:00			11.15(금)

II. (수시모집) 주요 전형

■ (학생부교과) PTU교과

전형	모집인원	전형 방법	수능최저학력기준
PTU교과	437	학생부교과100%	X

1. 지원자격: 고등학교 졸업(예정)자 및 관련 법령에 의하여 동등 이상의 학력이 인정되는 자

◎ 전형요소
● 학생부

반영요소 반영비율	반영교과목		교과성적 산출지표	학년별 반영비율
	구분	반영방법		
교과100%	공통 및 일반선택	국어, 수학, 영어, 사회, 과학, 한국사교과 중 상위 9과목(진로선택과목 3과목 반영 가능) ※ 반영학기: (교과) 졸업예정자 및 졸업자 모두 3학년 1학기까지 ※ 특성화고교졸업(예정)자는 전문교과 3과목 포함 전 과목 석차 등급 평균 반영	석차등급	학년 구분 없음
	진로선택	반영교과목 중 상위 2과목 ※ 성취도 환산등급 = A : 1등급, B : 2등급, C : 4등급	성취도	

◎ 전형결과
■ 전체

학년도	전체						인문						자연					
	모집 인원	지원 인원	경쟁 률	등록 평균	등록 최저	충원 율	모집 인원	지원 인원	경쟁 률	등록 평균	등록 최저	충원 율	모집 인원	지원 인원	경쟁 률	등록 평균	등록 최저	충원 율
2022	316	2,406	7.61	5.21	6.65	271%	142	1,183	8.33	4.87	6.26	273%	174	907	5.21	5.54	7.03	269%
2023	467	2,484	5.32	5.24	6.47	231%	219	1,287	5.88	5.04	6.21	206%	248	1,197	4.55	5.44	6.72	255%
2024	488	3,228	6.61	5.47	6.61	283%	249	1,919	7.71	5.34	6.43	333%	239	1,309	5.48	5.59	6.78	233%
2025	437						218						219					

■ 변경사항 & 핵심포인트

[2025]

변경사항	2024	2025
모집인원	488명	437명(-51명)
(학생부) 진로선택과목 변경	국어, 수학, 영어, 사회, 과학, 한국사교과 중 상위 9과목(진로선택과목 2과목 반영 가능)	국어, 수학, 영어, 사회, 과학, 한국사교과 중 상위 9과목(진로선택과목 3과목 반영 가능)

➡ 합격자 성적분포: 인문계열은 4등급 초반 ~ 5등급 후반, 자연계열은 5등급 중반 ~ 5등급 후반

[2024]

변경사항	2023	2024
(학생부) 진로선택과목 반영	국어, 수학, 영어, 사회, 과학교과 중 9과목 (진로선택과목 미반영)	국어, 수학, 영어, 사회, 과학교과 중 9과목 (진로선택과목 2과목 반영 가능)

■ 모집단위

'*' 표시 : 교직 이수 가능

계열	모집단위	2025	2024						2023						2022					
		모집 인원	모집 인원	지원 인원	경쟁 률	등록 평균	등록 최저	충원 번호	모집 인원	지원 인원	경쟁 률	등록 평균	등록 최저	충원 번호	모집 인원	지원 인원	경쟁 률	등록 평균	등록 최저	충원 번호
인문	글로벌자율전공학부	32	20	88	4.4															
인문	국제물류학과	25	24	148	6.2	5.42	6.22	63	24	93	3.9	5.18	6.30	56	18	182	10.1	5.12	6.54	35
인문	국제무역행정학과	13	17	112	6.6	5.66	6.71	84	15	138	9.2	4.86	6.00	68	10	63	6.3	5.63	7.10	34
인문	*광고홍보학과*	*10*	*15*	207	13.8	4.52	5.14	77	13	242	18.6	4.51	5.10	52	10	86	8.6	4.72	6.54	27
인문	*사회복지학과*	*16*	*22*	277	12.6	4.55	5.68	128	18	159	8.8	4.54	5.70	64	15	154	10.3	4.59	5.94	54
인문	*경영학과*	*17*	*23*	278	12.1	4.68	6.00	89	21	144	6.9	4.53	5.50	60	15	161	10.7	4.39	5.90	52
인문	*아동청소년교육상담학과*	*10*	*15*	122	8.1	5.13	6.15	57	15	110	7.3	4.31	5.20	50	9	83	9.2	4.74	5.55	20
인문	*국제지역학부*	*46*	*59*	344	5.8	5.80	6.81	161	57	229	4.0	5.78	8.50		42	260	5.9	5.43	6.91	121
인문	신학과	8	10	21	2.1	5.85	8.05	11	11	14	1.3	5.70	6.00							
인문	재활상담학과	21	20	183	9.2	5.87	6.58	80	20	73	3.7	5.43	7.00	47	10	69	6.9	4.58	5.60	18
인문	국제도시부동산학과	20	24	139	5.8	5.93	6.91	78	25	85	3.4	5.58	6.80	55	13	125	9.6	4.59	6.23	26
자연	지능형반도체학과	33																		
자연	*융합소프트웨어학과*	*23*	*31*	225	7.3	4.95	5.85	68	31	211	6.8	4.64	6.00	77	20	116	5.8	5.01	6.61	56
자연	*미디어디자인학과*	*30*	*37*	250	6.8	5.03	6.45	59												
자연	*데이터정보학과*	*26*	*31*	124	4.0	5.60	6.87	65	31	162	5.2	5.45	7.20	77	21	81	3.9	5.64	7.17	50
자연	스마트모빌리티학과	21	30	201	6.7	5.70	6.66	97	33	168	5.1	5.65	6.30	107	22	245	11.1	5.21	6.85	93
자연	정보통신학과	23	31	224	7.3	5.80	6.64	99	31	159	5.1	5.80	7.30	97	20	83	4.2	5.96	7.50	46
자연	*스마트콘텐츠학과*	*30*	*41*	137	3.3	5.90	7.06	64												
자연	ICT환경융합학과	33	38	148	3.9	6.13	7.96	105	38	176	4.6	5.78	6.80	128	27	97	3.6	5.90	7.19	66

■ (학생부교과) PTU추천

전형	모집인원	전형 방법	수능최저학력기준
PTU추천 [신설]	81	학생부교과100%	X

1. **지원자격**: 국내 고등학교 졸업(예정)자로서 학교장 또는 교사 등의 추천을 받은 자
   ※ 고교별 추천 인원 제한 없음 ※ 지원 시 재학중(또는 졸업한) 고등학교와 반드시 사전협의 후 원서접수 요망

◎ 전형요소
※ 신설 전형
● 학생부

반영요소 반영비율	반영교과목		교과성적 산출지표	학년별 반영비율
	구분	반영방법		
교과100%	공통 및 일반선택	국어, 수학, 영어, 사회, 과학, 한국사교과 중 상위 3과목 ※ 반영학기: (교과) 졸업예정자 및 졸업자 모두 3학년 1학기까지 ※ 특성화고고졸업(예정)자는 국어, 영어, 수학, 사회, 과학, 한국사 교과 중 상위 6과목 석차 등급 평균 반영	석차등급	학년 구분 없음
	진로선택	미반영		

◎ 전형결과
■ 전체

학년도	전체						인문						자연					
	모집 인원	지원 인원	경쟁 률	등록 평균	등록 최저	충원 율	모집 인원	지원 인원	경쟁 률	등록 평균	등록 최저	충원 율	모집 인원	지원 인원	경쟁 률	등록 평균	등록 최저	충원 율
2022																		
2023																		
2024																		
2025	81						46						35					

■ 변경사항 & 핵심포인트

[2025]
• 신설 전형

■ 모집단위

'*'표시 : 교직 이수 가능

계열	모집단위	2025 모집 인원	2024						2023						2022					
			모집 인원	지원 인원	경쟁 률	등록 평균	등록 최저	충원 번호	모집 인원	지원 인원	경쟁 률	등록 평균	등록 최저	충원 번호	모집 인원	지원 인원	경쟁 률	등록 평균	등록 최저	충원 번호
인문	인문사회계열	31																		
인문	국제물류학과	2																		
인문	국제무역행정학과	1																		
인문	국제도시부동산학과	1																		
인문	경영학과	1																		
인문	국제지역학부	3																		
인문	사회복지학과	2																		
인문	재활상담학과	1																		
인문	아동·청소년교육상담학과	1																		
인문	광고홍보학과	3																		
자연	IT공학계열	28																		
자연	스마트모빌리티학과	1																		
자연	융합소프트웨어학과	1																		
자연	정보통신학과	1																		
자연	데이터정보학과	1																		
자연	미디어디자인학과	1																		
자연	스마트콘텐츠학과	1																		
자연	ICT환경융합학과	1																		

■ (학생부종합) PTU종합

전형	모집인원	전형 방법	수능최저학력기준
PTU종합	74	서류100%	X

1. **지원자격**: 고교 졸업자 및 2025년 2월 국내 고등학교 졸업예정자.
   ※ 검정고시 합격자, 교과교육소년원의 교과과정 이수자, 외국고 출신자. 기타 학교생활기록부가 없는 자는 지원 불가
2. **제출서류**: 학교생활기록부

◎ **전형요소**
● 서류:
1. **평가방법**: 학생부를 통해 지원자의 인성, 전공적합성, 발전가능성을 종합적으로 평가
   ※ 서류종합평가 과정에서 지원자에 대한 추가정보 수집이 필요하다고 판단되면 추가서류 요구 및 현장 실사를 실시할 수 있습니다.
2. **평가요소**:

평가요소	비율	평가 내용 및 항목
전공적합성	40%	• 학업을 충실히 수행할 수 있는 기초 수학 능력 - 학업성취도, 학업태도와 의지, 탐구활동 및 능력, 지원전공(계열)과 관련된 분야에 대한 관심과 이해 - 전공 관련 교육과정 이수 및 성취도, 전공 관련 관심과 이해도, 전공 관련 활동과 경험
인성	30%	• 공동체 일원으로서 필요한 바람직한 사고와 행동 - 협업능력, 소통능력, 나눔과 배려, 도덕성, 성실성
발전가능성	30%	• 스스로 목표를 설정하고 계획하여 실천하며, 현재의 상황이나 수준보다 더 높은 단계로 향상될 가능성 - 자기주도성, 경험의 다양성, 리더십, 창의적 문제해결력

3. **평가등급**:

평가등급	우수		보통		미흡		매우미흡
	A	B	C	D	E	F	G

☞ 보충설명
- 전공적합성(40%) > 인성(30%), 발전가능성(30%) 순으로 반영. 전공적합성이 중요함
- 인성(30%)은 감점이 거의 없음. 전공적합성(40%)과 자기주도성(30%)에서 변별력 생김. 전공적합성은 학과.

◎ **전형결과**
■ 전체

학년도	전체						인문						자연					
	모집 인원	지원 인원	경쟁 률	등록 평균	등록 최저	충원 율	모집 인원	지원 인원	경쟁 률	등록 평균	등록 최저	충원 율	모집 인원	지원 인원	경쟁 률	등록 평균	등록 최저	충원 율
2022	70	254	3.63	5.57	6.27	82%	47	193	4.11	5.50	6.30	85%	23	61	2.65	5.64	6.23	78%
2023	118	533	4.52	5.70	6.82	60%	84	418	4.98	5.72	6.64	55%	34	115	3.38	5.68	7.00	65%
2024	82	585	7.13	5.66	6.46	182%	60	449	7.5	5.61	6.42	182%	22	136	6.2	5.70	6.50	182%
2025	74						49						25					

■ 변경사항 & 핵심포인트
[2025]

변경사항	2024	2025
모집인원	82명	74명(-8명)

▣ 합격자 성적분포: 인문계열은 5등급 중반 ~ 6등급 중반, 자연계열은 5등급 중반 ~ 6등급 중반
[2024]

변경사항	2023	2024
전형방법 변경	1단계)서류100%(3배수) 2단계)면접100%	서류100%

■ 모집단위
'*' 표시 : 교직 이수 가능

계열	모집단위	2025	2024						2023						2022					
		모집 인원	모집 인원	지원 인원	경쟁 률	등록 평균	등록 최저	충원 번호	모집 인원	지원 인원	경쟁 률	등록 평균	등록 최저	충원 번호	모집 인원	지원 인원	경쟁 률	등록 평균	등록 최저	충원 번호
인문	사회복지학과	10	9	83	9.2	5.00	5.58	13	12	89	7.4	5.10	6.10	20	6	42	7.0	4.56	6.30	9
인문	경영학과	8	6	56	9.3	5.08	5.40	6	10	55	5.5	5.38	6.10		4	16	4.0	5.25	6.10	4
인문	광고홍보학과	7	8	90	11.3	5.37	6.05	15	10	79	7.9	4.95	5.40	2	8	45	5.6	4.84	5.70	8
인문	아동청소년교육상담학과	8	8	65	8.1	5.62	7.35	21	12	83	6.9	5.37	6.30	16	7	49	7.0	5.37	6.30	12
인문	국제지역학부	10	12	66	5.5	5.66	6.48	29	15	36	2.4	6.54	7.40		9	18	2.0	6.00	6.60	5
인문	국제무역행정학과	6	6	27	4.5	6.06	7.04	16	8	26	3.3	6.31	7.60		4	7	1.8	6.50	6.50	
자연	융합소프트웨어학과	6	5	40	5.0	4.91	5.94	4	8	39	4.9	4.71	6.30	13	5	23	4.6	4.88	5.70	4
자연	데이터정보학과	6	4	23	5.8	5.72	6.77	5	8	21	2.6	6.12	8.40		5	11	2.2	5.93	6.00	5
자연	스마트모빌리티학과	7	8	40	5.0	5.98	6.62	15	10	26	2.6	5.75	6.30	9	5	16	3.2	5.80	6.90	4
자연	정보통신학과	6	5	33	6.6	6.18	6.66	16	8	29	3.6	6.12	7.00		5	11	2.2	5.93	6.30	5

89. 포항공과대학교

경상북도 포항시 남구 청암로 77 (Tel: 054. 279-3610)

Ⅰ. 한 눈에 보는 전형

모집 시기	전형 유형	전형	모집 인원	전형 방법	수능최저 학력기준
수시	종합	일반전형Ⅰ	220	1단계)서류100%(3배수) 2단계)서류67%+ 면접33%	X
수시	종합	일반전형Ⅱ	70	1단계)서류100%(3배수) 2단계)서류67%+ 면접33%	○
수시	종합	반도체공학인재Ⅰ	25	1단계)서류100%(3배수) 2단계)서류67%+ 면접33%	X
수시	종합	반도체공학인재Ⅱ	15	1단계)서류100%(3배수) 2단계)서류67%+ 면접33%	○
수시	종합	지역인재	20	1단계)서류100%(3배수) 2단계)서류67%+ 면접33%	X
수시	종합	기회균형통합 [신설]	10	1단계)서류100%(3배수) 2단계)서류67%+ 면접33%	X
수시	종합	저소득층	10	1단계)서류100%(3배수) 2단계)서류67%+ 면접33%	X

(수시모집) 지원 가능 횟수	동일 모집단위 내 중복지원은 불가능하나, 지원 자격을 만족할 경우 모집단위가 다른 전형 간 중복지원이 가능 (예 : 일반전형Ⅰ과 반도체공학인재전형Ⅱ의 중복지원 가능, 일반전형Ⅱ와 기회균형 지역인재전형의 중복지원 불가)

■ 전형결과

※ 성적 산출기준: (수시) 교과 석차등급, (정시) 수능 백분위

모집시기	전형유형	전형	학년도	모집인원	지원인원	경쟁률	충원율
수시	종합	일반전형Ⅰ	2024	220	1,717	7.80	101%
수시	종합	일반전형Ⅱ	2024	80	781	9.76	53%
수시	종합	반도체공학인재Ⅰ	2024	20	251	12.55	55%
수시	종합	반도체공학인재Ⅱ	2024	20	158	7.90	40%
수시	종합	지역인재	2024	20			

■ (주요전형) 전형일정

유형	전형	원서접수 마감	대학별 고사(면접/논술)	1단계 합격자	최종 합격자
종합	일반전형Ⅰ	9.11(수) 18:00	11.23(토)~24(일)	11.15(금)	12.13(금)
종합	일반전형Ⅱ	9.11(수) 18:00	11.23(토)~24(일)	11.15(금)	12.13(금)
종합	지역인재	9.11(수) 18:00	11.23(토)~24(일)	11.15(금)	12.13(금)
종합	반도체공학인재Ⅰ	9.11(수) 18:00	11.23(토)~24(일)	11.15(금)	12.13(금)
종합	반도체공학인재Ⅱ	9.11(수) 18:00	11.23(토)~24(일)	11.15(금)	12.13(금)

Ⅱ. (수시모집) 주요 전형

■ (학생부종합) 일반전형Ⅰ

전형	모집인원	전형 방법	수능최저학력기준
일반전형Ⅰ	220	1단계)서류100%(3배수) 2단계)서류67%+ 면접33%	X

1. **지원자격**:
   - 2025년 2월 기준 고등학교 졸업자 또는 졸업예정자(외국 소재 고등학교 포함)
   - 2025년 2월 기준 고등학교 조기졸업예정자(상급학교 조기입학자격이 부여된 자 포함)로 판단되어 소속 학교장으로부터 승인을 받은 자
   - 고등학교 졸업학력 검정고시 합격자
   - 기타 법령에 의하여 고등학교 졸업 이상의 학력이 있다고 인정된 자
2. **제출서류**: 학교생활기록부
※ **모집단위가 다른 전형 간 중복지원 가능**(예 : 일반전형Ⅰ과 반도체공학인재전형Ⅱ의 중복지원 가능, 일반전형Ⅱ와 지역인재의 중복지원 불가)

◎ 전형요소
※ **인재상**: 학문적 재능과 열정을 갖춘 과학공학계의 글로벌 리더로 성장할 수 있는 인재
● **서류**
   1. **평가내용**: 지원자의 모든 제출서류를 종합적으로 검토하여 지원자의 자질, 태도, 인성 등 과학공학계의 글로벌 리더로서의 잠재력과 우리 대학에서 수학 가능한 학업능력 평가

2. **평가방법**: 입학사정관 2인의 평가자가 지원자의 모든 제출서류를 종합적으로 다단계 평가
3. **평가요소**:

평가항목		평가척도	정의
학업능력		Pass/Fail	POSTECH에서 수학할 수 있는 학업능력 – 학교생활기록부 국어, 영어, 수학, 과학교과를 중심으로 우리 대하에서 수학 가능한 학업능력의 유무를 종합적으로 평가
잠재력	이공계 소양재능	5단계	POSTECH에서 전공할 수 있는 이공계 분야에 대한 진로 의지, 활동, 성과 등
	학업 열정·태도	5단계	학업에 대한 성실성, 적극적 자세, 지적 도전정신 및 성과 등
	대인관계·품성	5단계	자신이 속한 공동체에 긍정적인 영향을 미칠 수 있고, 협력할 수 있는 구성원으로서의 자질
	인재상 적합도	4단계	POSTECH의 인재상에 부합하며, POSTECH의 교육 시스템과 문화에 적응 할 수 있는 역량

☞ **보충설명**
• 서류평가는 학업능력과 잠재력으로 나뉨. 즉, 현재의 학업역량과 미래의 성장가능성을 동시 평가
  – 서류평가에서 제일 중요하게 보는 것은 이 학생이 우리 학교에 왔을 때 행복할 수 있는가이다. 수업을 못 따라오거나 이공계에 흥미가 없다면 행복하지 않을 거다.
  – 학생이 얼마나 도전적이고 창의적인 자세를 지녔는지가 포인트임. 기존의 학업역량도 작용하겠지만, 앞으로 이 친구가 얼마나 더 클 수 있을까, 잠재력이 있을까를 서류에서 찾아내려고 노력함.
  – 특히 너무 문제만 잘 풀고 점수 취득에만 맞춰져 있는 학생들한테는 눈이 잘 가지 않음. 왜냐하면 그런 학생은 포스텍에 맞는 친구가 아니기 때문임. 주어진 시간에 문제 풀고, 뭔 매뉴얼에 최적화된 친구들은 거기에 맞는 학과가 따로 있을 것임.
  – 도전적이고 창의적인 학생들을 찾아내는 과정이 서류평가임.
  – 소수 학생들을 선발하니까 금방 뽑겠다고 생각하지만 다른 어느 대학들보다 서류평가 기간이 김. 사정관들은 학생부종합이라는 제도를 통해서 객관적 지표로 드러나지 않는 부분을 어떻게 하면 디펜스 해 줄 수 있을까를 고민함.
  – 학생부가 추상적이고 일반적인 내용의 장점만 기록하기 보다는 단점도 있었지만 그 단점을 극복하는 과정에서 본인이 어떤 변화가 있었는지를 드러내 주는 학생부가 평가자 입장에서는 더 와 닿을 수 있음.
  – 학업능력은 서류평가시 Pass 아니면 Fail 임. 절대 서열화하지 않음. 학업에 대해서 의심할 여지가 없다면 학업을 더 이상 논의의 대상이 아님. 그리고 학업에 대해서는 면접에서도 질문하지 않음.
  – 잠재력 부분에서 서류평가의 당락이 좌우됨.
  – 잠재력 평가요소 중에서 '학업열정태도'와 '대인관계품성'은 학생들이 잘 준비하면 될 것 같은 내용들인 반면, '이공계 소양과 재능', '포스텍 인재상 적합도'가 잘 안되고 잘못 이해하고 있기도함
  – '이공계 소양 및 재능'이 스펙이라고 오해함. 교육과정이 그렇게 잘 되어있는 학교들만 유리할 것 같은 데 절대 그렇지 않음. 전공적합성도 전공적합성에 너무 연연하지 말 것.
  – '인재상 적합도'도 단순히 포스텍에 가고 싶다는 얘기하는 것은 의미 없음. 단순히 가고 싶다고 얘기하는 것보다는 포스텍에 대한 이해도가 훨씬 더 중요함.
• 학업능력은 내신이고 국어, 영어, 수학, 과학, 특히 수학, 과학,
  – 그렇다고 기술.가정 등 다른 과목들을 버린다면 잠재력의 태도에서 이의를 제기 할 수 있음, 비주요 과목도 최선을 다 할 것
  – 학업능력을 Pass/Fail로 보는 이유는 성적이 높다고 해서 우리 학교에 잘 맞을 거다 또는 부족하다고 안 맞을 거다라고 단언할 수 없기 때문임. 우리 학교에서 공부를 따라갈 정도가 되면 Pass로 두고 그 다음에는 같은 선상에서 잠재력으로 평가함
• 잠재력은 학생의 특징을 잡아내려고 함. 학생만의 차별성이 학교와 어울리는가를 봄,
  – 자신의 강점, 특징을 드러내는 것이 중요. 내가 어떤 특징 있는 사람이다 라고 강조하는 것이 중요
  – 연구중심 이공계 특성화 대학 특성상 지적 호기심, 도전 정신, 질문 많고, 스스로 고민도 해 보고, 스스로 모르는 것에 대해 증명하려고 노력도 해 보고, 궁금증을 적극적으로 탐색, 수학 한 문제에 밤낮으로 고민하는 등 대학에 들어와서 잘 할 것 같은 학생, 생각을 많이 하는 학생들이 좋은 평가.
  – 잠재력과 인성에 많은 공을 들여 평가함:
    ① 자기의 꿈이나 적성, 개성에 따라서 학교생활을 열심히 좋아서 하고 이러한 내용들이 서류에서 개성특징으로 돋보이는 학생들을 선호
    ② 리더십, 헌신적, 창의성 등이 학교생활에서 제대로 발현되도록 하는 것이 중요함
    ③ 교과는 당연히 중요함, 포스텍이 노리는 인재상이 장차 세계적인 과학자가 될 학생을 선발하는 것이므로 교과 성적이 중요함
    ④ 수학과학은 거의 1등급을 찍어야 함, 일부 2등급 등이 있더라도 학생에 대한 확신이 있으면 뽑음
    ⑤ 내신을 받기 어려운 환경 속에서 내신을 받기까지의 노력 등이 표현되고 신뢰할만한 데이터가 있으면 됨.
• 인상적인 학생부 활동이란?
1. 스펙보다 태도 / 2. 결과보다 과정 /
3. 양보다 질– 스펙 보다는 본인이 한 활동에 대해서 어떤 태도로 임했는지. 꼭같은 활동을 하였더라도 결과가 달라질 수 있음

● **면접**
1. **평가내용**: 면접을 통해 과학공학계의 글로벌 리더로서의 사고력, 이공계 분야 수학을 위한 기본 역량과 태도 등을 종합적으로 평가함
2. **평가방법**: 개인면접(블라인드 면접), 제출서류 및 제시문 사용. 면접위원 2인
3. **면접시간**: 30분 내외
4. **평가항목**:

구분	평가척도	내용
종합적 역량평가	5단계	이공계 분야 연구자로서 필요한 창의적/논리적 사고능력, 학업 태도 및 커뮤니케이션 능력

☞ **보충설명**

- 면접은 서류평가의 연장성. 잠재력+종합적 역량 평가
  - 서류평가 때 눈여겨봤던 내용을 가지고 질문 함. 실제 서류평가하면서 질문할 내용들을 생각해 놓음. 질문을 하면 학생들이 깜짝깜짝 놀람. 그 만큼 서류를 봤다는 얘기임.
  - 학생이 했던 주제나 활동과 관련해서 면접시 더 깊게 파고들 수 있음.
  - 안 한 것에 대해서는 절대 질문하지 않음. 한 것에 대해서는 그것을 어떤 동기로 하게 되었는지, 그걸 통해서 배운 것, 앞으로 무엇을 하기 위해서 그것을 했는 지 등을 질문함.
- 서류와 면접의 비중은 2:1 정도로 생각하면 됨. 면접에서 너무 심각한 결격 사유가 발견되면 불합격 될 수 있음.
- 면접은 ① 정답 없는 질문에 대한 답변(사고력 평가)과 ② 제출서류 기반 확인 면접, 2개로 구성됨
- 정답이 없는 질문(사고력 평가)에 대한 답변 과정을 통해 사고력, 의사소통능력, 논리력 등을 평가하고자 함
  - 수학과학 문제 풀이가 아닌 정답 없는 질문이다 보니 고교 생활을 통해 반복적인 문제 풀이가 아닌 개념 중심 사고, 문제 의식을 가지고 호기심을 해결하려고 노력하는 등 수업에 적극적으로 참여한 학생들이 적합함
- 면접 잘 보는 법
  1. 단정한 태도로 / 2. 능동적으로 소통하기 / 3. 모르겠으면 질문하기 / 4. 지나친 긴장은 금물
  - 서류평가에서 통과되었으면 좀 더 자신감을 가지고 면접에 임해야 하는 데 내가 왜 붙었을까라는 생각으로 면접에 임하는 친구들도 있음. 모르겠으면 질문하고 예상 질문에 맞춰서 면접에 임하면 곤란함. 왜냐하면 그런 공통 질문을 하지 않음. 그 학생에 맞는 질문만 하기 때문. 질문을 통해서 힌트나 피드백을 받아야 됨.

■ **면접 기출문제**　　　　　　　　　　　　　　　　　　　　　　　　　　※ 선행학습영향평가결과보고서

Q. 고교 과정의 경험 중에 가장 본인에게 의미가 있었던 것은 무엇이었나요?
Q. 학업적 어려움을 겪었음에도 이를 극복할 수 있었던 자신만의 방법이 있다고 언급하였는데, 구체적으로 어떤 것인지 예를 들어보세요.
Q. 동아리 활동 중 축제 준비 문제로 다툼이 있었다는데, 어떤 문제였는가? 지원자는 문제해결에 어떤 역할을 했는가?
Q. 코로나 등 감염병 확산에 대한 수학적 과학적 예측들이 실제와 맞지 않는 경우가 많은데, 감염병 확산 예측이 어려운 이유와 이를 개선할 수 있는 방안을 제시해 보세요.

◎ **전형결과**

■ **전체**

학년도	전체						인문						자연					
	모집 인원	지원 인원	경쟁 률			충원 율	모집 인원	지원 인원	경쟁 률				모집 인원	지원 인원	경쟁 률			충원 율
2022	320	2,261	7.07										320	2,261	7.07			
2023	320	2,193	6.85			124%							320	2,193	6.85			124%
2024	220	1,717	7.80			101%							220	1,717	7.80			101%
2025	220												220					

■ **변경사항 & 핵심포인트**

[2025]

변경사항	2024	2025
모집인원	220명	220명

- 전형특징: 100% 무학과 선발 / 100% 학생부종합전형 선발 / 수능을 전형요소로 사용하지 않음 / 개별 상황에 맞춘 정성평가 / 지적 도전의식, 창의적 학업자세 추구 / 현재 학업역량과 미래 성장가능성을 동시 평가

■ (학생부종합) 일반전형Ⅱ

전형	모집인원	전형 방법	수능최저학력기준
일반전형Ⅱ	70	1단계)서류100%(3배수) 2단계)서류67%+ 면접33%	○

1. **지원자격:**
   - 2025년 2월 기준 고등학교 졸업자 또는 졸업예정자(외국 소재 고등학교 포함)
   - 2025년 2월 기준 고등학교 조기졸업예정자(상급학교 조기입학자격이 부여된 자 포함)로 판단되어 소속 학교장으로부터 승인을 받은 자
   - 고등학교 졸업학력 검정고시 합격자
   - 기타 법령에 의하여 고등학교 졸업 이상의 학력이 있다고 인정된 자
2. **제출서류:** 학교생활기록부
3. **수능최저학력기준**

> '수학(미적분/기하), 과탐(2과목 평균)' 2개 영역 등급의 합 5 이내(각각 3등급 이내)

◎ **전형요소**

● **서류 및 면접:** 일반전형Ⅰ 참고

■ 전체

학년도	모집인원	지원인원	경쟁률
2024	80	781	9.76

■ 변경사항 & 핵심포인트

[2025]

변경사항	2024	2025
모집인원	80명	70명(-10명)

- 전형방법이 일반전형 I 과 동일하게 1단계)서류100%(3배수) 2단계)서류67%+ 면접33%의 단계별전형이면서, 수능최저학력기준이 수학,과탐 등급 합 5(각각 3등급 이내)를 적용하므로 수능최저학력기준이 없는 일반전형 I 과 수능최저학력기준 적용 여부가 다름.
- 일반전형 II 의 수능최저학력기준을 통과할 수 있는 학새들은 일반전형 II 가 수능최저학력기준이 없는 일반전형 I 보다 유리함.

■ (학생부종합) 반도체공학인재 I

전형	모집인원	전형 방법	수능최저학력기준
반도체공학인재 I	25	1단계)서류100%(3배수) 2단계)서류67%+ 면접33%	X

1. 지원자격:
   - 2025년 2월 기준 고등학교 졸업자 또는 졸업예정자(외국 소재 고등학교 포함)
   - 2025년 2월 기준 고등학교 조기졸업예정자(상급학교 조기입학자격이 부여된 자 포함)로 판단되어 소속 학교장으로부터 승인을 받은 자
   - 고등학교 졸업학력 검정고시 합격자
   - 기타 법령에 의하여 고등학교 졸업 이상의 학력이 있다고 인정된 자
2. 제출서류: 학교생활기록부

◎ 전형요소

※ 모집단위가 다른 전형 간 중복지원 가능(예 : 일반전형 I 과 반도체공학인재전형 II 의 중복지원 가능, 일반전형 II 와 지역인재의 중복지원 불가)
● 서류 및 면접: 일반전형 I 참고

◎ 전형결과
■ 전체

학년도	전체					인문					자연				
	모집 인원	지원 인원	경쟁 률		충원 율	모집 인원	지원 인원	경쟁 률			모집 인원	지원 인원	경쟁 률		충원 율
2022															
2023	20	167	8.35		110%						20	167	8.35		110%
2024	20	251	12.55		55%						20	251	12.55		55%
2025	25										25				

■ 변경사항 & 핵심포인트

[2025]

변경사항	2024	2025
모집인원	20명	25명(+5명)

- 삼성전자 협약 계약학과, 전국 유일, 박사급 인재를 육성
- 일반전형과 복수 지원 가능
- 반도체공학과 I 과 반도체공학과 II 의 차이점은 수능최저학력기준 유무. I 은 없고, II 는 수학 과학 2개영역 등급 합 5 이내(각각 3등급 이내)

■ (학생부종합) 반도체공학인재 II

전형	모집인원	전형 방법	수능최저학력기준
반도체공학인재 II	15	1단계)서류100%(3배수) 2단계)서류67%+ 면접33%	○

1. 지원자격:
   - 2025년 2월 기준 고등학교 졸업자 또는 졸업예정자(외국 소재 고등학교 포함)
   - 2025년 2월 기준 고등학교 조기졸업예정자(상급학교 조기입학자격이 부여된 자 포함)로 판단되어 소속 학교장으로부터 승인을 받은 자
   - 고등학교 졸업학력 검정고시 합격자
   - 기타 법령에 의하여 고등학교 졸업 이상의 학력이 있다고 인정된 자
2. 제출서류: 학교생활기록부

3. 수능최저학력기준:

'수학(미적분/기하), 과탐(2과목 평균)' 2개 영역 등급의 합 5 이내(각각 3등급 이내)

◎ 전형요소
※ 모집단위가 다른 전형 간 중복지원 가능(예 : 일반전형Ⅰ과 반도체공학인재전형Ⅱ의 중복지원 가능, 일반전형Ⅱ와 지역인재의 중복지원 불가)
● 서류 및 면접: 일반전형Ⅰ 참고

◎ 전형결과
■ 전체

학년도	전체						인문						자연					
	모집인원	지원인원	경쟁률			충원율	모집인원	지원인원	경쟁률				모집인원	지원인원	경쟁률			충원율
2022																		
2023	20	121	6.05			65%							20	121	6.05			65%
2024	20	158	7.90										20	158	7.90			
2025	15												15					

■ 변경사항 & 핵심포인트

[2025]

변경사항	2024	2025
모집인원	20명	15명(-5명)

• 삼성전자 협약 계약학과, 전국 유일, 박사급 인재를 육성
• 일반전형과 복수 지원 가능
• 반도체공학과Ⅰ과 반도체공학과Ⅱ의 차이점은 수능최저학력기준 유무. Ⅰ은 없고, Ⅱ는 수학 과학 2개영역 등급 합 5 이내(각각 3등급 이내)

■ (학생부종합) 지역인재

전형	모집인원	전형 방법	수능최저학력기준
지역인재	20	1단계)서류100%(3배수) 2단계)서류67%+ 면접33%	X

1. **지원자격**: 국내 고등학교 졸업자(2025년 2월 기준 졸업예정자 포함)로서 경상북도, 대구 지역 소재 고등학교에서 전 교육과정을 이수한 자
   ※ 고등학교 전 과정 이수 기준: 고등학교 1학년 1학기 입학일 ~ 고등학교 졸업일
   ※ 「초·중등교육법」 제2조에 따른 고등학교 외 고교 졸업 동등 학력자는 제외
2. **제출서류**: 학교생활기록부

◎ 전형요소
※ 모집단위가 다른 전형 간 중복지원 가능(예 : 일반전형Ⅰ과 반도체공학인재전형Ⅱ의 중복지원 가능, 일반전형Ⅱ와 지역인재의 중복지원 불가)
● 서류 및 면접: 일반전형Ⅰ 참고

◎ 전형결과
■ 전체

학년도	모집인원	지원인원	경쟁률
2024	20	112	5.60

90. 한경국립대학교

(안성캠퍼스) 경기도 안성시 중앙로 327 (Tel: 031. 670-5042~4)
(평택캠퍼스) 경기도 평택시 삼남로 283 (Tel: 031. 610-4623, 4612)

I. 한 눈에 보는 전형

모집 시기	전형 유형	전형	모집 인원	전형 방법	수능최저 학력기준
수시	교과	일반전형A	591	학생부교과100%	○
수시	교과	일반전형P	63	학생부교과100%	X
수시	교과	지역균형선발	29	학생부교과100%	X
수시	교과	특성화고교졸업자	7	학생부교과100%	X
수시	교과	특성화고교졸업자P	2	학생부교과100%	X
수시	교과	농어촌학생	42	학생부교과100%	X
수시	교과	농어촌학생P	6	학생부교과100%	X
수시	교과	기초생활수급자등	9	학생부교과100%	X
수시	교과	기초생활수급자등P	3	학생부교과100%	X
수시	교과	서해5도	11	학생부교과100%	X
수시	교과	서해5도P	1	학생부교과100%	X
수시	교과	특성화고졸재직자	69	학생부교과100%	X
수시	교과	특수교육대상자P	77	학생부교과60%+ 면접40%	X
수시	종합	잠재력우수자	295	서류100%	X
수시	종합	사회통합	19	서류100%	X
수시	실기/실적	특수교육대상자P	4	학생부교과30%+ 수상실적70%	X
수시	실기/실적	체육특기자	5	학생부교과30%+ 수상실적70%	X
수시	실기/실적	음악특기자P	7	실기100%	X

(수시모집) 지원 가능 횟수	전형 간 복수지원 가능(동일 전형 안에서는 복수지원 금지)

■ 무전공(전공자율선택)

유형① [대학 내 모든 전공(보건의료, 사범 등 제외) 자율 선택]		유형② [계열/단과대 모집 후 모집단위 내 전공 자율 선택]	
모집단위	인원	모집단위	인원
HK자율전공학부	105	ICT로봇기계공학부	12
		건설환경공학부	15
		건축융합학부	6
		동물생명융합학부	10
		법경영학부	13
		사회안전시스템공학부	12
		생명공학부	9
		식물자원조경학부	14
		식품생명화학공학부	18
		웰니스산업융합학부	11
		인문융합공공인재학부	11
		전자전기공학부	12
		컴퓨터응용수학부	13

■ HK자율전공학부 선택 가능(전공자율선택 참여) 전공

문예창작미디어콘텐츠홍보전공, 영미언어문화전공, 행정학전공, 법학전공, 경영학전공, 의류산업학전공, 복지상담학전공, 식품영양학전공, 식물생명환경전공, 조경학전공, 동물생명과학전공, 동물응용과학전공, 원예생명공학전공, 응용생명공학전공, 토목공학전공, 환경공학전공, 안전공학전공, 지역자원시스템공학전공, 화학공학전공, 식품생명공학전공, 소프트웨어&서비스컴퓨팅전공, 소프트웨어융합전공, 응용수학전공, 정보보안전공, ICT로봇공학전공, 기계공학전공, 전자공학전공, 전기공학전공, 건축학전공(5년제), 건축공학전공

■ 전형결과

※ 성적 산출기준: (수시) 교과 석차등급, (정시) 수능 백분위

모집시기	전형유형	전형	학년도	모집인원	지원인원	경쟁률	등록자 평균	등록자 최저	충원율
수시	교과	일반전형A	2024	531	2,771	5.22	4.67	5.76	119%
수시	교과	일반전형P	2024	72	656	9.11	3.95	4.81	165%
수시	교과	지역균형선발	2024	27	117	4.33			
수시	종합	잠재력우수자	2024	283	2,289	8.09	4.59	5.52	135%

■ (주요전형) 전형일정

유형	전형	원서접수 마감	대학별 고사(면접/논술)	1단계 합격자	최종 합격자
교과	일반전형A	9.13(금) 18:00			12.12(목)
교과	일반전형P	9.13(금) 18:00			11.13(수)
교과	지역균형선발	9.13(금) 18:00 학교장추천: 9.25(수) 18:00			11.13(수)
종합	잠재력우수자	9.13(금) 18:00			11.13(수)

II. (수시모집) 주요 전형

■ (학생부교과) 일반전형A

전형	모집인원	전형 방법	수능최저학력기준
일반전형A	591	학생부교과100%	○

1. **지원자격**: 고등학교 졸업(예정)자 또는 법령에 의하여 고등학교 졸업자와 동등 이상의 학력이 인정되는 자로 2024학년도 대학수학능력시험(한국사 필수)에 응시한 자
2. **수능최저학력기준**:

> [국어, 수학, 영어, 사/과탐(1과목)] 중 2개 영역 등급 합 8 이내
> ※ 수학(미적분/기하) 응시자: 2등급 감산(HK자율전공학부, 인문융합공공인재학부(문예창작미디어콘텐츠홍보전공, 영미언어문화전공, 행정학전공), 법경영학부(법학전공, 경영학전공) 지원자는 제외)

◎ 전형요소
● 학생부(1,000점)

반영요소 반영비율	반영교과목		교과성적 산출지표	학년별 반영비율
	구분	반영방법		
교과100%	공통 및 일반선택	전 교과목	석차등급	학년 구분 없음
	진로선택	기초교과 및 탐구교과의 진로선택과목 이수시 과목 당 1점(최대 3과목)의 가산점 부여 ※ 가산점: 과목 당 1점(최대 3점)	성취도	

◎ 전형결과
■ 전체

안성 학년도	전체						인문						자연					
	모집 인원	지원 인원	경쟁 률	등록 평균	등록 최저	충원 율	모집 인원	지원 인원	경쟁 률	등록 평균	등록 최저	충원 율	모집 인원	지원 인원	경쟁 률	등록 평균	등록 최저	충원 율
2022	385	5,883	15.28	4.29	0.32	192%	59	621	10.53	3.95	0.25	200%	326	2,562	7.86	4.62	0.39	183%
2023	522	2,701	5.17	4.49	5.66	156%	81	452	5.58	4.25	5.90	152%	441	2,249	5.10	4.72	5.41	160%
2024	531	2,771	5.22	4.67	5.76	119%	83	566	6.70	4.51	5.58	124%	448	2,205	4.92	4.82	5.93	113%
2025	591						156						435					

■ 실질 경쟁률(충원율 반영)

계열	모집인원	지원인원	경쟁률	수능최저 충족율	(수능최저 충족율 반영) 경쟁률	충원율	(충원율 반영) 실질 경쟁률
인문	83	566	6.70	42.2%	2.83	124%	1.26
자연	448	2,205	4.92	58.5%	2.88	113%	1.35

■ [학과별] 수능최저학력기준 충족율

계열	계열 평균	모집단위
인문	42.2%	인문융합공공인재학부 36.0%, 법경영학부 48.3%
자연	58.5%	웰니스산업융합학부 33.9%, 식물자원조경학부 58.0%, 동물생명융합학부 52.8%, 생명공학부 68.3%, 건설환경공학부 58.5%, 사회안전시스템공학부 42.6%, 식품생명화학공학부 65.6%, 컴퓨터응용수학부 67.4%, ICT로봇기계공학부 65.9%, 전자전기공학부 68.9%, 건축학전공(5년) 62.5%, 건축공학전공(4년) 66.7%, 건설환경공학부(야) 53.6%, 식품생명화학공학부(야) 53.7%

■ 변경사항 & 핵심포인트

[2025]

변경사항	2024	2025
모집인원	531명	591명(+58명)

➡ 합격자 성적분포: 인문계열은 4등급 초반 ~ 5등급 후반, 자연계열은 4등급 후반 ~ 5등급 후반

[2024]

	변경사항	2023	2024
수능최저변경	인문융합공공인재학부, 법경영학부	['국어, 영어' 중 1개, '수학, 사/과탐(1과목)' 중 1개] 2개 영역 등급 합 8 이내	[국어, 수학, 영어, 사/과탐(1과목)] 중 2개 영역 등급 합 8 이내
	웰니스산업융합학부, 건설환경공학부, 사회안전시스템공학부, 식품생명화학공학부, 컴퓨터응용수학부, ICT로봇기계공학부, 전자전기공학부, 디자인건축융합학부	[국어, 수학, 영어, 사/과탐(1과목)] 중 수학 포함 2개 영역 등급 합 8 이내	[국어, 수학, 영어, 사/과탐(1과목)] 중 2개 영역 등급 합 8 이내
	건설환경공학부(야간), 식품생명화학공학부(야간)	[국어, 수학, 영어, 사/과탐(1과목)] 중 수학 포함 2개 영역 등급 합 9 이내	[국어, 수학, 영어, 사/과탐(1과목)] 중 2개 영역 등급 합 8 이내

■ 모집단위

'*' 표시 : 교직 이수 가능

안성 계열	모집단위	2025 모집인원	2024 모집인원	2024 지원인원	2024 경쟁률	2024 등록평균	2024 등록최저	2024 충원번호	2023 모집인원	2023 지원인원	2023 경쟁률	2023 등록평균	2023 등록최저	2023 충원번호	2022 모집인원	2022 지원인원	2022 경쟁률	2022 등록평균	2022 등록최저	2022 충원번호
인문	HK자율전공학부	50																		
인문	의류산업학전공	11																		
인문	문예창작미디어콘텐츠홍보전공	11																		
인문	영미언어문화전공	14																		
인문	행정학전공	14																		
인문	복지상담학전공	11																		
인문	법학전공	21																		
인문	경영학전공	19																		
인문	법경영학부	3	42	205	4.9	4.47	5.91	51	41	255	6.2	4.1	4.8	62	31	403	13.0	4.0		63
인문	인문융합공공인재학부	2	41	361	8.8	4.55	5.25	52	40	197	4.9	4.4	7.00	61	28	218	7.8	3.9		55
자연	소프트웨어&서비스컴퓨팅전공	16																		
자연	소프트웨어융합전공	12																		
자연	응용수학전공	12																		
자연	지역자원시스템공학전공	11																		
자연	식품영양학전공	11																		
자연	안전공학전공	27																		
자연	식물생명환경전공	27																		
자연	조경학전공	17																		
자연	식품생명공학전공	31																		
자연	동물생명과학전공	16																		
자연	동물응용과학전공	15																		
자연	화학공학전공	25																		
자연	원예생명공학전공	19																		
자연	응용생명공학전공	11																		
자연	ICT로봇공학전공	27																		
자연	토목공학전공	25																		
자연	환경공학전공	25																		
자연	기계공학전공	14																		
자연	건축융합학부	6																		
자연	전기공학전공	11																		
자연	전자공학전공	21																		
자연	건축학전공(5년)	9	15	80	5.3	3.66	4.63	25	15	114	7.6	3.7	4.1	24	4	67	16.8	3.7		4

안성계열	모집단위	2025 모집인원	2024 모집인원	지원인원	경쟁률	등록평균	등록최저	충원번호	2023 모집인원	지원인원	경쟁률	등록평균	등록최저	충원번호	2022 모집인원	지원인원	경쟁률	등록평균	등록최저	충원번호
자연	정보보안전공	5	8	53	6.6	3.69	4.32	19	10	69	6.9	3.4	4.8	19						
자연	식품생명화학공학부	7	45	273	6.1	4.19	4.70	42	45	187	4.2	4.5	5.7	75	31	212	6.8	4.1		64
자연	건축공학전공(4년제)	8	11	54	4.9	4.29	4.71	11	9	55	6.1	4.3	4.5	16	7	79	11.3	4.1		16
자연	전자전기공학부	5	36	251	7.0	4.38	4.79	67	40	184	4.6	4.6	5.3	89	30	286	9.5	4.0		49
자연	생명공학부	2	33	104	3.2	4.45	6.97	36	31	132	4.3	3.9	4.5	48	21	197	9.4	3.9		49
자연	ICT로봇기계공학부	4	41	249	6.1	4.52	4.94	47	40	190	4.8	4.7	5.5	85	31	275	8.9	4.4		71
자연	건설환경공학부	4	42	224	5.3	4.69	5.43	48	41	230	5.6	5.0	5.8	84	32	221	6.9	4.9		69
자연	컴퓨터응용수학부	3	38	129	3.4	4.72	7.46	49	37	223	6.0	4.0	4.4	73	26	343	13.2	4.1		59
자연	식물자원조경학부	3	47	188	4.0	4.90	5.40	39	46	247	5.4	4.8	5.4	73	39	249	6.4	4.9		83
자연	동물생명융합학부	2	33	195	4.0	4.98	6.39	68	33	171	5.2	4.7	5.4	48	24	174	7.3	4.5		56
자연	웰니스산업융합학부	2	42	227	5.4	4.98	6.03	34	42	183	4.4	4.8	5.9	31	32	183	5.7	4.6		29
자연	사회안전시스템공학부	2	40	162	4.1	5.32	6.75	29	39	245	6.3	5.1	5.6	48	31	216	7.0	5.2		36

■ (학생부교과) 일반전형P

전형	모집인원	전형 방법	수능최저학력기준
일반전형	63	학생부교과100%	X

1. **지원자격**: 고등학교 졸업(예정)자 또는 법령에 의하여 고등학교 졸업자와 동등 이상의 학력이 인정되는 자

◎ 전형요소
● 학생부(1,000점): 일반전형 참고

◎ 전형결과
■ 전체

평택학년도	전체 모집인원	지원인원	경쟁률	등록평균	등록최저	충원율	인문 모집인원	지원인원	경쟁률	등록평균	등록최저	충원율	자연 모집인원	지원인원	경쟁률	등록평균	등록최저	충원율
2022																		
2023	91	596	6.55	4.35	5.64	178%	39	270	6.92	4.50	5.42	179%	52	326	6.27	4.20	5.85	177%
2024	72	656	9.11	3.95	4.81	165%	30	249	8.30	4.06	4.83	173%	42	407	9.69	3.83	4.78	157%
2025	63						30						33					

■ 변경사항 & 핵심포인트

[2025]

변경사항	2024	2025
모집인원	72명	63명(-9명)

☑ 합격자 성적분포: 인문계열은 4등급 초반 ~ 4등급 후반, 자연계열은 3등급 후반 ~ 4등급 후반

'*' 표시 : 교직 이수 가능

■ 모집단위

평택계열	모집단위	2025 모집인원	2024 모집인원	지원인원	경쟁률	등록평균	등록최저	충원번호	2023 모집인원	지원인원	경쟁률	등록평균	등록최저	충원번호	2022 모집인원	지원인원	경쟁률	등록평균	등록최저	충원번호
인문	사회복지학전공	7	7	44	6.3	2.66	3.69	7	9	137	15.2	2.3	3.0	9						
인문	귀금속보석공예전공	8	8	62	7.8	3.53	4.52	10	10	53	3.6	4.6	5.2	13						
인문	유아특수보육학전공	8	8	104	13.0	4.93	5.42	29	10	45	4.5	5.2	7.2	35						
인문	한국수어교육전공	7	7	39	5.6	5.12	5.67	6	9	26	2.9	5.2	6.5	11						
자연	제품공간디자인전공	9	9	96	10.7	3.01	4.09	17	12	73	6.1	4.2	5.0	29						
자연	AI반도체융합전공	14	15	94	6.3	3.82	5.67		20	148	7.4	4.1	7.2	31						
자연	의료재활공학전공	10	10	164	16.4	4.81	5.04	30	10	36	3.6	5.1	6.4	13						

■ (학생부교과) 지역균형선발

전형	모집인원	전형 방법	수능최저학력기준
지역균형선발	29	학생부교과100%	X

1. **지원자격**: 2018년 이후 국내 고교 졸업(예정)자로서 소속 고등학교장의 추천을 받은 자
   ※ 고교 추천 인원: 제한 없음 ※ 조기졸업자 지원 불가 ※ 국내 일반고, 자율고, 특목고(과학고, 외고, 국제고만 해당)만 지원 가능

◎ **전형요소**
● **학생부**: 일반전형A 참고

◎ **전형결과**
■ **전체**

학년도	전체					인문					자연				
	모집인원	지원인원	경쟁률			모집인원	지원인원	경쟁률			모집인원	지원인원	경쟁률		
2022															
2023															
2024	27	117	4.33			4	21	5.25			23	96	4.17		
2025	29					7					22				

■ **변경사항 & 핵심포인트**

[2025]

변경사항	2024	2025
모집인원	27명	29명(+2명)

➡ **합격자 성적분포**: 인문계열은 4등급 초반 ~ 5등급 후반, 자연계열은 4등급 후반 ~ 5등급 후반

■ **모집단위**

'*' 표시 : 교직 이수 가능

계열	모집단위	2025	2024					2023					2022				
		모집인원	모집인원	지원인원	경쟁률			모집인원	지원인원	경쟁률			모집인원	지원인원	경쟁률		
인문	**HK자율전공학부**	3															
인문	인문융합공공인재학부	2	2	13	6.5												
인문	법경영학부	2	2	8	4.0												
자연	**화학공학전공**	1															
자연	전자전기공학부	2	2	11	5.5												
자연	생명공학부	1	1	5	5.0												
자연	웰니스산업융합학부	2	2	10	5.0												
자연	ICT로봇기계공학부	2	2	10	5.0												
자연	디자인전공(무실기)	1	1	5	5.0												
자연	건축공학전공(4년제)	1	1	5	5.0												
자연	건축학전공(5년)	1	1	5	5.0												
자연	건설환경공학부	2	2	9	4.5												
자연	식물자원조경학부	2	2	9	4.5												
자연	사회안전시스템공학부	2	2	8	4.0												
자연	식품생명화학공학부	2	2	8	4.0												
자연	동물생명융합학부	1	1	3	3.0												
자연	컴퓨터응용수학부	2	2	4	2.0												

■ (학생부종합) 잠재력우수자

전형	모집인원	전형 방법	수능최저학력기준
잠재력우수자	295	서류100%	X

1. **지원자격**: 고등학교 졸업(예정)자 또는 법령에 의하여 고등학교 졸업자와 동등 이상의 학력이 인정되는 자로 전공 분야에 대한 잠재력과 발전가능성이 있으며, 인성이 우수한 자
2. **제출서류**: 학교생활기록부

◎ 전형요소
● 서류(1,000점)
1. **평가방법**: 학교생활기록부를 바탕으로 평가항목에 대하여 입학사정관이 종합평가
2. **평가항목**:

영역	반영비율	세부내용
인성	30%	건전한 인격과 공동체 의식을 토대로 학교생활에 충실하였는가
학업역량	30%	대학에서 학업을 수행하기 위한 준비가 되어있는가
진로역량	40%	지원 분야와 관련된 교과 및 비교과 활동에 적극적으로 참여하고 성취하였는가

☞ 보충설명
- 평가요소: 인성(40%), 전공적합성(30%), 발전가능성(30%) -> 인성(30%), 학업역량(30%), 진로역량(40%)로 변경, 진로역량이 변별력 큼
  - 인성(30%)은 반영비율은 가장 크지만 변별력은 거의 없고, 학업역량과 진로역량에서 변별력이 생김
- 인성(30%)은 국립대이므로 학교생활 충실도를 보고자 하는 정도, 타 대학 인성보다는 변별력 있음. 성실성이 중요함
  - 출결이나 생활에 대한 성실도, 대인관계 등 대학에 들어오서도 성실하게 다닌 수 있는 지를 살펴 봄
- 진로역량(40%)은 모집단위는 학부모집이므로 전공적합성을 계열로 봄.
  - 진로역량은 학업성취도는 해당 전공에 대한 관련 교과 성적, 학업의지는 전공에 대한 적극성, 두 개를 살펴 봄
- 10등급 척도라서 동점자가 없음. 서류 영향력이 커짐, 인성은 변별력이 크지 않음.

◎ 전형결과
■ 전체

안성 학년도	전체						인문						자연					
	모집 인원	지원 인원	경쟁 률	등록 평균	등록 최저	충원 율	모집 인원	지원 인원	경쟁 률	등록 평균	등록 최저	충원 율	모집 인원	지원 인원	경쟁 률	등록 평균	등록 최저	충원 율
2022	279	1,915	6.86	5.50		135%	36	310	8.61	4.40	0.55	144%	243	1,605	6.60	4.71		126%
2023	273	1,637	6.00	4.73	5.75	115%	43	351	8.16	4.60	5.60	109%	230	1,286	5.59	4.86	5.89	120%
2024	283	2,289	8.09	4.59	5.52	135%	43	461	10.72	4.29	5.22	128%	240	1,828	7.62	4.89	5.82	141%
2025	295						60						235					

■ 변경사항 & 핵심포인트
[2025]

변경사항	2024	2025
모집인원	283명	295명(+12명)
서류 평가요소 변경	인성40%, 전공적합성30%, 발전가능성30%	인성30%, 학업역량30%, 진로역량40%

☑ **합격자 성적분포**: 인문계열은 4등급 초반 ~ 5등급 초반, 자연계열은 4등급 후반 ~ 5등급 후반

[2024]

변경사항	2023	2024
전형방법 변경	서류70%+ 면접30%	서류100%

■ 모집단위

'*' 표시 : 교직 이수 가능

안성 계열	모집단위	2025 모집 인원	2024 모집 인원	지원 인원	경쟁 률	등록 평균	등록 최저	충원 번호	2023 모집 인원	지원 인원	경쟁 률	등록 평균	등록 최저	충원 번호	2022 모집 인원	지원 인원	경쟁 률	등록 평균	등록 최저	충원 번호
인문	문예창작미디어콘텐츠홍보전공	6																		
인문	영미언어문화전공	8																		
인문	행정학전공	8																		
인문	복지상담학전공	6																		
인문	법학전공	11																		
인문	경영학전공	10																		
인문	의류산업학전공	6																		
인문	법경영학부	2	21	227	10.8	4.27	5.55	28	21	184	8.8	4.7	5.6	19	20	169	8.5	4.6		32
인문	인문융합공공인재학부	3	22	234	10.6	4.31	4.89	27	22	167	7.6	4.5	5.6	28	16	141	8.8	4.2		20
자연	식품영양학전공	6																		
자연	식품생명공학전공	15																		
자연	식물생명환경전공	13																		
자연	조경학전공	11																		
자연	지역자원시스템공학전공	8																		
자연	동물생명과학전공	9																		
자연	동물응용과학전공	9																		

안성 계열	모집단위	2025 모집인원	2024						2023						2022					
			모집인원	지원인원	경쟁률	등록평균	등록최저	충원번호	모집인원	지원인원	경쟁률	등록평균	등록최저	충원번호	모집인원	지원인원	경쟁률	등록평균	등록최저	충원번호
자연	스포츠과학전공	2																		
자연	원예생명공학전공	8																		
자연	응용생명공학전공	8																		
자연	ICT로봇공학전공	12																		
자연	토목공학전공	16																		
자연	환경공학전공	9																		
자연	화학공학전공	6																		
자연	기계공학전공	6																		
자연	안전공학전공	12																		
자연	전자공학전공	18																		
자연	응용수학전공	5																		
자연	소프트웨어융합전공	5																		
자연	전기공학전공	9																		
자연	소프트웨어&서비스컴퓨팅전공	5																		
자연	디자인전공(무실기)	14	14	194	13.9	4.01	5.56	17	15	126	8.4	4.2	5.2	15	14	123	8.8	4.2		19
자연	웰니스산업융합학부	3	20	237	11.9	4.11	5.25	15	20	134	6.7	4.4	7.6	19	20	178	8.9	4.2		15
자연	건축학전공(5년)	4	3	53	17.7	4.14	4.33	1	3	48	16.0	3.9	4.3	1	5	63	12.6	3.8		6
자연	생명공학부	2	16	126	7.9	4.49	5.10	36	16	97	6.1	4.7	5.5	30	16	141	8.8	4.3		24
자연	컴퓨터응용수학부	3	18	190	10.6	4.62	5.86	31	18	99	5.5	4.9	6.3	24	22	132	6.0	4.5		34
자연	식물자원조경학부	2	24	142	5.9	4.81	6.49	31	24	105	4.4	4.7	6.2	12	23	152	6.6	4.7		38
자연	동물생명융합학부	2	18	147	8.2	4.89	5.57	35	18	135	7.5	4.9	5.7	28	18	145	8.1	5.1		17
자연	전자전기공학부	2	32	148	4.6	4.92	6.00	51	21	106	5.1	4.8	5.6	26	23	141	6.1	4.6		40
자연	식품생명화학공학부	2	23	171	7.4	5.09	6.12	33	23	133	5.8	4.8	5.6	36	23	148	6.4	4.5		25
자연	ICT로봇기계공학부	2	21	134	6.4	5.11	5.78	25	21	84	4.0	5.1	6.2	37	23	130	5.7	4.6		29
자연	건축공학전공(4년)	3	3	36	12.0	5.15	5.36	2	3	22	7.3	5.1	5.9	6	3	30	10.0	4.2		5
자연	건설환경공학부	2	20	134	6.7	5.21	5.97	35	20	86	4.3	5.3	6.6	23	22	98	4.5	5.1		33
자연	사회안전시스템공학부	2	20	87	4.4	5.39	6.37	14	20	79	4.0	5.4	6.3	10	20	88	4.4	5.4		17

91. 한국공학대학교

경기도 시흥시 산기대학로 237 (Tel: 031. 8041-0031~4, 0251~2)

I. 한 눈에 보는 전형

모집시기	전형유형	전형	모집인원	전형 방법	수능최저학력기준
수시	교과	교과우수자	212	학생부교과100%	○
수시	교과	지역균형	168	학생부교과100% ※ 고교 추천: 제한 없음	X
수시	교과	특성화고교졸업자	20	학생부교과100%	X
수시	종합	창의인재	152	1단계)서류100%(4배수) 2단계)서류60%+ 면접40%	X
수시	종합	융합인재 [신설]	80	▶자유전공학부: 서류100%	X
수시	종합	조기취업형 계약학과	120	1단계)서류100%(5배수) 2단계)면접100%(합/불)	X
수시	종합	기회균형	57	서류100%	X
수시	종합	특성화고졸재직자	77	서류100%	X
수시	논술	논술우수자	290	학생부교과20%+ 논술80%	X

(수시모집) 지원 가능 횟수	우리 대학 수시모집에서는 6개 전형 이내에서 모든 전형 간 복수지원 가능합니다.

■ 무전공(전공자율선택)

유형① [대학 내 모든 전공(보건의료, 사범 등 제외) 자율 선택]		유형② [계열/단과대 모집 후 모집단위 내 전공 자율 선택]	
모집단위	인원	모집단위	인원
미래대학(자유전공학부)	131	IT반도체융합대학(IT반도체융합 자율전공)	37
		SW대학(SW 자율전공)	42
		경영학부(경영 자율전공)	21
		디자인공학부	89
		스마트기계융합대학(스마트기계융합 자율전공)	44
		첨단융합대학(첨단융합 자율전공)	36

■ **자유전공학부** : 1학년 이수 후 모집단위 선택 가능(선택 시 100% 반영)
※ 선택 제한: 반도체시스템전공, 지능형모빌리티전공, 미래에너지시스템전공, 산업융합공학과(야간), 디지털경영학과(야간), 조기취업형계약학과
■ **단과대 자율전공, 경영 자율전공, 디자인공학부** : 1학년 이수 후 소속 단과대 또는 학부 내 모집단위선택 가능(모집단위별 정원의 150%까지 배정하되, 초과하는 경우 학생 수요 및 단과대 또는 학부의 배정기준에따라 유연하게 배정)
※ 선택 제한: 반도체시스템전공, 지능형모빌리티전공, 미래에너지시스템전공, 산업융합공학과(야간), 디지털경영학과(야간), 조기취업형계약학과

■ 학교폭력 조치사항

전형	전형총점	감점								
		1호	2호	3호	4호	5호	6호	7호	8호	9호
학생부종합	500	학교폭력 조치사항에 대해 각 평가영역에서 정성평가로 반영								

■ 전형결과

※ 성적 산출기준: (수시) 교과 석차등급, (정시) 수능 백분위

모집시기	전형유형	전형	학년도	모집인원	지원인원	경쟁률	등록자 평균	논술점수 평균	충원율
수시	교과	교과우수자	2024	247	2,221	8.99	3.36		147%
수시	교과	지역균형	2024	188	955	5.08	3.37		159%
수시	종합	창의인재	2024	203	1,796	8.85	4.26		56%
수시	종합	조기취업형 계약학과	2024	118	475	4.03	4.63		7%
수시	논술	논술우수자	2024	295	2,463	8.35	4.85	364	39%

■ (주요전형) 전형일정

유형	전형	원서접수 마감	대학별 고사(면접/논술)	1단계 합격자	최종 합격자
교과	교과우수자	9.13(금) 18:00			12.13(금)
교과	지역균형	9.13(금) 18:00 학교장추천: 9.25(수) 18:00			12.13(금)
종합	창의인재	9.13(금) 18:00	11.30(토)	11.08(금)	12.13(금)
종합	융합인재	9.13(금) 18:00			12.13(금)
종합	조기취업형 계약학과	9.13(금) 18:00	11.27(수)~28(목) 중 1일	11.08(금)	12.13(금)
논술	논술우수자	9.13(금) 18:00	11.24(일)		12.13(금)

> ▶ 11.24(일) 10:00 게임공학과, 인공지능학과, IT반도체융합 자율전공, 전자공학전공, 임베디드시스템전공, 나노반도체공학전공, 반도체시스템전공, 기계공학과, 신소재공학과, 디자인공학부, 자유전공학부
> 14:30 SW 자율전공, 컴퓨터공학전공, 소프트웨어전공, 스마트기계융합 자율전공, 기계설계전공, 지능형모빌리티전공, 메카트로닉스전공, AI로봇전공, 첨단융합 자율전공, 생명화공학과, 전력응용시스템전공, 미래에너지시스템전공, 경영 자율전공, 경영학전공, 데이터사이언스경영전공, IT경영전공

II. (수시모집) 주요 전형

■ (학생부교과) 교과우수자

전형	모집인원	전형 방법	수능최저학력기준
교과우수자	212	학생부교과100%	○

1. **지원자격**: 국내 고등학교 2021년 이후 졸업(예정)자 및 검정고시 합격자
   ※ 2020년에 고교 3학년을 이수하고 2020년 12월에 졸업한 자는 2021년 졸업자로 간주하여 지원 가능
   · 3학기 이상 학생부 교과 성적 산출 내역이 있는 자
   · 특성화고, 종합고 특성화학과, 마이스터고, 예술고, 체육고, 대안학교, 학력인정 등의 학교 및 평생교육시설 출신자 지원 불가
2. **수능최저학력기준**:

> ▶ 공학계열: [국어, 수학, 영어, 사/과탐(1과목)] 중 2개 영역 등급 합 7 이내
> ▶ 경영학부: [국어, 수학, 영어, 사/과탐(1과목)] 중 2개 영역 등급 합 8 이내
> ※ 2개 영역에 수학이 반영될 경우 미적분/기하 응시자는 1등급 상향

◎ 전형요소
● 학생부(500점)

반영요소 반영비율	반영교과목		교과성적 산출지표	학년별 반영비율
	구분	반영방법		
교과100%	공통 및 일반선택	▶공학계열: 국어, 영어, 수학, 과학교과별 상위 4과목(총 16과목) ▶경영학부: 국어, 영어, 수학, 사회/과학(이수단위가 많은 교과 반영)교과별 상위 4과목 ※ 한국사: 공학계열은 과학, 경영학부는 사회/과학에서 이수단위 많은 교과에 포함(최대 1과목)	석차등급	학년 구분 없음
	진로선택	반영교과별 최대 2과목(이수단위 1로 적용) ※ 성취도별 변환등급 = A : 1등급, B : 2등급, C : 4등급	성취도	

◎ 전형결과
■ 전체

학년도	전체					인문					자연				
	모집 인원	지원 인원	경쟁 률	등록 평균	충원 율	모집 인원	지원 인원	경쟁 률	등록 평균	충원 율	모집 인원	지원 인원	경쟁 률	등록 평균	충원 율
2022	277	1,510	5.45	3.47	137%	23	286	12.43	3.35	126%	254	1,224	4.82	3.59	148%
2023	298	2,209	7.41	3.97	136%	31	119	3.84	4.07	106%	267	2,090	7.83	3.86	166%
2024	247	2,221	8.99	3.36	147%	24	246	10.25	3.37	154%	223	1,975	8.86	3.34	139%
2025	212					24					188				

■ 변경사항 & 핵심포인트

[2025]

변경사항	2024	2025
모집인원	247명	212명(-35명)
(학생부) 진로선택과목	반영교과 내 진로선택과목의 성취도가 'A'인 과목이 있는 경우, 해당 교과 상위 4과목 중 가장 낮은 등급의 과목을 1개 등급 상향하여 적용(최대 2개 교과)	반영교과 중 상위 2과목 반영 ※ 성취도별 변환등급 = A : 1등급, B : 2등급, C : 4등급

▶ **합격자 성적분포**: 인문계열은 3등급 초반 ~ 4등급 초반, 자연계열은 3등급 초반 ~ 4등급 중반
=> 전년도에 학생부 반영교과목이 20과목 -> 16과목(진로선택과목은 가장 낮은 등급을 1개 등급 상향. 2개 교과반영)으로 변경

■ 모집단위

'*' 표시 : 교직 이수 가능

계열	모집단위	2025 모집인원	2024 모집인원	2024 지원인원	2024 경쟁률	2024 등록평균	2024 충원번호	2023 모집인원	2023 지원인원	2023 경쟁률	2023 등록평균	2023 충원번호	2022 모집인원	2022 지원인원	2022 경쟁률	2022 등록평균	2022 충원번호
인문	경영자율전공	11															
인문	IT경영전공	4	7	58	8.3	3.3	8	9	33	3.7	3.9	7	11	166	15.1	3.4	13
인문	데이터사이언스경영전공	4	7	71	10.1	3.3	8	9	33	3.7	4.2	7					
인문	경영학전공	5	10	117	11.7	3.5	21	13	53	4.1	4.1	19	12	120	10.0	3.3	16
자연	SW자율전공	22															
자연	디자인공학부	12															
자연	스마트기계융합자율전공	22															
자연	반도체시스템전공	4															
자연	첨단융합자율전공	18															
자연	IT반도체융합자율전공	19															
자연	미래에너지시스템전공	4															
자연	생명화학공학과	5	14	125	8.9	2.8	25	19	169	8.9	3.2	33	19	82	4.3	3.3	29
자연	컴퓨터공학전공	5	12	87	7.3	2.9	18	15	120	8.0	3.2	30	17	105	6.2	3.1	30
자연	신소재공학과	5	14	191	13.6	3.0	5	19	94	5.0	4.0	38	19	79	4.2	3.3	19
자연	게임공학과	10	20	141	7.1	3.0	24	23	236	10.3	3.5	26	19	93	4.9	3.8	35
자연	소프트웨어전공	4	12	82	6.8	3.0	22	15	130	8.7	3.3	27	17	86	5.1	3.4	27
자연	나노반도체공학과	5	14	109	7.8	3.1	17	19	88	4.6	3.7	33	22	90	4.1	3.4	31
자연	인공지능학과	4	8	119	14.9	3.3	9	8	58	7.3	4.1	8					
자연	전자공학전공	10	20	116	5.8	3.4	33	23	141	6.1	3.5	49	21	116	5.5	3.4	42
자연	기계공학과	10	21	164	7.8	3.4	50	24	338	14.1	3.8	48	26	112	4.3	4.1	43
자연	임베디드시스템전공	5	13	109	8.4	3.5	17	15	79	5.3	4.1	23	19	93	6.2	3.4	32
자연	기계설계전공	5	13	146	11.2	3.6	9	14	251	17.9	4.2	28	19	75	4.0	4.6	22
자연	메카트로닉스전공	6	14	90	6.4	3.6	21	17	103	6.1	3.9	40	16	65	4.1	3.6	14
자연	전력응용시스템전공	5	15	186	12.4	3.6	30	20	86	4.3	4.3	19	23	115	5.0	3.3	34
자연	AI로봇전공	3	7	52	7.4	3.8	13	7	60	8.6	4.0	12	8	28	3.5	4.0	7
자연	지능형모빌리티전공	5	7	107	15.3	3.8	4	8	63	7.9	4.5	11					

■ (학생부교과) 지역균형

전형	모집인원	전형 방법	수능최저학력기준
지역균형	168	학생부교과100%	X

1. **지원자격**: 국내 고등학교 2023년 이후 졸업(예정)자로 소속 고등학교의 추천을 받은 자(인원 제한 없음)
   ※ 2022년에 고교 3학년을 이수하고 2022년 12월에 졸업한 자는 2023년 졸업자로 간주하여 지원 가능
   - 국내 고교 3학기 이상 학생부(교과) 성적이 있는 자
   - 검정고시, 특성화고, 종합고 특성화학과, 마이스터고, 예술고, 체육고, 대안학교, 학력인정 등의 학교 및 평생교육시설 출신자, 외국고교 출신자는 지원 불가

◎ **전형요소**
● **학생부(500점)**: 교과우수자전형 참고

■ 전체

학년도	전체					충원율	인문				충원율	자연				충원율
	모집인원	지원인원	경쟁률	등록평균			모집인원	지원인원	경쟁률	등록평균		모집인원	지원인원	경쟁률	등록평균	
2022																
2023																
2024	188	955	5.08	3.37		159%	19	88	4.63	3.47	163%	169	867	5.13	3.26	154%
2025	168						14					154				

■ 변경사항 & 핵심포인트

[2025]

변경사항	2024	2025
모집인원	188명	212명(+24)
(학생부) 진로선택과목	반영교과 내 진로선택과목의 성취도가 'A'인 과목이 있는 경우, 해당 교과 상위 4과목 중 가장 낮은 등급의 과목을 1개 등급 상향하여 적용(최대 2개 교과)	반영교과 중 상위 2과목 반영 ※ 성취도별 변환등급 = A : 1등급, B : 2등급, C : 4등급

➡ 합격자 성적분포: 인문계열은 3등급 초반 ~ 3등급 후반, 자연계열은 3등급 초반 ~ 3등급 후반.

■ 모집단위

'*' 표시 : 교직 이수 가능

계열	모집단위	2025	2024					2023					2022				
		모집인원	모집인원	지원인원	경쟁률	등록평균	충원번호	모집인원	지원인원	경쟁률	등록평균	충원번호	모집인원	지원인원	경쟁률	등록평균	충원번호
인문	*경영학전공*	6	9	39	4.3	3.3	14										
인문	IT경영전공	4	5	24	4.8	3.4	8										
인문	데이터사이언스경영전공	4	5	25	5.0	3.7	9										
자연	**미래에너지시스템전공**	5															
자연	**반도체시스템전공**	5															
자연	**디자인공학부**	14															
자연	생명화학공학과	10	11	61	5.6	2.6	21										
자연	게임공학과	13	14	72	5.1	3.0	20										
자연	신소재공학과	10	12	70	5.8	3.1	19										
자연	전자공학전공	12	14	58	4.1	3.1	26										
자연	*나노반도체공학과*	8	11	50	4.6	3.1	21										
자연	인공지능학과	4	5	34	6.8	3.2	3										
자연	기계공학과	13	16	72	4.5	3.2	28										
자연	메카트로닉스전공	10	11	56	5.1	3.2	12										
자연	컴퓨터공학전공	8	10	39	3.9	3.3	22										
자연	전력응용시스템전공	9	11	69	6.3	3.3	8										
자연	임베디드시스템전공	9	10	48	4.8	3.4	16										
자연	기계설계전공	8	10	64	6.4	3.5	14										
자연	소프트웨어전공	8	10	45	4.5	3.5	23										
자연	*AI로봇전공*	3	5	25	5.0	3.6	7										
자연	지능형모빌리티전공	5	4	26	6.5	3.7	2										

■ (학생부종합) 창의인재

전형	모집인원	전형 방법	수능최저학력기준
창의인재	152	1단계)서류100%(4배수) 2단계)서류60%+ 면접40%	X

1. **지원자격**: 국내 고등학교 졸업(예정)자 또는 관계 법령에 의해 고교 졸업학력과 동등 이상의 학력이 있다고 인정된 자
2. **제출서류**: 학교생활기록부

◎ 전형요소
● 서류(500점)
   1. **평가방법**: 학생부 교과성적과 비교과활동을 종합적으로 정성 평가하여 합산 총점 순으로 최종 합격자 선발

2. 평가요소:

평가요소	반영비율	평가내용
인성	20	- 교내 활동에서 자신이 맡은 역할에 최선을 다하려고 노력한 경험이 있는가? - 학교폭력과 관련한 부정적인 내용 기술이 있는가? (학교폭력 조치사항 표기 등) - 학교생활 속에서 나눔/배려를 실천하고 생활화한 경험이 있는가? - 학교생활 속에서 협력을 통해 공동의 과제를 완성한 경험이 있는가? - 구성원으로서 아래로부터의 리더십을 발휘한 경험이 있는가?
전공적합성	60	- 석차등급/성취도/원점수/평균/표준편차/이수단위/수강자수/성취도별 분포 비율 등을 종합적으로 고려한 교과목별 학업성취도는 적절한가? - 전공(진로)과 관련된 과목을 적절하게 선택했는가? 이수한 과목은 얼마나 되는가? - 전공(진로)과 관련된 과목을 이수하기 위해 추가적인 노력을 했는가? - 수업 시간에 적극적으로 참여하려는 태도를 보이는가? - 자신의 관심 전공(진로)과 관련된 다양한 활동에 참여하고자 노력했는가? 이에 성과를 낸 경험이 있는가?
발전가능성	20	- 학교생활 중 전공(진로) 외의 다양한 활동에도 참여하고자 노력했는가? 이에 성과를 낸 경험이 있는가? - 자신의 취약점(취약 과목, 성격이나 습관상의 단점 등)을 보완하기 위해 노력하고 있는가? - 각종 탐구활동(교과, 비교과) 등을 통해 지식을 확장하기 위해 노력하고 있는가?

3. [비교] 창의인재, 융합인재:

구분	창의인재	융합인재
평가요소 및 반영비율	인성(20%), 전공적합성(60%), 발전가능성(20%)	학업역량(30%), 진로역량(40%), 공동체역량(30%)

☞ 보충설명
- 인적, 전공적합성, 발전가능성 중에서 발전가능성은 학업역량임
  - 서류에서는 전공적합성을 더 중점을 두고, 면접은 인성을 보려고 함
- 전공적합성에서 변별력 생김. 학생부 중 공학계열 학과들이 많아서 수학과학 관련 활동이 중요함,
  - 전공적합성은 학과로 봄. 학부모집은 계열로 봄
- 발전가능성은 공과대학이다 보니 학업역량 중에서 수학과학이 우수한 학생
  - 학생부도 전공, 진로활동에서 지원 전공과 관련된 것이 좋음

● 면접(200점)

면접유형	평가역량	면접방법	면접 시간
구술면접	전공적합성(60%), 인성(20%), 발전가능성(20%)	입학사정관 2명이 개별면접	10분 내외

☞ 보충설명
- 제출서류 확인 면접, 면접관이 사전에 서류 재검토하면서 질문을 체크.. 추가 꼬리 질문을 함.
- 면접 역전률 30%, 면접은 제출 서류 확인 수준이라서 꼼꼼히 준비하면 됨. 전공에 대한 질문 많이 함.

◎ 전형결과
■ 전체

학년도	전체 모집인원	지원인원	경쟁률	등록평균	충원율	인문 모집인원	지원인원	경쟁률	등록평균	충원율	자연 모집인원	지원인원	경쟁률	등록평균	충원율
2022	120	656	5.47	3.82	68%	15	58	3.87	4.10	33%	105	598	5.70	3.77	103%
2023	130	679	5.22	4.30	80%	13	57	4.38	4.33	69%	117	622	5.32	4.26	91%
2024	203	1,796	8.85	4.26	56%	19	137	7.21	4.40	53%	184	1,659	9.02	4.12	58%
2025	152					14					138				

'*' 표시 : 교직 이수 가능

■ 모집단위

계열	모집단위	2025 모집인원	2024 모집인원	지원인원	경쟁률	등록평균	충원번호	2023 모집인원	지원인원	경쟁률	등록평균	충원번호	2022 모집인원	지원인원	경쟁률	등록평균	충원번호
인문	경영학전공	6	9	73	8.1	4.4	4	5	20	4.0	4.4	4	7	26	3.7	4.2	2
인문	데이터사이언스경영전공	4	5	29	5.8	4.4	3	4	16	4.0	4.5	2					
인문	IT경영전공	4	5	35	7.0	4.4	3	4	21	5.3	4.1	3	8	32	4.0	4.0	3
자연	반도체시스템전공	5															
자연	디자인공학부	12															
자연	미래에너지시스템전공	5															
자연	게임공학과	10	15	215	14.3	3.4	2	10	73	7.3	4.0	4	16	97	6.1	3.5	2
자연	생명화학공학과	10	14	185	13.2	3.5	5	8	45	5.6	4.1	16	6	33	5.5	3.2	5
자연	신소재공학과	10	14	76	5.4	3.9	8	8	33	4.1	3.9	6	5	25	5.0	3.9	11
자연	컴퓨터공학전공	8	10	118	11.8	3.9	4	7	77	11.0	4.0	3	8	70	8.8	3.9	11

계열	모집단위	2025 모집인원	2024 모집인원	지원인원	경쟁률	등록평균		충원번호	2023 모집인원	지원인원	경쟁률	등록평균		충원번호	2022 모집인원	지원인원	경쟁률	등록평균		충원번호
자연	*전자공학전공*	10	14	122	8.7	3.9		21	10	38	3.8	4.5		8	8	59	7.4	3.5		14
자연	*나노반도체공학과*	7	15	86	5.7	4.0		9	8	25	3.1	4.3		7	7	34	4.9	3.9		7
자연	인공지능학과	4	5	72	14.4	4.1		5	4	35	8.8	4.3		3						
자연	소프트웨어전공	8	10	132	13.2	4.1		6	6	46	7.7	3.9		8	6	46	7.7	3.5		5
자연	*기계공학과*	10	14	104	7.4	4.2		11	11	53	4.8	4.3		12	9	41	4.6	4.0		18
자연	*전력응용시스템전공*	7	15	80	5.3	4.2		7	8	26	3.3	4.1		10	10	41	4.1	3.8		9
자연	*메카트로닉스전공*	9	12	111	9.3	4.3		4	8	38	4.8	4.6		9	6	33	5.5	3.9		3
자연	임베디드시스템전공	7	10	90	9.0	4.3		8	7	27	3.9	4.7		7	5	27	5.4	3.7		5
자연	AI로봇전공	4	5	43	8.6	4.4		2	3	26	8.7	4.7		3	3	17	5.7	4.9		5
자연	*기계설계전공*	7	10	67	6.7	4.5		8	7	40	5.7	4.3		6	5	23	4.6	4.8		9
자연	지능형모빌리티전공	5	5	45	9.0	4.7		2	3	11	3.7	5.0		3						

■ (학생부종합) 융합인재

전형	모집인원	전형 방법	수능최저학력기준
융합인재 [신설]	80	▶자유전공학부: 서류100%	X

1. **지원자격**: 국내 고등학교 졸업(예정)자 및 이와 동등 이상의 학력 소지자
2. **제출서류**: 학교생활기록부

◎ 전형요소
● 서류(500점) :
   1. **평가방법**: 학생부 교과성적과 비교과활동을 종합적으로 정성 평가하여 합산 총점 순으로 최종 합격자 선발
   2. **평가요소**:

평가요소	반영비율	평가내용
학업역량	30	- 석차등급/성취도/원점수/평균/표준편차/이수단위/수강자수/성취도별 분포 비율 등을 종합적으로 고려한 교과목별 학업성취도는 적절한가? / - 선택과목(일반/진로)은 교과목 학습위계에 따라 적절히 이수했는가? - 새로운 지식을 습득하기 위해 자기주도적으로 노력하고 있는가? - 수업시간에 적극적으로 참여하려는 태도를 보이는가?
진로역량	40	- 학교 생활 중 다양한 활동에 참여하고자 노력했는가? 이에 성과를 낸 경험이 있는가? - 자신의 취약점(취약 과목, 성격이나 습관상의 단점 등)을 보완하기 위해 노력하고 있는가? - 각종 탐구활동(교과, 비교과 등)을 통해 지식을 확장하기 위해 노력하고 있는가? - 자신의 진로 목표를 달성할 수 있는 역량이 일정 수준 이상 갖춰져 있는가?
공동체역량	30	- 교내 활동에서 자신이 맡은 역할에 최선을 다하려고 노력한 경험이 있는가? - 학교폭력과 관련한 부정적인 내용 기술이 있는가? (학교폭력 조치사항 표기 등) - 학교생활 속에서 나눔/배려를 실천하고 생활화한 경험이 있는가? - 학교생활 속에서 협력을 통해 공동의 과제를 완성한 경험이 있는가? - 구성원으로서 아래로부터의 리더십을 발휘한 경험이 있는가?

◎ 전형결과
■ 모집단위

'*' 표시 : 교직 이수 가능

계열	모집단위	2025 모집인원	2024 모집인원	지원인원	경쟁률	등록평균		충원번호	2023 모집인원	지원인원	경쟁률	등록평균		충원번호	2022 모집인원	지원인원	경쟁률	등록평균		충원번호
자연	자유전공학부	80																		

■ (학생부종합) 채용조건형 계약학과

전형	모집인원	전형 방법	수능최저학력기준
조기취업형 계약학과	120	1단계)서류100%(5배수) 2단계)면접100%	X

1. **지원자격**: 국내 고등학교 졸업(예정)자 또는 관계 법령에 의해 고교 졸업학력과 동등 이상의 학력이 있다고 인정된 자
2. **제출서류**: 학교생활기록부

◎ 전형요소
● 서류

평가자료	평가요소	평가방법
학교생활기록부	학업역량, 전공적합성, 인성	교과성적 및 비교과활동을 종합적으로 정성평가

● 면접

면접유형	평가역량	면접방법	면접 시간
구술면접	직무적합성, 성실성, 공동체 의식(배려/나눔/협력/갈등관리)	입학사정관 2명이 개별면접	10분 내외

◎ 전형결과
■ 전체

학년도	전체					인문					자연				
	모집인원	지원인원	경쟁률	등록평균	충원율	모집인원	지원인원	경쟁률	등록평균	충원율	모집인원	지원인원	경쟁률	등록평균	충원율
2022	90	380	4.22	4.40	27%						90	380	4.22	4.40	27%
2023	120	409	3.41	4.45	27%						120	409	3.41	4.45	27%
2024	118	475	4.03	4.63	7%						118	475	4.03	4.63	7%
2025	120										120				

'*' 표시 : 교직 이수 가능

■ 모집단위

계열	모집단위	2025	2024					2023					2022				
		모집인원	모집인원	지원인원	경쟁률	등록평균	충원번호	모집인원	지원인원	경쟁률	등록평균	충원번호	모집인원	지원인원	경쟁률	등록평균	충원번호
자연	스마트전자공학과	30	30	115	3.8	4.5	4	30	124	4.1	4.3	9	50	252	5.0	4.1	18
자연	IT융합디자인공학과	25	25	60	2.4	4.6		25	50	2.0	3.7	3	20	70	3.5	4.5	
자연	스마트그린소재공학과	25	23	81	3.5	4.6	1	25	70	2.8	5.0	7	20	58	2.9	4.6	6
자연	AI소프트웨어학과	40	40	219	5.5	4.8	3	40	165	4.1	4.8	13					

■ (논술) 논술우수자

전형	모집인원	전형 방법	수능최저학력기준
논술우수자	290	학생부교과20%+ 논술80%	X

1. **지원자격**: 국내 고등학교 졸업(예정)자 및 이와 동등 이상의 학력 소지자

◎ 전형요소
● 학생부(100점: 최저점 25점)

반영요소 반영비율	반영교과목		교과성적 산출지표	학년별 반영비율
	구분	반영방법		
교과100%	공통 및 일반선택	▶공학계열: 국어, 영어, 수학, 과학교과별 상위 4과목(총 16과목) ▶경영학부: 국어, 영어, 수학, 사회/과학(이수단위가 많은 교과 반영)교과별 상위 4과목 ※ 한국사: 공학계열은 과학, 경영학부는 사회/과학에서 이수단위 많은 교과에 포함(최대 1과목)	석차등급	학년 구분 없음
	진로선택	반영교과별 최대 2과목(이수단위 1로 적용) ※ 성취도별 변환등급 = A : 1등급, B : 2등급, C : 4등급	성취도	

구분	1등급	2등급	3등급	4등급	5등급	6등급	7등급	8등급	9등급
점수(100점)	100	99	98	97	96	94	80	60	25
등급 간 점수 차이	0	1	1	1	1	2	14	20	35

● 논술(400점: 최저점 250점)
  1. 출제범위: 수학Ⅰ, 수학Ⅱ
  2. 내용:

논술유형	문항 수	논술고사 문항 당 배점	기본점수	만점	시험시간
수리논술	9문항	• 문항 1 ~ 7 : 10점, 7문항 = 70점 • 문항 8 ~ 9 : 15점, 2문항 = 30점 ※ 문항 1 ~ 9까지 합산(100점) X 1.5 = 150점	250점	400점	80분

◎ 전형결과
■ 전체

학년도	전체						인문						자연					
	모집인원	지원인원	경쟁률	등록평균	논술평균	충원율	모집인원	지원인원	경쟁률	등록평균	논술평균	충원율	모집인원	지원인원	경쟁률	등록평균	논술평균	충원율
2022	265	2,844	10.73	4.87		60%	21	182	8.67	4.95		71%	244	2,662	10.91	4.78		49%
2023	300	2,693	8.98	5.12	375	48%	30	191	3.37	5.33	367	47%	270	2502	9.27	4.91	383	48%
2024	295	2,463	8.35	4.85	364	39%	30	176	5.87	5.00	354	47%	265	2,287	8.63	4.69	373	31%
2025	290						74						216					

■ 변경사항 & 핵심포인트

[2025]

변경사항	2024	2025
모집인원	295명	290명(-5명)
(학생부) 진로선택과목	반영교과 내 진로선택과목의 성취도가 'A'인 과목이 있는 경우, 해당 교과 상위 4과목 중 가장 낮은 등급의 과목을 1개 등급 상향하여 적용(최대 2개 교과)	반영교과 중 상위 2과목 반영 ※ 성취도별 변환등급 = A : 1등급, B : 2등급, C : 4등급

• 학생부: 교과성적은 등급 간 감점이 1~5등급은 1점씩, 5~6등급은 2점으로 매우 작음
 - 내신 6등급까지는 논술로 결정, 인문자연 모두 논술 출제범위는 수학 I, 수학 II
• 논술고사 출제범위는 전 계열 모두 수학 I, 수학 II임. 부분점수 있음.
 - 논술 수학은 문항3) 소문항 15점 문항에서 어려운 문제 출제로 변별력을 줄 예정.
➡ 합격자 성적분포: 인문계열은 5등급 초반 ~ 5등급 후반, 자연계열은 4등급 중반 ~ 5등급 초반

■ 모집단위

'*' 표시 : 교직 이수 가능

계열	모집단위	2025	2024						2023						2022					
		모집인원	모집인원	지원인원	경쟁률	등록평균	논술평균	충원번호	모집인원	지원인원	경쟁률	등록평균	논술평균	충원번호	모집인원	지원인원	경쟁률	등록평균	논술평균	충원번호
인문	경영자율전공	10																		
인문	자유전공학부	51																		
인문	경영학전공	5	12	76	6.3	4.9	356	6	12	75	6.3	5.4	358	5	11	97	8.8	5.1		6
인문	데이터사이언스경영전공	4	9	44	4.9	4.9	355	4	9	63	7.0	5.6	372	6						
인문	IT경영전공	4	9	56	6.2	5.2	352	4	9	53	5.9	5.0	367	3	10	85	8.5	4.8		9
자연	SW자율전공	20																		
자연	스마트기계융합자율전공	22																		
자연	반도체시스템전공	4																		
자연	첨단융합자율전공	18																		
자연	디자인공학부	12																		
자연	IT반도체융합자율전공	18																		
자연	미래에너지시스템전공	5																		
자연	소프트웨어전공	8	16	176	11.0	4.4	386	5	15	221	14.7	4.5	386	7	16	238	14.9	4.8		10
자연	생명화학공학과	9	18	205	11.4	4.4	380	7	18	182	10.1	5.0	373	8	17	218	12.8	4.4		8
자연	게임공학과	10	21	200	9.5	4.4	373	7	23	235	10.2	4.8	388	10	17	194	11.4	4.8		9
자연	인공지능학과	4	10	101	10.1	4.4	362	3	9	76	8.4	4.9	379	4						
자연	AI로봇전공	4	7	46	6.6	4.4	369	1	8	52	6.5	4.6	383	3	8	63	7.9	4.9		4
자연	컴퓨터공학전공	8	16	210	13.1	4.6	386	6	15	250	16.7	4.8	389	11	17	300	17.7	4.3		9
자연	전자공학전공	10	22	190	8.6	4.6	375	9	23	229	10.0	4.8	393	9	24	272	11.3	4.7		8
자연	임베디드시스템전공	8	15	101	6.7	4.7	371	6	15	119	7.9	5.0	384	5	14	130	9.3	5.1		5
자연	신소재공학과	9	18	155	8.6	4.7	370	6	18	143	7.9	5.0	385	15	17	190	11.2	4.7		9
자연	전력응용시스템전공	7	20	159	8.0	4.8	379	6	20	148	7.4	5.0	377	9	18	153	8.5	4.7		8
자연	메카트로닉스전공	8	18	108	6.0	4.9	371	2	18	148	8.2	4.8	380	1	18	151	8.4	4.6		8
자연	나노반도체공학과	7	20	174	8.7	4.9	378	4	21	181	8.4	5.0	388	3	18	167	9.3	4.7		7
자연	기계공학과	10	23	196	8.5	4.9	376	8	24	220	9.2	4.9	389	18	27	298	11.0	4.5		14
자연	기계설계전공	8	15	91	6.1	5.0	369	6	14	99	7.1	5.1	376	9	17	144	8.5	5.2		12
자연	지능형모빌리티전공	7	8	52	6.5	5.1	364	5	8	53	6.6	5.0	373	5						

92. 한국교원대학교 충청북도 청주시 흥덕구 강내면 태성탑연로 250 (Tel: 043. 230-3158~9)

Ⅰ. 한 눈에 보는 전형

모집시기	전형유형	전형	모집인원	전형 방법	수능최저학력기준
수시	교과	지역인재	16	학생부100%	○
수시	종합	학생부종합우수자	314	1단계)서류100%(3배수) 2단계)서류80%+ 면접20%	○(초등, 불어X)
수시	종합	국가보훈대상자	13	1단계)서류100%(3배수) 2단계)서류80%+ 면접20%	○
수시	종합	농어촌학생	11	1단계)서류100%(3배수) 2단계)서류80%+ 면접20%	X
수시	종합	기초생활수급자및차상위계층	19	1단계)서류100%(3배수) 2단계)서류80%+ 면접20%	X
수시	종합	장애인등 대상자	26	1단계)서류100%(3배수) 2단계)서류80%+ 면접20%	○

(수시모집) 지원 가능 횟수	우리 대학 수시모집에서는 1개 전형 1개 모집단위에만 지원할 수 있음

■ 전형결과

※ 성적 산출기준: (수시) 교과 석차등급, (정시) 수능 백분위

모집시기	전형유형	전형	학년도	모집인원	지원인원	경쟁률	지원자 평균		
수시	교과	지역인재	2024	16	141	8.81	3.23		

모집시기	전형유형	전형	학년도	모집인원	지원인원	경쟁률	등록자 평균	등록자 최저	충원율
수시	종합	학생부종합우수자	2024	314	1,626	5.18	2.52	3.14	61%

■ (주요전형) 전형일정

유형	전형	원서접수 마감	대학별 고사(면접/논술)	1단계 합격자	최종 합격자
교과	지역인재	9.13(금) 18:00			12.12(목)
종합	학생부종합우수자	9.13(금) 18:00	11.30(토)	11.15(금)	12.12(목)

Ⅱ. (수시모집) 주요 전형

■ (학생부교과) 지역인재

전형	모집인원	전형 방법	수능최저학력기준
지역인재	16	학생부100%	○

1. **지원자격**: 2020년 1월 이후 국내 고등학교 졸업(예정)자로서 고등학교 입학일로부터 졸업일까지 충청권(충청북도, 충청남도, 대전광역시, 세종특별자치시)에 소재하는 고등학교의 전 교육과정을 이수한 사람 ※ 고등학교 졸업학력 검정고시 출신자는 지원 자격 없음
   ※ 학적 변동으로 인해 2개 이상의 고등학교에 재학한 경우 해당 고등학교의 소재지는 모두 충청권 이어야 지원 가능
   ※ 각종학교(대안학교 등), 특수학교, 영재학교, 고등기술학교, 방송통신고등학교, 법령에 의거 이와 동등 이상의 자격이 있다고 인정된 사람(고등학교 졸업학력 검정고시 출신자 등)은 지원 불가

2. **수능최저학력기준**:

> [국어, 수학, 영어, 사/과탐(2과목 평균)] 4개 영역 등급 합 12 이내 ※ 독어/불어/중국어교육: 제2외국어및한문을 탐구의 한 과목으로 인정
> ▶ 수학교육과: ※ 수학(미적분/기하): 1등급 상향, ※ 과탐(2과목): 1등급 상향
> ▶ 물리/화학/생물/지구과학교육과: ※ 수학(미적분/기하): 1등급 상향,
>   ※ 지원 전공관련 과탐(1과목): 1등급 상향(예: 물리교육과: 물리학Ⅰ,Ⅱ)
> ▶ 기술/컴퓨터/환경교육과: ※ 수학(미적분/기하): 1등급 상향, ※ 과탐(2과목): 1등급 상향
> ▶ 체육교육과: ※ 수학(미적분/기하): 1등급 상향

4부 ● 일반대학

◎ 전형요소
● 학생부(100점)

반영요소 반영비율	구분	반영교과목	교과성적 산출지표	학년별 반영비율
		반영방법		
교과 90%	공통 및 일반선택	전 교과목	석차등급	학년 구분 없음
	진로선택	반영교과목의 성취도 반영 ※ 성취도 환산등급 = A : 1등급, B : 2등급, C : 3등급	성취도	
비교과10%	※ 만점: ① 출결(5%): 미인정 결석 0일 이내, ② 봉사활동(5%): 20시간 이상			

구분		1등급	2등급	3등급	4등급	5등급	6등급	7등급	8등급	9등급
점수	100점	100	95	88	76	59	39	22	10	0
등급 간 점수 차이	100점	0	5	7	12	17	20	17	12	10
	80점	0	4	5.6	9.6	13.6	16	13.6	9.6	8

◎ 전형결과
■ 전체

학년도	전체						인문						자연			
	모집 인원	지원 인원	경쟁 률	등록 평균			모집 인원	지원 인원	경쟁 률	등록 평균			모집 인원	지원 인원	경쟁 률	등록 평균
2022	14	53	3.79	4.11			9	38	4.22	3.96			5	15	3.00	4.26
2023	14	153	10.93	3.53			9	111	12.33	3.46			5	42	8.40	3.59
2024	16	141	8.81	3.23			9	93	10.33	3.13			7	48	6.86	3.33
2025	16						9						7			

■ [계열별] 실질 경쟁률(지원자 중 수능최저 충족인원)

계열	모집인원	지원인원	경쟁률	수능최저 충족율	실질 경쟁률
인문	9	93	10.33	275%	2.75
자연	7	48	6.86	220%	2.14

■ [학과별] 수능최저 충족율

계열	계열 평균	모집단위
인문	275%	초등교육 450%, 국어교육 300%, **영어교육 100%**, 일반사회교육 200%, 지리교육 200%, 역사교육 400%
자연	220%	수학교육 300%, **화학교육 100%**, 생물교육 500%, **지구과학교육 100%**, 환경교육 100%

■ 변경사항 & 핵심포인트
[2025]

변경사항		2024	2025
모집인원		16명	16명
명칭 변경		청람지역인재	지역인재
(수능최저) 필수응시기준 변경	수학교육과	국어, <u>수학(미적분/기하)</u>, 영어, 사/과탐	국어, <u>수학</u>, 영어, 사/과탐
	물리/화학/ 생물/지구과학 교육과	국어, 수학, 영어, <u>과탐</u>	국어, 수학, 영어, <u>사/과탐</u>

➡ 지원자 성적분포: 인문계열은 2등급 후반 ~ 3등급 중반, 자연계열은 2등급 후반 ~ 3등급 중반
※ 등록자 평균 성적이 2023학년도 4.11등급 -> 2024학년도 3.53등급으로 갑자기 상승한 이유는?
2024에 수능최저가 4개 영역 등급 합 10 -> 12로 완화되었기 때문

[2024]

변경사항		2023	2024
동점자 처리 기준		① 반영하는 학생부 교과 이수단위의 합이 많은 사람 ② 봉사활동 시간이 많은 사람 ③ 결석일수가 적은 사람	① 봉사활동 시간이 많은 사람 ② 결석일수가 적은 사람 ③ 반영하는 학생부 교과 이수단위의 합이 많은 사람
수능최저 완화		국어·수학·영어·탐구 4개 영역 등급의 합이 <u>10등급</u>	국어·수학·영어·탐구 4개 영역 등급의 합이 <u>12등급</u>
(학생부)	진로선택과목	미반영	반영교과목의 성취도 반영 ※ 성취도 환산등급: A=1등급, B=2등급, C=3등급
	비교과	3학년 1학기까지 반영	졸업예정자: 2023년 8월까지 반영 졸업자: 고등학교 전체 반영
	봉사활동	<u>50시간</u> 이상 만점(5점)	<u>20시간</u> 이상 만점(5점)

■ 모집단위   '*' 표시 : 교직 이수 가능

계열	모집단위	2025 모집인원	2024 모집인원	2024 지원인원	2024 경쟁률	2024 지원자평균	2024 수능최저충족인원	2023 모집인원	2023 지원인원	2023 경쟁률	2023 지원자평균	2023 수능최저충족인원	2022 모집인원	2022 지원인원	2022 경쟁률	2022 지원자평균	2022 수능최저충족인원
인문	초등교육과	2	2	28	14.0	2.65	9	2	43	21.5	3.05	5	2	12	6.0	3.71	2
인문	윤리교육과	1	1	11	11.0	2.81		1	11	11.0	3.37	1	1	3	3.0	3.36	
인문	영어교육과	1	1	10	10.0	2.85	1	1	11	11.0	3.99	1	1	5	5.0	5.11	
인문	역사교육과	1	1	9	9.0	2.91	4	1	7	7.0	3.38	1	1	4	4.0	3.69	1
인문	일반사회교육과	1	1	11	11.0	3.02	2	1	9	9.0	3.19		1	2	2.0	3.44	
인문	국어교육과	1	1	9	9.0	3.15	3	1	11	11.0	3.36	1	1	4	4.0	3.65	1
인문	지리교육과	1	1	11	11.0	3.63	2	1	8	8.0	3.64	1	1	3	3.0	4.08	
인문	유아교육과	1	1	4	4.0	4.05		1	11	11.0	3.72	1	1	5	5.0	4.65	
자연	생물교육과	1	1	8	8.0	2.23	5	1	6	6.0	3.28		1	3	3.0	2.23	2
자연	수학교육과	1	1	9	9.0	3.02	3	1	10	10.0	3.19	2	1	3	3.0	4.69	
자연	지구과학교육과	1	1	7	7.0	3.14	1	1	10	10.0	3.86	2	1	3	3.0	5.32	
자연	화학교육과	1	1	7	7.0	3.21	1	1	9	9.0	3.49		1	3	3.0	5.32	
자연	물리교육과	1	1	4	4.0	3.71		1	7	7.0	4.13	2	1	3	3.0	3.74	1
자연	환경교육과	1	1	7	7.0	3.78	1										
자연	가정교육과	1	1	6	6.0	4.25											

■ (학생부종합) 학생부종합우수자

전형	모집인원	전형 방법	수능최저학력기준
학생부종합우수자	314	1단계)서류100%(3배수) 2단계)서류80%+ 면접20%	○(초등, 불어X)

1. **지원자격**: 고등학교 졸업(예정)자 또는 법령에 의거 이와 동등 이상의 자격이 있다고 인정된 사람 ※ 검정고시 출신자 지원 가능
2. **제출서류**: 학교생활기록부
3. **수능최저학력기준**: 단, 초등/불어교육과는 미적용

> [국어, 수학, 영어, 사/과탐(2과목 평균)] 4개 영역 등급 합 12 이내 ※ 독어/불어/중국어교육: 제2외국어및한문을 탐구의 한 과목으로 인정
> ▶ 수학교육과: ※ 수학(미적분/기하): 1등급 상향, ※ 과탐(2과목): 1등급 상향
> ▶ 물리/화학/생물/지구과학교육과
>   ※ 수학(미적분/기하): 1등급 상향, ※ 지원 전공관련 과탐(1과목): 1등급 상향(예: 물리교육과: 물리학Ⅰ,Ⅱ)
> ▶ 기술/컴퓨터/환경교육과: ※ 수학(미적분/기하): 1등급 상향, ※ 과탐(2과목): 1등급 상향
> ▶ 체육교육과: ※ 수학(미적분/기하): 1등급 상향

◎ **전형요소**

※ **선발 인재상**: 고교 생활을 충실하게 하면서 교사로서의 꿈을 키워 온 학생

- 자기주도적 학습능력을 바탕으로 학교의 교육과정을 성실히 이수하고 학업역량이 우수한 학생
- 적극적인 지적 호기심을 갖고 새로운 과제에 대하여 창의성과 문제해결력을 발휘할 수 있는 학생
- 고등학교 교육활동을 통해 모집단위 관련 다양한 활동을 경험하고, 이를 통해 교육적 성취를 달성한 학생
- 평소 봉사와 나눔의 정신을 실천으로 옮기며 타인에 대해 포용력과 리더십을 발휘할 수 있는 학생
- 교사로서의 진로를 실현하기 위해 주어진 환경을 극복하고자 노력하였으며 입학 이후에도 지속적인 발전이 기대되는 학생

● **서류(80점)**
1. **평가내용**: 학업역량, 전공적합성, 교직적합성 및 잠재력, 교직 인성
2. **평가자료**: 학교생활기록부 교과·비교과 영역, 현장 실사 자료(필요시)
3. **평가항목**:

평가항목	평가요소	내용
학업역량	① 학업성취도	교과의 성취수준 및 학업 발전 수준
	② 학업에 대한 태도 및 의지	학습자 스스로 학업에 임하는 태도 및 의지
전공적합성	① 전공수학능력	전공 관련 교과의 성취수준 및 학업 발전 수준
	② 전공에 대한 흥미와 관심	전공에 대해 알고 있는 정도 및 전공과 관련하여 노력한 정도
	③ 전공과 관련된 다양한 경험	전공에 대한 관심을 갖고 본인이 참여한 활동, 과정을 통해 얻은 다양한 경험
교직적합성 및 잠재력	① 교직에 대한 흥미와 관심	교직에 대한 적극적인 모습과 알고 있는 정도 및 교원양성기관 진학을 위한 노력 정도
	② 교직 수행을 위한 다양한 경험	교직에 대한 관심을 갖고 본인이 참여한 활동, 과정을 통해 얻은 다양한 경험
	③ 교직 활동을 위한 리더십 및 자기주도성	공동체 활동에 참여하여, 구성원을 긍정적인 방향으로 변화시킨 경험과 교직 관련 활동에서 능동적으로 주도하려는 태도, 가치관, 역량

평가항목	평가요소	내용
교직 인성	① 나눔과 배려	자신의 가진 것을 기꺼이 나누어 주고자 하며, 상대방을 도와주거나 보살펴 주려는 마음을 실천 하려는 의지
	② 공감 및 소통능력	상대방의 입장에서 생각할 수 있고, 사실, 감정, 태도, 생각 등을 효과적으로 의사소통할 수 있는 능력

※ 위 평가요소는 주요 평가요소를 나열한 것이며, 이외에도 지원자의 전인적 발달 상황을 평가할 수 있음

4. **평가방법**: 다수의 평가자에 의한 정성적·종합적 평가

　※ 각 평가항목에 대한 평가결과를 종합적·총체적으로 판단하여 평가위원별로 7개의 종합평가등급(A+, A°, B+, B°, C, D, F) 중 하나의 평가등급 부여

　※ 평가위원별 종합평가등급에 따른 환산반영점수를 평균하여 반영

5. **서류평가 종합평가 등급별 환산 반영점수:**

종합평가등급	A+	A°	B+	B°	C	D	F
환산반영점수	80점	75점	65점	60점	40점	30점	0점

☞ **보충설명**

- 학업역량, 전공적합성, 교직적합성 및 잠재력, 교직인성. 4개 평가항목의 비율이 정해져 있지 않음. 종합평가
- 종합적·총체적으로 판단한다는 것은 관련 요소를 두루 활용하여 평가하는 것을 의미할 뿐, 모든 항목이 우수해야 좋은 평가를 받는다는 것을 의미하지는 않음. 따라서 어느 특정 항목이 매우 뛰어날 경우 총체적 평가로 높은 종합평가등급을 받을 수 있음
- 학업역량이 중요, 교직적인성의 사례가 될 만한 성적향상도가 높은 경우 등 교직적인성도 중요함

● **면접(20점)**

1. **평가유형**: 개별면접(구술평가)
2. **평가자료**: ① ⌐교직 적·인성 문항 및 ② 개방형 질문에 의한 구술내용
3. **평가항목**: 전공적합성, 교직 적성, 교직 인성, 문제해결능력 등 4개 평가항목을 중심으로 예비 교사로서의 자질과 역량을 종합적으로 평가

평가항목	내용
전공적합성	○ 전공 선택 동기: 전공을 선택하게 된 동기와 전공에 대한 관심 및 이해 ○ 전공 수학 능력: 전공을 수학하기 위해 갖추어야 할 학업 능력
교직 적성	○ 교직에 대한 태도 및 가치관: 교직에 대한 올바른 마음가짐과 건전한 가치를 갖추려는 마음 ○ 교사로서의 자질: 교직을 수행하기 위한 이해와 소질
교직 인성	○ 나눔과 배려: 자신의 가진 것을 기꺼이 나누어 주고자 하며, 상대방을 도와주거나 보살펴 주려는 마음을 실천하려는 의지 ○ 공감 및 소통능력: 상대방의 입장에서 생각할 수 있고, 사실, 감정, 태도, 생각 등을 효과적으로 의사소통할 수 있는 능력
문제해결능력	○ 논리적 표현력: 문제 상황을 적절하게 이해하고, 논리적으로 표현하는 능력 ○ 상황대처능력: 다양한 질문과 상황에 잘 대응할 수 있는 능력

4. **평가자료**: 교직 적·인성 문항 및 개방형 질문에 의한 구술내용
5. **평가방법**: 개별면접으로 다수 평가자에 의한 정성적·종합적 평가

- 평가 자료를 종합적으로 활용하여 면접 평가항목별 평가요소를 평가함
- 각 평가항목에 대한 평가결과를 종합적·총체적으로 판단하여 평가위원별로 5개의 종합평가등급(A, B, C, D, F) 중 하나의 평가등급 부여
- 평가위원별 종합평가등급에 따른 환산반영점수를 산출하고, 산출된 점수를 모집단위 및 전형별 표준점수로 변환 후 평균하여 반영

6. **면접평가 종합평가 등급별 환산 반영 점수:**

종합평가등급	A	B	C	D	F
환산반영점수	20점	15점	10점	5점	0점

7. **면접 시간 및 절차**: 실제 면접시간 약 10분

① 면접대기실 입실 ⇒ ② 발표자료 작성실 입실 ⇒ ③ 교직 적·인성 문항에 대한 발표자료 작성(약 10분) ⇒ ④ 면접실 입실 ⇒ ⑤ 작성내용 발표(약 3분) ⇒ ⑥ 발표내용 관련 질의/응답(약 3분) ⇒ ⑦ 개방형 질문 관련 질의/응답(약 4분)

※ 면접 시간 및 절차는 학과별·수험생별로 일부 다를 수 있음
※ 수험생 본인이 작성한 교직 적·인성 문항에 대한 발표자료를 면접 시 보면서 발표할 수 있음

■ **(면접) 선행학습영향평가** ※ 선행학습영향평가 결과 보고서 / 면접시간: 10분

1. 본교 면접의 특징

- 면접은 교직 적·인성 문항과 개방형질문을 활용해 지원자의 예비교사로서의 인성과 적성, 역량을 평가하는 교직 적·인성 중심의 면접을 운영.
- 면접 형태는 개별 면접으로, 수험생 1인에 대해 3인의 면접위원들이 정성적·종합적으로 평가하며, 평가항목은 전공적합성, 교직 적성, 교직 인성, 문제해결능력이다.
- 교직 적·인성 면접 문항은 입학인재관리과에서 설치한 '면접 문제 출제 본부'(보안 관리, 접근 통제)에서 합숙 출제하였고, 개방형 질문은 별도 문제 출제를 하지 않고, 입학인재관리과에서 사전에 제공한 '개방형질문 예시 자료'를 참고하여 면접위원이 질문하도록 하였다
- 면접 실제 소요시간은 10분 내외
- 면접 시간 및 절차
  ① 면접대기실 입실 ⇒ ② 발표자료 작성실 입실 ⇒ ③ 교직 적·인성 문항에 대한 발표자료 작성(약 10분) ⇒ ④ 면접실 입실 ⇒ ⑤ 작성 내용 발표(약 3분) ⇒ ⑥ 발표 내용 관련 질의/응답(약 3분) ⇒ ⑦ 개방형 질문 관련 질의/응답(약 4분)

☞ **보충설명**

- 면접 역전률: 많이 뒤집힘. 초등. 국어. 영어. 수학 등 인기학과는 1단계 성적이 조밀하게 몰려있어 많이 뒤집힘
- 1단계 3배수 안에 들면, 교과는 4~5점 차이, 서류는 10점 정도 차이 나므로 면접이 중요함
- 면접은 기본점수가 없지만 기본적으로 10점은 주더라도 10점 정도 차이 나므로 면접 영향력 큼
- 1단계 합격시 면접역전률 17~~20% 정도. 형식적 반영비율(20%)와 일치함
- 제시문과 개방형 면접을 실시하므로 블라인드면접 부담 없음

◎ **전형결과**

■ **전체**

학년도	전체						인문						자연					
	모집인원	지원인원	경쟁률	등록평균	등록최저	충원율	모집인원	지원인원	경쟁률	등록평균	등록최저	충원율	모집인원	지원인원	경쟁률	등록평균	등록최저	충원율
2022	316	1,916	6.06	2.31	2.81	78%	201	1,299	6.46	2.38	2.92	99%	115	617	5.37	2.24	2.70	57%
2023	317	1,725	5.44	2.51	3.20	80%	202	1,217	6.02	2.57	3.28	116%	115	508	4.42	2.44	3.11	44%
2024	314	1,626	5.18	2.52	3.14	61%	202	1,138	5.63	2.50	3.14	76%	112	488	4.36	2.53	3.14	46%
2025	314						202						112					

■ **변경사항 & 핵심포인트**

[2025]

변경사항		2024	2025
모집인원		314명	314명
(수능최저) 필수응시기준 변경	수학교육과	국어, 수학(미적분/기하), 영어, 사/과탐	국어, 수학, 영어, 사/과탐
	물리/화학/ 생물/지구과학 교육과	국어, 수학, 영어, 과탐	국어, 수학, 영어, 사/과탐

▶ **합격자 성적분포**: 인문계열은 2등급 초반 ~ 3등급 초반, 자연계열은 2등급 초반 ~ 3등급 초반

■ **모집단위**

'*' 표시 : 교직 이수 가능

계열	모집단위	2025	2024						2023						2022					
		모집인원	모집인원	지원인원	경쟁률	등록평균	등록최저	충원번호	모집인원	지원인원	경쟁률	등록평균	등록최저	충원번호	모집인원	지원인원	경쟁률	등록평균	등록최저	충원번호
인문	초등교육과	62	63	359	5.7	1.54	2.05	62	63	418	6.6	1.37	1.74	117	63	493	7.8	1.35	1.78	100
인문	역사교육과	12	12	80	6.7	1.77	2.08	11	12	117	9.8	1.80	2.34	14	12	53	4.4	2.06	2.94	4
인문	윤리교육과	13	13	65	5.0	2.11	2.51	5	12	89	7.4	1.99	2.14	11	12	62	5.2	2.07	2.45	10
인문	국어교육과	22	22	123	5.6	2.13	2.54	18	23	117	5.1	2.08	2.68	31	22	129	5.9	2.07	2.72	24
인문	교육학	7	7	46	6.6	2.15	2.41	6	7	64	9.1	2.24	2.36	5	7	37	5.3	2.15	3.27	3
인문	영어교육과	16	16	100	6.3	2.29	2.78	22	16	67	4.2	2.34	3.58	19	16	82	5.1	2.02	2.60	17
인문	일반사회교육과	12	11	54	4.9	2.29	2.90	9	11	46	4.2	2.07	2.41	11	11	49	4.5	1.96	2.27	17
예체	체육교육과	5	5	47	9.4	2.35	2.76	4	5	51	10.2	2.73	3.27	4	5	87	17.4	1.86	2.13	3
인문	특수교육과	7	7	31	4.4	2.38	2.83	3	7	32	4.6	2.56	2.75	4	7	43	6.1	2.35	2.60	3
인문	지리교육과	13	13	61	4.7	2.65	3.17	4	13	67	5.2	2.34	2.95	9	13	59	4.5	2.47	2.97	6
인문	유아교육과	12	12	42	3.5	2.73	3.52	2	12	45	3.8	2.58	2.96	5	12	88	7.3	2.27	2.50	9
인문	불어교육과	7	7	63	9.0	3.22	3.90	2	7	53	7.6	4.53	6.27	2	7	50	7.1	4.33	4.91	1
인문	중국어교육과	7	7	34	4.9	3.43	5.56	1	7	22	3.1	3.72	5.10	2	7	37	5.3	2.97	3.85	
인문	독어교육과	7	7	33	4.7	3.95	4.88	4	7	29	4.1	3.62	5.32	1	7	30	4.3	3.41	3.92	1
자연	수학교육과	16	16	79	4.9	2.13	2.49	17	16	107	6.7	1.95	2.74	14	16	150	9.4	1.86	2.75	18
자연	화학교육과	12	12	43	3.6	2.17	2.47	2	11	67	6.1	2.12	2.53	7	11	65	5.9	2.18	2.78	6
자연	생물교육과	11	11	52	4.7	2.25	2.83	7	11	74	6.7	1.99	2.19	4	11	61	5.6	2.10	2.46	7
자연	지구과학교육과	12	12	74	6.2	2.48	3.27	6	12	51	4.3	2.43	3.69	6	12	68	5.7	1.94	2.30	9
자연	가정교육과	12	12	54	4.5	2.66	2.96	5	13	51	3.9	2.81	3.33	5	13	61	4.7	2.62	3.01	8
자연	컴퓨터교육과	13	13	51	3.9	2.72	3.49	4	14	42	3.0	2.61	3.21	3	14	56	4.0	2.55	2.91	1
자연	기술교육과	13	13	48	3.7	2.75	4.15	3	13	38	2.9	2.74	3.41	4	13	53	4.1	2.27	2.72	4
자연	환경교육과	12	12	44	3.7	2.78	3.18	4	13	47	3.6	2.73	3.27	4	13	49	3.8	2.54	2.87	7
자연	물리교육과	11	11	43	3.9	2.81	3.39	4	12	31	2.6	2.60	3.58	5	12	54	4.5	2.07	2.50	5

I. 한 눈에 보는 전형

모집시기	전형유형	전형	모집인원	전형 방법	수능최저학력기준
수시	교과	일반전형	937	학생부교과100% ▶스포츠의학과: 학생부60%+ 실기40%	X(간호학과○)
수시	교과	지역인재	88	학생부교과100% ▶스포츠의학과: 학생부60%+ 실기40%	X
수시	교과	사회기여및배려자	39	학생부교과100%	X
수시	교과	고른기회	61	학생부교과100%	X
수시	교과	농어촌학생	44	학생부교과100%	X
수시	교과	특성화고동일계	28	학생부교과100%	X
수시	교과	기회균등	31	학생부교과100%	X
수시	교과	특성화고졸재직자	4	학생부교과100%	X
수시	교과	특수교육대상자	11	학생부교과100%	X
수시	종합	나비인재 I	21	▶항공서비스학과: 1단계)서류100%(7배수)　2단계)서류60%+ 면접40%	X
수시	종합	나비인재 II	552	서류100%	X
수시	실기/실적	일반전형	20	▶음악학과: 학생부교과20%+ 실기80%　▶스포츠산업학과: 학생부30%+ 실기70%	X
수시	실기/실적	지역인재	3	▶음악학과: 학생부교과20%+ 실기80%　▶스포츠산업학과: 학생부30%+ 실기70%	X
수시	실기/실적	특기자	2	▶스포츠산업학과: 학생부20%+ 실기30%+ 경기실적50%	X
수시	실기/실적	농어촌학생	2	학생부20%+ 실기80% ▶스포츠의학과: 학생부60%+ 실기40%	X
수시	실기/실적	평생학습자 I	24	면접100%	X
수시	실기/실적	평생학습자 II	39	면접100%	X
수시	실기/실적	평생학습자 III	59	면접100%	X

	우리 대학 내 일부 전형 최대 2개 전형 복수 지원 가능			
(수시모집) 지원 가능 횟수	학생부종합		일반	지역인재 · 사회기여 및 배려자 · 고른기회 · 특기자 · 농어촌 · 특성화고동일계 기회균등 · 특성화고졸재직자 · 특수교육대상자 · 평생학습자(I·II)
	나비인재 I	나비인재 II		
	○	×	○	×
	○	×	×	○
	×	○	○	×
	×	○	×	○
	×	×	○	○

■ 무전공(전공자율선택)

유형① [대학 내 모든 전공(보건의료, 사범 등 제외) 자율 선택]		유형② [계열/단과대 모집 후 모집단위 내 전공 자율 선택]	
모집단위	인원	모집단위	인원
자유전공학부	30	공대자유전공학부	19
		사회자유전공학부	6
		생명자유전공학부	4
		융합자유전공학부	20
		인문자유전공학부	5
		철도대학자유전공학부	10

■ 전공배정 : 학부 또는 자유전공학부 입학생은 2개 학기(단, AI·데이터공학부는 4개 학기) 이수(예정) 후 학과(전공)를 선택하며, 필요한 경우 전공배정 시기를 다르게 정할 수 있음

　1. 자유전공학부(충주) : 일부 학과(전공)를 제외한 충주캠퍼스 소속 모든 학과(전공) 선택 가능

　　※ 제외 학과(전공) : 건축학과(5년제), 음악학과, 스포츠의학과, 스포츠산업학과, 항공서비스학과, 항공운항학과, 유아교육학과, 야간학과, 보건생명대학 및 철도대학 소속 학과 및 전공

　2. 학부 : 소속 전공 선택

■ 학교폭력 조치사항

전형	전형 총점	감점								
		1호	2호	3호	4호	5호	6호	7호	8호	9호
특기자	1,000	10	20	30	40	50	60	70	80	90

■ 전형결과

※ 성적 산출기준: (수시) 교과 석차등급, (정시) 수능 백분위

모집시기	전형유형	전형	학년도	모집인원	지원인원	경쟁률	등록자 평균	등록자 최저	충원율
수시	교과	일반전형	2024	888	5,235	5.90	3.91	4.66	185%
수시	교과	지역인재	2024	99	524	5.29	4.18	4.46	79%
수시	종합	나비인재 I	2024	331	2,116	6.39	4.51	5.28	63%
수시	종합	나비인재 II	2024	186	849	4.56	4.54	5.17	100%

■ (주요전형) 전형일정

유형	전형	원서접수 마감	대학별 고사(면접/논술)	1단계 합격자	최종 합격자
교과	일반전형	9.13(금) 18:00			12.13(금)
교과	지역인재	9.13(금) 18:00			12.13(금)
종합	나비인재 I	9.13(금) 18:00	▶항공서비스학과: 11.19(화)~21(목)	11.11(월)	12.13(금)
종합	나비인재 II	9.13(금) 18:00			12.13(금)

II. (수시모집) 주요 전형

■ (학생부교과) 일반전형

전형	모집인원	전형 방법	수능최저학력기준
일반전형	937	학생부교과100% ▶스포츠의학과: 학생부60%+ 실기40%	X(간호학과○)

1. **지원자격**: 국내 고등학교 졸업(예정)자 또는 법령에 의해 동등 이상의 학력이 있다고 인정되는 자
2. **수능최저학력기준**: 없음. 단, 간호학과는 있음

> ▶ 간호학과: [국어, 수학, 영어, 사/과탐(1과목] 2개 영역 등급 합 8 이내

◎ 전형요소
● 학생부(1,000점)

반영요소 반영비율	반영교과목		교과성적 산출지표	학년별 반영비율
	구분	반영방법		
교과100%	공통 및 일반선택	인 국어, 영어, 수학, 사회교과별 상위 3과목(총 12과목) 자 국어, 영어, 수학, 과학교과별 상위 3과목(총 12과목) ※ 가산점: 10%(일반전형), 7%(지역인재) - 적용기준 : 국어, 영어, 수학, 사회, 과학 교과목 이수단위 합이 100이상인 지원자	석차등급	학년 구분 없음
	진로선택	반영교과 중 상위 3과목 1. 진로선택과목 점수산출 = 100-[(진로선택 과목 환산등급-1)×등급간점수(5)] 2. 진로선택 과목 성취도비율별 석차등급 산출식 성취도별 산출식 표	성취비율	

진로선택 산출식 표:

성취도	산출식
A	1 + A의 비율/100
B	성취도 A의 학생비율 해당 석차등급 + (A+B)의 비율/100
C	성취도 B까지의 누적 해당 석차등급 + (A+B+C)의 비율/100

◎ 전형결과
■ 전체

학년도	전체						인문						자연					
	모집인원	지원인원	경쟁률	등록평균	등록최저	충원율	모집인원	지원인원	경쟁률	등록평균	등록최저	충원율	모집인원	지원인원	경쟁률	등록평균	등록최저	충원율
2022	741	4,099	5.53	3.76	4.52	210%	172	1,102	6.41	3.41	4.08	206%	569	2,997	5.28	4.10	4.96	213%
2023	724	3,202	4.42	4.39	5.29	203%	174	637	3.66	4.12	5.18	199%	550	2,565	4.66	4.34	5.40	206%
2024	888	5,235	5.90				229	1,490	6.51				659	3,745	5.68			
2025	937						240						697					

■ 변경사항 & 핵심포인트
[2025]

변경사항	2024	2025
모집인원	888명	937명(+49)
(학생부) 가산점 변경: 국어, 영어, 수학, 사회, 과학 교과목 이수단위 합 100이상	가중치 7% (백분위 환산점수에 가중치 7% 부여 후 최종 점수 환산)	가산점 10% (교과성적 산출 점수에 가산점 10% 부여 후 최종 점수 환산)
(수능최저) 간호학과만 도입	-	- (단, 간호학과: 2개 영역 등급 합 8 이내)

• 가중치: 대부분의 일반고에서는 5개 교과의 이수단위의 합이 100단위를 넘을 수 있지만 특성화고는 넘지 않을 수 있음을 고려

▶ 합격자 성적분포: 인문계열은 2등급 후반 ~ 4등급 후반, 자연계열은 2등급 후반 ~ 6등급 후반

■ 모집단위

'*' 표시 : 교직 이수 가능

계열	모집단위	2025	2024						2023						2022					
		모집인원	모집인원	지원인원	경쟁률	등록평균	등록최저	충원번호	모집인원	지원인원	경쟁률	등록평균	등록최저	충원번호	모집인원	지원인원	경쟁률	등록평균	등록최저	충원번호
인문	산업디자인학과	9	7	61	8.7															
인문	커뮤니케이션디자인학과	8	7	65	9.3															
인문	영어영문학과	42	35	131	3.7															
인문	중국어학과	28	24	66	2.8															
인문	한국어문학과	13	13	52	4.0															
인문	행정학과	29	23	199	8.7															
인문	행정정보융합학과	18	15	66	4.4															
인문	경영학과	19	16	191	11.9															
인문	융합경영학과	12	10	59	5.9															
인문	국제무역학과	13	11	53	4.8															
인문	사회복지학과	15	12	147	12.3															
예체	스포츠의학과	13	13	100	7.7															
인문	철도경영·물류학과	12	19	155	8.2				17	81	4.7	2.86	3.69	30	17	150	8.8	2.61	2.95	17
인문	유아교육학과*	9	13	91	7.0				11	56	5.1	3.28	4.27	28	11	113	10.3	3.28	3.83	38
자연	기계공학과	39	28	157	5.6															
자연	자동차공학과	29	24	113	4.7															
자연	항공·기계설계학과	20	28	146	5.2															
자연	컴퓨터공학과	43	36	186	5.2															
자연	컴퓨터소프트웨어학과	18	16	72	4.5															
자연	화공생물공학과	31	29	97	3.3															
자연	반도체신소재공학과	35	25	113	4.5															
자연	나노화학소재공학과	30	28	92	3.3															
자연	산업경영공학과	28	23	71	3.1															
자연	안전공학과	26	22	82	3.7															
자연	건축공학과	23	20	75	3.8															
자연	건축학과(5년제)	9	11	150	13.6															
자연	철도운전시스템공학과	7	12	198	16.5															
자연	철도차량시스템공학과	7	12	90	7.5															
자연	철도인프라공학과	8	12	75	6.3															
자연	철도전기정보공학과	7	12	73	6.1															
자연	물리치료학과	19	19	205	10.8				16	105	6.6	2.71	3.69	21	14	133	9.5	2.58	3.24	36
자연	간호학과*	18	18	304	16.9				18	95	5.3	2.92	4.15	39	23	164	7.1	2.12	2.71	32
자연	AI·데이터공학부	5	25	138	5.5				22	135	6.1	3.59	3.90	32	24	132	5.5	3.38	3.92	36
자연	응급구조학과	18	17	246	14.5				14	110	7.9	3.86	4.19	29	15	113	7.5	3.35	4.00	33
자연	전기공학과	24	20	186	9.3				17	68	4.0	4.32	5.69	38	15	88	5.9	2.96	3.72	19

계열	모집단위	2025 모집인원	2024 모집인원	2024 지원인원	2024 경쟁률	2024 등록평균	2024 등록최저	2024 충원번호	2023 모집인원	2023 지원인원	2023 경쟁률	2023 등록평균	2023 등록최저	2023 충원번호	2022 모집인원	2022 지원인원	2022 경쟁률	2022 등록평균	2022 등록최저	2022 충원번호
자연	식품생명학부	39	32	165	5.2				26	121	4.7	4.49	5.52	62	31	159	5.1	4.34	5.34	80
자연	전자공학과	94	80	383	4.8				67	275	4.1	4.75	5.85	171	62	236	3.8	4.03	5.45	138
자연	건설환경도시교통공학부	69	58	264	4.6				44	213	4.8	4.78	5.57	122	46	253	5.5	4.37	5.12	132
자연	전기공학과(야)	15	15	21	1.4				11	18	1.6	5.49	7.79	6	9	37	4.1	5.13	5.54	7
자연	건설환경도시교통공학부(야)	17	17	20	1.2				13	25	1.9	5.63	7.37	11	11	27	2.5	6.58	7.69	12
자연	기계공학과(야)	19	20	23	1.2				14	27	1.9	6.27	8.58	13	13	45	3.5	5.97	6.89	30

■ (학생부교과) 지역인재

전형	모집인원	전형 방법	수능최저학력기준
지역인재	88	학생부교과100% ▶스포츠의학과: 학생부60%+ 실기40%	X

1. **지원자격**: 고등학교 졸업자(예정)자로서 본인이 입학일부터 졸업일까지 <u>충청권(대전, 세종 포함)</u> 소재 고등학교에서 전 교육과정을 이수한 자

◎ 전형요소
● 학생부: 일반전형 참고

◎ 전형결과
■ 전체

학년도	전체 모집인원	전체 지원인원	전체 경쟁률	전체 등록평균	전체 등록최저	전체 충원율	인문 모집인원	인문 지원인원	인문 경쟁률	인문 등록평균	인문 등록최저	인문 충원율	자연 모집인원	자연 지원인원	자연 경쟁률	자연 등록평균	자연 등록최저	자연 충원율
2024	99	524	5.29				26	125	4.81				73	399	5.47			
2025	88						23						65					

■ 변경사항 & 핵심포인트

[2025]

변경사항	2024	2025
모집인원	99명	88명(-11명)

➡ **합격자 성적분포**: 인문계열은 등급 반 ~ 등급 반, 자연계열은 등급 반 ~ 등급 반.

'*' 표시 : 교직 이수 가능

■ 모집단위

계열	모집단위	2025 모집인원	2024 모집인원	2024 지원인원	2024 경쟁률			2023 모집인원	2023 지원인원	2023 경쟁률			2022 모집인원	2022 지원인원	2022 경쟁률		
인문	영어영문학과	4	4	19	4.8												
인문	중국어학과	3	3	10	3.3												
인문	한국어문학과	1	1	3	3.0												
인문	행정학과	3	3	23	7.7												
인문	행정정보융합학과	1	1	3	3.0												
인문	경영학과	2	2	13	6.5												
인문	융합경영학과	1	1	4	4.0												
인문	국제무역학과	1	1	4	4.0												
인문	사회복지학과	2	2	11	5.5												
예체	스포츠의학과	2	2	7	3.5												
예체	스포츠산업학과		1	2	2.0												
인문	유아교육학과*	1	1	5	5.0												
인문	산업디자인학과	1	1	5	5.0												
인문	커뮤니케이션디자인학과	1	1	6	6.0												
자연	기계공학과	3	3	10	3.3												
자연	자동차공학과	3	3	13	4.3												
자연	항공·기계설계학과	3	3	10	3.3												
자연	전자공학과	9	9	34	3.8												
자연	전기공학과	2	2	12	6.0												
자연	컴퓨터공학과	4	4	16	4.0												
자연	컴퓨터소프트웨어학과	2	2	10	5.0												
자연	건설환경도시교통공학부	6	6	22	3.7												

계열	모집단위	2025		2024						2023						2022					
		모집인원	모집인원	지원인원	경쟁률					모집인원	지원인원	경쟁률				모집인원	지원인원	경쟁률			
자연	화공생물공학과	3	3	13	4.3																
자연	반도체신소재공학과	3	3	15	5.0																
자연	나노화학소재공학과	3	3	13	4.3																
자연	산업경영공학과	2	2	9	4.5																
자연	안전공학과	2	2	4	2.0																
자연	건축공학과	3	3	9	3.0																
자연	건축학과(5년제)	1	1	9	9.0																
자연	간호학과*	8	8	92	11.5																
자연	물리치료학과	2	2	35	17.5																
자연	응급구조학과	2	2	16	8.0																
자연	식품생명학부	4	4	26	6.5																

■ (학생부종합) 나비인재 I

전형	모집인원	전형 방법	수능최저학력기준
나비인재 I	21	▶항공서비스학과: 1단계)서류100%(7배수) 2단계)서류60%+ 면접40%	X

1. **지원자격**: 고등학교 졸업(예정)자 또는 법령에 의하여 동등 학력이 있다고 인정된 자
2. **제출서류**: 학교생활기록부

◎ 전형요소
● 서류(600점)
　　1. **평가방법**: 다수의 입학사정관이 제출서류를 기반으로 평가기준에 의거하여 독립적·종합적으로 평가
　　　　- 입학사정관은 평가영역별 요소를 5단계 척도로 평가하며, 지원자의 역량에 따라 선발 대상에서 제외될 수 있음
　　2. **평가역량**:
　　　　❖ **자유전공학부**는 전공적합성이 아닌 **도전정신**을 평가영역으로 설정하며, 세부요소로는 도전의지(20%, 10점), 진취적자세(20%, 10점), 발전가능성(20%, 10점)으로 평가함

평가영역	반영비율	평가요소	반영비율	평가기준
전공적합성	60%	전공관심도	20%	• 학생부(진로활동, 동아리활동, 독서활동)을 토대로 평가 - 창의적체험활동, 수상경력 등 전공 관련 능력 계발을 위한 노력과 수준 파악 - 전공 관련 탐색 활동의 내용을 통한 모집단위에 지원하기 위한 노력과 과정 파악
		전공수학능력	20%	• 학생부(교과학습발달상황, 세부능력 및 특기사항 등)을 토대로 평가 - 전공교과와 관련된 이수과목의 학년별 학업 성취도 및 성적 추이(상향적, 하향적)를 통한 전공 관련 학업 성취 수준 파악 - 세부능력 및 특기사항 : 과목별 수업의 태도, 참여도 등을 확인함으로써 전공과 관련된 흥미, 학업 수준을 파악
		발전가능성	20%	• 학생부(수상경력, 자율활동, 진로활동, 독서활동상황, 행동특성 및 종합의견)을 토대로 평가 - 교내외 다양한 활동 내용, 역할, 실적, 노력을 통해 적극성 및 다양한 감각과 능력 파악 - 기존의 전공관련 탐색 및 이해노력(진로, 독서, 동아리활동 등)을 통한 잠재적 역량 수준 파악 - 학업에 대한 계획과 목표설정을 통한 발전 가능성 파악
사회성	20%	사회성	20%	• 학생부(학적, 출결상황, 인성관련 수상경력, 행동특성 및 종합의견)을 토대로 평가 - 학적과 출결상황의 학교폭력 관련 사실(사회봉사, 특별교육이수, 심리치료, 출석정지, 전학, 퇴학처분 등) 파악 - 배려와 나눔, 협력과 갈등관리 실천사례와 이를 통해 얼마나 성장하였고 타인과 얼마나 화합될 수 있는지 파악 - 교내외 의미 있는 봉사활동 시간, 지속성, 일관성, 진정성 파악 - 봉사관련 수상내역, 봉사활동 참여에 대한 가치에 대한 파악 - 인성관련 수상(선행, 효행, 모범상 등) 내용 파악 - 학생에 대한 종합적인 교사의 평가를 통한 성품, 학교생활태도 파악
자기주도성	20%	추진력 및 적극성	20%	• 학생부 창의적 체험활동사항(자율활동, 동아리활동, 봉사활동, 진로활동, 교과학습발달상황, 수상경력, 행동특성 및 종합의견)을 토대로 평가 - 모임을 이끌어나가는 주도성, 기획력, 문제해결력 파악 - 지속적인 관심교과에 대한 향상 및 담당교사의 의견 - 단체활동에 대한 참여도, 역할 기여도, 적극성, 협동성 파악 - 학내 행사에 얼마나 적극적으로 임하였고, 수상경력 사항 반영 - 자신이 맡은 역할에 대한 수행정도 및 평소 생활태도 파악 - 학생에 대한 교사의 종합의견을 바탕으로 자신이 맡은 역할에 대한 적극적 참여 및 수행정도 파악

☞ **보충설명**

- 전공적합성(60%) > 인성(20%)=자기주도성(20%) 순으로 반영, 전공적합성 비율이 가장 크고 변별력 있음
  - 전공적합성은 전공관심도20%, 전공수학능력20%, 발전가능성20%로 구성되며 가장 중요함
  - 위촉사정관 학과 교수님이 서류평가 참여, 전임사정관 1명, 교수님이 서류평가에 참여하므로 전공적합성이 중요함
- 전공적합성(60%)은 계열적합성 정도/ 공대, 자연계열은 전공적합성을 보는 편, 수학, 물리, 과학은 단시간 내에 따라갈 수 없으므로
  - 지원학과 관련 수상실적이 있으면 우위를 점 함. 전공 관련 동아리활동, 봉사활동이 중요
- 자기주도성(20%)은 학업이 아닌 비교과 활동을 얼마나 적극적으로 참여하고 활동했는지를 평가
- 인성(20%)은 학교폭력 등 사실 확인, 추천서에 학생의 학교생활 중 부각되는 부분을 기록
- 내신은 지원자 간에 성적이 몰려있지만, 서류평가는 크게 차이 남
- 서류, 면접은 5급간으로 평가하며, 한 급간 점수가 9점으로 학생부교과의 등급 간 점수 차이와 동일하여 서류와 면접이 중요함

● **면접(400점)**

1. **면접방법**: 대면 면접(집단면접)
2. **평가역량**:

평가영역	반영비율	역량정의	주요평가지표		
전공적합성	60%	해당 전공을 수학하기 위해 요구되는 전공에 대한 관심도, 전공이해력, 전공수학능력	전공관심도	20%	전공에 대한 관심과, 정보 탐색 노력
			전공수학능력	20%	전공 수학을 위한 전공 이해력
			발전가능성	20%	향후 학업계획
사회성	40%	타인에 대한 배려심과 올바른 가치관	개인적 인성	20%	성실성, 자기효능감, 창의력
			사회적 인성	20%	나눔과 배려, 협동심, 갈등극복, 공동체의식

3. **유의사항**:

- 다수의 입학사정관이 제출서류(학교생활기록부 또는 학생부 대체서식) 및 면접평가를 기반으로 평가기준에 의거하여 독립적·종합적으로 평가
- 입학사정관은 평가영역별 요소를 5단계 척도로 평가하며, 지원자의 역량에 따라 선발대상에서 제외될 수 있음
- 항공서비스학과는 대면 면접평가(집단 면접)이며, 면접평가 시간과 장소는 입학안내 홈페이지 공고를 통해 예비소집 없이 실시

☞ **보충설명**

- 면접평가를 비대면 영상 업로드 면접평가를 시행함(단, 항공서비스학과는 대면 면접평가임)
- 비대면 영상 업로드 면접은 학생의 답변 준비도나 성실하게 준비하고 답변하는 모습을 통해서 진학 의지 등을 볼 수있기 때문에 대면 면접평가 만큼이나 변별력 있음

◎ **전형결과**

■ **전체**

학년도	전체						인문						자연					
	모집인원	지원인원	경쟁률	등록평균	등록최저	충원율	모집인원	지원인원	경쟁률	등록평균	등록최저	충원율	모집인원	지원인원	경쟁률	등록평균	등록최저	충원율
2022	473	3,444	7.28	4.57	5.38	110%	133	1,050	7.89	4.63	5.45	98%	340	2,394	7.04	4.51	5.31	122%
2023	504	2,432	4.83	4.76	5.65	90%	135	780	5.78	4.83	5.68	78%	369	1,652	4.48	4.68	5.61	102%
2024	331	2,116	6.39				87	648	7.45				244	1,468	6.02			
2025	21						21											

■ **변경사항 & 핵심포인트**

[2025]

변경사항	2024	2025
모집인원	331명	21명(-310명)
선발 모집단위 축소	전 모집단위(331명)	항공서비스학과(21명)만 선발

- 항공서비스학과를 제외한 나머지 모든 모집단위는 나비인재Ⅱ전형으로 옮김.
- ➡ **합격자 성적분포**: 인문계열은 3등급 중반 ~ 5등급 후반, 자연계열은 3등급 초반 ~ 6등급 초반

'*' 표시 : 교직 이수 가능

■ **모집단위**

계열	모집단위	2025	2024						2023						2022					
		모집인원	모집인원	지원인원	경쟁률	등록평균	등록최저	충원번호	모집인원	지원인원	경쟁률	등록평균	등록최저	충원번호	모집인원	지원인원	경쟁률	등록평균	등록최저	충원번호
인문	항공서비스학과	21	21	407	19.4				20	343	17.2	4.15	5.15	6	19	426	22.4	4.15	5.33	16

■ (학생부종합) 나비인재Ⅱ

전형	모집인원	전형 방법	수능최저학력기준
나비인재Ⅱ	552	서류100%	X

1. **지원자격**: 고등학교 졸업(예정)자 또는 법령에 의하여 동동 학력이 있다고 인정된 자
2. **제출서류**: 학교생활기록부

◎ 전형요소
※ 신설 전형, 서류100%, 수능최저학력기준 없음.
● 서류: 나비인재Ⅰ 참고

◎ 전형결과
■ 전체

학년도	전체						인문						자연					
	모집인원	지원인원	경쟁률	등록평균	등록최저	충원율	모집인원	지원인원	경쟁률	등록평균	등록최저	충원율	모집인원	지원인원	경쟁률	등록평균	등록최저	충원율
2024	186	849	4.56				56	217	3.88				130	632	4.86			
2025	552						128						424					

■ 변경사항 & 핵심포인트
[2025]

변경사항	2024	2025
모집인원	186명	552명(+366명. 나비인재Ⅰ을 합침)

• 나비인재Ⅰ의 항공서비스학과를 제외한 나머지 모든 모집단위를 나비인재Ⅱ전형으로 옮김에 따라 모집인원이 366명이나 증가하였음.
➡ **합격자 성적분포**: 인문계열은 등급 반 ~ 등급 반, 자연계열은 등급 반 ~ 등급 반.

■ 모집단위
'*'표시 : 교직 이수 가능

계열	모집단위	2025 모집인원	2024 모집인원	지원인원	경쟁률		2023 모집인원	지원인원	경쟁률		2022 모집인원	지원인원	경쟁률	
인문	영어영문학과	17	5	11	2.2									
인문	중국어학과	12	4	7	1.8									
인문	한국어문학과	6	1	2	2.0									
인문	행정학과	5	4	17	4.3									
인문	행정정보학융합학과	5	2	8	4.0									
인문	경영학과	9	4	20	5.0									
인문	융합경영학과	6	6	21	3.5									
인문	국제무역학과	6	6	20	3.3									
인문	사회복지학과	7	3	29	9.7									
인문	음악학과	3	2	0	0.0									
인문	유아교육학과*	12	5	27	5.4									
인문	산업디자인학과	6	2	11	5.5									
인문	커뮤니케이션디자인학과	7	2	8	4.0									
인문	유아특수교육학과*	12	6	14	2.3									
인문	철도경영·물류학과	15	4	22	5.5									
자연	기계공학과	10	4	17	4.3									
자연	자동차공학과	10	4	14	3.5									
자연	항공·기계설계학과	28	4	13	3.3									
자연	전자공학과	30	9	30	3.3									
자연	전기공학과	9	3	13	4.3									
자연	컴퓨터공학과	17	5	31	6.2									
자연	컴퓨터소프트웨어학과	7	2	11	5.5									
자연	건설환경도시교통공학부	27	8	30	3.8									
자연	화공생물공학과	15	6	16	2.7									
자연	반도체신소재공학과	7	6	17	2.8									
자연	나노화학소재공학과	14	6	12	2.0									
자연	산업경영공학과	14	8	20	2.5									
자연	안전공학과	14	6	16	2.7									

계열	모집단위	2025 모집인원	2024					2023					2022				
			모집인원	지원인원	경쟁률			모집인원	지원인원	경쟁률			모집인원	지원인원	경쟁률		
자연	건축공학과	16	4	11	2.8												
자연	건축학과(5년제)	13	3	24	8.0												
자연	항공운항학과	24	7	54	7.7												
자연	간호학과	24	7	65	9.3												
자연	물리치료학과	8	4	51	12.8												
자연	응급구조학과	10	4	37	9.3												
자연	식품공학전공	9	4	16	4.0												
자연	식품영양학전공	7	2	8	4.0												
자연	생명공학전공	7	3	8	2.7												
자연	AI·데이터공학부	28	4	21	5.3												
자연	철도운전시스템공학과	17	3	31	10.3												
자연	철도차량시스템공학과	17	3	18	6.0												
자연	철도인프라공학과	16	3	14	4.7												
자연	철도전기정보공학과	15	3	13	4.3												
자연	자유전공학부(충주/증평)	11	5	21	4.2												

I. 한 눈에 보는 전형

모집시기	전형유형	전형	모집인원	전형 방법	수능최저학력기준
수시	교과	일반전형	169	학생부교과100%	○
수시	교과	지역인재	85	학생부교과100%	○
수시	종합	창의인재(서류형)	100	서류100%	X
수시	종합	창의인재(면접형) [신설]	134	1단계)서류100%(4배수) 2단계)서류60%+ 면접40%	X
수시	종합	사회통합	25	서류100%	X
수시	종합	특성화고졸업자	12	서류100%	X
수시	종합	농어촌학생	33	서류100%	X
수시	종합	특수교육대상자	5	서류100%	X
수시	논술	논술전형	173	논술100%	X

(수시모집) 지원 가능 횟수	전체 전형 중 지원자격 충족여부에 따라 최대 6개 전형 복수지원 가능

■ 학교폭력 조치사항

전형	전형 총점	감점								
		1호	2호	3호	4호	5호	6호	7호	8호	9호
학생부종합	100	학교폭력 조치사항은 정성평가하여 반영								

■ 전형결과

※ 성적 산출기준: (수시) 교과 석차등급, (정시) 수능 백분위

모집시기	전형유형	전형	학년도	모집인원	지원인원	경쟁률	등록자 평균	등록자 최저	충원율
수시	교과	일반전형	2024	257	1,704	6.63	4.01	4.85	118%
수시	교과	지역인재	2024	100	625	6.25	3.91	4.49	115%
수시	종합	창의인재(서류형)	2024	174	1,216	6.99	4.01	4.62	123%
수시	논술	논술전형	2024	170	2,192	12.89	5.35	7.23	24%

■ (주요전형) 전형일정

유형	전형	원서접수 마감	대학별 고사(면접/논술)	1단계 합격자	최종 합격자
교과	일반전형	9.13(금) 19:00			12.13(금)
교과	지역인재	9.13(금) 19:00			12.13(금)
종합	창의인재(서류형)	9.13(금) 19:00			11.15(금)
종합	창의인재(면접형)	9.13(금) 19:00	11.02(토)	10.29(화)	11.15(금)
논술	논술일반	9.13(금) 19:00	11.20(수) A그룹 10:00 / B그룹 14:00		12.13(금)

▶ 11.20(수) A그룹 10:00 : 기계공학부, 전기.전자통신공학부, 컴퓨터공학부
　　B그룹 14:00 : 메카트로닉스공학부, 디자인.건축공학부, 에너지신소재화학공학부, 산업경영학부, 고용서비스정책학과

II. (수시모집) 주요 전형

■ (학생부교과) 일반전형

전형	모집인원	전형 방법	수능최저학력기준
일반전형	169	학생부교과100%	○

1. 지원자격: 국내 정규 고등학교 졸업(예정)자 　※ 검정고시 출신자 제외
2. 수능최저학력기준:

▶ 공학계열: [국어, 수학, 영어, 사/과/직탐(1과목)] 중 수학 포함 2개 영역 등급 합 8 이내 ※ 디자인공학: 2개 영역 등급 합 8 이내
▶ 사회계열: [국어, 수학, 영어, 사/과/직탐(1과목)] 중 국어 포함 2개 영역 등급 합 8 이내

◎ 전형요소
● 학생부(100점)

반영요소 반영비율	반영교과목		교과성적 산출지표	학년별 반영비율
	구분	반영방법		
교과100%	공통 및 일반선택	▶ 사회계열: 국어, 영어, 수학, 사회교과에 속한 전 과목 ※ 한국사 미포함 ▶ 공학계열: 국어, 영어, 수학, 과학교과에 속한 전 과목	석차등급	학년 구분 없음
	진로선택	진로선택과목 전 과목 중 상위 2과목의 등급에 따라 교과성적(100점)의 최대 3% 가산 ※ 가산점 비율(%) = A+A : 3.0, A+B : 2.8, A+C : 2.6, A : 2.4, 　　　　　　　　　　B+B : 2.4, B+C : 2.2, B+C : 2.0, C : 1.9, 과목 미이수 : 1.8	성취도	

◎ 전형결과
■ 전체

학년도	전체						인문						자연					
	모집 인원	지원 인원	경쟁 률	등록 평균	등록 최저	충원 율	모집 인원	지원 인원	경쟁 률	등록 평균	등록 최저	충원 율	모집 인원	지원 인원	경쟁 률	등록 평균	등록 최저	충원 율
2022	147	1,139	7.75	3.47		135%	25	207	8.28	3.50		88%	122	932	7.64	3.44		182%
2023	167	1,004	6.01	3.78	4.66	120%	29	173	5.97	3.78	4.51	86%	138	831	6.02	3.77	4.81	153%
2024	257	1,704	6.63	4.01	4.85	118%	45	252	5.60	4.04	4.92	128%	212	1,452	6.85	3.97	4.78	108%
2025	169						27						142					

■ [계열별] 실질 경쟁률(지원자 중 수능최저 충족인원)

계열	학년도	모집인원	지원인원	경쟁률	수능최저 충족율	실질 경쟁률
인문	2022	25	207	8.28	36.40%	3.01
	2023	29	173	5.97	37.45%	2.24
	2024	45	252	5.60	51.80%	2.90
자연	2022	122	932	7.64	46.30%	2.86
	2023	138	831	6.02	57.64%	3.47
	2024	212	1,452	6.85	39.30%	2.69

■ [학과별] 수능최저학력기준 충족율

계열	계열 평균	모집단위
인문	51.8%	산업경영학부 44.8%, 고용서비스정책학과 58.8%
자연	39.3%	**기계공학부 31.0%**, 메카트로닉스공학부 41.1%, 전기·전자·통신공학부 42.6%, 컴퓨터공학부 45.6%, **디자인전공 31.1%, 건축학전공 28.1%**, 에너지신소재공학전공 43.0%, 화학생명공학전공 52.2%

■ 변경사항 & 핵심포인트
[2025]

변경사항	2024	2025
모집인원	257명	169명(-88명)
수능최저 변경	[국어, 수학, 영어, 사/과/직탐(1과목)] 중 3개 영역 등급 합 12 이내	[국어, 수학, 영어, 사/과/직탐(1과목)] 중 사회: 국어 포함 2개 영역 등급 합 9 이내 공학: 수학 포함 2개 영역 등급 합 9 이내 (디자인공학: 2개 영역 등급 합 9)
(학생부) 진로선택과목 반영	-	진로선택과목 전 과목 중 상위 2과목의 등급에 따라 교과성적(100점)의 최대 3% 가산

➡ 합격자 성적분포: 인문계열은 3등급 후반 ~ 4등급 후반, 자연계열은 3등급 중반 ~ 4등급 후반

■ 모집단위
'*' 표시 : 교직 이수 가능

계열	모집단위	2025	2024						2023						2022					
		모집 인원	모집 인원	지원 인원	경쟁 률	등록 평균	등록 최저	충원 율	모집 인원	지원 인원	경쟁 률	등록 평균	등록 최저	충원 율	모집 인원	지원 인원	경쟁 률	등록 평균	등록 최저	충원 율
인문	*고용서비스정책학과*	*6*	*10*	51	5.1	3.78	4.85	170%	9	38	4.2	3.52	4.21	67%	7	65	9.3	3.17		86%
인문	*산업경영학부*	*21*	*35*	201	5.7	4.29	4.99	86%	20	135	6.8	4.04	4.82	105%	18	142	7.9	3.83		89%

계열	모집단위	2025 모집인원	2024 모집인원	2024 지원인원	2024 경쟁률	2024 등록평균	2024 등록최저	2024 충원율	2023 모집인원	2023 지원인원	2023 경쟁률	2023 등록평균	2023 등록최저	2023 충원율	2022 모집인원	2022 지원인원	2022 경쟁률	2022 등록평균	2022 등록최저	2022 충원율
자연	*화학생명공학전공*	9	13	90	6.9	3.39	4.13	162%												
자연	*컴퓨터공학부*	23	40	248	6.2	3.64	4.17	113%	26	120	4.6	3.51	4.45	150%	23	152	6.6	3.02		122%
자연	*에너지신소재공학전공*	10	13	86	6.6	3.71	4.31	115%												
자연	*전기·전자·통신공학부*	23	40	249	6.2	3.97	5.13	150%	26	204	7.9	3.68	4.27	273%	23	186	8.1	3.40		370%
자연	*기계공학부*	30	40	378	9.5	4.05	4.84	123%	26	126	4.9	4.15	5.59	81%	23	181	7.9	3.33		170%
자연	*메카트로닉스공학부*	25	40	231	5.8	4.08	4.93	98%	26	165	6.4	3.62	4.22	185%	23	223	9.7	3.45		217%
자연	디자인공학전공	11	13	106	8.2	4.34	4.70	62%	9	65	7.2	4.51	5.57	111%	8	39	4.9	4.06		63%
자연	건축공학전공	11	13	64	4.9	4.61	6.05	39%	9	79	8.8	3.80	4.18	122%	8	51	6.4	3.96		150%

■ (학생부교과) 지역인재

전형	모집인원	전형 방법	수능최저학력기준
지역인재	85	학생부교과100%	○

1. **지원자격**: 고등학교 졸업(예정)자로서 <u>대전·세종·충남·충북지역 소재 고교</u>에서 입학부터 졸업까지 3학년 전 과정을 이수한 자
   ※ 검정고시 출신자 제외
2. **수능최저학력기준**:

> ▶ 공학계열: [국어, 수학, 영어, 사/과/직탐(1과목)] 중 2개 영역 등급 합 8 이내
> ▶ 사회계열: [국어, 수학, 영어, 사/과/직탐(1과목)] 중 국어 포함 2개 영역 등급 합 9 이내

3. **공학계열 통합모집**: 계열내 희망 모집단위 100% 선택 가능

◎ 전형요소
● **학생부(100점)**: 일반전형 참고

◎ 전형결과
■ 전체

학년도	전체 모집인원	전체 지원인원	전체 경쟁률	전체 등록평균	전체 등록최저	전체 충원율	인문 모집인원	인문 지원인원	인문 경쟁률	인문 등록평균	인문 등록최저	인문 충원율	자연 모집인원	자연 지원인원	자연 경쟁률	자연 등록평균	자연 등록최저	자연 충원율
2022	91	593	6.52	4.07		97%	19	102	5.37	4.01		74%	72	491	6.82	4.12		120%
2023	112	715	6.38	3.83	4.50	136%	24	110	4.58	3.81	4.58	99%	88	605	6.88	3.85	4.41	173%
2024	100	625	6.25	3.91	4.49	115%	21	133	6.33	3.77	4.41	88%	79	492	6.23	4.05	4.57	141%
2025	85						18						67					

■ 변경사항 & 핵심포인트
[2025]

변경사항	2024	2025
모집인원	100명	85명(-15명)
전형유형 변경	학생부종합	학생부교과
전형방법 변경	서류100%	학생부교과100%
수능최저 도입	–	인문: 국어 포함 2개 등급 합 9 자연: 2개 등급 합 8

➡ **합격자 성적분포**: 인문계열은 3등급 중반 ~ 4등급 중반, 자연계열은 3등급 후반 ~ 4등급 후반.

■ 모집단위

'*' 표시 : 교직 이수 가능

계열	모집단위	2025 모집인원	2024 모집인원	2024 지원인원	2024 경쟁률	2024 등록평균	2024 등록최저	2024 충원율	2023 모집인원	2023 지원인원	2023 경쟁률	2023 등록평균	2023 등록최저	2023 충원율	2022 모집인원	2022 지원인원	2022 경쟁률	2022 등록평균	2022 등록최저	2022 충원율
인문	고용서비스정책학과	4	4	18	4.5	3.28	3.76	75%	5	24	4.8	3.27	3.99	60%	3	29	9.7	4.02		67%
인문	산업경영학부	14	17	115	6.8	4.26	5.05	100%	19	86	4.5	4.35	5.16	137%	16	73	4.6	4.01		81%
자연	**공학계열**	67																		

■ (학생부종합) 창의인재(서류형)

전형	모집인원	전형 방법	수능최저학력기준
창의인재(서류형)	100	서류100%	X

1. **지원자격**: 국내 정규 고등학교 졸업(예정)자로서 창의적 사고와 능동적 실천능력을 갖추고 지원 전공 분야에 대한 열정과 우수한 재능을 가진 자
2. **제출서류**: 학교생활기록부

◎ **전형요소**
● **서류(100점)**
　1. **평가방법:**
　　1) 학교생활기록부에 대한 평가는 다수의 입학사정관에 의해 다단계/다층적으로 검토되며, 사전에 정해진 표준 프로세스와 통일된 척도에 의해 체계적으로 평가.
　　2) 모든 입학사정관은 표준 평가지표와 평가요소, 표준 프로세스 및 척도를 동일하게 참조하여 학교생활기록부를 평가.
　2. **평가지표**

평가지표	반영비율	평가요소	평가내용
학업역량	35%	기초 학업역량	- 학업을 충실히 수행할 수 있는 기초 학업 능력
		학업태도	- 다양한 교과목에서 보이는 바른 학업태도와 공부 습관 - 필요에 따라 어려운 심화 과목이나 학습 내용에도 도전하려는 의지
전공적합성	35%	전공활동 우수성	- 본인이 희망하는 분야의 전공활동에서 보이는 우수한 성과
		전공관련 활동의 일관성 및 다양성	- 희망 분야 관련 과제 및 프로젝트, 대회 출전 등 다양한 직/간접 경험과 넓은 관심
나우리역량	30%	성실성	- 지속적인 노력으로 자신의 의무를 다하는 태도와 행동
		적극성 및 주도성	- 스스로 목표를 설정하고 주도적, 적극적으로 참여하는 경험과 태도
		협동심 및 공동체의식	- 공동의 목표를 함께 달성해 내기 위해 필요한 마음가짐과 태도 - 타인에 대한 진정성 있는 나눔과 배려심

　3. **평가요소별 체크리스트**

평가지표	평가요소	내용
학업역량	기초 학업역량	- 대학 수학에 필요한 기본 교과목의 교과성적은 적절한가? 그 외 교과목의 성적은 어느정도인가? - 학기별/학년별 성적의 추이는 어떠한가? - 과목별 등급 외에 원점수(평균/표준 편차)는 적절한가?
	학업태도 및 의지	- 성취동기와 목표의식을 가지고 자발적으로 학습하려는 의지가 있는가? - 새로운 지식을 획득하기 위해 자기주도적으로 노력하고 있는가? - 교과 수업에 적극적으로 참여해 수업 내용을 이해하려는 태도와 열정이 있는가?
전공적합성	전공활동 우수성	- 지원 전공(계열)과 관련해 스스로 선택하여 수강한 과목이 얼마나 되는가? - 지원 전공(계열)과 관련된 교과 성적이 우수한가? - 지원 전공(계열)과 관련된 활동에서 우수한 성과를 보였는가?
	전공관련 활동의 일관성 및 다양성	- 지원 전공(계열)에 관련된 교과 관련 활동 (세부능력 및 특기사항 등)이 있는가? - 지원 전공(계열)에 관련된 창의적 체험활동 (자율, 동아리, 봉사, 진로)에 참여하였는가?
나우리역량	성실성	- 학업에 있어 지속적인 노력을 통하여 꾸준함을 보여주고 있는가? - 교내 활동에서 자신이 맡은 역할에 최선을 다하려고 노력한 경험이 있는가? - 자신이 속한 공동체가 정한 규칙과 규정을 준수하고 있는가?
	적극성 및 주도성	- 교내 다양한 활동에서 적극적, 주도적으로 활동을 수행하였는가? - 스스로 목표를 설정하고 계획을 수립하여 실행한 경험이 있는가? - 새로운 과제를 주도적으로 만들고 성과를 내었는가?
	협동심 및 공동체의식	- 구성원들과 협력을 통하여 공동의 과제를 수행하고 완성한 경험이 있는가? - 타인의 의견에 공감하고 수용하며 존중하는 노력을 기울이고 있는가? - 타인을 위하여 양보하거나 배려를 실천한 구체적 경험이 있는가?

　4. **평가척도 기준:**

등급	의미	내용(기준)
A	매우 우수	해당 능력이 우수하며, 타 학생 대비 비교 우위가 명확한 경우
B	다소 우수	해당 능력이 우수하나, 최상위 수준으로 보기에는 어려운 경우
C	보통	평균적인 수준으로 특별히 우수하거나 미흡하다고 보기 어려움
D	다소 미흡	해당 능력이 최하위는 아니나 다소 간에 미흡한 점이 있는 경우
E	매우 미흡	해당 능력이 미흡함이 매우 분명한 수준

　　※ 학교폭력 조치사항은 정성평가하여 반영

☞ **보충설명**
- 평가요소: 학업역량(35%) = 전공적합성(35%) > 나우리인성(30%) 순으로 반영
  - 학업역량과 전공적합성에서 변별력 생김..
- 나우리인성(30%)은 변별력은 낮지만 개인적인 편차가 크게 발생할 수 있음.
  - 코리아텍은 학업역량과 전공 지식(경험)도 중요하지만 결국 기본이 되는 것은 타인(나+우리)과의 관계망 형성이라는 점을 강조

◎ **전형결과**

■ 전체

학년도	전체						인문						자연					
	모집인원	지원인원	경쟁률	등록평균	등록최저	충원율	모집인원	지원인원	경쟁률	등록평균	등록최저	충원율	모집인원	지원인원	경쟁률	등록평균	등록최저	충원율
2022	154	938	6.09	3.90		67%	28	162	5.79	3.86		36%	126	776	6.16	3.94		98%
2023	212	1,277	6.02	3.84	4.70	118%	38	161	4.23	3.83	4.79	120%	174	1,116	6.41	3.85	4.61	115%
2024	174	1,216	6.99	4.01	4.62	123%	29	180	6.21	4.04	4.53	109%	145	1,036	7.14	3.97	4.70	137%
2025	100						18						82					

■ 변경사항 & 핵심포인트

[2025]

변경사항	2024	2025
모집인원	174명	100명(-74명)
명칭 변경	창의인재	창의인재(서류형)
학교폭력 조치사항	-	학교폭력 조치사항은 정성평가하여 반영

➡ **합격자 성적분포**: 인문계열은 3등급 후반 ~ 4등급 중반, 자연계열은 3등급 중반 ~ 4등급 중반

■ 모집단위   '*'표시 : 교직 이수 가능

계열	모집단위	2025	2024						2023						2022					
		모집인원	모집인원	지원인원	경쟁률	등록평균	등록최저	충원율	모집인원	지원인원	경쟁률	등록평균	등록최저	충원율	모집인원	지원인원	경쟁률	등록평균	등록최저	충원율
인문	고용서비스정책학과	4	7	33	4.7	3.88	4.12	100%	12	40	3.3	3.54	4.45	117%	7	61	8.7	3.69		43%
인문	산업경영학부	14	22	147	6.7	4.19	4.94	118%	26	121	4.7	4.12	5.13	123%	21	101	4.8	4.02		29%
자연	에너지신소재공학전공	6	8	71	8.9	3.50	3.77	63%												
자연	화학생명공학전공	6	9	88	9.8	3.69	5.72	122%												
자연	전기전자통신공학부	15	27	158	5.9	3.83	4.45	163%	32	174	5.4	3.62	4.33	91%	23	128	5.6	3.56		83%
자연	컴퓨터공학부	15	27	216	8.0	3.87	4.58	182%	32	240	7.5	3.46	4.34	109%	23	160	7.0	3.54		178%
자연	기계공학부	15	27	168	6.2	4.01	4.66	152%	32	184	5.8	3.93	4.58	172%	23	128	5.6	3.95		104%
자연	메카트로닉스공학부	15	27	181	6.7	4.13	4.60	107%	32	167	5.2	4.01	5.05	75%	23	111	4.8	3.99		74%
자연	건축공학전공	5	10	90	9.0	4.24	4.87	270%	12	127	10.6	4.29	5.19	183%	9	63	7.0	4.61		111%
자연	디자인공학전공	5	10	64	6.4	4.47	4.92	40%	12	82	6.8	4.06	4.50	42%	9	51	5.7	4.54		100%

■ (학생부종합) 창의인재(면접형)

전형	모집인원	전형 방법	수능최저학력기준
창의인재(면접형) [신설]	134	1단계)서류100%(4배수) 2단계)서류60%+ 면접40%	X

1. **지원자격**: 국내 정규 고등학교 졸업(예정)자로서 창의적 사고와 능동적 실천능력을 갖추고 지원 전공 분야에 대한 열정과 우수한 재능을 가진 자
2. **제출서류**: 학교생활기록부

◎ **전형요소**
- **서류(60점)**: 창의인재(서류형) 참고
- **면접(40점)**:
  1. **평가방법**: 공통질문 및 학교생활기록부 확인 면접
  2. **면접시간**: 10분. 면접관 2인 대 수험생 1임
  3. **평가지표**

평가지표	반영비율	평가내용
전공적합성	40%	- 전공(계열)에 대한 관심과 이해도 - 전공(계열) 관련 활동과 경험
발전가능성	30%	- 지원동기 및 진로계획의 적절성
나우리역량	30%	- 공동체 일원으로서 협업과 소통능력 - 의사소통능력

4. 평가척도:

A+	A	B+	B	C	D	E
40	33	26	19	12	5	0

◎ 전형결과
■ 전체

학년도	전체						인문						자연					
	모집인원	지원인원	경쟁률	등록평균	등록최저	충원율	모집인원	지원인원	경쟁률	등록평균	등록최저	충원율	모집인원	지원인원	경쟁률	등록평균	등록최저	충원율
2022																		
2023																		
2024																		
2025	134						26						108					

■ 변경사항 & 핵심포인트

[2025]
• 신설 전형

■ 모집단위

'*' 표시 : 교직 이수 가능

계열	모집단위	2025	2024						2023						2022					
		모집인원	모집인원	지원인원	경쟁률	등록평균	등록최저	충원율	모집인원	지원인원	경쟁률	등록평균	등록최저	충원율	모집인원	지원인원	경쟁률	등록평균	등록최저	충원율
인문	산업경영학부	19																		
인문	고용서비스정책학과	7																		
자연	기계공학부	20																		
자연	메카트로닉스공학부	20																		
자연	전기전자통신공학부	20																		
자연	컴퓨터공학부	20																		
자연	디자인공학전공	7																		
자연	건축공학전공	7																		
자연	에너지신소재공학전공	7																		
자연	화학생명공학전공	7																		

■ (논술) 논술전형

전형	모집인원	전형 방법	수능최저학력기준
논술전형	173	논술100%	X

1. **지원자격**: 고등학교 졸업(예정)자 또는 법령에 의하여 고등학교 졸업 이상의 학력이 인정되는 자

◎ 전형요소
● 논술(100점)

구분	공학계열 학부	산업경영학부
논술유형	수리논술	자료제시형 언어논술
문항 수 및 배점	10개 내외 (단문형 지문, 단답/약술형 서술)	10개 내외 (단문형 지문, 단답/약술형 서술)
시간	80분	80분
논술성격	수학 교과에서 학습한 기본 개념과 원리에 대한 이해를 바탕으로 논리적 사고력, 창의적 문제해결능력 등을 객관적으로 평가할 수 있는 문제위주로 출제	국어, 사회 교과목 관련 제시문을 활용하며 고교 교육과정을 성실히 학습한 학생이라면 충분히 접근할 수 있는 수준의 기초적인 자료해석 및 글쓰기 능력을 객관적으로 평가할 수 있는 문제위주로 출제
출제범위	수학Ⅰ, 수학Ⅱ • 고교 교육과정 범위 내에서 단답형 또는 약술형으로 출제 • 수능특강의 유형과 수준을 참고하여 적절한 수준의 난이도로 출제	국어, 사회 (교과서 및 EBS 수능교재) • 고교 교육과정 범위 내에서 단답형 또는 약술형으로 출제 • 수능특강의 유형과 수준을 참고하여 적절한 수준의 난이도로 출제

◎ 전형결과
■ 전체

학년도	전체						인문						자연					
	모집인원	지원인원	경쟁률	등록평균	등록최저	충원율	모집인원	지원인원	경쟁률	등록평균	등록최저	충원율	모집인원	지원인원	경쟁률	등록평균	등록최저	충원율
2022	219	1,172	5.35	4.81		21%	38	156	4.11	4.82		14%	181	1,016	5.61	4.79		27%
2023	220	1,501	6.82	4.75	6.13	29%	39	208	5.33	4.71	5.94	21%	181	1,293	7.14	4.79	6.31	37%
2024	170	2,192	12.89	5.35	7.23	24%	25	262	10.48	5.39	7.29	18%	145	1,930	13.31	5.30	7.17	29%
2025	173						26						147					

■ 변경사항 & 핵심포인트

[2025]

변경사항	2024	2025
모집인원	170명	173명(+3명)

• 학생부: 교과성적은 등급 간 감점이 1~3등급까지는 1점, 4~6등급까지는 2.5점씩 감점되므로 내신 영향력이 매우 작음
  - 내신 6등급까지는 논술로 당락 결정
• 논술고사: 문항 수 12개, 단문형 지문에 단답/약술형 서술 출제.
  - 자연계열은 수학만 출제되고, 인문계열은 국어만 출제됨. 따라서 인문계는 국어, 자연계는 수학이 강한 학생들이 매우 유리.
  - 자연계열 수학 출제범위: 수학Ⅰ, 수학Ⅱ, ※ 확률과 통계, 미적분, 기하 미출제
➡ 합격자 성적분포: 인문계열은 4등급 중반 ~ 5등급 후반, 자연계열은 4등급 중반 ~ 5등급 후반

■ 모집단위
'*' 표시 : 교직 이수 가능

계열	모집단위	2025	2024						2023						2022					
		모집인원	모집인원	지원인원	경쟁률	등록평균	등록최저	충원율	모집인원	지원인원	경쟁률	등록평균	등록최저	충원율	모집인원	지원인원	경쟁률	등록평균	등록최저	충원율
인문	고용서비스정책학과	5	5	46	9.2	4.91	6.35	20%	10	56	5.6	4.55	5.80	10%	9	50	5.6	4.46		11%
인문	산업경영학부	21	20	216	10.8	5.86	8.22	15%	29	152	5.2	4.86	6.07	31%	29	106	3.7	5.17		17%
자연	화학생명공학전공	9	10	144	14.4	4.91	7.12	20%												
자연	컴퓨터공학부	25	27	447	16.6	5.02	7.38	30%	34	333	9.8	4.60	6.81	29%	34	241	7.1	4.56		29%
자연	에너지신소재공학전공	9	9	117	13.0	5.16	6.48	11%												
자연	전기전자통신공학부	25	27	349	12.9	5.27	7.29	37%	34	245	7.2	4.51	5.83	29%	34	197	5.8	4.46		15%
자연	건축공학전공	11	9	126	14.0	5.38	7.73	56%	11	74	6.7	5.21	6.46	55%	11	54	4.9	5.34		18%
자연	기계공학부	30	27	319	11.8	5.43	6.87	30%	34	214	6.3	4.97	6.47	18%	34	175	5.2	4.92		41%
자연	메카트로닉스공학부	27	27	321	11.9	5.44	7.87	22%	34	210	6.2	4.73	6.46	29%	34	178	5.2	4.77		32%
자연	디자인공학전공	11	9	107	11.9	5.77	6.58	22%	11	65	5.9	5.26	6.09	64%	11	49	4.6	5.00		37%

95. 한국성서대학교 　서울특별시 노원구 동일로 214길 32 （Tel: 02. 950-5403, 5425）

I. 한 눈에 보는 전형

모집시기	전형유형	전형	모집인원	전형 방법	수능최저학력기준
수시	교과	일반학생	86	학생부70%+ 면접30%	X(간호학과○)
수시	교과	교과성적우수자	51	학생부80%+ 면접20%	X
수시	교과	목회자추천	47	학생부60%+ 면접40%	X
수시	교과	고른기회	4	학생부70%+ 면접30%	X
수시	교과	농어촌고교출신자	5	학생부70%+ 면접30%	X
수시	교과	기초생활수급자및차상위계층	7	학생부70%+ 면접30%	X
수시	교과	특수교육대상자	9	학생부70%+ 면접30%	X

(수시모집) 지원 가능 횟수	본 교 모집전형 중 전형유형이 다를 경우, 중복지원을 허용합니다.

■ 무전공(전공자율선택)

유형① [대학 내 모든 전공(보건의료, 사범 등 제외) 자율 선택]		유형② [계열/단과대 모집 후 모집단위 내 전공 자율 선택]	
모집단위	인원	모집단위	인원
		AI융합학부(인공지능전공, AI휴먼서비스융합전공, 컴퓨터소프트웨어전공)	55

■ AI융합학부 : 1학년 이후 학부 내 3개의 전공 중 본인이 희망하는 전공을 자율선택할 수 있습니다.

■ 전형결과
※ 성적 산출기준: (수시) 교과 석차등급, (정시) 수능 백분위

모집시기	전형유형	전형	학년도	모집인원	지원인원	경쟁률	등록자 50%컷	등록자 70%컷	충원율
수시	교과	일반학생	2024	81	850	10.49			
수시	교과	교과성적우수자	2024	50	319	6.38			
수시	교과	목회자추천	2024	45	267	5.93	4.09	4.33	102%

■ (주요전형) 전형일정

유형	전형	원서접수 마감	대학별 고사(면접/논술)	1단계 합격자	최종 합격자
교과	일반학생	9.13(금) 18:00	10.01(화)~02(수)		11.15(금)
교과	교과성적우수자	9.13(금) 18:00	10.01(화)~02(수)		11.15(금)
교과	목회자추천	9.13(금) 18:00	10.01(화)~02(수)		11.15(금)

II. (수시모집) 주요 전형

■ (학생부교과) 일반학생

전형	모집인원	전형 방법	수능최저학력기준
일반학생	86	학생부70%+ 면접30%	X(간호학과○)

1. **지원자격**: 국내·외 고등학교 졸업(예정)자 또는 법령에 의하여 이와 동등 이상의 학력이 있다고 인정된 자
2. **수능최저학력기준**: 없음. 단 간호학과는 적용

> ▶ 간호학과: [국어, 수학, 영어, 사/과탐(1과목)] 중 2개 영역 등급 합 6 이내

◎ 전형요소
● 학생부(700점)

반영요소 반영비율	구분	반영교과목		교과성적 산출지표	학년별 반영비율
		반영방법			
교과100%	공통 및 일반선택	국어, 영어, 수학, 사회/과학교과별 상위 2과목 (총 8과목) ▶ 간호학과: 국어, 영어, 수학, 사회, 과학교과에 속한 전 과목		석차등급	학년 구분 없음
	진로선택	미반영			

구분	1등급	2등급	3등급	4등급	5등급	6등급	7등급	8등급	9등급
점수(700점)	700	696	692	688	684	679	674	668	658
등급 간 점수 차이	0	4	4	4	4	5	5	6	10

● 면접(300점)
1. **면접방식**: 2:1 일반면접방식(면접위원2, 지원자1 또는 면접위원2, 지원자3 방식) ※ 경우에 따라 집단면접으로 진행할 수 있음
2. **면접시간**: 10분 ~ 15분 이내(지원자 1인당 약 5분 ~ 10분 정도 소요)
3. **면접내용**:

평가영역	내용
기본소양	면접 태도 자세와 지원학과 관심 정도
전공적합성	지원학과 분야의 이해력과 표현력
인성	자아관·세계관· 사회성·도덕성 등
수학여건	학업계획 + 발전가능성, 본교 인재상의 부합 정도

◎ 전형결과
■ 전체

학년도	전체					인문					자연				
	모집 인원	지원 인원	경쟁률	최종 평균	최종 최저	모집 인원	지원 인원	경쟁률	최종 평균	최종 최저	모집 인원	지원 인원	경쟁률	최종 평균	최종 최저
2022	86	740	8.60	4.52	5.81	51	282	5.53	4.87	6.40	35	458	13.09	4.17	5.22
2023	85	868	10.21	4.41	5.33	50	318	6.36	4.56	5.53	35	550	15.71	4.25	5.13
2024	81	850	10.49	4.46	5.44	46	273	5.93	4.75	5.90	35	577	16.49	4.16	4.97
2025	86					46					40				

■ 변경사항 & 핵심포인트
[2025]

변경사항	2024	2025
모집인원	81명	86명(+5명)
(학생부) 간호학과 반영교과목	국어, 영어, 수학, 사회/과학교과	국어, 영어, 수학, 사회, 과학교과

➡ 합격자 성적분포: 인문계열은 4등급 초반 ~ 5등급 중반, 자연계열은 3등급 후반 ~ 4등급 후반

■ 모집단위
'*' 표시 : 교직 이수 가능

계열	모집단위	2025	2024					2023					2022				
		모집 인원	모집 인원	지원 인원	경쟁률	최종 평균	최종 최저	모집 인원	지원 인원	경쟁률	최종 평균	최종 최저	모집 인원	지원 인원	경쟁률	최종 평균	최종 최저
인문	사회복지학과	13	15	158	10.5	4.10	4.97	15	170	11.3	4.37	4.89	15	110	7.3	4.45	5.48
인문	영유아보육학과	15	13	86	6.6	4.60	5.33	15	122	81	4.66	5.74	16	138	8.6	4.53	5.93
인문	성서학과	18	18	29	1.6	5.55	7.39	20	26	1.3	4.65	5.95	20	34	1.7	5.63	7.78
자연	간호학과	20	20	398	19.9	3.94	4.98	20	408	20.4	3.97	4.97	20	336	16.8	3.96	4.89
자연	AI융합학부	20	15	179	11.9	4.38	4.97	15	142	9.5	4.53	5.29	15	122	8.1	4.37	5.55

■ (학생부교과) 교과성적우수자

전형	모집인원	전형 방법	수능최저학력기준
교과성적우수자	51	학생부80%+ 면접20%	X

1. **지원자격**: 국내·외 고등학교 졸업(예정)자 또는 법령에 의하여 이와 동등 이상의 학력이 있다고 인정된 자

◎ 전형요소
● **학생부 및 면접**: 일반학생전형 참고

1162 수박[수시대박]먹고 대학간다 실전편

◎ 전형결과
■ 전체

학년도	전체						인문						자연				
	모집인원	지원인원	경쟁률	최종평균	최종최저		모집인원	지원인원	경쟁률	최종평균	최종최저		모집인원	지원인원	경쟁률	최종평균	최종최저
2022	48	414	8.63	4.41	4.99		35	154	4.40	4.73	5.52		13	260	2.00	4.08	4.45
2023	48	383	7.98	4.13	5.00		35	116	3.31	4.60	5.86		13	267	20.54	3.66	4.14
2024	50	319	6.38	4.09	4.71		35	153	4.37	4.58	5.28		15	166	11.07	3.60	4.14
2025	51						31						20				

■ 변경사항 & 핵심포인트

[2025]

변경사항	2024	2025
모집인원	50명	51명(+1명)

➡ 합격자 성적분포: 인문계열은 4등급 초반 ~ 5등급 중반, 자연계열은 3등급 초반 ~ 4등급 중반

'*' 표시 : 교직 이수 가능

■ 모집단위

계열	모집단위	2025	2024						2023						2022					
		모집인원	모집인원	지원인원	경쟁률	최종평균	최종최저		모집인원	지원인원	경쟁률	최종평균	최종최저		모집인원	지원인원	경쟁률	최종평균	최종최저	
인문	사회복지학과	8	10	64	6.4	3.59	4.43		10	54	5.4	4.09	4.67		10	68	6.8	3.78	4.81	
인문	영유아보육학과	8	10	69	6.9	4.26	4.79		10	45	4.5	4.63	7.16		10	70	7.0	4.40	4.66	
인문	성서학과	15	15	20	1.3	5.88	6.61		15	17	1.1	5.07	5.76		15	16	1.1	6.00	7.10	
자연	간호학과	5	5	96	19.2	3.56	3.98		5	205	41.0	3.04	3.58		5	187	37.4	3.69	3.92	
자연	AI융합학부	15	10	70	7.0	3.64	4.31		8	62	7.8	4.27	4.71		8	73	9.1	4.47	4.98	

■ (학생부교과) 목회자추천

전형	모집인원	전형 방법	수능최저학력기준
목회자추천	47	학생부60%+ 면접40%	X

1. **지원자격**: 국내 고등학교를 졸업(예정)자로서 목회자의 추천을 받은고등학교 학교생활기록부 성적이 있는 자 ※ 목회자추천서 필수

◎ 전형요소
● 학생부 및 면접: 일반학생전형 참고

◎ 전형결과
■ 모집단위

'*' 표시 : 교직 이수 가능

계열	모집단위	2025	2024						2023						2022					
		모집인원	모집인원	지원인원	경쟁률	등록50%컷	등록70%컷	충원번호	모집인원	지원인원	경쟁률	등록50%컷	등록70%컷	충원번호	모집인원	지원인원	경쟁률	등록50%컷	등록70%컷	충원번호
인문	사회복지학과	6	10	52	5.2	4.30	4.42	17												
인문	영유아보육학과	6	10	32	3.2	4.87	5.02	20												
인문	성서학과	15	15	21	1.4	5.26	5.59	6												
자연	간호학과	5	5	132	26.4	2.68	3.12	4												
자연	AI융합학부	15	5	30	6.0	4.04	4.18	4												

(서울캠퍼스) 서울특별시 동대문구 이문로 107 (Tel: 02. 2173-2500)
(글로벌캠퍼스) 경기도 용인시 처인구 모현읍 외대로 81 (Tel: 02. 2173-2500)

I. 한 눈에 보는 전형

모집시기	전형유형	전형	모집인원	전형 방법	수능최저학력기준
수시	교과	학교장추천	375	학생부100% ※ 고교 추천: 20명(캠퍼스별 각각 10명 이내)	○
수시	종합	면접형	488	1단계)서류100%(3배수) 2단계)서류50%+면접50%	X
수시	종합	서류형	525	서류100%	X
수시	종합	SW인재	34	서류100%	X
수시	종합	기회균형	191	서류100%	X
수시	논술	논술전형	473	논술100%	○

(수시모집)지원 가능 횟수	수시모집 전체 전형 중복 지원 가능

■ 무전공(전공자율선택)

유형① [대학 내 모든 전공(보건의료, 사범 등 제외) 자율 선택]		유형② [계열/단과대 모집 후 모집단위 내 전공 자율 선택]	
모집단위	인원	모집단위	인원
[서울] 자유전공학부(서울)	100	[서울] 사회과학대학	31
		[서울] 상경대학	26
		[서울] 영어대학	37
		[서울] 일본학대학	16
		[서울] 중국학대학	21
		[서울] 특수외국어(유럽지역)계열	24
		[서울] 특수외국어(인도·아세안지역)계열	24
		[서울] 특수외국어(중동지역)계열	21
		[서울] 핵심외국어계열	54
[글로벌] 자유전공학부(글로벌)	224	[글로벌] AI융합대학	20
		[글로벌] Culture & Technology 융합대학	30
		[글로벌] 경상대학	19
		[글로벌] 공과계열	67
		[글로벌] 국가전략언어계열	52
		[글로벌] 인문대학	21
		[글로벌] 자연과학대학	48

■ 자유전공학부 및 대학·계열 모집단위 선택 가능 학과(부)

캠퍼스	모집단위	선택 가능 학과(부)
서울	자유전공학부(서울)	사범대학 각 학과(부), AI융합대학 각 학부, Language & Trade학부, KFL학부, 몽골어과를 제외한 서울캠퍼스 전 학과(부)
	사회과학대학	정치외교학과, 행정학과, 미디어커뮤니케이션학부
	상경대학	국제통상학과, 경제학부
	영어대학	ELLT학과, 영미문학·문화학과, 영어통번역학과(기존 EICC학과에서 명칭 변경)
	일본학대학	일본언어문화학부, 융합일본지역학부
	중국학대학	중국언어문화학부, 중국외교통상학부
	특수외국어(유럽지역)계열	이탈리아어과, 포르투갈어과, 네덜란드어과, 스칸디나비아어과
	특수외국어(인도·아세안지역)계열	말레이·인도네시아어과, 태국학과, 베트남어과, 인도어과
	특수외국어(중동지역)계열	아랍어과, 튀르키예·아제르바이잔학과, 페르시아어·이란학과
	핵심외국어계열	프랑스어학부, 독일어과, 노어과, 스페인어과
글로벌	자유전공학부(글로벌)	우크라이나학과, 한국학과를 제외한 글로벌캠퍼스 전 학과(부)
	Culture & Technology 융합대학	디지털콘텐츠학부, 투어리즘 & 웰니스학부, 글로벌스포츠산업학부
	경상대학	Global Business & Technology학부, 국제금융학과
	국가전략언어계열	폴란드학과, 루마니아학과, 체코·슬로바키아학과, 헝가리학과, 세르비아·크로아티아학과, 그리스·불가리아학과, 중앙아시아학과, 아프리카학부

캠퍼스	모집단위	선택 가능 학과(부)
	인문대학	철학과, 사학과, 언어인지과학과
	AI융합대학	AI데이터융합학부, Finance & AI융합학부
	공과계열	컴퓨터공학부, 정보통신공학과, 반도체전자공학부(반도체공학전공), 반도체전자공학부(전자공학전공), 산업경영공학과, 바이오메디컬공학부
	자연과학대학	수학과, 통계학과, 전자물리학과, 환경학과, 생명공학과, 화학과

■ 모집단위 신설 · 변경

구분	2024	2025
변경	[글로벌] 글로벌자유전공학부	[글로벌] 자유전공학부(글로벌)

■ 전형결과

▮ 서울캠퍼스

모집시기	전형유형	전형	학년도	모집인원	지원인원	경쟁률	등록자 50%컷	등록자 70%컷	충원율
수시	교과	학교장추천	2024	206	1,541	7.07	197.9 환산점수	197.7 환산점수	86%
수시	종합	면접형	2024	235	3,260	13.87	282	2.97	40%
수시	종합	서류형	2024	240	2,197	9.15	2.43	2.60	68%
수시	논술	논술전형	2024	322	13,944	43.30			

▮ 글로벌캠퍼스

모집시기	전형유형	전형	학년도	모집인원	지원인원	경쟁률	등록자 50%컷	등록자 70%컷	충원율
수시	교과	학교장추천	2024	176	1,095	6.22	188.8 환산점수	187.5 환산점수	114%
수시	종합	면접형	2024	249	3,031	12.17	3.90	4.22	64%
수시	종합	서류형	2024	276	2,120	7.68	3.66	3.90	89%
수시	종합	SW인재	2024	34	262	7.71	4.08	4.29	50%
수시	논술	논술전형	2024	164	4,603	28.07			

■ (주요전형) 전형일정

유형	전형	원서접수 마감	대학별 고사(면접/논술)	1단계 합격자	최종 합격자
교과	학교장추천	9.13(금) 17:00 학교장추천: 9.25(수) 18:00			12.13(금)
종합	면접형	9.13(금) 17:00	-10.26(토) [서울] 모집단위 09:00/14:00 -10.27(일) [글로벌] 모집단위 09:00/14:00	10.21(월)	12.13(금)
종합	서류형	9.13(금) 17:00			12.13(금)
종합	SW인재	9.13(금) 17:00			12.13(금)
논술	논술전형	9.13(금) 17:00	11.23(토)~24(일)		12.13(금)

▶ 11.23(토)
10:00 [서울캠퍼스] 영어대학, 영어대학(통합모집), 서양어대학, 핵심외국어계열, 특수외국어(유럽지역)계열, 중국학대학, 중국학대학(통합모집), 자유전공학부(서울)
15:00 [서울캠퍼스] 사회과학대학, 사회과학대학(통합모집), 상경대학, 상경대학(통합모집), Language&Diplomacy학부, Language&Trade학부, Social Science&AI융합학부
　　　 [글로벌캠퍼스] 경상대학, Finance&AI융합학부
▶ 11.24(일)
10:00 [서울캠퍼스] 아시아언어문화대학, 특수외국어(인도.아세안지역)계열, 특수외국어(중동지역)계열, 일본학대학, 일본학대학(통합모집), 사범대학
　　　 [글로벌캠퍼스] 인문대학, 국가전략언어대학, 융합인재대학, Culture&Technology융합대학, 자유전공학부(글로벌)
15:00 [서울캠퍼스] 경영대학, 국제학부, Language&AI융합학부
　　　 [글로벌캠퍼스] 자연과학대학, 공과대학, 바이오메디컬공학부, AI데이터융합학부, 기후변화융합학부

Ⅱ. (수시모집) 주요 전형

■ (학생부교과) 학교장추천

전형	모집인원	전형 방법	수능최저학력기준
학교장추천	375	학생부100%	○

1. **지원자격**: 2024년 1월 이후(2024년 1월 포함) 국내 고등학교 졸업(예정)자로서, <u>소속 고등학교장의 추천을 받고(고등학교별 추천 인원은 서울캠퍼스 10명 이내, 글로벌캠퍼스 10명 이내)</u>, 다음의 학교생활기록부 요건을 충족하는 자
[학교생활기록부 요건]
가. 인문계열은 국어, 수학, 영어, 사회 교과에서, 자연계열은 국어, 수학, 영어, 과학 교과에서 교과별로 한 과목 이상의 성적이 있어야 함.
나. <u>3개 학기 이상</u>의 학교생활기록부 성적이 있어야 함.
다. 해당 학기 모두 과목별 '단위수, 석차등급 또는 성취도, 원점수'가 기재되어 있어야 함.
　　※ 지원 불가 대상
　　　　① 특성화고등학교(일반고 및 종합고의 특성화(전문계) 과정 이수자, 대안교육 특성화고 포함) 졸업(예정)자
　　　　② 방송통신고등학교 졸업(예정)자 ③ 대안학교(각종학교) 졸업(예정)자 ④ 고등학교 학력인정 평생교육시설 출신자
　　　　⑤ 일반고등학교의 대안교육 위탁 학생 ⑥ 마이스터고등학교 졸업(예정)자 ⑦ 예술(체육)고등학교 졸업(예정자)
　　　　⑧ 고등학교 졸업학력 검정고시 출신자 ⑨ 학생부 성적체계가 다른자
　　※ 학교장추천전형 지원시 재학 중(또는 졸업한) 고등학교와 반드시 사전협의 후 원서접수하시기 바랍니다.
2. **제출서류**: 학교생활기록부, 학교장 추천 대상자 명단
3. **수능최저학력기준**:

> <서울캠퍼스> 　[국어, 수학, 영어, 사/과탐(1과목)] 중 2개 영역 등급 합 4 이내, 한국사 4등급 이내
> <글로벌캠퍼스> [국어, 수학, 영어, 사/과탐(1과목)] 중 1개 영역 3등급 이내, 한국사 4등급 이내
> ※ 대학수학능력시험 영역 중 일부 영역만 응시하여 대학수학능력시험 최저학력기준을 충족하여도 인정합니다.

◎ 전형요소
● 학생부(200점)

반영요소 반영비율	반영교과목		교과성적 산출지표	학년별 반영비율
	구분	반영방법		
교과 100% (200점)	공통 및 일반선택	인 국어30%, 영어30%, 수학20%, 사회20%교과에 속한 전 과목 자 국어20%, 영어20%, 수학30%, 과학30%교과에 속한 전 과목 ※ 사회교과는 한국사, 역사, 도덕 포함 ※ 반영방법: 등급 환산점수 또는 원점수 환산점수 중 상위 값 적용	석차등급 <u>또는</u> <u>원점수</u>	학년 구분 없음
	진로선택	반영교과목의 성취도 ※ 성취도 환산점수 = A : 1등급, B : 2등급, C : 3등급	성취도	

점수 산출지표	① 석차등급	② 원점수		환산점수			
		국어, 영어, 사회, 과학	수학	학교장추천		논술전형	
				환산점수	감점	환산점수	감점
	1등급	90점 이상 ~	80점 이상 ~	200	0	200	
	2등급	85점 이상 ~	70점 이상 ~	192	8	199	
	3등급	80점 이상 ~	60점 이상 ~	178	14	198	
	4등급	75점 이상 ~	50점 이상 ~	154	24	196	
	5등급	70점 이상 ~	40점 이상 ~	120	34	193	
	6등급	60점 이상 ~	30점 이상 ~	80	40	187	
	7등급	50점 이상 ~	20점 이상 ~	46	34	180	
	8등급	40점 이상 ~	10점 이상 ~	22	24	160	
	9등급	40점 미만	0점 이상 ~	0	22	0	

◎ 전형결과
■ [서울캠퍼스] 전체

서울 학년도	전체						인문						자연					
	모집 인원	지원 인원	경쟁 률	등록 50%컷	등록 70%컷	충원 율	모집 인원	지원 인원	경쟁 률	등록 50%컷	등록 70%컷	충원 율	모집 인원	지원 인원	경쟁 률	등록 50%컷	등록 70%컷	충원 율
2022	198	2,910	14.70	265.0 환산점수	263.8 환산점수	155%	198	2,910	14.70	265.0 환산점수	263.8 환산점수	155%						
2023	198	2,156	10.88	295.6 환산점수	294.9 환산점수	148%	198	2,156	10.88	295.6 환산점수	294.9 환산점수	148%						

서울 학년도	전체						인문						자연					
	모집 인원	지원 인원	경쟁률	등록 50%컷	등록 70%컷	충원율	모집 인원	지원 인원	경쟁률	등록 50%컷	등록 70%컷	충원율	모집 인원	지원 인원	경쟁률	등록 50%컷	등록 70%컷	충원율
2024	206	1,541	7.07	197.9 환산점수	197.7 환산점수	86%	201	1,452	7.22	197.1 환산점수	196.7 환산점수	112%	5	89	17.80	198.7	198.6	60%
2025	201						198						3					

• 실질 경쟁률(충원율 반영)

계열	학년도	모집인원	지원인원	경쟁률	수능최저 충족율	(수능최저 충족율 반영) 경쟁률	충원율	(충원율 반영) 실질 경쟁률
인문	2022	198	2,910	14.70	52.38%	7.70	155%	3.02
	2023	198	2,156	10.88	58.82%	6.40	148%	2.58
	2024	201	1,452	7.22	59.56%	4.07	112%	1.92
자연	2022							
	2023							
	2024	5	89	17.80	48.31%	8.6	60%	5.73

• [학과별] 실질 경쟁률(수능최저 충족 반영)

계열	계열 평균	모집단위
인문	4.07	ELLT학과 3.0, 영미문학·문화학과 6.4, 영어통번역학과 3.3, 프랑스어학부 2.5, 독일어과 4.1, 노어과 5.8, 스페인어과 4.5, 이탈리아어과 5.7, 포르투갈어과 4.3, 네덜란드어과 3.7, 스칸디나비아어과 4.7, 말레이·인도네시아어과 2.7, 태국학과 4.7, 베트남어과 1.7, 인도어과 3.7, 아랍어과 3.9, 튀르키예·아제르바이잔학과 3.3, 페르시아어·이란학과 3.7, 몽골어과 2.7, 중국언어문화학부 4.6, 중국외교통상학부 2.7, 일본언어문화학부 4.0, 융합일본지역학부 3.3, 정치외교학과 3.3, 행정학과 5.8, 미디어커뮤니케이션학부 3.8, 국제통상학과 4.0, 경제학부 3.0, 경영학부 6.1, 영어교육과 4.3, 한국어교육과 5.0, 프랑스어교육전공 6.3, 독일어교육전공 5.0, 중국어교육전공 4.0, Social Science&AI융합학부 3.6, 국제학부 3.3, Languge&Diplomacy학부 3.8, Language&Trade학부 4.3
자연	8.60	Language&AI융합학부 8.6

■ [글로벌캠퍼스] 전체

글로벌 학년도	전체						인문						자연					
	모집 인원	지원 인원	경쟁률	등록 50%컷	등록 70%컷	충원율	모집 인원	지원 인원	경쟁률	등록 50%컷	등록 70%컷	충원율	모집 인원	지원 인원	경쟁률	등록 50%컷	등록 70%컷	충원율
2022	173	1,419	8.20	253.0 환산점수	251.1 환산점수	222%	136	1,048	7.71	251.0 환산점수	248.3 환산점수	205%	37	371	10.03	254.9 환산점수	253.9 환산점수	239%
2023	173	1,046	6.05	280.5 환산점수	277.5 환산점수	126%	109	663	6.08	279.6 환산점수	276.7 환산점수	106%	64	383	5.98	281.4 환산점수	278.3 환산점수	145%
2024	176	1,095	6.22	188.8 환산점수	187.5 환산점수	114%	113	707	6.26	189.0 환산점수	187.6 환산점수	112%	63	388	6.16	188.6 환산점수	187.4 환산점수	116%
2025	174						118						56					

• 실질 경쟁률(충원율 반영)

계열	학년도	모집인원	지원인원	경쟁률	수능최저 충족율	(수능최저 충족율 반영) 경쟁률	충원율	(충원율 반영) 실질 경쟁률
인문	2022	136	1,048	7.71			205%	
	2023	109	663	6.08	68.42%	4.16	106%	2.02
	2024	113	707	6.26	77.96%	4.83	112%	2.28
자연	2022	37	371	10.03			239%	
	2023	64	383	5.98	96.99%	5.80	145%	2.37
	2024	63	388	6.16	78.08%	4.74	116%	2.19

• [학과별] 실질 경쟁률(수능최저 충족 반영)

계열	계열 평균	모집단위
인문	4.83	철학과 3.8, 사학과 2.8, 언어인지과학과 2.2, 폴란드학과 7.5, 루마니아학과 5.0, 체코·슬로바키아학과 6.0, 헝가리학과 5.3, 세르비아·크로아티아학과 2.3, 그리스·불가리아학과 3.5, 중앙아시아학과 6.3, 우크라이나학과 5.7, 한국학과 3.7, GBT학부 5.7, 국제금융학과 7.7, 융합인재학부 4.0, 디지털콘텐츠학부 4.4, 투어리즘&웰니스학부 2.9, 글로벌스포츠산업학부 8.5, Finance&AI융합학부 4.1, 자유전공학부 5.2
자연	4.74	수학과 3.7, 통계학과 3.0, 전자물리학과 6.0, 환경학과 3.0, 생명공학과 4.5, 화학과 6.8, 컴퓨터공학부 4.7, 화학과 6.8, 컴퓨터공학부 4.7, 정보통신공학과 5.7, 반도체공학전공 4.4, 전자공학전공 4.0, 산업경영학과 5.0, 바이오메디컬공학부 6.5, AI데이터융합학부 3.7, 기후변화융합학부 3.3

■ 변경사항 & 핵심포인트

[2025]

변경사항	2024	2025
모집인원	382명	375명(-7명)
(글로벌: 자연) 수능최저 변경	[국어, 수학, 영어, 과탐(1과목)] 1개 3등급	[국어, 수학, 영어, 사/과탐(1과목)] 1개 3등급, 한국사 4등급

- 학생부 교과성적 산출방법이 원점수 또는 석차등급 중 유리한 것을 반영하므로 외고나 소규모 학교에서 지원할 수 있고, 우수한 학생들이 몰려있어 등급 받기는 어려운 고교에서는 원점수에 의한 환산점수가 석차등급에 의한 환산점수 보다 더 유리함
  - 학생부 교과성적 산출시 석차등급을 반영하는 다른 대학들과는 달리 석차등급 또는 원점수의 상위값이 반영되므로 합격자 성적을 석차등급으로 공개하지 않고 환산등급으로 공개함.
- 교과성적(200점) 등급 기준으로 1.0등급은 200점, 2.0등급은 192점, 3.0등급은 178점, 4등급은 154점
- ➡ **합격자 성적분포:**
  - (서울) 인문계열은 환산점수 197.9 ~ 197.7(약 1.4등급)
  - (글로벌) 인문계열은 환산점수 189.0 ~ 187.6(2등급 초반 ~ 2등급 중반), 자연계열은 188.6 ~ 187.4(2등급 초반 ~ 2등급 중반)

■ 모집단위

'＊' 표시 : 교직 이수 가능

서울 계열	모집단위	2025 모집인원	2024 모집인원	2024 지원인원	2024 경쟁률	2024 등록 50%컷 환산점수	2024 등록 70%컷 환산점수	2024 충원번호	2023 모집인원	2023 지원인원	2023 경쟁률	2023 등록 50%컷 환산점수	2023 등록 70%컷 환산점수	2023 충원번호	2022 모집인원	2022 지원인원	2022 경쟁률	2022 등록 50%컷 환산점수	2022 등록 70%컷 환산점수	2022 충원율
인문	영어통번역학과	4																		
인문	영어대학	3																		
인문	핵심외국어계열	3																		
인문	특수외국어(유럽지역)계열	3																		
인문	특수외국어(인도·아세안지역)계열	3																		
인문	특수외국어(중동지역)계열	3																		
인문	상경대학	3																		
인문	자유전공학부	20																		
인문	일본학대학	3																		
인문	중국학대학	3																		
인문	사회과학대학	3																		
인문	Language&Trade학부	3	3	23	7.7	200.0	199.6	1	3	16	5.3	296.2	294.8	6	3	36	12.0	269.7	269.3	33%
인문	Language&Diplomacy학부	3	4	23	5.8	199.7	199.5	1	4	22	5.5	298.8	298.0	2	4	57	14.3	269.7	269.3	75%
인문	한국어교육과	3	3	23	7.7	199.0	198.9	2	3	37	12.3	295.9	295.2	11	3	53	17.7	266.7	266.1	400%
인문	미디어커뮤니케이션학부	4	6	35	5.8	198.9	198.6	8	6	92	15.3	297.9	297.6	12	6	165	27.5	266.9	266.1	250%
인문	영어교육과	4	4	25	6.3	198.8	198.7	3	4	94	23.5	297.7	297.7	9	4	95	23.8	266.6	265.9	425%
인문	정치외교학과	4	5	29	5.8	198.7	198.6	7	5	61	12.2	297.9	297.4	8	5	84	16.8	266.7	266.4	240%
인문	경영학부	11	15	146	9.7	198.6	198.5	31	14	187	13.4	297.6	296.6	42	14	373	26.6	268.0	267.7	207%
인문	국제학부	3	4	23	5.8	198.3	198.1	3	4	41	10.3	297.4	297.3	10	4	55	13.8	266.7	265.5	225%
인문	ELLT학과	4	8	36	4.5	198.3	197.7	10	8	52	6.5	297.7	296.3	13	8	103	12.9	267.9	267.1	63%
인문	국제통상학과	4	5	37	7.4	198.2	198.2	6	5	46	9.2	296.9	296.2	4	5	70	14.0	267.7	267.3	200%
인문	행정학과	4	5	54	10.8	198.1	198.0	5	5	122	24.4	297.4	296.3	12	5	86	17.2	266.7	264.7	360%
인문	경제학부	5	7	36	5.1	198.0	197.7	9	7	82	11.7	297.8	297.5	9	7	128	18.3	267.6	267.1	171%
인문	이탈리아어과	3	3	26	8.7	197.8	197.7	1	3	46	15.3	293.8	293.8	5	3	38	12.7	262.1	260.6	67%
인문	스페인어과	9	13	88	6.8	197.8	197.7	15	14	122	8.7	296.7	295.4	20	14	168	12.0	266.0	265.3	186%
인문	융합일본지역학부	3	7	38	5.4	197.7	197.5	6	7	72	10.3	295.5	295.2	14	7	79	11.3	265.1	264.3	86%
인문	Social Science&AI융합학부	3	5	48	9.6	197.5	197.2	3												
인문	영미문학·문화학과	4	8	79	9.9	197.5	197.3	10	8	57	7.1	294.4	293.9	21	8	90	11.3	267.3	266.2	113%
인문	아랍어과	4	7	50	7.1	197.5	197.2	4	7	54	7.7	293.2	292.0	5	5	55	11.0	266.1	265.6	40%
인문	프랑스어학부	6	8	51	6.4	197.4	197.2	4	10	86	8.6	296.8	296.0	8	10	131	13.1	265.1	264.1	150%
인문	인도어과	3	3	18	6.0	197.2	197.1	3	3	41	13.7	293.4	293.6		3	37	12.3	262.8	261.0	100%
인문	독일어과	9	13	86	6.6	197.2	196.9	16	13	111	8.5	295.9	294.9	32	13	157	12.1	265.2	264.4	162%
인문	노어과	3	5	52	10.4	197.1	196.9	3	5	48	9.6	294.2	293.2	8	5	71	14.2	264.9	263.7	100%
인문	네덜란드어과	3	3	24	8.0	197.0	196.5	2	3	24	8.0	293.5	293.3	2	3	42	14.0	264.8	263.9	
인문	몽골어과	3	3	21	7.0	197.0	197.0	2	3	39	13.0	294.6	294.1	1	3	51	17.0	263.1	260.8	33%
인문	스칸디나비아어과	3	3	28	9.3	196.9	196.6	2	3	17	5.7	292.6	291.9	2	3	36	12.0	266.2	265.5	67%
인문	프랑스어교육전공	3	3	31	10.3	196.6	196.6		3	52	17.3	293.1	292.1	3	3	63	21.0	260.2	257.1	67%
인문	태국어과	3	3	23	7.7	196.5	196.4	3	3	34	11.3	293.5	293.0	2	3	44	14.7	260.6	258.4	67%
인문	일본언어문화학부	4	5	33	6.6	196.5	196.3	6	5	86	17.2	295.3	294.6	5	5	48	9.6	262.4	259.1	200%
인문	중국언어문화학부	4	7	47	6.7	196.3	196.2	11	7	54	7.7	294.4	293.0	6	7	67	9.6	265.3	264.4	43%

서울계열	모집단위	2025 모집인원	2024 모집인원	지원인원	경쟁률	등록50%컷환산점수	등록70%컷환산점수	충원번호	2023 모집인원	지원인원	경쟁률	등록50%컷환산점수	등록70%컷환산점수	충원번호	2022 모집인원	지원인원	경쟁률	등록50%컷환산점수	등록70%컷환산점수	충원율
인문	중국어교육전공	3	3	31	10.3	195.9	195.8	2	3	55	18.3	293.5	293.3	3	3	29	9.7	253.5	251.6	33%
인문	독일어교육전공	3	3	26	8.7	195.7	195.5	7	3	45	15.0	294.2	293.9	1	3	35	11.7	263.1	261.8	300%
인문	포르투갈어과	3	3	23	7.7	195.4	195.1	5	3	48	16.0	295.3	295.1	2	3	40	13.3	261.5	260.9	233%
인문	중국외교통상학부	4	6	26	4.3	194.8	193.0	9	6	44	7.3	296.6	295.4	7	6	85	14.2	265.9	264.6	183%
인문	베트남어과	3	3	15	5.0	194.8	194.6	2	3	25	8.3	295.1	294.9	1	5	59	11.8	263.1	262.4	180%
인문	말레이·인도네시아어과	3	3	15	5.0	194.4	193.3	3	3	23	7.7	295.8	295.0		3	34	11.3	265.1	263.4	100%
인문	페르시아어·이란학과	3	3	24	8.0	194.3	194.2	5	3	22	7.3	292.7	292.4		3	43	14.3	264.0	262.1	67%
인문	튀르키예·아제르바이잔학과	3	3	29	9.7	192.0	187.0	7	3	22	7.3	294.2	294.1	3	3	35	11.7	263.2	262.9	100%
자연	Language&AI융합학부	3	5	89	17.8	198.7	198.6	3												

글로벌계열	모집단위	2025 모집인원	2024 모집인원	지원인원	경쟁률	등록50%컷환산점수	등록70%컷환산점수	충원번호	2023 모집인원	지원인원	경쟁률	등록50%컷환산점수	등록70%컷환산점수	충원번호	2022 모집인원	지원인원	경쟁률	등록50%컷환산점수	등록70%컷환산점수	충원율
인문	경상대학	3																		
인문	Culture & Technology 융합대학	3																		
인문	국가전략언어계열	4																		
인문	인문대학	3																		
인문	글로벌스포츠산업학부	4	4	47	11.8	195.4	195.0	6	4	37	9.3	288.8	287.0	9	3	66	22.0	233.7	263.0	300%
인문	Global Business & Technology학부	4	7	47	6.7	194.9	194.8	4	7	36	5.1	287.1	284.3	13	7	82	11.7	261.9	260.8	371%
인문	국제금융학과	3	3	25	8.3	193.7	193.0	2	4	16	4.0	274.0	269.4	3	3	30	10.0	262.6	262.0	333%
인문	Finance & AI융합부	3	7	46	6.6	193.4	193.0	6												
인문	자유전공학부	36	9	56	6.2	193.0	192.6	11	8	52	6.5	284.3	282.4	8						
인문	융합인재학부	9	10	45	4.5	191.7	191.4	9	9	46	5.1	288.0	284.8	11	10	112	11.2	262.3	259.7	310%
인문	사학과	3	5	19	3.8	191.2	187.6	5	5	29	5.8	286.0	283.9	4	7	56	8.0	254.4	250.7	286%
인문	디지털콘텐츠학부	3	9	56	6.2	191.0	189.4	14												
인문	헝가리어학과	3	4	28	7.0	190.8	190.5	1	4	20	5.0	276.2	271.1	2	4	31	7.8	257.2	252.4	100%
인문	언어인지과학과	3	5	17	3.4	190.7	183.0	2	5	27	5.4	289.4	288.1	1	7	49	7.0	255.5	252.1	343%
인문	폴란드어학과	3	4	38	9.5	189.7	188.7	11	4	20	5.0	277.5	272.1	8	4	25	6.3	259.3	255.7	75%
인문	한국학과	3	3	16	5.3	189.0	187.8	4	4	21	5.3	280.2	275.2	4	3	19	6.3	251.9	245.0	200%
인문	루마니아어학과	3	4	23	5.8	188.6	187.7	3	4	29	7.3	276.9	275.1	9	4	29	7.3	241.3	235.3	250%
인문	체코·슬로바키아어학과	3	4	33	8.3	188.2	185.3	7	4	39	9.8	278.5	274.7	9	4	33	8.3	256.1	250.9	75%
인문	철학과	3	5	26	5.2	187.5	186.7	4	5	31	6.0	279.5	278.1	6	7	44	6.3	250.0	247.6	186%
인문	그리스·불가리아학과	3	4	22	5.5	186.4	182.9	3	4	26	6.5	281.4	280.1	5	4	21	5.3	247.3	240.9	100%
인문	우크라이나어학과	3	3	24	8.0	185.5	185.4	2	4	25	6.3	265.8	264.7	4	3	11	3.7	239.4	235.9	67%
인문	중앙아시아학과	3	4	30	7.5	185.0	184.8	6	4	22	5.5	271.7	264.1	4	4	37	9.3	251.5	250.2	50%
인문	세르비아크로아티아어학과	3	4	27	6.8	182.8	182.3	3	4	21	5.3	275.4	274.3	5	4	24	6.0	248.6	247.1	75%
인문	투어리즘&웰니스학부	3	9	46	5.1	181.7	177.4	8												
인문	아프리카부	4	6	36	6.0	179.7	179.2	16	6	37	6.2	272.6	271.2	6	6	32	5.3	241.8	228.0	317%
자연	AI융합대학	3																		
자연	공과계열	4																		
자연	자연과학대학	4																		
자연	생명공학과	3	4	21	5.3	194.6	193.0	3	6	41	6.8	290.1	289.1	10	4	40	10.0	259.5	259.2	275%
자연	바이오메디컬공학부	3	6	46	7.7	194.2	193.5	8	4	16	4.0	287.5	285.0	3	3	30	10.0	265.9	264.2	100%
자연	수학과	3	3	16	5.3	193.7	192.0	1	4	15	3.8	284.5	281.6		3	22	7.3	244.1	252.6	67%
자연	반도체공학전공	3	7	41	5.9	190.3	188.8	7												
자연	정보통신공학과	3	3	19	6.3	189.4	187.3	7	6	51	8.5	278.6	274.8	11	3	31	10.3	244.7	243.4	400%
자연	화학과	3	4	34	8.5	189.1	188.9	4	6	25	4.2	276.8	267.2	9	4	34	8.5	266.3	262.9	
자연	컴퓨터공학부	5	6	35	5.8	188.8	188.1	8	5	42	8.4	290.1	287.0	10	4	52	13.0	260.3	257.8	200%
자연	통계학과	3	3	13	4.3	188.2	187.9	4	4	16	4.0	290.3	287.3	2	3	30	10.0	260.2	256.8	233%
자연	환경학과	3	4	18	4.5	188.2	187.3	3	6	44	7.3	282.1	281.4	10	4	42	10.5	250.8	248.8	350%
자연	산업경영공학과	3	3	20	6.7	186.6	185.7	5	6	32	5.3	271.6	270.9	17	3	27	9.0	251.6	251.1	233%
자연	기후변화융합학부	4	7	42	6.0	185.4	185.0	6												
자연	AI데이터융합학부	3	7	37	5.3	185.2	181.7	7												
자연	전자공학전공	3	3	18	6.0	184.6	183.6	3	6	46	7.7	280.6	279.7		3	39	13.0	253.4	252.6	333%
자연	전자물리학과	3	3	28	9.3	181.5	181.3	7	4	18	4.5	262.7	257.0	8	3	24	8.0	247.5	243.4	200%

■ (학생부종합) 면접형

전형	모집인원	전형 방법	수능최저학력기준
면접형	488	1단계)서류100%(3배수) 2단계)서류50%+면접50%	X

1. **지원자격**: 고등학교 졸업(예정)자 또는 기타 법령에 의하여 고등학교 졸업 이상의 학력이 있다고 인정된 자
2. **제출서류**: 학교생활기록부

◎ **전형요소**

※ **인재상**: 학생부종합전형을 통해 한국외대 인재상인 자기주도적 학습역량과 지식·정보·기술활용 역량을 지닌 '자주적 탐구인', 세계시민역량과 의사소통역량을 지닌 '국제적 한국인', 창의·혁신역량과 대인관계역량을 지닌 '독창적 전문인'을 선발하여 글로벌경제를 주도하는 국제전문가로 양성하고자 합니다.

● 서류(500점: 최저점 0점)
  1. **평가방법**: 3인의 평가자가 블라인드 처리된 지원자의 제출서류를 바탕으로 학업역량, 진로역량, 공동체역량을 정성적·종합적으로 평가.
  2. **평가요소**:

평가 요소	반영비율		평가항목	정의
	면접형 SW인재	서류형		
학업역량	30%	50%	학업성취도	고교 교육과정에서 이수한 교과의 성취수준이나 학업 발전의 정도
			학업태도	학업을 수행하고 학습해 나가려는 의지와 노력
			탐구력	지적 호기심을 바탕으로 사물과 현상에 대해 탐구하고, 문제를 해결하려는 노력
진로역량	50%	30%	전공(계열) 관련 교과 이수 노력	고교 교육과정에서 전공(계열)에 필요한 과목을 선택하여 이수한 정도
			전공(계열) 관련 교과 성취도	고교 교육과정에서 전공(계열)에 필요한 과목을 수강하고 취득한 학업성취 수준
			진로 탐색 활동과 경험	자신의 진로를 탐색하는 과정에서 이루어진 활동이나 경험 및 노력 정도
공동체역량	20%	20%	협업과 소통능력	공동체의 목표를 달성하기 위해 협력하며, 구성원들과 합리적인 의사소통을 할 수 있는 능력
			나눔과 배려	상대방을 존중하고 이해하여 원만한 관계를 형성하며, 타인을 위하여 기꺼이 나누어 주고자 하는 태도와 행동
			성실성과 규칙준수	책임감을 바탕으로 자신의 의무를 다하고, 공동체의 기본 윤리와 원칙을 준수하는 태도
			리더십	공동체의 목표 달성을 위해 구성원들의 상호작용을 이끌어가는 능력

☞ **보충설명**

• 서류 평가요소: 진로역량(50%) > 학업역량(30%) > 공동체역량(20%) 순으로 반영.
  - '다양한 창의적 체험활동으로 자신의 꿈과 끼를 탐색하기 위해 노력하고, 그로 인한 지원자의 변화와 성장 가능성'을 평가하는 전형으로서 성실한 학교 생활로 꿈을 키우면서 자기주도적 학습 역량과 성실성을 지닌 학생을 선발함
• 진로역량(50%)은 특수어과 지원시 그 언어를 배우지 않으면 지원이 어려운 것으로 오해함. 해당 언어에 대한 관심이 학생부에 표현되어 있으면 진로역량에서 평가함
  - 언어를 배우는 것이 아니라 그 나라를 배운다는 관점 변화가 필요. 즉 그 나라의 정치, 경제, 사회, 문화, 역사 등의 지역전문가 양성
  - 특수외국어과 지원시 외국어학과들이 외국어들 배우는 학과가 아님. 외국어는 비중이 적고 그 나라를 배우기 때문. 경영경제를 준비하였더라도 충분히 특수외국어과 지원 가능. 실제로 외국어는 비중이 크지 않음
  - 러시아학과를 지원할 때 러시아어 말보다는 정치, 경제, 문화 등 나라에 대한 관심을 가지는 것이 좋음. 인도학과에 지원하면서 인도 여성의 인권에 관심을 가지고 지원하는 등 어떤 나라에 대한 관심이 있으면 어학보다는 나라에 대한 관심.
  - 진로역량은 계열로 이해. 4개 계열인 외국어계열, 사회과학계열, 상경계열, 이공계열 내에서 배울 수 있는 역량을 교과, 비교과를 통해서 확인하고 자 함
    • 외국어계열은 영어, 제2외국어에 일부 학과는 국어, 한문까지 보면서 대학에 와서 따라갈 수 있는가를 유추함
    • 교과영역 외에 수행 평가, 모집단위 외국어를 사용하는 지역, 문화권에 대한 관심 등
    • 사회과학계열은 일상에서 일어나고 있는 사회적 현상에 대한 관심을 풀어내는 사고능력, 세특 등으로 드러나는 다양함. 넓게 해석
    • 상경계열은 이과문과가 적절히 섞여있는 학생이 적합함, 완전 문과나 이과는 적절하지 않음
    • 이공계열은 수학과학에 대한 기본기에 고교 때 기초적으로 잘 했는가 외대는 가고 싶은데 성적이 부족한 학생들 공략, 융복합 프로그램
• 교과는 상향평준화가 되어 지원자가 2등급 중반까지 몰려 있어 교과 외에 다양한 진로 프로그램 등을 통해 관심을 확대했는가? 등이 중요함
• 영역별로 7척도 등급을 매긴 후 합침. 고교 유형을 고려하지 않음

● 면접(500점: 최저점 0점)
  1. **면접방법**: 2인의 면접관이 블라인드 처리된 지원자의 제출서류를 바탕으로 학업역량, 진로역량, 공동체역량을 종합적으로 평가.

평가요소	반영비율	평가내용
학업역량	40%	대학교육을 수행할 수 있는 지식을 가지고, 새로운 방식으로 문제를 보고 폭 넓게 탐구하여 문제를 해결하고 발전시킬 수 있는 능력을 평가
진로역량	40%	진로선택에 필요한 지식, 태도, 가치를 가지고, 진로를 설계하고 탐색하는데 필요한 자기주도적 능력을 평가
공동체역량	20%	개인과 공동체의 조화로운 발전을 위한 가치와 태도를 가지고, 공동체 발전을 위해 적극적으로 참여하는 능력을 평가

☞ 보충설명

- 진로역량(40%)에서 당락이 결정됨. 질문이 대부분 해당 학과와 관련되었기 때문.

◎ 전형결과
■ 전체

서울 학년도	전체						인문						자연					
	모집 인원	지원 인원	경쟁률	등록 50%컷	등록 70%컷	충원율	모집 인원	지원 인원	경쟁률	등록 50%컷	등록 70%컷	충원율	모집 인원	지원 인원	경쟁률	등록 50%컷	등록 70%컷	충원율
2021	163	2,165	13.28	3.17		58%	163	2,165	13.28	3.17		58%						
2022	213	2,712	12.73	3.36		94%	213	2,712	12.73	3.36		94%						
2023	235	3,260	13.87	2.82	2.97	40%	227	3,090	13.61	3.10	3.31	54%	8	170	21.25	2.53	2.63	25%
2024	232						224						8					

글로벌 학년도	전체						인문						자연					
	모집 인원	지원 인원	경쟁률	등록 50%컷	등록 70%컷	충원율	모집 인원	지원 인원	경쟁률	등록 50%컷	등록 70%컷	충원율	모집 인원	지원 인원	경쟁률	등록 50%컷	등록 70%컷	충원율
2021	137	1,344	9.81	3.87		74%	110	1,139	10.35	4.33		68%	27	205	7.59	3.41		79%
2022	234	1,920	8.21	4.15		54%	162	1,489	9.19	4.53		50%	72	431	5.99	3.76		58%
2023	249	3,031	12.17	3.90	4.22	64%	170	2,141	12.59	4.10	4.57	56%	79	890	11.27	3.70	3.86	71%
2024	256						158						98					

■ 변경사항 & 핵심포인트

[2025]

변경사항	2024	2025
모집인원	484명	488명(+4명)

▶ 합격자 성적분포: (서울) 인문계열은 2등급 초반 ~ 3등급 중반,
(글로벌) 인문계열은 3등급 후반 ~ 4등급 후반, 자연계열은 3등급 중반 ~ 4등급 초반

- 면접 역전율 : 서울 36.0%, 글로벌 33.3%

'*' 표시 : 교직 이수 가능

■ 모집단위

서울 계열	모집단위	2025	2024							2023						2022					
		모집 인원	모집 인원	지원 인원	경쟁률	등록 50%컷	등록 70%컷	충원 번호	모집 인원	지원 인원	경쟁률	등록 50%컷	등록 70%컷	충원 번호	모집 인원	지원 인원	경쟁률	등록 50%컷	등록 70%컷	충원율
인문	영어통번역학과	6																		
인문	영어대학	6																		
인문	자유전공학부	10																		
인문	중국학대학	3																		
인문	상경대학	3																		
인문	일본학대학	3																		
인문	특수외국어(유럽지역)계열	4																		
인문	특수외국어(중동지역)계열	3																		
인문	핵심외국어계열	7																		
인문	특수외국어(인도·아세안지역)계열	4																		
인문	사회과학대학	4																		
인문	국제학부	6	7	96	13.7	2.14	2.30	2	5	81	16.2	2.4		6	3	55	18.3	2.3		33%
인문	정치외교학과	6	6	94	15.7	2.15	2.21	8	6	107	17.8	2.2		3	5	102	20.4	2.1		60%
인문	행정학과	6	6	85	14.2	2.17	2.21	4	6	73	12.2	2.3		3	5	90	18.0	2.3		60%
인문	경영학부	15	16	207	12.9	2.17	2.31	12	15	213	14.2	2.3		12	10	167	16.7	2.4		110%
인문	Language & Trade학부	2	3	30	10.0	2.24	2.56		3	26	8.7	2.9			3	27	9.0	2.5		33%
인문	미디어커뮤니케이션학부	7	9	172	19.1	2.25	2.31	1	9	130	14.4	2.4		6	6	133	22.2	2.0		67%
인문	영어교육과	3	3	36	12.0	2.27	2.36	1	3	58	19.3	2.2		2	3	38	12.7	2.7		167%
인문	경제학부	8	10	130	13.0	2.28	2.32	4	10	126	12.6	2.7		9	8	90	11.3	2.9		38%
인문	한국어교육과	3	3	36	12.0	2.29	2.34	2	3	37	12.3	2.0			3	28	9.3	2.0		
인문	Language&Diplomacy학부	4	4	55	13.8	2.45	2.75	2	4	40	10.0	3.0		3	3	37	12.3	2.3		67%
인문	*ELLT학과*	6	9	75	8.3	2.58	2.60	2	9	82	9.1	2.3		1	7	76	10.8	3.1		
인문	국제통상학과	5	6	78	13.0	2.60	2.64	4	6	79	13.2	2.6			5	67	13.4	3.0		80%
인문	인도어과	3	4	47	11.8	2.61	2.78	1	4	35	8.8	4.5		1	3	32	10.7	3.0		
인문	태국어과	3	4	54	13.5	2.73	2.81		4	28	7.0	4.1		1	3	30	10.0	3.0		33%
인문	튀르키예아제르바이잔학과	3	4	44	11.0	2.78	2.81	1	4	41	10.3	3.4		1	3	37	12.3	3.4		
인문	일본언어문화학부	4	6	81	13.5	2.85	3.16	2	6	104	17.3	2.8		1	4	68	17.0	3.2		

서울계열	모집단위	2025 모집인원	2024 모집인원	지원인원	경쟁률	등록 50%컷	등록 70%컷	충원번호	2023 모집인원	지원인원	경쟁률	등록 50%컷	등록 70%컷	충원번호	2022 모집인원	지원인원	경쟁률	등록 50%컷	등록 70%컷	충원율
인문	스칸디나비아어과	3	4	67	16.8	2.90	3.17	1	4	54	13.5	4.4			3	32	10.7	4.3		33%
인문	네덜란드어과	3	4	69	17.3	2.90	3.23	3	4	66	16.5	4.5		2	3	32	10.7	4.9		33%
인문	Social Science&AI융합학부	8	8	133	16.6	2.91	3.40	5												
인문	이탈리아어과	3	4	46	11.5	2.92	3.24		4	51	12.8	3.0		1	3	28	9.3	2.9		33%
인문	영미문학·문화학과	6	9	162	18.0	2.94	3.90	11	9	151	16.8	3.8		4	7	106	15.1	3.9		71%
인문	스페인어과	7	11	145	13.2	3.22	3.84	15	10	140	14.0	3.6		88	8	117	14.6	4.3		63%
인문	포르투갈어과	3	4	41	10.3	3.23	3.68	1	4	37	9.3	3.2		1	3	26	8.7	2.5		33%
인문	노어과	4	7	84	12.0	3.43	3.59	6	6	95	15.8	3.8		6	4	44	11.0	4.2		175%
인문	프랑스어학부	6	9	128	14.2	3.48	3.67	8	9	123	13.7	3.6		17	7	90	12.9	3.0		86%
인문	융합일본지역학부	3	4	47	11.8	3.50	3.85		4	59	14.8	2.8			3	47	15.7	3.0		33%
인문	독일어과	7	11	104	9.5	3.59	4.06	7	10	107	10.7	3.4		4	8	106	13.3	3.2		150%
인문	베트남어과	3	4	62	15.5	3.66	3.77	1	4	36	9.0	4.5			3	30	10.0	4.3		33%
인문	아랍어과	3	6	99	16.5	3.71	3.98	3	6	42	7.0	4.6		4	4	42	10.5	3.1		
인문	말레이·인도네시아어과	3	4	45	11.3	3.94	4.33	1	4	44	11.0	3.5		2	3	27	9.0	3.4		33%
인문	몽골어과	3	3	48	16.0	4.06	4.18	1	3	36	12.0	4.7		2	2	18	9.0	4.5		
인문	중국어교육전공	3	3	39	13.0	4.06	4.19	2	3	59	19.7	4.2		1	3	31	10.3	4.8		33%
인문	중국언어문화학부	5	7	106	15.1	4.07	4.18	2	7	85	12.1	3.5		5	5	73	14.6	2.8		
인문	독일어교육전공	3	3	44	14.7	4.09	4.17		3	35	11.7	4.5		1	3	23	7.7	4.6		
인문	페르시아어·이란학과	3	4	62	15.5	4.30	4.45	2	4	39	9.8	4.0		1	3	37	12.3	3.6		33%
인문	중국외교통상학부	5	7	114	16.3	4.41	4.46	2	7	83	11.9	3.7		5	5	74	14.8	2.5		20%
인문	프랑스어교육전공	3	3	34	11.3	4.52	4.60	1	3	29	9.7	4.0		2	3	40	13.3	2.0		4.2
자연	Language&AI융합학부	8	8	170	21.3	2.53	2.63	2	13	70	5.4									

글로벌계열	모집단위	2025 모집인원	2024 모집인원	지원인원	경쟁률	등록 50%컷	등록 70%컷	충원번호	2023 모집인원	지원인원	경쟁률	등록 50%컷	등록 70%컷	충원번호	2022 모집인원	지원인원	경쟁률	등록 50%컷	등록 70%컷	충원율
인문	인문대학	6																		
인문	Culture & Technology 융합대학	7																		
인문	국가전략언어계열	13																		
인문	경상대학	4																		
인문	폴란드어학과	4	5	74	14.8	3.26	3.84	2	6	37	6.2	5.3		4	3	23	7.7	4.1		33%
인문	융합인재학부	15	18	153	8.5	3.42	3.69	12	17	128	7.5	3.5		12	11	161	14.6	3.5		109%
인문	글로벌스포츠산업학부	10	14	264	18.9	3.53	3.65	6	6	196	32.7	3.3		5	3	97	32.3	4.1		100%
인문	언어인지과학과	4	7	68	9.7	3.56	4.84	1	8	37	4.6	4.1		3	3	27	9.0	3.6		100%
인문	한국학과	4	4	46	11.5	3.57	3.97	1	3	22	7.3	4.4			2	14	7.0	4.4		50%
인문	Global Business & Technology학부	9	14	169	12.1	3.61	3.95	4	12	113	9.4	4.1		10	5	44	8.8	4.1		20%
인문	사학과	4	7	100	14.3	3.67	3.78	9	8	85	10.6	3.8		13	3	30	10.0	3.9		
인문	디지털콘텐츠학부	6	13	210	15.2	3.77	4.94	7												
인문	투어리즘&웰니스학부	6	13	148	11.4	3.82	4.79	7												
인문	철학과	4	7	61	8.7	3.98	4.07	2	8	41	5.1	3.8		4	3	19	6.3	3.2		67%
인문	Finance&AI융합학부	7	9	73	8.1	4.04	4.30	9												
인문	체코·슬로바키아어학과	4	5	68	13.6	4.08	5.27		6	55	9.2	5.6		3	3	29	9.7	5.2		
인문	세르비아크로아티아어학과	4	5	65	13.0	4.15	4.91	2	6	53	8.8	5.7		1	3	36	12.0	4.1		133%
인문	자유전공학부	22	13	167	12.9	4.24	4.34	4	13	146	11.2	3.9		5						
인문	아프리카학부	5	8	89	11.1	4.30	4.70	5	9	77	8.6	4.8		3	5	33	6.6	5.7		20%
인문	국제금융학과	3	5	40	8.0	4.33	4.45	6	5	40	8.0	3.3		4	3	26	8.7	2.8		
인문	루마니아어학과	4	5	71	14.2	4.40	5.29	3	6	46	7.7	5.2			3	31	10.3	4.8		33%
인문	우크라이나어학과	3	3	45	15.0	4.83	4.84	3	3	20	6.7	5.1		2	2	18	9.0	4.5		
인문	중앙아시아학과	3	5	106	21.2	4.84	4.94	6	6	75	12.5	5.6		4	3	21	7.0	6.1		33%
인문	그리스·불가리아학과	3	5	63	12.6	5.37	6.05	3	6	47	7.8	5.2		3	3	28	9.3	5.7		33%
인문	헝가리어학과	4	5	61	12.2	5.42	5.46	3	6	50	8.3	4.9		5	3	28	9.3	5.5		
자연	자연과학대학	11																		
자연	컴퓨터공학부	7							2	12	6.0	3.2								
자연	정보통신공학과	3							2	12	6.0	4.3		1						
자연	공과계열	15																		
자연	AI융합대학	4																		
자연	생명공학과	4	6	107	17.8	3.27	3.54	7	7	69	9.9	3.3		4	3	35	11.7	3.1		33%

글로벌계열	모집단위	2025 모집인원	2024 모집인원	2024 지원인원	2024 경쟁률	2024 등록 50%컷	2024 등록 70%컷	2024 충원번호	2023 모집인원	2023 지원인원	2023 경쟁률	2023 등록 50%컷	2023 등록 70%컷	2023 충원번호	2022 모집인원	2022 지원인원	2022 경쟁률	2022 등록 50%컷	2022 등록 70%컷	2022 충원율
자연	*바이오메디컬공학부*	5	8	131	16.4	3.34	3.74	10	5	28	5.6	3.9		3	3	21	7.0	2.9		67%
자연	*통계학과*	3	5	32	6.4	3.54	3.69	1	5	22	4.4	3.4		2	3	16	5.3	3.6		133%
자연	화학과	4	5	49	9.8	3.55	3.67	2	7	44	6.3	3.4		2	3	22	7.3	3.5		33%
자연	환경학과	4	5	66	13.2	3.55	3.58	1	7	51	7.3	3.5		4	3	44	14.7	3.2		
자연	기후변화융합학부	8	9	120	13.3	3.62	3.65	5													
자연	산업경영공학과	5	6	61	10.2	3.68	4.06	5	7	37	5.3	4.1		11	3	22	7.3	3.5		33%
자연	반도체공학전공	7	10	93	9.3	3.84	3.97	4													
자연	수학과	3	5	33	6.6	3.88	4.01	6	5	22	4.4	3.5		6	3	11	3.7	3.5		33%
자연	AI데이터융합학부	7	9	95	10.6	3.96	4.04	5													
자연	전자물리학과	3	5	46	9.2	4.00	4.12	5	5	28	5.6	4.2		7	3	15	5.0	4.0		200%
자연	전자공학전공	5	6	57	9.5	4.13	4.22	5	7	36	5.1	4.6		2	3	19	6.3	3.4		100%

■ (학생부종합) 서류형

전형	모집인원	전형 방법	수능최저학력기준
서류형	525	서류100%	X

1. **지원자격**: 고등학교 졸업(예정)자 또는 기타 법령에 의하여 고등학교 졸업 이상의 학력이 있다고 인정된 자
2. **제출서류**: 학교생활기록부

◎ 전형요소
● 서류(500점): 면접형 참고

■ [전형 비교] 면접형, 서류형

구분	[종합] 면접형	[종합] 서류형
전형방법	1단계)서류100%(3배수) 2단계)서류50%+면접50%	서류100%
모집인원	488명	525명
서류 평가요소	학업역량30%, **진로역량50%**, 공동체역량20%	**학업역량50%**, 진로역량30%, 공동체역량20%
수능최저학력기준	X	X

• **공통점**: 수능최저학력기준이 없음.
• **차이점**: 면접고사가 면접형은 있으며, 서류형은 없음
• 서류형은 학업역량, 면접형은 진로역량이 중요함. 서류형이 면접형보다 합격자 성적이 더 높음.
• **전형결과**:

전형유형	전형	학년도	모집인원	지원인원	경쟁률	등록자 50%컷	등록자 70%컷	충원율
학생부종합	(서울) 서류형	2024	240	2,197	9.15	2.43	2.60	68%
학생부종합	(서울) 면접형	2024	235	3,260	13.87	282	2.97	40%
학생부종합	(글로벌) 서류형	2024	276	2,120	7.68	3.66	3.90	89%
학생부종합	(글로벌) 면접형	2024	249	3,031	12.17	3.90	4.22	64%

◎ 전형결과
■ 전체

서울 학년도	전체 모집인원	전체 지원인원	전체 경쟁률	전체 등록 50%컷	전체 등록 70%컷	전체 충원율	인문 모집인원	인문 지원인원	인문 경쟁률	인문 등록 50%컷	인문 등록 70%컷	인문 충원율	자연 모집인원	자연 지원인원	자연 경쟁률	자연 등록 50%컷	자연 등록 70%컷	자연 충원율
2022	288	2,715	9.43	2.92		117%	288	2,715	9.43	2.92		117%						
2023	238	2,373	9.97	2.93		95%	238	2,373	9.97	2.93		95%						
2024	240	2,197	9.15	2.43	2.60	68%	232	2,074	8.94	2.84	3.09	86%	8	123	15.38	2.01	2.11	50%
2025	258						250						8					

글로벌 학년도	전체 모집인원	전체 지원인원	전체 경쟁률	전체 등록 50%컷	전체 등록 70%컷	전체 충원율	인문 모집인원	인문 지원인원	인문 경쟁률	인문 등록 50%컷	인문 등록 70%컷	인문 충원율	자연 모집인원	자연 지원인원	자연 경쟁률	자연 등록 50%컷	자연 등록 70%컷	자연 충원율
2022	380	2,586	6.81	3.50		127%	302	2,035	6.74	3.79		89%	78	551	7.06	3.20		164%
2023	283	1,594	5.63	3.69		88%	191	1,127	5.90	3.99		71%	92	467	5.08	3.39		105%
2024	276	2,120	7.68	3.66	3.90	89%	187	1,482	7.93	3.92	4.25	86%	89	638	7.17	3.40	3.54	91%
2025	267						172						95					

■ 변경사항 & 핵심포인트

[2025]

변경사항	2024	2025
모집인원	516명	525명(+9명)

➡ 합격자 성적분포: (서울) 인문계열은 2등급 후반 ~ 3등급 중반
(글로벌) 인문계열은 3등급 중반 ~ 4등급 중반, 자연계열은 3등급 초반 ~ 3등급 후반

■ 모집단위

'*'표시 : 교직 이수 가능

서울계열	모집단위	2025 모집인원	2024 모집인원	2024 지원인원	2024 경쟁률	2024 등록50%컷	2024 등록70%컷	2024 충원번호	2023 모집인원	2023 지원인원	2023 경쟁률	2023 등록50%컷	2023 등록70%컷	2023 충원번호	2022 모집인원	2022 지원인원	2022 경쟁률	2022 등록50%컷	2022 등록70%컷	2022 충원율
인문	영어통번역학과	6																		
인문	영어대학	7																		
인문	특수외국어(유럽지역)계열	4																		
인문	특수외국어(인도·아세안지역)계열	5																		
인문	자유전공학부	12																		
인문	일본학대학	3																		
인문	상경대학	5																		
인문	중국학대학	3																		
인문	사회과학대학	6																		
인문	특수외국어(중동지역)계열	4																		
인문	핵심외국어계열	10																		
인문	영어교육과	6	6	65	10.8	1.94	1.96	12	6	70	11.7	2.4		12	6	90	15.0	1.8		117%
인문	경영학부	15	10	116	11.6	2.01	2.13	9	10	166	16.6	2.0		19	15	213	14.2	2.1		227%
인문	미디어커뮤니케이션학부	7	8	84	10.5	2.05	2.07	8	9	151	14.8	1.8		10	12	218	18.2	2.4		108%
인문	Social Science&AI융합학부	8	8	88	11.0	2.06	2.26	4												
인문	한국어교육과	2	2	25	12.5	2.10	2.14	4	2	23	11.5	2.3		1	2	35	17.5	2.0		200%
인문	국제학부	6	6	70	11.7	2.11	2.23	3	8	99	12.4	2.6		12	10	154	15.4	2.2		130%
인문	경제학부	7	9	70	7.8	2.12	2.15	9	9	81	9.0	2.0		9	11	101	9.2	1.9		118%
인문	정치외교학과	4	4	36	9.0	2.17	2.22	5	4	46	11.5	1.9		1	5	58	11.6	1.8		140%
인문	행정학과	4	4	43	10.8	2.23	2.27	4	4	57	14.3	2.1		10	5	80	16.0	2.0		180%
인문	Language&Diplomacy학부	3	3	22	7.3	2.23	2.29	4	3	22	7.3	2.0		6	4	44	11.0	1.6		200%
인문	국제통상학과	5	5	42	8.4	2.26	2.28	4	5	52	10.4	1.9		5	6	60	10.0	2.6		167%
인문	말레이·인도네시아어과	4	6	56	9.3	2.34	2.54	6	6	44	7.3	3.1		5	8	52	6.5	2.8		63%
인문	영미문학·문화학과	7	9	81	9.0	2.34	2.43	14	9	97	10.8	2.5		18	11	128	11.6	2.8		164%
인문	페르시아·이란학과	4	6	52	8.7	2.42	3.65	2	6	45	7.5	3.1		9	5	29	5.8	3.5		40%
인문	스페인어과	8	8	72	9.0	2.49	2.65	8	9	86	9.6	2.9		8	11	100	9.1	3.2		136%
인문	중국외교통상학부	6	8	69	8.6	2.51	2.64	5	9	80	8.9	2.8		10	11	99	9.0	2.8		118%
인문	Language & Trade학부	2	2	14	7.0	2.52	2.63	2	2	13	6.5	1.8		1	2	17	8.5	2.1		100%
인문	아랍어과	5	6	50	8.3	2.57	2.67	6	6	45	7.5	3.3		4	10	50	5.0	3.0		60%
인문	몽골어과	5	5	31	6.2	2.58	3.14	4	5	37	7.4	3.0			6	39	6.5	3.6		33%
인문	이탈리아어과	3	6	45	7.5	2.61	3.28	1	7	70	10.0	3.2		2	8	53	6.6	3.6		75%
인문	프랑스어학부	7	8	67	8.4	2.65	2.86	8	9	102	11.3	2.9		9	11	90	8.2	3.5		182%
인문	포르투갈어과	3	6	54	9.0	2.74	3.41		7	69	9.9	4.0		1	8	55	6.9	4.1		88%
인문	태국어과	4	6	46	7.7	2.77	3.07	3	6	40	6.7	3.6		3	8	52	6.5	3.4		50%
인문	ELLT학과	7	9	79	8.8	2.80	2.86	6	9	96	10.7	3.3		7	11	73	6.6	3.5		109%
인문	스칸디나비아어과	3	6	49	8.2	2.98	3.57	2	7	64	9.1	2.9		3	8	51	6.4	3.3		88%
인문	일본언어문화학부	5	7	83	11.9	3.04	3.67	4	8	84	10.5	3.5		7	10	98	9.8	2.5		60%
인문	튀르키예아제르바이잔학과	4	6	36	6.0	3.25	3.76	2	6	47	7.8	2.6		1	7	42	6.0	3.2		129%
인문	중국언어문화학부	7	9	94	10.4	3.34	3.58	12	9	86	9.6	3.8		8	11	112	10.2	2.7		209%
인문	노어과	5	7	54	7.7	3.65	3.74	10	9	69	7.7	3.3		13	11	87	7.9	3.0		109%
인문	프랑스어교육전공	2	2	16	8.0	3.67	4.00	6	2	13	6.5	3.9			2	16	8.0	2.4		100%
인문	네덜란드어과	3	6	54	9.0	3.77	4.31	6	7	65	9.3	3.9		5	8	76	9.5	4.0		100%
인문	중국어교육전공	2	2	22	11.0	3.94	4.03	3	2	25	12.5	4.4			2	31	15.5	3.8		200%
인문	베트남어과	4	6	41	6.8	3.94	3.99	3	6	38	6.3	3.5		1	5	31	6.2	2.6		20%
인문	융합일본지역학부	4	6	66	11.0	4.00	4.01	4	6	61	10.2	3.2		4	7	61	8.7	3.1		71%
인문	독일어교육전공	2	2	15	7.5	4.12	4.21		2	21	10.5	3.8		1	2	16	8.0	3.9		100%
인문	인도어과	4	6	42	7.0	4.41	4.64		6	51	8.5	3.4		1	7	37	5.3	4.6		86%
인문	독일어과	8	8	66	8.3	4.55	4.67	8	9	84	9.3	3.2		15	11	84	7.6	3.5		164%
자연	Language&AI융합학부	8	8	123	15.4	2.01	2.11	4												

글로벌계열	모집단위	2025 모집인원	2024 모집인원	지원인원	경쟁률	등록 50%컷	등록 70%컷	충원 번호	2023 모집인원	지원인원	경쟁률	등록 50%컷	등록 70%컷	충원 번호	2022 모집인원	지원인원	경쟁률	등록 50%컷	등록 70%컷	충원율
인문	인문대학	5																		
인문	Culture & Technology 융합대학	7																		
인문	경상대학	4																		
인문	국가전략언어계열	14																		
인문	글로벌스포츠산업학부	7	12	96	8.0	2.72	3.17	13	7	84	12.0	2.2		8	9	157	17.4	2.5		111%
인문	폴란드어학과	5	7	64	9.1	2.86	2.91	1	8	38	4.8	4.0		1	9	50	5.6	3.9		89%
인문	디지털콘텐츠학부	6	13	116	8.9	3.16	3.50	10												
인문	자유전공학부	28	22	158	7.2	3.16	3.31	18	22	168	7.6	3.4		19	15	157	17.4	2.5		111%
인문	Global Business & Technology학부	10	11	80	7.3	3.17	3.40	7	11	59	5.4	3.6		10	15	90	6.0	3.2		113%
인문	언어인지과학과	4	8	58	7.3	3.26	3.43	10	8	38	4.8	3.0		3	12	67	5.6	3.9		83%
인문	사학과	4	8	40	5.0	3.36	3.50	6	8	46	5.8	3.0		5	12	107	5.8	3.2		233%
인문	한국학과	4	4	28	7.0	3.56	3.70	1	5	28	5.6	3.5		3	6	34	5.7	3.5		167%
인문	철학과	4	8	39	4.9	3.69	3.77	4	8	33	4.1	3.4		7	12	70	5.8	3.5		208%
인문	Finance&AI융합부	6	8	59	7.4	3.80	4.32	6												
인문	중앙아시아학과	4	7	87	12.4	3.81	4.03	5	8	51	6.4	4.7		17	10	61	6.1	3.9		70%
인문	융합인재학부	18	16	105	6.6	3.81	4.41	28	20	105	5.3	3.4		17	26	191	7.4	3.2		127%
인문	투어리즘&웰니스학부	6	13	103	7.9	3.83	4.24	10												
인문	헝가리어학과	5	7	68	9.7	4.12	4.32	5	8	49	6.1	4.4		8	9	47	5.2	4.4		56%
인문	국제금융학과	3	5	48	9.6	4.12	4.98	2	6	32	5.3	4.6		2	6	37	6.2	2.4		83%
인문	우크라이나어학과	3	2	18	9.0	4.40	4.41		3	30	10.0	4.9		2	3	21	7.0	4.8		67%
인문	루마니아어학과	5	7	67	9.6	4.70	5.23	7	8	42	5.3	5.0		6	9	53	5.9	4.4		44%
인문	아프리카부	6	8	58	7.3	4.77	5.91	8	8	37	4.6	4.7		6	11	49	4.5	3.7		18%
인문	체코·슬로바키아어학과	5	7	62	8.9	5.12	5.41	8	8	45	5.6	4.6		7	9	50	5.6	4.2		67%
인문	세르비아크로아티아어학과	5	7	62	8.9	5.43	5.47	6	8	49	6.1	4.7		11	9	52	5.8	4.7		89%
인문	그리스·불가리아학과	4	7	66	9.4	5.57	5.79	6	8	39	4.9	4.8		3	10	62	6.2	3.7		30%
자연	자연과학대학	11																		
자연	AI융합대학	4																		
자연	공과계열	16																		
자연	생명공학과	5	6	46	7.7	3.01	3.18	7	7	41	5.9	2.6		7	8	63	7.9	2.5		150%
자연	바이오메디컬공학부	6	8	73	9.1	3.04	3.05	11	6	36	6.0	3.5		9	6	42	7.0	2.3		67%
자연	화학과	5	6	34	5.7	3.12	3.43	3	7	30	4.3	3.0		9	8	50	6.3	2.9		200%
자연	환경학과	5	6	61	10.2	3.23	3.26	5	7	31	4.4	3.6		10	8	85	10.6	3.0		225%
자연	수학과	4	6	46	7.7	3.31	3.44	7	7	26	3.7	4.0		14	7	36	5.1	3.6		186%
자연	통계학과	4	6	33	5.5	3.34	3.58	4	7	26	3.7	3.4		8	7	35	5.0	3.5		171%
자연	AI데이터융합학부	6	8	59	7.4	3.61	3.99	6												
자연	반도체공학전공	6	9	62	6.9	3.61	3.69	8												
자연	산업경영공학과	6	6	41	6.8	3.64	3.66	6	6	36	6.0	3.6		7	8	48	6.0	3.3		113%
자연	전자공학전공	5	6	28	4.7	3.66	3.81	5	6	33	5.5	3.1		8	8	60	7.5	3.2		150%
자연	전자물리학과	4	6	29	4.8	3.82	3.91	7	7	42	6.0	3.9		5	7	36	5.1	4.4		129%
자연	기후변화융합학부	8	8	71	8.9	3.85	3.89	9												

■ (학생부종합) SW인재

전형	모집인원	전형 방법	수능최저학력기준
SW인재	34	서류100%	X

1. **지원자격**: 고등학교 졸업(예정)자 또는 기타 법령에 의하여 고등학교 졸업 이상의 학력이 있다고 인정된 자로서, 소프트웨어 분야에 대한 재능과 열정을 가진 자
2. **제출서류**: 학교생활기록부

◎ **전형요소**
● **서류 및 면접**: 면접형 참고

◎ 전형결과
■ 모집단위

'*' 표시 : 교직 이수 가능

계열	모집단위	2025 모집인원	2024 모집인원	2024 지원인원	2024 경쟁률	2024 등록50%컷	2024 등록70%컷	2024 충원번호	2023 모집인원	2023 지원인원	2023 경쟁률	2023 등록50%컷	2023 등록70%컷	2023 충원번호	2022 모집인원	2022 지원인원	2022 경쟁률	2022 등록50%컷	2022 등록70%컷	2022 충원율
자연	컴퓨터학·전자시스템공학부	24	24	183	7.6	**3.67**	3.96	13	24	105	4.4	3.8		23	24	136	5.7	3.3		75%
자연	정보통신공학과	10	10	79	7.9	**4.48**	4.61	4	10	60	6.0	4.1		5	10	59	5.9	4.3		70%

■ (논술) 논술전형

전형	모집인원	전형 방법	수능최저학력기준
논술전형	473	논술100%	○

1. **지원자격**: 고등학교 졸업(예정)자 또는 기타 법령에 의하여 고등학교 졸업 이상의 학력이 있다고 인정된 자
2. **수능최저학력기준**:

> **<서울캠퍼스>** [국어, 수학, 영어, 사/과탐(1과목)] 중 2개 영역 등급 합 4 이내, 한국사 4등급 이내
> ▶ LD학부/LT학부: [국어, 수학, 영어, 사/과탐(1과목)] 2개 영역 등급 합 3 이내, 한국사 4등급
> **<글로벌캠퍼스>** [국어, 수학, 영어, 사/과탐(1과목)] 중 1개 영역 3등급 이내, 한국사 4등급 이내
> ※ 대학수학능력시험 영역 중 일부 영역만 응시하여 대학수학능력시험 최저학력기준을 충족하여도 인정합니다.

3. **동점자 처리 기준**:
   가. 논술고사 높은 배점 문항 성적순
   나. 학교생활기록부 교과 영역별 성적순1) 교과 영역별 성적은 학교장추천전형의 반영교과목 및 교과별 반영비율을 적용하여 교과점수를 산출

◎ 전형요소
● 논술(1,000점)
   1. **논술유형**: 통합교과형 논술(인문계/사회계/자연계)
   2. **출제범위**: 1) 인문계/사회계: 통합교과형으로 교육과정 내
      2) 자연계: 수학Ⅰ, 수학Ⅱ
   3. **시험시간**: 90분

◎ 전형결과
■ [서울캠퍼스] 전체

서울 학년도	전체 모집인원	전체 지원인원	전체 경쟁률	전체 등록평균	전체 실질경쟁률	전체 충원율	인문 모집인원	인문 지원인원	인문 경쟁률	인문 등록평균	인문 실질경쟁률	인문 충원율	자연 모집인원	자연 지원인원	자연 경쟁률	자연 등록평균	자연 실질경쟁률	자연 충원율
2022	309	12,693	41.08			28%	309	12,693	41.08			28%						
2023	309	13,140	42.52				309	13,140	42.52									
2024	322	13,944	43.30				315	13,012	41.31				7	932	133.14			
2025	313						306						7					

• [학과별] 실질 경쟁률(수능최저 충족 반영)

계열	계열 평균	모집단위
인문	11.21	ELLT학과 12.1, 영미문학·문화학과 9.8, 영어통번역학과 9.8, **프랑스어학부 7.8**, 독일어과 8.4, 노어과 8.6, 스페인어과 11.3, 이탈리아어과 8.2, **포르투갈어과 6.5**, 네덜란드어과 8.2, 스칸디나비아어과 10.3, 말레이·인도네시아어과 13.7, 태국학과 11.0, 베트남어과 12.5, 인도어과 9.3, 아랍어과 9.1, 튀르키예·아제르바이잔학과 11.7, **페르시아어·이란학과 7.3**, **몽골어과 3.0**, **중국언어문화학부 7.9**, 중국외교통상학부 8.8, 일본언어문화학부 15.8, 융합일본지역학과 13.0, 정치외교학과 14.1, 행정학과 12.2, 미디어커뮤니케이션학부 18.8, 국제통상학과 13.9, 경제학부 14.4, 경영학부 18.2, 영어교육과 15.8, 한국어교육과 16.5, **프랑스어교육전공 7.5**, **독일어교육전공 5.5**, 중국어교육전공 8.0, Social Science&AI융합학부 15.0, 국제학부 15.3, Languge&Diplomacy학부 15.3, Language&Trade학부 11.5
자연	27.00	Language&AI융합학부 27.0

■ [글로벌캠퍼스] 전체

글로벌 학년도	전체 모집인원	전체 지원인원	전체 경쟁률	전체 등록평균	전체 실질경쟁률	전체 충원율	인문 모집인원	인문 지원인원	인문 경쟁률	인문 등록평균	인문 실질경쟁률	인문 충원율	자연 모집인원	자연 지원인원	자연 경쟁률	자연 등록평균	자연 실질경쟁률	자연 충원율
2022	164	3,488	21.27			50%	102	2,025	19.85			42%	62	1,463	23.60			58%
2023	164	3,413	20.81				92	1,629	17.71				72	1,784	24.78			
2024	164	4,603	28.07				86	2,078	24.16				78	2,525	32.37			
2025	160						94						66					

• [학과별] 실질 경쟁률(수능최저 충족 반영)

계열	계열 평균	모집단위
인문	18.48	철학과 15.5, 사학과 15.8, 언어인지과학과 20.0, 폴란드학과 16.0, 루마니아학과 18.5, **체코·슬로바키아학과 14.5**, 헝가리학과 20.0, **세르비아·크로아티아학과 14.0**, 그리스·불가리아학과 13.5, 중앙아시아학과 11.5, 우크라이나학과 18.0, 한국학과 15.5, GBT학부 25.0, 국제금융학과 22.0, 융합인재학부 19.8, 디지털콘텐츠학부 20.5, 투어리즘&웰니스학부 18.7, 글로벌스포츠산업학부 25.3, Finance&AI융합학부 24.0, 자유전공학부 21.5
자연	24.60	수학과 18.4, 통계학과 20.8, **전자물리학과 19.2**, 환경학과 23.0, 생명공학과 28.3, **화학과 18.2**, 컴퓨터공학부 31.3, 정보통신공학과 24.3, 반도체공학전공 27.0, 전자공학전공 28.8, 산업경영공학과 26.5, 바이오메디컬공학부 28.4, AI데이터융합학부 27.2, 기후변화융합학부 23.0

■ 변경사항 & 핵심포인트

[2025]

변경사항	2024	2025
모집인원	[서울] 322명, [글로벌] 164명	[서울] 313명(-9명), [글로벌]160명(-4명)
학생부 폐지	학생부20%+ 논술80%	논술100%
(글로벌) 수능최저 도입	-	[국, 수, 영, 사/과(1과목)] 1개 3등급, 한국사 4등급

• 모집인원: 468명->468명으로 같음
• 전형방법: 학생부20% 폐지하고 논술100%로 선발함. 학생부 부담이 사라짐
• (글로벌) 수능최저 도입: 학생부교과 학교장추천전형과 동일하게 [국어, 수학, 영어, 사/과탐(1)] 중 1개 영역 3등급, 한국사 4등급 이내 도입
• 학생부: 석차등급 또는 원점수의 환산점수를 반영하므로 큰 영향 없음. 논술로 당락 결정
• 논술고사: 인문은 언어(영어제시문 출제), 사회는 언어+통계, 자연은 수리논술
  - 자연계열 수학 출제범위: 수학Ⅰ, 수학Ⅱ ※ 미적분, 확률과 통계, 기하는 미출제

[2024]

변경사항	2023	2024
전형방법 변경	학생부30%+ 논술70%	학생부20%+ 논술80%

[2023]

변경사항	2022	2023
논술 시험시간	인문 100분, 자연 80분	인문 90분, 자연 90분

■ 모집단위

'*' 표시 : 교직 이수 가능

서울 계열	모집단위	2025 모집인원	2024 모집인원	2024 지원인원	2024 경쟁률	2024 등록평균	2024 실질경쟁률	2024 충원율	2023 모집인원	2023 지원인원	2023 경쟁률	2023 등록평균	2023 실질경쟁률	2023 충원율	2022 모집인원	2022 지원인원	2022 경쟁률	2022 등록평균	2022 실질경쟁률	2022 충원율
인문	영어통번역학과	9																		
인문	영어대학	6																		
인문	자유전공학부	16																		
인문	상경대학	3																		
인문	중국학대학	4																		
인문	사회과학대학	4																		
인문	특수외국어(유럽지역)계열	3																		
인문	특수외국어(중동지역)계열	3																		
인문	특수외국어(인도·아세안지역)계열	3																		
인문	일본학대학	3																		
인문	핵심외국어계열	12																		
인문	경영학부	31	32	2,181	68.2				33	2,135	64.7				33	2,020	61.2			15%
인문	국제학부	3	3	189	63.0				3	144	48.0				3	127	42.3			33%
인문	미디어커뮤니케이션학부	10	10	583	58.3				10	662	66.2				10	690	69.0			30%
인문	Language&Diplomacy학부	7	8	463	57.9				8	600	75.0				8	601	75.1			38%
인문	일본언어문화학부	7	9	473	52.6				9	323	35.9				9	302	33.6			
인문	Language&Trade학부	6	6	294	49.0				6	401	66.8				6	401	66.8			
인문	영어교육과	4	4	195	48.8				4	167	41.8				4	146	36.5			25%
인문	정치외교학과	7	12	578	48.2				12	711	59.3				12	635	52.9			25%
인문	Social Science&AI융합학부	7	7	334	47.7															
인문	경제학부	14	16	738	46.1				16	793	49.6				16	723	45.2			6%
인문	국제통상학과	8	13	598	46.0				13	621	47.8				13	609	46.9			8%
인문	한국어교육과	2	2	88	44.0				2	95	47.5				2	43	21.5			50%
인문	행정학과	7	12	525	43.8				12	696	58.0				12	627	52.3			50%
인문	융합일본지역학부	5	5	210	42.0				5	156	31.2				5	140	28.0			
인문	튀르키예·아제르바이잔학과	3	6	239	39.8				6	169	28.2				6	148	24.7			17%
인문	아랍어과	6	9	339	37.7				9	225	25.0				9	242	26.9			11%
인문	태국어과	3	6	218	36.3				6	181	30.2				6	151	25.2			17%

서울계열	모집단위	2025 모집인원	2024 모집인원	2024 지원인원	2024 경쟁률	2024 등록평균	2024 실질경쟁률	2024 충원율	2023 모집인원	2023 지원인원	2023 경쟁률	2023 등록평균	2023 실질경쟁률	2023 충원율	2022 모집인원	2022 지원인원	2022 경쟁률	2022 등록평균	2022 실질경쟁률	2022 충원율
인문	베트남어과	3	6	218	36.3				6	158	26.3				6	153	25.5			
인문	말레이·인도네시아어과	3	6	212	35.3				6	153	25.5				6	157	26.2			17%
인문	스페인어과	11	13	459	35.3				13	460	35.4				13	484	37.2			8%
인문	인도어과	3	6	207	34.5				6	143	23.8				6	130	21.7			
인문	독일어교육전공	2	2	69	34.5				2	79	39.5				2	39	19.5			50%
인문	페르시아어·이란학과	3	6	193	32.2				6	160	26.7				8	198	24.8			
인문	독일어과	11	13	409	31.5				14	504	36.0				14	508	36.3			21%
인문	프랑스어교육전공	2	2	63	31.5				2	68	34.0				2	98	49.0			
인문	몽골어과	2	2	63	31.5				2	59	29.5				2	43	21.5			
인문	이탈리아어과	4	6	186	31.0				6	197	32.8				6	186	31.0			
인문	중국어교육전공	2	2	62	31.0				2	70	35.0				2	41	20.5			
인문	ELLT학과	11	12	369	30.8				12	448	37.3				12	480	40.0			33%
인문	프랑스어학부	10	12	368	30.7				11	375	34.1				11	410	37.3			27%
인문	스칸디나비아어과	4	6	181	30.2				6	179	29.8				6	159	26.5			17%
인문	영미문학·문화학과	11	12	359	29.9				12	441	36.8				12	453	37.8			17%
인문	중국외교통상학부	7	9	257	28.6				9	284	31.6				9	300	33.3			22%
인문	중국언어문화학부	7	11	300	27.3				11	331	30.1				9	286	31.8			22%
인문	네덜란드어과	4	6	163	27.2				6	161	26.8				6	195	32.5			83%
인문	노어과	6	8	217	27.1				8	269	33.6				8	245	30.6			13%
인문	포르투갈어과	4	6	153	25.5				6	203	33.8				6	184	30.7			33%
자연	Language&AI융합학부	7	7	932	133.1															

글로벌계열	모집단위	2025 모집인원	2024 모집인원	2024 지원인원	2024 경쟁률	2024 등록평균	2024 실질경쟁률	2024 충원율	2023 모집인원	2023 지원인원	2023 경쟁률	2023 등록평균	2023 실질경쟁률	2023 충원율	2022 모집인원	2022 지원인원	2022 경쟁률	2022 등록평균	2022 실질경쟁률	2022 충원율
인문	글로벌스포츠산업학부	2	4	134	33.5				2	72	36.0				2	84	42.0			
인문	Global Business & Technology학부	6	7	209	29.9				8	195	24.4				7	240	34.3			43%
인문	국제금융학과	3	3	89	29.7				3	56	18.7				3	86	28.7			33%
인문	Finance&AI융합학부	3	5	140	28.0															
인문	자유전공학부	28	11	296	26.9				11	212	19.3									
인문	언어인지과학과	3	4	102	25.5				5	79	15.8				3	62	20.7			
인문	디지털콘텐츠학부	5	6	146	24.3															
인문	융합인재학부	9	9	210	23.3				14	280	20.0				10	272	27.2			30%
인문	루마니아어학과	2	2	44	22.0				2	29	14.5				2	22	11.0			50%
인문	투어리즘&웰니스학부	5	6	132	22.0															
인문	철학과	3	4	88	22.0				5	73	14.6				3	58	19.3			
인문	헝가리어학과	2	2	44	22.0				2	41	20.5				2	25	12.5			50%
인문	아프리카학부	6	5	107	21.4				6	77	12.8				5	78	15.6			
인문	사학과	3	4	85	21.3				5	78	15.6				3	55	18.3			33%
인문	우크라이나어학과	2	2	40	20.0				2	18	9.0				2	26	13.0			
인문	폴란드어학과	2	2	39	19.5				2	30	15.0				2	22	11.0			50%
인문	체코·슬로바키아어학과	2	2	37	18.5				2	32	16.0				2	29	14.5			
인문	한국학과	2	2	35	17.5				2	36	18.0				2	25	12.5			
인문	세르비아크로아티아어학과	2	2	35	17.5				2	20	10.0				2	29	14.5			
인문	중앙아시아학과	2	2	34	17.0				2	29	14.5				2	26	13.0			
인문	그리스·불가리아학과	2	2	32	16.0				2	21	10.5				2	41	20.5			50%
자연	컴퓨터공학부	7	10	408	40.8				11	396	36.0				10	373	37.3			60%
자연	생명공학과	6	6	223	37.2				6	146	24.3				6	142	23.7			83%
자연	AI데이터융합학부	3	5	183	36.6															
자연	바이오메디컬공학부	4	5	183	36.6				4	103	25.8				4	108	27.0			25%
자연	반도체공학전공	4	5	179	35.8															
자연	산업경영공학과	5	6	205	34.2				6	143	23.8				6	138	23.0			17%
자연	전자공학전공	5	6	204	34.0				6	155	25.8				6	166	27.7			50%
자연	기후변화융합학부	5	5	155	31.0															
자연	정보통신공학과	3	3	92	30.7				3	75	25.0				3	66	22.0			33%
자연	환경학과	6	6	176	29.3				6	133	22.2				6	125	20.8			33%
자연	통계학과	4	5	141	28.2				5	96	19.2				5	93	18.6			60%
자연	화학과	6	6	146	24.3				6	116	19.3				6	97	16.2			117%
자연	전자물리학과	4	5	121	24.2				5	90	18.0				5	83	16.6			120%
자연	수학과	4	5	109	21.8				5	82	16.4				5	72	14.4			40%

97. 한국체육대학교　서울특별시 송파구 양재대로 1239 (Tel: 02. 410-6551~4)

Ⅰ. 한 눈에 보는 전형

모집 시기	전형 유형	전형	모집 인원	전형 방법	수능최저 학력기준
수시	교과	교과성적우수자	62	▶사회체육학과: 1단계)학생부100%(5배수) 2단계)학생부60%+ 실기40% ▶운동건강관리학과: 1단계)학생부100%(3배수) 2단계)1단계70%+ 실기30% ▶특수체육교육과 : 1단계)학생부100%(5배수) 2단계)학생부60%+ 실기30%+ 교직적성10% ▶스포츠산업학과: 1단계)학생부100%(5배수) 2단계)학생부70%+ 실기30% ▶스포츠청소년지도학과, 노인체육복지학과 : 1단계)학생부100%(5배수) 2단계)학생부80%+ 실기20%	○
수시	교과	국가보훈대상자	5	▶사회체육학과: 학생부60%+ 실기40% ▶스포츠청소년지도학과, 노익체육복지학과: 학생부80%+ 실기20% ▶특수체육교육학과: 학생부60%+ 면접10%+ 실기30% ▶운동건강관리학과: 학생부70%+ 실기30%	○
수시	교과	특수교육대상자	13	▶경기지도학과: 학생부20%+ 면접10%+ 실적60% ▶특수체육교육과: 학생부10%+ 면접20%+ 실적70% ▶태권도학과: 학생부10%+ 실적90%	○
수시	교과	농어촌지역학생	2	▶공연예술학과: 학생부30%+ 실기70%	X
수시	실기/실적	체육특기자	175	▶체육학과(개인경기): 학생부10%+ 입상실적90% ▶체육학과(단체경기): 학생부10%+ 입상실적50%+ 실기40%	X
수시	실기/실적	경기입상실적우수자	51	▶경기지도학과: 학생부40%+ 실적60% ▶공연예술학과: 학생부35%+ 실적65% ▶태권도학과: 1단계)학생부35%+ 실적65%(5배수) 2단계)1단계60%+ 실기40%	X
수시	실기/실적	실기우수자	26	▶공연예술학과, 태권도학과: 학생부30%+ 실기70%	X

(수시모집) 지원 가능 횟수	본교 수시모집은 2개의 전형까지 지원할 수 있으며, 하나의 전형 내에서는 하나의 모집단위에만 지원할 수 있음

■ 전형결과
※ 성적 산출기준: (수시) 교과 석차등급, (정시) 수능 백분위

모집시기	전형유형	전형	학년도	모집인원	지원인원	경쟁률	등록자 평균	등록자 최저	충원율
수시	교과	교과성적우수자	2024	62	668	10.77	2.59	2.93	

■ (주요전형) 전형일정

유형	전형	원서접수 마감	대학별 고사(면접/논술)	1단계 합격자	최종 합격자
교과	교과성적우수자	9.12(목) 16:00	▶특수체육교육과: 10.21(월) 14:00	10.15(화)	11.19(화)

Ⅱ. (수시모집) 주요 전형

■ (학생부교과) 교과성적우수자

전형	모집인원	전형 방법	수능최저
교과성적우수자	62	▶사회체육학과: 1단계)학생부100%(5배수) 2단계)학생부60%+ 실기40% ▶운동건강관리학과: 1단계)학생부100%(3배수) 2단계)1단계70%+ 실기30% ▶특수체육교육과: 1단계)학생부100%(5배수) 2단계)학생부60%+ 실기30%+ 교직적성10% ▶스포츠산업학과: 1단계)학생부100%(5배수) 2단계)학생부70%+ 실기30% ▶스포츠청소년지도학과, 노인체육복지학과: 1단계)학생부100%(5배수) 2단계)학생부80%+ 실기20%	○

1. **지원자격**: 고등학교 졸업자 또는 2025년 2월 고등학교 졸업예정자 또는 고등학교 졸업학력 검정고시 합격자, 기타 법령에 의하여 위와 동등 이상의 학력이 있다고 인정된 자

2. 수능최저학력기준:

> ▸스포츠청소년지도학과, 스포츠산업학과, 노인체육복지학과: [국어, 수학, 영어, 사/과/직탐(1과목)] 중 3개 영역 각 4등급 이내
> ▸사회체육학과, 운동건강관리학과, 특수체육교육과: [국어, 수학, 영어, 사/과/직탐(1과목)] 중 2개 영역 등급 합 7 이내

◎ 전형요소
● 학생부

반영요소 반영비율	반영교과목			교과성적 산출지표	학년별 반영비율
	구분	반영방법			
교과 80%	공통 및 일반선택	전 교과목		석차등급	30:30:40
	진로선택	미반영			
비교과 20%	※ 만점: ① 출결(20%): 미인정 결석 2일 이내				

● 교직인적성면접(특수체육교육)
- 인성, 논리성, 창의성, 학업성적, 전공관련 기초지식을 평가
- 평가는 평가위원 5인이 평가하여 최고점과 최하점을 제외한 3인의 평가점수를 평균하여 환산 적용합니다.
● 실기(사회체육, 특수체육교육)
  1. 사회체육(3개 종목): 10m왕복달리기, 윗몸 일으키기, 제자리 멀리뛰기
  2. 특수체육교육(3개 종목): 10m왕복달리기, 윗몸 일으키기, 배구블라디테스트

◎ 전형결과
■ 전체

학년도	전체						인문						자연				
	모집 인원	지원 인원	경쟁 률	등록 평균	등록 최저		모집 인원	지원 인원	경쟁 률	등록 평균	등록 최저		모집 인원	지원 인원	경쟁 률		
2022	61	538	8.82	2.91	3.33		61	538	8.82	2.91	3.33						
2023	62	570	9.19	2.90	3.23		62	570	9.19	2.90	3.23						
2024	62	668	10.77	2.59	2.93		62	668	10.77	2.59	2.93						
2025	62						62										

■ 변경사항 & 핵심포인트
[2025]

변경사항	2024	2025
모집인원	62명	62명

▣ 합격자 성적분포: 인문계열은 2등급 초반 ~ 3등급 중반

■ 모집단위

'*'표시 : 교직 이수 가능

계열	모집단위	2025	2024						2023						2022					
		모집 인원	모집 인원	지원 인원	경쟁 률	등록 평균	등록 최저		모집 인원	지원 인원	경쟁 률	등록 평균	등록 최저		모집 인원	지원 인원	경쟁 률	등록 평균	등록 최저	
인문	운동건강관리학과	10	10	105	10.5	1.91	1.96		10	76	7.6	2.38	2.69		10	67	6.7	2.31	3.03	
인문	특수체육교육과*	19	19	107	5.6	2.07	2.57		19	107	5.6	2.31	2.57		19	105	5.5	2.31	2.59	
인문	노인체육복지학과	7	7	92	13.1	2.72	3.16		7	64	9.1	3.43	3.58		7	70	10.0	3.17	3.51	
인문	스포츠산업학과	10	10	116	11.6	2.81	3.41		10	98	9.8	2.93	3.43		10	118	11.8	3.02	3.42	
인문	스포츠청소년지도학과	11	11	143	13.0	2.93	3.20		11	91	8.3	3.08	3.70		11	118	10.7	2.94	3.23	
인문	사회체육학과	5	5	105	21.0	3.07	3.28		5	134	26.8	3.27	3.39		4	60	15.0	3.73	4.18	

98. 한국항공대학교

경기도 고양시 덕양구 항공대학로 76 [Tel: 02. 300-0228(전형 일반),
02. 300-0447(학생부종합), 02. 300-0446(항공운항학과 신체검사)]

I. 한 눈에 보는 전형

모집 시기	전형 유형	전형	모집 인원	전형 방법	수능최저 학력기준
수시	교과	교과성적우수자	104	학생부교과100%	○
수시	교과	학교장추천	104	학생부교과100% ※ 고교 추천: 제한 없음	X
수시	종합	미래인재	141	1단계)서류100%(3배수) 2단계)서류70%+ 면접30%	X
수시	종합	고른기회	44	1단계)서류100%(3배수) 2단계)서류70%+ 면접305	X
수시	논술	논술우수자	195	논술100%	○

(수시모집) 지원 가능 횟수	본교 수시모집 모든 전형에 중복 지원할 수 있습니다. 단, 동일 전형에는 1개 학부(과)만 지원이 가능합니다.

※ 2025학년도 입학생은 복수전공(제1전공 및 제2전공)을 의무 이수해야 하며, 이수 기준 및 선발 방법은 학칙에 따릅니다.

■ 무전공(전공자율선택)

유형1[대학 내 모든 전공(보건의료, 사범 등 제외) 자율 선택]		유형2[계열/단과대 모집 후 모집단위 내 전공 자율 선택]	
모집단위	인원	모집단위	인원
자유전공학부	18	AI융합대학	207
자유전공학부(공학적성)	74	공과대학	187
자유전공학부(사회적성)	10	항공·경영대학	36
자유전공학부(이학적성)	47	항공·경영대학(사회적성)	63
		항공·경영대학(이학적성)	40

■ 2025학년도 입학생은 무전공으로 입학하여 2학년 진급 시 전공을 선택합니다. 단, 학과모집단위(스마트드론공학과, AI자율주행시스템공학과,
항공운항학과) 입학생은 입학과 동시에 제1전공이 부여되고, 2학년 진급 시 제2전공을 선택합니다.

■ 모집단위별 전공 선택가능 범위

구분		제1전공	제2전공
자유전공학부		- 모든 전공 선택 가능 (단, 스마트드론공학과, AI자율주행 시스템공학과, 항공운항학과 선택 불가)	- 모든 전공 선택 가능 (단, 항공운항학과 선 발인원은 수용 가능 범위내 별도로 정함)
단과대학 모집단위		- 본인의 모집단위 단과대학 내 모든 전공 선택 가능 (단, 스마트드론공학과, AI자율주행시스템공학과, 항공운항 학과 선택 불가)	- 모든 전공 선택 가능 (단, 항공운항학과 제외)
학과 모집단위	스마트드론공학과	스마트드론공학과	
	AI자율주행시스템공학과	AI자율주행시스템공학과	
	항공운항학과	항공운항학과	- 모든 전공 선택 가능

■ 모집단위 신설 · 변경

구분	2024	2025
통합 및 변경	항공우주공학과, 기계항공공학과, 신소재공학과	공과대학
	전기전자공학과, 컴퓨터공학과, 소프트웨어학과	AI융합대학
	항공교통물류학부, 경영학과, 항공경영학과	항공·경영대학(이학적성, 사회적성)
	자유전공학부(전계열),자유전공학부(공학계열)	자유전공학부(공학적성, 이학적성, 사회적성)

■ 전형결과

※ 성적 산출기준: (수시) 교과 석차등급, (정시) 수능 백분위

모집시기	전형유형	전형	학년도	모집인원	지원인원	경쟁률	등록자 평균		충원율
수시	교과	교과성적우수자	2024	129	956	7.41	2.42		101%
수시	교과	학교장추천	2024	88	498	5.66	2.61		96%
수시	종합	미래인재	2024	145	1,269	8.75	3.06		38%
모집시기	전형유형	전형	학년도	모집인원	지원인원	경쟁률		논술점수 평균	충원율
수시	논술	논술우수자	2024	201	5,075	25.25		74.25	31%

유형	전형	원서접수 마감	대학별 고사(면접/논술)	1단계 합격자	최종 합격자
교과	교과성적우수자	9.13(금) 18:00			12.13(금)
교과	학교장추천	9.13(금) 18:00 학교장추천: 9.25(수) 18:00			12.13(금)
종합	미래인재	9.13(금) 18:00	11.02(토)	10.25(금)	12.13(금)
논술	논술우수자	9.13(금) 18:00	11.16(토) 10:00/15:00		12.13(금)

▶ 11.16(토) 10:00 공과대학, AI융합대학, 스마트드론공학과, AI자율주행시스템공학과, 자유전공학부(공학적성)
　　　　 15:00 항공.경영대학(이학적성, 사회적성), 한공운항학과, 자유전공학부(이학적성), 자유전공학부(사회적성)

II. (수시모집) 주요 전형

■ (학생부교과) 교과성적우수자

전형	모집인원	전형 방법	수능최저학력기준
교과성적우수자	104	학생부교과100%	○

1. **지원자격**: 초·중등교육법 시행령 제76조의 3로 정하는 국내 고등학교에서 통산 3학기* 이상을 이수한 졸업(예정)자
   ▣ 지원이 불가한 자
   (1) 2016년 2월 이전 고교 졸업자(2015년 2월 졸업자 포함)
   (2) 특성화고(일반고 특성화과정 및 직업교육 위탁과정학생 포함) 출신자
   (3) 특수목적고 중 예술고, 체육고 또는 마이스터고 출신자
   (4) 각종학교(외국인학교, 대안학교 등), 방송통신고, 학력인정 평생교육시설 출신자
   (5) 학교생활기록부 반영교과 점수를 산출할 수 없는 자(교과별 석차등급 기재과목이 3개 미만인 자)
   (6) 본 대학교 입학공정관리위원회에서 지원 불가로 판정한 자
   (7) [일부 모집단위 지원불가자] 아래 지원불가대상자는 공과대학, AI융합대학, 스마트드론공학과, AI자율주행시스템공학과, 자유전공학부(공학적성)에 지원할 수 없습니다.

졸업시기	지원불가 대상
2020년도 이전(2020년 포함) 졸업자	문과학생, 외국어고, 국제고 졸업자
2021년도 이후 졸업(예정)자	고교 재학 당시 "미적분" 또는 "기하" 수학교과목을 이수하지 않은 자

2 **수능최저학력기준**:

[국어, 수학, 영어, 사/과/직탐(1과목)] 중 2개 영역 등급 합 6 이내

3. (항공운항학과) 신체검사
   1) 신체검사 안내

구분	신체검사 안내
대상자	항공운항학과 지원자 중 총점 성적 상위자 기준 모집인원 3배수
검사기준	항공신체검사 1종 (항공안전법 시행규칙 별표 9 항공신체검사기준 참조)
실시장소	국토교통부 지정 항공신체검사 실시 병원
신체검사결과 제출방법	본교 인정병원에서 개별 예약 및 수검 후 '항공신체검사증명 신청서'(항공안전법 시행규칙 별지 제44호 서식) 및 '항공신체검사증명서'(항공안전법 시행규칙 별지 제45호 서식)를 제출기한 내 우편 또는 방문 제출

신체검사결과 제출기간 및 제출처	지원전형	대상자 발표	검사결과 제출
	미래인재전형, 고른기회전형	2024. 10. 25.(금)	대상자 발표 이후 ~ 2024. 12. 04.(수)
	교과성적우수자전형, 학교장추천전형	2024. 11. 01.(금)	
	논술우수자전형	2024. 11. 25.(월)	

[제출처] 경기도 고양시 덕양구 항공대학로 76 한국항공대학교 입학관리팀 (우:10540)

신체검사 합격에 해당하는 결과	적합 (조건부 적합은 신체검사 불합격에 해당)
비고	① 원서접수일 또는 서류제출일 당시 유효한 서류를 인정함 (증명서상 유효기간은 통상 1년 내외임) ② 제출기한 내 적합 판정된 서류를 제출하지 못한 경우 불합격 ③ 병원예약부터 결과 확인까지 수 주일에서 수 개월이 소요되는 것을 감안하여 신체검사를 실시해야 함

2) 신체검사 유의사항
　가. 신체검사 결과는 합격 또는 불합격 자료로만 활용하고, 신체검사 미실시자는 불합격 처리합니다.
　나. 신체검사 결과에 대한 판정은 학교지정 검사기관 및 본교 신체검사위원회에서 결정합니다.

다. 본교 입시전형 용 항공신체검사는 "공군 신체검사 및 항공사별 신체검사"와 기준이 상이하므로, 추후 진로 선택 시에는 각 진로에서 요구하는 신체검사 기준을 만족하여야 합니다.

◎ 전형요소
● 학생부

반영요소 반영비율	반영교과목		교과성적 산출지표	학년별 반영비율
	구분	반영방법		
교과100%	공통 및 일반선택	▶ 공과대학, AI융합대학, 스마트드론공학과, AI자율주행시스템공학과, 자유전공학부(공학적성) : 국어25%, 영어25%, 수학25%, 과학25%교과별 5과목 (총 20과목) ▶ 항공·경영대학(이학적성, 사회적성), 항공경영학과, 자유전공학부(이학적성, 사회적성) : 국어25%, 영어25%, 수학25%, 사회(한국사 포함)/과학25%교과별 5과목 (총 20과목) ※ 반영학기: 졸업예정자 및 졸업자 모두 3학년 1학기까지	석차등급	학년 구분 없음
	진로선택	반영교과 중 상위 3과목 ※ 가산점 = A : 2, B : 1.5, C : 1	성취도	

◎ 전형결과
■ 전체

학년도	전체						인문						자연					
	모집 인원	지원 인원	경쟁 률	등록 평균	등록 70%컷	충원 율	모집 인원	지원 인원	경쟁 률	등록 평균	등록 70%컷	충원 율	모집 인원	지원 인원	경쟁 률	등록 평균	등록 70%컷	충원 율
2022	239	1,400	5.86	2.68	2.96	99%	44	221	5.02	2.90	3.30	95%	195	1,179	6.05	2.46	2.62	103%
2023	214	1,448	6.77	2.56	2.66	90%	43	394	9.16	2.70	2.80	74%	171	1,054	6.16	2.41	2.52	106%
2024	129	956	7.41	2.42	2.49	101%	20	220	11.00	2.47	2.50	120%	109	736	6.75	2.37	2.48	81%
2025	104						27						77					

■ 실질 경쟁률(충원율 반영)

계열	모집인원	지원인원	경쟁률	수능최저 충족율	(수능최저 충족율 반영) 경쟁률	충원율	(충원율 반영) 실질 경쟁률
인문	20	220	11.00	67.5%	7.43	120%	3.38
자연	109	736	6.75	52.3%	3.53	81%	1.95

■ [학과별] 실질 경쟁률(지원자 중 수능최저 충족인원)

계열	계열 평균	모집단위
인문	7.43:1	경영학과 6.7, **항공경영학과** 5.4, 자유전공학부 10.2
자연	3.53:1	항공우주공학과 3.3, 기계항공공학과 3.3, **전기전자공학과** 2.8, 컴퓨터공학과 3.2, **신소재공학과** 1.8, 스마트드론공학과 5.0, **AI자율주행시스템공학과** 2.5, 자유전공학부(공학계열) 3.4, 소프트웨어학과 6.9, 항공교통물류학부 3.9, **항공운항학과** 2.7

■ 변경사항 & 핵심포인트
[2025]

변경사항		2024	2025
모집인원		129명	104명(-25명)
(수능최저) 응시영역 통일		• 기계항공공학과, 항공우주공학과, 전기전자공학과, 컴퓨터공학과, 신소재공학과, 스마트드론공학과, AI자율주행시스템공학과, 자유전공학부(공학계열) : 국어, <u>수학(미적분/기하)</u>, 영어, <u>과</u>/직탐 • 소프트웨어학과, 항공교통물류학부, 항공운항학과, 자유전공학부(전계열), 경영학과, 항공경영학과 : 국어, 수학, 영어, 사/과/직탐	국어, <u>수학</u>, 영어, <u>사/과</u>/직탐
(학생부) 반영교과별 반영비율	공과대학, AI융합 대학, 스마트드론 공학과, AI자율주 행시스템공학과, 자유전공학부(공 학적성)	<u>국어15%, 영어30%, 수학35%, 과학20% 교과별 5과목</u>	<u>국어25%, 영어25%, 수학25%, 과학25%</u> 교과별 5과목+<u>(가산점)진로선택 3과목</u>
	항공·경영대학 (이학적성, 사회적 성), 항공경영학과, 자유전공학부(이 학적성,사회적성)	<u>국어20%, 영어30%, 수학30%, 사회/과학20%</u> 교과별 5과목	<u>국어25%, 영어25%, 수학25%, 사회/과학25%</u> 교과별 5과목+<u>(가산점)진로선택 3과목</u>

➡ **합격자 성적분포**: 인문계열은 2등급 초반 ~ 2등급 후반, 자연계열은 2등급 초반 ~ 2등급 중반
=> 전년도에 이학계열 수능최저 2개 등급 합 5 -> 6으로 완화

■ 모집단위

계열	모집단위	2025 모집인원	2024 모집인원	지원인원	경쟁률	등록평균	등록최저	충원번호	2023 모집인원	지원인원	경쟁률	등록평균	등록최저	충원번호	2022 모집인원	지원인원	경쟁률	등록평균	등록최저	충원번호
인문	항공·경영대학	18																		
인문	자유전공학부	9																		
자연	공과대학	25																		
자연	AI융합대학	27																		
자연	자유전공학부	9																		
자연	항공운항학과	5	7	65	9.3	1.5	1.5	3	11	86	7.8	1.7	1.8	5	12	63	5.3	1.7	2.0	4
자연	AI자율주행시스템공학과	5	6	35	5.8	2.6	2.7	4	10	57	5.7	2.7	2.7	10	10	60	6.0	2.6	2.8	7
자연	스마트드론공학과	6	8	69	8.6	2.7	2.8	10	13	58	4.5	2.8	3.0	12	12	71	5.9	2.5	2.6	9

■ (학생부교과) 학교장추천

전형	모집인원	전형 방법	수능최저학력기준
학교장추천	104	학생부교과100%	X

1. **지원자격**: 초·중등교육법 시행령 제76조의 3로 정하는 국내 고등학교에서 통산 3학기* 이상을 이수한 졸업(예정)자자로서 소속(졸업) 고등학교장의 추천을 받은 자

   ※ 고교별 추천 인원: 제한 없음

   ※ 학교장추천전형 지원시 소속(졸업)고등학교와 반드시 사전협의 후 원서접수하기 바랍니다.

   ▣ 지원이 불가한 자 : 교과성적우수자전형 참고

◎ 전형요소
● 학생부:

반영요소 반영비율	반영교과목 구분	반영방법	교과성적 산출지표	학년별 반영비율
교과100%	공통 및 일반선택	▶ 공과대학, AI융합대학, 스마트드론공학과, AI자율주행시스템공학과, 자유전공학부(공학적성) : 국어25%, 영어25%, 수학25%, 과학25%교과에 속한 전과목 ▶ 항공·경영대학(이학적성, 사회적성), 항공경영학과, 자유전공학부(이학적성, 사회적성) : 국어25%, 영어25%, 수학25%, 사회(한국사 포함)/과학25%교과에 속한 전과목 ※ 반영학기: 졸업예정자 및 졸업자 모두 3학년 1학기까지	석차등급	학년 구분 없음
	진로선택	반영교과 중 상위 3과목 ※ 가산점 = A : 2, B : 1.5, C : 1	성취도	

◎ 전형결과
■ 전체

학년도	전체 모집인원	지원인원	경쟁률	등록평균	등록최저	충원율	인문 모집인원	지원인원	경쟁률	등록평균	등록최저	충원율	자연 모집인원	지원인원	경쟁률	등록평균	등록최저	충원율
2022																		
2023																		
2024	88	498	5.66	2.61	2.74	96%	17	116	6.82	2.53	2.70	71%	71	382	5.38	2.69	2.77	120%
2025	104						27						77					

■ 변경사항 & 핵심포인트

[2025]

변경사항		2024	2025
모집인원		88명	104명(+15명)
추천인원 제한 폐지		10명 이내	제한 없음
(학생부) 반영교과별 반영비율	항공우주및기계공학부 등	국어15%, 영어30%, 수학35%, 과학20%교과 전 과목	국어25%, 영어25%, 수학25%, 과학25%교과 전 과목 +(가산점)진로선택 3과목
	소프트웨어학과 등	국어20%, 영어30%, 수학30%, 사회/과학20%교과 전 과목	국어25%, 영어25%, 수학25%, 사회/과학25%교과 전 과목+(가산점)진로선택 3과목
	경영학부	국어25%, 영어35%, 수학20%, 사회/과학20%교과 전 과목	국어25%, 영어25%, 수학25%, 사회/과학25%교과 전 과목+(가산점)진로선택 3과목

▣ **합격자 성적분포**: 인문계열은 2등급 중반 ~ 2등급 후반, 자연계열은 2등급 중반 ~ 2등급 후반.
- 고교 추천 인원 제한 폐지로 인해 합격선이 상승할 수 있음.

'*'표시 : 교직 이수 가능

■ 모집단위

계열	모집단위	2025 모집인원	2024 모집인원	2024 지원인원	2024 경쟁률	2024 등록평균	2024 등록70%컷	2024 충원번호	2023 모집인원	2023 지원인원	2023 경쟁률	2023 등록평균	2023 등록70%컷	2023 충원번호	2022 모집인원	2022 지원인원	2022 경쟁률	2022 등록평균	2022 등록70%컷	2022 충원번호
인문	항공·경영대학	18																		
인문	자유전공학부	9																		
자연	공과대학	25																		
자연	AI융합대학	27																		
자연	항공운항학과	5	5	53	10.6	1.8	1.9	6												
자연	스마트드론공학과	6	5	31	6.2	2.7														
자연	AI자율주행시스템공학과	5	4	19	4.8	2.8														
자연	자유전공학부	9	7	38	5.4	2.8	2.8	14												

■ (학생부종합) 미래인재

전형	모집인원	전형 방법	수능최저학력기준
미래인재	141	1단계)서류100%(3배수) 2단계)서류70%+ 면접30%	X

1. **지원자격**: 고등학교 졸업(예정)자 또는 법령에 따라 이와 같은 수준 이상의 학력이 있다고 인정되는 자
   ■ 지원이 불가한 자:
   (1) 2016년 2월 이전 고교 졸업자(2015년 2월 졸업자 포함)
   (2) 검정고시 출신자로서 2015년 2월 이전 고교 졸업 학력 취득자
   (3) 본 대학교 입학공정관리위원회에서 지원 불가로 판정한 자
2. **제출서류**: 학교생활기록부 / ※ 외국 고교과정 전부 또는 일부 이수자, 검정고시 출신자: 요강 참고

◎ 전형요소
● 서류(1,000점: 기본점수 800점):
   1. **평가방법**: 학교생활기록부를 토대로 입학사정관 2인의 개별 평가
   2. **평가항목**

평가항목	반영비율	평가내용
학업역량	30%	• 교과 성취 수준 및 학업발전 정도 • 학업 수행 의지와 노력 • 사물과 현상에 대한 탐구와 문제를 해결하는 노력
진로역량	50%	• 전공(계열) 관련 교과 이수 노력 • 전공(계열) 관련 교과 과목 학업성취 수준 • 진로 탐색 활동과 노력한 경험 • 진로분야 관심과 의지
공동체역량	20%	• 공동체 목표 달성을 위한 협업과 의사소통능력 • 타인 존중, 나눔 실천과 양보 및 배려 경험 • 책임감, 성실성과 규칙 준수 • 공동체 목표 달성을 위해 계획과 실행을 주도한 경험

☞ 보충설명
• 서류 평가요소: 진로역량(50%) > 학업역량(30%) > 공동체역량(20%) 순으로 반영.
  - 진로역량이 40% -> 50%로 10% 증가한 반면, 학업역량은 40% -> 30%로 10% 감소하였음. 진로역량이 중요함
• 학업역량(30%)은 비중도 높지만 변별력은 진로역량(50%)에서 생김.
• 진로역량(50%)은 항공과 우주 중에서 우주에 좀 더 초점을 맞추고 학과 개편함. 우주에 특화된 대학이라면 점을 강조
  - 학교생활 충실도가 가장 중요, 대단한 것이 아니더라도 항공관련 과학 동아리, 영어.수학 동아리 활동들도 중요.
  - 고교 수준을 넘어서는 것에 대해 크게 의미주지 않음
• 공동체역량(20%)은 협업과 팀플레이 능력이 중요함

● 일반면접(300점: 기본점수 240점)
   1. **면접방법**: 학교생활기록부 기반의 활동 확인 면접, 대면 면접, 평가위원 2인
   2. **면접시간**: 10분
   3. **평가요소**

평가항목	반영비율	평가내용
특기적성	33%	지원분야 적성 및 관심, 수학의지 및 열정
인성, 리더십, 의사소통능력	33%	질문요지 파악, 어휘 및 제스처, 바른 태도, 리더십, 협력, 나눔, 갈등 관리
발전가능성 및 종합의견	33%	

※ 항공운항학과 신체검사: 교과성적우수자전형 참고

• 작년 온라인 비대면 면접에서 현장 면접으로 복귀. 특기적성에서 변별력 생김.

◎ 전형결과
■ 전체

학년도	전체						인문						자연					
	모집인원	지원인원	경쟁률	등록평균	등록최저	충원율	모집인원	지원인원	경쟁률	등록평균	등록최저	충원율	모집인원	지원인원	경쟁률	등록평균	등록최저	충원율
2022	140	823	5.88	3.15	4.65	54%	18	109	6.06	3.60	5.80	50%	122	714	5.85	2.69	3.50	57%
2023	143	1,046	7.31	3.11	4.77	35%	19	168	8.84	3.40	5.80	21%	124	878	7.08	2.81	3.74	48%
2024	145	1,269	8.75	3.06	3.96	38%	19	239	12.58	3.20	4.05	32%	126	1,030	8.17	2.92	3.86	43%
2025	141						19						122					

■ 변경사항 & 핵심포인트
[2025]

변경사항	2024	2025
모집인원	145명	141명(-4명)
서류 평가요소 반영비율 변경	학업역량40%, 진로역량40%, 공동체역량20%	학업역량30%, 진로역량50%, 공동체역량20%

➡ 합격자 성적분포: 인문계열은 3등급 초반 ~ 4등급 초반, 자연계열은 2등급 후반 ~ 3등급 후반

■ 모집단위
'*' 표시 : 교직 이수 가능

계열	모집단위	2025	2024						2023						2022					
		모집인원	모집인원	지원인원	경쟁률	등록평균	등록최저	충원번호	모집인원	지원인원	경쟁률	등록평균	등록최저	충원번호	모집인원	지원인원	경쟁률	등록평균	등록최저	충원번호
인문	항공·경영대학(사회적성)	19																		
자연	공과대학	43																		
자연	AI융합대학	43																		
자연	항공·경영대학(이학적성)	10																		
자연	항공운항학과	10	10	145	14.5	2.0	2.4	4	8	78	9.8	1.8	2.3	4	9	107	11.9	1.7	1.9	2
자연	AI자율주행시스템공학과	7	8	56	7.0	3.2	4.1	6	8	46	5.8	3.2	3.9	7	8	46	5.8	2.8	3.1	6
자연	스마트드론공학과	9	9	97	10.8	3.4	4.4	2	10	73	7.3	3.2	4.4	2	8	68	8.5	3.0	3.6	4

■ (논술) 논술우수자

전형	모집인원	전형 방법	수능최저학력기준
논술우수자	195	논술100%	○

1. **지원자격**: 고등학교 졸업(예정)자 또는 법령에 의거하여 고등학교 졸업과 동등 이상의 학력이 있다고 인정된 자
   ※ 항공운항학과 신체검사: 자제한 사항은 교과성적우수자전형 참고
2. **수능최저학력기준**:

[국어, 수학, 영어, 사/과/직탐(1과목)] 중 2개 영역 등급 합 6 이내

◎ 전형요소
● 논술(1,000점)
1. 논술유형 및 출제범위:

지원학부	논술유형	배점 비율		출제범위	시험시간
		수리	언어		
공과대학, AI융합대학, 스마트드론공학과, AI자율주행시스템공학과, 자유전공학부(공학적성)	수리논술 2문항	100%	–	• 수학, 수학 I·II, 미적분	90분
항공·경영대학(이학적성), 항공운항학과, 자유전공학부(이학적성)	수리논술 2문항	100%	–	• 수학, 수학 I·II	
항공·경영대학(사회적성), 자유전공학부(사회적성)	언어논술 2문항	–	100%	• 인문·사회 교과	

2. **문제유형**:
   (가) 수리논술 : 수리적 분석력, 응용력과 창의력을 측정할 수 있는 제시문과 문항 출제
   (나) 언어논술 : 제시문을 요약하거나 비교대조 또는 논리력과 통합력을 측정하는 제시문과 문항 출제

◎ 전형결과

■ 전체

학년도	전체						인문						자연					
	모집인원	지원인원	경쟁률	등록평균	논술평균	충원율	모집인원	지원인원	경쟁률	등록평균	논술평균	충원율	모집인원	지원인원	경쟁률	등록평균	논술평균	충원율
2022	179	4,064	22.70		76.08	36%	33	843	25.55		80.35	24%	146	3,221	22.06		71.80	47%
2023	206	4,355	21.14		70.81	26%	41	981	23.93		71.40	24%	165	3,374	20.45		70.22	28%
2024	201	5,075	25.25		74.25	31%	35	1,238	35.37		74.90	29%	166	3,837	23.11		73.60	33%
2025	195						24						171					

■ 실질 경쟁률(충원율 반영)

계열	모집인원	지원인원	경쟁률	수능최저 충족율	(수능최저 충족율 반영) 경쟁률	충원율	(충원율 반영) 실질 경쟁률
인문	35	1,238	35.37	32.8%	11.60	29%	8.99
자연	166	3,837	23.11	34.7%	8.02	33%	6.03

■ [학과별] 실질 경쟁률(지원자 중 수능최저 충족인원)

계열	계열 평균	모집단위
인문	11.60:1	경영학과 11.3, **항공경영학과** 10.7, 자유전공학부 12.8
자연	8.02:1	항공우주공학과 6.3, 기계항공공학과 6.3, 전기전자공학과 6.7, 컴퓨터공학과 6.5, 신소재공학과 6.5, **스마트드론공학과** 5.0, **AI자율주행시스템공학과** 4.9, 자유전공학부(공학계열) 7.1, 소프트웨어학과 10.5, 항공교통물류학부 10.3, 항공운항학과 18.1

■ 변경사항 & 핵심포인트

[2025]

변경사항	2024	2025
모집인원	201명	195명(-6)
(수능최저: 응시영역) 항공우주 및 기계공학부, 항공전자정보공학부, 신소재공학과, 스마트드론공학과, AI자율주행시스템공학과, 공학계열	국어, 수학(미적분/기하), 영어, 과/직탐	국어, 수학, 영어, 사/과/직탐

• 학생부: 미반영으로 내신 부담이 전형 없음
• 논술고사: 인문은 언어논술, 이학계열은 언어+통계논술, 공학계열은 수리논술
  – 이학계열은 언어논술+ 수리논술로 출제, 언어논술은 편차가 적고, 수리논술에서 변별력 생김
  – 이학계열은 수리논술 출제 범위가 문이과 공통이므로 지원자들의 문이과 비율은 5 : 5지만, 합격자는 이과가 훨씬 많음.
• 논술고사 자연계열 수학 출제범위: (공학) 수학, 수학 I, 수학 II, 미적분, (이학) 수학, 수학 I, 수학 II ※ 기하는 미출제

■ 모집단위

'*' 표시 : 교직 이수 가능

계열	모집단위	2025 모집인원	2024					2023					2022				
			모집인원	지원인원	경쟁률	논술평균	충원번호	모집인원	지원인원	경쟁률	논술평균	충원번호	모집인원	지원인원	경쟁률	논술평균	충원번호
인문	항공·경영대학(사회적성)	21															
인문	자유전공학부(사회적성)	3															
자연	공과대학	45															
자연	AI융합대학	49															
자연	자유전공학부(이학적성)	15															
자연	항공·경영대학(이학적성)	13															
자연	AI자율주행시스템공학과	9	9	169	18.8	68.6	3	9	148	16.4	59.9	5	10	187	18.7	62.9	4
자연	스마트드론공학과	12	12	226	18.8	76.5	3	12	210	17.5	66.1	5	9	153	17.0	63.1	3
자연	항공운항학과	10	12	548	45.7	76.7	2	10	391	39.1	80.6		9	504	56.0	95.1	
자연	자유전공학부(공학적성)	18	23	468	20.4	81.4	3										

99. 한남대학교

대전광역시 대덕구 한남로 70 (Tel: 042. 629-8282)

I. 한 눈에 보는 전형

모집시기	전형유형	전형	모집인원	전형 방법	수능최저학력기준
수시	교과	일반전형	1,136	학생부교과100%	X
수시	교과	지역인재교과우수자	542	학생부교과100%	X
수시	교과	지역인재교과우수자(기초생활)	15	학생부교과100%	X
수시	교과	기회균형	19	학생부교과100%	X
수시	교과	특성화고교출신자	40	학생부교과100%	X
수시	종합	사회통합	9	학생부교과100%	X
수시	종합	어학인재	18	학생부교과50%+ 면접50%	X
수시	교과	농어촌학생	92	학생부교과100%	X
수시	교과	기초생활수급.차상위.한부모	52	학생부교과100%	X
수시	교과	장애인등대상자	10	학생부교과100%	X
수시	교과	만학도	10	학생부교과100%	X
수시	종합	한남인재 I (서류)	502	서류100%	X
수시	종합	한남인재II(서류+ 면접) [신설]	75	1단계)서류100%(4배수) 2단계)서류70%+ 면접30%	X
수시	종합	창업인재(서류+ 면접)	15	1단계)서류100%(4배수) 2단계)서류70%+ 면접30%	X
수시	실기/실적	일반전형	159	▶미술교육: 학생부교과40%+ 실기60% ▶융합디자인/회화: 학생부교과20%+ 실기80% ▶스포츠과학: 학생부교과40%+ 실기60%	X
수시	실기/실적	특기자	12	▶융합디자인: 학생부교과20%+ 실적80% ▶체육특기자(레슬링,탁구): 학생부20%+ 실기20%+ 실적60% ▶체육특기자(축구): 학생부20%+ 실기80%	X

(수시모집) 지원 가능 횟수	수시모집에서 타 전형 간 복수지원이 가능합니다. 단, 동일전형 내 복수지원, 학생부교과 일반전형과 실기/실적위주 일반전형 간의 복수지원, 실기고사일이 동일한 전형 간 복수지원은 불가합니다. (학생부종합전형 한남인재II(서류+ 면접)과 한남인재II(서류+ 면접)전형은 복수지원 가능)

■ 학교폭력 조치사항

전형	전형총점	감점								
		1호	2호	3호	4호	5호	6호	7호	8호	9호
체육특기자	1,000	감점 없음				20점			30점	

■ 전형결과

※ 성적 산출기준: (수시) 교과 석차등급, (정시) 수능 백분위

모집시기	전형유형	전형	학년도	모집인원	지원인원	경쟁률	최종합격자 평균	최종합격자 80%	충원율
수시	교과	일반전형	2024	1,094	5,018	4.59	5.22	5.72	231%
수시	교과	지역인재교과우수자	2024	468	1,640	3.50	4.86	5.21	155%
수시	종합	한남인재 I (서류)	2024	371	1,632	4.40	5.62	5.77	134%
수시	종합	창업인재(서류+ 면접)	2024	244	904	3.70	4.99	5.20	74%

■ (주요전형) 전형일정

유형	전형	원서접수 마감	대학별 고사(면접/논술)	1단계 합격자	최종 합격자
교과	일반전형	9.13(금) 19:00			11.08(금)
교과	지역인재교과우수자	9.13(금) 19:00			11.08(금)
종합	한남인재 I (서류)	9.13(금) 19:00			11.08(금)
종합	한남인재II(서류+ 면접)	9.13(금) 19:00	11.23(토)	11.08(금)	12.13(금)
종합	창업인재(서류+ 면접)	9.13(금) 19:00	11.23(토)	11.08(금)	12.13(금)

II. (수시모집) 주요 전형

■ (학생부교과) 일반전형

전형	모집인원	전형 방법	수능최저학력기준
일반전형	1,136	학생부교과100%	X

1. **지원자격**: 국내 고등학교 졸업(예정)자 또는 초·중등교육법에 의거 고등학교 졸업자와 동등 학력을 인정받는 자

◎ 전형요소
● 학생부(500점)

반영요소 반영비율	반영교과목		교과성적 산출지표	학년별 반영비율
	구분	반영방법		
교과100%	공통 및 일반선택	전 교과목	석차등급	학년 구분 없음
	진로선택	가산점 반영 • 전체 교과 중, 성취도 A 분포비율이 40% 미만인 과목에서 A 1개 : 가산점 2점 • 전체 교과 중, 성취도 A 분포비율이 40% 미만인 과목에서 A 2개 이상 : 가산점 4점	성취도 성취비율	

◎ 전형결과
■ 전체

학년도	전체						인문						자연					
	모집 인원	지원 인원	경쟁 률	최종 평균	최종 80%	충원 율	모집 인원	지원 인원	경쟁 률	최종 평균	최종 80%	충원 율	모집 인원	지원 인원	경쟁 률	최종 평균	최종 80%	충원 율
2022	839	4,968	5.92	4.73	5.07	272%	481	2,815	5.85	4.58	4.83	247%	358	2,153	6.01	4.86	5.26	297%
2023	978	4,954	5.07	4.96	5.36	263%	578	2,739	4.74	4.95	5.45	238%	400	2,215	5.54	4.97	5.26	288%
2024	1,094	5,018	4.59	5.22	5.72	231%	639	2,757	4.31	5.28	5.75	223%	455	2,261	4.97	5.16	5.69	238%
2025	1,136						706						430					

■ 변경사항 & 핵심포인트

[2025]

변경사항	2024	2025
모집인원	1,094명	1,136명(+42명)

☑ **합격자 성적분포**: 인문계열은 4등급 중반 ~ 5등급 초반, 자연계열은 4등급 후반 ~ 5등급 중반
- 전년도에 진로선택과목 반영반법이 성쉬도별 분포비율로 변별력 있게 반영함에 따라 합격자 성적이 약간 하락하였음.
- 진로선택과목 반영방법이 동일한 2024 전형결과를 참고 할 것

[2024]

변경사항	2023	2024
(학생부) 진로선택과목 반영방법 변경	반영교과목의 원점수를 산술 평균하여 환산총점에 가산점 부여 ※ 원점수 평균: 80점 이상=3점, 70점 이상=1점, 70점 미만=0점	• 전체 교과 중, 성취도 A 분포비율이 40% 미만인 과목에서 A 1개 : 가산점 2점 • 전체 교과 중, 성취도 A 분포비율이 40% 미만인 과목에서 A 2개 이상 : 가산점 4점

'*' 표시 : 교직 이수 가능

■ 모집단위

계열	모집단위	2025	2024						2023						2022					
		모집 인원	모집 인원	지원 인원	경쟁 률	최종 평균	최종 80%	충원 율	모집 인원	지원 인원	경쟁 률	최종 평균	최종 80%	충원 율	모집 인원	지원 인원	경쟁 률	최종 평균	최종 80%	충원 율
예체	**자유전공학부**	52																		
예체	**회화과**	5																		
인문	역사교육과*	9	9	32	3.6	**3.32**	4.65	168%	8	41	5.1	3.19	3.28	200%	7	64	9.1	2.87	2.94	286%
인문	문헌정보학과*	14	16	171	10.7	**3.96**	4.33	194%	15	67	4.5	4.79	5.47	300%	13	88	6.8	3.79	3.82	277%
인문	경찰학과	18	17	115	6.8	**4.07**	4.44	218%	19	149	7.8	3.84	3.17	279%	15	158	10.5	3.48	3.82	147%
인문	국어교육과*	13	13	36	2.8	**4.18**	4.81	92%	9	50	5.6	2.95	3.47	200%	5	31	6.2	3.45	3.51	240%
인문	교육과*	14	14	51	3.6	**4.24**	4.71	207%	8	46	5.8	3.94	4.02	275%	6	37	6.2	4.04	3.92	483%
인문	상담심리학과*	20	19	125	6.6	**4.28**	4.79	284%	14	85	6.1	4.01	4.78	221%	11	110	10.0	3.10	3.50	218%
인문	패션디자인학과	17	16	102	6.4	**4.34**	4.48	119%	14	74	5.3	4.59	7.74	143%						
인문	영어교육과*	12	12	32	2.7	**4.40**	4.78	142%	9	67	7.4	3.41	3.93	189%	7	32	4.6	3.76	4.27	329%
인문	사회복지학과	20	19	114	6.0	**4.58**	4.98	247%	16	124	7.8	4.36	4.68	281%	11	160	14.6	3.99	4.09	227%
인문	경영학과	50	49	286	5.8	**4.77**	5.26	265%	46	198	4.3	4.54	5.34	202%	40	278	7.0	3.83	3.29	150%

계열	모집단위	2025 모집인원	2024 모집인원	지원인원	경쟁률	최종평균	최종80%	충원율	2023 모집인원	지원인원	경쟁률	최종평균	최종80%	충원율	2022 모집인원	지원인원	경쟁률	최종평균	최종80%	충원율
인문	일어일문학전공	11	12	112	9.3	4.92	5.21	383%	13	69	5.3	4.86	4.52	362%	11	75	6.8	4.37	4.68	300%
인문	회계학과	50	49	146	3.0	5.09	6.04	180%	48	122	2.5	4.93	5.95	154%	40	163	4.1	4.46	4.60	173%
인문	정치·언론학과	18	16	52	3.3	5.25	5.66	188%	15	87	5.8	5.25	5.50	240%	13	43	3.3	5.24	6.25	192%
인문	국어국문·창작학과*	34	33	129	3.9	5.27	5.77	291%	31	156	5.0	4.75	5.08	277%	28	151	5.4	4.93	5.52	282%
인문	사학과	13	14	45	3.2	5.34	5.88	200%	13	64	4.9	4.35	4.36	169%	11	41	3.7	4.52	4.59	200%
인문	영어영문학과	29	32	139	4.3	5.43	5.78	259%	33	181	5.5	5.54	6.05	352%	38	165	4.3	5.73	6.42	297%
인문	행정학과	27	26	117	4.5	5.45	5.82	327%	24	120	5.0	4.94	5.38	367%	20	104	5.2	4.65	4.99	235%
인문	법학부	34	39	113	2.9	5.49	5.77	190%	34	109	5.4	5.34	5.84	179%	29	114	4.0	4.98	5.33	186%
인문	호텔항공경영학과	27	24	110	4.6	5.51	5.98	308%	21	127	6.1	5.07	5.41	324%	16	96	6.0	4.71	5.32	275%
인문	경제학과	26	25	77	3.1	5.74	5.97	208%	27	117	4.3	5.32	5.64	263%	23	91	4.0	5.28	5.76	187%
인문	아동복지학과	17	16	46	2.9	5.87	6.69	150%	13	87	6.7	4.40	3.18	254%	12	86	8.2	4.53	4.89	358%
인문	무역물류학과	29	28	156	5.6	5.91	6.33	318%	23	79	3.4	5.63	6.66	243%	19	135	7.1	5.23	4.98	290%
인문	경영정보학과	22	23	67	2.9	5.92	6.89	174%	25	134	5.4	5.23	5.66	264%	23	259	11.3	4.99	5.52	191%
인문	프랑스어문학전공	12	12	60	5.0	6.14	6.76	400%	11	37	3.4	5.99	6.87	227%	10	34	3.4	5.17	5.70	240%
인문	응용영어콘텐츠학과	19	18	73	4.1	6.20	6.51	222%	12	35	2.9	6.12	7.17	167%						
인문	중국경제통상학과*	24	22	70	3.2	6.33	6.57	218%	19	107	5.6	6.24	7.00	379%	16	52	3.3	6.67	7.39	225%
자연	빅데이터응용학과	23	22	61	2.8	6.35	6.80	177%	17	63	3.7	5.39	6.22	241%	11	44	4.0	5.16	5.70	236%
인문	기독교학과	7	7	23	3.3	6.46	6.46	229%	10	17	1.7	7.61	7.33	70%	3	16	5.3	3.87	3.40	200%
인문	사회적경제기업학과	19	14	38	2.7	6.60	6.88	171%	13	89	6.9	5.61	6.18	215%	10	54	5.4	6.12	6.64	400%
인문	린튼글로벌스쿨	21	23	59	2.6	6.87	7.40	156%	18	38	2.1	6.36	7.54	111%	23	47	2.0	6.03	6.68	104%
자연	*간호학과*	8	13	378	29.1	3.40	3.52	262%	10	61	6.1	3.77	4.22	130%	9	77	8.6	2.76	2.83	144%
자연	수학교육과*	9	8	47	5.9	3.55	3.75	175%	13	46	3.5	3.92	4.38	177%	7	72	10.3	3.00	3.41	186%
자연	컴퓨터공학과	22	21	110	5.2	3.79	4.67	243%	20	134	6.7	4.02	4.65	235%	17	161	9.5	3.90	4.51	324%
자연	건축학과(5년)	12	13	114	8.8	4.26	4.65	138%	12	74	6.2	4.30	4.92	267%	9	115	12.8	4.11	4.18	322%
자연	전기전자공학과	25	23	131	5.7	4.41	5.37	317%	23	162	7.0	4.85	4.79	456%	20	122	6.1	4.29	5.14	340%
자연	식품영양학과*	24	22	103	4.7	4.52	4.98	295%	18	146	8.1	4.54	4.32	350%	15	196	13.1	4.69	5.13	460%
인문	미디어영상학과	21	20	144	7.2	4.61	5.24	330%	17	158	9.3	4.06	4.31	212%	13	131	10.1	4.34	3.90	415%
자연	멀티미디어공학과	23	20	58	2.9	5.10	5.76	140%	17	150	8.8	4.35	5.15	206%	15	62	4.1	5.11	5.79	220%
자연	건축공학전공	13	11	52	4.7	5.25	5.68	200%	12	98	8.2	4.63	5.07	308%	10	83	8.3	5.02	5.33	370%
자연	기계공학과	32	32	175	5.5	5.42	6.25	350%	29	138	4.8	5.61	5.54	359%	26	179	6.9	4.94	5.35	473%
자연	AI융합학과	29	28	112	4.0	5.42	5.69	271%	23	85	3.7	5.54	6.09	243%	21	122	5.8	5.18	5.49	262%
자연	바이오제약공학과	16	14	63	4.5	5.45	5.69	350%	15	139	9.3	5.05	5.45	440%	15	65	4.3	5.66	5.90	333%
자연	생명시스템과학과*	34	34	99	2.9	5.54	5.95	191%	33	135	4.1	5.61	5.81	300%	28	93	3.3	5.48	6.06	232%
자연	토목환경공학전공	22	21	114	5.4	5.63	6.21	367%	19	127	6.7	5.71	6.03	400%	18	107	5.9	5.63	6.20	428%
자연	정보통신공학과	30	30	134	4.5	5.66	5.98	200%	21	113	5.4	6.00	6.39	371%	20	89	4.5	5.53	6.19	280%
자연	신소재공학과	19	20	87	4.4	5.69	6.22	310%	17	115	6.8	5.63	6.00	476%	14	70	5.0	5.68	6.25	271%
자연	화학공학과	22	21	71	3.4	5.77	6.19	238%	14	69	4.9	5.30	5.63	393%	14	56	4.0	5.27	5.67	286%
자연	수학과*	27	30	53	1.8	6.42	7.13	77%	28	51	1.8	5.52	5.86	82%	22	60	2.7	5.54	5.91	173%
자연	화학과*	19	27	45	1.7	6.49	7.42	67%	26	57	2.2	5.21	4.13	119%	23	72	3.1	5.37	5.86	213%
자연	산업경영공학과	23	24	90	3.8	6.54	6.87	225%	20	79	4.0	6.04	6.58	290%	17	76	4.5	5.51	5.98	235%

■ (학생부교과) 지역인재 교과우수자

전형	모집인원	전형 방법	수능최저학력기준
지역인재교과우수자	542	학생부교과100%	X

1. **지원자격**: 초·중등교육법 제2조에 해당하는 대전, 세종, 충남, 충북지역 고등학교 졸업(예정)자로 수험생 본인이 입학부터 졸업까지 해당지역 고등학교에 재학(졸업)한 자 ＊ 검정고시 출신자, 외국고교 과정 졸업(이수)자는 지원할 수 없음

◎ 전형요소
● 학생부(500점):

반영요소 반영비율	구분	반영교과목 반영방법		교과성적 산출지표	학년별 반영비율
교과100%	공통 및 일반선택	인 · 필수 : 국어교과에 속한 과목 전체 · 선택 : 수학, 영어, 사회(한국사 포함), 과학교과 중 최대 12과목(교과 구분 없음) 자 · 필수 : 수학교과에 속한 과목 전체 · 선택 : 국어, 영어, 사회(한국사 포함), 과학교과 중 최대 12과목(교과 구분 없음)		석차등급	학년 구분 없음

반영요소 반영비율	반영교과목			교과성적 산출지표	학년별 반영비율
	구분	반영방법			
	진로선택	• 전체 교과 중, 성취도 A 분포비율이 40% 미만인 과목에서 A 1개 : 가산점 2점 • 전체 교과 중, 성취도 A 분포비율이 40% 미만인 과목에서 A 2개 이상 : 가산점 4점		성취도 성취비율	

◎ 전형결과

■ 전체

학년도	전체						인문						자연					
	모집 인원	지원 인원	경쟁 률	최종 평균	최종 80%	충원 율	모집 인원	지원 인원	경쟁 률	최종 평균	최종 80%	충원 율	모집 인원	지원 인원	경쟁 률	최종 평균	최종 80%	충원 율
2022	634	2,778	4.38	4.96	5.31	197%	357	1,553	4.35	4.81	5.13	166%	277	1,225	4.42	5.07	5.44	227%
2023	411	1,869	4.55	4.62	4.89	215%	232	1,036	4.47	4.47	4.74	204%	179	833	4.65	4.76	5.03	225%
2024	468	1,640	3.50	4.86	5.21	155%	268	897	3.35	4.78	5.17	158%	200	743	3.72	4.93	5.25	151%
2025	542						319						223					

■ 변경사항 & 핵심포인트

[2025]

변경사항	2024	2025
모집인원	468명	542명(+74명)

➡ 합격자 성적분포: 인문계열은 2등급 후반 ~ 6등급 중반, 자연계열은 2등급 후반 ~ 6등급 초반
- 전년도에 진로선택과목 반영반법이 성쉬도별 분포비율로 변별력 있게 반영함에 따라 합격자 성적이 약간 하락하였음.
- 진로선택과목 반영방법이 동일한 2024 전형결과를 참고 할 것

'*' 표시 : 교직 이수 가능

■ 모집단위

계열	모집단위	2025	2024					2023					2022				
		모집 인원	모집 인원	지원 인원	경쟁 률	최종 평균	최종 80%	충원 율	모집 인원	지원 인원	경쟁 률	최종 평균	최종 80%	충원 율	모집 인원	지원 인원	경쟁 률	최종 평균	최종 80%	충원 율
인문	자유전공학부	27																		
인문	역사교육과*	4	4	23	5.8	2.51	2.69	175%	4	30	7.5	2.89	3.04	225%	7	28	4.0	3.57	4.20	171%
인문	상담심리학과*	7	7	47	6.7	3.14	3.56	71%	6	46	7.7	3.53	4.09	317%	6	65	10.8	3.96	3.99	283%
인문	경찰학과	8	8	63	7.9	3.27	3.59	138%	8	44	5.5	3.29	3.60	125%	11	73	6.6	3.49	3.71	100%
인문	영어교육과*	5	4	13	3.3	3.56	4.06	200%	4	30	7.5	3.50	3.50	275%	7	19	2.7	4.16	4.55	129%
인문	패션디자인학과	6	6	28	4.7	3.56	3.84	83%	7	37	5.3	4.02	4.24	186%						
인문	국어교육과*	5	5	25	5.0	3.60	4.02	380%	5	24	4.8	3.51	3.94	260%	8	29	3.6	3.65	4.26	238%
인문	교육과*	5	5	19	3.8	3.62	4.10	240%	4	17	4.3	3.38	3.90	75%	7	29	4.1	3.45	3.39	200%
인문	사학과	6	5	13	2.6	3.81	4.16	20%	4	15	3.8	3.99	4.15	100%	7	21	3.0	5.10	5.15	200%
인문	사회복지학과	7	7	27	3.9	4.31	4.77	171%	6	39	6.5	3.55	3.94	117%	7	54	7.7	3.58	4.39	200%
인문	문헌정보학과*	8	8	25	3.1	4.48	4.83	150%	6	25	4.2	3.87	4.02	217%	9	58	6.4	3.77	4.19	89%
인문	호텔항공경영학과	12	11	29	2.6	4.56	4.93	136%	9	33	3.7	4.34	4.63	100%	12	48	4.0	4.86	4.96	108%
인문	일어일문학전공	8	7	35	5.0	4.59	4.71	157%	6	37	6.2	4.64	5.00	267%	10	56	5.6	4.84	5.25	260%
인문	행정학과	17	16	55	3.4	4.60	5.03	194%	15	60	4.0	4.59	5.00	253%	23	83	3.6	4.90	5.02	196%
인문	경영학과	28	23	81	3.5	4.67	5.18	191%	22	103	4.7	3.90	4.57	255%	33	175	5.3	4.38	4.63	176%
인문	법학부	13	12	33	2.8	4.78	5.14	75%	12	40	3.3	4.56	4.98	183%	24	86	3.6	5.28	5.65	175%
인문	프랑스어문학전공	6	6	17	2.8	4.82	4.82	183%	5	20	4.0	6.18	6.52	300%	8	16	2.0	6.98	7.03	100%
인문	아동복지학과	7	7	43	6.1	4.95	5.10	286%	6	25	4.2	4.92	4.80	283%	7	51	7.3	4.77	4.87	214%
인문	국어국문·창작학과*	15	13	40	3.1	5.07	5.17	208%	11	43	3.9	4.03	4.37	100%	16	44	2.8	4.93	5.29	113%
인문	회계학과	20	18	30	1.7	5.10	5.62	67%	18	66	3.7	4.36	4.98	228%	28	86	3.1	4.79	5.33	146%
인문	경영정보학과	10	8	26	3.3	5.23	5.72	150%	8	49	6.1	4.60	5.00	275%	13	106	8.2	5.44	5.72	115%
인문	정치·언론학과	9	7	20	2.9	5.26	6.15	186%	5	19	3.8	4.86	5.16	140%	9	26	2.9	5.25	5.77	189%
인문	영어영문학과	16	15	34	2.3	5.26	5.80	127%	10	56	5.6	4.73	4.72	230%	34	116	3.4	5.88	6.50	232%
인문	무역물류학과	13	11	31	2.8	5.45	6.03	136%	10	41	4.1	5.27	5.53	200%	15	65	4.3	5.63	6.06	187%
인문	사회적경제기업학과	6	7	19	2.7	5.55	5.95	171%	6	18	3.0	5.78	5.88	200%	8	26	3.3	5.58	5.58	125%
인문	경제학과	13	11	30	2.7	5.68	6.30	173%	11	46	4.2	5.09	5.22	255%	14	63	4.5	5.27	5.50	129%
자연	빅데이터응용학과	10	11	24	2.2	5.80	6.30	64%	8	18	2.3	5.05	5.11	100%	9	39	4.3	4.94	5.31	111%
인문	린튼글로벌스쿨	6	7	14	2.0	6.21	6.73	100%												
인문	응용영어콘텐츠학과	7	6	25	4.2	6.26	7.05	317%	5	13	2.6	6.64	6.61	160%						
인문	중국경제통상학과*	11	9	22	2.4	6.56	6.83	144%	8	37	4.6	6.16	6.32	275%	12	39	3.3	5.92	6.65	208%
인문	기독교학과	4	4	6	1.5	7.08	6.89	50%	3	5	1.7				5	7	1.4	6.11	6.13	40%
자연	간호학과	16	5	47	9.4	2.46	2.88	80%	5	38	7.6	2.71	2.89	160%	7	58	8.3	3.04	3.20	210%

계열	모집단위	2025 모집인원	2024 모집인원	지원인원	경쟁률	최종평균	최종80%	충원율	2023 모집인원	지원인원	경쟁률	최종평균	최종80%	충원율	2022 모집인원	지원인원	경쟁률	최종평균	최종80%	충원율
자연	수학교육과*	4	4	17	4.3	3.30	3.40	100%	2	12	6.0	2.84	2.84		3	12	4.0	4.26	4.17	133%
인문	미디어영상학과	8	9	57	6.3	3.31	3.89	100%	6	51	8.5	4.03	4.40	367%	10	62	6.2	4.10	4.58	290%
자연	건축학과(5년)	5	6	40	6.7	3.86	4.05	67%	5	26	5.2	4.25	3.79	120%	6	50	8.3	4.25	3.42	167%
자연	컴퓨터공학과	11	11	41	3.7	4.33	4.49	136%	9	56	6.2	3.83	4.31	267%	15	96	6.4	4.39	4.94	340%
자연	전기전자공학과	10	9	48	5.3	4.36	4.97	300%	8	56	7.0	4.73	4.91	375%	14	86	6.1	4.92	5.35	393%
자연	건축공학전공	8	6	42	7.0	4.40	4.86	200%	4	33	8.3	5.21	5.48	475%	7	34	4.9	5.57	5.95	300%
자연	식품영양학과*	10	8	33	4.1	4.42	4.62	100%	8	41	5.1	4.38	4.83	125%	12	80	6.7	4.45	5.00	350%
자연	바이오제약공학과	16	14	43	3.1	4.89	5.30	207%	7	38	5.4	4.89	5.11	100%	10	42	4.2	5.40	5.77	210%
자연	기계공학과	19	17	59	3.5	5.23	5.45	153%	16	82	5.1	5.06	5.49	306%	23	77	3.4	5.46	6.00	222%
자연	토목환경공학전공	10	8	33	4.1	5.37	5.85	263%	8	39	4.9	5.24	5.60	200%	13	59	4.5	5.74	6.01	254%
자연	멀티미디어공학과	11	8	26	3.3	5.52	5.34	188%	7	37	5.3	4.37	4.62	186%	9	30	3.3	4.87	5.43	144%
자연	생명시스템과학과*	18	17	35	2.1	5.54	5.89	106%	16	34	2.1	5.30	5.72	113%	25	75	3.0	5.50	5.81	200%
자연	AI융합학과	13	10	35	3.5	5.59	6.03	230%	9	35	3.9	4.99	5.66	244%	15	51	3.4	5.16	5.62	153%
자연	정보통신공학과	14	14	40	2.9	5.60	5.95	136%	16	61	3.8	5.42	5.60	188%	16	53	3.3	5.39	6.02	188%
자연	수학과	7	7	13	1.9	5.78	6.50	86%	10	16	1.6	5.89	6.94	50%	16	29	1.8	5.58	5.71	81%
자연	신소재공학과	7	7	24	3.4	5.84	5.96	214%	9	42	4.7	5.31	5.30	367%	11	51	4.6	5.64	6.03	346%
자연	화학공학과	11	8	23	2.9	6.11	6.58	188%	10	57	5.7	5.21	5.59	340%	11	36	3.3	6.22	7.42	227%
자연	화학과*	18	12	18	1.5	6.21	6.46	50%	12	22	1.8	5.86	5.77	83%	20	47	2.4	5.64	6.38	135%
자연	산업경영공학과	7	7	22	3.1	6.47	6.67	129%	6	33	5.5	5.56	5.65	250%	11	43	3.9	6.09	6.39	291%

■ (학생부종합) 한남인재 I (서류)

전형	모집인원	전형 방법	수능최저학력기준
한남인재 I (서류)	502	서류100%	X

1. **지원자격**: 국내 고등학교 졸업(예정)자 또는 초·중등교육법에 의거 고등학교 졸업자와 동등 학력을 인정받는 자
   * 검정고시 출신자, 외국고교 과정 졸업(이수)자 등 학교생활기록부가 없는 자는 지원할 수 없음
2. **제출서류**: 학교생활기록부

◎ **전형요소**

※ **선발 인재상**: 자기주도적 실천의지를 가지고, 공동체 발전에 적극적으로 참여하는 인재
● **서류(100점)**
   1. **평가방법**: 학교생활기록부의 교과영역(석차등급, 교과별 세부능력 및 특기사항 포함) 및 비교과영역 등을 종합적으로 평가함
      ※ 서류 내용의 진위 여부 등을 확인하기 위하여 추가적인 입증 자료를 요청할 수 있음
   2. **평가항목 및 평가요소**:

평가항목	반영비율	평가요소	평가지표
진로역량	38%	전공(진로)에 대한 관심과이해	▶ 전공(진로)과 관련 다양한 교내활동에 적극적으로 참여한 경험과 성취한 내용이있는가? ▶ 희망 전공(진로) 관련 탐색 활동을 통해 모집단위를 이해하기 위해 노력하였는가? ▶ 전공(진로)과 관련된 기초 과목을 이수하기 위해 노력하였는가?
		전공(진로) 관련 교과 및 비교과 활동	▶ 교과활동에서 전공(진로)에 관한 관심을 가지고 이해하기 위해 탐색한 경험이 있는가? ▶ 교내의 다양한 프로그램에 참여하며 진로를 탐색한 경험을 충분히 가지고 있는가? ▶ 전공(진로) 관련 활동 경험을 스스로 기획하여 수행한 적이 있는가?
		열정과 도전 정신	▶ 희망 전공(진로) 관련 수업활동에 적극적으로 참여하였는가? ▶ 희망 전공(진로)과 관련한 교과목 이수(심화과목, 선택과목 등)와 비교과 활동에도전적으로 참여하였는가? ▶ 종합적으로 판단하였을 때 발전가능성이 있는가?
학업역량	30%	기초학업능력	▶ 대학에서 학업을 하기 위한 기초적인 학업능력을 갖추고 있는가? ▶ 평균적인 학업성취도에 비해 학업성취도가 떨어지는 과목이 있는가? ▶ 학업성취에 있어서 꾸준한 진보를 보이는가?
		자기주도적 학업 태도	▶ 학업에 대한 목표를 세워 꾸준히 추진한 노력과 자기 주도적인 면이 보이는가? ▶ 교과별 학업 목표나 학습과제를 해결하기 위해 자기 주도적으로 노력하고 있는가? ▶ 교과수업 활동에 적극적으로 참여하고 수업 내용을 이해하기 위해 다양하게학습하고 있는가?
		지적호기심	▶ 지적 호기심을 바탕으로 탐구하여 문제해결을 한 노력이 있는가? ▶ 여러 가지 지식과 정보를 융합하여 자신만의 사고를 할 수 있는가? ▶ 탐구할 대상에 대한 호기심과 열정이 드러난 사례가 있는가?

평가항목	반영비율	평가요소	평가지표
공동체역량	30%	책임감과 성실성	▶ 학교생활 전반에서 자신이 담당한 역할을 성실하게 수행하였는가? ▶ 책임감과 규칙을 준수하는 모습이 다양한 활동에서 드러나는가? ▶ 학급(또는 동아리)에서 자신에게 주어진 역할을 성실하게 수행하였는가?
		공동체 의식	▶ 구성원들과 협력하여 공동의 과제를 수행하고 결과물을 만들어낸 경험이 있는가? ▶ 공동체 생활에서 타인의 의견을 수용하고, 구성원들 간의 원활한 의사소통을 이끌어낸 경험이 있는가? ▶ 협업이 필요한 활동에 적극적으로 참여하기 위해 노력하였는가?
		나눔과 배려	▶ 상대방을 이해하고 존중하는 노력을 기울였는가? ▶ 구성원을 위해 나눔(또는 배려)을 실천한 경험이 있는가? ▶ 공동체 안에서 타인이 하기 꺼려하는 일을 솔선수범하여 이행한 경험 및 사례가 있는가?

◎ 전형결과
■ 전체

학년도	전체						인문						자연					
	모집 인원	지원 인원	경쟁 률	최종 평균	최종 80%	충원 율	모집 인원	지원 인원	경쟁 률	최종 평균	최종 80%	충원 율	모집 인원	지원 인원	경쟁 률	최종 평균	최종 80%	충원 율
2022	310	1,028	3.32	5.45	5.52	103%	174	568	3.26	5.37	5.44	94%	136	460	3.38	5.50	5.57	112%
2023	397	1,948	4.91	5.20	5.60	162%	236	1,137	4.82	5.36	5.58	143%	161	811	5.04	5.47	5.62	181%
2024	371	1,632	4.40	5.62	5.77	134%	222	902	4.06	5.50	5.68	117%	149	730	4.90	5.74	5.86	151%
2025	502						330						172					

■ 변경사항 & 핵심포인트
[2025]

변경사항	2024	2025
모집인원	371명	502명(+131명)
명칭 변경	한남인재	한남인재Ⅰ(서류)
서류 평가요소 및 반영비율 변경	전공적합성28.5%, 학업역량38%, 인성28.5%	진로역량40%, 학업역량30%, 공동체역량30%

▣ 합격자 성적분포: 인문계열은 5등급 초반 ~ 5등급 후반, 자연계열은 5등급 중반 ~ 5등급 후반

'*'표시 : 교직 이수 가능

■ 모집단위

계열	모집단위	2025	2024						2023						2022					
		모집 인원	모집 인원	지원 인원	경쟁 률	최종 평균	최종 80%	충원 율	모집 인원	지원 인원	경쟁 률	최종 평균	최종 80%	충원 율	모집 인원	지원 인원	경쟁 률	최종 평균	최종 80%	충원 율
인문	자유전공학부	25																		
인문	응용영어콘텐츠학과	2							6	10	1.7	6.77	5.34	67%						
인문	역사교육과*	8	6	35	5.8	3.75	3.97	283%	7	53	7.6	3.29	3.36	100%	5	41	8.2	3.23	3.70	20%
인문	국어교육과*	4	4	19	4.8	3.94	4.06	75%	6	28	4.7	3.95	3.70	67%	3	12	4.0	3.97	3.73	67%
인문	경찰학과	5	5	59	11.8	4.15	4.23	20%												
인문	상담심리학과*	10	8	49	6.1	4.27	4.46	50%	7	79	11.3	4.24	4.47	286%	5	37	7.4	4.29	4.22	180%
인문	교육과*	4	4	21	5.3	4.37	4.20	50%	5	21	4.2	4.27	4.50	80%	4	21	5.3	4.09	4.11	50%
인문	패션디자인학과	8	6	53	8.8	4.63	4.75	17%	7	42	6.0	5.14	5.56	114%						
인문	영어교육과*	5	6	20	3.3	4.74	4.93	200%	7	43	6.1	3.98	4.42	171%	5	26	5.2	4.21	4.64	100%
인문	문헌정보학과*	12	8	42	5.3	4.75	5.03	125%	7	75	10.7	4.11	4.14	57%	4	35	8.8	4.80	4.77	475%
인문	사회복지학과	9	7	74	10.6	4.99	5.12	143%	7	103	14.7	5.17	5.69	100%	5	44	8.8	5.12	5.36	200%
인문	사학과	9	5	46	9.2	5.14	5.19	300%	8	44	5.5	5.28	6.03	338%	5	27	5.4	5.57	4.93	140%
인문	국어국문·창작학과*	17	12	61	5.1	5.31	5.71	158%	13	52	4.0	5.38	5.42	131%	9	21	2.3	5.55	5.63	33%
인문	정치·언론학과	7	5	12	2.4	5.37	5.52	20%	7	30	4.3	5.53	6.03	314%	5	10	2.0	5.66	5.64	80%
인문	경영학과	34	22	90	4.1	5.40	5.67	168%	23	124	5.4	5.03	5.65	178%	17	59	3.5	5.21	5.38	53%
인문	일어일문학전공	8	5	37	7.4	5.48	5.62	160%	7	47	6.7	5.74	5.08	286%	4	15	3.8	5.57	5.63	100%
인문	회계학과	14	10	18	1.8	5.78	5.95	80%	6	15	2.5	4.07	4.38	67%	4	6	1.5	5.31	4.16	50%
인문	사회적경제기업학과	5	4	7	1.8	5.78	6.30		4	13	3.3	6.09	6.42	75%	5	10	2.0	5.68	5.94	60%
인문	경제학과	15	10	24	2.4	5.82	6.04	120%	8	34	4.3	5.68	6.00	188%	8	14	1.8	5.95	5.78	75%
인문	행정학과	15	11	33	3.0	5.83	6.18	127%	12	51	4.3	5.52	5.11	125%	8	20	2.5	5.80	6.36	150%
인문	아동복지학과	7	6	18	3.0	5.85	6.09	150%	7	48	6.9	4.81	5.04	143%	5	25	5.0	5.30	5.62	160%
인문	경영정보학과	8	5	14	2.8	5.95	6.12	60%	4	27	6.8	5.79	5.78	225%	3	6	20.	6.78	6.70	67%
인문	호텔항공경영학과	17	13	35	2.7	6.08	6.58	115%	11	36	3.3	5.58	6.05	155%	9	34	3.8	5.20	5.25	89%
인문	법학부	19	15	31	2.1	6.10	6.30	100%	17	49	2.9	5.71	6.08	153%	13	17	1.3	5.78	6.73	31%
인문	빅데이터응용학과	7	3	8	2.7	6.25	5.99	167%	7	17	2.4	6.37	6.66	143%	6	9	1.5	6.17	5.68	50%
인문	프랑스어문학전공	6	4	14	3.5	6.26	5.99	25%	4	9	2.3	6.63	6.70	25%	4	7	1.8	7.15	6.82	75%

계열	모집단위	2025 모집인원	2024 모집인원	2024 지원인원	2024 경쟁률	2024 최종평균	2024 최종80%	2024 충원율	2023 모집인원	2023 지원인원	2023 경쟁률	2023 최종평균	2023 최종80%	2023 충원율	2022 모집인원	2022 지원인원	2022 경쟁률	2022 최종평균	2022 최종80%	2022 충원율
인문	무역물류학과	12	7	22	3.1	6.26	6.63	100%	8	24	3.0	5.80	6.68	163%	6	10	1.7	6.32	6.53	67%
인문	영어영문학과	17	15	24	1.6	6.30	6.78	60%	14	26	1.9	5.31	5.87	86%	11	12	1.1	5.73	5.86	
인문	린튼글로벌스쿨	6	7	13	1.9	6.75	6.79	71%	5	8	1.6	6.54	6.84	60%	6	7	1.2	5.62	5.69	17%
인문	중국경제통상학과*	10	6	14	2.3	7.09	7.16	133%	7	18	2.6	6.92	6.73	157%	5	6	1.2	6.65	6.47	20%
인문	기독교학과	5	3	9	3.0	7.18	7.47	200%	5	11	2.2	6.81	8.22	100%	5	10	2.0	5.24	6.29	100%
자연	간호학과	9	9	148	16.4	3.67	3.76	56%	9	120	13.3	3.79	4.00	44%	11	61	5.6	3.55	3.95	91%
자연	수학교육과*	3	3	13	4.3	4.38	4.73	333%	5	41	8.2	3.99	4.47	340%	6	19	3.2	4.56	4.17	100%
인문	미디어영상학과	7	9	94	10.4	4.92	5.04	144%	7	49	7.0	4.78	5.53	171%	4	30	7.5	4.26	4.43	100%
자연	식품영양학과*	11	7	55	7.9	5.16	5.28	186%	9	52	5.8	5.43	6.36	244%	6	19	3.2	5.99	6.28	200%
자연	건축학과(5년)	5	5	32	6.4	5.31	5.39	220%	8	50	6.3	4.42	4.43	100%	5	41	8.2	4.72	4.99	80%
자연	컴퓨터공학과	16	14	81	5.8	5.33	5.66	157%	14	115	8.2	5.21	5.14	407%	10	51	5.1	5.25	5.78	190%
자연	바이오제약공학과	6	4	8	2.0	5.45	5.38	75%	7	20	2.9	5.43	5.43	143%	7	12	1.7	5.43	5.68	43%
자연	화학공학과	9	6	15	2.5	5.57	5.40	83%	5	16	3.2	6.38	7.85	160%	5	13	2.6	5.66	5.21	120%
자연	건축공학전공	6	5	23	4.6	5.58	5.70	180%	6	22	3.7	5.67	5.74	117%	4	17	4.3	5.38	5.66	125%
자연	화학과*	9	5	12	2.4	5.59	5.89	40%	6	13	2.2	6.11	4.59	117%	3	4	1.3	5.79	5.79	33%
자연	멀티미디어공학과	8	7	19	2.7	5.87	5.74	171%	6	28	4.7	5.66	5.38	200%	4	17	4.3	5.31	5.22	100%
자연	전기전자공학과	6	7	33	4.7	5.95	6.33	286%	8	36	4.5	4.86	5.44	263%	5	21	4.2	5.16	4.79	220%
자연	정보통신공학과	6	4	13	3.3	6.10	6.42	175%	5	17	3.4	5.61	5.55	240%	6	21	3.5	5.94	5.92	133%
자연	AI융합학과	15	9	27	3.0	6.12	6.38	200%	10	32	3.2	6.09	6.04	80%	9	18	2.0	5.84	6.25	100%
자연	생명시스템과학과*	19	15	21	1.4	6.29	6.64	27%	14	28	2.0	5.84	6.50	100%	10	16	1.6	6.02	5.46	30%
자연	기계공학과	8	7	23	3.3	6.38	6.52	71%	8	40	5.0	5.83	6.10	375%	5	15	3.0	5.49	5.98	200%
자연	신소재공학과	7	6	17	2.8	6.48	6.59	133%	6	21	3.5	5.93	6.26	100%	5	9	1.8	6.19	6.70	80%
자연	산업경영공학과	8	6	18	3.0	6.57	6.63	150%	7	25	3.6	6.34	6.68	157%	5	9	1.8	6.04	5.92	80%
자연	토목환경공학전공	9	7	27	3.9	6.66	6.83	214%	8	24	3.0	5.95	4.78	138%	5	15	3.0	6.44	6.42	100%
자연	수학과	5	3	8	2.7	7.55	6.87	167%	4	11	2.8	6.23	6.05	175%	5	4	0.8	6.75	6.75	

■ (학생부종합) 한남인재Ⅱ(서류+면접)

전형	모집인원	전형 방법	수능최저학력기준
한남인재Ⅱ(서류+ 면접)	75	1단계)서류100%(4배수) 2단계)서류70%+ 면접30%	X

1. **지원자격**: 국내 고등학교 졸업(예정)자 또는 초·중등교육법에 의거 고등학교 졸업자와 동등 학력을 인정받는 자
   * 검정고시 출신자, 외국고교 과정 졸업(이수)자 등 학교생활기록부가 없는 자는 지원할 수 없음
2. **제출서류**: 학교생활기록부

◎ 전형요소
● 서류(100점: 최저점 50점): 한남인재Ⅰ(서류)전형 참고
● 면접(30점: 최저점 15점):
  1. 면접유형: 서류확인면접(면접위원 2 : 지원자 1)
  2. 면접시간: 10분
  3. 평가항목 및 평가요소:

평가항목	반영비율	평가요소
전공적합성	50%	① 전공에 대한 관심과 이해, ② 발전가능성, ③ 열정과 도전정신
인성	50%	① 긍정적 자아의식, ② 공동체 의식, ③ 자기관리능력, ④ 나눔과 배려

※ 사정 제외 : 우리 대학에서의 수학 능력이 현저히 부족하다고 판단된 경우 사정대상에서 제외함
※ 자유전공학부는 전공적합성 대신 성장잠재력 및 발전가능성(진로에 대한 관심과 이해, 발전가능성, 열정과 도전정신)을 평가함

◎ 전형결과
■ 전체

학년도	전체 모집인원	전체 지원인원	전체 경쟁률	전체 최종평균	전체 최종80%	전체 충원율	인문 모집인원	인문 지원인원	인문 경쟁률	인문 최종평균	인문 최종80%	인문 충원율	자연 모집인원	자연 지원인원	자연 경쟁률	자연 최종평균	자연 최종80%	자연 충원율
2022	309	1,311	4.24	5.53	5.68	72%	176	713	4.05	5.43	5.65	63%	133	598	4.50	5.59	5.67	80%
2023	321	1,246	3.88	5.83	5.97	60%	186	677	3.64	5.64	5.82	43%	135	569	4.21	6.01	6.11	76%
2024	244	904	3.70	4.99	5.20	74%	139	475	3.42	5.00	5.06	79%	105	429	4.09	4.98	5.34	68%
2025	75						45						30					

■ 변경사항 & 핵심포인트

[2025]

변경사항	2024	2025
명칭 변경	지역인재	한남인재Ⅱ(서류+면접)
지원자격 완화	대전, 세종, 충남, 충북 지역 고등학교 졸업(예정)자로 수험생 본인이 입학부터 졸업까지 해당 지역 고등학교에 재학(졸업)한 자. 단, 검정고시 합격자, 외국고교 과정 졸업(이수)자 등 학교생활기록부가 없는 자는 지원할 수 없음	국내 고등학교 졸업(예정)자 또는 초·중등교육법에 의거 고등학교 졸업자와 동등 학력을 인정받는 자. 단, 검정고시 합격자, 외국고교 과정 졸업(이수)자 등 학교생활기록부가 없는 자는 지원할 수 없음

☑ 합격자 성적분포: 인문계열은 5등급 초반 ~ 5등급 중반, 자연계열은 5등급 초반 ~ 5등급 중반.

■ 모집단위

'*'표시 : 교직 이수 가능

계열	모집단위	2025 모집인원	2024 모집인원	2024 지원인원	2024 경쟁률	2024 최종평균	2024 최종80%	2024 충원율	2023 모집인원	2023 지원인원	2023 경쟁률	2023 최종평균	2023 최종80%	2023 충원율	2022 모집인원	2022 지원인원	2022 경쟁률	2022 최종평균	2022 최종80%	2022 충원율
인문	역사교육과*	5	5	20	4.0	4.18	4.29	140%	6	43	7.2	3.70	3.97	67%	6	38	6.3	3.90	2.78	150%
인문	경찰학과	7	7	77	11.0	4.29	4.47	14%	10	80	8.0	4.21	4.78	30%	7	74	10.6	4.01	4.38	71%
인문	교육과*	5	5	26	5.2	4.48	4.70	20%	6	16	2.7	4.76	4.49	17%	5	28	5.6	4.28	4.31	80%
인문	국어교육과*	4	4	17	4.3	4.71	4.63	75%	5	14	2.8	4.78	4.00	20%	4	12	3.0	3.75	3.51	25%
인문	상담심리학과*	4	4	26	6.5	5.12	5.01	50%	6	63	10.5	4.69	4.73	100%	5	38	7.6	4.92	4.86	60%
인문	문헌정보학과*	7	7	15	2.1	5.21	5.43	14%	6	32	5.3	4.52	4.73	17%	4	33	8.3	4.74	4.82	50%
인문	사회복지학과	5	5	30	6.0	5.34	5.40	40%	6	52	8.7	5.23	5.12	133%	6	55	9.2	4.87	5.56	117%
인문	영어교육과*	4	4	16	4.0	5.43	5.25	275%	6	24	4.0	4.31	4.61	33%	6	20	3.3	4.35	5.07	67%
인문	아동복지학과	4	4	9	2.3	6.24	6.35		6	28	5.6	5.26	5.17		5	28	5.6	5.66	5.91	80%
자연	간호학과*	7	11	113	10.3	3.85	3.97	73%	11	139	12.6	3.84	3.44	55%	12	118	9.8	3.82	4.04	83%
자연	수학교육과*	3	3	11	3.7	4.46	4.93								3	14	4.7			
인문	미디어영상학과	5	5	30	6.0	4.90	5.20	60%	9	52	5.8	4.64	4.43	44%	6	63	10.5	4.18	4.48	
자연	건축학과(5년)	4	4	26	6.5	4.94	5.07	50%	5	41	8.2	5.30	5.47	180%	4	31	7.8	5.26	5.16	25%
자연	컴퓨터공학과	6	6	24	4.0	5.53	6.12	117%	7	50	7.1	5.16	5.32	57%	7	36	5.1	5.53	5.36	100%
자연	전기전자공학과	5	5	19	3.8	6.20	6.75	40%	6	31	5.2	5.90	5.59	150%	5	25	5.0	5.79	5.65	160%

■ (학생부종합) 창업인재(서류+면접)

전형	모집인원	전형 방법	수능최저학력기준
창업인재(서류+면접)	15	1단계)서류100%(4배수) 2단계)서류70%+면접30%	X

1. **지원자격:** 국내 고등학교 졸업(예정)자 또는 초·중등교육법에 의거 고등학교 졸업자와 동등 학력을 인정받는 자
   * 검정고시 출신자, 외국고교 과정 졸업(이수)자 등 학교생활기록부가 없는 자는 지원할 수 없음
2. **제출서류:** 학교생활기록부

◎ 전형요소
● **서류 및 면접:** 한남인재Ⅱ(서류+면접)전형 참고

◎ 전형결과

'*'표시 : 교직 이수 가능

■ 모집단위

계열	모집단위	2025 모집인원	2024 모집인원	2024 지원인원	2024 경쟁률			2023 모집인원	2023 지원인원	2023 경쟁률			2022 모집인원	2022 지원인원	2022 경쟁률		
인문	패션디자인학과	3															
인문	경영학과	3	3	7	2.3			3	8	2.7			3	7	2.3		
인문	사회적경제기업학과	2	3	5	1.7			5	9	1.8			5	8	1.6		
인문	경영정보학과	2	3	4	1.3			5	11	2.2			5	9	1.8		
인문	무역물류학과	2	2	2	1.0			2	5	2.5			2	3	1.5		
인문	미디어영상학과	3															

100. 한동대학교
경상북도 포항시 북구 흥해읍 한동로 558 (Tel : 054. 260-1084~6)

I. 한 눈에 보는 전형

모집 시기	전형 유형	전형	모집 인원	전형 방법	수능최저 학력기준
수시	교과	학생부교과	136	학생부교과100%	○
수시	교과	지역인재	60	학생부교과100%	○
수시	교과	농어촌학생	20	학생부교과100%	○
수시	교과	기초생활및차상위	20	학생부교과100%	○
수시	종합	일반학생	212	1단계)서류100%(2.5배수) 2단계)서류70%+면접30%	X
수시	종합	소프트웨어인재	7	1단계)서류100%(2.5배수) 2단계)서류70%+면접30%	X
수시	종합	글로벌인재	105	1단계)서류100%(2.5배수) 2단계)서류70%+면접30%	X
수시	종합	대안학교	95	1단계)서류100%(2.5배수) 2단계)서류70%+면접30%	X
수시	종합	사회기여자및배려자	45	1단계)서류100%(2.5배수) 2단계)서류70%+면접30%	X
수시	종합	기회균형	34	1단계)서류100%(2.5배수) 2단계)서류70%+면접30%	X
수시	종합	장애인등 대상자	3	1단계)서류100%(2.5배수) 2단계)서류70%+면접30%	X

(수시모집) 지원 가능 횟수	수시 모든 전형 내에서 복수지원이 가능합니다. 복수지원할 경우, 원서 및 제출서류는 전형별로 각각 제출해야 합니다

※ 신입생 100% '전 학부 자율전공'으로 모집
 - 전 학부 자율전공은 입학 시 전공을 정하지 않고, 2학년 진학 시에 계열의 구분 없이 학생의 희망에 따라 자유롭게 전공을 선택할 수 있도록 하는 모집단위입니다.
※ 학부 및 전공 선택
 - 우리 대학교는 계열, 학부 및 전공의 구분 없이 입학하며, 2학년 진학 시 학부를 자유로이 선택할 수 있습니다.
   학부(전공)를 선택한 이후에도 학기 수 제한 없이 학부(전공) 변경이 가능합니다.
 - 우리 대학교는 복수전공 의무제를 실시하고 있습니다. 단, 공학교육인증 프로그램에 참여하거나, 생명과학을 전공하고자 하는 신입생은 단수전공도 가능합니다.
※ 학부간 복수전공(연계전공) 허용 범위

학부	1전공	2전공	비고
경영경제학부	경영학	GM 제외한 모든 전공	
	경제학	모든 전공	
	Global Management(GM)	경영학 / AI융합 제외한 모든 전공	
국제어문학부	국제지역학	AI융합 제외한 모든 전공	
	영어		
법학부	한국법	AI융합 제외한 모든 전공	
	US & International Law(UIL)		
상담심리 사회복지학부	상담심리학	AI융합 제외한 모든 전공	
	사회복지학		
커뮤니케이션학부	언론정보학	AI융합 제외한 모든 전공	
	공연영상학		
창의융합 교육원	모든 전공	글로벌한국학(한국어교육)	2전공으로만 가능	
		수학통계		
		학생설계융합		
		글로벌융합		
		글로벌한국학(한국언어문화)		외국인만 가능
	외국인 / 글로벌융합	AI융합 제외한 모든 전공	단수전공도 가능
	글로벌한국학(한국언어문화)		
공간환경 시스템공학부	건설공학	AI융합 제외한 모든 전공	
	도시환경공학		
기계제어 공학부	기계공학	AI융합 제외한 모든 전공 (단, 전자공학은 양학부장의 승인 시 가능)	
	전자제어공학	AI융합 제외한 모든 전공	
생명과학부	생명과학부	모든 전공	단수전공도 가능

학부	1전공	2전공		비고
콘텐츠융합디자인학부	시각디자인	AI융합 제외한 모든 전공		
	제품디자인			
전산전자공학부	컴퓨터공학	모든 전공(단, IT / ICT융합 / AI융합 / 데이터사이언스 제외)		
	AI·컴퓨터공학심화	단수전공		공학교육인증제
	전자공학	모든 전공(단, 전자제어공학 / AI융합 제외)		
	전자공학심화	단수전공		공학교육인증제
	Information Technology(IT)	모든 전공(단, 컴퓨터공학 / AI융합 / 데이터사이언스 제외)		
AI융합교육원	경영학	AI융합전공	2전공으로만 가능	
	경제학			
	생명과학			
	컴퓨터공학, IT 제외한 모든 전공	데이터사이언스		
ICT창업학부	ICT융합	컴퓨터공학 / IT / AI 융합 제외한 모든 전공		
	AI Convergence & Entrepreneurship(ACE)	GE / ICT융합 / 컴퓨터공학 / IT / AI 융합 제외한 모든 전공		
	Global Entrepreneurship(GE)	ACE, AI융합 제외한 모든 전공		

■ 전형결과

※ 성적 산출기준: (수시) 교과 석차등급, (정시) 수능 백분위

모집시기	전형유형	전형	학년도	모집인원	지원인원	경쟁률	등록자 평균	등록자 70%	충원율
수시	교과	학생부교과	2024	136	631	4.64	3.82	4.00	60%
수시	교과	지역인재	2024	136	631	4.64	3.82	4.00	60%
수시	종합	일반학생	2024	209	878	4.20	3.35	3.65	38%
수시	종합	소프트웨어인재	2024	10	29	2.90			10%

■ (주요전형) 전형일정

유형	전형	원서접수 마감	대학별 고사(면접/논술)	1단계 합격자	최종 합격자
교과	학생부교과	9.13(금) 18:00			12.12(목)
교과	지역인재	9.13(금) 18:00			12.12(목)
종합	일반학생	9.13(금) 18:00	11.16(토) 10:00/13:00	11.06(수)	11.22(금)
종합	소프트웨어인재	9.13(금) 18:00	10.26(토) 13:00	10.18(금)	11.06(수)

Ⅱ. (수시모집) 주요 전형

■ (학생부교과) 학생부교과

전형	모집인원	전형 방법	수능최저학력기준
학생부교과	136	학생부교과100%	○

1. **지원자격**: 국내 정규고등학교 졸업(예정)자 또는 관련 법령에 의하여 이와 동등의 학력이 있다고 인정되는 자
2. **수능최저학력기준**:

> [국어, 수학, 영어, 사/과탐(1과목)] 중 2개 영역 등급 합 7 이내 또는 1개 영역 1등급 이내

◎ **전형요소**
● **학생부(1,000점)**

반영요소 반영비율	반영교과목		교과성적 산출지표	학년별 반영비율
	구분	반영방법		
교과100%	공통 및 일반선택 80%	국어, 영어, 수학, 사회(역사, 도덕 포함)/과학교과에 속한 전 과목 ※ 사회와 과학은 둘 중 우수한 교과를 반영함 ※ 반영학기: (교과) 졸업예정자 및 졸업자 모두 3학년 1학기까지	석차등급	학년 구분 없음
	진로선택 20%	전 교과의 진로선택과목 중 최고점 3과목을 가산점으로 반영 ※ 성취도별 환산점수 = A : 100, B : 90, C : 80	성취도	

■ 모집단위

'＊'표시 : 교직 이수 가능

계열	모집단위	2025 모집인원	2024						2023						2022					
			모집인원	지원인원	경쟁률	등록평균	등록70%	충원번호	모집인원	지원인원	경쟁률	등록평균	등록70%	충원번호	모집인원	지원인원	경쟁률	등록평균	등록70%	충원번호
인문	자율전공	136	136	631	4.6	3.82	4.00	82	136	925	6.8	3.57	3.93	103	135	377	2.8	3.91	4.41	13

■ (학생부교과) 지역인재

전형	모집인원	전형 방법	수능최저학력기준
지역인재	60	학생부교과100%	○

1. **지원자격**: 대구·경북권 소재 정규고등학교 졸업(예정)자로서 대구·경북권 소재 정규고등학교에서 3년 전 과정을 이수한 자
   ※ 고등학교 입학일부터 고등학교 졸업일(졸업예정자 포함)까지 3년 전 과정을 이수하여야 함(수험생 또는 부모의 해당 지역 거주 여부는 별도로 확인하지 않음)
2. **수능최저학력기준**:

[국어, 수학, 영어, 사/과탐(1과목)] 중 2개 영역 등급 합 7 이내 또는 1개 영역 2등급 이내

◎ 전형요소
● **학생부**: 학생부교과전형 참고

◎ 전형결과
■ 모집단위

'＊'표시 : 교직 이수 가능

계열	모집단위	2025 모집인원	2024						2023						2022					
			모집인원	지원인원	경쟁률	등록평균	등록70%	충원번호	모집인원	지원인원	경쟁률	등록평균	등록70%	충원번호	모집인원	지원인원	경쟁률	등록평균	등록70%	충원번호
인문	자율전공	60	60	175	2.9			9	60	216	3.6		5.04	45	60	162	2.7	4.07	4.48	3

■ (학생부종합) 일반학생

전형	모집인원	전형 방법	수능최저학력기준
일반학생	212	1단계)서류100%(2.5배수) 2단계)서류70%+면접30%	X

1. **지원자격**: 국내 정규 고등학교 졸업(예정)자 또는 관련 법령에 의하여 이와 동등의 학력이 있다고 인정되는 자
2. **제출서류**: 학교생활기록부 / ※ 해외 고교 졸업(예정)자, 검정고시 출신자: 요강 참고

◎ 전형요소
● **서류(700점: 기본점수 280점)**:
   1. **평가방법**: 학교생활기록부에 나타난 학업역량, 진로역량, 공동체역량 등을 본교 교육이념 및 인재상과의 연계성을 고려하여 종합적으로 평가
      1) 지원자 1인당 입학사정관 2인이 독립적으로 정성·종합 평가
      2) 평가자간 3등급 이상 차이가 발생할 경우, 제3의 평가자 2인이 재평가
      3) 1~2차 평가의 최고점과 최하점을 제외한 중간 점수 2개가 여전히 3등급 이상의 차이가 발생하는 경우, 입학사정위원회의 집단심사를 통해 조정
   2. **평가요소**:

평가요소	반영비율	평가항목	정의	주요 평가자료
학업역량 본교에서 수학하기 위한 학업능력	50%	학업성취도	고교 교육과정에서 이수한 교과의 성취수준이나 학업 발전의 정도	• 교과학습발달상황 • 세부능력 및 특기사항 • 교과관련 동아리활동
		학업태도와 탐구능력	지적 호기심을 바탕으로 학업을 수행하고 학습해 나가려는 의지와 노력	
진로역량 진로에 대한 관심과 이해, 노력과 준비정도	30%	진로 관련 교과 이수 노력	고교 교육과정에서 진로에 필요한 과목을 선택하여 이수한 정도	• 교과학습발달상황 • 세부능력 및 특기사항 • 자율활동 • 진로활동 • 동아리활동
		진로 관련 교과 성취도	고교 교육과정에서 진로에 필요한 과목을 수강하고 취득한 학업성취 수준	
		진로 탐색 활동	진로를 탐색하는 과정에서 이루어진 활동 경험이나 노력 정도	
		경험의 다양성	고교 교육과정의 다양한 영역에 참여하면서 얻은 성장 과정 및 결과	

평가요소	반영비율	평가항목	정의	주요 평가자료
공동체역량 공동체 일원으로서 갖춰야 할 바람직한 사고와 행동	20%	협업과 소통능력	공동체의 목표를 달성하기 위해 구성원들과 협력하며, 합리적인 의사소통을 할 수 있는 능력	• 출결상황 • 자율활동 • 봉사활동 • 동아리활동 • 행동특성 및 종합의견
		나눔과 배려	상대방을 존중하고 이해하며, 타인을 위하여 기꺼이 나누어 주고자 하는 태도와 행동	
		성실성과 책임감	책임감을 바탕으로 자신의 의무를 다하고, 공동체의 기본 윤리와 원칙을 준수하는 태도	
		리더십	공동체의 목표 달성을 위해 구성원의 화합과 단결을 이끌어가는 역량	

3. 최종점수

평가요소별 합산 점수를 종합적으로 고려하여 아래와 같이 최종등급을 부여함

A+	A	A-	B+	B	B-	C+	C	C-	D+	D	D-
매우 우수	←	→			보통			←	→	매우 미흡	

■ 학생부종합 선발 우수 사례 ※ 2024 수시모집 요강

1. 학업역량

• **내신등급 : 일반고 2.5등급**
1학년 : 3.04등급 → 2학년 : 2.27등급 → 3학년 : 1.37등급
• **"수업에 들어오시는 모든 선생님들이 입을 모아 칭찬함"**
거의 모든 교과 수업에 열의를 가지고 참여하며, 누구보다 선생님의 질문에 발표를 자주하고, 모르는 것이 있으면 언제든 질문을 아끼지 않는 등, 수업참여도가 월등히 뛰어나다는 평가가 공통적으로 기재되었음
• **"친구들이 '수업에서 칭찬하고 싶은 친구'로 가장 많이 추천"**
수업이나 자기주도 학습 시 떠드는 아이가 있으면, 이를 지적하여 분위기를 전환시키고 수업참여를 독려하여 학습 분위기를 조성하는데 앞장서고, 친구들의 질문에 친절히 설명해주어 인기가 많은 학생이라는 평임. 또한, 평소 수업시간에 수업도우미나 모둠장 역할을 자주 맡고, 자신이 학습한 내용을 친구들과 함께 나누는 모습이 자주 관찰됨
• **"자신의 교육철학을 완성하기 위해 사회의 다양한 교육문제에 대해 관심을 가지고 탐색하려 노력"**
교사가 꿈인 학생으로, 다양한 수업에서 이와 연계하여 우리나라 입시 위주 교육 시스템의 문제점과 개선 방향을 진지하게 고민하였음. 여러나라의 입시제도를 분석하여 배울 점이 무엇이 있는지 발표하고, 경쟁적인 수업을 벗어나 학생 간 상호 존중과 협력의 중요성을 강조할 수 있는 수업 상황을 만들 수 있는 방안들에 대해 탐색하였음

2. 진로역량

• **내신등급 : 일반고 3.21등급** 1학년 : 3.51등급 → 2학년 : 3.08등급 → 3학년 : 2.52등급
• **"자신의 배경지식과 연결하여 생각하는 능력이 뛰어남"**
과학에 관심이 많아 물리Ⅱ, 화학Ⅱ, 기하 등의 선택과목을 이수하였고, 소인수 과목인 고급 물리학, 고급 화학 등에도 도전하는 모습을 보여주었음. 수업을 들으며 배운 지식을 다른 과목에 적용하여 심도 있게 이해하거나, 학습한 내용이 생활 속 문제에 실제로 활용된 사례를 스스로 찾아보며 공부하는 모습이 자주 기재되었음
• **"동아리 활동을 계획할 때 자신의 쉬는 시간을 할애하여 탐구"**
융합과학동아리에서 3년간 활동하였고, 2학년 때는 동아리장으로 활동하면서 높은 책임감을 보여주었음. 진로활동 및 동아리 탐구활동을 통해 다양한 사회문제를 인식하고 이를 과학적 근거를 찾아 해결하고자 노력하는 모습이 일관되게 나타남
• **"매순간 성장하는 학생으로 무한한 발전 가능성이 있음"**
교내 과학캠프 및 학술제 등의 행사에도 적극적으로 참여하는 등 학교생활 전반에서 주도적인 노력으로 성장하는 모습이 보인다는 평가가 각 과목별 세부능력 및 특기사항과 행동특성 및 종합의견 등에 공통적으로 기재됨

3. 공동체역량

• **내신등급 : 일반고 3.05등급** 1학년 : 3.33등급 → 2학년 : 2.92등급 → 3학년 : 2.18등급
• **"따뜻한 사회를 만들기 위한 여러 활동에 참여"**
홀몸 어르신 반찬·생활용품 전달 등의 교내 봉사활동에 꾸준하게 참여하였고, 선플누리단 동아리에도 3년 동안 성실하게 참여하였음. 동아리 활동이 어려움을 겪을 때는 활동의 궁극적인 목표와 역할을 설명하여 결속을 이끌어내는 등 동아리 활동에 매우 큰 기여를 하였다는 평가를 받았음
• **"함께 하는 리더십을 발휘한 우수한 인재"**
학급·학교에 도움이 되는 일에는 스스로 참여하여 봉사하려는 태도를 가지고 있어, 학급회장·학급부회장·학생회홍보부장 등으로 꾸준히 활동하였고, 다양한 학급·학교 행사를 기획하고 실행하는데 있어서 뛰어난 능력을 발휘했다는 평가를 받음
• **"말 한마디로 분위기를 밝게 만드는 힘이 있음"**
미인정 지각·결석·결과 등이 없고, 각 과목 교사들로부터 '반에서 수업에 가장 열정적으로 참여하는 학생', '교실의 분위기를 밝게 만들어주는 학생', '학급의 에너지원', '활기차고 재미있는 수업 분위기를 조성하는데 늘 도움을 주는 학생' 등 성실하고 긍정적인 태도에 대한 기술이 일관적으로 기재됨

- 서류 평가요소 및 반영비율: 학업역량(50%%) > 진로역량(30%) > 공동체역량(20%) 순으로 반영, 학업역량이 중요함.
  - 공동체역량이 기존에 30%를 반영하여 비중이 너무 커서 10%를 줄였음. 줄인 10%를 전 학부 자율전공으로 선발하는 대학 특성상 진로역량에 놓기가 어려워서 학업역량이 40%->50%로 증가된 결과를 가져옴.
- 학업역량(50%) 반영비율이 매우 높다보니 학업역량의 정량적 요소와 정성적 요소 중 세특의 정성적 요소의 비중이 더욱 커짐.
- 공동체역량(20%)은 거의 만점
- 학업역량은 부족하지만 특징이나 장점이 드러나면 선발 가능함
- 전 학부 자율전공이므로 전공적합성 대신에 진로역량과 동기로 살펴봄.,
- 영어를 잘 해야 된다는 것은 오해. 영어가 꼭 필요한 진로가 아니라면 문제 삼지 않음
- 특정 분야에 특출나면 학업역량에서 가점
- 학과에 대한 전공적합성 보다는 보편적인 관점에서의 탐구, 인성, 공동체 정신 발현이 중요.
- 세상을 변화시킬 수 있는 공동체 정신을 보고자 함

● 면접(300점: 기본점수 120점)
  1. **면접방법**: 면접위원 2인이 지원자 1인을 대상으로 개별면접. 학생부 기반 맞춤형 확인면접.
  2. **면접시간**: 10분 (소프트웨어인재전형은 20분)
  3. 평가항목

평가항목	반영비율	내용
본교 인재상 부합도	30%	우리 대학 인재상에 부합하는 가치관과 지원동기, 학업계획과 비전 등을 평가
의사소통 및 면접태도	20%	전체 면접과정을 통해 의사소통능력, 면접태도, 자세, 예의 등을 평가
논리성	30%	답변이 합리적이며 충분한 설득력을 가지고 있는지 평가
발전가능성	20%	학생부 등 제출서류에 나타난 학교생활에 대한 질문들을 통해 학생의 다양한 역량을 종합적으로 평가

  4. 평정척도:

평정척도	매우 우수(A)	우수(B)	보통(C)	미흡(D)	매우 미흡(E)
점수배점	10	8	6	4	0

☞ 보충설명

- 면접 평가요소 반영비율 변경: 본교 인재상 및 부합도와 논리성이 각각 5%씩 증가(25%->30%), 반면 의사소통 및 면접태도와 발전가능성은 각각 5%씩 감소함(25%->20%), 본교 인재상 부합도와 논리성이 중요함

◎ 전형결과
■ 모집단위

'*'표시 : 교직 이수 가능

계열	모집단위	2025 모집인원	2024 모집인원	2024 지원인원	2024 경쟁률	2024 등록평균	2024 등록70%	2024 충원번호	2023 모집인원	2023 지원인원	2023 경쟁률	2023 등록평균	2023 등록70%	2023 충원번호	2022 모집인원	2022 지원인원	2022 경쟁률	2022 등록평균	2022 등록70%	2022 충원번호
인문	자율전공	212	209	878	4.2	3.35	3.65	80	219	848	3.9	3.31	3.58	108	240	793	3.3	3.14	3.45	98

■ (학생부종합) 소프트웨어인재

전형	모집인원	전형 방법	수능최저학력기준
소프트웨어인재	7	1단계)서류100%(2.5배수) 2단계)서류70%+면접30%	X

1. **지원자격**: 국내 정규고등학교 졸업(예정)자 또는 관련 법령에 의하여 이와 동등의 학력이 있다고 인정되는 자로서 소프트웨어 분야에 잠재력을 갖춘 자
2. **제출서류**: 학교생활기록부 / ※ 해외 고교 졸업(예정)자, 검정고시 출신자: 요강 참고

◎ 전형요소
● **서류 및 면접**: 일반학생전형 참고

◎ 전형결과
■ 모집단위

'*' 표시 : 교직 이수 가능

계열	모집단위	2025 모집인원	2024 모집인원	2024 지원인원	2024 경쟁률	2024 등록평균	2024 등록70%	2024 충원번호	2023 모집인원	2023 지원인원	2023 경쟁률	2023 등록평균	2023 등록70%	2023 충원번호	2022 모집인원	2022 지원인원	2022 경쟁률	2022 등록평균	2022 등록70%	2022 충원번호
자연	소프트웨어	7	10	29	2.9			1	10	33	3.3		3.67	8	10	25	2.5			

101. 한라대학교

강원특별자치도 원주시 한라대길 28 (Tel: 033. 760-1203~10)

Ⅰ. 한 눈에 보는 전형

모집시기	전형유형	전형	모집인원	전형 방법	수능최저학력기준
수시	교과	일반학생(교과중심)	374	학생부100%	X
수시	교과	일반학생(면접중심)	131	학생부80%+ 면접20%	X
수시	교과	지역인재	88	학생부100%	X
수시	교과	특성화고교	46	학생부100%	X
수시	교과	성인학습자	45	학생부100%	X
수시	교과	농어촌학생	14	학생부100%	X
수시	교과	특성화고교졸업자	11	학생부100%	X
수시	교과	기회균형	16	학생부100%	X
수시	교과	특수교육대상자	제한없음	학생부100%	X
수시	교과	특성화고등을졸업한재직자	5	학생부100%	X
수시	교과	만학도	38	학생부100%	X
수시	실기/실적	체육특기자	15	학생부10%+ 면접30%+ 실적60%	X
수시	종합	운곡인재	134	서류100%	X

(수시모집) 지원 가능 횟수	본교 수시모집의 지원 자격이 있는 전형에 대해서는 전형을 달리하여 수시모집 지원 총 6회 범위 내에서 복수지원이 가능

■ 모집단위 신설 · 변경

구분	2024	2025
신설	-	자유전공학부[23명 전원 등록금 전액(1학기) 지급]
변경	기계자동차로봇공학부 소방방재학과	기계자동차공학과 소방안전학과

■ 학교폭력 조치사항

전형	전형총점	감점								
		1호	2호	3호	4호	5호	6호	7호	8호	9호
체육특기자	500	감점 없음			3		5		20	

■ 전형결과

※ 성적 산출기준: (수시) 교과 석차등급

모집시기	전형유형	전형	학년도	모집인원	지원인원	경쟁률	등록자 50%컷	등록자 70%컷	충원율
수시	교과	일반학생(교과중심)	2024	325	1,648	5.07	5.07	5.71	197%
수시	교과	일반학생(면접중심)	2024	206	346	1.68	5.71	6.27	50%
수시	교과	지역인재	2024	87	316	3.63	4.61	5.19	114%
수시	종합	운곡인재	2024	136	320	2.35	5.30	5.93	46%

■ (주요전형) 전형일정

유형	전형	원서접수 마감	대학별 고사(면접/논술)	1단계 합격자	최종 합격자
교과	일반학생(교과중심)	9.13(금) 23:59			11.05(화)
교과	일반학생(면접중심)	9.13(금) 23:59	10.10(목)		11.05(화)
교과	지역인재	9.13(금) 23:59			11.05(화)
종합	운곡인재	9.13(금) 23:59			11.05(화)

Ⅱ. (수시모집) 주요 전형

■ (학생부교과) 일반학생(교과중심)

전형	모집인원	전형 방법	수능최저학력기준
일반학생(교과중심)	374	학생부100%	X

1. **지원자격**: 국내 고등학교 졸업(예정)자 또는 관계 법령에 의하여 고등학교 졸업자와 동등 이상의 학력이 있다고 인정되는 자

◎ 전형요소
● 학생부(400점)

반영요소 반영비율	구분	반영교과목 반영방법		교과성적 산출지표	학년별 반영비율
교과 90%	공통 및 일반선택	국어, 수학, 영어, 사회(역사/도덕, 한국사 포함), 과학 교과 중 우수 10과목 ※ 진로선택과목 포함(단, 진로선택과목의 경우 최대 5과목까지만 반영)		석차등급	학년 구분 없음
	진로선택	반영교과목 중 최대 5과목 반영 ※ 성취도별 등급 = A : 1등급, B : 3등급, C : 5등급		성취도	
비교과10%	※ 만점: ① 출결(10%): 미인정 결석 1일 이내				

◎ 전형결과

학년도	전체						인문·예체						자연					
	모집인원	지원인원	경쟁률	등록50%컷	등록70%컷	충원율	모집인원	지원인원	경쟁률	등록50%컷	등록70%컷	충원율	모집인원	지원인원	경쟁률	등록50%컷	등록70%컷	충원율
2022	139	390	2.81			28%	54	198	3.67			35%	85	192	2.26			20%
2023	418	1,484	3.55			228%	189	794	4.20			264%	229	690	3.01			191%
2024	325	1,648	5.07	5.07	5.71	197%	121	774	6.40	5.23	5.63	219%	204	874	4.28	4.87	5.77	174%
2025	374						171						203					

■ 변경사항 & 핵심포인트

[2025]

변경사항	2024	2025
모집인원	325명	374명(+49명)
(학생부) 진로선택과목 반영 가능	국어, 수학, 영어, 사회(역사/도덕, 한국사 포함), 과학 교과 중 우수 10과목	국어, 수학, 영어, 사회(역사/도덕, 한국사 포함), 과학 교과 중 우수 10과목 ※ 진로선택과목 포함 가능(최대 5과목) ※ 성취도 = A : 1등급, B : 3등급, C : 5등급

➡ **합격자 성적분포**: 인문·예체계열은 5등급 초반 ~ 5등급 후반, 자연계열은 4등급 후반 ~ 5등급 후반

■ 모집단위

'*'표시 : 교직 이수 가능

계열	-모집단위	2025	2024						2023						2022					
		모집인원	모집인원	지원인원	경쟁률	등록50%컷	등록70%컷	충원번호	모집인원	지원인원	경쟁률	등록평균	등록75%	충원번호	모집인원	지원인원	경쟁률	등록평균	등록75%	충원번호
인문	**자유전공학부**	15																		
예체	뷰티디자인학과	3	2	37	18.5				2	20	10.0	5.89	6.34	15	1	12	12.0			
인문	경찰행정학과	14	14	97	6.9	4.41	4.60	31	36	153	4.3	4.36	4.98	59	7	31	4.4			4
인문	미디어광고콘텐츠학과	17	18	139	7.7	4.48	4.90	40	20	104	5.2	5.44	6.72	84						
인문	**사회복지학과**	30	16	142	8.9	5.03	5.74	32	31	127	4.1	5.57	6.67	96	12	60	5.0			7
인문	**호텔항공외식경영학과**	23	16	92	5.8	5.16	5.22	30	16	99	6.2	6.40	7.27	83	6	8	1.3			1
예체	영상제작학과	20	17	94	5.5	5.33	5.66	45	14	74	5.3	5.24	5.85	45						
인문	경영학과	25	20	99	5.0	5.51	5.71	56	26	92	3.5	5.37	6.45	66						
예체	스포츠학과	4	4	37	9.3	6.31	6.46	15	17	70	4.1	5.31	5.95	23						
인문	**문화관광경영학과**	20	14	37	2.6	6.47	6.77	16	10	28	2.8	6.96	7.50	18	9	22	2.4			2
자연	전기전자공학과	16	16	86	5.4	4.74	5.25	34	17	81	4.8	5.65	6.39	64						
자연	*기계자동차공학과*	*29*	*36*	91	2.5	5.46	6.22	51	64	132	2.1	5.16	6.22	68	23	57	2.5			7
자연	*미래모빌리티공학과*	*10*	*18*	59	3.3	4.63	5.21	21	20	35	1.8	5.55	6.45	14						
자연	철도운전시스템학과	27	25	151	6.0	4.64	4.92	44												
자연	소방안전학과	27	24	110	4.6	4.92	5.94	48	22	103	4.7	5.21	6.10	81	10	35	3.5			4
자연	**건축학과**	23	17	118	6.9	4.92	5.70	40	22	96	4.4	5.54	6.42	74	9	22	2.5			2

계열	-모집단위	2025 모집 인원	2024						2023						2022					
			모집 인원	지원 인원	경쟁 률	등록 50%컷	등록 70%컷	충원 번호	모집 인원	지원 인원	경쟁 률	등록 평균	등록 75%	충원 번호	모집 인원	지원 인원	경쟁 률	등록 평균	등록 75%	충원 번호
자연	AI정보보안학과	17	11	34	3.1	5.29	5.93	12	19	28	1.5	5.54	6.28	9						
자연	컴퓨터공학과	17	16	81	5.1	5.14	5.64	42	19	90	4.7	5.07	5.58	49						
자연	IT소프트웨어학과	19	13	86	6.6	5.42	5.99	35	19	49	2.6	6.47	7.29	30						
자연	도시인프라공학과	18	16	39	2.4	6.39	6.89	20	16	51	3.2	6.31	6.65	35	7	14	2.0			

■ (학생부교과) 일반학생(면접중심)

전형	모집인원	전형 방법	수능최저학력기준
일반학생(면접중심)	131	학생부80%+ 면접20%	X

1. **지원자격**: 국내 고등학교 졸업(예정)자 또는 관계 법령에 의하여 고등학교 졸업자와 동등 이상의 학력이 있다고 인정되는 자

◎ 전형요소
● 학생부(400점): 일반학생(교과중심) 참고
● 면접(100점)
  1. 면접구성: 면접위원 2명, 수험생 1~3명
  2. 면접시간: 10분 내외
  3. 반영점수: 면접위원의 평균값 반영
  4. 평가항목 및 배점:

평가항목	평가등급(점수)								
	A+	A0	A-	B+	B0	B-	C+	C0	C-
인성	20	19	18	17	16	15	14	13	12
예의, 단정성	20	19	18	17	16	15	14	13	12
전공선택의지	20	19	18	17	16	15	14	13	12
교과능력	20	19	18	17	16	15	14	13	12
표현력	20	19	18	17	16	15	14	13	12
합계	100	95	90	85	80	75	70	65	60

◎ 전형결과

학년도	전체						인문·예체						자연					
	모집 인원	지원 인원	경쟁 률	등록 50%컷	등록 70%컷	충원 율	모집 인원	지원 인원	경쟁 률	등록 50%컷	등록 70%컷	충원 율	모집 인원	지원 인원	경쟁 률	등록 50%컷	등록 70%컷	충원 율
2022	436	972	2.23			13%	219	608	2.78			19%	217	364	1.67			6%
2023	30	89	2.97			163%	24	82	3.42			163%	6	7	1.17			
2024	206	346	1.68	5.71	6.27	50%	131	241	1.84	5.61	6.34	66%	75	105	1.40	5.80	6.17	33%
2025	131						85						46					

■ 변경사항 & 핵심포인트

[2025]

변경사항	2024	2025
모집인원	206명	131명(-75명)
(학생부) 진로선택과목 반영 가능	국어, 수학, 영어, 사회(역사/도덕, 한국사 포함), 과학 교과 중 우수 10과목	국어, 수학, 영어, 사회(역사/도덕, 한국사 포함), 과학 교과 중 우수 10과목 ※ 진로선택과목 포함 가능(최대 5과목) ※ 성취도 = A : 1등급, B : 3등급, C : 5등급

➡ **합격자 성적분포**: 인문·예체계열은 5등급 중반 ~ 6등급 중반, 자연계열은 5등급 후반 ~ 6등급 초반

'*' 표시 : 교직 이수 가능

■ 모집단위

계열	모집단위	2025 모집 인원	2024						2023						2022					
			모집 인원	지원 인원	경쟁 률	등록 50%컷	등록 70%컷	충원 번호	모집 인원	지원 인원	경쟁 률	등록 평균	등록 70%	충원 번호	모집 인원	지원 인원	경쟁 률	등록 평균	등록 70%	충원 번호
인문	경찰행정학과	27	27	59	2.2	5.38	6.11	23							28	156	5.6	4.38	4.69	11
인문	미디어광고콘텐츠학과	10	10	17	1.7	5.96	6.77	6												
예체	*뷰티디자인학과*	*19*	*24*	48	2.0	5.43	6.18	23	15	64	4.3	6.60	6.92	32	24	64	2.7	6.28	6.86	4
인문	*사회복지학과*	*8*	*12*	24	2.0	4.16	5.02	8							31	100	3.2	5.52	5.79	9

계열	모집단위	2025 모집인원	2024 모집인원	지원인원	경쟁률	등록 50%컷	등록 70%컷	충원번호	2023 모집인원	지원인원	경쟁률	등록평균	등록70%	충원번호	2022 모집인원	지원인원	경쟁률	등록평균	등록70%	충원번호
예체	스포츠학과	16	20	43	2.2	6.34	6.92	20												
인문	*호텔항공외식경영학과*	*5*	*16*	18	1.1	6.33	7.26	2	9	18	2.0	6.91	7.47	7	12	31	2.6	5.99	5.99	
자연	미래모빌리티공학과	13	5	9	1.8	4.69	5.25	4	6	7	1.2									
자연	AI정보보안학과	3	5	4	0.8	5.56	5.56													
자연	*컴퓨터공학과*	*5*	*11*	11	1.0	5.72	6.35													
자연	기계자동차공학과	7	10	17	1.7	6.11	6.55	6												
자연	IT소프트웨어학과	7	9	10	1.1	6.41	6.65	1												
자연	*소방안전학과*	*6*	*14*	23	1.6	6.16	6.34	8							24	89	3.7	5.78	5.90	11
자연	전기전자공학과	5	4	6	1.5	6.50	6.50	2												

■ (학생부교과) 지역인재

전형	모집인원	전형 방법	수능최저학력기준
지역인재	88	학생부100%	X

1. **지원자격**: 강원특별자치도지역에 소재하고 있는 고등학교에 입학하여 전 교육과정을 이수한 졸업(예정)자

◎ 전형요소
● 학생부: 일반학생(교과중심)전형 참고

◎ 전형결과
■ 모집단위

'*' 표시 : 교직 이수 가능

계열	모집단위	2025 모집인원	2024 모집인원	지원인원	경쟁률	등록 50%컷	등록 70%컷	충원번호	2023 모집인원	지원인원	경쟁률	등록 50%컷	등록 70%컷	충원번호	2022 모집인원	지원인원	경쟁률	등록 50%컷	등록 70%컷	충원번호
인문	**자유전공학부**	4																		
인문	**문화관광경영학과**	3	1	4	4.0				2	2	1.0				2	4	2.0			
인문	**미디어광고콘텐츠학과**	6	1	10	10.0	2.41	2.41		2	8	4.0									
인문	경찰행정학과	6	6	36	6.0	4.04	4.23	2	2	21	10.5				2	14	7.0			
예체	**영상제작학과**	4	2	9	4.5	5.08	5.37	4	1	6	6.0									
인문	*사회복지학과*	*6*	*15*	66	4.4	4.01	4.82	21	2	14	7.0				2	7	3.5			
예체	뷰티디자인학과	3	2	10	5.0	5.33	5.41	2	2	11	5.5				1	5	5.0			
예체	스포츠학과	2	2	7	3.5	6.48	6.98	4	1	8	8.0									
인문	호텔항공외식경영학과	4	5	16	3.2	5.26	5.26	8	2	9	4.5				1	2	2.0			
인문	**경영학과**	4	2	8	4.0	6.82	6.82	4	2	10	5.0									
자연	AI정보보안학과	3	4	9	2.3	4.03	4.63	4	2	3	1.5									
자연	**철도운전시스템학과**	7	4	25	6.3	4.36	4.76	5												
자연	미래모빌리티공학과	3	4	10	2.5	5.18	5.75	3	3	10	3.3									
자연	소방안전학과	5	5	18	3.6	4.95	5.30	7	2	6	3.0				2	10	5.0			
자연	**IT소프트웨어학과**	6	4	12	3.0	5.18	5.38	4	1	3	3.0									
자연	건축학과	4	5	12	2.4	4.66	4.73	4	2	6	3.0				2	6	3.0			
자연	컴퓨터공학과	4	4	18	4.5	4.39	4.55	7	1	3	3.0									
자연	기계자동차공학과	7	9	18	2.0	5.38	5.91	9	5	17	3.4				5	9	1.8			
자연	전기전자공학과	5	5	17	3.4	4.72	5.12	4	2	4	2.0									
자연	*도시인프라공학과*	*2*	*4*	6	1.5	5.44	5.99	1	2	5	2.5				1	2	2.0			

■ (학생부종합) 운곡인재

전형	모집인원	전형 방법	수능최저학력기준
운곡인재	134	서류100%	X

1. **지원자격**: 국내 고등학교 졸업(예정)자 또는 관계 법령에 의하여 고등학교 졸업자와 동등 이상의 학력이 있다고 인정되는 자
2. **제출서류**: 학교생활기록부

◎ 전형요소
● 서류(1,000점)
1. 평가방법: 학교생활기록부를 종합적으로 정성평가
2. 평가요소:

◎ 전형결과

학년도	전체						인문·예체						자연					
	모집인원	지원인원	경쟁률	등록50%컷	등록70%컷	충원율	모집인원	지원인원	경쟁률	등록50%컷	등록70%컷	충원율	모집인원	지원인원	경쟁률	등록50%컷	등록70%컷	충원율
2022	166	331	1.99			22%	72	184	2.56			25%	94	147	1.56			18%
2023	263	579	2.20			109%	109	353	3.24			169%	154	226	1.47			49%
2024	136	320	2.35	5.30	5.93	46%	62	160	2.58	5.51	6.16	95%	74	160	2.16	5.09	5.75	82%
2025	134						66						68					

■ 변경사항 & 핵심포인트

[2025]

변경사항	2024	2025
모집인원	136명	134명(-2명)
서류평가 반영방법 변경	교과15%, 출결10%, 비교과정성평가75%,	정성평가100% (학업역량30%, 진로역량40%, 공동체역량30%)

➡ 합격자 성적분포: 인문·예체계열은 5등급 중반 ~ 6등급 초반, 자연계열은 5등급 초반 ~ 5등급 후반

'＊' 표시 : 교직 이수 가능

■ 모집단위

계열	모집단위	2025	2024						2023						2022					
		모집인원	모집인원	지원인원	경쟁률	등록50%컷	등록70%컷	충원번호	모집인원	지원인원	경쟁률	등록평균	등록75%	충원번호	모집인원	지원인원	경쟁률	등록평균	등록75%	충원번호
인문	자유전공학부	4																		
예체	스포츠학과	2	1	3	3.0				4	13	3.3	6.44	6.90	9						
인문	미디어광고콘텐츠학과	6	6	19	3.2	4.96	5.78	9	16	39	2.4	6.17	6.88	23						
인문	경찰행정학과	10	10	31	3.1	5.12	5.44	10	8	67	8.4	5.23	5.71	16	7	37	5.3			5
인문	*문화관광경영학과*	*6*	*12*	15	1.3	6.16	6.57	3	17	22	1.3	7.48	7.64	5	10	23	2.3			4
인문	사회복지학과	13	15	47	3.1	5.68	6.02	18	28	93	3.3	6.05	6.81	65	14	41	2.9			5
예체	뷰티디자인학과	3	2	8	4.0	6.04	6.20	4	5	34	6.8	4.78	5.19	29	3	11	3.7			
예체	영상제작학과	8	6	20	3.3	6.16	6.72	10	14	46	3.3	5.25	6.02	15						
인문	*호텔항공외식경영학과*	*7*	*4*	7	1.8	5.71	5.71	1	11	28	2.6	6.23	6.93	17	7	11	1.6			2
인문	경영학과	7	6	10	1.7	6.82	6.82	4	4	9	2.3	1.34	1.34							
자연	*소방안전학과*	*8*	*5*	14	2.8	5.86	6.65	7	22	46	2.1	6.33	7.00	24	10	25	2.5			5
자연	도시인프라공학과	5	3	6	2.0	4.03	4.03	3	18	15	0.8	5.96	6.31		8	11	1.4			
자연	IT소프트웨어학과	6	8	16	2.0	5.32	5.33	5	16	24	1.5	6.11	6.93	8						
자연	*AI정보보안학과*	*3*	*6*	9	1.5	5.84	6.23	3	7	9	1.3	6.65	7.06	2						
자연	*컴퓨터공학과*	*9*	*6*	17	2.8	5.86	6.24	10	16	29	1.8	6.15	6.77	13						
자연	전기전자공학과	8	9	14	1.6	5.30	5.42	5	16	27	1.7	5.82	6.14	11						
자연	미래모빌리티공학과	7	5	10	2.0	5.68	5.60	3	5	9	1.8	5.28	6.46	3						
자연	건축학과	8	9	22	2.4	5.78	5.87	12	21	29	1.4	5.36	6.21	8	11	19	1.7			2
자연	철도운전시스템학과	7	5	22	4.4	5.87	5.85	5												
자연	*기계자동차공학과*	*7*	*12*	22	1.8	5.42	6.30	8	18	24	1.3	6.23	7.08	6	25	32	1.3			5

I. 한 눈에 보는 전형

모집시기	전형유형	전형	모집인원	전형 방법	수능최저학력기준
수시	교과	교과우수자	524	학생부100%	X(간호학과○)
수시	교과	지역인재	219	학생부100%	X
수시	교과	지역인재(기초생활및차상위)	3	학생부100%	X
수시	교과	한림케어1	78	학생부100%	X
수시	교과	한림케어2	18	학생부100%	X
수시	교과	농어촌학생	65	학생부100%	X
수시	교과	특성화고출신자	26	학생부100%	X
수시	종합	학교생활우수자	556	1단계)서류100%(4배수/의예과: 5배수) 2단계)서류70%+ 면접30%	X(의예과○)
수시	종합	한림SW인재	25	1단계)서류100%(4배수) 2단계)서류70%+ 면접30%	X
수시	종합	지역인재	19	▶의학과: 1단계)서류100%(5배수) 2단계)서류70%+ 면접30%	○
수시	종합	지역인재(기초생활및차상위)	3	1단계)서류100%(5배수) 2단계)서류70%+ 면접30%	X
수시	종합	농어촌학생	3	▶의학과: 1단계)서류100%(5배수) 2단계)서류70%+ 면접30%	X
수시	종합	장애인등대상자	제한X	1단계)서류100%(5배수) 2단계)서류70%+ 면접30%	X
수시	특기	외국어특기자	25	서류60%+ 면접40%	X
수시	실기/실적	체육특기자	9	학생부20%+ 면접20%+ 경기실적60%	X

(수시모집) 지원 가능 횟수	본교 수시모집 전형 중 최대 4회 복수 지원 가능 (각 전형별로 하나의 모집단위에만 지원 가능함) - 한림대학교 전형[학생부종합 1회, 학생부교과 2회, 특기자전형 1회] 간 복수지원 가능함

■ 모집단위 신설·변경

구분	2024	2025
신설	–	자연과학대학

■ 학교폭력 조치사항

전형	전형총점	감점								
		1호	2호	3호	4호	5호	6호	7호	8호	9호
체육특기자		감점 없음			불합격(사정 제외)					

■ 전형결과

※ 성적 산출기준: (수시) 교과 석차등급, (정시) 수능 백분위

모집시기	전형유형	전형	학년도	모집인원	지원인원	경쟁률	등록자 평균	등록자 최저	충원율
수시	교과	교과우수자	2024	512	2,178	4.25	3.82	4.59	154%
수시	교과	지역인재	2024	218	1,338	6.14	4.22	4.67	199%
수시	종합	학교생활우수자	2024	551	3,182	5.77	4.70	5.57	46%
수시	종합	한림SW인재	2024	25	69	2.76	5.29	6.70	36%
수시	종합	지역인재	2024	16	171	10.69	2.48	5.03	25%

■ (주요전형) 전형일정

유형	전형	원서접수 마감	대학별 고사(면접/논술)	1단계 합격자	최종 합격자
교과	교과우수자	9.13(금) 20:00			11.07(목) ▶간호: 12.12(목)
교과	지역인재	9.13(금) 20:00			11.07(목)
종합	학교생활우수자	9.13(금) 20:00	12.04(수)	11.28(목)	12.12(목)
종합	한림SW인재	9.13(금) 20:00	12.04(수)	11.28(목)	12.12(목)
종합	지역인재	9.13(금) 20:00	12.05(목)	11.28(목)	12.12(목)

II. (수시모집) 주요 전형

■ (학생부교과) 교과우수자

전형	모집인원	전형 방법	수능최저학력기준
교과우수자	524	학생부100%	X(간호학과○)

1. **지원자격**: 국내외 정규고등학교 졸업(예정)자 또는 법령에 의하여 이와 동등 이상의 학력이 있다고 인정된 자
2. **수능최저학력기준**: 없음. 단, 간호학과는 적용

▶ 간호학과: [국어, 수학, 영어, 사/과탐(2과목 평균)] 중 3개 영역 등급 합 10 이내 ※ 수학(미적분/기하) 선택시: 3개 영역 등급 합 12 이내

◎ 전형요소
● 학생부(1,000점)

반영요소 반영비율	구분	반영교과목 / 반영방법		교과성적 산출지표	학년별 반영비율
교과 90%	공통 및 일반선택	국어, 영어, 수학, 사회/과학교과 중 상위 3개 교과 ▶ 간호학과: 국어20%, 영어20%, 수학40%, 사회/과학20% ※ 반영학기: (교과) 졸업예정자 및 졸업자 모두 3학년 1학기까지, (비교과) 졸업예정자: 3학년 1학기까지, 졸업자: 3학년 2학기까지		석차등급	학년 구분 없음
	진로선택	반영교과 중 상위 3과목. 가산점(최대 10점) 반영, 만점(900점) 초과시 만점 적용 ※ (가산점) 성취도 등급 점수 = A : 10, B : 8, C : 4		성취도	
비교과 10%	※ 만점: ① 출결(10%): 미인정 결석 2일 이내				

◎ 전형결과
■ 전체

학년도	전체						인문						자연					
	모집인원	지원인원	경쟁률	등록평균	등록최저	충원율	모집인원	지원인원	경쟁률	등록평균	등록최저	충원율	모집인원	지원인원	경쟁률	등록평균	등록최저	충원율
2022	460	1,724	3.75	4.10	5.13	110%	232	948	4.09	4.07	5.02	110%	228	776	3.40	4.13	5.24	110%
2023	489	3,692	7.55	3.93	4.32	189%	256	1,887	7.37	3.88	4.24	193%	233	1,805	7.75	3.97	4.40	185%
2024	512	2,178	4.25	3.82	4.59	154%	275	1,103	4.01	3.80	4.58	150%	237	1,075	4.54	3.84	4.59	158%
2025	524						278						246					

■ 변경사항 & 핵심포인트

[2025]

변경사항	2024	2025
모집인원	512명	524명(+ 12명)
(학생부) 진로선택과목 가산점 변경	A : 10, B : 8, C : 6	A : 10, B : 8, C : 4

➡ **합격자 성적분포**: 인문계열은 3등급 후반 ~ 4등급 후반, 자연계열은 3등급 후반 ~ 4등급 후반
- 전년도에 진로선택과목이 반영교과목의 전 과목 -> 상위 3과목으로 변경됨에 따라서 합격선이 약간 하락하였음

'*' 표시 : 교직 이수 가능

■ 모집단위

계열	모집단위	2025	2024						2023						2022					
		모집인원	모집인원	지원인원	경쟁률	등록평균	등록최저	충원번호	모집인원	지원인원	경쟁률	등록평균	등록최저	충원번호	모집인원	지원인원	경쟁률	등록평균	등록최저	충원번호
인문	사회복지학부	10	10	50	5.0	3.03	3.63	13	10	111	11.1	3.63	3.87	30	12	42	3.5	4.03	4.89	6
인문	심리학과*	9	9	52	5.8	3.08	3.33	23	9	68	7.6	3.03	3.06	12	9	77	8.6	2.81	3.41	7
예체	체육학과	4	4	33	8.3	3.08	3.17	7	4	21	5.3	4.14	4.97	6	4	27	6.8	2.55	3.64	3
인문	*광고홍보학과*	*10*	*15*	57	3.8	3.36	4.41	33	10	99	9.9	3.38	3.70	34	9	128	14.2	3.77	4.18	15
인문	일본학과	7	7	39	5.6	3.43	4.40	13	7	84	12.0	3.98	3.98	7	7	22	3.1	4.77	5.60	7
인문	융합과학수사학과	15	15	99	6.6	3.45	4.09	21												
인문	미디어스쿨	23	23	83	3.6	3.56	4.38	32	23	175	7.6	3.47	4.02	45	22	79	3.6	3.72	4.85	13
인문	경영대학	58	58	183	3.2	3.74	4.79	76	56	299	5.3	3.95	4.34	106	48	170	3.5	3.85	4.98	70
인문	영어영문학과	10	10	32	3.2	3.78	5.84	17	10	52	5.2	3.20	4.01	21	8	26	3.3	3.74	4.62	8
인문	인문학부	34	34	131	3.85	3.94	4.58	41	34	296	8.7	4.21	4.67	69	32	96	3.0	4.64	6.25	41
인문	사회학과	13	13	47	3.6	4.21	4.83	15	13	88	6.8	4.20	4.49	32	10	40	4.0	4.64	5.44	8

계열	모집단위	2025 모집인원	2024 모집인원	2024 지원인원	2024 경쟁률	2024 등록평균	2024 등록최저	2024 충원번호	2023 모집인원	2023 지원인원	2023 경쟁률	2023 등록평균	2023 등록최저	2023 충원번호	2022 모집인원	2022 지원인원	2022 경쟁률	2022 등록평균	2022 등록최저	2022 충원번호
인문	경제학과	30	24	97	4.0	4.21	4.76	40	29	228	7.9	4.43	4.79	36	23	74	3.2	5.05	6.26	26
인문	법학과	21	19	60	3.2	4.39	5.88	24	17	117	6.9	3.64	4.15	42	17	54	3.2	4.13	5.16	18
인문	중국학과*	12	12	50	4.2	4.45	5.19	21	12	65	5.4	4.47	4.81	8	12	48	4.0	4.10	4.90	14
인문	정치행정학과	13	13	46	3.5	4.45	5.14	27	13	128	9.9	4.14	4.63	35	11	27	2.5	4.67	5.80	3
인문	러시아학과	9	9	44	4.9	4.56	4.90	10	9	56	6.2	4.52	4.83	10	8	38	4.8	4.64	5.27	16
자연	자연과학대학	19																		
자연	간호학과*	13	13	135	10.4	2.47	2.68	28	13	414	31.9	2.47	2.68	34	10	56	5.6	2.97	3.66	4
자연	언어청각학부	19	22	87	4.0	3.37	4.06	22	22	133	6.1	3.63	4.27	39	22	78	3.6	4.31	5.40	24
자연	식품영양학과*	13	17	79	4.7	3.43	4.40	39	17	108	6.4	3.98	4.28	34	14	73	5.2	3.72	4.89	16
자연	소프트웨어학부	58	58	160	2.8	3.61	4.83	59	58	330	5.7	3.60	4.11	83	58	154	2.7	3.89	5.23	45
자연	미래융합스쿨	12	12	62	5.2	3.74	4.20	16	12	87	7.3	4.37	4.64	22	12	40	3.3	4.32	5.71	24
자연	바이오메디칼학과	13	10	43	4.3	3.80	4.73	21	13	78	6.0	3.72	4.07	32	10	37	3.7	3.74	4.51	12
자연	생명과학과	12	14	61	4.4	4.06	4.85	32	14	137	9.8	4.07	4.56	39	11	39	3.6	4.84	6.13	18
자연	반도체·디스플레이스쿨	26	26	183	7.0	4.10	4.78	43	20	87	4.4	5.02	5.86	40	14	42	3.0	3.46	5.39	14
자연	인공지능융합학부	20	20	64	3.2	4.20	5.24	22	20	127	6.4	3.93	4.33	26	37	147	4.0	4.38	5.32	53
자연	환경생명공학과	11	13	70	5.4	4.36	4.58	30	13	108	8.3	4.51	4.75	31	10	30	3.0	4.68	5.88	15
자연	화학과	10	10	35	3.5	4.41	5.73	16	9	44	4.9	3.85	4.24	17	8	22	2.8	4.22	4.85	9
자연	데이터사이언스학부	20	22	96	4.4	4.52	5.00	46	22	152	6.9	4.46	4.98	34	22	58	2.6	5.03	5.95	12

■ (학생부교과) 지역인재

전형	모집인원	전형 방법	수능최저학력기준
지역인재	219	학생부100%	X

1. **지원자격**: 입학일부터 졸업(예정)일까지 강원지역 소재 고등학교에 재학한 자
   ※ 지원 불가: 검정고시, 국외고, ※ 졸업(예정)일의 경우 고교 학사일정상 졸업식 날을 의미함

◎ 전형요소
● 학생부(1,000점): 교과우수자전형 참고

◎ 전형결과
■ 전체

학년도	전체 모집인원	전체 지원인원	전체 경쟁률	전체 등록평균	전체 등록최저	전체 충원율	인문 모집인원	인문 지원인원	인문 경쟁률	인문 등록평균	인문 등록최저	인문 충원율	자연 모집인원	자연 지원인원	자연 경쟁률	자연 등록평균	자연 등록최저	자연 충원율
2022	203	865	4.26	4.51	5.29	184%	112	485	4.33	4.30	5.02	176%	91	380	4.18	4.72	5.56	192%
2023	208	885	4.25	4.42	5.22	95%	113	488	4.32	4.45	5.23	89%	95	397	4.18	4.38	5.20	101%
2024	218	1,338	6.14	4.22	4.67	199%	119	691	5.81	4.29	4.68	204%	99	647	6.54	4.14	4.65	194%
2025	219						120						99					

■ 변경사항 & 핵심포인트
[2025]

변경사항	2024	2025
모집인원	218명	219명(+1명)
(학생부) 진로선택과목 가산점 변경	A : 10, B : 8, C : 6	A : 10, B : 8, C : 4

➡ 합격자 성적분포: 인문계열은 4등급 초반 ~ 4등급 후반, 자연계열은 4등급 초반 ~ 4등급 후반

■ 모집단위

'*' 표시 : 교직 이수 가능

계열	모집단위	2025 모집인원	2024 모집인원	2024 지원인원	2024 경쟁률	2024 등록평균	2024 등록최저	2024 충원번호	2023 모집인원	2023 지원인원	2023 경쟁률	2023 등록평균	2023 등록최저	2023 충원번호	2022 모집인원	2022 지원인원	2022 경쟁률	2022 등록평균	2022 등록최저	2022 충원번호
인문	광고홍보학과	4	4	12	3.0	3.38	3.98	5	4	22	5.5	3.79	3.98			7	51	7.3	4.11	4.77	17
인문	경영대학	22	22	125	5.7	3.56	4.29	34	22	68	3.1	4.30	5.14	26	20	72	3.6	4.20	5.04	25
인문	융합과학수사학과	6	6	52	8.7	3.62	3.87	9												
인문	사회복지학부	9	9	50	5.6	3.76	4.47	20	9	87	9.7	3.67	4.47	9	9	44	4.9	4.74	6.56	28

계열	모집단위	2025 모집인원	2024 모집인원	지원인원	경쟁률	등록평균	등록최저	충원번호	2023 모집인원	지원인원	경쟁률	등록평균	등록최저	충원번호	2022 모집인원	지원인원	경쟁률	등록평균	등록최저	충원번호
인문	미디어스쿨	11	11	41	3.7	3.79	4.17	13	11	53	4.8	3.68	4.41	8	11	50	4.6	3.96	4.62	19
인문	심리학과*	4	4	30	7.5	3.79	3.87	9	4	11	2.8	4.15	6.00	4	4	13	3.3	3.14	3.62	4
예체	체육학과	4	3	20	6.7	4.34	4.64	11	3	8	2.7	4.03	4.34		3	24	8.0	2.90	3.08	1
인문	영어영문학과	6	6	35	5.8	4.41	4.65	7	6	23	3.8	5.04	5.52	14	6	20	3.3	4.46	5.80	11
인문	경제학과	5	5	23	4.6	4.41	4.53	8	5	12	2.4	4.24	5.27		6	20	3.3	4.61	5.05	3
인문	법학과	9	9	49	5.4	4.47	4.95	14	9	26	2.9	4.58	6.08	7	7	39	5.6	4.04	4.62	13
인문	일본학과	5	5	38	7.6	4.53	5.18	25	5	20	4.0	4.13	5.12	5	5	22	4.4	4.62	5.15	12
인문	중국학과	3	3	19	6.3	4.76	5.09	6	3	10	3.3	5.30	5.60	2	5	24	4.8	5.07	5.57	10
인문	인문학부	18	18	105	5.8	4.81	5.26	50	18	100	5.6	4.62	5.31	20	17	59	3.5	5.13	6.93	36
인문	정치행정학과	6	6	27	4.5	4.83	5.28	8	6	26	4.3	4.00	4.49	5	4	15	3.8	4.63	5.27	3
인문	사회학과	4	4	27	6.8	4.88	5.11	18	4	13	3.3	4.89	5.37	1	4	15	3.8	4.23	4.35	9
인문	러시아학과	4	4	38	9.5	5.25	5.50	6	4	9	2.3	5.92	6.40		4	17	4.3	4.73	4.86	6
자연	**자연과학대학**	9																		
자연	간호학과*	18	18	161	8.9	2.07	2.49	24	18	85	4.7	2.65	3.37	13	18	97	5.4	2.34	3.23	24
자연	식품영양학과*	4	5	37	7.4	3.28	4.02	4	5	18	3.6	4.41	5.02	3	5	33	6.6	4.21	4.64	11
자연	언어청각학부	8	9	44	4.9	3.69	4.33	12	9	29	3.2	4.53	5.12	8	7	22	3.1	4.81	5.66	11
자연	소프트웨어학부	17	17	74	4.4	3.91	4.51	24	17	78	4.6	4.16	5.32	19	17	57	3.4	4.85	6.42	34
자연	바이오메디칼학과	4	5	32	6.4	4.34	5.19	25	5	27	5.4	4.10	4.82	4	5	19	3.8	5.38	6.03	12
자연	반도체·디스플레이스쿨	8	8	43	5.4	4.42	4.95	7	5	19	3.8	4.04	4.95	4	5	16	3.2	5.20	6.02	8
자연	미래융합스쿨	4	4	23	5.8	4.47	4.54	1	4	33	8.3	4.36	4.78	5	4	18	4.5	5.34	6.24	13
자연	인공지능융합학부	10	10	63	6.3	4.48	5.16	27	10	28	2.8	4.64	6.17	13	9	40	4.4	4.36	5.16	19
자연	화학과	2	5	28	5.6	4.54	4.89	8	4	8	2.0	4.92	5.96	4	4	9	2.3	4.98	5.76	5
자연	생명과학과	3	4	43	10.8	4.70	4.85	13	4	15	3.8	5.8	6.30	8	4	21	5.3	4.54	4.82	11
자연	데이터사이언스학부	9	10	74	7.4	4.83	5.25	30	10	34	3.4	5.23	5.79	7	9	36	4.0	5.24	6.74	19
자연	환경생명공학과	3	4	25	6.3	4.99	5.65	17	4	23	5.8	3.70	4.82	5	4	12	3.0	5.35	5.99	8

■ (학생부종합) 학교생활우수자

전형	모집인원	전형 방법	수능최저학력기준
학교생활우수자	556	1단계)서류100%(4배수/의예과: 5배수) 2단계)서류70%+ 면접30%	X(의예과○)

1. **지원자격**: 국내외 정규고등학교 졸업(예정)자 또는 법령에 의하여 이와 동등 이상의 학력이 있다고 인정된 자
2. **제출서류**: 학교생활기록부
3. **수능최저학력기준**: 없음. 단, 의예과는 있음

▶의예과: [국어, 수학(미적분/기하), 영어, 과탐(2과목 평균)] 중 3개 영역 등급 합 4 이내 ※ 영어가 포함하여 반영할 경우 영어는 1등급

◎ 전형요소
● 서류(1,000점)
  1. **평가방법**: 지원자의 평가자료를 기반으로 평가위원 2인이 평가요소 및 평가항목 기준에 따라 정성적 종합평가
  2. **평가위원**: 지원자 1인에 대하여 입학사정관 2인이 평가
  3. **평가요소 및 평가항목**:

평가요소	반영비율	평가항목	항목별 정의
학업성취역량	30%	학업성취도	학업능력 지표[교과목의 석차등급 또는 원점수(평균/표준편차)]와 교과목 이수현황, 노력 등을 기반으로 평가한 교과의 성취수준이나 학업적 발전의 정도
		학업태도와 학업의지	스스로 학업 목표 및 학습 전략을 수립하여 실행해 나가는 태도와 의지
		탐구활동	지적 호기심을 바탕으로 사물과 현상에 대해 깊고 폭넓게 탐구할 수 있는 능력
전공(계열)적합성	30%	전공(계열) 관련 교과목 이수 및 성취도	전공(계열) 관련 과목 이수 및 성취 수준
		전공(계열)에 대한 관심과 이해	전공(계열)에 대한 흥미와 관심, 이해 정도
		전공(계열) 관련 활동과 경험	전공(계열)과 관련된 활동이나 경험 및 노력 정도

평가 요소	반영 비율	평가항목	항목별 정의
발전 가능성	20%	자기주도성	스스로 목표를 설정하고 적절한 전략을 선택하여 계획을 수립하고 실행하는 성향
		경험의 다양성	학교 교육의 다양한 영역에서 직접 겪거나 활동하면서 얻은 성장 과정 및 결과
		리더십	공동체의 목표 달성을 위해 구성원의 화합과 단결을 이끌어가는 역량
		창의적 문제해결력	교내 활동에서 창의적 발상으로 문제점을 해결하려는 노력
인성	20%	협업능력	공동체의 목표를 달성하기 위해 협력하며, 구성원들과 합리적인 의사소통을 할 수 있는 능력
		나눔과 배려	상대방을 존중하고 이해하여 원만한 관계를 형성하며, 타인을 위하여 기꺼이 나누어 주고자 하는 태도와 행동
		소통능력	상대방의 의견을 경청하고 공감할 수 있으며, 자신의 의견과 생각을 효과적으로 전달할 수 있는 역량
		도덕성	공동체의 기본윤리와 원칙을 준수하는 태도
		성실성	책임감을 바탕으로 꾸준히 노력하여 자신의 의무를 다하는 태도와 행동

4. 평가척도:

평가요소	평가척도						
	7	6	5	4	3	2	1
	매우 우수	우수		보통	미흡		매우 미흡
학업성취역량	300	250	200	150	100	50	0
전공(계열)적합성	300	250	200	150	100	50	0
발전가능성	200	166.7	133.3	100	66.7	33.4	0
인성	200	166.7	133.3	100	66.7	33.4	0

5. 평가기준:

1) 학업성취역량 : 대학에서 학업을 수행할 수 있는 기초수학능력

평가자료	주요 확인사항
학생부 교과학습발달상황 [교과성취도(전체 교과 성적 및 성적 추이), 세부능력 및 특기사항]	• 대학 수학에 필요한 기본 과목(국어, 수학, 영어, 사회/과학 등) 성취도는 어떠한가? 그 외 과목성적은 전반적으로 무난한가? 소홀함을 보인 과목은 없는가? • 학기별/학년별 학업성취도 변화추이가 어떻게 되는가? • 과목별 등급 외에 이수자수의 규모, 원점수(평균/표준편차 포함)는 적절한가? ◦진학(전공)과 관련하여 구체적인 지원 동기나 목표가 있는가? • 교과 활동을 통해 지식의 폭을 확장하고 새로운 것을 창출하려는 노력을 하고 있는가? • 교과 수업에서 적극적이고 집중력이 있으며 스스로 참여하고 이해하려는 태도와 열정을 보이는가? • 교과에서 이루어지고 있는 탐구활동에 적극적으로 참여하고 있는가? • 탐구활동에서 적극적인 탐구의지와 호기심이 나타나는가?
점수 척도	
높은 점수 (매우 우수 ~ 우수)	• 대학에 진학해서 전공을 이수할 수 있는 기초학력수준 이상의 성취 수준을 보이고 교과학습에서 우수한 평가를 받으며 지적호기심과 탐구심을 발휘한 경험이 있음 • 대학 진학 및 전공을 선택함에 있어 구체적인 지원 동기와 향후 목표를 살펴볼 수 있으며 이와 관련된 고등학교 활동을 다양하게 찾아볼 수 있음
보통(기준) 점수 (보통)	• 대학에 진학해서 전공을 이수할 수 있는 기초학력에 준하는 고등학교 성취 수준을 보임 • 대학 진학 및 전공을 선택함에 있어 지원 동기와 향후 목표가 있으며 이와 관련된 고등학교 활동을 찾아볼 수 있음
낮은 점수 (미흡 ~ 매우 미흡)	• 대학에 진학해서 전공을 이수할 수 있는 기초학력에 미달하는 고등학교 성취 수준을 보임 • 대학 진학 및 전공을 선택함에 있어 지원 동기와 향후 목표가 모호하며 이와 관련된 고등학교 활동을 찾아보기 어려움

2) 전공(계열)적합성: 전공(계열)과 관련된 분야에 대한 관심과 이해, 노력과 준비정도

평가자료	주요 확인사항
학생부 [교과학습발달상황 (세부능력 및 특기사항), 창의적 체험활동]	• 지원 전공(계열)과 관련해 선택하여 수강한 과목을 얼마나 되는가? ◦지원 전공(계열)과 관련된 교과 성적이 우수한가? • 지원 전공(계열)에 대한 흥미와 관심을 가지고 있는가? ◦자신의 경험과 지원 전공의 연관성을 설명할 수 있는가? • 지원 전공(계열)과 관련된 교과관련 활동(세부능력 및 특기사항 등)이 있는가? ◦지원 전공(계열)과 관련된 창의적 체험활동(자율, 동아리, 봉사, 진로)이 있는
점수 척도	
높은 점수 (매우 우수 ~ 우수)	• 전공(계열)과 관련된 다양한 과목을 수강했으며 그 교과에서 기초학력수준 이상의 성취 수준을 보임 • 전공(계열)에 대한 구체적인 흥미와 관심을 갖고 전공에 대한 구체적인 이해를 하고 있으며 이와 관련된 활동을 다양하게 찾아볼 수 있음
보통(기준) 점수 (보통)	• 전공(계열)과 관련된 과목을 수강했으며 그 교과에서 기초학력에 준하는 고등학교 성취 수준을 보임 • 전공(계열)에 대한 흥미와 관심을 갖고 전공에 대한 이해를 하고 있으며 이와 관련된 활동을 찾아볼 수 있음
낮은 점수 (미흡 ~ 매우 미흡)	• 전공(계열)과 관련된 과목을 미수강했거나 수강은 했으나 기초학력에 미달하는 고등학교 성취 수준을 보임 • 전공(계열)에 대한 흥미와 관심이 모호하고 전공에 대한 이해도가 낮으며 이와 관련된 활동을 찾아보기 어려움

3) 발전가능성: 현재의 상황이나 수준보다 질적으로 더 높은 단계로 향상될 가능성

평가자료	주요 확인사항
학생부 [교과학습발달상황 (세부능력 및 특기사항), 행동특성및종합의견]	• 교내 다양한 활동에서 주도적, 적극적으로 활동을 수행했는가? • 새로운 과제를 주도적으로 만들고 성과를 내었는가? • 자율, 동아리, 진로활동 등 체험활동을 통해 다양한 경험을 쌓았는가? • 현실에 안주하지 않고 변화하기 위해서 능동적으로 대처하고 도전한 경험이 있는가? • 교내활동에서 목표달성을 위해 스스로 계획이나 목표를 세우고 일을 추진한 경험이 있는가? • 구성원의 화합과 단결을 위해 구체적인 행동을 한 경험이 있는가? • 교내 활동에서 창의적인 발상을 통해 일을 진행한 경험이 있는가? • 교내 활동과정에서 나타나는 문제점을 적극적으로 해결하기 위해 노력하였는가?

점수 척도	
높은 점수 (매우 우수 ~ 우수)	• 주어진 역할이나 학교생활에서 전반적으로 책임감 있는 태도를 보이며 임무를 완수함 • 스스로 목표를 설정하고 자신의 노력을 통해서 현재의 상황을 개선한 경험이 있음 • 자율, 동아리, 진로활동 등 다양한 체험활동에 참여했거나 꾸준한 참여를 실천한 경험이 있음
보통(기준) 점수 (보통)	• 주어진 역할이나 학교생활에서 대체로 책임감 있는 태도와 꾸준한 모습을 보임 • 주어진 목표에 자신의 노력을 통해 긍정적인 결과를 얻은 경험이 있음 • 자율, 동아리, 진로활동 등 체험활동에 참여한 경험이 있음
낮은 점수 (미흡 ~ 매우 미흡)	• 주어진 역할이나 학교생활에서 책임감 있는 행동이나 태도를 찾아보기 어려움 • 스스로 문제를 해결하거나 현실(상황)을 변화시키기 위한 경험을 찾아보기 어려움 • 자율, 동아리, 진로활동 등 체험활동에 참여한 경험을 찾아보기 어려움

4) 인성: 공동체의 일원으로서 필요한 바람직한 사고와 행동

평가자료	주요 확인사항
학생부 [출결상황, 창의적 체험활동, 행동특성및종합의견]	• 자발적인 협력을 통하여 공동의 과제를 완성한 경험이 자주 나타나는가? • 협력이 부족한 상황에서 사람들을 설득하여 협동을 이끌어 낸 경험을 가지고 있는가? • 타인을 위해 자신의 것을 나누고자 한 구체적인 경험이 있는가? • 나와 다른 생각을 가진 상대방의 입장을 이해하고 존중하려는 노력을 기울이고 있는가? • 공동의 목표를 위해서 타인과 잘 화합하고 조정한 경험이 있는가? • 상대방의 의견을 경청하고 공감하며 자신의 의견을 효과적으로 전달한 경험이 있는가? • 자신이 속한 집단이 정한 규칙과 규정을 준수하고, 자신에게 불리한 경우라 하더라도 이를 지키기 위해 노력하고 있는가? • 교칙 미준수 또는 문제 행동에 대해 개선하고자 노력한 경험이 있는가? • 어려운 상황이 발생하여도 일관된 모습으로 최선의 노력을 기울이는 경험이 있는가? • 출결상황이나 단체활동 참여 등 학생으로서 당연히 해야 하는 의무를 책임감 있게 수행하고 있는가?

점수 척도	
높은 점수 (매우 우수 ~ 우수)	• 공동체의 구성원으로 관계지향적이며 학교생활 전반에서 상호협력하는 모습을 보임 • 공감능력을 갖고 원활한 의사소통을 통해 문제를 해결한 경험이 있음 • 교칙을 철저히 준수하고 학교생활에 전반에서 성실한 태도를 보여 교사나 교우들로부터 긍정적인 피드백을 받음
보통(기준) 점수 (보통)	• 공동체의 구성원으로 무난한 학교생활을 유지함 • 원만한 의사소통을 통해 문제를 해결한 경험이 있음 • 교칙을 준수하고 학교생활에 대체로 성실한 태도를 보임
낮은 점수 (미흡 ~ 매우 미흡)	• 공동체의 구성원으로서 상호협력하는 모습을 볼 수 없음 • 원만한 의사소통을 하지 못해 갈등을 일으키는 모습을 보임 • 교칙을 어기고 문제시 되는 행동(태도)을 반복하거나 개선하지 못함

☞ 보충설명
• 서류 평가요소: 학업성취역량30% = 전공(계열)적합성30% > 발전가능성20% = 인성20% 순으로 반영. 순서대로 변별력이 생김.
  - 의예, 간호는 학업이 중요. 나머지 학과는 성장잠재역량이 중요.
• 학업성취역량(30%)에서 학업성취도, 학업태도와 학업의지, 자기주도적 학습능력, 전공적합성을 평가함.
  - 평균 4등급 전후의 학생들이 지원하다 보니 학업부문은 큰 차이 안 남.
  - 학업성취역량에서 전공적합성 반영, 전공적합성은 학과로 봄, 교수님의 의견을 회의를 통해 서류평가 항목을 반영함
  - 의예, 간호는 학업역량이 중요함, 심리학과도 성적이 우수한 학생들이 지원
• 전공(계열)적합성(30%)은 학과와 관련된 활동, 동아리 뿐만 아니라 스포츠활동 등에서 리더십 등도 반영
  - 학업성취역량이 부족해도 전공(계열)적합성이 우수하면 가능성 있음
• 인성(20%)은 변별력은 작음
  - 출결이 지나치게 안 좋다거나, 교사의 안 좋은 평가가 있는 등 극단적인 사례가 있으면 문제가 됨. 특히, 의대
  - 인성을 중요시하여 인성에 문제가 있으면 합격 가능성이 많이 없음

● 면접(300점)
1. 평가방법:

구분	전체학과(의예과 제외)	의예과
면접형태	구술면접	MMI(Multiple Mini-Interview)
면접방식	블라인드(Blind): 수험번호 가(假)번호 부여, 출신고교 정보 미제공, 교복 착용 금지	
면접방법	무작위(Random) 추출로 배정. 면접일정 공지 시 안내되며, 조정 및 변경 불가	
면접인원	수험생 1명 : 면접위원 2명	수험생 1명 : 실별 면접위원 2명 -3개(인성, 상황, 모의상황) 면접실 운영
면접시간	15분 내외	총 30분 내외(각 실별 10분)
면접성적	면접위원의 평균 값 반영	각 면접실별 평균 값의 합

2. 평가영역 및 평가내용:
1) 전체 학과(의예과 제외)

평가영역	비율	주요내용	출제방법	평가위원
서류검증영역	50%	1단계 제출서류 중 면접 시 검증이 필요한 부분으로 개인별 질문	평가자가 지원자의 제출서류에 기반한 개별문항 출제	모집단위별로 면접위원 2인이 독립평가
인성영역	50%	관용, 배려, 포용, 개방성 등	문항 출제위원회를 통해 출제(공통문항)	

2) 의예과

평가영역	비율	주요내용	출제방법	면접관
인성면접	40%	관용, 배려, 포용, 개방성 등	의예과 문항 출제위원회를 통해 출제	각 평가영역별로 면접위원 2인이 독립하여 평가, 총 6인 참여
상황면접	30%	가치관과 태도, 문제해결능력		
모의상황면접	30%	의사소통능력, 대인관계능력		

☞ 보충설명
• 면접 역전률 30% 정도, 서류가 좋으면 면접도 잘 보는 경향이 있으나, 서류 검증 질문에 전혀 대답을 못 하면 생각보다 낮은 점수 받음.
• 서류 검증은 개별문항, 서류 검토를 토대로 개인마다 다름. 인성은 학과별로 동일한 공통 질문
• 서류평가자는 면접에 들어가지 않음. 전임사정관은 서류와 면접에 들어가지만, 교수님들은 그렇지 않음
• 종합은 교과형의 면접보다 영향력이 적을 것으로 예상, 10%보다 조금 낮게 예상, 학교에 들어와도 된다, 안 된다 수준

◎ 전형결과
■ 전체

학년도	전체						인문						자연					
	모집인원	지원인원	경쟁률	등록평균	등록최저	충원율	모집인원	지원인원	경쟁률	등록평균	등록최저	충원율	모집인원	지원인원	경쟁률	등록평균	등록최저	충원율
2022	532	2,087	3.92	4.63	5.77	56%	280	838	2.99	4.75	5.81	66%	252	1,249	4.96	4.51	5.73	45%
2023	539	2,100	3.90	4.90	6.16	37%	283	802	2.83	5.00	6.31	33%	256	1,298	5.07	4.79	6.01	41%
2024	551	3,182	5.77	4.70	5.57	46%	287	1,345	4.69	4.75	5.56	37%	264	1,837	6.96	4.64	5.57	54%
2025	556						284						272					

■ 변경사항 & 핵심포인트

[2025]

변경사항	2024	2025
모집인원	551명	556명(+5명)

➡ 합격자 성적분포: 인문계열은 4등급 중반 ~ 5등급 중반, 자연계열은 4등급 중반 ~ 5등급 중반

■ 모집단위

'*' 표시 : 교직 이수 가능

계열	모집단위	2025 모집인원	2024 모집인원	2024 지원인원	2024 경쟁률	2024 등록평균	2024 등록최저	2024 충원번호	2023 모집인원	2023 지원인원	2023 경쟁률	2023 등록평균	2023 등록최저	2023 충원번호	2022 모집인원	2022 지원인원	2022 경쟁률	2022 등록평균	2022 등록최저	2022 충원번호
인문	심리학과*	13	13	75	5.8	3.71	4.20	6	13	63	4.9	3.60	4.30	3	12	62	5.2	3.70	4.22	11
인문	융합과학수사학과	10	10	66	6.6	4.00	4.42	1												
인문	광고홍보학과	20	15	80	5.3	4.25	4.88	7	20	85	4.3	4.38	5.26	5	10	47	4.7	4.36	5.71	8
인문	정치행정학과	8	8	33	4.1	4.53	5.10	1	8	26	3.3	4.77	6.23	3	8	25	3.1	5.02	6.09	10
예체	체육학과	5	5	52	10.4	4.54	4.79		5	29	5.8	4.39	5.47	2	5	24	4.8	4.67	5.43	1
인문	미디어스쿨	30	30	180	6.0	4.54	5.49	10	30	93	3.1	4.58	5.86	11	28	111	4.0	4.11	5.07	18
인문	사회복지학부	29	29	146	4.9	4.62	5.65	15	30	99	3.3	4.68	5.68	12	28	125	4.5	4.53	5.87	28
인문	영어영문학과	10	10	42	4.2	4.67	5.77	3	10	22	2.2	5.01	7.07	6	12	27	2.3	4.17	5.20	8
인문	글로벌학부	4	4	12	3.0	4.68	4.82	3	4	7	1.8	5.24	5.64		4	8	2.0	5.15	5.15	1
인문	경영대학	50	50	213	4.3	4.70	5.74	20	52	142	2.7	4.86	6.41	17	62	146	2.4	4.66	6.33	38
인문	법학과	13	15	65	4.3	4.76	6.68	4	19	35	1.8	5.05	6.69	7	21	38	1.8	4.85	5.55	4
인문	일본학과	12	12	90	7.5	4.84	5.73	8	12	35	2.9	5.50	7.66	7	12	36	3.0	4.97	5.84	5
인문	인문학부	30	30	88	2.9	4.91	5.69	9	30	69	2.3	5.13	5.87	5	33	85	2.6	4.85	6.38	22

계열	모집단위	2025 모집인원	2024 모집인원	지원인원	경쟁률	등록평균	등록최저	충원번호	2023 모집인원	지원인원	경쟁률	등록평균	등록최저	충원번호	2022 모집인원	지원인원	경쟁률	등록평균	등록최저	충원번호
인문	사회학과	10	10	45	4.5	4.97	5.79	8	10	23	2.3	5.11	5.91	3	12	27	2.3	4.57	5.97	8
인문	*경제학과*	15	20	69	3.5	5.30	6.41	5	15	31	2.1	5.51	6.82	6	10	28	2.8	4.99	5.81	7
인문	중국학과	15	15	50	3.3	5.58	6.75	3	15	25	1.7	5.56	7.75	2	13	28	2.2	5.31	7.58	7
인문	러시아학과	10	10	39	3.9	6.21	6.69	2	10	18	1.8	6.04	7.47	4	10	21	2.1	6.07	6.72	8
자연	자연과학대학	18																		
자연	의학과	43	21	458	21.8	1.41	2.72	22	20	623	31.2	1.21	1.48	10	23	504	21.9	1.37	2.49	9
자연	간호학과*	29	29	626	21.6	2.82	3.41	11	29	244	8.4	2.85	4.35	17	27	297	11.0	2.64	3.08	15
자연	*언어청각학부*	10	15	49	3.3	4.74	5.67	3	15	34	2.3	5.11	6.11	5	17	36	2.1	4.62	5.68	2
자연	식품영양학과*	13	16	67	4.2	4.85	6.04	10	16	46	2.9	4.57	5.20	5	19	44	2.3	4.66	5.85	9
자연	소프트웨어학부	36	36	119	3.3	4.88	5.98	22	36	78	2.2	4.99	6.45	16	25	60	2.4	4.77	6.21	14
자연	*바이오메디칼학과*	13	23	104	4.5	4.93	5.88	24	20	45	2.3	5.11	7.30	11	23	57	2.5	4.66	5.56	11
자연	*생명과학과**	11	15	52	3.5	5.01	5.47	7	15	33	2.2	5.02	5.85	5	18	35	1.9	5.03	6.51	10
자연	미래융합스쿨	16	16	57	3.6	5.11	6.01	11	16	37	2.3	5.40	6.56	8	16	35	2.2	5.17	6.94	11
자연	환경생명공학과	11	13	61	4.7	5.12	5.58	6	13	32	2.5	5.15	6.18	11	14	30	2.1	5.17	6.47	5
자연	인공지능융합학부	37	37	118	3.2	5.19	6.11	11	37	64	1.7	5.66	7.48	13	22	58	2.6	5.34	7.19	13
자연	데이터사이언스학부	12	14	45	3.2	5.32	6.24	6	14	27	1.9	5.86	7.19	4	16	29	1.8	5.71	7.28	4
자연	*화학과*	8	14	35	2.5	5.38	6.85	10	10	14	1.4	5.28	6.50		11	36	3.3	4.37	5.13	11
자연	반도체·디스플레이스쿨	15	15	46	3.1	5.50	6.39	6	15	21	1.4	6.00	7.52		21	28	1.3	5.13	6.12	

■ (학생부종합) 한림SW인재

전형	모집인원	전형 방법	수능최저학력기준
한림SW인재	25	1단계)서류100%(4배수) 2단계)서류70%+ 면접30%	X

1. **지원자격**: 국내외 정규고등학교 졸업(예정)자 또는 법령에 의하여 이와 동등 이상의 학력이 있다고 인정된 자
2. **제출서류**: 학교생활기록부

◎ **전형요소**
● 서류 및 면접: 학교생활우수자전형 참고

◎ **전형결과**
■ 모집단위

'*' 표시 : 교직 이수 가능

계열	모집단위	2025 모집인원	2024 모집인원	지원인원	경쟁률	등록평균	등록최저	충원번호	2023 모집인원	지원인원	경쟁률	등록평균	등록최저	충원번호	2022 모집인원	지원인원	경쟁률	등록평균	등록최저	충원번호
자연	소프트웨어학부	25	25	69	2.8	5.29	6.70	9	25	44	1.8	5.14	7.33	10	25	58	2.3	4.77	6.57	13

■ (학생부종합) 지역인재

전형	모집인원	전형 방법	수능최저학력기준
지역인재	19	▶의학과: 1단계)서류100%(5배수) 2단계)서류70%+ 면접30%	○

1. **지원자격**: 입학일부터 졸업(예정)일까지 강원지역 소재 고등학교에 재학한 자
   ※ 지원 불가: 검정고시, 국외고, ※ 졸업(예정)일의 경우 고교 학사일정상 졸업식 날을 의미함
2. **제출서류**: 학교생활기록부
3. **수능최저학력기준**:

> ▶의예과: [국어, 수학(미적분/기하), 영어, 과탐(2과목 평균)] 중 3개 영역 등급 합 4 이내 ※ 영어가 포함하여 반영할 경우 영어는 1등급

◎ **전형분석**
● 서류 및 면접: 학교생활우수자전형 참고

◎ **전형결과**
■ 모집단위

'*' 표시 : 교직 이수 가능

계열	모집단위	2025 모집인원	2024 모집인원	지원인원	경쟁률	등록평균	등록최저	충원번호	2023 모집인원	지원인원	경쟁률	등록평균	등록최저	충원번호	2022 모집인원	지원인원	경쟁률	등록평균	등록최저	충원번호
자연	의학과	19	16	171	10.7	2.48	5.03	4	16	200	12.5	2.46	4.40	4	15	162	10.8	2.20	4.48	1

대전광역시 유성구 동서대로 125 (Tel : 042. 821-1020)

I. 한 눈에 보는 전형

모집시기	전형유형	전형	모집인원	전형 방법	수능최저 학력기준
수시	교과	학생부교과(일반)	1,006	학생부100%	X
수시	교과	지역인재(교과)	141	학생부100%	X
수시	교과	농어촌학생	58	학생부100%	X
수시	교과	특성화고교졸업자	14	학생부100%	X
수시	교과	사회적배려자	24	학생부100%	X
수시	종합	학생부종합(일반)	245	서류100%	X
수시	종합	학생부종합(학석사)	92	서류100%	X
수시	종합	지역인재(종합)	140	1단계)서류100%(5배수) 2단계)서류70%+ 면접30%	X
수시	종합	국가보훈대상자	7	1단계)서류100%(5배수) 2단계)서류70%+ 면접30%	X
수시	종합	평생학습사회	69	1단계)서류100%(5배수) 2단계)서류70%+ 면접30%	X
수시	종합	산업체경력(야간)	20	1단계)서류100%(5배수) 2단계)서류70%+ 면접30%	X
수시	종합	특수교육대상자	10	1단계)서류100%(5배수) 2단계)서류70%+ 면접30%	X
수시	종합	특성화고졸등을졸업한재직자(주)	82	1단계)서류100%(5배수) 2단계)서류70%+ 면접30%	X
수시	종합	특성화고졸등을졸업한재직자(야)	4	1단계)서류100%(5배수) 2단계)서류70%+ 면접30%	X
수시	실기/실적	실기(일반)	72	학생부40%+ 실기60%	X
수시	실기/실적	실기우수자	28	실기100%	X

(수시모집) 지원 가능 횟수	수시모집 전형 간 복수지원 가능. 단, 동일 전형 안에서 모집단위 간 중복지원 불가

■ 무전공(전공자율선택)

유형① [대학 내 모든 전공(보건의료, 사범 등 제외) 자율 선택]		유형② [계열/단과대 모집 후 모집단위 내 전공 자율 선택]	
모집단위	인원	모집단위	인원
자율전공학부	163	공학건설학부	165
		인문사회경상학부	80
		정보기술학부	79

※ 융합자율대학 입학생은 1학년 수료 후 본교 규정 및 내규에 따라 1개 학과를 선택해야 함(단, 학과별 최대 수용인원은 제한 될 수 있음)
■ 자율전공학부: 반도체시스템공학과, 인공지능소프트웨어학과, 건축학과(5년제), 산업디자인학과, 시각·영상디자인학과, 야간학과를 제외한 전 모집단위 중 1개 학과 선택 가능
■ 공학건설학부: 공과대학, 건설환경조형대학 내 모집단위 중 건축학과(5년제), 산업디자인학과, 시각·영상디자인학과, 야간학과를 제외한 전 모집단위 중 1개 학과 선택 가능
■ 정보기술학부: 정보기술대학 내 모집단위 중 반도체시스템공학과, 인공지능소프트웨어학과, 야간학과를제외한 전 모집단위 중 1개 학과 선택 가능
■ 인문사회경상학부: 인문사회대학, 경상대학 내 모집단위 중 1개 학과 선택 가능(단, 야간학과 제외)※ 인공지능소프트웨어학과는 2024년 세종공동캠퍼스 입주 예정으로 세종캠퍼스에서 수업을 진행할 수 있음

■ 전형결과

※ 성적 산출기준: (수시) 교과 석차등급, (정시) 수능 백분위

모집시기	전형유형	전형	학년도	모집인원	지원인원	경쟁률	등록자 50%컷	등록자 70%컷	충원율
수시	교과	학생부교과(일반)	2024	999	7,471	7.48	4.23	4.56	205%
수시	교과	지역인재(교과)	2024	86	1,285	14.94	4.11	4.19	181%
수시	종합	학생부종합(일반)	2024	245	1,956	7.98	4.84	4.89	113%
수시	종합	학생부종합(학석사)	2024	120	521	4.34	5.27	5.14	91%
수시	종합	지역인재(종합)	2024	144	954	6.63	5.12	5.15	82%

■ (주요전형) 전형일정

유형	전형	원서접수 마감	대학별 고사(면접/논술)	1단계 합격자	최종 합격자
교과	학생부교과(일반)	9.13(금) 18:00			12.13(금)
교과	지역인재(교과)	9.13(금) 18:00			12.13(금)

유형	전형	원서접수 마감	대학별 고사(면접/논술)	1단계 합격자	최종 합격자
종합	학생부종합(일반)	9.13(금) 18:00			12.13(금)
종합	학생부종합(학석사)	9.13(금) 18:00			12.13(금)
종합	지역인재(종합)	9.13(금) 18:00	11.22(금)	11.08(금)	12.13(금)

II. (수시모집) 주요 전형

■ (학생부교과) 학생부교과(일반)

전형	모집인원	전형 방법	수능최저학력기준
학생부교과(일반)	1,006	학생부100%	X

1. **지원자격**: 국내 고등학교 졸업자(2025년 2월 졸업예정자 포함), 검정고시 출신자 및 이와 동등 이상의 학력이 있다고 인정되는 자

◎ 전형요소
● 학생부(500점)

반영요소 반영비율	구분	반영교과목 반영방법		교과성적 산출지표	학년별 반영비율
교과 90% (450점)	공통 및 일반선택 80%(400점)	▶공학: 국어20%, 영어25%, 수학35%교과별 3과목, 사회/과학20%교과 4과목(총 13과목) ▶인문: 국어25%, 영어25%, 수학25%교과별 3과목, 사회/과학25%교과 4과목(총 13과목) ▶경상: 국어25%, 영어25%, 수학30%교과별 3과목, 사회/과학20%교과 4과목(총 13과목) ※ 사회: 역사, 윤리, 도덕, 한국사 포함, ※ 반영학기: (교과, 비교과) 졸업예정자 및 졸업자 모두 3학년 1학기까지 ※ (국어, 영어, 수학, 사회, 과학) 교과 이수단위 가중치 　- 총 이수단위 100단위 미만: 가중치 1.0 　- 총 이수단위 100단위 이상: 가중치 1.1		석차등급	학년 구분 없음
	진로선택 10%(50점)	국어, 영어, 수학, 사회, 교과교과 중 상위 3과목 ※ 성취도 환산등급 = A : 1등급, B : 3등급, C : 5등급		성취도	
비교과 10% (50점)	※ 만점: ① 출결(10%): 미인정 결석 0일 이내				

◎ 전형결과
■ 전체

학년도	전체						인문						자연					
	모집 인원	지원 인원	경쟁 률	등록 50%컷	등록 70%컷	충원 율	모집 인원	지원 인원	경쟁 률	등록 50%컷	등록 70%컷	충원 율	모집 인원	지원 인원	경쟁 률	등록 50%컷	등록 70%컷	충원 율
2022	759	5,782	7.62	4.27	4.52	172%	178	1,860	10.45	4.21	4.44	180%	581	3,922	6.75	4.33	4.60	163%
2023	877	5,653	6.45	4.42	4.59	154%	203	1,706	8.40	4.25	4.41	172%	674	3,947	5.86	4.58	4.77	135%
2024	999	7,471	7.48	4.23	4.56	205%	231	2,064	8.94	3.97	4.43	229%	768	5,407	7.04	4.49	4.69	180%
2025	1,006						199						807					

■ 변경사항 & 핵심포인트

[2025]

변경사항	2024	2025
모집인원	999명	1,006명(+7명)

▷ **합격자 성적분포**: 인문계열은 3등급 중반 ~ 4등급 후반, 자연계열은 4등급 초반 ~ 5등급 초반
※ 반영교과목 이수단위(100단위)이상은 가중치(X1.1)반영으로 50%컷보다 70%컷이 더 높은 경우도 생김

■ 모집단위

'*' 표시 : 교직 이수 가능

계열	모집단위	2025	2024						2023						2022					
		모집 인원	모집 인원	지원 인원	경쟁 률	등록 50%컷	등록 70%컷	충원 번호	모집 인원	지원 인원	경쟁 률	등록 50%컷	등록 70%컷	충원 번호	모집 인원	지원 인원	경쟁 률	등록 50%컷	등록 70%컷	충원 번호
인문	인문사회경상학부	69																		
인문	*공공행정학과*	*5*	*15*	213	14.2	3.19	3.95	60	13	167	12.9	3.76	3.88	44	13	215	16.5	3.75	3.86	39
인문	*일본어과**	*17*	*35*	367	10.5	3.56	4.85	89	31	224	7.2	4.64	4.73	54	27	239	8.9	4.20	4.63	44
인문	융합경영학과	34	35	339	9.7	3.78	3.84	90	29	275	9.5	3.49	3.95	60	26	425	16.4	3.81	3.86	61

계열	모집단위	2025 모집인원	2024 모집인원	2024 지원인원	2024 경쟁률	2024 등록50%컷	2024 등록70%컷	2024 충원번호	2023 모집인원	2023 지원인원	2023 경쟁률	2023 등록50%컷	2023 등록70%컷	2023 충원번호	2022 모집인원	2022 지원인원	2022 경쟁률	2022 등록50%컷	2022 등록70%컷	2022 충원번호
인문	경제학과	20	39	298	7.6	3.98	3.89	82	35	302	8.6	4.36	4.36	57	30	269	9.0	4.44	4.56	50
인문	영어영문학과	17	35	260	7.4	4.29	4.86	74	31	270	8.7	4.42	4.57	49	26	229	8.8	4.40	4.69	46
인문	회계세무학과	17	32	329	10.3	4.29	4.60	70	29	249	8.6	4.30	4.41	39	26	295	11.4	4.12	4.38	28
인문	중국어과*	20	40	258	6.5	4.71	5.05	64	35	219	6.3	4.80	4.95	46	30	188	6.3	4.72	5.08	52
자연	자율전공학부	138																		
자연	공학건설학부	140																		
자연	정보기술학부	68																		
자연	건축학과(5년제)	8	8	256	32.0	3.37	3.59	29	6	102	17.0	3.99	4.33	18	4	80	20.0	3.59	3.60	4
자연	인공지능소프트웨어학과	26	26	248	9.5	3.92	3.94	73	23	175	7.6	4.40	4.38	36	23	159	6.9	4.15	4.43	20
자연	화학생명공학과	49	80	651	8.1	3.95	4.11	148	75	449	6.0	4.67	4.93	139	64	645	10.1	4.23	4.34	96
자연	컴퓨터공학과	23	43	429	10.0	4.16	3.83	132	39	416	10.7	3.80	3.84	83	35	339	9.7	3.63	4.03	83
자연	도시공학과	17	35	296	8.5	4.19	5.19	54	31	153	4.9	5.05	5.14	57	27	126	4.7	4.59	4.86	56
자연	건축공학과	28	30	235	7.8	4.22	4.28	56	25	163	6.5	4.47	4.57	40	20	135	6.8	4.43	4.77	34
자연	정보통신공학과	14	25	141	5.6	4.31	4.36	18	22	98	4.5	4.08	4.87	19	22	139	6.3	4.20	4.54	28
자연	지능미디어공학과	14	26	134	5.2	4.36	5.00	34	23	119	5.2	5.11	4.97	18	23	118	5.1	4.80	4.82	10
자연	전기공학과*	22	43	336	7.8	4.38	4.50	107	39	255	6.5	4.49	4.74	59	33	325	9.9	4.32	4.54	63
자연	기계공학과*	47	84	595	7.1	4.39	4.77	177	76	329	4.3	4.70	5.26	121	62	370	6.0	4.19	4.75	113
자연	전자공학과	56	93	491	5.3	4.50	4.90	183	86	367	4.3	4.73	4.83	88	72	425	5.9	4.38	4.49	116
자연	신소재공학과	63	91	477	5.2	4.57	4.61	121	82	398	4.9	5.01	4.45	87	69	348	5.0	4.66	4.83	151
자연	반도체시스템공학과	16	16	92	5.8	4.64	4.94	25												
자연	산업경영공학과*	9	29	189	6.5	4.70	4.74	47	23	103	4.5	4.41	5.05	28	19	179	9.4	4.28	4.45	22
자연	건설환경공학과	38	72	484	6.7	5.08	5.27	93	65	521	8.0	4.94	5.06	70	53	254	4.8	5.25	5.39	101
자연	설비공학과	16	35	180	5.1	5.11	5.67	40	31	154	5.0	4.98	4.93	27	27	129	4.8	4.84	5.07	21
자연	모바일융합공학과	14	26	140	5.4	5.42	4.87	33	23	113	4.9	4.91	5.03	14	23	121	5.3	4.81	4.87	15
자연	창의융합학과	1	6	33	5.5	5.53	5.85	16	5	32	6.4	4.11	4.68	3	5	30	6.0	3.22	4.50	14

■ (학생부교과) 지역인재(교과)

전형	모집인원	전형 방법	수능최저학력기준
지역인재(교과)	141	학생부100%	X

1. **지원자격**: 국내 고등학교 졸업자(2025년 2월 졸업예정자 포함) 중 충청권(대전, 충남, 충북, 세종) 소재 고등학교에서 전 교육과정을 이수 또는 이수 예정인 사람
   ※ 최초 입학일로부터 졸업일까지 충청권 소재 고등학교에서 전 교육과정을 이수하여야 함
   ※ 고등학교는 「초·중등교육법」 제2조에 따른 고등학교에 한함(고등학교 졸업 검정고시 출신자 및 외국 고등학교 졸업(예정자) 지원 불가

◎ 전형요소
● 학생부: 학생부교과(일반)전형 참고

◎ 전형결과
■ 전체

학년도	전체 모집인원	전체 지원인원	전체 경쟁률	전체 등록50%컷	전체 등록70%컷	전체 충원율	인문 모집인원	인문 지원인원	인문 경쟁률	인문 등록50%컷	인문 등록70%컷	인문 충원율	자연 모집인원	자연 지원인원	자연 경쟁률	자연 등록50%컷	자연 등록70%컷	자연 충원율
2022	81	975	12.04	4.45	4.58	290%	20	289	14.45			225%	61	686	11.25	4.45	4.58	354%
2023	83	1,078	12.99	4.28	4.54	155%	21	282	13.43				62	796	12.84	4.28	4.54	155%
2024	86	1,285	14.94	4.11	4.19	181%	21	350	16.67			167%	65	935	14.38	4.11	4.19	194%
2025	141						28						113					

■ 변경사항 & 핵심포인트
[2025]

변경사항	2024	2025
모집인원	86명	141명(+35명)

☑ **합격자 성적분포**: 인문계열은 모집인원 3명으로 개인정보 노출 우려로 합격자 성적 미발표, 자연계열은 4등급 초반 ~ 4등급 중반

'*' 표시 : 교직 이수 가능

■ 모집단위

계열	모집단위	2025 모집인원	2024 모집인원	지원인원	경쟁률	등록50%컷	등록70%컷	충원번호	2023 모집인원	지원인원	경쟁률	등록50%컷	등록70%컷	충원번호	2022 모집인원	지원인원	경쟁률	등록50%컷	등록70%컷	충원번호
인문	인문사회경상학부	7																		
인문	공공행정학과	3	3	47	15.7			9	3	38	12.7					3	46	15.3			4
인문	영어영문학과	3	3	41	13.7			7	3	46	15.3					3	36	12.0			9
인문	일본어과*	3	3	51	17.0				3	42	14.0					3	40	13.3			7
인문	중국어과*	3	3	47	15.7			10	3	34	11.3					3	34	11.3			10
인문	경제학과	3	3	52	17.3			3	3	43	14.3					3	44	14.7			6
인문	융합경영학과	3	3	63	21.0			1	3	39	13.0					2	42	21.0			3
인문	회계세무학과	3	3	49	16.3			5	3	40	13.3					3	47	15.7			6
자연	자율전공학부	20																		
자연	공학건설학부	21																		
자연	정보기술학부	7																		
자연	전기공학과*	3	3	46	15.3			9	3	36	12.0					3	40	13.3			22
자연	산업경영공학과	3	3	38	12.7			13	3	29	9.7					3	36	12.0			9
자연	설비공학과	3	3	38	12.7			8	3	41	13.7					3	30	10.0			10
자연	인공지능소프트웨어학과	3	3	31	10.3			5	3	40	13.3					3	34	11.3			11
자연	창의융합학과	1	3	30	10.0			1	3	27	9.0					3	30	10.0			5
자연	도시공학과	3	3	49	163			5	3	36	12.0					3	28	9.3			18
자연	모바일융합공학과	3	3	36	12.0			7	3	29	9.7					3	30	10.0			8
자연	반도체시스템공학과	3	3	34	11.3			3													
자연	컴퓨터공학과	3	3	56	18.7			4	3	52	17.3					3	38	12.7			4
자연	건축학과(5년제)	3	3	55	18.3			4	3	33	11.0					3	48	16.0			2
자연	건축공학과	3	3	31	10.3			2	3	43	14.3					3	30	10.0			11
자연	정보통신공학과	4	3	31	10.3			7	3	26	8.7					3	34	11.3			8
자연	지능미디어공학과	3	3	31	10.3			8	3	27	9.0					3	31	10.3			7
자연	전자공학과	6	5	68	13.6	3.66	4.05	8	5	56	11.2	4.24	4.57	12	5	54	10.8	4.00	4.02	20
자연	화학생명공학과*	6	6	76	12.7	3.99	4.13	8	6	99	16.5	4.20	4.38	15	5	66	13.2	4.61	4.74	16
자연	건설환경공학과	5	5	119	23.8	4.24	4.34	9	5	106	21.2	4.33	4.88	34	5	51	10.2	5.08	5.11	19
자연	신소재공학과	5	5	87	17.4	4.29	4.04	12	5	59	11.8	4.46	4.60	22	5	57	11.4	3.91	4.35	29
자연	기계공학과*	5	5	79	15.8	4.38	4.38	13	5	57	11.4	4.16	4.28	13	5	49	9.8	4.67	4.68	17

■ (학생부종합) 학생부종합(일반)

전형	모집인원	전형 방법	수능최저학력기준
학생부종합(일반)	245	서류100%	X

1. **지원자격**: 국내 고등학교 졸업자(2025년 2월 졸업예정자 포함), 검정고시 출신자 및 이와 동등 이상의 학력이 있다고 인정되는 자
2. **제출서류**: 학교생활기록부

◎ 전형요소
● 서류(500점)
  1. **평가방법**:
    – 한밭대의 인재상(도덕적 사회인, 창의적 지식인, 도전적 세계인)을 근거로 하여 평가영역 설정
    – 입학사정관(위촉사정관) 3인 1조로 학생부 기재 내용 및 자기소개서를 중심으로 평가요소별 정성평가 기준에 따라 종합평가
    – 서류평가위원간의 평가 점수에 일정한 점수 차이가 발생 시 재평가 실시
    – 1단계 서류평가시 '특이사항 및 면접 시 확인사항'을 작성하고 2단계 면접위원이 이를 면접평가 자료로 활용
  2. **평가기준**:

평가 영역	평가 요소	평가 세부요소	학생부종합(일반) 배점(500점)	반영비율	학생부종합(학석사) 배점(500점)	반영비율	지역인재(종합) 배점(500점)	반영비율
도전적 세계인	진로역량	전공(계열)관련 교과 이수 노력	50	30%	70	42%	60	36%
		전공(계열)관련 교과 성취도	50		70		60	
		진로탐색 활동과 경험	50		70		60	
창의적 지식인	학업역량	학업성취도	50	30%	30	18%	40	24%
		학업태도	50		30		40	
		탐구력	50		30		40	

평가 영역	평가 요소	평가 세부요소	학생부종합(일반)		학생부종합(학석사)		지역인재(종합)	
			배점(500점)	반영비율	배점(500점)	반영비율	배점(500점)	반영비율
도전적 사회인	공동체역량	협업과 소통능력	50	40%	50	40%	50	40%
		나눔과 배려	50		50		50	
		성실성과 규칙준수	50		50		50	
		리더십	50		50		50	

☞ **보충설명**

- 공동체역량(40%) > 학업역량(30%) = 진로역량(30%) 순으로 반영
  - 팀플레이가 많은 공대 중심 학과들이 많다보니 인성과 발전가능성 많이 봄. 학업은 대학에 와서 1학년 때 시켜도 됨.
  - 공대 교수님들이 랩실을 많이 운영하심, 랩실에서 함께 연구하기 때문에, 팀웍, 인성, 하고자 하는 학생들을 선발하고자 함.
  - 학업역량이 우수한 학생은 학생부교과전형에서 선발하므로, 학생부종합전형에서는 인성과 발전가능성이 큰 학생을 선발하고자 함.
- 공동체역량(40%) 비중이 큰 이유는 융합형인재를 선발하고 함. 한밭대는 이과계열이 많은데 이과에서는 협업능력 팀능력이 매우 중요하여 인성을 자세하게 평가. 보통 학생부에 인성을 좋게 기술해 주시지만 냉정하게 기술해 주는 경우도 있음. 각 과목별 세특에서 친구들과 함께 했던 협업능력, 팀플레이를 보고자 함. 인성을 통해 학업을 다소 부족하더라도 협업능력 있는 인성을 갖춘 인재를 선발하고자 함. 교사 자문단에서도 정말 학교에서 가르치다 보면 성적은 부족하지만 착하고 성실한 학생들을 잘 선발한다는 평을 받을 만큼 인성 중요. 인성은 면접을 통해서도 재확인함.
- 진로역량(30%)은 계열 교과목 이수와 활동 경험. 전공적합성이 아닌 이유는 학과가 아닌 인문/자연계열로 넓게 보려고 함.

◎ **전형결과**

■ 전체

학년도	전체						인문						자연					
	모집 인원	지원 인원	경쟁 률	등록 50%컷	등록 70%컷	충원 율	모집 인원	지원 인원	경쟁 률	등록 50%컷	등록 70%컷	충원 율	모집 인원	지원 인원	경쟁 률	등록 50%컷	등록 70%컷	충원 율
2022	213	916	4.30	4.44	4.80	66%	56	247	4.41	4.44	4.68	73%	157	669	4.26	4.43	4.92	58%
2023	214	1,183	5.53	4.90	4.85	75%	57	369	6.47	4.66	4.72	56%	157	814	5.18	5.13	4.98	93%
2024	245	1,956	7.98	4.84	4.89	113%	64	567	8.86	4.71	4.73	116%	181	1,389	7.67	4.96	5.04	109%
2025	245						64						181					

■ 변경사항 & 핵심포인트

[2025]

변경사항	2024	2025
모집인원	245명	245명
서류 평가요소 및 반영비율 변경	학업역량19%, 계열적합성27%, 인성27% 발전가능성27%	학업역량30%, 진로역량30%, 공동체역량40%

➡ 합격자 성적분포: 인문계열은 4등급 중반 ~ 4등급 후반, 자연계열은 4등급 중반 ~ 5등급 초반

■ 모집단위

'*'표시 : 교직 이수 가능

계열	모집단위	2025	2024						2023						2022				
		모집 인원	모집 인원	지원 인원	경쟁 률	등록 50%컷	등록 70%컷	충원 번호	모집 인원	지원 인원	경쟁 률	등록 50%컷	등록 70%컷	충원 번호	모집 인원	지원 인원	경쟁 률	등록 50%컷	등록 70%컷	충원 번호
인문	융합경영학과	7	7	103	14.7	3.55	3.88	1	6	79	13.2	4.39	4.15	5	6	50	8.3	4.04	4.33	9
인문	회계학과	8	8	58	7.3	4.19	3.75	8	7	31	4.4	4.98	4.20	1	7	32	4.6	3.24	3.73	5
인문	공공행정학과	7	7	77	11.0	4.23	4.49	10	6	71	11.8	4.64	4.14	5	6	38	6.3	4.34	4.58	5
인문	일본어과*	11	11	99	9.0	4.82	5.51	15	10	49	4.9	5.87	5.05	5	9	30	3.3	5.00	4.96	1
인문	영어영문학과	11	11	61	5.6	4.91	5.23	9	10	47	4.7	4.71	4.78	4	10	25	2.5	4.71	4.80	4
인문	경제학과	10	10	116	11.6	5.20	4.87	22	9	60	6.7	4.23	5.12	7	9	38	4.2	4.55	4.82	10
인문	중국어과*	10	10	53	5.3	6.06	5.36	11	9	32	3.6	3.82	5.61	5	9	34	3.8	5.23	5.53	7
자연	컴퓨터공학과	10	10	145	14.5	4.29	4.44	12	9	99	11.0	4.38	4.38	10	9	64	7.1	3.47	4.22	9
자연	건축학과(5년제)	6	6	104	17.3	4.35	4.38	9	5	47	9.4	4.55	3.92	4	7	48	6.9	3.92	3.80	4
자연	전자공학과	22	22	133	6.1	4.50	4.61	13	20	83	4.2	5.63	4.73	29	20	70	3.5	4.68	4.91	7
자연	반도체시스템공학과	5	5	38	7.6	4.54	4.99	2												
자연	인공지능소프트웨어학과	5	5	66	13.2	4.65	4.63	7	4	37	9.3	4.19	4.44	1	4	22	5.5	3.20	4.87	4
자연	신소재공학과	22	22	132	6.0	4.70	5.25	26	20	59	3.0	5.30	5.20	7	19	61	3.2	4.42	4.80	11
자연	정보통신공학과	4	4	31	7.8	4.73	5.01	8	4	20	5.0	5.72	5.07	1	4	16	4.0			
자연	건축공학과	8	8	77	9.6	4.73	5.12	14	7	30	4.3	5.15	4.77	8	7	34	4.9	3.89	4.64	1
자연	산업경영공학과	7	7	56	8.0	4.76	4.93	8	6	32	5.3	6.04	5.37	9	5	20	4.0	4.84	5.58	5
자연	화학생명공학과*	19	19	133	7.0	4.82	5.16	9	17	84	4.9	5.10	4.80	12	17	71	4.2	4.05	4.37	10
자연	모바일융합공학과	5	5	42	8.4	4.89	5.00	10	4	31	7.8	5.08	5.65	3	4	15	3.8	4.82	5.81	

계열	모집단위	2025 모집 인원	2024						2023						2022					
			모집 인원	지원 인원	경쟁 률	등록 50%컷	등록 70%컷	충원 번호	모집 인원	지원 인원	경쟁 률	등록 50%컷	등록 70%컷	충원 번호	모집 인원	지원 인원	경쟁 률	등록 50%컷	등록 70%컷	충원 번호
자연	전기공학과*	11	11	67	6.1	5.07	5.15	18	10	55	5.5	4.59	4.85	3	11	42	3.8	4.65	5.49	3
자연	지능미디어공학과	5	5	34	6.8	5.17	4.81	3	4	16	4.0	5.70	5.12	5	4	15	3.8	4.53	4.84	
자연	기계공학과*	19	19	114	6.0	5.27	5.37	25	17	88	5.2	4.77	4.97	23	17	68	4.0	4.87	5.38	17
자연	설비공학과	11	11	70	6.4	5.46	5.44	7	10	46	4.6	5.69	5.80	10	9	28	3.1	5.42	5.45	2
자연	건설환경공학과	11	11	76	6.9	5.97	5.32	14	10	49	4.9	4.86	5.28	13	10	60	6.0	4.75	4.65	13
자연	도시공학과	11	11	71	6.5	6.49	6.02	18	10	38	3.8	5.26	5.32	8	10	35	3.5	4.97	4.93	5

■ (학생부종합) 학생부종합(학석사)

전형	모집인원	전형 방법	수능최저학력기준
학생부종합(학석사)	92	서류100%	X

1. **지원자격:** 국내 고등학교 졸업자(2025년 2월 졸업예정자 포함), 검정고시 출신자 및 이와 동등 이상의 학력이 있다고 인정되는 자
2. **제출서류:** 학교생활기록부

◎ 전형요소
● 서류: 일반전형 참고

◎ 전형결과
■ 모집단위

'*' 표시 : 교직 이수 가능

계열	모집단위	2025 모집 인원	2024						2023						2022					
			모집 인원	지원 인원	경쟁 률	등록 50%컷	등록 70%컷	충원 번호	모집 인원	지원 인원	경쟁 률	등록 50%컷	등록 70%컷	충원 번호	모집 인원	지원 인원	경쟁 률	등록 50%컷	등록 70%컷	충원 번호
자연	산업경영공학과	18	18	77	4.3	5.25	5.94	10	18	89	4.9	5.94	5.38	10	18	54	3.0	5.70	6.70	12
자연	기계공학과	20	20	82	4.1	5.34	5.39	26	20	71	3.6	5.11	5.07	20	20	80	4.0	4.93	4.63	8
자연	창의융합학과	28	28	123	4.4	5.46	5.59	35	28	117	4.2	5.34	5.34	21	28	87	3.1	5.13	5.42	18
자연	건설환경공학과	26	26	124	4.8	5.80	4.25	24	26	106	4.1	5.29	5.38	20	26	80	3.1	5.29	5.77	12

■ (학생부종합) 지역인재(종합)

전형	모집인원	전형 방법	수능최저학력기준
지역인재(종합)	140	1단계)서류100%(5배수) 2단계)서류70%+ 면접30%	X

1. **지원자격:** 국내 고등학교 졸업자(2025년 2월 졸업예정자 포함)로서 학생 본인이 충청권(대전, 충남, 충북, 세종)에 소재하는 고등학교에서 전 교육과정(3년)을 이수한 자
   ※ 국내 고등학교 학교생활기록부가 있는 자 ※ 고등학교 졸업 검정고시 출신자 및 외국 고등학교 졸업(예정)자 지원불가
3. **제출서류:** 학교생활기록부

◎ 전형요소
● 서류: 학생부종합(일반)전형 참고
● 면접: 발표 및 질의응답등 종합평가
  1. 평가영역

평가영역	반영비율	평가 세부요소
성실	30%	발표 및 표현력, 진정성 및 일관성, 학교생활 충실도
창조	30%	계열적합성, 발전가능성, 창의융합력
인화	20%	리더십, 면접태도
진학의지	20%	우리대학 인식정도, 지원동기 및 진로비전

◎ 전형결과

■ 전체

학년도	전체						인문						자연					
	모집인원	지원인원	경쟁률	등록50%컷	등록70%컷	충원율	모집인원	지원인원	경쟁률	등록50%컷	등록70%컷	충원율	모집인원	지원인원	경쟁률	등록50%컷	등록70%컷	충원율
2022	123	539	4.38	4.91	5.20	79%	35	152	4.34	4.96	5.18	74%	88	387	4.40	4.85	5.22	83%
2023	126	1,065	8.45	4.70	4.90	69%	40	399	9.98	4.61	4.88	43%	86	666	7.74	4.79	4.91	94%
2024	144	954	6.63	5.12	5.15	82%	45	327	7.27	5.26	5.17	73%	99	627	6.33	4.98	5.12	91%
2025	140						45						95					

■ 변경사항 & 핵심포인트

[2025]

변경사항	2024	2025
모집인원	144명	140명(-4명)
전형방법 변경	서류100%	1단계)서류100%(5배수) 2단계)서류70%+ 면접30%
서류 평가요소 및 반영비율 변경	학업역량13%, 계열적합성24%, 인성27%, 발전가능성36%	학업역량24%, 진로역량36%, 공동체역량40%

➡ 합격자 성적분포: 인문계열은 5등급 초반 ~ 5등급 중반, 자연계열은 4등급 후반 ~ 5등급 중반

■ 모집단위

'*' 표시 : 교직 이수 가능

계열	모집단위	2025	2024						2023						2022					
		모집인원	모집인원	지원인원	경쟁률	등록50%컷	등록70%컷	충원번호	모집인원	지원인원	경쟁률	등록50%컷	등록70%컷	충원번호	모집인원	지원인원	경쟁률	등록50%컷	등록70%컷	충원번호
인문	융합경영학과	3	3	37	12.3			2	3	47	15.7				4	33	8.3			5
예체	시각·영상디자인학과*	2	2	31	15.5				2	18	9.0									
예체	산업디자인학과*	2	2	12	6.0			2	2	15	7.5									
인문	회계학과	4	4	23	5.8				4	30	7.5	4.86	4.98		3	13	4.3			2
인문	공공행정학과	6	6	55	9.2	4.50	4.46	6	5	59	11.8	3.92	4.24	4	4	22	5.5	4.27	4.34	5
인문	경제학과	7	7	54	7.7	5.27	4.73	2	6	79	13.2	4.47	4.77	1	6	26	4.3	5.44	5.37	1
인문	일본어과*	7	7	47	6.7	5.36	5.49	6	6	54	9.0	4.86	4.98	4	6	20	3.3	5.04	5.33	6
인문	중국어과*	7	7	31	4.4	5.56	5.66	6	6	35	5.8	5.28	5.58	4	6	22	3.7	5.01	4.54	
인문	영어영문학과	7	7	37	5.3	5.62	5.53	9	6	62	10.3	4.28	4.73	4	6	16	2.7	5.02	6.34	7
자연	모바일융합공학과	3	3	18	6.0			5	3	19	6.3				3	13	4.3			1
자연	반도체시스템공학과	3	3	15	5.0															
자연	인공지능소프트웨어학과	3	3	24	8.0			6	3	26	8.7				3	17	5.7			
자연	지능미디어공학과	3	3	16	5.3			2	3	13	4.3				3	10	3.3			2
자연	건축학과(5년제)	4	4	54	13.5	3.69	4.54	4	4	30	7.5	3.91	4.13	3	4	28	7.0	3.80	3.86	2
자연	컴퓨터공학과	7	7	71	10.1	4.20	4.17	11	6	75	12.5	3.95	4.54	3	6	37	6.2	3.81	4.11	4
자연	전자공학과	11	11	47	4.3	4.43	4.86	7	10	70	7.0	4.74	4.85	7	10	32	3.2	4.85	5.43	12
자연	화학생명공학과*	6	6	36	6.0	4.55	4.48	2	5	59	11.8	3.93	4.14	8	5	27	5.4	4.91	4.74	5
자연	건축공학과	4	4	27	6.8	4.70	4.31	1	4	38	9.5	5.18	4.69	2	4	23	5.8	4.75	5.89	7
자연	정보통신공학과	4	4	24	6.0	4.88	4.74		3	17	5.7				3	12	4.0			2
자연	신소재공학과	8	8	43	5.4	4.92	5.23	7	7	42	6.0	4.57	5.05	6	8	30	3.8	4.39	5.48	11
자연	기계공학과*	6	6	31	5.2	4.95	5.10	4	5	43	8.6	4.18	4.18	6	5	21	4.2	4.79	5.66	6
자연	설비공학과	7	7	45	6.4	5.31	5.76	8	6	35	5.8	5.56	5.92	5	6	20	3.3	5.37	5.55	3
자연	전기공학과*	8	8	38	4.8	5.40	5.29	5	7	76	10.9	5.39	4.91	13	8	27	3.4	5.99	6.61	
자연	건설환경공학과	7	7	44	6.3	5.40	5.56	10	6	36	6.0	4.88	5.08	12	6	30	5.0	4.53	5.01	8
자연	산업경영공학과	4	4	23	5.8	5.76	6.68	4	4	30	7.5	4.81	5.47	1	4	18	4.5	5.89	5.24	6
자연	도시공학과	7	7	44	6.3	6.07	5.19	7	6	28	4.7	5.78	5.52	6	6	28	4.7	4.60	4.76	

104. 한서대학교

충청남도 서산시 해미면 한서1로 46 (Tel : 041. 660-1020)

I. 한 눈에 보는 전형

모집시기	전형유형	전형	모집인원	전형 방법	수능최저학력기준
수시	교과	학생부교과1	576	학생부교과100% ▶항공관광학과: 학생부교과60%+ 면접40%	X
수시	교과	학생부교과2	235	학생부교과100%	X
수시	교과	지역인재	100	학생부교과100% ▶항공관광학과: 학생부교과60%+ 면접40%	X
수시	교과	한서인재	223	학생부교과60%+ 면접40%	X
수시	교과	지역인재기회균형	3	학생부교과100%	X
수시	교과	사회기여(배려)자	56	학생부교과100% ▶항공관광학과: 학생부교과60%+ 면접40%	X
수시	교과	농어촌학생	40	학생부교과100% ▶항공관광학과: 학생부교과60%+ 면접40%	X
수시	교과	특성화고교출신자	22	학생부교과100% ▶항공관광학과: 학생부교과60%+ 면접40%	X
수시	교과	기회균형선발	22	학생부교과100% ▶항공관광학과: 학생부교과60%+ 면접40%	X
수시	교과	서해5도	5	학생부교과100% ▶항공관광학과: 학생부교과60%+ 면접40%	X
수시	교과	만학도	제한X	학생부교과100%	X
수시	종합	융합인재	30	서류100%	X
수시	실기/실적	일반전형	189	학생부20%+ 실기8%0 ▶경호비서학과: 학생부20%+ 면접30%+ 실기50%	X

(수시모집) 지원 가능 횟수	우리 대학교 수시모집은 각 전형 간 복수지원이 가능하며, 동일 전형 내 다른 모집학과 복수지원은 불가능합니다.

■ 모집단위 신설 · 변경

구분	2024	2025
신설	-	항공AI소프트웨어학과, AI로보틱스학과, AI모빌리티학과, 전공자율선택(인문사회계열), 전공자율선택(자연과학계열), 전공자율선택(공학계열), 전공자율선택(예체능계열)

※ 전공자율선택(인문사회계열) 제외 학과 : 항공관광학과
※ 전공자율선택(자연과학계열) 제외 학과 : 물리치료학과, 작업치료학과, 방사선학과, 간호학과, 치위생학과
※ 전공자율선택(예체능계열) 제외 학과 : 영상애니메이션학과, 공간디자인학과, 산업디자인학과, 시각디자인학과,경호비서학과, 레저해양스포츠학과
※ 자유전공학과 전공선택 제외 학과 : 물리치료학과, 작업치료학과, 방사선학과, 간호학과, 치위생학과

■ 전형결과

※ 성적 산출기준: (수시) 교과 석차등급, (정시) 수능 백분위

모집시기	전형유형	전형	학년도	모집인원	지원인원	경쟁률	등록자 평균	등록자 80%	충원율
수시	교과	학생부교과1	2024	346	1,690	4.88	4.02	4.46	232%
수시	교과	학생부교과2	2024	159	1,341	8.43	4.24	4.52	123%
수시	교과	지역인재	2024	122	479	3.93	4.49		58%
수시	교과	한서인재	2024	419	2,474	5.90	4.51	5.00	37%
수시	종합	융합인재	2024	107	532	4.97	3.88		54%

■ (주요전형) 전형일정

유형	전형	원서접수 마감	대학별 고사(면접/논술)	1단계 합격자	최종 합격자
교과	학생부교과1	9.13(금) 18:00	▶항공관광학과: 10.29(화)~11.02(토)		11.21(목)
교과	학생부교과2	9.13(금) 18:00			11.21(목)
교과	지역인재	9.13(금) 18:00	▶항공관광학과: 10.29(화)~11.02(토)		11.21(목)
교과	한서인재	9.13(금) 18:00	-10.31(목) 공학계열, 자유전공학과 -11.01(금) 인문사회계열, 영화영상학과, 자연과학계열 ▶항공관광학과: 10.29(화)~11.02(토)		11.21(목)
종합	융합인재	9.13(금) 18:00			11.21(목)

II. (수시모집) 주요 전형

■ (학생부교과) 학생부교과1

전형	모집인원	전형 방법	수능최저학력기준
학생부교과1	576	학생부교과100% ▶항공관광학과: 학생부교과60%+ 면접40%	X

1. **지원자격**: 고교 졸업(예정)자 또는 검정고시 출신자와 관계 법령에 의한 동등 이상의 학력이 있는 자. 단, 외국 고교 출신자 및 기타 학교생활기록부가 없는 자는 지원 불가

◎ 전형요소

● 학생부(500점, 단, 항공관광학과:600점)

반영요소 반영비율	반영교과목		교과성적 산출지표	학년별 반영비율
	구분	반영방법		
교과 90%	공통 및 일반선택	국어, 외국어, 수학, 사회/과학교과별 각 2과목씩 총 8과목 ※ 교과별 과목은 별도 지정하며, 학년, 학기 구분 없이 반영 가능(동일 과목 인정)	석차등급	학년 구분 없음
	진로선택	진로선택과목 중 상위 2과목 ※ 가산점 = A+A: 5, A+B : 4, A+C: 3, B+B: 2, B+C: 1, C+C: 0	성취도	
비교과 10%	※ 만점: ① 봉사활동시간(10%): 25시간 이상			

● 면접(400점, 항공관광학과):
  1. **평가방법**: 다대다 구술면접
  2. **면접기준**: – 지원동기 및 학업계획 등을 통한 발전가능성 평가 – 자기주도성과 논리적 표현 능력 등을 평가
     – 도덕성, 사회성 등에 대한 인성 평가
  3. **면접복장**: 1) 상의 : 색상, 형태 등은 자유이나 목을 가리는 옷은 금지합니다.
     2) 하의 : 여학생의 경우는 가능한 스커트 차림으로 무릎을 가리지 않아야 합니다.(스타킹은 밝은 색 착용)
     3) 신발 : 슬리퍼를 착용하고 면접을 실시합니다.(슬리퍼는 학교에서 제공)

◎ 전형결과

■ 전체

학년도	전체						인문						자연					
	모집인원	지원인원	경쟁률	등록평균	등록80%	충원율	모집인원	지원인원	경쟁률	등록평균	등록80%	충원율	모집인원	지원인원	경쟁률	등록평균	등록80%	충원율
2022	417	3,115	7.47	4.31	4.67	251%	144	1,706	11.85	4.80	5.21	242%	273	1,409	5.16	3.81	4.13	260%
2023	327	3,326	10.17	3.88	4.37	334%	98	1,411	14.40	4.27	4.83	376%	229	1,915	8.36	3.49	3.90	292%
2024	346	1,690	4.88				97	512	5.28				249	1,178	4.73			
2025	707						245						462					

■ 변경사항 & 핵심포인트

[2025]

변경사항		2024	2025
학생부	모집인원	346명	576명(+ 230명)
	반영방법 변경	교과100%	교과90%, 봉사활동시간10%
	진로선택과목	–	상위 2과목 가산점 부여

➡ **합격자 성적분포**: 인문계열은 3등급 초반 ~ 5등급 후반, 자연계열은 1등급 초반 ~ 5등급 초반

■ 모집단위

'*'표시 : 교직 이수 가능

계열	모집단위	2025	2024						2023						2022					
		모집인원	모집인원	지원인원	경쟁률	등록평균	등록80%	충원번호	모집인원	지원인원	경쟁률	등록평균	등록80%	충원번호	모집인원	지원인원	경쟁률	등록평균	등록80%	충원번호
인문	영화영상학과	13	9	31	3.4				5	74	14.8	3.3	4.5	30	10	88	8.8	5.3	5.6	77
인문	문화재보존학과	8	8	10	1.3				8	18	2.3	3.6	3.7	10	14	26	1.9	4.3	4.3	12
인문	공항행정학과	38	12	31	2.6				12	59	4.9	3.8	4.3	34	15	126	8.4	4.0	4.5	29
인문	항공관광학과(승무원양성)*	27							13	856	65.9	3.8	4.7	7	20	1,115	55.8	4.5	5.3	11
인문	디자인융합학과	20							10	75	7.5	4.2	4.5	60	15	56	3.7	4.8	4.9	39
인문	해양경찰학과	13	7	42	6.0				7	53	7.6	4.3	5.1	43	10	52	5.2	4.8	4.9	21
인문	미디어문예창작학과	15	9	58	6.4				7	82	11.7	4.3	4.7	27	13	90	6.9	5.8	6.1	77
인문	호텔카지노관광학과	20	5	44	8.8				5	40	8.0	4.6	5.0	35	5	55	11.0	4.0	4.8	28
인문	사회복지학과	17	8	65	8.1				10	96	9.6	5.3	6.0	86	17	44	2.6	5.5	5.8	26
인문	글로벌언어협력학과	74							21	58	2.8	5.5	5.8	36	25	54	2.2	5.0	5.9	29
자연	항공운항학과	20	7	58	8.3				7	71	10.1	1.2	1.2	4	12	95	7.9	1.2	1.4	28

계열	모집단위	2025 모집인원	2024 모집인원	2024 지원인원	2024 경쟁률	2024 등록평균	2024 등록80%	2024 충원번호	2023 모집인원	2023 지원인원	2023 경쟁률	2023 등록평균	2023 등록80%	2023 충원번호	2022 모집인원	2022 지원인원	2022 경쟁률	2022 등록평균	2022 등록80%	2022 충원번호
자연	항공교통물류학과	20	15	92	6.1				14	95	6.8	1.8	2.2	53	14	87	6.2	1.9	2.3	61
자연	헬리콥터조종학과	10	8	40	5.0				8	60	7.5	2.0	2.3	33	8	29	3.6	2.5	2.7	10
자연	항공기계정비학과	28							14	143	10.2	2.2	2.6	47	17	122	7.2	2.5	2.8	38
자연	간호학과*	15	12	85	7.1				12	520	43.3	2.3	2.6	49	16	81	5.1	3.8	4.0	28
자연	물리치료학과	14	10	56	5.6				10	81	8.1	2.3	2.6	25	9	52	5.8	2.8	2.9	11
자연	항공전자공학과	10	11	38	3.5				11	56	5.1	2.7	3.3	27	10	71	7.1	3.4	3.4	31
자연	무인항공기학과	15	13	41	3.2				11	86	7.8	3.0	3.1	14	12	87	7.3	3.3	3.6	32
자연	방사선학과	14	10	90	9.0				11	100	9.1	3.2	3.3	39	13	111	8.5	3.4	3.4	31
자연	치위생학과	16	10	57	5.7				10	158	15.8	3.6	3.7	48	12	68	5.7	3.8	4.6	54
자연	항공소프트웨어공학과*	27	16	55	3.4				16	72	4.5	3.7	4.1	42	19	69	3.6	3.6	4.2	48
자연	항공산업공학과	10	10	53	5.3				8	41	5.1	3.7	4.5	24	9	40	4.4	4.0	4.2	31
자연	수산생명의학과	10	8	30	3.8				5	24	4.8	3.7	3.8	19	11	24	2.2	5.8	5.8	11
자연	항공신소재화학공학과	43	13	21	1.6				14	43	3.1	3.8	4.5	29	16	62	3.9	5.0	5.6	45
자연	항공컴퓨터학과	19	6	26	4.3				7	37	5.3	4.0	4.2	30	9	46	5.1	4.1	4.8	20
자연	항공보안학과	15	8	69	8.6				8	60	7.5	4.2	4.5	42	9	47	5.2	3.5	4.4	26
자연	안전보건학과	20	8	14	1.8				5	16	3.2	4.3	5.0	11						
자연	작업치료학과	14	10	67	6.7				10	85	8.5	4.6	4.7	48	12	111	9.3	4.6	4.9	64
자연	바이오식품과학과	23							10	18	1.8	4.6	6.1	8	12	36	3.0	4.9	4.9	24
자연	의료복지공학과	17	13	42	3.2				7	13	1.9	4.7	4.7	6	13	37	2.9	5.3	5.3	24
자연	전기전자공학과	20	6	32	5.3				5	45	9.0	4.7	4.7	9						
자연	항공인프라시스템학과	62	18	36	2.0				18	53	2.9	4.8	5.3	32	30	81	2.7	5.0	5.5	51
자연	피부미용화장품과학과	20							8	38	4.8	5.2	6.7	30	10	53	5.3	5.6	6.1	43

■ (학생부교과) 학생부교과2

전형	모집인원	전형 방법	수능최저학력기준
학생부교과2	235	학생부교과100%	X

1. **지원자격** : 2017년 2월 이후 고교 졸업자 및 2025년 2월 졸업예정자로 일반고등학교 출신자, 일반고등학교(종합고) 인문계반 출신자, 특수목적고 등학교(과학고, 외국어고, 국제고, 예술·체육고, 마이스터고), 영재학교, 자율고등학교 출신자도 지원이 가능
※ 특성화고등학교, 일반고등학교(종합고) 특성화반, 대안학교, 학력인정평생교육시설, 검정고시 출신자는 지원이 불가

◎ 전형요소
● 학생부(500점):

반영요소 반영비율	구분	반영교과목		교과성적 산출지표	학년별 반영비율
교과 100%	공통 및 일반선택	국어, 영어, 수학교과 중 상위 2교과 각각 5과목씩 총 10과목 ※ 교과별 과목은 학년, 학기 구분 없이 반영이 가능하고, 동일 과목에 대하여도 중복 반영.		석차등급	학년 구분 없음
	진로선택	진로선택과목 중 상위 2과목 ※ 가산점 = A+A: 5, A+B : 4, A+C: 3, B+B: 2, B+C: 1, C+C: 0		성취도	
비교과 10%	※ 만점: ① 봉사활동시간(10%): 25시간 이상				

◎ 전형결과
■ 전체

학년도	전체 모집인원	전체 지원인원	전체 경쟁률	전체 등록평균	전체 등록80%	전체 충원율	인문 모집인원	인문 지원인원	인문 경쟁률	인문 등록평균	인문 등록80%	인문 충원율	자연 모집인원	자연 지원인원	자연 경쟁률	자연 등록평균	자연 등록80%	자연 충원율
2022							56	480	8.57	5.13	5.27	82%	125	434	3.47	3.80	4.04	94%
2023	181	914	5.05	4.47	4.66	88%	56	480	8.57	5.13	5.27	82%	125	434	3.47	3.80	4.04	94%
2024	159	1,341	8.43				54	961	17.77				105	380	3.62			
2025	145						6						139					

■ 변경사항 & 핵심포인트

[2025]

변경사항	2024	2025
모집인원	159명	235명(+84명)

변경사항		2024	2025
학생부	반영교과목	국어, 영어, 수학교과 중 상위 1교과에 속한 5과목	국어, 영어, 수학교과 중 상위 2교과 각각 5과목씩 총 10과목
	반영방법 변경	교과100%	교과90%, 봉사활동시간10%
	진로선택과목	-	상위 2과목 가산점 부여

➡ **합격자 성적분포:** 인문계열은 3등급 후반 ~ 5등급 후반, 자연계열은 2등급 초반 ~ 5등급 후반

■ 모집단위

'*'표시 : 교직 이수 가능

계열	모집단위	2025 모집인원	2024 모집인원	2024 지원인원	2024 경쟁률	2024 등록평균	2024 등록80%	2024 충원번호	2023 모집인원	2023 지원인원	2023 경쟁률	2023 등록평균	2023 등록80%	2023 충원번호	2022 모집인원	2022 지원인원	2022 경쟁률		
인문	해양경찰학과	6	3	12	4.0				3	8	2.7	5.6	5.6	3					
자연	항공운항과	10																	
자연	헬리콥터조종학과	6							3	16	5.3	1.2	1.6	1					
자연	간호학과*	10	3	15	5.0				3	43	14.3	2.2	2.2	6					
자연	항공기계정비학과	15							6	47	7.8	2.4	2.4	5					
자연	방사선학과	8	5	21	4.2				5	29	5.8	2.8	3.0	3					
자연	물리치료학과	8	2	11	5.5				4	24	6.0	2.8	3.0	4					
자연	무인항공기학과	13	5	16	3.2				5	25	5.0	2.8	3.2	4					
자연	항공소프트웨어공학과*	15	7	20	2.9				7	17	2.4	3.2	4.6	10					
자연	항공전자공학과	9	5	20	4.0				5	23	4.6	3.4	3.4	9					
자연	항공교통물류학과	15	3	63	21.0				6	28	4.7	3.4	3.8	13					
자연	항공산업공학과	6	3	11	3.7				3	10	3.3	3.6	3.6	1					
자연	치위생학과	8	7	53	7.6				7	46	6.6	3.8	4.2	23					
자연	작업치료학과	8	5	21	4.2				6	12	2.0	5.0	5.0	6					
자연	의료복지공학과	8	6	26	4.3				6	5	0.8	6.0	6.0						

■ (학생부교과) 지역인재

전형	모집인원	전형 방법	수능최저학력기준
지역인재	100	학생부교과100% ▶항공관광학과: 학생부교과60%+ 면접40%	X

1. **지원자격:** 2017년 이후 고교 졸업자 및 2025년 2월 졸업예정자로 충청남도, 충청북도, 세종특별자치시, 대전광역시에 소재하는 고교에서 전 과정을 이수하고 졸업(예정)한 자. ※ 대안학교 및 학력인정 평생교육시설 출신자, 검정고시출신자는 지원이 불가합니다.
2. **제출서류:** 학교생활기록부

◎ 전형요소
● **학생부 및 면접:** 학생부교과1전형 참고

◎ 전형결과
■ 전체

학년도	전체 모집인원	전체 지원인원	전체 경쟁률	전체 등록평균	전체 등록80%	전체 충원율	인문 모집인원	인문 지원인원	인문 경쟁률	인문 등록평균	인문 등록80%	인문 충원율	자연 모집인원	자연 지원인원	자연 경쟁률	자연 등록평균	자연 등록80%	자연 충원율
2022	99	417	4.21	4.79		69%	31	218	7.03	5.23		58%	68	199	2.93	4.34		79%
2023	111	628	5.66	4.40		121%	31	198	6.39	5.00		77%	80	430	5.38	3.80		164%
2024	122	479	3.93				38	204	5.37				84	275	3.27			
2025	115						29						86					

■ 변경사항 & 핵심포인트
[2025]

변경사항		2024	2025
모집인원		122명	100명(-22명)
학생부	반영방법 변경	교과100%	교과90%, 봉사활동시간10%
	진로선택과목	-	상위 2과목 가산점 부여

➡ **합격자 성적분포:** 인문계열은 3등급 중반 ~ 6등급 초반, 자연계열은 1등급 후반 ~ 6등급 후반

■ 모집단위　　　　　　　　　　　　　　　　　　　　　　　　'*' 표시 : 교직 이수 가능

계열	모집단위	2025 모집인원	2024 모집인원	2024 지원인원	2024 경쟁률	2024 등록평균	2024 충원번호	2023 모집인원	2023 지원인원	2023 경쟁률	2023 등록평균	2023 충원번호	2022 모집인원	2022 지원인원	2022 경쟁률	2022 등록평균	2022 충원번호
인문	사회복지학과	3	2	5	2.5			2	6	3.0		3	3	3	1.0	5.3	
인문	항공관광학과(승무원양성)*	8	10	164	16.4			8	151	18.9	3.0	4	8	173	21.6	3.4	2
인문	디자인융합학과	5						4	10	2.5	4.0	6	4	12	3.0	6.0	3
인문	공항행정학과	10	5	6	1.2			5	11	2.2	5.5	6	5	9	1.8	5.4	3
인문	해양경찰학과	3	3	3	1.0			3	9	3.0	6.0	5	4	10	2.5	6.0	6
자연	항공산업공학과	3															
자연	수산생명의학과	2															
자연	바이오식품과학과	2						2	3	1.5		1	2	2	1.0	6.6	
자연	항공인프라시스템학과	5	4	4	1.0			3	4	1.3		1	5	4	0.8	5.4	
자연	작업치료학과	4	4	7	1.8			4	14	3.5		10	5	10	2.0	5.1	5
자연	항공운항학과(조종사양성)	5	7	45	6.4			7	23	3.3	2.5	5	4	16	4.0	1.9	1
자연	항공기계정비학과	5						7	27	3.9	2.8	12	6	19	3.2	3.5	8
자연	항공교통물류학부	6	4	18	4.5			4	20	5.0	3.0	11	4	18	4.5	2.9	7
자연	헬리콥터조종학과	3	3	8	2.7			3	10	3.3	3.1	1	3	8	2.7	3.1	
자연	무인항공기학과	5	5	6	1.2			5	24	4.8	3.2	7	4	11	2.8	4.8	3
자연	간호학과*	20	20	78	3.9			20	168	8.4	3.2	43	12	46	3.8	3.6	9
자연	물리치료학과	4	5	25	5.0			5	31	6.2	3.5	9	5	23	4.6	3.9	5
자연	방사선학과	4	4	14	3.5			3	40	13.3	3.5	2			3.0	5.3	6
자연	항공전자공학과	4	4	7	1.8			4	16	4.0	4.6	9	4	5	1.3	4.8	1
자연	치위생학과	4	3	33	11.0			3	37	12.3	4.6	17	4	16	4.0	4.8	6
자연	항공소프트웨어공학과*	5	4	6	1.5			4	5	1.3	5.5	1	4	9	2.3	5.1	3
자연	항공신소재화공공학과	5	4	2	0.5			3	3	1.0	5.6		3	3	1.0		

■ (학생부교과) 한서인재

전형	모집인원	전형 방법	수능최저학력기준
한서인재	223	학생부교과60%+ 면접40%	X

1. **지원자격** : 고교 졸업(예정)자 또는 검정고시 출신자와 관계 법령에 의한 동등 이상의 학력이 있는 자. 외국고 출신자 및 기타 학교생활기록부가 없는 자.

◎ 전형요소

● 학생부(1,000점):

반영요소 반영비율	구분	반영교과목 / 반영방법	교과성적 산출지표	학년별 반영비율
교과 100%	공통 및 일반선택	국어, 외국어, 수학, 사회/과학교과별 각 2과목씩 총 8과목 ※ 교과별 과목은 별도 지정하며, 학년, 학기 구분 없이 반영 가능(동일 과목 인정)	석차등급	학년 구분 없음
	진로선택	진로선택과목 중 상위 2과목 ※ 가산점 = A+A: 5, A+B : 4, A+C: 3, B+B: 2, B+C: 1, C+C: 0	성취도	

● 면접(400점)
1. **평가방법**: 다대다 구술면접
2. **면접기준**: - 지원동기 및 학업계획 등을 통한 발전가능성 평가 - 자기주도성과 논리적 표현 능력 등을 평가
   - 도덕성, 사회성 등에 대한 인성 평가
3. **면접복장**: 가. 면접 복장은 일반 평상복 등 단정한 복장을 착용합니다.
   나. 항공관광학과 면접 복장
   1) 상의 : 색상, 형태 등은 자유이나 목을 가리는 옷은 금지합니다.
   2) 하의 : 여학생의 경우는 가능한 스커트 차림으로 무릎을 가리지 않아야 합니다.(스타킹은 밝은 색 착용)
   3) 신발 : 슬리퍼를 착용하고 면접을 실시합니다.(슬리퍼는 학교에서 제공)

☞ 보충설명
- 학생 5명, 면접관 3명, 한 조당 20-25분, 1인당 4~5분, 한 명당 2~3개 개별 질문
- 학생부종합전형은 아니지만, 학생부 비교과를 중심으로 질문이 이루어므로 비교과 내용을 살펴보는 것이 중요
- 전공 관련 질문이 아니라 사회적 이슈, 인성 소양평가, 논리적 설명이 중요, 두괄식으로 주장 근거 설명
- (항공관광학과) 일반학과와 면접은 동일한 방식. 미인 선발대회가 아님. 스튜어디스로서 배우면 잘 할 수 있는 것을 보고자 함.
- (항공관광학과) 남학생 10% 정도 들어옴. 취업은 60~70%가 스튜어디스로 감. 일부는 대기업 임원 비서, 호텔은 5성급으로 취업

◎ 전형결과
■ 전체

학년도	전체						인문						자연					
	모집인원	지원인원	경쟁률	등록평균	등록80%	충원율	모집인원	지원인원	경쟁률	등록평균	등록80%	충원율	모집인원	지원인원	경쟁률	등록평균	등록80%	충원율
2022	430	2,487	5.78	4.80	5.16	66%	136	1,480	10.88	5.31	5.71	65%	294	1,007	3.43	4.29	4.60	66%
2023	394	2,097	5.32	4.46	4.91	35%	132	1,378	10.44	4.66	5.26	29%	262	719	2.74	4.25	4.56	40%
2024	419	2,474	5.90				143	1,714	11.99				276	760	2.75			
2025	209						69						140					

■ 변경사항 & 핵심포인트
[2025]

변경사항	2024	2025
모집인원	419명	223명(-204명)
(학생부) 진로선택과목 반영	-	상위 2과목 가산점 부여

➡ **합격자 성적분포:** 인문계열은 3등급 초반 ~ 5등급 후반, 자연계열은 1등급 초반 ~ 5등급 후반

■ 모집단위
'*'표시 : 교직 이수 가능

계열	모집단위	2025 모집인원	2024 모집인원	지원인원	경쟁률	등록평균	등록80%	충원번호	2023 모집인원	지원인원	경쟁률	등록평균	등록80%	충원번호	2022 모집인원	지원인원	경쟁률	등록평균	등록80%	충원번호
예체	자유전공학과	12	10	43	4.3				10	43	4.3	3.0	3.5	8						
인문	미디어문예창작학과	5	5	7	1.4				5	9	1.8	3.8	5.6		12	18	1.5	5.6	6.4	6
인문	항공관광학과(승무원양성)*	27	35	1,543	44.1				26	1,214	46.7	3.8	4.3	13	26	1,291	49.7	4.1	4.6	17
인문	호텔카지노관광학과	10	21	28	1.3				22	30	1.4	4.8	5.7	1	20	54	2.7	5.0	5.6	33
인문	영화영상학과	3	7	12	1.7				5	11	2.2	4.8	5.1	3	8	16	2.0	6.0	6.0	8
인문	사회복지학과	7	7	1	0.1				9	11	1.2	5.3	5.3		15	13	0.9	5.9	5.9	
인문	해양경찰학과	5	11	18	1.6				11	18	1.6	5.6	6.0	6	10	21	2.1	5.0	5.3	4
자연	항공운항학과	20	31	156	5.0				31	122	3.9	1.6	1.8	20	27	179	6.6	1.4	1.6	16
자연	헬리콥터조종학과	8	10	23	2.3				7	20	2.9	2.5	2.7	1	10	35	3.5	2.1	2.4	
자연	항공기계정비학	12							20	81	4.1	2.8	3.1	4	21	116	5.5	2.8	3.1	20
자연	간호학과*	15	17	89	5.2				17	105	6.2	3.0	3.5	11	23	124	5.4	3.0	3.3	14
자연	항공교통물류학과	10	22	86	3.9				20	53	2.7	3.0	3.2	11	18	62	3.4	2.4	2.6	13
자연	물리치료학과	10	12	64	5.3				10	44	4.4	3.5	3.6	4	11	56	5.1	3.1	3.3	16
자연	항공전자공학과	8	11	24	2.2				11	25	2.3	3.6	3.8	7	11	32	2.9	3.5	3.7	6
자연	방사선학과	10	10	57	5.7				10	71	7.1	3.7	4.1	12	12	84	7.0	4.1	4.4	15
자연	무인항공기학과	8	13	35	2.7				13	46	3.5	4.1	4.6	13	17	60	3.5	3.8	4.5	10
자연	항공소프트웨어공학과*	6	19	20	1.1				19	19	1.0	4.3	4.8		15	29	1.9	4.0	4.4	12
자연	항공산업공학과	5	9	16	1.8				7	10	1.4	4.6	5.8		12	16	1.3	4.9	5.2	4
자연	치위생학과	8	9	45	5.0				9	22	2.4	4.7	4.8	11	13	69	5.3	4.1	4.5	21
자연	항공보안학과	6	7	17	2.4				6	28	4.7	5.0	5.0	3	8	23	2.9	5.3	5.3	5
자연	작업치료학과	10	10	13	1.3				10	19	1.9	5.5	5.7	3	11	23	2.1	5.4	6.5	12
자연	수산생명의학과	4	6	8	1.3				5	9	1.8	5.6	5.8	3	6	9	1.5	5.1	5.1	3

■ (학생부종합) 융합인재

전형	모집인원	전형 방법	수능최저학력기준
융합인재	30	서류100%	X

1. **지원자격**: 2017년 2월 이후 졸업자 및 2025년 2월 졸업예정자로 본 대학교의 건학이념에 부합하는 창의적 사고와 굳은 신념으로 사회에 공헌할 수 있는 인재 ※ 대안학교, 학력인정평생교육시설, 검정고시 출신자 등은 지원 불가
2. **제출서류**: 학교생활기록부

◎ 전형요소
● 서류(1,000점)
1. **평가방법**: 인재상에 부합하는 인재 선발을 위하여, 학생부를 종합적으로 검토하여 전공적합성 및 잠재력, 인성 및 사회성을 평가함

2. 인재상 및 평가영역

인재상	평가 영역
• **창의**적이고 유연한 사고를 갖춘 인재 • 뚜렷한 목적의식을 가지고 문제를 극복할 수 있는 **신념**이 강한 인재	전공적합성 및 잠재력
• 바른 인성으로 나눔을 실천하여 우리 사회에 **공헌**할 수 있는 인재	인성 및 사회성

3. 평가영역 및 평가항목

평가역량	반영비율	평가항목 및 요소	평가내용
전공 적합성	50%	• 전공연계성 • 성취지향성 • 전공 관련 교과참여도 • 학업의지	- 전공 특성에 적합한 인재로서 역량을 갖추고 있는가? - 전공관련 열정과 의지를 가지고 꾸준히 준비하고 있는가? - 대학에서 수학할 수 있는 학업능력을 갖추고 있는가? - 학업에 대한 계획과 실천이 있는가?
잠재력	30%	• 리더십 • 적극적 활동 • 도전정신 • 문제해결능력 • 발전가능성	- 주어진 상황에 주도적 참여와 성취하고자하는 노력이 있는가? - 사고의 다양성, 융통성, 독창성을 바탕으로 다양한 활동을 하였는가? - 주어진 과제(문제)에 대하여 다양하고, 독창적인 아이디어를 가지고 해결하였는가?
인성 및 사회성	20%	• 인성(인품, 성실도) • 사회성(교우관계, 배려, 소통능력, 주도성)	- 소통을 하고자하는 적극적 노력과 설득능력을 갖추고 있는가? - 이타적인 사고와 실천이 있는가? - 규칙을 준수하고 학교행사에 참여하고 있는가?

☞ **보충설명**

• 전공적합성(50%)이 비중이 가장 크고 변별력 있음, 3~4등급 중에서 학생부 관리가 잘 된 학생들이 유리.

◎ **전형결과**
■ **모집단위**

'*' 표시 : 교직 이수 가능

계열	모집단위	2025	2024					2023					2022				
		모집 인원	모집 인원	지원 인원	경쟁 률	등록 평균	충원 번호	모집 인원	지원 인원	경쟁 률	등록 평균	충원 번호	모집 인원	지원 인원	경쟁 률	등록 평균	충원 번호
인문	사회복지학과	3	3	2	0.7			3	8	2.7	5.7	5	10	11	1.1		
인문	해양경찰학과	2	4	5	1.3			4	10	2.5	6.1	3	3	9	3.0		
자연	항공운항학과	2	5	128	25.6			5	75	15.0	2.2	20					
자연	헬리콥터조종학과	2	5	17	3.4			5	16	3.2	2.8	6					
자연	항공교통물류학부	2	6	49	8.2			6	28	4.7	3.0		11	58	5.3	2.6	17
자연	항공기계정비학과	2						8	54	6.8	3.1	10	10	56	5.6	2.9	7
자연	무인항공기학과	2	8	16	2.0			5	36	7.2	3.1	4	11	65	5.9	3.8	16
자연	간호학과*	4	9	72	8.0			9	77	8.6	3.5	9	11	52	4.7	3.5	15
자연	항공전자공학과	2	5	19	3.8			5	17	3.4	3.8	5	7	24	3.4	3.4	2
자연	물리치료학과	2	6	61	10.2			6	20	3.3	4.1	7	5	24	4.8	3.3	6
자연	방사선학과	2	6	42	7.0			6	23	3.8	4.3	14	6	17	2.8	4.1	7
자연	작업치료학과	2	6	6	1.0			6	8	1.3	4.6	2	5	13	2.6	5.3	8
자연	치위생학과	2	6	26	4.3			6	28	4.7	4.6	17	6	24	4.0	4.8	10

서울특별시 성북구 삼선교로 16길 116 (Tel: 02. 760-5800)

Ⅰ. 한 눈에 보는 전형

모집 시기	전형 유형	전형	모집 인원	전형 방법	수능최저 학력기준
수시	교과	교과우수	297	학생부교과100%	O
수시	교과	지역균형	208	학생부교과100% ※ 고교 추천: 제한 없음	X
수시	교과	특기자(뷰티)	4	학생부교과100%	X
수시	종합	한성인재	257	서류100%	X
수시	종합	고른기회	45	서류100%	X
수시	종합	평생학습자 Ⅰ, Ⅱ	50	▶Ⅰ: 서류100% ▶Ⅱ: 1단계)서류100%(5배수) 2단계)서류70%+ 면접30%	X
수시	종합	농어촌학생	58	서류100% ▶예체능: 학생부20%+ 실기80%	X
수시	종합	특성화고교졸업자	21	서류100% ▶예체능: 학생부20%+ 실기80%	X
수시	종합	특성화고졸재직자 Ⅰ, Ⅱ	80	▶Ⅰ: 서류100% ▶Ⅱ: 1단계)서류100%(5배수) 2단계)서류70%+ 면접30%	X
수시	실기/실적	실기우수자	120	학생부20%+ 실기80%	X

(수시모집) 지원 가능 횟수	전형유형	학생부교과			학생부종합		실기위주
	전형명	교과우수	지역균형	특기자 (뷰티)	한성인재	기회균형(고른기회/평생학습자/ 농어촌학생/특성화고교졸업자/ 특성화고교졸재직자	실기우수자(회화/무용/ICT디자인) 기회균형(농어촌학생/ 특성화고교졸업자)
	지원가능 횟수	1	1	1	1	1	1
	각 1회씩 최대 6회 한성대학교 지원 가능						

※ 실기우수자 및[농어촌학생 또는 특성화고교 졸업자 실기우수자] 전형 중복지원 가능. 단, 실기고사일이 다른 경우에 한함. 예) 실기우수자 – 기초디자인, 농어촌학생 실기위주 – 창의적 표현

■ 무전공(전공자율선택)

유형① [대학 내 모든 전공(보건의료, 사범 등 제외) 자율 선택]		유형② [계열/단과대 모집 후 모집단위 내 전공 자율 선택]	
모집단위	인원	모집단위	인원
상상력인재학부	175	IT공과대학	250
		IT공과대학(야)	141
		미래융합사회과학대학	112
		미래융합사회과학대학(야)	113
		크리에이티브인문학부	115
		크리에이티브인문학부(야)	67

■ 학부(과)별 트랙(전공) 소개

단과대학	학부(과)	트랙(전공)
크리에이티브 인문예술대학	크리에이티브인문학부	영미문화콘텐츠, 영미언어정보, 한국어교육, 역사문화큐레이션, 역사콘텐츠, 지식정보문화, 디지털 인문정보학
	예술학부	동양화, 서양화, 한국무용, 현대무용, 발레
미래융합 사회과학대학	사회과학부	국제무역, 글로벌비즈니스, 기업·경제분석, 경제금융투자, 공공행정, 법&정책, 부동산, 스마트도시· 교통계획, 기업경영, 벤처경영, 회계·재무경영
디자인대학	글로벌패션산업학부	패션마케팅, 패션디자인, 패션크리에이티브디렉션
	ICT디자인학부	뉴미디어 광고·커뮤니케이션디자인, 영상·애니메이션디자인, UX/UI디자인, 브랜드·패키지디자인, 인테리어디자인, VMD·전시디자인, 게임그래픽디자인,
	뷰티디자인매니지먼트학과	
IT공과대학	컴퓨터공학부	모바일소프트웨어, 빅데이터, 디지털콘텐츠·가상현실, 웹공학
	기계전자공학부	전자, 시스템반도체, 기계설계, 기계자동화
	산업시스템공학부	산업공학, 지능형제조시스템

단과대학	학부(과)	트랙(전공)
창의융합대학	상상력인재학부	※ 상상력인재학부의 경우 자율전공개념으로 2학년 진학시 단과대학/ 학부/ 트랙을 자유롭게 선택
	문화문학콘텐츠학과	
	AI응용학과	
	융합보안학과	
	미래모빌리티학과	

※ 트랙(전공)선택 시, 일부 제한이 있을 수 있으며(주간/야간 교차 등) 세부사항은 학교 홈페이지(대학·대학원→대학_트랙)을 참조
  (※ 학사구조 개편에 따른 트랙의 신설, 폐지, 변경 등 조정이 있을 수 있음)
※ 동일학부 내에서 세부 트랙의 구분 없이 입학하며, 2학년 진학 시 트랙을 자유롭게 선택할 수 있습니다.
  [단, IT공과대학은 학부 구분 없이 입학하며, 2학년 진학 시 트랙을 자유롭게 선택할 수 있습니다.]

■ 모집단위 신설·변경

구분	2024	2025
신설	-	융합보안학과

■ 전형결과

※ 성적 산출기준: (수시) 교과 석차등급, (정시) 수능 백분위

모집시기	전형유형	전형	학년도	모집인원	지원인원	경쟁률	등록자 50%컷	등록자 70%컷	충원율
수시	교과	교과우수	2024	297	2,220	7.47	2.73	2.82	113%
수시	교과	지역균형	2024	189	899	4.76	3.12	3.27	158%
수시	종합	한성인재	2024	257	2,741	10.67	3.73	3.86	168%

■ (주요전형) 전형일정

유형	전형	원서접수 마감	대학별 고사(면접/논술)	1단계 합격자	최종 합격자
교과	교과우수	9.13(금) 18:00			12.11(수)
교과	지역균형	9.13(금) 18:00 학교장추천: 9.25(수) 18:00			11.08(금)
종합	한성인재	9.13(금) 18:00			11.08(금)

Ⅱ. (수시모집) 주요 전형

■ (학생부교과) 교과우수

전형	모집인원	전형 방법	수능최저학력기준
교과우수	297	학생부교과100%	○

1. **지원자격**: 고교 전 교육과정을 국내 고교에서 이수한 자로서 학교생활기록부 5개 학기(학기별 본교 반영교과가 1개 과목 이상 포함) 이수한 기록(성적)이 있으며, 모집단위 반영교과별 각 3개 과목(석차등급) 이상 이수한 기록(성적)이 있는 자
   ※ 지원 가능: 일반고, 자율고, 특목고(마이스터고, 예술고, 체육고는 제외)
   ※ 지원 제한(불가) 고교: 일반/종합고의 전문계반(학과), 특성화고, 마이스터고, 예술(계)고, 체육(계)고, 방송 통신고, 학력인정고(각종학교 포함), 대안학교, 일반계고 직업위탁과정 출신자 등, 학생부 성적체계가 다른 고교(지원 가능 고교 외 교육과정 이수자) 등

2. **수능최저학력기준**

[국어, 수학, 영어, 사/과탐(1과목, 제2외국어/한문을 탐구로 대체 가능)] 중 2개 영역 등급 합 7 이내 ※ 야간: 2개 영역 등급 합 8 이내

◎ 전형요소
● 학생부

반영요소 반영비율	반영교과목		교과성적 산출지표	학년별 반영비율
	구분	반영방법		
교과100%	공통 및 일반선택	▶ 크리에이티브인문학부(주/야), 미래융합사회과학대학(주/야), 글로벌패션산업학부(주/야), 문학문화콘텐츠학과(주/야) : 국어, 영어, 수학, 사회(한국사 포함)교과별 상위 3과목(총 12과목) ▶ IT공과대학(주/야), AI응용학과(주/야), 융합보안학과 : 국어, 영어, 수학, 과학교과별 상위 3과목(총 12과목) ▶ 상상력인재학부: 국어, 영어, 수학, 사회(한국사 포함)/과학교과별 상위 3과목(총 12과목) ※ 반영 학기: (교과) 졸업예정자 및 졸업자 모두 3학년 1학기까지	석차등급	학년 구분 없음

반영요소 반영비율	반영교과목		교과성적 산출지표	학년별 반영비율
	구분	반영방법		
	진로선택	반영교과별 상위 3과목 ※ 성취도 환산등급 = A : 1등급, B : 2등급, C : 4등급	성취도	

◎ 전형결과
■ 전체

학년도	전체						인문						자연					
	모집인원	지원인원	경쟁률	등록50%컷	등록70%컷	충원율	모집인원	지원인원	경쟁률	등록50%컷	등록70%컷	충원율	모집인원	지원인원	경쟁률	등록50%컷	등록70%컷	충원율
2022	342	2,630	7.69	3.67	3.79	135%	170	1,268	7.46	3.54	3.68	119%	172	1,362	7.92	3.80	3.89	150%
2023	298	4,037	13.55	2.81	2.87	104%	152	1,863	12.26	2.87	2.94	107%	146	2,174	14.89	2.74	2.79	101%
2024	297	2,220	7.47	2.73	2.82	113%	138	1,157	8.38	2.67	2.77	114%	159	1,063	6.69	2.79	2.87	112%
2025	297						129						168					

■ 변경사항 & 핵심포인트
[2025]

변경사항	2024	2025
모집인원	297명	297명
지원자격 추가	-	모집단위 반영교과별 각 3개 과목(석차등급) 이상 이수한 기록(성적)이 있는 자

➡ 합격자 성적분포: 인문계열은 2등급 초반 ~ 3등급 초반, 자연계열은 2등급 초반 ~ 3등급 초반
• 전년도 경쟁률이 하락하였음에도 합격자 성적은 유지되거나 상승하였음
  - 인문계열은 경쟁률이 12.26 -> 8.38로 하락하였음에도, 합격자 성적은 2.87 -> 2.67로 오히려 상승하였음
  - 자연계열은 경쟁률이 14.89 -> 6.89로 크게 하락하였고, 합격자 성적은 2.74 -> 2.79로 비슷한 수준을 유지하였음.
• 2022는 반영교과에 속한 전과목이었고, 2023, 2024, 2025는 반영교과별 3과목씩 총 12과목으로 합격자 성적이 높음. 2022는 제외할 것

■ 모집단위

'*' 표시 : 교직 이수 가능

계열	모집단위	2025	2024						2023						2022					
		모집인원	모집인원	지원인원	경쟁률	등록50%컷	등록70%컷	충원번호	모집인원	지원인원	경쟁률	등록50%컷	등록70%컷	충원번호	모집인원	지원인원	경쟁률	등록50%컷	등록70%컷	충원번호
인문	미래융합사회과학대학(주)	13	20	137	6.9	2.27	2.29	28	23	377	16.4	2.35	2.36	36	28	348	12.4	2.94	3.08	54
인문	크리에이티브인문학부(주)	17	20	191	9.6	2.40	2.52	36	23	326	14.2	2.58	2.67	45	27	210	7.8	3.26	3.33	43
인문	문학문화콘텐츠학과(주)	25	25	161	6.4	2.40	2.48	29	25	430	17.2	2.54	2.57	22	25	190	7.6	3.31	3.49	26
인문	글로벌패션산업학부(주)	6	6	87	14.5	2.48	2.50	13	6	153	25.5	2.48	2.50	10	8	107	13.4	3.22	3.26	12
인문	글로벌패션산업학부(야)	13	12	82	6.8	2.83	2.96	11	13	116	8.9	3.12	3.15	3	14	71	5.1	3.94	4.10	10
인문	문학문화콘텐츠학과(야)	16	16	162	10.1	2.94	3.04	6	18	183	10.2	3.35	3.42	7	18	84	4.7	4.14	4.40	12
인문	미래융합사회과학대학(야)	24	24	153	6.4	3.00	3.14	25	27	172	6.4	3.20	3.23	28	31	164	5.3	3.70	3.86	34
인문	크리에이티브인문학부(야)	15	15	184	12.3	3.07	3.21	9	17	106	6.2	3.32	3.62	11	19	94	5.0	3.80	3.93	12
자연	상상력인재학부(주)	48	29	191	6.6	2.51	2.65	36	34	454	13.4	2.62	2.68	34	34	257	7.6	3.33	3.45	42
자연	IT공과대학(주)	44	61	361	5.9	2.52	2.65	79	71	1,118	15.8	2.46	2.56	76	90	788	8.8	3.30	3.44	135
자연	AI응용학과(주)	25	25	220	8.8	2.59	2.66	30	5	155	31.0	2.82	2.87	6	5	36	7.2	3.83	3.88	26
자연	융합보안학과(주)	16	10	56	5.6	2.72	2.82	9	10	133	13.3	2.67	2.70	9						
자연	IT공과대학(야)	20	19	145	7.6	3.04	3.06	18	23	268	11.7	3.12	3.14	22	40	267	6.7	4.01	4.14	43
자연	AI응용학과(야)	15	15	90	6.0	3.34	3.35	6	3	46	15.3				3	14	4.7	4.53	4.53	12

■ (학생부교과) 지역균형

전형	모집인원	전형 방법	수능최저학력기준
지역균형	208	학생부교과100%	X

1. **지원자격**: <u>학교장의 추천</u>을 받은 국내 정규 고등학교 졸업(예정)자이며, 학교생활기록부 성적이 <u>5개 학기 이상</u>(5개 학기 모두 본교 반영교과가 총 1개 과목 이상 포함) 있어야함 ※ 추천 인원 제한 없음
   ※ 지원 가능: 일반고, 자율고, 특목고(마이스터고, 예술고, 체육고는 제외)이며, <u>교과(국어, 영어, 수학, 사회/과학) 이수단위 80단위 이상인 자</u>
   ※ 지원 제한(불가) 고교: 일반/종합고의 전문계반(학과), 특성화고, 마이스터고, 예술(계)고, 체육(계)고, 방송 통신고, 학력인정고(각종학교 포함), 대안학교, 일반계고 직업위탁과정 출신자 등, 학생부 성적체계가 다른 고교(지원 가능 고교 외 교육과정 이수자) 등
   ※ 본 전형은 지원 시 소속 고등학교와 반드시 사전협의(추천여부 확인) 후 원서접수 가능함 원서접수 후에는 취소가 불가하며, 지원자격(학교장 추천)을 갖추지 못하면 지원자격 미달 처리함

◎ 전형요소
● 학생부:

반영요소 반영비율		반영교과목		교과성적 산출지표	학년별 반영비율
	구분		반영방법		
교과100%	공통 및 일반선택	▶ 크리에이티브인문학부(주/야), 미래융합사회과학대학(주/야), 글로벌패션산업학부(주/야), 　뷰티디자인매니지먼트학과(주/야), 문학문화콘텐츠학과(주/야) 　: 국어, 영어, 수학, 사회(한국사 포함)교과에 속한 전 과목 ▶ IT공과대학(주/야), 미래모빌리티학과: 국어, 영어, 수학, 과학교과에 속한 전 과목 ▶ 상상력인재학부: 국어, 영어, 수학, 사회(한국사 포함)/과학교과에 속한 전 과목 　※ 반영 학기: (교과) 졸업예정자 및 졸업자 모두 3학년 1학기까지		석차등급	학년 구분 없음
	진로선택	반영교과 성취도 반영 　※ 성취도 환산등급 = A : 1등급, B : 2등급, C : 4등급		성취도	

◎ 전형결과
■ 전체

학년도	전체						인문						자연					
	모집 인원	지원 인원	경쟁 률	등록 50%컷	등록 70%컷	충원 율	모집 인원	지원 인원	경쟁 률	등록 50%컷	등록 70%컷	충원 율	모집 인원	지원 인원	경쟁 률	등록 50%컷	등록 70%컷	충원 율
2022	240	1,402	5.84	3.46	3.63	146%	122	782	6.4	3.52	3.64	121%	118	620	5.3	3.40	3.62	170%
2023	240	2,605	10.85	3.11	3.21	192%	122	1,343	11.01	3.22	3.29	194%	118	1,262	10.69	3.00	3.13	190%
2024	189	899	4.76	3.12	3.27	158%	85	519	6.11	3.10	3.25	187%	104	380	3.65	3.13	3.28	129%
2025	208						77						131					

■ 변경사항 & 핵심포인트

[2025]

변경사항	2024	2025
모집인원	189명	208명(+19명)

▶ 합격자 성적분포: 인문계열은 2등급 후반 ~ 3등급 중반, 자연계열은 2등급 후반 ~ 3등급 중반
- 전년도 경쟁률이 하락하였음에도 합격자 성적은 상승하거나 약간 하락하였음
　- 인문계열은 경쟁률이 11.01 -> 6.01로 하락하였음에도, 합격자 성적은 3.22 -> 3.10으로 오히려 상승하였음
　- 자연계열은 경쟁률이 14.89 -> 6.89로 크게 하락하였고, 합격자 성적은 3.00 -> 3.12로 약간 하락하였음.

■ 모집단위
'*' 표시 : 교직 이수 가능

계열	모집단위	2025	2024							2023							2022					
		모집 인원	모집 인원	지원 인원	경쟁 률	등록 50%컷	등록 70%컷	충원 번호	모집 인원	지원 인원	경쟁 률	등록 50%컷	등록 70%컷	충원 번호	모집 인원	지원 인원	경쟁 률	등록 50%컷	등록 70%컷	충원 번호	
인문	뷰티디자인매니지먼트학과(주)	3	3	49	16.3			4	3	149	49.67				3	101	33.7	3.46	3.46	4	
인문	글로벌패션산업학부(주)	2	4	24	6.0	2.57	2.76	10	5	76	15.20	2.76	2.79	6	5	61	12.2	3.23	3.27	22	
인문	미래융합사회과학대학(주)	4	10	65	6.5	2.77	2.77	34	15	132	8.80	2.81	2.86	55	15	117	7.8	2.83	3.01	37	
인문	크리에이티브인문학부(주)	10	10	67	6.7	2.81	2.89	22	15	134	8.93	2.97	3.07	40	15	83	5.5	2.94	3.10	18	
인문	문학문화콘텐츠학과(주)	10	10	50	5.0	2.91	3.15	32	15	246	16.40	2.78	2.80	42	15	84	5.6	3.17	3.41	9	
인문	미래융합사회과학대학(야)	18	18	87	4.8	3.24	3.41	23	26	177	6.81	3.58	3.70	52	26	114	4.4	3.88	4.01	31	
인문	글로벌패션산업학부(야)	7	7	33	4.7	3.27	3.38	5	11	65	5.91	3.41	3.44	5	11	62	5.6	3.63	3.65	10	
인문	문학문화콘텐츠학과(야)	8	8	45	5.6	3.38	3.46	13	12	189	15.75	3.57	3.67	12	12	44	3.7	4.25	4.36	8	
인문	뷰티디자인매니지먼트학과(야)	5	5	41	8.2	3.39	3.78	5	5	78	15.60	3.41	3.55	2	5	60	12.0	3.83	4.07	7	
인문	크리에이티브인문학부(야)	10	10	58	5.8	3.52	3.63	12	15	97	6.47	3.66	3.73	23	15	56	3.7	3.96	4.01	7	
자연	IT공과대학(주)	41	41	164	4.0	2.79	2.95	78	61	737	12.08	2.86	2.91	145	61	348	5.7	3.18	3.45	144	
자연	상상력인재학부(주)	43	16	64	4.0	2.91	3.07	20	24	224	9.33	2.80	2.96	47	24	135	5.6	3.05	3.27	30	
자연	IT공과대학(야)	22	22	74	3.4	3.38	3.57	24	33	301	9.12	3.33	3.51	32	33	137	4.2	3.98	4.13	27	
자연	미래모빌리티학과(주)	25	25	78	3.1	3.44	3.51	12													

■ (학생부종합) 한성인재

전형	모집인원	전형 방법	수능최저학력기준
한성인재	257	서류100%	X

1. **지원자격**: 학교생활기록부 성적이 3개 학기(3학년 1학기 포함) 이상 있는 국내 고등학교 졸업(예정)자 또는 관계 법령에 의하여 고등학교 졸업자와 동등 이상의 학력이 있다고 인정된 자 ※ 지원 가능: 일반고, 자율고, 특목고, 특성화고, 검정고시출신자 등
2. **제출서류**: 학교생활기록부

◎ 전형요소
● 서류(1,000점)
1. **평가방법**: 학교생활기록부(교과/비교과)에 대해 평가영역별 세부 평가요소들을 정성·종합 평가함
2. **평가항목**:

평가영역	반영비율	평가요소	평가비율
학업역량	30%	학업성취도	15%
		지적탐구력(학업태도, 탐구력)	15%
진로역량	40%	계열관련 교과 성취도	20%
		계열적합성(계열관련 교과이수 노력, 진로탐색 활동과 경험)	20%
공동체역량	30%	리더십, 협업과 소통능력	20%
		나눔과 배려, 성실성과 규칙준수	10%

☞ **보충설명**

• 서류평가요소: 진로역량(30%) > 학업역량(30%) = 공동체역량(30%) 순으로 반영. 진로역량에서 변별력에서 생김.
  – 서류평가는 다른 대학 종합전형과 비슷함. 학과 전공교수님들이 서류평가에 참여하심.
• 진로역량(40%)은 계열로 모집하므로 계열적합성으로 봄.
  – 학생부는 대체로 비슷함. 실제로 자기 전공에 대한 지원동기, 전공 준비도가 중요

◎ 전형결과
■ 전체

학년도	전체						인문						자연					
	모집인원	지원인원	경쟁률	등록 50%컷	등록 70%컷	충원율	모집인원	지원인원	경쟁률	등록 50%컷	등록 70%컷	충원율	모집인원	지원인원	경쟁률	등록 50%컷	등록 70%컷	충원율
2022	300	1,859	6.20	3.62	3.76	85%	194	1,291	6.65	3.36	3.49	68%	106	568	5.36	3.87	4.03	101%
2023	300	2,647	8.82	3.39	3.58	79%	194	1,893	9.76	3.21	3.37	78%	106	754	7.11	3.56	3.78	80%
2024	257	2,741	10.67	3.73	3.86	168%	168	2,041	12.15	3.44	3.58	169%	89	700	7.87	4.01	4.14	166%
2025	257						159						98					

■ 변경사항 & 핵심포인트

[2025]

변경사항	2024	2025
모집인원	257명	257명

➡ **합격자 성적분포**: 인문계열은 3등급 초반 ~ 3등급 후반, 자연계열은 3등급 중반 ~ 4등급 중반

■ 모집단위

'*'표시 : 교직 이수 가능

계열	모집단위	2025	2024						2023						2022					
		모집인원	모집인원	지원인원	경쟁률	등록 50%컷	등록 70%컷	충원번호	모집인원	지원인원	경쟁률	등록 50%컷	등록 70%컷	충원번호	모집인원	지원인원	경쟁률	등록 50%컷	등록 70%컷	충원번호
인문	뷰티디자인매니지먼트학과(주)	5	5	317	63.4	1.94	1.97	11	5	340	68.0	1.76	1.89	2	5	225	45.0	1.71	1.75	4
인문	뷰티디자인매니지먼트학과(야)	3	3	97	32.3	2.63	2.65	4	3	62	20.7				3	41	13.7	3.00	3.00	
인문	글로벌패션산업학부(주)	18	22	284	12.9	3.30	3.48	31	25	255	10.2	2.78	3.04	31	25	249	10.0	3.17	3.38	21
인문	크리에이티브인문학부(주)	35	35	295	8.4	3.50	3.68	68	47	429	9.1	3.28	3.40	41	47	231	4.9	3.56	3.66	37
인문	문학문화콘텐츠학과(주)	5	5	124	24.8	3.53	3.64	9												
인문	미래융합사회과학대학(주)	40	45	407	9.0	3.59	3.66	82	53	449	8.5	3.28	3.41	53	53	288	5.4	3.49	3.63	42
인문	글로벌패션산업학부(야)	12	12	140	11.7	3.61	3.91	19	13	92	7.1	3.69	3.90	5	13	68	5.2	3.91	4.13	6
인문	미래융합사회과학대학(야)	26	26	221	8.5	4.09	4.28	36	30	161	5.4	3.97	4.01	9	30	107	3.6	4.10	4.29	14
인문	크리에이티브인문학부(야)	9	9	91	10.1	4.12	4.21	16	18	105	5.8	3.73	3.93	10	18	82	4.6	3.94	4.04	7
인문	문학문화콘텐츠학과(야)	6	6	65	10.8	4.12	4.32	8												
자연	융합보안학과(주)	4																		
자연	IT공과대학(주)	50	54	435	8.1	3.66	3.77	92	70	560	8.0	3.25	3.51	68	70	424	6.1	3.60	3.74	84
자연	AI응용학과(주)	5	5	43	8.6	3.71	3.74	10												
자연	IT공과대학(야)	34	25	180	7.2	4.10	4.30	35	36	194	5.4	3.87	4.05	17	36	144	4.0	4.13	4.32	23
자연	AI응용학과(야)	5	5	42	8.4	4.57	4.73	11												

106. 한세대학교

경기도 군포시 한세로 30 (Tel: 031. 450-5051~4)

I. 한 눈에 보는 전형

모집시기	전형유형	전형	모집인원	전형 방법	수능최저학력기준
수시	교과	학생부면접우수자	126	1단계)학생부교과100%(7배수) 2단계)학생부교과60%+ 면접40%	X
수시	교과	학생부교과우수자	175	학생부교과100%	X
수시	교과	사회기여및배려자	3	학생부교과100%	X
수시	교과	기회균형	34	학생부교과100%	X
수시	교과	특성화고교졸업자	5	학생부교과100%	X
수시	교과	농어촌학생	19	학생부교과100% ▶예술학부: 학생부교과20%+ 실기80%	X
수시	교과	특수교육대상자	3	학생부교과60%+ 면접40% ▶예술학부: 실기100%	X
수시	실기/실적	실기우수자	65	학생부교과20%+ 실기80%	X

(수시모집) 지원 가능 횟수	본교 수시모집의 각 전형유형 및 모집단위 간에는 복수지원을 할 수 있습니다

■ 모집단위 신설·변경

구분	2024	2025
신설	-	자유전공학부
통합	기독교교육, 상담학과	신학과
	ICT융합학과, 산업보안학과	융합보안학과
변경	국제관광학과	관광경영학과
광역모집	전 모집단위 학과별 모집	IT학부, 디자인학부 광역 모집

■ 전형결과

※ 성적 산출기준: (수시) 교과 석차등급, (정시) 수능 백분위

모집시기	전형유형	전형	학년도	모집인원	지원인원	경쟁률	등록자 평균	등록자 최저	충원율
수시	교과	학생부면접우수자	2024	121	970	8.02	4.47	5.35	109%
수시	교과	학생부교과우수자	2024	170	1,519	8.94	3.40	4.41	279%

■ (주요전형) 전형일정

유형	전형	원서접수 마감	대학별 고사(면접/논술)	1단계 합격자	최종 합격자
교과	학생부교과우수자	9.13(금) 18:00			11.12(화)
교과	학생부면접우수자	9.13(금) 18:00	10.26(토)~27(일)	10.18(금)	11.12(화)

II. (수시모집) 주요 전형

■ (학생부교과) 학생부면접우수자

전형	모집인원	전형 방법	수능최저학력기준
학생부면접우수자	126	1단계)학생부교과100%(7배수) 2단계)학생부교과60%+ 면접40%	X

1. **지원자격**: 국내 정규 고등학교 졸업(예정)자로서 3개 학기 이상의 국내 고등학교 학생부 교과성적이 있는 자 또는 국내 고등학교 졸업학력 검정고시 합격자.

◎ 전형요소
● 학생부(60점)

반영요소 반영비율	반영교과목		교과성적 산출지표	학년별 반영비율
	구분	반영방법		

교과100%	공통 및 일반선택	▶ 자유전공학부 : 국어/수학, 영어, 사회(한국사)/과학교과에 속한 전 과목
		▶ 신학과, 사회과학부, 공공서비스학부, 언어학부, 디자인학부, 예술학부
		  : 국어, 영어, 사회(한국사)교과에 속한 전 과목
		▶ IT학부: 영어, 수학, 사회(한국사)/과학교과에 속한 전 과목
		▶ 간호학과: 국어, 영어, 수학, 사회(한국사)/과학교과에 속한 전 과목
		  ※ 가산점 : 반영교과 내 모든 이수과목 이수단위의 합 X 0.05
		  ※ 가산점 부여 후 학생부 반영점수 총점은 전형별 환산점수의 최고점을 초과할 수 없음
			석차등급	학년 구분 없음

	진로선택	미반영		

● 면접(40점)
  1. **면접방법**: 평가위원 2~3명이 평가항목별로 질문 및 평가, 수험생 2~3인이 1개 조로 입실, 면접질문 사전 공개(입학처 홈페이지)
  2. **평가항목** ※ 면접고사일 전 입학 홈페이지를 통해 면접 예시 질문 사전 공개함
    ① 고교 교육과정의 범위와 수준에 적합한 수준에서 출제
    ② 인성 및 신앙, 지원동기 및 학업계획, 전공적성 및 기초 지식, 사회 문제에 대한 이해 등 평가
    ③ 공통적으로 표현력, 태도 등 평가

☞ 보충설명
• 면접 역전률 40%로 높음. 면접관 2명, 공통 질문을 돌아가면서 답변하거나 학생 개인별 질문을 하는 면접. 진행 방법은 교수님 재량
• 면접 2~3주 전에 예시 질문 10개 정도를 추가로 사전 공개 예정, 그 중 2문제를 질문함. 추가 질문 없음. 그래도 안 보고 오는 학생들 많음

◎ 전형결과
■ 전체

학년도	전체						인문						자연					
	모집 인원	지원 인원	경쟁 률	등록 평균	등록 최저	충원 율	모집 인원	지원 인원	경쟁 률	등록 평균	등록 최저	충원 율	모집 인원	지원 인원	경쟁 률	등록 평균	등록 최저	충원 율
2022	161	1,600	9.94	4.12	4.95	96%	116	1,043	8.99	4.38	5.29	122%	45	557	12.38	3.85	4.60	70%
2023	139	1,446	10.40	4.35	5.12	102%	96	998	10.40	4.38	5.23	102%	43	448	10.66	4.31	5.00	102%
2024	121	970	8.02	4.47	5.35	109%	83	592	7.13	4.55	5.47	97%	38	378	9.95	4.39	5.23	121%
2025	126						94						32					

■ 변경사항 & 핵심포인트
[2025]

변경사항	2024	2025
모집인원	121명	126명(+5명)
(IT학부) 학생부 반영교과	영어, 수학, 과학	영어, 수학, 사회/과학

➡ 합격자 성적분포: 인문계열은 4등급 초반 ~ 5등급 중반, 자연계열은 4등급 초반 ~ 5등급 중반

■ 모집단위
'＊'표시 : 교직 이수 가능

계열	모집단위	2025	2024						2023						2022					
		모집 인원	모집 인원	지원 인원	경쟁 률	등록 평균	등록 최저	충원 율	모집 인원	지원 인원	경쟁 률	등록 평균	등록 최저	충원 율	모집 인원	지원 인원	경쟁 률	등록 평균	등록 최저	충원 율
인문	자유전공학부	16																		
인문	경찰행정학과	7	6	113	18.8	2.75	3.80	67%	10	124	12.4	3.38	4.00	100%	11	197	17.9	3.10	3.50	55%
인문	미디어영상광고학과	13	14	96	6.9	3.96	4.60	93%	14	262	18.7	3.58	4.20	57%	17	158	9.3	3.72	4.80	77%
인문	경영학과	12	9	81	9.0	4.29	4.90	89%	14	167	11.9	4.11	4.80	93%	21	220	10.5	4.20	4.90	119%
인문	사회복지학과	9	9	54	6.0	4.39	4.80	111%	9	91	10.1	3.66	4.30	89%	10	101	10.1	3.80	4.20	220%
인문	영어학과	9	10	52	5.2	4.48	5.30	70%	11	94	8.6	4.26	4.90	64%	12	80	6.7	4.43	5.10	125%
인문	관광경영학과	9	10	80.	8.0	4.74	6.00	100%	10	97	9.7	4.32	5.10	130%	10	146	14.6	4.42	5.00	140%
인문	중국어학과	7	7	58	8.3	5.56	6.40	157%	7	80	11.4	5.01	6.10	71%	13	80	6.2	5.12	6.20	162%
인문	신학과	12	10	31	3.1	6.16	7.20	110%	11	40	3.6	5.83	7.20	100%	14	28	2.0	5.37	7.30	64%
자연	IT학부	20																		
자연	간호학과	12	12	153	12.8	3.01	3.40	92%	12	203	16.9	3.02	3.20	33%	17	284	16.7	3.08	3.30	71%

■ (학생부교과) 학생부교과우수자

전형	모집인원	전형 방법	수능최저학력기준
학생부교과우수자	175	학생부교과100%	X

1. **지원자격**: 국내 정규 고등학교 졸업(예정)자로서 3개 학기 이상의 국내 고등학교 학생부 교과성적이 있는 자.
   ※ 지원 제한 고교: 특성화고, 마이스터고, 예술고, 체육고, 방송통신고, 학력인정고, 일반/종합고의 전문계반(학과), 학생부 체계가 다른 고교

◎ **전형요소**
● **학생부(100점)**: 학생부면접우수자전형 참고

◎ **전형결과**
■ **전체**

학년도	전체						인문						자연					
	모집인원	지원인원	경쟁률	등록평균	등록최저	충원율	모집인원	지원인원	경쟁률	등록평균	등록최저	충원율	모집인원	지원인원	경쟁률	등록평균	등록최저	충원율
2022	110	1,029	9.35	4.07	4.38	253%	77	749	9.73	4.44	4.83	258%	33	280	8.48	3.70	3.93	247%
2023	185	1,707	9.23	3.99	4.51	228%	134	1,413	10.54	4.16	4.68	224%	51	294	5.76	3.82	4.33	231%
2024	170	1,519	8.94	3.40	4.41	279%	122	992	8.13	4.17	4.73	256%	48	527	10.98	3.82	4.08	302%
2025	175						114						61					

■ **변경사항 & 핵심포인트**

[2025]

변경사항	2024	2025
모집인원	170명	175명(+5명)
(IT학부) 학생부 반영교과	영어, 수학, 과학	영어, 수학, 사회/과학

➡ **합격자 성적분포**: 인문계열은 4등급 초반 ~ 4등급 후반, 자연계열은 3등급 후반 ~ 4등급 중반

■ **모집단위**

'*'표시 : 교직 이수 가능

계열	모집단위	2025	2024						2023						2022					
		모집인원	모집인원	지원인원	경쟁률	등록평균	등록최저	충원율	모집인원	지원인원	경쟁률	등록평균	등록최저	충원율	모집인원	지원인원	경쟁률	등록평균	등록최저	충원율
인문	자유전공학부	16																		
예체	디자인학부	14																		
인문	경찰행정학과	8	9	73	8.1	3.22	3.60	200%	10	212	21.2	3.08	3.30	180%	7	41	5.9	3.87	4.40	86%
인문	*미디어영상광고학과*	*15*	*20*	120	6.0	3.56	4.00	205%	22	140	6.4	3.34	3.80	168%	17	199	11.7	3.42	3.60	182%
인문	영어학과	4	4	35	8.8	3.73	4.00	200%	5	145	29.0	4.06	4.30	240%	5	19	3.8	6.20	6.30	260%
인문	사회복지학과	9	9	154	17.1	4.09	4.30	467%	10	61	6.1	4.19	4.80	370%	6	54	9.0	3.68	4.10	500%
인문	*경영학과*	*22*	*30*	173	5.8	4.20	5.10	237%	30	274	9.1	3.75	4.20	257%	16	98	6.1	3.99	4.70	313%
인문	중국어학과	6	6	91	15.2	4.35	4.50	200%	8	145	18.1	4.58	5.00	275%	3	15	5.0	6.60	7.40	367%
인문	관광경영학과	9	10	75	7.5	4.39	4.80	360%	10	70	7.0	4.01	4.60	320%	9	60	6.7	3.94	4.10	167%
인문	신학과	11	10	59	5.9	4.88	6.20	200%	13	23	1.8	5.95	7.40	54%	3	9	3.0	5.25	5.80	167%
자연	IT학부	46																		
자연	간호학과	15	18	128	7.1	2.84	3.00	300%	20	93	4.7	2.79	3.10	110%	12	92	7.7	2.55	2.80	158%

107. 한신대학교

경기도 오산시 한신대길 137 (Tel: 031. 379-0107~9)

Ⅰ. 한 눈에 보는 전형

모집 시기	전형 유형	전형	모집 인원	전형 방법	수능최저 학력기준
수시	교과	학생부우수자	328	학생부교과100%	X
수시	교과	학교장추천 [신설]	55	학생부교과100%	X
수시	교과	사회배려자	62	학생부교과100%	X
수시	교과	고른기회	63	학생부교과100%	X
수시	교과	기회균형선발	26	학생부교과100%	X
수시	교과	농어촌학생	20	학생부교과100%	X
수시	교과	특성화고교졸업자	17	학생부교과100%	X
수시	종합	참인재종합면접	268	서류70%+ 면접30%	X
수시	논술	논술전형	265	학생부교과40%+ 논술60%	X
수시	실기/실적	체육실기	22	학생부교과60%+ 실기40%	X

(수시모집) 지원 가능 횟수	전형에 상관없이 복수지원이 가능합니다. (단, 면접·실기 고사일이 겹치지 않아야 합니다)

■ 무전공(전공자율선택)

유형① [대학 내 모든 전공(보건의료, 사범 등 제외) 자율 선택]		유형② [계열/단과대 모집 후 모집단위 내 전공 자율 선택]	
모집단위	인원	모집단위	인원
자유전공학부	100	경영·미디어계열	73
		경제통상·국제·공공인재융합계열	88
		신학·인문융합계열	151
		첨단융합계열	48
		휴먼서비스계열	74

■ 자유전공학부 : 자유전공학부로 입학한 학생은 전공선택 시기에 모든 전공을 100% 자율 선택할 수 있음.
■ 계열모집 : 계열모집으로 입학한 학생은 전공선택 시기에 해당 계열 내 전공 정원의 150% 이상 범위 내에서 전공을 선택할 수있음

■ 전형결과

※ 성적 산출기준: (수시) 교과 석차등급, (정시) 수능 백분위

모집시기	전형유형	전형	학년도	모집인원	지원인원	경쟁률	최종합격자 평균	최종합격자 최저	충원율
수시	교과	학생부우수자	2024	246	1,240	5.04	3.48	4.07	207%
수시	종합	참인재종합면접	2024	298	1,690	5.67	5.57	7.37	88%
수시	논술	논술전형	2024	168	833	4.96	4.88	6.13	35%

■ (주요전형) 전형일정

유형	전형	원서접수 마감	대학별 고사(면접/논술)	1단계 합격자	최종 합격자
교과	학생부우수자	9.13(금) 18:00			11.01(금)
교과	학교장추천	9.13(금) 18:00 학교장추천: 9.25(수)			11.01(금)
종합	참인재	9.13(금) 18:00	10.05(토)		11.01(금)
논술	논술전형	9.13(금) 18:00	12.01(일) 10:00 인문계열 / 14:30 자연계열		12.13(금)

1236 수박[수시대박]먹고 대학간다 실전편

Ⅱ. (수시모집) 주요 전형

■ (학생부교과) 학생부우수자

전형	모집인원	전형 방법	수능최저학력기준
학생부우수자	328	학생부교과100%	X

1. **지원자격**: 국내고등학교 졸업(예정)자
   ※ 지원 제한(불가)고교 : 특성화고, 마이스터고, 예술고, 체육고, 방송통신고, 학력인정고, 일반/종합고의 전문계반(학과), 특수학교, 학생부 체계가 다른 고교

◎ 전형요소
● 학생부(1,000점)

반영요소 반영비율	구분	반영교과목		교과성적 산출지표	학년별 반영비율
		반영방법			
교과100%	공통 및 일반선택	국어/수학/영어교과 중 6과목, 사회/과학교과 중 3과목 (총 9과목)		석차등급	학년 구분 없음
	진로선택	미반영			

◎ 전형결과
■ 전체

학년도	전체						인문						자연					
	모집 인원	지원 인원	경쟁 률	최종 평균	최종 최저	충원 율	모집 인원	지원 인원	경쟁 률	최종 평균	최종 최저	충원 율	모집 인원	지원 인원	경쟁 률	최종 평균	최종 최저	충원 율
2022	233	1,444	6.20	3.08	3.77	201%	162	1,083	6.69	2.92	3.66	201%	71	361	5.08	3.23	3.88	201%
2023	232	1,294	5.58	3.37	4.10	177%	157	995	6.34	3.20	3.97	181%	75	299	3.99	3.54	4.22	173%
2024	246	1,240	5.04	3.48	4.07	207%	174	869	4.99	3.35	4.05	199%	72	371	5.15	3.61	4.09	215%
2025	328						240						88					

■ 변경사항 & 핵심포인트

[2025]

변경사항	2024	2025
모집인원	246명	328명(+82명)
전형명칭 변경	학생부교과 I	학생부우수자
지원자격 변경	국내 고등학교 졸업(예정)자로서 국내고등학교 3개학기 이상의 학교생활기록부가있는 자	국내 고등학교 졸업(예정)자
(학생부) 반영교과목 변경	국어/수학교과 중 3과목, 영어교과 3과목, 사회/과학교과 중 3과목 (총 9과목)	국어/수학/영어교과 중 6과목, 사회/과학교과 중 3과목 (총 9과목)

🔼 **합격자 성적분포**: 인문계열은 3등급 초반 ~ 4등급 초반, 자연계열은 3등급 중반 ~ 4등급 초반

■ 모집단위

'*' 표시 : 교직 이수 가능

계열	모집단위	2025	2024						2023						2022					
		모집 인원	모집 인원	지원 인원	경쟁 률	최종 평균	최종 최저	충원 번호	모집 인원	지원 인원	경쟁 률	최종 평균	최종 최저	충원 번호	모집 인원	지원 인원	경쟁 률	최종 평균	최종 최저	충원 번호
인문	자유전공학부	25																		
인문	경영·미디어계열	43	27	125	4.6	2.96	3.88	54	27	227	8.4	2.79	3.15	59						
인문	휴먼서비스계열	45	28	134	4.8	3.29	4.41	72	27	127	4.7	3.05	3.70	45						
인문	경제통상·국제·공공인재융합계열	38	28	149	5.3	3.38	3.79	50	31	307	9.9	3.36	3.90	49						
인문	신학·인문융합계열	89	73	324	4.4	3.56	4.27	148	58	276	4.8	3.40	4.21	104						
자연	AI·SW학	54	49	265	5.4	3.45	3.91	114	53	213	4.0	3.41	4.24	92						
자연	첨단융합계열	24	15	64	4.3	3.51	4.00	25	22	86	3.9	3.67	4.19	38						
자연	AI시스템반도체학	10	8	42	5.3	3.87	4.35	16												

■ (학생부교과) 학교장추천

전형	모집인원	전형 방법	수능최저학력기준
학교장추천 [신설]	55	학생부교과100%	X

1. **지원자격**: 국내고등학교 졸업(예정)자로서 해당 고등학교장의 추천을 받은 자
   ※ 지원 제한(불가)고교 : 특성화고, 마이스터고, 예술고, 체육고, 방송통신고, 학력인정고, 일반/종합고의 전문계반(학과), 특수학교, 학생부체계가 다른 고교

◎ **전형요소**
● **학생부(1,000점)**: 학생부우수자전형 참고

◎ **전형결과**
■ 전체

학년도	전체					인문					자연				
	모집 인원	지원 인원	경쟁 률			모집 인원	지원 인원	경쟁 률			모집 인원	지원 인원	경쟁 률		
2022															
2023															
2024															
2025	55					40					15				

■ **변경사항 & 핵심포인트**

[2025]
• 신설 전형.

■ 모집단위
'*' 표시 : 교직 이수 가능

계열	모집단위	2025	2024						2023						2022					
		모집 인원	모집 인원	지원 인원	경쟁 률	최종 평균	최종 최저	충원 번호	모집 인원	지원 인원	경쟁 률	최종 평균	최종 최저	충원 번호	모집 인원	지원 인원	경쟁 률	최종 평균	최종 최저	충원 번호
인문	신학·인문융합계열	20																		
인문	경제통상·국제·공공인재융합계열	10																		
인문	경영·미디어계열	5																		
인문	휴먼서비스계열	5																		
자연	첨단융합계열	5																		
자연	AI·SW계열	10																		

■ (학생부종합) 참인재

전형	모집인원	전형 방법	수능최저학력기준
참인재	268	서류70%+ 면접30%	X

1. **지원자격**: 고등학교 졸업(예정)자 또는 법령에 의하여 동등 학력이 있다고 인정된 자
   ※ 고등학교 졸업학력 검정고시 합격자 및 외국고등학교 출신자의 경우 학교생활기록부 대체서식 제출
   [신학부] 고등학교 졸업(예정)자 또는 법령에 의하여 동등 학력이 있다고 인정된 자로 출석교회 담임목사(신부)로부터 추천을 받은자
   ※ 고등학교 졸업학력 검정고시 합격자 및 외국고등학교 출신자의 경우 학교생활기록부 대체서식 제출
2. **제출서류**: 학교생활기록부

◎ **전형요소**
● **서류(700점)**

평가영역	평가비율	평가내용
학업역량	30%	학업성취도 및 발전정도, 학업태도(학업위지 및 노력), 학업충실성
진로역량	30%	진로와 전공(계열)에 관한 탐색 노력(탐색 활동과 경험), 전공(계열) 관련 기초소양, 전공(계열) 관련 교과 이수 노력, 전공(계열) 관련 교과 성취도, 전공(계열) 관련 교과 성적 추이
공동체역량	40%	학교생활의 성실성, 근면성, 책임감, 협업과 소통능력, 나눔과 배려, 공동체 기본윤리 및 규칙준수, 공동체 상호작용(리더십)

☞ 보충설명
- 공동체역량(40%) > 학업역량(30%) = 진로역량(30%) 순으로 반영
- 평가항목별 배점은 공동체역량이 가장 크지만 진로역량(30%)이 가장 변별력 있음

● 면접(300점)
1. 면접방법: 면접 진행은 학부(과)별로 면접위원 2인과 수험생 2 ~ 3인 또는 면접위원 3인과 수험생 6 ~ 7인을 1조로 구성하며, 기초소양 분야와 전공·적성분야, 인성에 대하여 수험번호에 따라 구술면접방식으로 진행합니다.
2. 평가항목:

구분	평가영역	평가내용
인성	기본자세, 적극성, 자신감	면접에 임하는 기본자세와 최선을 다하려는 적극성, 열정, 자신감 등을 살펴봄
기초소양	가치관과 의사소통능력, 창의적 문제해결능력	자신의 견해와 주장을 논리적이고 창의적으로 답변하는가를 살펴봄
전공적합성	전공학문에 대한 관심 및 적성, 학업수행능력정도	전공분야에 대한 기본이해도와 관심정도를 관찰하고 지원한 학부(과)에 적응 가능성과 발전 가능성 등을 살펴봄

3. 면접문항 공개:
   면접문항은 기초소양분야 1문항, 전공·적성분야 1문항 총 2문항으로 이루어져 있으며, 수험생의 면접 부담감을 줄여주고 체계적으로 면접을 준비할 수 있도록 면접고사 확인기간에 문제를 공개합니다.

☞ 보충설명
- 면접 문항은 면접고사 전에 공개 예정, 공개된 기초소양 2문항, 전공적성 2문항 중 각각 1문항씩 질문함
- 면접문제 공개되다 보니 문제에 대한 자신의 생각을 잘 정리해서 논리적인 답변이 중요.
- 공개된 면접 문항 질문 답변 내용에 대해 추가적으로 질문할 수 있음. 서류평가 내용도 추가적으로 물어볼 수 있음

◎ 전형결과
■ 전체

학년도	전체						인문						자연					
	모집인원	지원인원	경쟁률	최종평균	최종최저	충원율	모집인원	지원인원	경쟁률	최종평균	최종최저	충원율	모집인원	지원인원	경쟁률	최종평균	최종최저	충원율
2022	295	1,384	4.69	4.97	6.27	94%	245	1,169	4.77	4.84	6.11	78%	50	215	4.30	5.10	6.42	110%
2023	292	1,469	5.03	5.21	6.54	104%	236	1,306	5.53	5.03	6.24	88%	56	163	2.91	5.38	6.83	120%
2024	298	1,690	5.67	5.57	7.37	88%	259	1,415	5.46	5.43	7.31	80%	39	275	7.05	5.71	7.43	95%
2025	268						215						53					

■ 변경사항 & 핵심포인트
[2025]

변경사항	2024	2025
모집인원	298명	268명(-30명)

➡ 합격자 성적분포: 인문계열은 5등급 초반 ~ 7등급 초반, 자연계열은 5등급 중반 ~ 7등급 초반

'*' 표시 : 교직 이수 가능

■ 모집단위

계열	모집단위	2025 모집인원	2024 모집인원	지원인원	경쟁률	최종평균	최종최저	충원번호	2023 모집인원	지원인원	경쟁률	최종평균	최종최저	충원번호	2022 모집인원	지원인원	경쟁률	최종평균	최종최저	충원번호
인문	자유전공학부	25																		
인문	경제금융학	18																		
인문	미디어영상광고홍보학	7	7	178	25.4	4.78	6.26	6	9	249	27.7	4.22	5.00	7	9	134	14.9	4.24	6.76	3
인문	경영학	4	4	28	7.0	4.92	6.25	8	7	54	7.7	4.07	4.42	2	7	56	8.0	4.18	4.89	8
인문	심리.아동학	6	6	106	17.7	4.98	7.71	8	9	100	11.1	4.28	5.71	3	9	85	9.4	4.17	4.94	7
인문	*공공인재빅데이터융합학*	6	16	49	3.1	5.05	6.77	10	9	23	2.6	5.39	6.46	3	9	25	2.8	4.52	5.33	10
인문	디지털영상문화콘텐츠학	4	4	91	22.8	5.06	7.24	5	6	76	12.7	4.36	5.24	6	6	72	12.0	3.99	4.89	3
인문	*한국어문학*	5	13	40	3.1	5.07	6.13	22	8	21	2.6	4.80	5.66	7	8	30	3.8	4.54	5.87	12
인문	한국사학	6	6	59	9.8	5.17	7.05	5	10	55	5.5	4.64	6.05	13	11	66	6.0	4.37	5.33	13
인문	IT경영학	4	3	19	6.3	5.19	6.10	2	7	34	4.9	4.85	5.28	2	7	47	6.7	4.78	5.83	7
인문	문예창작학	6	6	158	26.3	5.20	8.22	5	11	126	11.5	4.52	6.62	12	11	99	9.0	4.45	5.16	15
인문	사회학	13	13	43	3.3	5.21	7.16	7	8	31	3.9	4.65	5.56	11	8	23	2.9	4.47	6.79	13
인문	사회복지학	5	5	94	18.8	5.23	7.85	7	8	92	11.5	4.55	5.73	10	8	106	13.3	4.46	5.22	13
인문	*일본학*	6	14	74	5.3	5.41	8.48	9	9	70	7.8	4.67	5.39	9	9	72	8.0	5.14	6.19	10
인문	*영미문화학*	8	16	54	3.4	5.53	6.82	15	9	38	4.2	5.25	6.95	4	9	24	2.7	4.98	7.42	7
인문	철학	12	12	35	2.9	5.57	7.51	21	7	31	4.4	5.35	7.13	12	7	13	1.9	5.53	7.05	3

계열	모집단위	2025 모집인원	2024 모집인원	2024 지원인원	2024 경쟁률	2024 최종평균	2024 최종최저	2024 충원번호	2023 모집인원	2023 지원인원	2023 경쟁률	2023 최종평균	2023 최종최저	2023 충원번호	2022 모집인원	2022 지원인원	2022 경쟁률	2022 최종평균	2022 최종최저	2022 충원번호
인문	*재활상담학*	5	13	64	4.9	5.60	7.16	8	8	39	4.9	5.05	5.97	12	8	38	4.8	4.99	5.89	6
인문	*중국어문화콘텐츠학*	8	15	36	2.4	5.67	7.03	17	12	42	3.5	5.22	6.60	22	6	15	2.5	5.34	7.15	1
인문	글로벌비즈니스학	4	4	25	5.3	5.73	7.32	4	7	38	5.4	4.93	5.83	12	7	34	4.9	4.90	6.13	5
인문	국제관계학	16	16	54	3.4	5.73	8.28	3	9	25	2.8	5.30	6.38	12	9	20	2.2	4.99	5.69	8
인문	독일어문화학	12	12	27	2.3	5.89	7.59	10	7	16	2.3	5.75	7.30	7	7	12	1.7	5.32	6.75	3
인문	신학	20	20	28	1.4	6.08	8.27	5	43	49	1.1	6.17	8.29	1	45	30	0.7	6.07	7.38	
인문	동아시아통상학	15	15	37	2.5	6.35	8.25	15	9	19	2.1	5.97	8.05	9	9	24	3.7	4.96	5.96	11
자연	AI·SW학	35	23	204	8.9	5.56	7.28	29	42	131	3.1	5.26	7.63	56						
자연	빅데이터융합학	6	6	22	3.7	5.65	7.55	4	7	15	2.1	5.52	6.73	7	7	20	2.9	5.43	7.51	10
자연	AI시스템반도체학	6	4	24	6.0	5.72	6.71													
자연	금융공학	6	6	25	4.2	5.91	8.18	4	7	17	2.4	5.35	6.13	4	7	16	2.3	5.55	6.72	5

■ (논술) 논술전형

전형	모집인원	전형 방법	수능최저학력기준
논술전형	265	학생부교과40%+ 논술60%	X

1. **지원자격** : 국내 고등학교 졸업(예정)자 또는 법령에 의하여 동등 학력이 있다고 인정된 자.

◎ 전형요소
● 학생부(400점)

반영요소 반영비율	구분	반영교과목 반영방법		교과성적 산출지표	학년별 반영비율
교과 100%	공통 및 일반선택	국어/수학/영어교과 중 6과목, 사회/과학교과 중 3과목 (총 9과목)		석차등급	학년 구분 없음
	진로선택	미반영			

구분		1등급	2등급	3등급	4등급	5등급	6등급	7등급	8등급	9등급
점수	100점	100	99	98	97	96	95	94	80	50
등급 간 점수 차이	100점	0	1	1	1	1	1	1	14	30
	400점	0	4	4	4	4	4	4	56	120

● 논술(600점: 기본점수 480점)
  1. 평가방법

계열	영역별 문항 수		배점	고사시간	총점	답안형식
	국어	수학				
인문	9	6	각 문항 8점	80분	120점+480점(기본점수) =600점	노트 형식의 답안 작성
자연	6	9				

  2. 출제범위 및 평가기준

구분	출제범위	평가기준
국어	문학, 독서	• 제시문의 핵심 내용을 정확하게 이해한 표현 • 문항에서 요구하는 조건에 충실한 서술
수학	수학Ⅰ, 수학Ⅱ	• 문제에 필요한 개념과 원리에 대한 정확한 서술 • 정확한 용어, 기호를 사용한 표현

◎ 전형결과
■ 전체

학년도	전체 모집인원	지원인원	경쟁률	최종평균	최종최저	충원율	인문 모집인원	지원인원	경쟁률	최종평균	최종최저	충원율	자연 모집인원	지원인원	경쟁률	최종평균	최종최저	충원율
2022																		
2023																		
2024	168	833	4.96	4.88	6.13	35%	76	491	6.46	4.68	5.73	30%	92	342	3.72	5.07	6.53	40%
2025	265						157						108					

■ 변경사항 & 핵심포인트

[2025]

변경사항	2024	2025
모집인원	168명	265명(+97명)
(학생부) 반영교과목 변경	국어/수학교과 중 3과목, 영어교과 3과목, 사회/과학교과 중 3과목 (총 9과목)	국어/수학/영어교과 중 6과목, 사회/과학교과 중 3과목 (총 9과목)

➡ 합격자 성적분포: 인문계열은 4등급 중반 ~ 5등급 후반, 자연계열은 5등급 초반 ~ 6등급 중반.

■ 모집단위

'*' 표시 : 교직 이수 가능

계열	모집단위	2025 모집 인원	2024 모집 인원	지원 인원	경쟁 률	최종 평균	최종 최저	충원 번호	2023 모집 인원	지원 인원	경쟁 률	최종 평균	최종 최저	충원 번호	2022 모집 인원	지원 인원	경쟁 률	최종 평균	최종 최저	충원 번호
인문	자유전공학부	25																		
인문	영미문학학	8																		
인문	공공인재빅데이터융합학	10																		
인문	한국어문학	8																		
인문	재활상담학	8																		
인문	중국어문화콘텐츠학	7																		
인문	경제금융학	8																		
인문	일본학	8																		
인문	디지털영상문화콘텐츠학	4	4	27	6.8	3.82	4.38													
인문	미디어영상광고홍보학	10	10	99	9.9	4.18	5.97	2												
인문	경영학	8	8	73	9.1	4.51	5.35	3												
인문	글로벌비즈니스학	8	8	56	7.0	4.59	5.38	6												
인문	IT경영학	7	8	51	6.4	4.78	6.00	2												
인문	사회복지학	8	8	41	5.1	4.85	5.59	1												
인문	심리.아동학	10	10	54	5.4	5.05	6.32	4												
인문	문예창작학	10	10	46	4.6	5.16	6.19	2												
인문	한국사학	10	10	44	4.4	5.21	6.41	3												
자연	AI·SW계열	80	64	242	3.8	4.87	7.00	24												
자연	AI시스템반도체학	8	8	31	3.9	4.88	5.70	2												
자연	응용통계학	10	10	40	4.0	5.06	6.61	6												
자연	수리금융학	10	10	29	2.9	5.45	6.81	5												

108. 한양대학교

(서울캠퍼스) 서울특별시 성동구 왕십리로 222 (Tel: 02. 2220-3064~3075)

I. 한 눈에 보는 전형

모집시기	전형유형	전형	모집인원	전형 방법	수능최저학력기준
수시	교과	추천형 [2024] 지역균형발전	333	학생부교과90%+ 교과정성평가10% ※ 고교 추천: 3학년 재적 수의 11%	○
수시	종합	추천형 [신설]	182	학생부종합평가100%　　　　　 ※ 고교 추천: 3학년 재적 수의 11%	○
수시	종합	서류형 [2024] 일반전형	684	학생부종합평가100%	X
수시	종합	면접형 [신설]	29	1단계)학생부종합평가100%(5배수) 2단계)1단계80%+ 면접20%	X
수시	종합	고른기회	118	학생부종합평가100%	X
수시	종합	특성화고졸재직자	145	학생부종합평가100%	X
수시	논술	논술전형	224	학생부종합평가10%+ 논술90%	X(한양인터칼리지학부○)
수시	실기/실적	특기자	117	▶미술특기자: 1단계)학생부종합평가100%(20배수) 2단계)실기100% ▶피아노과: 1단계)실기100%(3배수) 2단계)학생부교과10%+ 실기90% ▶관현악과: 실기90%+ 학생부교과10% ▶국악과('작곡, 이론' 제외): 실기80%+ 학생부교과20% ▶국악과(작곡, 이론): 실기60%+ 학생부교과40% ▶체육특기자: 경기실적70%+ 학생부종합평가30% ▶연기특기자: 연기실적70%+ 면접30% ▶무용특기자: 실기80%+ 학생부교과20%	X
정시가	수능	일반전형	859	수능100% ▶연극영화학과(영화전공), 스포츠산업과학부(스포츠매니지먼트): 수능100%	X
정시가	실기/실적	예체능	68	▶성악과: 1단계)실기100%(3배수) 2단계)수능20%+ 실기80% ▶작곡과: 수능30%+ 실기70% ▶관현악과: 수능20%+ 실기80% ▶연극영화학과(연출및스텝, 연기): 실기55%+ 수능45%	X
정시가	수능	농어촌학생	57	수능100%	X
정시가	수능	기회균형선발	32	수능100%	X
정시가	수능	특성화고교졸업자	28	수능100%	X
정시가	수능	특수교육대상자	10	수능100%	X
정시나	수능	일반전형	304	수능100% ▶스포츠산업과학부(스포츠사이언스): 수능70%+ 실기30%	X
정시나	실기/실적	예체능	10	▶피아노과: 1단계)실기100%(3배수) 2단계)실기70+ 수능30%	X
정시나	수능	농어촌	19	수능100%	X
정시나	수능	기회균형선발	10	수능100%	X
정시나	수능	특성화고교졸업자	8	수능100%	X
정시나	수능	특수교육대상자	3	수능100%	X

※ **반도체공학과**는 ㈜SK하이닉스와 협약에 의해 설치된 채용조건형 계약학과임

(수시모집) 지원 가능 횟수	본교 캠퍼스, 전형 간 중복(복수) 지원을 할 수 있습니다. • 학생부종합 추천형, 서류형, 면접형 중에서 1개 전형만 지원 가능

■ 무전공(전공자율선택)

유형① [대학 내 모든 전공(보건의료, 사범 등 제외) 자율 선택]		유형② [계열/단과대 모집 후 모집단위 내 전공 자율 선택]	
모집단위	인원	모집단위	인원
한양인터칼리지학부	250		

■ **한양인터칼리지학부** 입학생은 2학년부터 희망하는 전공을 선택할 수 있습니다. (의과대학, 간호대학, 사범대학, 예술체육대학, 계약학과 제외)

■ 학교폭력 조치사항

전형	전형 총점	감점								
		1호	2호	3호	4호	5호	6호	7호	8호	9호
학생부교과/종합 (추천형)	1,000	학교생활기록부에 학교폭력이력이 있는 자에 대해서 학교장 추천 불가								
학생부종합 논술, 실기/실적	1,000	학교생활기록부 기재사항 중 학교 폭력 관련 내용이 확인될 경우 전형관리위원회의 심의 결과에 따라 불이익이 있을 수 있음								

■ 전형결과

※ 면접형: 일반전형의 해당 모집단위 전형 결과 ※ 성적 산출기준: (수시) 교과 석차등급, (정시) 수능 백분위

모집시기	전형유형	전형	학년도	모집인원	지원인원	경쟁률	등록자 평균	논술점수 평균	충원율
수시	교과	추천형	2024	338	2,082	6.16	1.39		289%
수시	종합	서류형	2024	863	13,501	15.64	2.77		165%
수시	종합	면접형	2024	26	587	22.58	2.25		193%
수시	논술	논술전형	2024	236	27,033	114.55		87.6	8%

■ (주요전형) 전형일정

유형	전형	원서접수 마감	대학별 고사(면접/논술)	1단계 합격자	최종 합격자
교과	추천형	9.13(금) 18:00 학교장추천: 9.25(수) 18:00			12.13(금)
종합	서류형	9.13(금) 18:00			12.13(금)
종합	면접형	9.13(금) 18:00	11.30(토)	11.06(수)	12.13(금)
종합	추천형	9.13(금) 18:00 학교장추천: 9.25(수)			12.13(금)
논술	논술전형	9.13(금) 18:00	11.23(토) 상경/인문계열 11.24(일) 자연계열		12.13(금)

▶ 11.23(토) [상경계열] 09:30 정보시스템학과(상경), 정책학과, 경제금융학부, 경영학부, 파이낸스경영학과, 한양인터칼리지학부(인문)
　　　　　　 [인문계열] 13:30 국어국문학과, 사학과, 철학과, 연극영화학과(영화전공)
　　　　　　　　　　　 17:00 정치외교학과, 사회학과, 미디어커뮤니케이션학과, 관광학부
▶ 11.24(일) [자연계열]
　　　　　 09:30 건축학부, 건축공학부, 건설환경공학과, 도시공학과, 간호학과, 식품영양학과, 한양인터칼리지학부(자연)
　　　　　 13:30 전기•생체공학부(전기공학), 신소재공학부, 기계공학부, 산업공학과, 수학과, 물리학과, 화학과, 생명과학과, 수학교육과
　　　　　 17:00 융합전자공학부, 컴퓨터소프트웨어학부, 화학공학과, 미래자동차공학과, 반도체공학과

II. (수시모집) 주요 전형

■ (학생부교과) 추천형

전형	모집인원	전형 방법	수능최저학력기준
추천형	333	학생부교과90%+ 교과정성평가10%	○

1. **지원자격**: 소속 고등학교장의 추천을 받은 2024년 2월 이후(2024년 2월 졸업자 포함) 국내 정규 고교 졸업(예정)자로서 통산 5개 학기 이상 국내 고교 성적 취득자 ※ 2024년 4월 1일자 학교알리미 공시자료 기준, 3학년 재적인원 11% 인원만큼 추천 가능
　※ 학교생활기록부에 학교폭력이력이 있는 자에 대해서 학교장 추천 불가
　※ 학생부교과(추천형) 지원 시 재학 중 (또는 졸업한) 고등학교와 반드시 사전협의 후 원서접수 요망
　※ 지원 제한(불가) 고교
　　: 특성화고, 마이스터고, 예술고, 체육고, 방송통신고, 학력인정고, 일반/종합고의 전문계반(학과), 학생부 성적체계가 다른 고교
2. **제출서류**: 학교생활기록부, 학교장 추천 명단
3. **수능최저학력기준**:

[국어, 수학, 영어, 사/과탐(1과목)] 중 3개 영역 등급 합 7 이내
※ 수능 필수 응시영역: 국어, 수학, 영어, 탐구(2과목)

◎ 전형요소
● 학생부(900점)

반영요소 반영비율	반영교과목			교과성적 산출지표	학년별 반영비율
	구분	반영방법			
교과100%	공통 및 일반선택	국어, 영어, 수학, 사회, 과학, 한국사교과에 속한 전 과목 ※ 반영학기: (교과) 졸업예정자 및 졸업자 모두 3학년 1학기까지		석차등급	학년 구분 없음
	진로선택	-		-	

구분		1등급	2등급	3등급	4등급	5등급	6등급	7등급	8등급	9등급
점수	100점	100	96	89	77	60	40	23	11	0
등급 간 점수 차이	100점	0	4	7	12	17	20	17	12	11
	90점	0	3.6	7.3	10.8	15.3	18	15.3	10.8	9.9

● 교과정성평가(100점)
1. 평가방법: 지원자(학생부)를 2인 1조의 전임입학사정관 그룹이 종합적으로 정성평가하고, 일정 점수 이상 차이가 나는 경우 재심위원회를 개최하여 점수를 조정함
2. 평가항목

평가영역	평가항목	평가내용
평가영역	계열적합성	• 교육과정 편성 및 이수과목, 이수단위 등을 중심으로 계열적합성을 평가
교과학습발달상황	학교생활성실도	• 출결 및 학교폭력사항 등을 중심으로 학교생활 성실도를 평가

◎ 전형결과
■ 전체

학년도	전체						인문						자연				
	모집 인원	지원 인원	경쟁 률	등록 평균		충원 율	모집 인원	지원 인원	경쟁 률	등록 평균		충원 율	모집 인원	지원 인원	경쟁 률	등록 평균	충원 율
2022	330	2,671	8.09	1.42		343%	146	1,208	8.27	1.45		413%	184	1,463	7.95	1.38	273%
2023	336	2,740	8.15	1.37		304%	146	1,193	8.17	1.41		356%	190	1,547	8.14	1.33	252%
2024	338	2,082	6.16	1.39		289%	154	1,002	6.51	1.47		332%	184	1,080	5.87	1.30	246%
2025	333						176						157				

■ 변경사항 & 핵심포인트
[2025]

변경사항	2024	2025
전형명칭 변경	지역균형발전	추천형
모집인원	338명	333명(-5명)
학교폭력 사실이 확인될 경우	-	정도에 따라 전형관리위원회 심의를 거쳐 감점 또는 불합격 처리
전형방법 변경	학생부교과100%	학생부교과90%+ 교과정성평가10%
수능최저 도입	-	[국어, 수학, 영어, 탐구(1)] 3개 등급 합 7
(자연계열) 계열별 지정과목 폐지	i. 수학 교과에서 미적분 또는 기하 중 1과목 이상 이수 / ii. 과학 교과에서 물리학Ⅱ, 화학Ⅱ, 생명과학Ⅱ, 지구과학Ⅱ(진로선택과목) 중 1과목 이상 이수	-
(학생부) 진로선택과목	반영교과 중 상위 3과목	-

• 명칭변경: 지역균형발전->추천형으로 변경됨
• 교과정성평가 도입: 학생부교과100%->학생부교과90%+ 교과종합평가10%로 변경되면서 교과종합평가를 도입함
  - 학교생활기록부 '교과학습발달상황' 항목을 정성적으로 평가.
• 수능최저 도입: 수능최저를 미적용->'3개 등급 합 7 이내'로 도입함. 고려대 학교추천과 같음. 합격선이 상승할 수 있음
• 학생부 정량평가시 진로선택과목 미반영: 전년도에 상위 3과목 반영->미반영으로 변경됨
☑ 합격자 성적분포: 인문계열은 1등급 초반 ~ 1등급 중반, 자연계열은 1등급 중반 ~ 1등급 중반
교과정성평가 도입은 영향력이 작을 수 있지만, 수능최저학력기준 도입으로 인해 합격선이 다소 낮아질 수 있음

■ 모집단위
'*' 표시 : 교직 이수 가능

계열	모집단위	2025	2024					2023					2022				
		모집 인원	모집 인원	지원 인원	경쟁 률	등록 평균	충원 번호	모집 인원	지원 인원	경쟁 률	등록 평균	충원 율	모집 인원	지원 인원	경쟁 률	등록 평균	충원 율
인문 자연	한양인터칼리지학부	40															
인문	정보시스템학과(상경)	5	5	27	5.4	1.25	4	5	23	4.6	1.26	280%	5	29	5.8	1.29	240%
인문	교육학과	3	3	29	9.7	1.31	17	3	56	18.7	1.20	1200%	3	43	14.3	1.48	833%

계열	모집단위	2025 모집인원	2024 모집인원	지원인원	경쟁률	등록평균	충원번호	2023 모집인원	지원인원	경쟁률	등록평균	충원율	2022 모집인원	지원인원	경쟁률	등록평균		충원율
인문	*정책학과*	9	12	94	7.8	1.33	41	12	61	5.1	1.56	342%	12	99	8.3	1.23		625%
인문	*경제금융학부**	9	12	93	7.8	1.35	50	12	108	9.0	1.41	500%	12	86	7.2	1.48		392%
인문	미디어커뮤니케이션학과	5	6	78	13.0	1.36	23	6	41	6.8	1.68	483%	6	75	12.5	1.28		333%
인문	영어교육과	4	4	29	7.3	1.40	12	3	25	8.3	1.20	133%	3	25	8.3	1.58		700%
인문	교육공학과	3	3	27	9.0	1.41	18	3	13	4.3	1.45	300%	3	26	8.7	1.34		600%
인문	관광학부*	5	5	35	7.0	1.44	12	5	58	11.6	1.48	240%	5	34	6.8	1.72		260%
인문	중어중문학과*	6	7	53	7.6	1.45	25	7	35	5.0	1.58	239%	7	60	8.6	1.57		257%
인문	국어교육과	3	3	20	6.7	1.46	14	3	15	5.0	1.50	400%	3	33	11.0	1.14		167%
인문	실내건축디자인학과(인문)	10	11	63	5.7	1.46	21	7	32	4.6	1.48	114%	7	37	5.3	1.48		186%
인문	사회학과	4	4	31	7.8	1.47	27	4	42	10.5	1.43	525%	4	40	10.0	1.55		500%
인문	국어국문학과*	4	4	39	9.8	1.47	27	4	35	8.8	1.53	450%	4	34	8.5	1.56		525%
인문	독어독문학과*	4	4	23	5.8	1.49	11	4	30	7.5	1.52	325%	4	28	7.0	1.69		250%
인문	파이낸스경영학과	5	6	39	6.5	1.50	25	6	40	6.7	1.24	550%	6	51	8.5	1.29		433%
인문	정치외교학과*	4	4	22	5.5	1.51	15	4	38	9.5	1.30	475%	4	40	10.0	1.43		725%
인문	의류학과(인문)*	9	10	42	4.2	1.55	13	7	41	5.9	1.47	157%	7	36	5.1	1.56		229%
인문	*경영학부**	26	32	163	5.1	1.55	119	32	361	11.3	1.29	444%	32	266	8.3	1.45		534%
인문	사학과*	3	3	19	6.3	1.62	4	3	16	5.3	1.31	167%	3	21	7.0	1.40		333%
인문	영어영문학과*	7	8	36	4.5	1.63	22	8	72	9.0	1.39	225%	8	73	9.1	1.53		438%
인문	철학과*	3	3	14	4.7	1.66	2	3	24	8.0	1.39	133%	3	28	9.3	1.59		333%
인문	행정학과*	5	5	26	5.2	1.73	9	5	27	5.4	1.28	160%	5	44	8.8	1.28		200%
자연	화학공학과	5	6	57	9.5	1.12	17	6	153	25.5	1.21	533%	6	40	6.7	1.75		433%
자연	수학교육과	3	3	20	6.7	1.13	7	3	19	6.3	1.38	400%	3	29	9.7	1.31		633%
자연	신소재공학부	8	10	66	6.6	1.19	32	10	69	6.9	1.25	270%	10	73	7.3	1.20		220%
자연	생명과학과*	6	6	27	4.5	1.21	15	6	37	6.2	1.25	333%	6	50	8.3	1.18		300%
자연	생명공학과	3	3	22	7.3	1.21	9	3	26	8.7	1.36	500%	3	50	16.7	1.09		400%
자연	*데이터사이언스학부*	5	10	62	6.2	1.22	17	10	99	9.9	1.21	200%	10	121	12.1	1.28		380%
자연	*컴퓨터소프트웨어학부*	13	17	81	4.8	1.23	58	17	101	5.9	1.19	365%	16	109	6.8	1.18		306%
자연	에너지공학과	4	4	45	11.3	1.23	11	3	32	10.7	1.39	233%	3	18	6.0	1.54		200%
자연	*융합전자공학부*	13	18	83	4.6	1.23	56	18	105	5.8	1.22	383%	17	103	6.1	1.18		341%
자연	화학과*	6	7	31	4.4	1.25	13	7	48	6.9	1.25	157%	7	46	6.6	1.24		329%
자연	*기계공학부*	17	21	115	5.5	1.26	51	21	139	6.6	1.29	305%	21	174	8.3	1.33		400%
자연	원자력공학과	5	5	39	7.8	1.28	20	5	35	7.0	1.41	260%	5	37	7.4	1.44		140%
자연	식품영양학과(자연)*	8	9	38	4.2	1.30	6	9	53	5.9	1.35	189%	9	45	5.0	1.40		122%
자연	전기공학전공	5	6	28	4.7	1.30	8	6	76	12.7	1.24	233%	6	72	12.0	1.40		300%
자연	건축학부	5	6	42	7.0	1.30	11	6	45	7.5	1.43	267%	6	52	8.7	1.35		233%
자연	유기나노공학과	4	4	34	8.5	1.32	9	4	26	6.5	1.45	175%	4	28	7.0	1.22		100%
자연	반도체공학과	6	6	28	4.7	1.33	16	5	44	8.8	1.04	260%						
자연	물리학과*	4	4	38	9.5	1.37	11	4	24	6.0	1.52	400%	4	38	9.5	1.35		350%
자연	미래자동차공학과	4	5	26	5.2	1.38	8	5	36	7.2	1.33	220%	5	53	10.6	1.33		180%
자연	건축공학부	5	5	27	5.4	1.39	14	5	45	9.0	1.39	80%	5	36	7.2	1.57		240%
자연	산업공학과	5	5	29	5.8	1.39	20	5	30	6.0	1.34	180%	5	37	7.4	1.33		220%
자연	수학과*	5	5	36	7.2	1.41	13	5	82	16.4	1.36	240%	5	71	14.2	1.56		300%
자연	건설환경공학과	6	7	47	6.7	1.42	13	7	70	10.0	1.38	171%	7	43	6.1	1.48		300%
자연	도시공학과	5	5	25	5.0	1.44	12	5	34	6.8	1.37	260%	5	46	9.2	1.50		300%
자연	간호학과(자연)*	4	4	15	3.8	1.46	4	4	31	7.8	1.15	200%	5	31	6.2	1.34		280%
자연	자원환경공학과	3	3	19	6.3	1.46	2	3	32	10.7	1.50	133%	3	18	6.0	1.30		167%

■ (학생부종합) 추천형

전형	모집인원	전형 방법	수능최저학력기준
추천형 [신설]	182	학생부종합평가100%	○

1. **지원자격**: 소속 고등학교장의 추천을 받은 2024년 2월 이후(2024년 2월 졸업자 포함) 국내 정규 고교 졸업(예정)자로서 통산 5개 학기 이상 국내 고교 성적 취득자
   ※ 2024년 4월 1일자 학교알리미 공시자료 기준, 3학년 재적인원 11% 인원만큼 추천 가능
   ※ 학교생활기록부에 학교폭력이력이 있는 자에 대해서 학교장 추천 불가
   ※ **학생부종합(추천형, 서류형, 면접형) 중 1개 전형만 지원 가능**

2. 제출서류: 학교생활기록부, 학교장 추천 명단
3. 수능최저학력기준:

> [국어, 수학, 영어, 사/과탐(1과목)] 중 3개 영역 등급 합 7 이내
> ▶ 의예과: 3개 영역 등급 합 4 이내 ※ 수능 필수 응시영역: 국어, 수학, 영어, 탐구(2과목)

◎ 전형요소
● 학생부종합평가(1,000점: 최저점 0점): 고교 교육과정의 충실한 이수, 종합성취도, 핵심역량 등을 종합적으로 평가합니다.
✔ 다수의 교사가 다년간 작성한 학교생활기록부의 내용에서 공통적으로 보여주고 있는 학생의 역량을 다수의 입학사정관들이 공정하고 투명한 '횡단평가'의 방법을 통해 다단계로 평가하고 있습니다

☞ 보충설명
• 서류형, 면접형, 추천형 3전형의 서류평가 반영은 동일함
• 올 해는 전년도보다 교육과정 이수 내용을 더 살펴볼 예정
• 종합평가에서 약 5배수 선발 후(매 년 다를 수 있음) 심층평가를 실시.
• 평가시 4개 평가영역 중 세특을 중점적으로 살펴 봄.
• 비판적사고역량, 창의적사고역량, 자기주도역량, 소통협업역량, 4개 평가역량을 25%씩 균등 반영하므로 4개를 골고루 잘해야 좋은 평가.
  – 학업50%, 인성50% 반영, 학업이 중요함. 학업이 부족하면 인성이 우수해도 합격하기 어려움.
  – 인성 및 잠재력영역은 변별력이 낮아 학업영역이 중요함. 학업역량이 부족하면 합격하기가 쉽지 않음. 창의적 사고역량에서 변별력이 큼.
  – 비판적사고역량은 학업역량을, 창의적사고역량은 학문간의 융합이나 해결책을 보고자 함
  – 4개 역량 중 한 개 역량이 뛰어난 학생들은 별도 분류하여 실사 등을 통해 검증. 즉, 특정한 영역이 우수한 경우는 관련 역량을 높이 평가
  – 사랑의 실천, 실용적 학풍을 눈여겨 봄
  – 고교 교육과정을 신뢰하며, 학생의 교내활동과 (학생부에 담긴) 교사의 학생 관찰 내용을 적극적으로 참고해 종합평가.
    • 평가 과정에서 학생부에 기록된 수험생의 활동 내용에 대해 확인이 필요하다면 학교 측과 교류하며 문의함.
• 학생부 주요 4개 평가영역 중심으로 보고, 나머지 영역은 참고하는 수준,
  – 평가기준에 기재되지 않은 학생부 영역(예, 9 독서)은 미반영이 아니라 참고하는 것임
  – 독서는 참고 수준, 직접 반영 안 함. 교과는 성적도 반영 안 하고, 성적 추이도 반영하지 않음. 단, 세부능력 및 특이사항은 반영.
  – 추천서를 안 받는 대신에 종합의견 반영
• 학업역량은 적성은 학업능력 및 소질과 적성에 따른 다양한 교내 활동 수행 현황 등, 인성 및 잠재력은 소통, 공동체의식, 자기주도력, 역경극복, 성장잠재력 등
• 전공적합성은 학과가 아닌 계열(인문,상경,자연)별 전공적합성으로 이해
• 잠재력과 성장가능성이 뛰어난 학생을 선발하고자 함. 현재 눈에 띌만한 결과물이나 실적은 없더라도 앞으로의 성장 가능성이 있다면 해당 학생을 선발해 한양대의 자랑인 실용학풍을 통해 더욱 우수한 학생으로 키워나가고자 함
• 학생들마다 어필할 수 있는 영역이 다를 수 있음. 학업역량과 인성 및 잠재력을 두루 적을 수 있는 영역은 창의적 체험활동이므로 중요함. 학생이 한 활동이 누락되지 않도록 하는 것이 중요함
• 학생부종합 전형을 준비하는 수험생은 무엇보다 교내 활동 관리에 중점을 둬야한다. 학생부에 기재된 교내 활동과정(경험, 역할, 학습내용)이 적극적으로 평가되니 활동 자체에 중점을 두기보다는 그 활동 속에서 성장하는 모습을 보이는 것이 중요
• 교내에서 마련해준 프로그램이 없으면 만들거나 선생님의 지도로 역량을 키워온 학생, 학교에서 충실히 생활하면서 역량을 키워온 학생.
• 목표하는 고교 유형을 설정해 놓고 설계한 것이 아니라, 정말 학교생활 충실히 하고 잠재력 있는 학생을 선발하고자함.
  내신보다는 충실한 질 높은 교내 활동을 한 학생을 원함.

■ 학생부종합전형 평가방법
I. 학생부종합평가 구조 및 각 항목의 정의
  학생부종합평가에서는 학생부의 주요 평가영역(세부능력 및 특기사항, 창의적 체험활동, 행동특성 및 종합의견)에 나타난 각 학생의 종합성취도와 4대 핵심역량을 종합적으로 평가합니다.
  1. 학생부종합평가 구조

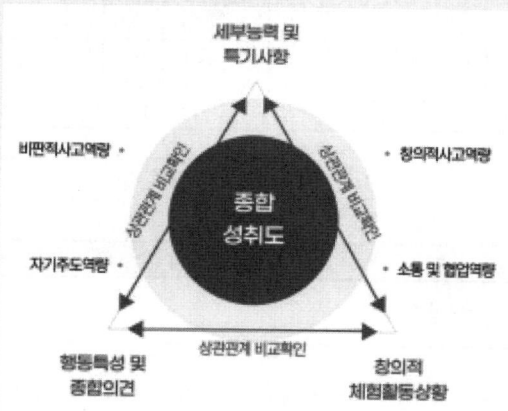

  2. 평가항목 정의와 구성요소
    ① 종합성취도
      단순하게 교과 성적을 정량적으로 수치화하여 반영하는 개념의 지표가 아니며, 학생부에 드러난 학업관련 기록을 통하여 종합적인

성취를 판단하는 개념의 지표입니다. 따라서 종합성취도 평가란 학생이 이수한 과목의 성취도(원점수/평균/표준편차), 창의적 체험활동, 세부능력 및 특기사항 등 학생부에 기록된 모든 내용을 토대로 학생의 교육여건과 교육과정을 고려하여 고등학교 3년 동안의 성취를 정성적으로 평가하는 것을 의미합니다.

② 4대 핵심역량

역량	정의 및 구성요소
비판적 사고 역량	어떠한 현상 혹은 지식에 대하여 의문을 갖고 합리적인 추론을 근거로 질문이나 토론을 통해 반성적으로 숙고하고 평가하는 역량 ① 비판적 질문: 표면적으로 드러난 현상 이면의 원리나 함의에 대하여 "왜", "어떻게", "정말 그럴까" 등과 같은 질문을 가지고 탐구를 촉발시킬 수 있는가? ② 분석적 사고: 명확인 이해를 위해 복잡한 현상을 개별 요소로 나누어 정리하는 능력이 있는가? ③ 논리적 전개: 다양한 정보 혹은 근거의 관계를 합리적이고 일관되게 규명하는가? ④ 타당한 평가: 자기성찰 혹은 타인과의 소통을 통하여 자신 뿐 아니라 타인의 사고과정과 결과물에 대해 올바르게 검증하고 평가할 수 있는가?
창의적 사고 역량	지적 호기심을 바탕으로 문제에 대해서 상세히 고찰하고 정보처리 및 해석 능력을 통해 주어진 관련 정보를 다각도로 분석하여 학문간 연계 및 지식의 확장, 독창적 문제 해결로 나아가는 역량 ① 문제 인식: 지적호기심을 바탕으로 주어진 문제에 대해 의문을 가지는가? ② 융합적 사고: 자신이 가진 다양한 정보를 유기적으로 종합하여 이해하는 능력이 있는가? ③ 해결책 제시: 새로운 것을 기획하고 실천하여 결과를 만들어 낼 수 있는가?
자기 주도 역량	자발적인 [동기 - 계획 - 노력 - 성취 - 피드백]의 과정을 통해 지속적으로 학습하여 능력과 자질을 갖추어가는 자기관리역량 ① 동기형성 및 계획수립: 다양한 교내 활동 및 교과 수업시간 중 자발적 참여를 통해 본인의 흥미와 적성을 발견하고 이를 발전시키기 위한 계획을 수립하는가? ② 수행 및 성취: 수립한 계획을 바탕으로 본인의 흥미와 적성 계발하기 위해 열정을 다해 꾸준히 노력하여 목표를 당성하고 있는가? ③ 목표 확장: 달성한 목표를 자율적 판단과 평가를 통해 새로운 목표로 확장해 나가고 있는가?
소통 협업 역량	공동체의 발전을 위해 자발적인 협력태도를 보이며, 책임감과 공감능력을 바탕으로 타인을 배려하고자 노력하는 역량 ① 경청 및 공감: 상대방의 의견을 청취하고 의도를 정확이 파악하며 상대방의 입장에서 공감하고 이해하기 위해 노력하는 모습을 보이는가? ② 공동체 역할수행: 과제해결 과정에서 자발적인 협력의 태도를 보이며 적극적으로 임하는가? ③ 시민의식 확장: 지역 및 세계 속 공동체의 일원으로서 환경, 기아, 빈곤, 인권과 같은 범지구적인 문제에 관심을 가지고 참여하고자 하는가?

II. 학생부종합평가 항목별 평가 내용
1. 평가항목별 평가개요

평가절차	평가주체	평가항목			주요 평가영역	평가내용
종합역량 평가	전임	종합성취도			창의적체험활동	학생부에 드러난 학업관련 기록을 통하여 종합적인 성취를 평가
					세부능력및특기사항	• 학생부 교과등급을 정량적으로 평가하는 것이 아님
					행동특성및종합의견	• 학생의 교육여건과 교육과정을 고려하여 종합적인 성취를 정성평가
성취역량 평가	전임 · 위촉/ 공공	4대 핵심 역량	학업 영역	비판적사고역량 창의적사고역량	창의적체험활동	관심분야에 참여한 교내 활동평가
					세부능력및특기사항	학업노력에 대한 교과목 교사의 의견 확인
					행동특성및종합의견	학업·관심분야에 대한 담임교사의 의견 확인
			인성및 잠재성 영역	자기주도역량 소통·협업역량	창의적체험활동	교내활동 속에서 확인되는 인성·잠재력 평가
					세부능력및특기사항	수업 및 생활태도 전반에 대한 교과목 교사의 의견 확인
					행동특성및종합의견	학교생활에 대한 담임교사 의견 확인

✔ 학생부 주요평가영역 : 종합평가 시 중점적으로 확인·평가하는 항목
✔ 학생부 주요평가영역을 제외한 기타 학생부영역 또한 종합평가 시 참고자료로 활용됨
✔ '학교생활기록부 기재요령'에 어긋나는 수상 및 활동은 학교생활기록부에 기재되어 있어도 평가 반영 불가
▶ 교외수상 : 평가 반영 불가 ("2024 학교생활기록부 기재요령 - 학교생활기록부 작성 시 유의사항" 19page)
▶ 교외활동 : 학교장이 승인한 교육부 및 직속기관, 시도교육청 및 직속기관, 교육지원청 및 소속기관 주최·주관 체험활동에 한해 평가에 반영("2023 학교생활기록부 기재요령 - 학교생활기록부 작성 시 유의사항" 19page)

III. 학생부종합평가 절차와 방법
학생부종합평가에서는 공정하고 엄정한 평가를 위해 **종합역량평가와 성취역량평가**로 구성된 **다수 다단계 평가**를 시행하고 있습니다.
이와 더불어 필요 시 **재심위원회** 개최와 **고교 방문실사**를 통해 공정성과 타당성을 확보하고 있습니다.
또한 이 모든 평가의 방법론으로 각사정관의 **전문성과 상호주관성**이 바탕이 된 '**횡단평가**'를 사용하여 공정하고 투명한 평가를 진행하고 있습니다.

1. 학생부종합 평가 절차

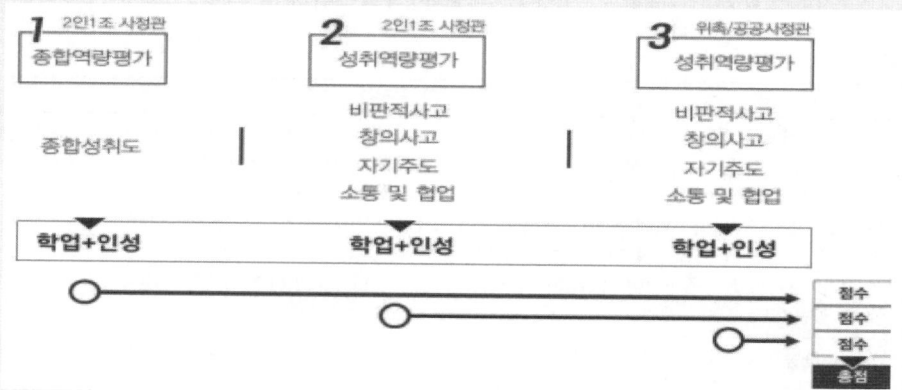

평가단계	단계별 평가방법
종합역량 평가	지원자 전체를 대상으로 2명으로 구성되어 있는 평가자 그룹이 **종합성취도와 4대 핵심역량 간의 상관관계**를 중심으로 독립적으로 평가하고, 위촉사정관은 전공학문에 관한 자문 및 검토에 참여합니다.
성취역량 평가	종합역량평가를 통해 우수성이 검증된 지원자를 대상으로 2명의 전임사정관으로 구성된 사정관 그룹이 학생의 4대 핵심역량 **[비판적 사고역량, 창의적 사고역량, 자기주도 역량, 소통·협업 역량]**을 평가합니다. 또한 위촉사정관/공공사정관은 해당 학부에 나와 있는 학생의 역량을 4대 핵심역량을 중심으로 검토하여 종합적으로 평가합니다.
재심 위원회	심층평가에서 편차 발생 시 전임사정관 5명으로 구성된 재심 위원회를 개최하여 점수 차이에 대해 논의하고 조율할 수 있습니다.
고교 실사	마지막으로 학생의 역량과 학생부 기재사항에 대해 한 번 더 확인이 필요하다면 실제로 해당 고등학교에 방문 하여 사실을 확인하고 있습니다.

2. 횡단평가의 정의와 세부내용

"횡단평가"는 학교생활기록부에 나타난 학생의 역량을 **항목 / 학년 간 '횡단' 확인을 통해 상호 연계적으로 평가하는 방법**을 의미합니다. 이것은 **본교의 학생부종합전형 평가의 기본 원칙**으로서 종합역량평가 및 성취역량평가의 근간을 이루고 있습니다.
한양대학교는 다수의 교사에 의해 다년간 작성되는 **학교생활기록부에 대한 신뢰**를 바탕으로 학교생활기록부에 기록된 내용에 나타난 학생의 역량을 '횡단' 확인을 통해 충분히 평가하여 학교생활기록부 외 기타 평가 서류(자기소개서, 추천서 등) 없이 우수한 인재를 정교하게 선발하고 있습니다. 이는 교육수요자인 수험생, 학부모, 교사 등의 추가적인 부담을 경감하는 것에 기여하고 있습니다.

3. 종합역량평가와 성취역량평가 세부내용

종합역량 평가	학생부종합 평가항목 중 종합성취도를 중심으로 이를 얻기까지 수행했던 실행의지, 사고과정, 실천내용, 협력관계 등의 과정을 확인하고 여기서 도출된 학생의 4대 핵심역량과 종합성취도 간의 **상관관계를 비교, 분석하여 평가하는 과정**을 의미합니다. 또한, 평가자 간의 자문 및 검토과정을 포함합니다.
성취역량 평가	학생부종합평가 평가항목 중 **4대 핵심역량 (비판적 사고역량, 창의적 사고역량, 자기주도역량, 소통·협업 역량)**에 중점을 두고 학생부 내 평가영역간의 상호연계성을 바탕으로 기초, 심화 및 융복합 수준까지 종합적으로 평가하는 과정을 의미합니다. 또한, 평가자 간 일정수준 이상의 편차발생 시 이를 조정하는 과정도 포함합니다

■ [전형비교] (교과) 추천형과 (종합) 추천형

구분	[교과] 추천형	[종합] 추천형
전형방법	학생부교과90%+ 교과정성평가10%	학생부종합평가100%
모집인원	333명	182명

구분	[교과] 추천형	[종합] 추천형
추천인원	3학년 재적 수의 11%	3학년 재적 수의 11%
수능최저학력기준	[국어, 수학, 영어, 사/과탐(1과목)] 중 3개 영역 등급 합 7 이내	
면접 시기	–	–
중복지원	가능	

• 전형결과:

전형유형	전형	학년도	모집인원	지원인원	경쟁률	등록자 평균	등록자 70%컷	충원율
학생부교과	추천형	2024	338	2,082	6.16	1.39		289%
학생부종합	추천형 [신설]	2024						

■ [전형 비교] (종합) 추천형, 서류형, 면접형

구분	[종합] 추천형	[종합] 서류형	[종합] 면접형
전형방법	학생부종합평가100%	학생부종합평가100%	1단계)학생부종합평가100%(5배수) 2단계)1단계80%+ 면접20%
모집인원	182명	684명	29명
복수지원 여부	추천형, 서류형, 면접형 중 1개 전형에만 지원 가능		
고교 추천	3학년 재적 수의 11%	–	–
수능최저학력기준	[국,수,영,사/과(1] 3개 영역 등급 합 7 ▶ 의예: 3개 영역 등급 합 4	–	–
서류평가	학생부의 주요 평가영역(세부능력 및 특기사항, 창의적 체험활동, 행동특성 및 종합의견)에 나타난 각 학생의 종합성취도와 4대 핵심역량(비판적사고역량, 창의적사고역량, 자기주도역량, 소통협업역량)을 종합적으로 평가		
면접고사	–	–	–

• 전형결과

전형유형	전형	학년도	모집인원	지원인원	경쟁률	등록자 평균		충원율
학생부교과	추천형	2024	338	2,082	6.16	1.39		289%
학생부종합	서류형	2024	863	13,501	15.64	2.77		165%
학생부종합	면접형							

◎ 전형결과
■ 전체

학년도	전체					인문					자연					
	모집 인원	지원 인원	경쟁 률	등록 평균	충원 율	모집 인원	지원 인원	경쟁 률	등록 평균	충원 율	모집 인원	지원 인원	경쟁 률	등록 평균		충원 율
2022																
2023																
2024																
2025	182					73					109					

■ 변경사항 & 핵심포인트

[2025]
• 신설 전형, 추천전형으로 3학년 재적 수의 11%까지 추천 가능, 수능최저학력기준 적용
• 학생부종합인 추천형, 서류형, 면접형 중에서 1개 전형만 지원 가능
  – 3개 전형이 모집인원은 추천형 162명, 서류형 684명, 면접형 29명으로 서류형이 가장 많이 선발함. 추천형은 인기학과 중심으로 선발함.
• 교과성적은 정량적으로 반영하지 않음
• 4대 핵심역량(비판적사고역량, 창의적사고역량, 자기주도역량, 소통협업역량)이 학생부 주요평가영역(창의적체험활동, 세부능력및특기사항, 행동특성및종합의견)이 잘 연계된 학생들에게 적합함

■ 모집단위

'*' 표시 : 교직 이수 가능

계열	모집단위	2025	2024					2023					2022				
		모집 인원	모집 인원	지원 인원	경쟁 률	등록 평균	충원 율	모집 인원	지원 인원	경쟁 률	등록 평균	충원 율	모집 인원	지원 인원	경쟁 률	등록 평균	충원 율
인문	영어영문학과*	5															
인문	미디어커뮤니케이션학과	4															
인문	관광학부*	4															
인문	정책학과	10															
인문	경제금융학부*	8															
인문	경영학부*	18															
인문	파이낸스경영학과	5															

계열	모집단위	2025 모집인원	2024 모집인원	지원인원	경쟁률	등록평균		충원율	2023 모집인원	지원인원	경쟁률	등록평균		충원율	2022 모집인원	지원인원	경쟁률	등록평균		충원율
인문	국제학부(국제학)	9																		
인문	한양인터칼리지학부(인문)	10																		
자연	융합전자공학부	8																		
자연	컴퓨터소프트웨어학부	11																		
자연	전기공학전공	5																		
자연	바이오메디컬공학전공	4																		
자연	신소재공학부	5																		
자연	화학공학과	5																		
자연	기계공학부	11																		
자연	데이터사이언스학부	5																		
자연	의예과	25																		
자연	한양인터칼리지학부(자연)	30																		

■ (학생부종합) 서류형

전형	모집인원	전형 방법	수능최저학력기준
서류형	684	학생부종합평가100%	X

1. **지원자격**: 국내 정규 고교 졸업(예정)자 및 동등의 학력 소지자
2. **제출서류**: 학교생활기록부, 학력증명서(해당자) * 2025년 2월 2학년 수료예정자 중 상급학교 조기입학 자격 부여자(상급학교 진학대상자) 포함
   ※ 학교생활기록부가 없는 자(검정고시 출신자, 외국고교 졸업자 등)는 학교생활기록부 대체 서식을 제출받아 평가합니다.
   • 학교생활기록부 기재사항 중 학교 폭력 관련 내용이 확인될 경우 전형관리위원회의 심의 결과에 따라 불이익이 있을 수 있음
   ※ **학생부종합(추천형, 서류형, 면접형) 중 1개 전형만 지원 가능**

◎ 전형요소
● 학생부종합평가(1,000점: 최저점 0점): 추천형 참고

◎ 전형결과
■ 전체

학년도	전체 모집인원	지원인원	경쟁률	등록평균		충원율	인문 모집인원	지원인원	경쟁률	등록평균		충원율	자연 모집인원	지원인원	경쟁률	등록평균		충원율
2022	835	13,495	16.16	2.18		153%	392	5,448	13.90	2.25		119%	443	8,047	18.16	2.11		186%
2023	862	13,451	15.60	2.57		144%	391	5,208	13.32	2.76		115%	471	8,243	17.50	2.38		173%
2024	863	13,501	15.64	2.77		165%	397	5,455	13.74	2.91		114%	466	8,046	17.27	2.63		215%
2025	684						296						388					

■ 변경사항 & 핵심포인트
[2025]

변경사항	2024	2025
전형명칭 변경	일반전형	서류형
모집인원	863명	684명(-179명)
학교폭력 사실이 확인될 경우	-	정도에 따라 전형관리위원회 심의를 거쳐 감점 또는 불합격 처리
지원자격 완화	2022년 2월 이후(2022년 2월 졸업자 포함) 국내 정규 고교 졸업(예정)자 ※ 검정고시 출신자, 국외 고교 졸업자 등 학생부가 없는 자는 지원 할 수 없음	국내 정규 고교 졸업(예정)자 및 동등의 학력 소지자

• 명칭변경: 일반전형->서류형으로 변경됨
• 지원자격: 졸업년도 제한 폐지함
• 학생부종합인 추천형, 서류형, 면접형 중에서 1개 전형만 지원 가능
• 교과성적은 정량적으로 반영하지 않음
• 4대 핵심역량(비판적사고역량, 창의적사고역량, 자기주도역량, 소통협업역량)이 학생부 주요평가영역(창의적체험활동, 세부능력및특기사항, 행동특성및종합의견)이 잘 연계된 학생들에게 적합함
➡ **합격자 성적분포**: 인문계열은 1등급 중반 ~ 3등급 중반, 자연계열은 1등급 초반 ~ 3등급 초반

■ 모집단위　　　　　　　　　　　　　　　　　　　　　　　　　　　　'*'표시 : 교직 이수 가능

계열	모집단위	2025 모집인원	2024 모집인원	2024 지원인원	2024 경쟁률	2024 등록평균	충원번호	2023 모집인원	2023 지원인원	2023 경쟁률	2023 등록평균	2023 충원율	2022 모집인원	2022 지원인원	2022 경쟁률	2022 등록평균	2022 충원율
인문	한양인터칼리지학부(인문)	10															
인문	스포츠사이언스전공	6	7	154	22.0	2.04	3	7	129	18.4	2.64	29%	7	193	27.6	1.77	71%
인문	경영학부*	60	85	706	8.3	2.31	98	84	828	9.9	2.07	111%	84	833	9.9	1.84	107%
인문	스포츠매니지먼트전공	7	8	224	28.0	2.38	1	8	141	17.6	2.88	50%	8	245	30.6	1.77	38%
인문	철학과*	4	4	67	16.8	2.44	4	4	96	24.0	3.00	100%	4	99	24.8	2.97	150%
인문	정치외교학과*	8	9	105	11.7	2.53	6	9	143	15.9	2.06	233%	9	165	18.3	1.66	100%
인문	경제금융학부*	19	33	327	9.9	2.61	30	33	366	11.1	2.65	97%	33	317	9.6	2.52	88%
인문	정책학과	24	32	392	12.3	2.69	51	32	369	11.5	2.58	147%	32	415	13.0	1.64	72%
인문	파이낸스경영학과	9	15	133	8.9	2.72	21	15	127	8.5	2.45	160%	15	174	11.6	2.10	253%
인문	사회학과	8	8	192	24.0	2.73	9	8	140	17.5	3.21	175%	8	174	21.8	1.68	125%
인문	연극영화학과(영화)*	7	7	123	17.6	2.75	4	7	137	19.6	2.73		7	95	13.6	2.48	57%
인문	의류학과(인문)*	12	15	345	23.0	2.80	14	13	196	15.1	3.22	85%	12	135	11.3	2.66	125%
인문	사학과*	6	6	93	15.5	2.84	8	6	114	19.0	2.79	133%	6	152	25.3	2.76	150%
인문	행정학과*	12	10	109	10.9	2.85	5	10	96	9.6	1.98	70%	10	122	12.2	1.64	40%
인문	미디어커뮤니케이션학과	9	13	266	20.5	2.90	19	12	310	25.8	2.64	233%	12	295	24.6	1.89	108%
인문	실내건축디자인학과(인문)	13	16	273	17.1	3.03	6	14	131	9.4	3.11	50%	15	185	12.3	2.37	60%
인문	국어국문학과*	7	7	95	13.6	3.14	11	7	109	15.6	2.87	100%	7	118	16.9	2.07	100%
인문	관광학부*	5	10	121	12.1	3.15	6	9	93	10.3	2.38	11%	9	116	12.9	2.30	44%
인문	국제학부	27	38	493	13.0	3.19	65	38	627	16.5	2.83	111%	40	550	13.8	3.37	93%
인문	영어영문학과*	11	13	190	14.6	3.20	22	13	191	14.7	2.94	123%	13	175	13.5	3.05	115%
인문	정보시스템학과(상경)	6	9	161	17.9	3.41	5	9	102	11.3	3.28	33%	9	108	12.0	2.43	67%
인문	중어중문학과*	13	14	154	11.0	3.52	14	14	178	12.7	2.86	100%	14	175	12.5	3.54	79%
인문	독어독문학과*	13	13	135	10.4	4.09	14	14	140	10.0	3.10	29%	14	124	8.9	3.26	71%
자연	한양인터칼리지학부(자연)	45															
자연	의예과	30	39	927	23.8	1.42	71	39	950	24.4	1.48	146%	36	916	25.4	1.68	175%
자연	생명과학과*	12	13	482	37.1	2.00	29	13	582	44.8	2.39	169%	12	465	38.8	2.34	200%
자연	화학공학과	7	14	243	17.4	2.05	26	14	282	20.1	1.82	221%	14	255	18.2	1.53	214%
자연	반도체공학과	22	26	281	10.8	2.09	69	19	254	13.4	2.17	237%					
자연	생명공학과	9	6	184	30.7	2.12	22	6	228	38.0	1.76	167%	6	253	42.2	1.47	500%
자연	에너지공학과	10	8	142	17.8	2.18	22	8	140	17.5	2.10	388%	7	220	31.4	1.52	443%
자연	바이오메디컬공학전공	8	12	337	28.1	2.19	20	12	407	33.9	2.11	167%	11	300	27.3	2.13	127%
자연	간호학과(자연)*	13	13	249	19.2	2.20	12	12	123	10.3	2.83	67%	11	190	17.3	1.46	64%
자연	수학과*	8	8	134	16.8	2.21	19	8	158	19.8	2.08	288%	8	165	20.6	2.94	275%
자연	컴퓨터소프트웨어학부	25	36	553	15.4	2.25	116	36	831	23.1	1.76	300%	35	737	21.1	2.89	351%
자연	융합전자공학부	21	41	573	14.0	2.30	138	41	699	17.1	2.01	285%	41	743	18.1	2.96	315%
자연	데이터사이언스학부	8	40	601	15.0	2.35	79	40	524	13.1	2.31	123%	41	577	14.1	2.28	137%
자연	신소재공학부	14	23	444	19.3	2.47	76	23	357	15.5	2.68	235%	23	322	14.0	2.23	174%
자연	산업공학과	7	11	157	14.3	2.52	22	11	127	11.6	2.29	209%	11	143	13.0	1.68	136%
자연	화학과*	13	13	360	27.7	2.74	23	13	293	22.5	2.90	200%	13	238	18.3	2.65	169%
자연	전기공학전공	13	18	216	12.0	2.76	26	18	180	10.0	2.66	100%	17	232	13.7	1.70	100%
자연	유기나노공학과	8	7	128	18.3	2.86	7	7	109	15.6	2.21	143%	7	144	20.6	1.92	114%
자연	미래자동차공학과	8	12	144	12.0	2.92	13	12	109	9.1	2.53	117%	11	171	15.6	1.59	218%
자연	기계공학부	29	40	424	10.6	2.98	88	40	499	12.5	1.91	215%	40	545	13.6	1.83	265%
자연	건축학부	10	11	185	16.8	2.99	11	11	151	13.7	2.45	146%	11	198	18.0	1.85	191%
자연	건축공학부	9	11	119	10.8	3.03	9	11	106	9.6	2.59	73%	10	115	11.5	1.79	140%
자연	식품영양학과*	11	13	313	24.1	3.18	12	17	272	16.0	2.69	88%	17	236	13.9	1.91	77%
자연	물리학과*	10	10	241	24.1	3.39	26	10	188	18.8	3.50	340%	10	178	17.8	3.01	230%
자연	원자력공학과	9	8	93	11.6	3.40	17	8	70	8.8	2.40	138%	8	85	10.6	1.89	175%
자연	자원환경공학과	10	7	166	23.7	3.44	8	7	91	13.0	2.47	157%	7	104	14.9	1.68	71%
자연	도시공학과	8	10	147	14.7	3.77	13	10	120	12.0	2.76	100%	10	122	12.2	2.10	130%
자연	건설환경공학과	11	13	166	12.8	3.89	20	13	189	14.5	2.42	85%	13	186	14.3	2.20	115%

■ (학생부종합) 면접형

전형	모집인원	전형 방법	수능최저학력기준
면접형 [신설]	29	1단계)학생부종합평가100%(5배수) 2단계)1단계80%+ 면접20%	X

1. **지원자격**: 국내 정규 고교 졸업(예정)자 및 동등의 학력 소지자
   * 2025년 2월 2학년 수료예정자 중 상급학교 조기입학 자격 부여자(상급학교 진학대상자) 포함
   • 학교생활기록부 기재사항 중 학교 폭력 관련 내용이 확인될 경우 전형관리위원회의 심의 결과에 따라 불이익이 있을 수 있음
2. **제출서류**: 학교생활기록부, 학력증명서(해당자)
   ※ 학생부종합(추천형, 서류형, 면접형) 중 1개 전형만 지원 가능

◎ 전형요소
※ 신설 전형이지만 서류형의 사범대학 모집단위만 면접을 보기 위해서 면접형으로 선발함.
● **학생부종합평가(1,000점: 최저점 0점)**: 추천형 참고
● **면접(200점: 최저점 0점)**:
   1. **평가방법**: 제출서류 기반 인·적성면접
   2. **평가내용**

면접관	시간	평가요소	평가내용
2인 내외 (대면면접)	10분 내외	적성· 인성 및 잠재력	• 예비 교육인으로서 가치관 및 태도 • 질문에 대한 의사표현의 적절성 및 논리적인 전개력 ※ 학업 지식 또는 대학 전공 수준의 이해를 요구하는 어려운 질문은 배제하고 개인 역량을 중심으로 평가

◎ 전형결과
■ 전체
※ 2022~2024 : 일반전형의 해당 모집단위 전형결과

학년도	전체					인문					자연				
	모집 인원	지원 인원	경쟁 률	등록 평균	충원 율	모집 인원	지원 인원	경쟁 률	등록 평균	충원 율	모집 인원	지원 인원	경쟁 률	등록 평균	충원 율
2022	27	526	19.48	1.51	190%	24	483	20.13	1.71	246%	3	43	14.33	1.30	133%
2023	26	452	17.38	2.14	170%	23	414	18.00	2.54	172%	3	38	12.67	1.74	167%
2024	26	587	22.58	2.25	193%	23	550	23.91	2.57	152%	3	37	12.33	1.92	233%
2025	29					26					3				

■ 변경사항 & 핵심포인트

[2025]
• 신설 전형이지만 서류형(과거 일반전형)의 사범대학 모집단위만 면접을 보기 위해서 면접형으로 옮겨서 선발함
   - 일반전형이 서류형으로 변경되면서 사범대학만 면접을 보기 위해서 면접형을 만듦. 면접없이 선발하였던 전년도 일반전형 결과 참고할 것.
   - 모집단위: 사범대학 29명(교육학과6, 교육공학과6, 국어교육과8, 영어교육과6, 수학교육과3) 선발
• 학생부종합인 추천형, 서류형, 면접형 중에서 1개 전형만 지원 가능
▣ **합격자 성적분포**: 인문계열은 등급 반 ~ 등급 반, 자연계열은 등급 반 ~ 등급 반.

■ 모집단위
※ 2022~2024 : 일반전형의 해당 모집단위 전형결과 *' 표시 : 교직 이수 가능

계열	모집단위	2025	2024					2023					2022				
		모집 인원	모집 인원	지원 인원	경쟁 률	등록 평균	충원 율	모집 인원	지원 인원	경쟁 률	등록 평균	충원 율	모집 인원	지원 인원	경쟁 률	등록 평균	충원 율
인문	교육학과	6	6	187	31.2	2.14	3	6	159	26.5	2.40	217%	6	158	26.3	1.96	367%
인문	교육공학과	6	6	199	33.2	2.92	4	6	123	20.5	3.46	183%	6	134	22.3	1.65	267%
인문	국어교육과	8	5	78	15.6	3.06	10	5	68	13.6	2.21	120%	5	111	22.2	1.48	180%
인문	영어교육과	6	6	86	14.3	2.14	18	6	64	10.7	2.08	167%	7	80	11.4	1.75	171%
자연	수학교육과	3	3	37	12.3	1.92	7	3	38	12.7	1.74	167%	3	43	14.3	1.30	133%

■ (논술) 논술전형

전형	모집인원	전형 방법	수능최저학력기준
논술전형	224	학생부종합평가10%+ 논술90%	X (한양인터칼리지학부○)

1. **지원자격**: 국내 정규 고교 졸업(예정)자 및 동등의 학력 소지자
   * 2025년 2월 2학년 수료예정자 중 상급학교 조기입학 자격 부여자(상급학교 진학대상자) 포함
   ※ 학교생활기록부 기재사항 중 학교 폭력 관련 내용이 확인될 경우 전형관리위원회의 심의 결과에 따라 불이익이 있을 수 있음
2. **수능최저학력기준**: 없음. 단, 한양인터칼리지학부는 있음

▶ 한양인터칼리지학부(인문, 자연) ; [국어, 수학, 영어, 사/과탐(1과목)] 중 3개 영역 등급 합 7 이내
※ 수능 필수 응시영역: 국어, 수학, 영어, 탐구(2과목)

◎ 전형요소
● 학생부종합평가(100점: 최저점 0점)
  1. 평가기준: 학생부에 기록되어 있는 <u>출결, 봉사활동 등</u>을 참고하여 학생의 <u>학교생활 성실도 중심 종합평가</u>
  2. 학생부교과 미반영: 관련 계열 교과 이수확인
● 논술(900점: 최저점 0점)
  1. 시험안내

계열	평가유형	문항 수	출제범위	고사시간
인문	인문논술	1문항(1,200자)	• 수능 출제범위와 동일 • 수능 국어영역 및 사회탐구영역과 동일	90분
상경	인문논술	1문항(600자)	• 수능 출제범위와 동일 • 수능 국어영역 및 사회탐구영역과 동일	
	수리논술	1문항(소문항 2~3문항)	• 수능 출제범위와 동일 • 수학Ⅰ, 수학Ⅱ, 확률과 통계	
자연	수리논술	2문항(소문항 각 2~3문항)	• 수능 출제범위와 동일 • 수학Ⅰ, 수학Ⅱ, 확률과 통계, 미적분, 기하	

  2. 논술 출제영역 및 평가의도

계열	평가의도
인문	제시문에 나타난 주장과 근거를 활용하여 자신만의 종합적 의견과 정합적인 방식으로 결론을 도출하는 과정을 통해 창의적 적용 능력과 분석적 사고 능력을 평가하는 통합논술, 다양한 주제들을 활용하여 인문·사회과학적 사고력을 종합적으로 평가함
자연	단답형 문제를 지양하고 고등학교 수학의 다양한 주제들을 통합교과적으로 출제함, 학생들이 수학 교과서에 있는 정의들을 기본으로 하여 제시문을 이해하고, 이를 바탕으로 창의력을 발휘하여 논리적으로 문제가 요구하는 결론에 도달할 수 있는지를 평가함
상경	지원자의 수학능력을 적절히 평가하기 위하여 인문논술과 수리논술을 함께 출제하며, 출제 및 평가 의도는 각각 인문계열 및 자연계열의 출제 및 평가의도와 동일함

  3. 인문/상경계열 모집단위

구분	모집단위
인문	'상경계열' 제외 학과
상경	공과대학(정보시스템학과), 정책과학대학(정책학과, 행정학과), 경제금융대학(경제금융학부), 경영대학(경영학부, 파이낸스경영학과)

◎ 전형결과
■ 전체

학년도	전체						인문						자연					
	모집인원	지원인원	경쟁률	등록평균	논술평균	충원율	모집인원	지원인원	경쟁률	등록평균	논술평균	충원율	모집인원	지원인원	경쟁률	등록평균	논술평균	충원율
2022	257	25,061	97.51	4.26	82.6	20%	83	9,323	112.33	4.57	85.7	18%	174	15,738	90.45	3.95	79.4	21%
2023	246	26,553	107.94		80.6	24%	81	10,918	134.79		85.6	23%	165	15,635	94.76		75.5	24%
2024	236	27,033	114.55		87.6	8%	81	11,292	139.41		92.0	2%	155	15,741	101.55		83.2	14%
2025	224						80						144					

■ 변경사항 & 핵심포인트
[2025]

변경사항	2024	2025
모집인원	236명	224명(+8명)
학교폭력 사실이 확인될 경우	–	정도에 따라 전형관리위원회 심의를 거쳐 감점 또는 불합격 처리

• 학생부: 교과 미반영이므로 영향 없음
• 논술고사: 인문은 언어논술, 상경은 언어+수학논술, 자연은 수학논술
  - 자연계열 수학 출제범위: 수학Ⅰ, 수학Ⅱ, 미적분, 확률과 통계, 기하
▶ 합격자 성적분포: 인문계열은 3등급 중반 ~ 6등급 중반, 자연계열은 2등급 중반 ~ 6등급 초반

'*' 표시 : 교직 이수 가능

■ 모집단위

계열	모집단위	2025 모집인원	2024 모집인원	지원인원	경쟁률	논술평균	충원번호	2023 모집인원	지원인원	경쟁률	등록평균	논술평균	충원율	2022 모집인원	지원인원	경쟁률	등록평균	논술평균	충원율
인문	한양인터칼리지학부(인문)	15																	
인문	사회학과	4	4	950	237.5	95.1		4	1,010	252.5		97.5		4	753	188.3	6.15	90.5	
인문	관광학부*	4	4	828	207.0	94.3		4	896	224.0		94.6		4	678	169.5	5.25	90.2	
인문	철학과*	3	3	616	205.3	93.3		3	521	173.7		93.0		3	429	143.0	3.69	88.8	
인문	경제금융학부*	9	11	736	66.9	93.1		11	768	69.8		81.4		11	652	59.3	4.19	77.9	27%
인문	경영학부*	12	18	1,508	83.8	92.6	1	18	1,390	77.2		74.0		18	1,384	76.9	4.10	81.4	6%
인문	정치외교학과*	4	4	1,098	274.5	91.8		4	1,094	273.5		89.5		4	870	217.5	4.78	90.5	
인문	정보시스템학과(상경)	4	4	278	69.5	91.4		4	295	73.8			20%	4	283	70.8	3.35	78.8	
인문	사학과*	4	4	789	197.3	91.4		4	720	180.0		92.8		4	618	154.5	3.87	90.8	

계열	모집단위	2025 모집인원	2024 모집인원	지원인원	경쟁률	논술평균	충원번호	2023 모집인원	지원인원	경쟁률	등록평균	논술평균	충원율	2022 모집인원	지원인원	경쟁률	등록평균	논술평균	충원율
인문	정책학과	4	4	282	70.5	91.4	1	4	246	61.5		69.3		6	310	51.7	4.01	75.4	
인문	미디어커뮤니케이션학과	5	5	1,415	283.0	91.0		5	1,406	281.2		94.1		5	1,197	239.4	6.00	93.1	
인문	파이낸스경영학과	4	5	380	76.0	90.8		5	367	73.4		73.8		5	319	63.8	4.10	78.4	20%
인문	연극영화학과(영화)*	4	4	824	206.0	90.6		4	743	185.8		88.8		4	598	149.5	5.26	93.0	
인문	국어국문학과*	4	4	789	197.3	89.9		4	723	180.8		89.4	25%	4	609	152.3	5.03	93.3	
자연	한양인터칼리지학부(자연)	35																	
자연	반도체공학과	4																	
자연	수학과*	8	8	633	79.1	93.1	4	8	527	65.9		64.4	13%	8	467	58.4	4.39	82.0	25%
자연	건설환경공학과	4	5	371	74.2	91.5		5	310	62.0		79.3	20%	5	272	54.4	3.79	76.3	20%
자연	산업공학과	5	5	453	90.6	90.0	1	5	396	79.2		87.3		5	397	79.4	4.06	83.5	
자연	화학과*	5	5	360	72.0	89.8		5	264	52.8		77.1		5	256	51.2	3.92	85.5	20%
자연	물리학과*	5	5	358	71.6	88.4	1	5	293	58.6		82.8		5	266	53.2	3.22	86.3	20%
자연	전기공학전공	5	7	666	95.1	86.7		7	611	87.3		68.1		7	541	77.3	3.48	74.8	
자연	신소재공학부	7	9	1,093	121.4	85.6	1	9	1,059	117.7		66.5		9	800	88.9	3.79	74.9	11%
자연	기계공학부	9	15	1,706	113.7	85.5	3	15	1,586	105.7		67.1	13%	15	1,417	94.5	3.84	77.0	27%
자연	건축학부(자연)	4	5	517	103.4	83.8	2	5	442	88.4		88.9	20%	5	350	70.0	3.20	77.3	
자연	건축공학부	4	4	298	74.5	82.5		5	318	63.6		72.5		5	286	57.2	3.26	84.8	20%
자연	컴퓨터소프트웨어학부	10	16	2,497	156.1	81.7	2	16	2,846	177.9		85.5	38%	16	2,378	148.6	3.79	81.8	6%
자연	융합전자공학부	9	17	2,148	126.4	80.6	3	17	2,202	129.5		78.8	24%	17	1,892	111.3	4.11	85.0	29%
자연	수학교육과	3	3	182	60.7	80.4		3	204	68.0		71.8		3	198	66.0	4.21	83.3	
자연	화학공학과	4	6	681	113.5	79.9	1	6	617	102.8		64.7	33%	6	561	93.5	3.79	80.0	
자연	식품영양학과*	4	5	294	58.8	78.5		7	366	52.3		77.9	14%	8	360	45.0	4.96	80.3	13%
자연	간호학과(자연)*	5	5	326	65.2	78.2		5	288	57.6		68.9		5	307	61.4	3.54	76.9	20%
자연	미래자동차공학과	5	5	469	93.8	77.7		5	411	82.2		73.0		5	419	83.8	2.52	79.8	
자연	생명과학과*	5	5	376	75.2	76.4	1	5	343	68.6		74.3	20%	5	269	53.8	5.52	80.4	
자연	도시공학과	4	4	303	75.8	75.9	1	4	251	62.8		80.3	25%	4	245	61.3	4.96	81.9	25%

109. 한양대학교(에리카)

(에리카캠퍼스) 경기도 안산시 상록구 한양대학로 55   (Tel: 1577-2876)

Ⅰ. 한 눈에 보는 전형

모집시기	전형유형	전형	모집인원	전형 방법	수능최저학력기준
수시	교과	지역균형선발	513	학생부교과100% ※ 고교 추천: 제한 없음	○
수시	종합	서류형 [2024] 일반전형	387	학생부종합평가100%	X
수시	종합	면접형 [신설]	48	▶LIONS자율전공학부 : 1단계)학생부종합평가100%(3배수) 2단계) 1단계70%+ 면접30%	X
수시	종합	첨단융합인재 [신설]	81	학생부종합평가100%	X
수시	종합	조기취업형 계약학과	150	1단계)학생부종합평가100%(5배수) 2단계)1단계10%+ 기업체면접90%	X
수시	종합	고른기회	84	학생부종합평가100%	X
수시	종합	서해5도	2	학생부종합평가100%	X
수시	종합	국방전략기술공학 [2024] 국방정보공학	25	1단계)학생부종합평가100%(4배수) 2단계)학생부종합평가70%+ 면접15%+ 체력검정15%	X
수시	종합	특성화고졸재직자	110	학생부종합평가100%	X
수시	실기/실적	재능우수자	122	요강 참고	X (체육일반○)

(수시모집) 지원 가능 횟수	• 캠퍼스·전형 간 중복지원이 가능하나 고사 일정이 겹칠 경우 중복 응시는 불가 • 학생부종합 서류형, 면접형, 첨단융합인재 전형 간 중복지원 불가

■ 무전공(전공자율선택)

유형① [대학 내 모든 전공(보건의료, 사범 등 제외) 자율 선택]		유형② [계열/단과대 모집 후 모집단위 내 전공 자율 선택]	
모집단위	인원	모집단위	인원
LIONS자율전공학부(전계열)	223	LIONS자율전공학부(인문사회계열)	95
		LIONS자율전공학부(자연계열)	130
		디자인계열	138
		바이오신약융합학부	73

■ 모집학부별 학부(과)/전공 구분

대학	계열/학부	학부(과)/전공
공학대학	건축학부	건축학전공(5년), 건축공학전공(4년)
	스마트융합공학부(3년)	소재·부품융합전공, 로봇융합전공, 스마트ICT융합전공, 건축IT융합전공, 지속가능건축융합전공
소프트웨어융합대학	ICT융합학부	데이터인텔리전스전공, 디자인컨버전스전공
첨단융합대학	차세대반도체융합공학부	신소재·반도체공학전공, 반도체·디스플레이공학전공
	바이오신약융합학부	분자의약전공, 바이오나노공학전공
	국방지능정보융합공학부	지능정보양자공학전공, 국방전략기술공학과
디자인대학	디자인계열	주얼리·패션디자인학과, 융합디자인학부, 영상디자인학과
예체능대학	스포츠과학부	스포츠문화전공, 스포츠코칭전공
LIONS칼리지	LIONS자율전공학부(전계열)	공학대학, 소프트웨어융합대학, 첨단융합대학, 글로벌문화통상대학, 커뮤니케이션&컬처대학, 경상대학, 디자인대학
	LIONS자율전공학부(자연계열)	공학대학, 소프트웨어융합대학, 첨단융합대학
	LIONS자율전공학부(인문사회계열)	글로벌문화통상대학, 커뮤니케이션&컬처대학, 경상대학

• 전공 이수 시기 및 운영 방식은 계열/학부별로 상이할 수 있음
■ 전자공학부, 글로벌문화통상학부, 경제학부, 경영학부, 융합디자인학부는 단일 전공으로 이루어짐
■ 소프트웨어융합대학은 ICT융합학부와 단일학부(과)인 컴퓨터학부, 인공지능학과, 수리데이터사이언스학과로 구성
■ 건축학부, 스마트융합공학부, 차세대반도체융합공학부, 국방지능정보융합공학부는 학과/전공별로 신입생을 모집
■ 바이오신약융합학부는 학부와 전공(분자의약전공, 바이오나노공학전공)별로 신입생을 각각 모집함. 학부신입생은 2학년 진학 시 1개의 전공을 선택하며, 인원의 제한이 없음

■ **디자인대학**은 학부(과) 구분 없이 디자인계열로 통합 모집함. 2학년 진학 시 주얼리·패션디자인학과, 융합디자인학부, 영상디자인학과 중 1개의 학부(과)를 선택하며, 인원의 제한이 없음

■ **LIONS칼리지**는 LIONS자율전공학부(전계열/자연계열/인문사회계열)로 구성됨.
 - 2학년 진학 시 위의 표에 기재된 단과대학 중 1개의 학부(과)/전공을 선택하며, 인원의 제한이 없음
 • LIONS칼리지 2학년 진학 시 학과별 과목 이수 요건

학과	과목명	이수 요건
전자공학부	확률과 통계, 미분적분학1, 미분적분학2, 일반물리학1, 일반물리학2	B0 이상 2과목 또는 A0 이상 1과목
로봇공학과	공업수학1, 일반물리학1, 일반물리학2	A0 이상 1과목
산업경영공학과	미적분학1	C0 이상
인공지능학과	인공지능코딩	C0 이상

 ※ 위의 학과별 이수 요건 외에 어떠한 제한도 없음

■ 모집단위 신설 · 변경

구분	2024	2025
변경	(공학대학) 재료화학공학과	(공학대학) 배터리소재화학공학과
	(과학기술융합대학) 화학분자공학과	(공학대학) 에너지바이오학과
	(과학기술융합대학) 해양융합공학과	(공학대학) 융합시스템공학과
	(공학대학) 융합공학과	(공학대학) 융합시스테공학과
	(과학기술융합대학) 수리데이터사이언스학과	(소프트웨어융합대학) 수리데이터사이언스학과
	(공학대학) 재로화학공학과	(첨단융합대학) 차세대반도체융합공학부 신소재·반도체공학전공
	(과학기술융합대학) 나노광전자학과	(첨단융합대학) 차세대반도체융합공학부 반도체·디스플레이공학전공
	(과학기술융합대학) 의약생명과학과	(첨단융합대학) 바이오신약융합학부 분자의약전공
	(공학대학) 생명나노공학과	(첨단융합대학) 바이오신약융합학부 바이오나노공학전공
	(과학기술융합대학) 응용물리학과	(첨단융합대학) 국방지능정보융합공학부 지능정보양자공학전공
	(공학대학) 국방정보공학과	(첨단융합대학) 국방지능정보융합공학부 국방전략기술공학과
	(국제문화대학) 한국언어문학과, 중국학과, 일본학과, 영미언어·문화학과, 프랑스학과	(글로벌 문화통상대학) 글로벌문화통상학부
	(언론정보대학) 광고홍보학과	(커뮤니케이션&컬처대학) 광고홍보학과
	(언론정보대학) 정보사회미디어학과	(커뮤니케이션&컬처대학) 미디어학과
	(국제문화대학) 문화인류학과	(커뮤니케이션&컬처대학) 문화인류학과
	(국제문화대학) 문화콘텐츠학과	(커뮤니케이션&컬처대학) 문화콘텐츠학과
	(디자인대학) 주얼리·패션디자인학과, 융합디자인학부, 영상디자인학과	(디자인대학) 디자인계열

■ 학교폭력 조치사항

전형	전형 총점	감점								
		1호	2호	3호	4호	5호	6호	7호	8호	9호
학생부종합	1,000	학교폭력 가해 사실이 기록된 경우, 학생부종합 심의평가위원회에서 관련 내용을 검토하여 평가에 반영								

■ 전형결과

※ 성적 산출기준: (수시) 교과 석차등급, (정시) 수능 백분위

모집시기	전형유형	전형	학년도	모집인원	지원인원	경쟁률	등록자 평균	등록자 70%컷	충원율
수시	교과	지역균형선발	2024	418	2,313	5.53	2.71	2.79	132%
수시	종합	서류형	2024	516	10,802	20.93	3.48	3.67	100%
수시	종합	조기취업형 계약학과	2024	114	760	6.67			

■ (주요전형) 전형일정

	전형	원서접수 마감	대학별 고사(면접/논술)	1단계 합격자	최종 합격자
교과	지역균형선발	9.13(금) 18:00 학교장추천: 9.25(수) 18:00			12.13(금)
종합	서류형	9.13(금) 18:00			12.13(금)
종합	면접형	9.13(금) 18:00	11.23(토)	11.08(금)	12.13(금)
종합	첨단융합인재	9.13(금) 18:00			12.13(금)
종합	조기취업형 계약학과	9.13(금) 18:00	10.31(목)~11.02(토) ※ 예비대학: 10.19(토)	10.10(목)	11.08(금)

II. (수시모집) 주요 전형

■ (학생부교과) 지역균형선발

전형	모집인원	전형 방법	수능최저학력기준
지역균형선발	513	학생부교과100%	○

1. **지원자격**: 아래 자격요건을 모두 충족하는 자
   ① 2024년 2월 이후 국내 정규 고교 졸업(예정)자로서 통산 3개 학기 이상 국내 고교 성적 취득자
   ② 출신 고등학교장의 추천을 받은 자 ※ 고교별 추천 인원은 제한 없음
   ※ 지원불가 : 특성화고, 마이스터고, 예술고, 체육고, 방송통신고, 학력인정고, 일반/종합고의 전문계반(학과), 학생부 성적체계가 다른 고교
   ※ 지원자는 반드시 출신 고교와 사전협의 후 원서접수를 해야 하며, 사전협의를 하지 않아 발생하는 불이익은 지원자 본인의 책임임
2. **제출서류**: 학교생활기록부, 학교장 추천 명단
3. **수능최저학력기준**:

> ▶ 인문, 상경, LIONS,자율전공학부(전계열) : [국어, 수학, 영어, 사/과탐(1과목)] 중 2개 영역 등급 합 7 이내
> ▶ 자연 : [국어, 수학, 영어, 과탐(1과목)] 중 2개 영역 등급 합 7 이내
> ▶ 약학과: 3개 영역 등급 합 5 이내

◎ 전형요소
● 학생부(1,000점)

반영요소 반영비율	반영교과목		교과성적 산출지표	학년별 반영비율
	구분	반영방법		
교과100%	공통 및 일반선택 80%	국어, 영어, 수학, 사회, 과학, 한국사교과에 속한 전 과목 ※ 반영학기: (교과) 졸업예정자 및 졸업자 모두 3학년 1학기까지	석차등급	학년 구분 없음
	진로선택 20%	각 과목별 성취도를 고려한 기준점수 계산 ※ 성취도 기준점수 = A : 100, B : 99, C : 98	성취도	

구분		1등급	2등급	3등급	4등급	5등급	6등급	7등급	8등급	9등급
점수	100점	100	99	98	95	90	70	50	25	0
등급 간 점수 차이	100점	0	1	1	3	5	20	20	25	25
	1,000점	0	10	10	30	50	200	200	250	250

◎ 전형결과
■ 전체

학년도	전체						인문						자연					
	모집 인원	지원 인원	경쟁 률	등록 평균	등록 70%컷	충원 율	모집 인원	지원 인원	경쟁 률	등록 평균	등록 70%컷	충원 율	모집 인원	지원 인원	경쟁 률	등록 평균	등록 70%컷	충원 율
2022	313	3,246	10.37	2.77		138%	96	951	9.91	2.86		130%	217	2,295	10.58	2.68		146%
2023	313	3,218	10.28	2.65		131%	96	906	9.44	2.80		145%	217	2,312	10.65	2.50		116%
2024	418	2,313	5.53	2.71	2.79	132%	124	629	5.07	2.87	2.96	116%	294	1,684	5.73	2.54	2.61	147%
2025	513						195						318					

■ [계열별] 실질 경쟁률(충원율 반영)

계열	학년도	모집인원	지원인원	경쟁률	수능최저 충족율	(수능최저 충족율 반영) 경쟁률	충원율	(충원율 반영) 실질 경쟁률
인문	2022	96	951	9.91	58.83%	5.83	130%	2.53
	2023	96	906	9.44	60.70%	5.73	145%	2.34
	2024	124	629	5.07	85.00%	4.31	116%	2.00
자연	2022	217	2,295	10.58	62.48%	6.61	146%	2.69
	2023	217	2,312	10.65	68.64%	7.31	116%	3.38
	2024	294	1,684	5.73	87.09%	4.99	147%	2.02

■ [계열별] 실질 경쟁률

계열	계열 평균	모집단위
인문	4.31	한국언어문학과 8.1, 문화인류학과 4.4, 문화콘텐츠학과 3.7, 중국학과 3.7, 일본학과 6.6, 영미언어문화학과 3.9, 프랑스학과 5.8, **광고홍보학과 1.9**, 정보사회미디어학과 5.3, **경제학부 2.4**, **경영학부 2.2**, 보험계리학과 3.7

계열	계열 평균	모집단위
자연	4.99	건축학전공 5.7, **건축공학전공 2.4**, 건설환경공학과 4.5, 교통물류공학과 4.5, **전자공학부 2.6**, 재료화학공학과 3.4, 기계공학과 5.6, 산업경영공학과 4.1, **생명나노공학과 2.9**, 로봇공학과 3.4, 컴퓨터학부 3.1, ICT융합학부 3.8, 인공지능학과 4.3, 약학과 5.0, 수리데이터사이언스학과 18.9, 응용물리학과 6.9, 의약생명과학과 3.2, 나노광전자학과 4.4, **화학분자공학과 2.8**, 해양융합공학과 8.3

■ 변경사항 & 핵심포인트

[2025]

변경사항		2024	2025
모집인원		418명	513명(+95명)
(수능최저) 자연: '수학' 필수과목 폐지		국어, <u>수학</u>(미적분/기하), 영어, 과탐(1과목)	국어, <u>수학</u>, 영어, 과탐(1과목)

➡ 합격자 성적분포: 인문계열은 2등급 중반 ~ 3등급 초반, 자연계열은 2등급 중반 ~ 2등급 후반

※ 전년도에 수능최저를 2개 등급 합 6 -> 7로 완화한 결과 수능최저 충족율이 인문은 60.8% -> 85.0%, 자연은 68.6% -> 87.1%로 상승 그러나 경쟁률 하락으로 인해 합격선은 상승하지 않고 유지하였음

■ 모집단위   '*' 표시 : 교직 이수 가능

계열	모집단위	2025 모집인원	2024 모집인원	2024 지원인원	2024 경쟁률	2024 등록평균	2024 등록70%컷	2024 충원율	2023 모집인원	2023 지원인원	2023 경쟁률	2023 등록평균	2023 실질경쟁률	2023 충원율	2022 모집인원	2022 지원인원	2022 경쟁률	2022 등록평균	2022 실질경쟁률	2022 충원율
인문	글로벌문화통상학부	20																		
인문 자연	LIONS자율전공학부(전계열)	75																		
인문	LIONS자율전공학부(인문·사회)	20																		
인문	문화콘텐츠학과	7	7	35	5.0	**2.30**	2.30	86%	6	57	9.5	2.32	2.46	267%	6	92	15.3	2.49	2.46	67%
인문	미디어학과	12	14	83	5.9	**2.69**	2.76	179%	9	97	10.8	2.69	2.84	156%	9	206	22.9	2.59	2.79	144%
인문	보험계리학과	7	3	13	4.3	**2.76**		33%	3	20	6.7	3.07		33%	3	20	6.7	2.85		67%
인문	광고홍보학과	12	15	50	3.3	**2.76**	2.63	47%	10	71	7.1	2.30	2.29	140%	10	80	8.0	2.32	2.57	110%
인문	문화인류학과	7	7	39	5.6	**2.78**	2.85	114%	7	86	12.3	2.97	3.06	129%	7	58	8.3	3.12	3.49	186%
인문	경제학부	14	18	57	3.2	**3.03**	2.96	122%	12	78	6.5	2.72	2.63	125%	12	93	7.8	2.68	2.80	42%
인문	경영학부	21	24	76	3.2	**3.37**	4.18	104%	15	109	7.3	2.49	2.49	207%	15	139	9.3	2.49	2.68	240%
자연	신소재·반도체공학전공	15																		
자연	LIONS자율전공학부(자연)	55																		
자연	바이오신약융합학부	25																		
자연	약학과	5	5	70	14.0	**1.12**	1.14	100%	5	251	50.2	1.13	1.15	180%	5	177	35.4	1.45	1.60	240%
자연	분자의약전공	10	12	51	4.3	**1.82**	1.85	83%	9	68	7.6	1.99	2.09	122%	9	108	12.0	2.13	2.19	133%
자연	*에너지바이오학과*	*8*	*12*	46	3.8	**2.22**	2.27	42%	9	72	8.0	2.27	2.27	44%	9	169	18.8	2.41	2.54	189%
자연	*베터리소재화학공학과*	*8*	*25*	103	4.1	**2.29**	2.39	164%	18	114	6.3	2.30	2.35	172%	18	121	6.7	2.39	2.64	167%
자연	*컴퓨터학부*	*15*	*31*	117	3.8	**2.45**	2.52	168%	25	203	8.1	2.33	2.49	156%	25	436	17.4	2.46	2.40	124%
자연	*인공지능학과*	*12*	*20*	98	4.9	**2.48**	2.59	90%	8	64	8.0	2.53	2.66	238%	8	86	10.8	2.47	2.77	163%
자연	반도체·디스플레이공학전공	8	8	47	5.9	**2.54**	2.63	188%	6	51	8.5	2.71	2.80	117%	6	50	8.3	2.71	2.69	50%
자연	기계공학과	27	31	223	7.2	**2.58**	2.61	177%	24	239	10.0	2.69	2.81	208%	24	242	10.1	2.68	2.86	167%
자연	*ICT융합학부*	*10*	*17*	85	5.0	**2.58**	2.66	165%	15	171	11.4	2.55	2.76	113%	15	128	8.5	2.70	3.00	73%
자연	수리데이터사이언스학과	6	7	178	25.4	**2.59**	2.59	243%	5	234	46.8	2.94	3.20	60%	5	21	4.2	4.49	4.42	160%
자연	건축학전공	8	10	76	7.6	**2.65**	2.69	200%	7	63	9.0	2.81	2.82	129%						
자연	해양융합공학과	8	9	103	11.4	**2.66**	2.74	189%	7	74	10.6	2.93	3.05	143%	7	42	6.0	3.08	3.06	243%
자연	산업경영공학과	7	9	46	5.1	**2.66**	2.67	144%	7	90	12.9	2.69	2.78	29%	7	52	7.4	2.95	2.80	157%
자연	지능정보양자공학전공	20	8	69	8.6	**2.69**	2.80	150%	6	76	12.7	2.84	3.13	67%	6	32	5.3	3.04	3.30	250%
자연	*건설환경공학과*	*9*	*12*	66	5.5	**2.74**	2.84	150%	8	96	12.0	2.79	2.86	75%	8	59	7.4	3.07	3.20	4%%
자연	*전자공학부*	*31*	*40*	136	3.4	**2.81**	2.94	158%	30	194	6.5	2.36	2.48	140%	30	215	7.2	2.40	2.43	150%
자연	*로봇공학과*	*8*	*13*	60	4.6	**2.84**	2.93	108%	9	62	6.9	2.56	2.95	44%	9	76	8.4	2.52	2.70	100%
자연	바이오나노공학전공	7	8	31	3.8	**2.85**	3.01	138%	6	68	11.3	2.04	2.12	83%	6	140	23.3	2.24	2.36	133%
자연	교통·물류공학과	8	8	40	5.0	**2.93**	2.90	163%	6	64	10.7	2.80	2.89	100%	6	44	7.3	2.96	3.12	100%
자연	건축공학전공	8	9	39	4.3	**3.28**	3.47	111%	7	58	8.3	2.79	2.68	100%						

■ (학생부종합) 서류형

전형	모집인원	전형 방법	수능최저학력기준
서류형	387	학생부종합평가100%	X

1. **지원자격**: 국내 정규 고교 졸업(예정)자 또는 법령에 의한 동등 학력 인정자
• 학생부종합(면접형), 학생부종합(첨단융합인재) 전형과 중복지원 불가
2. **제출서류**: 학교생활기록부

◎ **전형요소**
※ 학생부종합(일반) 및 학생부종합(SW/ICT인재)전형 간 중복지원 불가
● **학생부종합평가(1,000점)**
　1. **평가방법**: 학생부를 기반으로 학업역량, 진로역량, 공동체역량 등의 영역을 종합적으로 평가함
　2. **평가기준**:

평가요소	반영비율	
	서류형, 첨단융합인재	면접형
학업역량	50%	70%
진로역량	30%	
공동체역량	20%	30%

평가요소	평가내용	세부평가 내용	학생부 주요 참조 영역
학업역량	• 학업성취도	• 대학수학에 필요한 기본 교과목 성적(국어, 영어, 수학, 사회/과학) 평가 　※ 디자인대학은 국어, 영어, 사회 반영 • 이수과목의 수강자 수, 원점수, 평균, 표준편차, 석차등급, 성취도 등을 고려하여 종합적으로 평가	• 교과학습 발달사항 • 세부능력 및 특기사항
	• 학업태도	• 새로운 지식을 획득하기 위해 자기주도적으로 노력하는가? • 교과에서 이루어지고 있는 탐구활동에 적극적으로 참여하고 있는가?	
진로역량	• 전공 관련 교과 이수 노력	• 교육과정 내 전공과 관련된 과목을 적절하게 선택하고 이수하였는가? • 선택과목(일반/진로)은 교과목 학습 위계에 따라 이수하였는가?	• 교과학습발달상황 • 세부능력 및 특기사항 • 창의적 체험활동
	• 전공 관련 교과 성취도	• 전공과 관련된 교과 성적이 우수한가? (수강자 수, 원점수, 평균, 표준편차, 석차등급, 성취도 등 고려) • 전공 관련 학습활동 및 과제 수행 내용을 통한 탐구력, 문제해결 능력	
	• 진로 탐색 활동 경험	• 자신의 관심 분야나 흥미와 관련된 다양한 활동에 참여한 경험 • 교과(수업) 활동이나 창의적 체험활동에 나타나는 전공에 대한 관심과 탐구, 노력 등	
공동체역량	• 성실성	• 출결상황, 단체활동 참여 등 학생으로서의 규칙 및 기본 의무 준수 • 교내 활동에서 자신이 맡은 역할에 최선을 다하고 노력한 경험	• 출결상황 • 창의적 체험활동 • 행동특성 및 종합의견
	• 소통 능력	• 구성원들과 협력을 통해 과제를 수행하고 완성한 경험 • 공동체의 목표를 달성하기 위해 계획하고 실행을 주도한 경험	

• 학교폭력 가해 사실이 기록된 경우, 학생부종합 심의평가위원회에서 관련 내용을 검토하여 평가에 반영
• 재학생/졸업생 모두 3학년 1학기까지 반영
3. **학생부 종합위주 전형 교과 성적 평가 방법**
　• 학생부종합 위주 전형은 학생부 종합평가를 위하여 학교생활기록부의 교과 성적을 정량적으로 산출하거나 평가하지 않으며, 지원자의 지원계열 및 전공과 관련한 교과목 위주로 정성적으로 평가함
　• 지원계열과 전공에 관련한 모든 교내활동 및 관련 교과 학습과정 및 결과 등은 모두 평가 대상임

☞ **보충설명**
• 학업역량(50%) > 진로역량(30%) > 공동체역량(20%) 순으로 반영. 진로역량이 가장 중요하고 변별력도 높음
　- 평가방법은 서울캠퍼스와 동일. 3개 평가요소가 전체적으로 골고루 우수한 학생들에게 좋은 평가
• 진로역량(30%)은 특성화학과가 많아 계열적합성로 봄
　- 내신이 아무리 좋더라도 적성이 없으면 학교 수업을 따라갈 수 없으므로 진로역량을 중요시 여김
　- 진로역량은 계열로 이해, 광고홍보나 특히 로봇관련학과 등은 전공적합성이 중요, 나머지는 학과는 계열적합성으로 이해
　- 계열 평가를 하므로 인문은 국어,영어,사회, 어문은 제2외국어 추가, 상경은 수학도 추가, 자연은 수학, 과학, 인문은 국영수사 관련 활동이 풍부하면 좋은 평가
　- 계열 전공관련 활동, 창의적 체험활동이 가장 중요함. 많이 보고 세특, 행동특성 등
• 학업역량(50%)은 학업성취도, 학업태도를 평가
• 공동체역량(20%)도 중요하게 평가하여 변별력 생김

◎ 전형결과
■ 전체

학년도	전체						인문						자연					
	모집인원	지원인원	경쟁률	등록평균	등록70%컷	충원율	모집인원	지원인원	경쟁률	등록평균	등록70%컷	충원율	모집인원	지원인원	경쟁률	등록평균	등록70%컷	충원율
2022	511	10,503	20.55	3.75		95%	207	5,095	24.61	3.99		89%	304	5,408	17.79	3.50		101%
2023	516	11,040	21.40	3.81		95%	212	5,478	25.84	4.08		93%	304	5,562	18.29	3.54		96%
2024	516	10,802	20.93	3.48	3.67	100%	215	4,942	22.99	3.69	4.03	101%	301	5,860	19.47	3.26	3.31	98%
2025	387						201						186					

■ 변경사항 & 핵심포인트

[2025]

변경사항	2024	2025
모집인원	516명	387명(-129명)
전형 통합 및 명칭 변경	일반전형(482명)+SW/ICT인재(34명)	서류형(387명) ※ 서류형에 SW/ICT인재 통합
서류 평가요소 반영비율 변경	학업역량30%, 진로역량50%, 공동체역량20%	학업역량50%, 진로역량30%, 공동체역량20%

➡ 합격자 성적분포: 인문계열은 3등급 중반 ~ 4등급 중반, 자연계열은 3등급 초반 ~ 3등급 후반

※ 전년도 전형분석
 - 인문계열 : 경쟁률은 25.84 -> 22.99로 하락하였으나 합격자 성적은 4.08 -> 3.69로 오히려 상승하였음
 - 자연계열 : 경쟁률은 18.29 -> 19.47로 하락하였으나 합격자 성적은 3.54 -> 3.26으로 역시 상승하였음
 => 올 해는 학업역량이 30% -> 50%로 더욱 커짐에 따라 합격자 성적이 상승할 수 있음

■ 모집단위

'*' 표시 : 교직 이수 가능

계열	모집단위	2025	2024						2023						2022					
		모집인원	모집인원	지원인원	경쟁률	등록평균	등록70%컷	충원율	모집인원	지원인원	경쟁률	등록평균	등록70%컷	충원율	모집인원	지원인원	경쟁률	등록평균	등록70%컷	충원율
인문	글로벌문화통상학부	40																		
인문	디자인계열	18																		
인문	LIONS자율전공학부(인문·사회)	68																		
인문	광고홍보학과	10	13	339	26.1	2.94	2.99	92%	13	506	38.9	3.15	3.30	39%	13	531	40.9	3.93	4.22	46%
인문	문화콘텐츠학과	5	12	323	26.9	3.46	3.49	50%	14	640	45.7	3.55	3.27	50%	14	994	71.0	4.01	4.48	43%
예체	스포츠과학부	10	10	389	38.9	3.48	3.45	160%	10	342	34.2	3.51	3.47	210%	5	314	62.8	2.98	3.35	60%
인문	경영학부	22	39	611	15.7	3.53	3.40	82%	38	983	25.9	3.56	3.65	97%	38	714	18.8	4.56	4.98	76%
인문	미디어학과	10	16	456	28.5	3.57	3.65	125%	16	509	31.8	3.63	3.96	50%	16	489	30.6	4.09	5.09	56%
인문	경제학부	11	22	344	15.6	3.73	3.54	27%	22	336	15.3	4.09	4.12	73%	22	241	11.0	4.04	4.17	105%
인문	문화인류학과	5	11	276	25.1	3.91	3.60	55%	11	235	21.4	4.31	4.79	536%	11	189	17.2	4.65	5.15	36%
인문	보험계리학과	2	6	134	22.3	4.08	3.84	100%	6	66	11.0	4.72	5.82	17%	6	42	7.0	4.33	5.04	100%
자연	LIONS자율전공학부(자연)	68																		
자연	약학과	12	12	693	57.8	2.37	3.08	100%	9	635	70.6	2.28	2.95	144%	9	559	62.1	2.67	3.09	167%
자연	에너지바이오학과	5	12	352	29.3	2.95	3.10	42%	12	217	18.1	3.71	3.79	100%	12	235	19.6	3.04	3.08	42%
자연	인공지능학과	5	18	255	14.2	3.08	3.00	100%	14	316	22.6	2.97	3.20	107%	14	320	22.9	3.61	3.77	57%
자연	건축학전공	5	10	435	43.5	3.08	3.08	100%	11	328	29.8	3.94	4.33	82%						
자연	컴퓨터학부	7	16	390	24.4	3.11	3.24	63%	20	508	25.4	3.36	3.32	130%	20	306	30.2	3.34	3.47	95%
자연	배터리소재화학공학과	5	27	349	12.9	3.12	3.02	100%	25	294	11.8	3.08	3.16	76%	25	408	16.3	2.83	2.99	136%
자연	산업경영공학과	5	7	114	16.3	3.12	3.12	129%	7	116	16.6	3.66	3.91	86%	7	83	11.9	4.12	4.00	143%
자연	해양융합공학과	5	9	120	13.3	3.25	3.53	89%	9	94	10.4	3.49	3.77	167%	9	87	8.7	3.70	3.78	78%
자연	전자공학부	26	55	612	11.1	3.36	3.36	144%	55	586	10.7	3.50	3.73	153%	55	691	12.6	3.40	3.60	106%
자연	수리데이터사이언스학과	4	6	143	23.8	3.37	3.41	117%	6	99	16.5	4.11	3.78	117%	6	54	9.0	3.85	3.55	67%
자연	기계공학과	14	31	432	13.9	3.46	3.58	123%	34	349	10.3	3.63	3.82	94%	34	495	14.6	3.16	3.37	188%
자연	건축공학전공	5	10	173	17.3	3.49	3.69	80%	10	174	17.4	3.65	3.77	40%						
자연	ICT융합학부(자연)	5	12	256	21.3	3.53	3.45	58%	14	354	25.3	3.59	3.73	14%	14	246	17.6	3.90	4.11	50%
자연	로봇공학과	5	22	263	12.0	3.55	3.83	73%	22	251	11.4	3.70	3.87	59%	22	296	13.5	3.62	4.00	50%
자연	건설환경공학과	5	12	437	36.4	4.03	3.69	75%	13	265	20.4	4.63	5.37	69%	13	173	13.3	4.19	4.04	100%
자연	교통·물류공학과	5	8	141	17.6	4.26	4.03	150%	8	90	11.3	4.33	4.55	150%	8	84	10.5	4.16	4.11	125%

■ (학생부종합) 면접형

전형	모집인원	전형 방법	수능최저학력기준
면접형 [신설]	48	▶LIONS자율전공학부: 학생부종합평가100%	X

1. **지원자격**: 국내 정규 고교 졸업(예정)자 또는 법령에 의한 동등 학력 인정자
• 학생부종합(서류형), 학생부종합(첨단융합인재) 전형과 중복지원 불가
2. **제출서류**: 학교생활기록부

◎ **전형요소**
※ 학생부종합(일반) 및 학생부종합(SW/ICT인재)전형 간 중복지원 불가
● **학생부종합평가**(1,000점) : 서류형 참고
● **면접**(300점) :
   1. **평가방법**: 복수의 면접위원과 수험생 1명의 다대일 면접
   2. **면접시간**: 10분 내외
   3. **평가기준**:

평가요소	반영비율	평가내용	학생부 주요 참조 영역
통합적사고역량	70%	• 재학기간 교과 활동 확인 • 자기주도적 탐구 역량	• 교과학습발달상황 • 세부능력 및 특기사항 • 창의적 체험활동
의사소통량	30%	• 재학기간 협업 활동 확인 • 면접 태도	• 출결상황 • 창의적 체험활동 • 행동특성 및 종합의견

◎ **전형결과**
■ 전체

학년도	전체						인문						자연					
	모집 인원	지원 인원	경쟁 률	등록 평균	등록 70%컷	충원 율	모집 인원	지원 인원	경쟁 률	등록 평균	등록 70%컷	충원 율	모집 인원	지원 인원	경쟁 률	등록 평균	등록 70%컷	충원 율
2022																		
2023																		
2024																		
2025	48						48											

■ **변경사항 & 핵심포인트**

[2025]
• 신설 전형, LIONS자율전공학부(전계열)만 48명 선발. 학업역량70%, 공동체역량30%로 학업역량 영향이 큼

'*' 표시 : 교직 이수 가능

■ 모집단위

계열	모집단위	2025	2024						2023						2022					
		모집 인원	모집 인원	지원 인원	경쟁 률	등록 평균	등록 70%컷	충원 율	모집 인원	지원 인원	경쟁 률	등록 평균	등록 70%컷	충원 율	모집 인원	지원 인원	경쟁 률	등록 평균	등록 70%컷	충원 율
인문 자연	LIONS자율전공학부(전계열)	48																		

■ (학생부종합) 첨단융합인재

전형	모집인원	전형 방법	수능최저학력기준
첨단융합인재 [신설]	81	학생부종합평가100%	X

1. **지원자격**: 국내 정규 고교 졸업(예정)자 또는 법령에 의한 동등 학력 인정자 • 학생부종합(서류형), 학생부종합(면접형) 전형과 중복지원 불가
2. **제출서류**: 학교생활기록부

◎ **전형요소**
● **학생부종합평가**(1,000점): 서류형 참고

◎ 전형결과

■ 변경사항 & 핵심포인트

[2025]

• 신설 전형, 자연계열만 81명 선발. 서류평가요소는 서류형과 동일하게 학업역량50%,. 진로역양30%, 공동체역량20% 반영

■ 모집단위   '*'표시 : 교직 이수 가능

계열	모집단위	2025	2024						2023						2022					
		모집인원	모집인원	지원인원	경쟁률	등록평균	등록70%컷	충원율	모집인원	지원인원	경쟁률	등록평균	등록70%컷	충원율	모집인원	지원인원	경쟁률	등록평균	등록70%컷	충원율
자연	신소재·반도체공학전공	14																		
자연	반도체·디스플레이공학전공	10																		
자연	바이오신약융합학부	20																		
자연	분자의약전공	12																		
자연	바이오나노공학전공	8																		
자연	지능정보양자공학전공	17																		

■ (학생부종합) 조기취업형 계약학과

전형	모집인원	전형 방법	수능최저학력기준
조기취업형 계약학과	150	1단계)학생부종합평가100%(5배수) 2단계)1단계10%+ 기업체면접90%	X

1. **지원자격**: 국내 정규 고교 졸업(예정)자 ※ 검정고시 출신자 및 고교 졸업 동등 학력 등 학교생활기록부가 없는 자는 지원할 수 없음
2. **제출서류**: 학교생활기록부

◎ 전형요소

● **학생부종합평가(100%)**: 서류형 참고
● **기업체 면접(90%)**
   1. **면접방법**: 기업체별 면접평가 위원에 의한 면접(기업체별 면접방법 상이)
   2. **면접시간**: 기업체별 면접시간 상이
   3. **평가항목**: 업무해결능력, 적응력, 인성 등

◎ 전형결과

■ 모집단위   '*'표시 : 교직 이수 가능

계열	모집단위	2024	2023					2022					2021				
		모집인원	모집인원	지원인원	경쟁률			모집인원	지원인원	경쟁률			모집인원	지원인원	경쟁률		
자연	스마트융합공학부	150	114	760	6.7			123	606	4.9			138	591	4.3		

110. 협성대학교

경기도 화성시 봉담읍 최루백로 72 (Tel: 031. 299-0609~11, 1405)

I. 한 눈에 보는 전형

모집시기	전형유형	전형	모집인원	전형 방법	수능최저학력기준
수시	교과	학생부교과우수자	301	학생부100%	X
수시	교과	미래역량우수자	166	1단계)학생부100%(7배수) 2계)학생부60%+ 면접40%	X
수시	교과	담임목회자추천	17	1단계)학생부100%(7배수) 2계)학생부60%+ 면접40%	X
수시	교과	고른기회	36	학생부100%	X
수시	교과	사회배려자	38	학생부100%	X
수시	교과	농어촌학생	20	학생부100%	X
수시	교과	특성화고교졸업자	18	학생부100%	X
수시	교과	기초생활수급자및차상위계층	20	학생부100%	X
수시	종합	협성창의인재	140	1단계)서류100%(4배수) 2단계)서류30%+ 면접70%	X
수시	실기/실적	실기우수자	118	요강 참고	X
수시	실기/실적	장애인	30	학생부40%+ 실기60%	X
수시	실기/실적	고른기회	6	학생부40%+ 실기60%	X

(수시모집) 지원 가능 횟수	수시모집 지원 6회 이내의 범위에서 본교 수시모집 전형간 복수지원 가능

■ 모집단위 신설·변경

구분	2024	2025
신설	-	자율전공학부

■ 전형결과

※ 성적 산출기준: (수시) 교과 석차등급, (정시) 수능 백분위

모집시기	전형유형	전형	학년도	모집인원	지원인원	경쟁률	등록자 50%컷	등록자 70%컷	충원율
수시	교과	학생부교과우수자	2024	290	2,009	6.93	3.88	4.11	376%
수시	교과	미래역량우수자	2024	183	1,154	6.31	4.79	4.94	222%
수시	교과	담임목회자추천	2024	20	24	1.20	5.69	5.87	80%
수시	종합	협성창의인재	2024	142	697	4.91	5.30	5.59	188%

■ (주요전형) 전형일정

유형	전형	원서접수 마감	대학별 고사(면접/논술)	1단계 합격자	최종 합격자
교과	학생부교과우수자	9.13(금) 18:00			10.16(수)
교과	미래역량우수자	9.13(금) 18:00	10.19(토) 인문사회과학대학, 이공대학 10.19(토)~20(일) 자율전공학부 10.20(일) 경영대학	10.16(수)	12.13(금)
교과	담임목회자추천	9.13(금) 18:00	10.19(토) 신학과	10.16(수)	12.13(금)
종합	협성창의인재	9.13(금) 18:00	-11.02(토) 인문사회과학대학, 이공대학 -11.03(일) 경영대학	10.30(수)	12.13(금)

II. (수시모집) 주요 전형

■ (학생부교과) 학생부교과우수자

전형	모집인원	전형 방법	수능최저학력기준
학생부교과우수자	301	학생부100%	X

1. **지원자격**: 고등학교 졸업(예정)자 또는 법령에 의해 이와 동등하거나 그 이상의 학력이 있다고 인정되는 자(※ 신학과는 세례 증명서 제출)

◎ 전형요소
● 학생부

반영요소 반영비율	구분	반영교과목	교과성적 산출지표	학년별 반영비율
		반영방법		
교과100%	공통 및 일반선택	국어/수학교과 중 5과목, 영어교과 5과목, 사회(한국사 포함)/과학교과 중 5과목 (총 15과목) ※ 반영학기: (교과) 졸업예정자 및 졸업자 모두 3학년 1학기까지 ※ 이수단위 미반영	석차등급	학년 구분 없음
	진로선택	전 학년 중 상위 2과목 성취도 ※ 성취도별 환산점수 = A : 96, B : 92, C : 85	성취도	

◎ 전형결과
■ 전체

학년도	전체						인문						자연					
	모집 인원	지원 인원	경쟁 률	등록 50%컷	등록 70%컷	충원 율	모집 인원	지원 인원	경쟁 률	등록 50%컷	등록 70%컷	충원 율	모집 인원	지원 인원	경쟁 률	등록 50%컷	등록 70%컷	충원 율
2022	238	1,557	6.05	3.81	4.01	453%	150	940	6.27	3.88	4.13	397%	88	617	7.01	3.74	3.88	508%
2023	214	2,195	10.26	4.01	4.25	475%	146	1,389	9.51	4.11	4.36	464%	68	806	11.85	3.90	4.13	485%
2024	290	2,009	6.93	3.88	4.11	376%	201	1,471	7.32	3.94	4.24	380%	89	538	6.04	3.82	3.97	372%
2025	301						239						62					

■ 변경사항 & 핵심포인트

[2025]

변경사항	2024	2025
모집인원	290명	301명(+11명)
(학생부) 진로선택과목	A : 2등급, B : 4등급, C : 6등급	A : 96, B : 92, C : 85

➡ **합격자 성적분포**: 인문계열은 3등급 중반 ~ 4등급 중반, 자연계열은 3등급 중반 ~ 4등급 초반

■ 모집단위

'*'표시 : 교직 이수 가능

계열	모집단위	2025	2024						2023						2022					
		모집 인원	모집 인원	지원 인원	경쟁 률	등록 50%컷	등록 70%컷	충원 번호	모집 인원	지원 인원	경쟁 률	등록 50%컷	등록 70%컷	충원 번호	모집 인원	지원 인원	경쟁 률	등록 50%컷	등록 70%컷	충원 번호
인문	자율전공학부	95																		
인문	미디어영상광고학과	14	22	188	8.6	3.26	3.33	70	16	298	18.6	3.51	3.78	105	15	95	6.3	3.71	3.89	72
인문	문예창작학과	7	12	101	8.4	3.29	3.46	35	9	76	8.4	3.99	4.08	55	10	68	6.8	3.38	3.81	43
인문	경영학과	12	18	104	5.8	3.53	3.93	77	14	172	12.3	3.55	3.62	51	13	107	8.2	3.59	3.92	70
인문	사회복지학과	14	20	143	7.2	3.55	3.78	106	14	113	8.1	3.87	3.93	70	14	116	8.3	3.49	3.66	51
인문	호텔관광경영학과	6	8	224	28.0	3.71	3.95	67	7	53	7.6	4.26	4.95	39	7	72	10.3	3.08	3.26	27
인문	글로벌통상문화학과	10	14	73	5.2	3.93	4.03	53	10	72	7.2	3.87	4.20	53	12	57	7.8	3.90	3.96	48
인문	도시행정학과	10	14	256	18.3	3.93	4.03	60	11	62	5.6	4.85	5.38	52	8	88	11.0	3.62	3.85	48
인문	금융보험학과	10	12	67	5.6	4.01	4.10	37	10	77	7.7	4.45	4.63	42	9	48	5.3	4.05	4.03	25
인문	세무회계학과	10	14	59	4.2	4.03	4.86	48	12	77	6.4	3.36	3.53	39	9	77	8.6	3.19	3.37	41
인문	유통경영학과	9	11	88	8.0	4.16	4.25	60	10	77	7.7	4.29	4.46	43	7	37	5.3	3.79	4.20	25
인문	아동보육학과 *	9	12	59	4.9	4.43	4.68	51	10	133	13.3	4.11	4.30	69	12	97	8.1	4.17	4.44	70
인문	중국어문화학과	9	14	73	5.2	4.66	5.54	67	8	154	19.3	4.27	4.43	40	12	57	4.8	4.86	5.44	57
인문	신학과*	24	30	36	1.2	4.75	5.16	33	15	25	1.7	5.06	5.38	20	22	21	1.0	5.56	5.89	19
자연	의생명과학과	10	15	71	4.7	3.33	3.44	43	12	140	11.7	3.83	4.03	71	20	102	5.1	3.92	4.39	77
자연	컴퓨터공학과	10	13	99	7.6	3.46	3.58	43	12	120	10.0	3.81	3.98	71	13	119	8.2	3.48	3.70	80
자연	건축공학과	10	15	85	5.7	3.84	4.01	51	12	107	8.9	3.93	4.05	51	13	89	6.9	3.42	3.44	46
자연	소프트웨어공학과	12	16	90	5.6	3.95	4.11	59	12	101	8.4	3.65	3.98	45	11	107	9.7	3.59	3.66	61
자연	도시공학과	10	15	90	6.0	4.15	4.31	53	10	78	7.8	4.34	4.61	49	13	84	6.5	3.95	4.22	67
자연	보건관리학과	10	15	103	6.9	4.18	4.35	82	10	260	26.0	3.84	4.10	43	18	116	6.4	4.06	3.89	116

■ (학생부교과) 미래역량우수자

전형	모집인원	전형 방법	수능최저학력기준
미래역량우수자	166	1단계)학생부100%(7배수) 2계)학생부60%+ 면접40%	X

1. **지원자격**: 고등학교 졸업(예정)자 또는 법령에 의해 이와 동등하거나 그 이상의 학력이 있다고 인정되는 자

◎ 전형요소
● 학생부(600점)

반영요소 반영비율		반영교과목		교과성적 산출지표	학년별 반영비율
	구분	반영방법			
교과100%	공통 및 일반선택	국어/수학교과 중 3과목, 영어교과 3과목, 사회(한국사 포함)/과학교과 중 3과목 (총 9과목) ※ 반영학기: (교과) 졸업예정자 및 졸업자 모두 3학년 1학기까지 ※ 이수단위 미반영		석차등급	학년 구분 없음
	진로선택	미반영			

구분		1등급	2등급	3등급	4등급	5등급	6등급	7등급	8등급	9등급
점수	100점	100	99	97	94	90	85	80	70	60
등급 간 점수 차이	600점	0	6	12	18	24	30	30	60	60
	600점	0	6	12	18	24	30	30	60	60

● 면접(400점)
  1. **면접방법**: 인성, 시사상식 분야 평가　　　　　　　　　　※ 면접문항은 입학홈페이지를 통해 사전 공지함

진행방식	평가방법
면접관 2인이 평가 후 평균 성적을 반영	① 의사표현능력 ② 지원동기, 학업자질 및 계획 ③ 면접태도와 자세 ④ 학과별 평가(전공적성(인성), 교양상식)

☞ 보충설명

• 학생 2명이 면접실에 들어감. 10분 정도. 인성과 시사상식으로 질문함. 한 명이 인성을 먼저 대답하면 다음 학생은 시사상직을 먼저 대답함.
• 모든 학과 공통. 인성과 시사상식 각 1문제, 면접 태도와 준비하면 얼마나 말 할 수 있는지 여부, 사전 작성해서 나만의 답변 준비.
• 시사보다는 인성에서 당락 영향이 더 컸음

◎ 전형결과
■ 전체

학년도	전체						인문						자연					
	모집 인원	지원 인원	경쟁률	등록 50%컷	등록 70%컷	충원율	모집 인원	지원 인원	경쟁률	등록 50%컷	등록 70%컷	충원율	모집 인원	지원 인원	경쟁률	등록 50%컷	등록 70%컷	충원율
2022	191	814	4.26	4.42	4.73	233%	117	476	4.07	4.44	4.78	228%	74	338	4.57	4.40	4.68	238%
2023	201	807	4.01	4.70	5.15	236%	134	546	4.07	4.64	5.11	243%	67	261	3.90	4.75	5.19	228%
2024	183	1,154	6.31	4.79	4.94	222%	127	785	6.18	4.81	4.99	222%	56	369	6.59	4.77	4.88	221%
2025	166						127						39					

■ 변경사항 & 핵심포인트

[2025]

변경사항	2024	2025
모집인원	183명	177명(-5명)

➡ **합격자 성적분포**: 인문계열은 4등급 중반 ~ 5등급 초반, 자연계열은 4등급 중반 ~ 5등급 초반

■ 모집단위

'*'표시 : 교직 이수 가능

계열	모집단위	2025	2024						2023						2022					
		모집 인원	모집 인원	지원 인원	경쟁률	등록 50%컷	등록 70%컷	충원 번호	모집 인원	지원 인원	경쟁률	등록 50%컷	등록 70%컷	충원 번호	모집 인원	지원 인원	경쟁률	등록 50%컷	등록 70%컷	충원 번호
인문	자율전공학부	40																		
인문	경영학과	8	12	91	7.6	4.30	4.30	27	12	47	3.9	4.46	4.89	26						
인문	미디어영상광고학과	10	17	198	11.7	4.33	4.33	37	18	78	4.3	4.05	4.58	47	16	81	5.1	3.54	3.66	32
인문	호텔관광경영학과	5	8	57	7.1	4.36	4.55	20	8	55	6.9	4.49	4.89	27	8	47	5.9	3.54	4.44	18
인문	문예창작학과	5	10	62	6.2	4.55	4.55	18	10	52	5.2	4.49	5.22	16	16	88	5.5	4.09	4.39	40
인문	사회복지학과	12	16	67	4.2	4.66	5.13	30	15	49	3.3	4.25	4.61	31	15	76	5.1	3.75	4.22	41
인문	글로벌통상문화학과	6	8	36	4.5	4.66	4.66	18	11	48	4.4	4.68	5.00	30	14	39	2.8	4.73	5.15	30
인문	세무회계학과	8	8	30	3.8	4.72	4.72	13	10	36	3.6	4.01	4.55	24	8	27	3.4	4.23	4.44	17
인문	유통경영학과	6	10	50	5.0	4.89	5.17	27	10	46	4.6	4.51	5.04	20	8	29	3.6	4.78	5.04	21

계열	모집단위	2025 모집인원	2024 모집인원	2024 지원인원	2024 경쟁률	2024 등록 50%컷	2024 등록 70%컷	2024 충원번호	2023 모집인원	2023 지원인원	2023 경쟁률	2023 등록 50%컷	2023 등록 70%컷	2023 충원번호	2022 모집인원	2022 지원인원	2022 경쟁률	2022 등록 50%컷	2022 등록 70%컷	2022 충원번호
인문	*금융보험학과*	6	10	42	4.2	**5.11**	5.77	19	10	29	2.9	5.07	5.55	23	8	23	2.9	5.77	5.35	18
인문	아동보육학과*	8	10	75	7.5	**5.13**	5.55	28	10	37	3.7	5.52	6.33	29						
인문	*도시행정학과*	7	10	40	4.0	**5.24**	5.35	19	10	25	2.5	4.69	4.97	20	10	30	3.0	4.23	4.44	20
인문	중국어문화학과	6	8	37	4.6	**5.77**	5.77	26	10	44	4.4	5.43	5.72	32	14	36	2.6	5.77	6.69	30
자연	*컴퓨터공학과*	6	10	66	6.6	**4.44**	4.55	29	8	47	5.9	4.18	4.66	24	16	61	3.8	4.44	4.73	35
자연	*건축공학*	8	10	71	7.1	**4.61**	4.78	28	12	36	3.0	5.07	5.40	29	14	101	7.2	4.20	4.58	31
자연	*소프트웨어공학과*	6	10	60	6.0	**4.66**	4.66	16	8	38	4.8	4.61	4.89	20	16	64	4.0	4.37	4.47	33
자연	보건관리학과	6	8	67	8.4	**4.78**	4.91	18	15	66	4.4	4.57	5.00	33	14	45	3.2	4.28	4.80	40
자연	도시공학	6	8	43	5.4	**5.04**	5.24	13	12	38	3.2	5.19	5.55	31	14	67	4.8	4.73	4.83	37
자연	*생명과학*	7	10	62	6.2	**5.11**	5.11	20	12	36	3.0	4.87	5.66	16						

■ (학생부교과) 담임목회자추천

전형	모집인원	전형 방법	수능최저학력기준
담임목회자추천	17	1단계)학생부100%(7배수) 2계)학생부60%+ 면접40%	X

1. **지원자격**: 고등학교교 졸업(예정)자 또는 법령에 의해 이와 동등하거나 그 이상의 학력이 있다고 인정 되는 자로서 기독교 세례교인으로 소속교회 담임목회자의 추천을 받은 자 < 세례증명서, 담임목사 추천서 첨부 >

◎ **전형요소**
● **학생부 및 면접**: 미래역량우수자전형 참고

◎ **전형결과**
■ **모집단위**   '*'표시 : 교직 이수 가능

계열	모집단위	2025 모집인원	2024 모집인원	2024 지원인원	2024 경쟁률	2024 등록 50%컷	2024 등록 70%컷	2024 충원번호	2023 모집인원	2023 지원인원	2023 경쟁률	2023 등록 50%컷	2023 등록 70%컷	2023 충원번호	2022 모집인원	2022 지원인원	2022 경쟁률	2022 등록 50%컷	2022 등록 70%컷	2022 충원번호
인문	신학과*	17	20	24	1.2	**5.69**	5.87	16	37	40	1.1	5.40	5.97	24	38	38	1.0	5.46	5.80	27

■ (학생부종합) 협성창의인재

전형	모집인원	전형 방법	수능최저학력기준
협성창의인재	140	1단계)서류100%(4배수) 2단계)서류30%+ 면접70%	X

1. **지원자격**: 고등학교 졸업(예정)자 또는 법령에 의해 이와 동등하거나 그 이상의 학력이 있다고 인정되는 자
   ※ 외국고교, 검정고시 및 교과교육소년원 출신자 및 기타 생활기록부가 없는 자 지원 불가
2. **제출서류**: 학교생활기록부

◎ **전형요소**
● **서류(1,000점)**
   1. **평가방법**: 학생부(교과/비교과)를 종합적으로 평가함
   2. **평가요소**:

평가요소	반영비율	평가내용
학업역량	30%	– 교과 관련 활동에 적극적으로 참여하고 최선을 다한 사례가 있는가? – 학업역량 증진을 위한 노력활동
전공적합성	30%	– 진로 관련 동아리 활동, 진로 활동 등이 일관성있게 진행되었는가? – 희망하는 학과와 관련된 관심분야에 탐색활동을 하였는가? – 모집단위 관련 활동에 적극적으로 참여하고 최선을 다한 사례가 있는가?
인성	40%	– 출석이나 단체활동 참여 등 학생으로서 의무를 꾸준하게 수행하고 있는가? – 자율활동에 성실하게 참여하고, 역할을 책임감 있게 수행하였는가? – 학기별 적극적이고 긍정적인 활동을 확인할 수 있는가?

☞ **보충설명**
• 인성(40%) > 학업역량(30%) = 전공적합성(30%) 순으로 반영
• 인성이 중요함. 출결과 봉사활동이 중요. 기본적인 학교생활을 잘 하고 있는가. 출결은 무단만 없으면 좋음
• 봉사활동 100시간 이상이면 A를 줌. 사회봉사는 교외 봉사가 우선점수, 봉사 잘 하면 좋음

● 면접(600점)
1. **면접방법**: 2인 이상 위촉입학사정관에 의한 지원자 1인 개별면접
2. **면접시간**: 10분
3. **평가요소**:

평가요소	반영비율	평가내용
전공적합성 및 발전가능성	30%	- 준비과정(전공분야 관심도, 자기주도적 학습능력)과 발전가능성(전공분야에 대한 지적 호기심)등 평가
인성적 자질	40%	- 면접에 임하는 품행, 예의, 사회성 등 면접을 통한 인성 평가
종합적사고력 및 의사소통능력	30%	- 답변의 합리성, 설득력을 통한 의사소통능력 평가

☞ **보충설명**

• 얼마나 오고 싶은지 봄. 사회복지와 호텔관광학과 교수님 만족도가 높음.
• 면접시간 10분 정도.(교과형은 3분), 1단계 정성평가 할 때 질문을 메모하여 면접에서 질문함. 지원학과에 적성에 맞는 학생인지 확인

◎ **전형결과**
■ **전체**

학년도	전체						인문						자연					
	모집 인원	지원 인원	경쟁 률	등록 50%컷	등록 70%컷	충원 율	모집 인원	지원 인원	경쟁 률	등록 50%컷	등록 70%컷	충원 율	모집 인원	지원 인원	경쟁 률	등록 50%컷	등록 70%컷	충원 율
2022	132	585	4.43	5.54	6.34	210%	132	585	4.43	5.54	6.34	210%						
2023	184	726	3.95	5.12	5.81	210%	132	590	4.47	4.89	5.54	210%	52	136	2.62	5.34	6.07	210%
2024	142	697	4.91	5.30	5.59	188%	96	456	4.75	5.34	5.51	184%	46	241	5.24	5.25	5.67	191%
2025	140						94						46					

■ **모집단위**

'*' 표시 : 교직 이수 가능

계열	모집단위	2025	2024						2023						2022					
		모집 인원	모집 인원	지원 인원	경쟁 률	등록 50%컷	등록 70%컷	충원 번호	모집 인원	지원 인원	경쟁 률	등록 50%컷	등록 70%컷	충원 번호	모집 인원	지원 인원	경쟁 률	등록 50%컷	등록 70%컷	충원 번호
인문	**문예창작학과**	10	6	49	8.2	4.55	4.55	9	8	51	6.4	4.20	4.89	18						
인문	아동보육학과*	8	10	22	2.2	4.72	5.46	17	12	57	4.8	4.69	4.55	24	18	69	3.8	5.46	5.67	40
인문	경영학과	10	10	27	2.7	4.89	5.77	22	14	73	5.2	4.40	4.89	31	20	57	2.9	5.33	6.09	45
인문	미디어영상광고학과	12	12	116	9.7	5.11	5.11	34	20	170	8.5	4.24	5.11	46	20	177	8.9	4.91	5.89	44
인문	사회복지학과	10	12	66	5.5	5.13	5.13	18	20	80	4.0	4.75	5.44	46	20	127	6.4	5.26	6.28	51
인문	호텔관광경영학과	6	6	34	5.7	5.24	5.35	12	8	34	4.3	4.33	5.05	18	10	43	4.3	5.17	5.95	24
인문	금융·보험학과	6	6	18	3.0	5.55	5.55	12	8	16	2.0	5.78	6.33	15	10	16	1.6	6.44	7.25	15
인문	중국어문화학과	6	6	22	3.7	5.66	5.66	12	8	17	2.1	5.68	5.89	14						
인문	글로벌통상·문화학과	6	6	16	2.7	5.69	5.69	8	8	24	3.0	4.78	5.80	18						
인문	세무회계학과	6	8	31	3.9	5.77	5.77	12	8	23	2.9	5.02	6.17	14	10	36	3.6	5.49	6.72	15
인문	유통경영학과	6	6	25	4.2	5.77	6.00	10	8	25	3.1	4.99	5.33	17	10	23	2.3	6.03	6.90	18
인문	도시행정학과	8	8	30	3.8	6.02	6.02	11	10	20	2.0	5.78	7.00	16	14	37	2.6	5.81	6.27	25
자연	소프트웨어공학과	8	8	75	9.4	4.58	4.78	11	10	27	2.7	5.69	6.66	21						
자연	컴퓨터공학과	8	8	52	6.5	4.94	6.11	17	10	31	3.1	5.06	5.57	26						
자연	보건관리학과	8	8	27	3.4	5.06	5.69	17	8	16	2.0	5.22	5.41	13						
자연	건축공학	8	8	33	4.1	5.44	6.00	17	8	17	2.1	5.64	5.80	17						
자연	생명과학	8	8	32	4.0	5.66	5.66	20	8	25	3.1	4.67	5.49	19						
자연	도시공학	6	6	22	3.7	5.80	5.80	6	8	20	2.5	5.73	7.50	13						

111. 호남대학교

광주광역시 광산구 호남대길 120 (Tel: 062. 940-5555)

Ⅰ. 한 눈에 보는 전형

모집 시기	전형 유형	전형	모집 인원	전형 방법	수능최저 학력기준
수시	교과	일반학생A	706	학생부60%+ 면접40% ▶간호학과: 1단계)학생부100%(3배수) 2단계)1단계60%+ 면접40% ▶물리치료학과: 1단계)학생부100%(5배수) 2단계)1단계60%+ 면접40%	X
수시	교과	일반학생B [신설]	109	▶자유전공학부: 학생부100%	X(간호,물리치료○)
수시	교과	일반고	554	학생부100%	X(간호,물리치료○)
수시	교과	지역인재	123	학생부100%	X(간호,물리치료○)
수시	교과	기초.차상위.한부모	82	학생부100%	X(간호,물리치료○)

(수시모집) 지원 가능 횟수	본 대학교 수시모집에서 학생부교과 면접중심전형과 교과중심전형간 복수지원이 가능하며, 지원 횟수는 2회로 간주함.

■ 모집단위 신설 · 변경

구분	2024	2025
신설	-	자유전공학부
변계	호텔경영학과 미래자동차공학부 태권도경호학과	호텔컨벤션학과 미래모빌리티학과 태권도학과
폐지	글로벌한국어교육학과, 중국어학과, 행정학과, 정보통신공학과	-

- **자유전공학부(일반학생B전형)** 입학생은 보건,사범계 학과를 제외한 전체 학부(과) 중에서 선택(드림라이프학부_성인학습자 전담학과 포함) 할 수 있으며 원서접수 시 신청한 희망학과로 100% 배정함. 최종 전공학과 신청 및 배정은 1학년 1학기말에 함
- **드림라이프학부 전공트랙:** 푸드케어/김치발효/미술/문화연출/스포츠/하우징&가든/라이프코칭상담/공공행정/글로벌문화(한국어 교육,중국어문화) 등)

■ 전형결과

※ 성적 산출기준: (수시) 교과 석차등급, (정시) 수능 백분위

모집시기	전형유형	전형	학년도	모집인원	지원인원	경쟁률	등록자 평균	등록자 70%	충원율
수시	교과	일반학생A	2024	777	3,282	4.22	**6.20**	6.58	100%
수시	교과	일반고	2024	597	3,151	5.28	**6.12**	6.60	310%
수시	교과	지역인재	2024	96	492	5.13	**4.29**	5.42	286%

■ (주요전형) 전형일정

유형	전형	원서접수 마감	대학별 고사(면접/논술)	1단계 합격자	최종 합격자
교과	일반학생A	9.13(금) 18:00	10.11(금)	▶간호, 물리치료: 10.02(수)	10.22(화)
교과	일반학생B	9.13(금) 18:00			10.22(화)
교과	일반고	9.13(금) 18:00			10.22(화) ▶간호, 물리치료: 12.11(수)
교과	지역인재	9.13(금) 18:00			10.22(화) ▶간호, 물리치료: 12.11(수)

Ⅱ. (수시모집) 주요 전형

■ (학생부교과) 일반학생A

전형	모집인원	전형 방법	수능최저학력기준
일반학생A	706	학생부60%+ 면접40% ▶간호학과: 1단계)학생부100%(3배수) 2단계)1단계60%+ 면접40% ▶물리치료학과: 1단계)학생부100%(5배수) 2단계)1단계60%+ 면접40%	X

1. **지원자격**: 고등학교 졸업(예정)자 또는 법령에 의하여 고등학교 졸업자와 동등 이상의 학력이 있다고 인정된 자 [일반고, 종합고, 특성화고, 자율고, 특수목적고, 검정고시, 외국고교 출신자 모두 지원 가능]

◎ 전형요소
● 학생부(60점)

반영요소 반영비율	구분	반영교과목		교과성적 산출지표	학년별 반영비율
		반영방법			
교과 83% (50점)	공통 및 일반선택	국어. 영어. 수학. 사회, 과학,교과에 속한 전 과목 ※ 반영교과의 이수단위 합이 70 이상인 경우 가산점(5점) ※ 반영학기: (교과, 비교과) 졸업예정자 및 졸업자 모두 3학년 1학기까지		석차등급	학년 구분 없음
	진로선택	진로선택과목 중 상위 3과목의 성취도 ※ 가산점 = A : 3, B : 2, C : 1		성취도	
비교과 17% (10점)	※ 만점: ① 출결(17%): 미인정 결석 0일 이내				

석차등급	~1.99	~2.99	~3.49	~3.99	~4.49	~4.99	~5.49	~5.99	~6.49	~6.99	~7.99	~8.99	9.00
인문, 자연	50	50	45	40	35	30	26	23	20	15	10	5	0
문화예술체육대학, 항공서비스학과	50	50	50	50	40	40	30	30	20	20	10	10	10

● 면접(40점)
1. 면접기준: 대면면접
2. 진행방법: 학과별로 응시인원에 따라 2~6인 단체면접으로 진행
3. 면접시간: 조당 15~20분 이내
4. 면접내용: 학교생활기록부를 바탕으로 인성, 지원동기, 학업계획, 전공적합성 등에 대한 평가
5. 면접 점수표:

평가등급	A 탁월	B 우수	C 보통	D 보통 이하	E 미흡	F 매우 미흡
점수	40	30	20	10	5	부적격

☞ 보충설명
- 대면면접 실시 예정. 예상 질문은 사전에 본교 입학안내 홈페이지에 공지
- 학교생활기록부를 바탕으로 인성, 지원동기, 학업계획, 전공적합성 등에 대한 평가

◎ 전형결과
■ 전체

학년도	전체						인문						자연					
	모집 인원	지원 인원	경쟁 률	등록 평균	등록 70%	충원 율	모집 인원	지원 인원	경쟁 률	등록 평균	등록 70%	충원 율	모집 인원	지원 인원	경쟁 률	등록 평균	등록 70%	충원 율
2022	838	3,880	4.63	6.01	6.44	136%	441	1,673	3.79	6.16	6.65	149%	397	2,207	5.56	5.85	6.23	122%
2023	844	3,072	3.64	6.20	6.67	108%	472	1,411	2.99	6.54	6.95	122%	372	1,661	4.47	5.85	6.38	93%
2024	777	3,282	4.22	6.20	6.58	100%	426	1,315	3.09	6.30	6.76	86%	351	1,967	5.60	6.10	6.40	113%
2025	706						391						315					

■ 변경사항 & 핵심포인트

[2025]

변경사항	2024	2025
명칭변경	일반학생	일반학생A
모집인원	777명	706명(-71명)

변경사항		2024	2025
1단계 선발배수 변경	간호학과	5배수	3배수
	물리치료	7배수	5배수

➡ **합격자 성적분포**: 인문계열은 5등급 후반 ~ 7등급 초반, 자연계열은 5등급 초반 ~ 7등급 초반

■ 모집단위   '*' 표시 : 교직 이수 가능

계열	모집단위	2025 모집인원	2024 모집인원	2024 지원인원	2024 경쟁률	2024 등록평균	2024 등록70%	2024 충원번호	2023 모집인원	2023 지원인원	2023 경쟁률	2023 등록평균	2023 등록70%	2023 충원번호	2022 모집인원	2022 지원인원	2022 경쟁률	2022 등록평균	2022 등록70%	2022 충원번호
인문	미디어커뮤니케이션학과	9	9	27	3.0	5.15	6.48	12	10	18	1.8			7	9	14	1.6	5.71	6.39	4
인문	관광경영학과	12	13	40	3.1	5.17	5.85		11	19	1.7			2	16	32	2.0	6.78	7.29	13
인문	경영학부	10	12	46	3.8	6.00	6.22	9	13	32	2.5	6.22	6.69	8	16	50	3.1	5.83	6.50	17
예체	뷰티미용학과	30	27	132	4.9	6.10	6.31	19	35	116	3.3	6.50	7.06	66	28	175	6.3	5.91	6.37	69
예체	축구학과	41	41	99	2.4	6.20	7.03	25	40	106	2.7	5.78	6.33	25	35	115	3.3	5.86	6.35	23
인문	소방행정학과	19	18	69	3.8	6.25	6.85	29	23	66	2.9	7.00	7.20	37	20	94	4.7	6.22	6.59	40
예체	패션디자인학과*	15	16	51	3.2	6.26	6.50	20	14	49	3.5	6.52	6.78	19	17	45	2.7	6.52	6.90	24
인문	사회복지학과	16	19	64	3.4	6.28	6.83	21	24	64	2.7	6.31	6.74	31	20	116	5.8	5.88	6.52	62
인문	상담심리학과	11	13	34	2.6	6.33	6.50	13	18	57	3.2	6.88	7.00	29	16	52	3.3	6.54	6.66	27
예체	시각융합디자인학과	18	17	49	2.9	6.33	7.00	18	18	55	3.1	6.60	7.28	31	13	48	3.7	6.29	6.79	28
예체	만화애니메이션학과	27	29	100	3.5	6.33	6.74	28	30	109	3.6	6.00	6.71	39	26	117	4.5	5.52	6.00	46
인문	유아교육학과*	23	22	58	2.6	6.37	6.61	18	30	106	3.5	6.22	6.57	67	22	130	5.9	5.62	5.72	36
인문	경찰행정학과	19	21	75	3.6	6.48	6.88	41	28	101	3.6	6.03	6.36	57	26	121	4.7	5.84	6.39	40
인문	항공서비스학과	23	26	84	3.2	6.56	7.04	23	28	105	3.8	6.65	6.69	60	25	99	4.0	5.92	6.54	73
예체	e스포츠산업학과	23	23	127	5.5	6.69	6.93	24	20	120	6.0	5.75	6.10	7	15	79	5.3	5.54	6.33	14
예체	미디어영상공연학과	17	18	52	2.9	6.79	7.13	15	19	42	2.2	5.86	7.05	19	17	75	4.4	6.06	6.43	33
예체	태권도학과	18	20	43	2.2	7.07	7.33	11	23	44	1.9	6.73	7.54	1	25	50	2.0	6.69	7.40	17
예체	스포츠레저학과	40	39	71	1.8	7.16	7.72	19	41	105	2.6	7.36	8.03	36	36	132	3.7	7.40	8.15	31
인문	호텔컨벤션학과	20	20	48	2.4	7.42	7.63	17	23	58	2.5	7.13	7.39	26	26	66	2.5	6.52	7.32	35
자연	간호학과*	75	73	715	9.8	4.60	4.69	39	75	588	7.8	4.41	4.61	24	80	798	1.0	4.21	4.38	48
자연	로봇드론공학과	8	12	34	2.8	4.65	5.33													
자연	물리치료학과	18	18	275	15.3	5.15	5.27	18	20	251	12.5	4.96	5.31	11	20	221	11.1	4.59	4.92	17
자연	**미래모빌리티학과**	**20**	**14**	28	2.0	5.26	5.95	4	26	39	1.5	5.38	5.81	2	28	53	1.9	6.86	7.43	18
자연	건축학부	16	17	67	3.9	5.50	6.55	31	15	48	3.2	6.53	7.21	26	15	66	4.4	5.23	5.50	44
자연	전기공학과	13	14	59	4.2	5.56	6.28	30	28	47	1.7	6.52	6.71	8	28	77	2.8	6.20	6.44	41
자연	임상병리학과	14	11	76	6.9	5.96	6.35	39	12	84	7.0	5.54	6.42	22	12	104	8.7	5.53	6.14	22
자연	응급구조학과	25	27	172	6.4	6.07	6.23	46	33	127	3.9	6.28	6.88	51	28	225	8.0	5.52	5.74	51
자연	치위생학과	20	26	117	4.5	6.16	6.75	52	30	117	3.9	6.48	6.67	71	22	180	8.2	5.26	5.59	30
자연	외식조리학과	26	31	137	4.4	6.32	6.89	41	29	120	4.1	6.10	6.66	31	26	157	6.0	5.32	5.90	58
자연	식품영양학과	8	9	29	3.2	6.80	6.91	7	13	29	2.2	5.26	6.84	12	15	46	3.1	6.39	6.77	28
자연	컴퓨터공학과	17	22	63	2.9	6.81	6.86	27	17	49	2.9	6.78	7.00	27	17	48	2.8	5.88	6.64	27
자연	반려동물산업학과	13	14	58	4.1	6.83	7.25	27												
자연	*작업치료학과*	*21*	*30*	68	2.3	7.00	7.22	22	23	53	2.3	7.18	7.30	27	25	90	3.6	6.58	6.88	53
자연	토목환경공학과	12	13	33	2.5	7.29	7.67	13	15	33	2.2	4.29	5.24	12	15	38	2.5	5.62	5.86	20
자연	치기공학과	9	13	20	1.5	7.60	7.60													

■ (학생부교과) 일반학생B

전형	모집인원	전형 방법	수능최저학력기준
일반학생B [신설]	109	학생부100%	X(간호,물리치료○)

1. **지원자격**: 고등학교 졸업(예정)자 또는 법령에 의하여 고등학교 졸업자와 동등 이상의 학력이 있다고 인정된 자 [일반고, 종합고, 특성화고, 자율고, 특수목적고, 검정고시, 외국고교 출신자 모두 지원 가능]
2. **수능최저학력기준**: 없음. 단, 간호학과, 물리치료학과는 있음

> ▶ 간호학과: [국어, 수학, 영어, 탐구(1과목)] 중 2개 영역 평균 5등급 이내
> ▶ 물리치료학과: [국어, 수학, 영어, 탐구(1과목)] 중 2개 영역 평균 6등급 이내

◎ 전형요소
● 학생부(100점): : 일반학생A전형 참고

◎ 전형결과
■ 전체

학년도	전체						인문						자연					
	모집인원	지원인원	경쟁률	등록평균	등록70%	충원율	모집인원	지원인원	경쟁률	등록평균	등록70%	충원율	모집인원	지원인원	경쟁률	등록평균	등록70%	충원율
2022																		
2023																		
2024																		
2025	109						109											

■ 변경사항 & 핵심포인트

[2025]
– 신설 전형. 자유전공학부 109명 선발

'*'표시 : 교직 이수 가능

■ 모집단위

계열	모집단위	2025	2024						2023						2022					
		모집인원	모집인원	지원인원	경쟁률	등록평균	등록70%	충원번호	모집인원	지원인원	경쟁률	등록평균	등록70%	충원번호	모집인원	지원인원	경쟁률	등록평균	등록70%	충원번호
인문	자유전공학부	109																		

■ (학생부교과) 일반고

전형	모집인원	전형 방법	수능최저학력기준
일반고	554	학생부100%	X(간호,물리치료○)

1. **지원자격**: 일반고, 자율고 및 특수목적고 (과학고, 외국어고, 국제고 출신자) 2016년 이후(2016년 포함) 졸업자 및 졸업예정자 中 학교생활기록부의 전산제공이 가능한 고교출신자 – 단, 일반계 교과과정과 특성화 교과과정을 동시에 운영하는 고교 및 특수 학교, 학력인정학교 출신자는 제외
2. **수능최저학력기준**: 없음. 단, 간호학과, 물리치료학과는 있음

▶ 간호학과: [국어, 수학, 영어, 탐구(1과목)] 중 2개 영역 평균 5등급 이내
▶ 물리치료학과: [국어, 수학, 영어, 탐구(1과목)] 중 2개 영역 평균 6등급 이내

◎ 전형요소
● 학생부(100점): 일반학생A전형 참고

◎ 전형결과
■ 전체

학년도	전체						인문						자연					
	모집인원	지원인원	경쟁률	등록평균	등록70%	충원율	모집인원	지원인원	경쟁률	등록평균	등록70%	충원율	모집인원	지원인원	경쟁률	등록평균	등록70%	충원율
2022	671	3,584	5.34	6.11	6.28	273%	265	1,399	5.28	6.05	6.17	281%	406	2,185	5.38	6.17	6.39	264%
2023	588	3,495	5.94	5.84	6.24	342%	242	1,365	5.64	5.67	6.17	392%	346	2,130	6.16	6.01	6.31	291%
2024	597	3,151	5.28	6.12	6.60	310%	255	1,195	4.69	6.15	6.69	349%	342	1,956	5.72	6.08	6.50	271%
2025	554						215						339					

■ 변경사항 & 핵심포인트

[2025]

변경사항	2024	2025
모집인원	597명	554명(+45명)
(수능최저) 반영영역 변경	국어, 수학, 영어	국어, 수학, 영어, 탐구(1과목)

▶ **합격자 성적분포**: 인문계열은 5등급 후반 ~ 6등급 후반, 자연계열은 5등급 초반 ~ 7등급 중반

계열	모집단위	2025 모집인원	2024 모집인원	지원인원	경쟁률	등록평균	등록70%	충원번호	2023 모집인원	지원인원	경쟁률	등록평균	등록70%	충원번호	2022 모집인원	지원인원	경쟁률	등록평균	등록70%	충원번호
인문	항공서비스학과	3	2	8	4.0		6.30	6	5	31	6.2			26	8	15	1.9	7.08	7.04	7
인문	호텔컨벤션학과	7	7	28	4.0		7.41	21	9	40	4.4			31	11	31	2.8	5.77	4.68	17
인문	관광경영학과	6	7	13	1.9		6.61	6	11	26	2.4			15	7	18	2.6	7.04	7.29	8
예체	태권도학과	2	1	17	17.0			16	1	26	26.0			11	2	11	5.5	5.48	6.13	3
예체	축구학과	4	4	37	9.3	4.23	4.23	21	3	34	11.3			21	3	32	10.7	5.70	5.83	8
예체	만화애니메이션학과	15	12	82	6.8	5.50	6.04	52	8	65	8.1	5.00	5.22	52	7	57	8.1	4.70	5.10	21
예체	e스포츠산업학과	13	13	68	5.2	5.67	7.23	43	13	87	6.7	5.04	5.41	43	13	74	5.7	5.69	6.13	27
인문	상담심리학과	14	15	78	5.2	5.75	6.46	63	14	86	6.1	5.93	6.63	71	17	99	5.8	6.53	7.08	76
인문	미디어커뮤니케이션학과	11	11	50	4.6	5.78	6.93	39	10	43	4.3	6.32	6.44	33	11	30	2.7	6.41	6.04	18
예체	시각음향디자인학과	13	12	52	4.3	6.12	6.71	40	13	47	3.6	6.18	6.54	34	14	58	4.1	6.17	5.21	41
예체	미디어영상공연학과	6	7	40	5.7	6.15	6.50	33	6	36	6.0	6.00	6.34	16	5	32	6.4	6.38	6.48	21
인문	유아교육학과*	13	14	97	6.9	6.17	6.54	82	10	93	9.3	5.76	6.64	73	18	88	4.9	5.50	5.79	41
인문	사회복지학과	25	27	132	4.9	6.21	6.80	105	26	192	7.4	6.21	6.82	148	25	174	7.0	6.06	6.59	120
인문	경찰행정학과	20	21	102	4.9	6.35	6.72	81	22	131	6.0	5.32	5.73	73	20	164	8.2	4.95	5.32	50
인문	경영학부	21	18	41	2.3	6.71	6.95	23	23	78	3.4	5.43	6.07	54	21	73	3.5	6.51	6.75	51
예체	스포츠레저학과	3	3	26	8.7	6.77	7.21	23	4	42	10.5			3	4	65	16.3	5.57	5.52	6
예체	패션디자인학과	12	14	62	4.4	6.79	7.13	47	13	59	4.5	6.78	7.06	46	14	57	4.1	6.36	6.46	36
예체	뷰티미용학과	10	17	118	6.9	7.04	7.26	87	13	83	6.4	5.23	5.77	70	15	117	7.8	6.12	6.69	76
인문	소방행정학과	17	18	104	5.8	7.06	7.45	86	21	118	5.6	5.53	6.14	97	20	103	5.2	5.97	6.31	60
자연	토목환경공학과	6	5	25	5.0		7.23	20	7	31	4.4			24	12	37	3.1	6.40	6.39	23
자연	컴퓨터공학과	19	16	66	4.1		6.92	3	21	106	5.1	6.53	6.87	84	21	111	5.3	6.41	6.56	89
자연	로봇드론공학과	10	14	33	2.4															
자연	간호학과	77	75	508	6.8	4.07	4.20	99	71	595	8.4	4.04	4.14	120	76	513	6.8	3.90	4.19	106
자연	물리치료학과	16	17	213	12.5	4.79	4.92	34	18	169	9.4	4.72	4.79	63	18	204	11.3	4.37	4.79	48
자연	임상병리학	16	14	129	9.2	4.96	5.12	49	13	144	11.1	5.21	5.48	49	13	169	13.0	5.45	5.65	68
자연	치위생학과	20	12	161	13.4	5.67	6.24	129	12	144	12.0	4.96	5.25	46	20	167	8.4	5.31	5.48	102
자연	응급구조학과	27	24	179	4.5	5.76	6.13	132	15	165	11.0	5.15	5.30	54	19	146	7.7	5.53	5.72	83
자연	미래모빌리티학과	13	23	40	1.7	6.36	6.36	17	30	71	2.4	6.93	7.43	41	37	103	2.8	7.07	7.39	57
자연	치기공학과	19	15	33	2.2	6.39	6.48	18												
자연	식품영양학과	10	11	80	7.3	6.54	6.57	69	12	77	6.4	6.64	6.70	65	14	65	4.6	6.63	6.93	50
자연	건축학부	21	20	57	2.9	6.67	7.13	37	17	97	2.7	6.28	6.71	67	17	105	6.2	6.36	6.39	88
자연	작업치료학과	22	22	131	6.0	6.76	7.08	109	30	152	5.1	6.65	7.12	122	27	153	5.7	6.65	6.96	118
자연	전기공학과	19	23	81	3.5	6.83	7.04	58	29	105	3.6	6.75	6.77	75	33	107	3.2	6.22	6.47	71
자연	외식조리학과	30	25	131	5.2	6.93	7.14	106	26	151	5.8	6.18	6.96	120	28	126	4.5	6.54	7.07	76
자연	반려동물산업학과	14	13	56	4.3	7.31	7.50	43												

■ (학생부교과) 지역인재

전형	모집인원	전형 방법	수능최저학력기준
지역인재	123	학생부100%	X(간호,물리치료○)

1. **지원자격:** 호남권(광주광역시, 전라남도, 전라북도) 소재 고교에서 전 교육과정을 이수한 졸업(예정)자
   [일반고,종합고,특성화고,자율고,특수목적고 출신자 모두 지원 가능]
2. **수능최저학력기준:** 없음. 단, 간호학과, 물리치료학과는 있음

> ▶ 간호학과: [국어, 수학, 영어, 탐구(1과목)] 중 2개 영역 평균 5등급 이내
> ▶ 물리치료학과: [국어, 수학, 영어, 탐구(1과목)] 중 2개 영역 평균 6등급 이내

◎ 전형요소
● **학생부(100점):** 일반학생A전형 참고

◎ 전형결과
■ 전체

학년도	전체						인문						자연					
	모집인원	지원인원	경쟁률	등록평균	등록70%	충원율	모집인원	지원인원	경쟁률	등록평균	등록70%	충원율	모집인원	지원인원	경쟁률	등록평균	등록70%	충원율
2022																		
2023																		
2024	96	492	5.13	4.29	5.42	286%	46	201	4.37	3.27	5.54	257%	50	291	5.82	5.30	5.29	314%
2025	123						54						69					

■ 변경사항 & 핵심포인트

[2025]

변경사항	2024	2025
모집인원	96명	123명(+27명)

➡ 합격자 성적분포: 인문계열은 3등급 초반 ~ 5등급 후반, 자연계열은 5등급 초반 ~ 5등급 후반.

■ 모집단위

'*' 표시 : 교직 이수 가능

계열	모집단위	2025	2024						2023						2022					
		모집인원	모집인원	지원인원	경쟁률	등록평균	등록70%	충원번호	모집인원	지원인원	경쟁률	등록평균	등록70%	충원번호	모집인원	지원인원	경쟁률	등록평균	등록70%	충원번호
예체	문화예술체육	24																		
인문	사회경영	26																		
예체	e스포츠산업학과	4	3	10	3.3		7.23	3												
자연	AI융합	16																		
자연	보건과학	13																		
자연	치위생학과	4	4	24	6.0		5.22	17												
자연	치기공학과	2	2	4	2.0		2.67													
자연	물리치료학과	4	3	33	11.0		5.35	6												
자연	작업치료학과	2	3	11	3.7		7.40	8												
자연	임상병리학	3	3	17	5.7		6.20	14												
자연	간호학과	25	8	34	4.3	4.80	4.88	6												

충청남도 아산시 배방읍 호서로 79번길 20 (Tel: 041. 540-5077)

Ⅰ. 한 눈에 보는 전형

모집시기	전형유형	전형	모집인원	전형 방법	수능최저학력기준
수시	교과	학생부	1,231	학생부교과100%	X
수시	교과	지역인재	325	학생부교과100%	X
수시	교과	면접[신설]	47	▶항공서비스학과: 학생부교과60%+ 면접40%	X
수시	교과	기회균형	70	학생부교과100%	X
수시	교과	지역인재Ⅱ	2	▶간호학과: 학생부교과100% ※ 기초생활수급자및차상위	X
수시	교과	기초생활수급자및차상위계층	48	학생부교과100%	X
수시	교과	농어촌학생	70	학생부교과100%	X
수시	교과	서해5도학생	15	학생부교과100%	X
수시	교과	특성화고교졸업자	40	학생부교과100%	X
수시	종합	호서인재	577	1단계)서류100%(5배수) 2단계)서류60%+ 면접40%	X
수시	종합	AI·SW인재	10	1단계)서류100%(5배수) 2단계)서류60%+ 면접40%	X
수시	종합	성인학습자	30	1단계)서류100%(5배수) 2단계)서류60%+ 면접40%	X
수시	종합	재직자	58	1단계)서류100%(5배수) 2단계)서류60%+ 면접40%	X
수시	종합	만학도	17	1단계)서류100%(5배수) 2단계)서류60%+ 면접40%	X
수시	실기/실적	실기	263	학생부20%+ 실기80% ▶공연예술학부(실용음악트랙, 연극트랙): 학생부10%+ 실기90%	X
수시	실기/실적	체육특기자	10	학생부10%+ 입상실적90%	X

(수시모집)지원 가능 횟수	전형별 복수지원이 가능합니다(단, 면접일자가 동일한 전형은 복수지원 불가)

■ 모집단위 신설 · 변경

구분	2024	2025
신설		자유전공학부
통합	시각디자인학과, 산업디자인학과, 실내디자인학과, 디지털프로덕트디자인학과	디자인스쿨

■ **자유전공학부**는 1학년 동안 별도의 교육과정을 이수 후, 2학년에 희망하는 전공/학과로 진입함(<u>단, 보건의료계열, 사범계열 등 일부학과 제외</u>)

■ 학교폭력 조치사항

전형	전형총점	감점								
		1호	2호	3호	4호	5호	6호	7호	8호	9호
체육특기자	1,000								지원 불가	

■ 전형결과

※ 성적 산출기준: (수시) 교과 석차등급, (정시) 수능 백분위

모집시기	전형유형	전형	학년도	모집인원	지원인원	경쟁률	등록자 평균	등록자 최저	충원율
수시	교과	학생부	2024	1,091	5,363	4.92	**4.83**	5.80	270%
수시	교과	지역인재	2024	339	1,296	3.82	**5.29**	6.17	195%
수시	종합	호서인재	2024	766	2,444	3.19	**5.65**	6.77	58%
수시	종합	AI·SW인재	2024	10	25	2.50	**5.46**	6.49	40%

■ (주요전형) 전형일정

유형	전형	원서접수 마감	대학별 고사(면접/논술)	1단계 합격자	최종 합격자
교과	학생부	9.13(금) 18:00			11.07(목)
교과	지역인재	9.13(금) 18:00			11.07(목)
교과	면접	9.13(금) 18:00	▶항공서비스학과: 10.09(수)		11.07(목)
종합	호서인재	9.13(금) 18:00	11.01(금)~02(토)	10.25(금)	11.07(목)

II. (수시모집) 주요 전형

■ (학생부교과) 학생부

전형	모집인원	전형 방법	수능최저학력기준
학생부	1,231	학생부교과100%	X

1. **지원자격**: 고등학교 졸업(예정)자 또는 법령에 의하여 동등 이상의 학력이 있다고 인정된 자

◎ 전형요소
● 학생부(1,000점)

반영요소 반영비율	반영교과목		교과성적 산출지표	학년별 반영비율
	구분	반영방법		
교과 100%	공통 및 일반선택	국어, 영어, 수학, 사회, 과학, 한국사교과 중 상위 12개 과목	석차등급	학년 구분 없음
	진로선택	반영교과 중 상위 3과목 ※ 성취도별 환산 등급 = A : 1+(학생이 취득한 성취도 비율/100) / B : 3+(학생이 취득한 성취도비율/100) / C : 5+(학생이 취득한 성취도 비율/100)	성취도및 성취비율	

◎ 전형결과
■ 전체

학년도	전체						인문						자연					
	모집 인원	지원 인원	경쟁 률	등록 평균	등록 최저	충원 율	모집 인원	지원 인원	경쟁 률	등록 평균	등록 최저	충원 율	모집 인원	지원 인원	경쟁 률	등록 평균	등록 최저	충원 율
2022	1,013	5,236	5.17	4.48	5.49	254%	349	1,978	5.67	4.51	5.42	269%	664	3,258	4.91	4.45	5.55	239%
2023	1,102	5,676	5.15	4.66	5.65	264%	382	2,130	5.58	4.60	5.47	291%	720	3,546	4.93	4.71	5.82	236%
2024	1,091	5,363	4.92	4.83	5.80	270%	374	1,963	5.25	4.89	5.88	311%	717	3,400	4.74	4.76	5.72	229%
2025	1,231						424						807					

■ 변경사항 & 핵심포인트
[2025]

변경사항		2024	2025
모집인원		1,091명	1,231명(+140명)
학생부	공통 및 일반선택	국어, 영어, 수학, 사회(한국사 포함)/과학교과 중 상위 3개 교과에 속한 전 과목	국어, 영어, 수학, 사회, 과학, 한국사교과 중 상위 12개 과목
	진로선택	상위 2과목 가산점 ※ 가산점 = A : 5, B : 3, C : 1	상위 3과목 환산등급 ※ 환산등급:A=1+(학생이 취득한 성취도 비율/100) B=3+(학생이 취득한 성취도비율/100) C=5+(학생이 취득한 성취도 비율/100)

➡ **합격자 성적분포**: 인문계열은 4등급 중반 ~ 5등급 후반, 자연계열은 4등급 중반 ~ 5등급 후반

■ 모집단위

'*' 표시 : 교직 이수 가능

계열	모집단위	2025	2024						2023						2022					
		모집 인원	모집 인원	지원 인원	경쟁 률	등록 평균	등록 최저	충원 번호	모집 인원	지원 인원	경쟁 률	등록 평균	등록 최저	충원 번호	모집 인원	지원 인원	경쟁 률	등록 평균	등록 최저	충원 번호
인문	자유전공학부	15																		
인문	미디어커뮤니케이션학과	12	12	109	9.1	3.86	4.13	34	12	137	11.4	3.82	4.39	61	13	141	10.9	3.51	4.30	55
인문	유아교육과	12	12	86	7.2	4.15	4.71	54	12	70	5.8	3.93	4.50	36	6	77	12.8	2.91	3.89	16
인문	법경찰행정학과	49	50	219	4.4	4.44	5.45	121	51	254	5.0	4.04	4.72	98	46	212	4.6	3.92	4.78	82
인문	산업심리학과*	24	23	139	6.0	4.46	5.10	47	23	89	3.9	4.95	6.13	60	20	92	4.6	4.40	5.15	49
인문	문화영상학부	30	24	97	4.0	4.59	5.86	54	20	138	6.9	3.66	4.28	52	25	248	9.9	3.81	4.45	83
인문	경영학부	84	79	389	4.9	4.66	5.61	237	78	410	5.3	4.55	5.47	230	60	288	4.8	4.39	5.47	142
인문	청소년문화·상담학과*	13	11	50	4.6	4.71	6.60	38	11	138	12.6	3.81	4.53	42	15	88	5.9	4.48	5.52	52
인문	영어영문학과*	31	25	100	4.0	4.80	6.08	60	25	96	3.8	4.75	5.69	58	24	125	5.2	4.64	5.62	82
인문	사회복지학부	40	35	240	6.9	5.14	6.80	205	35	323	9.2	4.70	5.27	170	33	215	6.5	4.59	5.20	116
인문	한국언어문화학과	20	16	97	6.1	5.19	5.80	53	15	59	3.9	5.30	6.17	44	15	59	3.9	4.81	5.98	35
인문	글로벌통상학과	41	39	200	5.1	5.33	5.99	117	43	192	4.5	5.33	6.17	127	38	218	5.7	4.98	5.74	102
인문	기독교학과	7	5	13	2.6	5.55	6.48	7	5	17	3.4			11	5	13	2.6	6.05	7.33	8
인문	디지털금융경영학과	30	30	173	5.8	5.74	6.93	99												
인문	중국학과*	16	13	51	3.9	5.84	6.84	38	17	102	6.0	5.29	6.33	56	19	63	3.3	5.87	7.15	44

계열	모집단위	2025 모집인원	2024 모집인원	지원인원	경쟁률	등록평균	등록최저	충원번호	2023 모집인원	지원인원	경쟁률	등록평균	등록최저	충원번호	2022 모집인원	지원인원	경쟁률	등록평균	등록최저	충원번호
자연	간호학과*	11	10	76	7.6	2.43	3.09	27	8	119	14.9	2.02	2.35	17	15	101	6.7	2.22	3.07	16
자연	물리치료학과	7	7	73	10.4	2.95	3.90	32	7	110	15.7	2.56	2.98	15	17	110	6.5	2.59	3.24	22
자연	임상병리학과	16	12	85	7.1	3.59	4.21	54	12	118	9.8	3.34	3.68	46	17	108	6.4	3.27	3.73	31
자연	건축학과	21	21	111	5.3	3.69	4.44	38	21	182	8.7	3.61	4.24	46	19	114	6.0	3.68	4.72	39
자연	동물보건복지학과	20	20	131	6.6	3.93	4.91	51	20	207	10.4	3.49	3.98	36	18	178	9.9	3.11	4.05	41
자연	게임소프트웨어학과	35	36	150	4.2	4.15	4.90	65	26	152	5.9	4.02	4.93	70	26	146	5.6	3.97	4.82	54
자연	식품공학과	20	17	61	3.6	4.27	5.24	33	17	93	5.5	4.16	4.78	31	18	94	5.2	4.54	5.18	45
자연	화장품과학과	23	21	135	6.4	4.39	4.98	29												
자연	소방방재학과	31	27	178	6.6	4.41	5.07	71	28	191	6.8	4.39	5.07	68						
자연	제약공학과	28	29	118	4.1	4.43	4.96	36	29	146	5.0	4.65	5.47	90	19	80	4.2	4.35	5.34	48
자연	식품영양학과*	22	19	98	5.2	4.46	5.32	51	19	85	4.5	4.14	4.74	39	17	88	5.2	3.86	4.46	34
자연	반도체공학과	30	27	165	6.1	4.60	5.19	61	20	91	4.6	4.85	6.13	52						
자연	생명공학과	28	21	97	4.6	4.71	5.27	42												
자연	컴퓨터공학부	82	62	205	3.3	4.82	6.64	138	53	319	6.0	4.05	4.68	97	48	226	4.7	4.28	5.14	112
자연	화학공학과	23	23	101	4.4	4.85	5.97	64	26	115	4.4	4.79	6.17	83	22	86	3.9	4.21	6.23	64
자연	전기공학과	37	32	200	6.3	4.86	5.71	86	34	138	4.1	5.04	7.47	103	31	139	4.5	4.41	5.39	71
자연	건축토목공학부	39	36	134	3.7	5.03	6.02	79	36	201	5.6	5.21	5.89	108	34	132	3.9	5.09	6.11	84
자연	전자공학과	40	38	169	4.5	5.16	5.80	82												
자연	기계공학과	32	27	174	6.4	5.27	5.91	73												
자연	빅데이터AI학부	52	47	164	3.5	5.29	6.80	105	44	158	3.6	5.10	6.02	91	40	177	4.4	4.79	5.70	102
자연	환경공학과	20	18	73	4.1	5.60	7.45	55	19	87	4.6	5.46	6.97	58	17	71	4.2	5.05	7.23	54
자연	미래자동차공학과	32	27	186	6.9	5.60	6.45	85												
자연	안전공학과	40	27	137	5.1	5.66	6.48	56	28	70	2.5	5.72	7.78	40						
자연	지능로봇공학과	23	20	55	2.8	5.79	7.40	35	20	45	2.3	5.77	6.58	25	17	59	3.5	5.69	7.74	42
자연	시스템제어공학과	29	30	97	3.2	5.90	6.92	41	27	83	3.1	5.87	7.82	56	21	67	3.2	5.16	6.29	35
자연	정보통신공학부	45	40	156	3.9	6.10	7.87	116	34	87	2.6	5.74	7.57	53	31	145	4.7	5.11	5.73	69
자연	전자재료공학과	21	23	71	3.1	6.52	7.50	36	13	30	2.3	6.12	8.00	17	10	79	7.9	4.93	5.49	34

■ (학생부교과) 면접

전형	모집인원	전형 방법	수능최저학력기준
면접 [신설]	47	▶항공서비스학과: 학생부교과60%+ 면접40%	X

1. **지원자격**: 고등학교 졸업(예정)자 또는 법령에 의하여 동등 이상의 학력이 있다고 인정된 자

◎ 전형요소

※ 신설 전형, 항공서비스학과(47명)만 선발
● 학생부(600점): 학생부전형 참고
● 면접(400점):
   1. **면접방법**: <u>다대다 면접</u>. 사전 공개한 면접고사 예상 문제 를 중심으로 구성되며, 질문에 답변. 면접예상문제는 입학처 홈페이지에 게시
   2. **면접시간**: 10분 내외
   3. **평가항목**:

평가요소	반영비율	평가지표
전공탐색역량	60%	• 전공분야에 대학 관심(20%) • 전공관련 준비 노력, 성실성(20%) • 미래성장 가능성(20%)
공동체역량	40%	• 적극성, 자신감 및 정서적 안정(20%), • 대학인재상 (협업, 선도, 자원관리, 창의성)(20%)

   4. **평가지표**: 7척도

◎ 전형결과
■ 전체

학년도	전체 모집인원	지원인원	경쟁률	등록평균	등록최저	충원율	인문 모집인원	지원인원	경쟁률	등록평균	등록최저	충원율	자연 모집인원	지원인원	경쟁률	등록평균	등록최저	충원율
2022																		
2023																		
2024																		
2025	47						47											

■ 변경사항 & 핵심포인트

[2025]
• 신설 전형. 항공서비학과 47명 선발

■ 모집단위

'*' 표시 : 교직 이수 가능

계열	모집단위	2025 모집인원	2024						2023						2022					
			모집인원	지원인원	경쟁률	등록평균	등록최저	충원번호	모집인원	지원인원	경쟁률	등록평균	등록최저	충원번호	모집인원	지원인원	경쟁률	등록평균	등록최저	충원번호
인문	항공서비스학과	47																		

■ (학생부교과) 지역인재

전형	모집인원	전형 방법	수능최저학력기준
지역인재	325	학생부교과100%	X

1. **지원자격:** 충청권(충남, 충북, 대전, 세종)소재 고등학교 졸업(예정)자로서 해당 지역 고등학교의 전 교육과정을 이수한 자(입학부터 졸업시까지)

◎ 전형요소
● 학생부(1,000점): 학생부전형 참고

◎ 전형결과
■ 전체

학년도	전체						인문						자연					
	모집인원	지원인원	경쟁률	등록평균	등록최저	충원율	모집인원	지원인원	경쟁률	등록평균	등록최저	충원율	모집인원	지원인원	경쟁률	등록평균	등록최저	충원율
2022	319	1,330	4.17	4.85	5.57	195%	105	457	4.35	4.90	5.57	211%	214	873	4.08	4.79	5.56	179%
2023	328	1,200	3.66	5.27	6.13	174%	117	465	3.97	5.41	6.43	207%	211	735	3.48	5.12	5.82	140%
2024	339	1,296	3.82	5.29	6.17	195%	124	516	4.16	5.37	6.36	218%	215	780	3.63	5.21	5.98	171%
2025	325						115						210					

■ 변경사항 & 핵심포인트

[2025]

변경사항		2024	2025
모집인원		339명	325명(-14명)
학생부	공통 및 일반선택	국어, 영어, 수학, 사회(한국사 포함)/과학교과 중 상위 3개 교과에 속한 전 과목	국어, 영어, 수학, 사회, 과학, 한국사교과 중 상위 12개 과목
	진로선택	상위 2과목 가산점 ※ 가산점 = A : 5, B : 3, C : 1	상위 3과목 환산등급 ※ 환산등급:A=1+ (학생이 취득한 성취도 비율/100) B=3+ (학생이 취득한 성취도비율/100) C=5+ (학생이 취득한 성취도 비율/100)

➡ **합격자 성적분포:** 인문계열은 5등급 중반 ~ 6등급 중반, 자연계열은 5등급 초반 ~ 6등급 중반

■ 모집단위

'*' 표시 : 교직 이수 가능

계열	모집단위	2025 모집인원	2024						2023						2022					
			모집인원	지원인원	경쟁률	등록평균	등록최저	충원번호	모집인원	지원인원	경쟁률	등록평균	등록최저	충원번호	모집인원	지원인원	경쟁률	등록평균	등록최저	충원번호
인문	미디어커뮤니케이션학과	4	6	47	7.8	4.04	4.24	11	6	69	11.5	4.40	4.62	19	4	16	4.0	5.14	5.53	8
인문	문화영상학부	8	8	61	7.6	4.44	5.03	16	10	43	4.3	4.61	5.80	19						
인문	법경찰행정학과	16	16	82	5.1	4.82	5.56	41	16	56	3.5	4.80	7.33	39	15	62	4.1	4.39	4.74	17
인문	경영학부	10	10	43	4.3	4.97	5.65	18	10	48	4.8	4.56	5.53	38	18	79	4.4	4.50	5.47	44
인문	유아교육과	9	9	27	3.0	5.20	6.57	16	9	43	4.8	3.95	4.47	24	9	66	7.3	3.50	3.94	19
인문	산업심리학과*	9	9	24	2.7	5.33	6.34	15	7	18	2.6	5.29	6.33	11	7	29	4.1	4.64	5.57	17
인문	청소년문화상담학과*	4	9	45	5.0	5.35	6.40	32	9	25	2.8	5.93	6.77	15	5	30	6.0	4.59	4.72	12
인문	사회복지학부	11	11	45	4.1	5.43	7.40	34	11	77	7.0	4.75	5.25	31	10	43	4.3	5.04	5.62	33
인문	글로벌통상학과	11	11	42	3.8	5.62	6.71	27	11	26	2.4	6.16	6.91	15	11	38	3.5	5.75	6.34	27
인문	영어영문학과*	8	9	26	2.9	5.77	6.72	17	9	24	2.7	6.00	8.10	15	8	25	3.1	5.03	7.43	17
인문	한국언어문화학과	4	5	19	3.8	5.93	6.81	9	4	10	2.5	6.30	7.57	6	4	20	5.0	5.24	6.06	11
인문	디지털금융경영학과	8	8	22	2.8	6.31	7.52	14												
인문	중국학과*	13	13	33	2.5	6.58	7.67	20	6	10	1.7	7.78	7.78	5	5	15	3.0	5.94	5.94	10
자연	지능로봇학과	4	4	8	2.0			4	4	5	1.3	6.25	6.25	1	6	10	1.7			4
자연	간호학과*	15	12	56	4.7	2.86	3.09	23	11	62	5.6	2.69	3.09	13	8	118	14.8	2.36	2.81	19

계열	모집단위	2025 모집인원	2024 모집인원	2024 지원인원	2024 경쟁률	2024 등록평균	2024 등록최저	2024 충원번호	2023 모집인원	2023 지원인원	2023 경쟁률	2023 등록평균	2023 등록최저	2023 충원번호	2022 모집인원	2022 지원인원	2022 경쟁률	2022 등록평균	2022 등록최저	2022 충원번호
자연	물리치료학과	5	5	33	6.6	3.03	3.39	8	5	32	6.4	3.03	3.81	12	6	52	8.7	2.69	3.42	18
자연	임상병리학과	5	5	23	4.6	4.08	4.47	13	5	18	3.6	3.56	3.85	2	6	27	4.5	3.47	3.87	9
자연	건축학과	6	6	30	5.0	4.12	4.57	10	6	41	6.8	4.16	4.73	14	6	26	4.3	4.61	5.47	15
자연	게임소프트웨어학과	8	6	23	3.8	4.21	5.03	6	6	19	3.2	4.60	5.21	9	9	35	3.9	4.05	5.05	14
자연	동물보건복지학과	10	10	51	5.1	4.49	5.16	22	7	51	7.3	3.87	4.58	22	7	47	6.7	4.18	4.67	17
자연	식품영양학과*	5	5	18	3.6	4.54	5.07	13	5	55	11.0	4.35	4.57	7	5	23	4.6	5.34	6.60	15
자연	화장품과학과	6	7	34	4.9	4.82	5.46	8												
자연	식품공학과	7	7	27	3.9	4.87	5.55	17	7	20	2.9	5.07	5.43	6	6	27	4.5	4.71	5.41	17
자연	전기공학과	10	10	27	2.7	5.04	6.31	12	10	34	3.4	4.89	5.34	8	10	44	4.4	4.83	5.63	23
자연	화학공학과	10	10	19	1.9	5.05	6.02	9	6	20	3.3	5.09	5.61	10	6	27	3.4	4.71	6.05	15
자연	반도체공학과	10	10	42	4.2	5.10	5.99	14	10	23	2.3	5.76	6.72	13						
자연	소방방재학과	7	7	31	4.4	5.17	5.69	17	7	36	5.1	4.60	4.90	5						
자연	제약공학과	7	7	34	4.9	5.18	5.56	16	6	16	2.7	5.44	6.11	9	6	30	5.0	4.19	4.51	15
자연	컴퓨터공학부	19	19	74	3.9	5.22	6.20	45	18	61	3.4	4.96	6.34	39	18	82	4.6	4.49	5.04	32
자연	안전공학과	3	7	22	3.1	5.62	6.53	3	7	11	1.6	6.47	6.64	4						
자연	전자공학과	8	10	27	2.7	5.72	6.59	12												
자연	미래자동차공학과	7	7	27	3.9	5.73	6.38	14												
자연	건축토목공학부	10	10	27	2.7	5.79	7.36	16	10	31	3.1	5.79	6.43	16	10	24	2.4	5.35	6.99	13
자연	빅데이터AI학과	9	9	29	3.2	5.83	6.40	13	9	30	3.3	5.54	6.57	21	9	28	3.1	5.41	6.17	11
자연	기계공학과	7	7	31	4.4	5.99	6.95	20												
자연	생명공학과	6	6	19	3.2	6.12	6.84	13												
자연	시스템제어공학과	4	7	13	1.9	6.28	7.37	6	7	9	1.3	5.74	7.37	2	7	16	2.3	5.20	5.84	7
자연	환경공학과	6	6	14	2.3	6.65	7.61	8	6	19	3.2	5.11	5.86	6	6	9	1.5	5.97	6.65	3
자연	전자재료공학과	8	8	16	2.0	6.88	7.92	8	4	6	1.5	5.85	6.55	1	3	6	2.0	5.70	6.20	3
자연	정보통신공학부	8	8	25	3.1	6.94	8.07	17	10	17	1.7	6.23	7.50	7	10	20	2.0	5.63	6.47	10

■ (학생부종합) 호서인재

전형	모집인원	전형 방법	수능최저학력기준
호서인재	577	1단계)서류100%(5배수) 2단계)서류60%+ 면접40%	X

1. **지원자격**: 고등학교 졸업(예정)자 또는 법령에 의하여 고등학교 졸업자와 동등 이상의 학력이 있다고 인정된 자.
2. **제출서류**: 학교생활기록부

◎ 전형요소
● 서류(1,000점)
  1. 평가방법: 해당 학과 교수 및 입학사정관이 학생부에 기록된 내용과 제출서류를 중심으로 평가영역별 평가기준에 따라 정성적으로 종합평가
  2. 평가항목:

평가항목	반영비율	평가요소	평가지표	활용자료
학업역량	30%	교과 이수 및 성취도	• 교과 이수 현황 • 교과 성취도	• 교과학습발달상황(성취도, 석차등급, 원점수, 평균, 표준편차, 이수자 수, 소인수 과목 등)
		학업탐구력	• 태도와 의지 • 수행능력	• 세부능력 및 특기사항 • 창의적 체험활동 • 행동특성 및 종합의견, 학업태도
진로역량	40%	진로 관련 교과 이수 및 성취도	• 선택교과 이수 현황 • 교과 관심과 이해도	• 교과학습발달상황(진로 관련 과목 성취도) • 세부능력 특기사항 • 행동특성 및 종합의견
		진로 탐색 활동과 경험	• 자발적 탐구 노력 및 의지 • 자기주도성 및 도전정신	• 세부능력 특기사항 • 창의적 체험활동
공동체역량	30%	소통과 협업	• 협력과 갈등관리 • 리더십	• 창의적 체험활동 • 행동특성 및 종합의견
		성실성과 배려	• 규칙준수 • 봉사활동(교내)	• 출결 사항, 징계 기록 • 행동특성 및 종합의견 • 교내 봉사활동

3. 평가항목 배점표:

영역 \ 등급	매우우수 A⁺	우수 Aº	약간우수 B⁺	보통 Bº	약간부족 C⁺	부족 Cº	매우부족 D
학업역량(30%)	300	275	250	225	200	175	150
진로역량(40%)	400	365	330	295	260	230	200
공동체역량(30%)	300	275	250	225	200	175	150
합계	1,000	915	830	745	660	580	500

☞ 보충설명
- 진로역량(40%) > 학업역량(30%)=공동체역량(30%) 순으로 반영, 변별력은 진로역량이 가장 큼. 학업역량과 공동체역량은 변별력이 적음
- 진로역량(40%)은 진로 관련 교과 이수 및 성취도, 진로 탐색 활동과 경험을 평가

● 면접(300점)
1. 평가방법: 서류 기반 포괄적 학생 역량 종합평가 방식. 면접 질문은 서류 기반으로 구성. 사전공개한 면접 예상문제를 중심으로 구성
2. 면접시간: 10분 내외
3. 평가항목

평가요소	반영비율	평가지표
전공탐색역량	60%	• 전공 분야에 대한 관심(20%) • 전공 관련 준비 노력, 성실성(20%) • 미래 성장 가능성(20%)
공동체역량	40%	• 대학인재상(협업, 선도, 자원관리, 창의성)(20%) • 종합평가(20%)

3. 평가항목:

영역 \ 등급	매우우수 A⁺	우수 Aº	약간우수 B⁺	보통 Bº	약간부족 C⁺	부족 Cº	매우부족 D
전공탐색역량 (60%)	180	165	150	135	120	105	90
공동체역량 (40%)	120	110	100	90	80	70	60
합계	300	275	250	225	200	175	150

☞ 보충설명
- 내신 한 등급 정도는 면접으로 극복 가능. 실질 반영 비율도 40%

◎ 전형결과
■ 전체

학년도	전체 모집인원	전체 지원인원	전체 경쟁률	전체 등록평균	전체 등록최저	전체 충원율	인문 모집인원	인문 지원인원	인문 경쟁률	인문 등록평균	인문 등록최저	인문 충원율	자연 모집인원	자연 지원인원	자연 경쟁률	자연 등록평균	자연 등록최저	자연 충원율
2022	676	3,007	4.45	5.24	6.27	78%	284	1,411	4.97	5.23	6.41	86%	392	1,596	4.07	5.25	6.12	69%
2023	840	2,200	2.62	5.46	6.55	48%	337	1,067	3.17	5.42	6.66	60%	503	1,133	2.25	5.49	6.44	35%
2024	766	2,444	3.19	5.65	6.77	58%	305	1,003	3.29	5.72	6.94	75%	461	1,441	3.13	5.58	6.59	41%
2025	577						223						354					

■ 변경사항 & 핵심포인트

[2025]

변경사항	2024	2025
모집인원	766명	577명(-189명)
2단계 전형방법 변경	2단계)서류70%+ 면접30%	2단계)서류60%+ 면접40%

➡ 합격자 성적분포: 인문계열은 4등급 초반 ~ 6등급 중반, 자연계열은 3등급 초반 ~ 7등급 초반

[2024]

변경사항	2023	2024
서류 평가요소 변경	기초학업능력30%, 잠재력40%, 인성30%	학업역량30%, 진로역량40%, 공동체역량30%

■ 모집단위

'*' 표시 : 교직 이수 가능

계열	모집단위	2025 모집인원	2024 모집인원	2024 지원인원	2024 경쟁률	2024 등록평균	2024 등록최저	2024 충원번호	2023 모집인원	2023 지원인원	2023 경쟁률	2023 등록평균	2023 등록최저	2023 충원번호	2022 모집인원	2022 지원인원	2022 경쟁률	2022 등록평균	2022 등록최저	2022 충원번호
인문	미디어커뮤니케이션학과	7	7	60	8.6	4.53	5.09	8	7	63	9.0	4.42	4.84	5	7	86	12.3	4.41	4.99	8
인문	유아교육과	13	13	73	5.6	4.71	5.54	15	13	124	9.5	4.11	5.11	10	15	178	11.9	4.17	5.30	13
인문	법경찰행정학과	27	26	119	4.6	4.97	6.10	19	28	115	4.1	4.75	5.81	30	27	176	6.5	4.70	5.70	13
인문	문화영상학부	22	26	103	4.0	5.00	7.03	20	26	126	4.9	4.98	6.38	31	25	113	4.5	4.81	6.45	20
인문	*항공서비스학과*	5	52	287	5.5	5.14	7.28	66	52	316	6.1	4.96	7.10	73	47	340	7.2	4.74	6.61	55
인문	청소년문화상담학과*	12	9	43	4.8	5.69	6.98	5	9	61	6.8	5.06	6.34	8	9	96	10.7	5.03	6.21	17

계열	모집단위	2025 모집인원	2024 모집인원	지원인원	경쟁률	등록평균	등록최저	충원번호	2023 모집인원	지원인원	경쟁률	등록평균	등록최저	충원번호	2022 모집인원	지원인원	경쟁률	등록평균	등록최저	충원번호
인문	산업심리학과*	14	15	28	1.9	5.70	7.45	8	17	23	1.4	5.08	7.13	4	15	39	2.6	4.71	5.29	9
인문	사회복지학부	20	25	74	3.0	5.70	6.73	32	25	62	2.5	5.46	6.47	28	20	117	5.9	5.17	5.62	37
인문	한국언어문화학과	4	8	14	1.8	5.78	7.21	6	16	15	0.9	6.72	7.93		9	17	1.9	6.32	8.18	5
인문	경영학부	37	44	100	2.3	6.00	8.11	45	43	62	1.4	5.67	7.69	14	36	113	3.1	5.17	6.44	35
인문	중국학과	10	15	16	1.1	6.11	6.76		20	19	0.9	6.14	6.93		14	23	1.6	5.93	6.71	5
인문	영어영문학과*	7	13	16	1.3	6.33	7.74		20	20	1.0	5.43	6.63		13	29	2.2	5.73	6.83	13
인문	글로벌통상학과	20	26	34	1.3	6.40	7.27	1	29	30	1.0	6.40	7.88		23	39	1.7	5.97	7.12	8
인문	디지털금융경영학과	16	16	21	1.3	6.74	7.88	3												
인문	기독교학과	9	10	15	1.5	6.98	6.98		10	8	0.8	6.09	6.60		8	16	2.0	5.73	7.02	1
자연	간호학과*	30	26	340	13.1	3.62	4.41	9	22	162	7.4	3.66	4.53	7	14	311	22.2	3.22	3.85	12
자연	물리치료학과	15	15	137	9.1	3.85	4.64	4	15	115	7.7	3.92	4.58	7	8	156	19.5	3.77	4.39	5
자연	임상병리학과	14	11	72	6.6	3.90	4.48	11	11	68	6.2	4.11	4.43	8	8	83	10.4	4.20	4.71	3
자연	동물보건복지학과	23	24	113	4.7	4.73	6.00	15	13	91	7.0	4.48	5.29	8	10	146	14.6	3.86	4.22	16
자연	건축학과	12	12	88	7.3	4.83	5.69	6	12	54	4.5	5.15	5.63	13	11	80	7.3	4.43	5.63	15
자연	게임소프트웨어학과	31	32	94	2.9	5.11	6.18	18	23	84	3.7	4.95	6.65	23	13	67	5.2	4.93	5.50	12
자연	식품영양학과*	10	14	42	3.0	5.24	6.54	21	14	39	2.8	4.77	6.33	14	10	51	5.1	4.93	5.64	14
자연	식품공학과	10	16	37	2.3	5.26	6.23	15	16	33	2.1	5.31	6.44	12	11	28	2.6	5.17	6.32	12
자연	소방방재학과	15	21	74	3.5	5.27	6.38	13	19	51	2.7	5.34	6.11	15						
자연	화학공학과	8	10	15	1.5	5.36	6.36	2	16	19	1.2	5.41	6.38	2	12	15	1.3	5.04	5.51	2
자연	컴퓨터공학부	27	50	112	2.2	5.45	6.49	31	50	98	2.0	5.66	7.82	37	32	127	4.0	5.00	5.73	49
자연	반도체공학과	12	12	19	1.6	5.59	6.22	3	10	16	1.6	5.41	6.07	5						
자연	화장품과학과	8	12	34	2.8	5.61	7.03	7												
자연	생명공학과	5	12	20	1.7	5.62	6.31	4												
자연	전자재료공학과	7	7	8	1.1	5.93	5.93		7	6	0.9	5.40	5.48		7	11	1.6	6.16	6.65	2
자연	기계공학과	12	18	27	1.5	5.93	7.17	5												
자연	제약공학과	5	5	12	2.4	6.05	6.63	5	5	14	2.8	5.42	5.74	6	11	28	2.6	5.03	5.83	10
자연	안전보건학과	6	14	14	1.0	6.10	7.17		19	15	0.8	5.70	7.41							
자연	환경공학과	7	12	12	1.0	6.10	7.81		13	13	1.0	6.51	7.14		10	19	1.9	5.42	5.60	5
자연	시스템제어공학과	2	5	6	1.2	6.13	6.13	1	12	10	0.8	6.42	6.90		13	14	1.1	6.07	7.82	
자연	전기공학과	17	23	32	1.4	6.16	7.33	6	25	28	1.1	6.01	6.99	2	17	49	2.9	5.49	6.74	19
자연	미래자동차공학과	15	20	26	1.3	6.25	7.35	2												
자연	로봇공학과	10	13	13	1.0	6.38	6.73		13	10	0.8	5.78	6.32		10	15	1.5	5.20	5.20	1
자연	전자공학과	8	8	15	1.9	6.48	8.00	7	20	20	1.0	6.42	6.97		35	35	1.0	6.08	7.89	
자연	정보통신공학부	8	16	16	1.0	6.56	8.66		28	22	0.86	6.56	7.97		20	28	1.4	6.07	6.97	4
자연	건축토목공학부	19	25	27	1.1	6.56	7.95	1	29	37	4.3	6.06	7.57	6	19	38	2.0	5.76	7.07	13
자연	빅데이터AI학과	18	28	36	1.3	6.60	7.99	4	27	34	1.3	6.00	7.15		22	45	2.1	5.91	7.41	11

■ (학생부종합) AI · SW인재

전형	모집인원	전형 방법	수능최저학력기준
AI·SW인재	10	1단계)서류100%(5배수) 2단계)서류60%+ 면접40%	X

1. **지원자격**: 고등학교 졸업(예정)자 또는 법령에 의하여 고등학교 졸업자와 동등 이상의 학력이 있다고 인정된 자.
2. **제출서류**: 학교생활기록부

◎ 전형요소
● 서류 및 면접: 호서인재전형 참고

◎ 전형결과
■ 모집단위

'*' 표시 : 교직 이수 가능

계열	모집단위	2025 모집인원	2024 모집인원	지원인원	경쟁률	등록평균	등록최저	충원번호	2023 모집인원	지원인원	경쟁률	등록평균	등록최저	충원번호	2022 모집인원	지원인원	경쟁률	등록평균	등록최저	충원번호
자연	컴퓨터공학부	10	10	25	2.5	5.46	6.49	4	10	26	2.6	5.30	6.36	6	10	32	3.2	5.49	6.16	15

113. 홍익대학교

(서울캠퍼스) 서울특별시 마포구 와우산로 94 (Tel: 02. 320-1056~8, 3400)
(세종캠퍼스) 세종특별자치시 조치원읍 세종로 2639

I. 한 눈에 보는 전형

모집 시기	전형 유형	전형	모집 인원	전형 방법	수능최저 학력기준
수시	교과	학교장추천자	서308	학생부교과100% ※ 고교 추천: 10명	○
수시	교과	교과우수자	세355	학생부교과100%	○
수시	교과	농어촌학생	서 52 세 26	학생부교과100% ▶미술:1단계)학생부교과20%+ 서류80%(3배수) 2단계)1단계40%+ 면접60%	X
수시	종합	학교생활우수자	서467 세236	서류100%	서울○ 세종X
수시	종합	고른기회 I	서 15 세 9	서류100%	X
수시	종합	고른기회 II	서 9 세 6	서류100%	X
수시	종합	기초생활수급자및차상위계층	서 30 세 14	서류100%	X
수시	종합	특성화고등을졸업한재직자	서185	서류100%	X
수시	논술	논술전형	서384 세122	학생부교과10%+ 논술90%	○
수시	실기/실적	미술우수자	서289 세182	1단계)학생부교과20%+ 서류80%(3배수) 2단계)1단계40%+ 면접60%	서울○ 세종X
수시	실기/실적	공연예술우수자	서 48	▶뮤지컬전공: 1단계)실기100%(8배수) 2단계)학생부20%+ 실기80% ▶실용음악전공: 1단계)실기100%(10배수) 2단계)학생부20%+ 실기80%	X
수시	실기/실적	체육특기자	세 25	▶축구·야구·배구:1단계)실적100%(4배수) 2단계)학생부10%+ 실기50%+ 실적40% ▶골프: 1단계)실적100%(4배수) 2단계)학생부10%+ 실기30%+ 실적60%	X

(수시모집) 지원 가능 횟수	본교 수시모집 전형 중 2개 이상 전형으로 복수지원이 가능함. 단, 고른기회I전형, 고른기회II전형, 기초생활수급자·차상위계층전형, 농어촌학생전형, 특성화고등을졸업한재직자전형, 체육특기자전형 간 복수지원은 불가

■ 무전공(전공자율선택)

유형① [대학 내 모든 전공(보건의료, 사범 등 제외) 자율 선택]		유형② [계열/단과대 모집 후 모집단위 내 전공 자율 선택]	
모집단위	인원	모집단위	인원
[서울] 서울캠퍼스자율전공(인문·예능)	193	[서울] 자율전공(미술대)	79
[서울] 서울캠퍼스자율전공(자연·예능)	267		
[세종] 세종캠퍼스자율전공(인문·예능)	175	[세종] 상경학부	170
[세종] 세종캠퍼스자율전공(자연·예능)	176	[세종] 자율전공(과기대)	51

■ 서울/세종 캠퍼스자율전공

(1) 캠퍼스자율전공

'캠퍼스자율전공'은 입학할 때 전공을 정하지 않고 충분한 탐색과정을 거친 후 캠퍼스 내 인문계열/자연계열/예능계열의 모든 전공 중에서 자신이 원하는 전공을 선택할 수 있는 제도로 서울캠퍼스와 세종캠퍼스에서 각각 시행하고 있음

(2) 모집단위 및 운영

캠퍼스자율전공 신입생을 모집할 때 '캠퍼스자율전공(인문·예능)'과 '캠퍼스자율전공(자연·예능)'으로 분리하여 모집함. '캠퍼스자율전공(인문·예능)'과 '캠퍼스자율전공(자연·예능)'은 입학 후 하나의 '캠퍼스자율전공'으로 운영되며, 입학할 때의 계열 구분(인문·예능/자연·예능)에 관계없이 캠퍼스 내 인문계열/자연계열/예능계열의 모든 전공 중에서 자유롭게 자신이 원하는 전공을 주전공으로 선택하거나 해당 전공을 제공하는 학부(과)로 진입하여 학위를 취득할 수 있음

(3) 주전공선택 또는 학과진입

① 학과진입 : 캠퍼스 내 모든 학부(과)/전공으로의 진입을 신청할 수 있음(사범대학, 뮤지컬전공(연기), 실용음악전공(보컬/기악/작곡), 산업스포츠학과 제외)※ 자세한 사항은 본교 입학관리본부홈페이지 공지사항의 '2025학년도 신입생 캠퍼스 자율전공 학사제도 안내' 참고
② 주전공선택 : 개별 학부(과)/전공으로 진입하지 않고 캠퍼스자율전공 소속으로 캠퍼스 내 모든 전공에서(사범대학, 공연예술학부, 산업스포츠학과 제외) 자신이 원하는 전공을 이수한 후 관련 학위를 취득할 수 있음. 학위를 취득하고자 하는 전공의 졸업에 필요한 교과목 이수 요건과 기타 졸업에 필요한 일반 요건을 충족한 자율전공 학생에게 해당 전공의 학위를 수여함

(4) 주전공선택 또는 학과진입 제한

학부(과)로 진입하기 위한 필수 이수과목 및 기타 제한조건은 없음. 다만 일부 학부(과)/전공의 경우 해당 전공의 기초적 지식 및 소양을 갖추도록 하기 위하여 이수 권장 교과목에 대한 학사지도를 하고 있음

■ 학교폭력 조치사항

전형	전형 총점	감점								
		1호	2호	3호	4호	5호	6호	7호	8호	9호
체육특기자	100	학교생활기록부에 기재된 학교폭력 조치사항에 대해 학교폭력예방법 제17조 1항의 사항에 따라 지원자의 학교생활 기록부 점수(100점 만점)를 6점에서 최대 100점까지 감점함								

■ 전형결과

※ 성적 산출기준: (수시) 교과 석차등급, (정시) 수능 백분위

▮ 서울캠퍼스

모집시기	전형유형	전형	학년도	모집인원	지원인원	경쟁률	등록자 50%컷	등록자 70%컷	충원율
수시	교과	학교장추천자	2024	313	2,753	8.80	1.96	2.00	192%
수시	종합	학교생활우수자	2024	464	7,234	15.59	2.59	2.58	73%
수시	논술	논술전형	2024	393	12,340	31.40			
수시	실기/실적	미술우수자	2024	290	1,881	6.49			

▮ 세종캠퍼스

모집시기	전형유형	전형	학년도	모집인원	지원인원	경쟁률	등록자 50%컷	등록자 70%컷	충원율
수시	교과	교과우수자	2024	354	1,456	4.11	3.82	4.00	127%
수시	종합	학교생활우수자	2024	231	1,581	6.84	3.93	4.14	93%
수시	논술	논술전형	2024	122	1,094	8.97			
수시	실기/실적	미술우수자	2024	182	1,076	5.91			

■ (주요전형) 전형일정

유형	전형	원서접수 마감	대학별 고사(면접/논술)	1단계 합격자	최종 합격자
교과	학교장추천자	9.13(금) 18:00 학교장추천: 9.25(수) 18:00			12.13(금)
교과	교과우수자	9.13(금) 18:00			12.13(금)
종합	학교생활우수자	9.13(금) 18:00			12.13(금)
논술	논술전형	9.13(금) 18:00	[서울캠퍼스] -10.05(토) 자연계열/ 　　　　캠퍼스자율전공(자연•예능) -10.06(일) 인문계열/예술학과/ 　　　　캠퍼스자율전공(인문•예능) [세종캠퍼스] 11.17(일) 자연계열/캠퍼스자율전공(자연•예능)		12.13(금)
실기/실적	미술우수자	9.13(금) 18:00 - 미술활동보고서입력 지원자: 9.25(수) 18:00 교 사: 9.27(금) 18:00	[서울캠퍼스] 11.30(토)~12.01(일) [세종캠퍼스] 11.23(토)~24(일)	11.12(화)	12.13(금)
	[서울캠퍼스] 11.30(토) 오전: 예술학과, 미술대학자율전공 / 오후: 동양화과, 회화과, 판화과, 조소과 　　　　　　　　 12.01(일) 오전: 디자인학부 / 오후: 금속조형디자인과, 도예.유리과, 목조형가구학과, 섬유미술.패션디자인과 [세종캠퍼스] 11.23(토) 오전 또는 오후[※ 11.20(수) 공지]: 디자인컨버전스학부 　　　　　　　　 11.24(일) 오전: 영상.애니메이션학부 / 오후: 게임학부 게임그래픽디자인전공(미술계)				

Ⅱ. (수시모집) 주요 전형

■ (학생부교과) 학교장추천자

전형	모집인원	전형 방법	수능최저학력기준
학교장추천자	서울 308	학생부교과100%	○

1. **지원자격**: 2023년 2월 이후(2월 포함) 국내 고등학교 졸업(예정)자 중 3학기 이상의 교육과정을 이수하고 소속 고등학교장의 추천을 받은 자

　※ <u>고교별 추천 인원은 10명 이내</u>이며, 각 고등학교는 반드시 담당교사가 소속학교 학생 중 학교장추천자전형에 지원한 학생을 열람하고 추천/비추천 여부를 체크해야 함(추천 방식에 관한 자세한 사항은 추후 입학관리본부 공지사항 확인)

　※ 수험생은 지원시 재학중인(졸업한) 고등학교와 반드시 사전협의 후 원서접수 요망

※ 아래 해당자 지원 불가:
- 학교생활기록부에 반영교과의 석차등급이 기재되지 않은 자,
- 특성화고(대안교육 특성화고, 일반고의 특성화(전문계)교육과정 이수자 포함), 마이스터고, 영재학교, 각종학교, 방송통신고, 고등기술학교 출신자

2. 제출서류: 학교생활기록부, 학교장 추천자 명단
3. 수능최저학력기준:

<서울캠퍼스>
▶ 인문계열, 캠퍼스자율전공(인문.예능), 예술학과 : [국어, 수학, 영어, 사/과탐(1과목)] 중 3개 영역 등급 합 8 이내, 한국사 4등급
▶ 자연계열, 캠퍼스자율전공(자연.예능): [국어, 수학(미적분/기하), 영어, 과탐(1과목)] 중 3개 영역 등급 합 8 이내, 한국사 4등급
※ 각 모집계열/모집단위별 수능최저학력기준에 제시된 4개 영역국어, 수학, 영어, 탐구(2과목)] 및 한국사를 모두 응시해야 함

◎ 전형요소
● 학생부

반영요소 반영비율	반영교과목		교과성적 산출지표	학년별 반영비율
	구분	반영방법		
교과100%	공통 및 일반선택 (90%)	▶ 인문계열, 캠퍼스자율전공(인문·예능), 예술학과 : 국어, 영어, 수학, 사회(한국사, 역사/도덕 포함)교과에 속한 전 과목 ▶ 자연계열, 캠퍼스자율전공(자연·예능): 국어, 영어, 수학, 과학교과에 속한 전 과목 ※ 반영학기: (교과) 졸업예정자 및 졸업자 모두 3학년 1학기까지	석차등급	학년 구분 없음
	진로선택 (10%)	반영교과목 성취도의 환산점수를 가산점으로 반영 ※ 성취도 환산점수 = A : 10, B : 9, C : 7	성취도	

◎ 전형결과
■ 전체

서울 학년도	전체						인문						자연					
	모집 인원	지원 인원	경쟁 률	등록 50%컷	등록 70%컷	충원 율	모집 인원	지원 인원	경쟁 률	등록 50%컷	등록 70%컷	충원 율	모집 인원	지원 인원	경쟁 률	등록 50%컷	등록 70%컷	충원 율
2022	244	2,776	11.38	2.19	2.20	137%	87	1,227	14.10	2.32	2.30	156%	157	1,549	9.87	2.06	2.09	117%
2023	290	3,643	12.56	1.97	1.98	134%	119	1,673	14.06	2.03	2.01	154%	171	1,970	11.52	1.90	1.95	114%
2024	313	2,753	8.80	1.96	2.00	192%	132	1,346	10.19	2.01	2.04	267%	181	1,407	7.77	1.91	1.96	116%
2025	308						132						176					

■ 변경사항 & 핵심포인트

[2025]

변경사항	2024	2025
모집인원	313명	308명(-5명)

▶ 합격자 성적분포: (서울) 인문계열은 2등급 초반 ~ 2등급 중반, 자연계열은 1등급 중반 ~ 2등급 초반

'*' 표시 : 교직 이수 가능
■ 모집단위

서울 계열	모집단위	2025	2024							2023						2022					
		모집 인원	모집 인원	지원 인원	경쟁 률	등록 50%컷	등록 70%컷	충원 번호	모집 인원	지원 인원	경쟁 률	등록 50%컷	등록 70%컷	충원 번호	모집 인원	지원 인원	경쟁 률	등록 50%컷	등록 70%컷	충원 번호
인문	교육학과	5	5	60	12.0	1.79	1.76	6	4	41	10.3	2.27	2.06	5						
인문	역사교육과	4	4	33	8.3	1.81		13	3	44	14.7			9						
인문	서울캠퍼스자율전공 (인문·예능)	29	29	282	9.7	1.81	1.86	69	28	371	13.3	1.83	1.95	60	29	441	15.2	2.04	2.15	49
인문	법학부	19	19	191	10.1	1.89	1.97	96	18	300	16.7	2.05	2.05	25	18	224	12.4	2.24	2.36	25
인문	경영학부	37	37	283	7.7	1.91	1.93	91	36	422	11.7	1.96	2.00	57	36	501	13.9	2.11	2.15	55
인문	국어교육과	5	5	41	8.2	2.03	2.09	18	4	36	9.0	1.93	1.84	5						
인문	경제학부	7	7	66	9.4	2.05	2.02	12	6	200	33.3	2.02	2.00	3	4	61	15.3	2.87	2.52	7
인문	독어독문학과	4	4	71	17.8	2.06	2.08	9	3	47	15.7			3						
인문	영어교육과	5	5	48	9.6	2.07	2.13	10	4	48	12.0			6						
인문	영어영문학과	5	5	69	13.8	2.07	2.05	9	4	52	13.0	2.18	2.16	4						
인문	국어국문학과	4	4	71	17.8	2.21	2.17	7	3	30	10.0			3						
예체	예술학과	4	4	63	15.8	2.30	2.36	8	3	43	14.3			1						
인문	불어불문학과	4	4	68	17.0	2.36	2.42	10	3	39	13.0			2						
자연	신소재화공시스템공학부	19	19	135	7.1	1.70	1.72	22	18	233	12.9	1.75	1.80	21	18	149	8.3	1.99	2.04	13
자연	건축학전공(5년제)	7	7	54	7.7	1.78	1.74	17	6	60	10.0	1.71	1.74	14	4	72	18.0	1.69	1.67	13
자연	전자·전기공학부	30	30	176	5.9	1.79	1.84	31	29	296	10.2	1.78	1.85	39	29	245	8.5	2.00	2.07	31

서울 계열	모집단위	2025 모집 인원	2024						2023						2022					
			모집 인원	지원 인원	경쟁 률	등록 50%컷	등록 70%컷	충원 번호	모집 인원	지원 인원	경쟁 률	등록 50%컷	등록 70%컷	충원 번호	모집 인원	지원 인원	경쟁 률	등록 50%컷	등록 70%컷	충원 번호
자연	서울캠퍼스자율전공 (자연.예능)	41	41	307	7.5	1.83	1.88	49	40	563	14.1	1.87	1.92	31	41	362	8.8	2.14	2.21	59
자연	산업·데이터공학과	11	11	112	10.2	1.90	1.95	16	10	139	13.9	2.02	2.04	8	10	103	10.3	2.18	2.26	8
자연	기계·시스템디자인공학과	22	22	221	10.1	1.90	1.95	21	21	161	7.7	2.11	2.14	19	21	221	10.5	2.06	2.12	22
자연	컴퓨터공학과	22	27	120	4.4	1.92	2.03	24	26	215	8.3	1.75	1.79	36	26	253	9.7	1.90	1.94	25
자연	도시공학과	8	8	63	7.9	2.00	2.02	8	7	67	9.6	2.09	2.11	9	4	75	18.8	2.19	2.17	2
자연	수학교육과	5	5	25	5.0	2.00	2.09	8	4	37	9.3	1.75	1.79	6						
자연	건설환경공학과	8	8	169	21.1	2.04	2.09	12	7	162	23.1	2.18	2.27	11	4	69	17.3	2.42	2.37	11
자연	실내건축학전공	3	3	25	8.3	2.20	2.22	2	3	37	12.3			1						

■ (학생부교과) 교과우수자

전형	모집인원	전형 방법	수능최저학력기준
교과우수자	세종 355	학생부교과100%	○

1. **지원자격**: 2023년 2월 이후(2월 포함) 국내 고등학교 졸업(예정)자로서 국내 고등학교에서 3학기 이상 이수한 자
   ※ 아래 해당자 지원 불가:
   - 학교생활기록부에 반영교과의 석차등급이 기재되지 않은 자,
   - 특성화고(대안교육 특성화고, 일반고의 특성화(전문계)교육과정 이수자 포함), 마이스터고, 영재학교, 각종학교, 방송통신고, 고등기술학교 출신자
2. **수능최저학력기준**:

<세종캠퍼스>
   ▶ 인문계열, 캠퍼스자율전공(인문.예능): [국어, 수학, 영어, 사/과탐(1과목)] 중 2개 영역 등급 합 9 이내
   ▶ 자연계열, 캠퍼스자율전공(자연.예능): [국어, 수학(미적분/기하), 영어, 과탐(1과목)] 중 1개 영역 4등급 이내
   ※ 각 모집계열/모집단위별 수능최저학력기준에 제시된 4개 영역[국어, 수학, 영어, 탐구(2과목)] 및 한국사를 모두 응시해야 함

◎ 전형요소
● 학생부

반영요소 반영비율	반영교과목			교과성적 산출지표	학년별 반영비율
	구분	반영방법			
교과100%	공통 및 일반선택 (90%)	▶ 인문계열, 캠퍼스자율전공(인문·예능) : 국어, 영어, 수학, 사회(한국사, 역사/도덕 포함)교과에 속한 전 과목 ▶ 자연계열, 캠퍼스자율전공(자연·예능): 국어, 영어, 수학, 과학교과에 속한 전 과목 ※ 반영학기: (교과) 졸업예정자 및 졸업자 모두 3학년 1학기까지		석차등급	학년 구분 없음
	진로선택 (10%)	반영교과 진로선택과목은 성취도의 환산점수를 가산점으로 반영함 ※ 성취도 환산점수 = A : 10, B : 9, C : 7		성취도	

◎ 전형결과
■ 전체

세종 학년도	전체						인문						자연					
	모집 인원	지원 인원	경쟁 률	등록 50%컷	등록 70%컷	충원 율	모집 인원	지원 인원	경쟁 률	등록 50%컷	등록 70%컷	충원 율	모집 인원	지원 인원	경쟁 률	등록 50%컷	등록 70%컷	충원 율
2022	298	2,259	7.58	3.68	3.85	155%	124	792	6.39	3.22	3.41	144%	174	1,467	8.43	4.14	4.28	165%
2023	340	2,226	6.55	3.64	3.81	134%	166	898	5.41	3.29	3.49	127%	174	1,328	7.63	3.99	4.13	141%
2024	354	1,456	4.11	3.82	4.00	127%	170	646	3.80	3.55	3.80	124%	184	810	4.40	4.09	4.19	130%
2025	355						174						181					

■ 변경사항 & 핵심포인트
[2025]

변경사항	2024	2025
모집인원	354명	355명(+1명)

➡ **합격자 성적분포**: (세종) 인문계열은 3등급 중반 ~ 4등급 초반, 자연계열은 3등급 중반 ~ 4등급 초반

■ 모집단위

'*' 표시 : 교직 이수 가능

세종 계열	모집단위	2025 모집 인원	2024 모집 인원	지원 인원	경쟁 률	등록 50%컷	등록 70%컷	충원 번호	2023 모집 인원	지원 인원	경쟁 률	등록 50%컷	등록 70%컷	충원 번호	2022 모집 인원	지원 인원	경쟁 률	등록 50%컷	등록 70%컷	충원 번호
인문	세종캠퍼스자율전공 (인문·예능)	70	68	221	3.3	2.83	3.04	65	60	281	4.7	2.75	2.98	71	45	247	5.5	2.67	2.92	73
인문	광고홍보학부	36	37	126	3.4	3.75	4.12	59	36	177	4.9	3.10	3.26	35	27	150	5.6	3.12	3.20	43
인문	상경학부	68	65	299	4.6	4.06	4.23	87	70	440	6.3	4.03	4.24	104	52	395	7.6	3.87	4.12	62
자연	게임소프트웨어전공(공학계)	10	11	50	4.6	3.51	3.71	16	10	79	7.9	3.59	3.66	13	10	78	7.8	3.65	3.70	13
자연	건축공학부	16	17	60	3.5	3.89	3.85	23	16	152	9.5	3.39	3.58	21	16	216	13.5	3.82	3.93	26
자연	나노신소재학과	13	13	59	4.5	3.92	4.11	24	14	90	6.4	4.07	4.24	17	13	120	9.2	4.12	4.24	22
자연	세종캠퍼스자율전공 (자연·예능)	55	54	182	3.4	3.98	4.26	46	46	270	5.9	3.96	4.26	45	46	285	6.2	4.14	4.40	58
자연	소프트웨어융합학과	19	20	72	3.6	4.02	4.27	27	19	119	6.3	3.86	3.93	24	19	132	7.0	3.85	4.02	33
자연	바이오화학공학과	13	14	43	3.1	4.09	3.79	21	13	94	7.2	3.34	3.68	26	13	119	9.2	3.39	3.69	28
자연	과학기술대학자율전공	15	15	102	6.8	4.17	4.33	30	15	214	14.3	4.40	4.40	18	15	170	11.3	4.74	4.83	18
자연	전자전기융합공학과	16	15	55	3.7	4.23	4.37	27	17	100	5.9	3.96	4.02	29	17	152	8.9	4.08	4.18	37
자연	기계정보공학과	14	14	105	7.5	4.23	4.29	16	14	114	8.1	4.48	4.58	34	15	126	8.4	4.44	4.65	39
자연	조선해양공학과	10	11	82	7.5	4.81	4.89	9	10	96	9.6	4.87	4.95	18	10	69	6.9	5.12	5.16	13

■ (학생부종합) 학교생활우수자

전형	모집인원	전형 방법	수능최저학력기준
학교생활우수자	서울 467 세종 236	서류100%	서울○, 세종X

1. **지원자격**: 국내 고등학교 졸업(예정)자
   ※ 1998년 이전(1998년 포함) 졸업자, 고등학교 졸업학력인정 검정고시 출신자, 외국 고교 졸업(예정)자 등은 지원할 수 없음
2. **제출서류**: 학교생활기록부
3. **수능최저학력기준**: 서울캠퍼스는 적용, 세종캠퍼스는 미적용

<서울캠퍼스>
▶ 인문계열, 캠퍼스자율전공(인문·예능), 예술학과: [국어, 수학, 영어, 사/과탐(1과목)] 중 3개 영역 등급 합 8 이내, 한국사 4등급
▶ 자연계열, 캠퍼스자율전공(자연·예능): [국어, 수학(미적분/기하), 영어, 과탐(1과목)] 중 3개 영역 등급 합 8 이내, 한국사 4등급

◎ 전형요소
● 서류
　1. **평가내용**: 제출서류를 토대로 지원자의 학업역량, 전공역량, 발전가능성, 인성 등을 종합적으로 고려하여 평가
　2. **평가항목**:
　　1) '디자인·예술경영학부' 제외

평가요소	반영 비율	평가항목	평가내용
학업역량	40%	학업 성취도	고교 교육과정에서 이수한 교과의 성취수준이나 학업 발전의 정도
		학업태도와 학업의지	학업을 수행하고 학습해 나가는 자발적인 의지와 태도
		탐구력	지적 호기심을 바탕으로 사물과 현상에 대해 탐구하고 문제를 해결하려는 노력
진로역량	40%	전공(계열) 관련 교과목 이수 및 성취도	고교 교육과정에서 전공(계열) 관련 과목의 이수 정도 및 학업 성취 수준
		진로 탐색 활동과 경	자신의 진로를 탐색하는 과정에서 이루어진 활동이나 경험 및 노력 정도
		창의·융합적 사고능력	다양한 영역에 대한 폭넓은 시각을 바탕으로 창의적으로 문제를 해결하는 능력
인성	20%	협업과 소통능력	공동체의 목표를 달성하기 위해 협력하며 구성원들과 합리적인 의사소통을 할 수 있는 능력
		나눔과 배려	상대방을 존중하고 이해하며 타인을 위해 양보할 줄 아는 태도와 행동
		성실성과 규칙준수	책임감을 바탕으로 자신의 의무를 다하고 공동체의 기본 윤리와 원칙을 준수하는 태도
		리더십	공동체의 목표 달성을 위해 구성원들의 상호작용을 이끌어가는 능력

☞ 보충설명
• 학업역량(40%) = 진로역량(40%) > 공동체역량(20%) 순으로 높음.
• 진로역량(40%)은 학업역량이 비슷하기 때문에 진로역량에서 가장 변별력이 큼.
　– 지원 전공에 대한 소양 및 자질, 활동 경험 등을 평가
　– 특히, 캠퍼스자율전공은 별도의 전공역량 기준을 가지고 있으며 전공역량이 가장 중요함.

- 자기주도성은 인성적인 부분이 아니라, 타 학문과 융합하여 공부할 수 있는 소통능력이 중요, 협업해서 과정이나 성과를 드러낸 경험 즉, 전공을 선택하고 타 전공과 융합할 수 있는 역량이 중요, 타 학문과의 시너지를 낼 수 있는가를 보고자 함.
  - 타 학문과의 시너지가 인문/자연계열은 해당 계열 안에서의 타 학문 정도이고, 반면 캠퍼스자율전공은 인문자연미술 등 모든 계열로 진학할 수 있으므로 타 계열에 대한 시너지 가능성을 보고자 함
- 공동체역량(20%)은 변별력이 작음. 대부분 만점

◎ 전형결과
■ 전체

서울 학년도	전체						인문						자연					
	모집 인원	지원 인원	경쟁률	등록 50%컷	등록 70%컷	충원율	모집 인원	지원 인원	경쟁률	등록 50%컷	등록 70%컷	충원율	모집 인원	지원 인원	경쟁률	등록 50%컷	등록 70%컷	충원율
2022	542	5,366	9.90	2.66	2.85	65%	237	2,857	12.05	2.87	3.14	79%	305	2,509	8.23	2.44	2.56	50%
2023	514	7,607	14.80	2.68	2.64	59%	217	4,003	18.45	2.98	2.89	72%	297	3,604	12.13	2.37	2.39	45%
2024	464	7,234	15.59	2.59	2.58	73%	191	3,727	19.51	2.83	2.73	88%	273	3,507	19.06	2.35	2.42	58%
2025	467						193						274					

세종 학년도	전체						인문						자연					
	모집 인원	지원 인원	경쟁률	등록 50%컷	등록 70%컷	충원율	모집 인원	지원 인원	경쟁률	등록 50%컷	등록 70%컷	충원율	모집 인원	지원 인원	경쟁률	등록 50%컷	등록 70%컷	충원율
2022	247	1,266	5.13	4.32	4.60	98%	103	649	6.30	3.91	4.21	113%	144	617	4.28	4.73	4.99	83%
2023	247	2,353	9.53	3.92	4.14	113%	126	1,053	8.36	3.88	4.15	116%	121	1,300	10.74	3.96	4.12	109%
2024	231	1,581	6.84	3.93	4.14	93%	125	940	7.52	3.72	3.97	105%	106	641	6.05	4.13	4.30	80%
2025	236						125						111					

■ 변경사항 & 핵심포인트
[2025]

변경사항	2024	2025
모집인원	[서울] 464명, [세종] 231명	[서울] 467명(+3명), [세종] 236명(+5명)
서류 평가요소 변경	학업역량25%, 전공적합성30%, 인성15%, 발전가능성30%	학업역량40%, 진로역량40%, 공동체역량20%

➡ 합격자 성적분포: (서울) 인문계열은 2등급 중반 ~ 2등급 후반, 자연계열은 2등급 초반 ~ 2등급 중반
(세종) 인문계열은 3등급 중반 ~ 4등급 초반, 자연계열은 4등급 초반 ~ 3등급 중반

■ 모집단위
'*' 표시 : 교직 이수 가능

서울 계열	모집단위	2025	2024							2023							2022					
		모집 인원	모집 인원	지원 인원	경쟁률	등록 50%컷	등록 70%컷	충원 번호	모집 인원	지원 인원	경쟁률	등록 50%컷	등록 70%컷	충원 번호	모집 인원	지원 인원	경쟁률	등록 50%컷	등록 70%컷	충원 번호
인문	영어교육과	6	5	108	21.6	2.09	1.95	7	7	101	14.4	2.71	2.48	7	10	79	7.9	2.45	2.46	6
인문	역사교육과	4	3	72	24.0	2.15	2.13	4	6	144	24.0	2.27	2.18	6	8	131	16.4	2.22	2.33	12
인문	경제학부	9	9	173	19.2	2.43	2.43	9	11	185	16.8	2.72	2.80	12	12	115	9.6	2.83	2.91	5
인문	국어국문학과	5	5	102	20.4	2.44	2.27	6	6	120	20.0	2.70	2.82	6	8	76	9.5	2.84	2.92	8
인문	교육학과	6	5	156	31.2	2.44	2.47	4	7	169	24.1	2.64	2.66	11	10	142	14.2	2.40	2.54	5
인문	국어교육과	6	5	101	20.2	2.49	2.47	9	7	143	20.4	2.46	2.41	12	10	80	8.0	2.41	3.00	21
인문	서울캠퍼스자율전공 (인문.예능)	49	48	1,158	24.1	2.51	2.58	46	49	1,028	21.0	2.77	2.68	43	47	693	14.7	2.61	2.83	49
인문	경영학부	58	58	769	13.3	2.60	2.72	41	62	931	15.0	2.53	2.60	32	62	789	12.7	2.64	2.85	37
인문	법학부	28	29	438	15.1	2.83	2.65	11	31	503	16.2	2.79	2.75	13	30	306	10.2	2.80	3.20	22
인문	예술학과	5	5	190	38.0	3.08	3.05	7	8	142	17.8	3.43	2.79	4	8	115	14.4	2.79	3.06	9
인문	영어영문학과	6	7	236	33.7	3.81	3.13	7	9	187	20.8	4.42	4.88	4	12	146	12.2	2.53	2.86	12
인문	불어불문학과	5	6	110	18.3	3.84	3.31	7	7	188	26.9	3.28	2.70	2	10	95	9.5	4.67	5.37	8
인문	독어독문학과	6	6	114	19.0	4.11	4.30	7	7	162	23.1	4.05	3.82	5	10	90	9.0	4.16	4.44	8
자연	수학교육과	7	5	67	13.4	1.92	1.91	7	7	106	15.1	2.11	2.09	10	10	114	11.4	2.01	2.14	5
자연	건축학전공(5년제)	11	10	121	12.1	2.01	2.30	9	12	199	16.6	1.89	1.91	5	14	178	12.7	1.98	2.15	14
자연	서울캠퍼스자율전공 (자연.예능)	67	66	923	14.0	2.18	2.29	30	67	1,004	15.0	2.21	2.31	27	65	556	8.6	2.43	2.51	20
자연	전자전기공학부	48	47	452	9.6	2.27	2.27	29	50	433	8.7	2.34	2.49	28	49	327	6.7	2.30	2.49	23
자연	컴퓨터공학과	34	41	444	10.8	2.28	2.43	28	44	475	10.8	2.27	2.35	23	44	361	8.2	2.32	2.49	22
자연	기계시스템디자인공학과	34	34	293	8.6	2.41	2.53	12	37	276	7.5	2.49	2.51	6	37	225	6.1	2.48	2.61	19
자연	신소재화공시스템공학부	30	29	574	19.8	2.45	2.23	21	32	470	14.7	2.51	2.45	8	32	395	12.3	2.28	2.39	11
자연	산업·데이터공학과	16	16	236	14.8	2.46	2.49	8	18	201	11.2	2.46	2.58	9	18	118	6.6	2.59	2.63	12
자연	실내건축전공	5	5	52	10.4	2.52	2.54	1	5	59	11.8	2.41	2.32	3	8	58	7.3	2.62	2.64	5

서울계열	모집단위	2025 모집인원	2024						2023						2022					
			모집인원	지원인원	경쟁률	등록50%컷	등록70%컷	충원번호	모집인원	지원인원	경쟁률	등록50%컷	등록70%컷	충원번호	모집인원	지원인원	경쟁률	등록50%컷	등록70%컷	충원번호
자연	도시공학과	11	10	121	12.1	2.62	2.78	5	12	173	14.4	2.41	2.35	9	14	95	6.8	2.86	3.11	15
자연	건설환경공학과	11	10	224	22.4	2.76	2.87	9	13	208	16.0	2.96	2.95	6	14	82	5.9	3.02	3.05	5

세종계열	모집단위	2025 모집인원	2024						2023						2022					
			모집인원	지원인원	경쟁률	등록50%컷	등록70%컷	충원번호	모집인원	지원인원	경쟁률	등록50%컷	등록70%컷	충원번호	모집인원	지원인원	경쟁률	등록50%컷	등록70%컷	충원번호
인문	세종캠퍼스자율전공(인문.예능)	52	52	404	7.8	2.88	3.28	67	46	378	8.2	3.27	3.77	60	38	250	6.6	3.40	3.67	48
인문	광고홍보학부	25	24	250	10.4	3.71	3.82	12	27	275	10.2	3.59	3.73	20	22	233	10.6	3.48	3.74	22
인문	상경학부	48	49	286	5.8	4.57	4.82	52	53	400	7.6	4.79	4.94	66	43	166	3.9	4.84	5.23	46
자연	건축공학부	9	8	69	8.6	3.44	3.63	6	12	183	15.3	3.53	3.57	19	14	89	6.4	4.41	4.51	11
자연	세종캠퍼스자율전공(자연.예능)	37	36	176	4.9	3.44	4.05	27	31	332	10.7	3.37	3.66	20	38	141	3.7	4.94	5.22	38
자연	바이오화학공학과	8	7	36	5.1	3.54	3.51	5	9	90	10.0	3.29	3.47	11	11	67	6.1	4.20	4.40	18
자연	게임소프트웨어전공(공학계)	6	5	65	13.0	3.76	3.90		7	136	19.4	3.70	3.70	5	8	51	6.4	4.32	4.36	4
자연	소프트웨어융합학과	11	10	63	6.3	4.29	4.33	5	13	116	8.9	3.67	4.00	16	16	95	5.9	4.27	4.62	20
자연	나노신소재학과	8	7	46	6.6	4.31	4.18	11	10	90	9.0	4.40	4.59	16	11	36	3.3	4.92	5.72	10
자연	과학기술대학자율전공	9	10	59	5.9	4.32	4.50	5	10	106	10.6	4.29	4.38	2	12	55	4.6	5.15	5.33	4
자연	기계정보공학과	8	9	59	6.6	4.51	4.79	30	10	108	10.8	4.49	4.32	22	12	34	2.8	5.52	5.65	6
자연	전자전기융합공학과	9	9	45	5.0	4.58	5.00	11	12	91	7.6	3.87	4.43	21	14	34	2.4	4.87	5.10	9
자연	조선해양공학과	6	5	23	4.6	5.07	5.08	5	7	48	6.9	4.98	5.08		8	15	1.9			

■ (논술) 논술전형

전형	모집인원	전형 방법	수능최저학력기준
논술전형	서울 384 세종 122	학생부교과10%+ 논술90%	○

1. **지원자격**: 고등학교 졸업(예정)자 또는 관계 법령에 의해 고등학교 졸업자와 동등 이상의 학력이 있다고 인정된 자
2. **수능최저학력기준**

<서울캠퍼스>
▶ 인문계열, 캠퍼스자율전공(인문.예능): [국어, 수학, 영어, 사/과탐(1과목)] 중 3개 영역 등급 합 8 이내, 한국사 4등급
▶ 자연계열, 캠퍼스자율전공(자연.예능): [국어, 수학(미적분/기하), 영어, 과탐(1과목)] 중 3개 영역 등급 합 8 이내, 한국사 4등급
<세종캠퍼스>
▶ 자연계열, 캠퍼스자율전공(자연.예능): [국어, 수학(미적분/기하), 영어, 과탐(1과목)] 중 1개 영역 4등급 이내

◎ 전형요소
● 학생부(100점)

반영요소 반영비율	반영교과목		교과성적 산출지표	학년별 반영비율
	구분	반영방법		
교과100%	공통 및 일반선택	국어, 영어, 수학, 사회(한국사, 역사/도덕 포함)/과학교과별 상위 3과목씩 총 12과목 ※ 학년 구분 없이 반영 ※ 반영학기: (교과) 졸업 예정자 및 졸업자 모두 3학년 1학기까지	석차등급	학년 구분 없음
	진로선택	미반영		

구분	1등급	2등급	3등급	4등급	5등급	6등급	7등급	8등급	9등급
점수(100점)	100	99	97	94	90	85	60	30	0
등급 간 점수 차이	0	1	3	3	4	5	25	30	30

● 논술(900점)
1. **목적**: 대학 교육이수에 기본적으로 요구되는 독해·분석·종합 능력, 응용력, 논증력, 창의력 및 표현력 등을 평가
2. **시험시간**: 서울캠퍼스 120분, 세종캠퍼스 70분
3. **문제유형**:

캠퍼스	계열	구분	내용
서울	인문계열/ 캠퍼스자율전공 (인문·예능)	출제 유형	· 주요 인문/사회 분야 지문 출제(통합교과형) · 하나의 논쟁적 이슈나 현상에 대한 2~4개의 제시문 · 총 2,000자 내외(원고지 형식의 답안지)로 답안 작성

캠퍼스	계열	구분	내용
		출제 범위	· 2015 개정 교육과정 국어교과 공통 과목 및 일반선택과목 - 국어, 화법과 작문, 독서, 언어와 매체, 문학 · 2015 개정 교육과정 사회교과군(역사/도덕 포함) 공통 과목 및 일반선택과목 - 통합사회, 한국지리, 세계지리, 세계사, 동아시아사, 경제, 정치와 법, 사회·문화, 생활과 윤리, 윤리와 사상
	자연계열/ 캠퍼스자율전공 (자연·예능)	출제 유형	· 수리적 사고 능력을 평가하기 위한 지문 또는 질문(수리형) · 논리적·창의적 문제해결능력 측정을 위한 2~4개의 제시문 또는 질문 · 문항별 지정된 답안란에 작성(노트 형식의 답안지)
		출제 범위	· 2015 개정 교육과정 수학교과 공통 과목, 일반선택과목, 진로선택과목 중 기하 - **수학, 수학I, 수학II, 미적분, 확률과 통계, 기하**
세종	자연계열/ 캠퍼스자율전공 (자연·예능)	출제 유형	· 고등학교 교육과정의 내용과 수준을 충실히 이수하였는지를 평가하기 위한 서술형 질문 · 교과서, EBS 수능 교재 등을 변형한 **7개의 문항** · 문항별 지정된 답안란에 작성(노트 형식의 답안지)
		출제 범위	· 2015 개정 교육과정 수학교과 일반선택과목 중 - **수학I, 수학II**

◎ 전형결과
■ 전체

서울 학년도	전체				인문				자연			
	모집 인원	지원 인원	경쟁 률		모집 인원	지원 인원	경쟁 률		모집 인원	지원 인원	경쟁 률	
2022	379	10,046	26.51		158	5,730	36.27		221	4,316	19.53	
2023	405	10,521	25.98		167	6,389	38.26		238	4,132	17.36	
2024	393	12,340	31.40		162	8,243	50.9		231	4,097	17.74	
2025	384				159				225			

세종 학년도	전체				인문				자연			
	모집 인원	지원 인원	경쟁 률		모집 인원	지원 인원	경쟁 률		모집 인원	지원 인원	경쟁 률	
2022												
2023	121	1,111	9.18						121	1,111	9.18	
2024	122	1,094	8.97						122	1,094	8.97	
2025	122								122			

■ 변경사항 & 핵심포인트
[2025]

변경사항	2024	2025
모집인원	[서울] 393명, [세종] 122명	[서울] 384명(-9명), [세종] 122명

· (서울) 논술고사는 인문은 언어100%, 자연은 수리100%.
  - 자연계열 수학 출제범위: 수학, 수학I, 수학II, 미적분, 확률과 통계, 기하
· (세종) 논술고사: 자연계열만 선발, 수학만 출제
  - 수학 출제과목은 수학I, 수학II로 가천대, 서경대, 수원대와 같음. 7문항 출제됨
  - 수능최저학력기준이 통과되면 학력평가 수학이 4~5등급인 학생이면 지원을 고려해 볼 것

■ 모집단위
'*' 표시 : 교직 이수 가능

서울 계열	모집단위	2025	2024						2023						2022					
		모집 인원	모집 인원	지원 인원	경쟁 률				모집 인원	지원 인원	경쟁 률				모집 인원	지원 인원	경쟁 률			
인문	서울캠퍼스자율전공 (인문.예능)	38	38	2,145	56.5				39	1,710	43.9				38	1,652	43.5			
인문	법학부	24	24	1,246	51.9				25	939	37.6				24	801	33.4			
인문	경영학부	48	49	2,507	51.2				49	1,974	40.3				49	1,836	37.5			
인문	독어독문학과	4	5	256	51.2				5	176	35.2				5	156	31.2			
예체	예술학과	4	4	200	50.0															
인문	영어영문학과	6	6	291	48.5				7	238	34.0				6	180	30.0			
인문	불어불문학과	4	5	238	47.6				5	154	30.8				5	160	32.0			
인문	경제학부	8	8	378	47.3				9	312	34.7				8	265	33.1			
인문	국어국문학과	4	4	187	46.8				5	160	32.0				4	127	31.8			
인문	영어교육과	5	5	219	43.8				6	178	29.7				5	151	30.2			
인문	교육학과	5	5	213	42.6				6	196	32.7				5	142	28.4			
인문	국어교육과	5	5	202	40.4				6	187	31.2				5	140	28.0			

서울 계열	모집단위	2025 모집 인원	2024 모집 인원	2024 지원 인원	2024 경쟁 률			2023 모집 인원	2023 지원 인원	2023 경쟁 률			2022 모집 인원	2022 지원 인원	2022 경쟁 률		
인문	역사교육과	4	4	161	40.3			5	165	33.0			4	120	30.0		
자연	건축학전공(5년제)	9	9	311	34.6			10	292	29.2			9	324	36.0		
자연	서울캠퍼스자율전공 (자연.예능)	53	53	1,002	18.9			54	981	18.2			53	983	18.6		
자연	컴퓨터공학과	29	35	604	17.3			35	656	18.7			35	736	21.0		
자연	신소재·화공시스템공학부	25	25	427	17.1			26	432	16.6			25	436	17.4		
자연	전자전기공학부	39	39	659	16.9			40	663	16.6			39	689	17.7		
자연	산업·데이터공학과	14	14	230	16.4			14	222	15.9			14	228	16.3		
자연	실내건축학전공	4	4	64	16.0			4	61	15.3			4	71	17.8		
자연	도시공학과	9	9	143	15.9			10	145	14.5			9	136	15.1		
자연	수학교육과	5	5	78	15.6			6	100	16.7			5	112	22.4		
자연	기계·시스템디자인공학과	29	29	444	15.3			29	448	15.5			29	469	16.2		
자연	건설환경공학과	9	9	135	15.0			10	132	13.2			9	132	14.7		

세종 계열	모집단위	2025 모집 인원	2024 모집 인원	2024 지원 인원	2024 경쟁 률			2023 모집 인원	2023 지원 인원	2023 경쟁 률			2022 모집 인원	2022 지원 인원	2022 경쟁 률		
자연	건축공학부	12	12	135	11.3			12	134	11.2							
자연	소프트웨어융합학과	14	13	138	10.6			13	166	12.8							
자연	바이오화학공학과	9	10	97	9.7			9	76	8.4							
자연	게임소프트웨어전공(공학계)	7	7	68	9.7			7	62	8.9							
자연	과학기술대학자율전공	11	10	88	8.8			10	90	9.0							
자연	전자전기융합공학과	11	12	103	8.6			12	113	9.4							
자연	기계정보공학과	10	10	84	8.4			10	78	7.8							
자연	나노신소재학과	10	10	83	8.3			10	84	8.4							
자연	세종캠퍼스자율전공 (자연.예능)	31	31	249	8.0			31	259	8.4							
자연	조선해양공학과	7	7	49	7.0			7	49	7.0							

■ (실기/실적) 미술우수자

전형	모집인원	전형 방법	수능최저학력기준
미술우수자	서울 289 세종 182	1단계)학생부교과20%+ 서류80%(3배수) 2단계)1단계40%+ 면접60%	서울○, 세종X

1. **지원자격**: 국내 고등학교 졸업(예정)자
   ※ 1998년 이전(1998년 포함) 졸업자, 고등학교 졸업학력인정 검정고시 출신자, 외국고교 졸업(예정)자 등은 지원할 수 없음
2. **제출서류**: 학교생활기록부, 미술활동보고서
3. **수능최저학력기준**: 서울캠퍼스는 적용, 세종캠퍼스는 미적용

> <서울캠퍼스>
> [국어, 수학, 영어, 사/과탐(1과목)] 중 3개 영역 등급 합 9 이내, 한국사 4등급

◎ 전형요소
● 학생부

반영요소 반영비율	구분	반영교과목 반영방법		교과성적 산출지표	학년별 반영비율
교과100%	공통 및 일반선택	국어, 영어, 수학/사회(한국사, 역사/도덕 포함)/과학교과에 속한 전 과목 ※ 반영학기: (교과) 졸업예정자 및 졸업자 모두 3학년 1학기까지		석차등급	학년 구분 없음
	진로선택	미반영			

● 서류
   1. 평가내용: 제출서류 상의 교과활동, 비교과활동을 토대로 지원자의 학업역량, 전공역량, 발전가능성, 인성 등을 종합적으로 고려하여 평가
   2. 평가항목:

평가요소	반영 비율	평가항목	평가내용
학업역량	20%	학업 성취도	교과의 성취수준이나 학업적 발전의 정도
		교과 성적 추이	교과성적의 상승·하락·유지 현황과 정도
		학업태도와 학업의지	학업을 수행하고 학습해 나가는 자발적인 의지와 태도

평가요소	반영비율	평가항목	평가내용
전공역량	40%	전공 관련 소양 및 자질	미술에 대한 이해도와 열정 및 관련 특성
		전공 관련 활동과 경험	미술 관련 소양 및 자질을 충족시키기 위해 노력한 과정과 경험
		관련 교과목 이수 및 성취도	고교 교육과정에서 지원 전공(계열) 관련 과목의 수강 현황 및 성취 수준
발전가능성	25%	창의융합능력	학습한 내용을 바탕으로 폭넓게 사고하고 문제를 해결하는 능력
		리더십 및 소통능력	공동체의 목표 달성을 위해 구성원과의 소통을 통하여 화합과 단결을 이끌어가는 역량
인성	15%	성실성	책임감을 바탕으로 꾸준히 노력하여 자신의 의무를 다하는 태도와 행동
		도덕성	공동체의 기본윤리와 원칙을 준수하며 옳고 그름을 분별하여 행동하는 태도
		나눔과 배려	상대방을 존중하고 이해하며 타인을 위해 양보할 줄 아는 태도와 행동

☞ **보충설명**

• 전공역량(40%) > 발전가능성(25%) > 학업역량(20%) > 인성(15%) 순으로 반영. 전공적합성(40%)이 가장 중요함
• 정말 미술을 잘 하는 학생을 선발하고자 함. 고등학교에서 미술활동을 매니아처럼 열심히 한 학생이 좋은 평가를 받음
  – 종종 미술에 관심 정도만을 보인 학생들이 지원하는 데 그러한 학생들은 전형 취지에 안 맞음. 학교생활우수자의 캠퍼스 자율전공이 적합
  – 미술을 배우고 싶은 학생들은 학교생활우수자의 캠퍼스자율전공으로 지원하기 바람.
• 좋은 평가를 받으려면 고등학교에서 정말 미술활동을 정말 열심히 해야 함
• 실기로 선발하는 타 대학 학생들보다 대학에 입학해서 좋은 성과를 드러내고 있기 때문에 비실기 종합으로 계속 선발할 예정
• 미술활동보고서가 중요함. 자기소개서 이상으로 학생부에 준하는 서류임.
  – 미술활동보고서를 통해 미술역량을 보고자 함. 교과, 비교과, 종합으로 구성.
  – 미술활동보고서 중 비교과항목은 교내 뿐만 아니라 교외활동도 기재 가능함. 자기소개서가 아니기 때문에 가능. 진위 여부 확인 위해 면접에서 추가 증빙 서류 요구할 수 있음
  – 미술활동보고서 작성 요령 등 동영상이 입학처 홈피에 탑재 예정. 확인 바람

● **미술활동보고서 입력 안내**

순서	입력내용/주요절차	지원자	평가자(교사)
1	입력 사전 준비	① 수험번호 확인 ② 본교 입학관리본부 홈페이지에서 미술활동보고서 작성 안내 자료 참고 ③ 평가자로 지정하고자 하는 교사의 평가가능 여부 및 회원가입 여부 확인	① 행정전자서명인증서(EPKI 또는 GPKI) 준비 ② 본교 입학관리본부 홈페이지에서 미술활동보고서 작성 안내 자료 참고
2	회원가입 및 로그인	① 미술활동보고서 홈페이지에서 '지원자'로 회원가입 후 로그인	① 미술활동보고서 홈페이지에서 '평가자'로 회원가입 후 로그인 ※ 행정전자서명인증서(EPKI 또는 GPKI) 필요
3	기본정보 입력	① 수험번호 입력 ② 전형 선택(복수 전형 지원 시 해당)	① 평가자 재직정보 입력 ※ 평가자 소속학교, 근무기간 등 관련 정보 확인및수정
4	미술활동보고서 작성	① 평가자선택※ 평가자 없이 진행할 경우 '평가자없음'을 선택 ② 미술활동내역 입력·미술관련 교과활동(최대 5개)·미술관련 비교과활동(최대 5개)· 미술활동종합 ③ 입력내용 확인 후 평가요청 ※ 평가자의 평가상태와 무관하게 지원자는 '평가요청'을 함으로써 보고서 작성을 완료하게 됨	① 평가할 지원자 선택 ② 지원자와의 관계 입력 ③ 지원자별 입력내용 항목별 확인·지원자의 입력내용 확인·'교사 확인여부' 선택: 각 '교과활동' 및 '비교과활동'에 대해 직접확인/간접확인/확인 못함 중 1개 선택 ※ 평가자 입력기간이 지나면 평가자는 추가입력/내용수정이 불가함 ④ 지원자가 입력한 모든 교과 및 비교과활동에 대해 '교사 확인여부'를 선택한 후 '최종평가완료' 버튼 클릭
5	작성 완료	• 평가자에게 평가 입력기간을 안내해야 함 ※ 지원자 입력기간이 지나면 지원자는 추가입력/내용수정 및 평가요청이 불가함 • 입력 마감시간까지 평가요청을 하지 않은 경우 입력기간 내에 마지막으로 저장한 내용을 최종으로 인정하며, '평가자선택'에서 저장된 평가자에게 자동으로 '평가요청'됨 • 미술활동보고서는 온라인으로 입력 제출하며, 별도의 우편 제출은 받지 않음	• 평가자는 '최종평가완료'를 함으로써 보고서 작성을 완료하게 됨 • 입력 마감시간까지 평가완료를 하지 않은 활동의 경우 입력기간 내에 마지막으로 저장한 내용을 최종으로 인정함 • 미술활동보고서는 온라인으로 입력 제출하며, 별도의 우편 제출은 받지 않음

● **면접**

1. **평가방법**: 지원자의 미술 관련 소양, 창의성, 표현능력, 제출서류의 진실성 등을 종합적으로 평가
2. **면접시간**: 10분(준비시간 24분)
3. **출제방식**: 공통문항 제시. 제시된 문제지에 수험생이 면접 답변 준시간(24분) 동안 답변 내용을 미리 작성한 후 그 문제지를 토대로 진행
   • 유형1) 지문 또는 이미지를 보고 "구두 설명"
   • 유형2) 지문 또는 이미지를 보고 "간단한 스케치로 표현 후 구두 설명"
   – 제출서류 진위확인 포함 총 10분 면접

4. 평가요소:

평가요소	반영비율	평가항목	면접문항(예시)
전공소양	40%	① 미술활동에 대한 관심과 열정 ② 미술에 대한 지적능력과 깊이 ③ 전공 이해의 적절성과 전공 적합성	1. (가),(나)는 모두 익숙한 대상을 관찰하여 주관적으로 재해석한 작품이다. 작품에 담긴 발상의 과정에 대하여 각각 설명하고 공동점과 차이점을 말하시오. 　- 브랑쿠시, <잠자는 뮤즈>, 1910, <잠자는 뮤즈>, 1923, <탄생>, 1920 　- 마린, <노매드 패턴스>, 2012
창의성	60%	① 아이디어의 독창성 ② 문제해결 능력의 유연성 ③ 관찰과 표현의 정교성	2. 아래에 제시된 작품을 참고하여, 자기 자신을 반영한 이미지를 자유롭게 표현하고 설명하시오. 　- 정연두, <내 사랑 지니>, 2022-2005 　- 프리다 칼로, <우주와 대지와 나와 디에고와 세뇨르 홀로틀의 사랑의 포용>, 1939

◎ 전형결과

■ 전체

서울 학년도	전체						인문				자연			
	모집 인원	지원 인원	경쟁 률	등록 50%컷	등록 70%컷	충원 율	모집 인원	지원 인원	경쟁 률		모집 인원	지원 인원	경쟁 률	
2022	293	1,771	6.04	2.76	3.30	17%								
2023	301	1,892	6.29											
2024	290	1,881	6.49											
2025	289													

세종 학년도	전체						인문				자연			
	모집 인원	지원 인원	경쟁 률	등록 50%컷	등록 70%컷	충원 율	모집 인원	지원 인원	경쟁 률		모집 인원	지원 인원	경쟁 률	
2022	182	718	3.95	3.38	3.70	23%								
2023	185	987	5.3											
2024	182	1,076	5.91											
2025	182													

■ 변경사항 & 핵심포인트

[2025]

변경사항	2024	2025
모집인원	[서울] 290명, [세종] 182명	[서울] 289명(-1명), [세종] 182명

▶ 합격자 성적분포: (서울) 1등급 후반 ~ 3등급 후반, (세종) 3등급 초반 ~ 3등급 후반

'*' 표시 : 교직 이수 가능

■ 모집단위

서울 계열	모집단위	2025	2024							2023						2022					
		모집 인원	모집 인원	지원 인원	경쟁 률	등록 50%컷	등록 70%컷	충원 번호	모집 인원	지원 인원	경쟁 률	등록 50%컷	등록 70%컷	충원 번호	모집 인원	지원 인원	경쟁 률	등록 50%컷	등록 70%컷	충원 번호
예체	예술학과	6	7	67	9.6				8	38	4.8				8	36	4.5	2.42	3.12	1
예체	도예.유리과	15	15	112	7.5				16	108	6.8				15	65	4.3	3.46	3.96	2
예체	섬유미술패션디자인과	15	15	112	7.5				16	142	8.9				15	92	6.1	2.62	3.17	
예체	금속조형디자인과	15	15	110	7.3				16	81	5.1				15	55	3.7	2.84	3.46	
예체	미술대학자율전공	63	63	446	7.1				64	422	6.6				63	408	6.5	2.48	2.73	8
예체	조소과	18	18	123	6.8				19	110	5.8				18	123	6.8	2.82	3.42	9
예체	판화과	18	18	110	6.1				19	99	5.2				18	79	4.4	3.38	3.89	3
예체	디자인학부	68	68	412	6.1				69	500	7.3				69	477	6.9	1.96	2.23	9
예체	목조형가구학과	15	15	89	5.9				16	70	4.4				15	60	4.0	2.56	2.83	2
예체	동양화과	19	19	109	5.7				20	129	6.5				19	131	6.9	2.97	4.15	4
예체	회화과	37	37	191	5.2				38	193	5.1				38	245	6.5	2.80	3.33	13

세종 계열	모집단위	2025	2024							2023						2022					
		모집 인원	모집 인원	지원 인원	경쟁 률	등록 50%컷	등록 70%컷	충원 번호	모집 인원	지원 인원	경쟁 률	등록 50%컷	등록 70%컷	충원 번호	모집 인원	지원 인원	경쟁 률	등록 50%컷	등록 70%컷	충원 번호
예체	게임그래픽디자인전공 (미술계)	29	29	206	7.1				30	163	5.4				29	112	3.9	3.37	3.67	4
예체	영상·애니메이션학부	53	53	330	6.2				54	306	5.7				53	199	3.8	3.46	3.84	18
예체	디자인컨버전스학부	100	100	540	5.4				101	518	5.1				100	407	4.1	3.30	3.60	20

114. 화성의과학대학교   경기도 화성시 남양읍 남양중앙로 400-5 (Tel. 031. 369-9112~3)

※ 교명 변경(2022.09.01) : 신경대학교 -> 화성의과학대학교

Ⅰ. 한 눈에 보는 전형

모집시기	전형유형	전형	모집인원	전형 방법	수능최저학력기준
수시	교과	일반전형	210	학생부100% ▶간호학과: 학생부100%+ 면접(합/불)	X(간호학과○)
수시	교과	특성화고교졸업자	2	학생부100% ▶간호학과: 학생부100%+ 면접(합/불)	X
수시	교과	기회균형	18	▶간호학과: 학생부100%+ 면접(합/불)	X
수시	교과	농어촌학생	6	학생부100% ▶간호학과: 학생부100%+ 면접(합/불)	X
수시	교과	특성화고교	3	학생부100% ▶간호학과: 학생부100%+ 면접(합/불)	X
수시	실기/실적	전공관련우수자	9	학생부20%+ 실기80%	X

(수시모집) 지원 가능 횟수	전형 구분이 다른 경우 복수지원을 허용

■ 학교폭력 조치사항

전형	전형총점	감점								
		1호	2호	3호	4호	5호	6호	7호	8호	9호
전공관련우수자	1,000	2	3	4	5	10	12	15	부적격	

■전형결과

※ 성적 산출기준: (수시) 교과 석차등급, (정시) 수능 백분위

모집시기	전형유형	전형	학년도	모집인원	지원인원	경쟁률	등록자 평균	등록자 70%컷	충원율
수시	교과	일반전형	2024	211	709	3.36	**3.77**	3.77	55%

■ (주요전형) 전형일정

유형	전형	원서접수 마감	대학별 고사(면접/논술)	1단계 합격자	최종 합격자
교과	일반전형	9.13(금) 19:00	▶간호학과: 10.12(토)		12.13(금)

Ⅱ. (수시모집) 주요 전형

■ (학생부교과) 일반전형

전형	모집인원	전형 방법	수능최저학력기준
일반전형	210	학생부100% ▶간호학과: 학생부100%+ 면접(합/불)	X(간호학과○)

1. **지원자격**: 고등학교 졸업(예정)자 또는 법령에 의하여 고등학교 졸업 이상의 학력이 있다고 인정된 자.
2. **수능최저학력기준**: 없음. 단, 간호학과는 있음

> ▶ 간호학과: [국어, 수학, 영어] 중 2개 영역 등급 합 10 이내

◎ 전형요소
● 학생부

반영요소 반영비율	반영교과목		교과성적 산출지표	학년별 반영비율
	구분	반영방법		
교과100%	공통 및 일반선택	1학년) [지정 4과목] 국어, 영어교과별 학기별 1과목 [선택 2과목] 국어, 영어교과를 제외한 나머지 교과에서 학기별 1과목 2학년) [선택 6과목] 전 교과 중 학기별 3과목. 단, 학기별 1개 교과군에서 1개 교과목만 선택 3학년) [선택 6과목] 전 교과 중 학기별 3과목. 단, 학기별 1개 교과군에서 1개 교과목만 선택	석차등급	30:40:30
	진로선택	환산 등급 = A : 1등급, B : 4등급, C : 7등급	성취도	

● 면접-간호학과

　1. **대상:** 간호학과 지원자 전원

　2. **판정방법:** 면접고사는 <u>합격·불합격 판정의 자료로만 활용</u>하며, 본 대학교에 입학하여 학업을 수행하고 원만하게 대학생활을 영위할 수 있는지의 여부를 판정 기준에 의거 A,B,C,D,F로 구분하여 판정하며 F등급자는 불합격 처리한다.

　3. **판정기준:** ① 고등학교 교육과정에서의 학업성취도　② 학과에 대한 이해도 ③ 입학 후 학습 계획　④ 정신질환, 지체여부(의료법에 의한 의료인 결격사유에 해당된 자) 등

◎ 전형결과

■ 전체

학년도	전체						인문						자연					
	모집인원	지원인원	경쟁률	등록50%컷	등록70%컷	충원율	모집인원	지원인원	경쟁률	등록50%컷	등록70%컷	충원율	모집인원	지원인원	경쟁률	등록50%컷	등록70%컷	충원율
2022	198	661	3.34			79%	120	367	3.06				78	294	3.77			79%
2023	199	710	3.57		4.45	51%	120	335	2.79		5.61	45%	79	375	4.74		3.28	56%
2024	211	709	3.36	3.77	3.77	55%	109	304	2.79	4.57	4.05	0%	102	405	3.97	2.97	3.48	55%
2025	210						121						89					

■ 변경사항 & 핵심포인트

[2025]

변경사항	2024	2025
모집인원	211명	210명(-1명)

▷ **합격자 성적분포:** 인문계열은 4등급 초반 ~ 5등급 중반, 자연계열은 2등급 후반 ~ 3등급 후반

■ 모집단위

'*' 표시 : 교직 이수 가능

계열	모집단위	2025	2024						2023						2022					
		모집인원	모집인원	지원인원	경쟁률	등록50%컷	등록70%컷	충원번호	모집인원	지원인원	경쟁률	등록평균	등록70%컷	충원번호	모집인원	지원인원	경쟁률	등록평균	등록70%컷	충원번호
인문	미래디자인학부	31																		
예체	태권도학과	3																		
예체	스포츠과학부	12	12	77	6.4				29	41	1.4	5.01	6.17		29	41	1.4	3.68		
인문	의료사회복지학과	13	18	22	1.2	3.83	3.94		20	72	3.6	4.06	4.17		20	102	5.1	4.97		
인문	의료경영학과	16	16	39	2.4	3.94	4.03		18	64	3.6	6.54	7.17		18	40	2.2	5.51		
인문	경찰과학수사학과	26	26	115	4.4	4.17	4.17		48	83	1.7	4.57	4.94		48	116	2.4	4.20		
인문	의료심리학과	20	17	18	1.1	6.33														
자연	데이터사이언스학과	16	17	9	0.5				28	36	1.3				28	66	2.4	4.58		
자연	바이오헬스케어학과	18	29	21	0.7															
자연	간호학과	30	30	317	10.6	2.72	2.78	56	31	294	9.5	2.96	3.28	44	30	203	6.8	3.65		62
자연	의생명과학과	25	26	58	2.2	3.22	4.17		20	45	2.3	4.78			20	25	1.3	5.60		

115. 경인교육대학교 인천광역시 계양구 계산로 62 (Tel: 032. 540-1465)

Ⅰ. 한 눈에 보는 전형

모집 시기	전형 유형	전형	모집 인원	전형 방법	수능최저 학력기준
수시	교과	학교장추천	120	학생부교과70%+ 면접30% ※ 고교 추천: 제한 없음	○
수시	종합	교직적성	215	서류100% ※ 전형자료로 답변녹화 동영상 활용	X
수시	종합	국가보훈대상자	4	서류100% ※ 전형자료로 답변녹화 동영상 활용	X
수시	종합	저소득층학생	18	서류100% ※ 전형자료로 답변녹화 동영상 활용	X
수시	종합	농어촌학생	21	서류100% ※ 전형자료로 답변녹화 동영상 활용	X
수시	종합	장애인학생	20	서류100% ※ 전형자료로 답변녹화 동영상 활용	X
수시	종합	서해5도학생	3	서류100% ※ 전형자료로 답변녹화 동영상 활용	X

(수시모집) 지원 가능 횟수	우리 대학 수시모집 전형 간 복수 지원을 금지하며, 위반할 경우 접수 또는 합격을 취소할 수 있음

※ 입학생: 입학 후 인천캠퍼스에서 14학년 교육과정을 이수함. / 대학 정책에 따라 학년도 캠퍼스 배정은 조정될 수 있음

■ 전형결과　　　　　　　　　　　　　　　　　　 ※ 성적 산출기준: (수시) 교과 석차등급, (정시) 수능 백분위

모집시기	전형유형	전형	학년도	모집인원	지원인원	경쟁률	등록자 50%컷	등록자 70%컷	충원율
수시	교과	학교장추천	2024	240	738	3.08	**2.46**	2.76	8%
수시	종합	교직적성	2024	78	757	9.71	**1.88**	2.02	186%

■ (주요전형) 전형일정

유형	전형	원서접수 마감	대학별 고사(면접/논술)	1단계 합격자	최종 합격자
교과	학교장추천	9.13(금) 18:00 학교장추천: 9.25(수) 18:00	※ 비대면 영상 온라인 업로드 면접 : 9.23(월) 10:00 ~ 9.25(수) 11:00		12.13(금)
종합	교직적성	9.13(금) 18:00	※ 답변 녹화 동영상 : 9.23(월) 10:00 ~ 9.25(수) 11:00		12.13(금)

Ⅱ. (수시모집) 주요 전형

■ (학생부교과) 학교장추천

전형	모집인원	전형 방법	수능최저학력기준
학교장추천	120	학생부교과70%+ 면접30% ※ 고교 추천: 제한 없음	○

1. **지원자격**: 국내 고등학교 졸업(예정)자로서 출신 고등학교장의 추천을 받은 자(2015 개정 교육과정 적용자, 2021년 2월 이후 졸업자)
   ※ 추천 인원 제한 없음
   ※ 고등학교 학생부를 제출할 수 없거나, 고등학교 학교생활기록부에서 5개 학기 이상의 반영교과 점수를 산정할 수 없는 자는 지원 불가
   ※ 학생부교과(학교장추천전형) 지원 시 재학 중(또는 졸업한) 고등학교와 반드시 사전협의 후 원서접수 요망
2. **제출서류**: 학교생활기록부, 학교장 추천 명단, 면접평가 동영상(원서접수 대행사 사이트에 업로드)
3. **남·여 성비 적용**: 없음
4. **수능최저학력기준**

> [국어, 수학, 영어, 사/과탐(1과목)] 4개 영역 등급 합 12 이내

◎ 전형요소
● 학생부(700점):

반영요소 반영비율	반영교과목		교과성적 산출지표	학년별 반영비율
	구분	반영방법		
교과100%	공통 및 일반선택	전 교과목	석차등급	학년 구분 없음
	진로선택	반영교과목의 성취도를 등급으로 환산하여 반영 ※ 성취도 환산등급 = A : 1등급, B : 3등급, C : 5등급	성취도	

▌ 점수 산정방식 및 배점 구간
1. 학교생활기록부에 기재된 교과목별 석차등급 또는 성취도를 대학 자체 교과성적 환산점수로 변환

구분		석차등급 및 성취도별 환산점수								
석차등급		1등급	2등급	3등급	4등급	5등급	6등급	7등급	8등급	9등급
성취도	3단계 평가	A	-	B	-	C	-	-	-	-
	5단계 평가	A	-	B	-	C	-	D	-	E
환산점수		8	7	6	5	4	3	2	1	0

2. 교과성적 환산점수 = 600(기본점수) + (석차등급 및 성취도 환산점수 평균) × 50
   ※ 석차등급 및 성취도 환산점수 평균

$$= \frac{\sum(\text{교과목별 석차등급 또는 성취도 환산점수} \times \text{교과목별 이수단위수})}{\sum(\text{교과목별 이수단위수})}$$

구분		1등급	2등급	3등급	4등급	5등급	6등급	7등급	8등급	9등급
점수(100점)		8	7	6	5	4	3	2	1	0
등급 간 점수 차이	100점	0	1	1	1	1	1	1	1	1
	700점	0	3.5	3.5	3.5	3.5	3.5	3.5	3.5	3.5

● 면접(300점) – 비대면 영상 온라인 업로드 면접
   1. 평가방법: 비대면 영상 온라인 업로드. 대학 자체 개발 면접 문항을 활용하여 예비 초등교사로서의 교직인성 및 교직적성을 종합적으로 평가
      – 사전에 공개된 면접문항에 대한 답변을 영상 녹화하여 온라인으로 제출
      – 수험생이 제출한 면접 영상을 면접위원이 Pass / Fail로 평가
   2. 평가항목:

평가항목	평가기준
교직인성 및 교직적성	– 교육 및 교직에 대한 태도와 이해, 인간관 및 아동관 등이 교사로서 적절하다. – 문제의 핵심을 정확히 파악하고 대응한다. – 참신성, 현실성, 응용성이 높은 해결방안을 제시한다. – 기본적인 학문 소양과 교직에 대한 열정이 있어 교사로서의 발전 가능성이 엿보인다

3. 평가 기준 및 점수

구분	배점	내용
Pass	300점	기한 내 면접 영상을 제출하고, 면접문항(교직적성 및 교직인성 관련)에 대한 이해를 바탕으로 본인의 의견을 충실히 제시
Fail	0점 (불합격)	– 면접평가 동영상을 미제출한 경우 – 블라인드 면접평가 원칙을 위배한 경우 – 학교생활기록부 기재금지 항목 및 사교육 유발 원인이 되는 교외 활동을 언급한 경우 – 학교생활기록부 제도변화로 인해 대입전형 자료로 반영되지 않는 사항에 대해 언급한 경우 – 문항과 관계없는 답변을 하거나, 답변 내용이 충실하지 않은 경우 – 대리시험 등 부정행위를 하거나, 불성실한 태도를 보인 경우 – 기타 우리 대학이 정한 평가 기준에 위배되는 경우

   ※ 면접평가 동영상 제출 방법, 평가 기준 및 점수 등 관련 세부사항
   : 2024.09.23.(월) 10:00에 우리 대학 입학 홈페이지의 '면접평가 동영상 제출 수험생 유의사항'을 통해 안내 예정

■ 비대면 영상 업로드 면접 기출문제   ※ 선행학습영향평가 결과 보고서 / 면접 시간: 2분

• 미리 제시문과 문항 공개, 문항에 대한 발표시간 제시 후 수험생이 문항에 대해 발표식으로 답변을 녹화하여 제출한 영상을 평가
• 면접위원은 수험생 발표 내용을 토대로 교직 인성·적성에 대해 평가

▌ A형

> 학교에서 이루어지는 많은 교육 활동 중 운동회, 현장 학습, 수학여행은 학생들이 좋아하는 행사들이다. 팬데믹(pandemic) 등의 여파로 이러한 행사들이 사라졌다가 엔데믹(endemic) 전환 이후 운동회, 현장 학습 등은 다시 조심스럽게 시행되고 있지만, 수학여행은 여러 이유로 시행 비율이 상대적으로 낮은 상황이다.
> 전통적으로 수학여행은 교사의 인솔 하에 명승고적지를 방문하여 견문을 넓히는 목적으로 시행되어 왔었다. 그러나 지금은 가족 단위 여행의 증가로 유명 수학여행지들을 이미 방문한 학생이 많아져 수학여행이 불필요하다는 의견이 있다.
> 수학여행의 시행과 관련하여 교육 공동체의 의견이 나뉘고 있는데, 여러분이 생각하는 수학여행의 장점과 단점 각각 두 가지를 그 이유와 함께 제시하시오.

■ B형

많은 분야의 전문가들이 자신의 전문성을 바탕으로 강연, 책 집필, 유튜브 활동 등을 하고 있다. 이러한 활동을 통하여 자신의 지식과 경험을 대중과 소통하며 전문성을 더 발전시키고 있다.
교육 분야에서도 학교 현장의 다양한 교육 활동들을 대중과 공유하는 교사들이 늘어나고 있다. 교사들은 수업 계획·실행·결과, 학생·학부모 상담 방법, 학교·학년· 학급 업무의 효율적 운영 방법 등과 관련된 전문적 지식과 경험을 교육 공동체와 함께 나누고 있다. 특히 최근에는 이러한 내용들을 동영상 콘텐츠로 제작하여 유튜브 활동을 하는 교사들이 많아지고 있다.
위와 같이 교육적 지식과 경험을 공유하기 위한 교사의 유튜브 활동이 갖는 <u>장점과 단점 각각 두 가지를 그 이유와 함께 제시하시오.</u>

◎ 전형결과
■ 전체

학년도	모집인원	지원인원	경쟁률	등록자 50%컷	등록자 70%컷	충원율
2022	70	426	6.10	1.36	1.52	69%
2023	70	361	5.16	1.46	1.55	300%
2024	240	738	3.08	2.46	2.76	8%
2025	120					

학년도	모집인원	지원인원	경쟁률	등록자 평균	등록자 최저	충원인원	등록인원	미등록인원
2024	240	737	3.1	2.44	3.74	19(8%)	136(56.7%)	104(43.3%)

■ 교과성적 분포

학년도	모집인원	1.00~1.49		1.50~1.99		2.00~2.49		2.50~2.99		3.00~3.49	
		지원	등록	지원	등록	지원	등록	지원	등록	지원	등록
2024	240	1.9%(14명)	1.5%(2명)	16.8%(124명)	15.4%(21명)	30.3%(223명)	39.0%(53명)	20.6%(152명)	31.6%(43명)	9.9%(73명)	11.0%(15명)

■ 변경사항 & 핵심포인트
[2025]

변경사항	2024	2025
모집인원	240명	120명(-120명)
전형방법 변경	1단계)학생부교과100%(2.5배수) 2단계)학생부교과70%+ 면접30%	학생부교과70%+ 면접30%
수능최저 완화	4개 영역 등급 합 11	4개 영역 등급 합 12

• 모집인원: 240명 -> 120명으로 120명 감소함. 2025 대입에서 초등교육과는 정원의 12%를 감축한 영향임.
• 전형방법: 단계별전형 -> 일괄합산으로 변경됨에 따라 지원자는 전원 면접고사를 실시함.
  - 경쟁률이 6.10 -> 5.16 -> 3.08로 급격히 하락함에 따라 단계별전형을 유지하면서 1단계에서 2.5배수를 선발하는 것이 무의미해짐
• 수능최저: 4개 등급 합 11 -> 12로 하향 조정됨. 경쟁률 하락 영향임. 결과적으로 수능최저 충족율이 상승하여 합격선이 상승할 수 있음
• 2023는 학생부종합전형으로 서류100%로 선발하면서 수능최저가 없었기 때문에 경쟁률, 합격자 성적을 2025에서 참고하기는 어려움
  2024 전형결과만을 참고할 것.
• 전년도 2024에 면접고사를 비대면 영상 업로드 면접(Pass/Fail)로 실시하였음
➡ 합격자 성적분포: 2등급 초반 ~ 2등급 후반

[2024]

변경사항	2023	2024
전형유형 및 방법 변경	[학생부종합] 서류100%	[학생부교과] 1단계)학생부교과100%(2.5배수) 2단계)학생부교과70%+ 면접30%
비대면 영상 업로드 면접 도입	-	비대면 영상 업로드 면접(Pass/Fail)
추천 인원 제한 폐지	2명	제한 없음
수능최저학력기준 도입	-	4개 영역 등급 합 11 이내

■ (학생부종합) 교직적성

전형	모집인원	전형 방법	수능최저학력기준
교직적성	215	서류100%	X

1. **지원자격**: 고등학교 졸업(예정)자 또는 법령에 의하여 동등 이상의 학력이 있다고 인정된 자로서, <u>교직 잠재능력과 인성 및 적성이 우수한</u> <u>자</u>

2. **제출서류**: 학교생활기록부, 답변녹화 동영상
   ※ 답변녹화 동영상(원서접수 대행사 사이트에 업로드)
   - 2024.9.23.(월) 10:00 문항 및 제출 방법을 입학 홈페이지에 안내
   - 제출기간: 2024.9.23.(월) 10:00 ~ 9.25.(수) 11:00
   - 학생부종합전형 지원자 전원 필수 제출 ※ 제출기한 내 미제출 시 전형 대상에서 제외됨
3. **남·여 성비 적용**: 없음

■ 답변녹화 동영상 기출문제   ※ 선행학습영향평가 결과 보고서 / 면접 시간: 2분
- 서류평가 영역으로 수험생이 문항에 대해 발표식으로 답변을 녹화하여 제출한 영상을 평가
- 제시한 물음에 대한 답변 내용을 통해 교직인성(공감 및 소통능력, 나눔과 배려)을 평가

▌A형

최 교사는 요즘 마음이 조금 무겁다. 의욕적으로 준비한 사회과 모둠 프로젝트 수업을 시작한 지 얼마 안 되어, 몇몇 학부모로부터 모둠 활동을 하지 말아 달라는 요청을 받았기 때문이다. 이러한 요청을 한 학부모들은 대개 모둠 활동 자체의 한계나 불편함을 이유로 내세웠다. 그러나 최 교사는 여기에 자기 아이가 겪는 개인적인 불편함이나 어려움도 들어 있음을 짐작할 수 있었다.
최 교사는 연수를 통해 학부모(보호자)의 학교 교육 활동 참여가 학생들의 성장에 도움을 줄 수 있음을 잘 알고 있다. 특히 코로나 19로 인한 팬데믹 이후 학부모(보호자)의 학교 교육 활동 참여 활성화와 학교-가정 간의 긴밀한 연계가 더욱 필요하다고 생각한다. 그러나 어떤 경우에는 오히려 학교 운영과 수업 등에 걸림돌이 될 수도 있다는 생각도 들었다. 그래서 최 교사는 사회과 모둠 프로젝트 수업을 밀고 나가야 할지 개인 프로젝트 형태로 바꾸어야 할지 결정하기 어려운 상황이다.

학교운영위원회, 재능 기부, 학부모 모니터링, 교원 평가 등과 같은 학부모(보호자)의 학교 교육 활동 참여에서 기대할 수 있는 효과와 발생할 수 있는 문제점을 각각 2가지 제시하고, 교사와 학부모(보호자)의 이상적인 관계에 관한 자신의 생각을 제시하시오.

▌B형

나는 평소에 학생들에게 좋아하는 일이 무엇인지 묻는다. 그리고 좋아하는 일을 직업으로 삼으면 무척 행복하다고 말해 준다. 그러면 많은 아이는 자신의 근사한 미래를 상상하듯 행복한 미소를 짓는다.
그런데 가끔은 좋아하는 일을 찾아 진로를 설계하라는 조언을 하기 조심스러울 때도 있다. 예를 들어 우리 반 A는 시 쓰기를 좋아하고 장래에 시인이 되고 싶어 하는 아이이다. 시인으로 활동 중인 옆 반 담임 선생님의 의견에 따르면, A의 시는 초등학교 6학년 수준을 훨씬 넘어선 수준이다. 그러나 시인은 직업으로 삼기에 안정성이 떨어지는 것도 사실이다. A의 부모님은 그래서 A가 시는 취미로 쓰고 경제적으로 안정적인 직업을 희망하길 바란다.
반면 B는 축구를 무척 좋아해서 장래에 축구 선수가 되고 싶어 하는 아이이다. 그러나 축구 선수가 되려면 진작에 축구부에서 전문적인 훈련을 받아야 했는데, B는 6학년인 지금까지도 축구부에 들어가지 않았다. 아니, 정확히 말하면 들어가지 못했다. 축구부 감독님이 보기에 B는 축구를 좋아하지만 재능이 뛰어난 편이 아니기 때문이다.

그래서 지금 나는 깊이 고민 중이다. 시인이 되겠다는 A를 응원하는 것이 잘 하는 걸까? 축구 선수가 되겠다는 B에게는 어떤 말을 해 주어야 할까?

◎ 전형요소
※ **인재상**: 교직 소명감을 가진 교육인재, 교직·잠재능력을 가진 교육인재, 공동체적 인성을 가진 교육인재
● **서류(1,000점)**
   1. **평가요소**: 지원자가 제출한 자료(학교생활기록부, 답변녹화 동영상 등)를 기반으로 학업역량, 교직적합성 및 잠재력, 교직인성 등을 정성적이고 종합적으로 평가
   2. **평가항목 및 평가기준**

구분	평가항목	반영비율	평가기준
학업역량	학업역량	25%	• 전 과목을 고르게 성취(학습, 이수)하였는가? • 학기별/학년별/교과별 성적의 변화 추이는 어떠한가? • 수업에 집중력을 갖고 적극적으로 참여하려는 태도를 보였는가?
교직적합성 및 잠재력	교직 적합성	25%	• 교직에 대한 흥미와 관심이 있는가? • 자신의 경험과 적성이 교과와 연관성이 있는가? • 교직에 관련된 다양한 활동을 하였는가?
	리더십 및 자기주도성	15%	• 다양한 활동에서 협력하며, 책임감 있게 역할을 수행한 경험이 있는가? • 공동체 활동에 주도적·적극적으로 참여하고 조직을 긍정적으로 변화시킨 경험이 있는가?
교직인성	공감 및 소통능력	20%	• 타인의 의견을 경청하고 공감적 이해를 바탕으로 문제 해결 방안 등을 제시한 경험이 있는가? • 수업 및 활동 등에서 자신의 의견을 효과적으로 표현하고 있는가? • 예비 교사로서 올바른 인간관, 아동관을 확인할 수 있는가?
	나눔과 배려	15%	• 나눔을 지속적으로 실천한 경험이 있는가? • 타인에 대한 배려를 보여준 사례가 있는가? • 예비 교사로서 타인에 대한 이해를 확인할 수 있는가?

3. 평가자료 및 요소

구분		평가요소
학교생활 기록부	교과 영역	• 대상: 전 학년 전 과목 교과영역 전체(예체능 포함) 　- 석차등급이 있는 과목: 교과목 이수현황, 단위수, 원점수, 과목평균, 표준편차, 수강자수, 석차등급, 학년별 성적 추이 　- 석차등급이 없는 과목: 교과목 이수현황, 단위수, 원점수, 과목평균, 성취도, 수강자수, 성취도별 분포비율 　- 체육·예술 과목: 교과목 이수현황, 단위수, 성취도- 과목별, 개인별 세부능력 및 특기사항 • 이상의 내용을 정성적으로 평가함
	비교과 영역	• 대상: 전 학년 비교과영역 활동사항 　- 출결상황, 창의적체험활동, 봉사활동실적, 행동특성 및 종합의견 • 이상의 내용을 정성적으로 평가함
답변녹화 동영상		• 제시한 물음에 대한 답변 내용을 통해 교직인성(공감 및 소통능력, 나눔과 배려)을 평가

☞ **보충설명**

• 학업역량(25%) = 교직 적합성(25%) > 공감 및 소통능력(20%) > 리더십 및 자기주도성(15%) = 나눔과 배려(15%) 순으로 반영
• 반영비율 순서가 변별력 순서임. 교대 공동 연구 결과에 따라서 평가항목을 표준화하기로 함. 반영비율이나 세부 항목은 각 교대마다 다름.
• 학업역량(25%)은 계속 줄여가는 추세임.
• 교직적합성(25%)에서 변별력 생김.
• 공감 및 소통능력(20%)은 반영비율은 높지만 변별력을 드러내기 힘듬
• 리더십 및 자기주도성(15%)은 변별력 있음
• 나눔과 배려(15%)에서 지원자 간에 차이가 나서 변별력 있음.
=> 봉사활동이 1,000시간이 넘은 학생이 있어서 실제 실사를 했음.
=> 입학사정관님들의 서류평가 권장 교육시간은 40시간이지만, 경인교대는 120시간을 교육함. 그 만큼 자부심 있음

◎ **전형결과**

■ **전체**

학년도	모집인원	지원인원	경쟁률	등록자 50%컷	등록자 70%컷	충원율
2022	247	1,279	5.2	1.69	1.83	54%
2023	245	951	3.88	1.80	1.96	48%
2024	78	757	9.71	1.88	2.02	186%
2025	215					

학년도	모집인원	지원인원	경쟁률	등록자 평균	등록자 최저	충원인원	등록인원	미등록인원
2022	247	1,279	5.2	1.72	2.39	133(53.8%)	246(99.6%)	1(0.1%)
2023	245	951	3.9	1.85	2.67	118(48.2%)	240(98.0%)	5(0.2%)
2024	78	710	9.1	1.99	5.00		76(97.4%)	2(0.3%)

■ **교과성적 분포**

학년도	모집 인원	1.00~1.49		1.50~1.99		2.00~2.49		2.50~2.99		3.00~3.49	
		지원	등록	지원	등록	지원	등록	지원	등록	지원	등록
2022	247	9.6% (122명)	17.1% (42명)	40.9% (518명)	67.9% (167명)	25.7% (325명)	15.0% (37명)	12.1% (153명)	0.0% (0명)	4.7% (60명)	0.0% (0명)
2023	245	5.6% (52명)	6.7% (16명)	42.0% (387명)	66.1% (158명)	33.3% (307명)	25.5% (61명)	9.7% (89명)	1.7% (4명)	2.4% (22명)	0.0% (0명)
2024	78	6.2% (44명)	2.6% (2명)	21.4% (152명)	64.5% (49명)	23.5% (167명)	26.3% (20명)	13.2% (94명)	2.6% (2명)	6.5% (46명)	1.3% (1명)

■ **변경사항 & 핵심포인트**

[2025]

변경사항	2024	2025
모집인원	78명	215명(+137명)

• 모집인원: 78명 -> 215명, 137명이나 증가하여 2023의 245명으로 복귀함에 따라 경쟁률과 합격선은 2023 수준으로 상승할 가능성 있음
• 2023의 경우 단계별전형으로 면접을 실시하였으나 2024에 서류100%로 변경됨에 따라 면접이 폐지되었음
• 2024에 면접고사가 폐지된 대신 답변녹화 동영상을 제출하여 전형자료로 활용하였음.
➡ **합격자 성적분포**: 1등급 후반 ~ 2등급 초반

[2024]

변경사항	2023	2024
전형방법 변경	1단계)서류100%(2배수) 2단계)서류70%+면접30%	서류100%
답변녹화 동영상 제출	-	답변녹화 동영상 제출. 전형자료로 활용

116. 공주교육대학교
충청남도 공주시 웅진로 27 (Tel: 041. 850-1272, 1275)

I. 한 눈에 보는 전형

모집시기	전형유형	전형	모집인원	전형 방법	수능최저학력기준
수시	종합	교직적성인재	53	1단계)서류100%(3배수) 2단계)서류50%+ 면접50%	X
수시	종합	지역인재선발	123	1단계)서류100%(2배수) 2단계)서류50%+ 면접50%	X
수시	종합	국가보훈대상자	5	1단계)서류100%(2배수) 2단계)서류50%+ 면접50%	X
수시	종합	농어촌학생	14	1단계)서류100%(2배수) 2단계)서류50%+ 면접50%	X
수시	종합	기회균형선발	5	1단계)서류100%(2배수) 2단계)서류50%+ 면접50%	X
수시	종합	장애인등대상자	10	1단계)서류100%(2배수) 2단계)서류50%+ 면접50%	X

(수시모집) 지원 가능 횟수	지원자는 공주교육대학교 수시모집 전형 중 1개 전형에만 지원이 가능함.

■ 전형결과
※ 성적 산출기준: (수시) 교과 석차등급, (정시) 수능 백분위

모집시기	전형유형	전형	학년도	모집인원	지원인원	경쟁률	등록자 50%컷	등록자 70%컷	충원율
수시	종합	교직적성인재	2024	80	799	9.99	2.24	2.49	149%
수시	종합	지역인재선발	2024	120	366	3.05	2.55	2.80	62%

■ (주요전형) 전형일정

유형	전형	원서접수 마감	대학별 고사(면접/논술)	1단계 합격자	최종 합격자
종합	교직적성인재	9.12(목) 18:00	11.22(금) 13:00~	11.07(목)	12.13(금)
종합	지역인재선발	9.12(목) 18:00	11.21(목) 13:00~	11.07(목)	12.13(금)

II. (수시모집) 주요 전형

■ (학생부종합) 교직적성인재

전형	모집인원	전형 방법	수능최저학력기준
교직적성인재	53	1단계)서류100%(3배수) 2단계)서류50%+ 면접50%	X

1. **지원자격:** 고등학교 졸업(예정)자 또는 법령에 따라 동등 이상의 학력이 있다고 인정된 자
2. **제출서류:** 학교생활기록부
3. **남 · 여 성비 적용:** 없음

◎ 전형요소
● 서류(1,000점: 기본점수 588점 + 실질반영점수 412점)
  1. 평가요소:

구분	반영비율	평가지표	평가요소
지적역량	36%	- 전 교과 등급 및 이수단위(표준편차, 성취등급, 내신등급) - 공통과목, 선택과목(일반, 진로) 및 전문교과(I, II) 반영 - 학업 수행능력 및 특기사항(창의적 사고, 문제해결능력, 학업에 대한 태도 및 학업역량)	• 교과학습발달상황 • 과목별 세부 특기사항
인성역량	32%	- 학교생활 중 드러난 봉사정신, 타인에 대한 공감 및 배려 - 활동과정에서 드러난 개별적 행동특성 및 참여도, 협력도, 활동실적 (리더십, 솔선수범의 자세) - 학교생활의 성실도 및 생활태도 - 미인정 결석, 지각, 조퇴 등을 평가에 반영 - 수업 중에 드러난 학생의 인성역량	• 자율활동 • 행동특성 및 종합의견 • 출결상황 • 과목별 세부 특기사항 • 교내 봉사활동

구분	반영비율	평가지표	평가요소
교직역량	32%	- 동아리활동을 통한 교직에 대한 관심 및 노력 - 진로희망 등의 내용 - 수업 중 드러난 학생의 교직역량(가르침, 발표 등의 역량) - 학교활동 중 드러난 교육봉사 및 교육기부 내역	• 동아리활동 • 진로희망 • 자율활동 • 과목별 세부 특기사항 • 교육봉사 실적

☞ **보충설명**

• 지적역량(36%) > 인성역량(32%) = 교직역량(32%) 순으로 반영
• 지역역량(36%)은 전 교과 등급 및 이수단위, 공통과목, 선택과목 및 전문교과, 학업수행능력 및 창의적 사고와 문제해결능력 등을 평가
• 교직역량(32%)은 동아리활동을 통한 교직에 대한 관심 노력, 수업 중 드러난 학생의 교직역량, 교육 봉사 및 교육 기부 내역 등을 평가
• 인성역량(32%)은 학교생활의 성실도 및 생활태도, 활동과정에서 드러난 개별적 행동특성 및 참여도, 리더십, 솔선수범의 자세 등을 평가

● **면접(500점: 기본점수 400점 + 실질반영점수 100점)**
   1. 면접방법: 서류기반 면접. 현장 대면 개별면접. 2인 이상 면접위원이 종합평가
   2. 면접시간: 10분 이내
   3. 평가영역: 학생부 기재 내용을 기반으로 지적, 인성, 교직역량 등에 대한 종합적 평가

평가영역	반영비율	내용
지적역량	25%	- 고교 재학 중 기울인 학업역량 실천 사례 - 대학 진학 후 학업수행 계획
인성역량	25%	- 교직 수행 중 요구되는 인성역량 함량 - 고교 재학 중 인성역량 실천사례
교직역량	25%	- 교육 및 교직에 대한 태도와 이해 - 교직에 대한 열의와 고교 재학 중의 노력
의사소통 및 태도	25%	- 명확한 내용 전달력 - 면접 태도 및 예절

◎ **전형결과**
■ **전체**

학년도	모집인원	지원인원	경쟁률	등록자 50%컷	등록자 70%컷	충원율
2022	80	726	9.08	1.85	2.13	70%
2023	80	653	8.16	1.83	2.04	76%
2024	80	799	9.99	2.24	2.49	149%
2025	53					

학년도	모집인원	지원 인원	경쟁률	1단계선발배수	등록자 평균	등록자 최저	충원인원	등록인원	미등록인원
2022	80	726	9.1	2배수	1.85	2.60	56(70%)	56(70.0%)	24(30.0%)
2023	80	653	8.2	3배수	1.91	2.78	61(76%)	52(65.0%)	28(35.0%)
2024	80	799	10.0	3배수	2.32	3.05	119(149%)	50(62.5%)	30(37.5%)

■ **변경사항 & 핵심포인트**

[2025]

변경사항	2024	2025
모집인원	80명	53명(-27명)

➡ 합격자 성적분포: 2등급 초반 ~ 2등급 후반

■ **(초등교육과) 면접고사일**

면접고사일			대 학
11	22	금	**공주교대:** 교직적성인재, **전주교대:** 교지적성우수자/지역인재선발, **청주교대:** 배움나눔인재/지역인재

■ (학생부종합) 지역인재선발

전형	모집인원	전형 방법	수능최저학력기준
지역인재선발	123	1단계)서류100%(2배수) 2단계)서류50%+ 면접50%	X

1. **지원자격:** 충청남도, 세종특별자치시, 대전광역시에 소재한 고등학교에서 고등학교 입학시부터 졸업시까지 3개년 교육과정을 이수한 고등학교 졸업(예정)자 ※ 검정고시 출신자 지원 불가
2. **제출서류:** 학교생활기록부
3. **남·여 성비 적용:** 없음

◎ **전형요소**
● **서류 및 면접:** 교직적성인재전형 참고

◎ 전형결과

■ 전체

학년도	모집인원	지원인원	경쟁률	등록자 50%컷	등록자 70%컷	충원율
2022	120	337	2.8	1.93	2.29	100%
2023	120	377	3.14	2.10	2.36	92%
2024	120	366	3.05	2.55	2.80	62%
2025	123					

학년도	모집인원	지원 인원	경쟁률	1단계선발배수	등록자 평균	등록자 최저	충원인원	등록인원	미등록인원
2022	120	337	2.8	2배수	1.93	3.61	120(100%)	0(100.0%)	120(100%)
2023	120	377	3.1	2배수	2.04	3.10	110(92%)	118(98.3%)	2(0.2%)
2024	120	366	3.1	2배수	2.60	3.95	74(62%)	118(98.3%)	2(0.2%)

■ 변경사항 & 핵심포인트

[2025]

변경사항	2024	2025
모집인원	120명	123명(+3명)

➡ 합격자 성적분포: 2등급 초반 ~ 3등급 초반

■ (초등교육과) 면접고사일

면접고사일			대　학
11	21	목	공주교대: 지역인재선발

광주광역시 북구 필문대로 55 (Tel: 062. 520-4292~5, 8)

Ⅰ. 한 눈에 보는 전형

모집시기	전형유형	전형	모집인원	전형 방법	수능최저학력기준
수시	종합	교직적성우수자	40	1단계)서류100%(4배수) 2단계)서류70%+ 면접30%	X
수시	종합	전라남도학교장추천	60	1단계)서류100%(2배수) 2단계)서류70%+ 면접30%	X
수시	종합	광주인재	40	1단계)서류100%(2배수) 2단계)서류70%+ 면접30%	X
수시	종합	전남인재	40	1단계)서류100%(2배수) 2단계)서류70%+ 면접30%	X
수시	종합	사회통합	7	1단계)서류100%(3배수) 2단계)서류70%+ 면접30%	X
수시	종합	다문화가정	7	1단계)서류100%(3배수) 2단계)서류70%+ 면접30%	X
수시	종합	장애인등대상자	10	1단계)서류100%(3배수) 2단계)서류70%+ 면접30%	X
수시	종합	농어촌학생	10	1단계)서류100%(3배수) 2단계)서류70%+ 면접30%	X
수시	종합	기초생활수급자및차상위계층	7	1단계)서류100%(3배수) 2단계)서류70%+ 면접30%	X

(수시모집) 지원 가능 횟수	우리 대학은 1개의 전형에만 지원할 수 있음(정원 외 전형도 포함)

■ 전형결과

※ 성적 산출기준: (수시) 교과 석차등급, (정시) 수능 백분위

모집시기	전형유형	전형	학년도	모집인원	지원인원	경쟁률	등록자 50%컷	등록자 70%컷	충원율
수시	종합	교직적성우수자	2024	46	429	9.33	2.44	2.74	178%
수시	종합	전라남도학교장추천	2024	80	171	2.14	2.39	2.60	21%
수시	종합	광주인재	2024	40	169	4.23	2.86	3.10	38%
수시	종합	전남인재	2024	40	93	2.33	2.82	3.03	40%

■ (주요전형) 전형일정

유형	전형	원서접수 마감	대학별 고사(면접/논술)	1단계 합격자	최종 합격자
종합	교직적성우수자	9.13(금) 17:00	11.23(토)	11.08(금)	12.13(금)
종합	전라남도학교장추천	9.13(금) 17:00	11.23(토)	11.08(금)	12.13(금)
종합	광주인재	9.13(금) 17:00	11.23(토)	11.08(금)	12.13(금)
종합	전남인재	9.13(금) 17:00	11.23(토)	11.08(금)	12.13(금)

Ⅱ. (수시모집) 주요 전형

■ (학생부종합) 교직적성우수자

전형	모집인원	전형 방법	수능최저학력기준
교직적성우수자	40	1단계)서류100%(4배수) 2단계)서류70%+ 면접30%	X

1. **지원자격**: 고등학교 졸업(예정)자 또는 법령에 의하여 동등 이상의 학력이 있다고 인정된 자
2. **제출서류**: 학교생활기록부
3. **남·여 성비 적용**: 없음

◎ 전형요소
※ 학교생활기록부 내 '학교폭력 조치사항'은 서류평가 및 면접 시 정성평가하여 반영
● 서류(1,000점: 기본점수 700점 + 실질반영점수 300점)
  1. **평가방법**: 학교생활기록부를 바탕으로 평가요소의 정성적 종합평가
  2. **평가내용**: 2인의 평가점수의 평균을 반영, 일정 점수 이상 차이가 나는 경우 재평가 실시. 실질반영점수가 150점 이하인 자는 불합격처리함

3. 평가항목:

평가요소	반영비율	평가항목	배점	평가내용
학업역량	50%	학업수행역량 미래 초등교사로서 수업을 이끌어갈 수 있는 역량	50%	• 전 교과목의 학업성취 수준과 내용 • 학업관리역량을 통한 성장 정도 • 교과활동 중에 드러나는 문해력 및 탐구력 • 교과목 간 융합 및 연계를 통한 지적 호기심 해결 경험 • 학교교육과정의 교과위계에 따른 교과 이수의 충실성
교직적합성	30%	교직에 대한 흥미와 관심 교직 전반의 이해를 돕기 위한 탐색 수준과 활동 정도	18%	• 교과활동에서 예비교사로서의 자질을 발휘한 경험 • 교과외활동에서 교직 관련 탐색 수준과 활동 정도 • 다양한 문화 이해를 통한 활동 경험
		문제해결역량 교육 현장에서 발생하는 다양한 문제상황에 대한 인식과 해결 방식	12%	• 문제를 인지하고 대처하는 과정 및 태도 • 교과활동에서 습득한 지식을 활용하여 문제를 해결한 경험 • 독창적인 아이디어를 발휘하여 문제를 해결한 경험
교직인성	20%	공동체역량 미래 인재 양성의 주체로서 교육공동체를 형성하고 이끌어 갈 수 있는 능력	10%	• 구성원들과 협력하여 공동의 과제를 수행하고 완성한 경험 • 구성원들과 소통하여 합의를 이끌어 낸 경험 • 학교생활을 통해 리더십을 발휘한 경험 • 타인을 위해 양보하거나 배려를 실천한 경험
		성실성 스스로의 삶을 책임감 있게 관리하고 타의 모범이 되는 태도와 행동	10%	• 규칙과 규정을 준수하려는 노력 • 주어진 역할을 적극적이고 성실히 수행하는 태도 • 구성원들에게 모범이 되는 태도와 행동

☞ 보충설명

• 교과50%(학업역량50%), 비교과50%(교직적합성30%, 교직인성20%) 비중으로 3개 영역을 평가.
  – 교과는 부족해도 비교과가 우수한 학생은 비교과를 60% 정도로 반영하여 선발 될 수 있음. 리더십과 전공 관련 활동, 인성을 강조
• 학업역량(50%)은 지원자 풀이 모두 우수하여 변별력이 약함. 교직적합성과 교직인성에서 변별력 생김
  – 지원자들의 내신과 비교과가 정말 잘 준비되어 서류평가 점수가 매우 몰려 있음
• 교직적합성(30%)은 교직에 대한 관심과 이해를 바탕으로 입학을 위해 노력한 내용을 보고자 함
• 교직인성(20%)은 대부분 좋은 점수 받지만 학교 폭력, 미인정 출결은 감점.

● 면접(300점: 기본점수 200점 + 실질반영점수 100점)
  1. 면접방법: 지원자의 학생부를 바탕으로 진위 확인 및 관련 내용 질문. 면접 질문을 바탕으로 평가요소의 역량을 정성적·종합적 평가
  2. 면접시간: 1인당 10분 내외의 질의응답(전형에 따라 면접 시간이 다소 변경될 수 있음)
  3. 평가방법: 평가위원 3명이 한 조로 구성되어 지원자 1명의 면접을 진행하며, 3명의 평가 점수의 평균을 반영
  4. 평가요소:

평가요소	배점	평가항목	배점
문제해결역량	40	• 문제인식 및 상황대처능력	20
		• 논리적 표현력	20
교직적성	30	• 예비교사로서 기본 소양 및 관심 정도	20
		• 발전가능성	10
교직인성	30	• 면접 참여의 태도와 적극성	20
		• 올바른 가치관과 도덕성	10

☞ 보충설명

• 서류 평가시 질문 내용을 메모하여 면접 시 질문. 제출서류 확인 면접. 충원률이 높아서 대부분 합격함.
• 면접 역전률 38%일 정도로 높음.
• 제출서류 기반 면접으로, 서류평가 시 면접에 질문할 내용을 체크 하여 질문함.
• 고교 생활 내용을 중심으로 질문하는 데 사실과 맞지 않는 답변을 하는 학생들도 종종 있음

◎ 전형결과
■ 전체

학년도	모집인원	지원인원	경쟁률	등록자 50%컷	등록자 70%컷	충원율
2022	100	778	7.78	1.68	1.81	174%
2023	81	580	7.16	2.05	2.15	259%
2024	46	429	9.33	2.44	2.74	178%
2025	40					

학년도	모집인원	지원인원	경쟁률	1단계선발배수	등록자 평균	등록자 최저	충원인원	등록인원	미등록인원
2022	100	778	7.8	3배수	1.71 (남1.79, 여1.60)	2.17 (남2.17, 여2.08)	174(남66,여108) 174%	42(남23,여19) (42.0%)	58(58.0%)

학년도	모집인원	지원인원	경쟁률	1단계선발배수	등록자 평균	등록자 최저	충원인원	등록인원	미등록인원
2023	81	580	7.2	4배수	2.08 (남2.17, 여1.90)	2.62 (남2.62, 여2.15)	210(남82,여128) 259%	35(남23,여12) (43.2%)	46((32.1%)
2024	46	429	9.3	4배수	2.44 (남2.58, 여2.24)	3.16 (남3.16, 여2.65)	82(남46,여36) 178%	45(남26,여19) (97.8%)	1(0.2%)

■ 변경사항 & 핵심포인트
[2025]

변경사항	2024	2025
모집인원	46명	40명(-6명)
남녀 성비 제한	70%	폐지
학교폭력 조치사항	-	서류평가 및 면접평가시 반영

• 남녀 성비 제한: 폐지로 인해 특정 성이 전년도 보다 더 많이 선발될 수 있음
☑ 합격자 성적분포: 2등급 중반 ~ 2등급 후반

■ (초등교육과) 면접고사일

면접고사일			대 학
11	23	토	광주교대: 교직적성우수자/전라남도학교장추천/광주인재/전남인재, 부산교대: 초등교직적성자/지역인재, 서울교대: 학교장추천/교직인성우수자

■ (학생부종합) 전라남도교육감추천

전형	모집인원	전형 방법	수능최저학력기준
전라남도학교장추천	60	1단계)서류100%(2배수) 2단계)서류70%+ 면접30%	X

1. **지원자격**: 전라남도 소재 고등학교 교육과정을 모두(입학부터 졸업까지) 이수한 졸업(예정)자로서 학교장의 확인을 받아 전라남도교육감의 추천을 받은 자
   ※ 이 전형 입학생에게는 전라남도교육청에서 장학금을 지급하며, 졸업 후 전라남도 초등교사 임용시험에 응시하여 일정 기간 의무 복무를 해야 함
   ※ 학생부종합(전라남도교육감추천)전형 조건사항
     1) 학생부종합(전라남도교육감추천)전형 추천자에 선정된 학생은 지원자격이 부여된 것을 의미하며 우리대학 일정에 따라 원서접수해야 함
     2) 위 전형의 경우 지원자격 검증을 위해 학교장, 담임교사, 지원자 면담을 실시할 수 있음
     3) 임용후보자 선정경쟁시험(임용고사)에 합격 후 전라남도교육감이 지정하는 지역에서 일정기간 근무할 것을 조건으로 추천함
        (이를 위반할 경우 학칙 및 관련 규정에 의해 처리함)
     4) 추천과 관련된 세부사항은 전라남도교육청 홈페이지 또는 중등교육과(061-260-0122)로 문의 바람
2. **제출서류**: 학교생활기록부, 전라남도학교장 추천 확인서
3. **남·여 성비 적용**: 없음

◎ 전형요소
● 서류 및 면접: 교직적성우수자전형 참고

◎ 전형결과
■ 전체

학년도	모집인원	지원인원	경쟁률	등록자 50%컷	등록자 70%컷	충원율
2022	50	151	3.02	2.03	2.33	16%
2023	50	99	1.98	2.33	2.53	28%
2024	80	171	2.14	2.39	2.60	21%
2025	60					

학년도	모집인원	지원인원	경쟁률	1단계선발배수	등록자 평균	등록자 최저	충원인원	등록인원	미등록인원
2022	50	151	3.0	2배수	2.07	2.76	8(16%)	50(100%)	0(0.0%)
2023	50	99	2.0	2배수	2.30	2.77	14(28%)	49(남15,여34) (98%)	1(0.2%)
2024	80	171	2.1	2배수	2.39	3.15	17(21%)	80(100%)	0(0.0%)

■ 변경사항 & 핵심포인트

[2025]

변경사항	2024	2025
모집인원	80명	60명(-20명)
학교폭력 조치사항	-	서류평가 및 면접평가시 반영

➡ **합격자 성적분포:** 2등급 중반 ~ 3등급 초반

■ (초등교육과) 면접고사일

면접고사일			대 학
11	23	토	**광주교대:** 교직적성우수자/전라남도학교장추천/광주인재/전남인재, **부산교대:** 초등교직적성자/지역인재, **서울교대:** 학교장추천/교직인성우수자

■ (학생부종합) 광주인재

전형	모집인원	전형 방법	수능최저학력기준
광주인재	40	1단계)서류100%(2배수) 2단계)서류70%+ 면접30%	X

1. **지원자격:** 광주광역시 소재 고등학교 졸업(예정)자로서 고교 교육과정을 모두(입학부터 졸업까지) 이수한 자
2. **제출서류:** 학교생활기록부
3. **남ㆍ여 성비 적용:** 없음

◎ 전형요소
● **서류 및 면접:** 교직적성우수자전형 참고

◎ 전형결과
■ 전체

학년도	모집인원	지원인원	경쟁률	등록자 50%컷	등록자 70%컷	충원율
2022	25	96	3.84	2.04	2.15	16%
2023	40	105	2.63	2.40	2.67	28%
2024	40	169	4.23	2.86	3.10	38%
2025	40					

학년도	모집인원	지원인원	경쟁률	1단계선발배수	등록자 평균	등록자 최저	충원인원	등록인원	미등록인원
2022	25	96	3.8	2배수	2.04	2.50	4(16%)	25(100%)	0(0.0%)
2023	40	105	2.6	2배수	2.44	3.25	11(28%)	38(남10,여28) (95%)	2(5.0%)
2024	40	169	4.2	2배수	2.86	3.78	15(38%)	40(100%)	0(0.0%)

■ 변경사항 & 핵심포인트

[2025]

변경사항	2024	2025
모집인원	40명	40명
학교폭력 조치사항	-	서류평가 및 면접평가시 반영

➡ **합격자 성적분포:** 2등급 후반 ~ 3등급 초반

■ (초등교육과) 면접고사일

면접고사일			대 학
11	23	토	**광주교대:** 교직적성우수자/전라남도학교장추천/광주인재/전남인재, **부산교대:** 초등교직적성자/지역인재, **서울교대:** 학교장추천/교직인성우수자

■ (학생부종합) 전남인재

전형	모집인원	전형 방법	수능최저학력기준
전남인재	40	1단계)서류100%(2배수) 2단계)서류70%+ 면접30%	X

1. **지원자격**: <u>전라남도 소재 고등학교</u> 졸업(예정)자로서 고교 교육과정을 모두(입학부터 졸업까지) 이수한 자
2. **제출서류**: 학교생활기록부
3. **남·여 성비 적용**: 없음

◎ 전형요소
● **서류 및 면접**: 교직적성우수자전형 참고

◎ 전형결과
■ 전체

학년도	모집인원	지원인원	경쟁률	등록자 50%컷	등록자 70%컷	충원율
2022	25	98	3.92	2.19	2.34	28%
2023	40	123	3.08	2.20	2.38	45%
2024	40	93	2.33	2.82	3.03	40%
2025	40					

학년도	모집인원	지원인원	경쟁률	1단계선발배수	등록자 평균	등록자 최저	충원인원	등록인원	미등록인원
2022	25	98	3.9	2배수	2.19	2.83	7(28%)	25(100%)	0(0.0%)
2023	40	123	3.1	2배수	2.17	2.74	18(45%)	39(남3,여36) (98%)	1(2.5%)
2024	40	93	2.3	2배수	2.82	4.07	16(40%)	40(100%)	0(0.0%)

■ 변경사항 & 핵심포인트

[2025]

변경사항	2024	2025
모집인원	40명	40명
학교폭력 조치사항	-	서류평가 및 면접평가시 반영

➡ **합격자 성적분포**: 2등급 후반 ~ 3등급 초반

■ (초등교육과) 면접고사일

면접고사일			대 학
11	23	토	**광주교대**: 교직적성우수자/전라남도학교장추천/광주인재/전남인재, **부산교대**: 초등교직적성자/지역인재, **서울교대**: 학교장추천/교직인성우수자

118. 대구교육대학교

대구광역시 남구 중앙대로 219 (Tel : 053. 620-1276~80)

I. 한 눈에 보는 전형

모집시기	전형유형	전형	모집인원	전형 방법	수능최저학력기준
수시	종합	참스승	50	1단계)서류100%(5배수) 2단계)서류70%+ 면접30% ■ 성비 적용: 70%	X
수시	종합	대구지역인재	80	1단계)서류100%(2배수) 2단계)서류70%+ 면접30% ■ 성비 적용: 70%	X
수시	종합	경북지역인재	100	1단계)서류100%(2배수) 2단계)서류70%+ 면접30% ■ 성비 적용: 70%	X
수시	종합	국가보훈대상자	6	1단계)서류100%(2배수) 2단계)서류70%+ 면접30%	X
수시	종합	기초생활/차상위/한부모가족	11	1단계)서류100%(2배수) 2단계)서류70%+ 면접30%	X
수시	종합	농어촌학생	15	1단계)서류100%(2배수) 2단계)서류70%+ 면접30%	X
수시	종합	장애인등대상자	10	1단계)서류100%(2배수 2단계)서류70%+ 면접30%	X

(수시모집) 지원 가능 횟수	모집전형 간 복수지원을 할 수 없으며 1개의 전형에만 지원하여야 함.

■ 전형결과

※ 성적 산출기준: (수시) 교과 석차등급, (정시) 수능 백분위

모집시기	전형유형	전형	학년도	모집인원	지원인원	경쟁률	등록자 50%컷	등록자 70%컷	충원율
수시	종합	참스승	2024	42	506	12.05	2.68	2.76	176%
수시	종합	경북지역인재	2024	150	515	3.43	2.31	2.62	30%

■ (주요전형) 전형일정

유형	전형	원서접수 마감	대학별 고사(면접/논술)	1단계 합격자	최종 합격자
종합	참스승	9.13(금) 18:00	11.29(금)	11.15(금)	12.13(금)
종합	대구지역인재	9.13(금) 18:00	11.30(토)	11.15(금)	12.13(금)
종합	경북지역인재	9.13(금) 18:00	11.30(토)	11.15(금)	12.13(금)

II. (수시모집) 주요 전형

■ (학생부종합) 참스승

전형	모집인원	전형 방법	수능최저학력기준
참스승	50	1단계)서류100%(5배수) 2단계)서류70%+ 면접30%	X

1. **지원자격**: 고등학교 졸업(예정)자 또는 법령에 의하여 동등이상의 학력이 있다고 인정된 자
2. **제출서류**: 학교생활기록부
3. **남·여 성비 적용**: 모집인원의 남.여 비율은 어느 한 성도 모집인원의 __70%__를 초과하지 못함. (1,2단계 모두 적용)
   단, 어느 한 성이 모집인원의 30%에 미달되는 경우에는 그 인원만큼 다른 성에서 충원함

◎ 전형요소
   ※ **인재상**: 창의·융합적 인재, 전공역량을 갖춘 인재, 열정과 의지를 가진 인재, 더불어 살 수 있는 인재
   ※ **평가방법**: 예비초등교사(prospective PRIMARY teacher)로서 기본적인 역량(PRIMARY competency)을 평가하기 위한 "평가지료(PRIMARY)를 활용하여 평가
   ● 서류(1,000점)
      1. **평가방법**: 서류평가 영역에 대해 정성적으로 종합 평가함. 지원자 1인의 서류에 대하여 다수의 평가위원이 독립적으로 평가함

2. 평가영역 및 평가기준:

평가역량		평가요소	학생부 평가항목	세부 평가기준		
				A+	B+	C
P	개인·사회적 역량	① 자기통제 ② 타인배려 및 공감능력 ③ 협업능력 ④ 시민성 및 책임성	-출결상황 -창의적 체험활동상황(자율/동아리/봉사) -교과학습발달상황(세부능력 및 특기사항) -봉사활동실적, 행동특성 및 종합의견	자신과 타인에 대한 이해와 배려, 협업능력을 포함하는 인성역량이 **구체적으로 나타남**	자신과 타인에 대한 이해와 배려, 협업능력을 포함하는 인성역량이 **제한적으로 나타남**	자신과 타인에 대한 이해와 배려, 협업능력을 포함하는 인성역량이 **나타남지 않음**
R	교직소양	① 교직관 ② 사명감 ③ 교육에 대한 이해 ④ 교직에 대한 열정	-창의적체험활동상황(자율/동아리/봉사/진로) -교과학습발달상황(세부능력 및 특기사항) -봉사활동실적 -행동특성 및 종합의견	초등교직에 대한 기본적인 자세, 의지와 사명감이 **구체적으로 나타남**	초등교직에 대한 기본적인 자세, 의지와 사명감이 **제한적으로 나타남**	초등교직에 대한 기본적인 자세, 의지와 사명감이 **나타나지 않음**
I	창의적 지식 활용 역량	① 기초학습능력 ② 자기주도학습능력 ③ 환경변화적응능력 ④ 지식처리융합능력	-창의적 체험활동상황(자율/동아리) -교과학습발달상황(학업성취도 & 세부능력 및 특기사항) -행동특성 및 종합의견	대학 교육과정 이수를 위한 주도적이고 유연한 학습역량이 **구체적으로 나타남**	대학 교육과정 이수를 위한 주도적이고 유연한 학습역량이 **제한적으로 나타남**	대학 교육과정 이수를 위한 주도적이고 유연한 학습역량이 **나타나지 않음**
M	교직 수행 역량	① 리더십 ② 매체활용능력 ③ 학습과 발달에 대한 이해 ④ 예체능 능력	-창의적체험활동상황(자율/동아리/봉사/진로) -교과학습발달상황(세부능력 및 특기사항) -봉사활동실적 -행동특성 및 종합의견	초등교사 직무 수행에 필요한 필수적인 리더십, 교수능력을 포함한 전공역량이 **구체적으로 나타남**	초등교사 직무 수행에 필요한 필수적인 리더십, 교수능력을 포함한 전공역량이 **제한적으로 나타남**	초등교사 직무 수행에 필요한 필수적인 리더십, 교수능력을 포함한 전공역량이 **나타나지 않음**

☞ 보충설명
- 개인·사회적역량, 창의적지식활용역량, 교직수행역량, 교직소양의 평가요소별 반영비율을 정하지 않고 5개 등급으로 평가한 뒤 종합점수 부여.
- 4개 영역을 골고루 잘 하는 학생을 선발하고자 함. 특정 영역만 우수한 학생은 교대 취지상 어려울 수 있음
- 창의적 지식활용역량은 학업역량이 우수한 학생들이 많이 지원하기 때문에 편차가 적고, 교직소양과 교직수행역량에서 편차가 남.
- 개정 교육과정에 맞춰 인재상을 변경함. 이에 따라 서류평가와 면접평가 요소도 변경

● 면접(300점)
1. **평가방법**: 개별면접. 지원자 1인을 대상으로 면접평가 영역을 지원자가 제출한 서류를 활용하여 다수의 평가위원이 정성적으로 종합평가
2. **면접시간**: 15분 이내
3. **평가영역**: 의사소통능력, 문제해결능력, 교직소양 및 인성

평가역량		평가요소	평가항목	세부 평가기준		
				A+	B+	C
A	의사 소통 능력	① 언어적 표현능력 ② 타인의 언어 이해능력 ③ 타인의 의견 경청능력 ④ 이해력	질문 및 상황에 대한 이해력과 논리적인 표현력	질문 및 상황에 대한 이해력, 논리성, 언어적 표현력이 **매우 우수함**	질문 및 상황에 대한 이해력, 논리성, 언어적 표현력이 **어느 정도 보임**	질문 및 상황에 대한 이해력, 논리성, 언어적 표현력이 **부족함**
R	문제 해결 능력	① 논리성 ② 비판력 ③ 지식정보 수집·분석·활용능력 ④ 창의·융합적 사고	질문 및 상황의 체계적 분석을 통한 창의적 문제해결능력	질문 및 상황에 대한 체계적 분석을 통한 창의·융합적 문제해결능력이 **매우 우수함**	질문 및 상황에 대한 체계적 분석이 제한적이며 창의·융합적문제해결능력이 **어느 정도 보임**	질문 및 상황에 대한 체계적 분석이 부족하며 창의·융합적문제해결능력 또한 **부족함**
Y	교직 소양 및 인성	①교육에 대한 이해 ② 타인배려 및 공감능력 ③ 협업능력 ④ 시민성 및 책임성	교직에 대한 기본적 이해와 인성	교직에 대한 기본적 이해와 인성이 **매우 우수함**	교직에 대한 기본적 이해와 인성이 **어느 정도 보임**	교직에 대한 기본적 이해와 인성이 **나타나지 않음**

☞ 보충설명
- 의사소통능력, 문제해결능력, 교직소양및인성을 평가, 면접시간 15분.

◎ 전형결과

학년도	모집인원	지원인원	경쟁률	등록자 50%컷	등록자 70%컷	충원율
2022	65	528	8.12	1.83	2.00	49%
2023	65	538	8.28	2.03	2.18	140%
2024	42	506	12.05	2.68	2.76	176%
2025	50					

학년도	모집인원	지원인원	경쟁률	1단계선발배수	면접결시인원	충원인원	등록인원	미등록인원
2022	65	528	8.1	3배수	40 (남11,여29)	90(남28,여62) 138.5%	39(남16,여23) 60.0%	26(40.0%)

학년도	모집인원	지원인원	경쟁률	1단계선발배수	면접결시인원	충원인원	등록인원	미등록인원
2023	65	538	8.3	3배수	38 (남8,여30)	91(남31,여60) 140.0%	46(남26,여20) 70.8%	19(29.2%)
2024	42	506	12.1	3배수	10 (남4,여6)	73(남21,여52) 173.8%	36(남15,여21) 85.7%	6(14.3%)

■ 교과성적 분포

학년도	모집인원	1.00~1.50		1.51~2.00		2.01~2.50		2.51~3.00		3.01~3.50	
		지원	최종등록	지원	최종등록	지원	최종등록	지원	최종등록	지원	최종등록
2022	65	13.8% (73명)	17.9% (7명)	35.6% (188명)	51.3% (20명)	27.3% (144명)	28.2% (11명)	11.0% (58명)	2.6% (1명)	2.5% (13명)	0.0% (0명)
2023	65	8.9% (48명)	8.7% (4명)	27.7% (149명)	39.1% (18명)	41.8% (225명)	47.8% (22명)	10.6% (57명)	4.4% (2명)	5.0% (27명)	0.0% (0명)
2024	42	1.4% (7명)	0.0% (0명)	9.7% (49명)	5.6% (2명)	23.5% (119명)	30.5% (11명)	22.3% (113명)	44.4% (16명)	11.7% (59명)	13.9% (5명)

■ 변경사항 & 핵심포인트

[2025]

변경사항	2024	2025
모집인원	42명	50명(+8명)
1단계 선발배수 확대	3배수	5배수

• 1단계 선발배수: 3배수 -> 5배수로 크게 증가하여 면접으로 역전 기회가 많아짐

➡ 합격자 성적분포: 2등급 중반 ~ 3등급 초반

■ (학생부종합) 대구지역인재

전형	모집인원	전형 방법	수능최저학력기준
대구지역인재	80	1단계)서류100%(2배수) 2단계)서류70%+ 면접30% ▌ 성비 적용: 70%	X

1. **지원자격**: 대구광역시 지역 소재 정규 고등학교에서 3년 전(全) 교육과정(입학 시부터 졸업 시까지)을 이수한 졸업(예정)자
　　　　【지역 내에서 다른 고등학교로 전입(출)자의 경우 포함】
※ 각종 학교(대안 학교), 영재학교, 고등기술학교, 방송통신고등학교, 동등의 학력 인정자 지원 불가
2. **제출서류**: 학교생활기록부
3. **남·여 성비 적용**: 모집인원의 남.여 비율은 어느 한 성도 모집인원의 70%를 초과하지 못함. (1,2단계 모두 적용)
　　　　　　 단, 어느 한 성이 모집인원의 30%에 미달되는 경우에는 그 인원만큼 다른 성에서 충원함

◎ 전형요소
● 서류 및 면접: 참스승인재전형 참고

◎ 전형결과

학년도	모집인원	지원인원	경쟁률	등록자 50%컷	등록자 70%컷	충원율
2022						
2023						
2024						
2025	80					

■ 변경사항 & 핵심포인트

[2025]

변경사항	2024	2025
모집인원	150명(대구·경북)	80명(대구)
전형 분리	지역인재(150명)	대구지역인재(80명), 경북지역인재(100명)

• 모집인원: 150명(대구/경북) -> 80명(대구), 대구와 경북을 합쳐 선발하였으나 올 해는 각각 대구 80명, 경북 100명으로 분리하여 선발

➡ 합격자 성적분포: 2등급 중반 ~ 3등급 초반

■ (학생부종합) 경북지역인재

전형	모집인원	전형 방법	수능최저학력기준
경북지역인재	100	1단계)서류100%(2배수) 2단계)서류70%+ 면접30% ▌ 성비 적용: 70%	X

1. **지원자격**: 경상북도 지역 소재 정규 고등학교에서 3년 전(全) 교육과정(입학 시부터 졸업 시까지)을 이수한 졸업(예정)자
   【지역 내에서 다른 고등학교로 전입(출)자의 경우 포함】
   ※ 각종 학교(대안 학교), 영재학교, 고등기술학교, 방송통신고등학교, 동등의 학력 인정자 지원 불가
2. **제출서류**: 학교생활기록부
3. **남·여 성비 적용**: 모집인원의 남.여 비율은 어느 한 성도 모집인원의 <u>70%</u>를 초과하지 못함. (1,2단계 모두 적용)
   단, 어느 한 성이 모집인원의 30%에 미달되는 경우에는 그 인원만큼 다른 성에서 충원함

◎ 전형요소
● 서류 및 면접: 참스승인재전형 참고

◎ 전형결과

학년도	모집인원	지원인원	경쟁률	등록자 50%컷	등록자 70%컷	충원율
2022	127	477	3.76	1.84	1.96	25%
2023	127	419	3.30	1.89	2.07	35%
2024	150	515	3.43	2.31	2.62	30%
2025	100					

학년도	모집인원	지원인원	경쟁률	1단계선발배수	면접결시인원	충원인원	등록인원	미등록인원
2022	127	477	3.8	3배수	23(남10,여13)	51(남14,여37) 40.2%	126 (99.2%)	1(0.1%)
2023	127	419	3.3	3배수	15(남2,여13)	45(남13,여32) 20.7%	127 (100.0%)	0(0.0%)
2024	150	515	3.4	2배수	21(남9,여12)	68(남16,여52) 45.3%	149 (99.3%)	1(0.1%)

■ 교과성적 분포

학년도	모집인원	1.00~1.50		1.51~2.00		2.01~2.50		2.51~3.00		3.01~3.50	
		지원	최종등록	지원	최종등록	지원	최종등록	지원	최종등록	지원	최종등록
2022	127	12.6% (60명)	11.9% (15명)	30.2% (144명)	61.1% (77명)	26.4% (126명)	23.8% (30명)	13.6% (65명)	3.2% (4명)	7.5% (36명)	0.0% (0명)
2023	127	9.1% (38명)	10.2% (13명)	28.2% (118명)	53.6% (68명)	31.3% (131명)	32.3% (41명)	13.6% (57명)	3.9% (5명)	8.8% (37명)	0.0% (0명)
2024	150	2.1% (11명)	1.3% (2명)	15.7% (81명)	24.2% (36명)	20.4% (105명)	36.9% (55명)	19.4% (100명)	27.5% (41명)	11.7% (60명)	8.7% (13명)

■ 변경사항 & 핵심포인트

[2025]

변경사항	2024	2025
모집인원	150명(대구·경북)	100명(경북)
전형 분리	지역인재(150명)	대구지역인재(80명), 경북지역인재(100명)

• 모집인원: 150명(대구/경북) -> 80명(대구), 대구와 경북을 합쳐 선발하였으나 올 해는 각각 대구 80명, 경북 100명으로 분리하여 선발
▶ 합격자 성적분포: 2등급 중반 ~ 3등급 초반

119. 부산교육대학교 부산광역시 연제구 교대로 24 (Tel: 051. 500-7561~3, 7565~7)

I. 한 눈에 보는 전형

모집시기	전형유형	전형	모집인원	전형 방법	수능최저학력기준
수시	종합	초등교직적성자	65	1단계)서류100%(3배수) 2단계)서류60%+ 면접40%	X
수시	종합	지역인재	125	1단계)서류100%(3배수) 2단계)서류60%+ 면접40%	X
수시	종합	국가보훈대상자	3	1단계)서류100%(3배수) 2단계)서류60%+ 면접40%	X
수시	종합	농어촌학생	12	1단계)서류100%(3배수) 2단계)서류60%+ 면접40%	X
수시	종합	장애인등대상자	12	1단계)서류100%(3배수) 2단계)서류60%+ 면접40%	X
수시	종합	저소득층학생	5	1단계)서류100%(3배수) 2단계)서류60%+ 면접40%	X

(수시모집) 지원 가능 횟수	우리 대학 내의 수시 전형 복수지원은 불가함(예: 초등교직적성자 전형과 농어촌학생 전형 복수 지원 불가)

■ 전형결과

※ 성적 산출기준: (수시) 교과 석차등급, (정시) 수능 백분위

모집시기	전형유형	전형	학년도	모집인원	지원인원	경쟁률	등록자 50%컷	등록자 70%컷	충원율
수시	종합	초등교직적성자	2024	74	703	9.50	2.36	2.51	118%
수시	종합	지역인재	2024	119	680	5.71	2.22	2.50	45%

■ (주요전형) 전형일정

유형	전형	원서접수 마감	대학별 고사(면접/논술)	1단계 합격자	최종 합격자
종합	초등교직적성자	9.13(금) 17:00	11.23(토)	11.15(금)	12.13(금)
종합	지역인재	9.13(금) 17:00	11.23(토)	11.15(금)	12.13(금)

II. (수시모집) 주요 전형

■ (학생부종합) 초등교직적성자

전형	모집인원	전형 방법	수능최저학력기준
초등교직적성자	65	1단계)서류100%(3배수) 2단계)서류60%+ 면접40%	X

1. **지원자격**: 고등학교 졸업(예정)자와 법령에 의한 동등 이상의 학력자
2. **제출서류**: 학교생활기록부
3. **남·여 성비 적용**: 없음

◎ 전형요소

※ **인재상 지표**: '한새-COMPASS' 한새인으로 성장을 이끄는 나침반. [참고] '한새'는 두루미나 황새와 같은 큰 새. '황새'의 옛말

	인재상	핵심 역량
C	의사소통역량(Communication competence)	수용 능력, 표현 능력, 토론과 조정능력
O	공동체 리더십 역량(cOmmunity leadership competence)	목표 지향성, 공동체 협업 역량
M	다문화·글로벌 역량(Multi-cultural·global competence)	다문화 역량, 글로벌 역량
P	교직 인성 및 전문성 개발 역량 (Pedagogical characteristics & professional development competence)	교직 인성, 교사 전문성 개발 노력
A	창의융합역량(creAtive fusion competence)	문제 해결 능력, 창의성, 정보 기술 활용 능력
S	공감·정서 조절 역량(Sympathy/emotion regulation competence)	공감 능력, 긍정적 정서 조절 능력
S	자기관리역량(Self-management competence)	인지 관리 능력, 동기 관리 능력, 행동 관리 능력

● 서류(1,000점)
  1. **평가방법**: 인재상 지표를 바탕으로 지원자가 제출한 학교생활기록부의 교과 및 비교과 영역을 우리 대학 평가준거에 따라 정성적으로 종합 평가함
  2. **평가항목**:

	인재상	반영비율	핵심 역량
O	공동체 리더십 역량	25%	목표 지향성, 공동체 협업 역량
M	다문화 · 글로벌 역량	25%	다문화 역량, 글로벌 역량
S	공감 · 정서 조절 역량	25%	공감 능력, 긍정적 정서 조절 능력
S	자기관리역량	25%	인지 관리 능력, 동기 관리 능력, 행동 관리 능력

☞ **보충설명**
- 공동체 리더십 역량, 다문화글로벌역량, 공강정서조절역량, 자기관리역량을 각각 25% 반영.
- 우수한 학생들이 많이 지원하기 때문에 4개역량이 탁월해야 합격이 가능함.
- 학업 자기관리역량, 공동체리더십역량에서 평가, 일반적인 것은 자기관리역량, 내신 활동,
- 교직적성은 면접에서 평가함. 공
- 공감정서조절역량은 봉사활동이난 일대일
- 공동체 리더십역량(25%)은 일반대학의 공동체역량임. 교과 및 비교과 활동 중 주도적 역할, 공동체의 목표를 위한 배려 및 협력을 평가
  – 공동체 또는 학급활동 안에서 주도적 역할을 얼마나 했는지 평가, 타인을 위한 배려 또는 협업을 보인 모습 등을 평가.
  – 임원활동을 했더라도 공동체를 위한 배려 및 협력이 없으면 좋은 평가 못 받음.
- 다문화글로벌역량(25%)은 교과 및 비교과 활동 중 다문화에 대한 이해도, 관심도, 글로벌 시대에 맞는 학습능력, 다양한 분야에 대한 관심 및 학습 태도
  – 최근에는 현장에서 융복합적 요소가 많이 필요하기 때문에 과목간 연계 또는 융복합적인 탐구나 활동 등을 평가함.
- 공감정서조절역량(25%)은 교우관계 등 인성영역, 예비교사로서의 인성, 도덕적 가치관, 자신이 처한 상황에 긍정적으로 정서를 조절하는 역량.
  – 학생들의 도덕관, 학생관, 인성, 조절 능력 등을 평가.
- 자기관리역량(25%) 학업역량 및 학습태도, 위기관리능력, 진로에 대한 자기주도성 및 진정성, 발전가능성
  – 학업역량과 발전가능성 개념을 포함. 학업역량이나 탐구역량, 지적 호기심 등을 드러내는 활동을 다양한 영역에서 평가
  – 학업역량은 단순히 높은 수준의 학업역량이 꼭 좋은 점수를 받는 것 보다는 다소 부족한 교과목이 있더라도 포기하지 않고 꾸준히 성장하는
  – 모습을 보이는 학생이 높은 평가를 결과가 좋지 않더라도 포기하지 않는 학생이 좋은 평가.
  – 교육관련 활동이더라도 수동적인 활동은 좋은 평가 못 받음. 교육활동이 아니더라도 이 속에서 교사로서의 주도적인 역할을 하면 좋은 평가

● 서류검증 및 현장방문
- 대상 : 서류의 진위 및 내용 검증이 필요한 자
- 현장방문 대상자 선정 : 학생부종합전형운영위원회가 현장방문이 필요하다고 결정한 학생에 한하여 실시
- 검증 방법 : 제출 서류 및 그 내용의 진위여부를 관련기관 현장방문 또는 전화를 통해 확인함

● 면접(400점)
  1. **면접방법**: <u>3명 내외의 학생이 한 조</u>가 되어 인재상 지표를 바탕으로 <u>예비교사로서의 자질에 대한 질문</u>을 바탕으로 평가
     • 필요시 해당자에 대하여 제출 서류의 진위 여부 및 관련 내용 확인을 위해 현장 방문 실시
  2. **면접시간**: 1개 조당 25분 내외
  3. **면접형식**: <u>면접위원 3인이 지원자 3인 내외를 1개 조</u>로 하여 多대多 면접 실시. 블라인드 면접 운영
  4. **진행방법**: 제시문 기반 면접 / 면접문항은 3개 문항(오전/오후 면접 문항 상이) /
     – 수험생 3명은 3개 문제에 대해 모두 답변, 1인당 1문제에 2분 정도의 시간을 부여받고, 한 조에 25분 정도 진행
     – 고사실 입실 이전에는 면접문제를 볼 수 없고, 고사실 입실 후 면접문제를 확인

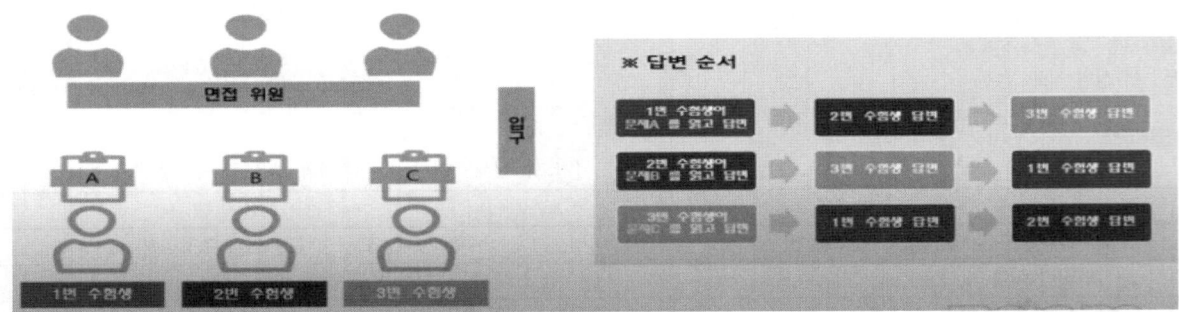

  5. **평가항목**: 예비 초등교사로서의 자질 및 교직 수행능력을 측정

	인재상	핵심 역량
C	의사소통역량	수용 능력, 표현 능력, 토론과 조정능력
P	교직 인성 및 전문성 개발 역량	교직 인성, 교사 전문성 개발 노력
A	창의융합역량	문제 해결 능력, 창의성, 정보 기술 활용 능력

☞ 보충설명

• 수험생 3명은 3개 문제에 대해 모두 답변, 1인당 1문제에 2분 정도의 시간을 부여받고, 한 조에 25분 정도 진행
  - 고사실 입실 이전에는 면접문제를 볼 수 없고, 고사실 입실 후 면접문제를 확인
  - 번호가 빠른 순서대로 자리에 앉고, 자리에 문제지가 뒤집어져 있음.
  - 순서대로 문제를 뒤집어서 읽고 답한후 다음 학생이 답변.
  - 추가질문을 하지 않았음
• 의사소통역량 : 상황에 적합한 자신의 생각을 효과적으로 전달하는 능력, 주어진 쟁점과 갈등상황을 정확하게 판단하고 적절한 과정 및 해결방법을 도출할 수 있는 역량
• 교직인성 및 전문성 개발역량 : 교육자로서 바람직한 교직관(교육과, 사명감, 학생관 등)
• 창의융합역량 : 창의융합사회에 적합한 예비교사로서 개방적, 비판적 사고를 종합하여 해결책을 제시하는 능력

■ 면접 기출문제   ※ 선행학습영향평가 결과 보고서 / ※ 면접시간: 2분

▮ 나형-A형   ※ 다음 글을 읽고 답하시오.

> 학생인권조례는 학생의 존엄과 가치 및 자유와 권리를 보장하기 위해 제정된 조례이다. 최근 일부 교육청에서는 '학생의 책임과 의무' 조항을 담은 개정안을 입법 예고했다. 초등교사로서 학생의 책임과 의무 조항에 담고 싶은 내용을 제시하시오.

▮ 나형-B형   ※ 다음 글을 읽고 답하시오

> 인공지능은 교육 분야에서 다양하게 활용될 수 있다. 교과 지식이나 문제 풀이와 관련된 질문에 대해 정확히 답하고 설명해 주는 인공지능도 활용하게 될 것이다. 이러한 상황에서 교사는 교과 수업에서 어떤 역할을 해야 할지 말하시오.

▮ 나형-C형   ※ 다음 글을 읽고 답하시오

> '그린워싱(greenwashing)'을 내세운 마케팅을 통해, 많은 기업들이 자사의 평판과 이윤을 높이려는 시도가 늘고 있다. 그린워싱의 사례를 제시하고, 똑똑한 소비를 위하여 그린워싱을 판별할 수 있는 기준을 제시하시오. '그린워싱'이란, 녹색(green)과 세탁(washing)의 합성어로 '위장 환경주의'라고도 함. 실제로는 친환경적이지 않으나, 친환경적인 가치를 표방하는 것을 의미함.
> <참고> '팝콘브레인'이란, 튀어 오르는 팝콘처럼 강렬하고 즉각적인 자극에만 반응하는 뇌 구조의 변형을 일컫는 용어.

◎ 전형결과
■ 전체

학년도	모집인원	지원인원	경쟁률	등록자 50%컷	등록자 70%컷	충원율
2022	74	633	8.55	1.86	1.97	50%
2023	74	519	7.01	1.96	2.09	150%
2024	74	703	9.50	2.36	2.51	118%
2025	65					

학년도	모집인원	지원인원	경쟁률	1단계 선발배수	등록자 평균	등록자 최저	면접결시인원	충원인원	등록인원	미등록인원
2022	74	633	8.6	3배수	1.92	2.83	32 (남12,여20)	106(남32,여74) 143.2%	51(남18,여33) 68.9%	23(31.1%)
2023	74	519	7.0	3배수	2.09	3.58	35	111 (150.0%)	37 (50.0%)	37(50.0%)
2024	74	703	9.5	3배수	2.43	2.65 (80%컷)	49	87 (117.6%)	74 (100.0%)	0(0.0%)

■ 변경사항 & 핵심포인트

[2025]

변경사항	2024	2025
모집인원	74명	65명(-9명)
명칭변경	초등교육학과	초등교육학부

▶ 합격자 성적분포: 2등급 초반 ~ 2등급 후반

■ (초등교육과) 면접고사일이 겹치는 대학

면접고사일			대 학
11	23	토	광주교대: 교직적성우수자/전라남도학교장추천/광주인재/전남인재, 부산교대: 초등교직적성자/지역인재, 서울교대: 학교장추천/교직인성우수자

■ (학생부종합) 지역인재

전형	모집인원	전형 방법	수능최저학력기준
지역인재	125	1단계)서류100%(3배수) 2단계)서류60%+ 면접40%	X

1. **지원자격:** <u>부산·울산·경남권</u> 정규 고등학교 3년 전(全)과정을 이수하고 졸업한 자 또는 졸업 예정자로서 학교 생활기록부가 있는 자
2. **제출서류:** 학교생활기록부
3. **남·여 성비 적용:** 없음

◎ 전형요소

● **서류 및 면접:** 초등교직적성자전형 참고

■ **면접 기출문제**　　　　　　　※ 선행학습영향평가 결과 보고서 /　※ 면접시간: 2분

▌ 가형-A형　※ 다음 글을 읽고 답하시오

> 최근 교원의 '정당한 생활지도'와 '교육 활동 보호'를 위한 법안이 개정되었다. 개정된 내용에는 교원의 정당한 생활지도는 아동복지법 금지행위 위반으로 보지 않는 것을 포함하고 있다. 그렇다면 교사의 교육 활동 보호를 위한 방안에는 무엇이 있는지 말해 보시오

▌ 가형-B형　※ 다음 글을 읽고 답하시오

> 혁신적인 ICT의 적용은 새로운 교육 환경 및 학습 경험을 가능하게 만들었다. 학생들은 온라인 강좌를 비롯한 학교 밖 교육 서비스를 통해 교과 지식을 습득할 수 있다. 이러한 상황에서 교실 수업은 어떤 역할을 해야 할지 말하시오.
> <참고> ICT: Information and Communications Technologies

▌ 가형-C형　※ 다음 글을 읽고 답하시오

> '팝콘브레인(popcorn brain)'을 가진 사람들은 즉각적이고, 충동적이며, 산발적인 사고를 하기 때문에 지속적이고 심층적인 활동에 참여가 어렵다. 또한 타인의 감정이나, 서서히 변화하는 현실에 둔감하게 반응함으로써 사회적 문제가 되고 있다. 팝콘브레인을 예방하기 위한 방안을 제시하시오.
> <참고> '팝콘브레인'이란, 튀어 오르는 팝콘처럼 강렬하고 즉각적인 자극에만 반응하는 뇌 구조의 변형을 일컫는 용어.

◎ 전형결과

■ 전체

학년도	모집인원	지원인원	경쟁률	등록자 50%컷	등록자 70%컷	충원율
2022	119	531	4.46	1.89	2.20	41%
2023	119	559	4.70	1.88	2.13	47%
2024	119	680	5.71	2.22	2.50	45%
2025	125					

학년도	모집인원	지원인원	경쟁률	1단계선발배수	등록자평균	등록자최저	면접결시인원	충원인원	등록인원	미등록인원
2022	119	531	4.5	3배수	1.98	4.90	72(남25,여47)	64(남17,여47)(53.8%)	119(남42,여77)(100%)	0(0.0%)
2023	119	559	4.7	3배수	1.92	2.91	80	56(47.1%)	116(97.5%)	3(2.5%)
2024	119	680	5.7	3배수	2.27	2.68(80%컷)	27	53(44.5%)	118(99.2%명)	0(0.0%)

■ 변경사항 & 핵심포인트

[2025]

변경사항	2024	2025
모집인원	119명	125명(+6명)

➡ **합격자 성적분포:** 2등급 초반 ~ 2등급 후반

■ (초등교육과) 면접고사일이 겹치는 대학

면접고사일			대 학
11	23	토	**광주교대:** 교직적성우수자/전라남도학교장추천/광주인재/전남인재, **부산교대:** 초등교직적성자/지역인재, **서울교대:** 학교장추천/교직인성우수자

120. 서울교육대학교

서울특별시 서초구 서초중앙로 96 (Tel: 02. 3475-2218, 2507~8)

I. 한 눈에 보는 전형

모집시기	전형유형	전형	모집인원	전형 방법	수능최저학력기준
수시	교과	학교장추천	40	1단계)학생부교과100%(2배수) 2단계)학생부교과80%+ 면접20% ※ 고교 추천: 3학년 재적 수의 3%	○
수시	종합	교직인성우수자	100	1단계)서류100%(2배수) 2단계)서류50%+면접50%	○
수시	종합	국가보훈대상자	5	1단계)서류100%(2배수) 2단계)서류50%+면접50%	○
수시	종합	농어촌학생	10	1단계)서류100%(2배수) 2단계)서류50%+면접50%	○
수시	종합	기초생활수급자등	19	1단계)서류100%(2배수) 2단계)서류50%+면접50%	○
수시	종합	장애인등대상자	11	1단계)서류100%(2배수) 2단계)서류50%+면접50%	○
수시	재외	재외국민	7	면접100%	○
수시	재외	북한이탈학생	3	면접100%	○

(수시모집) 지원 가능 횟수	본교 수시모집 모든 전형 중 1개 전형에만 지원할 수 있음.

■ 전형결과

※ 성적 산출기준: (수시) 교과 석차등급, (정시) 수능 백분위

모집시기	전형유형	전형	학년도	모집인원	지원인원	경쟁률	등록자 50%컷	등록자 70%컷	충원율
수시	교과	학교장추천	2024	40	151	3.78	1.67	1.83	
수시	종합	교직인성우수자	2024	100	396	3.96	1.75	1.91	

■ (주요전형) 전형일정

유형	전형	원서접수 마감	대학별 고사(면접/논술)	1단계 합격자	최종 합격자
교과	학교장추천	9.13(금) 18:00 학교장추천: 9.25(수) 18:00	11.23(토)	11.15(금)	12.13(금)
종합	교직인성우수자	9.13(금) 18:00	11.23(토)	11.15(금)	12.13(금)

II. (수시모집) 주요 전형

■ (학생부교과) 학교장추천

전형	모집인원	전형 방법	수능최저학력기준
학교장추천	40	1단계)학생부교과100%(2배수) 2단계)학생부교과80%+ 면접20%	○

1. **지원자격**: 2025년 2월 국내 고등학교 졸업예정자(조기졸업예정자 제외)로서 소속 고등학교장으로부터 추천을 받은 자
   ※ 고교별 추천 인원: 고교별 고3 재적인원 3% 이내 (2024년 학교알리미 공시 기준. 소수점 이하 첫째자리에서 올림)
   ※ 지원자는 본인이 소속 고등학교와 반드시 사전협의 후 원서접수 해야하며, 이를 숙지하지 않아 발생한 불이익에 대한 책임은 지원자 본인에게 있음.
2. **제출서류**: 학교생활기록부
3. **남·여 성비 적용**: 없음
4. **수능최저학력기준**:

   [국어, 수학, 영어, 사/과탐(2과목 평균)] 4개 영역 등급 합 10 이내, 한국사 4등급 이내

◎ 전형요소

● 학생부(800점)

반영요소 반영비율	반영교과목			교과성적 산출지표	학년별 반영비율
	구분	반영방법			
교과100% (800점)	공통 및 일반선택 (700점)	전 과목 ※ 반영학기: (교과) 졸업예정자 및 졸업자 모두 3학년 1학기까지		석차등급	학년 구분 없음
	진로선택 (100점)	반영교과 진로선택과목의 성취도 환산점수를 반영 ※ 성취도 환산점수 = A : 8, B : 6, C : 4		성취도	

■ 성적 산출법

- 학교생활기록부에 표기된 석차 등급 및 성취도에 의한 점수 활용

구분	석차 등급 및 성취도별 환산점수								
석차 등급 및 성취도	1	2	3	4	5	6	7	8	9
	A	-	B	-	C	-	D	-	E
	A	-	B	-	C	-	-	-	-
환산점수	8	7	6	5	4	3	2	1	0

- 산출식 = 석차 등급 또는 성취도가 표기된 전 과목(진로선택과목 제외) (㉠) × 25] + 500 + 진로선택과목 (㉡) × 2.5] + 80

※ 석차 등급 또는 성취도가 표기된 전 과목(㉠) = $\dfrac{(석차등급 및 성취도 환산점수×이수단위)의 합}{교과이수단위의합}$

※ 진로선택과목(㉡) = $\dfrac{(성취도 환산점수×이수단위)의 합}{교과이수단위의합}$

(소수점 다섯째 자리에서 반올림함)

구분		1등급	2등급	3등급	4등급	5등급	6등급	7등급	8등급	9등급
환산점수	8점	8	7	6	5	4	3	2	1	0
등급 간 점수 차이	8점	0	1	1	1	1	1	1	1	1
	700점 (기본점수500점)	0	25	25	25	25	25	25	25	25

● 면접(200점):

1. **평가방법**: 복수의 면접위원이 심층 문답을 통해 5C(인성Character, 융합Convergence, 창의성Creativity, 코칭Coaching, 의사소통 Communication) 핵심역량을 종합평가함
2. **평가영역**:

평가영역	평가목적	평가요소			
교직인성	교사로서의 인성적 자질 평가	공동체 역량	• 공감하고 배려하는 마음	• 공동체 의식	• 참여와 협업 능력
		자기주도적 역량	• 자기 이해 및 자기효능감	• 자기관리 능력	• 성실과 책임감
교직적성	교사로서의 잠재능력 과 성장가능성 평가	탐구 혁신 역량	• 진취적 사고와 실천	• 반성적 사고와 성찰	• 복합적 문제해결 능력
		의사소통 역량	• 자기표현 능력	• 타인 이해 능력	• 대인관계와 리더십
교직교양	교육과 사회에 대한 이해 평가	창의 역량	• 유창성과 유연성	• 확장적 사고력	• 비판적 사고력
		융합 역량	• 인문학적 소양	• 시사 이슈에 대한 이해	• 융합적· 종합적 사고력

☞ 보충설명

- 면접에 참여하고 수능최저학력기준을 통과하면 대부분 합격하였음. 면접 역전율은 큰 의미 없었음
- 제시문 기반 면접, 학교장추천은 오후, 교직인성우수자는 오전에 실시
  - 제시문: 3개 영역(교직인성, 교직적성, 교직교양)에 각각 4~6행의 1개의 짧은 제시문과 질문으로 구성
  - 면접시간: 사전 구상 시간없이 10분 동안 즉답형으로 문항에 대한 답변
  - 평가: 단순 지식이나 획일적 정답이 아니라 제시문에 대한 이해력, 문제 해결을 위한 종합적 사고력 및 자기 생각을 논리적이고 타당하게 답변할 수 있는 소통력 등에 초점

■ (면접) 선행학습영향평가

- 면접은 오전에는 '교직인성 우수자전형'을 오후에는 '교직인성 우수자전형'을 제외한 나머지 전형의 면접을 실시하였다.
- 면접평가 문항은 '교직인성' 1문항, '교직적성' 1문항, '교직교양' 1문항으로 구성되어 있다. 오전 문항 및 오후 문항이 상이한 만큼, 유사한 난이도를 형성하도록 주의를 기울였다.
- 각 문항은 교직인성, 적성, 교양을 확인하는 데에 최소, 필수 요건을 갖출 수 있도록 하고, 면접대상자들의 가독성을 충분히 고려하여 4~6행의 비교적 짧은 제시문과 질문으로 구성되어 있고, 사전 구상 시간 없이 10분 동안 즉답형으로 문항에 대한 답변을 하도록 되어 있다.
- 각 문항은 고교 교육과정의 범위와 수준에 포함되면서 특정 교과에만 국한되지 않도록 출제하였고, 단순한 지식의 유무를 확인하는 질문을 포함하지 않았다. 또한 제시문 구성 시 학술적 개념이나 전문 용어의 사용을 지양하였으며, 혹 이들이 포함되는 경우에는 이에 대한 충분한 설명을 제시하여 별도의 사교육을 받지 않은 학생도 주어진 정보를 토대로 답변할 수 있도록 하였다.
- 평가는 단순 지식이나 획일적 정답이 아니라 제시문에 대한 이해력, 문제 해결을 위한 종합적 사고력 및 자기 생각을 논리적이고 타당하게 답변할 수 있는 소통력 등에 초점을 두어 선행학습 유발요인을 포함하지 않았다.

■ (오후) 면접 기출문제　　　　　　　　　　　※ 선행학습영향평가 결과 보고서 / ※ 면접시간: 10분

※ 다음을 읽고 답변이 준비된 질문부터 답하시오

[질문1] 야구대회 결승전이 벌어지고 있다. 팀에서 타격 능력이 우수한 새록이의 마지막 타석이다. 감독은 확실한 승리를 위해 새록이에게 희생번트를 지시했다. 하지만 새록이는 감독의 지시를 거부하고, 타격하여 득점을 했다. 내가 감독이라면, 새록이를 어떻게 지도할 것인가? 그 이유는 무엇인가?

[질문2] 교육의 방식은 철도, 도로, 항해 모형에 빗대어 설명할 수 있다. 각 모형은 목적지에 도달하는 방식이 다르다. 철도 모형은 정해진 경로를 따르는 것이다. 도로 모형은 다양한 경로 중 최선의 경로를 탐색하여 선택하는 것이다. 항해 모형은 경로를 스스로 만드는 것이다. 교사 입장에서 각 모형이 지니는 장점과 단점을 설명하시오. 그리고 철도, 도로, 항해 모형을 효과적으로 적용할 수 있는 수업 상황을 각각 제시하시오.

[질문3] 생성형 인공지능은 대규모 데이터 세트를 기반으로 이용자의 요구에 따라 창의적인 산출물을 신속하게 만들어준다. 생성형 인공지능을 수업 상황에 도입할 경우, 교사의 역할에서 많은 변화가 예상된다. 이때 교사는 학습자에게 어떤 능력을 길러주는 데 초점을 두어야 하는지 말하시오.

◎ 전형결과

■ 전체

학년도	모집인원	지원인원	경쟁률	등록자 50%컷	등록자 70%컷	충원율
2022	50	300	6.00	1.21	1.26	12%
2023	50	98	1.96	1.59	1.90	
2024	40	151	3.78	1.67	1.83	
2025	40					

학년도	모집인원	지원인원	경쟁률	1단계선발배수	등록자 평균	등록자 70%컷	등록자 80%컷	충원인원
2022	50	300	6.0	2배수	1.21	1.26	1.28	-
2023	50	98	1.9	2배수	1.77	1.90	2.43	-
2024	40	151	3.8	2배수	1.68	1.83	1.95	-

■ 변경사항 & 핵심포인트

[2025]

변경사항	2024	2025
모집인원	40명	40명
수능최저 변경	4개영역 등급 합 9, 한국사 4등급	4개영역 등급 합 10, 한국사 4등급
면접 세부평가항목 '역량'으로 변경	교직인성(인성) 교직적성(의사소통, 코칭) 교직교양(창의성, 융합)	교직인성(공동체 역량, 자기주도적 역량) 교직적성(의사소통 역량, 탐구혁신 역량) 교직교양(창의 역량, 융합 역량)

• 수능최저 완화: 4개 영역 등급 합 9 -> 10으로 완화되어 수능최저 부담이 줄어들어 수능최저 통과자가 늘어나고 모집인원도 50명->40명으로 10명 감소되어 합격선은 약간 상승할 수 있음
➡ 합격자 성적분포: 1등급 중반 ~ 1등급 후반

■ (초등교육과) 면접고사일

면접고사일			대　학
11	23	토	**광주교대:** 교직적성우수자/전라남도학교장추천/광주인재/전남인재, **부산교대:** 초등교직적성자/지역인재, **서울교대:** 학교장추천/교직인성우수자

■ (학생부종합) 교직인성우수자

전형	모집인원	전형 방법	수능최저학력기준
교직인성우수자	100	1단계)서류100%(2배수) 2단계)서류50%+면접50%	○

1. **지원자격:** 국내·외 고등학교 졸업자 및 졸업예정자(조기졸업자 제외)또는 이와 동등 이상의 학력이 있다고 인정된 자
2. **제출서류:** 학교생활기록부
3. **남·여 성비 적용:** 없음
4. **수능최저학력기준:**

[국어, 수학, 영어, 사/과탐(2과목 평균)] 4개 영역 등급 합 10 이내, 한국사 4등급 이내

◎ 전형요소
● 서류(500점)
 1. 평가방법: 학교생활기록부(교과·비교과)를 종합평가
 2. 평가내용: 제출서류에 대하여 복수의 입학사정관이 평가기준에 따라 <u>교직인성, 교직적성</u>을 정성적으로 종합평가

☞ 보충설명
• 교직적성, 교직인성, 교직교양 3개 평가지표의 반영비율은 1/3씩 반영. 5C는 인재상 수준이고, 교직인성 및 교직적성, 교직교양이 평가지표임.
• 교직적성에서 변별력이 생김. 대부분 교직을 3년을 준비해온 학생들임. 3년 동안 어떤 준비와 활동을 했는지가 중요.
• 교직인성은 출결, 봉사 등을 평가. 가장 강조하는 것은 인성. 인성이 사회적 이슈가 되므로, 인성이 잘 된 학생을 선발하고자 함
• 결론적으로 비교과 관리가 잘 되어 있고, 교과 등급도 어느 정도 되는 학생이 합격함.

■ 인재상
1. 대학 교육의 비전 및 인재상
  서울교육대학교는 21세기 글로벌 시대의 교육을 선도하는 우수 인재를 양성하는데 중점을 두고 있으며, 『인격과 역량을 겸비한 초등교육의 핵심리더 양성』이라는 비전을 <u>전념(Commitment)</u>하는 인재, <u>개방(Openness)</u>적인 인재, <u>전문(Professionalism)</u>적인 인재, <u>도전(Enthusiasm)</u>적인 인재로 구체화하여 추진하고 있음

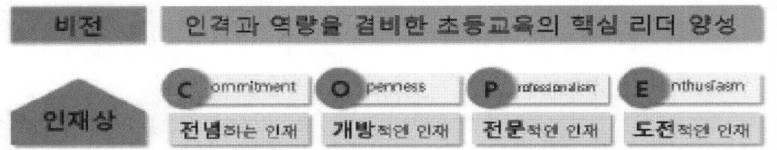

2. 5C 핵심역량
  예비교사들이 갖추어야 할 기본 덕목을 '5C 핵심역량'으로 하여, 사도 핵심역량의 구성요소인 <u>인성</u> 역량개발을 핵심으로 <u>융합, 창의성, 코칭, 의사소통</u> 역량을 함양하기 위해 다양한 프로그램을 운영하고 있음

5C 핵심역량	내용
인성	다양한 자기성찰의 기회를 통해 인성 함양과 건전한 교육관 확립
융합	STEM 기반 교육과정 운영을 통한 학문 간 상호 이해와 융합 능력 함양
창의성	다중적 현장 학습을 통한 실질적 문제해결능력을 배양하고 사고의 유연성과 탄력성 함양
코칭	교육자와 피교육자 간의 수평적 관계를 바탕으로 안내자이자 협력자로서의 수업능력 제고
의사소통	의사소통을 촉진하는 체험프로그램을 통해 예비교사들의 소통능력 제고

● 면접(500점): 학교장추천전형 참고

■ (오전) 면접 기출문제   ※ 선행학습영향평가 결과 보고서 /   ※ 면접시간: 10분

※ 다음을 읽고 답변이 준비된 질문부터 답하시오

[질문1] 한국초등학교 합창단이 전국 합창대회를 준비 중이다. 합창대회에서 입상하려면 가장 능력이 우수한 학생이 독창 파트를 맡아야 한다. A 교사는 가장 능력이 우수한 새록이에게 독창을 맡기려 하였다. 그런데 합창단원들은 청람이에게 독창을 맡길 것을 요청하였다. 청람이는 가장 능력이 다소 부족하지만 대회 준비에 기여도가 높은 학생이다. 내가 A 교사라면, 누구에게 독창을 맡길 것인가? 그 이유는 무엇인가?

[질문2] A 교사와 B 교사는 동일한 교육 내용으로 수업을 실시하였다. A 교사의 수업에서 학습자는 심리적 부담을 느끼며 활동에 소극적으로 참여하였다. 반면 B 교사의 수업에서 학습자는 심리적 부담 없이 활동에 자발적으로 참여하였다. 두 교사의 수업에서 어떤 요인들이 학습자의 반응에 영향을 주었을지를 생각하여 말하시오. 또 학습자가 심리적 부담을 느끼지 않고 적극적으로 수업에 참여할 수 있는 방안을 제안하시오

[질문3] 오늘날 교사는 온라인 네트워크를 통해 교실을 글로벌 교육 공간으로 활용할 수 있다. 글로벌 교육 공간이란 시공간을 초월하여 다른 나라의 학생들과 함께 수업할 수 있는 공간을 의미한다. 교실을 글로벌 교육 공간으로 활용하기 위해 교사가 갖추어야 할 역량을 설명하시오.

◎ 전형결과
■ 전체

학년도	모집인원	지원인원	경쟁률	등록자 50%컷	등록자 70%컷	충원율
2022	100	395	3.95	1.68	1.81	
2023	100	347	3.47	1.56	1.66	
2024	100	396	3.96	1.75	1.91	
2025	100					

학년도	모집인원	지원인원	경쟁률	1단계선발배수	등록자 평균	등록자 70%컷	등록자 80%컷	충원인원
2022	100	395	4.0	2배수	1.68	1.81	1.87	–
2023	100	347	3.5	2배수	1.58	1.66	1.68	–
2024	100	396	4.0	2배수	1.83	1.91	1.99	–

■ 변경사항 & 핵심포인트

[2025]

변경사항	2024	2025
모집인원	100명	100명
수능최저 변경	4개영역 등급 합 9, 한국사 4등급	4개영역 등급 합 10, 한국사 4등급
면접 세부평가항목 '역량'으로 변경	교직인성(인성) 교직적성(의사소통, 코칭) 교직교양(창의성, 융합)	교직인성(공동체 역량, 자기주도적 역량) 교직적성(의사소통 역량, 탐구혁신 역량) 교직교양(창의 역량, 융합 역량)

• 수능최저 완환: 4개 영역 등급 합 9 -> 10으로 완화되어 수능최저 부담이 줄어들어 수능최저 통과자가 늘어나서 합격선 상승할 수 있음

▶ 합격자 성적분포: 1등급 중반 ~ 1등급 후반

■ (초등교육과) 면접고사일

면접고사일			대　학
11	23	토	**광주교대:** 교직적성우수자/전라남도학교장추천/광주인재/전남인재, **부산교대:** 초등교직적성자/지역인재, **서울교대:** 학교장추천/교직인성우수자

121. 전주교육대학교

I. 한 눈에 보는 전형

모집시기	전형유형	전형	모집인원	전형 방법	수능최저학력기준
수시	종합	교직적성우수자	35	1단계)서류100%(3배수) 2단계)서류60%+ 면접40%	○
수시	종합	지역인재선발	101	1단계)서류100%(2배수) 2단계)서류60%+ 면접40%	○
수시	종합	국가보훈대상자	5	1단계)서류100%(2배수) 2단계)서류60%+ 면접40%	X
수시	종합	다문화가정자녀	2	1단계)서류100%(2배수) 2단계)서류60%+ 면접40%	X
수시	종합	농어촌학생	11	1단계)서류100%(2배수) 2단계)서류60%+ 면접40%	X
수시	종합	기회균형선발	4	1단계)서류100%(2배수) 2단계)서류60%+ 면접40%	X
수시	종합	장애인등대상자	8	1단계)서류100%(2배수) 2단계)서류60%+ 면접40%	X

(수시모집) 지원 가능 횟수	우리 대학교 수시모집의 전형 유형별로 복수지원 금지

■ 전형결과

※ 성적 산출기준: (수시) 교과 석차등급, (정시) 수능 백분위

모집시기	전형유형	전형	학년도	모집인원	지원인원	경쟁률	최종합격자 80%컷		충원율
수시	종합	교직적성우수자	2024	26	161	6.19	2.68		
수시	종합	지역인재선발	2024	71	186	2.62	3.23		

■ (주요전형) 전형일정

유형	전형	원서접수 마감	대학별 고사(면접/논술)	1단계 합격자	최종 합격자
종합	교직적성우수자	9.13(금) 17:00	11.22(금)	11.08(금)	12.13(금)
종합	지역인재선발	9.13(금) 17:00	11.22(금)	11.08(금)	12.13(금)

II. (수시모집) 주요 전형

■ (학생부종합) 교직적성우수자

전형	모집인원	전형 방법	수능최저학력기준
교직적성우수자	35	1단계)서류100%(3배수) 2단계)서류60%+ 면접40%	○

1. **지원자격**: 고등학교 졸업(예정)자 또는 법령에 의하여 이와 동등 이상의 학력이 있다고 인정되는 자
2. **제출서류**: 학교생활기록부
3. **남·여 성비 적용**: 없음
4. **수능최저학력기준**:

[국어, 수학, 영어, 사/과탐(2과목 평균)] 4개 영역 등급 합 15 이내, 한국사 4등급 이내

◎ 전형요소
● 서류(600점: 기본점수 360점 + 실질반영점수 240점)
  1. **평가방법**: 지원자가 제출한 서류를 기반으로 3개 영역(지성, 인성, 창의)을 복수의 평가위원이 평가 기준에 따라 정성적이고 종합적으로 평가
  2. **평가영역**:

평가영역	평가요소
지성	학업능력, 학업성취도, 자기주도 학습능력, 탐구능력 등
인성	리더십, 봉사정신, 소통공감력, 책임감 및 성실성, 교직적합성 등
창의	창의적 사고력, 자기주도력, 성장가능성, 도전정신 등

● 면접(400점: 기본점수 300점 + 실질반영점수 100점)
  1. **면접방법**: 개별 심층면접
  2. **면접시간**: 개인별 8분 내외
  3. **평가내용**: 예비 초등교사로서의 자질을 평가하기 위해 학업적성 및 일반교양, 교직적성을 통해 우수교사로서의 잠재능력, 제출서류 신뢰도 등을 종합적으로 평가한다.
  4. **출제방식**: 면접고사 출제위원 선정을 통한 평가요소, 평가항목 및 면접문항 편성
  5. **면접문항(예시)**: [제시문]에서 제시한 사회 현상의 변화를 요약하고, 이에 근거하여 추론할 수 있는 교육 문제가 무엇인지 말하시오.

☞ 보충설명

• 심층면접, 8분 내외, 총 2문항, 일반교양교직(제시문 기반면접) 1문항, 학생부 관련 질문 1문항
• 제시문 기반 면접: 제시문 준비 10분, 면접(8분)은 제시문에 대한 답변 2~3분, 나머지 5~6분은 제출서류 확인 질문으로 8분 실시

■ 일반교양교직(제시문 기반면접) 기출문제
※ 선행학습영향평가 결과 보고서

※ 다음에 제시된 [가]와 [나]의 글을 읽고 물음에 답하시오.

[가] 텍스트, 음성, 이미지 등 기존 콘텐츠를 활용해 유사한 콘텐츠를 새롭게 만들어 내는 chatGPT와 같은 인공지능(AI)을 생성형(generative) AI라고 한다. 기존 AI가 데이터와 패턴을 학습해서 대상을 이해했다면, 생성형 AI는 기존 데이터와 비교 학습을 통해 새로운 창작물을 만들어 낸다. 즉 콘텐츠의 생성자와 만들어진 콘텐츠의 평가자가 끊임없이 서로 대립하고 경쟁하면서, 새로운 콘텐츠를 만드는 과정을 통해 현실에 있을 법한 새로운 콘텐츠가 탄생하게 된다. 예를 들어, 텍스트 분야에서는 특정 소재로 시나 소설을 창작할 수 있으며, 음성 분야에서는 특정 장르의 음악을 작곡하거나 특정 노래를 원하는 가수의 음색으로 재생성할 수 있다. 또한 이미지 분야에서는 특정 작가의 화풍을 모사하여 그림을 재생성하거나 가짜 동영상을 생성할 수 있다.
※ 전자신문(2022.11.15.). "[ICT 시사용어]생성형 인공지능"재구성

[나] 현재 학교 시스템은 학생들의 평균적인 수준에 적합한 내용과 속도를 고려하여 교육과정을 설계하고, 그에 따라 교육하고 있다. 이러한 교육 시스템은 학생들의 개인별, 수준별 차이를 충분히 고려하지 못해, 교육의 효과를 극대화할 수 없다는 한계가 있다. 이러한 한계를 극복하기 위해서는 '교육과정-수업-평가-기록'과정의 혁신이 필요한데, 이 과정에서 AI 활용 교육이 도움이 될 것이다. AI 활용 교육의 대표적인 예가 수업에서'AI 보조교사'를 사용하는 것이다. AI 보조교사는 수업 과정에서 학생의 질문을 이해하고 그에 따라 정확한 답변을 제공하며, 학생의 학습 진행 상황과 활동을 실시간으로 모니터링해 줄 수 있다. 또한 학생과 관련된 데이터를 수집하고 분석하여, 학생 수준에 적합한 콘텐츠를 추천해 줄 수 있으며, 과제의 채점과 피드백 제공과 같은 반복적인 작업을 자동화하여 교사의 업무량을 경감시켜 줄 수 있다.
※ 서울교육(2021). "교육의 미래, AI 융합교육과 교사의 역할"재구성

문제 1. [가]와 [나]의 글을 근거로 AI 기술의 확산에 따른 ① 사회 현상의 변화와 ② 학교 교육의 변화에 대해서 말하시오.
문제 2. AI 시대의 학교 교육에서 인간 교사는 어떠한 역할을 해야 하는지에 대해서 말하시오.

◎ 전형결과
■ 전체

학년도	모집인원	지원인원	경쟁률	최종합격자 80%컷	등록자 70%컷	충원율
2022	40	292	7.30	1.78	1.87	25%
2023	40	198	4.95	2.09	2.19	
2024	26	161	6.19	2.68		
2025	35					

학년도	모집인원	지원인원	경쟁률	1단계선발배수	1단계합격자 80%컷	등록자 80%컷	충원인원	등록인원	미등록인원
2022	40	292	7.3	2배수	2.20	2.15	10(25%)	10(남8,여2)	30(75.0%)
2023	40	198	5.0	2배수	2.16	2.19	0	8(남1,여7)	32(80.0%)
2024	26	161	6.2	2배수	2.68	2.68	0	4(남1,여3)	22(84.6%)

■ 변경사항 & 핵심포인트
[2025]

변경사항	2024	2025
모집인원	26명	35명(+9명)
수능최저 변경	4개 영역 등급 합 12	4개 영역 등급 합 15
1단계 선발배수 확대	2배수 선발	3배수 선발

• 수능최저: 4개 영역 등급 합 12 -> 14로 크게 낮아짐에 따라 경쟁률과 합격선이 다소 상승할 수 있음
• 1단계 선발배수: 2배수 -> 3배수로 확대됨에 따라 면접으로 역전 가능성이 커지고, 충원 합격 가능성도 커짐
➡ 합격자 성적분포: 2등급 중반 ~ 3등급 초반

■ (초등교육과) 면접고사일

면접고사일			대 학
11	22	금	**공주교대**: 교직적성인재, **전주교대**: 교지적성우수자/지역인재선발, **청주교대**: 배움나눔인재/지역인재

■ (학생부종합) 지역인재선발

전형	모집인원	전형 방법	수능최저학력기준
지역인재선발	101	1단계)서류100%(2배수) 2단계)서류60%+ 면접40%	○

1. **지원자격**: <u>전라북도 소재 정규 고등학교</u>에 입학하여 고교 3년 전(全) 교육과정을 이수한 고교 졸업자 또는 졸업 예정자
   ※ 조기졸업자 및 검정고시 출신자는 제외
2. **제출서류**: 학교생활기록부
3. **남 · 여 성비 적용**: 없음
4. **수능최저학력기준**:

> [국어, 수학, 영어, 사/과탐(2과목 평균)] 4개 영역 등급 합 15 이내, 한국사 4등급 이내

◎ 전형요소
● **서류 및 면접**: 교직적성우수자전형 참고

◎ 전형결과
■ 전체

학년도	모집인원	지원인원	경쟁률	최종합격자 80%컷	등록자 70%컷	충원율
2022	57	195	3.42	1.86	1.96	60%
2023	57	180	3.16	1.94	2.15	5%
2024	71	186	2.62	3.23		
2025	101					

학년도	모집인원	지원인원	경쟁률	1단계선발배수	1단계합격자 80%컷	등록자 80%컷	충원인원	등록인원	미등록인원
2022	57	195	3.4	2배수	2.35	2.30	34(60%)	35(남8,여27)	22(38.6%)
2023	57	180	3.2	2배수	2.13	2.21	3(5%)	49(남10,여39)	8(14.0%)
2024	71	186	2.6	2배수	3.00	3.23	0	24(남11,여13)	47(66.2%)

■ 변경사항 & 핵심포인트
[2025]

변경사항	2024	2025
모집인원	71명	101명(+30명)
수능최저 변경	4개 영역 등급 합 <u>12</u>	4개 영역 등급 합 <u>15</u>

• 수능최저: 4개 영역 등급 합 12 -> 15로 크게 낮아짐. 합격선 상승 가능성 큼.
➡ **합격자 성적분포**: 3등급 초반 ~ 3등급 중반

■ (초등교육과) 면접고사일

면접고사일			대 학
11	22	금	**공주교대**: 교직적성인재, **전주교대**: 교지적성우수자/지역인재선발, **청주교대**: 배움나눔인재/지역인재

122. 진주교육대학교

경상남도 진주시 진양호로 369번길 3 (Tel: 055. 740-1521~5)

Ⅰ. 한 눈에 보는 전형

모집 시기	전형 유형	전형	모집 인원	전형 방법	수능최저 학력기준
수시	종합	21세기형교직적성자	50	서류100%	○
수시	종합	지역인재	123	서류100%	○
수시	종합	국가보훈대상자	3	서류100%	○
수시	종합	다문화(탈북)학생	3	서류100%	○
수시	종합	농어촌학생	12	서류100%	○
수시	종합	기회균형	5	서류100%	○
수시	종합	장애인등 대상자	12	서류100%	○

(수시모집) 지원 가능 횟수	수시모집 모든 전형 중 1개 전형에만 지원할 수 있음

■ 전형결과

※ 성적 산출기준: (수시) 교과 석차등급, (정시) 수능 백분위

모집시기	전형유형	전형	학년도	모집인원	지원인원	경쟁률	등록자 50%컷	등록자 70%컷	충원율
수시	종합	21세기형교직적성자	2024	50	449	8.98	3.65	4.48	82%
수시	종합	지역인재	2024	123	448	3.64	2.91	3.23	

■ (주요전형) 전형일정

유형	전형	원서접수 마감	대학별 고사(면접/논술)	1단계 합격자	최종 합격자
종합	21세기형교직적성자	9.13(금) 17:00			12.13(금)
종합	지역인재	9.13(금) 17:00			12.13(금)

Ⅱ. (수시모집) 주요 전형

■ (학생부종합) 21세기형교직적성자

전형	모집인원	전형 방법	수능최저학력기준
21세기형교직적성자	50	서류100%	○

1. **지원자격**: 고등학교 졸업(예정)자 또는 법령에 의하여 동등 이상의 학력이 있다고 인정되는 자
2. **제출서류**: 학교생활기록부
3. **남·여 성비 적용**: 없음
4. **수능최저학력기준**:

[국어, 수학, 영어, 사/과탐(2과목 평균)] 4개 영역 등급 합 12 이내, 한국사 4등급 이내

◎ **전형요소**

※ 진주교육대학교 수시모집(학생부종합)은 '인의예지(仁義禮智) 역량을 갖춘 품격 있는 초등교사 양성'을 교육목표로 이에 부합하며, 유능한 초등교사가 될 수 있는 가능성을 지닌 인재를 선발하고자 합니다.

● **서류(700점)**

1. **평가방법**: 학교생활기록부 교과와 비교과 영역을 대상으로 고교 생활에 충실하고, 예비 초등교사로서의 잠재력을 갖춘 인재를 선발하기 위해 학업 및 인성역량을 종합적으로 정성 평가함 ※지원자 1명의 전형자료를 평가위원 3인이 교차 평가하고, 그 평균 점수를 산출

2. 평가항목:

평가항목	반영비율	내용
학업수행 역량	34%	교과 교육과정의 내용 및 기능을 충실히 수행하여 교육과정의 성취기준을 이수하는 데 필요한 능력
자기주도 역량	20%	자신의 일상생활 및 학교생활 등에서 주도적으로 목표를 세우고 목표 달성을 위해 노력하며 그 결과를 성찰하고 책임질 수 있는 능력
공감 및 소통 역량	20%	교실, 학교, 사회 및 세계의 구성원으로 타인의 감정과 입장을 이해하고, 소통·협업하여 공동체 구성원으로서의 역할을 충실히 수행할 수 있는 능력
교직에 대한 가치와 태도	25%	예비 교사로서 교직에 두는 가치와 좋은 예비교사로 성장하기 위해 필요한 자질·태도 및 잠재력

☞ 보충설명
- 학업수행역량(34%) > 교직에 대한 가치와 태도(25%) > 자기주도역량(20%) = 공감및소통역량(20%) 순으로 반영.
- 학생부교과, 비교과를 종합평가. 교과와 비교과 둘 다 중요하고 지원자 대부분이 우수함

3. 서류검증과 현장방문
  1. **서류검증 대상**: 서류평가 대상자
  2. **현장방문 대상**: 서류평가 대상자 중 현장방문이 필요한 자
  3. **검증내용**: 제출서류 내용의 진위여부 및 1~2단계 전형에서 보고된 사항 중 확인이 필요한 내용
  4. **현장방문**: 관련기관 전화 및 입학사정관의 현장방문 확인

◎ 전형결과
■ 전체

학년도	모집인원	지원인원	경쟁률	등록자 50%컷	등록자 70%컷	충원율
2022	60	717	11.95	1.94	2.00	138%
2023	50	640	12.80	2.30	2.30	120%
2024	50	449	8.98	3.65	4.48	82%
2025	50					

■ 전형결과 ※ 2022, 2023은 1단계(2.5배수) 합격자 성적

학년도	모집인원	지원인원	경쟁률	최종 합격자 평균	최종 합격자 최저	충원인원	등록인원	미등록인원
2022	60	717	12.0	1.75 (남1.76, 여1.75)	5.05 (남2.38, 여5.05)	83(138.0%)	18(30.0%)	42(70.0%)
2023	50	640	12.8	1.90	4.12	60(120.0%)	7(14.0%)	43(86.0%)
2024	50	449	9.0	2.93	5.56	41(82.0%)	13(26.0%)	37(74.0%)

■ 변경사항 & 핵심포인트
[2025]

변경사항	2024	2025
모집인원	50명	50명
서류평가요소 변경	학업성취도17%, 활동실적17% 교직적합성17%, 자기주도성17% 자기및타인이해17%, 예비초등교사로서의자질15%	학업수행역량35% 자기주도역량20% 공감 및소통역량20% 교직에대한 가치와 태도25%

➡ 합격자 성적분포: 3등급 초반 ~ 4등급 초반

■ (학생부종합) 지역인재

전형	모집인원	전형 방법	수능최저학력기준
지역인재	123	서류100%	○

1. **지원자격**: 경상남도, 부산광역시, 울산광역시 소재 고등학교 졸업(예정)자로서 고교 교육과정을 모두(입학부터 졸업까지) 이수한 자
  ※ 검정고시 합격자는 지원할 수 없음
  ※ 고등학교 입학부터 졸업(졸업예정자 포함)까지 해당 지역 고교에 재학하여야 함
2. **제출서류**: 학교생활기록부
3. **남·여 성비 적용**: 없음
4. **수능최저학력기준**:

> [국어, 수학, 영어, 사/과탐(2과목 평균)] 4개 영역 등급 합 12 이내, 한국사 4등급 이내

◎ 전형요소
● 서류 및 면접: 21세기형교직적성자전형 참고

◎ 전형결과
■ 전체

학년도	모집인원	지원인원	경쟁률	등록자 50%컷	등록자 70%컷	충원율
2022	113	506	4.48	2.09	2.29	47%
2023	123	473	3.85	2.29	2.55	48%
2024	123	448	3.64	2.91	3.23	
2025	123					

■ 전형결과 ※ 2022, 2023은 1단계(2.5배수) 합격자 성적

학년도	모집인원	지원인원	경쟁률	최종 합격자 평균	최종 합격자 최저	충원인원	등록인원	미등록인원
2022	113	506	4.5	2.12 (남2.16, 여2.11)	3.42 (남3.40, 여3.42)	53(47.0%)	113(100.0%)	0(0.0%)
2023	123	473	3.9	2.23	3.54	59(48.0%)	123(100.0%)	0(0.0%)
2024	123	448	3.6	2.73	6.20	0	38(30.9%)	85(69.1%)

■ 변경사항 & 핵심포인트
[2025]

변경사항	2024	2025
모집인원	123명	123명
서류평가요소 변경	학업성취도17%, 활동실적17% 교직적합성17%, 자기주도성17% 자기및타인이해17%, 예비초등교사로서의자질15%	학업수행역량35% 자기주도역량20% 공감 및소통역량20% 교직에대한 가치와 태도25%

➡ 합격자 성적분포: 2등급 후반 ~ 3등급 중반

123. 청주교육대학교

충청북도 청주시 서원구 청남로 2065 (Tel: 043. 299-0622, 0854~5, 0860, 0874)

Ⅰ. 한 눈에 보는 전형

모집 시기	전형 유형	전형	모집 인원	전형 방법	수능최저 학력기준
수시	종합	배움·나눔인재	42	1단계)서류100%(4배수) 2단계)서류60%+ 면접40%	X
수시	종합	지역인재	112	1단계)서류100%(2배수) 2단계)서류60%+ 면접40%	X
수시	종합	국가보훈대상자	5	1단계)서류100%(3배수) 2단계)서류60%+ 면접40%	X
수시	종합	다문화가정자녀	5	1단계)서류100%(3배수) 2단계)서류60%+ 면접40%	X
수시	종합	농어촌학생	7	1단계)서류100%(3배수) 2단계)서류60%+ 면접40%	X
수시	종합	기회균형선발	10	1단계)서류100%(3배수) 2단계)서류60%+ 면접40%	X
수시	종합	장애인등대상자	8	1단계)서류100%(3배수) 2단계)서류60%+ 면접40%	X

(수시모집) 지원 가능 횟수	우리 대학 수시모집 전형 중 1개의 전형만 지원하여야 함(복수의 전형에 지원 불가)

■ 전형결과

※ 성적 산출기준: (수시) 교과 석차등급, (정시) 수능 백분위

모집시기	전형유형	전형	학년도	모집인원	지원인원	경쟁률	등록자 50%컷	등록자 70%컷	충원율
수시	종합	배움·나눔인재	2024	50	693	13.86	3.61	4.18	206%
수시	종합	지역인재	2024	100	290	2.90	2.70	3.01	48%

■ (주요전형) 전형일정

유형	전형	원서접수 마감	대학별 고사(면접/논술)	1단계 합격자	최종 합격자
종합	배움·나눔인재	9.13(금) 17:00	11.22(금)	11.08(금)	12.13(금)
종합	지역인재	9.13(금) 17:00	11.22(금)	11.08(금)	12.13(금)

Ⅱ. (수시모집) 주요 전형

■ (학생부종합) 배움나눔인재

전형	모집인원	전형 방법	수능최저학력기준
배움·나눔인재	42	1단계)서류100%(4배수) 2단계)서류60%+ 면접40%	X

1. **지원자격**: 고등학교 졸업(예정)자 또는 법령에 의하여 동등 이상의 학력이 있다고 인정된 자
2. **제출서류**: 학교생활기록부
3. **남·여 성비 적용**: 없음

◎ 전형요소
● 서류(600점: 기본점수 0점)
　　1. **평가방법**: 복수의 입학사정관이 지원자 1인에 대하여 정성·종합 평가함
　　2. **평가영역**: 학교생활기록부(교과 및 비교과)를 바탕으로 정성·종합 평가

평가영역	반영비율	평가요소	평가기준
교직 인·적성	33.3%	① 교직 적합성 ② 자기성찰역량 및 공감·소통 능력	교사로서의 사명감과 적성, 자신과 타인에 대한 이해 및 소통 능력을 평가
창의적 탐구 역량	33.3%	① 학업 수행 능력 ② 탐구 활동	자기 주도적인 학습 능력과 창의력을 갖추고 다양한 탐구 활동에 적극적으로 참여할 수 있는지를 평가
변화 리더십	33.3%	① 잠재적 성장 가능성 ② 공동체 의식	공동체 의식을 바탕으로 미래 사회에 맞는 진취적 리더십을 발휘할 수 있는지를 평가

1326 수박[수시대박]먹고 대학간다 실전편

☞ **보충설명**

• 교직 인·적성(33.3%) = 창의적 탐구역량(33.3%) = 변화 리더십(33.3%). 3개 영역 각각 1/3씩 균등 반영
• 창의적 탐구역량(33.3%)은 창의는 제외하고 이해함. 세특을 통해 질문이 많거나 자기 스스로 노력한 내용을 살핌
  – 지적 호기심 있는 학생. 학부에 구체적 내용 기록되는 것이 중요. 배우고 느끼면서 자기계발이 나타나면 좋음.
  – 사회에 관심이 많아 독서를 했으면 사회교과 성적이 당연히 좋던지 동아리활동을 하거나 관련 대회에 나가는 등 사후활동이 중요.
• 변화 리더십(33.3%)은 일반적인 나를 따르라는 것이 아니라 인간관계가 중요하므로 향후 교사 될 학생을 선발하므로 인성과 적극성

● **심층면접(400점: 기본점수 0점)**
  1. **평가방법**: 복수의 면접위원이 제출서류를 활용하여 종합평가
  2. **면접시간**: 10분
  3. **면접방법**: 개별면접, 제출서류를 참조하면서 면접위원이 지원자를 상대로 질의
  4. **평가영역**: 교사로서의 적성과 인성 등을 종합적으로 평가함

평가영역	반영비율	평가요소
교직인·적성	40%	– 교직에 적합한 인성을 갖추고 있는가 – 교직의 특성을 이해하고 적합한 소질이 있는가
창의적 탐구 및 리더십 역량	40%	– 창의적 탐구 역량이 있는가 – 리더십을 가지고 있는가
의사소통 역량	20%	– 자신의 생각을 명료하게 표현하며 소통할 수 있는가

◎ **전형결과**

■ **전체**

학년도	모집인원	지원인원	경쟁률	등록자 50%컷	등록자 70%컷	충원율
2022	90	1,236	13.73	1.75	1.86	181%
2023	75	652	8.69	1.89	2.01	84%
2024	50	693	13.86	3.61	4.18	206%
2025	42					

학년도	모집인원	지원인원	경쟁률	1단계선발배수	등록자 80%	등록자 평균	충원인원	등록인원	미등록인원
2022	90	1,236	13.7	3배수	2.00		153(170%)	32(남15,여17) (35.6%)	58(64.4%)
2023	75	652	8.7	3배수	2.18	1.94	63(84%)	34(남6,여28) (45.3%)	41(54.7%)
2024	50	693	13.9	4배수	2.75	2.50	103(206%)	28(남6,여22) (56.0%)	22(44.0%)

■ **변경사항 & 핵심포인트**

[2025]

변경사항	2024	2025
모집인원	50명	42명(-8명)

➡ **합격자 성적분포**: 3등급 중반 ~ 4등급 초반

■ **(초등교육과) 면접고사일**

면접고사일			대 학
11	22	금	**공주교대**: 교직적성인재, **전주교대**: 교지적성우수자/지역인재선발, **청주교대**: 배움나눔인재/지역인재

■ (학생부종합) 지역인재

전형	모집인원	전형 방법	수능최저학력기준
지역인재	112	1단계)서류100%(2배수) 2단계)서류60%+ 면접40%	X

1. **지원자격**: 충청북도, 세종특별자치시 및 대전광역시에 소재한 고등학교에서 입학일부터 졸업(예정)일까지 전 교육과정을 이수하고 해당 기간 동안 학생부 제출이 가능한 자
2. **제출서류**: 학교생활기록부
3. **남·여 성비 적용**: 없음

◎ **전형요소**
● **서류 및 면접**: 배움·나눔인재전형 참고

◎ 전형결과
■ 전체

학년도	모집인원	지원인원	경쟁률	등록자 50%컷	등록자 70%컷	충원율
2022	60	183	3.05	2.10	2.31	38%
2023	75	246	3.28	2.15	2.37	67%
2024	100	290	2.90	2.70	3.01	48%
2025	112					

학년도	모집인원	지원인원	경쟁률	1단계선발배수	등록자 80%	등록자 평균	충원인원	등록인원	미등록인원
2022	60	183	3.1	3배수	2.42		23(38%)	60(남7,여53) (100.0%)	0(0.0%)
2023	75	246	3.3	2배수	2.44	2.16	50(67%)	75(남19,여56) (100.0%)	0(0.0%)
2024	100	290	2.9	2배수	3.14	2.73	48(48%)	100(남22,여78) (100.0%)	0(0.0%)

■ 변경사항 & 핵심포인트
[2025]

변경사항	2024	2025
모집인원	100명	112명(+12명)

➡️ 합격자 성적분포: 2등급 중반 ~ 3등급초 반

■ (초등교육과) 면접고사일

면접고사일			대 학
11	22	금	**공주교대**: 교직적성인재, **전주교대**: 교지적성우수자/지역인재선발, **청주교대**: 배움나눔인재/지역인재

124. 춘천교육대학교 강원도 춘천시 공지로 126 (Tel: 033. 260-6803~4)

Ⅰ. 한 눈에 보는 전형

모집 시기	전형 유형	전형	모집 인원	전형 방법	수능최저 학력기준
수시	종합	교직적·인성인재	101	서류100%	○
수시	종합	강원교육인재	60	서류100%	○
수시	종합	국가보훈대상자	4	서류100%	○
수시	종합	다문화가정의자녀	2	서류100%	○
수시	종합	농어촌학생	12	서류100%	○
수시	종합	기초생활수급자및차상위계층	5	서류100%	○
수시	종합	특수교육대상자	5	서류100%	○

(수시모집) 지원 가능 횟수	우리 대학교 수시모집 전형 중 1개의 전형만 지원하여야 하며 전형별 복수 지원을 금지함

■ 전형결과

※ 성적 산출기준: (수시) 교과 석차등급, (정시) 수능 백분위

모집시기	전형유형	전형	학년도	모집인원	지원인원	경쟁률	등록자 50%컷	등록자 70%컷	충원율
수시	종합	교직적·인성인재	2024	96	783	8.16	3.27	5.72	98%
수시	종합	강원교육인재	2024	70	208	2.97	2.50	3.73	

■ (주요전형) 전형일정

유형	전형	원서접수 마감	대학별 고사(면접/논술)	1단계 합격자	최종 합격자
종합	교직적·인성인재	9.13(금) 17:00			12.13(금)
종합	강원교육인재	9.13(금) 17:00			12.13(금)

Ⅱ. (수시모집) 주요 전형

■ (학생부종합) 교직적·인성인재

전형	모집인원	전형 방법	수능최저학력기준
교직적·인성인재	101	서류100%	○

1. **지원자격**: 고등학교 졸업(예정)자 또는 법령에 의하여 이와 동등 이상의 학력이 있다고 인정되는 자
2. **제출서류**: 학교생활기록부
3. **남·여 성비 적용**: 없음
4. **수능최저학력기준** :

[국어, 수학, 영어, 사/과탐(2과목 평균)] 4개 영역 등급 합 12 이내, 한국사 4등급 이내

◎ 전형요소
● 서류
　1. **평가방법**: 다수의 입학사정관이 지원자 1인에 대하여 평가자료를 바탕으로 학업역량, 공동체역량, 진로역량을 정성·종합 평가
　2. 평가영역 및 배점:

평가영역	반영비율	배점								
		A+	A	A-	B+	B	B-	C+	C	C-
학업역량	38%	38	36.1	34.2	32.3	30.4	28.5	26.6	24.7	22.8
공동체역량	34%	34	32.3	30.6	28.9	27.2	25.5	23.8	22.1	20.4
진로역량	28%	28	26.6	25.2	23.8	22.4	21	19.6	18.2	16.8
합계		100	95	90	85	80	75	70	65	60

가. 성적산출 : • 전형별 평가위원 평균과 표준편차를 일치시킨 점수를 사용합니다.
　　　　　　　• 점수 산출은 소수점 여섯째자리에서 반올림하여 산출합니다.
나. 과락 : 서류평가 성적산출 결과 취득 점수가 70점 이하인 경우 과락으로 판정하며, 선발인원이 미달하더라도 불합격으로 처리합니다.

☞ 보충설명

• 정말 교대에 들어오고 싶은 학생이 좋은 평가 받음
　– 서류에서 좋은 평가를 받으려면 정말 교사가 되고 싶은 것이 드러나는 것이 중요함
　– 정성평가 원칙대로 함. 3등급도 합격하고 1등급도 떨어짐. 교사가 되기 위한 노력이나 활동, 행동 사례를 어떻게 표현하느냐가 가장 중요
　　결론은 있는 데 이를 설명하는 행동 사례가 없으면 탈락, 행동사례의 깊이, 공부, 배려도 행동사례, 행동사례 없는 결론은 불합격함
• 학업역량(38%)은 공부를 잘 하는가보다 좋아하느냐 등 공부의 깊이를 살펴봄. 세부 평가항목은 학업성취도, 학업태도, 탐구력임
　– 학업성취도는 주요교과(국수영탐)을 먼저 본후. 그 다음에 그 외과목을 살핌. 버리는 과목 없으면 좋음. 학년별 향상도는 대부분 불쑥날쑥하므로
　　비슷하지만, 지속적으로 하락하는 것은 안 좋음.
　– 학업태도는 교과 선생님이 수업태도를 보고 기재하므로 성실히 수업에 참여하는 좋은 평가
　– 탐구력은 과목 선생님이 적어준 독서를 반영할 수 있음
• 공동체역량(34%)의 인성부분으로 대부분 좋은 평가. 세부 평가항목은 협업과 소통능력, 나눔과 배려, 성실성과 규칙준수, 리더십
　– 협업과 소통능력, 나눔과 배려는 행특, 세특 등을 통해 확인, 성실성과 규칙준수는 출결 반영
　– 행동 사례의 깊이를 보고자 함. 예를 들면, 싸웠다가 화해한 경우와 3년 동안 가방 들어준 사례의 경우, 가방을 들어준 사례가 더 깊이
　　있음. 학생부에 선생님이 관찰한 것, 공부 방법 탐구나 행동, 교사로서의 탐구능력, 자기주도적으로 전달할 수 있느냐 등을 드러내야 함
• 진로역량(28%)의 세부 평가항목은 진로(교직) 탐색활동과 경험, 진로(교직) 잠재력임
　– 일반선택과목에서 교육학, 심리학은 개설하면 꼭 듣고, 개설되지 않았으면 온라인을 통해서라고 수강하기를 권장함.
　– 나머지 과목은 본인이 좋아하고 잘하는 과목을 선택하면 됨

◎ 전형결과
■ 전체

학년도	모집인원	지원인원	경쟁률	등록자 평균	등록자 최저	충원인원
2022	96	979	10.20	2.22	4.40	197%
2023	96	1,035	10.78	2.29	3.51	193%
2024	96	783	8.16	3.27	5.72	98%
2025	101					

학년도	모집인원	지원인원	경쟁률	등록자 평균	등록자 최저	충원인원	등록인원	미등록인원
2022	96	979	10.2	2.22	4.40	189(196.9%)	96(100.0%)	0(0.0%)
2023	96	1,035	10.8	2.29	3.51	185(192.7%)	95(99.0%)	1(0.1%)
2024	96	783	8.2	3.27	5.72	94(97.9%)	56(58.3%)	4041.7%)

■ (등록자) 등급 분포

구분	모집인원	충원합격순위	1등급	2등급	3등급	4등급	5등급	6등급	7등급	8등급	9등급
교직적·인성인재	96	94	–	15	20	11	6	1	–	–	–

■ 변경사항 & 핵심포인트

[2025]

변경사항	2024	2025
모집인원	96명	101명(+5명)

➡ 합격자 성적분포: 3등급 초반 ~ 3등급 중반

■ (학생부종합) 강원교육인재

전형	모집인원	전형 방법	수능최저학력기준
강원교육인재	60	서류100%	○

1. **지원자격:** 강원특별자치도 내 소재 고등학교에서 입학일부터 졸업(예정)일까지 고교 전 교육과정을 이수한(할) 졸업(예정)자
2. **제출서류:** 학교생활기록부
3. **남·여 성비 적용:** 없음
4. **수능최저학력기준:**

> [국어, 수학, 영어, 사/과탐(2과목 평균)] 4개 영역 등급 합 14 이내, 한국사 4등급 이내

◎ 전형요소
● **서류:** 교직적·인성인재전형 참고

◎ 전형결과
■ 전체

학년도	모집인원	지원인원	경쟁률	등록자 평균	등록자 최저	충원인원
2022	72	293	4.07	2.53	4.92	36%
2023	70	252	3.60	2.46	4.81	
2024	70	208	2.97	2.50	3.73	
2025	60					

학년도	모집인원	지원인원	경쟁률	등록자 평균	등록자 최저	충원인원	등록인원	미등록인원
2022	72	293	4.1	2.53	4.92	26(36.1%)	66(91.7%)	6(8.3%)
2023	70	252	3.6	2.46	4.81	-	40(57.1%)	3042.9%)
2024	70	208	3.0	2.50	3.73	-	12(17.1%)	58(82.9%)

■ (등록자) 등급 분포

구분	모집인원	충원합격순위	1등급	2등급	3등급	4등급	5등급	6등급	7등급	8등급	9등급
강원교육인재	70	-	-	5	6	1	-	-	-	-	-

■ 변경사항 & 핵심포인트

[2025]

변경사항	2024	2025
모집인원	70명	60명(-10명)
수능최저 변경	4개 영역 등급 합 12 이내, 한국사 4등급 이내	4개 영역 등급 합 14 이내, 한국사 4등급 이내

• 수능최저 완화: 4개 영역 등급 합 12 -> 14로 완화되어 수능최저 부담이 줄어들어 합격선 약간 상승할 수 있음
▶ 합격자 성적분포: 2등급 초반 ~ 3등급 중반

125. DGIST (대구경북과학기술원)

대구광역시 달성군 현풍읍 테크노중앙대로 333 (Tel: 053. 785-5141)

I. 한 눈에 보는 전형

모집시기	전형유형	전형	모집인원	전형 방법	수능최저학력기준
수시	종합	일반전형	135	서류100%	X
수시	종합	학교장추천	50	서류100%　※ 고교 추천: 2명	X
수시	종합	고른기회	20	서류100%	X
수시	특기	과학인재 [2024] 특기자	10	1단계)서류100%(5배수) 2단계)서류50%+ 면접50%	X
수시	재외	외국인	10	1단계)서류100%(5배수) 2단계)서류50%+ 면접50%	X

(수시모집) 지원 가능 횟수	※ DGIST는 특별법(대구경북과학기술원법)에 의해 설립된 대학으로 수시모집 지원 6회 제한 예외 대학임 ※ 수시모집 전형 간 중복지원은 불가함 ※ 타 대학교의 수시 및 정시모집에 합격, 등록 여부와 관계없이 DGIST 정시모집에 지원 가능 　　단, DGIST 수시모집에 합격하였을 경우 등록 여부와 관계없이 DGIST 정시모집에 지원 불가함

■ 반도체공학과(30명) : 수시모집 일반전형 25명, 정시모집 수능우수자전형 5명

- 일반전형 원서접수시 기초학부와 반도체공학과를 선택하여 지원. 평가는 기초학부와 반도체공학과를 구분하지 않고 함.
- 반도체공학과는 삼성전자와의 협약에 의해 설치·운영되는 채용조건형 계약학과로서 정원 외로 선발함
- 반도체 공정 전문 기술 인력 양성을 목적으로 설치되었음.
- 총 5년의 학석사통합과정(학사과정 3.5년+ 석차과정 1.5년)으로 운영되며, 삼성장학생으로 선발된 학생은 석사 학위수여 후 삼성전자에 채용되어 공정직무로 근무
- 수여학위: 공학사 및 공학석사
- 복수전공 및 부전공: 주전공(반도체공학전공)을 포함하여 최대 2개 가능, 단, 전자공학트랙은 복수전공 불가(복수전공 27학점 이상, 부전공 18학점 이상, 중복 인정 학점은 최대 6학점)
- 교육과정: . 1~2학년 : 기초 교육과정(기초과학, 기초공학, 인문사회, 글로벌커뮤니케이션)
　　　　　. 3~5학년 : 반도체공학 전공심화 교육과정(전자공학기초, 반도체 소자, 회로, 시스템 등)
　　　　　. 삼성장학생 선발 시 삼성전자에서 '인턴십'(1학정) 필수 이수
- 졸업 이수학점: . 학사과정 : 총 130학점 이상(기초 58학점 이상, 심화 72학점 이상)
　　　　　　　. 석사과정 : 총 33학점 이상(교과 21학점 이상, 연구 12학점 이상)
- 기초학부 및 대학원 타 학과로 전과 불가
- 장학제도

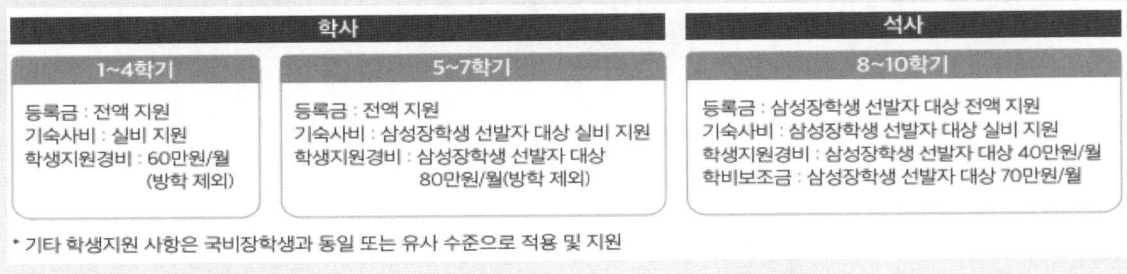

학사		석사
1~4학기 등록금 : 전액 지원 기숙사비 : 실비 지원 학생지원경비 : 60만원/월 (방학 제외)	**5~7학기** 등록금 : 전액 지원 기숙사비 : 삼성장학생 선발자 대상 실비 지원 학생지원경비 : 삼성장학생 선발자 대상 80만원/월(방학 제외)	**8~10학기** 등록금 : 삼성장학생 선발자 대상 전액 지원 기숙사비 : 삼성장학생 선발자 대상 실비 지원 학생지원경비 : 삼성장학생 선발자 대상 40만원/월 학비보조금 : 삼성장학생 선발자 대상 70만원/월

* 기타 학생지원 사항은 국비장학생과 동일 또는 유사 수준으로 적용 및 지원

■ 학교폭력 조치사항 반영방법

「학교폭력예방 및 대책에 관한 법률」 에 따른 조치사항(제4호~제9호)이 학교생활기록부에 기재되어 있는 자는 지원 불가

■ 전형결과

※ 성적 산출기준: (수시) 교과 석차등급, (정시) 수능 백분위

모집시기	전형유형	전형	학년도	모집인원	지원인원	경쟁률
수시	종합	일반전형	2024	130	2,648	20.37
수시	종합	학교장추천	2024	35	826	23.60
수시	종합	반도체공학	2024	25	233	9.32
수시	특기	과학인재	2024	10	144	14.40

■ (주요전형) 전형일정

유형	전형	원서접수 마감	대학별 고사(면접/논술)	1단계 합격자	최종 합격자
종합	일반전형	9.13(금) 18:00 -자기소개서: 9.13(금) 18:00			12.09(월)
종합	학교장추천	9.13(금) 18:00 -자기소개서: 9.13(금) 18:00 -교사추천서, 학교장추천공문: 9.23(월) 18:00			12.09(월)
종합	과학인재	9.13(금) 18:00 -자기소개서: 9.13(금) 18:00	11.19(화)~20(수)	11.04(월)	12.09(월)

■ 자기소개서 문항

1. 자신의 꿈을 찾기 위해 노력했던 그간의 과정에 대해 자유롭게 이야기해 주세요.(학교생활기록부 기재사항 기반, 띄어쓰기 포함 750자 이내)
2. DGIST에서 어떻게 자신의 꿈을 실현해 나갈 것인지 자유롭게 이야기해 주세요.(띄어쓰기 포함 750자 이내)

II. (수시모집) 주요 전형

■ (학생부종합) 일반전형

전형	모집인원	전형 방법	수능최저학력기준
일반전형	135	서류100%	X

※ 모집인원(135명): 정원내 기초학부 110명, <u>정원외 반도체공학과 25명 선발</u>

1. **지원자격**: 다음 중 하나에 해당하는 자
    ① 2025년 2월 기준 고등학교 졸업(예정)자 또는 국내 법령(초중등교육법 시행령 제98조)에 따라 고등학교 졸업자와 동등 학력으로 인정받을 수 있는 자
    ② 「조기진급 등에 관한 규정(대통령령 제27751호)」 제3조 및 제4조에 따라 조기졸업 또는 상급학교 조기입학 자격을 부여 받은 자
    ③ 「대구경북과학기술원 시행력(대통령령 제31380호)」 제29조에 따라 DGIST 과학영재선발위원회에서 학사과정 입학자격을 인정받은 자
    ※ 단, 「학교폭력예방 및 대책에 관한 법률」에 따른 조치사항(제4호~제9호)이 학교생활기록부에 기재되어 있는 자는 지원 불가
2. **제출서류**: 학교생활기록부, 자기소개서 ※ 별도 개인 프로파일(우수성 입증자료 등)은 제출 불가

◎ 전형요소
● 서류
    1. **평가내용**: 제출서류를 바탕으로 학업 및 탐구역량, 사회적역량을 종합적으로 평가
    2. **평가방법**: 다수 평가자에 의한 다단계 종합평가
    3. **평가요소**:

평가역량	내용
학업 및 탐구역량	DGIST에서의 학업 수행 능력 - 능동적으로 문제를 찾고, 새로운 문제를 만들어낼 줄 알며, 그 해결 방법을 모색할 줄 아는 능력이 잠재된 정도
사회적 역량	나눔과 배려의 인성, 사회정의와 공익을 우선하는 가치관 - 자신의 미래에 대한 목표를 스스로 찾아 열정적으로 노력하며, 과학계의 리더로서 국가와 인류, 역사발전에 기여 하려는 자세

☞ 보충설명

• 평가요소는 학업 및 탐구역량, 사회적 역량이며, 반영비율은 정해져 있지 않고 종합평가함
    - 학업 및 탐구역량은 전 과목을 모두 평가하지만 수학과학 중심으로 평가.
    - 사회적역량도 변별력 있어 비슷한 성적이면 영향을 미침. 성적이 아무리 좋더라도 학교와 적합하지 않으면 부정적으로 평가되어 불합격됨
• 디지스트는 학생 중심의 교육과정으로서 자기주도적 학업/탐구역량을 드러내는 것이 중요함.
• 주어진 답을 맞추는 공부가 아니라 끊임없이 자기주도적으로 연구하는 학생을 찾음.
• 수학과학에 대한 학업역량은 중요하게 평가함.
• 의학계열을 꿈꾸었던 학생들이 공학계열로 진로를 변경하여도 불이익을 주지 않음. 그러나 근거를 설명해야 함.

■ 서류 평가요소

평가역량	평가요소		세부 평가내용
학업 및 탐구역량	창의와 혁신	체계적 사고	• 교과 활동을 통해 체계적 지식을 쌓고자 하는 노력이 있는가? • 교과 수업에 적극적이고 집중력 있게 참여하는 모습이 있는가? • 새로운 과제를 주도적으로 계획하고 성과를 창출하였는가?

평가역량	평가요소		세부 평가내용
사회적 역량	전문지식과 융합	창발적 사고	• 각종 탐구활동에서 창의적인 결과물을 산출하였는가? • 창의적인 발상을 통해 효율적으로 일을 해결한 경험이 있는가? • 현실적인 제한 조건을 해결할 수 있는 새로운 방안을 찾아낸 경험이 있는가?
		비판적 사고	• 지식, 현상을 비판적 시각으로 분석하거나 논리적 비약을 찾아낼 수 있는가? • 새로운 지식 등을 논리적으로 탐구하고 비판적 관점을 갖고 수용할 수 있는가?
		학업 수행능력	• 전체적인 교과성적이 다른 지원자에 비해 어느 정도인가? • 학기별 성적이 어떻게 변화하고 있는가? • 교과목 성적(수학, 과학, 그 외 과목)은 어느 정도인가? • 선택과목 및 심화과목 이수 현황은 어떠한가?
		사회적 문제해결	• 논리적, 경험적 근거에 기반, 실제 사회문제에 대한 해결 방안을 제시할 수 있는가? • 공동체 문제해결을 위한 다양한 방법과 그 장단점을 파악할 수 있는가?
		학제간 융복합	• 한 분야나 전공의 지식 및 정보를 타 영역과 융합하여 생각해 본 경험이 있는가? • 수업으로부터 받은 아이디어나 개념을 다른 영역에 연결하고 통합하는가? • 다양한 분야의 새로운 지식들을 학습하려고 노력하는가?
	열정과 도전	자기주도	• 교내 다양한 활동에서 주도적, 적극적으로 참여하였는가? • 진로 탐색을 위한 다양한 활동 경험 등 노력이 엿보이는가? • 진로목표와 관련된 교과활동, 창의적 체험활동, 독서 등이 적절한 수준인가? • 목표의식이 뚜렷하고 깊게 학습하려는 의지와 열정이 있는가?
		자기관리	• 출결상황에 특이사항은 없는가? • 다양한 활동 참여시, 선택과 집중을 통해 최선의 성과를 보였는가?
		실패극복	• 어려운 상황에서도 일관된 모습으로 최선의 노력을 기울인 경험이 있는가? • 주어진 환경을 극복하거나 충분히 활용한 경험이 있는가?
	협력과 배려	의사소통	• 공동과제 수행 등에서 타인의 의견을 경청하는가? • 자신의 의견을 효과적으로 표현하고 있는가? • 학생회, 동아리 등에서 주도적인 역할을 수행한 경험이 있는가?
		공감	• 타인을 위해 자신의 것을 나주고자 한 구체적인 경험이 지속적으로 나타나는가? • 지속적인 봉사활동 경험이 있는가? • 구성원의 화합을 위해 노력한 경험이 있는가?
		협업	• 자발적인 협력을 통해 공동의 목표를 달성한 경험이 자주 나타나는가? • 협력이 부족한 상황에서 사람들을 설득하여 해결한 경험이 있는가? • 구성원들로부터 인정을 받고 있는가?
	다양성과 글로벌	문화적 포용	• 다문화사회의 특성을 이해하고 수용할 수 있는가? • 외국어와 외국문화의 역량을 높이고자 다양한 경험을 쌓았는가?
		세계시민	• 향후 진로목표 달성을 통해 사회에 기여하고자 하는 목표를 가지고 있는가? • 지역사회, 공동체 이익을 위해 자신의 역량이 나 지식을 발휘한 경험이 있는가?

◎ 전형결과

■ 전체

학년도	모집인원	지원인원	경쟁률
2022	145	1,542	10.63
2023	145	1,749	12.06
2024	130	2,648	20.37
2025	135		

■ 변경사항 & 핵심포인트

[2025]

변경사항	2024	2025
모집인원	130명	135명(+5명)

• 반도체공학과(25명)을 전년도에는 별도 전형으로 선발하였으나 올 해는 별도의 전형으로 선발하지 않고 GIST, KAIST, UNIST처럼 일반전형으로 선발함. 일반전형 원서접수시 기초학부와 반도체공학과를 선택하여 지원하고, 평가는 기초학부와 반도체공학과를 구분하지 않음.
• 면접에서 보고자 하는 진학의지나 고교생활을 통해 노력했던 부분 등은 자기소개서를 통해 물음.
• 합격자 고교유형: 대략 과학고영재학교 1/3, 일반고 1/2 정도
• 합격자는 평준화된 일반고를 기준으로 1등급 중후반이 가장 많음. 3,4등급도 합격하므로 편차가 심함.
• 다른 과기원과의 다른 점
  - 2학년 때 전공을 선택하는 다른 과기원과는 다르게 전공이 없음. 전공의 벽을 허물어 8개 트랙으로 구성하여 1학년 때 기초과학, 4년 동안 공부한 것에 2개 주전공을 기재함. 즉, 4년 동안 공부한 후 석박사때 제대로 된 전공을 찾아 연구함

- 그래서 학생 중심의 커리큘럼과 자기주도적 역량을 중시함. 꾸준히 공부/탐구를 좋아하는 학생들이 자기 분야에서 성장할 수 있도록 지원
- 고등학교 교육과정에서 전공적합성을 찾기가 정말 어려움. 디지스트에 들어오는 학생들의 대부분이 전공이 바뀜. 내가 좋아하는 것이 무엇인지를 디지스트에서 전공을 찾아 석박사 과정에서 전공

■ (학생부종합) 학교장추천

전형	모집인원	전형 방법	수능최저학력기준
학교장추천	50	서류100% ※ 고교 추천: 2명	X

1. **지원자격**: 2025년 2월 졸업예정인 국내 고등학교 졸업예정자(조기졸업예정자, 상급학교 진학예정자 제외)로서 소속 학교장이 추천한 자(고등학교별 최대 2명 지원 가능) ※ 고교 재학 중 학교 유형이 변경된 경우에는 입학 당시의 학교 유형을 따름
   ※ 단, 「학교폭력예방 및 대책에 관한 법률」에 따른 조치사항(제4호~제9호)이 학교생활기록부에 기재되어 있는 자는 지원 불가

<< 추천 기준 >>
1. 과학·수학적 학업 역량이 탁월한 학생
2. 자기주도적 학습능력과 탐구역량이 뛰어난 학생
3. 리더로서의 잠재력과 따뜻한 인성을 지닌 학생
4. DGIST에서 학습하고자 하는 의지가 강한 학생

2. **제출서류**: 학교생활기록부, 자기소개서, 교사추천서, 학교장 추천 공문
   ※ 교사추천서: 지원자를 잘 이해하는 현 소속 고교 교사가 작성함이 원칙이나, 전근 및 학생의 전학 등 불가피한 사유에 한하여 타 고교 교사도 작성 가능함(별도 확인절차 진행)

◎ 전형요소
● 서류: 일반전형 참고

◎ 전형결과

학년도	모집인원	지원인원	경쟁률
2022	35	494	14.11
2023	35	825	23.57
2024	35	826	23.60
2025	50		

■ 변경사항 & 핵심포인트

[2025]

변경사항	2024	2025
모집인원	35명	50명(+15명)
지원자격 확대	국내 일반고, 특성화고, 자율고	고교유형 제한 없음

■ (특기자) 과학인재

전형	모집인원	전형 방법	수능최저학력기준
과학인재	10	1단계)서류100%(5배수) 2단계)서류50%+ 면접50%	X

1. **지원자격**: 다음 중 하나에 해당하는 자로서 수학 및 과학 분야의 영재성을 가진 자 또는 과학기술 분야의 성장 잠재력이 높은 자
   ① 2025년 2월 기준 고등학교 졸업(예정)자 또는 국내 법령(초중등교육법 시행령 제98조)에 따라 고등학교 졸업자와 동등 학력으로 인정받을 수 있는 자
   ② 「조기진급 등에 관한 규정(대통령령 제27751호)」 제3조 및 제4조에 따라 조기졸업 또는 상급학교 조기입학 자격을 부여 받은 자
   ③ 「대구경북과학기술원 시행령(대통령령 제31380호)」 제29조에 따라 DGIST 과학영재선발위원회에서 학사과정 입학자격을 인정받은 자
   ※ 단, 「학교폭력예방 및 대책에 관한 법률」에 따른 조치사항(제4호~제9호)이 학교생활기록부에 기재되어 있는 자는 지원 불가
2. **제출서류**: 학교생활기록부, 자기소개서, 우수성 입증자료
   ※ 우수성 입증자료(3건)
      지원자의 특기를 입증할 수 있는 자료를 스캔 또는 촬영하여 PDF 파일로 온라인 지원시 업로드
      • 건별 8MB 이내, 최대 3건까지 업로드 가능
      • 원조 대조필한 사본: 증빙자료 발급기관 또는 지원자 소속 학교장의 직인이 날인된 사본

◎ 전형요소
● 서류
   1. **평가내용**: 제출서류를 바탕으로 학업 및 탐구역량, 사회적역량, 과학활동 우수성을 종합적으로 평가함

2. **평가방법**: 다수 평가자에 의한 다단계 종합평가

평가역량	내용
학업 및 탐구역량	- DGIST에서의 학업 수행 능력 - 능동적으로 문제를 찾고, 새로운 문제를 만들어낼 줄 알며, 그 해결방법을 모색할 줄 아는 능력이 잠재된 정도
사회적 역량	- 자신의 미래에 대한 목표를 스스로 찾아 열정적으로 노력하며, 과학계의 리더로서 국가와 인류, 역사발전에 기여하려는 자세 - 나눔과 배려의 인성, 사회정의와 공익을 우선하는 가치관
과학활동의 우수성	- 과학활동에 대한 우수성 확인 등

● 면접
　1. **평가내용**: 학업 및 탐구활동의 충실성, 진로계획, 사회관 및 가치관, 인성, 특기의 우수성 등을 종합적으로 평가함
　2. **평가방법**: 대면면접(과학활동 우수성 발표)

구분	면접시간	내용
특기분야 발표	30분 내외	제출된 우수형 입증자료 관련 요약 발표 및 질의응답

◎ 전형결과
■ 전체

학년도	모집인원	지원인원	경쟁률
2022	15	119	7.93
2023	15	119	7.93
2024	10	144	14.40
2025	10		

■ 변경사항 & 핵심포인트
[2025]

변경사항	2024	2025
명칭변경	특기자	과학인재
모집인원	10명	10명
면접: 개별면접 폐지	특기분야 발표(20분)+ 개별면접(10분)	과학활동 우수성 발표(30분)

126. GIST (광주과학기술원)
광주광역시 북구 첨단과기로 123 (Tel: 062. 715-2950)

Ⅰ. 한 눈에 보는 전형

모집 시기	전형 유형	전형	모집 인원	전형 방법	수능최저 학력기준
수시	종합	일반전형	150	1단계)서류100%(6배수) 2단계)서류60%+ 면접40%	X
수시	종합	학교장추천	40	1단계)서류100%(5배수) 2단계)서류60%+ 면접40% ※ 고교 추천: 2명	X
수시	종합	고른기회	15	1단계)서류100%(5배수) 2단계)서류60%+ 면접40%	X
수시	특기	특기자	10	1단계)서류100%(4배수) 2단계)면접100%	X

(수시모집) 지원 가능 횟수	▶ GIST대학은 특별법에 의해 설립된 대학으로 수시모집 지원 6회 제한 예외 대학임 ▶ 수시모집 각 전형 간 중복 지원 불가

■ 반도체공학과(30명): 수시모집 일반전형 25명, 정시모집 수능우수자전형 5명
- 반도체공학과는 학석사통합과정(학사과정 3.5년+ 석사과정 1.5년)으로 운영
- 반도체공학과 입학 희망 학생은 원서접수 시, 반도체공학과로 희망학과를 선택
- 전형과정에서 기초교육학부와 반도체공학과 선택 구분 없이 통합하여 평가
- 최종 합격자 발표 시, GIST "반도체공학과"로 소속학과가 확정되며, 해당 학과의 정원이 초과될 경우 기초교육학부로 배정될 수 있음

■ 전형결과   ※ 성적 산출기준: (수시) 교과 석차등급, (정시) 수능 백분위

모집시기	전형유형	전형	학년도	모집인원	지원인원	경쟁률
수시	종합	일반전형	2024	150	1,726	11.51
수시	종합	학교장추천	2024	40	472	11.80
수시	특기	특기자	2024	10	134	13.40

■ (주요전형) 전형일정

유형	전형	원서접수 마감	대학별 고사(면접/논술)	1단계 합격자	최종 합격자
종합	일반전형	9.13(금) 18:00 -자기소개서, 교사추천서: 9.13(금) 18:00	10.31(목)~11.01(금)	10.24(목)	12.13(금)
종합	학교장추천	9.13(금) 18:00 -자기소개서, 교사추천서, 학교장추천: 9.13(금) 18:00	10.31(목)~11.01(금)	10.24(목)	12.13(금)
특기	특기자	9.13(금) 18:00 -자기소개서, 교사추천서, 특기증빙자료및목록: 9.13(금) 18:00	10.31(목)~11.01(금)	10.24(목)	12.13(금)

■ 자기소개서 문항
• 일반전형, 학교장추천, 고른기회
  1. 고등학교 재학 기간 중 자신의 진로와 관련하여 어떤 노력을 해왔는지 본인에게 의미있는 학습 경험과 교내 활동을 중심으로 기술해 주시기 바랍니다.(띄어쓰기 포함 1,500자 이내)
  2. 고등학교 재학 기잔 중 타인과 공동체를 위해 노력한 경험과 이를 통해 배운 점을 기술해 주시기 바랍니다.(띄어쓰기 포함 800자 이내)
• 특기자
  1. 고등학교 재학 기간 중 자신의 진로와 관련하여 어떤 노력을 해왔는지 본인에게 의미있는 학습 경험과 교내 활동을 중심으로 기술해 주시기 바랍니다.(띄어쓰기 포함 1,500자 이내)
  2. 최근 5년 동안, 본인의 특기 역량을 성장시키기 위해 노력한 경험과 이를 통해 배운 점을 기술해 주시기 바랍니다. (띄어쓰기 포함 800자 이내)

Ⅱ. (수시모집) 주요 전형

■ (학생부종합) 일반전형

전형	모집인원	전형 방법	수능최저학력기준
일반전형	150	1단계)서류100%(6배수) 2단계)서류60%+ 면접40%	X

1.. **지원자격**: GIST 인재상에 부합하는 자로서 다음 중 하나에 해당하는 자
 - 2025년 2월 기준 국내 고등학교 졸업(예정)자
 - 2025년 2월 기준 고등학교 졸업자와 동등의 학력을 인정받을 수 있는 자(「초·중등교육법 시행령」 제98조 규정을 따름)
 - 「조기 진급 등에 관한 규정(대통령령 제27751호)」 제4조에 따라 상급학교 조기 입학자격을 부여 받은 자
 - 2024년 「GIST 과학영재선발위원회」로부터 지원 자격을 인정받은 자
2. **제출서류**: 학교생활기록부, 자기소개서, 교사추천서

◎ 전형요소
● 서류
 1. **평가내용**: 지원자가 제출한 모든 서류를 바탕으로 학업역량, 이공계 분야의 교과·비교과 경험과 성취수준, 내적 성향, 창의성, 잠재력, 진학의지, 리더십 및 협동심 등을 확인하며, 과학기술인으로의 성장 가능성을 종합적으로 평가함
 2. **평가방법**: 다수의 평가자에 의한 다단계 종합평가

☞ 보충설명
• 일반전형과 학교장추천의 서류 평가요소 순서 차이: 더 의미 있게 보고자 하는 것을 앞에 둠
 일반전형은 내적 성향, 창의성, 잠재력을, 학교장추천은 진학의지, 리더십 및 협동심을 상대적으로 강조함

전형	내용
일반전형	학업역량, 이공계 분야의 교과·비교과 경험과 성취수준, 내적 성향, 창의성, 잠재력, 진학의지, 리더십 및 협동심
학교장추천	학업역량, 이공계 분야의 교과·비교과 경험과 성취수준, 진학의지, 리더십 및 협동심, 내적 성향, 창의성, 잠재력

• 과기원 중에서도 수학과학 성적이 우수한 학생들이 들어올 확률이 상당히 높음
• 평가요소는
 ① 수학적합성(학업역량, 이공계 분야의 교과,비교과 경험과 성취수준),
 ② 인재적합성(내적성향, 창의성, 잠재력, 진학의지, 리더십 및 협동심)
 - 수학적합성과 인재적합성의 반영비율은 정해져 있지는 않지만 수학적합성이 중요함.
 - 평가요소 중 어느 한 쪽이 지나치게 낮은 평가를 받는다면 수학하기 부적합한 학생으로 평가될 수 있음
 - 중요한 것은 GIST에서 수학하기 적합한 학생인가이다.
• 수학적합성은 교과와 비교과로 나눔. 교과영역은 종합평가. 비교과영역 이공계관련 활동
 - 서류평가는 수학과학역량이 뛰어난 학생, 그러한 역량으로 활동한 학생, 진학 의지, 이공계 노력, 동아리 활동 참여 실적 등을 다양하게 평가하지만 가장 중요한 것은 학업역량임
 - 수학,과학이 큰 비중을 차지하며 서류 평가시 이공계 수학 적합성에 변별력이 많이 생김.
• 인재적합성은 세부 항목별로 평가
• 서류평가시 지스트가 추구하는 인재상에 부합하는지, 지스트에서 수학할 능력이 있는 지 등을 평가함
• 자기소개서 작성 전 GIST 대학의 교육 철학 및 과정을 확인하는 것이 좋음
• 미적분, 기하, 수학과제탐구, 고급수학, 고급과학 이수하면 긍정적으로 평가함
• 자기소개서는 학생부에서 확인할 수 없는 부분을 보완

● 면접
 1. **면접방법**: 제출한 서류를 기반으로 GIST 이공계 인재적합성을 종합평가함
 2. **진행방법**:

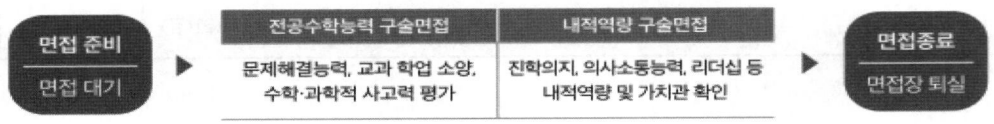

☞ 보충설명
• 면접 결시율은 매우 낮음, 수능 이전(10.31(목)~11.01(금))이므로 대부분 응시. 면접 역전율은 매우 높음. 서류점수가 촘촘함
• 서류평가를 통과한 모든 학생이 전공수학능력구술면접과 내적역량구술면접을 실시함
• 면접은 전공수학능력(수학, 과학)과 내적역량 3개로 구성되며 3개의 비율이 정해지지 않고 종합적으로 점수를 부여함
• 전공수학능력 구술면접은 문제해결능력, 교과학업소양, 수학과학 사고력을 평가함
 - 학생부에 기재된 수학, 과학 수업이나 활동에서 배운 개념이나 원리를 질문함. 기본-중급-고급으로 질문을 3단계로 높여가며 하기도 함
• 내적역량 구술면접은 진학의지, 의사소통능력, 리더십 등 내적역량 및 가치관 확인
 - GIST 인재상인 3CIP(창의력, 의사소통능력, 협동심, 문제해결)에 얼마나 가까운 학생인지 확인하는 질문함
 예) 팀프로젝트 진행시 가장 중요한 태도는 무엇인지 등의 질문을 통해 지원자가 중요하게 생각하는 가치관은 무엇인지 확인.
  또한, 지원동기나 학업계획과 같이 기본적인 질문을 통해 이공계 적합성이나 GIST 대학에서 수학학기 적합한 학생인지 판단.
• 서류평가 하신 분이 면접에 참여하므로 학생을 잘 알고 있음.

■ 면접 문항 예시   ※ 선행학습영향평가 결과 보고서
▌교과 학업 소양
 - 학생부 기록 중 3학년 기하와 벡터 과목에서 '양자 컴퓨터 쿠빗,, 기하로 설명해 보기'라는 주제로 발표했다고 했는데, 어떤 내용이었고 그 뒤로 최근 동향을 알아본 적이 있는가?
 - 학생부 기록 중 화학Ⅱ 과목에서 르샤틀리에 원리를 이용해 치아 부식과 산성도의 관계를 설명하였다고 작성되어 있는데, 치아부식과 산성도의

관계를 르샤틀리에 원리를 이용하여 설명한 이유는 무엇인가?
- 교과 성취도 중 생명과학영역이 가장 우수한 성취를 보이는 데, 본인이 하고 싶은 진로와 학업성취도가 높은 교과가 일치하는가?
- 진로선택과목 중 과학교과 이수 내역을 보니 ○○과목은 수강하지 않았는데 어떤 이유인지?
- 수학 또는 과학 성적이 타 교과에 비해 낮은 편인데, 그 이유는 무엇이라고 생각하는가? 성적 향상을 위해 어떤노력을 해 보았는가?

▋ 제출서류 관련
1. 학교생활기록부
   - 기록된 활동의 참여사실과 개인적 참여 노력 및 활동 경험에서 배운 점 확인
   - 세부능력 및 특기사항, 수상경력(학업, 연구, 활동보고서 등), 자격증 및 인증 취득상황, 동아리활동(연구활동), 진로활동(개인적 노력), 교과학습발달상황(성적 변화, 수업 참여 태도), 독서활동 상황
2. 자기소개서
   - 1번 문항에 기록된 내용과 관련한 참여 사실, 개인적 참여 노력, 배운 점 확인
   - 3번 문항에 기록된 지스트 지원 동기 확인

◎ **전형결과**
▋ **전체**

학년도	모집인원	지원인원	경쟁률
2022	110	1,301	11.83
2023	115	1,701	14.79
2024	150	1,726	11.51
2025	150		

▋ **변경사항 & 핵심포인트**

[2025]

변경사항	2024	2025
모집인원	150명	150명
1단계 선발배수 확대	5배수	6배수
우수증 입증자료(선택서류)	제출(3건)	미제출

• 1단계 선발배수: 5배수 -> 6배수로 확대함
• 우수성 입증자료 및 목록(선택서류): 총 3건을 제출할 수 있었던 우수성 입증자료를 폐지함
• 지스트가 다른 기술원과 차이점은 소수정예가 단순히 숫자 상이 아니라 교수님들이 학생에 대한 관심이 정말 높고, 수업이나 진로지도에 대한 깊은 관심을 보여줌, 융합교육에 장점 있고, AI집적단지가 국가에서 10조를 투자하여 학교 바로 옆에 조성 중이어서 졸업할 때 진출 기회

▋ (학생부종합) 학교장추천

전형	모집인원	전형 방법	수능최저학력기준
학교장추천	40	1단계)서류100%(5배수) 2단계)서류60%+ 면접40% ※ 고교 추천: 2명	X

1. **지원자격**: 지스트 인재상에 부합하는 자로서 소속 고등학교장의 추천을 받은 국내 일반 · 자율 · 특성화 고등학교 3학년 졸업예정자
   ※ **고등학교별 추천 인원 : 2명 이내**(특수목적 고등학교영재학교 재학생은 지원할 수 없음)

   > **▋ 추천기준**
   > ◦ GIST대학에서 학습하고자 하는 의지가 강한 학생
   > ◦ 학업역량이 우수하며 수학·과학 분야에 열정을 가진 학생
   > ◦ 자기주도적 학습능력과 탐구역량이 뛰어난 학생
   > ◦ 탁월한 리더십과 협동심을 갖춘 학생

2. **제출서류**: 학교생활기록부, 자기소개서, 교사추천서, 학교장 추천 공문

◎ **전형요소**
● **서류 및 면접**: 일반전형 참고

◎ **전형결과**
▋ **전체**

학년도	모집인원	지원인원	경쟁률
2022	40	450	11.25
2023	40	560	14.00
2024	40	472	11.80
2025	40		

■ 변경사항 & 핵심포인트

[2025]

변경사항	2024	2025
모집인원	40명	40명
우수증 입증자료(선택서류)	제출(3건)	미제출

• 진학의지가 중요. 일반고 학생들에게 유리한 전형이므로 일반고에서는 적극 지원 할 것

■ (특기자) 특기자

전형	모집인원	전형 방법	수능최저학력기준
특기자	10	1단계)서류100%(4배수) 2단계)면접100%	X

1. **지원자격**: 지스트 인재상에 부합하는 자로서 다음 중 하나에 해당하며, 소프트웨어 등 특정분야에 영재성을 나타내는 자
   - 2025년 2월 기준 국내 고등학교 졸업(예정)자
   - 2025년 2월 기준 고등학교 졸업자와 동등의 학력을 인정받을 수 있는 자(「초·중등교육법 시행령」 제98조 규정을 따름)
   - 조기진급 등에 관한 규정(대통령령 제27751호)」 제4조에 따라 상급학교 조기입학자격을 부여 받은 자
   - 2024년 「GIST 과학영재선발위원회」로부터 지원자격을 인정받은 자

   ※ **영재성 예시**

   > ① 활동: 소프트웨어, 벤처(창업), 발명 또는 특허, 연구 등 특정 분야에서 우수한 성취를 거두었거나, 우수한 결과물을 산출한 경우
   > ② 수상: 올림피아드 또는 전국단위 대회 등에서 우수한 성적을 거둔 경우
   > ③ 기타: 특이한 이력을 소유한 자로 잠재능력이 우수한 경우

2. **제출서류**: 학교생활기록부, 자기소개서, 교사추천서, 특기 증빙자료 및 목록   ※ 교사 추천서: 일반전형 참고
   ※ 특기 증빙자료(5건, 건당 6MB 이하)
   : 지원자의 특기 또는 영재성을 입증할 수 있는 자료를 스캔 또는 촬영하여 PDF 파일로 제출
   - 원서 접수일 기준 5년 이내의 특기 활동사항에 관련된 모든 자료 제출 가능("0"점 처리기준 미적용)
   - 반드시 자료 원본을 스캔(조형물일 경우 촬영)하여 온라인으로 제출해야 하며, 모든 페이지에 원본대조필 함
   - 서류전형 합격자는 온라인으로 제출한 자료의 원본(또는 원본대조필한 사본)을 반드시 입학팀으로 제출해야 함
     ※ 원본 제출 기간: 2022. 10. 24.(월) ~ 2022. 10. 31.(월), 직접 제출 또는 기간 내 우편제출(기간 내 도착분만 인정)
     ※ 원본대조필 시 소속(발급)기관장의 직인을 받아야 하며, 다수의 페이지 간인 가능함

◎ 전형요소

● 서류
1. **평가내용**: 지원자가 제출한 모든 서류를 바탕으로 이공계분야의 영재성, 창의성, 잠재력, 내적 성향, 리더십 및 협동심, 교과·비교과 성취수준, 진학의지 등을 확인하며, 과학기술인으로의 성장 가능성을 종합적으로 평가함
2. **평가방법**: 다수의 평가자에 의한 다단계 종합평가

● 면접
1. **면접방법**: 제출한 서류를 바탕으로 특기 내용 검증 및 영재성을 확인하고, 내적 역량을 종합평가함
2. **진행순서**:

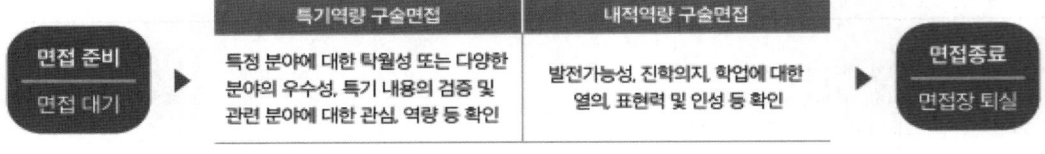

☞ 보충설명
• 일반전형은 내적역량 확인면접과 수학과학구술면접으로 이뤄진 반면, 특기자 면접은 수학과학구술면접 없이 지원자의 특기를 확인하고, 인적성과 영재성 등을 평가하는 방식으로 진행
• 특기자전형 면접에서는 본인의 특기와 관련된 활동내용에 관해 심도 있게 질문하니 이를 준비하는 것이 좋음.

◎ 전형결과

■ 전체

학년도	모집인원	지원인원	경쟁률
2021	15	113	7.53
2022	20	127	6.35
2023	10	134	13.40
2024	10		

127. KAIST (한국과학기술원)

대전광역시 유성구 대학로 291 [Tel: 042. 350-4810(국내전형), 4801(외국고 전형), 4803(외국인전형)]

I. 한 눈에 보는 전형

모집 시기	전형 유형	전형	모집 인원	전형 방법	수능최저 학력기준
수시	종합	창의도전	220	서류100%	X
수시	종합	학교장추천	95	서류100% ※ 고교 추천: 2명	X
수시	종합	일반전형	410	1단계)서류100%(2.5배수) 2단계)서류40%+ 면접60%	X
수시	종합	고른기회	60	1단계)서류100%(2배수) 2단계)서류40%+ 면접60%	X
수시	특기	특기자	30	1단계)서류100%(2배수) 2단계)서류40%+ 면접60%	X

(수시모집) 지원 가능 횟수	o KAIST는 특별법인 『한국과학기술원법』 에 의해 설립된 대학교로 타 대학의 지원 또는 합격(등록) 여부와 관계없이 지원 가능. o 창의도전전형과 일반전형 간의 중복지원이 가능하며, 이 외의 전형 간의 중복지원은 불가능함.

■ 전형체계

구분	해당 전형
Early Admission KAIST 진학의지가 높은 우수 학생을 대상으로 서류평가만으로 선발	• 창의도전전형, 학교장추천전형 - 서류100%로 선발, 10월 말 합격자 조기 발표 - 등록을 위해 KAIST 지정 프로그램 참여 후 확인증 발급 필요 - 지원시 독서이력 작성 제출(3권 이내, 300자/권 이내 소감 포함) - 추가 합격 절차를 운영하지 않음
Regular Admission	• 일반전형, 고른기회전형, 특기자전형
Late Admission	• 수능우수자전형, 외국고전형

■ 반도체시스템공학과(100명) : 수시모집 창의도전 20명, 학교장추천 10명, 일반전형 60명, 고른기회 5명, 정시모집 수능우수자 5명
- 입학 지원 시 1지망 학과로 무학과와 반도체시스템공학과 중 하나를 반드시 선택해야 하며, 2지망 학과를 추가적으로 선택할 수 있음.
- 전형 과정에서는 학과 선택 구분 없이 통합하여 평가됨.
- 합격자 발표 시 무학과 혹은 반도체시스템공학과 소속이 확정되며, 1지망 정원을 초과할 경우 2지망 지원자에 한하여 2지망 학과로 배정될 수 있음.
- 반도체시스템공학과에서 타 학교로의 전과는 반도체시스템공학과의 주요 커리큘럼을 이수하고, 6학기가 종료되었을 때 가능
- 반도체 전문가를 위한 최고의 교육
- 5년 학석 연계과정 운영 : . 3학년부터 연구실 배정 및 지도교수님과 연구 시작 . 특화된 실험과목
  . 소프트웨어, 회로 설계 및 소자 . 해외 학외 발표 및 박사 진학
- KAIST 및 삼성전자에서 받은 교육과 경험을 토대로 삼성전자 임원, 박사유학, 교수, 창업, 해외 취업 등 다양한 질로
- 다양한 해외 교류를 위한 폭 넓은 대학생활
- 등록금 전액 지원과 등록금외 4,000만원 이상의 경제적 혜택

☞ [반도체공학과-학 석사통합과정(학사3.5년, 석사1.5년)] 모집인원 및 지원방법

구분	모집단위	모집인원	모집전형(정원외)	[수시 일반전형] 지원방법 및 평가
DGIST	반도체공학과	30명	[수시] 일반전형 25명 [정시] 수능우수자 5명	※ 삼성전자 채용조건형 계약학과 • 원서접수시 기초학부와 반도체공학과 중 선택하여 지원. • 전형과정에서 기초학부와 반도체공학과 구분 없이 통합 평가
GIST	반도체공학과	30명	[수시] 일반전형 25명 [정시] 수능우수자 5명	• 입학 희망 학생은 입학 원서 접수 시, 반도체공학과로 희망학과를 선택 • 전형과정에서 기초교육학부와 반도체공학과 구분 없이 통합하여 평가
KAIST	반도체시스템 공학과	100명	[수시] 창의도전 20명 학교장추천 10명 일반전형 60명 고른기회 5명 [정시] 수능우수자 5명	• 반도체시스템공학과 또는 무학과를 1지망 또는 2지망으로 선택 가능 - 1지망 학과 정원 초과 시 2지망 학과로 배정될 수 있음 • 전형과정에서는 학과 선택 구분 없이 통합하여 평가
UNIST	반도체공학과	80명	[수시] 일반전형 35명 고른기회 40명 [정시] 수능우수자 5명	※ 삼성전자 채용조건형 계약학과 • 일반전형 이공계열(무학과) 원서접수 과정에서 반도체공학과를 추가로 지원할 것인지를 결정. - 반도체공학과 추가 지원 선택 시에는 무학과와 반도체공학과에 중복으로 지원됨 ※ 반도체공학과만 지원하는 것은 불가능 • 무학과, 반도체공학과 따로 분류하지 않고 전체 통합하여 평가

4부 ● 이공계특성화대학

■ 전형결과

※ 성적 산출기준: (수시) 교과 석차등급, (정시) 수능 백분위

모집시기	전형유형	전형	학년도	모집인원	지원인원	경쟁률
수시	종합	창의도전	2024	220	1,825	8.29
수시	종합	학교장추천	2024	95	914	9.62
수시	종합	일반전형	2024	410	2,717	6.62
수시	특기	특기자	2024	30	192	6.40

■ (주요전형) 전형일정

유형	전형	원서접수 마감	대학별 고사(면접/논술)	1단계 합격자	최종 합격자
종합	창의도전	9.11(수) 17:00 -자기소개서, 독서이력: 9.11(수) 17:00 -교사추천서(2부) : 9.13(금) 17:00	※ KAIST 등록 프로그램 참여기간 : 10.31(목)~11.08(금)		10.21(월)
종합	학교장추천	9.11(수) 17:00 -자기소개서, 독서이력: 9.11(수) 17:00 -학교장추천, 교사추천서(2부) : 9.13(금) 17:00	※ KAIST 등록 프로그램 참여기간 : 10.31(목)~11.08(금)		10.21(월)
종합	일반전형	9.11(수) 17:00 -자기소개서, 독서목록: 9.11(수) 17:00 -교사추천서: 9.13(금) 17:00	11.28(목)	11.15(금)	12.13(금)
특기	특기자	9.11(수) 17:00 -자기소개서, 독서목록: 9.11(수) 17:00 -교사추천서: 9.13(금) 17:00	11.28(목)	11.15(금)	12.13(금)

■ 핵심가치, 인재상, KAIST DNA

구분	내용
핵심가치	① 도전 ② 창의 ③ 배려
학생선발 인재상	① 과학기술 분야에 전문성을 갖추고, 지식탐구가 즐거운 자기주도적인 학생 ② 새로운 길을 개척하려는 열정과 도전의지를 가진 학생 ③ 높은 윤리의식과 협력정신으로 국가와 사회, 인류에 기여하려는 학생
KAIST DNA	① 한번도 가보지 않은 길을 가는 도전정신 ② 모든 것을 홀로 결정하는 자기주도능력 – 독립적, 자립심 ③ 사소한 것에도 최선을 다하는 열정 – 몰입, 집중력 ④ 수과학 영재의 자존심 – 창의적, 수월성 ⑤ 사고의 자유로움과 여유 ⑥ 동료문화와 협력정신

■ 자기소개서 문항

• 창의도전, 학교장추천, 일반전형, 고른기회

1. KAIST는 질문하는 인재를 양성하고자 합니다. 과학기술분야*에서 평소에 가지고 있던 남과 다른 자신만의 질문에 대해 작성하고, 이 질문을 하게 된 이유를 기술하여 주시기 바랍니다. * 과학(Science), 기술(Technology), 공학(Engineering), 수학(Math) 등
   (참고) 질문 자체를 평가하는 것이 아니라 과학기술분야에 대한 태도, 호기심과 도전정신을 보고자 함. R&E활동 관련 내용은 지양하고 자신만의 스토리를 작성하기를 권장함.

자신만의 질문 (띄어쓰기 포함 150자 이내)
질문을 하게 된 이유 (띄어쓰기 포함 800자 이내)

2. 고등학교 재학 기간* 중 자신의 진로와 관련하여 어떤 노력을 해왔는지 본인에게 의미 있는 학습 경험과 교내 활동을 중심으로 기술해 주시기 바랍니다. (띄어쓰기 포함 1,500자 이내)
3. 다음 중 한 문항에 대하여 작성해 주시기 바랍니다.(띄어쓰기 포함 800자 이내)
   (1) 고등학교 재학 기간 중 타인과 공동체를 위해 노력한 경험과 이를 통해 배운 점을 기술해 주시기 바랍니다.
   (2) 고등학교 재학 기간 중 학업 이외의 분야에서 자신이 경험했던 가장 큰 어려움에 대해 기술하고, 그 역경을 극복하기 위해 기울인 노력을 기술해 주시기 바랍니다.
4. 본인의 진로 희망을 적고, 이와 관련하여 KAIST 진학 후의 계획에 대해 기술해 주시기 바랍니다. (띄어쓰기 포함 800자 이내)

• 특기자

1. KAIST는 질문하는 인재를 양성하고자 합니다. 과학기술분야*에서 평소에 가지고 있던 남과 다른 자신만의 질문에 대해 작성하고, 이 질문을 하게 된 이유를 기술하여 주시기 바랍니다. * 과학(Science), 기술(Technology), 공학(Engineering), 수학(Math) 등
   (참고) 질문 자체를 평가하는 것이 아니라 과학기술분야에 대한 태도, 호기심과 도전정신을 보고자 함. R&E활동 관련 내용은 지양하고 자신만의 스토리를 작성하기를 권장함.

자신만의 질문 (띄어쓰기 포함 150자 이내)
질문을 하게 된 이유 (띄어쓰기 포함 800자 이내)

2. 본인이 생각하는 자신만의 특기분야를 제시하고, 해당 분야에서 어떻게 최상위 인재에 해당하는지를 기술해주시기 바랍니다. (띄어쓰기 포함 1,200자 이내) * 제출한 특기입증자료를 로 하여 자세히 작성

3. 다음 중 한 문항에 대하여 작성해 주시기 바랍니다.(띄어쓰기 포함 800자 이내)
   (1) 고등학교 재학 기간 중 타인과 공동체를 위해 노력한 경험과 이를 통해 배운 점을 기술해 주시기 바랍니다.
   (2) 고등학교 재학 기간 중 학업 이외의 분야에서 자신이 경험했던 가장 큰 어려움에 대해 기술하고, 그 역경을 극복하기 위해 기울인 노력을 기술해 주시기 바랍니다.

4. 본인의 특기역량과 관련하여 KAIST에 진학한 이후의 학업 및 연구 계획에 대해 기술해 주시기 바랍니다. (띄어쓰기 포함 1,200자 이내)

II. (수시모집) 주요 전형

■ (학생부종합) 창의도전

전형	모집인원	전형 방법	수능최저학력기준
창의도전	220	서류100%	X

※ 모집인원(220명): 정원내 200명, 정원외(반도체시스템공학과) 20명
※ 창의도전전형과 일반전형 간의 중복지원이 가능함. 이 외의 전형간의 중복지원은 불가함.

1. **지원자격**: 다음 사항 중 하나에 해당하는 자
   • 2025년 2월 기준 고등학교 졸업(예정)자 또는 국내 법령에 의한 동등 학력 인정자
     ※ 외국에서 마지막 3년 이상의 고등학교 교육과정(해당 국가의 교육관계 법령 등에 의한 학제상 월반 또는 조기졸업 포함)을 이수한 자는 외국고전형 지원자격에 해당되며 본 전형에는 지원할 수 없음. 단, 외국으로의 전·편입학 시 월반한 경우는 지원 가능함.
     ※ 「재외국민의 교육지원 등에 관한 법률」에 따른 한국학교 출신자는 지원 가능함.
   • 「과학영재선발위원회규칙(과학기술정보통신부령 제1호)」에 따라 KAIST 과학영재선발위원회에서 과학영재로 선발되어 학사과정 입학자격을 인정받은 자
   • 「조기진급 등에 관한 규정(대통령령 제27751호)」 제3조 및 제4조에 따라 조기졸업 또는 상급학교 조기입학 자격을 갖춘 자

2. **제출서류**: 입학지원서(독서이력 작성), 학교생활기록부, 자기소개서, 교사추천서(2부), 자기소개서 증빙자료(선택)
   ※ 입학원서 작성시 '독서이력 작성 : 3권 이내(300자/권 이내 소감 포함)
   ※ 교사추천서 2부 : 2명의 교사가 작성한 추천서 각 1부(수학/과학교과 교사 1부 필수). 재학 또는 출신 고교 교사가 작성하는 것을 원칙
   ※ 자기소개서 증빙자료(선택, 3건) :
     • 교내활동, 학교장 승인을 받은 교외활동 등 자기소개서에 기술한 내용을 증빙할 수 있는 활동에 대한 자료 제출
       ☞ 제출할 수 있는 항목은 아래와 같이 한정
         1. 교내외 * 수상실적 및 수료증(학교생활기록부 기재 내용 제출 불필요)
         2. 교내외 * 봉사활동 확인서 *교내외 활동의 경우 고등학교 시절 활동으로 한정함
     • 발행기관 및 발행년월, 기관 직인이 있는 공식자료만 인정함.
     • 자기소개서 증빙자료 제출자의 경우 별도 서식의 '자기소개서 증빙자료 학교장 확인서'를 다운 받아 작성하여 함께 제출함 (입학처 홈페이지에서 서식 다운로드)
     • 온라인 지원서 작성 시 증빙자료의 제목 및 간단한 설명(글자수 250자 이내)을 입력함.
     • 제출자료는 총 3건/건당 3페이지 이내, 1건당 1개의 PDF파일로 작성하여 제출함.

3. **KAIST 등록프로그램 참여 기간** : 2024.10.31.(목) ~ 11.08.(금)
   • 합격 후 등록을 위해 KAIST가 지정한 프로그램 참여 후 확인증 발급 필요(확인증 미첨부시 등록 불가하며, 합격이 취소됨)

◎ **전형요소**
● **서류**:
   1. **평가방법**: 지원자가 제출한 모든 서류를 바탕으로 학업성취도, 학교생활충실도 및 인성, 도전·창의·배려, 발전가능성 등을 종합평가.
   2. **평가요소**:

구분	내용
학업역량	학업성취도, KAIST DNA도전, 자기주도성 등
학업 외 역량	도전·창의·배려, 학교생활 충실도, 발전가능성 등

☞ **보충설명**
   • 학업역량과 학업외 역량으로 구분. 학업역량이 비중이 큼.
   • 학업역량은 학업성취도와 KAIST DNA를 종합적으로 평가
     – 학업역량은 단순한 정량적 지표만으로 평가하는 것이 아니라, 학생부에 기재된 등급과 원점수 뿐만 아니라 평균, 표준편차, 등급, 성취도, 이수자 수 등 활용 가능한 모든 정보를 고려함.
     – 학업역량 평가시 학업성취도(내신) 비중을 축소하고 카이스트 DNA 비중을 높이고 집중적으로 봄. 결과가 뒤집힌 경우가 많음.

- KAIST DNA란 이공계의 세계 최고를 지향하는 KSAIST에 맞게 학업 분야에서의 도전, 자기주도성을 평가하며 세부적으로는 다양한 연구활동, 동아리활동 등 탐구역량과 수학과학교과에 심화 정도 및 성취 수준 등을 종합적으로 고려함
- 학업외 역량에서는 도전 창의 배려 학교생활 충실도 및 발전가능성 등을 평가
  - 학교생활 충실도는 출석, 행특, 추천서에서도 확인, 자소서에서도 충실히
  - 발전가능성은 무학과 제도로 입학 후 전공을 찾아갈 때 얼마나 잘 할 수 있는지, 개발 열정 의지 확인
- 학업역량과 학업 외 역량을 종합적으로 평가한 후 면접 대상자를 선정함.
  - Q. 고교학점에 도입에 따라 진로선택과목에 대해 성취도 평가를 실시하는데, KAIST에서는 이를 어떻게 반영합니까?
    - KAIST에서는 학생이 제출한 모든 전형자료에 담긴 평가요소를 최대한 활용하고,
    - 해당 교과목의 성취도 뿐만 아니라 과목의 난이도나 심화학습 정도, 교과 담당교사의 의견 등을 충분히 평가할 예정
  - Q. 교사추천서를 받지 않는 대학이 많습니다. KAIST에서는 교사추천서를 평가에 반영합니까?
    - 수시 전형에서는 교사추천서를 받아 평가에 반영함. 즉 참고 자료로 활용함.
    - 교사추천서는 충분히 의미가 있고, 학생의 역량을 잘 볼 수 있다고 생각하기 때문에 교사추천서를 받아서 평가에 고려할 예정

■ 카이스트에서 강조하는 3개: 독서, 질문문항(자기소개서 1번 문항), KAIST DNA
- 카이스트가 독서를 강조함. 학생들이 학교에서 얻는 것 뿐만 아니라 독서를 통해서 얻는 부분이 학생들한테 정말 의미있고 가치있는 부분이 많다고 생각하기 때문에 학생들의 독서문화를 기르고 독서를 좀 더 강조하고 싶어서 시도하는 것임. 그렇기 때문에 너무 부담스럽게 생각할 것이 아니라 학생이 편하게, 그리고 학생부에 있는 독서목록에 너무 고려하지 말고 동일한 도서도 상관 없고, 거기에 있지 않은 새로운 도서도 상관 없으니까 학생이 의미있게 읽은 책이면 무엇이든 적어주면 됨
- 질문문항(자기소개서 1번 문항)도 카이스트라고 해서 대단한 것을 요구하는 것이 아님. 세상이 깜짝 놀랄만한 그런 어려운 질문을 요구한다면 시도하지 않았을 것임. 충분히 학생이 스스로 생각해 볼 수 있고, 스스로 고민하고 해결 방안을 찾아가는 그런 모습을 학생 모습 속에서 찾아보고 싶어서 시도하는 것임. 따라서 너무 어려운 질문을 하기 보다는 일상 생활이나 수업을 들으면서 교과 중에 있던 그런 질문도 괜찮으니 학생 스스로 의미있게 생각하는 질문이라면 한 번 보고 시도해 보면 좋음.
- KSAIST DNA라는 부분 꼭 잘 기억해 주시기 바랍니다. 그런 관점에서 학생들을 선발하기 위해 카이스트 색깔을 강조하고 카이스트에 적합한 우수한 학생들을 선발하기 위해 계속해서 노력함

1. (지원서 작성시) 추가 작성사항: 독서 이력

> 독서 이력: 본인이 읽었던 책 중에서 자기에게 큰 영향을 주었거나, 특별한 의미가 있다고 생각하는 책을 3권 이내로 적어 주십시오.
> (도서명-저자-출판사 순)

- 자신이 의미있게 읽은 3권을 적으면 되고, 나중에 면접에서 학업외 역량을 할 때 학생이 이 책을 읽고 어떤 점을 느낄 수 있었는지, 어떤 영향을 받았는지를 확인하는 형태의 면접을 진행
- 독서이력을 만든 취지는 카이스트에서 지금 성공하고 있는 분들은 독서를 바탕으로 성공하고 있고, 독서가 상당히 긍정적인 영향을 미친다는 점을 잘 알고 있기 때문에 독서문화를 많이 만들자는 것임
- 그러므로 너무 카이스트에 맞춰서 일부러 어떤 독서를 해야된다는 생각보다는 꼭 이공분야가 아닌 다양한 분야의 책이 괜찮으니 학생이 의미있게 읽은 책을 자유롭게 기술해 주시고 그 부분에 대해서 면접 때 말하면 됨.
- Q1 지원서 작성시 추가로 작성하는 도서목록에는 지망하는 전공분야와 관련된 도서만 작성해야 합니까?
  - 본인에게 특별한 의미를 부여한 도서라면 분야에 관계 없이 어떤 도서든지 작성이 가능함.
  - 어떤 분야의 도서를 작성하든 유불리는 없으며 학업외 역량 면접시 해당 도서에 대한 질문을 할 예정.
  => 카이스트니까 이공계 또는 지원 전공과 관련되는 도서만 적어야 하는 것은 아님. 독서문화를 강조하기 위해 하는 것이므로 본인이 인문사회과학이나 편하게 읽을 수 있는 도서도 전혀 상관 없음

2. 자기소개서 1번 문항
- 카이스트는 질문하는 인재를 양성하고자 함. KAIST 고유 문항임
- 평소에 가지고 있었던 과학기술분야에 대한 자신만의 질문에 대해 설명하고 해답을 찾기 위해 어떤 노력을 기울였는지 기술 바람.
- 이 문항의 취지는 너무 수동적으로 문제만 잘 풀거나 주어진 내용만 받아들이는 학생보다는 궁금한 점이 있으면 찾아도 보고 탐구도 해 보고 이게 왜 이럴까 하는 질문도 가져보는 학생을 정말 필요로 하고 카이스트에 맞는 학생이 아닐까 라는 생각에서 출발하여 학생들이 자기 스스로 생각해서 질문하는 습관을 들여보고 그것을 자기소개서에 표현해 보라고 하자는 뜻에서 첫 번째 문항을 만듦.
- 글자 수는 부담을 주지 않기 위해서 800자 이내로 제한하였음. 평소에 잘 생각해 두었다가 글자 수에 맞게 질문하는 문항을 충분히 만들어 보고 본인이 어떤 노력을 통해 이 부분을 해결하려고 했는지 자신의 생각을 적어주면 좋음.
- 1번 문항은 나중에 면접에서 학업외 면접에서 약간 더 추가적으로 본인이 어떤 의미로 질문했는지 등을 물을 수 있음.

3. KAIST DNA
- 학업역량은 학업성취도 뿐만 아니라 KAIST DNA라는 것을 평가함.
- KAIST DNA라면 카이스트 학생들은 이런 DNA를 가지고 있어야 된다 라는 카이스트가 지향하는 가치임.
- 학업역량 등을 평가할 때 이런 부분에서 뛰어나거나 하는 점을 살펴보고 평가한다는 점을 잘 기억하기 바람.
- 자기주도능력은 스스로 좀 더 탐구해 보고 궁금한 점이 있으면 찾아도 보는 것임
- 학업역량을 볼 때에도 단순히 어떤 전체적인 등급을 평균해서 본다거나 별도의 산출식을 이용해서 보는 것이 아님. 학생부종합전형으로서 단위수, 학생 수, 평균, 표준편차, 진로선택과목의 경우에는 성취도별 인원 수와 세특 등을 고려해서 종합적으로 평가함. 이 부분을 통해서 전과목 전반적인 학업성취도에 대해서 전반적인 평가를 함. 이렇게 학업성취도 평가를 한 후 카이스트에 조금 더 적합한 학생은 이런 학생이다. 카이스트가 지향하는 방향이 이런 방향이다. 그런 측면에서 학업성취도, 학업역량을 살펴보고 평가를 한다는 점을 유념하기 바람.

◎ 전형결과
■ 전체

학년도	모집인원	지원인원	경쟁률
2024	220	1,825	8.29
2025	220		

■ 변경사항 & 핵심포인트

[2025]

변경사항	2024	2025
모집인원	220명	220명
입학지원시 희망전공 선택방법 변경	• 반도체시스템공학과로 입학을 희망하는 학생은 입학 지원 시 "반도체시스템공학과"를 선택	• 입학 지원 시 1지망 학과로 "무학과"와 "반도체시스템공학과" 중 하나를 반드시 선택해야 하며, 2지망 학과를 추가적으로 선택할 수 있음.
자기소개서 3번 문항 변경	고등학교 재학 기간* 중 타인과 공동체를 위해 노력한 경험과 이를 통해 배운 점을 기술해 주시기 바랍니다. (띄어쓰기 포함 800자 이내)	다음 중 한 문항에 대하여 작성해 주시기 바랍니다.(띄어쓰기 포함 800자 이내) (1) 고등학교 재학 기간 중 타인과 공동체를 위해 노력한 경험과 이를 통해 배운 점을 기술해 주시기 바랍니다. (2) 고등학교 재학 기간 중 학업 이외의 분야에서 자신이 경험했던 가장 큰 어려움에 대해 기술하고, 그 역경을 극복하기 위해 기울인 노력을 기술해 주시기 바랍니다.
자기소개서 5번 문항 폐지	5. 수과학 분야의 우수성과 관련하여 창의성, 도전정신을 나타낼 수 있도록 구체적인 사례를 바탕으로 기술해 주시기 바랍니다.(띄어쓰기 포함 1,200자 이내)	-

• 전형 명칭에서 드러나듯이 창의도전적이고 우수성이 탁월한 학생을 면접 없이 서류로 선발하고자 함. 전년도에 어떤 학생들이 선발?
• 일반전형과 중복지원이 가능하며, 일반전형 대비 면접이 없는 반면, 제출서류에서 교사추천서를 2부 제출
• 자기소개서 증빙서류(선택 제출)은 자기소개서에 언급한 교내활동, 학교장 승인을 받은 교외활동 등을 제출할 수 있음
  (예: 1. 교내외 수상실적 및 수료증(학교생활기록부 기재 내용 제출 불필요) 2. 교내외* 봉사활동 확인서)
  - 자기소개서에 교내 수상을 기록하였다면 학생부에는 수상이 기재되었지만 대학에는 미제공이므로 수상 증빙자료를 제출하면 됨

■ (학생부종합) 학교장추천

전형	모집인원	전형 방법	수능최저학력기준
학교장추천	95	서류100% ※ 고교 추천: 2명	X

※ 모집인원(95명): 정원내 85명, 정원외(반도체시스템공학과) 10명

☞ 반도체공학과: 창의도전전형 참고

1. **지원자격**: 2025년 2월 졸업예정인 국내 일반고, 특성화고, 자율고 3학년에 재학 중인 학생으로 아래의 추천기준에 따라 소속 학교장이 추천한 자
   ※ 추천 인원: 고등학교별 최대 2명까지 추천 가능
   ※ 고교 재학 중 학교 유형이 변경된 경우에는 입학 당시의 학교 유형을 따름.

<< 학교장추천 추천 기준 >>
- 학업역량이 우수하며 특히 수학·과학 영역에서 탁월한 성과를 내고 열정이 돋보이는 학생
- 자기주도적 학습능력과 창의성을 갖춘 인재로서 성장 잠재력이 우수한 학생
- 역경 극복 능력과 도전정신이 뛰어나며 봉사정신이 투철한 학생
- 리더십과 협동심, 배려심, 준법정신이 뛰어난 학생
- KAIST에서 학습하고자 하는 의지가 강한 학생

2. **제출서류**: 입학지원서(독서이력 작성), 학교생활기록부, 자기소개서, 교사추천서(2부), 자기소개서 증빙자료(선택), 대학수학능력시험 모의평가 성적(선택)
   ※ 입학원서 작성시 '독서이력 작성, 교사추천서, 자기소개서 증빙자료: 창의인재전형 참고
   ※ 대학수학능력시험 모의평가 성적(선택)
     • 한국교육과정평가원에서 주관하는 2025학년도 대학수학능력시험 모의평가(6월) 성적표 1부
     • 한국교육과정평가원에서 발급한 공식 성적표를 원본대조필 (확인자의 서명 또는 날인)을 받아 PDF파일로 제출
3. **KAIST 등록프로그램 참여 기간**: 2024.10.31.(목) ~ 11.08.(금)
   • 합격 후 등록을 위해 KAIST가 지정한 프로그램 참여 후 확인증 발급 필요(확인증 미첨부시 등록 불가하며, 합격이 취소됨)

◎ **전형요소**
● 서류: 창의도전전형 참고

◎ **전형결과**
■ **전체**

학년도	모집인원	지원인원	경쟁률
2022	84	772	9.19
2023	95	734	7.73
2024	95	914	9.62
2025	95		

■ **변경사항 & 핵심포인트**

[2025]

변경사항	2024	2025
모집인원	95명	95명
입학지원시 희망전공 선택방법 변경	• 반도체시스템공학과로 입학을 희망하는 학생은 입학 지원 시 "반도체시스템공학과"를 선택	• 입학 지원 시 1지망 학과로 "무학과"와 "반도체시스템공학과" 중 하나를 반드시 선택해야 하며, 2지망 학과를 추가적으로 선택할 수 있음.
자기소개서 3번 문항 변경	고등학교 재학 기간* 중 타인과 공동체를 위해 노력한 경험과 이를 통해 배운 점을 기술해 주시기 바랍니다. (띄어쓰기 포함 800자 이내)	다음 중 한 문항에 대하여 작성해 주시기 바랍니다.(띄어쓰기 포함 800자 이내) (1) 고등학교 재학 기간 중 타인과 공동체를 위해 노력한 경험과 이를 통해 배운 점을 기술해 주시기 바랍니다. (2) 고등학교 재학 기간 중 학업 이외의 분야에서 자신이 경험했던 가장 큰 어려움에 대해 기술하고, 그 역경을 극복하기 위해 기울인 노력을 기술해 주시기 바랍니다.
교사추천서 제출 부수 확대	1부	2부 (수학/과학교사 1부+ 담당교과 제한 없는 교사1부)

• 수학능력시험 6월 학력평가 성적을 선택 제출 받는 이유? 학업(내신)이 부족한 학생들이 제출하면 참고하기 위함
• 진학의지가 중요함. 일반고만 지원 가능하므로 적극적으로 지원. KAIST DNA 중요함

■ (학생부종합) 일반전형

전형	모집인원	전형 방법	수능최저학력기준
일반전형	410	1단계)서류100%(2.5배수) 2단계)서류40%+ 면접60%	X

※ 모집인원(410명): 정원내 350명, 정원외(반도체시스템공학과) 60명
※ 창의도전전형과 일반전형 간의 중복지원이 가능함. 이 외의 전형간의 중복지원은 불가함.

1. **지원자격**: 다음 사항 중 하나에 해당하는 자
   • 2025년 2월 기준 고등학교 졸업(예정)자 또는 국내 법령에 의한 동등 학력 인정자
      ※ 외국에서 마지막 3년 이상의 고등학교 교육과정(해당 국가의 교육관계 법령 등에 의한 학제상 월반 또는 조기졸업 포함)을 이수한 자는 외국고전형 지원자격에 해당되며 본 전형에는 지원할 수 없음. 단, 외국으로의 전·편입학 시 월반한 경우는 지원 가능함.
      ※ 「재외국민의 교육지원 등에 관한 법률」에 따른 한국학교 출신자는 지원 가능함.
   • 「과학영재선발위원회규칙(과학기술정보통신부령 제1호)」에 따라 KAIST 과학영재선발위원회에서 과학영재로 선발되어 학사과정 입학자격을 인정받은 자
   • 「조기진급 등에 관한 규정(대통령령 제27751호)」 제3조 및 제4조에 따라 조기졸업 또는 상급학교 조기입학 자격을 갖춘 자
2. **제출서류**: 입학지원서(독서이력 작성), 학교생활기록부, 자기소개서, 교사추천서, 자기소개서 증빙자료(선택)
   ※ 입학원서 작성시 '독서이력 작성' 제출: 3권 이내(300자/권 이내 소감 포함)
   ※ 교사추천서: 재학 또는 출신 고교 교사가 작성하는 것을 원칙으로 함
   ※ 자기소개서 증빙자료(선택): 창의인재전형 참고
3. **수능최저학력기준**: 없음

◎ **전형요소**
● 서류: 창의도전전형 참고
● 면접:
   1. **평가방법**: 면접을 통해 학업역량과 적합성을 평가함.

2. 평가영역:

구분	면접 내용 및 방법	비고
학업역량	수학·과학·영어 관련 개인별 구술면접	과학은 물리, 화학, 생명과학 중 지원자 선택 1과목
적합성	지원서 기반 질문 및 공통질문에 대한 개인별 구술면접 ※ 독서이력(입학지원서), 질문문항(자기소개서 1번) 별도 질문 가능	제출서류 기재 내용을 확인할 수 있음

※ 면접 전 사전 준비 시간 있음

3. 학업역량 면접 문제 출제범위:

구분	과목
수학	<u>수학</u>, 수학Ⅰ, 수학Ⅱ, 미적분, 확률과 통계, 기하
과학	물리, 화학, 생명과학 중 선택 1과목 • 물리: <u>통합과학</u>, 물리Ⅰ, 물리Ⅱ • 화학: <u>통합과학</u>, 화학Ⅰ, 화학Ⅱ • 생명과학: <u>통합과학</u>, 생명과학Ⅰ, 생명과학Ⅱ

4. 진행순서:

☞ 보충설명

- 면접 준비를 학업역량과 적합성을 각각 하였던 것을 하나로 통일하여 단순화함
- 면접은 학업역량과 적합성으로 나뉨
  - 학업역량과 적합성을 각각 독립적으로 평가. 학업역량이 비율이 더 높음.
- 학업역량 면접
  - 학업역량면접은 수학/과학/영어과목에 대한 평가, 과학은 원서접수시 공통과학, 물리, 화학, 생명과학 중 한 과목을 선택
  - 수학, 과학, 영어과목에 대해 개인별 구술면접을 실시. 즉, 구술면접 형태로 시험을 본다고 생각하면 됨.
  - 면접 준비실에서 60분 동안 6~7명이 한 조로 영어 제시문과 수학,과학,영어 문제를 푼 후, 문제 푼 종이를 가지고 면접실에 입장해서 15분 정도 풀이 과정 설명함. 수학,과학 교수님이 추가 질문 가능. 풀이 방법 말고 다른 방법 생각해 봤냐? 등
- 적합성 면접
  - 적합성 면접은 ① 공통 제시문을 읽고 대답하는 제시문 기반 면접과 ② 각 지원자의 지원서에 기반한 지원서 기반 면접이 함께 실시
  1) 공통 제시문 기반 면접
    - 공통 제시문 문항이라면 너무 어렵게 생각하는데, 우리가 주변에서 볼 수 있는 시사, 환경에 대한 문제라든지, 아니면 일상생활에서 학생이 경험할 수 있는 사례를 주면서 아래에 문제를 제공함. 이 상황에서 학생이라면 어떻게 했겠니? 아니면 학생이라면 이 부분에서 어떤 식으로 대답을 할 것 같아요? 등의 꼬리 질문을 같이 달면서 질문함. 학생들의 공동체의식, 배려, 협력, 도전정신 등을 살펴볼 수 있음.
    - 공문 제시문은 어떤 상황이 주어지고 이에 대한 본인의 판단, 상황분석, 그 과정에서 의사소통능력, 리더십, 동아리활동을 하는 데 문제가 생겼고 어떻게 해결하는 데, 초점을 둠. 사교육에 의해 면접 준비는 도움 안 됨
  2) 지원서 기반 면접
    - 지원서 기반 면접은 제출서류를 평가할 때 면접에서 이 부분을 좀 체크하면 좋겠다라고 생각하는 부분에 대해서 질문함.
    - 지원시 작성된 독서 이력과 자소서 1번 문항에 대한 질문이 추가로 있을 예정
- 면접 진행순서
  (1) 면접준비실
    - 면접준비실에서 60분 동안, 적합성 10분, 과학 15분 후, 수학(영어) 문제지 배부함.
    - 이 때 수학문제지를 나눠줬다고 해서 과학문제지를 회수해 가지 않으므로 충분 시간 배분을 해서 문제를 풀어 보면 됨.
    - 그 후 학업역량 면접실로 이동함
  (2) 학업역량 면접실
    - 학업역량 면접실에서는 15분 동안 조금 전에 풀었던 수학/과학/영어문제에 대해서 구술로 교수님께 대답하는 형태로 진행.
    - 정답을 만약에 맞추지 못 하더라도 충분히 학생이 어떤 식으로 문제를 풀었고, 어떤 사고 과정을 거쳤다는 것을 말씀드리면 최대한 그 과정을 다 평가를 해서 점수를 반영하고 있음.
    - 그 후 학업외 역량 면접준비실로 이동
  (3) 적합성 면접실
    - 적합성 면접실에서는 15분 동안 면접 준비실에서 받은 제시문과 질문에 대한 면접과 학생부와 자기소개서를 기반으로 한 면접과 독서이력과 자기소개서 1번 문항에 대한 별도의 질문.
- 면접 역전율은 경계선에서 일어남. 경계선에 있는 학생들은 면접이 중요함
  - 본인의 서류평가 점수를 알지 못하므로 면접 준비에 최선을 다 해야 함

- 영어면접에서 영어활용능력은 기본적적으로 영어말하기임. 사전에 영어 제시문(문제나 도표, 사진 등)을 주고 면접시 내용에 대해 질문.
  - 난이도는 고2 영어 단어 수준으로 최대한 쉽게 출제.
  - 영어활용능력이 당락에 영향을 미치는 것은 바라지 않음. 따라서 영어활용능력 때문에 사교육을 받거나 부담을 가질 필요 없음.

◎ 전형결과
■ 전체

학년도	모집인원	지원인원	경쟁률
2022	550	2,392	4.35
2023	630	2,572	4.08
2024	410	2,717	6.62
2025	410		

■ 변경사항 & 핵심포인트
[2025]

변경사항	2024	2025
모집인원	410명	410명
입학지원시 희망전공 선택방법 변경	• 반도체시스템공학과로 입학을 희망하는 학생은 입학 지원 시 "반도체시스템공학과"를 선택	• 입학 지원 시 1지망 학과로 "무학과"와 "반도체시스템공학과" 중 하나를 반드시 선택해야 하며, 2지망 학과를 추가적으로 선택할 수 있음.
지원자격 변경	–	※ 외국에서 마지막 3년 이상의 고등학교 교육과정(해당 국가의 교육관계 법령 등에 의한 학제상 월반 또는 조기졸업 포함)을 이수한 자는 외국고전형 지원자격에 해당되며 본 전형에는 지원할 수 없음. 단, 외국으로의 전·편입학 시 월반한 경우는 지원 가능함. ※ 「재외국민의 교육지원 등에 관한 법률」에 따른 한국학교 출신자는 지원 가능함.
자기소개서 3번 문항 변경	고등학교 재학 기간* 중 타인과 공동체를 위해 노력한 경험과 이를 통해 배운 점을 기술해 주시기 바랍니다. (띄어쓰기 포함 800자 이내)	다음 중 한 문항에 대하여 작성해 주시기 바랍니다.(띄어쓰기 포함 800자 이내) (1) 고등학교 재학 기간 중 타인과 공동체를 위해 노력한 경험과 이를 통해 배운 점을 기술해 주시기 바랍니다. (2) 고등학교 재학 기간 중 학업 이외의 분야에서 자신이 경험했던 가장 큰 어려움에 대해 기술하고, 그 역경을 극복하기 위해 기울인 노력을 기술해 주시기 바랍니다.
면접 평가요소 변경	학업 역량, 학업외 역량	학업 역량, 적합성

- 반도체시스템공학과 지원자 서류평가는? 서류평가시 블라인드 처리해서 공정하게 평가함.
- 반도체시스템공학과 지원시 정원을 초과하면? 불합격이 아니라 무학과로 선발함

■ (특기자) 특기자

전형	모집인원	전형 방법	수능최저학력기준
특기자	30	1단계)서류100%(2배수) 2단계)서류40%+ 면접60%	X

1. **지원자격**: 다음 사항 중 하나에 해당하면서 과학기술의 미래를 이끌어 갈 우수인재로서 특정한 분야(융합분야 포함)에서 최상위 역량을 가진 자
   - 2025년 2월 기준 고등학교 졸업(예정)자 또는 국내 법령에 의한 동등 학력 인정자
   - 「과학영재선발위원회규칙(과학기술정보통신부령 제1호)」에 따라 KAIST 과학영재선발위원회에서 과학영재로 선발되어 학사과정 입학자격을 인정받은 자
   - 「조기진급 등에 관한 규정(대통령령 제27751호)」 제3조 및 제4조에 따라 조기졸업 또는 상급학교 조기입학 자격을 갖춘 자
2. **제출서류**: 입학지원서(독서이력 작성), 학교생활기록부, 자기소개서, 교사추천서, 특기 입증자료
   ※ 특기 입증자료(5건):
     - 온라인 지원서 작성시 지원자의 특기 역량을 나타낼 수 있는 특기입증자료의 제목, 발행기관, 발행연월, 간단한 설명을 입력
     - 특기입증자료는 각 8MB 이내의 PDF파일로 최대 5개까지 업로드 가능

◎ 전형요소
● 서류:
  1. **평가방법**: 지원자가 제출한 모든 서류를 바탕으로 특기의 우수성, 학업성취도, 학교생활충실도 및 인성, 도전·창의·배려, 발전가능성등을 고려하여 종합적으로 평가

2. 평가요소:

구분	내용
특기역량	특기 우수성, 발전가능성 등
특기 외 역량	학업성취도, 도전·창의·배려 등

☞ 보충설명
- 학업성취도가 특기역량으로 대체되며, 학업성취도는 중요하지 않고 특기역량이 중요함
- 서류평가는 특기역량과 특기외 역량으로 구성
- 특기역량은 특기의 우수성과 발전가능성을 종합적으로 평가.
  - 특기역량이 서류평가에서 정말 매우 중요함
  - 그 중에서도 특기 우수성이 평가에 많은 비중을 차지하므로 지원서에 특기의 우수성을 보여주는 것이 매우 중요함
- 특기 외 역량은 학업성취도와 도전창의배려와 관련한 사항을 종합적으로 평가
- 특기역량과 특기외 역량을 종합적으로 평가하여 면접 대상자를 선발
- 지원자격이 4차 산업혁명을 이끌어갈 우수 인재로서 교과, 연구, 기타 분야에서 탁월한 역량을 갖춘 자(예;국제올림피아드 수상, R&E 연구 실적, SW / 로봇 / 산업디자인 및 설계 등))임
- 학업역량이 아주 우수하지 않더라도 정말 자신만의 우리나라에서 최고로 여길 만큼의 상당히 뛰어난 특기가 있는 학생들. 예를 들면, 국제 올림피아드 수상했다거나, 아니면 R&E 연구실적에서 그 누구보다 뛰어난 연구를 꾸준히 계속 해왔다거나 아니면 소프트웨어, 로봇산업, 디자인 부분에서 정말 세계에서도 맞설 수 있는 세계에 내놔도 모자라지 않을 만큼의 뛰어난 역량을 갖추고 노력해 왔던 학생들이 지원하기 바람
- 특기입증자료
  - 자신의 특기를 입증하기 위한 특기입증자료는 최대 5개까지 제출할 수 있으며, 각 파일당 8MB이내로 PDF 파일로 온라인을 통해 제출
  - 특기입증자료는 상장이나 논문 등 최종 결과물 뿐만 아니라 준비 및 진행과정을 구체적으로 확인할 수 있는 자료를 사진을 포함하여 제출
  - 더불어 개인이 아닌 팀으로 수행한 결과물의 경우 본인의 역할 및 기여도에 대하여 구체적으로 설명하여 주어야 함.
  - 원서접수기간 이후에라도 특기 확인을 위해 필요한 경우 추가 서류를 요구할 수 있음
  - 각각 5개 파일에 하나씩의 특기를 낼 수도 있지만, 자신의 주제별로나 자신이 공부한 분야별로 5가지별로 스토리를 갖춰 제출하기도 함
  - 중요한 점은 어떤 결과물, 상장 이런 것만 내기보다는 그 과정에서 본인이 어떤 역할을 했고 어떤 과정을 거쳐왔는지 연구노트라든지 아니면 중간중간의 산출물이라든지 그런 과정들을 다 제출해서 충분히 학생의 역량을 파악할 수 있도록 도움을 주기 바람.
  - 또한, 연구 같은 경우에는 다수의 학생들이 참여를 해서 연구를 하는 경우가 많음. 그 때는 지원한 학생이 그 중에서 어떤 역할을 했고 어떤 부분을 맡았으며, 본인이 발휘한 역량이 어떤 것인지를 충분히 설명을 해 주어야 학생의 뛰어난 점을 보고 선발하는 데 도움이 됨.
  - 학생부, 자기소개서 교사추천서는 학생의 특기역량을 파악하는 데 도움을 줌

● 면접:
  1. **평가방법**: 면접을 통해 특기역량과 학업외역량을 평가함
  2. **평가영역**:

구분	면접내용 및 방법	비고
특기역량	특기 관련 우수성과 잠재력을 확인하는 개인별 구술면접(수학, 과학 문제풀이 없음) ※ 본인특기역량에 대한 발표(5분) 포함	제출서류 기재 내용을 확인할 수 있음
학업 외 역량	지원서 기반 질문 및 공통 질문에 대한 개인별 구술면접 ※ 독서 이력, 자소서 1번 질문 문항 별도 질문 ※ 면접 전 사전 준비시간 있음	

  3. 진행순서:

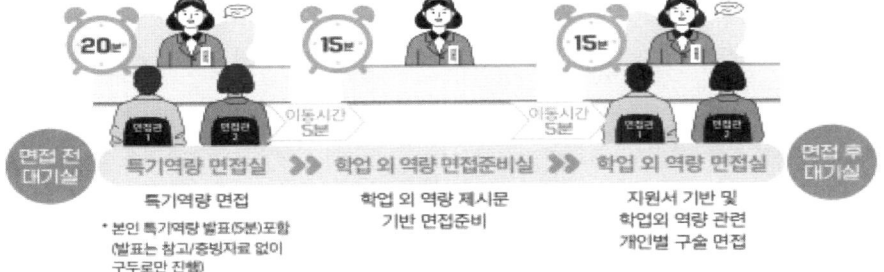

☞ 보충설명
- 문제풀이가 없으니 바로 면접에 들어감. 5분 동안 특기에 관한 발표를 먼저 한 후 서류평가에 들어간 교수님이 질문을 함
- 면접은 특기역량과 특기 외 역량으로 구성
- 특기역량은 특기 관련 지원자의 우수성과 잠재력을 확인하는 개인별 구술면접으로, 수학, 과학, 영어능력활용면접을 진행하지 않음.
- 학업외 역량 면접에는 학업역량 제시문에 대한 답변과 더불어 본인의 지원서 기반의 질문에 대한 구술면접이 진행
  - 이때 독서이력과 자소서 1번 문항에 대해 추가로 질문할 예정
- 면접진행순서:
  (1) 특기역량 면접
    - 특기역량면접은 사전 준비시간 없이 바로 면접에 들어감.
    - 먼저 학생이 본인의 특기역량에 대해 5분 동안 발표하는 시간을 가진 후 서류평가에 들어간 교수님들이 질문을 함.
    - 본인이 발표한 내용을 바탕으로 15분 동안 본인의 특기를 검증하는 면접을 진행
  (2) 학업외 역량 면접
    - 학업외 역량 면접은 일반전형과 동일한 방법으로 진행

◎ 전형결과
■ 전체

학년도	모집인원	지원인원	경쟁률
2022	25	140	5.60
2023	30	142	4.73
2024	30	192	6.40
2025	30		

■ 변경사항 & 핵심포인트
[2025]

변경사항	2024	2025
모집인원	30명	30명
지원자격 변경	탁월한 역량을 가진 자 ☞ 특기입증자료 예시: 국내·외 올림피아드 수상, R&E 연구 보고서 및 수상, SW/로봇/산업디자인 및 설계 등의 입증자료를 낼 수 있음.	최상위 역량을 가진 자
자기소개서 2번 문항 변경	본인이 왜 특기자인지 기술해 주시기 바랍니다 (띄어쓰기 포함 1,200자 이내)	본인이 생각하는 자신만의 특기분야를 제시하고, 해당 분야에서 어떻게 최상위 인재에 해당하는지를 기술해 주시기 바랍니다. (띄어쓰기 포함 1,200자 이내)
자기소개서 3번 문항 변경	고등학교 재학 기간* 중 타인과 공동체를 위해 노력한 경험과 이를 통해 배운 점을 기술해 주시기 바랍니다. (띄어쓰기 포함 800자 이내)	다음 중 한 문항에 대하여 작성해 주시기 바랍니다.(띄어쓰기 포함 800자 이내) (1) 고등학교 재학 기간 중 타인과 공동체를 위해 노력한 경험과 이를 통해 배운 점을 기술해 주시기 바랍니다. (2) 고등학교 재학 기간 중 학업 이외의 분야에서 자신이 경험했던 가장 큰 어려움에 대해 기술하고, 그 역경을 극복하기 위해 기울인 노력을 기술해 주시기 바랍니다.
자기소개서 4번 문항 변경	본인의 특기역량과 관련하여 KAIST에 진학한 이후의 계획에 대해 기술해 주시기 바랍니다. (띄어쓰기 포함 1,200자 이내)	본인의 특기역량과 관련하여 KAIST에 진학한 이후의 학업 및 연구 계획에 대해 기술해 주시기 바랍니다. (띄어쓰기 포함 1,200자 이내)

• 학업역량에 대해서 걱정하는 학생들도 있는데 특기자전형으로 입학한 학생들은 본인의 특기위주로 공부할 수 있도록 1학년 때 학점 부분에서 많은 지원을 하고 있음. 학업역량이 다소 부족하다고 하더라도 실제로 뛰어난 역량을 바탕으로 잘 적응하는 학생들도 많음. 이러한 부분을 잘 알고 평가를 하고 있기 때문에 학업역량에 대한 걱정보다는 본인의 특기가 얼마나 우수한 지를 고려하여 지원주기 바람.

128. KENTECH (한국에너지공과대학교) 전라남도 나주시 켄텍길 21 (Tel: 061. 320-9655)

Ⅰ. 한 눈에 보는 전형

모집 시기	전형 유형	전형	모집 인원	전형 방법	수능최저 학력기준
수시	종합	일반전형	90	1단계)서류100%(5배수) 2단계)서류50%+ 창의성면접50%	X
수시	종합	고른기회	10	1단계)서류100%(5배수) 2단계)서류50%+ 창의성면접50%	X

(수시모집) 지원 가능 횟수	본교는 「한국에너지공과대학교법」에 의해 설립된 대학으로서 수시모집 6회 지원, 정시모집 3회 지원 제한에 해당되지 않으며, 타 대학 및 과학기술원 등과 중복지원이 가능함(단, 본교 수시모집의 일반전형과 고른기회전형 간 중복지원은 불가함)

■ 전형결과
※ 성적 산출기준: (수시) 교과 석차등급, (정시) 수능 백분위

모집시기	전형유형	전형	학년도	모집인원	지원인원	경쟁률
수시	종합	일반전형	2024	90	1,355	15.06

■ (주요전형) 전형일정

유형	전형	원서접수 마감	대학별 고사(면접/논술)	1단계 합격자	최종 합격자
종합	일반전형	9.13(금) 18:00	11.25(월)	11.15(금)	12.06(금)

인재상
인류 공영을 위한 미래 에너지 개발에 도전하는 탁월한 연구역량과 기업가정신, 글로벌 시민의식을 갖춘 인재

■ 5대 중점 연구분야
탄소중립을 위한 신재생 에너지 산업의 파급력이 날로 커가는 가운데 기후환경의 변화에 따른 인류 난제 해결을 위해 한국에너지공과대학교는 에너지의 생산-수송-소비 全주기에 걸쳐 산업파급력이 높은 5재 중점 분야를 선정하여 연구합니다.

1. **에너지AI** : 에너지 분야에 적용 가능한 혁신적인 AI/컴퓨터 첨단 기술을 개발합니다.
   인지, 학습, 추론 등 인간의 고차원적인 정보처리 능력을 컴퓨터로 구현하는 인공지능(AI) 기술을 연구합니다. AI/컴퓨터 기술을 에너지 산업 전반에 활용하여 AI 및 데이터중심의 미래 에너지 산업을 선도하기 위한 연구를 수행합니다.
   빅데이터, 블록체인, IoT 분야와의 융합연구를 통해 에너지 생산과 소비의 효율화, 가정, 빌딩 및 공장의 제로에너지 운영, 에너지 시스템의 사이버보안 등의 핵심기술을 연구하게 됩니다.

2. **에너지 신소재** : 미래 에너지의 패러다임을 바꿀 첨단 소재의 원천기술과 응용기술을 연구합니다.
   미래 에너지 산업에서 요구되는 차세대 2차전지, 태양전지, 전력 반도체 등의 핵심 신소재 합성 기술과 원자적 단위의 최첨단 신소재 분석 기술을 연구하며, 데이터 기반의 소재 및 시스템 시뮬레이션 계산과학을 활용하여 각 에너지 디바이스 분야의 최적화된 소재 발견 및 구조-공정-성질 사이의 상관관계를 이해하는 융합적인 연구를 수행하게 됩니다.

3. **차세대 그리드** : 에너지와 신기술을 융합하여 미래 전력망을 구현합니다.
   미래에 구현될 전력망의 제어, 운영과 관련한 그리드 분야의 신기술 전반에 대해 연구합니다.
   미래 전력망의 핵심 기술인 NVDC(High Voltage Eirect Current), 신재생 에너지 등 다양한 발전원과 전기차를 비롯해 증가하는 소비 부하를 연구하는 복잡계 전력망(Complex grid) 분석, 10kV급 고전력 반도체, 전력 시장의 패턴 분석 및 예측을 통한 운영 고도화 등을 연구합니다.

4. **수소 에너지** : 온실가스 배출이 없는 친환경 수소에너지 시대를 마련합니다.
   풍력, 태양광 등 신재생에너지를 통해 만든 전기를 깨끗한 수소 에너지로 전환하는 기술을 개발하고, 안전하고 효율적인 저장과 운송을 위한 새로운 물질을 만드는 기술, 수소차, 수소발전 등의 기술을 연구하게 됩니다.

5. **환경・기후기술** : 기후변화 대응을 위한 혁신 기술을 연구합니다.
   전 세계적 관심을 모으는 지구온난화 및 환경문제를 다룹니다. 산업활동으로 발생한 이산화탄소, 미세먼지로 인한 환경 문제를 획기적으로 개선할 수 있는 방안 등 미래 세대에게 청정한 환경을 선물할 수 있는 기술을 연구합니다.
   산업활동으로 발생하는 이산화탄소 포집 및 인공광합성을 통한 연료화 기술, 미세먼지 발생원 제거 및 집진 효율 향상 기술, 청정 신재생에너지 및 고부가 물질생산 등 환경을 먼저 생각하는 혁신적인 기술을 중점 연구하게 됩니다.
   또한 꿈의 에너지인 핵융합 기술과 이를 실현시키기 위한 초전도 도체 및 자석 관련 연구를 수행할 수 있게 됩니다.

Ⅱ. (수시모집) 주요 전형

■ (학생부종합) 일반전형

전형	모집인원	전형 방법	수능최저학력기준
일반전형	90	1단계)서류100%(5배수) 2단계)서류50%+ 창의성면접50%	X

1. **지원자격**: 에너지 분야에 대한 열정과 잠재력을 가진 자로서, 다음 중 하나에 해당하는 자
   1. 2025년 2월 기준 국내·외 고등학교 졸업(예정)자
   2. 법령에 의하여 고등학교 졸업 이상의 학력이 인정된 자
   3. 「조기진급 등에 관한 규정(대통령령 제27751호)」 제3조 및 제4조에 따라 조기졸업 또는 상급학교 조기입학 자격을 갖춘 자
2. **제출서류**: 학교생활기록부 / ※ 외국소재 고교 출신자, 저소득층 학생, 검정고시 출신자: 요강 참고
3. **수능최저학력기준**: 없음

◎ 전형요소
※ **인재상**: 인류 공영을 위한 미래 에너지 개발에 도전하는 **탁월한 연구역량**과 **기업가 정신**, **글로벌 시민의식**을 갖춘 인재
● 서류(100점)
   1. **평가내용**: 제출서류를 토대로 본교의 핵심 가치 및 핵심역량, 지원 적합성 등을 평가
   2. **평가항목**:

평가요소	평가내용	비고
가치평가	• 특정 분야에 대한 관심을 가지고 깊이 있게 학습한 경험이 있는가?	RE
	• 생소한 분야에 도전한 경험을 통해 성공 혹은 실패의 경험이 있는가?	ES
	• 이타적인 활동 경험과 공동체의 이익을 위해 헌신한 경험이 있는가?	GC
역량평가	• 수학·과학을 깊이 있게 공부하고 스스로 학습한 경험이 있는가?	MT
	• 인문학에 관심을 가지고 인간과 사회에 대해 고민해 본 경험이 있는가?	HI
	• 공감, 정직, 리더십, 설득, 조정의 경험이 있는가?	CC
지원 적합성	• 에너지공학 분야에 대한 진학 의지와 활동, 성과가 있는가? • 에너지공학 분야 진학을 위한 교과 선택과 학습역량이 충분한가? • 에너지공학의 특성을 명확히 알고, 공학을 통한 인류 공영에 관심을 가지고 있는가?	

▌ 한국에너지공과대학교 핵심가치 및 핵심역량

핵심가치	핵심역량
Research Excellence (탁월한 연구)	Mathematical Thinking (수학적 사고)
Entrepreneurship (기업가 정신)	Humanistic Insight (인문적 통찰)
Global Citizenship (글로벌 시민의식)	Collaborative Communication (협업적 소통)

☞ 보충설명
• 서류평가 시 중요하게 여기는 요소는 무엇인가요?
  - 서류평가의 요소는 가치평가, 역량평가, 지원적합성입니다.
  - 지원자가 이수한 교과와 성취수준, 교내활동 등을 통해 개발된 역량, 인문학적 소양, 발전 가능성 등을 종합적으로 평가합니다.
• 교과성적이 어느 정도 되어야 합격할 수 있나요?
  - 교과성적은 다른 활동들과 함께 종합적으로 평가하는 요소 중 하나이며, 교과성적이 우수하다고 하여 합격이 보장되지는 않습니다.
  - 본교 학생부종합전형의 평가요소 및 평가항목에 따라 종합적으로 평가가 진행됩니다.

● 창의성면접(50점)
   1. 면접내용:

구분	면접준비시간	면접문답	평가내용
창의성 면접	30분	15분	발산적 사고력, 문제해결능력, 인문적 통찰 역량 등을 평가

   ※ 면접은 단순한 교과 지식을 묻는 것이 아니라 수험생의 전반적인 역량을 평가하는 방식으로 진행됨
   ※ 창의성 면접은 Mission KENTECH 패키지를 통해 주어진 과제에 대하여 자신만의 해결 방안을 제시하도록 열린 면접으로서 수학·과학 교과지식을 묻는 문제풀이식 구술고사가 아님.
   2. 면접운영과정:

면접 준비 **(30분)** → 면접실로 이동 → 창의성 면접 **(15분)**

☞ **보충설명**

• 면접평가는 어떤 방식으로 진행되나요?

본교 면접평가는 창의성 면접으로 진행됩니다. 창의성 면접은 지원자의 발산적 사고력, 문제해결능력, 인문적 통찰 역량 등을 평가합니다. 즉, 고등학생이라면 일반적으로 알고 있는 기본개념을 실제 문제 상황에 적용하여 창의적으로 문제를 해결하는 능력 등을 종합적으로 평가합니다.

■ 면접 개요

※ 2023 선행학습영향평가 결과 보고서

1. 면접진행: 지원자 1명을 대상으로 2명의 평가위원이 면접 실시

평가	창의성 면접
내용	발산적 사고력, 문제해결능력, 인문적 통찰 역량 등
자료	미션 켄텍 패키지
시간	1인당 15분(사전 답변 준비: 30분)

2. 창의성 면접 평가요소 및 기준

평가요소	평가 기준
발산적 사고력	• 학생이 제시한 방안이 창의적인가 • 제시된 조건을 바꾸었을 때 유연하게 사고하는가 • 새로운 아이디어나 대안을 제시할 수 있는가
문제해결능력	• 주어진 개념과 질문의 의도를 충분히 이해를 하였는가 • 주어진 조건을 고려하여 문제에 적용할 수 있는가 • 본인의 의견에 대해 합리적 근거를 제시하고 논리적으로 설명하는가
인문적 통찰 역량	• 답변 태도는 바람직하며 의사소통 능력을 갖추고 있는가 • 비판적 의견을 수용하고 발전된 방안을 탐구하는가 • 인류 지속성과 환경의 개선에 대한 문제의식을 갖추었는가

3. KENTECH 창의성 면접

❖ KENTECH의 평가를 한마디로 정의한다면 '숨은 인재 찾기'입니다.

우리 대학은 겉으로 드러나는 기록상의 우월함에 머물지 않고, 개념과 원리를 온전히 이해하여 자신의 목소리로 발화할 수 있는역량에 주목합니다. 객관식 문항 하나를 덜 맞히더라도, 깊이 있는 사유로 문제의 본질을 헤아릴 줄 아는 '숨은 인재'를 찾기 원합니다. 이를테면 모든 지원자가 수능 3번 문항을 풀어내더라도, 3번 문항에서 다룬 개념 및 원리에 관한 이해의 양상은 상당한 편차를 나타낼 테니까요. 개념과 원리라는 거인의 어깨 위에 제대로 올라선 학생, 그래서 그 개념과 원리를 딛고 높이 그리고 멀리도약할 수 있는 학생. 이런 학생이 바로 KENTECH이 창의성 면접을 통해 찾고자 하는 숨은 인재입니다.

❖ KENTECH의 창의성 면접은 기본적인 개념 및 원리를 바탕으로 논리적 정합성을 갖춰 주어진 과제에 대하여 자신만의 해결 방안을 제시하도록 하는 열린 면접입니다. 수학·과학 교과 지식을 묻는 문제풀이식 구술고사가 아니지요.

❖ 우리 대학의 창의성 면접은 면접 전에 35분간 '준비실'에서 창의성 면접 패키지를 언박싱하고 안에 담겨 있는 여러 유형의 자료를 선택·조합하면서 본인만의 해답을 궁리하게 됩니다. 그 다음 '면접실'로 이동하여 학생 1명이 면접위원 두 분 앞에서 준비한 내용을 기반으로 25분 동안 문답을 주고받습니다.

❖ 창의성 면접은 정답을 맞히는 시험이 아니기에 학생들이 별도의 교육을 받을 필요는 없습니다.

KENTECH이 살펴보고 싶은 것은 학생들 안에 내재된 역량입니다. 학생들이 그 동안 공부해온 내용들을 제대로 소화하여 단순 문제풀이 '도구'가 아니라 과제 해결의 '무기'로 사용할 수 있다면 그것으로 충분합니다. KENTECH의 면접은 무서운 시험이 아니라 즐거운 축제를 지향합니다. KENTECH의 면접위원들은 최대한 편안한 분위기에서 학생들의 사유를 지지하며 역량의 발현을 돕기 때문입니다. 학생 내면의 역량을 온전히 알아보는 지상에서 가장 안전한 면접장, 여기가KENTECH의 창의성 면접이 이루어지는 곳입니다.

◎ **전형결과**

■ 전체

학년도	모집인원	지원인원	경쟁률
2022	90	2,166	24.07
2023	90	1,137	12.63
2024	90	1,355	15.06
2025	90		

■ 변경사항 & 핵심포인트

[2025]

변경사항	2024	2025
모집인원	90명	90명
면접내용 변경	창의성면접70%+ 학생부기반면접30%	창의성면접100%
면접 시간 변경	창의성 면접 준비(35분) 창의성 면접(25분), 학생부 기반 면접(10분)	창의성 면접 준비(30분) 창의성 면접(15분)

• 모집인원: 90명 -> 90명, 전년도와 같음
• 학생부 기반면접 폐지: 2단계에서 학생부기반면접30%를 폐지하여, 창의성면접100%로 선발함. 학생부기반면접의 부담이 사라짐
• 1단계 선발배수가 5배수이므로 1단계 실질 경쟁률은 2 ~ 3 대 1 정도로 더 낮아짐.
  - 자기소개서가 없으므로 지원시 부담이 적으므로 창의성 면접에 강한 학생들은 적극적으로 지원 바람.

I. 한 눈에 보는 전형

모집시기	전형유형	전형	모집인원	전형 방법	수능최저학력기준
수시	종합	일반전형	330	서류100%	X
수시	종합	지역인재	65	서류100%	X
수시	종합	탐구우수 [신설]	30	1단계)서류100%(2배수) 2단계)서류50%+ 면접50%	X
수시	종합	고른기회	40	서류100%	X
수시	재외	재외국민및외국인	15	서류100%	X

(수시모집) 지원 가능 횟수	UNIST는 울산과학기술원법에 의해 설립된 기관으로 수시모집 지원 6회 제한에 적용받지 않음
	수시모집의 전형 및 계열 간 중복지원 불가(일반전형, 이공(무학과)과 일반전형 이공(반도체)을 중복지원하는 경우는 제외함)

■ 반도체공학과(80명) : 수시모집 일반전형 35명, 고른기회 40명, 정시모집 수능우수자 5명

반도체공학과는 채용연계형(삼성전자와의 계약학과)으로 운영되는 학과, 모든 과정을 성공적으로 이수할 경우 삼성전자 입사(공정직무)를 보장
※ 삼성대여장학생 합격을 포함한 모든 과정 이수 필요
1. 반도체공학과는 수시모집 일반전형과 정시모집 수능우수자전형을 통해 지원 가능함
  1) 수시모집 일반전형:
    ① 지원방법: - 일반전형 이공계열(무학과) 원서접수 과정에서 반도체공학과를 추가로 지원할 것인지를 결정함
              - 반도체공학과 추가 지원 선택 시에는 무학과와 반도체공학과에 중복으로 지원됨 ※ 반도체공학과만 지원하는 것은 불가능
    ② 전형방법: 무학과, 반도체공학과 따로 분류하지 않고 일반전형 지원자 전체 통합하여 평가 진행
    ③ 합격 및 등록: - 무학과와 반도체공학과 모두 합격했을 경우에는 둘 중 하나만 등록
                 - 무학과와 반도체공학과에 중복 등록했을 경우 합격(입학)이 취소될 수 있음
  2) 정시모집 수능우수자전형
    - 수능우수자전형 반도체공학과는 무학과와 구분하여 별도로 원서접수를 진행함
    - 수능우수자전형은 무학과와 반도체공학과 중복 지원이 불가
    - 수능우수자전형 평가는 무학과와 반도체공학과를 구분하여 별도로 진행함
2. 반도체공학과로 입학시 반도체공학과로 자동 소속됨
3. 반도체공학 입학생도 타 학과 복수 전공 및 부전공 가능함
4. 교육과정:
  1) 반도체 공정분야에 특화된 교육을 통해 전문가 양성
  2) 입학 시점부터 반도체공학과에 소속됨
  3) 교육과정은 학·석사 통합과정으로 진행하며 수업연한은 5년임
    ※ 학사(3.5년) + 석사(1.5년)으로 구성4. 학·석사 통합과정 졸업 시 공학석사 수여
    ※ 학·석사 통합과정 중도 포기가 발생할 경우에도 UNIST의학사학위 수여조건을 충족할 경우 학사학위 수여
5. 혜택:
  1) 총 약 7,500만원 수준의 혜택 제공 예정
    • 등록금 및 기숙사비 전액 지원(최대 10학기)
    • 학사의 경우 연 600만원의 성장지원 장학금 지원
    • 석사의 경우 연 240만원의 성장지원 장학금과 560만원 이상의연구장려금 지원
      ※ 장학 혜택은 정규 학기에 한하여 학기 단위로 지급됨(방학기간에는 지원되지 않음)
      ※ 성적 미달, 채용시험 합격여부, 휴학 및 전과 등 일부 조건에따라 장학 혜택이 조정되거나 지급되지 않을 수 있음
  2) 재학 중 삼성대여장학생(채용시험)에 합격하여 과정을 성공적으로 이수할 경우 삼성전자 입사 보장
    ※ 대여장학금 장학수혜기간의 2배 기간동안 삼성전자 근무 필수
    ※ 채용시험 합격 후 삼성전자에 입사하지 않거나 중도 포기할 경우삼성전자로부터 받은 혜택은 반납

■ 전형결과

※ 성적 산출기준: (수시) 교과 석차등급, (정시) 수능 백분위

모집시기	전형유형	전형	학년도	모집인원	지원인원	경쟁률
수시	종합	일반전형	2024	345	4,598	13.33
수시	종합	지역인재	2024	65	410	6.31

■ (주요전형) 전형일정

유형	전형	원서접수 마감	대학별 고사(면접/논술)	1단계 합격자	최종 합격자
종합	일반전형	9.12(목) 18:00 -자기소개서: 9.13(금) 18:00			12.13(금)
종합	지역인재	9.12(목) 18:00 -자기소개서: 9.13(금) 18:00			12.13(금)
종합	탐구우수	9.12(목) 18:00 -자기소개서: 9.13(금) 18:00	11.09(토)	11.06(수)	12.13(금)

■ 자기소개서 문항

1. UNIST에 지원한 동기와 고등학교 재학기간 동안 들였던 노력, 기타 특별한 경험 등에 대해서 활동중심으로 상세히 기술해 주시기 바랍니다. (띄어쓰기 포함 1,000자 이내)
2. UNIST 입학 후 학업계획과 학부과정 졸업 후 진로계획에 대해 기술해 주시기 바랍니다. (띄어쓰기 포함 800자 이내)

II. (수시모집) 주요 전형

■ (학생부종합) 일반전형

전형	모집인원	전형 방법	수능최저학력기준
일반전형	330	서류100%	X

※ 모집인원(330명) : [정원 내] 이공(무학과) 270명, 경영 25명, [정원 외] 이공(반도체공학과) 35명

1. **지원자격**: 다음 사항 중 어느 하나에 해당하는 자
   가. 고등학교 졸업자(2025년 2월 졸업예정자 포함) 또는 법령에 의하여 고등학교 졸업 이상의 학력이 있다고 인정되는 자
   나. 조기진급 등에 관한 규정(대통령령 제27751호) 제4조에 따라 상급학교 조기입학 자격을 갖춘 자
   다. 국내 고등학교 2학년 수료예정자로서 본원 과학영재선발위원회로부터 지원 자격을 인정받은 자
2. **제출서류**: 학교생활기록부, 자기소개서 ※ 외국고 출신자, 검정고시 출신: 요강 참고
3. **수능최저학력기준**: 없음

◎ 전형요소
● 서류
  1. **평가방법**: 지원자가 제출한 모든 서류를 바탕으로 학업역량, 지원계열에 대한 관심, 학교생활 충실도, 인성 등 글로벌 과학기술 리더로서의 발전 가능성을 종합적으로 평가
     ※ 무학과, 반도체공학과 지원자를 구분하지 않고 일반전형 지원자 모두 통합하여 평가를 진행함
  2. **평가영역**:

평가영역	세부 평가항목	
학업역량	① 교과 성적 ③ 교과 관련 수상 실적 ⑤ 지원계열 관련 주요교과 이수 이력	② 학년별 성적 추이 ④ 세부능력 및 특기사항
지원계열에 대한 관심 (지원계열 관련 활동)	① 지원계열 관련 탐구 활동 ③ 진로탐색	② 동아리 활동, 방과 후 학교 활동
학교생활 충실도 및 인성	① 반영교과 이외의 교과 성적 ③ 리더십, 공동체 의식	② 독서 활동, 체험 활동 ④ 타인에 대한 배려

☞ 보충설명
- 서류 평가요소는 학업역량, 지원계열에 대한 관심, 학교생활 충실도 및 인성, 3개
  - 반영비율은 지원계열에 대한 관심이 약 50% 이상, 학업역량이 약 40%가 안 됨, 인성 10% 정도로 지원계열에 대한 관심이 가장 중요함
- 지원계열에 대한 관심이라는 표현에서 보듯이 전공적합성이 단어는 쓰지도 않고 맞지도 않음.
  - 무학과로 입학하여 2학년때 전공을 자유롭게 선택, 전공 제한 없고, 학점 제한도 없음, 전공 선택을 변경도 가능함.
  - 전공적합성이 아니라 과기원으로서 연구원으로서 적합한 역량을 보며, 유니스트가 선발하고 싶은 학생인지가 중요함.
  - 유니스트는 연구역량이 중요함. 졸업 후 대학원에 진학해서 연구하는 것이 가장 일반적인 패턴임
- 학업역량은 교과관련 활동이력으로 이공계열은 수학과학이 80%를 차지함, 경영계열은 국어, 영어, 수학이 중요
  - 교과성적, 학년별 성적 추이, 세특, 지원계열 관련 주요교과 이수 이력 등을 살핌.
  - 등급이 표시된 과목은 등급만 보며 원점수, 표준점수 등은 안 봄. 그러나 소인수 과목은 이수자 수, 교육과정을 보면서 맥락을 평가함
  - 2,3학년 교육과정이 중요함
- 인성은 대부분 좋은 평가를 받음. 특별한 경우에 감점으로 활용함.
- 경영계열은 과기원에서 유일하게 선발
  - 과학과목을 전혀 이수하지 않은 학생이 이공계열을 지원하면 불합격시킴. 하지만 경영계열을 지원하는 것은 가능함

- 경영계열은 과학과 사회과목 중에서 우수한 과목을 반영해 줌.
• 서류평가시 과학2 과목을 많이 이수했거나 난이도가 높은 고급 과목을 이수한 경우는 좋은 평가를 받음. 이러한 이유로 과학중점반 학생들이 많이 합격하기도 함
• 자기소개서는 평가 대상이 아님. 평가는 학생부 중심으로만 하고 자기소개서는 참고만 함.
  - 자기소개서는 평가 대상이 아니므로 편안한 마음으로 경험 사례 중심으로 진술하게 작성,
  - 심지어 외부 수상실적을 표현해도 됨. 왜냐하면 평가에 반영하지 않으므로 분량만 낭비한 것임.
• 입학하여 기계공학과를 공부하고 싶은 학생이 물리를 안 듣고 생명과학이나 지구과학을 수강했어도 불이익을 주지 않음.
  - 이것은 의학계열을 준비한 학생들이 의학계열에 합격하기 어려울 것 같아 진로를 과기원으로 변경하여 지원한 경우에 해당하며
  - 진로를 변경한 것 등은 고려하지 않고 3년 동안의 교육과정을 얼마나 알차게 이수했는가를 살펴 봄
• 학생부를 어떻게 작성하면 좋은 평가를 받는지?
  - 학생들이 유니스트만 지원하는 것이 아니므로 유니스트가 학생부에 어떤 표현을 선호하는지는 중요하지 않음.
  - 어떻게 기록하면 유리할까에 대한 고민 보다는 유니스트에서 학생을 판단할 수 있는 근거를 적어주면 좋음
  - 학생들을 판단하는 미사어구가 너무 많음. 판단은 유니스트에서 할 테니 판단의 근거가 되는 내용을 적어주기 바람. 세특이 중요함.
• 일반고 학생들이 혹시 영어수업을 따라가지 못 해 어려워하지 않는 지?
  - 과학고 학생들도 영어수업을 어려워 하는 경우도 마찬가지임.
  - 영어로 수업, 발표, 토론 등 모든 수업을 영어로 수업함. 과기원 중에서 유일함.
  - 모든 수업을 영어로 하는 것은 졸업할 때 영어를 잘 하게 하는 것이 목표이고 이러한 결과 취업시 외국계 회사를 많이 선호함.
  - 지금까지 영어 때문에 중도 탈락한 경우는 없었음
  - 1학년 1학기에는 대부분의 학생들이 고생하지만 대학에서 충분히 지원 시스템이 구축되어 있으므로 1년만 견디면 됨

◎ **전형결과**
■ 전체

학년도	전체						경영						이공					
	모집인원	지원인원	경쟁률				모집인원	지원인원	경쟁률				모집인원	지원인원	경쟁률			
2022	305	4,223	13.85				25	314	12.56				280	3,909	13.96			
2023	305	4,898	16.06				25	462	18.48				280	4,436	15.84			
2024	345	4,598	13.33				25	307	12.28				320	4,291	13.41			
2025	330						25						305					

※ 전년도 일반전형 이공계열 지원자 4,291명 중 반도체학과 무학과 중복지원자: 1,681명

■ **변경사항 & 핵심포인트**

[2025]

변경사항	2024	2025
모집인원	345명	330명(-15명)
자기소개서 문항 수 축소	3문항	2문항

• 모집인원(330명): 이공 305명(무학과 270명, 반도체공학부 25명), 경영 25명 선발
• 4개 과기원 모집인원은 대략 카이스트 800명, 유니스트 400명, 지스트, 디지스트 200명 정도로 2위인 반면 지원자는 가장 많음.
  - 그만큼 일반고 학생들이 많이 지원하고 합격함.
  - 전년도 합격자 고교유형: 영재학교 8명, 과학고 61명, 외국어고 9명, 국제고 1명, 자율고 70명, 일반고 223명, 합 378명으로 일반고가 압도적임.
  - 유니스트 졸업생들 중에서 탁월한 실적을 보여주는 일반고 출신 학생들이 많고, 교수님들께서 원석을 보석으로 키우는 보람을 느끼심
  - 이러한 결과로 일반고에 우호적인 마인드를 가지고 있고 다른 과기원에 비해 일반고 학생들을 가장 많이 선발함. 이러한 정책 기조 유지
• 경영에 입학하는 경우 장점은?
  - 가장 큰 장점은 경영으로 입학한 경우에도 이공으로 입학한 학생들과 똑같은 장학 혜택을 누릴 수 있음
  - 2전공으로 이공계를 선택해도 제약이 없음. 자유롭게 선택할 수 있으며, 실제 이공계를 많이 선택함.
  - 이공계열 학생들이 창업을 많이 하는데, 창업을 하기 위해 경영계열 학생들과 같이 하고 싶어함.

■ **모집단위**
'*' 표시 : 교직 이수 가능

계열	모집단위	2025	2024					2023					2022				
		모집인원	모집인원	지원인원	경쟁률			모집인원	지원인원	경쟁률			모집인원	지원인원	경쟁률		
인문	경영	25	25	307	12.3			25	462	18.5			25	314	12.6		
자연	이공	305	320	4,291	13.4			280	4,436	15.8			280	3,909	14.0		

■ (학생부종합) 지역인재

전형	모집인원	전형 방법	수능최저학력기준
지역인재	65	서류100%	X

1. **지원자격**: 다음의 '가~다'항 중 어느 하나에 해당하고, '라'항의 세부 지원 자격을 모두 충족하는 자
   가. 고등학교 졸업자(2025년 2월 졸업예정자 포함) 또는 법령에 의하여 고등학교 졸업 이상의 학력이 있다고 인정되는 자

나. 조기진급 등에 관한 규정(대통령령 제27751호) 제4조에 따라 상급학교 조기입학 자격을 갖춘 자

다. 국내 고등학교 2학년 수료예정자로서 본원 과학영재선발위원회로부터 지원 자격을 인정받은 자

라. 세부 지원 자격

1) 울산광역시 소재 고등학교에서 교육 전 과정을 이수

2) 고등학교 재학 전 기간 동안 주민등록상 울산광역시에 거주한 자

2. 제출서류: 학교생활기록부, 자기소개서

◎ 전형요소

● 서류: 일반전형 참고

1. 평가방법: 지원자가 제출한 모든 서류를 바탕으로 학업역량, 지원계열에 대한 관심, 학교생활 충실도, 인성 등 글로벌 과학기술 리더 로서의 발전 가능성을 종합적으로 평가

※ 필요시 제출서류 추가 확인 및 면접을 실시할 수 있음

2. 평가내용:

구분	학업역량 평가내용
이공계열	수학, 과학, 국어, 영어 교과를 중심으로 평가

◎ 전형결과

■ 모집단위

'*' 표시 : 교직 이수 가능

계열	모집단위	2025 모집 인원	2024 모집 인원	지원 인원	경쟁 률			2023 모집 인원	지원 인원	경쟁 률			2022 모집 인원	지원 인원	경쟁 률	
인문	경영	5	5	56	11.2			5	43	8.6			5	37	7.4	
자연	이공	60	60	354	5.9			60	424	7.1			60	355	5.9	

■ (학생부종합) 탐구우수

전형	모집인원	전형 방법	수능최저학력기준
탐구우수 [신설]	30	1단계)서류100%(2배수) 2단계)서류50%+ 면접50%	X

1. 지원자격: 다음의 '가~다'항 중 어느 하나에 해당하고, '라'항의세부 지원 자격에 해당하는 자

가. 고등학교 졸업자(2025년 2월 졸업예정자 포함) 또는 법령에 의하여 고등학교 졸업 이상의 학력이 있다고 인정되는 자

나. 조기진급 등에 관한 규정(대통령령 제27751호) 제4조에 따라 상급학교 조기입학 자격을 갖춘 자

다. 국내 고등학교 2학년 수료예정자 또는 이와 동등한 자격을 가졌다고 인정되는 자로서 본원 과학영재선발위원회로부터 지원 자격을 인정받은 자

라. 세부 지원 자격: 수학과학 관련 다양한 활동에 참여하여 우수한 성취를 거둔 자로,과학기술 글로벌 리더로서의 성장 비전을 가진 자

2. 제출서류: 학교생활기록부, 자기소개서, 기타 입증자료

※ 외국고 출신자, 검정고시 출신: 요강 참고 ※ 기타 입증자료(3건, 건당 1,000자 이내) ※ 검정고시 합격자는 요강 참고

1. 기타 입증자료 설명서: – 작성방법: 원서접수 시 작성, – 3건 제출 시, 3건 작성(한 건당 1,000자 이내)

2. 기타 입증자료 확인서: 기타입증자료 확인서(일반) UNIST 서식3 작성하여 학교장 직인 받은 후 온라인 원서접수 시 첨부

3. 기타 입증자료(PDF)

1) 제출 자료의 종류: – 수상실적 및 수료증, 각종 활동 참여 확인서 – 발급기관의 발행년월, 기관 직인이 있는 공식 자료만 인정함

2) 제출 건수, 분량: 최대 3건 제출 가능(한 건당 3매 이내)

3) 제출 자료의 해당 기간: 고교 재학기간

4) 자료 제출범위: 교내 활동 또는 학교장 승인 받은 활동 ※ 고교 측에서 공식적으로 확인할 수 있어야 함

5) 제출방법: 온라인 원서접수 시 첨부

6) 기타 입증자료 관련 세부사항은 기타 입증자료 쳇툴 관련 유의사항 참고

3. 수능최저학력기준 : 없음

◎ 전형요소

● 서류(50점): 일반전형 참고

● 면접(50점):

1. 평가방법: . 지원자 1인을 대상으로 면접위원 2~3인이 면접평가 실시

. 창의적인 탐구능력 및 수학능력, 진로계획 및 발전가능성, 품행 및 인성 등을 종합적으로 평가함

◎ 전형결과

■ 모집단위

'*' 표시 : 교직 이수 가능

계열	모집단위	2025 모집 인원	2024 모집 인원	지원 인원	경쟁 률			2023 모집 인원	지원 인원	경쟁 률			2022 모집 인원	지원 인원	경쟁 률	등록 70%	
자연	이공	30															

130. 겐트대학교 글로벌캠퍼스

(21985) 인천광역시 연수구 송도문화로 119-5
(Tel: 032-626-4114 / H.P.: admissions.ghent.ac.kr)

I. 대학 소개

1. 겐트대학교(Ghent University, UGent) 소개

대학유형	국공립대학교	위치	벨기에 겐트시
설립연도	1817년	학부	11개 단과대학 200여 학과
재적학생	50,000명	교직원	15,000명

※ 2023년 4월 겐트대학교 홈페이지 공시기준

겐트대학교는 1817년 벨기에 겐트시에 설립된 200년 역사의 유럽의 명문 대학으로 상해교통대학 세계대학순위(Academic Ranking of World Universities) 74위(식품과학기술분야 19위, 생명공학분야 39위), CWTS 세계대학순위(CWTS Leiden Ranking) 76위(생명과학분야 35위), US News 세계대학순위(US News Global Universities Rankings) 95위(동식물분야 9위, 생명공학 및 응용미생물학분야 53위, 환경생태학 분야 69위), THE 세계대학순위(Times Higher Education) 96위(생명과학 47위)에 위치하는 벨기에 대표 국공립대학입니다.

겐트대학교는 50,000명의 학생과 15,000명의 교직원을 보유한 연구중심종합대학입니다. 학부는 11개 단과대학으로 구성되어 있으며 200여개의 학과를 보유하고 있습니다. 겐트대학교는 대한민국 글로벌캠퍼스를 포함하여 Ghent, Kortrijk, Brugge, Oostende에 5개의 캠퍼스가 있으며, 겐트대학교 글로벌캠퍼스는 벨기에 외 나라에 소재한 유일한 캠퍼스로 본교와 동일한 커리큘럼과 더불어 이학사 학위를 수여하고 있습니다.

겐트대학교는 또한 유럽 내 최고 수준의 생명공학연구소인 플레미쉬 생명공학연구소(Flanders Institute for Biotechnology)가 분산·운영되고 있는 대학 중 하나로 유럽연구위원회(European Research Council)로부터 범유럽 대형연구과제와 우수 과학자 육성사업을 지원받는 연구중심대학이자 연구기관입니다.

2. 겐트대학교 글로벌캠퍼스(Ghent University Global Campus) 소개

대학유형	외국고등교육기관(교육부 인가, 국내학력 인정)	위치	대한민국 인천시(인천글로벌캠퍼스 內)
설립연도	2014년	개설학과	분자생명공학과, 식품공학과, 환경공학과
재적학생	764명	교직원	104명(교원 62명)

※ 2023년 9월 교육부 외국교육기관 및 외국인학교 종합안내 서비스(isi.go.kr) 공시기준

겐트대학교는 산업통상자원부, 교육부, 인천시 경제자유구역청(IFEZ)이 공동 추진한 해외 우수대학 국내 유치사업에 초청되어 2014년 9월 인천글로벌캠퍼스 내에 겐트대학교 글로벌캠퍼스를 개교했습니다.

개교 이래 분자생명공학과, 식품공학과, 환경공학과의 생명공학 3개 학사과정을 개설하여 운영하고 있고 모든 학사과정은 벨기에 겐트대학교 생명과학공과대(Faculty of Bioscience Engineering)와 자연과학대(Faculty of Science)가 공동으로 한국 및 아시아의 교육 및 산업 환경에 적합한 융복합 STEM(Science, Technology, Engineering, and Mathematics) 교육 실현을 목적으로 설계되었습니다.

지난 2020년 5월에는 네덜란드-플란더스 고등교육 인가 위원회(The Accreditation Organisation of the Netherlands and Flanders, NVAO)의 교육과정 평가인증을 통해 기존 임시인증(Provisional Accreditation)이 영구인증(Permanent Accreditation)으로 확정 인가되어 교과과정의 우수성과 경쟁력을 공식화했습니다.

1) 수시와 정시의 영향을 받지 않음

국내 대학의 경우 수시 6곳, 정시 3곳의 지원 제한을 받지만, 겐트대학교 글로벌캠퍼스는 해외 대학이기 때문에 수시, 정시와 상관없이 지원이 가능합니다. 즉 수시, 정시 9곳을 지원했더라도 추가적으로 겐트대학교에 지원이 가능합니다.

2) 벨기에 겐트대학교가 직접 설계하고 관리하는 교과과정과 교수진

모든 교과과정은 겐트대학교가 직접 설계하여 관리하고 모든 전임 교수진(Residential Faculty)의 선발·채용 또한 겐트대학교 기준이 동일하게 적용됩니다. 3,4학년 전공별 심화과목 지도는 벨기에 겐트대 파견 교수진(Flying Faculty)이 함께 진행하여, 벨기에 겐트대학교의 졸업장을 수여 받습니다.

3) 100% 영어강의, 교과과정 50% 이상 실습

본교 학사과정은 모든 수업이 영어로 진행되는 STEM(Science, Technology, Engineering, and Mathematics) 과정으로 모든 과목에 실습·실험 활동이 포함되어 있어 오전에는 이론수업, 오후에는 실험과 실습수업으로 구성됩니다. 특히 4학년 전공과정 중 '학사 프로젝트(Bachelor's Project)' 과목을 통해 전공 지식을 바탕으로 실험을 설계하고 연구를 진행하여 졸업 논문을 제출합니다. 이를 통해 모든 졸업생은 생명공학 유관 산업계와 학계가 필요로 하는 글로벌 인재로서의 역량을 갖추게 됩니다.

4) 4학년 1학기 벨기에 겐트대 수학

분자생명공학, 식품공학, 환경공학의 3개 학사과정은 모두 4학년 1학기 벨기에 본교 학기가 필수 과정으로 포함됩니다. 따라서 모든 재학생은 심화 전공과정을 벨기에 겐트대학교에서 이수하여 자연스럽게 국제적 감각과 경쟁력을 갖추게 됩니다.

5) 졸업 후 다양한 진로·진학 가능성(평균 취업률 94.2% 이상)

유럽 생명공학 융복합 STEM 교육과정을 영어로 이수하는 겐트대학교 교과과정은 졸업생에게 생명과학 분야에 있어 국경을 초월한 다양한 진로 선택의 기회를 제공합니다. 2018년 이후 현재까지 졸업생의 94.2%의 취업률을 기록하였고, 졸업과 동시에 본인의 진로를 찾았으며 특히 대학원 진학에 있어서 유수의 국내외 명문대 진학 성과를 통해 교과과정의 우수성을 확인할 수 있습니다.

II. 교과과정 및 개설전공

1. 교과과정

겐트대학교 글로벌캠퍼스는 생명과학·공학 분야에 있어 세계적 연구중심 대학인 벨기에 겐트대학교의 교과과정을 한국 및 동아시아 실정에 맞게 설계·적용하여 생명과학기술의 미래를 주도할 글로벌 인재 양성과 함께 진취적 생명산업 전문가 배출을 목표로 설립되었습니다.

따라서 교과과정 설계에 있어 생명의 원리 및 현상을 이해하기 위한 수학, 화학, 생물학, 물리학 등 기초과정을 통한 수·과학적 핵심 역량을 갖추고 실험·연구 중심의 전공과정을 통해 전공역량을 심화시킴은 물론 정보학, 경영학, 경제학, 법학 등 융·복합 교육을 통해 응용생명과학·공학 분야에서 다양한 역할을 수행할 수 있도록 구성되어 있습니다.

학사과정은 학과별 특수성을 유지하면서도 교과과정 내에서 통합적인 교육 시너지를 발휘하기 위해 학부제 형태로 운영되고 있습니다. 1, 2학년 동안 폭넓은 공통 전공 기초 교육을 이수하고, 3학년 진급과 함께 3개 학사과정 중 하나를 주 전공으로 선택하여 학과별 각 세부 전공에 대한 심화학습을 하도록 구성되어 있으며, 졸업 시 벨기에 겐트대학교 학사학위(BSc)를 수여합니다.

2. 개설전공

1) 분자생명공학과(Molecular Biotechnology)

생명체의 분자적 과정(Molecular Process)에 대한 원천지식을 개발할 수 있는 비판적 사고를 겸비한 독립적인 전문가를 양성하는 것을 목표로 합니다. 본 학과 졸업생은 질병이 일어나는 메커니즘을 이해하는 데 기여할 수 있을 뿐 아니라 정밀화학, 제약, 바이오 연료 등의 제조를 위해 살아있는 세포 또는 유기체를 사용하는 다양한 산업 분야에서 공학적 기법을 활용할 수 있게 됩니다. 또한, 새로운 생체분자제품 및 생산과정을 개발하고 이들의 품질을 통제 및 관리할 수 있는 전문가로 성장하게 됩니다.

2) 식품공학과(Food Technology)

졸업 후 다양한 식품 및 식품 관련 분야에서 활약할 수 있도록 식품과학·기술 등 다양한 측면을 교육합니다. 식품의 생산, 저장 및 준비기간 동안 원재료에 발생하는 다양한 과정을 개시, 통제 및 관리법은 물론 정량적·공학적 접근방법을 통해 이러한 과정들이 인간의 건강에 어떠한 영향을 미치는지 분석할 수 있게 됩니다. 식품과학 및 영양에 관한 고유지식뿐 아니라 광범위한 융합지식을 통해 식품공정 전 과정에서 발생하는 문제에 대한 혁신적인 해결방법을 제시할 수 있게 됩니다.

3) 환경공학과(Environmental Technology)

환경오염과 관련된 개념과 이슈에 관한 풍부한 지식과 전문성을 갖춘 환경 전문가를 양성하는 것을 목표로 합니다. 학생들은 환경오염의 수준을 감지 및 계량화하고, 환경오염이 생태계, 동식물, 그리고 인간에게 미치는 영향과 위험을 평가할 수 있도록 훈련됩니다. 또한, 환경오염의 예방과 개선을 위한 기술을 설계하고 적용하는 방법을 배우게 됩니다.

※ 전공 별 교과 과정 상세 내용은 겐트대학교 Study Guide 홈페이지(https://studiekiezer.ugent.be/en/zoek)에서 열람 가능

III. 입학전형

겐트대학교 글로벌캠퍼스는 '경제자유구역 외국교육기관 설립·운영에 관한 특별법'에 따라 국내에 설립된 외국고등교육기관으로 국내 수시 및 정시 전형과 별개의 전형으로 운영됩니다.(국내 수시, 정시 중복 지원 가능) 입학전형 또한 한국 실정에 맞추어 3월과 9월 전형으로 나누어 선발합니다. 9월 학기는 졸업까지 총 8학기 과정으로 구성되고 3월 학기는 입학 준비학기(Preparation Semester)를 포함하여 졸업까지 총 9학기 과정으로 구성되어 있습니다. 학비는 학점당 30만원으로 계산되어 3월 학기 입학과 9월학기 입학의 전체 학비가 동일합니다.

1) 전형개요
- 모집정원: 225명(3월, 9월 학기 통합 정원)
- 전형유형: 지원 기간 내 상시지원
- 모집과정: 분자생명공학과, 식품공학과, 환경공학과(1,2학년 공통 전공과정 이수 후 3학년 진급 시 주 전공 선택)
- 전형구분: 일반전형, 고교장추천전형
- 원서접수: 온라인 지원, 입학 홈페이지(admissions.ghent.ac.kr) 내 '지원하기' 페이지

2) 지원자격
- 국내 정규 고등학교 졸업자 및 졸업 예정자
- 관련 법령에 의하여 국내 정규 고등학교 졸업자와 동등 이상의 학력이 있다고 인정된 자(국내 검정고시 등)
- 벨기에 겐트대학교 중등학력 인정기준에 부합하는 해외 고등학교 혹은 국내·외 국제학교 졸업자 및 졸업 예정자

※ 해외 중등학력 소지자(졸업자 및 졸업 예정자)의 경우 지원 전 학력 인정 여부를 겐트대 글로벌캠퍼스 입학처와 반드시 확인필요

3) 전형일정

모집학기	지원서 개시일	지원 마감일	합격 발표
2024년 3월 학기	2024년 9월 1일	우선지원 마감: 2024년 11월 30일 최종지원 마감: 2025년 2월 7일	원서 접수일 기준 익월 말 개별 통보
2024년 9월 학기	2025년 3월 1일	우선지원 마감: 해당사항없음(상시지원) 최종지원 마감: 2025년 7월 31일	

※ 우선지원 마감일(24.11.30.) 내 원서접수 완료자가 24. 12. 13 이내 학사기본금 납부 완료시 학생기숙사 우선 신청 가능
※ 상기 일정은 모집 상황 및 대학의 입학 정책에 따라 변경될 수 있음

4) 전형별 제출서류 및 유의사항

	일반전형	고교장추천전형
지원자격	III-2) 지원자격을 충족하는 자	국내 정규 고등학교 졸업자 및 졸업 예정자[1]
지원방법	지원 일정 내 온라인 접수, 상세내용 본 대학 입학 홈페이지(admissions.ghent.ac.kr) 참조	
공통 필수 제출서류	① 증명사진(규격 3.5*4.5cm, JPEG 양식) ② 여권사본(서명란 포함 전체 페이지 PDF양식 컬러 스캔)	
전형 별 필수 제출서류	① 영문 중등 학력 증명서류[2]: 　고교 졸업 증명서 또는 한국 검정고시 합격증서 ② 영문 중등 성적 증명서류[3]: 　고교 내신 성적표 또는 한국 검정고시 성적표 ③ 겐트대 온라인 입학시험 성적표: 　최소 20점 만점 중 14점 이상 ④ 공인영어시험 성적표(택1): 　TOEFL IBT 72 / IELTS 6.0 / IB 5 / SAT 500 / 　ACT 21 / 수능영어 2등급 이내	영문 고교 졸업 증명서[2] 영문 내신 성적표[3] 국문 생활기록부 본교 양식 고교장 추천서[4]
비고	[1] 해외 중등학력 소지자 및 검정고시 출신자는 고교장추천전형 지원 불가 [2] 지원 시점 고교 재학자는 재학증명서 혹은 졸업예정 증명서 파일 제출, 졸업증명서는 추후 원본서류 제출 일정 내 우편 및 방문 제출 [3] 지원 시점 고교 재학자는 3학년(G12) 1학기 까지 성적 파일 제출, 3년 전체 성적표는 추후 원본 서류 제출 일정 내 우편 및 방문 제출 [4] 입학 홈페이지(admissions.ghent.ac.kr)를 통해 다운로드 혹은 입학 대표메일(admission@ghent.ac.kr)로 양식 요청, 작성된 추천서는 고교장 자필 서명과 학교 직인 날인 후 제출할 것	
유의사항	※ 모든 서류는 영문 제출 단, 생활기록부는 국문 제출 인정 ※ 증명사진(JPEG) 외 모든 서류는 PDF 양식 컬러 스캔본(5MB미만) 준비 후 온라인 지원서 내 업로드 ※ 모든 제출서류의 원본은 문서 발급 번호, 학교 직인 등이 포함된 공식 발급서류만 인정됨 ※ 원본 서류 제출 지정일 내에 우편 혹은 방문 제출 ※ 국외 고교 출신자는 출신국에 따라 아포스티유 혹은 공증본 제출, 상세내용 본 대학 입학 홈페이지 참조 (admissions.ghent.ac.kr) 혹은 입학처 문의(admission@ghent.ac.kr) ※ 교육부 인가를 받은 재외 한국학교의 발급 서류는 아포스티유·영사 확인을 받지 않아도 유효함 ※ 제출서류 등의 허위 기재, 위·변조 및 기타 부정한 방법으로 합격 또는 입학한 사실이 확인될 경우 합격 또는 입학을 취소함 ※ 기타 요강에 명시되지 않은 사항은 겐트대학교 글로벌캠퍼스 입학처가 결정하는 바에 따름	

IV. 학비 및 장학제도 안내

1) 학비

- **학사기본금** : 200만원(연납, 환불 불가)
- **학부수업료** : 1,800만원(1학점 당 30만원, 연간 필수 이수학점 60학점 기준)
- **기숙사** : 1인실 360만원, 2인실 240만원, 3인실 192만원(연간 비용, 학기 중 32주 거주 기준)
  - ※ 모든 학비 관련 항목은 사전 통보 없이 변경될 수 있음
  - ※ 학기 중 기숙사 입사는 선택사항임

2) 장학제도

장학금 명칭	선발 기준	장학금 금액	지급 기간
신입생 총장장학금 (Presidential Scholarship for New Students)	신입생 중 입학성적 최우수자	학비의 50%	4년 (혹은 수업연한)

장학금 명칭	선발 기준	장학금 금액	지급 기간
성적우수자 장학금 (Admission Grant)	일반전형 신입생 중 입학성적 우수자	학비의 15%	1년
고교장추천전형 장학금 (Headmaster's Recommendation Scholarship)	고교장추천전형 신입생 중 입학성적 우수자	학비의 15%	1년
국제인재장학금 (Global Leader Scholarship)	해외 중등교육 학력 신입생 중 입학성적 우수자	학비의 10%	4년 (혹은 수업연한)
형제 장학금 (GUGC Siblings' Scholarship)	형제/자매가 본교 재학 중인 신입생	학비의 25%	1년
외국인 장학금 (International Student Scholarship)	해외 중등 학력의 외국 국적 신입생	학비의 25%	1년
지역인재 장학금 (Regional Talent Scholarship)	4개 시·도 교육청 (서울/경기/인천/세종) 교육감이 추천한 우수지역 인재 신입생	학비의 10%	4년 (혹은 수업연한)
미래글로벌인재 장학금 (Future Global Talent Scholarship)	4개 시·도 교육청 (서울/경기/인천/세종) 교육감이 추천한 미래글로벌인재 장학생 추천 대상인 사회배려자 신입생	학비의 100%	4년 (혹은 수업연한)
IGC미래인재 장학금 (IGC Future Talent Scholarship)	인천 소재 고등학교 재학생 중 IGC 미래인재 장학생 추천 대상인 사회배려자 신입생	학비의 100%	4년 (혹은 수업연한)

※ 모든 장학금은 연간 학비 기준으로 산정되고 관련 내용 및 기준은 사전 통보 없이 변경될 수 있음
※ 4년(혹은 수업연한) 장학금의 지급 요건은 직전 학년 모든 수강 과목의 수료(20점 중 10점 이상 학점 취득)임
※ 수업연한: 3월 입학생의 경우 9학기, 9월 입학생의 경우 8학기임

131. 유타대학교 아시아캠퍼스

인천광역시 연수구 송도동 문화로 119-3 유타대학교 아시아캠퍼스
032-626-6000 | asiacampus.utah.edu | asiacampus@utah.edu

I. 대학 소개

1. University of Utah 소개

대학유형	공립주립대학교	위치	201 South President Circle, Salt Lake City
학교면적	180만평	홈페이지	www.utah.edu
설립년도	1850년 2월 28일	학기제도	Semester

유타대학교는 미국 유타주 솔트레이크 시티(Salt Lake City)에 위치하고 있으며, 세계적 수준의 교육을 174년 이상 제공해왔다. 최근 10년간 각 대학 평가 순위에서, 세계 최고 대학교 중 상위 100위권, 미국 내 대학교 중 상위 50위권 대학교로 선정되었으며, 미국의 선두 연구 대학교 중 하나로 카네기 재단(Carnegie Foundation)의 티어 1(Tier 1) 연구 기관으로도 알려져 있다.

유타대학교에는 국가과학상과 노벨상 수상자를 비롯하여 2,600여명의 세계적인 전임 교수진이 32,000명의 학생들에게 혁신, 창의력, 사업가 정신 배양을 위해 구슬땀을 흘리고 있다. 유타대학교에 입학한 학생들은 입학 즉시 교수진의 연구에 참여할 수 있는 기회가 주어지거나, 학생 스스로 독립적인 연구를 할 수 있도록 지원하고 있다. 이런 결과, 유타대는 기술 기업의 창업이 활발하게 이루어져 Adobe 공동 창업자 John Warnock, Pixar Animation 창업자 Edwin Catmull, Marriott 호텔 체인 창업자 J. Willard Marriott, 삼보 컴퓨터 창업가 이용태 회장 등 미국 내에서도 가장 많은 창업 기업가와 창업 기업을 배출하였다.

유타대는 인문, 사회 계열 중심 대학으로 출범하여 경영학, 심리학, 사회학 등 전통적으로 인문사회 계열이 강세를 보이고 있으며, 더불어 이공 계열은 약대, 의대, 생명공학, 의학 공학이 유명하다. 1982년 유타대학교 자비크 박사팀은 세계 최초로 인공 심장이식수술을 성공하는 업적을 남기면서 대학의 명성을 널리 알렸고, 2007년 유전학과 생물학의 석학 마리오 카페키 박사가 유타대학교 설립 이래 첫 번째 노벨상을 수상하는 영예를 안았다. 이런 업적을 바탕으로 유타대학교는 약학, 유전학, 공학 분야에서 미국 내 연구 대학 중 상위권을 차지하고 있다.

최근 들어 솔트레이크시에 첨단 연구소 및 많은 IT 기업들이 대거 몰리면서 샌프란시스코의 실리콘밸리에 비유하여 이곳을 실리콘슬로프라 명명하고 있다. 유타대는 이런 지역 기반을 바탕으로 전통적으로 강세인 인문, 사회 계열은 물론 의학, 공학, 유전학, 경영학, 게임학 등 다양한 분야에서 세계 최고의 교육을 제공하는 연구 대학으로 거듭나고 있다.

2. 유타대학교 아시아캠퍼스 (The University of Utah Asia Campus)

인천 송도에 위치한 유타대학교 아시아캠퍼스는 진정한 국제 캠퍼스로 정부와 인천시에서 글로벌 인재 양성, 지식 산업의 복합캠퍼스로 구성, 동서의 지식과 문화 교류의 장을 만들기 위해 세계 최초로 시도한 야심찬 프로젝트이다.

2014년 2월, 유타대학교는 유타대학교 미국캠퍼스의 이사회와 한국 교육부로부터 전체 승인을 받아 유타대학교 아시아캠퍼스를 오픈하게 되었으며 이 승인으로, 등록과 졸업 요건을 갖춘 학생들은 유타대학교 학위를 수여 받을 수 있게 되었다. 유타대학교 아시아캠퍼스는 2014년 9월 1일부터 첫 가을 학기를 시작했으며 일 년에 두 번 (봄학기/가을학기) 신입생을 모집한다.

유타대학교의 교육 과정은 학생들에게 단순히 수업을 듣고 학점을 취득하는 것 이상의 경험을 제공한다. 모든 학과 과정은 전문적이고 실용적인 지식을 쌓는 것은 물론, 비판적 사고 능력과 협력 정신을 키울 수 있도록 디자인되었으며, 그룹 프로젝트, 학우 간 피드백, 멘토링 시스템을 적극 활용하고 있다. 유타대학교 아시아캠퍼스에 등록한 학부생은 아시아캠퍼스와 미국 캠퍼스에서 각각 3년, 그리고 1년을 공부하게 되며, 대학원생은 아시아캠퍼스 및 미국 캠퍼스에서 각각 1년씩 공부하여 학위 과정을 마치게 된다.

미국캠퍼스와 동일한 교육 과정 및 교수진으로부터 수업을 들을 수 있는 유타대학교 아시아캠퍼스는 1) 혁신, 창의, 기업가 정신을 갖춘 인재 양성 2) 최고 수준의 교육과 연구 문화 정립 3) 학생들의 성공을 돕는 교육 과정 등 3가지 교육 목표를 실현할 것이다. 유타대학교 미국캠퍼스의 적극적인 지원과 사명감을 가지고 학생들을 창의적인 글로벌 리더로 만드는 혁신적인 대학이 될 것이다.

II. 유타대학교 아시아캠퍼스 학과 및 교육 과정

유타대학교 아시아캠퍼스에 개설된 학부와 석사 과정은 유타대학교 미국캠퍼스 리더쉽팀의 다양한 조사와 분석을 통해 결정되었다. 타당성 조사 결과 졸업생의 취업, 대학원 진학에 좋은 결과를 만들 수 있는 학부, 석사 과정 유치가 중요하다고 판단하여, 유타대학교 미국캠퍼스에서 최고의 교육 과정을 통해 성공적으로 운영되고 있는 학사/석사 과정 프로그램을 개설하였다. 현재 제공되는 학부와 석사 프로그램은 게임학(Games), 회계학(Accounting), 정보시스템학(Information Systems), 도시계획학(Urban Ecology), 커뮤니케이션학(Communication), 심리학(Psychology), 영화영상학(Film and Media Arts), 전기 공학(Electrical Engineering), 컴퓨터 공학 (Computer Engineering) 9개의 학부 과정과 커뮤니케이션학 (Communication) 1개의 석사 과정이다.

1. 교육 과정의 특징

1) Block-U, Global Citizenship 프로그램

일반교양을 통해 통합적인 과정으로 두 학기 동안 한 그룹이 35명의 학생으로 구성되어 종합적인 사고방식, 시민참여, 주요 역량 발휘, 학생들의 성공 증진 등의 내용을 학습하며 2학기에는 문제 중심 학습 과정이 포함되어 있다. Block-U는 학습공동체를 통해 공동체학습, 학습프로젝트 연구 등을 동료들과 함께 협업하는 프로그램으로 조교가 개별 학생, 동료 멘토를 지원하면서 학생들의 교과 과정, 수업 관련 영어에 대해 도움과 조언을 해주고 있다.

2) 유타대학교 미국캠퍼스와 동일한 환경을 제공

유타대학교 아시아캠퍼스는 분교가 아닌 확장형 캠퍼스로 유타대학교 미국캠퍼스에서 파견되는 우수한 교수진이 유타대학교 미국캠퍼스와 같은 수업을 아시아캠퍼스에서 진행하며, 학위 또한 유타대학교 미국캠퍼스에서 수여하며, 유타대학교 미국캠퍼스의 학생들과 동일하다. 아시아캠퍼스에 입학한 학생은 아시아캠퍼스에서 교양 과정, 전공 과정을 3년 배우고, 유타대학교 미국캠퍼스에서 전공 과정 1년을 배우도록 교육 과정이 구성되어있다.

2. 학부 과정 안내

학사 과정		
구분	학위	특징
게임학	이학 학사	1. 미국 내 학부 위상 　a) **미국, 세계 공립대학교 게임학 분야 1위** (프린스턴리뷰, 컬리지랭크, 애니메이션 커리어 리뷰) 　b) 미국 최고의 게임학 학부 과정 3위 (U.S. News & World Reports) 　c) 미국 대학 게임학 7위 (프린스턴리뷰) 　d) 세계, 비디오 게임 디자인 TOP (Game Designing) 2. 진출 분야 　a) 엔터테인먼트 소프트웨어, 초중고 학생들을 위한 게임 기반 학습 환경, 전문적인 작업 훈련 도구, 건강을 위한 게임, 사회적 문제를 해결하기 위한 과학적인 방법을 연구하고 개발하는 **게임 제작 전문가 양성.** 　b) 구글, 어도비, 닌텐도, 애플, 페이스북, 워너브라더스, 드림웍스, 블리저드 엔터테인먼트, 마이크로소프트 스튜디오, 디즈니 인터랙티브, ESPN, EPIC GAMES, UBISOFT, 소니 인터랙티브, AMAZON GAMES, 등의 세계 최정상 기업으로의 진출
도시 계획학	이학 학사	1. 미국 내 학부 위상 　a) 미국 내 도시계획학 과정 30위 　b) 워싱턴대학교, 예일대학교와 더불어 도시계획학을 학부 전공으로 발전시킨 미국 일류 대학 2. 진출 분야 **지자체 기관, 자연보존기관, 환경컨설팅기업** 도시계획 및 도시공학, 도시기획, 부동산 개발, GIS 전문가 및 정책 분석가
커뮤니 케이션학	문학/ 이학 학사	1. 미국 내 학부 위상 _ ComAnalytic 보고서 　a) 문화연구, 윤리, 영화, 역사, 대중문화 부분 연구 1위 　b) 교육, 설득, 출판 저널리즘 및 홍보 연구 분야 3위 　c) 방송 및 미디어, 정치 및 정부 분야 연구 4위 2. 진출 분야 　a) **저널리즘 (Journalism) 전공:** 온라인/오프라인 미디어, 온라인 업체, 출판 업체, 방송국 분야 　b) **전략커뮤니케이션 (Strategic Communication) 전공:** 홍보, 광고, 마케팅, 기업 인사/커뮤니케이션 부서 등

학사 과정		
구분	학위	특징
심리학	이학 학사	1. 미국 내 학부 위상 　a) 심리학 프로그램 3위 　b) 교수진 60% 이상 연구비 수혜 – 25% 이상 교육 대상 수상 　**c) 헌츠먼암센터, 프리머리소아병원 및 연구소들과 학제 협력** 　**d) 관련 수업 이수 후, Human Factors (인체공학) 미국 자격증 취득 가능** 2. 진출 분야 　정신과 스텝, 연구원, 교사, 데이터 분석가, 공무원, 프로파일러, 음악/미술 상담사, 상담치료전문가, 전문 상담사, 기업, 통계 및 여론조사회사, 광고회사
영화 영상학	문학 학사	1. 미국 내 학부 위상 　a) **미국 내 Entertainment Arts & Engineering 분야 1위** (Princeton Review) 　b) **미국 내 종합 영화 대학 중 21위** (USA Today) 　c) **미국 독립영화제 Sundance Film Festival 과의 오랜 제휴 관계** 2. 진출 분야 　영화/영상 제작, 각본가, 애니메이션 제작, 컴퓨터 게임 디자인, 공연 기획, 홍보, 광고 & 마케팅, 이벤트 제작
전기 공학	이학 학사	1. 미국 내 학부 위상 　a) **미국 공학교육인증기관 ABET**(Accreditation Board for Engineering and Technology) **인증** 　b) **미국 내 공학 대학 51위권 대학** 2. 진출 분야 　친환경 전기 에너지 개발 및 반도체 시스템, 위성 통신 및 위성 방송, 첨단 의료 장비, ICT 융합 제어 시스템, 지능형 전기 자동차, 고속 자기 부상 전기 철도, 로봇 공학, 인공 지능, 첨단 자동화 플랜트 설계 등.
컴퓨터 공학	이학 학사	1. 미국 내 학부 위상 　a) **미국 공학교육인증기관 ABET**(Accreditation Board for Engineering and Technology) **인증** 　b) **미국 내 공학 대학 51위권 대학** 2. 진출 분야 　소프트웨어 기반 융합 기술, 인공 지능 및 지능형 소프트웨어, 정보 및 네트워크 기술, 나노 기술, 기술 집약적 첨단 고부가가치 산업 분야 등
정보 시스템학	이학 학사	1. 미국 내 학부 위상 　a) 미국 우수 경영학과 44위 (2022 Best Business School, US NEWS & WORLD REPORT) 　b) **미국 내, 98%의 취업률** 2. 진출 분야 　사이버보안, 경영정보분석, 데이터베이스관리, 시스템 구축, 시스템 분석가, 시스템 디자이너, IT 컨설턴트, 시스템 감리사, 금융권 등의 국내외 유수 기업 진출
회계학	이학 학사	1. 미국 내 학부 위상 　a) 미국 우수 경영학과 44위 (2022 Best Business School, US NEWS & WORLD REPORT) 　b) **미국 내, 92%의 취업률** 2. 진출 분야 　재무 관리, 비즈니스 거래 추적, 인수 합병 전략, 세금 전략 및 자산 관리, 핵심 비즈니스 운영을 이해하고 경영진 및 이해 관계자 의사 결정에 중요한 활동에 참여, KPMG, Grant Thornton 등의 세계적 유명 회계 법인, 2021년 약 **96개의 세계적 기업에 취업**

III. 유타대학교 아시아캠퍼스 입학 안내

입학 전형 절차		
웹사이트 온라인 지원	asiacampus.utah.edu	학사 과정을 선택하여 지원
입학 전형료	■ 온라인지원서 작성 후, $65 온라인 카드 결제 ■ 입학 지원 수수료는 환불이 불가합니다. ■ 현금 송금은 접수가 되지 않습니다. <u>카드 결제만 가능</u>	
성적증명서 제출	■ 고등학교 (고1 – 고3 학년) (9학년 – 12학년) 및/또는 대학교 공식 성적 증명서는 해당 학교에서 직접 (또는 학생 제출 가능) 유타대학교 미국캠퍼스 또는 아시아캠퍼스 입학처로 발송해야 합니다. ■ Docufide by Parchment, National Student Clearinghouse 및 Scrip-Safe를 통한 전자 성적 증명서도 인정됩니다. ■ 한국 검정고시 성적으로 입학 지원이 불가하나, 미국 검정고시 (GED) 성적으로 입학 지원이 가능합니다. 　(단, 미국 검정고시-GED로 지원하는 학생의 경우 SAT 또는 ACT 성적을 필수로 제출해야 합니다.)	

입학 전형 절차		
웹사이트 온라인 지원	asiacampus.utah.edu	학사 과정을 선택하여 지원
공인어학성적 요구 점수 및 제출	모든 학생은 영어 능력을 증명해야 합니다. 한국을 포함한 <u>비영어권 국가</u>에서 고등학교에 재학한 미국 또는 영어권으로 인정되는 국가의 국적이 아닌 학생은 공인어학성적을 제출해야 합니다. ■ TOEFL: IBT 80점 이상 (주관 기관에서 미국캠퍼스 입학처로 직접 발송, 학교 코드 4853) ■ IELTS: 6.5점 이상 (우편 또는 이메일 제출) ■ TOEIC: 695점 이상 (우편 또는 이메일 제출) ■ DUOLINGO: 105점 이상 (주관 기관에서 미국캠퍼스 입학처로 직접 발송) ■ ACT English 18점 이상 (주관 기관에서 미국캠퍼스 입학처로 직접 발송, 학교 코드 4274) ** 최근 2년 이내의 점수만 제출 가능	
진행 상황 확인	■ 지원 진행 상태는 유타대학교 아시아캠퍼스 웹사이트에서 확인할 수 있습니다. 공식적인 입학 합격/불합격 여부는 입학 지원 및 제출 서류 접수 후 4~5주 이내에 발표됩니다.	
주의사항	신청서, 수수료, 성적 증명서 및 공인어학성적 등 모든 제출 항목에는 마감일까지의 접수 날짜 우편 소인이 찍혀 있어야 절차가 진행됩니다.	

입학 서류 평가 (열거된 이외의 사항들이 고려될 수도 있습니다.)	
<u>기본 고려사항</u> • 고등학교 학업 과정 및 난이도 수준 • 학교 성적 추이 • 누적 내신 성적 (Cumulative unweighted GPA) • 재학하고 있는 학교 수준	<u>2차 고려사항</u> • 학업 관련 수상 내역 • 교외 활동 • 봉사활동과 리더십 • 특수 고려사항 (예외적인 가족 부양 의무, 병역 의무, 창작 사유 등)

장학금 혜택: 입학 장학금, 뉴호라이즌 장학금, 기회 장학금 (재정 지원 장학금)

유타대학교 아시아캠퍼스는 고등학교 재학 중 뛰어난 학업 성취도를 보여준 학부생에게 입학 장학금을 수여하고 있습니다. 모든 학부 장학금 지급은 대학교 재정 지원 및 장학금 담당 부서를 통해 이루어지며, 장학금 수예 여부는 입학 합격 통보와 함께 공지됩니다. 입학 지원 기한 내에 접수한 지원자들은 자동으로 장학금 고려 대상자에 포함됩니다.
■ 학업 성취도가 우수한 입학생 및 재학생   ■ $8,000 ~ $1,000 연간
입학 장학금 외에 추가 재정 지원이 필요한 우수 학생을 위한 기회 장학금도 추가로 운영되고 있습니다.

학부 과정 등록금: $20,000/연간

■ 학비는 풀타임 12-17 학점을 기준으로 책정되며, 봄학기 또는 가을 학기 기준으로 17학점 이상을 이수할 경우 학점 당 $700의 추가 비용이 발생됩니다.
■ 기숙사비 및 생활비, 교재비용 미포함 금액입니다.
■ 유타대학교 미국캠퍼스에서 1년 수학 시 유타대학교 미국캠퍼스로 등록금을 지불합니다.

입학 지원 마감일

2025년 봄학기	2025년 가을학기
온라인 지원 시작: 2024년 8월 5일 **1차 우선 지원 마감일: 2024년 10월 30일** **2차 우선 지원 마감일: 2024년 12월 15일** 최종 지원 마감일: 2025년 1월 10일	온라인 지원 시작: 2024년 8월 5일 **1차 우선 지원 마감일: 2025년 3월 30일** **2차 우선 지원 마감일: 2025년 5월 30일** 최종 지원 마감일: 2025년 7월 15일

* 1, 2차 우선 마감일 내에 지원하여 합격하는 경우, 장학금 선정 우선 고려 대상이 됩니다.
* 결과 발표는 모든 서류 정상 접수 후 4~5주 후 발표됩니다.
* 입학 지원 관련 자세한 사항은 홈페이지(http://asiacampus.utah.edu)를 참고해 주시기 바랍니다.
* 입학 문의: 유타대학교 아시아캠퍼스 입학처: 032-626-6000, asiacampus@utah.edu

132. 한국뉴욕주립대학교

Ⅰ. 대학 소개

한국뉴욕주립대학교(SUNY Korea)는 2012년 3월 인천 글로벌캠퍼스에 개교한 국내 최초의 미국대학교입니다. 현재 뉴욕주립대학교(SUNY) 64개 대학 중 스토니브룩대학교(SBU: Stony Brook University)와 패션기술대학교(FIT: Fashion Institute of Technology)의 학위 프로그램이 제공되고 있으며, 미국 뉴욕캠퍼스(SBU 또는 FIT)와 동일한 커리큘럼 및 동일한 학위가 수여됩니다.

한국뉴욕주립대학교는 스토니브룩대학교와 패션기술대학교에서 보유한 가장 우수한 학과만을 선별하여 대한민국에 유치함으로써, 4차 산업 혁명 시대 미래선도 학문 분야로 주목받는 이공학예술분야(STEAM: Science, Technology, Engineering, Art, Mathematics)에 집중된 교육과정을 제공합니다. '한국뉴욕주립대학교-스토니브룩대학교(SUNY Korea SBU)'의 개설학과는 총 6개이며, 기술경영학, 컴퓨터과학, 기계공학, 응용수학통계학, 전자정보공학은 학부·대학원 과정, 경영학과는 학부과정이 운영되고 있습니다. 학부과정 4년 중 1년을 뉴욕캠퍼스에서 공부할 수 있는 기회를 제공합니다. '한국뉴욕주립대학교-패션기술대학(SUNY Korea FIT)' 개설학과는 패션디자인, 패션경영 2개 학과이며, 준학사(AAS: Associate in Applied Science) 2년 후 뉴욕 혹은 이탈리아캠퍼스의 학사학위 과정으로 연계하여 진학할 수 있습니다.

스토니브룩대학교(SBU)은 각종 세계대학 평가 상위 1%, 미국 대학평가(U.S. News & World Report) 상위 100위 이내를 유지하고 있으며, 특히 2024년의 경우 58위로 등극하는 우수한 성과를 내고 있습니다. 북미 최상위 연구중심대학의 연합체인 미국대학협회(AAU: Association of American Universities) 회원으로 응용수학통계학과, 컴퓨터과학과 등을 중심으로 하는 이공학학문계열(STEM: Science, Technology, Engineering, and Mathematics)에 국제적 경쟁력을 보유하고 있습니다.

패션기술대학교(SBU)는 디자인, 패션, 예술, 패션경영 분야에서 세계적 명성을 보유한 대학 중의 하나입니다. 패션·디자인 산업계에서 요구하는 현장형 실무교육을 제공하는 것으로 알려져 있으며, 특히 다른 글로벌 패션스쿨보다 상대적으로 합리적인 비용으로 고품질의 교육을 받을 수 있다는 것이 특징입니다. Michael Kors, Calvin Klein 등 세계적인 디자이너를 배출하였으며, 대한민국뿐만 아니라 전 세계적인 졸업생 네트워크를 보유한 것으로도 유명합니다.

한국뉴욕주립대학교는 'History Makers. We Change the World.'라는 슬로건 아래, 전 세계 40여 개 국가의 약 1,000명의 학생이 재학 중입니다. '미국의 최고 수준의 대학인 SBU와 FIT의 우수한 교육과정을 대한민국에서 제공하는' 세계 유수의 대학이자 혁신적인 교육모델인 한국뉴욕주립대학교에서 여러분의 미래를 설계하기를 기원합니다.

Ⅱ. 한국뉴욕주립대학교-스토니브룩(SUNY Korea SBU) 프로그램

가. 신입생 모집 전형

1) 학부 입학전형 주요사항
- 국내 수시 및 정시 지원 회차에 포함되지 않음
- 고교 3학년 재학생은 1학기 성적이 나온 후(약 7월)부터 조기 지원 가능
- 고교 문·이과 등 계열 구분 없이 모든 학과지원 가능
- 고교내신전형 또는 수능우수자전형 중 유리한 전형으로 지원 가능

모집 구분	
모집학과	연간 모집정원 *모집정원은 교육부의 입학정원 조정에 따라 변동될 수 있음
기술경영학과(Technological Systems Management)	55명
컴퓨터과학과(Computer Science)	50명
기계공학과(Mechanical Engineering)	30명
응용수학통계학과(Applied Mathematics & Statistics)	30명
전자정보공학과(Electrical and Computer Engineering)	30명
경영학과(Business Management)	65명

모집 구분				
모집학과	연간 모집정원 *모집정원은 교육부의 입학정원 조정에 따라 변동될 수 있음			
입학전형				
지원자격	고등학교 졸업생 및 이와 동등 학력 소지자 • 국내외 정규 고등학교 졸업자 또는 졸업예정자 • 국내외 고등학교 졸업자격 미국/한국 검정고시 합격자			
모집일정	모집학기	지원 시작일	1차 마감일	2차 마감일	최종지원 마감일

모집일정	모집학기	지원 시작일	1차 마감일	2차 마감일	최종지원 마감일
	2025 봄학기	2024. 7.15.	2024. 9.26.	2024.12.19.	2025. 1.16.
	2025 가을학기	2024.10.14.	2024.12.19.	2025. 3.20.	2025. 6.26.

모집일정	* 모집 상황 및 심사일정에 따라 상기 일정은 변경(단축/연장)될 수 있음 * 외국인의 경우 비자 신청 기간을 감안해 최종지원 마감일 한달 전까지 원서 접수 권고 * 합격발표: 개별 이메일 통보
필수서류	Ⓐ 온라인 지원서: www.sunykorea.ac.kr ⇨ Admissions Ⓑ 영문 자기소개서 Ⓒ 영문 고교 성적증명서 (* 24학점 이상 이수한 편입학 응시자의 경우 대학성적표) Ⓓ 국문 또는 영문 추천서 1부 Ⓔ 공인영어성적 　* 아래 시험 중 택일 　　① iBT TOEFL 80점 이상 ② IELTS Academic 6.5 이상 ③ Duolingo English Test 105 이상 　　④ SAT ERW 480 이상 ⑤ ACT English 19 이상 ⑥ PTE Academic 53 이상 ⑦ 수능영어 1등급 　* 성적 리포팅 용 기관코드: TOEFL 7499	IELTS 'SUNY Korea'	Duolingo 'SUNY Korea'	SAT 7442 	ACT 7029	PTE 'SUNY Korea' 　* 영어점수 없는 경우, 조건부 입학제도로 지원
선택(추가)서류 및 기타사항	Ⓐ 대학수학능력시험, SAT/ACT, AP/IB, 대내외활동(수상, 봉사, 자격증) 등 제출 가능 Ⓑ 고등학교 생활기록부 제출 가능(한글, 필요시 영문 번역 및 공증 후 제출) Ⓒ 한국 고등학교 졸업 학력 검정고시 및 미국 검정고시(GED) 통과자 지원 가능
평가방법	입학사정관제를 통한 종합 심사(Holistic Assessment) * 지원자가 제출한 필수서류 및 선택(추가)서류에 대한 심층·종합 서류 심사 * 내신/수능 등 평가요소별 반영 비율 및 고등학교 내신 최저 기준을 정하지 않음
* 조건부 입학제도	• 자격: 공인 영어성적을 제외한 모든 입학요건을 충족하는 자 • 영어집중과정(Intensive English Cours)을 수강하고 해당 과정의 수료조건 충족 시 본학기 시작
입학장학금	• 총장 장학금　　　　　　　　　　　　• 형제자매 장학금 • 부총장 장학금　　　　　　　　　　　• 저소득층 학자금 지원 • 성적우수 장학금　　　　　　　　　　• 개발도상국 우수학생 장학금 • 성적향상 장려 장학금　　　　　　　• 글로벌 인재 장학금 ※ 입학장학금 관련 상세기준 및 내용은 입학처 문의
학비	학부 $23,550/년
입학상담	• 전화 032-626-1030	이메일 admission@sunykorea.ac.kr	www.sunykorea.ac.kr • 입학설명회 안내 및 신청: 한국뉴욕주립대학교 홈페이지 ⇨ Admissions ⇨ Events

나. 학과 및 교육과정

1) Technological Systems Management (기술경영학과)

현대 기술의 기본적인 특성과 변화에 관해 연구하고, 이를 기반으로 일반 경영과 사회에 어떻게 적용할지를 배웁니다.
• 진출 분야 : 프로젝트관리, 기획, 시스템운영, 기술 관리, 제품개발, 지식재산경영 등

2) Computer Science (컴퓨터과학과)

컴퓨터의 구조, 소프트웨어 개발, 정보 처리, 알고리즘 문제 해결 및 수학 원칙을 포함한 컴퓨터 시스템에 대해 연구합니다.
• 진출 분야 : 소프트웨어 개발, 앱 개발, 기술연구소, 클라우드컴퓨팅, 시스템엔지니어 등

3) Mechanical Engineering (기계공학과)

로봇 공학을 비롯한 엔지니어링의 핵심학과로서 물리, 과학 및 수학을 응용하여 기계설계시스템을 설계, 해석, 제조하고, 유지하기 위한 방법을 공부합니다.
• 진출 분야 : 항공, 건설, 화학, 섬유, 정보통신, 기계 등

4) Applied Mathematics & Statistics (응용수학통계학과)

시스템, 경영, 엔지니어링, 회계 및 통계 분야에서 어떻게 수학적 기술을 통해 문제를 다루고 해결하는지에 대해 공부 합니다.
• 진출 분야 : 빅데이터 전문가, 투자은행, 교육, 정부 기관, 출판 & 미디어, 연구개발, 연구소, 계리사 등

5) Electrical and Computer Engineering (전자정보공학과)

반도체, 컴퓨터 시스템, 통신과 신호처리 등 첨단기술을 연결하는 정보화, 자동화시대의 핵심 분야에 대해 공부합니다.
- 진출 분야 : 네트워크 관리자, 반도체공학, 발전설비, 의료, 전자통신, 정보시스템, 로봇공학 등

6) Business Management (경영학과)

마케팅, 재무, 회계, 경영 전략, 인사 관리, 기업가 정신 등 다양한 분야에 대해 배우고 글로벌 시각을 지닌 비즈니스 전 문가로 성장할 수 있습니다.
- 진출 분야 : 다국적 기업, 스타트업, IT 대기업, 온라이 쇼핑, 투자회사, 해지펀드, 은행, 컨설팅 등

Ⅲ. 한국뉴욕주립대학교-패션기술대학교(SUNY Korea FIT) 프로그램

가. 신입생 모집전형

모집구분					
모집학과	연간 모집정원 *모집정원은 교육부의 입학정원 조정에 따라 변동될 수 있음				
패션디자인학과 (Fashion Design)	30명				
패션경영학과 (Fashion Business Management)	75명				
입학전형					
지원자격	고등학교 졸업생 또는 이와 동등 학력 소지자 • 국내외 정규 고등학교 졸업자 또는 졸업예정자 • 국내외 고등학교 졸업자격 미국/한국 검정고시 합격자				
모집일정	모집학기	지원 시작일	1차 마감일	2차 마감일	패션디자인학과 지원마감일	최종지원 마감일
	2024 가을학기	2023.10.16.	2023.12.22.	2024. 3.22.	2024. 6.14.	2024. 7.15.
	2025 가을학기	2024.10.14.	2024.12.19.	2025. 3.20.	2025. 5.26	2025. 6.26.
	* 모집 상황 및 심사일정에 따라 상기 일정은 변경(단축/연장)될 수 있음 * 패션디자인학과 지원자는 포트폴리오 심사기간을 감안 최종지원 마감일 한달 전까지 원서 접수 * 외국인의 경우 비자 신청 기간을 감안해 최종지원 마감일 한달 전까지 원서 접수 권고 * 합격발표: 개별 이메일 통보					
필수서류	[지원자 공통 필수서류] Ⓐ 온라인 지원서 www.sunykorea.ac.kr ⇨ Admissions Ⓑ 영문 자기소개서 Ⓒ 공식 영문 고교성적증명서, 졸업증명서 Ⓓ 공인 영어성적 * 아래 시험 중 택일 ① iBT TOEFL 80점 이상 ② IELTS Academic 6.5 이상 ③ (2024년까지) Duolingo 105점 이상 (2025년부터) Duolingo 110점 이상 * 성적 리포팅 용 기관코드: TOEFL 2257	IELTS 'Fashion Institute of Technology'	Duolingo 'Fashion Institute of Technology' [패션디자인학과 필수서류] • 포트폴리오(*과제 상세내용: 지원 시 별도 안내) 에세이 1개, 디자인 프로젝트 2개, 재봉 프로젝트 1개					
선택(추가)서류 및 기타사항	Ⓐ 대학수학능력시험, SAT/ACT, AP/IB, 대내외활동(수상, 봉사, 자격증) 등 제출 가능 Ⓑ 고등학교 생활기록부 제출 가능(한글, 필요시 영문 번역 및 공증 후 제출) Ⓒ 한국 고등학교 졸업 학력 검정고시 및 미국 검정고시(GED) 통과자 지원 가능					
평가방법	입학사정관제를 통한 종합 심사(Holistic Assessment) * 지원자가 제출한 필수서류 및 선택(추가)서류에 대한 심층·종합 서류 심사 * 내신/수능 등 평가요소별 반영 비율 및 고등학교 내신 최저 기준을 정하지 않음					
입학장학금	• 총장 장학금 • 부총장 장학금	• 성적우수 장학금 • 성적향상 장려 장학금 • 형제자매 장학금				
	※ 입학장학금 관련 상세기준 및 내용은 입학처 문의					
학비	(준학사) $23,550/년					
입학상담	• 전화 032-626-1030	이메일 admission@sunykorea.ac.kr	www.sunykorea.ac.kr • 입학설명회 안내 및 신청: 한국뉴욕주립대학교 홈페이지 ⇨ Admissions ⇨ Events					

4부 ● 송도글로벌대학

나. 학과 및 교육과정

1) Fashion Design (패션디자인학과)

가장 독창적인 학위 프로그램으로 오트 쿠튀르 (맞춤 고급 의류)부터 기성복까지 모든 분야에서의 성공을 도모합니다. 학생들은 패션드레이핑, 디지털 디자인, 일러스트레이션, 패턴메이킹, 재료와 구성, 섬유 과학, 재봉기술 등의 교육과정을 거쳐 창의적 시각과 실용적 기술을 동시에 갖춘 디자이너로 성장합니다.

- 진출 분야 : 패션 디자이너(여성복, 남성복, 파티복, 란제리, 니트, 아동복 등), 섬유 디자이너, 섬유 또는 의상 패턴사, 패션 일러스트레이터 등

2) Fashion Business Management (패션경영학과)

미국 내 동일분야 중 가장 크고 전통 있는 학위 프로그램으로 창의적 기술과 분석적 사고가 동시에 필요한 도전적인 학과 입니다. 학생들은 패션마케팅, 제품개발, 소매 관리, 패션광고와 판매촉진 등의 교육과정을 거쳐 패션업계의 경영 전문가로 성장합니다. 숙련된 전문가의 지도를 받으며, 교실 안 학습을 넘어 한국 및 뉴욕 전역의 쇼룸, 바잉 오피스 방문 등 현장 체험의 기회가 주어집니다.

- 진출 분야 : 도매 및 소매 머천다이저/바이어, 마케팅 매니저, 광고 매니저, 시장조사 연구원, 제품개발자, 아트디렉터, 패션 저널리스트, 패션에디터, 유통관리자 등

133. 서울호서직업전문학교　서울시 강서구 강서로 420 (Tel 02-3660-0200)

I. 한 눈에 보는 전형

전형 유형	지원 자격	전형 방법
일반전형	• 인문, 자연, 예체능 계열 구분 없이 교차 지원 가능	면접 100%
특별전형	• 전공 자격증 소지자 • 위탁교육생 • 어학 우수자 • 국내/외 대회 수상자 • 포트폴리오 소지자	면접 100% (면접 시 자격증 및 어학 성적, 대회 수상 증명서, 포트폴리오 등 전형에 해당 되는 서류 제출)
정원 외 전형	• 전문대학, 대학교 졸업자 및 중 /자퇴자 • 검정고시 합격자 • 목회자 자녀 (본교가 인정하는 교단의 시무 중 목사)	면접 100% (면접 시 관련 서류 제출)
농어촌학생	• 농.어촌(읍.면) 지역에 소재하는 고등학교 졸업예정자 • 거주지와 학교 주소가 모두 읍, 면 소재지	면접 100%

II. 모집 단위

계열	세부전공		전공심화 과정
ICT융합보안계열	공학사 정보보호학전공 (학사학위)	사이버해킹보안 (3년제)	모의해킹, 사이버포렌식(수사·탐정), 보안프로그램 개발, 시스템 네트워크보안
	공업전문학사 정보보호전공	사이버해킹보안 (2년제)	보안 시스템 엔지니어링
	공학사 정보보호전공 (학사학위)	인공지능보안 (3년제)	인공지능, 빅데이터, 보안응용
공간건축디자인계열	산업예술전문학사 인테리어디자인전공	인테리어디자인	실내디자인, 공간디자인, 가구디자인, 조명디자인
		건축디자인	건축 일반 시공, 건축설계, 건축법규, 건축디자인
호텔조리계열	관광전문학사 호텔조리전공	호텔조리	K-Food, 글로벌조리, 외식창업조리
호텔제과제빵계열	관광전문학사 호텔제과제빵전공	호텔제과제빵	디저트 개발, 데코레이션, 카페 브런치, 천연 효모빵, 초콜릿 공예, 베이커리 창업
호텔식음료서비스계열	관광전문학사 관광식음료전공	바리스타	커피학개론, 에스프레소추출, 커피로스팅, 라떼아트, 음료서비스실습
		호텔바텐더	칵테일 주조, 음료 서비스, 창작 칵테일, 분자 칵테일, 믹솔로지스트
		호텔리어 (호텔식음료)	와인학개론, 와인실무와서비스, 와인테이스팅, 음료서비스실습, 레스토랑운영실습, 호텔서비스실무
게임계열	공학사 게임프로그래밍학전공 (학사학위)	3년제 게임제작	게임프로그래밍, 가상 및 증강현실, 스마트 웨어러블, 게임기획, 게임그래픽
	공업전문학사 게임디자인전공	2년제 게임제작	게임프로그래밍, 게임기획, 게임그래픽
	산업예술전문학사 만화예술전공	게임그래픽	2D 게임 그래픽(캐릭터, 배경), 3D 게임 모델링(캐릭터, 배경), 3D 키 애니메이션, 3D 이펙트, UI/UX디자인, 영상편집, FX특수효과
웹툰애니메이션계열	산업예술전문학사 만화예술전공	디지털애니메이션	애니메이션 기획 & 연출, 3D 모델링, 3D 애니메이팅, 스토리보드, 동화 일러스트, 피규어제작, 영상연출
		웹툰만화	웹툰 PD, 공모전 웹툰 작가, 웹툰 선화 작가, 웹툰 채색작가, 웹툰 콘티 작가, 웹소설 일러스트, 피규어 제작

4부 전문학교

계열	세부전공		전공심화 과정
뷰티아트계열	산업예술전문학사 미용전공	헤어디자인	헤어디자인, 웨딩헤어, 위그디자인, 두피관리, 바버헤어디자인, 익스텐션
		방송헤어 (특수&바버헤어)	방송 헤어 스타일링, 방송 고전 머리, 패션 헤어 코디, 바버헤어, 특수머리
		메이크업 아티스트	메이크업 디자이너, 네일리스트, 뷰티크리에이터, 이미지메이킹, 뷰티스타일리스트, 뷰티어드바이저, 뷰티교육강사
		특수분장 (방송분장)	방송분장, 무대분장, 특수분장
반려동물계열	생명산업전문학사 반려동물관리전공	특수동물사육	포유동물사육, 관상어사육, 양서파충류사육, 조류사육
		반려견훈련·행동수정	복종훈련, 행동수정, 독스포츠, 탐지견
		반려동물미용	펫미용, 쇼미용, 핸들러, 목욕위생관리
		고양이관리	캣스타일리스트, 브리딩, 캣푸드, 캣시터, 사육환경조성, 고양이용품제작, 행동전문가
		반려동물매개치료	동물매개심리상담, 동물매개교육지도, 체험학습지도, 반려동물장례지도, 반려동물행동상담, 반려동물보육, 반려동물관리, 펫푸드
		바이오동물	실험동물, 의생명과학
		곤충사육	곤충 사육 및 번식, 곤충 생태 탐구, 야생 곤충 관찰&채집, 응용표본제작, 곤충 전시물 제작
동물보건·재활치료계열	생명산업전문학사 반려동물관리전공	동물보건	동물보건
		재활물리치료	반려동물 도수치료, 반려동물 기구치료, 반려동물 운동예방치료

■ 지원 자격

1. 고등학교 졸업자 및 졸업 예정자
2. 법령에 의하여 고등학교 졸업 이상의 학력이 있다고 인정되는 자(고등학교 졸업학력 검정고시 합격자 포함)
※ 본교 합격 후 타 대학교 지원 가능 / 타 대학교 지원 및 합격자 본교 지원 가능

■ 전형 방법

1. 원서접수 : 본교 홈페이지 온라인 접수, 방문 접수
2. 선발방법 : 100% 면접 선발(내신 성적 및 수능 미반영)
3. 합격자 발표 : 합격 시 개별 문자 메시지 발송 / 홈페이지 합격자 조회

Ⅲ. 서울호서직업전문학교 특장점

1. 취업 : **취업률 98.1%**(취업 희망자 기준)
2. 편입 : **인서울 편입 65%**(대학원 진학 포함) / 호서대학교 편입 시 1년간 장학금 50% 지급
3. 실습률 : **실무수업 70%** 이상(학교 전체 평균)
4. 유학 : **해외 자매 대학 유학**
5. 해외연수 : 여름 또는 겨울방학 중 **해외 자매 대학 어학연수 및 실무 연수**
6. 병역 : 육군, 해군 **부사관** 장학제도 운용, **육군3사관학교** 지원 가능, 학사학위 취득 후 **육·해·공군 장교** 지원 가능
7. 원룸형 **기숙사** 운영
8. **한국장학재단** 학자금 대출 가능

134. 서울호서예술실용전문학교

서울시 강서구 강서로 505 (Tel 02-2063-0700)

■ 모집계열

계열	세부전공	전형방법(반영비율)			
		면접		실기	
실용음악예술계열	보컬	60%	지원동기, 잠재력, 인성면접	40%	자유곡1곡 또는 지정곡1곡 MR혹은반주자대동
	싱어송라이터				
	기악				
	MIDI 작·편곡	60%	지원동기, 잠재력, 인성면접	40%	1. 자유곡 1곡 2. 기초음악이론풀이 3. 본인작품CD혹은포토폴리오제출 (1.2.3.중택일) (MR혹은반주자대동,무반주가능)
	K-POP 퍼포먼스	60	지원동기, 잠재력, 인성면접	40%	자유 보컬1곡 과 자유 댄스 1곡 (안무&가창 동시가능)
뮤직프로덕션계열	랩·힙합	60%	지원동기, 잠재력, 인성면접	40%	1. 자유곡 1곡(작사필수) (MR혹은반주자대동,무반주가능)
	비트메이킹	60%	지원동기, 잠재력, 인성면접	40%	1. 자유곡 1곡 2. 기초음악이론풀이 3. 본인작품CD혹은포토폴리오제출 (1.2.3중택일) (MR혹은반주자대동,무반주가능)
	사운드 엔지니어	60%	지원동기, 잠재력, 인성면접	40%	적성 기초 면접
	공연음향 엔지니어				
	방송음향 엔지니어				
엔터테인먼트계열	연예매니지먼트	100%	지원동기, 잠재력, 인성면접	–	
	신인개발/A&R				
	방송콘텐츠기획				
	연예홍보마케팅				
	공연·콘서트기획				
연기예술계열	연극연기	60%	지원동기, 잠재력, 인성면접	40%	3분이내 자유연기 또는 지정연기
	드라마연기				
	영화연기				
	뮤지컬연기				
	개그연기				
	액션연기				
	공연연출/극작	100%	지원동기, 잠재력, 인성면접	–	
방송·성우연기계열	성우	60%	지원동기, 잠재력, 인성면접	40%	3분이내 자유연기 또는 지정연기
	MC&리포터				
	쇼호스트				
모델연기예술계열	패션모델	60%	지원동기, 잠재력, 인성면접	40%	워킹, 포토포즈, 연기
	모델연기				
방송영화제작계열	방송영화제작 > 연출	100%	지원동기, 잠재력, 인성면접	–	–
	방송영화제작 > 촬영/조명				
	방송영화제작 > 편집				
	광고제작				
	웹·드라마작가				
	영화시나리오작가				
사진예술계열	광고사진	100%	지원동기, 잠재력, 인성면접	–	–
	순수예술사진				
	포토저널리즘				

계열	세부전공	전형방법(반영비율)			
		면접		실기	
VFX모션그래픽 제작계열	VFX 그래픽스	100%	지원동기, 잠재력, 인성면접	-	-
	모션그래픽				
	컬러리스트(Digital Intermediate)				
유튜브제작계열	BJ/1인 크리에이터	100%	지원동기, 잠재력, 인성면접	-	-
	유튜브 기획/제작				
	유튜브 영상편집				
	스트리머(트위치)				
실용무용·예술계열	스트릿댄스 > 힙합	60%	지원동기, 잠재력, 인성면접	40%	관련댄스(1분) 음악, 의상, 증명사진 1장은 개인준비
	스트릿댄스 > 걸스힙합				
	스트릿댄스 > 팝핑				
	스트릿댄스 > 비보이/비걸				
	스트릿댄스 > 락킹				
	스트릿댄스 > 왁킹				
	스트릿댄스 > 크럼프				
	스트릿댄스 > 하우스				
	방송댄스 > 방송댄스				
	방송댄스 > 커버댄스				
	실용무용 > 밸리댄스				
	실용무용 > 재즈댄스				
	실용무용 > 보깅				
	실용무용 > 소울댄스				
	실용무용 > 컨템포러리				
	실용무용 > 아프로댄스				
	코레오그래피 > 얼반				
	코레오그래피 > 걸리쉬				
	코레오그래피 > 힐코레오				
	코레오그래피 > 케이팝코레오				
스포츠건강관리계열	퍼스널트레이너	100%	지원동기, 잠재력, 인성면접	-	-
	보디빌딩				
	요가필라테스				
	스포츠재활				
	종합격투기				
경찰경호계열	경찰행정	100%	지원동기, 잠재력, 인성면접	-	-
	의전경호				
	경찰경호무도				
	항공보안				

■ 모집일정

구분	기간	비고
1학기 전형	1차 04월 01일 ~ 05월 31일	- 입학준비장학금 지급 - 합격 후 타 대학(교) 지원 가능(복수 지원 가능) - 타 대학(교) 수시 합격자 본교지원 가능 - 지원 횟수와 관계없이 지원 가능
	2차 06월 01일 ~ 07월 29일	
	3차 07월 30일 ~ 09월 09일	
2학기 전형	1차 09월 10일 ~ 10월 14일	
	2차 10월 15일 ~ 11월 18일	
	3차 11월 19일 ~ 12월 28일	

■ 지원 자격

1. 고등학교 졸업자 및 졸업예정자 (수능성적 내신성적 미반영)
2. 교육법에 따른 동등 이상의 자격소지자 (검정고시 합격자)
3. 본교 합격 후 타 대학교 지원 가능
4. 타 대학교 지원자 본교 지원 가능

■ 전형 방법

1. **원서접수** : 본교 홈페이지, 방문 접수
2. **선발방법** : 면접 60%, 실기 40%(실기가 없는 과정은 100% 면접 선발) 내신성적 및 수능 미반영
3. **실기** : 계열별 표 내용 참조
4. **합격자 발표** : 합격 시 개별 문자 메시지 발송 / 홈페이지 합격자 조회

■ 본교의 특징

1. 현장 중심, 실습 위주의 교육
2. 학자금 지원 제도
   - 한국장학재단 학자금 대출 가능
   - 햇살론 Youth(본교 신입생 중 20세 이상인 경우는 신청 가능(취업준비생으로 인정))
3. 잠재력 소유자를 발굴하는 교육
4. 수준별 개인 레슨 지도
5. 예술 전문 기관과의 협정
6. 스타 교수의 최강 멘토링
7. 20여 가지의 폭넓은 장학제도
8. 호서대학교 편입학 시 장학금 지급
9. 남녀 2인 1실 4개의 기숙사 운영

선생님과 학부모가 인정한
최고의 대입 지원 전략서

2025

**수박(수시대박)먹고
대학간다 [실전편]**

부록 | 능력사회로 가는 길

- 서울호서전문학교
- 서울호서예술실용전문학교

개교이래 취업대상자
취업률 98.1%
능력중심사회의 선두주자
서울호서전문학교

서울호서전문학교는 학력 위주가 아닌,

실무·실용 중심의 교육으로 올바르게 살아가야 하는 방법을 가르칩니다.

서울호서전문학교는 해야만 하는 일을 하고 싶고 좋아하게 만드는 교육을 합니다.

서울호서전문학교는 개개인의 끼와 자질을 살려, 능력중심사회에

걸맞은 창조인재를 양성합니다.

1. 주요연혁

- 1993 (재)호서정보전산교육원 설립허가(노동부)
- 1998 학점은행제 시범운영기관 지정(교육부)
- 2000 취업률 100% 달성 원년 / 호주 모나쉬대학교와의 MOU 체결
- 2003 '서울호서전문학교'로 교명 변경
- 2008 직업전문학교 최초 4년제 학사학위 과정 인가(교육부)
- 2012 국내 최초 학점은행제 우수교육기관 선정
- 2018 국내 최초 룩셈부르크요리월드컵 금메달 획득 / 세계 DOG PULLER 대회 우승
- 2019 국립과천과학과의 MOU체결 / 교육부 진로체험기관 선정
- 2021 파주캠퍼스 동물생태교육파크 완공
- 2022 제8회 월드쵸콜릿마스터대회(WCM) 아시아 1위
- 2023 HOFEX 홍콩국제조리대회 25세 이하 쵸콜릿케일 부문 세계 1위 금메달 획득
- 2024 독일 IKA 세계요리올림픽 금메달 1, 은메달 1 획득(아시아 1위)

2. 주요 수상

- ○ 2012 국민훈장 목련상
- ○ 2012 국가평생교육원 주최 학점은행제 우수교육기관 선정
- ○ 2013 대한민국 문화경영대상(직업교육)
- ○ 2014 한국을 빛낸 창조경영대상(브랜드경영)
- ○ 2015 직업능력 개발 대통령 표창
- ○ 2018 한국의 영향력 있는 CEO 선정(창조경영)
- ○ 2020 국무총리 표창(직업능력개발)
- ○ 2020 고용노동부 장관상(일자리창출)
- ○ 2021 보건복지부 장관상(사회공헌)
- ○ 2022 교육부 장관상(인재양성)

3. 서울호서전문학교 교육이념

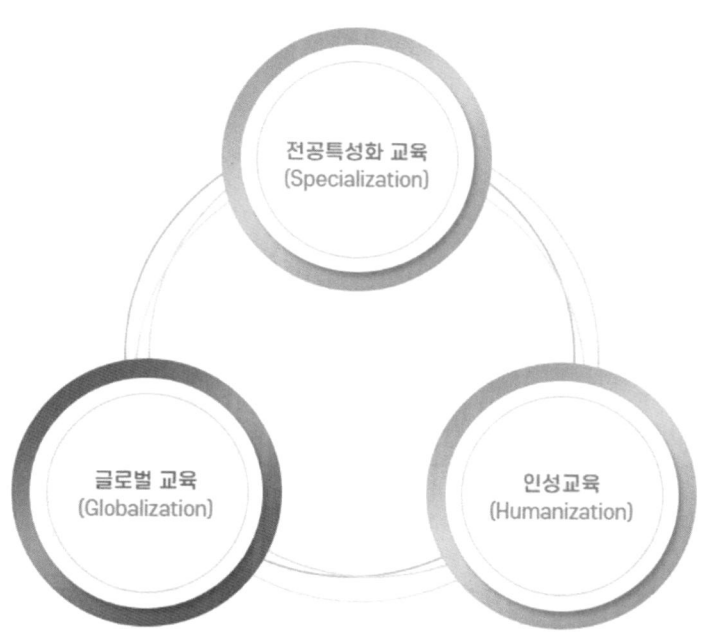

▶ **전공특성화 교육(Specialization)**
경쟁교육기관과는 차별화된 현장맞춤형 전공실습환경을 제공하고, 실무능력이 탁월한 베테랑 교강사를 확보하여, 최신의 산업트렌드와 기업이 요구하는 실무기술을 바로 배울 수 있는 실질적인 교육과정을 운영하고 있습니다.

▶ **글로벌 교육(Globalization)**
영어, 일본어, 중국어 등을 생활언어로 사용할 수 있도록 1인 1외국어 교육을 의무적으로 실시하고, 영국, 중국, 일본, 필리핀 등지의 세계적 교육기관과 기업에서 국외전공실무연수 및 현장인턴십을 진행하여 글로벌 감각을 함양하도록 하고 있습니다.

▶ **인성교육(Humanization)**
실무능력을 뒷받침하는 '인성함양' 이야말로 최고의 가치이며 경쟁력이라는 사실에 입각하여, 자원봉사활동을 의무적으로 실시하고 있기에, 고도산업사회의 진정한 리더는 실무능력과 지식은 물론 '예의(禮)'를 겸비하고 '상호공존'을 중시하는 서울호서인이 될 것입니다.

3. 4년제 대학교와의 비교

구 분	4년제 대학교	서울호서전문학교
교육목적	전문지식인 양성	전문기술인 양성
설립인가	교육부	고용노동부
법인형태	학교법인	비영리 재단법인
수업내용	이론 중심(이론70%+실무30%)	실무중심(이론30%+실무70%+자격증)
수업시간	4년간 2,300시간(실무 690시간)	2년간 2,200시간(실무 1,554시간)
취업방법	개인별 자율 취업	교무처 및 학과별 취업 담당교수 추천제
취업률	58.1%(2023년 교육부 발표)	개교이래 28년간 취업희망자 취업률 98.1%

4. 맞춤형 인재양성 교육과정

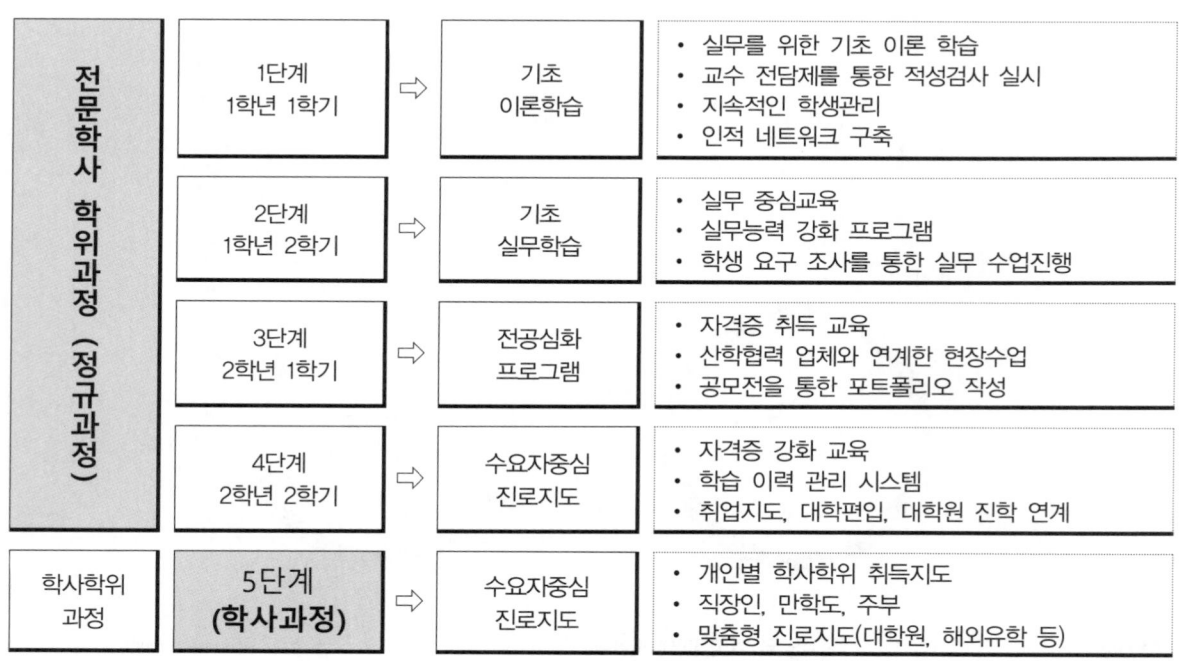

전문학사 학위과정 (정규과정)

| 1단계
1학년 1학기 | ⇨ | 기초
이론학습 | • 실무를 위한 기초 이론 학습
• 교수 전담제를 통한 적성검사 실시
• 지속적인 학생관리
• 인적 네트워크 구축 |

| 2단계
1학년 2학기 | ⇨ | 기초
실무학습 | • 실무 중심교육
• 실무능력 강화 프로그램
• 학생 요구 조사를 통한 실무 수업진행 |

| 3단계
2학년 1학기 | ⇨ | 전공심화
프로그램 | • 자격증 취득 교육
• 산학협력 업체와 연계한 현장수업
• 공모전을 통한 포트폴리오 작성 |

| 4단계
2학년 2학기 | ⇨ | 수요자중심
진로지도 | • 자격증 강화 교육
• 학습 이력 관리 시스템
• 취업지도, 대학편입, 대학원 진학 연계 |

학사학위 과정

| 5단계
(학사과정) | ⇨ | 수요자중심
진로지도 | • 개인별 학사학위 취득지도
• 직장인, 만학도, 주부
• 맞춤형 진로지도(대학원, 해외유학 등) |

○ 학위취득

구분	학위명	이수학점	학위 발급처	취득방법
대학교	학사학위	최소140학점	학교 총장	• 고등교육법 근거 • 학칙에 정하는 과정을 이수한 자 • 학위의 종류 및 수여에 관하여 필요한 사항은 대통령령으로 규정
전문대학	전문학사 학위	최소80학점	학교 학장	
전문학교	학사학위	최소140학점	교육부 장관	• 평생교육법, 학점인정 등에 관한 법률 근거 • 학점인정 등에 관한 법률 규정된 과정을 이수한 자 • 일정한 학점을 인정받고 대통령령으로 정하는 요건을 충족한 자
	전문학사 학위	최소80학점	교육부 장관	

○ 학위의 공신력 : 4년제 대학교 및 전문대학교와 동일한 학력 인정

※ 학점인정 등에 관한 법률 제2조(정의) 2호

"학위"란 「고등교육법」 제35조제1항에 따른 학사학위나 같은 법 제50조제1항에 따른 전문학사학위와 같은 수준의 효력을 가지는 학위를 말한다.

○ 학위증

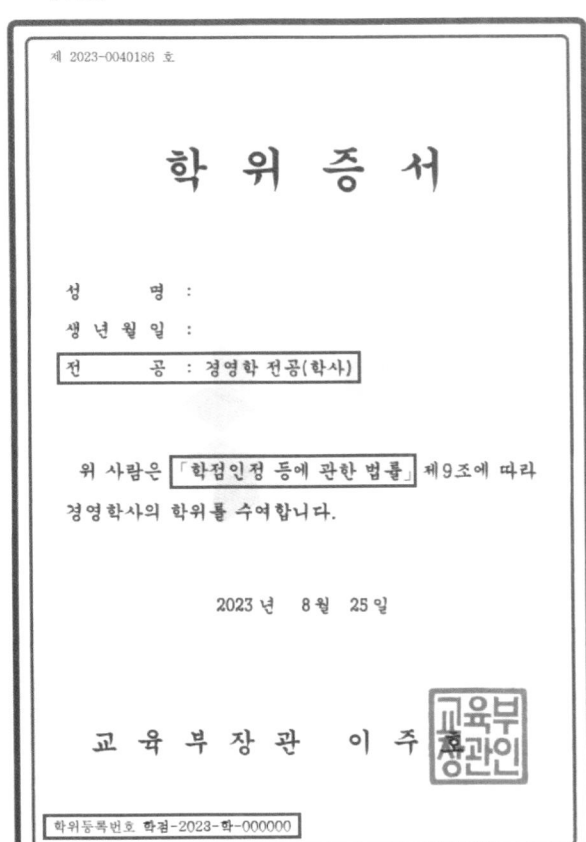

• 근거 : 학점인정 등에 관한 법률
• 학위명 : 공학사 등 정확한 학위명 기재
• 학위등록번호 : '학점-000' 형태로 기재
• 학위발급처 : 국가평생교육진흥원
• 학위수여자 : 교육부장관

※ 일반대학교 및 전문대학교 학위증과 학점은행제에 의한 전문학교 학위증은 동일한 공신력

능력중심사회를 선도하는
서울호서전문학교 교육실적

1. 개교이래 취업희망자 취업률 98.1%

○ 개교이래 취업희망자 취업률 98.1% 달성

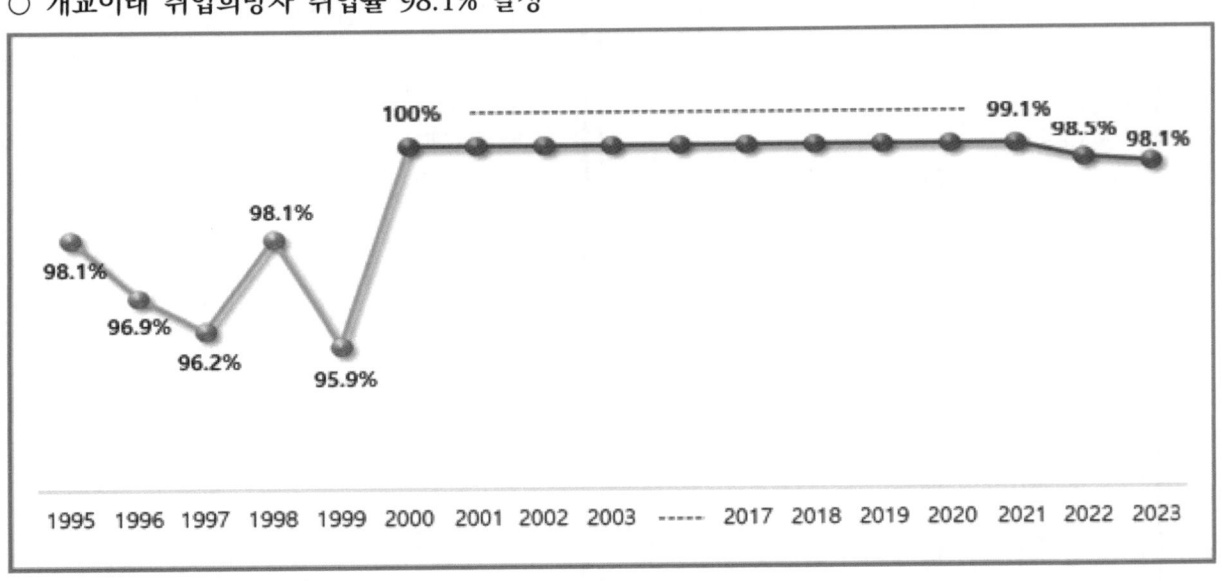

○ 취업자의 철저한 관리
  • 취업자 증빙서류 : 재직증명서 등 취업 증빙 서류 100% 취합
  • 취업 후 1년간 취업 A/S : 연 2회에 걸쳐 재취업 지원

2. 국내외 대회 수상실적

○ **년도별 대한민국 최고의 국제대회 수상실적**

- 2014년 룩셈부르크 국제요리 월드컵 : 금메달 1개, 은메달 6개, 동메달 1개
- 2015년 태국국제조리대회 : 금메달4, 은메달6, 동메달9(국내 교육기관 중 유일, 아시아 1위)
- 2016년 독일 IKA 세계요리올림픽 : 금메달 2개, 은메달 2개, 동메달 2개(각 부분 최고 성적 최다 수상)
- 2017년 홍콩 국제조리대회 : 금메달 2개, 은메달 1개, 동메달 3개(전원 메달 수상)
- 2018년 싱가폴국제조리대회 : 금메달 3개, 은메달 2개, 동메달 2개(대한민국팀 최초 2연속 금메달)
- 2018년 세계 DOG PULLER : 1등
- 2018년 룩셈부르크요리월드컵 : 금메달 5개, 은메달 2개
- 2019년 HOFEX 홍콩국제조리대회 : 금메달 3개, 은메달 5개, 동메달 5개
- 2019년 TUCC태국국제요리대회 : 금메달, 챔피언 수상
- 2019년 제1회 일본어질리티대회 : 1위 3회, 2위 4회, 3위 1회(12회 경기 중 8회 입상)
- 2019년 중국 상해국제조리대회 : 금메달 2개, 은메달 1개, 동메달 4개
- 2020년 독일 IKA 세계요리올림픽 : 은메달 2개
- 2022년 네덜란드 세계어질리티대회(WAO) : 세계 5위
- 2022년 프랑스 월드초콜릿마스터대회(WCM) : 아시아 1위
- 2023년 HOFEX 홍콩국제조리대회 쵸콜릿케익 부문 세계 1위
- 2023년 싱가폴 에스코피에 국제요리대회 '3 Main Course' 대회 전체 2위
- 2024년 독일 IKA 세계요리올림픽 : 금메달 1개, 은메달 1개

3. 산학협력 체결

○ 산학협력 체결현황 : 총 730개 기관단체(2024. 06월 기준)

구 분	체결건수	주요 협력기관단체
일반기업/협회	385	LVMH P&C
교육기관	327	서울대학교 수위산과학연구실, 건양대학교 등
관공서	18	국립과천과학관, 경주세계문화엑스포, 한국산업인력공단 등
소계	730	

○ 산학협력 우수 사례

업체명	관련학과	내 용
㈜파이모아코리아	헤어디자인	졸업생 채용 및 4,000만원 상당 미용교육제품 지원
㈜센트럴바이오	반려동물	졸업생 채용
㈜하이에어	항공서비스	졸업생 채용
지테크이엔씨 주식회사	호텔제과제빵	5,000만원 상당 베이커리교육기자재 지원
네슬레코리아프로페셔널	호텔관광조리계열	행사, 대회 네슬레 식재료 지원 및 체험학습
카카오바리	호텔제과제빵	교육 공유 및 기술 전수, 제품 지원
국립과천과학관	반려동물계열	특별전시 공동기획 및 인적교류
경주세계문화엑스포	본교	특별전시 공동기획
녹십자수의약품	반려동물계열	반려동물산업 전문이재 양성

4. 해외교류 현황

○ 해외자매학교 현황 : 14개국 29개 학교

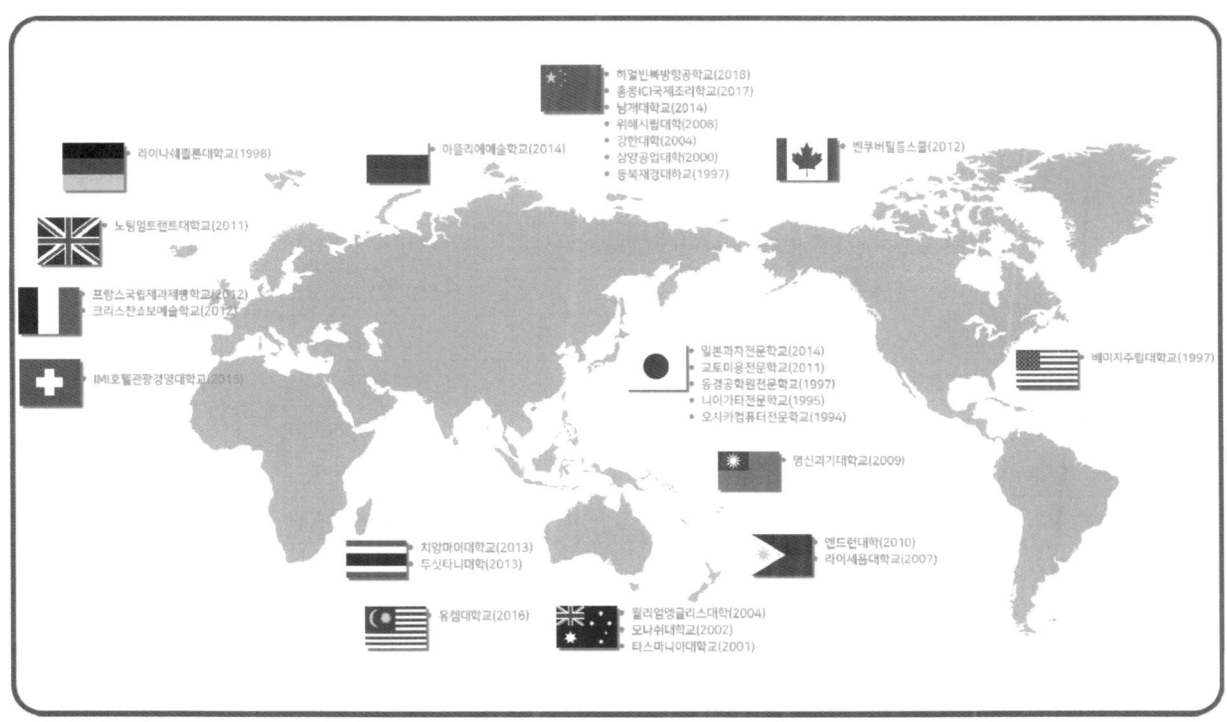

○ 해외 연수 및 특강 실적 : 총35회 1,444참여

연번	구분	해외교류 현황	해당 과정	인원	비고
1	위촉식	나탈리아 파브로바 객원교수 위촉식	뷰티예술계열	35	
2	초청특강	태국 자투퐁 쉐프 초청 특강	호텔조리	198	
3	대회참가	HOFEX 홍콩국제조리대회	호텔조리 · 제과제빵	14	
4	초청특강	일본 라미듀빵 빈센트브르레교수 특강	호텔제과제빵	180	
5	초청특강	후토쉐프 타이퀴진 마스터 클래스	호텔조리	24	
6	기관방문	씽텅 랍피셋판 주한태국방문	본교	4	
7	대회참가	2019 TUCC 태국 국제 요리 대회	호텔제과제빵	1	
8	초청특강	치바애견동물플라워전문학교 일본연수	반려동물계열	20	
9	해외채용	미국 Momofuku & SLS South Beach Hote l 해외채용 설명회 및 현장면접	호텔전공 재학생	270	
10	대회참가	일본 국제 어질리티 대회	반려동물계열	3	
11	초청특강	INBP 프랑스국립제과제빵학교 특강	호텔제과제빵	44	
12	해외연수	호텔관광카지노 필리핀해외전공실무연수	호텔관광카지노	14	
13	기관방문	사우디아라비아 기술교육직업훈련청 남성공무원 방문	본교	15	
14	기관방문	사우디아라비아 기술교육직업훈련청 여성공무원 방문	본교	20	
15	대회참가	2019 필리핀 커리너리 컵	호텔조리 · 제과제빵	19	

연번	구분	해외교류 현황	해당 과정	인원	비고
16	초청특강	치바애견동물플라워전문학교 일본연수	반려동물	90	
17	기관방문	INBP프랑스국립제과제빵학교 앙리처장 본교방문	호텔제과제빵	13	
18	해외채용	미국 TERRANEA RESORT 채용 설명회 및 현장면접	호텔전공 재학생	100	
19	초청특강	일본과자전문학교 아베사토루 셰프 특강	호텔제과제빵	22	
20	기관방문	사우디아라비아 기술교육직업훈련청	본교	20	
21	대회참가	2019 닝보 국제 영셰프챌린지 국제요리대회	호텔조리	4	
22	초청특강	콘노신야 웰니스 그루밍 글로벌 세미나	반려동물	90	
23	대회참가	2019 FHC 상하이국제요리대회	호텔조리 · 제과제빵	7	
24	발대식	2019 도쿄 애니멀월드컵 선수단 발대식	반려동물계열	98	
25	해외연수	러시아 아뜰리에 해외연수	메이크업&네일아트	3	
26	대회참가	독일 IKA Culinary Olympics 2020	호텔조리	6	
27	해외연수	1883챔피언십대상 수상자 프랑스본사 연수	호텔식음료서비스	3	
28	초정특강	프랑스 INBP 국립제과제빵학교 셰프 특강	호텔제과제빵	48	
29	해외연수	태국 치앙마이 정글연수	반려동물	46	
31	대회참가	HOFEX 2023 홍콩 국제요리대회	호텔제과제빵	4	
32	대회참가	글로벌 페이스트리 셰프 챌리지 아시아 예선전	호텔제과제빵	1	
34	대회참가	2023 필리핀 컬리너리 컵(PCC)	호텔조리	14	
35	대회참가	2024 독일IKA세계요리올림픽	호텔조리	14	
총 참가인원				1444	

5. 국내외 유명인 명예교수, 외국인 객원교수 위촉 연황 : 총61명

구분	성명	주요경력
	박충규	서울호얄호텔 총지배인 & 사장
	정영도	서울 CCMM 클럽 부사장, 대한민국 조리명장
	황의암	AW 컨벤션센터 대표
	김영희	한국 BTM 대표
	김영모	김영모 제과점 대표, 대한민국 제과명장
	이진석	내일여행사 대표
	홍기정	모두투어 부회장
	손창록	(주)한국해외기술공사 부회장
	김재건	한국공항 대표
	임종만	한국미술협회 자문위원
	김대인	데흥제과제빵기계 대표, 대한민국 냉동공조 명장
	안창현	안스베이커리 대표, 대한민국 제과명장
	마 원	대한항공 전무 & 영업본부장
	이상준	호텔 프리마 서울 & 아로마 대표
	루이지 안토니오 피우	노보텔 앰버서더 호텔 총주방장
	마요리인 블루사드	영국 노팅험트랜트대학교 예술대학 학장
	나미마 유끼이	일본문화대학 교수, 매직레이스 세계특허 출원
	제라드 브로슈어	프랑스 국립제과제빵학교 학장, INBP
	레므 므뱅그 쇼보	프랑스 크리스찬쇼보 예술학교 교장
	나탈리아 파블로바	러시아 아뜰리에예술학교 수석 아티스트
외국인 객원교수	빈센트 부루레	일본 라미듀빵 대표
	그레고리 슐라비	프랑스 국립제과제빵학교 교수, INBP
	담소룡	하림각 총주방장
	밸긴 베흐비	영국 런던패션대학 교수
	게이코 야마자키	미국 Delta Society 교육관, 일본동경대 출강
	프레드릭 리아	프랑스 국립제과제빵학교 교수, INBP
	모리스 제라르 모지니악	노보텔 앰베서더 호텔 총주방장
	플로리앙 기유므노	프랑스 국립제과제빵학교 교수, INBP
	키무라 나오미	일본 교토미용전문학교 교수
	엘리나 모트	영국 런던패션대학 교수
	이안 사이먼	영국 GameCity 대표, 영국NYU 교수
	미즈노 마사키	일본문화대학 교수
	마틴 뮬러	인천 파라다이스호텔 총주방장
	레이몬드 리오넬	R&D BAKER CHIEF, FAUCHON KOREA
	포코틸로브 유진	러시아 아뜰리에예술학교 수석 아티스트
	나탈리아 이바시첸코	러시아 아뜰리에예술학교 수석 아티스트
	니나 고를루시코	러시아 아뜰리에예술학교 수석 아티스트

구분	성명	주요경력
외국인 객원교수	아베 사토루	일본과자전문학교 교수
	고노 마사노부	일본 고노커피 대표
	앙드레 다미안	프랑스 국립제과제빵학교 교수, INBP
	노토미 사치코	일본 Happiness Pastry 대표 & 쉐프
	타나베 히샤시	일본 국제 Dog Sports 연맹 아시아 대표
	이토미 킨지	일본 애견미용 국제 심사위원
	쟈투본 쥬잉미숙	태국 컬리너리 대표팀 감독 & WACS 국제심사위원
	노토미 다이스케	후쿠오카 파뜨스리 이치류 팀장/연도시점 점장
	호소다 노부유키	치바 애견동물플라워 전문학교 교장
	사카이 마사히데	일본과자전문학교 교수
산학교수	케이시 윤	캐나다 Blackberry 아시아 총괄매니저
특임교수	이승훈	(사)한국커피연합회 산학협력위원장
	엘리자리	ICD KOREA 회장
	심상진	현대그룹 현대아산㈜ 관광사업본부 상무이사
	한정숙	한국미용자격증학교 교장
	최정민	Minnie's Food Style 대표
	양성욱	한국도시건축병리연구소장
	이석현	한국 바텐더협회 회장
	안남훈	홀리스틱미용과학학술원 원장
	양향자	(사)세계음식문화연구원 이사장
	김응수	㈜프리미엄패스 인터내셔널 대표이사
	남성렬	테이블스타 총괄 쉐프
	김소봉	하이볼가든 총괄 & 오너 쉐프

6. 학생 자원봉사 활동

○ 봉사활동 실적 : 807명 9,562시간 이수(1인당 11.8시간)
○ 학과별 주요 자원봉사 활동(상시 활동 중심)

학과명	활동기관	활동내용
사이버해킹보안	구암근린공원(강서구 가양2동)	환경미화활동
게임제작	관악청소년지원센터(관악구)	게임제작과정체험
항공관광	샬롬의 집(강서구 공항동)	기관 활동 보조
	행복을 파는 장사꾼(강서구 화곡동)	기관 활동 보조
	등촌3동 일대(발산역↔양천향교역)	매주 1회 환경미화활동
	강서구 지역맞춤형 취업박람회	진행보조 및 안내활동
피부미용	강서뇌성마비복지관(강서구 방화동)	손, 발 마사지
반려동물	곰달래어르신복지센터(강서구 화곡동)	손, 발 마사지
	강서구 거주 장애인 도우미견 미용봉사활동	장애인 활동보조견 관리 및 미용
호텔제과제빵	가양7복지관(강서구 가양동)	재능(제과제빵)나눔, 식사도움
호텔조리	샬롬의 집(강서구 공항동)	재능기부활동
	화곡1동 늘푸른복지관(강서구 화곡동)	
	사랑나눔 강서김장문화제	
	장애인 한강 걷기대회 동행	

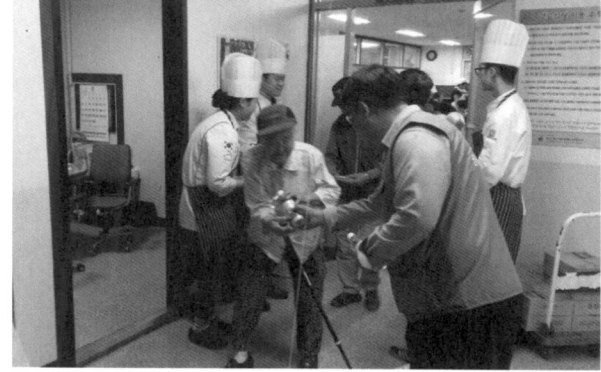

예술이 살아 숨쉬는 학교!
열정과 희망을 이룰 수 있는 곳!
서울호서예술실용전문학교

- 서울호서예술실용전문학교는 단순한 기술과 기교를 가르치지 아니하고, 인격적인 됨됨이와 감각을 겸비한 예술분야의 리더십을 교육합니다.
- 서울호서예술실용전문학교는 이론 대 실습 비율이 3 : 7 이상으로 개인 레슨을 비롯한 현장 적응력 향상 교육 프로그램을 가지고 있습니다.
- 서울호서예술실용전문학교는 학기별 작품발표 및 각종 컨테스트에 참여하여 스스로의 실력을 인정받을 수 있는 현장교육을 실시합니다.

1. 현장 중심의 스타교수진

○ 실용음악예술계열

실용음악예술계열	유성은 교수	single "healing" 발매 / single "마리화나" 발매
	반하나 교수	single "그 남잔 말야" 발매 / single "오늘까지만" 발매
	임도혁 교수	곽진언, 김필, 임도혁 '당신만이' 발매
	손동운 겸임교수	활동명 커즈디 / MORE VISION 소속 프로듀서

○ 뮤직프로덕션계열

뮤직프로덕션계열	김성희 겸임교수	활동명 자메즈 / OGCSM JETPACK 발매
	이기택 겸임교수	활동명 맥대디 / 쇼미더머니 시즌 8 출연
	백한솔 겸임교수	활동명 가오가이 / 쇼미더머니 시즌 9 출연
	조승환 겸임교수	활동명 키츠요지 / 쇼미더머니 시즌 10 출연

○ 연기예술계열

연기예술계열	경규원 교수	문화공간 예담홀 대표 / route+b entertainment 자문위원
	윤채연 교수	영화배우, 연극배우 / (극단)서울공장 '배우'

○ 방송·성우연기계열

방송 · 성우연기계열	박희은 겸임교수	KBS공채 32기 '성우' / 게임 〈리그 오브 레전드〉 '자이라'역
	이미형 겸임교수	KBS공채 34기 '성우' / 2010 KBS 라디오 연기대상
	방우호 겸임교수	KBS공채 31기 '성우' / 광고 삼성AI비서 빅스비 '목소리'

○ 모델연기예술계열

모델연기예술계열	이복영 교수	아시아 모델 어워즈 패션쇼 연출 / 서울,파리컬렉션 참가
	변준서 겸임교수	에이코닉 전속모델 / 드라마, 패션 화보 등 출연

○ 영상사진예술계열

영상사진예술계열	김형탁 부학장	전)KBS 촬영감독 / 영상제작국장 / 방송심의위원
	김진호 교수	위드원21 미디어 대표 / 서울소년원 푸르미방송 자문위원
	김영미 겸임교수	CJ 다이아TV 소속 1인 크리에이터 / 애니한TV
	김은반 겸임교수	(주)에디트홀릭 대표 / 유튜브 구독자 100만 채널 운영자

○ 실용무용예술계열

실용무용예술계열	나경식 교수	아시아청년예술가육성협회 이사 / 한국무용문화재단 이사
	김근서 교수	One Way Crew단장 / 그룹 피플크루(People Crew)멤버
	박혜빈 겸임교수	활동명 PEANUT / 스트릿 우먼 파이터 – 라치카팀 출연
	김의정 겸임교수	활동명 Kalvin Kim / Team The stories 단장

○ 스포츠건강관리계열

스포츠건강관리계열	정구중 교수	BBMC 회장 / 2002 미스터YMCA-70kg급 우승
	황철순 겸임교수	클린핏 대표 / 머슬마니아프로 최다 세계챔피언
	정문홍 명예교수	ROAD FC 회장 / WFSO 세계격투스포츠협회장

○ 경찰경호계열

경찰경호계열	설지환 교수	경찰무술지도자, 경찰호신전문가
	신동선 겸임교수	방송인, KBS-TV 아침마당 출연, 옥조근정훈장

○ 엔터테인먼트계열

엔터테인먼트계열	김은 겸임교수	판타지오 ENT 소속배우 스피치 코칭
	김재현 겸임교수	제이윈 엔터테인먼트 하승리, 김소연, 서로, 백예슬 대표이사

2. 전공관련 업체로 바로 연장 취업

연번	취업처	업무	학번 / 이름
1	MBC	예능국 영상편집	17학번 박지은
2	MBC	C&I 콘텐츠 사업부	20학번 김남희
3	MBC	C&I 콘텐츠 사업부	21학번 곽춘민
4	MBC	C&I 콘텐츠 사업부	21학번 류동하
5	MBC	구해줘 홈즈 FD	18학번 김채린
6	MBC	제작기술부 조명팀	19학번 고은
7	MBC	라디오국	17학번 정수민
8	MBC	방송음향팀	16학번 홍예빈
9	SBS	라디오기술팀	19학번 강산희
10	TV조선	유튜브콘텐츠 제작편집팀	20학번 김형진
11	MBN매일방송	보도중계촬영팀	18학번 김민수
12	삼성레포츠센터	퍼스널트레이너	18학번 정태동
13	삼성레포츠센터	퍼스널트레이너	17학번 이준명
14	케이플러스	전속모델관리	18학번 김유나
15	YG더블랙레이블	음향팀	18학번 정요셉
16	에듀윌	미디어제작팀	20학번 이수호
17	YK. ENT	제작팀	19학번 권세영
18	㈜쇼메이드	공연기획팀	20학번 장지온
19	프리픽스 스튜디오	강사	18학번 안종휘
20	굿맨스토리 엔터테인먼트	매니지먼트	20학번 이정빈
21	굿맨스토리 엔터테인먼트	매니지먼트	20학번 서유미
22	한림연예예술고등학교	방송댄스반교사	15학번 김성빈
23	JTBC	디지털마케팅 콘텐츠팀	18학번 김지희
24	JTBC	콘텐츠 제작팀	20학번 장윤서
25	채널A	유튜브영상편집팀	20학번 김형진
26	KBS	영상제작팀	18학번 박도훈
27	KBS	뉴스채널편성팀	19학번 김시우
28	KBS	TV기술팀	19학번 김미르
29	스카이이앤엠	지석진 매니저	20학번 곽상원
30	임페리어호텔	퍼스널트레이너	19학번 진승원
31	YTN사이언스	PD	16학번 김금실

3. 서울호서예전 스타 동문

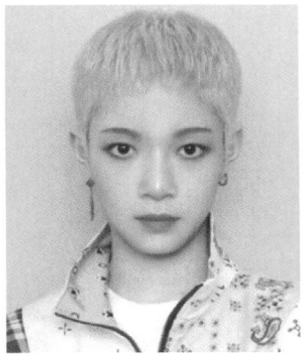

김예리(Yell)
실용무용예술계열
스우파 YGX팀 출연
국가대표 비걸

남주혁
모델연기예술계열
제1회 탑모델콘테스트 대상

이승윤(NSW YOON)
뮤직프로덕션계열
쇼미더머니 출연
팀플레이 뮤직 소속

송하예
실용음악예술계열
대표곡 니소식, 새사랑, 그대를 알고

배유진
모델연기예술계열
신화사 전속모델
유퀴즈 출연

김혜원(H1)
실용무용예술계열
스우파 라치카팀 출연

송희수
실용무용예술계열
스걸파 우승 턴즈 멤버

이성원
스포츠건강관리계열
로드FC 선수
파이트클럽 우승

현우석
모델연기예술계열
드라마 치얼업, 영화 아이를위한
아이 등 출연

○ 서울호서전문학교

1호관_항공객실훈련센터 전면

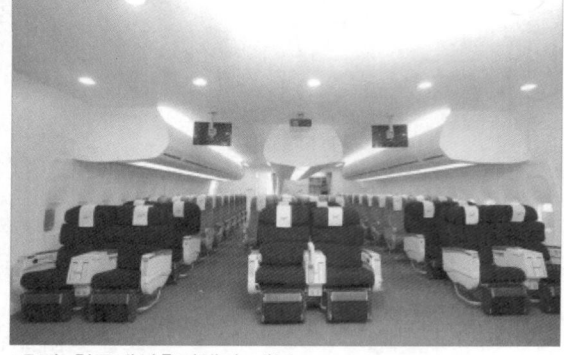
1호관_항공객실훈련센터 내부

1호관_사이버포렌식센터

1호관_미디어기술연구소

1호관_ICT융합기술연구소

1호관_ICT융합기술실습실

1호관_비선형공간으로 이동

1호관_사이버해킹훈련센터

파주캠퍼스_곤충과학관 1층 로비

파주캠퍼스_곤충과학관 1층

파주캠퍼스_곤충과학과 2층 전시실

2호관_애견미용실습실

2호관_특수동물실습실

2호관_자연사박물관

2호관_관상어실

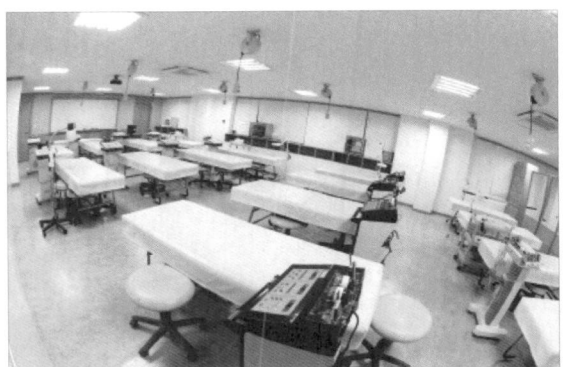

별관_피부미용실습실

○ 서울호서예술실용전문학교

예술관 대공연장

별관_음향스튜디오

예술관_소공연장

예술관_모델스튜디오

예술관_연기실습실

예술관_헬스실습실

예술관_개인실습실

별관_성우실습실

박권우 (이대부속고등학교 진로진학부장)

현재 이화여자대학교 사범대학 부속이화·금란고등학교 진로진학부장으로 재직 중이며, 전국 진학담당교사들에게 진학지도서의 바이블로 통하는 〈수박먹고 대학간다 : 기본편〉, 〈수박먹고 대학간다 : 실전편〉 저자이다.

티처빌 원격교육연수원에서 〈수박먹고 대학간다. 이해편〉 강좌를 통해 중·고등학교 선생님들이 대학 입시를 기초부터 실전까지 체계적으로 이해할 수 있도록 도움을 주고 있다.

'진학지도는 우리 손으로'라는 사명감을 가지고 2006년 봄, 유니드림 주최 '2007학년도 수시 1학기 진학지도를 위한 전국교사연수'를 시작하여 17년 동안 전국 진학담당교사를 대상으로 매년 실시해 오고 있으며, EBS 다큐프라임 '대학입시의 불편한 진실'(2018.05)에서 전국교사연수가 소개되었다.

KBS 1TV 〈행복한 교실〉에 고정 패널로 출연하였으며, 한겨레신문 〈박권우 교사의 수시상담실〉을 연재하였고, 교통방송(TBS)의 〈상담받고 대학가자〉에 패널로 출연하였으며, 건국대, 경희대, 동국대, 명지대, 서울여대, 숭실대, 연세대, 우송대, 인천대, 중앙대, 한국외대 등에서 대입 자문위원을 역임하였다.
현재는 다음 카페 '수박대가(http://cafe.daum.net/subakdaega)'를 운영하면서 선생님들에게 대입 정보를 전달하고 있으며, 탈북 학생들을 지원하여 통일을 대비하는 미래나눔재단의 장학위원이다.

수박 [수시대박] 먹고 대학간다

박권우 쌤 2025 수시모집 지원전략서 실전편

발   행 / 2024년 7월 19일

│ 판 권 │
│ 소 유 │

저   자 / 박 권 우
펴 낸 이 / 이 재 민
펴 낸 곳 / 리빙북스
주   소 / 서울시 강서구 곰달래로31길7 (2층)
전   화 / (02) 2608-8289
팩   스 / (02) 2608-8265
  Email / livingbooks@naver.com
등록번호 / 109-14-79437

ISBN 979-11-87568-33-9 03810
값 / 65,000원